INCWADI YEZIBHALO EZINGCWELE

IZEZETESTAMENTE
ENDALA
NEZETESTAMENTE
ENTSHA

umbutho webhayibhile
womzantsi-afrika

IZIBHALO EZINGCWELE
(UHlaziyo lweNguqulo yeMvumelwano,
kuHlaziyo loBhalo-magama oluVunyiweyo)

Uhlelo lokuqala 1859
Uhlelo lwesithandathu 1942
(UHlaziyo lweNguqulo yeMvumelwano, kuBhalo-magama oLutsha)
Uhlelo lwethoba 1975 (KuHlaziyo loBhalo-magama oluVunyiweyo)
Ushicilelo lwe-36 2007

© UMBUTHO WEBHAYIBHILE WOMZANTSI-AFRIKA 1975

Onke amalungelo afunyanwa ngemvume kuphela.
Bengathanga abapapashi bavuma ngokubhaliweyo,
akukho lungelo lokuba nasiphi na isicatshulwa sale ncwadi sikhutshelwe,
okanye sigciniswe kwinggokelela-nkcukacha, okanye sipapashwe nangayiphi
na indlela, nokuba yeyokushicilela, nokuba yeyokurekhoda,
nokuba yeyokufota, nokuba yiyiphi na.
Ipapashwe nguMbutho weBhayibhile woMzantsi-Afrika

THE BIBLE
in Xhosa
(Revised Union Version, in the Revised Standard Orthography)

First edition 1859
Sixth edition 1942 (Revised Union Version in New Orthography)
Ninth edition 1975 (Revised Standard Orthography)
Thirty-sixth impression 2007

© BIBLE SOCIETY OF SOUTH AFRICA 1975

All rights reserved.
No part of this publication may be reproduced, stored in a
retrieval system or transmitted, in any form or by any means,
electronic, mechanical, photocopying, recording, or otherwise,
without the prior written permission of the publisher.
Published by the Bible Society of South Africa,
P O Box 5500, Tyger Valley 7536, Bellville

Printed by Jongbloed SA
7 Radnor Street, Parow Industria 7500, South Africa

Type 7 on 9 pt Laudian Old Style

Xhosa – 80M – 2052M – BSSA – 2007

S53	(Hard cover)	978-0-7982-0022-6
S54TI	(Hard cover, Gilt-edged, Thumb index)	978-0-7982-0424-8
S59TI	(Leather cover, Gilt-edged, Thumb index)	978-0-7982-0426-2

AMAGAMA

EENCWADI ZONKE ZETESTAMENTE ENDALA

	Iphepha
IGenesis	5
IEksodus	60
ILevitikus	107
INumeri	141
IDuteronomi	189
UYoshuwa	228
AbaGwebi	255
URute	281
EyokuQala kaSamuweli	285
EyesiBini kaSamuweli	320
EyokuQala yooKumkani	351
EyesiBini yooKumkani	386
EyokuQala yeziKronike	420
EyesiBini yeziKronike	452
UEzra	490
UNehemiya	501
UEstere	517
UYobhi	526
IiNdumiso	560
ImiZekeliso	648
INtshumayeli	677
INgoma yazo iiNgoma	685
UIsaya	691
UYeremiya	744
IziLilo zikaYeremiya	804
UHezekile	810
UDaniyeli	866
UHoseya	883
UYoweli	891
UAmos	894
UObhadiya	900
UYona	901
UMika	904
UNahum	908
UHabhakuki	910
UZefaniya	913
UHagayi	916
UZekariya	918
UMalaki	927

AMAGAMA

EENCWADI ZONKE ZETESTAMENTE ENTSHA

	Iphepha
UMateyu	933
UMarko	971
ULuka	995
UYohane	1036
IZenzo	1065
KwabaseRoma	1104
EyokuQala kwabaseKorinte	1120
EyesiBini kwabaseKorinte	1135
KumaGalati	1146
Kwabase-Efese	1151
KwabaseFilipi	1157
KwabaseKolose	1161
EyokuQala kwabaseTesalonika	1164
EyesiBini kwabaseTesalonika	1168
EyokuQala kuTimoti	1170
EyesiBini kuTimoti	1174
KuTito	1177
KuFilemon	1179
KumaHebhere	1180
EkaYakobi	1192
EyokuQala kaPetros	1196
EyesiBini kaPetros	1201
EyokuQala kaYohane	1203
EyesiBini kaYohane	1207
EyesiThathu kaYohane	1208
EkaYuda	1209
IsiTyhilelo	1210

PHAWULANI —Amagama aphawulwe ngenkwenkwezi (*) anenkcazelo kwizihlomelo ezisekupheleni kwale ncwadi.

INCWADI YOKUQALA KAMOSES
EKUTHIWA
YIGENESIS
(INCWADI YEZIQALO)

Indalo

1 Ekuqalekeni uThixo wadala amazulu nehlabathi. 2 Ke ehlabathini kwakusenyanyeni, kuselubala; kwakumnyama phezu kwamanzi enzonzobila. UMoya kaThixo 3 wafukama phezu kwamanzi lawo. Wathi uThixo, Makubekho ukukhanya. 4 Kwabakho ke ukukhanya. Wakubona ke uThixo ukukhanya ukuba kulungile, wahlula uThixo phakathi kokukhanya 5 nobumnyama. Wathi uThixo ukukhanya yimini, wathi ubumnyama bubusuku. Kwahlwa, kwasa: yangumhla wokuqala.

6 Wathi uThixo, Makubekho isibhakabhaka phakathi kwawo amanzi, sibe ngumahlulo wokwahlula amanzi ku-7 manzi. Wasenza uThixo isibhakabhaka, wawahlula amanzi angaphantsi kwesibhakabhaka kuwo amanzi angaphezu kwesibhakabhaka. Kwaba njalo. 8 Wathi uThixo isibhakabhaka ngamazulu. Kwahlwa, kwasa: yangumhla wesibini.

9 Wathi uThixo, Amanzi angaphantsi kwamazulu makahlanganiselwe ndaweni-nye, kubonakale okomileyo. Kwaba 10 njalo. Wathi uThixo okomileyo ngumhlaba, wathi intlanganisela yamanzi ziilwandle. Wabona uThixo ukuba kulungile.

11 Wathi uThixo, Umhlaba mawuphume uhlaza, imifuno evelisa imbewu, imithi yeziqhamo, eyenza iziqhamo ngohlobo lwayo, embewu ikuyo, emhla-12 beni. Kwaba njalo. Umhlaba waphuma uhlaza, nemifuno evelisa imbewu ngohlobo lwayo, nemithi eyenza iziqhamo, embewu ikuyo, ngohlobo lwayo. Wabona uThixo ukuba kulungile. Kwahlwa kwasa: yangumhla 13 wesithathu.

Wathi uThixo, Makubekho izikha-14 nyiso esibhakabhakeni samazulu, zibe ngumahlulo wokwahlula imini kubusuku; zibe zezemiqondiso, zibe zezamaxesha amisiweyo, zibe zezemihla neminyaka; mazibe zizikhanyiso esi-15 bhakabhakeni samazulu, zikhanyise ehlabathini. Kwaba njalo. Wenza u-16 Thixo izikhanyiso ezikhulu zazibini, esona sikhulu isikhanyiso ukuba silawule imini, esona sincinane isikhanyiso ukuba silawule ubusuku; wenza neenkwenkwezi. Wazibeka uThixo esibhakabhakeni 17 samazulu, ukuba zikhanyise ehlabathini, zilawule imini nobusuku, zahlule uku-18 khanya kubumnyama. Wabona uThixo ukuba kulungile. Kwahlwa, kwasa: 19 yangumhla wesiné.

Wathi uThixo, Amanzi la makanya-20 kazele inyakanyaka, imiphefumlo ephilileyo; zithi neentaka ziphaphazele ehlabathini, esibhakabhakeni sezulu. Wa-21 dala uThixo oominenga mikhulu, nayo yonke imiphefumlo ephilileyo enambuzelayo, awanyakazela ngayo amanzi ngohlobo lwayo, neentaka zonke ezinamaphiko ngohlobo lwazo. Wabona uThixo ukuba kulungile. Wazisikelela 22 uThixo, esithi, Qhamani, nande, niwazalise amanzi aselwandle; zithi iintaka zande ehlabathini. Kwahlwa, kwasa: 23 yangumhla wesihlanu.

IGENESIS 1–2

24 Wathi uThixo, Umhlaba mawuphume imiphefumlo ephilileyo ngohlobo lwayo: izinto ezizitho ziné, nezinambuzane, nezinto eziphilileyo zomhlaba
25 ngohlobo lwazo. Kwaba njalo. Wenza uThixo izinto eziphilileyo zomhlaba ngohlobo lwazo, nezinto ezizitho ziné ngohlobo lwazo, nazo zonke izinambuzane zomhlaba ngohlobo lwazo. Wabona uThixo ukuba kulungile.
26 Wathi uThixo, Masenze umntu ngokomfanekiselo wethu ngokufana nathi. Mababe nobukhosi ezintlanzini zolwandle, nasezintakeni zezulu, nasezintweni ezizitho ziné, nasemhlabeni wonke, nasezinambuzaneni zonke ezinambu-
27 zela emhlabeni. Wamdala ke uThixo umntu ngokomfanekiselo wakhe; wamdala ngokomfanekiselo kaThixo; wa-
28 dala indoda nenkazana. Wabasikelela uThixo, wathi kubo uThixo, Qhamani, nande, niwuzalise umhlaba niweyise; nibe nobukhosi ezintlanzini zolwandle, nasezintakeni zezulu, nasezintweni zonke eziphilileyo ezinambuzelayo emhla-
29 beni. Wathi uThixo, Yabonani, ndininikile yonke imifuno evelisa imbewu, esemhlabeni wonke, nayo yonke imithi eneziqhamo zemithi evelisa imbewu:
30 yoba kukudla kuni. Nezinto zonke eziphilileyo zomhlaba, neentaka zonke zezulu, nezinambuzane zonke ezisemhlabeni, ezinomphefumlo ophilileyo, ndiziniké yonke imifuno eluhlaza ukuba
31 ibe kukudla. Kwaba njalo. Wakubona uThixo konke akwenzileyo, nanko, kulungile kunene. Kwahlwa, kwasa: yangumhla wesithandathu.

2 Agqitywa ke amazulu nehlabathi, nawo wonke umkhosi wezo zinto.
2 Wawugqiba ke uThixo ngomhla wesixhenxe umsebenzi wakhe awawenzayo; waphumla ngomhla wesixhenxe kuwo wonke umsebenzi wakhe awawenzayo.
3 Wawusikelela uThixo umhla wesixhenxe, wawungcwalisa; ngokuba waphumla ngawo kuwo wonke umsebenzi wakhe awawudalayo uThixo, wawenza.

UAdam noEva emyezweni wase-Eden

4 Yiyo le ke inzala yamazulu nehlabathi ekudalweni kwezo zinto, mini wenza uYehova uThixo ihlabathi nama-
5 zulu, onke amatyholo asendle engekaveli emhlabeni, nayo yonke imifuno yasendle ingekantshuli; kuba uYehova uThixo ebengekanisi mvula emhlabeni; kwaye kungekho mntu wokuwusebenza
6 umhlaba. Kwaye kunyuka inkungu iphuma ehlabathini, yawunyakamisa
7 wonke umhlaba. UYehova uThixo wambumba umntu ngothuli lwasemhlabeni, waphefumlela emathatheni akhe impefumlo yobomi; umntu ke waba
8 ngumphefumlo ophilileyo. UYehova uThixo watyala umyezo e-Eden ngasempumalanga; wambeka khona umntu
9 abembumbile. UYehova uThixo wantshulisa emhlabeni yonke imithi enqwenelekayo ngokukhangeleka, nelungele ukudliwa; nomthi wobomi emyezweni phakathi, nomthi wokwazi okulungileyo nokubi.

10 Kwaphuma umlambo e-Eden wokuwunyakamisa umyezo; wahluka apho,
11 waba ziimbaxa eziné. Igama lowokuqala yiPishon; nguwo lowo ujikeleze lonke ilizwe laseHavila, apho ikhona
12 igolide. Igolide yelo lizwe intle, ikhona ibhedolaki* nelitye lebherilo.* Iga-
13 ma lowesibini umlambo yiGihon; nguwo lowo ujikeleze lonke ilizwe lakwa-Kushi. Igama lowesithathu umlambo
14 yiHidekele; nguwo lowo uya phambi kwelakwa-Asiriya. Owesiné umlambo ngumEfrati.

15 UYehova uThixo wamthabatha umntu, wambeka emyezweni we-Eden,
16 ukuba awusebenze, awugcine. UYehova uThixo wamwisela umthetho umntu, esithi, Yonke imithi yomyezo ungáyidla uyidle; ke wona umthi
17 wokwazi okulungileyo nokubi uze ungawudli; kuba mhlana uthe wawudla, ùya kufa.

18 Wathi uYehova uThixo, Akulungile ukuba umntu abe yedwa; ndiya kumenzela umncedi onguwabo.

19 UYehova uThixo wabumba ngo-

mhlaba zonke izinto eziphilileyo zasendle, nazo zonke iintaka zezulu, wazisa kuye uAdam* ukubona ukuba wothini na ukuzibiza, ukuze oko azibize ngako uAdam zonke izinto eziphilileyo, ibe 20 ligama lazo elo. Wazithiya amagama uAdam zonke izinto ezizitho ziné, neentaka zasezulwini, nazo zonke izinto eziphilileyo zasendle; ke uAdam akafunyanelwanga mncedi unguwabo.
21 UYehova uThixo wawisa ubuthongo obukhulu phezu koAdam, walala. Wathabatha lwalunye ezimbanjeni zakhe, wavingca ngenyama esikhundleni salo.
22 UYehova uThixo walwakha ubambo abeluthabathe kuAdam, lwaba ngu-
23 mfazi; wamzisa kuAdam. Wathi uAdam, Eli ke ngoku lithambo lasemathanjeni am, yinyama yasenyameni yam; lo yena ukubizwa kothiwa ngumfazi,
24 ngokuba ethatyathwe endodeni. Ngenxa yoko indoda yomshiya uyise nonina, inamathele kumkayo, babe nyama-nye
25 ke. Baye bobabini behamba zé, umntu lowo nomkakhe, bengenazintloni.

Ukuhendwa nokuwa komntu

3 Ke kaloku inyoka yaye inobuqhophololo ngaphezu kwazo zonke izinto eziphilileyo zasendle, abezenzile uYehova uThixo. Yathi kumfazi, Útshilo na okunene uThixo ukuthi, Ze ningadli kuyo yonke imithi yomyezo?
2 Wathi umfazi kwinyoka, Eziqhameni
3 zemithi yomyezo singadla; ke eziqhameni zomthi osemyezweni phakathi, uthe uThixo, Ze ningadli kuzo; ze ni-
4 ngazichukumisi, hleze nife. Yathi
5 inyoka kumfazi, Anisayi kufa: kuba esazi uThixo ukuba, mhlana nithe nadla kuzo, oqabuka amehlo enu, nibe njengoThixo, nazi okulungileyo nokubi.
6 Wabona umfazi ukuba umthi ulungele ukudliwa, nokuba uyakhanukeka emehlweni, ingumthi onqwenelekela ukuqiqisa, wathabatha eziqhameni zawo, wadla; wanika nendoda yakhe
7 inaye, yadla. Aqabuka amehlo abo bobabini, bazi ukuba bahamba zé; bathunga amagqabi omkhiwane, bazenzela imibhinqo.

Basiva isandi sikaYehova uThixo, e- 8 hamba emyezweni empepheni yasemini; basuka bazímela uAdam nomkakhe ebusweni bukaYehova uThixo, phakathi kwemithi yomyezo. UYehova 9 uThixo wambiza uAdam, wathi kuye, Ùphi na? Wathi yena, Ndivé isandi 10 sakho emyezweni, ndasuka ndoyika, ngokuba ndihamba zé; ndazimela. Wathi, Ùxelelwe ngubani na, ukuba 11 uhamba zé? Udlile na kuwo umthi, endakuwisela umthetho ngawo, ndathi, Uze ungadli kuwo? Wathi uAdam, 12 Umfazi owandinikayo ukuba abe nam, nguye ondinikileyo kuwo umthi, ndadla ke. Wathi uYehova uThixo kumfazi, 13 Yintoni na le nto uyenzileyo? Wathi umfazi, Inyoka indilukuhlile, ndadla ke.

Wathi uYehova uThixo kwinyoka, 14 Ngokuba uyenzile le nto, ùqalekisiwe wena ngaphezu kwezinto zonke ezizitho ziné, neento zonke eziphilileyo zasendle; uya kuhamba ngesisu, udle uthuli, yonke imihla yobomi bakho. Ndiya 15 kumisa ubutshaba phakathi kwakho nomfazi, naphakathi kwembewu yakho nembewu yakhe; yona iya kukutyumza intloko, wena uya kuyityumza isithende. Wathi kumfazi, Ndiya kukwandisa ka- 16 khulu ukubulaleka kwakho ekumitheni, uzale abantwana unembulaleko; inkanuko yakho ibe sendodeni yakho, ikulawule yona. KuAdam wathi, Ngokuba uphu- 17 laphule izwi lomkakho, wadla kuwo umthi endakuwisela umthetho ngawo, ndathi, Uze ungadli kuwo, úqalekisiwe umhlaba ngenxa yakho; ùya kudla kuwo ubulaleka, yonke imihla yobomi bakho. Úya kukuntshulela imithana 18 enameva neenkunzane, ùdle umfuno wasendle. Ùya kudla ukudla koku- 19 bila kobuso bakho, ude ubuyele emhlabeni, kuba uthatyathwe kuwo; ngokuba ùluthuli, ùya kubuyela kwaseluthulini.

UAdam walibiza igama lomkakhe 20 ngokuthi nguEva,* ngokuba yena engunina wabaphilileyo bonke. UYehova 21 uThixo wabenzela iingubo zezintsu uAdam nomkakhe, wabambathisa.

Wathi uYehova uThixo, Yabonani, 22 umntu usuke waba njengomnye wethu,

IGENESIS 3-4

ukwazi okulungileyo nokubi; hleze ke olule isandla sakhe, athabathe nakuwo umthi wobomi, adle, aphile ngonapha-
23 kade: uYehova uThixo wamndulula emyezweni we-Eden, ukuba asebenze
24 umhlaba abethatyathwe kuwo. Wamgxotha ke umntu; wamisa ngasempumalanga kuwo umyezo we-Eden iikerubhi,* nelangatye lekrele elijikajikayo lokugcina indlela eya emthini wobomi.

UKayin noAbheli

4 Ke kaloku uAdam wamazi uEva umkakhe; wamitha, wazala uKayin,* wathi, Ndizuzé indoda ngoYehova.
2 Waphinda wazala umninawa wakhe, uAbheli;* uAbheli waba ngumalusi wezimvu, uKayin waba ngumsebenzi womhlaba.

3 Kwathi ekupheleni kwamihla ithile, uKayin wathabatha eziqhameni zomhla-
4 ba, wazisa umnikelo kuYehova. UAbheli wazisa naye, ethabathe kumazibulo ezimvu zakhe, kwezinamanqatha. Waza uYehova wambheka uAbheli no-
5 mnikelo wakhe. Akambheka uKayin nomnikelo wakhe. Waqumba kunene
6 uKayin, basangana ubuso bakhe. Wathi uYehova kuKayin, Yini na ukuba uqumbe, yini na ukuba busangane ubuso
7 bakho? Ukuba uthe walungisa, abuyi kuswabuluka ubuso yini na? Ukuba uthe akwalungisa, isono sibúthumile ngasesangweni, singxamele wena; ke wena, sílawule.
8 Wathetha uKayin noAbheli umninawa wakhe, kwathi besendle, wesuka uKayin wamvunukela uAbheli umninawa wakhe, wambulala.
9 Wathi uYehova kuKayin, Úphi na uAbheli, umninawa wakho? Wathi yena, Andazi; ndingumgcini womnina-
10 wa wam, yini na? Wathi, Wenzé ntoni na? Izwi legazi lomninawa wakho liya-
11 khala emhlabeni kum. Ngoko úqalekisiwe emhlabeni, owakhamisé umlomo wawo ukuba úlithabathe igazi lomni-
12 nawa wakho esandleni sakho. Xenikweni uwusebenzayo umhlaba, awusayi kuphinda ukunike amandla awo; úya kubhadula uphalaphale ehlabathini.
13 Wathi uKayin kuYehova, Ityala lam likhulu ngokungenakuthwalwa. Ya-
14 bona, úndigxothile namhla phezu komhlaba; ndiya kusithela nasebusweni bakho, ndibhadule, ndiphalaphale ehlabathini; bathi bonke abantu abandifumanayo bandibulale. Wathi uYehova
15 kuye, Xa kunjalo, bonke ababulala uKayin kophindezelwa kubo kasixhenxe. UYehova wammisela uKayin umqondiso, ukuze bonke abamfumanayo bangamsiki.

Waphuma uKayin, wemka ebusweni 16 bukaYehova; wahlala ezweni lakwaKuphalaphala phambi kwe-Eden. UKayin 17 wamazi umkakhe, wamitha, wazala uEnoki. Wákha umzi, wawuthiya loo mzi ngegama lonyana wakhe uEnoki. UEnoki wazalelwa uIradi; uIradi wazala 18 uMehuyaheli; uMehuyaheli wazala uMetusaheli; uMetusaheli wazala uLameki.

ULameki wazeka abafazi ababini; 19 igama lomnye belinguAda, igama lowesibini belinguZila. UAda wazala uYa- 20 bhali; yena waba nguyise wabahlala ezintenteni, nabafuyileyo. Igama lo- 21 mninawa wakhe belinguYubhali; yena waba nguyise wabo bonke abaphatha uhadi nogwali. UZila uthe naye wa- 22 zala uTubhalekayin, obekhanda yonke impahla enobukhali yobhedu nesinyithi; udade woTubhalekayin ebenguNahama. Wathi uLameki kubafazi bakhe, 23 Ada noZila, liveni ilizwi lam!
Bafazi bakaLameki, phulaphulani intetho yam!
Sendibulele indoda ngenxa yenxeba lam,
Nendodana ngenxa yomvumbo wam;
Xa uKayin aya kuphindezelwa kasi- 24 xhenxe,
Yena uLameki *uya kuphindezelwa* kamashumi osixhenxe anesixhenxe.

UAdam wabuya wamazi umkakhe, 25 wazala unyana, wathi igama lakhe nguSete,* kuba wathi, UThixo undimisele

IGENESIS 4–5

enye imbewu esikhundleni sika-Abheli 26 owabulawa nguKayin. USete naye wazalelwa unyana, wathi igama lakhe nguEnoshe. Kwaqalwa oko ukunqulwa igama likaYehova.

Inzala ka-Adam kude kuye kuma kuNowa

5 Yiyo le incwadi yenzala ka-Adam. Mhlana uThixo wamdala umntu, 2 wamenza ngokufana noThixo. Wadala indoda nenkazana, wabasikelela, wabathiya igama elinguAdam,* mhlana wabadala.

3 UAdam wahlala iminyaka elikhulu elinamanci mathathu, wazala *unyana* ngokufana naye, ngokomfanekiso wa-4 khe, wamthiya igama elinguSete. Imihla ka-Adam emveni kokuzala kwakhe uSete yaba yiminyaka emakhulu asi-5 bhozo; wazala oonyana neentombi. Iyonke imihla ka-Adam, awahlala ngayo, yaba yiminyaka emakhulu asithoba anamanci mathathu; wafa ke.

6 USete wahlala iminyaka elikhulu elinaminyaka mihlanu, wazala uEnoshe.
7 USete wahlala emveni kokuzala kwakhe uEnoshe iminyaka emakhulu asibhozo aneminyaka esixhenxe; wazala oonyana 8 neentombi. Iyonke imihla kaSete yaba yiminyaka emakhulu asithoba anashumi-nye linamibini; wafa ke.

9 UEnoshe wahlala iminyaka emashu-10 mi asithoba, wazala uKenan. UEnoshe wahlala emveni kokuzala kwakhe uKenan iminyaka emakhulu asibhozo anashumi-nye linamihlanu; wazala oonya-11 na neentombi. Iyonke imihla kaEnoshe yaba yiminyaka emakhulu asithoba anamihlanu; wafa ke.

12 UKenan wahlala iminyaka emashumi 13 asixhenxe, wazala uMahalaleli. UKenan wahlala emveni kokuzala kwakhe uMahalaleli iminyaka emakhulu asibhozo anamanci mané: wazala oonyana 14 neentombi. Iyonke imihla kaKenan yaba yiminyaka emakhulu asithoba, aneminyaka elishumi; wafa ke.

15 UMahalaleli wahlala iminyaka emashumi mathandathu anamihlanu, wa-16 zala uYerede. UMahalaleli wahlala emveni kokuzala kwakhe uYerede iminyaka emakhulu asibhozo anamanci mathathu; wazala oonyana neentombi. Iyonke imihla kaMahalaleli yaba yimi- 17 nyaka emakhulu asibhozo, anamanci asithoba anamihlanu; wafa ke.

UYerede wahlala iminyaka elikhulu 18 elinamanci mathandathu anamibini, wazala uEnoki. UYerede wahlala emveni 19 kokuzala kwakhe uEnoki iminyaka emakhulu asibhozo; wazala oonyana neentombi. Iyonke imihla kaYerede yaba 20 yiminyaka emakhulu asithoba anamanci mathandathu anamibini; wafa ke.

UEnoki wahlala iminyaka emashumi 21 mathandathu anamihlanu, wazala uMethusela. UEnoki wahamba noThixo, 22 emveni kokuzala kwakhe uMethusela, iminyaka emakhulu mathathu; wazala oonyana neentombi. Iyonke imihla ka- 23 Enoki yaba yiminyaka emakhulu mathathu, anamanci mathandathu anamihlanu. UEnoki wahamba noThixo; 24 akabakho, ngokuba uThixo wamthabatha.

UMethusela wahlala iminyaka eli- 25 khulu elinamanci asibhozo anesixhenxe, wazala uLameki. UMethusela wahlala 26 emveni kokuzala kwakhe uLameki iminyaka emakhulu asixhenxe anamanci asibhozo anamibini; wazala oonyana neentombi. Iyonke imihla kaMethu- 27 sela yaba yiminyaka emakhulu asithoba, anamanci mathandathu anesithoba; wafa ke.

ULameki wahlala iminyaka elikhulu 28 elinamanci asibhozo anamibini; wazala unyana. Wamthiya igama elinguNowa, *29 esithi, Lo uya kusithuthuzela emsebenzini wethu, nasekubulalekeni kwezandla zethu, ngenxa yomhlaba awawuqalekisayo uYehova. ULameki wahla- 30 la emveni kokuzala kwakhe uNowa iminyaka emakhulu mahlanu anamanci asithoba anamihlanu; wazala oonyana neentombi. Iyonke imihla kaLameki ya- 31 ba yiminyaka emakhulu asixhenxe anamanci asixhenxe anesixhenxe; wafa ke.

Ke uNowa ebeminyaka imakhulu 32 mahlanu ezelwe; uNowa wazala oo-Shem noHam noYafete.

Unogumbe

6 Kuthe bakuqala ukwanda abantu ehlabathini, bakuzalelwa iintombi, 2 bazibona oonyana bakaThixo iintombi zabantu ukuba zintle, bazeka abafazi 3 kuzo zonke abazinyuláyo. Wathi u-Yehova, UMoya wam akayi kulawula ebantwini ngonaphakade; ekulahlekeni kwabo bayinyama; imihla yabo iya kuba yiminyaka elikhulu elinamanci mabini. 4 Kwakukho iingxilimbela ehlabathini ngaloo mihla; kananjalo emveni koko, xeshikweni oonyana bakaThixo bangenáyo kuzo iintombi zabantu, zabazalela abantwana. Aba baba ngamagorha ababekho kwasephakadeni, amadoda adumileyo.
5 Wabona uThixo ukuba ububi babantu bandile ehlabathini, konke ukuyila kweengcinga zentliziyo yabo kubububi 6 bodwa imihla yonke. Wazohlwaya u-Yehova, ngokuba emenzile umntu ehlabathini, kwaba buhlungu kuye entlizi-7 yweni. Wathi uYehova, Ndiya kumcima umntu endimdalileyo, angabikho ehlabathini, kuthabathele emntwini kuse ezinkomeni, kuse ezinambuzaneni, kuse ezintakeni zezulu, ngokuba ndizohlwaya 8 ngokuba ndizenzile ezo zinto. UNowa yena wababalwa nguYehova.
9 Yiyo le ke inzala kaNowa. UNowa waye eyindoda elilungisa, egqibeleleyo, ezizukulwaneni zakhe. UNowa wa-10 hamba noThixo. UNowa wazala oonyana abathathu: uShem noHam noYafete.

11 Ihlabathi lalonakele ebusweni buka-Thixo; ihlabathi lalizele lugonyamelo. 12 UThixo walikhangela ihlabathi, nâlo, lonakele! Ngokuba yonke inyama ibiyonakalisile indlela yayo ehlabathini.

13 Wathi uThixo kuNowa, Isiphelo senyama yonke sifikile phambi kwam; ngokuba ihlabathi lizele lugonyamelo oluphuma kubo; yabona ke, ndiya kubonákalisa, bona ndawonye nehlabathi.
14 Zénzele ke umkhombe ngemithi yegofere,* uwenze izindlu umkhombe, uwuqabe ngaphakathi nangaphandle nge-bhitumene.* Wénjenje ukuwenza: bu- 15 be ngamakhulu omathathu eekubhite* ubude bomkhombe, namashumi omathathu eekubhite ububanzi bawo, namashumi omathathu eekubhite ukuphakama kwawo. Wenze ikroba emkho- 16 mbeni, ukuligqiba kwakho kube yikubhite enye, ithabathela phezulu; umnyango womkhombe uwumise ecaleni lawo; wenze izindlu zodidi lwaphantsi, nolwesibini, nolwesithathu. Mna ke, ù- 17 yabona, ndihlisa unogumbe wamanzi ehlabathini, wokonakalisa yonke inyama enomoya wokuphila kuyo, ephantsi kwamazulu; konke okusehlabathini kuya kuphuma umphefumlo; ndiwumise u- 18 mnqophiso wam nawe, ungene emkhombeni wena, noonyana bakho, nomkakho, nabafazi boonyana bakho, ndawonye nawe. Kwizinto zonke eziphilileyo, 19 kwinyama yonke, uze ungenise emkhombeni ngambini kuzo zonke, ukuze zisindiswe nawe, zibe yinkunzi nemazi; kwiintaka ngohlobo lwazo, kwiinkomo 20 ngohlobo lwazo, kuzo zonke izinambuzane zomhlaba ngohlobo lwazo, zibe ngambini kuzo zonke, eziya kungena kuwe, ukuba zisindiswe. Wena ke, 21 uthabathele kuwe ekudleni konke okudliwayo, uhlanganisele kuwe kube kukudla kuwe nakuzo.
Wenza uNowa konke uThixo abe- 22 mwisele umthetho ngako, wenza njengoko.

Unogumbe

7 Wathi uYehova kuNowa, Ngena, wena nendlu yakho yonke, emkhombeni, ngokuba ndibona wena ilungisa phambi kwam kwesi sizukulwana. Kwi- 2 zinto zonke ezizitho ziné ezihlambulukileyo, thabathela kuwe ngasixhenxe, ngasixhenxe, inkunzi nemazi yayo; kwizinto ezizitho ziné eziziinqambi thabatha ngambini, inkunzi nemazi yayo; nakwiintaka zezulu ngasixhenxe, 3 ngasixhenxe, inkunzi nemazi, ukuze imbewu igcinakale ehlabathini lonke. Kuba zisesixhenxe iintsuku, ndíze 4 ndinise imvula ehlabathini iimini zibe mashumi mané nobusuku obumashumi

IGENESIS 7-8

mané, ndiyicime into yonke emiyo endayenzayo, ingabikho phezu kwehlabathi.

5 Wenza uNowa konke uYehova awamwisela umthetho ngako.

6 UNowa waye eminyaka imakhulu mathandathu ezelwe, wabakho unogu-
7 mbe wamanzi ehlabathini. Wangena uNowa emkhombeni, enoonyana bakhe, nomkakhe, nabafazi boonyana bakhe, ndawonye naye, ngenxa yamanzi ono-
8 gumbe. Kuzo izinto ezizitho ziné ezihlambulukileyo, nakuzo izinto ezizitho ziné eziziinqambi, nakuzo iintaka, nakuzo zonke izinto ezinambuzelayo e-
9 mhlabeni, kwangena ngambini, ngambini, kuNowa emkhombeni, inkunzi nemazi, njengoko uThixo abemwisele umthetho uNowa.

10 Kwathi emva kweentsuku ezisixhenxe, amanzi onogumbe abakho ehla-
11 bathini. Ngomnyaka wamakhulu omathandathu wokudla ubomi kukaNowa, ngenyanga yesibini, ngosuku lweshumi elinesixhenxe enyangeni leyo, kanye ngayo loo mini, yagqabhuka yonke imithombo yamanzi enzonzobila
12 enkulu, iingcango zezulu zavuleka. Wabakho umvumbi wemvula ehlabathini iimini ezimashumi mané nobusuku obumashumi mané.

13 Wangena emkhombeni kwangaloo mini uNowa, noShem noHam noYafete, oonyana bakaNowa, nomkaNowa, nabafazi bobathathu boonyana bakhe,
14 ndawonye naye. Bòna, neento zonke eziphilileyo ngohlobo lwazo, nezinto zonke ezizitho ziné ngohlobo lwazo, nezinambuzane zonke ezinambuzayo emhlabeni ngohlobo lwazo, neentaka zonke ngohlobo lwazo, iinto zonke ezi-
15 phaphazelayo, ezinamaphiko, zangena kuNowa emkhombeni, ngambini, ngambini, kwinyama yonke enomoya wo-
16 kuphila kuyo. Zangena iinkunzi neemazi kwinyama yonke; zangena njengoko uThixo abemwisele umthetho. UYehova wamvalela ngaphakathi.

17 Yaba ngunogumbe imihla emashumi mané ehlabathini, enyuka amanzi, awu- fukula umkhombe, wafunquleka emhlabeni. Aba namandla amanzi, enyuka 18 kunene ehlabathini, wahamba umkhombe phezu kwamanzi. Aba namandla 19 amanzi kunene kakhulu ehlabathini, zagutyungelwa zonke iintaba eziphakamileyo kakhulu, eziphantsi kwamazulu onke. Aba namandla amanzi, ada aba 20 ziikubhite* ezilishumi elinantlanu, ethabathela phezulu; zagutyungelwa ke iintaba.

Yaphuma umphefumlo yonke inya- 21 ma enambuzelayo emhlabeni, kwiintaka, nakwizinto ezizitho ziné, nakwizinto eziphilileyo, nakwinyakanyaka yonke enyakazelayo emhlabeni, nabantu bonke. Iinto zonke ezikuphefumla ko- 22 moya wokuphila kusemathatheni azo, kwiinto zonke *ezisemhlabeni* owomileyo, zafa. Zabhujiswa ke izinto zonke ezimi- 23 yo, eziphezu komhlaba, kwathabathela emntwini kwesa ezintweni ezizitho ziné, nasezinambuzaneni, nasezintakeni zezulu; zabhujiswa azabanho ehlabathini; kwasala uNowa yedwa, nababenaye emkhombeni. Aba namandla amanzi 24 ehlabathini imihla elikhulu elinamanci mahlanu.

Unogumbe

8 UThixo wamkhumbula uNowa, neento zonke eziphilileyo, nezinto zonke ezizitho ziné ezazinaye emkhombeni; uThixo wahambisa umoya ehlabathini, awutha amanzi. Yavingcwa 2 imithombo yamanzi enzonzobila neengcango zezulu, wathintelwa umvumbi wezulu. Abuya amanzi emhlabeni, a- 3 mana ebuya, awutha amanzi ekupheleni kwemihla elikhulu elinamanci mahlanu. Umkhombe wazimisa ngenyanga yesi- 4 xhenxe, ngosuku lweshumi elinesixhenxe enyangeni leyo, phezu kweentaba zaseArarati. Amanzi amana ewutha, 5 kwada kwayinyanga yeshumi; ngeyeshumi ke, *ngosuku* lokuqala enyangeni leyo, zabonakala iincopho zeentaba.

Kwathi, ekupheleni kwemihla ema- 6 shumi mané, wayivula uNowa ifestile yomkhombe abeyenzile; wathuma ihlu- 7 ngulu, laphuma lamana lizulazula, ada

IGENESIS 8–9

8 atsha amanzi ehlabathini. Wasusa ihobe, ukuze abone ukuba amanzi awuthile
9 na phezu kwehlabathi. Ihobe alifumananga ndawo yakuphumza nentende yethupha lalo, labuyela kuye emkhombeni, ngokuba amanzi abephezu kwehlabathi lonke; wolula isandla sakhe, walithabatha, walingenisa kuye emkho-
10 mbeni. Walinda eminye imihla esixhenxe, waphinda walisusa ihobe e-
11 mkhombeni. Leza kuye ihobe ngexesha langokuhlwa; nanko, kukho igqabi lomnquma elisandula ukukhiwa emlonyeni walo; wazi uNowa, ukuba ehlile
12 amanzi ehlabathini. Walinda eminye imihla ekwasixhenxe, walisusa ihobe; aliphindanga libuyele kuye kanjalo.
13 Kwathi, ngomnyaka wamakhulu omathandathu anamnye, ngolokuqala enyangeni yokuqala, amanzi atsha ehlabathini; uNowa walususa uphahla lomkhombe; wakhangela, nango umhlaba
14 womile. Ngenyanga yesibini, ngosuku lwamashumi omabini anesixhenxe enyangeni leyo, woma kwaphela umhlaba.

15 Wathetha uThixo kuNowa, esithi,
16 Phuma emkhombeni, wena nomkakho, noonyana bakho, nabafazi boonyana
17 bakho, ndawonye nawe. Zonke izinto eziphilileyo ezikuwe, kwinyama yonke, ezintakeni, nasezintweni ezizitho ziné, nasezinambuzaneni zonke ezinambuzelayo emhlabeni, phuma nazo, zizalise ihlabathi, ziqhame, zande ehlabathini.
18 Waphuma ke uNowa, noonyana bakhe, nomkakhe, nabafazi boonyana ba-
19 khe, ndawonye naye. Zonke izinto eziphilileyo, zonke izinambuzane, neentaka zonke, iinto zonke ezinambuzelayo emhlabeni, ngeentlobo zazo, zaphuma emkhombeni.

20 UNowa wamakhela uYehova isibingelelo, wathabatha kwizinto zonke ezizitho ziné ezihlambulukileyo, nakwiintaka zonke ezihlambulukileyo, wanyusa amadini anyukayo esibingelelwe-
21 ni eso. UThixo weva ivumba elithozamisayo, wathi uYehova entliziyweni yakhe, Andisayi kuphinda ndilitshabhise ihlabathi ngenxa yomntu, ngokuba ukuyila kwentliziyo yomntu kubi kwasebutsheni bakhe; andisayi kuphinda ndizibhubhise zonke izinto eziphilileyo, njengoko ndenzé ngako. Ku-
22 thabathela apha, ngayo yonke imihla yehlabathi, akuyi kuphela ukuhlwayela nokuvuna, ukubanda nobushushu, ihlobo nobusika, imini nobusuku.

Unogumbe

9 UThixo wamsikelela uNowa noonyana bakhe, wathi kubo, Qhamani, nande, nizalise ihlabathi. Ukoyikeka 2 kwenu, nokuqhiphula kwenu umbilini, makube phezu kwezinto zonke eziphilileyo zomhlaba, naphezu kweentaka zonke zezulu, nakwiinto zonke ezinambuzelayo emhlabeni, nakwiintlanzi zonke zolwandle; zona zinikélwe esandleni senu. Zonke izinambuzane eziphilileyo mazibe kukudla kuni; njengomfuno oluhlaza, ndininikile oko konke. Yinyama yodwa enomphefumlo wayo, 4 enegazi layo, eningasayi kuyidla. Li- 5 gazi lenu lodwa, imiphefumlo yenu ke, endiya kulibiza; esandleni sezinto zonke eziphilileyo ndiya kulibiza, nasesandleni somntu; esandleni salowo ungumzalwana wakhe, ndiya kuwubiza umphefumlo womntu. Ophalaza igazi lomntu, igazi 6 lakhe lophalazwa ngumntu, ngokuba umntu wênziwa ngokomfanekiselo kaThixo. Nina ke, qhamani nande, 7 nilizalise ihlabathi, nande kulo.

Watsho uThixo kuNowa, nakoonyana 8
bakhe ndawonye naye, ukuthi, Yabo- 9
nani, mna ndiyawumisa umnqophiso wam nani, nembewu yenu emva kwenu, nayo yonke imiphefumlo ephilileyo 10 ekuni, kwiintaka, nakwizinto ezizitho ziné, nakwizinto zonke eziphilileyo zehlabathi ezikuni; kwiinto zonke eziphume emkhombeni, ezizizinto zonke eziphilileyo zehlabathi. Ndiwumisé u- 11 mnqophiso wam nani, ukuba ingabi sanqunyulwa yonke inyama ngamanzi onogumbe, kungabi sabakho nogumbe wokulonakalisa ihlabathi. Wathi u- 12 Thixo, Nguwo lo umqondiso womnqophiso endiwubekayo phakathi kwam

IGENESIS 9-10

nani, nayo yonke imiphefumlo ephilileyo ekuni, kuse kwizizukulwana zasephaka-
13 deni: umnyàma wam ndiwubeké efini, ukuba ube ngumqondiso womnqophiso
14 ophakathi kwam nehlabathi. Kothi, ndakuwusibekelisa ngelifu umhlaba,
15 ubonakale umnyàma lowo efini; ndiwukhùmbule umnqophiso wam ophakathi kwam nani, nayo yonke imiphefumlo ephilileyo enyameni yonke, angabi sabakho amanzi onogumbe okonaka-
16 lisa inyama yonke. Umnyàma woba semafini ke, ndiwukhàngele, ndikhumbule umnqophiso ongunaphakade phakathi koThixo nayo yonke imiphefumlo ephilileyo, enyameni yonke ese-
17 hlabathini. Wathi uThixo kuNowa, Nguwo lowo umqondiso womnqophiso endiwumisileyo phakathi kwam nayo yonke inyama esehlabathini.

UNowa nomdiliya

18 Ke kaloku oonyana bakaNowa, ábaphuma emkhombeni, babengooShem, noHam, noYafete; uHam ke nguyise
19 kaKanan. Aba bathathu ngoonyana bakaNowa; balizaza ihlabathi lonke.
20 UNowa wathi, engumlimi womhlaba,
21 waqala watyala isidiliya. Wasela iwayini, wanxila, wazihluba phakathi kwe-
22 ntente yakhe. UHam, uyise kaKanan, wabubona ubuzé bukayise, waxelela abakhuluwa bakhe bobabini ngapha-
23 ndle. UShem noYafete bathabatha ingubo, bayibeka emagxeni abo bobabini, baya ngomva, babugubungela
24 ubuzé bukayise. Wavuka uNowa ewayinini yakhe, wakwazi akwenzileyo
25 unyana wakhe omnci kuye. Wathi,
Makaqalekiswe uKanan,
Abe sisicaka sezicaka kubazalwana bakhe.
26 Wathi,
Makabongwe uYehova uThixo kaShem,
UKanan abe sisicaka kubo.
27 UThixo makamvulele uYafete,
Ahlale ezintenteni zikaShem,
UKanan abe sisicaka kubo.
28 Wahlala uNowa emveni konogumbe iminyaka emakhulu mathathu anama-
29 nci mahlanu. Yonke imihla kaNowa yaba yiminyaka emakhulu asithoba anamanci mahlanu; wafa ke.

Inzala kaNowa

10 Yiyo le ke inzala yoonyana bakaNowa: uShem, noHam, noYafete. Bazalelwa oonyana emveni konogumbe.
2 Oonyana bakaYafete nguGomere, noMagogi, noMadayi, noYavan,* noTubhali, noMesheki, noTirasi. Oonyana
3 bakaGomere nguAshekenazi, noRifati, noTogarma. Oonyana bakaYavan ngu-
4 Elisha, noTarshishe, ngamaKiti namaDodan. Zadabuka kubo abo iziqithi
5 zeentlanga emazweni, lwaolo ngokolwimi lwalo, ngokwesizwe salo ezintlangeni zazo.

6 Oonyana bakaHam nguKushi,* noMitserayim,* noPuti, noKanan. Oonya-
7 na bakaKushi nguSebha, noHavila, noSebheta, noRama, noSabheteka; oonyana bakaRama nguShebha noDedan.
8 UKushi wazala uNimrodi; yena wa-
9 qala waba ligorha ehlabathini. Yena waba ligorha lezingela phambi koYehova; ngenxa yoko kwathiwa, NjengoNimrodi, igorha lezingela phambi koYeho-
10 va. Ukuqala kobukumkani bakhe yiBhabheli, ne-Ereki, ne-Akadi, neKalene, ezweni leShinare. Kulo elo zwe wa-
11 phuma waya kwelaseAsiriya, wákha iNineve neRehobhotire nomzi weKala, ne-
12 Rezen, phakathi kweNineve neKala; nguloo mzi mkhulu ke lowo. UMitsera-
13 yim wazala amaLudi, nama-Anam, namaLehabhi, namaNafetuyi, namaPa-
14 trusi, namaKaseluyi, apho kwaphuma khona amaFilisti namaKafetori.

15 UKanan wazala uTsidon, owamazi-
16 bulo wakhe, noHeti, namaYebhusi,
17 nama-Amori, namaGirgashi, namaHivi,
18 nama-Areki, namaSin, nama-Arvadi, namaTsemari, namaHamati; emveni koko
19 zaphangalala izizwe zamaKanan. Umda wamaKanan wathabathela eTsidon, wasinga eGerare, wasa eGaza; wasinga eSodom, neGomora, neAdama, neTse-
20 bhoyim, wasa eLasha. Ngabo abo oonya-

na bakaHam, ngokwezizwe zabo, ngokweelwimi zabo, emazweni abo, ezintlangeni zabo.

21 UShem wazalelwa naye; unguyise wabo bonke oonyana bakaEbhere, ungu-
22 mzalwana omkhulu kaYafete. Oonyana bakaShem nguElam, noAsuri, noArpa-
23 kishadi, noLudi, noAram. Oonyana baka-Aram ngu-Utse, noHuli, noGetere,
24 noMashi. UArpakishadi wazala uShe-
25 la, uShela wazala uEbhere. UEbhere wazalelwa oonyana bababini; igama lomnye belinguPelege,* ngokuba ngemihla yakhe bahlukahluka abemi behlabathi; igama lomninawa wakhe belingu-
26 Yoketan. UYoketan wazala uAlemodadi, noShelefe, noHatsaremavete, no-
27 Yera, noHadoram, noUzali, noDikela,
28 no-Obhali, noAbhimayeli, noShebha,
29 no-Ofire, noHavila, noYobhabhi; bonke
30 abo bangoonyana bakaYoketan. Ukuma kwabo kwathabathela eMesha, kwasinga eZefara, intaba yasempuma-
31 langa. Ngabo abo oonyana bakaShem ngokwezizwe zabo, ngokweelwimi zabo, emazweni abo, ngokweentlanga zabo.

32 Zizo ezo izizwe zoonyana bakaNowa, ngokweenzalo zabo, ezintlangeni zabo; zadabuka kubo abo iintlanga ehlabathini emveni konogumbe.

Inqaba yaseBhabheli

11 Ke kaloku lonke ihlabathi libe lintetho-nye, limazwi manye.
2 Kwathi, ekundulukeni kwabo besinga empumalanga, bafumana ithafa ezweni laseShinare; bahlala khona. Bathi abanye kwabanye, Yizani, senze izitena,
3 sizitshise kunene. Baba nezitena endaweni yamatye, nebhitumene* endaweni
4 yodaka. Bathi, Yizani, sizakhele umzi, nepoma lenqaba elincopho isemazulwini; sizenzele igama, hleze sichithakalele ehlabathini lonke.
5 UYehova wehla, eza kukhangela umzi lowo, nenqaba leyo inde, bayakha-
6 yo oonyana boluntu. Wathi uYehova, Yabona, abantu banye, bantetho-nye bonke bephela; yingqalo ke le yokwenza kwabo; kaloku abayi kunqatyelwa nto bayinkqangiyeleyo ukuyenza. Yizani, 7 sihle, sidube khona apho intetho yabo, ngokokuze bangevani ngentetho. U- 8 Yehova wabachithachitha kwalapho ehlabathini lonke; bayeka ukuwakha loo mzi. Ngenxa yoko kwathiwa iga- 9 ma lawo yiBhabheli;* ngokuba uYehova wayiduba khona apho intetho yehlabathi lonke, wabachithachitha kwalapho uYehova ehlabathini lonke.

Inzala kaShem kude kuye kuma kuAbram

Yiyo le ke inzala kaShem: uShem 10 ubeminyaka ilikhulu ezelwe, wazala uArpakishadi, iminyaka emibini emveni konogumbe. UShem wahlala emveni 11 kokuzala kwakhe uArpakishadi iminyaka emakhulu mahlanu, wazala oonyana neentombi.

UArpakishadi wahlala iminyaka ema- 12 shumi mathathu anamihlanu, wazala uShela. UArpakishadi wahlala emveni 13 kokuzala kwakhe uShela iminyaka emakhulu mané anamathathu, wazala oonyana neentombi.

UShela wahlala iminyaka emashumi 14 mathathu, wazala uEbhere. UShela 15 wahlala emveni kokuzala kwakhe uEbhere iminyaka emakhulu mané anamithathu, wazala oonyana neentombi.

UEbhere wahlala iminyaka emashu- 16 mi mathathu anaminé, wazala uPelege. UEbhere wahlala emveni kokuzala 17 kwakhe uPelege iminyaka emakhulu mané anamanci mathathu, wazala oonyana neentombi.

UPelege wahlala iminyaka emashumi 18 mathathu, wazala uRehu. UPelege 19 wahlala emveni kokuzala kwakhe uRehu iminyaka emakhulu mabini anesithoba, wazala oonyana neentombi.

URehu wahlala iminyaka emashumi 20 mathathu anamibini, wazala uSerugi. URehu wahlala emveni kokuzala kwa- 21 khe uSerugi iminyaka emakhulu mabini anesixhenxe, wazala oonyana neentombi.

USerugi wahlala iminyaka emashumi 22 mathathu, wazala uNahore. USerugi 23 wahlala emveni kokuzala kwakhe uNahore iminyaka emakhulu mabini, wazala oonyana neentombi.

24 UNahore wahlala iminyaka emashumi
25 mabini anesithoba, wazala uTera. UNahore wahlala emveni kokuzala kwakhe uTera iminyaka elikhulu elinashumi-nye linesithoba, wazala oonyana neentombi.

26 UTera wahlala iminyaka emashumi asixhenxe, wazala uAbram, noNahore, noHaran.

27 Yiyo le ke inzala kaTera: uTera wazala uAbram, noNahore, noHaran; uHaran
28 wazala uLote. Wafa uHaran esekho uTera uyise, ezweni lokuzalwa kwakhe,
29 eUre yamaKaledi. UAbram noNahore bazeka abafazi; igama lomka-Abram lalinguSarayi; igama lomkaNahore lalinguMilka, intombi kaHaran, usoMilka,
30 usoYiska. USarayi ebengazali, engenamntwana.

31 UTera wamthabatha uAbram, unyana wakhe, noLote unyana kaHaran, unyana wonyana wakhe, noSarayi umolokazana wakhe, umka-Abram unyana wakhe, baphuma nabo eUre yamaKaledi, besiya ezweni lakwaKanan; bafika kwelakwaHaran, bahlala khona.
32 Imihla kaTera yaba yiminyaka emakhulu mabini anamihlanu; wafa uTera kwelakwaHaran.

Imbali ka-Abram: ukubizwa kwakhe nguThixo; uhambo lwakhe lokuya kwaKanan

12 Ke kaloku uYehova wathi kuAbram, Hamba, umke ezweni lakowenu, kwelokuzalwa kwakho, nasendiwini kayihlo, uye ezweni endokubo-
2 nisa lona; ndikwènze uhlanga olukhulu, ndikusikelele, ndilikhulise igama la-
3 kho, ube yintsikelelo; ndibasikèlele abakusikelelayo, ndimtshabhise okuqalekisayo; zisikeleleke ngawe zonke izizwe zehlabathi.
4 Wahamba uAbram njengoko wathethayo uYehova kuye; wahamba naye uLote. UAbram ubeminyaka imashumi asixhenxe anamihlanu ezelwe, ukuphu-
5 ma kwakhe kwelakwaHaran. UAbram wathabatha uSarayi umkakhe, noLote unyana womninawa wakhe, nengqwebo yabo yonke ababeyiqwebile, nabantu ababebafumene kwelakwaHaran; baphuma ke besiya ezweni lakwaKanan, bafika ke ezweni lakwaKanan. UA- 6 bram wacanda ilizwe, wada waya kwindawo enoShekem, wada waya eMokini* kaMore. AmaKanan abekho ngelo xesha kulo ilizwe. UYehova 7 wabonakala kuAbram, wathi, Imbewu yakho ndiya kuyinika eli lizwe. Wamakhela khona isibingelelo uYehova, owabonakalayo kuye. Wesuka khona 8 waya entabeni ngasempumalanga, eBheteli, wayitwabulula intente yakhe, iBheteli ingasentshonalanga, iAyi ingasempumalanga; wamakhela khona isibingelelo uYehova, wanqula igama likaYehova. Wanduluka uAbram, ehamba 9 encothula, esinga kwelasezantsi.

UAbram eYiputa

Kwabakho indlala ezweni. Wehla 10 uAbraham waya eYiputa, ukuze aphambukele khona; ngokuba indlala ibinzima elizweni.

Kwathi, akusondela ukuba angene 11 eYiputa, wathi kuSarayi umkakhe, Uyabona ke, ndiyazi ukuba ungumfazi omhle imbonakalo. Kothi ke, akuku- 12 bona amaYiputa, athi, Ngumkakhe lo; andibulale, akuyeke wena udle ubomi. Uze uthi, ùngudade wethu wena; 13 ukuze kulunge kum ngenxa yakho, umphefumlo wam udle ubomi ngenxa enawe.

Kwathi, akufika uAbram eYiputa, 14 ambona amaYiputa umfazi ukuba uyinzwakazi. Bambona abathetheli baka- 15 Faro, bamdumisa kuFaro; umfazi wasiwa endlwini kaFaro. Wamphatha 16 ngokulungileyo uAbram ngenxa yakhe; wanempahla emfutshane, neenkomo, namaesile, nabakhonzi, nabakhonzazana, neemazi zamaesile, neenkamela. UYehova wambetha uFaro nendlu ya- 17 khe ngezibetho ezikhulu ngenxa kaSarayi, umka-Abram. UFaro wambiza 18 uAbram wathi, Yintoni na le uyenzileyo kum? Yini na ukuba unga-

IGENESIS 12-14

19 ndixeleli ukuba ngumkakho? Yini na ukuba uthi, ngudade wenu? Ndamthabatha ukuba abe ngumfazi wam. Ngoku ke nanko umkakho, mthabathe
20 uhambe. UFaro wawawisela umthetho amadoda ngaye; amkhapha yena nomkakhe, nezinto zakhe zonke.

Ukwahlukana kuka-Abram noLote

13 Wenyuka uAbram, ephuma eYiputa, yena nomkakhe, neento zakhe zonke, enoLote, esinga kwelasezantsi.
2 UAbram waye esisityebi kunene ngemfuyo, nangesilivere, nangegolide.
3 Wahamba encothula, esuka kwelasezantsi, wafika eBheteli, kuloo ndawo yayikhona intente yakhe matanci, phakathi
4 kweBheteli neAyi, endaweni yesibingelelo awasenzayo khona ekuqaleni. UAbram walinqula khona igama lika Yeho-
5 va. Naye uLote, obehamba noAbram, waye enempahla emfutshane, neenko-
6 mo, neentente. Ilizwe elo alaba nakubathwala, ukuba bahlale ndawonye; ngokuba impahla yabo yayininzi, ababa
7 nakuhlala ndawonye. Kwabakho ukubambana phakathi kwabalusi bemfuyo ka-Abram nabalusi bemfuyo kaLote. Ngelo xesha ilizwe lalimiwe ngama-Kanan namaPerizi.
8 UAbram wathi kuLote, Makungabikho mbambano kaloku phakathi kwam nawe, naphakathi kwabalusi bam nabalusi bakho; ngokuba singamadoda
9 azalanayo. Aliphambi kwakho na ilizwe lonke? Khawahluke kum; ukuba uya ekhohlo, ndoya ekunene, ukuba uya
10 ekunene, ndoya ekhohlo. ULote waphakamisa amehlo akhe, wawukhangela wonke ummandla waseYordan, ngokuba ubunamanzi wonke, engekayonakalisi uYehova iSodom neGomora, unjengomyezo kaYehova, unjengelizwe lase-
11 Yiputa, usingise eTsohare. ULote wawunyula wonke ummandla waseYordan; wanduluka uLote waya ngasempu-
12 malanga; bahlukana ke. UAbram wahlala ezweni lakwaKanan; uLote wahlala emizini yaloo mmandla, wayisonde-
13 zela eSodom intente yakhe. Ke kaloku amadoda aseSodom ayengabenzi bobubi, engaboni abakhulu kuYehova.

Wathi uYehova kuAbram, emveni 14 kokuba uLote ahlukane naye, Khawuwaphakamise amehlo akho ukuloo ndawo ukuyo, ubhekise entla, nasezantsi, nasempumalanga, nasentshonalanga; ngokuba lonke ilizwe olibonayo ndiya 15 kulinika wena, nembewu yakho, kude kuse ephakadeni; ndiyènze imbewu 16 yakho ibe njengothuli lomhlaba, angáthi ubani enako ukulubala uthuli lomhlaba, ayibale nembewu yakho. Suka, 17 ulihambe ilizwe ngobude balo nangobubanzi balo; ngokuba ndiya kulinika wena.

Wancothula uAbram intente yakhe, 18 waya wahlala ngaseMiokini* kaMamre eseHebron, wakhela khona uYehova isibingelelo.

Imfazwe yookumkani; ukuthinjwa kukaLote nokuhlangulwa kwakhe

14 Kwathi ngemihla ka-Amrafele ukumkani waseShinare, noAriyoki ukumkani wase-Elazare, noKedorlahomere ukumkani wakwaElam, noTidali ukumkani wamaGoyi,* benza imfazwe 2 noBhera ukumkani waseSodom, no-Bhirsha ukumkani waseGomora, no-Shinabhi ukumkani waseAdama, no-Shemebhere ukumkani waseTsebhoyim, nokumkani waseBhela, eyiTsohare. Bonke abo baqukana entilini yaseSidim, 3 eluLwandle lweTyuwa. Iminyaka eli- 4 shumi elinamibini bakhonza uKedorlahomere, bathi ngomnyaka weshumi elinantathu bagwilika. Ngomnyaka we- 5 shumi elinaminé weza uKedorlahomere nookumkani ababanaye, bawatshabalalisa amaRafa eAshtaroti-karnayim, namaZuzi eHam, namaEma ethafeni lase-Kiriyatayim, namaHori entabeni yawo 6 yakwaSehire, kwasà kwiElparan, engasentlango. Bajika, beza e-En-mishpati 7 eyiKadeshe, balitshabalalisa lonke ilizwe lakwa-Amaleki, nama-Amori abehleli eHatsetson-tamare. Waphuma uku- 8 mkani waseSodom, nokumkani wase-Gomora, nokumkani waseAdama, no-

IGENESIS 14–15

kumkani waseTsebhoyim, nokumkani waseBhela, eyiTsohare, bakha uluhlu lokulwa nabo entilini yase-
9 Sidim; noKedorlahomere ukumkani wakwaElam, noTidali ukumkani wamaGoyi, noAmrafele ukumkani waseShinare, noAriyoki ukumkani wase-Elazare: ookumkani abahlanu balwa nabané.
10 Ke intili yaseSidim yaye iyimingxuma yodwa yebhitumene;* basaba ookumkani, owaseSodom, nowaseGomora, beyela khona, amasalela asabela enta-
11 beni. Bayithabatha yonke impahla yaseSodom, neGomora, nako konke uku-
12 dla kwabo, bemka. Bamthabatha noLote, nempahla yakhe, unyana womninawa ka-Abram, bemka; kuba wayehleli eSodom.
13 Wafika osindileyo, waxelela uAbram, umHebhere; yena ebehleli eMíokini* kaMamre umAmori, umzalwana ka-Eshkoli, nomzalwana ka-Anere; bona ke
14 bebengamanqophisana noAbram. Weva ke uAbram, ukuba uthinjiwe umzalwana wakhe, wawaphalaza *amadoda* akhe aqeqeshiweyo, azalelwe endlwini yakhe, angamakhulu mathathu aneshumi elinesibhozo, wasukela, waya kufika kwaDan.
15 Wawahlulahlula, wabawela ebusuku, yena nabakhonzi bakhe, wabagxotha, wabasukela wasa eHobha, engasekhohlo
16 kweDamasko. Wazibuyisa zonke iimpahla, kwanoLote umzalwana wakhe, wazibuyisa neempahla zakhe, kwanabafazi nabantu.
17 Waphuma ukumkani waseSodom, esiya kumkhawulela ekubuyeni kwakhe ekutshabalaliseni uKedorlahomere, nookumkani ebabenaye, entilini yeShave, eyintili yookumkani.

UMelkitsedeke usikelela uAbram

18 UMelkitsedeke,* umkukani waseSalem, waphuma enesonka newayini; ubengumbingeleli kaThixo Osenya-
19 ngweni. Wamsikelela wathi, Makasikelelwe uAbram nguThixo Osenyangweni,
20 uMninimazulu nehlabathi! Makabongwe uThixo Osenyangweni obanikeleyo ababandezeli bakho esandleni sakho. UAbram wamnika isishumi seento zonke.

21 Wathi ukumkani waseSodom, kuAbram, Ndinike abantu, uthabathe impahla.
22 Wathi uAbram kukumkani waseSodom, Isandla sam ndisiphakamisele kuYehova uThixo Osenyangweni, uMninimazulu nehlabathi, ukuba
23 andiyi kuthabatha nosinga, nokuba ngumtya wembadada, ukuba andiyi kuthabatha kuko konke okwakho; ukuze ungàtsho ukuthi, Mna nidimtyebisile uAbram. Makungabikho nto
24 iyeyam, kuphela ibe yile nto idliweyo ngabafana, nesabelo samadoda abehamba nam, uAnere, noEshkoli, noMamre; wona makasithabathe isabelo sawo.

UThixo uthembisa uAbram ngendlamafa nangelizwe lakwaKanan

15 Emveni kwezo zinto, lafika ilizwi likaYehova kuAbram ngombono, lisithi, Musa ukoyika, Abram; ndiyingweletshetshe yakho, umvuzo wakho omkhulu kunene. Wathi uAbram, 2 Nkosi yam, Yehova, wondinika ntoni na? Ndihamba ndingenamntwana; indlamafa yendlu yam ngulo Eliyezere waseDamasko. Wathi uAbram, Yabo- 3 na, akundinikanga mbewu; yabona, umntu ongowendlu yam uya kuba yindlamafa yam.

Nâlo ilizwi likaYehova lifika kuye, 4 lisithi, Akayi kuba yindlamafa yakho lo; ngoya kuphuma ezibilini zakho, yena oya kuba yindlamafa yakho. Wamsa 5 phandle, wathi, Khawubheke phezulu ezulwini, uzibale iinkwenkwezi, ukuba unokuzibala; wathi kuye, Iya kuba njalo ke imbewu yakho. Wakholwa kuYeho- 6 va; oko wakubalela ebulungiseni kuye.

Idinga lizinyaswa ngomnqophiso

Wathi kuye, NdinguYehova owaku- 7 khuphayo eUre yamaKaledi, ukuba ndikunike eli lizwe, ulidle ilifa.
Wathi yena, Nkosi, Yehova, ndiya 8 kwazi ngantoni na, ukuba ndiya kulidla ilifa? Wathi kuye, Ndithabathele itho- 9 kazi eliminyaka mithathu, nemazi yebhokhwe eminyaka mithathu, nenkunzi yemvu eminyaka mithathu, nehobe, negobo levukuthu. Wamthabathela ke 10

IGENESIS 15–16

zonke ezo zinto, wazicanda kubini, wazibeka izahlulo, esinye sakhangelana nesinye; ke zona iintaka akazicanda.
11 Ehla amaxhalanga phezu kwezidumbu, wawaphekuza uAbram.
12 Kwathi, xa litshonayo ilanga, efikelwe uAbram bubuthongo obukhulu, wabona efikelwa kukothuka nabubumnyama
13 obukhulu. Wathi kuAbram, Yazi ke, ukuba imbewu yakho iya kuba ngumphambukeli ezweni elingelayo, ibakhonze abo, bayicinezele, iminyaka
14 emakhulu mané. Kananjalo uhlanga eya kulukhonza ndiya kulugweba; emveni koko iya kuphuma ineempahla
15 ezininzi. Ke wena uya kuya kooyihlo unoxolo; ungcwatywe uyingwevu enku-
16 lu. Kwesesiné isizukulwana iya kubuyela apha, kuba ubugwenxa bamaAmori abukazaliseki.
17 Kwathi, lakuba litshonile ilanga, kwakuba sithokothoko, wabona kukho iziko eliqhumayo, elinelangatye elidangazelayo, elacanda phakathi kwezo zahlulo.
18 Ngaloo mini ke uYehova wenza umnqophiso noAbram, wathi, Imbewu yakho ndiyiniké eli lizwe, lithabathele emlanjeni waseYiputa, lise emlanjeni
19 omkhulu, emlanjeni ongumEfrati: ama-
20 Keni, namaKinazi, namaKadimon, na-
21 maHeti, namaPerizi, namaRafa, namaAmori, namaKanan, namaGirigashi, namaYebhusi.

Intsabo kaHagare emka kuSarayi;
ukuzalwa kukaIshmayeli

16 Ke kaloku uSarayi umka-Abram ubengamzaleli *mntwana.* Waye enomkhonzazana ongumYiputazana, o-
2 gama belinguHagare. Wathi uSarayi kuAbram, Yabona, uYehova undivingcile ukuba ndingazali; khawungene kumkhonzazana wam lo, mhlawumbi ndingakheka ngaye. Waliphulaphula
3 uAbram izwi likaSarayi. Wathi uSarayi, umka-Abram, wamthabatha uHagare umYiputazana, umkhonzazana wakhe, emveni kokuba uAbram wayehleli iminyaka elishumi ezweni lakwaKanan,

wamnika uAbram indoda yakhe ukuba abe ngumkakhe. Wamngena ke uHa- 4
gare, wamitha; akubona ukuba umithi, inkosikazi yakhe yacukucezeka emehlweni akhe.
Wathi uSarayi kuAbram, Ukoniwa 5 kwam makube phezu kwakho; umkhonzazana wam ndimnike mna esifubeni sakho; úthe akubona ukuba umithi, ndacukucezeka emehlweni akhe; uYehova makagwebe phakathi kwam nawe.
Wathi uAbram kuSarayi, Yabona, u- 6 mkhonzazana wakho usesandleni sakho; yenza kuye okulungileyo emehlweni akho. USarayi wamcinezela, wabaleka wemka ebusweni bakhe.

Ke kaloku isithunywa sikaYehova 7 samfumana ngasemthonjeni wamanzi entlango, ngasemthonjeni osendleleni eya eShure. Sathi, Hagare, mkhonza- 8
zana kaSarayi, uvela phi na, usiya phi na? Wathi, Ndibaleké ndemka ebusweni bukaSarayi, inkosikazi yam. Sathi isi- 9
thunywa sikaYehova kuye, Buyela kwinkosikazi yakho, uzithobe phantsi kwesandla sayo. Sathi isithunywa sika- 10
Yehova kuye, Ndiya kuyandisa kakhulu imbewu yakho, ingábalwa ngenxa yobuninzi. Sathi isithunywa sikaYehova 11
kuye, Yabona ùmithi; uya kuzala unyana, umthiye igama elinguIshmayeli,* ngokuba uYehova uzivile iintsizi zakho.
Yena uya kuba ngumntu onjenge-esile 12 lasendle ukundweba; isandla sakhe siya kuchasana nabantu bonke, isandla sabantu bonke sichasane naye; ahlale ebusweni babazalwana bakhe bonke.
Walibiza igama likaYehova, obethe- 13
tha naye, wathi, ÙnguThixo ozibonakalisayo. Ngokuba wathi, Ndisabona na nalapha, emveni kokuba ndimbonile? Ngenxa yoko walithiya elo qula igama 14
lokuthi liQula likaPhila-ebonile; nâlo phakathi kweKadeshe neBherede.
UHagare wamzalela uAbram unya- 15
na; uAbram ukumthiya igama unyana wakhe, lowo abemzalele yena uHagare, wathi nguIshmayeli. UAbram ubemi- 16
nyaka imashumi asibhozo anamithandathu ezelwe, oko uHagare wamzalelayo uAbram uIshmayeli.

IGENESIS 17

Umnqophiso wolwaluko

17 Kwathi, uAbram akuba minyaka imashumi asithoba anesithoba ezelwe, uYehova wabonakala kuAbram, wathi kuye, NdinguThixo uSomandla; hamba phambi kwam ube ngogqibele-2 leyo. Ndiya kuwubeka umnqophiso wam phakathi kwam nawe, ndikwandise ka-3 khulu kunene. Wawa uAbram ngobuso bakhe.
4 UThixo wathetha naye, esithi, Mna, yabona, umnqophiso wam unawe; ùya kuba nguyise wengxokolo yeentlanga.
5 Kananjalo akusayi kuthiwa igama lakho nguAbram;* igama lakho liya kuba ngu-Abraham,* ngokuba ndikwenzé uyise
6 wengxokolo yeentlanga; ndiya kukuqhamisa kakhulu kunene, ndikwenze iintla-7 nga, kuphume ookumkani kuwe; ndiwumise umnqophiso wam phakathi kwam nawe, naphakathi kwembewu yakho emva kwakho kwizizukulwana zayo, ube ngumnqophiso ongunaphakade, wokuba ndibe nguThixo kuwe, nakwimbewu
8 yakho emva kwakho; ndilinike wena nembewu yakho emva kwakho ilizwe lokuphambukela kwakho, lonke ilizwe eli lakwaKanan, ukuba libe yinto yenu ngonaphakade, ndibe nguThixo wabo.
9 Wathi uThixo kuAbraham, Wena ke, umnqophiso wam wowugcina, nembewu yakho emva kwakho kwizizukulwana
10 zabo. Nguwo lo umnqophiso wam eniya kuwugcina phakathi kwam nani, nembewu yakho emva kwakho: wokuba yonke into eyindoda kuni yalùswe;
11 nalùswe inyama yokwalùswa; oko kube ngumqondiso womnqophiso ophakathi
12 kwam nani. Unyana omihla isibhozo makalùswe kuni, yonke into eyindoda kwizizukulwana zenu, ezelwe endlwini, nezuzwe ngemali kubani wolunye uhlanga, ongengowembewu yakho yena.
13 Makalùswe ozelwe endlwini yakho, nozuzwe ngemali yakho; umnqophiso wam enyameni yenu uya kuba ngu-14 mnqophiso ongunaphakade. Into eyindoda engalukileyo, enyama yokwalùswa ingalùswanga, loo mphefumlo ma-wunqanyulwe, ungabikho ebantwini bakowawo; ùwaphùle umnqophiso wam.

Wathi uThixo kuAbraham, USarayi 15 umkakho akuyi kumbiza ngegama lokuba nguSarayi;* igama lakhe loba ngu-Sara.* Ndiya kumsikelela; kananjalo 16 ndikùnike unyana ngaye, ndimsikelele, abe ziintlanga, kuphume ookumkani bezizwe kuye.

UAbraham wawa ngobuso bakhe, 17 wahleka, wathi entliziyweni yakhe, Azi umntu ominyaka ilikhulu wozalelwa na? Azi uSara, intokazi eminyaka imashumi asithoba, angazala na? Wa-18 thi uAbraham kuThixo, Wanga u-Ishmayeli angadla ubomi phambi kwakho!

Wathi uThixo, Ewe, uSara umkakho 19 ùya kukuzalela unyana, umbize ngegama lokuba nguIsake;* ndíwumise umnqophiso wam naye, ube ngumnqophiso ongunaphakade kwimbewu yakhe emva kwakhe. Ngokusingisele ku-20 Ishmayeli ndikuvile; ùyabona, ndimsikelele, ndimqhamisile, ndimandisile kakhulu kunene. Uya kuzala izikhulu ezilishumi elinazibini, ndimènze uhlanga olukhulu. Umnqophiso wam wona 21 ndowumisa noIsake, oya kumzalelwa nguSara ngeli xesha nyakenye. Wagqi-22 ba ukuthetha naye. Wenyuka uThixo esuka kuAbraham.

UAbraham wamthabatha uIshmayeli 23 unyana wakhe, nabo bonke abazalelwe endlwini yakhe, nabo bonke abazuzwe ngemali yakhe, yonke into eyindoda phakathi kwabantu bendlu ka-Abraham, wayalùsa inyama yokwalùswa kwangaloo mini, njengoko abethethile uThixo kuye. UAbraham ebeminyaka imashu-24 mi asithoba anesithoba ezelwe, ukwalùswa kwenyama yokwalùswa. UIshma-25 yeli, unyana wakhe, ebeminyaka ilishumi elinamithathu ezelwe, ukwalùswa kwenyama yokwalùswa. Kwangaloo 26 mini walùswa uAbraham, noIshmayeli unyana wakhe. Nawo onke amadoda 27 endlu yakhe, azalelwe endlwini *yakhe*, nazuzwe ngemali kubani wolunye uhlanga, alùswa kunye naye.

IGENESIS 18

UAbraham wamkela izithunywa ezithathu

18 UYehova wabonakala kuye eMiokini* kaMamre, ehleli emnyango
2 wentente, ekufudumaleni kwemini. Wawaphakamisa amehlo akhé, wabona, nango amadoda amathathu emi ngakuye. Wabona, wagidima, eya kuwakhawulela, esuka emnyango wentente.
3 Waqubuda emhlabeni, wathi, Nkosi yam, ukuba kaloku ndibabalwe nguwe, musa ukudlula umke kumkhonzi wakho.
4 Makhe kuthatyathwe intwana yamanzi, nihlambe iinyawo zenu, ningqengqe
5 phantsi komthi lo; ndithabathe iqhekeza lesonka, nixhase iintliziyo zenu; kamva nodlula; kuba nize kudlula ngenxa yoko kumkhonzi wenu. Athi,
6 Yenza ngoko uthethe ngako. Wakhawuleza uAbraham, waya ententeni kuSara, wathi, Khawuleza, uxovule iiseha* ezintathu zomgubo ocoliweyo, wenze
7 amaqebengwana ezonka. Wagidima waya ezinkomeni uAbraham, wathabatha ithole lenkomo, lithambile, lilungile, wanika umfana, wakhawuleza
8 ukulilungisa. Wathabatha amasi, nobisi, nethole lenkomo abelilungisile, wabeka phambi kwawo, wema ngakuwo phantsi komthi lowo, adla.
9 Athi kuye, Úphi na uSara umkakho?
10 Wathi, Nanko ententeni. Yathi, Ndiya kubuyela kuwe, lakubuya eli xesha; yabona, uSara umkakho uya kuba nonyana. Weva uSara esemnyango we-
11 ntente, wona esemva kwayo. Ke kaloku uAbraham noSara babesebaluphele, sebekhulile; kusekunqamkile
12 kuSara okwendlela yabafazi. USara wahleka ngaphakathi kwakhe, esithi, Emveni kokuba ndihagele, ndisaya kuyolelwa na, nenkosi yam yaluphele
13 nje? Wathi uYehova kuAbraham, Yini na ukuba uSara ahleke, esithi, Kuhleliwe nje ndiya kuzala na ndaluphele
14 nje mna? Kukho nto ingamnqabelayo na uYehova? Ngexesha elimisiweyo ndiya kubuyela kuwe, lakubuya eli
15 xesha, uSara abe nonyana. Wakhanyela uSara, esithi, Andihlekanga; kuba ebesoyika. Wathi yena, Hayi, ùhlekile.

UAbraham uthandazela iSodom

16 Asuka ke amadoda lawo ondela eSodom; uAbraham ehamba nawo, ewa-
17 phelekelela. Wathi uYehova, Ndomfihlela na uAbraham into endiza kuye-
18 nza? Kanti uAbraham uya kuthi abe luhlanga olukhulu, olunamandla, zisikeleleke ngaye iintlanga zonke zehla-
19 bathi. Kuba ndazé yena, ukuze abawisele umthetho abantwana bakhe, nendlu yakhe emva kwakhe, bagcine indlela kaYehova, benze ubulungisa nokusesikweni, ukuze uYehova amenzele uAbraham into ayithethileyo kuye.
20 Wathi uYehova, Isikhalo saseSodom neGomora sisikhulu nje, nesono sayo sinzima kunene nje, ndiya kukha ndihle,
21 ndikhangele ukuba baphelelisile na ngokwesikhalo sayo esifikileyo kum; ukuba akunjalo, ndazi.
22 Ajika apho amadoda lawo, asinga eSodom; ke yena uAbraham wayesemi phambi koYehova. Wasondela uAbra-
23 ham, wathi, Ungáde ubhebhethe olilungisa kunye nongendawo yini na? Hi,
24 kwakho amashumi amahlanu amalungisa phakathi komzi; ungáde uyibhebhethe, ungayixoleli, loo ndawo yini na, ngenxa yamalungisa amashumi mahlanu akuyo? Makube lee kuwe
25 ukwenza ngokwendawo enjalo ukubulala olilungisa kunye nongendawo, ilungisa libe njengongendawo; makube lee kuwe. Umgwebi wehlabathi lonke akayi kwenza okusesikweni yini na? Wathi uYehova, Ukuba ndithe ndafu-
26 mana eSodom amalungisa amashumi mahlanu phakathi komzi, ndoyixolela yonke loo ndawo ngenxa yawo.
27 Waphendula uAbraham, wathi, Khawubone, sendide ndathetha eNkosini, ndiluthuli nothuthu. Hi ke, kwaswe-
28 leka isihlanu kumalungisa amashumi mahlanu, wowonakalisa ngenxa yesihlanu yini na wonke umzi? Yathi, Andiyi kuwonakalisa, ukuba ndithe ndifumana khona amashumi omané anesihlanu. Waphinda kanjalo wathetha ku- 29

ye, wathi, Hi ke, kwafunyanwa khona amashumi omané? Yathi, Andiyi kukwenza ngenxa yamashumi omané.
30 Wathi, Mayingabi namsindo iNkosi, khe ndithethe. Hi ke, kwafunyanwa khona amashumi omathathu? Yathi, Andiyi kukwenza, ukuba ndithe ndafumana khona amashumi omathathu.
31 Wathi, Khawubone, sendide ndathetha eNkosini. Hi ke, kwafunyanwa khona amashumi omabini? Yathi, Andiyi kuwonakalisa ngenxa yamashumi omabini.
32 Wathi, Mayingabi namsindo iNkosi, khendithethe esi sihlandlo sodwa. Hi ke, kwafunyanwa khona ishumi elinye? Yathi, Andiyi kuwonakalisa ngenxa yeshumi elinye.
33 Wemka uYehova, akugqiba ukuthetha kuAbraham; uAbraham wabuyela endaweni yakhe.

ULote wamkela izithunywa ezibini eSodom

19 Zafika izithunywa ezo zozibini eSodom ngokuhlwa, uLote ehleli esangweni leSodom. ULote wazibona, wesuka waya kuzikhawulela, waqubuda
2 ngobuso emhlabeni. Wathi, Khanibone, zinkosi zam! Khaniphambukele endlwini yomkhonzi wenu, nilale, nihlambe iinyawo zenu, nivuke kusasa, nihambe indlela yenu. Zathi, Hayi, solala
3 esitratweni. Wazijoka kunene, zaphambukela kuye, zangena endlwini yakhe; wazenzela isidlo, woja nezonka ezingenagwele, zadla.

4 Ke kaloku, zingekalali, amadoda aloo mzi, amadoda aseSodom, ayirhawula indlu, ethabathela kumfana esa kwixhego, bonke abantu bevela nasekupheleni
5 kwawo. Bambiza uLote, bathi kuye, Aphi na amadoda angene kuwe ngobu busuku? Wakhuphele kuthi, siwazi.
6 Waphuma uLote waya kubo emnyango,
7 waluvala ucango emva kwakhe, wathi, Musani ukwenza into embi, bazalwana.
8 Khanibone, ndineentombi ezimbini ezingazani nandoda; mandikhuphele zona kuni, nenze kuzo ngoko kulungileyo emehlweni enu. Ke kula madoda musani ukwenza nto, kuba angene ngenxa yoko emthunzini wophahla lwam.

Bathi, Khwelela; batsho bathi, Lo 9 wezayo ngokuphambukela uhlala egweba; ngoku sokuphatha kakubi wena kunawo. Besuka indulumbane phezu kwendoda uLote, basondela, beza kuluqhekeza ucango. Amadoda lawo aso- 10 lula isandla sawo, amngenisa uLote kuwo endlwini, aluvala ucango. Awa- 11 betha ngobumfama amadoda abesemnyango wendlu, ethabathela kwencinane esa kwenkulu, azidinisa ke ukufuna umnyango.

Ukutshatyalaliswa kweSodom neGomora; intsabo kaLote

Athi amadoda lawo kuLote, Ùsena- 12 bani na apha? Umyeni, noonyana bakho, neentombi zakho, nabo bonke onabo kulo mzi, bakhuphe kule ndawo; ngokuba siya kuyonakalisa le ndawo, 13 ngokuba sikhulu isikhalo sabo ebusweni bukaYehova. UYehova usithume ukuba siyonakalise. Waphuma 14 uLote, wathetha kubayeni beentombi zakhe, abaya kuzeka iintombi zakhe, wathi, Sukani, niphume kule ndawo; ngokuba uYehova uya kuwonakalisa lo mzi. Ùsuke waba njengohlekisayo emehlweni abayeni beentombi zakhe.

Izithunywa zamngxamisa uLote nge- 15 sifingo, zathi, Vuka, thabatha umkakho, neentombi zakho zombini, aba banokufumaneka, hleze ubhebhethwe ngobugwenxa baló mzi. Wazilazila; ama- 16 doda abamba isandla sakhe, nesandla somkakhe, nesandla seentombi zakhe zombini; uYehova emvela, amkhupha, amyeka ngaphandle komzi.

Akuba emkhuphele phandle, athi, 17 Zisindise ngenxa yomphefumlo wakho. Musa ukubheka emva kwakho, musa ukuma kuwo wonke lo mmandla; zisindise ngokuya entabeni, hleze ubhebhethwe. Wathi kuwo uLote, Hayi, 18 Nkosi yam. Khawubone, umkhonzi 19 wakho umbabale. Ùyikhulisile inceba yakho ondenzeleyo, ukuba uwusindise umphefumlo wam; mna ke andinako

IGENESIS 19-20

ukuzisindisa ngokuya entabeni, hleze
20 ndinanyathelwe bububi, ndife. Khawubone, lo mzi ukufuphi, ukuba kubalekelwe kuwo, mncinane; ndanga ndingazisindisa ngokuya kuwo (awumncinane
21 na?), usinde umphefumlo wam. Wathi kuye, Yabona, ndikunonelele nangale nto, ukuba ndingawubhukuqi lo
22 mzi uthethe ngawo. Khawuleza, zisindise ngokuya khona, kuba andinakwenza nto ude ufike khona. Ngenxa yoko igama laloo mzi kwathiwa yiTsohare.*
23 Ilanga lalise liphumile phezu kwehlabathi, ukufika kukaLote eTsohare.

24 Wanisa ke uYehova phezu kweSodom neGomora isulfure nomlilo ophuma ku-
25 Yehova emazulwini; wayibhukuqa loo mizi, nawo wonke loo mmandla, nabo bonke abemi baloo mizi, nesihlumo so-
26 mhlaba. Kodwa umkakhe, esemva kwakhe, wakhangela ngasemva, waba yintsi-
27 ka yetyuwa. UAbraham wavuka kusasa, waya kuloo ndawo wayemi kuyo ebu-
28 sweni bukaYehova. Wondela eSodom neGomora, nakulo lonke ilizwe laloo mmandla. Wakhangela; nango unyuka umsi welo zwe, njengomsi weziko lemfutho.

29 Kwathi, xenikweni uThixo wayonakalisayo imizi yaloo mmandla, uThixo wamkhumbula uAbraham, wamkhupha uLote phakathi kobhukuqo olo, ekuyibhukuqeni imizi leyo abehleli kuyo uLote.

30 Wenyuka uLote ephuma eTsohare, wahlala entabeni, eneentombi zakhe zombini, kuba ebesoyika ukuhlala eTsohare; wahlala emqolombeni, yena nee-
31 ntombi zakhe zombini. Yathi eyamazibulo kwencinane, Ubawo waluphele; akukho ndoda ezweni apha yokusingena
32 ngokwendlela yehlabathi lonke; yiza, simseze ubawo iwayini, silale naye, si-
33 gcine imbewu ngobawo. Zamseza ke uyise iwayini ngobo busuku; yangena eyamazibulo, yalala noyise; akayazanga yena ukulala kwayo nokuvuka kwayo.
34 Kwathi ngengomso, yathi eyamazibulo kwencinane, Yabona, ndilele nobawo phezolo; masimseze iwayini nangobu busuku, ungene, ulale naye, ukuba si- 35 gcine imbewu ngobawo. Zamseza ke uyise iwayini nangobo busuku, yasuka encinane yalala naye; akayazanga yena ukulala kwayo nokuvuka kwayo.

Zamitha zombini iintombi zikaLote 36 ngoyise. Eyamazibulo yazala unyana, 37 yambiza ngegama elinguMowabhi;* yena nguyise wamaMowabhi unanamhla. Nencinane yazala unyana, ya- 38 mbiza ngegama elinguBhen-ami;* yena nguyise wonyana baka-Amon unanamhla.

UAbraham ukhanyela ukuba uSara ungumkakhe

20 Ke kaloku uAbraham wanduluka apho, waya ezweni lasezantsi, wahlala phakathi kweKadeshe neShure, waphambukela eGerare. Wathi u- 2 Abraham ngoSara umkakhe, Ngudade wethu. UAbhimeleki ukumkani waseGerare wathuma, wamthabatha uSara.

Weza uThixo kuAbhimeleki ngephu- 3 pha ebusuku, wathi kuye, Uyabona, ufile ngenxa yomfazi omthabathileyo; ngumkamntu. Ke uAbhimeleki ube- 4 ngasondelanga kuye; wathi, Nkosi, nolunobulungisa uhlanga wòlubulala, yini na? Akatshongo na yena kum 5 ukuthi, Ngudade wethu, naye ngokwakhe wathi, Ngumnakwethu? Le nto ndiyenzé ngentliziyo yam ígqibelele, nangezandla zam zimsulwa. Wathi 6 uThixo kuye ngephupha, Nam ndiyazi ukuba uyenzé le nto ngentliziyo yakho igqibelele. Ndakunqanda nam, ukuba ungoni kum; ngenxa yoko andikuvumelanga ukuba umchukumise. Ngoko 7 mbuyise umfazi wale ndoda, ngokuba ingumprofeti; yókuthandazela ukuba uphile; ukuba uthe akwambuyisa, yazi ukuba ùya kufa, wena nabo bonke onabo.

Wavuka kwakusasa uAbhimeleki, wa- 8 babiza bonke abakhonzi bakhe, wawathetha onke la mazwi ezindlebeni zabo. Oyika kakhulu loo madoda. UAbhi- 9 meleki wambiza uAbraham, wathi kuye, Yintoni na le nto uyenzileyo kuthi? Ndikoné ngantoni na, ukuba undizisele

IGENESIS 20–21

mna nobukumkani bam isono esingaka? Wenzé kum izenzo ezingezakwenziwa.
10 Wathi uAbhimeleki kuAbraham, Ubone
11 ntoni na, ukuba uyenze le nto? Wathi uAbraham, Ndithe, akukho kanye ukoyika uThixo kule ndawo; baya kundibu-
12 lala ngenxa yomkam. Okwenene ngudade wethu; yintombi kabawo, kodwa akantombi kama, waba ngumkam ke.
13 Kwathi, uThixo akundiphambukisa, andikhuphe endlwini kabawo, ndathi kuye, Nantsi inceba owondenzela yona: ezindaweni zonke esofika kuzo, uze uthi ngam, Ngumnakwethu.
14 UAbhimeleki wathabatha impahla emfutshane, neenkomo, nabakhonzi, nabakhonzazana, wanika uAbraham; wambuyisela uSara umkakhe kuye.
15 Wathi uAbhimeleki, Nali ilizwe lam, liphambi kwakho; hlala apho kulungileyo
16 emehlwini akho. Wathi kuSara, Yabona, umnakwenu ndimnike iwaka lesilivere; yabona, sisigqubuthelo samehlo kuwe, ngokusingisele kubo bonke abanawe; naphakathi kwabo bonke úgwetyelwe.
17 Wathandaza uAbraham kuThixo; uThixo wamphilisa uAbhimeleki, nomkakhe, nabakhonzazana bakhe, bazala.
18 Ngokuba uYehova ubezivingcile kanye zonke izizalo endlwini ka-Abhimeleki, ngenxa kaSara, umka-Abraham.

Ukuzalwa kukaIsake

21 Ke kaloku uYehova wamvelela uSara njengoko ebetshilo; uYehova wamenzela uSara njengoko abe-
2 kuthethile. Wamitha ke uSara, wamzalela uAbraham unyana ekwaluphaleni kwakhe, ngexesha elimisiweyo abe-
3 lithethile uThixo kuye. UAbraham wamthiya loo nyana wakhe abemzalelwe, awamzalayo uSara, igama elinguIsake.*
4 UAbraham wamalùsa uIsake unyana wakhe, akuba ntsuku zisibhozo ezelwe, njengoko uThixo abemwisele umthetho.
5 UAbraham ube eminyaka ilikhulu, ukuzalelwa kwakhe uIsake unyana
6 wakhe. Wathi uSara, Úndihlekisile uThixo; bonke abakuvayo oku baya
7 kuhleka nam. Wathi, Nugbani na obengátshoyo kuAbraham ukuthi, uSara wanyisa abantwana? Ngokuba ndimzalele unyana ekwaluphaleni kwakhe. Wakhula umntwana, walunyu- 8 lwa; uAbraham wenza isidlo esikhulu mhlana walunyulwayo uIsake.

Ukugxothwa kukaHagare noIshmayeli

USara wambona unyana kaHagare 9 umYiputazana, awamzalela uAbraham, ehlekisa. Wathi kuAbraham, Mgxothe 10 umkhonzazana nonyana wakhe; kuba unyana waló mkhonzazana akayi kulidla ilifa ndawonye nonyana wam uIsake. Lâlibi kunene elo zwi emehlweni ka- 11 Abraham ngenxa yonyana wakhe. Wa- 12 thi uThixo kuAbraham, Malingabi libi emehlweni akho ngenxa yenkwenkwe, nangenxa yomkhonzazana wakho. Entweni yonke ayithethileyo uSara kuwe, phulaphula izwi lakhe, ngokuba iya kuba ngoIsake lo imbewu kuwe. Kananjalo 13 unyana womkhonzazana ndiya kumenza uhlanga, ngokuba eyimbewu yakho.

Wavuka kusasa uAbraham, watha- 14 batha isonka nentsuba yamanzi, wanika uHagare, ebeka emagxeni akhe, nenkwenkwe, wamndulula. Wemka ke, wandwendwela entlango yaseBher-shebha. Aphela amanzi entsubeni, wayi- 15 phosa inkwenkwe phantsi kwetyholo. Waya wahlala phantsi malunga nayo, 16 umgama ongangowokutola ngotolo; kuba wathi, Mandingakuboni ukufa kwenkwenkwe. Wahlala phantsi malunga nayo ke, waphakamisa izwi lakhe, walila. Waliva uThixo ilizwi lenkwe- 17 nkwe. Samemeza isithunywa sikaThixo kuHagare sisemazulwini, sathi kuye, Ùnantoni na, Hagare? Musa ukoyika, ngokuba uThixo ulivile ilizwi lenkwenkwe apho ikhona. Suka ume, uyitha- 18 bathe inkwenkwe, uyibambe ngesandla; kuba ndiya kuyenza uhlanga olukhulu. UThixo wawavula amehlo akhe, wabona 19 iqula lamanzi; waya wayizalisa intsuba ngamanzi, wayiseza inkwenkwe.

UThixo waba nenkwenkwe leyo; 20 yakhula, yahlala entlango, yaba yintoli yakukhula, yahlala entlango yaseParan;

21 unina wayithabathela umfazi ezweni laseYiputa.

Umnqophiso phakathi koAbraham noAbhimeleki

22 Kwathi ngelo xesha, wathetha uAbhimeleki, noFikolo umthetheli womkhosi wakhe, kuAbraham, esithi, UThixo unawe entweni yonke osukuba
23 uyenza. Ngoko ndifungele uThixo apha, ukuba akuyi kundixokisa mna, noonyana bam, nenzalo yam; wòthi ngokwenceba endiyenzileyo kuwe, wenze kum, nakwilizwe ophambukele
24 kulo. Wathi uAbraham, Mna ndofunga.
25 UAbraham wamohlwaya uAbhimeleki ngenxa yequla lamanzi elalihluthwe
26 ngabakhonzi baka-Abhimeleki. Wathi uAbhimeleki, Bendingazi ukuba yenziwe ngubani na le nto; nawe ube ungandixelelanga; nam bendingayivanga,
27 ndiyiva namhla. UAbraham wathabatha impahla emfutshane, neenkomo, wanika uAbhimeleki, benza umnqophi-
28 so bobabini. UAbraham wamisa amathokazi ezimvu asixhenxe omhlambi,
29 aba wodwa. Wathi uAbhimeleki kuAbraham, Ayintoni na la mathokazi ezimvu asixhenxe uwamisileyo odwa?
30 Wathi, La mathokazi ezimvu asixhenxe wòwathabatha esandleni sam, abe bubungqina bam bokuba ndilimbile eli
31 qula. Ngenxa yoko kwathiwa loo ndawo yiBher-shebha;* ngokuba kulapho
32 bafungayo bobabini. Benza ke umnqophiso eBher-shebha. Wesuka uAbhimeleki, noFikolo umthetheli womkhosi wakhe, babuyela ezweni lamaFilisti.
33 U*Abraham* watyala umtamariske* eBher-shebha, walinqula khona igama likaYehova uThixo ongunaphakade.
34 UAbraham waye engumphambukeli ezweni lamaFilisti imihla emininzi.

Ukulingwa kokholo luka-Abraham ngokumenza idini uIsake

22 Kwathi emveni kwezo nto, uThixo wamvavanya uAbraham, wathi kuye, Abraham; wathi yena, Ndilapha. Wathi, Khawuthabathe 2 unyana wakho, emnye kuwe, omthandayo, uIsake, uhambe uye ezweni laseMoriya, umnyuse khona abe lidini elinyukayo, phezu kwentaba endokuxelela yona.

Wavuka uAbraham kusasa, walibo- 3 pha iesile lakhe, wathabatha amabini kumadodana akhe, noIsake unyana wakhe, wacanda iinkuni zedini elinyukayo, wesuka waya endaweni abemxelele yona uThixo. Ngomhla wesithathu 4 uAbraham wawaphakamisa amehlo akhe, wayibona loo ndawo ikude. Wathi 5 uAbraham kumadodana akhe, Hlalani nina apha ne-esile; mna nomfana lo soya phaya, sinqule, sibuye size kuni. Wazithabatha uAbraham iinkuni zedini 6 elinyukayo, wazibeka phezu koIsake unyana wakhe, waphatha umlilo ngesandla, nesitshetshe, bahamba bobabini ndawonye. Watsho uIsake kuAbra- 7 ham uyise ukuthi, Bawo. Wathi yena, Ndilapha, nyana wam. Wathi, Nangu umlilo neenkuni; iphi na ke imvu yedini elinyukayo? Wathi uAbraham, U- 8 Thixo wozibonela imvu yedini elinyukayo, nyana wam. Bahamba bobabini ndawonye.

Bafika endaweni abemxelele yona 9 uThixo, wákha khona uAbraham isibingelelo, wazicwangcisa iinkuni, wambopha uIsake unyana wakhe, wambeka esibingelelweni phezu kweenkuni. Wa- 10 solula uAbraham isandla sakhe, wathabatha isitshetshe, ukuba amsike unyana wakhe. Samemeza kuye isithunywa 11 sikaYehova sisemazulwini, sathi, Abraham, Abraham. Wathi, Ndilapha. Sa- 12 thi, Musa ukusisa isandla sakho kumfana, musa ukumenza nto, kuba ndiyazi ngoku ukuba ùyamoyika uThixo; akunqabanga nonyana wakho kum, emnye kuwe.

UAbraham waphakamisa amehlo a- 13 khe, wakhangela, nantso inkunzi yegusha ngasemva, ibambeke ngeempondo etyholweni; waya uAbraham, wayithabatha inkunzi yegusha, wayinyusa ukuba ibe lidini elinyukayo esikhundleni

14 sonyana wakhe. UAbraham wathi igama laloo ndawo linguYehova-ozibonelayo, ekuthiwa nanamhla, Entabeni abonakala kuyo uYehova.

15 Samemeza isithunywa sikaYehova kuAbraham okwesibini sisemazulwini,
16 sathi, Ndizifungile, utsho uYehova, ngenxa enokuba uyenzile le nto, akwanqaba nonyana wakho, emnye kuwe:
17 ukuba ndiya kukusikelela ndikusikelele; ndiya kuyandisa ndiyandise imbewu yakho njengeenkwenkwezi zezulu, nanjengentlabathi eselunxwemeni lolwandle; imbewu yakho ilidle ilifa isango
18 leentshaba zayo; zisikelelwe ngembewu yakho zonke iintlanga zehlabathi, ngenxa enokuba uliphulaphule ilizwi lam.

19 Wabuyela uAbraham kumadodana akhe, besuka baya bendawonye eBhershebha, wahlala uAbraham eBhershebha.

20 Kwathi emva kwezi zinto, kwaxelwa kuAbraham kwathiwa, Yabona, uMilka ukwazele naye kuNahore, umninawa
21 wakho, abantwana: u-Utse owamazibulo akhe, noBhuzi umninawa wakhe, no-
22 Kemuweli uyise ka-Aram, noKesede, noHazo, noPildashe, noYidelafu, no-
23 Bhetuweli (uBhetuweli ke wazala uRebheka); abo bosibhozo uMilka wamzalela uNahore, umninawa ka-Abraham.
24 Ishweshwe lakhe, eligama linguRehuma, lazala nalo uTebha, noGaham, noTahashe, noMahaka.

Ukufa kukaSara nokungcwatywa kwakhe eMakapela

23 Ke kaloku ukudla ubomi kukaSara kwaba yiminyaka elikhulu elinamanci mabini aneminyaka esixhenxe; yiyo iminyaka yokudla ubomi
2 kukaSara. Wafa ke uSara eKiriyati ka-Arbha, eyiHebron, ezweni lakwaKanan. UAbraham waya kumbambazelela uSara nokumlilela.

3 Wesuka uAbraham ebusweni bomfika-
4 zi lowo, wathetha koonyana bakaHeti, esithi, Ndingumphambukeli, ndilundwendwe kuni; ndinikeni ndibe nendawo yam yokungcwaba phakathi kwenu, ukuze ndimngcwabe umfikazi, angabikho phambi kwam. Bamphendula uAbra- 5
ham oonyana bakaHeti, bathi kuye, Síve, nkosi yam! Úsisikhulu sakwa- 6 Thixo phakathi kwethu; kwelona linyulekayo kumangcwaba ethu, mngcwabe umfikazi lowo; akukho bani kuthi uya kwala nengcwaba lakhe, ukuba ungamngcwabi umfikazi lowo.

Wesuka uAbraham, waqubuda ku- 7 bantu belizwe elo, koonyana bakaHeti abo. Wathetha nabo esithi, Ukuba 8 kusemphefumlweni wenu, ukuba ndimngcwabe umfikazi, angabikho phambi kwam, ndiveni, nindibongozele ku-Efron, unyana ka Tsohare, ukuba andi- 9 nike umqolomba waseMakapela, lowo anawo, osekupheleni kwentsimi yakhe, andinike wona ngemali ezalisekileyo; ube yindawo yam yokungcwaba phakathi kwenu. UEfron wayehleli pha- 10 kathi koonyana bakaHeti; uEfron um-Heti wamphendula uAbraham ezindlebeni zoonyana bakaHeti, zabo bonke abangénayo ngesango lomzi wakhe, esithi, Hayi, nkosi yam, ndíve! Intsi- 11 mi leyo ndiyakunika, nomqolomba okuyo ndiyakunika; emehlweni oonyana babantu bakowethu ndiyakunika; ngcwaba umfikizi lowo.

Waqubuda uAbraham phambi kwa- 12 bantu belizwe elo. Wathetha kuEfron 13 ezindlebeni zabantu belizwe elo, wathi, Wanga ungándiva; ndikunika imali ngentsimi; yithabathe kum, ndingcwabe umfikazi khona. UEfron wamphendu- 14 la uAbraham, wathi kuye, Nkosi yam, 15 ndíve! Umhlaba ngoweeshekele zesilivere* ezimakhulu mané. Yintoni na loo nto phakathi kwam nawe? Ngcwaba ke umfikazi lowo. UAbraham wa- 16 mphulaphula uEfron; uAbraham wamlinganisela uEfron isilivere leyo, abethethe ngayo ezindlebeni zoonyana bakaHeti, amakhulu omané eeshekele zesilivere evunywayo ngumrhwebi.

Yaqiniseka ke intsimi kaEfron ese- 17 Makapela ephambi kowakwaMamre, intsimi leyo nomqolomba okuyo, nemi-

IGENESIS 23-24

thi yonke esentsimini, ekuyo yonke
18 imilima-ndlela ngeenxa zonke. Yaba yinzuzo kuAbraham emehlweni oonyana bakaHeti, kubo bonke abangénayo nge-
19 sango lomzi wakhe. Emveni koko uAbraham wamngcwaba uSara umkakhe emqolombeni wentsimi yaseMakapela phambi kowakwaMamre, kowase-
20 Hebron leyo, ezweni lakwaKanan. Yaqiniseka ke intsimi leyo nomqolomba okuyo kuAbraham, ukuze abe nendawo yakhe yokungcwaba, ngoonyana bakaHeti.

Ukwendela kukaRebheka kuIsake

24 Ke kaloku uAbraham ebaluphele, eselekhulile ebudaleni; uYehova waye emsikelele ke uAbraham ezi-
2 ntweni zonke. Wathi uAbraham kumkhonzi wakhe, oyena mkhulu endlwini yakhe, obelawula zonke izinto abenazo, Khawubeke isandla sakho phantsi
3 kwethangá lam, ndikufùngise uYehova uThixo wamazulu, uThixo wehlabathi, ukuba akuyi kumzekela unyana wam umfazi ezintombini zamaKanan,
4 endihleli phakathi kwawo; ukuba wòya ezweni lakowethu, nakwelokuzalwa kwam, umzekele unyana wam uIsake umfazi.
5 Wathi umkhonzi kuye, Hi ke, àyavuma inkazana ukundilandela ukuza kweli lizwe, ndombuyisela na unyana wakho kwelo zwe wàphuma kulo wena?
6 Wathi uAbraham kuye, Zilumkele unga-
7 mbuyiseli unyana wam khona. UYehova, uThixo wamazulu, owandithabathayo endlwini kabawo, ezweni lokuzalwa kwam, owathethayo kum, owandifungelayo esithi, Imbewu yakho ndiya kuyinika eli lizwe, yena wosithuma isithunywa sakhe phambi kwakho, umzekele umfazi unyana wam khona.
8 Ukuba ke inkazana leyo ithe àyavuma ukukulandela, woba ukhululekile kwesi sifungo sam; kodwa uze ungambuyiseli
9 unyana wam khona. Wasibeka umkhonzi isandla sakhe ngaphantsi kwethangá lika-Abraham inkosi yakhe, wamfungela loo nto.

Umkhonzi wathabatha iinkamela ezi- 10 lishumi kwiinkamela zenkosi yakhe, wemka enezinto zonke ezilungileyo zenkosi yakhe esandleni sakhe, wesuka waya kwa-Aram,* phakathi kweMilambo,* emzini kaNahore. Waziguqisa 11 iinkamela ngaphandle komzi, ngasequleni lamanzi, ngexa langokuhlwa, ngexa lokuphuma kwabakhi bamanzi.

Wathi, Yehova, Thixo wenkosi yam 12 uAbraham, mawundithamsanqele namhla, uyenzele inkosi yam uAbraham inceba. Yabona, ndimi ngasemthonje- 13 ni wamanzi; iintombi zabantu balo mzi ziyaphuma, ziza kukha amanzi. Ke 14 intombi endothi kuyo, Khawuthobe umphanda wakho, ndisele; ize ithi, Sela, neenkamela zakho ndoziseza nazo: mayibe yiyo oyimisele umkhonzi wakho uIsake; ndazi mna ngoko, ukuba uyenzele inkosi yam inceba.

Kwathi, ingekagqibi ukuthetha, gqi 15 uRebheka esiza, lowo wazalwayo nguBhetuweli, unyana kaMilka, umkaNahore, umninawa ka-Abraham, enomphanda wakhe egxalabeni lakhe. Intombi 16 leyo ibe intle kunene imbonakalo, intombi eyintombi, engaziwanga ndoda; yehla, yeza emthonjeni, yawuzalisa umphanda wayo, yenyuka. Wagidima 17 umkhonzi waya kuyikhawulela, wathi, Ndiphe ndisele intwana yamanzi emphandeni wakho. Yathi, Sela, nkosi yam. 18 Yakhawuleza, yawuhlisela esandleni umphanda wayo, yamseza. Yakugqiba 19 ukumseza, yathi, Neenkamela zakho ndiya kuzikhelela, zide zigqibe ukusela. Yakhawuleza, yawugalela umphanda 20 wayo emkhombeni wokuseza, yagidima yaya kukha futhi equleni, yazikhelela zonke iinkamela zakhe. Indoda leyo 21 yee nqa yiyo, ithe cwaka, ukuze yazi ukuba uYehova uyiphumelelisile indlela yayo, akayiphumelelisanga, kusini na.

Kwathi, iinkamela zigqibile ukusela, 22 indoda leyo yathabatha ijikazi lempumlo legolide, elisisiqingatha seshekele* ubunzima balo, nezacholo zozibini zokufakwa ezandleni, eziziishekele ezilishumi zegolide ubunzima bazo; yathi,

23 Üyintombi kabani na wena? Khawundixelele; kukho ndawo na yokulala
24 endlwini kayihlo? Yathi kuye, Ndiyintombi kaBhetuweli, unyana kaMilka,
25 awamzalela uNahore. Yathi kuye, Sinawo umququ kwaneendiza ezaneleyo,
26 nendawo yokulala. Yathoba indoda
27 leyo, yaqubuda kuYehova. Yathi, Makabongwe uYehova, uThixo wenkosi yam uAbraham, ongayiyekelelanga inceba yakhe nenyaniso yakhe, imke enkosini yam: úthe ndisendleleni, uYehova wandikhokelela endlwini yabazalwana benkosi yam.
28 Yakhawuleza intombi leyo, yaxelela
29 indlu kanina ngokwalá mazwi. URebheka waye enomnakwabo, ogama linguLabhan; wagidima uLabhan waya endodeni leyo ngaphandle emthonjeni.
30 Ke kwathi, akulibona ijikazi lempumlo, nezacholo ezandleni zodade wabo, wathi, akuweva amazwi kaRebheka udade wabo, esithi, Yenjenje indoda le ukuthetha kum: waya kuyo indoda, nantso imi ngasezinkameleni ngase-
31 mthonjeni. Wathi, Yiza, wena usikelelweyo nguYehova; ùmeleni na ngaphandle? Mna ndiyilungisile indlu nendawo yeenkamela.
32 Yangena indoda leyo endlwini, wazikhulula iinkamela zayo; iinkamela wazinika umququ neendiza, *wayinika* amanzi okuhlamba iinyawo zayo, nee-
33 nyawo zamadoda abenayo. Kwabekwa ukudla phambi kwayo. Yathi yona, Andiyi kudla, ndide ndilithethe ilizwi lam. Wathi, Thetha.
34 Yathi, Ndingumkhonzi ka-Abraham.
35 UYehova uyisikelele kunene inkosi yam; wayikhulisa, wayinika impahla emfutshane, neenkomo, nesilivere, negolide, nabakhonzi, nabakhonzazana,
36 neenkamela, namaesile. Ke uSara, umfazi wenkosi yam, wayizalela inkosi yam unyana, emveni kokuba iseyaluphele. Imnike zonke izinto enazo.
37 Yandifungisa ke inkosi yam, isithi, Unyana wam uze ungamzekeli umfazi ezintombini zamaKanan, endihleli ezwe-
38 ni lawo mna. Suka uye endlwini kabawo emizalwaneni yakowethu, umzekele unyana wam umfazi. Ndathi 39 enkosini yam, Hi ke, àyandilandela inkazana leyo? Yathi kum, UYehova, 40 endihamba phambi kwakhe, wósithuma isithunywa sakhe siye nawe, ayenze ibe nempumelelo indlela yakho, umzekele unyana wam umfazi emizalwaneni yakowethu, nasendlwini kabawo; wa- 41 ndule ukuba msulwa esifungweni sam, xa ufikileyo emizalwaneni yakowethu; ukuba abathanga bakunike, woba msulwa esifungweni sam. Ndifikile ke na- 42 mhlanje emthonjeni, ndathi, Yehova, Thixo wenkosi yam uAbraham, ukuba kaloku uyenzé yanempumelelo indlela yam endihamba ngayo, yabona, ndimi 43 ngasemthonjeni wamanzi; ke intombi ephuma isiza kukha, ndithi kuyo, Khawundiphe ndisele intwana yamanzi emphandeni wakho; ithi kum, Sela 44 wena, neenkamela zakho ndozikhelela nazo: mayibe yiyo engumfazi uYehova ammiseleyo unyana wenkosi yam. Ndi- 45 ngekagqibi mna ukuthetha entliziyweni yam, gqi uRebheka, esiza enomphanda egxalabeni lakhe, wehla waya emthonjeni, wakha; ndathi kuye, Khawundiphe ndisele. Wakhawuleza, wawuhlisa u- 46 mphanda wakhe kuye, wathi, Sela, neenkamela zakho ndoziseza. Ndasela ke, wasiseza neenkamela. Ndambuza 47 ndathi, Üyintombi kabani na? Wathi, Ndiyintombi kaBhetuweli, unyana kaNahore, lowo wamzalelwa nguMilka. Ndamfaka ke ijikazi lempumlo ethatheni lakhe, nezacholo ezandleni zakhe. Ndathoba, ndamnqula uYehova, nda- 48 mbonga uYehova, uThixo wenkosi yam uAbraham, ondikhokeleyo endleleni eyinyaniso, ukuba ndimzekele unyana wakhe intombi yomzalwana wenkosi yam. Ngoku ke, ukuba niyayenzela 49 inceba nenyaniso inkosi yam, ndixeleleni; ukuba anenjenjalo, ndixeleleni; ukuze ndibheke ekunene, nokuba kusekhohlo.

Waphendula uLabhan noBhetuweli, 50 bathi, Le nto iphuma kuYehova; asinakuthetha nto kuwe, nokuba yembi nokuba yelungileyo. Nanko uRebheka 51 phambi kwakho. Mthabathe, uhambe,

IGENESIS 24-25

abe ngumfazi wonyana wenkosi yakho, njengoko akuthethileyo uYehova.

52 Kwathi, akuweva umkhonzi ka-Abraham amazwi abo, waqubuda emhlabeni 53 kuYehova. Umkhonzi wavelisa impahla yesilivere, nempahla yegolide, nezambatho, wanika uRebheka; wanika umnakwabo nonina izinto ezinconywa- 54 yo. Badla, basela, yena namadoda abenaye, balala, bavuka kusasa, wathi, 55 Ndindululeni ndiye enkosini yam. Wathi umnakwabo nonina, Makhe ihlale intombi nathi iintsuku nokuba zilishu- 56 mi, ihambe ke emveni koko. Wathi kubo, Musani ukundibambezela; uYehova uyenze yanempumelelo indlela yam; ndindululeni ndiye enkosini yam. 57 Bathi, Masiyibize intombi, sive ngo- 58 mlomo wayo. Bambiza uRebheka, bathi kuye, Uya kuhamba na nale ndoda? Wathi, Ndohamba.

59 Bamndulula ke uRebheka udade wabo, nomanyisikazi wakhe, nomkhonzi ka-Abraham, namadoda abenaye. 60 Bamsikelela uRebheka, bathi kuye, Ùngudade wethu; yiba ngamawakawaka, imbewu yakho ilidle ilifa isango 61 lâbo bayithiyayo. Wesuka uRebheka nomthinjana wakhe, bakhwela ezinkameleni, balandela emva kwendoda leyo. Umkhonzi wamthabatha ke uRebheka, wemka.

62 Ke kaloku uIsake weza ngendlela evela equleni likaPhila-ebonile; kuba 63 ebemi ezweni lasezantsi. Waphuma uIsake, waya kucamngca entsimini, xa kuhlwayo; wawaphakamisa amehlo akhe, wabona nanzo iinkamela zisiza. 64 URebheka wawaphakamisa amehlo akhe, wambona uIsake, waziphosa pha- 65 ntsi, wehla enkameleni. Wathi kumkhonzi, Ngubani na laa mfo uhambayo entsimini, esiza kusikhawulela? Wathi umkhonzi, Yinkosi yam. Wathabatha 66 ke isigqubuthelo, wazigqubuthela. Umkhonzi wamxelela uIsake izinto zonke 67 abezenzile. UIsake wamsa ententeni kaSara unina, wamzeka uRebheka, waba ngumkakhe; wamthanda. UIsake wathuthuzeleka ke ngenxa yonina.

Ukufa kuka-Abraham

25 Wabuya uAbraham wazeka umfazi; igama lakhe lalinguKetura. Wamzalela uZimran, noYokeshan, no- 2 Medan, noMidiyan, noIshibhaki, noShuwa. UYokeshan wazala uShebha noDedan; oonyana bakaDedan bebengama-Asiriya, namaLetushi, namaLehum. Oonyana bakaMidiyan nguEfa, noEfere, 4 noEnoki, noAbhida, noElidaha. Bonke abo ngoonyana bakaKetura. UAbra- 5 ham wazinika uIsake zonke izinto abenazo. Ke oonyana bamashweshwe, 6 abenawo uAbraham, wabanika izipho uAbraham; wabandulula, bemka kuIsake unyana wakhe, esekho, basinga empumalanga, ezweni lasempumalanga.

Yiyo le imihla yeminyaka yokudla 7 ubomi kuka-Abraham awayidlayo; yiminyaka elikhulu elinamanci asixhenxe aneminyaka emihlanu. UAbraham wa- 8 phuma umphefumlo, wafa, eyingwevu enkulu, aluphele, ephele ebudaleni; wahlanganiselwa kwabakowabo. OoIsa- 9 ke noIshmayeli, oonyana bakhe, bamngcwaba emqolombeni waseMakapela, entsimini kaEfron unyana kaTsohare, umHeti, phambi kowakwaMamre, entsimini leyo wayithengayo uAbraham 10 koonyana bakaHeti. Ungcwatyelwe khona uAbraham, noSara umkakhe.

Kwathi, emveni kokufa kuka-Abra- 11 ham, uThixo wamsikelela uIsake unyana wakhe; uIsake wahlala ngasequleni likaPhila-ebonile.

Yiyo le ke inzala kaIshmayeli, unya- 12 na ka-Abraham, awathi uHagare umYiputazana, umkhonzazana kaSara, wamzalela uAbraham. Ngawo la amagama oonyana bakaIshmayeli, ngamagama abo ngokwenzala yabo: owamazibulo kaIshmayeli nguNebhayoti, noKedare, noAdebhele, noMibhesam, no- 14 Kedema. Ngabo abo oonyana bakaIshma- 16 yeli, ngawo lawo amagama abo ngemizi yabo, nangeengqili zabo, izikhulu ezilishumi elinazibini ngokwezizwe zazo.

IGENESIS 30

16 lawo. Wafika uYakobi evela ezindle ngokuhlwa, waphuma uLeya esiya kumkhawulela, wathi, Uze undingene, kuba ndikuqeshile ngamathuma onyana wam. Walala ke naye ngobo busuku.
17 UThixo wamphulaphula uLeya; wamitha, wamzalela uYakobi unyana wesi-
18 hlanu. Wathi uLeya, UThixo undinikile umvuzo wam, ngenxa yokuba indoda yam ndiyinike umkhonzazana wam.
19 Wamthiya igama elinguIsakare.* Wabuya wamitha uLeya, wamzalela uYa-
20 kobi unyana wesithandathu. Wathi uLeya, UThixo undiphe isipho esilungileyo; okwesi sihlandlo indoda yam iya kuhlala nam, kuba ndiyizalele oonyana abathandathu. Wamthiya iga-
21 ma elinguZebhulon.* Emveni koko wazala intombi, wayithiya igama elinguDina.*
22 Ke kaloku uThixo wamkhumbula u-Rakeli, uThixo wamphulaphula, wasi-
23 vula isizalo sakhe. Wamitha, wazala unyana, wathi, UThixo ukususile uku-
24 ngcikivwa kwam. Wamthiya igama elinguYosefu,* wathi, UYehova makongezelele omnye unyana.

Iqhinga likaYakobi lokwandisa imfuyo yakhe

25 Kwathi, xa uRakeli ebemzele uYosefu, wathi uYakobi kuLabhan, Ndindulule ndiye endaweni yakowethu, ezweni
26 lakowethu. Ndinike abafazi bam nabantwana bam, endikukhonze ngenxa yabo, ndihambe; kuba wena uyayazi
27 inkonzo yam endikukhonze ngayo. Wathi uLabhan kuye, Ukuba kaloku ndibabalwe nguwe, *hlala*; ndihlabé ukuthi uYehova undisikelele ngenxa
28 yakho. Wathi, Ndimisele kakuhle umvuzo wakho ondifaneleyo, ndikunike.
29 Wathi kuye, Uyalwazi nawe uhlobo lokukukhonza kwam, nohlobo loku-
30 hlala kwempahla yakho nam. Kuba obunayo ndingekafiki yabe imbalwa, ngoku izazekile yaninzi; uYehova ukusikelele apho unyawo lwam luthe lwanyathela; kaloku ndiya kuyisebenzela
31 nini na mna eyam indlu? Wathi, Ndikùnike ntoni na? Wathi uYakobi,

Akuyi kundinika nento le; ukuba uthe wandenzela le ndawo, ndobuya ndiyaluse impahla yakho emfutshane, ndiyi-
32 gcine. Ndiya kucanda phakathi kwayo yonke impahla yakho emfutshane namhlanje, ndihambe ndikhetha kuyo zonke iingusha ezinala, nezirhwexu, neegusha zonke ezimnyama phakathi kwamatakane, nazo zonke ezirhwexu nezinala phakathi kweebhokhwe, zibe ngumvuzo wam; bundingqinele ke ubulu-
33 ngisa bam ngexesha elizayo, xa uthe weza kumvuzo wam ophambi kwakho: zonke ezingenala, nezingerhwexu phakathi kweebhokhwe, nezingemnyama phakathi kweegusha, zoba zezibiweyo ezo, xa zithe zakum. Wathi uLabhan,
34 Yabona, makube ngokwelizwi lakho elo.

Wazikhetha ngaloo mhla iinkunzi zee-
35 bhokhwe ezinemizila, nezirhwexu, nazo zonke iimazi zeebhokwe ezinakazi, nezirhwexukazi, zonke ezinobumhlophe, nazo zonke ezimnyama phakathi kwamatakane, wazinikela esandleni soonyana bakhe. Wamisa uhambo lweemini
36 ezintathu phakathi kwabo noYakobi; uYakobi walusa eseleyo ke impahla emfutshane kaLabhan.

Ke kaloku uYakobi wathabatha iinto-
37 nga zompopulari* omhlophe ezimanzi, nezom-amangile,* nezompleyini,* wachuba iindawo ezimhlophe kuzo, exwebula buvele ubumhlophe obusezintongeni ezo. Wazimisa iintonga abezichu-
38 bile emijelweni, emikhumbini yamanzi, apho impahla emfutshane ibiza kusela khona, phambi kwempahla emfutshane, ukuba iphathane xa iza kusela. Yapha-
39 thana ke impahla emfutshane phambi kweentonga ezo, yazala impahla emfutshane enemizila, nerhwexu, nenala. Wawahlula uYakobi amatakane lawo,
40 wabukhangelisa ubuso bempahla emfutshane malunga nenemizila, nemnyama, yonke empahleni emfutshane kaLabhan; wayibeka yodwa eyakhe imihlambi, akayibeka empahleni emfutshane kaLabhan. Kwathi, xa iphathanayo eyo-
41 meleleyo empahleni emfutshane, uYakobi wazibeka iintonga phambi kwempahla emfutshane emijelweni, ukuze

42 iphathane phakathi kweentonga. Xa ityhafileyo impahla emfutshane, akazibekanga; yathi ke etyhafileyo yaba yekaLabhan, eyomeleleyo yaba yeka-
43 Yakobi. Yanda indoda leyo kakhulu kunene, yaba nempahla emfutshane eninzi, nabakhonzazana, nabakhonzi, neenkamela, namaesile.

UYakobi usaba kuLabhan ngokuzimela

31 Ke kaloku waweva amazwi oonyana bakaLabhan, besithi, UYakobi uzithabathile zonke izinto abenazo ubawo; ubenzé ngezinto zikabawo obu
2 butyebi bakhe bonke. Wabubona u-Yakobi ubuso bukaLabhan, nâbó bungenjengezolo nezolo elinye kuye.
3 UYehova wathi kuYakobi, Buyela ezweni likayihlo, kwelokuzalwa kwakho; ndoba nawe.
4 UYakobi wathumela, wabiza uRakeli noLeya, ukuba beze endle empahleni
5 yakhe emfutshane. Wathi kubo, Ndiyabubona ubuso bukayihlo, ukuba abunjengezolo nezolo elinye kum; ke uThixo
6 kabawo ubenam. Niyazi nina, ukuba uyihlo ndimkhonze ngamandla am
7 onke; ke uyihlo undidephisele, wawuguqula umvuzo wam kalishumi; kodwa uThixo akamvumelanga ukuba andenze
8 into embi. Xa athe, Enala yoba ngumvuzo wakho, isuke yonke impahla emfutshane yazala enala; xa athe, Enemizila yoba ngumvuzo wakho, isuke yonke impahla emfutshane yazala ene-
9 mizila. Wayihlutha uThixo imfuyo
10 kayihlo, wandinika. Kwathi, ngexesha lokuphathana kwempahla emfutshane, ndawaphakamisa amehlo am, ndabona ephupheni, nanzo iinkunzi ezikhwelayo empahleni emfutshane zinemizila, zina-
11 la, zinomchokose. Sathi isithunywa sikaThixo kum ephupheni, Yakobi;
12 ndathi, Ndilapha. Sathi, Khawuphakamise amehlo akho, ubone; zonke iinkunzi ezikhwelayo empahleni emfutshane zinemizila, zinala, zinomchokose; kuba ndizibonile zonke izinto
13 azenzayo uLabhan kuwe. Ndingu-Thixo waseBheteli, apho wasithambisa khona isimiso, apho wabhambathisa ngesibhambathiso kum. Suka ngoko, uphume kweli lizwe, ubuyele ezweni lokuzalwa kwakho.

Baphendula uRakeli noLeya, bathi 14 kuye, Sisenasabelo nalifa lini na endlwini kabawo? Akuthiwa singabasemzini 15 kuye yini na? Kuba úthengise ngathi, wamana eyidla nemali yethu. Ngoko- 16 kuze bonke ubutyebi abuhluthileyo u-Thixo kubawo, bube bobethu, nobooonyana bethu, kaloku ke konke akuthethileyo uThixo kuwe kwénze.

Wesuka uYakobi wabakhwelisa oonyana bakhe, nabafazi bakhe, ezinkameleni. Waqhuba yonke impahla yakhe, nayo yonke ingqwebo yakhe abeyiqwebile, impahla abeyifuyile, abeyiqwebile ePadan-aram, ukuze aye kuIsake uyise ezweni lakwaKanan. ULabhan ubeye 19 kucheba impahla yakhe emfutshane; uRakeli wayiba imilonde-khaya ebiyekayise. UYakobi wamlalanisa uLa- 20 bhan umAram,* ekubeni engamxelelanga ukuba uyabaleka. Wabaleka ke, 21 yena nako konke abenako; wesuka, wawuwela uMlambo,* wabubhekisa ubuso bakhe entabeni yaseGiliyadi.

Waxelelwa uLabhan ngomhla wesi- 22 thathu ukuba uYakobi ubalekile. Wa- 23 thabatha abazalwana bakhe, wamphuthuma uhambo lwemihla esixhenxe; bafumanana entabeni yaseGiliyadi. Weza uThixo kuLabhan umAram ephu- 24 pheni ebusuku, wathi kuye, Zilumkele, ungathethi nto kuYakobi, nokuba yelungileyo nokuba yembi. ULabhan wa- 25 fika kuYakobi. Ke kaloku uYakobi ubeyigxumekile intente yakhe entabeni; uLabhan nabazalwana bakhe bagxumeka entabeni yaseGiliyadi.

Wathi uLabhan kuYakobi, Wenza 26 ntoni na ukundilalanisa, uziqhube iintombi zam njengabathinjwe ngekrele? Yini na ukuba uzímele, ubaleke, undila- 27 lanise, ungandixeleli? Ngendiba ndikundulule ngemivuyo, nangeengoma, nangengqongqo, nangohadi. Yini na u- 28 kuba ungandivumeli ndibange oonyana bam neentombi zam? Kaloku wenzé

IGENESIS 31

29 ngobudenge. Kusemandleni esandla sam ukunenza ububi; ke uThixo kayihlo uthethe nam phezolo, esithi, Zilumkele, ungathethi nto noYakobi, nokuba yelu-
30 ngileyo nokuba yembi. Ngoku umkileyo nje, ngokuba walangazelela kakhulu indlu kayihlo, uzibeleni na zona izithixo zam?

31 Waphendula uYakobi wathi kuLabhan, Bendisoyika, kuba bendisithi, Hleze uzixhakamfule kum iintombi
32 zakho. Osukuba uzifumana kuye izithixo zakho, makangadli bomi. Phambi kwabazalwana bethu fanisa into yakho enam, uyithabathe. Wayengazi uYakobi ukuba uRakeli uzibile.

33 Wangena uLabhan ententeni kaYakobi, nasententeni kaLeya, nasententeni yeempelesi zombini; akazifumana. Waphuma ententeni kaLeya, wa-
34 ngena ententeni kaRakeli. Ke kaloku uRakeli ebeyithabathile imilonde-khaya, wayifaka phakathi kwesali yenkamela, wahlala phezu kwayo. ULabhan wayiphuthaphutha yonke intente, aka-
35 yifumana. Wathi kuyise, Mawungabi namsindo, nkosi yam, kuba ndingenako ukusuka phambi kwakho, ngokuba ndihleli phezu kwengca. Wagquthagqutha, akayifumana imilonde-khaya.

36 Wavutha umsindo kaYakobi, wambambana noLabhan. Waphendula uYakobi, wathi kuLabhan, Luyintoni na ukreqo lwam, siyintoni na isono sam, ukuba undisukele ngokushushu nje?
37 Uziphuthaphuthile zonke iimpahla zam; ufumene ntoni na yazo zonke iimpahla zendlu yakho? Yibeke apha phambi kwabazalwana bam, nabazalwana bakho, bahlule phakathi kwethu
38 sobabini. Le minyaka imashumi mabini bendinawe; iimazi zakho zeegusha, neemazi zeebhokhwe aziphunzanga, neenkunzi zempahla yakho emfutshane
39 andizidlanga. Into eqwengiweyo andiyizisanga kuwe, ndayimisela ngokwam; wayibiza esandleni sam nokuba ibiwe
40 emini, nokuba ibiwe ebusuku. Emini ndadliwa bubushushu, ebusuku yingqele; ubuthongo bam bemka eme-
41 hlweni am. Kwaba njalo kum le mi-nyaka imashumi mabini endlwini yakho; ndakukhonza iminyaka elishumi elinaminé ngenxa yeentombi zakho zombini, iminyaka emithandathu ngenxa yempahla yakho emfutshane; uwuguqule kalishumi umvuzo wam. Koko 42 uThixo kabawo, uThixo ka-Abraham, Ohlonelwa nguIsake, waba nam, inene ùnge ùndindulule ndilambatha ngoku. UThixo uzibonile iintsizi zam nokuxelenga kwezandla zam, wakohlwaya phezolo.

ULabhan waphendula wathi kuYa- 43 kobi, Iintombi ziintombi zam, oonyana ngoonyana bam, impahla emfutshane yimpahla yam, neento zonke ozibonayo zezam. Ndinakwenza ntoni na namhla ezintombini zam ezi, nakoonyana bazo ezibazeleyo? Yiza ngoku, senze umnqo- 44 phiso, mna nawe, ube lingqina phakathi kwam nawe.

UYakobi wathabatha ilitye, walipha- 45 kamisa lasisimiso. Wathi uYakobi ku- 46 bazalwana bakhe, Cholani amatye. Bathabatha amatye, benza imfumba, badla khona phezu kwaloo mfumba. Wathi ukuyibiza uLabhan yiYegar- 47 sahaduta,* uYakobi wathi ukuyibiza yiGaledi.*

Wathi uLabhan, Le mfumba ili- 48 ngqina phakathi kwam nawe namhla, ngenxa yoko yathiywa igama eliyiGaledi; neliyiMizpa,* ngokuba wathi, 49 Makabonisele uYehova phakathi kwam nawe, sakuba sisithelene; ukuba ùthe 50 wazicinezela iintombi zam, nokuba ùthe wazeka abafazi phezu kweentombi zam, akukho bani unathi. Khangela, uThixo ulingqina phakathi kwam nawe. ULabhan wathi kuYakobi, Ya- 51 bona le mfumba, yabona esi simiso ndisiphakamisileyo phakathi kwam nawe; ingqina yile mfumba, ingqina sesi simi- 52 so, ukuba andiyi kugqitha mna kule mfumba ndiye kuwe, ukuba akuyi kugqitha wena kule mfumba nakwesi simiso uze kum, senzane ububi. U- 53 Thixo ka-Abraham, uThixo kaNahore, uThixo woyise wabo, makagwebe phakathi kwethu. UYakobi wafunga Ohlonelwa nguyise uIsake. UYakobi wa- 54 bingelela umbingelelo entabeni apho, wabiza abazalwana bakhe, ukuba badle isonka. Badla ke isonka, balala entabeni apho.

55 Wavuka uLabhan kusasa, wabânga oonyana bakhe, neentombi zakhe, wabasikelela; wemka ke uLabhan, wabuyela ekhayeni lakhe.

UYakobi uzilungiselela ukuhlangabezana noEsawu

32 UYakobi wahamba ngendlela yakhe; zaqubisana naye izithunywa
2 zikaThixo. Wathi uYakobi akuzibona, Ngumkhosi kaThixo lo; wathi igama laloo ndawo yiMahanayim.*

3 Ke kaloku uYakobi wathuma abathunywa phambi kwakhe, baya kuEsawu, umkhuluwa wakhe, ezweni lakwa-
4 Sehire, emhlabeni wakwaEdom. Wabawisela umthetho esithi, Nòthi ukuthetha enkosini yam uEsawu, Utsho umkhonzi wakho uYakobi ukuthi, Bendingumphambukeli kuLabhan, ndali-
5 bala khona kwada kwangoku; ndineenkomo, namaesile, nempahla emfutshane, nabakhonzi, nabakhonzazana; ndithumèle ukuxelela inkosi yam, ukuze
6 indibabale. Abathunywa babuyela kuYakobi besithi, Sifikile kumkhuluwa wakho uEsawu, naye uyeza kukukhawulela, enamadoda angamakhulu oma-
7 né. Woyika kunene uYakobi, wabandezeleka, wabahlula abantu ababenaye, nempahla emfutshane, neenkomo, nee-
8 nkamela; iimfuduka zambini. Wathi, Ukuba uEsawu uthe wafika kwenye imfuduka, wayichitha, yosinda imfuduka eseleyo.

9 Wathi uYakobi, Thixo kabawo uAbraham, Thixo kabawo uIsaka, Yehova, ùthe kum, Buyela ezweni lakowenu, kwelokuzalwa kwakho; ndokuphatha
10 kakuhle. Andiyilingene inceba yonke, nenyaniso yonke oyenzileyo kumkhonzi wakho; kuba ndayiwela le Yordan, ndinentonga yam yodwa, kodwa ngoku
11 ndimfuduka mbini. Khawundihlangule esandleni somkhuluwa wam, esandleni sikaEsawu; ngokuba ndiya-moyika, hleze afike andibulale, unina ndawonye nabantwana. Wawuthe we- 12 na, Inene, ndiya kukuphatha kakuhle, imbewu yakho ndiyenze ibe njengentlabathi yolwandle, engenakubalwa ngenxa yobuninzi.

Ke kaloku yena walala khona ngobo 13 busuku. Wathabatha entweni esifike kuyo isandla sakhe, yangumnikelo kuEsawu, umkhuluwa wakhe; iimazi zee- 14 bhokhwe ezimakhulu mabini, neenkunzi zeebhokhwe ezimashumi mabini, neemazi zeegusha ezimakhulu mabini, neenkunzi zeegusha ezimashumi mabini, neenkamela ezisengwayo ezima- 15 shumi mathathu, ezinamathole azo, neemazi zeenkomo ezimashumi mané, neenkunzi zeenkomo ezilishumi, neemazi zamaesile ezimashumi mabini, namaxhamxwa alishumi. Wazinikela 16 esandleni sabakhonzi bakhe, walowo umhlambi wawodwa.

Wathi kubakhonzi bakhe, Welani phambi kwam, nibeke isithuba phakathi komhlambi nomhlambi. Owoku- 17 qala wamwisela umthetho, wathi, Xa athe uEsawu umkhuluwa wam waqubisana nawe, wakúbuza ngokuthi, Ùngokabani na? Ùya phi na? Zezikabani na ezi zinto ziphambi kwakho? wòthi, Zezomkhonzi wakho uYakobi: 18 ngumnikelo othunyelwe inkosi yam uEsawu; nanku ke naye ngasemva kwethu. Nowesibini, nowesithathu wam- 19 wisela umthetho, nabo bonke ababeyilandela imihlambi, esithi, Nòthetha ngolo hlobo kuEsawu, nakufumanana naye. Kananjalo nòthi, Nanko u- 20 mkhonzi wakho uYakobi engasemva kwethu. Kuba wathi, Mandibucamagushe ubuso bakhe ngomnikelo ohamba phambi kwam; emveni koko ndibúbone ubuso bakhe; mhlawumbi wondibuka. Umnikelo lowo wahamba phambi kwa- 21 khe; ke yena walala ngobo busuku emfudukeni.

Wavuka ngobo busuku, wathabatha 22 abafazi bakhe bobabini, nabakhonzazana bakhe bobabini, noonyana bakhe abalishumi elinamnye, waliwela izibuko le-

IGENESIS 32-33

23 Yabhoki. Wabathabatha ke, wabaweza emfuleni lowo, waziweza zonke izinto abenazo.

UYakobi uzamazamana nesithunywa

24 UYakobi wasala yedwa; kwazamana indoda naye kwada kwathi qhiphu
25 ukusa. Yakubona ukuba ayimeyisi, yachukumisa usikrobana womlenze wakhe, wancothuka usikrobana womlenze
26 kaYakobi ngokuzamana nayo. Yathi, Ndindulule ndihambe, kuba kuyasa. Wathi yena, Andiyi kukundulula umke,
27 ukuba akuthanga undisikelele. Yathi kuye, Ngubani na igama lakho? Wathi,
28 NdinguYakobi. Yathi, Igama lakho akusayi kuba sathiwa nguYakobi; kuya kuthiwa unguSirayeli,* ngokuba ulwe
29 noThixo nabantu, weyisa. Wabuza uYakobi wathi, Ndixelele igama lakho. Yathi, Ulibuzelani na igama lam?
30 Yamsikelela khona. UYakobi wayithiya loo ndawo igama eliyiPeniyeli;* kuba wathi, Ndibonene noThixo, wahlangu-
31 lwa umphefumlo wam. Lathi chapha ilanga, akudlula ePeniweli, ejingxela
32 ngomlenze wakhe. Ngenxa yoko oonyana bakaSirayeli abawudli umsipha kasikrobana ophezu kosikrobana womlenze, nanamhla; ngokuba yachukumisa usikrobana womlenze kaYakobi emsipheni kasikrobana.

UYakobi noEsawu bahlangabezana ngoxolo

33 Wawaphakamisa uYakobi amehlo akhe, wabona, nanko uEsawu esiza, enamadoda amakhulu mané. Abantwana wabahlulahlula, baba ku-Leya, nakuRakeli, nakubakhonzazana
2 bobabini. Wababeka abakhonzazana nabantwana babo phambili, uLeya nabantwana bakhe emva kwabo, uRakeli
3 noYosefu emva kanye. Ke yena wagqithela phambi kwabo, waqubuda emhlabeni kasixhenxe, wada wasondela kumkhuluwa wakhe.
4 Wagidima uEsawu emkhawulela, wamwola, wawa entanyeni yakhe, wama-
5 nga; basitsho isililo. Wawaphakamisa amehlo akhe, wababona abafazi naba-ntwana, wathi, Ngoobani na aba banawe? Wathi yena, Ngabantwana, athe uThixo wabababala umkhonzi wakho.
6 Basondela abakhonzazana, bona nabantwana babo; baqubuda. Wasondela
7 noLeya nabantwana bakhe, baqubuda; emveni koko wasondela uYosefu no-Rakeli, baqubuda. Wathi, Iyintoni na
8 yonke le mfuduka yakho endiqubisene nayo? Wathi, Yeyokuba ndibábalwe emehlweni enkosi yam. Wathi uEsa-
9 wu, Ndanele, mninawa; makube kokwakho okwakho. Wathi uYakobi, Hayi,
10 makungabi njalo. Ukuba kaloku ndibabalwe emehlweni akho, thabatha umnikelo wam lo esandleni sam; kuba ngenxa yoko ndibubonile ubuso bakho, ndanga ndibona ubuso bukaThixo, ndalikholo kuwe. Khawuyithabathe
11 intsikelelo yam ezisiweyo kuwe, ngokuba uThixo undibabale, kuba ndineento zonke. Wamjoka, wayithabatha.

Wathi uEsawu, Masinduluke, siha-
12 mbe; ndohamba phambi kwakho. Wa-
13 thi kuye, Inkosi yam iyazi ukuba abantwana bathambile, nempahla emfutshane, neenkomo ezanyisayo ziphezu kwam; yothi iqhutywe kakhulu imini enye, ife yonke impahla emfutshane. Inkosi yam mayikhe igqithele pha-
14 mbi emkhonzi wayo, ndihambise kuhle ngokuhamba kwempahla ephambi kwam, nangokuhamba kwabantwana, ndide ndifike enkosini yam kwaSehire. Wathi uEsawu, Makhe ndiyishiye kuwe
15 inxenye yabantu abanam. Wathi yena, Ngani na? Mandibabalwe emehlweni enkosi yam.

Wabuya ngaloo mhla uEsawu nge-
16 ndlela yakhe, esiya kwaSehire. UYa-
17 kobi wanduluka, waya eSukoti, wazakhela indlu, iinkomo zakhe wazibiyela iintlanti; ngenxa yoko kwathiwa igama laloo ndawo yiSukoti.*

UYakobi umisa kwelakwaKanan

Wafika uYakobi enoxolo emzini
18 kaShekem, osezweni lakwaKanan, ekuveleni kwakhe ePadan-aram; wamisa iintente phambi komzi. Wathenga isi-
19 ziba somhlaba, apho wayitwabulula

IGENESIS 33-34

khona intente yakhe, esandleni soonyana bakaHamore usoShekem, ngekhulu
20 lemali. Wamisa khona isibingelelo, wathi ukusithiya nguThixo, uThixo kaSirayeli.

Ukoniwa kukaDina kuphindezelelwa nguSimon noLevi

34 Ke kaloku uDina, intombi kaLeya, leyo wayizalela uYakobi, waphuma waya kubona iintombi zelo
2 zwe. UShekem, unyana kaHamore umHivi, isikhulu selizwe, sambona,
3 samthabatha, salala naye, samona. Umphefumlo wakhe wanamathela kuDina intombi kaYakobi; wayithanda intombi leyo, wathetha kakuhle nento-
4 mbi. UShekem wathetha kuHamore uyise wathi, Ndizekele le ntombi ibe
5 ngumfazi. Weva uYakobi ukuba umenze inqambi uDina, intombi yakhe. Ke oonyana bakhe baye besempahleni yakhe endle; wathi tu ke uYakobi, bada bafika.

6 Waphuma uHamore, uyise kaShe-
7 kem, eza kuthetha noYakobi. Bafika oonyana bakaYakobi bevela kwalusa. Bakuyiva le nto aba bahlungu amadoda lawo, avutha kunene ngumsindo, ngokuba wênza ubudenge kwaSirayeli ngokulala nentombi kaYakobi, into leyo engeyakwenziwa.

8 Wathetha uHamore nabo, esithi, UShekem, unyana wam, umphefumlo wakhe uthene nca nentombi yakowenu;
9 khanimnike ibe ngumkakhe; nendiselane nathi, nisinike iintombi zenu, nize-
10 ke iintombi zethu; nihlale nathi, ilizwe libe phambi kwenu; hlalani nirhwebe
11 kulo, niqiniseke ukuma kulo. Wathi uShekem kuyise wayo, nakubanakwayo, Mandibabalwe emehlweni enu, nento
12 eniyithethayo kum ndoninika. Yandisani kunene ikhazi phezu kwam, nesipho; ndoninika njengoko nithethayo kum; ndinikeni ke intombi leyo ibe ngumfazi.

13 Oonyana bakaYakobi babaphendula ooShekem noHamore uyise ngenkohliso, bathetha nabo, ngokuba ebemenze
14 inqambi uDina, udade wabo. Bathi kubo, Asinakuyenza le nto, yokuba udade wethu simnike indoda engalukanga; kuba loo nto ibe ingaba sisingcikivo kuthi. Sovumelana nani ngale 15 ndawo yodwa, ukuba nithe naba njengathi, ngokuthi yaluke kuni yonke into eyindoda. Soninika ke iintombi zethu, 16 sizeke iintombi zenu, sihlale nani, sibe bantu banye. Ukuba nithe anasiphu- 17 laphula ngokuthi naluke, soyithabatha intombi yethu, simke.

Alunga amazwi abo emehlweni ka- 18 Hamore, nasemehlweni kaShekem, unyana kaHamore. Akalibala umfana 19 ukuyenza loo nto, kuba ubethabathekile yintombi kaYakobi; ubezukile yena ngaphezu kwayo yonke indlu kayise. Weza uHamore noShekem, unyana 20 wakhe, esangweni lomzi wabo, bathetha kumadoda omzi, bathi, La madoda 21 ayavana nathi; makahlale ezweni apha, arhwebe kulo; ilizwe eli, yabonani, libanzi ngeenxa zombini phambi kwawo; sozizeka iintombi zawo zibe ngabafazi, siwanike iintombi zethu. Ke 22 ovumelana nathi ngale ndawo yodwa amadoda lawo, ukuhlala nathi, sibe bantu banye, yakwaluka kuthi yonke into eyindoda, njengokuba alukile wona. Imfuyo yawo, nengqwebo yawo, nawo 23 onke amaqegu awo, akasayi kuba ngawethu na? Siya kuthi kodwa sivumelane nawo, ukuba ahlale nathi. Ba- 24 mphulaphula ke uHamore noShekem unyana wakhe, bonke abaphuma ngesango lomzi wabo. Yalùswa yonke into eyindoda, bonke abaphuma ngesango lomzi wabo.

Kwathi ngomhla wesithathu, baku- 25 ba buhlungu, besuka oonyana ababini bakaYakobi, uSimon noLevi, abanakwabo boDina, bathabatha walowo ikrele lakhe, bawufikela loo mzi ungakhumbulele nto, babulala yonke into eyindoda. Babulala noHamore, no- 26 Shekem unyana wakhe, ngohlangothi lwekrele, bamthabatha uDina endlwini kaShekem, baphuma. Oonyana baka- 27 Yakobi babafikela ababuleweyo, bawuphanga umzi, ngokuba bebemenze inqambi udade wabo. Impahla yabo 28

IGENESIS 34–35

emfutshane, neenkomo zabo, namaesile abo, neento zonke ezibe ziphakathi komzi, nezibe zisendle, bazithabatha; 29 nobutyebi babo bonke, nabantwana babo bonke, nabafazi babo, babathimba, baphanga neento zonke ebe zisendlwini.

30 UYakobi wathi kuSimon nakuLevi, Nindihlisele ishwangusha, ukuze ndinuke phakathi kwabemi belizwe eli, phakathi kwamaKanan, naphakathi kwamaPerizi; ndibantu bambalwa nje mna, baya kundihlanganyela, bandibulale, nditshatyalaliswe mna, nendlu 31 yam. Bathi bona, Udade wethu angáphathwa njengehenyukazi yini na?

UYakobi wakha isibingelelo eBheteli

35 Ke kaloku wathi uThixo kuYakobi, Suka uye eBheteli, uhlale khona, wenze khona isibingelelo kuThixo, owabonakalayo kuwe ekubalekeni kwakho ebusweni bukaEsawu, 2 umkhuluwa wakho. Wathi ke uYakobi kwindlu yakhe, nakubo bonke ababenaye, Susani izithixo zasemzini eziphakathi kwenu, nina nizihlambulule, ninxibe 3 ngubo zimbi; sisuke, sinyuke siye eBheteli, senze khona isibingelelo kuThixo, owandiphendula ngomhla wokubandezeleka kwam, obe nam endleleni enda- 4 ndihamba ngayo. Bazinika uYakobi zonke izithixo zasemzini ebezisesandleni sabo, namajikazi abesezindlebeni zabo; uYakobi wazimbela phantsi 5 komoki* obungakwaShekem. Banduluka; uqhiphulo-mbilini ngoThixo lwaba phezu kwemizi ngeenxa zonke kubo, 6 àyabasukela oonyana bakaYakobi. Wafika uYakobi eLuzi, esezweni lakwaKanan, ekwayiBheteli, yena nabo bonke 7 abantu ababenaye. Wàkha khona isibingelelo, wathi loo ndawo ukuyibiza nguThixo waseBheteli; kuba kulapho uThixo wazityhilayo kuye, ekubalekeni kwakhe ebusweni bomkhuluwa wakhe.

8 Wafa uDebhora, umanyisikazi kaRebheka, wangcwatywa ngasezantsi kweBheteli, phantsi kom-oki; kwathiwa igama layo nguMoki wokuLila.

9 UThixo wabuya wabonakala kuYakobi ekuveleni kwakhe ePadan-aram, wa- msikelela. Wathi uThixo kuye, Igama 10 lakho nguYakobi; akuyi kuba sathiwa igama lakho nguYakobi, kuya kuthiwa igama lakho nguSirayeli; wamthiya ke igama elinguSirayeli.* Wathi uThixo 11 kuye, NdinguThixo uSomandla. Qhama, wande; uhlanga nesikhungu seentlanga siya kuvela kuwe, nookumkani baphume esinqeni sakho. Ilizwe enda- 12 linika uAbraham noIsake ndiliniké wena; ndiliniké imbewu yakho emva kwakho ilizwe elo.

Wenyuka uThixo, wemka kuye kuloo 13 ndawo abethethe naye kuyo. UYakobi 14 wamisa isimiso kuloo ndawo abethethe naye kuyo, isimiso samatye; wathulula phezu kwaso umnikelo othululwayo, wagalela neoli phezu kwaso. UYakobi 15 wathi igama laloo ndawo, uThixo abethethe naye kuyo, yiBheteli.*

Ukufa kukaRakeli nokukaIsake

Banduluka eBheteli. Kwathi, kuse- 16 mganyana ukuba kufikwe e-Efrata, wazala uRakeli, kwaba nzima ukuzala kwakhe. Kwathi, kwakuba nzima ukuzala 17 kwakhe, wathi umzalisikazi kuye, Musa ukoyika, kuba naló ngunyana wakho. Kwathi ekuphumeni komphefumlo wa- 18 khe, kuba wafayo, wathi nguBhenoni* igama lakhe; ke yena uyise wathi nguBhenjamin.* Wafa ke uRakeli, wa- 19 ngcwatyelwa endleleni yase-Efrata eyiBhetelehem. UYakobi wamisa isimiso 20 phezu kwengcwaba lakhe; sisimiso sengcwaba likaRakeli nanamhla.

USirayeli wayincothula intente yakhe, 21 waya wayitwabulula ngaphaya kweMigdoli-edere. Kwathi, ekuhlaleni ku- 22 kaSirayeli kwelo zwe, waya uRubhen, wamlala uBhiliha, ishweshwe likayise; weva ke uSirayeli.

Oonyana bakaYakobi babelishumi elinababini. Oonyana bakaLeya nguRu- 23 bhen, owamazibulo kuYakobi, noSimon, noLevi, noYuda, noIsakare, noZebhulon. Oonyana bakaRakeli nguYosefu 24 noBhenjamin. Oonyana bakaBhiliha, u- 25 mkhonzazana kaRakeli, nguDan noNafetali. Oonyana bakaZilipa, umkho- 26 nzazana kaLeya, nguGadi noAshere. Ngabo abo oonyana bakaYakobi, awabazalelwa ePadan-aram.

27 UYakobi waya kuIsake uyise kwaMamre, eKiriyati ka-Arbha, eHebron, apho babengabaphambukeli khona u-
28 Abraham noIsake. Imihla kaIsake yaba yiminyaka elikhulu elinamanci asi-
29 bhozo. UIsake waphuma umphefumlo, wafa, wahlanganiselwa kwabakowabo, aluphele, ephelele ebudaleni. Bamngcwaba ooEsawu noYakobi, oonyana bakhe.

Inzala kaEsawu

36 Yiyo le ke inzala kaEsawu, ongu-
2 Edom. UEsawu wabazeka abafazi bakhe ezintombini zakwaKanan: uAda, intombi kaElon umHeti, noAholibhama, intombi ka-Ana, intombi
3 kaTsibheyon umHivi; wazeka noBhasemati, intombi kaIshmayeli, udade
4 boNebhayoti. UAda wamzalela uEsawu uElifazi: uBhasemati wazala uRe-
5 huweli. UAholibhama wazala uYehushe, noYalam, noKora. Ngabo abo oonyana bakaEsawu, awabazalelwayo ezweni lakwaKanan.

6 UEsawu wabathabatha abafazi bakhe, noonyana bakhe, neentombi zakhe, nabendlu yakhe yonke, nemfuyo yakhe, namaqegu akhe onke, nengqwebo yakhe yonke abeyiqwebile ezweni lakwaKanan, waya kwelinye ilizwe, emka ngenxa ka-
7 Yakobi umninawa wakhe. Kuba ingqwebo yabo ibininzi, ukuze bangabi nakuhlala ndawonye; nelizwe lokuphambukela kwabo libe lingenakubathwala
8 ngenxa yemfuyo yabo. Wahlala uEsawu entabeni yakwaSehire. UEsawu ke lowo nguEdom.

9 Yiyo le ke inzala kaEsawu, uyise wamaEdom, entabeni yakwaSehire.
10 Ngawo la ke amagama oonyana bakaEsawu: nguElifazi, unyana ka-Ada, umkaEsawu; nguRehuweli, unyana ka-
11 Bhasemati, umkaEsawu. Oonyana bakaElifazi nguTeman, no-Omare, no-
12 Tsefo, noGatam, noKenazi. UTimna ebelishweshwe likaElifazi, unyana kaEsawu, wamzalela uElifazi uAmaleki; ngabo abo oonyana baka-Ada, umka- 13 Esawu. Ngabo aba oonyana bakaRehuweli: uNahati, noZera, noShama, noMiza. Ngabo abo oonyana bakaBhasemati, umkaEsawu. Ngabo aba oonyana 14 baka-Aholibhama, intombi ka-Ana, intombi kaTsibheyon, umkaEsawu: wamzalela uEsawu uYehushe, noYalam, noKora.

Zizo ezi izikhulu zoonyana bakaEsa- 15 wu: oonyana bakaElifazi, owamazibulo kuEsawu, sisikhulu esinguTeman, isikhulu esinguOmare, isikhulu esinguTsefo, isikhulu esinguKenazi, isikhulu esinguKora, isikhulu esinguGatam, isikhulu esinguAmaleki. Zizo ezo izikhulu zakwaElifazi ezweni lakwaEdom; ngabo abo oonyana baka-Ada. Ngabo aba oo- 17 nyana bakaRehuweli, unyana kaEsawu: sisikhulu esinguNahati, isikhulu esinguZera, isikhulu esinguShama, isikhulu esinguMiza; zizo ezo izikhulu zakwaRehuweli ezweni lakwaEdom; ngabo abo oonyana bakaBhasemati, umkaEsawu. Ngabo aba oonyana baka-Aholibhama, umkaEsawu: sisikhulu esinguYehushe, isikhulu esinguYalam, isikhulu esinguKora; zizo ezo izikhulu zakwaAholibhama, intombi ka-Ana, umkaEsawu. Ngabo abo oonyana bakaEsa- 19 wu, zizo ezo izikhulu; nguEdom ke lowo.

Ngabo aba oonyana bakaSehire um- 20 Hori, ababemi kwelo zwe: uLotan, noShobhali, noTsibheyon, noAna, no- 21 Dishon, noEtsere, noDishan; zizo ezo izikhulu zamaHori, oonyana bakaSehire, ezweni lakwaEdom. Oonyana baka- 22 Lotan babengamaHori, noHemam; udade boLotan nguTimna. Ngabo aba oo- 23 nyana bakaShobhali: nguAlevan, noManahati, noEbhali, noShefo, no-Onam. Ngabo aba oonyana bakaTsibheyon: 24 nguAya noAna. Ngulo Ana wayifumanayo imithombo eshushu entlango, esalusa amaesile kaTsibheyon uyise. Nga- 25 bo aba oonyana baka-Ana: nguDishon; uAholibhama wayeyintombi ka-Ana.

IGENESIS 36-37

26 Ngabo aba oonyana bakaDishon: ngu-Hemdan, noEshbhan, noItran, noKe-
27 ran. Ngabo aba oonyana bakaEtsere:
28 nguBhilehan, noZavan, noAkan. Ngabo aba oonyana bakaDishan: ngu-Utse noAran.

29 Zizo ezi izikhulu zamaHori: isikhulu esinguLotan, isikhulu esinguShobhali, isikhulu esinguTsibheyon, isikhulu esi-
30 nguAna, isikhulu esinguDishon, isikhulu esinguEtsere, isikhulu esinguDishan; zizo ezo izikhulu zamaHori, ngokwezikhulu zabo ezweni lakwaSehire.

31 Ngabo aba ookumkani ababelawula ezweni lakwaEdom, kungekabikho kumkani unobukumkani kubo oonyana
32 bakaSirayeli: uBhela, unyana kaBheore, walawula kwaEdom; igama lomzi
33 wakhe yiDinabha. Wafa uBhela, wathi uYobhabhi, unyana kaZera waseBhotse-
34 ra, walawula esikhundleni sakhe. Wafa uYobhabhi, wathi uHusham, wasezweni lamaTeman, walawula esikhu-
35 ndleni sakhe. Wafa uHusham, wathi uHadadi, unyana kaBhedadi, owawatshabalalisayo amaMidiyan emhlabeni wamaMowabhi, walawula esikhundleni
36 sakhe; igama lomzi wakhe yiAviti. Wafa uHadadi, wathi uSamla waseMasere-
37 ka walawula esikhundleni sakhe. Wafa uSamla, wathi uSawule, waseRehobhoti yoMlambo,* walawula esikhu-
38 ndleni sakhe. Wafa uSawule, wathi uBhahali-hanan, unyana ka-Akebhore,
39 walawula esikhundleni sakhe. Wafa uBhahali-hanan, unyana ka-Akebhore, wathi uHadare walawula esikhundleni sakhe; igama lomzi wakhe yiPawu; igama lomkakhe nguMehetabheli, intombi kaMatrede, intombi kaMezahabhi.

40 Ngawo la amagama ezikhulu zakwa-Esawu ngokweziiwe zazo, ngokweendawo zazo, ngamagama azo: isikhulu esinguTimna, isikhulu esinguAleva, isi-
41 khulu esinguYetete, isikhulu esinguAholibhama, isikhulu esinguEla, isikhu-
42 lu esinguPinon, isikhulu esinguKenazi, isikhulu esinguTeman, isikhulu esingu-
43 Mibhetsare, isikhulu esinguMagediyeli, isikhulu esinguIram. Zizo ezo izikhulu zakwaEdom, ngokwamakhaya azo, ezweni lokuma kwazo. NguEsawu ke lowo uyise wamaEdom.

UYosefu uthiyiwe ngabakhuluwa bakhe; uthengiselwa eYiputa

37 Ke kaloku uYakobi wahlala ezweni lokuphambukela kukayise, ezweni lakwaKanan.

Yiyo le ke inzala kaYakobi. UYose- 2 fu, engominyaka ilishumi linesixhenxe ezelwe, wayesalusa impahla emfutshane ndawonye nabakhuluwa bakhe; yena ke, engumfana, wayenoonyana bakaBhiliha, noonyana bakaZilipa, abafazi bakayise. UYosefu wazisa udaba lwabo olubi kuyise. USirayeli wayemthanda uYo- 3 sefu ngaphezu kwabo bonke oonyana bakhe, ngokuba ebengunyana wokwaluphala kwakhe; yena wamenzela ke ingubo ende enemikhono. Abakhuluwa 4 bakhe babona ukuba uyise umthanda ngaphezu kwabo bonke, bamthiya, ababa nakuthetha naye bexolile.

UYosefu waphupha iphupha, waba- 5 xelela abakhuluwa bakhe; kwaba kukhona bamthiyayo. Wathi kubo, Khani- 6 live eli phupha ndiliphuphileyo. Ya- 7 bonani, besibopha izithungu entsimini phakathi; saza isithungu sam sesuka sema; zaza izithungu zenu zasingqonga, zaqubuda kwisithungu sam. Abakhu- 8 luwa bakhe bathi kuye, Yinene na ukuba uya kuba ngukumkani phezu kwethu? Yinene na ukuba uya kusilawula? Kwaba kukhona bamthiyayo ngenxa yamaphupha akhe, nangenxa yamazwi akhe.

Wabuya waphupha elinye iphupha, 9 walixela kubakhuluwa bakhe, wathi, Yabonani, ndibuye ndaphupha iphupha; ndiphuphé ilanga nenyanga neenkwenkwezi ezilushumi elinanye ziqubuda kum. Wakuxela kuyise, nakuba- 10 khuluwa bakhe. Uyise wamkhalimela, wathi kuye, Liphupha lini na eli uliphuphileyo? Mna, nonyoko, nabakhuluwa bakho, soza size kuqubuda kuwe na emhlabeni? Abakhuluwa bakhe bam- 11 monela, ke yena uyise waligcina eli lizwi.

IGENESIS 37-38

12 Ke kaloku abakhuluwa bakhe baya kwalusa impahla emfutshane kayise
13 kwaShekem. USirayeli wathi kuYosefu, Abakhuluwa bakho abalusi eShekem na? Yiza, ndikuthume kubo.
14 Wathi yena kuye, Ndilapha. Wathi kuye, Khawuye kukhangela ukuphila kwabakhuluwa bakho, nokuphila kwempahla emfutshane; ubuye uze kundixelela. Wamthuma ke, emsusa entilini
15 yaseHebron, waya eShekem. Wafunyanwa ngumfo, ebhadula endle; umfo lowo wambuza wathi, Ufuna ntoni na?
16 Wathi, Ndifuna abakhuluwa bam; kha-
17 wundixelele apho balusa khona. Wathi umfo, Bandulukile apha, kuba khendeva besithi, Masiye eDotan. UYosefu wabalandela abakhuluwa bakhe, wabafumana eDotan.
18 Bambona ke esekude, engekasondeli kubo, benza iyelenqe lokumbulala.
19 Bathetha omnye komnye besithi, Nanko
20 lo mphuphi esiza. Yizani ke ngoko, simbulale, simphose komnye wemihadi, sithi, Udliwe lirhamncwa, size sibone ukuba amaphupha akhe oba yintoni na.
21 Weva uRubhen, wamhlangula esandleni
22 sabo; wathi, Masingambulali afe. Wathi uRhubhen kubo, Musani ukuphalaza gazi; mphoseni kulo mhadi usentlango; musani ukumsa sandla. Watsho, ukuze amhlangule esandleni sabo, ambuyisele kuyise.
23 Kwathi akufika uYosefu kubakhuluwa bakhe, bamhluba uYosefu ingubo yakhe, ingubo ende enemikhono abena-
24 yo; bamthabatha, bamphosa emhadini; umhadi lowo ube uzé, kungekho manzi kuwo.
25 Bahlala phantsi, badla isonka; baphakamisa amehlo abo, bakhangela, nango umkhoko wamaIshmayeli uvela eGiliyadi, uneenkamela zithwele intlaka emhlophe, namafutha aqholiweyo, nentlaka emnandi, besihla nazo besiya
26 eYiputa. UYuda wathi kubazalwana bakhe, Yinzuzoni na ukuthi simbulale umninawa wethu, sifihle igazi lakhe?
27 Yizani sithengise ngaye kumaIshmayeli; isandla sethu masingabi phezu kwakhe, ngokuba ngumzalwana wethu, yinyama yethu. Bamphulaphula abazalwana bakhe.

Adlula amaMidiyan lawo angabarhwe- 28 bi; bamrhola, bamkhupha uYosefu emhadini, bathengisa ngoYosefu kumaIshmayeli ngeesilivere ezimashumi mabini; amsa uYosefu eYiputa. Wabu- 29 yela uRubhen emhadini. Yini? UYosefu akakho emhadini; wazikrazula iingubo zakhe. Wabuyela kubaninawa 30 bakhe, wathi, Umfana akakho; mna ke ndosuka ndiye ngaphi na?

Bayithabatha ingubo kaYosefu, ba- 31 xhela inkunzi yebhokhwe exhonti, bayithi nkxu ingubo egazini. Bayithu- 32 mela ingubo ende enemikhono *ekhaya*, bayisa kuyise, bathi, Siyichole; khawufanise, ukuba yingubo yonyana wakho, asiyiyo, sini na? Wayifanisa, wa- 33 thi, Yingubo yonyana wam; udliwe lirhamncwa; inene, uqwengiwe uYosefu. UYakobi wazikrazula iingubo zakhe, 34 wabeka ezirhwexayo esinqeni sakhe, wamenzela isijwili unyana wakhe imihla emininzi. Besuka bonke oonyana ba- 35 khe, nazo zonke iintombi zakhe, beza kumthuthuzela; akavuma kuthuthuzelwa, wathi, Ndiya kuhla ndiye kunyana wam kwelabafileyo, ndisenza isijwili. Uyise wamlilela ke.

AmaMidiyan aya athengisa ngaye 36 eYiputa kuPotifare, umbusi wakwaFaro, umthetheli wabasiki.

Imbali kaYuda

38 Kwathi ngelo xesha, wehla uYuda, esuka kubazalwana bakhe, waya wayimisa intente yakhe ngakwindoda yaseAdulam, egama linguHira. UYuda wabona khona intombi yendoda 2 engumKanan, egama linguShuwa; wayizeka, wayingena. Yamitha, yazala 3 unyana; wathi igama lakhe nguEre. Yabuya yamitha, yazala unyana; yathi 4 igama lakhe nguOnan. Yabuya yaphi- 5 nda yamitha, yazala unyana; yathi igama lakhe nguShela; wayeseKezibhi ukumzala kwakhe. UYuda wamzekela 6 uEre, amazibulo akhe, umfazi ogama

7 linguTamare. Ke uEre, amazibulo ka-Yuda, ubeneentlondi ezimbi emehlweni kaYehova; waza uYehova wambulala.

8 UYuda wathi kuOnan, Yiya kumfazi womkhuluwa wakho, umngene, umve-
9 lisele imbewu umkhuluwa wakho. Wayesazi uOnan ukuba imbewu ayiyi kuba yeyakhe; wathi, xa sukuba esiya kumfazi womkhuluwa wakhe, wayiphalazela emhlabeni, ukuze angamniki
10 mbewu umkhuluwa wakhe. Kwaba kubi emehlweni kaYehova oko wakwe-
11 nzayo; ngoko wambulala naye. Wathi uYuda kuTamare, umolokazana wakhe, Hlala ungumhlolokazi endlwini kayihlo, ade akhule uShela, unyana wam; kuba wathi, Hleze afe naye, njengabakhuluwa bakhe. Wemka uTamare, waya kuhlala endlwini kayise.

12 Zakuba ninzi iintsuku, yafa intombi kaShuwa, umkaYuda. Akuthuthuzeleka uYuda, wenyuka waya kubachebi bempahla yakhe emfutshane, yena no-Hira, isihlobo sakhe saseAdulam, kwaTimna.

13 Waxelelwa uTamare kwathiwa, Nanko uyihlozala, enyuka esiya kucheba impahla yakhe emfutshane kwaTimna.

14 Wazisusa iingubo zobuhlolokazi bakhe, wazigqubuthela ngesigqubuthelo, wazithi wambu, wahlala phantsi esangweni le-Enayim, engasendleleni eya kwaTimna; kuba ubebona ukuba ukhulile uShela, àkasiwa noko kuye ukuba abe
15 ngumkakhe. UYuda wambona, waba ulihenyukazi, kuba ebegqubuthele ubu-
16 so. Wathi gu bucala, waya kuye endleleni, wathi, Khawuze, ndikungene; kuba ubengazi ukuba ngumolokazana wakhe. Wathi, Wòndinika ntoni na, ukuze ndikuvumele ukuba undinge-
17 ne? Wathi, Mna ndothumela ndithabathe itakane lebhokwe elisempahleni emfutshane. Wathi, Ewe, ukuba uthe wandinika isibambiso, ude ulithumele
18 *kum.* Wathi, Ndikunike sibambiso sini na? Wathi yena, Umsesane wakho, nesidanga sakho, nomsimelelo wakho osesandleni sakho. Wamnika ke, wamngena, wamitha yena ngaye.
19 Wesuka wemka, wasisusa isigqubuthelo sakhe, wambatha iingubo zobuhlolokazi bakhe.

UYuda walithumela itakane lebho- 20 khwe ngesandla sesihlobo sakhe saseAdulam, ukuze samkele isibambiso esandleni senkazana leyo; asiyifumananga ke. Sabuza kubantu baloo ndawo, 21 sathi, Liphi na ing'awukazi ebe lise-Enayim ngasendleleni? Bathi, Akubangakho ng'awukazi apha. Sabuyela 22 kuYuda sathi, Andilifumananga; nabo abantu baloo ndawo bathe, Akubangakho ng'awukazi apha. Wathi uYuda, 23 Malizithabathe, hleze sidelwe. Yabona, ndithumele eli takane, ke wena akulifumananga.

Kwathi, emva kweenyanga ezintathu, 24 waxelelwa uYuda kwathiwa, UTamare, umolokazana wakho, uhenyuzile; kananjalo, yabona, umithi ngokuhenyuza oko. UYuda wathi, Mkhupheni atshiswe. Akukhutshwa, wathumela yena 25 kuyisezala, wathi, Ndimithiswe yindoda ezizezayo ezi zinto; wathi, Khawufanise ukuba ngokabani na lo msesane, nesi sidanga, nalo msimelelo. Wazi- 26 fanisa uYuda, wathi, Ulilungisa kunam; wenzé kuba ndingamnikanga u-Shela, unyana wam. Akabanga sabuya amazi.

Kwathi, ngexesha lokuzala kwakhe, 27 nanku ingamawele esizalweni sakhe. Kwathi, ekuzaleni kwakhe, kwavela 28 isandla; wathabatha umzalisikazi, wabopha esandleni salo usinga olubomvu, esithi, Eli laphuma kuqala. Kuthe ke, 29 lakusibuyisa isandla salo, nanko kuphuma umzalwana walo. Wathi, Yini na ukuba uzityhobozele? Wathiywa ke igama lokuba nguPeretse.* Kwathi em- 30 va koko, kwaphuma umzalwana walo, obenosinga olubomvu esandleni sakhe; wathiywa igama lokuba nguZera.*

UYosefu endlwini kaPotifare

39 Ke kaloku uYosefu wahliswa wasiwa eYiputa. UPotifare, umbusi wakwaFaro, umthetheli wabasiki, umYiputa, wamthenga kumaIshmayeli, abemhlisele khona. UYehova waba 2

naye uYosefu, waba yindoda enempumelelo; waba sendlwini yenkosi yakhe, 3 umYiputa lowo. Yabona inkosi yakhe ukuba uYehova unaye, ukuba zonke izinto abezenza, uYehova ubezenza zibe 4 nempumelelo esandleni sakhe. UYosefu wababalwa emehlweni ayo, wayilungiselela; yamenza umveleli wendlu yayo, neento zonke ebinazo yazinikela 5 esandleni sakhe. Kwathi, ukususela ekubeni yamenza umveleli wendlu yayo neento zonke ebinazo, wayisikelela uYehova indlu yomYiputa lowo ngenxa kaYosefu. Yabakho intsikelelo kaYehova ezintweni zonke ebinazo, endlwini 6 nasezindle. Zonke izinto ebinazo yaziyekela esandleni sikaYosefu, ayakhathalela nanye into ebikuye, ingesiso isonka esidlayo. Ke uYosefu ebemhle isiqu, emhle imbonakalo.

7 Kwathi emveni kwezi zinto, umfazi wenkosi yakhe waphosa amehlo akhe 8 kuYosefu, wathi, Ndilale. Wamangala, wathi kumka-nkosi yakhe, Yabona, inkosi yam ayikhathalele nto ikum isendlwini, nezinto zonke enazo izini- 9 kele esandleni sam. Akukho bani mkhulu kum kule ndlu; ayinqabisanga nento le kum, nguwe wedwa, ngokokuba ungumkayo; ndingáthini na ke ukwenza obu bubi bukhulu kangaka, ndone 10 kuThixo? Kwathi, nakuba ebethetha kuYosefu imihla ngemihla, akamphulaphula yena ukuba alale ecaleni lakhe, nokuthi abe naye.

11 Kwathi kuloo mihla, wangena endlwini eya kusebenza umsebenzi wakhe; kwaye kungekho nanye yakumadoda 12 endlu endlwini apho. Wambamba ngengubo wathi, Ndilale. Wayishiya ingubo yakhe esandleni sakhe, wabaleka, 13 waphumela phandle. Kwathi, akubona ukuba uyishiyile ingubo yakhe esandleni 14 sakhe, ubalekele phandle, wabiza amadoda endlu yakhe, wathetha kuwo, esithi, Khangelani, úsizisele indoda engumHebhere, ukuba idlale ngathi; izile kum, isiza kundilala, ndakhala 15 ngezwi elikhulu; yathi, yakuva ndiphakamisa izwi, ndikhala, yayishiya ingubo yayo ecaleni lam, yabaleka, yaphumela phandle.

Wayibeka phantsi ingubo yayo ecaleni 16 lakhe, yada yafika inkosi yakhe endlwini yayo. Wathetha kuyo ngokwaloo ma- 17 zwi esithi, Sizé kum isicaka esingumHebhere, esi usizisele sona, ukuba sidlale ngam; kuthe, ndakuliphakamisa izwi 18 lam, ndikhala, sayishiya ingubo yaso ecaleni lam, sabalekela phandle. Ithe, 19 yakuweva inkosi yakhe amazwi omkayo awawathethayo kuyo, esithi, Senjenje isicaka sakho kum, wavutha umsindo wayo. Inkosi kaYosefu yamthabatha, 20 yamfaka entolongweni, kuloo ndawo apho amakhonkxwa okumkani abekhonkxwa khona, waba sentolongweni apho ke.

UYehova ubenoYosefu, wamthobela 21 inceba, wenza ukuba athandwe ngumphathi wentolongo. Umphathi we- 22 ntolongo wawanikela kuYosefu onke amakhonkxwa asentolongweni, ukuze zonke izinto ezisukuba zisenziwa khona, abe nguye ozenzayo. Umphathi we- 23 ntolongo akakhathalelanga nto isesandleni sakhe, ngenxa yokuba uYehova ubenaye; zonke izinto ebesakuzenza, uYehova ubeziphumelelisa.

UYosefu utyhilela umngcamli kaFaro nomoji wakhe amaphupha abo entolongweni

40 Kwathi emveni kwezi zinto, umngcamli wokumkani waseYiputa, nomoji wezonka zakhe, bayona inkosi yabo, ukumkani waseYiputa. UFaro waba noburhalarhume kubo aba- 2 busi bakhe bobabini, umphathi wabangcamli nomphathi waboji bezonka. Wabanikela elugcinweni, endlwini yo- 3 mthetheli wabasiki entolongweni, endaweni abekhonkxelwe kuyo uYosefu. Umthetheli wabasiki wamenza uYosefu 4 umveleli wabo, wabalungiselela; baba nomzuzu beselugcinweni.

Baphupha iphupha bobabini; elowo 5 waphupha iphupha lakhe ngabusuku bunye, elowo ngokokutyhilwa kwephupha lakhe, umngcamli nomoji wezonka bokumkani waseYiputa, ababekhonkxi-

IGENESIS 40-41

6 we entolongweni. UYosefu wangena kubo kwakusa, wabakhangela, wafika 7 bematshekile. Wababuza ababusi bakwaFaro, ababenaye elugcinweni endlwini yenkosi yakhe, esithi, Kutheni na ukuba ubuso benu bube bubi 8 namhlanje? Bathi kuye, Siphuphé iphupha; akukho ulityhilayo. UYosefu wathi kubo, Izityhilo asizezikaThixo na? Khanindixelele iphupha elo.

9 Umphathi wabangcamli wamxelela uYosefu iphupha lakhe, wathi kuye, Ephupheni lam ndibone umdiliya upha-10 mbi kwam; emdiliyeni apho amasebe emathathu, wangathi wona uphuma amathupha, wadubula iintyantyambo zawo, izihloko zawo zavuthwa zaziidi-11 liya; indebe kaFaro isesandleni sam; ndizithàbathe iidiliya, ndizifaxange endebeni kaFaro, ndiyinikele indebe 12 esandleni sikaFaro. UYosefu wathi kuye, Siso esi isityhilo salo: amasebe amathathu lawo yimihla emithathu; 13 kusele imihla emithathu, aze uFaro ayiphakamise intloko yakho, akubuyisele endaweni yakho, uyinikele indebe kaFaro esandleni sakhe ngokwesiko langaphambili, oko ubungumngcamli 14 wakhe. Uze undikhumbule ke, wakulungelwa, undenzele inceba, undikhankanye kuFaro, undikhuphe kule ndlu; 15 ngokuba inene ndabiwa ezweni lamaHebhere, nalapha andenzanga nto, ukuba bandifake emhadini lo.

16 Umphathi waboji-zonka wabona ukuba isityhilo eso silungile, wathi kuYosefu, Nam ndiphuphile; ndibone iingobozi ezintathu zezonka ezimhlophe ezi-17 sentlokweni yam; engobozini ephezulu kukho izidlo ngezidlo zonke zikaFaro ezingumsebenzi womoji-zonka, iintaka zisidla kweyona ngobozi iphezulu entlo-18 kweni yam. Waphendula uYosefu wathi, Siso esi isityhilo salo: iingobozi 19 ezintathu ezo yimihla emithathu; kusele imihla emithathu, aze uFaro ayiphakamise intloko yakho, isuke kuwe, akuxhome emthini, ziyidle iintaka inyama yakho iphele.

20 Kwathi ngomhla wasithathu, umhla wokuzalwa kukaFaro, wabenzela isidlo bonke abakhonzi bakhe, wayiphakamisa intloko yomphathi wabangcamli, nentloko yomphathi waboji bezonka phakathi kwabakhonzi bakhe. Wambu- 21 yisela umphathi wabangcamli kubungcamli bakhe; wayinikela indebe esandleni sikaFaro. Ke yena umphathi 22 waboji bezonka wamxhoma, njengoko uYosefu wabatyhilelayo. Umphathi 23 wabangcamli akamkhumbulanga uYosefu, wamlibala.

UYosefu utyhilela uFaro iphupha lakhe; uyakhululwa; uyanyuselwa

41 Kwathi, ekupheleni kweminyaka emibini ezeleyo, uFaro waphupha emi phezu komlambo; nanko kunyuka, 2 kuphuma emlanjeni, amathokazi asixhenxe amahle, etyebile, esidla engcotyeni; nanko kunyuka, kuphuma emla- 3 njeni, amanye amathokazi asixhenxe emva kwawo, emabi, enqinile; ema ecaleni lamanye amathokazi lawo elunxwemeni lomlambo; asuka amathokazi 4 amabi, anqinileyo, awadla amathokazi asixhenxe amahle, atyebileyo. Waphaphama uFaro.

Walala, waphupha okwesibini. Wa- 5 bona izikhwebu ezisixhenxe ziphuma mcingeni mnye, zityebile, zilungile. Nanzo izikhwebu ezisixhenxe zingca- 6 kacileyo, ezitshileyo lulophu lwasempumalanga, ziphuma emva kwazo; zesuka 7 izikhwebu ezingcakacileyo zaziginya izikhwebu zosixhenxe ezityebileyo, ezichumileyo. Wavuka uFaro, O, liphupha!

Kwathi kusasa, umoya wakhe wa- 8 ngqunga; wathumela, wazibiza zonke izazi zaseYiputa, izilumko zonke zakhona. UFaro wazixelela iphupha lakhe; akwabakho bani kuzo unokuwatyhila kuFaro.

Wathetha umphathi wabangcamli ku- 9 Faro, esithi, Ndiyasikhumbula namhlanje isono sam. UFaro wayenoburhala- 10 rhume kubakhonzi bakhe, wandinikela elugcinweni endlwini yomthetheli wabasiki, mna lo, nomphathi waboji bezonka. Saphupha iphupha ngabusuku 11

IGENESIS 41

bunye, mna naye; walowo waphupha
12 ngokutyhilwa kwephupha lakhe. Kwakukho kuthi umfana ongumHebhere, isicaka somthetheli wabasiki, sasixelela, sasityhilela amaphupha ethu, samtyhile-
13 la elowo ngokwephupha lakhe. Kwathi, ngokoko sisityhileleyo, kwaba njalo; mna wàndibuyisela endaweni yam, omnye lowo wamxhoma.
14 UFaro wathumela, wambiza uYosefu. Bamgidimisa ukumkhupha emhadini; wazicheba, wanxiba ngubo zimbi, weza
15 kuFaro. Wathi uFaro kuYosefu, Ndiphuphe iphupha, akukho bani unokulityhila; mna ndive kusithiwa ngawe,
16 ùyaliva iphupha ulityhile. UYosefu wamphendula uFaro, esithi, Akunam; uThixo uya kuphendula into yokumsindisa uFaro.
17 UFaro wathetha kuYosefu, wathi, Ephupheni lam, yabona, bendimi elu-
18 nxwemeni lomlambo; nanko kunyuka, kuphuma emlanjeni, amathokazi asixhenxe etyebile, emahle, esidla engco-
19 tyeni; nanko, kunyuka kuphuma amanye amathokazi asixhenxe emva kwawo, ebhityile, emabi kakhulu, engamarhoqorhoqo, endingazanga ndibone anjalo kulo lonke ilizwe laseYiputa, ukuba mabi
20 kwawo; amathokazi angamarhoqorhoqo, amabi, awadla awokuqala amatho-
21 kazi asixhenxe atyebileyo; angena embilinini wawo àkwazeka ukuba angenile embilinini wawo; imbonakalo yawo yambi, njengasekuqaleni. Ndaphaphama.
22 Ndabona ephupheni lam, izikhwebu ezisixhenxe ziphuma micingeni mnye, zi-
23 chumile, zilungile; nanzo, izikhwebu ezisixhenxe zishwabene, zingcakacile, zitshile lulophu lwasempumalanga, zi-
24 hluma emva kwazo. Zesuka izikhwebu ezingcakacileyo, zaziginya izikhwebu ezisixhenxe ezilungileyo. Ndathetha nezazi; akukho bani kuzo undixelelayo.

25 UYosefu wathi kuFaro, Iphupha likaFaro linye; uThixo umxelele uFaro
26 oko aya kukwenza. Amathokazi asixhenxe alungileyo yiminyaka esixhenxe; izikhwebu ezisixhenxe ezilungileyo yiminyaka esixhenxe; iphupha eli linye.

27 Amathokazi asixhenxe angamarhoqorho- qo, amabi, anyukileyo aphuma emva kwalawo, yiminyaka esixhenxe; nezikhwebu ezisixhenxe ezinqinileyo, ezitshileyo lulophu lwasempumalanga, ziya kuba yiminyaka esixhenxe yendlala.
28 Lelo lizwi ndilithethileyo kuFaro loku- thi: oko aya kukwenza uThixo ukubonisile kuFaro.

29 Yabona, kuza iminyaka esixhenxe yendyebo enkulu ezweni lonke lase-
30 Yiputa; ze kuvele iminyaka esixhenxe yendlala emva kwaleyo, ilityalwe yonke indyebo ezweni laseYiputa, indlala iligqibe ilizwe; ingàziwa indyebo elizwe-
31 ni, ngenxa yaloo ndlala iya kubakho emva kwayo, kuba iya kuba nzima kunene. Ukuphindwa kabini kwephupha
32 elo kuFaro kukuqiniswa kwayo le ndawo nguThixo; úya kukhawuleza uThixo ukuyenza.

33 Ngoko uFaro makakhangele indoda eyingqondi, esisilumko, ayimise phezu kwelizwe laseYiputa. Makenze le nto
34 uFaro, alimisele abaveleli ilizwe, athabathe isihlanu selizwe laseYiputa ngeminyaka yosixhenxe yendyebo. Maba-
35 buthe konke ukudla kwaloo minyaka ilungileyo izayo, bafumbe ingqolowa phantsi kwesandla sikaFaro, ibe kukudla emizini, bayigcine; oko kudla kube
36 yinto ebekelwe ilizwe iminyaka yosixhenxe yendlala, eya kubakho ezweni laseYiputa, lingatshabalali ilizwe yindlala.

37 Lalunga elo zwi emehlweni kaFaro nasemehlweni abo bonke abakhonzi
38 bakhe. UFaro wathi kubakhonzi bakhe, Sinokumfumana na umntu onje, onoMoya kaThixo? UFaro wathi ku-
39 Yosefu, Ekubeni uThixo ekwazisile konke oku, akukho bani uyingqondi, usisilumko, njengawe. Úya kuba phe-
40 zu kwendlu yam wena, bawuthobele umlomo wakho bonke abantu bam; kusetroneni yodwa endiya kuba mkhulu kuwe. UFaro wathi kuYosefu, Kha-
41 ngela, ndikumisé phezu kwalo lonke ilizwe laseYiputa.

42 Wawukhulula uFaro umsesane wakhe esandleni sakhe, wawufaka esandleni

IGENESIS 41-42

sika Yosefu, wamambathisa iingubo zelinen ecikizekileyo, wanxiba umxokele-
43 lwane wegolide entanyeni yakhe. Wamkhwelisa enqwelweni yesibini abenayo, kwamenyezwa phambi kwakhe, kwathiwa, Guqani! Wammisa phezu
44 kwalo lonke ilizwe laseYiputa. Wathi uFaro kuYosefu, NdinguFaro; ngaphandle kwakho, akukho bani uya kuphakamisa sandla sakhe, nalunyawo
45 lwakhe, ezweni lonke laseYiputa. UFaro wamthiya uYosefu igama lokuba nguTsafenati-paneha, wamnika uAzenati, intombi kaPotifera, umbingeleli waseOn, ukuba abe ngumkakhe. Waphuma uYosefu, walihamba ilizwe laseYiputa.

46 UYosefu wayeminyaka imashumi mathathu ezelwe, ukuma kwakhe phambi koFaro, ukumkani waseYiputa; waphuma uYosefu ebusweni bukaFaro, walicanda lonke ilizwe laseYiputa.
47 Umhlaba wavelisa ngendiphane nge-
48 minyaka esixhenxe yendyebo. Wakubutha konke ukudla kweminyaka esixhenxe ebikho ezweni laseYiputa, wakubeka ukudla kuyo imizi; ukudla kwamasimi abewungqongile umzi, wa-
49 kubeka phakathi kwawo. UYosefu wayifumba ingqolowa yanjengentlabathi yolwandle, yaninzi kunene, wada wayeka ukubala, kuba ibingenakubalwa.

50 UYosefu wazala oonyana bababini, wabazalelwa nguAzenati, intombi kaPotifera, umbingeleli waseOn, ingeka-
51 fiki iminyaka yendlala. UYosefu wamthiya owamazibulo igama elinguManase;* ngokuba wathi, UThixo undenzé ndakulibala konke ukwaphuka
52 kwam, nayo yonke indlu kabawo. Owesibini wamthiya igama elinguEfrayim;* ngokuba *wathi*, UThixo undiqhamisile ezweni leentsizi zam.

53 Yaphela ke iminyaka yosixhenxe
54 yendyebo ebisezweni laseYiputa. Yaqala ukufika iminyaka yosixhenxe yendlala, njengoko wayekuthethile uYosefu. Yabakho indlala kumazwe onke; ke ezweni lonke laseYiputa kwakukho isonka. Lonke ilizwe laseYiputa laba 55 nendlala; abantu bakhalela isonka kuFaro; wathi uFaro kuwo onke amaYiputa, Yiyani kuYosefu; athe wakuthetha kuni nize nikwenze. Indlala yaba 56 sezweni lonke; uYosefu wazivula zonke izindlu ezinokudla, wathengisa ngengqolowa kumaYiputa; kuba indlala yaba namandla ezweni laseYiputa. Lesuka ilizwe liphela, leza kuthenga 57 ingqolowa kuYosefu eYiputa, kuba indlala ibinamandla kulo lonke.

Oonyana bakaYakobi abalishumi baya kuthenga ingqolowa eYiputa

42 Wabona uYakobi ukuba kukho ingqolowa eYiputa, wathi uYakobi koonyana bakhe, Yini na ukuba nikhangelane? Wathi, Yabonani, ndivile 2 ukuba kukho ingqolowa eYiputa; yihlani niye khona, nisithengele ingqolowa, siphile, singafi. Behla abakhuluwa ba- 3 kaYosefu abalishumi, beya kuthenga ingqolowa eYiputa. Kodwa uBhenja- 4 min, umninawa kaYosefu, uYakobi akamthumanga nabakhuluwa bakhe; kuba wathi, hleze ahlelwe yingozi. Oonyana bakaSirayeli beza kuthenga 5 ingqolowa phakathi kwabo bezayo; kuba indlala ibikho ezweni lakwaKanan.

UYosefu wayengumlawuli welizwe 6 elo; yena wayethengisa ngengqolowa kubo bonke abantu belizwe elo; bafika ke abakhuluwa bakaYosefu, baqubuda kuye ngobuso emhlabeni. UYosefu 7 wababona abakhuluwa bakhe, wabazi, wazenza ongabaziyo, wathetha nabo kalukhuni, wathi kubo, Nivela phi na? Bathi, Sivela ezweni lakwaKanan, size kuthenga ukudla.

UYosefu wabazi abakhuluwa bakhe; 8
ke bona abamnakananga. Wawakhu- 9
mbula uYosefu amaphupha abewaphuphile ngabo, wathi kubo, Niziintlola nina; nizé kubona ubuzé belizwe eli. Bathi kuye, Hayi, nkosi; abakhonzi 10 bakho baze kuthenga ukudla. Sonke si- 11 phela singoonyana bamfo mnye; siyalungisa, abakhonzi bakho abazizo iintlola. Wathi kubo, Hayi, nizé kubona ubuzé 12 belizwe eli. Bathi, Abakhonzi bakho 13

balishumi elinababaini; siyazalana, singoonyana bamfo mnye ezweni lakwaKanan. Uyabona, omncinane ukubawo namhla, omnye akakho.

14 Wathi uYosefu kubo, Yile nto bendiyithetha kuni, ndisithi, Niziintlola.
15 Niya kucikidwa ngale ndawo: ehleli nje uFaro, anisayi kuphuma apha, ukuba akathanga eze apha umninawa wenu
16 omncinane. Thumani omnye kuni apha, aphuthume umninawa wenu, nikhonkxwe nina; acikidwe amazwi enu ukuba ninenyaniso na; ukuba akubanga njalo, ehleli nje uFaro, inene noba
17 niziintlola. Wabanikela bonke elugcinweni imihla yamithathu.
18 UYosefu wathi kubo ngomhla wesithathu, Yenzani oku, niphile; kuba
19 ndiyamoyika uThixo. Ukuba ninyanisile, omnye umzalwana kuni apha makakhonkxwe endlwini yokugcinwa kwenu, nihambe nina, niyise ingqolowa
20 ngenxa yendlala yezindlu zenu. Umninawa wenu omncinane nimzise kum; okholeka ke amazwi enu, ningafi.
21 Benjenjalo ke. Bathetha omnye komnye besithi, Inyaniso, sinetyala ngenxa yomninawa wethu, sabe sikubona nje ukubandezeleka komphefumlo wakhe, oko abetarhuzisa kuthi, asamphulaphula; kungenxa yoko le nto kusifike-
22 leyo oku kubandezeleka. Wabaphendula uRubhen esithi, Ndabe ndingàtsho na kuni ukuthi, Musani ukumona umfana? Anaphulaphula; yabonani ke, igazi lakhe liyabizwa.
23 Babengazi bona ukuba uYosefu uyeva, kuba kwakumi umkhumshi phakathi
24 kwabo. Wathi guququ, walila; wabuya weza kubo, wathetha nabo, wamthabatha uSimon kubo, wamkhonkxa bekha-
25 ngele. Wawisa umthetho uYosefu wokuba zizaliswe iingxowa zabo ngengqolowa, imali yabo ibuyiselwe kulowo nalowo engxoweni yakhe, banikwe nomphako wendlela; kwenjiwa njalo ke kubo.
26 Bawabopha ingqolowa amaesile abo,
27 bemka ke apho. Uthe ke omnye akuyivula ingxowa yakhe, ukuba aphe iesile lakhe iindiza apho balalisa khona, wayibona imali yakhe, isemlonyeni wengxowa yakhe. Wathi kubazalwana ba- 28 khe, Ibuyisiwe imali yam; nantsi ikho nokubakho engxoweni yam. Baphela amandla, bakhangelana begubha, bathi, Yintoni na le ayenzileyo uThixo kuthi?

Bafika kuYakobi uyise ezweni lakwa- 29 Kanan, bamxelela yonke into ebahleleyo, besithi, Indoda, inkosi yelo zwe, 30 yathetha nathi kalukhuni, yathi siziintlola zelo zwe. Sathi kuyo, Sinyani- 31 sile; asizizo iintlola, singabazalwana 32 abalishumi elinababini, oonyana bakabawo; omnye akakho, omncinane ukubawo namhla, ezweni lakwaKanan. Indoda leyo, inkosi yelo zwe, yathi kuthi, 33 Ndiya kwazi ngale ndawo ukuba ninyanisile: shiyani abe mnye umzalwana wenu kum apha, niphathele izindlu zenu ukudla ngenxa yendlala, nihambe; nimzise umninawa wenu omncinane 34 kum, ndize ndazi ukuba ninyanisile, anizizo iintlola; ndimnikele kuni umzalwana wenu, nirhwebe ezweni apha.

Kwathi, bakukhuphela iingxowa za- 35 bo, babona isiqhuma semali salowo nalowo engxoweni yakhe; bakuzibona iziqhuma zabo zemali boyika, bona noyise. Wathi kubo uYakobi uyise, 36 Nindihluthe abantwana; uYosefu akakho, uSimon akakho, niza kuthabatha noBhenjamin; zikhwéle kum zonke ezo zinto. Wathi uRubhen kuyise, Babu- 37 lale bobabini oonyana bam, ukuba andithanga ndimzise kuwe; mnikele esandleni sam, ndombuyisela kuwe mna. Wa- 38 thi yena, Unyana wam akasayi kuhla nani; ngokuba ufile umkhuluwa wakhe, yena usele yedwa. Ukuba úthe wahlelwa yingozi endleleni eniyihambayo, izimvi zam nozithobela kwelabafileyo ndinesingqala.

Abantakwabo Yosefu baya okwesibini eYiputa

43 Indlala yayinzima kwelo zwe. Kwathi, bakuba begqibile uku- 2 yidla ingqolowa ababeze nayo bevela eYiputa, wathi uyise kubo, Buyani niye kusithengela intwana yokudla.

IGENESIS 43

3 Wathi uYuda kuye, Indoda leyo yaqononondisa kuthi, yathi, Aniyi kububona ubuso bam, engabangakho nani
4 umninawa wenu. Ukuba ùthe wamthuma umninawa wethu nathi, sohla
5 siye kukuthengela ukudla. Ukuba akuthanga umthume, asiyi kuhla; kuba indoda leyo yathi kuthi, Aniyi kububona ubuso bam, engabangakho nani umninawa wenu.
6 USirayeli wathi, Yini na ukuba nindenzele ububi, niyixelele indoda leyo
7 ukuthi, nisenomninawa? Bathi, Indoda leyo yabuza kunene ngathi nangemizalwana yethu, isithi, Usaphilile na uyihlo? Nisenomninawa na? Sayixelela ngokwaloo mazwi. Besisazi yini na ukuba ibiya kuthi, Yihlani nomninawa wenu?
8 UYuda wathi kuSirayeli uyise, Mthume nam umfana, sisuke sihambe, siphile, singafi thina, nawe, nabantwana
9 bethu. Mna ndiya kummela, wòmbiza esandleni sam; ukuba andithanga ndimzise kuwe, ndimbeke phambi kwakho, mandibe netyala kuwe yonke
10 imihla yam. Kuba, ukuba besingazilazilanga, inene ngesiba ngoku sesibuye okwesibini.
11 USirayeli uyise wathi kubo, Ukuba kunjalo okunene, yenzani ke oku: thabathani kwezinconywayo izinto zelizwe eli, nizifake ezingxoweni zenu, nihle niyisele indoda leyo umnikelo: intwana yamafutha aqholiweyo, nentwana yencindi yobusi, nentlaka emhlophe, nentlaka emnandi, neenkozo zepistasi,* neea-
12 mangile.* Phathani enye imali esandleni senu; naloo mali yabuyiswayo emlonyeni weengxowa zenu, buyani nayo esandleni senu; mhlawumbi sisi-
13 phosiso. Nomninawa wenu mthabatheni, ninduluke, nibuyele kwindoda
14 leyo. Ngamana uThixo uSomandla waniphatha ngemfesane phambi kwendoda leyo, ukuba inikhululele omnye umzalwana wenu lowo noBhenjamin. Mna, ukuba ndihluthiwe abantwana, ndihluthiwe.

15 Amadoda lawo awuthabatha loo mnikelo, neemali zombini aziphatha esandleni sawo, noBhenjamin, asuka ehla aya eYiputa, ema phambi koYosefu.
16 UYosefu wambona uBhenjamin enabo, wathi kumphathi wendlu yakhe, Wangenise loo madoda endlwini, uxhele, ulungise; kuba la madoda aya kudla nam emini enkulu. Indoda leyo yenza
17 njengoko watshoyo uYosefu; indoda yawangenisa amadoda endlwini ka-Yosefu. Amadoda oyika, ngokuba e-
18 ngeniswe endlwini kaYosefu, athi, Kungenxa yemali eyayibuyiselwe ezingxoweni zethu ekuqaleni, le nto singeniswe apha; ukuze agaleleke phezu kwethu, asiwele, asithabathe sibe ngamakhoboka, kwanamaesile ethu.

Asondela kuloo ndoda iphethe indlu 19 kaYosefu, athetha nayo emnyango wendlu, athi, Tarhu, nkosi! Sehla oku- 20 nene ekuqaleni, sisiza kuthenga ukudla. Kwathi, sakufika endaweni yokulalisa, 21 sazivula iingxowa zethu, kwavela imali yalowo nalowo emlonyeni wengxowa yakhe, imali yethu ngomlinganiso wayo. Sibuyé nayo ke siyiphethe. Nenye 22 imali sihle seza nayo esandleni sethu, ukuba sithenge ukudla; asimazi oyifakileyo imali ezingxoweni zethu. Yathi, 23 Xolani, musani ukoyika; uThixo wenu, uThixo kayihlo, uninikile ubutyebi ezingxoweni zenu; imali yenu ndayamkela. Yabakhuphela uSimon. Indo- 24 da leyo yawangenisa amadoda endlwini kaYosefu, yawanika amanzi, ahlamba iinyawo zawo; yawapha iindiza amaesile awo. Umnikelo lowo awulungisela u- 25 kufika kukaYosefu emini enkulu; kuba ebeve kusithiwa aya kudla isonka khona.

Wangena uYosefu endlwini; amzisela 26 endlwini umnikelo obusesandleni sawo, aqubuda kuye emhlabeni. Wawabuza 27 ukuphila kwawo, wathi, Uyihlo usaphilile na, ixhego enanithethe ngalo? Usadla ubomi na? Athi, Usaphilile ubawo 28 umkhonzi wakho, usadla ubomi. Bathoba baqubuda. Wawaphakamisa a- 29 mehlo akhe, wambona uBhenjamin umninawa wakhe, umntwana kanina, wathi, Nguye na lo umninawa wenu omncinane, enibe nithetha ngaye kum?

IGENESIS 43-44

Wathi, Ngamana uThixo wakubabala, nyana wam.

30 Wakhawuleza uYosefu; kuba wasikwa yimfesane ngenxa yomninawa wakhe, wafuna indawo angalilela kuyo, wangena engontsini, walila khona.
31 Waza wahlamba ubuso bakhe, waphuma ezibambile, wathi, Bekani isonka.
32 Bambekela yedwa, bababekela bodwa bona, bawabekela odwa amaYiputa abesidla naye; kuba amaYiputa akanakudla sonka namaHebhere; kuba lisi-
33 kizi elo kumaYiputa. Bahlala phantsi phambi kwakhe, owamazibulo ngokobuzibulo bakhe, omncinane ngokobuncinane bakhe. Amadoda akhangelana
34 ethe manga. Asèlwa izabelo ezisuka phambi kwakhe; ke isabelo sikaBhenjamin saba sikhulu kahlanu kwizabelo zabo bonke bephela. Basela, baba mnandi benaye.

UYosefu ulinga abantakwabo

44 Wamwisela umthetho umphathi wendlu, esithi, Zizalise iingxowa zala madoda ngokudla, njengoko zinako ukukhongozela, uyibeke imali yalowo nalowo emlonyeni wengxowa yakhe;
2 uyibeke indebe yam, indebe yesilivere, emlonyeni wengxowa yomncinane, nemali yengqolowa yakhe. Wenza ke ngokwelizwi likaYosefu abelithethile.
3 Kwakuthi qhiphu ukusa, andululwa
4 loo madoda, wona namaesile awo. Akubona ukuba aphumile emzini, engekayi kude, wathi uYosefu kumphathi wendlu yakhe, Suka, uwasukele laa madoda; wakuwafumana uze uthi kuwo, Yini na ukuba niphindezele okulungileyo ngo-
5 kubi? Le nto asiyile na inkosi yam isela ngayo, ihlabe nezihlabo ngayo? Yinto embi le nto niyenzileyo.
6 Wawafumana, wathetha kuwo loo
7 mazwi. Athi kuye, Yini na ukuba inkosi yam ithethe ngokwaloo mazwi? Makube lee kubakhonzi bakho ukwenza
8 ngokwelo lizwi. Ùyabona, imali esayifumanayo emlonyeni weengxowa zethu, sayibuyisela kuwe, sivela ezweni lakwaKanan. Singáthini na ke ukûba endlwini yenkosi yakho isilivere nokuba

yigolide? Osukuba ifunyenwe kuye 9
phakathi kwabakhonzi bakho, makafe; kananjalo thina síbe ngamakhoboka enkosini yam.

Wathi, Makube njengokwamazwi e- 10
nu; ke ngoko osukuba ifunyenwe kuye, woba sisicaka sam, ke nina noba msulwa.

Bakhawuleza, bathula elowo ingxowa 11
yakhe, bayibeka emhlabeni, bavula elowo ingxowa yakhe. Wagquthagqu- 12
tha, eqalela komkhulu, egqibela komncinane; yafunyanwa indebe engxoweni kaBhenjamin. Bazikrazula iingubo zabo, 13
babopha elowo iesile lakhe, babuyela kuloo mzi.

Wafika uYuda nabazalwana bakhe 14
endlwini kaYosefu; ubesekhona yena. Bawa phambi kwakhe emhlabeni. U- 15
Yosefu wathi kubo, Sisenzo sini na esi nisenzileyo? Beningazi na ukuba indoda enjengam nje ibingahlaba izihlabo? UYuda wathi, Siya kuthini na enkosini 16
yam? Siya kuthetha ntoni na? Siya kuzihlamba njani na? UThixo ubufumene ubugwenxa babakhonzi bakho; yabona, singabakhonzi benkosi yam, thina aba, nalowa indebe ifunyenwe esandleni sakhe. Wathi, Makube lee 17
kum ukwenza loo nto; indoda efunyenwe esandleni sayo indebe, yiyo eya kuba sisicaka kum; ke nina nyukani nixolile, niye kuyihlo.

UYuda wasondela kuye, wathi, Ta- 18
rhu, nkosi yam! Makhe athethe ilizwi umkhonzi wakho ezindlebeni zenkosi yam; mawungavuthi umsindo wakho ngakumkhonzi wakho, ngokuba ungangoFaro wena. Yababuza inkosi yam 19
abakhonzi bayo, isithi, Ninoyihlo na? Ninomninawa na? Sathi thina enko- 20
sini yam, Sinobawo ixhego, nomntwana wobuxhego bakhe omncinane; umkhuluwa wakhe wafa, yena usele yedwa kunina, uyise uyamthanda. Wathi ke 21
wena kubakhonzi bakho, Yihlani naye eze kum, ndiwamise amehlo am kuye. Sathi thina kwinkosi yam, Umfana lowo 22
akanako ukumshiya uyise; emshiyile, uyise angafa. Wathi wena kubakhonzi 23
bakho, Ukuba umninawa wenu omnci-

IGENESIS 44-45

nane akathanga ehle nani, aniyi kubuya nibubone ubuso bam. Kwathi, xenikweni senyukayo saya kumkhonzi wakho ongubawo, samxelela amazwi enkosi yam. Wathi ubawo, Buyani niye kusithengela intwana yokudla. Sathi, Asinakuhla. Ukuba umninawa wethu omncinane unathi, sohla; kuba asinakububona ubuso bendoda leyo, engenathi umninawa wethu omncinane. Wathi ubawo umkhonzi wakho kuthi, Niyazi nina, ukuba umkam wandizalela oonyana ababini. Omnye waphuma kum, ndathi, Inene, uqwengiwe; andimbonanga unangoku. Nimthabatha nje naló ebusweni bam, ethe wahlelwa yingozi, nozihlisela izimvi zam zinobubi kwelabafileyo. Ngoko ke, ukuba ndithe ndafika kubawo umkhonzi wakho, engenathi umfana (umphefumlo wakhe ubotshwe nomphefumlo wakhe nje), kothi, akubona ukuba akakho umfana, afe, nabakhonzi bakho bahlise izimvi zomkhonzi wakho ubawo enesingqala, ziye kwelabafileyo. Kuba umkhonzi wakho lo wammela umfana lowo kubawo, ndisithi, Ukuba andithanga ndimzise kuwe, ndoba netyala kubawo yonke imihla yam. Ngoko makahlale umkhonzi wakho lo esikhundleni somfana, ndibe likhoboka enkosini yam mna; umfana anyuke nabakhuluwa bakhe. Kuba ndingáthini na ukunyuka ndiye kubawo, engenam umfana? hleze ndibubone ububi obomfumana ubawo.

24
25
26

27

28

29

30

31

32

33

34

UYosefu uyazazisa kubantakwabo

45 UYosefu akabanga nakuzibamba phambi kwabo bonke ababemi ngakuye. Wadanduluka wathi, Khuphani bonke abantu, bemke kum. Akwabakho mntu umi ngakuyé ekuzaziseni kukaYosefu kubazalwana bakhe. Wasibeka isililo; eva amaYiputa, yeva nendlu kaFaro. Wathi uYosefu kubazalwana bakhe, NdinguYosefu; usaphilile na ubawo? Ababa nako ukumphendula abazalwana bakhe; kuba bakhwankqiswa phambi kwakhe.

2
3

Wathi, uYosefu kubazalwana bakhe, Khanisondele kum apha. Basondela. Wathi, NdinguYosefu, umzalwana wenu, enathengisayo ngaye eYiputa. Ngoko musani ukuba buhlungu, ningaziqumbeli, ukuba nathengisa ngam apha; kuba uThixo wandithuma phambi kwenu ukuze ndisindise abantu. Kuba ngoku iminyaka mibini indlala ikho phakathi kwelizwe; isemihlanu iminyaka ezayo, ekungayi kubakho kulima nakuvuna ngayo. UThixo undithume phambi kwenu, ukuba ndinimisele amasalela ezweni, ukuba ndisindise ubomi benu, ibe kukusinda okukhulu. Ngoko ke àsinini abandithume apha, nguThixo; wandenza uyise kuFaro, nenkosi phezu kwayo yonke indlu yakhe, nomlawuli ezweni lonke laseYiputa. Khawulezani, ninyuke niye kubawo, nithi kuye, Útsho unyana wakho uYosefu ukuthi, UThixo undenzé inkosi kuyo yonke iYiputa; yihla uze kum, musa ukulibala. Wóhlala ezweni laseGoshen, ube kufuphi kum, wena, noonyana bakho, noonyana boonyana bakho, nempahla yakho emfutshane, neenkomo zakho, nezinto zonke onazo; ndikòndle khona, kuba isaya kuba mihlanu iminyaka yendlala; hleze uhlwempuzeke wena, nendlu yakho, nento yonke onayo. Yabonani, amehlo enu ayabona, namehlo omninawa wam uBhenjamin, ukuba ngumlomo wam lo uthethayo kuni. Nize nimxelele ubawo lonke uzuko lwam eYiputa, nezinto zonke enizibonileyo, nikhawuleze nihle nobawo, eze apha. Wawa entanyeni kaBhenjamin, umninawa wakhe, walila; uBhenjamin walila entanyeni yakhe. Wabanga bonke abazalwana bakhe, walila phezu kwabo. Emveni koko, abazalwana bakhe bathetha naye.

4
5

6

7

8

9

10

11

12

13

14
15

UFaro umema uYakobi nosapho lwakhe, baze kuma eYiputa

Lavakala izwi endlwini kaFaro, lisithi, Bafikile abazalwana bakaYosefu. Kwalunga oko emehlweni kaFaro, nasemehlweni abakhonzi bakhe. Wathi

16

17

IGENESIS 45-46

uFaro kuYosefu, Yithi kubazalwana bakho, Yenzani oku: bophani amaqegu enu, nihambe niye ezweni lakwaKanan, 18 nithabathe uyihlo nezindlu zenu, nize kum apha. Ndoninika izinto ezilungileyo zelizwe laseYiputa, nidle ukutyeba 19 kwelizwe. Wena ke ùwiselwe umthetho, yenzani oku; bathabatheleni abantwana benu, nabafazi benu, iinqwelo ezweni laseYiputa, nithwale uyihlo, 20 nize. Iliso lenu malingabi nanceba empahleni yenu, kuba zonke izinto ezilungileyo zelizwe lonke laseYiputa zezenu.

21 Benjenjalo ke oonyana bakaSirayeli. UYosefu wabanika iinqwelo ngokomthetho kaFaro; wabanika nomphako 22 wendlela. Wabanika bonke elowo iingubo zokukhululana. Wamnika uBhenjamin iisilivere ezimakhulu mathathu, neengubo ezintlanu zokukhululana. 23 Kuyise wathumela ezilolu hlobo: amaesile alishumi, ethwele izinto ezilungileyo zaseYiputa, neemazi zamaesile ezilishumi, zithwele ingqolowa, nesonka, 24 nomphako kayise wendlela. Wabandulula ke abazalwana bakhe, bahamba; wathi kubo, Ize ningaxabani endleleni.

25 Benyuka, bemka ke eYiputa, bafika ezweni lakwaKanan kuYakobi uyise. 26 Bamxelela besithi, UYosefu usahleli; ewe, ungumphathi welizwe lonke laseYiputa. Yaqoba intliziyo yakhe, kuba 27 ebengakholwa ngabo. Bawathetha kuye onke amazwi kaYosefu, abewathethile kubo. Wazibona iinqwelo abezithumele uYosefu, ukuba zimthwale; waza waphila umoya kaYakobi uyise. 28 Wathi uSirayeli, Kwanele. UYosefu unyana wam usahleli. Ndiya kuya ndimbone, ndingekafi.

UYakobi ufudukela eYiputa nosapho lwakhe

46 Wanduluka ke uSirayeli neento zonke abenazo, wafika eBhershebha, wabingelela imibingelelo ku-
2 Thixo kayise uIsake. Wathetha uThixo kuSirayeli emibonweni yobusuku, wathi, Yakobi, Yakobi! Wathi yena, Ndilapha. Wathi, NdinguThi- 3 xo, uThixo wooyihlo, musa ukoyika ukuhla uye eYiputa; kuba ndiya kukwenza uhlanga olukhulu khona. Mna 4 ndiya kuhla ndiye nawe eYiputa, ndinyuke nokunyuka nawe; uYosefu asibeke isandla sakhe phezu kwamehlo akho.

Wesuka uYakobi eBher-shebha; oo- 5 nyana bakaSirayeli bamthwala uYakobi uyise, nabantwana babo, nabafazi babo, ngeenqwelo ebezithunyelwe nguFaro ukuba zimthwale. Bayithabatha imfu- 6 yo yabo, nengqwebo yabo ababeyiqwebile ezweni lakwaKanan, bafika eYiputa uYakobi nembewu yakhe yonke, ndawonye naye; oonyana bakhe, noonyana 7 boonyana bakhe ndawonye naye, iintombi zakhe, neentombi zoonyana bakhe, nembewu yakhe yonke, weza nayo eYiputa.

Ngawo la amagama oonyana baka- 8 Sirayeli abafikáyo eYiputa, uYakobi noonyana bakhe: amazibulo kaYakobi nguRubhen. Oonyana bakaRubhen 9 nguHanoki, noFalu, noHetseron, noKarmi. Oonyana bakaSimon, nguYemu- 10 weli, noYamin, no-Ohadi, noYakin, no-Tsohare, noSawule, unyana womKananekazi. Oonyana bakaLevi nguGershon, 11 noKehati, noMerari. Oonyana baka- 12 Yuda nguEre, no-Onan, noShela, noPeretse, noZera; ke ooEre no-Onan bafela ezweni lakwaKanan. Oonyana bakaPeretse nguHetseron noHamuli. Oonyana bakaIsakare nguTola, noPu- 13 wa, noYobhi, noShimron. Oonyana ba- 14 kaZebhulon nguZerede, noEloni, noYaleli. Ngabo abo oonyana bakaLeya, 15 awabazalela uYakobi ePadan-aram, no-Dina intombi yakhe; yonke imiphefumlo yoonyana bakhe neyeentombi zakhe ingamashumi omathathu anamithathu.

Oonyana bakaGadi nguTsifiyon, no- 16 Hagi, noShuni, noEtsebhon, noEri, noArodi, noAreli. Oonyana baka-Ashere 17 nguImna, noIshwa, noIshvi, noBheriya, noSera udade wabo; oonyana bakaBheriya nguEbhere noMalekiyeli. Nga- 18

IGENESIS 46–47

bo abo oonyana bakaZilipa, awathi u-Labhan wamnika uLeya intombi yakhe; abo wabazalela uYakobi, imiphefumlo elishumi elinamithandathu.

19 Oonyana bakaRakeli, umkaYakobi,
20 nguYosefu noBhenjamin. Wazala ke uYosefu ezweni laseYiputa, uManase noEfrayim, awamzalela bona uAzenati, intombi kaPotifera, umbingeleli wase-
21 On. Oonyana bakaBhenjamin nguBhela, noBhekere, noAshbhele, noGera, noNahaman, noEhi, noRoshe, noMupim,
22 noHupim, noArdi. Ngabo abo oonyana bakaRakeli, abazalelwa uYakobi; iyonke yimiphefumlo elishumi elinaminé.
23 Oonyana bakaDan nguHushim.
24 Oonyana bakaNafetali nguYatseli, no-
25 Guni, noYetsere, noShilem. Ngabo abo oonyana bakaBhiliha, awathi uLabhan wamnika uRakeli intombi yakhe; abo wabazalela uYakobi, iyonke yimiphefumlo esixhenxe.

26 Iyoke imiphefumlo eyaya noYakobi eYiputa, eyaphuma esinqeni sakhe, ngaphandle kwabafazi boonyana bakaYakobi, iyonke yimiphefumlo emashu-
27 mi mathandathu anamithandathu. Oonyana bakaYosefu awabazalelwa eYiputa yimiphefumlo emibini. Iyonke imiphefumlo yendlu kaYakobi eyaya eYiputa ibimashumi asixhenxe.

28 Wasusa uYuda ukuba amandulele aye kuYosefu, ambonise indlela eya eGoshen; bafika ke ezweni laseGoshen.

29 UYosefu wayibopha inqwelo yakhe, wenyuka waya kumkhawulela uSirayeli uyise eGoshen. Bathe bakubonana, wawa entanyeni yakhe, walila umzuzu
30 omkhulu entanyeni yakhe. Wathi uSirayeli kuYosefu, Ndibubonile nje ubuso bakho, ukuba ùsahleli, mandife ngoku.

31 Wathi uYosefu kubazalwana bakhe nakwindlu kayise, Ndiya kunyuka ndiye kubika kuFaro, ndithi kuye, Abazalwana bam nendlu kabawo, ababese-
32 zweni lakwaKanan, bafikile; kunjalo nje la madoda ngabalusi bempahla emfutshane, kuba ngabafuyi; impahla yawo emfutshane, neenkomo zawo, neento zonke ananzo, azé nazo. Xa athe 33 wanibiza uFaro, wathi, Uyintoni na umsebenzi wenu? nòthi, Abakhonzi 34 bakho ngabafuyi bempahla kwasebuncinaneni bethu unangoku, thina aba noobawo bethu; ukuze nime ezweni laseGoshen, kuba bonke abalusi bempahla emfutshane balisikizi kumaYiputa.

UYosefu wazisa abantu bakowabo kuFaro

47 UYosefu waya kumbikela uFaro, wathi, Ufikile ubawo nabazalwana bam, nempahla yabo emfutshane, neenkomo zabo, neento zonke abanazo, bevela ezweni lakwaKanan; nabo besezweni laseGoshen. Wakhetha kubo 2 abazalwana bakhe amadoda amahlanu, wawamisa phambi koFaro. Wathi u- 3 Faro kubazalwana bakhe, Uyintoni na umsebenzi wenu? Bathi kuFaro, Abakhonzi bakho ngabafuyi bempahla emfutshane, thina aba kwanoobawo bethu. Babuya bathi kuFaro, Sipha- 4 mbukele kweli lizwe, kuba akukho tyani bampahla imfutshane abanayo abakhonzi bakho, kuba inzima indlala ezweni lakwaKanan; ngoko ke mabakhe bahlale ezweni laseGoshen abakhonzi bakho. Wathetha uFaro kuYosefu, wathi, Uyi- 5 hlo nabazalwana bakho bafikile kuwe. Ilizwe laseYiputa liphambi kwakho: 6 uyihlo nabazalwana bakho bahlalise kweyona ndawo intle yelizwe; mabahlale ezweni laseGoshen. Ukuba ùyazi ukuba kukho kuwo amadoda aziinkunkqele emsebenzini, wamise abe ngabaphathi bemfuyo endinayo.

UYosefu wamngenisa uYakobi uyise, 7 wammisa phambi koFaro. UYakobi wamsikelela uFaro. UFaro wathi ku- 8 Yakobi, Mingaphi na iminyaka yobudala bakho? Wathi uYakobi kuFaro, 9 Imihla yeminyaka yokuba lundwendwe kwam emhlabeni yiminyaka elikhulu elinamanci mathathu; imbalwa, imibi, imihla yeminyaka yobudala bam; ayifikanga emihleni yeminyaka yobudala boobawo, emihleni yokuba lundwendwe kwabo emhlabeni. UYakobi wamsi- 10 kelela ke uFaro; waphuma, wemka ebusweni bukaFaro.

11 UYosefu wambeka uyise nabazalwana bakhe ezweni laseYiputa, wabanika indawo yokuma kweyona ndawo intle yelizwe, ezweni laseRameses, ngoko-
12 mthetho kaFaro. UYosefu wamondla uyise, nabazalwana bakhe, nendlu yonke kayise, ngesonka, ngangokuswela kosapho lwabo.

UYosefu wongamela iYiputa

13 Bekungekho kudla kulo lonke ilizwe; kuba ibinzima kunene indlala; ilizwe laseYiputa nelizwe lakwaKanan laphele-
14 lwa ngamandla ngenxa yendlala. Wayihlanganisa uYosefu yonke imali eyafunyanwayo ezweni laseYiputa nasezweni lakwaKanan, yengqolowa ababeyithenga; wayingenisa uYosefu imali endlwi-
15 ni kaFaro. Yaphela imali ezweni laseYiputa nasezweni lakwaKanan. Onke amaYiputa eza kuYosefu, esithi, Sinike ukudla. Yini na ukuba sife phambi
16 kwakho, kuba imali iphelile. Wathi uYosefu, Rholani imfuyo yenu; ndoninika ngemfuyo yenu, ukuba imali
17 iphelile. Ayizisa imfuyo yawo kuYosefu; uYosefu wawanika ukudla ngamahashe, nangemfuyo eyimpahla emfutshane, nangemfuyo eziinkomo, nangamaesile; wawapha ukudla endaweni yayo yonke imfuyo yawo ngaloo mnyaka.
18 Waphela ke loo mnyaka. Eza kuye ngomnyaka wesibini, athi kuye, Asinakukufihla enkosini yam, ukuba imali nemfuyo eziinkomo iphelele enkosini yam; akusalanga nto kuthi phambi kwenkosi yam, yimizimba yethu nemi-
19 hlaba yethu yodwa kuphela. Yini na ukuba sife phambi kwakho, thina aba nomhlaba wethu. Sithenge thina nomhlaba wethu ngokudla, ukuze thina nomhlaba wethu sibe ngabakhonzi bakaFaro. Sinike imbewu, ukuze siphile, singafi, kube senkangala.
20 UYosefu wawuthengela uFaro wonke umhlaba waseYiputa; kuba amaYiputa athengisa elowo ngentsimi yakhe, kuba indlala yabe inzima phezu kwawo;
21 umhlaba ke waba ngokaFaro. Abantu wabafudusela emizini, kwathabathela ekupheleni komnye umda waseYiputa kwesa ekupheleni komnye. Ngumhla- 22 ba wababingeleli wodwa angawuthenganga; kuba ababingeleli babenesabelo abasimiselweyo esivela kuFaro, besidla isabelo eso simiselweyo, babesinikwe nguFaro; ngenxa yoko bona abathengisanga ngomhlaba wabo.

Wathi uYosefu ebantwini, Yabonani, 23 namhla nina nomhlaba wenu ndinithengele uFaro; nantsi ke imbewu yenu, hlwayelani umhlaba. Nòthi kwinto 24 eniyizuzileyo, nimnike uFaro esesihlanu *isahlulo*, eziné izahlulo zibe zezenu, zibe yimbewu yentsimi, nezokudliwa nini nangabasezindlwini zenu, nezokudliwa lusapho lwenu. Bathi, Ùsisi- 25 ndisile; mayisibabale inkosi yam, soba ngabakhonzi kuFaro. UYosefu wayi- 26 misa loo nto yaba ngummiselo unanamhla phezu komhlaba waseYiputa, ukuba esesihlanu isahlulo sibe sesikaFaro; ngumhlaba wababingeleli wodwa ongabanga ngokaFaro.

Wahlala uSirayeli ezweni laseYiputa, 27 ezweni laseGoshen; baqiniseka ukuma khona, baqhama, banda kunene. U- 28 Yakobi wadla ubomi ezweni laseYiputa iminyaka elishumi elinesixhenxe; imihla kaYakobi, iminyaka yobudala bakhe, yaba yiminyaka elikhulu elinamanci amané, aneminyaka esixhenxe.

Yasondela imihla kaSirayeli yokuba 29 afe; wabiza unyana wakhe uYosefu, wathi kuye, Ukuba kaloku ndibabalwe nguwe, khawubeke isandla sakho phantsi kwethangá lam, undenzele inceba nenyaniso. Uze ungakhe undingcwabe eYiputa. Ke ndiya kulala koobawo; uze 30 undisuse eYiputa, undingcwabe engcwabeni labo. Wathi ke yena, Ndiya kwenza ngokwelizwi lakho. Wathi, Funga; 31 wafunga ke. Waqubuda uSirayeli phezu kwentloko yesingqengqelo.

UYakobi usikelela oonyana bakaYosefu, uManase noEfrayim

48 Kwathi emveni kwezi zinto, kwathiwa kuYosefu, Ùyabona,

uyihlo uyafa. Wathabatha oonyana bakhe bobabini, uManase noEfrayim, 2 bahamba naye. Waxelelwa uYakobi kwathiwa, Nanku unyana wakho uYosefu esiza kuwe. Wazomeleza uSirayeli, wavuka, wahlala esingqengqelweni.

3 UYakobi wathi kuYosefu, UThixo uSomandla wabonakala kum ndise-Luzi, ezweni lakwaKanan, wandisike- 4 lela. Wathi kum, Yabona, ndiya kukuqhamisa, ndikwandise, ndikwenze isikhungu sezizwe; eli lizwe ndilinike imbewu yakho emva kwakho, libe 5 lelakho ngonaphakade. Ngako oko oonyana bakho ababini, owabazalelwayo ezweni laseYiputa, ndingekafiki kuwe eYiputa, ngabam; uEfrayim noManase baya kuba ngabam, njengoRubhen no- 6 Simon. Ke othe wabazala emva kwabo, baya kuba ngabakho; baya kubizwa ngokwegama labazalwana babo elifeni labo.

7 Ekumkeni kwam mna ePadan, ndafelwa nguRakeli ezweni lakwaKanan endleleni, ndakubona ukuba ndimganyana ukuze kufikwe e-Efrata; ndamngcwabela khona endleleni yase-Efrata eyiBhetelehem.

8 USirayeli wababona oonyana baka-
9 Yosefu, wathi, Ngoobani na aba? Wathi uYosefu kuyise, Ngoonyana bam endibaphiwe nguThixo apha. Wathi yena, Khawubasondeze kum, ndibasi-
10 kelele. Ke amehlo kaSirayeli ayeselenorhatyazo kukwaluphala, engasaboni. Wabasondeza ke kuye, wabanga, waba-
11 wola. USirayeli wathi kuYosefu, Ukubona ubuso bakho bendingasakucingi; nanku uThixo endibonise nembewu
12 yakho. UYosefu wabakhupha phakathi kwamadolo akhe, waqubuda ngo-
13 buso bakhe emhlabeni. UYosefu wabathabatha bobabini, uEfrayim ngesokunene kwesasekhohlo sikaSirayeli, noManase ngesokhohlo kwesokunene
14 sikaSirayeli, wabasondeza kuye. USirayeli wasolula esokunene sakhe, wasibeka entloko kuEfrayim engomncinane, nesokhohlo sakhe entloko kuManase, ezenjenjalo izandla zakhe ngengqiqo; ngokuba uManase ebengowamazibulo.

15 Wamsikelela uYosefu, wathi, Nga-mana uThixo, abâhamba phambi kwakhe oobawo uAbraham noIsake, owandondla kwasekuveleni kwam kwada kwanamhla, osisithunywa esindikhululeyo ebubini bonke, angabasikelela aba- 16 fana, lithi igama lam negama loobawo libizwe phezu kwabo, uAbraham no-Isake, bande, babe baninzi ehlabathini.

Wabona uYosefu ukuba uyise usi- 17 beke isandla sakhe sokunene entloko kuEfrayim, kwakubi emehlweni akhe; wasibamba isandla sikayise wasishenxisa entlokweni kaEfrayim, esisa entlokweni kaManase. Wathi uYosefu 18 kuyise, Makungabi njalo, bawo, kuba ngulo owamazibulo; beka esokunene entlokweni yakhe. Akavuma uyise, wa- 19 thi, Ndiyazi, nyana wam, ndiyazi; naye uya kuba sisizwe, naye uya kuba mkhulu; kodwa umninawa wakhe uya kuba mkhulu kuye, nembewu yakhe ibe ziintlanga ezininzi. Wabasikelela 20 ngaloo mini, esithi, Ngawe uya kusikelela uSirayeli, esithi, Ngamana uThixo wakwenza njengoEfrayim nanjengoManase. Wambeka ke uEfrayim phambi koManase.

USirayeli wathi kuYosefu, Yabona, 21 ndiza kufa; uThixo uya kuba nani, anibuyisele ezweni looyihlo. Mna ndi- 22 kuniké isiqwenga somhlaba ngaphezu kwabazalwana bakho, eso ndasithimbayo esandleni sama-Amori, ngekrele lam nangesaphetha sam.

UYakobi usikelela oonyana bakhe abalishumi elinababini

49 Wababiza ke uYakobi oonyana bakhe, wathi,
Zihlanganiseni, ndinixelele okuya kunihlela ngemihla yokugqibela.
Qukanani, niphulaphule, nyana ba- 2 kaYakobi,
Niphulaphule uSirayeli uyihlo.

Rubhen, wena mazibulo am, mandla 3 am, ngqalo yokuqina kwam,
Ncamisa yokuphakama, ncamisa yegunya,
Uxhaphazelayo njengamanzi, aku- 4 sayi kuba ncamisa kunje;

IGENESIS 49

Kuba wenyukayo waya esililini sikayihlo,
Wangcolisa oko, wenyuka waya emandlalweni wam.

5 USimon noLevi ngabazalwana;
Ziintonga zokugonyamela izikhali zabo.
6 Egquguleni labo úze ungangeni umphefumlo wam,
Nesikhungu sabo lungazibandakanyi uzuko lwam;
Kuba ngomsindo wabo babulala amadoda,
Ngokuzithandela kwabo bazinqumla imisipha iinkomo.
7 Uqalekisiwe umsindo wabo, ngokuba unobungcwangu:
Ukuphuphuma kwabo umsindo, ngokuba unzima.
Ndiya kubachithachitha kwaYakobi,
Ndibaphangalalise kwaSirayeli.

8 Yuda, abazalwana bakho baya kukudumisa,
Isandla sakho sibe sentanyeni yeentshaba zakho;
Baya kuqubuda kuwe oonyana bakayihlo.
9 Lithole lengonyama uYuda;
Úsuké ekuqwengeni, nyana wam,
Waguqa, wabuthuma njengengonyama,
Njengengonyamakazi; ngubani na oya kumvusa?
10 Intonga ayiyi kumka kuYuda,
Intonga yommisi-mthetho ayiyi kumka phakathi kweenyawo zakhe,
Ade afike uShilo,
Zimlulamele izizwe.
11 NguKhuleka emdiliyeni imazi yakhe ye-esile,
UKhuleka kowohlobo inkonyana yakhe ye-esile;
UHlamba ngewayini isambatho sakhe,
Ngegazi lediliya ingubo yakhe;
12 UMehlo abomvu yiwayini,
UMazinyo amhlophe ngamasi.

13 UZebhulon uya kuma ngasezibukweni lolwandle,
Kuba wenyukayo waya esililini sikayihlo,
Ewe, ngasezibukweni leenqanawa, 14
Icala lakhe lisingise eTsidon.

UIsakare yinyathi ye-esile,
Ulala phakathi kweentlanti.
Wakúbona ukuphumla ukuba ku- 15 lungile,
Nelizwe ukuba limnandi;
Igxalaba lakhe walithobela ukuthwala,
Waba ngumsébenzi ofakwa uviko.

UDan uya kugweba phakathi kwa- 16 bantu bakowabo,
Njengezinye izizwe zakwaSirayeli.
UDan makabe yinyoka ngasendleleni, 17
Irhamba ngasemendweni,
Eliluma izithende zehashe,
Awe ngomva olikhweleyo.
Usindiso lwakho, Yehova, ndiluthe- 18 mbile.

UGadi ungenelwa ngamatutu, 19
Ke yena uwangenela ezithendeni.

KuAshere kuphuma amafutha, isonka 20 sakhe eso;
Yena unika izinto eziyolisa ookumkani.

UNafetali yimazi yexhama ekhulu- 21 lweyo,
Ukhupha amazwi amahle.

NguGatya lomthi oqhamayo uYose- 22 fu,
UGatya lomthi oqhamayo ngasemthonjeni,
Omasebe aqabele eludongeni.
UBamcubunga bamtola, 23
Bamchasa abatoli;
USihlala sithe nkqi isaphetha sakhe, 24
UMikhono yezandla zakhe inokusityeda,
Ngezandla zembalasane kaYakobi,
Khona apho akhoyo umalusi, ilitye likaSirayeli;
NgoThixo wooyihlo—akuncede, 25
NgoSomandla—akusikelele,
Ibe ziintsikelelo zamazulu ezivela phezulu,
Iintsikelelo zamanzi enzonzobila alele ezantsi,

IGENESIS 49-50

Iintsikelelo zamabele, nezesizalo.
26 Iintsikelelo zikayihlo
Zizigqithile iintsikelelo zomawokhulu,
Zasa nasemdeni weentaba zanini;
Mazibe sentloko kuYosefu,
Ebuchotsheni bobalulweyo kubazalwana bakhe!

27 UBhenjamin yingcuka eqwengayo;
Kusasa úya kudla okuphangiweyo,
Ngokuhlwa úya kwaba okuthinjiweyo.

28 Bonke aba zizizwe zakwaSirayeli ezilishumi elinazibini; yiyo leyo into awayithethayo kubo uyise, wabasikelela; elowo ngokwentsikelelo yakhe waba-
29 sikelela. Wabawisela umthetho, wathi kubo, Ndiza kuhlanganiselwa kwabakowethu; ndingcwabeni noobawo emqolombeni osentsimini kaEfron umHiti,
30 emqolombeni osentsimini yaseMakapela, ophambi kowakwaMamre, ezweni lakwaKanan, awawuthengayo uAbraham ndawonye nentsimi kuEfron umHiti, ukuba abe nendawo eyiyeyakhe
31 yokungcwaba. Bamngcwaba khona apho uAbraham noSara umkakhe; bamngcwaba khona apho uIsake noRebheka umkakhe; ndamngcwaba khona
32 apho uLeya. Yathengwa intsimi leyo nomqolomba okuyo koonyana bakaHeti.
33 Wagqiba ke uYakobi ukuyolela oonyana bakhe, wazifinyezela esingqengqelweni iinyawo zakhe, waphuma umphefumlo, wahlanganiselwa kwabakowabo.

Ukungcwatywa kukaYakobi nokufa kukaYosefu

50 Wawa uYosefu phezu kobuso bukayise, walila phezu kwakhe,
2 wamanga. UYosefu wabawisela umthetho abakhonzi bakhe, amagqirha, ukuba amqhole uyise; amagqirha
3 amqhola ke uSirayeli. Bamzalisela imihla emashumi mané, kuba bebesenjenjalo ukuyizalisa imihla yabaqholiweyo; amaYiputa amlilela imihla emashumi asixhenxe.
4 Yadlula ke imihla yokulilelwa kwakhe,

uYosefu wathetha kwindlu kaFaro, wathi, Ukuba kaloku niyandibabala, khanithethe ezindlebeni zikaFaro, nithi, Ubawo wandifungisa esithi, Yabona, 5 ndiza kufa; engcwabeni lam endizimbeleyo ezweni lakwaKanan, wòndingcwabela khona apho. Ngoko makhe ndinyuke ndiye kumngcwaba ubawo; ndobuya ndibuye. Wathi uFaro, Nyuka uye 6 kumngcwaba uyihlo ngoko akufungise ngako.

Wenyuka ke uYosefu waya kumngcwaba uyise; benyuka naye bonke abakhonzi bakaFaro, amadoda amakhulu endlu yakhe, amadoda amakhulu onke ezwe laseYiputa; nendlu kaYosefu 8 yonke, nabazalwana bakhe, nendlu kayise. Kwasala iintsapho zabo zodwa, nempahla yabo emfutshane, neenkomo zabo, ezweni laseGoshen. Kwenyuka 9 naye iinqwelo, nabamahashe, yaba ngumkhosi omkhulu kunene. Bafika 10 esandéni sika-Atadi esiphesheya kweYordan, bambambazela izifuba, batsho khona ngesililo esikhulu, esinzima kunene; bamenzela uyise isijwili imihla esixhenxe. Basibona abemi belo zwe, 11 amaKanan, isijwili esandéni sika-Atadi, bathi, Sikhulu esi sijwili kumaYiputa; ngenxa yoko kwathiwa igama laso yiAbhele-mitserayim,* ephesheya kweYordan. Oonyana bakhe benza ke kuye 12 njengokuyolela kwakhe. Bamthwala 13 oonyana bakhe, bamsa ezweni lakwaKanan, bamngcwaba emqolombeni wentsimi yaseMakapela, awawuthengayo uAbraham ndawonye nentsimi, ukuba ube yindawo eyiyeyakhe yokungcwaba, kuEfron umHiti phambi kowakwaMamre.

UYosefu wabuyela eYiputa ke, yena 14 nabazalwana bakhe, nabo bonke abenyuka naye beya kumngcwaba uyise, emva kokungcwaba kwakhe uyise.

Ke kaloku abakhuluwa bakaYosefu 15 babona ukuba uyise wabo ufile, bathi, Azi uYosefu uya kusitshutshisa na, abubuyisele kanye na kuthi bonke ububi esimenzele bona? Bathumela 16 kuYosefu, besithi, Uyihlo wayolela phambi kokufa kwakhe, wathi, Nòtsho 17

kuYosefu ukuthi, Khawuluxolele ukreqo lwabakhuluwa bakho, nesono sabo sokuba bekwenze into embi; ngoko khawuluxolele ukreqo lwabakhozi bo-Thixo wooyihlo. Walila uYosefu eku-
18 theheni kwabo kuye. Baya nabakhuluwa bakhe, baziphosa phantsi phambi kwakhe, bathi, Yabona, singabakhonzi
19 bakho. Wathi uYosefu kubo, Musani ukoyika; ndisesikhundleni sikaThixo
20 yini na? Nina nacinga ububi ngam; ke yena uThixo wacinga okulungileyo, ukuze kuthi, njengoko kwenzekileyo namhla, kusinde abantu abaninzi.
21 Ngoko musani ukoyika; ndonondla nina, nentsapho yenu. Wabathuthuzela ke, wathetha kakuhle nabo.

UYosefu wena eYiputa, yena nendlu 22 kayise. UYosefu wahlala iminyaka elikhulu elinashumi-nye. UYosefu wabo- 23 na oonyana besesithathu isizukulwana sikaEfrayim, kwanoonyana bakaMakire, unyana kaManase, ababezalelwe emadolweni kaYosefu. Wathi uYosefu ku- 24 bakhuluwa bakhe, Ndiza kufa; uThixo okunene uya kunivelela, aninyuse, niphume kweli lizwe, niye ezweni abelifungele uAbraham, noIsake, noYakobi. UYosefu wabafungisa oonyana baka- 25 Sirayeli, esithi, UThixo okunene eya kunivelela nje, nòwanyusa amathambo am, emke apha. Wafa ke uYosefu 26 engominyaka ilikhulu linashumi-nye; bamqhola; wafakwa etyeyeni eYiputa.

INCWADI YESIBINI KAMOSES

EKUTHIWA

YIEKSODUS

(INCWADI YEMFUDUKO)

Ukucinezelwa kwamaSirayeli eYiputa

1 Ngawo la ke amagama oonyana bakaSirayeli, ababefike eYiputa no-
2 Yakobi; beza elowo nendlu yakhe: u-
3 Rubhen, uSimon, uLevi noYuda; uIsa-
4 kare, uZebhulon noBhenjamin; uDan
5 noNafetali, uGadi noAshere. Iyonke imiphefumlo eyaphumayo esinqeni sikaYakobi yayiyimiphefumlo emashumi asixhenxe; uYosefu yena ubeseleseYiputa.
6 Wafa ke uYosefu nabazalwana bakhe
7 bonke, neso sizukulwana sonke. Oonyana bakaSirayeli baqhama, banyakazela, banda, baba namandla kakhulu kunene; lazala ilizwe ngabo.

8 Kwavela ukumkani omtsha phezu kweYiputa, owayengamazi uYosefu.
9 Wathi ebantwini bakhe, Yabonani, abantu oonyana bakaSirayeli baninzi,
10 banamandla kunathi. Yizani sibalumkise, hleze bande; bathi, xenikweni kuthe kwehla imfazwe, bathelele nabo kwiintshaba zethu, balwe nathi, banyuke baphume ezweni.

Bamisa ke phezu kwabo abathetheli 11 bokubafaka uviko, ukuze babacinezele ngemithwalo yabo. Bamakhela ke u-Faro imizi enoovimba, iPitom neRameses. Okukhona babacinezeláyo, ko- 12 kukhona bandayo, kokukhona baphangalaláyo; bakruquka ngabo oonyana bakaSirayeli. AmaYiputa ke abakho- 13 nzisa oonyana bakaSirayeli ngokutyumzayo; abenza bakrakra ubomi babo 14 ngomsebenzi olukhuni, ngodaka nangezitena, nangeentlobo zonke zomsebenzi wasendle; yonke imisebenzi abasetyenziswa yona yayiyetyumzayo.

Ke kaloku ukumkani waseYiputa 15 wathetha kubazalisikazi abangamaHebherekazi, igama lomnye linguShifra,

16 igama lomnye linguPuwa; wathi, Ekuzaliseni kwenu amaHebherekazi, khangelani xa azalayo: ukuba ithe yayinkwenkwe, noyibulala; ukuba ithe yayintombi, yodla ubomi.
17 Abazalisikazi bôyika uThixo, àbenza ngoko wathetha ngako kubo ukumkani waseYiputa, bawasindisa amakhwenkwe.
18 Wababiza ukumkani waseYiputa abazalisikazi, wathi kubo, Kungani na ukuba nenze le nto yokuwasindisa ama-
19 khwenkwe? Bathi abazalisikazi kuFaro, AmaHebherekazi àkanjengabafazi bamaYiputa, kuba omelele; azala engeka-
20 ngeni kuwo umzalisikazi. Ngoko uThixo wabenzela okulungileyo abazalisikazi. Banda abantu, banamandla kakhulu.
21 Kwathi, kuba abazalisikazi babemoyika uThixo, wazisikelela izindlu zabo.
22 UFaro wabawisela umthetho abantu bakhe bonke, wathi, Bonke oonyana abathe bazalwa, baphoseni emlanjeni; ke zonke iintombi zisindiseni.

Ukuzalwa kukaMoses nobutsha bakhe

2 Kwaphuma umfo wendlu kaLevi,
2 wazeka intombi yakwaLevi. Wamitha umfazi lowo, wazala unyana; wambona ukuba mhle, wamfihla iinya-
3 nga ezintathu. Wathi, akuba engasenako ukumfihla, wamthabathela umkhombe wemikhanzi, wawutyabeka ngebhitumene* netywina, wamfaka kuwo umntwana, wawubeka engcotyeni, elu-
4 nxwemeni lomlambo. Udade wabo wema mgama, ukuze ayazi into eya kwenzeka kuye.
5 Yehla ke intombi kaFaro, isiya kuqubha emlanjeni; baye abakhonzazana bayo behamba ngasecaleni lomlambo. Yabona umkhombe engcotyeni phakathi, yathuma umkhonzazana wa-
6 yo, ukuba aye kuwuthabatha. Yawunqika, yambona umntwana; nantso inkwenkwana ilila. Yaba nofefe ngayo, yathi, Ngumntwana wamaHebhere lo.
7 Wathi udade wabo kwintombi kaFaro, Ndíye kukubizela na umfazi wamaHebhere onokwanyisa, akwanyisele u-
8 mntwana? Yathi intombi kaFaro kuye, Yiya. Yaya ke intombi leyo, yabiza unina womntwana. Yathi intombi ka- 9 Faro kuye, Thabatha lo mntwana, umanyise; ndokunika umvuzo wakho mna. Umfazi lowo wamthabatha umntwana, wamanyisa. Wakhula u- 10 mntwana, wamsa ke kwintombi kaFaro, waba ngunyana wayo. Yamthiya igama elinguMoses,* yathi, Ndamrhola emanzini.

Kwathi ke ngaloo mihla, akukhula 11 uMoses, waphuma waya kubazalwana bakhe, ekhangela imithwalo yabo. Wabona umYiputa ebetha umHebhere wakubazalwana bakhe. Wabhekabhe- 12 ka, wathi akuba engaboni mntu, wamthi qwaka umYiputa, wamselela entlàbathini. Waphuma ngemini yesibini; 13 wabona amaHebhere emabini entlalana; wathi kowoné omnye, Yini na ukuba umbethe ummelwane wakho? Wathi 14 yena, Ùmiswe ngubani na ukuba ube ngumthetheli nomgwebi phezu kwethu? Uza kundibulala na nam, usitsho nje, njengokuba umbulele umYiputa? Woyika uMoses, wathi, Mayibe le nto iyaziwa.

UFaro wayiva le nto, wafuna uku- 15 mbulala uMoses. Wabaleka uMoses, wemka kwaFaro, waya kuma ezweni lakwaMidiyan, wahlala phantsi ngasequleni.

Ke kaloku umbingeleli wakwaMidi- 16 yan wayeneentombi ezisixhenxe; zeza kukha amanzi, zayizalisa imikhumbi ukuba ziseze impahla emfutshane kayise. Bafika abalusi, bazigxotha. Wesuka 17 uMoses wazinceda, wayiseza impahla yazo emfutshane.
Zakufika kuRehuweli uyise, wathi, 18 Nitheni na namhlanje ukuhle nifike? Zathi, Sihlangulwe ngumYiputa esa- 19 ndleni sabalusi; kunjalo wasikhelela amanzi, wayiseza impahla emfutshane. Wathi ezintombini zakhe, Uphi na? 20 Nimshiyeleni na umntu lowo? Mbizeni, adle isonka. Wakholwa uMoses 21 kukuhlala naloo ndoda. Yamnika uMoses uTsipora, intombi yayo. Yazala 22 unyana, wamthiya igama elinguGer-

shom,* kuba ubesithi, Ndingumphambukeli ezweni lolunye uhlanga.

23 Kwathi emva kwaloo mihla mininzi wafa ukumkani waseYiputa. Bancwina oonyana bakaSirayeli ngenxa yomsebenzi, bakhala; kwenyuka ukuzibika kwabo, kwaya kuThixo, ngenxa yomsebenzi.
24 Wakuva uThixo ukugula kwabo, wawukhumbula uThixo umnqophiso wakhe noAbraham, noIsake, noYakobi.
25 UThixo wababona oonyana bakaSirayeli, wabazi uThixo.

Ubizo lukaMoses lokuhlangula amaSirayeli

3 Ke kaloku uMoses wayesalusa impahla emfutshane kaYitro, uyise womkakhe, umbingeleli wakwaMidiyan, wayiqhubela ele kwentlango, wafika 2 entabeni kaThixo eHorebhe. Kwabonakala isithunywa sikaYehova kuye, siselangatyeni lomlilo, etyholweni phakathi, wakhangela, wabona ityholo lisitsha ngumlilo, noko lingàde litshe 3 liphele. Wathi uMoses, Makhe nditeke, ndiye kubona lo mbono mkhulu; ukuba kutheni na ukuba ityholo linga-4 tshi liphele. Wabona uYehova, ukuba utyekile esiza kubona; uThixo wabiza esetyholweni phakathi, wathi kuye, Moses, Moses. Wathi yena, Ndilapha.
5 Wathi, Musa ukusondela apha. Khulula iimbadada zakho ezo ezinyaweni zakho, kuba loo ndawo umi kuyo 6 ingumhlaba ongcwele. Wathi, NdinguThixo kayihlo, uThixo ka-Abraham, uThixo kaIsake, uThixo kaYakobi. Wabusithelisa uMoses ubuso bakhe, kuba ebesoyika ukukhangela kuThixo.
7 Wathi uYehova, Ndizibonile okunene iintsizi zabantu bam abaseYiputa, nokukhala kwabo ndikuvile, ngenxa yabo babaqhuba kalukhuni; kuba ndi-8 yawazi umvandedwa wabo. Ndihlile ke; ndizé kubahlangula esandleni samaYiputa, ndibanyuse baphume kwelo lizwe, baye ezweni elilungileyo, elibanzi, ezweni elibaleka amasi nobusi, endaweni yamaKanan, namaHiti, nama-Amori, namaPerizi, namaHivi, namaYebhusi.

Ngoku ke naku ukukhala koonyana 9 bakaSirayeli, kufikile kum; kananjalo ndikubonile ukuxina abaxine ngako amaYiputa. Hamba ngoku, ndikuthume 10 kuFaro, ubakhuphe eYiputa abantu bam, oonyana bakaSirayeli.
Wathi uMoses kuThixo, Ndingubani 11 na ukuba ndingáde ndiye kuFaro, ukuba ndibakhuphe eYiputa oonyana bakaSirayeli? Wathi, Ndiya kuba na- 12 we. Nangu umqondiso wokuba ndikuthumile mna: ekubakhupheni kwakho abantu eYiputa, niya kumkhonza uThixo kule ntaba. Wathi uMoses 13 kuThixo, Ùyabona, ukuba ndiya koonyana bakaSirayeli, ndithi kubo, UThixo wooyihlo undithumile kuni, baze bathi kum, Ngubani na igama lakhe? ndothini na kubo? Wathi u- 14 Thixo kuMoses, NDINGUYE ENDINGUYE. Wathi, Wòtsho koonyana bakaSirayeli ukuthi, uNDINGUYE undithumile kuni.

Waphinda wathi uThixo kuMoses, 15 Wòthi koonyana bakaSirayeli, UYehova, uThixo wooyihlo, uThixo ka-Abraham, uThixo kaIsake, uThixo kaYakobi, undithumile kuni: ligama lam elo ngonaphakade, sisikhumbuzo sam eso kwizizukulwana ngezizukulwana. Yiya 16 uhlanganise amadoda amakhulu akwaSirayeli, uthi kuwo, UYehova, uThixo woovihlo, uThixo ka-Abraham, kaIsake, kaYakobi, ubonakele kum, wathi, Ndinivelele nina, naloo nto niyenziweyo eYiputa. Ndathi, Ndiya kuninyusa 17 niphume ezintsizini zaseYiputa, niye ezweni lamaKanan, namaHiti, nama-Amori, namaPerizi, namaHivi, namaYebhusi, ezweni elibaleka amasi nobusi.

Boliphulaphula ilizwi lakho; uze 18 uye ke wena namadoda amakhulu akwaSirayeli kukumkani waseYiputa, nithi kuye, UYehova uThixo wamaHebhere uhlangene nathi; ngoku makhe sihambe entlango uhambo lweentsuku ezintathu, sibingelele kuYehova uThixo wethu. Ke mna ndiyazi, ukuba uku- 19 mkani waseYiputa akayi kunivumela ukuba nihambe, nokuba sekungesandla

IEKSODUS 3–4

20 esithe nkqi. Ndiya kusolula isandla sam, ndiyibethe iYiputa ngemisebenzi yam yonke ebalulekileyo, endiya kuyenza phakathi kwayo, andule ke ukuni-
21 ndulula. Aba bantu ndiya kubababala phambi kwamaYiputa; kuthi, xa nithe
22 nemka, ningemki nizé. Intokazi iya kucela kwengummelwane wayo, nakwengumphambukeli endlwini yayo, impahla yesilivere, nempahla yegolide, neengubo, nizinxibe oonyana benu neentombi zenu, niwaphange amaYiputa.

UMoses unqena ukuthunywa; ukumiselwa kuka-Aron

4 Waphendula uMoses wathi, Ùyabona, abayi kukholwa ndim, abayi kuliphulaphula izwi lam; kuba baya kuthi, UYehova akabonakalanga kuwe.
2 Wathi uYehova kuye, Yintoni na loo nto isesandleni sakho? Wathi, Yintonga.
3 Wathi, Yiphose emhlabeni. Wayiphosa emhlabeni, yasuka yaba yinyoka;
4 wayibaleka uMoses. Wathi uYehova kuMoses, Solule isandla sakho, uyibambe ngomsila; (wasolula isandla sakhe, wayibamba, yasuka yaba yintonga
5 esandleni sakhe); ukuze bakholwe ukuba uYehova, uThixo wooyise, uThixo ka-Abraham, uThixo kaIsake, uThixo kaYakobi, ubonakele kuwe.
6 Waphinda uYehova wathi kuye, Khawusifake isandla sakho esifubeni sakho. Wasifaka isandla sakhe esifubeni sakhe. Akusirhola isandla sakhe, naso sineqhenqa, simhlophe njengekhe-
7 phu. Wathi, Sibuyisele isandla sakho esifubeni sakho. Wasibuyisela isandla sakhe esifubeni; wasirhola esifubeni sakhe, naso sibuye saba njengenyama
8 yakhe. Kothi, ukuba abathanga bakholwe nguwe, àbaliphulaphula izwi lowokuqala umqondiso, bakholwe lili-
9 zwi lomqondiso wamva. Kothi, ukuba abathanga bakholwe nayile miqondiso mibini, àbaliphulaphula nezwi lakho, uthabathe amanzi omlambo, uwaphalazele emhlabeni owomileyo; osuka amanzi owathabathileyo emlanjeni abe ligazi emhlabeni owomileyo.
10 Wathi uMoses kuYehova, Camagu, Nkosi yam! Àndindoda imazwi maninzi nanini na, oko wathethayo kumkhonzi wakho lo; kuba ndingokuthetha kunzima, ndikwanzima nolwimi. Wa- 11 thi uYehova kuye, Ngubani na obeké umlomo emntwini? Ngubani na owenzé isidenge, nesithulu, nobonayo, nemfama? Asindim na, mna Yehova? Ngo- 12 ko ke hamba, ndoba nomlomo wakho mna, ndikubonise into oya kuyithetha.

Wathi yena, Camagu, Nkosi yam! 13 Khawuthume ngesandla salowo womthuma. Wavutha umsindo kaYehova 14 kuMoses, wathi, Akanguye na umkhuluwa wakho uAron umLevi? Ndiyazi ukuba yena uyakwazi ukuthetha. Kananjalo nanko yena ephuma eza kukukhawulela; wókubona, avuye entliziyweni yakhe. Wòthetha kuye, ubeke 15 amazwi emlonyeni wakhe; mna ndoba nomlomo wakho nomlomo wakhe, ndinibonise into eniya kuyenza. Yena 16 wokuthethela ebantwini, athi yena abe ngumlomo kuwe, uthi wena ube nguthixo kuye. Ke le ntonga yiphathe 17 ngesandla sakho; ùya kwenza ngayo imiqondiso leyo.

UMoses ubuyela eYiputa

Wahamba ke uMoses, wabuyela ku- 18 Yitro, uyise womkakhe, wathi kuye, Makhe ndihambe, ndibuyele kubazalwana bam abaseYiputa, ndibone ukuba basahleli na. Wathi uYitro kuMoses, Hamba ngoxolo. UYehova wathi ku- 19 Moses kwaMidiyan, Hamba ubuyele eYiputa; kuba afile onke amadoda abezonda ubomi bakho. UMoses wa- 20 thabatha umkakhe noonyana bakhe, wabakhwelisa e-esileni, wabuyela ezweni laseYiputa; wayiphatha uMoses intonga kaThixo ngesandla sakhe.

Wathi uYehova kuMoses, Ekuha- 21 mbeni kwakho ubuyela eYiputa, uze ukhangele ukuba uzenze phambi koFaro zonke izimanga, endizibeke esandleni sakho. Ke mna ndiya kuyenza lukhuni intliziyo yakhe, angabandululi abantu. Wòthi kuFaro, Utsho uYe- 22 hova ukuthi, Unyana wam wamazibulo nguSirayeli; ndithi kuwe, Mndulule 23 unyana wam lowo, andikhonze; walilé nje ukumndulula, uyabona, ndombulala unyana wakho, amazibulo akho.

24 Kwathi, endleleni apho balalisa khona, uYehova wamhlangabeza, wafuna
25 ukumbulala. UTsipora wathabatha intshengece, wanqumla inyama yokwalùswa yonyana wakhe, wayiphosa ezinyaweni zakhe, wathi, Ungumyeni
26 wamagazi kum. Wamyeka ke. Watsho oko ukuthi, Ungumyeni wamagazi, ngenxa yolwaluko.
27 Wathi uYehova kuAron, Hamba uye kukhawulela uMoses entlango. Waya ke, wamhlangabeza entabeni kaThixo,
28 wamanga. UMoses wamxelela uAron onke amazwi kaYehova abemthume wona, nemiqondiso yonke abemwisele umthetho ngayo.
29 Wahamba uMoses noAron, bawahlanganisa onke amadoda amakhulu oonya-
30 na bakaSirayeli. Wawathetha uAron onke amazwi abewathethile uYehova kuMoses, wayenza nemiqondiso phambi
31 kwabantu. Bakholwa abantu, beva ukuba uYehova ubavelele oonyana bakaSirayeli wazibona iintsizi zabo, bathoba baqubuda.

Udaba lukaThixo kuFaro; ukwandiswa kwengcinezelo

5 Emveni koko beza ooMoses noAron, bathi kuFaro, Utsho uYehova, uThixo kaSirayeli, ukuthi, Bandulule abantu bam, bandenzele umthendeleko
2 entlango. Wathi uFaro, Ngubani na uYehova, ukuba ndiphulaphule izwi lakhe, lokuba ndindulule uSirayeli? Andimazi uYehova, kananjalo andiyi
3 kumndulula uSirayeli. Bathi ke, UThixo wamaHebhere uhlangene nathi; makhe sihambe entlango uhambo lweentsuku ezintathu, sibingelele kuYehova uThixo wethu, hleze asiqwele ngendyi-
4 kitya yokufa nangekrele. Wathi ukumkani waseYiputa kubo, Yini na, nina Moses noAron, ukuba nibakhulule abantu emisebenzini yabo? Yiyani emithwalweni yenu.
5 Wathi uFaro, Yabonani, baninzi abantu belizwe ngoku, ke nina niyabaphumza emithwalweni yabo.

UFaro wabawisela umthetho aba- 6 phathi nabaqhubi-kalukhuni babantu ngaloo mini, esithi, Ize ningabi saba- 7 nika abantu umququ wokwenza izitena, njengokwangaphambili; mabaye ngokwabo, bazibuthele umququ; nenani 8 lezitena ababelenza njengokwangaphambili, bamiseleni lona; ize ningalinciphisi, kuba bayahiliza; kuko le nto bakhalayo, besithi, Masiye kubingelela kuThixo wethu. Mawube nzima umse- 9 benzi phezu kwamadoda, asebenze wona, angaphulaphuli amazwi obuxoki.

Baphuma ke abaphathi nabaqhubi- 10 kalukhuni babantu, bathetha ebantwini bathi, Utsho uFaro ukuthi, Andiyi kuninika mququ; yiyani nina, nizithaba- 11 thele umququ apho ningawufumana khona; kuba akuyi kuncitshiswa nto emsebenzini wenu. Baphalazeka aba- 12 ntu ezweni lonke laseYiputa, babutha iindiza endaweni yomququ. Abaqhu- 13 bi-kalukhuni babantu babangxamisa, besithi, Yisebenzeni imisebenzi yenu, into yemini ngangemini yayo, ngangókuya naninomququ. Babethwa ke aba- 14 phathi boonyana bakaSirayeli, ababemiswe phezu kwabo ngabaqhubi-kalukhuni babantu bakaFaro, kusithiwa, Kungathuba lini na, ukuba ningagqibi ukwenza izitena enizimiselweyo izolo nanamhla, njengokwangaphambili?

Baya abaphathi boonyana bakaSiraye- 15 li, bakhala kuFaro, besithi, Yini na ukuba wenjenje kubakhonzi bakho? Aba- 16 khonzi bakho aba àbanikwa mququ; kuthiwa ke kuthi, Yenzani izitena. Yabona, abakhonzi bakho aba bayabethwa, kanti kona abantu bakho abo. Wathi, Kuhiliza nina; niyahiliza, kuko 17 le nto nithi, Masiye sibingelele kuYehova. Yiyani ke ngoku, nisebenze; 18 aniyi kunikwa mququ; ke lona inani lezitena niya kulirhola.

Babona abaphathi boonyana baka- 19 Sirayeli ukuba basebubini, kusithiwa nje, Aniyi kuncipisa nto eziteneni zenu, kwinto yemini ngangemini yayo. Baqubisana noMoses noAron, beza 20

21 kubo ekuphumeni kwabo kuFaro. Bathi kubo, UYehova makanikhangele, agwebe; ekubeni nilinukisile ivumba lethu phambi koFaro, naphambi kwabakhonzi bakhe, ukuba kubekwe ikrele lokusibulala esandleni sabo.
22 Wabuyela kuYehova uMoses, esithi, Nkosi yam, yini na ukuba ubaphathe kakubi aba bantu? Yini na le nto 23 uthume mna? Kususela koko ndangenayo kuFaro, ndithetha egameni lakho, yena ubaphethe kakubi aba bantu; ákubahlangulanga nokubahlangula abantu bakho.

Uhlaziyo lwedinga likaThixo kumaSirayeli

6 Wathi uYehova kuMoses, Úya kukubona ngoku endiya kukwenza kuFaro, kuba ùya kubandulula, abagxothe ezweni lakhe ngesandla esithe nkqi.
2 Wathetha uThixo kuMoses, wathi 3 kuye, NdinguYehova: ndabonakala kuAbraham nakuIsake nakuYakobi ngelokuba nguThixo uSomandla; ke ngegama lam lokuba nguYehova àndaze-4 kanga kubo. Kananjalo ndawumisa nabo umnqophiso wam wokuba ndibanike ilizwe lakwaKanan, ilizwe lokuphambukela kwabo ábaphambukela 5 kulo. Kananjalo ndikuvile mna ukugula koonyana bakaSirayeli abakhonziswayo ngamaYiputa, ndawukhumbula 6 umnqophiso wam. Yithi ngoko koonyana bakaSirayeli, ndinguYehova: ndiya kunikhupha phantsi kwemithwalo yamaYiputa, ndinihlangule enkonzweni yawo, ndinihlawulele, ndinikhulule ngengalo eyolukileyo, nangezigwebo ezi-7 khulu; ndinithàbathe nibe ngabantu bam, ndibe nguThixo wenu; nazi ukuba ndinguYehova uThixo wenu, onikhuphayo phantsi kwemithwalo yama-8 Yiputa; ndiningènise ezweni endaphakamisa isandla sam ngalo, ukuba ndilinike uAbraham noIsake noYakobi; ndiya kulinika nina, libe lilifa: ndingu-9 Yehova. Watsho ke uMoses koonyana bakaSirayeli; abamphulaphulanga u-Moses, ngenxa yokukhathazeka, nangenxa yomsebenzi onzima.

Wathetha uYehova kuMoses, wathi, 10 Yiya uthethe kuFaro ukumkani wase- 11 Yiputa, abandulule oonyana bakaSirayeli, baphume ezweni lakhe. UMoses wa- 12 thetha phambi koYehova, wathi, Yabona, oonyana bakaSirayeli abandiphulaphulanga; wòthini na ke uFaro ukundiphulaphula, ndingomlomo ungalukanga nje? Wathetha uYehova kuMoses 13 nakuAron, wabawisela umthetho oonyana bakaSirayeli, nakuFaro ukumkani waseYiputa, ukuba babakhuphe oonyana bakaSirayeli ezweni laseYiputa.

Abazali bakaMoses noAron

Zizo ezi iintloko zezindlu zooyise: 14 oonyana bakaRubhen, amazibulo kaSirayeli, nguHanoki, noFalu, nguHetseron, noKarmi; yiyo leyo imizalwane yakwaRubhen.

Oonyana bakaSimon nguYemuweli, 15 noYamin, no-Ohadi, noYakin, noTsohare, noSawule, unyana womKananekazi; yiyo leyo imizalwane yakwaSimon.

Ngawo la amagama oonyana bakaLe- 16 vi ngenzala yabo: uGershon, noKehati, noMerari. Iminyaka yobudala bukaLevi yayiyiminyaka elikhulu elinamanci mathathu anesixhenxe. Oonyana 17 bakaGershon nguLibheni, noShimehi, ngokwemizalwane yabo. Oonyana ba- 18 kaKehati nguAmram, noItsare, noHebron, noUziyeli. Iminyaka yobudala bukaKehati yayiyiminyaka elikhulu elinamanci mathathu anamithathu. Oonyana bakaMerari nguMaheli, no- 19 Mushi; yiyo leyo imizalwane yakwaLevi ngenzala yabo. UAmram wazeka u- 20 Yokebhede, udade boyise, wangumkakhe; wamzalela uAron noMoses. Iminyaka yobudala buka-Amram yayiyiminyaka elikhulu elinamanci mathathu anesixhenxe. Oonyana bakaItsare ngu- 21 Kora, noNefege, noZikri. Oonyana ba- 22 kaUziyeli nguMishaheli, noElitsafan, noZitri. UAron wazeka uElishebha i- 23 ntombi ka-Aminadabhi, udade boNashon, wangumkakhe; wamzalela uNadabhi, noAbhihu, noElazare, noIta-

IEKSODUS 6–7

24 mare. Oonyana bakaKora nguAzire, noElikana, noAbhiyazafu; yiyo leyo
25 imizalwane yamaKora. UElazare, unyana ka-Aron, wazeka umfazi ezintombini zikaPutiyeli; wamzalela uPinehasi. Zizo ezo iintloko zezindlu zooyise zabaLevi, ngokwemizalwane yabo.

26 Ngulaa Aron noMoses, wathi kubo uYehova, Bakhupheni oonyana bakaSirayeli ezweni laseYiputa ngokwemi-
27 khosi yabo. Ngabo abo bathetháyo kuFaro ukumkani waseYiputa, ukuba abakhuphe oonyana bakaSirayeli eYiputa; ngabo Moses noAron.

28 Kwathi, mhlana wathethayo uYehova
29 kuMoses ezweni laseYiputa, wathetha uYehova kuMoses, wathi, NdinguYehova; thetha kuFaro, ukumkani waseYiputa, zonke izinto endizithethayo
30 kuwe. Wathi uMoses phambi koYehova, Yabona, ndingomlomo ungalukanga; wóthini na uFaro ukundiphulaphula?

UMoses uya kuFaro; isibetho sokuqala

7 Wathi uYehova kuMoses, Khangela, ndikwenzé uthixo kuFaro; ke uAron umkhuluwa wakho woba ngu-
2 mprofeti wakho. Wena wothetha zonke izinto endikuwisele umthetho ngazo; ke uAron umkhuluwa wakho wothetha kuFaro, aze abandulule oonyana
3 bakaSirayeli ezweni lakhe. Ke mna ndiya kuyiqaqadekisa intliziyo kaFaro, ndiyandise imiqondiso yam nezimanga
4 zam ezweni laseYiputa. Akayi kuniphulaphula uFaro. Ke mna iYiputa ndiya kuyisa isandla, ndiyikhuphe imikhosi yam, abantu bam oonyana bakaSirayeli, ezweni laseYiputa ngezigwebo
5 ezikhulu; azi amaYiputa, ekusoluleni kwam isandla sam phezu kweYiputa, ukuba ndinguYehova; ndibakhuphe oonyana bakaSirayeli phakathi kwawo.
6 Wenza ke uMoses noAron; ngoko uYehova wabawisela umthetho ngako,
7 benjenjalo. UMoses ubeminyaka imashumi asibhozo ezelwe, noAron ubeminyaka imashumi asibhozo anami-thathu ezelwe, ukuthetha kwabo kuFaro.

Wathetha uYehova kuMoses naku- 8
Aron, wathi, Xa athe uFaro wathetha 9
kuni, esithi, Ndiboniseni isimanga, wòthi wena kuAron, Thabatha intonga yakho, uyiphose phambi koFaro; yoba yinyoka. Wangena uMoses noAron 10
kuFaro; benza njengoko uYehova wabawisela umthetho, uAron wayiphosa intonga yakhe phambi koFaro, naphambi kwabakhonzi bakhe, yaba yinyoka. Naye uFaro wazibiza izilu- 11
mko nabakhafuli; zenjenjalo nezazi ezo zaseYiputa, ngobugqi bazo. Elowo 12
waphosa phantsi intonga yakhe, yaba yinyoka; yasuka intonga ka-Aron yaziginya iintonga zabo. Yaba lukhuni 13
intliziyo kaFaro; akabaphulaphula, njengoko wayetshilo uYehova.

Wathi uYehova kuMoses, Intliziyo 14
kaFaro iqaqadekile, akavumi ukubandulula abantu. Yiya kuFaro kusasa, 15
nanko ephuma esiya emanzini. Uze ume elunxwemeni lomlambo malunga naye; intonga eyaguqukayo yaba yinyoka yiphathe esandleni. Uze uthi kuye, 16
UYehova, uThixo wamaHebhere, undithume kuwe, esithi, Bandulule abantu bam, baye kundikhonza entlango; yabona ke, akuphulaphulanga unangoku. Utsho uYehova ukuthi, Uya kwazi 17
ngale nto ke ukuba ndinguYehova. Yabona, ndiya kubetha ngentonga esesandleni sam emanzini omlambo, aguqulwe abe ligazi, zife iintlanzi ezi- 18
semlanjeni, unuke umlambo, amaYiputa abe nesicaphucaphu akuwasela amanzi omlambo.

Wathi uYehova kuMoses, Yithi ku- 19
Aron, Thabatha intonga yakho, wolule isandla sakho phezu kwamanzi aseYiputa, phezu kwemilambo yabo, naphezu kwemijelo yabo, naphezu kwamachibi abo, naphezu kweentlangano zonke zamanzi abo; abe ligazi, ibe ligazi ezweni lonke laseYiputa, nasemiphandeni yemithi neyamatye. OoMoses 20
noAron benza njengoko uYehova wabawisela umthetho; wayiphakamisa into-

nga, wawabetha amanzi omlambo phambi koFaro, naphambi kwabakhonzi bakhe; aza aguquka onke amanzi omla-
21 mbo, aba ligazi. Zafa iintlanzi ezisemlanjeni, wanuka umlambo, akaba nako amaYiputa ukuwasela amanzi omlambo; laba ligazi ezweni lonke
22 laseYiputa. Zenjenjalo ke nezazi zaseYiputa ngobugqi bazo. Yaba lukhuni intliziyo kaFaro, akabaphulaphula, nje-
23 ngoko wayetshilo uYehova. Wajika uFaro, waya endlwini yakhe, akayibeke-
24 la ntliziyo nale nto. Onke amaYiputa emba amanzi okusela ngeenxa zonke emlanjeni; kuba ebengenakuwasela a-
25 manzi omlambo. Kwazaliseka isixhenxe seentsuku emveni kokuwubetha kwakhe uYehova umlambo.

Isibetho sesibini nesesithathu nesesine

8 Wathi uYehova kuMoses, Yiya kuFaro, uthi kuye, Utsho uYehova ukuthi, Bandulule abantu bam, baye
2 kundikhonza. Ke ukuba uthe akwavuma ukubandulula, uyabona, ndoyibetha yonke imida yakho ngamasele;
3 umlambo unyakazele amasele, anyuke, angene endlwini yakho, nasesililini sakho, naphezu kwesingqengqelo sakho, nasendlwini yabakhonzi bakho, nasebantwini bakho, nasezimbizeni zakho,
4 nasemikhumbini yakho yentlama; anyuke amasele lawo, eze nakuwe, nakubantu bakho, nakubakhonzi bakho bonke.
5 Wathi uYehova kuMoses, Yithi kuAron, Yolula isandla sakho eso sinentonga yakho phezu kwemilambo, naphezu kwemijelo, naphezu kwamachibi, unyuse amasele phezu kwelizwe lase-
6 Yiputa. Wasolula ke uAron isandla sakhe phezu kwamanzi aseYiputa; enyuka amasele, aligubengela ilizwe
7 laseYiputa. Zenjenjalo nezazi ngobugqi bazo, zawanyusa amasele phezu kwelizwe laseYiputa.

8 UFaro wabiza uMoses noAron, wathi, Mthandazeni uYehova, awasuse amasele kum nasebantwini bam; ndobandulula abantu, baye kubingelela kuYehova.
9 Wathi uMoses kuFaro, Zizukise ngokundimisela ixesha lokuba ndikuthandazele nini na, wena nabakhonzi bakho, nabantu bakho, anqunyulwe amasele kuwe nakwindlu yakho, asale emlanjeni wodwa. Wathi yena, Ngomso. 10 Wathi ke, Makube ngokwelizwi lakho, ukuze wazi ukuba akukho unjengoYehova uThixo wethu; asuke amasele 11 kuwe, nakwizindlu zakho, nakubakhonzi bakho, nakubantu bakho; asale emlanjeni wodwa.

Baphuma ke ooMoses noAron kuFaro; 12 wadanduluka uMoses kuYehova ngendawo yamasele abewabeke phezu koFaro. Wenza uYehova ngokwelizwi 13 likaMoses. Afa amasele ezindlwini, nasezintendelezweni, nasemasimini. Bawahlanganisa aziimfumba ngeemfu- 14 mba; lanuka ilizwe. Uthe ke uFaro 15 akuba nethuba lokuphefumla, wayenza lukhuni intliziyo yakhe, akabaphulaphula, njengoko watshoyo uYehova.

Wathi uYehova kuMoses, Yithi ku- 16 Aron, Yolula intonga yakho, ulubethe uthuli lwelizwe lube ziingcongconi ezweni lonke laseYiputa. Benjenjalo. 17 Wasolula uAron isandla sakhe eso sinentonga yakhe, walubetha uthuli lwelizwe, lwaba ziingcongconi ebantwini nasezinkomeni. Lonke uthuli lwelizwe lwaba ziingcongconi ezweni lonke laseYiputa. Zenjenjalo nezazi ngobugqi 18 bazo, ukuba zivelise iingcongconi, azaba nako. Kwakho iingcongconi ebantwini nasezinkomeni. Zathi izazi kuFaro, 19 Ngumnwe kaThixo. Yaba lukhuni intliziyo kaFaro, akabaphulaphula, njengoko watshoyo uYehova.

Wathi uYehova kuMoses, Vuka 20 kusasa ngomso, ume phambi koFaro, nanko ephuma esiya emanzini; uthi kuye, Utsho uYehova ukuthi, Bandulule abantu bam, baye kundikhonza. Okanye ukuba uthe akwabandulula 21 abantu bam, yabona, ndithuma izibawu kuwe, nakubakhonzi bakho, nakubantu bakho, nasezindlwini zakho, zizale izindlu zamaYiputa zizibawu, nomhlaba akuwo; ndilibalule ngaloo mini lona 22 ilizwe laseGoshen, abemi kulo abantu bam, kungabikho zibawu khona, ukuze wazi ukuba ndinguYehova phakathi

23 kwelizwe; ndimise inkululo phakathi kwabantu bam nabantu bakho; lo 24 mqondiso uya kubakho ngomso. Wenjenjalo uYehova. Kweza izibawu ezininzi endlwini kaFaro, nasezindlwini zabakhonzi bakhe, nasezweni lonke laseYiputa; lonakala ilizwe zizibawu.
25 UFaro wabiza uMoses naAron, wathi, Yiyani nibingelele kuThixo wenu 26 kweli lizwe. Wathi uMoses, Akulungisile ukwenjenjalo; kuba soba sibingelela amasikizi amaYiputa kuYehova uThixo wethu. Ukuba sithe sabingelela into engamasikizi kumaYiputa pha-27 mbi kwawo, osixuluba ngamatye. Siya kuhamba uhambo lweentsuku ezintathu entlango, sibingelele kuYehova uThixo 28 wethu, njengoko wóthi asiyalele. Wathi uFaro, Ndiya kunindulula nina, niye kubingelela kuYehova uThixo wenu entlango, kodwa ize ningahambi niye 29 kude; ndithandazeleni. Wathi uMoses, Yabona, ndiya kuphuma kuwe, ndithandaze kuYehova, zimke izibawu kuFaro, nakubakhonzi bakhe, nakubantu bakhe ngomso, kodwa makangaphindi uFaro akhohlise ngokungabandululi abantu, baye kubingelela kuYehova.
30 Wemka uMoses, wathandaza ku-31 Yehova. Wenza uYehova ngokwelizwi likaMoses, wazisusa izibawu kuFaro, nakubakhonzi bakhe, nakubantu bakhe; 32 akwasala nasinye. UFaro wayiqaqadekisa intliziyo yakhe, nangesi sihlandlo, akabandulula abantu.

Isibetho sesihlanu nesesithandathu nesesixhenxe

9 Wathi uYehova kuMoses, Yiya kuFaro, uthethe naye, uthi, Utsho uYehova uThixo wamaHebhere, ukuthi, Bandulule abantu bam, baye kundikho-2 nza. Okanye ukuba uthe akwavuma 3 ukubandulula, waba usababambile, yabona, isandla sikaYehova soba semfuyweni yakho esendle, emahasheni, emaesileni, ezinkameleni, ezinkomeni, nasempahleni emfutshane, senze indyi-4 kitya yokufa enzima kunene; uYehova ayibalule imfuyo yamaSirayeli kwimfuyo yamaYiputa: akuyi kufa nto kuyo yonke eyoonyana bakaSirayeli. UYe- 5 hova umisé ixesha elithile, wathi, Ngomso uYehova uya kuyenza le nto kweli lizwe. Wayenza ka uYehova le 6 nto ngengomso. Yafa yonke imfuyo yamaYiputa; ke kweyoonyana bakaSirayeli imfuyo akufanga nanye. UFaro 7 wasusa umntu. O, kweyamaSirayeli imfuyo akufanga nokuba ibe nye. Yaqaqadeka intliziyo kaFaro, akabandulula abantu.

Wathi uYehova kuMoses nakuAron, 8 Thabathani uthuthu lweziko, nizalise izandla zozibini, uMoses aluphose phezulu esibhakabhakeni phambi koFaro, lube luthuli ezweni lonke laseYiputa, 9 lube ngamathumba athe qwele ngamaqhakuva ebantwini, nasezinkomeni, ezweni lonke laseYiputa. Baluthabatha 10 ke uthuthu lweziko, bema phambi koFaro; uMoses waluphosa phezulu esibhakabhakeni, lwaba ngamathumba athe qwele ngamaqhakuva ebantwini nasezinkomeni. Azaba nako izazi u- 11 kuma phambi koMoses ngenxa yamathumba; kuba amathumba abakho kwizazi nakumaYiputa onke. UYehova 12 wayenza lukhuni intliziyo kaFaro, akabaphulaphula, njengoko watshoyo uYehova kuMoses.

Wathi uYehova kuMoses, Vuka 13 kusasa, ume phambi koFaro, uthi kuye, Utsho uYehova uThixo wamaHebhere, ukuthi, Bandulule abantu bam, baye kundikhonza. Kuba ngesi sihlandlo 14 ndithuma zonke izibetho zam entliziyweni yakho, nakubakhonzi bakho, nakubantu bakho, ukuze wazi ukuba akukho unjengam ehlabathini lonke. Kuba ngoku, ukuba bendithe ndasolula 15 isandla sam, ndakubetha wena nabantu bakho ngendyikitya yokufa, ngewuthe shwaka akwabakho ehlabathini. Noko 16 ke ndikumisele eli thuba lokuba ndiwabonakalalise amandla am kuwe, laziswe igama lam ehlabathini lonke. U- 17 nangoku usazenza udonga kubantu bam, akubandululi. Yabona, eli xa 18 ngomso ndiya kunisa isichotho esinzima kunene, ekungazanga kubekho singa-

ngaso eYiputa, kususela kwimini eya-
19 sekwayo kude kube ngoku. Thumela
ngoku, ukhawuleze, uhlanganise imfuyo
yakho, neento zakho zonke onazo
ezindle; bonke abantu neenkomo ezifu-
nyenwe endle zingàhlanganiselwanga
ekhaya, zohlelwa sisichotho, zife.
20 Owaloyikayo ilizwi likaYehova kuba-
khonzi bakaFaro, wabasabisela ezi-
ndlwini abakhonzi bakhe nemfuyo
21 yakhe. Ongalibekelanga ntliziyo ilizwi
likaYehova, wabayeka abakhonzi ba-
khe nemfuyo yakhe endle.
22 Wathi uYehova kuMoses, Yolulela
isandla sakho ezulwini, kubekho isicho-
tho ezweni lonke laseYiputa phezu
kwabantu, naphezu kweenkomo, naphe-
zu kwemifuno yonke yasendle, ezweni
23 lonke laseYiputa. UMoses wayolulela
intonga yakhe ezulwini; uYehova wa-
thoba indudumo nesichotho, nomlilo
wehla weza emhlabeni. UYehova wa-
linisela isichotho ilizwe laseYiputa.
24 Kwabakho ke isichotho, nomlilo obo-
phene phakathi kwesichotho, sinzima
kunene, ekungazanga kubekho singa-
ngaso ezweni lonke lamaYiputa, kusu-
25 sela oko aba luhlanga. Isichotho sayi-
betha yonke into esendle ezweni lonke
laseYiputa, kwathabathela emntwini
kwesa enkomeni; sayibetha isichotho
yonke imifuno yasendle, sayaphula
26 yonke imithi yasendle. Kodwa ezweni
laseGoshen, apho babekhona oonyana
bakaSirayeli, akubangakho sichotho.
27 Wathuma uFaro, wabiza uMoses
noAron, wathi kubo, Ndonile okwesi
sihlandlo. UYehova ulilungisa, ke mna
28 nabantu bam asindawo. Thandazani
kuYehova; kwanele ukubakho kweendu-
dumo zikaThixo nesichotho; ndoni-
29 ndulula ningabi sahlala. UMoses wa-
thi kuye, Ekuphumeni kwam phakathi
komzi, ndozolulela kuYehova izandla
zam, ziyeke iindudumo, nesichotho
singabi sabakho, ukuze wazi ukuba
30 umhlaba lo ngokaYehova. Ke wena
nabakhonzi bakho, ndiyazi ukuba aniyi
kwandula nimoyike uYehova uThixo.
31 Yabhuqwa iflakisi* nerhasi, kuba i-
rhasi ibiselidubule, neflakisi ibiselitya-
tyambile. Ke yona ingqolowa nespelete* 32
ayibhuqwanga; kuba ibisencinane. Wa- 33
phuma uMoses phakathi komzi, wemka
kuFaro, wazolulela izandla zakhe ku-
Yehova, zayeka iindudumo nesichotho,
yathula imvula emhlabeni.

Wabona uFaro ukuba iphelile imvula 34
nesichotho neendudumo, waphinda
wóna, wayiqaqadekisa intliziyo yakhe,
yena nabakhonzi bakhe. Yaba lukhuni 35
ke intliziyo kaFaro, akabandulula oo-
nyana bakaSirayeli, njengoko watsho-
yo uYehova ngoMoses.

Isibetho sesibhozo nesethoba

10 Wathi uYehova kuMoses, Yiya
kuFaro; kuba mna ndiyiqaqa-
dekisile intliziyo yakhe, nentliziyo
yabakhonzi bakhe, ukuze ndibónaka-
lalise le miqondiso yam phakathi kwalo
ilizwe; ukuze ubalise, ezindlebeni zo- 2
nyana wakho nezonyana wonyana wa-
kho, izenzo ezincamisileyo endizenzileyo
kumaYiputa, nemiqondiso yam endiyi-
bonakalalisileyo phakathi kwawo, ukuze
nazi ukuba ndinguYehova.

Waya uMoses noAron kuFaro, bathi 3
kuye, Utsho uYehova, uThixo wama-
Hebhere, ukuthi, Kunini na ungavumi
ukuzithoba phambi kwam? Bandulule
abantu bam, baye kundikhonza. Oka- 4
nye ukuba uthe akwavuma ukubandu-
lula abantu bam, uyabona, ngomso
ndozisa iinkumbi emideni yakho; zibu- 5
gubungele ubuso belizwe, lingabi naku-
bonwa ilizwe, zidle intsalela esindileyo,
enisalele esichothweni, zidle yonke
imithi enihlumelayo endle; zizalise izi- 6
ndlu zakho, nezindlu zabakhonzi bakho
bonke, nezindlu zamaYiputa onke:
iinkumbi ezingabonwanga ngooyihlo
noonyokokhulu, kususela kwiimini aba-
bekho ngazo emhlabeni, unanamhla.
Wajika, waphuma kuFaro.

Bathi abakhonzi bakaFaro kuye, 7
Koda kube nini na, lo engumgibe
kuthi? Bandulule abantu, baye ku-
khonza uYehova uThixo wabo. Aku-
kazi na, kuhleliwe nje, ukuba iYiputa
iza kutshabalala? Baza ooMoses no- 8
Aron babuyiselwa kwakuFaro; wathi

IEKSODUS 10–11

kubo, Hambani, niye kukhonza uYehova uThixo wenu; kuhamba oobani 9 noobani ke? Wathi uMoses, Siya kuhamba nolutsha neengwevu zakowethu, sihambe noonyana bethu neentombi zethu, nempahla yethu emfutshane neenkomo zethu; kuba kuthi ngumthe-10 ndeleko kaYehova. Wathi kubo, Makube njalo kambe; uYehova makabe nani, njengokuba ndinindulula nina nentsapho yenu. Khangelani, kukho 11 ububi phambi kwenu. Makungabi njalo; makuhambe nina bangamadoda, niye kukhonza uYehova; kuba nibe nifuna oko. Bagxothwa, baphuma ebusweni bukaFaro.

12 Wathi uYehova kuMoses, Yolula isandla sakho phezu kwelizwe laseYiputa, kuze iinkumbi, zinyuke kulo ilizwe laseYiputa, ziyidle yonke imifuno yelizwe eli, yonke into eshiywe sisicho-13 tho. Wayolula uMoses intonga yakhe phezu kwelizwe laseYiputa, uYehova waqhuba umoya wasempumalanga kwelo lizwe yonke loo mini nobusuku bonke; kwakusa, umoya wasempuma-14 langa wazithwala iinkumbi. Zenyuka iinkumbi kulo lonke ilizwe laseYiputa; zeza zahlala emideni yonke yaseYiputa, zininzi kunene; ekungazanga phambi kwazo kubekho zinkumbi zingako, kwabe emva kwazo kungasayi kubakho 15 zinjalo. Zabugubungela ubuso belizwe lonke, laba mnyama ilizwe; zayidla yonke imifuno yelizwe neziqhamo zonke zemithi, ezazishiywe sisichotho; àkwasala nanye into eluhlaza emthini nasemifunweni yasendle, ezweni lonke laseYiputa.

16 Wakhawuleza uFaro wabiza uMoses noAron, wathi, Ndonile kuYehova 17 uThixo wenu nakuni. Kaloku khanisixolele isono sam okwesi sihlandlo sodwa, nithandaze kuYehova uThixo wenu, akususe kum oku kufa kodwa. 18 Waphuma kuFaro, wathandaza ku-19 Yehova. UYehova wawuguqula umoya, waba ngowasentshonalanga onamandla kunene, wazithwala iinkumbi, wazidiba eLwandle oluBomvu;* àkwasala nanye inkumbi, emideni yonke yaseYiputa. Wayenza lukhuni uYehova 20 intliziyo kaFaro, akabandulula oonyana bakaSirayeli.

Wathi uYehova kuMoses, Yolulela 21 isandla sakho ezulwini, kubekho ubumnyama ezweni laseYiputa, ubumnyama obungqingqwa. Wasolulela uMo- 22 ses insandla sakhe ezulwini; kwabakho ubumnyama obusithokothoko ezweni lonke laseYiputa imihla emithathu. Ababonana; àkwasuka bani endaweni 23 yakhe imihla emithathu; ke kubo bonke oonyana bakaSirayeli kwabakho ukukhanya emakhayeni abo. UFaro wa- 24 biza uMoses, wathi, Hambani niye kukhonza uYehova; kodwa impahla yenu emfutshane neenkomo zenu mazisale; nayo intsapho yenu yohamba nani. Wathi uMoses, Wena uze usinike 25 imibingelelo namadini anyukayo ezandleni zethu, sibingelele kuYehova uThixo wethu; nemfuyo yethu ihambe 26 nathi; akuyi kusala nophuphu olunye; kuba sothabatha kuyo ukukhonza uYehova uThixo wethu; kuba thina asazi ukuba somkhonza ngantoni na uYehova, side sifike khona.

UYehova wayenza lukhuni intliziyo 27 kaFaro, àkavuma ukubandulula. Wa- 28 thi uFaro kuye, Hamba umke kum, uze uzigcine, ungaphindi ububone ubuso bam; kuba mhlana ububonileyo ubuso bam uya kufa. Wathi uMoses, Utya- 29 phile utsho; andisayi kuphinda ndibubone ubuso bakho.

Oonyana bamazibulo baseYiputa bayasongelwa

11 UYehova wathi kuMoses, Ndisaya kufikisa sibetho sinye phezu koFaro naphezu kweYiputa, emveni koko wónindulula nimke apha; xa anindulula kuphele, úya kunigxotha kanye, nimke apha. Khawuthethe 2 ezindlebeni zabantu, ithi inkazana icele kummelwane wayo, indoda icele kummelwane wayo, iimpahla zesilivere neempahla zegolide. UYehova waba- 3 babala abantu emehlweni amaYiputa. Kananjalo indoda leyo inguMoses yayi-

IEKSODUS 11–12

nkulu kunene ezweni laseYiputa kubakhonzi bakaFaro nasebantwini.

4 Wathi uMoses, Utsho uYehova ukuthi, Xa kuphakathi kobusuku, ndiya kuphuma ndihambe phakathi kwe- 5 Yiputa, afe onke amazibulo ezweni laseYiputa, ethabathela kumazibulo kaFaro, ohleliyo etroneni yakhe, ese kumazibulo omkhonzazana osemva kwamatye oku- 6 sila, namazibulo onke eenkomo; kubekho isikhalo esikhulu ezweni lonke laseYiputa, ekungazanga kubekho sinjalo, kwaye kungayi kuphinda kubekho si- 7 njalo. Ke kubo bonke oonyana bakaSirayeli, akukho nja iya kubavungamela, kuthabathela emntwini kuse ezinkomeni; ukuze nazi ukuba uYehova uyawahlula amaYiputa kumaSirayeli; 8 behle bonke abakhonzi bakho abo, beze kum, baqubude kum, besithi, Phuma wena nabantu bonke abakulandelayo; ndiphume ke emveni koko. Waza waphuma kuFaro, evutha ngumsindo.

9 UYehova wathi kuMoses, Akayi kuniphulaphula uFaro, ukuze zande 10 izimanga zam ezweni laseYiputa. UMoses noAron bazenza ke ezi zimanga zonke phambi koFaro; uYehova wayenza lukhuni intliziyo kaFaro, akabandulula oonyana bakaSirayeli ezweni lakhe.

Isimiselo sepasika

12 Wathetha uYehova kuMoses nakuAron ezweni laseYiputa, wathi, 2 Le nyanga kuni iyintloko yeenyanga; kuni yeyokuqala ezinyangeni zomnyaka. 3 Thethani kwibandla lonke lakwaSirayeli, nithi, Ngolweshumi usuku kule nyanga elowo makazithabathele ixhwane, ngokwenzindlu zooyise, ixhwane ngendlu. 4 Ukuba ithe indlu yancinane exhwaneni, makathabathe *ixhwane* yena enommelwane wakhe okufuphi nendlu yakhe, ngokwenani labantu; elowo ngangokokudla kwakhe nombalela e- 5 xhwaneni. Ixhwane lenu malibe liduna eligqibeleleyo, elimnyaka mnye; nolithabatha ezigusheni nokuba kusezibhokhweni.

6 Nize niligcine kude kube lusuku lweshumi elinesiné lwale nyanga, silixhele ke sonke isikhungu sebandla lakwaSirayeli lakutshona ilanga; baca- 7 phule egazini, baliqabe emigubasini yomibini nasemqadini wezindlu eliya kudlelwa kuzo ngabo; bayidle inyama 8 ngobo busuku, yosiwe ngomlilo, inezonka ezingenagwele, bayidle *nemithana* ekrakra. Musani ukudla ndawo ikrwa- 9 da kuyo, nandawo ikuphekwa iphekwé ngamanzi; mayosiwe ngomlilo: intloko yalo namanqina alo nezibilini zalo. Nize ningasalisi ndawo yalo kude kusé; 10 okuseleyo kulo kwada kwasa nòkutshisa ngomlilo.

Nize nenjenje ukulidla; nodla nibhi- 11 nqile, nineembadada ezinyaweni zenu, ninentonga esandleni senu, nilidle buphuthuphuthu: leyo yipasika* kuYehova. Ndiya kucanda ezweni lase- 12 Yiputa ngobu busuku, ndibethe onke amazibulo ezweni laseYiputa, ndithabathele emntwini ndise enkomeni, ndenze izigwebo koothixo bonke baseYiputa, mna Yehova. Igazi elo loba 13 ngumqondiso kuni ezindlwini enikuzo. Ndolibona igazi, ndigqithe kuni, singabikho kuni isibetho esonakalisayo, ekulibetheni kwam ilizwe laseYiputa.

Le mini yoba sisikhumbuzo kuni, 14 niyenze umthendeleko kuYehova; ezizukulwaneni zenu niyenze ummiselo ongunaphakade. Nodla izonka ezinge- 15 nagwele iintsuku zibe sixhenxe; kwangosuku lokuqala nolisusa igwele ezindlwini zenu; kuba bonke abadla isonka esinegwele, kususela kolokuqala kude kube lusuku lwesixhenxe, bonqanyulwa bangabikho kwaSirayeli. Ngomhla wo- 16 kuqala kobakho intlanganiso engcwele, nangomhla wesixhenxe kobakho intlanganiso engcwele kuni. Akuyi kwenziwa msebenzi ngawo, ingengulowo wokudla komntu; nguwo wodwa eningazenzelayo.

Nize nigcine umthendeleko wezonka 17 ezingenagwele; kuba kanye ngayo loo mini ndayikhupha imikhosi yenu ezweni laseYiputa; niwugcine loo mhla kwizizukulwana zenu, ube ngummiselo ongunaphakade. Ngeyokuqala *inyanga*, 18

ngosuku lweshumi elinesiné enyangeni leyo, ngokuhlwa, nodla izonka ezingenagwele, kude kuse kusuku lwamashumi omabini analunye lwenyanga leyo,
19 ngokuhlwa. Ze kungafunyanwa gwele ezindlwini zenu iintsuku ezisixhenxe; kuba bonke abadla into enegwele bonqanyulwa bangabikho ebandleni lakwaSirayeli, nokuba ngumphambukeli,
20 nokuba ngozalelwe kuloo ndawo. Yonke into enegwele nize ningayidli; emakhayeni enu onke nodla izonka ezingenagwele.

21 Wawabiza uMoses onke amadoda amakhulu akwaSirayeli, wathi kuwo, Hambani niye, nizithabathele ixhwane ngokwemizalwane yenu, nixhele ipasika.
22 Nithabathe isipha sehisope,* nisithi nkxu egazini elisengqayini, niqabe emqadini nasemigubasini yomibini ngegazi elisengqayini; ke kuni ze kungaphumi mntu emnyango wendlu yakhe
23 kude kusé. UYehova uya kucanda, awabulale amaYiputa. Akulibona igazi emqadini nasemigubasini yomibini, wogqitha uYehova emnyango, angamvumeli umonakalisi ukuba angene ezi-
24 ndlwini zenu, abulale. Wòligcina elo zwi libe ngummiselo kuwe, nakoonyana
25 bakho kude kuse ephakadeni. Nòthi, nakufika ezweni aya kuninika uYehova, njengoko watshoyo, niyigcine le nkonzo.
26 Kothi, xa bathe oonyana benu kuni,
27 Iyintoni na le nkonzo kuni? nithi ke, Ngumbingelelo wepasika kuYehova, owagqitha ezindlwini zoonyana bakaSirayeli eYiputa; ekubulaleni kwakhe amaYiputa, wazihlangula izindlu zethu.
28 Bathoba abantu, baqubuda. Bahamba oonyana bakaSirayeli, baya kwenza; njengoko uYehova wabawisela umthetho uMoses noAron, benjenjalo.

Isibetho seshumi nokunduluka kwamaSirayeli eYiputa

29 Kwathi ke phakathi kobusuku, uYehova wawabulala onke amazibulo ezweni laseYiputa, kwathabathela kowamazibulo kaFaro ohleliyo etroneni yakhe, kwasa kowamazibulo omthinjwa osentolongweni engumhadi, namazibulo onke eenkomo. Wavuka uFaro ebu- 30 suku, yena nabakhonzi bakhe bonke, namaYiputa onke; kwabakho isikhalo esikhulu eYiputa; kuba akubangakho ndlu ingenamntu ufileyo. Wabiza u- 31 Moses noAron ebusuku, wathi, Sukani niphume phakathi kwabantu bam, nina aba noonyana bakaSirayeli, nihambe niye kumkhonza uYehova, njengokutsho kwenu; nempahla yenu emfutshane 32 neenkomo zenu zithabatheni, njengoko natshoyo, nihambe; nam nindisikelele. AmaYiputa ajokisa ukubandulula aba- 33 ntu ngobungxamo kwelo zwe; kuba abesithi, Sonke sesifile.

Abantu bayithabatha intlama yabo 34 ingekabi nagwele, imikhumbi yabo yokuxovulela isongelwe ezingutyeni zabo, ibotshelelwe emagxeni abo. Oonya- 35 na bakaSirayeli benza ngokwelizwi likaMoses; bacela kumaYiputa iimpahla zesilivere, neempahla zegolide, neengubo. UYehova wabababala abantu pha- 36 mbi kwamaYiputa, ábenza ukuba bacele. Bawaphanga ke amaYiputa.

Banduluka ke oonyana bakaSirayeli 37 eRameses, baya eSukoti, amadoda eenyawo engáthi akumakhulu omathandathu amawaka, ngaphandle kosapho. Kwenyuka ke nabo inkitha engumxube, 38 nempahla emfutshane, neenkomo, imfuyo eninzi kunene. Bosa amaqebe- 39 ngwana angenagwele entlama, ababephume nayo eYiputa, kuba ibingenagwele; kuba bagxothwa eYiputa ababa nakulibala, kananjalo babengazenzelanga mphako.

Ke ukuhlala koonyana bakaSirayeli, 40 abakuhlalayo eYiputa, yiminyaka emakhulu mané aneminyaka emanci mathathu. Ekupheleni kweminyaka emakhulu 41 mané, aneminyaka emanci mathathu, kwathi, kanye ngayo loo mini, yaphuma yonke imikhosi kaYehova ezweni laseYiputa. Bubusuku obo bokugcina ku- 42 kaYehova, kuba wabakhupha ezweni laseYiputa. Bubusuku bukaYehova obo bokugcinwa ngoonyana bakaSirayeli bonke, ezizukulwaneni zabo.

IEKSODUS 12–13

43 Wathi uYehova kuMoses nakuAron, Ummiselo wepasika nguló: Bonke oonyana bolunye uhlanga abasayi kudla 44 kuyo. Onke amakhoboka, abantu abazuzwe ngemali, uze uwaluse, andule ke 45 ukudla kuyo. Olundwendwe nongu- 46 mqeshwa akasayi kudla kuyo. Yodlelwa ndlwini-nye; akusayi kusa nto yaloo nyama ngaphandle kwendlu, anisayi 47 kwaphula thambo layo. Lonke ibandla lakwaSirayeli loyenza loo nto. 48 Xa athe owasemzini waphambukela kuwe, wenza ipasika kuYehova, mayaluswe yonke into eyindoda kuye, andule ke ukusondela, ayenze, abe njengozalelwe kwelo zwe; bonke abangaluswanga 49 abasayi kudla kuyo. Wóba mnye umyalelo, kozalelwe kwelo zwe, nakowasemzini ophambukele phakathi kwenu.

50 Benza ke bonke oonyana bakaSirayeli; njengoko uYehova wabawisela umthetho uMoses noAron, benjenjalo.
51 Kwathi, ngayo kanye loo mini, uYehova wabakhupha oonyana bakaSirayeli ezweni laseYiputa ngokwemikhosi yabo.

Ukungcwaliswa koonyana bamazibulo

13 UYehova wathetha kuMoses, wa-
2 thi, Ndingcwalisele onke amazibulo, yonke into evula isizalo phakathi koonyana bakaSirayeli, kumntu nakwinkomo; yeyam.

3 Wathi uMoses ebantwini, Yikhumbuleni le mini niphumé ngayo eYiputa, endlwini yobukhoboka; kuba uYehova unikhuphe kule ndawo ngesithe nkqi isandla; ize ke kungàdliwa 4 nto inegwele. Lo ngumhla eniphume 5 ngawo ngenyanga enguAbhibhi. Kothi, xa uYehova anifikisileyo ezweni lamaKanan, lamaHiti, lama-Amori, lamaHivi, lamaYebhusi, awalifungela ooyihlo ukubanika, izwe elibaleka amasi nobusi, ukhonze ngale nkonzo kule 6 nyanga: nidle izonka ezingenagwele iintsuku ezisixhenxe; ke usuku lwesixhenxe lungumthendeleko kuYehova; 7 izonka ezingenagwele zodliwa iintsuku ezisixhenxe; kungàbonwa kuwe nto inegwele, kungàbonwa gwele kuwe emideni yakho yonke.

Uze umxelele unyana wakho ngaloo 8 mini, uthi, Ndikwenza oku ngenxa yoko uYehova wakwenzayo kum ekuphumeni kwam eYiputa; kuze kube ngumqondiso 9 kuwe osesandleni sakho, ube sisikhumbuzo phakathi kwamehlo akho, ukuze umyalelo kaYehova ube semlonyeni wakho; kuba uYehova ukukhuphe eYiputa ngesithe nkqi isandla. Uze 10 uwugcine lo mmiselo ngexesha lawo elimisiweyo imihla kamihla.

Kothi, xa akufikisileyo uYehova 11 ezweni lamaKanan, njengoko wafungayo kuwe nakooyihlo, wakunika lona, uyidlulisele kuYehova yonke into evula 12 isizalo, into yonke elizibulo lenkomo, oya kuba nayo; amaduna oba ngakaYehova. Into yonke elizibulo le-esile 13 wòyikhulula ngokuyimisela ngexhwane; ke ukuba uthe akwayikhulula ngokuyimisela, woyaphula ilungu lentamo. Yonke into elizibulo lomntu koonyana bakho, nayo woyikhulula ngokuyimisela.

Kothi, xa unyana wakho akubuzayo 14 ngexesha elizayo, esithi, Yintoni na le nto? uze uthi kuye, UYehova wasikhupha eYiputa, endlwini yobukhoboka, ngesithe nkqi isandla; kwathi, xa uFaro 15 wayelukhuni ukusindulula, uYehova wawabulala onke amazibulo ezweni laseYiputa, ethabathela kwizibulo lomntu, wesa kwizibulo lenkomo; kungenxa yoko, le nto ndibingelela kuYehova yonke into evula isizalo eliduna, ndiyikhùlule ngokuyimisela yonke into elizibulo koonyana bam; ibe ngumqondiso 16 esandleni sakho, ibe sisikhumbuzo phakathi kwamehlo akho, kuba uYehova wasikhupha eYiputa ngesithe nkqi isandla.

Ihambo kaSirayeli ukuya e-Etam

Kwathi, akubandulula uFaro abantu, 17 uThixo àkabakhokela ngendlela yelizwe lamaFilisti, nakuba ibimfutshane yona: kuba wathi uThixo, hleze abantu bazohlwaye bakubona imfazwe, babu-

18 yele eYiputa. UThixo wabazungulezisa abantu ngendlela yentlango yoLwandle oluBomvu.*

Banyuka bexhobile oonyana baka-
19 Sirayeli, bevela ezweni laseYiputa. UMoses wawathabatha wahamba nawo amathambo kaYosefu; kuba wayebafungisile nokubafungisa oonyana bakaSirayeli, esithi, UThixo uya kunivelela okunene; nize niwanyuse amathambo
20 am, emke nani kule ndawo. Banduluka eSukoti, balalisa e-Etam, enyeleni yentlango.

21 UYehova wahamba phambi kwabo ngomqulu welifu emini, ebakhokela ngendlela; ngomqulu womlilo ebusuku, ebakhanyisela, ukuze bahambe imini
22 nobusuku. Awusukanga umqulu welifu emini, nomqulu womlilo ebusuku, phambi kwabantu.

Ukuwela uLwandle oluBomvu

14 Wathetha uYehova kuMoses, wa-
2 thi, Thetha koonyana bakaSirayeli ukuba bajike, bamise iintente phambi kwePi-hahiroti, phakathi kweMigdoli nolwandle, phambi kweBhahali-tsefon, malunga nayo, nimise ngaselwandle.
3 Úya kuthi uFaro ngoonyana bakaSirayeli, Badidekile ezweni, intlango
4 ibavingcele. Ndoyenza lukhuni intliziyo kaFaro, abasukele, ndizukiseke ngoFaro nangempi yakhe yonke, azi amaYiputa ukuba ndinguYehova. Benjenjalo ke.

5 Waxelelwa ukumkani waseYiputa, ukuba abantu babalekile; yaba yeyimbi intliziyo kaFaro neyabakhonzi bakhe kubantu, bathi, Siyenzéle ntoni na le nto, yokusuka simndulule uSirayeli
6 ekusikhonzeni? Wayibopha inqwelo yakhe yokulwa, wabathabatha abantu
7 bakhe, *bahamba* naye. Wathabatha amakhulu omathandathu eenqwelo zokulwa ezikhethiweyo, neenqwelo zonke zokulwa zaseYiputa, nabaphathi-mikhosi phezu kwazo zonke ziphela.
8 UYehova wayenza lukhuni ke intliziyo kaFaro ukumkani waseYiputa, wabasukela oonyana bakaSirayeli, baye oonyana bakaSirayeli bephume ngesandla esiphakamileyo. AmaYiputa abasukela, 9 enamahashe onke eenqwelo zokulwa kaFaro, nakhwelwayo akhe, nempi yakhe, afika kubo bemise iintente ngaselwandle, ngasePi-hahiroti phambi kweBhahali-tsefon.

Wasondela uFaro. Bawaphakamisa a- 10 mehlo abo oonyana bakaSirayeli, nango amaYiputa efake emva kwabo. Boyika kunene, bakhala oonyana bakaSirayeli kuYehova. Bathi kuMoses, kungo- 11 kuba bekungekho mangcwaba na eYiputa, le nto usithabathileyo ukuba sifele entlango apha? Yini na ukuba usenze into enje, usikhuphe eYiputa? Asililo 12 na eli ilizwi ebesilithetha kuwe eYiputa, sisithi, Siyeke, siwakhonze amaYiputa? Kuba kube kusilungele kanye ukuba sikhonze amaYiputa, kunokuba sifele entlango apha.

Wathi uMoses ebantwini, Musani 13 ukoyika; misani, nilubone usindiso lukaYehova aya kunenzela lona namhla; kuba amaYiputa lawo niwaboniieyo namhlanje, anisayi kuphinda niwabone naphakade. UYehova uya kunilwela, 14 ke nina niya kuthi cwaka.

Wathi uYehova kuMoses, Yini na 15 ukuba ukhale kum? Thetha koonyana bakaSirayeli, banduluke. Ke wena, 16 phakamisa intonga yakho, wolule isandla sakho phezu kolwandle, ulwahlule, bahambe oonyana bakaSirayeli phakathi kolwandle, emhlabeni owomileyo. Mna 17 ke, yabona, ndiya kuzenza lukhuni iintliziyo zamaYiputa, angene emva kwabo, ndizukiseke ngoFaro, nangempi yakhe yonke, ngeenqwelo zakhe zokulwa, nangabamahashe bakhe; azi ama- 18 Yiputa ukuba ndinguYehova, ekuzukisekeni kwam ngoFaro nangeenqwelo zakhe zokulwa nangabamahashe bakhe.

Sesuka isithunywa sikaThixo, esibe 19 sihamba phambi kwemfuduka yamaSirayeli, sahamba emva kwayo. Wesuka umqulu welifu phambi kwayo, wema emva kwayo; wathi zinzi pha- 20 kathi kwempi yamaYiputa, nemfuduka yamaSirayeli. Kwabakho ilifu nobumnyama *kumaYiputa*, labukhanyisela ubusuku *kumaSirayeli*; àkasondelana ubusuku bonke.

21 UMoses wasolula isandla sakhe phezu kolwandle, walumkisa uYehova ulwandle ngomoya wasempumalanga onamandla, bonke obo busuku, walwenza umhlaba owomileyo ulwandle, ahlu-
22 lelana amanzi. Bangena oonyana bakaSirayeli elwandle phakathi, kowomileyo; asuka amanzi aba ludonga ngasekunene
23 nangasekhohlo. Asukela amaYiputa, angena emva kwabo elwandle phakathi, enamahashe onke kaFaro, neenqwelo zakhe zokulwa, nabamahashe bakhe.
24 Kwathi ngomlindo wokusa, uYehova waqondela empini yamaYiputa esemqulwini womlilo nelifu; wayidubaduba
25 impi yamaYiputa. Wayidonyula imilenze yeenqwelo zawo zokulwa, aziqhuba nzima. Athi amaYiputa, Masisabe phambi kwamaSirayeli, kuba uYehova uyawalwela, esilwa namaYiputa.
26 Wathi uYehova kuMoses, Yolula isandla sakho phezu kolwandle, amanzi abuyele phezu kwamaYiputa, phezu kweenqwelo zawo zokulwa, naphezu
27 kwabamahashe bawo. Wasolula uMoses isandla sakhe phezu kolwandle, ulwandle lwabuyela ebumeni balo, ukuthi qhiphu kokusa; asaba amaYiputa asinga kulo. UYehova wawavuthulela amaYiputa phakathi elwandle.
28 Abuya amanzi, azigubungela iingqwelo zokulwa, nabamahashe, nempi yonke kaFaro eyayingene emva kwawo elwandle; akwasala noko amnye kuwo.
29 Bona oonyana bakaSirayeli bahamba emhlabeni owomileyo phakathi elwandle; asuka amanzi aba ludonga ngase-
30 kunene nangasekhohlo. Wawasindisa uYehova ngaloo mini amaSirayeli esandleni samaYiputa; amaSirayeli awabona amaYiputa efile elunxwemeni
31 lolwandle. Asibona amaSirayeli isandla esikhulu asibonakalalisileyo uYehova kumaYiputa. Bamoyika abantu uYehova, bakholwa nguYehova, nanguMoses umkhonzi wakhe.

Ingoma kaMoses

15 Waza uMoses wahlabela le ngoma kuYehova, enoonyana bakaSirayeli, batsho ukuthi:

Ndiya kuhlabela kuYehova, kuba enobungangamsha obukhulu,
Ihashe nomkhweli walo ulizulumbele elwandle.

Uqhayiya lam, ungoma yam nguYehova; 2
Waba lusindiso kum.
UloThixo wam endimzukisayo,
UThixo kabawo endimphakamisayo.

UYehova yindoda elwayo, 3
UYehova ligama lakhe.

Iinqwelo zokulwa zikaFaro nempi 4
yakhe waziphosa elwandle;
Abahleliweyo kubaphathi-mikhosi bakhe batshoniswe eLwandle oluBomvu.*

Amanzi enzonzobila abagubungele.
Behlela ezinzulwini njengelitye.

Isandla sakho sokunene, Yehova, 6
sivethe amandla;
Isandla sakho sokunene, Yehova,
sivikiva utshaba.

Ngobukhulu bobungangamsha bakho 7
ubagungxule abachasi bakho;
Ukhupha ukuvutha kwakho, kubadle bona njengeendiza.

Ngokufutha kwamathatha akho afu- 8
njwa amanzi,
Yema njengemfumba imiqukuqela.
Ajiya amanzi enzonzobila embilinini yolwandle.

Lwathi utshaba, 9
Ndiyasukela, ndiyafumana,
Ndaba ixhoba, umxhelo wam uyazanelisa kubo;
Ndirhola ikrele lam, siya kubagqogqa isandla sam.

Wafutha ngomoya wakho, lwabagu- 10
bungela ulwandle;
Bazulumbeka njengelothe emanzini angangamsha.

Ngubani na onjengawe phakathi 11
koothixo, Yehova?
Ngubani na onjengawe, wena uvethe ubungcwele,
Woyikekayo ezindumisweni, wenzayo ngokubalulekileyo?

12 Wòlula isandla sakho sokunene,
   Umhlaba uyabaginya.
13 Uyabakhokela ngenceba yakho abantu
   aba ubahlawuleleyo, ubakhululeyo.
   Ngoqilima lwakho ubathundezela e-
   khayeni lakho elingcwele.
14 Zivile izizwe, ziyangqunga,
   Abemi baseFilisti babanjwe kukuzi-
   bhijabhija,
15 Zaza zakhwankqa izikhulu zakwa-
   Edom;
   Iinjengele zakwaMowabhi zabanjwa
   kukuthuthumela,
   Bathá amandla bonke abemi bela-
   kwaKanan.
16 Bawelwa kukudenga nakukunkwa-
   ntya,
   Ngenxa yobukhulu bengalo yakho
   bathi cwaka njengelitye,
   Bade badlule abantu bakho, Yehova,
   Bade badlule abo bantu ubazuzileyo.
17 Uya kubangenisa, ubatyale entabeni
   yelifa lakho,
   Endaweni oyenzele ukuba uhlale
   kuyo, Yehova,
   Engcweleni eziyilungisileyo izandla
   zakho.
18 UYehova uya kuba ngukumkani
   ngonaphakade kanaphakade.
19 Kuba langena elwandle ihashe lika-
   Faro nenqwelo yakhe yokulwa, naba-
   mahashe bakhe. UYehova wawabu-
   yisela phezu kwabo amanzi olwandle;
   ke bona oonyana bakaSirayeli bahamba
   kowomileyo, phakathi elwandle.

Ingoma kaMiriyam

20 UMíriyam umprofetikazi, udade bo-
   Aron, wathabatha ingqongqo ngesandla
   sakhe; aphuma onke amankazana emva
   kwakhe, eneengqongqo engqungqa.
21 Wawaphendula uMiriyam wathi,
   Vumani keYehova, kuba enobunga-
   ngamsha obukhulu;
   Ihashe nomkhweli walo ulizulumbele
   elwandle.

Ihambo yokuya eMara nase-Elim

22 UMoses wawandulula amaSirayeli,
emka eLwandle oluBomvu, aphuma aya
entlango yaseShure; ahamba iintsuku
zantathu entlango, akáfumana manzi.
Afika eMara, akaba nakuwasela amanzi 23
aseMara, kuba ayekrakra; ngenxa yoko
igama laloo ndawo kwathiwa yiMara.*
Abantu bamkrokrela uMoses, besithi, 24
Siya kusela ntoni na? Wadanduluka
kuYehova. UYehova wambonisa u- 25
mthi; wawuphosa emanzini, aba mna-
ndi amanzi. Khona apho wabamisela
ummiselo nesiko, khona apho wabava-
vanya. Wathi, Ukuba úthe waliphula- 26
phula izwi likaYehova uThixo wakho,
wenza okuthe tye phambi kwakhe,
wayibekela indlebe imithetho yakhe,
wayigcina yonke imimiselo yakhe:
andiyi kubeka nasinye isifo phezu
kwakho endisibekileyo phezu kwama-
Yiputa; kuba ndinguYehova, iqgirha
lakho.

Bafika e-Elim, apho kwaye kukho 27
imithombo yamanzi elishumi elinami-
bini, nemithi yesundu engamashumi
osixhenxe, bazimisa iintente khona
ngasemanzini.

AmaSirayeli ayakrokra entlango; athunyelwa imana

16 Lonke ibandla loonyana baka-
Sirayeli landuluka e-Elim, lafika
entlango yaseSin, ephakathi kwe-Elim,
neSinayi, ngosuku lweshumi elinesi-
hlanu lwenyanga yesibini yokuphuma
kwabo ezweni laseYiputa. Labakro- 2
krela ooMoses noAron lonke ibandla
loonyana bakaSirayeli entlango apho.
Bathi oonyana bakaSirayeli kubo, A- 3
kwaba besife sisandla sikaYehova ezweni
laseYiputa, xa sasihleli ngasezimbizeni
zenyama, sisidla isonka sada sahlutha;
ngokuba nisikhuphele kule ntlango,
ukuze nisibhubhise sonke esi sikhungu
ngendlala.

Wathi uYehova kuMoses, Uyabona, 4
ndiya kuninisela isonka sivela ezulwini;
baphume abantu, babuthe isabelo semi-
ni esilingene imini, ukuze ndibalinge
ukuba bohamba ngomyalelo wam, abayi
kuhamba ngawo, kusini na. Kothi 5
ngemini yesithandathu, balungise oko

IEKSODUS 16

bakuzisileyo; koba ngumlinganiselo ophindwe kabini kunoko bathe bakubutha imihla ngemihla.

6 Wathi uMoses noAron koonyana bakaSirayeli bonke, Ngokuhlwa niya kwazi ukuba nguYehova owanikhu-
7 phayo ezweni laseYiputa; kusasa niya kububona ubuqaqawuli bukaYehova, ekubeni ekuvile ukumkrokrela kwenu uYehova. Thina besingoobani na ukuba
8 nisikrokrele? Wathi uMoses, *Niya kububona* ekuthini uYehova aninike inyama ngokuhlwa, nidle isonka kusasa, nihluthe; ekubeni uYehova ekuvile ukukroka kwenu enimkrokrela ngako. Ke thina singoobani na? Anikrokreli thina, nikrokrela uYehova.

9 Wathi uMoses kuAron, Yithi kwibandla lonke loonyana bakaSirayeli, Sondelani phambi koYehova; kuba
10 ukuvile ukukrokra kwenu. Ke kaloku, xa wayethetha uAron kwibandla lonke loonyana bakaSirayeli, bakhangela entlango, nâbo ubuqaqawuli bukaYeho-
11 va bubonakala efini. Wathetha uYehova
12 kuMoses, wathi, Ndikuvile ukukrokra koonyana bakaSirayeli. Thetha nabo uthi, Lakutshona ilanga nodla inyama, kusasa nohlutha sisonka; nazi ukuba ndinguYehova uThixo wenu.

13 Kwathi ngokuhlwa zenyuka izagwityi, zayigubungela iminqaba yonke; kusasa kwabakho umbethe olele ngee-
14 nxa zonke eminqubeni. Wenyuka umbethe obulele, nanko kukho phezu komhlaba entlango intwana apha ecolekileyo, ejiyileyo, encinanana njengeqa-
15 baka emhlabeni. Bayibona oonyana bakaSirayeli, bathi omnye komnye, Yintoni? Kuba babengazi ukuba yintoni na. Wathi uMoses kubo, Sesi sonka aninika sona uYehova, ukuba sibe
16 kukudla. Le yiloo nto wawisa umbetho ngayo uYehova, wathi, Buthani yona, elowo ngangokudla kwakhe, ihomere* ngentloko yomntu, ngokwenani labantu, elowo athabathele abasentente-
17 ni yakhe. Benjenjalo oonyana bakaSirayeli; babutha omnye kakhulu, o-
18 mnye kancinane. Balinganisela ngehomere; akagqithisa obúthe kakhulu;

akasilela obuthe kancinane; babutha elowo ngangokudla kwakhe.

19 Wathi kubo uMoses, Umntu maka-
20 ngabeki mbeko. Abamphulaphulanga uMoses. Inxenye yayibeka umbeko; yabola, yaba neempethu, yanuka. UMoses waba noburhalarhume kubo.

21 Bayibutha imiso ngemiso, elowo ngangokudla kwakhe; lathi lakufudu-
22 mala ilanga yanyibilika. Kwathi ngemini yesithandathu, babutha isonka semihla emibini, iihomere ezimbini mntwini mnye. Zangena zonke izikhulu zebandla, zamxelela uMoses.
23 Wathi kuzo, Yiyo loo nto ayithethileyo uYehova, Ngomso luphumlo; yisabatha engcwele kuYehova; yosani enikosayo, phekani enikuphekayo, zibekeleni yonke into eseleyo, igcinwe kude kuse. Bayi-
24 beka ke kwada kwasa, njengoko uMoses wabawisela umthetho; àyanuka, akwabakho mpethu kuyo. Wathi uMoses
25 Yidleni namhla; kuba namhla yisabatha kuYehova; namhla aniyi kuyifumana endle. Noyibutha imihla emithanda-
26 thu; ngomhla wesixhenxe yisabatha; ayi kubakho ngawo.

27 Kuthe ngomhla wesixhenxe, kwa- phuma inxenye yabantu, yaya kubutha, ayafumana nto. Wathi uYehova ku-
28 Moses, Kuya kuda kube nini na, ningavumi ukuyigcina imithetho yam nemiyalelo yam? Niyabona ke, u-
29 Yehova uninike isabatha; kungenxa yoko athe ngomhla wesithandathu waninika isonka semihla emibini. Hlalani elowo endaweni yakhe; makungaphumi mntu endaweni yakhe ngomhla wesixhenxe. Baye bephumla ke abantu
30 ngomhla wesixhenxe.

31 Indlu kaSirayeli yathi igama lale nto yimana.* Yayinjengembewu yekoriyandire,* imhlophe, isongo sayo sinjengezonkana ezinobusi. Wathi uMoses,
32 Nantsi into awise umthetho ngayo uYehova: zalisani ihomere ngayo, igcinelwe izizukulwana zenu, ukuze zisibone isonka endinidlise sona entlango, ekunikhupheni ezweni laseYiputa. Wathi
33 uMoses kuAron, Thabatha isitya sibe sinye, ugalele ihomere kuso sizale yima-

na, uyibeke phambi koYehova, igcine-
34 lwe izizukulwana zenu; igcinwe njengo-
ko uYehova wamwisela uMoses umthe-
tho ngako. Wayibeka uAron phambi
kwesingqino, ukuba igcinwe.
35 Bayidla oonyana bakaSirayeli imana
iminyaka emashumi mané, bada bafika
ezweni elimiweyo; bayidla imana bada
bafika emdeni welizwe lakwaKanan
36 Ke ihomere isisahlulo seshumi se-efa.*

UMoses ubetha iliwa kuphume amanzi

17 Landuluka lonke ibandla loonya-
na bakaSirayeli entlango yaseSin
ngokwechambo zabo, ngelizwi lika-
Yehova; bazimisa iintente eRefidim.
Akwabakho manzi okuselwa ngabantu.
2 Babambana abantu noMoses, bathi,
Sinike amanzi, sisele. Wathi uMoses
kubo, Yini na ukuba nibambane nam?
Yini na ukuba nimlinge uYehova?
3 Banxanelwa amanzi apho abantu; aba-
ntu bamkrokrela uMoses, bathi, Yini na
ukuba usinyuse siphume eYiputa, nosa-
pho lwethu, nemfuyo yethu, uze kusi-
4 bhubhisa ngenxano? UMoses wada-
nduluka kuYehova, esithi, Ndiya ku-
bathini na aba bantu? Sekukancinane
5 ukuba bandixulube ngamatye. Wathi
uYehova kuMoses, Gqithela phambi
kwabantu, uthabathe amadoda ama-
khulu akwaSirayeli abe nawe; uthi
nentonga yakho, owawubetha ngayo
umlambo, uyiphathe esandleni sakho,
6 uhambe. Yabona, ndiya kuma phambi
kwakho khona, phezu kweliwa eHore-
bhe; uze ulibethe iliwa; kophuma
amanzi kulo, basele abantu. Wenje-
njalo ke uMoses phambi kwawo ama-
7 doda amakhulu akwaSirayeli. Wathi
igama laloo ndawo yiMasa* neMeribha,*
ngenxa yokubambana koonyana baka-
Sirayeli, nangenxa yokumlinga kwabo
uYehova, besithi, UYehova ukho na
phakathi kwethu, akakho, kusini na?

*AmaSirayeli achaswa nguAmaleki
eRefidim*

8 UAmaleki weza, walwa noSirayeli
9 eRefidim. Wathi uMoses kuYoshuwa,
Sihlelele amadoda; uze wena uphume
ulwe noAmaleki; mna ngomso ndiya
kuma encotsheni yenduli, intonga ka-
Thixo isesandleni sam. Wenza u-
Yoshuwa njengoko wathethayo uMoses
kuye, walwa noAmaleki; bona ooMoses 10
naAron noHure benyuka baya enco-
tsheni yenduli. Kwathi, xa aziphaka- 11
misileyo uMoses izandla, kweyisa
uSirayeli; kwathi xa azihlisileyo izandla,
kweyisa uAmaleki. Izandla zikaMo- 12
ses zadinwa. Bathabatha ilitye, bali-
beka phantsi kwakhe, wahlala kulo;
bathi ooAron noHure bazixhasa izandla
zakhe, omnye engapha, nomnye enga-
phaya. Zazimaseka izandla zakhe, lada
ilanga latshona. UYoshuwa wamchitha 13
uAmaleki nabantu bakowabo ngohla-
ngothi lwekrele.
  Wathi uYehova kuMoses, Kubhale 14
oku kube sisikhumbuzo encwadini,
ukuthethe ezindlebeni zikaYoshuwa;
ngokuba ndiya kusicima impela isi-
khumbuzo sika-Amaleki phantsi kwa-
mazulu. UMoses wákha isibingelelo, 15
wathi igama laso nguYehova-ibhanile-
yam. Wathi, Isandla siphakanyiselwe 16
etroneni kaYehova, ukuba uYehova
uya kulwa imfazwe noAmaleki isizu-
kulwana ngesizukulwana.

UYitro uhambela kuMoses; uyamcebisa

18 UYitro, umbingeleli wakwaMidi-
yan, uyise womkaMoses, wayiva
yonke into uThixo abeyenzele uMoses,
namaSirayeli abantu bakhe, ukuba
uYehova uwakhuphile amaSirayeli eYi-
puta. UYitro, uyise womkaMoses, wa- 2
mthabatha uTsipora, umkaMoses, e-
mveni kokuba ebemndulule, noonyana 3
bakhe bobabini; igama lomnye lalingu-
Gershom,* kuba wathi, Bendingu-
mphambukeli ezweni lolunye uhlanga;
igama lomnye lalinguEliyezere,* kuba 4
wathi, UThixo kabawo ubengumncedi
wam, wandihlangula ekreleni likaFaro.
UYitro, uyise womkaMoses, weza ke 5
noonyana bakhe nomkakhe, kuMoses
entlango, apho wayemise khona intente,
entabeni kaThixo. Wathi kuMoses, 6

IEKSODUS 18–19

Mna Yitro, únguyihlo, ndizé kuwe, ndinomkakho enoonyana bakhe bobabini.

7 Waphuma uMoses, waya kumkhawulela uyise womkakhe, waqubuda, wamanga; babuzana impilo, bangena 8 ententeni. UMoses wambalisela uyise womkakhe yonke into uYehova abeyenzile kuFaro nakumaYiputa ngenxa kaSirayeli; nenkxamleko yonke abayifumanáyo endleleni, nokuhlangulwa kwabo nguYehova.

9 Wavuya uYitro akukuva konke ukulunga abekwenzile uYehova kuSirayeli, ngokumhlangula esandleni samaYiputa.

10 Wathi uYitro, Makabongwe uYehova owanihlangulayo esandleni samaYiputa, nasesandleni sikaDaro; owabahlangulayo abantu, baphuma phantsi kwesa-
11 ndla samaYiputa. Ngoku ndiyazi ukuba uYehova mkhulu koothixo bonke; ewe, kwakuloo nto amaYiputa abewa-
12 khukhumalele ngayo amaSirayeli. UYitro, uyise womkaMoses, wamthabathela uThixo idini elinyukayo nemibingelelo; weza uAron namadoda amakhulu onke akwaSirayeli, esiza kudla isonka noyise womkaMoses phambi koThixo.

13 Kwathi ngengomso, uMoses wahlala wathetha amatyala abantu; abantu baxhontela kuMoses, kususela kusasa
14 kwada kwangokuhlwa. Wayibona uyise womkaMoses yonke into abeyenza ebantwini, wathi, Iyintoni na le nto uyenzayo ebantwini? Kungani na, le nto uhlala wedwa, bathi bona bonke abantu baxhontele kuwe, kususela ku-
15 sasa kude kuhlwe? Wathi uMoses kuyise womkakhe, Kungokuba abantu besiza kum ukuba ndibacelele icebo
16 kuThixo; xa banendawo, beza kum ukuba ndigwebe phakathi komntu nommelwane wakhe, ndibazise imimiselo kaThixo nemiyalelo yakhe.

17 Wathi uyise womkaMoses kuye,
18 Ayilungile le nto uyenzayo. Uya kuzigqiba uphele amandla, naba bantu unabo; kuba lo msebenzi unzima kuwe,
19 akunakuwenza wedwa. Phulaphula ngoko izwi lam, ndikuphe iqhinga; uThixo woba nawe. Wena yiba ngumlomo wabantu kuThixo, uzise izinto zabo kuThixo; ubafundise imimiselo 20 nemiyalelo, ubazise indlela abaya kuhamba ngayo, nomsebenzi abaya kuwenza. Uze uzikhangelele ebantwini 21 bonke amadoda anobunkunkqele *ekuthetheni amatyala*, amoyikayo uThixo, amadoda anyanisileyo, ayithiyileyo inzuzo embi, uwamise phezu kwabo, abe ngabathetheli-waka, nabathethelikhulu, nabathetheli bamashumi ngamahlanu, nabathetheli bamashumi ngamanye; bathethe amatyala abantu nga- 22 maxesha onke; zithi izinto zonke ezinkulu bazizise kuwe; zonke ezincinane bazigwebe bona, ukuze kube lula kuwe, bakuthwalise. Ukuba ùthe wa- 23 yenza loo nto, waza wakuwisela umthetho uThixo, wòba nako ukuma, bathi naba bantu bonke bafike endaweni yabo benoxolo.

UMoses waliphulaphula izwi loyise 24 womkakhe, wayenza into yonke abeyithethile. UMoses wanyula amadoda 25 anobunkunkqele *ekuthetheni amatyala* kuwo onke amaSirayeli, wawenza iintloko phezu kwabantu, aba ngabathetheliwaka, nabathetheli-khulu, nabathetheli bamashumi ngamahlanu, nabathetheli bamashumi ngamanye. Bathetha ama- 26 tyala abantu ngamaxesha onke; izinto ezinqabileyo bazizisa kuMoses, zonke ezincinane bazigweba bona. UMoses 27 wamndulula uyise womkakhe, waya elizweni lakowabo.

*AmaSirayeli afika eSinayi;
amalungiselelo okunikwa komthetho*

19 Ngenyanga yesithathu emveni kokuphuma koonyana bakaSirayeli ezweni laseYiputa, ngayo loo mini, bafika entlango yaseSinayi. Banduluka 2 eRefidim, bafika entlango yaseSinayi, balalisa entlango; amisa iintente apho amaSirayeli malunga nentaba.

UMoses wenyuka waya kuThixo, 3 uYehova wadanduluka kuye esentabeni apho, wathi, Yitsho kwindlu kaYakobi, uxelele oonyana bakaSirayeli ukuthi,

4 Nina niyibonile into endiyenzileyo kumaYiputa, ukuba ndanithwala nga-
5 maphiko okhozi, ndanizisa kum. Ngoku ke, ukuba nithe naliphulaphula okunene izwi lam, nawugcina umnqophiso wam, noba yinqobo kum kwizizwe
6 zonke, kuba ihlabathi lonke lelam; nibe bubukumkani bababingeleli kum, nohlanga olungcwele. Ngawo lawo amazwi oya kuwathetha koonyana bakaSirayeli.

7 Weza uMoses, wawabiza amadoda amakhulu abantu, wabeka phambi kwawo onke amazwi uYehova awamwise-
8 la umthetho ngawo. Baphendula bonke abantu ngamxhelo mnye, bathi, Konke akuthethileyo uYehova sokwenza. U-Moses wayixelela uYehova intetho yabantu.

9 Wathi uYehova kuMoses, Yabona, ndiyeza kuwe ndiselifini elingqingqwa, ukuze beve abantu ekuthetheni kwam nawe, bakholwe kuwe ngonaphakade. Wawaxela ke uMoses amazwi abantu
10 kuYehova. Wathi uYehova kuMoses, Yiya ebantwini, ubangcwalise namhla nangomso, bazihlambe iingubo zabo,
11 balunge ngomhla wesithathu; kuba ngomhla wesithathu úya kuhla uYehova phezu kwentaba yeSinayi, eme-
12 hlweni abantu bonke; ubámisele abantu imida ngeenxa zonke, uthi kubo, Zigcineni ningenyukeli entabeni, ningawachukumisi amazantsi ayo; osukuba eyichukumisa intaba wobulawa afe.
13 Makungafiki sandla kuye; makaxulutywe ngamatye mpela, athi mhlawumbi atolwe nokutolwa; nokuba yinto ezizitho ziné, nokuba ngumntu, akayi kuphila. Sakolula isandi sesigodlo ukuhlokoma, bangányuka entabeni bona.

14 Wehla uMoses entabeni, waya ebantwini, wabangcwalisa abantu; bazi-
15 hlamba iingubo zabo. Wathi ebantwini, Ize nizilungiselele umhla wesithathu, ningasondeli ebafazini.

16 Kwathi ngomhla wesithathu, kwakusa, kwabakho iindudumo, nemibane, nelifu elinzima phezu kwentaba, nesandi sesigodlo esomeleleyo kunene; bagubha bonke abantu abaseminqubeni. U-17 Moses wabakhupha abantu eminqubeni, baya kumkhawulela uThixo; bema emazantsi entaba. Intaba ye-18 Sinayi yaba ngumsi yonke iphela, kuba uYehova wehla phezu kwayo esemlilweni. Umsi wayo wenyuka njengomsi weziko lemfutho; yanyikima kunene yonke intaba. Kwabakho isandi sesi-19 godlo esaya sisomelela kakhulu; wathetha uMoses, uThixo wamphendula ngesandi.

Wehla ke uYehova phezu kwentaba 20 yeSinayi, encotsheni yentaba; uYehova wambizela uMoses encotsheni yentaba leyo; wenyuka ke uMoses. Wathi 21 uYehova kuMoses, Yihla, ubaqononondise abantu, hleze batyhobozele kuYehova, bakhangele, kwenzakale into eninzi kubo. Kananjalo ababingeleleli 22 abasondelayo kuYehova, mabazingcwalise, hleze uYehova ababhubhise. Wa-23 thi uMoses kuYehova, Abantu abanakunyuka, baye entabeni yeSinayi; kuba wena wasiqononondisa wathi, Yimisele imida intaba, uyingcwalise. Wathi u-24 Yehova kuye, Hamba uhle, uze unyuke wena ninoAron; ke ababingeleli nabantu mabangatyhobozi benyuke beze kuYehova, hleze ababhubhise. Wehla 25 ke uMoses, waya ebantwini, watsho kubo.

Imithetho elishumi

20 UThixo wawathetha ke onke la mazwi, wathi:

NdinguYehova, uThixo wakho, owa-2 kukhupha ezweni laseYiputa, endlwini yobukhoboka.

Uze ungabi nathixo bambi ngapha-3 ndle kwam.

Uze ungazenzeli umfanekiso oqi-4 ngqiweyo, nokuba ngowayiphi na into emilise esezulwini phezulu, nesemhlabeni phantsi, nesemanzini aphantsi komhlaba. Uze ungaqubudi kwezo 5 nto, ungazikhonzi: kuba mna, Yehova Thixo wakho, ndinguThixo onekhwele, ndibuvelela ubugwenxa booyise koo-

nyana, kwesesithathu nakwesesiné isi-
6 zukulwana sabandithiyileyo; ndiwenzela inceba amawaka abandithandayo, abayigcinayo imithetho yam.

7 Uze ungafumane ulibize igama lika-Yehova uThixo wakho; kuba uYehova akayi kumenza omsulwa ofumana alibize igama lakhe.

8 Khumbula umhla wesabatha, ukuba
9 uwungcwalise. Wosebenza imihla emithandathu, uwenze wonke umsebenzi
10 wakho; ke wona umhla wesixhenxe uyisabatha kaYehova uThixo wakho. Uze ungenzi namnye umsebenzi ngawo, wena, nonyana wakho, nentombi yakho, nesicaka sakho, nesicakakazi sakho, nezinto zakho ezizitho ziné, nowase-
11 mzini osemasangweni akho: kuba ngemihla emithandathu uYehova wênza izulu, nomhlaba, nolwandle, neento zonke ezikwezo zinto, waphumla ngomhla wesixhenxe; ngenxa yoko uYehova wawusikelela umhla wesabatha, wawungcwalisa.

12 Beka uyihlo nonyoko, ukuze yolulwe imihla yakho emhlabeni akunika wona uYehova uThixo wakho.

13 Uze ungabulali.
14 Uze ungakrexezi.
15 Uze ungebi.
16 Uze ungangqini ubungqina obubuxoki ngommelwane wakho.
17 Uze ungawunqweneli umzi wommelwane wakho. Uze ungamnqweneli umfazi wommelwane wakho, nesicaka sakhe, nesicakakazi sakhe, nenkomo yakhe, ne-esile lakhe, nanye into eyeyommelwane wakho.

18 Bonke abantu bazibona iindudumo nemibane, nesandi sesigodlo, nentaba ingumsi. Abantu babona ke banga-
19 ngacazela, bamela kude. Bathi kuMoses, Thetha wena nathi, siya kuva; makangathethi nathi uThixo, hleze sife.
20 Wathi uMoses ebantwini, Musani ukoyika; kuba uThixo uze kunilinga, ukuba kubekho ukumoyika ebusweni benu,
21 ukuze ningoni. Abantu bamela kude; wasondela uMoses esithokothokweni abekuso uThixo.

Imithetho nemimiselo eyahlukahlukeneyo

Wathi uYehova kuMoses, Wòtsho 22 koonyana bakaSirayeli, ukuthi, Nibonile nina, ukuba ndithethé nani ndisemazulwini. Ize ningenzi *oothixo* bokunxu- 23 lumana nam, ningazenzeli oothixo besilivere, noothixo begolide. Uze undenzele 24 isibingelelo somhlaba, ubingelele phezu kwaso amadini akho anyukayo, nemibingelelo yakho yoxolo, impahla yakho emfutshane neenkomo zakho. Ndoza kuwe ndikusikelele ezindaweni zonke endomisa kuzo isikhumbuzo segama lam. Ke ukuba ùthe wandenzela isi- 25 bingelelo samatye, uze ungasakhi ngamatye aqingqiweyo; okanye ukuba uthe wayiphakamisa intlabo yakho phezu kwaso, wòba usihlambele. Uze unge- 26 nyuki ngezinyuko esibingelelweni sam, ukuze bungatyhileki ubuzé bakho kuso.

Imithetho nemimiselo eyahlukahlukeneyo

21 Ngawo la amasiko oya kuwabeka phambi kwabo:

Xa uthe wazuza ikhoboka elingumHe- 2 bhere, lókhonza iminyaka ibe mithandathu; lithi kowesixhenxe liphume likhululekile, lingahlawulelwanga. U- 3 kuba lithe leza lodwa, lophuma lodwa; ukuba belithe leza liyindoda enomfazi, umkalo wophuma nalo. Ukuba ke 4 inkosi yalo ithe yalizekela umfazi, walizalela oonyana, nokuba ziintombi: umfazi lowo nabantwana balo boba ngabenkosi yalo, liphume lona lodwa. Uku- 5 ba lithe eli khoboka, Ndiyayithanda inkosi yam, nomkam, nabantwana bam, andiyi kuphuma ndikhululekile: inkosi 6 yalo leyo yolisondeza kuThixo, ilisondeze elucangweni, nokuba kusemgubasini, ilithumbuse indlebe ngenyatyhowa inkosi yalo, liyikhonze ngonaphakade.

Xa ke umntu athe wathengisa nge- 7 ntombi yakhe, yaba likhobokazana, mayingaphumi ngokokuphuma kwamakhoboka lawo. Ke ukuba ithe ayayi- 8 kholisa inkosi yayo, ebizimisele yona,

IEKSODUS 21–22

yoyivumela ukuba ikhululwe ngentlawulelo; ke ayiyi kuba nagunya lakuthengisa ngayo kubantu bolunye uhla-
9 nga, ukuba iyitshinizele. Ukuba ithe yayimisela unyana wayo, yothi iyenze
10 ngokwesiko leentombi zonke. Ukuba ithe yamzekela omnye *umfazi*, mayingakunciphisi ukudla kwayo, neza-
11 mbatho zayo, nokubalelwa kwayo. Ukuba ayithanga izenze ezo zinto zontathu, mayiphume ingahlawulelwanga mali.

12 Othe wabetha umntu wafa, naye wo-
13 bulawa afe. Ke lowo ubengenanzondo, yanguThixo omqubisanise nesandla sakhe, ndokumisela indawo aya kusabela
14 kuyo. Xa ke umntu athe wagabadela ngakummelwane wakhe, wambulala ngobuqhophololo: uze umsuse nasesibingelelweni sam, afe.
15 Othe wabetha uyise, nokuba ngunina, wobulawa afe.
16 Othe weba umntu, nokuba uthengise ngaye, nokuba ufunyenwe esandleni sakhe, wobulawa afe.
17 Othe watshabhisa uyise, nokuba ngunina, wobulawa afe.
18 Xa athe abambana amadoda, yaza enye yambetha ummelwane wakhe ngelitye, nokuba kungengqindi, àkafa,
19 wesuka walala ngendlu: ukuba uthe wavuka, wahamba phandle esimelela: mayingabi natyala leyo yambethayo, kodwa yomnika indleko yexesha lakhe, imphilise aphile.
20 Xa athe umntu wabetha isicaka sakhe, nokuba sisicakakazi sakhe ngentonga, safa ngesandla sakhe: sophindezelwa
21 ngenene. Kodwa ukuba sithe sahlala, àsafa, usuku nokuba ziintsuku: makungaphindezelwa; kuba siyimali yakhe.
22 Xa athe amadoda abambana ngezihlwitha, agila umfazi emithi, waphuma isisu, akwenzakala nto noko: makahlawuliswe ngenene umfo lowo, njengoko iya kubeka phezu kwakhe indoda yaloo mfazi, arhole ngokwelizwi labahluli.
23 Ukuba uthe wenzakala, ùze urhole
24 umphefumlo ngomphefumlo, iliso ngeliso, izinyo ngezinyo, isandla ngesandla,
25 unyawo ngonyawo, ukutshiswa ngoku-tshiswa, inxeba ngenxeba, umvumbo ngomvumbo.

Xa athe umntu wasibetha esweni 26 isicaka sakhe, nokuba uthe wasibetha esweni isicakakazi sakhe, latyhaphaka: makasindulule sikhululekile ngenxa yeliso laso. Ukuba uthe wakhumla izinyo 27 lesicaka sakhe, nokuba lelesicakakazi sakhe: makasindulule sikhululekile ngenxa yezinyo laso.

Ke xa inkomo ithe yahlaba indoda, 28 nokuba yinkazana, yafa: loo nkomo mayigityiselwe ngamatye, ingàdliwa inyama yayo; umnininkomo woba msulwa.
Ke ukuba inkomo leyo ibihlaba 29 kakade, waza waziswa umniniyo, àkayigcina noko, yaza yabulala indoda, nokuba yinkazana: mayigityiselwe ngamatye inkomo leyo, kananjalo nomniniyo makabulawe. Ukuba uthe 30 wamiselwa intlawulo yokuzicamagushela, makayirhole akhulule umphefumlo wakhe, ngako konke akumiselweyo. Nokuba ihlabé unyana, nokuba ihla-31 bé intombi, makwenziwe kuye ngelo siko. Ukuba inkomo yakhe ithe yahla-32 ba isicaka, nokuba sisicakakazi, makarholele inkosi yaso iishekele zesilivere* ezimashumi mathathu, inkomo yona igityiselwe ngamatye.

Xa umntu athe wavula umhadi, naxa 33 umntu athe wemba umhadi, akawuvingca, kweyela inkomo, nokuba liesile, kuwo: umninimhadi woyimisela, a- 34 mbuyisele umniniyo ngemali, leyo ifileyo ibe yeyakhe.

Xa ithe inkomo yomntu yahlaba 35 inkomo yommelwane wakhe, yafa, mabathengise ngenkomo leyo iphilileyo, bayahlule imali yayo; kananjalo mabayahlule leyo ifileyo. Ukuba kwakusazeka 36 ukuba inkomo leyo ibihlaba kakade, àkayigcina umniniyo: makayimisele inkomo ngenkomo, leyo ifileyo ibe yeyakhe.

Imithetho nemimiselo eyahlukahlukeneyo

22 Xa umntu athe weba inkomo, nokuba yigusha, wayixhela, mhla-

IEKSODUS 22

wumbi wathengisa ngayo: makadliwe iinkomo zibe ntlanu ngenkomo leyo, 2 izimvu zibe né ngemvu leyo. Ukuba isela lithe lafunyanwa ligqobha indlu, labethwa lafa, akukho tyala lagazi 3 kulowo. Ukuba liphunyelwe lilanga, lobakho ityala legazi kulowo. Loo nto maliyimisele ngokuzeleyo; ukuba alinanto, makuthengiswe ngalo ngenxa yo- 4 busela balo. Ukuba ithe yafunyanwa isesandleni salo, okanye iphilile, loo nto ibiweyo, nokuba yinkomo, nokuba liesile, nokuba yigusha, maliyibuyise nganto mbini.

5 Xa umntu athe wadlisa intsimi, nokuba sisidiliya, wavulela iinkomo zakhe, zayidla intsimi yomnye: makamisele ngeyona nto intle yentsimi yakhe, nangeyona nto intle yesidiliya sakhe.

6 Xa kuthe kwatsha umlilo, wafumanana neentango, watshisa izitha zengqolowa, nokuba yemiyo, nokuba yintsimi: lowo uwutshisileyo makazimisele ezo zinto.

7 Xa athe umntu wanikela ummelwane wakhe imali, nokuba yimpahla, ukuba ayigcine, yaza yabiwa endlwini yaloo mntu: ukuba lithe lafunyanwa isela elo, 8 maliyibuyekeze kabini. Ukuba lithe alafunyanwa isela: umninindlu makasondezwe kuThixo,* afunge ukuba akayiphathanga impahla yommelwane 9 wakhe lowo. Ngenxa yezinto zonke zokona, ngenxa yenkomo, ye-esile, yegusha, yengubo, nangenxa yezinto zonke ezidakileyo, ezifaniswayo: loo ndawo yabo bobabini yoya phambi koThixo;* othe wagwetywa nguThixo,* wombuyekeza kabini ummelwane wakhe.

10 Xa athe umntu wanika ummelwane wakhe iesile, nokuba yinkomo, nokuba yigusha, nokuba yiyiphi into ezitho ziné, ukuba ayigcine; yaza yafa, mhlawumbi yaphuka, mhlawumbi yathinjwa, 11 kungaboni bani: makubekho ukufunga uYehova phakathi kwabo bobabini, ukuba akayiphathanga impahla yommelwane wakhe; makamkele oko 12 umniniyo, loo mntu angayimiseli. Ukuba ibiwe yabiwa ikuye, woyimisela kumniniyo. Ukuba iqwengiwe, woyi- 13 zisa ibe lingqina; makangayimiseli into eqwengiweyo.

Xa athe umntu waboleka inkomo 14 kummelwane wakhe, yaza yaphuka, mhlawumbi yafa, engekho umniniyo, makayimisele. Ukuba ithe yenzakala 15 ekho umniniyo, makangayimiseli; ukuba ibithe yaqeshwa, ibé ihambele ingqesho yayo.

Xa athe umntu warhwebesha intombi 16 engàganiweyo, walala nayo, woyilobola ibe ngumkakhe. Ukuba uyise wayo 17 walile kanye ukumnika, makarhole imali njengekhazi lazo iintombi.

Umkhafulikazi uze ungamyeki adle 18 ubomi.

Bonke abathe balala inkomo, maba- 19 bulawe bafe.

Obingelela kuthixo ongenguye uYe- 20 hova yedwa, makasingelwe phantsi.

Umphambukeli uze ungamxinzeleli 21 phantsi, ungamxini; kuba naningabaphambukeli nani ezweni laseYiputa.

Yonke into engumhlolokazi nenke- 22 dama uze ungayicinezeli. Ukuba ùthe 23 wabacinezela nangayiphi na indlela, bakhala kum, ndokuva ukukhala kwabo; uvuthe umsindo wam, ndinibulale 24 ngekrele; babe ngabahlokokazi abafazi benu, babe ziinkedama abantwana benu.

Ukuba ùthe wababoleka imali aba- 25 ntu bam abaziintsizana abanawe, uze ungabi kubo njengomboleki-mali: uze ungababizi nzala. Ukuba ummelwane 26 wakho ubambise ngengubo yakhe kuwe, wòyibuyisela kuye, lingekatshoni ilanga; kuba yona ikukuphela kwesigubu- 27 ngelo anaso, yingubo yakhe yomzimba wakhe; wólala ngantoni ke? Kothi, xa athe wakhala kum, ndive; kuba ndineceba.

UThixo uze ungamtshabhisi, nesi- 28 khulu ebantwini bakowenu uze ungasiqalekisi. Indyebo yakho nencindi 29 *yemithi yakho*, uze ungalibali ukundinika. Oonyana bakho bamazibulo uze undinike. Úze wenjenjalo ngenkomo 30 yakho, nangempahla yakho emfutshane: mayibe kunina iintsuku ezisixhenxe, uthi ngosuku lwesibhozo undinike.

31 Nòba ngabantu abangcwele kum; inyama yento eqwengiweyo endle nize ningayidli; noyiphosa ezinjeni.

Imithetho nemimiselo eyahlukahlukeneyo

23 Uze ungàthuthi ludaba lukhohlakeleyo; uze ungancedisani nongendawo, ukuba ube lingqina logo-
2 nyamelo. Uze ungàlandeli isininzi ukuya kwenza izinto ezimbi; ungàthi ukungqina kwimbambano *ekhoyo*, ujike
3 ulandele isinizi, uyijike *inyaniso*. Uze ungàsicengi isisweli ekubambaneni kwaso nomnye.
4 Xa uthe waqubisana nenkomo yotshaba lwakho, nokuba liesile lalo,
5 lilahleka: wolibuyisela kulo. Xa uthe walibona iesile lokuthiyileyo lisadalèle phantsi komthwalo walo, musa ukumyekela; likhulule umkhululise.
6 Uze ungàsijiki isigwebo sehlwempu lakho ekubambaneni kwalo *nomnye*.
7 Zikhwelelise kude entweni ebubuxoki; musa ukumbulala omsulwa nolilungisa: kuba andiyi kumgwebela ongendawo.
8 Uze ungàmkeli sicengo; kuba isicengo esi siyabamfamekisa ababonayo, siphenula imicimbi yamalungisa.
9 Uze ungàmxini umphambukeli; niyawazi nina umphefumlo womphambukeli, kuba naningabaphambukeli nani ezweni laseYiputa.
10 Wòwuhlwayela umhlaba wakho iminyaka emithandathu, ubuthe iziqhamo
11 zawo; ke ngowesixhenxe wowuyeka ulale, adle amahlwempu abantu bakowenu, okuseleyo kuwo kudliwe ziinyamakazi; wénjenjalo ngesidiliya sakho, nangesinquma sakho.
12 Wòwusebenza umsebenzi wakho imihla emithandathu, uphumle ngomhla wesixhenxe; iphumle inkomo yakho neesile lakho, akhe aphefumle unyana wesicakakazi sakho nomphambukeli.
13 Zonke izinto endizithethileyo kuni, zigcineni; igama lathixo bambi uze ungalikhankanyi, lingaviwa emlonyeni wakho.

14 Wòndenzela umthendeleko kathathu
15 ngomnyaka. Umthendeleko wezonka ezingenagwele uze uwugcine, udle izonka ezingenagwele imihla esixhenxe, njengoko ndakuwiselayo umthetho, ngexesha elimisiweyo lenyanga enguAbhibhi; kuba waphuma ngayo eYiputa; makungabonakali bani phambi kwam engaphethe lutho; nomthendeleko wexa 16 lokuvuna, wentlahlela yemisebenzi yakho yokuhlwayela entsimini; nomthendeleko wokuhlanganisa, osekupheleni komnyaka, ekuhlanganiseni kwakho imisebenzi yakho entsimini. Izihlandlo 17 ezithathu ngomnyaka, mayibonakale yonke into eyindoda yakowenu phambi kweNkosi uYehova.

Uze ungalibingeleli phezu kwento 18 enegwele igazi lombingelelo wam; nenqatha lomthendeleko wam malingabi ngumbeko. Ingqalo yentlahlela yo-19 mhlaba wakho uze uyizise endlwini kaYehova uThixo wakho.

Uze ungalipheki itakane ngobisi lonina.

Uyabona, ndithuma isithunywa pha-20 mbi kwakho, ukuba sikugcine endleleni, sikufikise endaweni endiyilungisileyo. Sílumkele, uliphulaphule izwi laso. 21 Musa ukusiphikisa; kuba asiyi kuluxolela ukreqo lwenu; kuba igama lam likuso. Ke ukuba uthe waliva ilizwi 22 laso, wenza konke endikuthethayo, ndoba lutshaba kwiintshaba zakho, ndibabandezele ababandezeli bakho. Kuba isithunywa sam sohamba phambi 23 kwakho, sikufikise kuma-Amori, nama-Hiti, namaPerizi, namaKanan, nama-Hivi, namaYebhusi; ndiwabethe athi shwaka.

Uze ungabanquli oothixo babo, unga-24 bakhonzi, ungenzi ngokwemisebenzi yabo; uze uzigungxule, uziqhekeze nokuziqhekeza izimiso zabo zamatye. Nize nikhonze uYehova uThixo wenu, 25 asisikelele isonka sakho, namanzi akho; ndisisuse isifo phakathi kwakho. Akuyi 26 kubakho kuphunza nakudlola ezweni lakho; inani lemihla yakho ndolizalisa.

Ndiya kuzithuma phambi kwakho izo-27 thuso zam, ndibadubadube bonke abantu oya kufika kubo, iintshaba

zakho zonke ndizenze zikunikele ikhosi;
28 ndithùme oonomeva phambi kwakho, bawagxothe amaHivi, namaKanan, na-
29 maHiti, asuke phambi kwakho. Andiyi kuwagxotha phambi kwakho ngamnyaka mnye, hleze ilizwe kube senkangala kulo, ande amarhamncwa asendle phezu
30 kwakho. Ndiya kumana ukuwagxotha kancinane phambi kwakho, ude wande, ulidle ilifa ilizwe.
31 Ndoyimisa imida yakho, ithabathele kuLwandle oluBomvu* ise kulwandle lwamaFilisti; ithabathele entlango, ise kuwo uMlambo;* kuba abemi belo lizwe ndiya kubanikela esandleni sakho,
32 ubagxothe phambi kwakho. Uze unganqophisani nabo, kwanoothixo babo;
33 ize bangemi kwelo zwe lakho, hleze bakwenze undone. Xa uthe wakhonza oothixo babo, inene, oko koba ngumgibe kuwe.

UMoses wakha isibingelelo; unyukela entabeni

24 Wathi ke kuMoses, Nyuka uye kuYehova, wena noAron, uNadabhi, noAbhihu, namashumi asixhenxe kumadoda amakhulu akwaSirayeli, ni-
2 nqule nikude; kusondèle uMoses yedwa kuYehova; bangàsondeli bona, nabantu
3 bangenyuki naye. Waya uMoses, wabaxelela abantu onke amazwi kaYehova, namasiko onke. Baphendula bonke abantu ngazwi-nye, bathi, Onke amazwi awathethileyo uYehova sowenza.
4 Wawabhala uMoses onke amazwi kaYehova, wavuka kusasa, wákha isibingelelo emazantsi entaba, nezimiso zamatye zalishumi elinazibini, ngokwezizwe ezilishumi elinazibini zakwaSira-
5 yeli. Wathuma abafana bakoonyana bakwaSirayeli, banyusa amadini anyukayo, babingelela imibingelelo yoxolo, iinkunzi ezintsha zeenkomo kuYehova.
6 UMoses wathabatha isiqingatha segazi, wasigalela ezidendelekweni, esinye isiqingatha segazi wasitshiza esibingele-
7 lweni. Wathabatha incwadi yomnqophiso, wayilesa ezindlebeni zabantu; bathi bona, Yonke into ayithethileyo uYehova soyenza siyive. Walithabatha 8 uMoses igazi, wabatshiza abantu ngalo, wathi, Nâlo igazi lomnqophiso awenzayo uYehova nani ngala mazwi onke.

Wenyuka uMoses noAron, uNadabhi 9 noAbhihu, namashumi osixhenxe kumadoda amakhulu akwaSirayeli. Bambo- 10 na uThixo wamaSirayeli; phantsi kweenyawo zakhe kwaye kunjengento eyenziwe ngesafire* eqaqambileyo, njengenkqu yezulu lisile. Amanene oonya- 11 na bakaSirayeli akawasanga sandla. Ambona ke uThixo, adla, asela.

Wathi uYehova kuMoses, Nyuka uze 12 kum entabeni, ube khona, ndikùnike amacwecwe amatye enomyalelo nomthetho, endiwubhalele ukuze bayalwe ngawo. Wesuka uMoses noYoshuwa, 13 umlungiseleli wakhe, wenyuka ke uMoses waya entabeni kaThixo. Wathi 14 kumadoda amakhulu, Hlalani, nisilinde apho, side sibuye, size kuni. Yabonani, uAron noHure banáni; onendawo yokumangala makasondele kubo.

Wenyuka ke uMoses waya entabeni; 15 ilifu layigubungela intaba. Ubuqaqa- 16 wuli bukaYehova bahlala phezu kwentaba yeSinayi; ilifu layigubungela iintsuku ezintandathu; wamemeza kuMoses ngosuku lwesixhenxe phakathi efini. Ke 17 ukubonakala kobuqaqawuli bukaYehova, emehlweni oonyana bakaSirayeli, kwaye kunjengomlilo otshayo encotsheni yentaba. Wangena uMoses pha- 18 kathi efini, wenyuka ke intaba uMoses; waba sentabeni apho iimini ezimashumi mané, nobusuku obumashumi mané.

Umnquba neempahla zawo

25 Wathetha uYehova kuMoses, wathi, Thetha koonyana bakaSirayeli, bandizisele umrhumo. Nowuthabatha 2 umrhumo wam ebantwini bonke abanikela ngokuqhutywa yintliziyo. Nguwo 3 lo ke umrhumo eniya kuwuthabatha kubo: igolide, nesilivere, nobhedu; nento emsi nemfusa nebomvu, nelinen 4 ecikizekileyo, noboya beebhokhwe; ne- 5 zintsu zeenkunzi zezimvu, zenziwe zayingqombela, nezikhumba zamahle-

IEKSODUS 25

6 ngezi; nemingampunzi, ioli yesikha-
nyiso, ubulawu beoli yentambiso, no-
7 besiqhumiso esiqholiweyo; amatye e-
bherilo,* namatye okufakwe e-efodini,*
8 nawobengo; bandènzele indawo e-
ngcwele, ndihlale phakathi kwabo.
9 Njengako konke endikubonisa kona:
ngokomfanekiso womnquba, nomfane-
kiso weempahla zawo zonke, ize nenje-
njalo ukuwenza.

10 Mabenze ityeya yomngampunzi. U-
bude bayo mabube ziikubhite* zombini
ezinesiqingatha, ububanzi bayo bube
yikubhite enesiqingatha, ukuphakama
kwayo kube yikubhite enesiqingatha;
11 uyàleke ngegolide ecocekileyo, uyàleke
ngaphakathi nangaphandle, uze uyithi
12 jize ngesithsaba segolide; woyityhidela
amakhonkco egolide abe mané, uwafake
emilenzeni yayo yominé, amakhonkco
abe mabini ngeli icala, amakhonkco
13 abe mabini ngelinya icala; wenze izibo-
nda ngomngampunzi, uzàleke ngego-
14 lide, uzifake izibonda ezo emakhonkcwe-
ni asemacaleni etyeya, ithwalwe ngazo
15 ityeya leyo. Zoba semakhonkcweni
etyeya izibonda ezo; maze zingàrholwa
16 kuyo. Isingqino, endiya kukunika so-
na, uze usibeke etyeyeni.

17 Uze wenze isihlalo sokucamagusha
ngegolide ecocekileyo. Ubude baso
mabube ziikubhite ezimbini ezinesiqi-
ngatha, ububanzi baso bube yikubhite
18 enesiqingatha. Uze wenze iikerubhi*
zibe mbini ngegolide; ukuzenza wozi-
khanda, zivele eziphelweni zozibini
19 zesihlalo sokucamagusha; wenze ikeru-
bhi ibe nye ivele esiphelweni seli icala,
enye ikerubhi ivele esiphelweni seliya,
esihlalweni sokucamagusha; wòzenza
iikerubhi zivele eziphelweni zaso zozi-
20 bini. Maze iikerubhi ziwolule ama-
phiko phezulu, zisisithelise ngamaphiko
azo isihlalo sokucamagusha, ubuso bazo
bukhangelane, bubheke esihlalweni so-
kucamagusha ubuso beekerubhi ezo.

21 Uze usibeke isihlalo sokucamagusha
phezu kwetyeya; ufake etyeyeni isingqi-
22 no endiya kukunika sona. Ndiya ku-
hlangana nawe khona, ndithethe nawe
ndisesihlalweni sokucamagusha, pha-
kathi kweekerubhi zombini eziphezu
kwetyeya yesingqino, ngeento zonke
endiya kukuwisela umthetho ngazo
koonyana bakaSirayeli.

Uze wenze netafile ngomngampunzi. 23
Ubude bayo boba ziikubhite ezimbini,
ububanzi bayo bube yikubhite, ukupha-
kama kwayo kube yikubhite enesiqinga-
tha; uyàleke ngegolide ecocekileyo, 24
uyenzele isithsaba segolide esithi jize.
Uze uyenzele udini olungangobubanzi 25
besandla ngeenxa zonke, ulwenzele u-
dini lwayo isithsaba segolide esithe jize.
Woyenzela amakhonkco egolide abe 26
mané, uwafake amakhonkco omané ezi-
mbombeni zoné ezisemilenzeni yayo
yominé. Oba kufuphi nokuhlangana 27
kodini amakhonkco lawo, abe ziindawo
zokufaka izibonda zokuyithwala itafile;
uzenze izibonda ezo ngomngampunzi, 28
uzàleke ngegolide, ithwalwe ngazo
itafile.

Uze wenze izitya zayo, neenkamba 29
zayo, neendebe zayo, nemicephe yayo
ekuya kuthungwa ngayo; uzenze nge-
golide ecocekileyo; ubeke etafileni izo- 30
nka zokubonisa, phambi kwam nga-
maxesha onke.

Uze wenze nesiphatho sezibane nge- 31
golide ecocekileyo. Ukusenza, wòsi-
khanda isiphatho eso: isikhondo saso,
nesibili saso, neendebe zaso, namaqhina
aso, neentyantyambo zaso zivele kwa-
kuso; amasebe amathandathu avele 32
emacaleni aso; amasebe amathathu esi-
phatho avele kweli icala laso, amasebe
amathathu esiphatho avele kweliya
icala laso.

Zoba ntathu iindebe ezifana neentya- 33
ntyambo zeamangile,* zinamaqhina
neentyantyambo, kweli isebe; neendebe
ezintathu ezifana neentyantyambo zea-
mangile, zibe zinamaqhina neentya-
ntyambo, kweliya isebe; makube njalo
kumasebe omathandathu avela esipha-
thweni eso. Zoba né iindebe esipha- 34
thweni, ezifana neentyantyambo zea-
mangile, zinamaqhina aso neentyantya-

IEKSODUS 25-26

35 mbo zaso; ibe liqhina phantsi kwamasebe omabini livele kuso, ibe liqhina phantsi kwamasebe amabini livele kuso, ibe liqhina phantsi kwamasebe amabini livele kuso, abe ngawamasebe amatha-
36 ndathu avelayo esiphathweni eso. Amaqhina awo, namalungu awo avele kuso, sonke siphela masibe ngumkhando omnye wegolide ecocekileyo.

37 Uze wenze izibane zaso zibe sixhenxe, uzimise izibane zaso, zikhanyisele icala
38 elikhangelene nomphambili waso. Nozenza izifinyiso zaso, neengcedevu zaso,
39 ngegolide ecocekileyo. Nosenza ngetalente* yegolide ecocekileyo, sona nezo
40 mpahla zonke. Khangela ke, uzenze ngokomfuziselo wazo, owawubona entabeni.

Umnquba

26 Ke umnquba uze uwenze ngeshumi lamalengalenga elinen ecikizekileyo, ephothiweyo, nangemisonto emsi nemfusa nebomvu. Wowenzela iikerubhi umsebenzi wengcibi yokulu-
2 ka. Ubude belengalenga lilinye boba ziikubhite* ezimashumi mabini anesibhozo, ububanzi belengalenga lilinye bube ziikubhite eziné; onke amalenga-
3 lenga alingane. Amalengalenga ama hlanu ohlanganiswa, elinye nelinye; namalengalenga amahlanu ohlangani-
4 swa, elinye nelinye. Uze wenze amasango emisonto emsi emphethweni welinye ilengalenga, ekupheleni, eku hlanganeni; wenjenjalo emphethw welengalenga lokugqibela, ekubusa-
5 neni kwelesibini. Wòwen a an ango abe mashumi mahlan welin e ilenga lenga; wenze ama ango a mashu mahlanu eku eleni kwelengaler elisekuhlang eni kwelesibini, uk amasang alungelelane elinye nelj
6 wenze magwewe egolide abe ma mi ma anu, uwahlanganise amale lle ga, elinye nelinye, ngamagwegw wo, ube mnquba mnye.
7 Uze wenze amalengalenga u kobeebhokhwe abe yintente boya

mnquba, uwenze amalengalenga lawo abe lishumi elinalinye. Ubude bele- 8 ngalenga lilinye boba ziikubhite ezingamashumi mathathu; ububanzi belengalenga lilinye boba ziikubhite eziné; loo malengalenga alishumi elinalinye olingana. Wowahlanganisa odwa amale- 9 ngalenga amahlanu, namalengalenga amathandathu odwa; elesithandathu ilengalenga uliphinde phambi kwentente ngaphambili; wenze amasango abe 10 mashumi mahlanu emphethweni welengalenga elo lokugqibela, ekuhlanganeni namasango, abe m shumi mahlanu emphethweni wel ibini ilengalenga elihlanganiswe n inye. Uze we- 11 nze amagwegwe obhe u abe mashumi mahlanu, uwafake amagwegwe awo emasangweni, uyih nganise intente ibe nye. Ke ukwan wa kwendawo eqgi- 12 thiseleyo emal galengeni entente, sothi isiqingath elengalenga eligqithiseleyo sanek kwelasemva icala loleyo ii ikubhite ngapha neku- 13 mnquba; ho, endaweni egqithiseleyo bhite n amalengalenga entente, yanebuden acaleni omnquba ngapha nangakwe e wugubungele.
pho, ntent uze uyenzele isigubungelo 14 ezints zeenkunzi zezimvu, ezenziwe zay gqombela, nesigubungelo sezikhu a zamahlengezi ngaphezulu kweso.

mnquba uze uwenzele iiplanga ngo- 15 ngampunzi, zime. Ubude beplanga 16 bob ziikubhite ezilishumi, ububanzi belanga inye bube yikubhite enesiqi atha. Iplanga inye yoba neempondlo 17 zimbini, zihlangene olunye nolunye; wenjenjalo eziplangeni zonke zomnquba.

Umnquba uze uwenzele iiplanga, zibe 18 mashumi mabini iiplanga ngecala lasezantsi ngasezantsi; wenze iziseko zesi- 19 livere, zibe mashumi mané phantsi kweeplanga ezimashumi mabini: zibe zibini iziseko, phantsi kweplanga inye, zeempondlo zayo zombini; zibe zibini iziseko, phantsi kweplanga inye, zeempondlo zayo zombini.

Ezecala lesibini lomnquba ngelasentla 20

IEKSODUS 26–27

icala zoba mashumi mabini iiplanga;
21 neziseko zazo zesilivere zibe mashumi mané; iziseko zibe zibini phantsi kweplanga inye; zibe zibini iziseko phantsi kweplanga inye.
22 Ezomva womnquba ngasentshonalanga wozenza zibe ntandathu iiplanga.
23 Iiplanga ezimbini uze uzenze iimbombo
24 zomnquba emaphundwini omabini; zibe ngamawele, zithabathele ezantsi ukunlangana; zibe nto-nye kude kuse entlok*, ziye khonkcweni linye. Koba njalo ku*yo omabini, abe ngaweembo-
25 mbo zombini. Zoba ziiplanga ezisibhozo nezi*ko zazo zesilivere, zibe ziziseko ezili*humi elinazithandathu: zibe zibini izis*ko phantsi kweplanga inye, zibe zibin*iziseko phantsi kweplanga inye.
26 Maze wenze im*lo ngomngampunzi: ibe mihlanu e*langeni zelinye
27 icala lomnquba, ibe *ihlanu imivalo eziplangeni zelesibini i*a lomnquba, ibe mihlanu imivalo ezip*geni zecala lomnquba, emaphundwini *rasentshonalanga. Umvalo othi gabh*phakathi eziplangeni ezo mawuvale, us*a eku-
29 pheleni uye ekupheleni. Uze *àleke iiplanga ngegolide; amakh*nkc*a*o uwenze ngegolide, abe ziind*o ze*i valo; ke imivalo uyàleke n*golide.
30 Uwúmise umnquba ngokwesik*lawo olibonileyo entabeni.
31 Uze wenze umkhusane ngemiso* emsi nemfusa nebomvu, nelinen ecik* zekileyo, ephothiweyo: wowenzel* iikerubhi, umsebenzi wengcibi yoku*uka.
32 Uze uwuxhome ezintsikeni ezine zomngampunzi ezàlekwe ngegolide, * magwegweni azo egolide, zime phez*
33 kweziseko zozine zesilivere; wowuxho*ma umkhusane emakhonkcweni, ityeya yesingqino uyingenise khona, ngaphaya komkhusane, ukuze umkhusane unahlulele ingcwele kwingcwele kangcwele.
34 Uze usibeke isihlalo sokucamagusha phezu kwetyeya yesingqino, kwingcwele
35 kangcwele; uyimise itafile nganeno komkhusane, usimise nesiphatho sesibane malunga netafile, ngecala lomnquba langasezantsi; ke itafile uyibeke ngecala langasentla.

Umnyango wentente uze uwenzele 36 isisitheliso, ngemisonto emsi nemfusa nebomvu, nelinen ecikizekileyo, ephothiweyo, umsebenzi oyimfakamfele womluki. Isisitheliso eso uze usenzele 37 iintsika zibe ntlanu ngomngampunzi, uzàleke ngegolide; amagwegwe azo abe ngawegolide; uzityhidele iziseko zobhedu zibe zihlanu.

Isibingelelo; intendelezo yomnquba

27 Uze usenze isibingelelo ngomngampunzi. Ubude baso boba ziikubhite* ezintlanu, ububanzi baso bube ziikubhite ezintlanu, sibe mbombo né isibingelelo; ukuphakama kwaso kube ziikubhite ezintathu. Uze wenze ii- 2 mpondo zaso ezimbombeni zaso zoné, zivele kuso iimpondo zaso; usàleke ngobhedu. Uze wenze neenkamba za- 3 so zokuwola uthuthu lwaso, nemihlakulwana yaso, nezitya zaso zokutshiza, neefolokhwe zaso, neengcedevu zaso zamalahle; zonke iimpahla zaso uzenze ngobhedu. Wosenzela uthango, umse- 4 benzi ongumnatha ngobhedu; wenze emnatheni lowo amakhonkco abe mané ngobhedu eziphelweni zalo zoziné; lubeke phantsi kongqameko olujikeleze 5 isibingelelo, luthabathele ezantsi, lungumnatha, luthi gabhu phakathi esibingelelweni. Uze usenzele izibonda 6 sibingelelo, izibonda zomngampunzi, àleke ngobhedu; zifakwe izibonda 7 z* *makhonkcweni, zibe semacaleni om*ini *sibingelelo izibonda ezo ekuthwa*eni *waso. Wosenza ngeepla- 8 nga, si* holo**lo. Njengoko waboniswa nga*o entabe*, mabenjenjalo.

Uze uyenzʉ intendelezo yomnquba 9 *elasezantsi icala ngasezantsi, ibe *mawunduwundu entendelezo *linen e*zekileyo, ephothiweyo; ubude be-ca*ilinye boba ziikubhite ezilikhulu. iin*a zayo ezimashumi mabini, nezi- 10 sek*azo ezimashumi mabini, zibe zez*du; amagwegwe eentsika nemi-

IEKSODUS 27–28

11 nqiwu yazo ibe yeyesilivere. Kananjalo ngecala lasentla, ebudeni makubekho amawunduwundu aziikubhite ezilikhulu ubude bawo, neentsika zalo ezimashumi mabini, neziseko zaso ezimashumi mabini, izezobhedu; amagwegwe eentsika
12 neminqiwu yazo ibe yeyesilivere. Ububanzi bentendelezo ngecala lasentshonalanga boba ngamawunduwundu aziikubhite ezimashumi mahlanu. Iintsika zawo zoba lishumi, neziseko zazo
13 zibe lishumi. Ububanzi bentendelezo ngecala lempumalanga ngasempumalanga boba ziikubhite ezimashumi mahlanu.
14 Amawunduwundu ngelinye icala lesango oba ziikubhite ezilishumi elinantlanu, iintsika zawo zibe ntathu, nezi-
15 seko zazo zibe zithathu; amawunduwundu ngelinye icala lesango abe ziikubhite ezilishumi elinantlanu; iintsika zawo zibe ntathu, neziseko zazo
16 zibe zithathu. Esangweni lentendelezo soba sisisitheliso seekubhite ezimashumi mabini semisonto emsi nemfusa nebomvu, nelinen ecikizekileyo, ephothiweyo, umsebenzi oyimfakamfele womluki. Iintsika zazo zoba né, neziseko zaso zibe ziné.
17 Zonke iintsika zentendelezo eziyijikelezileyo zoba neminqiwu yesilivere; amagwegwe ayo abe ngawesilivere,
18 neziseko zazo zibe zezobhedu. Ubude bentendelezo boba ziikubhite ezilikhulu; ububanzi buhambe buba ngamashumi omahlanu, amashumi omahlanu; ukuphakama kube ziikubhite ezintlanu zelinen ecikizekileyo, ephothiweyo; iziseko zazo zibe zezobhedu.
19 Zonke iimpahla zomnquba, ekusetyenzweni kwawo konke, nezikhonkwane zawo zonke, nezikhonkwane zonke zentendelezo, zoba zezobhedu.

20 Oonyana bakaSirayeli maze ubawisele umthetho wokuba bakuzisele ioli eqaqambileyo yemingquma engqushiweyo, yesikhanyiso, ukuba bamise isibane
21 samaxesha onke, ententeni yokuhlangana, nganeno komkhusane ophambi kwesingqino. UAron noonyana bakhe bosilungisa, kuthabathele ngokuhlwa kude kuse, phambi koYehova; ibe ngummiselo onganuphakade kwizizukulwana zabo, ngenxa yoonyana bakaSirayeli.

Izivatho zobubingeleli zika-Aaron nezoonyana bakhe

28 Wena ke sondeza kuwe uAron umkhuluwa wakho, enoonyana bakhe, umthabathe phakathi koonyana bakaSirayeli abe ngumbingeleli kum: uAron, noNadabhi, noAbhihu, noElazare, noItamare, oonyana baka-Aaron;
2 uAron, umkhuluwa wakho, umenzele izambatho ezingcwele, zibe zezozuko
3 nezokuhomba. Uze uthethe wena kubo bonke abantliziyo zilumkileyo, endibazalise ngomoya wobulumko, bazenze izambatho zika-Aron zokumngcwalisa,
4 abe ngumbingeleli kum. Zizo ke ezi izambatho abaya kuzenza: ubengo, ne-efodi,* nengubo yokwaleka, nengubo yangaphantsi elukwe ngokwesindlwane, nonkontsho, nombhinqo; bamenzele ke izambatho ezingcwele uAron, umkhuluwa wakho, noonyana bakhe, abe ngumbingeleli kum. Bothabatha bona
5 igolide, nemisonto emsi nemfusa nebomvu, nelinen ecikizekileyo.

6 Maze bayenze iefodi* ngegolide, nemisonto emsi nemfusa nebomvu, nelinen ecikizekileyo, ephothiweyo, umsebenzi ke lowo wengcibi yokuluka.
7 Yoba neziziba ezibini zamagxa, zokuyixakatha emiphethweni yayo yomibini, ixakathwe ke.
8 Nombhinqo ophezu kwayo, wokuyinxiba iefodi, mawube njengokusetyenzwa kwayo, uphume kuyo, ngegolide, nemisonto emsi nemfusa nebomvu, nelinen ecikizekileyo, ephothiweyo.

9 Uze uthabathe amatye ebherilo* abe mabini, ukrole kuwo amagama oonyana
10 bakaSirayeli; amagama amathandathu abo oba kwelinye ilitye, namagama amathandathu amanye abe kwelesibini ilitye, ngokweenzala zabo.
11 Wòwakrola amatye omabini, ngokomsebenzi womkroli wamatye, ngokrolo lomsesane

IEKSODUS 28

wokutywina, ngokwamagama oonyana bakaSirayeli, uwabhijele ngomluko we-
12 golide. Uze uwabeke amatye omabini ezizibeni zamagxa ze-efodi, abe ngamatye esikhumbuzo koonyana bakaSirayeli; awathwale uAron amagama abo phambi koYehova ezizibeni zamagxa akhe omabini, abe sisikhumbuzo.

13, 14 Uze wenze nemiluko yegolide; neentsontelo ezimbini zegolide ecocekileyo, uzenze zithi shinyi, zibe ngumsebenzi osontiweyo, uzifake iintsontelo ezo zisontiweyo emilukweni yegolide.

15 Uze ulwenze ubengo lwesigwebo, umsebenzi ke lowo wengcibi yokuluka, ulwenze njengokwenziwa kwe-efodi, ulwenze ngegolide, nemisonto emsi nemfusa nebomvu, nelinen ecikizekile-
16 yo, ephothiweyo. Loba mbombo-né, luphindwe: ubude balo bube kukolulwa kweminwe, ububanzi balo bube kuko-
17 lulwa kweminwe. Uze ufake kulo imifakwa yamatye, imikrozo eminé yamatye; ibe lukrozo lwesardiyo,* netopazi,* nesmarado,* lukrozo lokuqala ke olo;
18 ukrozo lwesibini lube yirubhi,* nesafire,*
19 nekalikedo;* ukrozo lwesithathu lube
20 yihakinto,* neagati,* neametiste;* ukrozo lwesiné lube yikrizolite,* nebherilo,* neyaspisi;* ibe ngumluko wegolide
21 ekufakweni kwawo; amatye lawo abe ngokwamagama oonyana bakaSirayeli, abe lishumi elinamabini ngokwamagama abo; abe nokrolo lomsesane wokutywina, lithi elo libe negama lalo ngokwamagama ezizwe ezilishumi elinazibini.

22 Uze wenze elubengweni iintsontelo ezithe shinyi, umsebenzi ke lowo oso-
23 ntiweyo ngegolide ecocekileyo; wenze elubengweni amakhonkco abe mabini ngegolide, uwafake loo makhonkco mabini emancamini omabini obengo;
24 uzifake iintsontelo zombini zegolide esontiweyo, emakhonkcweni amabini
25 asemancamini obengo; namancam omabini eentsontelo zombini uwafake emilukweni yomibini, uwafake ezizibeni zamagxa e-efodi, phambili kuyo.
26 Uze wenze amakhonkco amabini ngegolide, uwafake emancamini omabini obengo, emphethweni walo okwicala elikhangelene ne-efodi, elibheke ngaphakathi; wenze amanye amakho- 27 nkco amabini ngegolide, uwafake ezizibeni zozibini zamagxa e-efodi ngaphantsi, mayela nomphambili wayo, kufuphi nokuhlangana kwayo, entla kombhinqo we-efodi; ulunxibelele ube- 28 ngo ngamakhonkco alo emakhonkcweni e-efodi ngentsontelo yemisonto emsi, lube sentla kombhinqo we-efodi, ukuze lungasuki ubengo kuyo iefodi.

Wowathwala uAron amagama oonya- 29 na bakaSirayeli elubengweni lwesigwebo phezu kwentliziyo yakhe, ekungeneni kwakhe engcweleni, luhlale lusisikhumbuzo phambi koYehova. Uze ufake 30 elubengweni lwesigwebo iiUrim nee-Tumim,* zibe phezu kwentliziyo ka-Aron ekungeneni kwakhe phambi ko-Yehova, ahlale ethwele uAron isigwebo soonyana bakaSirayeli phezu kwentliziyo yakhe phambi koYehova.

Ingubo yokwaleka ye-efodi maze 31 uyenze yonke ngemisonto emsi. U- 32 mqala wamantla ayo woba sesazulwini sayo, umqala ube nomphetho owujikelezileyo, ongumsebenzi womluki, ube njengomqala wesigcina-sifuba kuyo, ukuze ingakrazuki. Uze wenze emqukumbe- 33 lweni wayo ngasezantsi iirharnate ngemisonto emsi nemfusa nebomvu, zizunguleze emqukumbelweni wayo; namankenteza egolide phakathi kwazo, azunguleze. Kobakho inkenteza legolide ne- 34 rharnate, inkenteza legolide nerharnate, emqukumbelweni wengubo yokwaleka, kuzunguleze; ayinxibe uAron, ukuba 35 alungiselele; sivakale isandi sayo ekungeneni kwakhe engcweleni phambi ko-Yehova, nasekuphumeni kwakhe, ukuze angafi.

Uze wenze imbasa ngegolide ecoce- 36 kileyo, ukrole kuyo ngokrolo lomsesane wokutywina, *uthi,* INGCWELE KU-YEHOVA; uyifake umtya wemisonto 37 emsi, inxitywe elunkontshweni. Yoba ngaphambili elunkontshweni, ibe sebu- 38 nzi kuAron, ukuze abuthwale uAron ubungwenxa bezinto ezingcwele, abazingcwalisayo oonyana bakaSirayeli eminikelweni yabo yonke engcwele; ihlale isebunzi kuye, ukuze zibakholekise zona phambi koYehova.

39 Uze uyiluke ingubo yangaphantsi ngelinen ecikizekileyo, unkontsho ulwenze ngelinen ecikizekileyo, uwenze nombhinqo ngokomsebenzi oyimfakamfele womluki.

40 Wobenzela oonyana baka-Aron iingubo zangaphantsi, ubenzele umbhinqo; ubenzele neminqwazi, ibe yeyozuko
41 neyokuhomba; uzinxibe kuAron umkhuluwa wakho, nakoonyana bakhe benaye, ubathambise, ubamisele, ubangcwalise, babe ngababingeleli kum.
42 Wobenzela iibhulukhwe zelinen emhlophe zokufihla ubuzé babo, zithabathele
43 esinqeni zise emathangéni; bazinxibe uAron noonyana bakhe ekungeneni kwabo emnqubeni wokuhlangana, nasekusondeleni kwabo esibingelelweni, besiza kulungiselela engcweleni, bangathwali ubugwenxa bafe; ibe ngummiselo ongunaphakade kuye, nakwimbewu yakhe emva kwakhe.

Ukungcwaliswa kobubingeleli

29 Yiyo le into owoyenza kubo yokubangcwalisa, ukuba babe ngababingeleli kum: Thabatha inkunzi entsha, ithole lenkomo, neenkunzi
2 zezimvu ezigqibeleleyo zibe mbini; nesonka esingenagwele, nemiqhathane engenagwele egalelwe ioli, nezonkana ezisicaba, ezingenagwele, zithanjiswé ngeoli; uzenze ngomgubo ocoliweyo.
3 Wozibeka ngobozini-nye, uzisondeze ngengobozi leyo, kwanenkunzi entsha yenkomo, neenkunzi zezimvu zombini.
4 UAron noonyana bakhe uze ubasondeze emnyango wentente yokuhlanga-
5 na, ubahlambe ngamanzi; uzithabathe izambatho, umnxibe uAron ingubo engaphantsi, nengubo yokwaleka yeefodi,* ne-efodi, nobengo, umbhinqise
6 ngombhinqo we-efodi; umbeke unkontsho entlokweni yakhe, ubeke isithsaba esingcwele elunkontshweni olo. Uze 7 uthabathe ioli yentambiso, uyithululele entlokweni yakhe, umthambise.

Oonyana bakhe ke wobasondeza, u- 8
banxibe iingubo zangaphantsi; uba- 9
bhinqise umbhinqo, uAron noonyana bakhe, ubanxibe iminqwazi, bube bobabo ububingeleli, bube ngummiselo ongunaphakade; ubamisele uAron noonyana bakhe.

Uze uyisondeze inkunzi entsha pha- 10
mbi kwentente yokuhlangana, uAron noonyana bakhe bacinezele ngezandla zabo entlokweni yenkunzi entsha. Wo- 11
yixhela inkunzi entsha phambi koYehova emnyango wentente yokuhlangana, ucaphule egazini lenkunzi entsha, 12
uliqabe ezimpondweni zesibingelelo ngomnwe wakho; lonke igazi uliphalazele esisekweni sesibingelelo; uthabathe 13
wonke umhlehlo ogubungele izibilini, nomhlehlo ophezu kwesibindi, nezintso zombini, nenqatha lazo, uqhumisele ngazo esibingelelweni. Yona inyama 14
yenkunzi entsha, nesikhumba sayo, nomswane wayo, wozitshisa ezo zinto ngomlilo, ngaphandle kweminquba yenu. Lidini lesono elo.

Woyithabatha enye inkunzi yemvu 15
leyo, uAron noonyana bakhe bacinezele ngezandla zabo entlokweni yenkunzi yemvu leyo. Uze uyixhele inkunzi ye- 16
mvu, ulithabathe igazi layo, ulitshize esibingelelweni, ujikelezise. Woyitya- 17
tya inkunzi yemvu, uzihlambe izibilini zayo neentungo zayo, uzibeke phezu kweenyama zayo, naphezu kwentloko yayo; uqhumisele ngenkunzi yemvu 18
iphela esibingelelweni. Elo lidini elinyukayo kuYehova, livumba elithozamisayo, kukudla kwasemlilweni kuYehova.

Uze uyithabathe eyesibini inkunzi 19
yemvu, uAron noonyana bakhe bacinezele ngezandla zabo entlokweni yenkunzi yemvu leyo. Woyixhela inkunzi ye- 20
mvu, ucaphule egazini layo, uliqabe esithinzini sendlebe yasekunene kaAron, nasesithinzini sendlebe yasekunene yoonyana bakhe, nasesithupheni sesandla sabo sokunene, nakubhontsi wonyawo lwabo lwasekunene, ulitshize

IEKSODUS 29

21 igazi esibingelelweni, ujikelezise; ucaphule egazini eliphezu kwesibingelelo, naseolini yentambiso, ulifefe kuAron, nasezambathweni zakhe, nakoonyana bakhe, nasezambathweni zoonyana bakhe ndawonye naye, bangcwaliswe ke, yena nezambatho zakhe, noonyana bakhe, nezambatho zoonyana bakhe ndawonye naye.

22 Uze uthabathe enkunzini yemvu amanqatha, nomsila, nomhlehlo ogubungele izibilini, nomhlehlo ophezu kwesibindi, nezintso zombini, nenqatha lazo, nomlenze wasekunene; kuba yi-

23 nkunzi yemvu yokumisela; nentendana yesonka, nomqhathane ogalelwe ioli ube mnye, nesonkana esisicaba sibe sinye, engobozini yezonka ezingena-

24 gwele eziphambi koYehova. Wozibeka zonke ezo zinto ezandleni zika-Aron, nasezandleni zoonyana bakhe, uzitshangatshangise, zibe ngumtshangatsha-

25 ngiso phambi koYehova; uzithabathe ezandleni zabo, uqhumisele ngazo esibingelelweni, phezu kwedini elinyukayo, zibe livumba elithozamisayo phambi koYehova. Oko kukudla kwasemlilweni kuYehova.

26 Uze uthabathe incum yenkunzi yemvu yokumisela uAron, uyitshangatshangise ibe ngumtshangatshangiso phambi koYehova, sibe sisabelo sakho

27 eso. Woyingcwalisa incum yomtshangatshangiso otshangatshangisiweyo, nomlenze womrhumo orhunyiweyo, enkunzini yemvu yokumisela uAron noonyana

28 bakhe; ibe yeka-Aron noonyana bakhe; ibe ngummiselo ongunaphakade, iphuma koonyana bakaSirayeli, kuba ingumrhumo. Wóba ngumrhumo ophuma koonyana bakaSirayeli emibingelelweni yabo yoxolo, umrhumo wabo kuYehova.

29 Izambatho ezingcwele ezikuAron zoba zezoonyana bakhe emva kwakhe, bathanjiswe ngeoli bezambethe, bami-

30 selwe kuzo. Lowo ungumbingeleli esikhundleni sakhe, koonyana bakhe, wozambatha imihla esixhenxe ekungenen kwakhe ententeni yokuhlangana, ukuba alungiselele engcweleni.

31 Inkunzi yemvu yokumisela uze uyi-thabathe, uyipheke inyama yayo endaweni engcwele; bayidle ooAron noonya- 32 na bakhe inyama yenkunzi yemvu, kwanesonka esisengobozini, emnyango wentente yokuhlangana. Ezo zinto, be- 33 kucanyagushwe ngazo, ukubamisela nokubangcwalisa, mabazidle; owasemzini makangazidli, kuba zingcwele. Ukuba 34 kuthe kwasala nto enyameni yokumisela nasezonkeni, kwada kwasa, uze uyitshise ngomlilo loo nto iseleyo; ingàdliwa, kuba ingcwele.

Uze wenjenje kuAron nakoonyana 35 bakhe ngokweento zonke endikuwisele umthetho ngazo; wobamisela iintsuku zibe sixhenxe. Uze wenze idini lesono 36 ngenkunzi entsha imini ngemini, ukuze kucanyagushwe; isibingelelo usihlambulule isono ekusicamagusheleni kwakho, usithambise, singcwaliswe. I- 37 mihla yoba sixhenxe isibingelelo usicamagushela, usingcwalise, sibe sisibingelelo esiyingcwele kangcwele. Zonke izinto ezisichukumisayo isibingelelo eso zoba ngcwele.

Yiyo ke le into oya kuyibingelela 38 esibingelelweni: ziimvana ezimnyaka mnye zibe mbini, imini ngemini amaxesha onke. Enye imvana woyibinge- 39 lela kusasa, eyesibini imvana uyibingelele lakutshona ilanga. Kwimvana yo- 40 kuqala uze wenze isahlulo seshumi se-efa* yomgubo ocoliweyo, ugalelwe ioli engqushiweyo esisahlulo sesiné sehin,* ndawonye nomnikelo othululwayo osisahlulo sesiné sehin yewayini. Eyesibini imvana woyibingelela laku- 41 tshona ilanga, uyenze ngokomnikelo wokudla wakusasa, nangokomnikelo walo othululwayo, ibe livumba elithozamisayo, ukudla kwasemlilweni ku-Yehova.

Elo loba lidini elinyukayo lamaxesha 42 onke kwizizukulwana zenu, emnyango wentente yokuhlangana phambi ko-Yehova, apho ndiya kuhlangana nani khona, ndithethe nawe. Khona apho 43 ndohlangana noonyana bakaSirayeli, bangcwaliswe ngobuqaqawuli bam; ndi- 44 yingcwalise intente yokuhlangana nesibingelelo, noAron noonyana bakhe ndibangcwalise, babe ngababingeleli bam.

45 Ndohlala phakathi koonyana bakaSira-
46 yeli, ndibe nguThixo wabo; bazi ukuba ndinguYehova uThixo wabo, owabakhuphayo ezweni laseYiputa, ukuba ndihlale phakathi kwabo: ndinguYehova uThixo wabo.

Isibingelelo sesiqhumiso nesitya sokuhlambela sobhedu

30 Uze wenze isibingelelo sokuqhumisela ngesiqhumiso, usenze ngo-
2 mngampunzi. Ubude baso boba yikubhite,* ububanzi baso bube yikubhite, sibe mbombo-né; ukuphakama kwaso kube ziikubhite ezimbini, ziphume kuso
3 iimpondo zaso. Umphezulu waso wowàleka ngegolide ecocekileyo, namacala aso ngeenxa zonke, neempondo zaso; usithi jize ngesithsaba segolide.

4 Uze usenzele amakhonkco abe mabini ngegolide phantsi kwesithsaba saso, ezimbombeni zaso ezimbini, emacaleni aso omabini, abe ziindawo zezibonda,
5 sithwalwe ngazo; uzenze izibonda ngomngampunzi, uzàleke ngegolide.

6 Uze usibeke ngaseno komkhusane ongasetyeyeni yesingqino, phambi kwesihlalo sokucamagusha esiphezu kwesingqino, apho ndiya kuhlangana nawe
7 khona. Wóqhumisela kuso uAron ngesiqhumiso esimnandi, imiso ngemiso. Wóqhumisela ngaso ekulungiseni kwa-
8 khe izibane; ekuzimiseni uAron izibane, lakutshona ilanga, ahlale eqhumisela ngesiqhumiso phambi koYehova, kwizizukulwana zenu.

9 Kuso nize ninganyusi siqhumiso esingesesikweni, nadini linyukayo, namnikelo wakudla; namnikelo uthulu-
10 lwayo ningawuthululeli kuso. UAron makacamagushele iimpondo zaso kube kanye ngomnyaka; ngegazi ledini lesono lokucamagusha, kube kanye ngomnyaka; asicamagushele kuse kwizizikulwana zenu: siyingcwele kangcwele kuYehova.

11 Wathetha uYehova kuMoses, esithi,
12 Xa ulithabathayo inani loonyana bakaSirayeli, ngokubalelwa kwabo encwadini yomlibo wokuzalwa, mabanikele elowo imali yokucamagushela umphefumlo wakhe kuYehova ekubabaleni; ukuze kungabikho sibetho kubo ekubabaleni.

Nantsi loo nto: bonke abagqithela 13 kwababaliweyo mabanike isiqingatha seshekele ngokweshekele yengcwele (ishekele leyo iziigera* ezimashumi mabini); isiqingatha seshekele leyo yoba ngumrhumo kuYehova. Bonke abagqi- 14 thela kwababaliweyo, bethabathela kominyaka imashumi mabini ezelwe, benyusa, mabamnike uYehova umrhumo. Isityeli asiyi kugqithisa, nosweleyo 15 akayi kubetha nganeno kwesiqingatha seshekele, ukumnika umrhumo uYehova, ukucamagushela imiphefumlo yenu. Uze uyithabathe imali yokucama- 16 gusha koonyana bakaSirayeli, uyinikele enkonzweni yentente yokuhlangana; ukuze ibe sisikhumbuzo koonyana bakaSirayeli, phambi koYehova, ukucamagushela imiphefumlo yenu.

Wathetha uYehova kuMoses esithi, 17
Yenza uhehema lwesitya sokuhlambela 18 ngobhedu, noseko lwalo ngobhedu, kuhlanjelwe kulo; ulubeke phakathi kwentente yokuhlangana nesibingelelo, ugalele amanzi kulo; bahlambele kulo 19 uAron noonyana bakhe izandla zabo neenyawo zabo. Ekungeneni kwabo 20 ententeni yokuhlangana bohlamba ngamanzi, bangafi; nasekusondeleleni kwabo esibingelelweni, besiza kulungiselela nokuqhumisela ngokudla kwasemlilweni kuYehova; bohlamba ke izandla zabo 21 neenyawo zabo, ukuze bangafi; ibe ngummiselo ongunaphakade kubo, kuye lo, nakwimbewu yakhe kwizizukulwana zabo.

Wathetha uYehova kuMoses esithi, 22
Thabathela kuwe ubulawu bohlobo: 23 imore,* ezivuzelayo ngokwayo, engamakhulu amahlanu *eeshekele;* isinamon* enobulawu ibe sisiqingatha soko, amakhulu abe mabini anamanci mahlanu; nekalamo* evumba limnandi, amakhulu abe mabini anamanci mahlanu;

24 nekasiya,* amakhula abe mahlanu ngokweshekele yengcwele; neoli yeminqu-
25 ma ibe yihin;* uyenze ibe yioli engcwele yokuthambisa, isiqholo sokuqhola, umsebenzi womqholi, ibe yioli engcwele
26 yokuthambisa. Uze uthambise ngayo intente yokuhlangana, netyeya yesi-
27 ngqino, netafile nempahla yayo yonke, nesiphatho sezibane nempahla yaso,
28 nesibingelelo sokuqhumisela, nesibingelelo sedini elinyukayo neempahla zaso zonke, nohehema lwesitya soku-
29 hlambela, noseko lwalo; uzingcwalise zibe yingcwele kangcwele. Zonke izinto ezizichukumisayo zoba ngcwele.
30 UAron noonyana bakhe uze ubathambise, ubangcwalise, babe ngababinge-
31 leli kum. Wothetha koonyana bakaSirayeli, uthi, Yoba yioli engcwele yokuthambisa kum le, kwizizukulwana zenu.
32 Ize ingàgalelwa nyameni yamntu; uze ungenzi enjengayo ngomlinganiso wayo; ingcwele yona, mayibe ngcwele
33 kuni. Umntu osukuba eqhola enjengayo, nosukuba ethabatha kuyo ayinike ongengowakuni, wonqanyulwa, angabikho ebantwini bakowabo.

34 Wathi uYehova kuMoses, Zithabathele ubulawu, istorakis,* neonike,* negalebhana;* ubulawu obo bube nentlaka emhlophe engangxengelelweyo,
35 ibe yimilinganiso elinganayo; wenze ngabo isiqhumiso esiqholiweyo, umsebenzi womqholi, sigalelwe ityuwa, si-
36 hlambulukile, singcwele. Woyisila inxenye yazo icoleke, ucaphule, ubeke phambi kwesingqino ententeni yokuhlangana, apho ndiya kuhlangana nawe khona; yoba yingcwele kangcwele kuni.
37 Isiqhumiso eso, oya kusenza ngokomlinganiso waso, ize ningazenzeli okwenu;
38 kuwe soba yingcwele kuYehova. Umntu osukuba enze esinjengaso, ukuba asijole, wonqanyulwa, angabikho ebantwini bakowabo.

UBhetsaleli noAholiyabhi bamiselwa umsebenzi womnquba

31 Wathetha uYehova kuMoses esi-
2 thi, Khangela, ndibizé ngegama uBhetsaleli unyana kaUri, unyana ka-
3 Huri, wesizwe sakwaYuda; ndamzalisa ngomoya kaThixo, ngobulumko, nangokuqonda, nangokwazi, nangobungcibi bamashishini onke; ukuba athele-
4 kelele, ayile, asebenze ngegolide nangesilivere nangobhedu, nangokukrola a-
5 matye, awafake, nangokukrola imithi, asebenze amashishini onke. Yabona,
6 mna ndimkhuphé kunye noAholiyabhi unyana ka-Ahisamaki, wesizwe sakwa-Dan; nasezintliziyweni zabo bonke abalumkileyo entliziyweni ndibeke ubulumko, ukuza bazenze zonke izinto endikuwisele umthetho ngazo: intente
7 yokuhlangana, netyeya yesingqino, nesihlalo sokucamagusha esiphezu kwayo, nempahla yonke yentente, netafile ne-
8 mpahla yayo, nesibingelelo sezibane esicocekileyo, nempahla yaso yonke, nesibingelelo sokuqhumisela, nesibingelelo
9 sedini elinyukayo nempahla yaso yonke, nohehema lwesitya sokuhlambela, noseko lwalo; nezambatho zokubusa, ne-
10 zambatho ezingcwele zika-Aron umbingeleli, nezambatho zoonyana bakhe zokwenzelelela; neoli yokuthambisa,
11 nesiqhumiso esimnandi sengcwele; benzè njengako konke endikuwisele umthetho ngako.

Ukugcinwa kwesabatha

12 Wathetha uYehova kuMoses esithi,
13 Wena, thetha koonyana bakaSirayeli uthi, Inene, iisabatha zam zigcineni; kuba zingumqondiso phakathi kwam nani kwizizukulwana zenu, ukuze nazi ukuba ndinguYehova oningcwalisayo;
14 niyigcine isabatha, kuba ingcwele kuni. Lowo uyihlambelayo wobulawa afe; kuba bonke abo basebenza umsebenzi ngayo, loo miphefumlo yonqanyulwa, ingabikho ebantwini bakowayo. Imi-
15 hla emithandathu wosebenza umsebenzi ngayo, ke umhla wesixhenxe yisabatha kasabatha, ingcwele kuYehova; bonke abo basebenza umsebenzi ngomhla wesabatha, bobulawa bafe. Oonyana
16 bakaSirayeli mabayigcine ke isabatha, bayenze isabatha kwizizukulwana zabo:

17 ingumnqophiso ongunaphakade. Phakathi kwam noonyana bakaSirayeli, ngumqondiso ongunaphakade; kuba imihla emithandathu uYehova wenza izulu nomhlaba, waphumla ngomhla wesixhenxe, waphefumla.

18 Akukhova ukuthetha naye entabeni yaseSinayi, wamnika uMoses amacwecwe amabini esingqino, amacwecwe amatye, ebhalwe ngomnwe kaThixo.

AmaSirayeli akhonza ithole legolide

32 Ke babona abantu ukuba uMoses ulibele, akehli entabeni; bababizela ndawonye abantu kuAron, bathi kuye, Sukume, usenzele uthixo oya kuhamba phambi kwethu; kuba lo Moses, le ndoda yasinyusayo ezweni laseYiputa, asazi ukuba uhlelwe yintoni
2 na. Wathi uAron kubo, Qhawulani amajikazi egolide, asezindlebeni zabafazi benu, noonyana benu, neentombi
3 zenu, niwazise kum. Bawaqhawula ke abantu bonke amajikazi egolide abesezindlebeni zabo, bawazisa kuAron.
4 Wawathabatha ezandleni zabo, wayikrola *igolide* ngentlabo, wayenza ithole elityhidiweyo. Bathi, Nanko uthixo wakho, Sirayeli, okunyusileyo ezweni
5 laseYiputa! Wabona uAron, wákha isibingelelo phambi kwalo; wadanduluka uAron wathi, Ngumthendeleko ku-
6 Yehova ngomso. Bavuka kusasa ngengomso, banyusa amadini anyukayo, basondeza imibingelelo yoxolo; bahlala phantsi abantu, badla basela, besuka bema, badlala.

7 Wathi uYehova kuMoses, Hamba uhle; kuba abantu bakho, owabanyusayo
8 ezweni laseYiputa, bonakalisile; batyeké msinya endleleni endabawisela umthetho ngayo; bazenzéle ithole elityhidiweyo, balinqula, babingelela kulo, bathi, Nanko uthixo wakho, Sirayeli, okunyusileyo ezweni laseYi-
9 puta. Wathi uYehova kuMoses, Ndibakhangéle aba bantu; uyabona, ngabantu abantamo ilukhuni. Kaloku 10 ndíyeke, uvuthe umsindo wam kubo, ndibadle, ndenze wena uhlanga olukhulu.

UMoses wambongoza uYehova u- 11 Thixo wakhe, wathi, Yini na, Yehova, ukuba uvuthe umsindo wakho kubantu bakho, obakhuphileyo ezweni laseYiputa ngamandla amakhulu, nangesandla esithe nkqi? Yini na ukuba amaYiputa 12 atsho ukuthi, Wabakhuphela ububi, ukuze ababulalele ezintabeni, abagqibele bemke emhlabeni? Buya ekuvutheni komsindo wakho, uzohlwaye ngobubi obo ngenxa yabantu bakho. Khumbula uAbraham noIsake noSira- 13 yeli, abakhonzi bakho, owazifunga ngokwakho kubo, wathi kubo, Ndiya kuyandisa imbewu yenu ibe njengeenkwenkwezi zezulu, neli lizwe lonke ndithethileyo ngalo, ndiya kulinika imbewu yenu, ilidle ilifa ngonaphakade.

Wazohlwaya ke uYehova ngobubi 14 abethe uya kubenza ebantwini bakhe.

Wajika uMoses, wehla entabeni, 15 enamacwecwe omabini esingqino esandleni sakhe, amacwecwe lawo ebhalwe ngamacala omabini, ebhalwe ngapha nangapha. Amacwecwe lawo ebengu- 16 msebenzi kaThixo, nombhalo lowo ubungumbhalo kaThixo ukroliwe emacwecweni. Waliva uYoshuwa izwi la- 17 bantu ekudumeni kwabo, wathi kuMoses, Lilizwi lemfazwe eminqubeni. Wathi yena, Asilizwi lakuduma kwa- 18 beyisayo, àsilizwi lakukhala kwabeyiswayo; lilizwi labahlabelayo nabavumayo, endilivayo mna. Kwathi, xa 19 asondelayo eminqubeni, walibona ithole nomdudo. Wavutha umsindo kaMoses, wawalahla amacwecwe, wawaqhekeza emazantsi entaba. Walithabatha 20 ithole ababelenzile, walitshisa ngomlilo, walisila lada lacoleka, waligcwayela emanzini, waseza oonyana bakaSirayeli.

Wathi uMoses kuAron, Benzé ntoni 21 na aba bantu kuwe, ukuba ubazisele isono esikhulu kangaka? Wathi u- 22 Aron, Umsindo wenkosi yam mawungavuthi. Wena uyabazi aba bantu, uku-

IEKSODUS 32–33

23 ba banobubi. Bâthi kum, Senzele uthixo oya kuhamba phambi kwethu; kuba lo Moses, le ndoda yasinyusayo ezweni laseYiputa, asazi ukuba uhlelwe
24 yintoni na. Ndathi kubo, Ubani onegolide makayiqhawule; bandinika ke. Ndayiphosa emlilweni kwaphuma eli thole.

25 Wababona uMoses abantu, ukuba baqhawule umkhala (kuba uAron ebebaqhawulisile umkhala, ukuba babe yintlekisa phakathi kwâbo bachasene
26 nabo); wema uMoses ekungeneni eminqubeni, wathi, OngakuYehova makeze kum apha. Bantontelana kuye
27 bonke oonyana bakaLevi. Wathi kubo, Utsho uYehova uThixo wakwaSirayeli, ukuthi, Mabanxibe elowo ikrele lakhe ethangéni lakhe, bathunge bephuma emasangweni eminquba, babulale elowo umzalwana wakhe, elowo uwabo, elowo
28 ummelwane wakhe. Benza oonyana bakaLevi ngokwelizwi likaMoses; kwawa ebantwini loo mini ngathi ngamawaka
29 omathathu amadoda. Wathi uMoses, Zimiseleni namhla kuYehova, ukuba umntu achase unyana wakhe nomzalwana wakhe, ithotywe namhla intsikelelo phezu kwenu.
30 Kwathi ngengomso, uMoses wathi ebantwini, Nonile nina, nenza isono esikhulu; ndiya kunyuka ngoku ndiye kuYehova; mhlawumbi ndingácamagusha ngenxa yesono senu.
31 UMoses wabuya waya kuYehova, wathi, Yoo! Aba bantu bonile, benza isono esikhulu, bazenzela uthixo nge-
32 golide. Khawusixolele ngoko isono sabo; ukuba akunakuba njalo, wose undicima encwadini yakho oyibhalileyo.
33 Wathi uYehova kuMoses, Ubani osukuba onile kum, ndiya kucima yena
34 encwadini yam. Ke ngoko hamba ubalathise abantu, baye kuloo ndawo ndathethayo ngayo kuwe. Yabona, isithunywa sam sohamba phambi kwakho; ke mini ndivelelayo, ndiya kusivelela isono sabo kubo.
35 Ke uYehova wababulala abantu ngenxa yokuba belenzile ithole elo walenzayo uAron.

UMoses uthandazela amaSirayeli

33 Wathi uYehova kuMoses, Hamba unyuke, umke apha, wena nabantu obanyusileyo ezweni laseYiputa, uye kulo ilizwe endalifungela uAbraham noIsake noYakobi, ndisithi, Ndiya kulinika imbewu yakho. Ndo- 2 thuma phambi kwakho isithunywa, ndiwagxothe amaKanan, nama-Amori, namaHeti, namaPerizi, namaHivi, namaYebhusi; niye ezweni elibaleka amasi 3 nobusi; ke andisayi kunyuka phakathi kwenu nina; kuba ningabantu abantamo ilukhuni, hleze ndiniphelise endleleni.

Baliva ke abantu elo lizwi libi, 4 benza isijwili; akwabakho mntu uzinxibayo izivatho zakhe. Wathi uYeho- 5 va kuMoses, Yithi koonyana bakaSirayeli, Ningabantu abantamo ilukhuni; ndingáthi, ndinyuké phakathi kwenu, ndiniphelise ngephanyazo. Ke ngoko, zikhululeni izivatho zenu, ndize ndazi endokwenza kuni. Bazijaca oonyana 6 bakaSirayeli izivatho zabo, beqalela entabeni yaseHorebhe.

Wayithabatha uMoses intente, wayi- 7 twabululela ngaphandle kweminquba, kude neminquba, wathi yintente yokuhlangana. Kwathi ke, bonke abamfunayo uYehova baphuma, baya ententeni leyo yokuhlangana ingaphandle kweminquba. Kwathi, xa uMoses aphumayo 8 esiya ententeni leyo, besuka bema bonke abantu, walowo wema emnyango wentente yakhe, wakhangela kuMoses, wada waya kungena ententeni leyo.

Kwathi, xa uMoses wangenayo enten- 9 teni leyo, wehla umqulu welifu, wema emnyango wentente leyo; wathetha yena noMoses. Bawubona abantu bo- 10 nke umqulu welifu, umi emnyango wentente leyo; besuka bema bonke abantu, baza baqubuda, elowo esemnyango wentente yakhe. UYehova wathe- 11 tha kuMoses, bekhangelene ebusweni, njengomntu ethetha nomhlobo wakhe, wabuyela kwaseminqubeni; ke umlungiseleli wakhe, uYoshuwa unyana kaNun, umfana, akasukanga yena ententeni leyo.

IEKSODUS 33-34

12 Wathi uMoses kuYehova, Uyabona, ùthi kum, Nyusa aba bantu; ke wena akundazisanga lowo ùya kundithuma naye; kanti ke ùthe, Ndikwazile nge-
13 gama, kananjalo ndikubabále. Ngoko ukuba undibabále, khawundazise indlela yakho, ukuze ndikwazi, ukuze undibabale, ukhumbule ukuba olu
14 hlanga lungabantu bakho. Wathi, Ubuso bam bohamba nawe, ndikunike
15 ukuphumla. Wathi kuye, Ukuba ubuso bakho abuhambi nathi, musa ukusi-
16 nyusa, simke apha. Kuya kwaziwa kwaziwe ngantoni na khona, ukuba undibabále mna nabantu bakho? Akungokuthi na uhambe nathi, sibáluleke thina, mna nabantu bakho, ebantwini bonke abaphezu komhlaba?
17 Wathi uYehova kuMoses, Nale nto uyithethileyo ndiya kuyenza; kuba
18 ndikubabále, ndikwazile ngegama. Wathi yena, Khawundibonise ubuqaqa-
19 wuli bakho. Wathi, Ndiya kukudlulisa konke ukulunga kwam ebusweni bakho, ndivakalise igama likaYehova phambi kwakho, ndibabale endimbabalayo, ndisikwe yimfesane kondosikwa
20 yimfesane ngaye. Wathi, Akunakububona ubuso bam; kuba akukho mntu
21 undibona aphile. Wathi uYehova, Nantsi ke indawo ngakum; uze ume phezu
22 kweliwa; kuthi, ekudluleni kobuqaqawuli bam, ndikubèke emqhokrweni weliwa, ndikugubungele ngesandla sam,
23 ndide ndidlule; ndize ndisuse isandla sam, uwubone umva wam. Ke bona ubuso bam abuyi kubonwa.

UThixo uhlaziya umnqophiso wakhe namaSirayeli

34 Wathi uYehova kuMoses, Ziqingqele amacwecwe amatye abe mabini, njengawokuqala, ndiwabhale emacwecweni lawo amazwi abesemacwecweni okuqala owawaqhekezayo;
2 ulunge kusasa, unyuke kusasa, uye entabeni yaseSinayi, ume ngakum kho-
3 na encotsheni yentaba. Kuze kungànyuki mntu nawe, kuze kungábonwa mntu kuyo yonke intaba, kuze kungàdli mpahla imfutshane nankomo, isingise entabeni leyo. Wawaqingqa amacwe- 4 cwe amatye amabini, njengawokuqala. Wavuka uMoses kusasa, wenyuka waya entabeni yaseSinayi, njengoko uYehova wamwisela umthetho ngako, waphatha esandleni sakhe amacwecwe amatye omabini.

Wehla uYehova esefini, wema khona 5 naye, wavakalisa igama likaYehova. UYehova wadlula ebusweni bakhe, 6 wavakalisa esithi, UYehova, uYehova, uThixo onemfesane, onobabalo, ozeka kade umsindo, omninzi ngenceba nenyaniso; olondolozela amawaka inceba, 7 oxolela ubugwenxa, nokreqo, nesono; ongakhe amenze msulwa *onetyala*, obuvelelayo ubugwenxa booyise koonyana, nakoonyana boonyana kwesesithathu nakwesesiné isizukulwana!

Wakhawuleza uMoses, wathoba e- 8 mhlabeni, waqubuda kuye. Wathi, 9 Ukuba undibabále, Nkosi yam, mayihambe phakathi kwethu iNkosi yam; kuba bengabantu abantamo ilukhuni. Xolela ubugwenxa bethu nesono sethu, usenze ilifa lakho.

Wathi, Yabona, ndènza umnqophiso; 10 ndiya kwenza imisebenzi ebalulekileyo, engazanga idalwe ehlabathini lonke nasezintlangeni zonke, phambi kwabantu bonke bakowenu; bonke abantu ophakathi kwabo wena bowubona umsebenzi kaYehova; ngokuba yinto eyoyikekayo eniya kuyenza kuwe. Kú- 11 gcine oko ndikuwisela umthetho ngako namhla. Yabona, ndigxotha ebusweni bakho ama-Amori, namaKanan, namaHeti, namaPerizi, namaHivi, namaYebhusi. Zigcine, hleze wenze u- 12 mnqophiso nabemi belo zwe ungena kulo; hleze babe ngumgibe phakathi kwakho. Nòzidíliza izibingelelo zabo, 13 níziqhekeze izimiso zabo zamatye, nibagawule ooAshera* babo. Kuba a- 14 kusayi kungqúla thixo wumbi; kuba uYehova nguKhwele, igama lakhe, nguThixo onekhwele; hleze wenze 15 umnqophiso nabemi belo zwe, baze bahenyuze ngokulandela oothixo babo,

babingelele koothixo babo, bakubize u-
16 dle umbingelelo wabo; uzekele oonyana bakho ezintombini zabo, zize iintombi zabo zihenyuze ngokulandela oothixo babo, zihenyuzise noonyana bakho, ngokubalandelisa oothixo babo.
17 Uze ungazenzeli oothixo abatyhidiweyo.
18 Umthendeleko wezonka ezingenagwele uze uwugcine. Iintsuku ezisixhenxe wodla izonka ezingenagwele, njengoko ndakuwisela umthetho, ngexesha elimisiweyo lenyanga enguAbhibhi; kuba waphuma eYiputa ngenyanga enguAbhibhi.
19 Yonke into evula isizalo yeyam, nemfuyo yakho yonke evula isizalo engamaduna, nokuba yinkomo, nokuba
20 yimvu; ke lona izibulo le-esile wòlikhulula ngokulimisela ngexhwane; ukuba akuthanga ulikhulule ngokulimisela, wolaphula intamo. Bonke oonyana bakho bamazibulo uze ubakhulule ngokubamisela; mabangabonakali phambi kwam bengaphethe lutho.
21 Wòsebenza imihla emithandathu; ke ngomhla wesixhenxe uze uphumle, uphumle ekulimeni nasekuvuneni.
22 Uze uwenze umthendeleko weeveki, wentlahlela yokuvunwa kwengqolowa; nomthendeleko wokuhlanganisela ukutya emakhaya ekupheleni komnyaka.
23 Izihlandlo ezithathu ngomnyaka, yonke into engamadoda yakowenu yobonakala ebusweni beNkosi uYehova, uThixo
24 kaSirayeli. Kuba ndiya kuzigqogqa iintlanga phambi kwakho, ndiwenze banzi umda wakho, lingànqwenelwa nangubani ilizwe lakho, ekunyukeni kwakho usiya kubonakala ebusweni bukaYehova uThixo wakho, izihlandlo ezithathu ngomnyaka.
25 Igazi lombingelelo wam uze ungalibingeleli phezu kwento enegwele; nombingelelo womthendeleko wepasika úze ugahlali kude kuse.
26 Ingqalo yentlahlela yomhlaba wakho uze uyise endlwini kaYehova uThixo wakho.
Uze ungalipheki itakane ngobisi lukanina.

Wathi uYehova kuMoses, Wabhale 27 la mazwi; kuba ndenzé ngokuthetha kwala mazwi umnqophiso nawe noSirayeli. Waye ekhona ke enoYehova 28 iimini ezimashumi mané nobusuku obumashumi mané; akadla sonka, akasela manzi. Wawabhala emacwecweni amazwi omnqophiso, la mazwi alishumi.

UMoses uhla entabeni

Kwathi, ekuhleni kukaMoses enta- 29 beni yaseSinayi, amacwecwe omabini esingqino esesandleni sikaMoses ekuhlèni kwakhe entabeni, àkazi uMoses, ukuba ulùsu lobuso bakhe belukhazimla ekuthetheni kwakhe naye.

UAron noonyana bonke bakaSirayeli 30 bambona uMoses. Yini? Ulùsu lobuso bakhe luyakhazimla; boyika ukusondela kuye. Wababiza uMoses, ba- 31 buyela kuye uAron nezikhulu zonke zebandla, wathetha nazo uMoses. E- 32 mveni koko basondela bonke oonyana bakaSirayeli, wabawisela umthetho wako konke abekuthethile uYehova kuye entabeni yaseSinayi. Wagqiba uMoses 33 ukuthetha nabo, wabeka isigqubuthelo ebusweni bakhe. Ekungeneni kuka- 34 Moses phambi koYehova, esiya kuthetha naye, wasisusa isigqubuthelo, wada waphuma. Waphuma, wathetha koonyana bakaSirayeli oko abemwisele umthetho ngako. Babubona oonyana 35 bakaSirayeli ubuso bukaMoses, ukuba ulùsu lobuso bukaMoses luyakhazimla. Wabuya wasibeka uMoses isigqubuthelo ebusweni bakhe, wada wangena, waya kuthetha naye.

Izipho ezinikelwa ngenxa yomnquba

35 Walibizela ndawonye uMoses lonke ibandla loonyana bakaSirayeli, wathi kubo, Zizo ezi iindawo uYehova aniwisele umthetho ngazo, ukuba nizenze. Wòsebenza imihla emithanda- 2 thu; ke umhla wesixhenxe woba yingcwele kuni, isabatha kasabatha ku-

IEKSODUS 35

Yehova; bonke ábenza umsebenzi 3 ngayo bobulawa. Ize ningaphembi mlilo ezindlwini zenu zonke ngomhla wesabatha.

4 Wathetha uMoses kwibandla lonke loonyana bakaSirayeli, wathi, Yiyo le indawo ayiwisele umthetho uYehova: 5 uthi, Thabathani phakathi kwenu, nise umrhumo kuYehova; bonke abantliziyo zibaqhubayo mabazise umrhumo kaYehova: igolide, nesilivere, nobhedu; 6 nemisonto emsi nemfusa nebomvu, nelinen ecikizekileyo, noboya beebho-7 khwe; nezintsu zeenkunzi zezimvu, zenziwe zayingqombela, nezikhumba 8 zamahlengezi; nemingampunzi; neoli yesiphatho sezibane, nobulawu beoli yokuthambisa, nobesiqhumiso esimna-9 ndi; namatye ebherilo,* namatye okufakwa e-efodini* naselubengweni.

10 Bonke benentliziyo elumkileyo kuni mabeze, benze zonke izinto uYehova 11 awise umthetho ngazo: umnquba nentente yawo, nesigubungelo sayo, amagwegwe ayo, neeplanga zayo, nemivalo yayo, neentsika zayo, neziseko zayo; 12 ityeya nezibonda zayo, isihlalo sokucamagusha, nomkhusane wokusithelisa; 13 itafile nezibonda zayo, neempahla zayo 14 zonke, nezonka zokubonisa; isiphatho sezibane zokukhanyisa, nempahla yaso, 15 nezibane zaso, neoli yokukhanyisa; isibingelelo sokuqhumisela nezibonda zaso, neoli yokuthambisa, nesiqhumiso esimnandi, nesisitheliso somnyango e-16 mnyango womnquba; isibingelelo sedini elinyukayo, nothango lwaso lobhedu, nezibonda zaso, neempahla zaso zonke; nohehema lwesitya sokuhlambela, nose-17 ko lwalo; amawunduwundu entendelezo, neentsika zayo, neziseko zayo, nesisitheliso somnyango wentendelezo; 18 izikhonkwane zomnquba, nezikhonkwa-19 ne zentendelezo, nezintya zazo; izambatho zokubusa, zokulungiselela engcweleni, nezambatho ezingcwele zika-Aron umbingeleli, nezambatho zoonyana bakhe zokwenzelelela.

20 Lemka ke lonke ibandla loonyana bakaSirayeli phambi koMoses.

Beza bonke abantu abantliziyo ya- 21 bavuselelayo, abo bonke bamoya wabaqhubayo, bawuzisa umrhumo kaYehova emsebenzini wentente yokuhlangana, nasenkonzweni yayo yonke, nasezambathweni ezingcwele. Beza, a- 22 madoda kwanabafazi, bonke abantliziyo zibaqhubayo, bezisa izacholo, namajikazi, nemisesane, nezidanga, yonke impahla yegolide; bonke abantu ababetshangatshangise kuYehova umtshangatshangiso wegolide, *bawuzisa*. Bo- 23 nke abantu abafunyanwa benemisonto emsi nemfusa nebomvu, nelinen ecikizekileyo, noboya bebhokhwe, nezintsu zeenkunzi zezimvu zenziwe zayingqombela, nezikhumba zamahlengezi, bazizisa. Bonke abarhuma umrhumo 24 wesilivere, nowobhedu, bawuzisa umrhumo kaYehova; bonke ábafunyanwa benemingampunzi yomsebenzi wonke wenkonzo, bayizisa.

Bonke abafazi abantliziyo zilumkileyo 25 basonta ngezandla zabo, bazizisa ezo nto zisontiweyo; imisonto emsi nemfusa nebomvu, nelinen ecikizekileyo. Aba- 26 fazi bonke, abantliziyo yabavuselelayo ngobulumko, basonta uboya beebhokhwe.

Izikhulu zazisa amatye ebherilo,* na- 27 matye okufakwa e-efodini* naselubengweni, nobulawu, neoli yesiphatho 28 sezibane, neyamafutha okuthambisa, neyesiqhumiso esimnandi. Oonyana ba- 29 kaSirayeli bazisa ke kuYehova umnikelo wokuqhutywa yintliziyo; nawo onke amadoda nabafazi bonke bantliziyo zabaqhubáyo ukuyizisela yonke imisebenzi awawisa umthetho uYehova ngesandla sikaMoses, ukuba yenziwe.

Wathi uMoses koonyana bakaSiraye- 30 li, Khangelani, UYehova umbizé ngegama uBhetsaleli, unyana kaUri, unyana kaHuri, wesizwe sakwaYuda. Umzalisi- 31 le ngoMoya kaThixo, ngobulumko, nangengqondo, nangokwazi, nangobungcibi bamashishini onke, ukuba athe- 32 lekelele, ayile, asebenze ngegolide nangesilivere nangobhedu; nangokukrola 33 amatye, awafake; nangokukrola imithi,

IEKSODUS 35-36

asebenze imisebenzi yonke ngenteleke-
34 lelo. Ubeké entliziyweni yakhe uku-
yala, yena ke kwanoAholiyabhi unyana
35 ka-Ahisamaki, wesizwe sakwaDan. U-
bazalisé ngobulumko bentliziyo, ukuba
benze umsebenzi wonke wokukrola,
nowokuluka, ukuluka imfakamfele, nge-
misonto emsi nemfusa nebomvu, ne-
linen ecikizekileyo, neyomluki, babe
ngabenzi bomsebenzi wonke, nabathele-
keleli bokuyila.

Iimpahla zomnquba

36 Bosebenza ke ooBhetsaleli no-
Aholiyabhi namadoda onke antli-
ziyo zilumkileyo, awanikeleyo uYehova
ubulumko nengqondo, ukuba akwazi
ukusebenza yonke imisebenzi yenkonzo
yengcwele, nento yonke abewise umthe-
tho ngayo uYehova.

2 UMoses wabiza ooBhetsaleli noAholi-
yabhi namadoda onke antliziyo zilumki-
leyo, antliziyo uYehova wazinikayo ubu-
lumko, onke antliziyo yawavuselelayo
ukusondela emsebenzini, ukuba awenze.
3 Bathabatha, ebusweni bukaMoses, yo-
nke imirhumo ababeyizisile oonyana
bakaSirayeli emsebenzini wenkonzo ye-
ngcwele ukuba yenziwe. Baye bona be-
zisa kuye imiso ngemiso iminikelo yo-
4 kuqhutywa yintliziyo. Zeza ke zonke
izilumko ezibe ziyisebenza yonke imise-
benzi yengcwele, saseso savela emse-
5 benzini waso esibe siwusebenza; zatsho
kuMoses ukuthi, Abantu bazisa nga-
phezulu kakhulu kokwanele ukusetye-
nzwa komsebenzi, awise umthetho
6 ngawo uYehova ukuba wenziwe. Wa-
wisa umthetho uMoses, ukuba kuhanji-
swe ilizwi eminqubeni, lisithi, Amadoda
nabafazi mabangabi senza mpahla ya-
mrhumo wengcwele. Bapheza ke abantu
7 ukuzisa. Impahla yazanela izinto zo-
nke, emisebenzini yonke, ukuba baye-
nze, yada yasala.

8 Bonke abantliziyo zilungileyo, pha-
kathi kwabenza imisebenzi, bawenza
umnquba, amalengalenga aba lishumi,
ngelinen ecikizekileyo ephothiweyo, ne-
misonto emsi nemfusa nebomvu, benza
iikerubhi,* umsebenzi wengcibi *yoku-
luka.* Ubude belengalenga lilinye ba- 9
ba ziikubhite* ezimashumi mabini anesi-
bhozo, ububanzi belengalenga lilinye
baba ziikubhite eziné, amalengalenga
alingana onke. Bahlanganisa amalenga- 10
lenga amahlanu, elinye nelinye; bahla-
nganisa amalengalenga amahlanu, eli-
nye nelinye. Benza amasango ngemiso- 11
nto emsi emphethweni welinye ilenga-
lenga, ekupheleni ekuhlanganeni; benje-
njalo emphethweni welengalenga loku-
gqibela, ekuhlanganeni kwelesibini. Be- 12
nza amasango aba mashumi mahlanu
kwelinye ilengalenga, benza namasango
aba mashumi mahlanu ekupheleni kwe-
lengalenga elisekuhlanganeni kwelesi-
bini; amasango alungelelana, elinye
nelinye. Benza amagwegwe egolide 13
aba mashumi mahlanu; bawahlanganisa
amalengalenga, elinye nelinye, nga-
magwegwe lawo, waba mnquba mnye.

Benza amalengalenga ngoboya bee- 14
bhokhwe, aba yintente phezu komnqu-
ba; bawenza amalengalenga alishumi
elinalinye. Ubude belengalenga lilinye 15
baba ziikubhite ezimashumi mathathu,
ububanzi belengalenga lilinye baba
ziikubhite eziné; loo malengalenga
alishumi elinalinye alingana. Bawahla- 16
nganisa amalengalenga amahlanu odwa,
namalengalenga omathandathu odwa.
Benza amasango amashumi mahlanu 17
emphethweni welengalenga eli loku-
gqibela ekuhlanganeni, benza namasa-
ngo amashumi mahlanu emphethweni
welesibini ilengalenga, elihlanganiswe
nelinye. Benza amagwegwe obhedu 18
amashumi mahlanu, ukuba ihlanganiswe
intente, ibe nye. Bayenzela intente isi- 19
gubungelo ngezintsu zeekunzi zezi-
mvu, zenziwe zayingqombela, nesigu-
bungelo sezikhumba zamahlengezi nga-
phezulu kweso.

Umnquba bawenzela iiplanga ngo- 20
mngampunzi, zema. Ubude beplanga 21
baba ziikubhite ezilishumi, ububanzi

IEKSODUS 36-37

beplanga inye baba yikubhite enesiqi-
22 ngatha. Iplanga inye yaneempondlo
ezimbini, zahlangana olunye nolunye;
benjenjalo eziplangeni zonke zomnqu-
23 ba. Bazenza ke iiplanga zomnquba;
zamashumi mabini iiplanga ngecala
24 lasezantsi ngasezantsi. Benza iziseko
zesilivere zamashumi mané phantsi
kweeplanga ezimashumi mabini; zazi-
bini iziseko zeempondlo zayo zombini,
phantsi kweplanga inye; zazibini iziseko
zeempondlo zayo zombini, phantsi
25 kweplanga inye. Ezecala lesibini lo-
mnquba, ngelasentla icala, benza iipla-
26 nga ezimashumi mabini, neziseko zazo
zesilivere zamashumi mané: iziseko zazi-
bini phantsi kweplanga inye, zazibini
27 iziseko phantsi kweplanga inye. Ezo-
mva womnquba ngasentshonalanga
28 bazenza zantandathu iiplanga. Iipla-
nga ezimbini bazenza iimbombo zo-
mnquba ngamacala, emaphundwini o-
29 mabini, zangamawele, zithabathela eza-
ntsi ukuhlangana, zaba nto-nye kwada
kwasa entloko, zaya khonkcweni linye;
benjenjalo kuwo omabini angaweembo-
30 mbo zombini. Zaba ziiplanga ezisi-
bhozo; neziseko zazo zesilivere zazizi-
seko ezilishumi elinazithandathu: zazi-
bini iziseko, zazibini iziseko, phantsi
kweplanga inye.

31 Benza imivalo ngomngampunzi; ya-
mihlanu eziplangeni zelinye icala lo-
32 mnquba, yamihlanu imivalo eziplangeni
zelesibini icala lomnquba; yamihlanu
imivalo eziplangeni zomnquba ephu-
33 ndwini, ngasentshonalanga. Benza u-
mvalo othe gabhu phakathi eziplangeni
ezo, wavala, usuka ekupheleni waya
34 ekupheleni. Bazaleka iiplanga ngego-
lide; amakhonkco azo bawenza ngego-
lide, azindawo zemivalo; ke imivalo
bayaléka ngegolide.

35 Benza umkhusane ngemisonto emsi
nemfusa nebomvu, nelinen ecikizeki-
leyo, ephothiweyo; bawenzela iikeru-
bhi,* umsebenzi wengcibi yokuluka ke
36 lowo. Bawenzela iintsika eziné zo-
mngampunzi ezalekwe ngegolide, na-
magwegwe azo egolide; bazityhidela
37 iziseko zoziné zesilivere. Umnyango

wentente bawenzela isisitheliso ngemi-
sonto emsi nemfusa nebomvu, nelinen
ecikizekileyo, ephothiweyo, umsebenzi
oyimfakamfele womluki; neentsika zaso 38
zantlanu, namagwegwe azo, bazaleka
iintloko zazo neminqiwu yazo ngegolide,
neziseko zazo zozihlanu zazezobhedu.

Ityeya nesihlalo sokucamagusha

37 UBhetsaleli wayenza ityeya ngo-
mngampunzi. Ubude bayo ba-
ba ziikubhite* zombini ezinesiqingatha,
ububanzi bayo baba yikubhite enesiqi-
ngatha, ukuphakama kwayo kwayiku-
bhite enesiqingatha. Wayaléka ngego- 2
lide ecocekileyo ngaphakathi nanga-
phandle, wayithi jize ngesithsaba sego-
lide. Wayityhidela amakhonkco ego- 3
lide amané, emilenzeni yayo yominé:
amakhonkco amabini ngeli icala, ama-
khonco amabini ngeliya icala. Wenza 4
izibonda ngomngampunzi, wazaleka
ngegolide; wazifaka izibonda ezo ema- 5
khonkcweni asemacaleni etyeya, ukuba
ithwalwe ngazo.

Wenza isihlalo sokucamagusha nge- 6
golide ecocekileyo. Ubude bayo baba
ziikubhite ezimbini ezinesiqingatha, u-
bubanzi baso baba yikubhite enesiqi-
ngatha. Wenza iikerubhi zambini nge- 7
golide, ukuzenza wazikhanda; zavela
ezipheloweni zozibini zesihlalo sokuca-
magusha: enye ikerubhi ivelé esiphe- 8
lweni esi, enye ikerubhi ivelé esiphelwe-
ni esiya. Wazenza iikerubhi esihlalwe-
ni sokucamagusha, zavela ezipheloweni
zaso zozibini. Iikerubhi zolula ama- 9
phiko phezulu, zasisithelisa ngamaphiko
azo isihlalo sokucamagusha; ubuso bazo
bakhangelana, babheka esihlalweni so-
kucamagusha ubuso beekerubhi.

Wenza netafile ngomngampunzi; 10
ubude bayo baba ziikubhite ezimbini,
ububanzi bayo baba yikubhite, ukupha-
kama kwayo kwaba yikubhite enesiqi-
ngatha. Wayaléka ngegolide ecoceki- 11
leyo, wayithi jize ngesithsaba segolide.
Wayenzela ngeenxa zonke udini olunga- 12

ngobubanzi besandla, udini lwayo wa-
13 luthi jize ngesithsaba segolide. Wayityhidela amakhonkco egolide amané,
wawafaka amakhonkco ezimbombeni
14 zoné ezisemilenzeni yayo yominé. Aba
kufuphi nokuhlangana kodini amakhonkco lawo, aba ziindawo zokufaka izi-
15 bonda zokuyithwala itafile. Wenza izibonda ezo ngomngampunzi, wazaleka
ngegolide, ukuba ithwalwe ngazo itafile.
16 Wenza impahla ephezu kwetafile, izikotile zayo, nemicephe yayo, neenkamba
zayo, neendebe zayo ekwakuthululwa
ngazo, wazenza ngegolide ecocekileyo.

17 Wenza nesiphatho sezibane ngegolide
ecocekileyo. Ukusenza wasikhanda isiphatho eso, nesikhondo saso, nesibili
saso, neendebe zaso, namaqhina aso,
neentyantyambo zaso, zivelé kwakuso.
18 Amasebe amathandathu avela emacaleni aso: amasebe amathathu esiphatho
avela kweli icala laso, amasebe amathathu esiphatho avela kweliya icala laso.
19 Zaba ntathu iindebe ezifana neentyantyambo zeamangile* kweli isebe, zineqhina nentyantyambo; neendebe ezintathu ezifana neentyantyambo zeamangile zaba kweliya isebe, zineqhina
nentyantyambo. Kwaba njalo kumasebe omathandathu avela esiphathweni
20 eso. Zaba né iindebe esiphathweni
ezifana neentyantyambo zeamangile,
zinamaqhina aso neentyantyambo zaso.
21 Yaba liqhina phantsi kwamasebe amabini livela kuso, yaliqhina phantsi
kwamasebe amabini livela kuso, yaliqhina phantsi kwamasebe amabini
livela kuso, angawamasebe amathandathu avela kuso.

22 Amaqhina awo namalungu awo avela
kuso sonke, saba ngumkhando wamnye
23 wegolide ecocekileyo. Wenza izibane
zaso zasixhenxe, nezifinyiso zaso, neengcedevu zaso, ngegolide ecocekileyo.
24 Wasenza ngetalente* yegolide ecocekileyo, neempahla zaso zonke.

25 Wenza nesibingelelo sokuqhumisela
ngomngampunzi. Ubude baso baba
yikubhite, ububanzi baso baba yikubhite, saba mbombo-né; ukuphakama
kwaso kwaziikubhite ezimbini; zaphuma kuso iimpondo zaso. Wasaleka 26
ngegolide ecocekileyo umphezulu waso,
namacala aso ngeenxa zonke, neempondo zaso, wasithi jize ngesithsaba segolide. Wasenzela amakhonkco amabini 27
ngegolide, phantsi kwesithsaba saso ezimbombeni zaso ezimbini, emacaleni aso
omabini, aziindawo zezibonda ukuba
sithwalwe ngazo. Wazenza izibonda 28
ngomngampunzi, wazaleka ngegolide.

Wenza neoli engcwele yokuthambisa, 29
nesiqhumiso esimnandi esingàngxengelelweyo, umsebenzi womqholi ke
lowo.

Iimpahla zomnquba

38 Wasenza nesibingelelo sedini elinyukayo ngomngampunzi: ubude baso baba ziikubhite* ezintlanu,
ububanzi baso baba ziikubhite ezintlanu, sambombo-né; ukuphakama kwaso
kwaziikubhite ezintathu. Wenza ii- 2
mpondo zaso ezimbombeni zaso, zaphuma kuso iimpondo zaso, wasaleka
ngobhedu. Wazenza zonke iimpahla 3
zesibingelelo eso: iinkamba, nemihlakulwana, nezitya zokutshiza, neefolokhwe,
neengcedevu; zonke iimpahla zaso
wazenza ngobhedu.

Isibingelelo wasenzela uthango, u- 4
msebenzi ongumnatha, ngobhedu, phantsi kongqameko olujikelezileyo, lwathabathela ezantsi, lwathi gabhu phakathi. Wawatyhida amakhonkco ama- 5
né eziphelweni zoziné zothango lobhedu,
aba ziindawo zezibonda. Wenza izi- 6
bonda ngomngampunzi, wazaleka ngobhedu. Wazifaka izibonda emakho- 7
nkcweni, emacaleni esibingelelo, ukuba
sithwalwe ngazo; wasenza ngeeplanga
saholoholo.

Wenza uhehema lwesitya sokuhla- 8
mbela ngobhedu, noseko lwalo ngobhedu, nezipili zabafazi, ababekhonza
emnyango wentente yokuhlangana.

Wenza intendelezo kwelasezantsi ica- 9
la, ngasezantsi, yaba ngamawundu-

IEKSODUS 38

wundu entendelezo, elinen ecikizekile-
yo, ephothiweyo, iikubhite ezilikhulu.
10 Iintsika zawo zaba mashumi mabini,
neziseko zazo zaba mashumi mabini,
zazezobhedu; amagwegwe eentsika ne-
11 minqiwu yazo yayeyesilivere. Ngecala
lasentla *amawunduwundu* aziikubhite
ezilikhulu; iintsika zawo ezimashumi
mabini, neziseko zazo ezimashumi ma-
bini, zazezobhedu; amagwegwe eentsika
12 neminqiwu yazo yayeyesilivere. Nge-
cala lasentshonalanga amawunduwu-
ndu aziikubhite ezimashumi mahlanu;
iintsika zawo zalishumi, neziseko zazo
zalishumi; amagwegwe eentsika nemi-
13 nqiwu yazo yayeyesilivere. Ngecala
lempumalanga ngasempumalanga azii-
kubhite ezimashumi mahlanu.
14 Amawunduwundu asingisa kwelinye
icala *lesango* aziikubhite ezilishumi eli-
nantlanu; iintsika zawo zantathu, nezi-
15 seko zazo zazithathu. Ngelinye icala
lesango lentendelezo, ngapha nangapha,
aba ngamawunduwundu eekubhite ezi-
lishumi elinantlanu; iintsika zawo za-
ntathu, neziseko zazo zazithathu.
16 Onke amawunduwundu entendelezo
ajikelezileyo aba ngawelinen ecikize-
17 kileyo, ephothiweyo. Iziseko zeentsika
zazezobhedu; amagwegwe eentsika ne-
minqiwu yazo yayeyesilivere, nokwale-
kwa kwamantloko azo kwayisilivere;
iminqiwu yeentsika zonke zentendelezo
yayeyesilivere.
18 Isitheliso sesango lentendelezo sa-
singumsebenzi oyimfakamfele womluki,
ngemisonto emsi nemfusa nebomvu,
nelinen ecikizekileyo, ephothiweyo; u-
bude baba ziikubhite ezimashumi ma-
bini, ukuphakama ebubanzini kwaba
ziikubhite ezintlanu; kwalungelelana
19 namawunduwundu entendelezo. Ii-
ntsika zawo zoné neziseko zazo zoziné za-
ba zezobhedu; amagwegwe azo aba nga-
wesilivere, nokwalekwa kwamantloko
azo neminqiwu yazo kwayisilivere.
20 Zonke izikhonkwane zomnquba neze-
ntendelezo ejikelezileyo zazezobhedu.

21 Ngawo la amanani ezinto zomnquba,
zomnquba wesingqino, abebalwa ngo-
mlomo kaMoses ngenkonzo yabaLevi,
ngesandla sikaItamare, unyana ka-Aron
umbingeleli. UBhetsaleli, unyana ka- 22
Uri, unyana kaHuri, wesizwe sakwa-
Yuda, wakwenza konke uYehova abe-
mwisele umthetho ngako uMoses.
Waye noAholiyabhi unyana ka-Ahisa- 23
maki, wesizwe sakwaDan, engumkroli,
ingcibi, umluki weemfakamfele nge-
misonto emsi nemfusa nebomvu, neli-
nen ecikizekileyo, ephothiweyo.

Ke yonke igolide ekwakusetyenzwa 24
ngayo umsebenzi emisebenzini yonke
yengcwele, igolide yomtshangatsha-
ngiso, yaye iziitalente* ezimashumi
mabini anesithoba, neeshekele* ezima-
khulu asixhenxe anamanci mathathu,
ngokweshekele yengcwele.

Ke isilivere yabo babalwáyo bebandla 25
yaba likhulu leetalente neeshekele
eziliwaka elinamakhulu asixhenxe ana-
manci asixhenxe anantlanu, ngokweshe-
kele yengcwele. Yaba yibheka* nge- 26
ntloko yomntu (isiqingatha seshekele
leyo, ngokweshekele yengcwele), kubo
bonke abagqithelayo kwabo babalwáyo;
bethabathela kominyaka imashumi ma-
bini ezelwe, nangaphezulu, kubo aba-
ngamawaka angamakhulu omathanda-
thu anamawaka amathathu, anamakhulu
amahlanu anamanci mahlanu. Ngee- 27
talente zesilivere ezilikhulu kwatyhidwa
iziseko zengcwele neziseko zomkhusane;
yalikhulu leziseko kwikhulu leetalente,
yayitalente kwisiseko. Ngeeshekele 28
eziliwaka elinamakhulu asixhenxe ana-
manci asixhenxe anantlanu, wenza ama-
gwegwe eentsika, wawaleka amantloko
azo, wenza iminqiwu.

Ubhedu olungumtshangatshangiso 29
lwaye luziitalente ezingamashumi osi-
xhenxe, neeshekele ezingamawaka ama-
bini anamakhulu mané. Wenza ngalo 30
iziseko zomnyango wentente yokuhla-
ngana, nesibingelelo sobhedu, nothango
lwaso lobhedu, nempahla yonke yesi-
bingelelo; neziseko zentendelezo ejike- 31
lezileyo, neziseko zesango lentendelezo,
nezikhonkwane zonke zomnquba, nezi-
khonkwane zonke zentendelezo ejikele-
zileyo.

IEKSODUS 39

Izivatho zobubingeleli

39 Ngemisonto emsi nemfusa nebomvu benza izambatho zokubusa, zokulungiselela engcweleni; benza nezambatho ezingcwele zika-Aron, njengoko uYehova wamwiselayo umthetho uMoses.

2 Iefodi* wayenza ngegolide, nemisonto emsi nemfusa nebomvu, nelinen eciki- 3 zekileyo, ephothiweyo. Bayikhanda igolide yaba zizixwexwe ezicekethekileyo, bancwela imityana, ukuze bayixube emisontweni emsi nemfusa nebomvu, nelinen ecikizekileyo, umsebenzi we- 4 ngcibi yokuluka ke lowo. Iefodi bayenzela iziziba zamagxa zokuyixakatha, yaxakathwa emiphethweni yomibini; 5 nombhinqo ophezu kwayo wokuyinxiba iefodi, ophuma kuyo, wawunjengokusetyenzwa kwayo; *bawenza* ngegolide, nemisonto emsi nemfusa nebomvu, nelinen ecikizekileyo, ephothiweyo, njengoko uYehova wamwiselayo umthetho uMoses.

6 Benza amatye ebherilo,* abhijelwa ngomluko wegolide, akrolwa ngokukrolwa kwemisesane yokutywina, ngokwa- 7 magama oonyana bakaSirayeli; wawabeka ezizibeni zamagxa ze-efodi, aba ngamatye esikhumbuzo koonyana bakaSirayeli, njengoko uYehova wamwiselayo umthetho uMoses.

8 Walwenza ubengo, lwaba ngumsebenzi wengcibi yokuluka, njengokwenziwa kwe-efodi, ngegolide, nemisonto emsi nemfusa nebomvu, nelinen eciki- 9 zekileyo. Lwaba mbombo-né, lwaphindwa, balwenza ubengo; ubuda balo baba ngangokolulwa kweminwe,* ububanzi balo baba ngangokolulwa kweminwe luphindiwe.

10 Bafaka kulo imikrozo yaminé yamatye; ukrozo lwesardiyo,* netopazi,* nesmarado,* lwaba lukrozo lokuqala 11 olo; ukrozo lwesibini lwaba yirubhi,* 12 nesafire,* nekalikedo;* ukrozo lwesithathu lwaba yihakinto,* neagati,* 13 neametiste;* ukrozo lwesiné lwaba yikrizolite,* nebherilo, neyaspisi;* abhijelwa ngomluko wegolide ezimfakweni zawo. Amatye lawo amiswa ngokwama- 14 gama oonyana bakaSirayeli abalishumi elinababini, ngokwamagama abo; aba nokrolo lomsesane wokutywina, lathi elo laba negama lalo, ngokwezizwe ezilishumi elinazibini.

Benza elubengweni intsontelo ethe 15 shinyi, umsebenzi osontiweyo ngegolide ecocekileyo. Benza imiluko yamibini 16 ngegolide, namakhonkco amabini ngegolide, bawafaka loo makhonkco mabini emancamini omabini obengo. Bazifaka 17 iintsontelo zombini zegolide emakhonkcweni omabini asemancamini obengo; namancam omabini eentsontelo zombini 18 bawafaka emilukweni yomibini, bayifaka ezizibeni zamagxa ze-efodi, ngaphambili. Benza amakhonkco ama- 19 bini ngegolide, bawafaka emancamini omabini obengo, emphethweni walo okwicala elikhangelene ne-efodi, elibheke ngaphakathi. Benza amanye a- 20 makhonkco amabini ngegolide, bawafaka ezizibeni zamagxa zozibini ze-efodi ngaphantsi, mayela nomphambili wayo, kufuphi nokuhlangana kwayo, entla kombhinqo we-efodi. Balunxibelela u- 21 bengo ngamakhonkco alo, emakhonkcweni e-efodini, ngentsontelo yemisonto emsi, lwaba sentla kombhinqo we-efodi, ukuze lungasuki ubengo kuyo iefodi, njengoko uYehova wamwiselayo umthetho uMoses.

Benza ingubo yokwaleka ye-efodi, 22 umsebenzi womluki, yonke ngemisonto emsi. Umqala wengubo yokwaleka 23 waba sesazulwini sayo, njengomqala wesigcina-sifuba; waba nomphetho owujikelezileyo umqala, ukuze ungakrazuki. Benza emqukumbelweni wengu- 24 bo yokwaleka iirharnate ngemisonto emsi nemfusa nebomvu, *nelinen* ephothiweyo. Benza namankenteza egolide ecocekile- 25 yo, bawabeka amankenteza phakathi kweerharnate emqukumbelweni wengubo yokwaleka, kwazunguleza phakathi kweerharnate: yaba linkenteza nerhar- 26 nate, inkenteza nerharnate, emqukumbelweni wengubo yokwaleka, kwazunguleza; ukuba kulungiselelwe njengoko uYehova wamwiselayo umthetho uMoses.

27 Benza iingubo zangaphantsi ngelinen ecikizekileyo, umsebenzi womluki, ukuba zibe zezika-Aron noonyana bakhe;
28 nonkontsho, ngelinen ecikizekileyo; neminqwazi yokuhomba, ngelinen ecikizekileyo; neebhulukhwe, ngelinen eciki-
29 zekileyo, ephothiweyo, emhlophe; nombhinqo, ngelinen ecikizekileyo, ephothiweyo, nemisonto emsi nemfusa nebomvu, umsebenzi oyimfakamfele womluki, njengoko uYehova wamwiselayo umthetho uMoses.

30 Benza nembasa, isithsaba esingcwele segolide ecocekileyo, babhala phezu kwayo umbahlo ngokrolo lomsesane wokutywina, othi, INGCWELE KU-
31 YEHOVA. Bayifaka umtya wemisonto emsi, yanxitywa elunkontshweni phezulu, njengoko uYehova wamwiselayo umthetho uMoses.

32 Wagqitywa ke wonke umsebenzi womnquba wentente yokuhlangana. Benza oonyana bakaSirayeli njengako konke uYehova ebemwisele umthetho ngako uMoses, benjenjalo.

33 Bawuzisa umnquba kuMoses: intente nempahla yayo yonke, amakhonkco ayo, neeplanga zayo, nemivalo yayo, neentsi-
34 ka zayo, neziseko zayo; nesigubungelo sezintsu zeenkunzi zezimvu, zenziwe zayingqombela, nesigubungelo sezikhumba zamahlengezi, nomkhusane osi-
35 thelisayo; netyeya yesingqino, nezibonda zayo, nesihlalo sokucamagusha;
36 netafile, neempahla zayo zonke, nezonka
37 zokubonisa; nesiphatho sezibane esihle, nezibane zaso, izibane ezicwangcisiweyo, nempahla yaso yonke, neoli yoku-
38 khanyisa; nesibingelelo segolide, neoli yokuthambisa, nesiqhumiso esimnandi, nesisitheliso sokusithelisa umnyango
39 wentente; nesibingelelo sobhedu, nothango lwaso lobhedu, izibonda zaso, nempahla yaso yonke; uhehema lwesi-
40 tya sokuhlambela noseko lwalo; nama-wunduwundu entendelezo, neentsika zayo, neziseko zayo, nesisitheliso sesango lentendelezo, nemitya yayo, nezikhonkwane zayo, nempahla yonke yenkonzo yomnquba, yentente yokuhlangana; nezambatho zokubusa, zokulu- 41 ngiselela engcweleni; nezambatho ezingcwele zika-Aron umbingeleli, nezambatho zoonyana bakhe zokwenzelelela.

Njengako konke uYehova abemwisele 42 umthetho uMoses, bawenjalo oonyana bakaSirayeli wonke umsebenzi. Wawukhangela uMoses wonke umse- 43 benzi, nango ke bewenzile; njengoko uYehova abemwisele umthetho ngako, bawenjenjalo. Wabasikelela ke uMoses.

Ukwakhiwa komnquba

40 Wathetha uYehova kuMoses wathi, Ngenyanga yokuqala, ngolokuqala usuku enyangeni leyo, uze uwu- 2 mise umnquba wentente yokuhlangana; ubeke khona ityeya yesingqino, uyisi- 3 thelise ityeya ngomkhusane; ungenise 4 itafile, uzicwangcise izinto zayo ezicwangciswayo; ungenise isiphatho sezibane, uzimise izibane zaso; usimise isibinge- 5 lelo segolide sokuqhumisela phambi kwetyeya yesingqino, usixhome isisitheliso somnyango emnqubeni; usimise 6 isibingelelo sedini elinyukayo phambi komnyango womnquba wentente yokuhlangana; ulumise uhehema lwesitya 7 sokuhlambela phakathi kwentente yokuhlangana nesibingelelo, ugalele ámanzi kulo.

Uze uyimise intendelezo ijikeleze, 8 usixhome isisitheliso sesango lentendelezo.

Uze uthabathe ioli yokuthambisa, 9 uthambise umnquba neento zonke ezikuwo, uwungcwalise nempahla yawo yonke, ube yingcwele; uthambise isi- 10 bingelelo sedini elinyukayo, nempahla yaso yonke, usingcwalise isibingelelo, sibe sisibingelelo esiyingcwele kangcwele; uthambise uhehema lwesitya 11 sokuhlambela, noseko lwalo, ulungcwalise.

IEKSODUS 40

12 Uze usondeze uAron noonyana bakhe emnyango wententi yokuhlangana, u-
13 bahlambe ngamanzi; umnxibe uAron izambatho ezingcwele, umthambise, u-mngcwalise, ukuze abe ngumbingeleli
14 kum. Wòsondeza oonyana bakhe, uba-
15 nxibe iingubo zangaphantsi; ubathambise njengoko wamthambisayo uyise, ukuze babe ngababingeleli kum; kuthi ukuthanjiswa kwabo kube kokobubingeleli obungunaphakade kubo, kwizizukulwana zabo.
16 Wenza ke uMoses; njengako konke uYehova abemwisele umthetho ngako, wenjenjalo.

17 Kwathi, ngenyanga yokuqala ngo-mnyaka wesibini, ngolokuqala enya-
18 ngeni leyo, wamiswa umnquba. Wawumisa ke uMoses umnquba, wazibeka iziseko zawo, wazimisa iiplanga zawo, wayifaka imivalo yawo, wazimisa ii-
19 ntsika zawo. Wayaneka intente phezu komnquba, wabeka isigubungelo sentente phezu kwayo phezulu, njengoko uYehova wamwisela umthetho uMoses.
20 Wasithabatha isingqino, wasibeka etyeyeni, wazifaka izibonda etyeyeni, wasibeka isihlalo sokucamagusha phezu kwe-
21 tyeya phezulu. Wayingenisa ityeya emnqubeni, wawuxhoma umkhusane osithelisayo, wayisithelisa ityeya yesingqino, njengoko uYehova wamwisela umthetho uMoses.
22 Wayibeka itafile ententeni yokuhlangana, ngecala lomnquba elingasentla,
23 nganeno komkhusane; wacwangcisa phezu kwayo ukucwangciswa kwezonka phambi koYehova, njengoko uYehova
24 wamwiselayo umthetho uMoses. Wasimisa isiphatho sezibane ententeni yokuhlangana, sakhangelana netafile
25 ngecala lomnquba elingasezantsi; wazimisa izibane phambi koYehova, njengoko uYehova wamwiselayo umthetho uMoses. Wasibeka isibingelelo sego-26 lide ententeni yokuhlangana, phambi komkhusane. Waqhumisela phezu kwa-27 so ngesiqhumiso esimnandi, njengoko uYehova wamwiselayo umthetho u-Moses.
Wasixhoma isisitheliso somnyango 28 emnqubeni. Wasibeka isibingelelo se-29 dini elinyukayo emnyango womnquba wentente yokuhlangana; wanyusa kuso idini elinyukayo, nomnikelo wokudla, njengoko uYehova wamwiselayo umthetho uMoses. Walubeka uhehema lwe-30 sitya sokuhlambela phakathi kwentente yokuhlangana nesibingelelo eso, wagalela amanzi okuhlamba kulo. Bazihla-31 mba ooMoses noAron noonyana bakhe izandla zabo neenyawo zabo khona. Ekungeneni kwabo ententeni yoku-32 hlangana, nasekusondeleni kwabo esibingelelweni, bahlamba, njengoko uYehova wamwiselayo umthetho uMoses. Wayimisa intendelezo ejikeleza umnqu-33 ba lo nesibingelelo esi, wasixhoma isisitheliso sesango lentendelezo. Wawugqiba ke uMoses umsebenzi.

Ilifu layigubungela intente yoku-34 hlangana, ubuqaqawuli bukaYehova bawuzalisa umnquba. UMoses akaba 35 nakungena ententeni yokuhlangana, ngokuba ilifu lahlala phezu kwayo, ubuqaqawuli bukaYehova bawuzalisa umnquba.
Belisithi lakunyuswa lisuswe ilifu 36 emnqubeni, banduluke oonyana baka-Sirayeli, benjenjalo ekundulukeni kwabo konke. Ke xa ilifu belingeka-37 nyuswa, bebengandului kude kube yimini yokunyuswa kwalo; kuba ilifu 38 likaYehova beliba phezu komnquba emini, umlilo ube phezu kwawo ebusuku, phambi kwendlu yonke kaSirayeli, ekundulukeni kwabo konke.

INCWADI YESITHATHU KAMOSES
EKUTHIWA
YILEVITIKUS
(INCWADI YEMITHETHO NAMASIKO)

Umsondezo wedini elinyukayo

1 UYehova wambiza uMoses, wathetha kuye ententeni yokuhlangana,
2 esithi, Thetha koonyana bakaSirayeli, uthi kubo, Xa umntu kuni asondeza kuYehova umsondezo wasezintweni ezizitho ziné, nowusondeza loo msondezo wenu *niwuthabatha* ezinkomeni nasempahleni emfutshane.
3 Ukuba umsondezo wakhe ulidini elinyukayo lasezinkomeni, wósondeza inkomo eliduna eligqibeleleyo emnyango wentente yokuhlangana, alisondeze ukuba limkholekise phambi koYehova.
4 Wocinezela ngesandla sakhe phezu kwentloko yedini elo linyukayo, limkho-
5 lekise, limcamagushele; alixhele ithole elo lenkomo phambi koYehova. Oonyana baka-Aron, ababingeleli, bolisondeza igazi balitshize, bajikelezise esibingelelweni esisemnyango wentente
6 yokuhlangana. Makalihlinze indini eli-
7 nyukayo, alityatye; oonyana baka-Aron umbingeleli babeke umlilo phezu kwesibingelelo, bacwangcise iinkuni phezu
8 komlilo; bazicwangcise oonyana baka-Aron, ababingeleli, iinyama ezo, nentloko, nenqatha, phezu kweenkuni eziphezu komlilo ophezu kwesibingelelo.
9 Ke zona izibilini zalo, neentungo zalo mazihlanjwe ngamanzi, aqhumisele ngezo nto zonke umbingeleli esibingelelweni. Lidini elinyukayo, kukudla kwasemlilweni, livumba elithozamisayo kuYehova elo.
10 Ukuba umsondezo wakhe ngowasempahleni emfutshane, nokuba kusezigusheni, nokuba kusezibhokhweni, úlidini elinyukayo, wósondeza iduna eligqibeleleyo; alixhelele ecaleni lesibi- 11 ngelelo ngasentla phambi koYehova; bathi oonyana baka-Aron, ababingeleli, balitshize igazi lalo bajikelezise esibingelelweni; alityatye, kwanentloko yalo 12 nenqatha lalo, azicwangcise ezo nto umbingeleli phezu kweenkuni eziphezu komlilo ophezu kwesibingelelo; azi- 13 hlambe izibilini neentungo ngamanzi, azisondeze umbingeleli zonke ezo nto, aqhumisele ngazo esibingelelweni. Lidini elinyukayo, kukudla kwasemlilweni, livumba elithozamisayo kuYehova elo.

Ke ukuba umsondezo wakhe ku- 14 Yehova ulidini elinyukayo lasezintakeni, wówusondeza umsondezo wakhe, ethabatha kumahobe, nokuba kukumagobo amavukuthu. Wolisondeza umbinge- 15 leli esibingelelweni, aliqhawule intloko, aqhumisele ngalo esibingelelweni, igazi lalo likhanyelwe ecaleni lesibingelelo. Aze asuse indlelo yalo kunye nento 16 ephakathi kwalo, azilahlele ecaleni lesibingelelo elingasempumalanga, ezaleni; alicande emaphikweni alo, enga- 17 wahluli kanye, aqhumisele ngalo umbingeleli esibingelelweni, phezu kweenkuni eziphezu komlilo. Lidini elinyukayo, kukudla kwasemlilweni, livumba elithozamisayo kuYehova elo.

Umsondezo womnikelo wokudla

2 Ke xa ubani asondeza umsondezo ongumnikelo wokudla kuYehova, umsondezo wakhe lowo woba ngumgubo ocoliweyo, agalele ioli phezu kwawo,

abeke intlaka emhlophe phezu kwawo.
2 Wówuzisa koonyana baka-Aron, ababingeleli, aze umbingeleli asube kuwo, azalise isandla sakhe emgubeni ocoliweyo naseolini apho, kunye nentlaka emhlophe yawo yonke, aqhumisele umbingeleli esibingelelweni ngesikhumbuzo sawo. Kukudla kwasemlilweni, livumba elithozamisayo kuYehova elo.
3 Okuseleyo komnikelo wokudla koba kokuka-Aron noonyana bakhe; iyingcwele kangcwele yasekudleni kwasemlilweni kukaYehova leyo.

4 Xa usondeza umsondezo ongumnikelo wokudla okosiweyo ezikweni lezonka, woba yimiqhathane engenagwele yomgubo ocoliweyo, egalelwe ioli, nezonkana ezisicaba ezingenagwele, ezi-
5 thanjiswe ioli. Ke ukuba umsondezo wakho ungumnikelo wokudla okungepani, woba ngumgubo ocoliweyo onge-
6 nagwele, ugalelwe ioli. Wòwuqhekeza ube ngamaqhekeza, ugalele ioli phezu kwawo: ngumnikelo wokudla ke lowo.

7 Ke ukuba umsondezo wakho ungumnikelo wokudla okuphekiweyo ngembiza, mawenziwe ngomgubo ocoliweyo,
8 oneoli. Uze uwuzise umnikelo wokudla owenziweyo ngezo nto kuYehova, uwusondeze kumbingeleli, awuse esi-
9 bingelelweni; asuse umbingeleli emnikelweni wokudla isikhumbuzo sawo, aqhumisele ngaso esibingelelweni. Kukudla kwasemlilweni, livumba elitho-
10 zamisayo kuYehova elo. Okuseleyo komnikelo wokudla koba kokuka-Aron noonyana bakhe; iyingcwele kangcwele yasekudleni kwasemlilweni kukaYehova.

11 Yonke iminikelo yokudla eniya kuyisondeza kuYehova, mayingènziwa ngagwele; kuba igwele lonke, nobusi bonke, aniyi kuqhumisela ngezo nto zibe ku-
12 kudla kwasemlilweni kukaYehova. Ningázisondeza kuYehova zibe ngumsondezo wokuqala; mazinganyuswa esibingelelweni, ukuba zibe livumba eli-
13 thozamisayo. Yonke imisondezo eyiminikelo yakho yokudla wòyigalela ityuwa; uze umgavumi ukuba isweleke ityuwa yomnqophiso woThixo wakho eminikelweni yakho yokudla. Imiso-

ndezo yakho yonke woyisondeza inetyuwa.

Ukuba usondeza umnikelo wokudla 14 wentlahlela kuYehova, oyinto esizilwayo ehle yavuthwa, wosondeza ikhweba, umnikelo wokudla wentlahlela yakho. Uze uyibeke ioli phezu kwalo, ubeke 15 nentlaka emhlophe phezu kwalo; ngumnikelo wokudla ke lowo. Woqhu- 16 misela umbingeleli ngesikhumbuzo sawo kuloo nto yawo isizilwayo, nakwioli yawo, kunye nentlaka emhlophe yawo yonke. Kukudla kwasemlilweni kuYehova oko.

Umsondezo wombingelelo woxolo

3 Ke ukuba umsondezo wakhe ungumbingelelo woxolo: ukuba uwusondeza ungowasezinkomeni, nokuba yeliduna, nokuba yelithokazi, wólisondeza ligqibelele phambi koYehova. Maze 2 acinezele entlokweni yomsondezo wakhe ngesandla sakhe, awuxhelele emnyango wentente yokuhlangana; oonyana baka-Aron, ababingeleli, balitshize igazi bajikelezise esibingelelweni; asondeze uku- 3 dla kwasemlilweni kuYehova, ethabathe embingelelweni woxolo; umhlehlo ogubungele izibilini, namanqatha onke asezibilinini, nezintso zombini, nenqatha 4 lazo, nelisemihlubulweni, nomhlehlo ophezu kwesibindi, ewususa ngasezintsweni. Boqhumisela ngezo nto oo- 5 nyana baka-Aron esibingelelweni phezu kwedini elinyukayo, eliphezu kweenkuni eziphezu komlilo. Kukudla kwasemlilweni, livumba elithozamisayo kuYehova elo.

Ukuba umsondezo wakhe ngowase- 6 mpahleni emfutshane, úngumbingelelo woxolo kuYehova, nokuba yeliduna, nokuba yelithokazi, wólisondeza ligqibelele. Ukuba itakane elo lisonde- 7 zwayo lingumsondezo wakhe, wólisondeza phambi koYehova, acinezele 8 phezu kwentloko yomsondezo wakhe ngesandla sakhe, awuxhelele phambi kwentente yokuhlangana; oonyana baka-Aron balitshize igazi, bajikelezise esibingelelweni. Wósondeza ukudla kwa- 9 semlilweni kuYehova, ethabathe embi-

ILEVITIKUS 3–4

ngelelweni woxolo inqatha lawo, umsila uphela ewunqamla kuntlahlahlungulu, nomhlehlo ogubungele izibilini, nama-
10 nqatha onke asezibilinini, nezintso zombini, nenqatha lazo, nelisemihlubulweni, nomhlehlo ophezu kwesibindi,
11 ewususa ngasezintsweni. Woqhumisela ngezo nto umbingeleli esibingelelweni. Kukudla kwasemlilweni kuYehova oko.

12 Ke ukuba umsondezo wakhe uyibhokhwe, wóyisondeza phambi ko-
13 Yehova, acinezele ngesandla sakhe phezu kwentloko yayo, ayixhelele phambi kwentente yokuhlangana; oonyana baka-Aron balitshize igazi layo, bajike-
14 lezise esibingelelweni. Wósondeza ukudla kwasemlilweni kuYehova, ethabathe emsondezweni wakhe umhlehlo ogubungele izibilini, namanqatha onke
15 asezibilinini, nezintso zombini, nenqatha lazo, nelisemihlubulweni, nomhlehlo ophezu kwesibindi, ewususa nga-
16 sezintsweni. Woqhumisela ngezo nto umbingeleli esibingelelweni. Kukudla kwasemlilweni, livumba elithozamisayo.
17 Onke amanqatha ngakaYehova. Ngummisela ongunaphakade ezizukulwaneni zenu, emakhayeni enu onke, ukuba ningadli nqatha nagazi.

Umsondezo wombingelelo wesono

4 Wathetha uYehova kuMoses, esithi,
2 Thetha koonyana bakaSirayeli, uthi, Xa athe ubani wona ngokulahlekana nomthetho kaYehova, nokuba nguwuphi na, wezinto ezingezakwenziwa,
3 wenza enye kuzo: ukuba umbingeleli othanjisiweyo uthe wona, bazeka ityala abantu: wosondeza kuYehova ngenxa yesono sakhe oné ngaso inkunzi entsha, ithole lenkomo eligqibeleleyo, libe
4 lidini lesono. Wóyizisa inkunzi entsha emnyango wentente yokuhlangana phambi koYehova, acinezele ngesandla sakhe phezu kwentloko yenkunzi entsha, ayixhelele inkunzi entsha phambi ko-
5 Yehova. Umbingeleli othanjisiweyo wocaphula egazini lenkunzi entsha,
6 alizise ententeni yokuhlangana; awuthi nkxu umbingeleli umnwe wakhe egazini, afefe ngenxalenye yelo gazi izihlandlo zosixhenxe phambi koYehova, phambi komkhusane wengcwele; ayi- 7 dyobhe umbingeleli inxalenye yegazi ezimpondweni zesibingelelo sesiqhumiso esimnandi esiphambi koYehova, esisententeni yokuhlangana; ke lonke igazi lenkunzi entsha aliphalazele esisekweni sesibingelelo sedini elinyukayo, esisemnyango wentente yokuhlangana. Amanqatha onke enkunzi entsha yedini 8 lesono maze awasuse kulo: umhlehlo ogubungele izibilini, namanqatha onke asezibilinini, nezintso zombini, nenqa- 9 thalazo, nelisemihlubulweni, nomhlehlo ophezu kwesibindi, ewususa ngasezintsweni, njengoko asuswayo enkomeni 10 yombingelelo woxolo. Woqhumisela ngawo umbingeleli esibingelelweni sedini elinyukayo. Ke isikhumba senku- 11 nzi entsha, nenyama yayo yonke, kunye nentloko yayo, kunye neentungo zayo, nezibilini zayo, nomswane wayo, yonke 12 inkunzi entsha, wóyikhuphela ngaphandle kweminquba, ayise endaweni emhlophe, apho kuphalazwa khona uthuthu, ayitshise phezu kweenkuni ngomlilo, itshiswe apho kuphalazwa khona uthuthu.

Ke ukuba lonke ibandla lakwa- 13 Sirayeli lithe lalahleka, yafihlakala loo nto emehlweni esikhungu, benza into kumthetho kaYehova nokuba nguwuphi na, wento engeyakwenziwa, bazeka ityala, saza saziwa isono aboné ngaso: 14 isikhungu sosondeza inkunzi entsha, ithole lenkomo, libe lidini lesono, balizise phambi kwentente yokuhlangana. Ocinezela amadoda amakhulu ebandla 15 ngezandla zawo phezu kwentloko yenkunzi entsha leyo, phambi koYehova, ayixhelele inkunzi entsha phambi ko-Yehova. Umbingeleli othanjisiweyo 16 woyizisa inxalenye yegazi lenkunzi entsha ententeni yokuhlangana; awuthi 17 nkxu umbingeleli umnwe wakhe egazini, afefe izihlandlo zosixhenxe phambi koYehova, phambi komkhusane; inxa- 18 lenye yegazi ayidyobhe ezimpondweni zesibingelelo esiphambi koYehova, esisententeni yokuhlangana, igazi lonke

ILEVITIKUS 4–5

aliphalazele esisekweni sesibingelelo sedini elinyukayo, esisemnyango wente-
19 nte yokuhlangana. Wowasusa amanqatha onke kulo, aqhumisele *ngawo*
20 esibingelelweni. Makenze kule nkunzi intsha njengoko wenza kwinkunzi entsha yedini lesono, enjenjalo nakule, umbingeleli abacamagushele; boxole-
21 lwa ke. Woyikhuphela inkunzi entsha ngaphandle kweminquba, ayitshise njengoko wayitshisayo inkunzi entsha yokuqala. Lidini lesono lesikhungu elo.

22 Xa kuthe kona isikhulu, senza into ngokulahlekana nomthetho kaYehova uThixo waso, nokuba nguwuphi na, wento engeyakwenziwa, sazeka ityala;
23 ukuba sithe satyhilwa kuso isono saso esoné ngaso: sozisa umsondezo waso, ixhonti lebhokhwe elilíduna eligqibele-
24 leyo. Socinezela ngesandla saso phezu kwentloko yebhokhwe exhonti, siyixhelele apho kuxhelelwa khona idini elinyukayo phambi koYehova. Lidini
25 lesono ke elo. Umbingeleli wocaphula egazini ledini lesono ngomnwe wakhe, alidyobhe ezimpondweni zesibingelelo sedini elinyukayo, igazi lalo aliphalazele esisekweni sesibingelelo sedini
26 elinyukayo; aqhumisele ngamanqatha alo onke esibingelelweni, njengamanqatha ombingelelo woxolo, umbingeleli asicamagushele ngesono saso; soxolelwa ke.

27 Ukuba ubani othile wasebantwini balo ilizwe uthe wona ngokulahleka, ngokwenza into kumthetho kaYehova, nokuba nguwuphi na, wento engeyakwe-
28 nziwa, wazeka ityala; ukuba sithe satyhilwa kuye isono sakhe oné ngaso: wózisa umsondezo wakhe, ixhonti elilithokazi lebhokhwe, eligqibeleleyo, nge-
29 nxa yesono sakhe oné ngaso. Wocinezela ngesandla sakhe phezu kwentloko yedini lesono, alixhelele idini lesono
30 endaweni yedini elinyukayo. Umbingeleli wocaphula egazini lalo ngomnwe wakhe, alidyobhe ezimpondweni zesibingelelo sedini elinyukayo, igazi lalo lonke aliphalazele esisekweni sesibinge-
31 lelo. Wowasusa onke amanqatha alo, njengoko asuswayo amanqatha ombi-

ngelelo woxolo, aqhumisele ngawo umbingeleli esibingelelweni, libe livumba elithozamisayo kuYehova; umbingeleli amcamagushele; woxolelwa ke.

Ukuba ke umsondezo wakhe wedini 32 lesono uyimvana, wózisa ithokazi eligqibeleleyo; acinezele ngesandla sakhe 33 phezu kwentloko yedini lesono, alixhelele idini lesono apho kuxhelelwa khona idini elinyukayo. Umbi- 34 ngeleli wocaphula egazini ledini lesono ngomnwe wakhe, alidyobhe ezimpondweni zesibingelelo sedini elinyukayo, igazi lalo lonke aliphalazele esisekweni sesibingelelo. Maze awasuse onke 35 amanqatha alo, njengoko asuswayo amanqatha emvana kumbingelelo woxolo, aqhumisele ngawo umbingeleli esibingelelweni, phezu kokudla kwasemlilweni kukaYehova, umbingeleli amcamagushele ngesono sakhe oné ngaso; woxolelwa ke.

5 Ke ubani xa athe wona ngokuthi, elivile izwi lesifungo sokuzishwabulela, elingqina ke, nokuba ubonile, nokuba uyazi, angàxeli: wobuthwala ubugwenxa bakhe.

Ubani osukuba echukumisa into 2 yonke eyinqambi, nokuba sisidumbu sezinto eziphilileyo eziziinqambi, nokuba sisidumbu sezinto ezizitho ziné eziziinqambi, nokuba sisidumbu sesinambuzane esiyinqambi, engakwazi oko: uyinqambi, uzeké ityala. Xa athe wa- 3 chukumisa ubunqambi bomntu, ubunqambi bakhe bonke ayingaba ngabo, engakwazi oko, waza wabuya wakwazi oko: uzeké ityala.

Xa ke ubani athe wafunga, wapholo- 4 loza ngomlomo *wakhe,* esithi, uya kwenza into, nokuba imbi, nokuba ilungile, ezintweni zonke athe waziphololoza umntu ngesifungo, engakwazi oko, waza wabuya wakwazi oko: uzeké ityala nangayiphi kwezo nto.

Kothi ke, xa athe wazeka ityala na- 5 ngayiphi kwezo nto, ayivume into oné ngayo; alizise idini letyala lakhe ku- 6 Yehova, ngenxa yesono sakhe oné ngaso, azise ithokazi lasempahleni emfutshane, imvanazana nokuba litakanekazi lebhokhwe exhonti, libe lidini lesono, aze umbingeleli amcamagushele ngesono sakhe.

7 Ukuba ke isandla sakhe sithe asaba nakuyifumana into elingana netakane, wózisa kuYehova idini letyala lakhe oné ngalo, amahobe abe mabini, nokuba ngamagobo evukuthu abe mabini, elinye libe lidini lesono, elinye libe
8 lidini elinyukayo. Wowazisa kumbingeleli, asondeze eledini lesono kuqala, aliqhawule intloko ngasentanyeni, anga-
9 lahluli kanye; afefe ngenxalenye yegazi ledini lesono ecaleni lesibingelelo, eliseleyo igazi likhanyelwe esisekweni sesi-
10 bingelelo. Lidini lesono ke elo. Elesibini maze alenze idini elinyukayo ngokwesiko, umbingeleli amcamagushele ngesono sakhe oné ngaso; woxolelwa ke.

11 Ukuba ke isandla sakhe sithe asaba nakuwafumana amahobe amabini, nokuba ngamagobo evukuthu amabini, wozisa umsondezo wakhe lowo wonileyo, ube sisahlulo seshumi se-efa* yomgubo ocoliweyo, ube lidini lesono, angabeki oli phezu kwawo, angabeki ntlaka imhlophe phezu kwawo; kuba
12 lidini lesono elo. Wowuzisa kumbingeleli, umbingeleli asube kuwo, sizale isandla sakhe, aqhumisele ngesikhumbuzo salo esibingelelweni, phezu kokudla kwasemlilweni kukaYehova.
13 Lidini lesono ke elo. Umbingeleli womcamagushela ngesono sakhe oné ngaso, nangayiphi kwezo nto; woxolelwa ke. Oseleyo woba ngowombingeleli, njengomnikelo wokudla.

Umsondezo wedini letyala

14 Wathetha uYehova kuMoses, esithi,
15 Xa ubani athe wameneza, wona ezintweni ezingcwele zikaYehova ngokulahleka, wozisa idini letyala lakhe kuYehova, inkunzi yemvu egqibeleleyo yasempahleni emfutshane, iyeyeeshekele* zesilivere ngokweshekele yengcwele ngokulinganisela kwakho, ibe lidini letyala.
16 Nento oné kuyo ezintweni ezingcwele, makayimisele, ongeze isahlulo sesihlanu phezu kwayo, ayinike umbingeleli; umbingeleli amcamagushele ngenkunzi yemvu yedini letyala; woxolelwa ke.

17 Nokuba ubani uthe wona, wenza into kumthetho kaYehova, nokuba nguwuphi na, wento engeyakwenziwa, engazi: uzeké ityala, ubuthwele ubugwenxa bakhe. Wozisa kumbingeleli inkunzi 18 yemvu egqibeleleyo yasempahleni emfutshane, ngokulinganisela kwakho, ibe lidini letyala; umbingeleli amcamagushele ngokulahleka kwakhe alahleke ngako, engazi; woxolelwa ke. Lidini 19 letyala ke elo; unetyala okunene kuYehova.

6 Wathetha uYehova kuMoses, esithi, Xa ubani athe wona ngokumeneza, 2 emeneza kuYehova, wayikhanyela kummelwane wakhe into ebibekwe kuye, nokuba yinto esisibambiso, nokuba yinto exhakamfulweyo, nokuba umcudisile ummelwane wakhe, nokuba 3 ufumene into ebidukile wayikhanyela, wafunga ubuxoki ezintweni zonke azenzileyo, esona ngazo: wóthi, xa athe 4 wona, wazeka ityala, ayibuyise loo nto ixhakamfulweyo, abeyixhakamfule, nento ecudisiweyo, abeyicudisile, nento ebekiweyo, ebibekiwe kuye, nento ebidukile wayifumana, nento yonke abeyifungele ubuxoki. Woyibuyekeza ngangenani layo, ongeze phezu kwalo 5 isahlulo sesihlanu salo, ayinike osukuba engumniniyo ngomhla wedini lakhe letyala. Wólizisa idini letyala lakhe 6 kuYehova, kumbingeleli, inkunzi yemvu egqibeleleyo yasempahleni emfutshane, ngokulinganisela kwakho, ibe lidini letyala. Umbingeleli womcamagushela phambi koYehova, axolelwe ke 7 ezintweni zonke azenzileyo, wazeka ityala ngazo.

Izalathiso kubabingeleli malunga namadini

Wathetha uYehova kuMoses, esithi, 8
Wisela uAron noonyana bakhe umthe- 9 tho, uthi, Nguwo lo umyalelo wedini elinyukayo: lona idini elinyukayo lotsha

ILEVITIKUS 6-7

eziko phezu kwesibingelelo ubusuku bonke kude kuse, nomlilo wesibingelelo 10 uhlale usitsha kulo. Umbingeleli makambathe ingubo yakhe yelinen emhlophe, ambathe nebhulukhwe yelinen emhlophe enyameni yakhe, asuse uthuthu lomlilo odle idini elinyukayo phezu kwesibingelelo, alubeke ecaleni lesibi- 11 ngelelo; ahlube iingubo zakhe ezo, ambathe ngubo zimbi, aphume nothuthu, aye nalo ngaphandle kweminquba, 12 endaweni emhlophe. Ke umlilo ophezu kwesibingelelo mawuhlale usitsha kuso, ungacimi; umbingeleli abáse iinkuni phezu kwawo imiso ngemiso, acwangcise phezu kwawo idini elinyukayo, aqhumisele phezu kwalo ngama- 13 nqatha ombingelelo woxolo. Umlilo wohlala usitsha esibingelelweni, ungacimi.

14 Nguwo lo umyalelo womnikelo wokudla: oonyana baka-Aron mabawusondeze phambi koYehova, phambi kwe- 15 sibingelelo; asube kuwo, azalise isandla emgubeni ocoliweyo womnikelo wokudla, naseolini yawo, nasentlakeni emhlophe yonke ephezu komnikelo wokudla, aqhumisele *ngezo nto* esibingelelweni. Livumba elithozamisayo, sisi- 16 khumbuzo sawo kuYehova eso. Okuseleyo kuwo kodliwa nguAron noonyana bakhe, kudliwe kungenagwele endaweni engcwele, bakudle entendelezweni ye- 17 ntente yokuhlangana. Makungosiwa okunegwele; sisabelo sabo endibanike sona ekudleni kwasemlilweni; yingcwele kangcwele, njengedini lesono, nanjenge- 18 dini letyala. Yonke into eyindoda phakathi koonyana baka-Aron yowudla. Ngummiselo ongunaphakade ezizukulwaneni zenu wasekudleni kwasemlilweni kukaYehova: bonke abasukuba bezichukumisa ezo nto boba ngcwele.

19 Wathetha uYehova kuMoses, esithi, 20 Nguwo lo umsondezo ka-Aron noonyana bakhe, abowusondeza kuYehova ngomhla wokuthanjiswa kwakhe: isahlulo seshumi se-efa* yomgubo ocoliweyo, ube ngumnikelo wokudla wamaxesha onke, ube sisiqingatha kusasa, ube sisi- qingatha ngokuhlwa; wenziwe ngeoli 21 epanini, uwuzise ukroqiwe, uwusondeze ungamaqhekeza ngokomnikelo wokudla wamaqhekeza, ube livumba elithozamisayo kuYehova. Umbingeleli o- 22 thanjisiweyo esikhundleni sakhe wowenza koonyana bakhe. Ngummiselo ongunaphakade kuYehova: koqhunyiselwa ngawo uphela; wonke umnikelo 23 wokudla wombingeleli kuqhunyiselwe ngawo uphela, ungàdliwa.

Wathetha uYehova kuMoses, esithi, 24 Thetha kuAron nakoonyana bakhe, u- 25 thi, Nguwo lo umyalelo wedini lesono: apho kuxhelelwa khona idini elinyukayo, loxhelelwa khona idini lesono phambi koYehova; liyingcwele kangcwele lona. Umbingeleli olenzayo 26 idini lesono wolidla; lodliwa endaweni engcwele, entendelezweni yentente yokuhlangana. Bonke abasukuba bechu- 27 kumisa inyama yalo boba ngcwele; nabasukuba bechaphazela iingubo ngegazi lalo, boyihlamba loo nto ichatshazelweyo endaweni engcwele. Ke yona i- 28 mpahla yodongwe eliphekwe ngayo mayiqhekezwe; ukuba lithe laphekwa ngempahla yobhedu, yoguxwa, ixukuxwe ngamanzi. Yonke into eyindoda pha- 29 kathi kwababingeleli yolidla: liyingcwele kangcwele lona. Ke lonke idini 30 lesono, ekuziswe inxalenye yegazi lalo ententeni yokuhlangana, ukuba kucanyagushwe engcweleni, malingàdliwa, malitshiswe ngomlilo.

7 Nguwo lo umyalelo wedini letyala: liyingcwele kangcwele lona. Apho 2 kuxhelelwa khona idini elinyukayo, loxhelelwa khona idini letyala, negazi lalo litshizwe lijikelezise esibingelelweni. Wosondeza onke amanqatha alo akulo, 3 umsila, nomhlehlo ogubungela izibilini, nezintso zombini, nenqatha lazo, nelise- 4 mihlubulweni, nomhlehlo ophezu kwesibindi, ewususa ngasezintsweni; aqhu- 5 misele ngezo nto umbingeleli esibingelelweni. Kukudla kwasemlilweni kuYehova, lidini letyala ke elo. Yonke 6 into eyindoda phakathi kwababingeleli

ILEVITIKUS 7

yolidla; lodliwa endaweni engcwele; liyingcwele kangcwele lona.

7 Njengoko linjalo idini lesono, linjalo idini letyala: mnye umyalelo kuwo *omabini*; umbingeleli ocamagusha ngalo, 8 loba lelakhe. Umbingeleli osondeza idini elinyukayo lomntu, isikhumba sedini elinyukayo alisondezayo soba 9 sesombingeleli. Nomnikelo wonke wokudla owosiwa ezikweni lezonka, nawo wonke owenzelwa epanini nasembizeni, woba ngowombingeleli owusondezayo.

10 Ke umnikelo wonke wokudla ogalelwe ioli, nowomileyo, woba ngowoonyana bonke baka-Aron, omnye abe njengomnye.

11 Nguwo lo umyalelo wombingelelo woxolo, aya kuwusondeza kuYehova.

12 Ukuba úthe wasondeza ngenxa yombulelo, wosondeza phezu kombingelelo wombulelo imiqhathane engenagwele egalelwe ioli, nezonkana ezisicaba ezingenagwele, zithanjiswe ioli, nomgubo ocoliweyo, okroqiweyo, oyimiqhathane 13 egalelwe ioli. Kunye nemiqhathane yesonka esingenagwele, wosondeza umsondezo wakhe phezu kombingelelo 14 wakhe wombulelo ongowoxolo; asondeze ube mnye othatyathwe emsondezweni wonke, ube ngumrhumo kuYehova, ube ngowombingeleli olitshizayo igazi 15 lombingelelo woxolo. Nenyama yombingelelo wakhe wombulelo ongowoxolo yodliwa ngomhla wokusondeza kwakhe, kungashiywa nento kuyo kude kuse.

16 Ke ukuba umbingelelo womsondezo wakhe uthe waba ngowesibhambathiso, nokuba ngowokuqhutywa yintliziyo, wodliwa ngomhla wokusondeza kwakhe umbingelelo wakhe; okuseleyo 17 kuwo kudliwe ngengomso. Ke okuseleyo enyameni yombingelelo kwada kwangumhla wesithathu makutshiswe 18 ngomlilo. Ukuba kuthe kwadliwa, nokuba yintwana le yenyama yombingelelo wakhe woxolo, ngomhla wesithathu, awusayi kumkholekisa owusondezayo, awusayi kubalelwa kuye; woba yimbozisa. Ubani odlayo kuwo wobuthwala ubugwenxa bakhe.

Nenyama efike entweni yonke eyi- 19 nqambi mayingadliwa; yotshiswa ngomlilo. Ke yona inyama, bonke abahlambulukileyo boyidla inyama; ubani 20 osukuba esidla inyama yombingelelo woxolo ongokaYehova, enobunqambi bakhe, loo mntu wonqanyulwa, angabikho ebantwini bakowabo. Xa athe 21 ubani wachukumisa into eyinqambi, nokuba bubunqambi bomntu, nokuba bubunqambi bezinto ezizitho ziné eziziinqambi, nokuba yinto yonke enezothe eyinqambi, waza wadla inyama yombingelelo woxolo ongokaYehova, wonqanyulwa loo mntu, angabikho ebantwini bakowabo.

Wathetha uYehova kuMoses, esithi, 22 Thetha koonyana bakaSirayeli, uthi, 23 Ize ningadli nqatha lankomo, namvu, nabhokhwe. Inqatha lento ezifeleyo, 24 nenqatha lento eqwengiweyo, ningásebenza ngalo emisebenzini yonke; ke ukulidla ningalidli. Kuba bonke abali- 25 dlayo inqatha lezinto ezizitho ziné, abazisondezileyo zaba kukudla kwasemlilweni kuYehova, loo mntu ulidlayo wonqanyulwa, angabikho ebantwini bakowabo.

Ize ningadli gazi emakhayeni enu 26 onke, nelantaka, nelazinto zizizitho ziné. Wonke ubani osukuba esidla nto iligazi, 27 loo mntu wonqanyulwa, angabikho ebantwini bakowabo.

Wathetha uYehova kuMoses, esithi, 28 Thetha koonyana bakaSirayeli, uthi, 29 Lowo usondeza umbingelelo wakhe woxolo kuYehova, ukuwuzisa umsondezo wakhe kuYehova, wówuthabatha kumbingelelo wakhe woxolo lowo. Izandla zakhe zókuzisa ukudla kwase- 30 mlilweni kukaYehova: inqatha eliphezu kwencum wolizisa kunye nencum, ukuba litshangatshangiswe libe ngumtshangatshangiso phambi koYehova. U- 31 mbingeleli woqhumisela ngenqatha elo esibingelelweni; ke yona incum ibe yeka-Aron neyoonyana bakhe; umlenze 32 wasekunene niwunike umbingeleli, ube ngumrhumo kumbingeleli emibingelelweni yenu yoxolo. Lowo phakathi 33 koonyana baka-Aron, usondeza igazi lombingelelo woxolo nenqatha, umlenze wasekunene woba ngowakhe, ube 34 sisabelo sakhe. Kuba incum yomtshangatshangiso, nomlenze womrhumo, ndiwuthabathile koonyana bakaSirayeli emibingelelweni yabo yoxolo; ndiwuniké uAron umbingeleli, noonyana bakhe, ukuba ube ngummiselo ongunaphakade koonyana bakaSirayeli.

35 Ezo nto ngumxhesho ka-Aron, nomxhesho woonyana bakhe, ekudleni kwasemlilweni kukaYehova, ngomhla awabasondezáyo ukuba babe ngababi-36 ngeleli kuYehova; awawisa umthetho uYehova, ngomhla wokubathambisa kwakhe, ukuba bawunikwe ngoonyana bakaSirayeli; ube ngummiselo ongunaphakade lowo ezizukulwaneni zabo.

37 Nguwo lowo umyalelo wedini elinyukayo, nowomnikelo wokudla, nowedini lesono, nowedini letyala, nowoku-38 misela, nowombingelelo woxolo, awamwisela umthetho ngawo uYehova uMoses, entabeni yaseSinayi, ngomhla wokubawisela kwakhe umthetho uoonyana bakaSirayeli, ukuba basondeze imisondezo yabo kuYehova, entlango yaseSinayi.

Ukungcwaliswa kuka-Aron noonyana bakhe babe ngababingeleli

8 Wathetha uYehova kuMoses, esithi,
2 Thabatha ooAron noonyana bakhe kunye naye, nezambatho ezo, neoli yokuthambisa, nenkunzi entsha yenkomo yedini lesono, neenkunzi zezimvu zibe mbini, nengobozi yezonka ezi-3 ngenagwele; ulibizele ndawonye lonke ibandla emnyango wententje yokuhlangana.

4 Wenza uMoses ngoko uYehova wamwisela umthetho ngako; walibizela ndawonye ibandla emnyango wententje 5 yokuhlangana. Wathi uMoses kwibandla, Yiyo le into awise umthetho ngayo 6 uYehova ukuba yenziwe. UMoses wabasondeza ke ooAron noonyana bakhe, 7 wabahlamba ngamanzi. Wamnxiba ingubo yangaphantsi, wambhinqisa umbhinqo, wamambathisa ngengubo yokwaleka, wamnxiba iefodi, wambhinqisa umbhinqo we-efodi, wayibhinqa ngawo; wamnxiba ubengo; elubengweni 8 wafaka iiUrim neeTumim;* wamfaka 9 unkontsho entloko; elunkontshweni ngaphambili wabeka imbasa yegolide, isithsaba esingcwele, njengoko uYehova wamwiselayo umthetho uMoses.

Wayithabatha uMoses ioli yokutha- 10 mbisa, wawuthambisa umnquba neento zonke ezikuwo, wazingcwalisa; wafefa 11 ngenxalenye yayo esibingelelweni izihlandlo zosixhenxe, wasithambisa isibingelelo nempahla yaso yonke, nohehema lwesitya sokuhlambela, noseko lwalo, ukuba zingcwaliswe ezo zinto. Wagalela inxalenye yeoli yokuthambisa 12 kuAron entloko, wamthambisa ukuba angcwaliswe.

UMoses wabasondeza oonyana baka- 13 Aron, wabanxiba iingubo zangaphantsi, wababhinqisa umbhinqo, wababopha iminqwazi, njengoko uYehova wamwisela umthetho uMoses.

Wasondeza inkunzi entsha yenkomo 14 yedini lesono, bacinezela ooAron noonyana bakhe ngezandla zabo phezu kwentloko yenkunzi entsha yedini lesono. Yaxhelwa ke; walithabatha uMoses 15 igazi, walidyobha wajikeleziza ezimpondweni zesibingelelo ngomnwe wakhe, isibingelelo wasihlambulula sona, waliphalazela igazi esisekweni sesibingelelo, wasingcwalisa, ukuba asicamagushele. Wawathabatha onke amanqatha asezi- 16 bilinini, nomhlehlo wesibindi, nezintso zombini, nenqatha lazo, waqhumisela ngezo zinto uMoses esibingelelweni. Ke inkunzi entsha yenkomo, nesikhu- 17 mba sayo, nenyama yayo, nomswane wayo, wayitshisa ngomlilo ngaphandle kweminquba, njengoko uYehova wamwisela umthetho uMoses.

Wayisondeza inkunzi yemvu yedini 18 elinyukayo; bacinezela ooAron noonyana bakhe ngezandla zabo phezu kwentloko yenkunzi yemvu. Yaxhelwa ke; 19 uMoses walitshiza igazi, wajikeleziza esibingelelweni; inkunzi yemvu wayi- 20 tyatya; waqhumisela uMoses ngentloko,

21 nenyama, nenqatha. Wazihlamba izibilini neentungo ngamanzi, waqhumisela uMoses ngenkunzi yemvu iphela esibingelelweni. Lidini elinyukayo elo lokuba livumba elithozamisayo; kukudla kwasemlilweni oko kuYehova, njengoko uYehova wamwisela umthetho uMoses.

22 Wayisondeza neyesibini inkunzi yemvu, inkunzi yemvu yokumisela; bacinezela ooAron noonyana bakhe ngezandla zabo phezu kwentloko yenkunzi
23 yemvu. Yaxhelwa ke; wacaphula uMoses egazini layo, walidyobha esithinzini sendlebe yasekunene ka-Aron, nasesithupheni sesandla sakhe sokunene, nakubhontsi wonyawo lwakhe lwasekune-
24 ne. Wasondeza oonyana baka-Aron, uMoses wadyobha inxalenye yegazi esithinzini sendlebe yabo yasekunene, nasesithupheni sesandla sabo sokunene, nakubhontsi wonyawo lwabo lwasekunene. UMoses walitshiza igazi, wajikeleziza esibingelelweni.
25 Walithabatha inqatha, nomsila, namanqatha onke asezibilinini, nomhlehlo wesibindi, nezintso zombini, nenqatha
26 lazo, nomlenze wasekunene; engobozini yezonka ezingenagwele, ephambi koYehova, wathabatha umqhathane ongenagwele wamnye, nomqhathane wesonka esineoli wamnye, nesonkana esisicaba sasinye, wabeka phezu kwamanqatha naphezu komlenze wasekunene.
27 Wazibeka zonke ezo zinto ezandleni zika-Aron, nasezandleni zoonyana bakhe, wazitshangatshangisa, zaba ngumtsha-
28 ngatshangiso phambi koYehova. Wazithabatha uMoses ezandleni zabo, waqhumisela ngazo esibingelelweni, phezu kwedini elinyukayo: zaba lumiselo, laba livumba elithozamisayo, kwaba kukudla kwasemlilweni kuYehova
29 oko. Wayithabatha uMoses incum, wayitshangatshangisa, yaba ngumtshangatshangiso phambi koYehova; inkunzi yemvu yomiselo yasisabelo sikaMoses, njengoko uYehova wamwisela umthetho uMoses.
30 Wacaphula uMoses eolini yokuthambisa, nasegazini elisesibingelelweni, wafefa kuAron nasezambathweni zakhe, nakoonyana bakhe, nasezambathweni zoonyana bakhe kunye naye, wamngcwalisa uAron nezambatho zakhe, noonyana bakhe nezambatho zoonyana bakhe kunye naye.

Wathi uMoses kooAron noonyana 31 bakhe, Yiphekeni inyama emnyango wentente yokuhlangana, niyidle khona apho, nesonka esisengobozini yomiselo, njengoko ndawisayo umthetho, ndisithi, OoAron noonyana bakhe boyidla. Into 32 eseleyo yenyama neyesonka noyitshisa ngomlilo. Ize ningaphumi emnyango 33 wentente yokuhlangana, imihla esixhenxe, kude kube ngumhla wokuzaliseka kwemihla yokumiselwa kwenu; kuba bonimisela imihla esixhenxe. Njengoko kwenziwe ngako namhla, 34 uYehova uwise umthetho ukuba kwenjiwe njalo ukunicamagushela. Nòhla- 35 la emnyango wentente yokuhlangana, imini nobusuku, imihla esixhenxe, nigcine isigxina sikaYehova, ukuze ningafi; kuba ndiwiselwe umthetho ngokunjalo.

Benza ooAron noonyana bakhe zonke 36 izinto abewise umthetho ngazo uYehova ngesandla sikaMoses.

Ukugosiswa kuka-Aron noonyana bakhe babe ngababingeleli

9 Kwathi ngomhla wesibhozo, uMoses wabiza uAron noonyana bakhe, namodada amakhulu akwaSirayeli. Wa- 2 thi kuAron, Zithabathele ithole, inkonyana yenkomo, ibe lidini lesono, nenkunzi yemvu ibe lidini elinyukayo, ezo zinto zigqibelele, uzisondeze phambi koYehova; uthethe koonyana bakaSira- 3 yeli, uthi, Thabathani inkunzi exhonti yebhokhwe, ibe lidini lesono; nethole nemvana ezimnyaka mnye, ezigqibeleleyo, zibe lidini elinyukayo; nenkomo 4 nenkunzi yemvu, zibe ngumbingelelo woxolo wokubingelelwa phambi koYehova; nomnikelo wokudla ogalelwe ioli: ngokuba namhla uYehova uya kubonakala kuni.

Bakuthabatha oko uMoses wawisa 5 umthetho ngako, bakuzisa phambi

kwentente yokuhlangana; lasondela lonke ibandla, lema phambi koYehova.
6 Wathi uMoses, Lilo eli ilizwi uYehova awise umthetho ngalo ukuba nilenze: bobonakala ke ubuqaqawuli bukaYe-
7 hova kuni. Wathi uMoses kuAron, Sondela esibingelelweni, wenze idini lakho lesono, nedini lakho elinyukayo, uzicamagushele okwakho nokwabantu; wenze umsondezo wabantu, ubacamagushele, njengoko uYehova wawisayo umthetho.

8 Wasondela ke uAron esibingelelweni, walixhela ithole ledini lesono elilelakhe.
9 Balisondeza oonyana baka-Aron igazi kuye, wawuthi nkxu umnwe wakhe egazini, walidyobha ezimpondweni zesibingelelo, waliphalazela igazi esisekwe-
10 ni sesibingelelo. Ke inqatha, nezintso, nomhlehlo osesibindini, edinini lesono, waqhumisela ngezo zinto esibingelelweni, njengoko uYehova wamwisela u-
11 mthetho uMoses. Ke inyama nesikhumba wazitshisa ngomlilo ngaphandle kweminquba.
12 Walixhela idini elinyukayo, oonyana baka-Aron balizisa kuye igazi; walitshi-
13 za wajikeleziza esibingelelweni. Balizisa kuye nedini elinyukayo ngeenyama zalo, nentloko *yalo*; waqhumisela ngezo
14 nto esibingelelweni. Wazihlamba izibilini neentungo, waqhumisela ngezo zinto phezu kwedini elinyukayo esibingelelweni.
15 Wasondeza umsondezo wabantu, wathabatha ibhokhwe yedini lesono eyeyabantu, wayixhela, wenza idini lesono
16 njengelokuqala. Wasondeza nedini eli-
17 nyukayo, walenza ngokwesiko. Wawusondeza umnikelo wokudla, wazalisa isandla sakhe ngawo, waqhumisela ngawo esibingelelweni, ngaphezu kwedini elinyukayo lakusasa.
18 Wayixhela inkomo nenkunzi yemvu yombingelelo woxolo ongowabantu, balizisa oonyana baka-Aron igazi kuye, walitshiza, wajikeleziza esibingelelweni;
19 namanqatha enkomo nawenkunzi yemvu, nomsila wayo, nomhlehlo, nezi-
20 ntso, nomhlehlo wesibindi. Bawabeka loo manqatha phezu kwazo iincum, waqhumisela ngamanqatha esibingelelwe-
21 ni. Ke iincum ezo, nomlenze lowo wasekunene, wazitshangatshangisa uAron zaba ngumtshangatshangiso phambi koYehova, njengoko wamwiselayo umthetho uMoses.

22 UAron waziphakamisela ebantwini izandla zakhe, wabasikelela; wehla ke ekulenzeni idini lesono, nedini elinyukayo, nombingelelo woxolo.
23 Bangena ooMoses noAron ententeni yokuhlangana; baphuma ke babasikelela abantu: babonakala ubuqaqawuli bukaYehova kubo bonke abantu. Kwaphu-
24 ma umlilo ebusweni bukaYehova, walidla idini elinyukayo, namanqatha aphezu kwesibingelelo; babona bonke abantu, baduma, bawa ngobuso.

Isono sikaNadabhi noAbhihu nokufa kwabo

10 Ke kaloku oonyana baka-Aaron abangooNadabhi noAbhihu bathabatha elowo ugcedevu lwakhe, babeka umlilo kulo, babeka phezu kwawo isiqhumiso, basondeza phambi koYehova umlilo ongesesikwenu, abengabawisela-
2 nga mthetho ngawo. Kwaphuma umlilo ebusweni bukaYehova, wabadla; bafa
3 phambi koYehova. Wathi uMoses kuAron, Yilaa nto wayithethayo uYehova, wathi, Ndozingcwalisela abasondela kum, ndizizukise ebusweni babantu bonke; wathi cwaka uAron.

4 UMoses wabiza uMishayeli noElitsafan, oonyana bakaUziyeli, uyisekazi ka-Aron, wathi kubo, Sondelani nibathwale abazalwana benu, nibasuse phambi kwengcwele, nibasé ngaphandle
5 kweminquba. Basondela ke, babathwalela ngaphandle kweminquba, beneengubo zabo zangaphantsi, njengoko watshoyo uMoses. Wathi uMoses ku-
6 Aron, nakuElazare, nakuItamare, oonyana bakhe, Musani ukuziyeka ziyakazele iinwele zenu, ningazikrazuli iingubo zenu, ukuze ningafi, nokuze umsindo ungalifikeli ibandla lonke; abazalwana benu, yonke indlu kaSirayeli, bangákulilela bona ukutshisa akutshisileyo uYehova. Ize ningaphu- 7

mi emnyango wentente yokuhlangana, hleze nife; kuba ioli yokuthambisa ka-Yehova iphezu kwenu. Benza ke ngokwelizwi likaMoses.

8 Wathetha uYehova kuAron, esithi,
9 Musa ukusela wayini nasiselo sinxilisayo, wena noonyana bakho kunye nawe, ekungeneni kwenu ententeni yokuhlangana, ukuze ningafi. Ngummiselo ongunaphakade ezizukulwaneni zenu
10 ke lowo; ukuze kwahlulwe okungcwele kokuhlambelayo, nokuyinqambi koku-
11 hlambulukileyo; nokuze bayalwe oonyana bakaSirayeli ngemimiselo yonke awayithethayo uYehova kubo ngoMoses.
12 Wathetha uMoses kuAron, nakuElazare nakuItamare, oonyana bakhe abaselayo, wathi, Thabathani umnikelo wokudla oseleyo ekudleni kwasemlilweni kukaYehova, niwudle ungenagwele ecaleni lesibingelelo; kuba uyingcwele
13 kangcwele lowo. Nize niwudle endaweni engcwele, kuba úmiselwe wena, úmiselwe oonyana bakho, ekudleni kwasemlilweni kukaYehova; kuba ndiwiselwe umthetho ngokunjalo.
14 Ke incum yomtshangatshangiso nomlenze womrhumo, ezo nto nozidla endaweni emhlophe, wena noonyana bakho neentombi zakho kunye nawe; kuba zimiselwe wena, zimiselwe oonyana bakho; zenizinikiweyo emibingelelweni
15 yoxolo yoonyana bakaSirayeli. Umlenze womrhumo nencum yomtshangatshangiso yoziswa nokudla kwasemlilweni kwamanqatha, ukuba itshangatshangiswe ibe ngumtshangatshangiso phambi koYehova, ibe ngowakho noonyana bakho kunye nawe; ibe ngummiselo ongunaphakade, njengoko uYehova wawisayo umthetho.

16 Ibhokhwe yedini lesono wayifuna kunene uMoses. Yini? Itshisiwe. Waba noburhalarhume ngakuElazare noItamare, oonyana baka-Aaron abaseleyo,
17 esithi, Kutheni na le nto ningalidlanga idini lesono endaweni engcwele? Kuba liyingcwele kangcwele; uniniké lona ukuze nibuthwale ubugwenxa bebandla, ukuze nilicamagushele phambi koYehova. Yabonani, alingeniswanga igazi 18 lalo engcweleni phakathi; ninge nilidlile okunene engcweleni, njengoko ndawisa umthetho. Wathetha uAron kuMoses, 19 esithi, Yabona, namhlanje basondeze idini labo lesono, nedini labo elinyukayo phambi koYehova; ndahlelwa zezi zinto. Ukuba bendilidlile idini lesono namhla, bekuya kulunga yini na emehlweni kaYehova? Weva uMoses; 20 kwalunga emehlweni akhe.

Iinyama ezidliwayo neziyinqambi

11 Wathetha uYehova kuMoses nakuAron, esithi kubo, Thethani 2 koonyana bakaSirayeli, nithi, Zizo ezi izinto eziphilileyo enodla zona ezintweni zonke ezizitho ziné ezisehlabathini: zonke izinto ezithiwe gqiphu uphuphu, 3 ezimpuphu zicandwe kubini, ezetyisa umtyiso, ezintweni ezizitho ziné, nozidla ezo. Zezi zodwa eningayi kuzidla 4 kwezetyisa umtyiso, nakwezithiwe gqiphu uphuphu: inkamela, ngokuba ityisa umtyiso, ke ayiluthe gqiphu uphuphu, iyinqambi kuni; nembila, 5 ngokuba ityisa umtyiso, ke ayiluthe gqiphu uphuphu, iyinqambi kuni; no- 6 mvundla, ngokuba utyisa umtyiso, ke awuluthe gqiphu uphuphu, uyinqambi kuni; nehagu, ngokuba iluthe gqiphu 7 uphuphu, ke ilucande kubini uphuphu, yabe ingawutyisi umtyiso, iyinqambi kuni. Inyama yezo nto ize ningayidli, 8 nesidumbu sazo ningasichukumisi; ziziinqambi kuni.

Ezintweni zonke ezisemanzini nozidla 9 ezi: zonke izinto ezinamaphiko namaxolo emanzini, ezilwandleni nasemilanjeni, nozidla zona. Ke zonke izinto 10 ezingenamaphiko namaxolo ezilwandleni nasemilanjeni, enyakanyakeni yonke esemanzini, nasezintweni eziphilileyo ezisemanzini, zoba nezothe kuni, zibe 11 nezothe kuni. Nize ningayidli inyama yazo; nezidumbu zazo zibe nezothe kuni. Zonke izinto ezingenamaphiko 12 namaxolo emanzini zoba nezothe kuni.

Zezi ezintakeni ezoba nezothe kuni; 13 zezingadliwa, zinezothe zona: ixhalanga,

14 nosilwangangubo, nonomakhwezana;
15 noontloyiya ngohlobo lwabo; nehlu-
16 ngulu lonke ngohlobo lwalo; nencimba, nesihuluhulu, nengabangaba, nenta-
17 mbanane ngohlobo lwayo; nesikhova,
18 nogwidi, nefubesi, nenkuku yamanzi,
19 nengcwangube, nenkqo; nengwamza, nokhwalimanzi ngohlobo lwakhe, nobhobhoyi, nelulwane.

20 Yonke inyakanyaka enamaphiko, ehamba ngazitho ziné, yoba nezothe
21 kuni. Zezi zodwa enozidla kwinyakanyaka yonke enamaphiko, ehamba ngazitho ziné, enemilenze yomibini entla kweenyawo zayo, yokuba itshakace
22 ngayo emhlabeni; zezi ke kuzo enozidla: inkumbi ngohlobo lwayo, nesibotho ngohlobo lwaso, nomqhathu ngohlobo lwawo, nomcikwane ngohlobo lwawo.
23 Ke yonke inyakanyaka enamaphiko, enazitho ziné, yoba nezothe kuni.

24 Ngenxa yayo noba ziinqambi; abachukumisa isidumbu sayo boba ziinqa-
25 mbi, bahlwise; bonke abasusa nto yesidumbu sayo, bohlamba iingubo zabo,
26 babe ziinqambi, bahlwise. Yonke into ezitho ziné eluthe gqiphu uphuphu, ukulucanda ingalucandi kubini, ingatyisi mtyiso, iyinqambi kuni; bonke abayichukumisayo boba ziinqambi.
27 Neento zonke ezihamba ngamathupha azo, ezintweni zonke eziphilileyo ezihamba ngazitho ziné, ziziinqambi kuni; bonke abasichukumisayo isidumbu sazo,
28 boba ziinqambi bahlwise. Lowo ususa isidumbu sazo, wohlamba iingubo zakhe, abe yinqambi ahlwise; ziinqambi zona kuni.

29 Zezi ezoba ziinqambi kuni enyakanyakeni enyakazela emhlabeni: igala, nempuku, noxam ngohlobo lwakhe;
30 nentulo, necilishe, norhoqotyeni, noqe-
31 beyi, nolovane. Zezo eziziinqambi kuni enyakanyakeni yonke; bonke abazichukumisayo ezifileyo kuzo, boba ziinqambi, bahlwise.

32 Izinto zonke ezithe zawelwa yenye yazo ifile, zoba ziinqambi: nokuba ziimpahla zonke zemithi, nokuba ziingubo, nokuba zizikhumba, nokuba ziingxowa, zonke iimpahla ekusetyenzwa ngazo, zonyiwa emanzini, zibe ziinqambi, zihlwise; zize zihlambuluke ke. Iimpahla zonke zomdongwe, ethe 33 yeyela kuzo enye yazo, zoba ziinqambi zonke izinto eziphakathi kwazo; noziqhekeza ke. Konke ukudla okudliwa- 34 yo, okufikiweyo ngamanzi akwezo mpahla, koba yinqambi; nento yonke eselwayo ngezo mpahla zonke, yoba yinqambi. Into yonke ethe yawelwa nayi- 35 ndawoni na yesidumbu sazo, yoba yinqambi; nokuba liziko lezonka, nokuba ngungxawu, ize yaphulwe; iyinqambi, yoba yinqambi kuni. Kodwa 36 umthombo nequla elinentlanganisela yamanzi lohlambuluka; osichukumisayo isidumbu sazo woba yinqambi. Xa 37 kuthe kwawa nandawoni yesidumbu sazo embewini yonke ehlwayelwayo, eza kuhlwayelwa, yohlambuluka yona. Xa kuthe kwagalelwa amanzi embewini, 38 kwawa nandawoni yesidumbu sazo phezu kwayo, yoba yinqambi kuni.

Xa kuthe kwafa nto izitho ziné idli- 39 wayo nini, lowo usichukumisayo isidumbu sayo woba yinqambi, ahlwise. Lowo udlayo esidumbini sayo, wozi- 40 hlamba iingubo zakhe, abe yinqambi, ahlwise; nalowo ususa isidumbu sayo, wozihlamba iingubo zakhe, abe yinqambi, ahlwise.

Yonke inyakanyaka enyakazela e- 41 mhlabeni inezothe; mayingadliwa. Zo- 42 nke izinto ezihamba ngesisu, neento zonke ezihamba nganyawo-né, kude kuse kwiinto zonke ezineenyawo ezininzi, enyakanyakeni yonke enyakazelayo emhlabeni, ize ningazidli; ngokuba zinezothe. Musani ukuyenza imiphe- 43 fumlo yenu ibe nezothe ngenyakanyaka yonke enyakazelayo, ize ningazenzi inqambi ngayo, nibe yinqambi ngayo. Ngokuba ndinguYehova uThixo 44 wenu, ze nizingcwalise nibe ngcwele; ngokuba ndiyiNgcwele; ize ningayenzi iinqambi imiphefumlo yenu ngenyakanyaka yonke enambuzelayo emhlabeni. Ngokuba ndinguYehova oninyuse e- 45

ILEVITIKUS 11–13

zweni laseYiputa, ukuba ndibe nguThixo wenu; ize nibe ngcwele, ngokuba ndiyiNgcwele.

46 Nguwo lowo umyalelo weento ezizitho ziné, neentaka, nemiphefumlo yonke ephilileyo enambuzelayo emanzini, nemiphefumlo yonke enyakazelayo emhla-
47 beni; woyahlula eyinqambi kwehlambulukileyo, nento ephilileyo edliwayo kwinto ephilileyo engàdliwayo.

Ubunqambi bomfazi ozeleyo

12 Wathetha uYehova kuMoses, esi-
2 thi, Thetha koonyana bakaSirayeli, uthi, Umfazi, xa athe wathabatha, wazala inkwenkwe, woba yinqambi imihla esixhenxe; njengemihla yokungcola
3 komzi wakhe woba yinqambi. Ngomhla wesibhozo iya kwalùswa inyama yo-
4 kwalùswa; aze ahlale egazini lokuhlanjululwa kwakhe iintsuku ezimashumi mathathu anantsuku-ntathu; angazichukumisi zonke izinto ezingcwele, angangeni engcweleni, zide zizaliseke iintsu-
5 ku zokuhlanjululwa kwakhe. Ke ukuba uthe wazala intombi, woba yinqambi iiveki ezimbini, njengasekungcoleni kwakhe; ahlale phezu kwegazi lokuhlanjululwa kwakhe iintsuku ezimashumi mathandathu anantsuku ntandathu.
6 Ekuzalisekeni kweentsuku zokuhlanjululwa kwakhe ngonyana, nokuba kungentombi, wozisa imvana emnyaka mnye ibe lidini elinyukayo, negobo levukuthu nokuba lihobe, libe lidini lesono, emnyango wententle yokuhla-
7 ngana, kuye umbingeleli; alisondeze yena phambi koYehova, emcamagushele, aze ahlambuluke ke ethombeni legazi lakhe. Nguwo lowo umyalelo wozeleyo inkwenkwe nokuba yintombi.
8 Ke ukuba isandla sakhe sithe asaba nakufumana nto ilingana nemvana, wothabatha amahobe abe mabini, nokuba ngamagobo evukuthu abe mabini, elinye libe leledini elinyukayo, elinye libe leledini lesono, umbingeleli amcamagushele, aze ahlambuluke ke.

Ubunqambi beqhenqa

13 Wathetha uYehova kuMoses na-
kuAron, esithi, Umntu xa kuthe 2 kwakho elùswini lwenyama yakhe ukufukuka, nokuba kukujaduka, nokuba litshatshazi, laba sisibetho seqhenqa elùswini lwenyama yakhe, woziswa kuAron umbingeleli, nokuba kukomnye woonyana bakhe ababingeleli. Wosi- 3 khangela umbingeleli isebetho elùswini lwenyama yakhe; ukuba luthe unwele esibethweni lwasuka lwaba mhlophe, sabonakala isibetho sithe gangqa elùswini lwenyama yakhe: sisibetho seqhenqa eso; womkhangela umbingeleli, athi uyinqambi.

Ukuba itshatshazi lithe lamhlophe 4 elùswini lwenyama yakhe, alabonakala lithe gangqa elùswini, alwasuka lwaba mhlophe unwele lwalo, umbingeleli womvalela onesibetho imihla esixhenxe; umbingeleli amkhangele ngomhla wesi- 5 xhenxe; O! isibetho simi emehlweni akhe, asiqhenqethi isibetho elùswini; wophinda umbingeleli amvalele imihla esixhenxe. Umbingeleli wophinda a- 6 mkhangele ngomhla wesixhenxe; O! isibetho sibunile, asiqhenqethi isibetho elùswini; umbingeleli wothi uhlambulukile: kukujaduka oko. Wozihlamba iingubo zakhe, aze ahlambuluke ke. Ukuba ukujaduka kuthe kwaqhenqetha 7 kakhulu elùswini, emva kokubonakala kwakhe kumbingeleli ngenxa yokuhlanjululwa kwakhe, wophinda abonakale kumbingeleli; umbingeleli akhangele, O! ukujaduka kuqhenqethile elùswini; 8 umbingeleli wothi uyinqambi: liqhenqa ke elo.

Isibetho seqhenqa, xa sithe sabakho 9 emntwini, woziswa kumbingeleli; akha- 10 ngele umbingeleli, O! ukufukuka kumhlophe elùswini, kulwenze unwele lwaba mhlophe, kukho inyama ekrwada, ehleliyo ekufukukeni apho: liqhenqa 11 elidala eli elùswini lwenyama yakhe; umbingeleli wothi uyinqambi; angamvaleli, ngokuba uyinqambi.

Ke ukuba iqhenqa lithe qwele ka- 12 khulu elùswini, iqhenqa lalugubungela

ILEVITIKUS 13

lonke ulùsu lonesibetho, lathabathela entloko lesa ezinyaweni, ngokubona ko-
13 nke kwamehlo ombingeleli, umbingeleli wokhangela; O! liyigubungele yonke inyama yakhe iqhenqa; wothi uhlambulukile onesibetho; usuke waba mhlophe
14 wonke ephela, uhlambulukile. Ke ngomhla ebonakeleyo kuye inyama ekrwa-
15 da, uyinqambi. Aze ayikhangele umbingeleli inyama ekrwada, athi uyinqambi; inyama ekrwada iyinqambi: li-
16 qhenqa ke elo. Naxa ithe yabuya inyama ekrwada, yasuka yaba mhlophe,
17 woza kumbingeleli; umbingeleli amkhangele, O! sisuke isibetho saba mhlophe, umbingeleli wothi uhlambulukile onesibetho; uhlambulukile ke yena.
18 Ke inyama, xa kuthe kwakho kuyo
19 elùswini lwayo ithumba, laphola; kwabakho endaweni yethumba ukufukuka okumhlophe, nokuba litshatshazi elifuna ukuba yingqombela, wobonakala
20 kumbingeleli; akhangele umbingeleli, O! libonakala lithe gangqa elùswini, unwele lwalo lusuke lwamhlophe; umbingeleli wothi uyinqambi: sisibetho seqhenqa eso, sithe qwele ethumbeni.
21 Ukuba umbingeleli uthe wakhangela, O! akukho lunwele lumhlophe kulo, alithe gangqa alùswini libunile, umbi-
22 ngeleli womvalela imihla esixhenxe. Ke ukuba lithe laqhenqetha kakhulu elùswini, umbingeleli wothi uyinqambi:
23 sisibetho eso. Ke ukuba itshatshazi lithe lema endaweni yalo, alaqhenqetha: kukuqulungana kwethumba oko; umbingeleli wothi uhlambulukile.

24 Ke inyama, xa kuthe kwakho elùswini lwayo umtshiso womlilo, kwathi ukuphola komtshiso kwaba litshatshazi elifuna ukuba yingqombela, nokuba
25 limhlophe kanye, walikhangela umbingeleli itshatshazi, O! lusuke lwamhlophe unwele etshatshazini, libonakala lithe gangqa elùswini: liqhenqa ke elo; lithe qwele emtshisweni. Umbingeleli wothi uyinqambi: sisibetho seqhenqa ke eso.
26 Ukuba uthe wakhangela umbingeleli, O! akukho lunwele lumhlophe etsha-

tshazini, alithe gangqa elùswini, libunile: umbingeleli womvalela imihla esi-
27 xhenxe; akhangele umbingeleli ngomhla wesixhenxe; ukuba lithe laqhenqetha kakhulu elùswini, umbingeleli wothi uyinqambi: sisibetho seqhenqa ke eso. Ke ukuba itshatshazi lithe 28 lema endaweni yalo, alaqhenqetha elùswini, lisuke labuna: kukufukuka komtshiso oko. Umbingeleli wothi uhlambulukile; kuba kukuqulungana komtshiso oko.

Xa kuthe kwakho isibetho kwindoda 29 nenkazana entloko, nokuba kusesilevini; wasikhangela umbingeleli isibetho, O! 30 sithe gangqa elùswini ukubonakala kwaso, kukho unwele kuso olulubhelu olomileyo, umbingeleli wothi uyinqambi: kukudlathuka *kweenwele* oko, liqhenqa lasentloko, nokuba lelasesilevini elo.

Xa athe umbingeleli wasikhangela 31 isibetho sokudlathuka *kweenwele*, O! asithe gangqa elùswini ukubonakala kwaso, kungekho lunwele lulubhelu kuso, umbingeleli womvalela onesibetho sokudlathuka *kweenwele* imihla esixhenxe. Umbingeleli xa athe wa- 32 mkhangela onesibetho ngomhla wesixhenxe, O! ukudlathuka akuqhenqethanga, akwabakho lunwele lulubhelu kuye, ukubonakala kokudlathuka kungathanga gangqa elùswini, wozicheba, 33 kodwa angayichebi indawo edlathukileyo; aphinde umbingeleli amvalele imihla esixhenxe onendawo edlathukileyo. Umbingeleli akukukhangela 34 ngomhla wesixhenxe ukudlathuka, O! ukudlathuka akuqhenqethanga elùswini, ukubonakala kwako kungathanga gangqa elùswini, umbingeleli wothi uhlambulukile. Wozihlamba iingubo zakhe, ahlambuluke ke. Ukuba uku- 35 dlathuka kuthe kwaqhenqetha kakhulu elùswini emveni kokuhlanjululwa kwakhe, wakukhangela umbingeleli, O! 36 ukudlathuka kuqhenqethile elùswini, umbingeleli akasayi kuba saphicotha lunwele lulubhelu: uyinqambi yena. Ukuba kusuke kwema ukudlathuka 37 emehlweni akhe, kwakhula unwele olumnyama kuko, kupholile ukudlathuka, uhlambulukile; umbingeleli wothi uhlambulukile.

38 Xa kuthe kwakho kwindoda nakwinkazana elùswini lwenyama yayo amatshatshazi, amatshatshazi amhlophe,
39 wakhangela umbingeleli, O! amatshatshazi elùswini lwenyama yabo akanabumhlophe: litshanda elo, lithe qwele elùswini; uhlambulukile.
40 Indoda xa ithe intloko yayo yaguda:
41 yinkqayi leyo, uhlambulukile. Ukuba ithe yaguda intloko yayo, yathabathela ecaleni lobuso bayo: yimpandla leyo,
42 uhlambulukile. Xa kuthe kwakho enkqayini, nokuba kusempandleni, isibetho esimhlophe sayingqombela: liqhenqa elo elithe qwele enkqayini yakhe, nokuba kusempandleni yakhe.
43 Umbingeleli womkhangela, O! ukufukuka kweso sibetho kumhlophe, kwayingqombela, enkqayini yakhe nokuba kusempandleni yakhe, ngokubonakala
44 kweqhenqa lolùsu lwenyama: yindoda eneqhenqa leyo, iyinqambi. Umbingeleli wothi iyinqambi kuphele; isibetho sayo sisentlokweni yayo.

45 Lowo uneqhenqa, lowo sikuye isibetho, zokrazulwa iingubo zakhe, ziyekwe iinwele ziyakazele, azigqubuthele iindevu, adanduluke, esithi, Ndiyinqa-
46 mbi, ndiyinqambi! Yonke imihla esikhoyo kuye isibetho, woba yinqambi kuphele, ahlale yedwa ngaphandle kweminquba, ukuhlala kwakhe.

47 Ingubo xa sithe sabakho kuyo isibetho seqhenqa, engutyeni yoboya nasengu-
48 tyeni yelinen, naselusingeni lokoluka, naselusingeni lokoluka, lwelinen noloboya, nasesikhumbeni, nasezintweni zo-
49 nke ezenziwe ngesikhumba; ukuba isibetho eso siba buhlazarha, nokuba siba yingqombela engutyeni, nasesikhumbeni, naselusingeni lokoluka, naselusingeni lokoluka, nasemphaleni yonke yesikhumba: sisibetho seqhenqa eso. Sobo-
50 niswa umbingeleli, asikhangele umbingeleli isibetho, ayivalele into enesibe-
tho imihla esixhenxe; ayikhangele loo 51 nto inesibetho ngomhla wesixhenxe. Xa sithe saqhenqetha isibetho engutyeni, naselusingeni lokoluka, naselusingeni lokoluka, nasesikhumbeni, ezintweni zonke ezenziwe ngesikhumba: liqhenqa elisenza mandundu isibetho. Yinqambi ke leyo. Wóyitshisa ingubo, no- 52 singa lokoluka, nosinga lokoluka, noboya, nelinen, nempahla yonke yesikhumba esikhoyo kuyo isibetho: ngokuba liqhenqa elimandundu; yotshiswa *loo mpahla* ngomlilo.

Ukuba umbingeleli uthe wakhangela, 53 O! isibetho asiqhenqethanga engutyeni, naselusingeni lokoluka, naselusingeni lokoluka, nasempahleni yonke yesikhumba: wowisa umthetho umbingeleli, 54 ihlanjwe loo nto sikuyo isibetho, aphinde ayivalele imihla esixhenxe; asikhangele 55 umbingeleli isibetho emveni kokuhlanjwa, O! isibetho asiguqukanga ukubonakala kwaso, asiqhenqethanga isibetho: yinqambi loo nto; yotshiswa ngomlilo. Yinkrombonca ngaphakathi nangaphandle. Ke ukuba uthe wakha- 56 ngela umbingeleli, O! isibetho sibunile emveni kokuhlanjwa kwaso: wosikrazula, asikhuphe engutyeni, nasesikhumbeni, naselusingeni lokoluka, naselusingeni lokoluka.

Ukuba sithe sabuya sabonakala engu- 57 tyeni, naselusingeni lokoluka, naselusingeni lokoluka, nasempahleni yonke yesikhumba: kukuthi qwele kwaso oko; woyitshisa ngomlilo loo nto sikuyo isibetho. Ingubo, nosinga lokoluka, 58 nosinga lokoluka, nempahla yonke yesikhumba ehlanjiweyo, ukuba sithe isibetho semka kuyo, yophindwa ihlanjwe, ihlambuluke ke.

Nguwo lowo ke umyalelo wesibetho 59 seqhenqa engutyeni yoboya neyelinen, naselusingeni lokoluka, naselusingeni lokoluka, nasempahleni yonke yesikhumba, wokuthi zihlambulukile, nowokuthi ziziinqambi.

Ukuhlanjululwa komntu oneqhenqa

14 Wathetha uYehova kuMoses, esithi, Lo woba ngumyalelo wone- 2

ILEVITIKUS 14

qhenqa, ngomhla wokuhlanjululwa kwa-
3 khe: Woziswa kumbingeleli, aphume umbingeleli aye ngaphandle kweminquba, akhangele umbingeleli, O! isibetho seqhenqa siphilisiwe, semka koneqhe-
4 nqa; awise umthetho umbingeleli, ukuba lowo uzihlambululayo athatyathelwe iintaka ezimbini eziphilileyo, ezihlambulukileyo, nomsedare,* no-
5 boya obubomvu, nehisope.* Wowisa umthetho umbingeleli, enye intaka empahleni yomdongwe ixhelelwe phezu
6 kwamanzi aphilileyo; ayithabathe intaka ephilileyo, nomsedare, noboya obubomvu, nehisope, azithi nkxu, ndawonye nentaka ephilileyo, egazini lentaka exhelelwe phezu kwamanzi aphilileyo;
7 amfefe lowo uza kuhlanjululwa eqhenqeni lakhe izihlandlo zibe sixhenxe, athi uhlambulukile, ayindulule intaka
8 ephilileyo iye ezindle. Lowo uzihlambululayo wozihlamba iingubo zakhe, achebe zonke iinwele zakhe, ahlambe emanzini, ahlambuluke ke.

Emveni koko wongena eminqubeni, ahlale ngaphandle kwentente yakhe
9 imihla esixhenxe; kuthi ngomhla wesixhenxe, achebe zonke iinwele zakhe entloko, nasesilevini sakhe, nasemashiyini akhe, azichebe zonke iinwele zakhe, azihlambe iingubo zakhe, ahlambe umzimba wakhe emanzini, ahlambuluke ke.
10 Ngomhla wesibhozo wothabatha iimvana ezimbini ezigqibeleleyo, nemvanazana emnyaka mnye egqibeleleyo ibe nye, nezahlulo ezithathu zesishumi zomgubo ocoliweyo, ube ngumnikelo wokudla, ugalelwe ioli, ugalelwe* yeoli
11 ibe nye; umbingeleli ohlambululayo ayimise indoda ezihlambululayo, nezo zinto, phambi koYehova emnyango
12 wentente yokuhlangana. Woyithabatha umbingeleli enye imvana, ayisondeze ibe lidini letyala, neloge yeoli, azitshangatshangise zibe ngumtshangatshangiso ezo nto phambi koYehova;
13 ayixhelele imvana apho kuxhelelwa khona idini lesono nedini elinyukayo, endaweni engcwele; kuba, njengokuba lilelombingeleli idini lesono, likwanjalo idini letyala: liyingcwele kangcwele.

14 Wocaphula umbingeleli egazini ledini letyala, adyobhe umbingeleli esithinzini sendlebe yasekunene yalowo uzihlambululayo, nasesithupheni sesandla sakhe sokunene, nakubhontsi wonyawo lwakhe lwasekunene. Aze acaphule 15 umbingeleli elogeni yeoli, ayigalele esandleni sombingeleli sasekhohlo; awu- 16 thi nkxu umbingeleli umnwe wakhe wasekunene eolini esesandleni sakhe sasekhohlo, afefe inxalenye yeoli ngomnwe wakhe izihlandlo ezisixhenxe phambi koYehova. Inxalenye yeoli ese- 17 leyo esesandleni sakhe, umbingeleli woyidyobha esithinzini sendlebe yasekunene yalowo uzihlambululayo, nasesithupheni sesandla sakhe sasekunene, nakubhontsi wonyawo lwakhe lwasekunene, phezu kwegazi ledini letyala. Eseleyo ioli esesandleni sombingeleli 18 aze ayigalele entloko kulowo uzihlambululayo, umbingeleli amcamagushele ke phambi koYehova. Umbingeleli 19 wolenza idini lesono, amcamagushele lowo uzihlambululayo ngenxa yobunqambi bakhe; emveni koko alixhele idini elinyukayo, alinyuse umbingeleli idini 20 elinyukayo, nomnikelo wokudla, esibingelelweni, umbingeleli amcamagushele. Wohlambuluka ke.

Ukuba uthe waba sisweli, nesandla 21 sakhe asaba nakukufumana oko, wothabatha imvana ibe nye, ibe lidini letyala lokutshangatshangisa, amcamagushele, nesahlulo seshumi somgubo ocoliweyo, ugalelwe ioli, sibe sinye, ube ngumnikelo wokudla, neloge yeoli; namahobe 22 amabini, nokuba ngamagobo amabini evukuthu, esinokuwafumana isandla sakhe, elinye libe lidini lesono, elinye libe lidini elinyukayo. Maze awazise 23 ngomhla wesibhozo kumbingeleli, ukuba ahlanjululwe emnyango wentente yokuhlangana phambi koYehova.

Umbingeleli woyithabatha imvana 24 elidini letyala, neloge yeoli, *ezo nto* umbingeleli azitshangatshangise zibe ngumtshangatshangiso phambi koYehova; ayixhele imvana yedini letyala; 25 acaphule umbingeleli egazini ledini

122

ILEVITIKUS 14

letyala, alidyobhe esithinzini sendlebe yasekunene yalowo uzihlambululayo, nasesithupheni sesandla sakhe sasekunene, nakubhontsi wonyawo lwakhe
26 lwasekunene. Inxalenye yeoli woyigalela umbingeleli esandleni sombinge-
27 leli sasekhohlo, umbingeleli afefe ngomnwe wakhe wasekunene inxalenye yeoli esesandleni sakhe sasekhohlo, izihlandlo zibe sixhenxe phambi koYe-
28 hova; umbingeleli adyobhe inxalenye yeoli esesandleni sakhe esithinzini sendlebe yasekunene yalowo uzihlambululayo, nasesithupheni sesandla sakhe sasekunene, nakubhontsi wonyawo lwakhe lwasekunene, phezu kwendawo ene-
29 gazi ledini letyala. Eseleyo ioli esesandleni sombingeleli woyigalela entloko kulowo uzihlambululayo, amcamagu-
30 shele phambi koYehova. Wolinikela elinye ihobe, nokuba lelinye igobo levukuthu, esinokulifumana isandla sa-
31 khe, oko sinokukufumana isandla sakhe; elinye libe lidini lesono, elinye libe lidini elinyukayo, ndawonye nomnikelo wokudla, umbingeleli amcamagushele lowo uzihlambululayo phambi koYehova.
32 Nguwo lowo umyalelo walowo sikhoyo kuye isibetho seqhenqa, osandla singabanga nakufumana nto angahlanjululwa ngayo.

Izindlu ezineqhenqa

33 Wathetha uYehova kuMoses naku-
34 Aron, esithi, Xa nithe nafika ezweni lakwaKanan, endininika lona ukuba libe lelenu, ndasibeka isibetho seqhenqa
35 endlwini yelizwe elo lilelenu, makeze umninindlu amxelele umbingeleli, esithi, Kubonakala kum ngathi ku-
36 kho isibetho endlwini. Wowisa umthetho umbingeleli, ukuba bayikhuphe impahla endlwini, engekangeni umbingeleli ukuba asikhangele isibetho, ukuze ingabi yinqambi yonke into esendlwini; emveni koko wongena umbi-
37 ngeleli ukuba ayikhangele indlu. Akusikhangela isibetho, O! isibetho sisezindongeni zendlu, sizizifanya ezibuhlazarha, nokuba zifuna ukuba ngqo-

mbela, ukubonakala kwazo zithe gangqa eludongeni: wophuma umbingeleli e- 38 ndlwini, aye emnyango wendlu, ayivale indlu imihla esixhenxe.

Wobuya umbingeleli ngomhla wesi- 39 xhenxe akhangele, O! siqhenqethile isibetho ezindongeni zendlu; aze awise 40 umthetho umbingeleli, ukuba arholwe amatye esikuwo isibetho eso, aphoswe ngaphandle komzi endaweni eyinqambi; ayiphale indlu ngaphakathi ngee- 41 nxa zonke, bawuphose umhlaba abawuphalileyo ngaphandle komzi endaweni eyinqambi; bathabathe matye wa- 42 mbi, bawafake endaweni yaloo matye, kuthatyàthwe olunye udaka, ityatyekwe indlu.

Ukuba sithe sabuya isibetho sathi 43 qwele endlwini, emveni kokurholwa kwamatye, nasemveni kokuphalwa kwendlu, nasemveni kokutyatyekwa kwayo, wongena umbingeleli, akhangele, O! 44 siqhenqethile isibetho endlwini: liqhenqa elimandundu endlwini, iyinqambi ke. Yodilizwa indlu namatye ayo, 45 nemithi yayo, nodaka lonke lwendlu, zikhutshelwe ngaphandle komzi ezo zinto, ziye kulahlelwa endaweni eyinqambi. Lowo ungenayo endlwini, yonke 46 imihla yokuvalwa kwayo, woba yinqambi, ahlwise. Lowo ulele kuloo ndlu, wo- 47 zihlamba iingubo zakhe; nalowo udlele kuloo ndlu, wozihlamba iingubo zakhe.

Ukuba umbingeleli uthe wangena, 48 wakhangela, O! isibetho asiqhenqethanga endlwini emveni kokutyatyekwa kwendlu, umbingeleli wothi ihlambulukile indlu, ngokuba isibetho siphilisiwe. Wothabatha into yokuhlambu- 49 lula indlu: iintaka zibe mbini, nomsedare,* noboya obubomvu, nehisope.* Maze ayixhelele enye intaka empahleni 50 yomdongwe phezu kwamanzi aphililleyo; awuthabathe umsedare, nehisope, nobo- 51 ya obubomvu, nentaka ephilileyo, azithi nkxu egazini lentaka exheliweyo, nasemanzini aphililleyo, ayifefe indlu izihlandlo zibe sixhenxe; ayihlambulule 52 indlu ngegazi lentaka leyo, nangamanzi aphililleyo, nangentaka ephililleyo, nangomsedare, nangehisope, nangoboya obu-

53 bomvu. Woyindulula intaka ephilileyo iye ngaphandle komzi, iye ezindle, ayicamagushele indlu; yohlambuluka ke.

54 Nguwo lowo umyalelo osingisele kuzo zonke izibetho zeqhenqa nakuko uku-
55 dlathuka kweenwele, nakulo iqhenqa lengubo, nelendlu, nakuko ukufukuka,
56 nakuyo injaduko, nakulo itshatshazi,
57 aboyalwa ngawo ngemini yento eyinqambi, nangemini yento ehlambulukileyo. Nguwo lowo umyalelo weqhenqa.

Ubunqambi bethombo

15 Wathetha uYehova kuMoses naku-
2 Aron, esithi, Thethani koonyana bakaSirayeli, nithi kubo, Indoda ngendoda, xa ithe yanobhobhozo oluphuma enyameni yayo, iyinqambi ngobho-
3 bhozo lwayo olo. Boba bobu ubunqambi bayo ekubhobhozeni kwayo; nokuba inyama yayo iyachiza ukubhobhoza kwayo, nokuba inyama iyakuvingca ukubhobhoza kwayo, bubunqambi bayo obo.
4 Sonke isilili alala kuso lowo ubhobhozayo soba yinqambi, nempahla yonke ahlala kuyo yoba yinqambi.
5 Indoda esukuba isichukumisa isilili salowo, yozihlamba iingubo zayo, ihlambe emanzini, ibe yinqambi, ihlwise.
6 Lowo uhlala phezu kwempahla abehleli kuyo obhobhozayo, wozihlamba iingubo zakhe, ahlambe emanzini, abe yinqa-
7 mbi, ahlwise. Lowo uwuchukumisayo umzimba wobhobhozayo, wozihlamba iingubo zakhe, ahlambe emanzini, abe
8 yinqambi, ahlwise. Xa athe obhobhozayo wamtshicela ohlambulukileyo, wozihlamba iingubo zakhe, ahlambe ema-
9 nzini, abe yinqambi, ahlwise. Zonke iinqwelo asukuba ekhwela kuzo obho-
10 bhozayo zoba ziinqambi. Bonke abo bachukumisa nantoni ibiphantsi kwakhe, boba ziinqambi, bahlwise; lowo uyithwalayo, wozihlamba iingubo zakhe, ahlambe emanzini, abe yinqambi, a-
11 hlwise. Bonke abasukuba bemchukumisa obhobhozayo, bangazigaleli amanzi izandla zabo, bozihlamba iingubo zabo, bahlambe emanzini, babe ziinqambi, bahlwise. Impahla yomdongwe abe- 12 yichukumisile obhobhozayo yoqhekezwa; yonke impahla yomthi yoxukuxwa ngamanzi.

Xa athe wahlambuluka obhobhozayo 13 ekubhobhozeni kwakhe, wozibalela imihla esixhenxe yokuhlanjululwa kwakhe, azihlambe iingubo zakhe, awuhlambe umzimba wakhe emanzini aphilileyo; wohlambuluka ke. Ngomhla wesibho- 14 zo wozithabathela amahobe amabini, nokuba ngamagobo amabini evukuthu, eze phambi koYehova emnyango wentente yokuhlangana, awanike umbingeleli; awanikele umbingeleli, elinye libe 15 lidini lesono, elinye libe lidini elinyukayo; umbingeleli amcamagushele phambi koYehova ngenxa yokubhobhoza kwakhe.

Indoda xa ithe yancola, yowuhlamba 16 wonke umzimba wayo emanzini, ibe yinqambi, ihlwise. Neengubo zonke, 17 nezikhumba zonke ezinoncolo, zohlanjwa ngamanzi, zibe ziinqambi, zihlwise.

Ke umfazi ethe indoda yamlala, bo- 18 hlamba ngamanzi, babe ziinqambi bahlwise bobabini.

Umfazi xa athe wampompoza, kwaba 19 ligazi ukumpompoza kwakhe enyameni yakhe, woba sekungcoleni kwakhe imihla esixhenxe; bonke abo bamchukumisayo boba ziinqambi, bahlwise. Yonke into 20 asukuba elala phezu kwayo ekungcoleni kwakhe, yoba yinqambi; nento yonke asukuba ehlala phezu kwayo, yoba yinqambi. Bonke abo bachukumisa 21 isilili sakhe bozihlamba iingubo zabo, bahlambe emanzini, babe ziinqambi, bahlwise. Bonke abo bachukumisa na- 22 ntoni yempahla ahlala phezu kwayo, bozihlamba iingubo zabo, bahlambe emanzini, babe ziinqambi, bahlwise. Nokuba lisesililini, nokuba lisempahleni 23 ahlala kuyo, ekulichukumiseni kwabo boba ziinqambi, bahlwise. Ukuba i- 24 ndoda ithe yalala naye, kwafikelela kuyo ukungcola kwakhe, yoba yinqambi imihla esixhenxe, nesilili sonke elele kuso soba yinqambi.

25 Umfazi xa athe wampompoza ukumpompoza kwegazi lakhe imihla emininzi, ingelilo ixesha lokungcola kwakhe, naxa lithe lampompoza ngaphezu kwelokungcola kwakhe: yonke imihla yokumpompoza kobunqambi bakhe yoba njengemihla yokungcola kwakhe, abe 26 yinqambi yena. Zonke izilili athe walala kuzo, yonke imihla yokumpompoza kwakhe, zoba njengesilili sokungcola kwakhe kuye; zonke iimpahla athe wahlala kuzo, zoba ziinqambi njengo-
27 bunqambi bokungcola kwakhe. Bonke abo bazichukumisayo ezo nto, boba ziinqambi; bazihlambe iingubo zabo, bahlambe emanzini, babe ziinqambi, bahlwise.
28 Ukuba uthe wahlambuluka ekumpompozeni kwakhe, wozibalela imihla esixhenxe emveni koko, ahlambuluke ke;
29 ngomhla wesibhozo azithabathele amahobe amabini, nokuba ngamagobo amabini evukuthu, awazise kumbingeleli
30 emnyango wentente yokuhlangana, awanikele umbingeleli, elinye libe lidini lesono, elinye libe lidini elinyukayo. Umbingeleli womcamagushela phambi koYehova ngenxa yokumpompoza kobunqambi bakhe.
31 Nize nibakhwelelise ke oonyana bakaSirayeli ebunqambini babo; bangafeli ebunqambini babo, ngokuwenza inqambi umnquba wam ophakathi kwabo.
32 Nguwo lowo umyalelo walowo ubhobhozayo, nowoncolayo waba yinqambi
33 ngaloo nto; nowalowo unomzi wokungcola kwakhe, nowalowo umpompoza ukumpompoza kwakhe, nokuba yindoda, nokuba ngumfazi, nokuba yindoda elele nomfazi oyinqambi.

Isiko lemini yocamagushelo

16 Wathetha uYehova kuMoses emveni kokufa koonyana ababini baka-Aron, ekusondeleni kwabo phambi
2 koYehova, baza bafa. Wathi uYehova kuMoses, Thetha kuAron umkhuluwa wakho, angangeni ngamaxesha onke engcweleni ngaphaya komkhusane, phambi kwesihlalo sokucamagusha esiphezu kwetyeya, ukuze angafi; kuba ndiya kubonakala efini phezu kwesihlalo sokucamagusha.

Wongena uAron engcweleni enezi 3 zinto: enenkunzi entsha, elithole lenkomo, ibe lidini lesono; nenkunzi yemvu, ibe lidini elinyukayo. Uya kwambatha 4 ingubo engcwele yangaphantsi yelinen emhlophe, ibekho nebhulukhwe yelinen emhlophe emzimbeni wakhe, abhinqiswe ngombhinqo welinen emhlophe, ajikele unkontsho lwelinen emhlophe: ziingubo ezingcwele ezo. Wowuhlamba umzimba wakhe emanzini, azinxibe ke. Wothabatha ebandleni loonyana 5 bakaSirayeli iinkunzi zeebhokhwe ezixhonti zibe mbini, zibe lidini lesono, nenkunzi yemvu enye ibe lidini elinyukayo.

Woyisondeza uAron inkunzi entsha 6 yenkomo yedini lesono elilelakhe, azicamagushele okwakhe nokwendlu yakhe. Wozithabatha iinkunzi zeebhokhwe 7 zombini, azimise phambi koYehova, emnyango wentente yokuhlangana; enze 8 amaqashiso uAron phezu kweenkunzi zeebhokhwe zombini: elinye iqashiso libe lelikaYehova, elinye iqashiso libe lelika-Azazele.* Maze ayisondeze uAron 9 inkunzi yebhokhwe eliphume nayo iqashiso likaYehova, ayenze idini lesono; ke yona inkunzi yebhokhwe eliphu- 10 me nayo iqashiso lika-Azazele, makayimise iphilile phambi koYehova, ayicamagushele, ayithumele kuAzazele entlango.

Makayisondeze uAron inkunzi entsha 11 yenkomo yedini lesono elilelakhe, azicamagushele okwakhe nokwendlu yakhe, ayixhele inkunzi entsha yenkomo yedini lesono elilelakhe. Makathabathe 12 ugcedevu luzele ngamahlahle omlilo esibingelelweni, esisebusweni bukaYehova, azalise izandla zakhe ngesiqhumiso esimnandi esicolekileyo, asingenise ngaphaya komkhusane; asibeke isiqhumiso 13 phezu komlilo phambi koYehova, ukuze ilifu lesiqhumiso lisisibekele isihlalo sokucamagusha esiphezu kwesingqino, ukuze angafi. Wocaphula egazini le- 14 nkunzi entsha yenkomo, alifefe ngo-

ILEVITIKUS 16

mnwe wakhe esihlalweni sokucamagusha ngasempumalanga, nangaphambili kwesihlalo sokucamagusha, afefe ngenxalenye yegazi izihlandlo ezisixhenxe ngomnwe wakhe.

15 Woyixhela inkunzi yebhokhwe yedini lesono eyeyabantu, alise igazi layo ngaphaya komkhusane, alenze igazi layo njengoko walenzayo igazi lenkunzi entsha yenkomo, alifefe esihlalweni sokucamagusha nangaphambili kwesihla- 16 lo sokucamagusha; ayicamagushele ingcwele ngenxa yobunqambi boonyana bakaSirayeli, nangenxa yezikreqo zabo ngokubhekisele ezonweni zabo zonke; enjenjalo kwintente yokuhlangana ehleliyo nabo phakathi kobunqambi babo.

17 Makungabikho mntu ententeni yokuhlangana, ekungeneni kwakhe ukuya kucamagusha engcweleni, kude kube sekuphumeni kwakhe.

Makazicamagushele okwakhe, nokwendlu yakhe, nokwesikhungu sonke
18 samaSirayeli. Wophuma aye esibingelelweni esiphambi koYehova, asicamagushele, acaphule egazini lenkunzi entsha yenkomo, nasegazini lenkunzi yebhokhwe, alidyobhe ajikelezise ezimpo-
19 ndweni zesibingelelo; asifefe ngenxalenye yegazi ngomnwe wakhe izihlandlo ezisixhenxe, asihlambulule, asingcwalise, ebunqambini boonyana bakaSiraye-
20 li; agqibe ukuyicamagushela ingcwele nentente yokuhlangana, nesibingelelo.

Woyisondeza inkunzi yebhokhwe
21 ephilileyo, acinezele uAron ngezandla zakhe zozibini entlokweni yenkunzi yebhokhwe ephilileyo, abuvume phezu kwayo bonke ubugwenxa boonyana bakaSirayeli, nezikreqo zabo zonke ngokubhekisele ezonweni zabo zonke, azibeke ke phezu kwentloko yenkunzi leyo yebhokhwe, ayithumele entlango nge-
22 ndoda ezilungisele oko. Inkunzi leyo yebhokhwe yobuthwala ke phezu kwayo bonke ubugwenxa babo, iye ezweni eliqhiwukileyo; ayikhulule inkunzi yebhokhwe leyo entlango apho.

23 UAron wongena ententeni yokuhlangana, azihlube iingubo zelinen emhlophe, abezambethe ukungena kwakhe engcweleni, azishiye khona; awuhla- 24 mbe umzimba wakhe ngamanzi endaweni engcwele, anxibe iingubo zakhe, aphume, enze idini lakhe elinyukayo, nedini elinyukayo labantu, azicamagushele okwakhe nokwabantu; aqhu- 25 misele ngenqatha ledini lesono esibingelelweni.

Lowa wayikhululela kuAzazele inku- 26 nzi yebhokhwe, wozihlamba iingubo zakhe, awuhlambe umzimba wakhe emanzini, emveni koko angene eminqubeni.

Ke yona inkunzi entsha yenkomo 27 yedini lesono, nenkunzi yebhokhwe yedini lesono, ezigazi langeniswa ukuba licamagushe engcweleni, zokhutshelwa ngaphandle kweminquba, zitshiswe ngomlilo izikhumba zazo, nenyama yazo, nomswane wazo. Lowo uzitshisayo 28 wozihlamba iingubo zakhe, awuhlambe umzimba wakhe emanzini, emveni koko angene eminqubeni.

Koba ngummiselo ongunaphakade 29 kuni, ukuthi: Ngenyanga yesixhenxe, ngolweshumi enyangeni leyo, niyithobe imiphefumlo yenu, ningenzi namnye umsebenzi, nokuba ngozalelwe ekhaya, nokuba ngumphambukeli ophambukele kuni, kuba ngaloo mhla úya kunicama- 30 gushela, ukuba anihlambulule, nihlambuluke ezonweni zenu zonke phambi koYehova. Yisabatha kasabatha kuni; 31 noyithoba imiphefumlo yenu: ngummiselo ke ongunaphakade.

Wócamagusha ke umbingeleli, lowo 32 uya kuthanjiswa, amiselwe ukuba abe ngumbingeleli esikhundleni sikayise; azinxibe iingubo zelinen emhlophe, iingubo ezingcwele; ayicamagushele i- 33 ngcwele kangcwele, nentente yokuhlangana, asicamagushele isibingelelo, abacamagushele ababingeleli, nabantu bonke besikhun u. Lowo woba ngu- 34 mmiselo ongunaphakade kuni wokubacamagushela oonyana bakaSirayeli ngenxa yezono zabo zonke, kube kanye ngomnyaka.

Wenza ke njengoko uYehova wamwisela umthetho uMoses.

ILEVITIKUS 17-18

Ummiselo wendawo yokubingelela

17 Wathetha uYehova kuMoses, esi-
2 thi, Thetha kuAron nakoonyana
bakhe, nokoonyana bonke bakaSirayeli,
uthi kubo, Lilo eli ilizwi uYehova awise
3 umthetho ngalo, lokuthi: Umntu ngo-
mntu wendlu kaSirayeli osukuba exhela
inkomo, nemvu, nebhokhwe, eminqu-
beni, nosukuba eyixhelela ngaphandle
4 kweminquba, angàyizisi emnyango we-
ntente yokuhlangana, ukuba isondezwe
ibe ngumsondezo kuYehova phambi
komnquba kaYehova: igazi lobalelwa
kuloo mntu; aphalazé igazi; wonqa-
nyulwa loo mntu, angabikho phakathi
5 kwabantu bakowabo; ukuze oonyana
bakaSirayeli bayizise imibingelelo yabo
abayibingelelayo ezindle, bayizise ku-
Yehova emnyango wentente yokuhla-
ngana kumbingeleli, bayibingelele ibe
6 yimibingelelo yoxolo kuYehova. Umbi-
geleli wolitshiza igazi layo esibingele-
lweni sikaYehova, emnyango wentente
yokuhlangana, aqhumisele ngenqatha,
libe livumba elithozamisayo kuYehova.
7 Mabangabi sayibingelela imibingele-
lo yabo kwizithixo ezimaxhonti, abahe-
nyuza ngokuzilandela. Lowo woba
ngummiselo ongunaphakade kubo ezi-
zukulwaneni zabo.
8 Wòthi kubo, Umntu ngomntu wendlu
kaSirayeli, nowakubaphambukeli aba-
phambukele phakathi kwenu, osukuba
enyusa idini elinyukayo, nokuba ngu-
9 mbingelelo, angàlizisi emnyango wente-
nte yokuhlangana, ukuba alinikele ku-
Yehova: wonqanyulwa loo mntu,
angabikho phakathi kwabantu bakowa-
bo.

Isalelo sokudla igazi

10 Umntu ngomntu wendlu kaSirayeli,
nowakubaphambukeli abaphambukele
phakathi kwenu, osukuba esidla yonke
into eligazi: ndowuchasa umphefumlo
odle igazi, ndiwunqamle, ungabikho
11 phakathi kwabantu bakowawo. Kuba
umphefumlo wenyama usegazini wona.
Mna ndaninika lona esibingelelweni,
ukuba kucanyagushelwe imiphefumlo
yenu; kuba igazi eli licamagusha ngo-
mphefumlo. Ngenxa yoko ndithe koo- 12
nyana bakaSirayeli, Makungabikho na-
mnye umphefumlo kuni odla igazi; no-
mphambukeli ophambukele phakathi
kwenu makangalidli igazi.

Umntu ngomntu koonyana bakaSira- 13
yeli, nomphambukeli ophambukele pha-
kathi kwenu, osukuba ezingela inyama-
kazi, nokuba yintaka edliwayo, woli-
phalaza igazi layo, aliselele ngomhlaba.
Kuba umphefumlo wenyama yonke, 14
igazi layo eli ngumphefumlo wayo.
Ndathi ke koonyana bakaSirayeli, Ize
ningadli gazi lanyama nokuba yiyiphi;
ngokuba umphefumlo wenyama yonke
ligazi layo. Bonke abalidlayo bonqanyu-
lwa. Wonke ubani osukuba esidla into 15
ezifeleyo, neqwengiweyo, engozalelwe
ekhaya nomphambukeli, wozihlamba
iingubo zakhe, ahlambe emanzini, abe
yinqambi, ahlwise; wohlambuluka ke.
Ukuba akathanga azihlambe, akawuhla- 16
mba umzimba wakhe, wobuthwala
ubugwenxa bakhe.

*Ukwalelwa kokugananwa okuthile
nemithetho yobumsulwa*

18 Wathetha uYehova kuMoses, esi-
thi, Thetha koonyana bakaSira- 2
yeli, uthi kubo, NdinguYehova, uThixo
wenu. Ize ningenzi ngokokwenza kwe- 3
lizwe laseYiputa, enibe nihleli kulo; ize
ningenzi ngokokwenza kwelizwe lakwa-
Kanan, endinisa kulo, ningahambi ngo-
kwemimiselo yabo. Ze nenze amasiko 4
am, nigcine imimiselo yam, nihambe
ngayo. NdinguYehova, uThixo wenu.
Nogcina imimiselo yam, namasiko am 5
awothi umntu ozenzayo ezo nto aphile
ngazo: ndinguYehova.

Umntu ngomntu aze angasondeli na- 6
kwinye inyama yenyama yakhe, ukuba
atyhile ubuzé *bayo*: ndinguYehova.
Ubuzé bukayihlo, ubuzé bonyoko, uze 7
ungabutyhili: ngunyoko lowo; uze
ungabutyhili ubuzé bakhe. Ubuzé bo- 8
mkayihlo uze ungabutyhili: bubuzé bu-
kayihlo obo. Ubuzé bodade wenu, 9
intombi kayihlo, nokuba yintombi ka-
nyoko, izalelwe ekhaya, nokuba izale-

lwe emzini, uze ungabutyhili ubuzé
10 bayo. Ubuzé bentombi yonyana wa-
kho, nobentombi yentombi yakho, uze
ungabutyhili ubuzé bayo; ngokuba ibu-
11 buzé bakho. Ubuzé bentombi yomka-
yihlo ezalwa nguyihlo, ingudade wenu,
12 uze ungabutyhili ubuzé bayo. Ubuzé
bodade boyihlo uze ungabutyhili: yi-
13 nyama yoyihlo leyo. Ubuzé bonyoko-
kazi uze ungabutyhili: kuba yinyama
14 yonyoko leyo. Ubuzé boyihlokazi uze
ungabutyhili, ungasondeli kumkakhe:
15 ngunyokokazi lowo. Ubuzé bomoloka-
zana wakho uze ungabutyhili: ngumka-
nyana wakho lowo; uze ungabutyhili u-
16 buzé bakhe. Ubuzé bomfazi womnta-
kayihlo uze ungabutyhili: bubuzé bo-
17 mntakayihlo obo. Ubuzé bomfazi ne-
ntombi yakhe uze ungabutyhili; into-
mbi yonyana wakhe, nentombi yento-
mbi yakhe, uze ungayizeki, ukuba ubu-
tyhile ubuzé bayo: yinyama yakhe leyo;
ngamanyala lawo.
18 Umfazi uze ungamzekeli phezu koda-
de wabo, ukuba ubandezele, ukuba ubu-
tyhile ubuzé bakhe phezu kwakhe, eku-
19 dleni kwakhe ubomi. Uze ungasondeli
emfazini, esekungcoleni kobunqambi
bakhe, ukuba ubutyhile ubuzé bakhe.
20 Uze ungamlali umfazi wommelwane,
ukuba uzenze inqambi ngaye.
21 Embewini yakho uze unganikeli na-
mnye, ukuba acandiselwe uMoleki;*
ungalihlambeli igama loThixo wakho;
ndinguYehova.
22 Uze ungayilali into eyindoda njengo-
kuba kulalwa umfazi: ngamasikizi lawo.
23 Uze ungalali nanye into ezitho ziné,
ukuba uzènze inqambi ngayo; inka-
zana mayingazimisi phambi kwento
ezitho ziné, ukuze izekwe yiyo: kuku-
zingcolisa oko.
24 Musani ukuzenza iinqambi ngezo nto
zonke; kuba zenziwa iinqambi ngezo nto
zonke iintlanga endizigxothayo ebu-
25 sweni benu. Lenziwé inqambi neli-
zwe elo; ndiyabuvelela ubugwenxa
babo phezu kwabo, nelizwe liyabahla-
26 nza abemi balo. Ize niyigcine imimi-
selo yam namasiko am nina, ningenzi
nalinye kuloo masikizi, kwaozalelwe
ekhaya, nomphambukeli ophambukele
phakathi kwenu. Kuba onke loo masi- 27
kizi bawenzile abantu belo zwe abapha-
mbi kwenu, lenziwa inqambi ilizwe;
ukuze linganihlanzi ilizwe ngokulenza 28
kwenu inqambi, njengoko liluhlanzileyo
uhlanga oluphambi kwenu. Ngokuba 29
bonke abasukuba besenza nalinye kuloo
masikizi, imiphefumlo elenzayo yonqa-
nyulwa, ingabikho phakathi kwabantu
bakowayo. Ngoko ke ize nisigcine isigxi- 30
na sam, ningenzi namnye ummiselo oli-
sikizi owenziwa phambi kwenu, ninga-
zenzi iinqambi ngawo: ndinguYehova,
uThixo wenu.

Imithetho malunga nezinto ngezinto

19 Wathetha uYehova kuMoses, esi-
thi, Thetha kwibandla lonke loo- 2
nyana bakaSirayeli, uthi kubo, Yibani
ngcwele; kuba ndiyiNgcwele mna,
Yehova, uThixo wenu. Yoyikani elowo 3
unina noyise; nizigcine iisabatha zam:
ndinguYehova, uThixo wenu. Musani 4
ukubheka kwiinto ezingeni; ningazenze-
li izithixo ezityhidiweyo: ndinguYeho-
va, uThixo wenu.

Xa nibingelela kuYehova umbingelelo 5
woxolo, nobingelela ukuze unikholekise.
Wódliwa ngomhla wokubingelela kwe- 6
nu nangengomso; okuseleyo kwada kwa-
ngumhla wesithathu kotshiswa ngomli-
lo. Ukuba kuthe kwadliwa nokudliwa 7
ngomhla wesithathu, kuyimbozisa; aku-
yi kukholekisa. Ke okudlayo, wobu- 8
thwala ubugwenxa bakhe; ngokuba eyi-
hlambele ingcwele kaYehova; loo mphe-
fumlo wonqanyulwa, ungabikho eba-
ntwini bakowawo.

Ekuvuneni kwenu isivuno selizwe 9
lenu, uze ungawavuni ugqibelele ama-
cala entsimi yakho, ungabhikici lubhi-
kico lokuvuna kwakho. Uze ungasi- 10
choli isidiliya sakho; nento evuthulu-
kileyo yomdiliya wakho uze ungayibhi-
kici; woyishiyela olusizana nompha-
mbukeli: ndinguYehova, uThixo wenu.

Ize ningebi; ize ningakhanyeli into 11
niyazi; ize ningaxokisani. Ize ningali- 12
fungi igama lam nixoka; ungalihlambeli
igama loThixo wakho: ndinguYehova.

ILEVITIKUS 19-20

13 Ùze ungamcudisi ummelwane wakho, uze ungaxhakamfuli; umvuzo womqeshwa úze ungalali kuwe kude kuse.

14 Uze ungasitshabhisi isithulu; uze u-ngabeki sikhubekiso phambi kwemfama; uze umoyike uThixo wakho: ndi-

15 nguYehova. Ze ningenzi bugqwetha ekugwebeni; unganoneleli nomntu osweleyo, ungabeki buso basikhulu; womgweba ngobulungisa ummelwane wakho.

16 Uze ungahambi uyintlebi phakathi kwabantu bakowenu; uze ungalizondi igazi lommelwane wakho: ndinguYehova.

17 Uze ungamthiyi umzalwana wakho entliziyweni yakho; kanye womohlwaya ummelwane wakho, ungazithwalisi sono

18 ngenxa yakhe. Uze ungaphindezeli; uze ungabi nanqala koonyana babantu bakowenu; uze umthande ummelwane wakho ngoko uzithanda ngako; ndinguYehova.

19 Ize niyigcine imimiselo yam. Iinkomo zakho uze ungazizekisi kwiintlobo ezimbini; uze ungayihlwayeli intsimi yakho iintlobo ezimbini zembewu; nengubo yeentlobo ezimbini engumxube ize ingezi phezu kwakho.

20 Indoda ithe yayilala inkazana, ilikhobokazana eliganelwe indoda, lingàkhululwanga ngokuhlawulelwa, lingàphiwanga nenkululeko: bobethwa; bangàbulawa, ngokuba belingakhululeki-

21 le. Yolizisa idini letyala layo kuYehova emnyango wententente yokuhlangana, i-

22 nkunzi yemvu, ibe lidini letyala; ayicamagushele umbingeleli ngenkunzi leyo yemvu yedini letyala phambi koYehova ngenxa yesono sayo, eyoné ngaso. Yosixolelwa ke isono sayo, eyoné ngaso.

23 Xa nifikileyo ezweni elo, natyala yonke imithi edliwayo, nòthi iziqhamo zayo zikúkungaluki; zoba zezingalukanga kuni iminyaka emithathu, ize zingàdli-

24 wa. Ngowesiné umnyaka, zonke iziqhamo zayo zoba ngumnikelo ongcwele

25 wendumiso kuYehova. Ngomnyaka wesihlanu nozidla iziqhamo zayo, ukuze zinongezele ungeniselo lwayo: ndinguYehova, uThixo wenu.

26 Ize ningadli nto inegazi. Ize ningahlabi sihlabo; ize ningabi ngamatola.

27 Ze ningazichebi nizizungeleze iintlontlo zentloko yenu; ungaloni udini lweendevu zakho. Ize ningazicenti inya-

28 ma yenu ngenxa yomfi, ningenzi mbhalo wamvambo kuni: ndinguYehova.

29 Musa ukuyihlambela intombi yakho, uyenze ihenyu, ukuze ilizwe lingahenyuzi, lingazali ilizwe ngamanyala.

30 Gcinani iisabatha zam, niyoyike ingcwele yam: ndinguYehova. Musa-

31 ni ukubheka kwabanemishologu; musani ukubafuna oosiyazi, ukuze nenziwe inqambi ngabo: ndinguYehova uThixo wenu.

32 Suka ume ebusweni bengwevu, ubuke ubuso bexhego, umoyike uThixo wakho: ndinguYehova.

33 Xa umphambukeli aphambukela kuni ezweni lenu, ize ningambandezeli.

34 Kuni wòba njengozalelwe phakathi kwenu ekhaya, umphambukeli ophambukele kuni; uze umthande ngoko uzithanda ngako; ngokuba nibe ningabaphambukeli ezweni laseYiputa: ndinguYehova, uThixo wenu.

35 Ize ningenzi bugqwetha ekugwebeni nasekulinganiseni ubude, nobunzima,

36 nokuzala kwento. Nòba nezikali* zobulungisa, namatye* obulungisa, ne-efa* yobulungisa, nehin* yobulungisa. NdinguYehova, uThixo wenu, onikhuphileyo ezweni laseYiputa. Ize niyigcine

37 imimiselo yam yonke, namasiko am onke, niwenze: ndinguYehova.

Izohlwayo zezono ngezono

20 Wathetha uYehova kuMoses, esi-

2 thi, Yithi koonyana bakaSirayeli: Umntu ngomntu, koonyana bakaSirayeli, nakubaphambukeli abaphambukele kwaSirayeli, othe wayinika uMoleki* imbewu yakhe, wobulawa afe; abantu belizwe eli ize bamxulube ngamatye. Ke

3 mna ndiya kumchasa loo mntu, ndimnqamle, angabikho phakathi kwabantu bakowabo; ngokuba uyinike uMoleki imbewu yakhe, ukuze ayenze inqambi ingcwele yam, alihlambele igama lam elingcwele. Ukuba abantu belizwe elo 4

bathe bawafihla ukuwafihla oku amehlo abo kuloo mntu, ekuyinikeni kwakhe uMoleki imbewu yakhe, àbambulala:
5 mna ndomchasa loo mntu nemizalwane yakhe, ndimnqamle, nabo bonke abahenyuza ngokumlandela, behenyuzela ukumlandela uMoleki, bangabikho phakathi kwabantu bakowabo.

6 Loo mphefumlo uthe wabheka kwabanemishologu, nakoosiyazi, uhenyuza ngokubalandela; ndowuchasa loo mphefumlo, ndiwunqamle, ungabikho phakathi kwabantu bakowawo.

7 Ize nizingcwalise nibe ngcwele, ngokuba ndinguYehova, uThixo wenu.

8 Ize niyigcine imimiselo yam niyenze: ndinguYehova oningcwalisayo.

9 Umntu ngomntu, xa athe watshabhisa uyise nonina, wobulawa afe; utshabhise uyise nonina; amagazi akhe makabe phezu kwakhe.

10 Indoda esukuba ikrexeza umkamntu, ikrexèze umfazi wommelwane wakhe, wobulawa afe umkrexezi lowo, kwano-
11 mkrexezikazi. Indoda esukuba imlala umkayise, ityhilé ubuzé bukayise; mababulawe bafe bobabini, amagazi abo
12 makabe phezu kwabo. Indoda esukuba imlala umolokazana wayo, mababulawe bafe bobabini; bazingcolisile; amagazi abo makabe phezu kwabo. Indoda
13 esukuba iyilala indoda njengokuba kulalwa umfazi, abo benzé amasikizi: mababulawe bafe bobabini; amagazi abo
14 makabe phezu kwabo. Indoda esukuba izeka inkazana nonina, ngamanyala lawo; mabatshiswe ngomlilo, kwayona nabo, kungabikho manyala phakathi
15 kwenu. Indoda esukuba ilala into ezitho ziné, mayibulawe ife; naloo nto izitho
16 ziné niyibulale. Inkazana esukuba isondela entweni ezitho ziné, nokuba yiyiphi na, ukuba izekwe yiyo, mayibulawe inkazana leyo; naloo nto izitho ziné mayibulawe ife; amagazi azo makabe phezu
17 kwazo. Indoda esukuba izeka udade wayo, intombi kayise, nokuba yintombi kanina, yabubona ubuzé bakhe, wabubona yena ubuzé bayo, benzé ubugqwirha; bonqanyulwa emehlweni oonyana babantu bakowabo; ityhilé ubuzé bodade wayo; yobuthwala ubugwenxa bayo. Indoda esukuba imlala umfazi 18 enomzí yabutyhila ubuzé bakhe, yalenza laba zé ithende lakhe, naye walityhila ithende lamagazi akhe: bonqanyulwa bobabini, bangabikho phakathi kwabantu bakowabo. Ubuzé bonyoko- 19 kazi nobodade boyihlo uze ungabutyhili, ngokuba uyenza ibe zé inyama yakhe; bobuthwala ubugwenxa babo. Indoda 20 esukuba imlala umkayisekazi, yabutyhila ubuzé boyisekazi: bosithwala isono sabo, bafe bengenamntwana. Indoda 21 esukuba izeka umfazi womntakayise, yinto engcolileyo leyo: ityhile ubuze bomntakayise; abayi kuba namntwana.

Ize niyigcine imimiselo yam yonke, 22 namasiko am onke, niwenze, ukuze linganihlanzi ilizwe elo ndinisa kulo ukuba nihlale kulo. Ize ningahambi 23 emimiselweni yohlanga olo ndilugxothayo ebusweni benu; ngokuba bazenzile zonke ezo nto, ndakruquka ngabo. Ndathi ke kuni, Nina niya kulidla ilifa 24 ilizwe labo; ndininikile mna ukuba libe lilifa kuni, ilizwe elibaleka amasi nobusi. NdinguYehova, uThixo wenu, onahluleyo kwezinye izizwe.

Ize niyahlule into ezitho ziné ehla- 25 mbulukileyo kweyinqambi, nentaka eyinqambi kwehlambulukileyo, ningayenzi imiphefumlo yenu ibe nezothe ngento ezitho ziné, nangentaka, nangento yonke enambuzelayo emhlabeni, endinahluleyo nayo kuba iyinqambi. Ize 26 nibe ngcwele kum, ngokuba ndiyiNgcwele, mna Yehova; ndanahlula kwezinye izizwe, ukuba nibe ngabam.

Indoda nenkazana xa bathe banesho- 27 logu, baba ngoosiyazi, mababulawe bafe. Boxulutywa ngamatye, amagazi abo abe phezu kwabo.

Imithetho ewiselwa ababingeleli

21 Wathi uYehova kuMoses. Yitsho kubabingeleli, oonyana baka-Aron, ukuthi, Ze kungabikho uzenza inqambi ngenxa yomfi phakathi kwabantu bakowabo. Kungába ngenxa ye- 2

ILEVITIKUS 21-22

2 nyama yakhe ekufuphi kuye yodwa: unina noyise, nonyana wakhe, nentombi
3 yakhe, nomzalwana wakhe. Nodade wabo oseyintombi, leyo ikufuphi kuye, ingenandoda, angázenza inqambi nge-
4 nxa yayo. Engumninimzi nje, makangazenzi inqambi phakathi kwabantu bakowabo, ukuba azihlambele.

5 Ize bangenzi mpandla entlokweni yabo, bangaliguyi icala leendevu zabo,
6 bangayicenti inyama yabo. Mababe ngcwele kuThixo wabo, bangalihlambeli igama loThixo wabo; kuba besondeza ukudla kwasemlilweni kukaYehova, ukudla koThixo wabo; mababe ngcwele.
7 Makangazeki mfazi ulihenyukazi, nohlanjelweyo; angazeki mfazi waliweyo yindoda yakhe; ngokuba ungcwele ku-
8 Thixo wakhe. Uze umngcwalise ke; kuba esondeza ukudla koThixo wakho; wóba ngcwele kuwe, ngokuba ndingcwele, mna Yehova uningcwalisayo.
9 Intombi yendoda engumbingeleli, xa ithe yazihlambela ngokuhenyuza, ihlambela uyise; yotshiswa ngomlilo.
10 Umbingeleli omkhulu phakathi kwabazalwana bakhe, obegalelwe ioli yokuthambisa entloko, omiselweyo ukuze azambathe izambatho, makangaziyeki ziyakazele iinwele zakhe, angazikrazuli
11 iingubo zakhe; angayi nakumntu ofileyo, angazenzi inqambi nangenxa kayise,
12 nangenxa kanina. Makangaphumi engcweleni, angayihlambeli ingcwele yoThixo wakhe; ngokuba ukwahlula kweoli yokuthambisa yoThixo wakhe kuphe-
13 zu kwakhe: ndinguYehova. Makazeke
14 umfazi osebuntombini bakhe. Umhlolokazi, nowaliweyo, nohlanjelweyo olihenyukazi, abo makangabazeki; wozeka intombi yodwa yasebantwini bakowabo,
15 ibe ngumfazi; angayihlambeli imbewu yakhe phakathi kwabantu bakowabo; ngokuba ndinguYehova omngcwalisayo.
16 Wathetha uYehova kuMoses, esithi,
17 Thetha kuAron, uthi, Indoda phakathi kwembewu yakho ezizukulwaneni zabo, esukuba inesiphako, mayingasondeli
18 isondeze ukudla koThixo wayo. Ze kungasondeli nanye indoda, xa sukuba inesiphako: indoda eyimfama, nesiqhwala, nelinyaziweyo ebusweni, nesilima, nendoda eyaphuke unyawo, neyaphuke 19 isandla; nenofundo, nengcungcutheki- 20 leyo, nenomlanga, nenokhwekhwe, nenesitshanguba, netyumke isende. Ze 21 kungasondeli nanye indoda enesiphako, yembewu ka-Aron umbingeleli, isondeze ukudla kwasemlilweni kukaYehova; inesiphako; mayingasondeli, isondeze ukudla koThixo wayo. Ingákudla ukudla 22 koThixo wayo kwezinto eziziingcwele kangcwele, kwanezingcwele. Kodwa 23 mayingezi emkhusaneni, ingasondeli nasesibingelelweni, ngokuba inesiphako; ukuze ingayihlambeli ingcwele yam; ngokuba ndinguYehova obangcwalisayo.

Wakuthetha ke oko uMoses kuAron 24 noonyana bakhe, noonyana bonke bakaSirayeli.

Eminye imithetho malunga nababingeleli namadini

22 Wathetha uYehova kuMoses, esithi, Thetha kuAron nakoonyana 2 bakhe, bazahlule ezintweni ezingcwele zoonyana bakaSirayeli, bangalihlambeli igama lam elingcwele ezintweni abazingcwalisayo kum: ndinguYehova. Yithi kubo, Ezizukulwaneni zenu, bonke 3 abantu abangabembewu yenu, abasukuba besondela ezintweni ezingcwele, abazingcwalisayo oonyana bakaSirayeli kuYehova, benobunqambi babo, loo miphefumlo yonqanyulwa, ingabikho ebusweni bam: ndinguYehova.

Umntu ngomntu ongowembewu ka- 4 Aron, oneqhenqa, nobhobhozayo, makangazidli izinto ezingcwele, ade ahlambuluke. Nalowo umchukumisayo wonke ubani oyinqambi ngofileyo, nendoda esukuba incola; nomntu osukuba echu- 5 kumisa yonke into enyakazelayo, eyinqambi kuye, nokuba ngumntu oyinqambi kuye ebunqambini bakhe bonke: u- 6 mphefumlo osukuba uyichukumisa into enjalo, woba yinqambi, uhlwise; lowo makangadli ezintweni ezingcwele. Ke makawuhlambe umzimba wakhe emanzini; lakutshona ilanga, wothi ehla- 7 mbulukile adle emveni koko ezintweni

ezingcwele; ngokuba kukudla kwakhe.
8 Into ezifeleyo neqwengiweyo makangayidli, azenze inqambi ngayo: ndingu-
9 Yehova. Ize basigcine isigxina sam, bangazithwalisi isono, bafe ngaso, ngokuba besihlambele sona: ndinguYehova obangcwalisayo.
10 Wonke ongengowakuni aze angadli nto ingcwele; olundwendwe lombingeleli, nomqeshwa, aze angadli nto ingcwe-
11 le. Umbingeleli xa athe wathenga umntu, waba yintengo yemali yakhe, makadle kuyo lowo, kwanozelelwe endlwini yakhe; abo bodla ukudla kwakhe.
12 Intombi yombingeleli, xa ithe yendela kwindoda engeyeyakuni, yona mayinga-
13 dli emrhumeni weento ezingcwele. Intombi yombingeleli, xa ithe yangumhlolokazi, nokuba ithe yaliwa, ingazalanga, yabuyela endlwini kayise, yokúdla ukudla kukayise njengasebutsheni bayo. Wonke ongengowakuni makangadli kuko.
14 Umntu othe wayidla into engcwele ngokulahleka, makongeze isihlanu sayo kuyo, ayinike umbingeleli into engcwele.
15 Ize bangazihlambeli izinto ezingcwele zoonyana bakaSirayeli, ezo bazirhumela
16 uYehova, babathwalise ubugwenxa betyala ekudleni kwabo izinto zabo ezingcwele: ngokuba ndinguYehova obangcwalisayo.

17 Wathetha uYehova kuMoses, esithi,
18 Thetha kuAron nakoonyana bakhe, nakoonyana bonke bakaSirayeli, uthi kubo, Umntu ngomntu wendlu kaSirayeli, nowakubaphambukeli abakwaSirayeli, osukuba esondeza umsondezo wakhe ngokubhekisele kwizibhambathiso zabo zonke, nangokubhekisele kwimibingelelo yabo yonke yokuqhutywa yintliziyo, asukuba ewusondeza kuYehova, uku-
19 ba ube lidini elinyukayo: wóthi, ukuze unikholekise, ube liduna eligqibeleleyo lasezinkomeni, nokuba lelaseziguc-
20 sheni, nelasezibhokhweni. Izinto zonke ezinesiphako ize ningazisondezi,
21 ngokuba azisayi kunikholekisa. Umntu, xa athe wasondeza umbingelelo woxolo kuYehova, ukuba ube ngowesi- bhambathiso esibalulekileyo, nokuba ube ngowokuqhutywa yintliziyo, oziinkomo noyimpahla emfutshane: uze ube ngogqibeleleyo ukuze ukholeke, uze ungabi nasiphako nasiphi. Eziziimfama, eza- 22 phukileyo, ezilinyaziweyo, ezinokhwekhwe, ezinesitshanguba, ize ningazisondezi ezo kuYehova, ninganikeli ngazo ukudla kwasemlilweni esibingelelweni kuYehova. Inkomo negusha enenda- 23 wo eyolukileyo, neshwabeneyo, ungáyenza umbingelelo wokuqhutywa yintliziyo; ke ayiyi kukholekisa ukuba ingowesibhambathiso. Into emasende 24 atyunyuziweyo, nakhandiweyo, naqhiwulweyo, nanqunyulweyo, ize ningayisondezi kuYehova. Ezweni lenu ze ningènjenjalo.

Nasesandleni sowolunye uhlanga ize 25 ningamkeli nisondeze ukudla koThixo wenu kwezo nto, nakuziphi; ngokuba ukonakala kwazo kukuzo, isiphako sikuzo; aziyi kunikholekisa.

Wathetha uYehova kuMoses, esithi, 26
Inkomo, negusha, nebhokhwe, xa iza- 27 lwayo, yoba mihla isixhenxe phantsi konina. Kuthabathela kusuku lwesibhozo nangasemva kwalo, iya kukholekisa, ibe ngumsondezo wasemlilweni kuYehova. Inkomo, nokuba yigusha, ize ni- 28 ngayixheli ngamini-nye netakane layo. Xa nithe nawubingelela umbingelelo 29 wombulelo kuYehova, nòwubingelela ukuba unikholekise. Wodliwa kwa- 30 ngaloo mhla, ningashiyi nto kuwo kude kuse: ndinguYehova.

Ize niyigcine imithetho yam, niyenze: 31 ndinguYehova. Ize ningalihlambeli i- 32 gama lam elingcwele; ndongcwaliswa phakathi koonyana bakaSirayeli: ndinguYehova oningcwalisayo, onikhuphi- 33 leyo ezweni laseYiputa, ukuze ndibe nguThixo wenu: ndinguYehova.

Amaxesha nemithendeleko engcwele

23 Wathetha uYehova kuMoses, esithi, Thetha koonyana bakaSiraye- 2 li, uthi kubo, Amaxesha amisiweyo kaYehova, eniya kuwavakalisa ukuba abe

ziintlanganiso ezingcwele, ngawo la
3 amaxesha am amisiweyo. Wosebenza imihla emithandathu; ke umhla wesixhenxe uyisabatha kasabatha, yintlanganiso engcwele. Ze ningenzi namnye umsebenzi ngawo: yisabatha kaYehova emakhayeni enu onke.
4 Ngawo la amaxesha amisiweyo kaYehova, iintlanganiso ezingcwele, eniya kuzivakalisa ngamaxesha azo amisiweyo
5 ngenyanga yokuqala, ngolweshumi elinesiné enyangeni leyo, lakutshona ila-
6 nga, yipasika* kaYehova. Ngosuku lweshumi elinesihlanu enyangeni leyo ngumthendeleko wezonka ezingenagwele kaYehova; iintsuku ezisixhenxe nodla
7 izonka ezingenagwele. Ngosuku lokuqala nòba nentlanganiso engcwele; ize
8 ningenzi msebenzi wakukhonza. Nosondeza ukudla kwasemlilweni kuYehova iintsuku ezisixhenxe; ngosuku lwesixhenxe yintlanganiso engcwele; ize ningenzi msebenzi wakukhonza.

9 Wathetha uYehova kuMoses, esithi,
10 Thetha koonyana bakaSirayeli, uthi kubo: Xa nithe nafika kulo ilizwe endininika lona, navuna isivuno salo, nozisa kumbingeleli isinde lokuqala lesivuno
11 senu, alitshangatshangise isinde phambi koYehova; ukuze linikholekise, alitshangatshangise umbingeleli ngengo-
12 mso emva kwesabatha; ize ninikele, ngomhla wokulitshangatshangisa kwenu isinde, imvana egqibeleleyo emnyaka mnye, ibe lidini elinyukayo kuYehova;
13 nomnikelo walo wokudla ube zizahlulo ezibini zesishumi se-efa* zomgubo ocoliweyo, ogalelwe ioli. Kukudla kwasemlilweni kuYehova, livumba elithozamisayo; nomnikelo walo othululwayo wewayini woba sisahlulo sesiné sehin.*
14 Ize ningadli sonka, nakhweba, nangqolowa intsha, ide ibe yinkqu yayo loo mini, nizisa ngayo umsondezo kaThixo wenu: ngummiselo ongunaphakde ezizukulwaneni zenu, emakhayeni enu onke.

15 Ize nizibalele iisabatha ezisixhenxe ezigqibeleleyo, nithabathela kwingomso emva kwesabatha, ngomhla wokuzisa kwenu isinde lokutshangatshangisa, ku- 16 de kube lingomso emva kwesabatha yesixhenxe; nobala imihla emashumi mahlanu, nisondeze umnikelo wokudla omtsha kuYehova. Emakhayeni enu 17 ize nirhole nizise izonka zokutshangatshangisa zibe zibini, zezahlulo ezibini zesishumi zomgubo ocoliweyo, zosiwe zinegwele, zibe ziintlahlela kuYehova. Ndawonye nezonka ezo ize nisondeze 18 iimvana ezigqibeleleyo ezisixhenxe, ezimnyaka mnye, nenkunzi entsha, ithole lenkomo, ibe nye, neenkunzi zezimvu zibe mbini, zibe lidini elinyukayo kuYehova, neminikelo yazo yokudla, neminikelo yazo ethululwayo; kukudla kwasemlilweni, kwevumba elithozamisayo kuYehova. Ize ninikele inkunzi yebho- 19 khwe exhonti ibe nye, ibe lidini lesono, neemvana ezimbini ezimnyaka mnye zibe ngumbingelelo woxolo. Wozitsha- 20 ngatshangisa umbingeleli ezo zinto, ndawonye nezonka eziziintlahlela, zibe ngumtshangatshangiso phambi koYehova, ndawonye neemvana ezimbini; zibe ngcwele kuYehova ngenxa yombingeleli. Nize nimeme ngenkqu yayo 21 loo mini, ukuba kubekho intlanganiso engcwele kuni; ize ningenzi msebenzi wakukhonza. Ngummiselo ongunaphakade emakhayeni enu onke ezizukulwaneni zenu.

Ekuvuneni kwenu isivuno selizwe 22 lenu, uze ungaligqibi icala lentsimi yakho ekuvuneni kwakho, ungalubhikici ubhikico lwesivuno sakho; woshiyela olusizana nomphambukeli: ndinguYehova uThixo.

Wathetha uYehova kuMoses, esithi, 23
Thetha koonyana bakaSirayeli, uthi, 24
Ngenyanga yesixhenxe, ngolokuqala enyangeni leyo, noba nesabatha, isikhumbuzo sokumema ngesigodlo intlanganiso engcwele. Ize ningenzi namnye 25 umsebenzi wakukhonza; nosondeza ukudla kwasemlilweni kuYehova.

Wathetha uYehova kuMoses, esithi, 26
Kodwa ngolweshumi kule nyanga yesi- 27 xhenxe, ngomhla wokucamagusha, yoba yintlanganiso engcwele kuni, niyithobe

imiphefumlo yenu; nisondeze ukudla kwasemlilweni kukaYehova. Ize ningenzi namnye umsebenzi ngenkqu yayo loo mini, kuba ngumhla wokucamagusha, wokunicamagushela phambi koYehova uThixo wenu. Kuba wonke umphefumlo, osukuba ungazithobi ngenkqu yayo loo mini, wonqanyulwa, ungabikho ebantwini bakowawo. Wonke umphefumlo, osukuba usenza namnye umsebenzi ngenkqu yayo loo mini, ndowutshabalalisa loo mphefumlo, ungabikho phakathi kwabantu bakowawo. Ize ningenzi namnye umsebenzi. Ngummiselo ongunaphakade ezizukulwaneni zenu, emakhayeni enu onke. Yisabatha kasabatha kuni; nóyithoba imiphefumlo yenu. Ngolwesithoba enyangeni leyo, ngokuhlwa, kuthabathele ekuhlweni kuse ekuhlweni, nophumla ngesabatha yenu.

33 Wathetha uYehova kuMoses, esithi,
34 Thetha koonyana bakaSirayeli, uthi, Ngosuku lweshumi elinesihlanu kule nyanga yesixhenxe, ngumthendeleko weminquba iintsuku ezisixhenxe kuYe-
35 hova. Ngosuku lokuqala yintlanganiso engcwele; ize ningenzi msebenzi waku-
36 khonza. Iintsuku ezisixhenxe nosondeza ukudla kwasemlilweni kuYehova; ngosoku lwesibhozo yoba yintlanganiso engcwele kuni, nisondeze ukudla kwasemlilweni kuYehova. Yingqungquthela; ize ningenzi msebenzi wakukhonza.

37 Ngawo lawo amaxesha amisiweyo kaYehova, enowavakalisa abe ziintlanganiso ezingcwele, okusondeza ukudla kwasemlilweni kuYehova: idini elinyukayo, nomnikelo wokudla, umbingelelo neminikelo ethululwayo, into yemini
38 ngangemini yayo; ngaphandle kweesabatha zikaYehova, nangaphandle kweminikelo yenu, nangaphandle kwezibhambathiso zenu zonke, nangaphandle kweminikelo yenu yonke yokuqhutywa yintliziyo, eninikayo uYehova.

39 Kodwa ngosuku lweshumi elinesihlanu enyangeni yesixhenxe, ekuhlanganiseni kwenu ungeniselo lwelizwe, ize nenze umthendeleko kaYehova iintsuku ezisixhenxe; ngomhla wokuqala yisabatha, nangomhla wesibhozo yisa-
batha. Ize nizithabathele ngomhla wo- 40 kuqala amahlamvu emithi okuhombisa, amagqabi amasundu, namasebe emithi ethe shinyi, nemingculuba yasemlanjeni; nigcobe phambi koYehova uThixo wenu iintsuku ezisixhenxe. Lo mthe- 41 ndeleko nowenzela uYehova iintsuku ezisixhenxe ngomnyaka. Ngummiselo ongunaphakade ezizukulwaneni zenu: niwenze umthendeleko ngenyanga yesixhenxe. Nohlala eminqubeni iintsuku 42 ezisixhenxe; bonke abazalelwe kwa-Sirayeli bohlala eminqubeni; ukuze zazi 43 izizukulwana zenu, ukuba ndabahlalisa oonyana bakaSirayeli eminqubeni, ekubakhupheni kwam ezweni laseYiputa: ndinguYehova, uThixo wenu.

UMoses wabaxelela oonyana baka- 44 Sirayeli amaxesha lawo amisiweyo kaYehova.

*Imithetho malunga nezibane
nezonka zesiboniso*

24 Wathetha uYehova kuMoses, esithi, Bawisele umthetho oonyana 2 bakaSirayeli, bathabathe bazise kuwe ioli eqaqambileyo yeminquma engqushiweyo yesikhanyiso, ukuba kumiswe isibane samaxesha onke. Ngaseno ko- 3 mkhusane wesingqino, ententeni yokuhlangana, wóhlala ezicwangcisa uAron *izibane* phambi koYehova, kuthabathela ngokuhlwa kuzise ekuseni: ngummiselo ongunaphakade ezizukulwaneni zenu. Wohlala ezicwangcisa izibane esipha- 4 thweni sezibane esicocekileyo phambi koYehova.

Uze uthabathe umgubo ocoliweyo, 5 uwose ube yimiqhathane elishumi elinamibini, umqhathane omnye ube zizahlulo ezibini zesishumi. Uze uyikrozise 6 ngemikrozo emibini, ibe mithandathu mkrozweni mnye, etafileni ecocekileyo ephambi koYehova; ubeke intlaka e- 7 mhlophe eqaqambileyo phezu komkrozo

ngamnye, ibe sisikhumbuzo sesonka,
8 ukudla kwasemlilweni kuYehova. Wóhlala eyicwangcisa phambi koYehova ngemihla yonke yesabatha, ivela koonyana bakaSirayeli: ngumnqophiso o-
9 ngunaphakade. Yoba yeka-Aron noonyana bakhe, bayidle endaweni engcwele; kuba yingcwele kangcwele kuye, ivela ekudleni kwasemlilweni kukaYehova: ngummiselo ongunaphakade.

Imithetho malunga nokunyelisa

10 Ke kaloku kwaphuma unyana womSirayelikazi phakathi koonyana bakaSirayeli; waye engunyana womYiputa. Lo nyana womSirayelikazi nomfo wa-
11 kwaSirayeli bantlalana eminqubeni, unyana womSirayelikazi lowo walithuka iGama, watshabhisa. Bamzisa kuMoses (igama lonina lalinguShelomiti, intó-
12 mbi kaDibri, wesizwe sakwaDan). Bamfaka elugcineni, bade babahlulele loo nto ngokomlomo kaYehova.
13 Wathetha uYehova kuMoses, esithi,
14 Mkhupheni lowo utshabhisileyo, abe ngaphandle kweminquba; bonke abo bamvileyo bacinezele ngezandla zabo entlokweni yakhe, limxulube ngamatye
15 lonke ibandla. Uze uthethe koonyana bakaSirayeli, uthi, Umntu ngomntu, xa athe wamtshabhisa uThixo wakhe, wosi-
16 thwala isono sakhe. Olithukayo igama likaYehova makabulawe afe. Lonke ibandla lomxuluba okunene ngamatye, kwanomphambukeli, kwanozalelwe ekhaya; ekulithukeni kwakhe iGama makabulawe.

17 Umntu othe wabetha umntu wafa, nokuba nguwuphi, makabulawe afe.
18 Obethe inkomo yafa, woyimisela; u-
19 mphefumlo ngomphefumlo. Umntu xa athe wamlimaza ummelwane wakhe, njengoko enze ngako, makwenziwe
20 ngako kuye: ukwaphulwa ngokwaphulwa, iliso ngeliso, izinyo ngezinyo. Njengoko amlimazileyo umntu, makwe-
21 nziwe ngoko kuye. Obethe inkomo yafa, woyimisela; ke obethe umntu wafa
22 makabulawe. Masibe sinye isigwebo senu kumphambukeli nakozalelwe ekhaya; ngokuba ndinguYehova uThixo wenu.

Wathetha uMoses koonyana baka- 23
Sirayeli; bamkhuphela phandle kweminquba lowo utshabhisileyo, bamxuluba ngamatye. Benza oonyana bakaSirayeli njengoko uYehova wamwisela umthetho uMoses.

Umnyaka wesabatha

25 Wathetha uYehova kuMoses entabeni yaseSinayi, esithi, Thetha 2 koonyana bakaSirayeli, uthi kubo, Xa nithe nafika kulo ilizwe endininika lona, ilizwe elo ke lophumla isabatha kuYehova. Wòyihlwayela iminyaka emi- 3 thandathu intsimi yakho, usithêne isidiliya sakho iminyaka emithandathu, uhlanganise ungeniselo lwaso; ke u- 4 mnyaka wesixhenxe woba yisabatha yesabatha kulo ilizwe, isabatha kuYehova. Uze ungayihlwayeli intsimi yakho, u- 5 ngasitheni isidiliya sakho; ungawuvuni ummilela wokuvuna kwakho, neediliya zesidiliya sakho esingathenwanga uze ungazisiki. Woba ngumnyaka wesabatha kulo ilizwe. Isabatha yalo ilizwe 6 yoba kukudla kuni, kuwe nakwisicaka sakho, nakwisicakakazi sakho, nakumqeshwa wakho, nakolundwendwe kuwe, nakophambukele kuwe, nakwiinko- 7 mo zakho, nakwiinyamakazi ezisezweni lakho; lonke ungeniselo lwalo loba kukudla.

Umnyaka wentlokoma

Uze uzibalele iisabatha ezisixhenxe 8 zeminyaka, iminyaka esixhenxe ibe zizihlandlo ezisixhenxe, ize imihla yeesabatha ezisixhenxe zeminyaka ibe yiminyaka emashumi mané aneminyaka esithoba kuwe; usihambise isigodlo soku- 9 mema ngenyanga yesixhenxe, ngolweshumi enyangeni leyo; ngomhla wokucamagusha nosihambisa isigodlo ezweni lenu lonke; umnyaka niwungcwalise, 10 umnyaka wamashumi omahlanu, nivakalise inkululeko ezweni kubemi balo bonke. Wóba ngowentlokoma* kuni, ukuba nibuyele elowo elifeni lakhe, nibuyele elowo emizalwaneni yakhe.

11 Umnyaka woba ngowentlokoma kuni, umnyaka wamashumi omahlanu, ukuba ningahlwayeli, ningawuvuni ummilela, ningasisiki isidiliya esingathenwanga.
12 Ngokuba le ntlokoma yoba ngcwele kuni; nolúdla luvela entsimini unge-
13 niselo lwayo. Ngalo mnyaka wentlokoma nobuyela elowo elifeni lakhe.
14 Xa nithe nathengisa ngento ethengisayo kummelwane wenu, naxa uthe wathenga esandleni sommelwane wakho, musani
15 ukubandezelana. Wòthenga wena kummelwane wakho ngokwenani leminyaka emva komnyaka wentlokoma; wòthengisa yena kuwe ngokwenani lemi-
16 nyaka yongeniselo. Ngokobuninzi beminyaka wolandisa ixabiso layo, nangokobuncinane beminyaka wolinciphisa ixabiso layo; ngokuba ethengisa kuwe
17 ngenani longeniselo. Ize ningabandezelani; uze umoyike uThixo wakho, ngokuba ndinguYehova, uThixo wenu.
18 Ize niyenze imimiselo yam, niwagcine amasiko am, niwenze. Nohlala kulo
19 ilizwe nikholosile; ilizwe livelise iziqhamo zalo, nidle nihluthe, nihlale nikholosile kulo.

20 Xa nithe, Sodla ntoni na ngomnyaka wesixhenxe? nanku singahlwayeli, si-
21 ngahlanganisi lungeniselo lwethu: ndoyiwisela umthetho intsikelelo yam ibe kuni ngomnyaka wesithandathu, iluvelise ungeniselo lweminyaka emithathu.
22 Nòhlwayela ngomnyaka wesibhozo, nidle amahasa kude kube ngumnyaka wesithoba; nodla amahasa lude lufike
23 ungeniselo lwawo. Ilizwe ze kungàthengiswa ngalo, libhange, kuba ilizwe lelam; ngokuba ningabaphambukeli
24 neendwendwe kum; ezweni ke lonke lelifa lenu, ilizwe nolirholela intlawulelo.
25 Xa athe umzalwana wakho wanzonza, wathengisa ngento yelifa lakhe, makeze owalamana naye ofanele ukumkhulula, ayikhulule ngokuyihlawulela loo nto wathengisa ngayo umzalwana wakhe.
26 Umntu xa angenabani wokumkhulula, sibe sinokufikelela isandla sakhe sifumane okulingene ukuzikhululela nge-
27 ntlawulelo: wóbala iminyaka yokuthengisa kwakhe, abuyisele okugqithiseleyo kuloo mntu wathengisa kuye, abuyele elifeni lakhe. Ukuba isandla sakhe asi- 28 nakufumana okulingene ukubuyisela kuye loo nto wathengisa ngayo, yohlala esandleni salowo uyithengileyo, kude kube ngumnyaka wentlokoma. Yophuma ngowentlokoma, abuyele elifeni lakhe.

Umntu xa athe wathengisa ngendlu 29 yokuhlala, isemzini onodonga, yoba nokukhululwa ngentlawulelo ude uphele umnyaka wokuthengiswa kwayo; yoba ziintsuku ezithile isenokukhululwa ngentlawulelo. Ukuba ithe ayakhululwa 30 ngentlawulelo, wada wazaliseka waphela umnyaka, yoqiniselwa kuphele indlu esemzini onodonga, kulowo wayithengayo ezizukulwaneni zakhe; ayi kuphuma ngomnyaka wentlokoma. Ke izindlu 31 zemizana, engabiyelwe ngeendonga, zobalelwa ekuthini ngamasimi alo ilizwe: zoba nokukhululwa ngentlawulelo zona, ziphume ngomnyaka wentlokoma.

Ke imizi yabaLevi, izindlu zemizi ye- 32 lifa labo, zoba nokukhululwa ngentlawulelo nanini kubaLevi. Ethe yathe- 33 ngwa kubaLevi, indlu ekuthengiswe ngayo emzini welifa lakhe, yophuma ngomnyaka wentlokoma; ngokuba izindlu zemizi yabaLevi zililifa labo phakathi koonyana bakaSirayeli. Ilizwe le- 34 dlelo lemizi yabo makungathengiswa ngalo, ngokuba lilifa elingunaphakade kubo.

Xa athe umzalwana wakho wanzonza, 35 isandla sakhe solukela kuwe, sòmomeleza, aphile nawe engumphambukeli, elundwendwe kuwe. Musa ukutha- 36 batha nzala kuye, nalwando lwemboleko; uze woyike uThixo wakho, aphile umzalwana wakho kuwe. Imali yakho 37 uze ungamniki ngenxa yenzala, ungamniki ukudla kwakho ngenxa yolwando lwemboleko: ndinguYehova uThixo we- 38 nu, onikhuphileyo ezweni laseYiputa, ukuze ndinike ilizwe lakwaKanan, ndibe nguThixo kuni.

ILEVITIKUS 25–26

39 Xa athe umzalwana wakho wanzonza ekuwe, wazithengisa kuwe, uze ungamkhonzisi ngokukhonza kwekhoboka.
40 Woba njengomqeshwa, njengolundwendwe kuwe; wókukhonza kude kube
41 ngumnyaka wentlokoma; aphume kuwe enabantwana bakhe, abuyele emizalwa-
42 neni yakhe, abuyele elifeni likayise; ngokuba ngabakhonzi bam abo, endibakhuphileyo ezweni laseYiputa. Makungathengiswa ngabo ngokuthengiswa
43 kwekhoboka. Uze ungamphathi ngokutyumzayo; uze woyike uThixo wakho.
44 Ikhoboka lakho nekhobokazana lakho, la akuwe, oba ngabasezintlangeni eziningqongileyo; nothenga kuzo ikhobo-
45 ka nekhobokazana. Kanjalo koonyana babaziindwendwe kuni, abaphambukele kuni, nothenga kubo, nasemizalwaneni yabo ekuni, abayizalele ezweni lenu;
46 babe lilifa kuni. Nobenza babe lilifa koonyana benu emva kwenu, ukuba babathabathe babe lilifa, nibakhonzise ngonaphakade. Ke bona abazalwana benu, oonyana bakaSirayeli, mabangaphathani ngokutyumzayo.

47 Xa sithe isandla somphambukeli nolundwendwe kuwe satyeba ekuwe, umzalwana wakho wanzonza ekuye, wazithengisa kumphambukeli olundwendwe kuwe, nakumlibo womzalwana wompha-
48 mbukeli: wóba nokukhululwa ngentlawulelo emva kokuzithengisa kwakhe. Omnye kubazalwana bakhe womkhulula
49 ngentlawulelo; nokuba nguyisekazi, nokuba ngunyana kayisekazi, womkhulula ngentlawulelo; nokuba ngowenyama yenyama yakhe emizalwaneni yakhe, wómkhulula ngentlawulelo; nokuba isandla sakhe sithe satyeba, wózikhulula ngokwakhe ngentlawulelo.
50 Wóbalelana nowamthengayo, athabathele emnyakeni wokuthengiswa kwakhe kuye, ase emnyakeni wentlokoma, ithi imali yokuthengiswa kwakhe ime ngokwenani leminyaka abekuye, ngo-
51 kwemihla yomqeshwa. Ukuba isemininzi iminyaka, woyibuyisa kwimali yokuthengwa kwakhe, ibe ngangayo intla-
52 wulelo yokukhululwa kwakhe. Ukuba kuthe kwasala iminyaka embalwa, ukuze kube ngumnyaka wentlokoma, wóbala ngokweminyaka yakhe, abuyise intlawulelo yokukhululwa kwakhe. Wóba 53 njengomqeshwa umnyaka ngomnyaka kuye; aze angamphathi ngokutyumzayo emehlweni akho. Ukuba úthe, àka- 54 khululwa ngentlawulelo ngabo abo, wophuma ngomnyaka wentlokoma, yena enabantwana bakhe. Ngokuba kum 55 oonyana bakaSirayeli ngabakhonzi; bangabakhonzi bam endibakhuphileyo ezweni laseYiputa. NdinguYehova, uThixo wenu.

Iziyalo zokugqibela

26 Ize ningazenzeli izinto ezingení, nomfanekiso oqingqiweyo, ningaziphakamiseli isimiso samatye, ningagxumeki ilitye elingumfanekiso ezweni lenu, ukuba niqubude kulo; ngokuba ndinguYehova, uThixo wenu. Ize ni- 2 zigcine iisabatha zam, niyoyike ingcwele yam: ndinguYehova.

Ukuba nithe nahamba emimiselweni 3 yam, nayigcina imithetho yam, nayenza, ndoninika iziphango zenu ngexesha la- 4 zo; ilizwe lininike indyebo yalo, nemithi yentsimi ivelise iziqhamo zayo; nento eniyibhulileyo ifikele ekuvunweni 5 kweediliya, ukuvunwa kweediliya kufikelele ekuhlwayeleni, nidle isonka senu, nihluthe, nihlale ezweni lenu nikholosile.

Ndoninika uxolo ezweni elo, nilale; 6 kungabikho bani unigubhisayo, ndilisuse irhamncwa ezweni elo, ikrele lingahambi ezweni lenu; nizisukele iintshaba 7 zenu, zeyele ekreleni phambi kwenu. Nibahlanu, nosukela ikhulu; nilikhulu, 8 nosukela amawaka alishumi, zeyele ekreleni iintshaba zenu phambi kwenu. Ndonibeka, ndiniqhamise, ndinandise, 9 ndiwumise umnqophiso wam nani, nidle amahasa, nikhuphe amahasa 10 endawni yokudla okutsha; ndiwumise 11 umnquba wam phakathi kwenu, ningadimalelwa ngumphefumlo wam. Ndo- 12 hamba phakathi kwenu, ndibe nguThixo wenu, nina nibe ngabantu bam. NdinguYehova uThixo wenu, onikhu- 13

ILEVITIKUS 26

phileyo ezweni laseYiputa, ukuba ningabi ngamakhoboka awo; ndazaphula iidyokhwe zenu, ndanihambisa nathi nkqo.

14, 15 Ukuba nithe anandiphulaphula, anayenza le mithetho yonke; ukuba nithe nayicekisa imimiselo yam; ukuba uthe umphefumlo wenu wadimala ngamasiko am, ukuze ningayenzi imithetho yam yonke, nesuka nawaphula umnqophiso 16 wam: nam ndiya kwenza oku kuni: ndiya kunivelela ngento ekhwankqisayo, ngesifo sephepha, nangecesina ephelisa amehlo, eyethisa umphefumlo; nifumane nihlwayele imbewu yenu, 17 idliwe ziintshaba zenu. Ndonichasa nina, ukuze nibethwe phambi kweentshaba zenu, baninyathele abanithiyayo, nisabe kungekho unisukelayo.

18, 19 Ukuba nithe anandiphulaphula noko kungako, ndokongeza ukunithethisa kasixhenxe ngenxa yezono zenu. Ndolaphula iqhayiya lamandla enu; izulu lenu ndilenze libe njengesinyithi, ilizwe lenu 20 libe njengobhedu; agqitywe ngelizé amandla enu, ilizwe lenu lingayivelisi indyebo yalo, nemithi yelizwe ingazive-21 lisi iziqhamo zayo. Ukuba nithe nahamba ngokundichasa, anavuma ukundiphulaphula, ndosongeza kuni isibetho 22 kasixhenxe ngokwezono zenu; ndinithumele amarhamncwa, awonihlutha abantwana benu, aqwenge neenkomo zenu, anenze nibe mbalwa, neendlela zenu zingàhanjwa.

23 Ukuba nithe anavuma ukuthethiswa ndim noko kungako, nahamba ngoku-24 ndichasa, nam ndohamba ngokunichasa, nam ndinibethe kasixhenxe ngenxa ye-25 zono zenu. Ndonizisela ikrele eliyiphindezelayo impindezelo yomnqophiso. Nokuba nihlanganiséne emizini yenu, ndothuma indyikitya yokufa phakathi kwenu, ninikelwe esandleni sotshaba.
26 Ekuwaphuleni kwam umsimelelo osisonka senu, abafazi abalishumi bososela zikweni-nye isonka senu, basibuyise isonka senu besilinganisile, nidle ningahluthi.
27 Ukuba nithe anandiphulaphula noko kungako, nahamba ngokundichasa, ndo- 28 hamba ngokunichasa ngokushushu, ndinithethise nam kasixhenxe ngenxa yezono zenu; nidle inyama yoonyana benu, 29 nidle nenyama yeentombi zenu. Ndo- 30 zitshabalalisa izigánga zenu, ndizigawule iintsika zenu zelanga, ndiziphose izidumbu zenu phezu kwezidumbu zezigodo ezizizithixo zenu; umphefumlo wam udimale nini. Imizi yenu ndo- 31 yenza amanxuwa, ndizenze kube senkangala iingcwele zenu, ndingalivi ivumba lenu lokuthozamisa; ilizwe ndilè- 32 nze mna kube senkangala, iintshaba zenu ezimiyo kulo zimangaliswe lilo. Ndoni- 33 chithachitha phakathi kweentlanga, ndirhole ikrele lam emva kwenu, ilizwe lenu kube senkangala, imizi yenu ibe ngamanxuwa. Liya kwandula ukwaneliswa 34 ziisabatha zalo ilizwe, yonke imihla ekusenkangala ngayo, nina ke nisezweni leentshaba zenu. Liya kwandula ukuphumla ilizwe, laneliswe ziisabatha zalo. Yonke imihla ekusenkangala ngayo lo- 35 phumla; oko lingakuphumlanga ngeesabatha zenu ekulihlaleni kwenu.

Abaseleyo kuni, ndongenisa inyungu 36 ezintliziyweni zabo emazweni eentshaba zabo; bagxothwe kukurhashaza kwegqabi eliphetshethwayo, basabe ngathi basaba ikrele, bawe kungekho ubasukelayo; bakhubeke omnye komnye nje- 37 ngaphambi kwekrele, kungekho ubasukelayo. Anisayi kuba nakumisa phambi kweentshaba zenu. Nobhubha 38 phakathi kweentlanga, ilizwe leentshaba zenu linidle. Abaseleyo kuni bongcu- 39 ngcutheka ebugwenxeni babo emazweni eentshaba zenu, nasebugwenxeni booyise, bangcungcutheke benabo.

Ukuba ke bathe babuvuma ubugwe- 40 nxa babo nobugwenxa booyise—ngenxa yokumeneza kwabo, abameneze ngako kum, nangenxa yokuhamba ngokundichasa, endathi nam ndahamba ngoku- 41 bachasa, ndabása ezweni leentshaba zabo—kanye ukuba zithe zathobeka iintliziyo zabo ezingalukanga; ukuba bathe bandula ukwaneliswa bubugwenxa babo: ndowukhumbula umnqophiso wam 42

ILEVITIKUS 26-27

noYakobi, kwanomnqophiso wam noIsake, kwanomnqophiso wam noAbra-
43 ham; nelizwe ndilikhumbule. Nelizwe liya kushiywa ngabo laneliswe ziisabatha zalo, xa kuthe kwasenkangala, ababakho kulo; baneliswe bona bubugwenxa babo ngenxa enokuba bawacekisayo amasiko am, nomphefumlo wabo wadi-
44 mala yimimiselo yam. Kanti ke noko kude kwanjalo, baba sezweni leentshaba zabo, àndibacekisele; àndidimele ngabo ukuba ndibagqibe, ndaphule umnqophiso wam nabo; kuba ndinguYehova,
45 uThixo wabo. Ndonikhumbulela umnqophiso *wam* namanyange endiwakhuphe ezweni laseYiputa phambi kweentlanga, ukuba ndibe nguThixo kubo; ndinguYehova.

46 Yiyo leyo imimiselo, namasiko, nemiyalelo, awayenzayo uYehova phakathi kwakhe noonyana bakaSirayeli, entabeni yaseSinayi, ngesandla sikaMoses.

Imithetho yezibhambathiso nezishumi

27 Wathetha uYehova kuMoses, esi-
2 thi, Thetha koonyana bakaSirayeli, uthi kubo, Xa athe umntu wenza isibhambathiso esibalulekileyo, imiphefumlo yoba yekaYehova ngokulinganisela
3 kwakho. Ke, ukulinganisela kwakho, oyindoda makuthabathele kominyaka imashumi mabini ezelwe, kuse kominyaka imashumi mathandathu ezelwe: ukulinganisela kwakho makube ziishekele zesilivere* ezimashumi mahlanu ze-
4 ngcwele. Ke ukuba yinkazana, ukulinganisela kwakho makube ziishekele
5 ezimashumi mathathu. Ukuba kuthabathele kumntwana ominyaka mihlanu, kwesa kumntwana ominyaka imashumi mabini, ukulinganisela kwakho oyindoda makube ziishekele ezimashumi mabini; oyinkazana, makube ziishekele ezi-
6 shumi-nye. Ukuba kuthabathele kumntwana onyanga-nye, kwesa kumntwana ominyaka mihlanu, ukulinganisela kwakho oyindoda makube ziishekele zesilivere ezintlanu; ukulinganisela kwakho oyinkazana makube ziishekele zesilivere ezintathu. Ukuba kuthabathele 7 kominyaka imashumi mathandathu ezelwe kwenyusa, ukuba uyindoda, ukulinganisela kwakho makube ziishekele ezilishumi elinesihlanu; oyinkazana, makube ziishekele ezishumi-nye. Ke uku- 8 ba úthe wanzonza kunokulinganisela kwakho, makamiswe phambi kombingeleli, umbingeleli amlinganisele; ngento esinokuyifumana isandla salowo ubhambathisileyo, umbingeleli amlinganisele.

Ukuba yinkomo leyo, kusondezwa 9 yona ukuba ibe ngumsondezo kuYehova, yonke into enjalo enikelwa kuYehova mayibe ngcwele. Ize ingàguqu- 10 lwa, ize ingànanwa, elungileyo ngembi, embi ngelungileyo; ukuba uthe wanana ukwanana oku inkomo ngenkomo, mayibe ngcwele yona, kwanaleyo kwananwe ngayo. Ke ukuba yinto ezitho 11 ziné eyinqambi, nokuba yiyiphi, ekungàsondezwa msondezo wayo kuYehova, into leyo izitho ziné mayimiswe phambi kombingeleli, umbingeleli ayilinga- 12 nisele, abethe phakathi kwelungileyo nembi; yoba njengokulinganisela kwakho, wena mbingeleli. Ukuba úthe 13 wayikhulula okunene ngentlawulelo, makongeze isahlulo sesihlanu sayo kuko oko kulinganisela kwakho.

Xa athe umntu wayingcwalisa indlu 14 yakhe ukuba ibe ngcwele kuYehova, umbingeleli makayilinganisele, abethe phakathi kwelungileyo nembi; njengoko umbingeleli ayilinganiseleyo, yoqiniseka ngokunjalo. Ukuba lowó wayingcwa- 15 lisayo uthe wayikhulula ngentlawulelo indlu yakhe, makongeze isahlulo sesihlanu sesilivere yokulinganisela kwakho kuko oko, ibe yeyakhe.

Ukuba umntu uthe wangcwalisa ku- 16 Yehova inxalenye yentsimi yelifa lakhe, ukulinganisela kwakho makube ngokwembewu yayo, ihomere* yembewu yerhasi ngeeshekele* zesilivere ezimashumi mahlanu. Ukuba úthe wayi- 17 ngcwalisa intsimi yakhe, ethabathe emnyakeni wentlokoma,* mayiqiniseke ngokulinganisela kwakho. Ukuba úthe 18

ILEVITIKUS 27

wayingcwalisa intsimi yakhe emva kowentlokoma, umbingeleli makambalele imali ngokweminyaka esaseleyo, kuse emnyakeni wentlokoma, iphungulwe
19 kweyokulinganisela kwakho. Ukuba lowo wayingcwalisayo uthe wayikhulula okunene ngentlawulelo intsimi, makongeze isahlulo sesihlanu semali yokulinganisela kwakho kuko oko, iqiniseke
20 kuye. Ukuba úthe akayikhulula ngentlawulelo intsimi, nokuba uthe wathengisa ngentsimi leyo komnye umntu, mayingabi sakhululwa ngentlawulelo.
21 Loo ntsimi yoba ngcwele kuYehova, ekuphumeni kwayo *kuloo mntu* ngomnyaka wentlokoma, njengentsimi eyahlulelwe ukuba ibe lilifa lombingeleli.

22 Ukuba úthe wangcwaliswa kuYehova intsimi yentengo yakhe, ingentsimi yeli-
23 fa lakhe, umbingeleli makambalele inani lokulinganisela kwakho, kuse emnyakeni wentlokoma, anike ukulinganisela kwakho ngaloo mhla, kube njengento
24 engcwele kuYehova. Ngomnyaka wentlokoma intsimi mayibuyele kulowo yathengwa kuye, kulowo belilelakhe ilifa
25 lomhlaba. Konke ukulinganisela kwakho makube ngeshekele* yengcwele; ishekele yoba ziigera* ezimashumi mabini.

26 Ngamazibulo odwa ezintweni ezizitho ziné, azityulelwa kuYehova, angayi kungcwaliswa mntu, nokuba yinkomo, no-
27 kuba yimvu; ngakaYehova. Ukuba ngawezinto ezizitho ziné eziziinqambi, makamiselwe ngokulinganisela kwakho, kongezwe isahlulo sesihlanu sayo kuko oko; ke ukuba athe akakhululwa ngentlawulelo, makuthengiswe ngawo ngokulinganisela kwakho.

Kodwa yonke into esingelwe phantsi, 28 asukuba umntu eyisingela kuYehova entweni yonke anayo, nokuba ngumntu, nokuba yinto ezizitho ziné, nokuba yintsimi yelifa lakhe, makungathengiswa ngayo, mayingakhululwa nangentlawulelo. Yonke into esingelwe phantsi yingcwele kangcwele kuYehova. Yonke 29 into esingelwe phantsi ethe yasingelwa phantsi ingumntu, mayingakhululwa nangokumiselwa; mayibulawe ife.

Sonke isishumi somhlaba, sembewu 30 yomhlaba, seziqhamo zomthi, sesika-Yehova; singcwele kuYehova. Ukuba 31 uthe umntu wasikhulula okunene ngentlawulelo isishumi sakhe, makongeze kuso isahlulo sesihlanu saso. Sonke 32 isishumi seenkomo, nasempahleni emfutshane, yonke into ethubeleza phantsi kwentonga, eyeshumi mayibe ngcwele kuYehova. Makangagocagoci phakathi 33 kwelungileyo nembi, angayanani; ukuba uthe wayanana ukuyanana oku, mayibe ngcwele yona, naleyo kwananwe ngayo mayingakhululwa ngentlawulelo.

Yiyo leyo imithetho uYehova wayi- 34 wisela uMoses ngenxa yoonyana baka-Sirayeli, entabeni yaseSinayi.

INCWADI YESINE KAMOSES
EKUTHIWA
YINUMERI
(INCWADI YOBALO)

Ukubalwa kwezizwe ezilishumi elinanye

1 Wathetha uYehova kuMoses entlango yaseSinayi, ententeni yokuhlangana, ngolokuqala usuku lwenyanga yesibini, ngomnyaka wesibini wokuphuma kwabo ezweni laseYiputa, esithi, 2 Thabathani inani lebandla lonke loonyana bakaSirayeli, ngokwemizalwane yabo ngokwezindlu zooyise, ngenani lamagama, yonke into eyindoda, ngokweentloko 3 yayo. Nothabathela kominyaka imashumi mabini ezelwe ninyuse, bonke abaphuma umkhosi kwaSirayeli; nibabale emlibeni ngokwemikhosi yabo, 4 wena noAron; kubekho nani indoda esizweni ngasinye, indoda eyintloko ye-5 ndlu kayise. Ngawo la amagama amadoda aya kuma nani: kwaRuben: 6 uElitsure unyana kaShediyure; kwa-Simon: uShelumiyeli unyana kaTsuri-7 shadayi; kwaYuda: uNashon unyana 8 ka-Aminadabhi; kwaIsakare: uNathani-9 yeli unyana kaTsuhare; kwaZebhulon: 10 uEliyabhi unyana kaHelon; koonyana bakaYosefu: kwaEfrayim: uElishama unyana ka-Amihudi; kwaManase: u-11 Gamaliyeli unyana kaPedatsure; kwa-Bhenjamin: uAbhidan unyana kaGidi-12 yoni; kwaDan: uAhiyezere unyana ka-13 Amishadayi; kwa-Ashere: uPagiyeli u-14 nyana kaOkran; kwaGadi: uEliyasafu 15 unyana kaDehuweli; kwaNafetali: u-Ahira unyana kaEnan.

16 Ngabo abo babizwe libandla, abazikhulu zezizwe zooyise, abaziintloko za-17 mawaka akwaSirayeli bona. OoMoses noAron bawathabatha loo madoda ahle-liweyo ngamagama. Balibizela ndawo-18 nye lonke ibandla ngolokuqala usuku lwenyanga yesibini, ukuba baxele ukuzalwa kwabo ngokwemizalwane yabo, ngokwezindlu zooyise, ngenani lamagama, bethabathela kominyaka imashumi mabini ezelwe, banyuse, ngokweentloko zabo. Njengoko uYehova wamwise-19 layo umthetho uMoses, wababala entlango yaseSinayi.

Koonyana bakaRubhen, owamazibu-20 lo kaSirayeli, inzala yabo ngokwemizalwane yabo, ngokwezindlu zooyise, ngenani lamagama, ngokweentloko zabo, yonke into eyindoda ethabathela kominyaka imashumi mabini ezelwe, inyuse, bonke abaphuma umkhosi: abalwáyo 21 kubo besizwe sakwaRubhen, baba ngamashumi amané anamathandathu amawaka, anamakhulu mahlanu.

Koonyana bakaSimon, inzala yabo 22 ngokwemizalwane yabo, ngokwezindlu zooyise, ababalwa kubo ngenani lamagama, ngokweentloko zabo, yonke into eyindoda ethabathela kominyaka imashumi mabini ezelwe, inyuse, bonke baphuma umkhosi: ababalwáyo kubo 23 besizwe sakwaSimon, baba ngamashumi amahlanu anesithoba amawaka, anamakhulu mathathu.

Koonyana bakaGadi, inzala yabo 24 ngokwemizalwane yabo, ngokwezindlu zooyise, ngenani lamagama, bethabathela kominyaka imashumi mabini ezelwe, banyuse, bonke abaphuma umkhosi: ababalwáyo kubo besizwe sakwaGadi, 25 baba ngamashumi amané anamahlanu amawaka, anamakhulu mathandathu, anamanci mahlanu.

26 Koonyana bakaYuda, inzala yabo ngokwemizalwane yabo, ngokwezindlu zooyise, ngenani lamagama, bethabathela kominyaka imashumi mabini ezelwe, banyuse, bonke abaphuma umkhosi:
27 ababalwáyo kubo besizwe sakwaYuda, baba ngamashumi asixhenxe anamané amawaka, anamakhulu mathandathu.

28 Koonyana bakaIsakare, inzala yabo ngokwemizalwane yabo, ngokwezindlu zooyise, ngenani lamagama, bethabathela kominyaka imashumi mabini ezelwe, banyuse, bonke abaphuma umkhosi:
29 ababalwáyo kubo besizwe sakwaIsakare, baba ngamashumi amahlanu anamané amawaka, anamakhulu mané.

30 Koonyana bakaZebhulon, inzala yabo ngokwemizalwane yabo, ngokwezindlu zooyise, ngenani lamagama, bethabathela kominyaka imashumi mabini ezelwe,
31 banyuse, bonke abaphuma umkhosi: ababalwáyo kubo besizwe sakwaZebhulon, baba ngamashumi amahlanu anesixhenxe amawaka, anamakhulu mané.

32 Koonyana bakaYosefu: koonyana bakaEfrayim: inzala yabo ngokwemizalwane yabo, ngokwezindlu zooyise, ngenani lamagama, bethabathela kominyaka imashumi mabini ezelwe, banyu-
33 se, bonke abaphuma umkhosi: ababalwáyo kubo besizwe sakwaEfrayim, baba ngamashumi amané amawaka, anamakhulu mahlanu.

34 Koonyana bakaManase, inzala yabo ngokwemizalwane yabo, ngokwezindlu zooyise, ngenani lamagama, bethabathela kominyaka imashumi mabini ezelwe, banyuse, bonke abaphuma umkhosi:
35 ababalwáyo kubo besizwe sakwaManase, baba ngamashumi amathathu anamabini amawaka, anamakhulu mabini.

36 Koonyana bakaBhenjamin, inzala yabo ngokwemizalwane yabo, ngokwenzindlu zooyise, ngenani lamagama, bethabathe-, la kominyaka imashumi mabini ezelwe, banyuse, bonke abaphuma umkhosi:
37 ababalwáyo kubo besizwe sakwaBhenjamin, baba ngamashumi amathathu anamahlanu amawaka, anamakhulu mané.

38 Koonyana bakaDan, inzala yabo ngokwemizalwane yabo, ngokwezindlu zooyise, ngenani lamagama, bethabathela kominyaka imashumi mabini ezelwe, banyuse, bonke abaphuma umkhosi:
39 ababalwáyo kubo besizwe sakwaDan, baba ngamashumi amathandathu anamabini amawaka, anamakhulu asixhenxe.

40 Koonyana baka-Ashere, inzala yabo ngokwemizalwane yabo, ngokwezindlu zooyise, ngenani lamagama, bethabathela kominyaka imashumi mabini ezelwe, banyuse, bonke baphuma umkhosi:
41 ababalwáyo kubo besizwe sakwa-Ashere, baba ngamashumi amané analinye amawaka, anamakhulu mahlanu.

42 Koonyana bakaNafetali, inzala yabo ngokwemizalwane yabo, ngokwezindlu zooyise, ngenani lamagama, bethabathela kominyaka imashumi mabini ezelwe, banyuse, bonke abaphuma umkhosi:
43 ababalwáyo kubo besizwe sakwaNafetali, baba ngamashumi amahlanu anamathathu amawaka, anamakhulu mané.

44 Ngabo abo babalwáyo, babalwáyo nguMoses, noAron, nezikhulu zakwaSirayeli ezilishumi elinazibini, iyileyo indoda ibalelwa indlu kayise. Bonke
45 ababalwáyo boonyana bakaSirayeli ngokwezindlu zooyise, bathabathela kominyaka imashumi mabini ezelwe, banyuse, bonke abaphuma umkhosi kwaSirayeli:
46 bonke ababalwáyo baba ngamakhulu amathandathu amawaka, anamawaka mathathu, anamakhulu mahlanu, anamanci mahlanu.

AbaLevi

47 Ke bona abaLevi, ngokwesizwe sezindlu zooyise, àbabalelwanga phakathi kwabo.
48 Wathetha uYehova kuMoses, esithi,
49 Kodwa sona isizwe sakwaLevi uze ungasibali; ungalithabathi inani laso phakathi koonyana bakaSirayeli.
50 Wena ke abaLevi uze ubenze bavelele umnquba wesingqino nempahla yawo yonke, nento yonke ekuwo, bawuthwale umnquba nempahla yawo yonke, balungiselele kuwo, bamise iintente *zabo*

51 ngeenxa zonke emnqubeni. Ekundulukeni komnquba wówiswa ngabaLevi; ekumisweni komnquba wóphakanyiswa ngabaLevi; owasemzini osondelayo *ku-*
52 *wo* makabulawe. Oonyana bakaSirayeli bomisa elowo intente yakhe eminqubeni yakowabo, elowo ebhanileni* yakowabo,
53 ngokwemikhosi yabo. AbaLevi bona bozimisa ezabo ngeenxa zonke emnqubeni wesingqino, ukuze kungezi burhalarhume phezu kwebandla loonyana bakaSirayeli, basigcine abaLevi isigxina somnquba wesingqino.
54 Benza ke oonyana bakaSirayeli; njengako konke uYehova abemwisele umthetho uMoses, benjenjalo.

Ulungelelwano lwezizwe eminqubeni naseluhambeni

2 Wathetha uYehova kuMoses naku-
2 Aron, esithi, Elowo koonyana bakaSirayeli woyimisa intente yakhe ngakwibhanile* yakowabo, eziqondisweni zezindlu zooyise, bamise malunga nentente yokuhlangana ngeenxa zonke.
3 Abomisa phambili ngasempumalanga boba ngabebhanile yakwaYuda ngokwemikhosi yabo; inkulu yoonyana bakaYuda nguNashon, unyana ka-Aminada-
4 bhi; umkhosi wakhe, abo babalwáyo kubo, ngamashumi osixhenxe anesiné amawaka, anamakhulu mathandathu.
5 Abomisa ngakuye yoba sisizwe sakwaIsakare; inkulu yoonyana bakaIsakare
6 nguNathaniyeli, unyana kaTsuhare; umkhosi wakhe, abo babalwáyo kubo, ngamashumi omahlanu anamané ama-
7 waka, anamakhulu mané. Ize kulandele isizwe sakwaZebhulon; inkulu yoonyana bakaZebhulon nguEliyabhi,unya-
8 na kaHelon; umkhosi wakhe, abo babalwáyo kubo, ngamashumi omahlanu anesixhenxe amawaka, anamakhulu ma-
9 né. Bonke ke ababalelwa eminqubeni yakwaYuda likhulu lamawaka, anamanci osibhozo amawaka, anesithandathu samawaka, anamakhulu mané, ngokwemikhosi yabo. Bonduluka kuqala bona.

10 Ibhanile yeminquba yakwaRubhen yoba ngasezantsi ngokwemikhosi yabo; inkulu yoonyana bakaRubhen nguEli-
11 tsure, unyana kaShedeyure; umkhosi wakhe, abo babalwáyo kuye, ngamashumi omané anesithandathu samawaka, anamakhulu mahlanu.
12 Abomisa ngakuye yoba sisizwe sakwa-Simon; inkulu yoonyana bakaSimon nguShelumiyeli, unyana kaTsurishada-
13 yi; umkhosi wakhe, abo babalwáyo kubo, ngamashumi omahlanu anesithoba amawaka, anamakhulu mathathu. *Ize*
14 *kulandele* isizwe sakwaGadi; inkulu yoonyana bakaGadi nguEliyasafu, unyana kaRehuweli; umkhosi wakhe, abo ba-
15 balwáyo kubo, ngamashumi omané anesihlanu amawaka, anamakhulu mathandathu, anamanci mahlanu.
16 Bonke ke ababalelwa eminqubeni yakwaRubhen likhulu lamawaka, elinamanci mahlanu amawaka, anawakanye, linamakhulu mané, anamanci mahlanu, ngokwemikhosi yabo. Bonduluka beyeyesibini.

17 Yoncothulwa intente yokuhlangana, ineminquba yabaLevi phakathi kweminye iminquba; njengoko bamisa ngako, bonduluka ngako, elowo endaweni yakhe ngokwebhanile yakowabo.
18 Ibhanile yeminquba yakwaEfrayim yoba ngasentshonalanga, ngokwemikhosi yabo; inkulu yoonyana baka-Efrayim nguElishama, unyana ka-Ami-
19 hude; umkhosi wakhe, abo babalwáyo kubo, ngamashumi omané amawaka, anamakhulu mahlanu.
20 Ngakuye ibe sisizwe sakwaManase; inkulu yoonyana bakaManase nguGa-
21 maliyeli, unyana kaPedatsure; umkhosi wakhe, abo babalwáyo kubo, ngamashumi omathathu anesibini amawaka, anamakhulu mabini. Kuze kulandele isi-
22 zwe sakwaBhenjamin; inkulu yoonyana bakaBhenjamin nguAbhidan, unyana ka-Gidiyoni; umkhosi wakhe, abo babalwá-
23 yo kubo, ngamashumi omathathu anesihlanu amawaka, anamakhulu mané.
24 Bonke ke ababalelwa eminqubeni yakwaEfrayim likhulu lamawaka, anesibhozo samawaka anakhulu-nye, ngo-

kwemikhosi yabo. Bonduluka beyeyesithathu.

25 Ibhanile yeminquba yakwaDan yoba ngasentla, ngokwemikhosi yabo; inkulu yoonyana bakaDan nguAhiyezere, u-
26 nyana ka-Amishadayi; umkhosi wakhe, abo babalwáyo kubo, ngamashumi omathandathu anesibini amawaka, anamakhulu asixhenxe.
27 Abomisa ngakuye yoba sisizwe sakwa-Ashere, inkulu yoonyana baka-Ashere
28 nguPagiyeli, unyana kaOkran; umkhosi wakhe, abo babalwáyo kubo, ngamashumi omané amawaka, anawaka-nye,
29 linamakhulu mahlanu. Ize kulandele isizwe sakwaNafetali; inkulu yoonyana bakaNafetali nguAhira, unyana kaEnan;
30 umkhosi wakhe, abo babalwáyo kubo, ngamashumi omahlanu anesithathu samawaka, anamakhulu mané.
31 Bonke ke ababalelwa eminqubeni yakwaDan likhulu lamawaka, anamanci omahlanu anesixhenxe samawaka, anamakhulu mathandathu. Bonduluka bengabokugqibela, ngokweebhanile zabo.
32 Ngabo ke abo babalwáyo koonyana bakaSirayeli, ngokwezindlu zooyise; bonke ababalelwa eminqubeni ngokwemikhosi yabo ngamakhulu omathandathu amawaka, anesithathu samawaka, anamakhulu mahlanu, anamanci ma-
33 hlanu. Ke abaLevi ababalelwanga phakathi koonyana bakaSirayeli, njengoko uYehova wamwiselayo umthetho u-Moses.
34 Benza ke oonyana bakaSirayeli; njengako konke uYehova abemwisele umthetho uMoses, benjenjalo ukumisa iintente ngokweebhanile zakowabo; benjenjalo ukunduluka, elowo ngokomzalwane wakhe, ngokwezindlu zooyise.

AbaLevi: Iimfanelo zabo namanani abo

3 Yiyo le inzala ka-Aron noMoses, mini uYehova wathethayo noMoses
2 entabeni yaseSinayi. Ngawo la amagama oonyana baka-Aron: owamazibulo nguNadabhi, noAbhihu, uElazare, no-
3 Itamare. Ngawo lawo amagama oonyana baka-Aron, ababingeleli abathanjiswáyo, bamiselwa ukuba babe ngababingeleli.

4 Bafa ooNadabhi noAbhihu phambi koYehova, ekusondezeni kwabo umlilo ongesesikweni phambi koYehova, entlango yaseSinayi; àbaba nanyana bona. Baba ngababingeleli ooElazare noItamare ebusweni buka-Aron uyise.

5 Wathetha uYehova kuMoses, esithi,
6 Sisondeze isizwe sakwaLevi, usimise phambi koAron umbingeleli, ukuba ba-
7 lungiselele kuye. Bosigcina isigxina sakhe nesigxina sebandla lonke phambi kwentente yokuhlangana, ukuba base-
8 benze umsebenzi womnquba; bazigcine iimpahla zonke zentente yokuhlangana, nesigxina soonyana bakaSirayeli, ukuba basebenze umsebenzi womnquba. Wòmnika abaLevi uAron noonyana bakhe, abanikwe banikwa ngoonyana bakaSirayeli; ooAron noonyana bakhe ubenze bavelele babugcine ububingeleli babo. Owasemzini osondelayo makabulawe.

11 Wathetha uYehova kuMoses, esithi,
12 Uyabona, mna ndibathabathile abaLevi phakathi koonyana bakaSirayeli, esikhundleni samazibulo onke avula isizalo phakathi koonyana bakaSirayeli, baba
13 ngabam abaLevi; kuba onke amazibulo ngawam, mini ndawabethayo onke amazibulo ezweni laseYiputa, ndazingcwalisela onke amazibulo kwaSirayeli, ethabathela emntwini esa enkomeni. Oba ngawam, mna Yehova.

14 Wathetha uYehova kuMoses entlango
15 yaseSinayi, esithi, Babale oonyana bakaLevi ngokwezindlu zooyise, ngokwemizalwane yabo; yonke into eyindoda, ethabathela kunyana onyanga-
16 nye inyuse, woyibala. Wababala ke uMoses ngokomlomo kaYehova, njengoko wamwiselayo umthetho.

17 Ngabo aba oonyana bakaLevi ngamagama abo: nguGershon noKehati no-
18 Nerari. Ngawo la amagama oonyana bakaGershon ngokwemizalwane yabo: nguLibheni noShimehi. Oonyana baka-
19 Kehati ngokwemizalwane yabo: ngu-Amram noItsare, nguHebron noUziyeli.
20 Oonyana bakaMerari ngokwemizalwane

INUMERI 3

yabo: nguMaheli noMushi. Yiyo leyo imizalwane yakwaLevi ngokwezindlu zooyise.

21 KwaGershon ngumzalwane wakwaLibheni, nomzalwane wakwaShimehi; yiyo leyo imizalwane yakwaGershon.
22 Ababalwáyo kubo ngenani lawo, yonke into eyindoda ethabathela kunyana onyanga-nye inyuse, ababalwáyo kubo: ngamawaka asixhenxe, anamakhulu ma-
23 hlanu. Imizalwane yakwaGershon yomisa intente ngasemva komnquba nga-
24 sentshonalanga. Inkulu yendlu yooyise kwaGershon nguEliyasafu, unyana ka-
25 Layeli. Isigxina soonyana bakaGershon ententeni yokuhlangana soba ngumnquba, nentente, nesigubungelo sayo, nesisitheliso somnyango wentente yokuhla-
26 ngana, namawunduwundu entendelezo, nesisitheliso somnyango wentendelezo esemnqubeni nasesibingelelweni ngeenxa zonke, nezintya zawo emsebenzini wawo wonke.

27 KwaKehati ngumzalwane wakwaAmram, nomzalwane wakwaItsare, nomzalwane wakwaHebron, nomzalwane wakwa-Aziyeli; yiyo leyo imizalwane
28 yakwaKehati. Ngénani, into yonke eyindoda, ethabathela kunyana onyanganye yenyusa: ngamawaka osibhozo, anamakhulu mathandathu, egcine isigxi-
29 na sengcwele. Imizalwane yoonyana bakaKehati yomisa intentengecalalomnqu-
30 ba elingasezantsi. Inkulu yendlu yooyise ngokwemizalwane yakwaKehati
31 nguElitsafan, unyana kaUziyeli. Isigxina sabo yityeya,* netafile, nesiphatho sezibane, nezibingelelo, neempahla zengcwele abalungiselela ngazo, nesisithe-
32 liso, nomsebenzi wawo wonke. Inkulu yezikhulu zakwaLevi nguElazare, unyana ka-Aron umbingeleli, umveleli wabagcina isigxina sengcwele.

33 KwaMerari ngumzalwane wakwaMaheli, nomzalwane wakwaMushi; yiyo
34 leyo imizalwane yakwaMerari. Ababalwáyo kubo ngenani lawo, yonke into eyindoda, ethabathela kunyana onyanga-nye inyuse: ngamawaka amathanda-
35 thu, anamakhulu mabini. Inkulu yendlu yooyise ngokwemizalwane yakwaMerari nguTsuriyeli, unyana ka-Abhihayili; yomisa iintente ngecala lomnquba elingasentla. Isigxina soonyana bakaMerari 36 kukugcina iiplanga zomnquba nemivalo yawo, neentsika zawo, neziseko zawo, neempahla zawo zonke, nomsebenzi wawo wonke, neentsika zentendelezo ngee- 37 nxa zonke, neziseko zazo, nezikhonkwane zazo, nezintya zazo.

Abomisa iintente phambi komnquba 38 ngasempumalanga, phambi kwentente yokuhlangana, nguMoses, noAron, noonyana bakhe, abagcina isigxina sengcwele, ngokwesigxina soonyana bakaSirayeli. Owasemzini osondelayo makabulawe.

Bonke ke ababalwáyo bakwaLevi, 39 ababalwáyo nguMoses noAron ngokomlomo kaYehova, ngokwemizalwane yabo, yonke into eyindoda, ethabathela kunyana onyanga-nye inyuse: ngamashumi amabini anamabini amawaka.

Wathi uYehova kuMoses, Wabale o- 40 nke amazibulo ento eyindoda koonyana bakaSirayeli, ethabathela kunyana onyanga-nye anyuse, uthabathe inani lamagama awo. Wòndithabathela mna Ye- 41 hova abaLevi, esikhundleni samazibulo onke aphakathi koonyana bakaSirayeli; neenkomo zabaLevi esikhundleni samazibulo onke ezinkomeni zoonyana bakaSirayeli. Wawabala ke uMoses onke 42 amazibulo phakathi koonyana bakaSirayeli, njengoko uYehova wamwiselayo umthetho; onke amazibulo ento eyindo- 43 da ngenani lamagama, ethabathela kunyana onyanga-nye anyuse, ngokubalwa kwawo, aba ngamashumi amabini anamabini amawaka, anamakhulu mabini, anamanci asixhenxe anesithathu.

Wathetha uYehova kuMoses, esithi, 44 Thabatha abaLevi esikhundleni samazi- 45 bulo onke, phakathi koonyana bakaSirayeli, neenkomo zabaLevi, esikhundleni seenkomo zabo, babe ngabam abaLevi, mna Yehova.

Ke amakhulu amabini, anamanci asi- 46 xhenxe anamathathu aza kukhululwa ngokumiselwa, kumazibulo oonyana bakaSirayeli, agqithiseleyo kubaLevi. Uze 47 uthabathe iishekele* zibe ntlanu ngentloko yomntu, uthabathe ngokweshekele yengcwele (ishekele leyo iziigera* 48 ezimashumi mabini); umnike uAron noonyana bakhe loo mali yabakhululwe ngokumiselwa, abagqithiseleyo kubo.

49 Wayithabatha ke uMoses loo mali yokukhululwa kwabo bagqithiseleyo kwabakhululwe ngabaLevi ngokumiselwa; 50 wayithabatha kumazibulo oonyana bakaSirayeli imali, iliwaka elinamakhulu mathathu, anamanci amathandathu anesihlanu, ngokweshekele yengcwele. 51 UMoses wayinika uAron noonyana bakhe imali leyo yenkululo, ngokomlomo kaYehova, njengoko uYehova wamwiselayo umthetho uMoses.

Iimfanelo zabaLevi eluhambeni

4 Wathetha uYehova kuMoses naku-
2 Aron, esithi, Libale inani loonyana bakaKehati abaphakathi koonyana bakaLevi ngokwemizalwane yabo, ngo- 3 kwezindlu zooyise, uthabathele kominyaka imashumi mathathu ezelwe, unyuse, use kominyaka imashumi mahlanu ezelwe: labo bonke abeza kuphuma umkhosi, ukuba benze umsebenzi enteteni yokuhlangana.

4 Nguwo lo msebenzi woonyana ba-
5 kaKehati enteteni yokuhlangana wengcwele kangcwele: ekundulukeni komkhosi eminqubeni bongena ooAron noonyana bakhe, bawuthule umkhusane osisisitheliso, bayigubungele ngawo itye-
6 ya yesingqino. Bobeka phezu kwawo isigubungelo sezikhumba zamahlengezi batwabulule ngaphezulu ingubo ebala limsi liphela, bazifake izibonda zawo.

7 Ize batwabulule ingubo ebala limsi phezu kwetafile yezonka zokubonisa, babeke phezu kwayo izitya, neenkamba, namathunga, neendebe zokuthululwa, nezonka zamaxhesha onke, zibe phezu 8 kwayo. Botwabulula phezu kwazo ingubo ebomvu, bagubungele ngesigubungelo sezikhumba zamahlengezi, bafake izibonda zayo.

9 Bothabatha ingubo ebala limsi, bagubungele isiphatho sezikhanyiso nezibane zaso, nezifinyiso zaso, neenkamba zaso, nazo zonke izitya zeoli zaso abasilungiselela ngazo; basibeke nempahla 10 yaso yonke esigubungelweni sezikhumba zamahlengezi, basibeke ethaleni.

Ize batwabulule phezu kwesibingelelo 11 segolide ingubo ebala limsi, bayigubungele ngesigubungelo sezikhumba zamahlengezi, bafake izibonda zaso. Bo- 12 thabatha yonke impahla yokulungiselela, abalungiselela ngayo engcweleni, bayibeke engutyeni ebala limsi, bayigubungele ngesigubungelo sezikhumba zamahlengezi, bayibeke ethaleni.

Boluwola uthuthu lwesibingelelo, ba- 13 twabulule phezu kwaso ingubo emfusa; bazibeke phezu kwayo zonke iimpahla 14 zaso, abalungiselela ngazo kuso: iingcedevu zamalahle, neefolokhwe, nemihlakulwana, nezitya zokutshiza, zonke iimpahla zesibingelelo, batwabulule phezu kwazo isigubungelo sezikhumba zamahlengezi, bafake izibonda zaso; ba- 15 gqibe ooAron noonyana bakhe ukuyigubungela ingcwele nempahla yonke yengcwele ekundulukeni komkhosi eminqubeni.

Emveni koko ke boza kuthwala oonyana bakaKehati; bangayichukumisi ingcwele, hleze bafe. Nguwo lowo umthwalo woonyana bakaKehati ententeni yokuhlangana.

Isigxina sikaElazare, unyana ka-Aron, 16 umbingeleli, kukugcina ioli yesikhanyiso, nesiqhumiso esimnandi, nomnikelo wokudla wamaxesha onke, neoli yokuthambisa, uvelelo lomnquba wonke nento yonke ekuwo engcweleni, nasezimpahleni zayo.

Wathetha uYehova kuMoses naku- 17
Aron, esithi, Musani ukusinqumla isi- 18
zwe esingumzalwana wakwaKehati phakathi kwabaLevi. Yenzani le nto kubo, 19
ukuba baphile, bangafi ekusondeleni kwabo engcweleni kangcwele: bongena ooAron noonyana bakhe, babamise elowo emsebenzini wakhe nasemthwalweni wakhe; bangangeni bakhangele i- 20
ngcwele, nangephanyazo eli, hleze bafe.

Wathetha uYehova kuMoses, esithi, 21
Libale inani loonyana bakaGershon na- 22

bo, ngokwezindlu zooyise, ngokwemiza-
23 lwane yabo, bethabathela kominyaka
imashumi mathathu ezelwe, banyuse,
base kominyaka imashumi mahlanu
ezelwe; wobabala bonke abeza kuphu-
ma umkhosi, ukuba basebenze entente-
ni yokuhlangana.

24 Nguwo lo umsebenzi wemizalwane
yakwaGershon wokusebenza nokuthwa-
25 la: bothwala amalengalenga omnquba,
nentente yokuhlangana, isigubungelo
sayo, nesigubungelo sezikhumba zama-
hlengezi esiphezu kwaso ngaphezulu,
nesisitheliso somnyango wentente yoku-
26 hlangana, namawunduwundu entende-
lezo, nesisitheliso sokungena kwesango
lentendelezo, esemnqubeni nasesibinge-
lelweni ngeenxa zonke, nezintya zawo,
nempahla yonke yomsebenzi wabo,
nento yonke eyenzelwe ukuba base-
27 benze ngayo. Wóba ngokomlomo ka-
Aron noonyana bakhe wonke umsebenzi
woonyana bakaGershon, ekuthwaleni
kwabo konke nasekusebenzeni kwabo
konke, nibenze bavelele bakugcine ko-
28 nke ukuthwala kwabo. Nguwo lowo
umsebenzi wemizalwane yoonyana
bakaGershon ententeni yokuhlangana.
Isigxina sabo soba sesandleni sikaIta-
mare, unyana ka-Aron umbingeleli.

29 Oonyana bakaMerari wobabala ngo-
kwemizalwane yabo, ngokwezindlu zoo-
30 yise, bethabathela kominyaka imashumi
mathathu ezelwe, banyuse, base komi-
nyaka imashumi mahlanu ezelwe; nòba-
bala bonke abeza kuphuma umkhosi,
31 basebenze ententeni yokuhlangana. Si-
so esi isigxina sokuthwala kwabo, ekuse-
benzeni kwabo konke ententeni yoku-
hlangana: iiplanga zomnquba, nemivalo
yawo, neentsika zawo, neziseko zawo,
32 neentsika zentendelezo ngeenxa zonke,
neziseko zazo, nezikhonkwane zazo,
nezintya zazo, ngokwempahla yazo yo-
nke, nangokomsebenzi wazo wonke;
nizibhale ngamagama iimpahla zesi-
33 gxina sokuthwala kwabo. Nguwo lo-
wo umsebenzi wemizalwane yoonyana
bakaMerari, ngokomsebenzi wabo wo-
nke ententeni yokuhlangana, esandleni

sikaItamare, unyana ka-Aron umbinge-
leli.

OoMoses noAron nezikhulu zebandla 34
bababala ke oonyana bakaKehati ngo-
kwemizalwane yabo, ngokwezindlu zoo-
yise, bethabathela kominyaka imashumi 35
mathathu ezelwe, banyuse, base ko-
minyaka imashumi mahlanu ezelwe;
bonke abeza kuphuma umkhosi, ukuba
basebenze ententeni yokuhlangana. A- 36
babalwáyo kubo ngokwemizalwane ya-
bo baba ngamawaka amabini anamakhu-
lu asixhenxe, anamanci mahlanu. Nga- 37
bo abo ababalwáyo kwimizalwane ya-
kwaKehati; bonke abo basebenzayo
ententeni yokuhlangana, awababalayo
uMoses noAron ngokomlomo kaYeho-
va, ngesandla sikaMoses.

Ababalwáyo koonyana bakaGershon 38
ngokwemizalwane yabo, ngokwezindlu
zooyise, bethabathela kominyaka ima- 39
shumi mathathu ezelwe, banyuse, base
kominyaka imashumi mahlanu ezelwe,
bonke abeza kuphuma umkhosi, uku-
ba basebenze ententeni yokuhlangana,
ababalwáyo kubo ngokwemizalwane ya- 40
bo, ngokwezindlu zooyise, baba ngama-
waka amabini, anamakhulu mathanda-
thu, anamanci mathathu. Ngabo abo 41
ababalwáyo kwimizalwane yoonyana
bakaGershon, bonke abo basebenzayo
ententeni yokuhlangana, awababalayo
uMoses noAron ngokomlomo kaYehova.

Ababalwáyo kwimizalwane yoonya- 42
na bakaMerari, ngokwemizalwane yabo,
ngokwezindlu zooyise, bethabathela ko- 43
minyaka imashumi mathathu ezelwe,
banyuse, base kominyaka imashumi
mahlanu ezelwe, bonke abeza kuphuma
umkhosi, ukuba basebenze ententeni
yokuhlangana, ababalwáyo kubo ngo- 44
kwemizalwane yabo, baba ngamawaka
amathathu, anamakhulu mabini. Nga- 45
bo abo babalwáyo kwimizalwane yoo-
nyana bakaMerari, awababalayo uMo-
ses noAron ngokomlomo kaYehova,
ngesandla sikaMoses.

Bonke ke ababalwáyo, awababalayo 46
uMoses noAron nezikhulu zakwaSiraye-
li, kubaLevi ngokwemizalwane yabo,

INUMERI 4–5

47 ngokwezindlu zooyise, bethabathela kominyaka imashumi mathathu ezelwe, banyuse, base kominyaka imashumi mahlanu ezelwe, bonke abo baza kusebenza imisebenzi ngemisebenzi, nomsebenzi wokuthwala ententeni yokuhla- 48 ngana, ababalwáyo kubo, baba ngamawaka asibhozo, anamakhulu mahlanu, 49 anamanci asibhozo. Babenza bavelela ngokomlomo kaYehova, ngesandla sikaMoses, elowo emsebenzini wakhe, nasemthwalweni wakhe, nasezintweni awozivelela, njengoko uYehova wamwiselayo umthetho uMoses.

Imithetho eyalathisa indlela yokuphathwa kwabayinqambi neyembuyekezo

5 Wathetha uYehova kuMoses, esithi,
2 Bawisele umthetho oonyana bakaSirayeli, bakhuphe eminqubeni bonke abaneqhenqa, nabo bonke ababhobho3 zayo, nabo bonke abaziinqambi ngofileyo; oyindoda noyinkazana, nobakhuphela phandle kweminquba, bangayenzi inqambi iminquba yabo, endihleli pha4 kathi kwayo. Benjenjalo ke oonyana bakaSirayeli, babakhuphela phandle kweminquba; njengoko uYehova wathethayo kuMoses, benjenjalo oonyana bakaSirayeli.

5 Wathetha uYehova kuMoses, esithi,
6 Thetha koonyana bakaSirayeli, uthi, Indoda nokuba yinkazana, xa bathe benza isono kwizono zonke zoluntu, ngokuthi bameneze kuYehova, yazeka ityala ke
7 loo miphefumlo, mabasixele isono sabo abasenzileyo, owonileyo alihlambe ityala lakhe ngangenani lalo, ongeze isahlulo salo sesihlanu kulo, anike lowo anetyala
8 kuye. Ukuba umntu lowo uthe akaba *namzalwana* kungahlawulwa kuye ukuhlamba ityala, ityala elo malihlawulelwe uYehova, kumbingeleli, ngaphandle kwenkunzi yemvu yokucamagusha, aya
9 kucanyagushelwa ngayo. Wonke umrhumo weento zonke ezingcwele zoonyana bakaSirayeli, abawusondezayo
10 kumbingeleli, woba ngowakhe. Elowo izinto zakhe ezingcwele zoba zezakhe; elowo into ayinike umbingeleli, yoba yeyakhe.

Ukugwetywa kwemicimbi yobukhwele

11 Wathetha uYehova kuMoses, esithi,
12 Thetha koonyana bakaSirayeli, uthi kubo, Indoda ngendoda, xa athe umkayo wanxaxha, wayimenezelela, kwalala 13 enye indoda naye, kwafihlakala emehlweni endoda yakhe, kwasithela, wazenza inqambi yena, akaba nangqina, akabanjwa; yafikelwa ngumoya wobu- 14 khwele, yamkhweletela umkayo, eyinqambi yena; nokuba yafikelwa ngumoya wobukhwele, yamkhweletela umkayo engeyiyo inqambi: indoda leyo mayi- 15 mzise umkayo kumbingeleli, iwuzise umsondezo wakhe ngenxa yakhe, isahlulo seshumi se-efa* yomgubo werhasi, ingagaleli oli phezu kwawo, ingabeki ntlaka imhlophe phezu kwawo; kuba ngumnikelo wokudla wobukhwele, ngumnikelo wokudla wenkumbuzo, okhumbuza ubugwenxa obo.

Umbingeleli womsondeza, ammise 16 phambi koYehova, athabathe umbinge- 17 leli amanzi angcwele ngomphanda, athabathe umbingeleli naseluthulini olusemgangathweni womnquba, alugalele emanzini lawo. Umbingeleli wommisa 18 ke umfazi phambi koYehova, amcombulule iinwele loo mfazi, awubeke ezandleni zakhe umnikelo wokudla wenkumbuzo, umnikelo wokudla wobukhwele lowo, abe esesandleni sombingeleli amanzi obukrakra esiqalekiso; umbingeleli 19 amfungise, athi kumfazi, Ukuba akuthanga kulale indoda nawe, nokuba akuthanga unxaxhele ebunqambini, únendoda yakho, yiba msulwa kula manzi obukrakra esiqalekiso. Ke wena, xa 20 uthe wanxaxha, únendoda yakho, xa uthe wazenza inqambi, walalwa yenye indoda engeyiyo indoda yakho: umbi- 21 ngeli womfungisa umfazi lowo isifungo sokuzishwabulela, athi umbingeleli kumfazi, UYehova makakwenze isishwabulo, nesithuko phakathi kwabantu bakowenu, ngokuthi uYehova alintshwenyise ithangá lakho, asidumbise isisu sakho; angene la manzi esiqalekiso 22 embilinini wakho, akudumbise isisu, akuntshwenyise ithangá. Wóthi loo mfazi, Amen, amen.

23 Makazibhale ezo zishwabulo umbingeleli encwadini, azicime ngaloo ma-
24 nzi obukrakra, amseze umfazi amanzi obukrakra esiqalekiso, angene kuye amanzi esiqalekiso abe bubukrakra.
25 Wowuthabatha umbingeleli esandleni somfazi umnikelo wokudla wobukhwele, awutshangatshangise umnikelo wokudla phambi koYehova, amsondeze esibi-
26 ngelelweni; asube umbingeleli emnikelweni wokudla isikhumbuzo sawo, aqhumisele ngaso esibingelelweni, emveni ko-
27 ko amseze umfazi amanzi lawo. Emsezile amanzi lawo, kothi ukuba ubezenzé inqambi, wayimenezela indoda yakhe, angene kuye amanzi esiqalekiso abe bubukrakra, sidumbe isisu sakhe, lintshwenye ithangá lakhe, lo mfazi abe sisishwabulo phakathi kwabantu bako-
28 wabo. Ke ukuba lo mfazi ubengàthanga azenze nqambi, uhlambulukile yena; woba msulwa, amithe.
29 Nguwo lowo umyalelo wobukhwele bokunxaxha komfazi enendoda yakhe,
30 wazenza inqambi; nokuba indoda ithe yafikelwa ngumoya wobukhwele, yamkhweletela umkayo, yammisa umfazi phambi koYehova, umbingeleli wawe-
31 nza kuye wonke lo myalelo. Yoba msulwa ke indoda yakhe kobo bugwenxa, loo mfazi abuthwale obo bugwenxa bakhe.

Imithetho malunga nabazahlulileyo

6 Wathetha uYehova kuMoses, esithi,
2 Thetha koonyana bakaSirayeli, uthi kubo, Indoda, nokuba yinkazana, xa ithe yazibalulela esibhambathisweni, esibhambathisweni sozahlulileyo, eza-
3 hlulela kuYehova, wózahlula ewayinini nakwisiselo esinxilisayo, angaseli viniga yawayini, naviniga yasiselo sinxilisayo, angaseli nancindi yazidiliya, angadli zi-
4 diliya zimanzi nadiliya zomileyo; yonke imihla yokuzahlula kwakhe aze angadli nto yenziweyo ngomdiliya, ethabathela
5 ezinkozweni ese exolweni. Yonke imihla yesibhambathiso sokuzahlula kwa-
khe, isitshetshe masingahambi entlokweni yakhe; ide izalisek imihla azahlulele kuYehova, woba ngcwele, aziyeke iinwele zentloko yakhe, zihlume ziyakazele. Yonke imihla yokuzahlulela 6 kwakhe kuYehova, aze angasondeli kofileyo; angazenzi nqambi ngoyise nango- 7 nina, ngomzalwana wakhe nangodade wabo, ekufeni kwabo; ngokuba imbasa yoThixo wakhe iphezu kwentloko yakhe.

Yonke imihla yokuzahlula kwakhe 8 úngcwele kuYehova. Xa kuthe kwafa 9 ubani ngakuye ngephanyazo ngesiquphe, wayenza inqambi intloko yokuzahlula kwakhe, wóyicheba intloko yakhe ngomhla wokuhlanjululwa kwakhe, ayichebe ngomhla wesixhenxe. Ngo- 10 mhla wesibhozo maze azise amahobe amabini, nokuba ngamagobo amabini evukuthu, kumbingeleli emnyango wentente yokuhlangana. Umbingeleli wo- 11 lenza elinye libe lidini lesono, elinye libe lidini elinyukayo, amcamagushele, ngokokuba wonile ngofileyo; ayingcwalise intloko yakhe ngaloo mhla. Woyahlu- 12 lela kuYehova imihla yokuzahlula kwakhe, azise imvana emnyaka mnye, ibe lidini letyala. Ke imihla yangaphambili ize ingàbalwa, ngokuba kwaba yinqambi ukuzahlula kwakhe.

Nguwo lo umnyalelo wozahluleyo: 13 Ngemini yokuzaliseka kwemihla yokuzahlula kwakhe, woziswa emnyango wentente yokuhlangana. Aze asondeze 14 umsondezo wakhe kuYehova, imvana emnyaka mnye egqibeleleyo, ibe nye, ibe lidini elinyukayo; nemvanazana emnyaka mnye egqibeleleyo, ibe nye, ibe lidini lesono; nenkunzi yemvu egqibeleleyo, ibe nye, ibe ngumbingelelo woxolo; nengobozi yemiqhathane engenagwele 15 yomgubo ocoliweyo, ugalelwé ioli; nezonkana ezisicaba ezingenagwele, zithanjiswé ioli; neminikelo yawo yokudla, neminikelo yawo ethululwayo. Woso- 16 ndeza ke umbingeleli phambi koYehova, enze idini lakhe lesono nedini lakhe elinyukayo; inkunzi yemvu ayenze umbi- 17 ngelelo woxolo kuYehova, kunye nengobozi yezonka ezingenagwele; awenze

INUMERI 6–7

umbingeleli umnikelo wakhe wokudla,
18 nomnikelo wakhe othululwayo. Womcheba ozahluleyo intloko yokuzahlula kwakhe emnyango wentente yokuhlangana, athabathe iinwele zentloko yokuzahlula kwakhe, azifake emlilweni
19 ongaphantsi kombingelelo woxolo. Wowuthabatha umbingeleli umkhono ophekiweyo wenkunzi yemvu, nomqhathane ongenagwele ube mnye engobozini, nesonkana esisicaba esingenagwele sibe sinye, azibeke ezandleni zozahluleyo, emva kokuyicheba *intloko* yokuzahlula
20 kwakhe; azitshangatshangise umbingeleli, zibe ngumtshangatshangiso phambi koYehova. Zingcwele ezo kumbingeleli, kunye nencum yedini lokutshangatshangisa, kunye nomlenze womrhumo. Emveni koko ozahluleyo angàyisela iwayini.

21 Nguwo lowo umyalelo wozahluleyo, obhambathisa umsondezo wakhe kuYehova ngenxa yokuzahlula kwakhe, ngaphandle koko sinokufikelela kuko isandla sakhe; ngokwesibhambathiso sakhe abesibhambathisile, makenjenjalo ngokomyalelo wokuzahlula kwakhe.

Intsikelelo yababingeleli

22 Wathetha uYehova kuMoses, esithi,
23 Thetha kuAron nakoonyana bakhe, uthi, Ize nenjenje ukubasikelela oonyana bakaSirayeli, nithi kubo,
24 Makakusikelele uYehova, akugcine;
25 Makabukhanyise uYehova ubuso bakhe kuwe, akubabale;
26 Makabuphakamisele uYehova ubuso bakhe kuwe, akunike uxolo.
27 Mabalibeke ke igama lam phezu koonyana bakaSirayeli; mna ndiya kubasikelela.

Imisondezo yeenkulu ekusungulweni kwesibingelelo

7 Kwathi, mini uMoses wagqiba ukuwumisa umnquba, nokuwuthambisa nokuwungcwalisa wona, nempahla yawo yonke, nokusithambisa nokusingcwalisa isibingelelo neempahla zaso zonke,
2 izikhulu zakwaSirayeli eziziintloko zeendlu zooyise, ezizizikhulu zezizwe ezibe zisongamela ababalwáyo, zasondeza iminikelo. Zawuzisa umnikelo wazo 3 phambi koYehova, iinqelo ezinophahla zantandathu, neenkomo zalishumi elinambini: yayinqwelo kwizikhulu ezibini, yayinkomo kwisikhulu esinye; zazisondeza phambi komnquba. Wathetha uYehova kuMoses, esithi, Zithabathe kuzo zibe zezokusebenza umsebenzi wentente yokuhlangana, uzinike abaLevi, elowo ngokomsebenzi wakhe. 4 5

Wazithabatha ke uMoses iinqwelo 6 neenkomo, wazinika abaLevi. Ezimbini iinqwelo neenkomo ziné wazinika 7 oonyana bakaGershon ngokomsebenzi wabo; eziné iinqwelo neenkomo ezisi- 8 bhozo wazinika oonyana bakaMerari ngokomsebenzi wabo, esandleni sikaItamare, unyana ka-Aron umbingeleli. Ke oonyana bakaKehati akabanikanga 9 nto, ngokuba umsebenzi wengcwele obuphezu kwabo bebewuthwala ngegxalaba bona.

Zasondeza izikhulu iminikelo yoku- 10 sungulwa kwesibingelelo mini sathanjiswa, zawusondeza izikhulu umnikelo wazo phambi kwesibingelelo. Wathi u- 11 Yehova kuMoses, Soba sinye isikhulu ngemini, soba sinye isikhulu ngemini, ukusondeza umsondezo waso, ukusisungula isibingelelo.

Owawusondezayo umsondezo wakhe 12 ngemini yokuqala waba nguNashon unyana ka-Aminadabhi, wesizwe sakwaYuda. Umsondezo wakhe waba sisitya 13 esinye sesilivere, bulikhulu elinamanci mathathu *eeshekele** ubunzima baso; sasinye isitya sokutshiza sesilivere eziziishekele ezimashumi asixhenxe ngokweshekele yengcwele, zozibini zizele ngumgubo ocoliweyo womnikelo wokudla, ugalelwe ioli; lwalunye ukhamba 14 lwegolide *oluziishekele** ezilishumi, luzele sisiqhumiso; yanye inkunzi entsha, 15 ithole lenkomo, yanye inkunzi yemvu, yanye imvana emnyaka mnye, zizezedini elinyukayo ke ezo; yanye inkunzi 16 yebhokhwe exhonti yedini lesono; ezo- 17 mbingelelo woxolo zambini iinkomo, zantlanu iinkunzi zezimvu, zantlanu iibhokwe, zantlanu iimvana ezi-

INUMERI 7

mnyaka mnye. Nguwo lowo umsondezo kaNashon, unyana ka-Aminadabhi.

18 Ngemini yesibini kwasondeza uNataniyeli unyana kaTsuhare, inkulu ya-
19 kwaIsakare. Wasondeza umsondezo wakhe, waba sisitya esinye sesilivere, bulikhulu elinamanci mathathu *eeshekele* ubunzima baso; sasinye isitya sokutshiza sesilivere esiziishekele ezimashumi asixhenxe ngokweshekele yengcwele, zo-
20 zibini zizele ngumgubo ocoliweyo womnikelo wokudla, ugalelwe ioli; lwalu-
21 nye ukhamba lwegolide oluziishekele ezilishumi, luzele sisiqhumiso; yanye inkunzi entsha, ithole lenkomo, yanye inkunzi yemvu, yanye imvana emnyaka mnye, zizezedini elinyukayo ke ezo.
22 Yanye inkunzi yebhokhwe exhonti ye-
23 dini lesono; ezombingelelo woxolo zambini iinkomo, zantlanu iinkunzi zezimvu, zantlanu iibhokhwe, zantlanu iimvana ezimnyaka mnye. Nguwo lowo umsondezo kaNataniyeli, unyana kaTsuhare.

24 Ngemini yesithathu kwasondeza inkulu yoonyana bakaZebhulon, uEliyabhi,
25 unyana kaHelon. Umsondezo wakhe waba sisitya esinye sesilivere, bulikhulu elinamanci mathathu *eeshekele*, ubunzima baso; sasinye isitya sokutshiza sesilivere esiziishekele ezimashumi asixhenxe ngokweshekele yengcwele, zozibini zizele ngumgubo ocoliweyo womni-
26 kelo wokudla, ugalelwe ioli; lwalunye ukhamba lwegolide oluziishekele ezili-
27 shumi, luzele sisiqhumiso; yanye inkunzi entsha, ithole lenkomo, yanye inkunzi yemvu, yanye imvana emnyaka mnye,
28 zizezedini elinyukayo ke ezo; yanye inkunzi yebhokhwe exhonti yedini lesono;
29 ezombingelelo woxolo zambini iinkomo, zantlanu iinkunzi zezimvu, zantlanu iibhokhwe, zantlanu iimvana ezimnyaka mnye. Nguwo lowo umsondezo kaEliyabhi, unyana kaHelon.

30 Ngemini yesine kwasondeza inkulu yoonyana bakaRubhen, uElitsure unya-
31 na kaShedeyure. Umsondezo wakhe waba sisitya esinye sesilivere, bulikhulu elinamanci mathathu *eeshekele* ubunzima baso; sasinye isitya sokutshiza sesilivere esiziishekele ezimashumi asixhenxe ngokweshekele yengcwele, zozibini zizele ngumgubo ocoliweyo womnikelo wokudla, ugalelwe ioli; lwalunye ukhamba 32 lwegolide oluziishekele ezilishumi, luzele sisiqhumiso; yanye inkunzi entsha, 33 ithole lenkomo, yanye inkunzi yemvu, yanye imvana emnyaka mnye, zizezedini elinyukayo ke ezo; yanye inkunzi yebho- 34 khwe exhonti yedini lesono; ezombinge- 35 lelo woxolo zambini iinkomo, zantlanu iinkunzi zezimvu, zantlanu iibhokhwe, zantlanu iimvana ezimnyaka mnye. Nguwo lowo umsondezo kaElitsure, unyana kaShedeyure.

Ngemini yesihlanu kwasondeza inku- 36 lu yoonyana bakaSimon, uShelumiyeli, unyana kaTsurishadayi. Umsondezo 37 wakhe waba sisitya esinye sesilivere, bulikhulu elinamanci mathathu *eeshekele* ubunzima baso; sasinye isitya sokutshiza sesilivere esiziishekele ezimashumi asixhenxe ngokweshekele yengcwele, zozibini zizele ngumgubo ocoliweyo womnikelo wokudla, ugalelwe ioli; lwalunye ukhamba lwegolide *olu-* 38 *ziishekele* ezilishumi, luzele sisiqhumiso; yanye inkunzi entsha, ithole lenkomo, 39 yanye inkunzi yemvu, yanye imvana emnyaka mnye, zizezedini elinyukayo ke ezo; yanye inkunzi yebhokhwe exho- 40 nti yedini lesono; ezombingelelo woxolo 41 zambini iinkomo, zantlanu iinkunzi zezimvu, zantlanu iibhokhwe, zantlanu iimvana ezimnyaka mnye. Nguwo lowo umsondezo kaShelumiyeli, unyana kaTsurishadayi.

Ngemini yesithandathu kwasondeza 42 inkulu yoonyana bakaGadi, uEliyasafu, unyana kaDehuweli. Umsondezo wa- 43 khe waba sisitya esinye sesilivere, bulikhulu elinamanci mathathu *eeshekele* ubunzima baso; sasinye isitya sokutshiza sesilivere esiziishekele ezimashumi asixhenxe ngokweshekele yengcwele, zozibini zizele ngumgubo ocoliweyo womnikelo wokudla, ugalelwe ioli; lwalunye 44 ukhamba lwegolide *oluziishekele* ezilishumi, luzele sisiqhumiso; yanye inku- 45 nzi entsha, ithole lenkomo, yanye inkunzi yemvu, yanye imvana emnyaka

INUMERI 7

mnye, zizezedini elinyukayo ke ezo;
46 yanye inkunzi yebhokhwe exhonti ye-
47 dini lesono; ezombingelelo woxolo zambini iinkomo, zantlanu iinkunzi zezimvu, zantlanu iibhokhwe, zantlanu iimvana ezimnyaka mnye. Nguwo lowo umsondezo kaEliyasafu, unyana ka-Dehuweli.

48 Ngemini yesixhenxe kwasondeza i-
nkulu yoonyana bakaEfrayim, uElisha-
49 ma unyana ka-Amihudi. Umsondezo wakhe waba sisitya esinye sesilivere, bulikhulu elinamanci mathathu *eeshekele* ubunzima baso; sasinye isitya sokutshiza sesilivere, esiziishekele ezimashumi asixhenxe ngokweshekele yengcwele, zozibini zizele ngumgubo ocoliweyo wo-
50 mnikelo wokudla, ugalelwe ioli; lwalunye ukhamba lwegolide *oluziishekele* ezilishumi, luzele sisiqhumiso; yanye inku-
51 nzi entsha, ithole lenkomo, yanye inkunzi yemvu, yanye imvana emnyaka
52 mnye zizezedini elinyukayo ke ezo; yanye inkunzi yebhokhwe exhonti yedini
53 lesono; ezombingelelo woxolo zambini iinkomo, zantlanu iinkunzi zezimvu, zantlanu iibhokhwe, zantlanu iimvana ezimnyaka mnye. Nguwo lowo umsondezo kaElishama, unyana ka-Amihudi.

54 Ngemini yesibhozo kwasondeza inkulu yoonyana bakaManase, uGamaliyeli,
55 unyana kaPedatsure. Umsondezo wakhe waba sisitya esinye sesilivere, bulikhulu elinamanci mathathu *eeshekele* ubunzima baso; sasinye isitya sokutshiza sesilivere, esiziishekele ezimashumi asixhenxe ngokweshekele yengcwele, zozibini zizele ngumgubo ocoliweyo womnikelo wokudla, ugalelwe ioli;
56 lwalunye ukhamba lwegolide *oluziishekele* ezilishumi, luzele sisiqhumiso;
57 yanye inkunzi entsha, ithole lenkomo, yanye inkunzi yemvu, yanye imvana emnyaka mnye, zizezedini elinyukayo
58 ke ezo; yanye inkunzi yebhokhwe
59 exhonti yedini lesono; ezombingelelo woxolo zambini iinkomo, zantlanu iinkunzi zezimvu, zantlanu iibhokhwe, zantlanu iimvana ezimnyaka mnye. Nguwo lowo umsondezo kaGamaliyeli, unyana kaPedatsure.

60 Ngemini yesithoba kwasondeza inkulu yoonyana bakaBhenjamin, uAbhidan
61 unyana kaGidiyoni. Umsondezo wakhe waba sisitya esinye sesilivere, bulikhulu elinamanci mathathu *eeshekele* ubunzima baso; sasinye isitya sokutshiza sesilivere, esiziishekele ezimashumi asixhenxe ngokweshekele yengcwele, zozibini zizele ngumgubo ocoliweyo womnikelo wokudla, ugalelwe
62 ioli; lwalunye ukhamba lwegolide *oluzii- shekele* ezilishumi, luzele sisiqhumiso;
63 yanye inkunzi entsha, ithole lenkomo, yanye inkunzi yemvu, yanye imvana emnyaka mnye, zizezedini elinyukayo
64 ke ezo; yanye inkunzi yebhokhwe
65 exhonti yedini lesono; ezombingelelo woxolo zambini iinkomo, zantlanu iinkunzi zezimvu, zantlanu iibhokhwe, zantlanu iimvana ezimnyaka mnye. Nguwo lowo umsondezo ka-Abhidan, unyana kaGidiyoni.

66 Ngemini yeshumi kwasondeza inkulu yoonyana bakaDan, uAhiyezere, unya-
67 na ka-Amishadayi. Umsondezo wakhe waba sisitya esinye sesilivere, bulikhulu elinamanci mathathu *eeshekele* ubunzima baso; sasinye isitya sokutshiza sesilivere, esiziishekele ezimashumi asixhenxe ngokweshekele yengcwele, zozibini zizele ngumgubo ocoliweyo womnikelo wokudla, ugalelwe ioli; lwalunye ukha-
68 mba lwegolide *oluziishekele* ezilishumi, luzele sisiqhumiso; yanye inkunzi e-
69 ntsha, ithole lenkomo, yanye inkunzi yemvu, yanye imvana emnyaka mnye, zizezedini elinyukayo ke ezo; yanye
70 inkunzi yebhokhwe exhonti yedini lesono; ezombingelelo woxolo zambini
71 iinkomo, zantlanu iinkunzi zezimvu, zantlanu iibhokhwe, zantlanu iimvana ezimnyaka mnye. Nguwo lowo umsondezo ka-Ahiyezere, unyana ka-Amishadayi.

72 Ngemini yeshumi elinanye kwasondeza inkulu yoonyana baka-Ashere, uPagiyeli unyana kaOkran. Umsonde-
73 zo wakhe waba sisitya esinye sesilivere, bulikhulu elinamanci mathathu *eeshekele* ubunzima baso; sasinye isitya sokutshiza sesilivere esiziishekele ezimashu-

mi asixhenxe ngokweshekele yengcwele, zozibini zizele ngumgubo ocoliweyo womnikelo wokudla, ugalelwe ioli; 74 lwalunye ukhamba lwegolide *oluziishekele* ezilishumi, luzele sisiqhumiso; 75 yanye inkunzi entsha, ithole lenkomo, yanye inkunzi yemvu, yanye imvana emnyaka mnye, zizezedini elinyukayo 76 ke ezo; yanye inkunzi yebhokhwe exho- 77 nti yedini lesono; ezombingelelo woxolo zambini iinkomo, zantlanu iinkunzi zezimvu, zantlanu iibhokhwe, zantlanu iimvana ezimnyaka mnye. Nguwo lowo umsondezo kaPagiyeli, unyana kaOkran.

78 Ngemini yeshumi elinambini kwasondeza inkulu yoonyana bakaNafetali, 79 UAhira, unyana kaEnana. Umsondezo wakhe waba sisitya esinye sesilivere, bulikhulu elinamanci mathathu eeshekele ubunzima baso; sasinye isitya sokutshiza sesilivere, esiziishekele ezimashumi asixhenxe ngokweshekele yengcwele, zozibini zizele ngumgubo ocoliweyo womnikelo wokudla, ugale- 80 lwe ioli; lwalunye ukhamba lwegolide *oluziishekele* ezilishumi luzele sisiqhu- 81 miso; yanye inkunzi entsha, ithole lenkomo, yanye inkunzi yemvu, yanye imvana emnyaka mnye, zizezedini eli- 82 nyukayo ke ezo; yanye inkunzi yebho- 83 khwe exhonti yedini lesono; ezombingelelo woxolo zambini iinkomo, zantlanu iinkunzi zezimvu, zantlanu iibhokhwe, zantlanu iimvana ezimnyaka mnye. Nguwo lowo umsondezo ka-Ahira, unyana kaEnan.

84 Kuko oko ukusungulwa kwesibingelelo, mini sathanjiswa zizikhulu zakwaSirayeli. Zaba lishumi elinazibini izitya zesilivere, zalishumi elinazibini izitya zokutshiza zesilivere, zalishumi elinambini iinkamba zegolide.
85 Salikhulu elinamanci mathathu *eeshekele* isitya sesilivere sisinye, sangamashumi osixhenxe *eeshekele* isitya sokutshiza sisinye; iyonke isilivere yezo mpahla yaba ngamawaka amabini, anamakhulu mané, ngokweshekele ye-
86 ngcwele. Zaba lishumi elinambini ii-nkamba zegolide, zizele sisiqhumiso, zalishumi iishekele kukhamba lulunye ngokweshekele yengcwele; iyonke igolide yeenkamba yaba likhulu elinamanci mabini. Zizonke iinkomo zedini eli- 87 nyukayo zaba ziinkunzi ezintsha ezilishumi elinambini, neenkunzi zezimvu zaba lishumi elinambini, neemvana ezimnyaka mnye zaba lishumi elinambini, neminikelo yazo yokudla; neenkunzi zeebhokhwe ezixhonti zedini lesono zaba lishumi elinambini. Zonke 88 iinkomo zombingelelo woxolo zaye zingamashumi omabini anané, iinkunzi ezintsha, neenkunzi zezimvu zaba ngamashumi omathandathu, neebhokhwe zaba ngamashumi omathandathu, neemvana ezimnyaka mnye zaba ngamashumi omathandathu. Kuko oko ukusungulwa kwesibingelelo, emveni kokuthanjiswa kwaso.

Ke ekungeneni kukaMoses ententeni 89 yokuhlanganga, ukuba athethe naye, weva izwi lithetha kuye, livela esihlalweni sokucamagusha esiphezu kwetyeya yesingqino, phakathi kweekerubhi zombini; wathetha ke yena kuye.

Imithetho yokulumeka izibane

8 Wathetha uYehova kuMoses, esithi, Thetha kuAron, uthi kuye, Ekuzi- 2 miseni kwakho izibane, mazikhanyise zibhekise phambili, phambi kwesiphatho sezibane, izibane zosixhenxe. We- 3 njenjalo uAron; wazimisa izibane zaso zabhekisa phambili, phambi kwesiphatho sezibane, njengoko uYehova wamwiselayo umthetho uMoses. Kuko 4 oku ukusetyenzwa kwesiphatho; saba yigolide ekhandiweyo, kwasa esikhondweni saso, kwasa ezintyantyambeni zaso, ingumkhando wona; ngokomfuziselo uYehova awambonisa wona uMoses wasenjenjalo isiphatho.

Ukuhlanjululwa kwabaLevi

Wathetha uYehova kuMoses, esithi, 5
Thabatha abaLevi phakathi koonyana 6
bakaSirayeli, ubahlambulule. Wenje- 7

nje ke ukubahlambulula; bafefe ngamanzi esono, bahambise isitshetshe sokunquthula enyameni yabo yonke, bahla-
8 mbe iingubo zabo, bahlambuluke. Baze bathabathe inkunzi entsha, ithole lenkomo, nomnikelo wayo wokudla, umgubo ocoliweyo ugalelwe ioli; uthabathe eyesibini inkunzi entsha, ithole lenkomo yedini lesono.

9 Wòbasondeza abaLevi phambi kwentente yokuhlangana, ubizele ndawonye
10 lonke ibandla loonyana bakaSirayeli; ubasondeze abaLevi phambi koYehova, bacinezele oonyana bakaSirayeli ngeza-
11 ndla zabo phezu kwabaLevi; abatshangatshangise uAron abaLevi, babe ngumtshangatshangiso phambi koYehova, ovela koonyana bakaSirayeli; babe ngabokusebenza umsebenzi kaYehova.

12 AbaLevi bocinezela ngezandla zabo phezu kweentloko zeenkunzi ezintsha ezo; enye uyenze idini lesono, enye idini elinyukayo kuYehova, ukucama-
13 gushela abaLevi. Uze ubamise ke abaLevi phambi koAron naphambi koonyana bakhe, ubatshangatshangise, babe ngumtshangatshangiso kuYehova;
14 ubahlule abaLevi koonyana bakaSirayeli, babe ngabam abaLevi.
15 Emveni koko bongena abaLevi, basebenze ententeni yokuhlangana; ubahlambulule ke, ubatshangatshangise, babe
16 ngumtshangatshangiso. Ngokuba ndibanikiwe ndabanikwa phakathi koonyana bakaSirayeli, ndabathabathela kum esikhundleni sabo bonke abavula isizalo, amazibulo onke koonyana baka-
17 Sirayeli. Ngokuba ngawam onke amazibulo phakathi koonyana bakaSirayeli, ebantwini nasezinkomeni; mini ndawabetha onke amazibulo ezweni laseYipu-
18 ta, ndawangcwalisela kum. Ndathabatha abaLevi esikhundleni samazibulo onke, phakathi koonyana bakaSirayeli.
19 AbaLevi ke ndibaniké ndabanika uAron noonyana bakhe phakathi koonyana bakaSirayeli, ukuba basebenze umsebenzi woonyana bakaSirayeli ententeni yokuhlangana, babacamagushele oonyana bakaSirayeli, ukuze kungabikho sibetho phakathi koonyana bakaSirayeli ekusondeleni koonyana bakaSirayeli engcweleni.

20 Benza ke ooMoses noAron nebandla lonke loonyana bakaSirayeli kubaLevi; ngako konke uYehova awamwisela umthetho uMoses ngabo abaLevi, benjenjalo kubo oonyana bakaSirayeli.
21 Bazihlambulula isono abaLevi, bahlamba iingubo zabo; uAron wabatshangatshangisa, baba ngumtshangatshangiso phambi koYehova; uAron wabacamagushela ukuba bahlambuluke. Emveni
22 koko bangena abaLevi, ukuba basebenze umsebenzi wabo ententeni yokuhlangana, phambi koAron naphambi koonyana bakhe. Njengoko uYehova wamwisela umthetho uMoses ngabaLevi, benjenjalo kubo.

23 Wathetha uYehova kuMoses, esithi,
24 Nantsi indawo eyeyabaLevi: bethabathela kominyaka imashumi mabini anesihlanu ezelwe, banyuse, mabeze kuphuma umkhosi wokusebenza ententeni yokuhlangana. Bethabathela ko-
25 minyaka imashumi mahlanu ezelwe, bobuya ekuphumeni umkhosi wokusebenza, bangabi sasebenza. Ke mabase-
26 belungiselela abazalwana babo ententeni yokuhlangana, ngokuthi bagcine isigxina, bangasebenzi msebenzi. Ùya kwenjenjalo kubaLevi ezigxineni zabo.

Imithetho malunga nombandela wepasika

9 Wathetha uYehova kuMoses entlango yaseSinayi, ngomnyaka wesibini wokuphuma kwabo ezweni laseYiputa, ngenyanga yokuqala, esithi, Oonyana 2 bakaSirayeli mabayenze ipasika* ngexesha layo elimisiweyo. Noyenza ngomhla 3 weshumi elinesiné kuloo nyanga, lakutshona ilanga, ngexesha layo elimisiweyo. Noyenza ngokwemimiselo yayo yonke, nangokwamasiko ayo onke.

Wathetha ke uMoses koonyana ba- 4
kaSirayeli, ukuba bayenze ipasika. Ba- 5
yenza ke ipasika ngenyanga yokuqala, ngomhla weshumi elinesiné, lakutshona ilanga, entlango yaseSinayi. Njengako

konke uYehova abemwisele umthetho uMoses, benjenjalo oonyana bakaSirayeli.

6 Ke kwakukho amadoda awayethe azenza iinqambi ngomntu ofileyo, akaba nako ukuyenza ipasika ngaloo mhla. Asondela phambi koMoses naphambi 7 koAron ngaloo mhla; athi loo madoda kuye, Siziinqambi ngomntu ofileyo; sivalelwa ngani na, ukuba singasondezi umsondezo kaYehova ngexesha lawo elimisiweyo phakathi koonyana baka-8 Sirayeli? Wathi uMoses kuwo, Yimani, khe ndive ukuba uYehova wowisa mtetho mni na ngani.

9 Wathetha uYehova kuMoses, esithi, 10 Thetha koonyana bakaSirayeli, uthi, Umntu ngomntu, xa athe wayinqambi ngofileyo, mhlawumbi waseluhambeni ehambele kude, engowakuni, nokuba ngowezizukulwana zenu, woyenza ipa-11 sika kuYehova. Boyenza ngenyanga yesibini, ngomhla weshumi elinesiné, lakutshona ilanga, kunye nezonka ezingenagwele bayidle inemithana ekra-12 kra; bangasalisi nto kuyo kude kuse, bangaphuli thambo layo. Boyenza 13 ngokommiselo wonke wepasika. Ke umntu lowo uhlambulukileyo yena, ungekhona eluhambeni, ethe wayeka ukuyenza ipasika, loo mphefumlo wonqanyulwa, ungabikho ebantwini bakowawo; ngokuba akawusondezanga umsondezo kaYehova ngexesha lawo elimisiweyo. Loo mntu wosithwala 14 isono sakhe. Umphambukeli, xa athe waphambukela kuni, woyenza ipasika kuYehova; ngokommiselo wepasika nangokwesiko layo woyenjenjalo; ummiselo woba mnye kuni, nakumphambukeli, nakozalelwe kulo ilizwe.

Ilifu lilawula ukufuduswa kweminquba

15 Ngomhla wokumiswa komnquba, ilifu lawusibekela umnquba wentente yesingqino; ngokuhlwa lanjengembonakalo yomlilo phezu komnquba, kwada kwasa. 16 Kwahlala kunjalo; ilifu lawusibekela *emini*, laba yimbonakalo yomlilo ebusu-17 ku. Kube kusithi, lingànyuka ilifu lisuke phezu kwentente, emveni koko banduluke oonyana bakaSirayeli; kuthi endaweni elithe zinzi kuyo ilifu, bamise iintente khona oonyana bakaSirayeli. Ngokomlomo kaYehova banduluka oo- 18 nyana bakaSirayeli, ngokomlomo kaYehova bamisa; yonke imihla elathi zinzi ngayo ilifu phezu komnquba, bamisa. Lakolula ilifu imihla emininzi 19 lihleli phezu komnquba, basigcina isigxina sikaYehova oonyana bakaSirayeli, àbanduluka. Kwathi, lakubakho ilifu phezu komnquba nokuba yimihla embalwa, *basigcina isigxina sikaYehova, àbanduluka*. Ngokomlomo kaYehova bamisa, ngokomlomo kaYehova banduluka. Kube kusithi lakubakho ilifu 21 ngokuhlwa kude kuse, lakunyuswa ke ilifu kwakusa, banduluke; nokuba bekusemini, nokuba bekusebusuku, lakunyuswa ilifu, bánduluka. Nokuba yi- 22 mihla emibini, nokuba yinyanga, nokuba yimihla ethile ukolula kwelifu phezu komnquba, ukuthi zinzi kwalo phezu kwawo, bamisa oonyana bakaSirayeli, àbanduluka; ekunyukeni kwalo ke banduluka. Ngokomlomo kaYehova ba- 23 misa, ngokomlomo kaYehova banduluka. Basigcina isigxina sikaYehova ngokomlomo kaYehova, ngesandla sikaMoses.

Ukusetyenziswa kwamaxilongo esilivere

10 Wathetha uYehova kuMoses, esithi, Zenzele amaxilongo esilivere 2 ekhandiweyo, abe mabini, abe ngawokubiza ibandla, nokundulula iminquba. Kwakuvuthelwa ixilongo kuqutshwa, 3 lozihlanganisela kuwe lonke ibandla emnyango wentente yokuhlangana. U- 4 kuba kuthe kwavuthelwa ixilongo, kwaqutshwa ngakanye, zozihlanganisela kuwe izikhulu, iintloko zamawaka akwaSirayeli. Nákuvuthela nolule, yondu- 5 luka iminquba emise iintente ngasempumalanga. Nákuvuthela nolule o- 6 kwesibini, yondululwa iminquba emise ngasezantsi; bovuthela bolule ukuba induluke. Ekusibizeleni ndawonye isi- 7 khungu, novuthela niquphe, ningavutheli nolule. Bovuthela ngamaxilongo 8 oonyana baka-Aron ababingeleli, ibe

ngummiselo ongunaphakade kuni kwizizukulwana zenu.

9 Xa nithe naya kulwa ezweni lenu nombandezeli onibandezelayo, navuthela ngamaxilongo nolula, nòkhunjulwa phambi koYehova uThixo wenu, 10 nisindiswe ezintshabeni zenu. Ngomhla wovuyo lwenu, nangamaxesha enu amisiweyo, nasekuthwaseni kweenyanga zenu, novuthela niquphe ngamaxilongo phezu kwamadini enu anyukayo, naphezu kwemibingelelo yenu yoxolo, ibe sisikhumbuzo senu phambi koThixo wenu: ndinguYehova uThixo wenu.

Ukunduluka eSinayi

11 Kwathi ngomnyaka wesibini, ngenyanga yesibini, ngolwamashumi omabini enyangeni leyo, lenyuswa lemka
12 ilifu phezu komnquba wesingqino. Banduluka ke oonyana bakaSirayeli ngokweehambo zabo entlango yaseSinayi; lathi zinzi ilifu entlango yaseParan.
13 Banduluka ekuqaleni ngokomlomo kaYehova, ngesandla sikaMoses.
14 Kuqala ke kwanduluka ibhanile* yeminquba yoonyana bakaYuda, ngokwemikhosi yabo; inguNashon, unyana kaAminadabhi, phezu komkhosi wakhe;
15 phezu komkhosi wesizwe soonyana bakaIsakare inguNataniyeli, unyana kaTsuhare; phezu komkhosi wesizwe soo-
16 nyana bakaZebhulon inguEliyabhi, unyana kaElon.
17 Wawiswa umnquba; banduluka ke oonyana bakaGershon noonyana bakaMerari, bewuthwele umnquba.
18 Yanduluka ibhanile yeminquba yoonyana bakaRubhen ngokwemikhosi yabo; phezu komkhosi wakhe inguElitsu-
19 re, unyana kaShedeyure; phezu komkhosi wesizwe soonyana bakaSimon inguShelumiyeli, unyana kaTsurisha-
20 dayi; phezu komkhosi wesizwe soonyana bakaGadi inguEliyasafu, unyana kaDehuweli.
21 Anduluka amaKehati, ethwele ingcwele. Babesithi ke âbaya bawumise umnquba engekafiki wona.
22 Yanduluka ibhanile yeminquba yoonyana bakaEfrayim, ngokwemikhosi yabo; phezu komkhosi wakhe inguElishama, unyana ka-Amihude; phezu ko- 23 mkhosi wesizwe soonyana bakaManase inguGamaliyeli, unyana kaPedatsure; phezu komkhosi wesizwe soonyana ba- 24 kaBhenjamin inguAbhidan, unyana kaGidiyoni.

Yanduluka ibhanile yeminquba yo- 25 nyana bakaDan, umqoshelisi weminquba yonke ngokwemikhosi yayo; phezu komkhosi wakhe inguAhiyezere, unyana ka-Amishadayi; phezu komkhosi we- 26 sizwe soonyana baka-Ashere inguPagiyeli, unyana kaOkran; phezu komkhosi 27 wesizwe soonyana bakaNafetali inguAhira, unyana kaEnana.

Kuko oko ukunduluka koonyana 28 bakaSirayeli; banduluka ke ngokwemikhosi yabo.

Isicelo sikaMoses kusomfazi

Wathi uMoses kuHobhabhi, unyana 29 kaRehuweli, umMidiyan, uyise womkaMoses, Thina siyanduluka; siya endaweni athe uYehova, Ndiya kuninika yona. Hamba nathi, sokwenzela okulungileyo; ngokuba uYehova uthethe okulungileyo ngoSirayeli. Wathi yena 30 kuye, Andiyi kuhamba; ndiya kuya ezweni lakowethu, kwelokuzalwa kwam. Wathi, Musa ukusishiya kaloku, ngenxa 31 enokuba nguwe owaziyo apho singalalisa khona entlango; yiba ngamehlo ethu. Kothi, xa uthe wahamba nathi, kothi 32 oko kulunga uYehova asenzela kona, sikwenzele kona nawe.

Banduluka ke entabeni kaYehova 33 uhambo lwemihla emithathu, ityeya yomnqophiso kaYehova ihamba phambi kwabo uhambo lwemihla emithathu, ukubahlolela indawo abangalalisa kuyo. Ilifu likaYehova laba phezu kwabo 34 emini, ekundulukeni kwabo eminqubeni.

Kube kusakuthi ekundulukeni kwe- 35 tyeya, athi uMoses, Vuka, Yehova; zichithachithe iintshaba zakho, basabe phambi kwakho abakuthiyayo: kuthi 36 ekulaliseni kwawo athi, Buyela, Yehova, kumawaka amawaka akwaSirayeli.

Izikrokro zabantu eTabhera

11 Abantu babenjengabakhalazela ububi ezindlebeni zikaYehova. Weva uYehova, wavutha umsindo wakhe, watsha umlilo kaYehova phakathi kwabo, wadla esiphelweni semi-2 nquba. Bakhala abantu kuMoses; wathandaza uMoses kuYehova, wadamba 3 umlilo. Wathi igama laloo ndawo yiTabhera:* ngokuba watsha umlilo kaYehova phakathi kwabo.

4 Indibandiba ephakathi kwabo yakhanuka ikhanukile; babuya balila oonyana bakaSirayeli, bathi, Ngubani na oya 5 kusinika inyama sidle. Sikhumbula iintlanzi esibe sizidla eYiputa ngelizé, kwaneekomkomere,* neevatala, neeli-6 ke,* namatswele, nekinofile.* Kungoku umphefumlo wethu womile; akukho nento, yile mana* yodwa emehlweni ethu.

7 Imana leyo ibinjengeenkozo zekoriyandire;* ukubonakala kwayo beku-8 njengokubonakala kwebhedolaki.* Babesithi saa abantu, bayibuthe, bayisile ematyeni, okunye bayingqushe ngezingqusho, bayipheke ngeembiza, benze amaqebengwana ngayo; isongo sayo saye sinjengesongo sesonkana esigale-9 lwe ioli. Ukuhla kombethe eminqubeni ebusuku, ibisithi ihle nayo imana kuyo.

10 Wabeva uMoses abantu belila ngokwemizalwane yabo, elowo emnyango wentente yakhe. Wavutha umsindo kaYehova kunene; kwakubi nasemehlweni kaMoses.

Ukugosiswa kweenkulu ezingamashumi asixhenxe zokuncedisa uMoses

11 Wathi uMoses kuYehova, Yini na ukuba umphathe kakubi umkhonzi wakho lo? Yini na ukuba ndingàbabalwa nguwe, usuke uwubeke umthwalo 12 waba bantu bonke phezu kwam? Ndim na obakhawuleyo aba bantu bonke? Ndim na obazeleyo, ukuba uthi kum, Bathwale ngesifuba sakho, njengomondli ethwele umntwana owanyayo, ndibàse emhlabeni owawufungela ooyise? Ndoyizuza phi na inyama, ndibanike 13 bonke aba bantu? Ngokuba balila kum, besithi, Sinike inyama sidle. Andinako 14 mna ukubathwala aba bantu ndedwa, ngokuba kunzima oko kum. Ukuba 15 ùndenjenjalo, sewundibulala kanye, ukuba undibabále; mandingabuboni ububi bam.

Wathi uYehova kuMoses, Hlanga- 16 nisela kum amadoda abe ngamashumi osixhenxe kumadoda amakhulu akwaSirayeli, owaziyo ukuba ngamadoda amakhulu abantu, ababhali babo; uwazise ententesi yokuhlangana, eme khona nawe. Ndiya kuhla, ndithethe nawe 17 khona, ndicaphule kumoya okuwe, ndibeke kuwo, awuthwale nawe umthwalo wabantu aba, ungawuthwali wedwa wena.

Yithi ebantwini, Zingcwaliseleni i- 18 ngomso, nodla inyama; kuba nililile ezindlebeni zikaYehova, nisithi, Ngubani na oya kusinika inyama sidle; ngokuba kwakumnandi kuthi eYiputa. UYehova uya kuninika ke inyama nidle. Aniyi kuyidla mhla mnye, namihla 19 mibini, namihla mihlanu, namihla ilishumi, namihla imashumi mabini; *nodla* inyanga iphela, ide iphume ngee- 20 mpumlo zenu, ibe lubhokra kuni; ngenxa enokuba nimcekisile uYehova ophakathi kwenu, nalila phambi kwakhe, nisithi, Saphumelani na eYiputa?

Wathi uMoses, Ngumqikela onga- 21 makhulu omathandathu amawaka abantu endiphakathi kwabo; ke ùthi wena. Ndiya kubanika inyama, badle inyanga iphela. Impahla emfutshane neenko- 22 mo ziya kuxhelelwa bona na, zibalingane? Ziya kuhlanganiselwa bona na zonke iintlanzi zolwandle, zibalingane?

Wathi uYehova kuMoses, Isandla 23 sikaYehova sifutshane na? Ngoku uya kubona ukuba ilizwi lam liya kwenzeka, aliyi kwenzeka, kusini na.

Waphuma uMoses, wawathetha eba- 24

ntwini amazwi kaYehova, wawahlanganisa amadoda amashumi osixhenxe kumadoda amakhulu abantu, wawamisa 25 aba sisangqa ententeni. Wehla uYehova ngelifu, wathetha kuye, wacaphula kumoya okuye, wawubeka kumadoda amakhulu angamashumi osixhenxe; kwathi, xa wahlalayo umoya phezu kwawo, aprofeta, akaphinda kodwa.

26 Ke kaloku kwasala amadoda amabini eminqubeni, igama lenye linguElidade, igama leyesibini linguMedade; wahlala umoya phezu kwawo; aba kwababhalwáyo wona, kodwa akaphumanga aye 27 ententeni; aprofeta eminqubeni. Kwagidima umfana, waxelela uMoses, wathi, OoElidade noMedade bayaprofeta emi- 28 nqubeni phaya. Waphendula uYoshuwa unyana kaNun, umlungiseleli kaMoses, wakwabanyuliweyo bakhe, wathi, Nkosi yam, Moses, bathintele. 29 Wathi uMoses kuye, Unekhwele ngenxa yam na? Akwaba bonke abantu bakaYehova babengabaprofeti, waba uYehova ubeke uMoya wakhe kubo! 30 Wabuya uMoses, waya eminqubeni, yena namadoda amakhulu akwaSirayeli.

Abantu batya izagwityi eKibroti-hatahava

31 Kwesuka umoya kuYehova, waguqula izagwityi elwandle, wazithi saa eminqubeni, zaba ngangohambo lwemini ngapha, zaba ngangohambo lwemini ngapha, zajikeleza iminquba; zangangeekubhite* zombini, ukuphakama 32 phezu komhlaba. Besuka ke abantu yonke loo mini, bonke ubusuku, yonke imini yengomso, bazibutha izagwityi. Owabutha kancinane wabutha iihomere* ezilishumi; bamana ukuzaneka, 33 bajikeleziza eminqubeni. Yathi inyama leyo isesemazinyweni abo, ingekahlafunwa, wavutha umsindo kaYehova kubo abantu, wababetha uYehova abantu ngesibetho esikhulu kunene.

34 Kwathiwa igama laloo ndawo yiKibroti-hatahava;* ngokuba bangcwatyelwa khona abantu abakhanukáyo.

35 Banduluka abantu eKibroti-hatahava, baya eHatseroti, baba seHatseroti.

UMiriyam noAron bamonela uMoses

12 Bathetha ooMiriyam noAron ngoMoses ngenxa yendawo yenkazana engumKushikazi abeyizekile; ngokuba wayezeke inkazana engumKushikazi. Bathi, UYehova uthethe ngo- 2 Moses yedwa yini na? Akathethanga nangathi na? Weva uYehova. Ke 3 indoda le inguMoses ibilulamile kunene kunabantu bonke abasemhlabeni. Wa- 4 thetha uYehova ngesiquphe kuMoses, nakuAron, nakuMiriyam, esithi, Phumani nina nobathathu, nize ententeni yokuhlangana; baphuma bobathathu.

Wehla uYehova ngomqulu welifu, 5 wema emnyango wentente, wabiza ooAron noMiriyam; baphuma bobabini. Wathi, Khanive amazwi am. Ukuba 6 nithe nanomprofeti kaYehova, ndozazisa kuye ngombono, ndithethe kuye ephupheni. Akanjalo umkhonzi wam 7 uMoses; unyanisekile yena endlwini yam yonke. Ndiya kuthetha naye 8 umlomo kumlomo, ngokubonakalayo, kungabi ngantsonkotha; ásikhangele yena isimilo sikaYehova. Yini na ukuba ningoyiki ukuthetha ngomkhonzi wam uMoses?

Wavutha umsindo kaYehova kubo, 9 wemka yena. Lemka ilifu ententeni; 10 yini le? uMiriyam uneqhenqa njengekhephu. Wabheka uAron kuMiriyam; yini? uneqhenqa. Wathi uAron 11 kuMoses, Tarhu, nkosi yam; musa ukusibeka tyala ngesono esisenzileyo ngokumatha, sóna ngaso. Makangà- 12 seleba njengofileyo, othi ekuphumeni kwakhe esizalweni sonina abe seledlekile isiqingatha senyama yakhe. Wa- 13 khala uMoses kuYehova, esithi, Thixo, ndiyakukhunga, khawumphilise. Wa- 14 thi uYehova kuMoses, Ukuba uyise ubetshice ukutshica oku ebusweni bakhe, ubengayi kuva ihlazo na iintsuku ezisixhenxe? Makavalelwe imihla ibe sixhenxe ngaphandle kweminquba, emveni koko amkelwe. Wavalelwa ke 15 uMiriyam ngaphandle kweminquba imihla esixhenxe. Abanduluka abantu, wada wamkelwa uMiriyam. Emveni 16 koko banduluka abantu eHatseroti, bamisa entlango yaseParan.

Ukuthunyelwa kweentlola kwelakwa-Kanan; ingxelo yazo

13 Wathetha uYehova kuMoses, esi-2 thi, Thumela amadoda, aye kuhlola ilizwe lakwaKanan, endibanike lona oonyana bakaSirayeli. Wòthumela indoda ibe nye kwisizwe sooyise, iyileyo 3 ibe yeyinkulu kuso. Wawathuma ke uMoses, esentlango yaseParan, ngokomlomo kaYehova, onke loo madoda, eziintloko zoonyana bakaSirayeli.

4 Ngawo la amagama awo: kwisizwe sakwaRubhen, ibinguShamuwa, unyana 5 kaZakure; kwisizwe sakwaSimon, ibi-6 nguShafati, unyana kaHori; kwisizwe sakwaYuda, ibinguKalebhi, unyana ka-7 Yefune; kwisizwe sakwaIsakare, ibingu-8 Igali, unyana kaYosefu; kwisizwe sakwaEfrayim, ibinguHosheya, unyana 9 kaNun; kwisizwe sakwaBhenjamin, ibi-10 nguPalti, unyana kaRafu; kwisizwe sakwaZebhulon, ibinguGadiyeli, unya-11 na kaSodi; kwisizwe sakwaYosefu, esisisizwe sakwaManase, ibinguGadi, u-12 nyana kaSusi; kwisizwe sakwaDan, 13 ibinguAmiyeli, unyana kaGemali; kwisizwe sakwa-Ashere, ibinguSeture, unya-14 na kaMikayeli; kwisizwe sakwaNafetali, 15 ibinguNabhi, unyana kaVofesi; kwisizwe sakwaGadi, ibinguGehuweli, unya-16 na kaMaki. Ngawo lawo amagama amadoda awawathumayo uMoses, ukuba aye kuhlola ilizwe. UMoses wathi uHosheya, unyana kaNun, nguYoshuwa.

17 Wawathuma ke uMoses, ukuba aye kuhlola ilizwe lakwaKanan, wathi kuwo, Nyukani nina ngasezantsi, ngale ndlela; 18 nyukani niye entabeni, nilikhangele ilizwe ukuba linjani na, nabantu abemi kulo, ukuba bomelele, bangamaphakuphaku, kusini na; bambalwa, baninzi, 19 kusini na; ukuba linjani na ilizwe abemi kulo, lihle, libi, kusini na; ukuba injani na imizi abemi kuyo, baseminqubeni, 20 basezinqabeni, kusini na; ukuba linjani na ilizwe elo, liyachuma, alichumi, kusini na; linemithi, alinayo, kusini na. Yomelelani, nize neziqhamo zelo zwe. Loo mihla yabe iyimihla yentlahlela yeediliya.

Enyuka ke, alihlola ilizwe, ethaba-21 thela entlango yaseTsin, esa eRehobhi, ekuyeni eHamati. Enyuka ngezantsi, 22 afike eHebron; babekhona ooAhiman, noSheshayi, noTalemayi, abenzalo ka-Anaki. Ke owaseHebron wawusewakhiwe iminyaka esixhenxe, ingekakhiwa iTsohan eYiputa. Afika esihlanjeni sa-23 kwaEshekoli, anqumla khona isebe linesihloko seediliya sisinye, asithwala ngesibonda emabini; nakwiirharnate, nakumakhiwane enjenjalo. Loo ndawo 24 kwathiwa sisihlambo sakwaEshekoli,* ngenxa yesihloko eso basinqumla khona oonyana bakaSirayeli.

Abuya ekulihloleni ilizwe ekupheleni 25 kweentsuku ezimashumi mané. Eza 26 afika kuMoses, nakuAron, nakwibandla lonke loonyana bakaSirayeli, entlango yaseParan eKadeshe; azisa ilizwi kubo, nakwibandla lonke, ababonisa neziqhamo zelizwe elo. Abaxelela athi, Safika 27 kwelo zwe wasithuma kulo; inene, libaleka amasi nobusi; nazi neziqhamo zalo. Kodwa banamandla abantu, abe-28 mi kwelo zwe; imizi inqatyisiwe, imikhulu kunene; kananjalo siboné abenzalo ka-Anaki khona. Kumi ama-29 Amaleki ezweni lasezantsi; amaHeti namaYebhusi nama-Amori emi ezintabeni; amaKanan emi ngaselwandle nangecala laseYordan.

Wabazolisa uKalebhi abantu phambi 30 koMoses, wathi, Masinyuke kwangoku, silihluthe; ngokuba siya kuleyisa kakade. Ke amadoda abenyuke naye 31 athi, Asinako ukunyuka siye kwabo bantu; ngokuba bomelele kunathi. Ahambisa udaba olubi ngelo zwe abeli-32 hlolile koonyana bakaSirayeli, esithi, Ilizwe esacanda kulo silihlola, lilizwe elibadlayo abemi balo; abantu bonke esababonayo kulo babengabafo abade. Sazibona khona iingxilimbela, oonyana 33 baka-Anaki basezingxilimbeleni; sesuka emehlweni ethu saba njengemicikwane, sanjalo nasemehlweni abo.

INUMERI 14

Indano yabantu bakuyiva ingxelo yabahloli

14 Lonke ibandla laliphakamisa lalikhupha ilizwi lalo, balila abantu 2 ngobo busuku. Bonke oonyana bakaSirayeli babakrokrela ooMoses noAron; lathi kubo lonke ibandla, Akwaba besifele ezweni laseYiputa! Akwaba be-3 sifele nakule ntlango! Yini na ukuba uYehova asizise kweli lizwe ukuze siwe likrele, abafazi nabantwana bethu babe lixhoba? Akusilungele na kanye uku-4 ba sibuyele eYiputa? Batshono ukuthi, Masizimisele umphathi, sibuyele eYiputa.

5 Bawa ooMoses noAron ngobuso babo phambi kwesikhungu sonke sebandla 6 loonyana bakaSirayeli. UYoshuwa unyana kaNun, noKalebhi unyana kaYefune, ababekwababelihlolile ilizwe, 7 bazikrazula iingubo zabo. Bathi kwibandla lonke loonyana bakaSirayeli, Ilizwe esacanda kulo silihlola, lilizwe 8 elihle kakhulu kunene. Ukuba uYehova usinonelele, wosisa kwelo zwe, asinike; lilizwe elibaleka amasi nobusi. 9 Kodwa musani ukugwilika kuYehova, musani ukuboyika abantu belo zwe nina; kuba bakukudla kwethu. Umkile umthunzi wabo kubo, uYehova unathi; musani ukoyika.

10 Ke lathi lonke ibandla mabaxulutywe ngamatye. Babonakala ubuqaqawuli bukaYehova ententeni yokuhlangana kubo bonke oonyana bakaSirayeli.

Isohlwayo samaSirayeli: ukugwetywa kwawo abhadule entlango iminyaka engamashumi amané

11 Wathi uYehova kuMoses, Kuya kuda kube nini na bendigiba aba bantu? Kuya kuda kube nini na bengakholwa kum, kwimiqondiso yonke endiyenzile-12 yo phakathi kwabo? Ndiya kubabetha ngendyikitya yokufa, ndibagqogqe; wena ndikwènze uhlanga olukhulu olunamandla kunabo.

13 Wathi uMoses kuYehova, AmaYiputa avile ukuba ubanyusile ngamandla akho 14 aba bantu phakathi kwawo; abaxelele nokubaxelela abemi beli lizwe. Bavile nabo ukuba wena, Yehova, uphakathi kwaba bantu. Ùbonakala iliso kwiliso, wena Yehova, nelifu lakho limi phezu kwabo; uhamba phambi kwabo emqulwini welifu emini, emqulwini womlilo ebusuku. Ukuba uthe wababulala aba 15 bantu njengadoda-nye, zotsho iintlanga eziluvileyo udaba lwakho, ukuthi, Kungenxa enokuba uYehova ebengena-16 ko ukubása abo bantu ezweni abebafungele lona, le nto abasikileyo entlango. Kaloku amandla eNkosi makabe ma-17 khulu, njengoko wathethayo wena, wathi, UYehova uzeka kade umsindo, 18 mkhulu ngenceba, uxolela ubugwenxa nesikreqo, engéze amenze msulwa *onetyala*; uvelela ubugwenxa booyise koonyana kwesesithathu nakwesesiné isizukulwana. Buxolele, ndiyakukhunga, 19 ubugwenxa baba bantu ngokobukhulu benceba yakho, njengoko ubuxoleleyo *ubugwenxa* baba bantu, uthabathéle eYiputa wezisa apha.

Wathi uYehova, Ndibaxolele ngo-20 kwelizwi lakho. Noko, ndihleli nje, 21 buya kulizalisa ihlabathi lonke ubuqaqawuli bukaYehova. Amadoda onke 22 abubonileyo ubuqaqawuli bam, nemiqondiso yam endayenzayo eYiputa nasentlango, andilingileyo ezi zihlandlo zilishumi, akaliphulaphula izwi lam, wona akasayi kulibona ilizwe endalifu-23 ngela ooyise; bonke abandigibileyo abasayi kulibona. Ke yena umkhonzi 24 wam uKalebhi, ngenxa enokuba ebenamoya wumbi, wakholisa ukundilandela, ndiya kumfikisa ezweni ebeye kulo, lihluthwe yimbewu yakhe. Ke ama-25 Amaleki namaKanan emi entilini. Jikani ngomso, ninduluke, nisinge entlango ngendlela eya eLwandle oluBomvu.*

Wathetha uYehova kuMoses naku-26 Aron, esithi, Kuya kuda kube nini na 27 *ndilithwele* eli bandla lingendawo, lona eli lindikrokrelayo? Izikrokro zoonyana bakaSirayeli abandikrokrela ngazo ndizivile. Yithi kubo, Ndihleli nje, utsho 28 uYehova, inene, njengoko nithethileyo ezindlebeni zam, ndiya kwenjenjalo

INUMERI 14-15

29 kuni. Izidumbu zenu ziya kuwa kule ntlango; nabo bonke ababalwáyo kuni ngokwenani lenu lonke, bethabathela kominyaka imashumi mabini ezelwe, 30 banyuse, nina nindikrokreleyo, aniyi kungena ezweni endaliphakamisela isandla sam ukuba ndinihlalise kulo, ingenguKalebhi unyana kaYefune, no-31 Yoshuwa unyana kaNun. Ke usapho lwenu, ebe nisithi luya kuba lixhoba, ndiya kulungenisa lona, lulazi ilizwe 32 enilicekisileyo. Nina, izidumbu zenu 33 ziya kuwa kule ntlango; oonyana benu babe ngabalusi entlango iminyaka emashumi mané, bathwale ukuhenyuza kwenu, zide ziphele izidumbu zenu 34 entlango. Ngokwenani lemihla enalihlola ngayo ilizwe, imihla emashumi mané, umhla ube ngumnyaka, niya kubuthwala ubugwenxa benu iminyaka emashumi mané, nikwàzi ukunishiya 35 kwam. Mna Yehova ndithethile; inene, le nto ndiya kuyenza kweli bandla lonke lingendawo, kwaba bahlangene ngam; baya kuphela kule ntlango, bafele kuyo.
36 Ke amadoda la abewathumile uMoses, ukuba alihlole ilizwe, aza abuya akrokrisa lonke ibandla ngaye, ngokuhambisa 37 udaba olubi ngalo ilizwe, wona loo madoda abehambise udaba olubi ngelizwe elo, áfa sisibetho eso phambi ko-38 Yehova. Kwasala uYoshuwa unyana kaNun, noKalebhi unyana kaYefune, kuloo madoda abeye kulihlola ilizwe.
39 Wawathetha uMoses la mazwi kubo bonke oonyana bakaSirayeli; benza isijwili esikhulu abantu.

AmaSirayeli akaphumeleli ukungena ezweni lakwaKanan

40 Bavuka kusasa, baya encotsheni yentaba, besithi, Sikho, siya kunyuka siye kuloo ndawo ayithethileyo uYehova; ngo-41 kuba sonile. Wathi uMoses, Yini na, le nto niwugqithayo umlomo kaYehova? 42 Le nto ayiyi kuphumelela. Musani ukunyuka, kuba uYehova akakho phakathi kwenu; ningágxothwa ziintshaba zenu. 43 Ngokuba ama-Amaleki namaKanan akhona phambi kwenu, niya kuwa likrele; ngenxa yokuba nibuyile ekumlandeleni uYehova, akayi kuba nani uYehova.

Bagxalathelana, benyuka baya enco- 44 tsheni yentaba; ke yona ityeya yomnqophiso kaYehova noMoses ayiphumanga phakathi kweminquba. Ehla ama-Ama- 45 leki namaKanan abehleli kuloo ntaba, abaxabela, abaqoba kwasa eHorma.

Imithetho eyahlukahlukeneyo

15 Wathetha uYehova kuMoses, esithi, Thetha koonyana bakaSiraye- 2 li, uthi kubo, Xa nithe nafika ezweni 3 lokuhlala kwenu endininika lona, nenza ukudla kwasemlilweni kuYehova, idini elinyukayo, nokuba ngumbingelelo wesibhambathiso esibalulekileyo, nokuba ngowokuqhutywa yintliziyo, nokuba ngowamaxesha enu amisiweyo, nisenza ivumba elithozamisayo kuYehova, nithabatha kwiinkomo, nokuba nithabatha kwimpahla emfutshane: lowo uwu- 4 sondezayo umsondezo wakhe kuYehova, wosondeza umnikelo wokudla osisahlulo seshumi se-*efa** yomgubo ocoliweyo, ugalelwe isahlulo sesiné sehin* yeoli; nesahlulo sesiné sehin yewayini yomni- 5 kelo othululwayo, usenze ndawonye nedini elinyukayo; nokuba ngumbingelelo, ube ngowamvana-nye.

Nokuba ngowenkunzi yegusha, wo- 6 wenza umnikelo wokudla ube zizahlulo ezibini zesishumi se-*efa* yomgubo ocoliweyo, ugalelwe ioli esisahlulo sesithathu sehin; newayini yomnikelo othululwa- 7 yo, isahlulo sesithathu sehin, uyisondeze ibe livumba elithozamisayo kuYehova.

Xa uthe wenza ithole lenkomo idini 8 elinyukayo, nokuba ngumbingelelo wesibhambathiso esibalulekileyo, nokuba ngowoxolo kuYehova: wosondeza nda- 9 wonye nethole lenkomo umnikelo wokudla, ube zizahlulo ezithathu zesishumi se-*efa* yomgubo ocoliweyo, ugalelwe ioli esisiqinqatha sehin. Woyisondeza 10 newayini ibe yeyomnikelo othululwayo, esisiqingatha sehin: ukudla kwasemlilweni, ivumba elithozamisayo kuYehova; kwenjiwe njalo kwinkomo enye, 11 nokuba kukwinkunzi yemvu enye, nokuba kukwitakane legusha elinye,

12 nelebhokhwe elinye. Ngangenani enithe nalenza, niya kwenjenjalo kuyo inye, kube ngangenani lazo.

13 Bonke abo bazalelwe kuloo ndawo baya kwenjenjalo kwezo zinto ekusondezeni kwabo ukudla kwasemlilweni,
14 ivumba elithozamisayo kuYehova. Xa athe waphambukela kuni umphambukeli, nokuba ngophakathi kwenu ezizukulwaneni zenu, wenza ukudla kwasemlilweni, ivumba elithozamisayo kuYehova: njengoko nenza ngako nina,
15 uya kwenza ngako naye. Ngokubhekisele kuso isikhungu, wóba mnye ummiselo kuni, nakumphambukeli ophambukele kuni, ummiselo ongunaphakade kwizizukulwana zenu. Njengoko ninjalo nina, woba njalo umpha-
16 mbukeli phambi koYehova. Umyalelo woba mnye, nesiko loba linye kuni, nakumphambukeli ophambukele kuni.

17 Wathetha uYehova kuMoses, esithi,
18 Thetha koonyana bakaSirayeli, uthi kubo, Ekufikeni kwenu ezweni elo ndi-
19 nisa kulo, kothi ekudleni kwenu isonka selizwe, nirhumele uYehova umrhumo.
20 Nòrhuma umrhumo womgrayo wenu wokuqala, wenziwe umqhathane; njengomrhumo wesandá, nowenjenjalo u-
21 kuwurhuma. Kuwo umgrayo wenu wokuqala, nomnika uYehova umrhumo ezizukulwaneni zenu.

22 Xa nithe nalahleka, anayenza le mithetho yonke ayithethileyo uYehova
23 kuMoses, zonke izinto uYehova aniwisele umthetho ngazo ngesandla sikaMoses, kususela kumhla uYehova awawisa umthetho, nasemva koko ezizu-
24 kulwaneni zenu; kothi, ukuba kuthe kwenzeka into ngokulahleka, ingàbonwa libandla, ibandla lonke lenze inkunzi entsha, ithole lenkomo, libe linye, ibe lidini elinyukayo, ibe livumba elithozamisayo kuYehova, ndawonye nomnikelo walo wokudla, nomnikelo walo othululwayo, ngokwesiko; nenkunzi yebhokhwe exhonti ibe nye, ibe lidini lesono;
25 alicamagushele umbingeleli lonke ibandla loonyana bakaSirayeli. Boxolelwa ke, ngokuba ibikukulahleka oku; bawuzisile bona umsondezo wabo, ukudla kwasemlilweni kuYehova, nedini labo lesono phambi koYehova ngenxa yokulahleka kwabo. Loxolelwa ke lonke iba- 26 ndla loonyana bakaSirayeli, nomphambukeli ophambukele phakathi kwenu, ngokuba kubahlele oku abantu bonke ngokulahleka.

Ukuba ubani uthe wona ngokulahle- 27 ka, wósondeza ibhokhwe elithokazi elimnyaka mnye, ibe lidini lesono; umbingeleli acamagushele umphefumlo 28 olahlekayo ngokona kwawo, ngokulahleka kwawo phambi koYehova. Ákuwucamagushela, woxolelwa ke. Koza- 29 lwayo phakathi koonyana bakaSirayeli, nakumphambukeli ophambukele phakathi kwenu, woba mnye umyalelo kuni, ngokusingisele kowenza ngokulahleka. Ke yena owenza ngesandla 30 esiphakamileyo kwabazalelwe kuloo ndawo nakubaphambukeli, yena uyamnyelisa uYehova; loo mphefumlo ke wonqanyulwa, ungabikho phakathi kwabantu bakowawo. Ngokuba ulidelile 31 ilizwi likaYehova, uwaphule nomyalelo wakhe; loo mphefumlo wonqanyulwa kanye, ubugwenxa buphezu kwawo.

Kwathi, oonyana bakaSirayeli bese- 32 ntlango, bafumana umntu etheza iinkuni ngomhla wesabatha. Abo bamfu- 33 manáyo etheza iinkuni, bamsondeza kuMoses nakuAron nakwibandla lonke; bamfaka elugcinweni, kuba bekungeka- 34 miswa okuyà kwenziwa kuye. Wathi 35 uYehova kuMoses, Makabulawe afe loo mntu, limxulube ibandla lonke ngamatye, ngaphandle kweminquba. Lonke 36 ibandla lamkhuphela ngaphandle kweminquba, lamxuluba ke ngamatye. Wafa, njengoko uYehova wamwiselayo umthetho uMoses.

Wathi uYehova kuMoses, Thetha 37
koonyana bakaSirayeli, uthi kubo, ma- 38
benze iintshinga emasondweni eengubo zabo, kwizizukulwana zabo, bafake entshingeni yesondo intsontelo ebala limsi. Mayibe yintshinga kuni; nithi, 39

nakuyibona, niyikhumbule yonke imithetho kaYehova, niyenze, ningabhaduli nilandele intliziyo yenu, namehlo enu, enibe nihenyuza ngokulandela wona; 40 ukuze niyikhumbule niyenze yonke imithetho yam, nibe ngcwele kuThixo 41 wenu. NdinguYehova uThixo wenu, onikhuphileyo ezweni laseYiputa, ukuba ndibe nguThixo kuni: ndinguYehova, uThixo wenu.

Imvukelo kaKora noDatan noAbhiram

16 Ke kaloku uKora, unyana kaItsare, unyana kaKehati, unyana kaLevi, noDatan noAbhiram oonyana bakaEliyabhi, no-On unyana kaPelete, 2 oonyana bakaRubhen, bathabatha amadoda angamakhulu amabini, anamanci mahlanu, akoonyana bakaSirayeli, izikhulu zebandla ezanyulwa yintlanganiso, amadoda anodumo; bavukelana noMoses.
3 Babizelana ndawonye ngoMoses nangoAron, bathi kubo, Nisenanele nina, ngokuba lingcwele lonke ibandla, bonke bephela; uYehova uphakathi kwabo. Yini na ukuba niziphakamise phezu kwesikhungu sikaYehova?
4 Weva uMoses, wawa ngobuso. Wa-
5 thetha kuKora nakwibandla lakhe lonke, esithi, Ngomso uYehova uya kwazisa ongowakhe, ongcwele, amsondeze kuye, lowo amnyuliileyo womsondeza kuye.
6 Yenzani oku: zithabatheleni iingcedevu,
7 wena Kora nebandla lakho lonke, nibeke umlilo kuzo, nibeke isiqhumiso phezu kwazo phambi koYehova ngomso. Kothi, umntu athe uYehova wamnyula abe ngcwele yena; senanele nina, nyana
8 bakaLevi. Wathi uMoses kuKora,
9 Khanive, nina nyana bakaLevi. Yinto encinane na kuni, ukuba uThixo kaSirayeli anahlule kwibandla lakwaSirayeli, anisondeze kuye, ukuba nisebenze umsebenzi womnquba kaYehova, nime phambi kwebandla, nilungiselele kubo,
10 ekusondezile nje wena nabazalwana bakho bonke, oonyana bakaLevi ndawonye nawe? Nifuna kwanobubingeleli
11 na? Ninani na, wena nebandla lakho lonke, le nto nihlangana ngoYehova? Ke uAron uyintoni na yena, ukuba nimkrokrele?
Wathuma uMoses, wabiza uDatan 12 noAbhiram oonyana bakaEliyabhi. Bathi, Asiyi kunyuka size. Yinto encinane 13 na le yokuba usinyuse ezweni elibaleka amasi nobusi, uze kusibulala apha entlango, le nto uhlala uzenzé umphathi phezu kwethu? Kananjalo akusi- 14 ngenisanga ezweni elibaleka amasi nobusi, akusinikanga lifa lamasimi nazidiliya; uya kuwakrukra na amehlo ala madoda? Asiyi kunyuka size.
Wavutha kunene umsindo kaMoses, 15 wathi kuYehova, Musa ukuwubheka umnikelo wabo wokudla. Andithabathanga ne-esile elinye kubo, andiphathanga kakubi namnye wabo. Wathi 16 uMoses kuKora, Wena nebandla lakho lonke, ze nibe phambi koYehova, wena nabo noAron, ngomso; nithabathe 17 elowo ugcedevu lwakhe, nibeke isiqhumiso phezu kwazo, nisondeze phambi koYehova, elowo abe nogcedevu lwakhe, iingcedevu ezimakhulu mabini anamanci mahlanu; nawe noAron elowo abe nogcedevu lwakhe. Bathabatha ke elo- 18 wo ugcedevu lwakhe, babeka umlilo kuzo, babeka isiqhumiso phezu kwazo, bema emnyango wententente yokuhlangana noMoses noAron. UKora walibizela 19 ndawonye ngabo ibandla lonke emnyango wententente yokuhlangana. Babonakala ubuqaqawuli bukaYehova kwibandla lonke.
Wathetha uYehova kuMoses naku- 20 Aron, esithi, Zahluleni kweli bandla; 21 ndiya kubagqibela ngephanyazo. Bawa 22 ngobuso, bathi, Thixo, Thixo woomoya benyama yonke, koné umntu wamnye nje, unoburhalarhume kwibandla lonke na? Wathetha uYehova kuMoses, esi- 23 thi, Thetha kwibandla, uthi, Sukani 24 nimke ngeenxa zonke emzini kaKora noDatan noAbhiram.
Wesuka uMoses, waya kuDatan no- 25 Abhiram; amlandela amadoda amakhulu akwaSirayeli. Wathetha kwi- 26 bandla esithi, Mkani ezintenteni zala madoda angendawo, ningachukumisi nto iyeyawo, hleze niphetshethwe nge-

27 zono zawo zonke. Benyuka ke, bemka emzini kaKora noDatan noAbhiram ngeenxa zonke. OoDatan noAbhiram bema emnyango weentente zabo, nabafazi babo, noonyana babo, neentsa-
28 tshana zabo. Wathi uMoses, Niya kwazi ngale nto, ukuba uYehova undithumele ukwenza yonke le misebenzi;
29 ngokuba asiyantliziyo yam. Ukuba aba bathe bafa ngokufa kwabantu bonke, nokuba bathe bavelelwa ngokuvelelwa kwabantu bonke, woba uYehova aka-
30 ndithumanga. Ke ukuba uYehova uthe wenza isimanga, umhlaba wakhamisa umlomo wawo, wabaginya, nento yonke abanayo, behla besaphilile baya kwelabafileyo, noqonda ngoko ukuba la madoda amgibile uYehova.

31 Kwathi, ukugqiba kwakhe ukuwathetha onke la mazwi, wacandeka
32 umhlaba obuphantsi kwabo; umhlaba wawuvula umlomo wawo, wabaginya, nezindlu zabo, nabantu bonke baka-
33 Kora, nempahla yabo yonke. Behla bona besaphilile, nento yonke abanayo, baya kwelabafileyo, umhlaba wabaselela, batshabalala, ababakho phakathi
34 kwesikhungu. Onke amaSirayeli abebangqongile abalekiswa sisithonga sesikhalo sabo; ngokuba abesithi, Hleze
35 umhlaba usiginye nathi. Kwaphuma umlilo kuYehova, wawadla amadoda angamakhulu amabini anamanci mahlanu, asondeza isiqhumiso.

36 Wathetha uYehova kuMoses, esithi,
37 Yitsho kuElazare, unyana ka-Aron umbingeleli, azichole iingcedevu eluvundwini, wena uwuchithachithele kude u-
38 mlilo, ngokuba zingcwele. Iingcedevu zabo bonayo ngakwimiphefumlo yabo, ize nizenze izixwexwe ezicekethekileyo zokwaleka isibingelelo; ngokuba bázisondeza phambi koYehova zangcwaliswa. Zoba ngumqondiso koonyana ba-
39 kaSirayeli. Wazithabatha ke uElazare umbingeleli iingcedevu zobhedu, ababezisondezile abo batshiswayo, zakhandwa, zaba zezokwaleka isibingelelo.
40 Yaba sisikhumbuzo eso koonyana bakaSirayeli, ukuze kungasondeli ndoda yasemzini, ingengowembewu ka-Aron, iqhumisele ngesiqhumiso phambi koYehova, ukuze ingabi njengoKora nanjengebandla lakhe, njengoko uYehova wathethayo kuye ngoMoses.

Lamkrokrela uMoses noAron nge- 41 ngomso lonke ibandla loonyana bakaSirayeli, lisithi, Nina nibabulele abantu bakaYehova. Kwathi ekubizelweni 42 ndawonye kwebandla ngoMoses nangoAron, babheka ententeni yokuhlangana. Nalo ilifu liyisibekele babonakala ubuqaqawuli bukaYehova. Beza ooMoses 43 noAron phambi kwentente yokuhlangana.

Wathetha uYehova kuMoses, esithi, 44
Sukani phakathi kweli bandla, ndili- 45
gqibele ngephanyazo. Bawa ngobuso.

Wathi uMoses kuAron, Luthabathe 46 ugcedevu, ubeke umlilo phezu kwalo ovela esibingelelweni, ubeke isiqhumiso, ukhawuleze uye ebandleni, ubacamagushele; kuba kuphume uburhalarhume ebusweni bukaYehova, siqalile isibetho. Wathabatha ke uAron nje- 47 ngoko uMoses wathethayo, wabalekela phakathi kwesikhungu; naso isibetho siqalile ebantwini. Wabeka isiqhumiso, wabacamagushela abantu. We- 48 ma phakathi kwabafileyo nabahleliyo; sathintelwa ke isibetho. Abo bafayo 49 sisibetho baba lishumi elinesiné lamawaka anamakhulu asixhenxe, ngaphandle kwabafáyo ngendawo yakwaKora. Wabuyela uAron kuMoses emnyango 50 wentente yokuhlangana; isibetho sathintelwa ke.

Ukuntshula kwentonga ka-Aron

17 Wathetha uYehova kuMoses, esithi, Thetha koonyana bakaSira- 2 yeli, uthabathe kubo iintonga: intonga ngokwendlu yooyise, kwiinkulu zabo zonke ngokwezindlu zooyise, iintonga ezilishumi elinambini, ubhale igama lalowo nalowo entongeni yakhe.

Wòbhala igama lika-Aron entongeni 3 yakwaLevi; kuba yoba nye intonga yentloko yendlu yooyise. Uze uzibeke 4 ententeni yokuhlangana phambi kwesingqino, apho ndihlangana nani khona.

INUMERI 17–18

5 Kothi indoda endinyule yona, intonga yayo idubule; ndikuphelise phambi kwam ukukrokra koonyana bakaSirayeli, ababenikrokrela ngako.

6 Wathetha ke uMoses koonyana bakaSirayeli; zonke iinkulu zabo zamnika iintonga nganye, intonga yanye kwinkulu, ngokwezindlu zooyise, zalishumi elinambini iintonga. Intonga ka-Aron 7 yabe iphakathi kweentonga zazo. Wazibeka uMoses iintonga phambi ko-8 Yehova, ententeni yesingqino. Kwathi ngengomso, wangena uMoses ententeni yesingqino; nantso intonga ka-Aron, wendlu kaLevi, idubule yaphuma amathupha, yatyatyamba iintyantyambo, 9 zavuthwa iiamangile.* Waphuma uMoses neentonga zonke, evela kuYehova, weza nazo koonyana bonke bakaSirayeli. Bakhangela, bathabatha elo-10 wo intonga yakhe. Wathi uYehova kuMoses, Yibuyisele intonga ka-Aron phambi kwesingqino igcinwe, ukuba ibe ngumqondiso kwabaneenkani, ukuphelise ukukrokra kwabo phambi kwam, 11 bangafi. Wenza ke uMoses; njengoko uYehova abemwisele umthetho, wenjenjalo.

12 Bathetha oonyana bakaSirayeli kuMoses, bathi, Yabona, siyabhubha, si-13 yaphela, siyaphela sonke. Bonke abasondelayo, abasondela emnqubeni kaYehova, baya kufa. Siya kubhubha sigqibèle na?

Iimfanelo nokondliwa kwababingeleli nabaLevi

18 Wathi uYehova kuAron, Wena noonyana bakho, nendlu kayihlo ndawonye nawe, nobuthwala ubugwenxa obenziwe kwindawo engcwele; wena noonyana bakho ndawonye nawe nobuthwala ubugwenxa bobubingeleli 2 benu. Kananjalo abazalwana bakho, isizwe sakwaLevi, isizwe sikayihlo, wobasondeza nawe, banamathele kuwe, balungiselele wena; wena ke, noonyana bakho ndawonye nawe, phambi kwe-3 ntente yesingqino. Bogcina isigxina sakho nesigxina sentente yonke; kodwa empahleni yengcwele nasesibingelelweni mabangasondeli, ukuze bangafi bona aba kwanani. Bonamathela kuwe, bagcine 4 isigxina sentente yokuhlangana emsebenzini wonke wayo intente; ke owasemzini aze angasondeli kuni. Nize 5 nigcine isigxina sengcwele nesigxina sesibingelelo, kungabuyi kubhekho burhalarhume phezu koonyana bakaSirayeli. Mna ke, yabona, ndibathabathile aba-6 zalwana benu, abaLevi, phakathi koonyana bakaSirayeli; nibanikiwe bangumnikelo kuYehova wokusebenza umsebenzi wentente yokuhlangana. Ke we-7 na noonyana bakho ndawonye nawe, nòbugcina ububingeleli benu ezintweni zonke zesibingelelo, nangaphaya komkhusane; nisebenze umsebenzi. Ndininika ububingeleli ukuba bube ngumsebenzi eniwunikiweyo. Owasemzini osondelayo uya kubulawa.

Wathetha uYehova kuAron, esithi, 8 Yabona, mna ndikunika isigxina semirhumo yam, ezintweni zonke ezingcwele zoonyana bakaSirayeli; ndisinika wena noonyana bakho sibe ngumxhesho, sibe ngummiselo ongunaphakade. Yile into 9 eyoba yeyakho ezintweni eziyingcwele kangcwele, ekudleni kwasemlilweni: yonke imisondezo yabo, eminikelweni yabo yokudla, nasemadinini abo onke esono, nasemadinini abo onke etyala, abayibuyisela kum, yoba ziinto eziyingcwele kangcwele kuwe nakoonyana bakho. Nozidla engcweleni kangcwele; 10 yonke into eyindoda yozidla; zoba ngcwele kuwe.

Yile into eyoba yeyakho: umrhumo 11 wesipho sabo emitshangatshangiswenini yonke yoonyana bakaSirayeli ndiwunika wena, noonyana bakho, neentombi zakho ndawonye nawe, ube ngummiselo ongunaphakade. Bonke abahlambulukileyo endlwini yakho bowudla.

Konke ukutyeba kweoli, konke uku-12 tyeba kwewayini entsha, nokwengqolowa, ulibo lwezo zinto baya kuzinika uYehova, ndikunika lona. Iintlahlela 13 zeento zonke ezisezweni labo, abazizisa

165

INUMERI 18–19

kuYehova, zoba zezakho; bonke abahlambulukileyo endlwini yakho bozidla.
14 Zonke izinto ezisingelwe phantsi
15 kwaSirayeli zoba zezakho. Zonke izinto ezivula isizalo kwinyama yonke, abaya kuzisondeza kuYehova, ebantwini nasezinkomeni, zoba zezakho. Kodwa wona amazibulo abantu wòwakhulula ngokuwamisela; amazibulo ezinto ezizitho ziné eziziinqarnbi wòwakhulula
16 ngokuwamisela. Ukukhululwa komntu ke womkhulula ngokummisela, uthabathela kumntwana onyanga-nye, ngokulinganisela kwakho isilivere yeeshekele* ezintlanu ngokweshekele yengcwele, eziigera* ezimashumi mabini.
17 Kodwa amazibulo eenkomo, namazibulo ezimvu, namazibulo eebhokhwe, akuyi kuwakhulula ngokuwamisela. Angcwele wona; igazi lawo wolitshiza esibingelelweni, uqhumisele ngamanqatha awo; kukudla kwasemlilweni ke oko, livumba
18 elithozamisayo kuYehova. Inyama yawo yoba yeyakho; njengencum yomtshangatshangiso, nanjengomlenze
19 wasekunene, yoba yeyakho. Yonke imirhumo engcwele, abayirhumela uYehova oonyana bakaSirayeli, ndiyinika wena, noonyana bakho, neentombi zakho ndawonye nawe, ibe ngummiselo ongunaphakade; ingumnqophiso wetyuwa ongunaphakade phambi koYehova, kuwe nakwimbewu yakho ndawonye nawe.

20 Wathi uYehova kuAron, Ezweni labo akuyi kuba nalifa, akuyi kuba nasabelo phakathi kwabo; ndisisabelo sakho nelifa lakho phakathi koonyana bakaSirayeli.
21 Uyabona, oonyana bakaLevi ndibanika zonke izishumi kwaSirayeli, ukuba zibe lilifa, ngenxa yomsebenzi wabo abasebenza wona, umsebenzi wentente yo-
22 kuhlangana; bangaphindi oonyana bakaSirayeli basondele ententeni yokuhla-
23 ngana, hleze bathwale isono bafe. Ke bona abaLevi bosebenza umsebenzi wentente yokuhlangana, babuthwale ubugwenxa babo; ngummiselo ongunaphakade ezizukulwaneni zenu. Abayi kuba nalifa phakathi koonyana bakaSirayeli. Ngokuba isishumi soonyana 24 bakaSirayeli, abasirhumela uYehova umrhumo, ndisinika abaLevi sibe lilifa. Ngenxa yoko ndithe kubo, Mabangabi nalifa phakathi koonyana bakaSirayeli.

Wathetha uYehova kuMoses, esithi, 25
Thetha kubaLevi, uthi kubo, Xa nithe 26 nasithabatha koonyana bakaSirayeli isishumi endininika sona, esiphuma kubo sililifa lenu, norhuma ngaso umrhumo kaYehova, ngesishumi sesishumi. Wó- 27 thi umrhumo wenu ubalelwe kuni uyingqolowa yasesandeni, uyinzaliseko yasesixovulelweni. Ngokunjalo nani no- 28 rhuma umrhumo kaYehova ngezishumi zenu zonke enizithabathayo koonyana bakaSirayeli, nimnika uAron umbingeleli kuzo umrhumo kaYehova. Eminikelweni yonke eniyinikiweyo, norhu- 29 ma imirhumo yonke kaYehova; ekutyebeni kwayo konke *norhuma* into yakhe eyingcwele ivela kuyo. Uze uthi ke 30 kubo, Ekurhumeni kwenu ukutyeba kwayo, kobalelwa kubaLevi, ilungeniselo lwesandà, ilungeniselo lwesixovulelo. Nòkudla oko ezindaweni zonke, nina 31 nezindlu zenu; kuba ngumvuzo wenu ngenxa yomsebenzi wenu ententeni yokuhlangana. Anisayi kuzithwalisa 32 zono ngenxa yoko ekurhumeni kwenu ukutyeba kwayo okukuyo; anisayi kuzihlambela izinto ezingcwele zoonyana bakaSirayeli; anisayi kufa.

Ukuhlanjululwa kwabachukumise izidumbu

19 Wathetha uYehova kuMoses nakuAron, esithi, Nguwo lo ummi- 2 selo womyalelo awumisileyo uYehova, esithi, Thetha koonyana bakaSirayeli, bakuzisele ithokazi elibomvu eligqibeleleyo, elingenasiphako, ekungabekwanga dyokhwe kulo; nilinike uElazare 3 umbingeleli, alise ngaphandle kweminquba, lixhelelwe phambi kwakhe. Wócaphula ke uElazare umbingeleli 4 egazini lalo ngomnwe wakhe, alifefe ngaphambili ententeni yokuhlangana izihlandlo ezisixhenxe; litshiswe itho- 5

INUMERI 19-20

kazi phambi kwakhe, sitshiswe isikhumba salo, nenyama yalo, negazi lalo, 6 ndawonye nomswane walo. Umbingeleli wothabatha ke umsedare,* nehisope,* nosinga olubomvu, aziphose ezo nto phakathi kokutsha kwethokazi; 7 ahlambe iingubo zakhe umbingeleli, ahlambe umzimba wakhe ngamanzi, angene emveni koko eminqubeni, abe yinqambi umbingeleli kude kuhlwe. 8 Lowo ulitshisileyo makazihlambe iingubo zakhe ngamanzi, ahlambe umzimba ngamanzi, abe yinqambi kude kuhlwe. 9 Indoda ehlambulukileyo yoluwola uthuthu lwethokazi, ilubeke ngaphandle kweminquba endaweni emhlophe, lugcinelwe ibandla loonyana bakaSirayeli, lube lolwamanzi okuhlamba ukungcola: 10 lidini lesono eli. Oluwolayo uthuthu lwethokazi wazihlamba iingubo zakhe, abe yinqambi kude kuhlwe; kube ngummiselo ongunaphakade koonyana bakaSirayeli, nakowolunye uhlanga oluphambukele phakathi kwabo.

11 Ochukumisa ofileyo kuzo izidumbu zabantu, woba yinqambi iintsuku ezisi- 12 xhenxe. Wóthi ngomhla wesithathu nangomhla wesixhenxe azihlambulule isono, ahlambululeke ke. Ukuba ke akathanga azihlambulule isono ngomhla wesithathu nangomhla wesixhenxe 13 akayi kuba uhlambulukile. Bonke abo bachukumisa ofileyo, isidumbu somntu, bangàzihlambululi isono, bawenza inqambi umnquba kaYehova. Wonqunyulwa ungabikho kwaSirayeli loo mphefumlo; ngokuba engatshizwanga ngamanzi okuhlamba ukungcola phezu kwakhe, woba yinqambi; ubunqambi bakhe busekuye.

14 Nguwo lo umyalelo xa athe umntu wafela ententeni; bonke abo bangena ententeni, nabo bonke abasukuba besesententeni, boba ziinqambi iintsuku 15 ezisixhenxe. Zonke izitya ezivulekileyo, ezingenasiciko sibotshiweyo, ziziinqambi.

16 Bonke abasukuba bemchukumisa emaphandleni obulewe ngekrele, nokuba ngofele khona, nokuba lithambo lomntu, nokuba lingcwaba: bona boba ziinqambi iintsuku ezisixhenxe.

Bomcaphulela oyinqambi eluthuthwi- 17 ni lokutsha kwedini lesono, kubekwe phezu kwalo amanzi aphilileyo ngesitya; indoda ehlambulukileyo ithabathe ihi- 18 sope, iyithi nkxu emanzini, ifefe intente, neempahla zonke, nabantu ababekuyo, nalowo uchukumise ithambo, nobuleweyo, nofileyo, nokuba ke kusengcwabeni. Wofefa ohlambulukileyo koyi- 19 nqambi ngomhla wesithathu nangomhla wesixhenxe, amhlambulule ke isono ngomhla wesixhenxe, azihlambe iingubo zakhe, ahlambe umzimba ngamanzi; wohlambuluka ke ngokuhlwa. Ke umntu osukuba eyinqambi, angàzi- 20 hlambululi isono, loo mphefumlo mawunqunyulwe phakathi kwesikhungu; ngokuba uyenzé inqambi ingcwele kaYehova, àkatshizwa ngamanzi okuhlamba ukungcola; uyinqambi. Woba 21 ngummiselo ongunaphakade kubo: okokuba ofefa ngamanzi okuhlamba ukungcola, makazihlambe iingubo zakhe; nalowo uchukumisa amanzi okuhlamba ukungcola woba yinqambi kude kuhlwe. Yonke into asukuba eyichukumisa oyi- 22 nqambi yoba yinqambi; nomphefumlo omchukumisayo woba yinqambi kude kuhlwe.

Ukufa kukaMiriyam

20 Bafika oonyana bakaSirayeli, lonke ibandla, entlango yaseTsin ngenyanga yokuqala; bahlala abantu eKadeshe. Wafela khona uMiriyam, wangcwatyelwa khona.

Abantu banikwa amanzi ngommangaliso eMeribha

Lalingenamanzi ibandla. Babizelana 2 ndawonye ngoMoses nangoAron, baba- 3 mbana abantu noMoses, bathi, Akwaba sibe siphume umphefumlo oko abazalwana bethu baphuma umphefumlo phambi koYehova! Yini na ukuba 4 nisingenise isikhungu sikaYehova kule ntlango, sifele kuyo, thina neenkomo zethu? Yini na ukuba nisinyuse eYi- 5 puta, nisizise kule ndawo imbi kangaka?

167

Asindawo yambewu, namakhiwane, namidiliya, nazirharnate, tu namanzi okusela!

6 Besuka ooMoses noAron ebusweni besikhungu, baya emnyango wententeyokuhlangana, bawa ngobuso. Babonakala ubuqaqawuli bukaYehova kubo.
7 Wathetha uYehova kuMoses, esithi,
8 Yithabathe intonga, ulibizele ndawonye ibandla, wena noAron umkhuluwa wakho, nithethe engxondorheni phambi kwabo, inike amanzi ayo, ubakhuphele amanzi engxondorheni apho, uliseze ibandla neenkomo zalo.

9 Wayithabatha ke uMoses intonga ebusweni bukaYehova, njengoko wa-
10 wiswayo umthetho. Wasibizela ndawonye uMoses noAron isikhungu phambi kwengxondorha leyo, wathi kubo, Khanive, nina baneenkani. Sinikhuphele amanzi kule ngxondorha na?
11 Wasiphakamisa uMoses isandla sakhe, wayibetha ingxondorha ngentonga yakhe izihlandlo zazibini; aphuma amanzi amaninzi, lasela ibandla neenkomo zalo.
12 Wathi uYehova kuMoses nakuAron, Ngokokuba ningakholwanga kum, ukuba nindingcwalise emehlweni oonyana bakaSirayeli, ngoko aniyi kusingenisa esi sikhungu ezweni endibanika lona.
13 Ngawo lawo amanzi aseMeribha,* ababambana ngawo oonyana bakaSirayeli noYehova, waza wazingcwalisela bona.

14 UMoses wasusa izigidimi eKadeshe, zaya kuthi kukumkani wakwaEdom, Utsho umzalwana wakho uSirayeli ukuthi, Wena uyakwazi konke uku-
15 xhamleka esafumanana nako. Behla oobawo, baya eYiputa, sahlala eYiputa imihla emininzi. Asiphatha kakubi ama-
16 Yiputa, thina noobawo bethu; sakhala kuYehova, waliva ilizwi lethu; wathuma isithunywa, sasikhupha eYiputa. Nanku ke siseKadeshe, umzi osekupheleni
17 komda wakho. Makhe sicande ezweni lakho. Asiyi kucanda masimini nasezidiliyeni. Asiyi kusela manzi amaqula. Sohamba ngomendo wenkosi; asiyi kuthi gu bucala siye ekunene nasekhohlo, side sicande emdeni wakho.

Wathi uEdom kuye, Ùze ungacandi 18 kum, hleze ndiphume ndinekrele, ndikuhlangabeze. Bathi oonyana baka- 19 Sirayeli kuye, Sonyuka ngomendo. Ukuba sithe sasela amanzi akho, mna nemfuyo yam, ndokuhlawulela. Akukho nto, ndocanda nje kodwa, ndihamba ngeenyawo.
Wathi, Ùze ungacandi. Watsho wa- 20 phuma uEdom, wamhlangabeza enento eninzi yabantu, enesandla esithe nkqi. Wala uEdom ukumvumela uSirayeli 21 ukuba acande emdeni wakhe. Wajika ke uSirayeli, wemka kuye.

Ukufa kuka-Aron

Banduluka eKadeshe; beza oonyana 22 bakaSirayeli, ibandla lonke, entabeni yeHore.

Wathetha uYehova kuMoses naku- 23 Aron entabeni yeHore, emdeni welizwe lakwaEdom, wathi, UAron makahla- 24 nganiselwe kwabakowabo; ngokuba akayi kungena ezweni endilinika oonyana bakaSirayeli, ngenxa yokuba nawuphikisayo umlomo wam emanzini embambano. Thabatha uAron noElazare 25 unyana wakhe, ubanyuse entabeni yeHore; umhlube uAron iingubo zakhe, 26 uzambathise uElazare unyana wakhe. UAron wohlanganiselwa *kwabakowabo*, afele khona.

Wenza uMoses njengoko uYehova 27 wamwiselayo umthetho; benyuka entabeni yeHore phambi kwebandla lonke. UMoses wamhluba uAron iingubo 28 zakhe, wazambathisa uElazare unyana wakhe. Wafela khona uAron encotsheni yentaba. Wehla uMoses noElazare entabeni. Lakubona lonke ibandla u- 29 kuba uAron uphume umphefumlo, bamlilela uAron imihla emashumi mathathu, yonke indlu yakwaSirayeli.

Inyoka yobhedu

21 Weva umKanan, ukumkani waseAradi, obehleli kwelasezantsi, ukuba ayeza amaSirayeli ngendlela yeentlola, walwa namaSirayeli, wathimba abantu kuwo. Abhambathisa amaSira- 2 yeli isibhambathiso kuYehova, athi,

INUMERI 21

Ukuba uthe wabanikela inene aba bantu esandleni sam, ndoyisingela phantsi 3 imizi yabo. Waliva uYehova ilizwi lamaSirayeli, wamnikela umKanan lowo kuwo, wasingelwa phantsi nemizi yakhe. Kwathiwa igama laloo ndawo yiHorma.*

4 Banduluka entabeni yeHore ngendlela yoLwandle oluBomvu,* ukuba bajikele ilizwe lakwaEdom; bakhathazeka aba-5 ntu endleleni. Bathetha abantu ngo-Thixo nangoMoses, *bathi*, Yini na ukuba nisinyuse eYiputa, size kufela entlango? Ngokuba tu isonka, tu namanzi; umphefumlo wethu ukruqu-6 kile sesi sonka sinkatshunkatshu. U-Yehova wathuma iinyoka ezinobuhlungu ebantwini, zabaluma abantu; kwafa 7 abantu abaninzi bakwaSirayeli. Beza abantu kuMoses, bathi, Sonile, ngokuba sithethe ngoYehova nangawe; thandaza kuYehova, azisuse kuthi iinyoka ezo. Wabathandazela ke uMoses abantu.

8 Wathi uYehova kuMoses, Zenzele inyoka enobuhlungu, uyixhome esibondeni eside; kothi, bonke abo balunyiweyo, bakukhangela kuyo, baphile.
9 Wenza ke uMoses inyoka yobhedu, wayixhoma esibondeni eside; kwathi, yakuba ithe inyoka yamluma umntu, waza wabheka enyokeni yobhedu, waphila.

Ukoyiswa kwama-Amori noBhashan

10 Banduluka oonyana bakaSirayeli, ba-11 ya bamisa iintente eObhoti. Banduluka eObhoti, baya bamisa eIye-abharim, entlango ephambi kwelakwaMowabhi, 12 ngasekuphumeni kwelanga. Banduluka khona, baya bamisa esihlanjeni 13 saseZerede. Banduluka khona, baya bamisa phesheya kweArnon, esentlango, ephuma emdeni wama-Amori; kuba iArnon ngumda wakwaMowabhi, ophakathi kwamaMowabhi nama-Amori.
14 Ngenxa yoko, kuthiwa encwadini yeemfazwe zikaYehova:

IVahebhi *wayithabatha* esiza ngesaqhwithi,
Nezibhaxa zaseArnon,
15 Namathambeka ezibhaxa,
Olukela ekhayeni laseAri,
Ayame umda wakwaMowabhi.;

Banduluka khona, baye eBhere;* elo 16 lelo qula wathi ngalo uYehova kuMoses, Hlanganisa abantu, ndibanike amanzi.
Oko ahlaba amaSirayeli le ngoma: 17
Nyuka, qula; vumani kulo,
Kwiqula elambiwa ngabathetheli, 18
Lagonjwa ngamanene abantu,
Ngentonga yommisi-mthetho, ngemisimelelo yawo.
Banduluka entlango, baya eMatana.
Banduluka eMatana, baya eNahaliyeli. 19
Banduluka eNahaliyeli, baya eBhamoti.
Banduluka eBhamoti, baya esihlanjeni 20 esisemhlabeni wakwaMowabhi, baya encotsheni yePisga, ekhangele enkangala.

AmaSirayeli athuma izigidimi ku-21 Sihon, ukumkani wama-Amori, esithi, Mandicande ezweni lakho; asiyi kuthi 22 gu bucala, siye emasimini nasezidiliyeni; asiyi kusela manzi equla; siya kuhamba ngomendo wenkosi, side sicande emdeni wakho. Akawavumela uSihon ama-23 Sirayeli ukuba acande emdeni wakhe. USihon wahlanganisa bonke abantu bakhe, waphuma waya kuwahlangabeza amaSirayeli entlango, wafika eYatsa, walwa namaSirayeli. AmaSirayeli am-24 xabela ngohlangothi lwekrele, alihlutha ilizwe lakhe, athabathela eArnon, esa eYabhoki, esa koonyana baka-Amon; ngokuba umda woonyana baka-Amon ubuliqele. AmaSirayeli ayithabatha 25 yonke le mizi, ahlala amaSirayeli emizini yonke yama-Amori, eHeshbhon nasemagxamesini ayo. Kuba iHeshbhon ngu-26 mzi wakwaSihon, ukumkani wama-Amori, owalwa nokumkani wakwaMowabhi wangaphambili, walihlutha lonke ilizwe lakhe kuye, kwesa eArnon.

Ngenxa yoko babesithi abenzi bemi-27 zekeliso:
Yizani eHeshbhon, mawakhiwe uzinziswe umzi wakwaSihon;
Ngokuba kuphume umlilo eHesh-28 bhon,
Ilangatye emzini wakwaSihon;
Wayidla iAri yakwaMowabhi,

Abaninimimango baseArnon.
29 Yeha wena, Mowabhi! Nidakile, bantu bakwaKemoshe,* Ubanikele oonyana bakhe baba ngabasabi, Iintombi zakhe uzinikele ekuthinjweni, KuSihon, ukumkani wama-Amori.
30 Sibatolile; idakile iHeshbhon, kwesa eDibhon; Sababhangazisa, kwesa eNofa, Yangumlilo, kwesa eMedebha.

31 Ahlala amaSirayeli ezweni lama-
32 Amori. Wathuma uMoses ukuba iye kuhlolwa iYazere; bawathimba amagxamesi ayo, bawagqogqa ama-Amori
33 abekhona. Bajika, benyuka ngendlela yaseBhashan.

Waphuma uOgi, ukumkani waseBhashan, waya kubahlangabeza, yena nabantu bakhe bonke, ukuba kuliwe
34 e-Edreyi. Wathi uYehova kuMoses, Musa ukumoyika; ngokuba ndimnikele esandleni sakho, nabantu bakhe bonke, nelizwe lakhe, ukuba wenze kuye njengoko wenzayo kuSihon, unkumkani wama-Amori, owayehleli eHeshbhon.
35 Bambulala yena noonyana bakhe, nabantu bakhe bonke, kwada akwasala usindileyo; balihlutha ilizwe lakhe.

UBhalaki noBhileham

22 Banduluka oonyana bakaSirayeli, baya bamisa ezinkqantsoni zakwaMowabhi phesheya kweYordan, malunga neYeriko.
2 Wakubona uBhalaki, unyana kaTsipore, konke abekwenzile uSirayeli ku-
3 ma-Amori. UMowabhi wanxunguphala kakhulu ngabantu, ngokuba bebaninzi; wakruquka uMowabhi ngoonyana baka-
4 Sirayeli. Wathi uMowabhi kumadoda amakhulu akwaMidiyan, Ngoku esi sikhungu siya kukukhotha konke okungeenxa zonke kuthi, njengoko inkomo ilukhothayo uhlaza lwasendle. Ke uBhalaki, unyana kaTsipore, ubenguinkumkani wamaMowabhi ngelo xesha.
5 Wathuma abathunywa kuBhileham, unyana kaBhehore, ePehore, esemlanjeni welizwe loonyana babantu bakowabo, ukuba bambize bathi, Yabona, kuphume abantu eYiputa; nabo bebugubungele ubuso belizwe, behleli malungana nam. Khawuze ke, undiqale- 6 kisele aba bantu, ngokuba banamandla kunam; mhlawumbi ndingaba nako ukubabulala, ndibagxothe kweli lizwe; ngokuba ndiyazi ukuba omsikelelayo usikelelwe, omqalekisayo uqalekisiwe.
Ahamba ke amadoda amakhulu akwa- 7 Mowabhi, namadoda amakhulu akwaMidiyan, eneenkozo zokuvumisa ezandleni zawo, aya kuBhileham, athetha kuye amazwi kaBhalaki. Wathi kuwo, 8 Lalani apha ngobu busuku; ndoninika ilizwi, njengoko uYehova aya kuthetha kum. Bahlala ke abathetheli abo bakwaMowabhi noBhileham.

Wafika uBhileham kuBhileham, wathi, 9 Angoobani na la madoda anawe apha? Wathi uBhileham kuThixo, UBhalaki 10 unyana kaTsipore, ukumkani wamaMowabhi, uthumele kum, esithi, Ya- 11 bona, kuphume abantu eYiputa, babugubungela ubuso belizwe; yiza ke undiqalekisele bona, mhlawumbi ndingaba nako ukulwa nabo, ndibagxothe. Wathi uThixo kuBhileham, Uze unga- 12 hambi nawo, ungabaqalekisi abo bantu, kuba basikelelwe.

Wavuka uBhileham kusasa, wathi 13 kubathetheli bakaBhalaki, Yiyani ezweni lenu; ngokuba uYehova uyala ukundivumela ndihambe nani. Besuka 14 ke abathetheli bakwaMowabhi, baya kuBhalaki, bathi, Walile uBhileham ukuza nathi.

Waphinda uBhalaki, wathuma aba- 15 thetheli bebaninzi, bebekekile kunabo. Bafika ke kuBhileham, bathi kuye, 16 Utsho uBhalaki, unyana kaTsipore, ukuthi, Musa ukukha unqandwe nto ukuza kum; kuba ukukuzukisa 17 kona ndiya kukuzukisa kunene, ndikwenze konke ondixelela kona; khawuze undiqalekisele aba bantu. Wa- 18 phendula uBhileham, wathi kubakhonzi bakaBhalaki, Angafanelana uBhalaki endinika indlu yakhe izele yisilivere negolide, andinako ukuwugqitha umlo-

mo kaYehova, uThixo wam, ndenze
19 okuncinane nokuba kokukhulu. Khanihlale apha ke nani ngobu busuku, ndide ndiyazi into aya kuyongeza uYehova, ayithethe kum.

20 Wafika uThixo kuBhileham ebusuku, wathi kuye, Ukuba la madoda afike kuwe eza kukubiza, suka uhambe nawo; ke ilizwi endolithetha kuwe, uze wenze
21 lona lodwa. Wavuka uBhileham kusasa, wayibopha imazi yakhe ye-esile, wahamba nabathetheli abo bakwaMowabhi.

22 Wavutha umsindo kaThixo, ngokuba wahambayo. Sema isithunywa sikaYehova endleleni ukuba simchase. Wayekhwele e-esileni lakhe, enamado-
23 dana akwakhe omabini. Iesile lasibona isithunywa sikaYehova simi endleleni, sirhole ikrele laso ngesandla saso, lathi gu bucala iesile endleleni, laya entsimini. UBhileham walibetha iesile, elisonge-
24 la endleleni. Sema isithunywa sikaYehova engxingweni yezidiliya, iludonga
25 ngapha, iludonga ngapha. Iesile lasibona isithunywa sikaYehova, lagudla udonga, lalugudla unyawo lukaBhileham ngodonga; waphinda walibetha.
26 Saphinda sagqitha isithunywa sikaYehova, sema endaweni exineneyo, apho bekungekho ndlela yakucezela
27 ekunene nasekhohlo. Iesile lasibona isithunywa sikaYehova, lasadalala phantsi koBhileham. Wavutha umsindo kaBhileham, walibetha iesile ngentonga.

28 Wawuvula ke uYehova umlomo we-esile, lathi kuBhileham, Ndikwenzé ntoni na, ukuba undibethe la maxesha
29 mathathu? Wathi uBhileham kwiesile, Kungokuba ufekethé ngam; akwaba bendiphethe ikrele ngesandla sam;
30 inene, ngendikubulele ngoku! Lathi iesile kuBhileham, Andililo iesile lakho na okhwela kulo, kuseloko wabakhoyo unanamhla? Ndiqhelile na ukwenje-
31 nje kuwe? Wathi, Hayi. Wawuvula uYehova amehlo kaBhileham, wasibona isithunywa sikaYehova simi endleleni, sirhole ikrele laso ngesandla saso. Wathoba, waqubuda ngobuso bakhe.

Sathi kuye isithunywa sikaYehova, 32 Ulibethele ntoni na iesile lakho la maxesha mathathu? Yabona, kuphumé mna ukuza kukuchasa; ngokuba ekuboneni kwam le ndlela iseyelisela. Landibona iesile, lacezela phaya kum la 33 maxesha omathathu; koko lacezela phaya ngenxa yam, okanye ngendikubulele ngoku wena, ndalisindisa lona. Wathi uBhileham kwisithunywa sika- 34 Yehova, Ndonile, kuba bendingazi ukuba wena uze kundimela endleleni; ngoku, ukuba kubi emehlweni akho, ndobuya. Sathi isithunywa sikaYeho- 35 va kuBhileham, Hamba namadoda lawo; ke ilizwi endolithetha kuwe, uze uthethe lona lodwa. Wahamba ke uBhileham nabathetheli bakaBhalaki.

Weva uBhalaki ukuba uBhileham 36 uyeza. Waphuma waya kumhlangabeza emzini wakwaMowabhi osemdeni waseArnon, ekupheleni komda. Wathi 37 uBhalaki kuBhileham, Andikuthumelanga na ndíqinisile ukuba ndikubize? Yini na ukuba ungezi kum? Ndihleli nje, andinako na ukukuzukisa? Wathi 38 uBhileham kuBhalaki, Uyabona, ndifikile kuwe; ndinako na ke ngoku ukuthetha into eyiyo? Ilizwi alibekayo uThixo emlonyeni wam, ndiya kuthetha lona.

Wahamba uBhileham noBhalaki, ba- 39 fika eKiriyati-hutsoti. Wabingelela u- 40 Bhalaki iinkomo nempahla emfutshane, wathumela kuBhileham nakubatheteli ababenaye. Kwathi ngomso, uBhalaki 41 wamthabatha uBhileham, wamnyusa wamsa ezigangeni zikaBhahali.* Wabona khona wada wesa ekupheleni kwabantu.

Ukuprofeta kukaBhileham

23 Wathi uBhileham kuBhalaki, Ndákhele apha izibingelelo zibe sixhenxe, undimisele apha iinkunzi ezintsha zeenkomo zibe sixhenxe, neenkunzi zezimvu zibe sixhenxe. Wenza ke 2 uBhalaki njengoko wathethayo uBhileham. Bathi ooBhalaki noBhileham benyusa kwisibingelelo ngesibingelelo i-

nkunzi entsha yenkomo nenkunzi ye-
3 mvu. Wathi uBhileham kuBhalaki,
Yima wena ngasedinini lakho elinyu-
kayo, ndihambe mna; mhlawumbi u-
Yehova woza kundihlangabeza, nelizwi
asukuba endibonisa lona ndokuxelela
ke. Waya eluqhayini.
4 UThixo waqubisana noBhileham;
wathi yena kuye, Ndilungisé izibingele-
lo zasixhenxe, ndanyusa inkunzi entsha
yenkomo nenkunzi yemvu kwisibinge-
5 lelo ngesibingelelo. UYehova wabeka
ilizwi emlonyeni kaBhileham, wathi,
Buya uye kuBhalaki, wenjenje ukuthe-
6 tha. Wabuya waya ke kuye. Nanko
emi ngasedinini lakhe elinyukayo, yena
nabathetheli bonke bakwaMowabhi.
7 Wasusela ngomzekeliso wakhe, wathi,
UBhalaki ukumkani wamaMowabhi
undithabathe kwa-Aram,*
Ezintabeni zasempumalanga, *esithi*,
Yiza undiqalekisele uYakobi;
Yiza ubhavumele uSirayeli.
8 Ndothini na ukuqalekisa angàmqa-
lekisiyo uThixo?
Ndothini na ukubhavumela anga-
mbhavumeliyo uYehova?
9 Ngokuba, ndísencotsheni yamawa,
ndiyambona;
Ndísezindulini, ndíbonisela yena.
Yabona, ngabantu abahlala bodwa,
Àbabalelwa phakathi kwazo iintla-
nga.
10 Ngubani na ongalubalayo uthuli
lwakwaYakobi,
Nesahlulo sesiné sakwaSirayeli ngo-
kwenani?
Umphefumlo wam mawufe ukufa
kwabathe tye,
Ukuphela kwam kube njengokwabo!
11 Wathi uBhalaki kuBhileham, Yintoni
na le nto undenzé yona? Ndikutha-
bathéle ukuba uziqalekise iintshaba
12 zam, nanku amana ukuzisikelela. Wa-
phendula yena, wathi, Oko akubekileyo
uYehova emlonyeni wam, mandinga-
13 kugcini na, ndikuthethe? Wathi u-
Bhalaki kuye, Khawuze siye ndaweni
yimbi, apho uya kubabona; wobona
isiphelo sabo sodwa, ungababoni bonke
bephela; undiqalekisêle ke bona apho.

Wamsa emhlabeni wababoniseli, e- 14
ncotsheni yePisga, wákha izibingelelo
ezisixhenxe; wenyusa inkunzi entsha
yenkomo, nenkunzi yemvu, kwisibinge-
lelo ngesibingelelo. Wathi kuBhalaki, 15
Yenjenje ukuma ngasedinini lakho
elinyukayo, ndenjenje mna ukuhlanga-
beza *uYehova*. UYehova waqubisana 16
noBhileham, wabeka ilizwi emlonyeni
wakhe, wathi, Buya uye kuBhalaki, we-
njenje ukuthetha. Wafika ke kuye; 17
nanko emi ngasedinini lakhe elinyukayo,
nabatheteli bakwaMowabhi benaye;
wathi uBhalaki kuye, Úthethé ntoni
na uYehova?
Wasusela ngomzekeliso wakhe, wathi, 18
Suka ume, Bhalaki uve;
Ndibekele indlebe, nyana kaTsipore.
UThixo akamntu ukuba athethe 19
amanga,
Akanyana waluntu ukuba azohlwaye.
Etshilo nje yena, akayi kwenza na?
Ethethile nje, akayi kufeza na?
Yabona, ndamkéle ukusikelela; 20
Úsikelele, ke andinakukubuyisa.
Akaboni butshinga kuYakobi, 21
Akaboni bubi kuSirayeli.
UYehova uThixo wakhe unaye,
Ukuduma kokumkani kuphakathi
kwakhe.
UThixo umkhupha eYiputa; 22
Amendu akhe anjengawenqu.
Akukho zihlabo ngoYakobi, 23
Akukho kuvumisa ngoSirayeli.
Ngexesha elililo, kuthethwa kuYakobi
nakuSirayeli
Into ayenzayo uThixo.
Yabona, abantu besuka njengengo- 24
nyamakazi;
Baziphakamisa njengengonyam' i-
nduna.
Àbalali phantsi, bade badle oku-
qwengiweyo,
Basele igazi labahlatyiweyo.
Wathi uBhalaki kuBhileham, Uze 25
ungabi sabaqalekisa, uze ungabi saba-
sikelela. Waphendula uBhileham wa- 26
thi kuBhalaki, Bendingathethanga na
kuwe ndathi, Konke akuthethayo u-
Yehova ndiya kwenza kona? Wathi 27
uBhalaki kuBhileham, Khawuze ndi-

kuse ndaweni yimbi; mhlawumbi kolunga emehlweni kaThixo, ukuba undi-
28 qalekisele ke bona khona. UBhalaki wamsa ke uBhileham encotsheni ye-
29 Pehore, ekhangele enkangala. Wathi uBhileham kuBhalaki, Ndákhele apha izibingelelo zibe sixhenxe, undimisele apha iinkunzi ezintsha zeenkomo zibe sixhenxe, neenkunzi zezimvu zibe si-
30 xhenxe. Wenza ke uBhalaki njengoko wathethayo uBhileham, wenyusa kwisibingelelo ngesibingelelo inkunzi entsha yenkomo nenkunzi yemvu.

Ukuprofeta kokugqibela kukaBhileham nokugxothwa kwakhe nguBhalaki

24 Wabona uBhileham, ukuba kuhle emehlweni kaYehova ukumsikelela uSirayeli, akaya kuhlangabeza zihlabo ngokwezinye izihlandlo, wabu-
2 bhekisa ubuso bakhe entlango. Waphakamisa amehlo akhe uBhileham, wawabona amaSirayeli ehleli ngokwezizwe zawo, uMoya kaThixo wamfikela.
3 Wasusela ngomzekeliso wakhe, wathi, Utsho uBhileham unyana kaBhehore, Itsho indoda ecinywe amehlo;
4 Utsho ova ukuthetha kukaThixo, Owubonayo umbono woSomandla, Esiwa phantsi, etyhilwe amehlo.
5 Azizintle ngako iintente zakho, Yakobi!
Neminquba yakho, Sirayeli!
6 Zitwabulukile njengezihlambo, Njengamasimi aphezu komlambo, Njengemihlàba etyelwe nguYehova, Njengemisedare* ephezu kwamanzi.
7 Aya kumpompoza amanzi emiphandeni yakhe,
Imbewu yakhe ingasemanzini amaninzi.
Ukumkani wakhe makabe ngaphezulu koAgagi,
Buziphakamise ubukumkani bakhe.
8 UThixo umkhupha eYiputa.
Amendu akhe anjengawenqu.
Uya kuzidla iintlanga, ababandezeli bakhe,
Awakhukhuze amathambo abo,
Abaphaluse ngeentolo zakhe.

Waguqa, wabuthuma njengengonyama, 9
Njengengonyamakazi; ngubani na owomvusa?
Mabasikelelwe abakusikelelayo,
Baqalekiswe abakuqalekisayo.
Wavutha umsindo kaBhalaki ku- 10 Bhileham, wazityhwakraza izandla zakhe, wathi uBhalaki kuBhileham, Ndikubizele ukuba uziqalekise iintshaba zam; nanku, umana ukuzisikelela ezi zihlandlo zozithathu. Khwelela ngo- 11 kunje, uye endaweni yakho. Bendithe ndokuzukisa kakhulu; yabona uYehova ukuvimbile uzuko.
Wathi uBhileham kuBhalaki, Bendi- 12 ngathethanga na nakubathunywa bakho owabathumela kum nidisithi, Angafane- 13 lana uBhalaki endinika indlu yakhe izele yisilivere negolide, andingekhe ndiwugqithe umlomo kaYehova, ndenze okulungileyo nokuba kokubi okuphuma entliziyweni yam; oko akuthethayo uYehova, ndiya kwenza kona. Kaloku 14 yabona, ndiyahamba, ndiya ebantwini bakowethu. Yiza ndikutyele into abaya kuyenza aba bantu kubantu bakho ngemihla yokugqibela.
Wasusela ngomzekeliso wakhe, wathi, 15
Utsho uBhileham unyana kaBhehore, Itsho indoda ecinywe amehlo.
Utsho ova ukuthetha kukaThixo, 16
Wakwazi ukwazi kOsenyangweni;
Obona umbono woSomandla,
Esiwa phantsi, etyhilwe amehlo:
Ndiyayibona, kungekhona ngoku, 17
Ndiyikhangele, ingekufuphi.
Inkwenkwezi iphuma kwaYakobi;
Intonga ivela kwaSirayeli,
Iwaphàluse amaMowabhi emacaleni omabini,
Ibagòmbe bonke abengxolo;
UEdom abe lilifa, 18
Abe lilifa uSehire, iintshaba zakhe;
USirayeli yena avelise amandla.
Makehle ophuma kwaYakobi, 19
Atshabalalise abaseleyo emizini.
Wawabona ama-Amaleki, wasusela ngo- 20 mzekeliso wakhe, wathi,
Ingqalo yeentlanga nguAmaleki;
Isiphelo sakhe sikukutshabalala.

INUMERI 24–26

21 Wawabona amaKeni, wasusela ngomzekeliso wakhe, wathi,
Liqinile ikhaya lakho;
Indlu yakho imiswe eweni.
22 Kuba uKayin angátshayelwa yini na, Ade uAsiriya akuthimbe?
23 Wasusela ngomzekeliso wakhe, wathi, Yeha! Azi ngubani na oya kubudla ubomi, akukumisa oko uThixo?
24 Iinqanawa zivela elunxwemeni lwamaKiti.
Ziyamcinezela uAsiriya, ziyamcinezela uEbhere,
Naye woda atshabalale.
25 Wesuka ke uBhileham wahamba, wabuyela endaweni yakhe; naye uBhalaki wahamba ngendlela yakhe.

Uhenyuzo nonqulo-zithixo eShitim

25 AmaSirayeli ahlala eShitim. Baqala abantu bahenyuza neentombi
2 zakwaMowabhi. Zababizela abantu emibingelelweni yoothixo bazo; badla
3 abantu, banqula oothixo bazo. AmaSirayeli azibandakanya ke noBhahalipehore.*
Wavutha umsindo kaYehova kuma-
4 Sirayeli. Wathi uYehova kuMoses, Thabatha bonke abaziintloko zabantu, ubabethelele *abanetyala* emnqamlezweni kuYehova phambi kwelanga, kubuyiswe ukuvutha komsindo kaYehova kuma-
5 Sirayeli. Wathi uMoses kubagwebi bakwaSirayeli, Bulalani elowo abantu bakhe, abazibandakanyileyo noBhahali-pehore.

6 Kwabonakala ke indoda yakoonyana bakaSirayeli, ifika isondeza kubazalwana bayo umMidiyanekazi emehlweni kaMoses, nasemehlweni ebandla lonke loonyana bakaSirayeli, ababelila emnya-
7 ngo wententente yokuhlangana. Wabona uPinehasi, unyana kaElazare, unyana ka-Aron umbingeleli, wesuka phakathi kwebandla, wathabatha umkhonto nge-
8 sandla sakhe. Wayilandela indoda engumSirayeli, waya egumbini, wabahlaba amahlànza bobabini, indoda engu-

mSirayeli, nenkazana leyo esiswini sayo. Sathintelwa ke isibetho koonyana bakaSirayeli. Abafáyo ngesibetho baba nga- 9 mawaka amashumi amabini anamané.

Wathetha uYehova kuMoses, esithi, 10
UPinehasi, unyana kaElazare, unyana 11
ka-Aron umbingeleli, ububuyisile ubushushu bam koonyana bakaSirayeli, ekukhweleteni kwakhe njengekhwele lam phakathi kwabo, ukuze ndingabagqibi oonyana bakaSirayeli ngekhwele lam. Yithi ngoko, Yabona, ndimnika umnqo- 12 phiso wam woxolo, ube ngumnqophiso 13 wobubingeleli obungunaphakade, kuye nakwimbewu yakhe emva kwakhe, ngenxa enokuba ebenekhwele ngoThixo wakhe, wabacamagushela oonyana bakaSirayeli.

Igama lendoda engumSirayeli, leyo 14 yahlatywayo, yahlatywa nomMidiyanekazi, ibinguZimri unyana kaSalu, inkulu yendlu yooyise kwaSimon. Igama le- 15 nkazana leyo yahlatywayo ingumMidiyanekazi, belinguKozibhi, intombi ka-Tsure, obeyintloko yezizwe zendlu yooyise kwaMidiyan.

Wathetha uYehova kuMoses, esithi, 16 Wabandezeleni amaMidiyan niwaxa- 17 bele; ngokuba wona anibandezele nga- 18 mayelenqe awo abewenzile kuni, ngenxa yendawo kaPehore, nangenxa yendawo kaKozibhi, intombi yenkulu yakwaMidiyan, udade wabo, owahlatywa ngomhla wesibetho ngenxa yendawo kaPehore.

Ubalo lwesibini lwabantu

26 Kwathi emva kwesibetho eso, wathetha uYehova kuMoses nakuElazare, unyana ka-Aron umbingeleli, wathi, Balani inani lebandla lonke loo- 2 nyana bakaSirayeli, nithabathele kominyaka imashumi mabini ezelwe, ninyuse, ngokwezindlu zooyise, bonke abaphuma umkhosi kwaSirayeli. UMoses 3 noElazare umbingeleli bathetha nabo ezinkqantosini zakwaMowabhi ngaseYordan, malunga neYeriko, besithi, Tha- 4 bathelani kominyaka imashumi mabini

INUMERI 26

ezelwe, ninyuse, njengoko uYehova wamwisela umthetho uMoses.

5 Oonyana bakaSirayeli abaphumáyo ezweni lamaYiputa babengaba: kwaRubhen amazibulo kaSirayeli: oonyana bakaRubhen: nguHanoki ozala amaHa- 6 noki; nguPalu ozala amaPalu; nguHetseron ozala amaHetseron; ngu- 7 Karmi ozala amaKarmi. Yiyo leyo imizalwane yamaRubhen; ababalwáyo kuyo babengamashumi amané anamathathu amawaka, anamakhulu asixhe- 8 nxe, anamanci mathathu. Oonyana ba- 9 kaPalu nguEliyabhi. Oonyana bakaEliyabhi nguNemuweli noDatan noAbhiram. Nguloo Datan noAbhiram babizwayo libandla, baphikisana noMoses noAron ebandleni likaKora, 10 ekuphikisaneni kwabo noYehova; waza umhlaba wawuvula umlomo wawo, wabaginya noKora ekufeni kwelo bandla, ekudleni komlilo amadoda angamakhulu omabini, anamanci mahlanu, 11 aba ngumqondiso. Ke oonyana bakaKora abafanga.

12 Oonyana bakaSimon ngokwemizalwane yabo: nguNemuweli ozala amaNemuweli; nguYamin ozala amaYamin; 13 nguYakin ozala amaYakin; nguZera ozala amaZera; nguSawule ozala ama- 14 Sawule. Yiyo leyo imizalwane yamaSimon: amashumi amabini anamabini amawaka, anamakhulu mabini.

15 Oonyana bakaGadi ngokwemizalwane yabo: nguTsefon ozala amaTsefon; nguHagi ozala amaHagi; nguShuni oza- 16 la amaShuni; nguOzeni ozala amaOzeni; 17 nguEri ozala amaEri; nguArodi ozala ama-Arodi; nguAreli ozala ama-Areli. 18 Yiyo leyo imizalwane yoonyana bakaGadi, ngokwababalwáyo kubo: amashumi omané amawaka, anamakhulu mahlanu.

19 Oonyana bakaYuda nguEre no-Onan; bafa ooEre no-Onan ezweni lakwaKa- 20 nan. Oonyana bakaYuda ngokwemizalwane yabo babengaba: nguShela ozala amaShela; nguPeretse ozala amaPeretse; 21 nguZera ozala amaZera. Oonyana bakaPeretse babengaba: nguHetseron ozala amaHetseron; nguHamuli ozala amaHamuli. Yiyo leyo imizalwane yakwa- 22 Yuda, ngokwababalwáyo kubo: amashumi asixhenxe anamathandathu amawaka, anamakhulu mahlanu.

Oonyana bakaIsakare ngokwemiza- 23 lwane yabo; nguTola ozala amaTola; nguPuwa ozala amaPuwa; nguYashubhi 24 ozala amaYashubhi; nguShimron ozala amaShimron. Yiyo leyo imizalwane 25 yakwaIsakare, ngokwababalwáyo kubo: amashumi amathandathu anamané amawaka, anamakhulu mathathu.

Oonyana bakaZebhulon ngokwemiza- 26 lwane yabo; nguSerede ozala amaSerede; nguElon ozala amaElon; nguYaleli ozala amaYaleli. Yiyo leyo 27 imizalwane yamaZebhulon, ngokwababalwáyo kubo: amashumi amathandathu amawaka, anamakhulu mahlanu.

Oonyana bakaYosefu ngokwemiza- 28 lwane yabo nguManase noEfrayim. Oo- 29 nyana bakaManase: nguMakire ozala amaMakire; uMakire wazala uGiliyadi; nguGiliyadi ozala amaGiliyadi. Ngabo 30 aba oonyana bakaGiliyadi: nguIyezere ozala amaIyezere; nguHeleki ozala amaHeleki; nguAseriyeli ozala ama- 31 Aseriyeli; nguShekem ozala amaShekem; nguShemida ozala amaShemida; 32 nguHefere ozala amaHefere. Ke u- 33 Tselofehadi, unyana kaHefere, ebengenanyana; waye eneentombi zodwa. Amagama eentombi zikaTselofehadi nguMala, noNoha, noHogela, noMilka, noTirtsa. Yiyo leyo imizalwane ya- 34 kwaManase, ngokwababalwáyo kubo: amashumi amahlanu anamabini amawaka, anamakhulu asixhenxe.

Ngabo aba oonyana bakaEfrayim 35 ngokwemizalwane yabo: nguShutela ozala amaShutela; nguBhekere ozala amaBhekere; nguTahan ozala amaTahan. Ngabo aba oonyana bakaShutela: 36 nguEran ozala amaEran. Yiyo leyo imi- 37 zalwane yoonyana bakaEfrayim, ngokwababalwáyo kubo; amashumi omathathu anamabini amawaka, anamakhulu mahlanu. Ngabo abo oonyana bakaYosefu ngokwemizalwane yabo.

Oonyana bakaBhenjamin ngokwemi- 38

INUMERI 26-27

zalwane yabo; nguBhela ozala ama-Bhela; nguAshebhele ozala ama-Ashebhele; nguAhiram ozala ama-Ahiram; 39 nguShefufam ozala amaShefufam; ngu- 40 Hufam ozala amaHufam. Oonyana bakaBhela nguArdi noNahaman; nguArdi ozala ama-Ardi; nguNahaman ozala 41 amaNahaman. Ngabo abo oonyana bakaBhenjamin ngokwemizalwane yabo; ababalwáyo kubo ngamashumi amané anamahlanu amawaka, anamakhulu mathandathu.

42 Ngabo aba oonyana bakaDan ngokwemizalwane yabo; nguShuham ozala amaShuham. Yiyo leyo imizalwane yakwaDan ngokwemizalwane yabo. 43 Yonke imizalwane yamaShuham, ngokwababalwáyo kubo, ngamashumi omathandathu anamané amawaka, anamakhulu mané.

44 Oonyana baka-Ashere ngokwemizalwane yabo; nguImna ozala amaImna; nguIshwi ozala amaIshwi; nguBheriya 45 ozala amaBheriya. Koonyana bakaBheriya: nguHebhere ozala amaHebhere; 46 nguMalekiyeli ozala amaMalekiyeli. Igama lentombi ka-Ashere nguSara. 47 Yiyo leyo imizalwane yoonyana baka-Ashere, ngokwababalwáyo kubo: ngamashumi omahlanu anamathathu amawaka, anamakhulu mané.

48 Oonyana bakaNafetali ngokwemizalwane yabo: nguGatseli ozala amaGa- 49 tseli; nguGuni ozala amaGuni; nguYetsere ozala amaYetsere; nguShilem 50 ozala amaShilem. Yiyo leyo imizalwane yakwaNafetali ngokwemizalwane yabo; ababaliweyo kubo ngamashumi omané anamahlanu amawaka, anamakhulu mané.

51 Ngabo abo ababalwáyo koonyana bakaSirayeli: ngamakhulu omathandathu amawaka anawaka-nye, anamakhulu asixhenxe, anamanci mathathu.

52 Wathetha uYehova kuMoses, esithi, 53 Malabelwe ezo zizwe ilizwe, libe lilifa 54 lazo ngenani lamagama. Esininzi wolenza lininzi ilifa laso, esincinane wolenza lincinane ilifa laso; eso sinikwe 55 ilifa ngokwababalwáyo kuso. Kodwa ilizwe malabiwe ngeqashiso, balidle ilifa ngokwamagama ezizwe zooyise; labiwe ilifa lazo ngokweqashiso, pha- 56 kathi kwesininzi nesincinane.

Ngabo aba ababalwáyo kubaLevi 57 ngokwemizalwane yabo; nguGershon ozala amaGershon; nguKehati ozala amaKehati; nguMerari ozala amaMerari. Yiyo le imizalwane yabaLevi: 58 ngumzalwane wamaLibheni, ngumzalwane wamaHebron, ngumzalwane wamaMaheli, ngumzalwane wamaMushi, ngumzalwane wamaKora. UKehati wazala uAmram. Igama lomka-Amram 59 nguYokebhede, intombi kaLevi, eyazalelwa uLevi eYiputa; yamzalela uAmram ooAron noMoses, noMiriyam udade wabo. UAron wazalelwa uNa- 60 dabhi, noAbhihu, noElazare, noItamare. Bafa ooNadabhi noAbhihu eku- 61 sondezeni kwabo umlilo ongesesikweni phambi koYehova. Ababalwáyo kubo 62 baba ngamashumi omabini anamathathu amawaka, yonke into eyindoda, bethabathela kumntwana onyanga-nye benyusa; kuba bebengabalwanga phakathi koonyana bakaSirayeli; ngokuba bebengenalifa phakathi koonyana bakaSirayeli.

Ngabo abo babalwáyo nguMoses 63 noElazare umbingeleli, ababebabala oonyana bakaSirayeli ezinkqantosini zakwaMowabhi ngaseYordan, malunga neYeriko. Ke kwabo kube kungasekho 64 mntu wababebalwe ngooMoses noAron umbingeleli, ababaláyo oonyana bakaSirayeli entlango yeSinayi. Ngokuba 65 uYehova ebethe kubo, Mabafele bona entlango kanye. Akwasala namnye ke kubo, ingenguKalebhi unyana kaYefune, noYoshuwa unyana kaNun.

Ilungelo leentombi lokuba zidle ilifa

27 Zasondela iintombi zikaTselofehadi, unyana kaHefere, unyana kaGiliyadi, unyana kaMakire, unyana kaManase, zomzalwane kaManase, unyana kaYosefu. Ngawo ke la amagama eentombi zakhe ezo: uMala, noNoha, noHogela, noMilka, noTirtsa.

INUMERI 27–28

2 Zema phambi koMoses naphambi koElazare umbingeleli, naphambi kwezikhulu zebandla lonke emnyango we-
3 ntente yokuhlangana, zathi, Ubawo wafela entlango; yena wayengekho phakathi kwebandla labahlanganáyo ngoYehova ebandleni likaKora; ngokuba wafa ngesakhe isono, engabanga
4 nanyana. Yini na ke ukuba igama likabawo licinywe phakathi kwemizalwane yakhe, kuba engenanyana? Sínike ilifa phakathi kwabazalwana bakabawo.
5 UMoses wasibeka isimangalo sazo phambi koYehova.
6 Wathetha uYehova kuMoses wathi,
7 Iintombi zikaTselofehadi zilungisile ukuthetha; wòzinika ilifa phakathi kwabazalwana bakayise, ulihambisele kuzo
8 ilifa likayise; uthèthe koonyana bakaSirayeli, uthi, Xa ithe yafa indoda, ingenanyana, nòlihambisela ilifa layo kwi-
9 ntombi yayo. Ke ukuba ithe ayaba nantombi, nolinika abazalwana bayo
10 ilifa layo. Ukuba ithe ayaba nabazalwana, nolinika abazalwana bakayise ilifa
11 layo. Ukuba uyise uthe akaba nabazalwana, ilifa layo nolinika umzalwana wayo okufuphi kuyo emizalwaneni yayo, alidle ilifa. Woba ngummiselo ke wokugweba lowo koonyana bakaSirayeli, njengoko uYehova wamwiselayo umthetho uMoses.

UYoshuwa ugosiswa esikhundleni sikaMoses

12 Wathi uYehova kuMoses, Nyuka uye kule ntaba yeAbharim, ulikhangele ilizwe endilinike oonyana bakaSirayeli,
13 ulikhangele; uhlanganiselwe kwabakowenu nawe, njengokuba wahlanganiselwayo kubo uAron, umkhuluwa wakho;
14 njengokuba nawuphikisayo umlomo wam entlango yeTsin, embambanweni yebandla, endaweni yokundingcwalisa emanzini emehlweni abo. Lawo ngamanzi embambano aseKadeshe, entlango yeTsin.
15 Wathetha uMoses kuYehova, esithi,
16 UYehova, uThixo woomoya benyama yonke, makamise indoda yokuvelela
17 ibandla; eya kuphuma phambi kwabo, ingene phambi kwabo, ibakhuphe, ibangenise; lingabi njengezimvu ezingenamalusi ibandla likaYehova.

Wathi uYehova kuMoses, Zithaba- 18 thele uYoshuwa, unyana kaNun, indoda okuyo umoya, ucinezele ngesandla sakho phezu kwakhe, ummise phambi ko- 19 Elazare umbingeleli, naphambi kwebandla lonke, umwisele umthetho emehlweni abo; uthabathe kwindili yakho, 20 ubeke phezu kwakhe, ukuze limve lonke ibandla loonyana bakaSirayeli. Maze 21 eme phambi koElazare umbingeleli, yena ambuzele ukugweba kweeUrim* phambi koYehova, baphume ngokomlomo wakhe, bangene ngokomlomo wakhe, yena noonyana bonke bakaSirayeli ndawonye naye, nebandla lonke.

Wenza ke uMoses njengoko uYehova 22 wamwiselayo umthetho. Wamthabatha uYoshuwa, wammisa phambi koElazare umbingeleli, naphambi kwebandla lonke; wacinezela ngezandla za- 23 khe phezu kwakhe, wamwisela umthetho, njengoko uYehova wathethayo ngoMoses.

Imithetho malunga namadini nemithendeleko

28 Wathetha uYehova kuMoses, esithi, Bawisele umthetho oonyana 2 bakaSirayeli, uthi kubo, Umsondezo wam, isonka sam sokudla kwasemlilweni, ivumba elithozamisayo kum, nòkugcina ukuwusondeza kum ngexesha lawo elimisiweyo.

Uze uthi kubo, Kuko oku ukudla 3 kwasemlilweni enòkusondeza kuYehova: iimvana ezimbini ezimnyaka mnye ezigqibeleleyo, zemini ngemini, zedini elinyukayo lamaxesha onke; enye imva- 4 na woyenza kusasa, eyesibini uyenze lakutshona ilanga; nesahlulo seshumi 5 se-efa* somgubo ocoliweyo woba ngumnikelo wokudla, ugalelwe ioli engqushiweyo, esisahlulo sesiné sehin.* Li- 6 dini elinyukayo lamaxesha onke, elamiselwa entabeni yeSinayi ukuba libe livumba elithozamisayo, ukudla kwasemlilweni ke oko kuYehova; nomnikelo 7 walo othululwayo woba sisahlulo sesiné

INUMERI 28

sehin kwimvana yokuqala. Wowuthululela engcweleni umnikelo othululwayo,
8 usisiselo esinamandla kuYehova. Eyesibini imvana woyenza lakutshona ilanga. Woyenza ngokomnikelo wokudla wakusasa, nangokomnikelo walo othululwayo, ukudla kwasemlilweni ivumba elithozamisayo ke elo kuYehova.

9 Ke ngomhla wesabatha, nosondeza iimvana ezimbini ezimnyaka mnye, ezigqibeleleyo, nezahlulo zeshumi zibe zibini zomgubo ocoliweyo, ube ngumnikelo wokudla, ugalelwe ioli, nomni-
10 kelo walo othululwayo. Lidini elinyukayo ke elo lesabatha ngesabatha, ndawonye nedini elinyukayo lamaxesha onke, nomnikelo walo othululwayo.

11 Ekuthwaseni kweenyanga zenu nosondeza kuYehova idini elinyukayo, iinkunzi ezintsha zibe mbini, amathole eenkomo, nenkunzi yemvu ibe nye, neemvana ezigqibeleleyo ezimnyaka
12 mnye zibe sixhenxe; nezahlulo zeshumi zomgubo ocoliweyo zibe zithathu, ube ngumnikelo wokudla, ugalelwé ioli, kuyo inkunzi entsha enye yenkomo; nezahlulo zeshumi zomgubo ocoliweyo zibe zibini, ube ngumnikelo wokudla, ugalelwé ioli, kuyo inkunzi enye ye-
13 mvu; nesahlulo seshumi somgubo ocoliweyo ngasinye, ube ngumnikelo wokudla, ugalelwé ioli, kuyo imvana enye. Lidini elinyukayo, livumba elithozamisayo, kukudla kwasemlilweni ke oko
14 kuYehova; neminikelo yazo ethululwayo yoba sisiqingatha sehin kuyo inkunzi entsha yenkomo, nesahlulo sesithathu sehin kuyo inkunzi yemvu, nesahlulo sesiné sehin yewayini kwimvana. Lilo elo idini elinyukayo lenyanga ngenyanga
15 ezinyangeni zomnyaka. Nenkunzi yebhokhwe exhonti yoba nye, ibe lidini lesono kuYehova; nolenza ndawonye nedini elinyukayo lamaxesha onke nomnikelo walo othululwayo.

16 Ngenyanga yokuqala, ngosuku lweshumi elinesiné enyangeni leyo, yipasi-
17 ka* kuYehova. Ngomhla weshumi elinesihlanu waloo nyanga ngumthendeleko.

Iintsuku ezisixhenxe kodliwa izonka ezingenagwele. Ngomhla wokuqala ko- 18
bakho intlanganiso engcwele. Ize ningenzi msebenzi wakukhonza.

Nosondeza ukudla kwasemlilweni, 19 idini elinyukayo kuYehova: iinkunzi ezintsha zibe mbini, amathole eenkomo; nenkunzi yemvu ibe nye; neemvana ezimnyaka mnye, zibe sixhenxe; zoba zezigqibeleleyo kuni. Nowenza umni- 20 kelo wazo wokudla womgubo ocoliweyo, ugalelwé ioli, izahlulo zeshumi zibe zithathu kuyo inkunzi entsha yenkomo, nezahlulo zeshumi zibe zibini kuyo inkunzi yemvu. Wosenza isahlulo se- 21 shumi ngasinye kuyo imvana enye, kuzo iimvana ezisixhenxe. Nenkunzi ye- 22 bhokhwe yoba nye, ibe lidini lesono lokunicamagushela nina. Nowenza wo- 23 na ngaphandle kwedini elinyukayo lakusasa, elileledini elinyukayo lamaxesha onke.

Niya kwenjenjalo imihla yonke, nga- 24 loo mihla isixhenxe, isonka sokudla kwasemlilweni, ivumba elithozamisayo kuYehova, nenze ndawonye nedini elinyukayo lamaxesha onke, nomnikelo walo othululwayo. Ngomhla wesixhenxe 25 kobakho intlanganiso engcwele kuni. Ize ningenzi msebenzi wakukhonza.

Ngomhla wokushwama, ekuwuso- 26 ndezeni kwenu umnikelo wokudla okutsha kuYehova, emthendelekweni wenu weeveki, kobakho intlanganiso engcwele kuni. Ize ningenzi msebenzi wakukhonza. Nosondeza idini elinyukayo 27 libe livumba elithozamisayo kuYehova: iinkunzi ezintsha zibe mbini, amathole eenkomo; nenkunzi yemvu ibe nye; neemvana ezimnyaka mnye zibe sixhe- 28 nxe; nomnikelo wazo wokudla womgubo ocoliweyo, ugalelwé ioli, izahlulo zeshumi zibe zithathu kuyo inkunzi entsha yenkomo inye, nezahlulo zeshumi zibe zibini kuyo inkunzi yemvu inye, nesahlulo seshumi ngasinye kuyo imva- 29 na enye, kuzo iimvana ezisixhenxe. Nenkunzi yebhokhwe exhonti yoba nye, 30 yokunicamagushela. Ezo nto nòzenza 31 ngaphandle kwedini elinyukayo lama-

INUMERI 28–29

xesha onke, nomnikelo walo wokudla (zoba zezigqibeleleyo kuni), neminikelo yazo ethululwayo.

Iintlanganiso ezingcwele kwinyanga yesixhenxe

29 Ngenyanga yesixhenxe, ngolokuqala enyangeni leyo, kobakho intlanganiso engcwele kuni. Ize ningenzi msebenzi wakukhonza. Yoba ngumhla 2 wokumema ngezigodlo kuni. Ize nenze idini elinyukayo, libe livumba elithozamisayo kuYehova; ibe nye inkunzi entsha, ithole lenkomo, nenkunzi yemvu ibe nye, neemvana ezimnyaka mnye 3 ezigqibeleleyo, zibe sixhenxe; nomnikelo wazo wokudla womgubo ocoliweyo, ugalelwe ioli, izahlulo zeshumi zibe zithathu kuyo inkunzi entsha yenkomo, nezahlulo zeshumi zibe zibini kuyo 4 inkunzi yemvu, nesahlulo seshumi sibe sinye kuyo imvana enye, kuzo iimvana 5 ezisixhenxe; nenkunzi yebhokhwe exhonti ibe nye, ibe lidini lesono lokunica-6 magushela: ngaphandle kwedini elinyukayo lenyanga, nomnikelo walo wokudla, nedini elinyukayo lamaxesha onke, nomnikelo walo wokudla, neminikelo yawo ethululwayo, ngokwesiko lawo; libe livumba elithozamisayo, ukudla, kwasemlilweni ke oko kuYehova.

7 Ngolweshumi lwaloo nyanga yesixhenxe, kobakho intlanganiso engcwele kuni, niyithobe imiphefumlo yenu. Ize 8 ningenzi msebenzi wakukhonza; nosondeza idini elinyukayo kuYehova, ivumba elithozamisayo; ibe nye inkunzi entsha, ithole lenkomo; nenkunzi yemvu ibe nye; neemvana ezimnyaka mnye zibe sixhenxe; zoba zezigqibe-9 leleyo kuni; nomnikelo wazo wokudla womgubo ocoliweyo, ugalelwe ioli, izahlulo zeshumi zibe zithathu kuyo inkunzi entsha yenkomo, nezahlulo zeshumi zibe zibini kuyo inkunzi yemvu 10 inye, nesahlulo seshumi ngasinye kuyo imvana inye, kuzo iimvana ezisixhenxe; 11 nenkunzi yebhokhwe exhonti ibe nye, ibe lidini lesono: ngaphandle kwedini lesono lokucamagusha, nedini elinyukayo lamaxesha onke, nomnikelo walo wokudla, kwaneminikelo yawo ethululwayo.

Ngosuku lweshumi elinesihlanu lwe- 12 nyanga yesixhenxe, kobakho intlanganiso engcwele kuni. Ize ningenzi msebenzi wakukhonza. Niya kwenza umthendeleko kuYehova iintsuku ezisixhenxe. Nize nisondeze idini elinyu- 13 kayo, ukudla kwasemlilweni, ivumba elithozamisayo kuYehova: zibe lishumi elinantathu iinkunzi ezintsha, amathole eenkomo; neenkunzi zezimvu zibe mbini; neemvana ezimnyaka mnye zibe lishumi elinané; zoba zezigqibeleleyo; nomnikelo wazo wokudla womgubo 14 ocoliweyo, ugalelwé ioli, izahlulo zeshumi zibe zithathu kuyo inkunzi entsha yenkomo inye, kuzo iinkunzi ezintsha zeenkomo ezilishumi elinantathu, nezahlulo zeshumi zibe zibini kwinkunzi yemvu inye, kuzo iinkunzi zezimvu ezimbini, nesahlulo seshumi 15 ngasinye kuyo imvana inye kuzo iimvana ezilishumi elinané; nenkunzi yebho- 16 khwe exhonti ibe nye, ibe lidini lesono; ngaphandle kwedini elinyukayo lamaxesha onke, nomnikelo walo wokudla, kwanomnikelo walo othululwayo.

Ngosuku lwesibini nosondeza zibe 17 lishumi elinambini iinkunzi ezintsha, amathole eenkomo; neenkunzi zezimvu zibe mbini; neemvana ezimnyaka mnye ezigqibeleleyo, zibe lishumi elinané; nomnikelo wazo wokudla, nemi- 18 nikelo yazo ethululwayo, kuzo iinkunzi ezintsha zeenkomo, nakuzo iinkunzi zezimvu, nakuzo iimvana, ngangenani lazo ngokwesiko; nenkunzi yebhokhwe 19 exhonti ibe nye, ibe lidini lesono; ngaphandle kwedini elinyukayo lamaxesha onke, nomnikelo walo wokudla, kwaneminikelo yazo ethululwayo.

Ngosuku lwesithathu nosondeza ii- 20 nkunzi ezintsha zeenkomo zibe lishumi elinanye; neenkunzi zezimvu zibe mbini;, neemvana ezimnyaka mnye ezigqibeleleyo zibe lishumi elinané; nomni- 21 kelo wazo wokudla, neminikelo yazo ethululwayo, kuzo iinkunzi ezintsha

zeenkomo, nakuzo iinkunzi zezimvu, nakuzo iimvana, ngangenani lazo, ngo-
22 kwesiko; nenkunzi yebhokhwe ibe nye, ibe lidini lesono: ngaphandle kwedini elinyukayo lamaxesha onke, nomnikelo walo wokudla, kwanomnikelo walo othululwayo.
23 Ngosuku lwesiné nosondeza iinkunzi ezintsha zeenkomo zibe lishumi, neenkunzi zezimvu zibe mbini, neemvana ezimnyaka mnye ezigqibeleleyo zibe
24 lishumi elinané; nomnikelo wazo wokudla, neminikelo yazo ethululwayo, kuzo iinkunzi ezintsha zeenkomo, nakuzo iinkunzi zezimvu, nakuzo iimvana,
25 ngangenani lazo, ngokwesiko; nenkunzi yebhokhwe exhonti ibe nye; ngaphandle kwedini elinyukayo lamaxesha onke, nomnikelo walo wokudla, kwanomnikelo walo othululwayo.
26 Ngosuku lwesihlanu nosondeza iinkunzi ezintsha zeenkomo zibe sithoba, neenkunzi zezimvu zibe mbini, neemvana ezimnyaka mnye ezigqibeleleyo zibe
27 lishumi elinané; nomnikelo wazo wokudla, neminikelo yazo ethululwayo, kuzo iinkunzi ezintsha zeenkomo, nakuzo iinkunzi zezimvu, nakuzo iimvana,
28 ngangenani lazo, ngokwesiko; nenkunzi yebhokhwe ibe nye, ibe lidini lesono: ngaphandle kwedini elinyukayo lamaxesha onke, nomnikelo walo wokudla, kwanomnikelo walo othululwayo.
29 Ngosuku lwesithandathu nosondeza iinkunzi ezintsha zeenkomo zibe sibhozo; neenkunzi zezimvu zibe mbini; neemvana ezimnyaka mnye ezigqibele-
30 leyo zibe lishumi elinané; nomnikelo wazo wokudla, neminikelo yazo ethululwayo, kuzo iinkunzi ezintsha zeenkomo, nakuzo iinkunzi zezimvu, nakuzo iimva-
31 na, ngangenani lazo, ngokwesiko; nenkunzi yebhokhwe ibe nye, ibe lidini lesono; ngaphandle kwedini elinyukayo lamaxesha onke, nomnikelo walo wokudla, kwanomnikelo walo othululwayo.
32 Ngosuku lwesixhenxe nosondeza iinkunzi ezintsha zeenkomo zibe sixhenxe; neenkunzi zezimvu zibe mbini; neemvana ezimnyaka mnye ezigqibele-
33 leyo zibe lishumi elinané; nomnikelo wazo wokudla, neminikelo yazo ethululwayo, kuzo iinkunzi ezintsha zeenkomo, nakuzo iinkunzi zezimvu, nakuzo iimvana, ngangenani lazo, ngokwesiko lazo; nenkunzi yebhokhwe ibe nye, ibe 34 lidini lesono: ngaphandle kwedini elinyukayo lamaxesha onke, nomnikelo walo wokudla, kwanomnikelo walo othululwayo.

Ngosuku lwesibhozo yoba yingqu- 35 ngquthela kuni. Ize ningenzi msebenzi wakukhonza. Nosondeza idini eli- 36 nyukayo, ukudla kwasemlilweni, ivumba elithozamisayo kuYehova; inkunzi entsha yenkomo ibe nye; nenkunzi yemvu ibe nye; neemvana ezimnyaka mnye ezigqibeleleyo zibe sixhenxe; nomnikelo 37 wazo wokudla, neminikelo yazo ethululwayo, kuyo inkunzi entsha yenkomo, nakuyo inkunzi yemvu, nakuzo iimvana, ngangenani lazo, ngokwesiko; nenkunzi 38 yebhokhwe ibe nye, ibe lidini lesono: ngaphandle kwedini elinyukayo lamaxesha onke, nomnikelo walo wokudla, kwanomnikelo walo othululwayo.

Loo madini nowenza kuYehova nga- 39 maxesha enu amisiweyo, ngaphandle kwezibhambathiso zenu, nemibingelelo yenu yokuqhutywa yintliziyo, emadinini enu anyukayo, naseminikelweni yenu yokudla, naseminikelweni yenu ethululwayo, nasemibingelelweni yenu yoxolo.

UMoses wabaxelela oonyana baka- 40 Sirayeli ngokwezinto zonke, uYehova abemwisele umthetho ngazo uMoses.

Imithetho malunga nezibhambathiso

30 Wathetha uMoses kwiintloko zezizwe zoonyana bakaSirayeli, esithi, Lilo eli ilizwi awise umthetho ngalo uYehova: Xa athe umntu wabhambathi- 2 sa isibhambathiso kuYehova, nokuba ufunge isifungo sokuwubopha umphefumlo wakhe ngokuzikhanyeza, makangalihlambeli ilizwi lakhe; makenze ngokwento yonke ephume emlonyeni wakhe.

Xa ithe inkazana yabhambathisa isi- 3 bhambathiso kuYehova, nokuba ithe yazibopha ngokuzikhanyeza, isendlwini kayise, isebuncinaneni bayo; wasiva uyise 4

INUMERI 30-31

isibhambathiso sayo nokuzikhanyeza kwayo, ebophe ngako umphefumlo wayo, wathi cwaka uyise kuyo: mazime zonke izibhambathiso zayo; nokuzikhanyeza kwayo konke, ebophe umphefumlo wayo 5 ngako, makume. Ukuba uthe uyise wayithiba ngomhla wokuziva kwakhe izibhambathiso zayo zonke, nokuzikhanyeza kwayo, ebophe umphefumlo wayo ngako, akuyi kuma; uYehova woyixolela, ngokuba eyithibile uyise.

6 Ke ukuba ithe yenda inesibhambathiso, nokuba inokuphololoza komlomo wayo, ebophe umphefumlo wayo nga-
7 ko, yeva indoda, yathi cwaka kuyo ngomhla wokuva kwayo, mazime izibhambathiso zayo; nokuzikhanyeza kwayo, ebophe umphefumlo wayo ngako, ma-
8 kume. Ukuba indoda yayo ithe yayithiba ngomhla wokuva *kwayo,* yasaphula isibhambathiso sayo esiphezu kwayo, nokuphololoza komlomo wayo, ebophe umphefumlo wayo ngako: uYehova woyixolela.

9 Isibhambathiso somhlolokazi nesowaliweyo, yonke into abophe umphefumlo wakhe ngayo, mayime phezu kwakhe.

10 Ukuba *umfazi* uthe wenza isibhambathiso esendlwini yendoda yakhe, nokuba uthe wabopha umphefumlo wakhe ngo-
11 kuzikhanyeza ngesifungo, yeva indoda yakhe, yathi cwaka kuye, ayamthiba, mazime zonke izibhambathiso zakhe; makume ukuzikhanyeza kwakhe, abophe
12 ngako umphefumlo wakhe. Ukuba ithe indoda yakhe yakwaphula mpela ngomhla wokuva kwayo, yonke into ephume emlonyeni wakhe ngezibhambathiso zakhe, nangokuzikhanyeza komphefumlo wakhe, mayingemi; indoda yakhe
13 iyaphúle, uYehova womxolela. Zonke izibhambathiso, nezifungo zonke zokuzikhanyeza, zokuthoba umphefumlo, indoda yakhe ingázimisa, indoda yakhe
14 ingázaphula. Ukuba indoda yakhe ithe cwaka, yathi tu kuye imihla ngemihla, iyazimisa zonke izibhambathiso zakhe, nokuzikhanyeza kwakhe konke okuphezu kwakhe iya kukumisa; ngokuba yathi cwaka kuye ngomhla wokuva kwayo.

Ukuba ithe yakwaphula mpela emva 15 kokuva kwayo, yobuthwala ubugwenxa bakhe.

Yiyo leyo imimiselo, uYehova awa- 16 mwisela umthetho ngayo uMoses, phakathi kwendoda nomkayo, phakathi koyise nentombi yakhe, isebuncinaneni bayo, isendlwini kayise.

Ukubhujiswa kwamaMidiyan

31 Wathetha uYehova kuMoses, esithi, Baphindezele kumaMidiyan 2 oonyana bakaSirayeli, ngento awayenza kubo; emveni koko wòhlanganiselwa ebantwini bakowenu. Wathetha ke u- 3 Moses ebantwini, esithi, Makuxhobe amadoda kuni, aphume umkhosi aye kumaMidiyan, enze impindezelo kaYehova kumaMidiyan; iwaka esizweni, 4 iwaka esizweni, ezizweni zonke zakwaSirayeli, nòwathuma aphume umkhosi.

Kwakhutshwa ke emawakeni akwa- 5 Sirayeli iwaka esizweni, iwaka esizweni, alishumi elinamabini amawaka, exhobele ukuphuma umkhosi. Wawathuma u- 6 Moses, yaliwaka esizweni, ukuba aphume umkhosi; wona enoPinehasi, unyana kaElazare umbingeleli, aphume umkhosi eneempahla ezingcwele, namaxilongo okuhlaba umkhosi esandleni sakhe.

Aphuma ke umkhosi, aya kumaMidi- 7 yan, njengoko uYehova wamwisela umthetho uMoses, ayibulala yonke into eyindoda. Ababulala ookumkani bama- 8 Midiyan ndawonye nababuleweyo babo, uEvi, noRekem, noTsure, noHure, noRebha, ookumkani abahlanu bamaMidiyan; noBhileham, unyana kaBhehore, ambulala ngekrele. Oonyana bakaSira- 9 yeli babathimba abafazi bakwaMidiyan, neentsapho zabo; namaqegu abo onke, nemfuyo yabo yonke, nobutyebi babo bonke babuphanga. Bayitshisa ngo- 10 mlilo imizi yabo yonke ezindaweni zokuhlala kwabo, neengqili zabo zonke; bawathabatha onke amaxhoba nezinto 11 zonke eziphangiweyo, awabantu naweenkomo. Babazisa abathinjiweyo, na- 12 maxhoba, nempahla ephangiweyo, kuMoses nakuElazare umbingeleli, nakwibandla loonyana bakaSirayeli emi-

INUMERI 31

nqubeni, ezinkqantosini zakwaMowabhi, ezingaseYordan malunga neYeriko.

13 Baphuma ooMoses noElazare umbingeleli nezikhulu zonke zebandla, baya kubakhawulela ngaphandle kweminqu-
14 ba. UMoses wanoburhalarhume kubo abaveleli bomkhosi, abathetheli-waka nabathetheli-khulu, ababevela emkhosini waloo mfazwe.

15 Wathi uMoses kubo, Niwasindisile na
16 onke amankazana? Yabonani, ngawo la áthi ngeiizwi likaBhileham amenezisa oonyana bakaSirayeli kuYehova ngenxa kaPehore, kwabakho isibetho ebandleni
17 likaYehova. Yibulaleni ngoko yonke into eyindoda ezintsatsheni; namankazana onke ayazileyo indoda ngokulala
18 nayo wabulaleni. Ke zonke iintsapho emankazaneni ezingalalanga nandoda,
19 zisindiseni. Ke nina misani iintente ngaphandle kweminquba iintsuku ezisixhenxe. Bonke ababulele umntu, bonke abachukumise obuleweyo, nòzihlambulula isono ngomhla wesithathu nangomhla wesixhenxe, nina nabo ni-
20 bathimbileyo. Neengubo zonke, neempahla zonke zezikhumba, neento zonke ezenziwe ngoboya bebhokhwe, neempahla zonke zomthi, nòzihlambulula.

21 Wathi uElazare umbingeleli kumadoda omkhosi abeye kuloo mfazwe, Nguwo lowo ummiselo womyalelo uYehova
22 ammiseleyo uMoses. Kodwa igolide, nesilivere, nobhedu, nesinyithi, netin,
23 nelothe, yonke into enokumelana nomlilo, noyicandisa emlilweni, ihlambuluke, kodwa ke ihlanjululwe ngamanzi okuhlamba ukungcola. Ke yonke into engenako ukumelana nomlilo, noyicandisa
24 emanzini. Ize nihlambe iingubo zenu ngomhla wesixhenxe; nohlambuluka ke, ningene emveni koko eminqubeni.

25 Wathetha uYehova kuMoses, wathi,
26 Bala inani lamaxhoba athinjiweyo, awabantu naweenkomo, wena noElazare umbingeleli, neentloko zezindlu zooyise
27 zebandla. Uze uwahlule kubini amaxhoba, phakathi kwabayilwileyo imfazwe
28 baphuma umkhosi, nebandla lonke: urhumele uYehova inani kumadoda okulwa aphumé umkhosi, umphefumlo ube mnye emakhulwini amahlanu, kubo abantu, nakuzo iinkomo, nakuwo amaesile, nakuyo impahla emfutshane. Nothaba- 29
tha esiqingatheni sabo, unike uElazare umbingeleli, ibe ngumrhumo kaYehova. Esiqingatheni soonyana bakaSirayeli 30 wothabatha ibe nye, ekhethiweyo emashumini amahlanu kubo abantu, nakuzo iinkomo, nakuwo amaesile, nakuyo impahla emfutshane, nakuwo amaqegu onke, unike abaLevi abagcina isigxina somnquba kaYehova.

Wenza ke uMoses noElazare umbi- 31 ngeleli njengoko uYehova wamwiselayo umthetho uMoses. Ke amaxhoba, a- 32 masalela ezinto eziphangiweyo, ababeziphangile abantu bomkhosi, aba ngamakhulu omathandathu amawaka, anamanci asixhenxe amawaka, anesihlanu samawaka empahla emfutshane; nga- 33 mashumi osixhenxe amawaka, anesibini samawaka eenkomo; ngamashumi oma- 34 thandathu amawaka, anawaka-nye amaesile; neziqu zabantu emankazaneni 35 angalalanga nandoda, zonke iziqu ngamashumi omathathu anesibini samawaka. Isiqingatha, isabelo sabaphuma u- 36 mkhosi ngokwenani, saba yimpahla emfutshane engamakhulu omathathu amawaka, anamanci mathathu amawaka, anesixhenxe samawaka, anamakhulu mahlanu; inani likaYehova empaleni 37 emfutshane, ngamakhulu omathandathu, anamanci asixhenxe anantlanu. Iinkomo, ngamashumi omathathu ama- 38 waka, anesithandathu samawaka; kuzo, inani likaYehova ngamashumi osixhenxe anambini. Amaesile, ngamashumi 39 omathandathu amawaka, anamakhulu omahlanu; kuwo, inani likaYehova ngamashumi omathandathu ananye. Iziqu 40 zabantu, lishumi elinesithandathu lamawaka; kuzo, inani likaYehova, iziqu zabantu, ngamashumi omathathu anazibini. UMoses inani elo walinika uEla- 41 zare umbingeleli, ukuba libe ngumrhumo kaYehova, njengoko uYehova wamwisela umthetho uMoses.

Isiqingatha soonyana bakaSirayeli, a- 42 wasahlulayo uMoses kweyamadoda abephume umkhosi, isiqingatha esiseseba- 43

ndla, empahleni emfutshane, saba ngamakhulu omathathu amawaka, anamanci mathathu amawaka, anesixhenxe sama-
44 waka, anamakhulu mahlanu. Iinkomo, ngamashumi omathathu amawaka, ane-
45 sithandathu samawaka; amaesile, ngamashumi omathathu amawaka, anama-
46 khulu mahlanu; iziqu zabantu, lishumi elinesithandathu lamawaka.

47 Wacaphula uMoses esiqingatheni soonyana bakaSirayeli into ekhethiweyo, yanye emashumini omahlanu ebantwini, nasezinkomeni, wazinika abaLevi, abagcina isigxina somnquba kaYehova, njengoko uYehova wamwisela umthetho uMoses.

48 Basondela kuMoses abaveleli ababengabamawaka omkhosi, abathetheli-wa-
49 ka nabathetheli-khulu, bathi kuMoses, Abakhonzi bakho balibalile inani lamadoda okulwa, abesezandleni zethu; aku-
50 kho nanye indoda engekhoyo kuthi. Sisondezé umsondezo kaYehova, elowo ngokufumana kwakhe, impahla yegolide imixhaka, nezacholo, nemisesane yokutywina, namajikazi, nezidanga, ukuba siyicamagushele imiphefumlo yethu pha-
51 mbi koYehova. Wayithabatha uMoses noElazare umbingeleli igolide kubo, yo-
52 nke impahla esetyenziweyo. Yonke igolide yomrhumo ababeyirhumele uYehova yaba ziishekele* ezilishumi elinesithandathu lamawaka, anamakhulu osixhenxe, anamanci mahlanu, evela kubathetheli-waka, evela kubathetheli-
53 khulu. Wona amadoda abephume um-
54 khosi abezithimbele. Wayithabatha uMoses noElazare umbingeleli igolide kubatheteheli-waka nakubathetheli-khulu, bayingenisa ententeni yokuhlangana. Yaba sisikhumbuzo soonyana bakaSirayeli phambi koYehova.

URhubhen noGadi bavunyelwa ukuba bahlale ngasempumalanga kweYordan

32 Oonyana bakaRubhen noonyana bakaGadi baye benemfuyo eninzi, inkulu kunene. Balibona ilizwe laseYazere nelizwe laseGiliyadi, nantso loo
2 ndawo iyindawo yemfuyo. Beza oonyana bakaGadi noonyana bakaRubhen, bathetha kuMoses nakuElazare umbingeleli, nakwizikhulu zebandla, bathi, IAtaroti, neDibhon, neYazare, neNi- 3 mra, neHeshbhon, ne-Elale, neSebham, neNebho, neBhehon, ilizwe awalibetha- 4 yo uYehova phambi kwebandla lakwaSirayeli, lilizwe lemfuyo; ke abakhonzi bakho banemfuyo. Bathi, Ukuba usi- 5 babále, abakhonzi bakho mabanikwe elo zwe, ukuba libe lelabo; ungasiwezi iYordan.

Wathi uMoses koonyana bakaGadi 6 noonyana bakaRubhen, Bayè emfazweni abazalwana benu, nihlale apha na nina? Yini na ukuba nizityhafise iintli- 7 ziyo zoonyana bakaSirayeli, ukuba bangaweleli ezweni abanika lona uYehova? Benjenjalo ooyihlo ekubasuseni kwam 8 eKadeshe-bharneha, ukuba balikhangele ilizwe. Benyuka bada baya esihla- 9 njeni sakwaEshkoli, balibona ilizwe, bazityhafisa iintliziyo zoonyana bakaSirayeli, ukuba bangàyi ezweni abanikáyo uYehova. Wavutha umsindo kaYehova ngaloo mhla, wafunga, wathi, Ndobona ukuba okha awubone amadoda anyukáyo eYiputa, athabathela kominyaka imashumi mabini ezelwe enyusa, umhlaba endawufungela uAbraham noIsake noYakobi, kuba engakuzalisanga ukundilandela; ingenguKalebhi unyana ka- 12 Yefune, umKenazi, noYoshuwa, unyana kaNun; ngokuba bekuzalisile ukumlandela uYehova bona. Wavutha u- 13 msindo kaYehova kumaSirayeli, wawabhadulisa entlango iminyaka emashumi mané, sada sagqitywa sonke isizukulwana, esaye senze ububi emehlweni kaYehova. Nanku nisuke nema esikhundle- 14 ni sooyihlo, nikukwanda kwamadoda awonayo, ukongeza ngakumbi ekuvutheni komsindo kaYehova kwaSirayeli. Xa nithe nabuya ekumlandeleni, wo- 15 phinda kanjalo abasalise entlango nibonákalise ke aba bantu bonke.

Basondela kuye bathi, Izibaya ze- 16 mpahla emfutshane siya kuzibiyela imfuyo yethu apha, imizi siyakhele usapho lwethu. Ke thina siya kukhawuleza si- 17 xhobe, sihambe phambi koonyana

bakaSirayeli, side sibasé endaweni yabo; usapho lwethu luhlale emizini enqatyisiweyo, ngenxa yabemi balo ilizwe.
18 Asiyi kubuyela ezindlwini zethu, bade oonyana bakaSirayeli balizuze ilifa, elo-
19 wo ilifa lakhe. Kuba asiyi kudla lifa nabo phesheya kweYordan nangaphaya, xa ilifa lethu silizuzé nganeno kweYordan ngasempumalanga.
20 Wathi uMoses kubo, Ukuba nithe nalenza elo lizwi, ukuba nithe naxhobela
21 imfazwe phambi koYehova, bayiwela iYordan bonke abaxhobileyo kuni, behamba phambi koYehova, bada bazigqogqa iintshaba zabo phambi kwabo,
22 leyiswa ilizwe phambi koYehova, nabuya emveni koko: noba msulwa ke kuYehova nakuSirayeli, eli lizwe libe le-
23 lenu phambi koYehova. Ke ukuba anithanga nenjenjalo, yabonani, noba nonile kuYehova, nazi ukuba isono senu siya
24 kunifumana. Zakheleni imizi iintsapho zenu, nezibaya zempahla yenu emfutshane, niyenze le nto iphumileyo emlonyeni wenu.
25 Bathetha oonyana bakaGadi noonyana bakaRubhen, bathi, Abakhonzi bakho baya kwenza njengoko inkosi
26 yethu iwise umthetho. Abantwana bethu, nabafazi bethu, nemfuyo yethu, namaqegu ethu onke, oba khona emizi-
27 ni yaseGiliyadi. Ke abakhonzi bakho baya kuwela, bonke abomkhosi bexhobele imfazwe phambi koYehova, njengoko inkosi yethu itshoyo.
28 UMoses wamwisela umthetho ngabo uElazare umbingeleli, noYoshuwa unyana kaNun, neentloko zezindlu zooyise
29 zezizwe zoonyana bakaSirayeli. Wathi uMoses kubo, Ukuba oonyana bakaGadi noonyana bakaRubhen bathe bawela nani eYordan, bonke bexhobele imfazwe phambi koYehova, laza leyiswa ilizwe phambi kwenu, nobanika ilizwe laseGili-
30 yadi, ukuba libe lelabo. Ke ukuba abathanga bawéle bexhobile nani, boba nelifa phakathi kwenu ezweni lakwaKanan.
31 Baphendula oonyana bakaGadi noonyana bakaRubhen, bathi, Oko akuthethileyo uYehova kubakhonzi bakho,
32 baya kukwenza. Thina siya kuwela sixhobile phambi koYehova, siye ezweni lakwaKanan, ukuze ibe yeyethu inzuzo yelifa lethu nganeno kweYordan.

33 UMoses wabanika oonyana bakaGadi noonyana bakaRubhen nesiqingatha sesizwe sakwaManase, unyana kaYosefu, ubukumkani bukaSihon ukumkani wama-Amori, nobukumkani bukaOgi ukumkani waseBhashan, ilizwe elo ngokwemizi yalo nemida yalo, imizi yelizwe elo ngeenxa zonke.

34 Bayakha oonyana bakaGadi iDibhon, 35 neAtaroti, neArohere, neAtaroti-shofan, 36 neYazere, neYogebheha, neBhete-nimra, neBhete-haran, imizi enqatyisiweyo, nezibaya zempahla emfutshane.

37 Oonyana bakaRubhen bayakha i-Heshbhon, ne-Elale, neKiriyatayim, 38 neNebho, neBhahali-mehon (iguqulwe amagama ayo), neSibhema; bayibiza ngamagama wambi imizi abayakháyo.

39 Baya oonyana bakaMakire, unyana kaManase, eGiliyadi; bayithimba, bawagqogqa ama-Amori abekuyo. UMoses 40 wamnika elaseGiliyadi uMakire, unyana kaManase, wahlala kulo. UYahire u- 41 nyana kaManase waya wazithimba iilali zakhona, wathi yiHavoti-yahire.* U- 42 Nobha waya wayithimba iKenati namagxamesi ayo, wathi igama layo yiNobha.

Indlela awahamba ngayo amaSirayeli ukusuka eYiputa

33 Zizo ezi iimfuduka zoonyana bakaSirayeli, abaphumáyo ezweni laseYiputa ngokwemikhosi yabo, ngesandla sikaMoses noAron. UMoses wa- 2 kubhala ukuphuma kwabo ngokwemfuduka zabo, ngokomlomo kaYehova. Zizo ke ezi iimfuduka zabo ngokuphuma kwabo:

Banduluka eRameses ngenyanga yo- 3 kuqala, ngosuku lweshumi elinesihlanu lwenyanga yokuqala; ngengomso emva kwepasika, baphuma oonyana bakaSirayeli ngesandla esiphakamileyo, emehlweni amaYiputa onke. AmaYiputa aye- 4 ngcwaba abo wababethayo uYehova kuwo, bonke abamazibulo; nasezithixweni zabo uYehova wenza izigwebo. Bandu- 5

INUMERI 33

luka oonyana bakaSirayeli eRameses, 6 bamisa *iintente* eSukoti. Banduluka eSukoti, bamisa e-Etam, esesiphelweni se-7 ntlango. Banduluka e-Etam, babuyela ngasePihahiroti, ephambi kweBhahalitsefon, bamisa phambi kweMigidoli. 8 Banduluka phambi kweHahiroti, baluwela ulwandle, baya entlango; bahamba uhambo lweemini ezintathu entlango 9 ye-Etam, bamisa eMara. Banduluka eMara, bafika e-Elim; kwakukho e-Elim apho imithombo yamanzi elishumi elinamibini, nemithi yesundu engamashumi 10 asixhenxe, bamisa khona. Banduluka e-Elim, bamisa ngaseLwandle oluBo-11 mvu.* Banduluka eLwandle oluBo-12 mvu, bamisa entlango yeSin. Banduluka entlango yeSin, bamisa eDofeka. 13 Banduluka eDofeka, bamisa eAlushe. 14 Banduluka eAlushe, bamisa eRefidim, apho kwakungekho manzi okuba abantu 15 basele. Banduluka eRefidim, bamisa 16 entlango yeSinayi. Banduluka entlango yeSinayi, bamisa eKibroti-hatahava. 17 Banduluka eKibroti-hatahava, bamisa 18 eHatseroti. Banduluka eHatseroti, ba-19 misa eRitema. Banduluka eRitema, ba-20 misa eRimon-peretse. Banduluka eRi-21 mon-peretse, bamisa eLibhena. Banduluka eLibhena, bamisa eRisa. Banduluka 23 eRisa, bamisa eKehelata. Banduluka eKehelata, bamisa entabeni yeShefere. 24 Banduluka entabeni yeShefere, bamisa 25 eHarada. Banduluka eHarada, bamisa 26 eMakeloti. Banduluka eMakeloti, ba-27 misa eTahati. Banduluka eTahati, ba-28 misa eTara. Banduluka eTara, bami-29 sa eMiteka. Banduluka eMiteka, ba-30 misa eHashemona. Banduluka eHa-31 shemona, bamisa eMoseroti. Banduluka eMoseroti, bamisa eBhene-yaha-32 kan. Banduluka eBhene-yahakan, ba-33 misa emqolombeni waseGidegadi. Banduluka emqolombeni waseGidegadi, 34 bamisa eYotebhata. Banduluka eYote-35 bhata, bamisa eAbrona. Banduluka eAbrona, bamisa e-Etsiyon-gebhere. 36 Banduluka e-Etsiyon-gebhere, bamisa 37 entlango yeTsin eyiKadeshe. Banduluka eKadeshe, bamisa entabeni yeHore, esiphelweni selizwe lwakwaEdom.

Wenyuka uAron, umbingeleli, waya 38 entabeni yeHore ngokomlomo kaYehova, wafela khona ngomnyaka wamashumi amané wokuphuma koonyana bakaSirayeli ezweni lamaYiputa, ngenyanga yesihlanu, ngolokuqala enyangeni leyo. UAron wayeminyaka ilikhulu 39 linamanci mabini anamithathu ezelwe, ekufeni kwakhe entabeni yeHore.

Weva umKanan, ukumkani waseAra-40 di, owayehleli kwelisezantsi ezweni lakwaKanan ukuba bafikile oonyana bakaSirayeli.

Banduluka entabeni yeHore, bamisa 41 eTsalimona. Banduluka eTsalimona, 42 bamisa ePunon. Banduluka ePunon, 43 bamisa eObhoti. Banduluka eObhoti, 44 bamisa eIye-abharim, emdeni wakwaMowabhi. Banduluka eIyim, bamisa 45 eDibhon yakwaGadi. Banduluka eDi-46 bhon yakwaGadi, bamisa eAlimondiblatayim. Banduluka eAlimon-dibla-47 tayim, bamisa ezintabeni zeAbharim phambi kweNebho. Banduluka ezinta-48 beni zeAbharim, bamisa ezinkqantosini zakwaMowabhi, ngaseYordan malunga neYeriko, Bamisa ngaseYordan, be-49 thabathela kwiBhete-yeshimoti, besa kwiAbhele-shitim ezinkqantosini zakwaMowabhi.

Umthetho wokugxotha amaKanan nokutshabalalisa izithixo zawo

Wathetha uYehova kuMoses ezinkqa-50 ntosini zakwaMowabhi, ngaseYordan malunga neYeriko, esithi, Thetha koo-51 nyana bakaSirayeli, uthi kubo, Xa nithe nayiwela iYordan, nangena ezweni lakwaKanan, nobagqogqa bonke abemi 52 belo zwe phambi kwenu, niwachithe onke amatye angumfanekiso, nemifanekiso yabo yonke etyhidiweyo niyichithe, nazo zonke iziganga zabo nizitshabalalise; nilihluthe ilizwe, nihlale kulo; kuba 53 ndininikile ilizwe eli, ukuba nime kulo. Nize nilabe ilizwe ngamaqashiso ngo-54 kwemizalwane yenu. Omninzi nolenza lininzi ilifa lawo, omncinane nilenze lincinane ilifa lawo; ingulowo ube sendaweni elothi liwe kuyo iqashiso lawo. Nolidla ilifa ngokwezizwe zooyihlo. U-55

kuba anithanga nibagqogqe abemi belizwe phambi kwenu, kothi abo nibasalisileyo babe ngameva emehlweni enu, neemviko emacaleni enu, banibande-
56 zele ezweni enihleli kulo. Kothi, njengoko ndagqibayo ukwenza kubo, ndenze ngako nakuni.

Imida yomhlaba wakwaSirayeli

34 Wathetha uYehova kuMoses, esi-
2 thi, Bawisele oonyana bakaSirayeli umthetho, uthi kubo, Xa nithe nangena ezweni lakwaKanan (lilo eli ilizwe eliya kuwela kuni libe lilifa, ilizwe
3 lakwaKanan ngokwemida yalo), icala lenu lasezantsi lothabathela entlango yeTsin, ngasemacaleni akwaEdom; nomda wenu wasezantsi wothabathela esiphelweni soLwandle lweTyuwa ngase-
4 mpumalanga; umda wenu ujikele ezantsi, uye ekunyukeni kweAkrabhim, udlule uye eTsin, nokuphuma kwawo usinge ezantsi eKadeshe-bharneha; uphume uye eHatsare-adare, udlule uye
5 eAtsemon; umda ujikele eAtsemon, uye emlanjaneni waseYiputa; ukuphuma kwawo usinge elwandle.
6 Umda wenu wasentshonalanga woba lulwandle olukhulu, nommandla *walo*; lowo woba ngumda wenu wasentshonalanga.
7 Woba ngulo umda wenu wangasentla:
nothabathela elwandle olukhulu, nizi-
8 sikele intaba yeHore; nithabathele entabeni yeHore, nisike niye eHamati; uku-
9 phume komda, uye eTsedada; uphume umda uye eZifron; ukuphuma kwawo ume eHatsare-enan. Ngumda wenu wangasentla ke lowo.
10 Nozisikela umda wasempumalanga, nithabathele eHatsare-enan, nise eShe-
11 fam; uhle umda eShefam, uye eRibhela, ngasempumalanga eAyin; uhle umda uthane nqiphu negxalaba loLwandle
12 lwaseKinerete ngasempumalanga; umda uhle iYordan; ukuphuma kwawo kume ngoLwandle lweTyuwa. Loba lilizwe lenu elo, ngokwemida yalo ngeenxa zonke.

13 UMoses wabawisela umthetho oonyana bakaSirayeli, esithi, Lilo elo ilizwe enolabelwa ngeqashiso, awisé umthetho ngalo uYehova wokuba linikwe izizwe ezisithoba ezinesiqingatha sesizwe.
Ngokuba isizwe soonyana bakaRubhen 14 ngokwezindlu zooyise, nesizwe soonyana bakaGadi ngokwezindlu zooyise, nesiqingatha sesizwe sikaManase, sisesilizuzile ilifa laso. Izizwe ezibini nesiqi- 15 ngatha sesizwe ziluzile ilifa lazo nganeno kweYordan, malunga neYeriko ngasempumalanga phambili.

Wathetha uYehova kuMoses, esithi, 16 Ngawo la amagama amadoda aya kuna- 17 bela ilizwe ukuba libe lilifa: uElazare umbingeleli, noYoshuwa unyana kaNun.
Nothabatha isikhulu sibe sinye, isikhu- 18 lu sibe sinye esizweni, nilabe ilizwe ukuba libe lilifa. Ngawo la amagama aloo 19 madoda: esizweni sakwaYuda, nguKa- lebhi unyana kaYefune; esizweni soo- 20 nyana bakaSimon, nguShemuweli u- nyana ka-Amihude; esizweni sakwa- 21 Bhenjamin, nguElidade unyana kaKiselon; esizweni soonyana bakaDan, sisi- 22 khulu esinguBhuki unyana kaYogeli; koonyana bakaYosefu, esizweni soonya- 23 na bakaManase, sisikhulu esinguHaniyeli, unyana kaEfodi; esizweni soonya- 24 na bakaEfrayim, sisikhulu esinguKemuweli, unyana kaShifitan; esizweni soo- 25 nyana bakaZebhulon, sisikhulu esingu- Elitsafan, unyana kaParnaki; esizweni 26 soonyana bakaIsakare, sisikhulu esingu- Palatiyeli, unyana kaAzan; esizweni 27 soonyana baka-Ashere, sisikhulu esingu- Ahihudi, unyana kaShelomi; esizweni 28 soonyana bakaNafetali, sisikhulu esingu- Pedayeli, unyana kaAmihude. Ngabo 29 abo, awabawiselayo umthetho uYehova wokuba bababele ilifa oonyana baka- Sirayeli ezweni lakwaKanan.

Imizi yabaLevi nemizi yokusabela

35 Wathetha uYehova kuMoses ezinkqantsoni zakwaMowabhi nga- seYordan, malunga neYeriko, esithi, Ba- 2 wisele oonyana bakaSirayeli umthetho, ukuba babanike abaLevi elifeni lenzuzo yabo imizi yokuba bahlale kuyo, nibanike abaLevi namadlelo ngasemizini yabo ngeenxa zonke. Imizi yabo yoba yeyo- 3

INUMERI 35

kuhlala, amadlelo ayo abe ngaweenkomo zabo, nempahla yabo, nento yabo yonke 4 ephilileyo. Amadlelo emizi enobanika abaLevi othabathela eludongeni lomzi ase ngaphandle, abe ziikubhite* ezili- 5 waka ngeenxa zonke; nilinganise nithabathela ngaphandle komzi, icala lasempumalanga libe ziikubhite ezingamawaka amabini, icala langasezantsi libe ziikubhite ezingamawaka amabini, icala lasentshonalanga libe ziikubhite ezingamawaka amabini, icala langasentla libe ziikubhite ezingamawaka amabini, umzi ube sesazulwini. Lawo oba nga- 6 madlelo emizi yabo. Imizi eniya kuyinika abaLevi yoba nemizi emithandathu yokusabela, enobanika ukuba abalekele kuyo umbulali, kuleyo nongeze imi- 7 zi engamashumi amané anambini. Yonke imizi enobanika yona abaLevi yoba yimizi engamashumi amané anesibhozo, 8 anamadlelo ayo. Imizi enobanika enzuzweni yoonyana bakaSirayeli noyenza mininzi kwesininzi, niyenze mincinane kwesincinane; eso isizwe, ngokomlinganiso welifa laso esiya kulidla, sóbanika abaLevi emizini yaso.

9 Wathetha uYehova kuMoses, esithi,
10 Thetha koonyana bakaSirayeli, uthi kubo, Xa nithe nayiwela iYordan, nafika
11 ezweni lakwaKanan, nozihlelela imizi ibe yimizi yenu yokusabela, abalekele kuyo umbulali obulele umntu ngengozi.
12 Yoba yimizi yenu yokusaba kumphindezeli, angafi umbulali, ade eme phambi kwebandla, lithethwe ityala lakhe.
13 Ke imizi enobanika yoba yimizi yenu
14 yokusabela emithandathu. Ngaaneno kweYordan nobanika imizi emithathu; ezweni lakwaKanan nobanika imizi emi-
15 thathu, ibe yimizi yokusabela. Loo mizi mithandathu yoba yeyokusabela koonyana bakaSirayeli, nakumphambukeli, nakundwendwe oluphakathi kwenu, babalekele kuyo bonke ababulele umntu ngengozi.
16 Ukuba *ubani* úthe wambetha *umntu* ngentsimbi, wafa, ungumbulali; wo-
17 bulawa afe umbulali lowo. Ukuba uthe wambetha ngelitye elisesandleni, angáfayo ngalo, wafa, ungumbulali; makabulawe afe umbulali lowo. Nokuba 18 uthe wambetha ngento engumthi osesandleni, angáfayo ngayo, wafa, ungumbulali; makabulawe afe umbulali lowo. Umphindezeli wegazi wombulala 19 ngokwakhe umbulali lowo; akuqubisana naye wombulala ngokwakhe. Ukuba 20 uthe wamtyhala ngokumthiya, nokuba umgibisele emzonda, wafa; nokuba uthe 21 wambetha ngesandla sakhe ngobutshaba, wafa: makabulawe afe lowo umbethileyo; ungumbulali yena. Umphindezeli wegazi wombulala umbulali lowo akuqubisana naye. Ukuba uthe 22 wamqubula wamtyhala, engenabutshaba, nokuba umgibisele ngempahla nokuba nangayiphi na into, engamzondi, nokuba lilitye angáfayo ngalo, enga- 23 mboni, amwisele ngalo, engenabutshaba naye, engafuni kumenza nto imbi: liya 24 kwahlula ibandla phakathi kobethileyo nomphindezeli wegazi, ngokwezo zigwebo; limhlangule ibandla umbulali 25 esandleni somphindezeli wegazi, limbuyisele ibandla emzini wokusabela kwakhe, abebalekele kuwo, ahlale kuwo ade afe umbingeleli omkhulu othanjisiweyo ngeoli engcwele.

Ukuba umbulali uthe waphuma nga- 26 phandle komda womzi wokusabela kwakhe abebalekele kuwo, umphindezeli 27 wegazi wamfumana engaphandle komda womzi wokusabela kwakhe, umphindezeli wegazi wambulala umbulali lowo, akayi kuba natyala lagazi lowo. Kuba 28 ange ehleli emzini wokusabela kwakhe, kwada kwafa umbingeleli omkhulu. Ke emveni kukufa kombingeleli omkhulu, umbulali wobuyela emhlabeni wenzuzo yakhe.

Ezo zinto zoba ngummiselo wokugwe- 29 ba kuni kwizizukulwana zenu emakhayeni enu onke. Bonke ababulele umntu, 30 makabulawe umbulali lowo ngomlomo wamangqina; kodwa ingqina lilinye aliyi kungqina ngomntu afe. Ize ningatha- 31 bathi lucamagusho ngenxa yomphefumlo wobulali osukuba engongendawo, engowokufa; makabulawe afe. Ize ni- 32 ngathabathi lucamagusho ngenxa yobalekele emzini wokusabela kwakhe, ukuba abuye eze kuhlala emhlabeni 33 *wakhe*, ade afe umbingeleli. Ize ningalihlambeli ilizwe enikulo, kuba ligazi elihlambela ilizwe. Ilizwe ke alinakucanyagushelwa ngenxa yegazi eliphalaziweyo kulo, kungengagazi lowaliphalaza-34 yo. Nize ningalenzi nqambi ke ilizwe enihleli kulo, endihleli kulo; kuba mna, Yehova, ndihleli phakathi koonyana bakaSirayeli.

Umthetho malunga neendlamafakazi

36 Kwasondela iintloko zezindlu zooyise ngokwemizalwane yoonyana bakaGiliyadi, unyana kaMakire, unyana kaManase, wasemizalwaneni yoonyana bakaYosefu, bathetha phambi koMoses naphambi kwezikhulu, iintloko zezindlu 2 zooyise zoonyana bakaSirayeli, bathi, UYehova wayiwisela umthetho inkosi yethu, ukuba ibanike ilizwe ngamaqashiso oonyana bakaSirayeli, ukuba libe lilifa. Inkosi yethu ke yawiselwa umthetho nguYehova, ukuba ilifa likaTselofehadi, umzalwana wethu, ilinike 3 iintombi zakhe. Ke ukuba zithe zaba ngabafazi bothile koonyana bezizwe zoonyana bakaSirayeli, loncitshiswa ilifa loobawo lilifa lazo, longezelelwe kwilifa lesizwe eziya kuba kuso, lincitshiswe 4 iqashisi lelifa lethu. Ukuba úthe wafika umnyaka wakuhlokomisa ngesigodlo* koonyana bakaSirayeli, losuka longezelelwe ilifa lazo kwilifa lezizwe eziya kuba kuso, lincitshiswe ilifa lesizwe soobawo lilifa lazo.

Wabawisela ke uMoses umthetho 5 oonyana bakaSirayeli ngokomlomo ka-Yehova, esithi, Isizwe soonyana baka-Yosefu silungisile ukuthetha. Lilo eli 6 ilizwi alenze umthetho uYehova ezintombini zikaTselofehadi: uthi, Mazendele kulowo zimthandileyo, kodwa mazendele emzalwaneni wesizwe sikayise; ukuze lingashenxi ilifa loonyana 7 bakaSirayeli, lisuke kwesinye isizwe, liye kwesinye isizwe. Ngokuba baya kunamathela oonyana bakaSirayeli elowo elifeni lesizwe sooyise. Zonke iintombi 8 ezinelifa ezizweni zoonyana bakaSirayeli ziya kwendela kothile emzalwaneni wesizwe sooyise, ukuze oonyana baka-Sirayeli babe nalo elowo ilifa looyise; u-9 kuze lingashenxi ilifa esizweni, liye sizweni simbi, kuba izizwe zoonyana baka-Sirayeli ziya kunamathela eso elifeni laso.

Njengoko uYehova wamwisela umthe-10 tho uMoses, zenjenjalo iintombi zikaTselofehadi. UMala, noTirtsa, noHogela, 11 noMilka, noNoha, iintombi zikaTselofehadi, zendela koonyana babazalwana bakayise; zendela emizalwaneni yoo-12 nyana bakaManase, unyana kaYosefu; ilifa lazo laba sesizweni somzalwana kayise.

Yiyo leyo imithetho namasiko awa-13 wawisayo uYehova ngesandla sikaMoses koonyana bakaSirayeli, ezinkqantosini zakwaMowabhi, ngaseYordan malunga neYeriko.

INCWADI YESIHLANU KAMOSES
EKUTHIWA
YIDUTERONOMI
(INCWADI YEMPINDA YOMTHETHO)

Intshayelelo

1 Ngawo la ke amazwi, awawathethayo uMoses kumaSirayeli onke phesheya kweYordan entlango, eArabha, malungana noLwandle oluBomvu,* phakathi kweParan, neTofele, neLabhan, neHa-
2 tseroti, neDizahabhi. Ziintsuku ezilishumi elinalunye ukusuka eHorebhe ngendlela yentaba yakwaSehire, ukuya
3 eKadeshe-bharneha. Ngomnyaka wamashumi omané, ngenyanga yeshumi elinanye, ngolokuqala enyangeni leyo, wathetha uMoses koonyana bakaSirayeli ngako konke uYehova abemwisele
4 umthetho ngako kubo. Emveni kokumbulala kwakhe uSihon ukumkani wama-Amori, obemi eHeshbhon, no-Ogi ukumkani waseBhashan, obemi eAshta-
5 roti nase-Edreyi, phesheya kweYordan ezweni lakwaMowabhi, waqala uMoses ukubaqononondisa lo myalelo, esithi:

UMoses ubalisa uhambo lwamaSirayeli ukususela eHorebhe ukuya kuma eKadeshe

6 UYehova uThixo wethu wathetha kuthi eHorebhe, wathi, Kukade nihleli
7 kule ntaba. Jikani ninduluke, niye entabeni yama-Amori, nakubo bonke abamelene nayo, eArabha, ezintabeni, nasesihlanjeni, nakwelasezantsi, nangaselwandle, ezweni lamaKanan, naseLebhanon, nide nise kuwo umlambo o-
8 mkhulu, umlambo ongumEfrati. Khangelani, ndinisikele ilizwe. Ngenani, nakhe kwelo zwe wafungáyo uYehova kooyihlo, ooAbraham noIsake noYakobi, ukuba wolinika bona, nembewu yabo emva kwabo.

9 Ndathi kuni ngelo xesha, Andinakunithwala ndedwa.
10 UYehova uThixo wenu unandisile; nanku namhla ningangeenkwenkwezi zezulu ukuba baninzi
11 kwenu. UYehova uThixo wooyihlo makalongeze inani lenu kaliwaka kunoko lingako, anisikelele njengoko wathethayo kuni.
12 Ndingáthini na ukubuthwala ndedwa ubunzima benu, nomthwalo wenu, nembambano yenu?
13 Zikhangeleleni amadoda alumkileyo, aziingqondi, aziwayo, ngokwezizwe zakomawenu, ndiwamise abe ziintloko zenu.

14 Nandiphendula nathi, Ilizwi olithethileyo lilungile ukuba silenze.

15 Ndabathabatha ke abaziintloko zezizwe zakowenu, amadoda alumkileyo, aziwayo, ndawamisa ába ziintloko phezu kwenu: abathetheli-waka, nabathetheli-makhulu, nabathetheli-mashumi ngamahlanu, nabathetheli-mashumi ngamanye, nabaphathi,ngokwezizwe zakomawenu.
16 Ndabawisela umthetho abaphathi benu ngelo xesha, ndathi, Noyilamla into ephakathi kwabazalwana benu, nigwebe ngobulungisa phakathi komntu nomzalwana wakhe, nowasemzini okuye.
17 Ize ningakhethi buso ekugwebeni kwenu; ize nimphulaphule omncinane njengomkhulu, ninganxunguphaliswa bubuso bomntu; ngokuba ukugweba oku kokukaYehova. Indawo eninqabeleyo noyizisa kum, ndiyive.
18 Ndaniwisela umthetho ngelo xesha ngezinto zonke enozenza.

19 Sanduluka eHorebhe, sayihamba yo-

nke laa ntlango inkulu, yoyikekayo nayibonayo, sihamba ngendlela yentaba yama-Amori, njengoko uYehova uThixo wethu wasiyalelayo, sada seza eKadeshe-
20 bharneha. Ndathi ke kuni, Nifikile entabeni yama-Amori, awasinikayo uYehova,
21 uThixo wethu. Khangela, uYehova uThixo wakho ulinikele kuwe ilizwe elo: nyuka wakhe kulo, njengoko wathethayo uYehova uThixo wooyihlo kuwe. Musa ukoyika, ungakwantyi nokunkwantya.
22 Nasondela ke kum nina aba nonke, nathi, Masisuse amadoda, asandulele, asihlolele ilizwe elo, asizisele ilizwi lendlela esonyuka ngayo, nemizi esofika
23 kuyo. Lalunga ke elo zwi emehlweni am, ndathabatha kuni amadoda alishumi elinamabini, indoda yanye esizweni.
24 Ajika ke, enyuka aya entabeni, ada afika
25 esihlanjeni sakwaEshkoli, asihlola. Athabatha isiqhamo selo zwe ngesandla sawo, asiphathela, asizisela ilizwi, athi, Lilizwe elihle asinikayo uYehova uThixo wethu.
26 Kanti noko anivumanga kunyuka, nawuphikisa umlomo kaYehova uThixo
27 wenu. Nakrokra ezintenteni zenu, nathi, Wásikhupha kuba esithiyile uYehova ezweni laseYiputa, ukuze asinikele esandleni sama-Amori, asitshabalalise.
28 Siya kunyukela phi na? Abazalwana bethu bazinyibilikisile iintliziyo zethu, besithi, Abantu bakhulu, bade kunathi; imizi mikhulu, inqatyisiwe yada yesa ezulwini; kananjalo noonyana baka-Anaki sibabone khona.
29 Ndathi ke kuni, Ize ningangcanga-
30 zeli, ningaboyiki. NguYehova uThixo wenu, ohamba phambi kwenu. Yena wonilwela, njengako konke awanenzela-
31 yo eYiputa emehlweni enu; nasentlango, apho wakubonayo ukukuthwala kukaYehova uThixo wakho, njengomntu ethwele unyana wakhe, ngendlela yonke enahamba ngayo, nada naza kufika kule
32 ndawo. Kanti ke nakwelo zwi anikho-
33 lwanga nguYehova uThixo wenu, ohamba phambi kwenu endleleni, ukuba anihlolele indawo yokumisa iintente zenu, ngomlilo ebusuku; anibonise indlela enohamba ngayo, ngelifu emini.

Waliva uYehova ilizwi lokuthetha 34 kwenu, wanoburhalarhume, wafunga, esithi, Akukho ndoda, kula madoda esi 35 sizukulwana singendawo, iya kukha ilibone ilizwe elihle, elo ndafungayo ukuba ndolinika ooyihlo, ingenguKalebhi 36 unyana kaYefune; wólibona yena. Ndiya kumnika ilizwe awanyathela phezu kwalo, yena noonyana bakhe, ngenxa enokuba emlandele kwaphela uYehova.

Kanjalo uYehova wandifuthela nam 37 ngenxa yenu, wathi, Nawe lo akuyi kungena khona. UYoshuwa unyana ka- 38 Nun, oma phambi kwakho, nguye owongena khona; momeleze, ngokuba yena wowadlisa ilifa elo amaSirayeli. Ke 39 iintsatshana zenu, enibe nisithi zoba lixhoba, nabantwana benu abangakwaziyo namhla okulungileyo nokubi, bona bongena khona; ndolinika bona beme kulo. Ke nina jikani, ninduluke niye 40 entlango ngendlela eya eLwandle oluBomvu.

Naphendula, nathi kum, Sonile ku- 41 Yehova; sonyuka thina, silwe njengako konke asiyalele ngako uYehova uThixo wethu. Naxhoba ke elowo impahla yakhe yokulwa, nenza buphuthuphuthu ukunyuka intaba. Wathi 42 uYehova kum, Yithi kubo, Ize ningenyuki, ize ningalwi; kuba àndikhona phakathi kwenu; hleze nigxothwe ziintshaba zenu.

Ndathetha kuni, anaphulaphula; na- 43 wuphikisa umlomo kaYehova, nagxalathelana ukunyuka intaba. Aphuma ke 44 ama-Amori ami kuloo ntaba, anihlangabeza, anichitha, axelisa iinyosi, anibetha kwaSehire, ada esa eHorma. Nabuya 45 ke nalila phambi koYehova; akaliphulaphula uYehova izwi lenu, akanibekela ndlebe. Ngoko ke nahlala eKadeshe 46 imihla emininzi, njengaloo mihla nayihlalayo apho.

Ibali lohambo ukuya kuma ngoloyiso lwama-Amori

2 Sanduluka, sabheka entlango ngendlela eya eLwandle oluBomvu,* njengoko uYehova wathetha kum, sa-

IDUTERONOMI 2

yijikeleza intaba yakwaSehire imihla
2 emininzi. Wathetha uYehova kum,
3 wathi, Kukade niyijikeleza le ntaba;
4 bhekani ngasentla, ubawisele abantu u-
mthetho uthi, Niya kugqitha nje emde-
ni wabazalwana benu, oonyana baka-
Esawu, abemi kwaSehire. Baya kuno-
5 yika, ize nizilumkele ke kunene. Ize
ningabambani nabo; kuba ezweni labo
andiyi kuninika nendawo engangoku-
nyathela kwentende yonyawo; ngokuba
ndimnikile uEsawu intaba yakwaSehire
6 ukuba ayime. Ukudla nokuthenga ku-
bo ngemali, nidle; namanzi nowemba
7 kubo ngemali, nisele. Kuba uYehova,
uThixo wakho, ukusikelele emsebenzini
wonke wesandla sakho. Uyakwazi u-
kuyihamba kwakho le ntlango inkulu;
le minyaka imashumi mané uYehova
uThixo wakho unawe, akuswelanga nto.
8 Segqitha ke kubazalwana bethu, oo-
nyana bakaEsawu, abemiyo kwaSehire,
saphambuka endleleni yeArabha, e-Elati
nase-Etsiyon-gebhere. Sajika ke, sadlu-
la ngendlela yentlango yakwaMowabhi.
9 Wathi uYehova kum, Uze ungawaba-
ndezeli amaMowabhi, uze ungabambani
nawo ulwe nawo; kuba andiyi kukunika
nto yelizwe lawo uyihluthe; kuba iAre
ndiyiniké oonyana bakaLote, ukuba
10 bayime. AmaEma ayemi kulo kudala,
engabantu abakhulu, abaninzi, abade
11 njengama-Anaki. Bekusithiwa ngama-
Rafa nawo, njengama-Anaki; ke ama-
12 Mowabhi athi ngamaEma. NakwaSe-
hire bekumi amaHori kudala; koko oo-
nyana bakaEsawu bawagqogqa, bawa-
tshabalalisa ebusweni babo, bahlala
esikhundleni sawo, njengoko akwenzayo
amaSirayeli ezweni lelifa lawo, abelini-
kwe nguYehova.

13 Ndathi ke, Ndulukani ngoku, niwele
umlanjana weZerede; sawuwela ke u-
14 mlanjana weZerede. Imihla yokuha-
mba kwethu, sisuka eKadeshe-bharneha
side siwele umlanjana weZerede, yaba
yiminyaka emashumi mathathu anesi-
bhozo; sada saphela sonke eso sizuku-
lwana samadoda okulwa phakathi ko-
mkhosi, njengoko uYehova wawafunge-
15 layo. Saye kananjalo isandla sikaYe-
hova siphezu kwawo, ukuba adutywa-
dutywe phakathi komkhosi ade agqi-
tywe.

Kwathi, xenikweni onke amadoda 16
okulwa ayegqityiwe, afa phakathi kwa-
bantu, wathetha uYehova kum, esithi, 17
Namhla uya kugqitha emdeni wakwa- 18
Mowabhi oyiAre, usondele malungana 19
noonyana baka-Amon. Uze ungababa-
ndezeli, uze ungabambani nabo; kuba
ezweni loonyana baka-Amon andiyi ku-
kunika ndawo yakuma; ngokuba ndili-
nike oonyana bakaLote ukuba limiwe
ngabo.

Bekusithiwa lilizwe lamaRafa nalo. 20
Bekumi amaRafa khona kudala; ama-
Amon athi ngamaZamzum; engabantu 21
abakhulu, abaninzi, abade njengama-
Anaki. UYehova wabatshabalalisa e-
busweni babo; babagqogqa, bema esi-
khundleni sabo; njengoko wabenzelayo 22
oonyana bakaEsawu abemiyo kwaSehi-
re, wawatshabalalisa amaHori ebusweni
babo, bawagqogqa, bema esikhundleni
sawo unanamhla. Nama-Avi ayemi e- 23
mizaneni, ada esa eGaza; amaKafetori,
awaphumayo kwelamaKafetori, awa-
tshabalalisa, ema esikhundleni sawo.
Sukani ninduluke, niwele umlanjana 24
oyiArnon. Yabona, ndimnikele esa-
ndleni sakho uSihon ukumkani wase-
Heshbhon, umAmori, nelizwe lakhe.
Qala ukulihlutha, ubambane naye, ulwe
naye. Ngale mini ndiya kuqala uku- 25
beka ukunkwantya ngawe nokoyikeka
kwakho phezu kwabantu abaphantsi
kwezulu lonke, abaya kuluva udaba lwa-
kho bagungqe, bazibhijabhije ngenxa
enawe.

Ndasusa abathunywa entlango ye- 26
Kedemoti, baya kuSihon ukumkani wa-
seHeshbhon, benamazwi oxolo okuthi,
Ndíyeke ndicande ezweni lakho. Ndo- 27
hamba ngendlela le yodwa; andiyi kuthi
gu bucala ndiye ekunene nasekhohlo.
Ukudla wòndithengela ngemali ndidle, 28
namanzi wòndinika ngemali ndisele,
ndihambe nje kodwa ngeenyawo; nje- 29
ngoko benza ngako kum oonyana ba-
kaEsawu abemiyo kwaSehire, namaMo-
wabhi abemiyo eAre; ndide ndiwele

iYordan, ndiye ezweni asinikayo uYe-
30 hova uThixo wethu. Àkavuma uSihon
ukumkani weHeshbhon, ukuba sicande
kuye, ngokuba uYehova uThixo wakho
wamqinisa isibindi, wayenza ingqosho-
mba intliziyo yakhe, ukuze amnikele
esandleni sakho, njengokuba kunjalo
31 namhla. Wathi uYehova kum, Yabo-
na, ndiqalile ukumnikela kuwe uSihon
nelizwe lakhe; qala ukulihlutha, ulidle
32 ilifa ilizwe lakhe. Waphuma ke uSihon
wasihlangabeza, yena nabantu bakhe
33 bonke, eza kulwa eYatsa. UYehova u-
Thixo wethu wamnikela kuthi; sam-
bulala, yena noonyana bakhe, nabantu
34 bakhe bonke. Sayithimba yonke imizi
yakhe ngelo xesha, sawasingela phantsi
amadoda emizi yonke, nabafazi, na-
bantwana; àsasalisa namnye usindayo.
35 Ziinkomo zodwa esazithimbelayo, na-
36 maxhoba emizi esayithimbayo. Satha-
bathela eArohere, eseludinini lomlanja-
na oyiArnon, emzini osesihlanjeni, sada
sesa eGiliyadi, akwabakho mzi usinqa-
belayo; konke wakunikela kuthi uYe-
37 hova uThixo wethu. Lilizwe loonyana
baka-Amon lodwa, eningasondelanga ku-
lo: lonke icala lomlanjana oyiYabhoki,
nemizi yasezintabeni, nento yonke awa-
wisa umthetho ngayo uYehova uThixo
wethu.

Isiphelo sebali lohambo

3 Sajika, senyuka ngendlela yaseBha-
shan; waphuma uOgi ukumkani wa-
seBhashan, wasihlangabeza yena naba-
ntu bakhe bonke, ukuba kuliwe e-Edreyi.
2 Wathi uYehova kum, Musa ukumoyika;
ngokuba ndimnikele esandleni sakho,
nabantu bakhe bonke, nelizwe lakhe;
uya kwenza kuye njengoko wenza nga-
ko kuSihon ukumkani wama-Amori, obe-
3 mi eHeshbhon. UYehova uThixo we-
thu wamnikela ke ezandleni zethu uOgi
ukumkani waseBhashan, nabantu bakhe
bonke; sambulala, kwada akwabakho
4 namnye usindayo. Sayithimba yonke
imizi yakhe ngelo xesha, akwabakho
mzi singawuthabathanga kubo; imizi

yaba mashumi mathandathu, wonke
ummandla waseArgobhi, ubukumkani
bukaOgi eBhashan. Yonke loo mizi 5
ibinqatyiswe ngodonga oluphakamileyo,
namasango, nemivalo; iyodwa imizi
yabasemaphandleni, eyabe imininzi ku-
nene. Sayisingela phantsi, njengoko 6
senzayo kuSihon ukumkani waseHesh-
bhon; sasingela phantsi amadoda emizi
yonke, nabafazi, nabantwana. Ke zona 7
iinkomo zonke namaxhoba aloo mizi
sazithimbela.

Salithabatha ke ngelo xesha ilizwe 8
esandleni sookumkani bobabini bama-
Amori, elingaphonoshono kweYordan,
lisusela kumlanjana oyiArnon, lada lesa
entabeni yeHermon (amaTsidon athi 9
iHermon leyo yiSiriyon, ke ama-Amori
athi yiSenire), yonke imizi yehewu, ne- 10
yelaseGiliyadi lonke, neBhashan yonke,
kwada kwesa eSaleka ne-Edreyi, imizi
yobukumkani bukaOgi eBhashan. Ngo- 11
kuba nguOgi yedwa, ukumkani wase-
Bhashan, impunde eyayisele kumaRafa.
Nantso ikoyi yakhe, ikoyi yentsimbi;
asiyiyo na leya iseRabha yakoonyana
baka-Amon? Iziikubhite* ezisithoba u-
bude bayo, iziikubhite eziné ububanzi
bayo, ngokwekubhite yabantu.

Elo lizwe salihlutha ngelo xesha, si- 12
thabathela eArohere ekumlanjana oyi-
Arnon; nesiqingatha sentaba yeGiliyadi,
nemizi yayo ndayinika amaRubhen na-
maGadi. Amasalela aseGiliyadi nawe- 13
Bhashan yonke, ubukumkani bukaOgi,
ndawanika isiqingatha sesizwe sika-
Manase; wonke ummandla weArgobhi
neBhashan yonke, leyo bekusithiwa lili-
zwe lamaRafa. UYahire, unyana ka- 14
Manase, wathabatha wonke ummandla
weArgobhi, wada wesa emdeni wama-
Geshuri namaMahakati, wawubiza nge-
gama lakhe, wathi iBhashan yiHavoti-
yahire,* unanamhla. UMakire nda- 15
mnika elaseGiliyadi. AmaRubhen na- 16
maGadi ndawanika, ndithabathela kwe-
laseGiliyadi, ndada ke ndesa kumlanja-
na oyiArnon, empholokhohlweni we-
sihlambo, naloo mmandla *waso*, ndada
ndesa naseYabhoki emlanjaneni, emdeni
woonyana baka-Amon; neArabha, ne- 17

Yordan nommandla wayo, ndithabathela eKinerete, ndada ndesa elwandle lwe-Arabha, uLwandle lweTyuwa, phantsi kwamaxandeka ePisga ngasempumalanga.

18 Ndaniwisela umthetho ngelo xesha, ndisithi, UYehova uThixo wenu uniniké eli lizwe ukuba nilihluthe. Welani nixhobile phambi kwabazalwana benu, oonyana bakaSirayeli, nonke nina bafo
19 banobukroti. Kodwa abafazi benu, nabantwana benu, nemfuyo yenu (ndiyazi ukuba ninemfuyo eninzi), mabahlale
20 emizini yenu endininike yona; ade u-Yehova abaphumze abazalwana benu njengani, balimé nabo ilizwe elo abanika lona uYehova uThixo wenu phesheya kweYordan; nibuyele ke elowo
21 elifeni lakhe endininike lona. UYoshuwa ndamwisela umthetho ngelo xesha, ndisithi, Amehlo akho akubonile konke oku akwenzileyo uYehova uThixo wenu kwaba kumkani bobabini; úya kwenjenjalo ke uYehova kwizi-
22 kumkani zonke owelela kuzo. Ize ningaboyiki; ngokuba uYehova uThixo wenu nguye onilwelayo.

23 Ndataruzisa kuYehova ngelo xesha,
24 ndisithi, Nkosi yam, Yehova, uqalile ukumbonisa umkhonzi wakho ubukhulu bakho, nesandla sakho esithe nkqi; ngokuba nguwuphi na uthixo emazulwini nasehlabathini, ongenza ngokwezenzo zakho, nangokwemisebenzi yakho yo-
25 bugorha? Makhe ndiwele kaloku, ndilibone ilizwe elo lihle, liphesheya kweYordan, loo ntaba intle, neLebhanon.
26 Wandiphuphumela uYehova ngomsindo ngenxa yenu, akandiphulaphula; wathi uYehova kum, Yanela, musa ukuba saphinda uthethe kum ngale ndawo.
27 Nyuka uye encotsheni yePisga, uphose amehlo akho entshonalanga, nasentla, nasezantsi, nasempumalanga, ulikhangele ngamehlo; ngokuba akuyi kuyi-
28 wela le Yordan. UYoshuwa mwisele umthetho, umomeleze, umkhaliphise; ngokuba yena uya kuwela yena phambi kwaba bantu; yena uya kubadlisa ilifa,
29 elilelo lizwe ùya kulibona. Sahlala ke esihlanjeni malungana neBhete-pehore.

UMoses uyala amaSirayeli ukuba alulame

4 Kaloku ke, Sirayeli, yiphulaphule imimiselo namasiko endinifundisa wona, ukuba niwenze; ukuze niphile, ningene, nilimé ilizwe aninikayo uYehova uThixo wooyihlo. Ize ningongezi 2 ezwini endiniwisela umthetho ngalo, ize ningancipisi nto kulo, ukuze niyigcine imithetho kaYehova uThixo wenu, endiniwisela yona. Amehlo enu akubonile 3 oko wakwenzayo uYehova kuBhahalipehore;* ngokuba bonke abo babemlandela uBhahali-pehore, uYehova uThixo wakho ubatshabalalisile phakathi kwakho. Ke nina nanamatheláyo ku- 4 Yehova uThixo wenu, niphilile nonke namhla.

Yabonani, ndinifundise imimiselo na- 5 masiko, njengoko ndawiselwa umthetho nguYehova uThixo wam, ukuze nenze ngokunjalo phakathi kwelizwe eningena kulo, ukuba nilimé. Yigcineni ke ni- 6 yenze; ngokuba oku bubulumko benu, nengqondo yenu, emehlweni abantu abaya kuyiva yonke le mimiselo; bathi, Olu hlanga lùkhulu ngabantu abalumkileyo, abanengqondo bodwa. Ngokuba 7 luluphi na uhlanga olukhulu, oluthixo usondeleyo kúlo, njengoYehova uThixo wethu, ekumbizeni kwethu konke? Luluphi na uhlanga olukhulu olunemi- 8 miselo namasiko anobulungisa, njengaló myalelo wonke ndiwubekayo phambi kwenu namhla?

Kodwa zigcine, uwugcine umphefu- 9 mlo wakho kunene, hleze uzilibale izinto aziboniléyo amehlo akho; hleze zimke entliziyweni yakho yonke imihla yokuphila kwakho. Uze uzazise oonyana bakho, noonyana boonyana bakho; ngo- 10 kukodwa umhla owema ngawo phambi koYehova uThixo wakho eHorebhe, akuthi uYehova kum, babizele ndawonye kum abantu, ndibavise amazwi am, ukuze bafunde ukundoyika yonke imihla abaphila ngayo emhlabeni, bafundise noonyana babo.

Nasondela, nema phantsi kwentaba, 11 intaba isitsha ngumlilo wada wesa esazulwini sezulu, ibubumnyama bamafu

12 nesithokothoko. Wathetha uYehova kuni ephakathi komlilo; nasiva isandi samazwi, anabona mbonakalo, yaba sisandi
13 sodwa. Wanixelela umnqophiso wakhe, awaniwisela umthetho ngawo ukuba niwenze, amazwi alishumi; wawabha-
14 la emacweweni amabini amatye. Wandiwisela umthetho uYehova ngelo xesha, ukuba ndinifundise imimiselo namasiko, ukuba niwenze elizweni eniwelela kulo ukuba nilimé.
15 Zigcineni kunene ngenxa yemiphefumlo yenu, ngokuba anibonanga mbonakalo yanto, mini wathetha uYehova
16 kuni eHorebhe phakathi komlilo; hleze nizonakalise, nizenzele umfanekiso oqingqiweyo, imbonakalo yento efana nokuba yiyiphi: into emilise okwendoda no-
17 kwenkazana, into emilise okwento yonke ezitho ziné esemhlabeni, into emilise okwentaka yonke enamaphiko, epha-
18 phazela esibhakabhakeni, into emilise okwesinambuzane sonke esisemhlabeni, into emilise okweentlanzi zonke ezise-
19 manzini phantsi komhlaba; hleze uwaphakamisele ezulwini amehlo akho, ubone ilanga nenyanga neenkwenkwezi, wonke umkhosi wasezulwini, uwexulwe, uzinqule, uzikhonze, ezo uYehova uThixo wakho azabele izizwe zonke phantsi kwezulu lonke.
20 Ke nina unithabathile uYehova, wanikhupha kwiziko lesinyithi eYiputa, ukuba nibe ngabantu abalilifa kuye, njengoko ninjalo namhla.
21 Phezu koko uYehova wandifuthela ngenxa yamazwi enu, wafunga ukuba andiyi kuyiwela iYordan, andiyi kungena ezweni elihle akunikayo uYehova u-
22 Thixo wakho, ukuba libe lilifa; kuba ndiya kufela kweli lizwe, andiyiweli iYordan. Ke nina niya kuwela, nilimé
23 elo lizwe lihle. Zigcineni, hleze niwulibale umnqophiso kaYehova uThixo wenu, awawenzayo nani, nizenzele umfanekiso oqingqiweyo, imbonakalo yento zonke awakuwisela umthetho ngazo u-
24 Yehova uThixo wakho. Ngokuba uYehova uThixo wakho ungumlilo odlayo, unguThixo onekhwele.
25 Xa uthe wazala abantwana, naba-ntwana babantwana, kwada kwaba kudala nihleli kwelo zwe, nazonakalisa, nenza umfanekiso oqingqiweyo, imbonakalo yento nokuba yiyiphi, nenza okubi emehlweni kaYehova uThixo wenu, namqu-
mbisa: ndingqinisisa amazulu nehla- 26 bathi namhla ngani, ukuba nòdaka mpela kamsinya, ningabikho kwelo zwe, niwela iYordan nisiya kulo ukuba nilimé; anisayi kuyolula imihla yenu kulo, notshabalala kube kanye. Wonipha- 27 ngalalisa uYehova phakathi kwezizwe, nisale nibantu bambalwa ezintlangeni, apho uYehova aya kuniqhubela khona; nikhonze khona oothixo abangumsebe- 28 nzi wezandla zomntu, imithi namatye, abangaboniyo, abangeviyo, abangadliyo, abangajojiyo; eningathi nimfune khona 29 uYehova uThixo wenu, nimfumane, xa nithe naquqela kuye ngentliziyo yenu yonke, nangomphefumlo wenu wonke.

Ekubandezelekeni kwenu, zakunifu- 30 mana zonke ezi zinto, ekupheleni kwemihla, nobuyela kuYehova uThixo wenu, nilibhulaphule ilizwi lakhe. Ngo- 31 kuba nguThixo onemfesane uYehova uThixo wakho; akayi kukuyekela, akayi kukonakalisa, akayi kuwulibala umnqophiso wooyihlo awabafungelayo.

Kuba khawubuze emihleni yama- 32 ndulo, eyayikho ngaphambi kwakho, kususela kumhla uThixo awadala ngawo umntu ehlabathini, uthabathele esiphelweni sezulu, ude use esiphelweni sezulu, ukuba khe kwakho na into enjengale nto ukuba nkulu, ukuba khe kwaviwa into enjengale na? Bakha 33 baliva na abantu izwi loThixo ethetha phakathi komlilo, njengoko walivayo wena, baphila noko? Okanye kukho 34 thixo wakha walinga na ukuya kuzithabathela uhlanga phakathi kohlanga ngezilingo, nangemiqondiso, nangezimanga, nangemfazwe, nangesandla esithe nkqi, nangengalo eyolukileyo, nangokoyikeka okukhulu, njengako konke akwenzileyo kuni uYehova uThixo wenu eYiputa, emehlweni akho?

Waboniswa wena, ukuze wazi ukuba 35 uYehova nguye uThixo; akukho wumbi, nguye yedwa. Wakuvisa izwi la- 36

khe liphuma emazulwini, ukuba akuqeqeshe, nasemhlabeni wakubonisa umlilo wakhe omkhulu, waweva nama-
37 zwi akhe phakathi komlilo. Wabathandáyo nje ooyihlo, wayinyula nembewu yabo emva kwabo, wakukhupha e-Yiputa ngobukho bakhe, ngamandla
38 akhe amakhulu; ukuba agqogqe iintlanga ezinkulu ezomeleleyo kunawe, zingabikho ebusweni bakho; ukuba akungenise, akunike ilizwe lazo libe lilifa, njengoko kunjalo namhla.
39 Yazi ke namhla, ukunyàmekele ngentliziyo yakho, ukuba uYehova nguye uThixo emazulwini phezulu, nasehlaba-
40 thini phantsi; akukho wumbi; uyigcine imimiselo yakhe, nemithetho yakhe, endikumisela yona namhla, ukuba kulúnge kuwe, nakoonyana bakho emva kwakho, ukuze uyolule imihla yakho emhlabeni, lowo akunika wona uYehova uThixo wakho imihla yonke.

Imizi yokusabela

41 Waza uMoses wahlula imizi yamithathu ngaphonoshono kweYordan ngasempumalanga, ukuba asabele khona u-
42 mbulali obulele ummelwane wakhe ngengozi, ebengamthiyile ngaphambili; asabele ke komnye waloo mizi, aphile:
43 iBhetsere, entlango ezweni lehewu lukumaRubhen; iRamoti, kwelaseGiliyadi kumaGadi; iGolan, eBhashan kumaManase.

UMoses uyayiphinda imithetho elishumi

44 Nguwo lo umyalelo awawubekayo uMoses phambi koonyana bakaSirayeli.
45 Zizo ezi izingqino nemimiselo namasiko awawathethayo uMoses koonyana bakaSirayeli, ekuphumeni kwabo eYiputa,
46 ngaphonoshono kweYordan, emfuleni omalunga neBhete-pehore, ezweni lakwaSihon, ukumkani wama-Amori, obemi eHeshbhon, abambulaláyo ooMoses noonyana bakaSirayeli ekuphumeni kwabo eYiputa; balihlutha ilizwe lakhe, nelizwe likaOgi ukumkani waseBhashan, ookumkani ababini bama-Amori ababengaphonoshono kweYordan nga-
48 sempumalanga; bathabathela eArohere, engaseludinini lomlanjana oyiArnon, bada besa entabeni yeSiyon eyiHermon, neArabha yonke ngaphonoshono 49 kweYordan ngasempumalanga, bada besa elwandle lwaseArabha, ngaphantsi kwamaxandeka asePisga.

5 Wawabiza uMoses amaSirayeli onke, wathi kuwo, Yivani, maSirayeli, imimiselo namasiko endiwathethayo ezindlebeni zenu namhla, ukuze niwafunde, nigcine ukuwenza.
UYehova uThixo wethu wenza u- 2 mnqophiso nathi eHorebhe. UYehova 3 akawenzanga noobawo bethu lo mnqophiso; wawenza nathi aba sikhoyo sonke siphela, siphilile namhlanje. UYe- 4 hova wathetha kuni, ekhangelene nani entabeni phakathi komlilo. Ndema 5 phakathi koYehova nani ngelo xesha, ukuze ndinixelele ilizwi likaYehova; ngokuba nibe nisoyika umlilo, ànanyuka niye entabeni. Wathi:

NdinguYehova uThixo wakho, owa- 6 kukhuphayo ezweni laseYiputa, endlwini yobukhoboka.
Uze ungabi nathixo bambi ngapha- 7 ndle kwam.
Uze ungazenzeli umfanekiso oqingqi- 8 weyo, nokuba ngowayiphi na into emilise esezulwini phezulu, nesemhlabeni phantsi, nesemanzini aphantsi komhlaba. Uze ungazinquli ezo nto, uze unga- 9 zikhonzi; kuba mna Yehova, Thixo wakho, ndinguThixo onekhwele, ndibuvelela ubugwenxa booyise koonyana nakwesesithathu nakwesesiné isizukulwana sabandithiyileyo; ndiwénzela inceba 10 amawaka abandithandayo, abayigcinayo imithetho yam.
Uze ungafumane ulibize igama lika- 11 Yehova uThixo wakho, kuba uYehova akayi kumenza omsulwa, ofumana alibize igama lakhe.
Gcina umhla wesabatha, ukubu uwu- 12 ngcwalise, njengoko wakuwisela umthetho uYehova uThixo wakho. Wòse- 13 benza imihla emithandathu, uwenze wonke umsebenzi wakho; ke wona umhla 14 wesixhenxe úyisabatha kaYehova uThixo wakho. Uze ungenzi namnye umse-

benzi, wena, nonyana wakho, nentombi yakho, nesicaka sakho, nesicakakazi sakho, nenkomo yakho, ne-esile lakho, neento zakho zonke ezizitho ziné, nowasemzini osemasangweni akho, ukuze siphumle isicaka sakho nesicakakazi sa-
15 kho, njengawe; ukhumbule ukuba ube ulikhoboka ezweni laseYiputa, wakukhupha khona uYehova uThixo wakho ngesandla esithe nkqi, nangengalo eyolukileyo; ngenxa yoko úkuwisele umthetho uYehova uThixo wakho, ukuba uwugcine umhla wesabatha.

16 Beka uyihlo nonyoko, njengoko akuwisele umthetho uYehova uThixo wakho, ukuze yolulwe imihla yakho, nokuze kulúnge kuwe emhlabeni akunika wona uYehova uThixo wakho.
17 Uze ungabulali.
18 Uze ungakrexezi.
19 Uze ungebi.
20 Uze ungangqini ubungqina obubuxoki ngommelwane wakho.
21 Uze unganqweneli umfazi wommelwane wakho; uze unganqweneli indlu yommelwane wakho, nentsimi yakhe, nesicaka sakhe, nesicakakazi sakhe, nenkomo yakhe, ne-esile lakhe, nanye into eyeyommelwane wakho.

22 Loo mazwi wawathetha uYehova ebandleni lenu lonke entabeni leyo, phakathi komlilo, efini nasesithokothokweni, ngezwi elikhulu, akongeza; wawabhala emacwecweni amatye amabini, wawa-
23 nika mna. Kwathi, nakuliva ilizwi phakathi kobumnyama, intaba isitsha ngumlilo, nasondela kum, zonke iintloko zezizwe zakowenu, namadoda amakhulu
24 akowenu; nathi, Yabona, uYehova uThixo wethu usibonisile ubuqaqawuli bakhe nobukhulu bakhe, nelizwi lakhe silivile phakathi komlilo. Namhla sibonile ukuba uYehova uyathetha no-
25 mntu, aphile noko. Ngoko yini na ukuba sife? Ngokuba lo mlilo mkulu uya kusidla; ukuba sithe saphinda saliva ilizwi likaYehova uThixo wethu, sofa.
26 Kuba ngubani na enyameni yonke, owakha waliva ilizwi likaThixo ohleliyo, ethetha phakathi komlilo, njengathi,

waphila noko? Sondela wena, uve ko- 27 nke okuthethwa nguYehova uThixo wethu, ukuthethe wena kuthi; konke aya kukuthetha uYehova uThixo wethu kuwe, sokuva sikwenze.

Waliva ke uYehova izwi lokuthetha 28 kwenu ekutheetheni kwenu kum; wathi uYehova kum, Ndilivile izwi lokuthetha kwaba bantu abakuthethileyo kuwe; bakulungisile konke abakuthethileyo. A- 29 kwaba bebenale ntliziyo yokundoyika, nokuyigcina imithetho yam yonke, imihla yonke, ukuze kulúnge kubo noonyana babo ngonaphakade! Yiya, uthi ku- 30 bo, Buyelani ezintenteni zenu. Ke wena, 31 yima apha ngakum, ndiyithethe kuwe yonke imithetho nemimiselo namasiko, owobafundisa wona, bawenze ezweni elo ndibanika lona, ukuba balimé.

Nize nizigcine ukuba nenze njengoko 32 uYehova uThixo wenu waniwisela umthetho, ningatyekeli ekunene nasekhohlo. Hambani ngeendlela zonke 33 awaniwisela umthetho ngazo uYehova uThixo wenu, ukuze niphile; kulúnge kuni, niyolule imihla ezweni elo niya kulima.

Izíyalo ezisingisela kululamo

6 Nguwo lo umthetho, imimiselo ke kwanamasiko, awaniwiselayo uYehova uThixo wenu, ukuba niwufundiswe, niwenze ezweni elo niwelela kulo ukuba nilimé; ukuze umoyike uYehova 2 uThixo wakho, uyigcine yonke imimiselo yakhe nemithetho yakhe endikuwiselayo, wena nonyana wakho, nonyana wonyana wakho, yonke imihla yobomi bakho, ukuze yolulwe imihla yakho. Yiva ke, Sirayeli, ugcine ukwenza, uku- 3 ze kulúnge kuwe, ukuze nande kunene ezweni elibaleka amasi nobusi, njengokuba uYehova, uThixo wooyihlo, akuthethileyo kuwe.

Yiva, Sirayeli: uYehova uThixo we- 4 thu nguYehova mnye. Uze umthande 5 uYehova uThixo wakho ngentliziyo yakho yonke, nangomphefumlo wakho wonke, nangamandla akho onke.

La mazwi ndikuwisela umthetho nga- 6 wo namhlanje, aze abe sentliziyweni ya-

7 kho. Uze uwatsolise koonyana bakho, uthethe ngawo ekuhlaleni kwakho endlwini yakho, nasekuhambeni kwakho ngendlela, nasekulaleni kwakho, nase-
8 kuvukeni kwakho; uwabophe esandleni sakho abe ngumqondiso, abe zizikhu-
9 mbuzo phakathi kwamehlo akho; uwabhale emigubasini yendlu yakho, nasemasangweni akho.

10 Kothi, xa athe wakungenisa uYehova uThixo wakho kulo ilizwe abelifungele ooyihlo, ooAbraham noIsake noYakobi, ukuba akunike: imizi emikhulu, emihle,
11 ongayakhanga; nezindlu ezizele zizinto zonke ezintle, ongazizalisanga; namaqula ambiweyo, ongawambanga; nezidiliya nezinquma, ongazityalanga; wadla
12 wahlutha: uzigcine, hleze umlibale uYehova okukhuphileyo ezweni laseYi-
13 puta, endlwini yobukhoboka. UYehova uThixo wakho ùze umoyike, umkhonze,
14 ufunge igama lakhe. Nize ningalandeli thixo bambi koothixo bezizwe ezini-
15 ngqongileyo; ngokuba nguThixo onekhwele, uYehova uThixo wakho phakathi kwakho; hleze umsindo kaYehova uThixo wakho uvuthe ngakuwe, ukutshabalalise, ungabikho ehlabathini.
16 Nize ningamlingi uYehova uThixo wenu, njengoko namlingayo eMasa.
17 Nize niyigcine niyigcinile imithetho kaYehova uThixo wenu, nezingqino zakhe, nemimiselo yakhe, awakuwiselayo;
18 wenze okuthe tye, okulungileyo emehlweni kaYehova; ukuze kulúnge kuwe, ungene ulimé ilizwe elihle, awalifu-
19 ngela ooyihlo uYehova, ukuba azigxothe iintshaba zakho zonke ebusweni bakho, njengoko wathethayo uYehova.
20 Xa athe unyana wakho wakubuza ngomso, esithi, Zezani na ezi zingqino nemimiselo namasiko, aniwiselayo uYe-
21 hova uThixo wethu? wòthi kunyana wakho, Sibe singamakhoboka kaFaro eYiputa; wasikhupha uYehova eYiputa
22 ngesandla esithe nkqi; uYehova wênza eYiputa imiqondiso nezimanga ezikhulu, ezibi, kuFaro, nasendlwini yakhe
23 yonke, emehlweni ethu; wasikhupha khona, ukuze asingenise, ukuba asinike
24 ilizwe elo abelifungele oobawo. Wasi-wisela umthetho uYehova, ukuba siyenze le mimiselo yonke, ukuba simoyike uYehova uThixo wethu, kulúnge kuthi yonke imihla, silondolozelwe ebomini, njengoko kunjalo namhla. Koba 25 bubulungisa kuthi, xa sithe sagcina ukuwenza wonke lo mthetho phambi koYehova uThixo wethu, njengoko wasiwiselayo umthetho.

Ubuhlobo nezizwe zakwaKanan buyaliwa

7 Xa athe uYehova uThixo wakho wakungenisa kulo ilizwe, oya kulo ukuba ulimé, wanyothula iintlanga ezininzi ebusweni bakho, amaHeti, namaGirgashi, nama-Amori, namaKanan, namaPerizi, namaHivi, namaYebhusi, iintlanga ezisixhenxe, zizininzi, zinamandla kunawe, wazinikela kuwe uYehova 2 uThixo wakho: uze uzixabele, uzisingele phantsi kuphele; ungenzi mnqophiso nazo, ungazisizeli. Uze ungendiselani 3 nazo, intombi yakho ungayiniki unyana wakhe, intombi yakhe ungayizekeli unyana wakho; kuba yomtyekisa unyana 4 wakho angandilandeli, bakhonze thixo bambi, uvuthe umsindo kaYehova kuni, akutshabalalise kamsinya.

Ke yenjani nje kuzo: zidilizeni izi- 5 bingelelo zazo, nizichithe izimiso zazo, nibaxakaxe ooAshera* bazo, niyitshise ngomlilo imifanekiso yazo eqingqiweyo. Ngokuba ningabantu abangcwele ku- 6 Yehova uThixo wakho; úninyule uYehova uThixo wakho, ukuba nibe ngabantu abayinqobo kuye, kunabantu bonke abaphezu komhlaba. Akunga- 7 buninzi benu kunezinye izizwe zonke, le nto athene nca nani uYehova, waninyula; kuba nimbalwa kunezinye izizwe zonke. Kungokunithanda kukaYeho- 8 va, kungokusigcina kwakhe isifungo abesifungele ooyihlo, le nto anikhuphe ngesandla esithe nkqi uYehova, wanikhulula ngentlawulelo endlwini yobukhoboka, esandleni sikaFaro, ukumkani waseYiputa.

Yazi ke, ukuba uYehova uThixo wa- 9 kho nguye uThixo, uThixo wenyaniso, obagcinela umnqophiso nenceba abamthandayo, abayigcinayo imithetho ya-

IDUTERONOMI 7-8

10 khe, ase ewakeni lesizukulwana; obabuyekezayo abamthiyayo ebusweni babo, ukuba abatshabalalise. Akalibali ukumbuyekeza omthiyayo; uya kumbu-
11 yekeza ebusweni bakhe. Wugcine ke umthetho, nemimiselo, namasiko, endikuwisela wona namhla, ukuba uwenze.

12 Kothi ke ngenxa enokuba nithe naweva la mabango, nawagcina, nawenza, akugcinele umnqophiso nenceba uYehova uThixo wakho, awawufunga koo-
13 yihlo; akuthande, akusikelele, akwandise, asikelele nesiqhamo sesizalo sakho, neziqhamo zomhlaba wakho, ingqolowa yakho, newayini yakho entsha, neoli yakho, nenkonyana yenkomo yakho, netakane lempahla yakho emfutshane, emhlabeni lowo wawufungela ooyihlo uku-
14 ba wokunika. Wòsikeleleka ngaphezu kwezizwe zonke; akusayi kubakho nto ingàzaliyo, nokuba yindoda nokuba ngumfazi kuwe; nasezinkomeni zakho ayi-
15 sayi kubakho. UYehova wósusa zonke izifo kuwe; nobulwelwe bonke obubi baseYiputa, obo ubaziyo, akayi kububeka kuwe; úya kububeka kubo bonke
16 abakuthiyayo. Uze uzidle zonke izizwe ezo akunikayo uYehova uThixo wakho; iliso lakho lingabi nanceba kuzo, ungàbakhonzi oothixo bazo; ngokuba ngumgibe lowo kuwe.

17 Xa uthe entliziyweni yakho, Ezi ntlanga zininzi kunam, ndinokuthini na
18 ukuzigqogqa? uze ungazoyiki. Khumbula kakuhle awakwenzayo uYehova uThixo wakho kuFaro nakumaYiputa
19 onke; izilingo ezikhulu aziboniileyo amehlo akho, nemiqondiso, nezimanga, nesandla esithe nkqi, nengalo eyolukileyo, awakukhupha ngazo uYehova uThixo wakho. Úya kwenjenjalo uYehova uThixo wakho kuzo zonke izizwe
20 ozoyikayo. Ngaphezu koko, uYehova uThixo wakho uya kuthuma oonomeva kuzo, zide ezo ziselayo, zizisithelisayo
21 ebusweni bakho, zibhubhe. Uze ungangcangcazeli ebusweni bazo; ngokuba uYehova uThixo wakho phakathi kwakho nguThixo omkhulu, owoyikekayo.
22 UYehova uThixo wakho uya kuzinyothula ezi ntlanga ebusweni bakho, ka-

ncinane, kancinane. Akuyi kuba nako ukuziphelisa kamsinya, hleze ande akongamele amarhamncwa asendle. UYe- 23 hova uThixo wakho wozinikela kuwe, azidungadunge ngodungadungo olukhulu, zide zitshatyalaliswe; abanikele 24 ookumkani bazo esandleni sakho, ulicime igama labo phantsi kwezulu. Akuyi kuma mntu ebusweni bakho, ude uzitshabalalise zona. Imifanekiso eqingqi- 25 weyo yoothixo bazo woyitshisa ngomlilo; uze ungayinqweneli isilivere negolide ekuzo, ungayithabatheli kuwe, ibe ngumgibe; ngokuba lisikizi kuYehova uThixo wakho. Uze ungalingenisi isikizi 26 endlwini yakho, ukuze ungabi yinto yokusingelwa phantsi njengálo. Ize ibe nezothe, ibe linyala kuwe, ibe lisikizi kuwe, ngokuba yinto yokusingelwa phantsi.

Iziyalo ezisingisela kululamo ngenxa yabakwenzelwe nguThixo

8 Wonke umthetho endikuwiselayo namhla, ize nizigcine ngokwenu ukuba niwenze, ukuze niphile, nande, ningene nilimé ilizwe elo walifungela ooyihlo uYehova. Uze uyikhumbule yo- 2 nke indlela akuhambise ngayo uYehova uThixo wakho, le minyaka imashumi mané entlango, ukuze akuthobe, akulinge, akwazi okusentliziyweni yakho, ukuba wòyigcina imithetho yakhe, akuyi kuyigcina, kusini na. Wakuthoba, 3 wakulambisa, wakudlisa imana,* into obungayazi, ababengayazi nooyihlo; ukuze akwazise ukuba akaphili ngasonka sodwa umntu; umntu lo yena uphila ngento yonke ephuma emlonyeni kaYehova. Ingubo yakho ayonakalanga 4 bubudala ikushiye, nonyawo lwakho aludumbanga, le minyaka imashumi mané.

Uze wazi ngentliziyo yakho, ukuba 5 njengoko umntu amqeqeshayo unyana wakhe, uYehova uThixo wakho uyakuqeqesha wena; uyigcine ke imithetho 6 kaYehova uThixo wakho, ukuba uhambe ngeendlela zakhe, umoyike. Kuba 7 uYehova uThixo wakho ukungenisa ezweni elihle; ezweni lemilanjana yama-

nzi, lemithombo namanzi enzonzobila,
8 aphuma ezihlanjeni nasezintabeni; ezweni lengqolowa, nerhasi, neediliya, nemikhiwane, neerharnate; ezweni le-
9 minquma yeoli, nobusi; ezweni ongayi kudla sonka kulo uyimbedlenge, ongayi kuswela nanye into kulo; ezweni elimatye asinyithi, elintaba womba ubhedu
10 kuzo; udle, uhluthe, umbonge uYehova uThixo wakho ngenxa yelizwe elihle akunike lona.
11 Zigcine, hleze umlibale uYehova uThixo wakho ngokungayigcini imithetho yakhe, namasiko akhe, nemimiselo
12 yakhe, endikumiselayo namhla; hleze uthi, wakudla uhluthe, wakhe izindlu
13 ezintle, uhlale kuzo; zande iinkomo zakho, nempahla yakho emfutshane, yande kuwe isilivere negolide, yande yonke i-
14 nto onayo: isuke iphakame intliziyo yakho, umlibale uYehova uThixo wakho, owakukhuphayo ezweni laseYiputa, e-
15 ndlwini yobukhoboka; owakuhambisayo entlango enkulu eyoyikekayo, eneenyoka ezinobuhlungu, noonomadudwane, nebalelelwe lilanga, engenamanzi; owa-
16 kuvelisela amanzi eweni leqhwitha; owakudlisa imana entlango, into ababengayazi ooyihlo, ukuze akuthobe, akulinge, ukuba akwenzele okulungileyo ekuphe-
17 leni kwakho; úze uthi ke entliziyweni yakho, Ngamandla am nokuqina kwesandla sam okundizuzise obu butyebi.
18 Uze umkhumbule uYehova uThixo wakho, ngokuba nguye okunika amandla okuzuza ubutyebi; ukuze awumise umnqophiso wakhe abewufungele ooyi-
19 hlo, njengoko kunjalo namhla. Kothi, ukuba uthe wamlibala uYehova uThixo wakho, walandela thixo bambi, wabakhonza, wabanqula, ndiyaningqinela
20 namhla, ukuba nobhubha kanye. Njengeentlanga uYehova azenze zadaka ebusweni benu, nòdaka ngokunjalo, ngenxa enokuba ningaliphulaphulanga izwi likaYehova uThixo wenu.

UMoses ukhumbuza amaSirayeli ngeemvukelo zawo ngamaxesha athile

9 Yiva, Sirayeli! Ùyayiwela namhla iYordan, usiya kuzihlutha iintlanga ezinkulu, ezinamandla kunawe, imizi emikhulu, enqatyiswe yesa ezulwini; abantu abakhulu, abade, oonyana 2 baka-Anaki, obaziyo wena, obavileyo wena kusithiwa *ngabo*, Ngubani na onokuma phambi koonyana baka-Anaki? Yazi ke namhla, ukuba uYehova uThi- 3 xo wakho nguye owela phambi kwakho, engumlilo odlayo. Wòbatshabalalisa, wòbathoba phambi kwakho; ubagqogqe, ubacime kamsinya, njengoko wathethayo kuwe uYehova.

Uze ungatsho entliziyweni yakho 4 ekubagxotheni kuka Yehova uThixo wakho ebusweni bakho, ukuthi, Kungobulungisa bam andingenisileyo uYehova, ukuba ndilimé eli lizwe. Kungokungabi ndawo kwezo ntlanga, le nto uYehova azigqogqayo zingabikho ebusweni bakho. Akungabulungisa bakho, 5 nokuthi tye kwentliziyo yakho, le nto ungénayo ulimé ilizwe lazo: kuba kungokungabi ndawo kwezo ntlanga, le nto uYehova, uThixo wakho, azigqogqayo zingabikho ebusweni bakho, ukuze alimise ilizwi elo uYehova abelifungele ooyihlo, ooAbraham noIsake noYakobi.

Yazi ke, ukuba akungabulungisa ba- 6 kho, le nto uYehova, uThixo wakho, akunikayo eli lizwe lihle ukuba ulimé; ngokuba ningabantu abantamo ilukhuni. Khumbula, musa ukulibala ukumqu- 7 mbisa kwakho uYehova, uThixo wakho, entlango; kususela kwimini owaphumayo ezweni laseYiputa, wada wangena kule ndawo, naba neenkani kuYehova.

NaseHorebhe namqumbisa uYehova, 8 wanifuthela uYehova ukuba anitshabalalise. Oko ndandinyuke ndaya enta- 9 beni ukuya kuthabatha amacwecwe amatye, amacwecwe omnqophiso abewenza uYehova nani, ndahlala iimini ezimashumi mané nobusuku obumashumi mané entabeni, ndingadli sonka, ndingaseli manzi. Wandinika uYehova 10 amacwecwe amabini amatye, ebhalwe ngomnwe kaThixo, kubhalwe kuwo ngokwamazwi onke abewathethile uYehova nani entabeni, phakathi komlilo ngomhla wesikhungu. Kwathi, eku- 11 pheleni kweemini ezimashumi mané nobusuku obumashumi mané, uYehova wandinika amacwecwe amabini amatye, amacwecwe omnqophiso.

12 Wathi uYehova kum, Suka uhle apha kamsinya; ngokuba bonákalisile abantu bakho obakhuphileyo eYiputa; batyeka kamsinya endleleni leyo ndibawisele umthetho ngayo, bazenzela umfanekiso 13 otyhidiweyo. Wathi uYehova kum, Ndibabonile aba bantu; yabona, ngaba-
14 ntu abantamo ilukhuni; ndíyeke, ndibatshabalalise, ndilicime igama labo phantsi kwamazulu, ndikwènze wena uhlanga olunamandla, oluninzi kunabo.

15 Ndajika ke ndehla entabeni, intaba isitsha ngumlilo, amacwecwe omabini omnqophiso esezandleni zam zozibini.
16 Ndakhangela, ndabona ukuba nonile kuYehova uThixo wenu, nazenzela ithole elingumtyhido, natyeka kamsinya endleleni leyo waniwisela umthetho ngayo
17 uYehova. Ndawathabatha amacwecwe omabini, ndawalahla ezandleni zam zozibini, ndawaqhekeza emehlweni enu.

18 Ndawa phantsi phambi koYehova, njengokokuqala, iimini ezimashumi mané nobusuku obumashumi mané; ndingadli sonka, ndingaseli manzi, ngenxa yezono zenu zonke, enoné ngazo ukwenza okubi emehlweni kaYehova, ukuba
19 nimqumbise; kuba bendinxunguphele ngumsindo nobushushu abenoburhalarhume ngabo uYehova kuni, ukuba anitshabalalise. Ke uYehova wandiva na-
20 ngeso sihlandlo. UYehova wamfuthela kunene uAron, ukuba amtshabalalise; ndamthandazela noAron lowo ngelo xe-
21 sha. Isono senu enisenzileyo, ithole elo, ndalithabatha ndalitshisa ngomlilo, ndaliqoba, ndalisila ngokucokisekileyo, lada lacoleka laluthuli, ndaluphosa uthuli lwalo emlanjaneni obusihla entabeni.

22 NaseTabhera, naseMasa, naseKibroti-hatahava, nibe nimqumbisa uYehova.
23 Nasekunisuseni kukaYehova eKadeshebharneha, esithi, Nyukani, nilimé ilizwe elo ndininikileyo, nawuphikisa umlomo kaYehova uThixo wenu, ànakholwa nguye, analiphulaphula izwi
24 lakhe. Naba neenkani kuYehova, kususela kwimini endanazi ngayo.

25 Ndawa ke phantsi phambi koYehova, ezo mini zimashumi mané nobusuku obumashumi mané, endawayo phantsi; kuba uYehova wathi uya kunitshabalalisa. Ndathandaza ke kuYehova, nda- 26 thi, Nkosi yam, Yehova, musa ukubatshabalalisa abantu bakho, ilifa lakho, obakhululeyo ngobukhulu bakho, obakhuphileyo eYiputa ngesandla esithe nkqi. Khumbula abakhonzi bakho, ooAbra- 27 ham noIsake noYakobi. Musa ukukhangela ekugogotyeni kwaba bantu, nakokungendawo kwabo, nasesonweni sabo; hleze lithi ilizwe osikhuphe kulo, Ku- 28 ngokuba ebengenako uYehova ukubangenisa kulo ilizwe abethethe ngalo kubo; kungokuba ebebathiya, le nto wakhuphayo, ukuze ababulalele entlango. Ke ngabantu bakho nelifa lakho, o- 29 bakhuphileyo ngamandla akho amakhulu, nangengalo yakho eyolukileyo.

Inceba kaThixo isisizathu sokuba alulanyelwe

10 Ngelo xesha wathi uYehova kum, Ziqingqele amacwecwe amatye abe mabini, njengawokuqala, unyuke uze kum entabeni, uzenzele ityeya yomthi; ndiwabhale emacwecweni lawo 2 amazwi abekwawokuqala amacwecwe, lawo wawaqhekezayo; uwabeke etyeyeni. Ndenza ke ityeya ngomngampunzi, 3 ndaqingqa amacwecwe amatye amabini, njengawokuqala; ndenyuka ndaya entabeni, ndinawo amacwecwe amabini esandleni sam. Wawabhala ke emacwe- 4 cweni ngokombhalo wokuqala amazwi alishumi, abewathethile uYehova kuni entabeni, phakathi komlilo, ngomhla wesikhungu; uYehova wandinika wona. Ndajika ke, ndehla entabeni, ndawabe- 5 ka amacwecwe etyeyeni endayenzayo. Akhona, njengoko uYehova wandiwisela umthetho ngako.

Banduluka oonyana bakaSirayeli e- 6 Bheroti-bhene-yahakan, baya eMosera. Wafa apho uAron, wangcwatyelwa khona; uElazare unyana wakhe waba ngumbingeleli esikhundleni sakhe. Banduluka khona, baya eGudegoda; *banduluka* 7 eGudegoda, baya eYotebhata, ilizwe

8 elinemilanjana yamanzi. Ngelo xesha uYehova wasahlula isizwe sakwaLevi, ukuba sithwale ityeya yomnqophiso kaYehova, nokuba sime phambi koYehova silungiselele, sisikelele egameni lakhe
9 unanamhla. Ngenxa yoko uLevi akanasabelo nalifa ndawonye nabazalwana bakhe; nguYehova ilifa lakhe, njengoko wathethayo uYehova uThixo wakho kuye.
10 Ndema ke mna entabeni, njengemihla yokuqala, iimini ezimashumi mané nobusuku obumashumi mané; wandiva uYehova nangeso sihlandlo; uYehova
11 akathanda ukukonakalisa. Wathi uYehova kum, Suka ume, uhambe phambi kwabantu, bangene balimé ilizwe elo, ndafungayo kooyise ukuba ndobanika.

12 Kaloku ke, Sirayeli, uYehova uThixo wakho ubiza ntoni na kuwe, kungekuko ukumoyika uYehova uThixo wakho, uhambe ngeendlela zakhe zonke, umthande, umkhonze uYehova uThixo wakho ngentliziyo yakho yonke, nango-
13 mphefumlo wakho wonke; ugcine imithetho kaYehova, nemimiselo yakhe, endikumiselayo namhla ukuba kulúnge
14 kuwe? Yabona lelikaYehova uThixo wakho izulu, nezulu lamazulu, nehla-
15 bathi, neento zonke ezikhona. UYehova wathana nca nooyihlo bodwa, ukuba abathande; wanyula imbewu yabo emva kwabo, nina ke, ngaphezu kwezizwe zonke, njengoko kunjalo namhla.
16 Yalusani ke inyama yentliziyo yenu, ningabi saba ngabantamo ilukhuni.
17 Kuba uYehova uThixo wenu nguThixo woothixo yena, nguNkosi kankosi, nguThixo omkhulu, oligorha, owoyikekayo, ongakhethi buso, ongamkeli sicengo;
18 ogwebela inkedama nomhlolokazi, othanda owasemzini, amnike ukudla, amnike
19 nengubo. Mthandeni owasemzini; kuba nibé ningabasemzini ezweni laseYiputa.
20 Uze umoyike uYehova uThixo wakho, umkhonze, unamathele kuye, ufunge
21 igama lakhe. Yindumiso yakho, nguThixo wakho, okwenzele ezi zinto zinkulu zoyikekayo, aziboniieyo amehlo akho. Behla beyimiphefumlo emashu- 22
mi asixhenxe ooyihlo ukuya eYiputa; ke ngoku uYehova, uThixo wakho, unenze nanjengeenkwenkwezi zezulu, ukuba baninzi kwenu.

Iziyalo zokumthanda nokumlulamela uThixo

11 Ngoko ke uze umthande uYehova uThixo wakho, ugcine isigxina sakhe, nemimiselo yakhe, namasiko akhe, nemithetho yakhe, imihla yonke.
Yazini ke namhla; ngokuba andithe- 2 thi noonyana benu abangakwazanga, abangakubonanga ukuqeqesha kukaYehova uThixo wenu, ubukhulu bakhe, nesandla sakhe esithe nkqi, nengalo yakhe eyolukileyo, nemiqondiso yakhe, neze- 3 nzo zakhe abezenzile phakathi kweYiputa kuFaro ukumkani waseYiputa, nakwilizwe lakhe lonke; noko wakwenzayo 4 empini yamaYiputa, emahasheni ayo, nasezingqwelweni zayo zokulwa; oko wahambisa amanzi oLwandle oluBomvu* phezu kwayo, ekunisukeleni kwayo, wayicima uYehova unanamhla; noko wa- 5 kwenzayo kuni entlango, nada nafika kule ndawo; noko wakwenzayo kooDa- 6 tan noAbhiram, oonyana bakaEliyabhi unyana kaRubhen; ukuba umhlaba wakhamisa umlomo wawo, wabaginya, nezindlu zabo, neentente zabo, nento yonke ephilileyo eyabalandelayo, àbabakho phakathi kwamaSirayeli onke. Ngo- 7 kuba amehlo enu azibonile zonke izenzo zikaYehova ezikhulu awazenzayo.

Ize niwugcine wonke umthetho endi- 8 niwiselayo namhla, ukuze nomelele, ningene nilimé ilizwe elo niwelela kulo, ukuba nilihluthe; ukuze niyolúle imihla 9 yenu emhlabeni lowo abewufungele ooyihlo uYehova, ukuba wowunika bona nembewu yabo, ilizwe elibaleka amasi nobusi.
Kuba ilizwe elo uya kulo, usiya kuli- 10 hlutha, alinjengelizwe laseYiputa, elo naphuma kulo, apho wayihlwayelayo imbewu yakho, waza wayinkcenkcesha ngonyawo lwakho, njengomyezo wemifuno. Ke lona ilizwe eniwelela kulo, 11 nisiya kulihlutha, lilizwe leentaba nezi-

IDUTERONOMI 11–12

hlambo, elisela amanzi emvula yezulu;
12 lilizwe alikhathaleleyo uYehova uThixo wakho, ahlala ekulo amehlo kaYehova uThixo wakho, ethabathela ekuqaleni komnyaka, ade ase ekupheleni komnyaka.

13 Kothi, ukuba nithe nayiphulaphula ngenyameko imithetho yam endiniwiselayo namhla, yokuba nimthande uYehova uThixo wenu, nimkhonze ngentliziyo yenu yonke, nangomphefumlo we-
14 nu wonke: ndininike imvula yelizwe lenu ngexesha layo, ethambisayo nevuthisayo, uhlanganise ingqolowa yakho,
15 newayini yakho entsha, neoli yakho; ndizinike utyani iinkomo zakho, ema-
16 dlelweni akho, udle uhluthe. Zigcineni, hleze ikhohliseke intliziyo yenu, nityeke,
17 nikhonze thixo bambi, nibanqule, uvuthe umsindo kaYehova kuni, alivingce izulu kungabikho mvula, umhlaba ungayivelisi indyebo yawo, nibhubhe kamsinya, ningabikho ezweni elihle, aninika lona uYehova.

18 La mazwi am nize niwabekele intliziyo yenu nomphefumlo wenu niwabophe esandleni senu, abe ngumqondiso, abe zizikhumbuzo phakathi kwamehlo enu;
19 niwafundise oonyana benu, uthethe ngawo ekuhlaleni kwakho endlwini yakho, nasekuhambeni kwakho ngendlela, nasekulaleni kwakho, nasekuvukeni kwa-
20 kho; uwabhale emigubasini yendlu ya-
21 kho, nasemasangweni akho: ukuze yande imihla yenu, nemihla yoonyana benu, emhlabeni lowo abewufungele ooyihlo uYehova, ukuba wobanika njengemihla yamazulu phezu kwehlabathi.

22 Kuba, ukuba nithe nawugcina ngenyameko lo mthetho wonke ndiniwiselayo ukuba niwenze, nimthande uYehova uThixo wenu, nihambe ngeendlela
23 zakhe zonke, ninamathele kuye; wozigqogqa uYehova ezo ntlanga zonke phambi kwenu, nigqogqe iintlanga ezinkulu,
24 ezinamandla kunani. Indawo yonke, enyathelwa yintende yonyawo lwenu, yoba yeyenu; kuthabathela entlango, naseLebhanon, nasemlanjeni, emlanjeni ongumEfrati, kuse elwandle lwasentshonalanga, ingumda wenu. Akukho mntu
25 uya kuma phambi kwenu; ukunkwantya

nini, nokoyika nina, wòkubeka uYehova uThixo wenu ezweni lonke enilinyatheleyo, njengoko wathethayo kuni.

Yabonani, ndibeka phambi kwenu 26 namhla intsikelelo nesiqalekiso: intsi- 27 kelelo, ukuba nithé nayiphulaphula imithetho kaYehova uThixo wenu, endiniwiselayo namhla; isiqalekiso, ukuba ni- 28 the anayiphulaphula imithetho kaYehova uThixo wenu, nesuka natyeka endleleni leyo ndiniwisele umthetho ngayo namhla, nalandela thixo bambi eningabazanga.

Kothi, xa athe uYehova, uThixo wa- 29 kho, wakungenisa kulo ilizwe oya kulo, usiya kulima, uyikhuphele intsikelelo phezu kwentaba yeGerizim, nesiqalekiso phezu kwentaba ye-Ebhali. Ezo ntaba 30 àziphesheya kweYordan na, ngaphaya kwendlela eya entshonalanga, ezweni lamaKanan, amiyo eArabha, malungana neGilgali, ecaleni leMioki* kaMore? Kuba niya kuwela iYordan, nisiya kuli- 31 hlutha ilizwe elo aninikayo uYehova u-Thixo wenu, nilihluthe ke nime kulo. Gcinani, niyenze yonke imimiselo na- 32 masiko endiwabekayo phambi kwenu namhla.

Umthetho wokuba ibe nye indawo yokunqula

12 Yiyo le imimiselo namasiko, enowagcina ukuba niwenze ezweni elo, akunika lona uYehova uThixo wooyihlo, ukuba ulimé yonke imihla enidla ngayo ubomi emhlabeni. Zichitheni 2 kuphele zonke iindawo, apho iintlanga enizigqogqayo zabakhonzela khona oothixo bazo, ezintabeni eziphakamileyo, nasezindulini, naphantsi kwemithi yonke eluhlaza; nizidilize izibingelelo zazo, 3 niziqhekeze izimiso zazo zamatye, nibatshise ngomlilo ooAshera* bazo, niyixakaxe imifanekiso eqingqiweyo yoothixo bazo, nilicime igama lazo kule ndawo.

Ize ke ningenjenjalo kuYehova uThi- 4 xo wenu. Endaweni leyo aya kuyinyula 5 uYehova uThixo wenu eziizweni zenu zonke, ukuba alimise khona igama lakhe, ukuba ahlale khona, ize niquqele khona, niye khona. Nowasa khona amadini 6

IDUTERONOMI 12

enu anyukayo, nemibingelelo yenu, nezishumi zenu, nomrhumo wesandla senu, nezibhambathiso zenu, nemibingelelo yenu yokuqhutywa yintliziyo, namazibulo eenkomo zenu nawempahla
7 yenu emfutshane; nidle khona phambi koYehova uThixo wenu, nivuye entweni yonke enisa isandla senu kuyo, nina nezindlu zenu, akusikeleleyo kuyo uYehova uThixo wakho.

8 Ize ningenzi ngokwezinto zonke esizenzayo apha namhla, elowo esenza oku-
9 the tye emehlweni akhe; kuba okwangoku anikangeni ekuphumleni oko, naselifeni elo, aninikayo uYehova uThixo we-
10 nu. Ke noyiwela iYordan, nihlale ezweni elo, uYehova uThixo wenu aya kunidlisa ilifa kulo, aniphumze ezintshabeni zenu zonke ngeenxa zonke, nihlale ni-
11 kholosile. Kothi ke kubekho indawo aya kuyinyula uYehova uThixo wenu, alihlalise khona igama lakhe, nizizise khona izinto zonke endiniwisela umthetho ngazo; amadini enu anyukayo, nemibingelelo yenu, nezishumi zenu, nomrhumo wesandla senu, nezibhambathiso zenu zonke ezinyuliweyo, enibhamba-
12 thisa ngazo kuYehova; nivuye phambi koYehova uThixo wenu, nina noonyana benu, neentombi zenu, nezicaka zenu, nezicakakazi zenu, nomLevi osemasangweni enu, ngokuba akanasabelo nalifa nani.

13 Zigcine, amadini akho anyukayo ungawanyusi ezindaweni zonke ozibo-
14 nayo. Ke endaweni leyo aya kuyinyula uYehova, kwesinye sezizwe sakowenu, wòwanyusa khona amadini akho anyukayo, ukwenze khona konke endikuwisela umthetho ngako.

15 Noko ke, ngokunqwena konke komphefumlo wakho, ungáxhela uyidle inyama, ngokwentsikelelo kaYehova uThixo wakho akunikileyo, emasangweni akho onke; oyinqambi nohlambulukileyo bangáyidla into enjengebhadi
16 nenjengexhama. Ligazi lodwa eningasayi kulidla; wòliphalazela emhlabeni njengamanzi.
17 Akunakusidlela emasangweni akho isishumi sengqolowa yakho, nesewayini yakho entsha, neseoli yakho, namazibulo eenkomo zakho nawempahla yakho emfutshane, nezibhambathiso zakho zonke obhambathisa ngazo, nemibingelelo yakho yokuqhutywa yintliziyo, nomrhumo wesandla sakho. Zona uze uzi- 18 dlele phambi koYehova uThixo wakho, endaweni leyo aya kuyinyula uYehova uThixo wakho, wena ke, nonyana wakho, nentombi yakho, nesicaka sakho, nesicakakazi sakho, nomLevi osemasangweni akho; uvuye phambi koYehova uThixo wakho ezintweni zonke osa isandla sakho kuzo. Zigcine, ungamlibali 19 umLevi, yonke imihla yokuphila kwakho emhlabeni wakho.

Xa athe uYehova uThixo wakho wa- 20 wenza banzi umda wakho, njengoko abethethe ngako kuwe, uthi, Ndiya kudla inyama, ngokuba umphefumlo wakho unqwenela ukuyidla inyama: ungáyidla inyama ngokungqwena konke komphefumlo wakho. Xa ithe yamgama kuwe 21 indawo leyo, aya kuyinyula uYehova uThixo wakho, ukuba alimise kuyo igama lakhe: woxhela ezinkomeni zakho, nasempahleni yakho emfutshane, akunikileyo uYehova, njengoko ndakuwisela umthetho ngako, udle emasangweni akho ngokunqwena konke komphefumlo wakho. Kanye njengokuba lidliwa i- 22 bhadi nexhama, ùya kwenjenjalo ukuyidla; oyinqambi nohlambulukileyo bofana ukuyidla. Kodwa qina ungalidli 23 igazi, kuba igazi ngumphefumlo; uze ungawudli ke umphefumlo kunye nenyama. Uze ungalidli; wolipha- 24 lazela emhlabeni njengamanzi. Uze 25 ungalidli; ukuze kulúnge kuwe, nakoonyana bakho emva kwakho, xa uthe wakwenza okuthe tye emehlweni kaYehova.

Zizinto zakho ezingcwele zodwa ezi- 26 lunge kuwe, nezibhambathiso zakho, owozithabatha uzise endaweni leyo aya kuyinyula uYehova; wenze amadini akho 27 anyukayo, inyama negazi, esibingelelweni sikaYehova uThixo wakho; igazi lemibingelelo yakho uligalele esibingelelweni sikaYehova uThixo wakho, uyidle inyama yona. Gcina uwaphulaphule la 28 mazwi onke, ndikuwisela umthetho ngawo, ukuze kulúnge kuwe nakoonyana bakho emva kwakho, kude kuse ephakadeni, xa uthe wenza okulungileyo nokuthe tye emehlweni kaYehova uThixo wakho.

29 Xa athe uYehova uThixo wakho wazinqumla phambi kwakho iintlanga, apho uya kuzigqogqa khona, wazigqo-
30 gqa ke, wahlala ezweni lazo: zigcine, hleze uthiyelwe uzilandele, emveni kokutshatyalaliswa kwazo phambi kwakho; hleze uquqele koothixo bazo, uthi, Zibe zisithini na ezi ntlanga ukubakhonza oothixo bazo? Ndiya kwenjenjalo nam.
31 Uze ungènjenjalo kuYehova uThixo wakho; kuba yonke into elisikizi kuYehova, ayithiyileyo, ziyenzile koothixo bazo; ngokuba kwanoonyana bazo neentombi zazo zizitshisé emlilweni koothixo bazo.
32 Into yonke endisukuba ndiniwisele umthetho ngayo, ize nigcine ukuyenza; uze ungòngezi kuyo unganciphisi nto.

Izilumkiso mayelana nezilingo zonqulo-zithixo

13 Xa kuthe kwavela phakathi kwakho umprofeti nomphuphi wamaphupha, wakunika imiqondiso nezi-
2 manga, yabakho ke imiqondiso nezimanga azithethileyo kuwe, esithi, Masilandele thixo bambi ongabaziyo, sibakho-
3 nze: uze ungawaphulaphuli amazwi aloo mprofeti naloo mphuphi wamaphupha; ngokuba kusukuba enilinga uYehova uThixo wenu, ukuze azi ukuba niyamthanda na uYehova uThixo wenu ngentliziyo yenu yonke, nangomphefumlo
4 wenu wonke. Nize nilandele uYehova uThixo wenu, noyike yena, nigcine imithetho yakhe, niphulaphule ilizwi lakhe,
5 nikhonze yena, ninamathele kuye. Ke loo mprofeti naloo mphuphi wamaphupha makabulawe; kuba ethethe elokutyeka kuYehova uThixo wenu, owanikhuphayo ezweni laseYiputa, wanikhulula ngentlawulelo endlwini yobukhoboka; ukuba akuwexule endleleni, akuwisele umthetho ngayo uYehova uThixo wakho ukuba uhambe ngayo. Uze ubutshayele ke ububi, bungabikho phakathi kwakho.

6 Xa athe umzalwana wakho, umntakanyoko, nonyana wakho, nentombi yakho, nomfazi wesifuba sakho, nommelwane wakho onjengomphefumlo wakho kuwe, wakuhenda ngasese, esithi, Masiye kukhonza thixo bambi ongabazanga, wena nooyihlo; koothixo bezizwe ezini-
7 ngqongileyo, ezikufuphi kuwe, nokuba zezikude nawe, ezithabathele esiphelweni sehlabathi, zada zesa esiphelweni sehlabathi: uze ungavumelani naye, 8 ungamphulaphuli; lingabi nanceba iliso lakho kuye, ungamcongi, ungamfihli; uze umbulale afe. Kofika esakho isa- 9 ndla kuye kuqala ukuba simbulale, kwandule ukufika esabantu bonke isandla emva koko, umxulube ngamatye afe; 10 ngokuba efuné ukukuwexula kuYehova uThixo wakho, owakukhuphayo ezweni laseYiputa, endlwini yobukhoboka; eve 11 onke amaSirayeli, oyike, angaphindi enze ububi obunjengobo phakathi kwakho.

Xa uthe weva komnye umzi wemizi 12 yakowenu, akunikayo uYehova uThixo wakho ukuba uhlale kuwo, kusithiwa, Kuphumé amadoda angamatshijolo 13 phakathi kwakho, awexula abemi bomzi wawo, esithi, Hambani, siye kukhonza thixo bambi, eningabaziyo: wòphengu- 14 lula, ugocagoce, ubuzise, ucokise; O! iyinyaniso, iqinisekile le nto, lenzekile eli sikizi phakathi kwakho: uze ubabu- 15 lale kuthi tu abemi baloo mzi ngohlangothi lwekrele, uwusingele phantsi, nento yonke ekuwo, kwanenkomo yawo, ngohlangothi lwekrele. Wowabuthela onke 16 amaxhoba awo esazulwini sendawo yawo yembutho, uwutshise ngomlilo loo mzi namaxhoba awo onke, ube lidini elipheleleyo kuYehova uThixo wakho, ube ngumwewe ongunaphakade, ungabi sakhiwa. Esandleni sakho makungana- 17 matheli nento le kwezi zinto zisingelwe phantsi; ukuze abuye uYehova ekuvutheni komsindo wakhe, abe nemfesane kuwe, asikwe yimfesane ngawe, akwandise, njengoko wabafungeláyo ooyihlo;

18 xa uthe waliphulaphula izwi likaYehova uThixo wakho, ukuba uyigcine yonke imithetho yakhe endikuwiselayo namhla, ukuba ukwenze okuthe tye emehlweni kaYehova uThixo wakho.

Amasiko eentlanga makangenziwa

14 Ningoonyana kuYehova uThixo wenu; ize ningazicenti, ningenzi mpandla phezu kwamehlo enu ngenxa
2 yomfi; ngokuba ningabantu abangcwele kuYehova uThixo wenu; uYehova uninyulele ukuba nibe ngabantu abayinqobo kuye, ezizweni zonke eziphezu komhlaba.
3 Uze ungadli nanye into elisikizi.
4 Zizo ezi izinto ezizitho ziné enozidla:
5 inkomo, imvu, imbuzi, ixhama, nebhadi, nelinqa, netshabangqa, nenqu, neula,
6 negogo. Yonke into ezitho ziné ethiwe gqiphu uphuphu, ezimpuphu zicandwe zacandwa kubini, etyisa umtyiso, ezintweni ezizitho ziné, noyidla yona.
7 Zezi zodwa eningayi kuzidla kwezetyisa umtyiso, nakwezithiwe gqiphu uphuphu: inkamela, nembila, nomvundla; ngokuba zetyisa umtyiso, ke aziluthe gqiphu uphuphu, ziziinqambi ke kuni;
8 nehagu, ngokuba iluthe gqiphu uphuphu, phofu ingetyisi, iyinqambi kuni. Inyama yazo ize ningayidli, nesidumbu sazo ningasichukumisi.
9 Ezintweni zonke ezisemanzini nozidla: zonke izinto ezinamaphiko namaxolo
10 nozidla. Ke zonke izinto ezingenamaphiko namaxolo ize ningazidli; ziziinqambi kuni.
11 Zonke iintaka ezihlambulukileyo no-
12 zidla. Eningayi kuzidla zezi: ixhala-
13 nga, nosilwangangubo, nonomakhwezana, nesangxa, noontloyiya ngohlobo
14 lwabo; nehlungulu lonke ngohlobo lwa-
15 lo; nenciniba, nesihuluhulu, nengabangaba, nentambane ngohlobo lwayo;
16 nesikhova, nefubesi, nenkuku yamanzi;
17 nengcwangube, nenkqo, nogwidi;
18 nengwamza, nokhwalimanzi ngohlobo
19 lwakhe, nobhobhoyi, nelulwane. Yonke inyakanyaka enamaphiko iyinqambi kuni; ize ningayidli. Zonke iintaka ezi- 20 hlambulukileyo ningázidla.

Ize ningayidli yonke into ezifeleyo; 21 ungámnika owasemzini osemasangweni akho, adle; ungáthengisa ngayo kowolunye uhlanga; ngokuba ningabantu abangcwele kuYehova uThixo wenu.

Uze ungalipheki itakane ngobisi lonina.

Imithetho malunga nezishumi

Uze unikele isishumi songeniselo lo- 22 nke lwembewu yakho ephuma entsimini, iminyaka ngeminyaka; udle pha- 23 mbi koYehova uThixo wakho endaweni leyo aya kuyinyulela ukuhlalisa igama lakhe kuyo, esishumini sengqolowa yakho, nesewayini yakho entsha, neseoli yakho, namazibulo eenkomo zakho, nawempahla yakho emfutshane; ukuze ufunde ukumoyika uYehova uThixo wakho yonke imihla.

Xa indlela ithe yande kuwe, naxa uthe 24 wakhohlwa ukusisa sona, ngokuba ikude kuwe indawo leyo uYehova uThixo wakho aya kuyinyulela ukulimisa kuyo igama lakhe, naxa athe wakusikelela uYehova uThixo wakho: wòsanana ngemali, 25 uyibophe imali esandleni sakho, uye endaweni leyo aya kuyinyula uYehova uThixo wakho, uyanane imali ngeento 26 zonke osukuba uzinqwenela umphefumlo wakho, ngeenkomo, nangempahla emfutshane, nangewayini, nangesiselo esinamandla, nangeento zonke ozibizayo umphefumlo wakho; udle khona phambi koYehova uThixo wakho, uvuye wena nendlu yakho.

NomLevi osemasangweni akho uze 27 ungamlibali, ngokuba akanasabelo nalifa ndawonye nawe.

Ekupheleni kweminyaka emithathu, 28 wòkhupha sonke isishumi songeniselo lwakho lwaloo mnyaka, ulufumbe emasangweni akho; eze umLevi, ngokuba 29 engenasabelo nalifa ndawonye nawe, nowasemzini, nenkedama, nomhlolokazi osemasangweni akho, badle bahluthe; ukuze akusikelele uYehova uThixo wakho emsebenzini wonke wesandla sakho owusebenzayo.

Umnyaka wesabatha

2 15 Ekupheleni kweminyaka esixhenxe, uze wenze uyekelelo. Nali ke isiko loyekelelo: Bonke ababoleki ababoleke ngesandla sabo, mabayiyekelele into abayiboleke ummelwane wabo, bangàmmemi ummelwane wabo ongumzalwana wabo; ngokuba kumenyezwe 3 uyekelelo lukaYehova. Ungámmema owolunye uhlanga; ke into eyiyeyakho ekumzalwana wakho soyiyekelela isandla sakho.

4 Kodwa ke ze kungabikho hlwempu kuwe; ngokuba uYehova wokusikelela kakhulu ezweni elo, akunikayo uYehova uThixo wakho ukuba libe lilifa, ulimé; 5 ukuba uthe kodwa waliphulaphula ngenyameko izwi likaYehova uThixo wakho, wagcina ukuwenza wonke lo mthe- 6 tho ndikuwiselayo namhla. Ngokuba uYehova uThixo wakho ukusikelele, njengoko wathethayo kuwe; wòboleka iintlanga ezininzi ngezibambiso, ke wena akuyi kuboleka kuzo ngazibambiso. Wòlawula iintlanga ezininzi, ke zona aziyi kukulawula.

7 Xa kuthe kwakho ihlwempu kuwe ebazalwaneni bakho, nokuba kukuliphi kumasango akho, ezweni lakho akunikayo uYehova, uThixo wakho, uze ungayenzi ingqoshomba intliziyo yakho, usivale isandla sakho kumzalwana wakho 8 olihlwempu. Uze usivule kakhulu isandla sakho kuye, umboleke into elingene 9 ukuswela kwakhe aswele ngako. Uze uzigcine kungabikho butshijolo entliziyweni yakho, uthi, Usondele umnyaka wesixhenxe, umnyaka woyekelelo; libe libi iliso lakho ngakumzalwana wakho olihlwempu, ungamniki nto; aze akhale 10 ngawe kuYehova, ube nesono. Uze umnike, ingabi mbi intliziyo yakho ekumnikeni kwakho; ngokuba ngenxa yale ndawo wòkusikelela uYehova uThixo wakho emsebenzini wakho wonke, nasezintweni zonke osa isandla sakho kuzo.

11 Kuba alisayi kuza lingabikho ihlwempu phakathi kwelizwe elo; ngenxa yoko ndikuwisela umthetho, ndisithi, Sivule kakhulu isandla sakho kumzalwana wakho olusizana, olihlwempu lakho ezweni lakho.

Xa athe wazithengisa kuwe umzalwana 12 wakho, umHebhere nokuba ngumHebherekazi, wakukhonza iminyaka emithandathu, womndulula ngomnyaka wesixhenxe ekhululekile kuwe. Xa uthe 13 wamndulula ekhululekile kuwe, uze ungamndululi elambatha. Wompha u- 14 mphe empahleni yakho emfutshane, nasesandéni sakho, nasesixovulelweni sakho; umnike into akusikelelé ngayo uYehova uThixo wakho; ukhumbule 15 ukuba ube ulikhoboka ezweni laseYiputa, wakukhulula uYehova uThixo wakho; ngenxa yoko ndikuwisela umthetho ngale nto namhla.

Kothi, xa athe kuwe, Andimki kuwe; 16 ngokuba ekuthanda wena nendlu yakho, ngokuba kulungile kuye ekuwe nje: uthabathe ke inyatyhowa, umhlabe ngayo 17 endlebeni iye kuma elucangweni, abe sisicaka kuwe ngonaphakade. Nakwisicakakazi sakho uze wenjenjalo. Maku- 18 nganqabi emehlweni akho ukumndulula kwakho ekhululekile kuwe; ngokuba kuwe unjengomqeshwa okuqeshwa kubini, ekukhonzé iminyaka emithandathu nje: wókusikelela uYehova uThixo wakho ezintweni zonke ozenzayo.

Onke amazibulo athe azalwa ziinko- 19 mo zakho nayimpahla yakho emfutshane angamaduna, wowangcwalisa kuYehova uThixo wakho. Uze ungawasebenzisi amazibulo eenkomo zakho, ungawachebi amazibulo empahla yakho emfutshane. Wòwadlela phambi koYehova uThixo 20 wakho iminyaka ngeminyaka, kuloo ndawo aya kuyinyula uYehova, wena nendlu yakho. Xa athe aba nesiphako, 21 aziziqhwala, aziimfama, onke anesiphako esibi, uze ungawabingeleli kuYehova uThixo wakho. Wòwadlela ema- 22 sangweni akho; oyinqambi nohlambulukileyo bofana ukuyidla into enjengebhadi nenjengexhama. Ligazi lawo lodwa 23 eningayi kulidla; wòliphalazela emhlabeni njengamanzi.

Imithetho malunga nemithendeleko

16 Yigcine inyanga enguAbhibhi, wenze ipasika kuYehova uThixo wakho; ngokuba wakukhupha ngenyanga enguAbhibhi uYehova uThixo wa- 2 kho eYiputa ebusuku. Uze ubingelele ipasika* kuYehova uThixo wakho, impahla emfutshane neenkomo, kuloo ndawo uYehova aya kuyinyulela ukuba 3 alibeke kuyo igama lakhe. Uze ungadli nto inegwele kunye nayo; imihla yoba sixhenxe usidla izonka ezingenagwele kunye nayo, isonka seentsizi, ngokuba waphuma buphuthuphuthu ezweni laseYiputa; ukuze uwukhumbule umhla wokuphuma kwakho ezweni laseYiputa yonke imihla yokudla kwakho ubomi.
4 Kuze kungàbonwa gwele emideni yakho yonke imihla esixhenxe; ze kungabikho ntwana yanyama, oyibingelelayo ngokuhlwa ngosuku lokuqala, eba ngumbeko kude kuse.
5 Akunako ukuyibingelela ipasika kulimbi isango, emasangweni akho aku- 6 nikayo uYehova uThixo wakho; ke kuloo ndawo uYehova uThixo wakho aya kuyinyulela ukulibeka kuyo igama lakhe, woyibingelela apho ipasika, ngokuhlwa, ukutshona kwelanga, ngexesha 7 owaphuma ngalo eYiputa; uyose, uyidle, kuloo ndawo aya kuyinyula uYehova uThixo wakho; ubuye kusasa, uye ezi- 8 ntenteni zakho. Wodla izonka ezingenagwele imihla emithandathu; ke ngomhla wesixhenxe yingqungquthela kaYehova uThixo wakho; uze ungenzi namnye umsebenzi.

9 Uze uzibalele iiveki ezisixhenxe. Woqala ukuzibalela iiveki ezisixhenxe uthabathela ekulifakeni irhengqa engqolo- 10 weni ingekavunwa; wenze umthendeleko weeveki kuYehova uThixo wakho ngokomlinganiso wombingelelo wokuqhutywa yintliziyo wesandla sakho, uwunike njengokusikelelwa kwakho nguYe- 11 hova uThixo wakho; uvuye phambi koYehova uThixo wakho, wena, nonyana wakho, nentombi yakho, nesicaka sakho, nesicakakazi sakho, nomLevi osemasangweni akho, nomphambukeli, nenkedama, nomhlokokazi ophakathi kwenu, kuloo ndawo aya kuyinyulela ukulibeka kuyo igama lakhe uYehova, uThixo wakho. Uze ukhumbule ukuba 12 ube ulikhoboka eYiputa, uyigcine uyenze le mimiselo.

Uze uzenzele umthendeleko wemi- 13 nquba imihla esixhenxe, wakukhova ukubutha okusesandeni sakho, nasesixovulelweni sakho; uvuye emthendele- 14 kweni wakho, wena, nonyana wakho, nentombi yakho, nesicaka sakho, nesicakakazi sakho, nomLevi, nomphambukeli, nenkedama, nomhlolokazi osemasangweni akho. Imihla yoba sixhenxe 15 usenza umthendeleko kuYehova uThixo wakho, kuloo ndawo aya kuyinyula uYehova; ngokuba uYehova uThixo wakho uya kukusikela elungeniselweni lwakho lonke, nasemisebenzini yonke yezandla zakho, ube nokuvuya kuphele.

Izihlandlo ezithathu ngomnyaka ma- 16 yibonakale into yonke eyindoda ebusweni bukaYehova uThixo wakho, kuloo ndawo aya kuyinyula; ngomthendeleko wezonka ezingenagwele, nangomthendeleko weeveki, nangomthendeleko weminquba. Makangàbonakali ke engaphethe lutho ebusweni bukaYehova; elowo 17 *abonakale* ngokupha kwesandla sakhe, ngokwentsikelelo kaYehova uThixo wakho akunikileyo.

Malunga nabagwebi

Wòzimisela abagwebi nababhali ema- 18 sangweni akho onke akunikayo uYehova uThixo wakho, ngokwezizwe zakho, bagwebe abantu ngogwebo olulungileyo. Uze ungasijiki isigwebo, ungakhethi bu- 19 so, ungamkeli sicengo; kuba isicengo esi simfamekisa amehlo ezilumko, siphenule iindawo zamalungisa. Ubulungisa, u- 20 bulungisa obu, uze ubuphuthume, ukuze uphile, ulihluthe ilizwe elo akunikayo uYehova uThixo wakho.

Uze ungazigxumekeli Ashera* wemi- 21 thi, nokuba yiyiphi, ecaleni lesibingelelo sikaYehova uThixo wakho, ozenzela so-

22 na; ungazimiseli simiso selitye, into ayithiyileyo uYehova uThixo wakho.

17 Uze ungabingeleli kuYehova uThixo wakho nkomo nagusha inasiphako, nandawo imbi nokuba yiyiphi; ngokuba oko kulisikizi kuYehova uThixo wakho.

Malunga nonqulo-zithixo

2 Xa kuthe kwafunyanwa phakathi kwenu, nakuliphi isango emasangweni akho akunikayo uYehova uThixo wakho, indoda nokuba yinkazana eyenze okubi emehlweni kaYehova uThixo wakho 3 ngokugqitha umnqophiso wakhe; yaya, yakhonza thixo bambi, yazinqula, ilanga, nenyanga, nomkhosi wonke wasezulwini, into endingawisanga mthetho 4 ngayo; waxelelwa ke, weva, wabuza wacokisa, wafumana iyinyaniso, iqinisekile le nto, lenzekile eli sikizi kwaSirayeli: 5 woyikhupha loo ndoda, nokuba yiloo nkazana, iyenzileyo loo nto imbi, emasangweni akho, loo ndoda nokuba yiloo nkazana uyixulube ngamatye, ife.

6 Ofanele ukufa wobulawa ngomlomo wamangqina amabini, nokuba ngamangqina amathathu; makangabulawa 7 ngomlomo wangqina linye. Kofika kuqala kuye isandla samangqina ukumbulala, kufike isandla sabantu bonke emveni koko; ubutshàyele ke ububi, bungabikho phakathi kwakho.

Imicimbi efanele ukugwetywa ngababingeleli nabagwebi

8 Xa ithe yakunqabela indawo ekugwebeni phakathi kwegazi negazi, phakathi kwetyala netyala, phakathi kobetho nobetho, iziindawo ekubanjwene ngazo emasangweni akho: wosuka unyuke uye kuloo ndawo aya kuyinyula uYehova 9 uThixo wakho; uye kubabingeleli abaLevi, nakumgwebi oya kubakho ngaloo mihla, ubuze, bakuxelele ilizwi loku-10 gweba. Uze wenze ngokwentetho yelizwi abokuxelela lona, bekuloo ndawo aya kuyinyula uYehova; ugcine ukwenza ngako konke abaya kukuyala ngako.

11 Ngokwentetho yomyalelo abaya kuku-

yala ngayo, nangokwesigwebo abaya kusithetha kuwe, uze wenze, ungatyeki kulo ilizwi abaya kukuxelela, uye ekunene nasekhohlo. Indoda leyo ethe 12 yenza ngokukhukhumala, ingamphulaphuli umbingeleli omiyo, olungiselela khona kuYehova uThixo wakho, nomgwebi lowo: mayife loo ndoda; ubutshàyele ke ububi, bungabikho kwaSirayeli; bova ke bonke abantu, boyike, 13 bangabi sakhukhumala.

Ukunyulwa kukakumkani neemfanelo zakhe

Xa uthe wafika kulo ilizwe akunika 14 lona uYehova uThixo wakho, walihlutha, wema kulo, wathi, Ndiya kuzimisela ukumkani njengeentlanga zonke ezindijikelezileyo: wòzimisela ukumkani 15 aya kumnyula uYehova uThixo wakho, uzimisele ukumkani wakubazalwana bakho. Akungekhe uzimisele ndoda yolunye uhlanga, engengumzalwana wakho.

Kodwa makangàzandiseli mahashe, 16 angababuyiseli abantu eYiputa ukuze andise amahashe; ngokuba uYehova wathi kuni, Ize ningabi saphinda nibuye ngaloo ndlela. Makangazandiseli bafa-17 zi, ize ityeke intliziyo yakhe; angazandiseli kakhulu silivere nagolide. Wó-18 thi, xenikweni athe wahlala etroneni yobukumkani bakhe, azibhalele impinda yombhalo yalò myalelo encwadini, ethabatha kwephambi kwababingeleli abaLevi. Yoba ngakuye alese kuyo imi-19 hla yonke yobomi bakhe, ukuze afunde ukumoyika uYehova uThixo wakho, nokuwagcina onke amazwi alo myalelo nale mimiselo, ukuba awenze; ukuba inga-20 phakami intliziyo yakhe phezu kwabazalwana bakhe, angatyeki emthethweni, aye ekunene nasekhohlo; ukuze ayolule imihla ebukumkanini bakhe, yena noonyana bakhe phakathi kwamaSirayeli.

Amalungelo ababingeleli nabaLevi

18 Ababingeleli, abaLevi, sonke isizwe sabaLevi, mabangabi nasabelo nalifa kunye namaSirayeli; bodla ukudla kwasemlilweni ke kukaYehova,

IDUTERONOMI 18-19

2 nelifa lakhe. Mabangabi nalifa phakathi kwabazalwana babo; nguYehova ilifa labo, njengoko wathethayo kubo.

3 Soba sesi ke isilunga sababingeleli, esiphuma ebantwini, esiphuma kwababingelela imibingelelo, nokuba yinkomo, nokuba yigusha: bomnika umbingeleli umkhono, nemihlathi, neswili.

4 Wòmnika ulibo lwengqolowa yakho, nolwewayini yakho entsha, nolweoli yakho; noboya bokuqala bomchebo we-
5 mpahla yakho emfutshane. Ngokuba uYehova uThixo wakho wamnyula ezizweni zakho zonke, ukuba eme alungiselele egameni likaYehova, yena noonyana bakhe, yonke imihla.

6 Xa athe weza umLevi ephuma nakuliphi isango emasangweni akho, kuwo onke amaSirayeli, apho aphambukele khona, weza ngokunqwena konke komphefumlo wakhe kuloo ndawo aya ku-
7 yinyula uYehova, walungiselela egameni likaYehova uThixo wakhe, njengabazalwana bakhe bonke abaLevi,
8 abamiyo khona phambi koYehova: wòdla isabelo njengabanye; ibe yodwa yona intengiso yakhe ngezinto zezindlu zooyise.

Iziyalo ngamasikizi eentlanga

9 Xa uthe wafika kulo ilizwe akunikayo uYehova uThixo wakho, uze ungafundi
10 ukwenza amasikizi ezo ntlanga. Maze kungàfunyanwa namnye kuwe ucandisa unyana wakhe nentombi yakhe emlilweni, novumisayo, nolitola, nohlaba izi-
11 hlabo, nokhafulayo, nobopha ngomabophe, nobuza koneshologu, nosiyazi,
12 noquqela kwabafileyo. Kuba balisikizi kuYehova bonke abenza ezo zinto; kungenxa yaloo masikizi, le nto uYehova uThixo wakho azigqogqayo zingabikho
13 ebusweni bakho. Uze ugqibelele uku-
14 ba noYehova uThixo wakho. Kuba ezi ntlanga uzigqogqayo zaphulaphula amatola nabavumisi; ke wena akakunikanga okunjalo uYehova uThixo wakho.

Isimilo nomsebenzi womprofeti

15 UYehova uThixo wakho uya kunivelisela umprofeti ophuma phakathi kwenu, kubazalwana benu, onjengam; ize ni-
16 phulaphule yena; njengako konke owakucelayo kuYehova uThixo wakho, eHorebhe ngomhla wesikhungu, usithi, Mandingaphindi ndilive ilizwi likaYehova uThixo wam, naló mlilo mkhulu mandingabi sawubona, ukuze ndingafi.

17 Wathi ke uYehova kum, balungisile
18 ukutsho; ndiya kubavelisela umprofeti ephuma phakathi kwabazalwana babo, onjengawe; ndiwabeke amazwi am emlonyeni wakhe, athethe kubo konke endiya kubawisela umthetho ngako.
19 Kothi ke, kulowo uthe akaliphulaphula ilizwi lam, aya kulithetha egameni lam, mna ndiyibuze loo nto kuloo mntu.
20 Kodwa umprofeti yena othe wakhukhumala, wathetha ilizwi egameni lam, endingamwiselanga mthetho ukuba alithethe, nothe wathetha egameni lathixo bambi: loo mprofeti makafe. Xa ke 21 uthe entliziyweni yakho, Sothini na ukulazi ilizwi angàlithethanga uYehova? ilizwi, athe walithetha umprofeti 22 egameni likaYehova, alabakho, alehla: lelo ilizwi angàlithethanga uYehova. Úthethé ngokukhukhumala umprofeti lowo; ùze unganxunguphaliswa nguye.

Imizi yokusabela

19 Xa athe uYehova uThixo wakho wazinqumla iintlanga ezo akunika ilizwe lazo uYehova uThixo wakho, wazigqogqa wena, wahlala emizini yazo nasezindlwini zazo: wòzahlulela imizi 2 emithathu phakathi kwelizwe lakho, akunikayo uYehova uThixo wakho ukuba ulime; uzilungisele indlela, uwa- 3 hlule ube zahlulo zithathu umda welizwe lakho, aya kukudlisa ilifa lalo uYehova uThixo wakho, ukuze bonke ababulali basabele khona.

Lilo eli isiko awophathwa ngalo u- 4 mbulali, othe wasabela khona ukuba asinde: Othe wambulala ummelwane wakhe ngengozi, ebengamthiyile ngaphambili; waya nommelwane wakhe 5 ehlathini, esiya kugawula imithi, isandla sakhe sajiwula izembe, enqumla imithi, yaphunyuka intsimbi emphinini, yabetha kummelwane wakhe, wafa: lowo

wosabela komnye umzi kuloo mizi, asi-
6 nde; hleze umphindezeli wegazi amsukele umbulali lowo, kuba ishushu intliziyo yakhe, amfumane ngokuba nde kwendlela, ambulale afe; engafanele kufa, kuba ebengamthiyile ngaphambili.
7 Ngenxa yoko ndikuwisela umthetho, ndisithi, Wòzahlulela imizi emithathu.
8 Ke ukuba uYehova uThixo wakho uthe wawenza banzi umda wakho, njengoko wafungayo kooyihlo, wakunika lonke elo zwe, awathi wobanika lona oo-
9 yihlo; xa uthe wawugcina ukuba uwenze, lo mthetho wonke ndikuwisela wona namhla, ukuba umthande uYehova uThixo wakho, uhambe ngeendlela zakhe imihla yonke; ùsaya kuyongeza
10 imizi ibe mithathu kule mithathu; ukuze kungaphalazwa gazi lingenatyala phakathi kwelizwe lakho, akunikayo uYehova uThixo wakho ukuba libe lilifa, amagazi abe phezu kwakho.
11 Xa athe umntu wamthiya ummelwane wakhe, wamlalela, wamvunukela, wambulala, wafa; wasabela komnye umzi
12 kuloo mizi; amadoda amakhulu omzi wakhe othumela, amthabathe khona, amnikele esandleni somphindezeli we-
13 gazi, ambulale, afe. Ze lingabi nanceba iliso lakho kuye; wòlitshayela ke igazi elingenatyala, lingabikho kwaSirayeli, kulúnge kuwe.

Izohlwayo zenkohliso nobungqina obubuxoki

14 Uze ungawushenxisi umlimandlela wommelwane wakho, abawumisáyo abamandulo elifeni lakho, oya kulidla ezweni elo akunikayo uYehova uThixo wakho ukuba ulimé.
15 Ze kungesuki kume ngqina linye ngomntu ngenxa yobugwenxa, nokuba bubuphi na, nangenxa yesono nokuba sisiphi, esonweni nokuba sisiphi oné ngaso; lize limiswe ilizwi ngomlomo wamangqina amabini, nokuba kungomlomo
16 wamangqina amathathu. Xa kuthe kwema ingqina elifumana limbopha umntu,
17 ukuba lingqine okutyekileyo ngaye, loo madoda mabini abambeneyo oma phambi koYehova, phambi kwababingeleli nabagwebi abaya kubakho ngaloo mihla; bancine abagwebi. Ukuba ke ingqina 18 lilingqina lobuxoki, lingqiné ubuxoki ngomzalwana walo, ize nenze kulo, nje- 19 ngoko belicinga ukwenza ngako kumzalwana walo; nibutshayele ke ububi, bungabikho phakathi kwenu. Bova 20 abanye, boyike, kungabi saphindwa kwenziwe ngokwale ndawo imbi phakathi kwenu. Ze lingabi nanceba iliso lakho: 21 umphefumlo wóbuyiselwa ngomphefumlo, iliso ngeliso, izinyo ngezinyo, isandla ngesandla, unyawo ngonyawo.

Imithetho yemfazwe

20 Xa uthe waphuma waya kulwa neentshaba zakho, waza wabona amahashe neenqwelo zokulwa, abantu abaninzi kunawe, uze ungaboyiki; ngokuba únawe uYehova uThixo wakho, owakunyusayo ezweni laseYiputa. Ko- 2 thi ke, xenikweni nithe nasondela ekulweni, afike umbingeleli, athethe ebantwini, athi kubo, Yiva, Sirayeli! Ni- 3 sòndele namhla ekulweni neentshaba zenu; mayingathambi intliziyo yenu, musani ukoyika, musani ukuphakuzela, musani ukungcangcazela ebusweni bazo; ngokuba uYehova uThixo wenu 4 uhamba nani, ukuba anilwele kwiintshaba zenu, anisindise.

Ababhali bothetha ebantwini, bathi, 5 Ngubani na umntu owakhé indlu entsha, akayisungula? Makahambe abuyele endlwini yakhe, hleze afe emfazweni, isungulwe mntu wumbi. Ngubani na umntu otyele isidiliya, akadla 6 kuso? Makahambe abuyele endlwini yakhe, hleze afe emfazweni, sidliwe mntu wumbi. Ngubani na umntu oga- 7 ne umfazi, akamzeka? Makahambe abuyele endlwini yakhe, hleze afe emfazweni, azekwe mntu wumbi.

Boqokela ababhali bathethe ebantwi- 8 ni, bathi, Ngubani na umntu owoyikayo, ontliziyo ithambileyo? Makahambe abuyele endlwini yakhe, inganyibiliki intliziyo yabazalwana bakhe, njengentliziyo yakhe. Kothi bakugqiba aba- 9 bhali ukuthetha ebantwini, bamise abathetheli bemikhosi bokukhokela abantu.

210

IDUTERONOMI 20–21

10 Xa uthe wasondela emzini, usiya ku-
11 lwa nawo, womemeza uxolo kuwo; kuthi, ukuba úthe wakuphendula ngoxolo wakuvulela, bonke abantu abafunyenwe kuwo babe ngabafakwa uviko, ba-
12 kukhonze. Ke ukuba úthe awaxola nawe, wesuka wenza imfazwe nawe,
13 wòwungqinga wena. Ukuba úthe u-Yehova uThixo wakho wawunikela esandleni sakho, woyibulala yonke into eyindoda kuwo ngohlangothi lwekrele;
14 kodwa abafazi, nabantwana, neenkomo, neento zonke ezithe zabakho kuloo mzi, amaxhoba awo onke, wòwathimbela kuwe, uwadle amaxhoba eentshaba zakho akunikileyo uYehova uThixo wakho.
15 Uya kwenjenjalo kuyo yonke imizi ekude kakhulu kuwe, engeyiyo yona
16 imizi yezi ntlanga. Kodwa emizini yezi zizwe akunikayo uYehova uThixo wakho ukuba ibe lilifa, uze ungasindisi
17 nanye into ephefumlayo. Wòwasingela phantsi kanye amaHeti, nama-Amori, namaKanan, namaPerizi, namaHivi, namaYebhusi, njengoko wakuwiselayo u-
18 mthetho uYehova uThixo wakho; ukuze banganifundisi ukwenza amasikizi abo onke abawenze koothixo babo; none kuYehova uThixo wenu.
19 Xa nithe ke nenza iintsuku niwungqingile umzi, nisilwa nawo ukuba niwuhluthe, uze ungayonakalisi imithi yawo ngokuyixabela ngezembe; kuba ùya kudla kuyo. Uze ungayigawuli; kuba umthi wasendle ungumntu na, ukuba
20 ungqingwe nguwe? Ngumthi owaziyo ukuba asimthi udliwayo wodwa owowonakalisa, uwugawule, wakhe izinto zokungqinga umzi olwa nawo, ude uwe.

Intlawulo yembulalo engaziwayo

21 Xa kuthe kwafunyanwa obuleweyo kuwo umhlaba akunikayo uYehova uThixo wakho ukuba uwumé, equngquluzile endle, àkwaziwa ukuba ubu-
2 lewe ngubani na: ophuma amadoda amakhulu akowenu, nabagwebi bakowenu, alinganise, asingise emizini emjikelezileyo lowo obuleweyo.
3 Kothi ke, umzi osondeleyo kobuleweyo, amadoda amakhulu aloo mzi athabathe ithokazi lenkomo, elingasetyenziswanga, elingatsalanga ngadyo-
4 khwe; ahle amadoda amakhulu nethokazi, aye emfuleni ohlala unamanzi, ongalinywanga, ongahlwayelwanga, alaphule intamo ithokazi emfuleni apho.
5 Bofika ababingeleli, oonyana bakaLevi; ngokuba unyulé bona uYehova uThixo wakho, ukuba balungiselele kuye, basikelele egameni likaYehova; kume ngokomlomo wabo ukubambana konke, no-
6 kubetha konke. Onke amadoda amakhulu aloo mzi usondeleyo kobuleweyo ozihlamba izandla zawo phezu kwethokazi, elaphulwe intamo emfuleni a-
7 pho; aphendule, athi, Izandla zethu aziliphalazanga eli gazi, namehlo ethu
8 akabonanga; camagu, Yehova, kubantu bakho amaSirayeli owawakhululayo; musa ukubeka igazi elingenatyala phakathi kwabantu bakho amaSirayeli. Bolicanyagushelwa ke igazi. Wolitsha-
9 yela ke wena igazi elingenatyala, lingabikho phakathi kwakho, xa uthe wenza okuthe tye emehlweni kaYehova.

Ukwenda kwabafazi abathinjiweyo

10 Xa uthe waphuma, waya kulwa neentshaba zakho, wazinikela uYehova uThixo wakho esandleni sakho, wathimba
11 abathinjwa kuzo, wabona phakathi kwabathinjwa intokazi emzimba mhle, wathana nca nayo, wayizeka yaba ngumka-
12 kho: woyingenisa phakathi endlwini yakho, ichebe intloko yayo, inqumle iinzi-
13 pho zayo, iyisuse kuyo ingubo yokuthinjwa kwayo, ihlale endlwini yakho, imlilele uyise nonina inyanga iphela. Emveni koko woyingena, ube yindoda yayo, yona ibe ngumkakho. Kothi
14 ukuba uthe akwayinanza, uyindulule iye ekuthandeni kwayo; ungakhe uthengise ngayo ngemali, ungayiphathi kakubi, uyonile nje.

Ilungelo lobuzibulo

15 Xa ithe indoda yanabafazi ababini, omnye ethandwa, omnye ethiyiwe, bayizalela oonyana, lowo uthandwayo nalowo uthiyiweyo; ke unyana wamazi-
16 bulo waba ngowothiyiweyo: kothi mini

ibabèla ilifa lento enayo oonyana bayo, ingabi nako ukumenza owamazibulo unyana wothandwayo, phambi konyana
17 wothiyiweyo ongowamazibulo; kuba owamazibulo, unyana lo wothiyiweyo, yomazalelela, imnike izahlulo ezibini zento yonke eya kufunyanwa inayo; ngokuba eyingqalo yokuqina kwayo, bulungé nayo ubuzibulo.

Isohlwayo sonyana oyinjubaqa

18 Xa indoda ithe yanonyana oyinjubaqa, oneenkani, ongaliphulaphuliyo ilizwi likayise nelizwi lonina, bambetha,
19 akabaphulaphula noko: uyise nonina bombamba baphume naye, baye kumadoda amakhulu omzi wakowabo, nase-
20 sangweni laloo ndawo yakowabo; bathi kumadoda amakhulu omzi wakowabo, Lo nyana wethu uyinjubaqa, uneenkani, akaliphulaphuli ilizwi lethu, ulidlakudla,
21 ulinxila. Omgibisela ngamatye onke amadoda omzi wakowabo, afe; ubutshàyele ke ububi, bungabikho phakathi kwakho, eve onke amaSirayeli, oyike

Ukungcwatywa kwabaxhonywe emthini

22 Xa ithe indoda yaba nesono esifanelwe kukufa, yabulawa, yaxhonywa e-
23 mthini, isidumbu sayo masingalali emthini. Wòsingcwaba kwangaloo mini, ngokuba oxhonyiweyo usisiqalekiso kuThixo; uze ungawenzi inqambi umhlaba wakho akunikayo uYehova uThixo wakho ukuba ube lilifa.

Imithetho ngemithetho

22 Uze ungàthi, uyibona inkomo yomzalwana wakho, nokuba yigusha yakhe, ilahleka, uzisithelise kuyo; wòyibuyisela nokuba kutheni kumza-
2 lwana wakho. Ke, ukuba akasondelelene nawe umzalwana wakho, akumazi, wòzihlanganisela ekhayeni lakho, zibe kuwe, ade azifune umzalwana wakho,
3 uzibuyisele kuye ke. Ùya kwenjenjalo kwiesile lakhe, wenjenjalo kwingubo yakhe, wenjenjalo kwinto yonke yomzalwana wakho elahlekileyo, ethe yalahleka kuye wayifumana wena; akunakuzisithelisa kuyo.

Uze ungàthi, ulibona iesile lomzalwa- 4 na wakho, nokuba yinkomo yakhe, iwile endleleni, uzisithelise kuyo; wòmncedisa ukuyivusa.

Impahla yendoda ize inganxitywa 5 yinkazana, nendoda ize ingazinxibi iingubo zenkazana; ngokuba bangamasikizi kuYehova uThixo wakho bonke abenza ezo zinto.

Xa uthe waqubisana nendlu yentaka 6 endleleni, nokuba kusemthini, nokuba kusemhlabeni, nokuba imathole, nokuba imaqanda, unina ehleli phezu kwamathole lawo, nokuba kuphezu kwamaqanda: uze ungamthabathi unina kunye namathole. Wòmndulula unina lowo, 7 uzithabathele amathole lawo, ukuze kulúnge kuwe, uyolule imihla yakho.

Xa uthe wakha indlu entsha, wolwe- 8 nzela ungqameko uphahla lwakho, ukuze ungazisi magazi endlwini yakho, xa athe wawa owayo kuyo.

Uze ungasihlwayeli isidiliya sakho 9 iintlobo ezimbini zeembewu; hleze inzala yembewu oyihlwayeleyo, kunye nongeniselo lwesidiliya eso, lulunge kwindawo engcwele.

Uze ungalimi ngenkomo ne-esile 10 kunye.

Uze ungambathi ingubo engumxube, 11 uboya nelinen ndawonye.

Uze uzenzele iintshinga emasondweni 12 omané engubo ozigubungela ngayo.

Imithetho malunga nobumsulwa

Xa indoda ithe yazeka umfazi, 13 yamngena, yaza yamthiya, yathetha 14 ngaye iintlondi ezibangela intetho, yamvelisela igama elibi, yathi, Ndimzekile lo mfazi, ndasondela kuye, andazifumana iimpawu zobuntombi kuye: uyise wentombi nonina bozithabatha 15 iimpawu zobuntombi bentombi leyo, baphume nazo bazisé kumadoda amakhulu omzi esangweni. Wóthi uyise 16 wentombi kumadoda amakhulu, Intombi yam ndiyinike lo mfo ukuba ibe ngumkakhe, wayithiya; yabonani, uthe- 17 the iintlondi ezibangela intetho, esithi, Andizifumananga iimpawu zobuntombi

entombini yakho; ke nanzi iimpawu zobuntombi bentombi yam. Boyaneka ke ingubo *enazo* phambi kwamadoda
18 amakhulu omzi. Amadoda amakhulu aloo mzi omthabatha loo mfo, ambethe,
19 amhlahlise ikhulu *leeshekele** zesilivere, anike uyise wentombi; ngokuba wayivelisela igama elibi intombi yakwaSirayeli; ibe ngumkakhe ke. Akayi kuba nakuyala yonke imihla yakhe.
20 Ke ukuba eli lizwi lithe layinyaniso, azafumaneka iimpawu zobuntombi ba-
21 loo ntombi, oyikhupha loo ntombi, ayimise ngasemnyango wendlu kayise, ayigibisele ngamatye amadoda omzi wakowayo, ife; ngokuba yenzé ubudenge kwaSirayeli, yahenyuza endlwini kayise; ubutshayele ke ububi, bungabikho phakathi kwenu.

22 Xa indoda ithe yafunyanwa imlele umkamntu, bofa bobabini, loo ndoda ilele naloo mfazi, nomfazi lowo; ubutshàyele ke ububi, bungabikho kwaSirayeli.
23 Xa kuthe kwakho inkazana eyintombi eganelwe indoda, wayifumana umfo
24 phakathi komzi, wayilala: nobakhupha bobabini nibamise ngasesangweni laloo mzi, nibaxulube ngamatye, bafe; inkazana leyo, ngenxa yokuba ingakhalanga iphakathi komzi; umfo lowo, ngenxa yokuba emonile umfazi wommelwane wakhe; ubutshàyele ke ububi, bungabikho phakathi kwakho.
25 Ukuba umfo uthe wayifumana endle intombi eseliganiwe, wayibamba loo mfo, wayilala, wofa yedwa loo mfo uyi-
26 leleyo. Uze ungayenzi into intombi leyo; akukho sono silingenwe kukufa entombini; ngokuba njengoko indoda ithi imvunukele ummelwane wayo,
27 imbulale afe, injalo le ndawo. Ngokuba úyifumene endle, yakhala intombi eganiweyo, akwabakho uyisindisayo.
28 Xa umfo athe wayifumana intombi eyintombi engàganiweyo, wayibamba, wayilala; kwafumaneka ukuba kunjalo:
29 loo mfo uyileleyo wómnika uyise wentombi amashumi omahlanu *eeshekele* zesilivere, ibe ngumkakhe, ngenxa yokuba eyonile. Akanakuyala yonke imihla yakhe.
Indoda mayingamzeki umkayise, 30 ingalityhili isondo lengubo kayise.

Imithetho ngemithetho

23 Makangangeni ebandleni likaYehova olinyazwe ngokutyunyuzwa amasende, nonqanyulwe ubudoda.
Makungangeni mgqakhwe ebandleni 2 likaYehova; nesizukulwana sawo seshumi masingangeni ebandleni likaYehova.
Makangangeni ebandleni likaYehova 3 umAmon nomMowabhi; nesizukulwana sabo seshumi masingangeni ebandleni likaYehova naphakade; ngenxa yokuba 4 benganikhawulelanga ngesonka nangamanzi endleleni, ekuphumeni kwenu eYiputa; nangenxa enokuba bakuqeshela uBhileham unyana kaBhehore, wasePetore kwa-Aram* phakathi kwemiLambo,* ukuba akuqalekise. Àka- 5 vuma ke uYehova uThixo wakho ukumphulaphula uBhileham; usuke uYehova uThixo wakho wakuguqulela isiqalekiso saba yintsikelelo; ngokuba ubekuthanda uYehova uThixo wakho. Uze ungalukhathaleli naphakade uxolo 6 lwabo nokuhlala kwabo kakuhle, yonke imihla yakho.
Aze angabi lisikizi kuwe umEdom, 7 ngokuba ngumzalwana wakho; aze angabi lisikizi kuwe umYiputa, ngokuba ube ungumphambukeli ezweni lakhe. Oonyana abathe babazala, abasisizuku- 8 lwana sabo sesithathu, bongena ebandleni likaYehova.
Xa uthe waphuma umkhosi, waya 9 ezintshabeni zakho, uze uzigcine kwinto yonke embi.
Xa kuthe kwakho kuwe indoda enga- 10 hlambulukileyo, ngenxa yento eyihleleyo ebusuku, yophuma iye ngaphandle kweminquba; mayingangeni phakathi kweminquba. Kothi, xa kuhlwayo, 11 ihlambe ngamanzi; ithi lakutshona ilanga, ingene ke ngaphakathi kweminquba.
Wòba nendawo engaphandle kwe- 12 minquba, uphume ke uye khona endle.

13 Uze ube nolugxa empahleni yakho; kuthi ekuhlaleni phantsi kwakho endle, umbe ngalo, uhlale phantsi, ukuselele
14 okuphuma kuwe; ngokuba uYehova uThixo wakho uhambahamba phakathi kweminquba yakho, ukuba akuhlangule, azinikele iintshaba zakho kuwe. Ize icokiseke iminquba yakho, angaboni nto iziintloni kuwe, ajike emke kuwe.
15 Uze ungasinikeli enkosini yaso isicaka esisabele kuwe, sisuka enkosini yaso.
16 Sohlala nawe phakathi kwenu, kuloo ndawo sithe sayinyula kwelinye isango emasangweni akho, apho kusilungele khona; uze ungasixinzeleli phantsi.
17 Makungabikho ng'awukazi kwindawo engcwele ezintombini zakwaSirayeli; makungabikho sifebe kwindawo engcwe-
18 le koonyana bakaSirayeli. Uze ungalungenisi utsheqo lwehenyukazi nomvuzo wenja endlwini kaYehova uThixo wakho, ngenxa yesibhambathiso nokuba sisiphi; ngokuba zingamasikizi kuYehova zombini ezo zinto.
19 Uze ungambizi nzala umzalwana wakho: nzala yamali, nzala yakutya, nzala nokuba yeyani ekubizwa inzala
20 ngayo. Wobiza inzala kowolunye uhlanga; uze ungabizi nzala kumzalwana wakho, ukuze akusikelele uYehova uThixo wakho ezintweni zonke osisa kuzo isandla sakho, kulo ilizwe ongena kulo ukuba ulimé.
21 Xa uthe wabhambathisa isibhambathiso kuYehova uThixo wakho, uze ungalibali ukusizalisa; ngokuba uYehova uThixo wakho uya kusibiza kuwe,
22 kube sisono kuwe. Ke xa uthe wayeka, akwabhambathisa, akuyi kuba sono oko
23 kuwe. Okuphume emlonyeni wakho kugcine, ukwenze; njengoko ubhambathise ngako kuYehova uThixo wakho ngokuqhutywa yintliziyo, wakuthetha ngomlomo wakho.
24 Xa uthe wangena esidiliyeni sommelwane wakho, ungáyidla idiliya uzifikisele, uhluthe, kodwa ungagaleli esityeni sakho.
25 Xa uthe wangena engqoloweni yommelwane wakho, engekavunwa, wokha izikhwebu ngesandla sakho; ungáfaki rhengqa engqoloweni yommelwane wakho engekavunwa.

Imithetho ngemithetho

24 Xa ithe indoda yazeka umfazi, yayindoda yakhe, kothi ke ukuba uthe akafumana ukubabalwa emehlweni ayo, ngokuba ifumene iindawo eziziintloni kuye, yambhalela incwadi yokumala, yamnikela esandleni, yamgxotha endlwini yayo; waphuma endlwini 2 yayo, waya waba ngowandoda yimbi; yamthiya le ndoda iyiyimbi, yambhalela 3 incwadi yokumala, yamnikela esandleni, yamgxotha endlwini yayo; nokuba ithe yafa le ndoda iyiyimbi yamzekayo wangumkayo: mayingabi nako indoda 4 yakhe yokuqala eyamgxothayo, ukubuya imzeke abe ngumkayo, emveni kokuba enziwe inqambi; ngokuba lisikizi elo kuYehova. Uze ungalenzi, ukuba lone ilizwe elo akunikayo uYehova uThixo wakho ukuba libe lilifa.

Xa indoda ithe yazeka umfazi o- 5 mtsha, mayingaphumi nomkhosi, ingáphathiswa msebenzi nawuphi. Yokhululeka ngenxa yendlu yayo umnyaka ube mnye, ivuyisane nomkayo emzekileyo.

Makangenziwa sibambiso amatye o- 6 kusila, nokuba lelingaphezulu, kuba oko kukubambisa ngomphefumlo.

Xa ithe indoda yafunyanwa isiba 7 umntu ebazalwaneni bayo, oonyana bakaSirayeli, imphathe kakubi, ithengise ngaye njengekhoboka: malife elo sela; ubutshàyele ke ububi, bungabikho phakathi kwakho.

Zigcine esibethweni seqhenqa, ugcine 8 kunene, wenze ngokwezinto zonke abaya kuniyala ngazo ababingeleli, abaLevi; njengoko ndabawisela umthetho, nigcine ukwenza. Khumbula oko 9 uYehova uThixo wakho wakwenza kuMiriyam endleleni, ekuphumeni kwenu eYiputa.

Xa uthe wamboleka ummelwane 10 wakho nokuba yintoni ebolekwayo, uze ungangeni endlwini yakhe, uye kuthabatha isibambiso kuye. Uze ume nga- 11 phandle, ithi loo ndoda uyibolekayo

IDUTERONOMI 24–25

iphume, isizise kuwe isibambiso eso.

12 Ukuba indoda ithe yaba iswele, uze
13 ungalali unesibambiso sayo; wosibuyisela kuyo isibambiso eso ukutshona kwelanga, ilale ngengubo yayo, ikusikelele, ube nobulungisa phambi koYehova uThixo wakho.

14 Uze ungamcudisi umqeshwa ongaba uswele, olihlwempu, nokuba ngowabazalwana bakho, nokuba ngowabaphambukeli bakho abasezweni lakho, ema-
15 sangweni akho. Ngemini yakhe wòmnika umvuzo wakhe, lingatshoni ilanga usekuwe; ngokuba eswele, ewumise umphefumlo wakhe kuwo; hleze akhale ngawe kuYehova, oko ke kube sisono kuwe.

16 Ooyise mabangabulawa ngenxa yoonyana; oonyana mabangabulawa ngenxa yooyise; elowo makabulawe ngesono sakhe.

17 Uze ungasijiki isigwebo sowasemzini nesenkedama; ungayenzi isibambiso
18 ingubo yomhlolokazi. Khumbula ukuba ube ulikhoboka eYiputa. UYehova uThixo wakho wakukhulula khona; ngenxa yoko ndikuwisela umthetho ukuba uyenze le nto.

19 Xa uthe waluvuna uvuno lwakho entsimini yakho, walíbala isithungu entsimini, uze ungabuyi uye kusithabatha; soba sesomphambukeli, nesenkedama, nesomhlolokazi, ukuze uYehova uThixo wakho akusikelele emsebenzini wonke wezandla zakho.

20 Xa uthe wawuvuthulula umnquma wakho, uze ungaphindi uwavuthulule amasebe emva kwakho; wóba ngowomphambukeli, nowenkedama, nowo-
21 mhlolokazi. Xa uthe wasivuna isidiliya sakho, uze ungasibhikici emva kwakho; soba sesomphambukeli, nese-
22 nkedama, nesomhlolokazi; ukhumbule ukuba ube ulikhoboka ezweni laseYiputa. Ngenxa yoko ndikuwisela umthetho ukuba uyenze le nto.

Imithetho ngemithetho

25 Xa kuthe kwabambana amadoda, kweziwa ematyaleni ukuba lithethwe ityala lawo, ize igwetyelwe eliluli ngisa, igwetywe engendawo; kothi ke, 2 ukuba ithe engendawo yafanelwa kukubethwa umgwebi ayilalise phantsi, ibethwe phambi kwakhe, ngokulingene nokungabi ndawo kwayo, ngokwenani. Yobethwa *imivumbo* emashumi mané, 3 kungòngezwa; hleze kwakongezwa yabethwa imivumbo emininzi ngaphezu kwaleyo, acukucezeke umzalwana wakho emehlweni akho.

Uze ungayibophi umlomo inkomo 4 ibhula.

Xa bathe bahlala ndawonye abantu 5 bezalana, wafa omnye kubo engenanyana, umfazi wofileyo makangendeli kwindoda yasemzini, yangaphandle; ozalana nendoda yakhe maze amngene, amzeke, abe ngumkakhe, enze kuye okozalana nendoda yakhe. Wóthi ke 6 owamazibulo, athe wamzala, eme egameni lomfi lowo, lingàcinywa igama lakhe kwaSirayeli.

Ke ukuba indoda leyo ithe àyakuna- 7 nza ukumzeka umkamfi lowo, wonyuka umkamfi lowo, aye esangweni kumadoda amakhulu, athi, Laa mntu uzalana nendoda yam akavumi ukumvelisela umntakayise igama kwaSirayeli, akavumi ukwenza kum okozalana nendoda. Oyibiza ke amadoda amakhulu omzi 8 wayo, athethe kuyo; ime, ithi, Andikunanzile ukumzeka; afike kuyo umkamfi 9 lowo phambi kwamadoda amakhulu, ayikhulule imbadada elunyaweni lwayo, ayitshicele ebusweni, aphendule athi, Makwenjiwe nje kwindoda engayi kuyakha indlu yomntu ozalana nayo. Ko- 10 thiwa ke igama layo kwaSirayeli nguNdlw'-ikhululwe-imbadada.

Xa kuthe kwantlalana amadoda ama- 11 bini, umntu nomzalwana wakhe, wasondela umfazi wenye, ukuba ahlangule indoda yakhe esandleni seyibethayo, wolula isandla sakhe, wayibamba ngamaphambili, wòsinqumla isandla sakhe, 12 lingabi nanceba iliso lakho.

Uze ungabi namatye ngamatye okuli- 13 nganisa engxoweni yakho, amakhulu namancinane. Uze ungabi nee-efa* 14 ngee-efa endlwini yakho, enkulu nenci-

15 nane; uze ube nelitye elizalisekileyo, elilelobulungisa; uze ube ne-efa ezalisekileyo, eyiyeyobulungisa, ukuze yolulwe imihla yakho emhlabeni lowo aku-
16 nikayo uYehova uThixo wakho. Ngokuba bangamasikizi kuYehova uThixo wakho bonke abenza loo nto, bonke abenza ubumenemene.
17 Khumbula loo nto wayenzayo uAmaleki kuwe endleleni, ekuphumeni kwenu
18 eYiputa; owakuhlangabezayo ngendlela, wabetha kuwo umqosheliso wakho, bonke abaphelelweyo abasemva kuwe, útyhafile, údiniwe; akamoyika uThixo.
19 Kothi, ekukuphumzeni kukaYehova uThixo wakho ezintshabeni zakho zonke ngeenxa zonke, ezweni elo akunikayo uYehova uThixo wakho ukuba libe lilifa ulimé, usicime isikhumbuzo sikaAmaleki phantsi kwezulu; uze ungalibali.

Ukunikelwa kolibo nezishumi

26 Kothi, xa uthe wangena ezweni elo akunikayo uYehova uThixo wakho ukuba libe lilifa, walihlutha,
2 wema kulo: uthabathe inxenye yolibo lweziqhamo zonke zomhlaba oya kuzingenisa, ziphuma ezweni lakho akunikayo uYehova uThixo wakho, uzibeke engobozini; uye kuloo ndawo uYehova uThixo wakho aya kuyinyulela, ukuba
3 alibeke khona igama lakhe; uye kumbingeleli othe wakho ngaloo mihla, uthi kuye, Ndiyaxela namhla kuYehova uThixo wakho, ukuba ndingenile kulo ilizwe, awafungayo uYehova koobawo
4 ukuba wosinika lona. Wóyithabatha ke umbingeleli ingobozi esandleni sakho, ayibeke phantsi phambi kwesibingelelo sikaYehova uThixo wakho.
5 Uze uphendule ke uthi phambi koYehova uThixo wakho, EbengumAram* ochithakeleyo ubawo. Wehla waya eYiputa, waphambukela khona, ebantu bambalwa; waba luhlanga ke khona
6 olukhulu olunamandla, oluninzi. Asiphatha kakubi amaYiputa, asicinezela, abeka umsebenzi onzima phezu kwethu.
7 Sakhala kuYehova uThixo woobawo, waliphulaphula uYehova ilizwi lethu; wazibona iintsizi zethu, nokwaphuka kwethu, nokuxinwa kwethu. Wasi- 8 khupha uYehova eYiputa ngesandla esithe nkqi, nangengalo eyolukileyo, nangokoyikeka okukhulu, nangemiqondiso, nangezimanga; wasingenisa kule 9 ndawo, wasinika eli lizwe, ilizwe elibaleka amasi nobusi. Kaloku ke, na- 10 nku ndizise ulibo lweziqhamo zomhlaba lowo ùndinikileyo, Yehova.

Uze uyibeke phantsi phambi koYehova uThixo wakho, uqubude phambi koYehova uThixo wakho; uvuye 11 nendlu yakho ezintweni zonke ezilungileyo akunikileyo uYehova uThixo wakho, wena, nomLevi, nomphambukeli ophakathi kwenu.

Xa uthe wagqiba ukunikela isishumi 12 sonke songeniselo lwakho ngomnyaka wesithathu, ongumnyaka wezishumi wamnika umLevi, nomphambukeli, nenkedama, nomhlolokazi, badla emasangweni akho, bahlutha: wòthi phambi 13 koYehova uThixo wakho, Ndiyikhuphe kwee tu into engcwele endlwini yam; kananjalo ndimnikile umLevi, nomphambukeli, nenkedama, nomhlolokazi, ngokomthetho wakho wonke ondiwiseleyo; andigqithanga emithethweni yakho, andilibalanga nto. Andidlanga 14 nto kuyo esililweni sam, andikhuphanga nto kuyo ebunqambini bam, andinikanga nto yayo ngenxa yofileyo. Ndiliphulaphule ilizwi likaYehova uThixo wam, ndenza ngako konke andiwisele umthetho ngako. Vela ekhayeni lakho 15 elingcwele emazulwini, uqondele, ubasikelele abantu bakho, amaSirayeli, nomhlaba lo usinikileyo, njengoko wafungayo koobawo, ilizwe elibaleka amasi nobusi.

Namhlanje uYehova uThixo wakho 16 ukuwisele umthetho, ukuba uyenze le mimiselo nala masiko; uwagcine ke, uwenze ngentliziyo yakho yonke, nangomphefumlo wakho wonke. UYehova 17 namhla ùmbangile wathi únguThixo kuwe, nokuba wena wòhamba ngeendlela zakhe, uyigcine imimiselo yakhe, nemithetho yakhe, namasiko akhe,

IDUTERONOMI 26-28

18 uliphulaphule izwi lakhe. NoYehova namhla unibangile nina, wathi ningabantu abayinqobo kuye, njengoko wathethayo kuni, ukuze niyigcine yonke
19 imithetho yakhe; aniphakamise ngaphezu kweentlanga zonke azenzileyo, ukuba nibe yindumiso, negama, nendili; nibe ngabantu abangcwele kuYehova uThixo wenu, njengoko wakuthethayo.

Amasiko amelwe kukwenziwa ekufikeni kwelakwaKanan

27 UMoses namadoda amakhulu akwaSirayeli abawisela abantu umthetho, esithi, Wugcineni wonke
2 umthetho endiniwiselayo namhla. Wòthi, ngemini enithe nayiwela iYordan, nangena kwelo zwe akunikayo uYehova uThixo wakho, uzimisele amatye ama-
3 khulu, uwaqabe ngefutha, ubhale kuwo onke amazwi aló myalelo, wakuba uwelile; ukuze ungene kulo ilizwe akunikayo uYehova uThixo, ilizwe elibaleka amasi nobusi, njengoko uYehova uThixo
4 woyihlo wathethayo kuwe. Nothi, nakuyiwela iYordan, nimise la matye ndiniwisela umthetho ngawo namhla, entabeni ye-Ebhali, uwaqabe ngefutha;
5 wakhele apho isibingelelo kuYehova uThixo wakho, isibingelelo samatye; ungasiphakamiseli ntlabo yantsimbi.
6 Wosakha ngamatye awonke isibingelelo sikaYehova uThixo wakho, unyuse phezu kwaso amadini anyukayo ku-
7 Yehova uThixo wakho; ubingelele imibingelelo yoxolo, udle khona, uvuye phambi koYehova uThixo wakho;
8 uwabhale uwalungise ematyeni lawo onke amazwi aló myalelo kakuhle.
9 UMoses nababingeleli abaLevi bathetha ke kumaSirayeli onke, besithi, Yithi cwaka, uve, Sirayeli! Namhla nithe naba ngabantu kuYehova uThixo
10 wakho; uze uliphulaphule izwi likaYehova uThixo wakho, wenze imithetho yakhe nemimiselo yakhe, endikuwiselayo namhla.

11 UMoses wabawisela abantu umthe-
12 tho ngaloo mini, esithi, Aba baya kuma basikelele abantu, entabeni ye-Gerizim, nakuyiwela iYordan: uSimon, noLevi, noYuda, noIsakare, noYosefu, noBhenjamin: aba baya kuma baqale- 13 kise, entabeni ye-Ebhali: uRubhen, noGadi, noAshere, noZebhulon, noDan, noNafetali.

Bohlabela abaLevi, bathi kuwo onke 14 amadoda akwaSirayeli ngezwi elikhulu:

Uqalekisiwe umntu owenza umfane- 15 kiso oqingqiweyo notyhidiweyo, into elisikizi kuYehova, into engumsebenzi wezandla zomkroli, ayibeke endaweni esitheleyo; bavume bonke abantu, bathi, Amen.

Uqalekisiwe ocukuceza uyise nokuba 16 ngunina; bathi bonke abantu, Amen.

Uqalekisiwe oshenxisa umlimandlela 17 wommelwane wakhe; bathi bonke abantu, Amen.

Uqalekisiwe olahlekisa imfama endle- 18 leni; bathi bonke abantu, Amen.

Uqalekisiwe ojika isigwebo sompha- 19 mbukeli nenkedama nomhlolokazi; bathi bonke abantu, Amen.

Uqalekisiwe olala nomkayise; ngo- 20 kuba utyhila isondo lengubo kayise; bathi bonke abantu, Amen.

Uqalekisiwe olala nantoni ezitho 21 ziné; bathi bonke abantu, Amen.

Uqalekisiwe olala nodade wabo, no- 22 kuba yintombi kayise, nokuba yintombi kanina; bathi bonke abantu, Amen.

Uqalekisiwe olala nomkhwekazi wa- 23 khe; bathi bonke abantu, Amen.

Uqalekisiwe ombulalayo ummelwane 24 wakhe ngasese; bathi bonke abantu, Amen.

Uqalekisiwe osamkelayo isicengo so- 25 kubulala umntu, igazi elingenatyala; bathi bonke abantu, Amen.

Uqalekisiwe ongawamisiyo amazwi 26 aló myalelo ukuba awenze; bathi bonke abantu, Amen.

Iintsikelelo zolulamo

28 Kothi, ukuba ùthe waliphulaphula ngenkuthalo izwi likaYehova uThixo wakho, ukuba ugcine wenze yonke imithetho yakhe endikuwiselayo namhla, uYehova uThixo wakho akuphakamise ngaphezu kweentlanga zonke

IDUTERONOMI 28

2 zehlabathi; zibe phezu kwakho ezi ntsikelelo zonke, zikufumane, xa uthe waliphulaphula izwi likaYehova uThixo wakho:
3 Wòsikelelwa phakathi komzi, usike-
4 lelwe emaphandleni; sisikelelwe isiqhamo sesizalo sakho, nesiqhamo somhlaba wakho, nesiqhamo sempahla yakho ezitho ziné, nenkonyana yenkomo yakho, namatakane empahla yakho emfutshane
5 isikelelwe ingobozi yakho, nomkhombe
6 wakho wokuxovulela intlama. Wòsikelelwa ekungeneni kwakho, usikelelwe ekuphumeni kwakho.
7 UYehova wozinikela zixatyelwe phambi kwakho iintshaba zakho ezivukelana nawe; ziphume zisiza kuwe ngandlelanye, zikubaleke ngeendlela ezisixhenxe.
8 UYehova uya kuthetha intsikelelo, ibe nawe emaqongeni akho, nasezintweni zonke osisa kuzo isandla sakho, akusikelele ezweni elo akunikayo uYehova
9 uThixo wakho. UYehova wonimisa nibe ngabantu abangcwele kuye, njengoko wakufungelayo, xa uthe wayigcina imithetho kaYehova uThixo wakho,
10 wahamba ngeendlela zakhe; zibòne zonke izizwe zehlabathi, ukuba igama likaYehova libizwe phezu kwakho, zikoyike.
11 UYehova wokwandisela okulungileyo esiqhameni sesizalo sakho, nasesiqhameni sempahla yakho ezitho ziné, nasesiqhameni somhlaba wakho, emhlabeni lowo awafungáyo uYehova kooyihlo
12 ukuba wokunika. UYehova wokuvulela uvimba wakhe olungileyo, izulu lilinike imvula ilizwe lakho ngexesha layo, awusikelele wonke umsebenzi wesandla sakho, uboleke iintlanga ezininzi, ungaboleki kuzo wena.
13 UYehova wokwenza ube yintloko, ungabi ngumsila; ibe nguwe wedwa onyukayo, ungabi ngohlayo: xa uthe wayiphulaphula imithetho kaYehova uThixo wakho, endikuwiselayo namhla
14 ukuba uyigcine, uyenze; àkwatyeka emazwini onke endiniwisela umthetho ngawo namhla, uye ekunene nasekhohlo, ukulandela thixo bambi, ubakhonze.

Isiqalekiso sokungeva

Ke kothi, ukuba uthe akwaliphula- 15 phula izwi likaYehova uThixo wakho, ukuba uyigcine uyenze imithetho yakhe nemimiselo yakhe endikuwiselayo namhla, zize phezu kwakho ezi ziqalekiso zonke zikufumane:

Wòqalekiswa phakathi komzi, uqale- 16 kiswe emaphandleni; iqalekiswe ingo- 17 bozi yakho, nomkhombe wakho wokuxovulela intlama; siqalekiswe isiqhamo 18 sesizalo sakho, nesiqhamo somhlaba wakho, nenkonyana yenkomo yakho, namatakane empahla yakho emfutshane. Wòqalekiswa ekungeneni kwakho, 19 uqalekiswe ekuphumeni kwakho.

UYehova wokuthumela isiqalekiso, 20 nokudungwadungwa, nokukhalinyelwa ezintweni zonke osa isandla sakho kuzo, ude utshabalale, ude ubhubhe kuphele, ngenxa yobubi beentlondi zakho zokuba ùndishiyile. UYehova woyinama- 21 thelisa kuwe indyikitya yokufa, ade akuphelise, ungabikho phezu komhlaba lowo uya kuwo ukuba uwumé. UYe- 22 hova wokubetha ngesifo sephepha, nangecesina, nangokurhala, nangokuvutha komzimba, nangekrele, nangembabala, nangexoshomba, zikusukele ezo nto ude ubhubhe.

Izulu lakho eliphezu kwentloko yakho 23 loba lubhedu, umhlaba ophantsi kwakho ube sisinyithi.

UYehova woyenza imvula yelizwe 24 lakho ibe luthuthu nothuli, ihle ezulwini phezu kwakho ude utshabalale.

UYehova wokunikela ubethwe zii- 25 ntshaba zakho, uphume ngandlela-nye ukuya kuzo, uzibaleke ngeendlela ezisixhenxe, ube yinto yokufeketha ezikumkanini zonke zehlabathi; isidumbu 26 sakho sibe kukudla kweentaka zonke zezulu, nokwamarhamncwa elizwe, kungabikho bani uphekuzayo.

UYehova wokubetha ngethumba lase- 27 Yiputa, nangezilonda, nangokhwekhwe, nangenjinana, ongayi kuba nako ukuphiliswa kuzo. UYehova wokubetha 28 ngokubhuda nangobumfama, nangokuphambana ingqondo, uphuthaphuthe 29 emini emaqanda, njengemfama iphuthaphutha esithokothokweni; ungabi nampumelelo ezindleleni zakho, ucudiswe kodwa, uphangwe yonke imihla, kungabikho bani ukusindisayo.

30 Wòziganela umfazi, alalwe ndoda yimbi; woyakha indlu ungayihlali;
31 wotyala isidiliya ungasidli. Yoxhelwa inkomo yakho ùkhangele, ùngayidli; kohluthwa iesile lakho ebusweni bakho, lingabuyeli kuwe; yonikwa iintshaba zakho impahla yakho emfutshane, u-
32 ngabi nabani uyihlangulayo. Bonikwa bantu bambi oonyana bakho neentombi zakho, akhangele amehlo akho, aphelele kubo imini yonke, singabi namandla
33 isandla sakho. Isiqhamo somhlaba wakho, nokuxelenga kwakho konke, kodliwa ngabantu ongàbaziyo, ucudiswe, uvikivwe kuphela yonke imihla;
34 ubhudiswe kukubona akubonayo amehlo akho.

35 UYehova wokubetha emadolweni nasemilenzeni ngamathumba amabi, ungabi nakuphiliswa kuwo, athabathele entendeni yonyawo lwakho ase elukakayini.

36 UYehova wokusa wena, nokumkani wakho othe wammisa phezu kwakho, eluhlangeni eningalwaziyo wena nooyihlo, ukhonze khona apho thixo bambi,
37 imithi namatye; ube ngummangaliso, nondaba-mlonyeni, nento yentsini, phakathi kwezizwe zonke athe uYehova wakuqhubela kuzo.

38 Wòphuma nembewu eninzi uye entsimini, uvune into encinane; ngokuba iya kunqunquthwa ziinkumbi.
39 Wòtyala izidiliya, uzisebenze, ungaseli wayini noko, ungavuni zidiliya; ngo-
40 kuba ziya kudliwa ngukruxeshe. Wòba neminquma emideni yakho yonke, ungazithambisi ngeoli noko; ngokuba iminquma yakho iya kunyothulwa.
41 Wòzala oonyana neentombi, ungabi nabo noko; ngokuba baya kuthinjwa.
42 Yonke imithi yakho, nesiqhamo somhlaba wakho, sohluthwa ziinkumbi.

43 Owasemzini ophakathi kwakho wokunyuka, aye enyuka ngokunyuka; wena
44 uye usihla ngokuhla. Wòkuboleka yena, ungamboleki wena; wóba yintloko yena, ube ngumsila wena.

Zoza ke phezu kwakho ezo ziqalekiso 45 zonke, zikusukele, zikufumane ude utshabalale; ngokuba ungaliphulaphulanga ilizwi likaYehova uThixo wakho, ukuba uyigcine imithetho yakhe nemimiselo yakhe akuwiseleyo; zibe ngu- 46 mqondiso nezimanga kuwe, nakwimbewu yakho kude kuse ephakadeni; ngenxa yokuba ungamkhonzanga u- 47 Yehova uThixo wakho ngokuvuya, nangokuchwayitha kwentliziyo, ngenxa yobuninzi bezinto zonke. Wòkhonza 48 iintshaba zakho, ezo aya kuzithumela kuwe uYehova, ulambile, unxaniwe, uhamba zé, uswele zonke izinto, abeke idyokhwe yesinyithi entanyeni yakho, ade akutshabalalise.

UYehova wokuzisela uhlanga oluvela 49 kude, esiphelweni sehlabathi, olutshwebeleza njengokhozi; uhlanga olulwimi ungayi kuluva; uhlanga olubuso bu- 50 ngwanyalala, olungakhethi buso bandoda inkulu, olungabi nakubabala namfama. Lodla isiqhamo senkomo yakho, 51 nesiqhamo somhlaba wakho, ude utshabalale; lungakushiyeli ngqolowa, nawayini intsha, naoli, nankonyana yankomo yakho, namatakane empahla yakho emfutshane, lude lukuchithe.

Lokungqinga emasangweni akho o- 52 nke, zide ziwe iindonga zakho eziphakamileyo, ezinqabileyo, okholose ngazo, ezweni lakho lonke; lukungqinge ke emasangweni akho onke, ezweni lakho lonke, akunikileyo uYehova uThixo wakho; udle isiqhamo sesizalo sakho, 53 inyama yoonyana bakho neentombi zakho akunikileyo uYehova uThixo wakho, ekungqingweni, nasekuxinweni, olokuxina ngako utshaba lwakho. Indo- 54 da esisifebe, ebixhamla ubuncwane kunene phakathi kwakho, yomkhangela ngeliso elibi umzalwana wayo, nomfazi wesifuba sayo, namasalela abantwana bayo abasaseleyo; ngokokuze inganiki 55 namnye kubo into yenyama yabantwana bayo eyidlayo, ngenxa yokuba ingashiyelwanga nto ekungqingweni nasekuxinweni, olokuxina ngako utshaba lwakho

219

56 emasangweni akho onke. Intokazi eling'awukazi, exhamle ubuncwane phakathi kwakho, ebingalingi ukubeka intende yonyawo lwayo emhlabeni, ngenxa yokuxhamla ubuncwane, nangenxa yokuba iling'awukazi, yoyikhangela ngeliso elibi indoda yesifuba sayo,
57 nonyana wayo, nentombi yayo, ngenxa yomkhaya wayo ophuma phakathi kweenyawo zayo, nangenxa yabantwana bayo ethe yabazala; kuba yobadla ngasese ekuswelekeni kweento zonke, ekungqingweni nasekuxinweni olokuxina ngako utshaba lwakho emasangweni akho.
58 Ukuba ùthe akwagcina ukuwenza onke amazwi alo myalelo, abhaliweyo kule ncwadi, ukuba uloyike eli gama lizukileyo, loyikekayo, UYEHOVA U-
59 THIXO WAKHO: uYehova wozenza zibaluleke izibetho zakho, nezibetho zembewu yakho, zibe zizibetho ezikhulu ezihlala zihleli, nezifo ezibi ezihlala zi-
60 hleli; akubuyisele ke bonke ubulwelwe baseYiputa owanxunguphala bubo, bu-
61 thi nama kuwe. Nazo zonke izifo nezibetho zonke ezingàbhaliweyo encwadini yalo myalelo, wózinyusa uYehova phezu kwakho ude utshabalale;
62 nisale nibantu bambalwa, esikhundleni sokuba naningangeenkwenkwezi zezulu ukuba baninzi; ngokuba ungaliphulaphulanga izwi likaYehova uThixo wakho.
63 Kothi, njengokuba uYehova ebenemihlali ngani, ukuba anenzele okuťungileyo, anandise: enjenjalo uYehova ukuba nemihlali ngani, ukuba anidakise, anitshabalalise; ninyothulwe emhlabeni lowo ungena kuwo, usiya kuwúma;
64 aniphangalalise uYehova phakathi kwezizwe zonke, ethabathela esiphelweni sehlabathi, ase esiphelweni sehlabathi; ukhonze thixo bambi khona, ongabazanga wena nooyihlo, imithi namatye.
65 Phakathi kwezo ntlanga akusayi kunyhamnyheka, ayisayi kuba nakuphumla intende yonyawo lwakho; uYehova wokunika apho ukugungqa kwentliziyo, nokuphela kwamehlo, nokuthiswa ko-
66 mphefumlo. Ubomi bakho bojinga ngomsonto phambi kwakho, unkwantye ubusuku nemini, ungàkholwa bubomi bakho; kusasa wòthi, Akwaba bekungo- 67 kuhlwa! ngokuhlwa wothi, Akwaba bekukusasa! ngenxa yokunkwantya kwentliziyo yakho oya kunkwantya ngako, nangenxa yokubona aya kukubona amehlo akho. UYehova wokubuyisela 68 eYiputa ngeenqanawa, ngendlela endathi kuwe, Uze ungabi saphinda uyibone; kuthengiswe ngani khona ezintshabeni zenu, ukuba nibe ngamakhoboka namakhobokazana, kungabikho bani unithengayo.

Iziyalo nezilumkiso

29 Ngawo la amazwi omnqophiso, awamwisela uMoses umthetho ngawo uYehova, ukuba awenze noonyana bakaSirayeli ezweni lakwaMowabhi, ngaphandle komnqophiso awawenzayo nabo eHorebhe.

UMoses wawabiza amaSirayeli onke, 2 wathi kuwo, Nikubonile konke akwenzileyo uYehova emehlweni enu ezweni laseYiputa, kuFaro, nakubakhonzi bakhe bonke, nakwilizwe lakhe lonke; izilingo ezikhulu azibonileyo amehlo 3 akho, eziyimiqondiso nezimanga ezikhulu. Ke akaninikanga uYehova i- 4 ntliziyo yokwazi, namehlo okubona, neendlebe zokuva, unanamhla.

Ndinihambisile iminyaka engama- 5 shumi amané entlango. Iingubo zenu azonakalanga bubudala, zinishiye; neembadada zakho azonakalanga ziphele ezinyaweni zakho; anidlanga sonka, 6 aniselanga wayini nasiselo sinxilisayo, ukuze nazi ukuba ndinguYehova uThixo wenu. Nafika kule ndawo, 7 waphuma uSihon ukumkani waseHeshbhon, no-Ogi ukumkani waseBhashan, basihlangabeza ngemfazwe, sababulala; salithabatha ilizwe labo salinika ama- 8 Rubhen, namaGadi, nesiqingatha sesizwe sakwaManase, ukuba libe lilifa. Wagcineni ke amazwi alo mnqophiso, 9 niwenze, ukuze nikwenze ngengqiqo konke eniya kukwenza.

Nimi namhla nonke niphela phambi 10 koYehova uThixo wenu; iintloko zenu,

nezizwe zenu, namadoda amakhulu akowenu, nababhali benu, onke amado-
11 da akwaSirayeli, nabantwana benu, nabafazi benu, nomphambukeli ophakathi komzi wakho, kuthabathela kogawula iinkuni zakho, kuse kokha ama-
12 nzi akho; ukuba ungène emnqophisweni kaYehova uThixo wakho, asesifungweni sakhe, asenzayo uYehova u-
13 Thixo wakho nawe namhla; ukuze animise namhla nibe ngabantu kuye, yena abe nguThixo kuni, njengoko wakuthethayo kuni, njengoko wakufungayo kooyihlo, ooAbraham noIsake noYakobi.
14 Andiwenzi nani nedwa lo mnqophiso
15 nesi sifungo; ndiwenza nomiyo apha nathi namhla phambi koYehova uThixo wethu, kwanongekhoyo apha nathi
16 namhla. Ngokuba nina niyakwazi ukuhlala kwethu ezweni laseYiputa, nokucanda kwethu phakathi kweentla-
17 nga enacanda kuzo; nazibona izinto zazo ezinezothe, nezigodo ezizizithixo zazo, imithi namatye, isilivere negolide,
18 ezinazo; hleze kubekho kuni ndoda, namfazi, namzalwane, nasizwe, sintliziyo ijikayo namhla, imke kuYehova uThixo wethu, iye kukhonza oothixo bezo ntlanga; hleze kubekho kuni ingcambu ezele ubuhlungu nomhlonya-
19 ne; kuthi, ekuweveni kwakhe amazwi esi sishwabulo, azisikelele entliziyweni yakhe, esithi, Ndoba noxolo; ngokuba ndihamba ebungqoleni bentliziyo yam, ukuze kuphetshethwe osele wahlutha
20 kwanonxaniweyo. UYehova akasayi kuvuma ukumxolela; wosuka uqhume umsindo kaYehova nekhwele lakhe kuloo ndoda, silale phezu kwayo sonke isishwabulo esibhaliweyo kule ncwadi, alicime uYehova igama layo phantsi
21 kwezulu. Wóyahlulela uYehova okubi ezizweni zonke zamaSirayeli, ngokwezishwabulo zonke zomnqophiso obhaliweyo encwadini yalo myalelo.
22 Sóthi isizukulwana esisemva kwenu, oonyana benu abaya kuvela emva kwenu nowolunye uhlanga ovela ezweni elikude, bazibone izibetho zelo lizwe, nezifo
23 zalo uYehova azihlisileyo kulo: isulfure netyuwa, litshile lonke ilizwe lakhona, lingàhlwayelwa, lingahlumi nto, lingaphumi tyani; linjengokubhukuqwa kweSodom neGomora, iAdama neTsebhoyim, awazibhukuqayo uYehova ngomsindo wakhe nangobushushu bakhe.
24 Zothi ke zonke iintlanga, Kungenxa yantoni na, ukuba uYehova enjenje kweli lizwe? Kuyini na ukuvutha kwaló msindo mkhulu kangaka? Ku-
25 thiwe, Kungokuba bewushiyile umnqophiso kaYehova uThixo wooyise, áwawenza nabo ekubakhupheni kwakhe ezweni laseYiputa. Baya bakhonza thi-
26 xo bambi, babanqula, oothixo abangabaziyo, abengababelanga yena. Wa-
27 vutha ke umsindo kaYehova kwelo zwe, ukuba kuziswe phezu kwalo zonke iziqalekiso ezibhaliweyo kule ncwadi;
28 uYehova wabanyothula emhlabeni wabo ngomsindo, nangobushushu, nangoburhalarhume obukhulu, wabaphosa zweni limbi, njengoko kunjalo namhla.
29 Izinto ezisitheleyo zezikaYehova uThixo wethu; izinto ezityhilekileyo zezethu, nezoonyana bethu kude kuse ephakadeni, ukuze siwenze onke amazwi alo myalelo.

Amadinga neengcebiso

30 Kothi ke, xa athe eza phezu kwakho onke la mazwi, iintsikelelo neziqalekiso, endizibeke phambi kwakho, wazikhumbula uphakathi kweentlanga zonke, athe wakugxothela kuzo uYehova uThixo wakho, wàbuyela
2 kuYehova uThixo wakho, waliphulaphula ilizwi lakhe, njengako konke endikuwisela umthetho ngako namhla, wena noonyana bakho, ngentliziyo yakho yonke, nangomphefumlo wakho wonke: wókubuyisa ke uYehova uThixo
3 wakho ukuthinjwa kwakho, abe nemfesane kuwe, abuye akubuthe ezizweni zonke abekuphangalalisele kuzo uYehova uThixo wakho.
4 Ukuba ùthe wagxothelwa esiphelweni sezulu, wókubutha nakhona apho uYehova uThixo wakho; wókuphuthuma nakhona apho. Wókuzisa u-
5 Yehova uThixo wakho kulo ilizwe

ababelihluthile ooyihlo, ulimé, akwenzele okulungileyo, akwandise ngaphe-
6 zu kooyihlo. Wóyalùsa intliziyo yakho uYehova uThixo wakho, nentliziyo yembewu yakho, ukuba umthande uYehova uThixo wakho ngentliziyo yakho yonke, nangomphefumlo wakho wonke, ukuze uphile.

7 Wózibeka uYehova uThixo wakho zonke ezi zishwabulo phezu kweentshaba zakho, naphezu kwabakuthiyileyo,
8 abakutshutshisileyo; ubuye ke wena, uliphulaphule izwi likaYehova, uyenze yonke imithetho yakhe endikuwiselayo
9 namhla. UYehova uThixo wakho uya kwandisa kumsebenzi wonke wesandla sakho, kwisiqhamo sesizalo sakho, nakwisiqhamo senkomo yakho, nakwisiqhamo somhlaba wakho, kulunge; ngokuba uYehova uya kubuya abe nemihlali ngawe, kulunge, njengoko
10 waba nemihlali ngooyihlo: xa uthe waliphulaphula izwi likaYehova u-Thixo wakho, ukuba uyigcine imithetho yakhe nemimiselo yakhe, ebhaliweyo encwadini yalo myalelo; xa uthe wabuyela kuYehova uThixo wakho ngentliziyo yakho yonke, nangomphefumlo wakho wonke.

11 Ngokuba lo mthetho ndikuwiselayo namhla awunto ikunqabeleyo, awukude
12 nokuba kude. Awusezulwini, ukuba uthi, Ngubani na oya kusinyukela ezulwini, asithabathele siwuve, siwe-
13 nze? Awuphesheya kolwandle, ukuba uthi, Ngubani na oya kusiwelela ulwandle, asithabathele, siwuve, siwe-
14 nze? Ngokuba ilizwi eli lisondele kunene kuwe, emlonyeni wakho nasentliziyweni yakho, ukuba ulenze.

15 Khangela, ndibeké phambi kwakho namhla ubomi nokulunga, ukufa nobu-
16 bi; ekubeni ndikuwisela umthetho namhla, ukuba umthande uYehova uThixo wakho, uhambe ngeendlela zakho, ugcine imithetho yakhe, nemimiselo yakhe, namasiko akhe, uphile, wande, akusikelele uYehova uThixo wakho kwelo zwe ungena kulo ukuba ulimé.

Ke ukuba ithe yajika intliziyo yakho, 17 akweva, wawexulwa, wanqula thixo bambi, wabakhonza: ndiyanixelela na- 18 mhla, ukuba nobhubha kanye. Aniyi kolulelwa mini zenu kuwo umhlaba, eniwela iYordan nisiya kuwuma. Ndi- 19 ngqinisisa amazulu nehlabathi namhla ngani; ndibeké phambi kwenu ubomi nokufa, intsikelelo nesiqalekiso. Nyula ke ubomi, ukuze uphile, wena nembewu yakho; ukuba umthande uYehova u- 20 Thixo wakho, uliphulaphule ilizwi lakhe, unamathele kuye: ngokuba bubomi bakho, nokolulwa kweemini zakho; ukuze uhlale emhlabeni lowo awafunga uYehova kooyihlo ooAbraham noIsake noYakobi, ukuba wobanika.

Iziyalo zokugqibela zikaMoses ebantwini nakuYoshuwa

31 Waya uMoses, wawathetha la mazwi kumaSirayeli onke, wathi 2 kuwo, Ndiminyaka ilikhulu elinamanci mabini namhla ndizelwe. Andisenako ukuphuma nokungena; noYehova uthe kum, Akusayi kuyiwela le Yordan. NguYehova uThixo wakho owela pha- 3 mbi kwakho; wózitshabalalisa ezo ntlanga phambi kwakho, uzithimbe. NguYoshuwa owela phambi kwakho, njengoko wathethayo uYehova. Úya 4 kwenza uYehova kuzo njengoko wenzayo kuSihon nakuOgi, ookumkani bama-Amori, nakwilizwe labo, awabatshabalalisayo; azinikele kuni uYehova; 5 nenze kuzo ngokomthetho wonke endiniwiseleyo. Yomelelani nikhaliphe; 6 musani ukoyika, musani ukungcangcazela ebusweni bazo. Ngokuba nguYehova uThixo wakho ohamba nawe; akayi kukuyekela, akayi kukushiya.

UMoses wambiza ke uYoshuwa, 7 wathi kuye emehlweni amaSirayeli onke, Yomelela ukhaliphe; kuba wena uya kungena naba bantu kwelo zwe wafungayo kooyise uYehova ukuba wobanika; wena uya kubadlisa ilifa. NguYeho- 8 va ohamba phambi kwakho; yena uya kuba nawe; akayi kukuyekela, akayi kukushiya. Uze ungoyiki, ungaqhiphuki mbilini.

UMoses unikela umthetho kubabingeleli

9 Wawubhala uMoses lo myalelo, wawunika ababingeleli, oonyana bakaLevi, ababethwala ityeya yomnqophiso kaYehova, namadoda amakhulu akwa-
10 Sirayeli onke. UMoses wabawisela umthetho, esithi, Ekupheleni kweminyaka esixhenxe, ngexesha elimisiweyo lomnyaka woyekelelo, emthendelekwe-
11 ni weminquba, ekuzeni kubonakala kwamaSirayeli onke phambi koYehova uThixo wakho, kuloo ndawo aya kuyinyula, wòwulesa lo myalelo phambi kwamaSirayeli onke ezindlebeni zawo.
12 Bobizelwa ndawonye abantu, amadoda, nabafazi, nabantwana, nomphambukeli wakho osemasangweni akho, ukuze beve, nokuze bafunde, bamoyike uYehova uThixo wenu, bagcine ukuwenza
13 onke amazwi alo myalelo; beve noonyana babo abangaziyo, bafunde ukumoyika uYehova uThixo wenu, yonke imihla enidla ubomi ngayo, kuloo mhlaba eniwela iYordan nisiya kuwuma.

14 Wathi uYehova kuMoses, Yabona, isondele imihla yakho yokuba ufe. Biza uYoshuwa, niye nime ententeni yokuhlangana, ndimyale. Baya ooMoses noYoshuwa, bema ententeni yokuhla-
15 ngana. Wabonakala uYehova ententeni emqulwini welifu. Wamana umi umqulu welifu phezu komnyango wentente.

Intsusa yengoma kaMoses

16 Wathi uYehova kuMoses, Yabona, ùya kulala nooyihlo; basùke aba bantu bahenyuze ngokulandela thixo bambi belo zwe bangena kulo phakathi kwalo, bandishiye, bawaphule umnqophiso
17 wam endiwenze nabo; uvúthe umsindo wam kubo ngaloo mini, ndibashiye, ndibusithelise ubuso bam kubo, babe ngabokudliwa kuthi tu, bafunyanwe bububi obuninzi naziimbandezelo; bathi ngaloo mini, Àkungenxa yokuba engekho na uThixo wam phakathi kwam, le nto ndifunyenwe bobu bubi? Ke mna ndiya kubusithelisa kuphele 18 ubuso bam ngaloo mini, ngenxa yobubi bonke ababenzileyo; ngokuba bejike baya thixweni bambi.

Kaloku ke zibhaleleni le ngoma, 19 niyifundise oonyana bakaSirayeli, niyibeke emlonyeni wabo, ukuze le ngoma ibe lingqina lam koonyana bakaSirayeli. Kuba ndiya kubangenisa kuwo um- 20 hlaba endafunga kooyise ngawo, obaleka amasi nobusi, badle bahluthe, batyebe; bajike baye thixweni bambi, babakhonze, bandigibe, bawaphule umnqophiso wam. Kothi, xa bathe bafunyanwa 21 bububi obuninzi naziimbandezelo, isuke le ngoma iphendule phambi kwabo, ibe lingqina: kuba ayisayi kulityalwa imke emlonyeni wembewu yabo; kuba ndiyakwazi ukucamanga kwabo abakwenzayo namhla, ndingekabangenisi nje kwelo zwe ndifunge ngalo.

Wayibhala uMoses loo ngoma ngaloo 22 mini, wayifundisa oonyana bakaSirayeli. Wammisela uYoshuwa unyana kaNun 23 umthetho; wathi, Yomelela, ukhaliphe, kuba ùya kubangenisa wena oonyana bakaSirayeli kwelo zwe ndabafungela lona. Ndiya kuba nawe mna.

Kwathi, akugqiba uMoses ukuwa- 24 bhala amazwi alo myalelo encwadini ada agqitywa, uMoses wabawisela umthetho 25 abaLevi, ababethwala ityeya yomnqophiso kaYehova, esithi, Yithabatheni 26 incwadi yalo myalelo, niyibeke ecaleni letyeya yomnqophiso kaYehova uThixo wenu, ibe lingqina khona kuni. Ngo- 27 kuba ndiyazazi iinkani zakho, nentamo yakho elukhuni. Yabonani, ndisadla ubomi nje, ndisenani, namana niphikisana noYehova; kobeka phi na emva kokufa kwam? Bizelani ndawonye o- 28 nke amadoda amakhulu ezizwe zenu, nababhali benu, beze kum, ndiwathethe la mazwi ezindlebeni zabo, ndingqinisise amazulu nehlabathi ngabo. Kuba ndiyazi ukuba, emva kokufa 29 kwam, niya kuzonakalisa kanye, nityeke endleleni endiniwisele umthetho ngayo, nihlelwe bububi ekupheleni kwemihla; ngokuba niya kwenza ububi phambi koYehova, ukuba nimqumbise ngomsebenzi wezandla zenu.

30 Wawathetha ke uMoses ezindlebeni zebandla lonke lakwaSirayeli amazwi ale ngoma, ada agqitywa:

Ingoma kaMoses

32 Bekani indlebe, mazulu, ndithethe;
Live ihlabathi amazwi omlomo wam;
2 Ichaphàze njengemvula imfundiso yam,
Ihle njengombethe intetho yam,
Njengomkhumezelo phezu kohlaza,
Njengamathontsi phezu kotyani.
3 Ngokuba ndiya kuvakalisa igama likaYehova:
Mnikeni ubukhulu uThixo wethu!
4 NguLiwa; ugqibele umsebenzi wakhe,
Ngokuba zonke iindlela zakhe zisesikweni;
NguThixo wentembeko, tu ubugqwetha;
Lilungisa, uthe tye yena.
5 Isizukulwana esijibilizayo, esibhijeleneyo,
Sizonakalisile kuye—singenyana bakhe, sisiphako sabo.
6 Nènjenje na ukumphatha uYehova?
Bantundini banobudenge, bangenabulumko,
Akanguye na uyihlo okudalileyo,
Okwenzileyo, okusekileyo?

7 Khumbula iimini zasephakadeni,
Qonda iminyaka yezizukulwana ngezizukulwana.
Buza kooyihlo, bakubalisele,
Kumadoda amakhulu akowenu, akuxelele.
8 Ekuzabeleni kOsenyangweni iintlanga ilifa,
Ekubahlulahluleni kwakhe oonyana baka-Adam,
Wayimisa imida yezizwe
Ngokwenani loonyana bakaSirayeli.
9 Kuba isabelo sikaYehova ngabantu bakhe,
UYakobi licandelo lelifa lakhe.

Wamfumana ezweni eliyintlango, 10
Enyanyeni, enkangala ebhombolozayo;
Wamwola, wamondla,
Wamlondoloza njengokhozo lweliso lakhe.
Njengokhozi lususela, 11
Lundanda phezu kwamathole alo,
Wawolula amaphiko akhe, wamthabatha,
Wamthwala ngamaphiko akhe.
Wamkhokela uYehova yedwa, 12
Engenathixo wolunye uhlanga naye.
Wamkhwelisa emimangweni yehla- 13
bathi;
Wadla ke iziveliso zamasimi;
Wammunyisa ubusi engxondorheni,
Neoli eweni leqhwitha;
Amasi eenkomo, nobisi lwempahla 14 emfutshane,
Kunye namanqatha eemvana;
Neenkunzi zezimvu, amatakane aseBhashan, neebhokhwe,
Kunye namanqatha ezintso zengqolowa;
Negazi lediliya walisela, liyiwayini enegwebu.

Watyeba ke uYeshurun, wakhaba; 15
Watyeba wena, wanesibili, wathi fithi;
Wamlahla uThixo owamenzayo,
Walenza isidenge iLiwa lokusindiswa kwakhe.
Bamkhweletisa ngoothixo basemzini, 16
Bamqumbisa ngamasikizi.
Babingelela kwiidemon ezingeThixo, 17
Koothixo abangabaziyo,
Kwabatsha abasandula ukufika,
Ababengabahlonele ooyihlo.
ILiwa elakuzalayo walihilizela, 18
Wamlibala uThixo owaba nenimba ngawe.

Wabona uYehova, wabalahla, 19
Ngokuqunjiswa ngoonyana bakhe neentombi zakhe.
Wathi, Ndiya kubusithelisa ubuso 20 bam kubo,
Ndibòne ukuba koba yintoni na ukuphela kwabo;

IDUTERONOMI 32

Ngokuba basisizukulwana sempenduka,
Ngoonyana abangenantembeko.
21 Bona bandikhweletisa ngongeThixo,
Bandiqumbisa ngamampunge abo.
Nam ndiya kubakhweletisa ngabangebantu,
Ndibaqumbise ngohlanga olunobudenge.
22 Ngokuba kuphenjwé umlilo emathatheni am;
Utsha ude use kwelingaphantsi labafileyo,
Ulidle ihlabathi neendyebo zalo,
Uvuthise iziseko zeentaba.
23 Ndiya kufumba ububi phezu kwabo,
Iintolo zam ndiziphelelisele kubo;
24 Omakhanywa kukulamba, omadliwa kukurhala,
Nembubhiso ekrakra.
Ndiya kubathumela izinyo lamarhamncwa,
Nobuhlungu bezinambuzane zothuli.
25 Ngaphandle kophanga ikrele,
Ezingontsini *kuphange* izothuso,
Kufane indodana nentombi,
Kufane owanyáyo nengwevu.
26 Ngendiba ndithi, Ndiya kubaphephetha,
Ndisiphelise isikhumbuzo sabo ebantwini;
27 Koko ndinxunguphe1eyo kukuqunjiswa lutshaba,
Hleze ababandezeli babo bangaqondi;
Hleze bathi, Kuphakamé isandla sethu;
Àkwenziwe nguYehova oku konke.
28 Ngokuba luhlanga oluphelelwe ngamacebo,
Tu ingqondo kubo.

29 Akwaba babelumkile; ngebekuqiqa oku,
Basiqonde isiphelo sabo.
30 Yo! Ebengayi kuthi na emnye kubo asukele iwaka,
Bebabini bagxothe amawaka alishumi,
Ukuba belingathengisanga ngabo iLiwa labo,
Wabanikela uYehova?

Kuba alinjengeLiwa lethu iliwa lazo, 31
Iintshaba zethu zingabagwebi boko.
Kuba umdiliya wabo ngowomdiliya 32 waseSodom,
Ngowamasimi aseGomora.
Iidiliya zabo ziidiliya ezinobuhlungu,
Izihloko zazo zinobukrakra.
Bubuhlungu benyushu iwayini yabo, 33
Yinyongo enobujorha yamaphimpi.
Oku àkubekwe kum na, 34
Kwavingcelwa koovimba bam?
Yeyam impindezelo nembuyekezo 35
Ngexesha lokutyibilika konyawo lwabo;
Ngokuba usondele umhla wokusindeka kwabo,
Kuyakhawuleza abakumiselweyo.

Ngokuba úya kugweba phakathi 36 kwabantu bakhe uYehova,
Azohlwaye ngenxa yabakhonzi bakhe,
Xa abonayo ukuba ethile amandla,
Uphelile ovalelweyo novulelweyo.
Wóthi ke, Baphi na kaloku oothixo 37 babo,
Iliwa ababezimela ngalo:
Ababesidla amanqatha emibingelelo 38 yabo,
Ababesela iwayini yeminikelo yabo ethululwayo?
Mabasuke banincede,
Kubekho isithe phezu kwenu.
Bonani ngoku, ukuba mna ndinguye; 39
Tu thixo unam.
Ndiyabulala, ndidlise ubomi;
Ndiyaphalusa, ndiphilise mna;
Tu uhlangulayo esandleni sam.
Ngokuba ndisiphakamisela emazu- 40 lwini isandla sam;
Ndithi, Ndihleli nje mna ngonaphakade,
Ukuba ndithe ndalilola ikrele lam 41 elingumbane,
Sabambelela elugwebeni isandla sam,
Ndoyibuyisela impindezelo kubabandezeli bam,
Ndibuyekeze kubathiyi bam.
Ndozinxilisa iintolo zam ngegazi, 42
Ikrele lam liyidle inyama
Ngegazi labahlatyiweyo nabathinjiweyo,

Ngentloko enesihlwitha yotshaba.
43 Memelelani, zintlanga, ngenxa yabantu bakhe,
Ngokuba eliphindezelela igazi labakhonzi bakhe,
Abuyisele impindezelo kubabandezeli bakhe,
Awucamagushele ke umhlaba wakhe nabantu bakhe.

44 Weza ke uMoses, wawathetha onke amazwi ale ngoma ezindlebeni zabantu,
45 yena noYoshuwa unyana kaNun. Wagqiba uMoses ukuwathetha onke la
46 mazwi kumaSirayeli onke, wathi kuwo, Wabekeleni iintliziyo zenu onke amazwi endiwangqinayo kuni namhla, eniya kuwamisela koonyana benu, ukuba bagcine ukuwenza onke amazwi alo
47 myalelo. Ngokuba asilizwi lilambathayo kuni eli, kuba bubomi benu; ngeli lizwi niya kuyolula imihla kuloo mhlaba niyiwelayo iYordan nisiya kuwuhlutha.

48 Wathetha uYehova kuMoses kwa-
49 ngaloo mini, esithi, Nyuka uye kule ntaba yaseAbharim, entabeni yeNebho, esezweni lakwaMowabhi, elikhangelene neYeriko, ukhangele ilizwe lakwaKanan, endilinika oonyana bakaSirayeli ukuba
50 libe lelabo; ufele entabeni oyinyukayo, uhlanganiselwe kubantu bakowenu, njengokuba wafayo umkhuluwa wakho uAron entabeni yeHore, wahlanganise-
51 lwa kubantu bakowabo; ngenxa yokuba namenezayo kum phakathi koonyana bakaSirayeli emanzini aseMeribha yaseKadeshe, entlango yeTsin, ngenxa yo-
52 kuba ningàndingcwalisanga phakathi
52 koonyana bakaSirayeli. Ngokuba wolibona ilizwe liphambili, kodwa ungangeni kulo ilizwe endilinika oonyana bakaSirayeli.

UMoses usikelela izizwe ezilishumi elinazibini

33 Yiyo le intsikelelo, awabasikelela ngayo uMoses, indoda yakwaThixo, oonyana bakaSirayeli, phambi kokufa kwakhe, wathi:

UYehova wavela eSinayi, 2
Waphuma kwaSehire phezu kwabo;
Wabengezela esezintabeni zeParan,
Weza ephuma kwiingcwele ezimawaka alishumi,
Ekunene kwakhe ikukubinza komlilo kubo.
Inene, úyazithanda izizwe. 3
Bonke abangcwele bakhe basesandleni sakho,
Bahlala ezinyaweni zakho,
Besuke ngamazwi akho.
UMoses wasiwisela umyalelo, 4
Ilifa ke elo lebandla lakwaYakobi.
Waba ngukumkani kwaYeshurun, 5
Ekuzihlanganiseni iintloko zabantu,
Izizwe zakwaSirayeli zindawonye.

URubhen makadle ubomi, angafi; 6
Angabi mbalwa amadoda akhe.

Le yintsikelelo kaYuda, wathi, 7
Yiva, Yehova, izwi likaYuda,
Umngenise kubantu bakowabo;
Úyabalwela ngezandla zakhe;
Úmnceda wena kubabandezeli bakhe.

Wathi ngoLevi, 8
IiTumim zakho neeUrim* zakho zezomntu wakho wenceba,
Owamlingayo eMasa,*
Wabambana naye emanzini aseMeribha.*
Lowo uthi kuyise nakunina, Andikuboni; 9
Akatheni nabazalwana bakhe,
Akabazi noonyana bakhe;
Ngokuba egcine intetho yakho,
Wabamba umnqophiso wakho.
Baya kumyala uYakobi ngamasiko 10 akho,
Bamyale uSirayeli ngomyalelo wakho,
Babeke isiqhumiso ezimpumlweni zakho,
Namadini apheleleyo esibingelelweni sakho.
Sikelela, Yehova, amandla akhe, 11
Ukholeke kuwe umsebenzi wezandla zakhe.
Baphaluswe emanqeni abavukelana naye,
Nabamthiyileyo bangabi nakuvuka.

IDUTERONOMI 33-34

12 NgoBhenjamin wathi,
   Intanda kaYehova iya kuhlala kuye
     ikholosile;
   Úyikhúsele imini yonke,
   Ihlala phakathi kwamagxa akhe.

13 NgoYosefu wathi,
   Malisikelelwe nguYehova ilizwe lakhe
   Ngezinto ezinconywayo zezulu;
   Ngombethe nangamanzi enzonzobila
     elele ezantsi,
14 Nangezinconywayo eziveliswa lilanga,
   Nangezinconywayo ezihlunyiswa zii-
     nyanga,
15 Nangeencopho zeentaba zamandulo,
   Nangezinconywayo zeenduli ezingu-
     naphakade,
16 Nangezinconywayo zomhlaba nenza-
     liseko yawo.
   Nekholo lowahlala etyholweni
   Malifike entlokweni kaYosefu,
   Naselukakayini lwalowo ubalulekileyo
     kubazalwana bakhe.
17 Eyamazibulo inkunzi yakhe, hayi,
     ubungangamsha bayo!
   Ziimpondo zenqu iimpondo zayo;
   Ngazo ihlaba izizwe, ngaxa-nye izi-
     phelo zehlabathi.
   Ngamawaka alishumi akwaEfrayim
     ke lawo.
   Ngamawaka akwaManase ke lawo.

18 NgoZebhulon wathi,
   Vuya, Zebhulon, ngokuphuma kwa-
     kho;
   Vuya, Isakare, ngeentente zakho.
19 Baya kumema izizwe, zize entabeni,
   Babingelele khona imibingelelo yo-
     bulungisa;
   Ngokuba besanya ubutyebi beelwa-
     ndle
   Nezinto eziselelwe entlabathini.

20 NgoGadi wathi,
   Makabongwe owandisa uGadi.
   Ubuthuma njengengonyamakazi,
   Adlavule umkhono, ewe, nokakayi.
21 Wazibonela isahlulo esiyingqalo;
   Ngokuba besibekwe khona isabelo
     sommisi-mthetho.
   Weza kwiintloko zabantu,
   Wenza ubulungisa bukaYehova,
   Namasiko akhe ndawonye nama-
     Sirayeli.

22 Wathi ngoDan,
   UDan lithole lengonyama;
   Usuka umtsi eBhashan.

23 NgoNafetali wathi,
   Nafetali, ukholisiweyo kanye,
   Uzeleyo yintsikelelo kaYehova,
   Wòluhlutha ulwandle nomzantsi.

24 NgoAshere wathi,
   Úsikelelwe ngaphezu koonyana u-
     Ashere;
   Makabe likholo phakathi kwabaza-
     lwana bakhe,
   Athi nkxu unyawo lwakhe eolini.
25 Imivalo yakho yoba sisinyithi no-
     bhedu,
   Kube ngangeemini zakho ukonwaba
     kwakho.

26 Akukho unjengoThixo, Yeshurun,
   Ulokhwela emazulwini eluncedo lwa-
     kho,
   Ulokhwela esibhakabhakeni enobu-
     ngangamsha bakhe.
27 Likhaya uThixo wamandulo,
   Ngaphantsi ziingalo ezingunapha-
     kade.
   Ugxotha utshaba ebusweni bakho;
   Uthi, Tshabalalisa!
28 USirayeli uhlala ekholosile,
   Uwodwa umthombo kaYakobi,
   Usinga ezweni lengqolowa newayini
     entsha;
   Inene izulu lalo liqhoqhoza umbethe.
29 Ùnoyolo, Sirayeli!
   Ngubani na onjengawe, bantu basi-
     ndiswe nguYehova,
   Ikhaka loncedo lwakho,
   Ikrele lobungangamsha bakho.
   Ziya kuhanahanisa kuwe iintshaba
     zakho,
   Unyathele ke wena emimangweni
     yazo.

Ukufa kukaMoses

34 Wenyuka ke uMoses, esuka ezi-nkqantosini zakwaMowabhi, waya entabeni yeNebho, encotsheni yePisga, ekhangelene neYeriko. UYehova wambonisa lonke ilizwe laseGiliyadi, wasa 2 kwaDan, nelakwaNafetali lonke, nelizwe lakwaEfrayim noManase, nelizwe lonke lakwaYuda, wasa elwandle lwasentsho-3 nalanga; nelasezantsi, nommandla wesihlambo seYeriko, umzi wamasundu, 4 wasa eTsohare. Wathi uYehova kuye, Lilo eli ilizwe endafunga ngalo kooAbraham noIsake noYakobi, ndisithi, Ndiya kulinika imbewu yakho; ndikukhangelisile ngamehlo, ke akuyi kuwela uye kulo.

5 Wafela khona uMoses, umkhonzi kaYehova, ezweni lakwaMowabhi, ngo-6 komlomo kaYehova. Wamngcwabela emfuleni, ezweni lakwaMowabhi, malungana neBhete-pehore. Akukho bani ulaziyo ingcwaba lakhe unanamhla. 7 UMoses ebeminyaka ilikhulu elinamanci mabini ezelwe, mini wafa; lingenalurhatyazo iliso lakhe, esomelele nokomelela. Oonyana bakaSirayeli bamlilela 8 uMoses ezinkqantosini zakwaMowabhi imihla emashumi mathathu; yaphela ke imihla yokumlilela nokumenzela isijwili uMoses.

Waza uYoshuwa, unyana kaNun, 9 wazala ngumoya wobulumko; ngokuba uMoses wayecinezele ngezandla zakhe phezu kwakhe. Bamphulaphula ke oonyana bakaSirayeli, benza njengoko uMoses wamwisela umthetho ngako.

Akubanga savela kwaSirayeli mpro- 10 feti unjengoMoses, awathi uYehova wamazi, bakhangelana ebusweni; nge- 11 miqondiso yonke, nezimanga, awamthumayo uYehova ukuba azenze ezweni laseYiputa kuFaro, nakubakhonzi bakhe bonke, nakwilizwe lakhe lonke; nangaso 12 sonke isandla esithe nkqi, nangokoyikeka konke okukhulu, awakwenzayo uMoses emehlweni amaSirayeli onke.

INCWADI KAYOSHUWA

UYoshuwa unyulelwa ukuthabatha indawo kaMoses

1 Kwathi emva kokufa kukaMoses, umkhonzi kaYehova, wathetha uYehova kuYoshuwa unyana kaNun, 2 umlungiseleli kaMoses, wathi, UMoses umkhonzi wam ufile; suka ke ngoko, uyiwele iYordan le, wena naba bantu bonke, niye kwelo zwe ndibanika lona 3 oonyana bakaSirayeli. Iindawo zonke eziya kunyathelwa yintende yonyawo lwenu, ndininikile, njengoko ndathe-4 thayo kuMoses. Kuthabathele entlango nakwiLebhanon le, kuse emlanjeni omkhulu, emlanjeni ongumEfrati, lonke ilizwe lamaHeti, kuse elwandle olukhulu ngasekutshoneni kwelanga, woba ngu-5 mda wenu. Akuyi kuma mntu phambi kwakho, yonke imihla yokudla kwakho ubomi; njengoko ndandinoMoses, ndoba nawe; andiyi kukuyekela, andiyi kukushiya.

Yomelela ukhaliphe; ngokuba wena 6 uya kulabela bona aba bantu elo lizwe ndabafungela lona ooyise, ukuba ndiya kubanika. Kodwa ke yomelela, ukha- 7 liphe kunene, ukuze ugcine ukwenza ngokomyalelo wonke, awakuwisela wona uMoses umkhonzi wam. Musa ukutyekela ekunene nasekhohlo kuwo, ukuze wenze ngengqiqo apho sukuba usiya khona. Ize ingesuki incwadi 8 yaló myalelo emlonyeni wakho; uze ucinge ngayo imini nobusuku, ukuze ugcine, ukwenze konke okubhaliweyo kuyo; ngokuba wòba nokuphumelela ngendlela yakho oko, ukwenze ngengqiqo oko. Yabona, ndikuwisele umthe- 9 tho wokuba womelele, ukhaliphe. Musa ukunkwantya, ungaqhiphuki umbilini;

ngokuba uYehova uThixo wakho unawe, apho sukuba usiya khona.

Amalungiselelo okuwela iYordan

10 Waza uYoshuwa wabawisela umthe-
11 tho ababhali babantu, wathi, Candani phakathi kweminquba, nibawisele umthetho abantu, nithi, Zilungiseleni umphako, ngokuba kusele imihla emithathu, ukuze niyiwele iYordan le, ningene nilihluthe ilizwe elo aninikayo uYehova uThixo wenu, ukuba limiwe nini.
12 NakumaRubhen, nakumaGadi, nakwisiqingatha sesizwe sakwaManase,
13 wathi uYoshuwa, Likhumbuleni ilizwi awaniwisela umthetho ngalo uMoses, umkhonzi kaYehova, esithi, UYehova uThixo wenu uniphumzile, waninika eli
14 lizwe. Abafazi benu, nabantwana benu, nemfuyo yenu, yohlala kweli lizwe aninika lona uMoses nganeno kweYordan; niwele ke nina nixhobile phambi kwabazalwana benu, nonke nina magorha
15 anobukroti, nibancede, ade uYehova abaphumze abazalwana benu njengani, balihluthe nabo elo lizwe abanikayo uYehova uThixo wenu; nibuyele ke ezweni enilihluthileyo, nime kulo elo waninikáyo uMoses umkhonzi kaYehova nganeno kweYordan, ngasempumalanga.
16 Bamphendula ke uYoshuwa, besithi, Izinto zonke osiwisele umthetho ngazo sozenza, nalapho sukuba usithume
17 khona soya. Ngako konke esamphulaphula ngako uMoses, siya kwenjenjalo ukukuphulaphula nawe; kodwa ke uYehova uThixo wakho unga angaba
18 nawe, njengokuba wayenoMoses. Bonke abantu abaphikisa umlomo wakho, bangàwaphulaphuli amazwi akho entweni yonke osiwisele umthetho ngayo, mababulawe; kodwa ke yomelela, ukhaliphe wena.

Iintlola ezimbini eYeriko

2 UYoshuwa unyana kaNun wesusa amadoda amabini aziintlola, esithi ngasese, Hambani niye kulikhangela ilizwe neYeriko.

Ahamba ke, aya endlwini yenkazana elihenyukazi, egama linguRahabhi, alala khona. Kwathiwa kukumkani waseYe- 2 riko, Yabona, kufike apha ebusukunje amadoda avela koonyana bakaSirayeli, eze kuhlola eli lizwe. Wathumela uku- 3 mkani waseYeriko kuRahabhi, esithi, Wakhuphe amadoda afikileyo kuwe, angenileyo endlwini yakho; kuba aze kulihlola lonke ilizwe. Yawathabatha 4 loo nkazana loo madoda omabini, yawafihla; yathi, Okunene afikile kum amadoda lawo, andazi ukuba avela ngaphi na; kwathi, ukuvalwa kwesa- 5 ngo, kwakuba mnyama, amadoda lawo aphuma; andazi ukuba ayé ngaphi na amadoda lawo; wasukeleni kamsinya, ngokuba nowafumana.

Ke yona yayiwanyusele phezu kwe- 6 ndlu, yawaqhusheka ezindizeni zeflakisi,* eyabe izicwangcise phezu kwendlu. Amadoda awasukela ngendlela 7 yaseYordan eya emazibukweni; lavalwa isango emveni kokuba bephumile abo basukelayo.

Engekalali amadoda, yenyuka yona 8 yaya kuwo phezu kwendlu; yathi kuloo madoda, Ndiyazi ukuba uYehova uni- 9 nikile eli lizwe; nokuba siwelwe luqhiphuko-mbilini ngani; nokuba bathé amandla bonke abemi beli lizwe ebusweni benu. Kuba sivile ukuba uYeho- 10 va wawomisa amanzi oLwandle oluBomvu* phambi kwenu ekuphumeni kwenu eYiputa; noko nakwenzayo kookumkani bobabini bama-Amori, ababepheshéya kweYordan, ooSihon no-Ogi, enabasingela phantsi. Sivile ke, zanyi- 11 bilika iintliziyo zethu, akwabakho sabakho kuqina kwamxhelo mntwini ngenxa yenu; ngokuba uYehova uThixo wenu nguye uThixo emazulwini phezulu, nasehlabathini phantsi apha. Kaloku 12 khanindifungele uYehova, nithi, kuba ndinenzele inceba, niyenzele inceba nani indlu kabawo, nindinike umqondiso wenyaniso; nimsindise ubawo, 13 noma, nabanakwethu, noodade bethu, neento zonke abanazo, niyihlangule imiphefumlo yethu ekufeni.

Athi kuyo amadoda lawo, Umphe- 14

fumlo wethu wofa esikhundleni sowenu, ukuba aniyixelanga le nto yethu; kothi ekunikweni kwethu eli lizwe nguYehova, sikwenzele inceba nenyaniso.

15 Yawahlisa ke ngentsontelo ngefestile; kuba indlu yayo yabe iseludongeni
16 lomzi; yayihleli eludongeni. Yathi kuwo, Yiyani entabeni, hleze baqubisane nani abo banisukelayo; zimelani khona iintsuku zibe ntathu, bade babuye abo banisukelayo, nandule ke ukuhamba indlela yenu.
17 Athi kuyo amadoda lawo, Soba msulwa kwesi sifungo sakho usifungise
18 sona. Uyabona, sákufika kweli lizwe, wobopha intsontelo yosinga olu lubomvu efestileni le usihlise ngayo; uhlanganisele kuwe endlwini yakho uyihlo, nonyoko, nabanakwenu, nendlu yonke
19 kayihlo. Kothi, bonke abasukuba bephuma emnyango endlwini yakho, besiya phandle, igazi labo libe phezu kwentloko yabo, sibe msulwa thina; ke bonke abasukuba bekuwe endlwini, igazi labo loba phezu kwentloko yethu, ukuba
20 kuthe kwasiwa sandla kubo. Ukuba be uthe wayixela le nto yethu, sòba msulwa esifungweni sakho osifungise sona.
21 Yathi ke, Makube njengamazwi enu, kube njalo. Yawandulula, ahamba ke. Yayibopha intsontelo ebomvu efestileni.
22 Ahamba ke aya entabeni, ahlala khona iintsuku zantathu, bada babuya abo bawasukelayo; bafuna abo bawasukelayo endleleni yonke, abawafumana.
23 Abuya amadoda omabini, ehla entabeni, awela, afika kuYoshuwa unyana kaNun, ambikela zonke izinto afume-
24 nene nazo. Athi kuYoshuwa, UYehova ulinikele esandleni sethu lonke ilizwe elo; kananjalo bathé amandla bonke abemi belizwe phambi kwethu.

Ukuwela iYordan

3 Wavuka uYoshuwa kusasa ngengomso. Banduluka eShitim, bafika eYordan, yena noonyana bonke bamaSirayeli; balalisa khona bengekaweli.
2 Kwathi, ekupheleni kwemihla emithathu, bacanda ababhali phakathi kweminquba; babawisela abantu umthetho, 3 besithi, Xa nithe nayibona ityeya yomnqophiso kaYehova uThixo wenu, nababingeleli abangabaLevi beyithwele, nonduluka nani endaweni yenu, niyilandele. Kodwa makubekho ithuba 4 phakathi kwenu nayo, elingáthi ngokulinganisa libe ngamawaka amabini eekubhite.* Ize ningasondeli kuyo, ukuze niyazi indlela enohamba ngayo; kuba anihambanga ngale ndlela ngaphambili.

Wathi uYoshuwa ebantwini, Zi- 5 ngcwaliseni; ngokuba ngengomso uYehova uya kwenza imisebenzi ebalulekileyo phakathi kwenu. Wathi uYoshu- 6 wa kubabingeleli, Thwalani ityeya yomnqophiso, niwele phambi kwabantu. Bayithwala ke ityeya yomnqophiso, bahamba phambi kwabantu.

Wathi uYehova kuYoshuwa, Namhla- 7 nje ndiya kuqala ukukwenza mkhulu emehlweni amaSirayeli onke, ukuze azi ukuba ndiya kuba nawe, njengokuba ndibe ndinoMoses. Uze ubawisele we- 8 na umthetho ababingeleli abathwele ityeya yomnqophiso, uthi, Xa nithe nafika elunxwemeni lwamanzi aseYordan, zenime eYordan.

Wathi uYoshuwa koonyana baka- 9 Sirayeli, Sondelani apha, nive amazwi kaYehova uThixo wenu. Wathi ke 10 uYoshuwa, Niya kwazi ngale nto ukuba uThixo ophilileyo uphakathi kwenu, eya kuwagqogqa kuphele phambi kwenu amaKanan, namaHeti, namaHivi, namaPerizi, namaGirgashi, nama-Amori, namaYebhusi. Nantso ityeya yomnqo- 11 phiso weNkosi yehlabathi lonke, ingena phambi kwenu eYordan. Zithabathe- 12 leni ngoko amadoda abe lishumi elinamabini kuzo izizwe zakwaSirayeli, indoda ibe nye, indoda ibe nye esizweni. Kothi ke, xa zithe zamisa emanzini 13 aseYordan iintende zeenyawo zababingeleli abathwele ityeya kaYehova, iNkosi yehlabathi lonke, asuke amanzi aseYordan anqamke, amanzi avela ngasentla eme, abe mfumba-nye.

Kwathi ke, ekundulukeni kwabantu 14

ezintenteni zabo, ukuba bawele iYordan, nababingeleli bethwele ityeya yomnqo-
15 phiso phambi kwabantu; xa bafikayo eYordan abathwele ityeya, xa zithi xumbu elunxwemeni lwamanzi iinyawo zababingeleli abathwele ityeya—iYordan izala ihamba ngaphandle kweendonga zayo zonke ngexesha lonke lokuvuna—
16 asuka ema amanzi avela ngasentla, aphakama aba mfumba-nye, kude kakhulu eAdam, umzi ongasecaleni leTsaretan; athi la ahlayo aya elwandle lweArabha, eLwandle lweTyuwa, anqamka aphela. Bawela ke abantu malu-
17 nga neYeriko. Ababingeleli abathwele ityeya yomnqophiso kaYehova bema bee bhuxe emhlabeni owomileyo phakathi kweYordan; awela onke amaSirayeli kowomileyo, lwada lwagqibela lonke uhlanga ukuwela iYordan.

Ukumiswa kwamatye esikhumbuzo

4 Kwathi ke, xa lwagqibelayo uhlanga lonke ukuyiwela iYordan, wathetha
2 uYehova kuYoshuwa, esithi, Zithabatheleni ebantwini amadoda abe lishumi elinamabini, indoda ibe nye, indoda
3 ibe nye esizweni; niwawisele umthetho, nithi, Thabathani apha phakathi kweYordan, kule ndawo zimi kuyo iinyawo zababingeleli, amatye okumiswa abe lishumi elinamabini, niwele nawo, niwabeke kuloo ndawo yokulalisa, niya kulalisa kuyo ngobu busuku.
4 Wawabiza ke uYoshuwa amadoda alishumi elinamabini, abewamisile koonyana bakaSirayeli, indoda yanye, indoda
5 yanye esizweni. Wathi uYoshuwa kuwo, Gqithani phambi kwetyeya kaYehova uThixo wenu, niye eYordan phakathi, nithabathe iyileyo indoda ilitye libe linye, ilibeke egxalabeni layo, ngokwenani lezizwe zoonyana bakaSirayeli;
6 ukuze oku kube ngumqondiso phakathi kwenu, xa bathe banibuza oonyana benu ngexesha elizayo, besithi, Ayintoni
7 na la matye kuni? Nòthi kubo, Amanzi eYordan anqamka phambi kwetyeya yomnqophiso kaYehova, ekuweleni kwayo eYordan anqamka amanzi eYordan; la matye oba sisikhumbuzo koonyana bakaSirayeli, kude kuse ephakadeni.

8 Benjenjalo ke oonyana bakaSirayeli, njengoko uYoshuwa wayebawisele umthetho. Bathabatha amatye alishumi elinamabini eYordan phakathi, njengoko wathethayo uYehova kuYoshuwa, ngokwenani lezizwe zoonyana bakaSirayeli, bawela nawo, baya nawo kuloo ndawo balalisa kuyo, bawabeka khona.
9 UYoshuwa wawamisa amatye alishumi elinamabini eYordan phakathi, kuloo ndawo zazimi kuyo iinyawo zababingeleli, abathwele ityeya yomnqophiso; akhona unanamhla.

10 Ke ababingeleli ababethwele ityeya bema eYordan phakathi, ada agqitywa onke amazwi uYehova awamwisela umthetho uYoshuwa ukuba awathethe ebantwini, ngokwento yonke uMoses abemwisele umthetho ngayo uYoshuwa. Bakhawuleza abantu, bawela. Kwathi,
11 bakugqiba bonke abantu ukuwela, yegqitha ityeya kaYehova nababingeleli phambi kwabantu. Bawela oonyana
12 bakaRubhen, noonyana bakaGadi, nesiqingatha sesizwe sakwaManase, bexhobile, phambi koonyana bakaSirayeli, njengoko wathethayo uMoses kubo. Ngathi babengamashumi amané ama-
13 waka axhobele ukuphuma umkhosi, abaweláyo phambi koYehova, besiya emfazweni, ezinkqantosini zaseYeriko. Ngaloo mhla uYehova wamenza mkhu-
14 lu uYoshuwa emehlweni amaSirayeli onke; amoyika njengoko abemoyika uMoses yonke imihla yobomi bakhe.

15
16 Wathi uYehova kuYoshuwa, Bawisele umthetho ababingeleli abathwele ityeya yesingqino, ukuba benyuke baphume eYordan. UYoshuwa wabawisela
17 ke umthetho ababingeleli, esithi, Nyukani niphume eYordan. Kwathi, ekunyu-
18 keni kwababingeleli abathwele ityeya yomnqophiso kaYehova phakathi kweYordan, ekuncothukeni kweentende zeenyawo zababingeleli zafika kowomileyo, abuyela endaweni yawo amanzi aseYordan, ahamba njengokwangaphambili, ngaphandle kweendonga zayo zonke.

19 Abantu benyuka baphuma eYordan ngolweshumi enyangeni yokuqala, bamisa eGiligali, ngecala lasempumalanga eYeriko.

20 Ke loo matye alishumi elinamabini, abawathabathayo eYordan, uYoshuwa

21 wawamisa eGiligali. Wathi koonyana bakaSirayeli, Xa bathe oonyana benu babuza kooyise ngexesha elizayo, besithi,

22 Ayintoni na la matye? nòbazisa oonyana benu, nithi, AmaSirayeli ayiwela le Yordan, ehamba emhlabeni owomileyo;

23 kuba oko uYehova uThixo wenu wenza ukuba atshe amanzi aseYordan phambi kwenu, nada nawela; waxelisa oko uYehova uThixo wenu wakwenzayo kuLwandle oluBomvu,* lona wenza ukuba lutshe phambi kwethu, sada

24 sawela; ukuze zonke izizwe zehlabathi zisazi isandla sikaYehova ukuba somelele; ukuze nimoyike uYehova uThixo wenu imihla yonke.

5 Kwathi, xenikweni bevayo bonke ookumkani bama-Amori, ababephesheya kweYordan ngasentshonalanga, nookumkani bonke bamaKanan, ababengaselwandle, ukuba uYehova wenzé ukuba atshe amanzi eYordan phambi koonyana bakaSirayeli, bada bawela; zasuka zanyibilika iintliziyo zabo, akwaba sabakho kuqina kwamxhelo kubo oophambi koonyana bakaSirayeli.

Uhlaziyo lolwaluko

2 Ngelo xesha uYehova wathi kuYoshuwa, Zenzele iintshengece, uphinde okwesibini ukubalùsa oonyana bakaSirayeli.

3 Wazenzela ke uYoshuwa iintshengece, wabalùsa oonyana bakaSirayeli endulini yenyama yokwalùswa.

4 Nasi isizathu sokuba uYoshuwa abaluse: bonke abantu ababephume eYiputa bengamadoda, onke amadoda okuiwa, afela entlango endleleni, ekuphumeni

5 kwawo eYiputa. Kuba baye balukile bonke abantu abo baphumáyo; ke bonke abantu ababezalelwe entlango endleleni, ekuphumeni kwabo eYiputa, ba-

bengalukanga. Kuba oonyana baka- 6 Sirayeli bahamba iminyaka emashumi mané entlango, lwada lwaphela lonke uhlanga olungamadoda okulwa awaphumayo eYiputa, angaliphulaphulanga izwi likaYehova; awawafungelayo uYehova ukuba akayi kuwabonisa elo zwe, walifungela ooyise ukuba uya kusinika, ilizwe elibaleka amasi nobusi. Ke oo- 7 nyana babo, awabavelisayo esikhundleni sabo, wabalùsa bona uYoshuwa; kuba babengalukile, ngokuba babengabalùsanga endleleni.

Kwathi bakuba belugqibile ukulwa- 8 lùsa lonke uhlanga, bahlala endaweni yabo eminqubeni bada baphola. Wathi 9 uYehova kuYoshuwa, Namhla ingcikivo yeYiputa ndiyiqengqile, yesuka kuni; kwathiwa igama laloo ndawo yiGiligali* unanamhla.

Ukwenziwa kwepasika

Bamisa iintente oonyana bakaSiraye- 10 li eGiligali, benza ipasika ngosuku lweshumi elinesiné lwenyanga, ngokuhlwa, ezinkqantosini zaseYeriko. Badla izi- 11 veliso zelo zwe ngengomso lepasika, izonka ezingenagwele namakhweba, ngenkqu yayo loo mini. Yaphela imana* 12 ngengomso, emva kokudla kwabo iziveliso zelo zwe; ababa saba namana oonyana bakaSirayeli; badla ungeniselo lwelo zwe lakwaKanan ngaloo mnyaka.

Kwathi, xa ebeseYeriko, uYoshuwa 13 wawaphakamisa amehlo akhe, wakhangela, wabona kumi indoda malunga naye, ithe rhuthu ikrele layo ngesandla. Waya uYoshuwa kuyo, wathi kuyo, Ùngakúthi, ùngakwiintshaba zethu, kusini na? Yathi, Hayi, ndingumtheli womkhosi kaYehova; ndifikile 14 ngoku. Wawa uYoshuwa ngobuso bakhe emhlabeni, waqubuda, wathi kuyo, Ithetha ntoni na ke inkosi yam kumkhonzi wayo? Wathi umtheteli womkho- 15 si kaYehova kuYoshuwa, Khulula iimbadada zakho ezinyaweni zakho; kuba loo ndawo umi kuyo ingcwele. Wenjenjalo uYoshuwa.

UYOSHUWA 6

Ukutshatyalaliswa kweYeriko

6 Ke iYeriko ibihleli ivaliwe ngenxa yoonyana bakaSirayeli; akwabakho uphumayo, akwabakho ungenayo.
2 Wathi uYehova kuYoshuwa, Khangela, ndiyinikele esandleni sakho iYeriko, nokumkani wayo, namagorha a-
3 nobukroti. Nowujikeleza umzi nonke, nina madoda okulwa, niwuzunguleze umzi isihlandlo sibe sinye; wenjenjalo
4 imihla emithandathu. Ke isixhenxe sababingeleli sophatha izigodlo ezisixhenxe zokuhlaba umkhosi phambi kwetyeya. Nowujikeleza umzi ngomhla wesixhenxe izihlandlo zibe sixhenxe, ababingeleli baquphe ukuvuthela
5 ngezigodlo. Kothi ke, ekoluleni ukuvuthela ngesigodlo sokuhlaba umkhosi, ekusiveni kwenu isandi sesigodlo, badume ngokuduma okukhulu bonke abantu, luwe udonga lomzi luthi bhuma, benyuke ke abantu, elowo athi ngqo malunga naye.
6 UYoshuwa, unyana kaNun, wababiza ababingeleli, wathi kubo, Thwalani ityeya yomnqophiso, ababingeleli abasixhenxe baphathe izigodlo ezisixhenxe zokuhlaba umkhosi phambi kwetyeya ka-
7 Yehova. Bathi ebantwini, Dlulani niwujikeleze umzi, abaxhobileyo bagqithele phambi kwetyeya kaYehova.
8 Kwathi, xenikweni uYoshuwa abetshilo ebantwini, ababingeleli abasixhenxe, abaphethe izigodlo ezisixhenxe zokuhlaba umkhosi phambi koYehova, bagqitha, baqupha ukuvuthela ngezigodlo, ityeya yomnqophiso kaYehova
9 ibalandela. Abaxhobileyo bahamba phambi kwababingeleli abaquphayo ukuvuthela ngezigodlo; abasemva belandela ityeya, kuhanjwa kuqutshwa ukuvuthela ngezigodlo. UYoshuwa wa-
10 bawisela umthetho abantu, wathi, Ize ningadumi, ningalivakalisi ilizwi lenu, kungaphumi nto emlonyeni wenu, kude kube yimini endothi kuni, Dumani; ni-
11 dume ke. Ityeya ke kaYehova yawujikeleza umzi, yawuzunguleza isihlandlo sasinye; bangena eminqubeni, balala eminqubeni.

12 UYoshuwa wavuka kwakusasa ngengomso; bayithwala ababingeleli ityeya kaYehova. Ababingeleli abasixhe-
13 nxe, abaphethe izigodlo ezisixhenxe zokuhlaba umkhosi phambi kwetyeya kaYehova, bamana behamba, bevuthela ngezigodlo, bequpha; nabaxhobileyo behamba phambi kwabo; nabasemva belandela ityeya kaYehova, kuhanjwa kuvuthelwa ngezigodlo kuqutshwa. Ba-
14 wujikeleza umzi ngomhla wesibini isihlandlo sasinye, babuyela eminqubeni. Benjenjalo ke imihla yamithandathu.

15 Kwathi ngomhla wesixhenxe, bavuka kusasa ngesifingo, bawujikeleza umzi kwangolo hlobo izihlandlo zasixhenxe; kungaloo mini yodwa abawujikelezayo umzi izihlandlo zasixhenxe. Kwathi
16 ngesihlandlo sesixhenxe, ababingeleli ukuvuthela ngezigodlo baqupha.

Wathi ke uYoshuwa ebantwini, Dumani, kuba uYehova uninikile lo mzi.
17 Lo mzi woba yinto esingelwe phantsi kuYehova, wona nento yonke ekuwo; kuphela nguRahabhi ihenyukazi yedwa owodla ubomi, yena nento yonke ekuye endlwini yakhe; ngokuba wabazimeza abathunywa esabathumayo. Kodwa ke
18 zigcineni entweni esingelwe phantsi, hleze nani nizisingele phantsi ngokuthabatha entweni esingelwe phantsi, niwenze umzi wakwaSirayeli ube yinto esingelwe phantsi, niwuhlisele ishwangusha. Ke yona yonke isilivere, negolide,
19 nempahla yobhedu, neyesinyithi, iyingcwele kuYehova; yongena ebuncwaneni bukaYehova.

20 Baduma ke abantu ukuvuthela ngezigodlo bequpha; kwathi, bakusiva abantu isandi sesigodlo, baduma abantu ngokuduma okukhulu, lwawa udonga lwathi bhuma. Benyuka abantu kuwo umzi, elowo wathi ngqo, bawuthimba umzi. Bazisingela phantsi ngohlangothi
21 lwekrele zonke izinto ezikuloo mzi, bethabathela kwindoda besa kumfazi, bethabathela kwindodana besa kwixhego, besa nakwinkomo, nakwimpahla emfutshane, nakwiesile.

22 UYoshuwa wayeselethe kumadoda amabini abelihlolile ilizwe, Yiyani kwi-

UYOSHUWA 6–7

ndlu yenkazana leya ilihenyukazi, niyikhuphe khona loo nkazana nento yonke enayo, njengoko nayifungelayo.
23 Abengenile ke amadodana aziintlola, amkhupha uRahabhi, noyise, nonina, nabanakwabo, nabo bonke abenabo; nemizalwane yakhe yonke bayikhupha, bayibeka ngaphandle kweminquba ya-
24 kwaSirayeli. Bawutshisa umzi ngomlilo, neento zonke ezikuwo; kodwa isilivere, negolide, nempahla yobhedu, neyesinyithi, bayibeka ebuncwaneni be-
25 ndlu kaYehova. Ke uRahabhi, ihenyukazi, nendlu kayise, nabo bonke abenabo, uYoshuwa wamsindisa; wahlala phakathi kwamaSirayeli unanamhla; ngokuba wabazimezayo abathunywa, abebathumile uYoshuwa ukuba bayihlole iYeriko.
26 Wafunga uYoshuwa ngelo xesha, esithi, Uqalekisiwe phambi koYehova umntu oya kusuka awakhe lo mzi, iYeriko le; wówuseka ngowamazibulo akhe, azimise iingcango zawo ngowamathumbu akhe.
27 UYehova waba noYoshuwa; udumo lwakhe lwaba sezweni lonke.

*AmaSirayeli aphanziswa eAyi
ngenxa yesono sika-Akan*

7 Ke kaloku oonyana bakaSirayeli benza ubumenemene entweni esingelwe phantsi. UAkan, unyana kaKarmi, unyana kaZabhedi, unyana kaZera, wesizwe sakwaYuda, wathabatha entweni esingelwe phantsi. Wavutha ke umsindo kaYehova konyana bakaSirayeli.
2 UYoshuwa wasusa amadoda eYeriko ukuba aye eAyi, engaseBhetaven, ngasempumalanga eBheteli, wathi kuwo, Nyukani nilihlole ilizwe. Anyuka ke
3 amadoda lawo, ayihlola iAyi. Abuyela kuYoshuwa, athi kuye, Mabangenyuki bonke abantu; makunyuke amadoda amayela kumawaka amabini, nokuba ngamadoda amayela kumawaka amathathu, ayichithe iAyi. Musa ukubadinisa bonke abantu ngokubása khona; kuba abaa bantu bambalwa.
4 Kwenyuka ke kwaya khona kubantu amadoda amayela kumawaka amathathu; esuka asaba phambi kwamadoda aseAyi. Amadoda aseAyi abulala kuwo 5 amadoda amayela kumashumi amathathu anamathandathu, awasukela phambi kwesango, kwesa eShebharim, awabulala ethambekeni. Yanyibilika intliziyo yabantu, yaba ngamanzi.

Wazikrazula ke uYoshuwa iingubo 6 zakhe, wawa ngobuso emhlabeni phambi kwetyeya kaYehova kwada kwahlwa, yena namadoda amakhulu akwaSirayeli, bagalela uthuli phezu kweentloko. Wathi uYoshuwa, Awu, Nkosi, 7 Yehova, yini na ukuba aba bantu ubaweze iYordan, usinikele esandleni sama-Amori ukuba asibhubhise? Akwaba kanye bekukholekile kuthi ukuhlala phesheya kweYordan! Camagu, Nkosi 8 yam, ndiya kuthini na emveni kokuba amaSirayeli ezinikele ikhosi iintshaba zawo! Aya kuva amaKanan, nabemi 9 bonke belizwe, asirhawule, alicime igama lethu ehlabathini. Wénze ntoni na ke kwigama lakho elikhulu?

Wathi uYehova kuYoshuwa, Vuka! 10
Ùweleni na ngobuso? Onile amaSira- 11
yeli; ewe, awugqithile umnqophiso wam endawawisela umthetho ngawo; ewe, athabathile entweni esingelwe phantsi; ebile, akhanyele, ewe, ayibeké ezimpahleni zawo. Ababa nako ke oonya- 12
na bakaSirayeli ukuma phambi kweentshaba zabo, bazinikela ikhosi iintshaba zabo, ngokuba bebeyinto esingelwe phantsi. Andiyi kuphinda ndibe nani, ukuba ayithanga itshatyalaliswe into esingelwe phantsi phakathi kwenu. Vuka, 13
ubangcwalise abantu, uthi, Zingcwaliseleni ingomso; ngokuba utsho uYehova uThixo kaSirayeli, ukuthi, Kukho nto isingelwe phantsi phakathi kwakho, Sirayeli; akunako ukuma phambi kweentshaba zakho, nide niyisuse into esingelwe phantsi phakathi kwenu. Ize nisondele kusasa ngokwezizwe zenu, 14
isizwe athe wacisha sona uYehova sisondele ngokwezindlu zaso; indlu athe wacisha yona uYehova isondele ngokwamadoda ayo; ithi leyo kucishwe yona 15
inento esingelwe phantsi, itshiswe ngo-

mlilo, nezinto zonke enazo; ngokuba iwugqithile umnqophiso kaYehova, nangokuba yenzé ubudenge kwaSirayeli.

16 Wavuka uYoshuwa kusasa ngengomso, wawasondeza amaSirayeli ngokwezizwe zawo, kwacishwa isizwe sa-
17 kwaYuda; wayisondeza imizalwane yakwaYuda, kwacishwa umzalwane wakwaZera; wawusondeza umzalwane wakwaZera ngokwamadoda awo, kwaci-
18 shwa uZabhedi; wayisondeza indlu yakhe ngokwamadoda ayo, kwacishwa uAkan, unyana kaKarmi, unyana kaZabhedi, unyana kaZera, wesizwe sakwaYuda.

19 Wathi uYoshuwa kuAkan, Nyana wam, mzukise uYehova uThixo kaSirayeli, umdumise; khawundixelele into oyenzileyo; musa ukukhanyela kum.

20 UAkan wamphendula uYoshuwa, wathi, Okunene ndonile kuYehova uThixo
21 kaSirayeli, ndenjenje, ndenjenje: ndabona emaxhobeni ingubo enkulu entle yaseShinare yanye, neeshekele* zesilivere zaba makhulu mabini, nesinqumka segolide sasinye esiziishekele ezimashumi mahlanu ubunzima baso; ndazinqwenela, ndazithabatha; nanzo zimbelwe emhlabeni phakathi kwentente yam, isilivere ingaphantsi.

22 Wathuma uYoshuwa abathunywa; bagidima baya ententeni; nanzo zimbelwe ententeni yakhe, isilivere ingapha-
23 ntsi. Bazithabatha phantsi kwentente, bazisa kuYoshuwa, nakoonyana bakaSirayeli bonke; bazikhuphela phambi
24 koYehova. UYoshuwa enamaSirayeli onke, wamthabatha uAkan unyana kaZera, nesilivere, nengubo enkulu, nesinqumka segolide, noonyana bakhe, neentombi zakhe, neenkomo zakhe, namaesile akhe, nempahla yakhe emfutshane, nentente yakhe, nezinto zonke
25 anazo, bazisa entilini yeAkore. Wathi uYoshuwa, Azi, ùsihlisele ishwangusha! Namhla uYehova uya kukuhlisela ishwangusha. Onke amaSirayeli amxuluba ke ngamatye, azitshisa ezo nto ngomlilo.
26 Aphosa amatye phezu kwazo. Amisa phezu kwakhe imfumba enkulu yamatye, ekhoyo unanamhla. Wabuya ke uYehova ekuvutheni komsindo wakhe. Kungoko kwathiwa igama laloo ndawo yintili yeAkore* unanamhla.

Ukuthinjwa kweAyi

8 Wathi uYehova kuYoshuwa, Musa ukoyika, ungaqhiphuki umbilini. Thabatha bonke abantu bokulwa, usuke, unyuke, uye eAyi. Yabona, ndimnikele esandleni sakho ukumkani waseAyi, nabantu bakhe, nomzi wakhe, nelizwe lakhe; wenzè kwiAyi nokumkani 2 wayo njengoko wenza ngako kwiYeriko nokumkani wayo; kodwa nozithimbela amaxhoba ayo, neenkomo zayo; wòbeka kuloo mzi abalaleli emva kwawo.

Wesuka uYoshuwa nabantu bonke 3 bokulwa, wenyuka, waya eAyi. UYoshuwa wanyula amadoda angamagorha anobukroti, angamashumi amathathu amawaka, wawasusa ngobusuku. Wawawisela umthetho, esithi, Yabonani, 4 ningábalaleli kuwo umzi, emva komzi; musani ukuba kude kakhulu kuwo umzi, lungani nonke niphela. Mna ke, 5 nabantu bonke abanam, siya kusondela kuwo umzi. Kothi, bakuphuma basihlangabeze, njengokuyá kokuqala, sisuke sirhole phambi kwabo. Bophuma ke 6 basilandele, side sibarhole kuwo umzi; kuba baya kuthi, Bayasaba phambi kwethu, njengokuyá kokuqala. Siya kurhola ke thina phambi kwabo; nisuke 7 ke nina ekulaleleni kwenu, niwuhluthe umzi. UYehova uThixo wenu uwunikele esandleni senu. Kothi, xeni- 8 kweni nithe nawuthabatha umzi, niwufake isikhuni, nenze ngokwelizwi likaYehova. Yabonani, ndiniwisele umthetho.

Wawasusa ke uYoshuwa; aya kulalela, 9 ahlala phakathi kweBheteli neAyi, ngasentshonalanga eAyi; uYoshuwa walala phakathi kwabantu ngobo busuku.

Wavuka kusasa ngengomso uYoshu- 10 wa, wabahlela abantu, wenyuka, yena namadoda amakhulu akwaSirayeli phambi kwabantu, waya eAyi. Bonke aba- 11 ntu bokulwa ababenaye benyuka, baso-

ndela, beza phambi komzi, bamisa ngasentla kweAyi; kwabakho umfula pha-
12 kathi kwabo neAyi. Wathabatha amadoda amayela kumawaka amahlanu, wawabeka ekulaleleni phakathi kweBheteli neAyi, ngasentshonalanga ko-
13 mzi. Abantu babeyimisile yonke impi ebingasentla komzi, nabalaleli bayo ngasentshonalanga komzi. UYoshuwa wacanda phakathi komfula ngobo busuku.
14 Kwathi, akubona ukumkani waseAyi, amadoda aloo mzi angxama, avuka kwakusasa, aphuma eya kuhlangabeza amaSirayeli ukuba kuliwe, yena nabantu bakhe bonke, endaweni emisiweyo phambi kweArabha. Ebengazi ke yena ukuba
15 kulalelwe emva komzi. UYoshuwa namaSirayeli onke bazenza aboyisiweyo phambi kwabo, barhola ngendlela yase-
16 ntlango. Bahlatyelwa umkhosi bonke abantu abakuloo mzi ukuba babasukele. Bamsukela ke uYoshuwa, baqhiwukana
17 nomzi wabo. Akwasala nanye indoda eAyi naseBheteli, engaphumanga iwalandele amaSirayeli; bawushiya umzi uvulekile, bawasukela amaSirayeli.
18 Wathi uYehova kuYoshuwa, wólule umkhonto osesandleni sakho ngakwiAyi; kuba ndiya kuyinikela esandleni sakho. Wawolula ke uYoshuwa umkhonto osesandleni sakhe ngakuwo
19 umzi. Besuka abalaleli ngokukhawuleza endaweni yabo, bagidima; ákusolula isandla sakhe, bangena kuloo mzi, bawuthimba, bangxama, bawufaka isi-
20 khuni. Abheka emva kwawo amadoda aseAyi, abona, nango umsi womzi unyuka usiya ezulwini; akaba namandla okusabela ngapha nangapha; bathi abantu ababesabele entlango, babaguqukela ababasukelayo.
21 UYoshuwa namaSirayeli onke abona ukuba abalaleli bawuthimbile umzi, nokuba umsi womzi uyenyuka, babuya ke
22 bawabulala amadoda aseAyi. Baphuma abaya kuloo mzi, beza kubakhawulela; aba phakathi kwabakwaSirayeli, abanye bangapha, abanye bangapha; bawabulala ke kwada akwasala usabileyo,
23 nosindileyo. Bambamba ehleli ukumkani waseAyi, bamsondeza kuYoshuwa.
24 Kwathi, xa amaSirayeli abegqibile ukubabulala bonke abemi baseAyi ezweni, entlango apho abebasukele khona, naxa babewile bonke ngohlangothi lwekrele bada bagqitywa, amaSirayeli onke abuyela eAyi, ayibulala ngohlangothi lwekrele. Kwathi, bonke abawáyo
25 ngaloo mini, bethabathela kwindoda besisa kumfazi, bangamawaka alishumi elinamabini, bonke abantu baseAyi. Aka-
26 sibuyisanga uYoshuwa isandla sakhe, awolule umkhonto ngaso, bada batshatyalaliswa bonke abemi baseAyi. Ko-
27 dwa iinkomo namaxhoba aloo mzi azithimbela amaSirayeli ngokwelizwi likaYehova, abemwisele umthetho ngalo uYoshuwa. Wayitshisa ke uYoshuwa
28 iAyi, wayenza umwewe ongunaphakade, inxowa unanamhla. Wamxhoma em-
29 thini ukumkani waseAyi kwada kwalixesha langokuhlwa; lakutshona ilanga, wawisa umthetho uYoshuwa ukuba basithule isidumbu sakhe emthini; basiphosa esithubeni sesango lomzi, bamisa phezu kwaso imfumba enkulu yamatye; ikhona unanamhla.

*Ukuzinziswa komnqophiso
entabeni ye-Ebhali*

30 Waza uYoshuwa wamakhela uYehova uThixo kaSirayeli isibingelelo entabeni ye-Ebhali, njengoko uMoses, umkhonzi
31 kaYehova, wabawiselayo oonyana bakaSirayeli umthetho, njengoko kubhaliweyo encwadini yomyalelo kaMoses: isibingelelo samatye awonke esingasetyenzwanga ngantsimbi. Banyusa phezu kwaso amadini anyukayo kuYehova, babingelela imibingelelo yoxolo.
32 Wabhala khona ematyeni, wawuphinda ukuwubhala umyalelo kaMoses, awawubhalayo phambi koonyana bakaSirayeli. Onke amaSirayeli, namadoda
33 awo amakhulu, nababhali, nabagwebi bawo, ema ngapha nangapha kwetyeya, phambi kwababingeleli abangabaLevi, abathwele ityeya yomnqophiso kaYehova, owasemzini enjengozalwayo; esinye

isiqingatha sabo simalunga nentaba ye-Gerizim, esinye isiqingatha sabo simalunga nentaba ye-Ebhali; njengoko uMoses umkhonzi kaYehova wawisayo umthetho ngenxa engaphambili, ukuba 34 basikelelwe abantu bakwaSirayeli. Emveni koko wawalesa onke amazwi omyalelo, iintsikelelo neziqalekiso, ngako konke okubhaliweyo encwadini yo- 35 myalelo. Akwabakho nalinye ilizwi kuwo onke amazwi abewise uMoses umthetho ngawo, angalilesanga uYoshuwa phambi kwebandla lonke lamaSirayeli, nabafazi, nabantwana, nowasemzini ohamba phakathi kwawo.

Umnqophiso namaGibheyon

9 Kwathi, bakuva bonke ookumkani abanganeno kweYordan ezintabeni, nasezihlanjeni, nangaselwandle lonke olukhulu, kwasingisa eLebhanon, amaHeti, nama-Amori, namaKanan, nama-
2 Perizi, namaHivi, namaYebhusi, babuthelana ndawonye, ukuba balwe ngamxhelo mnye noYoshuwa namaSirayeli.
3 Ke abemi baseGibheyon beva oko akwenzileyo uYoshuwa kwiYeriko, na-
4 kwiAyi, benza nabo ngobuqhophololo. Baya bazenza izigidimi, babeka iingxowa ezonakeleyo emaesileni abo, neentsuba zewayini ezonakeleyo, ezikrazukileyo,
5 ezibotshiweyo, neembadada ezonakeleyo, ezixoliweyo, ezinyaweni zabo; bambatha neengubo ezonakeleyo; nesonka sonke somphako wabo besomile, be-
6 singundile kunene. Beza kuYoshuwa emkhosini eGiligali, bathi kuye nakumadoda akwaSirayeli, Sivela ezweni elikude; simiseleni ngoko umnqophiso.
7 Athi amadoda akwaSirayeli kumaHivi lawo, Hi, kanti nikwahleli phakathi kwethu; sòthini na ukunimisela umnqo-
8 phiso? Bathi kuYoshuwa, Singabakhonzi bakho. Wathi uYoshuwa kubo, Ningoobani na, nivela phi na?
9 Bathi kuye, Bavela kwelikude kakhulu ilizwe abakhonzi bakho, ngenxa yegama likaYehova uThixo wakho; kuba siluvile udumo lwakhe, nento yonke a-
10 wayenzayo eYiputa; nento yonke awa-yenzayo kookumkani bobabini bamaAmori, ababephesheya kweYordan, kuSihon ukumkani waseHeshbhon, nakuOgi ukumkani waseBhashan obese-Ashtaroti. Atsho kuthi amadoda ama- 11 khulu, nabemi bonke belizwe lakowethu, ukuthi, Phathani ezandleni zenu umphako wendlela, niye kuwakhawulela, nithi kuwo, Singabakhonzi benu; simiseleni ngoko umnqophiso. Esi sisonka 12 sethu sasenza umphako wethu sishushu ezindlwini zethu, ngomhla wokuphuma kwethu ekhaya ukuza kuni; ngoku nasi somile, singundile; iintsuba ezi zewayini 13 sazizalisa zisentsha; nanzi zikrazukile; nanzi neengubo zethu, neembadada zethu, zonakele ngobude bendlela.

Acaphula ke amadoda emphakweni 14 wabo, akabuza *cebo* emlonyeni kaYehova. Wenza uxolo nabo uYoshuwa, wa- 15 bamisela umnqophiso wokubasindisa; zabafungela nezikhulu zalo ibandla.

Kwathi, ekupheleni kwemihla emi- 16 thathu emveni kokuba bebamisele umnqophiso, beva ukuba bakufuphi kubo, nokuba bahleli kwaphakathi kwabo. Banduluka oonyana bakaSirayeli, ba- 17 fika emizini yabo ngomhla wesithathu. Imizi yabo yiGibheyon, neKefira, neBheroti, neKiriyati-yeharim. Oonyana 18 bakaSirayeli àbababulala, ngokuba izikhulu zebandla zibe zifunge uYehova uThixo kaSirayeli kubo. Lazikrokrela izikhulu lonke ibandla. Zathi zonke izi- 19 khulu kwibandla lonke, Thina sifungé uYehova uThixo kaSirayeli kubo, ke ngoko asinakubachukumisa. Masenje- 20 nje kubo: masibasindise, kungabikho burhalarhume phezu kwethu ngenxa yesifungo esabafungela sona. Zathi izi- 21 khulu kubo, Mabadle ubomi; mababe ngabathezi beenkuni nabakhi bamanzi bebandla lonke; njengoko zathethayo izikhulu kubo. Wababiza ke uYoshu- 22 wa, wathetha kubo, esithi, Nisikhohliseleni na, nisithi, Simgama kakhulu kuni; kanti nihleli kwaphakathi kwethu? Ni- 23 qalekisiwe ngoko; kuni akuyi kunqumka bakhonzi, bathezi beenkuni, bakhi bamanzi bendlu kaThixo wam.

Baphendula bathi kuYoshuwa, Baxe- 24

lelwa ngokuqinisekileyo abakhonzi bakho, okokuba uYehova uThixo wakho wamwisela uMoses umkhonzi wakhe umthetho, ukuba úya kuninika lonke ilizwe, nokuba úya kubatshabalalisa bonke abemi belizwe ebusweni benu; sayoyikela kunene ke imiphefumlo yethu
25 ebusweni benu, senza le nto ke. Kalokunje nanku sisesandleni sakho; yenza njengoko kulungileyo, njengoko kuthe tye emehlweni akho ukwenza kuthi.
26 Wenjenjalo ke kubo, wabahlangula esandleni soonyana bakaSirayeli, àba-
27 babulala. UYoshuwa wabenza ngaloo mini abathezi beenkuni nabakhi bamanzi, ebandleni nasesibingelelweni sikaYehova, unanamhla, kuloo ndawo athe wayinyula.

Ukoyiswa nokufa kookumkani abahlanu eBhete-horon

10 Kwathi, akuva uAdoni-tsedeki, ukumkani waseYerusalem, ukuba uYoshuwa uyithimbile iAyi, wayitshabalalisa; njengoko wenza ngako kwiYeriko nokumkani wayo, wenjenjalo kwiAyi nokumkani wayo; nokuba abemi baseGibheyon benzé uxolo namaSira-
2 yeli, baba phakathi kwawo: boyika kunene, kuba ngumzi omkhulu iGibheyon, njengomnye wemizi yobukumkani, ngokuba inkulu kuneAyi, namadoda ayo
3 onke angamagorha. Wesuka uAdoni-tsedeki ukumkani waseYerusalem, wathumela kuHoham ukumkani waseHebron, nakuPiram ukumkani waseYarmuti, nakuYafiya ukumkani waseLakishe, nakuDebhiri ukumkani wase-
4 Eglon, esithi, Nyukani nize kum, nindincede, siyixabele iGibheyon; kuba yenzé uxolo noYoshuwa noonyana bakaSirayeli.
5 Bahlangana ke, benyuka ookumkani abo bama-Amori bobahlanu, ukumkani waseYerusalem, nokumkani waseHebron, nokumkani waseYarmuti, nokumkani waseLakishe, nokumkani waseEglon, bona nemikhosi yabo yonke, bayingqinga iGibheyon, balwa nayo.
6 Athumela ke amadoda aseGibheyon kuYoshuwa emkhosini eGiligali, esithi, Musa ukusiyekelela isandla sakho kubakhonzi bakho; nyuka uze kúthi ngokukhawuleza, usisindise, usincede; ngokuba bebuthelene phezu kwethu bonke ookumkani bama-Amori abemiyo ezintabeni. Wenyuka ke uYoshuwa, esuka 7 eGiligali, yena nabantu bonke bokulwa bendawonye naye, namagorha onke anobukroti. Wathi uYehova kuYoshuwa, 8 Musa ukuboyika; kuba ndibanikele esandleni sakho; akuyi kuma ndoda kubo phambi kwakho.

Wafika uYoshuwa kubo ngebhaqo; 9 wenyuka bonke ubusuku, evela eGiligali. UYehova wabadubaduba phambi kwa- 10 maSirayeli, ababulala ngobulawo olukhulu eGibheyon; abasukela ngendlela enyuka iye eBhete-horon, ababulala kwada kwesa eAzeka, kwada kwesa naseMakeda. Kwathi, ekusabeni kwabo 11 phambi kwamaSirayeli, besethambekeni laseBhete-horon, uYehova wabathobela amatye amakhulu ezulwini, kwada kwesa eAzeka, bafa. Babaninzi abafa ngamatye esichotho, kunababulawáyo ngoonyana bakaSirayeli ngekrele.

Waza wathetha uYoshuwa kuYeho- 12 va, mhlana uYehova wawanikela amaAmori koonyana bakaSirayeli, wathi emehlweni amaSirayeli:

Langa, nqumama eGibheyon,
Nawe nyanga, entilini yeAyalon.
Lathi nqumama ke ilanga, yema 13 inyanga,
Lwada uhlanga lwaziphindezelela ezintshabeni zalo.

Oku akubhalwanga na eNcwadini yOthe Tye? Lema ke ilanga esazulwini sezulu, alangxama ukutshona, yangathi yimini iphela. Akuzanga kubekho mini inje- 14 ngaleyo, phambi kwayo nangasemva kwayo, ngokokude uYehova aliphulaphule izwi lomntu; ngokuba uYehova wawalwela amaSirayeli.

Wabuya uYoshuwa, enamaSirayeli o- 15 nke, waya eminqubeni eGiligali.

Basaba abo kumkani bahlanu, bazí- 16 mela emqolombeni eMakeda. Kwaxe- 17 lwa kuYoshuwa, kwathiwa, Sibafumene ookumkani bobahlanu, bezimele emqo-

18 lombeni eMakeda. Wathi uYoshuwa, Qengqelani amatye amakhulu emlonyeni womqolomba, nimise amadoda phezu
19 kwawo ukuba abalinde. Ke nina musani ukuma; zisukeleni iintshaba zenu, niwubethe umqosheliso wazo. Musani ukuwuvumela ungene emizini yawo, kuba uYehova uThixo wenu uwunikele
20 esandleni senu. Kwathi, akugqiba uYoshuwa noonyana bakaSirayeli ukuzibulala kakhulu kunene zada zagqityelwa, zathi eziseleyo kuzo, zaya kungena emizini enqatyisiweyo.

21 Babuye ke bonke abantu, baya emkhosini kuYoshuwa eMakeda ngoxolo; akwabakho *nja* ibavungamelayo oonya-
22 na bakaSirayeli, kwanabani. Wathi uYoshuwa, Vulani umlomo womqolomba, nibakhuphe emqolombeni abaa kumkani
23 bobahlanu, beze kum. Benjenjalo ke; babakhupha emqolombeni, beza kuye abo kumkani bobahlanu, ukumkani waseYerusalem, nokumkani waseHebron, nokumkani waseYarmuti, nokumkani waseLakishe, nokumkani wase-Eglon.

24 Kwathi, bakubakhupha, babása kuYoshuwa abo kumkani; wawabiza uYoshuwa onke amadoda akwaSirayeli, wathi kubaphathi bamadoda okulwa ababehambe naye, Sondelani, nibanyathele entanyeni aba kumkani. Basondela ke, babanyathela ezintanyeni zabo.
25 Wathi uYoshuwa kubo, Musani ukoyika, musani ukuqhiphuka umbilini: yomelelani, nikhaliphe, ngokuba uYehova uya kwenjenjalo kwiintshaba zenu zonke
26 enilwa nazo. Wabaxabela ke uYoshuwa, emveni koko wababulala, wabaxhoma emithini emihlanu; baxhonywa e-
27 mithini apho kwada kwahlwa. Kwathi ngexesha lokutshona kwelanga, uYoshuwa wawisa umthetho, babathula emithini, babaphosa emqolombeni ababezimele kuwo, babeka amatye amakhulu emlonyeni womqolomba, asekhoyo nanamhlanje.

Ukoyiswa kwelasezantsi lakwaKanan

28 UYoshuwa wayithimba neMakeda ngaloo mini, wayixabela ngohlangothi lwekrele, nokumkani wayo, wabatshabalalisa kwanabantu bonke abakuyo; akasalisa namnye usindileyo. Wenza kukumkani waseMakeda njengoko wenza ngako kukumkani waseYeriko.

Wagqitha uYoshuwa enamaSirayeli 29 onke eMakeda, waya eLibhena, walwa neLibhena. Wayinikela kananjalo u- 30 Yehova esandleni samaSirayeli, nokumkani wayo, wayixabela ngohlangothi lwekrele, kwanabantu bonke abakuyo; akasalisa kuyo namnye usindileyo. Wenza kukumkani wayo njengoko wenza ngako kukumkani waseYeriko.

Wagqitha uYoshuwa eLibhena, ena- 31 maSirayeli onke, waya eLakishe, wayingqinga, walwa nayo. UYehova wayi- 32 nikela iLakishe esandleni samaSirayeli, ayithimba ngomhla wesibini, ayixabela ngohlangothi lwekrele, kwanabantu bonke abakuyo, njengako konke awakwenzayo kwiLibhena.

Waza wenyuka uHoram, ukumkani 33 waseGezere, waya kuyinceda iLakishe. UYoshuwa wambulala yena nabantu bakhe, kwada akwasala namnye kuye usindileyo.

Wegqitha uYoshuwa eLakishe, ena- 34 maSirayeli onke, aya e-Eglon, ayingqinga, alwa nayo. Ayithimba ngaloo mhla, 35 ayixabela ngohlangothi lwekrele, kwanabantu bonke abakuyo; wayitshabalalisa ngaloo mhla, njengako konke awakwenzayo kwiLakishe.

Wenyuka uYoshuwa esuka e-Eglon, 36 waya eHebron, enamaSirayeli onke, alwa nayo, ayithimba, ayixabela ngo- 37 hlangothi lwekrele, nokumkani wayo, nemizi yayo yonke, nabantu bonke abakuyo; akwasala namnye usindileyo, njengako konke awakwenzayo kwiEglon; watshabalalisa kwanabantu bonke abakuyo.

Wabuya ke uYoshuwa enamaSirayeli 38 onke, weza eDebhiri, walwa nayo. Wayithimba, nokumkani wayo, nemizi 39 yayo yonke, ayixabela ngohlangothi lwekrele. Ayitshabalalisa kwanabantu bonke abakuyo; akwasala namnye usindileyo; njengoko wakwenzayo kwiHebron, wenjenjalo kwiDebhiri, nakukumkani wayo; njengoko wakwenzayo kwiLibhena, nakukumkani wayo.

40 Walibulala ke uYoshuwa lonke ilizwe leentaba, nelasezantsi nelezihlambo, nelamaxandeka, nabo bonke ookumkani balo; akwasala namnye usindileyo. Watshabalalisa konke okuphefumlayo, njengoko wawisa umthetho uYehova u-
41 Thixo kaSirayeli. Wababulala uYoshuwa, wathabathela eKadeshe-bharneha, wesa eGaza, nelizwe lonke laseGoshen, wesa eGibheyon.
42 Wabathimba uYoshuwa bonke abo kumkani, nelizwe labo, ngasihlandlo sinye, ngokuba uYehova uThixo kaSira-
43 yeli ebewalwela amaSirayeli. Wabuya uYoshuwa enamaSirayeli onke, weza eminqubeni eGiligali.

Ukoyiswa kukaYabhin nabanye ookumkani

11 Kwathi, akukuva *oko* uYabhin ukumkani waseHatsore, wathuma kuYobhabhi ukumkani waseMadon, nakukumkani waseShimron, nakukum-
2 kani waseAkeshafi, nakookumkani abangasentla ezintabeni, naseArabha ngasezantsi kweKineroti, nasezihlanjeni, nasezindulini zaseDore engasentshona-
3 langa, kumaKanan empumalanga nasentshonalanga, nakuma-Amori, nakuma-Heti, nakumaPerizi, nakumaYebhusi ezintabeni, nakumaHivi aphantsi kwe-
4 Hermon ezweni leMizpa. Baphuma ke bona benemikhosi yabo yonke, abantu abaninzi njengentlabathi eselunxwemeni lolwandle ukuba baninzi, namahashe, neenqwelo zokulwa, into eninzi
5 kunene. Bavumelana ke abo kumkani bonke; beza bamisa ndawonye emanzini aseMerom, ukuba balwe namaSirayeli.
6 Wathi uYehova kuYoshuwa, Musa ukoyika ngenxa yabo; ngokuba ngomso eli xa ndiya kubanikela bonke bephela, behlatyiwe, emandleni amaSirayeli, uwanqumle imisipha amahashe abo, uzitshise ngomlilo iinqwelo zabo zokulwa.
7 Waya ke uYoshuwa, enabantu bonke bokulwa, wabafikela ngebhaqo emanzini
8 aseMerom, babawela. UYehova wabanikela esandleni samaSirayeli, ababulala, abasukela kwesa eTsidon enkulu, kwesa eMiserefoti-mayim, kwesa ethafeni laseMizpa empumalanga; ababulala kwada akwasala namnye kubo usindile-
9 yo. Wenza ke uYoshuwa kubo njengoko wathethayo uYehova kuye; amahashe abo wawanqumla imisipha, iinqwelo zabo zokulwa wazitshisa ngomlilo.

10 Wabuya uYoshuwa ngelo xesha, wayithimba iHatsore, wambulala ukumkani wayo ngekrele, kuba iHatsore ngenxa engaphambili ibe iyintloko yezo ziku-
11 mkani zonke. Ababulala bonke abantu abakuyo ngohlangothi lwekrele, ayitshabalalisa; akwasala namnye uphefumlayo; ayitshisa iHatsore ngomlilo.

12 Yonke imizi yabo kumkani, nabo kumkani bayo bonke, wabathimba uYoshuwa; wababulala ngohlangothi lwekrele, wabatshabalalisa, njengoko uMoses umkhonzi kaYehova wawisayo umthetho. Kodwa yonke imizi emi emi-
13 mangweni yayo amaSirayeli akayitshisanga; yaba yiHatsore yodwa awayitshisayo uYoshuwa. Onke amaxhoba aloo
14 mizi neenkomo bazithimbela oonyana bakaSirayeli; kodwa bababulala bonke abantu ngohlangothi lwekrele, bada babatshabalalisa, abasalisa namnye uphefumlayo. Njengoko uYehova wamwi-
15 selayo umthetho uMoses umkhonzi wakhe, wenjenjalo uMoses ukumwisela umthetho uYoshuwa. Wenjenjalo ke uYoshuwa; akasusa nalinye ilizwi kuko konke uYehova awamwisela uMoses umthetho ngako.

16 Walithabatha ke uYoshuwa lonke elo zwe leentaba, nelasezantsi lonke, nelizwe laseGoshen lonke, nelezihlambo, neleArabha, neentaba zakwaSirayeli, nezihlambo zazo; elithabathela ezintabeni
17 ezimkhuthuka, ezinyuka ziye kwaSehire, lesa eBhahali-gadi, ethafeni laseLebhanon, phantsi kwentaba yeHermon. Bonke ookumkani bawo wabathimba, wabaxabela, wababulala.

18 Yaba mininzi ke imihla esenza imfazwe uYoshuwa nabo kumkani bonke.
19 Akubangakho mzi wazinikelayo ngoxolo koonyana bakaSirayeli, ingengama-

UYOSHUWA 11-12

Hivi abemi baseGibheyon; yonke ba-
20 yithabatha ngokulwa. Ngokuba kwa-
vela kuYehova ukuziqinisa iintliziyo za-
bo, ukuba bawahlangabeze amaSirayeli
ngemfazwe, ukuze abatshabalalise, uku-
ze kungabikho kubabalwa kwabo, ukuze
ke abatshabalalise, njengoko uYehova
wamwiselayo umthetho uMoses.

21 Wafika uYoshuwa ngelo xesha, wa-
wanqumla ama-Anaki ezintabeni, eHe-
bron, eDebhiri, eAnabhi, ezintabeni zo-
nke zakwaYuda, ezintabeni zonke za-
kwaSirayeli; uYoshuwa wawatshabala-
22 lisa kunye nemizi yawo. Akwasala ma-
Anaki ezweni loonyana bakaSirayeli,
kuphela kwasala eGaza, naseGati, na-
seAshode.

23 Walithabatha ke uYoshuwa lonke ili-
zwe, njengako konke awakuthethayo u-
Yehova kuMoses; walinika uYoshuwa
lalilifa lamaSirayeli, ngokweentlantlu
zawo, ngokwezizwe zawo. Lazola ke
ilizwe, akwabakho mfazwe.

Uluhlu lookumkani aboyiswayo

12 Ngabo ke aba ookumkani belizwe,
ababulawáyo ngoonyana baka-
Sirayeli, balihlutha ilizwe labo phesheya
kweYordan ngasempumalanga, betha-
bathela emlanjaneni oyiArnon, besa
entabeni yeHermon, neArabha yonke
2 ngasempumalanga: nguSihon ukumkani
wama-Amori, obehleli eHeshbhon, ela-
wula ethabathela eArohere engasemla-
njaneni oyiArnon, naphakathi kwesi-
hlambo, nasesiqingatheni seGiliyadi,
wesa emlanjaneni oyiYabhoki, engumda
3 woonyana baka-Amon; neArabha, wesa
elwandle lwaseKidneroti ngasemuma-
langa, wesa elwandle lweArabha, uLwa-
ndle lweTyuwa ngasempumalanga,
ngendlela yeBhete-yeshimoti; nasezant-
ntsi, phantsi kwamaxandeka asePisga.
4 *Bahlutha* necala likaOgi ukumkani wase-
Bhashan, owayesele kumaRafa, obehleli
5 eAshtaroti nase-Edreyi, elawula entabeni
yeHermon naseSaleka, nakwiBhashan
yonke, wesa emdeni wamaGeshuri, na-
maMahakati, nesiqingatha seGiliyadi,

umda kaSihon ukumkani waseHesh-
bhon. UMoses, umkhonzi kaYehova, 6
noonyana bakaSirayeli bababulala abo.
UMoses, umkhonzi kaYehova, wali-
nika lamiwa ngamaRubhen, nangama-
Gadi, nesiqingatha sesiwe sakwaManase.

Ngabo aba ookumkani belizwe, awa- 7
babulaláyo uYoshuwa noonyana baka-
Sirayeli nganeno kweYordan ngase-
ntshonalanga, ethabathela eBhahali-gadi
entilini yeLebhanon, wesa ezintabeni
ezimkhuthuka, ezinyukayo ziye kwa-
Sehire; uYoshuwa walinika izizwe za-
kwaSirayeli, zema kulo ngokweentla-
ntlu zazo, ezintabeni, nasezihlanjeni, na- 8
seArabha, nasemaxandekeni, nasentla-
ngo, nakwelasezantsi: amaHeti, nama-
Amori, namaKanan, namaPerizi, nama-
Hivi, namaYebhusi: ngukumkani wase- 9
Yeriko, emnye; ngukumkani waseAyi,
engecala leBheteli, emnye; ngukumkani 10
waseYerusalem, emnye; ngukumkani
waseHebron, emnye; ngukumkani wa- 11
seYarmuti, emnye; ngukumkani wase-
Lakishe, emnye; ngukumkani wase- 12
Eglon, emnye; ngukumkani waseGe-
zera, emnye; ngukumkani waseDebhiri 13
emnye; ngukumkani waseGedere, e-
mnye; ngukumkani waseHorma, emnye; 14
ngukumkani waseArade, emnye; ngu- 15
kumkani waseLibhena, emnye; ngu-
kumkani waseAdulam, emnye; nguku- 16
mkani waseMakeda, emnye; ngukumka-
ni waseBheteli, emnye; ngukumkani wa- 17
seTapuwa, emnye; ngukumkani wase-
Hefere, emnye; ngukumkani waseAfe- 18
ki, emnye; ngukumkani waseLasharon,
emnye; ngukumkani waseMadon, e- 19
mnye; ngukumkani waseHatsore, e-
mnye; ngukumkani waseShimron-me- 20
rom, emnye; ngukumkani waseAkesha-
fi, emnye; ngukumkani waseTahanaki, 21
emnye; ngukumkani waseMegido, e-
mnye; ngukumkani waseKedeshe, e- 22
mnye; ngukumkani waseYokeneham e-
Karmele, emnye; ngukumkani wase- 23
Dore ezindulini zeDore, emnye; ngu-
kumkani wamaGoyi eGiligali, emnye;
ngukumkani waseTirtsa, emnye. 24

Bonke ookumkani abo ngamashumi
omathathu anamnye.

UYOSHUWA 13

Iindawo zomhlaba ezingekoyiswa

13 Ke kaloku uYoshuwa wayeseleyinoda enkulu, eselekhulile; wathi uYehova kuye, Wena uselúyindoda enkulu, uselukhulile; ke ilizwe elisaseleyo lokuhluthwa liselininzi kunene.
2 Lilo eli ilizwe elisaseleyo: yonke imimandla yamaFilisti, neyamaGeshuri o-
3 nke, ithabathela eShihore ephambi kweYiputa, ise emdeni wase-Ekron ngasentla ebalelwa kwakumaKanan; eyezikhulu zozihlanu zamaFilisti: eyabaseGaza, neyabaseAshdode, neyabaseAshkelon, neyabaseGati, neyabase-Ekron, neyabase-
4 Avi ngasezantsi; lonke ilizwe lamaKanan, nomqolomba ongowamaTsidon,
5 lise eAfeka, lise emdeni wama-Amori; nelizwe lamaGebhali, neLebhanon yonke ngasempumalanga, lithabathela eBhahali-gadi phantsi kwentaba yeHermon,
6 ude uye eHamati; bonke abemi beentaba, kuthabathela eLebhanon kuse eMisrefoti-mayim, onke amaTsidon; endiya kubagqogqa phambi koonyana bakaSirayeli. Wòthi ke wena ulabele amaSirayeli ngeqashiso ukuba libe lilifa, njengoko ndakuwiselayo umthetho.

Umhlaba wezizwe ezibini ezinesiqingatha

7 Ke ngoko lâbe eli lizwe libe lilifa kwizizwe ezisithoba, nakwisiqingatha
8 sesizwe sakwaManase, esilifa inxenye yaso salizuza kunye namaRubhen namaGadi, awawanikayo uMoses phesheya kweYordan ngasempumalanga, njengoko abemnikile uMoses umkhonzi
9 kaYehova: lithabathela eArohere, engasemlanjeni oyiArnon, nomzi ophakathi kwesihlambo eso, nehewu lonke lase-
10 Medebha, lise eDibhon; nemizi yonke kaSihon ukumkani wama-Amori, obephethe ubukumkani eHeshbhon, lise
11 emdeni woonyana baka-Amon; nelaseGiliyadi, nomda wamaGeshuri, namaMahakati, nentaba yonke yeHermon,
12 neBhashan yonke kuse eSaleka; bonke ubukumkani bukaOgi eBhashan, obephethe ubukumkani eAshtaroti, nase-Edreyi, ngowayesele kumasalela amaRafa. Wawabetha uMoses wawagqogqa.

13 Noko ke oonyana bakaSirayeli abawagqogqanga amaGeshuri, namaMahakati; ahleli amaGeshuri namaMahakati phakathi kwamaSirayeli unanamhla.

14 Sisizwe sakwaLevi sodwa angasinikanga lifa; ukudla kwasemlilweni kukaYehova uThixo wamaSirayeli lilifa laso, njengoko wathethayo kuso.

15 UMoses wasinika ilifa isizwe soonyana bakaRubhen ngokwemizalwane yabo.
16 Umda wabo wathabathela eArohere, ngasemlanjaneni oyiArnon, nomzi ophakathi kwesihlambo, nehewu lonke eli-
17 ngaseMedebha; iHeshbhon nemizi yayo yonke esehewu; iDibhon, neBhamotibhahali, neBhete-bhahali-mehon, neYa-
18 tsa, neKedemoti, neMafahati, neKiriya-
19 tayim, neSibhema, neTserete-shahare entabeni yentili; neBhete-pehore, nama-
20 xandeka asePisga, neBhete-yeshimoti, nemizi yonke yehewu, nobukumkani bo-
21 nke bukaSihon ukumkani wama-Amori, obephethe ubukumkani eHeshbhon, owabulawayo nguMoses kunye nezikhulu zakwaMidiyan: ooEvi, noRekem, noTsure, noHure, noRebha, iinkosana zikaSihon ezihleli kwelo zwe. NoBhi-
22 leham unyana kaBhehore, itola, bambulala oonyana bakaSirayeli ngekrele, phakathi kwabahlatyiweyo ngabo. Umda
23 woonyana bakaRubhen waba yiYordan nommandla wayo. Lilo elo ilifa loonyana bakaRubhen ngokwemizalwane yabo, imizi yabo nemizana yabo.

24 UMoses isizwe sakwaGadi, oonyana bakaGadi, wabanika ilifa ngokwemizalwane yabo. Umda wabo waba yiYa-
25 zere, nemizi yonke yaseGiliyadi, nesiqingatha selizwe loonyana baka-Amon, wesa eArohere, ephambi kweRabha; wa-
26 thabathela eHeshbhon, wesa eRamatimitsepe, neBhetonim; wathabathela eMahanayim, wesa emdeni weLidebhiri;
27 nasentilini: iBhete-haram, neBhete-nimra, neSukoti, neTsafon, amasalela obukumkani bukaSihon ukumkani weHeshbhon, iYordan nommandla wayo, wesa ekupheleni kolwandle lwaseKine-

UYOSHUWA 13-14

rete, phesheya kweYordan ngasempu-
28 malanga. Lilo elo ilifa loonyana baka-
Gadi ngokwemizalwane yabo, imizi yabo, nemizana yabo.

29 UMoses wasinika *ilifa* isiqingatha sesizwe sakwaManase. Laba lelesiqingatha sesizwe soonyana bakaManase
30 ngokwemizalwane yabo. Umda wabo wathabathela eMahanayim: iBhashan yonke, bonke ubukumkani bukaOgi ukumkani waseBhashan, nemizana yonke yakwaYahire eseBhashan, imizi
31 emashumi mathandathu. Nesiqingatha saseGiliyadi, neAshtaroti, ne-Edreyi, imizi yobukumkani bukaOgi eBhashan, yaba yeyoonyana bakaMakire, unyana kaManase, isiqingatha soonyana baka-Makire ngokwemizalwane yabo.

32 Ngawo lawo amafa awawabayo uMoses ezinkqantosini zakwaMowabhi phesheya kweYordan, malunga neYeriko
33 ngasempumalanga. Ke isizwe sakwa-Levi uMoses akasinikanga lifa. Ngu-Yehova uThixo kaSirayeli ilifa laso, njengoko wathethayo kuso.

Ilifa lezizwe ezilithoba elinesiqingatha labiwa ngeqashiso

14 Ngawo ke la amafa abawabelwayo oonyana bakaSirayeli ezweni lakwaKanan, abawabelwa nguElazare umbingeleli, noYoshuwa unyana kaNun, neentloko zezindlu zooyise zezizwe
2 zoonyana bakaSirayeli, ngeqashiso lelifa labo, njengoko uYehova wawisa umthetho ngesandla sikaMoses, elezizwe
3 ezisithoba ezinesiqingatha sesizwe. Kuba uMoses ebezinikile ilifa izizwe ezibini nesiqingatha sesizwe, phesheya kweYordan; ke abaLevi akabanikanga lifa
4 phakathi kwazo. Ngokuba oonyana bakaYosefu babezizwe ezibini, uManase noEfrayim; ke abaLevi ababanikanga sabelo ezweni elo, babanika kuphela imizi yokuhlala, namadlelo ayo
5 emfuyo yabo nempahla yabo. Njengoko uYehova wamwiselayo uMoses umthetho, benjenjalo oonyana baka-Sirayeli, balaba ilizwe.

UKalebhi unikwa iHebron

Basondela oonyana bakaYuda ku- 6
Yoshuwa eGiligali. Wathi uKalebhi unyana kaYefune, umKenazi, kuye, Uyalazi wena ilizwi awalithethayo uYehova kuMoses umntu kaThixo, ngenxa yam nangenxa yakho, eKadeshe-bharneha. Ndandiminyaka imashumi mané ndi- 7
zelwe, ekususweni kwam nguMoses umkhonzi kaYehova, eKadeshe-bharneha, ukuba ndiye kulihlola ilizwe; ndambuyisela ilizwi njengoko bekusentliziyweni yam. Abazalwana bam, aba- 8
nyukáyo nam, bayinyibilikisa intliziyo yabantu; ke mna ndakuzalisa ukumlandela uYehova uThixo wam. Wafunga 9
ke uMoses ngaloo mini, esithi, Inene, ilizwe elinyathelwe lunyawo lwakho loba lilifa lakho, neloonyana bakho, kude kuse ephakadeni, ngokuba ukuzalisile ukumlandela uYehova uThixo wam. Kha- 10
ngela ke ngoko, uYehova undisindisile njengoko watshoyo, le minyaka imashumi mané anamihlanu, kususela koko walithethayo uYehova elo lizwi kuMoses, oko amaSirayeli abehamba entlango; yabona ke, ngoku namhla ndiminyaka imashumi asibhozo anamihlanu ndizelwe. Ndisomelele nanamhla, kwanje- 11
ngamini wandithumayo uMoses; njengoko ayenjalo amandla am oko, asenjalo nangoku amandla am okulwa, kwaawokuphuma nawokubuya. Ke ngoko 12
ndinike ezo ntaba wathetha zona uYehova ngaloo mini; ngokuba weva wena ngaloo mini ukuba ama-Anaki akhona, imizi *yawo* mikhulu, inqatyisiwe. Mhlawumbi uYehova woba nam, ndiwagqogqe ke, njengoko watshoyo uYehova.

UYoshuwa wamsikelela, wamnika i- 13
Hebron uKalebhi unyana kaYefune, ukuba ibe lilifa. Ngenxa yoko iHe- 14
bron yaba lilifa likaKalebhi unyana kaYefune, umKenazi, unanamhla; ngenxa enokuba wazalisayo ukumlandela uYehova, uThixo kaSirayeli. Igama lase- 15
Hebron ngenxa engaphambili laliyi-Kiriyati ka-Arbha, umntu omkhulu phakathi kwama-Anaki ke. Lazola ilizwe akwabakho mfazwe.

Iqashiso likaYuda

15 Ke kaloku iqashiso lesizwe soonyana bakaYuda, ngokwemizalwane yabo, lasinga emdeni wakwaEdom, entlango yeTsin ngasezantsi, ekupheleni 2 komzantsi. Umda wabo wasezantsi wathabathela ekupheleni koLwandle lwe-3 Tyuwa, encamini ebheka ezantsi. Waphuma, wasinga ngezantsi ekunyukeni kweAkrabhim, wegqitha waya eTsin, wenyuka waya ngasezantsi kweKadeshebharneha, wegqitha waya eHetseron, wenyuka waya eAdare, wajika waya 4 eKarka; wegqitha waya eAtsemon, wema ngomlanjana waseYiputa, ukuma komda wema ngolwandle. Nguwo lowo 5 umda wenu wangasezantsi. Umda wasempumalanga luLwandle lweTyuwa, use ekupheleni kweYordan. Umda wecala langasentla wathabathela encamini yolwandle, ekupheleni kweYordan; 6 wenyuka umda waya eBhete-hogela, wegqitha waya emantla eBhete-arabha, wajika umda waya etyeni likaBhohan 7 unyana kaRubhen. Wenyuka umda waya eDebhiri, uvela entilini yeAkore, wabheka entla eGiligali, malunga nokunyuka kweAdumin ngasezantsi komlanjana; wegqitha apho waya emanzini ase-En-shemeshe, ukuma kwawo wema 8 nge-En-rogele. Wenyuka umda ngomfula woonyana bakaHinom, waya egxalabeni lowamaYebhusi ngasezantsi: yiYerusalem ke leyo; wenyuka umda waya encotsheni yentaba ephambi komfula wakwaHinom, ngasentshonalanga, osekupheleni kwentili yamaRafa ngasentla. 9 Wahlaba umda, wathabathela encotsheni yentaba, waya emthonjeni wamanzi aseNefetowa, waphuma waya emizini yasentabeni kaEfron, wahlaba waya eBha-10 hala: yiKiriyati-yeharim ke leyo. Wajika umda eBhahala ngasentshonalanga, waya entabeni yakwaSehire, wegqitha waya egxalabeni leHar-yeharim ngasentla: yiKesalon ke leyo; wehla waya eBheteshemeshe, wegqitha waya eTimna. 11 Waphuma umda waya egxalabeni le-Ekron ngasentla, wahlaba umda waya eShikron, wegqitha waya entabeni yeBhahala, wema ngeYabheneli umda waya wema ngolwandle. Umda wase- 12 ntshonalanga lulwandle olukhulu nommandla walo. Nguwo lowo umda woonyana bakaYuda ngeenxa zonke, ngokwemizalwane yabo.

UKalebhi unyana kaYefune wamnika 13 isabelo phakathi koonyana bakaYuda, ngokutsho kukaYehova kuYoshuwa: umzi ka-Arbha uyise ka-Anaki ngowaseHebron ke lowo, Wabagqogqa apho 14 uKalebhi oonyana bobathathu baka-Anaki, uSheshayi noAhiman noTalemayi, inzalo ka-Anaki. Wenyuka khona 15 waya kubemi baseDebhiri; igama leDebhiri laliyiKiriyati-sefere ngenxa engaphambili. Wathi uKalebhi, Othe 16 wayibulala iKiriyati-sefere, wayithimba, ndomnika intombi yam, uAkesa, ibe ngumkakhe. Wayithimba uOteniyeli 17 unyana kaKenazi, umzalwana kaKalebhi; wamnika ke intombi yakhe, uAkesa, yangumkakhe. Kwathi ekuzeni kwa- 18 yo, yamvuselela ukuba acele umhlaba kuyise wayo; yehla e-esileni *layo*. Wathi uKalebhi kuyo, Yintoni na? Yathi, 19 Ndinike into, ngokuba undiniké umhlaba ongenamanzi; ndinike nemithombo yamanzi. Wayinika ke imithombo yasentla, nemithombo yasezantsi.

Lilo elo ilifa lesizwe soonyana baka- 20 Yuda ngokwemizalwane yabo.

Imizi ethabathele ekupheleni kwesi- 21 zwe soonyana bakaYuda, yesa emdeni wakwaEdom ezantsi, yabe iyiKabhetseli, ne-Edere, neYagure, neKina, neDimo- 22 na, neAdada, neKedeshe, neHatsore, 23 neItenan, iZifi, neTelem, neBhehaloti, 24 neHatsore-hadata, neKeriyoti-hetseron 25 (yiHatsore ke leyo); iAmam, neShema, 26 neMolada, neHatsare-gada, neHesh- 27 mon, neBhete-palete, neHatsare-shu- 28 wale, neBher-shebha, neBhiziyoteya; i- 29 Bhahala, neIyim, ne-Etsem, ne-Elitola- 30 di, neKezili, neHorma, neTsikelage, ne- 31 Mademana, neSanesana, neLebhawoti, 32 neShilehim, neAyin, neRimon: yonke loo mizi imashumi mabini anesithoba nemizana yayo.

UYOSHUWA 15-17

33 Esihlanjeni: yiEshtawoli, neTsora,
34 neAshna, neZanowa, ne-En-ganim, iTa-
35 puwa, ne-Enam; iYarmuti, neAdulam,
36 iSoko, neAzeka, neShaharim, neAdita-
yim, neGedera, neGederotayim: imizi
elishumi elinaminé inemizana yayo.

37 ITsenan, neHadasha, neMigedali ya-
38 kwaGadi, neDilan, neMizpa, neYoke-
39 teli; iLakishe, neBhotsekati, ne-Eglon,
40 neKabhon, neLamasi, neKitilishe,
41 neGederoti, iBhete-dagon, neNahama,
neMakeda: imizi elishumi elinamitha-
ndathu inemizana yayo.

42 ILibhena, ne-Etere neAshan,
43 neIfeta, neAshna, neNetsibhi,
44 neKehila, neAkezibhi, neMaresha:
imizi esithoba inemizana yayo.

45 IEkron, namagxamesi ayo, nemizana
46 yayo; kwathabathela e-Ekron ngase-
ntshonalanga, yonke esecaleni leAshdo-
de, nemizana yayo.

47 IAshdode, namagxamesi ayo, nemi-
zana yayo; iGaza namagxamesi ayo, ne-
mizana yayo, kwesa kumlanjana weYi-
puta, nolwandle olukhulu, nommandla
walo.

48 Esezintabeni: yiShamire, neYatire,
49 neSoko, neDana, neKiriyati-sana (yi-
50 Debhiri ke leyo); neAnabhi, ne-Eshte-
51 mo, neAnim, neGoshen, neHolon, ne-
Gilo: imizi elishumi elinamnye, inemi-
zana yayo.

52 IArabhi, neDuma, ne-Eshan,
53 neYanim, neBhete-tapuwa, neAfeka,
54 neHumta, neKiriyati ka-Arbha (yiHe-
bron ke leyo); neTsihore: imizi esithoba
inemizana yayo.

55 IMahon, iKarmele, neZifi, neYuta,
56 neYizereli, neYokedam, neZanowa;
57 iKayin, iGibheha, neTimna: imizi eli-
shumi inemizana yayo.

58 IHalehule, iBhete-tsure, neGedore,
59 neMaharati, neBhete-anoti, ne-Elitekon:
imizi emithandathu inemizana yayo.

60 IKiriyati-bhahali (yiKiriyati-yeharim
ke leyo) neRabha: imizi emibini inemi-
zana yayo.

61 Esentlango yiBhete-arabha, iMidin,
62 neSekaka, neNibheshan, noMzi we-
Tyuwa, ne-Engedi: imizi emithandathu
inemizana yayo.

Ke amaYebhusi, abengabemi base- 63
Yerusalem, ababanga nako ukuwagqo-
gqa oonyana bakaYuda; ahlala ama-
Yebhusi noonyana bakaYuda eYerusa-
lem nanamhla.

Iqashiso loonyana bakaYosefu: elika-Efrayim

16 Laphuma iqashiso loonyana ba-
kaYosefu, lathabathela eYordan
malunga neYeriko ngasemanzini aseYe-
riko ngasempumalanga, kwintlango e-
nyuka eYeriko, eya ezintabeni ngase-
Bheteli. Waphuma umda eBheteli, wa- 2
singa eLuzi, wegqitha waya emdeni wa-
ma-Arki eAtaroti; wehla waya entsho-
nalanga emdeni wamaYafeleti, wesa em- 3
deni weBhete-horon yasezantsi, wesa
eGezere; ukuma kwawo waya wema ngo-
lwandle. Balabelwa ke ilifa labo oonya- 4
na bakaYosefu, uManase noEfrayim.

Umda woonyana bakaEfrayim we- 5
njenje: umda welifa labo ngasempuma-
langa wayiAtaroti-adare, wesa eBhete-
horon engasentla; waphuma umda wa- 6
ya elwandle, eMikemetati ngasentla;
wajika umda waya empumalanga
eTahanati-shilo, wegqitha khona ngase-
mpumalanga eYanowa; wehla eYanowa 7
waya eAtaroti, naseNaharati, weza e-
Yeriko, wema ngeYordan; umda wesuka 8
eTapuwa waya entshonalanga, eMlanja-
neni weeNgcongolo; nokuma kwawo
waya wema ngolwandle. Lilo elo ilifa
lesizwe soonyana bakaEfrayim ngokwe-
mizalwane yabo; nemizi leyo yahlulelwa 9
oonyana bakaEfrayim yayiphakathi
kwelifa loonyana bakaManase; yonke
imizi yayinemizana yayo. Abawagqo- 10
gqanga amaKanan abemi eGezere. Ema
amaKanan phakathi kwamaEfrayim
unanamhla, akhonza efakwa uviko.

Iqashiso likaManase

17 Saba neqashiso naso isizwe sakwa-
Manase; ngokuba ngowamazibulo
kuYosefu. Laba noMakire, owamazi-
bulo kuManase, laba noyise kaGiliyadi;
laba naye elaseGiliyadi nelaseBhashan,

2 kuba ebeyindoda yokulwa; laba nabanye oonyana bakaManase ngokwemizalwane yabo; laba noonyana baka-Abhihezere, noonyana bakaHeleki, noonyana baka-Aseriyeli, noonyana bakaShekem, noonyana bakaHefere, noonyana baka-Shemida; ngabo abo abantwana abangamadoda bakaManase, unyana kaYosefu, ngokwemizalwane yabo.

3 Ke uTselofehade, unyana kaHefere, unyana kaGiliyadi, unyana kaMakire, unyana kaManase, ebengenanyana; ebeneentombi zodwa. Ngawo la amagama eentombi zakhe: uMala, noNoha,
4 noHogela, noMilka, noTirtsa. Zasondela phambi koElazare umbingeleli, naphambi koYoshuwa unyana kaNun, naphambi kwezikhulu, zathi, UYehova wamwisela umthetho uMoses, ukuba asinike ilifa phakathi kwabazalwana bethu. Wazinika ke ngokomlomo kaYehova ilifa
5 phakathi kwabazalwana bakayise. Zaba lishumi ke izabelo kuManase, ngaphandle kwelizwe laseGiliyadi, neBhashan
6 ephesheya kweYordan; ngokuba iintombi zikaManase zabelwa ilifa phakathi koonyana bakhe; lathi nelizwe laseGiliyadi laba lelabanye oonyana bakaManase.

7 Umda kaManase wathabathela kwaAshere, waya eMikemetati ephambi kowakwaShekem; wahamba umda ngasekunene, waya kubaphi base-En-tapuwa.
8 UManase waba nelizwe laseTapuwa; ke iTapuwa, ngasemdeni wakwaManase,
9 yaba yeyonyana bakaEfrayim. Wehla umda waya eMlanjaneni weNgcongolo, ezantsi komlanjana. Le mizi ilunge kuEfrayim yaba phakathi kwemizi kaManase: nommandla wakwaManase wawungasentla komlanjana; ukuma kwa-
10 wo waya wema ngolwandle. Ngasezantsi laba lelikaEfrayim, ngasentla laba lelikaManase; ulwandle lwaba ngumda wakhe. Baqubisana noAshere ngasentla, baqubisana noIsakare ngasempu-
11 malanga. KwaIsakare nakwa-Ashere uManase waba neBhete-shehan namagxamesi ayo, neIbleyam namagxamesi ayo, nabemi baseDore namagxamesi ayo, nabemi base-Endore namagxamesi ayo, nabemi baseTahanaki namagxamesi ayo, nabemi baseMegido namagxamesi ayo, ummandla onduli zinta-
12 thu. Babengenako oonyana bakaManase akuyihlutha loo mizi; amaKanan akuphikela ukuma kwelo zwe. Kwathi,
13 bakomelela oonyana bakaSirayeli, bawafaka uviko amaKanan, àbawagqogqa kuphele.

14 Bathetha oonyana bakaYosefu no-Yoshuwa, besithi, Yini na ukuba usinike ilifa laqashiso linye, nasabelo sinye, singabantu abaninzi nje, esisikelele nje uYehova kangakanana unangoku?
15 Wathi uYoshuwa kubo, Ukuba ningabantu abaninzi, nyukani niye emahlathini, nizihlahlele ezweni lamaPerizi nelamaRafa, xa kuxineneyo kuni ezintabeni zakwaEfrayim. Bathi oonyana baka-
16 Yosefu, Ilizwe eli leentaba alisilingene; ke ziinqwelo zesinyithi kumaKanan onke amiyo ezweni lamathafa aseBheteshehan namagxamesi ayo, kwanasemathafeni aseYizereli. Wathi uYoshuwa
17 kwindlu kaYosefu, kuEfrayim nakuManase, Ningabantu abaninzi, ninamandla amakhulu; aliyi kuba linye iqashiso lenu; kuba eleentaba liya kuba
18 lelenu, ngokuba lingamahlathi. Nòwahlahla, iinyele zawo zibe zezenu; kuba niya kuwagqogqa amaKanan, nakuba eneenqwelo zesinyithi, nakuba omelele.

Ukwabiwa kwentsalela yomhlaba

18 Labizelwa ndawonye lonke ibandla lakwaSirayeli eShilo; bayimisa khona intente yokuhlangana. Le-
2 yiseka ilizwe phambi kwabo. Kwasala phakathi koonyana bakaSirayeli izizwe ezisixhenxe, ezingabelwanga lifa lazo.

Wathi uYoshuwa koonyana baka-
3 Sirayeli, Koda kube nini na nikunqena ukuya kulihlutha elo zwe aninike lona uYehova uThixo wooyihlo? Khuphani
4 amadoda abe mathathu esizweni ngesizwe, ndiwathume, asuke acande ezweni, alibhale ngokwamafa azo, aze abuyele kum, alabe libe zizabelo ezisixhenxe;
5 uYuda eme emdeni wakhe ngasezantsi, indlu kaYosefu ime emdeni wayo ngasentla. Nina ke nilibhale ilizwe leza-6

UYOSHUWA 18–19

belo ezo zisixhenxe, niyizise ingxelo kum apha, ndiniwisele amaqashiso phambi 7 koYehova uThixo wethu apha. Kuba abaLevi àbanasabelo phakathi kwenu, kuba ilifa labo bububingeleli bukaYehova; ke uGadi noRubhen nesiqingatha sesizwe sikaManase basebelithabathile ilifa labo awabanika lona uMoses, umkhonzi kaYehova, phesheya kweYordan ngasempumalanga.

8 Asuka ke amadoda lawo ahamba. UYoshuwa wabawisela umthetho abo bahambáyo beya kulibhala ilizwe, esithi, Yiyani, nilihambe ilizwe, nilibhale, nize nibuyele kum, ndiniwisele amaqashiso 9 phambi koYehova eShilo apha. Aya ke amadoda lawo, acanda ezweni apho, alibhala ngokwemizi, ngokwezabelo ezisixhenxe encwadini; eza ke kuYoshuwa 10 eminqubeni eShilo. Waza uYoshuwa wawawisela amaqashiso eShilo phambi koYehova; uYoshuwa wababela ilizwe oonyana bakaSirayeli khona ngokweentlantlu zabo.

Iqashiso lakwaBhenjamin

11 Kwavela iqashiso lesizwe soonyana bakaBhenjamin ngokwemizalwane yabo; umda weqashiso labo waphuma phakathi koonyana bakaYuda noonyana baka-
12 Yosefu. Umda wabo ngasecaleni lasentla wathabathela eYordan, wenyuka waya egxalabeni laseYeriko ngasentla, wenyuka waya ezintabeni ngasentshonalanga; ukuma kwawo, waya wema nge-
13 ntlango yaseBhetaven; wegqitha umda khona, waya eLuzi, egxalabeni leLuzi ngasezantsi (yiBheteli ke leyo); wehla umda waya eAtaroti-adare, ngasezintabeni ezingasezantsi kweBhete-horon
14 yasezantsi. Wahlaba umda, wajika waya ecaleni lasentshonalanga ngasezantsi, usuka entabeni ephambi kweBhete-horon ngasezantsi; ukuma kwawo, waya wema ngeKiriyati-bhahali (yiKiriyati-yeharim ke leyo), umzi woonyana baka-Yuda. Lilo elo icala lasentshonalanga.
15 Icala lasezantsi lathabathela ekupheleni kweKiriyati-yeharim; waphuma umda entshonalanga, waphuma waya emtho-njeni wamanzi aseNefetowa. Wehla 16 umda waya ekupheleni kwentaba ephambi komfula woonyana kaHinom, osentilini yamaRafa ngasentla; wehla ngomfula wakwaHinom, waya egxalabeni lamaYebhusi ngasezantsi, wehla waya e-En-rogele; wahlaba uvela entla, waphu- 17 ma waya e-En-shemeshe, waphuma waya eGeliloti, emalunga nokunyuka kweAdumim; wehla waya etyeni likaBhohan, unyana kaRubhen; wegqitha waya 18 egxalabeni elimalunga neArabha entla, wehla waya eArabha; wegqitha umda 19 waya egxalabeni laseBhete-hogela entla; ukuma komda, waya wema ngechweba loLwandle lweTyuwa, ekupheleni kweYordan ngasezantsi; nguwo lowo umda wasezantsi. IYordan ibe ingumda walo 20 ngecala lasempumalanga. Lilo elo ilifa loonyana bakaBhenjamin ngokwemida yalo ngeenxa zonke, ngokwemizalwane yabo.

Ke imizi yesizwe soonyana bakaBhe- 21 njamin, ngokwemizalwane yabo, ibe iyiYeriko, neBhete-hogela, nentili yaseKetsitse, neBhete-arabha, neTsemara- 22 yim, neBheteli, neAvim, nePara, neOfra, 23 neKefar-amoni, neOfeni, neGabha: 24 imizi elishumi elinamibini inemizana yayo; iGibheyon, neRama, neBhe- 25 heroti, neMizpa, neKefira, ne- 26 Motsa, neRekem, neIrpeli, neTarala, 27 neTsela, ne-Elefe, nowamaYebhusi (yi- 28 Yerusalem ke leyo); neGibheha, neKiriyati: imizi elishumi elinamibini inemizana yayo. Lilo ke elo ilifa loonyana bakaBhenjamin ngokwemizalwane yabo.

Amaqashiso ezinye izizwe

19 Lavela iqashiso lesibini noSimon, nesizwe soonyana bakaSimon, ngokwemizalwane yabo. Ilifa labo laba phakathi kwelifa loonyana bakaYuda. Elifeni labo baba neBher-sheba, ne- 2 Shebha, neMulada, neHatsere-shuwali, 3 neBhala, neAtsem, ne-Eletoladi, neBhe- 4 tuli, neHorma, neTsikelage, neBhete- 5 markabhoti, neHatsar-susa, neBhete- 6 lebhawoti, neSharuhen: imizi elishumi elinamithathu inemizana yayo; iAyin, 7

UYOSHUWA 19

neRimon, ne-Etere, neAshan; imizi
8 eminé inemizana yayo, nemizana yonke ejikeleze loo mizi, kwesa eBhahalatibhere (yiRama yelasezantsi ke leyo). Lilo elo ilifa lesizwe soonyana bakaSi-
9 mon ngokwemizalwane yabo. Laba sesabelweni soonyana bakaYuda ilifa loonyana bakaSimon; ngokuba isabelo soonyana bakaYuda sabagqitha. Oonyana bakaSimon babelwa ilifa phakathi kwelifa labo.

10 Lavela iqashiso lesithathu noonyana bakaZebhulon, ngokwemizalwane yabo.
11 Umda welifa labo wesa eSaridi, wenyuka umda wabo wasinga entshonalanga, wesa eMarala, wafikelela eDabhesheti, wahlangana nomlanjana okhangelene
12 neYokeneham; wabuya eSaridi, wasinga empumalanga ngecala eliphuma ilanga, waya emdeni weKiseloti-tabhore, waphuma waya eDabherati, wenyuka waya
13 eYafiya. Wegqitha khona, wasinga empumalanga ngecala eliphuma ilanga, waya eGati-hefere, e-Eti-katsin; waphuma waya eRimon, ehlaba iye eNeha.
14 Umda wayizunguleza ngasentla, waya eHanaton; ukuma kwawo, wema ngo-
15 mfula waseIfeta-eli; neKatati, neNahalali, neShimron, neIdala, neBhetelehem: imizi elishumi elinamibini inemizana
16 yayo. Lilo elo ilifa loonyana bakaZebhulon ngokwemizalwane yabo, loo mizi nemizana yayo.

17 Iqashiso lesiné lavela noIsakare, noonyana bakaIsakare ngokwemizalwane
18 yabo. Umda wabo wasinga kwiYize-
19 reli, neKesuloti, neShunem, neHafara-
20 yim, neShihon, neAnaharati, neRabhiti,
21 neKishiyon, neAbhetse, neRemeti, ne-En-ganim, ne-En-hada, neBhete-patse-
22 tse. Umda wafikelela eTabhore, naseShahatsima, naseBhete-shemeshe; ukuma komda wabo, waya wema ngeYordan imizi elishumi elinamithandathu enimi-
23 zana yayo. Lilo elo ilifa lesizwe soonyana bakaIsakare ngokwemizalwane yabo, loo mizi nemizana yayo.

24 Lavela iqashiso lesihlanu nesizwe soonyana baka-Ashere ngokwemizalwa-
25 ne yabo. Umda wabo waba yiHelekati,
26 neHali, neBheten, neAkeshafi, neAlameleki, neAmadi, neMishali; wafikelela eKarmele ngasentshonalanga, neShihore-libhenati. Wabuya, wasinga 27 ngecala eliphuma ilanga eBhete-dagon, wafikelela kwelakwaZebhulon, nakumfula waseIfeta-eli, ngasentla kweBhete-emeki, neNehiyeli; waphuma waya eKabhuli ngasekhohlo; neHebron, 28 neRehobhi, neHamon, neKana, wesa eTsidon enkulu. Wabuya umda waya 29 eRama, wesa emzini onqatyisiweyo oyiTire, wabuya umda waya eHosa; ukuma kwawo, waya wema ngolwandle, ngasesabelweni sika-Akezibhe; neUma, 30 neAfeki, neRehobhi: imizi emashumi mabini anamibini inemizana yayo. Lilo 31 elo ilifa loonyana baka-Ashere ngokwemizalwane yabo, loo mizi nemizana yayo.

Lavela iqashiso lesithandathu noo- 32 nyana bakaNafetali, ileloonyana baka-Nafetali ngokwemizalwane yabo. Umda 33 wabo wathabathela eHelefe, eMiokini* yaseTsahanayim, neAdami-nekebhe, neYabheneli, wesa eLakum; nokuma kwawo, wema ngeYordan; wabuya 34 umda, wasinga entshonalanga eAzenotitabhore, waphuma khona waya eHukoki, wafikelela kwelakwaZebhulon ngasezantsi, wafikelela kwelakwa-Ashere ngasentshonalanga, nelakwaYuda eYordan ngasempumalanga. Imizi enqatyisi- 35 weyo yaba yiTsidim, neTsere, neHamati, neRakati, neKinercte, neAdama, ne- 36 Rama, neHatsore, neKedeshe, ne-Edre- 37 yi, ne-En-hatsore, neIron, neMigdali-eli, 38 neHorem, neBhete-anati, neBhete-shemeshe: imizi elishumi elinesithoba inemizana yayo. Lilo elo ilifa lesizwe 39 soonyana bakaNafetali, ngokwemizalwane yabo, loo mizi nemizana yayo.

Lavela iqashiso lesixhenxe nesizwe 40 soonyana bakaDan ngokwemizalwane yabo. Umda welifa labo waba yiTsora, 41 ne-Eshtawoli, neIre-shemeshe, neSha- 42 halabhin, neAyalon, neItela, ne-Elon, 43 neTimnata, ne-Ekron, ne-Eleteke, ne- 44 Gibheton, neBhahalata, neYehudi, ne- 45 Bhene-bheraki, neGati-rimon, neMe- 46 yarkon, neRakon, kunye nomda omalunga neYafo. Umda woonyana baka- 47 Dan wema ngayo. Benyuka ke oonyana

bakaDan, baya kulwa neLeshem, bayithimba, bayibulala ngohlangothi lwekrele, bayihlutha, bema kuyo, bathi ukuyibiza iLeshem kukwaDan, ngega-
48 ma likaDan uyise. Lilo elo ilifa lesizwe soonyana bakaDan ngokwemizalwane yabo, loo mizi inemizana yayo.
49 Bagqiba ke ukulaba ilizwe ngokwemida yabo. Oonyana bakaSirayeli bamnika uYoshuwa, unyana kaNun, ilifa
50 phakathi kwabo. Ngokomlomo kaYehova bamnika umzi awawubizayo, iTimnati-sera, ekweleentaba lakwaEfrayim. Wawakha loo mzi, wahlala kuwo.
51 Ngawo lawo amafa abawabáyo ooElazare umbingeleli, noYoshuwa unyana kaNun, neentloko zezindlu zooyise ezizweni zoonyana bakaSirayeli, ngamaqashiso eShilo, phambi koYehova, emnyango wententeyokuhlangana. Bagqiba ke ukulaba ilizwe.

Ukumiswa kwemizi emithandathu yokusabela

20 Wathetha uYehova kuYoshuwa,
2 esithi, Thetha koonyana bakaSirayeli, uthi, Zimiseleni imizi yokusabela, e-
3 ndathetha ngayo kuni ngoMoses; ukuba abalekele kuyo umbulali obulele umntu ngengozi engazi, ibe ziindawo zenu enobalekela kuzo ukusaba umphindezeleli
4 wegazi; abalekele komnye waloo mizi, eme ekungeneni kwesango lomzi, awathethe ezindlebeni zamadoda amakhulu aloo mzi amazwi akhe; amamkelele kuloo mzi, abe kuwo, amnike inda-
5 wo, ukuba ahlale nawo. Othi, xenikweni umphindezeleli wegazi amsukelayo, angamnikeli umbulali esandleni sakhe, ngokuba wambulala ummelwane wakhe engazi, ebengamthiyile ngapha-
6 mbili. Wóhlala kuloo mzi ade eme phambi kwebandla, lithethwe ityala lakhe, ade afe umbingeleli omkhulu oya kubakho ngezo mini, andule umbulali ukubuyela emzini wakowabo, nasendlwini yakhe, emzini abebaleke ekuwo.
7 Bangcwalisa ke iKedeshe eGalili, ekweleentaba lakwaNafetali; nelakwaShekem kweleentaba lakwaEfrayim; neKiriyati ka-Arbha, ngowaseHebron ke lowo, kweleentaba lakwaYuda. Naphe- 8 sheya kweYordan, malunga neYeriko ngasempumalanga, bamisa iBhetsere entlango, ethafeni, esizweni sakwaRubhen; neRamoti kwelaseGiliyadi, esizweni sakwaGadi; neGolan eBhashan, esizweni sakwaManase.

Yiyo leyo imizi eyamiselwa bonke 9 oonyana bakaSirayeli, nowasemzini ophambukele phakathi kwabo, ukuba babalekele kuyo bonke abantu ababulele umntu ngengozi, ukuba bangafi sisandla somphindezeleli wegazi, bade beme phambi kwebandla.

Imizi emashumi mane anesibhozo inikelwa abaLevi

21 Zasondela iintloko zezindlu zooyise zakwaLevi kuElazare umbingeleli, nakuYoshuwa unyana kaNun, nakwiintloko zezindlu zooyise zezizwe zoonyana bakaSirayeli; zathetha kubo 2 eShilo ezweni lakwaKanan, zisithi, UYehova wawisa umthetho ngesandla sikaMoses, ukuba sinikwe imizi yokuhlala, namadlelo ayo eenkomo zethu. Oonyana bakaSirayeli babanika abaLe- 3 vi elifeni labo, ngokomlomo kaYehova, le mizi namadlelo ayo.

Laphuma iqashiso nemizalwane yama- 4 Kehati; yaba yeyoonyana baka-Aron umbingeleli abangabaLevi, esizweni sakwaYuda, nasesizweni sakwaSimon, nasesizweni sakwaBhenjamin, imizi elishumi elinamithathu ngeqashiso elo.

Abanye oonyana bakaKehati bafu- 5 mana ngeqashiso imizi elishumi emizalwaneni yesizwe sakwaEfrayim, nasesizweni sakwaDan, nasesiqingatheni sesizwe sakwaManase.

Oonyana bakaGershon bafumana 6 ngeqashiso imizi elishumi elinamithathu emizalwaneni yesizwe sakwaIsakare, nasesizweni sakwa-Ashere, nasesizweni sakwaNafetali, nasesiqingatheni sesizwe sakwaManase eBhashan.

Oonyana bakaMerari, ngokwemiza- 7 lwane yabo, bafumana imizi elishumi elinamibini esizweni sakwaRubhen, nasesizweni sakwaGadi, nasesizweni sakwaZebhulon.

UYOSHUWA 21

8 Oonyana bakaSirayeli babanika abaLevi ngeqashiso loo mizi namadlelo ayo, njengoko uYehova wawisayo umthetho 9 ngesandla sikaMoses. Babanika esizweni soonyana bakaYuda, nasesizweni soonyana bakaSimon, yona le mizi ibi-
10 zwa ngegama layo; yaba yeyoonyana bakaAron emizalwaneni yamaKehati, koonyana bakaLevi; ngokuba laba
11 lelabo iqashiso lokuqala. Babanika umzi ka-Arbha, uyise ka-Anaki (ngowaseHebron ke lowo), ezintabeni zakwaYuda, namadlelo ayo ngeenxa zonke.
12 Ke amasimi aloo mzi, nemizana yawo, bawanika uKalebhi unyana kaYefune ukuba abe ngawakhe.
13 Oonyana baka-Aron umbingeleli babanika owaseHebron nedlelo lawo, umzi ke wokusabela umbulali, neLibhena ne-
14 dlelo layo, neYatire nedlelo layo, ne-
15 Eshtemowa nedlelo layo, neHolon nedle-
16 lo layo, neDebhiri nedlelo layo, neAyin nedlelo layo, neYuta nedlelo layo, neBhete-shemeshe nedlelo layo: imizi esi-
17 thoba kwezo zizwe zibini. Nasesizweni sakwaBhenjamin: iGibheyon nedlelo la-
18 yo, neGebha nedlelo layo, neAnatoti nedlelo layo, neAlemon nedlelo layo:
19 imizi eminé. Iyonke imizi yoonyana baka-Aron, ababingeleli, yaba yimizi elishumi elinamithathu inamadlelo ayo.
20 Imizalwane yoonyana bakaKehati, yabaLevi abaseleyo koonyana bakaKehati, yafumana imizi yeqashiso layo
21 esizweni sakwaEfrayim. Babanika owakwaShekem nedlelo lawo, okweleentaba lakwaEfrayim, umzi ke wokusabela
22 umbulali, neGezere nedlelo layo, neKibhetsayim nedlelo layo, neBhete-horon
23 nedlelo layo: imizi eminé. Esizweni sakwaDan, iEleteke nedlelo layo, neGi-
24 bheton nedlelo layo, neAyalon nedlelo layo, neGati-rimon nedlelo layo: imizi
25 eminé. Esiqingathenisesizwe sakwaManase, iTahanaki nedlelo layo, neGati-rimon nedlelo layo: imizi emibini.
26 Iyonke imizi yaba lishumi namadlelo ayo, ngokwemizalwane yoonyana bakaKehati abaseleyo.
27 *Babanika* oonyana bakaGershon emizalwaneni yabaLevi, esiqingatheni sesizwe sakwaManase, iGolan eBhashan nedlelo layo, umzi ke wokusabela umbulali, neBheheshtera nedlelo layo: imizi emibini. Esizweni sakwaIsakare, iKishon 28 nedlelo layo, neDabherati nedlelo layo, neYarmuti nedlelo layo, ne-En-ganim 29 nedlelo layo: imizi eminé. Esizweni sa- 30 kwa-Ashere, iMishali nedlelo layo, neAbhedon nedlelo layo; neHelekati ne- 31 dlelo layo, neRehobhi nedlelo layo: imizi eminé. Esizweni sakwaNafetali, iKe- 32 deshe kwelaseGalili nedlelo layo, umzi ke wokusabela umbulali; iHamoti-dore nedlelo layo, iKartan nedlelo layo: imizi emithathu. Iyonke imizi yamaGer- 33 shon, ngokwemizalwane yakhe, yaba yimizi elishumi elinamithathu inamadlelo ayo.

Bayinika imizalwane yoonyana baka- 34 Merari, yabaLevi abaseleyo, esizweni sakwaZebhulon, iYokeneham nedlelo layo, neKarta nedlelo layo, neDimna 35 nedlelo layo, neNahalali nedlelo layo: imizi eminé. Esizweni sakwaRubhen, i- 36 Bhetsere nedlelo layo, neYahatsa nedlelo layo, neKedemoti nedlelo layo, ne- 37 Mefahati nedlelo layo: imizi eminé. Esizweni sakwaGadi, iRamoti kwelase- 38 Giliyadi nedlelo layo, umzi ke wokusabela umbulali; neMahanayim nedlelo layo, neHeshbhon nedlelo layo, neYaze- 39 re nedlelo layo: iyonke loo mizi miné. Iyonke imizi yoonyana bakaMerari ngo- 40 kwemizalwane yabo eseleyo, emizalwaneni yabaLevi, iqashiso labo laba yimizi elishumi elinamibini.

Iyonke imizi yabaLevi phakathi kwe- 41 lifa loonyana bakaSirayeli yaba yimizi engamashumi mané anesibhozo, inamadlelo ayo. Yonke loo mizi ngaminye 42 yaba nedlelo layo ngeenxa zonke; kwaba njalo kuloo mizi yonke.

UYehova wawanika ke amaSirayeli 43 lonke ilizwe abelifungele ooyise ukuba wobanika; alihlutha ahlala kulo. UYe- 44 hova wawaphumza ngeenxa zonke, njengako konke awabafungelayo ooyise; akwabakho mntu ezintshabeni zawo zonke umayo phambi kwawo. Zonke ii-

ntshaba zawo uYehova wazinikela esa-
45 ndleni sawo. Akuwanga zwi phantsi,
emazwini onke alungileyo awawathe-
thayo uYehova kwindlu kaSirayeli;
enzeka onke.

*Izizwe ezibini ezinesiqingatha
ziphindiselwa emakhayeni azo*

22 Wandula uYoshuwa ukuwabiza
amaRubhen, namaGadi, nesiqi-
ngatha sesizwe sakwaManase, wathi ku-
2 wo, Nikugcinile konke, uMoses umkho-
nzi kaYehova abeniwisele ngako umthe-
tho, naliphulaphula izwi lam ezintweni
zonke endiniwisele umthetho ngazo.
3 Anibashiyanga abazalwana benu ezi mi-
ni zininzi unanamhla; ke nisigcinile isi-
gxina somthetho kaYehova uThixo we-
4 nu. Kaloku uYehova, uThixo wenu,
ubaphumzile abazalwana benu, njengo-
ko wathethayo kubo. Kaloku ke jikani,
niye ezintenteni zenu, ezweni lelifa lenu,
abeninike lona uMoses, umkhonzi ka-
5 Yehova, phesheya kweYordan. Kodwa
gcinani kunene ukuba niwenze umthe-
tho nomyalelo awaniwiselayo uMoses,
umkhonzi kaYehova, wokuba nimthande
uYehova uThixo wenu, nihambe ngee-
ndlela zakhe zonke, niyigcine imithetho
yakhe, ninamathele kuye, nimkhonze
ngentliziyo yenu yonke, nangomphe-
fumlo wenu wonke.
6 Wabasikelela uYoshuwa, wabandulu-
la; baya ezintenteni zabo.
7 UMoses ebesinikile *ilifa* isiqingatha
sesizwe sakwaManase eBhashan; esinye
isiqingatha saso uYoshuwa wasinika ku-
nye nabazalwana baso nganeno kweYor-
dan, ngasentshonalanga. Kananjalo xe-
nikweni uYoshuwa wasindululela ezi-
8 ntenteni zaso, wasisikelela naso. Wathi
kuso, Buyelani ezintenteni zenu, níno-
butyebi obukhulu, ninengqwebo eninzi
kunene, nesilivere, negolide, nobhedu,
nesinyiti, neengubo ezininzi kunene.
Yabelanani nabazalwana benu ngama-
xhoba eentshaba zenu.

Imfazwe yamakhaya iyathintelwa

9 Babuya ke oonyana bakaRubhen,
noonyana bakaGadi, nesiqingatha sesi-
zwe soonyana bakaManase, besuka koo-
nyana bakaSirayeli eShilo esezweni
lakwaKanan, ukuba baye ezweni lase-
Giliyadi, ezweni lelifa labo, ababelizu-
zile ngokomlomo kaYehova ngesandla
sikaMoses. Bafika emimandleni yase- 10
Yordan, esezweni lakwaKanan.

Oonyana bakaRubhen, noonyana ba-
kaGadi, nesiqingatha sesizwe sakwaMa-
nase bákha khona isibingelelo ngaseYor-
dan, isibingelelo esikhulu, esibonaka-
layo. Beva ke oonyana bakaSirayeli, 11
kusithiwa, Yabonani, oonyana bakaRu-
bhen, noonyana bakaGadi, nesiqingatha
sesizwe sakwaManase, bakhé isibingele-
lo malunga nelizwe lakwaKanan, emi-
mandleni yaseYordan, ngecala elinga-
phesheya koonyana bakaSirayeli. Beva 12
ke oonyana bakaSirayeli, balibizela
ndawonye lonke ibandla loonyana ba-
kaSirayeli eShilo, ukuba kunyukwe ku-
yiwe kubo, kuliwe nabo. Oonyana baka- 13
Sirayeli bathuma uPinehasi, unyana ka-
Elazare umbingeleli, koonyana bakaRu-
bhen, nakoonyana bakaGadi, nakwisiqi-
ngatha sesizwe sakwaManase, elizweni 14
laseGiliyadi, enezikhulu ezilishumi, sa-
sinye isikhulu, sasinye isikhulu endlwini
yooyise ezizweni zonke zakwaSirayeli,
zíngamadoda aziintloko zezindlu zoo-
yise emawakeni akwaSirayeli.

Baya ke koonyana bakaRubhen, na- 15
koonyana bakaGadi, nakwisiqingatha
sesizwe sakwaManase, ezweni laseGili-
yadi; bathetha kubo, besithi, Litsho lo- 16
nke ibandla likaYehova, ukuthi, Bubu-
menemene buni na obu nimeneza ngabo
kuThixo kaSirayeli, nibuya nje namhla
ekumlandeleni uYehova, ngokuzakhela
isibingelelo, ukuba nigwilike kuYehova
namhla? Yinto encinane na kuthi ubu- 17
gwenxa bukaPehore, esingekazihla-
mbululi kubo unanamhla, saza isibetho
saba sebandleni likaYehova, nina nibuya 18
nje namhla ekumlandeleni uYehova?
Kothi, nigwilike kuYehova nina namhla,
ngomso abe noburhalarhume yena kwi-
bandla lonke lakwaSirayeli. Inene, u- 19
kuba nithi liyinqambi ilizwe lelifa lenu,
welani nize ezweni lelifa likaYehova,

apho umnquba kaYehova ukhona, nime phakathi kwethu. Ke musani ukugwilika kuYehova, musani ukugwilika kuthi ngokuzakhela isibingelelo esingesiso isibingelelo sikaYehova uThixo wethu.

20 Akamenezanga yini na uAkan, unyana kaZera, ngobumenemene entweni esingelwe phantsi, kwaza kwabakho uburhalarhume phezu kwebandla lonke lamaSirayeli? Loo mntu mnye akatshabalalanga yedwa ngobugwenxa bakhe.

21 Baphendula oonyana bakaRubhen, noonyana bakaGadi, nesiqingatha sesizwe soonyana bakaManase, bathetha neentloko zamawaka akwaSirayeli, ba-
22 thi, UThixo, uThixo uYehova, uThixo, uThixo uYehova, uyazi, amaSirayeli ayakwazi, ukuba oko *kwenziwe* ngokugwilika na, nangokumeneza kuYehova.
23 Uze ungàsisindisi namhlanje, ukuba sizakhéle isibingelelo sokusibuyisa ekulandeleni uYehova, nokuba sinyusa phezu kwaso idini elinyukayo, nomnikelo wokudla, nokuba senzele phezu kwaso imibingelelo yoxolo: uYehova ngokwakhe
24 makakubuze oko. Inene, *siyenze le nto* ngesithukuthezi, ngethuba lokuthi, Ngexesha elizayo bothi oonyana benu koonyana bethu, Yintoni na enani noYeho-
25 va, uThixo kaSirayeli? UYehova umise umda oyiYordan phakathi kwethu nani, nyana bakaRubhen, nyana bakaGadi; aninasabelo kuYehova nina: oonyana benu bénze ukuba oonyana bethu baye-
26 ke ukumoyika uYehova. Sithé ke, Makhe sizenzele, sizakhele isibingelelo, singesadini linyukayo, singesambingelelo;
27 sibe lingqina phakathi kwethu nani, naphakathi kwezizukulwana zethu emva kwethu, ukuba sisébenze umsebenzi kaYehova phambi kwakhe ngamadini ethu anyukayo, nangemibingelelo yethu, nangemibingelelo yethu yoxolo; ukuze bangàtsho oonyana benu ngexesha elizayo koonyana bethu, ukuthi, Aninasabelo
28 kuYehova nina. Sathi ke, Kothi, xa bathe batsho kuthi, nakwizizukulwana zethu ngexesha elizayo, sibe nako ukuthi, Khangelani imfano yesibingelelo sikaYehova abayenzáyo oobawo, ingeyadini linyukayo, ingeyambingelelo, ili-

ngqina phakathi kwethu nani. Makube 29 lé kuthi ngenxa yakhe ukuba sigwilike kuYehova, sibuye namhla ekumlandeleni uYehova, silakhele isibingelelo idini elinyukayo, nomnikelo wokudla, nombingelelo, esingesiso isibingelelo sikaYehova uThixo wethu, esiphambi komnquba wakhe.

Amazwi abawathetháyo oonyana baka- 30 Rubhen, noonyana bakaGadi, noonyana bakaManase, waweva uPinehasi umbingeleli, nezikhulu zebandla, neentloko zamawaka akwaSirayeli ezazinaye, alunga emehlweni abo. Wathi ke uPinehasi 31 unyana kaElazare, umbingeleli, koonyana bakaRubhen, nakoonyana bakaGadi, nakoonyana bakaManase, Namhla siyazi ukuba uYehova uphakathi kwethu, ngokuba ningabenzanga obo bumeneme kuYehova. Ngale nto nibahlángule oonyana bakaSirayeli esandleni sikaYehova. Wabuya ke uPi- 32 nehasi unyana kaElazare, umbingeleli, nezikhulu ezo, koonyana bakaRubhen, nakoonyana bakaGadi, ezweni laseGiliyadi; beza ezweni lakwaKanan, koonyana bakaSirayeli, bebabuyisela ilizwi. Ilizwi elo lalunga emehlweni oonyana 33 bakaSirayeli. Oonyana bakaSirayeli bambonga uThixo, ababa sathetha ngokunyuka baye kubo ngobumpi, balitshabalalise ilizwe abahleli kulo oonyana bakaRubhen noonyana bakaGadi. Oo- 34 nyana bakaRubhen noonyana bakaGadi basibiza isibingelelo ngokuthi, Lingqina phakathi kwethu ukuba uYehova unguye uThixo.

Amazwi kaYoshuwa okwahlukana

23 Kwathi, kwakuba yimihla eminnzi, emveni kokuba uYehova ewaphumzile amaSirayeli ezintshabeni zawo zonke ngeenxa zonke, uYoshuwa eseleyindoda enkulu, ekhulile, wawabiza 2 uYoshuwa onke amaSirayeli, amadoda awo amakhulu, neentloko zawo, nabagwebi bawo, nababhali bawo, wathi kubo, Mna ndisendimdala, ndikhulile. Nina nikubonile konke abekwenzile u- 3 Yehova uThixo wenu kwezo ntlanga zo-

nke ngenxa yenu; ngokuba uYehova u-
4 Thixo wenu nguye onilweleyo. Khangelani, ndinábele ngamaqashiso nezi ntlanga zisaseleyo, ukuba zibe lilifa lezizwe zenu, zithabathela eYordan, kunye neentlanga zonke endizinqumleyo, zesa kulwandle olukhulu ngasekutsho-
5 neni kwelanga. NguYehova uThixo wenu oya kuzigxotha ebusweni benu, azigqogqe phambi kwenu, nilihluthe ilizwe lazo, njengoko wathethayo kuni uYehova uThixo wenu.

6 Yomelelani kunene, ukuze nigcine nenze konke okubhaliweyo encwadini yomyalelo kaMoses, ukuze ningasuki kuwo, nityekele ekunene nasekhohlo;
7 ukuze ningadibani nezi ntlanga ziseleyo, ezi ke zinani, ningalikhankanyi igama loothixo bazo, ningabafungi, ningaba-
8 khonzi, ningabanquli. Ize ninamathele kuYehova uThixo wenu, njengoko nikwenzileyo unanamhla.

9 UYehova wazigqogqa ebusweni benu iintlanga ezinkulu, ezinamandla; ke nina ba akumanga mntu phambi kwenu unana-
10 mhla; indoda inye kuni isukele iwaka; ngokuba uYehova uThixo wenu nguye onilwelayo, njengoko wakuthethayo ku-
11 ni. Zigcineni kunene ngenxa yemiphefumlo yenu, ukuba nimthande uYehova
12 uThixo wenu. Kuba ukuba nithe nabuya, nabuya nanamathela kumaqongqolo ezi ntlanga ziseleyo, ezi ke zinani, nendiselana nazo, nadibana nazo, ga-
13 dibana nani: yazini kakuhle ukuba uYehova, uThixo wenu, akayi kuphinda azigqogqe ezi ntlanga phambi kwenu. Zoba zizibatha nemigibe kuni, neziniya emacaleni enu, noviko emehlweni enu, nide nicinywe kulo mhlaba ulungileyo, aninikileyo uYehova uThixo wenu.

14 Namhla ndihamba ngendlela yoluntu lonke. Niyazi ngentliziyo yenu yonke, nangomphefumlo wenu wonke, ukuba akuwanga phantsi nalinye ilizwi emazwini onke alungileyo, abewathethile uYehova uThixo wenu ngani; onke enzekile kuni; akuwanga phantsi nalinye ilizwi
15 kuwo. Kothi, njengoko lenzekayo kuni lonke ilizwi elilungileyo, abelithethile uYehova uThixo wenu kuni, enjenjalo u-

kulenza kuni lonke ilizwi elibi, ade anitshabalalise kulo mhlaba ulungileyo, aninikileyo uYehova uThixo wenu. Ekuwugqitheni umnqophiso kaYehova 16 uThixo wenu, aniwisele wona, naya nakhonza thixo bambi, nabanqula, wóvutha umsindo kaYehova kuni, nicinywe kamsinya emhlabeni olungileyo aninikileyo.

Ukufa kukaYoshuwa; uhlaziyo lomnqophiso

24 Wazihlanganisa uYoshuwa zonke izizwe zakwaSirayeli kwaShekem, wawabiza amadoda amakhulu amaSirayeli, neentloko zawo, nabagwebi bawo, nababhali bawo; bazimisa phambi koThixo.

Wathi uYoshuwa kubo bonke abantu, 2 Utsho uYehova uThixo kaSirayeli, ukuthi, Ooyihlo babehleli phesheya koMlambo* kususela kwaphakade, ooTera, uyise ka-Abraham, uyise kaNahore; babekhonza thixo bambi. Ndamthabatha 3 uyihlo uAbraham phesheya koMlambo, ndamhambisa ezweni lonke lakwaKanan, ndayandisa imbewu yakhe, ndamnika uIsake. UIsake ndamnika u- 4 Yakobi noEsawu; uEsawu ndamnika iintaba zakwaSehire, ukuba azimé; ke uYakobi noonyana bakhe behla baya eYiputa. Ndathuma uMoses noAron, nda- 5 yihlisela izibetho iYiputa, njengoko ndenzayo phakathi kwayo; emveni koko ndanikhupha. Ndabakhupha ooyihlo eYi- 6 puta, nafika elwandle; amaYiputa abasukela ooyihlo ngeenqwelo zokulwa nangabamahashe, beza kuLwandle oluBomvu.* Bakhala kuYehova; wabeka 7 isithokothoko phakathi kwenu namaYiputa, wawazisela ulwandle, wawagubungela; amehlo enu akubona oko ndakwenzayo eYiputa.

Nahlala entlango imihla emininzi. Ndaningenisa ezweni lama-Amori, abe- 8 hleli phesheya kweYordan, alwa nani; ndawanikela esandleni senu, nalihlutha ilizwe lawo; ndawatshabalalisa phambi kwenu. Wesuka uBhalaki unyana ka- 9 Tsipore, ukumkani wakwaMowabhi, walwa namaSirayeli; wathuma, wabiza uBhileham unyana kaBhehore, ukuba 10 aniqalekise. Andavuma ukumphulaphula uBhileham; wanisikelela, akayeka, ndanihlangula esandleni sakhe.

11 Nayiwela iYordan, nafika eYeriko; balwa nani abemi baseYeriko, ama-Amori, namaPerizi, namaKanan, nama-Heti, namaGirgashi, namaHivi, nama-Yebhusi, ndabanikela esandleni senu.
12 Ndathuma oonomeva phambi kwenu, babagxotha phambi kwenu ookumkani ababini bama-Amori, kungengakrele
13 lakho, kungengasaphetha sakho. Ndaninika ilizwe eningaxhamlekanga ngalo, nemizi eningayakhanga, nahlala ke kuyo; nezidiliya, nezinquma eningazityalanga niyazidla ke.
14 Moyikeni ke ngoko uYehova, nimkhonze ngokugqibeleleyo, nangenyaniso. Susani oothixo, ababekhonza bona ooyihlo phesheya koMlambo, naseYiputa,
15 nimkhonze ke uYehova. Ke ukuba kubi emehlweni enu ukumkhonza uYehova, zinyuleleni namhla oyena niya kumkhonza; nokuba ngoothixo ababekhonza bona ooyihlo, ababephesheya koMlambo, nokuba ngoothixo bama-Amori, enihleli ezweni lawo. Ke mna nendlu yam siya kukhonza uYehova.
16 Baphendula abantu, bathi, Makube lé kuthi ukumshiya uYehova, sikhonze
17 thixo bambi. Kuba uYehova, uThixo wethu, nguye osinyusileyo thina noobawo bethu ezweni laseYiputa, endlwini yobukhoboka; owayenzela emehlweni ethu loo miqondiso mikhulu, wasigcina endleleni yonke esahamba ngayo, nasezizweni zonke esacanda phakathi kwazo.
18 Waza wazigxotha uYehova zonke izizwe, nama-Amori abehleli kwelo zwe phambi kwethu. Nathi siya kukhonza uYehova; kuba nguThixo wethu.

19 Wathi uYoshuwa kubo abantu, Aninakumkhonza uYehova; ngokuba nguThixo oyingcwele, nguThixo onekhwele; akayi kuzithwala izikreqo zenu, ne-
20 zono zenu. Xa nithe namshiya uYehova, nakhonza oothixo bolunye uhlanga, wojika anenzele ububi anigqibele emveni kokuba enenzele okuhle.

21 Bathi abantu kuYoshuwa, Hayi, siya kukhonza uYehova thina. Wathi u- 22 Yoshuwa kubo abantu, Ningamangqina ngakuni, ukuba nina nizinyulele uYehova ukuba nimkhonze. Bathi, Singamangqina. Wathi, basuseni ngoko oo- 23 thixo bolunye uhlanga abaphakathi kwenu, nimthobele ngeentliziyo zenu uYehova, uThixo kaSirayeli. Bathi 24 abantu kuYoshuwa, Siya kukhonza uYehova uThixo wethu, siliphulaphule ilizwi lakhe.

UYoshuwa wenza ke umnqophiso na- 25 bantu ngaloo mhla; wabamisela imimiselo namasiko kwaShekem. Wawa- 26 bhala uYoshuwa la mazwi encwadini yomyalelo kaThixo, wathabatha ilitye elikhulu, walimisa khona phantsi komoki* osendaweni engcwele kaYehova. Wathi uYoshuwa kubo bonke abantu, 27 Yabonani, eli litye liya kuba lingqina ngathi; ngokuba liwavile lona onke amazwi kaYehova, awathethileyo nathi; libe lingqina ngani, hleze nimkhanyele uThixo wenu. Wabandulula ke uYo- 28 shuwa abantu; elowo waya elifeni lakhe.

Kwathi emveni koko, wafa uYoshuwa 29 unyana kaNun, umkhonzi kaYehova, eminyaka ilikhulu elinashumi-nye ezelwe. Bamngcwabela emdeni welifa la- 30 khe, eTimnati-sera, kweleentaba lakwa-Efrayim, entla kwentaba yaseGahashe. AmaSirayeli amkhonza uYehova yonke 31 imihla kaYoshuwa, nemihla yonke yamadoda amakhulu awasalayo kuYoshuwa, abewazi wonke umsebenzi kaYehova abewenzele amaSirayeli.

Amathambo kaYosefu, ababenyuke 32 nawo eYiputa oonyana bakaSirayeli, bawangcwabela kwaShekem, kwisiziba somhlaba awasithengayo uYakobi koonyana bakaHamore, usoShekem, ngekhulu lesilivere; saba lilifa loonyana bakaYosefu. NoElazare unyana ka-Aron 33 wafa; bamngcwabela endulini kaPinehasi, unyana wakhe, awayinikwayo kweleentaba lakwaEfrayim.

INCWADI YABAGWEBI

Uloyiso luka Yuda, nolukaSimon nolwezinye izizwe

1 Kwathi emva kokufa kukaYoshuwa, babuza oonyana bakaSirayeli kuYehova, besithi, Ngubani na oya kusiqalela ukunyuka aye kumaKanan, alwe nawo?
2 Wathi uYehova, Konyuka uYuda: yabonani, ndilinikele ilizwe esandleni sakhe.
3 Wathi uYuda kuSimon umkhuluwa wakhe, Nyuka nam, siye eqashisweni lam silwe namaKanan; nam ndoya nawe eqashisweni lakho. USimon wahamba
4 naye ke. Wenyuka ke uYuda; uYehova wawanikela amaKanan namaPerizi esandleni sabo. Bawabulala eBhezeki a-
5 madoda angamawaka alishumi. UAdoni waseBhezeki bamfumana eBhezeki, balwa naye, bawabulala amaKanan na-
6 maPerizi. Wasaba uAdoni waseBhezeki; bamsukela, bambamba, bamnqu-
7 mla oozithupha noobhontsi. Wathi uAdoni waseBhezeki, Ookumkani abamashumi asixhenxe babechola phantsi kwetafile yam, benqunyulwe oozithupha noobhontsi; njengoko ndenza ngako, wenjénjalo uThixo ukubuyekeza kum. Bamsa eYerusalem, wafela khona.
8 Ke kaloku oonyana bakaYuda balwa neYerusalem, bayithimba, bayibulala ngohlangothi lwekrele, bathi umzi ba-
9 wufaka umlilo. Behla emveni koko oonyana bakaYuda, baya kulwa namaKanan abehleli kweleentaba, nakwelase-
10 zantsi, nakweleentlambo. Waya uYuda kumaKanan abehleli eHebron; igama leHebron ngenxa engaphambili beliyiKiriyati ka-Arbha; babulala uSheshayi, noAhiman, noTalemayi.
11 Wesuka khona waya kubemi baseDebhiri; igama leDebhiri ngenxa enga-
12 phambili beliyiKiriyati-sefere. Wathi uKalebhi, Othe wayingenela iKiriyatisefere, wayithimba, ndomnika intombi yam, uAkesa, ibe ngumkakhe. Wayi-
13 thimba uOteniyeli unyana kaKenazi, umninawa kaKalebhi; wamnika ke intombi yakhe, uAkesa, yangumkakhe.
14 Kwathi ekuzeni kwayo, yamvuselela ukuba acele umhlaba kuyise wayo; yehla e-esileni layo. Wathi uKalebhi ku-
15 yo, Yintoni na? Yathi kuye, Ndinike into, ngokuba undiniké umhlaba ongenamanzi; ndinike nemithombo yamanzi. UKalebhi wayinika ke imithombo yasentla nemithombo yasezantsi.
16 Oonyana bomKeni, uyise womkaMoses, benyuka eMzini wamaSundu noonyana bakaYuda, baya kwintlango yakwaYuda, engasezantsi kweArade, baya bahlala nabantu abo. Waya uYuda noSimon u-
17 mkhuluwa wakhe, bawabulala amaKanan abehleli eTsefati, bayitshabalalisa. Kwathiwa igama laloo mzi yiHorma.
18 UYuda wayithimba iGaza nommandla wayo, neAshkelon nommandla wayo, ne-Ekron nommandla wayo. UYehova
19 waye enoYuda, wabagqogqa abeentaba; kodwa ebengenako ukubagqogqa abemi bentili, ngokuba baye beneenqwelo zesinyithi. Bamnika uKalebhi umzi
20 waseHebron, njengoko wathethayo uMoses; wabagqogqa apho oonyana bobathathu baka-Anaki. Ke amaYebhusi,
21 abehleli eYerusalem, abawagqogqanga oonyana bakaBhenjamin. Ahleli amaYebhusi noonyana bakaBhenjamin eYerusalem unanamhla.

Indlu kaYosefu yenyuka nayo, yaya 22 kuyingenela iBheteli; uYehova waye enayo. Indlu kaYosefu yayihlola iBhe- 23 teli; ke igama laloo mzi ngenxa engaphambili beliyiLuzi. Iintlola ezo za- 24

255

mbona umntu ephuma kuloo mzi, zathi kuye, Khawusibonise ithuba lokungena
25 kulo mzi; sokwenzela inceba. Wazibonisa ithuba lokungena kuloo mzi; zawubulala umzi ngohlangothi lwekrele; bamndulula loo mntu nemizalwane ya-
26 khe yonke. Waya loo mntu ezweni lamaHeti, wákha umzi, wathi igama lawo yiLuzi; ligama lawo unanamhla.
27 UManase akayigqogqanga iBheteshehan namagxamesi ayo, neTahanaki namagxamesi ayo, nabemi baseDore namagxamesi ayo, nabemi baseIblam namagxamesi ayo, nabemi baseMegido namagxamesi ayo; ke amaKanan aphikela ukuhlala kwelo zwe.
28 Kwathi, akomelela amaSirayeli, awafaka uviko amaKanan, akawagqogqa awagqibe.
29 UEfrayim akawagqogqanga amaKanan abemi eGezere; ahlala amaKanan phakathi kwakhe eGezere.
30 UZebhulon akabagqogqanga abemi baseKitron nabemi baseNahaloli; ahlala amaKanan phakathi kwakhe, afakwa uviko.
31 UAshere akabagqogqanga abemi baseAko, nabemi baseTsidon, neAhalabhi, neAkezibhi, neHelebha, neAfiki, neRe-
32 hobhi. Ama-Ashere ahlala phakathi kwamaKanan abemi kwelo zwe; ngokuba akawagqogqanga.
33 UNafetali akabagqogqanga abemi baseBhete-shemeshe, nabemi baseBheteanati; wahlala phakathi kwamaKanan abemi kwelo zwe. Abemi baseBheteshemeshe nabaseBhete-anati bafakwa uviko nguye.
34 Ama-Amori abaxinela kweleentaba oonyana bakaDan; ngokuba akabavu-
35 melanga ukuba behle beze entilini. Ama-Amori aphikela ukuhlala eHarheres, naseAyalon, naseShahalebhim. Isandla sendlu kaYosefu saba nzima,
36 afakwa uviko. Umda wama-Amori wathabathela eqhineni leAkrabhim, engxondorheni, wenyusa.

Intshayelelo yebali labagwebi

2 Kwenyuka isithunywa sikaYehova eGiligali, saya eBhokim, sathi, Ndaninyusa eYiputa, ndanizisa kwelo zwe ndafunga kooyihlo ngalo, ndathi, Andiyi kuwaphula umnqophiso wam nani
2 naphakade; ke nina nize ningenzi mnqophiso nabemi beli lizwe; nize nizidilize izibingelelo zabo. Aniliphulaphulanga ke izwi lam. Yintoni na le
3 niyenzileyo? Kananjalo ndathi, Andiyi kubagqogqa phambi kwenu, ukuze babe ziimviko emacaleni enu, oothixo babo babe ngumgibe kuni.
4 Kwathi, sakuwathetha isithunywa sikaYehova la mazwi kubo bonke oonyana bakaSirayeli, basuka abantu baliphakamisa izwi labo, balila. Bayibiza
5 loo ndawo ngokuthi, yiBhokim;* babingelela apho kuYehova.

6 Ke kaloku okuyá uYoshuwa wabandululáyo abantu, baya oonyana bakaSirayeli elowo elifeni lakhe, ukuba balimé ilizwe. Abantu bamkhonza u-
7 Yehova yonke imihla kaYoshuwa, nemihla yonke yamadoda amakhulu awasalelayo kuYoshuwa, abewubonile wonke umsebenzi omkhulu kaYehova, abewenzele amaSirayeli.
8 Wafa ke uYoshuwa unyana kaNun, umkhonzi kaYehova, eminyaka ilikhulu
9 elinashumi-nye ezelwe. Bamngcwabela emdeni welifa lakhe, eTimnata-heres, kweleentaba lakwaEfrayim, entla kwentaba yaseGahashe.

10 Sakuba neso sizukulwana sonke sihlanganiselwe kooyise, kwavela sizukulwana simbi emva kwaso, esibe singamazi uYehova, kwanomsebenzi abewenzele
11 amaSirayeli. Oonyana bakaSirayeli benza ububi emehlweni kaYehova, ba-
12 khonza ooBhahali.* Bamlahla uYehova, uThixo wooyise, owabakhuphayo ezweni lamaYiputa; balandela thixo bambi koothixo bezizwe ezibajikelezileyo, babanqula, bamqumbisa uYehova. Bam-
13 lahla ke uYehova, bakhonza uBhahali noAshtaroti.
14 Wavutha ke umsindo kaYehova kumaSirayeli, wawanikela esandleni sabaphangi, bawaphanga. Wathengisa ngawo, *wawanikela* esandleni seentshaba za-

wo ngeenxa zonke; akaba saba nakuma
15 phambi kweentshaba zawo. Athi akuphuma esiya naphi, sasuka isandla sikaYehova sawachasa ngobubi, njengoko wakuthethayo uYehova, njengoko wawafungelayo; abandezeleka kunene.

16 UYehova wavelisa abagwebi; bawasindisa esandleni sabaphangi bawo.

17 Akabaphulaphula nabagwebi bawo, asuka ahenyuza ngokulandela thixo bambi, abanqula, atyeka kamsinya endleleni ababehamba ngayo ooyise, yokuphulaphula imithetho kaYehova. Akenjanga
18 njalo ke wona. Naxa uYehova wawavelisela abagwebi, uYehova waba nomgwebi lowo, wawasindisa esandleni seentshaba zawo yonke imihla yomgwebi lowo; ngokuba uYehova wazohlwaya ngenxa yokuncwina kwawo, phambi kwabaxini bawo, ababandezeli bawo.

19 Kwathi, akufa umgwebi lowo, abuya onakalisa ngaphezu kooyise, alandela thixo bambi ngokubakhonza nangokubanqula; akaziyeka iintlondi zawo nendlela yokuba lukhuni kwawo.

20 Wavutha umsindo kaYehova kumaSirayeli; wathi, Ngenxa enokuba olu hlanga luwugqithile umnqophiso wam endawumisela ooyise, alwaliphulaphula
21 ilizwi lam: nam andiyi kuphinda ndithi phambi kwabo ndigqogqe mntu wezi ntlanga, wazishiyayo uYoshuwa ekufeni
22 kwakhe; ukuze ndiwalinge ngazo amaSirayeli, ukuba oyigcina na indlela kaYehova, ahambe ngayo, njengoko bayigcinayo ooyise, akayi kuyigcina, ku-
23 sini na? Waziyeka ke uYehova ezo ntlanga, akazigqogqa kamsinya, akazinikela esandleni sikaYoshuwa.

Injongo kaThixo ekuzisindiseni ezinye iintlanga

3 Zizo ke ezi iintlanga awaziyekayo uYehova, ukuze awalinge ngazo amaSirayeli, lawo angazazanga iimfazwe
2 zonke zakwaKanan; ukuze kodwa azazi izizukulwana zoonyana bakaSirayeli ngokuzifundisa imfazwe, zona ezo zanga-
3 phambili zazingazazi: izikhulu zozihlanu zamaFilisti, namaKanan onke, namaTsidon, namaHivi ahleli ezintabeni zeLebhanon, ethabathela ezintabeni zeBhahali-hermon, ese ekuyeni eHamati.
Abo ke babengabokulinga amaSirayeli, 4
ukuze kwazeke ukuba oyiphulaphula
na imithetho kaYehova, awayiwisela
ooyise ngesandla sikaMoses.

Bahlala ke oonyana bakaSirayeli pha- 5
kathi kwamaKanan, namaHeti, namaAmori, namaPerizi, namaHivi, namaYebhusi. Bazizeka iintombi zawo zaba 6
ngabafazi babo, bendisa iintombi zabo
koonyana bawo, bakhonza oothixo bawo.

UOteniyeli

Oonyana bakaSirayeli benza ububi e- 7
mehlweni kaYehova, bamlibala uYehova uThixo wabo, bakhonza ooBhahali*
nooAshera.* Wavutha ke umsindo ka- 8
Yehova kumaSirayeli, wathengisa ngawo, *wawanikela* esandleni sikaKushanrishatayim, ukumkani wakwa-Aram*
phakathi kweMilambo;* bamkhonza ke
oonyana bakaSirayeli uKushan-rishatayim iminyaka esibhozo.

Bakhala oonyana bakaSirayeli kuYe- 9
hova; wabavelisela uYehova oonyana
bakaSirayeli umsindisi owabasindisayo,
onguOteniyeli, unyana kaKenazi, umninawa kaKalebhi. Wafikelwa nguMoya 10
kaYehova, wawalawula amaSirayeli, waphuma waya kulwa. UYehova wamnikela esandleni sakhe uKushan-rishatayim, ukumkani wakwa-Aram; isandla
sakhe saba namandla phezu koKushanrishatayim. Lazola ke ilizwe iminyaka 11
emashumi mane. Wafa uOteniyeli unyana kaKenazi.

UEhude

Ke kaloku oonyana bakaSirayeli ba- 12
phinda benza ububi emehlweni kaYehova; uYehova wamomeleza uEglon
ukumkani wakwaMowabhi, ukuba awachase amaSirayeli, ngenxa yokuba enzé
ububi emehlweni kaYehova. Waba- 13
hlanganisela kuye oonyana baka-Amon
nama-Amaleki, waya wawabulala amaSirayeli, wawuhlutha uMzi wamaSundu.
Oonyana bakaSirayeli bamkhonza uE- 14
glon, ukumkani wakwaMowabhi, iminyaka elishumi elinesibhozo.

15 Bakhala oonyana bakaSirayeli kuYehova; wabavelisela umsindisi ongu-Ehude, unyana kaGera, umBhenjamin, umfo olinxele. Bathumela oonyana bakaSirayeli ngesandla sakhe umnikelo kuEglon, ukumkani wakwaMowabhi.
16 UEhude wazenzela ikrele elintlangothi mbini, liyikubhite* ubude balo, walinxiba phantsi kwengubo yakhe etha-
17 ngéni lakhe lokunene. Wawusondeza umnikelo kuEglon ukumkani wamaMowabhi: ke uEglon ebengumfo one-
18 ngxeba. Kwathi, akugqiba ukuwusondeza umnikelo, wabandulula abantu ababewuthwele umnikelo lowo.
19 Wabuya yena emifanekisweni eqingqiweyo eseGiligali, wathi, Ndinelizwi lasentsithelweni nawe, kumkani. Wathi, Yithini tu. Baphuma bemka
20 kuye bonke ababemi ngakuye. Weza uEhude kuye, ehleli egumbini eliphezulu elinempepho, elibe lilelakhe yedwa. Wathi uEhude, Ndinelizwi likaThixo
21 eliza kuwe; wesuka esihlalweni. UEhude wasolula isandla sakhe sokhohlo, walithabatha ikrele ethangéni lakhe lokunene, walifaka esiswini sakhe.
22 Watsho sangena nesiphatho, salandela intsimbi; inqatha layivingcela intsimbi, ngokuba akalirholanga ikrele esiswini sakhe; laphuma phakathi kweempundu.
23 Waphuma uEhude waya evarandeni,* wazivala iingcango zegumbi elo liphe-
24 zulu, wamvalela, wazitshixa. Ephumile ke yena, bangena abakhonzi, babona iingcango zegumbi eliphezulu zivaliwe; bathi, Fanel' ukuba ugubungela iinyawo
25 zakhe egumbini lempepho. Baphongoma bada baneentloni; nanko kungavuli mntu ezingcangweni zegumbi eliphezulu; bathabatha isitshixo, bavula: nantsi inkosi yabo iwe phantsi ifile.
26 UEhude wasaba, besazilazila bona; wagqitha emifanekisweni eqingqiweyo,
27 wasaba, waya eSehira. Kwathi, ukufika kwakhe, wavuthela ngesigodlo ekweleentaba lakwaEfrayim; behla naye oonyana bakaSirayeli kweleentaba, é-
28 phambi kwabo yena. Wathi kubo, Ndilandeleni, ngokuba uYehova uzinikele iintshaba zenu, amaMowabhi, esandleni senu. Bamlandela ke, bawavingca amazibuko aseYordan angakwaMowabhi, àbavuma ukuba kuwele mntu. Babulala amaMowabhi ngelo 29 xesha, amadoda angáthi angamawaka alishumi, onke etyebile, onke engamadoda anobukroti; akwasinda nanye indoda. Athotywa ke amaMowabhi loo mini aba 30 phantsi kwesandla samaSirayeli; lazola ilizwe iminyaka emashumi asibhozo.

UShamgare

Emveni kwakhe yaba nguShamgare, 31 unyana ka-Anati, owabulala kumaFilisti amadoda angamakhulu amathandathu ngoviko lweenkomo, wawasindisa naye amaSirayeli.

UDebhora noBharaki

4 Baphinda oonyana bakaSirayeli benza ububi emehlweni kaYehova, akuba efile uEhude. UYehova wathengi- 2 sa ngabo, wabanikela esandleni sikaYabhin, ukumkani wakwaKanan, obephethe ubukumkani eHatsore, omthethelimkhosi ebenguSisera, ohleli eHarosheti yeentlanga. Bakhala oonyana bakaSira- 3 yeli kuYehova; ngokuba ebeneenqwelo zesinyithi ezingamakhulu asithoba; wabaxina ke oonyana bakaSirayeli ngamandla iminyaka emashumi mabini.

Ke kaloku uDebhora, umprofetikazi, 4 umkaLapidoti, ebewalawula amaSirayeli ngelo xesha. Wayehleli phantsi ko- 5 mthi wesundu kaDebhora, phakathi kweRama neBheteli, kweleentaba lakwaEfrayim. Benyuka baya kuye oonyana bakaSirayeli ukuba athethe amatyala.

Wathumela ke wabiza uBharaki, 6 unyana ka-Abhinowam, eKedeshe yakwaNafetali, wathi kuye, Akakuwiselanga mthetho na uYehova, uThixo kaSirayeli, esithi, Hamba utsalele entabeni yeTabhore, uthabathe nawe amadoda angamawaka alishumi, koonyana bakaNafetali nakoonyana bakaZebhulon? Ndomtsalela kuwe emlanjaneni wase- 7 Kishon uSisera, umthetheli womkhosi kaYabhin, neenqwelo zakhe zokulwa, nengxokolo yakhe; ndimnikele esandleni sakho.

8 Wathi uBharaki kuye, Ukuba ùthe wahamba nam, ndohamba; ukuba akuthanga uhambe nam, andiyi kuhamba.
9 Wathi ke, Ukuhamba ndiya kuhamba nawe, kodwa akuyi kuba naludumo kule ndlela uyihambayo; ngokuba uYehova uya kuthengisa ngoSisera, amnikele esandleni senkazana. Wesuka ke uDebho-
10 ra waya noBharaki eKedeshe. UBharaki wawahlabela umkhosi amaZebhulon namaNafetali eKedeshe. Kwenyuka amadoda angamawaka alishumi, amla-
11 ndela. Wenyuka naye uDebhora. Ke kaloku uHebhere, umKeni, wayezahlule kumaKeni, koonyana bakaHobhabhi, uyise womkaMoses, wazimisa iintente zakhe, zaya kuma ngoMoki* waseTsahanayim ngaseKedeshe.

12 Waxelelwa uSisera ukuba uBharaki, unyana ka-Abhinowam, unyuke weza
13 entabeni yeTabhore. USisera wazihlanganisa zonke iinqwelo zakhe zokulwa, iinqwelo zesinyithi ezingamakhulu asithoba, nabantu bonke abanaye, bethabathele eHarosheti yeentlanga, be-
14 sa emlanjaneni waseKishon. Wathi uDebhora kuBharaki, Suk' ume, ngokuba yiyo le imini uYehova amnikele ngayo uSisera esandleni sakho; akaphumi yini na uYehova phambi kwakho? Wehla uBharaki entabeni yeTabhore, elandelwa ngamadoda angamawaka alishumi.
15 UYehova wamdubaduba uSisera neenqwelo zakhe zonke zokulwa, nomkhosi wakhe wonke, ngohlangothi lwekrele phambi koBharaki; wehla uSisera e-
16 nqwelweni, wasaba ngeenyawo. UBharaki wazisukela iinqwelo zokulwa, wawusukela nomkhosi, wesa eHarosheti yeentlanga; wawa wonke umkhosi kaSisera ngohlangothi lwekrele, akwasala noko amnye.

17 USisera wasaba ngeenyawo, waya ententeni kaYaheli, umkaHebhere umKeni; ngokuba belixolile phakathi koYabhin ukumkani waseHatsore ne-
18 ndlu kaHebhere umKeni. Waphuma ke uYaheli, waya wamkhawulela uSisera, wathi kuye, Phambuka, nkosi yam, phambukela kum; musa ukoyika. Waphambukela ke kuye ententeni, wamgubungela ngengubo. Wathi kuye, Kha- 19 wundiphe intwana yamanzi ndisele, ngokuba ndinxaniwe. Wamthululela amasi emvabeni, wamnika wasela; wamgubungela. Wathi kuye, Yima emnyango 20 ententeni; kothi, ukuba kuze umntu, wabuza wathi, Kukho umntu na apha? uthi, Hayi. UYaheli umkaHebhere wa- 21 thabatha isikhonkwane sentente, waphatha isando ngesandla, waya kuye ecotha, wasibethela isikhonkwane ezintlafunweni zakhe, saphumela sangena emhlabeni; kuba wayesebuthongweni obukhulu, ediniwe; wafa ke. Kwathi thaphu uBha- 22 raki, esukela uSisera. Waphuma uYaheli waya kumkhawulela, wathi kuye, Yiza, ndikubonise indoda oyifunayo. Waya kuye; nanko uSisera eludwamba efile, enesikhonkwane ezintlafunweni.

UThixo wamthoba loo mini uYabhin, 23 ukumkani wamaKanan, phambi koonyana bakaSirayeli. Saya isandla soo- 24 nyana bakaSirayeli siba nzima ngokuba nzima phezu koYabhin, ukumkani wamaKanan, bada bamchitha uYabhin, ukumkani wamaKanan.

Ingoma yoloyiso kaDebhora

5 Baza bavuma ooDebhora noBharaki, unyana ka-Abhinowam, ngaloo mini, besithi,
Ngenxa yokukhokela kweenkokeli, 2
Ngenxa yokuqhutywa kwabantu ziintliziyo zabo,
Bongani uYehova.
Yivani, bokumkani; bekani iindlebe, 3
zidwangube;
Mna lo ndiya kuvuma kuYehova,
Ndiya kumbethela uhadi uYehova,
uThixo kaSirayeli.

Yehova, ekuphumeni kwakho kwa- 4
Sehire,
Ekunyalaseni kwakho, uvela emhlabeni wakwaEdom,

Lanyikima ihlabathi, lavuza nalo izulu;
Ewe, amafu avuza amanzi.
5 Iintaba zazamazama phambi koYehova;
ISinayi leya, phambi koYehova uThixo kaSirayeli.

6 Ngemihla kaShamgare, umfo ka-Anati.
Ngemihla kaYaheli, bezingàhanjwa iindlela,
Ababehamba ngeengqushu bahamba ngeendlela eziziphambusa.

7 Ebengamiwa amaphandle kwaSirayeli, ebengamiwa,
Ndada ndesuka, mna Debhora,
Ndesuka ndaba ngunina kwaSirayeli.

8 Kwakunyulwe oothixo abatsha,
Kwaza kwayimfazwe emasangweni;
Ingweletshetshe nomkhonto wawubonwa yini na,
Phakathi kwamawaka amashumi mané akwaSirayeli?

9 Intliziyo yam ingakubamisi-mthetho bakwaSirayeli,
Ingakwabo baqhutywa yintliziyo yabo phakathi kwabantu;
Bongani uYehova.

10 Nina bakhwele ezimazini ezimhlophe zamaesile,
Nina bahlala ezinkukweni,
Nani bahamba ngendlela, camngcani.

11 Kùde nezwi lababi bamaxhoba, apho kukhiwa khona amanzi,
Khona apho bobonga imisebenzi kaYehova yobulungisa,
Imisebenzi yobulungisa *awayenza* emaphandleni akhe kwaSirayeli;
Oko behla abantu bakaYehova, baya emasangweni.

12 Vuka, vuka, Debhora!
Vuka, vuka, hlaba ingoma!
Suk' ume, Bharaki, thimba abathinjwa bakho, nyana ka-Abhinowam.

13 Yihlani ke, maqongqolo aziingangamsha, ningabantu;
Yehova, ndíhlele phakathi kwamagorha.

14 Avela kwaEfrayim angcambu ikwaAmaleki,
Emva kwakho, Bhenjamin, phakathi kwezizwe zakowenu;
Kwehla kwaMakire abamisi-mthetho,
KwaZebhulon umqikela unomnqayi wombhali *wempi*.
KwaIsakare abathetheli kunye no- 15 Debhora,
NjengoIsakare, ukwanjalo uBharaki;
Bagaleleka entilini, bamlandela.

Emijelweni yakwaRubhen
Yaba kukusongela okukhulu kwentliziyo.
Ubuhlaleleni na phakathi kwezibaya, 16
Uphulaphula amakhwelo emihlambini?
Emijelweni yakwaRubhen
Yaba kukugocagoca okukhulu kwentliziyo.
UGiliyadi phesheya kweYordan wa- 17 lala, *àkalwa;*
UDan ke yena walibala yini na ngasezinqanaweni?
UAshere wahlala ngaselunxwemeni lolwandle.
Walala phantsi ngasemachwebeni alo, *àkalwa.*
AmaZebhulon ngabantu ababenza 18 isichenge ubomi babo ekufeni,
NamaNafetali, ezindaweni eziphakamileyo zelizwe.

Kwafika ookumkani, balwa, 19
Baza ookumkani bakwaKanan balwa ETahanaki, ngasemanzini aseMegido;
Àbathimba neqhosha lesilivere.

Zalwa ezulwini, 20
Zalwa iinkwenkwezi emendweni yazo noSisera.
Umlanjana waseKishon wabakhuku- 21 lisa,
Umlanjana wamanyange, umlanjana waseKishon.
Nyathela ngamandla, mphefumlo wam.
Aza angqisha ke ngamanqina amaha- 22 she
Ngokuphala, ngokuphala anamandla kuwo.

ABAGWEBI 5–6

23 Qalekisani iMerozi, satsho isithunywa sikaYehova,
Qalekisani, qalekisani abemi bakhona.
Ngokuba bengezanga kunceda uYehova,
Kunceda uYehova phakathi kwamagorha.

24 Makasikelelwe kunezinye iintokazi uYaheli,
UmkaHebhere umKeni.
Makasikelelwe kuneentokazi ezisezintenteni.

25 Wacela amanzi, wamnika amasi,
Ngesitya sezinhanha wasondeza ingqaka.

26 Wasa isandla sakhe esikhonkwaneni,
Wasa esokunene esandweni sabasebenza kanzima,
Wamkhanda uSisera, wamhlekeza intloko,
Wamhlaba, wambhodloza ezintlafunweni.

27 Waguqa ezinyaweni zakhe, wawa, walala phantsi.
Waguqa ezinyaweni zakhe, wawa;
Apho waguqa khona, wawa ephelile.

28 Walunguza ngefestile, wamemeza
Ngesithuba unina kaSisera, wathi,
Ilibele yini na inqwelo yakhe yokulwa, ingafiki nje?
Zihlaleleni na iinqwelo zakhe zomkhosi, zingahlokomi nje?

29 Aphendule alumkileyo amakhosazana akhe—
Ke yena aphinde kwaelakhe, ethetha yedwa, athi,

30 Àbafumene na? Àbâbi amaxhoba na?
Yintombi, ziintombi ngambini kwintloko yendoda?
Ngamaxhoba eengubo ezimfakamfele kuSisera?
Ngamaxhoba eengubo ezimfakamfele, eengubo ezilukwe zamfakamfele?
Yingubo emfakamfele, ziingubo ezimbini ezilukwe zamfakamfele ezintanyeni zamaxhoba?

31 Makube njalo ukubhubha kweentshaba zakho zonke, Yehova;
Ke abamthandayo mababe njengokuphuma kwelanga linamandla.

Lazola ke ilizwe iminyaka emashumi mané.

UGidiyon namaMidiyan

6 Ke kaloku oonyana bakaSirayeli benza ububi emehlweni kaYehova; wabanikela uYehova esandleni samaMidiyan iminyaka esixhenxe. Isandla sama- 2 Midiyan saba namandla phezu kwamaSirayeli; oonyana bakaSirayeli bazilungisela imigongxo esezintabeni, nemiqolomba, neemboniselo ngenxa yamaMidiyan. Kwathi, xa abehlwayele ama- 3 Sirayeli, enyuka amaMidiyan, namaAmaleki, nabasempumalanga; benyuka, 4 bawafikela, bawangqinga, bayonakalisa indyebo yelizwe kwada kwaya eGaza, àbashiya nto idliwayo kwaSirayeli, nagusha, nankomo, naesile. Ngokuba be- 5 benyuka bona nemfuyo yabo, neentente zabo, beza bénjengeenkumbi ukuba baninzi, ababa nakubalwa, bona neenkamela zabo; balingena ilizwe ukuba balonakalise. Abhitya kunene amaSirayeli 6 ngenxa yamaMidiyan. Bakhala oonyana bakaSirayeli kuYehova.

Kwathi, bakukhala oonyana bakaSi- 7 rayeli kuYehova ngenxa yamaMidiyan, 8 uYehova wathuma indoda engumprofeti koonyana bakaSirayeli; yathi kubo, Utsho uYehova, uThixo kaSirayeli, ukuthi, Ndaninyusa mna eYiputa, ndanikhupha endlwini yobukhoboka; ndanihlangula esandleni samaYiputa, nasesandleni sabaxini benu bonke, ndabagxotha phambi kwenu, ndaninika ilizwe labo; ndathi kuni, NdinguYehova, u- 10 Thixo wenu; ningaboyiki oothixo bamaAmori, enihleli ezweni lawo; ànaliphulaphula izwi lam.

Kweza isithunywa sikaYehova, sa- 11 hlala phantsi komoki* obuseOfra, kaYowashe umAbhihezere. Ke uGidiyon, unyana wakhe, wayebhula ingqolowa esixovulelweni, ukuze ayifihle kumaMi-

12 diyan. Kwabonakala isithunywa sika-Yehova kuye, sathi kuye, UYehova una-
13 we, gorhandini linobukroti. Wathi uGidiyon kuso, Camagu, Nkosi yam; ukuba uYehova unathi, yini na ukuba kusihlele konke oku? Iphi na yonke imisebenzi yakhe ebalulekileyo, ababesibalisela ngayo oobawo, besithi, Sasinganyuswanga nguYehova na eYiputa? Kungoku uYehova usilahlile, wasinikela esandleni samaMidiyan.
14 Wabheka ke uYehova kuye, wathi, Hamba ngala mandla akho, uwasindise amaSirayeli esandleni samaMidiyan.
15 Akuthunywe ndim yini na? Wathi yena kuye, Camagu, Nkosi yam, ndowasindisa ngantoni na amaSirayeli? Khangela, umzi wakowethu ngowona uphantsi kwaManase, nam ndinguyena
16 mncinane endlwini kabawo. Wathi uYehova kuye, Ndiya kuba nawe, uwabulale amaMidiyan njengandoda-nye.
17 Wathi kuye, Ukuba ndibabalwe nguwe, khawundenzele umqondiso wokuba
18 nguwe othetha nam. Musa ukumka apha, ndide ndize kuwe, ndirhole umnikelo wam, ndiwubeke phambi kwakho.
19 Wathi, Ndohlala mna, ude ubuye. UGidiyon waya walungisa itakane lebhokhwe, nezonka ezingenagwele ze-efa* yomgubo ocoliweyo; inyama wayibeka engobozini, umhluzi wawugalela embizeni, wazisa kuye phantsi komoki, wasondeza.
20 Sathi kuye isithunywa sikaThixo, Thabatha inyama nezonka ezingenagwele, uzibeke phezu kweli litye, uwuphalazele kulo umhluzi. Wenjenjalo.
21 Saza isithunywa sikaYehova sesa incam yentonga esesandleni saso, sachukumisa inyama nezonka ezingenagwele; wenyuka umlilo elityeni, wayidla inyama nezonka ezingenagwele, saza isithunywa sikaYehova semka ke emehlweni
22 akhe. Wabona uGidiyon ukuba sisithunywa sikaYehova; wathi uGidiyon, Yoo! Nkosi Yehova! Nditsho ngokuba ndi-
23 bonene nesithunywa sikaYehova. UYehova wathi kuye, Uxolo malube ku-
24 we; musa ukoyika, akuyi kufa. UGidiyon wákha khona isibingelelo kuYehova, wathi igama laso nguYehova-uluxolo; sisekho nanamhla eOfra yama-Abhihezere.

Kwathi ngobo busuku, wathi uYeho- 25 va kuye, Thabatha inkunzi yenkomo eyekayihlo, eyesibini inkunzi eminyaka isixhenxe, usidilize isibingelelo sikaBhahali* sikayihlo, umgawule uAshera* ongakuso; wakhe isibingelelo kuYehova 26 uThixo wakho encotsheni yale nqaba, usilungiselele, uthabathe eyesibini inkunzi, unyuse idini elinyukayo ngeenkuni zika-Ashera omgawuleyo.

UGidiyon wathabatha amadoda ali- 27 shumi kubakhonzi bakhe; wenza njengoko wathethayo uYehova kuye. Kwathi, kuba esoyika indlu kayise namadoda aloo mzi, akenza emini, wenza ebusuku. Avuka kusasa ngengomso amadoda aloo 28 mzi: naso isibingelelo sikaBhahali sidiliziwe, egawulwe noAshera obengakuso, neyesibini inkunzi inyusiwe phezu kwesibingelelo esibe sakhiwe. Yathi enye 29 kwenye, Ngubani na lo wenzé le nto? Abuza, afuna. Bathi, NguGidiyon unyana kaYowashe, lo wenzé le nto.

Athi amadoda aloo mzi kuYowashe, 30 Khupha unyana wakho, afe; ngokuba úsidilizile isibingelelo sikaBhahali, wamgawula uAshera obengakuso. Wathi 31 uYowashe kubo bonke ababemmele, Niya kummela uBhahali nina aba na? Niya kumsindisa nina aba na? Lowo ummelayo uBhahali makabulawe; makhe kuse. Ukuba únguThixo, makazithethele, ngokuba sidiliziwe isibingelelo sakhe. Kwathiwa loo mini 32 unguYerubhahali,* kusithiwa, uBhahali makaphikisane naye, ngokuba esidilizile isibingelelo sakhe.

Ahlangana ndawonye onke amaMidi- 33 yan, nama-Amaleki, nabasempumalanga; awela, amisa emathafeni aseYizereli. UMoya kaYehova wangena ku- 34 Gidiyon, wavuthela ngesigodlo; ahlatyelwa umkhosi, eza ama-Abhihezere, amlandela. Wathuma abathunywa ku- 35 maManase onke, ahlatyelwa; eza nawo amlandela. Wathuma abathunywa kuma-Ashere, nakumaZebhulon, nakuma-Nafetali; enyuka awakhawulela.

36 Wathi uGidiyon kuThixo, Ukuba ùyawasindisa amaSirayeli ngesandla
37 sam, njengoko uthethileyo, nanku ndibeké uboya obuchetyiweyo esandéni; ukuba umbethe uthe waba seboyeni bodwa, wonke umhlaba wawomile, ndiya kwazi ke ukuba uya kuwasindisa amaSirayeli ngesandla sam, njengoko
38 uthethileyo. Kwaba njalo ke. Wavuka kusasa ngengomso, wabukhamanga uboya, wawukhama umbethe eboyeni,
39 kwazala indebe ngamanzi. Wathi uGidiyon kuThixo, Mawungavuthi umsindo wakho kum, ndakuthetha okwesi sihlandlo sodwa; makhe ndilinge okwesi sihlandlo sodwa ngoboya, kome uboya bodwa, umbethe ube semhlabeni wonke.
40 Wenjenjalo uThixo ngobo busuku: koma uboya bodwa, umbethe waba semhlabeni wonke.

Ukuphanziswa komkhosi wamaMidiyan

7 Wavuka kusasa uYerubhahali (nguGidiyon ke lowo), nabantu bonke naye, bamisa emantloko omthombo weHarodi; ke umkhosi wamaMidiyan wawungakuye, ngasentla kwenduli yakwaMore, entilini.
2 Wathi uYehova kuGidiyon, Baninzi abantu abanawe, kunokuba ndiwànikele amaMidiyan esandleni sabo; hleze amaSirayeli aqhayise, athi, Sisindiswe sisa-
3 ndla sethu. Khawudanduluke ke ngoko ezindlebeni zabantu, uthi, Owoyikayo nogubhayo makabuye, makanyebeleze emke ezintabeni zeGiliyadi. Kwabuya ke kubo abantu abangamawaka angamashumi omabini anamabini; kwasala amawaka alishumi.
4 Wathi uYehova kuGidiyon, Abantu basebaninzi. Yihla nabo, uye emanzini, ndikukhethele bona apho; kothi, endithe kuwe, Lo uya kuhamba nawe, maze ahambe nawe yena; bonke endisukuba ndithi kuwe, Lo akayi kuhamba nawe, ize
5 angahambi nawe yena. Wehla nabantu waya emanzini; wathi uYehova kuGidiyon, Bonke abasukuba bekramncela amanzi ngolwimi lwabo, njengoko ixhaphayo inja, uze ubamise bodwa; bonke abasukuba beguqa ngamadolo abo ukuba basele, *uze ubamise bodwa.* Inani 6 labaseláyo ngesandla salo emlonyeni laba ngamadoda amakhulu mathathu; bonke abanye abantu baguqa ngamadolo abo ukuba basele amanzi. Wathi uYe- 7 hova kuGidiyon, Ndiya kunisindisa ngala madoda amakhulu mathathu akramnceleyo, ndiwànikele amaMidiyan esandleni sakho. Bonke abanye abantu mabagoduke, elowo aye endaweni yakhe.

Bawuphatha abantu abo umphako 8 ngesandla sabo, nezigodlo zabo. Wawandulula onke amadoda akwaSirayeli, ukuba ileyo iye ententeni yayo; wagcina amadoda lawo amakhulu mathathu. Umkhosi wamaMidiyan waba ngezantsi kwakhe entilini.

Kwathi ngobo busuku, uYehova wa- 9 thi kuye, Vuka, uhle uye empini; ngokuba ndiyinikele esandleni sakho. U- 10 kuba uyoyika ukuhla, yihla nomfana wakwakho uFura, uye empini, uve into 11 abayithethayo; emveni koko síya komelela isandla sakho. Yihla ke uye empini. Wehla ke yena noFura, umfana wakwakhe, baya ekupheleni kwabaxhobileyo abasempini.

AmaMidiyan nama-Amaleki nabase- 12 mpumalanga bonke babelele entilini benjengeenkumbi ukuba baninzi; neenkamela zawo zibe zingenakubalwa, njengentlabathi yonxweme lolwandle ukuba zininzi. Wafika uGidiyon; nantso 13 indoda ixelela ummelwane wayo iphupha, isithi, Yabona, ndiphuphé iphupha; ndiboné kuqengqeleka isonka serhasi sisiza emkhosini wamaMidiyan, sifìke ententeni, sibèthe iwe, ithi bhukuqu intente, ithi bhuma. Waphe- 14 ndula ummelwane wayo wathi, Loo nto kunje likrele likaGidiyon, unyana ka Yowashe, indoda yakwaSirayeli; uThixo uwanikele amaMidiyan nomkhosi wonke esandleni sakhe.

Kwathi, akukuva uGidiyon ukuxelwa 15 kwephupha nokutyhilwa kwalo, wanqula, wabuyela emkhosini wamaSirayeli, wathi, Vukani, ngokuba uYehova uyinikele impi yamaMidiyan esandleni se-

16 nu. Wawahlula aba ngamaqela omathathu amadoda lawo amakhulu mathathu; wabeka izigodlo esandleni sawo onke, nemiphanda engenanto, nezikhuni ezivuthayo ngaphakathi kwemiphanda
17 leyo. Wathi kuwo, Khangelani kum, nenjenje: yabonani, ndákufika ekupheleni kwempi, nothi njengoko ndenza
18 ngako mna, nenjenjalo *nina*. Ndovuthela ngezigodlo mna, nabo bonke abanam, nivuthele ke ngezigodlo nani ngeenxa zonke emkhosini, nithi, Ha! Ha! Ikrele likaYehova, likaGidiyon!

19 Wafika ke uGidiyon, nekhulu lamadoda elinaye, ekupheleni kwempi, ekuqalekeni komlindo ophakathi kobusuku, bákuth' ukuthi ukumiswa abalindi. Lavuthela ngezigodlo, liyiqhekeza imi-
20 phanda esezandleni zalo. Avuthela ke ngezigodlo amaqela omathathu, ayiqhekeza imiphanda; aziphatha izibane ezivuthayo ngezandla zawo zokhohlo, awaphatha amaxilongo ngezandla zawo zokunene, ukuba avuthele; adanduluka esithi, Ha! Ha! Ikrele likaYehova, lika-
21 Gidiyon! Ema onke ezindaweni zawo ngeenxa zonke empini. Yasaba yonke
22 impi, yakhala, yasabisa. Amakhulu omathathu avuthela ngezigodlo. UYehova walibhekisa ikrele lendoda kummelwane wayo, nakwimpi yonke; yasaba impi, yasinga eBhete-shita ngaseTserera, yasinga emdeni weAbhele-mehola ngaphaya kweTabhata.

23 Wahlatyelwa umkhosi, weza umntu wakwaSirayeli ephuma kwaNafetali, nakwa-Ashere, nakuManase wonke, wawa-
24 sukela amaMidiyan. UGidiyon wathuma abathunywa kweleentaba lonke lakwaEfrayim, esithi, Yihlani niwahlangabeze amaMidiyan, niwaphangele ukuthabatha amanzi, nise eBhete-bhara neYordan. Wahlatywa umkhosi, beza abantu bonke bakwaEfrayim, baphangela ukuwathabatha amanzi lawo, besa eBhe-
25 te-bhara neYordan. Bababamba abathetheli ababini bamaMidiyan, uOrebhe noZebhe; bambulalela uOrebhe eweni likaOrebhe, uZebhe bambulalela esixovulelweni sikaZebhe, bawasukela amaMidiyan. Beza nentloko kaOrebhe nekaZebhe kuGidiyon phesheya kweYordan.

Ukusukelwa kookumkani

8 Athi amadoda akwaEfrayim kuye, Yintoni na le nto uyenzileyo kuthi, yokuba ungasibizi, ukuya kulwa kwakho namaMidiyan? Babambana naye kabukhali. Wathi kuwo, Ndenzé ntoni 2 na ngoku ngangáni? Ukubhikica kwamaEfrayim akukugqithile na ngokulunga ukuvuna iidiliya komAbhihezere? U- 3 Thixo ubanikele esandleni senu abathetheli bakwaMidiyan, uOrebhe noZebhe; yintoni na endinokuyenza ngangani? Yaza ingqumbo yawo ngakuye yadamba ekulithetheni kwakhe elo lizwi.

Akufika uGidiyon eYordan, ewela 4 enamadoda amakhulu mathathu, etyhafile, esasukela noko, wathi kumadoda 5 aseSukoti, Khanibaphe abantu aba bandilandelayo iintendana zezonka, ngokuba batyhafile; ndisukela uZebha noTsalimuna, ookumkani bamaMidiyan. Bathi abathetheli baseSukoti, Isandla 6 sikaZebha noTsalimuna sesisesandleni sakho yini na, ukuba siwunike umkhosi wakho isonka? Wathi uGidiyon, Xa 7 kunjalo, ákubanikela uYehova ooZebha noTsalimuna esandleni sam, ndoyibhalula inyama yenu ngemithana enameva yasentlango, nangamakhakakhaka.

Wenyuka khona, waya ePenuweli, 8 wathetha kubo kwangokunjalo. Bamphendula abantu basePenuweli njengoko bamphendula ngako abantu baseSukoti. Watsho nakubantu base- 9 Penuweli, ukuthi, Ekubuyeni kwam ngoxolo ndoyidiliza le nqaba inde.

Ke kaloku uZebha noTsalimuna be- 10 beseKarkore, benemikhosi yabo, ngathi ngamawaka alishumi elinamahlanu ewonke amadoda, abesele kwimikhosi yonke yabasempumalanga. Kwakuwé amadoda alikhulu elinamanci mabini amawaka, arhola ikrele. Wenyuka uGidiyon 11 ngendlela yabahlala ezintenteni, ngasempumalanga kweNobha neYogebheha, wayibulala impi; impi leyo ibingaxhalele nto. Basaba ooZebha noTsali- 12 muna; wabasukela, wababamba ookumkani bobabini bamaMidiyan, ooZebha noTsalimuna; wayothusa yonke impi.

13 Wabuya uGidiyon unyana kaYowashe emfazweni, evela eqhineni leHeheres,
14 wabamba indodana yabantu baseSukoti, wayibuza; yambalela abathetheli baseSukoti, namadoda amakhulu akhona, amadoda amashumi asixhenxe anesi-
15 xhenxe. Weza ebantwini baseSukoti, wathi, Naba ooZebha noTsalimuna, enibe nindingcikiva ngabo, nisithi, Isandla sikaZebha noTsalimuna sesisesandleni sakho yini na, ukuba siwanike isonka
16 amadoda akho atyhafileyo? Wawathabatha amadoda amakhulu aloo mzi, nemithana enameva yasentlango namakhakhaka, wawaqondisa ngayo amadoda
17 aseSukoti. Wayidiliza nenqaba ende yasePenuweli, wababulala abantu baloo mzi.
18 Wathi kuZebha noTsalimuna, Ebenjani na amadoda enawabulalayo eTabhore? Bathi, Abenjengawe, elowo ene-
19 sithomo sonyana wokumkani. Wathi, Babengabazalwana bam abo, oonyana
20 bakama. Ehleli nje uYehova, ukuba benibasindisile, ngendingànibulali. Wathi kuYetere owamazibulo kuye, Suk' ume, ubabulale. Ke indodana leyo a-yilirholanga ikrele layo; ngokuba ibi-
21 soyika, kuba ibisengumfana. Bathi ooZebha noTsalimuna, Suk' ume wena, usithi qwele; njengoko injalo indoda, bunjalo nobugorha bayo. Wesuka ke uGidiyon, wababulala ooZebha noTsalimuna, wazithabatha iintsimbi ezisezintanyeni zeenkamela zabo.

Ubomi bamva bukaGidiyon nokufa kwakhe

22 Athi amaSirayeli kuGidiyon, Silawule wena, kwanonyana wakho, nonyana wonyana wakho; ngokuba usisindisile
23 esandleni samaMidiyan. Wathi uGidiyon kuwo, Andiyi kunilawula mna; akayi kunilawula nonyana wam; nguYehova
24 oya kunilawula nina. Wathi uGidiyon kuwo, Ndiya kucela ngcelo-nye kuni; ndinikeni elowo ijikazi lexhoba lakhe. (Ngokuba ebenamajikazi egolide, kuba
25 ebengamaIshmayeli.) Athi, Sokunika ngemvume. Azandlala iingubo, aphosa khona elowo ijikazi lexhoba lakhe.
26 Ubunzima bamajikazi egolide awawacelayo baba liwaka elinamakhulu asixhenxe eeshekele* zegolide, ngaphandle kwezaa ntsimbi namacici neengubo ezimfusa ezibe zikookumkani bamaMidiyan, nangaphandle kwezidanga ezibe zisezintanyeni zeenkamela zabo. UGidi-
27 yon wenza ngazo iefodi,* wayibeka emzini wakhe eOfra; athi onke amaSirayeli ahenyuza ngokuyilandela khona; yangumgibe kuGidiyon nakwindlu yakhe.
28 Athotywa amaMidiyan phambi koonyana bakaSirayeli, akaphinda aziphakamise iintloko zawo. Lazola ke ilizwe iminyaka emashumi mané ngemihla kaGidiyon.
29 Waya uYerubhahali, unyana kaYowashe, wahlala endlwini yakhe. UGidi-
30 yon ebenoonyana abangamashumi asixhenxe abaphumáyo esinqeni sakhe, ngokuba ebenabafazi abaninzi. Ne-
31 shweshwe lakhe, elibe likwaShekem, lamzalela unyana nalo; awamthiya igama lokuba nguAbhimeleki. Wafa uGidi-
32 yon unyana kaYowashe, eyingwevu enkulu, wangcwatyelwa engcwabeni likaYowashe uyise, eOfra yama-Abhihezere.
33 Kwathi, akufa uGidiyon, babuya oonyana bakaSirayeli bahenyuza ngokulandela uBhahali;* bazimisela uBhahalibheriti,* waba nguthixo wabo. Oonyana
34 bakaSirayeli abamkhumbulanga uYehova uThixo wabo, owabahlangulayo ezandleni seentshaba zabo zonke ngeenxa zonke; àbayenzela nceba indlu kaYe-
35 rubhahali, kaGidiyon, ngokokulunga konke awawenzeláyo amaSirayeli.

Ubukumkani buka-Abhimeleki nokuwa kwakhe

9 Waya uAbhimeleki kaYerubhahali kwaShekem kubazalwana bonina, wathetha kubo nakwimizalwane yonke yendlu kayise yonina, wathi, Khanithe-
2 the ezindlebeni zabemi bakwaShekem bonke, nithi, Okona kulungileyo kuni, kukuthi nilawulwe ngamadoda amashumi asixhenxe, oonyana bonke baka-

Yerubhahali, kukuthi nilawulwe yindoda ibe nye, kusini na? Khumbulani ukuba ndilithambo lenu; ndiyinyama yenu.

3 Bathetha abazalwana bonina ngaye, ezindlebeni zabemi bakwaShekem bonke loo mazwi onke, intliziyo yabo yakuthobela ukumlandela uAbhimeleki; ngokuba bathi, Ngumzalwana wethu.
4 Bamnika iisilivere ezimashumi asixhenxe ezivela endlwini kaBhahali-bheriti; uAbhimeleki waqesha ngazo amadoda angenabuntu, agasileyo; amlandela ke.
5 Weza endlwini kayise eOfra, wababulala abazalwana bakhe, oonyana bakaYerubhahali, amadoda amashumi asixhenxe, tyeni linye; kwasala uYotam, unyana omncinane kaYerubhahali, ngokuba wazimela.

6 Bahlangana bonke abemi bakwaShekem nendlu yonke yeMilo, baya bamenza uAbhimeleki ukumkani ngasemokini* wesikhumbuzo okwaShekem.

7 Waxelelwa uYotam, waya wema encotsheni yentaba yeGerizim, waliphakamisa izwi lakhe, wadanduluka, wathi kubo, Ndiveni, nina bemi bakwaShekem,
8 aze uYehova anive nani. Yaya imithi ukuya kuthambisa ukumkani ukuba abe phezu kwayo. Yathi kumnquma, Yiba
9 ngukumkani wethu. Wathi umnquma kuyo, Ndingade ndikuncame na ukutyeba kwam abakuzukisayo oothixo nabantu, ndiye kujingajinga phezu kwe-
10 mithi? Yathi imithi kumkhiwane, Yiza
11 wena, ube ngukumkani wethu. Wathi umkhiwane kuyo, Ndingade ndiyincame na incasa yam, neziveliso zam ezihle, ndiye kujingajinga phezu kwemithi?
12 Yathi imithi kumdiliya, Yiza wena, ube
13 ngukumkani wethu. Wathi umdiliya kuyo, Ndingade ndiyincame na iwayini yam evuyisa oothixo nabantu, ndiye
14 kujingajinga phezu kwemithi? Yathi yonke imithi kwiqunube, Yiza wena,
15 ube ngukumkani wethu. Lathi iqunube kuyo imithi, Ukuba okunene niyandithambisa ndibe ngukumkani wenu, yizani nizimele ngomthunzi wam; ukuba akunjalo, makuphume umlilo equnubeni, uyidle imisedare* yaseLebhanon.

16 Ukuba ke ngoko nenzé ngenyaniso nangokugqibeleleyo, uAbhimeleki nimenzé ukumkani nje, ukuba nenzé okulungileyo kuYerubhahali nakwindlu yakhe, ukuba nimenzele ngokwempatho yezandla zakhe; (ekubeni ubawo wani-
17 lwelayo, wawulahlayo umphefumlo wakhe, wanihlagulayo esandleni samaMidiyan; ke nina nisuke nayivunukela
18 indlu kabawo namhla, nababulala oonyana bakhe, amadoda angamashumi asixhenxe, tyeni linye, namenza ukumkani wabemi bakwaShekem uAbhimeleki, unyana womkhonzazana wakhe, ngokuba engumzalwana wenu); ukuba ke
19 nenzé ngenyaniso nangokugqibeleleyo namhla kuYerubhahali nakwindlu yakhe: vuyani ke ngoAbhimeleki, avuye naye ngani. Ukuba akunjalo, maku-
20 phume umlilo kuAbhimeleki, ubadle abemi bakwaShekem nendlu yeMilo, uphume umlilo kubemi bakwaShekem nakwindlu yeMilo, umdle uAbhimeleki.

21 Wabaleka ke uYotam, wasaba, waya eBhere, wahlala khona ngenxa ka-Abhimeleki umzalwana wakhe.

22 UAbhimeleki waba ngumthetheli wamaSirayeli iminyaka emithathu. U-
23 Thixo wathuma umoya ombi phakathi koAbhimeleki nabemi bakwaShekem, bamkhohlisa uAbhimeleki abemi bakwaShekem; ukuze ukungonyanyelwa koo-
24 nyana abangamashumi asixhenxe bakaYerubhahali kufíke, igazi labo libekwe phezu koAbhimeleki umzalwana wabo, owababulalayo, naphezu kwabemi bakwaShekem, abasomelezayo isandla sakhe, wababulala abazalwana bakhe. Abemi bakwaShekem bammisela aba-
25 leli ezincotsheni zeentaba, baxhakamfula bonke abadlula kubo ngendlela. Waxelelwa ke uAbhimeleki.

26 Waya uGahali unyana kaEbhede, nabazalwana bakhe, badlula besiya kwaShekem. Abemi bakwaShekem bakholosa ngaye. Baphuma baya emasimi-
27 ni, bavuna izidiliya zabo, bazixovula, benza iminikelo yendumiso, baya endlwini yothixo wabo, badla, basela, bamqalekisa uAbhimeleki. Wathi u- 28

Gahali unyana kaEbhede, Ngubani na yena uAbhimeleki? Engubani na yena uShekem, ukuba simkhonze? Akanyana kaYerubhahali na, waye uZebhule engemveleli wakhe na? Khonzani amadoda akwaHamore, usoShekem. Kungani na ukuba simkhonze yena?

29 Abába aba bantu babesesandleni sam! Kukhona bendingamsusayo uAbhimeleki. Wathi, esingisa kuAbhimeleki, Wandise umkhosi wakho, uphume.

30 Waweva uZebhule, umphathi waloo mzi, amazwi kaGahali unyana kaEbhe-
31 de, wavutha umsindo wakhe. Wathuma abathunywa kuAbhimeleki ngenkohliso, esithi, Nanku uGahali unyana kaEbhede, nabazalwana bakhe, befiké kwaShekem; yabona, bayawubandezela
32 umzi ukuba uchasane nawe. Vuka ke ngoko ebusuku, wena nabantu onabo,
33 ulalele emasimini; kothi, kusasa ukuphuma kwelanga, uvuke kusasa, wakhe uluhlu uye kuloo mzi; nanko yena nabantu anabo bephuma besiza kuwe; wénze kuye, njengoko sithe safumana ngako isandla sakho.

34 Wavuka ke ebusuku uAbhimeleki nabantu bonke anabo, bawulalela owakwa-
35 Shekem, bemaqela mané. Waphuma uGahali unyana kaEbhede, wema ekungeneni kwesango lomzi; wesuka uAbhimeleki nabantu anabo ekulaleleni.
36 UGahali wababona abantu, wathi kuZebhule, Naba abantu besihla ezincotsheni zeentaba. Wathi uZebhule kuye, Ùbona amathunzi eentaba ngathi nga-
37 bantu. Waphinda waqokela uGahali, wathi ukuthetha, Naba abantu besihla emnyeleni welizwe, elinye iqela lisiza
38 ngendlela yoMoki* wamaTola. Wathi uZebhule kuye, Úphi na kaloku umlomo wakho owathi ngawo, Ngubani na uAbhimeleki ukuba simkhonze? Asingabo abo bantu na wabacekisayo? Khawuphume kaloku, ulwe nabo.

39 Waphuma uGahali phambi kwabemi bakwaShekem, walwa noAbhimeleki.
40 UAbhimeleki wamsukela; wasaba yena phambi kwakhe. Kwawa ababuleweyo baba baninzi, kwada kwesa ekungeneni
41 kwesango. UAbhimeleki wahlala eAruma; uZebhule wamgxotha uGahali nabazalwana bakhe ukuba bangahlali kwaShekem.

Kwathi ngengomso, baphuma abantu 42 baya emasimini; waxelewa uAbhimeleki. Wabathabatha abantu, wabahlula 43 baba maqela mathathu, walalela emasimini; wakhangela, wabona abantu bephuma kuloo mzi, wabavunukela wabaxabela. UAbhimeleki namaqela abena- 44 wo badwela ekungeneni kwesango lomzi; aza amaqela amabini akha uluhlu kubo bonke ababesemasimini, abaxabela ke. UAbhimeleki walwa naloo 45 mzi imini yonke, wawuthimba umzi, nabantu abakuwo wababulala; wawudiliza umzi, wawuhlwayela ityuwa.

Beva ke bonke abasenqabeni ende ya- 46 kwaShekem, bangena engontsini yendlu yoEle-Bheriti.* Waxelelwa uAbhi- 47 meleki, ukuba babuthelene khona bonke abasenqabeni ende yakwaShekem. Wa- 48 yinyuka uAbhimeleki intaba yaseTsalimon, yena nabantu bonke abenabo; uAbhimeleki waphatha amazembe ngesandla, wagawula isebe emithini, walifunqula, walibeka egxalabeni lakhe; wathi ebantwini abenabo, Into enibone ndiyenza, ngxamani nenze njengam. Bagawula ke nabo abantu bonke, elowo 49 isebe lakhe, bamlandela uAbhimeleki, bawabeka engontsini leyo, bayifaka isikhuni ingontsi, bekuyo *abasenqabeni*; kwafa nabantu bonke benqaba ende yakwaShekem, ngathi liwaka lamadoda nabafazi.

UAbhimeleki waya eTebhetse, wayi- 50 ngqinga iTebhetse, wayithimba. Kwa- 51 kukho inqaba ende eliqele phakathi komzi, abalekela khona onke amadoda, nabafazi, nabemi bonke bomzi, bazivalela, bakhwela phezu kwentungo yenqaba leyo inde. Wafika ke uAbhime- 52 leki enqabeni ende, walwa nayo, wasondela emnyango wenqaba ende, ukuze ayitshise ngomlilo. Yasuka inkazana 53 ethile, yaphosa ilitye lokusila langaphezulu entlokweni kaAbhimeleki, yamtyumza ukakayi. Wabiza kamsinya umfa- 54 na wakwakhe obephethe iintonga zakhe, wathi kuye, Rhola ikrele lakho, undibu-

lale, hleze kuthiwe ngam, Ubulewe yinkazana. Umfana wakwakhe wam-
55 hlaba amahlànza, wafa ke. Abona amaSirayeli ukuba ufile uAbhimeleki, aya elowo endaweni yakhe.
56 UThixo wabubuyisela *entlokweni yakhe* ububi buka-Abhimeleki abebenzile kuyise, ngokubulala abazalwana bakhe
57 abamashumi asixhenxe; nobubi bonke bamadoda akwaShekem uThixo wabubuyisela ezintlokweni zawo; afikelwa sisiqalekiso sikaYotam, unyana kaYerubhahali.

Ama-Amon acinezela amaSirayeli

10 Emva koAbhimeleki kwavela uTola, unyana kaPuwa, unyana kaDodo, umIsakare, ohleli eShamire ezintabeni zakwaEfrayim; wawasindisa a-
2 maSirayeli. Wawalawula amaSirayeli iminyaka emashumi mabini anamithathu; wafa, wangcwatyelwa eShamire.
3 Emva kwakhe kwavela uYahire umGiliyadi, wawalawula amaSirayeli iminyaka emashumi mabini anamibini.
4 Wayeneonyana abamashumi mathathu, abakhwela emaesileni amatsha amashumi mathathu, benemizi emashumi mathathu, ekuthiwa yiHavoti-yahire* yona
5 unanamhla, esezweni laseGiliyadi. Wafa uYahire, wangcwatyelwa eKamon.
6 Baphinda oonyana bakaSirayeli benza ububi emehlweni kaYehova bakhonza ooBhahali,* nooAshtaroti,* noothixo bakwa-Aram,* noothixo baseTsidon, noothixo bakwaMowabhi, noothixo boonyana baka-Amon, noothixo bamaFilisti. Bamlahla uYehova, àba-
7 mkhonza. Wavutha umsindo kaYehova kumaSirayeli, wathengisa ngawo, wawanikela esandleni samaFilisti, nasesa-
8 ndleni soonyana baka-Amon. Babaguba babacola oonyana bakaSirayeli kwangaloo mnyaka; *babacola* iminyaka elishumi elinesibhozo bonke oonyana bakaSirayeli, ababephesheya kweYordan ezweni lama-Amori eliseGiliyadi.
9 Oonyana baka-Amon bayiwela iYordan, ukuze balwe namaYuda, namaBhenjamin, nendlu yakwaEfrayim; a-

maSirayeli abandezeleka kunene. Ba- 10
khala oonyana bakaSirayeli kuYehova, bathi, Sikonile, ngokuba simlahlile uThixo wethu, sakhonza ooBhahali.

Wathi uYehova koonyana bakaSira- 11
yeli, Ndibe ndinganisindisanga na kumaYiputa, nakuma-Amori, nakoonyana baka-Amon, nakumaFilisti, naku- 12
maTsidon, nakuma-Amaleki, nakumaMahon, abenixina; nakhala kum, ndanisindisa esandleni sawo? Nindilahlile 13
nina, nakhonza thixo bambi; ngako oko andiyi kuphinda ndinisindise. Ha- 14
mbani niye kukhala koothixo enibanyulileyo; mabanisindise bona ngexesha lokubandezelwa kwenu.

Bathi oonyana bakaSirayeli kuYeho- 15
va, Sonile; yenza wena kuthi ngokubona kwakho; kodwa khawusihlangule okwanamhla. Babasusa oothixo bolunye u- 16
hlanga phakathi kwabo, bakhonza uYehova. Wakhathazeka umphefumlo wakhe ngokwaphuka kwamaSirayeli.

Babizeleka ndawonye oonyana baka- 17
Amon, bamisa eGiliyadi. Bahlanganisana oonyana bakaSirayeli, bamisa eMizpa. Bathi abantu, abathetheli base- 18
Giliyadi, omnye komnye, Ngubani na indoda eya kuqala ukulwa noonyana baka-Amon? Yoba yintloko yabemi bonke baseGiliyadi.

Ukoyiswa kwama-Amon nguYifeta, nesifungo sakhe

11 Ke kaloku uYifeta, umGiliyadi, ebeligorha elinobukroti; ke ubengunyana wenkazana elihenyukazi. UGiliyadi wazala uYifeta. UmkaGiliyadi 2
wamzalela oonyana; bakhula oonyana bomkakhe, bamgxotha uYifeta, bathi kuye, Akuyi kudla lifa endlwini kabawo, ngokuba ungunyana wankazana yimbi wena. Wabaleka uYifeta phambi kwa- 3
bazalwana bakhe, wahlala ezweni laseTobhi. Kwathuthelana kuYifeta amadoda angenabuntu, aphuma naye.

Kwathi, kwakuba ntsuku, balwa oo- 4
nyana baka-Amon noonyana bakaSirayeli. Kwathi, bakuba besilwa oonyana 5
baka-Amon namaSirayeli, amadoda a-

ABAGWEBI 11

makhulu aseGiliyadi aya kumthabatha
6 uYifeta ezweni laseTobhi; athi kuYifeta, Yiza ube ngumphathi wethu, silwe
7 noonyana baka-Amon. Wathi uYifeta kumadoda amakhulu aseGiliyadi, Asinini yini na abandithiyáyo, bandigxotha endlwini kabawo? Kungani na ukuba nize kum kaloku, nakuba nibandezele-
8 kile? Athi amadoda amakhulu aseGiliyadi kuYifeta, Kukho kaloku le nto sibuyela kuwe, ukuba uhambe nathi, ulwe noonyana baka-Amon, ube yintloko
9 kuthi, kubemi bonke baseGiliyadi. Wathi uYifeta kumadoda amakhulu aseGiliyadi, Ukuba nithe nandibuyisa, ukuze ndilwe noonyana baka-Amon, uYehova wabanikela kum, mna ndoba
10 yintloko kuni na? Athi amadoda amakhulu aseGiliyadi kuYifeta, UYehova makabe lingqina phakathi kwethu; inene siya kwenjenjalo ngokwelizwi lakho.
11 Wahamba ke uYifeta namadoda amakhulu aseGiliyadi; abantu bammisa phezu kwabo, waba yintloko nomphathi. Wawathetha uYifeta onke amazwi akhe phambi koYehova eMizpa.

12 UYifeta wasusa abathunywa, baya kukumkani woonyana baka-Amon, wathi, Yintoni na enam nawe, uzé kum nje
13 ukuba ulwe nelizwe lam? Wathi ukumkani woonyana baka-Amon kubathunywa bakaYifeta, Kungokuba amaSirayeli alithabatháyo ilizwe lam, ukunyuka kwawo eYiputa, athabathela eArnon, esa eYabhoki, esa eYordan; libuyise ngoxolo kalokunje.
14 UYifeta waphinda wathuma abathunywa kukumkani woonyaka baka-A-
15 mon, wathi kuye, Utsho uYifeta ukuthi, AmaSirayeli akalithabathanga ilizwe lakwaMowabhi, nelizwe loonyana baka-A-
16 mon; ngokuba ekunyukeni kwawo eYiputa amaSirayeli ahamba ngentlango, eza eLwandle oluBomvu,* eza eKadeshe;
17 amaSirayeli athuma abathunywa kukumkani wakwaEdom, esithi, Makhe ndicande ezweni lakho. Ke ukumkani wakwaEdom akaphulaphulanga. Athuma nakukumkani wakwaMowabhi, naye akavumanga. Ahlala amaSirayeli eKa-
18 deshe. Ahamba entlango, alijikela ilizwe lakwaEdom nelizwe lakwaMowabhi, evela ekuphumeni kwelanga; aya ezweni lakwaMowabhi, amisa ngaphesheya kweArnon, àkangena emdeni wakwaMowabhi, ngokuba iArnon ngumda wakwaMowabhi. AmaSirayeli athuma aba- 19 thunywa kuSihon, ukumkani wamaAmori, ukumkani waseHeshbhon; athi amaSirayeli kuye, Makhe ndicande ezweni lakho, ndiye endaweni yam. Ke 20 uSihon akakholwa ngamaSirayeli, ukuba acande emdeni wakhe. Wabahlanganisa uSihon bonke abantu bakhe, bamisa eYatsa, walwa namaSirayeli. UYehova, 21 uThixo kaSirayeli, wamnikela uSihon nabantu bakhe bonke, esandleni samaSirayeli. Ababulala, alihlutha amaSirayeli lonke ilizwe lama-Amori abehleli kweli lizwe. Awuhlutha wonke umda 22 wama-Amori, athabathela eArnon esa eYabhoki, athabathela entlango esa eYordan.

Kaloku uYehova, uThixo kaSirayeli, 23 uwagqogqile ama-Amori phambi kwabantu bakhe amaSirayeli. Ûya kulihlutha na ke wena? Akuhluthi elo na, 24 akuhluthele lona uKemoshe* uthixo wakho? Nathi sihluthe lonke asihluthele lona uYehova uThixo wethu ebusweni bethu?

Ngoku wena ulunge ngaphezu koBha- 25 laki unyana kaTsipore, ukumkani wakwaMowabhi, yini na? Wákha wabambana nokubambana na yena namaSirayeli, wakha walwa nokulwa na yena nawo? Ekuhlaleni kwamaSirayeli eHesh- 26 bhon nasemagxamesini ayo, naseArohere nasemagxamesini ayo, nasemizini yonke esemacaleni eArnon iminyaka emakhulu mathathu, ibiyini na ukuba ningayihlanguli ngelo xesha? Mna a- 27 ndikonanga; nguwe ondenza into embi ngokulwa nam. UYehova uMgwebi makagwebe namhla phakathi koonyana bakaSirayeli noonyana baka-Amon.

Ukumkani woonyana baka-Amon a- 28 kawaphulaphula amazwi kaYifeta awawathumela kuye.

UMoya kaYehova wamfikela uYifeta, 29 wacanda eGiliyadi nakwaManase, wa-

canda naseMizpa yaseGiliyadi; wesuka eMizpa yaseGiliyadi, wabangenela oo-
30 nyana baka-Amon. UYifeta wabhambathisa kuYehova isibhambathiso, wathi, Ukuba ùthe wabanikela kanye oonyana
31 baka-Amon esandleni sam, wóthi, osukuba ephuma emnyango wendlu yam, eza kundikhawulela ekubuyeni kwam ngoxolo koonyana baka-Amon, abe ngokaYehova; ndimnyuse abe lidini elinyukayo.
32 Wagqitha ke uYifeta, waya koonyana baka-Amon ukuba alwe nabo. Waba-
33 nikela uYehova esandleni sakhe. Wababulala kakhulu kunene, kwathabathela eArohere kwada kwaya eMiniti, imizi emashumi mabini, kwesa eAbhelekeramim. Bathotywa oonyana baka-Amon phambi koonyana bakaSirayeli.

34 Wafika uYifeta eMizpa endlwini yakhe; nantso intombi yakhe iphuma iza kumkhawulela, inengqongqo ingqungqa; yaye ikuphéla komntwana wakhe, ngaphandle kwayo wayengenanyana na-
35 ntombi. Kwathi akuyibona, wazikrazulu iingubo zakhe, wathi, Yini na le, ntombi yam! Ùndithobile kakhulu wena ungowabandihlisele intlekele! Mna ndiwuvulile umlomo wam kuYe-
36 hova; andinakubuya umva. Yathi kuye, Bawo, ùwuvulile umlomo wakho kuYehova; yenza kum njengoko kuphume emlonyeni wakho; okunje uYehova akwenzele impindezelo ezintshabeni za-
37 kho, oonyana baka-Amon. Yathi kuyise, Mandenzelwe le ndawo; ndíyeke iinyanga zibe mbini, ndihambe ndihle ndiye ezintabeni, ndililele ubuntombi
38 bam, mna nabalingane bam. Wathi, Yiya. Wayindulula, yaya iinyanga ezimbini. Yaya yona nabalingane bayo, yabulilela ubuntombi bayo ezintabeni.
39 Kwathi, ekupheleni kweenyanga ezimbini, yabuya yeza kuyise, wasenzela kuyo isibhambathiso sakhe, awayesibhambathisile; ke yona yayingazani nandoda. Yaba lisiko kwaSirayeli ukuthi,
40 imihla kamihla, iintombi zakwaSirayeli ziye ziyibonge intombi kaYifeta umGiliyadi, imihla eminé ngomnyaka.

AmaEfrayim axabana noYifeta

12 Ahlatyelwa umkhosi eza amadoda akwaEfrayim, awela aya entla, athi kuYifeta, Ibiyini na ukuba ugqithe uye kulwa noonyana baka-Amon, ungasibizanga sihambe nawe? Siya kuyitshisa ngomlilo indlu yakho phezu kwakho. Wathi uYifeta kuwo, Mna bendingumfo 2 wembambano, mna nabantu bam *besibambene* kunene noonyana baka-Amon; ndanihlabela umkhosi, anandisindisa esandleni sabo. Ndithe ndakubona uku- 3 ba anindisindisi, ndawenza isichenge umphefumlo wam, ndawela ndaya koonyana baka-Amon; uYehova wabanikela esandleni sam. Kungani na ukuba ninyuke namhla, nize kulwa nam?
Wawabutha uYifeta onke amadoda 4 aseGiliyadi, walwa namaEfrayim. Amadoda aseGiliyadi awabulala amaEfrayim, ngokuba ebesithi, Ningabasabileyo kumaEfrayim, nina maGiliyadi, phakathi kwamaEfrayim namaManase. AmaGiliyadi awaphangela amaEfrayim 5 ngokuvingca amazibuko eYordan. Babesithi abasabileyo bakwaEfrayim bakuthi, Mandiwele, athi kuye amadoda aseGiliyadi, UngumEfrayim na? Ubesithi akuthi, Hayi, athi kuye, Khawuthi, 6 Shibholete; wathi yena, Sibholete, engalungisi ukulibiza ngokwenjenjalo; asuke ambambe, amsike emazibukweni eYordan. Kwawa ke ngelo xesha kumaEfrayim amawaka angamashumi omané anamabini.
UYifeta wawalawula amaSirayeli imi- 7 nyaka yamithandathu. Wafa ke uYifeta umGiliyadi, wangcwatyelwa *komnye* wemizi yaseGiliyadi.

Abagwebi abathathu abancinane

Emveni kwakhe wawalawula amaSira- 8
yeli uIbhetsan waseBhetelehem. Waye- 9
noonyana abamashumi mathathu; waya kwendisa ngaphandle iintombi ezimashumi mathathu, wazekela oonyana bakhe iintombi ezimashumi mathathu ezivela ngaphandle. Wawalawula amaSirayeli iminyaka esixhenxe. Wafa ke uI- 10
bhetsan, wangcwatyelwa eBhetelehem.

11 Emveni kwakhe wawalawula amaSirayeli uElon, umZebhulon; wawalawula amaSirayeli iminyaka elishumi.
12 Wafa ke uElon umZebhulon, wangcwatyelwa eAyalon, ezweni lakwaZebhulon.
13 Emveni kwakhe wawalawula amaSirayeli uAbhedon, unyana kaHileli, wase-
14 Piraton. Waye enoonyana abamashumi mané, noonyana boonyana abamashumi mathathu, abakhwela kumaesile amatsha amashumi asixhenxe. Wawalawula amaSirayeli iminyaka esibhozo.
15 Wafa ke uAbhedon unyana kaHileli, wasePiraton, wangcwatyelwa ePiraton ezweni lakwaEfrayim, kweleentaba lama-Amaleki.

Ukuzalwa kukaSamson

13 Baphinda oonyana bakaSirayeli benza ububi emehlweni kaYehova. UYehova wabanikela esandleni samaFilisti iminyaka emashumi mané.
2 Ke kaloku kwabakho ndoda ithile yaseTsora, yomlibo wamaDan, egama linguManowa, umkayo eludlolo, enga-
3 zali. Kwabonakala isithunywa sikaYehova kumfazi lowo, sathi kuye, Yabona, uludlolo wena, akuzali; ke uya kumitha,
4 uzale unyana. Ke ngoko khawuzigcine, uze ungaseli wayini nasiselo sinxilisayo; ungadli nanye into eyinqambi.
5 Ngokuba uyabona, uya kumitha, uzale unyana; isitshetshe sokucheba asiyi kusondezwa entlokweni yakhe; ngokuba le nkwenkwe iya kuba ngumahlulwa kaThixo kwasesizalweni. Yiyo ke eya kuqala ukuwasindisa amaSirayeli esandleni samaFilisti.
6 Weza lo mfazi, wathi kwindoda yakhe, Kufike kum umntu kaThixo, imbonakalo yakhe injengembonakalo yesithunywa sikaThixo, isoyikeka kunene; kodwa andimbuzanga apho avela khona,
7 naye akandixelelanga igama lakhe. Wathi kum, Uyabona, uya kumitha, uzale unyana; ke ngoko uze ungaseli wayini nasiselo sinxilisayo, ungadli nanye into eyinqambi; ngokuba le nkwenkwe iya kuba ngumahlulwa kaThixo, kwasesizalweni, kude kube ngumhla wokufa kwayo.

8 Wathandaza ke uManowa kuYehova, wathi, Camagu, Nkosi yam; umntu kaThixo owamthumayo makakhe abuye eze kuthi, asifundise ukuba simthini na umntwana oya kuzalwa. Waliphula-
9 phula uThixo izwi likaManowa; sabuya seza ke isithunywa sikaYehova kumfazi lowo ehleli entsimini, uManowa indoda yakhe ingenaye. Wakhawuleza umfa-
10 zi, wagidima, wayixelela indoda yakhe, wathi kuyo, Yabona, ubonakele kum laa mntu ubezé kum laa mhla.

11 Wesuka ke uManowa, wamlandela umkakhe, waya kuloo mntu, wathi kuye, Ungulaa mntu na ubethetha nomfazi?
12 Wathi, Ndinguye. Wathi uManowa, Ukuba lithe lenzeka kaloku ilizwi lakho, lóba yintoni na isiko lale nkwenkwe, nokwenza kwayo? Sathi isithunywa
13 sikaYehova kuManowa, Konke endikuthethileyo kumfazi makazigcine kuko.
14 Maze angadli nto iphuma emdiliyeni, angaseli wayini nasiselo sinxilisayo, angadli nanye into eyinqambi. Konke endimwisele umthetho ngako makakugcine.

15 Wathi uManowa kwisithunywa sikaYehova, Makhe sikubambezele, sikwenzele itakane lebhokhwe. Sathi isithu-
16 nywa sikaYehova kuManowa, Nokuba undibambezele, andiyi kudla ekudleni kwakho; ke ukuba wenza idini elinyukayo kuYehova, linyuse. Ngokuba uManowa ebengazi ukuba sisithunywa sikaYehova. Wathi uManowa kwisi-
17 thunywa sikaYehova, Ungubani na igama; sikuzùkise lakwenzeka ilizwi lakho?
18 Sathi kuye isithunywa sikaYehova, Yini na le nto ulibuzayo igama lam, libalulekile nje?

19 Wathabatha uManowa itakane lebhokhwe nomnikelo wokudla, wazinyusa kuYehova eweni; sona sisenza ngokumangalisayo, bebonela uManowa nomkakhe. Kwathi, ekunyukeni kwela-
20 ngatye esibingelelweni, lisinga ezulwini, senyuka isithunywa sikaYehova ngelangatye lesibingelelo, uManowa nomkakhe bebona. Bawa ngobuso emhlabeni. Àsaba saphinda sibonakale isithunywa
21 sikaYehova kuManowa nomkakhe. Wa-

ndula ukwazi uManowa ukuba sisithunywa sikaYehova esi.

22 Wathi uManowa kumkakhe, Siya kufa ngenene, ngokuba simbonile uThixo.

23 Wathi umkakhe kuye, Ukuba uYehova ubefuna ukusibulala, angé engalamkelanga esandleni sethu idini elinyukayo, nomnikelo wokudla; angé engasibonisanga zonke ezi zinto; angé engasivisanga okunje ngexesha elinjengeli.

24 Wazala unyana umfazi lowo, wathi igama lakhe nguSamson. Yakhula ke inkwenkwe leyo, uYehova wayisikelela.

25 Waqala uMoya kaYehova wamqhuba eseMahane-dan,* phakathi kweTsora neEshtawoli.

Umtshato kaSamson

14 Wehla uSamson waya eTimnata, wabona inkazana eTimnata, ezi-
2 ntombini zamaFilisti. Wenyuka, waxelela uyise nonina, wathi, Ndiboné inkazana eTimnata, ezintombini zamaFilisti; kaloku ke ndizekeleni ibe
3 ngumfazi. Bathi kuye uyise nonina, Akukho nkazana ezintombini zabazalwana bakho, nasebantwini bakowethu bonke na, ukuba nje ude uye kuzeka umfazi kumaFilisti angalukileyo? Wathi uSamson kuyise, Ndízekele yona,
4 ngokuba ndikholiwe yiyo. Uyise nonina babengazi ukuba ivela kuYehova le nto; ngokuba ebefuna ithuba lokubambana namaFilisti. Ngelo xesha amaFilisti ebelawula kwaSirayeli.

5 Wehla uSamson noyise nonina, baya eTimnata, bafika ezidiliyeni zaseTimnata; nantso ingonyama entsha imkhawu-
6 lela, iguma. Wamfikela ngamandla uMoya kaYehova, wayiqwenga, wanga uqwenga itakane, kungekho nto esandleni sakhe; akakuxela kuyise nakunina
7 akwenzileyo. Wehla wathetha nenkazana leyo; yamkholisa kunene uSamson.
8 Wabuya kwakuba ntsuku, esiya kuyizeka. Watyeka, wakhangela isidumbu sengonyama leya; nalo ibubu leenyosi lisesidumbini sengonyama, kukho no-
9 busi. Wabuthabatha, waphatha ngesandla, wahamba, wahamba esidla, waya kuyise nonina, wabanika, badla; akabaxelela ukuba ubusi ubuthabathe esidumbini sengonyama.

Wehla ke uyise waya kuloo nkazana; 10 uSamson wenza umsitho khona; ngokuba abesenjenjalo amadodana. Kwa- 11 thi, bakumbona, bazisa abalingane abangamashumi omathathu, baba naye.

Wathi uSamson kubo, Ndonijikela 12 iqhina; ukuba nithe nandicombululela ngeentsuku ezisixhenxe zomsitho, nalifumana, ndoninika iingubo zelinen entle ezingamashumi amathathu, neengubo zokukhululana ezingamashumi omathathu. Ke ukuba anithanga nibe 13 nako ukundicombululela, nondinika nina iingubo zelinen entle ezingamashumi amathathu, neengubo zokukhululana ezingamashumi omathathu.

Bathi kuye, Lijike iqhina lakho silive.
Wathi kubo, 14
Kodlayo kwaphuma ukudla,
Konamandla kwaphuma incasa.
Ababa nako ukulicombulula iqhina imihla emithathu. Kwathi ngosuku 15 lwesixhenxe bathi kumkaSamson, Yirhwebeshe indoda yakho, isicombululele iqhina, hleze sikutshise wena nendlu kayihlo ngomlilo. Nisimemélé ukuba nisihlwempuzise na? Akunjalo na? UmkaSamson wamlilela wathi, Kodwa 16 undithiyile, akundithandi; ubajikele iqhina oonyana babantu bakowethu, akwandicombululela. Wathi kuye, Yabona, andibacombululelanga ubawo noma; ndícombululele wena na? Ke 17 wamlilela iintsuku zosixhenxe ababesemsithweni ngazo. Kwathi ngolwesixhenxe usuku wamcombululela, kuba ebemxinile. Waza yena wabaxela oonyana babantu bakowabo. Athi kuye 18 amadoda aloo mzi ngomhla wesixhenxe, lingekatshoni ilanga, Yintoni na enencasa ngaphezu kobusi? Yintoni na enamandla ngaphezu kwengonyama? Wathi kuwo,

Ukuba beningalimanga ngethokazi lam,

Ngeningalifumananga iqhina lam.

Wamfikela ngamandla uMoya ka- 19 Yehova, wehla waya eAshkelon, wabulala kubo apho amashumi omathathu

amadoda, wawahluba iingubo, wanika abacombululi beqhina elo iingubo zokukhululana. Wavutha umsindo wa-
20 khe, wenyuka waya endlwini kayise. Ke umkaSamson waba ngowomlingane wakhe, abemenze isihlobo sakhe.

USamson ubulala amaFilisti

15 Kwathi kwakuba ntsuku, ngemihla yokuvuna ingqolowa, uSamson wamvelela umkakhe, enetakane lebhokhwe; wathi, Ndiya kungena kumkam egumbini. Ke uyise womfazi
2 ebengamvumeli ukuba angene. Wathi uyise womfazi, Bendiba umthiyile ngenene, ndamnika umlingane wakho. Akamhle na umsakwabo kunaye? Makabe ngowakho esikhundleni sakhe.
3 Wathi uSamson kubo, Ndimsulwa okwesi sihlandlo kumaFilisti, xa ndithe
4 ndenza ububi kuwo. Waya uSamson wabamba amakhulu omathathu eempungutye, wathabatha izikhuni ezivuthayo, waziqhagamshela ngemisila, wafaka isi-
5 khuni sasinye phakathi kwayo. Walumeka ngomlilo ezikhunini, wazindulula zaya engqoloweni yamaFilisti engekavunwa; watshisa, ethabathela ezitheni, wesa engqoloweni engekavunwa, wesa emiyezweni yeminquma.
6 Athi amaFilisti, Ngubani na lo wenzé oku? Bathi, NguSamson, umyeni womTimnata; ngokuba emthabathile umkakhe, wamnika umlingane wakhe. Enyuka amaFilisti, amtshisa yena noyise
7 ngomlilo. Wathi uSamson kuwo, Ukuba nenjenje, inene, ndiya kuziphindezelela kuni, ndandule ukupheza.
8 Wawaxabela kakhulu ihleza nethangá; wehla ke, wahlala emqhokrweni wengxondorha yase-Etam.
9 Enyuka amaFilisti, amisa kwaYuda,
10 ákha uluhlu eLehi. Athi amadoda akwaYuda, Yini na ukuba ninyuke nize phezu kwethu? Athi wona, Sinyuke seza kukukhonxa uSamson, senze kuye
11 njengoko enze ngako kuthi. Ehla amadoda angamawaka amathathu, evela kwaYuda, aya emqhokrweni wengxondorha yase-Etam, athi kuSamson, Akwazi na ukuba amaFilisti ayasilawu-la? Yintoni na le usenzé yona? Wathi kuwo, Njengoko enze ngako kum, ndenzé ngako nam kuwo. Athi kuye, 12 Sihlé, sizé kukukhonkxa, ukuba sikunikele esandleni samaFilisti. Wathi uSamson kuwo, Ndifungeleni, ukuba aniyi kundibulala ngokwenu. Athi kuye, Siya 13 kukukhonkxa sikuqinise, sikunikele esandleni sawo; ukukubulala, asiyi kukubulala. Amkhonkxa ngezintya ezintsha ezimbini, amnyusa engxondorheni.

Weza eLehi; amaFilisti amkhawulela 14 eduma. Wamfikela ngamandla uMoya kaYehova; izintya ebezisemikhonweni yakhe zaba njengeflakisi* etshe ngumlilo, amakhamandela akhe acombuluka ezandleni zakhe. Wafumanana nomhla- 15 thi omtsha we-esile, wasolula isandla, wawuthabatha, wabulala ngawo iwaka lamadoda. Wathi uSamson, 16
Ngomhlathi we-esile zizigigaba ngezigigaba;
Ngomhlathi we-esile ndisiké iwaka lamadoda.
Kwathi, akugqiba ukuthetha, wawulahla umhlathi esandleni sakhe, wathi loo 17 ndawo yiRamati-lehi.*

Wanxanwa kakhulu, wanqula uYe- 18 hova, wathi, Wena uniké ngesandla somkhonzi wakho usindiso olungaka; kanti nanku ndiya kufa linxano, ndeyele esandleni sabangalukanga. Wawucanda 19 uThixo umgongxo oseLehi; kwaphuma amanzi kuwo. Wasela, wabuya umoya wakhe, waphila ke. Ngenxa yoko wathi igama laloo ndawo nguMthombo woMnquli, oseLehi unanamhla.

Wawalawula amaSirayeli ngemihla 20 yamaFilisti iminyaka emashumi mabini.

USamson umka nawo amasango aseGaza

16 USamson waya eGaza, wabona khona inkazana elihenyukazi, wayilala. Kwathiwa kwabaseGaza, USamson ungene apha. Bamrhawula, bamlalela ubusuku bonke esangweni lomzi; bathi cwaka ubusuku bonke, besithi, Kwakusa ngomso sombulala. Walala uSamson kwada kwaba phakathi 3 kobusuku. Wavuka phakathi kobusu-

ku, wabambelela ezingcangweni zesango lomzi, nasemigubasini yomibini, wayincothula inomvalo; wayibeka emagxeni akhe, wayithwalela encotsheni yentaba phambi kweHebron.

USamson nobunyoka bukaDelila

4 Kwathi emveni koko, wathanda inkazana esihlanjeni saseSoreki, igama layo
5 linguDelila. Zenyuka zaya kuyo izikhulu zamaFilisti, zathi kuyo, Mrhwebeshe, ubone ukuba asenini na la mandla akhe angaka, nokuba singámeyisa ngantoni na, simkhonkxe ukuze simthobe; sokunika thina elowo iwaka elinekhulu
6 lesilivere. Wathi uDelila kuSamson, Khawundixelele ukuba asenini na la mandla akho angaka, nokuba ungakhónkxwa ngantoni na, ukuze uqotywe?
7 Wathi uSamson kuye, Ukuba bathe bandibopha ngeentambo ezisixhenxe ezintsha ezingomanga, ndothi fehle,
8 ndibe njengomnye umntu. Izikhulu zamaFilisti zenyuka, zamzisela iintambo ezisixhenxe ezintsha ezingomanga;
9 wamkhonkxa ngazo. Ke abalaleli babehleli naye egumbini. Wathi *umkakhe* kuye, AmaFilisti aphezu kwakho, Samson. Wazijaca iintambo, kwanga kukujaceka kwentsontelo yeflakisi* yakuva umlilo; àkaziwa ke amandla akhe.
10 Wathi uDelila kuSamson, Yabona, udlale ngam, wandixokisa; khawundixelele kaloku ukuba ungakhónkxwa
11 ngantoni na. Wathi kuye, Ukuba bathe ukundikhonkxa bandikhonkxa ngeentsontelo ezintsha, ekungasetyenzwanga msebenzi ngazo, ndothi fehle,
12 ndibe njengomnye umntu. UDelila wathabatha iintsontelo ezintsha, wamkhonkxa ngazo, wathi kuye, AmaFilisti aphezu kwakho, Samson. Ke abalaleli babehleli egumbini. Wazijaca emikhonweni yakhe njengomsonto.
13 Wathi uDelila kuSamson, Udlale ngam unangoku, undixokisa; ndíxelele, ungakhónkxwa ngantoni na? Wathi kuye, Ukuba uthe waluka izihlwitha ezisixhenxe zentloko yam ngemisonto
14 yokuluka. Waziqinisa ngesikhonkwane, wathi kuye, AmaFilisti aphezu kwakho, Samson. Wavuka ebuthongweni bakhe, wasincothula isikhonkwane sokuluka kwanemisonto yaso.
15 Wathi kuye, Ungáthini na ukuthi úyandithanda, ukanti intliziyo yakho ayinam? Undikhohlisile ezi zihlandlo zozithathu, akwandixelela ukuba asenini na la mandla akho angaka. Kwathi, 16 akumxina ngamazwi akhe zonke iimini, emmele, wakhathazeka umphefumlo wakhe, wasingisa ekufeni. Wamxelela 17 intliziyo yakhe yonke, wathi kuye, Isitshetshe sokucheba asizanga sisondele entlokweni yam; ngokuba ndingumahlulwa kaThixo kwasesizalweni sikama. Ukuba ndithe ndachetywa, osuka kum amandla am, ndithi fehle, ndibe njengabantu bonke.

Wabona uDelila ukuba umxelele 18 yonke intliziyo yakhe, wathumela wabiza izikhulu zamaFilisti, esithi, Nyukani esi sihlandlo, ngokuba úndixelele yonke intliziyo yakhe. Zenyuka ke zaya kuye izikhulu zamaFilisti, zenyuka zinemali esandleni sazo. Wamlalisa emathan- 19 géni akhe, wabiza umntu, wazicheba izihlwitha zosixhenxe zentloko yakhe, waqala ke ukumqoba; emka ke amandla akhe kuye. Wathi, AmaFilisti aphezu 20 kwakho, Samson. Wavuka ebuthongweni, wathi, Ndiya kuphuma esi sihlandlo njengezinye izihlandlo, ndizivuthulule. Wayengazi yena, ukuba uYehova umkile kuye. Ambamba ama- 21 Filisti, amkrukra amehlo; ehla naye aya eGaza, amkhonkxa ngamakhamandela obhedu amabini, waba ngumsili endlwini yamakhonkxwa. Zaqala iinwele ze- 22 ntloko yakhe zahluma, emva kokuba wayechetyiwe.

Ukufa kukaSamson

Izikhulu zamaFilisti zahlanganiselwa 23 ukuba zibingelele umbingelelo omkhulu kuDagon uthixo wazo, zivuye; zathi, Uthixo wethu umnikele esandleni sethu uSamson, utshaba lwethu. Bambona 24 abantu, badumisa uthixo wabo; ngokuba bebesithi, Uthixo wethu ulunikele esandleni sethu utshaba lwethu, umtsha-

ABAGWEBI 16-18

balalisi welizwe lethu, obenzé baba-
25 ninzi ababuleweyo kuthi. Kwathi, xa intliziyo yabo ichwayithileyo, bathi, Bizani uSamson, asihlekise. Bambiza ke uSamson endlwini yamakhonkxwa; waphuma wahlekisa phambi kwabo. Bammisa phakathi kweentsika.
26 Wathi uSamson kumfana ombambe ngesandla, Ndiyeke, ndizive iintsika emi ngazo indlu, ndayame ngazo.
27 Ke indlu ibizele ngamadoda nabafazi; zibe zikhona zonke izikhulu zamaFilisti; phezu kophahla kwakuhleli amawaka omathathu amadoda nabafazi, bebonela
28 ukuhlekisa kukaSamson. USamson wanqula uYehova wathi, Nkosi yam, Yehova, khawundikhumbule, khawundomeleze okwesi sihlandlo sodwa, Thixo; ndiphindezèle kumaFilisti impindezelo nokuba inye ngenxa yamehlo
29 am omabini. Waziwola uSamson zombini iintsika eziphakathi, emi ngazo indlu leyo, wacinezela kuzo, enye ngesandla sokunene, enye ngesokhohlo.
30 Wathi uSamson, Mandife namaFilisti. Wathoba ngamandla; yawa indlu phezu kwezikhulu, naphezu kwabantu bonke ababekuyo. Bathi abafi, awababulala ekufeni kwakhe, baba baninzi kunabafi awababulala esaphilile.
31 Behla abazalwana bakhe nendlu kayise yonke, bamthabatha, bamnyusa, bamngcwabela phakathi kweTsora neEshtawoli, engcwabeni likaManowa uyise. Wawalawula yena amaSirayeli iminyaka emashumi mabini.

UMika nomfanekiso wakhe oqingqiweyo

17 Kwaye kukho indoda yelasezintabeni zakwaEfrayim egama lingu-
2 Mika. Yathi kunina, Iwaka lesilivere elinakhulu-nye elalithatyathwe kuwe, owashwabula ngenxa yalo, kananjalo wathetha ngalo ezindlebeni zam, yabona, isilivere leyo inam; yathatyathwa ndim. Wathi unina, Úsikelelwe, nya-
3 na wam, nguYehova. Walibuyisela kunina iwaka lesilivere elinakhulu-nye. Wathi unina, Ndiyingcwalisile yonke isilivere leyo kuYehova; iphuma esandleni sam ukuba ibe yeyonyana wam, enze umfanekiso oqingqiweyo nomtyhido; ndiyibuyisela kuwe ke ngoko. Wayi- 4 buyisela ke kunina isilivere. Wawathabatha unina amakhulu omabini esilivere, wawanika umnyibilikisi, wenza ngawo umfanekiso oqingqiweyo nomtyhido; waba sendlwini kaMika.
Indoda leyo inguMika ibinendlu 5 yoothixo, yayenze iefodi* nemilondekhaya; yayimisele omnye koonyana bayo, waba ngumbingeleli wayo. Nga- 6 loo mihla bekungekho kumkani kwaSirayeli; elowo wenza oko kuthe tye emehlweni akhe.
Ke kaloku kwakukho umfana wase- 7 Bhetelehem yakwaYuda, wasemlibeni wakwaYuda, ongumLevi, engumphambukeli khona. Yahamba indoda leyo, 8 isuka kuloo mzi eBhetelehem yakwaYuda, yaya kuphambukela apho ingafumana indawo. Yafika kweleentaba lakwaEfrayim endlwini kaMika, ihamba uhambo lwayo. Wathi uMika kuyo, 9 Uvela phi na? Yathi kuye, NdingumLevi waseBhetelehem yakwaYuda; ndiya kuphambukela apho ndingafumana indawo. Wathi uMika kuyo, Hlala 10 nam, kum ube ngubawo nombingeleli; ndokunika mna ishumi lesilivere ngomnyaka, ndikuxhase ngento eziingubo nekukudla. Waya ke umLevi lowo. Kwakholeka kumLevi ukuhlala nale 11 ndoda. Loo mfana waba njengomnye woonyana bayo kuyo. Wammisela u- 12 Mika umLevi lowo, waba ngumbingeleli kuye umfana lowo; waba sendlwini kaMika. Wathi uMika, Kaloku ndi- 13 yazi ukuba uYehova uya kundenzela okulungileyo; ngokuba ndinombingeleli ongumLevi.

AmaDan afuna ilifa

18 Ngaloo mihla kube kungekho kumkani kwaSirayeli. Ngaloo mihla isizwe sakwaDan besizifunela ilifa lendawo yokuhlala; ngokuba kwada kwanguloo mhla, sibe sona singabelwanga lifa ngeqashiso, phakathi kwesizwe sakwaSirayeli. Oonyana bakaDan be- 2 susa kumlibo wakowabo amadoda amahlanu, evela kwinani lawo lonke, ama-

doda anobukroti aseTsora nase-Eshtawoli, ukuba alihlole ilizwe, aligocagoce. Bathi kuwo, Hambani niligocagoce ilizwe. Afika kweleentaba lakwaEfrayim endlwini kaMika, alala khona.

3 Akubona ukuba angasendlwini kaMika, alifanisa ilizwi lendodana engumLevi, aphambukela khona, athi kuye, Uziswe ngubani na apha? Wenza ntoni na kule ndawo? Ungantoni na apha?
4 Yathi kuwo, Wenjenje, wenjenje uMika kum; wandiqesha, ndaba ngumbinge-
5 leli kuye. Athi kuyo, Khawubuze kuThixo, sazi ukuba iya kuba nempumelelo na indlela yethu esihambela
6 yona. Wathi umbingeleli kuwo, Hambani ninoxolo, iphambi koYehova indlela yenu eniya kuhamba ngayo.

7 Ahamba ke amadoda amahlanu afika eLayishe; ababona abantu abaphakathi kwayo, behleli bonwabile ngokwesiko lamaTsidon, bezolile, bonwabile; kungekho uwona nganto kubaphathi belo zwe; babekude kumaTsidon, bengatheni nabani.

8 Afika kubazalwana bawo eTsora nase-Eshtawoli. Bathi abazalwana ba-
9 wo kuwo, Nitheni na? Athi, Sukani, sinyuke siye kubo; ngokuba silibonile ilizwe; nalo lilihle kunene, ke nithe quthu. Musani ukunqena ukuhamba,
10 niye kulihlutha ilizwe elo. Xa nithe nafika, nofika kubantu abonwabileyo, kwilizwe eliphangaleleyo ngamacala omabini; ngokuba uThixo ulinikele ezandleni zenu, indawo apho kungàsweleke nanye into esehlabathini.

AmaDan amphanga uMika umfanekiso wakhe oqingqiweyo azenzele isithixo

11 Kwanduluka ke kumlibo wakwaDan, eTsora nase-Eshtawoli, amadoda angamakhulu omathandathu, exhobe iimpa-
12 hla zemfazwe. Enyuka ke, amisa eKiriyati-yeharim yakwaYuda; ngenxa yoko bathi loo ndawo yiMahane yakwaDan* unanamhla. Nantso isemva kweKiri-
13 yati-yeharim. Agqitha aya kweleentaba lakwaEfrayim, afika endlwini kaMika.
14 Ke kaloku aphendula amadoda amahlanu, abezé kulihlola ilizwe laseLayishe, athi kubazalwana bawo, Niyazi na ukuba kwezi zindlu kukho iefodi,* nemilonde-khaya, nomfanekiso oqingqiweyo, nomtyhido? Ke ngoko kuqondeni eniza kukwenza. Aphambukela 15 khona, angena endlwini yendodana engumLevi, endlwini kaMika, ayibuza ukuphila kwayo. Athi amadoda anga- 16 makhulu amathandathu axhobe iimpahla zemfazwe, akoonyana bakwaDan, ema ekungeneni kwesango.

Anyuka la madoda mahlanu abeye 17 kulihlola ilizwe, aya khona, awuthabatha umfanekiso oqingqiweyo, ne-efodi, nemilonde-khaya, nomtyhido; waye umbingeleli lowo emi ekungeneni kwesango namadoda angamakhulu amathandathu axhobe iimpahla zemfazwe. Akuba 18 lawa engene endlwini kaMika, ewuthabathile umfanekiso oqingqiweyo, iefodi, nemilonde-khaya, nomtyhido, uthe umbingeleli kuwo, Nenzani? Athi kuye, 19 Yithi tu, beka isandla sakho emlonyeni wakho, uhambe nathi, ube ngubawo nombingeleli kuthi. Kulungile na ukuba ube ngumbingeleli wendlu yamntu mnye, kunokuba ube ngumbingeleli wesizwe nomzalwana kwaSirayeli? Yachwayitha intliziyo yombingeleli, wa- 20 yithabatha iefodi, nemilonde-khaya, nomfanekiso oqingqiweyo, weza phakathi kwabantu abo. Ajika ke, ahamba, azi- 21 beka iintsapho neemfuyo nezinto ezizukileyo phambi kwawo.

Akuba kude nendlu kaMika wona, 22 athi amadoda asezindlwini ezingakwekaMika indlu ahlabelana umkhosi, eza afumanana noonyana bakaDan. Ame- 23 meza koonyana bakaDan; baguquka ngobuso, bathi kuMika, Ukhathazwa yini na, uhlaba umkhosi nje? Wathi 24 yena, Oothixo bam endabenzayo nibathabathile, nemka naye nombingeleli wam; ndisenantoni na? Nitsho ngani na ke ukuthi kum, Ukhathazwa yini na? Bathi kuye oonyana bakaDan, Musa u- 25 kulivakalisa ilizwi lakho kuthi, hleze akugqibele amadoda amphefumlo ulugcalagcala, asuse umphefumlo wakho, nomphefumlo wendlu yakho. Baha- 26 mba ke ngendlela yabo oonyana baka-Dan. Wabona uMika ukuba bomelele kunaye, wajika wabuyela endlwini yakhe.

27 Bayithabatha ke bona into abeyenzile uMika, nombingeleli lowo abenaye; bafika eLayishe kubantu abazolileyo, abonwabileyo, bababulala ngohlangothi lwekrele, bawutshisa umzi ngomlilo.
28 Bekungekho mhlanguli, ngokuba bekude nowaseTsidon, bengatheni nabani, besentilini esingise eBhete-rehobhi. Bakha
29 umzi, bahlala khona. Bathi igama laloo mzi ngowakwaDan, ngegama likaDan uyise, owazalelwa uSirayeli; kodwa igama laloo mzi libe liyiLayishe ngenxa
30 engaphambili. Baza oonyana bakaDan bazimisela umfanekiso oqingqiweyo lowo; uYonatan unyana kaGershom, unyana kaManase, yena noonyana bakhe baba ngababingeleli esizweni sakwaDan, kwada kwayimini yokuthinjwa kwelizwe.
31 Bazimisela ke umfanekiso oqingqiweyo kaMika abewenzile, yonke imihla ebiseseShilo indlu kaThixo.

Ihlazo laseGibheha

19 Kwathi ngaloo mihla, kungekho kumkani kwaSirayeli, kwabakho indoda engumLevi ephambukele emathambekeni akwaEfrayim, yazeka umfazi olishweshwe eBhetelehem yakwa-
2 Yuda. Lahenyuza likuyo ishweshwe layo, lemka kuyo, laya endlwini yoyise walo eBhetelehem yakwaYuda, laba
3 khona imihla eziinyanga eziné. Yesuka indoda yalo yaliphuthuma, ukuba ithethe kakuhle nalo ilibuyise, inomfana namaesile amabini. Layingenisa endlwini yoyise walo. Wayibona uyise wentombazana leyo, wakuvuyela ukuhlangana
4 nayo. Wayigcina uyise womfazi, uyise wentombazana leyo; yahlala naye imihla yamithathu, badla, basela, balala khona.
5 Kwathi ngomhla wesiné, bavuka kusasa; yesuka yona ukuba imke. Wathi uyise wentombazana kumyeni wayo, Khawuxhase intliziyo yakho ngeqhe-
6 keza lesonka, nandule ukuhamba. Bahlala ke badla bobabini ndawonye, basela. Wathi uyise wentombazana kwi-

ndoda, Makhe kukholeke kuwe, ulale, ichwayithe intliziyo yakho. Yesuka 7 indoda leyo ukuba ihambe; wayijoka uyise womkayo, yabuya yalala khona. Yavuka kusasa ngomhla wesihlanu uku- 8 ba ihambe. Wathi uyise wentombazana, Khawuxhase intliziyo yakho, nizilazile ide ijike imini; badla ke bobabini. Yesuka indoda ukuba imke, yona ne- 9 shweshwe layo nomfana wakuyo. Wathi kuyo uyise womkayo, uyise wentombazana, Khawukhangele, imini iyemka, kuyahlwa; khanilale; yabona, imini isangene; lala apha, ichwayithe intliziyo yakho, nivuke kusasa ngomso, nihambe ngendlela yenu, uye ententeni yakho. Ayavuma ukulala indoda leyo, ye- 10 suka yemka; yafika malungana neYebhusi (yiYerusalem ke leyo), inamaesile amabini ebotshiwe, ineshweshwe layo.

Xa babengaseYebhusi, imini yayise 11 ithambamile kakhulu. Wathi umfana kwinkosi yakhe, Khawuze siphambukele kulo mzi wamaYebhusi, silale kuwo. Yathi kuye inkosi yakhe, Asiyi kupha- 12 mbukela apha kumzi wolunye uhlanga, ongengowoonyana bakaSirayeli; sodlula siye eGibheha. Yathi kumfana waku- 13 yo, Yiza, sisondele kwenye indawo, silale; nokuba kuseGibheha, nokuba kuseRama. Bagqitha, bahamba; batshone- 14 lwa lilanga ecaleni laseGibheha yakwaBhenjamin. Baphambukela apho, baya 15 kulala eGibheha; yafika yahlala endaweni yokubutha kwamadoda omzi; akwabakho mntu ubamkelela endlwini yakhe, ukuba balale.

Kwathi thu indoda enkulu ivela emse- 16 benzini wayo emasimini, ngokuhlwa; iyindoda yelasezintabeni lakwaEfrayim, ingumphambukeli eGibheha. Ke amadoda aloo mzi abengamaBhenjamin. Yawaphakamisa amehlo ayo, yabona 17 ndoda ingumhambi endaweni yokubutha kwamadoda omzi, yathi indoda enkulu leyo, Úya ngaphi na? Ùvela phi na? Yathi kuyo, Siyagqitha, sivela eBhetele- 18 hem yakwaYuda; siya emathambekeni akwaEfrayim; endingowakhona. Ndibe ndihambele eBhetelehem yakwaYuda, ngoku ndihambela endlwini ka-

Yehova. Akukho bani ke undamkelela
19 endlwini yakhe apha; kanti ke sinomququ kwaneendiza zamaesile ethu, nesonka newayini eyiyeyam, nomkhonzazana
wakho, nomfana okubakhonzi bakho;
20 akusweleke nto. Yathi indoda enkulu,
Uxolo malube nawe; ke ukuswela kwakho konke makube phezu kwam; kodwa
musa ukulala endaweni yokubutha kwamadoda omzi.

21 Yayingenisa endlwini yayo, yawanika
iindiza amaesile; bazihlamba iinyawo
22 zabo, badla, basela. Bakubon' ukuba
bayazichwayithisa iintliziyo zabo, nango
amadoda aloo mzi, amadoda angamatshijolo, eyirhawula indlu leyo, emana enkqonkqoza elucangweni; atsho kwindoda enkulu engumninindlu ukuthi, Yikhuphe indoda engene endlwini yakho,
23 siyàzi. Yaphuma indoda engumninindlu, yaya kuwo, yathi kuwo, Hayi, bazalwana bam, hayi, musani ukukha nenze into embi. Emveni kokuba le ndoda ingene endlwini yam, musani ukwe
24 nza obu budenge. Nantsi intombi yam
eyintombi, neshweshwe *lale ndoda*; makhe ndikhuphe bona, nibone, nenze kubo okulungileyo emehlweni enu; ke kule
ndoda ze ningenzi nto yobu budenge.
25 Akavuma loo madoda ukumphulaphula. Yalibamba indoda ishweshwe layo,
yalikhuphela phandle kuwo; alazi, afeketha ngalo bonke ubusuku kwada kwa
26 sa; alindulula ngesifingo. Yafika inkazana leyo xa kusayo, yawa emnyango
wendlu yendoda apho yayikhona inkosi
yayo, kwada kwamhlophe.

27 Yavuka inkosi yayo kusasa, yazivula
iingcango zendlu, yaphuma ukuba ihambe ngendlela yayo; nantso le nkazana
ilishweshwe layo iwile emnyango walo
ndlu, nezandla zayo zisembundwini wa
28 wo. Yathi kuyo, Vuka sihambe; ayaphendula. Yayithabatha yayibeka phezu kwe-esile; yesuka loo ndoda, yasinga
endaweni yayo.

29 Yafika endlwini yayo, yathabatha isitshetshe, yalibamba ishweshwe layo, yalityatya ngokwamathambo alo laziinyama ezilishumi elinambini, yalithumela
30 kuyo yonke imida yakwaSirayeli; ukuze

bonke ababona oko bathi, Okunje
akuzanga kubekho; akuzanga kubonwe
kususela kumhla abanyuka ngawo oonyana bakaSirayeli ezweni laseYiputa,
unanamhla; kubekeleni iintliziyo zenu
oku, nicebe, nithethe.

*Ukuphindezelwa kwehlazo ngokubulawa
kwamaBhenjamin*

20 Baphuma ke bonke oonyana bakaSirayeli, labizelwa ndawonye
lonke ibandla njengandoda-nye, lathabathela kwaDan lesa eBher-shebha,
nelizwe laseGiliyadi, laya kuYehova e-
Mizpa. Zema izibonda zabantu bonke, 2
zezizwe zonke zakwaSirayeli, ebandleni
labantu bakaThixo, abangamawaka angamakhulu amané amadoda angumqikela arhola ikrele. Beva oonyana ba- 3
kaBhenjamin, ukuba oonyana baka
Sirayeli benyukile beza eMizpa.

Bathi oonyana bakaSirayeli, Thethani; itheni na ukubakho le nto inje ukuba mbi? Yaphendula indoda leyo, ingu- 4
mLevi, indoda yaloo nkazana incinithiweyo, yathi, Ndafika eGibheha ekwa
Bhenjamin, mna neshweshwe lam, salalisa khona. Abemi baseGibheha bandi- 5
vunukela, bayirhawula indlu ngenxa
yam ebusuku; bagqiba kwelokundibulala; balidlwengula ishweshwe lam, lafa.
Ndalibamba ishweshwe lam, ndalitya- 6
tya, ndalithumela kwilizwe lonke lelifa
lakwaSirayeli; ngokuba benzé amanyala nobudenge kwaSirayeli. Nanko ke 7
nina nonke, nyana bakaSirayeli; khuphani ilizwi necebo apha.

Besuka bonke abantu njengandoda- 8
nye, bathi, Asiyi kuya elowo ententeni
yakhe, asiyi kuphambukela elowo endlwini yakhe; ke ngoko, nantsi into 9
esiya kwenza yona kwiGibheha; siya
kwenza kuyo ngokweqashiso, sithabathe 10
ishumi lamadoda ekhulwini eziizweni
zonke zakwaSirayeli, ikhulu ewakeni,
iwaka emawakeni alishumi, ukuya kuthabathela abantu umphako; ukuze ekufikeni kwabo eGibheha yakwaBhenjamin, bohlwaywe njengokobudenge bonke ababenzileyo kwaSirayeli. Ahla- 11
nganisana ke onke amadoda akwaSira-

yeli kuloo mzi, ebandakanyiwe njenganoda-nye.

12 Izizwe zakwaSirayeli zathuma amadoda kwimizalwane yonke yakwaBhenjamin, zisithi, Bububi buni na obu,
13 benziweyo phakathi kwenu? Sinikeleni kalokunje loo madoda angamatshijolo aseGibheha, siwabulale, sibutshayele ububi bungabikho kwaSirayeli. Abavuma ke oonyana bakaBhenjamin ukuliphulaphula izwi labazalwana babo, oonyana bakaSirayeli.
14 Oonyana bakaBhenjamin bahlanganisana eGibheha, bephuma emizini be-
15 siya kulwa noonyana bakaSirayeli. Babàlwa oonyana bakaBhenjamin ngaloo mhla, bephuma emizini; baba ngamadoda angamashumi amabini anamathandathu amawaka arhola ikrele, ngaphandle kwabemi baseGibheha, ababalwáyo baba ngamadoda ahleliweyo angama-
16 khulu asixhenxe. Kwaba bantu bonke bekukho amakhulu asixhenxe amadoda ahleliweyo angamanxele, onke enokusawula ngelitye, achane angaphosi.
17 Ke amadoda akwaSirayeli, ngaphandle kwamaBhenjamin, abebalwe aba ngamawaka angamakhulu amané amadoda arhola ikrele; onke lawo ingama-
18 doda okulwa. Besuka, benyuka baya eBheteli, babuza kuThixo. Bathi oonyana bakaSirayeli, Makunyùke bani na kuthi, aqale ukulwa noonyana bakaBhenjamin? Wathi uYehova, Makuqale
19 uYuda. Besuka oonyana bakaSirayeli kusasa, bayingqinga iGibheha.
20 Aphuma amadoda akwaSirayeli, aya kulwa namaBhenjamin. Amadoda akwaSirayeli ákha uluhlu lokulwa nawo
21 ngaseGibheha. Baphuma oonyana bakaBhenjamin eGibheha, bavunela phantsi ngaloo mini kumaSirayeli amashumi amabini anamabini amawaka amadoda.
22 Bazomeleza abantu, amadoda akwaSirayeli, baphinda bákha uluhlu lokulwa, kwasendawenі ababakhé uluhlu
23 kuyo ngomhla wokuqala. Benyuka oonyana bakaSirayeli, balila phambi koYehova, kwada kwahlwa. Babuza kuYehova, bathi, Ndiphinde na ndisondele ekulweni noonyana bakaBhenjamin, umzalwana wam? Wathi uYehova, Nyukani niye kubo.

Basondela oonyana bakaSirayeli koo- 24 nyana bakaBhenjamin ngomhla wesibini. Aphuma amaBhenjamin eGibheha, 25 aya kubahlangabeza ngomhla wesibini, abuya avunela phantsi koonyana bakaSirayeli ishumi elinesibhozo lamawaka amadoda; onke lawo arhola ikrele. Be- 26 nyuka bonke oonyana bakaSirayeli, bonke abantu, baya eBheteli, balila, bahlala khona phambi koYehova, bazila ukudla loo mini kwada kwahlwa, banyusa amadini anyukayo nemibingelelo yoxolo phambi koYehova. Babuza oo- 27 nyana bakaSirayeli kuYehova (yayikhona ityeya yomnqophiso kaYehova ngaloo mihla; uPinehasi unyana kaEla- 28 zare, unyana ka-Aron, emi phambi kwayo ngaloo mihla), besithi, Ndibùye ndiphinde, ndiphume ndiye kulwa noonyana bakaBhenjamin umzalwana wethu, ndiyeke, kusini na? Wathi uYehova, Nyukani, ngokuba ngomso ndiya kumnikela esandleni senu. AmaSirayeli abe- 29 ka abalaleli eGibheha ngeenxa zonke.

Benyuka oonyana bakaSirayeli baya 30 koonyana bakaBhenjamin ngomhla wesithathu, bákha uluhlu lokulwa eGibheha, njengokweminye imihla. Baphuma 31 oonyana bakaBhenjamin, baya kubahlangabeza abantu, beqhawukene nomzi. Baqala ukubulala ebantwini njengokweminye imihla, emendweni, othi omnye unyuke uye eBheteli, uthi omnye uya eGibheha emaphandleni, bahlaba amadoda kwaSirayeli, akumashumi amathathu. Bathi oonyana bakaBhenjamin, 32 Babulewe phambi kwethu, njengasekuqaleni; ke oonyana bakaSirayeli babesithi, Masirhole sibaqhawule kuwo umzi, beze emendweni. Asuka onke amadoda 33 akwaSirayeli endaweni yawo, ákha uluhlu eBhahali-tamare; abalaleli bamaSirayeli bathi chithithi endaweni yabo ethafeni laseGebha. Kwavela malu- 34 ngana neGibheha ishumi lamawaka amadoda ahleliweyo kumaSirayeli onke; ukulwa kwashushu; babengazi bona ukuba ububi bubafikele. UYehova wa- 35 wabulala amaBhenjamin phambi kwamaSirayeli. Oonyana bakaSirayeli batshabalalisa kwaBhenjamin ngaloo mini amashumi amabini anesihlanu amawaka anekhulu lamadoda; lawo onke ngárhola ikrele.

36 Ke kaloku oonyana bakaBhenjamin babona ukuba boyisiwe, ukuba amadoda akwaSirayeli ayehlehla phambi kwamaBhenjamin, ngokuba abekholose 37 ngabalaleli ababebabeke eGibheha. Abalaleli bakhawuleza, bagaleleka eGibheha, batsalela kuyo abalaleli, bawubulala wonke umzi ngohlangothi lwekrele.

38 Ke kaloku ibhunga lamadoda akwaSirayeli nabalaleli laye libe lelokuthi, Qhumisani kakhulu umsi, unyuke kuloo 39 mzi. Ajika ke amadoda akwaSirayeli ekulweni, akuba ebeqalile amaBhenjamin ukubulala iingxwelerha phakathi kwamadoda akwaSirayeli, amodada akumashumi amathathu; ngokuba abesithi, Abethiwe ngenene wona phambi kwe-
40 thu, njengokulwa kokuqala. Wakuba umsi uqalile ukunyuka emzini, ungumqulu womsi, amaBhenjamin abheka emva kwawo, nango umzi wonke unyu-
41 ka usiya ezulwini ungumsi. Aphethula amadoda akwaSirayeli, akhwankqiswa amadoda akwaBhenjamin; ngokuba abo-
42 na ukuba afikelwe bububi. Ajika ke phambi kwamadoda akwaSirayeli, abheka endleleni yentlango. Ukulwa kwathana mbende nawo, besuka nabemi bemizi bawatshabalalisa kuyo.

43 Bawarhawula amaBhenjamin, bawasukela, bawanyathelela phantsi endaweni yokuphumla, besa malunga neGi-
44 bheha ngecala eliphuma ilanga. Kwawa kumaBhenjamin ishumi elinesibhozo lamawaka amadoda; onke ke lawo inga-
45 madoda anobukroti. Ajika ke, asabela entlango, engxondorheni yeRimon. Bacholachola ke kuwo emendweni amawaka amahlanu amadoda; bathana mbende nawo bada besa eGidiyom, babulala
46 kuwo amawaka amabini amadoda. Athi ke onke awawáyo kumaBhenjamin ngaloo mini aba ngamashumi amabini anesihlanu amawaka, ingamadoda arhola ikrele; onke ke lawo ayengamadoda a-
47 nobukroti. Ke ajika asabela entlango engxondorheni eRimon engamakhulu amathandathu amadoda, ahlala engxondorheni yeRimon apho iinyanga zané. Amadoda akwaSirayeli abuyela koo- 48 nyana bakaBhenjamin, abulala ngohlangothi lwekrele, ethabathela kumzi, kumadoda ke kwaneenkomo esa kwinto yonke efumanekayo naphi. Kananjalo imizi yonke efunyenweyo ayifaka umlilo.

Abasindáyo kumaBhenjamin banikwa abafazi

21 Ke kaloku amadoda akwaSirayeli abefungile eMizpa, esithi, Akukho kúthi uya kunika umBhenjamin intombi yakhe ibe ngumfazi. Baya abantu 2 eBheteli, bahlala khona kwada kwahlwa phambi koThixo, baliphakamisa izwi labo, batsho ngesililo esikhulu. Bathi, 3 Kungani na, Yehova, Thixo kaSirayeli, ukuthi kuhle oku kwaSirayeli, ukuba esinye isizwe singabikho namhla kwaSirayeli? Kwathi ngengomso, bavuka 4 kusasa abantu, bakha isibingelelo khona, benyusa amadini anyukayo nemibingelelo yoxolo.

Bathi oonyana bakaSirayeli, Ngu- 5 bani na ezizweni zonke zakwaSirayeli onganyukanga eze ebandleni kuYehova? Ngokuba ubefungelwe kakhulu onganyukanga eze kuYehova eMizpa, ngokuthi, Makabulawe afe. Babezohlwaya 6 oonyana bakaSirayeli ngenxa kaBhenjamin umninawa wabo, besithi, Namhla sínqanyulwe esinye isizwe kwaSirayeli; siya kubathini na abaseleyo 7 ngabo abafazi, sifungé uYehova nje thina, ukuba asiyi kubanika ezintombini zethu zibe ngabafazi?

Bathi ke, Sisiphi na isizwe sakwaSira- 8 yeli esinganyukanga size kuYehova e-Mizpa? Nanko ke eYabheshe yaseGiliyadi kungezanga ndoda eminqubeni ebandleni. Babàlwa abantu, nanko 9 kungabangakho nanye indoda yabemi beYabheshe yaseGiliyadi khona. Iba- 10 ndla lathumela khona ishumi elinamabini lamawaka amadoda kubafo abanobukroti, lawawisela umthetho, lisithi, Hambani niye kubulala abemi baseYabheshe yaseGiliyadi ngohlangothi lwe-

11 krele, abafazi nabantwana. Nantsi into enoyenza: yonke into eyindoda, nento yonke eyinkazana eyazene nendoda ngokulalwa yiyo, noyisingela phantsi.
12 Afumana kubemi baseYabheshe yaseGiliyadi amankazana angamakhulu amané aziintombi, angazani nandoda ngokulala nayo, awazisa eminqubeni eShilo, eselizweni lamaKanan.
13 Lathumela lonke ibandla, lathetha noonyana bakaBhenjamin ababesengxondorheni yeRimon, lamemeza kubo lathi
14 lixolile. Abuya ke amaBhenjamin ngelo xesha; lawanika amankazana ebeliwasindisile kumankazana aseYabheshe yaseGiliyadi; akawalingana, noko angako.
15 Abantu bazohlwaya ngenxa kaBhenjamin; ngokuba uYehova ebenze uthanda ezizweni zakwaSirayeli.
16 Athi amadoda amakhulu ebandla, Siya kubathini na abaseleyo ngabafazi, etshabalele nje amankazana kwaBhenja-
17 min? Athi, Ilifa labasindileyo malibe lelakwaBhenjamin, kungacinywa sizwe
18 kwaSirayeli. Ke thina asinakubanika bafazi ezintombini zethu; ngokuba oonyana bakaSirayeli bafungile besithi, Uqalekisiwe onika umBhenjamin umfazi.
19 Athi, Niyabona, kukho umthendeleko kaYehova iminyaka ngeminyaka eShilo, engasentla yeBheteli, ngasempumalanga komendo ovela eBheteli, onyuka uye kwaShekem, nangasezantsi kweLebhona. Abawisela oonyana bakaBhe- 20 njamin umthetho, esithi, Hambani niye kulalela ezidiliyeni; yabonani, nikhá- 21 ngele; ukuba zithe zaphuma iintombi zaseShilo, zingqungqa, zibetha ingqongqo, ze niphume ezidiliyeni, nizithele hlasi elowo umkakhe ezintombini zaseShilo, niye ezweni lakwaBhenjamin. Kothi, xa ooyise nabanakwazo bazé ku- 22 bambana nathi, sithi kubo, Sibabaleni ngazo; ngokuba singàbathabathelanga elowo umkakhe ekulweni; ngokuba anibanikanga nina, okanye beniya kuba netyala.

Benjenjalo oonyana bakaBhenjamin, 23 bazeka abafazi ngokwenani labo kwezo zazingqungqa, bazixhakamfuláyo; bahamba babuyela elifeni labo, bákha imizi, bahlala kuyo. Bemka apho oonya- 24 na bakaSirayeli ngelo xesha, elowo waya esizweni sakowabo, nasemzalwaneni wakowabo. Baphuma ke apho, waya elowo elifeni lakhe.

Ngaloo mihla kwakungekho kumkani 25 kwaSirayeli; elowo wenza ngokubona kwakhe.

INCWADI KARUTE

Ukumka nokubuya kukaNahomi

1 Ke kaloku kwathi ngemihla yokulawula kwabagwebi, kwabakho indlala elizweni. Yahamba indoda yaseBhetelehem yakwaYuda, yaza yaphambukela elizweni lakwaMowabhi, yona nomkayo,
2 noonyana bayo bobabini. Ke igama laloo ndoda lalinguElimeleki, igama lomkayo linguNahomi; amagama oonyana bayo babengooMalon noKiliyon, bengamaEfrata aseBhetelehem yakwaYuda. Baya ke elizweni lakwaMowabhi, baba khona.

Wafa uElimeleki indoda kaNahomi; 3 washiywa ke yena noonyana bakhe bobabini. Bazeka abafazi abangamaMo- 4 wabhikazi; igama lomnye lalinguOrpa, igama lomnye lalinguRute; bahlala khona iminyaka eseshumini. Bafa ka- 5 nanjalo bobabini ooMalon noKiliyon; washiywa ke loo mfazi ngoonyana bakhe bobabini nayindoda yakhe.

Wesuka yena noomolokazana bakhe, 6 ebuya elizweni lakwaMowabhi; ngokuba weva eselizweni lakwaMowabhi, ukuba uYehova ubavelele abantu bakhe

7 ngokubanika isonka. Waphuma kuloo ndawo abekuyo, enoomolokazana bakhe bobabini; wahamba ngendlela ebuyela ezweni lakwaYuda.

8 Wathi uNahomi koomolokazana bakhe bobabini, Hambani, nibuyele elowo endlwini yonina; uYehova makanenzele inceba, njengoko nenze ngako kubafi

9 nakum. UYehova makaninike nifumane indawo yokuphumla, elowo endlwini yendoda yakhe. Wabanga;

10 baliphakamisa ilizwi labo, balila. Bathi kuye, Hayi, siya kubuyela nawe kubantu bakowenu.

11 Wathi uNahomi, Buyani, zintombi zam; kungani na ukuba nihambe nam? Ndisenoonyana yini na embilinini wam,

12 ukuze babe ngamadoda kuni? Buyani, zintombi zam; hambani, ngokuba sendikwaluphalele ukuba nendoda. Khona ukuba ndibe ndisithi, Ndisenethemba, nokuba bendithe ndaba ngonendoda ngobu busuku, nokuba bendithe

13 ndazala oonyana, beniya kuthi ngenxa yoko nilinde bade bakhule, yini na? Beniya kuthi ngenxa yoko nizibambe ningabi namadoda, yini na? Hayi, zintombi zam; ngokuba kukrakra kunene kum ngenxa yenu, kuba isandla sika-Yehova siphumelene nam.

14 Baliphakamisa ilizwi labo, babuya balila. UOrpa wamanga uninazala; ke

15 yena uRute wanamathela kuye. Wathi yena, Uyabona, umkhuluwakazi wakho ubuyéle kubantu bakowabo, nakoothixo bakowabo; buya nawe, ulandele umkhu-

16 luwakazi wakho. Wathi uRute, Musa akundibongoza ngokuthi mandikushiye, ndibuye, ndingàkulandéli; ngokuba apho uya khona, ndiya kuya nam; apho uya kuthi vu khona, ndiya kuthi vu khona; abantu bakowenu baya kuba ngabantu bam, uThixo wakho abe ngu-

17 Thixo wam; apho ùfela khona, ndiya kufela khona, ndingcwatyelwe khona. Makenjenje uYehova kum, aphinde ukwenjenje: kukufa kodwa okuya kundahlula nawe.

18 Wabona ukuba uzimisele ukuhamba naye, wayeka ukuthetha kuye.

19 Bahamba ke bobabini, bada bafika eBhetelehem. Kwathi, xa bangenayo eBhetelehem, wazamazama wonke umzi ngenxa yabo, bathi, NguNahomi na lo? Wathi kubo, Musani ukuthi ndi- 20 nguNahomi;* yithini ndinguMara,* ngokuba uSomandla undenze ndakrakra kunene. Ndemka mna ndizéle; ke 21 uYehova undibuyisa ndilambatha. Yini na ukuba nithi ndinguNahomi; uYehova engqinile nje ngam, uSomandla endenzele ububi nje.

Wabuya ke uNahomi enoRute um- 22 Mowabhikazi, umolokazana wakhe, owabuya elizweni lakwaMowabhi; bafika bona eBhetelehem ekuqalekeni kokuvunwa kwerhasi.

URute umbhikici

2 Ke kaloku uNahomi ebenesihlobo sendoda yakhe, indoda esisityebi emzalwaneni kaElimeleki; igama layo libe linguBhohazi. Wathi uRute um- 2 Mowabhikazi kuNahomi, Makhe ndiye entsimini, ndibhikice izikhwebu emva kwalowo ndiya kubabalwa nguye. Wathi kuye, Hamba, ntombi yam. Waha- 3 mba waya, wabhikica entsimini emva kwabavuni. Ithamsanqa lakhe lawela phezu kwesahlulo sentsimi kaBhohazi, obengowomzalwane kaElimeleki.

Wathi gqi uBhohazi, evela eBhetele- 4 hem, wathi kubavuni, UYehova makabe nani. Bathi kuye, UYehova makakusikelele. Wathi uBhohazi kwindo- 5 dana yakhe ephethe abavuni, Yekabani na le nkazana? Yaphendula indodana 6 ephethe abavuni, yathi, Yinkazana engumMowabhikazi, efike noNahomi, bevela elizweni lakwaMowabhi; yathi ke, Ma- 7 khe ndibhikice, ndibuthe phakathi kwezithungu emva kwabavuni; yeza ke, yema kwakusasa kwada kwangoku; ukuhlala kwayo endlwini kukancinane.

Wathi uBhohazi kuRute, Uyeva na, 8 ntombi yam? Musa ukuya kubhikica ntsimini yimbi; kananjalo uze ungadluli apha; namathela wenjenje kumthinjana wam lo; amehlo akho makabe sentsimini 9 oyivunayo wona, uwulandele; yabona, abafana bakwam ndibawisele umthetho wokuba bangakuchukumisi; xa unxani-

URUTE 2–3

weyo, yiya ezityeni, usele into ekhiwe
10 ngabafana. Wawa ngobuso bakhe, waqubuda emhlabeni, wathi kuye, Kutheni na ukuba ndibabalwe nguwe, undibuke, ndiyinkazana yolunye uhlanga nje?

11 Waphendula uBhohazi, wathi kuye, Ndiyixelelwe kakuhle yonke into oyenzileyo kunyokozala, emva kokufa kwendoda yakho; ukuba ùshiye uyihlo nonyoko, nelizwe owazalelwa kulo, weza
12 ebantwini obungabazi ngaphambili. UYehova makakubuyekeze ukwenza kwakho, uzaliseke umvuzo wakho ovela kuYehova uThixo kaSirayeli, ozé wazimela phantsi kwamaphiko akhe wena.
13 Wathi yena, Mandibabalwe nguwe, nkosi yam; ngokuba undithuthuzele, ngokuba uthethe kakuhle nomkhonzazana wakho, ndingènjengomnye wabakhonzazana bakho nje.

14 Wathi uBhohazi kuye, Ngexesha lokudla sondela apha, udle isonka, uncinde iviniga ngeqhekeza lakho. Wahlala phantsi ngasecaleni labavuni. Wamnika ikhweba; wadla, wahlutha, washiya.
15 Wesuka ke waya kubhikica; uBhohazi waluwisela umthetho ulutsha ololulwakhe, wathi, Makabhikice naphakathi
16 kwezithungu, ningamdanisi; nimrholele nokumrholela inxenye ezithungwini, nishiye, abhikice, ningamkhalimeli.

17 Wabhikica entsimini leyo kwada kwahlwa; wayibhula into abeyibhiki-
18 cile, yanga yiefa* yerhasi. Wathwala, waya ekhaya; wayibona uninazala into ayibhikicileyo; wakurhola, wamnika abekushiyile akuba ehluthi.
19 Wathi uninazala kuye, Ubhikice phi na namhla? Ubusebenza phi na? Makasikelelwe okubukileyo wena. Wamxelela uninazala umntu abesebenza kuye, wathi, Igama lendoda endisebenze kuyo
20 namhla nguBhohazi. Wathi uNahomi kumolokazana wakhe, Makasikelelwe yena nguYehova, ongayekelelanga ukwenza inceba yakhe kwabaphilileyo nakwabafileyo. Wathi uNahomi kuye, Indoda leyo iyalamana nathi; ingowabakhululi bethu.
21 Wathi uRute umMowabhikazi, Kananjalo ithe yona kum, Uze unamathele kulutsha olulolwam, lude lulugqibe lonke uvuno olulolwam. Wathi uNaho- 22 mi kuRute umolokazana wakhe, Kulungile, ntombi yam, ukuba uphume nomthinjana wakhe, ukuze ungáfikelwa mntu ukwenye intsimi.

Wanamathela kumthinjana kaBhoha- 23 zi, wabhikica, kwada kwagqitywa ukuvunwa kwerhasi nokuvunwa kwengqolowa; wahlala noninazala.

URute uzibika kuBhohazi

3 Wathi uNahomi uninazala kuye,
Ntombi yam, ndingàkufuneli na ukuphumla okokulungela? Kaloku à- 2 kasihlobo sethu na uBhohazi, lowo umthinjana ubunawo? Nanko esela irhasi ngobu busuku esandéni. Zihlambe, 3 uthambise, unxibe iingubo zakho, uhle uye esandéni. Uze ungazazisi endodeni leyo, ide igqibe ukudla nokusela. Wóthi, ukulala kwayo phantsi, uqonde 4 indawo eye kulala kuyo, uye uyityhile ingubo ngasezinyaweni zayo, ulale phantsi; yókuxelela ke yona into owoyenza. Wathi kuye, Yonke into oyithethayo 5 ndoyenza.

Wehla ke waya esandéni, wenza nga- 6 ko konke abemwisele umthetho ngako uninazala. Wadla uBhohazi, wasela, 7 yachwayitha intliziyo yakhe; waya walala phantsi ekupheleni kwentlaba. Waya ke ecotha, wamtyhila ingubo ngasezinyaweni zakhe, walala phantsi.

Kwathi phakathi kobusuku, yothuka 8 indoda leyo, yaguquka, yabona kulele inkazana ngasezinyaweni zayo. Yathi, 9 Ùngubani? Wathi, NdinguRute, umkhonzazana wakho; twabulula isondo *lengubo* yakho phezu komkhonzazana wakho, ngokuba ungumkhululi wena. Yathi, Ùsikelelwe nguYehova, ntombi 10 yam. Inceba yakho yamva nje ingaphezu kweyokuqala, ungalandelanga madodana nje, nokuba ngasweleyo nokuba nganobutyebi. Kaloku ke, ntombi 11 yam, musa ukoyika; konke okuthethileyo ndokwenzela; ngokuba bonke abantu bomzi wakowethu bayazi ukuba uyinkazana enesidima. Ewe! Kuyinene, 12

ndingumkhululi inyaniso. Ke kukho umkhululi osondeleyo *kuwe* kunam.
13 Lala ngobu busuku; kothi kusasa, ukuba úthe wakukhulula ngentlawulelo, kulunge, makakukhulule ngentlawulelo; ke ukuba akathanga akunanze ukukukhulula ngentlawulelo, ndokukhulula ngentlawulelo mna, ehleli nje uYehova. Lala kude kuse.
14 Walala ke ngasezinyaweni zakhe kwada kwasa; wavuka bengekanakanani abantu. Yathi, Makungáziwa ukuba be-
15 kuze inkazana esandéni. Yathi, Ethe ingubo yakho yokwaleka, ukhongozele. Wakhongozela ke ngayo. Yalinganisa izilinganiso zerhasi ezithandathu, yamthwalisa; wagoduka.
16 Waya kuninazala, wathi yena, Útheni, ntombi yam? Wamxelela konke
17 emenzele khona indoda leyo. Wathi, Indiniké ezi zilinganiso zerhasi; ngokuba yayisithi, Musa ukuya kunyokozala ula-
18 mbatha. Wathi, Hlala, ntombi yam, ude wazi okuya kuhla; kuba indoda leyo ayiyi kuphumla, ingakuphelisanga oku namhla.

Umtshato kaRute noBhohazi

4 Ke kaloku wenyuka uBhohazi, waya esangweni *lomzi*, wahlala khona; nanko egqitha umkhululi lowa abethetha yena uBhohazi; wathi, Wa, Nantsi, khawuphambukele apha, uhlale phantsi.
2 Waphambuka, wahlala. Wathabatha ishumi lamadoda kumadoda amakhulu omzi, wathi, Hlalani apha; ahlala ke.
3 Wathi kumkhululi lowo, Isahlulo somhlaba obungowomzalwana wethu uElimeleki, uthengisé ngaso uNahomi,
4 obuye elizweni lakwaMowabhi; ndathi ke mna, mandivule indlebe yakho, ndithi, Wuthenge ngaphambi kwaba bahleliyo apha, phambi kwamadoda amakhulu abantu bakowethu. Ukuba uyawukhulula ngentlawulelo, wukhulule ngentlawulelo; ukuba akuwukhululi ngentlawulelo, ndixelele ndazi; ngokuba akukho bani unokuwukhulula ngentlawulelo, ingenguwe; ndisemva kwakho mna. Wathi, Ndowukhulula ngentlawulelo mna.

Wathi uBhohazi, Mhlenikweni uwu- 5
zuzayo umhlaba esandleni sikaNahomi, uwuzuza nakuRute, umMowabhikazi, umkamfi, ukuba uvuse igama lomfi elifeni lakhe. Wathi umkhululi lowo, Andi- 6
nakuzikhululela ngentlawulelo ngokwam, hleze ndilonakalise elam ilifa. Zikhululele ngentlawulelo isilunga sam eso; ngokuba andinako mna ukuwukhulula ngentlawulelo.

Ke kaloku kwakusithiwa kudala kwa- 7
Sirayeli, ukukhulula ngentlawulelo nokwanana, ukuze yonke into ibe iqiniselwe, ubani anyothule imbadada yakhe ayinike ummelwane wakhe; oko kwaye kububungqina kwaSirayeli. Wathi u- 8
mkhululi lowo kuBhohazi, Zithengele. Wanyothula imbadada yakhe.

Wathi ke uBhohazi kumadoda ama- 9
khulu nakubantu bonke, Ningamangqina namhla, ukuba ndikuthengile konke okukaElimeleki, nako konke okukaKiliyon noMalon, esandleni sikaNahomi; noRute umMowabhikazi, umkaMalon, 10
ndimzuzile ukuba abe ngumkam, ukuze kuvuswe igama lomfi elifeni lakhe, linganqanyulwa igama lomfi ebazalwaneni bakhe, nasesangweni lendawo yakhe: ningamangqina namhla. Bathi 11
bonke abantu abasesangweni namadoda amakhulu, Singamangqina. UYehova makamenze lo mfazi ungenayo endlwini yakho, abe njengoRakeli nanjengoLeya, abayakháyo indlu kaSirayeli bobabini, avelise amandla e-Efrata, akwenzele udumo eBhetelehem; indlu yakho ibe 12
njengendlu kaPeretse, awamzalayo uTamare kuYuda, ngembewu leyo aya kukunika uYehova ngale ntombazana.

Ukuzalwa komntwana wabo

UBhohazi wamzeka ke uRute waba 13
ngumkakhe, wamngena; waza uYehova wamnika ukuzala; wazala unyana. Ba- 14
thi abafazi kuNahomi, Makabongwe uYehova ongakuyekelanga uswele umkhululi namhla; igama lakhe malivakale kwaSirayeli; abe ngumbuyisi wo- 15
mphefumlo kuwe, nomnqaki wezimvi zakho; ngokuba umolokazana wakho okuthandayo, lowo ulungileyo kuwe

ngaphezu koonyana abasixhenxe, úmze-
16 le. UNahomi wamthabatha umntwana lowo, wambeka esifubeni sakhe, waba
17 ngumondli wakhe. Lwamthiya igama umelwanekazi, lwathi, UNahomi uzalelwe unyana, lwathi igama lakhe nguObhedi; yena nguyise kaYese, uyise kaDavide.

Yiyo le ke inzala kaPeretse: uPeretse 18
wazala uHetseron; uHetseron wazala u- 19
Ram; uRam wazala uAminadabhi; uA- 20
minadabhi wazala uNashon; uNashon wazala uSalemon; uSalemon wazala u- 21
Bhohazi; uBhohazi wazala uObhedi;
UObhedi wazala uYese; uYese wazala 22
uDavide.

INCWADI YOKUQALA KASAMUWELI

Ukuzalwa kukaSamuweli

1 Ke kaloku kwakukho ndoda ithile yaseRama, umTsofi, yakweleentaba lakwaEfrayim, egama belinguElikana, unyana kaYeroham, unyana kaElihu, unyana kaTohu, unyana kaTsufi, wakwa-
2 Efrayim. Yayinabafazi ababini; igama lomnye lalinguHana,* igama lowesibini linguPenina;* uPenina ke wayenabantwana, uHana yena engenabantwana.
3 Indoda leyo ibinyuka ivela emzini wayo iminyaka ngeminyaka, iye kunqula, ibingelele kuYehova wemikhosi eShilo. Babekhona ke oonyana bakaEli ababini, ooHofeni noPinehasi, ababingeleli bakaYehova.
4 Kwathi ngemini awabingelela ngayo uElikana, wamnika uPenina umkakhe, noonyana bakhe bonke, neentombi za-
5 khe, izabelo. Ke uHana wamnika isabelo sabantu ababini, ngokuba ebemthanda uHana; ke uYehova ebesivalile
6 isizalo sakhe. Waza umkhweleteli wakhe wamana emchunuba, ukuze abe acunuke; ngokuba uYehova ebesivalile isizalo sakhe.
7 Wenjenjalo uElikana iminyaka ngeminyaka, xa wenyukayo ukuya endlwini kaYehova; wenjenjalo uPenina ukumqu-
8 mbisa; uHana walila, akadla. Wathi uElikana umyeni wakhe kuye, Hana, ulilelani na? Yini na ukuba ungadli? Yini na ukuba ibe mbi intliziyo yakho?

Andilungile na kuwe ngaphezu koonyana abalishumi? Wesuka uHana emveni 9
kokuba bedlile eShilo, emveni kokuba besele. Ke kaloku uEli umbingeleli wayehleli esihlalweni ngasemgubasini webhotwe likaYehova. Wawukrakra um- 10
phefumlo kaHana, wathandaza kuYehova, wasitsho isililo. Wabhambathisa nge- 11
sibhambathiso, wathi, Yehova wemikhosi, ukuba uthe wazikhangela ukuzikhangela oku iintsizi zomkhonzazana wakho, wandikhumbula, akwamlibala umkhonzazana wakho, wamnika umkhonzazana wakho umntwana oyindoda: ndomnika uYehova yonke imihla yobomi bakhe; isitshetshe sokucheba asiyi kusondezwa entlokweni yakhe.

Kwathi, ekuthandazeni kwakhe uzu- 12
ngu phambi koYehova, uEli wawugqala umlomo wakhe. Ke yena uHana waye- 13
thethela entliziyweni yakhe, kubebezela imilebe yomlomo wakhe yodwa, ilizwi lakhe lingavakali; uEli waba uyanxila.
Wathi uEli kuye, Koda kube nini na 14
unxila? Yisuse iwayini yakho kuwe.

Waphendula uHana, wathi, Hayi, nko- 15
si yam, ndingumfazi omoya unobunzima, andiselanga wayini nasiselo sinxilisayo; ndiphalaza umphefumlo wam phambi koYehova. Musa ukumbalela umkho- 16
nzazana wakho ekuthini yintombi yetshijolo; ngokuba unangoku ndithethe ngobuninzi bokukhalaza kwam nokuqu-

17 njiswa kwam. Waphendula uEli, wathi, Hamba unoxolo; uThixo kaSirayeli makakunike isicelo sakho osicelileyo ku-
18 ye. Wathi ke yena, Umkhonzazana wakho lo makababalwe nguwe.

Wahamba indlela yakhe umfazi lowo, wadla, ababa samatsha ubuso bakhe.
19 Bavuka kusasa ngengomso, baqubuda phambi koYehova, babuya, bangena endlwini yabo eRama.

UElikana wamazi uHana umkakhe;
20 uYehova wamkhumbula. Kwathi ukufezeka kwemihla, wamitha uHana, wazala unyana, wamthiya igama elinguSamuweli,* esithi, Kungokuba ndamcelayo kuYehova.

21 Yenyuka indoda leyo inguElikana nendlu yayo yonke, ukuba ibingelele kuYehova umbingelelo womnyaka, inesi-
22 bhambathiso sayo. Ke yena uHana akanyukanga; ngokuba wathi kwindoda yakhe, Kokha kulunyulwe umntwana, ndandule ke ukumzisa abonakale phambi koYehova, ahlale khona kude kuse
23 ephakadeni. Wathi uElikana indoda yakhe kuye, Yenza okulungileyo emehlweni akho; hlala ude umlumle; ke uYehova makalimise ilizwi lakhe. Wahlala ke umfazi, wanyisa unyana wakhe wada wamlumla.

24 Wenyuka naye, akuba emlumle, eneenkunzi ezintathu ezintsha, ne-efa* yomgubo, nentsuba yewayini, wamsa endlwini kaYehova eShilo, umntwana lo-
25 wo esemncinane. Bayixhela inkunzi e-
26 ntsha, bamsa umntwana kuEli. Wathi, Camagu, nkosi yam! Úhleli nje umphefumlo wakho, nkosi yam, ndingulaa mfazi wayemi kuwe apha, ethandaza ku-
27 Yehova. Ndandithandazela lo mntwana; úndinikile ke uYehova isicelo sam
28 endandisicela kuye; nam ndiya kumenza oceliweyo kuYehova; yonke imihla yokubakho kwakhe, woba ngoceliweyo kuYehova. Wamnqula khona uYehova.

Ingoma kaHana yombulelo

2 Wathandaza uHana, wathi,
Intliziyo yam idlamkile ngoYehova,
Uphondo lwam luphakanyisiwe nguYehova.

Uvulekile umlomo wam kakhulu ngazo iintshaba zam;
Ngokuba ndivuyele usindiso lwakho.
Akukho uyingcwele njengoYehova; 2
Ngokuba akukho namnye ngaphandle kwakho;
Akukho liwa linjengoThixo wethu.
Musani ukukwandisa ukuthetha izinto 3 eziphakamileyo, izinto eziphakamileyo,
Kungaphumi ntetho yakuhlakanipha emlonyeni wenu;
Ngokuba uYehova nguThixo owazi konke,
Yena nguMlinganisi wezenzo eziyincamisa.

Izaphetha zamagorha zaphukile, 4
Abakhubeki babhinqiswe amandla.
Abahluthiyo baziqeshisela isonka, 5
Abalambileyo baza kuphela *ukulamba*,
Ade nongazaliyo azale isixhenxe,
Onabantwana abaninzi antshwenye.
UYehova uyabulala, adlise ubomi; 6
Uhlisela kwelabafileyo, abuye anyuse.
UYehova uyahlwempuza, atyebise; 7
Uthoba, abuye aphakamise.
Uvusa eluthulini abasweleyo, 8
Aphakamise amahlwempu ezaleni,
Ukuba awahlalise namanene;
Uwabela ilifa elisihlalo sozuko;
Ngokuba zezikaYehova iintsika zehlabathi,
Walimisa phezu kwazo elimiweyo.
Iinyawo zabàkhe benceba uya kuzi- 9 gcina,
Abangendawo badake ebumnyameni;
Ngokuba indoda ayeyisi ngamandla.
UYehova yena—baya kuqhiphuka u- 10 mbilini ababambana naye.
Uya kududumisa phezu kwabo emazulwini;
UYehova uya kuzigweba iziphelo zehlabathi,
Amnike ukumkani wakhe amandla,
Aluphakamise uphondo lomthanjiswa wakhe.

Wesuka uElikana, waya endlwini ya- 11 khe; ke umntwana ebelungiselela kuYehova phambi kukaEli umbingeleli.

Ubutshijolo boonyana bakaEli

12 Ke kaloku oonyana bakaEli babenga-
13 matshijolo, bengamazi uYehova. Kwa-
nesilùnga sababingeleli esiphuma eba-
ntwini, akubon' ukuba umntu ubinge-
lela umbingelelo, kwaza kweza umfana
wakwambingeleli, xa iphekiweyo inya-
ma, enefolokhwe emazinyo mathathu
14 esandleni sakhe, wahlaba nokuba kuse-
lukhambeni, nokuba kuseketileni, noku-
ba kukungxawu, nokuba kusembizeni:
ibisithi yonke into ephume nefolokhwe
azithabathele umbingeleli kwangayo.
Benjenjalo kumaSirayeli onke abesiza
eShilo apho.

15 Kananjalo kungekaqhunyiselwa nga-
manqatha, ubesithi umfana wakwambi-
ngeleli, eze kumntu obingelelayo, athi,
Ethe inyama, yoselwe umbingeleli; kuba
akayi kwamkela nyama iphekiweyo ku-
16 we, mayibe yekrwada. Athi umntu lo-
wo akuthi kuye, Kuya kuqhunyiselwa
inene ngamanqatha kwangoku, wandule
ke uzithabathele, njengoko umphefumlo
wakho unqwenela ngako: athi yena,
Hayi, ndinike ngoku; ukuba akundiniki,
17 ndoyithabatha ngamandla. Saba sikhu-
lu kunene isono samadodana phambi
koYehova; ngokuba abantu bawudela
umnikelo kaYehova.

18 Waye uSamuweli elungiselela phambi
koYehova, eyinkwenkwe ebhinqe iefo-
19 di* yelinen emhlophe. Unina ube-
menzela ingubo yokwaleka, anyuke na-
yo, ayise kuye iminyaka ngeminyaka
ekunyukeni kwakhe nendoda yakhe,
ukuza kubingelela umbingelelo wo-
20 mnyaka. UEli wamsikelela uElikana
nomkakhe, wathi, UYehova makakunike
imbewu ngalo mfazi esikhundleni soce-
liweyo, owacelwa kuYehova. Bahamba
21 bagoduka. UYehova wamvelela uHa-
na; wamitha, wazala oonyana aba-
thathu, neentombi ezimbini. Yakhula
inkwenkwe enguSamuweli ikuYehova.

22 Ke kaloku uEli ubeselemdala kakhu-
lu; wayiva yonke into ababeyenza oo-
nyana bakhe kumaSirayeli onke, kwa-
nokuba babelala nabafazi ababekhonza
emnyango wentente yokuhlangana.
Wathi kubo, Yini na ukuba nenze izinto 23
ezinjengezi? Kuba izenzo zenu ezibi
ndiziva ngaba bantu bonke. Hayi, 24
nyana bam; ngokuba asiludaba luhle
olu ndiluvayo mna; nibanga ukuba
abantu bakaYehova bagqithise. Ukuba 25
umntu uthe wona umntu, uThixo uya-
mlamlela; ke ukuba umntu uthe wona
kuYehova, ngubani na oya kumlam-
lela? Àbaliphulaphula izwi likayise;
kuba uYehova ubefuna ukubabulala.

Ke inkwenkwe, uSamuweli, yaya 26
ikhula ngokukhula, ithandeka ku-
Yehova nakubantu.

Kweza umntu kaThixo kuEli, wathi 27
kuye, Utsho uYehova ukuthi, Kanene
ndazityhila na kwindlu kayihlo, bese-
Yiputa endlwini kaFaro? Ndamnyula 28
na ezizweni zonke zakwaSirayeli, ukuba
abe ngumbingeleli kum, anyuke esibi-
ngelelweni sam, aqhumisele ngeziqhu-
miso, anxibe iefodi phambi kwam?
Ndayinika yonke indlu kayihlo konke
ukudla kwasemlilweni koonyana baka-
Sirayeli? Yini na ke ukuba niwunya- 29
thelele phantsi umbingelelo wam no-
mnikelo wam wokudla, endiwise umthe-
tho ngawo ekhayeni *lam*, usuke ubazu-
kise oonyana bakho ngaphezu kwam, u-
kuze nizityebise ngelona nqatha lemini-
kelo yonke yamaSirayeli, abantu bam?
Ngoko utsho uYehova, uThixo kaSi- 30
rayeli, ukuthi, Ndatsho okunene ukuthi,
Indlu yakho nendlu kayihlo yohamba
phambi kwam kude kuse ephakadeni;
kungoku utsho uYehova ukuthi, Oko
makube lee kum; ngokuba ondizukisa-
yo ndiya kumzukisa, abandidelayo ba-
cukucezwe. Yabona, imihla iyeza, endi- 31
ya kuyinqumla ingalo yakho, nengalo
yendlu kayihlo, kungabikho ngwevu e-
ndlwini kayihlo; ukubone ukubandeze- 32
lwa kwekhaya *lam* ezintweni zonke a-
Thixo aya kuwenzela okulungileyo ngazo
amaSirayeli; kungabikho ngwevu e-
ndlwini yakho imihla yonke.

Ke andiyi kunqumla mntu wonke wa- 33
kwakho esibingelelweni sam, ukuze a-
mehlo akho aphele, nomphefumlo wakho

uthè; kufè kungamadoda konke ukwa-
34 nda kwendlu yakho. Nguwo lo umqo-
ndiso kuwe, oya kubafikela oonyana ba-
kho bobabini, uHofeni noPinehasi: baya
35 kufa bobabini ngamhla mnye. Ndiya
kuzivelisela umbingeleli othembekileyo,
oya kwenza njengoko kusentliziyweni
yam, nasemphefumlweni wam; ndima-
khele indlu eqinileyo, ahambe phambi
36 komthanjiswa wam yonke imihla. Ko-
thi, lowo useleyo endlwini yakho, eze
azigobe kuye ngenxa yeqhosha lesilivere
nesuntswana lesonka, athi, Khawundi-
fake komnye umsebenzi wobubingeleli,
ukuze ndidle iqhekeza lesonka.

Ukubizwa kukaSamuweli

3 Ke kaloku umntwana uSamuweli
wayelungiselela kuYehova phambi
koEli. Ilizwi likaYehova laliswelekile
ngaloo mihla; kwakungekho mbono
utyhilekileyo.

2 Kwathi ngaloo mhla, elele uEli enda-
weni yakhe, amehlo akhe eqale ukuba
3 norhatyazo ukuba angabi nakubona, si-
ngekacinywa isibane sikaThixo, uSamu-
weli elele ebhotweni likaYehova, apho
4 ibikhona ityeya kaThixo, uYehova wa-
mbiza uSamuweli; wathi yena, Ndila-
5 pha. Wabalekela kuEli, wathi, Ndila-
pha; ngokuba undibizile. Wathi yena,
Andikubizanga; buya uye kulala. Wa-
ya walala.

6 Waqokela uYehova wambiza uSamu-
weli. Wavuka uSamuweli, waya kuEli,
wathi, Ndilapha; ngokuba undibizile.
Wathi yena, Andikubizanga, nyana
7 wam; buya uye kulala. Ke uSamuweli
ebengekamazi uYehova, libe lingeka-
tyhileki kuye ilizwi likaYehova.

8 Waqokela uYehova wambiza uSamu-
weli okwesithathu. Wavuka weza ku-
Eli, wathi kuye, Ndilapha; ngokuba u-
ndibizile. Waqonda uEli ukuba uYe-
9 hova umbizile umntwana. Wathi uEli ku-
Samuweli, Hamba uye kulala; kothi, uku-
ba úthe wakubiza, uthi, Thetha, Yehova,
ngokuba esiva umkhonzi wakho. Waya
uSamuweli, walala endaweni yakhe.

10 Weza uYehova, wema, wabiza nje-
ngezinye izihlandlo, wathi, Samuweli,
Samuweli. Wathi uSamuweli, Thetha,
ngokuba esiva umkhonzi wakho. Wa- 11
thi uYehova kuSamuweli, Uyabona,
ndènza into kwaSirayeli eya kubetha
zithi nzwi iindlebe zombini zabantu bo-
nke abaya kuyiva. Ngaloo mini ndiya 12
kumvelisela uEli yonke into endiyithe-
thileyo ngokusingisele kwindlu yakhe;
ndiqalile, ndiya kugqiba. Ndimxélele 13
ukuba ndiyayigweba indlu yakhe kude
kuse ephakadeni, ngenxa yobugwenxa
abaziyo; ngokuba báziqalekisa oonyana
bakhe, akabangxolisa. Ngoko ndiyifu- 14
ngele indlu kaEli, ndathi, Inene ubu-
gwenxa bendlu kaEli abuyi kucanyagu-
shelwa ngambingelelo, nangamnikelo
wakudla, naphakade.

Walala uSamuweli kwada kwasa, wa- 15
zivula ke iingcango zendlu kaYehova.
USamuweli woyika ukumxelela uEli u-
mbono lowo. UEli wambiza uSamu- 16
weli, wathi, Samuweli, nyana wam.
Wathi yena, Ndilapha. Wathi, Liyinto- 17
ni na ilizwi elo alithethileyo kuwe?
Musa ukukha undifihlele. Makenjenje
uThixo kuwe, aqokele ukwenjenje, uku-
ba úthe wandifihlela lizwi, emazwini
onke awathethileyo kuwe. USamuweli 18
wamxelela amazwi onke, akamfihlela nto.
Wathi ke yena, NguYehova; makenze
oko kulungileyo emehlweni akhe.

Wakhula uSamuweli; uYehova waba 19
naye, akwawa phantsi nalinye ilizwi e-
mazwini akhe onke emhlabeni. Onke 20
amaSirayeli, ethabathele kwaDan esa
eBher-shebha, azi ukuba uSamuweli
ngumprofeti othembekileyo kaYehova.
Waqokela uYehova wabonakala eShilo; 21
ngokuba uYehova wazityhila kuSamu-
weli eShilo ngelizwi likaYehova.

Ukuthinjwa kwetyeya yomnqophiso ngamaFilisti

4 Ilizwi likaSamuweli laya kuma-
Sirayeli onke.

Aphuma amaSirayeli, eya kuwahla-
ngabeza amaFilisti alwe nawo; amisa
iintente ngase-Ebhenezere, amaFilisti
amisa eAfeki. Aza amaFilisti ákha 2
uluhlu lokulwa namaSirayeli. Idabi la-

nwenwezela, abulawa amaSirayeli phambi kwamaFilisti. Kwabulawa eluhlwini ethafeni apho amadoda akumawaka amané.

3 Beza abantu eminqubeni, athi amadoda amakhulu akwaSirayeli, Yini na ukuba uYehova asibulale namhla phambi kwamaFilisti? Masiye kuthabatha ityeya yomnqophiso kaYehova e-Shilo, ibe kuthi, ize phakathi kwethu, isi-
4 sindise esandleni seentshaba zethu. Bathumela ke abantu eShilo; bayithabatha khona ityeya yomnqophiso kaYehova wemikhosi, ohleli phezu kweekerubhi;* babekhona bobabini oonyana bakaEli, uHofeni noPinehasi, benetyeya yomnqo-
5 phiso kaThixo. Kwathi, xa ifikayo ityeya yomnqophiso kaYehova eminqubeni, aduma kakhulu onke amaSirayeli, umhlaba wathi ndi.

6 Asiva amaFilisti isandi sokuduma kwawo, athi, Sesani na esi sandi sokuduma kungaka eminqubeni yamaHebhere? Azi ke ukuba ityeya kaYehova
7 ifikile eminqubeni. Oyika amaFilisti, kuba ebesithi, UThixo ufikile eminqubeni. Athi, Yeha ke thina! Ngokuba
8 akuzanga kube nje ngaphambili. Yeha ke thina! Ngubani na oya kusihlangula esandleni saba thixo babungangamsha bungaka? Ngaba thixo aba babulála amaYiputa ngezibetho zonke entlango.
9 Yomelelani, nibe ngamadoda, nina maFilisti, hleze nikhonze kumaHebhere, njengokuba ekhonze kuni wona. Yibani ngamadoda, nilwe.
10 Alwa ke amaFilisti, awabulala amaSirayeli; asaba ke wona, waya elowo ententeni yakhe; abulawa kakhulu kunene. Kwawa kumaSirayeli amawaka angamashumi amathathu angumqikela.
11 Kwathinjwa netyeya yomnqophiso kaThixo; bafa oonyana bobabini bakaEli, uHofeni noPinehasi.

Ukufa kukaEli

12 Kwabaleka indoda yakwaBhenjamin, ivela emkhosini, yafika eShilo kwangaloo mini, iingubo zayo zikrazukile, ino-
13 mhlaba entloko. Yafika; nanko uEli ehleli esihlalweni ecaleni kwendlela, ebonisela; ngokuba ibigubha intliziyo yakhe ngenxa yetyeya kaThixo. Yafika indoda leyo, yawuxelela umzi; wasitsho isililo wonke umzi.

14 Waliva uEli izwi lesililo, wathi, Lelani na eli lizwi lale ntlokoma? Indoda leyo yakhawuleza, yeza yamxelela uEli.
15 Ke kaloku uEli ebeminyaka imashumi asithoba anesibhozo ezelwe, amehlo akhe enorhatyazo, engenakubona. Ya-
16 thi indoda leyo kuEli, Ndingulo uvela emkhosini mna, ndisabé emkhosini namhlanje. Wathi yena, Kuhlé ntoni na, nyana wam? Waphendula umbiki, wa-
17 thi, Asabile amaSirayeli phambi kwamaFilisti, kananjalo babulewe kakhulu abantu, kananjalo oonyana bakho bobabini bafile, ooHofeni noPinehasi; ityeya kaThixo ithinjiwe. Kwathi, akukha-
18 nkanya ityeya kaThixo, wawa esihlalweni sakhe, eqethuka ngomva ngasecaleni kwesango, waphuka ilungu lentamo, wafa; ngokuba indoda leyo ibiselilixhego; inzima. Yayiwalawula amaSirayeli iminyaka emashumi mané.

19 Ke kaloku umolokazana wayo, umkaPinehasi, ebemithi, eza kuzala. Wathi akuziva iindaba zokuthinjwa kwetyeya kaThixo, nezokufa koyise wendoda nokwendoda yakhe, waguqa, wazala; ngo-
20 kuba yamfikela inimba. Ngexesha lokufa kwakhe, abafazi ababemi phezu kwakhe bathetha, bathi, Musa ukoyika, ngókuba ùzele unyana. Akaphendula,
21 akakhathala koko. Wathi umntwana nguIkabhode,* esithi, Uzuko lumkile kwaSirayeli, ngenxa yokuthinjwa kwetyeya kaThixo, nangenxa yoyise wendoda, nendoda yakhe. Wathi, Uzuko lu-
22 mkile kwaSirayeli; kuba ityeya kaThixo ithinjiwe.

Ityeya yomnqophiso kwizixeko zamaFilisti

5 AmaFilisti ayithabatha ityeya kaThixo, esuka nayo e-Ebhenezere, aya nayo eAshdode. Ayithabatha amaFi- 2 listi ityeya kaThixo, aya nayo endlwini kaDagon, ayimisa ecaleni koDagon. Bavuka kusasa ngengomso abaseAshdo- 3 de, nanko uDagon ewile ngobuso emhla-

USAMUWELI I 5-6

beni phambi kwetyeya kaYehova. Bamthabatha uDagon, babuya bammisa 4 endaweni yakhe. Bavuka kusasa ngengomso, nanko uDagon ewile ngobuso emhlabeni phambi kwetyeya kaYehova, intloko kaDagon nezandla zakhe zozibi-5 ni zinqumkile, zisembundwini womnyango, kusele isikhondo sodwa. Ngenxa yoko ababingeleli bakaDagon, nabo bonke abangenayo endlwini kaDagon,ábanyatheli embundwini womnyango wendlu kaDagon eAshdode unanamhla.

6 Saba nzima isandla sikaYehova phezu kwabaseAshdode, sabaphanzisa, sababetha ngamathumba, iAshdode ke nemida yayo.

7 Akubona amadoda aseAshdode ukuba kunjalo, athi, Ityeya yoThixo kaSirayeli mayingahlali kuthi; ngokuba isandla sakhe sinzima phezu kwethu, naphezu 8 koDagon uthixo wethu. Athumela ahlanganisela kuwo zonke izikhulu zamaFilisti, athi, Siyithini na ityeya yoThixo kaSirayeli? Zathi, Mayijike iye eGati. Ayijika ke ityeya yoThixo kaSirayeli.

9 Kwathi emveni kokujikwa kwayo, isandla sikaYehova saba phezu kwaloo mzi, sasisaqunge esikhulu kunene; wababulala abantu baloo mzi, kwathabathela kwabancinane kwesa kwabakhulu, bathi gqobhogqobho amathumba.

10 Bayithumela ityeya kaThixo e-Ekron. Kwathi, xa ifikayo ityeya kaThixo e-Ekron, bakhala abase-Ekron, besithi, Bayijikéle kuthi ityeya yoThixo kaSirayeli, ukuba isibulale thina nabantu bakowe-11 thu. Bathumela, bazihlanganisa zonke izikhulu zamaFilisti, bathi, Yimkiseni ityeya yoThixo kaSirayeli, ibuyele endaweni yayo, ingasibulali thina, nabantu bakowethu; ngokuba ukuqungaqunga kokufa bekukho kuwo wonke umzi, besinzima kunene isandla sikaThixo 12 khona. Abantu abangafanga babethwa ngamathumba; kwenyuka kwaya ezulwini ukuzibika komzi.

AmaFilisti ayibuyisela kumaSirayeli ityeya yomnqophiso

6 Ityeya kaYehova yaba semhlabeni wamaFilisti iinyanga ezisixhenxe.

AmaFilisti abiza ababingeleli nabavu- 2 misi, esithi, Siyithini na ityeya kaYehova? Saziseni into esingayigodusa nayo, iye endaweni yayo.

Bathi, Ukuba iyagoduswa ityeya yo- 3 Thixo kaSirayeli, musani. ukuyigodusa ilambatha; ukuyibuyisela kuye, noyibuyisela inedini letyala. Niya kuphiliswa; kuya kwandula ukwazeka kuni, ukuba bekungàni na ukuba isandla sakhe singesuki kuni. Athi, Linyintoni na idini 4 letyala esolibuyisela kuye? Bathi, Lingamathumba egolide amahlanu, neempuku zegolide ezintlanu, ngokwenani lezikhulu zamaFilisti; ngokuba sinye isibetho kuni nonke, nakwizikhulu zenu. Ize niyenze imifanekiso yamathumba 5 enu, nemifanekiso yeempuku zenu ezilonakalisayo ilizwe, nimzukise uThixo kaSirayeli; mhlawumbi wosenza lula isandla sakhe kuni, nakoothixo benu, nakwilizwe lenu. Yini na ukuba niziqa- 6 qadekise iintliziyo zenu, njengokuba aziqaqadekisáyo iintliziyo zawo amaYiputa noFaro? Akuthanga na, ákuzenza izenzo ezincamisayo kuwo, *amaYiputa* awandulula *amaSirayeli*, emka ke?

Thabathani ngoko, nenze inqwelo 7 entsha, nithabathe iimazi ezimbini ezintsha ezanyisayo, ezingazanga zibekwe dyokhwe, nizibophe enqwelweni, niwanqande amathole azo kuzo, aye ekhaya. Noyithabatha ke ityeya kaYehova, niyi- 8 beke enqwelweni; neempahla zegolide enizibuyisela kuye, ezilidini letyala, nizibeke etyeyeni ecaleni layo, niyindulule ihambe. Nize nikhangele: ukuba 9 ithe yenyuka ngendlela yomda wayo, yaya eBhete-shemeshe, woba nguye osenzele obu bubi bukhulu; ke ukuba kuthe akwabo njalo, sòthi sazi ukuba àsibethwe sisandla sakhe, sihlelwe sisihlo.

Enjenjalo amadoda; athabatha iimazi 10 ezintsha ezanyisayo zambini, azibopha enqwelweni, awavalela amathole azo ekhaya. Ayibeka ityeya kaYehova e- 11 nqwelweni, netyeya ineempuku zegolide nemifanekiso yamathumba awo. Iimazi ezintsha zathi ngqo ngendlela, 12 ngendlela yaseBhete-shemeshe, zahamba ngomendo, zihamba zinxakama, àzanxaxhela ekunene nasekholo; izikhulu zamaFilisti zizilandela, zada zaya emdeni waseBhete-shemeshe.

13 AbaseBhete-shemeshe babevuna ingqolowa entilini; bawaphakamisa amehlo abo, bayibona ityeya, bavuya ba-
14 kuyibona. Inqwelo yafika entsimini kaYoshuwa waseBhete-shemeshe, yema khona.

Bekukho ilitye elikhulu khona. Bayicanda imithi yenqwelo, bazinyusa iimazi ezintsha ezo zalidini elinyukayo
15 kuYehova. AbaLevi bayithula ityeya kaYehova, netyeya ebinayo inempahla yegolide, bazibeka elityeni elo likhulu. Amadoda aseBhete-shemeshe ke anyusa amadini anyukayo, abingelela imibinge-
16 lelo ngaloo mini kuYehova. Zabona izikhulu ezihlanu zamaFilisti, zabuyela e-Ekron kwangaloo mini.

17 Ngawo la amathumba egolide awawabuyiselayo amaFilisti kuYehova, alidini letyala: elaseAshdode lalilinye, elaseGaza lalilinye, elaseAshkelon lalilinye, elaseGati lalilinye, elase-Ekron lalilinye;
18 kunye neempuku zegolide ngokwenani lemizi yonke yamaFilisti yezikhulu ezihlanu, kuthabathela emizini enqatyisiweyo, kuse kwimizana yabasemaphandleni; kuse etyeni elikhulu, abayimisa kulo ityeya kaYehova, lilingqina unanamhla entsimini kaYoshuwa waseBhete-shemeshe.

19 Wabetha emadodeni aseBhete-shemeshe, ngokuba ayikhangakhangelayo ityeya kaYehova; wabulala ebantwini abo amadoda angamashumi asixhenxe emadodeni angamawaka angamashumi amahlanu. Benza isijwili abantu, ngokuba uYehova ebabulele abantu ngobulalo
20 olukhulu. Athi amadoda aseBhete-shemeshe, Ngubani na onako ukuma phambi koYehova, lo Thixo uyingcwele? Uya kunyuka aye kubani na, ukusuka
21 kwakhe kuthi? Athuma abathunywa kubemi baseKiriyati-yeharim, esithi, AmaFilisti ayibuyisile ityeya kaYehova; yihlani, nize kuyinyusela kuni.

7 Eza amadoda aseKiriyati-yeharim, ayinyusa ityeya kaYehova, ayizisa endlwini ka-Abhinadabhi, endulini, angcwalisa uElazare, unyana wakhe, ukuba ayigcine ityeya kaYehova.

USamuweli engumgwebi kwaSirayeli

Kwathi, ihleli eKiriyati-yeharim a- 2 pho ityeya, zanda iintsuku, zayiminyaka emashumi mabini; yamlandela uYehova ngesimema yonke indlu kaSirayeli. Wathi ke uSamuweli kwindlu yonke 3 kaSirayeli, Ukuba nibuyela kuYehova ngentliziyo yenu yonke, basusenl ke phakathi kwenu oothixo bolunye uhianga nooAshtaroti,* nizimise iintliziyo zenu kuYehova, nikhonze yena yedwa: wonihlangula ke esandleni samaFilisti. Oonyana bakaSirayeli babasusa ke oo- 4 Bhahali* nooAshtaroti, bakhonza uYehova yedwa.

Wathi uSamuweli, Wahlanganiseleni 5 eMizpa onke amaSirayeli, ndinithandazele kuYehova. Ahlanganiselana e- 6 Mizpa, akha amanzi, awaphalaza phambi koYehova, azila ukudla ngaloo mini, athi khona, Sonile kuYehova. Wabalawula uSamuweli oonyana bakaSirayeli eMizpa.

Eva amaFilisti ukuba oonyana baka- 7 Sirayeli bahlanganiselene eMizpa, zenyuka izikhulu zamaFilisti, zawaphumela amaSirayeli. Beva oonyana bakaSirayeli, bawoyika amaFilisti. Bathi 8 oonyana bakaSirayeli kuSamuweli, Musa ukuyeka ukusikhalela kuYehova uThixo wethu, asisindise esandleni samaFilisti. USamuweli wathabatha itakane 9 elanyayo, walinyusa lalidini elinyukayo lonke liphela kuYehova. Wakhala uSamuweli kuYehova ngenxa yamaSirayeli; uYehova wamphendula.

Kwathi, xa uSamuweli alinyusayo idi- 10 ni elinyukayo, amaFilisti asondela, esiza kulwa namaSirayeli. UYehova wadumisa ngezwi elikhulu loo mini kumaFilisti, wawaqungaqunga; abulawa phambi kwamaSirayeli. Aphuma amadoda 11 akwaSirayeli eMizpa, awasukela amaFilisti, awabulala, esa phantsi kweBhete-kare. USamuweli wathabatha ilitye, 12 walimisa phakathi kweMizpa neShen, wathi igama lalo yiEbhenezere;* wathi, Kude kwaba lapha uYehova esinceda.

13 Athotywa ke amaFilisti, akaba saphinda eze emdeni wakwaSirayeli; sachasana namaFilisti isandla sikaYehova yo-
14 nke imihla kaSamuweli. Yabuyiselwa kumaSirayeli imizi leyo abeyithimbile amaFilisti kumaSirayeli, ithabathela eEkron yesa eGati; nemida yayo ayihlangula amaSirayeli esandleni samaFilisti. Laxola ke phakathi kwamaSirayeli nama-Amori.

15 USamuweli waye engumlawuli kumaSirayeli yonke imihla yobomi bakhe;
16 ehamba iminyaka ngeminyaka, ejikeleza eBheteli, naseGiligali, naseMizpa, ewalawula amaSirayeli kwezo ndawo zonke;
17 ebuyela eRama, ngokuba yayikhona indlu yakhe. Wawalawula nakhona amaSirayeli, wákha isibingelelo kuYehova khona.

Abantu bafuna ukumkani

8 Kwathi, xenikwenı uSamuweli alixhego, wabamisa oonyana bakhe ba-
2 ba ngabagwebi kumaSirayeli. Igama lonyana wakhe wamazibulo lalinguYoweli, igama lowesibini lalinguAbhiya; benga-
3 bagwebi eBher-shebba. Oonyana bakhe abahambanga ngendlela yakhe, banabela inzuzo embi, bamkela izicengo, basijika isigwebo.

4 Aza ahlanganisana onke amadoda amakhulu akwaSirayeli, eza kuSamuweli
5 eRama, athi kuye, Uyabona, wàluphele wena, oonyana bakho abahambi ngendlela yakho; simisele ngoko ukumkani wokusilawula, njengeentlanga ezi zonke.
6 Laba libi elo zwi emehlweni kaSamuweli, xa bathi, Sinike ukumkani wokusilawula. Wathandaza uSamuweli kuYehova.
7 Wathi uYehova kuSamuweli, Liphulaphule izwi labantu entweni yonke abayithethayo kuwe; ngokuba ingenguwe abamgibileyo, bagibé mna, ukuze ndi-
8 ngabi ngukumkani kubo. Ngokwezenzo zonke abazenzileyo, kuselokwemini endabanyusayo eYiputa kwada kwaba

namhla, bandishiya, bakhonza thixo bambi, benjenjalo namhla nakuwe. Li- 9 phulaphule ngoko izwi labo; kodwa uze ubaqononondise kakuhle, ubaxelele isiko *aya kuphatha ngalo* ukumkani oya kuba ngukumkani wabo.

Wabaxelela ke uSamuweli abo bantu 10 babebiza ukumkani kuye onke amazwi kaYehova. Wathi, Lilo eli isiko loku- 11 mkani oya kuba ngukumkani kuni: Oonyana benu uya kubathabatha abamisele yena ezinqwelweni zakhe zokulwa, nasemahasheni akhe akhwelwayo, babaleke phambi kwenqwelo yakhe; abamisele 12 yena babe ngabathetheli bamawaka, nabathetheli bamashumi ngamahlanu, balíme amasimi akhe, bavune ukutya kwakhe, benze iimpahla zakhe zemfazwe neempahla zenqwelo yakhe. Iintombi 13 zenu wozithabatha zibe ngabaqholikazi, nabapheki, nabosi bezonka. Amasimi 14 enu wówathabatha, nezidiliya zenu, nezinquma zenu ezona zilungileyo, azinike abakhonzi bakhe; nesishumi sembewu 15 yenu asibize, nesezidiliya zenu, asinike ababusi bakhe nabakhonzi bakhe. Aba- 16 khonzi benu uya kubathabatha, nabakhonzazana benu, namadodana enu, namaesile enu, enze umsebenzi wakhe; isishumi sempahla yenu emfutshane asi- 17 bize; nina nibe ngabakhonzi bakhe. Niya kukhala ngaloo mini ngokumkani 18 wenu enazinyulelayo, anganiphenduli uYehova ngaloo mini.

Àbavuma abantu ukuliphulaphula ili- 19 zwi likaSamuweli; bathi, Hayi, inene, masibe nokumkani; nathi sibe njengee- 20 ntlanga ezi zonke, asilawule ukumkani wethu, aphume phambi kwethu, alwe iimfazwe zethu.

Waweva uSamuweli onke amazwi 21 abantu, wawathetha ezindlebeni zikaYehova. Wathi uYehova kuSamuweli, 22 Liphulaphule izwi labo, ubenzele ukumkani. Wathi uSamuweli kumadoda akwaSirayeli, Hambani niye elowo emzini wakhe.

Ukuhlangana kukaSawule noSamuweli

9 Kwakukho ndoda yakwaBhenjamin, igama lalinguKishe, unyana ka-

Abhiyeli, unyana kaTserore, unyana ka-Bhekorati, unyana ka-Afiya, unyana wo-
2 mBhenjamin, indoda esisityebi. Yayinonyana ogama linguSawule, umfo omtsha, omhle, ebekungekho mfo phakathi koonyana bakaSirayeli umhle kunaye; ethabathela emagxeni akhe anyuse, ubemde kubantu bonke.
3 Ke kaloku uKishe, uyise kaSawule, walahlekelwa ziimazi zakhe zamaesile. Wathi uKishe kuSawule unyana wakhe, Khawuthabathe omnye kubafana ahambe nawe, usuke uye kuzifuna iimazi
4 zamaesile. Wacanda kweleentaba lakwaEfrayim, wacanda nasezweni laseShalisha; abazifumana. Wacanda nasezweni laseShahalim, azabakho; wacanda nasezweni lakwaBenjamin, aba-
5 zifumana. Bakufika ezweni lakwaTsufi, uSawule wathi kumfana obenaye, Hamba sibuye, hleze ubawo azincame iimazi zamaesile, abe nesithukuthezi ngathi.
6 Wathi ke yena kuye, Uyabona ke, kulo mzi kukho umntu kaThixo; ngumntu ozukileyo; konke akuthethayo kuyenzeka ngenene. Makhe siye khona ke, mhlawumbi angasibonisa indlela yethu eso-
7 hamba ngayo. Wathi uSawule kumfana lowo, Yabona, sihamba nje, siya kumnika ntoni na umntu lowo? Kuba isonka siphelile empahleni yethu; akukho sipho singasisa kumntu kaThixo.
8 Into esinayo yintoni na? Waphinda umfana wamphendula uSawule, wathi, Nanku kufumaneke esandleni sam isahlulo sesiné seshekele* yesilivere; ndosinika umntu kaThixo, asibonise indlela
9 yethu. Ngaphambili, kwaSirayeli, umntu xa aya kubuza kuThixo ubesithi, Hamba siye kwimboni; ngokuba ongu-profeti namhla bekusithiwa yimboni
10 ngenxa engaphambili. Wathi uSawule kumfana lowo, Lihle ilizwi lakho; hamba siye.
Bahamba baya kuloo mzi, apho u-
11 mntu kaThixo wayekhona. Bathi benyuka eqhineni lomzi, baqubisana nomthinjana, aphuma usiya kukha amanzi; bathi kuwo, Ikho na apha imboni?
12 Wabaphendula, wathi, Ikho, nantso phambi kwenu; khawulezani ngoku, kuba ifike namhlanje kulo mzi, ngokuba abantu banombingelelo namhla esiga-
ngeni; xa ningena kulo mzi, noyifumana 13 ingekenyuki iye kudla esigangeni; kuba abayi kudla abantu ingekafiki; ngokuba usikelelwa yiyo umbingelelo, baze badle emveni koko abamenyiweyo; nyukani ngoku, ngokuba noyifumana ngoku. Benyuka ke baya kuloo mzi. Bakubona 14 ukuba bayangena kuloo mzi, nanko u-Samuweli ephuma equbisana nabo, eza kunyuka aye esigangeni.

Ke kaloku uYehova wayeyityhilele 15 indlebe kaSamuweli ngosuku olungaphambi kokuza kukaSawule, esithi, Ngeli xesha ngomso, ndiya kuthumela 16 kuwe indoda yasezweni lakwaBhenjamin, ukuze uyithambise, ibe yingànga yabantu bam amaSirayeli, ibasindise abantu bam esandleni samaFilisti; ngokuba ndibabonile abantu bam; kuba ukukhala kwabo kufikile kum.

USamuweli wambona uSawule. 17 UYehova wamphendula, wathi, Nantso loo ndoda ndibe ndithethe kuwe ngayo. Yiyo eya kuphatha ubukhosi phezu kwabantu bam.

Wasondela uSawule kuSamuweli esa- 18 ngweni, wathi, Khawundixelele, iphi na apha indlu yemboni? USamuweli 19 wamphendula uSawule, wathi, Ndim imboni; nyuka phambi kwam uye esigangeni, nidle nam namhla, ndikundulule ngomso, ndikuxelele konke okusentliziyweni yakho. Ke iimazi zamaesile 20 esekuntsuku ntathu namhla zikulahlekile, musa ukuyibekela kuzo intliziyo yakho; ngokuba zifunyenwe. Kokukabani na konke okunqwenelekayo kwaSirayeli? Asikokwakho na, nokwendlu yonke kayihlo? Waphendula uSawule, 21 wathi, AndingumBhenjamin yini na, wesizwe esincinanana kwaSirayeli? Nomzalwane wakowethu awuphantsi na emizalwaneni yonke yesizwe sakwaBhenjamin? Yini na ukuba uthethe ilizwi elinje kum?

USamuweli wamthabatha uSawule 22 nomfana lowo, wabangenisa egumbini, wabanika indawo yobukhulu phakathi kwabamenyiweyo abo, bengamadoda akumashumi amathathu. Wathi uSamuweli kumpheki, Ethe isabelo endakunikayo, ndathi kuwe, Sibeke. Wawuzisa umlenze lowo nento ephezu kwawo, wabeka phambi koSawule. Wathi uSamuweli, Nantso into endikubekeleyo, ibekiwe phambi kwakho, yidla; ngokuba ibigcinelwe wena, ukuba ibe yeyeli xesha, kususela koko ndathi, Ndibamemile abantu. Wadla uSawule noSamuweli ngaloo mini. Behla esigangeni apho, beza phakathi komzi; wathetha noSawule phezu kwendlu.

26 Bavuka kusasa; kwathi, xa kunyuka isifingo, uSamuweli wamemeza kuSawule phezu kwendlu, esithi, Vuka, ndikugoduse. Wavuka uSawule; baphuma baya phandle bobabini, yena noSamuweli. Behlile, baya ekupheleni komzi, wathi uSamuweli kuSawule, Yitsho kumfana lo agqithele phambi kwethu (wagqitha ke); khawume wena ngoku, ndikuvise ilizwi likaThixo.

USamuweli uthambisa uSawule abe ngukumkani

10 USamuweli wathabatha igutyana leoli, wamgalela entloko, wamanga, wathi, Inene, uYehova ukuthambisile ukuba ube yingànga yelifa lakhe.
2 Ekumkeni kwakho kum namhla, ùya kufumana amadoda amabini ngasengcwabeni likaRakeli, emdeni wakwaBhenjamin, eTseletsa; aya kuthi kuwe, Zifunyenwe iimazi zamaesile obuye kuzifuna. Yabona, úkuyekile uyihlo ukuthetha ngeemazi zamaesile ezo; únesithukuthezi ngani, esithi, Ndiya kuthini na ngonyana wam.
3 Ùgqithile apho, wòqhubela phambili, ufike kumoki* weTabhore, uhlangane khona namadoda amathathu enyuka esiya kuThixo eBheteli, enye ithwele amatakane amathathu, enye ithwele iintenda zezonka ezithathu, enye
4 ithwele intsuba yewayini. Okubuza ukuphila kwakho, akunike izonka ezi-
5 bini; uzithabathe ezandleni zawo. Emveni koko ùya kufika eGibheha kaThixo, apho kukhoyo ikampu yamaFilisti; kuthi, xa ufikileyo emzini apho, uthane nqiphu negqiza labaprofeti, lisihla livela esigangeni, phambi kwalo ingumrhubhe, nengqongqo, nogwali, nohadi, beprofeta. UMoya kaThixo wokufikela 6 ngamandla, uprofete ndawonye nabo, uguquke ube mntu wumbi.

Kothi, xa ithe yafika kuwe loo miqo- 7 ndiso, uzenzele njengoko siya kufumana ngako isandla sakho; ngokuba uThixo unawe; uhle uye phambi kwam eGili- 8 gali. Yabona, ndiyehla, ndiza kuwe, ukuze ndinyuse amadini anyukayo, ndibingelele imibingelelo yoxolo. Wòlinda imihla esixhenxe ndide ndize kuwe, ndikwazise oko uya kukwenza.

Wathi uSawule, akuthi khwitshi uku- 9 ba emke kuSamuweli, uThixo wamguqula, wanantliziyo yimbi. Yafika yonke loo miqondiso kwangayo loo mini.

Bafika eGibheha apho, nalo igqiza 10 labaprofeti limkhawulela; wamfikela ngamandla uMoya kaThixo, waprofeta phakathi kwabo. Kwathi, bakumbona 11 bonke ababemazi ngaphambili, eprofeta ndawonye nabaprofeti, bathi abantu omnye komnye, Uhliwe yintoni na unyana kaKishe? Ukúbaprofeti noSawule na? Waphendula umntu wakhona, wa- 12 thi, Ngubani na uyise wabo? Ngenxa yoko kwabakho umzekeliso wokuthi, Ukúbaprofeti noSawule na? Wagqi- 13 ba ukuprofeta, waya esigangeni.

Wathi uyisekazi kaSawule kuye, na- 14 kumfana lowo, Beniye phi na? Wathi, Besifuna iimazi zamaesile; sakùbona ukuba asizifumani, saya kuSamuweli.

Wathi uyisekazi kaSawule, Kha- 15 wundixelele ukuba utheni na uSamuweli kuni. Wathi uSawule kuyisekazi, Usi- 16 xelele ukuba zifunyenwe iimazi zamaesile. Ke ngobukumkani, abethethe ngabo uSamuweli, akamxelelanga nto.

Ke kaloku uSamuweli wabahlabela 17 umkhosi abantu; beza kuYehova eMiz- 18 pa. Wathi koonyana bakaSirayeli, Utsho uYehova, uThixo kaSirayeli, ukuthi, Ndawanyusa mna amaSirayeli eYiputa, ndanihlangula esandleni samaYi-

puta, nasesandleni sezikumkani zonke
19 ezanixinayo. Namhla ke nimcekisile nina uThixo wenu, owanisindisayo ebubini benu bonke, nasekubandezelweni konke, nathi kuye, Simisele ukumkani phezu kwethu. Kaloku ke zimiseni phambi koYehova ngokwezizwe zenu, nangokwamawaka enu.

20 Wazisondeza ke uSamuweli zonke izi-
zwe zakwaSirayeli, kwathatyathwa isi-
21 zwe sakwaBhenjamin. Wasisondeza i-
sizwe sakwaBhenjamin ngokwemizalwane yaso, kwathatyathwa umzalwane wakwaMatri, kwathatyathwa ke uSawule unyana kaKishe. Bamfuna, àbamfu-
22 mana. Babuya babuza kuYehova, ba-
thi, Uselefikile na umntu? Wathi u-
Yehova, Nanko ezímele yena phantsi
23 kwempahla. Babaleka, bamthabatha apho. Wema phakathi kwabantu, wa-
mde kubantu bonke, ethabathela ema-
24 gxeni anyuse. Wathi uSamuweli kubantu bonke, Niyambona na lo unyuliweyo nguYehova; ukuba akukho unjengaye ebantwini bonke? Baduma bonke abantu, bathi, Makadle ubomi ukumkani!
25 USamuweli walithetha ebantwini isiko lobukumkani, walibhala encwadini, wayibeka phambi koYehova. USamu-
weli wabandulula abantu bonke; baya
26 elowo endlwini yakhe. Naye uSawule waya endlwini yakhe eGibheha; laha-
mba naye iqela elinobukroti, elintliziyo
27 zichukunyisiweyo nguThixo. Ke bona abangamatshijolo bathi, wóthini na ukusisindisa lo? Bamdela; àbamzisela mnikelo. Yena wanga akeva.

*USawule ukhulula iYabheshe
yaseGiliyadi kuma-Amon*

11 Ke kaloku wenyuka uNahashe, umAmon, wayingqinga iYabhe-
she yaseGiliyadi. Athi onke amadoda aseYabheshe kuNahashe, Simisele u-
2 mnqophiso, sikukhonze. Wathi kuwo uNahashe umAmon, Ndiya kunimisela umnqophiso wokuthi, ndinikrukre nonke iliso lasekunene, ndikubeke oko phezu kwamaSirayeli onke, kube sisingci-
3 kivo. Athi kuye amadoda amakhulu aseYabheshe, Siyeke iintsuku ezisixhenxe, sithume abathunywa emideni yonke yakwaSirayeli; sithi, ukuba akubangakho usisindisayo, siphume size kuwe.

Bafika abathunywa eGibheha yakwa- 4
Sawule, bawathetha loo mazwi ezindlebeni zabantu; baliphakamisa bonke abantu izwi labo, balila. Nanko uSawule, 5 ehamba emva kweenkomo, evela ezindle; wathi uSawule, Banantoni na abantu, belila nje? Bamxelela ke amazwi amadoda aseYabheshe. UMoya kaYehova 6 wamfikela ngamandla uSawule ekuwaveni kwakhe la mazwi, wavutha umsindo wakhe kunene. Wathabatha iinkomo 7 zambini, wazityatya, wathumela emideni yonke yakwaSirayeli ngesandla sabathunywa, esithi, Ongathanga aphume alandele uSawule, alandele uSamuweli, ziya kwenjiwa nje iinkomo zakhe. Abantu bafikelwa kukunkwantya nguYehova, baphuma njengandoda-nye.

Wababala eBhezeki; oonyana baka- 8
Sirayeli bangamawaka angamakhulu amathathu, namadoda akwaYuda angamawaka angamashumi amathathu. Ba- 9
thi kubathunywa abafikileyo, Yitshoni kumadoda aseYabheshe yaseGiliyadi ukuthi, Ngomso ukufudumala kwelanga, niya kukhululwa. Bemka abathunywa, bawaxelela amadoda aseYabheshe; avuya ke. Athi amadoda aseYabheshe, 10
Ngomso siya kuphuma size kuni; nenze kuthi ngako konke okulungileyo emehlweni enu. Kwathi ngengomso uSa- 11
wule wabamisa abantu bazizihlwele ezithathu, bafika phakathi kwempi ngomlindo wokusa, bawabulala ama-Amon yada yafudumala imini. Kwathi aseleyo aphangalaliswa; akwasala kuwo nokuba abe mabini ndaweni-nye.

Bathi abantu kuSamuweli, Ngoobani 12
na abo babesithi, USawule uya kuba ngukumkani kuthi na? Waziseni loo madoda, siwabulale. Wathi uSawule, 13
Makungabulawa mntu namhla; ngokuba namhla uYehova wenze usindiso kwaSirayeli.

Wathi uSamuweli ebantwini, Hamba- 14
ni, siye eGiligali, sibusungule khona ubukumkani. Baya ke bonke abantu e- 15

Giligali; bamenza ukumkani uSawule phambi koYehova eGiligali apho; wabingelela apho imibingelelo yoxolo phambi koYehova. Bavuya kunene apho ooSawule namadoda onke akwaSirayeli.

Amazwi kaSamuweli esahlukana noSirayeli

12 Wathi uSamuweli kumaSirayeli onke, Yabonani, ndiliphulaphule izwi lenu ngako konke enakuthethayo 2 kum, ndanimisela ukumkani. Kaloku nanko ukumkani ehamba phambi kwenu. Ke mna ndaluphele, ndiyingwevu; nabo oonyana bam benani. Mna ndihambé phambi kwenu kwasebuncina-3 neni bam unanamhla. Nanku ndikho; ngqinani ngam phambi koYehova, naphambi komthanjiswa wakhe: ndathabatha nkomo kabani na? ndathabatha esile likabani na? ndacudisa bani na? ndavikiva bani na? ndathabatha esandleni sikabani na ucamagusho lokumfame-4 kisa amehlo am? ndonibuyisela. Athi, Akusicudisanga, akusivikivanga, aku-5 thabathanga nto sandleni samntu. Wathi kubo, UYehova ulingqina ngani, nomthanjiswa wakhe ulingqina namhla, ukuba anifumananga nto sandleni sam. Bathi, Úlingqina.

6 Wathi uSamuweli ebantwini, NguYehova owenza ooMoses noAron; owe-7 nyusa ooyihlo ezweni laseYiputa. Kaloku ke yimani, ndimangalelane nani phambi koYehova ngayo yonke imisebenzi yobulungisa kaYehova, ayenzileyo kuni 8 nakooyihlo. Xenikweni uYakobi waya eYiputa, bakhala ooyihlo kuYehova: uYehova wathuma ooMoses noAron, babakhupha ooyihlo eYiputa, bababeka 9 kule ndawo. Bamlibala uYehova uThixo wabo; wathengisa ngabo esandleni sikaSisera, umthetheli-mkhosi waseHatsore, nasesandleni samaFilisti, nakwesokumkani wakwaMowabhi, balwa nabo. 10 Bakhala kuYehova, bathi, Sonile, ngokuba samlahlayo uYehova, sakhonza ooBhahali* nooAshtaroti;* kaloku ke sihlangule esandleni seentshaba zethu, sikukhonze. UYehova wathuma oo- 11 Yerubhahali, noBhedan, noYifeta, noSamuweli, wanihlangula esandleni seentshaba zenu ngeenxa zonke, nahlala nonwabile.

Kwathi nakubona uNahashe, ukum- 12 kani woonyana baka-Amon, esiza kulwa nani, nathi kum, Hayi, masilawulwe ngukumkani, uYehova uThixo wenu engukumkani wenu. Nanko ke ukumkani 13 enimnyulileyo, enimbizileyo; yabonani, uYehova unimisele ukumkani.

Anaba beniya kumoyika uYehova, ni- 14 mkhonze, niliphulaphule ilizwi lakhe, ningawuphikisi umlomo kaYehova, nithane mbende noYehova uThixo wenu, nina nokumkani onilawulayo, *ukuze kulunge*. Ke ukuba anithanga niliphu- 15 laphule izwi likaYehova, ukuba nithe nawuphikisa umlomo kaYehova, isandla sikaYehova sonichasa, njengokuba sachasa ooyihlo. Nangoku yimani, ni- 16 yibone le nto inkulu, ayenzayo uYehova phambi kwenu. Àkuvunwa ingqolowa 17 yini na namhla? Ndiya kunqula uYehova ahlise iindudumo nemvula; nazi, nibone ukuba ububi benu bukhulu enibenzileyo phambi koYehova ngokubiza ukumkani.

USamuweli wanqula uYehova; waza 18 uYehova wahlisa iindudumo nemvula ngaloo mini. Bonke abantu bamoyika kunene uYehova noSamuweli. Bathi 19 bonke abantu kuSamuweli, Bathandazele abakhonzi bakho kuYehova uThixo wakho, ukuze singafi; ngokuba ezonweni zethu songeze ububi bokubiza ukumkani.

Wathi uSamuweli ebantwini, Musani 20 ukoyika. Nina nibenzile bonke obo bubi; noko ke musani ukutyeka ekumlandeleni uYehova; mkhonzeni uYehova ngentliziyo yenu yonke. Ize ningatye- 21 ki; ngokuba ningába nilandela izinto ezililizé, ezingenakunyusa, ezingenakuhlangula, ngokuba zililizé. Kuba uYe- 22 hova akayi kubashiya abantu bakhe, ngenxa yegama lakhe elikhulu; ngokuba kwakholeka kuYehova ukunenza abantu bakhe. Kananjalo makube lee kum u- 23 kuthi ndone kuYehova ngokuyeka uku-

nithandazela; ndoniyalela indlela elu-
24 ngileyo ethe tye. Kodwa moyikeni
uYehova, nimkhonze ngenyaniso, nge-
ntliziyo yenu yonke; ngokuba kuboneni
25 okukhulu anenzele khona. Ke ukuba
niphikele ukwenza, nithe nenza okubi,
nocinywa, nina kwanokumkani wenu.

Imfazwe kaSawule namaFilisti

13 USawule ebeneminyaka ezelwe,
akuba ngukumkani, waba nguku-
mkani kumaSirayeli iminyaka emibini.
2 USawule wazinyulela amawaka ama-
thathu kumaSirayeli; amawaka amabini
ayenoSawule eMikmas nakweleentaba
laseBheteli, iwaka elinye laye linoYo-
natan eGibheha yakwaBhenjamin. A-
bantu abaseleyo wabandulula, baya elo-
wo ententeni yakhe.
3 UYonatan wayoyisa ikampu yama-
Filisti eseGebha, eva amaFilisti. USa-
wule wavuthela ngesigodlo ezweni lonke,
4 esithi, Makeve amaHebhere. AmaSi-
rayeli onke eva kusithiwa, USawule
uyoyisile ikampu yamaFilisti; kananjalo
amaSirayeli azinukisile kumaFilisti. A-
bantu bahlatyelwa umkhosi, beza ba-
mlandela uSawule baya eGiligali.
5 AmaFilisti azihlanganisela ukulwa na-
maSirayeli: iinqwelo zokulwa zaba nga-
mashumi omathathu amawaka, naba-
mahashe bangamawaka amathandathu,
abantu bangangentlabathi eselunxwe-
meni lolwandle ukuba baninzi; anyuka
ke amisa iintente eMikmas phambi kwe-
6 Bhetaven. Abona amadoda akwaSi-
rayeli ukuba abandezelekile (kuba aba-
ntu bebefingiwe), abantu bazimela emi-
qolombeni, nasezimfanteni, nasezingxo-
ndorheni, nasemiweweni, nasemihadini.
7 Ke kaloku kwawela amaHebhere eYor-
dan, aya ezweni lakwaGadi nelaseGili-
yadi. Ke yena uSawule ebeseseGili-
gali; abantu bonke bamlandela begubha.
8 Walinda iintsuku zasixhenxe, ngo-
kwexesha elibe limisiwe nguSamuweli,
akafika uSamuweli eGiligali; bamphala-
9 la abantu bemka kuye. Wathi uSawu-
le, Zisani kum idini elinyukayo nemibi-
ngelelo yoxolo. Wenyusa idini elinyu-
kayo. Kwathi, xa agqibileyo ukulinyu- 10
sa idini elinyukayo, nanko uSamuweli
efika; waphuma uSawule waya kumkha-
wulela, ukuba ambulise. Wathi uSa- 11
muweli, Yintoni le uyenzileyo? Wathi
uSawule, Kungokuba bendibona abantu
bendiphalala, besimka kum, nawe ungà-
fiki ngexesha elibe limisiwe, namaFilisti
ehlanganiselana eMikmas; ndathi, Ka- 12
loku amaFilisti aya kuda ehle eze kum
eGiligali, ndingambongozanga uYeho-
va; ndazinyanzela, ndalinyusa idini eli-
nyukayo.
Wathi uSamuweli kuSawule, Wenzé 13
ngobudenge; akuwugcinanga umthetho
kaYehova uThixo wakho awakuwisela-
yo; ngokuba uYehova ange ebuzinzisile
kaloku ubukumkani bakho kwaSirayeli,
kude kuse ephakadeni. Ke ngoko ubu- 14
kumkani bakho abusayi kuma. UYeho-
va uzifunele indoda engantliziyo yakhe;
wayimisa uYehova ukuba ibe yingànga
yabantu bakhe; ngokuba akukugcina-
nga oko uYehova akuwisele umthetho
ngako.

Wesuka uSamuweli wenyuka, wemka 15
eGiligali, waya eGibheha yakwaBhenja-
min. USawule wababala abantu aba-
funyenwe benaye, bengamadoda aku-
makhulu amathandathu. USawule, no- 16
Yonatan unyana wakhe, nabantu abafu-
nyenwe benabo, bahlala eGibheha ya-
kwaBhenjamin. AmaFilisti amisa ii-
ntente eMikmas. Kwaphuma amatutu 17
emkhosini wamaFilisti, engamaqela a-
mathathu: elinye iqela labheka nge-
ndlela yaseOfra ezweni lakwaShuwali;
elinye iqela labheka endleleni yaseBhe- 18
te-horon; elinye iqela labheka endleleni
yasemdeni ovelela umfula weTsebho-
yim, uye entlango.

Ke bekungekho mkhandi ezweni lo- 19
nke lakwaSirayeli; ngokuba amaFilisti
ebesithi, Aya kuze amaHebhere enze
amakrele neentshuntshe. AmaSirayeli 20
onke abesihla aye kumaFilisti, alole elo-
wo isikhali sakhe, nesitshetshe sepulu-
wa yakhe, nezembe lakhe, negaba lakhe,
zakuba nezikhewu iintlangothi zama- 21

gaba, nezezitshetshe zeepuluwa, nezee-
folokhwe, nezamazembe, nezokubaza
22 iimviko. Kwathi ke ngomhla wokulwa,
akwafunyanwa krele nantshuntshe esa-
ndleni sabantu bonke ababenoSawule
noYonatan; ke kuSawule noYonatan
unyana wakhe bezikho.
23 Kwaphuma amaFilisti ekampini, aya
engxingweni yaseMikmas.

*Izenzo zikaYonatan nokoyisa
kwakhe amaFilisti*

14 Kwathi ngamhla uthile, uYonatan
unyana kaSawule wathi kumfana
ophatha iintonga zakhe, Hamba siphu-
mele, siye ekampini yamaFilisti epheshe-
2 ya phaya. Akamxelela uyise. USawule
ke wayehleli ekupheleni kweGibheha
phantsi komrharnate oseMigron. Aba-
ntu ababenaye babekumakhulu amatha-
3 ndathu amadoda, enoAhiya, unyana ka-
Ahitubhi, umkhuluwa kaIkabhodi, u-
nyana kaPinehasi, unyana kaEli, umbi-
ngeleli kaYehova eShilo, enxibe iefodi.*
Bebengazi abantu ukuba uYonatan
uyile.
4 Ezingxingweni, abefuna ukuphumela
kuzo uYonatan, aye ekampini yamaFili-
sti, bekukho itsolo lengxondorha nga-
pha; kukho itsolo lengxondorha nga-
phaya; igama lelinye libe linguBhotse-
5 tse, igama lelinye linguSene. Okunye
ukutsola bekuyintsika ngasentla malu-
nga neMikmas, okunye kungasezantsi
6 malunga neGibheha. Wathi ke uYona-
tan kumfana lowo uphatha iintonga za-
khe, Hamba siphumele, siye ekampini
yaba bangalukileyo; mhlawumbi uYe-
hova wosisebenzela; ngokuba akukho
sithintelo kuYehova ukuba asindise
7 ngabaninzi nangabambalwa. Wathi um-
phathi weentonga zakhe kuye, Yenza
konke okusentliziyweni yakho; singa
phaya; yabona, ndinawe ngokwentli-
ziyo yakho.
8 Wathi uYonatan, Yabona, siyaphu-
mela, siya kulaa madoda, siya kuzibona-
9 kalisa kuwo. Ukuba athe kuthi, Hlalani,
side size kuni; siya kuma kuloo ndawo
10 yethu, singenyuki siye kuwo. Ukuba

athe, Nyukani nize kuthi: sonyuka,
ngokuba uYehova uwanikele esandleni
sethu; lowo woba ngumqondiso kuthi.
Bazibonakalisa bobabini ekampini ya- 11
maFilisti; athi amaFilisti, Nanga ama-
Hebhere ephuma emingxunyeni abezi-
mele kuyo. Abaphendula amadoda ase- 12
kampini ooYonatan nomphathi weento-
nga zakhe, athi, Nyukani nize kuthi, si-
nibonise. Wathi uYonatan kumphathi
weentonga zakhe, Nyuka emva kwam;
ngokuba uYehova uwanikele esandle-
ni samaSirayeli. Wenyuka uYonatan, 13
ekhasa ngezandla neenyawo, umphathi
weentonga zakhe esemva kwakhe. Awa
phambi koYonatan; nomphathi weento-
nga zakhe esemva kwakhe ebulala.
Kwathi, ukuxabela kokuqala awaxabela 14
ngako uYonatan nomphathi weento-
nga zakhe, kwaxatyelwa amadoda anga-
thi amashumi mabini, esiqingatheni se-
ndima eyiakile yentsimi. Kwabakho u- 15
mothuko emkhosini, nasezindle, nase-
bantwini bonke; ikampu namatutu bo-
thuka nabo; wanyikima umhlaba; yaba
sisothuso esivela kuThixo.

Bakhangela ababoniseli bakaSawule, 16
baseGibheha yakwaBhenjamin, nantso
ingxokolo inyibilika; yaye ichithana yo-
dwa. Wathi uSawule ebantwini aba- 17
benaye, Khanibale, nibone ukuba ngu-
bani na ongekhoyo kuthi. Babala;
yini? akakho uYonatan nomphathi wee-
ntonga zakhe. Wathi uSawule kuAhi- 18
ya, Zisa apha ityeya kaThixo; ngokuba
ityeya kaThixo ibinoonyana bakaSi-
rayeli ngaloo mini. Kwathi, esathetha 19
uSawule kumbingeleli, ingxokozelo
yempi yamaFilisti yaya ikhula. Wathi
uSawule kumbingeleli, Sibuyise umva
isandla sakho.

Bahlanganisana uSawule nabantu bo- 20
nke ababenaye, baya kulwa; nalo ikrele
lomntu limi kummelwane wakhe, isisa-
qunge esikhulu. Ke kaloku athi nama- 21
Hebhere abekumaFilisti njengaphambi-
li, abenyuke ngeenxa zonke, eza nawo
emkhosini, esuka aphamba nawo, anga-
kumaSirayeli la abenoSawule noYona-
tan. Kwanamadoda onke akwaSirayeli, 22
abezimele kweleentaba lakwaEfrayim,

eva ukuba amaFilisti asabile, áwalandela athana mbende nawo ekulweni.
23 UYehova wawasindisa ke amaSirayeli ngaloo mini. Ukulwa kwegqitha eBhetaven.

24 Amadoda akwaSirayeli ayeminyekile kukudinwa ngaloo mini. USawule wabafungisa abantu, esithi, Uqalekisiwe odla isonka kungekahlwi, ndide ndiziphindezelele ezintshabeni zam. Bonke
25 abantu àbadla nento. Lonke ilizwe leza ehlathini; kwaye kukho ubusi phezu
26 komhlaba. Bafika abantu ehlathini, nanko kuvuza ubusi. Akwabakho usa isandla emlonyeni wakhe; ngokuba abantu babesoyika isifungo.

27 Ke uYonatan ubengamvanga uyise, ukubafungisa kwakhe abantu, wesa incam yentonga ebisesandleni sakhe, wayifaka enqatheni lobusi, wasibuyisela emlonyeni wakhe isandla sakhe; aqabuka amehlo
28 akhe. Yaphendula indoda yasebantwini, yathi, Uyihlo ubafungisile wabafungisa abantu, esithi, Uqalekisiwe odla isonka, namhlanje. Babethé ncithi a-
29 bantu liphango. Wathi uYonatan, Ubawo ulihlisele ishwangusha ilizwe; khanikhangele, amehlo am aqabukile, ngo-
30 kuba ndive le ntwana yobusi. Ukuba babethé abantu badla, besidla namhla emaxhobeni eentshaba zabo abawafumeneyo, ngelubeke phi na ke ukugqithisela ukuba lukhulu ngoku uxabelo kumaFilisti?

31 Bawaxabela ngaloo mini amaFilisti, bathabathela eMikmas besa eAyalon; be-
32 tyhafile kunene abantu. Baziphosa abantu emaxhobeni, bathabatha impahla emfutshane, neenkomo, namathole eenkomo, baxhelela emhlabeni, abantu
33 bayidla inegazi. Waxelelwa uSawule, kwathiwa, Uyabona, abantu bayona kuYehova ngokuyidla inegazi. Wathi, Nitshinizile; qengqelani kum ilitye
34 elikhulu ngoku. Wathi uSawule, Yithini saa phakathi kwabantu, nithi kubo, Zisani kum elowo inkomo yakhe, elowo igusha yakhe, nixhelele apha, nidle; ningoni kuYehova ngokuyidla inegazi.

Bonke abantu bazisa elowo inkomo yakhe ngesandla sakhe ngobo busuku, baxhelela khona. USawule wakha 35 isibingelelo kuYehova, waqala ngaso ukwakha isibingelelo kuYehova.

Wathi uSawule, Masihle siwaphu- 36 thume amaFilisti ebusuku, siwaphange kude kuse ngomso, singashiyi mntu kuwo. Bathi, Yenza konke okulungileyo emehlweni akho. Wathi umbingeleli, Masisondele kuThixo apha. USa- 37 wule wabuza kuThixo, esithi, Ndihle ndiwalandele na amaFilisti? Wòwanikela na esandleni samaSirayeli? Akamphendula loo mini. Wathi uSawule, 38 Yizani apha, nonke nina zibonda zabantu, nazi, nibone ukuba sikwini na esi sono namhlanje? Ngokuba 39 ehleli nje uYehova osindise amaSirayeli, nokuba sibe sikuYonatan unyana wam, ubeya kufa. Akwabakho umphendulayo ebantwini bonke.

Wathi kumaSirayeli onke, Yibani nge- 40 linye icala nina, ndibe ngelinye icala, mna noYonatan unyana wam. Bathi abantu kuSawule, Yenza okulungileyo emehlweni akho. Wathi uSawule ku- 41 Yehova, Thixo kaSirayeli, velisa inyaniso. Kwathyathwa ke uYonatan noSawule, basinda abantu. Wathi uSa- 42 wule, Yenzani amaqashiso kum noYonatan unyana wam. Kwathatyathwa ke uYonatan. Wathi uSawule 43 kuYonatan, Ndixelele, yintoni na le nto uyenzileyo? UYonatan wamxelela, wathi, Ndisuke ndeva intwana yobusi ngencam yentonga ebisesandleni sam; nanku ndiya kufa. Wathi uSawule, 44 UThixo makenjenje kum, aqokele ukwenjenje; inene, ukufa ùya kufa, Yonatan. Bathi abantu kuSawule, Afe na 45 uYonatan, owenze olu lusindiso lukhulu kwaSirayeli? Makube lee oko! Ehleli nje uYehova, akusayi kuwa nonwele lwentloko yakhe emhlabeni; ngokuba usebenzisene noThixo namhla. Bamkhulula ke abantu uYonatan, akafa.

Wenyuka uSawule ekuwalandeleni a- 46 maFilisti; athi amaFilisti aya kuloo ndawo yawo.

Isishwankathelo sombuso kaSawule

47 Wabuthabatha ke uSawule ubukumkani bakwaSirayeli; walwa ngeenxa zonke neentshaba zakhe zonke, amaMowabhi, noonyana baka-Amon, namaEdom nookumkani baseTsobha, namaFilisti; wathi, ezindaweni zonke abheka
48 kuzo, wawatyela. Wavelisa amandla, wawaxabela ama-Amaleki, wawahlangula amaSirayeli esandleni sâbo babewaphanga.
49 Ke kaloku oonyana bakaSawule bebengooYonatan, noIshevi, noMalekishuwa. Ke amagama eentombi zakhe zombini ngawo la: igama leyamazibulo nguMerabhi, igama lenci nguMikali.
50 Igama lomkaSawule belinguAhinowam, intombi ka-Ahimahatse. Igama lomthetheli womkhosi wakhe belinguAbinere, unyana kaNere, uyisekazi ka-
51 Sawule. Uyise kaSawule ubenguKishe; uNere, uyise ka-Abhinere, wayengunyana ka-Abhiyeli.
52 Kwaye kunzima ukulwa namaFilisti yonke imihla kaSawule; ngoko uSawule ubesithi akubona indoda eligorha nokuba yiyiphi, nendoda enobukroti nokuba yiyiphi, ayithabathele kuye.

USawule uyawoyisa ama-Amaleki

15 Wathi uSamuweli kuSawule, UYehova wandithuma ukuba ndikuthambise ube ngukumkani kubantu bakhe, kumaSirayeli. Wáphulaphule
2 ke ngoko amazwi kaYehova. Utsho uYehova wemikhosi, ukuthi, Ndikukhangéle konke awakwenzáyo ama-Amaleki kumaSirayeli, okokuba awathintelayo endleleni ekunyukeni kwawo eYiputa.
3 Yiya ngoko, uwaxabele ama-Amaleki, nikusingele phantsi konke anako, ningawacongi; uze ubulale, uthabathela kwindoda use kwinkazana, uthabathela kolunyulweyo use kowanyayo, uthabathela kwinkomo use kwimvu, uthabathela kwinkamela use kwiesile.
4 Wababiza ke abantu, wababala eTelayim; amabini amakhulu amawaka omqikela; alishumi lamawaka amadoda
5 akwaYuda. USawule wafika kumzi wama-Amaleki walalela esihlanjeni. Wa-
6 thi uSawule kumaKeni, Hambani nihle, nimke kuma-Amaleki, hleze ndiniqukе nawo; nina nabenzela inceba bonke oonyana bakaSirayeli ekunyukeni kwabo eYiputa. Emka ke amaKeni kumaAmaleki. USawule wawaxabela ama-
7 Amaleki, wathabathela eHavila wada waya eShure, ekhangelene neYiputa. Wambamba uAgagi ukumkani wama-
8 Amaleki ehleli, wabasingela phantsi bonke abantu ngohlangothi lwekrele.
USawule nabantu bamsindisa uAgagi,
9 neyona ilungileyo impahla emfutshane, neenkomo, neyalekelwayo, neemvana, izinto zonke ezilungileyo àbavuma ukuzisingela phantsi zona; ke yonke impahla edelekileyo, egxugxileyo, bayisingela phantsi.

Ukungathobeli kukaSawule nokulahlwa kwakhe

Lafika ilizwi likaYehova kuSamuweli, 10
lisithi, Ndiyazohlwaya ngenxa yokuba 11
ndimenzile uSawule ukumkani; ngokuba ebuyile ekundilandeleni, akalifeza ilizwi lam. Wavutha ngumsindo uSamuweli, wakhala kuYehova ubusuku bonke.
Wavuka kusasa uSamuweli, waya ku-
12 khawulela uSawule kusasa. Waxelelwa uSamuweli kwathiwa, USawule uze eKarmele; nanko ezimisele isikhumbuzo, ejike wegqitha, wehla waya eGiligali. USamuweli waya kuSawule; uSawule
13 wathi kuye, Mawusikelelwe nguYehova; ndilifezile ilizwi likaYehova. Wathi
14 uSamuweli, Liyintoni na eli lizwi lempahla emfutshane lisezindlebeni zam, noku kukhonya kweenkomo ndikuvayo? Wathi uSawule, Zezi bavela nazo kuma-
15 Amaleki; ngokuba abantu bayisindisile eyona ilungileyo impahla emfutshane neenkomo, ukuze babingelele kuYehova uThixo wakho; ezinye sazisingela phantsi.
Wathi uSamuweli kuSawule, Yeka,
16 ndikuxelele akuthethileyo uYehova kum ngobu busuku. Wathi kuye, Thetha. Wathi uSamuweli, Akubanga yintloko
17 yezizwe zakwaSirayeli yini na, uzeyile

USAMUWELI I 15-16

wena? Wakuthambisa uYehova ukuba 18 ngukumkani kumaSirayeli. UYehova wakuthuma ngendlela, wathi, Hamba uye kutshabalalisa aboni abo ama-Ama-19 leki; ulwe nawo ude uwagqibe. Yini na ke ukuba ungaliphulaphuli ilizwi lika-Yehova, usuke uziphose emaxhobeni, wenze okubi emehlweni kaYehova?

20 Wathi uSawule kuSamuweli, Hayi, ndiliphulaphule ilizwi likaYehova, ndahamba ngendlela abendithume ngayo uYehova, ndamzisa uAgagi ukumkani wama-Amaleki, ndawatshabalalisa ama-21 Amaleki. Besuka abantu bathabatha emaxhobeni: impahla emfutshane, neenkomo, neyona inentlahla kwizinto ezisingelwe phantsi, ukuze babingelele ku-22 Yehova, uThixo wakho, eGiligali. Wathi uSamuweli, UYehova unonelele amadini anyukayo nemibingelelo, ngangokuba enonelele ukuphulaphulwa kwezwi likaYehova, yini na? Yabona, ukuphulaphula kulungile ngaphezu kombingelelo, nokubaza iindlebe kulungile ngaphezu kwamanqatha eenkunzi zee-23 gusha. Ngokuba ukuba neenkani kusisono esinjengokuvumisa, ubungqola bunjengenkonzo yezithixo nemilondekhaya. Ngenxa yokuba ulicekisile ilizwi likaYehova, naye ukucekisile ukuba ungabi kumkani.

24 Wathi uSawule kuSamuweli, Ndonile; ngokuba ndigqithile emthethweni ka-Yehova naselizwini lakho; kuba bendisoyika abantu, ndaphulaphula izwi la-25 bo. Khawusixolele ngoko isono sam; buya nam, ndiye ndimnqule uYehova. 26 Wathi uSamuweli kuSawule, Andiyi kubuya nawe; ngokuba ulicekisile ilizwi likaYehova, naye uYehova ukucekisile, ukuba ungabi kumkani kumaSirayeli.

27 Wathi akuthi guququ uSamuweli ukuba emke, wabamba isondo lengubo ya-28 khe yokwaleka, lakrazuka. Wathi u-Samuweli kuye, UYehova ukukrazule kuwe namhla ubukumkani bakwaSirayeli, wabunika ummelwane wakho olu-29 ngileyo kunawe. Kananjalo uQele-lika-Sirayeli akaxoki, akazohlwayi; ngokuba 30 akangumntu ukuba azohlwaye. Wathi yena, Ndonile; wòsewundizukisa phambi kwamadoda amakhulu abantu bakowethu, naphambi kwamaSirayeli, ubuye nam, ndimnqule uYehova, uThixo wakho. Wabuya ke uSamuweli, walande- 31 la uSawule; uSawule wamnqula uYehova.

Wathi uSamuweli, Mziseni apha kum 32 uAgagi, ukumkani wama-Amaleki. Waya uAgagi kuye echwayithile. Wathi uAgagi, Inene, bugqithile ubukrakra bokufa. Wathi uSamuweli, Njengo- 33 kuba ikrele lakho labahluthayo abafazi abantwana babo, úya kwenjiwa njalo unyoko phakathi kwabafazi, ukuhluthwa abantwana. USamuweli wamxhaxha uAgagi phambi koYehova eGiligali.

Waya uSamuweli eRama; uSawule 34 wenyuka waya endlwini yakhe eGibheha yakwaSawule. USamuweli akabuyanga 35 abonane noSawule, kwada kwayimini yokufa kwakhe; kuba uSamuweli wamlilela uSawule.

Wazohlwaya uYehova ngenxa yokuba ebemenze uSawule ukumkani kwaSirayeli.

USamuweli uthambisa uDavide abe ngukumkani

16 Wathi uYehova kuSamuweli, Ùya kumlilela kude kube nini na uSawule, ndimcekisile nje ukuba angabi kumkani kumaSirayeli? Zalisa isigodlo sakho ngeoli, uhambe; ndiya kukuthumela kuYese waseBhetelehem; ngokuba ndizibonele ukumkani koonyana bakhe. Wathi uSamuweli, Ndothini na ukuya? 2 USawule uya kuva, andibulale. Wathi uYehova, Thabatha ithokazi lenkomo uye nalo, uthi, Ndizé kubingelela kuYehova. Ummemele embingelelweni 3 uYese; ndokwazisa mna into owoyenza, undithambisele endiya kuthetha kuwe ngaye.

Wakwenza uSamuweli akuthethileyo, 4 waya eBhetelehem. Othuka ke amadoda amakhulu omzi, eza kumkhawulela, athi, Úza uxolile na? Wathi, Ndi- 5 xolile; ndizé kubingelela kuYehova; zingcwaliseni, nize nam embingelelweni. Wamngcwalisa uYese noonyana bakhe, wabamemela embingelelweni.

6 Kwathi, ekuzeni kwabo, wabona u-Eliyabhi, wathi, Inene, uphambi koYe-
7 hova umthanjiswa wakhe. Wathi u-Yehova kuSamuweli, Musa ukukhangela imbonakalo yakhe, nokuphakama kwesithomo sakhe, ngokuba ndimcekisile. *Andikhangeli* njengokukhangela komntu; ngokuba umntu ukhangela umphandle, uYehova ukhangela intliziyo.
8 UYese wabiza uAbhinadabhi, wamgqithisa phambi koSamuweli. Wathi, Na-
9 ló uYehova akamnyulanga. UYese wagqithisa uShama. Wathi, Naló uYe-
10 hova akamnyulanga. UYese wagqithisa ke oonyana bakhe abasixhenxe phambi koSamuweli. Wathi uSamuweli kuYese, Aba uYehova akabanyulanga.
11 Wathi uSamuweli kuYese, Awonke na amakhwenkwe akho? Wathi, Kusasele encinane; nantso isalusa impahla emfutshane. Wathi uSamuweli kuYese, Thumela iye kubizwa; ngokuba asiyi kuhlala esidlweni, ide ifike apha.
12 Wathumela wayizisa. Yaye ingqombo, emahle amehlo ayo, intle nembonakalo yayo. Wathi uYehova, Suka ume, u-
13 mthambise; ngokuba nguye lo. USamuweli wathabatha isigodlo seoli, wamthambisa esesazulwini sabakhuluwa bakhe. UMoya kaYehova wamfikela ngamandla uDavide, ukususela kuloo mini. Wesuka ke uSamuweli, waya eRama.

UDavide ungumbethi wohadi nomphathi-zixhobo kaSawule

14 Ke uMoya kaYehova wemka kuSawule; wadandathekiswa ngumoya o-
15 mbi ophuma kuYehova. Bathi abakhonzi bakaSawule kuye, Yabona, udandathekiswa ngumoya ombi ophu-
16 ma kuThixo. Inkosi yethu mayithethe, abakhonzi bakho abaphambi kwakho baye kufuna indoda ekwaziyo ukubetha uhadi; kuthi, wakuba phezu kwakho umoya ombi ophuma kuThixo, ilubethe ngesandla sayo, kulunge kuwe.
17 Wathi uSawule kubakhonzi bakhe, Khanindikhangelele indoda ebetha kamnandi, niyizise kum.
18 Waphendula omnye umfana wathi, Yabona, ndibone unyana kaYese waseBhetelehem okwaziyo ukubetha; ligorha elinobukroti, indoda yokulwa, iciko lokuthetha, umfo omhle; uYehova unaye. USawule wathuma abathu-19 nywa kuYese, wathi, Mthumele eze kum uDavide, unyana wakho, osempahleni emfutshane. UYese wathabatha 20 iesile, kubotshelelwe izonka kulo, nentsuba yewayini, netakane lalinye lebhokhwe, wathumela ngoDavide unyana wakhe kuSawule. Weza uDavide 21 kuSawule, wema phambi kwakhe; wamthanda kakhulu, waba ngumphathi weentonga zakhe. Wathumela uSa-22 wule kuYese, esithi, Makeme phambi kwam uDavide; kuba úbabalwe ndim.
Kwathi, wakufika umoya ombi ka-23 Thixo kuSawule, uDavide wathabatha uhadi, wabetha ngesandla sakhe; kwee qabu kuSawule, kwalunga kuye, wemka kuye umoya ombi.

UDavide noGoliyati

17 Ke kaloku amaFilisti ayihlanganisa imikhosi yawo ukuba alwe, ayihlanganisela eSoko ekwaYuda, amisa phakathi kweSoko neAzeka, e-Efesedamim. USawule namadoda akwaSira-2 yeli ahlanganisana, amisa entilini kaEla, ákha uluhlu lokulwa ukuba awahlangabeze amaFilisti. AmaFilisti ema nga-3 sentabeni ngapha, amaSirayeli ema ngasentabeni ngapha, umfula uphakathi kwawo.

Kwaphuma empini yamaFilisti indo-4 da efuna undikho, egama linguGoliyati waseGati, ebude buziikubhite* ezintandathu ezinomolulo weminwe;* enesi-5 gcinantloko sobhedu entloko, yambethe ingubo yentsimbi; ubunzima bengubo yentsimbi buziishekele* zobhedu ezimawaka mahlanu; eneentsekelezane zo-6 bhedu emilenzeni, nomkhonto wobhedu phakathi kwamagxa ayo; uluthi lwe-7 ntshuntshe yayo belungangomthi wabaluki; intsimbi yentshuntshe yayo ibiziishekele ezimakhulu mathandathu esinyithi; kuhamba umphathi wekhaka phambi kwayo.

Yema, yamemeza kwizintlu zakwa-8

Sirayeli, yathi kuzo, Yini na ukuba niphume nakhe uluhlu lokulwa? Andinguye na umFilisti, nayé nina ningabakhonzi bakaSawule? Zikhetheleni i-
9 ndoda, ihle ize kum. Ukuba ithe yanako ukulwa nam, yandibulala, soba ngabakhonzi kuni; ukuba ndithe ndayeyisa mna, ndayibulala, noba ngaba-
10 khonzi kuthi, nisikhonze. Wathi umFilisti, Mna ndiyazingcikiva namhla izintlu zakwaSirayeli; ndikhupheleni indoda silwe sobabini.

11 OoSawule namaSirayeli onke baweva amazwi alo mFilisti, bathi qhiphu umbilini, boyika kunene.

12 Ke uDavide waye engunyana waloo mEfrata waseBhetelehem yakwaYuda, ugama linguYese, únyana basibhozo; ubeyindoda eyalupheleyo ngemihla kaSawule, emdala kakhulu phakathi kwa-
13 manye amadoda. Babeye ekulweni oonyana abathathu bakaYese abakhulu, bemlandela uSawule. Amagama oonyana bakhe abathathu ababeye kulwa nguEliyabhi owamazibulo, emva kwakhe nguAbhinadabhi, owesithathu ngu-
14 Shama. UDavide ubengomncinane; abakhulu bobathathu babelandele uSa-
15 wule. UDavide ubesiya abuye kuSawule, ukuba aluse impahla emfutshane kayise eBhetelehem.

16 UmFilisti lowo weza kusasa nangokuhlwa, wema imihla emashumi mané.

17 Wathi uYese kuDavide unyana wakhe, Khawuphathele abakhuluwa bakho iefa* yamakhweba la, nezonka ezi zilishumi, ugidime uye emkhosini kuba-
18 khuluwa bakho, use nezonka zamasi ezi zilishumi kumthetheli-waka, ubavelele abakhuluwa bakho, ubuze ukuphila kwabo, uthabathe isibambiso kubo.

19 USawule ke, kwanabo, namadoda onke akwaSirayeli, ayesentilini kaEla, esilwa namaFilisti.

20 Wavuka kusasa uDavide ngengomso, wayishiya impahla emfutshane nomgcini, wathabatha, wahamba, njengoko wamwiselayo uYese umthetho, wafika eluthangweni lweenqwelo zokulwa, umkhosi uphuma usiya kuma eluhlwini, uhlaba umkhosi. AmaSirayeli nama- 21 Filisti ákha izintlu, uluhlu lukhangelene noluhlu. UDavide wayishiya impahla 22 yakhe esandleni somgcini wempahla, wabaleka waya eluhlwini; wafika, wababuza abakhuluwa bakhe ukuphila kwabo.

Akubon' ukuba uyathetha nabo, 23 nantso inyuka indoda efuna undikho, umFilisti waseGati, egama linguGoliyati, ivela ezintlwini zamaFilisti, yathetha kwalaa mazwi; weva ke uDavide. Onke amadoda akwaSirayeli, akuyibona 24 indoda leyo, asaba ebusweni bayo, oyika kunene. Athi amaSirayeli, Niyi- 25 bonile na le ndoda inyukayo? Kuba inyuka isiza kungcikiva amaSirayeli; yothi indoda ethe yayibulala, ityetyiswe ngukumkani ngobutyebi obukhulu, ayinike intombi yakhe, ayenze indlu kayise ikhululeke kwaSirayeli.

Wathetha uDavide kumadoda abemi 26 ngakuye, wathi, Yothiwani na indoda embuleleyo lo mFilisti, yayisusa ingcikivo kwaSirayeli? Ngokuba úngubani na umFilisti, le nto ingalukileyo, ukuba ade angcikive izintlu zikaThixo ophililelyo? Bathetha abantu kuye ngo- 27 kwelaa lizwi, bathi, Úya kwenjiwa nje umntu ombuleleyo. Wayekuva uEliya- 28 bhi, umkhuluwa wakhe, ukuthetha kwakhe namadoda. Wavutha umsindo kaEliyabhi kuDavide, wathi, Uhleleni na? Uyishiye nabani na laa mpahla imfutshane imbalwa entlango? Ndiyakwazi mna ukukhukhumala kwakho, nobubi bentliziyo yakho; ngokuba uhle uzé kubonela ukulwa. Wathi uDavide, 29 Ndenzéni ngoku? Bendibuza nje kodwa. Wee guququ, wabheka komnye 30 obemi ngakuye, wathetha kwaelaa lizwi. Abantu babuya bamphendula kwangelaa lizwi lokuqala.

Aviwa amazwi awawathethayo uDa- 31 vide, axelwa phambi koSawule, wamthabatha. Wathi uDavide kuSawule, 32 Makungathambi ntliziyo yamntu ngenxa yakhe; umkhonzi wakho lo uya kuya alwe nalo mFilisti. Wathi u- 33 Sawule kuDavide, Akunakuya kulo mFilisti ulwe naye; ngokuba usemncinane, abe yena eyindoda eqhele ukulwa kwasebuncinaneni bakhe.

34 Wathi uDavide kuSawule, Umkhonzi wakho lo ebesalusa impahla emfutshane kayise, kwafika ingonyama nebhere,* yathabatha ixhwane emhla- 35 mbini; ndaphuma, ndayilandela, ndayibetha, ndalihlangula ixhwane emlonyeni wayo. Yesuka phezu kwam, ndayibamba ngodevu lwayo, ndayibetha, ndayi- 36 bulala. Umkhonzi wakho wayibetha ingonyama kwanebhere; lo mFilisti ungalukileyo uya kuba njengenye kuzo ke, ngokuba ungcikive izintlu zika- 37 Thixo ophilileyo. Wathi uDavide, UYehova owandihlangulayo ethupheni lengonyama nasethupheni lebhere, nguye oya kundihlangula esandleni saló mFilisti. Wathi uSawule kuDavide, Hamba ke, abe nawe uYehova.

38 USawule wamambathisa uDavide ngezakhe iingubo, wambeka isigcinantloko sobhedu entloko, wamfaka ingu- 39 bo yentsimbi. UDavide walibhinqa ikrele ngaphezu kweengubo zakhe, wazama ukuhamba ngazo; ngokuba ebengekazilingi. Wathi uDavide kuSawule, Andinako ukuhamba nezi zinto, ngokuba andizilinganga. UDavide wa- 40 zihluba. Wathabatha intonga yakhe esandleni sakhe, wanyula amatye amahlanu abuthelezi emlanjaneni, wawafaka empahleni yabalusi abenayo, eyingxowa, ephethe inkwitshi yakhe esandleni sakhe, weza kumFilisti lowo.

41 UmFilisti wahamba, waya esondela kuDavide, nendoda ephatha ikhaka 42 lakhe ihamba phambi kwakhe. UmFilisti wondela, wambona uDavide, wamdela; ngokuba ebesengumfana oyingqombo, emhle imbonakalo.

43 Wathi umFilisti kuDavide, Ndiyinja na, ukuba uze kum uneentonga? Um- Filisti wamtshabhisa uDavide ngoo- 44 thixo bakhe. Wathi umFilisti kuDavide, Yiza kum apha, ndiyinike iintaka zezulu namarhamncwa asendle inyama 45 yakho. Wathi uDavide kumFilisti, Wena uza kum unekrele, nentshuntshe, nomkhonto; ke mna ndiza kuwe egameni likaYehova wemikhosi, uThixo wezintlu zakwaSirayeli omngcikivileyo. Namhlanje uYehova uya kukunikela 46 esandleni sam, ndikubulale, ndikunqumle intloko, namhla ndizinike iintaka zezulu namarhamncwa omhlaba izidumbu zomkhosi wamaFilisti, lwazi wonke umhlaba ukuba amaSirayeli anaye uThixo; lazi lonke eli bandla, ukuba 47 akungakrele, akungantshuntshe ukusindisa kukaYehova; ngokuba imfazwe yekaYehova; wòninikela ke esandleni sethu.

Kwathi, xa asukayo umFilisti, ehamba 48 esondela, esiya kumhlangabeza uDavide, wakhawuleza uDavide, wabalekela eluhlwini, esiya kumhlangabeza umFilisti. UDavide wafaka isandla sakhe 49 engxoweni, warhola ilitye khona, wasawula, watsho kumFilisti ebunzi; latshona ilitye ebunzini lakhe, wawa ngobuso bakhe emhlabeni. UDavide 50 wameyisa ke umFilisti ngenkwitshi nangelitye, watsho kumFilisti, wambulala, kungekho krele esandleni sikaDavide. Wagidima uDavide, waya we- 51 ma phezu komFilisti, walithabatha ikrele lakhe, walirhola esingxobeni salo, wambulala, wamnqumla intloko.

Abona ke amaFilisti ukuba lifile igorha lawo, asaba. Asuka amadoda 52 akwaSirayeli nawakwaYuda, aduma, awasukela amaFilisti kwada kwayiwa emfuleni, kwesa emasangweni ase-Ekron. Awa amaFilisti angxwelerhiweyo endleleni yaseShaharayim, kwesa naseGati, kwesa nase-Ekron. Babuya oonyana ba- 53 kaSirayeli ekuwasukeleni ngokushushu amaFilisti, baziphanga iintente zawo. UDavide wayithabatha intloko yomFi- 54 listi, wayisa eYerusalem; impahla yakhe wayibeka ententeni yakhe.

Xa uSawule ebembona uDavide, 55 ephuma esiya kumhlangabeza umFilisti, wathi kuAbhinere, umthetheli-mkhosi, Wa, Abhinere, ngunyana kabani na lo mfana? Wathi uAbhinere, Uhleli nje umphefumlo wakho, kumkani, andazi. Wathi ukumkani, Buza ukuba ingunya- 56 na kabani na le ndodana. Xa uDavide 57 wabuyayo ekumbulaleni umFilisti, u-

Abhinere wamthabatha, wamzisa phambi koSawule, ephethe ngesandla intlo-
58 ko yomFilisti. Wathi uSawule kuye, Ungunyana kabani na, mfanandini? Wathi uDavide, Ndingunyana womkhonzi wakho, uYese waseBhetelehem.

Ukuthandwa kukaDavide nguYonatan

18 Kwathi, xa agqibileyo ukuthetha kuSawule, umphefumlo kaYonatan wabophana nomphefumlo kaDavide; uYonatan wamthanda njengomphefu-
2 mlo wakhe. USawule wamthabatha ngaloo mini, akamvumela ukuba abu-
3 yele endlwini kayise. Benza umnqophiso ooYonatan noDavide, ngokumthanda kwakhe njengomphefumlo wakhe.
4 UYonatan wazihluba ingubo yokwaleka abenayo, wayinika uDavide, neengubo zakhe zokulwa, kwesa nakwikrele lakhe, nakwisaphetha sakhe, nakumbhinqo wa-
5 khe. Waphuma uDavide, waya apho wathunywa khona nguSawule, wenza ngengqiqo. USawule wammisa phezu kwamadoda okulwa; walunga emehlweni abantu bonke, nasemehlweni abakhonzi bakaSawule.

USawule ukhweletela uDavide amenzele iyelenqe

6 Kwathi ekufikeni kwabo, ekubuyeni kukaDavide ekumbulaleni umFilisti, baphuma abafazi emizini yonke yakwaSirayeli, bevuma ingoma, bengqungqa, besiza kumkhawulela uSawule ukumkani ngeengqongqo, nangovuyo, nangee-
7 triyangile.* Bavuma abafazi abaqambayo, bathi,
    USawule ubulele amawaka akhe,
    UDavide *ubulele* amawaka akhe angamashumi.
8 USawule wavutha kunene ngumsindo, lalibi emehlweni akhe elo lizwi; wathi, UDavide bamniké amawaka alishumi, mna bandinike amawaka nje; sekusele ukuthi ubukumkani kube bobakhe.
9 USawule wahlala emgxeleshile uDavide, kususela kuloo mini.
10 Kwathi ngengomso, umoya ombi kaThixo wamfikela ngamandla uSawule, wageza endlwini; uDavide ebetha uhadi ngesandla sakhe njengemihla; intshuntshe isesandleni sikaSawule. USa- 11 wule wabinza ngentshuntshe, wathi, Ndiya kumqhama nodonga uDavide. UDavide waphepha izihlandlo zazibini phambi kwakhe. USawule wamoyika 12 uDavide, ngokuba uYehova ebenaye, emkile kuSawule.

USawule wamsusa kuye, wammisa 13 wangumthetheli wakhe wewaka; waphuma engena phambi kwabantu. U- 14 Davide wenza ngengqiqo ezindleleni zakhe zonke, uYehova waye enaye. Wabona uSawule ukuba unengqiqo 15 enkulu, wanxunguphala bubuso bakhe; ke onke amaSirayeli namaYuda ebe- 16 mthanda uDavide, ngokuba ebephuma engena phambi kwawo.

Wathi uSawule kuDavide, Nantso 17 intombi yam enkulu, uMerabhi; ndiya kunika ibe ngumkakho; kodwa yiba ngumfo onobukroti kum, ulwe iimfazwe zikaYehova. USawule ebesithi, Makungafiki esam isandla kuye, makufike esamaFilisti isandla kuye. Wathi u- 18 Davide kuSawule, Ndingubani na, ayintoni na amakowethu, iyini imizalwane kabawo kwaSirayeli, ukuba ndibe ngumyeni kukumkani? Kwathi nge- 19 xesha lokuba uMerabhi, intombi kaSawule, anikwe uDavide, wasuka wanikwa uAdriyeli waseMehola, ukuba abe ngumkakhe.

UMikali, intombi kaSawule, yamtha- 20 nda uDavide. Waxelelwa uSawule, yalunga loo nto emehlweni akhe. Wa- 21 thi uSawule, Ndiya kumnika yona ibe ngumgibe kuye, sibe kuye isandla samaFilisti. Wathi uSawule kuDavide, Uya kuba ngumyeni kum namhla ngandlela mbini. USawule wabawisela 22 abakhonzi bakhe umthetho, wathi, Thethani ngasese kuDavide, nithi, Yabona, ukumkani ukunanzile, bonke abakhonzi bakhe bayakuthanda; ke ngoko yiba ngumyeni kukumkani. Ba- 23 wathetha abakhonzi bakaSawule loo mazwi ezindlebeni zikaDavide. Wathi uDavide, Yinto elula na emehlweni enu ukuba ngumyeni kukumkani, ndiyindo-

24 da elihlwempu nje, ndilula nje? Abakhonzi bakaSawule bamxelela, besithi, UDavide uthethe wenjenje.

25 Wathi uSawule, Yitshoni kuDavide ukuthi, Ukumkani akananze khazi; lingába likhulu leenyama zokwalùswa zamaFilisti, ukuba aziphindezelele ezintshabeni zokumkani. Ke uSawule ubecinga ukumwisa uDavide ngesandla 26 samaFilisti. Abakhonzi bakhe bamxelela uDavide loo mazwi; yalunga loo nto emehlweni kaDavide, ukuba abe ngumyeni kukumkani. Ke kaloku imihla 27 ibingekazaliseki. Wesuka uDavide, waya yena namadoda akhe, wabulala kumaFilisti amadoda angamakhulu amabini. UDavide wazizisa iinyama zokwalùswa zawo, wazinika ukumkani zingangoko zingako, ukuba abe ngumyeni kukumkani. USawule wamnika ke uMikali intombi yakhe, yangumkakhe.

28 Wakubona uSawule, wakwazi ukuba uYehova ebenoDavide. UMikali i29 ntombi kaSawule ubemthanda. USawule wamoyika okunye uDavide; uSawule waba lutshaba kuDavide imihla yonke.

30 Baphuma abathetheli bamaFilisti; kwathi, bakuphuma, uDavide wenza ngengqiqo ngaphezu kwabakhonzi bonke bakaSawule. Lanconywa kunene igama lakhe.

Ukuthiywa kukaDavide nguSawule

19 Wathetha uSawule kuYonatan unyana wakhe, nakubakhonzi bakhe bonke, ukuba bambulale uDavide.

Ke uYonatan, unyana kaSawule, ube 2 emthanda kunene uDavide. UYonatan wamxelela uDavide, esithi, USawule ubawo ufuna ukukubulala; ngoko uze ukhe uzigcine kusasa, uhlale endaweni 3 esese, uzimele. Mna ndiya kuphuma, ndime ngasecaleni likabawo endle, apho ukhona, ndithethe kubawo ngawe, ndikubone oko *aya kukuthetha*, ndiku4 xelele. UYonatan wathetha okulungileyo ngoDavide kuSawule uyise, wathi kuye, Makangoni ukumkani kumkhonzi wakhe uDavide; ngokuba akonanga kuwe; kuba izenzo zakhe zithe zalunga kunene kuwe; umphefumlo wakhe 5 wawenza isichenge, wambulala umFilisti, uYehova wawenzela amaSirayeli onke usindiso olukhulu; wabona nawe wavuya. Yini na ke ukuba wone kwigazi elimsulwa, umbulale uDavide kungekho sizathu?

Waliphulaphula uSawule izwi lika- 6 Yonatan, wafunga uSawule, wathi, Ehleli nje uYehova, akayi kubulawa. UYonatan wambiza uDavide; uYona- 7 tan wamxelela la mazwi onke. UYonatan wamzisa uDavide kuSawule; waba phambi kwakhe, njengangaphambili.

Yabuya yabakho imfazwe; waphuma 8 uDavide, walwa namaFilisti, wawabulala kakhulu; asaba phambi kwakhe. Umoya ombi kaYehova wamfikela u- 9 Sawule, ehleli endlwini yakhe, intshuntshe yakhe isesandleni sakhe, uDavide ebetha uhadi ngesandla. USawule wa- 10 funa ukumqhama nodonga uDavide ngentshuntshe. Wathi nyebelele ebusweni bukaSawule; watsho yangena intshuntshe eludongeni. Wasaba uDavide, wasinda ngobo busuku.

USawule wathumela abathunywa e- 11 ndlwini kaDavide ukuba bamlinde, bambulale kusasa. UMikali, umkakhe, wamxelela uDavide, esithi, Ukuba uthe akwawusindisa umphefumlo wakho kwangobu busuku, wobulawa ngomso. UMikali wamhlisa uDavide ngefestile. 12 Wahamba wabaleka, wasinda.

UMikali wayithabatha imilonde-kha- 13 ya, wayilalisa elukhukweni, *wabeka* nomluko woboya beebhokhwe entlokweni yayo, wayigubungela ngengubo. USawule wasusa abathunywa ukuba 14 bamthabathe uDavide. Wathi yena, Úyafa. USawule wasusa abathunywa 15 ukuba baye kumkhangela uDavide, esithi, Nyukani, nize naye kum ngokhuko, ndimbulale. Bangena abathu- 16 nywa, O! yimilonde-khaya le iselukhukweni, nomluko woboya beebhokhwe entlokweni yayo. Wathi uSawule ku- 17 Mikali, Yini na ukuba wenjenje ukundikhohlisa, ulundulule uthsaba lwam lusinde. Wathi uMikali kuSawule, Wathi yena kum, Ndiyeke ndimke, yini na ukuba ndikubulale?

18 Ebalekile uDavide, wasinda, waya kuSamuweli eRama, wamxelela konke abekwenzile uSawule kuye. Wahamba yena noSamuweli, bahlala eNayoti.
19 Waxelelwa uSawule, kusithiwa, Nanko
20 uDavide eNayoti ngaseRama. USawule wasusa abathunywa bokumbamba uDavide. Babona ibandla labaprofeti beprofeta, noSamuweli emi engumongameli wabo. UMoya kaThixo wabafikela abathunywa bakaSawule, baprofeta
21 kananjalo nabo. Waxelelwa uSawule, wasusa abanye abathunywa, baprofeta kananjalo nabo. Waphinda uSawule wasusa abathunywa bengabesithathu,
22 baprofeta kananjalo nabo. Waya naye eRama, wafika kwiqula elikhulu elise-Seku, wabuza, wathi, Baphi na ooSamuweli noDavide? Kwathiwa, Nabaya
23 eNayoti ngaseRama. Waya khona eNayoti ngaseRama, uMoya kaThixo wamfikela naye; wahamba ehamba eprofeta, wada wafika eNayoti ngase-
24 Rama. Wazihluba naye iingubo zakhe, waprofeta naye phambi koSamuweli, wawa phantsi ezé yonke loo mini, nobo busuku bonke. Ngenxa yoko kwathiwa, Ukúbaprofeti noSawule na?

Ubuhlobo bukaDavide noYonatan

20 Wabaleka uDavide eNayoti ngaseRama, weza, wathi phambi koYonatan, Ndenzé ntoni na? Buyini na ubugwenxa bam? Siyini na isono sam phambi koyihlo, ukuba angxamele
2 umphefumlo wam nje? Wathi yena kuye, Makube lee oko; akuyi kufa. Uyabona, ubawo akenzi nenkulu into, nencinane into, angayityhileli indlebe yam; ubawo uyifihleleni na ke le nto
3 kum? Akunjalo. Wafunga phezu koko uDavide, wathi, Uyihlo uyazi kakuhle ukuba ùndibabale; ùthi, Makangakwazi oku uYonatan, hleze abe buhlungu. Inene, ehleli nje uYehova, uhleli nje umphefumlo wakho, ngathi sisithuba esinye sokunyathela esiphakathi kwam nokufa. Wathi uYonatan ku- 4 Davide, Into oyithethayo umphefumlo wakho, ndiya kuyenza.

Wathi uDavide kuYonatan, Uyabona, 5 iya kuthwasa inyanga ngomso; ndifanele ukuhlala nokumkani, ndidle; ndindulule, ndiye kuzifihla endle, kude kuhlwe ngosuku lwesithathu. Ukuba uyihlo 6 uthe wandifuna, wòthi wena, Úcele kum wandibongoza uDavide, ukuba agidime aye eBhetelehem emzini wakowabo; ngokuba kukho umbingelelo weminyaka ngeminyaka apho, owenzelwa umzi wonke wakowabo. Ukuba 7 *uyihlo* uthe, Kulungile: koba kuluxolo kumkhonzi wakho. Ke ukuba uthe wavutha kakhulu ngumsindo, yazi ukuba úgqibe kwelobubi. Ngoko ke 8 uze umenzele inceba umkhonzi wakho; ngokuba umngenisé emnqophisweni kaYehova umkhozi wakho lo nawe. Ke ukuba buthe bakho kum ubugwenxa, ndibulale wena ngokwakho; yini na ukuba undise kuyihlo?

Wathi uYonatan, Makube lee kuwe; 9 ukuba ndithe ndazi kakuhle ukuba ubawo ugqibe kwelokuba ufikelwe bububi, ndibe ndingekuxeleli na? Wa- 10 thi uDavide kuYonatan, Ke, ukuba uyihlo ukuphendule kalukhuni, ndoxelelwa ngubani na? Wathi uYonatan 11 kuDavide, Hamba, siphume siye ezindle. Baphuma bobabini baya ezindle.

Wathi uYonatan kuDavide, Yehova, 12 Thixo kaSirayeli! Xa ndithe ndamgocagoca ubawo malunga neli xesha ngomso nangomsomnye, kwabonakala ukuba kulungile kuDavide, ndaza andathumela kuwe, ndiyityhilele indlebe yakho: makenjenje uYehova kuYona- 13 tan, makaqokele ukwenjenje. Xa kuthe kwalunga kubawo ukuba akwenze ububi, ndoyityhilela indlebe yakho, ndikundulule, uhambe unoxolo; uYehova makabe nawe, njengokuba ebenobawo. Wanga 14 ungáthi, ukuba ndisaphilile, undenzele inceba kaYehova; ungáthi, ndakufa, 15 uyinqumle inceba yakho endlwini yam nanini, ungènjenjalo nasekuzinqamleni kukaYehova iintshaba zikaDavide zonke ngazinye, ebusweni bomhlaba.

16 Wanqophisana ke uYonatan nendlu kaDavide, *esithi*, UYehova makakubuze ke oku esandleni seentshaba zika-
17 Davide. Waphinda uYonatan ukumfungisa uDavide ngokumthanda kwakhe; ngokuba ebemthanda njengomphefumlo wakhe.
18 UYonatan wathi kuye, Ngomso iya kuthwasa inyanga; ùya kubuzwa, ngokuba isihlalo sakho siya kuba sodwa.
19 Ngomhla wesithathu uze uhle kamsinya, uye kuloo ndawo wawuzifihle kuyo ngemini yomsebenzi lowa, uhlale ecaleni
20 lelitye le-Ezeli; ndizitolele ecaleni lalo iintolo zontathu, ndinge ndizixunela
21 etekenini.* Yabona, ndiya kumthuma umfana, ndithi, Yiya, uzithabathe iintolo. Ukuba ndithe kumfana, Nanzi iintolo, zinganeno kwakho, zithabathe: wòza wena; ngokuba koba kuluxolo kuwe, akukho nto, ehleli nje uYehova.
22 Ke ukuba ndithe kwindodana leyo, Nanzo iintolo zingaphaya kwakho: hamba, ngokuba uYehova woba ukuk-
23 ndulule. Ke ilizwi eliyá silithethileyo mna nawe, yabona, uYehova uphakathi kwam nawe kude kuse ephakadeni.

24 Wazímela ke uDavide ezindle. Yathwasa inyanga; wahlala ukumkani
25 esidlweni ukuba adle. Wahlala ukumkani esihlalweni sakhe njengezinye izihlandlo, esihlalweni saseludongeni. Wesuka wema uYonatan. Wahlala u-Abhinere ecaleni likaSawule, yayodwa
26 indawo kaDavide. Akathetha nto u-Sawule ngaloo mini; ngokuba ebesithi, Uhlelwe yinto; àkahlambulukile, inene,
27 akahlambulukile. Kwathi ngengomso, iselithwasile nenyanga ngosuku lwesibini, ayaba namntu indawo kaDavide. Wathi uSawule kuYonatan, unyana wakhe, Yini na ukuba angezi kudla unyana kaYese nayizolo nanamhla?
28 UYonatan wamphendula uSawule, wathi, UDavide ucele kum, wandibongo-
29 za ukuba aye eBhetelehem; wathi, Khawundiyeke ndiye; ngokuba kukho umbingelelo wemizalwane yakowethu ekhaya; ke yena umkhuluwa wam undiwisele umthetho; kaloku ukuba ùndibabale, makhe ndigidime, ndibone umkhuluwa wam. Kungenxa yoko angezanga etafileni yokumkani.

30 Wavutha ke umsindo kaSawule ku-Yonatan, wathi kuye, Nyana wegwenxakazi eligwilikileyo, andazi yini na ukuba unyana kaYese ùmnyulele ukuba abe lihlazo lakho, nehlazo lobuze
31 bonyoko? Kuba yonke imihla, unyana kaYese aya kudla ubomi ngayo emhlabeni, akuyi kuqiniseka wena nobukumkani bakho. Thumela ngoko, umzise kum, ngokuba engumntwana wokufa. UYonatan wamphendula u-
32 Sawule uyise, wathi kuye, Yini na ukuba abulawe? úfa ngani na? U-
33 Sawule wabinza ngentshuntshe ukuba atsho kuye. Wazi uYonatan, ukuba uyise ugqibe kwelokuba ambulale u-Davide. UYonatan wesuka khe etafileni
34 evutha ngumsindo; akadla kudla ngomhla wesibini wenyanga; ngokuba ubebuhlungu ngoDavide, kuba uyise ubemhlazisile.

35 Kwathi ngengomso, waphuma u-Yonatan waya ezindle, ukuba ahlangane noDavide, enomfana omncinane. Wa-
36 thi kumfana, Khawubaleke, uzithabathe iintolo endizixunayo. Umfana wabaleka; ke yena wazixuna iintolo, ukuze
37 zigqithe kuye. Wafika umfana kuloo ndawo belukuyo utolo abeluxunile u-Yonatan. Wamemeza uYonatan kumfana, wathi, Nalo ngaphaya kwakho
38 utolo. Wamemeza uYonatan kumfana, wathi, Khawuleza, ngxama, musa ukuma. Umfana wakwaYonatan waluchola utolo, waluzisa enkosini yakhe.
39 Umfana ubengazi nto. NguYonatan
40 noDavide ababeyazi loo nto. UYonatan wayinikela impahla yakhe umfana lo abenaye, wathi kuye, Hamba uyise ekhaya. Waya umfana lowo. 41

Wesuka uDavide, evela ecaleni langasezantsi, wawa ngobuso emhlabeni, waqubuḍa izihlandlo zozithathu; bangana, balilelana, wada uDavide watsho kakhulu. Wathi uYonatan kuDavide, 42 Hamba unoxolo; *makume* esikufungele igama likaYehova thina sobabini, sisithi, UYehova makabe phakathi kwam nawe, naphakathi kwembewu yam nembewu yakho, kude kuse ephakadeni. Wesuka ke wahamba. Ke uYonatan waya ekhaya.

UDavide usabela eNobhi naseGati

21 UDavide waya eNobhi kuAhimeleki, umbingeleli. UAhimeleki wamkhawulela uDavide egubha, wathi kuye, Yini na ukuba uze wedwa, kunge-2 kho ndoda ihamba nawe. Wathi uDavide kuAhimeleki, umbingeleli, Ukumkani undiwisele umthetho ngento, wathi kum, Makungabikho mntu wazi ni yani ngale nto ndikuthumayo, ndikuwiseleyo umthetho ngayo; ke abafana 3 ndibayalele ekuthini nasekuthini. Kaloku kukho ntoni na phantsi kwesandla sakho? Ndinike esandleni izonka zibe zihlanu, nokuba yintoni efumanekayo.
4 Umbingeleli wamphendula uDavide, wathi kuye, Akukho sonka sisesabantu bonke phantsi kwesandla sam; sesingcwele sodwa isonka esikhoyo; ukuba abafana bathe kodwa bazigcina kuba-5 fazi. UDavide wamphendula umbingeleli, wathi kuye, Inene abafazi bathintelekile ukuza kuthi ezi ntsuku zontathu; ekuphumeni kwam ibingcwele impahla yabafana; nokuba ibiyindlela yabantu bonke, yosuka ingcwaliswe 6 yimpahla le namhla. Umbingeleli wamnika ke esingcwele; ngokuba bekungekho zonka khona ezingezizo zokubonisa, ezibe zisuswe phambi koYehova, ukuba kumiswe izonka ezishushu ngemini yokuthatyathwa kwazo.
7 Ke kaloku kwaye kuvalelwe khona indoda yakubakhonzi bakaSawule ngaloo mini phambi koYehova, egama belinguDowegi umEdom, ingánga yabalusi bakaSawule.
8 Wathi uDavide kuAhimeleki, Akukho ntshuntshe nakrele na apha phantsi kwesandla sakho? Kuba ikrele lam kwaneentonga zam andiziphathanga; ngokuba umcimbi kakumkani ungxami-9 sekile. Wathi umbingeleli, Ikrele likaGoliyati umFilisti, owambulala entilini kaEla, nali lisongelwe engutyeni emva kwe-efodi.* Ukuba uyalithabatha, lithabathe; ngokuba akukho limbi. Wathi uDavide, Akukho linjengálo, ndinike lona.

Wesuka uDavide, wabaleka ngaloo 10 mini ebusweni bukaSawule, waya kuAkishe ukumkani waseGati. Bathi a- 11 bakhonzi baka-Akishe kuye, Asinguye na lo uDavide, ukumkani welizwe? Asinguye na lo babevuma ngaye ekungqungqeni, besithi,
USawule ubulele amawaka akhe,
UDavide *ubulele* amawaka akhe angamashumi?
UDavide wawagcina loo mazwi entli- 12 ziyweni yakhe, woyika kunene ebusweni buka-Akishe, ukumkani waseGati. Wa- 13 ziphambanisa ingqondo phambi kwabo, wazigezisa esandleni sabo, wakrwela ezingcangweni zesango, wavuzisa uluchwe ezindevini zakhe. Wathi uAki- 14 she kubakhonzi bakhe, Khangelani, nantsi le ndoda isisihiba; yini na ukuba niyizise kum? Ndiswele izihiba yini 15 na ukuba nizise lo, abhudele phezu kwam? Wóngena yini na lo endlwini yam?

UDavide emqolombeni waseAdulam

22 Wemka ke uDavide apho, wazisindisela emqolombeni waseAdulam. Beva abakhuluwa bakhe nendlu kayise yonke, behla baya kuye khona. Abuthelana kuye onke amadoda axine- 2 kileyo, namadoda onke anamatyala, namadoda onke anezikrokro; waba ngumthetheli wawo. Aba kuye amadoda akumakhulu amané.

UDavide wemka khona, waya eMizpe 3 kwaMowabhi, wathi kukumkani wakwaMowabhi, Makhe baphume ubawo noma, bahlale nani, ndide ndazi into aya kundenzela yona uThixo. Waba- 4 zisa phambi kokumkani wakwaMowabhi; bahlala naye yonke imihla abesembonviselweni uDavide. Wathi uGadi, 5 umprofeti, kuDavide, Uze ungahlali embonviselweni; hamba uye ezweni lakwaYuda. Wahamba ke uDavide, waya ehlathini leHerete.

USawule ubulala ababingeleli eNobhi

6 Weva uSawule ukuba uyaziwa uDavide, namadoda abenaye. USawule ebehleli eGibheha phantsi komtamariske* osemmangweni, intshuntshe yakhe isesandleni sakhe, abakhonzi bakhe 7 bonke bemi ngakuye. Wathi uSawule kubakhonzi bakhe ababemi ngakuye, Khanive, nyana bakaBhenjamin, unyana kaYese woninika amasimi nezidiliya nonke niphela yini na; anenze abathethelimawaka nabathetheli-makhulu nonke 8 niphela yini na; ukuba nje nonke niphela nindicebe, kungabikho namnye uyityhilelayo indlebe yam ukunqophisana konyana wam nonyana kaYese, kungabikho namnye kuni ubuhlungu ngenxa yam, ayityhilele indlebe yam ukuba unyana wam umvusile umkhonzi wam, ukuba andilalele, njengoko kunjalo namhla?

9 Waphendula uDowegi umEdom, obemiswe phezu kwabakhonzi bakaSawule, wathi, Ndimbonile unyana kaYese efika eNobhi, kuAhimeleki, unyana 10 ka-Ahitubhi. Waza yena wambuzela kuYehova, wamnika umphako, wamnika nekrele likaGoliyati umFilisti.

11 Wathumela ukumkani, wambiza uAhimeleki unyana ka-Ahitubhi, umbingeleli, nendlu yonke kayise. Ababingeleli ababeseNobhi beza bonke ku- 12 kumkani. Wathi uSawule, Khawuve, nyana ka-Ahitubhi. Wathi yena, Ndi- 13 lapha, nkosi yam. Wathi uSawule kuye, Yini na ukuba nindicebe, wena nonyana kaYese, umnike isonka nekrele, umbuzele kuThixo, ukuba asuke andilalele, njengoko kunjalo namhla.

14 UAhimeleki wamphendula ukumkani, wathi, Ngubani ke kubakhonzi bakho bonke othembeke njengoDavide, umyeni kukumkani, onokungena ephakathini 15 lakho, ozukileyo endlwini yakho? Ndiyaqala yini na namhla ukumbuzela kuThixo? Makube lee oko kum; ukumkani makangamthwalisi lutho umkhonzi wakhe lo, nendlu yonke kabawo ngokuba umkhonzi wakho lo akazi lutho kuyo yonke le nto, nokuba loluncinane, nokuba lolukhulu.

Wathi ukumkani, Uya kufa ufe, 16 Ahimeleki, wena nendlu yonke kayihlo. Wathi ukumkani kwizigidimi zakhe ezi- 17 be zimi ngakuye, Jikani, nibabulale ababingeleli bakaYehova; kuba nesabo isandla sinoDavide, nangokuba babesazi oko wabalekayo yena, àbayityhilela indlebe yam. Àbavuma abakhonzi bokumkani ukusa isandla sabo, baxabele kubabingeleli bakaYehova. Wathi u- 18 kumkani kuDowegi, Jika wena, uxabele kubabingeleli. Wajika ke uDowegi umEdom, waxabela yena kubabingeleli, wabulala ngaloo mini amashumi asibhozo anamahlanu amadoda enxibe iefodi* yelinen emhlophe. NeNobhi, 19 umzi wababingeleli, wayitshabalalisa ngohlangothi lwekrele, ethabathela kwindoda ase kumfazi, ethabathela kwiintsapho ase kwiintsana, neenkomo, namaesile, neegusha, ngohlangothi lwekrele.

Kwasinda unyana wamnye ka-Ahime- 20 leki unyana ka-Ahitubhi, ogama belinguAbhiyatare; owabaleka walandela uDavide. UAbhiyatare wamxelela u- 21 Davide, ukuba uSawule ubabulele ababingeleli bakaYehova. Wathi uDavide 22 kuAbhiyatare, Bendisazi kwangaloo mini, ukuba, ekho nje uDowegi umEdom, uya kumxelela kakade uSawule. Ndim obulalise imiphefumlo yonke yendlu kayihlo. Hlala nam, musa ukoyika; 23 ngokuba ofuna umphefumlo wam ufuna umphefumlo wakho; ngokuba ùgcinakele, unam nje.

UDavide uphuncula kuSawule

23 Kwaxelwa kuDavide, kwathiwa, Nanga amaFilisti esilwa neKehila; ayazidywida izandá. UDavide 2 wabuza kuYehova, wathi, Ndiye na ndiwachithe la maFilisti? Wathi uYehova kuDavide, Yiya uwachithe amaFilisti, uyisindise iKehila. Athi amadoda a- 3 kwaDavide kuye, Nanku thina sisoyika, sikwaYuda apha. Sobeka phi na, xa sithe saya eKehila, ezintlwini zamaFilisti? Waphinda uDavide, wabuza 4

kuYehova kanjalo. Wamphendula uYehova, wathi, Suka uhle, uye eKehila; ngokuba ndiya kuwanikela amaFilisti 5 esandleni sakho. Waya ke uDavide namadoda akwakhe eKehila, walwa namaFilisti, wayiqhuba imfuyo yawo, wawabulala kakhulu. Wabasindisa ke uDavide abemi beKehila.

6 Kwathi, ekubalekeni kuka-Abhiyatare, unyana ka-Ahimeleki, kuDavide eKehila, wehla ene-efodi* esandleni sakhe.

7 Kwaxelwa kuSawule, ukuba uDavide ufikile eKehila. Wathi uSawule, UThixo umlahlele esandleni sam; ngokuba uzivalele ngokungena emzini 8 oneengcango nemivalo. USawule wababizela ndawonye emfazweni bonke abantu, ukuba behle baye eKehila, bangqinge uDavide namadoda akhe.
9 Wazi uDavide ukuba uSawule umenzela ububi, wathi kuAbhiyatare umbingeleli, 10 Zisa iefodi leyo. Wathi uDavide, Yehova, Thixo kaSirayeli, úvile ngenene umkhonzi wakho, ukuba uSawule ufuna ukuza eKehila, ukuba awonaka-11 lise lo mzi ngenxa yam. Abemi beKehila bondinikela na esandleni sakhe? Wóhla na uSawule, njengoko avileyo umkhonzi wakho? Yehova, Thixo kaSirayeli, khawumxelele umkhonzi wakho. Wathi uYehova, Ú-12 ya kuhla. Wathi uDavide, Abemi beKehila bondinikela na mna namadoda am esandleni sikaSawule? Wathi u-13 Yehova, Bokunikela. Wesuka uDavide namadoda akhe, bekumakhulu amathandathu amadoda, baphuma eKehila, bahamba apho bangahamba khona. Waxelelwa uSawule ukuba uDavide usabile eKehila; wayeka, akaphuma.
14 Wahlala ke uDavide entlango ezimboniselweni, wahlala ezintabeni entlango yeZifi. USawule wamfuna imihla yonke; uThixo akamnikela esandleni 15 sakhe. Wabona uDavide ukuba uSawule uphume eza kufuna umphefumlo wakhe. UDavide ebesentlango yeZifi entshinyeleni yehlathi.
16 Wesuka uYonatan unyana kaSawule, waya kuDavide entshinyeleni yehlathi.

Wasomeleza isandla sakhe kuThixo, wathi kuye, Musa ukoyika, ngokuba 17 isandla sikaSawule ubawo asiyi kukufumana. Wena uya kuba ngukumkani kumaSirayeli, mna ndibe nganeno kwakho; kananjalo uSawule ubawo uyakwazi kakuhle oku. Benza umnqophiso 18 bobabini phambi koYehova. UDavide wahlala entshinyeleni yehlathi apho, uYonatan waya endlwini yakhe.

Benyuka abaseZifi, baya kuSawule 19 eGibheha, besithi, UDavide akazizimeze kuthi yini na ezimboniselweni, entshinyeleni yehlathi, endulini yeHakila esekunene kwenkangala? Ka- 20 loku yihla, kumkani, ngokomnqweno wonke womphefumlo wakho ukuhla; kunathi ukumnikela esandleni sokumkani.
Wathi uSawule, Nisikelelwe ngu- 21 Yehova; ngokuba ninofefe kum. Kha- 22 niye nigqale okunye, nazi, nibone indawo yakhe, apho unyawo lwakhe lukhona, nokuba ngubani na ombone khona; ngokuba kuthiwa kum, Asikuko nokuba unobuqhophololo; nibone, nazi 23 iindawo zonke zokuzímela, aya kuzímela kuzo, nibuyele kum niqiqile; ndohamba nani. Kothi, ukuba úkho kweli lizwe, ndimfune ndimfumane phakathi kwamawaka onke akwaYuda. Besuka ke 24 baya eZifi phambi koSawule.
UDavide namadoda akhe wayesentlango yeMahon, eArabha, ngasekunene kwenkangala. Wahamba uSawule 25 namadoda akhe ukuya kumfuna. Bamxelela uDavide. Wehla ke waya engxondorheni, wahlala entlango yeMahon. Weva uSawule, wamsukela uDavide entlango yeMahon. Waha- 26 mba uSawule ngeli cala lentaba; wahamba uDavide namadoda akhe ngelaa cala lentaba. UDavide wemka buphuthuphuthu, ngokoyika uSawule; ke uSawule namadoda akhe babemrhawula uDavide namadoda akhe, ukuba bababambe.
Ke kaloku kwafika umthunywa ku- 27 Sawule, esithi, Khawuleza uze, ngokuba amaFilisti alingenele ilizwe. Wabuya 28

ke uSawule ekumsukeleni uDavide, waya kuwahlangabeza amaFilisti. Ngenxa yoko kwathiwa loo ndawo yiSelahamalekoti.*

29 Wenyuka apho uDavide, wahlala ezimboniselweni zase-Engedi.

UDavide usindisa ubomi bukaSawule e-Engedi

24 Kwathi, xa uSawule wabuyayo ekuwasukeleni amaFilisti, bamxelela besithi, Nanku uDavide entlango
2 yase-Engedi. USawule wawathabatha amadoda angamawaka amathathu ahleliweyo kumaSirayeli onke; waya kufuna uDavide namadoda akhe emaweni amagogo.
3 Wafika ezibayeni zempahla emfutshane, ngasendleleni, kukho umqolomba apho. Wangena uSawule, ukuba agubungele iinyawo zakhe. Ke uDavide namadoda akhe babehleli entla emqo-
4 lombeni. Athi amadoda kaDavide kuye, Nantsi imini, athe uYehova kuwe, Yabona, ndiya kulunikela utshaba lwakho esandleni sakho, wenze kulo njengoko kulungileyo emehlweni akho. Wesuka uDavide, wanqamla ngasese isondo lengubo yokwaleka abenayo uSawule.
5 Kwathi emveni koko, intliziyo kaDavide yakhathazeka ngenxa yokuba ebelinqamle isondo lengubo kaSawule.
6 Wathi kumadoda akhe, Makube lee kum, ngenxa kaYehova, ukuthi ndiyenze loo nto enkosini yam, umthanjiswa kaYehova, ndisise isandla sam kuye; ngokuba ungumthanjiswa kaYehova.
7 UDavide wawadubula ngamazwi amadoda akhe; akawavumela ukuba amwele uSawule. Wesuka uSawule emqolo-
8 mbeni, wahamba indlela yakhe. Wesuka uDavide emveni koko, waphuma emqolombeni, wamemeza kuSawule, wathi, Nkosi yam, kumkani. Wabheka emva uSawule. Wathoba uDavide ngobuso emhlabeni, waqubuda.
9 Wathi uDavide kuSawule, Yini na ukuba uve amazwi abathe, Nanku uDavide efuna ukuba *uhlelwe* bububi?
10 Yabona, namhla abonile amehlo akho, ukuba uYehova ebekunikele esandleni sam namhla emqolombeni; kwathiwa mawubulawe. Laba nenceba kuwe iliso lam, ndathi, Andiyi kusa sandla enkosini yam; ngokuba ingumthanjiswa kaYehova. Khangela ke, bawo, nali 11 isondo lengubo yakho yokwaleka, lisesandleni sam; ngokuba, ndingakubulalanga nje ekulinqumleni isondo lengubo yakho yokwaleka, yazi, ubone ukuba esandleni sam akukho bubi nalukreqo. Andonanga kuwe, uwuzingela nje umphefumlo wam, ukuba uwuthabathe. UYehova uya kugweba phakathi kwam 12 nawe, andiphindezelele uYehova kuwe; ke isandla sam asiyi kukuphatha. Nje- 13 ngoko litshoyo iqhalo lamanyange ukuthi, Okungendawo kuphuma kwabangendawo; ke isandla sam asiyi kufikelela kuwe. Úphumelene nabani 14 na kodwa ukumkani wamaSirayeli? Úsukela bani na? Úsukela inja efileyo, úsukela intakumba embala. U- 15 Yehova makabe ngumgwebi, agwebe phakathi kwam nawe, abone, abambane ngobambano lwam, andigwebele, ndisinde esandleni sakho.

Kwathi, akugqiba uDavide ukuwa- 16 thetha la mazwi kuSawule, wathi uSawule, Lilizwi lakho na elo, nyana wam Davide? USawule waliphakamisa izwi lakhe, walila. Wathi ku- 17 Davide, Ilungisa nguwe kunam; ngokuba undenzé okulungileyo wena, ndakwenza okubi mna. Wena uxelile 18 namhla ukuba undenzé okulungileyo; kuba uYehova ebendinikele esandleni sakho, akwandibulala. Xa umntu alu- 19 fumanayo utshaba lwakhe, wólundulula ngendlela elungileyo yini na? UYehova makabuyekeze kuwe okulungileyo ngenxa yoko undenze ngako namhla. Kaloku yabona, ndiyazi ukuba uya 20 kuba ngukumkani okunene, bume esandleni sakho ubukumkani bakwaSirayeli. Ndifungele uYehova ngoko, u- 21 kuba akuyi kuyinqamla imbewu yam emveni kwam, nokuba akuyi kulitshabalalisa igama lam endlwini kabawo.

UDavide wamfungela ke uSawule. 22 Wemka uSawule, waya endlwini yakhe.

312

Ke uDavide namadoda akhe benyuka baya emboniselweni.

Ukufa kukaSamuweli

25 Wafa uSamuweli. Abuthelana onke amaSirayeli, ammbambazelela, amngcwabela endlwini yakhe eRama. Wesuka uDavide, wehla waya entlango yeParan.

UDavide, uNabhali noAbhigali

2 Ke kaloku bekukho indoda eMahon, emsebenzi ubuseKarmele. Loo ndoda ke ibisisityebi kakhulu; yayineegusha ezingamawaka amathathu, neebhokhwe eziliwaka. Yayisekuchetyweni kwee-3 gusha zayo eKarmele. Igama laloo ndoda lalinguNabhali, igama lomkayo linguAbhigali. Umfazi lowo wayenengqondo entle, eyinzwakazi; ke indoda leyo yayiyingcuka, zimbi iintlondi zayo, ingumKalebhi.

4 Weva uDavide entlango ukuba uNa-
5 bhali ucheba iigusha zakhe. UDavide wesusa ishumi lamadodana; wathi uDavide kumadodana lawo, Nyukani eKarmele niye kuNabhali, nibuze uku-
6 phila kwakhe egameni lam; nitsho ukuthi, Hlala kakuhle uphile wena, iphile nendlu yakho, kuphile konke
7 onakho. Ndivile kaloku ukuba unabachebi. Ke kaloku abalusi bakho babenathi; asibenzanga nto, abalahlekelwanga nto yonke imihla ababese-
8 Karmele. Buza kumadodana akho, okuxelela. Makababalwe nguwe la madodana *akowethu*, ngokuba sifike ngemini elungileyo. Khawubanike abakhonzi bakho, nonyana wakho uDavide, into esithe sayifumana isandla sakho.

9 Aya ke amadodana kaDavide, athetha kuNabhali ngokwaloo mazwi onke egameni likaDavide, ahlala phantsi.

10 UNabhali wabaphendula abakhonzi bakaDavide, wathi, Ngubani na yena uDavide? Ngubani na unyana kaYese? Azi namhla baninzi abakhonzi abakreqayo, elowo enkosini yakhe.

11 Ndingáthini na ukuthabatha isonka sam, namanzi am, nento yam exheliweyo, endiyixhelele abachebi bam, ndiyinike amadoda endingawaziyo nokuba avela phi na?

Ajika ke amadodana akwaDavide, 12 ahamba ngendlela yawo, abuya eza amxelela ngokwaloo mazwi onke. Wa- 13 thi uDavide kumadoda akhe, Nxibani elowo ikrele lakhe. Banxiba ke elowo ikrele lakhe. Walinxiba noDavide ikrele lakhe. Kwenyuka uDavide, elandelwa ngamadoda akumakhulu amané; kwahlala amakhulu amabini nempahla.

Ke kaloku uAbhigali, umkaNabhali, 14 waxelelwa yindodana ethile kumadodana akhe, isithi, Yabona, uDavide ususe abathunywa entlango, ukuba beze kusikelela inkosi yethu; yesuka yabadlakavula. Kanti amadoda lawo ebelungile 15 kunene kuthi; akasonanga, asilahlekelwanga nto ngemihla yonke esibe sihamba nawo, oko besisezindle; aba ludonga 16 kuthi nasebusuku nasemini, yonke imihla ebe sinawo, sisalusa impahla emfutshane. Yazi ngoko, uyibone into 17 oyenzayo; ngokuba kugqitywe kwelobubi ngakwinkosi yethu, nangakwindlu yayo yonke; ilitshijolo, akusenakuthethwa nayo.

Wakhawuleza ke uAbhigali, watha- 18 batha amakhulu amabini ezonka, neentsuba zambini zewayini, neegusha zantlanu sezihlinziwe, neeseha* zantlanu zamakhweba, zalikhulu izicumba zeerasintyisi, zamakhulu mabini izicumba zamakhiwane, wazibeka emaesileni. Wathi kumadodana akwakhe, 19 Gqithelani phambi kwam; niyabona, ndiyanilandela. Akayixelela indoda yakhe uNabhali. Kwathi, ekhwele e- 20 esileni, esihla esitheni lentaba, nabo ooDavide namadoda akhe besihla, bemkhawulela, waqubisana nabo.

Ke kaloku uDavide ebethe, Ndifu- 21 mane ndazixokisa ngokwam, ndazigcina zonke izinto zaló entlango, akwalahleka nto entweni yonke eyeyakhe; wandibuyisela ububi esikhundleni sokulungileyo. UThixo makenjenje kwiintshaba 22 zikaDavide, aqokele ukwenjenje, ukuba kude kwasa ngomso ndisalisé, kubo bonke anabo, into eyindoda.

23 UAbhigali wambona uDavide, wangxama, wehla e-esileni, wawa ngobuso phambi koDavide, waqubuda emhlabe-
24 ni. Wawa ke ezinyaweni zakhe, wathi, Mabube kum, kum lo, nkosi yam, ubugwenza obu. Makhe athethe umkhonzazana wakho ezindlebeni zakho, uwaphulaphule amazwi omkhonzaza-
25 na wakho. Inkosi yam mayingàkhe ikhathale ngulo mntu ulitshijolo, uNabhali; ngokuba njengoko linjalo igama lakhe, únjalo yena; nguNabhali* igama lakhe, unobudenge; ke mna, mkhonzazana wakho, andiwabonanga amadodana
26 enkosi yam, owawathumayo. Ngoko, nkosi yam, ehleli nje uYehova, uhleli nje umphefumlo wakho, inene, uYehova ukunqandile ukuba ungaphalazi gazi, ungazisindisi ngesandla sakho; ngoko mazibe njengoNabhali iintshaba zakho,
27 nabayifunela ububi inkosi yam. Ngoko le ntsikelelo, ayizisileyo umkhonzazana wakho enkosini yam, mayinikwe amadodana alandela inkosi yam. Kha-
28 wumxolele umkhonzazana wakho ukreqo lwakhe; ngokuba, inene, uYehova uya kuyenzela inkosi yam indlu eqinileyo; ngokuba inkosi yam ilwa iimfazwe zikaYehova; ububi abuyi kufunyanwa
29 kuwe imihla yakho yonke. Xa kuthe kwesuka umntu, wakusukela, wawufuna umphefumlo wakho, wóbotshwa umphefumlo wenkosi yam esiqhumeni sabaphileleyo kuYehova uThixo wakho; ke wona umphefumlo weentshaba zakho
30 wowusawula entendeni yenkwitshi. Kuthi, xa uYehova athe wenza kwinkosi yam njengako konke okulungileyo akuthethileyo ngawe; wakumisa wayingà-
31 nga yamaSirayeli: oko kungabi sisiwiso kuwe, nesikhubekiso sentliziyo yenkosi yam, nokuphalaza igazi elimsulwa, nokuzisindisa kwenkosi yam; ukuba uthe uYehova wenza okulungileyo enkosini yam, wómkhumbula umkhonzazana wakho.
32 Wathi ke uDavide kuAbhigali, Makabongwe uYehova, uThixo kaSirayeli, okuthumileyo namhla, wandikahwulela.
33 Mayibongwe imvo yakho, ubongwe wena, ondaleleyo namhla ukuba ndiphalaze igazi, ndizisindise ngesandla
34 sam. Noko ke ehleli nje uYehova, uThixo kaSirayeli, ondithinteleyo àndenza nto imbi, ukuba ubungangxamanga uze kundikhawulela, inene, ngekungadanga kuse ngomso kusasele kwaNabhali into eyindoda.
35 UDavide wakwamkela esandleni sakhe oko akuzisileyo kuye; wathi kuye, Nyuka unoxolo, uye endlwini yakho; uyabona, ndiliphulaphule izwi lakho, ndakunonelela.
36 Waya ke uAbhigali kuNabhali, nanko enesidlo endlwini yakhe njengesidlo sokumkani; intliziyo kaNabhali imnandi, enxila kunene. Akamxelela nto, nokuba yencinane nokuba yenkulu, kwada kwasa ngengomso. Kwathi nge-
37 ngomso, ukuphuma kwewayini kuNabhali, umkakhe wamxelela loo mazwi; yafa intliziyo yakhe phakathi kwakhe, yaba lilitye. Kwathi, zakuba seshu-
38 mini iintsuku, uYehova wambetha uNabhali, wafa.

39 Weva uDavide ukuba uNabhali ufile, wathi, Makabongwe uYehova okuthetheleleyo ukungcikivwa kwam, *wandikhulula* esandleni sikaNabhali, wamnqanda umkhonzi wakhe ebubini, uYehova wabubuyisela ububi bukaNabhali entlokweni yakhe. Wathumela uDavide, wathetha kuAbhigali ukuba amzeke, abe ngumkakhe. Baya abakhonzi baka-
40 Davide kuAbhigali eKarmele, bathetha kuye, besithi, UDavide usithume kuwe ukuba akuzeke, ube ngumkakhe. We-
41 suka, waqubuda ngobuso emhlabeni, wathi, Nanku umkhonzazana wakho wokuba likhobokazana lokuhlamba iinyawo zabakhonzi benkosi yam. Wa-
42 ngxama ke uAbhigali, wesuka, wakhwela e-esileni, elandelwa sisihlanu somthinjana, wabalandela abathunywa bakaDavide, waba ngumkakhe.

43 UDavide wabezeke noAhinowam waseYizereli; baba ngabafazi bakhe boba-
44 bini nabo. Ke uSawule wayethe uMikali, intombi yakhe, umkaDavide, wamnika uFaliti, unyana kaLayishe waseGalim.

UDavide usindisa ubomi bukaSawule entlango yeZifi

26 Beza abaseZifi kuSawule eGibhela, bathi, UDavide àkazifihlé endulini yeHakila, ekhangelene 2 nenkangala, yini na? Wesuka uSawule, wehla waya entlango yeZifi, enamadoda angamawaka amathathu ahleliweyo akwaSirayeli, eya kufuna 3 uDavide entlango yaseZifi. USawule wamisa endulini yeHakila, ekhangelene nenkangala, ngasendleleni. Ke uDavide wayehleli entlango; wabona ukuba 4 uSawule uyamlandela entlango. UDavide wasusa iintlola, wazi ngazo ukuba uSawule uzile okunene.

5 Wesuka uDavide, waya kuloo ndawo ebemise kuyo uSawule. Wayibona uDavide indawo alele kuyo uSawule, noAbhinere unyana kaNere, umthetheli womkhosi wakhe; uSawule elele ngaphakathi kothango lweenqwelo zokulwa, abantu bemise iintente ngeenxa zonke 6 kuye. Waphendula uDavide, wathi kuAhimeleki umHeti, nakuAbhishayi, unyana kaTseruya, umzalwana kaYowabhi, Ngubani na oya kuhla nam aye kuSawule empini? Wathi uAbhi-7 shayi, Mna ndohla nawe. Waya uDavide noAbhishayi ebantwini ebusuku. Nanko uSawule elele ubuthongo ngaphakathi kothango lweenqwelo zokulwa, igxunyekiwe intshuntshe yakhe emhlabeni ngasentlokweni yakhe; ke uAbhinere nabantu bakhe belele ngeenxa zonke kuye.

8 Wathi uAbhishayi kuDavide, UThixo ulunikele namhla utshaba lwakho esandleni sakho; kaloku makhe ndimqhame nomhlaba ngentshuntshe ngasihlandlo sinye, ndingenzi zibe zibini 9 kuye. Wathi uDavide kuAbhishayi, Musa ukumbulala; ngokuba ngubani na ongasa isandla kumthanjiswa 10 kaYehova, aze abe msulwa? Wathi uDavide, Ehleli nje uYehova, ukuba akathanga uYehova ambulale, mhlawumbi kwafika imini yakhe wafa, mhlawumbi wehla waya emfazweni wabulawa: 11 makube lee kum ngenxa kaYehova ukukha ndise isandla sam kumthanjiswa kaYehova. Khawuthabathe kaloku intshuntshe engasentlokweni yakhe, neselwa lamanzi, sihambe. Wayithaba-12 tha ke uDavide intshuntshe, neselwa lamanzi, engasentlokweni kaSawule; bemka, kungaboni mntu, kungazi mntu, kungavukanga mntu; ngokuba bonke babelele: kuba babewelwe bubuthongo obukhulu bukaYehova.

Wawela uDavide, waya phesheya, 13 wema encotsheni yentaba kude, lilikhulu ithuba phakathi kwabo. Wameza uDavide ebantwini nakuAbhinere 14 unyana kaNere, esithi, Akuphenduli na, Abhinere? Waphendula uAbhinere, wathi, Ungubani na wena umemezayo kukumkani? Wathi uDavide kuAbhi-15 nere, Akuyiyo ndoda yini na? Ngubani na onjengawe kwaSirayeli? Yini na ke ukuba ungayigcini inkosi yakho ukumkani? Ngokuba kufike ubani wasebantwini, eza konakalisa ukumkani inkosi yakho. Asinto ilungileyo le 16 uyenzileyo. Ehleli nje uYehova, ningoonyana bokufa, ningayigcinanga nje inkosi yenu, umthanjiswa kaYehova. Khangela kaloku, iphi na intshuntshe yokumkani, neselwa lamanzi elibe lingasentlokweni yakhe?

Walazi uSawule ilizwi likaDavide, 17 wathi, Lilizwi lakho na elo, nyana wam Davide? Wathi uDavide, Lilizwi lam, nkosi yam kumkani. Wathi, Yini na le 18 nto inkosi yam imsukelayo umkhonzi wayo? Kuba ndezé ntoni na? Bubi buni na obusesandleni sam? Ngoko inkosi 19 yam ukumkani mayikhe iwaphulaphule amazwi omkhonzi wayo. Ukuba nguYehova okuxhokonxileyo ngakum, makasezele umnikelo wokudla; ukuba ngoonyana babantu, mabaqalekiswe phambi koYehova. Ngokuba bandigxothile namhla, ukuba ndingahlangani nelifa likaYehova, bathi, Hamba ukhonze thixo bambi. Ngoko malingaphalali 20 igazi lam emhlabeni, ndikude nobuso bukaYehova; ngokuba kuphume ukumkani wamaSirayeli, weza kufuna intakumba embala, njengosukela isikhwatsha ezintabeni.

USAMUWELI I 26-28

21 Wathi uSawule, Ndonile; buya, nyana wam Davide; ngokuba andisayi kuba sakwenza nto imbi, ngendawo yokuba umphefumlo wam ubunqabile emehlweni akho namhla. Uyabona, ndenze ngobudenge, ndalahleka ngokukhulukazi.
22 Waphendula uDavide, wathi, Nantsi intshuntshe yokumkani. Makuwele e-
23 nye indodana iyithabathe. UYehova uya kuyibuyisela ubulungisa bayo, nokuthembeka kwayo, indoda abekunikele esandleni sayo uYehova namhla; andivumanga ukusa isandla sam kumthanji-
24 swa kaYehova. Yabona, njengoko waba mkhulu umphefumlo wakho emehlweni am namhla, ngokunjalo umphefumlo wam uya kuba mkhulu emehlweni kaYehova, andihlangule ekubandezelweni
25 kwam konke. Wathi uSawule kuDavide, Usikelelwe, nyana wam Davide; uya kwenza weyise; kananjalo uya kufeza kufezeke.

Wahamba ke uDavide indlela yakhe; uSawule wabuyela endaweni yakhe.

UDavide usabela eGati, aze amkele iTsikelage

27 UDavide wathi entliziyweni yakhe, Kaloku ndoza ndibulawe ngenye imini sisandla sikaSawule; akukho nto indilungeleyo; ke mandizisindise, ndizisindisele ezweni lamaFilisti, andincame uSawule, angabi sandifuna emideni yonke yamaSirayeli, ndisinde
2 ke esandleni sakhe. Wesuka ke uDavide, wawela yena namadoda angamakhulu amathandathu abenawo, waya kuAkishe, unyana kaMahoki, ukumkani
3 waseGati. UDavide wahlala noAkishe eGati, yena namadoda akhe, yayileyo yanendlu yayo; uDavide enabafazi bakhe bobabini, uAhinowam waseYizereli, noAbhigali waseKarmele, umka-
4 Nabhali. Waxelelwa uSawule ukuba uDavide ubalekele eGati, akaba saphinda amfune.

5 Wathi uDavide kuAkishe, Ukuba ke ngoku undibabale, ndinike indawo komnye umzi wasezweni, ndihlale khona; yini na ukuba umkhonzi wakho ahlale ndawonye nawe emzini wako-
6 mkhulu? UAkishe wamnika ngaloo mini iTsikelage. Ngako oko iTsikelage yaba yeyokumkani wakwaYuda unana-
7 mhla. Inani lemihla, awahlala ngayo uDavide ezweni lamaFilisti, laba ngumnyaka oneenyanga eziné.

8 Ke kaloku wenyuka uDavide namadoda akhe, bawangenela amaGeshure, namaGezere, nama-Amaleki; ngokuba abo bebengabemi belizwe elo, bekuhanjwa kulo ukuyiwa eShure, kuyiwe nasezweni laseYiputa, kususela kwakudala.
9 UDavide walitshabalalisa elo zwe; akasindisa ndoda namfazi. Wathabatha impahla emfutshane, neenkomo, namaesile, neenkamela, neengubo, wabuya weza kuAkishe. Wathi uAki-
10 she, Khe nahlasela phi na namhlanje? Wathi uDavide, Sibe singenele elasezantsi lakwaYuda, nelasezantsi lamaYerameli, nelasezantsi lamaKeni. U-
11 Davide akasindisanga ndoda namfazi, ungamsayo eGati, ngokuthi, Hleze basixele, bathi, Wenjenje uDavide. Lalinjalo ke isiko lakhe yonke imihla abehleli ezweni lamaFilisti. UAkishe 12 wakholwa nguDavide, wathi, Úgqibile ukuzinukisa ebantwini bakowabo kwaSirayeli; wóba ngumkhonzi wam ke ngonaphakade.

USawule nenkazana eneshologu e-Endore

28 Kwathi ngaloo mihla, amaFilisti ayihlanganisa yonke imikhosi yawo, ukuze aphume umkhosi aye kulwa namaSirayeli. Wathi uAkishe kuDavide, Yazi ngokuqinisekileyo ukuba ùya kuphuma nomkhosi wam, wena namadoda akho. Wathi uDavide ku-2 Akishe, Kaloku ùya kuyazi into eya kwenziwa ngumkhonzi wakho. Wathi uAkishe kuDavide, Ngoko ke ndokumisa ube ngumgcini wentloko yam imihla yonke.

Ke kaloku uSamuweli ubeselefile; 3 abemmbambazelele onke amaSirayeli; abemngcwabele eRama, emzini wakhe.

USawule ebebagxothile ezweni abaneshologu noosiyazi.

4 Ahlanganisana ke amaFilisti, aya amisa eShunem. Wawahlanganisa uSawule amaSirayeli onke, amisa eGili-
5 bhowa. Wayibona uSawule impi yamaFilisti, woyika; yagubha intliziyo
6 yakhe kunene. Wabuza uSawule kuYehova; uYehova akamphendula nangamaphupha, nangeeUrim,* nangabaprofeti.

7 Wathi uSawule kubakhonzi bakhe, Ndifuneleni inkazana eneshologu, ndiye kuyo, ndibuze kuyo. Bathi kuye abakhonzi bakhe, Nantsiya inkazana ene-
8 shologu e-Endore. USawule wazenza mntu wumbi, wambatha ngubo zimbi, waya enamadoda amabini. Baya bafika kwinkazana leyo ebusuku. Wathi, Khawundivumisele ngeshologu lakho, undinyusele lowo ndiya kuthetha yena
9 kuwe. Yathi inkazana leyo kuye, Yabona ùyakwazi nawe akwenzileyo uSawule, ukuba ubanqamle ezweni abaneshologu noosiyazi; yini na ukuba uwuthiyele umphefumlo wam, ukuze
10 ndibulawe. USawule wayifungela uYehova, esithi, Ehleli nje uYehova, inene, akuyi kuba natyala ngale ndawo.
11 Yathi inkazana, Ndikunyusele bani na? Wathi, Ndinyusele uSamuweli.
12 Yambona inkazana uSamuweli, yakhala ngezwi elikhulu. Yatsho inkazana leyo kuSawule, ukuthi, Yini na ukuba undikhohlise? ÚnguSawule wena.
13 Wathi ukumkani kuyo, Musa ukoyika. Uboné ntoni na? Yathi inkazana kuSawule, Ndibona umnyanya unyuka
14 uphuma emhlabeni. Wathi kuye, Únjani na ukumila kwawo? Yathi inkazana, Kunyuke indoda enkulu, ithe wambu ingubo yokwaleka. Wazi ke uSawule ukuba nguSamuweli lowo. Wathoba ngobuso emhlabeni, waqubuda.

15 Wathi uSamuweli kuSawule, Yini na ukuba undigungqise, undinyuse? Wathi uSawule, Ndibandezelekile kakhulu; amaFilisti alwa nam, uThixo umkile kum, akasandiphenduli nangabaprofeti nangamaphupha; ndikubizéle ukuba undazise into endingayenzayo.

Wathi uSamuweli, Yini na ukuba 16 undibuze, uYehova emkile nje kuwe, waba lutshaba lwakho? UYehova u- 17 zenzele njengoko wakuthethayo ngam: uYehova ubukrazule esandleni sakho ubukumkani, wabunika ummelwane wakho uDavide. Ngokuba ungali- 18 phulaphulanga izwi likaYehova, ungenzanga njengokuvutha komsindo wakhe kuma-Amaleki, ngenxa yoko uYehova uyenzile le nto kuwe namhla. Úwani- 19 kele uYehova namaSirayeli kunye nawe esandleni samaFilisti. Ngomso wena noonyana bakho niya kuba nam; nomkhosi wamaSirayeli uYehova uya kuwunikela esandleni samaFilisti.

Wawa kwaoko uSawule emhlabeni, 20 waqungquluza, woyika kunene ngamazwi kaSamuweli; akwabakho namandla kuye; ngokuba ubengadlanga kudla imini yonke nobusuku bonke. Yeza 21 inkazana leyo kuSawule, yabona ukuba ukhwankqe kunene. Yathi kuye, Yabona, umkhonzazana wakho uliphaphule izwi lakho, ndawenza isichenge umphefumlo wam, ndaweva amazwi akho owathetháyo kum. Khawuli- 22 phulaphule nawe ngoko izwi lomkhonzazana wakho; makhe ndibeke iqhekeza lesonka phambi kwakho, udle, ube namandla xa uhamba indlela. Akavu- 23 ma ke; wathi, Andiyi kudla. Bamzama abakhonzi bakhe kwanenkazana leyo. Waliphulaphula izwi labo, wavuka ke emhlabeni, wahlala elukhukweni. Ke 24 kaloku inkazana leyo yayinethole elityetyisiweyo endlwini; yangxama, yalixhela; yathabatha umgubo ocoliweyo, yawuxovula, yosa izonka ezingenagwele ngawo. Yabeka phambi koSawule na- 25 phambi kwabakhonzi bakhe. Badla, besuka ke, bahamba ngobo busuku.

Ukugxothwa kukaDavide emkhosini wamaFilisti

29 Ayihlanganisa ke amaFilisti yonke imikhosi yawo eAfeki. AmaSirayeli amisa ngasemthonjeni ose-

2 Yizereli. Izikhulu zamaFilisti zadlula zinamakhulu, zinamawaka; uDavide namadoda akhe bedlula ngasemva noAkishe.
3 Bathi abathetheli bamaFilisti, Ayini na la maHebhere apha? Wathi uAkishe kubatheteli bamaFilisti, Lo asinguye na uDavide umkhonzi kaSawule, ukumkani wamaSirayeli, oseleneemini neminyaka enam? Andifumananga mposiso kuye, kuthabathela kumhla awaphamba ngawo, kwezisa kule mini.
4 Abathetheli bamaFilisti baba noburhalarhume ngakuye, bathi kuye abathetheli bamaFilisti, Yibuyise loo ndoda, ibuyele endaweni yayo, apho wayiyalela khona, ingehli nathi iye ekulweni, hleze isichase ekulweni. Angázikholisisa ngantoni na lo enkosini yakhe? Àku-
5 ngeentloko zala madoda yini na? Lo asinguye na uDavide, ababevuma ngaye ekungqungqeni, besithi,
USawule *ubulele* amawaka akhe,
UDavide *ubulele* amawaka akhe angamashumi?
6 UAkishe wambiza uDavide, wathi kuye, Ehleli nje uYehova, ùthe tye wena; kùhle emehlweni am ukuphuma kwakho nokungena kwakho nam emkhosini; ngokuba andifumananga bubi kuwe, kuthabathela kumhla wokuza kwakho kum, kuzise kule mini; ke emehlwe-
7 ni ezikhulu akumhle. Ke ngoko buya, uhambe unoxolo, ungenzi bubi eme-
8 hlweni ezikhulu zamaFilisti. Wathi uDavide kuAkishe, Ndenzé ntoni na? Úfumene ntoni na kumkhonzi wakho, kuthabathela kumhla wokubakho kwam phambi kwakho, kuzise kule mini, ukuba ndingayi nje, ndilwe neentshaba zenkosi
9 yam ukumkani? Waphendula uAkishe wathi kuDavide, Ndiyazi ukuba ùlungile emehlweni am njengesithunywa sikaThixo; kodwa abathetheli bamaFilisti bathe, Makangenyuki nathi, aye
10 ekulweni. Ngoko vuka kusasa ngomso, nabakhonzi benkosi yakho abazé nawe; nivuke kusasa ke ngomso, kwakusathi nwe, nihambe.
11 Bavuka ke kusasa uDavide, yena namadoda akhe, bahamba kwakusasa, babuyela ezweni lamaFilisti. AmaFilisti enyuka ke, aya eYizereli.

Ama-Amaleki ahlasela iTsikelage; asukelwa nguDavide

30 Kwathi, akufika uDavide namadoda akhe eTsikelage ngomhla wesithathu, afika ama-Amaleki i elingenele elasezantsi neTsikelage, ayibetha iTsikelage, ayitshisa ngomlilo. Abathimba aba- 2 fazi ababekhona, kodwa akabulala mntu, ukuthabathela komncinane ase komkhulu; aqhuba ahamba ngendlela yawo. Akufika ke uDavide namadoda akhe 3 ekhaya, nalo litshisiwe ngomlilo, bethinjiwe abafazi babo, noonyana babo, neentombi zabo.

Baliphakamisa ooDavide nabantu 4 ababenaye ilizwi labo, balila, kwada akwabakho mandla kubo okulila. Na- 5 bafazi bakaDavide bobabini babethinjiwe, uAhinowam waseYizereli, noAbhigali, umkaNabhali, waseKarmele. Wabandezeleka kunene uDavide; ngo- 6 kuba abantu babethetha ngokumxuluba ngamatye; kuba umphefumlo wabantu bonke ubukrakra, elowo ngenxa yoonyana bakhe nangenxa yeentombi zakhe. Ke uDavide wazomelezela kuYehova uThixo wakhe.

Wathi uDavide kuAbhiyatare umbi- 7 ngeleli, unyana ka-Ahimeleki, Khawuzise iefodi* kum. UAbhiyatare wayizisa iefodi kuDavide. Wabuza u- 8 Davide kuYehova, esithi, Ndíwasukele na la matutu? Ndowafumana na? Wathi kuye, Sukela; ngokuba ùya kuwafumana okunene; uya kuhlangula konke. Wahamba ke uDavide, yena 9 namadoda angamakhulu amathandathu anawo. Bafika emlanjaneni oyiBhesore, amanye asala khona. Wasukela u- 10 Davide, yena namakhulu amané amadoda; asala ke amakhulu amabini amadoda aphelelweyo, angenakuwela emlanjaneni oyiBhesore.

Ke kaloku bafumana indoda engu- 11 mYiputa isendle. Bayizisa kuDavide, bayinika isonka; yadla; bayiseza amanzi; bayinika ke icandelo lesicumba samakhi- 12 wane namacandelo amabini esicumba seerasintyisi, yadla. Wabuyela kuyo umoya wayo; kuba ibingadlanga kudla, ingaselanga manzi, iimini ezintathu 13 nobusuku obuthathu. Wathi uDavide kuyo, Ungumni na? Uvela phi na? Yathi, Ndingumfana ongumYiputa, isicaka sendoda engumAmaleki; indishiyile inkosi yam; kuba ndintsuku ntathu 14 namhla ndisifa. Sibe sithe sangenela elasezantsi lamaKreti nelakwaYuda, nelasezantsi lakwaKalebhi, sayitshisa 15 iTsikelage ngomlilo. Wathi uDavide kuyo, Ungándisá na kuloo matutu? Yathi, Ndífungele uThixo, ukuba akuyi kundibulala, akuyi kundinikela esandleni senkosi yam; ndokusa kuloo matutu.

16 Yamsa ke. Nango ezithe dwe phezu kwelizwe lonke, esidla, esela, eduda ngenxa yalo lonke ixhoba elikhulu, abelithimbile ezweni lamaFilisti, nase- 17 zweni lakwaYuda. UDavide wawabulala, eqale ngocolothi kwada kwahlwa ngomhla olandelayo; akwasinda namnye kubo, yaba ngamakhulu amané amadodana odwa abekhwele ezinkameleni, 18 asaba. Wayihlangula uDavide yonke into abeyithimbile ama-Amaleki. Nabafazi bakhe bobabini wabahlangula u-19 Davide; akwasala nanye into kuzo, kuthabathela kwencinane kwesa kwenkulu, kwesa koonyana neentombi; kwathabathela kwixhoba kwesa kwinto yonke abeyithimbile kubo. Yonke into 20 wayibuyisa uDavide. Wayithimba yonke impahla emfutshane neenkomo; baqhuba phambi kwaloo mfuyo yakhe, bathi, Lixhoba likaDavide eli.

21 Wafika ke uDavide kulaa madoda angamakhulu mabini abephelelwe, abengenakumlandela uDavide, awayewashiye emlanjaneni oyiBhesore. Aphuma aya kumkhawulela uDavide aya kubakhawulela abantu ababenaye. UDavide wafika ebantwini, wababuza 22 ukuphila kwabo. Aphendula onke amadoda obubi namatshijolo akumadoda abehambe noDavide, athi, Ngenxa enokuba bengahambanga nathi, asiyi kubanika nto emaxhobeni esiwahlanguleyo; elowo makaqhube umkakhe, na-23 bantwana bakhe, ahambe. Wathi u-

Davide, Ningènjenjalo, bazalwana bam, ngento asinikileyo uYehova, wasigcina, wayinikela esandleni sethu impi leyo ibisifikele. Ngubani na oya kuniva 24 kweli lizwi? Njengoko sinjalo isabelo sohla aye ekulweni, sinjalo isabelo sosele nempahla; baya kwabelana ngakunye.

Kwaba njalo, kuthabathela kuloo 25 mini kunyuse, wakumisa kwaba ngummiselo nesiko kwaSirayeli unanamhla.

Weza uDavide eTsikelage, wathu- 26 mela inxenye yamaxhoba kumadoda amakhulu akwaYuda, kumakowabo, esithi, Nantso intsikelelo yenu emaxhobeni eentshaba zikaYehova; kwawaseBheteli, 27 nakwawaseRamoti esezantsi, nakwawaseYatire, nakwawaseArohere, nakwawa- 28 seSifimoti, nakwawase-Eshtemowa, na- 29 kwawaseRakali, nakwawasemizini yamaYerameli, nakwawasemizini yamaKeni, nakwawaseHorma, nakwawase- 30 Korashan, nakwawaseAtaki, nakwawa- 31 seHebron, nasezindaweni zonke apho uDavide abehambahamba khona, yena namadoda akhe.

Ukoyiswa kwamaSirayeli entabeni yeGilibhowa nokufa kukaSawule nokukaYonatan

31 AmaFilisti ke ayesilwa namaSirayeli; asaba amadoda akwaSirayeli phambi kwamaFilisti, awa angxwelerhiweyo ezintabeni zeGilibhowa. AmaFilisti athana mbende noSa- 2 wule noonyana bakhe; amaFilisti ambulala uYonatan, noAbhinadabhi, noMalekishuwa, oonyana bakaSawule.

Kwaba nzima ukulwa kuSawule; 3 bamfumana abatoli, amadoda anesaphetha, wathuthumela kakhulu ngenxa yabatoli. Wathi uSawule kumphathi 4 weentonga zakhe, Rhola ikrele lakho, undihlabe ngalo, hleze aba bangalukileyo beze bandihlabe amahlanza, bafekethe ngam. Ke umphathi weentonga zakhe akavumanga; ngokuba ebesoyika kunene. Walithabatha ke uSawule ikrele, wawa phezu kwalo. Wabona 5 umpathi weentonga zakhe ukuba ufile uSawule, wawa naye phezu kwekrele lakhe, wafa kunye naye.

6 Wafa ke uSawule, noonyana bakhe bobathathu, nomphathi weentonga zakhe, namadoda akhe onke ngaloo mini,
7 ndaweni-nye. Abona amadoda akwaSirayeli, abengaphesheya kwentili, nabengaphesheya kweYordan, ukuba asabile amadoda akwaSirayeli, ufile uSawule noonyana bakhe. Ayishiya imizi leyo, asaba; eza amaFilisti, ahlala kuyo.
8 Kwathi ngengomso amaFilisti eza kubhunyula ababebulewe. Amfumana uSawule noonyana bakhe bobathathu,
9 bewile ezintabeni zeGilibhowa. Amnqumla intloko, aziphanga iintonga zakhe, athumela elizweni lamaFilisti ngeenxa zonke, ukuba kushunyayelwe iindaba ezilungileyo ezindlwini zezithixo zawo nasebantwini. Azibeka ii- 10 ntonga zakhe ezindlwini zooAshtaroti;* awubuthelela umzimba wakhe eludongeni lwaseBhete-shan.

Beva abemi baseYabheshe yaseGili- 11 yadi akwenzileyo amaFilisti kuSawule; esuka onke amadoda anobukroti, aha- 12 mba ubusuku bonke, awuthabatha umzimba kaSawule, nemizimba yoonyana bakhe, eludongeni lwaseBhete-shan; eza eYabheshe, ayitshisa khona. Awa- 13 thabatha amathambo abo, awangcwabela phantsi komtamariske* eYabheshe; azila ukudla iintsuku zasixhenxe.

INCWADI YESIBINI KA-SAMUWELI

UDavide ufumana udaba lokufa kukaSawule

1 Kwathi emva kokufa kukaSawule, uDavide ebuyile ekuwabulaleni amaAmaleki, wahlala uDavideeTsikelage
2 imihla emibini. Kwathi ke ngomhla wesithathu, kwabonakala kuvela indoda emkhosini, kuSawule, zikrazukile iingubo zayo, inomhlaba entloko; kwathi ekuzeni kwayo kuDavide, yawa emhlabeni, yaqubuda.
3 Wathi uDavide kuyo, Uvela phi na? Yathi kuye, Ndisabe emkhosini wama-
4 Sirayeli. Wathi uDavide kuyo, Kuthekeni na? Khawundixelele. Yathi, Hayi, babalekile abantu ekulwweni; kananjalo kuwé into eninzi yabantu, yafa; kananjalo uSawule, noYonatan unyana wakhe, babulewe.
5 Wathi uDavide kwindodana ebimxelela, Wazi ngani na, ukuba uSawule
6 ufile, noYonatan unyana wakhe? Yathi indodana ebimxelela, Kuthe ukuthi gaxa kwam, ndafika ezintabeni zaseGilibhowa; nanku uSawule ayame ngentshuntshe yakhe; nabo abeenqwelo zokulwa nabamahashe bethene mbende naye. Uthe akubheka, wandibona, wa- 7 ndibiza; ndathi, Sendikho. Wathi kum, 8 Ungubani na? Ndathi kuye, NdingumAmaleki. Wathi kum, Khawume 9 phezu kwam, undibulale, ngokuba ndiphelelwe; kuba andikafi kanye. Ndema 10 phezu kwakhe, ndambulala; ngokuba bendisazi ukuba akayi kuba saphila emva kokuwa kwakhe. Ndathabatha isithsaba esibe sisentlokweni yakhe, nesacholo esibe sisengalweni yakhe; ndizise zona apha kwinkosi yam.

Wazibamba uDavide iingubo zakhe, 11 wazikrazula, kwanamadoda akhe onke abenawo; bammbambazelela, balila, ba- 12 kuzila ukudla kwada kwahlwa, ngenxa kaSawule, nangenxa kaYonatan unyana wakhe, nangenxa yabantu bakaYehova, nangenxa yendlu kaSirayeli; ngokuba bewile likrele.

Wathi uDavide kwindodana ebimxe- 13 lela, Ungowaphi na? Yathi, Ndingunyana wendoda engumhambi, umAmaleki. Wathi uDavide kuyo, Ütheni 14

ukuba ungoyiki ukusa isandla sakho,
15 umbulale umthanjiswa kaYehova? U-
Davide wabiza enye yakumadodana,
wathi, Sondela, uyibulale. Yayixabela
16 ke, yafa. Wathi ke uDavide kuyo,
Igazi lakho malibe sentlokweni yakho;
ngokuba umlomo wakho úlingqina
ngawe, usithi, Mna ndimbulele umthanjiswa kaYehova.

*UDavide wenza isimbonono
elilela uSawule noYonatan*

17 Ke kaloku uDavide wasenza esi
simbonono ngoSawule nangoYonatan
18 unyana wakhe, wathi mabayifundiswe
oonyana bakaYuda *ingoma leyo* yesaphetha; nantso ibhaliwe encwadini
yOthe Tye.
19 Imbalarha, Sirayeli, ibulewe emimangweni yakho!
Hayi, ukuwa kwamagorha!
20 Musani ukuxela eGati;
Musani ukwenza zindaba ezitratweni
zeAshkelon;
Hleze zivuye iintombi zamaFilisti,
Hleze zivuyelele iintombi zabangalukileyo.
21 Nina zintaba zaseGilibhowa,
Makungaze kubekho mbethe, makungaze kubekho mvula kuni,
namasimi emirhumo;
Ngokuba khona kwangcola iingweletshetshe zamagorha,
Ingweletshetshe kaSawule, wanga
waye engathanjiswanga ngeoli.
22 Egazini labahlatyiweyo, emanqatheni
amagorha,
Isaphetha sikaYonatan besingabuyi
umva,
Ikrele likaSawule belingabuyi lilambatha.
23 USawule noYonatan babeziinzwana,
bethandeka ekudleni kwabo ubomi,
Nasekufeni kwabo abahlukananga.
Babenamendu ngaphezu kwamaxhalanga,
Babenamandla ngaphezu kweengonyama.
24 Zintombi zakwaSirayeli, mlileleni uSawule,

Obenambesa iingubo ezibomvu, eniyolisa;
Obeninxiba izihombo zegolide ezambathweni zenu.

Hayi, ukuwa kwamagorha phakathi 25
kwemfazwe!
UYonatan ubulawelwe emimangweni
yakho
Ndibandezelekile ngenxa yakho, mza- 26
lwana wam Yonatan;
Ùbumnandi kakhulu kum;
Kubalukekile ukundithanda kwakho
Ngaphezu kokuthanda komntu oyinkazana.

Hayi, ukuwa kwamagorha! 27
Adakile amadoda okulwa!

UDavide ukumkani wakwaYuda eHebron

2 Kwathi emveni koko, wabuza uDavide kuYehova, esithi, Ndinyùke
na ndiye emzini wakwaYuda? Wathi
uYehova kuye, Nyuka. Wathi uDavide,
Ndinyùke ndiye phi na? Wathi yena,
EHebron. Wenyuka ke waya khona 2
uDavide, nabafazi bakhe bobabini, uAhinowam waseYizereli, noAbhigali,
umkaNabhali, waseKarmele. Namadoda akhe abenawo wawanyusa uDavide, yayileyo nendlu yayo, ahlala emizini yaseHebron. Eza amadoda akwa- 4
Yuda, amthambisa khona apho uDavide
ukuba abe ngukumkani kwindlu yakwaYuda.

Kwaxelwa kuDavide, kusithiwa, Amadoda aseYabheshe yaseGiliyadi, ngawo awamngcwabáyo uSawule. Uda- 5
vide wathumela ke abathunywa kumadoda aseYabheshe yaseGiliyadi, wathi
kuwo, Manisikelelwe nguYehova nina,
nayenzelayo inkosi yenu uSawule loo
nceba, nayingcwaba. Ngoko uYehova 6
makanenzele inceba nenyaniso; nam
ndiya kunenzela oko kulungileyo, ngokuba nayenzayo loo nto. Ke kaloku 7
mazomelele izandla zenu, nibe ngamadoda anobukroti; ngokuba ifile inkosi
yenu uSawule. Kananjalo indithambisile indlu yakwaYuda ukuba ndibe
ngukumkani wayo.

USAMUWELI II 2

UAbhinere wenza uIshbhoshete, unyana kaSawule, ukumkani wamaSirayeli

8 Ke kaloku uAbhinere unyana kaNere, umthetheli womkhosi obungokaSawule, ebethabathe uIshbhoshete, unyana ka-
9 Sawule, wamwezela eMahanayim, wamenza ukumkani eGiliyadi, nakumaAskure, naseYizereli, nakwaEfrayim, nakwaBhenjamin, nakumaSirayeli onke.
10 UIshbhoshete, unyana kaSawule, ebeminyaka imashumi mané ezelwe, ekwenziweni kwakhe ukumkani kumaSirayeli, wangukumkani iminyaka emibini. Kodwa indlu yakwaYuda yalandela
11 uDavide. Inani lemihla uDavide abengukumkani kwindlu yakwaYuda eHebron, libe liyiminyaka esixhenxe eneenyanga ezintandathu.

Imfazwe yamakhaya; uAsaheli ubulawa nguAbhinere

12 Waphuma uAbhinere unyana kaNere, nabakhonzi bakaIshbhoshete, unyana kaSawule, eMahanayim, baya eGibhe-
13 yon. Baphuma uYowabhi unyana kaTseruya, nabakhonzi bakaDavide, baqubisana nabo echibini laseGibheyon. Bahlala aba echibini ngapha, bahlala abaya echibini ngaphaya.
14 Wathi uAbhinere kuYowabhi, Amadodana makakhe asuke adlale phambi kwethu. Wathi uYowabhi, Makasuke.
15 Kwesuka kwawela amanani: ishumi elinamabini lakwaBhenjamin, lakwaIshbhoshete unyana kaSawule, neshumi elinamabini kubakhonzi bakaDavide.
16 Yaba ngulowo wabamba ummelwane wakhe ngentloko, nekrele lakhe lela ecaleni lowabo; bawa kunye ndaweninye. Kwathiwa ke le ndawo yiHele-
17 kati-hatsurim* eseGibheyon. Kwaliwa kakhulu ngaloo mini. Wagxothwa uAbhinere namadoda akwaSirayeli phambi kwabakhonzi bakaDavide.
18 Babelapho bobathathu oonyana bakaTseruya: uYowabhi, noAbhishayi, noAsaheli. Ke uAsaheli waye enamendu, enjengebhadi lasendle.
19 UAsaheli wamsukela uAbhinere; akathi gu bucala aye ngasekunene nangasekhohlo emva koAbhinere. Wabheka 20 uAbhinere, wathi, ÙnguAsaheli na? Wathi yena, Ndinguye. Wathi uA- 21 bhinere kuye, Tyekela ngasekunene kwakho, nokuba kungasekhohlo kwakho, ubambe enye kumadodana, uzithabathele isikrweqe sayo. Ke uAsaheli 22 akavuma ukutyeka ekumlandeleni. Wabuya waphinda wathi uAbhinere kuAsaheli, Tyeka ekundilandeleni; yini na ukuba ndide ndikubethe, uwe emhlabeni? Ndothini na ukubuphakamisa ubuso bam kuYowabhi, umkhuluwa wakho? Akavuma ukutyeka. UAbhi- 23 nere wamtsho ngoluthi lwentshuntshe esiswini; yaya kuphuma intshuntshe ngasemva. Wawa khona, wafela kuloo ndawo. Bathi bonke abafika kuloo ndawo wàwa wafela kuyo uAsaheli, bee nqumama.

OoYowabhi noAbhishayi bamsukela 24 bamlandela uAbhinere, lada latshona ilanga; bada bafika edulini yeAma, ekhangelene neGiya, endleleni yentlango yeGibheyon. Bahlanganisana oonyana 25 bakaBhenjamin, bamlandela uAbhinere, bambumba-nye, bema encotsheni yanduli-nye. Wamemeza uAbhinere ku- 26 Yowabhi, wathi, Liya kumana ukudla na ikrele? Akwazi na ukuba kuya kuba krakra kamva? Kuya kuba mzuzu ungakanani na ungabaxeleli abantu, babuye ekusukeleni abazalwana babo? Wathi uYowabhi, Ehleli nje uYehova, 27 ukuba bekungathelekiswanga nguwe, inene, ngebenyuswe bemka kwangokuyá kwakusasa abantu, elowo ákamsukela umzalwana wakhe. UYowa- 28 bhi wavuthela isigodlo; bema bonke abantu, ababa sawasukela amaSirayeli, ababa saphinda balwe.

UAbhinere namadoda akhe bahamba 29 eArabha bonke obo busuku. Bayiwela iYordan, bayihamba yonke iBhitron, beza eMahanayim.

Wabuya ke uYowabhi ekumsukeleni 30 uAbhinere; wabahlanganisa abantu bonke, kwasweleka kubakhonzi bakaDavide ishumi elinesithoba lamadoda, noAsaheli. Ke abakhonzi bakaDavide 31 babebulele, kumaBhenjamin nakumadoda akwa-Abhinere, amakhulu amathathu anamanci amathandathu amadoda, 32 afa. Bamthabatha uAsaheli, bamngcwaba engcwabeni likayise eliseBhetelehem. Bahamba ke ubusuku bonke uYowabhi namadoda akhe, kwasa beseHebron.

Intsapho kaDavide

3 Ke kaloku yoluka imfazwe phakathi kwendlu kaSawule nendlu kaDavide. UDavide waya esomelela ngokomelela; indlu kaSawule yaya incipha ngokuncipha.

2 UDavide wazalelwa oonyana eHebron: owamazibulo waba nguAmnon 3 ngoAhinowam waseYizerei; owesibini waba nguKiliyabhi ngoAbhigali, umkaNabhali waseKarmele; owesithathu waba nguAbhisalom, unyana kaMahaka, intombi kaTalemayi, ukumkani wase-4 Geshuri; owesine waba nguAdoniya, unyana kaHagiti; owesihlanu waba 5 nguShefatiya, unyana ka-Abhitali; owesithandathu waba nguItram, ngoEgla, umkaDavide. Wabazalelwa abo uDavide eHebron.

UAbhinere uhambela uDavide

6 Kwathi, kwakubon' ukuba kukho imfazwe phakathi kwendlu kaSawule nendlu kaDavide, uAbhinere wamana 7 ukuzomelezela indlu kaSawule. Ke uSawule ebeneshweshwe eligama linguRitspa, intombi ka-Aya; wathi ke uIshbhoshete kuAbhinere, Yini na ukuba ulingene ishweshwe likabawo?
8 Wavutha kakhulu ngumsindo uAbhinere ngamazwi kaIshbhoshete, wathi, Ndiyintloko yenja elunge kwaYuda yini na? Namhla ndiyenzela inceba indlu kaSawule uyihlo, kubazalwana bakhe, nakubahlobo bakhe; andikuyekelanga esandleni sikaDavide; kanti ke undivelele ngobugwenxa endibenzé kule nka-9 zana namhla. UThixo makenjenje ku-Abhinere, aqokele ukwenjenje; njengoko uYehova wamfungelayo uDavide, 10 ndiya kwenjenjalo kuye: ukubugqithisa ubukumkani endlwini kaSawule, kumiswe itrone kaDavide kwaSirayeli nakwaYuda, kuthabathele kwaDan kuse eBher-shebha.

Akaba saba nako ukumphendula ne- 11 zwi uAbhinere ngokumoyika.

Wesusa esikhundleni sakhe uAbhinere 12 abathunywa, baya kuDavide; esithi, Lelikabani na ilizwe? esithi, Yenza umnqophiso wakho nam; uyabona, isandla sam sinawe, ukuba aguqulelwe kuwe amaSirayeli onke. Wathi, Kulungile, ndo- 13 wenza nawe umnqophiso. Kodwa kukho nto-nye ndiyifunayo kuwe; yile: akuyi kububona ubuso bam, ungamzisanga uMikali intombi kaSawule, wakuza kububona ubuso bam. UDavide we- 14 susa abathunywa, baya kuIshbhoshete unyana kaSawule, esithi, Ndínike umkam uMikali, endamgana ngekhulu leenyama zokwalùswa zamaFilisti. Wa- 15 thumela uIshbhoshete, wamthabatha kwindoda yakhe, kuPaltiyeli unyana kaLayishe. Yahamba naye ke indoda 16 yakhe, imana ilila emva kwakhe, kwada kwezisa eBhahurim. Wathi uAbhinere kuyo, Hamba ubuye. Yabuya.

Ke kaloku uAbhinere wayenelizwi 17 kumadoda amakhulu akwaSirayeli, elithi, Kwangaphambili nibe nimfuna uDavide, ukuba abe ngukumkani kuni: yenzani kaloku, ngokuba uYehova u- 18 tshilo kuDavide, ukuthi, Ndiya kubasindisa ngesandla sikaDavide, umkhonzi wam, abantu bam amaSirayeli esandleni samaFilisti, nasesandleni seentshaba zabo zonke. Kananjalo uAbhinere ebe- 19 thethile ezindlebeni zamaBhenjamin; kanjalo uAbhinere waya kuthetha ezindlebeni zikaDavide eHebron konke okulungileyo phambi kwamaSirayeli, naphambi kwendlu yonke yakwaBhenjamin.

Waya ke uAbhinere kuDavide eHe- 20 bron, enamashumi amabini amadoda. UDavide wamenzela ke isidlo uAbhinere namadoda akhe abenawo. Wathi 21 uAbhinere kuDavide, Ndiya kusuka ndiwahlanganisele enkosini yam ukumkani onke amaSirayeli, enze umnqophiso nawe, ube ngukumkani entweni yonke oyinqwenelayo umphefumlo wakho. U-

Davide wamndulula uAbhinere; wahamba exolile.

UAbhinere ubulawa ngobuqhokolo nguYowabhi

22 Kwabonakala abakhonzi bakaDavide benoYowabhi, bevela emsebenzini wokututa, besiza namaxhoba amaninzi. Ke uAbhinere ebengasekhona kuDavide eHebron, ngokuba ubemndulule, waha-
23 mba exolile. Bafika ooYowabhi nomkhosi wonke anawo. Kwaxelwa kuYowabhi, kwathiwa, UAbhinere unyana kaNere ubezile kukumkani, wamndulu-
24 la, wahamba exolile. Waya uYowabhi kukumkani, wathi, Yintoni na le uyenzileyo? Uyabona, ubezile uAbhinere kuwe; yintoni na le nto umndululeyo,
25 wahamba wemka? Uyamazi uAbhinere unyana kaNere, ukuba ubeze kukuthomalalisa, ukuze akwazi ukuphuma kwakho nokungena kwakho, akwazi konke okwenzayo.

26 Waphuma uYowabhi kuDavide, wathuma abathunywa; balandela uAbhinere, bambuyisa equleni laseSira, uDavide
27 engazi. Wabuya ke uAbhinere weza eHebron. UYowabhi wamthabathela bucala phakathi kwesango, ukuba athethe naye ngasese. Wamgwaza esiswini, wafa, ngenxa yegazi lika-Asaheli umni-
28 nawa wakhe. Weva uDavide .emveni kokuba kunjalo, wathi, Ndimsulwa nobukumkani bam phambi koYehova, kude kuse ephakadeni, ngamagazi ka-Abhi-
29 nere unyana kaNere; makabe phezu kwentloko kaYowabhi, naphezu kwendlu yonke kayise; makanganqunyulwa angabikho endlwini kaYowabhi umntu obhobhozayo, oneqhenqa, osimelela ngentonga, owa ngekrele, oswele ukudla.
30 UYowabhi noAbhishayi umninawa wakhe bambulala ke uAbhinere, ngenxa enokuba ebembulele uAsaheli umninawa wabo eGibheyon emfazweni.

31 Wathi uDavide kuYowabhi nakubantu bonke anabo, Krazulani iingubo zenu, nibhinqe ezirhwexayo, nimmbambazelele uAbhinere. UDavide ukum-
32 kani walilandela ithala. Bamngcwabela eHebron uAbhinere. Waliphakamisa ukumkani ilizwi lakhe, walila engcwabeni lika-Abhinere. Balila abantu bonke. Ukumkani wamenzela isimbonono u- 33 Abhinere, wathi,

Angafa ngokufa kwesidenge na u-Abhinere?
Izandla zakho bezingakhonkxwanga, 34
iinyawo zakho bezingafakwanga amakhamandela obhedu,
Uwé njengowa phambi kwamabhedengu.

Baphinda bonke abantu bamlilela. Bo- 35 nke abantu beza kumdlisa uDavide isonka, kusesemini. Wafunga uDavide, esithi. UThixo makenjenje kum, aqokele ukwenjenje, ukuba ndithe, lingekatshoni ilanga, ndeva isonka, nokuba yinto eyiyimbi. Bakugqala oko bonke 36 abantu, kwalunga emehlweni abo; njengokuba konke abekwenza ukumkani bekulunga emehlweni abantu bonke. Bazi ke abantu bonke namaSirayeli onke 37 ngaloo mini, ukuba ukubulawa kuka-Abhinere, unyana kaNere, bekungaphume kukumkani.

Wathi ukumkani kubakhonzi bakhe, 38 Anazi na, ukuba namhlanje kuwé umthetheli, umntu omkhulu kwaSirayeli? Ke ndisebuthathaka, ndisathanjiswa 39 namhla ukuba ndibe ngukumkani; la madoda, oonyana bakaTseruya, alukhuni kum. Akwaba uYehova angambuyekeza umenzi wobubi kwangobubi bakhe.

Ukugetyengwa kukaIshbhoshete

4 Weva unyana kaSawule ukuba ufile uAbhinere eHebron, zawa izandla zakhe. Onke amaSirayeli akhwankqiswa yiloo nto. Unyana kaSawule ube- 2 namadoda amabini angabatheteli bemikhosi. Igama lenye lalinguBhahana, igama leyesibini lalinguRekabhi; bengoonyana bakaRimon waseBheroti, kubo oonyana bakaBhenjamin. Ngokuba neBheroti ibibalelwa kwaBhenjamin: abaseBheroti babebalekele eGita- 3 yim, baba ngabaphambukeli khona unanamhla.

Ke kaloku uYonatan unyana kaSawu- 4 le ubenonyana ofe iinyawo; ebeminyaka mihlanu ezelwe, ukufika kodaba luka-

Sawule noYonatan eYizereli. Umondlikazi wakhe wesuka wamthabatha, wabaleka; kwathi, ekubalekeni kwakhe buphuthuphuthu, wawa, waba sisiqhwala. Igama lakhe belinguMefibhoshete.

5 Bahamba oonyana bakaRimon waseBheroti, ooRekabhi noBhahana, ekufudumaleni kwemini, bafika endlwini ka-
6 Ishbhoshete, elele emini enkulu. Bona bangena endlwini phakathi, ngokungathi baza kuthabatha ingqolowa, basuka bamtsho esiswini; basaba uRekabhi no-
7 Bhahana umzalwana wakhe. Bangena ke endlwini, elele esingqengqelweni sakhe egumbini lakhe lokulala; bamhlaba, bambulala, bamnqumla intloko, bayithabatha intloko yakhe, bahamba nge-
8 ndlela yeArabha bonke ubusuku. Bayisa intloko kaIshbhoshete kuDavide eHebron, bathi kukumkani, Nantsi intloko kaIshbhoshete unyana kaSawule, utshaba lwakho, elube lufuna umphefumlo wakho; uYehova uyiphindezelele inkosi yam namhla kuSawule, nakwimbewu yakhe.
9 UDavide wabaphendula ooRekabhi noBhahana umzalwana wakhe, oonyana bakaRimon waseBheroti, wathi kubo, Ehleli nje uYehova, owukhululeyo um-
10 phefumlo wam ekubandezelekeni konke, ndathi, owandixelelayo ukuthi, Nanku uSawule efile, eba uzisa iindaba ezilungileyo, ndambamba, ndambulala eTsikelage, ukumnika umvuzo weendaba
11 zakhe. Asikokukhona na ndiya kulibiza igazi layo esandleni senu, ndinitshayele elizweni, xa amadoda angendawo abulele indoda elilungisa endlwini yayo, esi-
12 lilini sayo? UDavide wawawisela amadodana akwakhe umthetho. Ababulala, abanqumla izandla neenyawo, azixhoma echibini eHebron; ke intloko kaIshbhoshete ayithabatha, ayingcwaba engcwabeni lika-Abhinere eHebron.

UDavide ungukumkani womdibaniso wamaSirayeli namaYuda

5 Zeza zonke izizwe zakwaSirayeli kuDavide eHebron, zatsho ukuthi, Uyabona, silithambo lakho nenyama ya-
kho. Kwangaphambili, oko uSawule 2 ebengukumkani kuthi, ibinguwe obesakuphuma ungena namaSirayeli. UYehova wathi kuwe, Wena uya kubalúsa abantu bam amaSirayeli, wena uya kuba yingánga yamaSirayeli. Aya ke onke 3 amadoda amakhulu akwaSirayeli kukumkani eHebron. Wenza umnqophiso nawo ukumkani uDavide eHebron phambi koYehova; amthambisa uDavide ukuba abe ngukumkani wamaSirayeli.

UDavide ubeminyaka imashumi ma- 4 thathu ezelwe, ukwenziwa kwakhe ukumkani; waba neminyaka emashumi mané engukumkani. Waba ngukumkani 5 wakwaYuda eHebron iminyaka esixhenxe neenyanga ezintandathu; eYerusalem waba ngukumkani iminyaka emashumi mathathu anamithathu kumaSirayeli onke namaYuda.

UDavide uthimba iYerusalem

Ukumkani waya namadoda akwakhe 6 eYerusalem kumaYebhusi. Abemi belo zwe bathi kuDavide, Akusayi kungena apha; kuba iimfama neziqhwala zokugxotha. Batsho beba uDavide akasayi kungena apho. UDavide wayithimba 7 imboniselo yeZiyon: ngumzi kaDavide ke lowo. Wathi uDavide ngaloo mini, 8 Bonke abaxabela amaYebhusi, mabaziwise engxangxasini iziqhwala kwaneemfama ezithiyekileyo emphefumlweni kaDavide. Ngenxa yoko bathi, Iimfama neziqhwala aziyi kungena endlwini.

UDavide wahlala embonikselweni, wa- 9 yibiza ngokuthi ngumzi kaDavide. UDavide wákha ngeenxa zonke, wathabathela eMilo wesa phakathi. Waya u- 10 Davide eba mkhulu ngokuba mkhulu, uYehova uThixo wemikhosi waba naye.

Ke kaloku uHiram, ukumkani wase- 11 Tire, wathumela abathunywa kuDavide, nemisedare,* neengcibi zemithi, neengcibi zamatye eendonga; zamakhela uDavide indlu. Wazi uDavide ukuba 12 uYehova umqinisile wangukumkani; ukuba ubuphakamisile ubukumkani bakhe ngenxa yabantu bakhe amaSirayeli.

UDavide wabuya wazeka abafazi na- 13

mashweshwe eYerusalem, emveni ko-
kusuka kwakhe eHebron; wabuya wa-
zalelwa oonyana neentombi uDavide.
14 Ngawo la amagama abo wabazelelwáyo
eYerusalem: nguShamuwa, noShobha-
15 bhi, noNatan, noSolomon, noIbhehare,
16 noElishuwa, noNefege, noYafiya, no-
Elishama, noEliyada, noElifelete.

UDavide woyisa amaFilisti

17 Ke kaloku eva amaFilisti ukuba ba-
mthambisile uDavide, waba ngukumka-
ni kumaSirayeli; enyuka ke onke ama-
Filisti aya kumfuna uDavide. Weva
uDavide, wehla waya emboniselweni.
18 AmaFilisti abezile, athi dwe entilini ya-
19 maRafa. Wabuza uDavide kuYehova,
wathi, Ndinyùke na, ndiye kumaFilisti?
Wòwanikela na esandleni sam? Wathi
uYehova kuDavide, Nyuka; ngokuba
ndiwanikele mpela amaFilisti esandleni
20 sakho. UDavide weza eBhahali-pera-
tsim; uDavide wawaxabela khona, wa-
thi, UYehova uzityhobozele iintshaba
zam phambi kwam, njengokutyhoboza
kwamanzi; ngenxa yoko wathi igama
21 laloo ndawo yiBhahali-peratsim.* Azi-
shiya izithixo zawo; bazithabatha uDa-
vide namadoda akhe.
22 Abuya aphinda enyuka amaFilisti,
23 athi dwe entilini yamaRafa. Wabuza
uDavide kuYehova, wathi yena, Uze
ungenyuki; jikela emva kwawo, ufike
kuwo malunga nemithi yemibhaka.*
24 Kothi, ekuveni kwakho isandi sokuha-
mba emantloko emithi yemibhaka, wa-
ndule ungxamise; ngokuba wóba uphu-
mile phambi kwakho uYehova ngela
xesha, ukuba ayixabele impi yama-
25 Filisti. Wenjenjalo uDavide, njengoko
uYehova abemwisele umthetho ngako;
wawaxabela amaFilisti, wathabathela
eGebha wada waya eGezere.

*UDavide uzisa ityeya yomnqophiso
eYerusalem*

6 Ke kaloku wabuya wabahlanganisa
uDavide bonke abahleliweyo bakwa-
Sirayeli: amashumi amathathu amawa-
2 ka. Wesuka ke, wahamba uDavide na-
bantu bonke abenabo, esiya eBhahali ya-
kwaYuda, esiya kunyusa khona ityeya
kaThixo, ebizwa ngalo igama, igama
likaYehova wemikhosi ohleli phezu
kweekerubhi.*

Bayikhwelisa enqwelweni entsha itye- 3
ya kaThixo, bayithabatha endlwini ka-
Abhinadabhi ebisendulini; u-Uza no-
noAhiyo, oonyana baka-Abhinadabhi,
beyiqhuba inqwelo entsha leyo. Bayi- 4
thabatha endlwini ka-Abhinadabhi ese-
ndulini, inetyeya kaThixo, uAhiyo eha-
mba phambi kwetyeya. UDavide ne- 5
ndlu yonke kaSirayeli baqamba phambi
koYehova, bebetha imithi yonke ye-
sipres,* neehadi, nemirhubhe, neengqo-
ngqo, namakhenkcekhenkce, namaca-
ngci.

Bafika esandéni sikaNakon; wesa *isa-* 6
ndla sakhe u-Uza etyeyeni kaThixo, wa-
yibamba; ngokuba iinkomo zibe ziyi-
gungqisa. Wavutha umsindo kaYe- 7
hova ku-Uza; uThixo wambetha khona,
ngenxa yemasi elo, wafela khona ngase-
tyeyeni kaThixo. UDavide wavutha 8
ngumsindo ngenxa enokuba uYehova
wamtyhobozela ngotyhobozo u-Uza, wa-
thi loo ndawo yiPerets-uza* unanamhla.
UDavide wamoyika uYehova ngaloo mi- 9
ni, wathi, Yothini na ukuza kum ityeya
kaYehova? Akavuma ke uDavide uku- 10
yisusa ize kuye emzini kaDavide ityeya
kaYehova; uDavide wayisonga, wayi-
phambukisela endlwini kaObhedi-edom
waseGati.

Yahlala ityeya kaYehova endlwini 11
kaObhedi-edom waseGati iinyanga za-
ntathu; uYehova wamsikelela uObhedi-
edom, nendlu yakhe yonke.

Kwaxelwa kukumkani uDavide, kwa- 12
thiwa, Úyisikelele uYehova indlu ka-
Obhedi-edom. nezinto zonke anazo, nge-
nxa yetyeya kaThixo. Waya uDavide,
wayinyusa ityeya kaThixo endlwini ka-
Obhedi-edom, wayizisa emzini kaDa-
vide evuya. Kwathi, bakunyathela a- 13
mabanga amathandathu abathwali be-
tyeya kaYehova, wabingelela inkomo
nethole elityetyisiweyo. Waye uDavide 14
esina ngamandla onke phambi koYehova,
uDavide ebhinqe iefodi* yelinen emhlo-
phe. OoDavide nendlu yonke kaSira- 15

yeli babeyinyusa ke ityeya kaYehova, beduma, behlokomisa isigodlo.

16 Kwathi, yakufika ityeya kaYehova emzini kaDavide, uMikali, intombi kaSawule, wavela ngefestile, wambona ukumkani uDavide exhuma esina phambi koYehova, wamcekisa entliziyweni yakhe.

17 Bayingenisa ityeya kaYehova, bayimisa endaweni yayo phakathi kwentente, abeyitwabululele yona uDavide; uDavide wenyusa amadini anyukayo phambi 18 koYehova, nemibingelelo yoxolo. Wagqiba uDavide ukunyusa amadini anyukayo nemibingelelo yoxolo, wabasikelela abantu, egameni likaYehova wemikhosi,

19 wababèla bonke abantu, yonke ingxokolo yamaSirayeli, kwathabathela kwindoda kwesa nakumfazi; elowo wamnika umqhathane wesonka, nomlinganiso *wewayini*, nesicumba seerasintyisi. Baya ke bonke abantu elowo endlwini yakhe.

20 Wabuya uDavide, eza kusikelela indlu yakhe. Waphuma uMikali intombi kaSawule, eya kukhawulela uDavide, wathi, Hayi, ukuzizukisa kokumkani wamaSirayeli namhla, ozihlubileyo namhla phambi kwabakhonzazana babakhonzi bakhe, njengoko azihlubayo umntu 21 ongenabuntu. Wathi uDavide kuMikali, Kube kusebusweni bukaYehova, owandinyulayo phambi koyihlo, naphambi kwendlu yakhe yonke, ukuba andimise ndibe yingànga yabantu bakaYehova, amaSirayeli; bekusebusweni 22 bukaYehova ukuqamba kwam; ndisaya kudeleka kunoko, ndithobeke emehlweni am; ke abakhonzazana othethe ngabo, 23 ndisaya kuzukiswa ngabo. Ke uMikali intombi kaSawule akabanga namntwana kwada kwangumhla wokufa kwakhe.

Icebo likaDavide lokwakha itempile liyaliwa

7 Kwathi, xa ukumkani ahleliyo endlwini yakhe, uYehova emphumzile ngeenxa zonke ezintshabeni zakhe 2 zonke, wathi ukumkani kuNatan umprofeti, Khawukhangele, ndihleli endlwini yemisedare,* ke yona ityeya kaThixo ihleli phakathi kwamalengalenga. Wathi uNatan kukumkani, Konke 3 okusentliziyweni yakho, hamba uye ukwenze; ngokuba uYehova unawe.

Kwathi ngobo busuku, lafika ilizwi 4 likaYehova kuNatan, lisithi, Hamba uye 5 kuthi kumkhonzi wam uDavide, Útsho uYehova ukuthi, Wena uya kundakhela indlu yokuba ndihlale na? Ngokuba 6 andihlalanga ndlwini, kususela kwimini endabanyusayo oonyana bakaSirayeli eYiputa, kude kube nanamhla; ndaba ngohambahamba ngentente engumnquba. Lonke ixesha endahambaha- 7 mba ngalo phakathi koonyana bonke bakaSirayeli, ndakha ndalithetha na ilizwi nakusinye isizwe sakwaSirayeli endasiwisela umthetho wokuba sibalúse abantu bam amaSirayeli, ndisithi, Yini na ukuba ningandakheli indlu yemisedare?

Ke ngoko wòtsho ukuthi kumkhonzi 8 wam uDavide, Útsho uYehova wemikhosi ukuthi, Ndákuthabatha mna edlelweni, ekulandeleni impahla emfutshane, ukuba ube yingànga yabantu bam amaSirayeli; ndaba nawe kuko konke owa- 9 hamba kuko, ndazinqumla zonke iintshaba zakho phambi kwakho, ndakwenzela igama elikhulu, njengegama labakhulu abasehlabathini; ndabamisela 10 indawo abantu bam amaSirayeli, ndabatyala ukuba bahlale esikhundleni sabo, bangabi sagunqa; oonyana bobutshijolo bangabuyi babacinezele njengasekuqaleni, kususela kulaa mini ndabamisela abantu bam amaSirayeli aba- 11 gwebi. Ndiya kukuphumza ezintshabeni zakho zonke.

Intsikelelo kaYehova kwinzala kaDavide

UYehova uyakuxelela ukuba uYehova uya kukwenzela indlu. Xa ithe yazalise- 12 ka imihla yakho, walala kooyihlo, ndoyiphakamisa emva kwakho imbewu yakho, eya kuphuma ezibilini zakho, ndibuqinise ubukumkani bakhe. Nguye oya kulakhela igama lam indlu, ndi- 13 yiqinise itrone yobukumkani bakhe, kude kuse ephakadeni. Mna ndiya kuba 14 nguyise wakhe, yena abe ngunyana wam; endothi ebugwenxeni bakhe, ndimo-

hlwaye ngentonga yabantu, nangobetho
15 loonyana baka-Adam. Ke yona inceba yam ayiyi kusuka kuye, njengoko ndayisusayo kuSawule, endimsusileyo ebu-
16 sweni bakho. Iya kuqina indlu yakho nobukumkani bakho kude kuse ephakadeni phambi kwakho; itrone yakho iya kuqiniseka kude kuse ephakadeni.
17 Njengaloo mazwi onke, njengaloo mbono wonke, wenjenjalo ukuthetha uNatan kuDavide.

Umthandazo nombulelo kaDavide

18 Waya ukumkani uDavide, wahlala phambi koYehova, wathi, Ndingubani na, Nkosi yam Yehova? Iyintoni na indlu yam, ukuba ude undizise nalapha?
19 Kusekuncinane oko ke emehlweni akho, Nkosi yam Yehova; uthetha ngoku nangendlu yomkhonzi wakho, usingise mgama. Le nto ke lisiko lomntu na,
20 Nkosi yam Yehova? Angabuya abe esathetha ntoni na ke uDavide kuwe? Wena uyamazi umkhonzi wakho, Nkosi
21 yam Yehova. Ngenxa yelizwi lakho, nangokwentliziyo yakho, ùbenzile bonke obo bukhulu, ukuba ubazise u-
22 mkhonzi wakho. Ngenxa yoko ùmkhulu, Yehova Thixo; ngokuba akukho unjengawe; akukho Thixo ngaphaya kwakho, njengoko konke sikuvileyo ngeendlebe zethu.
23 Luluphi na uhlanga ehlabathini apha, olunjengabantu bakho, olunjengamaSirayeli, awaya kuzikhululela uThixo, ukuba lube ngabantu, ukuba azimisele igama ngalo, anenzele izenzo ezikhulu nina, alenzele izenzo ezoyikekayo ilizwe lakho ebusweni babantu bakho, owazikhululelayo bona eYiputa, ezintlangeni
24 nakoothixo bazo? Uziqinisele abantu bakho amaSirayeli, ukuba babe ngabantu kuwe kude kuse ephakadeni; wena, Yehova, waba nguThixo kubo.
25 Kaloku, Yehova Thixo, ilizwi olithethileyo ngomkhonzi wakho, nangendlu yakhe, límise kude kuse ephakadeni,
26 wenze njengoko ukuthethileyo; likhule igama lakho kude kuse ephakadeni; kusithiwa, UYehova wemikhosi nguThixo wamaSirayeli, nendlu yomkhonzi wakho uDavide izinzile phambi kwakho. Ngo-
27 kuba wena, Yehova wemikhosi, Thixo kaSirayeli, utyhilile ezindlebeni zomkhonzi wakho, wathi, Ndiya kukwakhela indlu; ngenxa yoko umkhonzi wakho uyifumene intliziyo yokuze awuthandaze kuwe lo mthandazo. Kaloku,
28 Nkosi yam Yehova, unguye uThixo; namazwi akho aya kuba yinyaniso. Uthethé oko kulungileyo kumkhonzi wakho; kaloku makukholeke kuwe ukuyisikelela
29 indlu yomkhonzi wakho, ukuba ihlale ihleli phambi kwakho ngonaphakade; ngokuba wena, Nkosi yam Yehova, uthethile. Ngentsikelelo yakho mayisikelelwe indlu yomkhonzi wakho ngonaphakade.

Uloyiso lukaDavide; amagosa akhe

8 Kwathi emveni kokuba njalo, uDavide wawaxabela amaFilisti, waweyisa; uDavide wabuthabatha ubukhosi esandleni samaFilisti.

Wawaxabela amaMowabhi, wawali-2 nganisa ngolutya, ewalalisa emhlabeni; walinganisa izintya zambini zokubulala, nolutya lwalunye oluzalisekileyo lokusindisa. Ke amaMowabhi aba ngabakhonzi kuDavide, azisa iminikelo.

UDavide wamxabela uHadadezere, 3 unyana kaRehobhi, ukumkani weTsobha, ekuyeni kuwabuyisa amandla akhe emlanjeni ongumEfrati. UDavide wa-4 thimba iwaka *leenqwelo zokulwa*, namakhulu asixhenxe abamahashe, namashumi amabini amawaka angumqikela; uDavide wawanqumla imisipha onke amahashe eenqwelo zokulwa, washiya kuwo aweenqwelo alikhulu.

Ama-Aram* aseDamasko eza kumnce-5 da uHadadezere ukumkani weTsobha. UDavide wabulala kuma-Aram amashumi amabini anamabini amawaka amadoda. UDavide wamisa ikampu kwa-Aram 6 eDamasko; ama-Aram aba ngabakhonzi bakaDavide, azisa iminikelo. UYehova wamsindisa uDavide ezindaweni zonke awahamba kuzo. Wawathabatha uDa-7 vide amakhaka egolide abekubakhonzi bakaHadadezere, wawazisa eYerusalem. NaseBheta naseBherotayi, imizi kaHa-8 dadezere, uDavide ukumkani wathabatha ubhedu oluninzi kunene.

9 Weva uToyi ukumkani waseHamati, ukuba uDavide uyixabele yonke impi
10 kaHadadezere. UToyi wamthuma u-Yoram, unyana wakhe, kukumkani uDavide, ukuba ambuze ukuphila kwakhe, amsikelele ngenxa yokuba ebelwile noHadadezere wamxabela; ngokuba uToyi ubengumfo obesilwa noHadadezere; waye uYoram lowo eneempahla zesilivere, neempahla zegolide, neempahla zo-
11 bhedu esandleni sakhe. Ukumkani uDavide wazingcwalisela kuYehova kananjalo ezo, kunye nesilivere negolide abeyingcwalisile, eyavela ezintlangeni
12 zonke awazeyisayo: kuma-Aram, nakumaMowabhi, nakoonyana baka-Amon, nakumaFilisti, nakuma-Amaleki, nakumaxhoba kaHadadezere unyana ka-Rehobhi, ukumkani weTsobha.

13 Wazenzela igama uDavide ekubuyeni kwakhe ekuwaxabeleni ama-Aram eSihlanjeni seTyuwa, ebulele ishumi eline-
14 sibhozo lamawaka. Wamisa ikampu kwelamaEdom; wamisa ikampu kwelamaEdom lonke, aba ngabakhonzi kuDavide onke amaEdom. UYehova wamsindisa uDavide ezindaweni zonke awahamba kuzo.

15 Waye engukumkani ke uDavide kumaSirayeli onke. Waye uDavide esenza okusesikweni nobulungisa ebantwini
16 bakhe bonke. Ke uYowabhi, unyana kaTseruya, wayephethe umkhosi; noYehoshafati, unyana ka-Ahiludi, wayengumkhumbuzi wezinto zakomkhulu.
17 UTsadoki unyana ka-Ahitubhi, noAhimeleki unyana ka-Abhiyatare, baye bengababingeleli; uSeraya waye engum-
18 bhali; uBhenaya, unyana kaYehoyada, ubephethe abancinithi nezigidimi. Oonyana bakaDavide babengababingeleli.

UDavide ubonakalisa inceba kuMefibhoshete

9 Wathi uDavide, Kusekho mpunde na kwindlu kaSawule, ukuze ndi-
2 yenzele inceba ngenxa kaYonatan? Ke indlu kaSawule ibinomkhonzi ogama linguTsibha; bambizela kuDavide. Wathi ukumkani kuye, UnguTsibha na? Wathi yena, Ndingumkhonzi wakho. Wathi ukumkani, Akusekho namnye na 3 umntu wendlu kaSawule, ndimenzele inceba kaThixo? Wathi ke uTsibha kukumkani, Kusekho unyana kaYonatan, ofe iinyawo. Wathi ukumkani 4 kuye, Uphi na? Wathi uTsibha kukumkani, Nankuya endlwini kaMakire unyana ka-Amiyeli, eLodebhare.

Wathumela ke ukumkani uDavide, 5 wamthabatha endlwini kaMakire unyana ka-Amiyeli, eLodebhare. Weza uMe- 6 fibhoshete, unyana kaYonatan, unyana kaSawule, kuDavide, wawa ngobuso, waqubuda. Wathi uDavide, Mefibhoshete. Wathi ke yena, Nanku lo mkhonzi wakho. Wathi uDavide kuye, 7 Musa ukoyika; ngokuba ndiya kukwenzela inceba ngenene, ngenxa kaYonatan uyihlo, ndikubuyisele onke amasimi kaSawule uyihlo; wena udle isonka etafileni yam ngamaxesha onke. Waqu- 8 buda, wathi, Umkhonzi wakho uyintoni na, ukuba uyibheke inja efileyo, enjengam nje?

Ukumkani wabiza uTsibha, umfana 9 wakwaSawule, wathi kuye, Yonke into ebiyekaSawule, neyendlu yakhe yonke, ndiyinike unyana wenkosi yakho. Uze 10 umlimele umhlaba, wena noonyana bakho, nabakhonzi bakho, umzisele abe nokudla unyana wenkosi yakho, adle; ke uMefibhoshete, unyana wenkosi yakho, uya kudla ngamaxesha onke etafileni yam. Ke kaloku uTsibha wayenoonyana abalishumi elinantlanu, nabakhonzi abamashumi mabini. Wathi 11 uTsibha kukumkani, Ngokwento yonke emwisele umthetho ngayo umkhonzi wayo inkosi yam ukumkani, úyakwenjenjalo umkhonzi wakho.

UMefibhoshete wadla etafileni yakhe, njengabanye oonyana bokumkani. U- 12 Mefibhoshete ebenonyana omncinane, ogama belinguMika. Bonke ababehleli endlwini kaTsibha babengabakhonzi bakaMefibhoshete. UMefibhoshete u- 13 behlala eYerusalem; ngokuba ubesidla etafileni yokumkani ngamaxesha onke. Ubefe iinyawo zakhe zombini.

Imfazwe nama-Amon nama-Aram

10 Kwathi emveni kokuba njalo, wafa ukumkani woonyana baka-Amon; wangukumkani uHanun, unyana wakhe, 2 esikhundleni sakhe. Wathi ke uDavide, Mandimenzele inceba uHanun, unyana kaNahashe, njengokuba noyise wandenzelayo inceba. Wathumela uDavide ngesandla sabakhonzi bakhe ukumkhuza ngaye uyise. Beza ke abakhonzi bakaDavide ezweni loonyana baka-Amon.

3 Bathi abathetheli boonyana baka-Amon kuHanun inkosi yabo, Ucinga ukuba uDavide uzukisa uyihlo na emehlweni akho, ngokuba ethume abakhuzi kuwe? UDavide àkabathumele na abakhonzi bakhe kuwe ukuze awugocagoce 4 umzi, awuhlole, awubhukuqe? Wabathabatha ke uHanun abakhonzi baka-Davide, wabaguya elinye icala leendevu zabo, wazicanda phakathi iingubo zabo ezinde, wada waya kuma ngemisekela, 5 wabandulula ke. Waxelelwa uDavide; wathuma izigidimi zokubakhawulela; ngokuba amadoda lawo abehlaziswe kunene. Wathi ukumkani, Hlalani eYeriko, zide zihlume iindevu zenu, nandule ukubuya.

6 Babona oonyana baka-Amon ukuba bazinukisile kuDavide, bathumela ke oonyana baka-Amon, baqesha kuma-Aram* aseBhete-rehobhi, nakuma-Aram aseTsobha, amashumi amabini amawaka angumqikela; nakukumkani waseMahaka iwaka lamadoda; nakumadoda aseTobhi ishumi elinamabini lamawaka 7 amadoda. Weva uDavide; wathuma uYowabhi enomkhosi wonke wamagorha.

8 Baphuma oonyana baka-Amon, bákha izintlu zokulwa ekungeneni kwesango; ama-Aram aseTsobha, nawaseRehobhi, namadoda aseTobhi, nawaseMahaka aba wodwa endle.

9 Wabona uYowabhi ukuba imfazwe ibheke kuye, ngaphambili nangasemva, wanyula emadodeni onke ahleliweyo kwaSirayeli, wákha uluhlu malunga na-10 ma-Aram. Abanye abantu wabanikela esandleni sika-Abhishayi, umninawa wakhe, wabakha baluluhlu malunga noo-nyana baka-Amon. Wathi, Ukuba ama- 11 Aram athe andeyisa, wondisiza; ukuba bathe oonyana baka-Amon bakoyisa, ndoza kukusiza. Yomelela, somelele 12 ngenxa yabantu bakowethu, nangenxa yemizi yoThixo wethu; uYehova enze oko kulungileyo emehlweni akhe.

Weza uYowabhi nabantu ababenaye, 13 walwa nama-Aram; asaba ebusweni bakhe. Babona oonyana baka-Amon u- 14 kuba asabile ama-Aram, basaba nabo ebusweni buka-Abhishayi, bangena ekhaya. Wabuya ke uYowabhi koonyana baka-Amon, weza eYerusalem.

Abona ama-Aram ukuba agxothiwe 15 phambi kwamaSirayeli, ahlanganisana ndawonye. Wathumela uHadadezere, 16 wawarhola ama-Aram abephesheya koMlambo,* eza eHelam; uShobhaki, umthetheli womkhosi kaHadadezere, ephambi kwawo. Kwaxelwa kuDavi- 17 de; wahlanganisa amaSirayeli onke, wayiwela iYordan, waya eHelam. Ákha izintlu ama-Aram malunga noDavide, alwa naye. Asaba ama-Aram ebu- 18 sweni bamaSirayeli. UDavide wabulala kuma-Aram amakhulu asixhenxe abeenqwelo zokulwa, namashumi amané amawaka abamahashe. Waxabela noShobhaki, umthetheli womkhosi wawo, wafela khona. Bonke ookumkani aba- 19 khonza uHadadezere babona ukuba bagxothiwe phambi kwamaSirayeli, baxolelana namaSirayeli, bawakhonza. Oyika ke ama-Aram ukuba sabasiza oonyana baka-Amon.

UDavide, uBhatshebha noUriya

11 Kwathi ukuvela komnyaka, ngexesha lokuphuma kookumkani *ukuya kulwa*, uDavide wamthuma uYowabhi, nabakhonzi bakhe kunye naye, namaSirayeli onke, batshabalalisa oonyana baka-Amon, bayingqinga iRabha. UDavide wayehleli eYerusalem.

Kwathi ngexesha langokuhlwa, wavu- 2 ka uDavide esililini sakhe, wahambahamba phezu kophahla lwendlu yokumkani. Wathi, eseluphahleni, wabona umfazi ezihlamba; ke umfazi lowo wayemhle kunene ngembonakalo. Wa- 3

thumela uDavide, wabuzisa ngaloo mfazi. Kwathiwa, Asinguye na uBhatshebha lowo, intombi kaEliham, umkaUriya
4 umHeti? UDavide wathuma abathunywa, wamthabatha; weza ke yena kuye, walala naye. Akuba ezingcwalisile ebunqambini bakhe, wabuyela endlwini
5 yakhe. Wamitha umfazi lowo; wathumela, waxelela uDavide, wathi, Ndimithi.
6 UDavide wathumela kuYowabhi, esithi, Thumela kum apha u-Uriya umHeti. UYowabhi wamthumela u-Uriya kuDa-
7 vide. Waya u-Uriya kuye. Wabuza u-Davide ukuba unjani na uYowabhi, banjani na abantu, injani na imfazwe.
8 UDavide wathi ku-Uriya, Yihla uye endlwini yakho, uhlambe iinyawo zakho. Waphuma u-Uriya endlwini yokumkani; kwaphuma emva kwakhe isipho sokumkani.
9 U-Uriya walala emnyango wendlu yokumkani, nabakhonzi bonke benkosi yakhe; akehla aye endlwini yakhe.
10 Kwaxelwa kuDavide, kwathiwa, U-Uriya akehlanga aye endlwini yakhe. Wathi uDavide ku-Uriya, Akuveli eluhambeni na? Yini na ukuba ungehli uye
11 endlwini yakho? Wathi u-Uriya kuDavide, Ityeya namaSirayeli namaYuda ahleli eminqubeni, nenkosi yam uYowabhi nabakhonzi benkosi yam bahleli endle; mna ndiye endlwini yam, ndidle, ndisele, ndilale nomkam? Uhleli nje wena, uhleli nje umphefumlo wakho, andiyi kuyenza loo nto.
12 Wathi uDavide ku-Uriya, Hlala apha nanamhla, ndokundulula ngomso. Wahlala ke u-Uriya eYerusalem ngaloo mhla
13 nangengomso. UDavide wammema: wadla, wasela phambi kwakhe; wamnxilisa. Waphuma ngokuhlwa, waya kulala esililini sakhe nabakhonzi benkosi yakhe; akehla aye endlwini yakhe.
14 Kwathi kusasa, uDavide wabhala incwadi kuYowabhi, wayithumela ngesa-
15 ndla sikaUriya. Wabhala ke encwadini, wathi, Mbekeni u-Uriya kweyona ndawo ishushu, angásisichenge kuyo emfazweni, nibuye umva, ukuze abinzwe afe.
16 Kwathi, ekuwungqingeni kukaYowabhi umzi lowo, wambeka u-Uriya kwindawo abesazi ukuba akuyo amadoda angamakroti. Aphuma amadoda aloo 17 mzi, alwa noYowabhi; kwawa abantu kubakhonzi bakaDavide; wafa noUriya umHeti.
Wathumela uYowabhi kuDavide, wa- 18 mxelela zonke iindaba zemfazwe. Wa- 19 mwisela umthetho umthunywa, esithi, Xa ugqibileyo ukuzenza zonke iindaba zemfazwe kukumkani, wòthi, ukuba 20 buthe benyuka ubushushu bokumkani, wathi kuwe, Ibiyini na ukuba nisondele kangaka kuloo mzi ngokulwa? beningazi na ukuba botola beseludongeni? wabe- 21 thwa ngubani na uAbhimeleki unyana kaYerubheshete? akagityiselwanga na yinkazana ngelitye lokusila eludongeni, wafela eTebhetse? ibiyini na ukuba nisondele kangaka eludongeni? uthi wena, Nomkhonzi wakho u-Uriya umHeti ufile naye.
Wahamba ke umthunywa, waya, wa- 22 mxelela uDavide konke uYowabhi abemthume khona. Wathi umthunywa 23 kuDavide, Athi àkuseyisa thina amadoda, aphuma eza kuthi phandle; saba phezu kwawo ke, sada sesa ekungeneni kwesango; batola abatoli kubakhonzi 24 bakho beseludongeni, kwafa inxenye kubakhonzi bokumkani; umkhonzi wakho u-Uriya umHeti ufile naye. Wathi 25 uDavide kumthunywa lowo, Wòtsho kuYowabhi ukuthi, Mayingabi mbi emehlweni akho le ndawo; ngokuba ikrele eli lidla kuló nakulowa. Kómeleze ukulwa kwakho, nomzi lowo uwuchithe; uze umomeleze ke.
Weva umkaUriya ukuba ufile u-Uriya 26 indoda yakhe, wayimbambazelela indoda yakhe. Lakudlula ixesha lezila la- 27 khe, wathumela uDavide, wamthabathela endlwini yakhe, waba ngumkakhe, wamzalela unyana. Ke loo nto wayenzáyo uDavide yaba mbi emehlweni kaYehova.

Umzekeliso kaNatan nokuzohlwaya kukaDavide

12 UYehova wathumela uNatan kuDavide. Waya kuye, wathi kuye,

Kwakukho amadoda amabini mzini mnye: enye isisityebi, enye ilihlwempu. 2 Esisityebi yayinempahla emfutshane 3 neenkomo ezininzi kunene. Elihlwempu yayingenanto, kuphela yayinemvanazana encinane inye, ebiyizuzile, yayigcina; yakhulela kuyo nabantwana bayo ndaweni-nye, yadla eqhekezeni layo, yasela endebeni yayo, yalala esifubeni 4 sayo, yanjengentombi yayo. Kwafika umhambi endodeni esisityebi eso, sanqena ukuthabatha empahleni yaso emfutshane nasezinkomeni zaso, ukulungiselela umhambi lowo ufikileyo kuso; sesuka sathabatha imvanazana yendoda elihlwempu, salungiselela umntu ofike kuso.

5 Wavutha kunene umsindo kaDavide kwindoda leyo, wathi kuNatan, Ehleli nje uYehova, ngumfo wokufa loo ndoda 6 yenzé le nto. Iya kuyimisela ngesiné imvanazana leyo, ngenxa enokuba yenze loo nto, nangenxa yokuba ingabanga nalufefe.

7 Waza wathi uNatan kuDavide, Loo ndoda nguwe. Utsho uYehova uThixo kaSirayeli ukuthi, Mna ndákuthambisa ukuba ube ngukumkani kumaSirayeli, mna ndákuhlangula esandleni sikaSa-8 wule, ndakunika indlu yenkosi yakho, nabafazi benkosi yakho esifubeni sakho, ndakunika indlu yakwaSirayeli neyakwaYuda; ke, ukuba bekukuncinane oko, ngendikongezile ndenjenje, ndenjenje. 9 Yini na ukuba ulidele ilizwi likaYehova, wenze ububi emehlweni akhe, umbulale u-Uriya umHeti ngekrele, nomkakhe umzeke abe ngumkakho, umbulale nge-10 krele loonyana baka-Amon? Ke ngoko, ikrele aliyi kumka endlwini yakho naphakade; ngenxa enokuba undidelile, wamzeka umkaUriya umHeti, wangu-11 mkakho. Utsho uYehova ukuthi, Ndikuvelisela ububi obuya kuphuma endlwini yakho: ndibathabathe abafazi bakho emehlweni akho, ndibanike ummelwane wakho, alale nabafazi bakho 12 phambi kwelanga eli. Ekubeni wena ukwenze oku ngasese, ke mna ndiya kuyenza le nto phambi kwamaSirayeli onke, naphambi kwelanga eli.

Wathi uDavide kuNatan, Ndonile ku- 13 Yehova. Wathi uNatan kuDavide, Naye uYehova usikhwelelisile isono sakho, akuyi kufa. Kodwa ke, ngenxa yokuba 14 uziniké ithuba lokunyelisa iintshaba zikaYehova ngale nto, ke unyana omzalelweyo *ngulo mfazi* uya kufa ngenene. Waya uNatan endlwini yakhe. 15

UYehova wamhlisela isifo umntwana abemzalelwe uDavide ngumkaUriya; wagula kakhulu. UDavide wambongo- 16 za uThixo ngenxa yenkwenkwe leyo; uDavide wazila ukudla, waqungquluza emhlabeni bonke ubusuku. Asuka ema 17 amadoda amakhulu endlu yakhe, emvusa emhlabeni; akavuma, akadla sonka nawo. Kwathi ngomhla wesixhenxe, 18 wafa umntwana. Boyika abakhonzi bakaDavide ukumxelela ukuba umntwana ufile; ngokuba babesithi, Yabonani, oko umntwana ebesahleli, sathetha naye, àkaliphulaphula ilizwi lethu; sòthini na ukuthi kuye, Ufile umntwana, aze enze into embi?

Wabona uDavide ukuba abakhonzi 19 bakhe bayasebezelana, waqonda uDavide ukuba ufile umntwana; wathi uDavide kubakhonzi bakhe, Ufile na umntwana? Bathi, Ufile. Wesuka uDa- 20 vide emhlabeni, wazihlamba, wazithambisa, wanxiba ngubo zimbi, waya endlwini kaYehova, waqubuda; weza endlwini yakhe, wabiza ukudla; babeka phambi kwakhe, wadla.

Bathi abakhonzi bakhe kuye, Yintoni 21 na le nto uyenzileyo? Oko ebesahleli *umntwana*, wazila ukudla, walila; akuba efile umntwana, uvukile wadla ukudla. Wathi yena, Xa ebesahleli umntwana, 22 ndazila ukudla, ndalila; ngokuba bendisithi, Ngubani na owaziyo? Mhlawumbi uYehova angandibabala, aphile umntwana. Efile nje kaloku, yini na 23 ukuba ndibe ndisazila ukudla? Ndisenako yini na ukumbuyisa? Ndiya kuya kuye mna, yena akayi kubuyela kum.

UDavide wamthuthuzela uBhatshe- 24 bha umkakhe; wangena kuye, walala naye; wazala unyana, wathi igama lakhe nguSolomon.* Ke uYehova wamthanda; 25 wathumela ngesandla sikaNatan umprofeti, wathi, Igama lakhe nguYedidiya,* ngenxa kaYehova.

Ukuthinjwa kweRabha

26 Ke kaloku uYowabhi walwa neRabha yoonyana baka-Amon, wawuthimba
27 umzi wakomkhulu lowo. UYowabhi wathuma abathunywa kuDavide, esithi, Ndilwile neRabha, kananjalo ndiwu-
28 thimbile umzi wamanzi. Hlanganisa ngoko abantu abaseleyo, uwurhawule umzi, uwuthimbe; hleze mna ndiwuthimbe lo mzi, ubizwe ngam.
29 Wabahlanganisa uDavide bonke abantu, waya eRabha, walwa nayo, wa-
30 yithimba. Wasithabatha isithsaba sokumkani wabo entlokweni yakhe; ubunzima baso bebuyitalente* yegolide, sinamatye anqabileyo; saba sentlokweni kaDavide. Waphuma namaxhoba aloo
31 mzi, aba maninzi kunene. Ke abantu ababekhona wabarhola, wabathumela ezisarheni, nasezisizilweni zesinyithi, nasezierheni zesinyithi, wabasebenzisa emazikweni ezitena. Wenjenjalo kwimizi yonke yoonyana baka-Amon. Wabuyela eYerusalem uDavide nabantu bonke.

UAmnon, uTamare noAbhisalom

13 Kwathi emveni koko, uAbhisalom unyana kaDavide enodade wabo oyinzwakazi, ogama belinguTamare, wesuka uAmnon unyana kaDavide wamtha-
2 nda. Wabandezeleka uAmnon, ngokokude azihlisele isifo ngenxa kaTamare, udade wabo; ngokuba ebeyintombi; kwanqaba emehlweni ka-Amnon ukuba amenze into.
3 Ke kaloku uAmnon ebenomhlobo, ogama belinguYonadabhi, unyana kaShimeha umkhuluwa kaDavide. UYonadabhi ebeyindoda elumke kunene.
4 Wathi kuye, Yini na ukuba ube nje ukubhitya imiso ngemiso, nyana wokumkani? Akundixeleli na? Wathi uAmnon kuye, Ndithanda uTamare, uda-
5 de boAbhisalom umninawa wam. UYonadabhi wathi kuye, Lala esililini sakho, uzigulise; ke wothi, akuza kukubona uyihlo, uthi kuye, Makhe eze uTamare udade wethu, andinike into edliwayo, ayenze phambi kwam, ukuze ndiyibone, ndiyidle esandleni sakhe.
6 Walala ke uAmnon, wazigulisa. Ukumkani waya kumbona. Wathi uAmnon kukumkani, Makhe eze uTamare udade wethu, enze phambi kwam izonkana eziyolisa intliziyo, zibe zibini, ndizidle esandleni sakhe. Wathumela 7 uDavide kuTamare endlwini, esithi, Khawuye endlwini ka-Amnon umnakwenu, umenzele ukudla.
Waya uTamare endlwini ka-Amnon 8 umnakwabo, yena elele phantsi. Wathabatha intlama, waxovula, wenza izonkana eziyolisa intliziyo phambi kwakhe, wazosa izonkana eziyolisa intliziyo. Wathabatha ipani, wazikhuphela 9 phambi kwakhe; akavuma ukudla. Wathi uAmnon, Mabakhutshwe abantu bonke, baphume kum. Baphuma bonke abantu kuye. Wathi uAmnon kuTa- 10 mare, Kuzise ekhusini apha ukudla, ndidle esandleni sakho. Wazithabatha uTamare izonkana eziyolisa intliziyo abezenzile, wazisa ekhusini kuAmnon umnakwabo. Wazisondeza kuye ukuba 11 adle. Wesuka yena, wambamba, wathi kuye, Yiza, ulale nam, dade wethu. Wathi kuye, Musa, mnakwethu, musa 12 ukundidlwengula; ngokuba akwenjiwa nje kwaSirayeli; musa ukulenza eli nyala. Mna ndingaya phi na nehlazo lam? Ke wena ungaba njengowabanobudenge kwaSirayeli. Khawuthethe ke ngoko nokumkani; ngokuba akangemangali nam kuwe. Akavuma yena ukuliphula- 14 phula ilizwi lakhe. Wameyisa, wamdlwengula, walala naye.
Waza uAmnon wamthiya ngentiyo 15 enkulu kunene; ngokuba yaba nkulu intiyo awamthiya ngayo, ngaphezu kwentando abemthande ngayo. Wathi uAmnon kuye, Suka umke. Wathi kuye, 16 Musa ukuba yimbangi yobu bubi bokundigxotha; bukhulu ngaphezu kobuyá ubenzileyo kum. Akavuma ukumphulaphula. Wabiza umfana, umlungise- 17 leli wakhe, wathi, Khawugxothe le *nkazana*, imke kum, iye phandle, utshixe ucango emva kwayo.

USAMUWELI II 13–14

18 Ke yayambethe ingubo ende enemikhono; ngokuba bezisenjenjalo iintombi zokumkani eziseziintombi, ukwambatha ingubo yokwaleka. Wayikhuphela ngaphandle ke umlungiseleli wakhe, walu-
19 tshixa ucango emva kwayo. UTamare wazigalela uthuthu entloko, wayikrazula ingubo yakhe ende enemikhono abeyambethe, wabeka isandla entloko,
20 wemka, ehamba ekhala. Wathi uAbhisalom umnakwabo kuye, Ubenawe na uAmnon umnakwenu? Kaloku, dade wethu, hlala uthi tu, ngumnakwenu. Musa ukuyibekela ntliziyo le nto. Wahlala ke uTamare, wasisishwayimbana endlwini ka-Abhisalom umnakwabo.
21 Waziva ukumkani uDavide zonke ezo
22 nto, wavutha ngumsindo kunene. Akathetha nelibi nelilungileyo uAbhisalom kuAmnon; ngokuba uAbhisalom wamthiya uAmnon, ngale nto yokuba emdlwengule uTamare udade wabo.

23 Kwathi, emva kweminyaka emibini, kwabakho abachebi kuAbhisalom eBhahali-hatsore kwaEfrayim. UAbhisalom wamema bonke oonyana bokumkani.
24 Weza uAbhisalom, wathi kukumkani, Uyabona, naba abachebi kumkhonzi wakho; ukumkani nabakhonzi bakhe
25 mabahambe nomkhonzi wakho. Ukumkani wathi kuAbhisalom, Musa, nyana wam; masingayi sonke sibe ngumthwalo kuwe. Wamzama; akavuma ukuya, ko-
26 dwa wamsikelela. Wathi uAbhisalom, Ukuba akuyi wena, makakhe ahambe nathi uAmnon, umkhuluwa wam. Wathi ukumkani kuye, Ahambeleni na nawe?
27 UAbhisalom wamzama; wavuma ukuba uAmnon ahambe naye, noonyana bonke bokumkani.
28 UAbhisalom wawawisela umthetho amadodana akwakhe, wathi, Khanikhangele, xa ithe intliziyo ka-Amnon yamnandi yiwayini, ndaza ndathi kuni, Mbetheni uAmnon, nombulala. Musani ukoyika; aniwiselwe ndim na umthe-
29 tho? Yomelelani nibe ngamakroti. Enza ke amadodana ka-Abhisalom kuAmnon njengoko uAbhisalom abewawisele umthetho. Besuka ke bonke oonyana bokumkani; walowo wakhwela kundlebende wakhe, basaba.

Kwathi, besesendleleni, zafika iindaba 30 kuDavide, zisithi, UAbhisalom ubabulele bonke oonyana bokumkani, akwasala namnye. Wesuka ukumkani, wazi- 31 krazula iingubo zakhe, waqungquluza emhlabeni; bonke abakhonzi bakhe bemi ngakuye, bezikrazule iingubo zabo. Waphendula uYonadabhi, unyana ka- 32 Shimeha umkhuluwa kaDavide, wathi, Mayingàthi inkosi yam abulewe onke amadodana angoonyana bokumkani; ngokuba kufe uAmnon yedwa; ngokuba yagqitywa le nto ngumlomo ka-Abhisalom, kususela kwalaa mini wamdlwengula ngayo uTamare, udade wabo. Ke 33 ngoko, nkosi yam kumkani, ungàlibekeli ntliziyo eli lizwi lithi, bonke oonyana bokumkani bafile. Akunjalo; nguAmnon yedwa ofileyo.
Wabaleka uAbhisalom. 34
Ke kaloku umfana ongumlindi waphakamisa amehlo akhe, wakhangela, nanko kusiza into eninzi yabantu, ngendlela esecaleni lentaba, bevela ngasentshonalanga. Wathi uYonadabhi ku- 35 kumkani, Naba oonyana bokumkani besiza; njengoko belinjalo ilizwi lomkhonzi wakho, kwenzeké ngokunjalo. Kwathi, akugqiba ukuthetha, babonaka- 36 la befika oonyana bokumkani, baliphakamisa ilizwi labo, balila; kananjalo ukumkani nabakhonzi bakhe bonke batsho isililo esikhulu kunene.

Ke uAbhisalom wabalekela kuTale- 37 mayi, unyana ka-Amihudi, ukumkani waseGeshuri. UDavide wenza isijwili ngonyana wakhe yonke imihla. Waba- 38 leka ke uAbhisalom wafika eGeshuri, waba minyaka mithathu khona. U- 39 Davide ukumkani walangazelela ukuphuma aye kuAbhisalom, kuba wayeselethuthuzelekile ngoAmnon kuba efile.

Ukubuya kuka-Abhisalom

14 Wazi uYowabhi unyana kaTseruya, ukuba intliziyo yokumkani ibheke kuAbhisalom, uYowabhi wathu- 2 mela ke eTekowa, wathabatha khona

inkazana elumkileyo, wathi kuyo, Khawuzenze ozilileyo, khawunxibe iingubo zokuzila, ungazithambisi ngeoli; yiba njengenkazana le imenzela ofileyo izila
3 imihla emininzi; uye kukumkani, uthethe kuye wenjenje. UYowabhi wafaka amazwi emlonyeni wayo.
4 Yathetha inkazana yaseTekowa kukumkani, yawa ngobuso emhlabeni, yaqubuda, yathi, Sindisa, kumkani.
5 Ukumkani wathi kuyo, Unandawoni na?

Yathi, Hayi, ndingumhlolokazi; indo-
6 da yam ifile. Umkhonzazana wakho ebenoonyana ababini; balwa bobabini endle, akwabakho mhlanguli phakathi kwabo; omnye watsho komnye, wa-
7 mbulala. Ke kaloku, nanku, wonke umzalwane usukele phezulu komkhonzazana wakho, usithi, Sinike umbulali womzalwana wakhe, simbulale, ngenxa yomphefumlo womzalwana wakhe ambuleleyo, sitshabalalise nendlamafa; ukuze bacime ilahle lam eliseleyo, bangayisaliseli indoda yam igama nempunde emhlabeni.

8 Wathi ukumkani kwinkazana leyo, Yiya endlwini yakho, mna ndiya kuwu-
9 wisa umthetho ngenxa yakho. Inkazana yaseTekowa yathi kukumkani, Nkosi yam, kumkani, mabube phezu kwam, naphezu kwendlu kabawo, obo bugwenxa; makabe msulwa yena ukumkani
10 netrone yakhe. Wathi ukumkani, Othetha into kuwe, mzise kum; akasayi
11 kuphinda akuchukumise. Yathi, Ukumkani makhe amkhumbule uYehova uThixo wakhe, ukuze umphindezeli wegazi angakwandisi ukonakalisa, bangamtshabalalisi unyana wam. Wathi ke yena, Ehleli nje uYehova, akuyi kuwa nalunye unwele lonyana wakho emhlabeni.

12 Yathi inkazana, Makhe athethe ilizwi umkhonzazana wakho enkosini yam
13 ukumkani. Wathi yena, Thetha. Yathi inkazana leyo, Yini na ke ukuba ucinge into enjalo ngabantu bakaThixo? Ngokulithetha eli lizwi, ukumkani unjengonetyala, engambuyisi nje ukumkani
14 umgxothwa wakhe. Ngokuba simelwe kukufa, sinjengamanzi aphaleleyo emhlabeni, angenakuhlanganiswa; noThixo akasusi mphefumlo, ufuna icebo, ukuze angamgxothi kuye umgxothwa. Le nto ndize kulithetha kukumkani 15 inkosi yam eli lizwi ndenzé kuba abantu aba bendoyikisile; wathi ke umkhonzazana wakho, Makhe ndithethe kukumkani, mhlawumbi ukumkani angalenza ilizwi lomkhonzazana wakhe. Ngo- 16 kuba wóva ukumkani, amhlangule umkhonzazana wakhe esandleni sale ndoda iza kunditshabalalisa mna, kunye nonyana wam elifeni likaThixo. Wathi 17 ke umkhonzazana wakho, Ilizwi lenkosi yam ukumkani malibe lelokuphumza; ngokuba njengoko sinjalo isithunywa sikaThixo, injalo inkosi yam ukumkani, ukuva okulungileyo nokubi; uYehova uThixo wakho makabe nawe.

Waphendula ke ukumkani, wathi 18 kwinkazana, Musa ukukha uyikhanyele kum into endikubuzayo. Yathi inkazana, Mayikhe ithethe inkosi yam ukumkani. Wathi ke ukumkani, Isandla 19 sikaYowabhi àsinawe na kule nto yonke? Yaphendula inkazana, yathi, Uhleli nje umphefumlo wakho, nkosi yam kumkani, inene, akukho nto ingasekunene nengasekhohlo kuko konke ekuthethayo inkosi yam ukumkani; ngokuba uYowabhi umkhonzi wakho, nguye lo undiwisele umthetho, nguye lo uwabekileyo emlonyeni womkhonzazana wakho onke la mazwi. Wenzé le nto u- 20 mkhonzi wakho uYowabhi, ukuze buguqulwe ubuso bale nto. Ke inkosi yam ilumké ngokulumka kwesithunywa sikaThixo, ukuba yazi konke okusemhlabeni.

Wathi ukumkani kuYowabhi, Uya- 21 bona, ndiyenzile ke loo nto; hamba uye, umbuyise umfana lowo uAbhisalom. Wawa ke uYowabhi ngobuso emhlabeni, 22 waqubuda, wabulela kukumkani, wathi, Namhla wázile umkhonzi wakho, ukuba úbabalwe nguwe, nkosi yam kumkani, esenzile nje ukumkani isicelo somkhonzi wakhe. Wesuka ke uYowabhi, wa- 23 ya eGeshuri, wamzisa uAbhisalom eYerusalem. Wathi ukumkani, Makajike 24 aye endlwini yakhe, angabuboni ubuso bam. Wajika uAbhisalom, waya endlwini yakhe; akabubona ubuso bokumkani.

25 Ke kumaSirayeli onke bekungekho ndoda injengoAbhisalom ukuba yinzwana, ngokokuze adunyiswe kunene; kwathabathela entendeni yonyawo kwesa elukakayini phezulu, kungekho sipha-
26 ko kuye. Ubesithi akuyicheba intloko yakhe (kuba bekusithi ekupheleni komnyaka iminyaka yonke ayichebe, ngokuba ibinzima phezu kwakhe, ayichebe ke), azilinganise iinwele zentloko yakhe, zisuke zibe ziishekele* ezimakhulu ma-
27 bini, ngokwelitye lokumkani. UAbhisalom wazalelwa oonyana abathathu, nentombi yanye; igama layo belinguTamare; ibiyinzwakazi ukubonakala kwayo.
28 UAbhisalom wahlala eYerusalem iminyaka emibini; akabubona ubuso boku-
29 mkani. UAbhisalom wathumela kuYowabhi, ukuba amthumele kukumkani; akavuma ukuza kuye. Wabuya wathumela okwesibini; akavuma ukuza.
30 Wathi kubakhonzi bakhe, Khangelani intsimi kaYowabhi, ingakweyam; unerhasi khona; yiyani, niyitshise ngomlilo. Bayitshisa ke abakhonzi baka-Abhisalom
31 intsimi ngomlilo. Wesuka uYowabhi, waya kuAbhisalom, wathi kuye, Yini na ukuba abakhonzi bakho bayitshise ngo-
32 mlilo intsimi yam? Wathi uAbhisalom kuYowabhi, Yabona, ndithuméle kuwe, *ndisithi*, Yiza apha, ndikuthumèle kukumkani, uye kuthi, Ndibuyisélweni na eGeshuri? Bekundilungele kanye ukuba ndibe ndisekhona. Kaloku mandibubone ubuso bokumkani; ukuba
33 ndinetyala, makaselendibulala. Waya ke uYowabhi kukumkani, wamxelela. Wambiza uAbhisalom; waya kukumkani, waququda kuye ngobuso emhlabeni phambi kokumkani; ukumkani wamanga ke uAbhisalom.

Uvukelo-mbuso luka-Abhisalom

15 Kwathi emveni koko, uAbhisalom wazilungisela iinqwelo zokulwa, namahashe, namadoda angamashumi amahlanu ukuba abe zizigidimi phambi kwakhe. UAbhisalom wavuka kusasa, 2 wema ngasecaleni lendlela yesango. Ubesakuthi, bonke abantu abanembambano yokuba kuyiwe kukumkani ngayo, ukuba ayigwebe, ababizele kuye uAbhisalom, abuze athi, Ùngowawuphi na umzi? athi umntu lowo, Ungowezizwe zakwaSirayeli umkhonzi wakho. Ubesakuthi ke uAbhisalom kuye, Ya- 3 bona, iindawo zakho ezi zilungile, zithe tse; koko akunamntu wokuzithetha kukumkani; athi uAbhisalom, Andaba be- 4 ndimisiwe ndaba ngumgwebi ezweni apha, beze kum bonke abantu abanendawo ekubanjwene ngayo; ngendibalungisa! Ubesithi, akusondela umntu 5 eza kuqubuda kuye, asuke amnike isandla sakhe, ambambe, amange. Wenza 6 ke uAbhisalom ngendawo enjalo kumaSirayeli onke, abesiza kukumkani ekugwebeni. Waziba uAbhisalom iintliziyo zamadoda akwaSirayeli.

Kwathi, ekupheleni kweminyaka ema- 7 shumi mané, wathi uAbhisalom kukumkani, Makhe ndiye ndisizalise isibhambathiso, endabhambathisa ngaso kuYehova eHebron; ngokuba umkhonzi 8 wakho wabhambathisa ngesibhambathiso ekuhlaleni kwakhe eGeshuri kwaAram, esithi, Ukuba uYehova uthe wandibuyisela ngenene eYerusalem, ndomkhonza uYehova. Wathi ukumkani 9 kuye, Hamba úxolile. Wesuka ke, waya eHebron.

UAbhisalom wathumela iintlola ezi- 10 zweni zonke zakwaSirayeli, esithi, Nákuliva izwi lesigodlo, yithini, UAbhisalom ungukumkani eHebron. Kwa- 11 phuma eYerusalem, kwahamba noAbhisalom, amakhulu amabini amadoda amenyiweyo; ayehamba eyeke umzimba, engazi nto. UAbhisalom wathumela, 12 wabiza uAhitofele waseGilo, umphakathi kaDavide, emzini wakhe eGilo, ebingelela imibingelelo. Laba namandla elo yelenqe; kuba abantu baya besanda kuAbhisalom.

Ukusaba kukaDavide eYerusalem

Kwafika umntu, wamxelela uDavide, 13 esithi, Iintliziyo zamadoda akwaSirayeli

14 zilandele uAbhisalom. Wathi uDavide kubakhonzi bakhe bonke abenabo eYerusalem, Sukani sibaleke; ngokuba asiyi kuba nakusinda ebusweni buka-Abhisalom. Khawulezani simke, hleze akhawuleze, asifikele, asihlisele ububi, awuxabele umzi ngohlangothi lwekrele.

15 Bathi abakhonzi bokumkani kukumkani, Entweni yonke, eya kuyinyula inkosi yethu ukumkani, naba bekho abakhonzi

16 bakho. Waphuma ukumkani, indlu yakhe yonke imlandela. Ukumkani washiya ishumi lamashweshwe, ukuze ayigcine indlu.

17 Waphuma ke ukumkani, bemlandela abantu bonke; bema eBhete-meraki;

18 bonke abakhonzi bakhe behamba ecaleni lakhe, nabancinithi bonke, nezigidimi zonke, nabaseGati bonke: amakhulu amathandathu amadoda, awaye emlandela evela eGati, agqitha phambi ko-

19 kumkani. Wathi ukumkani kuItayi waseGati, Yini na ukuba nawe uhambe nathi? Buya, uhlale nokumkani; ngokuba ùngowasemzini, ungumfiki, *buyela*

20 endaweni yakho; ungáthi, ufiké izolo eli, ndikubhadulisè nanamhla, ndikuhambise nathi na, ndisiya apho ndingaya khona nje? Buya, ubuyise abazalwana

21 bakho; inceba nenyaniso ibe nawe. UItayi wamphendula ukumkani, wathi, Ehleli nje uYehova, ihleli nje inkosi yam ukumkani, inene, endaweni eya kuba kuyo inkosi yam ukumkani, nokuba kusekufeni, nokuba kusebomini, úya kuba

22 lapho umkhonzi wakho. Wathi uDavide kuItayi, Hamba ugqithe ke. Wagqitha uItayi namadoda akhe onke, nosapho lonke abenalo.

23 Lonke ilizwe laye lilila ngezwi elikhulu, bewela abantu bonke; ewela nokumkani emlanjaneni oyiKidron; ewela bonke bewela bekhangelene nendlela

24 yentlango. Nanko, uTsadoki naba-Levi bonke benaye, bethwele ityeya yomnqophiso kaThixo, bayibeka phantsi ityeya kaThixo. Wenyuka uAbhiyatare, bada bagqibelela bonke abantu ukuwela, bephuma kuwo umzi.

25 Wathi ukumkani kuTsadoki, Yibuyisele kuwo umzi ityeya kaThixo. Ukuba ndithe ndababalwa nguYehova, wóndibuyisa, andibonise yona kwanekhaya lakhe. Ukuba úthe, Andikuna- 26 nzile; nanku ndikho, makenze kum ngoko kulungileyo emehlweni akhe. Wathi ukumkani kuTsadoki umbingele- 27 li, Wena mboni, buyela kuwo umzi unoxolo, noAhimahatse unyana wakho, noYonatan unyana ka-Abhiyatare, oonyana benu bobabini kunye nawe. Yabona- 28 ni, ndozilazila emazibukweni entlango, kude kufike ilizwi elivela kuni lokundixelela. UTsadoki noAbhiyatare bayi- 29 buyisela ityeya kaThixo eYerusalem, bahlala khona.

UDavide wenyuka eqhineni leminqu- 30 ma, enyuka elila, egqubuthele intloko, ehamba engenazimbadada *ezinyaweni zakhe*; bonke abantu abenabo begqubuthele elowo intloko yakhe; benyuka, benyuka belila. Kwaxelwa kuDavide, 31 kwathiwa, UAhitofele ukubacebisi baka-Abhisalom. Wathi uDavide, Yehova, khawulitshitshise icebo lika-Ahitofele.

Kwathi, akuya kufika uDavide enco- 32 tsheni, apho bekusakuqutyudwa khona kuThixo, nanko uHushayi umArki emkhawulela, ekrazule ingubo yakhe, enomhlaba entloko. UDavide wathi 33 kuye, Ukuba uthe wagqithela nam, woba ngumthwalo kum; ke ukuba uthe wabu- 34 yela kuwo umzi, wathi kuAbhisalom, Ndoba ngumkhonzi wakho, kumkani; ndibe ndifudula ndingumkhonzi kayihlo, ngoko ndingumkhonzi wakho: wònditshitshisela ke icebo lika-Ahitofele. Àbanawe na apho uTsadoki noAbhiya- 35 tare ababingeleli? Kothi ke, yonke into othe wayiva endlwini yokumkani, uyixele kuTsadoki noAbhiyatare ababingeleli. Yabona,bakho khona nabo oonyana ba- 36 bo bobabini, uAhimahatse okaTsadoki, noYonatan oka-Abhiyatare; nòlithumela ngesandla sabo kum lonke ilizwi enithe naliva. Waya ke uHushayi, u- 37 mhlobo kaDavide, kuwo umzi; uAbhisalom weza eYerusalem.

UTsibha noShimehi

16 UDavide egqithile kancinane encotsheni yenduli, nanko uTsibha,

umfana wakwaMefibhoshete, emkhawulela, enamaesile amabini ebotshiwe, ebekwe izonka ezimakhulu mabini, nekhulu lezicumba zeerasintyisi, nekhulu leziqhamo zasehlotyeni, nentsuba yewa-
2 yini. Wathi ukumkani kuTsibha, Ūthini na ngezi zinto? Wathi uTsibha, Amaesile ngawokukhwela abendlu yokumkani, izonka neziqhamo zasehlotyeni zezokudliwa ngamadodana; iwayini yeyokuba basele abatyhafileyo
3 entlango. Wathi ukumkani, Uphi na unyana wenkosi yakho? Wathi uTsibha kukumkani, Nankuya, ehleli eYerusalem; ngokuba úthi, Namhla indlu yakwaSirayeli iya kububuyisela kum
4 ubukumkani bukabawo. Wathi ukumkani kuTsibha, Nanko, kukokwakho konke okukaMefibhoshete. Wathi uTsibha, Ndiyaqubuda; mandibabalwe nguwe, nkosi yam kumkani.

5 Wafika ukumkani uDavide eBhahurim, nanko, kuphuma khona indoda yomzalwane wendlu kaSawule, egama linguShimehi, unyana kaGera; yaphuma
6 yahamba itshabhisa. Yamxuluba ngamatye uDavide, nabakhonzi bonke bokumkani uDavide; bonke abantu namagorha onke babengasekunene nangase-
7 khohlo kuye. Wathi uShimehi ukutshabhisa kwakhe, Phuma, phuma, mfondini
8 wamagazi, mfondini ulitshijolo; uYehova uwabuyisele phezu kwakho onke amagazi endlu kaSawule, othe wena wangukumkani esikhundleni sakhe; uYehova ubunikele ubukumkani esandleni sika-Abhisalom, unyana wakho. Yabona, weyelé ebubini bakho, ngokuba ungumfo wamagazi.

9 Wathi ke uAbhishayi unyana kaTseruya kukumkani, Kungani na ukuba le nja ifileyo iyitshabhise inkosi yam ukumkani? Makhe ndiwele, ndiyinqumle i-
10 ntloko. Wathi ukumkani, Yintoni na enam nani, nina nyana bakaTseruya? Myeke atshabhise; xa uYehova athe kuye, Mtshabhise uDavide, ngubani na oya kuthi, Yini na ukuba wenjenjalo?
11 Wathi uDavide kuAbhishayi nakubakhonzi bakhe bonke, Niyabona, unyana

wam ophume ezibilinini zam ungxamele umphefumlo wam; angabeka phi na ke ngoku lo mBhenjamin? Myekeni atshabhise; ngokuba utshilo kuye uYehova. Mhlawumbi uYehova angabu- 12 khangela ubugwenxa bam, uYehova andibuyisele okulungileyo, esikhundleni sokutshabhiswa kwam namhla. UDa- 13 vide wahamba ngendlela namadoda akhe; uShimehi ehamba ecaleni lentaba elilunge naye, engaphesheya; wahamba etshabhisa, wamxuluba ngamatye emalunga naye, emphosa nothuli. Uku- 14 mkani nabantu bonke abanaye beza eAyefim, bakha baphefumla khona.

UAhitofele noHushayi kunye noAbhisalom eYerusalem

Ke kaloku uAbhisalom nabantu bo- 15 nke, amadoda akwaSirayeli, beza eYerusalem, benoAhitofele.

Kwathi, akufika uHushayi waseArki, 16 umhlobo kaDavide, kuAbhisalom, wathi uHushayi kuAbhisalom, Makadle ubomi ukumkani, makadle ubomi ukumkani. Wathi uAbhisalom kuHushayi, 17 Yinceba yakho na le kumhlobo wakho? Yini na ukuba ungahambi nomhlobo wakho? Wathi uHushayi kuAbhisa- 18 lom, Hayi, onyulwe nguYehova nangaba bantu, nangamadoda onke akwaSirayeli, ndoba ngowakhe mna, ndihlale naye mna. Kananjalo ndibe ndifanele 19 ukukhonza bani na? Bendingafanele kukhonza phambi konyana wakhe na? Njengoko ndakhonzayo phambi koyihlo, ndiya kwenjenjalo phambi kwakho.

Wathi uAbhisalom kuAhitofele, Kha- 20 nenze icebo, ukuba siya kwenza ntoni na. Wathi uAhitofele kuAbhisalom, Ngena 21 kumashweshwe kayihlo, awashiyileyo ukuba agcine indlu, eve onke amaSirayeli ukuba uzinukisile kuyihlo, zomelele izandla zabo bonke abanawe. Bamtwa- 22 bululela uAbhisalom intente phezu kwendlu; wangena uAbhisalom kumashweshwe kayise emehlweni amaSirayeli onke. Ke kaloku icebo lika- 23 Ahitofele, abecebisa ngalo ngaloo mihla, belinjengelobúze kwilizwi likaThixo; belinjalo lonke icebo lika-Ahitofele kuDavide nakuAbhisalom.

Ukuwa nokufa kuka-Ahitofele

17 Wathi uAhitofele kuAbhisalom, Makhe ndinyule ishumi lamawaka elinamawaka amabini amadoda, ndisuke, ndimsukele uDavide ngobu busuku; 2 ndimfikele ediniwe, ewé izandla, ndimothuse; basabe bonke abantu anabo; 3 ndibulale ukumkani yedwa; ndibabuyisele kuwe bonke abantu; indoda leyo ufuna yona injengokungathi babuye 4 bonke; boxola bonke abantu. Lalunga elo zwi emehlweni ka-Abhisalom, nasemehlweni amadoda amakhulu onke akwaSirayeli.

5 Wathi uAbhisalom, Khawubize noHushayi waseArki, sive into esemlonye- 6 ni wakhe naye. Weza uHushayi kuAbhisalom; wathi uAbhisalom kuye, UAhitofele uthethe eli lizwi wenjenje. Sènze ngelizwi lakhe, singenzi ngalo, kusini na? Khawutsho wena.

7 Wathi uHushayi kuAbhisalom, Icebo uAhitofele acebisa lona alilungile o- 8 kwangoku. Wathi uHushayi, Wena uyamazi uyihlo namadoda akhe, ukuba ngamagorha amphefumlo ulugcalagcala, njengebhere* ehluthwe amathole ayo ezindle; uyihlo yindoda eqhele ukulwa, 9 akalali ebantwini. Yabona, kungokunje uzimele emgongxweni, nokuba kukwenye indawo. Kothi ke, xa athe wabawela ekuqaleni, eve ovayo, athi, Kukho uxabelo ebantwini abamlandelayo uA- 10 bhisalom; athi nomfo onobukroti, ontliziyo injengentliziyo yengonyama, anyibilike kuphele. Ngokuba onke amaSirayeli ayazi ukuba uyihlo ligorha, abo 11 banaye ngamakroti. Nditho elam icebo, makahlanganiswe, ahlanganiselwe kuwe, onke amaSirayeli, athabathele kwaDan ese eBher-sheba, abe njengentlabathi engaselwandle ubuninzi, uye emfazweni 12 ngesiqu. Sòfika ke kuye endaweni, apho afumaneke khona, sithi qatha phezu kwakhe, njengokulala kombethe emhlabeni, kungasali namnye kuye nakumadoda onke anaye. Ke ukuba 13 úthe warholela emzini, onke amaSirayeli ozisa izintya kuloo mzi, siwukrwiqilizele emlanjeneni, kude kungafumaneki nelityana khona.

Wathi uAbhisalom namadoda onke 14 akwaSirayeli, Icebo likaHushayi umArki lilungile kunecebo lika-Ahitofele. UYehova wayemise ukuba litshitshiswe icebo elilungileyo lika-Ahitofele, ukuze uYehova amzisele ububi uAbhisalom.

Wathi uHushayi kuTsadoki naku- 15 Abhiyatare ababingeleli, Wenjenje, wenjenje uAhitofele ukumpha icebo uAbhisalom namadoda amakhulu akwaSirayeli; ke mna ndenjenje, ndenjenje ukubapha icebo. Thumelani ke ngoko kamsinya, 16 nimxelele uDavide, nithi, Musa ukulala ngobu busuku emazibukweni entlango; khawuleza uwele, hleze aginywe ukumkani nabantu bonke anabo.

Ke kaloku uYonatan noAhimahatse 17 babemi e-En-rogele; waye umkhonzazana emana ukubaxelela; baye ke bona baxelela ukumkani uDavide; ngokuba babengenakuya besiza phakathi komzi ekuhléni. Umfana wababona, waxelela 18 uAbhisalom. Bobabini ke basaba ngokukhawuleza, bafika endlwini yendoda eBhahurim ebinequla entendelezweni yayo, behla, behlela khona apho. Into- 19 kazi yathabatha isigqubuthelo, yasitwabulula emlonyeni wequla elo, yaneka phezu kwaso irhasi engqushiweyo; àyaziwa ke loo nto. Bafika abakhonzi ba- 20 ka-Abhisalom kuloo ntokazi endlwini, bathi, Baphi na ooAhimahatse noYonatan? Yathi loo ntokazi kubo, Bawelé umlanjana lo unamanzi. Bafuna ke, ababafumana; babuyela eYerusalem. Kwathi emva kokumka kwabo, baphu- 21 ma equleni, baya bamxelela ukumkani uDavide; bathi kuDavide, Sukani niwele kamsinya emanzini; ngokuba wenjenje uAhitofele ukubapha icebo ngani.

Wesuka ke uDavide nabantu bonke 22 anabo, bayiwela iYordan; kwathi kusasa kwabe kungasekho namnye ungayiwelanga iYordan. Ebonile uAhitofele u- 23 kuba akwenziwanga ngelakhe icebo, wabopha iesile, wesuka, wagoduka, waya emzini wakhe, wayolela, wazikrwitsha wafa; wangcwatyelwa engcwabeni likayise.

24 UDavide wafika eMahanayim; uAbhisalom wayiwela i Yordan, yena namadoda onke akwaSirayeli kunye naye.

25 UAbhisalom wammisa uAmasa esikhundleni sikaYowabhi phezu komkhosi. Ke uAmasa ebengunyana wendoda egama linguItra, engumYizereli, eyangena kuAbhigali intombi kaNahashe, udade

26 boTseruya, unina boYowabhi. AmaSirayeli noAbhisalom bamisa ezweni laseGiliyadi.

27 Kwathi, akufika uDavide eMahanayim, uShobhi unyana kaNahashe, waseRabha yakoonyana baka-Amon, noMakire unyana ka-Amiyeli, waseLo-debhare, noBharzilayi, waseGiliyadi wase-

28 Rogelim, bazisa iinkuko, nezitya, nemiphanda, nengqolowa, nerhasi, nomgubo, namakhweba neembotyi, neentlumaya,

29 nezinye izinto ezigcadiweyo, nobusi, namasi, nempahla emfutshane, nezonka zamasi enkomo, kuDavide nabantu abenabo, ukuze badle; kuba babesithi, Abantu balambile, batyhafile, banxaniwe entlango.

Ukoyiswa nokufa kuka-Abhisalom

18 UDavide wababala abantu abenabo, wamisa abathetheli-mawaka nabathetheli-makhulu phezu kwabo.

2 UDavide wasinikela isahlulo sesithathu sabantu esandleni sikaYowabhi, nesahlulo sesithathu esandleni sika-Abhishayi unyana kaTseruya, umninawa kaYowabhi, nesahlulo sesithathu esandleni sika-Itayi waseGati. Wathi ukumkani ebantwini, Nam ndiya kuphuma, ndiphume

3 nani. Bathi abantu, Uze ungaphumi; ngokuba xa sithe sasaba, sisabile, abayi kusibekela ntliziyo thina; nokuba kuthe kwafa isiqingatha kuthi, abayi kusibekela ntliziyo; ngokuba ungangamawaka alishumi kuthi; kulungile kanye ukuba

4 usincede, ukuwo umzi. Wathi ukumkani kubo, Okulungileyo emehlweni enu ndokwenza. Ukumkani wema eca-leni lesango, abantu bonke baphuma ngamakhulu nangamawaka.

Ukumkani wabawisela umthetho u- 5 Yowabhi noAbhishayi noItayi, wathi, Mphatheni kakuhle umfana uAbhisalom, ngenxa yam. Beva bonke abantu ukubawisela kokumkani umthetho abathetheli ngenxa ka-Abhisalom.

Baphuma ke abantu, baya ezindle, 6 bawahlangabeza amaSirayeli; kwaliwa ehlathini lakwaEfrayim; babulawelwa 7 khona abantu bakwaSirayeli phambi kwabakhonzi bakaDavide; ngaloo mini kwabakho khona uxabelo olukhulu, amawaka angamashumi omabini. Kwapha- 8 ngalala khona ukulwa phezu kwelizwe lonke; ihlathi ladla ebantwini into eninzi, ngaphezu kokudla kwekrele, ngaloo mini.

UAbhisalom waqubisana nabakhonzi 9 bakaDavide. UAbhisalom waye ekhwele kundlebende, undlebende wangena phantsi kwentshinyela yomterebhinti* omkhulu; yabambeka emterebhintini intloko yakhe, waphakathi kwezulu nomhlaba; wemka undlebende obephantsi kwakhe.

Yábona indoda ethile, yamxelela 10 uYowabhi, yathi, Khangela, ndimbonile uAbhisalom exhomekile emterebhintini. Wathi uYowabhi kuloo ndoda imxele- 11 leyo, Khangela, úmbonile nje, ibiyini na ukuba ungàmbethi awe khona emhlabeni? Ngendikunike ishumi lesilivere nombhinqo. Yathi loo ndoda 12 kuYowabhi, Ndingafanelana ndilinganiselwe esandleni sam iwaka lesilivere, bendingede ndise isandla sam kunyana wokumkani; ngokuba ukumkani, sisiva, wakuwisela umthetho, wena noAbhishayi noItayi, wathi, Nokuba ngoobani, ize bamgcine umfana uAbhisalom. Okanye ukuba bendithe ndenza ubuxoki 13 emphefumlweni wakhe—kuba kungekho nto ikhanyelekayo kukumkani—wena ubuya kundichasa.

Wathi uYowabhi, Andinakwenjenje, 14 ndilibale nguwe. Wathabatha izikhali zazithathu ngesandla sakhe, wamhlaba uAbhisalom entliziyweni, esaphilile, e-

15 mterebhintini apho. Amrhawula amadodana alishumi angabaphathi bempahla kaYowabhi, atsho kuAbhisalom, a-
16 mbulala. Wavuthela uYowabhi isigodlo, babuya abantu ekuwasukeleni amaSirayeli; ngokuba uYowabhi wabanqa-
17 nda abantu. Bamthabatha uAbhisalom, bamphosa ehlathini emgongxweni omkhulu, bafumba imfumba enkulu kakhulu yamatye phezu kwakhe. Asaba onke amaSirayeli, elowo waya ententeni yakhe.

18 Ke kaloku uAbhisalom ekudleni kwakhe ubomi wayethabathe wazimisela ilitye elisentilini yokumkani; ngokuba ubesithi, Andinanyana wokulikhumbuza igama lam. Walibiza ngegama lakhe elo litye: labizwa ngokuthi sisikhumbuzo sika-Abhisalom unanamhla.

19 Wathi uAhimahatse, unyana kaTsadoki, Mandigidime, ndimshumayeze ukumkani iindaba ezilungileyo zokuba uYehova umgwebele, wamkhulula eza-
20 ndleni zeentshaba zakhe. Wathi uYowabhi kuye, Akunguye mfo weendaba ezilungileyo namhla; woshumayela iindaba ezilungileyo ngenye imini, kodwa namhla akusayi kushumayela zindaba zilungileyo, ngokuba unyana wokumka-
21 ni ufile. Wathi uYowabhi kuKushi, Hamba uye kumxelela ukumkani okubonileyo. Waqubuda uKushi kuYo-
22 wabhi, wagidima ke. Wabuya waphinda uAhimahatse, unyana kaTsadoki, wathi kuYowabhi, Nokuba kutheni, makhe ndimlandele nam uKushi. Wathi uYowabhi, Yini na ukuba ugidime, nyana wam, ungenazindaba zilungileyo
23 zinanzuzo nje? Wathi, Nokuba kutheni, mandigidime. Wathi kuye, Gidima. Wagidima ke uAhimahatse ngendlela yaloo mmandla, wegqitha kuKushi.

24 Ke uDavide ebehleli phakathi kwamasango amabini. Umlindi waya emphezulwini wesango eludongeni, waphakamisa amehlo akhe, wakhangela, nanko kusiza indoda, ibaleka iyodwa.
25 Wamemeza umlindi, waxelela ukumkani. Wathi ukumkani, Ukuba iyodwa, ineendaba ezilungileyo emlonyeni wayo. Yeza isiza yasondela. Umlindi wabona 26 enye indoda ibaleka; umlindi wamemeza esangweni, wathi, Nantsiya indoda ibaleka iyodwa. Wathi ukumkani, Naleyo ingumshumayeli weendaba ezilungileyo. Wathi umlindi, Ndikubona ukubaleka 27 kwephambili kufana nokubaleka kuka-Ahimahatse, unyana kaTsadoki. Wathi ukumkani, Yindoda elungileyo leyo, iza neendaba ezilungileyo.

Wamemeza uAhimahatse, wathi ku- 28 kumkani, Hlala kakuhle. Waqubuda ngobuso emhlabeni kukumkani, wathi, Makabongwe uYehova uThixo wakho, owanikeleyo amadoda asiphakamisileyo isandla sawo enkosini yam ukumkani. Wathi ukumkani, Ihleli kakuhle na indo- 29 dana uAbhisalom? Wathi uAhimahatse, Ndiboné ingxokolo enkulu, ekumthumeni kukaYowabhi umkhonzi kakumkani, nomkhonzi wakho lo, ndingazi ukuba yintoni na. Wathi ukumkani, 30 Shenxela ecaleni, ume apha. Washenxa wema.

Nanko ke uKushi efika. Wathi u- 31 Kushi, Mayishunyayezwe iindaba ezilungileyo inkosi yam ukumkani; ngokuba uYehova ukugwebele namhla, wakukhulula esandleni sabo bonke ababesukele phezulu kuwe. Wathi ukumkani 32 kuKushi, Ihleli kakuhle na indodana u-Abhisalom? Wathi uKushi, Iintshaba zenkosi yam ukumkani, nabo bonke abasukele phezulu kuwe ukukwenza into embi, mababe njengaloo ndodana.

Wagungqa ukumkani; wenyuka waya 33 egumbini eliphezu kwesango, walila, wathetha ekuyeni kwakhe, esithi, Nyana wam, Abhisalom, nyana wam, nyana wam, Abhisalom! Akwaba bekufe mna esikhundleni sakho, Abhisalom, nyana wam, nyana wam!

UDavide ubuyela eYerusalem

19 Kwaxelwa kuYowabhi, kwathiwa, Nanko ukumkani elila, esenza isijwili ngoAbhisalom. Usindiso lwajika 2

lwaba sisijwili ngaloo mini ebantwini bonke; ngokuba abantu beva ngaloo mini kusithiwa, Ukumkani wenza isijwili 3 ngonyana wakhe. Abantu banyebeleza ngaloo mini ukungena kwabo phakathi komzi, njengokunyebeleza kwabantu abazihlazisileyo ngokusaba ekulweni.
4 Ke ukumkani wazigqubuthela ubuso, wahlahlamba ukumkani ngezwi elikhulu, wathi, Nyana wam, Abhisalom! Abhisalom, nyana wam, nyana wam!
5 Weza uYowabhi kukumkani endlwini, wathi, Ubudanisile namhla ubuso babakhonzi bakho bonke, abawusindisileyo namhla umphefumlo wakho, nomphefumlo woonyana bakho noweentombi zakho, nomphefumlo wabafazi bakho, nomphefumlo wamashweshwe akho,
6 ngokubathanda abakuthiyayo, nangokubathiya abakuthandayo. Ngokuba üxelile namhla, ukuba abanto kuwe abathetheli nabakhonzi; ngokuba ndazile namhla, ukuba ngekulungile emehlweni akho, ukuba úbethe wadla ubomi u-Abhisalom, thina safa sonke siphela.
7 Vuka kaloku, uphume, uthethe kakuhle nabakhonzi bakho; ngokuba ndifunga uYehova; ukuba akuthanga uphume, inene, akuyi kuhlala mntu nawe ngobu busuku; kube kubi kuwe oko, ngaphezu kobubi bonke obukufikeleyo, kuthabathela ebuncinaneni bakho kuzise kweli xesha.
8 Wavuka ke ukumkani, wahlala esangweni; kwaxelwa ebantwini bonke, kwathiwa, Nanko ukumkani ehleli esangweni. Beza ke bonke abantu phambi kokumkani.

Ke amaSirayeli abesabile, elowo waya 9 ententeni yakhe. Abantu bonke babephikisana ezizweni zonke zakwaSirayeli, besithi, Ukumkani wasisiza esandleni seentshaba zethu, wasisindisa esandleni samaFilisti; ngoku ubalekile kweli lizwe
10 ngenxa ka-Abhisalom; ke uAbhisalom, esamthambisayo ukuba abe phezu kwethu, ufele emfazweni; ke ngoko nithéle cwaka ni na, ukuba ningàmbuyisi nje ukumkani?
11 Ke kaloku ukumkani uDavide wa-thumela kuTsadoki nakuAbhiyatare ababingeleli, wathi, Thethani kumadoda amakhulu akwaYuda, nithi, Yini na ukuba nibe ngabokugqibela ekumbuyiseleni endlwini yakhe ukumkani, intetho yamaSirayeli onke ifikile nje kukumkani endlwini yakhe? Ningábazalwana 12 bam, nilithambo lam, nenyama yam; yini na ukuba nibe ngabokugqibela ekumbuyiseni ukumkani? Nithi ke ku- 13 Amasa, Àkulilo ithambo lam nenyama yam na? UThixo makenjenje kum, aqokele ukwenjenje, ukuba akuthe waba ngumthetheli womkhosi phambi kwam yonke imihla esikhundleni sikaYowabhi.

Wayitsala intliziyo yamadoda onke 14 akwaYuda njengandoda-nye; athumela kukumkani athi, Buya wena, nabakhonzi bakho bonke. Wabuya ke ukumkani, 15 wafika eYordan. Ke amaYuda afika eGiligali, esiya kumkhawulela ukumkani, amweze ukumkani eYordan.

UShimehi unyana kaGera, umBhe- 16 njamin waseBhahurim, wakhawuleza, wehla namadoda akwaYuda, esiya kumkhawulela ukumkani uDavide, ene- 17 waka lamadoda akwaBhenjamin, noTsibha umkhonzi wendlu kaSawule, noonyana bakhe abalishumi elinabahlanu, nabakhonzi bakhe abangamashumi amabini kunye naye; baphumela eYordan phambi kokumkani. Kwawela umkho- 18 mbe wokuweza, ukuba uyiweze indlu yokumkani, wenze okulungileyo emehlweni akhe. UShimehi, unyana kaGera, wawa phambi kokumkani ekuweleni kwakhe eYordan, wathi kukumkani, 19 Inkosi yam mayingabàleli bugwenxa kum, ungakukhumbuli oko wakwenzayo umkhonzi wakho ngobugwenxa, ngalaa mini yaphuma ngayo inkosi yam ukumkani eYerusalem, ukuba ukumkani akubekele intliziyo oko. Ngokuba u- 20 mkhonzi wakho lo uyazi, ukuba wóna ngalaa nto; nanku, ndingowokuqala ofikileyo namhla wasendlwini yonke ka-Yosefu, ukuba ndihle ndiyikhawulele inkosi yam ukumkani.

Waphendula uAbhishayi unyana ka- 21 Tseruya, wathi, UShimehi akayi kubula-

wa na ngalaa nto, ngokuba wamtsha-
22 bhisayo umthanjiswa kaYehova? Wathi uDavide, Yintoni na enam nani, nina nyana bakaTseruya, ngokuba ningabachasi bam namhla? Kukho mntu na kwaSirayeli apha uya kubulawa namhla? Ngokuba andazi yini na, ukuba ndingu-
23 kumkani kwaSirayeli namhlanje? Wathi ukumkani kuShimehi, Akuyi kufa. Ukumkani wamqinisisa ngesifungo.

24 Ke uMefibhoshete, unyana kaSawule, wehla waya kumkhawulela ukumkani, engazihlambanga iinyawo zakhe, engazichazanga iindevu zakhe, engazihlambanga neengubo zakhe, kususela kwimini yokumka kokumkani, kwada kwa-
25 yimini yokufika kwakhe enoxolo. Kwathi, ekufikeni kwakhe eYerusalem, eza kukhawulela ukumkani, wathi ukumkani kuye, Ibiyini na ukuba ungahambi
26 nam, Mefibhoshete? Wathi, Nkosi yam kumkani, umkhonzi wam lowa undikhohlisile; ngokuba umkhonzi wakho lo undim ubesithi, Ndiya kuzibophela iesile, ndikhwele kulo, ndihambe nokumkani; ngokuba umkhonzi wakho lo
27 undim usisiqhwala. Wesuka yena wamhleba umkhonzi wakho lo undim enkosini yam ukumkani. Inkosi yam ukumkani injengesithunywa sikaThixo; yenza okulungileyo emehlweni akho.
28 Ngokuba yonke indlu kabawo ibingento yimbi enkosini yam ukumkani, ibingabantu bokufa; wena wambeka umkhonzi wakho lo undim phakathi kwabadla etafileni yakho. Ndisenabango lini na ke, ndisenakukhala ngantoni na kukumkani?
29 Wathi ukumkani kuye, Usathethela ntoni na ngeendawo zakho? Ndithe, Yahlulelanani ngomhlaba lowo wena
30 noTsibha. Wathi uMefibhoshete kukumkani, Makawuthabathe wonke, iselifikile nje inkosi yam ukumkani inoxolo endlwini yayo.

31 UBharzilayi waseGiliyadi wehla e-Rogelim, wawela nokumkani eYordan, ukuba amkhaphele phesheya kweYor-
32 dan. Ke uBharzilayi ebeyingwevu enkulu, eminyaka imashumi asibhozo ezelwe. Yena ebemxhasile ukumkani ekuhlaleni kwakhe eMahanayim; ngokuba ebengumntu omkhulu kunene. Wathi ukumkani kuBharzilayi, Wela 33 nam wena, ndikuxhase ukum eYerusalem.

Wathi uBharzilayi kukumkani, Mi- 34 ngaphi na imihla yeminyaka yokudla kwam ubomi, ukuba ndinyuke ndiye e-Yerusalem nokumkani? Namhla ndi- 35 minyaka imashumi asibhozo ndizelwe; ndinako na ukwazi okulungileyo kokubi? Unako na umkhonzi wakho lo ukuyiva into ayidlayo nayiselayo? Ndisenako na ukuva ilizwi leemvumi neleemvumikazi? Yini na ukuba umkhonzi wakho lo abuye abe ngumthwalo kwinkosi yam ukumkani? Umkhonzi wa- 36 kho lo uya kuyiwela ke iYordan nokumkani umzuzwana; yini na ukuba ukumkani andiphathe ngale mpatho? Ma- 37 khe abuye umkhonzi wakho lo, ukuze ndifele emzini wam, ngasengcwabeni likabawo noma. Nanko umkhonzi wakho, uKimham; makuwele yena nenkosi yam ukumkani, umenzele okulungileyo emehlweni akho.

Wathi ukumkani, UKimham wowela 38 nam, ndimenzele mna okulungileyo emehlweni akho; nento yonke othe wayinyula, wayibeka phezu kwam, ndokwenzela. Bawela ke bonke abantu eYor- 39 dan. Ewelile ukumkani, ukumkani wamanga uBharzilayi, wamsikelela; waza wabuyela endaweni yakhe.

Wawela ke ukumkani, waya eGiligali, 40 wawela ke naye uKimham; bonke abantu bakwaYuda bamweza ukumkani, kwanesiqingatha sabantu bakwaSirayeli. Nanko kusiza onke amadoda akwaSira- 41 yeli kukumkani, athi kukumkani, Yini na ukuba abazalwana bethu, amadoda akwaYuda, bambé, bamweze ukumkani nendlu yakhe eYordan, enamadoda onke kaDavide? Aphendula onke amadoda 42 akwaYuda kumadoda akwaSirayeli, athi, Kungokuba ukumkani esalamana nathi; yini na ukuba nivuthe ngumsindo ngale ndawo? sikhe sadla nto na kukumkani? sikhe saphiwa nto na? Aphendula ama- 43 doda akwaSirayeli kumadoda akwaYuda, athi, Sinezahlulo ezilishumi thina kukumkani nakuDavide sinokungaphezu kwenu; yini na ukuba nisicukuceze? Ilizwi lethu lokumbuyisa ukumkani wethu belingáqale kuthi yini na? Laba lukhuni ilizwi lamadoda akwaYuda kunelizwi lamadoda akwaSirayeli.

Uvukelo-mbuso lukaShebha luchithwa nguYowabhi

20 Kwathi gaxa khona indoda elitshijolo, egama linguShebha, unyana kaBhikri, umBhenjamin. Yavuthela isigodlo, yathi, Asinasabelo thina kuDavide, asinalifa kunyana kaYese; yiyani elowo ezintenteni zenu, maSira-
2 yeli. Enyuka ke onke amadoda akwaSirayeli, emka ekumlandeleni uDavide, alandela uShebha unyana kaBhikri; ke amadoda akwaYuda anamathela kukumkani wawo, ethabathela eYordan esa eYerusalem.
3 Weza uDavide endlwini yakhe eYerusalem; ukumkani wabathabatha abafazi bakhe abalishumi abangamashweshwe, abebashiyile ukuba bagcine indlu, wababeka endlwini yogcino, wabaxhasa, akangena kubo. Bavalelwa ke yada yaba yimini yokufa kwabo, behleli bengabahlolokazi.

4 Wathi ukumkani kuAmasa, Ndíhlabele umkhosi kumadoda akwaYuda ngemihla emithathu, ubekho nawe apha.
5 UAmasa waya kuwahlabela umkhosi amaYuda, walibala ngaphezu kwexesha
6 abemiselwe lona. Wathi uDavide kuAbhishayi, Kungokunje uShebha, unyana kaBhikri, uya kusenzela ububi ngaphezu koAbhisalom; báthabathe wena abakhonzi benkosi yakho, umsukele, hleze afumane imizi enqatyisiweyo, asizimele.
7 Aphuma amlandela amadoda kaYowabhi, nabancinithi, nezigidimi, namagorha onke; baphuma ke eYerusalem, baya kumsukela uShebha unyana kaBhikri.
8 UAmasa weza kubo besetyeni elikhulu eliseGibheyon. Ke uYowabhi ubeyibhinqile ingubo yakhe yokulwa, umbinqo wekrele unxitywe ngaphezu kwayo esinqeni sakhe, lisesingxobeni salo; sancothuka ke, lawa *ikrele*. Wathi 9 uYowabhi kuAmasa, Usahleli kakuhle na, mzalwana wam? UYowabhi wambamba uAmasa ngeendevu ngesandla sokunene, ukuba amange. Ke uAmasa 10 ubengalilumkele ikrele elibe lisesandleni sikaYowabhi. Wamhlaba ngalo esiswini, wamphalaza izibilini emhlabeni, akaphinda amhlabe; wafa. UYowabhi noAbhishayi umzalwana wakhe bamsukela uShebha, unyana kaBhikri. Kwe- 11 ma enye kumadodana akwaYowabhi ngakuye, yathi, Ubani ononelele uYowabhi, nongakuDavide, makalandele uYowabhi.

UAmasa watyikatyikeka egazini eme- 12 ndweni. Yabona indoda leyo, ukuba abantu bonke bathe nqumama, yamsusa uAmasa emendweni, yamshenxisela ecaleni, yaphosa ingubo phezu kwakhe; ngokokuba ibibona bemana ukuthi nqumama bonke abafika kuye. Ákususwa 13 ke emendweni, onke amadoda egqitha, alandela uYowabhi, asukela uShebha, unyana kaBhikri.

Wacanda ezizweni zonke zakwaSira- 14 yeli, waya eAbhele naseBhete-mahaka; namadodana onke abizelwa ndawonye, eza amlandela nawo. Bafika bamngqi- 15 nga eAbhele-bhete-mahaka, bawufumbela udonga lokungqinga umzi lowo, lwema phezu komsele wongqameko; baye bonke abantu ababenoYowabhi beluqhuqha, ukuze udonga lomzi luwe. Kwamemeza intokazi elumkileyo ikuloo 16 mzi, yathi, Yivani, yivani; khanithi kuYowabhi, Sondela apha, ndithethe nawe. Wasondela ke kuyo; yathi loo 17 ntokazi, ÙnguYowabhi na? Wathi, Ndinguye. Yathi kuye, Phulaphula amazwi omkhonzazana wakho. Wathi, Ndiyeva. Yatsho yathi, Kwakufudula 18 kusithiwa, Ukubuza makubuzwe eAbhele, benjenjalo ukuyifeza into. Ndingo- 19 wabaxolileyo, abathembekileyo kwaSirayeli; ke ùfuna ukubulala umzi ongunozala kwaSirayeli. Yini na ukuba uliginye ilifa likaYehova?

USAMUWELI II 20-21

20 Waphendula uYowabhi, wathi, Makube lee, makube lee kum, ukuba ndi-
21 ginye nokuba ndonakalise. Hayi, akunjalo; kusuke indoda yasezintabeni zakwaEfrayim, enguShebha ngegama, unyana kaBhikri, yasiphakamisa isandla sayo kukumkani, kuDavide; khuphani yona yodwa, ndomka kulo mzi. Yathi loo ntokazi kuYowabhi, Yabona, intloko yayo iya kugityiselwa kuwe phezu kodo-
22 nga. Yaya loo ntokazi kubantu bonke ngobulumko bayo. Bayinqumla ke intloko kaShebha, unyana kaBhikri, bayigibisela kuYowabhi. Wavuthela isigodlo, baphangalala bemka kuloo mzi, elowo waya ententeni yakhe. UYowabhi wabuyela eYerusalem kukumkani.

23 Ke kaloku uYowabhi wawuphatha wonke umkhosi wakwaSirayeli; uBhe-
24 naya, unyana kaYehoyada, waphatha abancinithi nezigidimi. UAdoram waphatha abafakwa uviko; uYehoshafati, unyana ka-Ahiludi, ubengumkhumbuzi
25 wezinto zakomkhulu. USheva ubengumbhali; uTsadoki noAbhiyatare baye
26 bengababingeleli. Kananjalo uIra waseYahire ubengumbingeleli kuDavide.

Indlala; ibali likaRitspa

21 Ke kwabakho indlala ngemihla kaDavide iminyaka yamithathu, umnyaka ngomnyaka. UDavide wafuna ubuso bukaYehova. Wathi uYehova, Kungenxa kaSawule, nangenxa yendlu yamagazi akhe, ngenxa enokuba
2 wabulala abaseGibheyon. Ukumkani wababiza ke abaseGibheyon, wathi kubo (ke kaloku abaseGibheyon babengababonyana bakaSirayeli, babengamaqongqolo ama-Amori; oonyana bakaSirayeli babewaqinisise ngesifungo; uSawule wafuna ukuwabulala ngokuzondelela
3 kwakhe amaSirayeli namaYuda): wathi ke uDavide kwabaseGibheyon, Ndinenzele ntoni na? Ndicamagushe ngantoni na, ukuze nilisikelele ilifa likaYe-
4 hova? Bathi abaseGibheyon kuye, Àkunathi ukubiza isilivere negolide kuSawule nakwindlu yakhe; àkunathi ukubulala umntu kwaSirayeli. Wathi kubo, Nithi ke, mandinenzele ntoni na?
5 Bathi kukumkani, Indoda eyasigqibayo, eyagqiba kwelokuba sitshatyalaliswe, singemi emdeni wonke wakwaSirayeli,
6 makunikelwe kuthi isixhenxe samadoda koonyana bayo, siwabethelele eminqamlezweni kuYehova eGibheha kaSawule, umnyulwa kaYehova. Wathi ukumkani, Ndowanikela mna.

7 Ke ukumkani wamsindisa uMefibhoshete, unyana kaYonatan, unyana kaSawule, ngenxa yesifungo sikaYehova esibe siphakathi kwabo, phakathi koDavide noYonatan unyana kaSawule.
8 Ukumkani wathabatha oonyana ababini bakaRitspa intombi ka-Aya, awayizalela uSawule, uArmoni noMefibhoshete; noonyana abahlanu bakaMeribha intombi kaSawule, awabazalela uAdriyeli unyana kaBharzilayi waseMehola. Wa-
9 banikela esendleni sabaseGibheyon, ababethelela eminqamlezweni entabeni phambi koYehova, sawa kunye isixhenxe eso. Babulawa bona ngeemini zokuqala zokuvuna, ekuqaleni kokuvunwa kwerhasi.

10 URitspa, intombi ka-Aya, wathabatha ingubo erhwexayo, wazanekela eweni, esusela ekuqaleni kokuvuna, wezisa ekuthululweni kwamanzi ezulwini phezu kwabo; àkavuma ukuba iintaka zezulu zithi vu phezu kwabo emini, namarhamncwa asendle ebusuku. Waxelelwa
11 uDavide awakwenzayo uRitspa intombi ka-Aya, ishweshwe likaSawule. UDa-
12 vide waya, wawathabatha amathambo kaSawule, namathambo kaYonatan unyana wakhe, kubemi baseYabheshe yeGiliyadi, ababewabile endaweni yembutho yaseBhete-shan, apho amaFilisti abebaxhome khona, mini amaFilisti ambulalayo uSawule eGilibhowa; wawa-
13 nyusa khona amathambo kaSawule namathambo kaYonatan unyana wakhe, bawabutha namathambo abo babebethelelwe eminqamlezweni; amathambo ka-
14 Sawule noYonatan unyana wakhe bawangcwabela ezweni lakwaBhenjamin eTsela, engcwabeni likaKishe uyise; bakwenza konke abewise umthetho ngako

345

ukumkani. Wandula wathandazeka ke uYehova ngenxa yelizwe.

Amagorha kaDavide nobukroti bawo

15 Kwabuya kwabakho ukulwa kwamaFilisti namaSirayeli, wehla uDavide enabakhonzi bakhe, balwa namaFilisti; wa-
16 tyhafa uDavide. Wathi uIshbhi-bhenobhi, obengowoonyana bakaRafa, obunzima bentshuntshe yakhe bebungamakhulu omathathu obhedu ubunzima bayo, enxibe ikrele elitsha, waba womxa-
17 bela uDavide. UAbhishayi unyana kaTseruya wamnceda, wamxabela umFilisti lowo, wambulala. Aza amadoda kaDavide amfungela esithi, Üze ungabuyi uphume nathi uye ekulweni, ucime isibane samaSirayeli.
18 Kwathi emveni kokuba njalo, kwabuya kwabakho ukulwa namaFilisti eGobhi; oko uSibhekayi umHusha wamxabeláyo uSafu, obengowoonyana ba-
19 kaRafa. Kwabuya kwabakho ukulwa namaFilisti eGobhi, apho uElihanan, unyana kaYahare-oregim waseBhetelehem, wamxabelayo uLami, umzalwana kaGoliyati waseGati, oluthi lwentshuntshe yakhe lwalúngangomthi wabalu-
20 ki. Kwabuya kwabakho ukulwa eGati. Kwakho ndoda iyingxilimbela, ibineminwe emithandathu sandleni sinye, namazwane amathandathu lunyaweni lunye, amashumi amabini anamané ngenani;
21 nayo ibizalwa nguRafa. Yawangcikiva amaSirayeli, wayixabela uYonatan unyana kaShimeha, umkhuluwa kaDavide.
22 Abo bobané bazalwa nguRafa eGati; bawa ngesandla sikaDavide, nangesandla sabakhonzi bakhe.

Ingoma yombulelo kaDavide
(INdumiso 18)

22 Wathetha uDavide kuYehova amazwi ale ngoma, mini uYehova wamhlangulayo esandleni seentshaba zakhe zonke, nasesandleni sikaSawule, wathi:
2 Yehova, ngxondorha yam, mboniselo yam, msizi wam mna lo,

Thixo oliliwa lam, endizimela ngalo; 3
Ngweletshetshe yam, luphondo losindiso lwam,
Ngxonde yam, ndawo yokusabela kwam,
Msindisi wam, undisindisa ekugonyamelweni.
Ndinqula uYehova ongowokudunyi- 4
swa,
Ndiyasindiswa ke ezintshabeni zam.

Ákundijikela amáza alwayo okufa, 5
Yakundidandathekisa imilambo yobutshijolo,
Zakundibhijela izintya zelabafileyo, 6
Zakundirhintyela izirhintyelo zokufa,
Ekubandezelekeni kwam, ndanqula 7
uYehova,
Ndamnqula uThixo wam:
Waliva etempileni yakhe izwi lam,
Ukuzibika kwam kwafika ezindlebeni zakhe.
Lahexa ke lanyikima ihlabathi, 8
Iziseko zezulu zagungqa,
Zahexa ngokuba enomsindo.
Kwathi thaphu umsi emathatheni 9
akhe,
Wadla umlilo uphuma emlonyeni wakhe,
Avutha amalahle, ephuma kuwo.
Wawathoba amazulu, wehla, 10
Yangamafu amnyama phantsi kweenyawo zakhe.
Wakhwela ekerubhini,* waphapha- 11
zela,
Wabonakala esemaphikweni omoya.
Wamisa ubumnyama ngeenxa zonke 12
kuye, bayiminquba,
Intlanganisela yamanzi, neengqimba zamafu.
Ekuqaqambeni okuphambi kwakhe 13
Kwavutha amalahle omlilo.
Wadudumisa emazulwini uYehova, 14
Oseyangweni walikhupha izwi lakhe.
Wathuma iintolo, wabaphangalalisa; 15
Umbane, wabadubaduba.
Kwabonakala imiphantsi yolwandle, 16
Kwatyhileka iziseko zelimiweyo
Ngokukhalima kukaYehova,
Ngokufutha komoya womsindo wakhe.

17 Wolula *isandla*, ephezulu, wandibamba,
Wandirhola emanzini amaninzi.
18 Wandihlangula elutshabeni lwam olunamandla,
Kwabandithiyileyo, ngokuba bebomelele kunam.
19 Bandifikela ngemini yokusindeka kwam,
Waba sisixhaso kum uYehova.
20 Wandikhuphela endaweni ebanzi,
Wandihlangula ngokuba endinonelele.

21 UYehova wandiphatha kakuhle ngokobulungisa bam,
Wandibuyisela ngokuhlambululeka kwezandla zam.
22 Ngokuba ndazigcina iindlela zikaYehova,
Andemka ngokungendawo kuThixo wam.
23 Ngokuba onke amasiko akhe aphambi kwam;
Nemimiselo yakhe, andityekanga kuyo.
24 Ndandingogqibeleleyo kuye,
Ndazinqanda ebugwenxeni bam.
25 Wandibuyisela ke uYehova ngokobulungisa bam,
Ngokobunyulu bam, phambi kwamehlo akhe.

26 Kowenceba uzenza owenceba,
Kwigorha eligqibeleleyo uzenza ogqibeleleyo.
27 Kozenze nyulu uzenza onyulu,
Kojibilizayo uzenza onobuqhokolo.
28 Abantu abaziintsizana uyabasindisa,
Amehlo akho ajongene nabaqwayingileyo, ubathobe.

29 Kuba usisibane sam, wena Yehova,
UYehova ukhanyisela ubumnyama bam.
30 Kuba ngawe ndigila impi,
NgoThixo wam nditsiba iindonga.
31 UThixo yena—igqibelele indlela yakhe,
Ilizwi likaYehova linyibilikisiwe,
Úyingweletshetshe kubo bonke abazimela ngaye.

Ngokuba ngubani na onguThixo, i- 32 ngenguye uYehova?
Ngubani na oliliwa, ingenguThixo wethu?
UloThixo uligwiba lam elinamandla, 33
Umalathisayo ogqibeleleyo indlela yakhe;
Uzifanisayo iinyawo zam nezamaxha- 34 makazi,
Undimisayo emimangweni yam;
Uzifundisayo ukulwa izandla zam, 35
Zigobe isaphetha sobhedu iingalo zam.
Undinike ingweletshetshe yosindiso 36 lwakho,
Ukundiphulaphula kwakho kwandikhulisa.
Uwenzele indawo ebanzi amanyathe- 37 la am phantsi kwam,
Amaxhwele am akahexa.
Ndiya kuzisukela iintshaba zam, ndi- 38 zitshabalalise,
Ndingabuyi zide ziphele.
Ndiya kuzigqiba, ndiziphaluse, zi- 39 ngavuki,
Ziwe phantsi kweenyawo zam.
Undibhinqise ukukhaliphela imfa- 40 zwe,
Ubaguqisa phantsi kwam abasukela phezulu kum.
Iintshaba zam uzenzé zandinikela 41 ikhosi,
Abandithiyayo ndababhangisa.
Bayabhekabheka, kungabikho msi- 42 ndisi;
KuYehova, angabaphenduli.
Ndibacola njengothuli lomhlaba, 43
Ndibacumza, ndibaxovula njengodaka lwendlela, ndibasasaze.

Undisiza ekubambaneni kwabantu 44 bam nam,
Undigcina ndibe yintloko yeentlanga.
Abantu ebendigabazi baya ndikhonza.
Oonyana bolunye uhlanga baya ku- 45 ndilulamela, behanahanisa,
Bandithòbele besave ngeendlebe.
Oonyana bolunye uhlunga baya- 46 ntshwenya,
Baphuma benovalo ekuvingcelweni kwabo.

347

47 UYehova uhleli, lelokubongwa iliwa lam,
Aphakanyiswe uThixo, iliwa losindiso lwam.
48 UloThixo undiphindezelayo,
Uzihliselayo phantsi kwam izizwe,
49 Undikhuphayo ezintshabeni zam;
Undiphakamisayo kwabasukela phezulu kum;
Undihlangulayo kumfo ogonyamelayo.
50 Ngenxa yoko ndiya kubulela kuwe, Yehova, phakathi kweentlanga,
Ndivume kwigama lakho.
51 Ulokhulisa usindiso lokumkani wakhe;
Owenzayo inceba kumthanjiswa wakhe,
KuDavide, nakwimbewu yakhe kude kuse ephakadeni.

Amazwi okugqibela kaDavide

23 Ngawo la ke amazwi okugqibela kaDavide:
Utsho uDavide unyana kaYese,
Itsho indoda eyaphakanyiselwa phezulu,
Umthanjiswa woThixo kaYakobi,
Omihobe imnandi kwaSirayeli,
2 Ukuthi, UMoya kaYehova uthetha ngam,
Ukukhuluma kwakhe kuselulwimini lwam.

3 Uthi uThixo kaSirayeli,
ULiwa lakwaSirayeli uthetha kum, uthi,
Kuya kuvela umlawuli woluntu olilungisa,
Elawula ngokoyika uThixo.
4 Unjengokukhanya kwentsasa, lakuphuma ilanga,
Njengentsasa engenamafu,
Lakusa ibisina,
Lwakuphuma uhlaza endle.
5 Kuba ayinjalo yini na indlu yam kuThixo?
Kuba undenzele umnqophiso ongunaphakade,

Walungiswa ngeento zonke, wagcinwa;
Kuba ukusindiswa kwam konke, nokunqwena *kwam* konke,
Akayi kukuhlumisa yini na?

Ke amatshijolo onke ephela anjenge- 6
mithana enameva ecukulwayo,
Kuba ingenakuthatyathwa ngesandla.
Umntu ukuyiphatha 7
Uzalisa isandla ngentsimbi noluthi lwentshuntshe,
Itshiswe itshe ngumlilo kwalapho ikhona.

Izenzo zamagorha kaDavide

Ngawo la amagama amagorha kaDa- 8
vide: nguYoshebhe-bhashebhete waseTakemon, obeyintloko yabaphathimikhosi; yena watyityimbisa intshuntshe yakhe phezu kwamakhulu asibhozo awahlatywa ngesihlandlo esinye.

Nganeno kwakhe nguElazare, unyana 9
kaDodayi, unyana womAhowa, obelelinye kumagorha lawo mathathu abenoDavide ekuwangcikiveni kwawo amaFilisti, abebuthelene khona emfazweni, akubon' ukuba anyukile amadoda akwaSirayeli: yena wesuka wawabulala 10
amaFilisti, sada sadinwa isandla sakhe, somela ekreleni isandla sakhe; wenza ke uYehova usindiso olukhulu ngaloo mini; babuya abantu bamlandela, banela ukuthimba kuphela.

Nganeno kwakhe nguShama, unyana 11
ka-Age umHarari. AmaFilisti ayehlanganisene asisiqhu. Kwaye kukho apho isiqwenga somhlaba sizele ziintlumaya; basaba abantu ebusweni bamaFilisti; wesuka yena wema esazulwini 12
sesiqwenga eso, wasihlutha, wawabulala amaFilisti. UYehova wenza ke usindiso olukhulu.

Kwehla isithathu sabaziintloko ema- 13
shumini amathathu *abaphathi-mikhosi*, beza kuDavide, xa kuvunwayo, emqolombeni waseAdulam; saye isiqhu samaFilisti simise iintente entilini yamaRafa.

14 UDavide oko ubesemboniselweni; ikampu yamaFilisti oko ibiseBhetelehem.
15 Wanqwena uDavide, wathi, Akwaba, bethu, bendingàsezwa amanzi equla
16 laseBhetelehem, elisesangweni! Atyhudisa loo magorha mathathu empini yamaFilisti, ákha amanzi equleni laseBhetelehem elisesangweni, awathwala awazisa kuDavide. Akavuma ukuwasela, wawathululela phantsi phambi ko-
17 Yehova. Wathi, Makube lee kum, Yehova, ukwenza oko. Asiligazi na eli lamadoda ahambé encamé imiphefumlo yawo? Akavuma ke ukuwasela. Enza ezo zinto amagorha lawo mathathu.
18 Ke uAbhishayi, umninawa kaYowabhi, unyana kaTseruya, yena ube eyintloko yabaphathi-mikhosi; wathi rhuthu intshuntshe yakhe phezu kwamakhulu amathathu abahlatywáyo. Wayene-
19 gama ke kwabo bathathu. Wayezukile okunene ngaphezu kwamashumi amathathu lawo, waba ngumthetheli wawo; kodwa akafikanga kwabaya bathathu.
20 Ke uBhenaya unyana kaYehoyada, unyana wendoda enobukroti, ozenzo zininzi, waseKabhetseli, yena wabulala iingwanyalala ezimbini zakwaMowabhi; yena wehla, wabulala ingonyama equ-
21 leni phakathi, mini ngekhephu. Yena wabulala indoda engumYiputa, indoda enewonga; umYiputa lowo wayephethe intshuntshe. Wehla, waya kuye enentonga, wayihlutha intshuntshe esandleni somYiputa lowo, wambulala nge-
22 ntshuntshe yakhe. Wenza ezo zinto uBhenaya unyana kaYehoyada; waba ne-
23 gama ke kumagorha lawo mathathu. Ubezukile kunamashumi amathathu lawo; kodwa akafikanga kwabaya bathathu. UDavide wammisa ephakathini lakhe.
24 UAsaheli, umninawa kaYowabhi, ebengomnye kumashumi amathathu lawo; nguElihanan unyana kaDodayi wase-
25 Bhetelehem; nguShama waseHarodi;
26 nguElika waseHarodi; nguHeletse wasePeleti; nguIra unyana kaIkeshe wase-
27 Tekowa; nguAbhiyezere waseAnatoti;
28 nguMebhunayi umHusha; nguTsalimon umAhowa; nguMaharayi waseNe-
29 tofa; nguHelebhe, unyana kaBhahana waseNetofa; nguItayi, unyana kaRibhayi, waseGibheha yoonyana bakaBhenja-
30 min; nguBhenaya wasePiraton; nguHi-
31 dayi wasezihlanjeni zaseGahashe; nguAbhihalebhon waseArabha; nguAze-
32 mavete waseBhahurim; nguEliyabha waseShahalebhon; nguBhene-yashen;
33 nguYonatan; nguShama umHarari; nguAhiyam, unyana kaSharare umArari;
34 nguElifelete unyana ka-Ahasebhayi, unyana wowaseMahaka; nguEliyam u-
35 nyana ka-Ahitofele, waseGilo; nguHetsero waseKarmele; nguPaharayi wase-
36 Arbhi; nguIgali unyana kaNatan waseTsobha; nguBhani wakwaGadi; ngu-
37 Tseleke umAmon; nguNaharayi waseBheroti, umphathi weentonga zikaYowabhi unyana kaTseruya; nguIra umI-
38 tri; nguGarebhe umItri; ngu-Uriya um-
39 Heti; bebonke bangamashumi omathathu anesixhenxe.

Ubalo lwabantu nesohlwayo salo

24 Ke kaloku wabuya wavutha umsindo kaYehova kumaSirayeli, wamxhokonxela uDavide kuwo, esithi, Yiya, uwabale amaSirayeli namaYuda.
2 Wathi ke ukumkani kuYowabhi, umthetheli-mpi obenaye, Khawutyhutyhe ezizweni zonke zakwaSirayeli, uthabathela kwaDan use eBher-shebha, nibabale abantu, ndilazi inani labantu.
3 Wathi uYowabhi kukumkani, Makongeze ke uYehova uThixo wakho ebantwini izihlandlo ezilikhulu, bengangoko bangako, abone namehlo enkosi yam ukumkani; ke yini na ukuba inkosi yam ukumkani iyifune le nto?
4 Laqina ilizwi lokumkani kuYowabhi nakubathetheli-mpi. Waphuma ke uYowabhi nabathetheli-mpi phambi kokumkani, baya kubabala abantu bakwaSirayeli.
5 Bawela eYordan, bamisa eArohere, ngasekunene komzi ophakathi kwesihlambo sakwaGadi naseYazere; baya
6 eGiliyadi nasezweni laseTatim-hodeshe, baya nakwaDan-yahan, bajikelezela kowakwaTsidon; baya nasenqabeni yase-
7 Tire, nasemizini yonke yamaHivi neya-

maKanan; baya baphuma kwelisezantsi
8 lakwaYuda eBher-shebha. Balityhutyha
ke lonke ilizwe, beza eYerusalem ekupheleni
kweenyanga ezisithoba ezinee-
9 ntsuku ezimashumi mabini. UYowabhi
wamnika ke ukumkani inani lokubalwa
kwabantu: aza amaSirayeli aba ngamakhulu
asibhozo amawaka amadoda anobukroti,
arhola ikrele; amadoda akwaYuda
aba ngamakhulu amahlanu amawaka
amadoda.
10 Yakhathazeka intliziyo kaDavide emveni
kokuba ebabalile abantu. Wathi
uDavide kuYehova, Ndonile kunene
ngale nto ndiyenzileyo; kaloku khawubukhwelelise,
Yehova, ubugwenxa
bomkhonzi wakho; ngokuba ndenzé
ngobudenge obukhulu.
11 Wavuka kusasa uDavide; ilizwi lika-
Yehova lafika kuGadi umprofeti, imbo-
12 ni kaDavide, lisithi, Yiya uthethe ku-
Davide, uthi, Útsho uYehova ukuthi,
Ndikumisela izinto ezintathu; zinyulele
13 ibe nye kuzo, ndiyenze kuwe. Waya ke
uGadi kuDavide, wamxelela, wathi kuye,
Uzèlwe sisixhenxe seminyaka yendlala
ezweni lakho na? Usábe phambi
kweentshaba zakho iinyanga zibe ntathu,
zikusukela, kusini na? Kúbekho indyikitya
yokufa iimini ezintathu ezweni
lakho, kusini na? Yazi ngoku, úlenze
ilizwi endombuyisela lona ondithumileyo.
14 Wathi uDavide kuGadi, Ndididekile
kunene. Masesisiwa esandleni sika-
Yehova; ngokuba inini imfesane yakhe;
mandingaweli esandleni somntu.
15 UYehova wathoba ke indyikitya yokufa
kwaSirayeli, yathabathela ekuseni
yesa kwixa lentlanganiso; kwafa ebantwini,
bethabathela kwaDan bese e-
Bher-shebha, amashumi asixhenxe ama-
16 waka amadoda. Saza isithunywa sesa
isandla saso kwiYerusalem, ukuba siyitshabalalise;
wazohlwaya uYehova ngenxa
yobubi obo, wathi kwisithunywa

eso sitshabalalisa abantu, Kwanele;
sithobe kaloku isandla sakho.
Ke kaloku isithunywa sikaYehova besisesandéni
sika-Aravena umYebhusi.
Wathetha uDavide kuYehova akusibo- 17
na isithunywa eso sibetha ebantwini,
wathi, Ùyabona, ndonile mna, ndenzé
ngobugwenxa mna; umhlambi lo wona
wenzé ntoni na? Isandla sakho masibe
phezu kwam nendlu kabawo.
Waya ke uGadi kuDavide ngaloo mi- 18
ni, wathi kuye, Nyuka, uye ummisele
uYehova isibingelelo esandéni sika-
Aravena umYebhusi. Wenyuka uDa- 19
vide ngokwelizwi likaGadi, njengoko
uYehova abemwisele umthetho ngako.
Walunguza uAravena, wambona uku- 20
mkani nabakhonzi bakhe besiza kuye.
Waphuma uAravena, waqubuda kukumkani
ngobuso emhlabeni.
Wathi uAravena, Izelani na inkosi 21
yam ukumkani kumkhonzi wayo? Wathi
uDavide, Ndiza kuthenga isandá
kuwe, ukuba ndakhele uYehova isibingelelo,
sithintelwe isibetho ebantwini.
Wathi uAravena kuDavide, Mayitha- 22
bathe inkosi yam ukumkani, inyuse okulungileyo
emehlweni ayo. Nanzi iinkomo
zedini elinyukayo, neempahla zokubhula
needyokhwe zeenkomo zokuba
ziinkuni. Zonke ezi zinto, kumkani, u- 23
Aravena uzinika ukumkani. Wathi u-
Aravena kukumkani, UYehova uThixo
wakho makakholiswe nguwe. Wathi 24
ukumkani kuAravena, Hayi, ndiya kusithenga
ngexabiso kuwe; andiyi kunyusa
ndise kuYehova uThixo wam amadini
anyukayo endiwazuze ngelizé.
Wasithenga ke uDavide isandá neenkomo
czo ngeeshekele* zesilivere ezimashumi
mahlanu. Wakhela apho ke 25
uDavide isibingelelo kuYehova, wanyusa
amadini anyukayo nemibingelelo yoxolo.
Wathandazeka ke uYehova ngenxa
yelizwe; sathintelwa isibetho kuma-
Sirayeli.

INCWADI YOKUQALA YOOKUMKANI

Imihla yokugqibela yokumkani uDavide nokumiswa kukaSolomon

1 Ke kaloku ukumkani uDavide ubeseleyindoda enkulu, ehambisekile ebudaleni; bamgubungela ngeengubo, 2 akaba nakufudumala noko. Bathi abakhonzi bakhe kuye, Inkosi yethu ukumkani mayifunelwe inkakazana eseyintombi, ime phambi kokumkani, imonge, ilale esifubeni sakhe, ifudumale 3 inkosi yethu ukumkani. Bafuna ke intombi eyinzwakazi emideni yonke yakwaSirayeli, bafumana uAbhishagi 4 waseShunem, bamzisa kukumkani. Inkakazana leyo yayiyinzwakazi encamisileyo, yamonga ukumkani, yamlungiselela; ukumkani akayazi.

5 Waza uAdoniya unyana kaHagiti waziphakamisa, wathi, Ndiya kuba ngukumkani. Wazenzela iinqwelo zokulwa, nabamahashe, namadoda angamashumi omahlanu okutshayelela phambi kwa-6 khe. Uyise ebengamenzanga buhlungu nemini enye ngokuthi, Yini na ukuba wenjenje? Kananjalo ubengumfo osiqu sihle; unina wamzala emva koAbhisha-7 lom. Wacebisana noYowabhi, unyana kaTseruya, noAbhiyatare umbingeleli; 8 bancedisa, balandela uAdoniya. Ke bona ooTsadoki umbingeleli, noBhenaya unyana kaYehoyada, noNatan umprofeti, noShimehi, noRehi, namagorha abe kuDavide, ababanga ngakuAdoniya.

9 UAdoniya wabingelela impahla emfutshane neenkomo ezityetyisiweyo ngasetyeni laseZohelete, elisecaleni le-En-rogele; wamema bonke abazalwana bakhe, oonyana bokumkani, namadoda onke 10 akwaYuda, abakhonzi bokumkani. Ke bona ooNatan umprofeti, noBhenaya, namagorha, noSolomon umkhuluwa wakhe, akabamema.

Wathetha uNatan kuBhatshebha, uni- 11 na kaSolomon, wathi, Akuvanga na ukuba uAdoniya, unyana kaHagiti, ungukumkani; ukanti inkosi yethu uDavide ayiyazi loo nto? Yiza ke ngoko, ndi- 12 kuphe iqhinga, usize umphefumlo wakho, nomphefumlo wonyana wakho u-Solomon. Hamba uye kukumkani u- 13 Davide, uthi kuye, Wawungamfungelanga na umkhonzazana wakho, wena nkosi yam, kumkani, wathi, USolomon unyana wakho uya kuba ngukumkani emveni kwam, kuhlale yena etroneni yam? Kungani na ke ukuba abe ngukumkani uAdoniya? Uyabona, ndothi, 14 usathetha apho nokumkani, ndingene nam emva kwakho, ndiwazalise amawzi akho.

Waya ke uBhatshebha kukumkani 15 egumbini; ke ukumkani ubeseleyindoda enkulu kunene: uAbhishagi waseShunem ubelungiselela ukumkani.

Wathoba uBhatshebha, waqubuda ku- 16 kumkani. Wathi ukumkani, Ùnga ntoni na? Wathi yena kuye, Nkosi yam, 17 wena wamfungela uYehova uThixo wakho umkhonzazana wakho, wathi, USolomon unyana wakho uya kuba ngukumkani emveni kwam, kuhlale yena etroneni yam. Kaloku nanku ingu- 18 Adoniya ukumkani; kanti àkwazi wena, nkosi yam kumkani. Úbingeléle iinko- 19 mo nezinto ezityetyisiweyo, nempahla emfutshane yaninzi, wamema bonke oonyana bokumkani, noAbhiyatare umbingeleli, noYowabhi umthetheli-mkhosi; àkammema ke yena uSolomon umkho-

OOKUMKANI I 1

20 nzi wakho. Wena, nkosi yam kumkani, amehlo amaSirayeli onke akuwe, ukuba uwaxelele, ukuba kuhlale bani na etroneni yenkosi yam ukumkani emveni
21 kwayo. Kothi, xa ithe yalala kooyise inkosi yam ukumkani, sibe ngaboni, thina noSolomon unyana wam.
22 Uthe esathetha nokumkani, nanko
23 kufika uNatan umprofeti. Waxelelwa ukumkani, kwathiwa, Nanku uNatan umprofeti. Wafika ke phambi kokumkani, waqubuda kukumkani ngobuso
24 emhlabeni; wathi uNatan, Nkosi yam kumkani, ùtshilo na wena ukuthi, UAdoniya uya kuba ngukumkani emveni kwam, kuhlale yena etroneni yam?
25 Ngokuba úhlile namhlanje, wabingelela iinkomo nezinto ezityetyisiweyo, nempahla emfutshane yaninzi, wamema bonke oonyana bokumkani, nabathetheli-mkhosi, noAbhiyatare umbingeleli; nabo ke besidla besela phambi kwakhe, besithi, Makadle ubomi ukumkani
26 uAdoniya. Ke akandimemanga mna mkhonzi wakho, noTsadoki umbingeleli, noBhenyana unyana kaYehoyada,
27 noSolomon umkhonzi wakho. Ingába ivela kwinkosi yam ukumkani na le nto, waza àkwabazisa abakhonzi bakho oya kuhlala etroneni yenkosi yam ukumkani emveni kwayo?
28 Waphendula ukumkani uDavide, wathi, Bizani uBhatshebha eze kum. Weza ke phambi kokumkani, wema phambi
29 kokumkani. Wafunga ukumkani, wathi, Ehleli nje uYehova, owawukhululayo umphefumlo wam ekubandezelekeni
30 konke; inene, njengoko ndakufungela uYehova uThixo kaSirayeli, ndisithi, USolomon unyana wakho uya kuba ngukumkani emveni kwam, kuhlale yena etroneni yam esikhundleni sam: inene,
31 ndiya kwenjenjalo namhla. Wathoba ke uBhatshebha ngobuso emhlabeni, waqubuda kukumkani, wathi, Mayidle ubomi inkosi yam, ukumkani uDavide, ngonaphakade.
32 Wathi ukumkani uDavide, Babizeni beze kum apha uTsadoki umbingeleli, noNatan umprofeti, noBhenaya unyana kaYehoyada. Beza ke phambi kokumkani. Wathi ukumkani kubo, Tha- 33 bathani abakhonzi benkosi yenu, bahambe nani, nikhwelise uSolomon unyana wam kowam undlebende, nihle naye niye eGihon; bámthambisele khona oo- 34 Tsadoki umbingeleli noNatan umprofeti, abe ngukumkani kumaSirayeli; nivuthele izigodlo, nithi, Makadle ubomi ukumkani uSolomon. Nize ninyuke, ni- 35 mlandele; eze ahlale etroneni yam; abe ngukumkani yena esikhundleni sam. Ndimmisile ukuba abe yingànga kumaSirayeli nakumaYuda.

Waphendula uBhenaya unyana ka- 36 Yehoyada, wathi kukumkani, Amen; makatsho uYehova uThixo wenkosi yam ukumkani. Njengokuba uYehova wa- 37 yenenkosi yam ukumkani, ngokunjalo uya kuba noSolomon, ayikhulise itrone yakhe ngaphezu kwetrone yenkosi yam ukumkani uDavide.

Wehla ke uTsadoki umbingeleli, no- 38 Natan umprofeti, noBhenaya unyana kaYehoyada, nabancinithi, nezigidimi; bamkhwelisa uSolomon kundlebende wokumkani uDavide, baya naye eGihon. UTsadoki umbingeleli wathabatha isi- 39 godlo seoli ententeni, wamthambisa uSolomon, wavuthela izigodlo, bathi bonke abantu, Makadle ubomi ukumkani uSolomon! Benyuka bonke abantu, ba- 40 mlandela, abantu bebetha ugwali, bevuya ngemivuyo emikhulu; wathi ndí umhlaba ngesandi sabo.

Beva ooAdoniya nabamenywa bakhe 41 bonke, bakukhova ukudla. Wasiva uYowabhi isandi sesigodlo, wathi, Sesaní na esi sandi sizamazamisa isixeko? U- 42 the esathetha, nanko kufika uYonatan unyana ka-Abhiyatare umbingeleli. Wathi uAdoniya, Ngena, ngokuba ùngumfo onesidima, uza neendaba ezilungileyo.

Waphendula uYonatan, wathi kuAdo- 43 niya, Hayi, inkosi yethu ukumkani uDavide imenze ukumkani uSolomon. Ukumkani umkhuphe noTsadoki umbi- 44 ngeleli, noNatan umprofeti, noBhenaya unyana kaYehoyada, nabancinithi, nezigidimi; bamkhwelisa kundlebende wo-

OOKUMKANI I 1-2

45 kumkani; ooTsadoki umbingeleli no-Natan umprofeti bamthambisa ukuba abe ngukumkani eGihon. Benyuka, besuka apho bevuya, sazamazama ke isixeko. Siso ke eso esi sandi nisivayo.
46 Kananjalo uSolomon uselehleli etro-
47 neni yobukumkani. Kananjalo bafikile abakhonzi bokumkani, beza kubonga inkosi yethu, ukumkani uDavide, bathi, UThixo wakho makalilungise igama likaSolomon ngaphezu kwegama lakho, ayikhulise itrone yakhe ngaphezu kwetrone yakho; waqubuda ukumkani esi-
48 lilini. Kananjalo wenjenje ukumkani ukuthetha, wathi, Makabongwe uYehova, uThixo kaSirayeli, ondinikileyo namhla owokuhlala etroneni yam, esabona nje amehlo am.
49 Bothuka ke bonke abamenywa bakaAdoniya, besuka, bahamba elowo indlela
50 yakhe. Woyika uAdoniya ebusweni bukaSolomon, wesuka, waya wabambe-
51 lela ezimpondweni zesibingelelo. Waxelelwa uSolomon, kwathiwa, Nanko uAdoniya esoyika ukumkani uSolomon; nanko ebambelele ezimpondweni zesibingelelo, esithi, Makandifungele namhlanje ukumkani uSolomon, athi, akayi kumbulala ngekrele umkhonzi wakhe.
52 Wathi ke uSolomon, Ukuba úthe wangumfo onesidima, akusayi kuwa lunwele lwakhe emhlabeni; ke ukuba kuthe kwafunyanwa ububi kuye,úya kufa.
53 Wathumela ukumkani uSolomon, bamhlisa esibingelelweni; waya waqubuda kukumkani uSolomon. Wathi uSolomon kuye, Hamba ugoduke.

Ukufa kukaDavide

2 Yasondela imihla kaDavide yokuba afe; wamwisela umthetho uSolomon
2 unyana wakhe, wathi, Ndihamba indlela yehlabathi lonke; yomelela ke ube yi-
3 ndoda, ugciné isigxina sikaYehova uThixo wakho, uhambe ngeendlela zakhe, ugcine imimiselo yakhe, nemithetho yakhe, namasiko akhe, nezingqino zakhe, njengoko kubhaliweyo emyalelweni kaMoses, ukuze ube nengqiqo ezintweni zonke othe wazenza, nasezintweni zonke othe wasinga kuzo; ukuze alimi- 4
se uYehova ilizwi lakhe awalithethayo ngam, esithi, Ukuba bathe oonyana bakho bayigcina indlela yabo, ukuba bahambe phambi kwam enyanisweni ngentliziyo yabo yonke, nangomphefumlo wabo wonke, (esithi) akuyi kunqunyukelwa ndoda etroneni yakwaSirayeli.

Kananjalo wena úya kwazi awakwe- 5
nzáyo kum uYowabhi unyana kaTseruya, awakwenzayo kubatheberli ababini bemikhosi yakwaSirayeli, kuAbhinere unyana kaNere, nakuAmasa unyana kaYetere, awababulalayo, waphalaza amagazi emfazwe, lixolile, wabeka amagazi emfazwe embhinqweni wakhe obusesinqeni sakhe, nasezimbadadeni zakhe ezisezinyaweni. Yènza ngokobulumko 6
bakho, zingehli izimvi zakhe ziye kwelabafileyo enoxolo.

Ke koonyana bakaBharzilayi wase- 7
Giliyadi, uze wenze ngenceba, babe kwabadla etafileni yakho; ngokuba benjenjalo ukuza kum ekusabeni kwam ebusweni buka-Abhisalom, umkhuluwa wakho.

Ùyabona, únawe uShimehi unyana 8
kaGera, umBhenjamin, waseBhahurim; yena wanditshabhisa ngotshabhiso olukhulu, mini ndaya eMahanayim. Yena ke wehla wèza kundikhawulela eYordan, ndamfungela uYehova, ndathi, Andiyi kukubulala ngekrele. Ngoko uze u- 9
ngamenzi omsulwa, ngokuba ùyindoda elumkileyo wena; uze ukwazi oko uya kukwenza kuye; uzihlisele kwelabafileyo zinegazi izimvi zakhe.

Walala ke uDavide kooyise, wa- 10
ngcwatyelwa emzini kaDavide. Ke imi- 11
hla abengukumkani kumaSirayeli uDavide ibingamashumi omané eminyaka; eHebron wayengukumkani iminyaka esixhenxe; eYerusalem wayengukumkani iminyaka emashumi mathathu anamithathu.

Wahlala ke uSolomon etroneni ka- 12
Davide uyise; baqiniseka kunene ubukumkani bakhe.

OOKUMKANI I 2

Ukubulawa kuka-Adoniya noYowabhi nokuzinziswa kwegunya likaSolomon

13 Ke kaloku waya uAdoniya, unyana ka-Hagiti, kuBhatshebha unina kaSolomon. Wathi yena, Uza ngoxolo na? Wathi, 14 Ngoxolo. Wathi, Ndinelizwi nawe. 15 Wathi, Thetha. Wathi, Uyazi wena ukuba bebubobam ubukumkani, abe ebubhekise kum ubuso bawo onke amaSirayeli, ukuba ndibe ngukumkani. Bathi guququ ubukumkani, baba bobomninawa wam; ngokuba baba bobakhe, 16 buphuma kuYehova. Kungokunje ndicela nto-nye kuwe, uze ungandilanduleli. 17 Wathi kuye, Thetha. Wathi ke, Khawuthethe noSolomon ukumkani, ngokuba akayi kukulandulela, andinike uAbhishagi waseShunem, abe ngu-18 mkam. Wathi uBhatshebha, Kulungile, ndokuthethelela kumkani.

19 Waya ke uBhatshebha kukumkani uSolomon, ukuba athethe naye ngoAdoniya. Wesuka ukumkani waya kumkhawulela, waqubuda kuye, wahlala etroneni yakhe, wammisela itrone unina wokumkani, wahlala ke ngasekunene 20 kwakhe. Wathi, Ndicela nto-nye kuwe; uze ungandilanduleli. Wathi ke ukumkani kuye, Cela, ma, ngokuba andiyi 21 kukulandulela. Wathi yena, UAbhishagi waseShunem makanikwe uAdoniya, umkhuluwa wakho, abe ngumkakhe. 22 Waphendula ukumkani uSolomon, wathi kunina, Yini na ukuba uAdoniya umcelele uAbhishagi waseShunem? Sewumcelela nobukumkani, ngokuba ungumkhuluwa wam; ucélele yena, noAbhiyatare umbingeleli, noYowabhi u-23 nyana kaTseruya. Ukumkani uSolomon wafunga uYehova, wathi, Makenjenje uThixo kum, aqokele ukwenjenje, ukuba uAdoniya akalithethanga elo lizwi 24 elahla umphefumlo wakhe. Ngoko, ehleli nje uYehova, ondiqinisileyo, wandihlalisa etroneni kaDavide ubawo, wandenzela indlu njengoko wakuthetháyo, úya kubulawa namhlanje uAdo-25 niya. Ukumkani uSolomon wathumela ke ngoBhenaya unyana kaYehoyada; wamgwaza, wafa.

26 NakuAbhiyatare umbingeleli wathi ukumkani, Hamba uye eAnatoti, emhlabeni wakho; ngokuba ungumfo wokufa; ke andiyi kukubulala ngale mini; ngokuba wayithwala ityeya yeNkosi uYehova phambi koDavide ubawo, nangokuba ubucinezelwe kuko konke abecinezelwe kuko ubawo. USolomon wa-27 mgxotha uAbhiyatare ekubeni ngumbingeleli kaYehova; ukuze alizalise ilizwi likaYehova, awalithethayo ngendlu kaEli eShilo.

28 Lwafika olu daba kuYowabhi; ngokuba uYowabhi wayethelele kuAdoniya, noko wayengathelelanga kuAbhisalom. UYowabhi wasabela ententeni kaYehova, wabambelela ezimpondweni ze-29 sibingelelo. Waxelelwa ukumkani uSolomon, ukuba uYowabhi usabele ententeni kaYehova; nanko ecaleni lesibingelelo. USolomon wathuma uBhenaya unyana kaYehoyada, wathi, Yiya umgwaze. Waya uBhenaya ente-30 nteni kaYehova, wathi kuye, Uthi ukumkani, Phuma. Wathi yena, Hayi; ndiya kufela apha. UBhenaya wambuyisela ukumkani ilizwi, esithi, Wenjenje ukuthetha uYowabhi, wenjenje ukundiphendula.

Wathi ukumkani kuye, Yenza njengo-31 ko athethe ngako, umgwaze, umngcwabe, uwasuse kum nakwindlu kabawo amagazi amsulwa, awawaphalazayo u-Yowabhi. UYehova wolibuyisela e-32 ntlokweni yakhe igazi lakhe, owawela amadoda amabini angamalungisa, alungileyo kunaye, wawabulala ngekrele, engazi ubawo uDavide, angooAbhinere unyana kaNere, umtheteli-mkhosi wakwaSirayeli, noAmasa unyana kaYetere, umtheteli-mkhosi wakwaYuda. Obu-33 yela amagazi awo entlokweni kaYowabhi, nasentlokweni yembewu yakhe ngonaphakade; kuDavide, nakwimbewu yakhe, nakwindlu yakhe, nakwitrone yakhe, ibe luxolo olungunaphakade, luvela kuYehova.

Wenyuka ke uBhenaya unyana ka-34 Yehoyada, wamgwaza, wambulala; wangcwatyelwa endlwini yakhe entlango. Ukumkani wamisa uBhenaya, unyana 35 kaYehoyada, esikhundleni sakhe phezu komkhosi; ukumkani wamisa uTsadoki umbingeleli esikhundleni sika-Abhiyatare.

36 Wathumela ukumkani, wabiza uShimehi, wathi kuye, Zakhele indlu eYerusalem, uhlale khona, ungaphumi khona,
37 uye phi naphi; kothi, mini uthe waphuma, wawela umlanjana oyiKidron, wazi inene ukuba uya kufa; igazi lakho loba
38 phezu kwentloko yakho. Wathi uShimehi kukumkani, Lilungile elo lizwi; njengoko ithethe ngako inkosi yam ukumkani, úya kwenjenjalo umkhonzi wakho. Wahlala ke uShimehi eYerusalem imihla emininzi.
39 Kwathi ekupheleni kweminyaka emithathu, kwazímela izicaka ezibini zikaShimehi, zaya kuAkishe unyana kaMahaka, ukumkani waseGati. Waxelelwa uShimehi, kwathiwa, Yabona, izicaka
40 zakho ziseGati. Wesuka uShimehi, wabopha iesile lakhe, waya eGati kuAkishe, efuna izicaka zakhe ezo; uShimehi waya eGati, weza nazo izicaka zakhe.
41 Waxelelwa uSolomon, ukuba uShimehi uphumile eYerusalem, waya eGati
42 wabuya. Wathumela ke ukumkani, wambiza uShimehi, wathi kuye, Bendingakufungise uYehova yini na, ndakuqononondisa, ndisithi, Mini uthe waphuma waya phi naphi, yazi inene ukuba ùya kufa? Wathi ke wena kum, Lilu-
43 ngile elo lizwi, ndilivile. Kungani na ke ukuba ungasigcini isifungo sikaYeho-
44 va, nomthetho endakuwiselayo? Wathi ukumkani kuShimehi, Uyabazi wena bonke ububi obaziwa yintliziyo yakho, owabenzayo kuDavide ubawo; úya bubuyisela uYehova ububi bakho kwase-
45 ntlokweni yakho; asikelelwe ukumkani uSolomon, iqiniseke itrone kaDavide phambi koYehova, kude kuse ephakadeni.
46 Ukumkani wamwisela ke umthetho uBhenaya unyana kaYehoyada; waphuma wamgwaza, wafa. Ubukumkani baqiniseka esandleni sikaSolomon.

USolomon unyula ubulumko

3 USolomon ke wákha ubuhlobo noFaro ukumkani wamaYiputa; wazeka intombi kaFaro, wayizisa emzini kaDavide, wada wayigqiba ukuyakha indlu yakhe, nendlu kaYehova, nodonga lwase-Yerusalem ngeenxa zonke. Kodwa ke 2 abantu babebingelela ezigangeni; ngokuba belingekakhelwa ndlu igama likaYehova, kwada kwayiloo mihla. USo- 3 lomon ubemthanda uYehova, ehamba emimiselweni kaDavide uyise; kodwa ke ubebingelela eqhumisela ezigangeni yena.

Ukumkani ubesiya eGibheyon, ukuba 4 abingelele khona; ngokuba ibisiso isigánga esikhulu; uSolomon wenyusa iwaka lamadini anyukayo kweso sibingelelo. UYehova wabonakala kuSolomon 5 eGibheyon apho ngephupha ebusuku, wathi uThixo, Cela into, ndikuphe.

Wathi uSolomon, Wena wenza inceba 6 enkulu kumkhonzi wakho uDavide ubawo, njengoko abehamba phambi kwakho enyanisweni, nasebulungiseni, nangokuthi tye kwentliziyo kuwe, wamgcinela le nceba inkulu, wamnika unyana ohleli etroneni yakhe, njengokuba kunjalo namhla. Kaloku, Yehova Thixo 7 wam, wena umenzé umkhonzi wakho lo wangukumkani esikhundleni sikaDavide ubawo; ndingumntwana omncinane; andikwazi ukuphuma nokungena. U- 8 mkhonzi wakho lo uphakathi kwabantu bakho obanyulileyo, abantu abaninzi, abangenakubalwa, abangenakuxelwa ukuba baninzi. Mnike umkhonzi wakho 9 intliziyo evayo, yokubalawula abantu bakho, ahlule phakathi kokulungileyo nokungendawo; ngokuba ngubani na onako ukubalawula abantu bakho aba bangaka?

Lalunga elo lizwi emehlweni eNkosi 10 ukuba uSolomon acele loo nto. Wathi 11 ke uThixo kuye, Ngenxa enokuba ucelé le nto, akwazicelela imihla emininzi, akwazicelela ubutyebi, akwazicelela ubomi beentshaba zakho, wazicelela ukuqonda ukuba uwathethe amatyala: uya

12 bona, ndenzé ngokwelizwi lakho. Uyabona, ndikunikile intliziyo enobulumko enokuqonda, ekungabangakho unjengawe phambi kwakho, ekungayi kuvela
13 unjengawe emva kwakho. Kananjalo oko ungàkucelanga ndikunikile nako, kwaubutyebi nozuko, ukuba kungabikho mntu unjengawe phakathi koo-
14 kumkani yonke imihla yakho. Ke ukuba uthe wahamba ngeendlela zam, ngokuyigcina imimiselo yam nemithetho yam, njengoko wahamba ngako uDavide uyihlo, ndoyolula imihla yakho.

15 Wavuka uSolomon, O! liphupha. Waya ke eYerusalem, wema phambi kwetyeya yomnqophiso kaYehova, wenyusa amadini anyukayo, wenza imibingelelo yokubulela, wabenzela isidlo abakhonzi bakhe bonke.

16 Ngelo xesha kweza kukumkani amankazana amabini angamahenyukazi, ema
17 phambi kwakhe. Yathi enye inkazana, Camagu, nkosi yam! Thina nale nkazana sihlala ndlwini-nye; ndazala, ndina-
18 yo kuloo ndlu. Kwathi ngosuku lwesithathu ndizele, yazala nayo le nkazana, sindawonye ke; kwaye kungekho mntu wasemzini unathi kuloo ndlu, sisodwa
19 thina sobabini kuloo ndlu. Wafa unyana wale nkazana ebusuku, ngoku-
20 suka ilale phezu kwakhe. Yavuka phakathi kobusuku, yamthabatha unyana wam ecaleni lam, elele umkhonzazana wakho lo, yamlalisa esifubeni sayo, yathi unyana wayo ofileyo yamlalisa esifubeni
21 sam. Ndavuka kusasa, ukuba ndimanyise unyana wam, O! ufile; ndaza ndamgqala kusasa, yini le, asingunyana wam endamzalayo.

22 Yathi enye inkazana, Hayi, ngunyana wam lo uhleliyo, unyana wakho ngulowa ufileyo. Yathi le, Hayi; unyana wakho ngulowa ufileyo, unyana wam ngulo uhleliyo. *Benjenjalo* ukuthetha phambi kokumkani.

23 Wathi ukumkani, Le ithi, Ngunyana wam lo uhleliyo, unyana wakho ngulowa ufileyo; leya ithi, Hayi, unyana wakho ngulowa ufileyo, ngunyana wam lo uhle-
24 liyo. Wathi ukumkani, Ndithabatheleni ikrele. Balizisa ke ikrele phambi kokumkani. Wathi ukumkani, Mca- 25 ndeni kubini lo mntwana uhleliyo, niyinike isahlulo enye, niyinike isahlulo enye.

Yathetha le nkazana, ungowayo unya- 26 na ohleliyo, kukumkani (ngokuba ibisikwa yimfesane ngonyana wayo), yathi, Camagu, nkosi yam, seniyinika lo mntwana uhleliyo; musani ukumbulala afe. Ke enye le yathi, Makangabi ngowam, makangabi ngowakhe; mcandeni. Waphendula ukumkani, wathi, Mnikeni 27 leya umntwana ohleliyo, ningàmbulali; nguye unina. Asiva onke amaSirayeli 28 isigwebo agwebé ngaso ukumkani; amoyika ukumkani; ngokuba ayebona ukuba ubulumko bukaThixo buphakathi kwakhe, ukuba enze isigwebo.

Amagosa nenkundla kaSolomon

4 Ukumkani uSolomon waba ngukumkani wamaSirayeli onke. Ngabo 2 aba ke abathetheli abenabo: nguAzariya, unyana kaTsadoki, umbingeleli; ngoo- 3 Elihorefe noAhiya, oonyana bakaShisha, ababhali; nguYehoshafati, unyana ka-Ahiludi, umkhumbuzi wezinto zakomkhulu; nguBhenaya, unyana kaYeho- 4 yada, obephethe umkhosi; ngooTsadoki noAbhiyatare ababingeleli; nguAzariya, 5 unyana kaNatan, obephethe abongameli; nguZabhudi, unyana kaNatan, umbingeleli, obengumhlobo wokumkani; nguAhishare obephethe indlu; ngu- 6 Adoniram unyana ka-Abheda, obephethe abafakwa uviko.

USolomon ubenabongameli abalishu- 7 mi elinababini phezu kwamaSirayeli onke, ababemxhasa ukumkani nendlu yakhe: elowo ubexhasa ngenyanga yakhe ngomnyaka. Ngawo ke la amagama 8 abo: nguBhen-hure, wakweleentaba lakwaEfrayim; nguBhen-dekere eMakatse, 9 naseShahalebhim, naseBhete-shemeshe, naseElon-bhete-hanan; nguBhen-hesede 10 eArubhoti; yayikuye iSoko, nelizwe lonke lakwaHefere; nguBhen-abhinadabhi 11 ezindulini zonke zaseDore: uTafati intombi kaSolomon ibingumkakhe; ngu- 12 Bhahana unyana ka-Ahiludi eTahanaki

OOKUMKANI I 4-5

naseMegido, naseBhete-shehan yonke esecaleni laseTsaretan, ezantsi kweYizereli, kwathabathela eBhete-shehan, kwesa eAbhele-mehola, kwesa elé ko-
13 wakwaYokemeham; nguBhen-gebhere eRamoti yaseGiliyadi, enamagxamesi akwaYahire unyana kaManase aseGiliyadi, enommandla waseArgobhi oseBhashan: amashumi amathandathu emizi emikhulu eneendonga nemivalo yo-
14 bhedu; nguAhinadabhi unyana kaIdo,
15 eMahanayim; nguAhimahatse kwaNafetali: yena kananjalo wazeka uBhasemati, intombi kaSolomon, yangumka-
16 khe; nguBhahana unyana kaHushayi,
17 kwa-Ashere naseAloti; nguYehoshafati
18 unyana kaParuwa, kwaIsakare; nguShimehi unyana kaEla, kwaBhenjamin;
19 nguGebhere unyana kaUri, elizweni laseGiliyadi, ezweni lakwaSihon ukumkani wama-Amori, nelakwaOgi ukumkani waseBhashan; ekuphela komo-
20 ngameli obekwelo zwe. AmaYuda namaSirayeli ebemaninzi, enjengentlabathi engaselwandle ukuba maninzi, esidla, esela, evuya.

21 USolomon ubelawula ezikumkanini zonke, ethabathela kuwo uMlambo,* naselizweni lamaFilisti, wesa nasemdeni weYiputa, zizisa iminikelo, zimkhonza uSolomon yonke imihla yobomi bakhe.
22 Ke ukudla kukaSolomon kwamininye bekungamashumi omathathu eekore* zomgubo ocoliweyo, namashumi
23 omathandathu eekore zomgubo, ishumi leenkomo ezityetyisiweyo, namashumi omabini eenkomo zasemadlelweni, nekhulu lempahla emfutshane, ewodwa amaxhama, namabhadi, namanqa, neenkuku ezityetyisiweyo.
24 Ngokuba ubenobukhosi kulo lonke eliphesheya kwawo uMlambo, lithabathela eTifesa lesa eGaza, kookumkani bonke abaphesheya koMlambo. Waye-
25 noxolo ngeenxa zonke kuye. Ahlala amaYuda namaSirayeli ekholosile, elowo ehleli phantsi komdiliya wakhe naphantsi komkhiwane wakhe, ethabathela kwaDan esa eBher-shebha, yonke imihla
26 kaSolomon. USolomon wayenamawa-

ka amané emikhumbi yezitali zamahashe eenqwelo zakhe, neshumi elinamabini lamawaka amahashe akhwelwayo. Abo 27 bongameli babemxhasa ukumkani uSolomon, nabo bonke abasondela etafileni yokumkani uSolomon, elowo exhasa ngenyanga yakhe; bekungasweleki nto. Irhasi, nomququ wamahashe, nowama- 28 hashe aziimbaleki, babeyizisa endaweni apho ibifanele ukuba khona, elowo njengokumiselwa kwakhe.

UThixo wamnika ke uSolomon ubu- 29 lumko nengqondo ngokuninzi kunene, nobubanzi bentliziyo, njengentlabathi eselunxwemeni lolwandle. Ubulumko 30 bukaSolomon bebubuninzi ngaphezu kobulumko boonyana bonke basempumalanga, naphezu kobulumko bonke bamaYiputa. Ubelumkile ngaphezu kwa- 31 bantu bonke, ngaphezu koEtan umEzera, noHeman, noKalekole, noDarda, oonyana bakaMaholi. Igama lakhe belisezintlangeni zonke ngeenxa zonke. Wathetha amawaka amathathu emize- 32 keliso; zathi neengoma zakhe zaliwaka elinantlanu. Wathetha ngemithi, etha- 33 bathela kumsedare* waseLebhanon, ase nakwihisope* ephuma eludongeni; wathetha nangeenkomo, nangeentaka, nangezinambuzane, nangeentlanzi. Baye 34 bevela ezintlangeni zonke, besiza kuva ubulumko bukaSolomon bevela kookumkani bonke bomhlaba, ababebuvile ubulumko bakhe.

Imvumelano kaSolomon noHiram ukumkani waseTire

5 Wathuma ke uHiram, ukumkani waseTire, abakhonzi bakhe kuSolomon; kuba ubevile ukuba uthanjisiwe ukuba abe ngukumkani, esikhundleni sikayise; ngokuba uHiram ubehleli emthanda uDavide yonke imihla.

Wathumela uSolomon kuHiram, esi- 2 thi, Ùyazi wena ukuba uDavide ubawo 3 ubengenako ukulakhela igama likaYehova uThixo wakhe indlu, ngenxa yeentshaba ezibe zimjikelezile, wada uYehova wazibeka ngaphantsi kweentende zeenyawo zakhe. Kaloku ke úndiphu- 4 mzile uYehova, uThixo wam, ngeenxa zonke; akukho lutshaba, akukho sihlo 5 sibi. Uyabona, ndithi ndiza kulakhela indlu igama likaYehova uThixo wam, njengoko wakuthethayo uYehova kuDavide ubawo, esithi, Unyana wakho, endiya kumbeka esikhundleni sakho etroneni yakho, nguye oya kulakhela 6 indlu igama lam. Ngoko ke wisa umthetho, bandigawulele imisedare* eLebhanon; abakhonzi bam babe nabakhonzi bakho; ndíkunike umvuzo wabakhonzi bakho, njengako konke owokuthetha; ngokuba uyazi wena, ukuba kuthi apha akukho ndoda ikwaziyo ukugawula imithi njengamaTsidon.

7 Kwathi, akuweva uHiram amazwi kaSolomon, wavuya kunene, wathi, Makabongwe uYehova namhla, omnikileyo uDavide unyana olumkileyo, wokubaphatha aba bantu baninzi kangaka.
8 Wathumela uHiram kuSolomon, esithi, Ndikuvile oko undithumele khona; ndokwenza konke ukuthanda kwakho mna 9 ngemisedare nangemisipres.* Abakhonzi bam boyihlisa eLebhanon, bayise elwandle; ndiyihlanganise ndiyidadise elwandle, ndiyise kuloo ndawo wondimisela yona, ndiyikhulule khona, uyithabathe khona; ke wena wenze ukuthanda kwam, ngokuyinika ukudla indlu yam.
10 Waye ke uHiram emnika uSolomon imisedare nemisipres ngangokuthanda
11 kwakhe konke. USolomon wamnika uHiram amashumi amabini amawaka eekore* zengqolowa, ukuba idle indlu yakhe; namashumi omabini eekore zeoli engqushiweyo; wenjenjalo ke uSolomon ukumnika uHiram iminyaka ngeminyaka.
12 UYehova wamnika ubulumko uSolomon, njengoko wayekuthethile kuye; lwaba luxolo phakathi koHiram noSolomon: benza umnqophiso bobabini.
13 Ukumkani uSolomon wahlahla abafakwa uviko kumaSirayeli onke; abo bafakwa uviko babengamashumi oma-
14 thathu amawaka amadoda. Wabathuma eLebhanon, ishumi lamawaka ngenyanga, bekhululana; inyanga enye babe seLebhanon, iinyanga ezimbini babe sekhaya; ke uAdoniram ubephethe abo bafakwa uviko. USolomon ebenama- 15 shumi asixhenxe amawaka athwala imithwalo, namashumi osibhozo amawaka abeqingqa *amatye* ezintabeni; bebodwa 16 abathetheli abangabongameli bakaSolomon, ababewuphethe umsebenzi, bengamawaka amathathu anamakhulu mathathu, ababenobukhosi ebantwini ababewusebenza loo msebenzi. Wawisa 17 umthetho ukumkani, bemba amatye amakhulu, amatye anqabileyo, amatye aqingqiweyo okuseka indlu. Baqingqa 18 ke abakhi bakaSolomon, nabakhi bakaHiram, nabaseGebhali, balungisa imithi namatye okuyakha indlu.

Ukwakhiwa kwetempile kaSolomon

6 Kwathi, ngomnyaka wamakhulu omané anamanci asibhozo bephumile oonyana bakaSirayeli ezweni lamaYiputa, ngomnyaka wesiné uSolomon engukumkani kumaSirayeli, ngenyanga enguZivi, eyinyanga yesibini, wamakhela uYehova indlu leyo.

Loo ndlu ukumkani uSolomon wama- 2 khelayo uYehova ibiziikubite* ezimashumi mathandathu ubude bayo, iziikubhite ezimashumi mabini ububanzi bayo, iziikubhite ezimashumi mathathu ukuphakama kwayo. Ivaranda,* ebi- 3 phambi kwebhotwe lendlu, ibiziikubhite ezimashumi mabini ubude bayo bungangobubanzi bendlu; ibiziikubhite ezilishumi ububanzi bayo phambi kwendlu. Ke indlu wayenzela iifestile 4 ezinamanqwanqwa athe nkqi. Wákha 5 eludongeni lwendlu umayamo ngeenxa zonke; ezindongeni zendlu ngeenxa zonke, ezo zebhotwe nezendawo yezihlabo, wenza amagumbi emacaleni ngeenxa zonke; udidi oluphantsi beluziikubhite 6 ezintlanu ububanzi balo; oluphakathi beluziikubhite ezintandathu ububanzi balo; olwesithathu beluziikubhite ezisixhenxe ububanzi balo; ngokuba wenza iingqameko endlwini ngaphandle, wajikeleziswa, ukuze *imiqadi* ingàfakwa ezindongeni zendlu.

Indlu ekwakhiweni kwayo yákhiwa 7 ngamatye aselegqityiwe ukulungiswa

OOKUMKANI I 6

endaweni ambiwa kuyo; izando nezixholo, zonke iimpahla zesinyithi, azivakalanga kuloo ndlu ekwakhiweni kwayo.

8 Umnyango wegumbi eliphakathi ubusecaleni lasekunene lendlu; kwenyukwa ngezinyuko ezizungulezayo ukuya kweloluphakathi *udidi*, nokusuka kulo kuyi- 9 we kwelolwesithathu. Wayakha ke indlu, wayigqiba, wayifulela ngemiqadi 10 neeplanga zemisedare.* Wákha ke umayamo endlwini yonke, waziikubhite ezintlanu ukuphakama kwawo; wabambelela endlwini ngemisedare.

11 Lafika ilizwi likaYehova kuSolomon, 12 lisithi, Ngale ndlu uyakhayo wena, ukuba uthe wahamba ngemimiselo yam, wawenza amasiko am, wayigcina yonke imithetho ngokuhamba ngayo: ndolimisa kuwe ilizwi lam, endalithethayo ku- 13 Davide uyihlo; ndihlàle phakathi koonyana bakaSirayeli, ndingabashiyi abantu bam amaSirayeli.

14 Wayakha ke uSolomon indlu, wayi- 15 gqiba. Wazakha iindonga zendlu ngaphakathi ngeeplanga zemisedare, ethabathela emgangathweni wesa emiqadini yophahla; waleka ngemithi ngaphakathi, wawaleka umgangatho wendlu ngeeplanga zemisipres.*

16 Wákha iikubhite ezimashumi mabini, ethabathela emaphundwini endlu, ngeeplanga zemisedare, ethabathela emgangathweni wesa emiqadini; wazakhela yona ngaphakathi indawo yezihlabo, 17 ingcwele kangcwele. Yayingamashumi amané eekubhite indlu leyo ilibhotwe 18 elingaphambili. Yayimisedare kule ndlu ngaphakathi, ilukrolo lwamathangazana neentyantyambo ezithe bhenqe; yangumsedare yonke; akwabonakala li- 19 tye. Walungisa indawo yezihlabo endlwini ngaphakathi, ukuba ibekwe khona ityeya yomnqophiso kaYehova. 20 Umphakathi wendawo yezihlabo ubuziikubhite ezimashumi mabini ubude bawo, uziikubhite ezimashumi mabini ububanzi bawo, uziikubhite ezimashumi mabini ukuphakama kwawo; wawaleka ngegolide ethe shinyi, wasaleka nesibi- 21 ngelelo ngomsedare. Wayaléka ke uSolomon indlu ngaphakathi ngegolide ethe shinyi, wavala ngemixokelelwane yegolide ngaphambi kwendawo yezihlabo, wasaleka ngegolide. Wayaléka 22 ngegolide yonke ke indlu, wada wayigqiba yonke indlu; nesibingelelo sonke esibe sisendaweni yezihlabo wasaleka ngegolide.

Endaweni yezihlabo wenza iikerubhi* 23 zambini ngeminquma yasendle: zalishumi leekubhite ukuphakama kwazo. Libe liziikubhite ezintlanu elinye iphiko 24 lekerubhi, libe liziikubhite ezintlanu elesibini iphiko lekerubhi: zaba ziikubhite ezilishumi, zithabathela encamini yelinye iphiko layo, zise encamini yelinye iphiko layo. Ibiziikubhite ezili- 25 shumi neyesibini ikerubhi: ubumnye umlinganiso, kukunye ukubonakala kweekerubhi zombini. Ukuphakama kwe- 26 nye ikerubhi bekuziikubhite ezilishumi, bekunjalo nakweyesibini ikerubhi. Wa- 27 zibeka iikerubhi ezo ngaphakathi kwengaphakathi indlu; oluka amaphiko eekerubhi: lafikelela iphiko lenye eludongeni, lathi iphiko lekerubhi yesibini lafikelela kolunye udonga; aza amaphiko azo afikelelana esazulwini sendlu: elinye iphiko lafikelela kwelinye iphiko. Waza- 28 leka iikerubhi ezo ngegolide.

Wathi zonke iindonga zendlu ngeenxa 29 zonke wazikrola imikrolo, zaba nemikrolo yeekerubhi, namasundu, neentyantyambo ezithe bhenqe, ngaphakathi nangaphandle. Umgangatho wendlu 30 wawaleka ngegolide ngapha nangapha. Umnyango wendawo yezihlabo wawe- 31 nzela iingcango ngeminquma; ulungqu lwemigubasi belusisahlulo sesihlanu sodonga. Iingcango zombini bezizezo- 32 mnquma; wazikrola ngemikrolo yeekerubhi, namasundu, neentyantyambo ezithe bhenqe, wazaleka ngegolide; eyihambisa igolide phezu kweekerubhi namasundu. Wenjenje ukuwenzela u- 33 mnyango webhotwe imigubasi ngeminquma, esisahlulo sesiné sodonga. Ii- 34 ngcango zombini wazenza ngemisipres; amaphiko omabini olunye ucango aba ngajingayo, amaphiko omabini olwesibini ucango aba ngajingayo. Wakrola 35

OOKUMKANI I 6–7

kuwo iikerubhi, namasundu, neentya-
ntyambo ezithe bhenqe, waleka ngego-
36 lide, yagudiswa emikrolweni. Wákha
intendelezo engaphakathi ngeengcamba
ezintathu zamatye aqingqiweyo, nangee-
ngcamba zemisedare echweliweyo.

37 Yasekwa ngomnyaka wesiné, ngenya-
38 nga enguZivi, indlu kaYehova; ngo-
mnyaka weshumi elinamnye, ngenyanga
enguBhuli, eyinyanga yesibhozo leyo,
yagqitywa loo ndlu ezintweni zayo zo-
nke, nasezimfanelekweni zayo zonke.
Wayakha ngeminyaka esixhenxe.

Ibhotwe likaSolomon

7 Eyàkhe indlu uSolomon wayakha
iminyaka elishumi elinamithathu,
2 wayigqiba indlu yakhe yonke. Kuba
wákha nendlu yehlathi laseLebhanon:
yalikhulu leekubhite* ubude bayo, ya-
ngamashumi amahlanu eekubhite ubu-
banzi bayo, yangamashumi amathathu
eekubhite ukuphakama kwayo, phezu
kwemikrozo eminé yeentsika zomseda-
re,* ezinemiqadi echweliweyo yemiseda-
3 re phezu kweentsika ezo. Yafulelwa
ngemisedare phezulu, phezu kwamagu-
mbi abe ephezu kweentsika ezingama-
shumi amané anantlanu; aba lishumi eli-
4 nantlanu lukrozweni lunye. Imiqadi
ibiyimikrozo emithathu, ikroba likha-
5 ngelene nekroba kathathu. Zonke ii-
ngcango nemigubasi yayimbombo-né,
iyimithi; ikroba lilunge nekroba katha-
thu.

6 Wenza ivaranda* yeentsika: yaziku-
bhite ezimashumi mahlanu ubude bayo,
neekubhite ezimashumi mathathu ubu-
banzi bayo, zinevaranda engaphambi
kwazo, neentsika nezinyuko phambi
7 kwazo. Wenza nevaranda yetrone, a-
pho abethetha khona amatyala, iyivara-
nda yamatyala, wayifulela ngemisedare,
ethabathela komnye umgangatho wesa
8 komnye umgangatho. Indlu yakhe abe-
hlala kuyo, ekwenye intendelezo pha-
kathi ngasevarandeni, yasetyenzwa kwa-
ngokunjalo. Wayenzela indlu intombi
kaFaro, awayizekayo uSolomon, yanje-
ngaloo varanda.
9 Zonke ezo zinto bezizezamatye anqa-
bileyo, aqingqwe ngokomlinganiso, asa-
rhiweyo ngeesarha, ngaphakathi nanga-
phandle; ethabathela esisekweni esa elu-
ngqwini, ethabathela nangaphandle esa
entendelezweni enkulu. Useko lwa- 10
lungamatye anqabileyo, amatye ama-
khulu, amatye eekubhite ezilishumi,
amatye eekubhite ezisibhozo. Ngaphe- 11
zulu yabe ingamatye anqabileyo, aqi-
ngqwe ngokomlinganiso, nemisedare.
Intendelezo enkulu ejikelezayo yayinee- 12
ngcamba ezintathu zamatye aqingqi-
weyo, nocamba lwemisedare echweli-
weyo; njengentendelezo engaphakathi
yendlu kaYehova, nevaranda yendlu
layo.

Izixhobo zokusebenza etempileni

Wathumela ukumkani uSolomon, wa- 13
thabatha uHuram eTire. Yena ebe- 14
ngunyana womhlolokazi wesizwe sakwa-
Nafetali, uyise ebengumTire, ingcibi
yobhedu; wayezele bubulumko nayi-
ngqondo, nakukwazi ukwenza yonke
imisebenzi yobhedu. Weza ke kuku-
mkani, kuSolomon, wayenza yonke imi-
sebenzi yakhe. Wayila iintsika zambini 15
zobhedu: zalishumi elinesibhozo iiku-
bhite ukuphakama kwentsika inye, no-
mtya oziikubhite ezilishumi elinambini
ukuthandela intsika inye. Wenza ii- 16
ngqukuva zambini ngobhedu olutyhidi-
weyo, zokubekwa emantloko eentsika
ezo: ukuphakama kwengqukuva enye
kuziikubhite ezintlanu, ukuphakama
kwengqukuva yesibini kuziikubhite ezi-
ntlanu. Wenza iminatha, umsebenzi 17
onguphinyephinye, nezidanga, umse-
benzi osontelwe ezingqukuveni, ezise-
mantloko eentsika ezo: yasixhenxe kwe-
nye ingqukuva, yasixhenxe kweyesibini
ingqukuva. Wenza ke iirharnate, imi- 18
krozo emibini yokuwujikeleza omnye
umnatha, yokugubungela iingqukuva
ezisemantloko eentsika, wenjenjalo na-
kweyesibini ingqukuva. Iingqukuva e- 19
zisemantloko eentsika ezo zibe zingu-
msebenzi oyinyibiba, ngokwevaranda,
ziziikubhite ezine; iingqukuva ezisezi- 20
ntsikeni ezo zombini wazenza nanga-
phezulu, kufuphi nesisu esalekwe ngo-

mnatha, neerharnate ezimakhulu mabini, zikrozile zajikeleza engqukuveni yesibi-
21 ni. Wazimisa iintsika evarandeni yetempile, wayimisa intsika yasekunene, wathi igama layo nguZinzisayo; wayimisa intsika yasekhohlo, wathi igama layo
22 nguMandlakuye. Phezu kweentloko zeentsika ezo bekukho umsebenzi weenyibiba. Wagqitywa ke umsebenzi weentsika.

23 Wenza ulwandle olutyhidiweyo: Iwaziikubhite ezilishumi ukusuka kolunye udini lwalo, kuyiwe kolunye udini lwalo, luyinqila ngeenxa zonke, lwaziikubhite ezintlanu ukuphakama kwalo; kwajikeleza kulo umtya oziikubhite ezimashumi
24 mathathu ngeenxa zonke. Ngaphantsi kodini lwalo ngeenxa zonke yangamathangazana alishumi kubhitini-nye, azunguleza ulwandle olo ngeenxa zonke; eyimikrozo emibini amathangazana, athyidwa nalo ekutyhidweni kwalo.
25 Lwema phezu kweenkomo ezilishumi elinambini: ezintathu zibheké entla, ezintathu zibheké entshonalanga, ezintathu zibheké ezantsi, ezintathu zibheké empumalanga; ulwandle lubekwe kuzo ngaphezulu, imiva yazo zonke isinge
26 phakathi. Ubungqingqwa balo bebungangobubanzi besandla; udini lwalo belwenziwe lwanjengodini lwendebe, lwaneentyantyambo zeenyibiba; luliygéne amawaka amabini eebhate.*

27 Wenza iingqwelwana zalishumi ngobhedu; baziikubhite eziné ubude benqwelwana inye, baziikubhite eziné ububanzi bayo, kwaziikubhite ezintathu
28 ukuphakama kwayo. Kwakunje ukwenziwa kwenqwelwana: zazineepanele* pha-
29 kathi kwemiqhele; naphezu kweepanele eziphakathi kwemiqhele ibiziingonyama neenkomo neekerubhi;* naphezu kwemiqhele bekukho useko ngaphezulu; ngaphantsi kweengonyama neenkomo bekukho izidanga, umsebenzi ojinga-
30 yo. Inqwelwana inye yabe ineevili eziné zobhedu, neeasi zobhedu; iinyawo zazo zoziné zazinamagxa; ngaphantsi kwezitya zokuhlambela ingamagxa lawo atyhidiweyo, ngaphaya kwelinye
31 ibizizidanga. Umlomo wayo ubusesazulwini sesiciko, uyikubhite ukuphakama kwawo; umlomo wesiciko uyinqila, senziwe ngokwenziwa koseko; siyikubhite enesiqingatha sekubhite *ububanzi*; nasemlonyeni waso kwakukho imikrolo; iipanele zaso zazimbombo-né, azaba zinqila. Ngaphantsi 32 kweepanele yabe iziivili eziné, iiasi zeevili ezo bezimi enqwelwaneni; ukuphakama kwevili kwakuyikubhite nesiqingatha sekubhite. Ukwenziwa kwee- 33 vili bekunjengokwenziwa kweevili zeenqwelo zonke; iiasi zazo, neefeleni zazo, nezipeki zazo, neenafu zazo, zibe zityhidiwe zonke. Amagxa omané abesezi- 34 mbombeni zoné zenqwelwana, emilile enqwelwaneni amagxa lawo. Emphe- 35 zulwini wenqwelwana kwakukho inqila ngeenxa zonke; ukuphakama kwawo kusisiqingatha sekubhite; phezu komphezulu wenqwelwana kwaphuma izinto zokubamba neepanele. Emacebeni azo 36 okubamba, nasezipaneleni zawo, wakrola iikerubhi neengonyama namasundu, ngangebala lalo elinye, nezidanga ngeenxa zonke. Wenjenjalo ukuzenza ii- 37 nqwelwana ezilishumi: waba mnye umtyhido, waba mnye umlinganiso, kwaba kunye ukubonakala kwazo zonke.

Wenza ke izitya zokuhlambela zali- 38 shumi ngobhedu; sisinye isitya sokuhlambela salingana amashumi amané eebhate: sisinye isitya sokuhlambela siziikubhite eziné; sasisitya sokuhlambela enqwelwaneni kuzo zoshumi. Wabeka 39 iinqwelwana zantlanu ngecala lokunene layo indlu, wabeka zantlanu ngecala lasekhohlo layo indlu; walubeka ulwandle ngecala lokunene layo indlu, lwabheka empumalanga malunga ezantsi. UHuram wazenza nezitya zokuhla- 40 mbela, nemihlakulwana, nezitya zokutshiza.

UHuram wagqiba ke ukuwenza wonke umsebenzi abewenzela ukumkani uSolomon, wendlu kaYehova: iintsika zo- 41 mbini, neembumba zeengqukuva ebezisemantloko eentsika ezo zombini, neminatha yomibini yokuzunguleza iimbumba zombini zeengqukuva ebezisemantloko eentsika; neerharnate ezimakhulu 42

mané zeminatha yomibini: imikrozo emibini yeerharnate kumnatha umnye yokuzunguleza iimbumba ezimbini zee-
43 ngqukuva, ezibe zisezintsikeni; neenqwelwana ezilishumi, nezitya zokuhlambela ezilishumi ezinqwelwaneni;
44 nolwandle olunye, neenkomo ezilishumi elinambini ngaphantsi kolwandle olo;
45 neembiza, nemihlakulwana, nezitya zokutshiza, neempahla zonke. Zizo ezo izinto uHuram awazenzela ukumkani uSolomon, zendlu kaYehova; bezizezobhedu olubengezelayo.
46 Ukumkani wazityhidela emmandleni weYordan, emhlabeni oludongwe, pha-
47 kathi kweSukoti neTsaretan. Waziyeka uSolomon zonke iimpahla zingalinganiswanga, ngokuba bezizininzi kakhulu kunene; àbafumaneka ubunzima bobhedu olo.
48 Wazenza ke uSalomon zonke iimpahla zendlu kaYehova: isibingelelo segolide, netafile yegolide ebezikuyo izonka
49 zokubonisa; neziphatho zezibane zegolide ethe shinyi: zazihlanu ngasekunene, zazihlanu ngasekhohlo, phambi kwendawo yezihlabo; neentyantyambo, ne-
50 zibane, nezifinyiso zegolide, nezitya, nezitshetshe, nezitya zokutshiza, neenkamba, neengcedevu zegolide ethe shinyi, neehinjizi* zegolide zeengcango zendlu engaphakathi, eyingcwele kangcwele, nezeengcango zendlu elibhotwe.
51 Wagqitywa ke wonke umsebenzi, abewenzela indlu kaYehova ukumkani uSolomon. Wazingenisa uSolomon zonke izinto, abezingcwalisile uDavide uyise, isilivere negolide, wazibeka iimpahla ezo endaweni yobuncwane bendlu kaYehova.

Ukunikelwa kwetempile; umthandazo kaSolomon

8 Waza uSolomon wawabizela ndawonye amadoda amakhulu akwaSirayeli, neentloko zonke zezizwe, izikhulu zezindlu zooyise zoonyana bakaSirayeli, kukumkani uSolomon eYerusalem, ukuba bayinyuse ityeya yomnqophiso kaYehova, iphume emzini kaDavide: yi-
2 Ziyon ke leyo. Abizelwa ndawonye ku-

kumkani uSolomon onke amadoda akwaSirayeli emthendelekweni ngenyanga enguEtanim: yinyanga yesixhenxe ke leyo. Eza ke onke amadoda amakhulu 3 akwaSirayeli; bayithwala ababingeleli ityeya leyo. Benyuka nayo ityeya ka- 4 Yehova, nentente yokuhlangana, neempahla zonke zengcwele ezibe zisententeni; benyuka nazo ababingeleli nabaLevi.
Ke ukumkani uSolomon nebandla 5 lonke lamaSirayeli, elibe lihlanganiselene kuye, linaye phambi kwetyeya, babingelela impahla emfutshane neenkomo ezingenakubalwa, ezingenakulinganiswa ukuba zininzi kwazo. Bayingenisa ababingeleli ityeya yomnqophiso ka- 6 Yehova endaweni yayo, endaweni yezihlabo endlwini, engcweleni kangcwele, phantsi kwamaphiko eekerubhi.* Ngo- 7 kuba iikerubhi zaye ziwolulele amaphiko phezu kwendawo yetyeya, iikerubhi zayisithelisa ityeya nezibonda zayo ngaphezulu. Zazizide izibonda, zibonakala 8 iincam zezibonda engcweleni phambi kwendawo yezihlabo, azabonakala ngaphandle; zisekhona unanamhla. Kwa- 9 kungekho nto etyeyeni, yayingamacwecwe amabini amatye kuphela, awawabeka khona uMoses eHorebhe, oko uYehova wanqophisana noonyana bakaSirayeli, ekuphumeni kwabo ezweni laseYiputa
Kwathi, ekuphumeni kwababingeleli 10 engcweleni, lasuka ilifu layizalisa indlu kaYehova. Ababingeleli ababa naku- 11 ma balungiselele ngenxa yelifu; ngokuba ubuqaqawuli bukaYehova bayizalisa indlu kaYehova.

Waza wathi uSolomon, UYehova 12 wathi, úya kuhlala esithokothokweni. Ukukwakhela, ndikwakhéle indlu, uku- 13 ba ibe yeyokuhlala wena, indawo yokuhlala wena ngonaphakade.
Wee guququ ukumkani walisikelela 14 lonke ibandla lakwaSirayeli (laye ke limi lonke ibandla lakwaSirayeli).
Wathi yena, Makabongwe uYehova, 15 uThixo kaSirayeli, owathetha ngomlomo wakhe kuDavide ubawo, wakuzalisa

16 ngesandla sakhe, esithi, Kususela kwimini yokubakhupha kwam abantu bam amaSirayeli eYiputa, andinyulanga mzi ezizweni zonke zakwaSirayeli wokwakha indlu, yokuba libe khona igama lam; ndanyula uDavide ukuba abe phezu kwabantu bam amaSirayeli.

17 Kwaye kukho entliziyweni kaDavide ubawo ukuthi alakhele indlu igama lika-
18 Yehova uThixo kaSirayeli. Wathi uYehova kuDavide ubawo, Ngenxa enokuba kwakukho entliziyweni yakho ukuthi ulakhele indlu igama lam, walungisa ngokuthi kubekho oko entliziyweni ya-
19 kho; noko ke akusayi kuyakha indlu wena: unyana wakho ophuma esinqeni sakho, nguye oya kulakhela indlu igama
20 lam. Ulimisile ke uYehova ilizwi lakhe awalithethayo; ndivelile endaweni kaDavide ubawo, ndahlala etroneni yakwaSirayeli, njengoko wakuthethayo uYehova; ndalakhela indlu igama lika-
21 Yehova uThixo kaSirayeli. Ndayimisela khona indawo yetyeya, apho ukhona umnqophiso kaYehova, awawenzayo nobawo bethu ekubakhupheni kwakhe ezweni laseYiputa.

22 Wema ke uSolomon phambi kwesibingelelo sikaYehova, ebusweni bebandla lonke lamaSirayeli, wazolulela ezu-
23 lwini izandla zakhe. Wathi: Yehova Thixo kaSirayeli, akukho unjengawe, ezulwini phezulu nasemhlabeni phantsi, ubagcinelayo umnqophiso nenceba abakhonzi bakho abahamba phambi kwa-
24 kho ngentliziyo yabo yonke; umgcineleyo umkhonzi wakho uDavide ubawo oko wakuthethayo kuye; wakuthetha ngomlomo wakho, wakuzalisa ngesandla sakho, njengoko kunjalo namhla.

25 Kaloku, Yehova, Thixo kaSirayeli, mgcinele umkhonzi wakho uDavide ubawo oko wakuthethayo kuye, usithi, Ebusweni bam akuyi kunqunyukelwa ndoda yakuhlala etroneni yakwaSirayeli; ukuba kodwa bathe oonyana bakho bayigcina indlela yabo, bahamba phambi kwam, njengoko uhambé phambi
26 kwam wena. Kaloku, Thixo kaSirayeli, makanyaniseke amazwi akho, owa-wathethayo kumkhonzi wakho uDavide ubawo.

27 Gxebe uThixo angáde ahlale emhlabeni na? Yabona, amazulu, amazulu awo amazulu, akakulingene; hina ke, yona le ndlu ndiyakhileyo! Noko ke
28 kunonelele ukuthandaza komkhonzi wakho, nokutarhuzisa kwakhe, Yehova Thixo wam, ukuphulaphule ukumemelela nokuthandaza, athandaza ngako umkhonzi wakho phambi kwakho nam-
29 hla; ukuba amehlo akho akhangèle kule ndlu ubusuku nemini, kwindawo othe, Liya kuba kuyo igama lam; uphulaphule umthandazo athandaza ngawo umkhonzi wakho kule ndawo. Phula-
30 phula ukutarhuzisa komkhonzi wakho, nabantu bakho amaSirayeli, abaya kuthandaza ngako kule ndawo; uve ke wena endaweni ohlala kuyo emazulwini; uve ke uxolele.

31 Xa athe umntu wóna ummelwane wakhe, wathwaliswa isifungo, wafungiswa, weza wafunga phambi kwesibingelelo sakho kule ndlu: yiva ke wena ema-
32 zulwini, wenze, ugwebe kubakhonzi bakho; umgwebe ongendawo, uyibeke indlela yakhe phezu kwentloko yakhe; umgwebele olilungisa, umnike ngokobulungisa bakhe.

33 Xa bathe abantu bakho, amaSirayeli, boyiswa ziintshaba zabo, kuba bekonile, baza babuyela kuwe, balivuma igama lakho, bathandaza batarhuziza kuwe bekule ndlu: yiva ke wena emazulwini,
34 usixolele isono sabantu bakho amaSirayeli, ubabuyisele emhlabeni owawunika ooyise.

35 Xa lithe izulu lavalwa, akwabakho mvula, kuba bekonile, baza bathandaza bekule ndawo, balivuma igama lakho, babuya esonweni sabo, ngokuba ubacinezele: yiva ke wena emazulwini, usi-
36 xolele isono sabakhonzi bakho, abantu bakho amaSirayeli, ngokuba ubafundisa indlela elungileyo abaya kuhamba ngayo, unise imvula ezweni lakho, olinike abantu bakho ukuba libe lilifa.

37 Xa kuthe kwakho indlala elizweni, xa kuthe kwakho indyikitya yokufa, xa kuthe kwakho imbabala, nexoshomba, nee-

nkumbi ezinqunquthayo; xa zithe iintshaba zabangqinga elizweni, emizini yabo; nokuba sisiphi isibetho, nokuba
38 sisiphi isifo esithe sakho: ukuthandaza, nokutarhuzisa nokuba kukuphi, okuthe kwenziwa ngubani, nokuba ngabantu bakho bonke amaSirayeli, abathe besazi elowo isibetho sentliziyo yakhe, bazo-
39 lulela kule ndlu izandla zabo: yiva ke wena emazulwini, endaweni ohlala kuyo, uxolele; wenze, umnike elowo ngokweendlela zakhe zonke, ngokuyazi kwakho intliziyo yakhe (ngokuba nguwe wedwa ozaziyo iintliziyo zoonyana bonke ba-
40 bantu); ukuze bakoyike yonke imihla abahleli ngayo emhlabeni owawunika oobawo.
41 Kananjalo owolunye uhlanga, ongengowabantu bakho amaSirayeli, xa athe wavela ezweni elikude ngenxa yegama
42 lakho (ngokuba baya kuliva igama lakho elikhulu, nesandla sakho esithe nkqi, nengalo yakho eyolukileyo); weza ke
43 lowo, wathandaza ekule ndlu: yiva ke wena emazulwini, endaweni ohlala kuyo, wenze ngako konke athe wakunqula owolunye uhlanga, ukuze zonke izizwe zomhlaba zilazi igama lakho, zikoyike njengabantu bakho amaSirayeli, zazi ukuba ibizwe ngegama lakho le ndlu ndiyakhileyo.
44 Xa bathe abantu bakho baphuma, baya kulwa notshaba lwabo, ngendlela obathume ngayo, bathandaza kuYehova, bebhekisa kulo mzi uwunyulileyo, na-
45 kule ndlu ndiyakhele igama lakho: yiva ke emazulwini ukuthandaza kwabo nokutarhuziza kwabo, ubagwebele.
46 Xa bathe bakona (ngokuba akukho mntu ungoniyo), waba nomsindo, wabanikela elutshabeni, bathi abathimbi babathimba, babása ezweni lotshaba olo,
47 nokuba likude nokuba likufuphi; baza bakunyamekela oko ngentliziyo kwelo zwe bathinjelwe kulo, babuya, batarhuziza kuwe ezweni lababathimbileyo, besithi, Sonile, senza ubugwenxa, senza
48 okungendawo; babuyela kuwe ngentliziyo yabo yonke, nangomphefumlo wabo wonke, bekwelo zwe leentshaba zabo ezibathimbileyo, bathandaza kuwe, bebhekisa elizweni labo owalinika ooyise, kulo mzi uwunyulileyo, kule ndlu ndi-
49 yakhele igama lakho: yiva ke emazulwini, endaweni ohlala kuyo, ukuthandaza kwabo nokutarhuzisa kwabo, ubagwe-
50 bele, ubaxolele abantu bakho ngoko kona, nokukreqa kwabo konke abakreqe ngako kuwe, ubenzele imfesane phambi kwababathimbileyo, basikwe bona yimfesane ngabo. Ngokuba ngabantu
51 bakho, nelifa lakho, owabakhuphayo eYiputa ezikweni lesinyiti; ukuba a-
52 mehlo akho akhangele ekutarhuziseni komkhonzi wakho, nasekutarhuziseni kwabantu bakho amaSirayeli, ukuba ubeve ekukunquleni kwabo konke. Ngokuba wabahlula wena ezizweni
53 zonke zomhlaba, ukuba babe lilifa lakho, njengoko wakuthetha ngoMoses umkhonzi wakho, ekubakhupheni kwakho oobawo eYiputa, Nkosi Yehova.

Kwathi xa agqibileyo ukuthandaza
54 uSolomon kuYehova konke oko kuthandaza nokutarhuzisa, wesuka phambi kwesibingelelo sikaYehova ekuguqeni ngamadolo akhe, ezolulele ezulwini izandla zakhe. Wema, walisikelela lo-
55 nke ibandla lakwaSirayeli ngezwi elikhulu, wathi, Makabongwe uYehova,
56 obanike ukuphumla abantu bakhe amaSirayeli, njengoko konke wakuthethayo; àkwaphalala nalinye ilizwi kuwo onke amazwi akhe alungileyo, awawathethayo ngoMoses umkhonzi wakhe. UYehova
57 uThixo wethu makabe nathi, njengokuba wayenoobawo bethu; angàsishiyi, angàsilahli; ukuze ayithobele kuye
58 intliziyo yethu, sihambe ngeendlela zakhe zonke, sigcine imithetho yakhe, nemimiselo yakhe, namasiko akhe, njengoko abebawisele umthetho ngako oobawo. Makathi nala mazwi am, ndita-
59 rhuzisileyo ngawo phambi koYehova, asondele kuYehova uThixo wethu, imini nobusuku, ukuba amgwebele umkhonzi wakhe, abagwebele abantu bakhe amaSirayeli, into yemini ngemini yayo; ukuze zazi zonke izizwe zomhlaba, ukuba
60 uYehova nguye uThixo, akukho wumbi. Mayiphelele intliziyo yenu kuYehova
61

uThixo wethu, ukuba nihambe ngemimiselo yakhe, niyigcine imithetho yakhe, njengoko kunjalo namhla.

62 Waye ke ukumkani, namaSirayeli onke kunye naye, ebingelela imibingele-
63 lo phambi koYehova. Wabingelela ke uSolomon imibingelelo yokubulela, awayibingelelayo kuYehova; amashumi amabini anesibini amawaka eenkomo, ikhulu elinamanci amabini lamawaka empahla emfutshane. Bayisungula ke indlu kaYehova, ukumkani lowo noo-
64 nyana bonke bakaSirayeli. Ngaloo mini ukumkani wawungcwalisa umphakathi wentendelezo ephambi kwendlu kaYehova. Ngokuba wenza khona idini elinyukayo, nomnikelo wokudla, namanqatha emibingelelo yokubulela; kuba isibingelelo sobhedu esiphambi koYehova besisincinane, singenakulamkela idini lonke elinyukayo, nomnikelo wokudla, namanqatha emibingelelo yokubulela.
65 Ngelo xesha uSolomon wenza umthendeleko, enamaSirayeli onke, ibandla elikhulu, elithabathele ekungeneni kweHamati, lesa emlanjeni waseYiputa, phambi koYehova uThixo wethu, iintsuku ezisixhenxe neentsuku ezisixhenxe, zaziintsuku ezilishumi elinesi-
66 né. Ngosuku lwesibhozo wabandulula abantu. Bambonga ukumkani, baya ke ezintenteni zabo, bevuya, bechwayithile ngenxa yokulunga konke awakwenzayo uYehova kuDavide umkhonzi wakhe, nakumaSirayeli abantu bakhe.

Impendulo kaThixo kumthandazo kaSolomon

9 Kwathi, akugqiba uSolomon ukuyakha indlu kaYehova, nendlu yokumkani, nako konke abekulangazelele uSolomon, abenqwenela ukwenza ko-
2 na, wabonakala uYehova kuSolomon okwesibini, njengoko wayebonakele kuye eGibheyoni.
3 Wathi uYehova kuye, Ndikuvile ukuthandaza kwakho nokutarhuzisa kwakho otarhuzise ngako phambi kwam. Ndiyingcwalisile ke le ndlu uyakhileyo, ukuba libekwe khona igama lam kude kuse ephakadeni; aya kuba khona amehlo am nentliziyo yam imihla yonke. Wena 4 ke, ukuba uthe wahamba phambi kwam, njengoko wahamba ngako uDavide uyihlo, ngentliziyo egqibeleleyo, nangokuthe tye, ukuba ukwénze konke endikumisileyo, ugcine imimiselo yam namasiko am: ndoyimisa itrone yobukum- 5 kani bakho phezu kwamaSirayeli ngonaphakade, njengoko ndakuthethayo kuDavide uyihlo, ndisithi, Akuyi kunqunyukelwa ndoda etroneni yakwaSirayeli.

Ukuba ke nithe nabuya nabuya eku- 6 ndilandeleni, nina noonyana benu, anayigcina imithetho yam nemimiselo yam, endiyibeke phambi kwenu, naya nakhonza thixo bambi, naqubuda kubo: ndo- 7 wanqamla amaSirayeli emhlabeni endiwanikileyo; nale ndlu, ndiyingcwaliséle igama lam, ndoyilahla ebusweni bam, amaSirayeli abe ngumzekeliso nento yentsini ezizweni zonke. Nale ndlu no- 8 ko iphezulu nje, bomangaliswa benze umsondlo bonke abadlulayo kuyo, bathi, Yini na ukuba uYehova enjenje kweli lizwe, nakule ndlu? Bathi ke, Kunge- 9 nxa yokuba bamshiyáyo uYehova uThixo wabo, owakhupha ooyise ezweni lamaYiputa; babambelela thixweni bambi, babanqula, babakhonza; kungenxa yoko abuzisileyo bonke obu bubi phezu kwabo uYehova.

Imicimbi kaSolomon noHiram ukumkani

Kwathi ekupheleni kweminyaka ema- 10 shumi mabini, awazakha ngayo uSolomon izindlu zombini, indlu kaYehova nendlu kakumkani (uHiram ukumkani 11 waseTire ebemncedile uSolomon ngemisedare* nangemisipres,* nangegolide, ngangoko abekunqwenele), ukumkani uSolomon wamnika uHiram amashumi amabini emizi ezweni leGalili. Waphu- 12 ma uHiram eTire, eya kuyibona imizi uSolomon abemnike yona: àyalunga emehlweni akhe. Wathi, Yimizi mini 13 na le undinikileyo, mzalwana wam? Wathi, Lilizwe laseKabhuli* unanamhla. UHiram wayethumele kuku- 14 mkani ikhulu elinamanci mabini eetalente* zegolide.

15 Siso esi isizathu sokufakwa uviko awasimisayo ukumkani uSolomon, ukuba akhe indlu kaYehova, nendlu yakhe, neMilo, nodonga lweYerusalem, neHa-
16 tsore, neMegido, neGezere. Kwakunyuké uFaro ukumkani waseYiputa, wayithimba iGezere, wayitshisa ngomlilo, wawabulala amaKanan abehleli kuloo mzi, wayinika intombi yakhe, u-
17 mkaSolomon, yaba yinqakwe. USolomon wayakha ke iGezere, neBhetehoron
18 yasezantsi; neBhahalati, neTademore
19 esentlango kwelo zwe; nemizi engoovimba abenayo uSolomon, nemizi yeenqwelo, nemizi yabamahashe, nokulangazelela kukaSolomon awakulangazelelayo ukwakha eYerusalem, naseLebhanon, nasezweni lonke lolawulo lwa-
20 khe. Bonke abantu abaseleyo kumaAmori, namaHeti, namaPerizi, namaHivi, namaYebhusi, ababengengabo a-
21 bakoonyana bakaSirayeli, oonyana babo abasala emva kwabo ezweni, ababengenako oonyana bakaSirayeli ukubasingela phantsi, wabahlahla uSalomon, ukuba babe ngamakhoboka afakwa uviko unanamhla.

22 Ke koonyana bakaSirayeli uSolomon akenzanga khoboka; kuba bona baba ngamadoda akhe okulwa, nabakhonzi bakhe, nabathetheli bakhe, nabaphathimikhosi bakhe, nabatheleli beenqwelo zakhe zokulwa, nabamahashe bakhe.
23 Abo bathetheli babengabongameli abaphezu komsebenzi kaSolomon; babengamakhulu amahlanu anamanci mahlanu, ababenobukhosi ebantwini abenza loo msebenzi.

24 Yathi yakuthi ukunyuka intombi kaFaro, iphuma emzini kaDavide, isiza endlwini yayo abeyakhele, waqala wayakha iMilo.

25 USolomon ubenyusa kathathu ngomnyaka amadini anyukayo, nemibingelelo yokubulcla, esibingelelweni abesakhele uYehova, aqhumisela kweso siphambi koYehova. Wayigqiba indlu.

26 Ukumkani uSolomon wenza isinqanawa e-Etsiyon-gebhere, ese-Eloti, elunxwemeni loLwandle oluBomvu,* ezweni lakwaEdom. UHiram wathuma 27 ke ngesinqanawa eso abakhonzi bakhe, amadoda eenqanawa, alwaziyo ulwandle, ndawonye nabakhonzi bakaSolomon. Baya kwaOfire, bathabatha kho- 28 na igolide, amakhulu amané anamanci mabini eetalente, bazisa kukumkani uSolomon.

Utyelelo lokumkanikazi waseShebha kuSolomon

10 Ke kaloku ukumkanikazi waseShebha waluva udaba lukaSolomon, olusingisele kwigama likaYehova, weza ukumlinga ngemibuzo elukhuni. Wafika eYerusalem enesihlwele esinzi- 2 ma kunene, esineenkamela ezithwele ubulawu, negolide eninzi kunene, namatye anqabileyo. Weza kuSolomon, wathetha naye konke okube kusentliziyweni yakhe. USolomon wamtyhilela 3 onke amazwi akhe; akubangakho lizwi lifihlakeleyo kukumkani, angabanga nakumtyhilela lona.

Wabubona ukumkanikazi waseShe- 4 bha bonke ubulumko bukaSolomon, nendlu abeyakhile, nokudla kwetafile ya- 5 khe, nokuhlala kwabakhonzi bakhe, nokuma kwabalungiseleli bakhe, nezambatho zabo, nabangcamli bakhe, nezinyuko zakhe abenyuka ngazo ukuya endlwini kaYehova; akwaba sabakho kuqina kwamxhelo kuye. Wathi kukumkani, Libe liyi- 6 nene ilizwi endaliva, ezweni lam, lezinto zakho nobulumko bakho. Andikholwa- 7 nga ngamazwi lawo, ndada ndeza, abona amehlo am; ùyabona, bendingaxelelwanga nesiqingatha esi. Ulugqithile ngobulumko nangokulunga udada ebendiluvile. Anoyolo amadoda akho, ba- 8 noyolo aba bakhonzi bakho bemiyo phambi kwakho amaxesha onke, bebuva ubulumko bakho. Makabongwe uYe- 9 hova uThixo wakho, okunonoleleyo, wakubeka etroneni yakwaSirayeli ngokuwathanda kwakhe amaSirayeli ngonaphakade, wakumisa waba ngukumkani, ukuba wenze okusesikweni nobulungisa.

10 *Ukumkanikazi* wamnika ukumkani ikhulu elinamanci amabini eetalente* zegolide, nasebulawini into eninzi kunene, namatye anqabileyo; akuzanga kube saziswa bulawu bungangobo ukuba buninzi kwabo, obo ukumkanikazi waseShebha wabunika ukumkani uSo-
11 lomon. Kananjalo isinqanawa sikaHiram, esathutha igolide kwaOfire, savela kwaOfire nemialmugi* emininzi ku-
12 nene, namatye anqabileyo. Imialmugi leyo ukumkani wayenza iintsika zendlu kaYehova, nezeyendlu yokumkani, neehadi nemirhubhe yeemvumi; akuzanga kube saziswa mialmugi injalo, akubo-
13 nwanga injalo unanamhla. Ke ukumkani uSolomon wamnika ukumkanikazi waseShebha konke akunanzileyo, awakucelayo; kukodwa khona awamnikayo ngokwamandla okuba engukumkani uSolomon. Wajika ke, waya ezweni lakhe, yena nabakhonzi bakhe.

Ubutyebi bukaSolomon

14 Ke kaloku ukulinganiswa kwegolide, eyeza kuSolomon ngamnyaka mnye, kwaba ngamakhulu mathandathu anamanci mathandathu anesithandathu ii-
15 talente zegolide. Iyodwa eyabarhwebi, neyentengiso yabathengisi, neyookumkani bonke bomxukuxela, neyamabamba elizwe.
16 Ukumkani uSolomon wênza amakhulu amabini amakhaka egolide engumkhando; zangamakhulu amathandathu iishekele* zegolide, awaleka ngazo kha-
17 ka linye. Wenza amakhulu amathandathu eengweletshetshe zegolide engumkhando; zaba ntathu iimina* zegolide, awaleka ngazo ngweletshetshe-nye. Ukumkani wazibeka endlwini yehlathi lase-
18 Lebhanon. Ukumkani wenza itrone enkulu ngeempondo zeendlovu, waya-
19 léka ngegolide engcwengiweyo. Itrone leyo ibinezinyuko ezithandathu; itrone leyo ibinomphezulu oyinqila ngasemva. Kukho iingalo ngapha nangapha kwendawo yokuhlala; kumi iingonyama ezi-
20 mbini ecaleni leengalo ezo. Kumi iingonyama ezilishumi elinambini khona ezinyukweni ezithandathu, ngapha na- ngapha; akuzanga kwenziwe nto injalo ezikumkanini zonke.

Yonke impahla yokusela yokumkani 21 uSolomon yabe iyeyegolide, nempahla yonke yendlu yehlathi laseLebhanon yabe iyeyegolide ecikizekileyo; bekungekho yasilivere; ibingento yakonto yona ngemihla kaSolomon. Ngokuba uku- 22 mkani ubenesinqanawa saseTarshishe elwandle, ndawonye nesinqanawa sikaHiram; seza kanye ngeminyaka emithathu isinqanawa eso saseTarshishe, sithwele igolide, nesilivere, neempondo zeendlovu, neentsimango, neepikoko.*

Waba mkhulu ke ukumkani uSolo- 23 mon, ngaphezu kookumkani bonke behlabathi, ngobutyebi nangobulumko. Lonke ihlabathi laye lifuna ubuso buka- 24 Solomon, ukuba live ubulumko bakhe, awayebubeke entliziyweni yakhe uThixo. Bazisa elowo umnikelo wakhe; ii- 25 mpahla zesilivere, neempahla zegolide, nezambatho, nezikrweqe, nobulawu, namahashe, noondlebende, into yeminyaka ngeminyaka.

USolomon wahlanganisa iinqwelo zo- 26 kulwa namahashe akhwelwayo, waba newaka elinamakhulu amané eenqwelo zokulwa, namawaka alishumi elinambini amahashe akhwelwayo; wazibeka ezo zinto emizini yeenqwelo zokulwa, nakukumkani eYerusalem. Ukumkani 27 wayenza isilivere yanjengamatye eYerusalem, nemisedare* wayenza yanjengemithombe esesihlanjeni, ukuba mininzi. Amahashe abenawo uSolomon 28 avela eYiputa; laza iqela labathengela ukumkani lalithabatha iqela ngalinye ngenani elithile. Kwenyuka kwaphu- 29 ma inqwelo yokulwa eYiputa ngamakhulu amathandathu eeshekele* zesilivere, nehashe ngekhulu elinamanci mahlanu; benjenjalo bona ngokwabo ukubathuthela ookumkani bonke bamaHeti, nookumkani bama-Aram.*

Unqulo-zithixo lukaSolomon

11 Ke kaloku ukumkani uSolomon wathanda abafazi abaninzi bezinye iintlanga, ndawonye nentombi ka-

Faro: amaMowabhikazi, nama-Amonikazi, namaEdomikazi, namaTsidonika-
2 zi, namaHetikazi; ezintlangeni, abethe uYehova koonyana bakaSirayeli, Ize ningangeni kuzo, nazo zingangeni kuni; inene, zozitsalela koothixo bazo iintliziyo zenu. Wanamathela kubo abo uSolo-
3 mon ngothando. Wayenabafazi abamakhulu asixhenxe, amakhosikazi; namakhulu amathathu amashweshwe; abafazi bakhe bayityekisa ke intliziyo yakhe.
4 Kwathi, ngexesha lobudala bukaSolomon, abafazi bakhe bayityekisela intliziyo yakhe ekulandeleni thixo bambi; intliziyo yakhe ayaphelela kuYehova uThixo wakhe, njengentliziyo ka-
5 Davide uyise. USolomon walandela uAshtoreti,* uthixo wamaTsidon; walandela uMoleki,* izothe lama-Amon.
6 Wenza okubi emehlweni kaYehova; akamlandela uYehova ngokukholisekileyo, njengoDavide uyise. Waza u-
7 Solomon wamakhela isigánga uKemoshe,* izothe lamaMowabhi, entabeni ekhangelene neYerusalem, noMoleki,
8 izothe loonyana baka-Amon. Wabenjela njalo bonke abafazi bakhe bezinye iintlanga, ababeqhumisela bebingelela koothixo babo.

9 UYehova ke waba nomsindo kuSolomon, ngokuba ibityekile intliziyo yakhe, yemka kuYehova uThixo kaSirayeli, owayebonakele kuye izihlandlo
10 ezibini; emwisele umthetho ngaloo nto, ukuba angalandeli thixo bambi; àkawugcina umthetho abemwisele wona uYehova.
11 Wathi ke uYehova kuSolomon, Ngenxa enokuba unaloo nto, akwawugcina umnqophiso wam, nemimiselo yam endikumiseleyo, okwenene, ndiya kubukrazula ubukumkani kuwe, ndibunike
12 umkhonzi wakho. Kodwa ke andiyi kukwenza oko ngemihla yakho, ngenxa kaDavide uyihlo; ndiya kubukrazula
13 esandleni sonyana wakho. Kodwa andiyi kubukrazula bonke ubukumkani; ndomnika isizwe esinye unyana wakho, ngenxa kaDavide umkhonzi wam, nangenxa yeYerusalem endiyinyulileyo.

Iintshaba zikaSolomon

Ke uYehova wamvelisela uSolomon 14 utshaba olunguHadade umEdom; yena ubengowembewu yokumkani kwaEdom. Kwakuthe, oko uDavide ebekwaEdom, 15 ekunyukeni kukaYowabhi umthethelimkhosi eye kungcwaba abahlatyiweyo, waxabela yonke into engamadoda kwaEdom (ngokuba wahlala iinyanga za- 16 ntandathu khona uYowabhi namaSirayeli onke, wada wayinqumla yonke into engamadoda kwaEdom); wabaleka u- 17 Hadade, yena namaEdom akubakhonzi boyise kunye naye, baya eYiputa; ke uHadade waye eyinkwenkwana oko. Besuka kwaMidiyan, beza eParan; 18 bathabatha amadoda eParan, ahamba nabo; beza eYiputa kuFaro, ukumkani waseYiputa. Yena ke wamnika indlu, wathi makazuze ukudla, wamnika ilizwe.

UHadade wababalwa kakhulu ngu- 19 Faro; wamnika umfazi, umsakwabo bomkakhe, umsakwabo boTapenes inkosikazi. Ke umsakwabo boTapenes 20 wamzalela uGenubhati, unyana wakhe; uTapenes wamlumlela endlwini kaFaro, uGenubhati waba ngowendlu kaFaro phakathi koonyana bakaFaro.

UHadade eseYiputa, weva ukuba 21 uDavide ulele kooyise, ufile noYowabhi umthetheli-mkhosi; wathi uHadade kuFaro, Ndíndulule ndiye ezweni lakowethu. Wathi uFaro kuye, Ùswele 22 ntoni na kum, le nto ufuna ukuya ezweni lakowenu? Wathi, yena, Nento le; noko ke ndíndulule.

UThixo wamvelisela omnye umchasi 23 onguRezon, unyana kaEliyada, owabalekayo kuHadadezere, ukumkani waseTsobha, inkosi yakhe. Wabuthela kuye 24 amadoda, waba ngumthetheli wempi, ekubabulaleni kukaDavide abo. Baya ke eDamasko, bahlala khona, baba nobukumkani eDamasko. Waba lu- 25 tshaba lwamaSirayeli yonke imihla kaSolomon; ke ngobu bubi *wabenzáyo* uHadade, wakruquka ngamaSirayeli; waye engukumkani kwa-Aram.*

Ukuphakama kukaYarobheham

26 NoYarobheham, unyana kaNebhati, umEfrayim waseTsereda, umkhonzi kaSolomon, ogama lonina belinguTseruya, umhlolokazi, wasiphakamisa isandla kukumkani.
27 Nantsi ke imbangi yokuba amphakamisele isandla ukumkani. USolomon wayesakha iMilo, wavala ithuba lomzi
28 kaDavide uyise. Ke le ndoda inguYarobheham ibiligorha elinobukroti. Wayibona uSolomon le ndodana, ukuba iyasebenza, wayenza umphathi womthwalo wonke wendlu kaYosefu.
29 Kwathi ngelo xesha, uYarobheham waphuma eYerusalem; wathi uAhiya waseShilo, umprofeti, wamfumana endleleni; wayambethe ke ingubo entsha;
30 baye bobabini bebodwa endle. Wesuka uAhiya, wayibamba loo ngubo intsha abenayo, wayiqwenga; yaziziqwenga
31 ezilishumi elinazibini. Wathi *uAhiya* kuYarobheham, Zithabathele iziqwenga zibe lishumi; ngokuba utsho uYehova uThixo kaSirayeli, ukuthi, Yabona, ndiya kubukrazula ubukumkani esandleni sikaSolomon, ndikunike izizwe
32 zibe lishumi; esinye isizwe sibe kuye ngenxa yomkhonzi wam uDavide, nangenxa yeYerusalem, umzi endiwunyulileyo ezizweni zonke zakwaSirayeli.
33 *Ndibukrazula* ngenxa enokuba bendishiyile mna, baqubuda kuAshtoreti, uthixo wamaMowabhi, nakuMilikom, uthixo woonyana baka-Amon; àbahamba ngeendlela zam, ukuba benze okuthe tye ngeendlela zam, ukuba benze okuthe tye emehlweni am, nemimiselo yam, nama-
34 siko am, njengoDavide uyise. Andiyi kubuthabatha bonke ubukumkani esandleni sakhe; ndomenza abe sisikhulu yonke imihla yobomi bakhe, ngenxa kaDavide umkhonzi wam endamnyulayo, owayigcinayo imithetho yam ne-
35 mimiselo yam. Ndobuthabatha ubukumkani esandleni sonyana wakhe, ndinike wena izizwe ezilishumi ke;
36 unyana wakhe ndimnike isizwe esinye, ukuze kubekho isibane kuDavide, umkhonzi wam, yonke imihla phambi kwam eYerusalem, umzi endiwunyulileyo ukuba ndibeke khona igama lam.
37 Ndokuthabatha, ube ngukumkani koko konke othe wakunqwenela umphefumlo wakho, ube ngukumkani kumaSirayeli.
38 Kothi, ukuba uthe wakuphulaphula konke endikuwisela umthetho ngako, wahamba ngeendlela zam, wenza okuthe tye emehlweni am, ukuba ugcine imimiselo yam nemithetho yam, njengoko wenza ngako uDavide umkhonzi wam: ndibe nawe, ndikwakhele indlu esimakade, njengoko ndamakhelayo uDavide, ndikunike amaSirayeli;
39 ndiyibandezele imbewu kaDavide ngenxa yoku; kodwa kungàde kube ngonaphakade.

40 USolomon wafuna ukumbulala uYarobheham; wesuka uYarobheham wabalekela eYiputa kuShishaki, ukumkani weYiputa. Waba seYiputa wada wafa uSolomon.

Ukufa kukaSolomon

41 Ezinye izinto zikaSolomon, nako konke awakwenzayo, nobulumko bakhe, azibhalwanga na encwadini yemicimbi kaSolomon?
42 Ke imihla abengukumkani ngayo uSolomon eYerusalem kumaSirayeli onke, yaba yiminyaka emashumi mané.
43 USolomon walala kooyise, wangcwatyelwa emzini kaDavide uyise; uRehabheham, unyana wakhe, waba ngukumkani esikhundleni sakhe.

URehabheham uba ngukumkani

12 URehabheham waya kwaShekem; ngokuba amaSirayeli onke abeye kumenza ukumkani kwaShekem. Kwa-
2 thi akuva uYarobheham, unyana kaNebhati (eseYiputa, apho wayebalekele khona ebusweni bukaSolomon ukumkani; ehleli uYarobheham eYiputa, bathumela bambiza), weza uYarobhe-
3 ham nebandla lonke lakwaSirayeli, bathetha noRehabheham, besithi, Uyi-
4 hlo wayenza nzima idyokhwe yethu; ke wena yenze lula inkonzo elukhuni kayihlo, nedyokhwe yakhe enzima awayibeka phezu kwethu, ukuze sikukhó-

5 nze. Wathi kubo, Khanindikhwelele iintsuku zibe ntathu, nibuye nize kum. Bemka ke abantu.

6 Ukumkani uRehabheham wacebisana namadoda amakhulu, abesakuma phambi koSolomon uyise oko abesahleli, wathi, Ninika cebo lini na nina, ukuze
7 ndibanike ilizwi aba bantu? Athetha ke kuye, esithi, Ukuba uthe namhla waba ngumkhonzi kwaba bantu, wabakhonza, wabaphendula, wathetha amazwi amahle kubo, boba ngabakhonzi bakho yonke imihla.

8 Walishiya icebo lamadoda amakhulu abemnike lona, wacebisana namadodana aziintanga zakhe, abemi phambi kwa-
9 khe; wathi kuwo, Ninika cebo lini na nina, ukuze sibanike ilizwi aba bantu bathethileyo kum, besithi, Yenze lula idyokhwe awayibeka phezu kwethu
10 uyihlo? Athetha ke kuye amadodana aziintanga zakhe, esithi, Yithi kwaba bantu bathethe kuwe, besithi, Uyihlo wayenza nzima idyokhwe yethu, yenze lula kuthi wena; yithi kubo, Ucikicane wam uya kuba nesibili kunesinqe sika-
11 bawo. Ke, ekubeni ubawo ebenithwalise idyokhwe enzima, mna ke ndiya kongeza edyokhweni yenu; ubawo ubenibetha ngeentsontelo, mna ke ndiya kunibetha ngeekatsi.

12 Baya ke ooYarobheham nabantu bonke kuRehabheham ngomhla wesithathu, njengoko wayethethe ngako ukumkani, esithi, Nobuya nize kum ngomhla
13 wesithathu. Ukumkani wabaphendula abantu kalukhuni, walishiya icebo la-
14 madoda amakhulu abemnike lona. Wathetha kubo ngokwecebo lamadodana, esithi, Ubawo wayenza nzima idyokhwe yenu, mna ke ndiya kongeza edyokhweni yenu; ubawo wanibetha ngeentsontelo, mna ke ndiya kunibetha ngeekatsi.
15 Akabaphulaphulanga ke abantu ukumkani; ngokuba esi siphendu sibe siphuma kuYehova, ukuze alimise izwi lakhe, abelithethile uYehova ngoAhiya waseShilo kuYarobheham, unyana kaNebhati.

Uvukelo lwezizwe; uYarobheham wenziwa ukumkani

16 Akùbona ke onke amaSirayeli ukuba ukumkani akawaphulaphuli, abantu bambuyisela ukumkani ilizwi elithi, Sinasabelo sini na kuDavide? Asinalifa kunyana kaYese. Ezintenteni zenu, maSirayeli! Zikhangelele ngoku ngokwakho indlu yakho, Davide! Aya
17 ezintenteni zawo ke amaSirayeli. Ke oonyana bakaSirayeli ababehleli emizini yakwaYuda, uRehabheham waba
18 ngukumkani kubo. Ukumkani uRehabheham wathuma uAdoram, obephethe abafakwa uviko. Esuka onke amaSirayeli, amxuluba ngamatye; wafa. Ukumkani uRehabheham wakhawuleza waya kukhwela enqwelweni yakhe, ukuba asabele eYerusalem.
19 Akreqa ke amaSirayeli endlwini ka-
20 Davide unanamhla. Kwathi, akuva onke amaSirayeli ukuba uYarobheham ubuyile, athumela ambizela ebandleni, amenza ukumkani wamaSirayeli onke; akwabakho ulandela indlu kaDavide, saba sisizwe sakwaYuda sodwa.

21 Weza uRehabheham eYerusalem, wabizela ndawonye yonke indlu yakwaYuda, kwanesizwe sakwaBhenjamin, ikhulu elinamanci asibhozo lamawaka amadodana okulwa imfazwe, ukuba aye kulwa nendlu kaSirayeli, bubuyisèlwe ubukumkani kuRehabheham unyana kaSolomon. Lafika ilizwi likaThixo 22 kuShemaya, umfo wakwaThixo, lisithi, Yitsho kuRehabheham unyana kaSolo- 23 mon, ukumkani wakwaYuda, nakwindlu yonke yakwaYuda, nakuBhenjamin, nakubantu abaseleyo, ukuthi, Utsho uYe- 24 hova ukuthi, Ize ninganyuki; ize ningalwi nabazalwana benu oonyana bakaSirayeli. Buyani, aye elowo endlwini yakhe; ngokuba iphuma kum le nto. Baliphulaphula ilizwi likaYehova, babuya, bahamba ngokwelizwi likaYehova.

Isono sikaYarobheham

25 Ke uYarobheham wawakha umzi wakwaShekem kweleentaba lakwaEfrayim, wahlala khona; waphuma apho

26 wákha iPenuweli. Wathi uYarobheham entliziyweni yakhe, Kaloku ubukumkani buya kubuyela endlwini ka-
27 Davide. Ukuba bathe benyuka aba bantu, baya kubingelela endlwini kaYehova eYerusalem, yobuya intliziyo yaba bantu iye enkosini yabo, kuRehabheham, ukumkani wakwaYuda; bandibulale mna, babuyele kuRehabhe-
28 ham ukumkani wakwaYuda. Waceba ke ukumkani, wenza amathole egolide amabini; wathi kubo, Niyaxhamleka kukunyuka niye eYerusalem. Nanku uThixo wakho, Sirayeli, owakukhu-
29 phayo ezweni laseYiputa! Walimisa ke elinye eBhetcle, walimisa elinye kwa-
30 Dan. Yathi loo nto yaba sisono; bahamba abantu baya phambi kwelo
31 likwaDan. Wenza indlu yasezigangeni, wenza ababingeleli eluntwini lonke, a ababengengabo abakoonyana bakaLevi.
32 UYarobheham wenza umthendeleko ngenyanga yesibhozo, ngoweshumi elinesihlanu umhla kuloo nyanga, onjengomthendeleko wakwaYuda; wenyusa amadini esibingelelweni. Wenjenjalo eBheteli, ebingelela kumathole lawo abewenzile; wamisa eBheteli ababinge-
33 leli bezigánga awazenzáyo. Wenyusa amadini esibingelelweni awasenzayo eBheteli, ngoweshumi elinesihlanu umhla wenyanga yesibhozo, ngenyanga leyo abeyicamangile kweyakhe intliziyo; wabenzela umthendeleko oonyana bakaSirayeli, wenyusa amadini esibingelelweni, ukuba kuqhunyiselwe.

Umprofeti owuphikisileyo umlomo kaYehova, nesohlwayo sakhe

13 Nanko, kuvela umfo wakwaThixo kwaYuda ngokwelizwi likaYehova, weza eBheteli; uYarobheham wayemi ngasesibingelelweni eqhumisela.
2 Wankqangaza esibingelelweni ngokwelizwi likaYehova, wathi, Sibingelelo, sibingelelo! Utsho uYehova ukuthi, Uyabona, kuya kuzalwa unyana kwindlu kaDavide, ogama linguYosiya; oya kubabingelela phezu kwakho lo ababingeleli bezigánga, abaqhumisela phezu kwakho, kutshiswe amathambo abantu phezu kwakho.

Kwangaloo mini wabaxelela isimanga 3 *esiya kuhla*, esithi, Siso esi isimanga asithethileyo uYehova: Yabona, isibingelelo esi siya kukrazuka, luphalale uthuthu oluphezu kwaso. Kwathi, a- 4 kuliva ukumkani ilizwi lomfo wakwaThixo, owankqangazayo esibingelelweni eBheteli, wasolula uYarobheham isandla sakhe esesibingelelweni, wathi, Mbambeni. Sesuka soma isandla sakhe abesolulele kuye, akaba nako ukusibuyisela kwakuye. Sakrazuka isibinge- 5 lelo, lwaphalala uthuthu esibingelelweni, ngokwesimanga abesixelile umfo wakwaThixo ngelizwi likaYehova. Wa- 6 phendula ukumkani, wathi kumfo wakwaThixo, Khawumbongoze uYehova uThixo wakho, undithandazele, sibuyiselwe kum isandla sam. Umfo wakwaThixo wambongoza ke uYehova, sabuyiselwa kuye isandla sokumkani, saba njengokwangaphambili.

Wathetha ke ukumkani kumfo wa- 7 kwaThixo, wathi, Hamba siye ekhaya, uzixhase, ndikunike isipho. Wathi u- 8 mfo wakwaThixo kukumkani, Ùngafanelana uthe wandinika isiqingatha sendlu yakho, andingekhe ndiye nawe, andingekhe ndidle sonka, andingekhe ndisele manzi kule ndawo. Ngokuba 9 kwenjiwa nje ukumiselwa kwam Ililizwi likaYehova, kwathiwa, Uze ungadli sonka, ungaseli manzi, ungabuyi ngendlela obuzé ngayo. Waza wahamba 10 ngandlela yimbi, akabuya ngendlela abeze ngayo eBheteli.

Ke kaloku kwakuhleli eBheteli u- 11 mprofeti othile, obeseleyindoda enkulu; weza unyana wakhe, wamcacisela konke awakwenzayo umfo wakwaThixo loo mini eBheteli; namazwi awawathethayo kukumkani, wawacacisa kuyise. Wathi uyise kubo, Úhambé ngayiphi 12 na indlela? Babeyibonile ke indlela oonyana bakhe, ahambe ngayo umfo wakwaThixo, owayevele kwaYuda. Wathi 13 koonyana bakhe, Ndibopheleni iesile. Bambophela ke iesile, wakhwela kulo.

14 Walandela umfo wakwaThixo, wamfumana ehleli phantsi komterebhinti,* wathi kuye, Ünguye na umfo wakwaThixo lo ubevela kwaYuda? Wathi
15 yena, Ndinguye. Wathi kuye, Hamba
16 siye ekhaya, udle isonka. Wathi yena, Andinakubuya nawe; andinakungena nawe; andiyi kudla sonka, andiyi kusela
17 manzi nawe kule ndawo; kuba kuthiwe kum lilizwi likaYehova, Uze ungadli sonka, ungaseli manzi khona, ungabuyi
18 uhambe ngendlela obuze ngayo. Wathi kuye, Ndingumprofeti nam njengawe; kuthethe isithunywa sezulu kum ngelizwi likaYehova, sisithi, Mbuyise, eze nawe endlwini yakho, adle isonka, asele
19 amanzi. Watsho emxokisa. Wabuya ke naye, wadla isonka endlwini yakhe, wasela amanzi.

20 Kwathi, behleli etafileni apho, kwafika ilizwi likaYehova kuloo mprofeti
21 ubembuyisile; wankqangaza kuloo mfo wakwaThixo ubevele kwaYuda, esithi, Útsho uYehova ukuthi, Ngenxa enokuba uwuphikisile umlomo kaYehova, akwawugcina umthetho abekuwisele u-
22 Yehova uThixo wakho, wesuka wabuya, wadla isonka, wasela amanzi kule ndawo awathetha ngayo kuwe, esithi, Uze ungadli sonka, ungaseli manzi: isidumbu sakho asiyi kungena engcwabeni looyihlo.

23 Kwathi emveni kokudla kwakhe isonka, emveni kokusela kwakhe, wambophela iesile umprofeti lowo abe-
24 mbuyisile. Wahamba, wafunyanwa yingonyama endleleni, yambulala; sathi isidumbu sakhe saqungquluza endleleni; lema ecaleni laso iesile, nengonyama
25 yema ecaleni lesidumbu eso. Kwabonakala kudlula amadoda; asibona isidumbu eso siqungquluzile endleleni, imi ingonyama leyo ecaleni lesidumbu; afika axela kuloo mzi, abehleli kuwo umprofeti obeseleyindoda enkulu.
26 Weva umprofeti obembuyise endleleni, wathi, Ngulaa mfo wakwaThixo uwuphikisileyo umlomo kaYehova. UYehova umnikele engonyameni; yamqoba, yambulala ngokwelizwi likaYehova,
27 abelithethe kuye. Wathetha koonyana bakhe, esithi, Ndibopheleni iesile. Ba-
libopha. Wahamba ke, wasifumana 28 isidumbu sakhe siqungquluzile endleleni, limi iesile nengonyama ecaleni lesidumbu, ingonyama ingasidlanga isidumbu, ingaliqobanga ne-esile.

Wasifunqula umprofeti isidumbu so- 29 mfo wakwaThixo, wasibeka e-esileni, wabuya naso. Weza ekhaya umprofeti lowo useleyindoda enkulu, ukuba ammbambazelele, amngcwabe. Wasi- 30 beka isidumbu engcwabeni lakhe, bammbambazelela besithi, Yoo! Mzalwana wam! Kwathi, emveni koku- 31 mngcwaba kwabo, wathetha koonyana bakhe, esithi, Ndákufa, ndingcwabeleni engcwabeni angcwatyelwe kulò umfo wakwaThixo; walaliseni ngasemathanjeni akhe amathambo am. Ngo- 32 kuba, inene, liya kwenzeka ilizwi, alinkqangazileyo ngelizwi likaYehova esibingelelweni esiseBheteli, nasezindlwini zonke zasezigangeni, ezisemizini yakwaSamari.

Emva koko uYarobheham akabuya- 33 nga endleleni yakhe embi; wabuya wenza ababingeleli bezigánga eluntwini lonke; wathi athe wamthanda, wammisela, waba ngowababingeleli bezigánga. Yathi loo nto yaba sisono sendlu ka- 34 Yarobheham, ukuba itshone itshabalale, ingabikho phezu komhlaba.

Okuhlele intsapho kaYarobheham nokufa kwakhe

14 Ngelo xesha wahliwa sisifo uAbhiya, unyana kaYarobheham. Wathi uYarobheham kumkakhe, Khawusuke uzenze mntu wumbi, bangàkwazi ukuba ungumkaYarobheham; uhambe uye eShilo; nanko apho uAhiya umprofeti, owandixelelayo ukuba ndiya kuba ngukumkani waba bantu; uphathe 3 esandleni sakho izonka ezilishumi, nemiqhathane, neselwa lobusi, uye kuye: wókuxelela okuya kubakho kulo mntwana. Wenjenjalo umkaYarobhe- 4 ham, wesuka waya eShilo, wangena endlwini ka-Ahiya.

Ke kaloku uAhiya ebengenakubona,

ngokuba amehlo akhe abenorhatyazo
5 ngobudala bakhe. Wathi uYehova ku-
Ahiya, Nanko umkaYarobheham eza
kubuza into kuwe ngonyana wakhe;
ngokuba esifa. Uze uthi, uthi, uku-
thetha kuye; kuba wóthi ekungeneni
kwakhe, azenze mntu wumbi.
6 Kwathi, akusiva uAhiya isingqi see-
nyawo zakhe, engena emnyango, wathi,
Ngena, mkaYarobheham, yini na ukuba
uzenze mntu wumbi? Ndithunywe
7 kuwe udaba olubi. Yiya, uthi kuYaro-
bheham, Utsho uYehova uThixo ka-
Sirayeli, ukuthi, Ngenxa enokuba nda-
kuphakamisayo phakathi kwabantu,
ndakwenza ingànga kubantu bam ama-
8 Sirayeli, ndabukrazula ubukumkani e-
ndlwini kaDavide, ndakunika; wesuka
akwafuza umkhonzi wam uDavide,
owayigcinayo imithetho yam, owandi-
landelayo ngentliziyo yakhe yonke,
ukuba enze okuthe tye kodwa emehlweni
9 am; wesuka wena wenza okubi ngaphezu
kwabo bonke ababekho ngaphambi
kwakho, waya wazenzela thixo bambi,
nemifanekiso etyhidiweyo, ukuba undi-
qumbise, wandiphosa emva komhlana
10 wakho: ngako oko, yabona, ndiya
kuyizisela ububi indlu kaYarobheham,
ndiyinqamle kwaYarobheham yonke
into eyindoda, ovalelweyo novulelweyo
kwaSirayeli, ndiwatshayele amavela-
mva endlu kaYarobheham, njengoku-
tshayelwa kwelindle, kude kuthi tu.
11 OkaYarobheham ofela phakathi komzi,
uya kudliwa zizinja; ofela endle, uya
kudliwa ziintaka zezulu; ngokuba uYe-
hova ethethile.
12 Suk' ume ke wena, uhambe uye
endlwini yakho; ekungeneni kweenyawo
zakho kuwo umzi, úya kufa umntwana.
13 Ommbambazelela onke amaSirayeli,
amngcwabe; ngokuba nguye yedwa
kwaYarobheham, oya kungena engcwa-
beni; ngenxa yokuba kufunyenwe kuye
kukho into elungileyo, ebhekisele ku-
Yehova, uThixo kaSirayeli, endlwini
14 kaYarobheham. UYehova uya kuzi-
velisela ukumkani kwaSirayeli, oya kuyi-
nqamla indlu kaYarobheham loo mini,
Ndisathetha ntoni na, sekunjalo nje?

UYehova uya kubetha kumaSirayeli, 15
njengengcongolo izanyazanyiswa ema-
nzini, áwanyothule amaSirayeli emhla-
beni olungileyo, awawunika ooyise, a-
wachithachithele phesheya koMlambo,*
ngenxa enokuba enze ooAshera* bawo,
amqumbisa uYehova; áwanikele ama- 16
Sirayeli ngenxa yesono sikaYarobhe-
ham, owonayo, wawonisa ngaso ama-
Sirayeli.

Wesuka ke umkaYarobheham, waha- 17
mba, wafika eTirtsa, wathi akuthi
ukunyathela embundwini womnyango
wendlu, wafa umntwana. Amngcwaba, 18
ammbambazelela amaSirayeli onke ngo-
kwelizwi likaYehova, awalithethayo
ngomkhonzi wakhe, uAhiya umprofeti.

Ezinye izinto zikaYarobheham, uku- 19
lwa kwakhe, nokulawula kwakhe, nanko
kubhaliwe encwadini yemicimbi yemi-
hla yookumkani bakwaSirayeli. Imihla 20
awayengukumkani ngayo uYarobheham
ngamashumi amabini anesibini iminya-
ka; walala kooyise. UNadabhi, unyana
wakhe, waba ngukumkani esikhundleni
sakhe.

Ulawulo lukaRehabheham kwaYuda

Ke uRehabheham, unyana kaSolo- 21
mon, waye engukumkani kwaYuda.
URehabheham ubeminyaka imashumi
mané anamnye ezelwe ukuba ngukum-
kani kwakhe; waba neminyaka eli-
shumi elinesixhenxe engukumkani e-
Yerusalem, umzi awawunyulayo uYe-
hova ezizweni zonke zakwaSirayeli,
ukuba alibeke khona igama lakhe.
Igama lonina belinguNahama, umAmo-
nikazi.

AmaYuda enza ububi emehlweni ka- 22
Yehova, amkhweletisa ngaphezu kwako
konke ababekwenzile ooyise ngezono
zabo, ababesona ngazo. Azakhela nazo 23
izingánga, nezimiso zamatye, nooAshe-
ra, ezindulini zonke eziphakamileyo, na-
phantsi kwemithi yonke eluhlaza. Ka- 24
nanjalo bekukho amang'awu elizweni,
enza ngokwamasikizi onke eentlanga,
awazigqogqayo uYehova phambi koo-
nyana bakaSirayeli.

25 Kwathi ngomnyaka wesihlanu wokumkani uRehabheham, kwenyuka uShishaki, ukumkani waseYiputa, wayifikela 26 iYerusalem. Wabuthabatha ubuncwane bendlu kaYehova nobuncwane bendlu yokumkani; wabuthabatha bonke; wazithabatha zonke iingweletshetshe 27 zegolide awazenzayo uSolomon. Ukumkani uRehabheham wenza iingweletshetshe zobhedu csikhundleni sazo, waziphathisa abathetheli bezigidimi ezibe zigcina umnyango wendlu yoku28 mkani. Ubesakuthi, akuya ukumkani endlwini kaYehova, ziziphathe izigidimi ezo, zize zizibuyisele egumbini logcino lwezigidimi.

29 Ezinye izinto zikaRehabheham, nako konke awakwenzayo, azibhalwanga na encwadini yemicimbi yemihla yookum30 kani bakwaYuda? Yaye iyimfazwe phakathi koRehabheham noYarobheham 31 yonke imihla. URehabheham walala kooyise, wangcwatyelwa kooyise emzini kaDavide. Igama lonina belinguNahama, umAmonikazi. UAbhiyam, unyana wakhe, waba ngukumkani esikhundleni sakhe.

UAbhiyam noAsa ookumkani bakwaYuda; uNadabhi noBhahesha ookumkani bakwaSirayeli

15 Ngomnyaka weshumi elinesibhozo wokumkani uYarobheham unyana kaNebhati, waba ngukumkani 2 uAbhiyam kwaYuda. Waba neminyaka emithathu engukumkani eYerusalem. Igama lonina belinguMahaka, intombi ka-Abhisalom.

3 Wahamba ezonweni zonke zikayise, awazenzayo ngaphambi kwakhe; yayingaphelele intliziyo yakhe kuYehova uThixo wakhe, njengentliziyo kaDavide 4 uyise. Noko wathi uYehova uThixo wakhe, ngenxa kaDavide, wamnika isibane eYerusalem, sokumisa unyana wakhe emva kwakhe, sokumisa iYeru5 salem; ekubeni uDavide wakwenzayo okuthe tye emehlweni kaYehova, akatyeka kuko konke awawisayo ngako umthetho, yonke imihla yobomi bakhe, kwaba semcimbini kaUriya umHeti wo-

dwa. Yaye iyimfazwe phakathi ko- 6 Rehabheham noYarobheham yonke imihla yobomi bakhe.

Ezinye izinto zika-Abhiyam, nako 7 konke awakwenzayo, azibhalwanga na encwadini yemicimbi yemihla yookumkani bakwaYuda? Yaye iyimfazwe ke phakathi koAbhiyam noYarobheham. UAbhiyam walala kooyise, bamngcwa- 8 bela emzini kaDavide. UAsa, unyana wakhe, waba ngukumkani esikhundleni sakhe.

Ngomnyaka wamashumi amabini ka- 9 Yarobheham ukumkani wakwaSirayeli, uAsa waba ngukumkani kwaYuda. Waba neminyaka emashumi mané ana- 10 mnye engukumkani eYerusalem. Igama lonina belinguMahaka, intombi ka-Abhisalom.

UAsa wenza okuthe tye emehlweni 11 kaYehova, njengoDavide uyise. Wa- 12 wakhwelelisa amang'awu, akabakho ezweni, wazisusa zonke izigodo ezizizithixo, ababezenzile ooyise. Kwano- 13 Mahaka unina wamguzula, àkaba yinkosikazi; ngokuba wamenzela uAshera* isithixo esilisikizi. Waza uAsa wasigawula isithixo sakhe esilisikizi, wasitshisa emlanjaneni oyiKidron. Ke 14 izigánga azisuswanga; kodwa yona intliziyo ka-Asa yabe iphelele kuYehova yonke imihla yakhe. Wazingenisa izi- 15 nto ezingcwele zikayise, nezakhe izinto ezingcwele, endlwini kaYehova, isilivere negolide nempahla.

Yaye iyimfazwe phakathi koAsa no- 16 Bhahesha, ukumkani wakwaSirayeli, yonke imihla yabo. Wenyuka uBha- 17 hesha ukumkani wakwaSirayeli, esiza kulwa namaYuda; wàkha iRama, ukuba angavumi ukuba kuphume bani aye kuAsa ukumkani wakwaYuda. Wayi- 18 thabatha uAsa yonke isilivere negolide ebisele ebuncwaneni bendlu kaYehova, nasebuncwaneni bendlu yokumkani, wayinikela ezandleni zabakhonzi bakhe. UAsa ukumkani wayithumela kuBhenhadade, unyana kaTabrimon, unyana kaHeziyon, ukumkani wakwa-Aram,*

OOKUMKANI I 15–16

19 ohleli eDamasko, esithi, Kukho umnqophiso phakathi kwam nawe, phakathi kobawo noyihlo; nanko, ndikuthuméle isipho sokukucenga sesilivere negolide; yiza, uwaphule umnqophiso wakho noBhahesha ukumkani wamaSirayeli, u-
20 kuba emke kum. UBhen-hadade wamphulaphula ukumkani uAsa, wathumela abathetheli bempi abenabo emizini yakwaSirayeli, waxabela i-Iyon, nowakwaDan, neAbhele-bhete-mahaka, neKineroti yonke, kunye nelizwe lonke
21 lakwaNafetali. Wathi, akuva uBhahꞌ ha, wayiyeka ukuyakha iRama, wa-
22 hlala eTirtsa. Ukumkani uAsa wawahlabe a umkhosi amaYuda onke, akwabakho namnye ukhululekileyo. Bawasusa amatye eRama, kwanemithi yayo abesakha ngayo uBhahesha ukumkani; uAsa wákha ke ngayo iGebha yakwaBhenjamin, neMizpa.

23 Zonke ezinye izinto zika-Asa, nobugorha bakhe bonke, nako konke awakwenzayo, nemizi awayakhayo, ayibhalwanga na encwadini yemicimbi yemihla yookumkani bakwaYuda? Uthe ke a-
24 kuba yindoda enkulu, wabulawa ziinyawo. UAsa walala kooyise, wangcwatyelwa kooyise, emzini kaDavide uyise. UYehoshafati, unyana wakhe, waba ngukumkani esikhundleni sakhe.

25 UNadabhi, unyana kaYarobheham, waba ngukumkani kwaSirayeli ngomnyaka wesibini ka-Asa, ukumkani wakwaYuda; waba neminyaka emibini
26 engukumkani kwaSirayeli. Wenza okubi emehlweni kaYehova, wahamba ngendlela kayise, nangesono sakhe
27 awawonisa ngaso amaSirayeli. Waza uBhahesha, unyana ka-Ahiya, wendlu kaIsakare, wamceba. UBhahesha wamxabela eGibheton yakumaFilisti, beyingqinga iGibheton uNadabhi nama-
28 Sirayeli onke. UBhahesha wambulala ke ngomnyaka wesithathu ka-Asa ukumkani wakwaYuda, waba ngukumkani esikhundleni sakhe.

29 Kwathi, xa angukumkani, wayibulala yonke indlu kaYarobheham; akasalisa namnye uphefumlayo kwaYarobheham, wada wamtshabalalisa, ngokwelizwi likaYehova, abelithethile ngomkhonzi wakhe uAhiya waseShilo: ngenxa yezono 30 zikaYarobheham awona ngazo, awawonisa ngazo amaSirayeli; ngokumqumbisa kwakhe awamqumbisa ngako uYehova uThixo kaSirayeli.

Ezinye izinto zikaNadabhi, nako 31 konke awakwenzayo, azibhalwanga na encwadini yemicimbi yemihla yookumkani bakwaSirayeli? Yaye iyimfazwe 32 phakathi koAsa noBhahesha, ukumkani wakwaSirayeli, yonke imihla yabo.

Ngomnyaka wesithathu ka-Asa uku- 33 mkani wakwaYuda, uBhahesha, unyana ka-Ahiya, waba ngukumkani kumaSirayeli onke eTirtsa; iminyaka yaba ngamashumi amabini anaminé. Wenza 34 okubi emehlweni kaYehova, wahamba ngendlela kaYarobheham, nangesono sakhe awawonisa ngaso amaSirayeli.

UEla, uZimri, no-Omri ookumkani bakwaSirayeli

16 Lafika ke ilizwi likaYehova kuYehu, unyana kaHanani, ngenxa kaBhahesha, lisithi, Ngenxa enokuba 2 ndakuphakamisayo eluthulini, ndakwenza ingànga yabantu bam amaSirayeli, wesuka wena wahamba ngendlela kaYarobheham, abantu bam amaSirayeli wabonisa ukuba bandiqumbise ngezono zabo: yabona, ndiyawatshayela amavela- 3 mva kaBhahesha, namavela-mva endlu yakhe, ndiyènze indlu yakho ibe njengendlu kaYarobheham, unyana kaNebhati. OkaBhahesha ofela phakathi 4 komzi, uya kudliwa zizinja; owakhe ofela endle, uya kudliwa ziintaka zezulu.

Ezinye izinto zikaBhahesha, nawa- 5 kwenzayo, nobugorha bakhe, azibhalwanga na encwadini yemicimbi yemihla yookumkani bakwaSirayeli? UBha- 6 hesha walala kooyise, wangcwatyelwa eTirtsa. UEla, unyana wakhe, waba ngukumkani esikhundleni sakhe. Kananjalo ngesandla sikaYehu, unyana ka- 7 Hanani, umprofeti, lafika ilizwi likaYehova kuBhahesha nakwindlu yakhe, nangenxa yobubi bonke awabenzayo emehlweni kaYehova, ukumqumbisa ngezenzo zezandla zakhe, ukuba ibe njengendlu kaYarobheham, nangenxa yokuba wamxabelayo.

8 Ngomnyaka wamashumi omabini anamithandathu ka-Asa, ukumkani wakwaYuda, waba ngukumkani uEla unyana kaBhahesha, kwaSirayeli eTir-
9 tsa; yaba yiminyaka emibini. Wamceba umkhonzi wakhe uZimri, umthetheli wesiqingatha seenqwelo zakhe zokulwa, eseTirtsa, esela enxila endlwini ka-Arza,
10 owayephethe indlu yakhe eTirtsa. Wangena ke uZimri, wamxabela, wambulala, ngomnyaka wamashumi amabini anesixhenxe ka-Asa ukumkani wakwaYuda; waba ngukumkani esikhundleni sakhe.

11 Kwathi, akuba ngukumkani, kwaesaqala ukuhlala etroneni yakhe, wayixabela yonke indlu kaBhahesha, akamsalisela nanye into eyindoda, nongumzalwana wakhe, nongumhlobo wakhe.
12 Wayitshabalalisa uZimri yonke indlu kaBhahesha ngokwelizwi likaYehova, awalithethayo kuBhahesha ngoYehu
13 umprofeti; ngenxa yezono zonke zikaBhahesha, nezono zikaEla unyana wakhe, abóna ngazo, abawonisa ngazo amaSirayeli, ukumqumbisa uYehova uThixo kaSirayeli ngeento zabo ezingento.
14 Ezinye izinto zikaEla, nako konke awakwenzayo, azibhalwanga na encwadini yemicimbi yemihla yookumkani bakwaSirayeli?

15 Ngomnyaka wamashumi omabini anesixhenxe ka-Asa, ukumkani wakwaYuda, uZimri waba nemihla esixhenxe engukumkani eTirtsa. Abantu babemise iintente eGibheton eyeyamaFilisti.
16 Beva abantu ababemise khona, kusithiwa, UZimri umcebile, kananjalo umbulele ukumkani. Onke amaSirayeli amenza ukumkani kumaSirayeli uOmri, umthetheli-mkhosi, kwangaloo mini e-
17 mkhosini. Wenyuka ke uOmri enamaSirayeli onke esuka eGibheton, ayingqi-
18 nga iTirtsa. Kwathi, akubona uZimri ukuba uza kuthinjwa umzi, wangena enqabeni yendlu yokumkani, wayitshisa ngomlilo phezu kwakhe indlu yokumkani, wafa; ngenxa yezono zakhe awona 19 ngazo, wenza okubi emehlweni kaYehova, wahamba ngendlela kaYarobheham, nangezono zakhe awazenzayo wawonisa ngazo amaSirayeli.

Ezinye izinto zikaZimri, nokuceba 20 kwakhe awaceba ngako, azibhalwanga na encwadini yemicimbi yemihla yookumkani bakwaSirayeli?

Baza bahluka kubini abantu bakwa- 21 Sirayeli: esinye isahlulo sabantu salandela uTibheni, unyana kaGinati, ukuba simenze ukumkani; esinye isahlulo salandela uOmri. Abantu ababelandela 22 uOmri baboyisa abo bantu babelandela uTibheni, unyana kaGinati; wafa uTibheni; waba ngukumkani uOmri.

Ngomnyaka wamashumi amathathu 23 anamnye ka-Asa ukumkani wakwaYuda, uOmri waba ngukumkani wamaSirayeli, iminyaka yaba lishumi elinamibini; waba ngukumkani eTirtsa iminyaka emithandathu. Waza wathenga intaba 24 yakwaSamari kuSamari ngeetalente ezimbini zesilivere, wákha kuloo ntaba, wathi igama laloo mzi wawakhayo yiSamari, ngegama likaSamari umnininintaba. UOmri wenza okubi emehlweni 25 kaYehova; wenza okubi ngaphezu kwabo bonke ababengaphambi kwakhe. Wahamba ngendlela yonke kaYarobhe- 26 ham unyana kaNebhati, nangezono zakhe awawonisa ngazo amaSirayeli, ukumqumbisa uYehova uThixo kaSirayeli ngezinto zabo ezingento.

Ezinye izinto zikaOmri awazenzayo, 27 nobugorha bakhe awabenzayo, azibhalwanga na encwadini yemicimbi yemihla yookumkani bakwaSirayeli? UOmri 28 walala kooyise, wangcwatyelwa kwaSamari, uAhabhi unyana wakhe waba ngukumkani esikhundleni sakhe.

UAhabhi ukumkani wakwaSirayeli

UAhabhi, unyana kaOmri, waba ngu- 29 kumkani kumaSirayeli ngomnyaka wamashumi omathathu anesibhozo ka-Asa, ukumkani wakwaYuda; uAhabhi unyana kaOmri waba neminyaka emashumi mabini anamibini engukumkani kumaSirayeli kwaSamari.

30 UAhabhi unyana kaOmri wenza okubi emehlweni kaYehova ngaphezu kwabo bonke ababengaphambi kwakhe.

31 Ke, ngokungathi kulula kuye ukuhamba ngezono zikaYarobheham unyana kaNebhati, wesuka wazeka uIzebhele, intombi kaEtebhahali ukumkani wamaTsidon, wangumkakhe; waya wakhonza

32 uBhahali,* wamnqula. Wammisela uBhahali isibingelelo, endlwini kaBhahali, abemakhele yona kwaSamari.

33 UAhabhi wenza uAshera;* uAhabhi waqokela ukumqumbisa uYehova uThixo wakwaSirayeli, ngaphezu kwabo bonke ookumkani bakwaSirayeli ababengaphambi kwakhe.

34 Ngeemini zakhe wayakha uHiyeli waseBheteli iYeriko; wayiseka ngoAbhiram, amazibulo akhe, wawamisa amasango ayo ngoSegubhi, owamathumbu akhe, ngokwelizwi likaYehova, awalithethayo ngoYoshuwa unyana kaNun.

*UEliya wondliwa ngamahlungulu;
uvusa unyana womhlolokazi*

17 Wathi uEliya waseTishbhi, wasezindwendweni zaseGiliyadi, kuAhabhi, Ehleli nje uYehova uThixo wakwaSirayeli, endimi phambi kwakhe, akuyi kukha kubekho mbethe namvula le minyaka, kungengálo ilizwi lam.

2 Lafika ilizwi likaYehova kuye, lisithi,
3 Hamba umke apha, ubheke empumalanga, uzímele emlanjaneni oyiKeriti,
4 okhangelene neYordan. Wòthi usele emlanjaneni apho; ndiwawísele umthetho amahlungulu ukuba akuxhase
5 khona. Wahamba ke wenza ngokwelizwi likaYehova, waya wahlala emlanjaneni oyiKeriti, okhangelene neYordan.
6 Amahlungulu amzisela isonka nenyama kusasa, isonka nenyama ngokuhlwa,
7 wasela emlanjaneni apho. Kuthe, kwakuhamba ixesha, watsha umlanjana, ngokuba bekungabangakho mvula ezweni.

Lafika ilizwi likaYehova kuye, lisithi, 8
Suka uye eTsarfati yaseTsidon, uhlale 9 khona; ùyabona, ndimwisele umthetho khona umfazi ongumhlolokazi, ukuba akuxhase.

Wesuka ke waya eTsarfati, wafika 10 esangweni lomzi; nanko kukho apho umfazi ongumhlolokazi echola iinkuni; wambiza, wathi, Khawundikhelele intwana yamanzi ngesitya, ndisele. Wa- 11 ya kuwakha; wambiza, wathi, Khawundiphathele neqhekeza lesonka ngesandla. Wathi, Ehleli nje uYehova, 12 uThixo wakho, andinasonka; ngumgubo ongázalisa isandla emphandeni, nentwana yeoli eselweni; uyabona ke, ndichola iinkuni ezimbini, ukuba ndiye ndenzele mna nonyana wam, sidle, sife. Wathi uEliya kuye, Musa ukoyika; 13 yiya, wenze ngokwelizwi lakho; kodwa ke ndénzele isonkana ngawo ukuqala, undizisele, uzenzele ke wena nonyana wakho emveni koko. Ngokuba utsho 14 uYehova, uThixo wakwaSirayeli, ukuthi, Umphanda womgubo awuyi kuphela, neselwa leoli aliyi kuminyelelwa, ide ifike imini aya kuyinisa ngayo ímvula uYehova phezu komhlaba.

Waya ke, wenza ngokwelizwi lika- 15 Eliya, wadla yena, naye, nendlu yakhe, zaziintsuku. Umphanda womgubo a- 16 wuphelanga, iselwa leoli alaminyelelwa, ngokwelizwi likaYehova, awalithethayo ngoEliya.

Kwathi emveni kwezo zinto, wahliwa 17 sisifo unyana waloo mfazi ungumnikazindlu; sathi isifo sakhe saba nzima kakhulu, kwada akwabakho kuphefumla kuye. Wathi kuEliya, Yintoni na 18 enam nawe, mfo wakwaThixo? Uzé kum, ukuba undikhumbuze ubugwenxa bam, umbulale unyana wam?

Wathi kuye, Ndinike unyana wakho. 19 Wamthabatha ke esifubeni sakhe, wenyuka naye, waya egumbini eliphezulu abehlala kulo, wamlalisa phezu kwesingqengqelo sakhe. Wanqula uYehova, 20 wathi, Yehova Thixo wam, ùmenzéle ububi nomhlolokazi lo na ndiphambukele kuye, ngokubulala unyana wakhe? Wazolula phezu komntwana izihlandlo 21

zazithathu, wanqula uYehova, wathi, Yehova Thixo wam, mawukhe ubuyele phakathi kwakhe umphefumlo walo 22 mntwana. Waliva uYehova ilizwi lika-Eliya; wabuyela phakathi kwakhe umphefumlo waloo mntwana, waphila.
23 Wamthabatha uEliya umntwana, wehla naye egumbini eliphezulu, waya endlwini, wamnika unina; wathi uEliya, Uya-
24 bona, úphilile unyana wakho. Wathi loo mfazi kuEliya, Kaloku ke ndiyazi ukuba ungumfo wakwaThixo wena, nelizwi likaYehova elisemlonyeni wakho liyinyaniso.

Ukuhlangana kukaEliya noAhabhi, nempikiswano yakhe nabaprofeti bakaBhahali

18 Kwathi kwakuba mzuzu, lafika ilizwi likaYehova kuEliya ngomnyaka wesithathu, lathi, Hamba uye kubonana noAhabhi, ndinise imvula
2 phezu komhlaba. Wahamba waya kubonana uEliya noAhabhi. Indlala ke yayinzima kwaSamari.
3 UAhabhi wayebize uObhadiya, obephethe indlu yakhe (uObhadiya ke
4 wayemoyika uYehova kunene: wayethe yena ekubanqamleni kukaIzebhele abaprofeti bakaYehova, uObhadiya wathabatha ikhulu labaprofeti, wabazimeza ngamashumi ngamahlanu, ngamashumi ngamahlanu, emqolombeni, wabondla
5 ngesonka namanzi). Wathi ke uAhabhi kuObhadiya, Hamba uye ezweni, emithonjeni yonke yamanzi nasemilanjeni yonke; mhlawumbi sofumana utyani, siphilise amahashe noondlebe-
6 nde, zingabuthisi zonke iinkomo. Balahlula ilizwe phakathi kwabo, ukuba bacande kulo; uAhabhi wahamba ngenye indlela yedwa, uObhadiya wahamba ngenye indlela yedwa.
7 Kwathi ke, esendleleni uObhadiya, wabonakala uEliya emkhawulela, wamazi, wawa ngobuso, wathi, Nguwe na
8 lo, nkosi yam Eliya? Wathi yena kuye, Ndim. Hamba uye kuthi enkosini yakho, Nanku elapha uEliya.
9 Wathi, Ndenze sono sini na, ukuba umnikele umkhonzi wakho esandleni sika-Ahabhi ukuba andibulale? Ehleli 10 nje uYehova uThixo wakho, akukho luhlanga nabukumkani, apho ingathumelanga khona inkosi yam, ikufuna; bakúthi, Akakho, yabafungisa ubukumkani nohlanga olo, ukuthi akufumanekanga. Kaloku ke úthi, Hamba uye 11 kuthi enkosini yakho, Nanku elapha uEliya. Kothi, ndithe ndemka kuwe, 12 uMoya kaYehova akuthwàlele apho ndingaziyo; ndiye ndixelele uAhabhi, angakufumani, andibulale; umkhonzi wakho lo umoyiké uYehova kwasebuncinaneni bam. Bekungaxelwanga na 13 enkosini yam endakwenzayo ekubabulaleni kukaIzebhele abaprofeti baka-Yehova, ndazimeza ikhulu lamadoda kubaprofeti bakaYehova, ngamashumi ngamahlanu, ngamashumi ngamahlanu, emqolombeni, ndabondla ngesonka nangamanzi? Kaloku ke úthi, Hamba 14 uye kuthi enkosini yakho, Nanku elapha uEliya; ukuze indibulale.

Wathi uEliya, Ehleli nje uYehova 15 wemikhosi, endimiyo phambi kwakhe, inene, namhlanje ndiya kubonana naye.

UObhadiya waya kumkhawulela ke 16 uAhabhi, wamxelela; wahamba uAhabhi, waya kumkhawulela uEliya. Kwa- 17 thi, uAhabhi akumbona uEliya, wathi uAhabhi kuye, Ulapha na wena, uwahlisele intlekele amaSirayeli? Wathi 18 yena, Andiwahliselanga ntlekele ama-Sirayeli; nguwe nendlu kayihlo, ngokuyishiya kwenu imithetho kaYehova, walandela ooBhahali.* Ke ngoko, thu- 19 mela uwahlanganisele kum amaSirayeli onke entabeni yeKarmele, nabaprofeti bakaBhahali abangamakhulu amané anamanci mahlanu, nabaprofeti baka-Ashera* abangamakhulu amané, abadla etafileni kaIzebhele. Wathumela ke 20 uAhabhi koonyana bonke bakaSirayeli, wabahlanganisela abaprofeti entabeni yeKarmele.

Wafika uEliya ebantwini abo bonke, 21 wathi, Koda kube nini na nimbaxa? Ukuba uYehova nguThixo, landelani yena; ke ukuba nguBhahali *uThixo*, landelani yena. Ábamphendula nezwi abantu. Wathi uEliya ebantwini, Ku- 22

sele mna ndodwa umprofeti kaYehova; keabakaBhahaliabaprofeti ngamakhulu amané anamanci amahlanu amadoda.
23 Masinikwe iinkunzi ezintsha zibe mbini, bazinyulele ke enye inkunzi entsha, bayityatye, bayibeke phezu kweenkuni, bangafaki mlilo; nam ndiyilungise enye inkunzi entsha, ndiyibeke phezu kwee-
24 nkuni, ndingafaki mlilo. Nize ninqule igama lothixo wenu, mna ndinqule igama likaYehova; athi, uThixo othe waphendula ngomlilo, abe nguye uThixo.

Baphendula bonke abantu bathi,
25 Lihle elo lizwi. Wathi ke uEliya kubaprofeti bakaBhahali, Zinyuleleni inkunzi entsha ibe nye, nizenzele kuqala; ngokuba nibaninzi nina; ninqule igama lothixo wenu, ningafaki mlilo.

26 Bayithabatha ke inkunzi entsha ababeyinikiwe, bayilungisa, banqula igama likaBhahali, beqale kusasa kwada kwaba semini enkulu, besithi, Bhahali, síphendule. Akwabakho zwi, akwabakho uphendulayo. Baxhentsa ngasesibinge-
27 lelweni esasenziwe. Kwathi emini enkulu, uEliya wadlala ngabo, esithi, Nqulani ngezwi elikhulu, ngokuba enguthixo; ingabi usacinga, ingabi uthe gu bucala, ingabi useluhambeni; ingabi mhlawumbi ulele, unokuba avuswe.
28 Banqula ngezwi elikhulu ke, bazicenta ngokwesiko labo ngamakrele nangezi-
29 khali, lada latsaza igazi kubo. Kwathi emveni kwemini enkulu, baprofeta kwada kwesa ekunyusweni komnikelo wokudla *wangokuhlwa*; akwabakho lizwi, akwabakho uphendulayo, akwabakho ubeke indlebe.

30 Wathi uEliya ebantwini bonke, Sondelani kum apha. Basondela ke abantu bonke kuye. Wabuya wasakha isibingelelo sikaYehova esibe sidiliziwe.
31 UEliya wathabatha amatye alishumi elinamabini, ngokwenani lezizwe zoonyana bakaYakobi, eleza kuye ilizwi likaYehova lisithi, Liya kuba nguSirayeli
32 igama lakho. Wákha ngamatye lawo isibingelelo egameni likaYehova, wenza umsele olingene iiseha* ezimbini zembewu, ngeenxa zonke esibingelelweni.
33 Wazilungisa iinkuni, wayityatya inkunzi entsha, wayibeka phezu kweenkuni.
Wathi, Zalisani imiphanda ibe miné 34 ngamanzi, niwagalele phezu kwedini elinyukayo, naphezu kweenkuni; wathi, Phindani okwesibini; baphinda okwesibini. Wathi, Phindani okwesithathu; baphinda okwesithathu. Ahamba ama- 35 nzi ngeenxa zonke esibingelelweni; wawuzalisa nomsele ngamanzi.

Kwathi ekunyusweni komnikelo wo- 36 kudla *wangokuhlwa*, wasondela uEliya umprofeti, wathi, Yehova, Thixo ka-Abraham, kaIsake, kaSirayeli, namhla makwaziwe ukuba nguwe uThixo kwaSirayeli; ukuba ndingumkhonzi wakho mna; ukuba ndizenzé zonke ezi zinto ngelizwi lakho. Ndíphendule, Yehova, 37 ndíphendule, bazi aba bantu ukuba wena Yehova unguThixo, ukuba uyiguqulele kuwe intliziyo yabo.

Wawa ke umlilo kaYehova, walidla 38 idini elinyukayo, kwaneenkuni, kwanamatye, kwanomhlaba; namanzi abe esemseleni wawakhotha. Babona bo- 39 nke abantu, bawa ngobuso, bathi, UYehova nguye uThixo, uYehova nguye uThixo. Wathi uEliya kubo, 40 Babambeni abaprofeti bakaBhahali; makungasindi namnye kubo. Bababamba ke; uEliya wabahlisela emlanjaneni oyiKishon, wababulalela khona.

Wathi uEliya kuAhabhi, Nyuka uye 41 kudla, usele; ngokuba kuvakala ulwandile lwemvula enkulu. Wenyuka ke 42 uAhabhi, waya kudla, waya kusela.

Ke uEliya wenyuka waya encotsheni yeKarmele, waqondela emhlabeni, wabufaka ubuso bakhe phakathi kwamadolo akhe. Wathi kwindodana yakwa- 43 khe, Khawunyuke, ukhangele ngeli cala laselwandle. Yenyuka, yakhangela, yathi, Akukho nto. Wathi, Buya uye, izihlandlo zibe sixhenxe. Kwathi 44 ke ngesesixhenxe, yathi, Ndibona ilifana elingangesandla somntu, liphuma elwandle. Wathi, Nyuka uye uthi kuAhabhi, Bopha, uhle, ingakuvingceli imvula. Kwathi ke kwakamsinya lasu- 45 ka izulu lamnyama ngamafu nomoya; kwabakho imvula enkulu. Wakhwela

46 uAhabhi, waya eYizereli. Safika ke isandla sikaYehova kuEliya; wazibhinqisa, wagidima phambi koAhabhi, kwada kwaba sekungeneni eYizereli.

UEliya eHorebhe

19 UAhabhi wamxelela uIzebhele konke awakwenzayo uEliya, nokubabulala kwakhe abaprofeti bonke
2 ngekrele. UIzebhele wathuma umthunywa kuEliya, esithi, Mabenjenje oothixo kum baqokele ukwenjenje, ukuba andithanga, mayela ngeli xa ngomso, ndiwenze umphefumlo wakho ube nje-
3 ngomphefumlo womnye kubo. Wabona, wesuka wahambela *ukusindisa* umphefumlo wakhe.

Waya eBher-shebha, eyeyakwaYuda, wayishiya khona indodana yakwakhe.
4 Wahamba entlango uhambo lwemini enye, waya wahlala phantsi konwele, wazicelela ukuba afe, wathi, Kwanele ngoku, Yehova; wuthabathe umphefumlo wam, ngokuba ndingàlungile nga-
5 phezu koobawo. Wangqengqa ke, wozela, walala phantsi konwele. Kwabonakala khona isithunywa sezulu simshu-
6 kumisa, sathi kuye, Vuka udle. Wakhangela, nanko kukho ngasentlokweni yakhe iqebengwana elosiweyo *lesonka*, neselwa lamanzi. Wadla ke, wasela,
7 wabuya walala. Sabuya isithunywa sikaYehova okwesibini, samshukumisa, sathi, Vuka udle, ngokuba uhambo
8 lukhulu kuwe. Wavuka ke, wadla wasela, wahamba ngamandla oku kudla iimini ezimashumi mané nobusuku obumashumi mané, wada wafika entabeni kaThixo eHorebhe.
9 Waya emqolombeni apho, walala khona. Nalo ilizwi likaYehova lifika kuye. Wathi kuye, Ùyintoni na apha,
10 Eliya? Wathi yena, Ndenziwe likhwele ngenxa kaYehova, uThixo wemikhosi; ngokuba bawushiyile umnqophiso wakho oonyana bakaSirayeli, izibingelelo zakho bazigungxula, abaprofeti bakho bababulala ngekrele; ndasala ndedwa; bafuna umphefumlo wam ke, ukuba
11 bawukhuphe. Wathi, Phuma, ume entabeni phambi koYehova.

Nanko uYehova edlula, nomoya omkhulu onamandla uzikrazula iintaba, uziqhekeza iingxondorha phambi koYehova, engekho uYehova emoyeni lowo. Emveni komoya kwakho inyikima, akabakho uYehova enyikimeni. Emveni kwenyikima kwabakho umlilo. 12 Akabakho uYehova emlilweni; emveni komlilo kwabakho ulwandile lokuphephezela okuhle.

Kwathi, akuva uEliya, wabugqubu- 13 thela ubuso bakhe ngengubo yakhe enkulu, waphuma wema esangweni lomqolomba; nanko kufika kuye ilizwi, lisithi, Ùyintoni na apha, Eliya? Wa- 14 thi, Ndenziwe likhwele ngenxa kaYehova, uThixo wemikhosi; ngokuba bawushiyile umnqophiso wakho oonyana bakaSirayeli, izibingelelo zakho bazigungxula, abaprofeti bakho bababulala ngekrele; ndisele ndedwa; bafuna umphefumlo wam ke, ukuba bawukhuphe.

Wathi uYehova kuye, Hamba ubuye 15 ngendlela yakho, uye entlango yaseDamasko, uye uthambise uHazayeli, abe ngukumkani kuma-Aram;* utha- 16 mbise uYehu, unyana kaNimshi, abe ngukumkani kumaSirayeli; uthambise uElisha, unyana kaShafati waseAbhelemehola, abe ngumprofeti esikhundleni sakho. Kothi ke, athi osinde ekreleni 17 likaHazayeli, abulawe nguYehu; athi osinde ekreleni likaYehu, abulawe nguElisha. Ke ndozishiyela kwaSirayeli 18 isixhenxe samawaka, amadolo onke angaguqanga kuBhahali,* imilomo yonke engamanganga.

UElisha ulandela uEliya

Wemka ke apho, wafumana uElisha, 19 unyana kaShafati, elima; kukho ishumi elinesibini leedyokhwe phambi kwakhe; yena ke elunge neyeshumi elinesibini. UEliya wegqitha kuye, waphosa ingubo yakhe enkulu kuye. Wazishiya iinkabi, 20 wabaleka emva koEliya, wathi, Makhe ndiye kwanga ubawo noma, ndikulandele ke. Wathi kuye, Hamba ubuye; ndikwenzé ntoni na? Wabuya ke 21 ekumlandeleni, wazithabatha iinkabi zedyokhwe enye, wabingelela ngazo, wayipheka inyama ngeempahla zeenkabi ezo, wanika abantu, badla. Wesuka ke, walandela uEliya, wamlungiselela.

UAhabhi woyisa uBhen-hadade, ukumkani wama-Aram

20 Ke kaloku uBhen-hadade, ukumkani wama-Aram,* wayibutha yonke impi yakhe; enokumkani abangamashumi amathathu anababini, namahashe, neenqwelo zokulwa; wenyuka, wawungqinga umzi wakwaSamari, wa-2 lwa nawo. Wathumela abathunywa kuAhabhi, ukumkani wakwaSirayeli, 3 kuloo mzi, wathi kuye, Utsho uBhen-hadade ukuthi, Isilivere yakho negolide yakho yeyam, nabafazi bakho nabantwa-4 na bakho abo bahle ngabam. Waphendula ukumkani wakwaSirayeli, wathi, Ngokwelizwi lakho, nkosi yam, kumkani, ndingowakho, nako konke endinako.

5 Baphinda abathunywa, bathi, Utsho uBhen-hadade ukuthi, Ndathumela kuwe, ndisithi, ndinike isilivere yakho, negolide yakho, nabafazi bakho, naba-6 ntwana bakho; ukuba ndithe, mayela neli xa ngomso, ndabathumela kuwe abakhonzi bam, bayigquthagqutha indlu yakho, nezindlu zabakhonzi bakho: bothi, konke okuthandekayo emehlweni akho bakuthabathe ngesandla sabo, bemke nako.

7 Ukumkani wakwaSirayeli wabiza onke amadoda amakhulu elizwe, wathi, Qondani ke nibone, ukuba lo ungxamele ububi; ngokuba ubethumele kum, ebiza abafazi bam, nabantwana bam, nesilivere yam, negolide yam; andamangala. 8 Athi kuye onke amadoda amakhulu nabantu bonke, Musa ukuphulaphula, 9 uze ungavumi. Wathi ke kubathunywa bakaBhen-hadade, Nothi enkosini yam ukumkani, Yonke into obumthume yona umkhonzi wakho ngokokuqala, ndoyenza; le nto yona andinakuyenza. Bemka ke abathunywa, babuya nelo 10 lizwi. Wathumela uBhen-hadade kuye, wathi, Mabenjenje oothixo kum, baqokele ukwenjenje, ukuba luthe uthuli lwakwaSamari lwalingana ukuzalisa izandla zabantu bonke abandilandelayo. Waphendula ukumkani wakwaSirayeli, 11 wathi, Yithini, Makangaqhayisi osabhinqa ikrele, njengoselelikhulula. Kwa- 12 thi, akuliva elo zwi uBhen-hadade, akubon' ukuba uyasela, yena nokumkani abo eminqubeni, wathi kubakhonzi bakhe, Yakhani uluhlu. Balwakha ke uluhlu kuloo mzi.

Kwabonakala mprofeti uthile, wafika 13 kuAhabhi ukumkani wakwaSirayeli, wathi, Utsho uYehova ukuthi, Uyibonile na yonke le ngxokolo ingakanana? Yabona ndiyinikele esandleni sakho namhla; wazi ukuba ndinguYehova. Wathi ke uAhabhi, Ngabani na? Wathi 14 yena, Utsho uYehova ukuthi, Ngamadodana abathetheli bamazwe. Wathi, Ngubani na oya kuqala ukulwa? Wathi, Nguwe lo.

Wawabala ke amadodana abathetheli 15 bamazwe, aba ngamakhulu amabini anamanci mathathu anamabini; emva kwawo wababala bonke abantu; bonke oonyana bakaSirayeli baba ngamawaka asixhenxe. Baphuma emini enkulu. Ke 16 kaloku uBhen-hadade ubesela, enxila eminqubeni, yena nookumkani abamashumi mathathu anababini, ookumkani abo bamncedisayo. Aphuma kuqala 17 amadodana abathetheli bamazwe. Wathumela uBhen-hadade, bamxelela, besithi, Kuphume amadoda kwaSamari. Wathi, Nokuba aphumele uxolo, wa- 18 bambeni ehleli; nokuba aphumele ukulwa, wabambeni ehleli.

Aphuma ke la madodana abathetheli 19 bamazwe kuwo umzi, nempi ebiwalandela. Yaba ngulowo wabulala umntu; 20 asaba ke ama-Aram; amaSirayeli awasukela. Wasinda uBhen-hadade ukumkani wakwa-Aram ngehashe, enabamahashe. Waphuma ukumkani wakwaSira- 21 yeli, wawaxabela amahashe neenqwelo zokulwa; waxabela phakathi kwama-Aram ngoxabelo olukhulu. Wafika u- 22 mprofeti lowa kukumkani wakwaSirayeli, wathi kuye, Hamba uye kuzomeleza, ukúqonde ukubone okwenzayo; ngokuba ukuvela komnyaka, ukumkani wakwa-Aram uya kunyuka alwe nawe.

23 Ke kaloku abakhonzi bokumkani bakwa-Aram bathi kuye, Ngoothixo basezintabeni oothixo babo, kuko le nto bomeleleyo kunathi; masilwe nabo ke emathafeni, ukuba asisayi komelela na 24 kunabo. Yènza le nto: bashenxise ookumkani aba, elowo endaweni yakhe, umise amabamba ezikhundleni zabo; 25 uzibalele impi engangempi le iwileyo kuwe, amahashe abe ngangaloo mahashe, iinqwelo zokulwa zibe ngangezo nqwelo zokulwa, silwe nabo ke emathafeni, ukuba asisayi komelela na kunabo. Waliphulaphula izwi labo, wenjenjalo.

26 Kwathi, ekuveleni komnyaka, wawabala uBhen-hadade ama-Aram, wenyuka 27 waya kulwa namaSirayeli eAfeki. Babalwa oonyana bakaSirayeli, baxhotyiswa baya kubahlangabeza. Bamisa oonyana bakaSirayeli phambi kwabo, benjengemihlanjana emibini yeebhokhwe; ama-Aram alizalisa ilizwe.

28 Wafika umfo wakwaThixo, wathi kukumkani wamaSirayeli, Utsho uYehova ukuthi, Ngenxa enokuba ethe ama-Aram, Nguthixo wasezintabeni uYehova, akanguthixo wasezintilini, ndiya kuyinikela esandleni sakho yonke le ngxokolo ingaka, nazi ukuba ndingu-29 Yehova. Yamisa ke, ikhangelene, imihla esixhenxe. Kwathi ngomhla wesixhenxe, yadibana. Oonyana bakaSirayeli babulala kuma-Aram ikhulu lama-30 waka kumqikela ngamini-nye. Aseleyo asabela eAfeki, ela phakathi komzi. Kwawa udonga phezu kwamawaka angamashumi amabini anamawaka asixhenxe amadoda aseleyo.

Wasaba uBhen-hadade, wangena ku-31 loo mzi, wathungela amagumbi. Bathi kuye abakhonzi bakhe, Khawukhangele, sivile ukuba ookumkani bendlu yakwaSirayeli ngookumkani abanenceba. Makhe sibeke iingubo ezirhwexayo emanqeni, neentambo ezintlokweni zethu, siphume siye kukumkani wamaSirayeli; mhlawumbi wowusindisa umphefumlo 32 wakho. Babhinqa ke iingubo ezirhwexayo emanqeni, babeka iintambo ezintlokweni zabo, baya kukumkani wakwaSirayeli, bathi, Umkhonzi wakho uBhen-hadade uthi, Khawusindise umphefumlo wam. Wathi yena, Usaphilile na? Ngumzalwana wam. Loo 33 madoda ke athi lithamsanqa, angxamisa ukumrhwebesha, ukuba elo lelakhe na, athi, Ngumzalwana wakho uBhen-hadade. Wathi yena, Yiyani kumthabatha. Waphuma uBhen-hadade weza kuye; wamkhwelisa enqwelweni. Wa- 34 thi *uBhen-hadade*, kuye, Imizi awayithabathayo ubawo kuyihlo ndiya kuyibuyisa; uzenzele izitrato eDamasko, njengoko wazenzayo ubawo kwaSamari. Wathi *uAhabhi*, Ndiya kukundulula nalo mnqophiso. Wamenzela ke umnqophiso, wamndulula.

UAhabhi uxelelwa indlela aza kufa ngayo

Ke kaloku indoda ethile yakoonyana 35 babaprofeti yathi kummelwane wayo ngelizwi likaYehova, Khawundibethe. Akavuma loo mntu ukuyibetha. Yathi 36 kuye, Ngenxa yokuba ungaliphulaphulanga ilizwi likaYehova, uyabona, ekumkeni kwakho kum ùya kubulawa yingonyama. Wemka kuyo; yamfumana ingonyama, yambulala. Yafu- 37 mana mntu wumbi, yathi, Khawundibethe. Wayibetha ke loo mntu, wayibetha wayilimaza.

Wahamba umprofeti lowo, wamlinda 38 ukumkani endleleni, wazenza mntu wumbi ngokubopha iqhiya emehlweni. Kwathi, akubona ukuba uyadlula uku- 39 mkani, wamemeza kukumkani, wathi, Umkhonzi wakho lo waphuma waya emfazweni phakathi; nanko kutyeka indoda, yeza nomntu kum, yathi, Gcina lo mntu; ukuba uthe akabakho, umphefumlo wakho woba sesikhundleni somphefumlo wakhe, okanye wohlawula ngetalente* yesilivere. Akuba esebenza 40 umkhonzi wakho lo apha naphaya, wesuka wathi shwaka. Wathi ke ukumkani wakwaSirayeli kuye, Sinjalo isigwebo sakho; umise wagqiba.

Wakhawuleza, wayisusa iqhiya eme- 41 hlweni akhe. Wamazi ukumkani wakwaSirayeli, ukuba ungowasebaprofetini. Wathi kuye, Útsho uYehova 42 ukuthi, Ngenxa yokundulula kwakho

esandleni indoda endayisingela phantsi, umphefumlo wakho uya kuba sesikhundleni somphefumlo wayo, nabantu bakho babe sesikhundleni sabantu bayo.
43 Waya ukumkani wakwaSirayeli endlwini yakhe, *ubuso* ebuthe nkwa, ejalile, wafika kwaSamari.

Isidiliya sikaNabhoti

21 Kwathi emveni kwezo zinto, uNabhoti waseYizereli enesidiliya esiseYizereli, ngasebhotweni lika-Ahabhi
2 ukumkani wakwaSamari, wathetha uAhabhi kuNabhoti, wathi, Ndinike isidiliya sakho, ukuba sibe ngumyezo wemifuno; ngokuba sisondelelene nendlu yam; ndokunika isidiliya esilungileyo kuneso esikhundleni saso; ke ukuba kuthe kwalunga emehlweni akho, ndokunika
3 imali esilingeneyo. Wathi uNabhoti kuAhabhi, Makube lee kum ngenxa kaYehova, ukuba ndikunike ilifa loobawo.
4 UAhabhi waya endlwini yakhe ebuthe nkwa *ubuso*, ejalile, lilizwi abelithethile kuye uNabhoti waseYizereli, wathi, Andiyi kukunika ilifa loobawo. Waya walala esingqengqelweni, wabheka phaya; akadla nokudla.
5 Wafika uIzebhele umkakhe kuye, wathi kuye, Yini na ukuba usangane
6 kangaka, ungadli nokudla? Wathi kuye, Kungokuba ndithethe kuNabhoti waseYizereli, ndathi kuye, Ndinike isidiliya sakho ngemali; okanye ukuba ùyavuma, ndokunika esinye isidiliya esikhundleni saso; wathi, Andiyi kukunika isidiliya sam.
7 Wathi uIzebhele umkakhe kuye, Wena, abuphethwe nguwe na ngoku ubukumkani bakwaSirayeli? Vuka udle ukudla, ichwayithe intliziyo yakho; ndokunika mna isidiliya sikaNabhoti wase-
8 Yizereli. Wabhala iincwadi egameni lika-Ahabhi, wazitywina ngomsesane wakhe, wazithumela ezo ncwadi kumadoda amakhulu nakubanumzana ababekuloo mzi wakhe, ababehleli noNabhoti.
9 Wabhala kwezo ncwadi, wathi, Memani uzilo lokudla, nimbeke uNabhoti pha-
10 mbi kwabantu; nibeke amadoda amabini angamatshijolo phambi kwakhe, angqine ngaye, athi, Wena uthuké uThixo nokumkani. Nize nimkhùphele phandle, nimgibisele ngamatye, afe. Amadoda omzi wakhe, amadoda ama- 11 khulu nabanumzana ababehleli kuloo mzi wakhe, bênza njengoko abebathumele ngako uIzebhele, njengoko kwakubhaliwe ezincwadini abezithumele kubo.

Bamema uzilo lokudla, bambeka 12 uNabhoti phambi kwabantu. Kwafika 13 loo madoda mabini angamatshijolo, ahlala phambi kwakhe. Amadoda lawo angamatshijolo angqina ngaye uNabhoti phambi kwabantu, athi, UNabhoti uthuké uThixo nokumkani. Bamkhuphela ngaphandle komzi, bamgibisela ngamatye, wafa. Bathumela ke ku- 14 Izebhele, bathi, UNabhoti ugityiselwe ngamatye, wafa. Kwathi, akuva uIze- 15 bhele ukuba uNabhoti ugityiselwe ngamatye, wafa, wathi uIzebhele kuAhabhi, Suka, usithabathe isidiliya sikaNabhoti waseYizereli, abengavumi ukukunika ngemali; ngokuba uNabhoti akasekho, ufile. Kwathi, akuva uAhabhi ukuba 16 uNabhoti ufile, wesuka uAhabhi, wehla, waya kusithabatha isidiliya sikaNabhoti waseYizereli.

Lafika ilizwi likaYehova kuEliya 17 waseTishbhi, lisithi, Suka uhle, uye 18 kukhawulela uAhabhi ukumkani wakwaSirayeli okwaSamari; nanko esesidiliyeni sikaNabhoti, ehle waya kusithabatha. Uze uthethe kuye, uthi, 19 Utsho uYehova ukuthi, Ùbuléle na, wathabatha na? Uthèthe kuye, uthi, Utsho uYehova ukuthi, Endaweni ezixhaphele kuyo izinja igazi likaNabhoti, ziya kulixhaphela khona izinja igazi lakho, wena lo.

Wathi uAhabhi kuEliya, Ùndifume- 20 ne na, lutshaba lwam? Wathi yena, Ndikufumene; ngenxa enokuba uzithengisele ukwenza okubi emehlweni kaYehova, uyabona, ndikuzisela ububi, 21 ndiwatshayele amavela-mva akho, ndiyinqamle kwa-Ahabhi yonke into eyindoda, ovalelweyo novulelweyo kwaSirayeli. Ndoyenza indlu yakho ibe njengendlu 22 kaYarobheham unyana kaNebhati, na-

njengendlu kaBhahesha unyana ka-Ahiya, ngenxa yokuqumbisa ondiqumbise
23 ngako, wawonisa amaSirayeli. Kananjalo wathetha uYehova ngoIzebhele, wathi, UIzebhele uya kudliwa zizinja emseleni wongqameko lwaseYizereli.
24 Owakwa-Ahabhi ofela phakathi komzi, uya kudliwa zizinja; ofela endle, uya kudliwa ziintaka zezulu.
25 (Kodwa bekungekho unjengoAhabhi, owazithengisela ukwenza okubi emehlweni kaYehova, owaxhokonxwayo
26 nguIzebhele umkakhe. Wenza ngokwamasikizi kunene, ngokulandela izithixo ezizizigodo, njengoko ênza ngako ama-Amori, awawagqogqayo uYehova phambi koonyana bakaSirayeli.)
27 Kwathi, akuweva uAhabhi loo mazwi kaEliya, wazikrazula iingubo zakhe, wabeka iingubo ezirhwexayo enyameni yakhe, wazila ukudla, walala ngeengubo
28 ezirhwexayo, wahamba kuhle. Lafika ilizwi likaYehova kuEliya waseTishbhi, lisithi, Uyakubona na, ukuzithoba kwa-
29 khe uAhabhi ebusweni bam? Ngenxa enokuba ezithobile ebusweni bam, andiyi kubuzisa ububi emihleni yakhe; ndiya kuyizisela ububi indlu yakhe ngemihla yonyana wakhe.

Ukuhlasela kuka-Ahabhi iRamoti yaseGiliyadi, nokufa kwakhe

22 Kwahlalwa iminyaka yamithathu, kungekho mfazwe phakathi kwama-Aram* namaSirayeli.
2 Kwathi ngomnyaka wesithathu wehla uYehoshafati, ukumkani wakwaYuda,
3 waya kukumkani wakwaSirayeli. Wathi ukumkani wakwaSirayeli kubakhonzi bakhe, Anazi na ukuba iRamoti yaseGiliyadi yeyethu, ukanti sithe cwaka thina; asiyihluthi esandleni sokumkani
4 wakwa-Aram? Wathi kuYehoshafati, Wòhamba na nam, silwe neRamoti yaseGiliyadi? Wathi uYehoshafati kukumkani wakwaSirayeli, Ndinjengawe; abantu bam banjengabantu bakho, amahashe am anjengamahashe akho.
5 Wathi uYehoshafati kukumkani wakwaSirayeli, Khawubuze ilizwi likaYehova namhla.

6 Wabahlanganisa ke ukumkani wakwaSirayeli abaprofeti, bekumakhulu amané amadoda, wathi kubo, Ndiye kulwa na neRamoti yaseGiliyadi, ndiyeke, kusini na? Bathi, Nyuka; iNkosi yoyinikela esandleni sokumkani. Wathi uYeho- 7 shafati, Akusekho mprofeti kaYehova na apha, sibuzise kuye? Wathi ukumkani 8 wakwaSirayeli kuYehoshafati, Kusekho indoda enye, esingabuzisa ngayo kuYehova; ke mna ndiyithiyile; ngokuba ayiprofeti okulungileyo ngam, iprofeta okubi: nguMikaya, unyana kaImla. Wathi uYehoshafati, Makangatsho ukumkani. Waza ukumkani wakwaSira- 9 yeli wabiza umbusi, wathi, Khawulezisa uMikaya unyana kaImla, eze apha.

Ke ukumkani wakwaSirayeli no- 10 Yehoshafati, ukumkani wakwaYuda, wahlala elowo etroneni yakhe, evethe iingubo zakhe, esandéni, ekungeneni esangweni lakwaSamari; bonke abaprofeti beprofeta phambi kwabo. UZede- 11 kiya, unyana kaKenahana, wazenzela iimpondo zesinyithi, wathi, Utsho uYehova ukuthi, Ùya kuwangqula ngazo ezi ama-Aram, ude uwagqibe. Bonke 12 abaprofeti benjenjalo ukuprofeta, besithi, Nyuka, uye eRamoti yaseGiliyadi, ube nempumelelo; uYehova uya kuyinikela esandleni sokumkani.

Ke umthunywa, obeye kubiza uMi- 13 kaya, wathetha kuye esithi, Khawubone, amazwi abaprofeti athetha okuhle ngamlomo mnye kukumkani; izwi lakho makhe libe njengelizwi labo, uthethe okuhle. Wathi uMikaya, Ehleli 14 nje uYehova, athe wakuthetha kum uYehova, ndothetha khona.

Wafika kukumkani. Wathi ukumka- 15 ni kuye, Mikaya, síye na eRamoti yaseGiliyadi ukuba silwe, siyeke, kusini na? Wathi kuye, Nyuka, ube nempumelelo; uYehova uya kuyinikela esandleni sokumkani. Wathi ukumkani kuye, Ma- 16 kube zizihlandlo ezingaphi na ndikufungisa, ukuba ungandixeleli into engeyiyo inyaniso egameni likaYehova? Wathi yena, Ndiboné amaSirayeli onke 17 elusali ezintabeni, njengempahla emfutshane engenamalusi. Wathi uYehova,

Aba àbanankosi; mababuyele elowo endlwini yakhe enoxolo.

18 Wathi ukumkani wakwaSirayeli kuYehoshafati, Ndibe ndingatshongo na, ukuthi kuwe, akayi kuprofeta okuhle ngam, woprofeta ububi bodwa?

19 Wathi yena, Ngako oko, live ilizwi likaYehova: Ndimbonile uYehova ehleli etroneni yakhe, umi wonke umkhosi wasemazulwini ngakuye, ngasekunene

20 kwakhe nangasekhohlo kwakhe; wathi uYehova, Ngubani na oya kulukuhla uAhabhi, enyuke aye awe eRamoti yaseGiliyadi? Wenjenje lo ukuthetha, wenjenje lo ukuthetha. Waphuma ke

21 umoya, wema phambi koYehova, wathi, Ndomlukuhla mna. Wathi uYehova

22 kuwo, Ngantoni na? Wathi wona, Ndophuma ndiye, ndibe ngumoya wobuxoki emlonyeni wabaprofeti bakhe bonke. Wathi yena, Ùya kumlukuhla,

23 ufeze; phuma uye, wenjenjalo. Uyabona kaloku, uYehova ungenise umoya wobuxoki emlonyeni wâbo baprofeti bakho bonke; uYehova uthethe okubi ngawe.

24 Wesuka uZedekiya unyana kaKenahana, wafika wambetha uMikaya esidleleni, wathi, Ugqithe phi na kum uMoya kaYehova, ukuba aye kuthetha kuwe?

25 Wathi uMikaya, Khangela, uya kubona ngaloo mini, uya kuza uthungèle ama-

26 gumbi, uzimela. Wathi ukumkani wakwaSirayeli, Mthabathe uMikaya, ubuye naye, umse kuAmon umphathi womzi, nakuYowashe unyana woku-

27 mkani; uthi, Utsho ukumkani ukuthi, Mfakeni entolongweni lo, nimdlise isonka soxiniweyo, namanzi oxiniweyo,

28 ndide ndibuye ndinoxolo. Wathi uMikaya, Ukuba ubuye wabuya unoxolo, wóba uYehova akathethanga ngam. Wathi, Yivani, nonke zizwe ziphela.

29 Wenyuka ke ukumkani wakwaSirayeli noYehoshafati, ukumkani wakwa-

30 Yuda, baya eRamoti yaseGiliyadi. Wathi ukumkani wakwaSirayeli kuYehoshafati, Ndiya kuzenza mntu wumbi, ndingene ekulweni; yàmbatha iingubo zakho wena. Wazenza mntu wumbi ukumkani wakwaSirayeli, wangena ekulweni.

31 Ke ukumkani wakwa-Aram wabawisela umthetho abathetheli bakhe beenqwelo zokulwa abamashumi mathathu anababini, wathi, Ize ningalwi nomncinane nomkhulu; yilwani nokumkani wakwaSirayeli yedwa. Kwathi, baku-

32 mbona uYehoshafati abathetheli beenqwelo zokulwa, bathi bona, Inene, ngukumkani wakwaSirayeli; batyeka ke, beza kulwa naye. Wakhala uYehoshafati. Kwathi, bakubona abathetheli

33 beenqwelo zokulwa ukuba asinguye ukumkani wakwaSirayeli, babuya ekumsukeleni. Wathi umntu watyeda isa-

34 phetha, efunisela, watsho kukumkani wakwaSirayeli ekuhlanganeni kwengubo yentsimbi namasondo ayo. Wathi yena kumqhubi wenqwelo yakhe yokulwa, Jika izandla zakho, undise ngaphandle komkhosi, ngokuba ndingxwelerhiwe.

Ukulwa kwenyuka loo mini. Uku- 35 mkani wazimisa enqwelweni phambi kwama-Aram, wafa ngokuhlwa; igazi lenxeba lakhe lankcenkceza, laya esiswini senqwelo. Kwavakala kukhwazwa 36 emkhosini ukutshona kwelanga, kusithiwa, Elowo emzini wakhe! Elowo ezweni lakhe! Wafa ke ukumkani, 37 waziswa kwaSamari. Bamngcwabela ukumkani kwaSamari. Yahlanjwa i- 38 nqwelo yokulwa echibini lakwaSamari; izinja zalixhapha igazi lakhe (ehlamba apho amahenyukazi), ngokwelizwi likaYehova abelithethile.

Ezinye izinto zika-Ahabhi, nako konke 39 awakwenzayo, nendlu awayakhayo ngeempondo zeendlovu, nemizi yonke awayakhayo, azibhalwanga na encwadini yemicimbi yemihla yookumkani bakwaSirayeli? Walala uAhabhi kooyise; uAhaziya, unyana wakhe, waba ngu- 40 kumkani esikhundleni sakhe.

UYehoshafati ukumkani wamaYuda noAhaziya ukumkani wamaSirayeli

UYehoshafati, unyana ka-Asa, waba 41 ngukumkani kwaYuda ngomnyaka we-

siné ka-Ahabhi ukumkani wakwaSira-
42 yeli. UYehoshafati ube minyaka imashumi mathathu anamihlanu ezelwe, ukuba ngukumkani kwakhe. Waba neminyaka emashumi mabini anamihlanu engukumkani eYerusalem. Igama lonina lalinguAzubha, intombi ka-
43 Shilehi. Wahamba ngeendlela zonke zika-Asa uyise, akatyeka kuzo; esenza okuthe tye emehlweni kaYehova; kodwa izigánga azisuswanga; abantu babesa-
44 bingelela beqhumisela ezigangeni. UYehoshafati wahlalelana ngoxolo nokumkani wakwaSirayeli.

45 Ezinye izinto zikaYehoshafati, nobugorha bakhe awabenzayo, nokulwa kwakhe, azibhalwanga na encwadini yemicimbi yemihla yookumkani bakwa-
46 Yuda? Amasalela amang'awu, awasalayo ngemihla kayise uAsa, wawatsha-
47 yela ezweni. Bekungekho kumkani oko kwaEdom. Bekulawula ibamba.
48 UYehoshafti wenza iinqanawa zaseTarshishe zokuya kuthabatha igolide kwaOfire. Azaya, ngokuba iinqanawa ezo zaphuka eEtsiyon-gebhere. Waza 49 wathi uAhaziya, unyana ka-Ahabhi, kuYehoshafati, Abakhonzi bam mabahambe nabakhonzi bakho ngeenqanawa. Akavuma uYehoshafati. UYehoshafati 50 walala kooyise, wangcwatyelwa kooyise emzini kaDavide uyise. UYehoram unyana wakhe waba ngukumkani esikhundleni sakhe.

UAhaziya, unyana ka-Ahabhi, waba 51 ngukumkani kumaSirayeli kwaSamari ngomnyaka weshumi elinesixhenxe kaYehoshafati, ukumkani wakwaYuda, waba neminyaka emibini engukumkani kwaSirayeli. Wenza okubi emehlweni 52 kaYehova, wahamba ngendlela kayise, nangendlela yonina, nangendlela kaYarobheham unyana kaNebhati, owawonisayo amaSirayeli. Wakhonza u- 53 Bhahali,* waqubuda kuye, wamqumbisa uYehova uThixo kaSirayeli, njengako konke awakwenzayo uyise.

INCWADI YESIBINI YOOKUMKANI

UEliya ubiza umlilo uhle ezulwini

1 Ke kaloku amaMowabhi akreqa kumaSirayeli emva kokufa kukaAhabhi.
2 UAhaziya wawa efestileni yegumbi lakhe eliphezulu elikwaSamari, wahliwa kukufa ke; wathuma abathunywa, wathi kubo, Hambani niye kubuziza kuBhahali-zebhubhi, uthixo wase-Ekron, ukuba
3 ndiya kuphila na kwesi sifo. Ke isithunywa sikaYehova sasithethile kuEliya waseTishbhi, sathi, Suka, unyuke uye kukhawulela abathunywa bokumkani wakwaSamari, uthethe kubo, uthi, Kungokuba kungekho Thixo kwaSirayeli na, le nto niya kubuziza kuBhahali-
4 zebhubhi, uthixo wase-Ekron? Ngako oko utsho uYehova ukuthi, Isingqengqelo eso, ùnyuke waya kuso, akusayi kuhla kuso; inene, uya kufa. Wahamba ke uEliya.

Babuya abathunywa, beza kuye. 5 Wathi kubo, Yini na ukuba nibuye? Bathi kuye, Kunyuké indoda, yeza 6 kusikhawulela, yathi kuthi, Hambani nibuye, niye kukumkani lowo unithumileyo, nithethe kuye, nithi, Utsho uYehova ukuthi, Kungokuba kungekho Thixo kwaSirayeli na, le nto uthumela ukuba kubuziswe kuBhahali-zebhubhi, uthixo wase-Ekron? Ngako oko isingqengqelo eso, ùnyuke waya kuso, akusayi kuhla kuso; inene, uya kufa. Wathetha kubo, wathi, Iluhlobo luni 7

na indoda leyo inyukileyo yeza kunikhawulela, yathetha loo mazwi kuni?
8 Bathi kuye, Yindoda engubo ixhonti, ebhinqe umbhinqo wentlonze esinqeni sayo. Wathi ke, NguEliya waseTishbhi.
9 *Ukumkani* wathumela kuye umthetheli-mashumi-mahlanu, enamashumi omahlanu akhe. Wenyuka weza kuye; nanko ke ehleli encotsheni yentaba. Wathetha kuye wathi, Mfo wakwaThixo,
10 úthe ukumkani, Yihla. Waphendula uEliya, wathi kumthetheli-mashumi-mahlanu, Ukuba ke mna ndingumfo wakwaThixo, makuhle umlilo ezulwini, ukudle wena namashumi omahlanu akho. Kwehla ke umlilo ezulwini, wamdla yena namashumi omahlanu akhe.
11 Wabuya wamthumela kuye omnye umthetheli-mashumi-mahlanu, enamashumi omahlanu akhe. Wenyuka wathi kuye, Mfo wakwaThixo, útsho uku-
12 mkani ukuthi, Khawuleza uhle. Waphendula uEliya, wathi kubo, Ukuba ke ndingumfo wakwaThixo, makuhle umlilo ezulwini, ukudle wena namashumi omahlanu akho. Wehla ke umlilo kaThixo ezulwini, wamdla yena namashumi omahlanu akhe.
13 Wabuya wathuma owesithathu umthetheli-mashumi-mahlanu, enamashumi omahlanu akhe. Wenyuka ke owesithathu umthetheli-mashumi-mahlanu, waguqa ngamadolo phambi koEliya, watarhuzisa kuye, wathi kuye, Mfo wakwaThixo, mawunqabe emehlweni akho umphefumlo wam, nomphefumlo wabakhonzi bakho abamashumi mahlanu.
14 Ùyabona, kwehla umlilo ezulwini, wabadla abathetheli bobabini baloo mashumi angamahlanu, kunye namashumi omahlanu abo; ngoko ke mawunqabe emehlweni akho umphefumlo wam.
15 Sathi isithunywa sikaYehova kuEliya, Yihla naye; musa ukumoyika. Wesuka ke, wehla, waya naye kukumkani.
16 Wathi kuye, Utsho uYehova ukuthi, Ngenxa enokuba uthumele abathunywa bokubuzisa kuBhahali-zebhubhi, uthixo wase-Ekron, kungokuba kungekho Thixo kwaSirayeli na, kungábuziswa kuye? Ngako oko isingqengqelo eso, unyuké waya kuso, akusayi kuhla kuso; inene, uya kufa.

Wafa ke ngokwelizwi likaYehova 17 elathethwa nguEliya. UYehoram waba ngukumkani esikhundleni sakhe, ngomnyaka wesibini kaYehoram unyana kaYehoshafati, ukumkani wakwaYuda; ngokuba yena ebengenanyana. Ezinye 18 izinto zika-Ahaziya awazenzayo, azibhalwanga na encwadini yemicimbi yemihla yookumkani bakwaSirayeli?

Ukunyuka kukaEliya; uElisha usesikhundleni sakhe

2 Kwathi ekuza kumnyuseni kukaYehova uEliya ngomoya ovuthuzayo, ukuba aye emazulwini, wabe uEliya ehamba noElisha, besuka eGiligali. Wathi uEliya kuElisha, Khawuhlale 2 apha; ngokuba uYehova undithumé eBheteli. Wathi uElisha, Ehleli nje uYehova, uhleli nje umphefumlo wakho, andiyi kwahlukana nawe. Behla ke, baya eBheteli.

Baphuma oonyana babaprofeti, aba- 3 beseBheteli, baya kuElisha, bathi kuye, Ùyazi na kodwa ukuba namhlanje úyayisusa uYehova inkosi yakho entlokweni yakho? Wathi, Ndiyazazi loo nto; yithini cwaka. Wathi uEliya kuye, Eli- 4 sha, khawuhlale apha; ngokuba uYehova undithumé eYeriko. Wathi, Ehleli nje uYehova, uhleli nje umphefumlo wakho, andiyi kwahlukana nawe. Bangena ke eYeriko.

Beza oonyana babaprofeti ababese- 5 Yeriko kuElisha, bathi kuye, Ùyazi na kodwa ukuba namhla úyayisusa uYehova inkosi yakho entlokweni yakho? Wathi, Ndiyayazi loo nto; yithini cwaka. Wathi uEliya kuye, Khawuhlale apha; 6 ngokuba uYehova undithumé eYordan. Wathi, Ehleli nje uYehova, uhleli nje umphefumlo wakho, andiyi kwahlukana nawe. Bahamba ke bobabini. Kwahamba amadoda amashumi mahlanu koo- 7 nyana babaprofeti, afika ema mgama malunga nabo. Bona bema bobabini

8 ngaseYordan. UEliya wayithabatha ingubo yakhe enkulu, wayisonga, wabetha ngayo emanzini; ahluka, asinga ngapha nangapha; bawela bobabini komile.

9 Kwathi, xa bawelileyo, wathi uEliya kuElisha, Cela into, ndikwenzele, ndingekasuswa kuwe. Wathi uElisha, Mandizuze izahlulo ezibini zomoya wakho.

10 Wathi, Ùcele into enzima; kodwa ke ukuba uthe wandibona ukususwa kwam kuwe, koba njalo, ukuba akuthanga undibone, akuyi kuba njalo.

11 Kwathi, besahamba, behamba bethetha, kwabonakala inqwelo yomlilo namahashe omlilo; yabahlula bobabini, wenyuka uEliya ngomoya ovuthuzayo,

12 waya emazulwini. UElisha ákukubona oko, wadanduluka, wathi, Bawo, bawo, nqwelo yokulwa yakwaSirayeli, nabamahashe ayo! Akaba sambona. Wazibamba ezakhe iingubo, wazikrazula

13 zaziqwenga zibini; wayichola ingubo enkulu kaEliya, eyayiwe kuye; wabuya, wafika wema elunxwemeni lweYordan.

14 Wayithabatha ingubo enkulu kaEliya, eyayiwe kuye, wabetha ngayo emanzini, wathi, Úphi na uYehova, uThixo kaEliya, yena kanye? Wabetha ke emanzini; ahluka, asinga ngapha nangapha; wawela uElisha.

15 Bambona oonyana babaprofeti ababeseYeriko malunga naye, bathi, Umoya kaEliya uhleli kuElisha. Baya ku-

16 mkhawulela, baqubuda kuye. Bathi kuye, Yabona, kukho kubakhonzi bakho amadoda amashumi mahlanu anobukroti; makhe aye kuyifuna inkosi yakho, ukuba uMoya kaYehova akayifukulanga na, wayiphosa entabeni ethile, nokuba kusemfuleni othile. Wathi, Musani

17 ukuwathuma. Bamjoka, wada waneentloni, wathi, Wathumeni. Bawathuma ke amadoda amashumi mahlanu; amfuna iintsuku ezintathu, akamfuma-

18 na. Abuya eza kuye; waye eseYeriko, wathi kuwo, Ndibe ndingatshongo na kuni ukuthi, Musani ukuya?

19 Athi amadoda aloo mzi kuElisha, Uyabona, ukuma kwalo mzi kuhle, njengoko ibonayo inkosi yethu; ke amanzi mabi, nalo mhlaba awuniki nto. Wa- 20 thi, Ndiziseleni isitya esitsha, nigalele ityuwa kuso. Amzisela ke. Waphu- 21 ma, waya apho aphuma khona amanzi, wayigalela kuwo ityuwa, wathi, Utsho uYehova ukuthi, Ndiwaphilisile la manzi; akusayi kuba saphuma kufa kuwo, nakunganiki. Aphila ke amanzi 22 lawo unanamhla, ngokwelizwi likaElisha awalithethayo.

Wenyuka apho waya eBheteli. Uthe 23 xa anyuka ngendlela, kwaphuma usapho lwamgculela, lwathi kuye, Nyuka, nkqayindini! Nyuka, nkqayindini! Wa- 24 bheka ngasemva, walubona, waluqalekisa egameni likaYehova. Kwaphuma iibherekazi* zambini ehlathini, zabaqwenga abantwana abamashumi mané anababini kulo.

Wesuka khona, waya entabeni ye- 25 Karmele; wesuka khona, wabuyela kwaSamari.

UYehoram ngukumkani wamaSirayeli; imfazwe noMowabhi

3 Ke kaloku uYehoram, unyana kaAhabhi, waba ngukumkani kumaSirayeli kwaSamari, ngomnyaka weshumi elinesibhozo kaYehoshafati ukumkani wakwaYuda; waba neminyaka elishumi elinamibini engukumkani. Wenza 2 okubi emehlweni kaYehova; kodwa akaba njengoyise nanjengonina; kuba wasisusa isimiso selitye sikaBhahali,* awasenzayo uyise. Kodwa ke wana- 3 mathela ezonweni zikaYarobheham unyana kaNebhati, awawonisa ngazo amaSirayeli; akatyeka kuzo.

Ke kaloku uMesha, ukumkani wama- 4 Mowabhi, ubengumfuyi weegusha; emana embuyisela ukumkani wakwaSirayeli ngoboya bekhulu lamawaka eemvana, nekhulu lamawaka eenkunzi zeegusha. Kwathi ke akufa uAhabhi, 5 wakreqa ukumkani wamaMowabhi kukumkani wamaSirayeli. Waphuma ke 6 ukumkani uYehoram ngayo loo mini kwaSamari, wawabala onke amaSirayeli.

7 Waya wathumela kuYehoshafati, ukumkani wakwaYuda, esithi, Ukreqile kum ukumkani wakwaMowabhi; wóhamba na nam siye kulwa namaMowabhi? Wathi, Ndonyuka ndiye; ndinjengoko unjalo; abantu bam banjengoko banjalo abantu bakho; amahashe am anjengoko anjalo amahashe akho.
8 Wathi, Sonyuka ngayiphi na indlela? Wathi, Ngendlela ephuma entlango ya-
9 kwaEdom. Wahamba ke ukumkani wakwaSirayeli, nokumkani wakwaYuda, nokumkani wakwaEdom. Bahamba ngendlela ezungulezayo iintsuku ezisixhenxe; awaba namanzi umkhosi kwa-
10 neenkomo ebezibalandela. Wathi ukumkani wamaSirayeli, Yeha, uYehova ubabizele aba kumkani bathathu, ukuba abanikele esandleni sikaMowabhi.
11 Wathi uYehoshafati, Akukho mprofeti kaYehova na apha, sibuzise kuYehova ngaye? Waphendula omnye wabakhonzi bokumkani wakwaSirayeli, wathi, Ukho apha uElisha, unyana ka-Shafati, obegalela amanzi ezandleni
12 zikaEliya. Wathi uYehoshafati, Ilizwi likaYehova linaye. Behla ke baya kuye, ukumkani wakwaSirayeli, noYehosha-
13 fati, nokumkani wakwaEdom. Wathi ke uElisha kukumkani wamaSirayeli, Yintoni na enam nawe? Hamba uye kubaprofeti bakayihlo, nakubaprofeti bakanyoko. Wathi ukumkani wakwaSirayeli kuye, Hayi; ngokuba uYehova ubabizele aba kumkani bathathu, ukuba abanikele esandleni sikaMowabhi.
14 Wathi uElisha, Ehleli nje uYehova wemikhosi, endimi phambi kwakhe, ndinge ndingàkubheki, ndikubone, koko bendihlonéle uYehoshafati, uku-
15 mkani wakwaYuda. Ndíziseleni ke ngoku umbethi-luhadi. Kwathi, xa umbethi-luhadi lo alubethayo, samfikela
16 isandla sikaYehova. Wathi, Utsho uYehova ukuthi, Senzeni esi sihlambo
17 sizale yimisele. Ngokuba utsho uYehova ukuthi, Aniyi kubona moya, aniyi kubona mvula; esi sihlambo ke siya kuzala amanzi, nisele nina, nemihlambi
18 yenu, namaqegu enu. Loo nto ilula emehlweni kaYehova; uya kuwanikela namaMowabhi esandleni senu. Noyi-
19 xabela yonke imizi enqatyisiweyo, nemizi yonke enyuliweyo, niyiwise yonke imithi emihle, niyidibelele yonke imithombo yamanzi, niwonakalise onke amasimi amahle ngamatye.

Kwathi kusasa, xa kunyuswa umni-20 kelo wokudla, nanko kusiza amanzi, evela ngendlela yakwaEdom, ilizwe lazala amanzi. Eva ke onke amaMowa-21 bhi ukuba benyukile ookumkani, besiza kulwa nawo, ahlaba umkhosi kwintanga yonke exhobayo nengaphezulu, ema emdeni. Avuka kusasa, ilanga lithe 22 chapha emanzini; amaMowabhi awabona amanzi phambi kwawo, ebomvu njengegazi; athi, Ligazi le nto; ooku-23 mkani bachithene bodwa, babulalana. Nalo ke ixhoba, Mowabhi.

Afika ke emkhosini wakwaSirayeli; 24 asuka amaSirayeli, awaxabela amaMowabhi, asaba wona ebusweni bawo, alingenela ilizwe, ehamba ewaxabela amaMowabhi. Bayigungxula nemizi; 25 emasimini onke amahle, elowo waphosa ilitye lakhe, bawazalisa, bayidibelela yonke imithombo yamanzi, bayiwisa yonke imithi emihle, kwada eKir-haresheteKwasala amatye ayo odwa; bayirhawula abasawuli, batsho kuyo. Wabona 26 ukumkani wamaMowabhi, ukuba impi imkhulele, wathabathela kuye amadoda angamakhulu asixhenxe arhola ikrele, ukuba atyhudise, abheke kukumkani wakwaEdom; ákaba nako. Watha- 27 batha unyana wakhe wamazibulo, obeya kuba ngukumkani esikhundleni sakhe, wamnyusa waba lidini elinyukayo phezu kodonga. Afikelwa buburhalarhume obukhulu amaSirayeli. Ancothuka kuye, abuyela ezweni lawo.

UElisha wandisa ioli yomhlolokazi

4 Ke kaloku umfazi othile kubafazi boonyana babaprofeti wakhala kuElisha, esithi, Umkhonzi wakho indoda yam ifile. Üyazi wena ukuba umkhonzi wakho lowo ebemoyika uYehova; ke umboleki-mali uze kubathabathela kuye oonyana bam bobabini, ukuba babe ngamakhoboka. Wathi uElisha kuye, 2

Ndikwènzele ntoni na? Ndíxelele, unantoni na endlwini? Wathi, Umkhonzazana wakho akananto endlwini, ku-
3 phela ligubu leoli. Wathi, Hamba uye kuzibolekela izitya ngaphandle, kubamelwane bakho bonke, izitya ezizé;
4 zingabi mbalwa; ungene, uzivalele wena noonyana bakho, uthululele kwezo zitya zonke, uzishenxise ezizeleyo.
5 Wemka ke kuye, wazivalela, yena noonyana bakhe; bezisa kuye bona,
6 wathulula yena. Kwathi, zakuzala izitya, wathi kunyana wakhe, Zisa esinye isitya kum. Wathi yena kuye, Akusekho
7 sitya: yanqamka ke ioli. Waya waxelela umfo wakwaThixo; wathi yena, Hamba uye kuthengisa ngeoli leyo, uhlawule ityala lakho, uphile wena noonyana bakho ngeseleyo.

UElisha nomfazi waseShunem

8 Kwathi ngamhla uthile, uElisha wagqithela eShunem, apho kwaye kukho intokazi elinonokazi; yamzama ukuba adle isonka. Ubesithi, xa agqithayo, aphambukele khona ukuba adle isonka.
9 Yathi endodeni yayo, Uyabona ke, ndiyaqonda ukuba lo mfo ungcwele wakwaThixo úmana egqitha apha.
10 Masenze eludongeni igunjana eliphezulu, simbekele khona isingqengqelo, netafile, nesihlalo, nesibane, angene khona akuphambukela kuthi.
11 Kwathi ngamhla uthile waya khona, waphambukela egumbini elo liphezulu,
12 walala khona. Wathi kuGehazi umfana wakwakhe, Biza lo mShunemekazi.
13 Wambiza; wema phambi kwakhe. Wathi kuye, Khawuthi kuye, Uyabona, ùsinyamekele ngayo yonke le nyameko; unga ungenzelwa ntoni na ke? Unelizwi ongalenzelwayo na kukumkani, nokuba kukumthetheli-mkhosi? Wathi yena, Ndihleli phakathi kwabantu
14 bakowethu. Wathi, Makenzelwe ntoni na? Wathi uGehazi, Inyaniso, aka-
15 nanyana; indoda yakhe yaluphele. Wathi, Mbize. Wambiza, *wafika*, wema
16 emnyango. Wathi, Mayela neli xesha nyakenye ùya kusingatha unyana. Wathi yena, Musa, nkosi yam, mfo wakwaThixo, musa ukuthetha amanga kumkhonzazana wakho.

Wamitha ke loo mfazi, wazala unyana 17 ngelo xesha limisiweyo lanyakenye, abelithethile uElisha kuye.

Wakhula umntwana, kwathi ngamhla 18 uthile, waphuma waya kuyise, kubavuni. Wathi kuyise, Intloko yam, intloko 19 yam! Wathi kumfana, Mthwale, umse kunina. Wamthwala, wamsa kunina; 20 wahlala emathangeni akhe, kwada kwasemini enkulu, waqhawuka ke. We- 21 nyuka, wamlalisa esingqengqelweni somfowakwaThixo, wamvalela, waphuma.

Wabiza indoda yakhe, wathi, Kha- 22 wundithumele omnye wakubafana, nenye yeemazi zamaesile, khe ndithi gxada, ndiye kumfo wakwaThixo, ndibuye ndibuye. Wathi yena, Yini na ukuba 23 uhambe uye kuye namhla? Akuthwase nyanga, àsiyisabatha. Wathi yena, Kulungile. Wayibopha imazi ye-esile, 24 wathi kumfana lowo, Qhuba uhambe, musa ukuzibambezela ekukhweleni ngenxa yam, ndigatshonga kuwe. Wa- 25 hamba wada weza kumfo wakwaThixo entabeni yeKarmele.

Waza umfo wakwaThixo, akumbona esekude, wathi kuGehazi umfana, Nankuya laa mShunemekazi; khawugidi- 26 me ngoku, umkhawulele, uthi kuye, Ùhleli kakule na? Ihleli kakuhle na indoda yakho? Ùhleli kakuhle na umntwana? Wathi, Kusahleliwe kakuhle.

Akufika kumfo wakwaThixo entabeni, 27 wambamba ngeenyawo. Wasondela uGehazi ukuba amsunduze; wathi umfo wakwaThixo, Myeke, ngokuba umphefumlo wakhe ukrakra; uYehova undifihlele, àkandixelela. Wathi, Ndakha 28 ndacela unyana yini na enkosini yam? Ndandingatshongo yini na ukuthi, Ùze ungandilahlekisi? Wathi kuGehazi, 29 Bhinqa isinqe sakho, uphathe umsimelelo wam esandleni sakho, uhambe. Ukuba ùthe waqubisana nomntu, uze ungambulisi; ukuba ùthe umntu wakubulisa, uze ungamphenduli; uze uwubeke umsimelelo wam phezu kobuso benkwenkwe leyo. Wathi unina we- 30 nkwenkwe, Ehleli nje uYehova, uhleli nje umphefumlo wakho, andiyi kwahlukana nawe. Wesuka ke wamlandela.

31 UGehazi wagqithela phambili kubo, wafika wawubeka umsimelelo phezu kobuso benkwenkwe; akwabakho lizwi, akwabakho kushukuma. Wabuya waya kumkhawulela, wamxelela, wathi, Inkwenkwe ayivukanga.

32 Wafika uElisha endlwini; nantso inkwenkwe ifile, ilele esingqengqelweni
33 sakhe. Wangena, waluvala ucango, be-
34 bobabini; wathandaza kuYehova. Wenyuka, walala phezu komntwana lowo, wabeka umlomo wakhe phezu komlomo wakhe, amehlo akhe phezu kwamehlo akhe, izandla zakhe phezu kwezandla zakhe, wazolula phezu kwakhe; yafu-
35 dumala inyama yomntwana. Wabuya, wahamba endlwini, wasinga ngapha kwakanye, wasinga ngapha kwakanye, wenyuka wazolula phezu kwakhe. Yathimla inkwenkwe izihlandlo ezisixhenxe, yawavula inkwenkwe amehlo ayo.

36 Wabiza uGehazi, wathi, Biza laa mShunemekazi. Wambiza. Weza ke kuye,
37 wathi, Mthabathe unyana wakho. Weza, waziphosa ezinyaweni zakhe, waqubuda kuye, wamthabatha unyana wakhe, waphuma.

Imimangaliso emibini kaElisha

38 Ke kaloku uElisha wabuya, waya eGiligali. Kwakukho indlala elizweni; oonyana babaprofeti babehleli phambi kwakhe. Wathi kumfana lowo, Beka imbiza enkulu eziko, ubaphekele ukudla
39 oonyana bababaprofeti. Waphuma omnye, waya kufuna imifuno endle; wafumana uthangazana, wakha amathangazana kulo; yazala ingubo yakhe. Wafika, wawaxabelela embizeni yokupheka; ngo-
40 kuba babengawazi. Bawaphakela amadoda ukuba adle. Kwathi, xa akudlayo oko kudla, akhala wona, athi, Mfo wakwaThixo, kukho ukufa embizeni le.
41 Akaba nako ukukudla. Wathi, Yizani nomgubo. Wawugalela embizeni, wathi, Baphakele abantu, badle; akwabakho nto imbi embizeni.

42 Kwavela indoda eBhahali-shalisha, yamzisela umfo wakwaThixo ukudla okutsha: izonka zerhasi ezimashumi mabini, namakhweba engxoweni yakhe. Wathi, Nika abantu, badle. Wathi 43 umlungiseleli wakhe, Ndothini na ukukubeka oku phambi kwekhulu lamadoda? Wathi, Nika abantu, badle; ngokuba útsho uYehova ukuthi, Baya kudla, bade bakushiye. Wabeka ke 44 phambi kwabo; badla bakushiya, ngokwelizwi likaYehova.

Iqhenqa likaNahaman liyaphiliswa

5 Ke kaloku uNahaman, umthethelimkhosi wokumkani wakwa-Aram,* waye eyindoda enkulu enkosini yakhe, ebekekileyo; ngokuba uYehova wayewanike ama-Aram usindiso ngaye. Loo ndoda yabe iligorha, ilikroti, kodwa ineqhenqa.

Ama-Aram ayephume aya kututa, 2 athimba ezweni lakwaSirayeli intombazana; yasisicakakazi kumkaNahaman. Yathi kwinkosikazi yayo, Akwaba inko- 3 si yam le ibiphambi komprofeti okwaSamari! Ubeya kuyiphilisa eqhenqeni layo. Waya wayixelela inkosi yakhe, 4 wathi, Ithe yathi, yathi ukuthetha, intombi evela ezweni lakwaSirayeli. Wathi ukumkani wama-Aram, Hamba 5 uye, ndomthumela incwadi ukumkani wakwaSirayeli.

Wahamba, waphatha esandleni sakhe ishumi leetalente* zesilivere, namawaka amathandathu eeshekele* zegolide, neshumi leengubo zokukhululana. Wayi- 6 zisa incwadi kukumkani wakwaSirayeli, isithi, Kaloku ke, ekufikeni kwale ncwadi kuwe, yabona, ndikuthuméle uNahaman umkhonzi wam, ukuba umphilise eqhenqeni lakhe.

Kwathi, akuyilesa ukumkani wakwa- 7 Sirayeli incwadi, wazikrazula iingubo zakhe, esithi, NdinguThixo yini na, ukuba ndibulale, nokuba ndiphilise, ngokuba lo uthuméle kum, ukuba ndiphilise indoda eqhenqeni layo. Khangelani ke, nibone, ukufuna kwakhe isizathu sokuxabana nam. Kwathi, a- 8 kuva uElisha, umfo wakwaThixo, ukuba ukumkani wakwaSirayeli uzikrazule iingubo zakhe, wathumela kukumkani wathi, Uzikrazulele ntoni na iingubo zakho? Makeze kum, azi ukuba kukho umprofeti kwaSirayeli.

9 Weza uNahaman namahashe akhe neenqwelo zakhe, wamisa emnyango
10 endlwini kaElisha. UElisha wathuma umthunywa kuye, esithi, Yiya uhlambe izihlandlo ezisixhenxe eYordan, ibuyele kuwe inyama yakho, uhlambuluke.

11 Waba noburhalarhume uNahaman, wemka, wathi, Bonani, bendiba mna wophuma eze kum, eme anqule igama likaYehova uThixo wakhe, awangawangise isandla sakhe phezu kwale ndawo,
12 alisuse iqhenqa. IAbhana neFarpare, imilambo yaseDamasko, ayilungile na, ngaphezu kwamanzi onke akwaSirayeli? Andingehlambi kuyo na, ndihlambuluke? Wajika, wahamba engumlilo.
13 Bafika abakhonzi bakhe, bathetha naye, bathi, Bawo, ukuba umprofeti ubethethe into enkulu kuwe, ubungàyi kuyenza yini na? Kangakanani na ke xa athi
14 kuwe, Hlamba, uhlambuluke? Wehla ke, wantywila izihlandlo ezisixhenxe eYordan, ngokwelizwi lomfo wakwaThixo; yabuya ke inyama yakhe, yanjengenyama yomntwana, wahlambuluka.

15 Wabuyela kumfo wakwaThixo, yena nesihlwele sakhe sonke, weza, wema phambi kwakhe, wathi, Uyabona, ndiyaqonda ngoku ukuba akukho Thixo ehlabathini lonke, kùkwaSirayeli kodwa; kaloku khawamkele intsikelelo
16 kumkhonzi wakho. Wathi yena, Ehleli nje uYehova, endimi phambi kwakhe, andiyi kuyamkela. Wamjoka, ukuba
17 ayamkele; àkavuma. Wathi uNahaman, Umkhonzi wakho akangekhe anikwe na ke umhlaba ongumthwalo woondlebende ababini? Ngokuba umkhonzi wakho akasayi kuba senza dini linyukayo nambingelelo thixweni bambi; úya kwenza kuYehova yedwa.
18 Kule nto uYehova aze amxolele umkhonzi wakho: yakungena inkosi yam endlwini kaRimon, ukuba iqubude khona, yayame esandleni sam, nam ndaqubuda endlwini kaRimon: ekuqubudeni kwam ke endlwini kaRimon, aze uYehova amxolele umkhonzi wakho kuloo nto. Wathi kuye, Hamba uno- 19 xolo.

Wemka kuye, wee qelele umganyana. Wathi uGehazi, umkhonzi kaElisha 20 umfo wakwaThixo, Yabona, inkosi yam imyekile uNahaman umAram lo, àyayamkela esandleni sakhe into abeyizisile; ehleli nje uYehova, inene, ndiya kumsukela, ndithabathe intwana kuye. U- 21 Gehazi wamphuthuma uNahaman. UNahaman wambona emsukela, wehla enqwelweni yakhe, eya kumkhawulela, wathi, Kuhlé ntoni na? Wathi, Aku- 22 kho nto. Inkosi yam indithumile, isithi, Nanku, kufike kum ngoku amadodana amabini akoonyana babaprofeti, evela kweleentaba lakwaEfrayim; khawuwanike italente yesilivere, neengubo ezimbini zokukhululana. Wathi uNa- 23 haman, Makukholeke kuwe ukuthabatha zibe mbini iitalente. Wamjoka, wabopha iitalente zambini zesilivere ezingxoweni ezimbini, neengubo ezimbini zokukhululana, wanika abafana ababini; bathwala phambi kwakhe. Uthe akufika endulini, wazithabatha 24 ezandleni zabo, wazibeka endlwini, wawandulula amadoda lawo emka.

Waya, wema phambi kwenkosi yakhe. 25 Wathi uElisha kuye, Ùvela phi na, Gehazi? Wathi, Úbengayanga ndawo umkhonzi wakho. Wathi kuye, Intli- 26 ziyo yam ayihambanga nawe yini na, okuya yajikayo indoda enqwelweni yayo, yeza kukukhawulela? Lixesha yini na eli lokwamkela isilivere, nelokwamkela iingubo, neminquma, nezidiliya, nempahla emfutshane, neenkomo, nabakhonzi, nabakhonzazana? Iqhe- 27 nqa likaNahaman malinamathele kuwe nakwimbewu yakho ngonaphakade. Waphuma ebusweni bakhe eneqhenqa, emhlophe njengekhephu.

Ukudada kwentloko yezembe

6 Bathi oonyana babaprofeti kuElisha, Khawubone le ndawo, sihleli kuyo phambi kwakho; sixinene kuyo. Makhe siye eYordan, sizithabathele 2

khona elowo umqadi ube mnye, sizenzele khona indawo yokuhlala. Wathi,
3 Yiyani. Wathi omnye, Makukholeke kuwe ukuhamba nabakhonzi bakho. Wa-
4 thi, Ndiya kuhamba. Wahamba nabo. Bathi bakufika eYordan, bagawula imi-
5 thi. Kwathi, omnye ewisa umqadi, intsimbi yeyela emanzini; wakhala, wathi, Yoo, nkosi yam! ibibolekiwe.
6 Wathi umfo wakwaThixo, Iwe phi na? Wambonisa loo ndawo. Wanqumla uluthi, waluphosa khona. Yadada i-
7 ntsimbi. Wathi, Yithabathe. Wasolula isandla sakhe, wayithabatha.

UElisha nama-Aram eDotan

8 Ke kaloku ukumkani wama-Aram* wayesilwa namaSirayeli, wacebisana nabakhonzi bakhe, esithi, Kuya kuba sekuthini, nasekuthini, apho ndolalisa
9 khona. Wathumela umfo wakwaThixo kukumkani wakwaSirayeli, esithi, Zigcine, ungegqithi kulaa ndawo; ngokuba
10 ama-Aram ehla khona. Ukumkani wamaSirayeli wathumela kuloo ndawo, abemxelele yona umfo wakwaThixo, embonisa; wazikhusela khona, akwaba kanye nakabini.
11 Yabhabhama intliziyo yokumkani wakwa-Aram yiloo nto; wabiza abakhonzi bakhe, wathi kubo, Anindixeleli na ukuba ngubani na kuthi apha, ongaku-
12 kumkani wakwaSirayeli? Wathi omnye wakubakhonzi bakhe, Asisithi, nkosi yam kumkani; nguElisha, umprofeti okwaSirayeli, oxelela ukumkani wamaSirayeli amazwi owathetha usengontsini
13 yakho yokulala. Wathi, Yiyani, nikhangele apho akhona; ndithumèle, ndimthabathe. Waxelelwa kwathiwa,
14 Nanko eDotan. Wathumela khona amahashe, neenqwelo zokulwa, nempi eninzi; baya ebusuku, bawungqinga umzi.
15 Wavuka kusasa umlungiseleli womfo wakwaThixo, wesuka waphuma, nantso impi iwujikelezile umzi, inamahashe neenqwelo zokulwa. Wathi umfana lowo kuye, Yoo, nkosi yam, siya kuthini
16 na? Wathi yena, Musa ukoyika; ngokuba baninzi abangakuthi, ngaphezu kwabangakubo. Wathandaza uElisha, 17 wathi, Yehova, khawuwavule amehlo akhe, abone. UYehova wawavula amehlo omfana lowo, wabona, nantso intaba izele ngamahashe neenqwelo zokulwa zomlilo, zimjikelezile uElisha.

Behla baya kuye, wathandaza uElisha 18 kuYehova, wathi, Khawulubethe olu hlanga ngobumfama. Wababetha ke ngobumfama, ngokwelizwi likaElisha. Wathi uElisha kubo, Asiyiyo indlela le, 19 asinguwo umzi lo; ndilandeleni, ndinise kuloo ndoda niyifunayo; wabása kwaSamari. Kwathi, bakufika kwaSamari, 20 wathi uElisha, Yehova, wavule amehlo aba bantu, babone. Wawavula uYehova amehlo abo, babona. Nanku, bephakathi komzi wakwaSamari.

Wathi ukumkani wakwaSirayeli ku- 21 Elisha, akubabona, Ndibaxàbele na, ndibaxàbele na, bawo? Wathi yena, 22 Uze ungabaxabeli. Obathimbileyo ngekrele lakho nesaphetha sakho ubungábaxabelayo na? Beka isonka namanzi phambi kwabo, badle, basele, bahambe, baye enkosini yabo. Wabenzela isidlo 23 esikhulu; badla basela; wabandulula, bahamba baya enkosini yabo. Akaba saphinda amatutu ama-Aram ukulingena ilizwe lamaSirayeli.

Ukungqingwa komzi wakwaSamari

Kwathi emva koko, wayihlanganisa 24 uBhen-hadade, ukumkani wakwa-Aram, yonke impi yakhe, wenyuka wawungqinga umzi wakwaSamari. Kwabakho ke 25 indlala enkulu kwaSamari. Yabona, bawungqinga ke, yada intloko ye-esile yathengiswa ngamashumi osibhozo eeshekele zesilivere,* nesahlulo sesiné sekabhe* yendlelo yamavukuthu saba sisihlanu sesilivere.

Kwathi, edlula ukumkani wakwa- 26 Sirayeli phezu kodonga, intokazi yamemeza kuye, isithi, Sindisa, nkosi yam, kumkani. Wathi yena, Engakusindisi 27 nje uYehova, ndokusindisa ngantoni na mna? ngesandá, ngesixovulelo sediliya, kusini na? Wathi ukumkani kuyo, 28 Ùhlelwe yintoni na? Wathi, Lo mfazi uthe kum, Ndínike unyana wakho, sidle

yena namhla, sidle unyana wam ngomso.
29 Sampheka ke unyana wam, samdla; ndathi kuye ngomhla olandelayo, Ethe unyana wakho, simdle; wamzimeza unyana wakhe.
30 Kwathi, akuweva ukumkani amazwi entokazi leyo, wazikrazula iingubo zakhe; wayedlula phezu kodonga. Bakhangela abantu, nanko eneengubo ezirhwexayo ngaphantsi *kwezinye* enya-
31 meni yakhe. Wathi, Makenjenje kum uThixo, aqokele ukwenjenje, ukuba intloko kaElisha, unyana kaShafati, iya kuma phezu kwakhe namhla.
32 UElisha ke ubehleli endlwini yakhe, namadoda amakhulu ebehleli naye. *Ukumkani* wathuma indoda ebusweni bakhe. Engekafiki umthunywa lowo kuye, wathi yena kumadoda amakhulu, Niyabona na, ukubo lo nyana wombulali uthuméle ukuba ndisuswe intloko? Niyabona, akufika umthunywa lowo, luvaleni ucango, nimtyhale ngocango; naso isingqi seenyawo zenkosi yakhe
33 sisemva kwakhe. Esathetha nawo, nanko umthunywa lo esihla esiza kuye. Wathi *ukumkani,* Yabona, obu bubi buphuma kuYehova; ndisamlindele ngani na uYehova?

Intsabo yama-Aram

7 Wathi uElisha, Liveni ilizwi likaYehova. Útsho uYehova ukuthi, Eli xa ngomso iseha* yomgubo ocoliweyo yoba yishekele,* neeseha zombini zerhasi zoba yishekele esangweni lakwa-
2 Samari. Wamphendula umfo wakwaThixo umphathi-mkhosi, abesayama esandleni sakhe ukumkani, wathi, Yabona, khona ukuba uYehova wenzé iifestile ezulwini, ingabakho na loo nto? Wathi yena, Khangela, ùya kuyibona loo nto ngamehlo akho, ungadli kuyo.
3 Ke kaloku kwakukho amadoda amané aneqhenqa ngaphandle kwesango. Yathi enye kwenye, Sihlaléleni na apha,
4 side sife? Ukuba sithe, masingene kulo mzi, kukho indlala kuwo umzi lo, siya kufa khona; ukuba sithe sahlala apha, siya kufa. Kaloku ke masihambe, sizilahlele emkhosini wama-Aram.* Ukuba athe asisindisa, sodla ubomi; ukuba athe asibulala, hayi ke, siya kufa. Asuka ngongcwalazi, aya eminqubeni 5 yama-Aram, ada afika ekupheleni kweminquba yama-Aram. Yini le? Kusenxiweni. Kuba iNkosi yayiwenzé u- 6 mkhosi wama-Aram ukuba uve isandi seenqwelo zokulwa, isandi samahashe, nesandi sempi enkulu. Bathi omnye komnye, Niyabona, ukumkani wamaSirayeli usiqeshele ookumkani bamaHeti nookumkani bamaYiputa, ukuba basiwele. Besuka ke, basaba ngongcwa- 7 lazi, bazishiya iintente zabo, namahashe abo, namaesile abo eminqubeni, injengoko ibinjalo; basabisa ubomi babo.

Afika ke loo madoda aneqhenqa 8 ekupheleni kweminquba, angena kwenye intente, adla, asela, athabatha apho isilivere negolide neengubo, aya kuziqhusheka; abuya, angena kwenye intente, athabatha nakhona, aya kuqhusheka. Yathi enye kwenye, Asilungisi; le 9 mini yimini yeendaba ezilungileyo, sithe cwaka nje; ukuba silindé kwada kwasa, siya kuzeka ityala. Hambani ke ngoko, siye sixele endlwini yokumkani.

Afika, abiza umlindi wesango lomzi, 10 amxelela, athi, Sifiké eminqubeni yamaAram, nanko kungekho mntu khona, nazwi lamntu, kuphela ingamahashe abotshelelweyo namaesile abotshelelweyo, neentente zinjengoko bezinjalo. Bamemeza abalindi-masango omzi; ba- 11 xelela indlu yokumkani ngaphakathi. Wavuka ukumkani ebusuku, wathi 12 kubakhonzi bakhe, Makhe ndinixelele into ayenzileyo kuthi ama-Aram. Ayazi ukuba silambile; aphumile eminqubeni, aya kuzímela endle, esithi, Bothi bakuphuma kuwo umzi, sibabambe behleli, singene kuwo umzi. Waphendula o- 13 mnye wakubakhonzi bakhe, wathi, Makhe kuthatyathwe abe mahlanu kumahashe aseleyo, la aseleyo phakathi *komzi* (yabona, anjengengxokolo yonke yamaSirayeli eseleyo kuwo; yabona, anjengengxokolo yonke yakwaSirayeli ephelileyo), siwathume sibone.

Kwathatyathwa iinqwelo ezimbini 14 zokulwa ezinamahashe, waphuthumisa

OOKUMKANI II 7—8

ukumkani emva komkhosi wama-Aram, 15 wathi, Hambani niye kubona. Bawaphuthuma, bada baya eYordan; nantso indlela yonke izele ziingubo neempahla, abezilahlile ama-Aram ekubalekeni kwawo buphuthuphuthu. Babuya abathu-16 nywa abo, bamxelela ukumkani. Baphuma ke abantu, bayiphanga iminquba yama-Aram. Yathi iseha yomgubo ocoliweyo yayeyeshekele, iiseha ezimbini zerhasi zazezeshekele, ngokwelizwi likaYehova.

17 Ukumkani wamphathisa isango umphathi-mkhosi abesayama esandleni sakhe. Bamnyathela abantu esangweni, wafa, njengoko wakuthethayo umfo wakwaThixo, owathetha ekuhlèni ko-18 kumkani, esiza kuye. Kwenzeka ke njengoko wakuthethayo umfo wakwaThixo kukumkani, esithi, Iiseha ezimbini zerhasi zoba zezeshekele, iseha yomgubo ocoliweyo yoba yeyeshekele, eli xa ngomso, esangweni lakwaSamari; 19 ukuze amphendule umphathi-mkhosi lowo umfo wakwaThixo, esithi, Yabona, khona ukuba uYehova wenzé iifestile ezulwini, ingabakho na loo nto? Ukuze athi ke yena, Khangela, ùya kuyibona 20 ngamehlo akho, ungadli kuyo. Kwaba njalo ke kuye; bamnyathela abantu esangweni, wafa.

UElisha nomShunemekazi

8 Ke, uElisha wayethethile kwintokazi leyo, wayephilise unyana wayo, esithi, Suka uhambe, wena nendlu yakho, uphambukele apho ungáphambukela khona; ngokuba uYehova ubize indlala; kananjalo iya kulifikela ilizwe 2 iminyaka esixhenxe. Yayisukile ke intokazi leyo, yenza ngokwelizwi lomfo wakwaThixo, yahamba yona nendlu yayo, yaphambukela ezweni lamaFilisti 3 iminyaka esixhenxe. Ke kaloku kwathi ekupheleni kweminyaka esixhenxe leyo, yabuya loo ntokazi ezweni lamaFilisti; yaphuma yaya kuzibika ngendlu yayo nentsimi yayo kukumkani.

4 Ke kaloku ukumkani ubethetha noGehazi, umkhonzi womfo wakwaThixo, esithi, Khawundibalisele zonke izinto ezinkulu azenzileyo uElisha. Kwathi, 5 esamxelela ukumkani ukuphilisa kwakhe umntu owayeselefile, kwabonakala laa ntokazi, abephilise unyana wayo, izibika ngendlu yayo nentsimi yayo kukumkani. Wathi uGehazi, Nkosi yam, kumkani, yiloo ntokazi ke le, nguloo nyana wayo waphiliswayo nguElisha ke lo. Wayi- 6 buza ukumkani intokazi leyo; yamxelela. Ukumkani wayinika umbusi othile, wathi, Yibuyisele zonke izinto zayo, nokutya konke kwentsimi yayo, kuthabathela kwimini eyemka ngayo kweli lizwe, kuzise nakweli xesha langoku.

UHazayeli uba ngukumkani wama-Aram

Weza uElisha eDamasko. UBhen- 7 hadade, ukumkani wakwa-Aram,* waye esifa. Kwathiwa kuye, Umfo wakwaThixo ufikile apha. Wathi ukumkani 8 lowo kuHazayeli, Phatha umnikelo ngesandla sakho, uye kumkhawulela umfo wakwaThixo lowo, ubuzise kuYehova ngaye, uthi, Ndiya kuphila na kwesi sifo? UHazayeli waya kumkha- 9 wulela, waphatha umnikelo ngesandla sakhe, nento yonke elungileyo yaseDamasko, imithwalo yeenkamela ezimashumi mané. Waya, wema phambi kwakhe, wathi, Unyana wakho uBhenhadade, ukumkani wakwa-Aram, undithumele kuwe, esithi, Ndiya kuphila na kwesi sifo ndinaso?

Wathi uElisha kuye, Hamba uye 10 kuthi, Ungáphila; koko uYehova undibonisile ukuba, inene, uya kufa. Wa- 11 mkhangela, wamthi ntsho, wada waneentloni; walila umfo wakwaThixo. Wathi uHazayeli, Ililelani na inkosi 12 yam? Wathi, Kungokuba ndibazi ububi oya kubenza koonyana bakaSirayeli; ùya kuzitshisa ngomlilo iinqaba zabo, uwabulale amadodana abo ngekrele, ubatyumze abantwana babo, ubaqangqulule abafazi babo abamithiyo. Wathi uHazayeli, Úyintoni na umkho- 13 nzi wakho, eyinja nje, ukuba ade enze loo nto ingako? Wathi uElisha, UYehova undibonisile, ukuba ùya kuba ngukumkani wakwa-Aram wena.

Wemka kuElisha, waya enkosini 14

yakhe. Yathi kuye, Útheni na uElisha kuwe? Wathi, Uthe kum, Inene, uya 15 kuphila. Kwathi ngengomso wathabatha ingcawa, wayithi nkxu emanzini, wayaneka ebusweni bayo; yafa. UHazayeli waba ngukumkani esikhundleni sayo.

UYehoram noAhaziya ookumkani bakwaYuda

16 Ke kaloku ngomnyaka wesihlanu kaYehoram, unyana ka-Ahabhi ukumkani wamaSirayeli (uYehoshafati engukumkani wamaYuda), waba ngukumkani uYehoram, unyana kaYehoshafati uku- 17 mkani wamaYuda. Ebeminyaka imashumi mathathu anamibini ezelwe, ukuba ngukumkani kwakhe, waba neminyaka esibhozo engukumkani eYeru- 18 salem. Wahamba ngendlela yookumkani bakwaSirayeli, njengoko yenza ngako indlu ka-Ahabhi; ngokuba intombi ka-Ahabhi yayingumkakhe; wenza oku- 19 bi emehlweni kaYehova. Noko uYehova ebengavumi ukulonakalisa elakwaYuda, ngenxa kaDavide umkhozi wakhe; njengoko wathethayo kuye, wathi wómnika isibane ngoonyana bakhe yonke imihla.

20 Ngemihla yakhe akreqa amaEdom, aphuma phantsi kwesandla samaYuda,
21 azenzela ukumkani. Wagqitha uYehoram, waya eTsahira, eneenqwelo zonke zokulwa. Wavuka ebusuku, wawaxabela amaEdom awayemrhawule ngeenxa zonke, nabathetheli beenqwelo zokulwa; basaba abantu, baya ezinte-
22 nteni zabo. Akreqa ke amaEdom, aphuma phantsi kwesandla samaYuda unanamhla. Yaza yakreqa iLibhena kwangelo xesha.

23 Ezinye izinto zikaYoram, nako konke awakwenzayo, azibhalwanga na encwadini yemicimbi yemihla yookumkani
24 bakwaYuda? UYoram walala kooyise, wangcwatyelwa kooyise emzini kaDavide, uAhaziya unyana wakhe waba ngukumkani esikhundleni sakhe.

25 Ngomnyaka weshumi elinesibini kaYoram unyana ka-Ahabhi, ukumkani wamaSirayeli, waba ngukumkani uAhaziya, unyana kaYehoram ukumkani wamaYuda. UAhaziya ebeminyaka i- 26 mashumi mabini namibini ezelwe, ukuba ngukumkani kwakhe. Waba mnyaka mnye engukumkani eYerusalem. Igama lonina libe linguAtaliya, intombi kaOmri ukumkani wamaSirayeli. Wahamba ngendlela yendlu ka- 27 Ahabhi, wenza okubi emehlweni kaYehova ngokwendlu ka-Ahabhi; ngokuba ebengumyeni wakwa-Ahabhi.

Wahamba noYoram, unyana ka- 28 Ahabhi, waya kulwa noHazayeli ukumkani wakwa-Aram eRamoti yaseGiliyadi. Ama-Aram amngxwelerha uYoram. Wabuya uYoram ukumkani, wa- 29 ya kunyangwa eYizereli loo manxeba wawafumanayo kuma-Aram eRama, ekulweni kwakhe noHazayeli ukumkani wakwa-Aram. Wehla uAhaziya, unyana kaYehoram ukumkani wamaYuda, esiya kumbona uYoram unyana ka-Ahabhi eYizereli, ngokuba ebengxwelerhiwe.

Uvukelo lukaYehu

9 Ke uElisha umprofeti wabiza omnye koonyana babaprofeti, wathi kuye, Bhinqa isinqe sakho, uphathe eli gutyana leoli ngesandla sakho, uye eRamoti yaseGiliyadi; ungene khona, 2 ukhangele khona uYehu, unyana kaYehoshafati, unyana kaNimshi, uye utsho esuke phakathi kwabazalwana bakhe, umse engontsini engaphakathi; uthabathe igutyana leoli, umgalele 3 entloko, uthi, Útsho uYehova ukuthi, Ndikuthambisile ukuba ube ngukumkani kumaSirayeli; uluvule ke ucango, usabe, ungahlali.

Waya umfana lowo, umkhonzi lowo 4 womprofeti, eRamoti yaseGiliyadi. Wafika ke, nabá abathetheli bempi 5 behleli phantsi. Wathi, Ndinelizwi kuwe, mthetheli-mkhosi. Wathi uYehu, Kuwuphi na, phakathi kwethu aba sonke? Wathi, Kuwe, mthethelimkhosi. Wesuka, wangena endlwini, 6 wamgalela ioli entloko, wathi kuye, Útsho uYehova, uThixo kaSirayeli, ukuthi, Ndikuthambisile ukuba ube

ngukumkani kubantu bakaYehova, ku-
7 maSirayeli. Woyixabela indlu ka-Ahabhi
inkosi yakho, ndiwaphindezele ama-
gazi abakhonzi bam abaprofeti, nama-
gazi abakhonzi bonke bakaYehova,
8 esandleni sikaIzebhele; idàke yonke
indlu ka-Ahabhi, ndinqumle kuAhabhi
yonke into eyindoda, novalelweyo no-
9 vulelweyo kwaSirayeli. Ndoyenza i-
ndlu ka-Ahabhi ibe njengendlu kaYaro-
bheham unyana kaNebhati, nanjenge-
ndlu kaBhahesha unyana ka-Ahiya;
10 zimdle izinja uIzebhele esiqwengeni
esiseYizereli, kungabikho umngcwa-
bayo.
    Waluvula ucango, wasaba.
11 Ephumile uYehu, waya kubakhonzi
benkosi yakhe. Kwathiwa kuye, Luxo-
lo na? Ebezeleni na lo mbhudi?
Wathi kubo, Le ndoda yaziwa nini,
12 kwanokuthethathetha kwayo. Bathi,
Xoka; khawusixelele. Wathi, Ùthe,
wathi ukuthetha kum, Utsho uYehova
ukuthi, Ndikuthambisile ukuba ube
ngukumkani kumaSirayeli.
13 Bakhawuleza, wathabatha elowo ingu-
bo yakhe, wayibeka phantsi kwakhe
uYehu ezinyukweni kanye, bavuthela
izigodlo, bathi, UYehu ngukumkani!
14 UYehu, unyana kaYehoshafati, unyana
kaNimshi, wamceba ke uYoram. Ke
kaloku uYoram ubeyilinda iRamoti
yaseGiliyadi, yena namaSirayeli onke,
ngenxa kaHazayeli ukumkani wakwa-
15 Aram; ke ukumkani, uYoram, ubebuye-
le eYizereli, ukuba anyangwe amanxeba
awawafumana kuma-Aram, esilwa no-
Hazayeli ukumkani wakwa-Aram. Wa-
thi uYehu, Ukuba kukuthanda kwenu,
makungaphumi kusinde mntu kulo mzi,
aye kuxela eYizereli.

*Ukubulawa kukaYoram ukumkani
wamaSirayeli noAhaziya*

16 Wakhwela uYehu enqwelweni, waya
eYizereli; ngokuba uYoram ebelele
khona. Ke uAhaziya ukumkani wama-
Yuda wehla, waya kumbona uYoram.
17 Ke kaloku umlindi, obemi phezu
kwenqaba eYizereli, wabona impi ka-
Yehu ekuzeni kwakhe, wathi, Ndibona
impi. Wathi uYoram, Thabatha o-
khwele ihashe, umthume aye kubakha-
wulela, athi, Luxolo na? Waya ku- 18
mkhawulela loo mkhweli-hashe, wathi,
Ùtsho ukumkani ukuthi, Luxolo na?
Wathi uYehu, Yintoni na enawe noxo-
lo? Jikela emva kwam. Waxela u-
mlindi, wathi, Umthunywa uye wafika
kubo, ke akabuyi. Wathuma owesibini 19
umkhweli-hashe, waya kubo, wathi,
Ùtsho ukumkani ukuthi, Luxolo na?
Wathi uYehu, Yintoni na enawe noxolo?
Jikela emva kwam. Waxela umlindi, 20
wathi, Uye wafika kubo, ke akabuyi; ke
ukuqhuba kunjengokuqhuba kukaYehu,
unyana kaNimshi; ngokuba uqhuba
ngobudlongodlongo.

Wathi uYoram, Bopha. Yabotshwa 21
inqwelo yakhe yokulwa. Waphuma
uYoram ukumkani wamaSirayeli, no-
Ahaziya ukumkani wamaYuda, elowo
esenqwelweni yakhe yokulwa. Baphu-
ma baya kumkhawulela uYehu, bamfu-
mana esiqwengeni somhlaba sikaNa-
bhoti waseYizereli. Kwathi uYoram, 22
akumbona uYehu, wathi, Luxolo na,
Yehu? Wathi yena, Luxolo lwani na,
xa ukuhenyuza kukaIzebhele unyoko,
nokukhafula kwakhe okuninzi, kusahle-
liyo nje?

UYoram wawajika *amahashe* nge- 23
zandla zakhe, wasaba. Wathi kuAha-
ziya, Licebo, Ahaziya. UYehu waqu- 24
bula isaphetha sakhe, watsho kuYoram
phakathi kwamagxa, utolo lwaphumela
ephaphini lakhe, wee buthuthu enqwe-
lweni yakhe. Wathi *uYehu* kuBhide- 25
kare, umphathi-mkhosi wakhe, Mthwale,
umphose esiqwengeni somhlaba kaNa-
bhoti wakwaYizereli; ngokuba, khu-
mbula, oko sasikhwele thina sobabini,
mna nawe, emva koAhabhi uyise,
uYehova wahlaba eso sihlabo ngaye.
Inene amagazi kaNabhoti, namagazi 26
oonyana bakhe, ndiwabonile izolo, u-
tsho uYehova; ndiya kukuphindezelela
kwesi siqwenga somhlaba, utsho uYe-
hova. Ke ngoko mthwale, umphose esi-
qwengeni eso ngokwelizwi likaYehova.

UAhaziya ukumkani wakwaYuda, 27

ekubonile oko, wasaba ngendlela yendlu yasemyezweni. UYehu wamsukela, wathi, Naye mgwazeleni enqwelweni yokulwa (kube kuseqhineni leGure elingaseIblam). Wasaba ke waya e-
28 Megido, wafela khona. Abakhonzi bakhe bamsa ngenqwelo eYerusalem, bamngcwabela engcwabeni lakhe kooyise, emzini kaDavide.
29 Ngomnyaka weshumi elinamnye kaYoram unyana ka-Ahabhi, uAhaziya waba ngukumkani wakwaYuda.

Ukufa kukaIzebhele

30 Uthe uYehu akufika eYizereli, weva uIzebhele, waziqaba amehlo, waziho-
31 mbisa intloko, wavela ngefestile. Wangena uYehu esangweni, wathi yena, Luxolo na, Zimri, wena mbulali we-
32 nkosi yakho? Wawaphakamisa u Yehu amehlo akhe, wabheka efestileni, wathi, Ngubani na ongakum? Ngubani na? Kwalunguza ababusi ababini, abatha-
33 thu. Wathi, Mkhahleleni phantsi. Amkhahlela phantsi; igazi lakhe lachaphazela udonga namahashe, wamnya-
34 thelisa ngawo. Wangena, wadla, wasela; wathi, Khanimvelele laa mqalekiswakazi, nimngcwabe; ngokuba yinto-
35 mbi yokumkani. Baya kumngcwaba; abawufumana umzimba wakhe, yaba lukakayi, neenyawo, neentende zezandla
36 kuphela. Babuya ke, bamxelela. Wathi, Lilizwi likaYehova elo, abelithethe ngomkhonzi wakhe uEliya waseTishbhi, lisithi, Izinja ziya kuyidla inyama kaIzebhele esiqwengeni somhlaba sase-
37 Yizereli, sithi isidumbu sikaIzebhele sibe njengomgquba phezu komhlaba esiqwengeni saseYizereli, kukuze kungàthiwa, Lo nguIzebhele.

UYehu utshabalalisa indlu ka-Ahabhi nabakhonzi bakaBhahali

10 Waye uAhabhi enoonyana abamashumi asixhenxe kwaSamari. Wabhala incwadi uYehu, wathumela kwaSamari kubatheteli baseYizereli, kumadoda amakhulu, nakubondli be-
2 ntsapho ka-Ahabhi, wathi, Ngoku ke, xa ifikileyo kuni le ncwadi, bekuni nje oonyana benkosi yenu, zikuni nje iinqwelo zokulwa, namahashe, nomzi onqatyisiweyo, nezikrweqe; khangelani oye- 3 na ufanelekileyo, othe tye, koonyana benkosi yenu, nimbeke etroneni yoyise, niyilwele indlu yenkosi yenu.

Boyika kakhulu kunene, bathi, Yabo- 4 nani, ookumkani bebabini abemanga phambi kwakhe; sothini na ukumisa thina? Bathuma ophethe indlu, no- 5 phethe umzi, namadoda amakhulu, nabondli, kuYehu, bathi, Singabakhonzi bakho; konke oya kukuthetha kuthi, sokwenza; asiyi kumisa mntu abe ngukumkani; yenza ngokubona kwakho. Wababhalela eyesibini incwadi, esithi, 6 Ukuba ningakum, niphulaphula izwi lam, thabathani iintloko zamadoda angoonyana benkosi yenu, nizizise kum eYizereli eli xa ngomso.

Ke, oonyana bokumkani, bengamashumi asixhenxe amadoda, babekwizikhulu zomzi, ezibe zibakhulisa. Kwa- 7 thi, yakufika kubo le ncwadi, bababhabatha oonyana bokumkani, babasika bengamadoda angamashumi asixhenxe, bazibeka iintloko zabo ezingobozini, bazithumela kuye eYizereli. Wafika 8 umthunywa, wamxelela, wathi, Bazizisile iintloko zoonyana bokumkani. Wathi, Zibekeni zibe ziimfumba ezimbini ngaphandle kwesango kude kuse.

Kwathi kusasa waphuma, wema, 9 wathi kubantu bonke, Ningamalungisa; yabonani, mna ndaceba inkosi yam, ndayibulala; ngubani na ke lo uxabele bonke aba? Yazini ke ngoku, ukuba 10 akuyi kuwa phantsi nento yelizwi likaYehova, awalithethayo uYehova ngendlu ka-Ahabhi. UYehova ukwenzile ke oko wakuthethayo ngomkhonzi wakhe uEliya. UYehu wababulala bonke 11 abaseleyo bendlu ka-Ahabhi eYizereli, nezikhulu zakhe zonke, nabazana naye, nababingeleli bakhe, kwada akwasala kuye namnye usindileyo.

Wesuka wemka, waya kwaSamari; 12 kwathi, uYehu lowo esendlwini yokucheba yabalusi, endleleni, wafumanana 13 nabazalwana baka-Ahaziya, ukumkani wakwaYuda, wathi, Ningoobani na ni-

na? Bathi, Singabazalwana baka-Ahaziya; siyehla, siya kubulisa oonyana bo-
14 kumkani noonyana benkosikazi. Wathi, Babambeni behleli. Bababamba behleli, babasika ngasemhadini wendlu yokucheba; babengamadoda angamashumi omané anamabini; akasalisa mntu kubo.
15 Uthe akunduluka khona, wafumanana noYehonadabhi unyana kaRekabhi, emkhawulela; wambulisa, wathi kuye, Ithe tye na intliziyo yakho, njengokuba injalo intliziyo yam kwintliziyo yakho? Wathi uYehonadabhi, Injalo. Wathi, Ukuba injalo ke, ethe isandla sakho. Wamnika isandla sakhe. Wamnyusa
16 wamkhwelisa enqwelweni. Wathi, Hamba nam, ubone ikhwele lam ngenxa kaYehova. Bamkhwelisa ke naye e-
17 nqwelweni yakhe. Weza kwaSamari, wababulala bonke abaseleyo kuAhabhi kwaSamari, wada wamtshabalalisa ngokwelizwi likaYehova, abelithethile kuEliya.
18 UYehu wabahlanganisa bonke abantu, wathi kubo, UAhabhi wamkhonza kancinane uBhahali,* uYehu yena uya
19 kumkhonza kakhulu. Ke ngoko babizeleni kum abaprofeti bakaBhahali bonke, abakhonzi bakhe bonke, nababingeleli bakhe bonke. Makungabikho mntu ungekhoyo; ngokuba ndinombingelelo omkhulu kuBhahali. Bonke abathe ababakho, abayi kudla bomi. UYehu waye esenza le nto ebalalanisa, ukuze abatshabalalise abakhonzi bakaBhahali.
20 Wathi uYehu, Mmemeleni ingqungquthela engcwele uBhahali. Bayi-
21 mema ke. UYehu wathumela kumaSirayeli onke; beza bonke abakhonzi bakaBhahali, kwada akwasala namnye ungezanga. Bangena endlwini kaBhahali, bayizalisa indlu kaBhahali, kwathabathela kwelinye icala kwesa kwelinye.
22 Wathi kumphathi wendlu yeengubo, Barholeleni bonke abakhonzi bakaBhahali iingubo; wabarholela ke iingubo.
23 Wangena uYehu noYehonadabhi, unyana kaRekabhi, endlwini kaBhahali, wathi kubakhonzi bakaBhahali, Funisisani nikhangele, hleze kubekho kuni apha omnye wakubakhonzi bakaYehova; mayibe ngabakhonzi bakaBhahali bodwa. Bangena ke, baya kwenza imi- 24 bingelelo namadini anyukayo.

UYehu wayezimisele ngaphandle amashumi osibhozo amadoda, wathi, Indoda ethe yasindisa umntu kula madoda, ndiwazisileyo ezandleni zenu, umphefumlo wayo woba sesikhundleni somphefumlo walowo *usindileyo*. Kwa- 25 thi, xa abegqibile ukulenza idini elinyukayo, wathi uYehu kwizigidimi nakubaphathi-mikhosi, Ngenani nibabulale; makungaphumi mntu. Babaxabela ke ngohlangothi lwekrele; zabaphosa phandle izigidimi nabaphathi-mikhosi. Zaya enqabeni yendlu kaBhahali, zazikhu- 26 pha iintsika zendlu kaBhahali, zazitshisa; zazidiliza izimiso zamatye zika- 27 Bhahali, zayidiliza indlu kaBhahali, zayenza indawo ekuyiwa kuyo endle unanamhla.

UYehu wamtshabalalisa ke uBhahali 28 kwaSirayeli; kodwa izono zikaYarobhe- 29 ham, unyana kaNebhati, awawonisa amaSirayeli ngazo, uYehu akatyekanga ekuzilandeleni, ezingamathole egolide abeseBheteli nabekwaDan. Wathi u- 30 Yehova kuYehu, Ngenxa enokuba ulungisile ukwenza okuthe tye emehlweni am, wenza kwindlu ka-Ahabhi njengako konke okusentliziyweni yam: oonyana bakho *besizukulwana* sesiné baya kukuhlalela etroneni yakwaSirayeli. Ke 31 uYehu akakugcinanga ukuhamba ngomyalelo kaYehova uThixo kaSirayeli ngentliziyo yakhe yonke; akatyekanga ezonweni zikaYarobheham, awawonisa ngazo amaSirayeli.

Ngaloo mihla waqala uYehova uku- 32 nciphisa kumaSirayeli. Wawaxabela uHazayeli emideni yonke yakwaSirayeli, wathabathela eYordan empumalanga, 33 lonke ilizwe laseGiliyadi, elamaGadi, nelamaRubhen, nelamaManase; wathabathela eArohere, engasemlanjaneni oyiArnon, elaseGiliyadi nelaseBhashan.

Ezinye izinto zikaYehu, nako konke 34 awakwenzayo, nobukroti bakhe bonke, azibhalwanga na encwadini yemicimbi

35 yemihla yookumkani bakwaSirayeli? UYehu walala kooyise, wangcwatyelwa kwaSamari. UYehowahazi, unyana wakhe, waba ngukumkani esikhundleni 36 sakhe. Imihla uYehu awaba ngukumkani kumaSirayeli kwaSamari, yaba yiminyaka emashumi mabini anesibhozo.

Ukuhluthwa kobukumkani kuAtaliya nokuthweswa kuka Yowashe kwa Yuda

11 Ke kaloku uAtaliya, unina ka-Ahaziya, uthe, akubona ukuba unyana wakhe ufile, wesuka wayitsha-
2 balalisa yonke imbewu yokumkani. Ke uYoshebha, intombi yokumkani uYehoram, udade boAhaziya, wamthabatha uYowashe unyana ka-Ahaziya, wamba phakathi koonyana bokumkani ababulawáyo, wamsa yena nomondli wakhe egumbini lokulala, bamfihla kuAtaliya,
3 ukuba angábulawa. Wayenaye endlwini kaYehova, ezinyeziwe, iminyaka emithandathu. Waye uAtaliya engukumkanikazi kulo ilizwe.
4 Ngomnyaka wesixhenxe uYehoyada wathumela, wathabatha abathethelimakhulu basebancinithini nabasezigidimini, wabazisa kuye endlwini kaYehova. Wabamisela umnqohiso, wabafungisa endlwini kaYehova, wababo-
5 nisa unyana wokumkani. Wabawisela umthetho, wathi, Yiyo le into eniya kuyenza: Isahlulo sesithathu kuni, bangénayo ngesabatha, sogcina isigxina
6 sendlu yokumkani; esinye isahlulo sesithathu sibe sesangweni laseSure; esinye isahlulo sesithathu sibe sesangweni emva kwezigidimi; nisigcine isigxina
7 sendlu, nithintele. Ke izahlulo ezibini phakathi kwenu nonke, niphumayo ngesabatha, zosigcina isigxina sendlu
8 kaYehova kukumkani; nimphahle ukumkani ngeenxa zonke, elowo eneentonga zakhe esandleni sakhe; athi ongene ezintlwini abulawe, nibe nokumkani ekuphumeni kwakhe nasekubuyeni kwakhe.
9 Benza ke abathetheli-makhulu ngako konke uYehoyada umbingeleli abewise umthetho ngako. Bathabatha elowo amadoda akhe, angénayo ngesabatha, kunye naphumayo ngesabatha, beza kuYehoyada umbingeleli. Umbi- 10 ngeleli wabanika abathetheli-makhulu iintshuntshe namakhaka abe engawokumkani uDavide, abesendlwini kaYehova. Zema izigidimi, saeso saba nee- 11 ntonga zaso esandleni saso, zathabathela kwiphiko lasekunene lendlu, zesa kwiphiko lasekhohlo lendlu, ngasesibingelelweni, ngasendlwini, ngeenxa zonke kukumkani. Wamkhuphela phandle u- 12 nyana wokumkani, wamfaka isithsaba wamnika nesingqiniso. Bamenza ukumkani, bamthambisa, babetha izandla, bathi, Makadle ubomi ukumkani!

Uthe uAtaliya, akusiva isandi sezigi- 13 dimi nesabantu, waya kubo abantu endlwini kaYehova. Wakhangela, na- 14 nko ukumkani emi endaweni ephakamileyo ngokwesiko, nabathetheli nabavutheli ngamaxilongo bengakukumkani; abantu bonke belizwe bevuya, bevuthela amaxilongo. Wazikrazula iingubo zakhe uAtaliya, wakhala *wathi*, Licebo! Licebo! UYehoyada umbingeleli wa- 15 bawisela umthetho abathetheli-makhulu, abaveleli bempi leyo, wathi kubo, Mkhupheleni phandle phakathi kwezintlu; omlandelayo makabulawe ngekrele. Ngokuba ubesithi umbingeleli, makangabulawelwa endlwini kaYehova. Bamkhwelela ngeenxa zombini. Waya 16 endlwini yokumkani ngendlela yokungena kwamahashe, wabulawelwa khona.

Wawenza uYehoyada umnqophiso 17 phakathi koYehova nokumkani nabantu, ukuba babe ngabantu bakaYehova; naphakathi kokumkani nabantu. Baya 18 bonke abantu belizwe endlwini ka-Bhahali,* bayidiliza; izibingelelo zakhe nemifanekiso yakhe bayiqhekeza kwaphela. Bambulala uMatan, umbingeleli kaBhahali, phambi kwesibingelelo. Umbingeleli wamisa abaveleli endlwini kaYehova. Wabathabatha abathetheli- 19 makhulu, nabancinithi, nezigidimi, nabantu bonke belizwe, behla nokumkani endlwini kaYehova, baya endlwini yokumkani ngendlela yesango lezigi-

dimi. Wahlala ke etroneni yokumka-
20 ni. Bavuya bonke abantu belizwe;
wazola umzi; kuba babembulele u-
Ataliya ngekrele endlwini yokumkani.
21 UYowashe ubeminyaka isixhenxe e-
zelwe, ukuba ngukumkani kwakhe.

UYowashe uhlaziya itempile

12 Waba ngukumkani uYowashe
ngomnyaka wesixhenxe kaYehu;
waba neminyaka emashumi mané engu-
kumkani eYerusalem. Ke igama lonina
2 belinguTsibheya waseBher-shebha. U-
Yowashe wenza okuthe tye emehlweni
kaYehova yonke imihla yakhe, abemyala
3 ngayo uYehoyada umbingeleli. Ko-
dwa izigánga azisuswanga; abantu
babesabingelela beqhumisela ezigangeni.
4 Wathi uYowashe kubabingeleli, Yo-
nke imali yezinto ezingcwalisiweyo,
eziswayo endlwini kaYehova, imali yó-
gqithela kwababaliweyo, nemali yo-
mphefumlo walowo nalowo ngokulin-
ganiselwa kwakhe, nemali yonke eku-
the qatha entliziyweni yomntu, ukuba
5 ayizise endlwini kaYehova, mabayitha-
bathele kubo ababingeleli, elowo ayitha-
bathe kwabazana naye, batywine iintan-
da zendlu, apho sukuba kufunyenwe
uthanda khona.
6 Kwathi ngomnyaka wamashumi oma-
bini anesithathu wokumkani uYowashe,
ababingeleli bengekazitywini iintanda
7 zendlu, ukumkani uYowashe wambiza
uYehoyada umbingeleli nabanye aba-
bingeleli, wathi kubo, Yini na ukuba
ningazitywini iintanda zendlu? Ke ngo-
ko maningabi sathabatha mali kwaba-
zana nani; yinikeleleni *ukutywina* iintan-
8 nda zendlu. Bakúvuma ababingeleli
ukungabi sathabatha mali ebantwini,
nokuthi zingátywinwa ngabo iintanda
zendlu.
9 UYehoyada umbingeleli wathabatha
umkhombe, waphehla intunja esicikweni
sawo, wawubeka ecaleni lesibingelelo,
ngasekunene ekungeneni endlwini ka-
Yehova, ukuze ababingeleli abagcina
umbundu womnyango bayibeke khona
yonke imali eziswayo endlwini kaYeho-
10 va. Kube kusithi, bakubona ukuba

ininzi imali emkhombeni, enyuke u-
mbhali wokumkani nombingeleli o-
mkhulu, bayibophe ngengxowa, bayibale
imali efunyenweyo endlwini kaYehova.
Bayinikela imali ilinganisiwe ezandleni 11
zabawenzayo umsebenzi, zabayikhange-
layo indlu kaYehova; bayikhuphela ke
abo kwiingcibi zemithi nakubakhi aba-
yisebenzayo indlu kaYehova, nakubakhi 12
beendonga, nakubaxholi bamatye, uku-
ba bathenge imithi namatye axholiweyo,
ukuba kutywinwe iintanda zendlu ka-
Yehova, beyikhuphela into yonke ekhu-
tshelwe ukuhlaziya indlu kaYehova.

Ke indlu kaYehova ayenzelwanga 13
zitya zasilivere, nazitshetshe, nazitya
zokutshiza, namaxilongo, nanye impahla
yegolide, nanye impahla yesilivere,
ngemali leyo ibiziswe endlwini ka-
Yehova; basuka bayinika abenzi bomse- 14
benzi, ukuba bahlaziye ngayo indlu ka-
Yehova. Babengabalelani namadoda, 15
ababeyinikela ezandleni zawo imali leyo,
ukuba ahlawule abenzi bomsebenzi;
ngokuba abesebenza enyanisekile. Ke 16
imali yedini letyala, nemali yelesono,
ibingáziswa endlwini kaYehova; yaba
yeyababingeleli.

Ngelo xesha uHazayeli ukumkani 17
wakwa-Aram* wenyuka waya kulwa
neGati, wayithimba. UHazayeli wabu-
bhekisa ubuso bakhe ukuba enyuke aye
eYerusalem. Wazithabatha uYowashe 18
ukumkani wakwaYuda zonke izinto
ezingcwele, ababezingcwalisile ooYeho-
shafati noYehoram noAhaziya, ooyise,
ookumkani bakwaYuda, nezakhe izinto
ezingcwele, negolide yonke eyafumane-
kayo ebuncwaneni bendlu kaYehova
nobendlu yokumkani, wazithumela ku-
Hazayeli ukumkani wakwa-Aram; we-
nyuka ke, wemka eYerusalem.

Ezinye izinto zikaYowashe, nako 19
konke awakwenzayo, azibhalwanga na
encwadini yemicimbi yemihla yooku-
mkani bakwaYuda? Basuka abakhonzi 20
bakhe baceba icebo, bambulala uYowa-
she endlwini yaseMilo, ekuyiweni eSila.
UYozakare unyana kaShimehati, no- 21
Yozabhadi unyana kaShomere, abakho-

nzi bakhe, bamxabela ke, wafa. Bamngcwabela kooyise emzini kaDavide. UAmatsiya, unyana wakhe, waba ngukumkani esikhundleni sakhe.

UYehowahazi ukumkani wamaSirayeli

13 Ngomnyaka wamashumi omabini anamithathu kaYowashe unyana ka-Ahaziya, ukumkani wakwaYuda, waba ngukumkani uYehowahazi, unyana kaYehu, kumaSirayeli kwaSamari, iminyaka yalishumi elinesixhenxe.

2 Wenza okubi emehlweni kaYehova, walandela izono zikaYarobheham unyana kaNebhati, awawonisa ngazo ama-
3 Sirayeli; akatyeka kuzo. Wavutha umsindo kaYehova kumaSirayeli, wawanikela esandleni sikaHazayeli ukumkani wakwa-Aram,* nasesandleni sikaBhenhadadi, unyana kaHazayeli, yonke imi-
4 hla. UYehowahazi wambongoza uYehova; uYehova wamva ke; ngokuba wakubona ukuxinwa kwamaSirayeli; ngokuba ukumkani wama-Aram waye-
5 waxinile. (UYehova wawanika amaSirayeli umsindisi, aphuma phantsi kwesandla sama-Aram; bahlala oonyana bakaSirayeli ezintenteni zabo, njengo-
6 kwangaphambili; nakuba babengatyekanga ezonweni zendlu kaYarobheham awawonisa ngazo amaSirayeli, asuka ahamba kuzo; noAshera* wayesemi
7 kwaSamari.) Ngokuba akamshiyelanga bantu uYehowahazi, yaba ngamashumi amahlanu abamahashe, neshumi leenqwelo zokulwa, neshumi lamawaka omqikela; ngokuba wabatshabalalisa ukumkani wakwa-Aram, wabenza baba njengothuli lokunyathelwa.

8 Ezinye izinto zikaYehowahazi, nako konke awakwenzayo, nobukroti bakhe, azibhalwanga na encwadini yemicimbi yemihla yookumkani bakwaSirayeli?
9 Walala uYehowahazi kooyise, bamngcwabela kwaSamari. UYehohashe, unyana wakhe, waba ngukumkani esikhundleni sakhe.

UYehohashe ukumkani wamaSirayeli

10 Ngomnyaka wamashumi omathathu anesixhenxe kaYowashe ukumkani wakwaYuda, uYehohashe unyana kaYehowahazi waba ngukumkani wamaSirayeli kwaSamari, iminyaka elishumi elinamithandathu. Wenza okubi eme- 11 hlweni kaYehova; akatyeka kwizono zonke zikaYarobheham unyana kaNebhati, awawonisa ngazo amaSirayeli; wasuka wahamba kuzo. Ezinye izinto 12 zikaYehohashe, nako konke awakwenzayo, nobukroti bakhe awalwa ngabo noAmatsiya ukumkani wakwaYuda, azibhalwanga na encwadini yemicimbi yemihla yookumkani bakwaSirayeli? Walala uYehohashe kooyise; uYaro- 13 bheham wahlala etroneni yakhe. UYehohashe wangcwatyelwa kwaSamari, kookumkani bakwaSirayeli.

Ukufa kukaElisha

Ke kaloku uElisha wayesifa sisifo awa- 14 yeza kufa siso. Wehla uYehohashe ukumkani wakwaSirayeli, waya kuye, walila phambi kwakhe, wathi, Bawo, bawo, nqwelo yokulwa yakwaSirayeli nabamahashe bakhe! UElisha wathi 15 kuye, Thabatha isaphetha neentolo. Wasithabatha ke isaphetha neentolo. Wathi kukumkani wakwaSirayeli, Si- 16 tyede isaphetha ngesandla sakho. Wasityeda ngesandla sakhe; uElisha wabeka ezakhe izandla ezandleni zokumkani, wathi, Vula ifestile ngasempumalanga; 17 wayivula. Wathi uElisha, Tola; watola. Wathi, Huntshu, utolo losindiso lukaYehova! Utolo losindiso oluchase ama-Aram! Úya kutsho ngalo kuma-Aram eAfeki ade aphele. Wathi, Zitha- 18 bathe iintolo; wazithabatha. Wathi kukumkani wakwaSirayeli, Tola emhlabeni; watsho izihlandlo zazithathu, wayeka. Wesuka umfo wakwaThixo, 19 wanoburhalarhume ngakuye, wathi, Unge utsho izihlandlo zazihlanu, nokuba zithandathu; ukuze ube ùya kutsho kuma-Aram ade aphele; useluya kutsho kuma-Aram izihlandlo zibe zithathu kuphela.

Wafa uElisha, bamngcwaba. Ke a- 20 matutu amaMowabhi ebedla ngokulingenela ilizwe, ukuthwasa komnyaka; kwathi, bengcwaba indoda, babona nga- 21 matutu evela; bayiphosa indoda leyo engcwabeni likaElisha. Ithe indoda leyo yakufika emathanjeni kaElisha, yasuka yaphila, yema ngeenyawo.

Ukufa kukaHazayeli wakwa-Aram

22 Ke kaloku uHazayeli, ukumkani wama-Aram, wayewaxinile amaSirayeli
23 yonke imihla kaYehowahazi. UYehova wawababala, wasikwa yimfesane ngawo, wawabheka ngenxa yomnqophiso wakhe noAbraham noIsake noYakobi; àkavuma ukuwonakalisa nokuwalahla ebu-
24 sweni bakhe unangoku. Wafa uHazayeli ukumkani wama-Aram; uBhenhadade, unyana wakhe, waba ngaku-
25 mkani esikhundleni sakhe. Wabuya uYehohashe unyana kaYehowahazi, wayithimba imizi kuBhen-hadade unyana kaHazayeli, awayeyithimbe yena kuYehowahazi uyise ngemfazwe. UYehohashe wamgxotha izihlandlo zazithathu wayibuyisa imizi yakwaSirayeli.

UAmatsiya ngukumkani wakwaYuda

14 Ngomnyaka wesibini kaYehohashe unyana kaYehowahazi, ukumkani wakwaSirayeli, waba ngukumkani uAmatsiya, unyana kaYowashe
2 ukumkani wakwaYuda. Ubeminyaka imashumi mabini anamihlanu ezelwe, ukuba ngukumkani kwakhe; waba neminyaka emashumi mabini anesithoba engukumkani eYerusalem. Igama lonina belinguYehowadan waseYerusalem.
3 Wenza okuthe tye emehlweni kaYehova; kodwa akaba njengoDavide uyise; wenza njengako konke awakwe-
4 nzayo uYowashe uyise. Kodwa zona izigánga azisuswanga; abantu babesa-
5 bingelela beqhumisela ezingangeni. Wathi, bakuqiniseka ubukumkani esandleni sakhe, wababulala abakhonzi bakhe
6 ababembulele ukumkani uyise. Ke oonyana bababulali abo akababulalanga, njengoko kubhaliweyo encwadini yomyalelo kaMoses, apho uYehova wayewise umthetho wokuthi, Ooyise mabangabulawa ngenxa yoonyana, oonyana mabangabulawa ngenxa yooyise; elowo
7 makabulawe ngesakhe isono. Wawabulala amaEdom eSihlanjeni seTyuwa, ishumi lamawaka. Wayithimba ingxondorha ngokulwa; wathi igama layo yiYoketele unanamhla.

Waza uAmatsiya wathumela abathu- 8 nywa kuYehohashe, unyana kaYehowahazi, unyana kaYehu, ukumkani wakwaSirayeli, esithi, Yiza siqwalaselane ngamehlo. UYehohashe ukumkani wa- 9 kwaSirayeli wathumela kuAmatsiya ukumkani wakwaYuda, wathi, Ikhakakhaka eliseLebhanon lathumela kumsedare* oseLebhanon, lisithi, Unyana wam mnike intombi yakho, ibe ngumkakhe. Ke irhamncwa laseLebhanon laliwela, lalibhuqa, ikhakakhaka elo. Ù- 10 wabulele okunene amaEdom, yakuphakamisa intliziyo yakho; zuka ngaloo nto uhlale endlwini yakho. Yini na ukuba ufekethe ngobubi, uwe, wena namaYuda anawe?

Akaphulaphula uAmatsiya. Wenyu- 11 ka ke uYehohashe ukumkani wakwaSirayeli; baqwalaselana ngamehlo, yena noAmatsiya ukumkani wakwaYuda, eBhete-shemeshe eyeyakwaYuda. Aqo- 12 ndiswa ke amaYuda ngamaSirayeli; yangulowo wasabela ententeni yakhe. UYehohashe ukumkani wakwaSirayeli 13 wambamba uAmatsiya ukumkani wakwaYuda, unyana kaYowashe, unyana ka-Ahaziya, eBhete-shemeshe, weza eYerusalem, waluqhekeza udonga lweYerusalem, wathabathela esangweni lakwaEfrayim, wesa esangweni lembombo, ikubhithe* ezimakhulu mané. Wayi- 14 thabatha yonke igolide nesilivere, neempahla zonke ezafumanekayo endlwini kaYehova, nasebuncwaneni bendlu yokumkani, nabazizibambiso; wabuyela kwaSamari.

Ezinye izinto zikaYehohashe awaze- 15 nzayo, nobukroti bakhe, nokulwa kwakhe noAmatsiya ukumkani wakwaYuda, azibhalwanga na encwadini yemicimbi yemihla yookumkani bakwaSirayeli? Walala uYehohashe kooyise, wangcwa- 16 tyelwa kwaSamari, ndawonye nookumkani bakwaSirayeli. UYarobheham, u-

OOKUMKANI II 14-15

nyana wakhe, waba ngukumkani esikhundleni sakhe.

17 Wadla ubomi uAmatsiya unyana kaYowashe, ukumkani wakwaYuda, iminyaka elishumi linesihlanu emva kokufa kukaYehohashe, unyana kaYehowahazi
18 ukumkani wakwaSirayeli. Ezinye izinto zika-Amatsiya azibhalwanga na encwadini yemicimbi yemihla yooku-
19 mkani bakwaYuda? Bamceba eYerusalem, wasabela eLakishe. Bamsukela, bamfumana eLakishe, bambulalela kho-
20 na. Bamthwala ngamahashe, bamngcwabela eYerusalem kooyise emzini kaDavide.
21 Bonke abantu bakwaYuda bamthabatha uAzariya, akubon' ukuba uminyaka ilishumi linamithandathu ezelwe, bamenza ukumkani esikhundleni sika-
22 Amatsiya uyise. Yakhiwa nguye iElati, wayibuyisela kumaYuda, emveni kokuba ukumkani walalayo kooyise.

UYarobheham wesibini ngukumkani wamaSirayeli

23 Ngomnyaka weshumi elinesihlanu ka-Amatsiya unyana kaYowashe, ukumkani wakwaYuda, waba ngukumkani uYarobheham, unyana kaYehohashe ukumkani wakwaSirayeli, kwaSamari, iminyaka yamashumi mané anamnye.
24 Wenza okubi emehlweni kaYehova; akatyeka ezonweni zonke zikaYarobheham unyana kaNebhati, awawonisa ngazo amaSirayeli.
25 Yena wawubuyisa umda wakwaSirayeli: wathabathela ekungeneni kweHamati, wesa kulwandle lweArabha, ngokwelizwi likaYehova uThixo wakwaSirayeli, awalithethayo ngomkhonzi wakhe uYona unyana ka-Amitayi, umpro-
26 feti waseGati-hefere. Ngokuba uYehova wakubona ukubandezelwa kwamaSirayeli ukuba kukrakra kakhulu, úphelile ovalelweyo, úphelile ovulelweyo,
27 kungekho namncedi kwaSirayeli. UYehova akatshongo ukuthi, uya kulicima igama lamaSirayeli phantsi kwezulu; wawasindisa ke ngesandla sikaYarobheham unyana kaYehohashe.

28 Ezinye izinto zikaYarobheham nako konke awakwenzayo, nobukroti bakhe awalwa ngabo, awayibuyisela ngabo iDamasko neHamati yakwaYuda kumaSirayeli, azibhalwanga na encwadini yemicimbi yemihla yookumkani bakwaSirayeli? Walala uYarobheham
29 kooyise, kookumkani bakwaSirayeli; uZekariya, unyana wakhe, waba ngukumkani esikhundleni sakhe.

Ookumkani ngookumkani

15 Ngomnyaka wamashumi omabini anesixhenxe kaYarobheham ukumkani wakwaSirayeli, waba ngukumkani uAzariya, unyana ka-Amatsiya uku-
2 mkani wakwaYuda. Ubeminyaka ilishumi linamithandathu ezelwe, ukuba ngukumkani kwakhe. Waba neminyaka emashumi mahlanu anamibini engukumkani eYerusalem. Igama lonina belinguYekoliya waseYerusalem.
3 Wenza okuthe tye emehlweni kaYehova, njengako konke awakwenzayo
4 uAmatsiya uyise; kodwa azisuswanga izigánga; abantu babesabingelela be-
5 qhumisela ezigangeni. UYehova wambetha ukumkani, waba neqhenqa kwada kwayimini yokufa kwakhe; wahlala endlwini eyodwa. Ke uYotam, unyana wokumkani, ebephethe ibhotwe, ebalawula abantu belizwe.

6 Ezinye izinto zika-Azariya, nako konke awakwenzayo, azibhalwanga na encwadini yemicimbi yemihla yookumkani
7 bakwaYuda? Walala uAzariya kooyise; bamngcwabela kooyise emzini kaDavide. UYotam, unyana wakhe, waba ngukumkani esikhundleni sakhe.

8 Ngomnyaka wamashumi omathathu anesibhozo ka-Azariya ukumkani wakwaYuda, waba ngukumkani uZekariya, unyana kaYarobheham, kumaSirayeli kwaSamari, iinyanga ezintandathu.
9 Wenza okubi emehlweni kaYehova, njengoko benza ngako ooyise; akatyeka ezonweni zikaYarobheham unyana kaNebhati, awawonisa ngazo amaSirayeli.
10 UShalum unyana kaYabheshe wamce-

OOKUMKANI II 15

ba, wamxabela phambi kwabantu, wambulala; waba ngukumkani esikhundleni sakhe.

11 Ezinye izinto zikaZekariya, nanzo zibhaliwe encwadini yemicimbi yemihla
12 yookumkani bakwaSirayeli. Lilizwi elo awalithethayo uYehova kuYehu lokuthi, Kuwe kuya kuhlala oonyana besesiné isizukulwana etroneni yakwaSirayeli. Kwaba njalo ke.

13 UShalum unyana kaYabheshe waba ngukumkani ngomnyaka wamashumi omathathu anesithoba kaUziya ukumkani wakwaYuda. Waba ngukumkani
14 inyanga iphela kwaSamari. Wenyuka uMenahem unyana kaGadi, esuka eTirtsa, waya kwaSamari, wamxabela uShalum unyana kaYabheshe kwaSamari, wambulala, waba ngukumkani
15 esikhundleni sakhe. Ezinye izinto zikaShalum, necebo lakhe awalicebayo, nanzo zibhalwe encwadini yemicimbi yemihla yookumkani bakwaSirayeli.
16 Waza uMenahem wachitha iTifesa nento yonke ebikuyo, nemida yayo, ephuma eTirtsa; ngokuba ingamvulelanga, wayixabela; wabaqangqulula bonke abamithiyo kuyo.

17 Ngomnyaka wamashumi omathathu anesithoba ka-Azariya ukumkani wakwaYuda, waba ngukumkani uMenahem unyana kaGadi kumaSirayeli kwaSamari, iminyaka yalishumi.
18 Wenza okubi emehlweni kaYehova; akatyeka ezonweni zikaYarobheham unyana kaNebhati, awawonisa ngazo
19 amaSirayeli, yonke imihla yakhe. Walifikela ilizwe uPuli, ukumkani waseAsiriya; uMenahem wamnika uPuli iwaka leetalente* zesilivere, ukuze izandla zakhe zibe ngakuye, ukuze abuqi-
20 nise ubukumkani esandleni sakhe. UMenahem wayibiza isilivere leyo kumaSirayeli, kumadoda onke azizityebi, ukuba anike ukumkani waseAsiriya: yangamashumi omahlanu eeshekele* zesilivere kumntu emnye. Wabuya ke ukumkani waseAsiriya; akahlala ezweni elo.

21 Ezinye izinto zikaMenahem, nako konke awakwenzayo, azibhalwanga na encwadini yemicimbi yemihla yookumkani bakwaSirayeli? Walala uMena-
22 hem kooyise; uPekaya, unyana wakhe, waba ngukumkani esikhundleni sakhe.

23 Ngomnyaka wamashumi omahlanu ka-Azariya ukumkani wakwaYuda, waba ngukumkani uPekaya, unyana kaMenahem, kumaSirayeli kwaSamari, iminyaka yamibini. Wenza okubi eme-
24 hlweni kaYehova; akatyeka ezonweni zikaYarobheham unyana kaNebhati, awawonisa ngazo amaSirayeli.

25 UPeka, unyana kaRemaliya, umphathi-mkhosi wakhe, wamceba wamxabela kwaSamari enqabeni yendlu yokumkani, noArgobhi noAriye, enamadoda angamashumi omahlanu koonyana bamaGiliyadi; wambulala, waba ngukumkani esikhundleni sakhe. Ezinye izinto zika-
26 Pekaya, nako konke awakwenzayo, nanzo zibhaliwe encwadini yemicimbi yemihla yookumkani bakwaSirayeli.

27 Ngomnyaka wamashumi omahlanu anamabini ka-Azariya ukumkani wakwaYuda, uPeka, unyana kaRemaliya, waba ngukumkani kumaSirayeli kwaSamari, iminyaka yamashumi mabini. Wenza
28 okubi emehlweni kaYehova; akatyeka ezonweni zikaYarobheham unyana kaNebhati, awawonisa ngazo amaSirayeli.

29 Ngemihla kaPeka ukumkani wakwaSirayeli, kwafika uTigelate-pilezere ukumkani waseAsiriya, wayithabatha i-Iyon, neAbhele-bhete-mahaka, neYanowa, neKedeshe, neHatsore, nelaseGiliyadi, nelaseGalili, lonke ilizwe lakwaNafetali; wabathimba, wabafudusa wabása eAsiriya. UHoseya unyana kaEla wamceba
30 uPeka unyana kaRemaliya, wamxabela, wambulala, waba ngukumkani esikhundleni sakhe ngomnyaka wamashumi amabini kaYotam, unyana kaUziya. Ezinye izinto zikaPeka, nako konke
31 awakwenzayo, nanzo zibhaliwe encwadini yemicimbi yemihla yookumkani bakwaSirayeli.

32 Ngomnyaka wesibini kaPeka unyana kaRemaliya, ukumkani wakwaSirayeli, waba ngukumkani uYotam unyana 33 kaUziya, ukumkani wakwaYuda. Ubeminyaka imashumi mabini anamihlanu ezelwe, ukuba ngukumkani kwakhe. Waba neminyaka elishumi linamithandathu engukumkani eYerusalem. Igama lonina belinguYerusha, intombi 34 kaTsadoki. Wenza okuthe tye emehlweni kaYehova; wenza njengako ko- 35 nke awakwenzayo u-Uziya uyise. Kodwa izigánga azisuswanga; abantu babesabingelela beqhumisela ezigangeni. Yena walakha isango langasentla lendlu kaYehova.

36 Ezinye izinto zikaYotam, nako konke awakwenzayo, azibhalwanga na encwadini yemicimbi yemihla yookumkani 37 bakwaYuda? Ngaloo mihla waqala u-Yehova ukuthumela kwaYuda uRetsin, ukumkani wakwa-Aram,* noPeka unya- 38 na kaRemaliya. Walala uYotam kooyise, wangcwatyelwa kooyise emzini kaDavide uyise; uAhazi, unyana wakhe, waba ngukumkani esikhundleni sakhe.

UAhazi ukumkani wamaYuda

16 Ngomnyaka weshumi elinesixhenxe kaPeka unyana kaRemaliya, waba ngukumkani uAhazi, unyana ka- 2 Yotam, ukumkani wakwaYuda. U-Ahazi ubeminyaka imashumi mabini ezelwe, ukuba ngukumkani kwakhe. Waba neminyaka elishumi linamithandathu engukumkani eYerusalem.

Akakwenza okuthe tye emehlweni kaYehova uThixo wakhe, njengoDavide 3 uyise. Wahamba ngendlela yookumkani bakwaSirayeli; kananjalo wamcandisa emlilweni unyana wakhe, ngokwamasikizi eentlanga, awazigqogqayo uYehova 4 phambi koonyana bakaSirayeli. Wabingelela, waqhumisela ezigangeni, nasezindulini, naphantsi kwemithi yonke eluhlaza.

5 Kwaza kwenyuka uRetsin, ukumkani wakwa-Aram*, noPeka unyana kaRemaliya, ukumkani wakwaSirayeli, beza kulwa eYerusalem; bamngqinga uAhazi, 6 àbaba nako ukumeyisa. Ngelo xesha uRetsin ukumkani wakwa-Aram wayibuyisela iElati kuma-Aram, wawagxotha amaYuda e-Elati. Eza ama-Aram e-Elati, ahlala khona unanamhla. Wathumela 7 abathunywa uAhazi kuTigelate-pilezere ukumkani waseAsiriya, wathi, Ndingumkhonzi wakho, ndingunyana wakho; nyuka uze kundisindisa esandleni sokumkani wakwa-Aram, nasesandleni sokumkani wakwaSirayeli, abandivunukeleyo. UAhazi wayithabatha isilivere 8 negolide eyafumanekayo endlwini ka-Yehova, nasebuncwaneni bendlu yokumkani, wayithumela kukumkani waseAsiriya isisicengo. Ukumkani wase- 9 Asiriya wamphulaphula; wenyuka ukumkani waseAsiriya waya eDamasko, wayithimba, wabafudusa *abantu* wabása eKiri, wambulala uRetsin.

Ukumkani uAhazi waya kumhlanga- 10 beza uTigelate-pilezere, ukumkani waseAsiriya, eDamasko. Wabona isibingelelo esiseDamasko. UAhazi ukumkani wayithumela imfano yesibingelelo eso, isilinganiso saso ngokusetyenzwa kwaso konke, ku-Uriya umbingeleli. Wasakha ke isibingelelo u-Uriya 11 umbingeleli, njengako konke abemthumele khona uAhazi ukumkani eDamasko. Wenjenjalo u-Uriya umbingeleli, wada wafika ukumkani uAhazi evela eDamasko.

Weza ukumkani evela eDamasko, 12 wasibona ukumkani isibingelelo eso; wasondela ukumkani kuso isibingelelo, wenyuka waya kuso; waqhumisela nge- 13 dini lakhe elinyukayo nangomnikelo wakhe wokudla, wathulula umnikelo wakhe othululwayo, watshiza ngegazi lemibingelelo yakhe yoxolo esibingelelweni. Ke isibingelelo sobhedu, esibe 14 siphambi koYehova, wasisusa phambi kwendlu, phakathi kwesibingelelo sakhe nendlu kaYehova, wasisondeza, wasibeka ecaleni lesibingelelo ngentla. U- 15 Ahazi ukumkani wamwisela umthetho u-Uriya umbingeleli, wathi, Phezu kwesibingelelo esikhulu qhumisela ngedini elinyukayo lokusa, nangomnikelo wokudla wangokuhlwa, nangedini elinyukayo lokumkani, nangomnikelo wakhe wokudla, nangedini elinyukayo labantu bonke belizwe, nangomnikelo wabo wokudla, nangeminikelo yabo ethululwayo, utshize kuso ngegazi lonke ledini elinyukayo, negazi lonke lombingelelo; ke sona isibingelelo sobhedu ndiya 16 kukha ndibuzise ngaso. Wenza ke u-Uriya umbingeleli njengako konke awamwisela umthetho ngako ukumkani uAhazi.

17 Ukumkani uAhazi waziqhawula iipanele* zeenqwelwana, wazisusa kuzo iingqayi; waluthula ulwandle ezinkomeni zobhedu, ezibe zingaphantsi kwalo, walubeka phezu kwesiseko samatye.
18 Igumbi elisithelisiweyo lesabatha, ababelakhé ngasendlwini, nendawo yokungena ukumkani ebingaphandle, wayishenxisela endlwini kaYehova, ngenxa yokumkani waseAsiriya.

19 Ezinye izinto zika-Ahazi awazenzayo, azibhalwanga na encwadini yemicimbi 20 yemihla yookumkani bakwaYuda? Walala uAhazi kooyise, wangcwatyelwa kooyise emzini kaDavide; waba ngukumkani uHezekiya unyana wakhe esikhundleni sakhe.

Ukuthinjwa komzi wakwaSamari ngama-Asiriya

17 Ngomnyaka weshumi elinesibini ka-Ahazi ukumkani wakwaYuda, uHoseya, unyana kaEla, waba ngukumkani kwaSamari kumaSirayeli, imi- 2 nyaka yasithoba. Wenza okubi emehlweni kaYehova; noko akaba njengookumkani bakwaSirayeli ababephambi kwakhe.
3 UShalemanesere ukumkani waseAsiriya wenyuka, wamfikela uHoseya; waba ngumkhonzi wakhe, wamana 4 emrholela iminikelo. Ke kaloku ukumkani waseAsiriya wamfumana uHoseya eliphamba, ngokuthi athume izigidimi kuSo, ukumkani wamaYiputa, angawunyusi awuse umnikelo kukumkani waseAsiriya, njengokweminyaka ngeminyaka; ukumkani waseAsiriya wamvalela ke, wamkhonkxa entolongweni.

Ukumkani waseAsiriya waligqiba lonke 5 ilizwe; wenyuka waya kumzi wakwaSamari, wawungqinga iminyaka emithathu. Ngomnyaka wesithoba kaHo- 6 seya, ukumkani waseAsiriya wawuthimba umzi wakwaSamari, wawafudusela amaSirayeli eAsiriya, wawabeka eHala, naseHabhore, emlanjeni oyiGozan, nasemizini yamaMedi.

Kwenzeka oko kuba oonyana baka- 7 Sirayeli bonayo kuYehova uThixo wabo, owabanyusayo ezweni lamaYiputa, wabarhola phantsi kwesandla sikaFaro ukumkani waseYiputa; boyika thixo bambi, bahamba emimiselweni 8 yeentlanga, ebezigqogqe uYehova ebusweni boonyana bakaSirayeli, nakweyookumkani bakwaSirayeli, ababeyenzile. Oonyana bakaSirayeli benza ngasese 9 izinto ezingezizo kuYehova uThixo wabo, bazakhela izigidega emizini yabo yonke, kwathabathela kwinqaba yababoniseli kwesa kumzi onqatyisiweyo. Bazimisela izimiso zamatye noo- 10 Ashera* ezindulini zonke ezinde, naphantsi kwemithi yonke eluhlaza; ba- 11 qhumisela khona ezigangeni zonke, njengeentlanga awazifudusayo uYehova ebusweni babo. Benza izinto ezimbi zokumqumbisa uYehova; bakhonza izi- 12 godo ezizizithixo, wathi uYehova kubo, Ize ningazenzi ezo nto.

Waqonondisa uYehova kwaSirayeli 13 nakwaYuda, ngabaprofeti bonke, iimboni ngeemboni, esithi, Buyani ezindleleni zenu ezimbi, nigcine imithetho yam, imimiselo yam, ngokomyalelo wonke endawumisela ooyihlo, endawuthumela kuni ngesandla sabakhonzi bam abaprofeti. Abeva, bazenza lu- 14 khuni iintamo zabo, njengeentamo zooyise abangakholwanga nguYehova uThixo wabo. Bayicekisa imimiselo ya- 15 khe, nomnqophiso wakhe awawenzayo nooyise babo, nezingqino zakhe awazingqinayo kubo; balandela izinto ezingento, baba ziinto ezingento, balandelana neentlanga ezibangqongileyo, awayebawisele umthetho uYehova ngazo, ukuba bangenzi njengazo. Bayishiya 16 yonke imithetho kaYehova uThixo

wabo, bazenzela umfanekiso otyhidiweyo, amathole amabini, benza uAshera, baqubuda kumkhosi wonke wezulu,
17 bakhonza uBhahali.* Bacandisa oonyana babo neentombi zabo emlilweni, bavumisa, bahlaba izihlabo, bazithengisela ukwenza okubi emehlweni kaYehova, ukuba bamqumbise.
18 UYehova waba nomsindo omkhulu kunene kumaSirayeli, wawasusa ebusweni bakhe, yaba sisizwe sakwaYuda
19 sodwa esasalayo. KwanamaYuda akayigcinanga imithetho kaYehova uThixo wawo; ahamba ngemimiselo yama-
20 Sirayeli abeyenzile. Wayilahla ke uYehova yonke imbewu yakwaSirayeli, wabacinezela, wabanikela esandleni sabaphangi, wada wabagxotha ebusweni
21 bakhe. Ngokuba wawakrazula amaSirayeli endlwini kaDavide; aza amenza ukumkani uYarobheham unyana kaNebhati. UYarobheham wawawexula amaSirayeli ekumlandeleni uYehova,
22 wawonisa ngesono esikhulu. Bahamba oonyana bakaSirayeli ezonweni zonke zikaYarobheham awazenzayo à-
23 batyeka kuzo, wada uYehova wawasusa amaSirayeli ebusweni bakhe, njengoko wakuthethayo ngabakhonzi bakhe bonke, abaprofeti. Afuduswa ke amaSirayeli emhlabeni wawo, asiwa eAsiriya, unanamhla.

Izizwe zasemzini zingena kwelakwaSamari

24 Ke kaloku ukumkani waseAsiriya wazisa abantu, bevela eBhabheli, naseKuta, naseAva, naseHamati, naseSefarvayim, wababeka emizini yakwaSamari, esikhundleni soonyana bakaSirayeli. Balihlutha elakwaSamari, bahlala emi-
25 zini yalo. Kwathi ekuqaleni kokuma kwabo khona, àbamoyika uYehova; uYehova wathuma iingonyama phakathi kwabo; zaya zibulala phakathi kwabo.
26 Bathetha ke kukumkani waseAsiriya, bathi, Iintlanga ozifudusileyo, wazibeka emizini yelakwaSamari, àzilazi isiko loThixo weli lizwe; úzithumele ke iingonyama; yabona, ziyazibulala, ngokokuba zingalazi isiko loThixo weli
27 lizwe. Wawisa umthetho ukumkani waseAsiriya wathi, Yisani apho omnye wababingeleli enabafudusa khona, aye ahlale khona, abafundise isiko loThixo
28 weli lizwe. Waya ke omnye wababingeleli, ababefudusiwe kwelakwaSamari, wahlala eBheteli, wamana ebafundisa ukuba mabathini na ukumoyika uYehova.
29 Lwaye uhlanga ngohlanga lusenza oothixo balo, lubamisa ezindlwini zezigánga awazenzayo amaSamari, uhlanga ngohlanga emizini yalo, apho beluhlala khona. Amadoda aseBhabheli enza
30 uSukoti-bhenoti*; amadoda aseKuti enza uNeregale;* amadoda aseHamati
31 enza uAshima;* awaseAya enza uNibhehas* noTartake;* awaseSefarvayim atshisa oonyana bawo ngomlilo kuAdrameleki noAnameleki, oothixo baseSefarvayim. Ebemoyika noYehova;
32 azenzela eluntwini lonke ababingeleli bezigánga, ábabenzela amadini ezindlwini zezigánga. UYehova ayemo-
33 yika, oothixo bawo ebakhonza ngokwesiko leentlanga ababefuduswe kuzo.
34 Unanamhla enza ngokwamasiko amhlamnene; akamoyiki uYehova, engenzi ngeyawo imimiselo nangelawo isiko, nangokomyalelo nomthetho, awabawiselayo uYehova oonyana bakaYakobi, awamnika igama elinguSirayeli. We-
35 nza umnqophiso nabo uYehova, wabawisela umthetho, wathi, Ize ningoyiki thixo bambi, ningabanquli, ningabakhonzi, ningabingeleli kubo; nguYeho-
36 va yedwa owaninyusayo ezweni laseYiputa ngamandla amakhulu nangengalo eyolukileyo; nguye enya koyika yena, nimnqule, nibingelele kuye; imimiselo,
37 namasiko, nomyalelo, nomthetho awanibhalelayo, nigcine ukwenza yona yonke imihla, ningoyiki thixo bambi; umnqo-
38 phiso endawenza nani, ningawulibali wona, ningoyiki thixo bambi. Ngu-
39 Yehova uThixo wenu yedwa eniya koyika yena; wonihlangula esandleni seentshaba zenu yena.
40 Àbaphulaphulanga; benza ngokwe-
41 siko labo lamhlamnene. Zaye zisithi ke ezo ntlanga zoyike uYehova, zikhonze nemifanekiso yazo eqingqiweyo; kana-

njalo abantwana bazo, nabantwana babantwana bazo, njengoko benza ngako ooyise, benza ngako nabo unanamhla.

UHezekiya ngukumkani wamaYuda

18 Kwathi ngomnyaka wesithathu kaHoseya unyana kaEla, ukumkani wakwaSirayeli, waba ngukumkani uHezekiya, unyana ka-Ahazi ukumkani 2 wakwaYuda. Ubeminyaka imashumi mabini anamihlanu ezelwe, ukuba ngukumkani kwakhe; waba neminyaka emashumi mabini anesithoba engukumkani eYerusalem. Igama lonina libe linguAbhi, intombi kaZekariya.

3 Wenza okuthe tye emehlweni kaYehova, njengako konke awakwenzayo 4 uDavide uyise. Wazisusa izigánga, waziqhekeza izimiso zamatye, wamgawula uAshera,* wayiqoba inyoka yobhedu awayenzayo uMoses; ngokuba kwada kwayiloo mini oonyana bakaSirayeli beqhumisela kuyo, kwathiwa loo 5 nto lubhedu nje kodwa. Wakholosa ngoYehova uThixo kaSirayeli; emveni kwakhe akubangakho unjengaye phakathi kookumkani bonke bakwaYuda, naphakathi kwabo babekho ngaphambi 6 kwakhe. Wanamathela kuYehova; akatyeka ekumlandeleni; wayigcina imithetho abethé uYehova wayiwisela uMoses.

7 UYehova waba naye; wenza ngengqiqo ezintweni zonke aziphumeleyo. Wagwilika kukumkani waseAsiriya, à-
8 kamkhonza. Yena wawaxabela amaFilisti, wada wesa eGaza nasemdeni wayo, wathabathela enqabeni yababoniseli, wesa emzini onqatyisiweyo.

9 Kwathi ngomnyaka wesiné wokumkani uHezekiya (lowo ngumnyaka wesixhenxe kaHoseya unyana kaEla, ukumkani wakwaSirayeli), wenyuka uShalemanesere, ukumkani waseAsiriya, wawufikela umzi wakwaSamari, wawungqi-
10 nga. Bawuthimba ekupheleni kweminyaka emithathu, ngomnyaka wesithandathu kaHezekiya (lowo ngumnyaka wesithoba kaHoseya, ukumkani wakwaSirayeli); wathinjwa ke umzi wakwaSamari. Ukumkani waseAsiriya wawa- 11 fudusela amaSirayeli eAsiriya, wawabeka eHala, naseHabhore emlanjeni oyiGozan, nasemizini yamaMedi, nge- 12 nxa enokuba engaliphulaphulanga ilizwi likaYehova uThixo wawo; esuka awugqitha umnqophiso wakhe, nako konke awawisa umthetho ngako uMoses umkhonzi kaYehova; akeva, akenza.

USaneribhe ukumkani waseAsiriya uhlasela uYuda

Ke kaloku ngomnyaka weshumi eline- 1 siné wokumkani uHezekiya, wenyuka uSaneribhe, ukumkani waseAsiriya, waya kuyo yonke imizi enqatyisiweyo yakwaYuda, wayithabatha. UHezekiya 14 ukumkani wakwaYuda wathumela kukumkani waseAsiriya eLakishe, esithi, Ndonile, buya umke kum; othe wakubeka phezu kwam ndokuthwala. Waza ukumkani waseAsiriya wabeka phezu koHezekiya ukumkani wakwaYuda amakhulu omathathu eetalente zesilivere,* namashumi omathathu eetalente zegolide.* UHezekiya wamnika yonke isi- 15 livere eyafunyanwa endlwini kaYehova, nasebuncwaneni bendlu yokumkani. Ngelo xesha uHezekiya wayinqamla 16 igolide yeengcango zetempile kaYehova, nemigubasi abeyalékile uHezekiya ukumkani wakwaYuda, wayinika ukumkani waseAsiriya.

Ukumkani waseAsiriya wasusa uTar- 17 tan noRabhesarisi noRabheshake eLakishe, baya kukumkani uHezekiya eYerusalem, benempi enzima. Benyuka baya eYerusalem. Benyuka ke, bafika, bema emjelweni wechibi langasentla, osemendweni wentsimi yomsuki weengubo. Bamemeza kukumkani. Kwa- 18 phuma kwaya kubo uEliyakim unyana kaHilekiya, umphathi wendlu, noShebhena umbhali, noYowa unyana kaAsafu, umkhumbuzi wezinto zakomkhulu.

Wathi kubo uRabheshake, Khanithi 19 kuHezekiya, Utsho ukumkani omkhulu, ukumkani waseAsiriya, ukuthi, Yeyani na le nkoloseko ukholose ngayo?

OOKUMKANI II 18-19

20 Ùthi (ùthetha into yomlomo wodwa), ùneqhinga nobugorha bokulwa. Ukholosé ngabani na, ugwilike kum nje?
21 Uyabona, ukholose ngaloo msimelelo wengcongolo evikivekileyo, iYiputa, ethi, othe wayama ngayo, imngene esandleni, imhlabe. Únjalo uFaro, ukumkani waseYiputa, kubo bonke
22 abakholose ngaye. Ke ukuba nithi kum, Sikholosé ngoYehova uThixo wethu; *ndithi*, Àsinguye na lo uzigánga nezibingelelo azisusileyo uHezekiya, watsho kumaYuda nakwiYerusalem ukuthi, Ize niqubude phambi kwesi sibi-
23 ngelelo eYerusalem apha? Khawubekelane kaloku nenkosi yam ukumkani waseAsiriya: ndokunika amawaka amabini amashashe, ukuba ùnako ukundinika abakhweli bokukhwela kuwo.
24 Wòthini na ukubujika ubuso benkosana enye, yakubo abancinane babakhonzi benkosi yam, ukholose nje ngeYiputa ngeenqwelo zokulwa, nangabamahashe?
25 Ngokunje ndinyuké ndeza kuyonakalisa le ndawo, ndingenaye uYehova yini na? NguYehova lo uthe kum, Nyuka, uye kulonakalisa eli lizwe.
26 Wathi uEliyakim, unyana kaHilekiya, noShebhena, noYowa, kuRabheshake, Khawuthethe kubakhonzi bakho ngesiAram,* kuba sisiva. Musa ukuthetha nathi ngesiYuda ezindlebeni zabantu
27 abaseludongeni. Wathi uRabheshake kubo, Inkosi yam indithumé ukuba ndiwathethe la mazwi enkosini yakho na, nakuwe na? Àsikula madoda ahleliyo eludongeni yini na, ukuze adle ilindle lawo, asele umchamo wawo nani?
28 Wema uRabheshake, wadanduluka ngelizwi elikhulu ngesiYuda, wathetha, wathi, Yivani ilizwi lokumkani omkhulu,
29 lokumkani waseAsiriya: úthi ukumkani, Makanganilukuhli uHezekiya; ngokuba akayi kuba nako ukunihlangula esa-
30 ndleni sam. Makanganikholosisi ngoYehova uHezekiya, esithi, Inene, uya kusihlangula uYehova; lo mzi awusayi kunikelwa esandleni sokumkani wase-
31 Asiriya. Musani ukumphulaphula uHezekiya; ngokuba utsho ukumkani waseAsiriya, ukuthi, Xolisanani nam, niphume nize kum, nidle elowo umdiliya wakhe, elowo umkhiwane wakhe, nisele elowo amanzi equla lakhe; ndide 32 ndize ndinise ezweni elinjengelizwe lenu, ilizwe lengqolowa newayini entsha, ilizwe lesonka nezidiliya, ilizwe lomnquma oneoli, elinobusi, nidle ubomi, ningafi. Musani ukumphulaphula uHezekiya; ngokuba uyaninyanga xa athi, UYehova uya kunihlangula. Oo- 33 thixo beentlanga balihlangula na elowo ilizwi lakhe esandleni sokumkani waseAsiriya! Baphi na oothixo baseHamati 34 neArpadi? Baphi na oothixo baseSefarvayim, neHena, neIva, ukuba bangabi balihlangula elakwaSamari esandleni sam? Nguwuphi na koothixo bonke 35 bala mazwe, olihlanguleyo ilizwe lakhe esandleni sam, ukuba ade uYehova ayihlangule iYerusalem esandleni sam?
Bathi tu abantu, àbamphendula 36 nalizwi; ngokuba umthetho wokumkani wona ubusithi, Ize ningamphenduli. Be- 37 za ke ooEliyakim unyana kaHilekiya, umphathi wendlu, noShebhena umbhali, noYowa unyana ka-Asafu, umkhumbuzi wezinto zakomkhulu, kuHezekiya, bezikrazule iingubo zabo, bamxelela amazwi kaRabheshake.

Umthandazo kaHezekiya nesi profeto sika-Isaya ngokutshatyalaliswa kukaSaneribhe

19 Kwathi, akukuva oko ukumkani uHezekiya, wazikrazula iingubo zakhe, wazigquma ngezirhwexayo, wangena endlwini kaYehova. Wathuma 2 uEliyakim umphathi wendlu, noShebhena umbhali, namadoda amakhulu ababingeleli, ezigubungele ngezirhwexayo, kuIsaya umprofeti, unyana ka-Amotse. Bathi kuye, Utsho uHezekiya 3 ukuthi, Le mini yimini yembandezelo, neyokohlwaywa, neyogibo; ngokuba abantwana baze kufika emlonyeni wesizalo, tu ke amandla okuzala. Mhlawu- 4 mbi uYehova uThixo wakho angaweva onke amazwi kaRabheshake, othunywe ngukumkani waseAsiriya inkosi yakhe, ukungcikiva uThixo ophilileyo; amohlwaye ngenxa yamazwi lawo awavileyo

uYehova uThixo wakho. Nyusa ke umthandazo ngenxa yamaqongqolo asekhoyo.

5,6 Baya ke abakhonzi bokumkani uHezekiya kuIsaya. Wathi uIsaya kubo, Nòtsho kwinkosi yenu ukuthi, Utsho uYehova ukuthi, Musa ukuwoyika amazwi owavileyo, abandinyelise ngawo 7 abafana bokumkani waseAsiriya. Yabona, ndimfaka umoya, ukuba eve udaba olubi, abuye ke aye ezweni lakhe, ndimwise ngekrele ezweni lakhe.

8 Wabuya ke uRabheshake, wamfumana ukumkani waseAsiriya esilwa neLibhena; ngokuba ebevile ukuba undu-9 lukile eLakishe. Weva kusithiwa ngoTiraka, ukumkani wakwaKushi, Nanko ephuma eza kulwa nawe. Wabuya wathumela abathunywa kuHezekiya, 10 esithi, Nòtsho kuHezekiya, ukumkani wakwaYuda, ukuthi, Musa ukulukuhlwa nguThixo wakho, okholose ngaye wena, usithi, Ayisayi kunikelwa iYerusalem esandleni sokumkani waseAsiriya. 11 Uyabona, ùkuvile wena oko bakwenzáyo ookumkani baseAsiriya kumazwe onke, ukuba bawaphanzisa. Ùya ku-12 hlangulwa na ke wena? Oothixo beentlanga bazihlangula na ke ezo zàtshatyalaliswa ngoobawo: iGozan, neHaran, neRetsefe, nabase-Eden ababeseTela-13 sare? Uphi na ukumkani weHamati, nokumkani weArpadi, nokumkani womzi waseSefarvayim, neHena, neIva?

14 Wawathabatha uHezekiya amaphepha eencwadi ezandleni zabathunywa, wawalesa; wenyuka waya endlwini ka-Yehova, wawaneka uHezekiya phambi 15 koYehova. Wathandaza uHezekiya phambi koYehova, wathi, Yehova, Thixo wakwaSirayeli, ùhleli wena phakathi kweekerubhi,* unguye uThixo wena wedwa kwizikumkani zonke zehlabathi; wena uwenzile amazulu nehla-16 bathi. Thoba indlebe yakho, Yehova, uve; vula amehlo akho, Yehova, ubone; uweve amazwi kaSaneribhe, othumé ukungcikiva ngawo uThixo ophilileyo.

17 Okunene, Yehova, ookumkani baseAsiriya bazichithile iintlanga namazwe 18 azo, babanikela oothixo bazo emlilweni, kuba babengethixo, babengumsebenzi wezandla zomntu, umthi nelitye; babatshababalisa ke. Ke ngoko, Yehova Thi- 19 xo wethu, khawusisindise esandleni sakhe, zazi zonke izikumkani zehlabathi ukuba wena unguYehova uThixo wedwa.

Wathumela ke uIsaya, unyana ka- 20 Amotse, kuHezekiya, esithi, Utsho uYehova, uThixo wakwaSirayeli, ukuthi, Okuthandazeleyo kum ngokubhekisele kuSaneribhe ukumkani waseAsiriya, ndikuvile.

Lilo eli ilizwi alithethileyo uYehova 21 ngaye, Intombi eyintombi enguZiyon iyakudela, iyakugculela; intombi enguYerusalem ihlungezela intloko emva kwakho. Ngubani na lo ùmngciki- 22 vileyo, ùmnyelisileyo? Ngubani na lo umphakamisele izwi lakho, uwaphakamisele amehlo akho phezulu nje? NgoyiNgcwele wakwaSirayeli.

Ngabathunywa bakho ùyingcikivile 23 iNkosi, wathi, Ngobuninzi beenqwelo zam zokulwa ndiqabele mna ezintlomeni zeentaba, emathambekeni eLebhanon; ndiyayigawula imisedare* yayo emide kakhulu, nemisipres* yayo enyuliweyo, ndifíke kweyokuphela indawo yayo yokulalisa, ehlathini lentsimi yayo echumayo. Mna ndimbé ndasela amanzi 24 abefudula engekho, ndayomisa ngeentende zeenyawo zam yonke imijelo yaseYiputa.

Akuvanga na? Kwakude ndakwenza 25 oku, kwangemihla yamandulo ndakubumba. Ndikufikisile, kwenzeka ngoku, ukuba uyikhahlele phantsi imizi enqatyisiweyo, ibe yingxakangxaka yemiwewe. Abemi bayo bánqumka iza- 26 ndla, baqhiphuka umbilini, badana, baba ngumfuno wasendle, nohlaza, utyani obuphezu kwendlu, isihumba engqoloweni ingekabi mvila. Ke, uku- 27 hlala kwakho, nokuphuma kwakho, nokungena kwakho, ndiyakwazi, nokuguguma kwakho ngam. Ngenxa yoku- 28 ndigugumela kwakho, nangenxa yokutyesha kwakho okunyuke kweza ezindlebeni zam, ndiya kufaka ikhonkco lam empumlweni yakho, nomkhala wam emlonyeni wakho, ndikubuyise ngendlela oweza ngayo.

29 Ke kaloku nguwo lo umqondiso kuwe: lo mnyaka kodliwa ummilela, ngomnyaka wesibini kodliwa isihlabane, ngomnyaka wesithathu nòhlwayela nivune, nityale izidiliya, nidle iziqhamo zazo; 30 abasindileyo bendlu yakwaYuda, abo baseleyo, babuye bendelisele iingcambu 31 phantsi, benze iziqhamo phezulu. Ngokuba kuya kuphuma eYerusalem abaseleyo, nabasindileyo entabeni yeZiyon. Ubukhwele bukaYehova wemikhosi buya kukwenza oko.

32 Ngako oko utsho uYehova ngokubhekisele kukumkani waseAsiriya, ukuthi, Akayi kungena kulo mzi; akayi kutola notolo kuwo; akayi kuwuzela enengweletshetshe, akayi kuwufumbela 33 ludonga lwakungqinga. Ùya kubuya ngendlela aweza ngayo; akasayi kunge- 34 na kulo mzi; utsho uYehova. Ndiya kuwukhusela lo mzi, ndiwusindise ngenxa yam, nangenxa kaDavide umkhonzi wam.

35 Kwathi ngobo busuku, kwaphuma isithunywa sikaYehova, saxabela emkhosini wama-Asiriya ikhulu elinamanci asibhozo anesihlanu lamawaka. Bavuka kusasa, nango, ezizidumbu 36 eziḟleyo onke. Wanduluka wahamba, wabuya uSaneribhe ukumkani wase- 37 Asiriya, wahlala eNineve. Kwathi, enqula endlwini kaNiseroki uthixo wakhe, bamxabela ngekrele ooAdrameleki noSharetsere, oonyana bakhe. Baza basabela ezweni laseArarati. UEsar-hadon, unyana wakhe, waba ngukumkani esikhundleni sakhe.

Ukugula nokuchacha kukaHezekiya

20 Ngaloo mihla wayesifa uHezekiya, eza kufa. Waya umprofeti uIsaya, unyana ka-Amotse, wathi kuye, Utsho uYehova ukuthi, Yolela; ngokuba 2 ùya kufa wena, akuyi kuphila. Wabubhekisa eludongeni ubuso bakhe, wa- 3 thandaza kuYehova, esithi, Khawukhumbule, ndiyakukhunga, Yehova, okokuba ndihambé phambi kwakho ngokunyanisa nangentliziyo ephelelisileyo, ndakwenza okulungileyo emehlweni akho. Wasitsho uHezekiya isililo esikhulu.

Kwathi, uIsaya engekaphumi ko- 4 phakathi umzi, lafika ilizwi likaYehova kuye, lisithi, Buya uye kuthi kuHeze- 5 kiya, ingànga yabantu bam, Utsho uYehova, uThixo kaDavide uyihlo, ukuthi, Ndiwuvile umthandazo wakho, ndizibonile iinyembezi zakho; uyabona, ndiya kukuphilisa; ngomhla wesithathu uya kunyuka uye endlwini kaYehova; ndongèze kwimihla yakho ishumi eli- 6 nesihlanu leminyaka; ndikuhlàngule wena nalo mzi esandleni sokumkani waseAsiriya, ndiwukhusele lo mzi ngenxa yam, nangenxa kaDavide umkhonzi wam.

Wathi uIsaya, Thabathani isicumba 7 samakhiwane; basithabatha ke, babeka ethumbeni, waphila.

Wathi uHezekiya kuIsaya, Uyintoni 8 na umqondiso wokuba uYehova uya kundiphilisa, ndinyuke ndiye endlwini kaYehova ngomhla wesithathu? Wathi 9 uIsaya, Nangu ke umqondiso kuwe, uphuma kuYehova, wokuba ùya kulenza uYehova ilizwi alithethileyo: Isithunzi sihambe na izinyuko ezilishumi, sibuye na izinyuko ezilishumi? Wathi 10 uHezekiya, Kulula kwisithunzi ukoluka izinyuko ezilishumi; hayi, isithunzi masibuye umva izinyuko ezilishumi. UIsaya umprofeti wamnqula uYehova, 11 wasibuyisa umva isithunzi izinyuko zalishumi, esasihle zona esinyukweni sika-Ahazi.

Abathunywa abavela eBhabheli

Ngelo xesha uBherodaki-bhaladan 12 unyana kaBhaladan, ukumkani waseBhabheli, wathumela incwadi nomnikelo kuHezekiya; ngokuba ubevile ukuba uHezekiya ubesifa. Wabeva uHe- 13 zekiya, wababonisa yonke indlu yakhe yengqwebo: isilivere, negolide, nobulawu, neoli entle, nendlu yonke yeentonga zakhe, nento yonke eyayikho ebuncwaneni bakhe. Akwabakho nto endlwini yakhe, nasekulawuleni kwakhe konke, angababonisanga yona uHezekiya.

14 Waya uIsaya umprofeti kukumkani uHezekiya, wathi kuye, Atheni na la madoda? Abevela ngaphi na ukuza kuwe? Wathi uHezekiya, Abevela e-
15 zweni elikude eBhabheli. Wathi, Aboné ntoni na endlwini yakho? Wathi uHezekiya, Abone into yonke esendlwini yam; akubangakho nto ndingababo-
16 nisanga yona ebuncwaneni bam. Wathi uIsaya kuHezekiya, Líve ilizwi
17 likaYehova. Uyabona, kuza imihla eya kuthi yonke into esendlwini yakho, nento abayiqwebáyo ooyihlo kwada kwayile mini, ithwalèlwe eBhabheli,
18 kungasali nto, utsho uYehova; bathabàthe nakoonyana bakho abaya kuphuma kuwe, oya kubazala, babe ngababusi ebhotweni lokumkani waseBhabheli.
19 Wathi uHezekiya kuIsaya, Lilungile ilizwi likaYehova olithethileyo. Wathi, Akunjalo na ukuba kuya kubakho ukuxola nokunyaniso ngeyam imihla?
20 Ezinye izinto zikaHezekiya, nobugorha bakhe bonke, nokwenza kwakhe ichibi nomjelo, nokuwangenisa kwakhe amanzi kuwo umzi, azibhalwanga na encwadini yemicimbi yemihla yooku-
21 mkani bakwaYuda? Walala uHezekiya kooyise; uManase, unyana wakhe, waba ngukumkani esikhundleni sakhe.

UManase ukumkani wamaYuda

21 UManase ubeminyaka ilishumi elinamibini ezelwe, ukuba ngukumkani kwakhe; waba neminyaka emashumi mahlanu anamihlanu engukumkani eYerusalem; igama lonina belinguHefetsibha.

2 Wenza okubi emehlweni kaYehova, ngokwamasikizi eentlanga, awazigqogqayo uYehova phambi koonyana ba-
3 kaSirayeli. Wabuya wazakha izigànga, awayezidilizile uHezekiya uyise, wammisela uBhahali* izibingelelo, wenza ooAshera,* njengoko wenzayo uAhabhi ukumkani wakwaSirayeli, waqubuda kumkhosi wonke wezulu, wawukhonza.

Wákha izibingelelo endlwini kaYehova, 4 leyo wathi uYehova ngayo, Ndiya kulibeka eYerusalem igama lam. Wawa- 5 khela izibingelelo wonke umkhosi wezulu ezintendelezweni zombini zendlu kaYehova. Wamcandisa unyana wakhe 6 emlilweni, waba litola, wahlaba izihlabo, wamisa abaneshologu noosiyazi, waphikela ukwenza okubi emehlweni kaYehova, ukuba amqumbise. Wawu- 7 misa umfanekiso oqingqiweyo ka-Ashera abewenzile, endlwini leyo wayethe ngayo uYehova kuDavide nakuSolomon unyana wakhe, Kuyo le ndlu naseYerusalem, endiyinyulileyo ezizweni zonke zakwaSirayeli, ndiya kulibeka khona igama lam ngonaphakadde; ndingaphindi 8 ndilushukumise unyawo lwamaSirayeli emhlabeni endawunika ooyise; kodwa makabe aya kugcina ukwenza njengako konke endiwawisele umthetho ngako, nanjengokomyalelo wonke awawawiselayo umkhonzi wam uMoses. Aka- 9 phulaphula ke; wawalukuhla uManase, ukuba enze okubi, ngaphezu kweentlanga awazitshabalalisayo uYehova phambi koonyana bakaSirayeli.

Wathetha uYehova ngabakhonzi ba- 10 khe abaprofeti, esithi, Ngenxa enokuba 11 uManase, ukumkani wakwaYuda, ewenzile loo masikizi, wenza okubi okungaphezulu kwako konke awakwenzayo ama-Amori, abengaphambi kwakhe, wawonisa namaYuda ngezigodo zakhe ezizizithixo: ngako oko utsho uYehova, 12 uThixo kaSirayeli, ukuthi, Yabona, ndiyizisela iYerusalem neYuda ububi, eziya kuthi nzwi iindlebe zombini zabo bonke ababuvayo. Ndololula phezu 13 kweYerusalem ulutya lokulinganisa lwakwaSamari, nelothe yokulinganisa yendlu ka-Ahabhi, ndiyisule iYerusalem njengosula isitya, asisule, asisibeke. Ndowalahla amasalela elifa lam, ndi- 14 banikele esandleni seentshaba zabo, ukuba baphangwe bathinjwe zizo zonke iintshaba zabo; ngenxa enokuba benzé 15 okubi emehlweni am, bandiqumbisa, kususela kwimini abaphuma ngayo ooyise eYiputa unanamhla. Kananjalo 16 igazi elimsulwa úliphalaze lalininzi kunene uManase, yada yazala iYerusalem, kwathabathela kwelinye icala kwesa kwelinye; sisodwa sona isono sakhe awawonisayo ngaso amaYuda, ngokwenza okubi emehlweni kaYehova.

17 Ezinye izinto zikaManase, nako konke awakwenzayo, nesono sakhe awonayo ngazo, asibhalwanga na encwadini yemicimbi yemihla yookumkani bakwaYu-
18 da? Walala uManase kooyise, wangcwatyelwa emyezweni wendlu yakhe, emyezweni kaUza. UAmon unyana wakhe waba ngukumkani esikhundleni sakhe.

UAmon ukumkani

19 UAmon ubeminyaka imashumi mabini anamibini ezelwe, ukuba ngukumkani kwakhe; waba neminyaka emibini engukumkani eYerusalem. Igama lonina belinguMeshulemete, intombi kaHarutse waseYotebha.
20 Wenza okubi emehlweni kaYehova, njengoko wenza ngako uManase uyise.
21 Wahamba ngendlela yonke awahamba ngayo uyise; wazikhonza izigodo ezizizithixo awazikhonzayo uyise, waqubuda
22 kuzo. Wamshiya uYehova, uThixo wooyise, akahamba ngendlela keYehova.
23 Bamceba abakhonzi baka-Amon, bambulala ukumkani lowo endlwini yakhe.
24 Abantu belizwe elo bababulala bonke abo babecebe ukumkani uAmon. Bathi abantu belizwe elo bamenza ukumkani uYosiya, unyana wakhe, esikhundleni sakhe.
25 Ezinye izinto zika-Amon awazenzayo, azibhalwanga na encwadini yemicimbi
26 yemihla yookumkani bakwaYuda? Wangcwatyelwa engcwabeni lakhe, emyezweni kaUza. UYosiya, unyana wakhe, waba ngukumkani esikhundleni sakhe.

UYosiya ukumkani

22 UYosiya ubeminyaka isibhozo ezelwe, ukuba ngukumkani kwakhe; waba neminyaka emashumi mathathu anamnye engukumkani eYerusalem. Igama lonina belinguYedida, intombi ka-Adaya waseBhotsekati.

2 Wenza okuthe tye emehlweni kaYehova, wahamba ngendlela yonke kaDavide uyise; akatyekela ngasekunene nangasekhohlo.

3 Kwathi ngomnyaka weshumi elinesibhozo wokumkani uYosiya, ukumkani wathuma uShafan, unyana ka-Atsaliya, unyana kaMeshulam, umbhali, endlwini
4 kaYehova, esithi, Nyuka uye kuHilekiya umbingeleli omkhulu, ayilungise imali ezisiweyo endlwini kaYehova, abayihlanganisileyo abagcini-mnyango ebantwi-
5 ni. Mabayinikele esandleni sabenzi bomsebenzi, abayikhangelayo indlu kaYehova, bayinikele kubenzi bomsebenzi osendlwini kaYehova, zityinwe iinta-
6 nda zendlu; bayinikele kwiingcibi zemithi, nakubakhi, nakwabakha ngamatye; kuthengwe imithi namatye axholiweyo, kuhlaziywe indlu. Kodwa bekungaba-
7 lelwana nabo ngemali ebinikelwe esandleni sabo; ngokuba basebenza benyanisekile.

Ukufunyanwa kwencwadi yomyalelo

8 Wathi uHilekiya, umbingeleli omkhulu, kuShafan umbhali, Incwadi yomyalelo ndiyifumene endlwini kaYehova. UHilekiya wamnika uShafan incwadi
9 leyo, wayilesa. Weza ke uShafan umbhali kukumkani, wambuyisela ilizwi ukumkani, wathi, Bayikhuphéle abakhonzi bakho imali eyafumanekayo endlwini, bayinikela esandleni sabenzi bomsebenzi abayikhangelayo indlu ka-
10 Yehova. Waxela ke uShefan umbhali kukumkani, esithi, UHilekiya umbingeleli undinike incwadi. Wayilesa uShafan phambi kokumkani.

11 Kwathi, akuweva ukumkani amazwi
12 encwadi yomyalelo, wasuka wazikrazula iingubo zakhe. Ukumkani wabawisela umthetho ooHilekiya umbingeleli, noAhikam unyana kaShafan, noAkebhore unyana kaMikaya, noShafan umbhali, noAsaya umkhonzi wokumkani, esithi, Yiyani nibuzise kuYehova ngenxa yam, 13 nangenxa yabantu, nangenxa yamaYuda onke, malunga namazwi ale ncwadi

ifunyenweyo; ngokuba bukhulu ubushushu bukaYehova esibaselwe bona, ngenxa enokuba oobawo bengawaphulaphulanga amazwi ale ncwadi, ukuba benze njengako konke kubhaliweyo kuyo ngathi.

14 Waya ke uHilekiya umbingeleli, noAhikam, noAkebhore, noShafan, noAsaya, kuHulda umprofetikazi, umkaShalum unyana kaTikva, unyana kaHar-hase, umgcini-ngubo (waye yena ehleli eYerusalem kwesesibini isahlulo sayo), bathetha naye.

15 Wathi kubo, Utsho uYehova uThixo wakwaSirayeli, ukuthi, Nothi kuloo
16 ndoda inithumileyo kum, Utsho uYehova ukuthi, Yabona, ndiyizisela ububi le ndawo nabemi bayo, onke amazwi encwadi ayilesileyo ukumkani wakwa-
17 Yuda. Ngethuba lokuba bendishiyile mna, baqhumisela thixweni bambi, ukuba bandiqumbise ngomsebenzi wonke wezandla zabo, yothi le ndawo ibaselwe ubushushu bam, bungàci-
18 nywa. Ke kukumkani wakwaYuda onithume ukubuzisa kuYehova, notsho kuye ukuthi, Utsho uYehova, uThixo wakwaSirayeli, ukuthi: Okwala mazwi
19 uwavileyo, ngokokuba ibithambile intliziyo yakho, wazithoba phambi koYehova, ekukuveni kwakho endikuthethileyo ngale ndawo, nangabemi bayo, ukuba beya kuba iziimpanza nesiqalekiso, wazikrazula iingubo zakho, walila phambi kwam, nam ndikuvile; utsho
20 uYehova. Ngako oko, uyabona, ndiya kukuhlanganisela kooyihlo, uhlanganiselwe engcwabeni lakho unoxolo, angabuboni amehlo akho bonke ububi endibuzisela le ndawo.

Bambuyisela ke ilizwi ukumkani.

Uhlaziyo lukaYosiya

23 Wathumela ukumkani; ahlanganiselana kuye onke amadoda amakhulu akwaYuda neYerusalem.
2 Wenyuka ukumkani waya endlwini kaYehova, namadoda onke akwaYuda, nabemi bonke baseYerusalem kunye naye, nababingeleli, nabaprofeti, nabantu bonke, kwathabathela komncinane kwesa komkhulu. Wawalesa ezindlebeni zabo onke amazwi encwadi yomnqophiso eyafunyanwa endlwini kaYehova. Wema ukumkani phezu kwe- 3 ndawo ephakamileyo, wenza umnqophiso phambi koYehova, wokulandela uYehova, nokugcina imithetho yakhe, nezingqino zakhe, nemimiselo yakhe, ngentliziyo yonke, nangomphefumlo wonke, nokuwamisa onke amazwi alo mnqophiso abhaliweyo kule ncwadi; bema ke bonke abantu emnqophisweni lowo.

Ukumkani wamwisela umthetho u- 4 Hilekiya, umbingeleli omkhulu, nababingeleli bolwesibini udidi, nabagcinimnyango, wokuba bazikhuphe ebhotweni likaYehova zonke iimpahla ezaye zenzelwe uBhahali,* noAshera,* nomkhosi wonke wezulu. Wazitshisela ngaphandle kweYerusalem emaphandleni aseKidron, uthuthu lwazo walúsa eBheteli. Wabaphelisa ababingeleli a- 5 bangengabo, ababethe ookumkani bakwaYuda babamisela ukuqhumisela ezigangeni, emizini yakwaYuda, nangeenxa zonke eYerusalem; nabaqhumisela kuBhahali, nakwilanga, nakwinyanga, nakwiinkwenkwezi, nakumkhosi wonke wezulu. Wamkhupha uAshera endlwi- 6 ni kaYehova, wamsa ngaphandle kweYerusalem, emlanjaneni oyiKidron, wamtshisela emlanjaneni oyiKidron; bamcola waluthuli; waluphosa uthuli lwakhe phezu kwamangcwaba oonyana babantu. Wazidiliza izindlu zamang'a- 7 wu ezibe zisendlwini kaYehova, apho amankazana abemlukela khona uAshera iintente. Wabathabatha bonke aba- 8 bingeleli emizini yakwaYuda, wazenza inqambi izigánga, apho babeqhumisela khona ababingeleli, ethabathela eGebha ase eBher-shebha, wazidiliza izigánga zamasango, ezisekungeneni kwesango likaYoshuwa, umphathi womzi, nezisekhohlo komntu ongena esangweni lomzi. Kodwa ke ababingeleli abo bezigáya 9 abenyukanga beze esibingelelweni sikaYehova eYerusalem; banela ukudla izonka ezingenagwele phakathi kwabazalwana babo.

OOKUMKANI II 23

10 Wayenza inqambi iTofete, esemfuleni wakwaBhen-hinom, ukuze kungabikho mntu umcandisa emlilweni kuMoleki* unyana wakhe, nokuba yintombi 11 yakhe. Wawasusa amahashe abemiselwe ilanga ngookumkani bakwaYuda, ekungeneni endlwini kaYehova, ngasegumbini likaNetan-meleki umbusi, elibe lingaphandle; wazitshisa neenqwelo ze-12 langa ngomlilo. Nezibingelelo ezibe ziphezu kophahla lwegumbi eliphezulu lika-Ahazi, abazenzáyo ookumkani bakwaYuda, nezibingelelo awazenzayo u-Manase ezintendelezweni zombini zendlu kaYehova, wazidiliza ukumkani, wazikhanda kwakhona, waluphosa emla-13 njeni oyiKidron uthuli lwazo. Nezigánga eziphambi kweYerusalem, ezibe zisekunene kwentaba yolonakaliso, awayethe uSolomon ukumkani wakwaSirayeli wazakhela uAshtoreti,* into enezothe yamaTsidon, noKemoshe,* into enezothe yamaMowabhi, noMilikom,* isikizi loonyana baka-Amon, 14 wazenza inqambi ukumkani. Waziqhekeza nezimiso zamatye, wabagawula ooAshera, wazizalisa iindawo zazo ngamathambo abantu.

15 Kananjalo isibingelelo esibe siseBheteli, isigánga awasenzayo uYarobneham, unyana kaNebhati, owawonisayo amaSirayeli, eso sibingelelo neso sigánga wasidiliza; wasitshisa sigánga, wasicola saluthuli; wamtshisa uAshera.

16 Wabheka uYosiya, wawabona amangcwaba abekhona entabeni, wathumela, wawathabatha amathambo emangcwabeni lawo, wawatshisela phezu kwesibingelelo, wasenza inqambi ngokwelizwi likaYehova, awalimemezayo umfo wakwaThixo, owawamemezayo la 17 mazwi. Wathi, Lelani na elaa litye lithe nkqampu ndilibonayo? Athi kuye amadoda aloo mzi, Lingcwaba lomfo wakwaThixo, owavela kwaYuda, wamemeza ezi zinto ùzenzileyo kwisibi-18 ngelelo saseBheteli. Wathi, Myekeni; makangashukunyiswa mntu amathambo akhe. Bawasindisa ke amathambo akhe, namathambo omprofeti owavela kwaSamari.

Kananjalo zonke izindlu zezigánga, 19 ezibe zisemizini yakwaSamari, abazenzáyo ookumkani bamaSirayeli ukuba bamqumbise *uYehova*, wazisusa uYosiya; wenza kuzo ngokwezenzo zonke awazenzayo eBheteli. Wababingelela 20 bonke ababingeleli bezigánga ababekhona, phezu kwezibingelelo; watshisa amathambo abantu phezu kwazo. Wabuya ke weza eYerusalem.

Ukumkani wabawisela umthetho a- 21 bantu bonke, wathi, Yenzani ipasika kuYehova, uThixo wenu, ngoko kubhaliweyo encwadini yalo mnqophiso. Ngokuba bekungazanga kwenziwe pa- 22 sika ngokwale pasika, kususela kwimihla yabagwebi ababelawula amaSirayeli, nangemihla yonke yookumkani bakwaSirayeli, nookumkani bakwaYuda. Kwaba ngomnyaka weshumi elinesi- 23 bhozo wokumkani uYosiya, ukwenziwa kwale pasika kuYehova eYerusalem.

Kananjalo ke abaneshologu, noosiya- 24 zi, nemilonde-khaya, nezigodo ezizizithixo, neento zonke ezinezothe, ezibe zibonwa ezweni lakwaYuda naseYerusalem, wazitshayela uYosiya, ukuze amise amazwi omyalelo abhaliweyo encwadini abeyifumene uHilekiya umbingeleli endlwini kaYehova. Ngaphambi kwakhe 25 akubangakho kumkani unjengaye, ubuyeleyo kuYehova ngentliziyo yakhe yonke, nangomphefumlo wakhe wonke, nangamandla akhe onke, ngokomyalelo wonke kaMoses; nangasemva kwakhe akuvelanga unjengaye.

Akabuyanga noko uYehova ekuvu- 26 theni komsindo wakhe omkhulu, umsindo wakhe owavutha kumaYuda, ngenxa yokuqumbisa konke abeqombise ngako uManase. Wathi uYehova, Ndi- 27 ya kuwasusa namaYuda ebusweni bam, njengokuba ndawasusayo amaSirayeli, ndiwulahle lo mzi ndawunyulayo, iYerusalem le, nendlu le ndàthi, Liya kuba kuyo igama lam.

Ezinye izinto zikaYosiya, nako konke 28 awakwenzayo, azibhalwanga na encwadini yemicimbi yemihla yookumkani bakwaYuda?

Ukufa kukaYosiya eMegido

29 Ngemihla yakhe wenyuka uFaroneko, ukumkani waseYiputa, waya kulwa nokumkani waseAsiriya, emlanjeni ongumEfrati. Wahamba ukumkani uYosiya, waya kumhlangabeza; 30 wambulala eMegido, akumbona. Bamthwala ngenqwelo abakhonzi bakhe, efele eMegido, bamsa eYerusalem, bamngcwabela engcwabeni lakhe. Abantu belizwe bathabatha uYehowahazi unyana kaYosiya, bamthambisa, bamenza ukumkani esikhundleni sikayise.

AmaYiputa ongamela amaYuda

31 UYehowahazi ubeminyaka imashumi mabini anamithathu ezelwe, ukuba ngukumkani kwakhe; zaba ntathu iinyanga engukumkani eYerusalem. Igama lonina belinguHamutali, intombi kaYere- 32 miya waseLibhena. Wenza okubi emehlweni kaYehova, njengako konke abakwenzayo ooyise.

33 UFaro-neko wamkhonkxa eRibhela, ezweni laseHamati, ukuze angabi ngukumkani eYerusalem. Ilizwe walihlahlisa ikhulu leetalente zesilivere,* neta- 34 lente yegolide.* UFaro-neko wamenza ukumkani uEliyakim, unyana kaYosiya, esikhundleni sikaYosiya uyise, waliguqula igama lakhe languYehoyakim. Ke wamthabatha uYehowahazi, weza naye 35 eYiputa; wafela khona. UYehoyakim wayinika uFaro isilivere leyo negolide leyo; kodwa ke walihlahlisa ilizwe ukuba anike imali ngokomlomo kaFaro, elowo ngokuhlahliswa kwakhe. Wabaqhuba abantu belizwe, ukuba bayirhole isilivere negolide, ukuba ayinike uFaro-neko.

36 UYehoyakim ubeminyaka imashumi mabini anamihlanu ezelwe, ukuba ngukumkani kwakhe; waba neminyaka elishumi linamnye engukumkani eYerusalem. Igama lonina belinguZebhuda, 37 intombi kaPedaya waseRuma. Wenza okubi emehlweni kaYehova, njengako konke abakwenzayo ooyise.

UNebhukadenetsare ukumkani weBhabheli uthimba ukumkani uYehoyakim nezikhulu zakhe

24 Ngemihla yakhe kwenyuka uNebhukadenetsare, ukumkani weBhabheli. UYehoyakim waba ngumkhonzi kuye iminyaka emithathu, wabuya wagwilika kuye. UYehova wa- 2 mthumela izimpi zamaKaledi, nezimpi zama-Aram,* nezimpi zakwaMowabhi, nezimpi zoonyana baka-Amon, wazithumela elakwaYuda, ukuba zilitshabalalise ngokwelizwi likaYehova, awalithethayo ngabakhonzi bakhe abaprofeti. Kwaye 3 kungomlomo kaYehova wodwa ukwenzeka kwale nto kumaYuda, ukuba awasuse ebusweni bakhe ngenxa yezono zikaManase, njengako konke awakwenzayo; nangenxa yegazi elingenatyala 4 awaliphalazayo; wayizalisa iYerusalem ngegazi elingenatyala; akavumanga uYehova ukuxolela.

Ezinye izinto zikaYehoyakim, nako 5 konke awakwenzayo, azibhalwanga na encwadini yemicimbi yemihla yookumkani bakwaYuda? Walala uYehoya- 6 kim kooyise; uYehoyakim, unyana wakhe, waba ngukumkani esikhundleni sakhe.

Akabanga saphinda ukumkani wase- 7 Yiputa aphume ezweni lakhe; ngokuba ukumkani waseBhabheli wayezithimbile zonke izinto ezizezokumkani waseYiputa, eqalele emlanjeni waseYiputa, wada wesa emlanjeni ongumEfrati.

UYehoyakin ubeminyaka ilishumi 8 elinesibhozo ezelwe, ukuba ngukumkani kwakhe; zantathu iinyanga engukumkani eYerusalem. Igama lonina belinguNehushta, intombi kaElinatan waseYerusalem. Wenza okubi emehlweni 9 kaYehova, njengako konke awakwenzayo uyise.

Ngelo xesha benyuka abakhonzi 10 bakaNebhukadenetsare, ukumkani waseBhabheli, beza eYerusalem; wangqi-

11 ngwa umzi lowo. Wawufikela uNebhukadenetsare ukumkani waseBhabheli, bewungqingile abakhonzi bakhe.

12 Waphuma uYehoyakin, ukumkani wakwaYuda, waya kukumkani waseBhabheli, yena nonina, nabakhonzi bakhe, nabathetheli bakhe, nababusi bakhe; ukumkani waseBhabheli wamthabatha ke ngomnyaka wesibhozo 13 wobukumkani bakhe. Warhola khona bonke ubuncwane bendlu kaYehova, nobuncwane bendlu yokumkani; wazinqunqa zonke iimpahla zegolide, awazenzayo uSolomon ukumkani wakwaSirayeli etempileni kaYehova, njengoko 14 wakuthethayo uYehova. Wayifudusa yonke iYerusalem, nabathetheli bonke, namagorha onke anobukroti, ishumi lamawaka abathinjwa, zonke iingcibi nabakhandi; akwasala mntu, yaba nga- 15 mahlwempu elizwe odwa asalayo. Wamfudusa uYehoyakin, wamsa eBhabheli, nonina wokumkani, nabafazi bokumkani, nababusi bakhe, neenjengele zelizwe; wabafudusa eYerusalem abathinjwa a- 16 bo, wabása eBhabheli; namadoda onke anobukroti angamawaka asixhenxe, neengcibi nabakhandi abaliwaka, onke amagorha anokulwa; abo ukumkani waseBhabheli wabása bengabathinjwa 17 eBhabheli. Ukumkani waseBhabheli wamenza uMataniya, uyisekazi kaYehoyakin, ukumkani esikhundleni sakhe; waliguqula igama lakhe languZedekiya.

UZedekiya unyulwa abe ngukumkani

18 UZedekiya ubeminyaka imashumi mabini anamnye ezelwe, ukuba ngukumkani kwakhe; waba neminyaka elishumi elinamnye engukumkani eYerusalem. Igama lonina belinguHamutali, intombi 19 kaYeremiya waseLibhena. Wenza okubi emehlweni kaYehova, njengako konke awakwenzayo uYehoyakim.
20 Ngokuba ngenxa yomsindo kaYehova kwenzeka oko eYerusalem nakwaYuda, wada wabalahla ebusweni bakhe.

UZedekiya wamana egwilika kukumkani waseBhabheli.

Ukungqingwa nokutshatyalaliswa kweYerusalem

25 Kwathi ngomnyaka wesithoba wobukumkani bakhe, ngenyanga yeshumi, ngosuku lweshumi enyangeni leyo, wayifikela iYerusalem uNebhukadenetsare, ukumkani waseBhabheli; yena nempi yakhe yonke wayirhawula; wákha iinqaba zokubonisela ngeenxa zonke. Wangqingwa ke umzi, kwada 2 kwangumnyaka weshumi elinamnye wokumkani uZedekiya. Ngosuku lwesi- 3 thoba lwenyanga yesiné yaqina indlala phakathi komzi; ababa nasonka abantu belizwe.

Wagqojozwa umzi, asaba onke ama- 4 doda okulwa ngobusuku, ngendlela yesango eliphakathi kweendonga zombini, elisemyezweni wokumkani (aye amaKaledi ewujikelezile umzi); wahamba ukumkani ngendlela yaseArabha. Impi yamaKaledi yamsukela ukumkani, 5 yamfikela ezinkqantosini zaseYeriko, yamphalala, yemka kuye yonke impi yakhe. Ambamba ukumkani, anyuka 6 naye, amsa kukumkani waseBhabheli eRibhela; lathethwa apho ityala lakhe. Abasíka oonyana bakaZedekiya ekhangele; amtyhaphaza amehlo uZedekiya, amkhonkxa ngamakhamandela obhedu, amsa eBhabheli.

Ngenyanga yesihlanu, ngosuku lwesi- 8 xhenxe enyangeni leyo (loo mnyaka ke ngoweshumi elinesithoba engukumkani uNebhukadenetsare, ukumkani waseBhabheli), kwafika uNebhuzaradan, umtheleli wabasiki babantu, umkhonzi wokumkani waseBhabheli, eYerusalem. Wayitshisa indlu kaYehova, nendlu 9 yokumkani, nezindlu zonke zaseYerusalem; izindlu zonke ezinkulu wazitshisa ngomlilo. Iindonga zaseYerusalem ya- 10 zidiliza ngeenxa zonke impi leyo yamaKaledi, ebinomtheteli wabasiki babantu. Amasalela abantu ababescle pha- 11 kathi komzi, namaphamba awayephambele kukumkani waseBhabheli, namasalela engxokolo, wawafudusa uNebhuzaradan, umtheteli wabasiki babantu.

12 Ke umphathi wabasiki *babantu* wawasalisa amahlwempu elizwe, ukuze abe
13 ngabasebenzi bezidiliya nabalimi. Iintsika zobhedu ezibe zisendlwini kaYehova, neenqwelwana, nolwandle lobhedu obe lusendlwini kaYehova, ezo zinto aziqhekeza amaKaledi, aluthwa-
14 lela eBhabheli ubhedu lwazo. Athabatha neembiza, nemihlakulwana, nezitshetshe, neenkamba, neempahla zonke zobhedu ebe kulungiselelwa ngazo.
15 Umphathi wabasiki babantu wathabatha nezitya, izitya zokutshiza, igolide kwezegolide, isilivere kwezesilivere;
16 neentsika zombini, ulwandle olunye, neenqwelwana, awazenzela indlu kaYehova uSolomon; alwaba nakulinganiswa ubhedu lwezo mpahla zonke.
17 Ukuphakama kwenye intsika bekuziikubhite* ezilishumi elinesibhozo, ingqukuva yayo iyeyobhedu; ukuphakama kwengqukuva bekuziikubhite ezintathu; umnatha neerharnate ezibe zisengqukuveni ngeenxa zonke, yonke loo nto yabe ilubhedu; intsika yesibini yabe ikwanjalo, kunye nomnatha *wayo*.
18 Umphathi wabasiki babantu wamthabatha uSeraya, umbingeleli oyintloko, noZefaniya, umbingeleli wolwesibini udidi, nabagcini-mnyango bobathathu.
19 Kuwo umzi wathabatha umbusi wamnye, awayengumphathi wamadoda okulwa; namadoda amahlanu kwabehlala nokumkani, awafunyanwayo phakathi komzi; nombhali womthetheli womkhosi, obesakuhlanganisa abantu belizwe; namadoda amashumi mathandathu kubantu belizwe, awafunyanwa-
20 yo phakathi komzi. Wabathabatha abo uNebhuzaradan, umphathi wabasiki *babantu*, wabása kukumkani waseBha-
21 bheli eRibhela. Wabaxabela ukumkani waseBhabheli, wababulalela eRibhela ezweni laseHamati. Afuduswa ke amaYuda emhlabeni wawo.
22 Ke abantu abasaláyo ezweni lakwaYuda, awabasalisayo uNebhukadenetsare, ukumkani waseBhabheli, wabamisela umphathi onguGedaliya, unyana kaAhikam, unyana kaShafan.

Bakùva ke bonke abathetheli bemi- 23 khosi, bona namadoda abo, akuba ukumkani waseBhabheli umenze umphathi uGedaliya, beza kuGedaliya lowo eMizpa; bengooIshmayeli unyana kaNetaniya, noYohanan unyana kaKareha, noSeraya, unyana kaTanumete waseNetofa, noYahazaniya unyana kaMahakati, bona namadoda abo. Wabafungela bo- 24 na namadoda abo uGedaliya, wathi kubo, Musani ukuboyika abakhonzi bamaKaledi; hlalani kweli lizwe, nikhonze ukumkani waseBhabheli, konilungela. Ke kaloku kwathi ngenyanga yesi- 25 xhenxe, kweza uIshmayeli unyana kaNetaniya, unyana kaElishama, wasembewini yookumkani, enamadoda alishumi, bamxabela uGedaliya, wafa, namaYuda namaKaledi abenaye eMizpa. Besuka ke bonke abantu, bethaba- 26 thela komncinane bezisa komkhulu, nabatheteli bemikhosi, baya eYiputa; ngokuba babewoyika amaKaledi.

Kwathi ngomnyaka wamashumi o- 27 mathathu anesixhenxe wokufuduswa kukaYehoyakin, ukumkani wakwaYuda, ngenyanga yeshumi elinesibini, ngosuku lwamashumi omabini anesixhenxe enyangeni leyo: uEvili-merodaki, ukumkani waseBhabheli, ngomnyaka wokwenziwa kwakhe ukumkani, wayiphakamisa intloko kaYehoyakin, ukumkani wakwaYuda, wamkhupha entolongweni. Wa- 28 thetha naye kakuhle, wayimisa itrone yakhe, yangaphezu kwetrone yookumkani ababenaye eBhabheli. Zakhululwa ii- 29 ngubo zakhe zasentolongweni, wamana ukudla isonka phambi kwakhe yonke imihla yokuphila kwakhe. Wawunikwa 30 umxhesho wakhe, umxhesho wamaxesha onke, uvela kukumkani: into yemini ngangemini yayo, yonke imihla yokuphila kwakhe.

INCWADI YOKUQALA YEZIKRONIKE

Imilibo yezizalwana

1 2 UAdam, uSete, uEnoshe, uKenan, 3 uMahalaleli, uYerede, uEnoki, u- 4 Metusela, uLameki, uNowa, uShem, uHam, uYafete.

5 Oonyana bakaYafete nguGomere, no-Magogi, noMadayi, noYavan, noTu- 6 bhali, noMesheki, noTirasi. Oonyana bakaGomere nguAshekenazi, noDifati, 7 noTogarma. Oonyana bakaYavan ngu-Elisha noTarshishe, ngamaKiti, nama-Dodan.

8 Oonyana bakaHam nguKushi, no- 9 Mitserayim, noPuti, noKanan. Oonyana bakaKushi nguSebha, noHavila, noSabheta, noRama, noSabheteka. Oonyana bakaRama nguShebha noDedan.

10 UKushi wazala uNimrodi, yena waqala 11 waba ligorha emhlabeni. UMitserayim wazala amaLudi, nama-Anam, nama- 12 Lehabhi, namaNafetuyi, namaPatrusi, namaKaseluyi, apho kwaphuma khona 13 amaFilisti, namaKafetori. UKanan wazala uTsidon owamazibulo kuye, no- 14 Heti, namaYebhusi, nama-Amori, nama- 15 Girgashi, namaHivi, nama-Areki, nama- 16 Sini, nama-Arvadi, namaTsemari, nama-Hamati.

17 Oonyana bakaShem nguElan, no-Asuri, noArpakishadi, noLudi, noAram, noUtse, noHuli, noGetere, noMesheki. 18 UArpakishadi wazala uShela; uShela 19 wazala uEbhere. UEbhere wazalelwa oonyana ababini, igama lomnye ngu-Pelege,* ngokuba ngemihla yakhe bahlukahluka abemi bomhlaba; igama lomninawa wakhe belinguYoketan. 20 UYoketan wazala uAlemodadi, noShe- 21 lefe, noHatsaremavete, noYera, noHa- 22 doram, noUzali, noDikela, noEbhali, noAbhimayeli, noShebha, no-Ofire, no- 23 Havila, noYobhabhi. Bonke abo ngoonyana bakaYoketan.

UShem, uArpakishadi, uShela, u- 24, 25 Ebhere, uPelege, uRehu, uSerugi, u- 26 Nahore, uTera, uAbram (nguAbraham 27 ke lowo).

Oonyana baka-Abraham nguIsake 28 noIshmayeli. Zizo ezi iinzala zabo: o- 29 wamazibulo kuIshmayeli nguNebhayoti, noKedare, noAdebhele, noMibhesam, 30 uMishama, noDuma, uMasa, uHadade, noTema, uYeture, uNafishi, noKedema. 31 Ngabo abo oonyana bakaIshmayeli.

Oonyana bakaKetura, ishweshwe li- 32 ka-Abraham: wazala uZimran, noYokeshan, noMedan, noMidiyan, noIshbhaki, noShuwa. Oonyana bakaYokeshan nguShebha noDedan. Oonyana baka- 33 Midiyan nguEfa, noEfere, noEnoki, noAbhida, noElidaha. Bonke abo ngoonyana bakaKetura.

UAbraham wazala uIsake. Oonyana 34 bakaIsake nguEsawu noSirayeli.

Oonyana bakaEsawu nguElifazi, no- 35 Rehuweli, noYehushe, noYalam, no-Kora. Oonyana bakaElifazi nguTeman, 36 no-Omare, noTsefi, noGatam, noKenazi, noTimna, noAmaleki. Oonyana ba- 37 kaRehuweli ngooNahati, noZera, noShama, noMiza. Oonyana bakaSehira nguLotan, noShobhali, noTsibheyon, noAna, noDishon, noEtsere, noDishan. Oonyana bakaLotan ngamaHori, noHo- 39 nam; udade boLotan nguTimna. Oo- 40 nyana bakaShobhali nguAleyan, noManahati, noEbhali, noShefi, no-Onam. OonyanabakaTsibheyonnguAyanoAna. Oonyana baka-Ana nguDishon. Oonya- 41 na bakaDishon nguHamran, noEshbhan

42 noItran noKeran. Oonyana bakaEtsere nguBhilehan noZavan noYakan. Oonyana bakaDishan ngu-Utse noAran.

43 Ngabo aba ookumkani ababelawula ezweni lakwaEdom, kungekabikho kumkani ubelawula oonyana bakaSirayeli; nguBhela unyana kaBhehore; iga-
44 ma lomzi wakhe liyiDinabha. Wafa uBhela; uYobhabhi unyana kaZera, waseBhotsera, waba ngukumkani esi-
45 khundleni sakhe. Wafa uYobhabhi; uHusham, wasezweni lamaTeman, waba ngukumkani esikhundleni sakhe.
46 Wafa uHusham; uHadadi unyana ka-Bhedadi, owaxabela amaMidiyan emhlabeni wakwaMowabhi, waba ngukumkani esikhundleni sakhe; igama lomzi
47 wakhe beliyiAviti. Wafa uHadadi; uSamla waseMasereka waba ngukumkani
48 esikhundleni sakhe. Wafa uSamla; uSawule, waseRehobhoti yoMlambo,* waba ngukumkani esikhundleni sakhe.
49 Wafa uSawule; uBhahali-hanan, unyana ka-Akebhore, waba ngukumkani esi-
50 khundleni sakhe. Wafa uBhahali-hanan; uHadadi waba ngukumkani esikhundleni sakhe; igama lomzi wakhe beliyiPahi; igama lomkakhe belinguMehetabheli, intombi kaMatrede, into-
51 mbi kaMezahabhi. Wafa uHadadi.

Izikhulu zakwaEdom zezi: isikhulu esinguTimna, isikhulu esinguAliya, isi-
52 khulu esinguYetete, isikhulu esinguAholibhama, isikhulu esinguEla, isikhu-
53 lu esinguPinon, isikhulu esinguKenazi, isikhulu esinguTeman, isikhulu esingu-
54 Mibhetsare, isikhulu esinguMagediyeli, isikhulu esinguIram. Zizo ezo izikhulu zakwaEdom.

Imilibo yezizalwana

2 Ngabo aba oonyana bakaSirayeli: nguRubhen, noSimon, noLevi, no-
2 Yuda, noIsakare, noZebhulon, noDan, noYosefu, noBhenjamin, noNafetali, noGadi, noAshere.

3 Oonyana bakaYuda nguEre, no-Onan, noShela. Abo bathathu wabazalelwa yintombi kaShuwa, umKananekazi. Ke uEre, amazibulo kaYuda, ebenobu-bi emehlweni kaYehova; wambulala. U- 4
Tamare, umolokazana wakhe, wamzalela uPeretse noZera. Bebonke oonyana bakaYuda bahlanu. Oonyana bakaPe- 5
retse nguHetseron, noHamuli. Oonyana 6
bakaZera nguZimri, noEtan, noHaman, noKalekole, noDara; bebonke bahlanu.
Oonyana bakaKarmi nguAkare, owa- 7
wahlisela ishwangusha amaSirayeli, wenza ubumenemene entweni esingelwe phantsi. Oonyana bakaEtan nguAza- 8
riya.

Oonyana bakaHetseron awabazale- 9
lwayo: nguYerameli, noRam, noKelubhayi. URam wazala uAminadabhi; u- 10
Aminadabhi wazala uNashon, inkulu yoonyana bakaYuda. UNashon wazala 11
uSalima; uSalima wazala uBhohazi; 12
uBhohazi wazala uObhede; uObhede wazala uYese.

UYese wazala uEliyabhi, amazibulo 13
akhe, noAbhinadabhi owesibini, no-Shama owesithathu, noNataniyeli owe- 14
siné, noRadayi owesihlanu, no-Otsem 15
owesithandathu, noDavide owesixhenxe. Oodade babo baye bengooTseruya 16
noAbhigali. Oonyana bakaTseruya ngu-Abhishayi, noYowabhi, noAsaheli; bathathu. UAbhigali wazala uAmasa; 17
uyise ka-Amasa ebenguYetere, umIshmayeli.

UKalebhi, unyana kaHetseron, wa- 18
zala ngoAzubha umkakhe nangoYerihoti. Ngabo aba oonyana bakhe: uYeshere, noShobhabhi, noArdon. Wa- 19
fa uAzubha; uKalebhi wazeka uEfrata; wamzalela uHuri. UHuri wazala u-Uri, 20
u-Uri wazala uBhetsaleli. Emveni koko 21
wayingena uHetseron intombi kaMakire, uyise kaGiliyadi, wayizeka eminyaka imashumi mathandathu ezelwe; yamzalela uSegubhi. USegubhi wazala 22
uYahire; wayenemizi engamashumi amabini anamithathu ezweni laseGiliyadi. UGeshuri noAram bathabatha ku- 23
bo iHavoti-yahire, neKenati, namagxamesi ayo: imizi engamashumi omathandathu. Bonke aba babengoonyana bakaMakire, uyise kaGiliyadi. Emva ko- 24
kufa kukaHetseron kwaKalebhi yakwa-

IZIKRONIKE I 2–3

Efrata, umkaHetseron, uAbhiya, wamzalela uAsuri, uyise ozala amaTekowa.

25 Oonyana bakaYerameli, amazibulo kaHetseron, babengooRam amazibulo akhe, noBhuna, no-Oren, no-Otsem, no-
26 Ahiya. UYerameli ebenomnye umfazi, igama lakhe linguAtara; ubengunina
27 kaOnam. Oonyana bakaRam, amazibulo kaYerameli, babenguMahatse, no-
28 Yamin, noEkere. Oonyana bakaOnam babenguShamayi, noYada. Oonyana bakaShamayi nguNadabhi, noAbhishu-
29 re. Igama lomka-Abhishure nguAbhiha-
30 yili; wamzalela uAbhan, noMolidi. Oonyana bakaNadabhi nguSelede, noApa-
31 yim; wafa uSelede engazalanga. Oonyana baka-Apayim nguIshi. Oonyana bakaIshi nguSheshan. Oonyana bakaShe-
32 shan nguAlayi. Oonyana bakaYada, umninawa kaShamayi, nguYetere no-Yonatan. Wafa uYetere engazalanga.
33 Oonyana bakaYonatan nguPelete noZaza. Ngabo abo oonyana bakaYerameli.
34 USheshan ebengenanyana; ibiziintombi zodwa. USheshan ebenomkhonzi ongumYiputa; igama lakhe belingu-
35 Yar-ha. USheshan wamnika uYar-ha umkhonzi wakhe intombi yakhe, ukuba
36 ibe ngumfazi; yamzalela uAtayi. U-Atayi wazala uNatan; uNatan wazala
37 uZabhadi. UZabhadi wazala uEfelali; uEfelali wazala uObhede; uObhede
38 wazala uYehu; uYehu wazala uAzariya;
39 uAzariya wazala uHeletse; uHeletse
40 wazala uElasa; uElasa wazala uSisama-
41 yi; uSisamayi wazala uShalum; uShalum wazala uYekamiya; uYekamiya wazala uElishama.

42 Oonyana bakaKalebhi, umkhuluwa kaYerameli, nguMesha amazibulo akhe, obenguyise wabaseZifi, noonyana baka-
43 Maresha, uyise kaHebron. Oonyana bakaHebron nguKora, noTapuwa, no-
44 Rekem, noShema. UShema wazala uRaham, uyise kaYorkeham; uRekem
45 wazala uShamayi. Unyana kaShamayi nguMahon; uMahon nguyise wabase-
46 Bhete-tsure. UEfa, ishweshwe likaKalebhi, wazala uHaran, noMotsa, no-
47 Gazeze; uHaran wazala uGazeze. Oonyana bakaYadayi nguRegem, noYotam noGeshan, noPelete, noEfa, noShahafe. UMahaka, ishweshwe likaKalebhi, 48 wazala uShebhere, noTir-hana; wazala 49 noShahafe, uyise wabaseMademana, noSheva uyise wabaseMakebhena, noyise wabaseGibheha; intombi kaKalebhi ibinguAkesa.

Ngabo aba oonyana bakaKalebhi: 50 ngoonyana bakaHuri, amazibulo ka-Efrata; uShobhali ozala amaKiriyatiyeharim; uSalima, uyise wabaseBhete- 51 lehem; uHarefe, uyise wabaseBhete-gadere. UShobhali, uyise wabaseKiriyati- 52 yeharim, ebenoonyana: uHarowe, no-Hatsihamenukoti. Imizalwane yaseKiri- 53 yati-yeharim ngamaItri, namaPuti, namaShumati, namaMisherayi. Baphuma kuyo abaseTsorati, namaEshtawoli. Oo- 54 nyana bakaSalima ngabaseBhetelehem, nabaseNetofa, abaseAteroti yendlu ka-Yowabhi, nabaseHazi-hamanati, nabaseTsora. Imizalwane yababhali, a- 55 bemi baseYabhetse, ngabaseTira, ngabaseShemiha, ngabaseSuka. La ngamaKeni avela kuHamati, uyise wabendlu kaRekabhi.

Imilibo yezizalwana

3 Ngabo aba oonyana bakaDavide, awabazalelwayo eHebron: owamazibulo ibinguAmnon ka-Ahinowam waseYizereli; owesibini nguDaniyeli ka-Abhigali waseKarmele; owesithathu 2 nguAbhisalom unyana kaMahaka, intombi kaTalemayi, ukumkani waseGeshuri; owesiné nguAdoniya unyana kaHagiti; owesihlanu nguShefatiya ngo- 3 Abhitali; owesithandathu nguItram ngoEgela umkakhe. Abo bathandathu 4 wabazalelwa eHebron; waba ngukumkani khona iminyaka esixhenxe neenyanga ezintandathu. Waba neminyaka emashumi mathathu anamithathu engukumkani eYerusalem.

Ngabo aba awabazalelwayo eYeru- 5 salem: nguShimeha, noShobhabhi, no-Natan, noSolomon, bobané, ngoBhateshuwa intombi ka-Amiyeli; nguIbhehare, 6 noElishama, noElifelete, noNoga, no- 7 Nefege, noYafiya, noElishama, noEliya- 8 da, noElifelete; basithoba. Bebonke 9

IZIKRONIKE I 3-4

oonyana bakaDavide ngabo abo, bengabalwa oonyana bamashweshwe; nodade wabo ibinguTamare.

10 Unyana kaSolomon ibinguRehabheham; nguAbhiya unyana wakhe; nguAsa unyana wakhe; nguYoshafate unya-
11 na wakhe; nguYoram unyana wakhe; nguAhaziya unyana wakhe; nguYowa-
12 she unyana wakhe; nguAmatsiya unyana wakhe; nguAzariya unyana wakhe;
13 nguYotam unyana wakhe; nguAhazi unyana wakhe; nguHezekiya unyana wakhe; nguManase unyana wakhe;
14 nguAmon unyana wakhe; nguYosiya unyana wakhe.

15 Oonyana bakaYosiya nguYohanan, amazibulo akhe, nguYoyakim owesibini, nguZedekiya owesithathu, nguSha-
16 lum owesiné. Oonyana bakaYoyakim nguYekoniya unyana wakhe; nguZede-
17 kiya unyana wakhe. Oonyana bakaYekoniya nguAsire, nguShelatiyeli unyana
18 wakhe, noMalekiram, noPedaya, noShenatsare, noYekamiya, noHoshama, no-
19 Nedabhiya. Oonyana bakaPedaya ngooZerubhabheli noShimehi. Oonyana bakaZerubhabheli ngooMeshulam, noHa-
20 naniya, benoShelomiti udade wabo; noHashubha, no-Oheli, noBherekiya, noHasadiya, noYushabhi-hesede; bahla-
21 nu. Oonyana bakaHananiya ngooPelatiya noYesaya; oonyana bakaRefaya; oonyana baka-Arnan; oonyana bakaObhadiya; oonyana bakaShekaniya.
22 Oonyana bakaShekaniya nguShemaya; oonyana bakaShemaya ngooHatushe, noIgali, noBhariya, noNeyariya, noSha-
23 fati; bathandathu. Oonyana bakaNeyariya ngooEliyohenayi, noHezekiya, no-
24 Azerikam; bathuthu. Oonyana bakaEliyohenayi ngooHodaya, noEliyashibhi, noPelaya, noAkubhi, noYohanan, noDelaya, noAnani; basixhenxe.

Imilibo yezizalwana

4 Oonyana bakaYuda nguPeretse, noHetseron, noKarmi, noHuri, no-
2 Shobhali. URehaya, unyana kaShobhali, wazala uYahati; uYahati wazala uAhumayi noLahadi. Yiyo le imiza-
3 lwane yabaseTsora. Yiyo le eyazala amaEtam: nguYezereli, noIshma, noIdebhashe; igama lodade wabo belinguHatselelepon; noPenuweli ozala ama- 4 Gedore, noEzere ozala amaHusha. Ngabo abo oonyana bakaHuri, amazibulo kaEfrata, ozala amaBhetelehem.

UAshuri, ozala amaTekowa, ebena- 5 bafazi ababini, uHela noNahara. U- 6 Nahara wamzalela uAhuzam, noHefere, namaTemeni, namaHahashtari. Ngabo abo oonyana bakaNahara. Oonyana 7 bakaHela nguTserete, noYetsohare, noEtenan. UKotsi wazala uAnubhi, no- 8 Tsobhebha; nemizalwane ka-Aharele, unyana kaHarum.

Ke kaloku uYabhetse ebezukile kuna- 9 bazalwana bakhe. Unina wamthiya igama lokuba nguYabhetse,* esithi, Ndimzele ngokubulaleka. UYabhetse 10 wamnqula uThixo wakwaSirayeli, wathi, Ngamana wandisikelela, wawandisa ummandla wam, isandla sakho saba nam, wandithintela ebubini, ukuze ndingabulaleki. UThixo wamenzela loo nto wayicelayo.

UKelubhi, umkhuluwa kaShuwa, wa- 11 zala uMehire, onguyise kaEshton. U- 12 Eshton wazala indlu kaRafa, noPaseha, noTehina, ozala umzi kaNahashe. Ngawo lawo amadoda akwaReka. Oonyana 13 bakaKenazi: uOteniyeli noSeraya; oonyana bakaOteniyeli nguHatati noMehonotayi. UMehonotayi wazala uOfe- 14 ra; uSeraya wazala uYowabhi, ozala ooGeharashim,* ngokuba bebeziingcibi.

Oonyana bakaKalebhi, unyana ka- 15 Yefune, ngooIru, noEla, noNaham; oonyana bakaEla; nabakaKenazi. Oo- 16 nyana bakaYehaleleli ngooZifi noZifa, ngooTireya noAsareli. Oonyana baka- 17 Ezera nguYetere, noMerede, noEfere, noYalon. Wazala uMiriyam, noShamayi, noIshbha, ozala amaEshtemowa. Umkakhe uYehudiya wazala uYerede, 18 ozala amaGedore; noHebhere, ozala amaSoko; noYekutiyeli, ozala amaZanowa. Ngabo abo oonyana bakaBhitya, intombi kaFaro, awayizekayo uMerede. Oonyana bomkakhe uHodiya, 19 udade boNaham: ngozala amaKehila, umGarmi; nozala amaEshtemowa, u-

IZIKRONIKE I 4-5

20 mMahaka. Oonyana bakaShimon ngooAmnon noRina, ngooBhen-hanan noTilon. Oonyana bakaIshi ngooZohete noBhen-zohete.

21 Oonyana bakaShela, unyana kaYuda, ngooEre ozala amaLeka, noLada ozala amaMaresha, nemizalwane yendlu yabasebenza ilinen ecikizekileyo, yendlu

22 ka-Ashbheya; noYokim, namadoda aseKozebha, noYowashe, noSarafe (aba bazizikhulu kwaMowabhi), noYashubhi-lehem. Ke ezo zinto zezakudala.

23 Ngabo abo ababumbi nabemi baseNetayim neGedera; bahlala khona nokumkani emsebenzini wakhe.

24 Oonyana bakaSimon nguNemuweli, noYamin, noYaribhi, nguZera noSa-
25 wule, nguShalum unyana wakhe, nguMibhesam unyana wakhe, nguMishma
26 unyana wakhe. Oonyana bakaMishma nguHamuweli unyana wakhe, nguZakure unyana wakhe, nguShimehi unya-
27 na wakhe. UShimehi ubenoonyana abalishumi elinabathandathu, neentombi ezintandathu; abazalwana bakhe ababanga nabantwana baninzi; wonke umzalwane wabo awandanga njengo-
28 nyana bakaYuda. Bahlala eBher-shebha, naseMolada, naseHatsare-shuwali,
29 naseBhileha, nase-Etsem, naseToladi,
30 naseBhetuweli, naseHorma, naseTsike-
31 lage, naseBhete-markabhoti, naseHatsarsusim, naseBhete-bhiri, naseShaharayim. Yabiyiyo leyo imizi yabo,
32 wada uDavide waba ngukumkani. Nemizi yabo yiEtam neAyin, yiRimon neToken neAshan: izixeko ezihlanu;
33 nemizana yonke ebeyiyiphahlile loo mizi, kwesa kwaBhahali. Zizo ezo iindawo zokuhlala kwabo, benokubhalelwa emilibeni yokuzalwa kwabo.

34 UMeshobhabhi, noYamleki, noYosha
35 unyana ka-Amatsiya, noYoweli, noYehu unyana kaYoshibhiya, unyana kaSeraya,
36 unyana ka-Asiyeli, noEliyohenayi, noYahakobha, noYeshohaya, noAsaya, no-
37 Adiyeli, noYesimiyeli, noBhenaya; noZiza unyana kaShifi, unyana ka-Alon, unyana kaYedaya, unyana kaShimri,
38 unyana kaShemaya: abo bakhankanyiweyo ngamagama ababezizikhulu emizalwaneni yabo. Izindlu zooyise zanaba kunene.

Baya entshonalanga kweGedore, be- 39 zisa empumalanga komfula, beyifunela utyani impahla yabo emfutshane. Ba- 40 fumana utyani bukhulile, bubuhle; ilizwe libanzi ngeenxa zombini, lizolile, lonwabile; ngokuba abakaHam babemi khona kudala. Beza abo babhaliweyo 41 amagama ngemihla kaHezekiya ukumkani wakwaYuda, bazixhaxha iintente zabo, bawasingela phantsi namaMehun abawafumana khona, unanamhla. Bahlala ezikhundleni zabo; ngokuba bekukho utyani bempahla yabo emfutshane khona. Kwaphuma kubo, koo- 42 nyana bakaSimon abo, kwaya entabeni yaseSehire, amadoda angamakhulu amahlanu, ephethwe ngooPelatiya, noNehariya, noRefaya, noUziyeli, oonyana bakaIshi. Baxabela amaqongqolo ama- 43 Amaleki abesindile; bahlala khona unanamhla.

Imilibo yezizalwana

5 Oonyana bakaRubhen, amazibulo kaSirayeli (ngokuba ibinguye owamazibulo; ke ngokuwuhlambela kwakhe umandlalo kayise, ubuzibulo bakhe banikwa oonyana bakaYosefu unyana kaSirayeli, akaba nakubhalwa emilibeni yokuzalwa ukuba ngowamazibulo; ngokuba uYuda waba ligorha phakathi 2 kwabazalwana bakhe, yaphuma kuye inganga; ke bona ubuzibulo bebubobukaYosefu): oonyana bakaRubhen, ama- 3 zibulo kaSirayeli, nguEnoki, noFalu, nguHetseron, noKarmi. Oonyana baka- 4 Yoweli nguShemaya unyana wakhe, nguGogi unyana wakhe, nguShimehi unyana wakhe, nguMika unyana wakhe, 5 nguRehaya unyana wakhe, nguBhahali unyana wakhe, nguBhehera unyana 6 wakhe, owafuduswa nguTigelate-pilenezere, ukumkani waseAsiriya; nguye obesisikhulu samaRubhen. Abazalwa- 7 na bakhe, elowo ngokwemizalwane yakhe, ekubhalweni emilibeni yokuzalwa ngokweenzala zabo: iintloko ibingooYehiyeli noZekariya, noBhela unyana 8

IZIKRONIKE I 5-6

ka-Azazi, unyana kaShema, unyana ka-Yoweli, obehleli eArohere, wesa eNebho 9 naseBhahali-mehon. Wahlala ngasempumalanga, wesa entlango ethabathela emlanjeni ongumEfrati; ngokuba imfuyo yabo yayandile ezweni laseGili- 10 yadi. Ngemihla kaSawule benza imfazwe namaHagari; awela esandleni sabo. Bahlala ezintenteni zawo, ngecala lasempumalanga lonke laseGiliyadi.

11 Ke kaloku oonyana bakaGadi bahlala malungana nabo ezweni laseBhashan,
12 besa eSaleka; nguYoweli intloko, noShafam onganeno, noYanayi, noShafati
13 eBhashan. Nabazalwana babo bendlu yooyise ngooMikayeli, noMeshulam, noShebha, noYorayi, noYakan, noZiya,
14 noEbhere; basixhenxe abo. Ngabo aba oonyana baka-Abhihayili, unyana ka-Huri, unyana kaYarowa, unyana kaGiliyadi, unyana kaMikayeli, unyana ka-Yeshishayi, unyana kaYado, unyana
15 kaBhuzi: uAhi unyana ka-Abhediyeli, unyana kaGuni, intloko yendlu yooyise.
16 Bahlala eGiliyadi naseBhashan, nasemagxamesini ayo, nasemadlelwcni onke aseSharon, kwesa ekupheleni kwawo.
17 Bonke abo babhalwa emilibeni yokuzalwa ngemihla kaYotam ukumkani wakwaYuda, nangemihla kaYarobheham ukumkani wakwaSirayeli.
18 Oonyana bakaRubhen, namaGadi, nesiqingatha sesizwe sakwaManase, kumakroti, amadoda anokuphatha ingweletshetshe nekrele, nokugoba isaphetha, afundiswe ukulwa, ngamashumi amané anesiné amawaka, anamakhulu asixhenxe, anamanci amathandatnu, abephu-
19 ma umkhosi. Benza imfazwe namaHagari, noYeture, noNafishe, noNoda-
20 bhi. Bancediswa kuwo, amaHagari anikelwa esandleni sabo, nabo bonke abebenawo. Ngokuba balila kuThixo ekulweni, wathandazeka ngabo; ngoku-
21 ba babekholose ngaye. Bayithimba imfuyo yawo, iinkamela zawo amashumi omahlanu amawaka, nempahla emfutshane amakhulu omabini anamanci mahlanu amawaka, namaesile amawaka amabini, abantu belikhulu lamawaka.

Ngokuba kwawa babaninzi ababulewe- 22 yo; ngokuba yayiphuma kuThixo imfazwe leyo. Bahlala ezikhundleni zabo, bada bathinjwa.

Ke kaloku oonyana besiqingatha se- 23 sizwe sakwaManase bahlala kwelo zwe; bathabathela eBhashan, besa eBhahali-hermon, naseSenire, nasentabeni ye-Hermon, ukuba baninzi kwabo. Zizo 24 ezi iintloko zezindlu zooyise: noEfere, noIshi, noEliyeli, noAzeriyeli, noYeremiya, noHodaviya, noYadiyeli, amadoda angamagorha anobukroti, amadoda anegama, iintloko zezindlu zooyise.

Bameneza kuThixo wooyise, bahe- 25 nyuza ngokulandela oothixo bezizwe zelo zwe, awazitshabalalisayo uThixo phambi kwabo. UThixo kaSirayeli wa- 26 wuxhokonxa umoya kaPuli, ukumkani waseAsiriya, nomoya kaTigelate-pilenezere, ukumkani waseAsiriya, wawafudusa amaRubhen, namaGadi, nesiqingatha sesizwe sakwaManase, wabása eHala, naseHabhore, naseHara, nasemlanjeni oyiGozan, unanamhla.

Imilibo yezizalwana

6 Oonyana bakaLevi nguGershon, no-Kehati, noMerari. Oonyana baka- 2 Kehati nguAmram, noItsare, noHebron, noUziyeli. Abantwana baka-Am- 3 ram ngooAron, noMoses, noMiriyam. Oonyana baka-Aron ngooNadabhi, noAbhihu, nguElazare, noItamare.

UElazare wazala uPinehasi, uPinehasi 4 wazala uAbhishuwa; uAbhishuwa waza- 5 la uBhuki; uBhuki wazala u-Uzi; u-Uzi 6 wazala uZeraya; uZeraya wazala uMerayoti; uMerayoti wazala uAmariya; u- 7 Amariya wazala uAhitobhi; uAhitobhi 8 wazala uTsadoki; uTsadoki wazala uAhimahatse; uAhimahatse wazala u- 9 Azariya; uAzariya wazala uYohanan; uYohanan wazala uAzariya, (yena ke 10 ebengumbingeleli endlwini awayakháyo uSolomon eYerusalem); uAzariya wa- 11 zala uAmariya; uAmariya wazala uAhitubhi; uAhitubhi wazala uTsadoki; 12 uTsadoki wazala uShalum; uShalum 13 wazala uHilekiya; uHilekiya wazala

IZIKRONIKE I 6

14 uAzariya; uAzariya wazala uSeraya;
15 uSeraya wazala uYotsadaki; uYotsadaki wahamba, akuwafudusa uYehova ama-Yuda neYerusalem ngoNebhukadenetsare.

16 Oonyana bakaLevi nguGershom, no-
17 Kehati, noMerari. Ngawo la amagama oonyana bakaGershom: nguLibheni no-
18 Shimehi. Oonyana bakaKehati ngu-Amram, noItsare, noHebron, noUziyeli.
19 Oonyana bakaMerari nguMaheli no-Mushi. Yiyo ke leyo imizalwane ka-
20 Levi, ngokwezindlu zooyise. KuGershom: nguLibheni unyana wakhe, nguYahati unyana wakhe, nguZima
21 unyana wakhe, nguYowa unyana wakhe, nguIdo unyana wakhe, nguZera unyana wakhe, nguYehatrayi unyana wakhe.

22 Oonyana bakaKehati nguAminadabhi unyana wakhe, nguKora unyana
23 wakhe, nguAsire unyana wakhe, nguElikana unyana wakhe, noEbhiyasefu unyana wakhe, noAsire unyana wakhe,
24 nguTahati unyana wakhe, ngu-Uriyeli unyana wakhe, ngu-Uziya unyana wa-
25 khe, nguSawule unyana wakhe. Ooyana bakaElikana nguAmasayi noAhimoti.
26 KuElikana: oonyana bakaElikana nguTsofayi unyana wakhe, noNahati unya-
27 na wakhe, nguEliyabhi unyana wakhe, nguYoram unyana wakhe, nguElikana
28 unyana wakhe. Oonyana bakaSamuweli nguVashni amazibulo akhe, noAbhiya.
29 Oonyana bakaMerari nguMaheli, nguLibheni unyana wakhe, nguShimehi unyana wakhe, ngu-Uza unyana wakhe,
30 nguShimeha unyana wakhe, nguHagiya unyana wakhe, nguAsaya unyana wakhe.

31 Aba ngabo wabaphathisayo uDavide ingoma endlwini kaYehova, kususela
32 koko yaphumlayo ityeya. Balungiselela ngengoma phambi komnquba oyintente yokuhlangana, wada uSolomon wayakha indlu kaYehova eYerusalem; bema ngo-
33 kwesiko labo enkonzweni yabo. Aba ngabo bema noonyana babo. Kubo oonyana bakaKehati nguHeman imvumi, unyana kaYoweli, unyana kaShemuweli,
34 unyana kaElikana, unyana kaYeroham,
35 unyana kaEliyeli, unyana kaToha, unyana kaTsufi, unyana kaElikana, unyana kaMahati, unyana ka-Amasayi, unyana 36 kaElikana, unyana kaYoweli, unyana ka-Azariya, unyana kaZefaniya, unyana 37 kaTahati, unyana ka-Asire, unyana ka-Abhiyasefu, unyana kaKora, unyana 38 kaItsare, unyana kaKehati, unyana ka-Levi, unyana kaSirayeli.

Ke umzalwana wakhe uAsafu wema 39 ngasekunene kwakhe: uAsafu unyana kaBherekiya, unyana kaShimeha, unya- 40 na kaMikayeli, unyana kaBhahaseya, unyana kaMalekiya, unyana kaEteni, 41 unyana kaZera, unyana ka-Adaya, unya- 42 na kaEtan, unyana kaZima, unyana ka-Shimehi, unyana kaYahati, unyana ka- 43 Gershom, unyana kaLevi.

Abazalwana babo, oonyana bakaMe- 44 rari, bema ngasekhohlo: uEtan unyana kaKishi, unyana ka-Abhedi, unyana kaMuluki, unyana kaHashabhiya, unya- 45 na ka-Amatsiya, unyana kaHilekiya, unyana ka-Amtsi, unyana kaBhani, 46 unyana kaShemere, unyana kaMaheli, 47 unyana kaMushi, unyana kaMerari, unyana kaLevi.

Abazalwana babo, abaLevi, babemise- 48 lwe umsebenzi wonke womnquba wendlu kaThixo.

Ke uAron noonyana bakhe babeqhu- 49 misela esibingelelweni sedini elinyuka yo, nasesibingelelweni sesiqhumiso, bengabomsebenzi wonke wengcwele kangcwele, bacamagushèle amaSirayeli, ngokoko konke wawisa umthetho ngako uMoses, umkhonzi kaThixo.

Ngabo aba oonyana baka-Aron: ngu- 50 Elazare unyana wakhe, nguPinehasi unyana wakhe, nguAbhishuwa unyana wakhe, nguBhuki unyana wakhe, ngu- 51 Uzi unyana wakhe, nguZeraya unyana wakhe, nguMerayoti unyana wakhe, 52 nguAmariya unyana wakhe, nguAhitubhi unyana wakhe, nguTsadoki unyana 53 wakhe, nguAhimahatse unyana wakhe.

Ngawo la amakhaya abo ngokwee- 54 ngqili zabo, emideni yabo, ezoonyana baka-Aron, ngokwemizalwane kaKehati; ngokuba laba lelabo iqashiso: babanika 55 owaseHebron ezweni lakwaYuda, na-

IZIKRONIKE I 6–7

56 madlelo awo ngeenxa zonke; ke wona amasimi omzi lowo nemizana yawo bawanika uKalebhi, unyana kaYefune.

57 Babanika oonyana baka-Aron imizi yokusabela: owaseHebron, neLibhena namadlelo ayo, neYatire, neEshtemowa

58 namadlelo ayo, neHilen namadlelo ayo,

59 neDebhire namadlelo ayo, neAshan namadlelo ayo, neBhete-shemeshe na-

60 madlelo ayo. Esizweni sakwaBhenjamin: iGebha namadlelo ayo, neAlemete namadlelo ayo, neAnatoti namadlelo ayo. Yonke imizi yabo ngokwemizalwane yabo yabe iyimizi elishumi elinamithathu.

61 Oonyana bakaKehati abaseleyo banikwa emzalwaneni wesizwe *sakwaEfrayim*, *nasesizweni sakwaDan*, nasesiqingatheni sesizwe sakwaManase, ngeqashiso imizi elishumi.

62 Oonyana bakaGershom ngokwemizalwane yabo *banikwa* esizweni sakwaIsakare, nasesizweni sakwa-Ashere, nasesizweni sakwaNafetali, nasesizweni sakwaManase eBhashan, imizi yalishumi elinamithathu.

63 Oonyana bakaMerari ngokwemizalwane yabo *banikwa* esizweni sakwaRubhen, nasesizweni sakwaGadi, nasesizweni sakwaZebhulon, ngeqashiso imizi elishumi elinamibini.

64 Oonyana bakaSirayeli babanika aba-

65 Levi imizi namadlelo ayo. Babanika ngeqashiso esizweni soonyana bakaYuda, nasesizweni soonyana bakaSimon, nasesizweni soonyana bakaBhenjamin, yona le mizi ibiziweyo ngamagama ayo.

66 Ke emizalwaneni yoonyana bakaKeha-

67 ti kwabakho imizi yemida yabo esizweni sakwaEfrayim. Babanika imizi yokusabela: owakwaShekem namadlelo awo ezintabeni zakwaEfrayim, neGezere na-

68 madlelo ayo, neYokemeham namadlelo

69 ayo, neBhete-horon namadlelo ayo; neAyalon namadlelo ayo, neGati-rimon

70 namadlelo ayo; nasesiqingatheni sesizwe sakwaManase: iAnere namadlelo ayo, neBhileham namadlelo ayo, ngokomzalwane woonyana bakaKehati abaseleyo.

71 Oonyana bakaGershom *banikwa* emzalwaneni wesiqingatha sesizwe sakwa-Manase: iGolan yaseBhashan namadlelo ayo, neAshtaroti namadlelo ayo; nasesi- 72 zweni sakwaIsakare: iKedeshe namadlelo ayo, neDabherati namadlelo ayo, neRamoti namadlelo ayo, neAnem 73 namadlelo ayo; nasesizweni sakwa-A- 74 shere: iMashale namadlelo ayo, neAbhedon namadlelo ayo, neHukoki namadlelo 75 ayo, neRehobhi namadlelo ayo; nasesi- 76 zweni sakwaNafetali: iKedeshe yaseGalili namadlelo ayo, neHamon namadlelo ayo, neKiriyatayim namadlelo ayo.

Abaseleyo kubaLevi koonyana baka- 77 Merari *banikwa* esizweni sakwaZebhulon: iRimono namadlelo ayo, neTabhore namadlelo ayo; naphesheya kweYordan 78 ngaseYeriko, ngasempumalanga kweYordan esizweni sakwaRubhen: iBhetsere esentlango namadlelo ayo, neYatsa namandlelo ayo, neKedemoti 79 namadlelo ayo, neMefahata namadlelo ayo; nasesizweni sakwaGadi: iRamoti 80 yaseGiliyadi namadlelo ayo, neMahanayim namadlelo ayo, neHeshbhon 81 namadlelo ayo, neYazere namadlelo ayo.

Imilibo yezizalwana

7 Oonyana bakaIsakare nguTola, noPuwa, noYashubhi, noShimrom; babebané. Oonyana bakaTola ngu-Uzi, 2 noRefaya, noYeriyeli, noYamayi, noIbhesam, noSamuweli, iintloko zezindlu zooyise zikaTola; amagorha anobukroti, ngokweenzala zawo. Inani lawo ngemihla kaDavide laba ngamashumi amabini anamabini amawaka, anamakhulu amathandathu. Oonyana bakaUzi ngu- 3 Izerahiya. Noonyana bakaIzerahiya nguMikayeli, no-Obhadiya, noYoweli, noIshiya; babebahlanu, beziintloko bonke. Ndawonye nabo ngokweenzala 4 zabo, ngokwezindlu zooyise, kwakukho izimpi zomkhosi wokulwa, amashumi amathathu anamathandathu amawaka; ngokuba babenabafazi noonyana abaninzi. Abazalwana babo, ngokwemi- 5 zalwane yonke yakwaIsakare, amagorha anobukroti, baye bengamashumi asibhozo anesixhenxe amawaka, ukubha-

IZIKRONIKE I 7

lwa kwabo emilibeni yabo yokuzalwa bebonke.

6 Oonyana bakaBhenjamin nguBhela, noBhekere, noYedihayeli; bebebatha-
7 thu. Oonyana bakaBhela nguEtsebhon, noUzi, noUziyeli, noYerimoti, noIri; baye bebahlanu, iintloko zezindlu zooyise, amagorha anobukroti; ngokubhalwa kwabo emilibeni yokuzalwa babengamashumi amabini anamabini ama-
8 waka, anamanci mathathu anesiné. Oonyana bakaBhekere nguZemira, noYowashe, noEliyezere, noEliyohenayi, noOmri, noYeremoti, noAbhiya, noAnatoti, noAlamete; bonke abo ngoonyana
9 bakaBhekere; ngokubhalwa kwabo emilibeni yokuzalwa ngokweenzala zabo zeentloko zezindlu zooyise, amagorha anobukroti, babengamashumi amabini
10 amawaka, anamakhulu amabini. Oonyana bakaYedihayeli nguBhilehan. Oonyana bakaBhilehan nguYehushe, noBhenjamin, noEhudi, noKenahana, noZetan, noTarshishe, noAhishahare.
11 Bonke abo babengoonyana bakaYedihayeli, ngokweentloko zezindlu zooyise, amagorha anobukroti, alishumi elinesixhenxe lamawaka, anamakhulu mabini,
12 aphuma umkhosi aye kulwa. OoShupim noHupim ngoonyana bakaIre; ooHushim ngoonyana baka-Ahere.

13 Oonyana bakaNafetali nguYatsiyeli, noGuni, noYetsere, noShalum, oonyana bakaBhiliha.

14 Oonyana bakaManase nguAsheriyeli, awamzalelwayo. Ishweshwe lakhe, umAramikazi, lazala uMakire, uyise ka-
15 Giliyadi. UMakire wazeka udade booHupim noShupim; igama lodade wabo belinguMahaka; igama lowesibini belinguTselofehadi; ke uTselofehadi ube-
16 neentombi. UMahaka umkaMakire wazala unyana, wathi igama lakhe nguPereshe; igama lomninawa wakhe belinguShereshe; oonyana bakhe ngu-Ulam
17 noRekem. Oonyana bakaUlam nguBhedan. Ngabo abo oonyana bakaGiliyadi, unyana kaMakire, unyana kaMa-
18 nase. Udade wabo, uHamolekethe, wazala uIshodi, noAbhihezere, noMahala.
19 Oonyana bakaShemida babengooAhiyan, noShekem, noLiki, noAniyam.

20 Oonyana bakaEfrayim nguShutela, noBherede unyana wakhe, noTahati, unyana wakhe, noEliyada unyana wakhe, noTahati unyana wakhe, noZabha-
21 di unyana wakhe, noShutela unyana wakhe, noEzere, noEladi; abababulalayo abantu bakwaGati, ababezalelwe kwelo zwe; ngokuba babehle beza kuthabatha imihlambi yabo. Wenza isijwili u-
22 Efrayim, uyise, imihla emininzi, beza kumkhuza abazalwana bakhe. Wa-
23 mngena umfazi wakhe; wakhawula, wazala unyana, wathi igama lakhe nguBheriya;* ngokuba bekuhlé ububi endlwini yakhe. Intombi yakhe ibi-
24 nguShera; yayakha iBhete-horon, eyasezantsi neyasentla, neUzen-shera. U-
25 Refa ebengunyana wakhe, noReshefe; uTela ngunyana wakhe, noTahan unyana wakhe, uLadan unyana wakhe, 26 uAmihudi unyana wakhe, uElishama unyana wakhe, uNun unyana wakhe, 27 uYoshuwa unyana wakhe.

Ke kaloku ilifa labo, namakhaya abo, 28 yiBheteli namagxamesi ayo; ngasempumalanga yiNaharan; ngasentshonalanga yiGezere namagxamesi ayo, nowakwaShekem namagxamesi awo, kwesa eGaza namagxamesi ayo. Esezandleni zoonya- 29 na bakaManase yiBhete-shehan namagxamesi ayo, yiTahanaki namagxamesi ayo, yiMegido namagxamesi ayo, yiDore namagxamesi ayo. Kulapho kwakumi oonyana bakaYosefu, unyana kaSirayeli.

Oonyana baka-Ashere nguImna, no- 30 Ishwa, noIshevi, noBheriya, noSera udade wabo. Oonyana bakaBheriya 31 nguHebhere, noMalekiyeli, onguyise kaBhirzaviti. UHebhere wazala uYa- 32 felete, noShomere, noHotam, noShuwa udade wabo. Oonyana bakaYafelete 33 nguPasaki, noBhimhali, noAshevati. Ngabo abo oonyana bakaYafelete. Oo- 34 nyana bakaShemere nguAhi, noRoga, noYehubha, noAram. Oonyana baka- 35 Helem umzalwana wakhe nguTsofa, noImna, noSheleshe, noAmali. Oonyana 36

bakaTsofa nguSuwa, noHarenefere, no-
37 Shuwali, noBheri, noImra, nguBhetsere
noHodi, noShama, noShilesha, noItran,
38 noBhehera. Oonyana bakaYetere ngu-
39 Yefune, noPisepa, noAra. Oonyana ba-
kaUla nguAra, noHaniyeli, noRitsiya.
40 Bonke abo babengoonyana baka-Ashe-
re: iintloko zezindlu zooyise, amagorha
ahleliweyo anobukroti, iintloko zezi-
khulu. Ukubhalwa kwabo emilibeni yo-
kuzalwa kwasemkhosini, ukuba balwe,
babengamadoda angamashumi omabini
anamathandathu amawaka, inani lawo.

Imilibo yezizalwana

8 UBhenjamin wazala uBhela amazi-
bulo akhe, noAshebhele owesibini,
2 noAhara owesithathu, uNoha owesiné,
3 noRafa owesihlanu. Oonyana bakaBhe-
la babengooAdare, noGera, noAbhihudi,
4 noAbhishuwa, noNahaman, noAhowa,
5, 6 noGera, noShefufan, noHuram. Nga-
bo abo oonyana bakaEhudi, abo bazi-
intloko zezindlu zooyise kubemi baseGe-
7 bha; babafudusela eManahati: ngu-
Nahaman, noAhiya, noGera, owabafu-
dusayo; uEhudi wazala u-Uza noAhihu-
8 di. UShaharayim wazala emhlabeni
wakwaMowabhi, emveni kokubandulula
wakhe ooHushim noBhahara, abafazi
9 bakhe; wazala ngoHodeshe umkakhe:
uYobhabhi, noTsibheya, noMesha, no-
10 Malekom, noYehutse, noShakiya, no-
Mirma. Ngabo abo oonyana bakhe,
11 iintloko zezindlu zooyise. NgoHushim
12 wazala uAbhitubhi noEliphahali. Oo-
nyana bakaElipahali: nguEbhere, no-
Misham, noShemere, owayakhayo i-
13 Ono, neLodi namagxamesi ayo. Ngoo-
Bheriya noShema abaziintloko zezindlu
zooyise kubemi baseAyalon, abagxotha
14 abemi baseGati. OoAhiyo, noShashaki,
15 noYeremoti, noZebhadiya, noAradi,
16 noEdere, noMikayeli, noIshpa, noYoha
17 babengoonyana bakaBheriya. OoZe-
bhadiya, noMeshulam, noHizeki, no-
18 Hebhere, noIshmerayi, noYeziliya, no-
Yobhabi babengoonyana bakaElepa-
19 hali. OoYakim, noZikri, noZabhedi,
20 noElihenayi, noTsiletayi, noEliyeli,
21 noAdaya, noBheraya, noShimrati babe-
ngoonyana bakaShimehi. OoIshpan, no- 22
Ebhere, noEliyeli, noAbhedon, noZikri, 23
noHanan, noHananiya, noElam, no- 24
Antotiya, noIfediya, noPenuweli babe- 25
ngoonyana bakaShashaki. OoShame- 26
sherayi, noShehariya, noAtaliya, noYa- 27
reshiya, noEliya, noZikri babengoo-
nyana bakaYeroham.
Zizo ezo iintloko zezindlu zooyise 28
ngokweenzala zazo; ziintloko ke ezo;
ezo zahlala eYerusalem.

EGibheyon kwahlala ozala amaGi- 29
bheyon, uYehiyeli; igama lomkakhe be-
linguMahaka. NguAbhedon unyana 30
wakhe wamazibulo, noTsure, noKishe,
noBhahali, noNadabhi, noGedore, no- 31
Ahiyo, noZekere. UMikeloti wazala 32
uShimeha. Nabo bahlala eYerusalem
nabazalwana babo, malungana nabaza-
lwana babo.
UNere wazala uKishe; uKishe wazala 33
uSawule; uSawule wazala uYonatan,
noMalekishuwa, noAbhinadabhi, no-
Eshbhahali. Unyana kaYonatan ngu- 34
Meribhi-bhahali; uMeribhi-bhahali wa-
zala uMika. Oonyana bakaMika ngu- 35
Piton, noMeleki, noTareya, noAhazi.
UAhazi wazala uYehowada; uYehowada 36
wazala uAlemete, noAzemavete, no-
Zimri; uZimri wazala uMotsa; uMotsa 37
wazala uBhineha. NguRafa unyana wa-
khe, nguElehasa unyana wakhe, nguAtse-
le unyana wakhe. UAtsele ebenoonyana 38
abathandathu; ngawo la amagama abo;
nguAzerikam, nguBhokeru, noIshma-
yeli, noShehariya, no-Obhadiya, no-
Hanan. Bonke abo babengoonyana ba-
ka-Atsele. Oonyana bakaEsheki, umza- 39
lwana wakhe, ngu-Ulam amazibulo a-
khe, nguYehushe owesibini, nguElife-
lete owesithathu. Oonyana bakaUlam 40
babengamadoda angamagorha anobu-
kroti, abagoba isaphetha; babenoonya-
na abaninza, noonyana boonyana, ikhu-
lu elinamanci mahlanu. Bonke abo ba-
bengaboonyana bakaBhenjamin.

Imilibo yezizalwana

9 Onke ke amaSirayeli abhalwa emili-
beni yokuzalwa: nango ke ebhaliwe

IZIKRONIKE I 9

encwadini yookumkani bakwaSirayeli. AmaYuda athinjwa, asiwa eBhabheli ngenxa yokumeneza kwawo.

2 Abemi bokuqala, ababesemafeni abo emizini yabo, babengamaSirayeli, aba-
3 bingeleli, nabaLevi, nabasebenza etempileni. EYerusalem kwahlala aboonyana bakaYuda, naboonyana baka-Bhenjamin, naboonyana booEfrayim
4 noManase: ngu-Utayi, unyana ka-Amihudi, unyana kaOmri, unyana kaImri, unyana kaBhani, koonyana bakaPere-
5 tse, unyana kaYuda. NakumaShilo: nguAzaya amazibulo akhe, noonyana
6 bakhe. Koonyana bakaZera nguYehuweli nabazalwana bakhe: amakhulu amathandathu anamanci asithoba.
7 Koonyana bakaBhenjamin: nguSalu unyana kaMeshulam, unyana kaHoda-
8 fiya, unyana kaHasenuwa, noIbheneya unyana kaYeroham, noEla unyana ka-Uzi, unyana kaMikri, noMeshulam unyana kaShefatiya, unyana kaRehuweli,
9 unyana kaIbheniya; nabazalwana babo ngokweenzala zabo: amakhulu asithoba anamanci mahlanu anabathandathu. Onke loo madoda abeziintloko zezindlu zooyise ezindlwini zooyise.

10 Kubabingeleli: nguYedaya, noYe-
11 hoyaribhi, noYakin, noAzariya, unyana kaHilekiya, unyana kaMeshulam, unyana kaTsadoki, unyana kaMerayoti, unyana ka-Ahitubhi, ingànga yendlu
12 kaThixo; noAdaya, unyana kaYeroham, unyana kaPashure, unyana kaMalekiya; noMahasayi unyana ka-Adiyeli, unyana kaYazera, unyana kaMeshulam, unyana
13 kaMeshilemiti, unyana kaImere; nabazalwana babo, iintloko zezindlu zooyise, iwaka elinamakhulu asixhenxe, anamanci mathandathu amagorha anobukroti ekuwusebenzeni umsebenzi wendlu kaThixo.

14 KubaLevi: nguShemaya, unyana kaHashubhi, unyana ka-Azerikam, unyana kaHashabhiya koonyana bakaMera-
15 ri; nguBhakebhakare, noHereshe, noGalali; noMataniya unyana kaMika, unya-
16 na kaZikri, unyana ka-Asafu; no-Obhadiya, unyana kaShemaya, unyana kaGalali, unyana kaYedutun; noBherekiya unyana ka-Asa, unyana kaElikana, obehleli emizaneni yamaNetofa.

Abamasango: nguShalum, noAku- 17 bhi, noTalemon, noAhiman, nabazalwana babo; intloko inguShalum; kude 18 kwaba namhla esesangweni lokumkani empumalanga. Ngabo abo abamasango eminqubeni yoonyana bakaLevi. UShа- 19 lum, unyana kaKore, unyana kaEbhiyasafu, unyana kaKora, nabazalwana bakhe ngokwendlu yooyise, amaKora, ayephethe umsebenzi wenkonzo, engabagcini beminyango yentente. Nooyise bawo babephethe iminquba kaYehova, begcina isango. UPinehasi, unyana 20 kaElazare, waye eyingànga yabo ngenxa engaphambili; uYehova wayenaye. U- 21 Zekariya unyana kaMeshelemiya wayengowesango ekungeneni kwentente yokuhlangana.

Bonke bephela, behleliwe ukuba babe 22 ngabagcini bamasango, babengamakhulu amabini, anashumi-nye linababini. Bona babebhalwe emilibeni yabo yokuzalwa emizaneni yabo. Bona bamiswa nguDavide noSamuweli imboni, ngokunyaniseka kwabo. Bona abo noonya- 23 na babo babesemasangweni endlu kaYehova, endlu yentente, ngokokugcina. Babekho abamasango ngamacala omané, 24 ngasempumalanga, ngasentshonalanga, ngasentla, nangasezantsi.

Abazalwana babo emizaneni yabo 25 babengabokuza ngomhla wesixhenxe amaxesha ngamaxesha kunye nabo. Ngokuba abaLevi abo, abaphathi aba- 26 khulu abané ababengabamasango, babephethe amagumbi nobuncwane bendlu kaThixo benyanisile. Ukulala, 27 babeyijikeleza indlu kaThixo; ngokuba ukugcina bekukokwabo, kunabo ukuyivula imiso ngemiso. Kubo bekukho 28 abaphethe iimpahla zenkonzo; ngokuba babezingenisa ngenani, bazikhuphe ngenani. Kubo bekukho abamiselwe phe- 29 zu kwempahla, naphezu kwempahla yonke engcwele, naphezu komgubo ocoliweyo, newayini, neoli, nentlaka emhlophe, nobulawu. Koonyana baba- 30 bingeleli bekukho abacola ubuqholo bobulawu. UMatitiya, omnye waku- 31

baLevi, obengowamazibulo kaShalum umKora, ubephethe enyanisekile umse-
32 benzi wokosa ngeepani. Koonyana bakaKehati, kubazalwana babo, bekukho ababephethe izonka ezikroziswayo, ukuzilungisa iisabata ngeesabata.

33 Zizo ezo iimvumi, iintloko zezindlu zooyise zabaLevi, ezibe zihleli emagumbini zikhululekile; ngokuba beziphe-
34 the umsebenzi imini nobusuku. Zizo ezo iintloko zezindlu zooyise zabaLevi, ziziintloko ngokweenzala zazo, ezo zahlala eYerusalem.

35 EGibheyon kwakuhleli ozala amaGibheyon, uYehiyeli; igama lomkakhe
36 belinguMahaka. Unyana wakhe wamazibulo nguAbhedon, yanguTsure, noKishe, noBhahali, noNere, noNada-
37 bhi, noGedore, noAhiyo, noZekariya,
38 noMikeloti. UMikeloti wazala uShimeham. Kwanabo bahlala nabazalwana babo eYerusalem, malunga nabazalwana babo.

39 UNere wazala uKishe; uKishe wazala uSawule; uSawule wazala uYonatan, noMalekishuwa, noAbhinadabhi, no-
40 Eshbhahali. Unyana kaYonatan nguMeribhi-bhahali; uMeribhi-bhahali wa-
41 zala uMika. Oonyana bakaMika nguPiton, noMeleki, noTareya, *noAhazi*.
42 UAhazi wazala uYara; uYara wazala uAlemete, noAzemavete, noZimri; u-
43 Zimri wazala uMotsa. UMotsa wazala uBhineha, noRefaya unyana wakhe, uElehasa unyana wakhe, uAtsele
44 unyana wakhe. UAtsele ubenoonyana abathandathu; ngawo la amagama abo: nguAzerikam, noBhokeru, noIshmayeli, noShehariya, no-Obhadiya, noHanan. Ngabo abo oonyana bakaAtsele.

Ukoyiswa kukaSawule nokufa kwakhe

10 Ke kaloku amaFilisti alwa namaSirayeli; asaba amadoda akwaSirayeli phambi kwamaFilisti, awa engxwelerhiwe ezintabeni zaseGilibho-
2 wa. AmaFilisti athana mbende noSawule noonyana bakhe. AmaFilisti ambulala uYonatan, noAbhinadabhi, noMa- lekishuwa, oonyana bakaSawule. Yanzi- 3 ma imfazwe kuSawule. Bamfumana abatoli, wathuthumela ngenxa yabatoli. Wathi uSawule kumphathi weentonga za- 4 khe, Rhola ikrele lakho, undihlabe ngalo, hleze beze aba bangalukileyo, bafekethe ngam. Akavuma umphathi weentonga zakhe, ngokuba ubesoyika kakhulu. Walithabatha uSawule ikrele, waziwisa phezu kwalo. Uthe umphathi weentonga 5 zakhe, akubona ukuba ufile uSawule, waziwisa naye phezu kwekrele lakhe, wafa.

Wafa ke uSawule, noonyana bakhe 6 abathathu, nendlu yakhe yonke; bafa kunye. Athi onke amadoda akwaSira- 7 yeli abesentilini leyo, akubona ukuba kusatyiwe, ukuba ufile uSawule noonyana bakhe, ayilahla imizi yawo, asaba; eza ke amaFilisti, ahlala kuyo.

Kwathi ngengomso, amaFilisti eza 8 kubhunyula ababuleweyo, amfumana uSawule noonyana bakhe bewile ezintabeni zaseGilibhowa. Ambhunyula, 9 ayisusa intloko yakhe neentonga zakhe, athumela ezweni lamaFilisti ngeenxa zonke, ukuba aluxele olu daba lumnandi kwizithixo zabo nasebantwini. Azibeka 10 iintonga zakhe endlwini yezithixo zawo, ukakayi lwakhe alubethelela endlwini kaDagon.

Beva bonke abaseYabheshe yaseGili- 11 yadi konke awakwenzayo amaFilisti kuSawule, esuka onke amadoda ano- 12 bukroti, asithwala isidumbu sikaSawule nezidumbu zoonyana bakhe, azizisa eYabheshe. Awangcwaba amathambo abo phantsi komterebhinti* eYabheshe, azila ukudla imihla yasixhenxe.

Wafa ke uSawule ngokumeneza kwa- 13 khe, awameneza ngako kuYehova, ezwini likaYehova angaligcinanga; kwananokubuzisa kwakhe koneshologu, ngokuquqela kuye, akaquqela kuYehova; 14 wambulala ke, wabuguqulela ubukumkani kuDavide unyana kaYese.

UDavide wenziwa ukumkani

11 Abuthelana ke onke amaSirayeli kuDavide eHebron, athi, Uyabona, silithambo lakho, siyinyama ya-

2 kho; kwangaphambili, oko uSawule ebengukumkani, ibinguwe obuphuma ungena namaSirayeli; wathi uYehova uThixo wakho kuwe, Wena uya kubalúsa abantu bam amaSirayeli; wena uya kuba yingànga yabantu bam ama-
3 Sirayeli. Afika onke amadoda amakhulu akwaSirayeli kukumkani eHebron, wenza umnqophiso nawo uDavide eHebron, phambi koYehova; amthambisa uDavide ukuba abe ngukumkani kumaSirayeli, ngokwelizwi likaYehova ngesandla sikaSamuweli.
4 Wahamba uDavide namaSirayeli onke, waya eYerusalem (yiYebhusi ke leyo), apho abekhona amaYebhusi,
5 abemi belo zwe. Bathi abemi beYebhusi kuDavide, Akusayi kungena apha. Wayithimba uDavide imboniselo yeZiyon (ngumzi kaDavide ke lowo).
6 Wathi uDavide, Owaxabele amaYebhusi kwasentloko, woba yintloko nomthetheli. Wenyuka kwasentloko uYowabhi unyana kaTseruya, waba yintloko
7 ke. UDavide wahlala emboniselweni apho; ngenxa yoko bathi ngumzi ka-
8 Davide. Wawakha umzi, wajikeleziswa ngeenxa zonke, wathabathela eMilo, wajikelezisa. UYowabhi wawasindisa
9 amaqongqolo aloo mzi. UDavide waya eba mkhulu ngokuba mkhulu; uYehova wemikhosi ubenaye.

Amagorha kaDavide

10 Zizo ezi iintloko zamagorha abekuDavide, esomelezana naye ebukumkanini bakhe kunye namaSirayeli onke, ukuba amenze ukumkani, ngokwelizwi
11 likaYehova kumaSirayeli. Lilo eli inani lamagorha kaDavide: nguYashobheham unyana kaHakimoni, intloko yabaphathi-mikhosi. Yena wathi rhuthu intshuntshe yakhe kumakhulu amathathu,
12 awahlatywayo ngasihlandlo sinye. Emva kwakhe nguElazare unyana kaDodo, umAhowa, owayengomnye ku-
13 magorha amathathu. Yena wayenoDavide ePas-damim; amaFilisti ayebuthelene khona ukuba alwe. Kwakukho khona isiqwenga somhlaba, sinerhasi ichumile; basaba abantu ebusweni bamaFilisti. Wesuka yena wamisa esa- 14 zulwini sesiqwenga eso, wasithimba, yena wawabulala amaFilisti; uYehova wenza ke usindiso olukhulu.

Kwehla isithathu sabaziintloko ema- 15 shumini amathathu, saya kuDavide eweni, emqolombeni waseAdulam; yaye impi yamaFilisti imise iintente entilini yamaRafa. UDavide oko ubesemboni- 16 selweni apho; ikampu yamaFilisti oko ibiseBhetelehem. Wanqwena uDavide 17 wathi, Akwaba, bethu, bendingasezwa amanzi equla laseBhetelehem elisesangweni! Atyhudisa empini yamaFilisti 18 amadoda amathathu lawo, akha amanzi equleni laseBhetelehem elisesangweni, awathwala awazisa kuDavide. Akavuma ke uDavide ukuwasela; wawathululela phantsi, phambi koYehova, wathi, 19 Makube lee kum, Thixo wam, ukwenza oko. Igazi lala madoda, eliyimiphefumlo yawo, ndolisela yini na? ngokuba awazisa encamé imiphefumlo yawo. Akavuma ke ukuwasela. Enza ezo zinto amagorha lawo mathathu.

UAbhishayi, umninawa kaYowabhi, 20 yena waye eyintloko yamathathu. Yena wathi rhuthu intshuntshe yakhe kumakhulu amathathu, wabinza. Waba negama ke kulawo mathathu. Kulawo 21 mathathu wayezukile kunamabini, waba ngumthetheli wawo ke; àkafika kodwa kulawa mathathu.

UBhenaya unyana kaYoyada, unyana 22 wendoda enobukroti yaseKabhetseli, ezenzo zininzi, yena wabulala iingwanyalala ezimbini zakwaMowabhi; yena wehla, wabulala ingonyama emhadini phakathi, mhla ngekhephu. Yena wa- 23 bulala indoda engumYiputa, indoda enewonga, ekubhite* zintlanu; umYiputa lowo ephethe intshuntshe enjengomthi wabaluki beengubo. Wehla ke waya kuyo ephethe intonga, wayihlutha intshuntshe esandleni somYiputa lowo, wambulala kwangentshuntshe yakhe. Wenza ezo zinto uBhenaya unya- 24 na kaYoyada; waba negama ke kwisithathu eso samagorha. Yabona, waye- 25 zukile yena kunamashumi amathathu lawo; kodwa àkafika kwamathathu lawa. UDavide wammisa ephakathini lakhe.

26 Amagorha anobukroti ayengooAsaheli, umninawa kaYowabhi; uElihanan, 27 unyana kaDodo, waseBhetelehem; uShamoti waseHarodi; uHeletse umPe- 28 lon; uIra unyana kaIkeshe, waseTeko- 29 wa; uAbhihezere waseAnatoti; uSibhe- 30 kayi umHusha; uIlayi umAhowa; uMaharayi waseNetofa; uHelede unya- 31 na kaBhahana, waseNetofa; uItayi unyana kaRibhayi, waseGibheha yoonyana bakaBhenjamin; uBhenaya wa- 32 sePiraton; uHurayi wasezihlanjeni zase- 33 Gahashe; uAbhiyeli waseArabha; uAzemavete waseBhaharum; uEliyabha wa- 34 seShahalebhon; uBhene-hashem waseGizon; uYonatan unyana kaShage, um- 35 Harari; uAhiyam unyana kaSakare, 36 umHarari; uElifali unyana kaUre; uHe- 37 fere umMekera; uAhiya umPelon; uHetsero waseKarmele; uNaharayi unyana 38 kaEsebhayi; uYoweli umzalwana ka- 39 Natan; uMibhehare unyana kaHagri; uTseleke umAmon; uNaharayi waseBheroti, umphathi weentonga zikaYowabhi 40 unyana kaTseruya; uIra umItri; uGa- 41 rebhe umItri; u-Uriya umHeti; uZa- 42 bhadi unyana ka-Alayi; uAdina unyana kaShiza, umRubhen, intloko yamaRu- 43 bhen, enamashumi amathathu; uHanan unyana kaMahaka; noYoshafati wase- 44 Meten; u-Uziya waseAshterati; uShama noYehiyeli, oonyana bakaHotam 45 waseArahere; uYedihayeli unyana kaShimri, noYoha umzalwana wakhe, um- 46 Titsi; uEliyeli umMahavi; noYeribhayi noYoshafiya, oonyana bakaElinaham; 47 noItema umMowabhi; uEliyeli, noObhedi, noYahasiyeli waseMetsobhaya.

Abancedisi bakaDavide

12 Nâbá, abeza kuDavide eTsikelage, esavingcelekile ngenxa kaSawule unyana kaKishe; bona bekuma- 2 gorha, bencedisa emfazweni, bexhobe izaphetha, besawula ngamatye ngesokunene nangesokhohlo isandla, betola ngeentolo, bengabakubazalwana bakaSawule, bengabakumaBhenjamin.

Intloko ibinguAhiyezere noYowashe, 3 oonyana bakaShemaha waseGibheha; noYeziyeli noPelete, oonyana baka-Azemavete; noBheraka, noYehu waseAnatoti; noIshmaya waseGibheyon, igorha 4 kula mashumi mathathu, elaliphethe amashumi amathathu; noYeremiya, noYahaziyeli, noYohanan, noYozabhadi waseGedere; uEluzayi, noYerimoti, no- 5 Bhehaliya, noShemariya, noShefatiya umHarufi; uElikana, noYeshiya, no- 6 Azarele, noYohezere, noYashobheham, amaKora; noYohela noZebhadiya oo- 7 nyana bakaYeroham waseGedore.

KumaGadi awazahlulela ukuya ku- 8 Davide emboniselweni, asinga entlango, ngamadoda anobukroti, amadoda omkhosi okulwa, exhobe ikhaka nomkhonto; ubuso bawo bunjengobengonyama, enjengamabhadi asezintabeni ukukhawuleza kwawo. NguEzere owokuqala; 9 nguObhadiya owesibini; nguEliyabhi owesithathu; nguMishemana owesiné; 10 nguYeremiya owesihlanu; nguAtayi o- 11 wesithandathu; nguEliyeli owesixhenxe; nguYohanan owesibhozo; nguElizabha- 12 di owesithoba; nguYeremiya oweshumi; 13 nguMakebhanayi oweshumi elinanye. Abo, koonyana bakaGadi, ibiziintloko 14 zomkhosi. Emnye kubo engomncinane ubelilingene ikhulu; omkhulu kubo ubelilingene iwaka. Ngabo abo bayiwelayo 15 iYordan ngenyanga yokuqala, izele, ihamba phezu kweendonga zayo; bagxotha bonke abasezintilini empumalanga nasentshonalanga.

Kwaya aboonyana bakaBhenjamin 16 bakaYuda emboniselweni kuDavide. Waphuma uDavide, waya kubakhawu- 17 lela, wathi kubo, Ukuba niza kum ninoxolo, ukuba nindincede, intliziyo yam yoba nye neyenu; ke ukuba nize kundikhohlisa, nindinikele kubabandezeli bam, kungekho lugonyamelo esandleni sam, wóbona uThixo woobawo bethu, ohlwaye. Umoya wamthi gqubuthu 18 uAmasayi, intloko yabaphathi-mikhosi, *wathi*, Singabakho, Davide; singakuwe, nyana kaYese. Uxolo, uxolo lube kuwe, uxolo lube kubancedi bakho; ngokuba úya kuncéda uThixo wakho.

IZIKRONIKE I 12–13

Wabamkela ke uDavide, wabamisa baziintloko zamaqela.

19 KumaManase kwabakho abaphambela kuDavide, ekuyeni kwakhe namaFilisti ukuba kuliwe noSawule, baza àbawanceda; ngokuba zacebisana zamndulula izikhulu zamaFilisti, zisithi, Wóphambela kuSawule inkosi yakhe,
20 senzakale ke. Ekuyeni kwakhe eTsikelage, wathelelwa ngabakwaManase, uAdena, noYozabhadi, noYedihayeli, noMikayeli, noYozabhadi, noElihu, noTsiletayi, iintloko zamawaka akwa-
21 Manase. Bona bancedisana noDavide kuloo matutu; ngokuba babengamagorha anobukroti bonke, babengabathe-
22 theli emkhosini. Ngokuba ngelo xesha babesiya iimini ngeemini kuDavide ukumnceda, yada yangumkhosi omkhulu, njengomkhosi kaThixo.

23 Ngawo la amanani eentloko ezaxhobela imfazwe, zeza kuDavide eHebron, ukuba buguqulelwe kuye ubukumkani bukaSawule, ngokomlomo kaYehova.
24 Oonyana bakaYuda ababephethe amakhaka nezikhali ngamawaka amathandathu anamakhulu asibhozo, exhobele
25 imfazwe. Koonyana bakaSimon, amagorha angamakroti emfazweni ngama-
26 waka asixhenxe anekhulu. Koonyana bakaLevi ngamawaka amané, anama-
27 khulu mathandathu. Ke uYehoyada waye eyingànga yama-Aron; wayenamawaka amathathu anamakhulu asixhenxe.
28 UTsadoki, indodana eligorha elinobukroti, nendlu kayise, ngabathetheli aba-
29 mashumi mabini anababini. Koonyana bakaBhenjamin, abazalwana bakaSawule, ngamawaka amathathu; kwada kwaba ngoku uninzi lwabo lugcina isigxina
30 sendlu kaSawule. Koonyana bakaEfrayim ngamawaka amashumi mabini, anamakhulu asibhozo amagorha anobukroti, amadoda anegama ezindlwini
31 zooyise. Kwisiqingatha sesizwe sakwaManase lishumi elinesibhozo lamawaka, ababalulwa ngamagama, ukuba baye
32 kumenza ukumkani uDavide. Koonyana bakaIsakare, abawaziyo abawaqondayo amaxesha, ukwazela ange ekwenza amaSirayeli, babengamakhulu amabini, iintloko zabo. Bonke abazalwana babo benza ngokomlomo wabo. Kwa-33 Zebhulon, abaphuma umkhosi, abaxhobela ukulwa, beneentonga zonke zemfazwe, ngamashumi omahlanu amawaka, behlohla uluhlu, bengenazintliziyo zimbaxa. KwaNafetali, yaba ngabathe-34 theli abaliwaka, benamashumi amathathu anesixhenxe amawaka, aphethe amakhaka neentshuntshe. KwaDan, aba-35 xhobele imfazwe yangamashumi amabini anesibhozo amawaka, anamakhulu mathandathu. Kwa-Ashere, abaphuma 36 umkhosi, bexhobele ukulwa, yangamashumi omané amawaka. Phesheya kwe-37 Yordan, kwaRubhen nakwaGadi, nakwisiqingatha sesizwe sakwaManase, beneentonga zonke zomkhosi wokulwa, yalikhulu elinamanci mabini amawaka.

Onke loo madoda okulwa ahlohla ulu-38 hlu, aya enentliziyo ephelelisekileyo eHebron, ukuba amenze ukumkani uDavide kumaSirayeli onke. Kananjalo namanye amaSirayeli onke ayenantliziyo-nye yokumenza ukumkani uDavide. AyenoDavide apho iintsuku ezintathu, 39 esidla esela; ngokuba abazalwana bawo baye bewalungiselele. Kananjalo aba-40 kufuphi nabo, kwada kwesa kwaIsakare, nakwaZebhulon, nakwaNafetali, bazisa izonka ngamaesile, nangeenkamela, nangoondlebende, nangamaqegu, ukudla okungumgubo, nezicumba zamakhiwane nezeerasintyisi, newayini, neoli, neenkomo, nempahla emfutshane, into eninzi; ngokuba bekuvuywa kwaSirayeli.

Ukufuduswa kwetyeya eKiriyati-yeharim

13 Wacebisana uDavide nabathetheli bamawaka nabamakhulu, iingànga zonke. Wathi uDavide kwibandla 2 lonke lakwaSirayeli, Ukuba kulungile kuni, ukuba kuvela kuYehova uThixo wethu, masiphange, sithumele kubazalwana bethu abaseleyo emazweni onke akwaSirayeli, kunye nabo ke *sithumele* kubabingeleli nabaLevi abasemizini ya-

IZIKRONIKE I 13–14

madlelo abo, ukuba babuthelane kuthi;
3 siyiguqulele kuthi ityeya kaThixo wethu; ngokuba asibuzisanga kuyo ngee-
4 mini zikaSawule. Lathi lonke ibandla, Makwenjiwe njalo; ngokuba lalilungile elo zwi emehlweni abantu bonke.
5 Wawabizela ndawonye ke uDavide onke amaSirayeli, wathabathela eShihore yaseYiputa, wada wasa ekungeneni eHamati, ukuba ayithabathe ityeya kaThixo eKiriyati-yeharim.
6 Wenyuka uDavide namaSirayeli onke, waya eBhahala, eyiKiriyati-yeharim eyakwaYuda, ukuba ayinyuse apho ityeya kaThixo onguYehova, onguHleli-ezikerubhini,* igama lokunqulwa kwakhe.
7 Bayikhwelisa ityeya kaThixo enqwelweni entsha, ukuphuma endlwini ka-Abhinadabhi; u-Uza noAhiyo bayiqhuba
8 inqwelo. UDavide namaSirayeli onke baqamba phambi koYehova ngamandla onke, ngeengoma, nangeehadi, nangemirhubhe, nangeengqongqo, nangamaca-
9 ngci nangamaxilongo. Baya bafika esandéni sikaKidon; u-Uza wasa isandla sakhe, wayibamba ityeya; ngokuba ii-
10 nkomo beziyigungqisa. Wavutha umsindo kaYehova ku-Uza, wambetha ngenxa enokuba wasa isandla sakhe etyeyeni; wafela khona phambi koThixo.
11 Kwavutha umsindo kuDavide, ngokuba uYehova emtyohobozele ngotyhobozo u-Uza; wathi loo ndawo yiPeretse-uza,* unanamhla.
12 UDavide wamoyika uThixo ngaloo mini, wathi, Ndothini na ukuyizisa kum
13 ityeya kaThixo? UDavide àkayisa kuye ityeya emzini kaDavide; wayisonga, wayiphambukisela endlwini ka-
14 Obhedi-edom waseGati. Yahlala ityeya kaThixo emzini kaObhedi-edom, endlwini yakhe, iinyanga zantathu. UYehova wayisikelela ke indlu kaObhedi-edom, nento yonke anayo.

Ukoyiswa kwamaFilisti nguDavide

14 Ke kaloku uHiram, ukumkani waseTire, wathuma abathunywa kuDavide, nemisedare,* neengcibi zeendonga, neengcibi zemithi, ukumakhela
2 indlu. Wazi uDavide ukuba uYehova umqinisile waba ngukumkani wamaSirayeli; baphakanyiselwa phezulu ubukumkani bakhe ngenxa yabantu bakhe amaSirayeli.

UDavide wabuya wazeka abanye 3 abafazi eYerusalem; uDavide wabuya wazala abanye oonyana neentombi. Ngawo la amagama abantwana awaba- 4 zuzayo eYerusalem: uShamuwa, noShobhabhi, noNatan, noSolomon, noIbhe- 5 hare, noElishuwa, noElipelete, noNoga, 6 noNefege, noYafiya, noElishama, no- 7 Bheleyada, noElifelete.

Athi ke amaFilisti, akuva ukuba utha- 8 njiswe uDavide, waba ngukumkani kumaSirayeli onke, enyuka onke amaFilisti, aya kumfuna uDavide. Weva uDavide, waphuma waya kuwahlangabeza. AmaFilisti eza athi dwe entilini 9 yamaRafa. Wabuza uDavide kuThixo, 10 wathi, Ndinyuke na ndiye kumaFilisti? Wòwanikela na esandleni sam? Wathi uYehova kuye, Nyuka, ndowanikela esandleni sakho. Benyuka baya eBha- 11 hali-peratsim,* wawabulalela khona uDavide. Wathi uDavide, UThixo uzityhobozele iintshaba zam ngesandla sam, njengokutyhoboza kwamanzi; ngenxa yoko bathi igama laloo ndawo yiBhahali-peratsim. Azishiya apho izi- 12 thixo zawo; wathi uDavide mazitshiswe ngomlilo.

Abuya aphinda amaFilisti, athi dwe 13 entilini leyo. Wabuya wabuza uDavide kuThixo. Wathi uThixo kuye, Uze 14 ungenyuki uwasukele; jika umke kuwo, ufike kuwo malunga nemithi yemibhaka;* kuthi, ekuveni kwakho isandi soku- 15 hamba emantloko emithi yemibhaka, wandule ukuphuma ulwe; ngokuba úphumile uThixo phambi kwakho, ukuba awuxabele umkhosi wamaFilisti. Wenza uDavide njengoko uThixo wa- 16 mwisela umthetho ngako; bawuxabela umkhosi wamaFilisti, bathabathela eGibheyon, besa naseGezere. Lwaphu- 17 ma lwagqiba ilizwe udumo lukaDavide; uYehova wazenza zonke iintlanga ukuba zinkwantye nguye.

Ukuziswa kwetyeya eYerusalem

15 UDavide wazenzela izindlu emzini kaDavide; wayilungiselela indawo ityeya kaThixo, wayimisela intente.
2 Waza uDavide wathi, Mayingathwalwa ityeya kaThixo ngabangebaLevi; ngokuba unyulé bona uYehova ukuba bayithwale ityeya kaThixo, bamlungiselele
3 ngonaphakade. UDavide wawabizela ndawonye onke amaSirayeli eYerusalem, ukuze ityeya kaYehova inyuswe, isiwe endaweni yayo abeyilungisele yona.
4 Wabahlanganisa uDavide oonyana
5 baka-Aron nabaLevi. Koonyana baka-Kehati yanguUriyeli umthetheli, nabazalwana bakhe, belikhulu elinamanci
6 mabini. Koonyana bakaMerari yanguAsaya umthetheli, nabazalwana bakhe, bengamakhulu amabini anamanci ma-
7 bini. Koonyana bakaGershom yanguYoweli umthetheli, nabazalwana bakhe,
8 belikhulu elinamanci mathathu. Koonyana bakaElitsafan yanguShemaya umthetheli, nabazalwana bakhe, benga-
9 makhulu amabini. Koonyana bakaHebron yanguEliyeli umthetheli, nabazalwana bakhe, bengamashumi asibhozo.
10 Koonyana bakaUziyeli yanguAminadabhi umthetheli, nabazalwana bakhe, belikhulu elinashumi-nye linababini.
11 UDavide wabiza ooTsadoki noAbhiyatare ababingeleli, nabaLevi ooUriyeli, noAsaya, noYoweli, noShemaya, no-
12 Eliyeli, noAminadabhi. Wathi kubo, Niziintloko zezindlu zooyihlo kubaLevi; zingcwaliseni nina nabazalwana benu, ninyuse ityeya kaYehova uThixo kaSirayeli, ize apho ndiyilungiselele
13 khona; ngokuba, yabingenini nje *enayinyusayo* kwasekuqaleni, wasityhobozela uYehova uThixo wethu, ngokuba si-
14 ngamfunanga ngokwesiko. Bazingcwalisa ke ababingeleli nabaLevi, ukuba bayinyuse ityeya kaYehova uThixo kaSi-
15 rayeli. Bayithwala oonyana bakaLevi ityeya kaThixo, njengoko abemwisele umthetho uMoses ngokwelizwi likaYehova, emagxeni abo, ngezibonda ezikuwo.
16 Wathi uDavide kubathetheli baba-Levi, mabamise abazalwana babo babe ziimvumi, beneempahla zokuvuma: imirhubhe, neehadi, namacangci akhenkcezayo, kuphakanyiswe ngesandi sovuyo.
17 AbaLevi bamisa ke uHeman unyana kaYoweli, nakubazalwana bakhe uSafu unyana kaBherekiya, nakoonyana bakaMerari, abazalwana babo, uEtan u-
18 nyana kaKushaya, benabazalwana babo bolwesibini udidi: yanguZekariya, noBhen, noYahaziyeli, noShemiramoti, noYehiyeli, noUni, noEliyabhi, noBhenaya, noMahazeya, noMatitiya, noElifelehu, noMikeneya, oo-Obhedi-edom, noYehiyeli, abamasango.
19 Iimvumi, ooHeman, noAsafu, no-Etan, baba ngabokuvakalisa ngamaca-
20 ngci obhedu; ooZekariya, noHaziyeli, noShemiramoti, noYehiyeli, noUni, noEliyabhi, noMagaseya, noBhenaya, nge-
21 mirhubhe, ngeleentombi ilizwi; ooMatitiya, noElifelehu, noMikeneha, no-Obhedi-edom, noYehiyeli, noAzaziya ngeehadi, ngelamadoda ilizwi, ukuba bahlabele.
22 UKenaniya, umthetheli wabaLevi ekuthwaleni, wafundisa ukuthwala; ngo-
23 kuba ebenengqondo yoko. OoBherekiya noElikana babengabamasango etyeya.
24 OoShebhaniya, noYehoshafati, noNataniyeli, noAmasayi, noZekariya, noBhenaya, noEliyezere, ababingeleli, babengabokuvuthela ngamaxilongo phambi kwetyeya kaThixo, Oo-Obhedi-edom noYehiya babengabamasango etyeya.
25 Kwathi ke ooDavide, namadoda amakulu akwaSirayeli, nabathetheli bamawaka, baya kuyinyusa ityeya yomnqophiso kaYehova endlwini kaObhedi-edom, bevuya. Kwathi, ekubancedeni
26 kukaThixo abaLevi, bayithwala ityeya yomnqophiso kaYehova, babingelela iinkunzi ezintsha zeenkomo zasixhenxe,
27 neenkunzi zeegusha zasixhenxe. Wayambethe ingubo yokwaleka yelinen ecikizekileyo uDavide, nabaLevi bonke ababethwele ityeya, neemvumi, noKenaniya umphathi wabathwali; ke uDavide wayebhinqe iefodi* yelinen emhlophe. AmaSirayeli onke abeyi-
28 nyusa ityeya yomnqophiso kaYehova

eduma, enesandi sezigodlo, nesamaxilongo, nesamacangci, evakalisa ngemirhubhe nangeehadi.

29 Kwathi ke ekufikeni kwetyeya yomnqophiso kaYehova emzini kaDavide, walunguza ngefestile uMikali, intombi kaSawule, wabona ukumkani uDavide esina, eqamba, wamcekisa entliziyweni yakhe.

Ingoma kaDavide yombulelo

16 Bayingenisa ityeya kaThixo, bayimisa esazulwini sentente abeyimisele yona uDavide; basondeza amadini anyukayo, nemibingelelo yoxolo,
2 phambi koThixo. Wagqiba ke uDavide ukunyusa amadini anyukayo, nemibingelelo yoxolo, wabasikelela abantu
3 egameni likaYehova. Wababela bonke abantu bakwaSirayeli, ethabathela kwindoda wesa nakumfazi; elowo wamnika intenda yesonka, nomlinganiso wewayini, nesicumba seerasintyisi.

4 Wamisa phambi kwetyeya kaYehova abalungiseleli kubaLevi, ukuba bakhumbuze, babulele, badumise uYehova
5 uThixo kaSirayeli. YanguAsafu intloko, yanguZekariya emva kwakhe, noYehiyeli, noShemiramoti, noYehiyeli, noMatitiya, noEliyabhi, noBhenaya, noObhedi-edom, noYahaziyeli, ngeempahla zemirhubhe nangeehadi; uAsafu
6 wenza isandi ngamacangci. OoBhenaya noYahaziyeli ababingeleli benza isandi ngamaxilongo ngamaxesha onke, phambi kwetyeya yomnqophiso kaThixo.

7 Waza ngaloo mini uDavide wabamisela kuqala ooAsafu nabazalwana bakhe ukubulela kuYehova:
8 Bulelani kuYehova, nqulani igama lakhe,
Yazisani ezizweni izenzo zakhe ezincamisileyo.
9 Vumani kuye, mbetheleni uhadi,
Xoxani ngemisebenzi yakhe yonke ebalulekileyo.
10 Qhayisani ngegama lakhe elingcwele,
Mayivuye intliziyo yabamngxameleyo uYehova.
11 Mfuneni uYehova namandla akhe,
Ngxamelani ubuso bakhe ngamaxesha onke.
Khumbulani imisebenzi yakhe ebalu- 12 lekileyo, awayenzayo,
Izimanga zakhe nezigwebo zomlomo wakhe,
Mbewu kaSirayeli, yomkhonzi wakhe, 13
Nyana bakaYakobi, banyulwa bakhe.

NguYehova, nguThixo wethu yena; 14
Zisehlabathini lonke izigwebo zakhe.
Khumbulani ngonaphakade umnqo- 15
phiso wakhe,
Ilizwi awalimisela izizukulwana eziliwaka,
Awanqophisana ngalo noAbraham; 16
Nokufunga kwakhe kuIsake;
Nokumisa kwakhe ukuba kube ngu- 17
mmiselo kuYakobi,
Kube ngumnqophiso ongunaphakade kuSirayeli;
Esithi, Ndikunika ilizwe lakwaKanan, 18
Libe licandelo lelifa lenu,
Nisengamadoda ambalwa, 19
Nibancinane, ningábaphambukeli kulo.

Báhamba besuka kolunye uhlanga, 20
baye kolunye uhlanga;
Besuka kobunye ubukumkani, baye kwabanye abantu.
Akavumela mntu ukuba abacudise, 21
Wohlwaya ookumkani ngenxa yabo,
Esithi, Musani ukubachukumisa aba- 22
thanjiswa bam,
Musani ukubaphatha kakubi abaprofeti bam.

Vumani kuYehova, nonke hlabathi, 23
Shumayelani iindaba ezilungileyo zosindiso lwakhe iimini ngeemini.
Balisani ezintlangeni zonke uzuko 24
lwakhe,
Balisani ezizweni zonke imisebenzi yakhe ebalulekileyo.
Ngokuba mkhulu uYehova, engowo- 25
kudunyiswa kunene;
Uyoyikeka ngaphezu koothixo bonke,
Ngokuba bonke oothixo bezizwe àba- 26
nto zanto;
UYehova yena wenza amazulu.

27 Yindili nobungangamela phambi kwakhe,
Ngamandla novuyo endaweni yakhe *engcwele*.

28 Mnikeni uYehova, nina mizalwane yezizwe,
Mnikeni uYehova uzuko namandla.

29 Mnikeni uYehova uzuko lwegama lakhe;
Zisani umnikelo, nime phambi kwakhe;
Mnquleni uYehova, nivethe ezingcwele.

30 Thuthumelani phambi kwakhe, nonke hlabathi;
Elimiweyo liya kuzinza ngoko, lingashukumi.

31 Malivuye izulu, ligcobe ihlabathi,
Makuthiwe ezintlangeni, UYehova ngukumkani.

32 Malugqume ulwandle nokuzala kwalo;
Malidlamke ilizwe, nento yonke ekulo,

33 Ize imemelele imithi yehlathi phambi koYehova;
Ngokuba esiza kuligweba ihlabathi.

34 Bulelani kuYehova ngokuba elungile,
Ngokuba ingunaphakade inceba yakhe.

35 Yithini, Sisindise, Thixo osisindisayo,
Usibuthe, usihlangule ezintlangeni,
Ukuze sibulele igama lakho elingcwele,
Sizingce ngendumiso yakho.

36 Makabongwe uYehova, uThixo kaSirayeli,
Kususela kwaphakade, kude kuse ephakadeni!

Bathi ke bonke abantu, Amen, bamdumisa uYehova.

37 Wabashiya apho phambi kwetyeya yomnqophiso kaYehova ooAsafu nabazalwana bakhe, ukuba balugiselele phambi kwetyeya ngamaxesha onke, ngokwento yemini ngangemini yayo; noo-Obhedi-edom nabazalwana babo, 38 bemashumi mathandathu anesibhozo; uObhedi-edom, unyana kaYedutun, noHosa bengabamasango. UTsadoki u- 39 mbingeleli, nabazalwana bakhe abangababingeleli, babephambi komnquba kaYehova esigangeni esiseGibheyon, uku- 40 ba banyuse amadini anyukayo kuYehova esibingelelweni sedini elinyukayo amaxesha onke, kusasa nangokuhlwa, njengako konke okubhaliweyo emyalelweni kaYehova, awawumisela amaSirayeli. Babenabo ooHeman noYedutun, naba- 41 nye abanyulwa, abo babekhankanywe ngamagama, ukuba babulele kuYehova, ngokuba ingunaphakade inceba yakhe; benooHeman noYedutun, benamaxilo- 42 ngo, namacangci, abo benza isandi beneempahla zokuvuma zikaThixo; oonyana bakaYedutun bengabamasango.

Bahamba bonke abantu, elowo waya 43 endlwini yakhe; wabuya ke uDavide, weza kusikelela indlu yakhe.

Injongo kaDavide yokwakha itempile ithintelwa nguNatan

17 Ke kaloku kwathi, xa ahleliyo uDavide endlwini yakhe, wathi uDavide kuNatan umprofeti, Uyabona, mna ndihleli endlwini yemisedare;* ke yona ityeya yomnqophiso kaYehova iphantsi kwamalengalenga. Wathi u- 2 Natan kuDavide, Konke okusentliziyweni yakho, kwenze, ngokuba uThixo unawe.

Kwathi ngobo busuku lafika ilizwi 3 likaThixo kuNatan, lisithi, Hamba uye 4 kuthi kuDavide umkhonzi wam, Útsho uYehova ukuthi, Wena akusayi kundakhela ndlu yakuhlala. Ngokuba andi- 5 hlalanga ndlwini, kususela kulaa mini ndawanyusayo ngayo amaSirayeli, unanamhla; ke ndisuka ententeni *ndiye* ententeni, ndisuke emnqubeni *ndiye emnqubeni*. Ekuhambeni konke, enda- 6 kuhamba-hambayo namaSirayeli onke, khe ndathetha izwi na nakumnye kubagwebi bakwaSirayeli, endabawisela u-

IZIKRONIKE I 17-18

mthetho wokwalúsa abantu bam, lokuthi, Yini na ukuba ningàndakheli ndlu yamisedare?

7 Ke ngoko wótsho kuDavide umkhonzi wam, ukuthi, Útsho uYehova wemikhosi, ukuthi, Ndákuthabatha edleweni mna, ekulandeleni impahla emfutshane, ukuba ube yingànga yabantu 8 bam amaSirayeli. Ndaba nawe kuko konke owahamba kuko, ndazinqumla zonke iintshaba zakho ebusweni bakho, ndakwenzela igama njengegama laba-9 khulu abasehlabathini. Ndiya kubamisela indawo abantu bam amaSirayeli, ndibatyale, beme emanxuweni abo, bangabi sagungqa; oonyana bobutshijolo bangàbuyi babonákalise, njenga-10 mhla mnene; kususela kulaa mini ndabamisela abantu bam amaSirayeli abagwebi, ndazithoba zonke iintshaba zakho. Ke ndiyakuxelela ukuba uYehova uya kukwakhela indlu.

11 Kothi, xa ithe yazaliseka imihla yakho yokuba uye kooyihlo, ndiyiphakamise emva kwakho imbewu yakhe, eya kuvela koonyana bakho, ndibuzi-12 nzise ukukumkani bakhe. Nguye oya kundakhela indlu, ndiyizinzise itrone 13 yakhe, kude kuse ephakadeni. Mna ndiya kuba nguyise kuye, yena abe ngunyana kum. Inceba yam andiyi kuyisusa kuye, njengoko ndayisusayo 14 kowayengaphambi kwakho. Ndiya kummisa endlwini yam, nasebukumkanini bam, kude kuse ephakadeni; itrone yakhe iya kuzinza kude kuse ephakadeni.

15 Njengaloo mazwi onke, njengaloo mbono wonke, wenjenjalo uNatan ukuthetha kuDavide.

16 Waya ukumkani uDavide, wahlala phambi koYehova, wathi, Ndingubani na, Yehova Thixo, iyintoni na indlu yam, ukuba ude undizise nalapha?

17 Kuncinane oko ke emehlweni akho, Thixo; uthethé nangendlu yomkhonzi wakho wasingisa mgama; wandikhangela, wandenza umntu, wandinyusa, Yehova Thixo.

18 Úsaya kongeza ntoni na uDavide, ukuthetha kuwe ngokusingisele ekuzukisweni komkhonzi wakho lo? Wena uyamazi umkhonzi wakho lo. Yehova, 19 ubenzé ngenxa yomkhonzi wakho, nangokwentliziyo yakho, bonke obo bukhulu, ukwazísa ezi zenzo zonke zikhulu kangaka. Yehova, akukho unje-20 ngawe; akukho Thixo ngaphayakwakho, njengoko konke sikuvileyo ngeendlebe zethu. Luluphi na uhlanga ehlabathini 21 apha, olunjengabantu bakho amaSirayeli; awaya kuzikhululela lona uThixo, ukuba lube ngabantu, ukuba akumisele igama ngezenzo ezikhulu nezoyikekayo, ngokugxotha iintlanga phambi kwabantu bakho owabakhululayo eYiputa? Wabenza abantu bakho amaSirayeli 22 baba ngabantu kuwe, kude kuse ephakadeni; wena, Yehova, waba nguThixo kubo.

Kaloku, Yehova, ilizwi olithethileyo 23 ngomkhonzi wakho, nangendlu yakhe, malibe yinyaniso kude kuse ephakadeni, wénze njengoko uthethileyo; libe yi- 24 nyaniso, likhule igama lakho kude kuse ephakadeni, kusithiwa, UYehova wemikhosi, uThixo wamaSirayeli, nguThixo kuSirayeli; indlu kaDavide, umkhonzi wakho, iqinile phambi kwakho. Ngokuba wena, Thixo wam, 25 ukutyhilile ezindlebeni zomkhonzi wakho, ukuba ùya kumakhela indlu. Ngenxa yoko umkhonzi wakhe ufumene intliziyo yokuthandaza phambi kwakho. Kaloku, Yehova, unguye u- 26 Thixo wena; uzithethile ke ngomkhonzi wakho ezi zinto zilungileyo. Kaloku 27 makukholeke kuwe ukuyisikelela indlu yomkhonzi wakho, ukuba ihlale ihleli phambi kwakho ngonaphakade; ngokuba wena, Yehova, úyisikelele into, yosikeleleka ke ngonaphakade.

Iimfazwe zikaDavide namagosa akhe

18 Kwathi emveni kokuba njalo, uDavide wawaxabela amaFilisti, waweyisa; wayithabatha iGati namagxamesi ayo esandleni samaFilisti. Wawaxabela amaMowabhi; amaMowa- 2 bhi aba ngabakhonzi kuDavide, azisa iminikelo. UDavide wamxabela uHa- 3

darezere, ukumkani weTsobha, eHamati, ekuyeni kwakhe ukuwamisa ama-
4 ndla akhe emlanjeni ongumEfrati. UDavide wazithimbela iwaka leenqwelo zokulwa, namawaka asixhenxe abamahashe, namashumi omabini amawaka angumqikela. UDavide wawanqumla imisipha onke amahashe eenqwelo zokulwa, washiya kuwo aweenqwelo alikhulu.
5 Ke ama-Aram* aseDamasko eza kunceda uHadarezere ukumkani weTsobha. UDavide wabulala kuma-Aram amashumi amabini anamabini amawaka amadoda.
6 UDavide wamisa ikampu kwa-Aramdamasko. Ama-Aram aba ngabakhonzi kuDavide, azisa iminikelo. UYehova wamsindisa uDavide ezindaweni zonke awahamba kuzo.
7 Wawathabatha uDavide amakhaka egolide abekubakhonzi baka Hadarezere,
8 wawazisa eYerusalem; naseTibhati naseKun, imizi kaHadarezere, uDavide wathabatha ubhedu oluninzi kunene, olo uSolomon wenza ngalo ulwandle lobhedu, neentsika, nempahla yobhedu.
9 Weva ke uTohu ukumkani waseHamati, ukuba uDavide uyixabele yonke impi kaHadarezere ukumkani wase-
10 Tsobha, wathuma uHadoram, unyana wakhe, kukumkani uDavide, ukuba ambuze ukuphila kwakhe, amsikelele, ngenxa yokuba ebelwile noHadarezere, wameyisa (ngokuba uTohu wayengumfo obesilwa noHadarezere). Waye *uHadoram lowo ephethe* neempahla zonke
11 zegolide, nezesilivere, nezobhedu. Ukumkani uDavide wazingcwalisela kuYehova kananjalo ezo, kunye nesilivere negolide abeyithabathile ezintlangeni zonke, kumaEdom, nakumaMowabhi, nakoonyana baka-Amon, nakumaFilisti, nakuma-Amaleki.
12 UAbhishayi unyana kaTseruya wawabulala amaEdom angamawaka alishumi linesibhozo eSihlanjeni seTyuwa.
13 Wamisa ikampu kwelamaEdom; aba ngabakhonzi kuDavide onke amaEdom. UYehova wamsindisa uDavide ezindaweni zonke awahamba kuzo.
14 Waye engukumkani ke uDavide kumaSirayeli onke; waye uDavide esenza okusesikweni nobulungisa ebantwini bakhe bonke. Ke uYowabhi 15 unyana kaTseruya wayephethe umkhosi; noYehoshafati unyana ka-Ahiludi wayengumkhumbuzi wezinto zakomkhulu. UTsadoki unyana ka-Ahitu- 16 bhi, noAbhimeleki unyana ka-Abhiyatare, babengababingeleli; uShavesha wayengumbhali. UBhenaya unyana 17 kaYoyada ubephethe abancinithi nezigidimi. Oonyana bakaDavide babeyingalo yokunene kukumkani.

Imfazwe nama-Amon nama-Aram

19 Kwathi emva koko, wafa uNahashe, ukumkani woonyana baka-Amon; waba ngukumkani unyana wakhe esikhundleni sakhe. Wathi ke uDa- 2 vide, Mandimenzele inceba uHanun unyana kaNahashe, njengokuba noyise wandenzela inceba. Wathumela uDavide abathunywa bokumkhuza ngaye uyise. Beza ke abakhonzi bakaDavide ezweni loonyana baka-Amon kuHanun, ukuba bamkhuze.

Bathi abathetheli boonyana baka- 3 Amon kuHanun, Ùcinga ukuba uDavide uzukisa uyihlo na emehlweni akho, ngokuba ethume abakhuzi kuwe? Abakhonzi bakhe àbezé kuwe na ukuze baligocagoce, balibhukuqe, balihlole ilizwe? Wabathabatha uHanun aba- 4 khonzi bakaDavide, wabaguya, wazicanda phakathi iingubo zawo ezinde, wada waya kuma ngemisekela; wabandulula ke. Bahamba, bamxelela u- 5 Davide okwenziwe kuloo madoda. Wathumela bawakhawulela; ngokuba amadoda lawo ayehlazisiwe kunene. Wathi ukumkani, Hlalani eYeriko zide zihlume iindevu zenu, nandule ukubuya ke.

Babona oonyana baka-Amon, ukuba 6 bazinukisile kuDavide, bathumela ke ooHanun noonyana baka-Amon kwa-Aram* ephakathi kweMilambo,* nakwa-Aram-mahaka, naseTsobha, iwaka leetalente* zesilivere, ukuba baqeshe iinqwelo zokulwa nabamahahe. Baziqeshela 7 amashumi amathathu anamabini amawaka eenqwelo zokulwa, nokumkani

waseMahaka, nabantu bakhe; beza ke bamisa iintente phambi kweMedebha. Oonyana baka-Amon bahlanganisana, bephuma emizini yabo, beza kulwa.
8 Weva uDavide, wathuma uYowabhi,
9 enomkhosi wonke wamagorha. Baphuma oonyana baka-Amon, bakha izintlu zokulwa ekungeneni komzi, ookumkani
10 ababezile bebodwa endle. Wabona uYowabhi ukuba imfazwe ibheké kuye, ngaphambili nangasemva; wanyula emadodeni onke ahleliweyo kwaSirayeli, wakha uluhlu malunga nama-Aram.
11 Abanye abantu wabanikela esandleni sika-Abhishayi, umninawa wakhe; bakha uluhlu malunga noonyana baka-Amon.
12 Wathi, Ukuba ama-Aram athe andeyisa, wòndisiza; ukuba bathe oonyana ba-
13 ka-Amon bakweyisa, ndokusiza Yomelela, somelele ngenxa yabantu bakowethu, nangenxa yemizi yoThixo wethu; uYehova uya kwenza oko kulungileyo emehlweni akhe.

14 Wafika uYowabhi nabantu ababenaye, wema phambi kwama-Aram, eza kulwa;
15 asaba ebusweni bakhe. Babona oonyana baka-Amon ukuba asabile ama-Aram, basaba nabo ebusweni buka-Abhishayi umninawa wakhe, bangena ekhaya.
16 Waya uYowabhi eYerusalem. Abona ama-Aram ukuba agxothiwe phambi kwamaSirayeli, athuma izigidimi, awarhola ama-Aram abephesheya koMlambo,* uShofaki, umthetheli womkhosi kaHadarezere, ephambi kwawo.

17 Kwaxelwa kuDavide; wahlanganisa amaSirayeli onke, wayiwela iYordan, waya kuwo, wakha uluhlu ukuba alwe nawo. UDavide walwakha uluhlu, esiya kuwahlangabeza ama-Aram ukuba
18 alwe nawo; alwa ke naye. Asaba ama-Aram ebusweni bamaSirayeli; uDavide wabulala kuma-Aram amawaka asixhene abeenqwelo zokulwa, namashumi amané amawaka amadoda angumqikela, wabulala noShofaki, umthetheli womkhosi.
19 Babona abakhonzi bakaHadarezere ukuba bagxothiwe phambi kwamaSirayeli, baxolisana noDavide, bamkhonza. Àkavuma ama-Aram ukuba sabasiza oonyana baka-Amon.

Ukoyiswa kwama-Amon

20 Kwathi ukuvela komnyaka, ngexesha lokuphuma kookumkani, uYowabhi wayeyiphethe impi ephuma umkhosi; walonakalisa ilizwe loonyana baka-Amon, wafika wayingqinga iRabha. UDavide yena wahlala eYerusalem. UYowabhi ke wayichitha iRabha, wayitshabalalisa. UDavide wasithabatha i- 2 sithsaba sokumkani wabo entlokweni yakhe, wasifumana siyitalente* yegolide ubunzima baso, sinamatye anqabileyo; sabekwa entlokweni kaDavide. Waphuma namaxhoba aloo mzi amaninzi kunene. Ke abantu ababekhona wa- 3 barhola, wabasika ngeesarha, nangezisizilo zesinyithi, nangeempahla ezibukhali zesinyithi. Wenjenjalo uDavide kwimizi yonke yoonyana baka-Amon. Wabuya ke uDavide nabantu bonke, waya eYerusalem.

Ingxilimbela yamaFilisti

Kwathi emva koko, kwaliwa nama- 4 Filisti eGezere; wesuka uSibhekayi umHusha wambulala uSipayi, obe engowoonyana bakaRafa; oyiswa ke. Kwa- 5 buya kwaliwa namaFilisti. UElihanan unyana kaYahire wambulala uLami, umzalwana kaGoliyati waseGati, oluthi lwentshuntshe yakhe lwalungangomthi wabaluki. Kwabuya kwaliwa eGati. 6 Kwakho ndoda iyingxilimbela, eminwe neenzwane zazingamashumi amabini anané; imithandathu sandleni sinye, zintandathu lunyaweni lunye; nayo ibizalwa nguRafa. Yawangcikiva ama- 7 Sirayeli; wayibulala uYonatan, unyana kaShimeha umkhuluwa kaDavide. Abo 8 bázalwa nguRafa eGati; bawa ngesandla sikaDavide, nangesandla sabakhonzi bakhe.

Ubalo lwabantu nguDavide nesohlwayo sakhe

21 Ke kaloku uSathana* wesukela phezulu kumaSirayeli, waxhokonxa uDavide ukuba awabale amaSirayeli. Wathi ke uDavide kuYowabhi 2 nakubathetheli babantu, Khaniye, ni-

IZIKRONIKE I 21

wabale amaSirayeli, nithabathela eBhershebha, nide nise kwaDan, nilizise kum,
3 ndilazi inani lawo. Wathi uYowabhi, UYehova makalongezelele inani labantu bakhe izihlandlo ezilikhulu, kunoko bangako; kodwa, nkosi yam, kumkani, àbangabakhonzi benkosi yam bonke, yini na? Iyifunelani na le nto inkosi yam? Yini na ukuba iwazekise ityala amaSirayeli?
4 Laqinisela ilizwi lokumkani kuYowabhi. Waphuma ke uYowabhi, wahambahamba kumaSirayeli onke, weza
5 eYerusalem. UYowabhi wamnika ke uDavide inani lokubalwa kwabantu. AmaSirayeli onke aba sisigidi esinye esinamawaka alikhulu samadoda aphatha ikrele; namaYuda angamakhulu amané anamanci asixhenxe amawaka
6 amadoda aphatha ikrele. Ke abaLevi namaBhenjamin akawabalanga phakathi kwawo; ngokuba ilizwi lokumkani laye lilisikizi kuYowabhi.

7 Kwaba kubi emehlweni kaThixo ngenxa yale nto; wawohlwaya ke ama-
8 Sirayeli. Wathi uDavide kuThixo, Ndonile kunene ngale nto ndiyenzileyo; kaloku khawubukhwelelise ubugwenxa bomkhonzi wakho; ngokuba ndenzé ubudenge obukhulu.

9 Wathetha uYehova kuGadi, imboni
10 kaDavide, esithi, Yiya uthethe kuDavide, uthi, Útsho uYehova ukuthi, Ndikubekela izinto ezintathu; zinyulele ibe nye kuzo, ndiyenze kuwe.
11 Waya ke uGadi kuDavide, wathi kuye, Útsho uYehova ukuthi, Zityu-
12 mbele; nokuba yiminyaka emithathu yendlala; nokuba ziinyanga ezintathu ugxothwa ziintshaba zakho, nekrele leentshaba zakho likufikela; nokuba yimihla emithathu yekrele likaYehova, nendyikitya yokufa ezweni, isithunywa sikaYehova sisonakalisa emimandleni yonke yakwaSirayeli. Kaloku ke, yenza ilizwi endolibuyisela kondithumileyo.
13 Wathi uDavide kuGadi, Ndididekile kunene; masendisiwa esandleni sikaYehova, ngokuba ininzi imfesane yakhe; mandingaweli esandleni somntu.

UYehova wathoba ke indyikitya 14 yokufa kwaSirayeli; kwawa amashumi asixhenxe amawaka amadoda kwaSirayeli. UThixo wathuma isithunywa e- 15 Yerusalem, ukuba siyitshabalalise. Sakubona ukuba siyatshabalalisa, wabona uYehova, wazohlwaya ngenxa yobubi obo; wathi kwisithunywa eso sitshabalalisayo, Kwanele, sithobe kaloku isandla sakho. Ke kaloku isithunywa sikaYehova sema esandéni sikaOrnan umYebhusi.

UDavide wawaphakamisa amehlo a- 16 khe, wabona isithunywa sikaYehova simi phakathi komhlaba nezulu, sithe rhuthu ikrele laso ngesandla, lolulelwe phezu kweYerusalem. UDavide namadoda amakhulu, bezigubungele ngeengubo ezirhwexayo, bawa phantsi ngobuso. Wathi uDavide kuThixo, Asi- 17 ndim yini na othe mababalwe abantu? Yaba ndim ke owonileyo, ndenza ububi ukwenza oko; ke ezi zimvu zenzé ntoni na zona? Yehova Thixo wam, isandla sakho masifikele mna, nendlu kabawo, singàbi kubantu bakho, ukuba babulawe.

Sathi isithunywa sikaYehova kuGadi, 18 Makatsho kuDavide, enyuke uDavide, amisele uYehova isibingelelo esandéni sikaOrnan umYebhusi. Wenyuka u- 19 Davide ngelizwi likaGadi, awalithethayo egameni likaYehova. Wathi guququ 20 uOrnan, wasibona isithunywa; oonyana bakhe abané ababenaye bazimela; ke uOrnan wayebhula ingqolowa. Xa u- 21 Davide wayesiza kuOrnan, uOrnan wabheka wabona uDavide, waphuma esandéni, waqubuda kuDavide, ebhekise ubuso bakhe emhlabeni.

Wathi uDavide kuOrnan, Ndínike le 22 ndawo yesandá, ndimakhele uYehova khona isibingelelo; wòndinika ngenani elizeleyo, sithintelwe isibetho ebantwini. Wathi uOrnan kuDavide, Yithabathele 23 kuwe, inkosi yam ukumkani yenzé okulungileyo emehlweni ayo; khangela, ndikunika iinkomo ezi ukuba zibe ngamadini anyukayo, nempahla yokubhula ibe ziinkuni, nengqolowa ukuba ibe ngumnikelo wokudla; ndikunika konke

24 oko. Wathi ukumkani uDavide ku-Ornan, Hayi; ndiya kusithenga ngexabiso elizalisekileyo; ngokuba andiyi kumthabathela nto iyeyakho uYehova, ndinyuse amadini anyukayo endiwazuzé ngelizé.

25 UDavide wamnika uOrnan ngaloo ndawo iishekele* zegolide ezibunzima
26 bumakhulu mathandathu. Wakhela apho ke uDavide isibingelelo kuYehova, wanyusa amadini anyukayo nemibingelelo yoxolo, wanqula uYehova; waza yena wamphendula ngomlilo ovela ezulwini, phezu kwesibingelelo sedini
27 elinyukayo. Wathetha uYehova kwisithunywa, salibuyisela esingxobeni ikrele laso.
28 Ngelo xesha, akubona uDavide ukuba uYehova umphendule esandéni sika-Ornan umYebhusi, wamana ebingelela
29 khona. Ke umnquba kaYehova, awawenzayo uMoses entlango, nesibingelelo sedini elinyukayo, bezisesigangeni
30 eGibheyon ngelo xesha. UDavide ubengenakuya phambi kwawo amquqele uThixo; ngokuba ubesoyika ikrele lesithunywa sikaYehova.

Amalungiselelo kaDavide okwakha itempile

22 Wathi uDavide, Yiyo le indlu kaYehova uThixo; siso esi isibingelelo sedini elinyukayo sikaSirayeli.
2 Wathi uDavide, mabawomele kuye abasemzini abasezweni lakwaSirayeli; wamisa abaqingqi bokuqingqa amatye axholiweyo, okwakha indlu kaThixo.
3 UDavide walungisa isinyithi sasininzi sezikhonkwane zeengcango zamasango nesezibandakanyiso; nobhedu lwaluni-
4 nzi, àlwaba nakulinganiswa; nemisedare* engenakubalwa; ngokuba abase-Tsidon nabaseTire bazisa imisedare
5 yamininzi kuDavide. Wathi uDavide, USolomon unyana wam mncinane, uthambile; ke indlu eza kwakhelwa u-Yehova yeyokukhulisa, inyuse igama lakhe nodumo lwakhe emazweni onke; ngoko ke ndokha ndimlungiselele. Walungisa ke kakhulu uDavide phambi kokufa kwakhe.

Wambiza uSolomon unyana wakhe, 6 wamwisela umthetho wokuba amakhele uYehova, uThixo kaSirayeli, indlu. Wathi uDavide kuSolomon, Nyana 7 wam, ndandisithi entliziyweni yam, ndiya kulakhela igama likaYehova u-Thixo wam indlu. Ke lafika kum 8 ilizwi likaYehova, lisithi, Uphalazé igazi lalininzi, wenza iimfazwe ezinkulu; akuyi kulakhela ndlu igama lam, ngokuba uphalaze igazi elininzi ehlabathini phambi kwam. Yabona, uya kuzalelwa 9 unyana; yena uya kuba yindoda yoxolo; ndiya kumphumza ezintshabeni zakhe zonke ngeenxa zonke; ngokuba liya kuba nguSolomon* igama lakhe, ndiwanike uxolo nokuzola amaSirayeli ngeemini zakhe. Nguye oya kulakhela 10 igama lam indlu. Yena uya kuba ngunyana kum, mna ndibe nguyise kuye, ndiyizinzise itrone yobukumkani bakhe kumaSirayeli, kude kuse ephakadeni.

Kaloku, nyana wam, uYehova ma- 11 kabe nawe, ube nempumelelo, uyakhe indlu kaYehova uThixo wakho, njengoko akuthethileyo ngawe. Kodwa ke 12 uYehova makakunike ukuqiqa nokuqonda, akuwisele umthetho ngamaSirayeli, ukuba uwugcine umyalelo ka-Yehova uThixo wakho. Uya kwa- 13 ndula ukuba nempumelelo, xa uthe wakugcina ukuyenza imimiselo namasiko, awathi uYehova wamwisela u-Moses umthetho ngawo ngenxa yamaSirayeli. Yomelela ukhaliphe; musa ukoyika, ungaqhiphuki umbilini.

Uyabona, ngemigudu yam indlu ka- 14 Yehova ndiyilungisele ikhulu lamawaka eetalente zegolide,* nesigidi esinye seetalente zesilivere,* nobhedu nesinyithi, into engenakulinganiselwa ukuba ninzi kwayo; ndilungisé nemithi namatye; nawe ungóngeza kwezo zinto. Unabo bebaninzi abasebenzi bomsebe- 15 nzi, abaxholi neengcibi zamatye nezemithi, nabalumkileyo emisebenzini yonke. Igolide, nesilivere, nobhedu, ne- 16 sinyithi, yinto engenakubalwa. Suk' ume, wenze, uYehova abe nawe.

UDavide wabawisela umthetho bonke 17

abathetheli bakwaSirayeli, ukuba ba-
mncede uSolomon unyana wakhe,
18 *wathi*, Akanáni yini na uYehova u-
Thixo wenu, waniphumza ngeenxa zo-
nke? Ngokuba wabanikela esandleni
sam abemi belizwe eli; loyiswa ilizwe
eli phambi koYehova, naphambi kwa-
19 bantu bakhe. Ke ngoko zinikeleni
iintliziyo zenu nemiphefumlo yenu
ekumquqeleni uYehova uThixo wenu;
sukani nime, niyakhe ingcwele ka-
Yehova uThixo, ningenise ityeya
yomnqophiso kaYehova, neempahla
ezingcwele zikaThixo, endlwini leyo
iya kwakhelwa igama likaYehova.

*UDavide unikela uSolomon ukuba
abe ngukumkani*

23 Ke kaloku, xa uDavide wayesel'
aluphele, ehambisekile ebudaleni,
wamenza uSolomon unyana wakhe
ukumkani kumaSirayeli.

Amanani abaLevi nomsebenzi wabo

2 Wabahlanganisa bonke abathetheli
bamaSirayeli, nababingeleli, nabaLevi.
3 Babalwa abaLevi, kwathatyathelwa
kwabaminyaka imashumi mathathu be-
zelwe kwenyusa. Inani labo ngokwee-
ntloko zabo, indoda ngendoda, laba
ngamashumi amathathu anesibhozo a-
4 mawaka. Kubo aba, abokongamela
umsebenzi wendlu kaYehova baba nga-
mashumi amabini anamané amawaka;
ababhali nabagwebi bangamawaka a-
5 mathandathu. Abamasango baba nga-
mawaka amané; abadumisa uYehova
ngeempahla endazenzela ukudumisa,
watsho uDavide, baba ngamawaka ama-
6 né. UDavide wabahlula bazizahlulo
ngokoonyana bakaLevi, yanguGershon,
noKehati, noMerari.

7 KumaGershon yanguLadan noShi-
8 mehi. Oonyana bakaLadan nguYehi-
yeli omkhulu, noZetam, noYoweli;
9 bathathu. Oonyana bakaShimehi ngu-
Shelomiti, noHaziyeli, noHaran; batha-
thu. Zizo ezo iintloko zezindlu zooyise
10 zikaLadan. Oonyana bakaShimehi ngu-
Yahati. noZina, noYehushe, noBheriya.

Ngabo abo oonyana bakaShimehi; bané.
UYahati wayengomkhulu, uZiza engo- 11
wesibini; ke uYehushe noBheriya be-
bengenanyana baninzi; ngoko ke baba
ludidi olunye, babalelwa kwindlu yoyise.

Oonyana bakaKehati nguAmram, no- 12
Itsare, noHebron, noUziyeli; bané. Oo- 13
nyana baka-Amram nguAron noMoses.
UAron watwetyulelwa ukuba angcwa-
liswe abe yingcwele kangcwele, yena
noonyana bakhe, kude kuse ephakade-
ni; baqhumisèle phambi koYehova, ba-
lungiselele kuye, basikelele egameni
lakhe kude kuse ephakadeni. Ke u- 14
Moses, umfo wakwaThixo, oonyana ba-
khe babizwa ngokwesizwe sakwaLevi.
Oonyana bakaMoses nguGershom no- 15
Eliyezere. Koonyana bakaGershom 16
nguShebhuweli inkulu. Koonyana ba- 17
kaEliyezere nguRehabheya inkulu. U-
Eliyezere akabanga nanyana bambi; ke
oonyana bakaRehabheya bebebaninzi,
bagqithisela. Koonyana bakaItsare 18
nguShelomiti inkulu. Koonyana baka- 19
Hebron nguYeriya inkulu, noAmariya
owesibini, noYahaziyeli owesithathu,
noYekamam owesiné. Koonyana baka- 20
Uziyeli nguMika inkulu, noIshiya owe-
sibini.

Oonyana bakaMerari nguMali no- 21
Mushi. Oonyana bakaMali nguElazare
noKishe. Wafa uElazare engenanyana, 22
eneentombi zodwa; zazekwa ngoonyana
bakaKishe, abazalwana bazo. Oonyana 23
bakaMushi nguMali, noEdere, noYere-
moti; bathathu.

Ngabo abo oonyana bakaLevi ngo- 24
kwezindlu zooyise, iintloko zezindlu
zooyise ngokwababalwáyo kubo, ngenani
lamagama ngokweentloko zabo, besenza
imisebenzi yenkonzo yendlu kaYehova,
bethabathela kwabaminyaka imashumi
mabini bezelwe, kwenyusa. Ngokuba 25
uDavide ubesithi, UYehova, uThixo
kaSirayeli, ubaphumzile abantu bakhe;
uhleli eYerusalem kude kuse ephakade-
ni. Kananjalo ke abaLevi akusafuneki 26
ukuba bawuthwale umnquba, neempa-
hla zawo zonke zenkonzo yawo.

Ngokuba ngokwamazwi kaDavide 27
okugqibela, babalwa oonyana bakaLevi,

IZIKRONIKE I 23–24

abathabathele kwabaminyaka imashumi
28 mabini bezelwe, kwenyusa. Ngokuba ukuma kwabo kwaba ngasesandleni soonyana baka-Aron, enkonzweni yendlu kaYehova ezintendelezweni, nasemagumbini, nasekuhlanjululweni kwezinto zonke ezingcwele, nasemsebenzini we-
29 nkonzo yendlu kaThixo; owezonka ezikrozileyo, nowomgubo ocoliweyo, nowomnikelo wokudla, nowezonkana ezisicaba ezingenagwele, nowezojiweyo ngepani, nowento ekroqiweyo, nowokulinganisa konke ngokukha nangobu-
30 de; nowokuma imisó ngemisó, bebulela kuye, bemdumisa uYehova, besenje-
31 njalo nangokuhlwa; nowokunyusa onke amadini anyukayo kuYehova ngesabatha, nasekuthwaseni kwenyanga, nangamaxesha amisiweyo, ngenani ngokwesiko lazo, ngamaxesha onke, phambi ko-
32 Yehova; bagcine isigxina sentente yokuhlangana, nesigxina sengcwele, nesigxina soonyana baka-Aron, abazalwana babo, ukuba bakhonze endlwini kaYehova.

Amaqela ababingeleli oonyana baka-Aron

24 Ke oonyana baka-Aron, amaqela abo ibingala: oonyana baka-Aron nguNadabhi, noAbhihu, noElazare, no-
2 Itamare. Bafa ooNadabhi noAbhihu phambi koyise, bengenanyana; baba ngababingeleli ooElazare noItamare.
3 Wabahlula uDavide: yanguTsadoki koonyana bakaElazare, yanguAhimeleki koonyana bakaItamare, ngodidi
4 lwabo ekonzweni yabo. Bafumaneka oonyana bakaElazare bebaninzi ngokweentloko zamagorha, ngaphezu koonyana bakaItamare. Babenjenje ukubahlula: koonyana bakaElazare, iintloko zezindlu zooyise zaba lishumi elinantandathu; koonyana bakaItamare, zasibhozo ngo-
5 kwezindlu zooyise. Babahlula ngamaqashiso, aba baba naba; ngokuba abaphathi bendawo engcwele nabaphathi baka-Thixo bebengabakoonyana bakaElazare, naphakathi koonyana bakaItamare.
6 UShemaya unyana kaNataniyeli umbhali, wakubaLevi, wababhala phambi kokumkani, nabathetheli, noTsadoki umbingeleli, noAhimeleki unyana ka-Abhiyatare, neentloko zezindlu zooyise kubabingeleli nakubaLevi; indlu yoyise inye iphuma noElazare, inye iphuma noItamare.

Laphuma iqashiso lokuqala noYoya- 7
ribhi, elesibini noYidaya, elesithathu 8
noHarim, elesiné noSehorim, elesihlanu 9
noMalekiya, elesithandathu noMiyamin,
elesixhenxe noHakotse, elesibhozo no- 10
Abhiya, elesithoba noYeshuwa, eleshu- 11
mi noShekaniya, eleshumi elinanye 12
noEliyashibhi, eleshumi elinesibini no-
Yakim, eleshumi elinesithathu noHupa, 13
eleshumi elinesiné noYeshebhabhi, ele- 14
shumi elinesihlanu noBhilega, eleshumi
elinesithandathu noImere, eleshumi eli- 15
nesixhenxe noHezire, eleshumi elinesibhozo noApitsetse, eleshumi elinesi- 16
thoba noPetaya, elamashumi omabini
noYehezekeli, elamashumi omabini ana- 17
linye noYakin, elamashumi omabini
anesibini noGamuli, elamashumi oma- 18
bini anesithathu noDelaya, elamashumi
omabini anesiné noMahazeya. Lulo 19
olo udidi lwabo, lwenkonzo yabo yokungena endlwini kaYehova, ngokwesiko labo elanikwa nguAron uyise, njengoko wawisa umthetho uYehova uThixo kaSirayeli.

Ke koonyana bakaLevi abaseleyo 20
ngaba: koonyana baka-Amram nguShubhayeli; koonyana bakaShubhayeli ngu-Yedeya. NgoRehabhiya: koonyana ba- 21
kaRehabhiya, intloko nguIshiya. Ku- 22
maItsare nguShelomoti; koonyana bakaShelomoti nguYahati. Koonyana ba- 23
kaHebron nguYeriya *inkulu*, noAmariya owesibini, noYahaziyeli owesithathu, noYekamam owesiné. Oonyana baka- 24
Uziyeli nguMika; koonyana bakaMika nguShamire. Umkhuluwa kaMika ngu- 25
Ishiya; koonyana bakaIshiya nguZekariya. Oonyana bakaMerari nguMali no- 26
Mushi, oonyana bakaYahaziya unyana wakhe. Kwaoonyana bakaMerari ngoo- 27
Yahaziya unyana wakhe, noShoham, noSakure, noIbri. NgoMali kuvele 28
uElazare, ongabanga nanyana. Ngo- 29
Kishe: oonyana bakaKishe nguYerameli. Oonyana bakaMushi nguMali, no- 30
Edere, noYerimoti.

IZIKRONIKE I 24-25

Ngabo abo oonyana babaLevi, ngo-
31 kwezindlu zooyise. Babawisela amaqa-
shiso nabo kwanjengabazalwana babo,
oonyana baka-Aron, phambi koDavide
ukumkani, noTsadoki, noAhimeleki,
neentloko zezindlu zooyise zababinge-
leli nezabaLevi: iinkulu zezindlu zooyise
kwanjengabaninawa babo.

Iimvumi zetempile nabagwali

25 UDavide nabathetheli-mkhosi ba-
bahlulela inkonzo oonyana baka-
Asafu noHeman noYedutun, baprofeta
ngeehadi nangemirhubhe nangamacan-
gci. Inani lawo la madoda asebenzela
inkonzo yawo laba leli:
2 Koonyana baka-Asafu: nguZakure,
noYosefu, noNetaniya, noAsharela; oo-
nyana baka-Asafu bephethwe nguAsafu,
beprofeta, bephethwe ngokomyalelo
wokumkani.
3 KuYedutun: oonyana bakaYedutun
nguGedaliya, noTseri, noYeshaya, no-
Hashabhiya, noMatitiya, bebathanda-
thu, bephethwe nguyise uYedutun,
eprofeta ngohadi, ebulela edumisa
uYehova.
4 KuHeman: oonyana bakaHeman ngu-
Bhukiya, noMataniya, noUziyeli, no-
Shebhuweli, noYerimoti, noHananiya,
noHanani, noEliyata, noGidaleti, no-
Romamti-ezere, noYoshebhekasha, no-
5 Maloti, noHotire, noMahaziyoti. Bo-
nke aba babengoonyana kuHeman, i-
mboni yokumkani emazwini kaThixo, u-
kuba aluphakamise uphondo. UThixo
wamnika uHeman oonyana abalishumi
6 elinabané, neentombi ezintathu. Bo-
nke abo babephethwe nguyise ekuvu-
meni endlwini kaYehova, benamacan-
gci, nemirhubhe, neehadi, bekhonza
endlwini kaThixo, bephethwe ngoko-
myalelo wokumkani, noAsafu, noYedu-
tun, noHeman.
7 Inani labo kunye nabazalwana babo
ababefundiswe ukuvuma iingoma zika-
Yehova, bonke abakwaziyo, lalingama-
khulu amabini anamanci asibhozo ane-
8 sibhozo. Bawisa amaqashiso esigxina:
njengoko anjalo omncinane, wanjalo
omkhulu, okwaziyo kunye nofundiswa-
yo.

Iqashiso lokuqala laphuma ngoAsafu, 9
noYosefu: *yena, nabazalwana bakhe, noo-
nyana bakhe, baba lishumi elinababini;
iqashiso* lesibini noGedaliya: yena naba-
zalwana bakhe noonyana bakhe baba
lishumi elinababini; elesithathu no- 10
Zakure: yena noonyana bakhe nabaza-
lwana bakhe, baba lishumi elinababini;
elesiné noItseri: yena noonyana bakhe 11
nabazalwana bakhe baba lishumi elina-
babini;elesihlanunoNetaniya:yenanoo- 12
nyana bakhe nabazalwana bakhe baba
lishumi elinababini; elesithandathu no- 13
Bhukiya: yena noonyana bakhe naba-
zalwana bakhe baba lishumi elinaba-
bini; elesixhenxe noYesharela: yena noo- 14
nyana bakhe nabazalwana bakhe baba
lishumi elinababini;elesibhozo noYesha- 15
ya: yena noonyana bakhe nabazalwana
bakhe baba lishumi elinababini; elesitho- 16
ba noMataniya: yena noonyana bakhe
nabazalwana bakhe baba lishumi elina-
babini; eleshumi noShimehi: yena noo- 17
nyana bakhe nabazalwana bakhe baba
lishumi elinababini; eleshumi elinanye 18
noAzareli: yena noonyana bakhe nabaza-
lwana bakhe baba lishumi elinababini;
eleshumi elinesibini noHashabhiya: ye- 19
na noonyana bakhe nabazalwana bakhe
baba lishumi elinababini; eleshumi eline- 20
sithathu noShubhayeli: yena noonyana
bakhe nabazalwana bakhe baba lishu-
mi elinababini; eleshumi elinesiné no- 21
Matitiya: yena noonyana bakhe nabaza-
lwana bakhe baba lishumi elinababini;
eleshumi elinesihlanu noYeromoti: yena 22
noonyana bakhe nabazalwana bakhe ba-
ba lishumi elinababini; eleshumi elinesi- 23
thandathu noHananiya: yena noonyana
bakhe nabazalwana bakhe baba lishumi
elinababini; eleshumi elinesixhenxe 24
noYoshebhekasha: yena noonyana ba-
khe nabazalwana bakhe baba lishumi
elinababini; eleshumi elinesibhozo no- 25
Hanani; yena noonyana bakhe nabaza-
lwana bakhe, baba lishumi elinababini;
eleshumi elinesithoba noMaloti: yena 26
noonyana bakhe nabazalwana bakhe ba-
ba lishumi elinababini; elamashumi o- 27

mabini noEliyata: yena noonyana bakhe nabazalwana bakhe baba lishumi
28 elinababini; elamashumi omabini analinye noHotire; yena noonyana bakhe nabazalwana bakhe baba lishumi elinaba-
29 bini; elamashumi omabini anesibini noGidaleti: yena noonyana bakhe nabazalwana bakhe baba lishumi elinababini;
30 elamashumi omabini anesithathu noMahaziyoti: yena noonyana bakhe nabazalwana bakhe baba lishumi elinababini;
31 elamashumi omabini anesiné noRomamti-ezere: yena noonyana bakhe nabazalwana bakhe baba lishumi elinababini.

Iindidi zamagosa etempile

26 Ke amaqela abamasango: kumaKora yayinguMeshelemiya unyana kaKore, kubo oonyana baka-Asafu.
2 KuMeshelemiya, oonyana yayingooZekariya owamazibulo, noYediḥayeli owesibini, noZebhadiya owesithathu, no-
3 Yateniyeli owesiné, noElam owesihlanu, noYohanan owesithandathu, noEliyo-
4 henayi owesixhenxe. KuObhedi-edom, oonyana yayinguShemaya owamazibulo, noYozabhadi owesibini, noYowa owesithathu, noSakare owesiné, noNataniyeli
5 owesihlanu, noAmiyeli owesithandathu, noIsakare owesixhenxe, noPehuletayi owesibhozo; ngokuba uThixo ebemsi-
6 kelele *uObhedi-edom*. Ke nakuShemaya, unyana wakhe, kwazalwa oonyana abalawula indlu kayise; ngokuba babe-
7 ngamagorha anobukroti. Oonyana bakaShemaya ngoo-Oteni, noRafayeli, noObhedi, noElizabhadi, kunye nabazalwana bakhe, amadoda anobukroti,
8 uElihu noSemakiya. Bonke abo bakoonyana bakaObhedi-edom, bona noonyana babo, nabazalwana babo, amadoda avileyo, enamandla enkonzweni, bebengamashumi amathandathu anababini
9 kuObhedi-edom. UMeshelemiya ube enoonyana nabazalwana, amadoda ano-
10 bukroti, ilishumi elinesibhozo. KwanoHosa, wakoonyana bakaMerari, ubenoonyana: inguShimri inkulu (ngokuba waye engengowamazibulo, noko ke
11 uyise wamenza inkulu), noHilekiya owesibini, noTebhaliya owesithathu, noZekariya owesiné; bebonke oonyana nabazalwana kuHosa baba lishumi elinabathathu. Loo maqela abamasango, 12 iinkulu zamagorha, zaphathiswa izigxina kunye nabazalwana babo, ukuba balungiselele endlwini kaYehova.

Bawisa amaqashiso, ngomncinane na- 13 ngomkhulu ngokufanayo, ngokwezindlu zooyise, isango ngesango. Iqashiso eli- 14 ngasempumalanga laphuma noShelemiya. Ke uZekariya unyana wakhe, umphakathi oqiqileyo, bamwisela amaqashiso, laphuma iqashiso lakhe lilelangasentla; elikaObhedi-edom laba 15 lelangasezantsi; eloonyana bakhe laba lelovimba. ElooShupim noHosa laba 16 lelangasentshonalanga, kunye nesango leShalekete emendweni onyukayo, umlindo umalunga nomlindo. Ngase- 17 mpumalanga babebathandathu abaLevi; ngasentla bebané imihla ngemihla; ngasezantsi bebané imihla ngemihla; kovimba baba ngababini ngababini. Emaphandleni ngasentshonalanga ba- 18 bané emendweni, bababini ngaphandle. Ngawo lawo amaqela abamasango, 19 koonyana bamaKora, nakoonyana bakaMerari.

Ke abaLevi, abazalwana babo, ba- 20 phatha ubuncwane bendlu kaThixo, nobuncwane bezinto ezingcwele. Oo- 21 nyana bakaLadan, bengoonyana bamaGershon alunge kuLadan, iintloko zezindlu zooyise zakwaLadan umGershon: nguYeḥiyeli. Koonyana bakaYeḥiyeli, 22 nguZetam noYoweli umninawa wakhe abaphethe ubuncwane bendlu kaYehova. Kuma-Amram, kumaItsare, kuma- 23 Hebron, kumaUziyeli: uShebhuweli, 24 unyana kaGershom unyana kaMoses, ebeyingànga yobuncwane. Abazalwa- 25 na bakhe bakwaEliyezere nguRehabhiya unyana wakhe, noYeshaya, unyana wakhe, noYoram unyana wakhe, noZikri unyana wakhe, noShelomoti unyana wakhe.

Lo Shelomoti nabazalwana bakhe 26 baphathiswa bonke ubuncwane bezinto ezingcwele, abezingcwalisile uDavide ukumkani, neentloko zezindlu zooyise, nabathetheli bamawaka nabamakhulu, 27 nabathetheli bomkhosi. Okwemfazwe nokwamaxhoba, kwangcwaliselwa uku- 28 ba kulungise indlu kaThixo. Zonke izinto abezingcwalisile uSamuweli imboni, noSawule unyana kaKishe, noAbhinere unyana kaNere, noYowabhi unyana kaTseruya, zonke izinto abezingcwalisile nabani, zaba phantsi kwesandla sikaShelomoti nabazalwana bakhe.

29 KumaItsare, uKenaniya noonyana bakhe baphathiswa umsebenzi wanga- phandle kwaSirayeli, wababhali naba- 30 gwebi. KumaHebron, uHashabhiya nabazalwana bakhe, amakroti aliwaka elinamakhulu asixhenxe, babephethe umsebenzi wokuvelela amaSirayeli anganeno kweYordan ngasentshonalanga, emsebenzini wonke kaYehova, nasenko- 31 nzweni yokumkani. KumaHebron uYeriya ebeyintloko (kumaHebron ngokweenzalo zawo ngokooyise. Ngomnyaka wamashumi omané wobukumkani bukaDavide, kwafunwa, kwafunyanwa kuwo amagorha anabukortie Yazere 32 yaseGiliyadi). Nabazalwana bakhe, amakroti angamawaka amabini anamakhulu asixhenxe, ooyise bezindlu, uDavide ukumkani wabenza abaphathi bamaRubhen namaGadi nesiqingatha sesizwe sakwaManase, ezintweni zonke zikaThixo, nasezintweni zokumkani.

Ukucwangciswa komkhosi kaDavide

27 Oonyana bakaSirayeli ngokwenani labo, iintloko zezindlu zooyise, nabathetheli bamawaka nabamakhulu, nababhali babo, ababelungiselela kukumkani emicimbini yonke yamaqela ngamaqela: angénayo naphumayo iinyanga ngeenyanga, ezinyangeni zonke zomnyaka, liqela linye, lalingamashumi amabini anamané amawaka.

2 Iqela lokuqala ngenyanga yokuqala laliphethwe nguYashobheham unyana kaZabhediyeli; eqeleni lakhe ibingamashumi amabini anamané amawaka;
3 koonyanabakaPeretse, ibinguyeoyintloko yabathetheli bonke bemikhosi nge- 4 nyanga yokuqala. Iqela lenyanga yesi-

bini laliphethwe nguDodayi umAhowa, ingànga yeqela lakhe inguMikeloti; eqeleni lakhe ibingamashumi amabini anamané amawaka. Umthetheli wesi- 5 thathu womkhosi ngenyanga yesithathu ibinguBhenaya, unyana kaYoyada umbingeleli, eyintloko; eqeleni lakhe ibingamashumi amabini anamané amawaka. Ngulo Bhenaya waye eligorha 6 kumashumi amathathu, ephethe amashumi omathathu lawo; eqeleni lakhe inguAmizabhadi unyana wakhe. Owe- 7 siné ngenyanga yesiné ibinguAsaheli umninawa kaYowabhi, inguZebhadiya unyana wakhe emva kwakhe; eqeleni lakhe ibingamashumi amabini anamané amawaka. Owesihlanu umthetheli nge- 8 nyanga yesihlanu ibinguShamuti umIzra; eqeleni lakhe ibingamashumi amabini anamané amawaka. Owesitha- 9 ndathu ngenyanga yesithandathu ibinguIra unyana kaIkeshe, waseTekowa; eqeleni lakhe ibingamashumi amabini anamané amawaka. Owesixhenxe nge- 10 nyanga yesixhenxe ibinguHeletse umPelon, wakoonyana bakaEfrayim; eqeleni lakhe ibingamashumi amabini anamané amawaka. Owesibhozo ngenya- 11 nga yesibhozo ibinguSibhekayi umHusha, wakumaZera; eqeleni lakhe ibingamashumi amabini anamané amawaka. Owesithoba ngenyanga yesitho- 12 ba ibinguAbhiyezere waseAnatoti, wakumaBhenjamin; eqeleni lakhe ibingamashumi amabini anamané amawaka. Oweshumi ngenyanga yeshumi ibingu- 13 Maharayi umNetofa wakumaZera; eqeleni lakhe ibingamashumi amabini anamané amawaka. Oweshumi elina- 14 mnye ngenyanga yeshumi elinanye ibinguBhenaya umPiraton, wakoonyana bakaEfrayim; eqeleni lakhe ibingamashumi amabini anamané amawaka. O- 15 weshumi elinesibini ngenyanga yeshumi elinesibini ibinguHeledayi umNetofa, kaOteniyeli; eqeleni lakhe ibingamashumi amabini anamané amawaka.

Ke izizwe zakwaSirayeli zaphathwa 16 ngaba: kumaRubhen ingànga ibinguEliyezere unyana kaZikri; kumaSimon

IZIKRONIKE I 27-28

17 nguShefatiya unyana kaMahaka; kubaLevi nguHashabhiya unyana kaKemu-
18 weli; kwa-Aron nguTsadoki; kwesakwaYuda nguElihu, wakubazalwana bakaDavide; kwesakwaIsakare nguOmri u-
19 nyana kaMikayeli; kwesakwaZebhulon nguIshemaya unyana kaObhadiya; kwesakwaNafetali nguYerimoti unyana ka-
20 Azeriyeli; koonyana bakaEfrayim nguHosheya unyana ka-Azaziya; kwisiqingatha sesizwe sikaManase nguYoweli
21 unyana kaPedaya; kwisiqingatha sikaManase eGiliyadi nguIdo unyana kaZekariya; kwesakwaBhenjamin ngu-
22 Yahasiyeli unyana ka-Abhinere; kwesakwaDan nguAzareli unyana kaYeroham. Ngabo abathetheli bezizwe zakwaSirayeli.

23 UDavide akalithabathanga inani labaminyaka imashumi mabini bezelwe, nabangaphantsi; ngokuba uYehova wathi uya kuwandisa amaSirayeli njengee-
24 nkwenkwezi zezulu. UYowabhi unyana kaTseruya walinga ukubala, akagqiba; afikelwa buburhalarhume amaSirayeli ngenxa yoko; àlangeniswa inani engxelweni yemicimbi yemihla yokumkani uDavide.

25 Obephethe ubuncwane bokumkani nguAzemavete unyana ka-Adiyeli; obephethe ubuncwane obukoovimba endle, nasemizini, nasemizaneni, nasezinqabeni ezinde, nguYonatan unyana ka-
26 Uziya. Obephethe abenza umsebenzi wokulima amasimi nguEzeri unyana
27 kaKelubhi. Obephethe izidiliya nguShimehi umRama. Obephethe izisele zewayini yasezidiliyeni nguZabhedi u-
28 mShifemoti. Obephethe iminquma nemithombe ebisezintilini nguBhahalihanan, umGedere. Obephethe izisele
29 zeoli nguYowashe. Obephethe iinkomo ezidla eSharon nguShitrayi umSharon. Obephethe iinkomo ezisezintilini
30 nguShafati unyana ka-Adelayi. Obephethe iinkamela nguObhili umIshmayeli. Obephethe iimazi zamaesile ngu-
31 Yedeya umMeronoti. Obephethe impahla emfutshane nguYazizi umHagri.

Bonke abo bebengabaphathi beempahla ezizezokumkani uDavide.

32 UYonatan, uyisekazi kaDavide, ubengumphakathi, eyindoda enokuqonda, engumbhali yena. UYehiyeli unyana kaHakemon ubenoonyana bokumkani.
33 UAhitofele ubengumphakathi wokumkani. UHushayi umArki ubelikholwane lokumkani. Emveni koAhito-
34 fele ibinguYehoyada unyana kaBhenaya, noAbhiyatare. Umthetheli-mkhosi wokumkani ibinguYowabhi.

UDavide uthetha neenkokeli zabantu

28 UDavide wababizela ndawonye bonke abathetheli bamaSirayeli, abathetheli bezizwe nabathetheli bamaqela ngamaqela abalungiselela ukumkani nabathetheli-mawaka nabathethelimakhulu, namagosa empahla yonke, nabemfuyo yokumkani neyoonyana bakhe, kunye nababusi namagorha, nento yonke eligorha elinobukroti, ukuba beze eYerusalem.

2 Wesuka wema ngeenyawo uDavide ukumkani, wathi: Ndiphulaphuleni, bazalwana bam, bantu bam. Mna, kwaye kusentliziyweni yam ukuyakhela indlu yokuhlala ityeya yomnqophiso kaYehova, isihlalo seenyawo zikaThixo wethu, ndalungisela ukwakha; koko 3 uThixo wathi kum, Uze ungalakheli ndlu igama lam, ngokuba uyindoda yemfazwe, uphalazé igazi elininzi.

4 Ke wandinyula uYehova, uThixo kaSirayeli, endlwini yonke kabawo, ukuba ndibe ngukumkani kumaSirayeli ngonaphakade; ngokuba unyulé uYuda ukuba abe yingànga, endlwini kaYuda unyulé indlu kabawo, koonyana bakabawo ukholwé ndim, ukuba andenze ukumkani kumaSirayeli onke. Nakoo- 5 nyana bam bonke (ngokuba undinike oonyana abaninzi uYehova), unyulé uSolomon unyana wam, ukuba ahlale etroneni yobukumkani bukaYehova kumaSirayeli. Wathi kum, USolomon, 6 unyana wakho, nguye oya kwakha indlu yam neentendelezo zam; ngokuba ndizinyulele yena ukuba abe ngunyana

7 kum, ndibe nguyise kuye mna; ndibuzinzise ubukumkani bakhe kude kuse ephakadeni, ukuba úthe waqinisela ukuyenza imithetho yam namasiko am, njengoko kunjalo namhla.

8 Ngoko ke ndiyaniyala emehlweni amaSirayeli onke, ibandla likaYehova, nasezindlebeni zoThixo wethu: gcinani niquqele kuyo yonke imithetho kaYehova uThixo wenu, ukuze nilimé eli lizwe lihle, nilishiye libe lilifa koonyana benu emva kwenu, kude kuse ephakadeni.

9 Ke wena Solomon, nyana wam, uze umazi uThixo kayihlo, umkhonze ngentliziyo epheleleyo, nangomphefumlo ovumayo; ngokuba uYehova uyazingxoka zonke iintliziyo, akuqonde konke ukuyila kweengcinga *zabantu*. Ukuba uthe wamfuna, wófunyanwa nguwe; ukuba uthe wamshiya, wókulahla mpe-
10 la. Uze ulumke ke; ngokuba uYehova ukunyule ukuba wakhe indlu ibe yeyengcwele. Yomelela uyenze.

UDavide unikela uSolomon umlinganiso wetempile

11 UDavide wamnika uSolomon unyana wakhe isilinganiso sevaranda,* nesezindlu zayo, nesoovimba bayo, nesamagumbi ayo aphezulu, nesamagumbi ayo aphakathi, nesendlu yokucamagusa;
12 nesilinganiso seento zonke abenazo engcingeni yakhe: eseentendelezo zendlu kaYehova, nesamagumbi onke ngeenxa zonke, nesamagumbi obuncwane bendlu kaThixo, awobuncwane
13 bezinto ezingcwele; nesamaqela ababingeleli nabaLevi, nesomsebenzi wonke wenkonzo yendlu kaYehova, neseempahla zonke zenkonzo yendlu kaYehova;
14 nesezinto zegolide, ngokobunzima begolide yeempahla zonke zeenkonzo ngeenkonzo; neseempahla zonke zesilivere, ngokobunzima beempahla zonke zee-
15 nkonzo ngeenkonzo; nobunzima beziphatho zezibane zegolide, nobezibane zazo zegolide, ngokobunzima besiphatho ngesiphatho, nobezibane zazo; nobeziphatho zesilivere ngokobunzima besiphatho, nobezibane zazo, ngokwenkonzo yesiphatho ngesiphatho sezibane; negolide ngokobunzima beetafile 16 zokucwangcisa izonka, betafile ngetafile, nesilivere yeetafile zesilivere. *Wamnika* 17 *nesilinganiso* seefolokhwe, nesezitya zokutshiza, neseendebe zegolide ecocekileyo; neseendebe zegolide, ngokobunzima bendebe ngendebe neseendebe zesilivere ngokobunzima bendebe ngendebe; nesesibingelelo sesiqhumiselo segolide 18 ehluziweyo, ngokobunzima; nesilinganiso senqwelo, seekerubhi* zegolide, ezolula amaphiko azo, zisithelisa ityeya yomnqophiso kaYehova.

Yonke loo nto, *watsho uDavide,* 19 yonke imisebenzi yokulinganisa úndiqondisile ngokubhala okuvela esandleni sikaYehova, seza phezu kwam.

Wathi uDavide kuSolomon unyana 20 wakhe, Yomelela ukhaliphe, wenze. Musa ukoyika, musa ukuqhiphuka umbilini; ngokuba uYehova uThixo, uThixo wam, unawe; akayi kukuyekela, akayi kukushiya, ude uwugqibe wonke umsebenzi wenkonzo yendlu kaYehova. Nanga ke amaqela ababingeleli, nawa- 21 baLevi bomsebenzi wonke wendlu kaThixo. Banawe kuwo wonke umsebenzi, bonke abaya kubunika ngokuqhutywa yintliziyo ubulumko bomsebenzi wonke; nabathetheli nabantu bonke bowaphulaphula amazwi akho onke.

Ukunikela kwabantu ngokwesicelo sikaDavide

29 Wathi uDavide ukumkani kwibandla lonke, USolomon unyana wam, okuphela konyuliweyo nguThixo, mncinane, uthambile; ke umsebenzi mkhulu, ngokuba ibhotwe eli asilelomntu, lelikaYehova uThixo. Ke, 2 ngamandla am onke indlu kaThixo wam ndiyilungisele igolide yezinto zegolide, isilivere yezesilivere, ubhedu lwezobhedu, isinyithi sezesinyithi, imithi yezemithi, namatye ebherilo,* nafakwayo, namatye okuhombisa, naziimfakamfele, namatye onke anqabileyo,

IZIKRONIKE I 29

namatye emarmore* emhlophe, into eninzi.

3 Kananjalo ekubeni ilikholo kum indlu kaThixo wam, ndinenqobo yegolide nesilivere, endiyimisele indlu kaThixo wam, engaphandle kwayo yonke endi-
4 yilungisele indlu engcwele; amawaka amathathu eetalente zegolide* yasegolideni yakwaOfire, amawaka asixhenxe eetalente zesilivere* ehluziweyo yokwa-
5 leka iindonga zezindlu; ukuba ibe yeyezinto ngezinto zegolide, ibe yeyezinto ngezinto zesilivere, ibe yeyemisebenzi yonke yesandla seengcibi. Ngubani na ke oqhutywa yintliziyo ukuzimisela namhla kuYehova?

6 Banikela ke ngokuqhutywa yintliziyo abathetheli bezindlu zooyise, nabathetheli bezizwe zakwaSirayeli, nabathetheli bamawaka nabamakhulu, naba-
7 thetheli bomsebenzi wokumkani. Banikela kwinkozo yendlu kaThixo igolide yaziitalente ezingamawaka amahlanu needarike* ezilishumi lamawaka; nesilivere yaziitalente ezingamawaka alishumi, nobhedu lwaziitalente ezingamawaka alishumi elinesibhozo, nesinyithi sa-
8 ziitalente ezingamawaka alikhulu. Abo ke, kwàfumaneka kubo amatye *anqabileyo*, bawanikela ebuncwaneni bendlu kaYehova, esandleni sikaYehiyeli um-
9 Gershom. Bakuvuyela abantu ukunikela kwabo ngokuqhutywa yintliziyo; ngokuba banikela ngokuqhutywa yintliziyo ephelelisileyo kuYehova. Kananjalo uDavide ukumkani wavuya ngovuyo olukhulu.

Umbulelo kaDavide nokufa kwakhe

10 UDavide wambonga uYehova phambi kwebandla lonke; wathi uDavide, Mawubongwe wena, Yehova, Thixo kaSirayeli, ubawo wethu, kususela kwapha-
11 kade kude kuse ephakadeni. Bobákhò, Yehova, ubukhulu, namandla, nozuko, noloyiso, nendili. Ewe, konke okusezulwini nokusehlabathini kokwakho; bobakho, Yehova, ubukumkani; ùpha-
12 kamile wayintloko yeento zonke. Ubutyebi nozuko luvela kuwe, ulawula zonke izinto; asesandleni sakho amandla nobugorha; kusesandleni sakho ukukhulisa nokomeleza zonke izinto. Ke 13 ngoko, Thixo wethu, sinokubulela kuwe, sidumise igama lakho elibekekileyo.

Ngokuba ndingubani na mna, ba- 14 ngoobani na abantu bam, ukuba side sibe namandla okunika ngokuqhutywa yintliziyo njengoku? Ngokuba zivela kuwe zonke izinto; sikunika okuvele esandleni sakho. Ngokuba sìngaba- 15 phambukeli phambi kwakho, sìlundwendwe njengoobawo bethu bonke; injengesithunzi imihla yethu ehlabathini apha, kungekho themba lakuhlala.

Yehova Thixo wethu, yonke le 16 ngxokolo, sìyilungisele ukulakhela indlu igama lakho elingcwele, ivela esandleni sakho, yeyakho yonke. Ndiyazi, Thixo 17 wam, ukuba uyayicikida intliziyo; ukholiswa kokuthe tye. Mna ke, ekuthini tye kwentliziyo yam, ndizinike ngokuqhutywa yintliziyo zonke ezi zinto. Kaloku abantu bakho aba bakhoyo apha, ndibone ngovuyo benikela kuwe ngokuqhutywa yintliziyo. Ye- 18 hova, Thixo ka-Abraham, noIsake, noSirayeli, oobawo bethu, kúgcine ngonaphakade oko ekuyileni kweengcinga zeentliziyo zabantu bakho, uyibhekise kuwe intliziyo yabo; uSolomon unyana 19 wam umníke intliziyo ephelelisileyo, yokugcina imithetho yakho, nezingqino zakho, nemimiselo yakho, ayenze yonke, alakhe eli bhotwe ndililungiseleleyo.

Wathi uDavide kwibandla lonke, 20 Khanibonge uYehova uThixo wethu. Labonga ke ibandla lonke uYehova uThixo wooyise, bathoba, baqubuda kuYehova nakukumkani. Babingelela ku- 21 Yehova imibingelelo, banyusa amadini anyukayo kuYehova kwakusa ngengomso, iinkunzi ezintsha zeenkomo zaliwaka, iinkunzi zeegusha zaliwaka, iimvana zaliwaka, neminikelo yawo ethulu!wayo, nemibingelelo yoxolo emininzi, ngenxa yamaSirayeli onke. Badla ba- 22 sela ngaloo mini phambi koYehova ngovuyo olukhulu.

USolomon unyana kaDavide bamenza ukumkani ngokwesibini; bamthambisa phambi koYehova ukuba abe yingànga, noTsadoki abe ngumbingele- 23 li. Wahlala ke uSolomon etroneni kaYehova, engukumkani esikhundleni sikaDavide uyise, wanempumelelo; a- 24 mbeka onke amaSirayeli. Bonke abathetheli, namagorha, kwanoonyana bonke bokumkani uDavide, basilulamela 25 isandla sikaSolomon ukumkani. UYehova wamenza mkulu uSolomon, wamphakamisa emehlweni amaSirayeli onke, wamnika indili yobukumkani engabangakho kookumkani bonke bamaSirayeli ababengaphambi kwakhe.

26 Ke kaloku uDavide, unyana kaYese, waye engukumkani wamaSirayeli onke.

Imihla awaye engukumkani kumaSira- 27 yeli ibiyiminyaka emashumi mané; eHebron wayengukumkani iminyaka esixhenxe, eYerusalem wayengukumkani iminyaka emashumi mathathu anamithathu. Wafa ke, eyingwevu enkulu, 28 ehambisekile ebudaleni, enobutyebi nozuko; uSolomon, unyana wakhe, waba ngukumkani esikhundleni sakhe.

Izinto zikaDavide ukumkani, ezo- 29 kuqala nezokuphela, nanzo zibhaliwe emicimbini kaSamuweli imboni, nasemicimbini kaNatan umprofeti, nasemicimbini kaGadi imboni; kunye nobuku- 30 mkani bakhe bonke, nobugorha bakhe, nezinto ezamhlelayo yena, namaSirayeli, nezikumkani zonke zamazwe.

INCWADI YESIBINI YEZIKRONIKE

USolomon uzinyulela ubulumko; ubutyebi bakhe

1 USolomon, unyana kaDavide, womelela ebukumkanini bakhe; uYehova uThixo wakhe waba naye, wamenza mkhulu, wamphakamisa.

2 Wathetha uSolomon kumaSirayeli onke, kubatheli bamawaka nabamakhulu, nakubagwebi, kwizikhulu zonke, kumaSirayeli onke, kwiintloko zezindlu 3 zooyise. Baya ke ooSolomon nebandla lonke elo esigangeni esibe siseGibheyon; ngokuba yabe ikhona intente yokuhlangana kaThixo, awayenzayo uMoses umkhonzi kaThixo entlango.

4 Ke yona ityeya kaThixo wayeyinyusile uDavide eKiriyati-yeharim, wayisa kuloo ndawo abeyilungisele yona uDavide; ngokuba wayeyimisele intente 5 eYerusalem. Isibingelelo sobhedu, abesenzile uBhetsaleli unyana kaUri, unyana kaHuri, sasilapho phambi komnquba kaYehova; bamquqela uYehova ooSolomon nebandla *kwisibingelelo eso*, Wenyusa khona uSolomon esibingele- 6 lweni sobhedu phambi koYehova, esibe singasententeni yokuhlangana, wenyusa kuso amadini anyukayo aliwaka.

UThixo wabonakala ngobo busuku 7 kuSolomon, wathi kuye, Cela into, ndikuphe. Wathi uSolomon kuThixo, 8 Wena wenzé kuDavide ubawo inceba enkulu, wandenza ukumkani esikhundleni sakhe. Ke kaloku, Yehova 9 Thixo, malinyaniseke ilizwi lakho owalenza kuDavide ubawo; ngokuba wena undenzé ukumkani wabantu abaninzi njengothuli lomhlaba. Ndinike kaloku 10 ubulumko nokwazi, ndiphume ndingene phambi kwaba bantu; ngokuba ngubani na onokubalawula aba bantu bakho bangaka?

Wathi uThixo kuSolomon, Ngenxa 11 enokuba loo nto ibisentliziyweni yakho, akwacela ubutyebi, nenzuzo, nozuko,

nobomi beentshaba zakho; kananjalo akwacela imihla emininzi, wasuka wazicelela ubulumko nokwazi, ukuze ubalawule abantu bam, endikwenze ukumka-
12 ni kubo: ùbunikiwe ubulumko nokwazi; ndiya kukunika ubutyebi, nenzuzo, nozuko, ekungabangakho unjalo kookumkani ababephambi kwakho, ekungayi kubakho unjalo emva kwakho.
13 Wabuya ke uSolomon esigangeni esibe siseGibheyon, weza eYerusalem, esuka phambi kwentente yokuhlangana, waba ngukumkani kumaSirayeli.
14 USolomon wahlanganisa iinqwelo zokulwa namahashe akhwelwayo; waba newaka elinamakhulu amané eenqwelo zokulwa, namawaka alishumi elinamabini amahashe akhwelwayo; wazibeka emizini yeenqwelo, nakukumkani e-
15 Yerusalem. Ukumkani wayenza isilivere negolide yaninzi njengamatye eYerusalem, nemisedare* wayenza yanjengemithombe esesihlanjeni, ukuba
16 mininzi. Ukuphuma kwamahashe abengakaSolomon eYiputa, lathi igqiza labathengela ukumkani, lathabatha i-
17 gqiza lawo ngenani elithile. Baphuma nenqwelo eYiputa, bayithenga ngamakhulu amathandathu eeshekele zesilivere,* nchashe ngekhulu elinamanci mahlanu. Benjenjalo ke bona ngokwabo ukubathuthela *amahashe* ookumkani bonke bamaHeti nookumkani bama-Aram.*

Imicimbi kaSolomon ngokwakhiwa kwetempile

2 USolomon wacinga ukulakhela indlu igama likaYehova, nokubakhela indlu
2 ubukumkani bakhe. USolomon wamisa amashumi osixhenxe amawaka amadoda angabathwali, namashumi asibhozo amawaka amadoda angabaqingqi *bamatye*, nangabasebenzi bemithi, ezintabeni; nabongameli bawo abangamawaka amathathu anamakhulu mathandathu.
3 Wathumela uSolomon kuHiram ukumkani waseTire, wathi, Njengoko wakwenzayo kuDavide ubawo, wathumela kuye imisedare* yokuzakhela indlu yokuba ahlale kuyo, *yènjenjalo nakum*.
Yabona, ndilakhela indlu igama likaYe- 4 hova uThixo wam, ukuba ingcwaliselwe yena, kuqhunyiselwe phambi kwakhe isiqhumiso esiqholiweyo, kucwangciswe ngamaxesha onke ukucwangciswa kwezonka, kunyuswe amadini anyukayo kusasa nangokuhlwa, ngeesabatha, nasekuthwaseni kwenyanga, nangamaxesha amisiweyo nguYehova uThixo wethu; yeyaphakade loo nto kumaSirayeli. Indlu endiyakhayo inkulu; ngokuba 5 mkhulu uThixo wethu koothixo bonke. Ngubani na onamandla okumakhela 6 indlu; ngokuba izulu, nezulu lawo amazulu, alimlingene? Ndingubani na ke mna, ukuba ndimakhele indlu, ingába yeyokuqhumisela phambi kwakhe kodwa? Ndíthumele ke ngoko indoda 7 enobugcisa ukusebenza ngegolide, nangesilivere, nangobhedu, nangesinyithi, nangemisonto emfusa nebomvu nemsi, ekwaziyo ukukrola ndawonye nabalumkileyo abakum kwaYuda naseYerusalem, abalungiswáyo nguDavide ubawo. Ndíthumele nemisedare, nemisi- 8 pres,* nemialgumi,* evela eLebhanon; ngokuba ndiyazi mna ukuba abakhonzi bakho bayakwazi ukugawula imithi eLebhanon. Yabona abakhonzi bam bohamba nabakhonzi bakho, bandilungi- 9 sele imithi emininzi; ngokuba indlu endiyakhayo inkulu ngokubalulekileyo. Yabona ábaqingqi abo nabasebenzi be- 10 mithi, ábakhonzi bakho abo, ndobanika ingqolowa ukuba ibe kukudla, iikore* ezingamawaka angamashumi mabini, nerhasi iikore ezingamawaka angamashumi mabini, neebhate* zewayini ezingamawaka angamashumi mabini, neebhate zeoli ezingamawaka angamashumi mabini.

UHiram ukumkani waseTire wathu- 11 mela kuSolomon ngokubhala, wathi, UYehova, ngokubathanda kwakhe abantu bakhe, ukumisile ukuba ube ngukumkani kubo. Wathi uHiram, Makabongwe 12 uYehova, uThixo kaSirayeli, owenza izulu nehlabathi, omnikileyo uDavide ukumkani unyana olumkileyo, owaziyo, oqiqayo, oqondayo, oya kumakhela i-

ndlu uYehova, nendlu yobukumkani
13 bakhe. Ngoko ndithumela indoda eligcisa, eyaziyo, eqondayo, inkunkqele u-
14 Huram, unyana wentokazi yasezintombini zakwaDan. Uyise ngumfo waseTire, okwaziyo ukusebenza ngegolide, nangesilivere, nangobhedu, nangesinyithi, nangamatye, nangemithi, nangemisonto emfusa nemsi, nangelinen ecikizekileyo, nangemisonto ebomvu, nokukrola konke, nokuyila zonke iintlobo zomsebenzi awuphathisiweyo, ndawonye nezilumko zakho, nezilumko zenkosi yam,
15 uDavide uyihlo. Ingqolowa ke, nerhasi, neoli, newayini, ethethe ngazo inkosi yam, mayizithumele kubakhonzi bayo.
16 Ke thina sogawula imithi eLebhanon njengokufuna kwakho konke, siyizise kuwe eYafo ngokuyidadisa elwandle, uyinyuse wena, uyise eYerusalem.
17 USolomon wawabala onke amadoda angawasemzini, abe esezweni lamaSirayeli, emva kokubala awawabala ngako uDavide uyise; afumaneka elikhulu elinamanci amahlanu amawaka, elinesithathu samawaka, anamakhulu amathanda-
18 thu. Wamisa amashumi asixhenxe amawaka kuwo aba ngabathwali; namashumi asibhozo amawaka aba ngabasebenzi bemithi, nabaqingqi bamatye ezintabeni; namawaka amathathu anamakhulu amathandathu aba ngabongameli bokusebenzisa abantu.

Ukwakhiwa kwetempile

3 USolomon waqala ukuyakha indlu kaYehova eYerusalem, entabeni yeMoriya, apho uYehova wabonakala khona kuDavide uyise, endaweni awayilungisayo uDavide, esandéni sikaOrnan
2 umYebhusi. Waqala ukwakha ngenyanga yesibini, ngowesibini umhla, ngomnyaka wesiné wobukumkani bakhe.
3 Siso esi isiseko awasibekayo uSolomon ekuyakheni kwakhe indlu kaThixo; ubude iikubhite* ngokomlinganiso omdala bebuziikubhite ezimashumi mathandathu; ububanzi bebuziikubhite e-
4 zimashumi mabini. Ivaranda,* ebingaphambi kobude bendlu, ibiziikubhite ezimashumi mabini, ingangobubanzi bendlu, nokuphakama kwayo kwakuziikubhite ezilikhulu elinamanci mabini; wayaléka ngaphakathi ngegolide ecocekileyo. Indlu enkulu wayaléka ngemi- 5 sipres,* wayaléka ke yona ngegolide entle, wenza kuyo amasundu nezidanga. Wayivathisa indlu ngamatye anqabileyo 6 ukuyihombisa; igolide leyo ibiyigolide yaseParvayim. Wayaléka indlu, imi- 7 qadi, nemigubasi, neendonga zayo, neengcango zayo, ngegolide; wakrola iikerubhi* ezindongeni.

Wenza indlu yengcwele kangcwele: 8 ubude bayo, ngangobubanzi bendlu, bebuziikubhite ezimashumi mabini, nobubanzi bayo bebuziikubhite ezimashumi mabini; wayaléka ngegolide entle, ekwiitalente* ezimakhulu mathandathu. U- 9 bunzima bezikhonkwane bebuziishekele* ezimashumi mahlanu zegolide. Wawaleka ngegolide amagumbi aphezulu.

Wenza endlwini yengcwele kangcwele 10 iikerubhi ezimbini; zakrolwa ukusetyenzwa kwazo; wazaleka ngegolide. A- 11 maphiko eekerubhi ubude bawo bebuziikubhite ezimashumi mabini; iphiko elinye beliziikubhite ezintlanu, lada laya kufikelela eludongeni lwendlu; nelinye iphiko beliziikubhite ezintlanu, ukuya kufikelela ephikweni leyesibini ikerubhi. Iphiko lenye ikerubhi beliziikubhite ezi- 12 ntlanu, ukuya kufikelela eludongeni lwendlu; nelesibini iphiko beliziikubhite ezintlanu, ukuya kuhlangana nephiko lenye ikerubhi. Amaphiko ezo kerubhi 13 oluka iikubhite ezimashumi mabini; zema ngeenyawo, zikhangelise ubuso kuyo indlu.

Wawenza umkhusane ngemisonto e- 14 msi nemfusa nebomvu, nelinen ecikizekileyo; wenza iikerubhi kuwo. Wenza 15 phambi kwendlu iintsika zambini: zaziikubhite ezimashumi mathathu anantlanu ubude bazo; ingqukuva esemantloko azo ibiziikubhite ezintlanu. Wenza izi- 16 danga emqaleni, wazibeka emantloko eentsika; wenza ikhulu leerharnate, wazibeka ezidangeni. Wazimisa iintsika 17 phambi kwetempile, enye yangasekunene, enye yangasekhohlo; wathi igama le-

IZIKRONIKE II 3–5

yasekunene nguZinzisayo, negama leyasekhohlo nguMandlakuye.

Impahla yetempile

4 Wenza isibingelelo sobhedu: baziikubhite* ezimashumi mabini ubude baso, baziikubhite ezimashumi mabini ububanzi baso, kwaziikubhite ezilishumi ukuphakama kwaso.

2 Wenza ulwandle olutyhidiweyo: lwaziikubhite ezilishumi ukusuka kolunye udini, uye kolunye udini lwalo; lwayinqila ngeenxa zonke, lwaziikubhite ezintlanu ukuphakama kwalo; waziikubhite ezimashumi mathathu umtya ojikeleyo 3 kulo ngeenxa zonke. Yangumfuziselo wamathangazana ngaphantsi kodini ngeenxa zonke, alujikeleza ngeenxa zonke: alishumi ekubhitini, aluzunguleza ulwandle, yamibini imikrozo yamathangazana, ityhidiwe ekutyhi- 4 dweni kwalo. Ulwandle lwema phezu kweenkomo ezilishumi elinambini: ezintathu zibheke entla, ezintathu zibheke entshonalanga, ezintathu zibheke ezantsi, ezintathu zibheke empumalanga; ulwandle lubekwe phezu kwazo ngaphezulu, imiva yazo yonke isinge 5 phakathi. Ubungqingqwa balo bebungangobubanzi besandla; udini lwalo belwenziwe lwanjengodini lwendebe, lwaneentyantyambo zeenyibiba; lwaye lungena iibhate* ezimawaka mathathu.

6 Wenza izitya zokuhlambela zalishumi; wabeka zazihlanu ngasekunene, zazihlanu ngasekhohlo, ukuze kuhlanjwe kuzo, kuhlanjululwe into yomsebenzi wedini elinyukayo kuzo; ke lona ulwandle belulolokuze ababingeleli bahlambe kulo.

7 Wenza iziphatho zezibane zegolide zalishumi ngokwesiko lazo, wazimisa etempileni: zazihlanu ngasekunene, za- 8 zihlanu ngasekhohlo. Wenza iitafile ezilishumi, wazimisa etempileni: zantlanu ngasekunene, zantlanu ngasekhohlo. Wenza ikhulu lezitya zokutshiza zegolide.

9 Wenza intendelezo yababingeleli, nentendelezo enkulu, neengcango zentendelezo; wazaleka iingcango zazo ngobhedu. Walubeka ulwandle ngecala 10 lasekunene layo indlu, lwabheka ngasezantsi. UHuram wenza iimbiza, nemi- 11 hlakulwana, nezitya zokutshiza.

UHuram wagqiba ukuwenza umsebenzi, abewenzela ukumkani uSolomon endlwini kaThixo: iintsika zombini, nee- 12 mbumba, neengqukuva ezibe zisemantloko eentsika zombini, neminatha yomibini yokuzunguleza iimbumba zombini zeengqukuva, ezibe zisemantloko eentsika; neerharnate ezimakhulu mané 13 zeminatha yomibini; yamibini imikrozo yeerharnate mnatheni mnye, yokuzunguleza iimbumba ezimbini zeengqukuva, ezibe zisezintsikeni zombini. Wenza 14 iinqwelwana; wenza nezitya zokuhlambela ezinqwelwaneni. Ulwandle lwa- 15 lunye, lwaneenkomo ezilishumi elinambini ngaphantsi kwalo. Neembiza, 16 nemihlakulwana, neefolokhwe, ezo mpahla ke zonke inkunkqele uHuram wazenzela uSolomon, zizezendlu kaYehova, ngobhedu olukhazimlisiweyo.

Ukumkani wazityhidela kummandla 17 waseYordan emhlabeni oludongwe, phakathi kweSukoti neTseredata. Waze- 18 nza uSolomon zonke ezo mpahla, zaninzi kakhulu; bada ubunzima bobhedu olo ababa nakufunyanwa. Wazenza u- 19 Solomon zonke iimpahla zendlu kaThixo, nesibingelelo segolide, neetafile ebe zinezonka zokubonisa, neziphatho ezi- 20 nezibane zazo, ngegolide ethe shinyi, ukuze zivuthe ngokwesiko phambi kwendawo yezihlabo; neentyantyambo, ne- 21 zibane, nezifinyiso zegolide, yona iyigolide eyonke; nezitshetshe, nezitya zoku- 22 tshiza, neenkamba, neengcedevu zegolide ethe shinyi. Umnyango ke wendlu, iingcango zawo ezingaphakathi zengcwele kangcwele, neengcango zendlu yetempile, zaba zezegolide.

5 Wagqitywa ke wonke umsebenzi awawenzela indlu kaYehova uSolomon. USolomon wazingenisa izinto abezingcwalisile uDavide uyise, nesilive-

IZIKRONIKE II 5–6

re, negolide, nempahla yonke, wazibeka ebuncwaneni bendlu kaThixo.

Ukusiwa kwetyeya etempileni

2 Waza uSolomon wawabizela ndawonye amadoda amakhulu akwaSirayeli, neentloko zonke zezizwe, nezikhulu zezindlu zooyise zakoonyana bakaSirayeli, eYerusalem, ukuba bayinyuse ityeya yomnqophiso kaYehova emzini kaDavi-
3 de; yiZiyon ke leyo. Abizelwa ndawonye kukumkani onke amadoda akwaSirayeli emthendelekweni lowo wenyanga yesixhenxe.
4 Eza ke onke amadoda amakhulu akwaSirayeli. Bayithwala abaLevi ityeya,
5 bayinyusa ityeya, nentente yokuhlangana, neempahla zonke zengcwele, ezibe zisententeni, bazinyusa ababingeleli na-
6 baLevi. Ke ukumkani uSolomon, nebandla lonke lamaSirayeli, elibe lihlanganiselwe kuye phambi kwetyeya, babingelela impahla emfutshane neenkomo ezingenakubalwa, ezingenakulinganiswa ukuba zininzi kwazo.
7 Bayingenisa ababingeleli ityeya yomnqophiso kaYehova endaweni yayo, endaweni yezihlabo endlwini, kwegweleni kangcwele, phantsi kwamaphiko
8 eekerubhi;* ngokuba iikerubhi zaye ziwolule amaphiko phezu kwendawo yetyeya; iikerubhi zayisithelisa ityeya ne-
9 tyeya zayo ngaphezulu. Zazizide izibonda, zibonakala iincam zezibonda, zivelile etyeyeni phambi kwendawo yezihlabo, àzabonakala ngaphandle; zise-
10 khona unanamhla. Kwakungekho nto etyeyeni, yayingaloo macwecwe mabini kuphela, wawabekayo kuyo uMoses eHorebhe, oko uYehova wanqophisana noonyana bakaSirayeli ekuphumeni kwabo eYiputa.
11 Kwathi ekuphumeni kwababingeleli engcweleni (ngokuba bonke ababingeleli abafumanekáyo babezingcwalisile; aka-
12 ba nakugcinwa amaqela; nabaLevi abaziimvumi, bonke bephela bona aba, ooAsafu, noHeman, noYedutun, noonyana babo, nabazalwana babo, bambethe ilinen ecikizekileyo, benamacangci nemirhubhe neehadi, bema ngasempumalanga esibingelelweni, benekhulu elinamanci mabini lababingeleli bevuthela ngamaxilongo); kwathi ke abavutheli ba- 13 maxilongo neemvumi bavakalisa njengamntu mnye, ngazwi-nye, bedumisa, bebulela kuYehova. Bathi ke bakuphakamisa ilizwi ngamaxilongo, nangamacangci, nangeempahla zokuvuma, nangokumdumisa uYehova, besithi, Úlungile, inceba yakhe ingunaphakade: yesukaindlu yazala lilifu lendlu kaYehova; a- 14 babingeleli ababa nakuma balungiselele, ngenxa yelifu; ngokuba ubuqaqawuli bukaYehova bayizalisa indlu kaThixo.

Umthandazo kaSolomon wokunikezela itempile

6 Waza wathi uSolomon, UYehova wathi uya kuhlala esithokothokweni. Mna ke ndikwakhele indlu yokuhlala, 2 indawo yokuba uhlale ngonaphakade.

Wee guququ ukumkani ngobuso, wa- 3 lisikelela lonke ibandla lakwaSirayeli; lonke ibandla lakwaSirayeli lema. Wa- 4 thi: Makabongwe uYehova uThixo kaSirayeli, owathethayo ngomlomo wakhe kuDavide ubawo, wakuzalisa ngesandla sakhe, esithi, Kususela kwimini enda- 5 bakhuphayo abantu bam ezweni lamaYiputa, andinyulanga mzi ezizweni zonke zakwaSirayeli wokwakha indlu, yokuba igama lam libe kuyo; andinyulanga ndoda yokuba yingànga yabantu bam amaSirayeli; ndanyula iYerusalem, ukuba 6 igama lam libe khona; ndanyula uDavide ukuba abe phezu kwabantu bam amaSirayeli.

Kwaye kukho entliziyweni kaDavide 7 ubawo ukulakhela indlu igama likaYehova, uThixo kaSirayeli. Wathi uYe- 8 hova kuDavide ubawo, Ngenxa enokuba kwakukho entliziyweni yakho ukuthi ulakhele indlu igama lam, walungisa ngokuthi kubekho entliziyweni yakho oko; noko ke indlu yona ayisayi kwakhiwa nguwe. Unyana wakho ophuma esi- 9 nqeni sakho, nguye oya kulakhela indlu igama lam.

Ulimisile ke uYehova ilizwi lakhe 10

IZIKRONIKE II 6

awalithethayo; ndivelile esikhundleni sikaDavide ubawo, ndahlala etroneni yakwaSirayeli, njengoko wakuthethayo uYehova; ndalakhela indlu igama lika-
11 Yehova uThixo kaSirayeli; ndayibeka khona ityeya, apho ukhona umnqophiso kaYehova, awawenzayo noonyana bakaSirayeli.

12 Wema ke *uSolomon* phambi kwesibingelelo sikaYehova, phambi kwebandla lonke lakwaSirayeli, wazolula iza-
13 ndla zakhe (ngokuba uSolomon wayenzé itheko lobhedu, walibeka esazulwini sentendelezo, laziikubhite* ezintlanu ubude balo, iikubhite ezintlanu ububanzi balo, iikubhite ezintathu ukuphakama kwalo; wema phezu kwalo, waguqa ngamadolo phambi kwebandla lonke lamaSirayeli, wazolulela ezulwini
14 izandla zakhe); wathi: Yehova, Thixo kaSirayeli, akukho Thixo unjengawe emazulwini nasehlabathini; ùbagcinelayo umnqophiso nenceba abakhonzi bakho, abahamba phambi kwakho nge-
15 ntliziyo yabo yonke; wena umgcineleyo umkhonzi wakho uDavide ubawo oko wakuthethayo kuye, wakuthetha ngomlomo wakho, wakuzalisa ngesandla sa-
16 kho, njengoko kunjalo namhla. Kaloku, Yehova, Thixo kaSirayeli, mgcinele umkhonzi wakho, uDavide ubawo, oko wakuthethayo kuye, usithi, Ebusweni bam akuyi kunqunyukelwa ndoda yakuhlala etroneni yakwaSirayeli: ukuba kodwa bathe oonyana bakho bayigcina indlela yabo, bahamba ngomyalelo wam, njengokuba uhambile wena phambi
17 kwam. Kaloku, Yehova, Thixo kaSirayeli, makanyaniseke amazwi akho, owawathethayo kumkhonzi wakho uDavide.
18 Gxebe, uThixo ang ade ahlale nabantu emhlabeni na? Yabona izulu, izulu lawo amazulu, alikulingene; hina ke,
19 yona le ndlu ndiyakhileyo! Noko ke kúnonelele ukuthandaza komkhonzi wakho nokutarhuzisa kwakhe, Yehova Thixo wam, ukuphulaphule ukumemelela nokuthandaza athandaza ngako u-
20 mkhonzi wakho phambi kwakho; ukuba amehlo akho akhangele kule ndlu imini

nobusuku, kwindawo othe ùya kulibeka kuyo igama lakho, uphulaphule umthandazo athandaza ngawo umkhonzi wakho kule ndawo. Phulaphula ukutarhu- 21 zisa komkhonzi wakho, nabantu bakho amaSirayeli, abaya kuthandaza ngako kule ndawo; uve ke wena endaweni ohlala kuyo emazulwini, uve ke, uxolele.

Xa athe umntu wona ummelwane wa- 22 khe, wathwaliswa isifungo, wafungiswa, weza wafunga phambi kwesibingelelo sakho kule ndlu: yiva ke wena emazu- 23 lwini, wenze ugwebe kubakhonzi bakho, umbuyisele ongendawo, uyibeke indlela yakhe entlokweni yakhe; umgwebele olilungisa, umnike ngokobulungisa bakhe.

Ukuba bathe abantu bakho amaSira- 24 yeli boyiswa ziintshaba zabo kuba bekonile, baza babuya balivuma igama lakho, bathandaza, batarhuzisa phambi kwakho kule ndlu: yiva ke wena ema- 25 zulwini, usixolele isono sabantu bakho amaSirayeli, ubabuyisele emhlabeni owawunika bona nooyise.

Xa lithe izulu lavalwa, akwabakho 26 mvula kuba bekonile, baza bathandaza bekule ndawo, balivuma igama lakho, babuya esonweni sabo, ngokuba ubacinezele: yiva ke wena emazulwini, usixo- 27 lele isono sabakhonzi bakho, abantu bakho amaSirayeli, ngokuba ubafundisa indlela elungileyo abaya kuhamba ngayo, unise imvula ezweni lakho, olinike abantu bakho ukuba libe lilifa.

Xa kuthe kwabakho indlala elizweni, 28 xa kuthe kwabakho indyikitya yokufa, xa kuthe kwabakho imbabala, nexoshomba, neenkumbi ezinqunquthayo; xa zithe iintshaba zabangqinga elizweni, emizini yabo; nokuba sisiphi isibetho, nokuba sisiphi isifo esithe sabakho; uku- 29 thandaza nokutarhuzisa nokuba kukuphi, okuthe kwenziwa ngubani, nokuba ngabantu bakho bonke amaSirayeli, abathe basazi elowo isibetho sakhe, nesingqala sakhe, bazolulela kule ndlu izandla zabo; yiva ke wena emazulwini, e- 30 ndaweni ohlala kuyo, uxolele, umnike elowo ngokweendlela zakhe zonke, ngokuyazi kwakho intliziyo yakhe (ngokuba nguwe wedwa ozaziyo iintliziyo zoo-

31 nyana babantu); ukuze bakoyike, bahambe ngeendlela zakho, yonke imihla abahleli ngayo ezweni owalinika oobawo.

32 Kananjalo owolunye uhlanga, ongengowabantu bakho amaSirayeli, xa athe wavela ezweni elikude ngenxa yegama lakho elikhulu, nesandla sakho esithe nkqi, nengalo yakho eyolukileyo; beza

33 bathandaza bekule ndlu: yiva ke wena emazulwini, endaweni ohlala kuyo, wenze ngako konke athe wakunqula owolunye uhlanga, ukuze zonke izizwe zehlabathi zilazi igama lakho, zikoyike njengabantu bakho amaSirayeli, zazi ukuba le ndlu ndiyakhileyo ibizwa ngegama lakho.

34 Xa bathe abantu bakho baphuma, baya kulwa neentshaba zabo, ngendlela obathume ngayo, bathandaza kuwe, bebhekisa kulo mzi uwunyulileyo, nakule

35 ndlu ndiyakhele igama lakho: yiva ke emazulwini umthandazo wabo, nokutarhuzisa kwabo, ubagwebele.

36 Xa bathe bakona (ngokuba akukho mntu ungoniyo), waba nomsindo, wabanikela elutshabeni, bathi abathimbi babathimba, babása ezweni nokuba liku-

37 de, nokuba likufuphi; baza bakunyamekela oko ngentliziyo kwelo zwe bathinjelwe kulo, babuya batarhuzisa kuwe ezwenni lababathimbileyo, besithi, Sonile, sagwenxa, senza okungendawo;

38 babuyela kuwe ngentliziyo yabo yonke, nangomphefumlo wabo wonke, bekwelo zwe labathimbi ababathimbileyo, bathandaza, babhekisa elizweni labo owalinika ooyise, kuló mzi uwunyulileyo,

39 kule ndlu ndiyakhele igama lakho: yiva ke emazulwini, endaweni ohlala kuyo, umthandazo wabo nokutarhuzisa kwabo, ubagwebele, ubaxolele abantu bakho abakonileyo.

40 Kaloku, Thixo wam, makavuleke amehlo akho, iindlebe zakho zibazele uku-

41 thandaza okukule ndawo. Kaloku, Yehova Thixo, phakamela endaweni yokuphumla kwakho, wena netyeya yamandla akho. Ababingeleli bakho, Yehova Thixo, mabambathe usindiso, abakho bence-

42 ba bavuye ngokulungileyo. Yehova, Thixo, musa ukumlandulela umthanjiswa wakho; khumbula iinceba owazithembisa uDavide, umkhonzi wakho.

Amadini kaSolomon namadinga eNkosi

7 Ke kaloku akugqiba uSolomon ukuthandaza, umlilo wehla ezulwini, walidla idini elinyukayo nemibingelelo; ubuqaqawuli bukaYehova bayizalisa indlu. Ababingeleli ababa nakungena 2 endlwini kaYehova, ngokuba ubuqaqawuli bukaYehova bayizalisa indlu kaYehova. Bonke oonyana bakaSirayeli, 3 bakùbona ukuhla komlilo, nobuqaqawuli bukaYehova buphezu kwendlu, baguqa, babhekisa ubuso babo emhlabeni phezu kombekelelo wamatye, baqubuda, babulela kuYehova *besithi*, Ulungile, inceba yakhe ingunaphakade.

Ukumkani nabantu bonke babingelela 4 imibingelelo phambi koYehova. Wa- 5 bingelela ukumkani uSolomon umbingelelo weenkomo ezimawaka amashumi mabini anamabini, nempahla emfutshane engamawaka alikhulu elinamanci mabini.

Bayisungula indlu kaThixo ukumkani nabantu bonke. Ababingeleli bema 6 ezigxineni zabo; nabaLevi, beneempahla zokuvuma zikaYehova, awazenzayo uDavide ukumkani ukuba kubulelwe kuYehova, ngokuba ingunaphakade inceba yakhe, ekudumiseni kukaDavide ngezandla zabo. Ababingeleli bavuthela amaxilongo phambi kwabo, emi onke amaSirayeli.

USolomon wawungcwalisa umphaka- 7 thi wentendelezo ebiphambi kwendlu kaYehova; ngokuba ebenzé khona amadini anyukayo, namanqatha emibingelelo yoxolo; ngokuba isibingelelo sobhedu, awasenzayo uSolomon, besingenako ukulilingana lonke idini elinyukayo, nomnikelo wokudla, namanqatha.

USolomon wenza ke umthendeleko 8 ngelo xesha iintsuku zasixhenxe enamaSirayeli onke, ibandla elikhulu kunene, elithabathele ekungeneni kweHamati, lesa emlanjeni waseYiputa. Benza ngo- 9 mhla wesibhozo ingqungquthela; ngokuba ukusungulwa kwesibingelelo bakwenza iintsuku zasixhenxe, nomthe-

10 ndeleko iintsuku zasixhenxe. Ngomhla wamashumi mabini anantathu wenyanga yesixhenxe, wabandulula abantu; baya ezintenteni zabo bevuya, bechwayithile, ngenxa yokulunga awakwenzayo uYehova kuDavide, nakuSolomon, nakumaSirayeli abantu bakhe.

11 Wayigqiba ke uSolomon indlu kaYehova nendlu yokumkani; nento yonke ekwathi qatha entliziyweni kaSolomon ukuba ayenze, endlwini kaYehova nasendlwini yakhe, wayiphumelelisa.

12 Wabonakala uYehova kuSolomon ebusuku, wathi kuye, Ndikuvile ukuthandaza kwakho; ndizinyulele le ndawo
13 ukuba ibe yindlu yokubingelela. Ukuba ndithe ndalivala izulu, akwabakho mvula, ukuba ndithe ndaziwisela umthetho iinkumbi, ukuba zilidle ilizwe, nokuba ndithe ndathumela ebantwini
14 bam indyikitya yokufa; bathoba ke abantu bam, ábabizwa ngegama lam, bathandaza, bafuna ubuso bam, babuya ezindleleni zabo ezimbi: ndiya kuva mna emazulwini, ndibaxolele izono za-
15 bo, ndiliphilse ilizwe labo. Kaloku ovuleka amehlo am, iindlebe zam ziwu-
16 bazele umthandazo wale ndawo. Kuba ngoku ndiyinyule, ndayingcwalisa le ndlu, ukuba libe kuyo igama lam kude kuse ephakadeni, abe khona amehlo am nentliziyo yam imihla yonke.

17 Wena ke, ukuba úthe wahamba phambi kwam, njengoko wáhamba ngako uDavide uyihlo, ukuba ukwenze konke endikumiseleyo, uyigcine imimiselo
18 yam, namasiko am: ndoyimisa itrone yobukumkani bakho; njengoko ndamenzela umnqophiso ngako uDavide uyihlo, ndisithi, Akuyi kunqunyukelwa ndoda yakulawula kwaSirayeli.

19 Ke, ukuba nithe nabuya umva, nayilahla imimiselo yam nemithetho yam, endiyibeke phambi kwenu, naya nakho-
20 nza thixo bambi, nabanqula: ndobanyothula emhlabeni wam endibanike wona. Nale ndlu, ndiyingcwalisele igama lam, ndoyilahla ebusweni bam, ndiyenze umzekeliso nento yentsini phakathi kwe-
21 zizwe zonke. Nale ndlu, noko iphezulu nje, bomangaliswa bonke abadlulayo kuyo, bathi, Yini na ukuba uYehova enjenje kweli lizwe, nakule ndlu? Bathi ke, 22 Kungenxa enokuba bamshiyayo uYehova uThixo wooyise, owabakhupha ezweni lamaYiputa, babambelela thixweni bambi, babanqula, bakhonza bona; kungenxa yoko wabuzisayo bonke obu bubi phezu kwabo.

Izakhiwo zikaSolomon neminye imisebenzi yakhe

8 Kwathi ekupheleni kweminyaka emashumi mabini, abesakhé ngayo uSolomon indlu kaYehova neyakhe indlu, imizi uHiram abeyinike uSolo- 2 mon wayakha uSolomon, wababeka khona oonyana bakaSirayeli.

Waya uSolomon eHamati-tsobha, wa- 3 yeyisa. Wákha iTademore entlango, 4 nemizi yonke engoovimba, awayakhayo eHamati. Wákha neBhete-horon e- 5 ngasentla neBhete-horon engasezantsi, imizi enqatyisiweyo leyo, ineendonga neengcango nemivalo; neBhahalati, ne- 6 mizi yonke engoovimba abenayo uSolomon, nemizi yonke yeenqwelo zokulwa, nemizi yabamahashe, nokulangazelela konke kukaSolomon, awakulangazelelayo ukwakha eYerusalem, naseLebhanon, nasezweni lonke lolawulo lwakhe.

Bonke abantu abaseleyo kumaHeti, 7 nama-Amori, namaPerizi, namaHivi, namaYebhusi, ababe bengengabakwaSirayeli; koonyana babo abasala emva 8 kwabo ezweni, abo babengagqityanga ngoonyana bakaSirayeli, uSolomon wabanyula ukuba bafakwe uviko, unanamhla. Koonyana bakaSirayeli uSolomon 9 akenzanga makhoboka omsebenzi wakhe; ngokuba babengamadoda okulwa, nabathetheli bakhe, nababusi bakhe, nabathetheli beenqwelo zakhe zokulwa, nabamahashe bakhe. Abo bathetheli 10 babengabongameli awayenabo ukumkani uSolomon; bebengamakhulu amabini anamanci mahlanu, ababenobukhosi ebantwini.

Ke kaloku uSolomon wayinyusa into- 11 mbi kaFaro emzini kaDavide, wayisa

IZIKRONIKE II 8-9

endlwini abeyakhele; ngokuba ubesithi, Akayi kuhlala umfazi wam endlwini kaDavide, ukumkani wamaSirayeli; ngokuba kungcwele, apho kungené khona ityeya kaYehova.

12 Waza uSolomon wanyusa amadini anyukayo kuYehova esibingelelweni sikaYehova, abesakhele phambi kwevara-
13 nda;* ukuba kunyuswe into yemini ngangemini yayo ngokomthetho kaMoses, ngeesabatha, nasekuthwaseni kwenyanga, nangamaxesha amisiweyo, izihlandlo ezithathu ngomnyaka, emthendelekweni wezonka ezingenagwele, nasemthendelekweni weeveki, nasemthende-
14 lekweni weminqubа. Wawamisa ngokwesiko likaDavide uyise amaqela ababingeleli enkonzweni yawo; nabaLevi wabamisela ezigxineni zabo, ukuba badumise, balungiselele phambi kwababingeleli ngokwento yemini ngemini yayo, nabamasango ngokwamaqela abo kwisango ngesango; ngokuba ubunjalo umthetho kaDavide, umfo wakwaThixo.
15 Abatyeka emthethweni wokumkani ku-
16 babingeleli nakubaLevi ngemicimbi yonke nangobuncwane. Walungiswa ke wonke umsebenzi kaSolomon, kwada kwayiloo mini yasekwa ngayo indlu kaYehova, kwasa nasekugqityweni kwayo; yafezwa indlu kaYehova.

17 Waza uSolomon waya e-Etsiyon-ge-
18 bhere, nase-Eloti, elunxwemeni lolwandle ezweni lakwaEdom. UHiram wathumela kuye ngabakhonzi bakhe iinqanawa, nabakhonzi ababelwazi ulwandle; baya kunye nabakhonzi bakaSolomon e-Ofire, bathabatha khona amakhulu amané anamanci mahlanu eetalente* zegolide, bayizisa kukumkani uSolomon.

Utyelelo lokumkanikazi waseShebha; ubutyebi bukaSolomon nokufa kwakhe

9 Ke kaloku ukumkanikazi waseShebha waluva udaba lukaSolomon, weza kumlinga uSolomon ngemibuzo elukhuni eYerusalem, enesihlwele esinzima kunene, neenkamela ezithwele ubulawu, negolide eninzi, namatye anqabileyo. Weza kuSolomon, wathetha naye konke okube kusentliziyweni yakhe. USolo- 2 mon wamtyhilela onke amazwi akhe; akubangakho lizwi lifihlakeleyo kuSolomon, angàbanga nako ukumtyhilela lona. Wabubona ukumkanikazi wase- 3 Shebha ubulumko bukaSolomon, ne- 4 ndlu abeyakhile; nokudla kwetafile yakhe, neendawo zokuhlala kwabakhonzi bakhe, nokuma kwabalungiseleli bakhe nezambatho zabo, nabangcamli bakhe nezambatho zabo, nezinyuko zakhe abe enyuka ngazo ukuya endlwini kaYehova; akwaba sabakho kuqina kwamxhelo kuye.

Wathi kukumkani, Libe liyinene ili- 5 zwi endaliva ezweni lam lezinto zakho, nobulumko bakho. Andikholwanga 6 ngamazwi abo, ndada ndeza, abona amehlo am; yabona, ndibe ndingaxelelwanga nesiqingatha esi sobuninzi bobulumko bakho; ùlugqithile udaba endibe ndiluvile. Anoyolo amadoda a- 7 kho; banoyolo abakhonzi bakho, abemiyo phambi kwakho ngamaxesha onke, bebuva ubulumko bakho. Makabo- 8 ngwe uYehova uThixo wakho, okunoneleyo, wakubeka etroneni yakhe, ukuba ube ngukumkani kuYehova uThixo wakho, ngokuwathanda kukaThixo wakho amaSirayeli, ukuba awamise ngonaphakade; wakumisa waba ngukumkani kuwo, ukuba wenze okusesikweni nobulungisa.

Ukumkanikazi wanika ukumkani i- 9 khulu elinamanci amabini eetalente* zegolide, nasebulawini into eninzi kunene, namatye anqabileyo; akuzanga kube sabakho bulawu bungangobo, ukumkanikazi waseShebha wàbunika ukumkani uSolomon. Kananjalo abakhonzi baka- 10 Hiram nabakhonzi bakaSolomon, abeza negolide bevela kwaOfire, beza nemialgumi* namatye anqabileyo. Imialgu- 11 mi leyo ukumkani wayenza izinyuko zendlu kaYehova, nezendlu yokumkani, neehadi, nemirhubhe yeemvumi; akuzanga kubonwe injalo ngaphambili ezweni lakwaYuda. Ke ukumkani uSolomon 12 wamnika ukumkanikazi waseShebha konke ukuthanda kwakhe awakucelayo;

kukodwa khona awakuzisayo kukumkani. Wajika ke waya ezweni lakhe, yena nabakhonzi bakhe.

13 Ke kaloku ukulinganiswa kwegolide, eyeza kuSolomon ngamnyaka mnye, kwaba ngamakhulu amathandathu anamanci amathandathu anesithandathu
14 iitalente zegolide, iyodwa eyabarhwebi, nebiziswa ngabathengisi, neyookumkani bonke baseArabhi, neyamabamba elizwe, abezisa igolide nesilivere kuSolomon.

15 Ukumkani uSolomon wenza amakhulu amabini amakhaka egolide engumkhando; zangamakhulu amathandathu iishekele* zegolide engumkhando, awale-
16 ka ngazo khaka linye. Wenza amakhulu amathathu eengweletshetshe zegolide engumkhando; zangamakhulu amathathu iishekele zegolide, awaleka ngazo ngweletshetshe-nye. Ukumkani wazibeka endlwini yehlathi laseLebhanon.

17 Ukumkani wenza netrone enkulu ngeempondo zeendlovu, wayaléka nge-
18 golide engcwengiweyo. Itrone leyo ibinezinyuko ezithandathu; itrone leyo ibinesihlalo seenyawo segolide, ezo nto zibambene nayo; kukho iingalo ngapha nangapha kwendawo yokuhlala, kumi iingonyama ezimbini ecaleni leengalo
19 ezo; kumi iingonyama ezilishumi elinambini khona ezinyukweni ezithandathu, ngapha nangapha; akuzanga kwenziwe nto injalo ezikumkanini zonke.

20 Yonke impahla yokusela yokumkani uSolomon yabe iyeyegolide, nempahla yonke yendlu yehlathi laseLebhanon yabe iyeyegolide ethe shinyi; isilivere ibingento yakwanto ngemihla kaSolomon.

21 Ngokuba ukumkani ubeneenqanawa eziya eTarshishe ndawonye nabakhonzi bakaHiram; zeza kanye ngeminyaka emithathu iinqanawa ezo zaseTarshishe, zithwele igolide, nesilivere, neempondo zeendlovu, neentsimango, neepikoko.

22 Wakhula ke ukumkani uSolomon ngaphezu kookumkani bonke bomhlaba
23 ngobutyebi nangobulumko. Bonke ookumkani bomhlaba bafuna ubuso bukaSolomon, ukuba beve ubulumko bakhe, awayebubeke entliziyweni yakhe uThi-
24 xo. Bazisa elowo umnikelo wakhe, iimpahla zesilivere neempahla zegolide, nezambatho, nezikrweqe, nobulawu, namahashe, noondlebende, into yeminyaka ngeminyaka. USolomon wayenamawa-
25 ka amané emikhombe yezitali zamahashe neenqwelo, neshumi elinamabini amawaka amahashe akhwelwayo; wawabeka emizini yeenqwelo, nakukumkani eYerusalem. Ubelawula ookumkani bo-
26 nke, ethabathela kuwo uMlambo,* azise ezweni lamaFilisti, ezisa nasemdeni waseYiputa. Ukumkani wayenza isilivere
27 yanjengamatye eYerusalem, nemisedare* wayenza yanjengemithombe esezihlanjeni, ukuba mininzi. Bazisa ku-
28 Solomon amahashe evela eYiputa, evela emazweni onke.

Ezinye izinto zikaSolomon, ezokuqala 29 nezokugqibela, azibhalwanga na emicimbini kaNatan umprofeti, naseziprofetweni zika-Ahiya waseShilo, nasemibonweni kaIdo imboni, ngoYarobheham unyana kaNebhati? USolomon waye- 30 ngukumkani kumaSirayeli onke eYerusalem iminyaka emashumi mané. USo- 31 lomon walala kooyise, wangcwatyelwa emzini kaDavide uyise; uRehabheham, unyana wakhe, waba ngukumkani esikhundleni sakhe.

URehabheham waliwa ngamaSirayeli ukuba abe ngukumkani

10 URehabheham waya kwaShekem; ngokuba amaSirayeli onke abeye kumenza ukumkani kwaShekem.

Kwathi, akuva uYarobheham unyana kaNebhati (eseYiputa, apho wayebalekele khona ebusweni bukaSolomon ukumkani; ehleli uYarobheham eYiputa, bathumela bambiza), weza uYarobhe- 3 ham namaSirayeli onke, bathetha no-Rehabheham, besithi, Uyihlo wayenza 4 nzima idyokhwe yethu; ke wena yénze lula inkonzo elukhuni kayihlo, nedyokhwe yakhe enzima awayibeka phezu kwethu, sikukhonze. Wathi kubo, Kha- 5 nindikhwelele iintsuku zibe ntathu, nibuye nize kum. Bemka ke abantu.

IZIKRONIKE II 10-11

6 Ukumkani uRehabheham wacebisana namadoda amakhulu, abesakuma phambi koSolomon uyise oko ebesahleli, wathi, Ninika cebo lini na, ukuba ndiba-
7 nike ilizwi aba bantu? Athetha ke kuye esithi, Ukuba uthe wanobubele kwaba bantu, wabakholisa, wathetha amazwi amahle kubo, bokukhonza yonke imihla.
8 Walishiya icebo lamadoda amakhulu abemnike lona, wacebisana namadodana aziintanga zakhe, abemi phambi kwakhe.
9 Wathi kuwo, Ninika cebo lini na nina, ukuba sibanike ilizwi aba bantu bathethileyo kum, besithi. Yenze lula idyokhwe awayibeka phezu kwethu uyihlo?
10 Athetha ke naye amadodana aziintanga zakhe, esithi, Yithi kubantu abathethe kuwe, besithi, Uyihlo wayenza nzima idyokhwe yethu, yenze lula kuthi wena; yithi kubo, Ucikicane wam uya kuba
11 nesibili kunesinqe sikabawo; ke, ekubeni ubawo ubenithwalise idyokhwe enzima, mna ke ndiya kongeza edyokhweni yenu; ubawo ubenibetha ngeentsontelo, ke mna ndiya kunibetha ngeekatsi.
12 Baya ke ooYarobheham nabantu bonke kuRehabheham ngomhla wesithathu, njengoko wayethethe ngako ukumkani, esithi, Nòbuya nize kum ngo-
13 mhla wesithathu. Ukumkani wabaphendula kalukhuni; ukumkani uRehabheham walishiya icebo lamadoda amakhu-
14 lu. Wathetha kubo ngokwecebo lamadodana, esithi, Ubawo wayenza nzima idyokhwe yenu, mna ke ndiya kongeza kuyo; ubawo wanibetha ngeentsontelo, ke mna
15 *ndiya kunibetha* ngeekatsi. Akabaphulaphulanga ke abantu ukumkani; ngokuba esi siphendu sibe siphuma kuThixo, ukuze uYehova alimise ilizwi lakhe, abelithethile ngoAhiya waseShilo kuYarobheham unyana kaNebhati.
16 Akùbona ke onke amaSirayeli ukuba ukumkani akawaphulaphuli, abantu bambuyisela ukumkani ilizwi elithi, Sinasabelo sini na kuDavide? Asinalifa kunyana kaYese; elowo makaye ententeni yakhe, maSirayeli; zikhangelele ngoku indlu yakho, Davide. Aya ezintenteni
17 zawo ke amaSirayeli onke. Ke oonyana bakaSirayeli, ababehleli emizini yakwa-Yuda, uRehabheham waba ngukumkani kubo. Ukumkani uRehabheham wa- 18 thuma uAdoram, obephethe abafakwa uviko. Besuka oonyana bakaSirayeli, bamxuluba ngamatye, wafa. Ukumkani uRehabheham wakhawuleza waya kukhwela enqwelweni yakhe, ukuba asabele eYerusalem.

Akreqa ke amaSirayeli endlwini ka- 19 Davide, unanamhla.

URehabheham ulawula eYerusalem

11 Weza uRehabheham eYerusalem, wabizela ndawonye indlu yakwa-Yuda neyakwaBhenjamin, ikhulu elinamanci asibhozo amawaka amadodana okulwa imfazwe, ukuba aye kulwa nama-Sirayeli, bubuyiselwe ubukumkani ku-Rehabheham. Lafika ilizwi likaYehova 2 kuShemaya, umfo wakwaThixo, lisithi, Yitsho kuRehabheham unyana kaSolo- 3 mon, ukumkani wakwaYuda, nakumaSirayeli onke, kwaYuda nakwaBhenjamin, ukuthi, Utsho uYehova ukuthi, 4 Ize ningànyuki; ize ningàlwi nabazalwana benu. Buyani, aye elowo endlwini yakhe; ngokuba iphume kum le nto. Baliphulaphula izwi likaYehova, babuya ekuyeni kulwa noYarobheham.

Wahlala uRehabheham eYerusalem, 5 wákha imizi yokunqabisa kwaYuda. Wákha iBhetelehem, ne-Etam, neTeko- 6 wa, neBhete-tsure, neSoko, neAdulam, 7 neGati, neMaresha, neZifi, neAdora- 8, 9 yim, neLakishe, neAseka, neTsora, ne- 10 Ayalon, nowaseHebron, ekwaYuda nekwaBhenjamin, imizi enqatyisiweyo. Waziqinisa iinqaba, wabeka iingànga 11 zamadoda kuzo, noovimba bokudla neoli newayini. Nakwimizi ngemizi yonke 12 wabeka amakhaka, nezikhali; wayiqinisa kakhulu kunene. Aba kuye amaYuda namaBhenjamin.

Ababingeleli nabaLevi ababekwela- 13 kwaSirayeli lonke bathelela kuye, bevela emideni yabo yonke. Ngokuba aba- 14 Levi bawashiya amadlelo abo, nemfuyo yabo, beza kwaYuda naseYerusalem; ngokuba uYarobheham noonyana bakhe babebakhuphile, ukuba bangabi

IZIKRONIKE II 11-12

15 ngababingeleli kuYehova; wazimisela ababingeleli bezigánga, nabamaxhonti,
16 nabamathole awawenzáyo. Emva kwabo ke, ezizweni zonke zakwaSirayeli, bathi abazinikeláyo iintliziyo zabo ukumquqela uYehova uThixo kaSirayeli, beza kubingelela eYerusalem kuYeho-
17 va, uThixo wooyise. Babuzinzisa ubukumkani bukaYuda, bamomeleza uRehabheham unyana kaSolomon iminyaka emithathu; ngokuba bahamba ngendlela kaDavide noSolomon iminyaka emithathu.
18 Ke kaloku uRehabheham wazeka uMahalati, intombi kaYerimoti unyana kaDavide, noAbhihayile, intombi kaEli-
19 yabhi unyana kaYese; wamzalela oonyana: ooYehushe, noShemariya, no-
20 Zaham. Emva kwakhe wazeka uMahaka intombi ka-Abhisalom; wamzalela uAbhiya, noAtayi, noZiza, noShelomiti.
21 URehabheham wathanda uMahaka intombi ka-Abhisalom, ngaphezu kwabafazi bakhe bonke namashweshwe akhe (ngokuba ubenabafazi abalishumi elinesibhozo, namashweshwe angamashumi amathandathu; wazala oonyana abamashumi mabini anesibhozo, neento-
22 mbi ezimashumi mathandathu). URehabheham wamisa uAbhiya unyana kaMahaka, ukuba abe yinkulu, abe yingànga phakathi kwabazalwana bakhe; ngokuba *ubecinga* ukumenza ukumkani.
23 Wenza ngenqondo, wabathi saa oonyana bakhe bonke emazweni onke akwaYuda nakwaBhenjamin, emizini yonke enqatyisiweyo, wabanika ukudla okuninzi, wabafunela into eninzi yabafazi.

UShishaki, ukumkani waseYiputa, uhlasela uYuda

12 Kwathi bakubon' ukuba buzinzile ubukumkani bukaRehabheham, ákomelela, wawushiya umyalelo kaYehova, namaSirayeli onke kunye naye.
2 Kwathi, ngomnyaka wesihlanu wokumkani uRehabheham, kwenyuka uShishaki ukumkani waseYiputa, wayingenela iYerusalem, ngokuba bebemenezile
3 kuYehova; enewaka elinamakhulu amabini eenqwelo zokulwa, namawaka angamashumi omathandathu abamahashe, nabantu abangenakubalwa, abaphuma naye eYiputa, amaLubhi, namaSuki, namaKushi. Wayithimba imizi enqa- 4 tyisiweyo ekwaYuda, wafika naseYerusalem.

Weza uShemaya umprofeti kuReha- 5 bheham, nakubathetheli bakwaYuda ababehlanganisene eYerusalem ngenxa kaShishaki, wathi kubo, Utsho uYehova ukuthi, Nina nandishiya, nam ndinishiyile, *ndaninikela* esandleni sikaShishaki. Bazithoba abathetheli bamaSi- 6 rayeli nokumkani, bathi, Úlilungisa uYehova.

Akubona uYehova ukuba bazithobile, 7 lafika ilizwi likaYehova kuShemaya, lisithi, Bazithobile; andiyi kubonakalisa; ndiya kubanika ukusinda ixeshana, bungàthululelwa ubushushu bam eYerusalem ngesandla sikaShishaki. Noko 8 boba ngabakhonzi kuye, ukuze bayazi inkonzo yam, nenkonzo yezikumkani zamazwe.

Wenyuka ke ukumkani waseYiputa, 9 wafika walwa neYerusalem, wabuthabatha ubuncwane bendlu kaYehova, nobuncwane bendlu yokumkani; wabuthabatha bonke; wazithabatha iingweletshetshe zegolide awazenzayo uSolomon. Ukumkani uRehabheham wenza iingwe- 10 letshetshe zobhedu esikhundleni sazo, waziphathisa abathetheli bezigidimi, ezibe zigcina umnyango wendlu yokumkani. Ubesakuthi akungena ukumka- 11 ni endlwini kaYehova, zize izigidimi ezo ziziphéthe, zize zizibuyisele egumbini lezigidimi. Wathi akuzithoba, umsindo 12 kaYehova wabuya kuye, ukuba angàmtshabalalisi kuthi tu; kananjalo kwaYuda kwakukho izinto ezilungileyo.

Waziqinisa ukumkani uRehabheham 13 eYerusalem, waba ngukumkani; ngokuba uRehabheham ebeminyaka imashumi mané anamnye ezelwe, ukuba ngukumkani kwakhe; waba neminyaka elishumi elinesixhenxe engukumkani eYerusalem, umzi lowo wawunyulayo uYehova kwizizwe zonke zakwaSirayeli, ukuba alimise khona igama lakhe. Iga-

ma lonina belinguNahama, umAmoni-
14 kazi. Wenza okubi, ngokuba ebengayi-
bhekiselelanga intliziyo yakhe ukumqu-
qela uYehova.
15 Izinto zikaRehabheham, ezokuqala
nezokugqibela, azibhalwanga na emi-
cimbini kaShemaya umprofeti noIdo
imboni, ngokokubhalwa kwemilibo yo-
kuzalwa? Yayiziimfazwe phakathi ko-
Rehabheham noYarobheham imihla
16 yonke. URehabheham walala kooyise,
wangcwatyelwa emzini kaDavide; u-
Abhiya, unyana wakhe, waba nguku-
mkani esikhundleni sakhe.

Ulawulo luka-Abhiya

13 Ngomnyaka weshumi elinesibho-
zo wokumkani uYarobheham, u-
Abhiya waba ngukumkani kwaYuda.
2 Waba neminyaka emithathu enguku-
mkani eYerusalem. Igama lonina be-
linguMikaya, intombi kaUriyeli wase-
Gibheha.

Kwabakho imfazwe phakathi koAbhi-
3 ya noYarobheham. UAbhiya wayiqala
imfazwe ngempi yamagorha okulwa,
engamakhulu amané amawaka ahleli-
weyo; uYarobheham naye wazakha
izintlu zakhe zokulwa naye, zinga-
makhulu asibhozo amawaka ahleliweyo,
angamagorha anobukroti.
4 Wesuka wema uAbhiya entabeni ye-
Tsemarim, ekweleentaba lakwaEfrayim,
wathi, Ndiphulaphuleni, wena Yaro-
5 bheham, nani maSirayeli nonke; ani-
nakwazi na ukuba uYehova, uThixo ka-
Sirayeli, ubukumkani kumaSirayeli wa-
bunika uDavide ngonaphakade, yena
noonyana bakhe, ngomnqophiso wetyu-
6 wa? Wesuka uYarobheham unyana
kaNebhati, umkhonzi kaSolomon unya-
na kaDavide, wagwilika kwinkosi yakhe;
7 wabuthela kuye amadoda angenabuntu,
angamatshijolo, aziqinisa, amchasa u-
Rehabheham unyana kaSolomon; u-
Rehabheham engumfana ontliziyo itha-
mbileyo, engomelele phambi kwabo.
8 Ngoku ke nithi niya komelela phambi
kobukumkani bukaYehova, obusesa-
ndleni soonyana bakaDavide; niyingxo-
kolo eninzi nje, ninamathole egolide, a-
wanenzelayo uYarobheham ukuba abe
ngoothixo. Anibagxothanga yini na a- 9
babingeleli bakaYehova, oonyana baka-
Aron, nabaLevi; nazenzela ababingeleli
njengezizwe zamanye amazwe? bada
bonke abo baza kuzimisela ngenkunzi
elithole lenkomo, neenkunzi zeegusha
ezisixhenxe, benziwa ababingeleli kwa-
bangethixo.

Ke thina, nguYehova uThixo wethu: 10
asimshiyanga; ababingeleli abalungise-
lela kuYehova ngoonyana baka-Aron;
nabaLevi basemsebenzini wabo, beqhu- 11
misela kuYehova ngamadini anyukayo
imisó ngemisó, ukuhlwa ngokuhlwa, na-
ngesiqhumiso esimnandi; nokucwa-
ngcisa izonka etafileni ehlambululeki-
leyo; nesiphatho segolide, nezibane sazo
zilunyekwa ukuhlwa ngokuhlwa; ngo-
kuba thina siyasigcina isigxina sikaYe-
hova uThixo wethu; ke nina nimshiyi-
le. Niyabona, unathi eyintloko uThixo, 12
nababingeleli bakhe banathi, namaxi-
longo okuduma, ukuba anivuse. Nyana
bakaSirayeli, musani ukulwa noYehova
uThixo wooyihlo; ngokuba aniyi kuba
nampumelelo.

Ke uYarobheham wazungulezisa aba- 13
laleli, ukuba baye ngasemva kwawo;
baba ngaphambi kwamaYuda bona; a-
balaleli baba ngasemva kwawo. Abhe- 14
ka amaYuda, ayibona impi ingaphambili
nangasemva kwawo. Akhala kuYeho-
va, ababingeleli bevuthela amaxilongo;
aduma onke amadoda akwaYuda. Kwa- 15
thi ekudumeni kwamadoda akwaYuda,
wesuka uThixo wabetha kuYarobheham
namaSirayeli onke phambi koAbhiya
namaYuda. Basaba oonyana bakaSira- 16
yeli ebusweni bamaYuda; uThixo wa-
banikela esandleni sawo. UAbhiya na- 17
bantu bakhe bababulala kakhulu; kwa-
wa ababuleweyo kwaSirayeli amakhulu
amahlanu amawaka amadoda ahleli-
weyo.

Bathotywa ke oonyana bakaSirayeli 18
ngelo xesha, bakhalipha oonyana baka-
Yuda; ngokuba bayama ngoYehova u-

19 Thixo wooyise. UAbhiya wamsukela uYarobheham, wathimba kuye le mizi: iBheteli namagxamesi ayo, neYeshana namagxamesi ayo, ne-Efron namagxa-
20 mesi ayo. Akaba saba namandla uYarobheham ngemihla ka-Abhiya. UYehova wambetha wafa.
21 Waya esomelela ngokomelela uAbhiya, wazeka abafazi abalishumi elinabané, wazala oonyana abamashumi mabini anababini, neentombi ezilishumi elina-
22 ntandathu. Ezinye izinto zika-Abhiya, neendlela zakhe, namazwi akhe, abhalwe ezincwadini zamabali omprofeti uIdo.

Ulawulo luka-Asa

14 UAbhiya walala kooyise; bamngcwabela emzini kaDavide; ke uAsa unyana wakhe waba ngukumkani esikhundleni sakhe. Ngemihla yakhe ilizwe lazola iminyaka yalishumi.
2 UAsa wenza okulungileyo nokuthe tye emehlweni kaYehova uThixo wakhe.
3 Wazisusa izibingelelo nezigánga *zezithixo* zolunye uhlanga; waziqhekeza izimiso zamatye, wabagawula ooAshera.*
4 Wathi kumaYuda makamquqele uYehova, uThixo wooyise, awenze umyale-
5 lo nomthetho. Wazisusa ke emizini yonke yakwaYuda izigánga, neentsika zelanga; bazola ubukumkani phambi kwa-
6 khe. Wákha imizi enqatyisiweyo kwaYuda; ngokuba ilizwe belizolile, kungekho mfazwe ayilwayo ngaloo minyaka; ngokuba uYehova wayemphumzile.
7 Wathi ke kumaYuda, Masiyakhe le mizi, siyijikeleze ngeendonga neenqaba ezinde, senze iingcango nemivalo, lisephambi kwethu nje ilizwe; ngokuba simquqele uYehova uThixo wethu samquqela, wasiphumza ke ngeenxa zonke. Bayakha baba nempumelelo.
8 Ke kaloku uAsa wayenempi ephatha amakhaka nezikhali: kwaYuda ingamakhulu amathathu amawaka; nakwaBhenjamin, abaphatha iingweletshetshe nabatyeda izaphetha babengamakhulu, amabini anamanci asibhozo amawaka. Bonke abo babengamagorha anobukroti.

Kwaphuma kwaza kulwa nabo uZera 9 umKushi, enempi eliwaka lamawaka, neenqwelo zokulwa ezimakhulu mathathu; wada weza eMaresha. Wa- 10 phuma uAsa esiya kumhlangabeza, bákha izintlu emfuleni weTsefata eMaresha. UAsa wabiza kuYehova uThixo 11 wakhe, wathi, Yehova, akukho bani ingenguwe onokunceda phakathi konamandla nongenawo. Síncede, Yehova, Thixo wethu; ngokuba sayamé ngawe, sizé kule ngxokolo egameni lakho. Yehova, ùnguThixo wethu, makangabi namandla umntu okumelana nawe. U- 12 Yehova wawaxabela amaKushi phambi koAsa, naphambi kwamaYuda; asaba ke amaKushi.

UAsa nabantu ababenaye bawasukela, 13 bada besa eGerare; oyiswa amaKushi ngokokude angabi nakubuya aphethule; ngokuba aqotywa phambi koYehova, naphambi komkhosi wakhe; bemka nexhoba elininzi kunene. Bayingenela yonke 14 imizi ngeenxa zonke eGerare; ngokuba yafikelwa kukunkwantyiswa nguYehova. Bayiphanga yonke imizi; ngokuba amaxhoba ayemaninzi kuyo. Batshaba- 15 lalisa neentente zemfuyo, bathimba impahla emfutshane yaninzi, neenkamela; babuya ke baya eYerusalem.

15 UMoya kaThixo wamfikela uAzariya, unyana kaOdede. Waphuma, esiya kukhawulela uAsa, wathi kuye, 2 Ndiphulaphuleni, Asa, nani nonke maYuda namaBhenjamin; uYehova unáni ekubeni ninaye; ukuba nithe namquqela, nomfumana; ukuba nithe namshiya, wonishiya nani. AmaSirayeli aye- 3 nemihla emininzi engenaThixo wenyaniso, engenambingeleli uyalayo, engenamthetho. Ke athi ekubandezelekeni 4 kwawo, akubuyela kuYehova, uThixo kaSirayeli, ukuba amquqele, amfumana. Ngaloo maxesha kwakungekho luxolo 5 kophumayo nakongenayo, zaba ziziphithiphithi ezikhulu kubemi bonke bamazwe. Uhlanga lwaqotywa luhlanga, 6 umzi ngumzi; ngokuba uThixo wabadubaduba ngeembandezelo zonke. Ke 7

IZIKRONIKE II 15–16

nina yomelelani; mazingawi izandla zenu; ngokuba umsebenzi wenu unomvuzo.

8 Wathi uAsa, akuweva loo mazwi nesiprofeto sikaOdede umprofeti, womelela, wazikhwelelisa zonke izinto ezinezothe ezweni lonke lakwaYuda nelakwaBhenjamin, nasemizini abeyithimbile kweleentaba lakwaEfrayim; wasihlaziya isibingelelo sikaYehova, esiphambi kwe-
9 varanda* kaYehova. Wawahlanganisa onke amaYuda namaBhenjamin nabasemzini ababekuwo, bakwaEfrayim, nabakwaManase, nabakwaSimon; ngokuba bagalela kuye abakwaSirayeli babaninzi, bakubona ukuba uYehova uThixo wakhe unaye.
10 Babuthelana ke eYerusalem ngenyanga yesithathu, ngomnyaka weshumi eli-
11 nesihlanu wobukumkani buka-Asa, babingelela kuYehova ngaloo mhla, bethabatha kumaxhoba ababeze nawo: amakhulu asixhenxe eenkomo, namawaka
12 asixhenxe empahla emfutshane. Benza umnqophiso wokumquqela uYehova, uThixo wooyise, ngentliziyo yabo yonke, nangomphefumlo wabo wonke; *bathi*,
13 Bonke abasukuba bengamquqeli uYehova, uThixo kaSirayeli, mababulawe, kuthabathele komncinane kuse komkhulu; kuthabathele kwindoda kuse kwinkaza-
14 na. Bafunga kuYehova ngezwi elikhulu, nangokuduma, nangamaxilongo, nange-
15 zigodlo. Asivuyela onke amaYuda isifungo eso; ngokuba afunga ngentliziyo yawo yonke, amquqela ngemvume yawo yonke, amfumana; uYehova wawaphumza ngeenxa zonke.
16 Kananjalo ukumkani wamguzula uMahaka unina, ukuba angabi saba yinkosikazi; ngokokuba wayemenzele uAshera* isithixo esilisikizi. Waza uAsa wasixhaxha isithixo sakhe, wasithi vithivithi, wasitshisa emlanjaneni oyiKidron.
17 Ke izigánga àzisuswanga kwaSirayeli; kodwa yona intliziyo ka-Asa yabe igqi-
18 belele yonke imihla yakhe. Wazingenisa izinto ezingcwele zikayise, nezinto zakhe ezingcwele, endlwini kaThixo, isilivere, negolide, nempahla.
19 Akwaba sabakho mfazwe, kwada kwa-

ba ngumnyaka wamashumi amathathu anesihlanu wobukumkani buka-Asa.

16 Ngomnyaka wamashumi omathathu anesithandathu wobukumkani buka-Asa, wenyuka uBhahesha ukumkani wamaSirayeli, esiza kulwa namaYuda; wayakha iRama, ukuze angavumi ukuba kuphume bani aye kuAsa ukumkani wakwaYuda.

Wayirhola ke uAsa isilivere negolide 2 ebuncwaneni bendlu kaYehova, nobendlu yokumkani, wazithumela kuBhenhadade ukumkani wama-Aram,* ohleli eDamasko, esithi, Kukho umnqophiso 3 phakathi kwam nawe, phakathi kobawo noyihlo; nanko ndikuthumele isilivere negolide; yiya uwaphule umnqophiso wakho noBhahesha ukumkani wamaSirayeli, ukuba emke kum. UBhen-ha-4 dade wamphulaphula ukumkani uAsa, wathumela abathetheli bempi abenabo emizini yakwaSirayeli, wayithimba iIyon, nowakwaDan, neAbhele-mayim, nemizi yonke engoovimba yakwaNafetali.

Kwathi, akuva uBhahesha, wayeka 5 ukuyakha iRama, wawuyeka umsebenzi wakhe. UAsa ukumkani wawathaba-6 tha onke amaYuda; awasusa amatye eRama, nemithi yayo, awayesakha ngayo uBhahesha; wákha ke ngayo iGebha neMizpa.

Ngelo xesha uHanani, imboni, weza 7 kuAsa, ukumkani wamaYuda, wathi kuye, Ekubeni wayama kukumkani wamaAram, akwayama kuYehova uThixo wakho, ngoko ke iphulukile esandleni sakho impi yokumkani wama-Aram. Ama-8 Kushi namaLubhi abengeyeyona impi ininzi, enento eninzi kunene yeenqwelo zokulwa nabamahashe? Ukanti ngokuba wayama kuYehova, anikelwa esandleni sakho. Ngokuba uYehova, a-9 mehlo akhe asingasinga ehlabathini lonke, ukuba azomelezele abantliziyo ziphelele kuye. Wenza ubudenge ngalento; ngokuba kususela ngoku wòba neemfazwe.

UAsa wayiqumbela imboni leyo, wa-10 yifaka endlwini yesitokisi;* ngokuba wayeyijalele ngale nto. UAsa wayicinezela inxenye yabantu ngelo xesha.

11 Yabona, izinto zika-Asa, ezokuqala nezokugqibela, nanzo zibhaliwe encwadini yookumkani bakwaYuda nabakwaSira-
12 yeli. Ngomnyaka wamashumi omathathu anesithoba wobukumkani bakhe, uAsa wayesifa ziinyawo, sada senyuka isifo sakhe; kananjalo esifeni sakhe akamquqelanga uYehova, waquqela ama-
13 gqirha. UAsa walala kooyise; wafa ngomnyaka wamashumi omané anamnye
14 wobukumkani bakhe. Bamngcwabela engcwabeni lakhe, awazimbelayo emzini kaDavide, bamlalisa esililini esizele bubulawu, iintlobo ngeentlobo, ezenziwe ubuqholo ngobugcisa babaqholi; bamenzela ibaso elikhulu kunene.

Ulawulo lukaYehoshafati

17 UYehoshafati, unyana wakhe, waba ngukumkani esikhundleni sakhe; womelela, wawachasa amaSirayeli.
2 Wabeka imikhosi emizini yonke enqatyisiweyo yakwaYuda, wamisa iikampu elizweni lakwaYuda, nasemizini yakwaEfrayim, awayithimbayo uAsa uyise.
3 UYehova waba noYehoshafati; ngokuba wahamba ngeendlela zikaDavide uyise, ezokuqala zona; akabaquqela ooBhaha-
4 li;* ke waquqela uThixo kayise, wahamba ngemithetho yakhe; akahamba
5 ngezenzo zakwaSirayeli. UYehova wabuzinzisa ubukumkani bakhe esandleni sakhe; onke amaYuda azisa iminikelo kuYehoshafati; waba nobutyebi nozuko
6 ngokukhulu. Yaphakama intliziyo yakhe ezindleleni zikaYehova; kananjalo wazisusa izigánga nooAshera* kwaYuda.
7 Ngomnyaka wesithathu wokuba ngukumkani kwakhe, wabathumela abathetheli bakhe, uBhen-hayile, no-Obhadiya, noZekariya, noNataniyeli, noMikaya, ukuba bafundise emizini yakwaYuda;
8 benabaLevi, uShemaya, noNetaniya, noZebhadiya, noAsaheli, noShemiramoti, noYehonatan, noAdoniya, noTobhiya, noTobhadoniya, abaLevi ke abo; benoElishama noYehoram ababingeleli.

Bafundisa ke kwaYuda, benencwadi yo- 9 myalelo kaYehova, bayijikeleza imizi yonke yakwaYuda, bebafundisa abantu.

Zonke izikumkani zamazwe ajikelezé 10 amaYuda zangenelwa kukoyika uYehova, àzalwá noYehoshafati. Nakuma- 11 Filisti babekho abazisa iminikelo nemithwalo kuYehoshafati yesilivere; kananjalo ama-Arabhi ázisa kuye impahla emfutshane, amawaka asixhenxe anamakhulu asixhenxe eenkunzi zeegusha, namawaka asixhenxe anamakhulu asixhenxe eenkunzi zeebhokhwe.

UYehoshafati waya eba mkhulu ngo- 12 kuba mkhulu, wada wenyuka wákha kwaYuda iinqaba nemizi engoovimba. Waye enempahla eninzi emizini yakwa- 13 Yuda; wayenamadoda okulwa, amagorha anobukroti, eYerusalem. Kuko oku 14 ukulandelana kwawo ngokwezindlu zooyise: kwaYuda abathetheli bamawaka nguAdena umthetheli, enamakhulu amathathu amawaka amagorha anobukroti; nganeno kwakhe nguYehohanan 15 umthetheli, enamakhulu amabini anamanci asibhozo amawaka; nganeno 16 kwakhe nguAmasiya unyana kaZikri, owazinikela kuYehova ngokuqhutywa yintliziyo, enamakhulu amabini amawaka amagorha anobukroti. KumaBhen- 17 jamin nguEliyada, igorha elinobukroti, enamakhulu amabini amawaka axhobe izaphetha neengweletshetshe; nganeno 18 kwakhe nguYozabhadi, enekhulu elinamanci asibhozo amawaka axhobele imfazwe. Ngabo abo babekhonza kuku- 19 mkani; bebodwa abamisiweyo ngukumkani emizini enqatyisiweyo kwelakwaYuda lonke.

18 Ke uYehoshafati ube enobutyebi nozuko ngokukhulu, wazekelana noAhabhi. Wehla ekupheleni kweminyaka ethile, waya kuAhabhi kwaSamari. 2 UAhabhi wamxhelela impahla emfutshane neenkomo ezininzi, waxhelela nabantu abenabo, wamcenga ukuba anyuke naye aye eRamoti yaseGiliyadi. Wathi 3 uAhabhi ukumkani wakwaSirayeli kuYehoshafati ukumkani wakwaYuda, Wòhamba na nam, siye kulwa neRamo-

ti yaseGiliyadi? Wathi kuye, Ndinjengawe, abantu bam banjengabantu ba-4 kho; soya nawe ekulweni. Wathi u-Yehoshafati kukumkani wakwaSirayeli, Khawubuzise elanamhla ilizwi likaYehova.

5 Wabahlanganisa ke ukumkani wakwaSirayeli abaprofeti, amakhulu amane amadoda, wathi kubo, Siye kulwa na neRamoti yaseGiliyadi, ndiyeke, kusini na? Bathi, Nyuka, uThixo wóyinikela 6 esandleni sokumkani. Wathi uYehoshafati, Akusekho mprofeti kaYehova na 7 apha, sibuzise kuye? Wathi ukumkani wakwaSirayeli kuYehoshafati, Kusekho indoda enye esingabuzisa ngayo kuYehova, ke mna ndiyithiyile; ngokuba ayiprofeti okulungileyo ngam, iprofeta okubi imihla yayo yonke; nguMikaya, unyana kaImla. Wathi uYehoshafati, 8 Makangatsho ukumkani. Waza ukumkani wakwaSirayeli wabiza umbusi, wathi, Khawuleziza uMikaya unyana kaImla, eze apha.

9 Ke ukumkani wakwaSirayeli noYehoshafati ukumkani wakwaYuda babehleli elowo etroneni yakhe, bambethe iingubo zabo, behleli ebaleni, ekungeneni esangweni lakwaSamari; bonke aba-10 profeti beprofeta phambi kwabo. Ke uZedekiya, unyana kaKenahana, wazenzela iimpondo zesinyithi, wathi, Utsho uYehova ukuthi, Úya kuwangqula ngazo ezi ama-Aram,* ude uwagqibe.
11 Bonke abaprofeti benjenjalo ukuprofeta, besithi, Nyuka uye eRamoti yaseGiliyadi, ube nempumelelo; uYehova uya kuyinikela esandleni sokumkani.

12 Ke umthunywa obeye kubiza uMikaya, wathetha kuye esithi, Khawubone, amazwi abaprofeti athetha okuhle ngamlomo mnye kukumkani; ilizwi lakho makhe libe njengelabo, uthethe okuhle.
13 Wathi uMikaya, Ehleli nje uYehova, athe wakuthetha uThixo wam, ndothetha kona.

14 Wafika kukumkani; wathi ukumkani kuye, Mikaya, siye na eRamoti yaseGiliyadi ukuba silwe, ndiyeke, kusini na? Wathi, Nyuka ube nempumelelo;
15 baya kunikelwa esandleni senu. Wathi ukumkani kuye, Makube zizihlandlo ezingaphi na ndikufungisa, ukuba ungàthethi nto kum, ingeyiyo nyaniso egameni likaYehova? Wathi yena, Ndibo- 16 né amaSirayeli onke elusali ezintabeni, njengempahla emfutshane engenamalusi. Wathi uYehova, Àbanankosi, mababuyele elowo endlwini yakhe enoxolo. Wathi ukumkani wakwaSirayeli kuYe- 17 hoshafati, Bendingatshongo na kuwe ukuthi, akayi kuprofeta okuhle ngam, koba kokubi?

Wathi yena, Ngako oko, liveni ilizwi 18 likaYehova: Ndimbonile uYehova ehleli etroneni yakhe, umi wonke umkhosi wasemazulwini ngasekunene kwakhe nangasekhohlo kwakhe. Wathi uYehova, 19 Ngubani na oya kulukuhla uAhabhi, ukumkani wamaSirayeli, enyuke aye awe eRamoti yaseGiliyadi? Wejenje lo ukuthetha, wenjenje lo ukuthetha. Waphuma ke umoya, wema phambi ko- 20 Yehova, wathi, Ndomlukuhla mna. Wathi uYehova kuwo, Ngantoni na? 21 Wathi wona, Ndophuma ndiye, ndibe ngumoya wobuxoki emlonyeni wabaprofeti bakhe bonke. Wathi *yena*, Mlukuhle ufeze; phuma uye, wenjenjalo. Uyabona kaloku uYehova ungenisé 22 umoya wobuxoki emlonyeni wabo baprofeti bakho; uYehova uthethé okubi ngawe.

Wesuka uZedekiya, unyana kaKena- 23 hana, wafika wambetha uMikaya esidleleni, wathi, Úgqithe ngayiphi na indlela uMoya kaYehova ukumka kum, ukuba aye kuthetha nawe? Wathi uMikaya, 24 Khangela, ùya kubona ngaloo mini, ùya kuza uthungele amagumbi, uzímela.

Wathi ukumkani wakwaSirayeli, 25 Mthabatheni uMikaya, nibuye naye, nimse kuAmoni umphathi womzi, nakuYowashe unyana wokumkani. Nithi, 26 Utsho ukumkani ukuthi, Mfakeni entolongweni lo, nimdlise isonka soxiniweyo, namanzi oxiniweyo, ndide ndibuye ndinoxolo. Wathi uMikaya, Ukuba u- 27 the wabuya wabuya unoxolo, woba uYehova akathethanga ngam. Wathi, Yivani nonke, zizwe ziphela.

Wenyuka ke ukumkani wakwaSira- 28

IZIKRONIKE II 18–20

yeli noYehoshafati, ukumkani wakwa-
29 Yuda, baya eRamoti yaseGiliyadi. Wathi ukumkani wakwaSirayeli kuYehoshafati, Ndiya kuzenza mntu wumbi, ndingene ekulweni; yambatha iingubo zakho wena. Wazenza mntu wumbi ukumkani wakwaSirayeli, bangena eku-
30 lweni. Ke ukumkani wakwa-Aram wabawisela umthetho abathetheli beenqwelo zokulwa abenazo, wathi, Ize ningalwi nomncinane, nomkhulu; yilwani nokumkani wakwaSirayeli yedwa.
31 Kwathi, bakumbona uYehoshafati abathetheli beenqwelo zokulwa, bathi bona, Ngukumkani wakwaSirayeli; bamrhawula, beza kulwa naye. Wakhala uYehoshafati; uYehova wamnceda, uThixo
32 wabasonga kuye. Kwathi bakubona abathetheli beenqwelo zokulwa, ukuba àsingukumkani wakwaSirayeli, babuya ekumsukeleni.
33 Wathi umntu watyeda isaphetha efunisela, watola ukumkani wakwaSirayeli ekuhlanganeni kwengubo yentsimbi namasondo ayo. Wathi kumqhubi wenqwelo yakhe yokulwa, Jika izandla zakho, undikhuphele ngaphandle komkho-
34 si, ngokuba ndingxwelerhiwe. Ukulwa kwenyuka loo mini. Ukumkani wakwaSirayeli wazimisa enqwelweni phambi kwama-Aram kwada kwahlwa; wafa ukutshona kwelanga.

19 Wabuya uYehoshafati ukumkani wakwaYuda, waya endlwini yakhe eYerusalem enoxolo.
2 Waphuma uYehu, unyana kaHanani, imboni, esiya kumkhawulela. Wathi kukumkani uYehoshafati, Kukuthini na ukuba uncede ongendawo, ubathande abathiyi bakaYehova? Kungoko bugalelekileyo kuwe uburhalarhume obu-
3 phuma kuYehova. Noko kambe kukho izinto ezintle ezifumanekileyo kuwe; ngokuba ubatshisile ooAshera* ezweni, wayisingisela intliziyo yakho ekumquqeleni uThixo.

4 Wahlala uYehoshafati eYerusalem; wabuya waphuma, wahamba phakathi kwabantu, wathabathela eBher-shebha wesa ezintabeni zakwaEfrayim, wababuyisela kuYehova, uThixo wooyise. Wamisa abagwebi ezweni, emizini yonke 5 yakwaYuda enqatyisiweyo, kwimizi ngemizi. Wathi kubagwebi, Kulumkeleni 6 enikwenzayo; ngokuba àkungenxa yomntu ukugweba kwenu, kungenxa kaYehova; unáni ke emcimbini wokugweba. Ngoko ke ukoyikwa kukaYehova 7 makube phezu kwenu; yenzani ngobulumko; ngokuba akukho bugqwetha kuYehova uThixo wethu, nakukhetha buso, nakwamkela sicengo.

Kananjalo eYerusalem uYehoshafati 8 wamisa inxenye yabaLevi, nababingeleli, neentloko zezindlu zooyise zakwaSirayeli, ngenxa yogwebo lukaYehova, nangenxa yokubambana *kwabantu.* Babuyela kwaseYerusalem. Wabawisela umthe- 9 tho wathi, Niya kwenjenjalo ukumoyika uYehova ngokunyanisekileyo, nangentliziyo epheleleyo. Zonke iindawo 10 ekubanjwene ngazo eziza kuni, zivela kubazalwana benu, abahleli emizini yabo, phakathi kwegazi negazi, phakathi komyalelo nomthetho nemimiselo namasiko, nobakhanyisela; ukuze bangabi natyala kuYehova, bunganifikeli nina nabazalwana benu uburhalarhume bakhe; nenjenjalo, ukuze ningabi natyala. Nanko uAmariya umbingeleli omkhu- 11 lu, ephezu kwenu ezintweni zonke zikaYehova; noZebhadiya unyana kaIshmayeli, ingànga yendlu yakwaYuda, ezintweni zonke zokumkani; nabaLevi boba ngababhali phambi kwenu. Yomelelani nenze; uYehova woba nolungileyo kuni.

20 Kwathi emveni koko, oonyana bakaMowabhi noonyana baka-Amon, benamaMahun, beza kulwa noYehoshafati. Beza bamxelela uYehoshafa- 2 ti, bathi, Kuza kuwe ingxokolo eninzi, evela phesheya kolwandle kwa-Aram; nantso eHatsetson-tamare, eyiEngedi. Woyika uYehoshafati, wazinikela ngo- 3 kwakhe ekumquqeleni uYehova, wathi makuzilwe ukudla ngamaYuda onke. Ahlanganisana ke amaYuda, efuna unce- 4

do kuYehova; nasemizini yonke yakwa-
Yuda baphuma bequqela uYehova.

5 Wema uYehoshafati ebandleni lakwa-
Yuda nelaseYerusalem, endlwini kaYe-
hova, phambi kwentendelezo entsha,
6 wathi, Yehova, Thixo woobawo, asingu-
we na onguThixo emazulwini? Asingu-
we na umlawuli ezikumkanini zonke
zeentlanga? Akasesandleni sakho na a-
mandla nobugorha, ukuba kungabikho
7 unokumelana nawe? Asinguwe na u-
Thixo wethu, owabagqogqayo abemi
beli lizwe phambi kwabantu bakho
amaSirayeli, waza walinika imbewu
ka-Abraham okuthandayo, ngonapha-
8 kade? Bahlala kulo, bakwakhela kulo
indawo engcwele ngenxa yegama lakho,
9 besithi, Ukuba sithe safikelwa bububi,
nalikrele, nangumgwebo, nayindyikitya
yokufa, nayindlala, sema phambi kwale
ndlu, naphambi kwakho (ngokuba liku-
lé ndlu igama lakho), sakhala kuwe eku-
bandezelekeni kwethu, wòsiva usindise.
10 Yabona ke naba oonyana baka-Amon,
nabakaMowabhi, nabasentabeni ya-
kwaSehire, owawungavumanga ukuba
amaSirayeli abangenele ekuphumeni
kwawo ezweni laseYiputa; ngokuba
11 ábayeka, àkabatshabalalisa; naba ke
besibuyekeza ngokuza kusigxotha elifeni
12 lakho, owasinikayo ukuba silidle. Thixo
wethu, akuyi kubagweba na? Ngoku-
ba asinamandla okumelana nale ngxoko-
lo ininzi isizelayo; thina asazi ukuba
sothini na, kodwa amehlo ethu akuwe.
13 Ema ke onke amaYuda phambi ko-
Yehova, neentsana zawo, nabafazi
bawo, noonyana bawo.
14 UYahaziyeli, unyana kaZekariya, u-
nyana kaBhenaya, unyana kaYehiyeli,
unyana kaMataniya, umLevi wakoo-
nyana baka-Asafu, wafikelwa nguMoya
kaYehova ephakathi kwebandla elo;
15 wathi, Bazani iindlebe, nonke maYuda,
nani bemi baseYerusalem, nawe kumka-
ni Yehoshafati. Útsho uYehova ukuthi
kuni, Musani ukoyika, musani ukuqhi-
phuka umbilini ngenxa yale ngxokolo
inje ukuba ninzi; ngokuba imfazwe le
16 asiyeyenu, yekaThixo. Yihlani ngomso
niye kulwa nabo; nâbo benyuka nge-
qhina leTsitsi; nobafumana ekupheleni
kwesihlambo, phambi kwentlango yase-
Yeruweli. Le yanamhla asiyeyenu; 17
zimiseni nime, nilubone usindiso luka-
Yehova onáni, maYuda neYerusalem.
Musani ukoyika, musani ukuqhiphuka
umbilini. Phumani ngomso nibahlanga-
beze; uYehova unáni.

Wathoba uYehoshafati, ebubhekise 18
ubuso emhlabeni; namaYuda onke na-
bemi baseYerusalem bawa phambi ko-
Yehova, bamnqula uYehova. Basuka 19
bema abaLevi, bakoonyana bakaKe-
hati, nabakoonyana bamaKora, ukuba
badumise uYehova, uThixo kaSirayeli,
ngezwi elikhulu kunene.

Bavuka kusasa ngengomso, baphuma 20
baya entlango yeTekowa. Ekuphumeni
kwabo wema uYehoshafati, wathi, Ndi-
phulaphuleni, nina maYuda, nani bemi
baseYerusalem. Kholwani kuYehova
uThixo wenu, nòzimaseka; kholwani
kubaprofeti bakhe, nòba nempumelelo.
Uthe akucebisana nabantu, wamisa ii- 21
mvumi zikaYehova zokudumisa, zivethe
ezingcwele, eziya kuphuma zihambe
phambi kwabaxhobileyo, zisithi, bule-
lani kuYehova, ngokuba ingunapha-
kade inceba yakhe.

Bathe bakuqala ukumemelela noku- 22
dumisa, uYehova wabafikisela abalaleli
oonyana baka-Amon, nabakaMowabhi,
nabasentabeni yakwaSehire, ababezé
kumaYuda; babulawa. Ngokuba oonya-
na baka-Amon nabakaMowabhi besuka 23
balwa nabemi bentaba yakwaSehire, u-
kuba babasingele phantsi, babatshaba-
lalise. Bakubagqiba abemi bakwaSe-
hire, babulalana kwabodwa.

Afika amaYuda emboniselweni yase- 24
ntlango, akhangela kuloo ngxokolo, a-
bóna bezizidumbu, bequngquluzile e-
mhlabeni, kungekho usindileyo. UYe- 25
hoshafati nabantu bakhe beza kupha-
nga amaxhoba; bafumana kubo into
eninzi: impahla, nezidumbu, nezinto
ezinqwenelekayo, baziphangela, kwa-
yinkohla ukuyithwala. Baba ntsuku
ntathu bewaphanga amaxhoba, ngokuba
abemaninzi. Ngomhla wesiné bahla- 26
nganisana eNtilini yokuBonga; kuba

bambonga khona uYehova; ngenxa yoko bathi igama lale ndawo yiNtili yokuBonga, unanamhla.

27 Abuya onke amadoda akwaYuda nawaseYerusalem, uYehoshafati esentloko kuwo, ukuze abuye aye eYerusalem, enovuyo; ngokuba uYehova wenza ukuba
28 azivuyelele iintshaba zawo. Angena eYerusalem enemirhubhe, neehadi, na-
29 maxilongo, aya endlwini kaYehova. Ukoyikwa kuka Yehova kwazifikela zonke izikumkani zamazwe, zakuva ukuba uYehova ulwile neentshaba zakwaSira-
30 yeli. Bazola ke ubukumkani bukaYehoshafati; uThixo wakhe wamphumza ngeenxa zonke.

31 UYehoshafati waye engukumkani kwaYuda; ubeminyaka imashumi mathathu anamihlanu ezelwe, ukuba ngukumkani kwakhe; waba neminyaka emashumi mabini anamihlanu engukumkani eYerusalem. Igama lonina lalingu-
32 Azubha, intombi kaShilehi. Wahamba ngendlela kayise uAsa, akatyeka kuyo; wenza okuthe tye emehlwini kaYehova.
33 Kodwa izigánga àbazisusanga; abantu babengekazibhekisi iintliziyo zabo kuThixo wooyise.
34 Ezinye izinto zikaYehoshafati, ezokuqala nezokugqibela, nanzo zibhaliwe emicimbini kaYehu unyana kaHanani, eyafakwa encwadini yookumkani bakwaSirayeli.
35 Emveni koko uYehoshafati ukumkani wakwaYuda wazimanya noAhaziya ukumkani wakwaSirayeli, lowo wenzayo o-
36 kungendawo. Wazimanya naye ngokwenza iinqanawa zokuya eTarshishe; bazenza iinqanawa e-Etsiyongebhere. Waprofeta uEliyezere, unyana kaDodavahu waseMaresha, ngoYehoshafati, esithi, Ngokudibana kwakho noAhaziya, úyaphule uYehova imisebenzi yakho. Zaphuka ke iinqanawa ezo, azaba nakuya eTarshishe.

Ulawulo lukaYehoram

21 UYehoshafati walala kooyise, wangcwatyelwa kooyise emzini kaDavide; uYehoram, unyana wakhe, waba ngukumkani esikhundleni sakhe.

2 Ubenabaninawa, oonyana bakaYehoshafati; uAzariya, noYehiyeli, noZekariya, noAzariya, noMikayeli, noShefatiya; bonke abo ngoonyana bakaYehoshafati, ukumkani wakwaSirayeli. Uyise waba-
3 nika izipho ezininzi zesilivere nezegolide, nezinto ezintle, kunye nemizi enqatyisiweyo kwaYuda; ke ubukumkani wabunika uYehoram, ngokuba ebengowamazibulo. Akuphakama uYehoram
4 ebukumkanini bukayise, wazomeleza, wababulala bonke abaninawa bakhe ngekrele, nenxenye yeenkosana zakwaSirayeli.

5 Ubeminyaka imashumi mathathu anamibini ezelwe uYehoram, ukuba ngukumkani kwakhe; waba neminyaka esibhozo engukumkani eYerusalem. Wa-
6 hamba ngendlela yookumkani bakwaSirayeli, njengoko yenza ngako indlu kaAhabhi; ngokuba wayezeké intombi kaAhabhi; wenza ububi emehlweni kaYehova. Ke akavumanga uYehova u-
7 kuyonakalisa indlu kaDavide, ngenxa yomnqophiso awawenzela uDavide, njengoko wathethayo, ukuba uya kumnika isibane, kwanoonyana bakhe, yonke imihla.

Ngemihla yakhe amaEdom akreqa 8 esandleni sakwaYuda, azenzela ukumkani. Wagqitha uYehoram, enabathetheli 9 bakhe, eneenqwelo zakhe zonke zokulwa; wavuka ebusuku, wawabulala amaEdom abemrhawule ngeenxa zonke, nabatheteli beenqwelo zokulwa. Akreqa 10 ke amaEdom, aphuma phantsi kwesandla samaYuda, unanamhla. Yaza yakreqa iLibhena esandleni sakhe kwangelo xesha; ngokuba ebemshiyile uYehova, uThixo wooyise. Kananjalo, ye- 11 na wenza izigánga ezintabeni zakwaYuda; wabahenyuzisa abemi baseYerusalem, wawawexula amaYuda.

Kweza kuye incwadi ivela kuEliya u- 12 mprofeti, isithi, Útsho uYehova, uThixo kaDavide uyihlo, ukuthi, Ngethuba lokuba ungàhambanga ngeendlela zikaYehoshafati uyihlo, nangeendlela zika-

13 Asa ukumkani wakwaYuda; usuké wahamba ngeendlela zookumkani bakwaSirayeli, wawahenyuzisa amaYuda nabemi baseYerusalem, ngokokuhenyuzisa kwendlu ka-Ahabhi; kananjalo wababulala abaninawa bakho bendlu kayihlo,

14 ababelungile kunawe: yabona, uYehova uya kubabetha ngesibetho esikhulu abantu bakho, noonyana bakho, nabafazi

15 bakho, nempahla yakho yonke; ke wena wobethwa zizifo ezininzi, sisifo sezibilini zakho, zide ziphume izibilini zakho sisifo semihla ngemihla.

16 UYehova wawaxhokonxa amaFilisti, nama-Arabhi asecaleni lamaKushi, uku-

17 ba amchase uYehoram. Enyuka eza kwelamaYuda, atyhoboza, angena kulo, athimba yonke impahla eyafumaneka endlwini yokumkani, kwanoonyana bakhe, nabafazi bakhe; àbamshiya nanyana, yaba nguYehowahazi unyana wakhe omncinane yedwa.

18 Emveni kwezo zinto, uYehova wambetha ezibilinini zakhe ngesifo esinge-

19 nakuphiliswa. Kwathi ekuhambeni kwexesha, ekupheleni kweminyaka emibini esifa, zaphuma izibilini zakhe esifa njalo; wafa esezintlungwini ezinkulu. Abantu bakhe abamenzelanga baso nje-

20 ngebaso looyise. Ubeminyaka imashumi mathathu anamibini ezelwe, ukuba ngukumkani kwakhe; waba neminyaka esibhozo engukumkani eYerusalem; wemka engalilelwa bani. Bamngcwabela emzini kaDavide; kodwa àkangcwatyelwa emangcwabeni ookumkani.

Ulawulo luka-Ahaziya nokuluthwa kobukumkani nguAtaliya

22 Abemi baseYerusalem bamenza uAhaziya, unyana wakhe omncinane, ukumkani esikhundleni sakhe; ngokuba bonke abakhulu babebulewe ngamatutu aweza nama-Arabhi emkhosini. Waba ngukumkani ke uAhaziya, unyana

2 kaYehoram, ukumkani wamaYuda. UAhaziya ubeminyaka imashumi mané anamibini ezelwe, ukuba ngukumkani kwakhe; waba namnyaka mnye engukumkani eYerusalem. Igama lonina lalinguAtaliya, intombi kaOmri.

3 Kananjalo yena wahamba ngeendlela zendlu ka-Ahabhi; ngokuba unina ubengumcebisi wakhe, ukuba enze okunge-

4 ndawo. Wenza ububi emehlweni kaYehova, njengendlu ka-Ahabhi; ngokuba babengabacebisi bakhe bona emva kokufa kukayise, bemonakalisa.

5 Kananjalo wahamba ngecebo labo. Wahamba noYehoram unyana ka-Ahabhi, ukumkani wakwaSirayeli, waya kulwa noAzayeli ukumkani wama-Aram,* eRamoti yaseGiliyadi; ama-Aram amngxwelerha uYehoram. Wabuya, eza

6 kunyangwa eYizereli loo manxeba wawafumana eRama, ekulweni kwakhe noAzayeli ukumkani wama-Aram. Wehla uAzariya unyana kaYehoram, ukumkani wakwaYuda, waya kubona uYehoram unyana ka-Ahabhi eYizereli, ngokuba ebesifa.

7 Kwaphuma kuThixo ukutyunyuzwa kuka-Ahaziya, ngokuthi eze kuYehoram. Ekufikeni kwakhe waphuma noYehoram; baya kuYehu unyana kaNimshi, awamthambisayo uYehova ukuba ayi-

8 nqamle indlu ka-Ahabhi. Kwathi, ekugwetyweni kwendlu ka-Ahabhi nguYehu, wafumana abathetheli bakwaYuda, noonyana babazalwana baka-Ahaziya, ababelungiselela kuAhaziya, wababula-

9 la. Wafunwa uAhaziya; bambamba ezimele kwaSamari, bamsa kuYehu, bambulala; bamngcwaba, ngokuba babesithi, Ngunyana kaYehoshafati, obemquqela uYehova ngentliziyo yakhe yonke.

10 Indlu ka-Ahaziya yayingenabani unokuphatha ubukumkani. Wathi ke uAtaliya, unina ka-Ahaziya, akubona ukuba ufile unyana wakhe, wesuka wayitshabalalisa ngobubhedengu yonke imbewu enobukhosi bendlu yakwaYuda.

11 UYehoshabhati, intombi yokumkani, wamthabatha uYowashe, unyana ka-Ahaziya, wamba phakathi koonyana bokumkani ababulawáyo, wambeka yena nomondli wakhe egumbini lokulala. UYehoshabhati, intombi yokumkani uYehoram, umkaYehoyada umbingeleli (ngokuba ubengudade boAhaziya), wa-

mfihla kuAtaliya, ukuze angàbulawa.
12 Wayenabo endlwini kaThixo, ezinyeziwe, iminyaka emithandathu.

Ke uAtaliya waba ngukumkanikazi welizwe elo.

UYehoyada ubeka uYowashe etroneni

23 Ngomnyaka wesixhenxe wazomeleza uYehoyada, wathabatha abathetheli-makhulu, uAzariya unyana kaYehoram, noIshmayeli unyana kaYehohanan, noAzariya unyana kaObhedi, noMahaseya unyana ka-Adaya, noElishafati unyana kaZikri, wanqophisana nabo.
2 Bajikeleza kwaYuda, babahlanganisa abaLevi emizini yonke yakwaYuda, neentloko zonke zezindlu zooyise zakwaSirayeli, beza nabo eYerusalem.

3 Lesuka lonke ibandla lenza umnqophiso nokumkani endlwini kaThixo. Wathi kubo *uYehoyada*, Yabonani, unyana wokumkani makabe ngukumkani, njengoko wakuthethayo uYehova ngo-
4 nyana bakaDavide. Yiyo le into eniya kuyenza; esinye isahlulo sesithathu kuni bangenayo ngesabatha, kubabingeleli nakubaLevi, sóba ngabagcini bamasa-
5 ngo; esinye isahlulo sesithathu sóba sendlwini yokumkani; esinye isahlulo sesithathu sóba seSangweni lesiSeko; abantu bonke boba sezintendelezweni
6 zendlu kaYehova. Ize kungangeni bani endlwini kaYehova, ngaphandle kwababingeleli nabalungiseleli bakubaLevi; bona baya kungena ngokuba bangcwele; bonke abantu bazigcine izigxina zika-
7 Yehova. AbaLevi bomngqonga ukumkani ngeenxa zonke, elowo ephethe iintonga zakhe ngesandla; ongowumbi ongénayo endlwini makabulawe; babe nokumkani ekungeneni kwakhe nasekuphumeni kwakhe.

8 Benza ke abaLevi namaYuda onke njengako konke awabawisela umthetho ngako uYehoyada umbingeleli. Bathabatha elowo amadoda akhe, abengena ngesabatha nabephuma ngesabatha; ngokuba uYehoyada umbingeleli aka-
9 wandululanga amaqela lawo. UYehoyada umbingeleli wabanika abathetheli-makhulu iintshuntshe, neengweletshe, namakhaka, abengakakumkani u-
Davide, abesendlwini kaThixo. Wa- 10 bamisa bonke abantu, elowo eneentonga zakhe esandleni; bathabathela kwelokunene igxalaba lendlu besa kwelokhohlo igxalaba lendlu, ngasesibingelelweni nangasendlwini, kukumkani ngeenxa zonke. Bamkhuphela phandle unyana wo- 11 kumkani, bamfaka isithsaba, bamnika isingqiniso, bamenza ukumkani. UYehoyada noonyana bakhe bamthambisa, bathi, Makadle ubomi ukumkani!

Uthe uAtaliya akusiva isandi sabantu, 12 begidima, bedumisa ukumkani, weza ebantwini endlwini kaYehova. Wakha- 13 ngela, wambona ukumkani emi endaweni ephakamileyo ekungeneni, abathetheli nabavutheli-maxilongo bengakukumkani; abantu bonke belizwe bevuya, bevuthela amaxilongo; iimvumi zineempahla zokuvuma, zihlabela awokudumisa. UAtaliya wazikrazula iingubo zakhe, wathi, Licebo! licebo! UYeho- 14 yada umbingeleli wabawisela umthetho abathetheli-makhulu, abaveleli bomkhosi, wathi kubo, Mkhupheleni phandle phakathi kwezintlu; omlandelayo makabulawe ngekrele. Ngokuba ubesithi umbingeleli, Makangàbulawelwa endlwini kaYehova. Bamkhwelela ke 15 ngeenxa zombini; waya ekungeneni kwesango lamahashe endlwini yokumkani; bambulalela khona.

Wenza uYehoyada umnqophiso pha- 16 kathi kwakhe nabantu bonke, nokumkani, ukuba babe ngabantu bakaYehova. Baya bonke abantu endlwini kaBhahali,* 17 bayidiliza; nezibingelelo zakhe, nemifanekiso yakhe bayiqhekeza; bambulala uMatan, umbingeleli kaBhahali, phambi kwezibingelelo. UYehoyada wamisa a- 18 baveleli bendlu kaYehova ngesandla sababingeleli abangabaLevi, awabahlulela uDavide indlu kaYehova, ukuba banyuse amadini anyukayo kaYehova, ngoko kubhaliweyo emyalelweni kaMoses, benovuyo neengoma, ngoko kumiselwe nguDavide. Wamisa abagcini-masango 19 emasangweni endlu kaYehova, ukuze kungangeni uyinqambi nangantoni.

20 Wathabatha abathetheli-makhulu, nezinhanha, nabalawuli babantu, nabantu bonke belizwe, wehla nokumkani endlwini kaYehova; bangena ngesango eliphezulu lendlu yokumkani, bambeka uku-
21 mkani etroneni yokumkani. Bavuya ke bonke abantu belizwe, umzi wazola; bambulala ke uAtaliya ngekrele.

Ulawulo lukaYowashe

24 UYowashe ubeminyaka isixhenxe ezelwe, ukuba ngukumkani kwakhe; waba neminyaka emashumi mané engukumkani eYerusalem. Igama lonina belinguTsibheya waseBher-shebha.
2 UYowashe wenza okuthe tye emehlweni kaYehova yonke imihla kaYe-
3 hoyada umbingeleli. UYehoyada wamzekela abafazi ababini; wazala oonyana neentombi.

4 Kwathi emveni koko kwaba sentliziyweni kaYowashe, ukuba ayihlaziye
5 indlu kaYehova. Wabahlanganisa ababingeleli nabaLevi, wathi kubo, Phumani niye emizini yakwaYuda, nibuthe imali kumaSirayeli onke, yokuyihlaziya indlu kaThixo wenu iminyaka ngeminyaka; yikhawuleziseni loo nto. Ke abaLevi
6 abayikhawulezisanga. Ukumkani wambiza uYehoyada *umbingeleli* omkhulu, wathi kuye, Yini na ukuba ungabaveleli abaLevi, bayizise irhafu kumaYuda naseYerusalem, ngokomyalelo kaMoses, umkhonzi kaYehova, nowebandla lamaSirayeli, ngenxa yentente yesingqiniso?
7 (Ngokuba uAtaliya, laa mfazi ungendawo, noonyana bakhe, babeyigqobhozile indlu kaThixo; kananjalo zonke izinto ezingcwele zendlu kaYehova babezenze ezooBhahali.*)

8 Wathi ukumkani, mabenze umkhombe, bawubeke esangweni lendlu kaYe-
9 hova ngaphandle. Bathumela ilizwi kwaYuda naseYerusalem, ukuba kuzisiwe kuYehova irhafu eyamiswa nguMoses umkhonzi kaThixo, phezu kwamaSi-
10 rayeli entlango. Bavuya bonke abathetheli, nabantu bonke; bayizisa, bayipho-
11 sa emkhombeni wada wazala. Kwathi ke ngexesha lokuziswa komkhombe ngesandla sabaLevi kubaveleli bokumkani, bakubona ukuba ininzi imali, weza umbhali wokumkani, nomveleli wombingeleli omkhulu, bayikhupha imali esemkhombeni, baza bawuthwala, bawubuyisela endaweni yawo. Benjenjalo imihla ngemihla, bahlanganisa imali ya-
12 ninzi. Ukumkani noYehoyada bayinikela kubenzi bomsebenzi wenkonzo endlwini kaYehova; bona baqesha abaxholi bamatye neengcibi zemithi, ukuba bayihlaziye indlu kaYehova; neengcibi zesinyiti, nezobhedu; ukuba zilungise indlu kaYehova.

13 Basebenza ke abenzi bomsebenzi; wenyuka umsebenzi wokuyihlaziya ezandleni zabo; bayimisa indlu kaThixo, yaziniziswa, yazinyaswa. Bakuyigqiba,
14 bayizisa imali eseleyo phambi kokumkani noYehoyada, benza ngayo iimpahla zendlu kaYehova, iimpahla zokulungiselela, nezamadini anyukayo, neenkamba, neempahla zegolide nezesilivere. Baye benyusa amadini anyukayo endlwini kaYehova ngamaxesha onke, yonke imihla kaYehoyada.

15 Ke uYehoyada wayeseleyingwevu, ehambisekile ebudaleni, ukufa kwakhe. Ebeminyaka ilikhulu linamanci mathathu ezelwe, ukufa kwakhe. Bamngcwa-
16 bela emzini kaDavide kookumkani; ngokuba wenza okulungileyo kwaSirayeli, nakuThixo, nakwindlu yakhe.

17 Emva kokufa kukaYehoyada, beza abathetheli bakwaYuda, baqubuda kukumkani. Waza wabaphulaphula ukumkani. Bayishiya indlu kaYehova, u-
18 Thixo wooyise, bakhonza ooAshera* nezithixo. Afikelwa buburhalarhume amaYuda neYerusalem ngenxa yelo tyala lawo. Wathuma abaprofeti kubo boku-
19 babuyisela kuYehova, babaqononondisa; ke bona abaphulaphula noko.

20 UMoya kaThixo wamthi gqubuthu uZekariya, unyana kaYehoyada umbingeleli, wema phezu kwabantu, wathi kubo, Utsho uThixo ukuthi, Yini na ukuba niyigqithe imithetho kaYehova, nize ningabi nampumelelo? Ngokuba nimshiyile uYehova, wonishiya nani.

21 Bamceba bamxuluba ngamatye, ngokomthetho wokumkani entendelezweni
22 yendlu kaYehova. Wenjenjalo uYowashe ukumkani, àkayikhumbula inceba abeyenzile uYehoyada, uyise kaZekariya, kuye; wesuka wambulala unyana wakhe. Ekufeni kwakhe wathi, UYehova wókhangela abuze.

23 Kwathi ekupheleni komnyaka, yenyuka yeza kuye impi yama-Aram;* eza kwaYuda naseYerusalem, ábatshabalalisa bonke abathetheli babantu ebantwini; onke amaxhoba awo awathumela kuku-
24 mkani waseDamasko. Ngokuba impi yama-Aram yeza inamadoda ambalwa; uYehova wanikela esandleni sawo impi eninzi kunene; ngokuba babemshiyile uYehova, uThixo wooyise. Amgweba ke uYowashe.
25 Ekumkeni kwawo kuye (ngokuba amshiya eneentlungu ezinkulu), bamceba abakhonzi bakhe (ngenxa yamagazi oonyana bakaYehoyada umbingeleli), bambulalela esingqengqelweni sakhe, wafa; bamngcwabela emzini kaDavide; ke abamngcwabelanga emangcwa-
26 beni ookumkani. Abo ke bamcebayo nguZabhadi, unyana kaShimehati um-Amonikazi, noYozabhadi, unyana ka-
27 Shimriti umMowabhikazi. Ke oonyana bakhe, nobuninzi bezihlabo ezimsongelayo, nokusekwa kwendlu kaThixo, nanzo zibhaliwe ezincwadini zamabali ookumkani. UAmatsiya, unyana wakhe, waba ngukumkani esikhundleni sakhe.

Ulawulo luka-Amatsiya

25 UAmatsiya ubeminyaka imashumi mabini anamihlanu ezelwe, ukuba ngukumkani kwakhe; waba neminyaka emashumi mabini anesithoba engukumkani eYerusalem. Igama lonina belinguYehowadan waseYerusalem.
2 Wenza okuthe tye emehlweni kaYehova; kodwa kungengantliziyo ipheleleyo.
3 Kwathi, bakuqiniselwa ubukumkani kuye, wababulala abakhonzi bakhe,
4 ababebulele ukumkani uyise. Ke oonyana babo akababulalanga, kwanjengoko kubhaliweyo emyalelweni, encwadini kaMoses, apho uYehova ebewise khona umthetho wokuthi: Mabangabulawa ooyise ngenxa yoonyana, noonyana mabangabulawa ngenxa yooyise; elowo makabulawe ngesakhe isono.

5 UAmatsiya wawahlanganisa amaYuda onke, wawamisa ngokwezindlu zooyise, ngokwabathetheli-mawaka, nangokwabathetheli-makhulu, kuwo onke amaYuda namaBhenjamin; wababala, ethabathela kominyaka imashumi mabini ezelwe, kunyuse. Wabafumana bengamakhulu amathathu amawaka amadodana anokuphuma umkhosi, ephethe iintonga namakhaka.
6 Waqesha kumaSirayeli ikhulu lamawaka amagorha anobukroti, ngekhulu leetalente* zesilivere. Kweza ke umfo
7 wakwaThixo kuye, esithi, Kumkani, mawungahambi nawe umkhosi wamaSirayeli; ngokuba akakho uYehova kumaSirayeli, koonyana bonke bakwa-
8 Efrayim. Hamba wedwa, wenze womelele ekulwweni; uThixo akayi kukuwisa phambi kotshaba; ngokuba uThixo unamandla okunceda nawokuwisa. U-
9 Amatsiya wathi kumfo wakwaThixo, Liya kuthiwani na ikhulu leetalente, endalinika umkhosi wamaSirayeli? Wathi umfo wakwaThixo, UYehova angákunika okuninzi kunoko. UAmatsiya
10 ke wayahlula impi leyo yayize kuye, ivela kwaEfrayim, ukuba iye endaweni yayo. Wavutha umsindo wayo kunene ngakumaYuda; babuya baya endaweni yabo bevutha ngumsindo.

11 UAmatsiya wazomeleza, wabaqhuba abantu bakhe, waya eSihlanjeni seTyuwa, wabulala koonyana bakwaSehire ishumi lamawaka. Oonyana bakaYuda
12 balithimba elinye ishumi lamawaka lihleli; babása encotsheni yengxondorha leyo, babaphosa phantsi encotsheni yengxondorha, badlabhuka bonke bephela.

Ke abomkhosi awababuyisayo uAma- 13 tsiya, ukuba bangàyi naye ekulweni, bayingenela imizi yakwaYuda, bethabathela kwaSamari, besa eBhete-horon, babulala kuyo amawaka amathathu, baphanga into eninzi *yamaxhoba*.

14 Kwathi emva kokubuya kuka-Amatsiya ekuwabulaleni amaEdom, wezisa izithixo zoonyana bakwaSehire, wazimisa ukuba zibe zizithixo zakhe, waqubuda phambi kwazo, waqhumisela kuzo.

15 Wavutha umsindo kaYehova kuAmatsiya, wathumela umprofeti kuye, wathi kuye, Yini na ukuba uquqele izithixo zabantu ezingabahlangulanga abantu
16 bazo esandleni sakho? Kwathi esathetha naye, *ukumkani* wathi kuye, Sikumisile yini na ukuba ube ngumphakathi wokumkani? Yeka; yini na ukuba uzibethise. Wayeka umprofeti wathi, Ndiyazi ukuba uThixo ugqibé kwelokuba akutshabalalise, ngokuba ukwenzile oku, akwaliphulaphula icebo lam.

17 UAmatsiya ukumkani wakwaYuda wathabatha icebo, wathumela kuYowashe, unyana kaYehowahazi, unyana kaYehu, ukumkani wakwaSirayeli, wathi, Khawuze siqwalaselane ngamehlo.

18 UYowashe ukumkani wamaSirayeli wathumela kuAmatsiya ukumkani wakwaYuda, wathi, Ikhakakhaka eliseLebhanon lathumela kumsedare* oseLebhanon, lisithi, Unyana wam mnike intombi yakho, ibe ngumkakhe. Ke irhamncwa laseLebhanon ladlula, lalibhuqa ikha-
19 kakhaka elo. Ùthi, Yabona, ndiwabulele amaEdom; yakuphakamisa intliziyo yakho, ukuba uzizukise. Hlala kaloku endlwini yakho; yini na ukuba okunene ufekethe ngobubi, uwe, wena namaYuda anawe.

20 Akaphulaphula uAmatsiya; ngokuba oko kwakuphuma kuThixo, ukuze abanikele esandleni *seentshaba zabo*; ngokuba babequqele izithixo zakwa-
21 Edom. Wenyuka ke uYowashe ukumkani wakwaSirayeli; baqwalaselana ngamehlo, yena noAmatsiya ukumkani wakwaYuda, eBhete-shemeshe, ekwa-
22 Yuda. Atyelwa ke amaYuda ngamaSirayeli; asaba, yangulowo waya ente-
23 nteni yakhe. UYowashe ukumkani wakwaSirayeli wambamba uAmatsiya ukumkani wakwaYuda, unyana kaYowashe, unyana kaYehowahazi, eBhete-shemeshe, wamzisa eYerusalem; waluqhekeza udonga lwaseYerusalem, ethabathela esangweni lakwaEfrayim, wesa esangweni lembombo, iikubhite* ezimakhulu mané. *Wayithabatha* yonke 24 igolide, nesilivere, nempahla yonke eyafumanekayo endlwini kaThixo, ebino-Obhedi-edom, nobuncwane bendlu yokumkani, nabafo abazizibambiso, wabuyela kwaSamari.

UAmatsiya unyana kaYowashe, uku- 25 mkani wakwaYuda, emva kokufa kuka-Yowashe unyana kaYehowahazi, ukumkani wakwaSirayeli, waba minyaka ilishumi linesihlanu esidla ubomi. Ezi- 26 nye izinto zika-Amatsiya, ezokuqala nezokugqibela, àsizezo na zibhaliweyo encwadini yookumkani bakwaYuda nabakwaSirayeli? Ke kaloku, emveni 27 kwexesha awatyeka ngalo uAmatsiya ekumlandeleni uYehova, bamceba eYerusalem; wasabela eLakishe. Bamsukela, bamfumana eLakishe, bambulalela khona. Bamthwala ngamahashe, 28 bamngcwabela koyise, emzini wakwaYuda.

Ulawulo lukaUziya

26 Bonke abantu bakwaYuda bamthabatha u-Uziya, akubon' ukuba uminyaka ilishumi linamithandathu ezelwe, bamenza ukumkani esikhundleni sika-Amatsiya uyise.

Yakhiwa nguye iEloti, wayibuyisela 2 kumaYuda, emva kokulala kokumkani kooyise.

U-Uziya ubeminyaka ilishumi elina- 3 mithandathu ezelwe, ukuba ngukumkani kwakhe; waba neminyaka emashumi mahlanu anamibini engukumkani eYerusalem. Igama lonina libe linguYekoliya waseYerusalem. Wenza okuthe tye 4 emehlweni kaYehova, njengako konke awakwenzayo uAmatsiya uyise. Wa- 5 mquqela uThixo ngemihla kaZekariya, owamfundisayo ukumoyika uThixo; ngemihla yokumquqela kwakhe u-

Yehova, uThixo wamenza wanempumelelo.

6 Waphuma walwa namaFilisti, waluqhekeza udonga lwaseGati, nodonga lwaseYabhene, nodonga lwaseAshdode, wákha imizi kummandla waseAshdode 7 naphakathi kwamaFilisti. UThixo wamnceda kumaFilisti, nakuma-Arabhi ahleli eGur-bhahali, nakumaMahan. 8 Ama-Amon amnika u-Uziya umnikelo. Igama lakhe laduma, lada laya kufika ekungeneni kweYiputa; ngokuba womelela wada wenyuka.

9 U-Uziya wákha iinqaba ezinde eYerusalem, esangweni lembombo, nasesangweni lomfula, nasembombeni yodo- 10 nga, wazinqabisa ke. Wákha iinqaba ezinde entlango, wemba amaqula amaninzi; ngokuba imfuyo yakhe yabe ininzi kwelentili nakwelamathafa. Ubenabalimi bomhlaba nabezidiliya ezintabeni naseKarmele; ngokuba waye- 11 thanda ukulima umhlaba. U-Uziya ubenempi elwayo, ephuma umkhosi ngamaqela, ngenani lokubalwa kwabo ngesandla sikaYehuweli umbhali, noMahaseya umphathi, phantsi kolawulo lukaHananiya, ongomnye wakubathe- 12 theli bokumkani. Lonke inani leentloko zezindlu zooyise, lamagorha anobukroti, lalingamawaka amabini anamakhulu 13 mathandathu. Ngaphantsi kwabo, impi ephuma umkhosi yayingamakhulu amathathu amawaka, anamawaka asixhenxe, anamakhulu mahlanu alwayo, anamandla obukroti ukumnceda uku- 14 mkani elutshabeni. U-Uziya wawalungiselela, emkhosini wonke, iingweletshetshe, nezikhali, nezigcina-ntloko, neengubo zentsimbi, nezaphetha, nama- 15 tye okusawula. Wenza eYerusalem omashini abenziwe ngobuqili beengcibi, bokuba phezu kweenqaba ezinde naphezu koqoqo, ukuba kutolwe ngeentolo, kusawulwe ngamatye amakhulu. Laduma igama lakhe, lada laya kude, ngokuba wancedwa ngokubalulekileyo, wada womelela.

16 Uthe ke akomelela, yaphakama intliziyo yakhe, wada wenza ububi; ngokuba wenza ubumenemene kuYehova uThixo wakhe, wangena etempileni kaYehova, ukuba aqhumisele esibingelelweni sesiqhumiso. UAzariya umbingeleli wa- 17 mlandela, enababingeleli bakaYehova abangamashumi asibhozo, amadoda anobukroti. Bammela u-Uziya ukumka- 18 ni, bathi kuye, Asikokwakho, Uziya, ukuqhumisela kuYehova; kokwababingeleli, oonyana baka-Aron abángcwaliselwa ukuqhumisela; phuma engcweleni, ngokuba wènza ubumenemene; àkuluzuko oko kuwe phambi koYehova uThixo.

Wajala u-Uziya, ephethe ngesandla 19 isiqhumiso sokuqhumisela. Uthe esabajalele ababingeleli, kwasuka kwaphuma iqhenqa ebunzini lakhe phambi kwababingeleli endlwini kaYehova, engasesibingelelweni sokuqhumisela. U- 20 Azariya, umbingeleli omkhulu, nababingeleli bonke, babheka kuye, nanko eneqhenqa ebunzi, bamgxotha ngobungxamo khona, wangxama naye ukuphuma; ngokuba uYehova ubembethile. Waye u-Uziya ukumkani eneqhenqa, 21 kwada kwayimini yokufa kwakhe, wahlala endlwini eyodwa, eneqhenqa; ngokuba wanqanyulwa endlwini kaYehova. UYotam, unyana wakhe, wayiphatha indlu yokumkani, ebalawula abantu belizwe.

Ezinye izinto zikaUziya, ezokuqala 22 nezokugqibela, wazibhala uIsaya unyana ka-Amotsi, umprofeti. U-Uziya wa- 23 lala kooyise; bamngcwabela ngakooyise emhlabeni wokungcwaba wookumkani; ngokuba bathi, Úneqhenqa. UYotam, unyana wakhe, waba ngukumkani esikhundleni sakhe.

Ulawulo lukaYotam

27 UYotam ubeminyaka imashumi mabini anamihlanu ezelwe, ukuba ngukumkani kwakhe; waba neminyaka elishumi elinamithandathu engukumkani eYerusalem. Igama lonina lalinguYerusha intombi kaTsadoki. Wenza 2 okuthe tye emehlweni kaYehova, njengako konke awakwenzayo u-Uziya

IZIKRONIKE II 27-28

uyise; kodwa akangenanga etempileni kaYehova; ke abantu bona babesabenza ububi.

3 Yena walakha isango eliphezulu lendlu kaYehova; wákha kakhulu nase-
4 ludongeni lwaseOfele. Wákha imizi kweleentaba lakwaYuda, nasemahlathini
5 wákha iinqaba neemboniselo. Walwa noonyana baka-Amon, waboyisa. Oonyana baka-Amon bamnika ngaloo mnyaka ikhulu leetalente* zesilivere, neshumi lamawaka eekore* zengqolowa, neshumi lamawaka erhasi. Oko baphinda bakuzisa kuye oonyana baka-Amon ngomnyaka wesibini nangowesi-
6 thathu. Womelela ke uYotam; ngokuba waziqinisela iindlela zakhe phambi koYehova uThixo wakhe.

7 Ezinye izinto zikaYotam, neemfazwe zakhe zonke, neendlela zakhe, nanzo zibhaliwe encwadini yookumkani bakwa-
8 Sirayeli nabakwaYuda. Ubeminyaka imashumi mabini anamihlanu ezelwe, ukuba ngukumkani kwakhe; waba neminyaka elishumi elinamithandathu engu-
9 kumkani eYerusalem. UYotam walala kooyise; bamngcwabela emzini kaDavide; uAhazi, unyana wakhe, waba ngukumkani esikhundleni sakhe.

Ulawulo luka-Ahazi

28 UAhazi ubeminyaka imashumi mabini ezelwe, ukuba ngukumkani kwakhe; waba neminyaka elishumi elinamithandathu engukumkani eYerusalem.

Àkakwenza okuthe tye emehlweni
2 kaYehova njengoDavide uyise; wahamba ngeendlela zookumkani bakwaSirayeli, kananjalo wabenzela ooBhaha-
3 li* imifanekiso etyhidiweyo. Waqhumisela yena emfuleni waseBhen-hinom, wabatshisa oonyana bakhe ngomlilo, ngokwamasikizi eentlanga awazigqogqayo uYehova phambi koonyana ba-
4 kaSirayeli. Wabingelela waqhumisela ezigangeni, nasezindulini, naphantsi kwemithi yonke eluhlaza.

5 UYehova, uThixo wakhe, wamnikela esandleni sokumkani wama-Aram;* ameyisa, athimba kuye into eninzi yabathinjwa, abása eDamasko. Kananjalo wanikelwa esandleni sokumkani wakwaSirayeli, uPeka; wabulala kwimpi yakhe kakhulu. UPeka, unyana kaRemaliya, 6 wabulala kumaYuda ikhulu elinamanci amabini lamawaka ngamini-nye, bonke bengamadoda anobukroti, ngokushiya kwabo uYehova, uThixo wooyise. U- 7 Zikri, igorha lakwaEfrayim, wabulala uMahaseya unyana wokumkani, noAzerikam ingànga yendlu yakhe, noElikana onganeno kokumkani. Oonya- 8 na bakaSirayeli bathimba kubazalwana babo amakhulu amabini amawaka, abafazi, noonyana, neentombi, kananjalo babaphanga amaxhoba amaninzi, bawazisa amaxhoba lawo kwaSamari.

Apho ke bekukho umprofeti kaYeho- 9 va, ogama linguOdede. Waphuma waya kukhawulela umkhosi owawusiza kwaSamari, wathi kubo, Yabonani, ngenxa yobushushu bukaYehova, uThixo wooyihlo, obukumaYuda, úwanikele ezandleni zenu; nibabuléle ke ngomsindo ode waya kufikelela emazulwini. Kaloku ke oonyana bakwaYuda neYe- 10 rusalem, nithe nina niya kubanyathela, babe ngamakhoboka namakhobokazana kuni. Kodwa nina aninatyala na kuYehova uThixo wenu? Ndi- 11 phulaphuleni ngoko, nibabuyise abathinjwa, enabathimba kubazalwana benu; ngokuba ukuvutha komsindo kukaYehova kuphezu kwenu.

Kwesuka ke amadoda akwiintloko 12 zoonyana bakaEfrayim, ooAzariya unyana kaYohanan, noBherekiya unyana kaMeshilemoti, noHezekiya unyana kaShalum, noAmasa unyana kaHadelayi, ema phambi kwabavela emkhosini; athi 13 kubo, Ningàbazisi apha abathinjwa, ukuze sibe netyala kuYehova; nifuna ukongeza esonweni sethu nasetyaleni lethu; ngokuba, inene, likhulu ityala lethu, nokuvutha komsindo kuphezu kwamaSirayeli. Abaxhobileyo babashiya ke abathi- 14 njwa namaxhoba phambi kwabathetheli nebandla lonke. Asuka ke amadoda 15 akhankanywe ngamagama, abathabatha abathinjwa, abambathisa bonke ababezé phakathi kwabo ngamaxhoba, abamba-

IZIKRONIKE II 28–29

thisa, abanxiba iimbadada, abadlisa, abaseza, abathambisa, abathundeza ngamaesile bonke abatyhafileyo, abása eYeriko, kumzi wamasundu, kubazalwana babo; wona abuya aya kwaSamari.

16 Ngelo xesha ukumkani uAhazi wa-
thumela ke kookumkani baseAsiriya
17 ukuba baze kumnceda. Ngaphezu koko eza amaEdom, abulala amaYuda,
18 athimba abathinjwa. NamaFilisti ayingenela imizi yasezintilini, neyasezantsi yakwaYuda, ayithimba iBhete-shemeshe, neAyalon, neGederoti, neSoko namagxamesi ayo, neTimna namagxamesi ayo, neGimzo namagxamesi ayo,
19 ahlala khona. Ngokuba uYehova wawathoba amaYuda ngenxa ka-Ahazi, ukumkani wakwaSirayeli; ngokuba wenza inyala kwaYuda, wenza ubumene-
20 mene kuYehova. UTilegati-pilenezere, ukumkani waseAsiriya, wamfikela, wa-
21 mbandezela, akamomeleza; ngokuba uAhazi wayeyiphangile indlu kaYehova, nendlu yokumkani, nabathetheli, wanika ukumkani waseAsiriya; akwamnceda nto noko.

22 Ngexesha lokubandezelwa kwakhe waphinda wenza ubumenemene ku-
23 Yehova, yena ukumkani uAhazi. Wabingelela kwizithixo zaseDamasko ezazimeyisile, wathi, Izithixo zookumkani bama-Aram ezawancedayo, ndobingelela kuzo; zondinceda nam. Ke zona zaba sisikhubekiso kuye nakumaSirayeli onke.
24 UAhazi wazihlanganisa iimpahla zendlu kaThixo, wazinqunqa iimpahla zendlu kaThixo, wazivala iingcango zendlu kaYehova. Wazenzela izibingelelo ezi-
25 mbombeni zonke zaseYerusalem, wenza izigánga emizini yonke ngaminye yakwaYuda, zokuqhumisela thixweni bambi; wamqumbisa uYehova uThixo wooyise.
26 Ezinye izinto zakhe, neendlela zakhe zonke ezokuqala nezokugqibela, nanzo zibhaliwe encwadini yookumkani ba-
27 kwaYuda nabakwaSirayeli. UAhazi walala kooyise, bamngcwabela kuwo umzi oyiYerusalem; ke abamzisanga emangcwabeni ookumkani bakwaSirayeli. UHezekiya, unyana wakhe, waba ngukumkani esikhundleni sakhe.

Ulawulo lukaHezekiya

29 UHezekiya waba ngukumkani eminyaka imashumi mabini anamihlanu ezelwe; waba neminyaka emashumi mabini anesithoba engukumkani eYerusalem. Igama lonina lalingu-Abhiya intombi kaZekariya. Wenza 2 okuthe tye emehlweni kaYehova, njengako konke awakwenzayo uDavide uyise.

Yena, ngomnyaka wokuqala wobu- 3 kumkani bakhe, ngenyanga yokuqala, wazivula iingcango zendlu kaYehova, wazilungisa. Wabangenisa ababinge- 4 leli nabaLevi, wabahlanganisela ebaleni langasempumalanga, wathi kubo, Ndi- 5 phulaphuleni, baLevi; zingcwaliseni kaloku; yingcwaliseni indlu kaYehova, uThixo wooyihlo, nikukhuphe ukungcola okusendaweni engcwele.

Ngokuba oobawo benza ubumene- 6 mene, benza okubi emehlweni kaYehova uThixo wethu, bamshiya, babusonga ubuso babo emnqubeni kaYehova, bawunikela ikhosi; kananjalo bazivala 7 iingcango zevaranda,* bazicima izibane, ábaqhumisela ngesiqhumiso, ábawanyusa amadini anyukayo engcweleni kuThixo kaSirayeli. Ngoko ke 8 áfikelwa amaYuda neYerusalem buburhalarhume bukaYehova, wawanikela aba yinto yokufeketha, neyokumangalisa, neyomsondlo, njengoko nikubonayo ngamehlo enu. Yabona, bawile ooba- 9 wo likrele; oonyana bethu neentombi zethu nabafazi bethu basekuthinjweni ngenxa yoko.

Ngoku ke kusentliziyweni yam uku- 10 menzela umnqophiso uYehova uThixo kaSirayeli, kubuye kúthi ukuvutha komsindo wakhe. Nyana bam, kungo- 11 kunje musani ukuhiliza; ngokuba uYehova uninyule, ukuze nime phambi kwakhe, nilungiselele kuye, nibe ngabalungiseleli nabaqhumiseli kuye.

Basuka ke abaLevi, ooMahati unyana 12 ka-Amasayi, noYoweli unyana ka-Aza-

riya, koonyana bamaKohati; nakoonyana bakaMerari, uKishe unyana kaAbhedi, noAzariya unyana kaYehaleleli; nakumaGershon, uYowa unyana ka-
13 Zima, noEden unyana kaYowa; koonyana bakaElitsafan, uShimri noYehiyeli; nakoonyana baka-Asafu, uZekari-
14 ya noMataniya; nakoonyana bakaHeman, uYehiyeli noShimehi; koonyana bakaYedutun, uShemaya noUziyeli.
15 Babahlanganisa ke abazalwana babo, bazingcwalisa, bangena ngokomthetho wokumkani ngamazwi kaYehova, uku-
16 yihlambulula indlu kaYehova. Bángena phakathi kwendlu kaThixo ababingeleli, ukuze bayihlambulule; bayikhupha yonke into eyinqambi abayifumanáyo etempileni kaYehova, bayisa entendelezweni yendlu kaYehova. AbaLevi bayithabatha, ukuze bayikhuphele phandle, bayise emlanjaneni oyiKidron.
17 Baqala ukungcwalisa ngomhla wokuqala, ngenyanga yokuqala; ngomhla wesibhozo wenyanga leyo bafika evarandeni kaYehova. Bayingcwalisa ke indlu kaYehova imihla esibhozo, bagqiba ngomhla weshumi elinesithandathu
18 wenyanga yokuqala. Bangena baya kuHezekiya ukumkani, bathi, Siyihlambulùle indlu yonke kaYehova, nesibingelelo sedini elinyukayo, neempahla zaso zonke, netafile yezonka ezicwangciswayo, neempahla zayo zonke.
19 Neempahla zonke awazilahlayo uAhazi, ngexa lokulawula kwakhe ngokwenza ubumenemene, sizilungisile sazingcwalisa; nanzo ziphambi kwesibingelelo sikaYehova.

20 Wavuka kusasa uHezekiya ukumkani, wabahlanganisa abathetheli bawo umzi;
21 wenyuka waya endlwini kaYehova. Bazisa iinkunzi ezintsha zeenkomo zasixhenxe, neenkunzi zeegusha zasixhenxe, neemvana zasixhenxe, neenkunzi zeebhokhwe zasixhenxe, ukuba zibe lidini lesono ngenxa yobukumkani, nangenxa yendawo engcwele, nangenxa yamaYuda. Wathi koonyana baka-Aron, ababingeleli, mabenze amadini anyukayo
22 esibingelelweni sikaYehova. Bazixhela iinkomo, ababingeleli balamkela igazi, balitshiza esibingelelweni; bazixhela iinkunzi zeegusha, balitshiza igazi esibingelelweni; bazixhela iimvana, balitshiza igazi esibingelelweni. Bazizisa 23 iinkunzi zeebhokhwe zedini lesono phambi kokumkani nebandla, bacinezela ngezandla zabo phezu kwazo; bazixhela 24 ababingeleli, ukuba bawacamagushele amaSirayeli onke, ngokulenza nyulu igazi lazo esibingelelweni; ngokuba ukumkani ebethe makenzelwe onke amaSirayeli idini elinyukayo nedini lesono.

Wabamisa abaLevi endlwini kaYe- 25 hova, benamacangci, benemirhubhe, beneehadi, ngokomthetho kaDavide, noGadi imboni yokumkani, noNatan umprofeti; ngokuba loo mthetho ubungokaYehova ngabaprofeti bakhe. Be- 26 ma abaLevi benempahla kaDavide, ababingeleli benamaxilongo.

Wathi uHezekiya, makunyuswe idini 27 elinyukayo esibingelelweni. Lithe lakuqalwa idini elinyukayo, yaqala ingoma kaYehova namaxilongo, ngokokuhlabela kweempahla zikaDavide ukumkani wakwaSirayeli. Lonke ibandla 28 laqubuda, iimvumi zivuma, abavuthelimaxilongo bevuthela; oko konke kwenziwa lada lagqitywa idini elinyukayo. Kwakugqitywa ukunyuswa idini elinyu- 29 kayo, ukumkani nabo bonke abafumaneka benaye, baguqa baqubuda. Bathi 30 ooHezekiya ukumkani nabatheteli, mabamdumise uYehova abaLavi ngamazwi kaDavide naka-Asafu imboni. Bamdumisa ke bada bavuya; bathoba, baqubuda.

Waphendula uHezekiya wathi, Ku- 31 ngokunje nizingcwalisile kuYehova; yizani, nizise imibingelelo neyombulelo endlwini kaYehova. Layizisa ke ibandla imibingelelo neyombulelo; bonke ababeqhutywa yintliziyo, bazisa amadini anyukayo. Inani lamadini anyu- 32 kayo elawazisayo ibandla, lalingamashumi asixhenxe eenkomo, nekhulu leenkunzi zeegusha, namakhulu amabini eemvana. Ezo zonke zaba zezedini elinyukayo kuYehova. Ezingcwalisiwe- 33

IZIKRONIKE II 29–30

yo iinkomo zaba ngamakhulu amathandathu, namawaka amathathu empa-
34 hla emfutshane. Kodwa ababingeleli babembalwa, ababa nakuwahlinza onke amadini anyukayo; bababambisa ke abazalwana babo abaLevi, wada wagqitywa loo msebenzi, bada bazingcwalisa ababingeleli; ngokuba abaLevi babethe tye ngentliziyo ukuzingcwalisa,
35 kunababingeleli. Kananjalo amadini anyukayo aba maninzi, enamanqatha emibingelelo yoxolo, neminikelo ethululwayo yawo amadini anyukayo; yaqiniselwa ke inkonzo yendlu kaYehova.
36 Ke uHezekiya nabantu bonke bakuvuyela oko uThixo akuqinisele abantu; ngokuba le nto yenziwa ngesiquphe.

30 Wathumela uHezekiya kuwo onke amaSirayeli namaYuda; kananjalo wabhala iincwadi eziya kumaEfrayim namaManase, ukuba kuziwe endlwini kaYehova eYerusalem, kwenziwe ipasi-
2 ka kuYehova, uThixo kaSirayeli. Ukumkani wacebisana nabathetheli bakhe nebandla lonke eYerusalem, ukuba kwenziwe ipasika ngeyesibini inyanga.
3 Kuba babengenakuyenza ngexesha elililo; ngokuba ababingeleli baye bengazingcwalisanga ngokwaneleyo, nabantu baye bengazihlanganiselanga eYerusa-
4 lem. Loo ndawo yathi tye emehlweni okumkani, nasemehlweni ebandla lonke.
5 Bamisa indawo yokuba lihanjiswe ilizwi kumaSirayeli onke, kuthatyathelwe eBher-shebha, kuse kwaDan, ukuba baze kwenza ipasika kuYehova, uThixo wamaSirayeli, eYerusalem; ngokuba babengayenzanga bebaninzi, njengoko kubhaliweyo.
6 Zahamba izigidimi zineencwadi ezivela ezandleni zokumkani nezabathetheli bakhe, zaya kuwo onke amaSirayeli namaYuda, zathi ngokomyalelo wokumkani, Nina, nyana bakaSirayeli, buyelani kuYehova, uThixo, ka-Abraham noIsake noSirayeli, abuyele kwabaseleyo kuni, abasindileyo esandleni
7 sookumkani baseAsiriya. Musani ukuba njengooyihlo, nanjengabazalwana benu, abênza ubumenemene kuYehova, uThixo wooyihlo, wabanikela baba yinto yokumangalisa, njengoko nikubonayo.
8 Musani ukuyenza lukhuni ngoku intamo yenu, njengooyihlo. Mnikeni uYehova isandla, nize engcweleni yakhe abeyingcwalisile ngonaphakade, nimkhonze uYehova uThixo wenu, kubuye kuni ukuvutha komsindo wakhe.
9 Ngokuba, ukuba nithe nabuyela kuYehova, abazalwana benu noonyana benu bofumana imfesane kwababathimbileyo, babuyele kweli lizwe; ngokuba unobabalo, unemfesane uYehova uThixo wenu; akayi kubufihla kuni ubuso bakhe, ukuba nithe nabuyela kuye.

10 Izigidimi ezo zathungela imizi ngemizi ezweni lakwaEfrayim nelakwaManase, zesa kwelakwaZebhulon. Ba-
11 zihleka, bazigculela; kodwa amadoda athile akwa-Ashere nawakwaManase nawakwaZebhulon azithoba, eza eYerusalem.
12 Kananjalo isandla sikaThixo sabakho kwaYuda, ukuba abanike ntliziyo-nye yokwenza umthetho wokumkani nowabathetheli, ngowelizwi likaYehova.

13 Kwahlangana eYerusalem abantu abaninzi, ukuze benze umthendeleko wezonka ezingenagwele ngenyanga yesibini; baba libandla elikhulu kunene.
14 Besuka, bazisusa izibingelelo ezibe ziseYerusalem, bazisusa zonke iziqhumiselo, baziphosa emlanjaneni oyiKidron. Bayixhela ipasika ngolweshumi
15 elinesiné usuku lweyesibini inyanga. Ababingeleli nabaLevi bazidanela, bazingcwalisa, bazisa amadini anyukayo endlwini kaYehova.

16 Bema endaweni yabo ngokwesiko labo, ngokomyalelo kaMoses umfo wakwaThixo; ababingeleli balitshiza igazi layo *ipasika*, belithabatha esandleni sabaLevi; ngokuba babebaninzi eba-
17 ndleni abe bengazingcwalisanga. AbaLevi bamela ukuxhela ipasika ngenxa yabantu bonke abaziinqambi, ukuba *iimvana* zingcwaliselwe kuYehova; ngo-
18 kuba ubuninzi babantu, abaninzi ababevele kwaEfrayim nakwaManase, kwaIsakare nakwaZebhulon, baye bengazi-

hlambululanga. Bayidla ipasika ngokungengamthetho; kodwa uHezekiya wabathandazela, esithi, Wanga uYehova
19 olungileyo angamxolela elowo uyibhekisé intliziyo yakhe ekumquqeleni uThixo uYehova, uThixo wooyise, nakuba kungengokwentlambululo yendawo
20 engcwele. UYehova wamva uHezekiya, wabaphilisa abantu.
21 OonyanabakaSirayeliabafunyanwáyo eYerusalem bawenza ke umthendeleko wezonka ezingenagwele imihla esixhenxe, bevuya kakhulu, bemdumisa uYehova iimini ngeemini abaLevi nababingeleli, ngeempahla zokumzukisa uYe-
22 hova. UHezekiya wathetha kakuhle nabo abaLevi bonke, ababenokuyiqonda kakuhle inkonzo kaYehova. Bádla ke umthendeleko imihla esixhenxe, bebingelela imibingelelo yoxolo, bebulela kuYehova uThixo wooyise.
23 Ibandla lonke lacebisana ukwenza nesinye isixhenxe semihla; basenza ke
24 isixhenxe semihla, bevuya. Ngokuba uHezekiya ukumkani wakwaYuda walirhumela ibandla iwaka leenkunzi ezintsha zeenkomo, namawaka asixhenxe empahla emfutshane; nabathetheli balirhumela ibandla iwaka leenkunzi ezintsha zeenkomo, namawaka alishumi empahla emfutshane; bazingcwalisa ababingeleli abaninzi.
25 Lavuya lonke ibandla lakwaYuda, nababingeleli nabaLevi, nebandla lonke elavela kwaSirayeli, nabasemzini, abavela kwaSirayeli kwanabahleli kwa-
26 Yuda. Kwabakho uvuyo olukhulu ke eYerusalem; ngokuba kususela kwiimini zikaSolomon unyana kaDavide, ukumkani wakwaSirayeli, akuzanga kube-
27 kho nto injalo eYerusalem. Besuka bema ababingeleli, abaLevi, babasikelela abantu; ilizwi labo laviwa, nomthandazo wabo wangena ekhayeni lakhe elingcwele emazulwini.

31 Kwakugqitywa konke oko, aphuma onke amaSirayeli afumanekileyo khona, aya emizini yakwaYuda, aziqhekeza izimiso zamatye, abagawula ooAshera,* azidiliza izigánga nezibinge-
lelo kulo lonke elakwaYuda, nelakwaBhenjamin, nelakwaEfrayim, nelakwaManase, kwada kwagqitywa. Babuya bonke oonyana bakaSirayeli, elowo waya elifeni lakhe, emizini yakowabo.

UHezekiya wawamisa amaqela aba- 2 bingeleli nawabaLevi ngokwamaqela abo, elowo ngokomsebenzi wakhe, ababingeleli nabaLevi; *wabamisela* amadini anyukayo nemibingelelo yoxolo, ukuba balungiselele, babulele, badumise emasangweni eminquba kaYehova. Isabelo sokumkani sasempahleni yakhe 3 saba sesamadini anyukayo, amadini anyukayo akusasa kwanawangokuhlwa, namadini anyukayo esabatha, nawokuthwasa kwenyanga, nawemithendeleko, ngoko kubhaliweyo emyalelweni kaYehova. UHezekiya wathi kubantu, 4 kubemi baseYerusalem, mabanike isabelo sababingeleli nabaLevi, ukuze babambelele emyalelweni kaYehova.

Lakuvakala elo lizwi, oonyana baka- 5 Sirayeli bazisa into eninzi yeziqhamo zokuqala zengqolowa, newayini, neoli, nobusi, nolibo lonke lwamasimi, bazisa kakhulu isishumi sezinto zonke. Oo- 6 nyana bakaSirayeli nabakaYuda, abahleliyo emizini yakwaYuda, nabo bazisa isishumi seenkomo, nesempahla emfutshane, nesishumi sezinto ezingcwele, ezibe zingcwaliselwe uYehova uThixo wabo, bazibeka iimfumba ngeemfumba. Baqala ngenyanga yesithathu ukuzenza 7 iimfumba, bagqiba ngenyanga yesixhenxe. Beza ooHezekiya nabathetheli, 8 bazibona iimfumba ezo, babulela kuYehova nakubantu bakhe amaSirayeli. Wababuza uHezekiya ababingeleli na- 9 baLevi ngeemfumba ezo. Wathi uAza- 10 riya umbingeleli oyintloko, owendlu kaTsadoki, kuye, Kuseloko kwaqalwayo ukuziswa imirhumo endlwini kaYehova, sidé sahlutha, sashiya kakhulu; ngokuba uYehova ubasikelele abantu bakhe; le nto ingaka yeseleyo.

Wathi uHezekiya, Makulungiswe a- 11 magumbi endlwini kaYehova; bazilungisa ke, bawungenisa umrhumo, nezi- 12 shumi, nezinto ezingcwalisiweyo ngokukholekileyo.

Umphathi wazo ibiyingànga uKonaniya umLevi, noShimehi umninawa
13 wakhe, obengowesibini; noYehiyeli, noAzaziya, noNahati, noAsaheli, noYerimoti, noYozabhadi, noEliyeli, noIsemakiya, noMahati, noBhenaya, bengabaveleli phantsi kwesandla sikaKonaniya noShimehi umninawa wakhe, ngommiselo kaHezekiya ukumkani, no-
14 Azariya ingànga yendlu kaThixo. UKore unyana kaImna, umLevi, ongowesango lasempumalanga, ubemele iminikelo kaThixo yabaqhutywa yintliziyo, ukuba awabe umrhumo kaYehova
15 nezinto eziyingcwele kanye. Ngaphantsi kwesandla sakhe ibinguEden, noMinyamin, noYeshuwa, noShemaya, noAmariya, noShekaniya, emizini yababingeleli, ngokunyanisa, ukuba babele abazalwana babo ngamaqela, abakhulu
16 kwanjengabancinane; iyodwa into eyindoda ebhalwe emilibeni yokuzalwa, ethabathele kominyaka mithathu ezelwe kwenyusa, kubo bonke abangenáyo endlwini kaYehova *ukwamkela* into yemini, ngangemini yayo, yomsebenzi wabo, ezigxineni zabo ngokwamaqela abo.
17 Ukubhalwa kwababingeleli emilibeni yokuzalwa kube kungokwezindlu zooyise; nabaLevi bebesezigxineni zabo ngokwamaqela abo, bathabathela kominyaka imashumi mabini ezelwe kwenyusa;
18 ukuba kwabelwe iintsatshana zabo zonke ezibhaliweyo emilibeni yokuzalwa, abafazi babo, noonyana babo, neentombi zabo, kwibandla lonke. Ngokuba ngokunyanisa kwabo bazingcwalisa ke nge-
19 zinto ezingcwele. Nangenxa yoonyana baka-Aron ababingeleli, ababesemhlabeni wamadlelo emizi yabo, emizini ngemizi yonke, kube kukho amadoda axeliweyo ngamagama, okuyabela izabelo into yonke eyindoda kubabingeleli, nabo bonke ababhaliweyo emilibeni yokuzalwa kubaLevi.
20 Wenjenjalo uHezekiya kumaYuda onke; wenza okulungileyo, nokuthe tye, nokunyanisileyo, phambi koYehova
21 uThixo wakhe; nasemsebenzini, nokuba nguwuphi, awawuqalayo wenkonzo yendlu kaThixo, nomyalelo, nomthetho, ukuba amqqele uThixo wakhe, wawenza ngentliziyo yakhe yonke, waphumelela.

Imihla yokugqibela yolawulo lukaHezekiya

32 Emveni kwezi zinto noku kunyanisa, weza uSaneribhe, ukumkani waseAsiriya, walingenela elakwaYuda, wangqinga imizi enqatyisiweyo; wathi uya kuzigqobhozela.

Wathi uHezekiya, akubona ukuba 2 uyeza uSaneribe, ubuso bakhe ebubhekise ekulweni neYerusalem, wacebisana 3 nabathetheli bakhe namagorha akhe, ukuba bawavale amanzi emithombo engaphandle komzi; bamnceda ke. Kwabuthelana abantu abaninzi, bawa- 4 vala onke amaso emithombo, nomlanjana obuqukuqela phakathi kwelizwe; bathi, Yini na ukuba ookumkani baseAsiriya beze bafumane amanzi amaninzi? Wazomeleza, walwakha lonke 5 udonga olwaludiliziwe, wenyusa iinqaba ezinde phezu kwalo, wákha nolunye udonga ngaphandle, wayiqinisela iMilo yomzi kaDavide, wenza izikhali neengweletshetshe ezininzi.

Wamisa abathetheli bemfazwe phezu 6 kwabantu; wababuthela kuye endaweni yembutho yasesangweni lomzi, wathetha kakuhle nabo, wathi, Yomelelani 7 nikhaliphe; musani ukoyika; musani ukuqhiphuka umbilini ngukumkani waseAsiriya, nayingxokolo yonke anayo, ngokuba baninzi abangakuthi, phezu kwabangakuye. Okunaye yingalo ye- 8 nyama, okunathi nguYehova uThixo wethu, ukuba asincede, alwe amadabi ethu. Abantu bayama emazwini kaHezekiya ukumkani wakwaYuda.

Emveni koko uSaneribhe ukumkani 9 waseAsiriya wathumela eYerusalem abakhonzi bakhe (yena engaseLakishe, enabalawuli bakhe bonke), kuHezekiya ukumkani wakwaYuda, nakumaYuda onke aseYerusalem, esithi, Utsho u- 10 Saneribhe ukumkani waseAsiriya, ukuthi, Nikholosé ngantoni na, nihleli nje ekungqingweni eYerusalem? Àkani- 11 lahlekisi uHezekiya yini na, ukuba anini-

IZIKRONIKE II 32

kele ekufeni yindlala nakukunxanwa, ngokuthi oku, UYehova uThixo wenu wonihlangula esandleni sokumkani wa-
12 seAsiriya? AsinguHezekiya na lo uzisusileyo izigànga zakhe nezibingelelo zakhe, wathi kumaYuda nakwiYerusalem, Qubudani phambi kwasibingelelo
13 sinye, niqhumisele phezu kwaso? Aniyazi na into endayenzayo, mna noobawo, ezizweni zonke zamazwe la? Bába nako nokuba nako na oothixo beentlanga zamazwe la, ukuwahlangula ama-
14 zwe azo esandleni sam? Nguwuphi na koothixo bonke bezo ntlanga, bàzisingela phantsi oobawo, owaba nako ukubahlangula abantu bakhe esandleni sam, ukuba abe nako uThixo wenu ukuni-
15 hlangula esandleni sam? Ke ngoko makanganilukuhli uHezekiya, makanganikhohlisi ngokunjalo. Musani ukukholwa nguye; ngokuba akubangakho namnye uthixo wazo zonke iintlanga nezikumkani, owaba nako ukuhlangula abantu bakhe esandleni sam, nasesandleni soobawo; wobeka phi na ke yena uThixo wenu? Akayi kunihlangula esandleni sam.

16 Babuya bathetha abakhonzi bakhe ngoYehova uThixo, nangoHezekiya u-
17 mkhonzi wakhe. Wabhala incwadi yokumngcikiva uYehova uThixo kaSirayeli, ethetha ngaye esithi, Njengokuba oothixo beentlanga zamazwe bengabahlangulanga abantu babo esandleni sam, ngokunjalo akayi kubahlangula noThixo kaHezekiya abantu bakhe esa-
18 ndleni sam. Bámemeza ngelizwi elikhulu ngesiYuda ebantwini baseYerusalem ababeseludongeni, beboyikisa, bebaphelisa amandla, ukuze bawuthimbe loo
19 mzi. Bathetha ngoThixo weYerusalem njengoothixo bezizwe zehlabathi, umsebenzi wezandla zabantu.

20 Bathandaza ke uHezekiya ukumkani, noIsaya unyana ka-Amotsi, umprofeti, ngenxa yoko; bakhala, basingisa emazu-
21 lwini. UYehova wathuma isithunywa sezulu, sawenza athi shwaka onke amagorha anobukroti, neengànga, nabathetheli, emkhosini wokumkani waseAsiriya. Wabuya, ubuso bakhe buthe khu- nubembe, waya ezweni lakhe. Wangena endlwini yothixo wakhe; bathi ababephume ezibilinini zakhe bamwisa khona ngekrele. UYehova wamsindisa 22 ke uHezekiya nabemi baseYerusalem esandleni sikaSaneribhe ukumkani waseAsiriya, nasesandleni sabangabambi; wabakhusela ngeenxa zonke. Baba ba- 23 ninzi abazisa umnikelo kuYehova eYerusalem, nezinto ezinqabileyo kuHezekiya ukumkani wakwaYuda. Waphakanyiswa emehlweni eentlanga zonke emveni koko.

Ngezo mini wayesifa uHezekiya, 24 wayeza kufa, wathandaza kuYehova; wathetha naye, wamnika umqondiso.

Ke uHezekiya akabuyekezanga nje- 25 ngokuphathwa kwakhe; ngokuba intliziyo yakhe yaphakama. Bafikelwa buburhalarhume, yena namaYuda neYerusalem. Wazithoba uHezekiya ekupha- 26 kameni kwentliziyo yakhe, yena nabemi baseYerusalem; àbabafikela ngemihla kaHezekiya uburhalarhume bukaYehova.

UHezekiya ubenobutyebi nozuko olu- 27 khulu kunene, wazenzela izindlu zobuncwane besilivere, nobegolide, nobamatye anqabileyo, nobobulawu, nobeengweletshetshe, nobeempahla zonke ezinqwenelekayo, noovimba bendyebo ye- 28 ngqolowa, neyewayini, neyeoli, nezitali zeentlobo zonke zeenkomo, nezibaya zemihlambi. Wazenzela imizi yabalusi 29 bemfuyo yempahla emfutshane, neyeenkomo ezininzi; ngokuba uThixo ubemnike impahla eninzi kunene. UHeze- 30 kiya lo walivala ithende eliphezulu lamanzi aseGihon, wawahambisa ngaphantsi, esinga ngasentshonalanga komzi kaDavide.

UHezekiya waphumelela emsebenzini wakhe wonke. Kodwa ke emcimbini wa- 31 bathunywa abangamakhumsha, abathetheli baseBhabheli, ababethunyiwe kuye, bebuzisa ngesimanga esabakho ezweni *lakhe*, uThixo wamshiya, ukuba amlinge, ákwazi konke okusentliziyweni yakhe.

Ezinye izinto zikaHezekiya, nokwe- 32

nza kwakhe ngenceba, nanko kubhaliwe embonweni kaIsaya unyana ka-Amotsi, umprofeti, encwadini yookumkani ba-
33 kwaYuda nabakwaSirayeli. UHezekiya walala kooyise; bamngcwabela endulini yamangcwaba oonyana bakaDavide. Amzukisa ekufeni kwakhe amaYuda nabemi baseYerusalem. UManase, unyana wakhe, waba ngukumkani esikhundleni sakhe.

Ulawulo lukaManase noluka-Amon

33 UManase ubeminyaka ilishumi linamibini ezelwe, ukuba ngukumkani kwakhe; waba neminyaka emashumi mahlanu anamihlanu engukumkani eYerusalem.

2 Wenza okubi emehlweni kaYehova, ngokwamasikizi eentlanga awazigqogqayo uYehova phambi koonyana ba-
3 kaSirayeli. Wabuya wazakha izigánga, awazidilizayo uHezekiya uyise; wabamisela ooBhahali* izibingelelo, wenza ooAshera,* wawunqula umkhosi wonke
4 wezulu, wawukhonza. Wazakha izibingelelo endlwini kaYehova, awathi uYehova, KuseYerusalem apho liya kuba khona igama lam ngonaphakade.
5 Wawakhela izibingelelo wonke umkhosi wezulu ezintendelezweni zombini zendlu kaYehova.
6 Yena wabacandisa oonyana bakhe emlilweni, emfuleni wakwaBhen-hinom, waba litola, wahlaba izihlabo, wakhafula, wamisa abaneshologu noosiyazi, wakwandisa ukwenza okubi emehlweni
7 kaYehova, ukuba amqumbise. Wawumisa umfanekiso oqingqiweyo abewenzile, endlwini kaThixo, awathi uThixo kuDavide nakuSolomon unyana wakhe, Kuyo le ndlu naseYerusalem, endiyinyulileyo ezizweni zonke zakwaSirayeli, ndiya kulibeka khona igama lam ngona-
8 phakade, ndingaphindi ndilususe unyawo lwamaSirayeli emhlabeni endawumisela ooyihlo; kodwa mababe bayakugcina ukukwenza konke endibawisele umthetho ngako, ngokomyalelo wonke nemimiselo namasiko, ngesandla sikaMoses.
9 Ke uManase wawalahlekisa amaYuda nabemi baseYerusalem, ukuba benze okubi, ngaphezu kweentlanga awazitshabalalisayo uYehova phambi koo-
10 nyana bakaSirayeli. UYehova watheha kuManase nakubantu bakhe; àbaphulaphula. UYehova wabafikisela aba-
11 thetheli bomkhosi wokumkani waseAsiriya; bambamba uManase ngamakhonkco, bamkhonkxa ngamakhamandela obhedu, bamsa eBhabheli.

Ekubandezelweni kwakhe wambo-
12 ngoza uYehova uThixo wakhe, wazithoba kakhulu phambi koThixo wooyise. Wathandaza kuye, wathandazeka
13 yena nguye, wakuva ukutarhuzisa kwakhe, wambuyisela eYerusalem ebukumkanini bakhe. Wazi ke uManase ukuba uYehova nguye onguThixo.

Emveni koko wákha udonga olunga-
14 phandle lomzi kaDavide ngasentshonalanga, lwaya eGihon esihlanjeni, lwaya ekungeneni ngesango leentlanzi, wayizunguleza iOfele, waluphakamisa kakhulu. Wamisa abathetheli bempi emizini yonke enqatyisiweyo kwaYuda. Wabasusa oothixo bolunye uhlanga ne-
15 mifanekiso endlwini kaYehova, nezibingelelo zonke abezakhé entabeni yendlu kaYehova, naseYerusalem; waziphosa ngaphandle komzi. Wákha isibingele-
16 lo sikaYehova, wabingelela phezu kwaso imibingelelo yoxolo neyombulelo; wathi kumaYuda makamkhonze uYehova, uThixo kaSirayeli. Abantu bebesabi-
17 ngelela noko ezigangeni; kodwa babingelela ke kuYehova uThixo wabo yedwa.

Ezinye izinto zikaManase, nomtha-
18 ndazo wakhe kuThixo, nokuthetha kweemboni ezibe zithetha kuye egameni likaYehova, uThixo kaSirayeli, nanzo zisemicimbini yookumkani bakwaSirayeli. Nomthandazo wakhe, nokutha-
19 ndazeka kukaThixo nguye, nezono zakhe, nokumeneza kwakhe, neendawo awakhela kuzo izigánga, wamisa ooAshera nemifanekiso eqingqiweyo, engekazithobi, nanzo zibhaliwe emicimbini kaHozayi. UManase walala kooyise,
20 wangcwatyelwa endlwini yakhe, uAmon, unyana wakhe, waba ngukumkani esikhundleni sakhe.

21 UAmon ubeminyaka imashumi mabini anamibini ezelwe, ukuba ngukumkani kwakhe; waba neminyaka emibini engukumkani eYerusalem.
22 Wenza okubi emehlweni kaYehova, njengoko wenza ngako uManase uyise. UAmon wabingelela kwimifanekiso yonke eqingqiweyo awayenzayo uManase
23 uyise, wayikhonza. Akazithobanga phambi koYehova, njengoko wazithobayo uManase uyise; ke yena lo Amon walikhulisa ityala.
24 Abakhonzi bakhe bamceba, bambulala
25 endlwini yakhe. Abantu belizwe bababulala bonke abacebi abo bokumkani uAmon. Abantu belizwe bamenza ukumkani uYosiya, unyana wakhe, esikhundleni sakhe.

Ulawulo lukaYosiya

34 UYosiya ubeminyaka isibhozo ezelwe, ukuba ngukumkani kwakhe; waba neminyaka emashumi mathathu anamnye engukumkani eYerusalem.
2 Wenza okuthe tye emehlweni kaYehova, wahamba ngeendlela zikaDavide uyise, akatyekela ngasekunene nangasekhohlo.
3 Ngomnyaka wesibhozo wobukumkani bakhe, esemncinane, waqala wamquqela uThixo kaDavide uyise, nangomnyaka weshumi elinesibini waqala wawahlambulula amaYuda neYerusalem, kwizigánga, nooAshera,* nemifanekiso eqi-
4 ngqiweyo netyhidiweyo. Bazidiliza phambi kwakhe izibingelelo zooBhahali,* neentsika zelanga ezibe ziphezu kwazo, wazigawula; ooAshera nemifanekiso eqingqiweyo netyhidiweyo wayaphula, wayicola yaluthuli, wayisasaza phezu kwamangcwaba âbo babebinge-
5 lele kuyo. Wawatshisa amathambo ababingeleli phezu kwezibingelelo zabo, wawahlambulula ke amaYuda neYerusa-
6 lem. Nasemizini yakwaManase neyakwaEfrayim neyakwaSimon, kwesa kweyakwaNafetali, emanxuweni azo
7 ngeenxa zonke, wazidiliza izibingelelo, wabaqoba ooAshera nemifanekiso eqingqiweyo, wayicola yaluthuli; waziga-wula zonke iintsika zelanga ezweni lonke lakwaSirayeli, wabuyela eYerusalem.

8 Ngomnyaka weshumi elinesibhozo wobukumkani bakhe, ekulihlambululeni kwakhe ilizwe elo nendlu leyo, wathuma uShafan unyana ka-Atsaliya, noMahaseya umphathi womzi, noYowa unyana kaYowahazi, umkhumbuzi wezinto zakomkhulu, ukuba bayihlaziye indlu kaYehova uThixo wakhe. Beza kuHile-
9 kiya umbingeleli oyintloko, bayinikela imali ebizisiwe endlwini kaThixo, abayibutháyo abaLevi, abagcini-mnyango, eyabe ivele esandleni samaManase namaEfrayim, nakumaqongqolo onke akwaSirayeli, nakuwo onke amaYuda namaBhenjamin; babuyela eYerusalem.
10 Bayinikela esandleni sabenzi bomsebenzi, ababephethe indlu kaYehova; bayinikela kubenzi bomsebenzi ababesebenza endlwini kaYehova, ukuba bayilungise bayihlaziye indlu leyo;
11 bayinikela ke kwiingcibi zemithi nakubakhi, ukuba kuthengwe amatye axholiweyo, nemithi yemiqadi yokuhlanganisa, neyophahla lwezindlu, ababeziwisile ookumkani bakwaYuda.

12 Amadoda lawo ebesebenza kuloo msebenzi enyanisekile; abaphathi bawo nguYahati no-Obhadiya, abaLevi, bakoonyana bakaMerari; noZekariya noMeshulam, bakoonyana bakaKehati, abokongamela; nabaLevi bonke abo baziqondayo iimpahla zokuvuma. Ba-
13 bephethe abathwali bemithwalo, bebongamele bonke abasebenzi bomsebenzi ngomsebenzi; abanye abaLevi babengababhali namagosa nabamasango.

14 Ekuyikhupheni kwabo imali ebiziswe endlwini kaYehova, uHilekiya umbingeleli wayifumana incwadi yomyalelo kaYehova, eyabhalwa ngesandla sikaMoses. Waphendula uHilekiya, wathi 15 kuShafan umbhali, Ndiyifumene incwadi leyo yomyalelo endlwini kaYehova. UHilekiya wayinika uShafan le ncwadi.
16 UShafan wayizisa incwadi kukumkani; kanjako wambuyisela ilizwi ukumkani esithi, Konke obekunikelwe esandleni

IZIKRONIKE II 34–35

17 sabakhonzi bakho, bayakwénza; bayikhuphéle imali eyafumanekayo endlwini kaYehova, bayinikela esandleni sabaphathi, nasesandleni sabenzi bomse-
18 benzi. UShafan umbhali waxela kukumkani esithi, UHilekiya umbingeleli undiniké incwadi. Wayilesa uShafan phambi kokumkani.
19 Kwathi akuweva ukumkani amazwi omyalelo, wasuka wazikrazula iingubo
20 zakhe. Ukumkani wabawisela umthetho ooHilekiya, noAhikam unyana kaShafan, noAbhedon unyana kaMika, noShafan umbhali, noAsaya umkhonzi
21 wokumkani, esithi, Yiyani nibuzise kuYehova ngenxa yam, nangenxa yamasalela akwaSirayeli nakwaYuda, malunga namazwi ale ncwadi ifunyenweyo; ngokuba bukhulu ubushushu bukaYehova, obuphalazelwe phezu kwethu, ngenxa enokuba oobawo bengaligcinanga ilizwi likaYehova, ukuba benze njengoko konke kubhaliweyo kule ncwadi.
22 Waya ke uHilekiya nabakwakumkani kuHulida umprofetikazi, umkaShalum unyana kaTokeha, unyana kaHasera, umgcini-ngubo; waye yena ehleli eYerusalem kwesesibini isahlulo sayo. Bathetha kuye ngolo hlobo.
23 Wathi kubo, Utsho uYehova, uThixo kaSirayeli, ukuthi, Nòthi kuloo ndoda
24 inithumileyo kum, Útsho uYehova ukuthi, Yabona ndiyizisela le ndawo nabemi bayo ububi, zonke iziqalekiso ezibhaliweyo encwadini, abayilesileyo
25 phambi kokumkani wakwaYuda; ngethuba lokuba bandishiyáyo, baqhumisela thixweni bambi, ukuze bandiqumbise ngomsebenzi wonke wezandla zabo; ngoko bophalazwa ke ubushushu bam kule ndawo, bungabi nakucinywa.
26 Ke kukumkani wakwaYuda, onithume ukuba nibuzise kuYehova, nòtsho kuye ukuthi, Útsho uYehova uThixo kaSirayeli, ukuthi, Okwalá mazwi uwa-
27 vileyo, ngokokuba ibithambile intliziyo yakho, wasuka wazithoba ebusweni bukaThixo ekuweveni kwakho amazwi akhe, malunga nale ndawo nabemi bayo; wazithoba phambi kwam, wazikrazula iingubo zakho, walila phambi

kwam: nam ndikuvile; utsho uYehova.
Uyabona, ndiya kukuhlanganisela koo- 28
yihlo, uhlanganiselwe engcwabeni lakho unoxolo, angabuboni amehlo akho bonke ububi, endiyizisela bona le ndawo, nabemi bayo.
Bambuyisela ke ilizwi ukumkani.
Wathumela ukumkani, kwahlanganiswa 29 onke amadoda amakhulu akwaYuda neYerusalem.
Wenyuka ukumkani waya endlwini 30 kaYehova, namadoda onke akwaYuda, nabemi baseYerusalem, nababingeleli, nabaLevi, nabantu bonke, kwathabathela komkhulu kwesa komncinane. Wawalesela ezindlebeni zabo onke amazwi encwadi yomnqophiso, eyafunyanwa endlwini kaYehova. Wema 31 ukumkani phezu kwendawo yakhe ephakamileyo, wenza umnqophiso phambi koYehova wokulandela uYehova nokugcina imithetho yakhe, nezingqino zakhe, nemimiselo yakhe, ngentliziyo yakhe yonke, nangomphefumlo wakhe wonke, ukuba enze amazwi aloo mnqophiso abhaliweyo kule ncwadi. Waba- 32 misa *kuwo* bonke abafumanekáyo eYerusalem nakwaBhenjamin. Abemi baseYerusalem benza ke ngokomnqophiso kaThixo, uThixo wooyise.

UYosiya wawasusa onke amasikizi 33 emazweni onke, angawoonyana bakaSirayeli, wabakhonzisa bonke abafumanekáyo kwaSirayeli, ukuba bakhonze uYehova uThixo wabo. Àbatyekanga ekumlandeleni uYehova, uThixo wooyise yonke imihla yakhe.

35 UYosiya wênza ipasika kuYehova eYerusalem; bayixhela ipasika ngosuku lweshumi elinesinè lwenyanga yokuqala. Wabamisa ababingeleli phe- 2 zu kwezigxina zabo, wabomelezela enkonzweni yabo yendlu kaYehova. Wathi kubaLevi ababeqondisa onke 3 amaSirayeli, ababengcwele kuYehova, Yibekeni ityeya engcwele endlwini, awayakhayo uSolomon unyana kaDavide; ukumkani wakwaSirayeli; aniyi kuyithwala emagxeni. Mkhonzeni ka-

loku uYehova uThixo wenu, nabantu
4 bakhe amaSirayeli. Zilungiseni ngokwezindlu zooyihlo, ngokwamaqela enu, ngokwesibhalo sikaDavide ukumkani wakwaSirayeli, nangokwesibhalo sika-
5 Solomon unyana wakhe; nithi engcweleni nimele izahlulo zezindlu zooyise zabazalwana benu, oonyana babantu, iqela eli labaLevi limèle indlu enye
6 yooyise. Nize niyixhele ipasika, nizingcwalise, niyilungisele abazalwana benu, kwenziwe ngokwelizwi likaYehova ngesandla sikaMoses.

7 UYosiya wabarhumela oonyana babantu, bonke abafunyanwayo khona, impahla emfutshane, iimvana, namatakane eebhokhwe, onke láwo angawepasika, engamawaka amashi mi mathathu inani; namawaka amathathu eenkomo. Konke oko kwaphuma kwimfuyo yoku-
8 mkani. Abathetheli bakhe babarhumela abantu nababingeleli nabaLevi iminikelo yabaqhutywa yintliziyo. UHilekiya, noZekariya, noYehiyeli, iingànga zendlu kaThixo, babanika ababingeleli amawaka amabini anamakhulu mathandathu amatakane angawepasika, nama-
9 khulu amathathu eenkomo. UKonaniya noShemaya, noNataniyeli, abazalwana bakhe, noHashabhiya, noYehiyeli, noYozabhadi, abathetheli babaLevi, babarhumela abaLevi amawaka amahlanu amatakane angawepasika, namakhulu omahlanu eenkomo.

10 Yalungiswa ke inkonzo leyo; bema ababingeleli ezindaweni zabo, abaLevi emaqeleni abo, ngokomthetho woku-
11 mkani. Bayixhela ipasika; ababingeleli bathabatha igazi ezandleni zabo,
12 balitshiza, abaLevi bahlinza. Bakususa okwamadini anyukayo, ukuba kunikelwe kwizahlulo zezindlu zooyise zoonyana babantu, kusondezwe kuYehova, njengoko kubhaliweyo encwadini kaMoses. Benjenjalo nangeenkomo.
13 Bayosa ipasika ngomlilo ngokwesiko; izinto ezingcwalisiweyo bazipheka ngeembiza, nangongxawu, nangeepani, bagidimisa koonyana bonke babantu.
14 Emveni koko bazilungisela ngokwabo kwanababingeleli; ngokuba ababingeleli, oonyana baka-Aron, babenyusa amadini anyukayo namaqatha, kude kube sebusuku. Ke abaLevi bazilungisela ngokwabo kwanababingeleli, oonyana baka-Aron.

Iimvumi, oonyana baka-Asafu, zibe 15 zisezindaweni zazo ngokomthetho kaDavide, noAsafu, noHeman, noYedutun imboni yokumkani; nabamasango emasangweni ngamasango babengesuki enkonzweni yabo; ngokuba abazalwana babo abaLevi babebalungisela. Yalu- 16 ngiswa ke yonke inkonzo kaYehova, ngaloo mini yokwenza ipasika, nokunyusa amadini anyukayo esibingelelweni sikaYehova, ngokomthetho wokumkani uYosiya.

Oonyana bakaSirayeli ababekho ba- 17 yenza ipasika ngelo xesha, nomthendeleko wezonka ezingenagwele, imihla esixhenxe. Bekungazanga kwenziwe 18 pasika ngokwaleyo kwaSirayeli, kususela kwimihla kaSamuweli umprofeti. Ookumkani bonke bakwaSirayeli abazanga benze pasika, ngokwaloo pasika wayenzáyo uYosiya, nababingeleli, nabaLevi, nawo onke amaYuda namaSirayeli abekhona, nabemi baseYerusalem. Kwaba ngomnyaka weshumi 19 elinesibhozo wobukumkani bukaYosiya, ukwenziwa kwaloo pasika.

Emveni kwako konke ukuyilungisa 20 kukaYosiya indlu leyo, kwenyuka uNeko, ukumkani waseYiputa, eza kulwa neKarkemishe ngase-Efrati; uYosiya waphuma, waya kulwa naye. Wathuma 21 abathunywa kuye, wathi, Yintoni na enam nawe, kumkani wakwaYuda? Andizé kulwa nawe namhla; ndize endlwini endilwa nayo; uThixo uthe mandikhawulezise; mkhwelele uThixo onam, angàkutshabalalisi.

Ke uYosiya akabusonganga ubuso 22 bakhe kuye; wazenza mntu wumbi, ukuba alwe naye; akawaphulaphula amazwi kaNeko, aphuma emlonyeni kaThixo; weza kulwa esihlanjeni saseMegido. Abatoli bamtola ukumkani 23 uYosiya; wathi ukumkani kubakhonzi bakhe, Ndishenxiseni, ngokuba ndi-

24 ngxwelerhwe kakubi. Abakhonzi bakhe bamthula enqwelweni, bamkhwelisa kweyesibini inqwelo abenayo, bamsa eYerusalem; wafa, wangcwatyelwa emangcwabeni ooyise. Onke amaYuda neYerusalem amenzela isijwili uYosiya.

25 UYeremiya wamenzela isimbonono uYosiya; zathetha zonke iimvumi neemvumikazi ezimbononweni zazo ngoYosiya, unanamhla. Bazenza ummiselo kwaSirayeli; nanzo zibhaliwe ezimbononweni.

26 Ezinye izinto zikaYosiya, nokwenza kwakhe inceba, njengoko kubhaliweyo
27 emyalelweni kaYehova, nezinto zakhe ezokuqala nezokugqibela, nanzo zibhaliwe encwadini yookumkani bakwaSirayeli nabakwaYuda.

Ulawulo lwabanye ookumkani, nokuwa kweYerusalem

36 Abantu belizwe bathabatha uYehowahazi, unyana kaYosiya, bamenza ukumkani esikhundleni sikayise
2 eYerusalem. UYehowahazi ubeminyaka imashumi mabini anamithathu ezelwe, ukuba ngukumkani kwakhe; waba neenyanga ezintathu engukumkani eYerusalem.
3 Ukumkani waseYiputa wamguzula eYerusalem, walihlawulisa ilizwe ikhulu leetalente zesilivere* netalente yegolide.*
4 Ukumkani waseYiputa wamenza uEliyakim, umkhuluwa wakhe, ukuba abe ngukumkani kwaYuda neYerusalem, waliguqula igama lakhe laba nguYehoyakim. UNeko wamthabatha uYehowahazi, umninawa wakhe, wamsa eYiputa.

5 UYehoyakim ubeminyaka imashumi mabini anamihlanu ezelwe, ukuba ngukumkani kwakhe; waba neminyaka elishumi elinamnye engukumkani eYerusalem. Wenza okubi emehlweni kaYehova uThixo wakhe.
6 Wenyuka uNebhukadenetsare, ukumkani waseBhabheli, wameyisa, wamkhonkxa ngamakhamandela obhedu,
7 ukuba amse eBhabheli. UNebhukadenetsare wayisa inxenye yempahla yendlu kaYehova eBhabheli, wayibeka etempileni yakhe eBhabheli.

Ezinye izinto zikaYehoyakim, nama- 8 sikizi akhe awawenzayo, nokwafumanekayo kukuye, nanko kubhaliwe encwadini yookumkani bakwaSirayeli nabakwaYuda. Waba ngukumkani uYehoyakin, unyana wakhe, esikhundleni sakhe.

UYehoyakin ubeminyaka isibhozo 9 ezelwe, ukuba ngukumkani kwakhe; waba neenyanga ezintathu ezineentsuku ezilishumi engukumkani eYerusalem; wenza okubi phambi koYehova. Eku- 10 veleni komnyaka, ukumkani uNebhukadenetsare wathumela wamzisa eBhabheli, kunye neempahla ezinqwenelekayo zendlu kaYehova; wenza uZedekiya, umninawa wakhe, ukuba abe ngukumkani kwaYuda naseYerusalem.

UZedekiya ubeminyaka imashumi 11 mabini anamnye ezelwe, ukuba ngukumkani kwakhe; waba neminyaka elishumi elinamnye engukumkani eYerusalem. Wenza okubi phambi koYehova 12 uThixo wakhe, akazithoba ebusweni bukaYeremiya umprofeti, obethetha okwasemlonyeni kaYehova. Kananjalo 13 wagwilika kukumkani, kuNebhukadenetsare, obemfungise uThixo; waba ngontamo ilukuni, wayenza ingqoshomba intliziyo yakhe, ukuze angabuyeli kuYehova, uThixo wakwaSirayeli.

Kananjalo bonke abathetheli baba- 14 bingeleli nabantu bandisa ukwenza ubumenemene ngokwamasikizi onke eentlanga; bayenza inqambi indlu kaYehova, awayingcwalisayo eYerusalem. UYehova, uThixo wooyise, wathumela 15 kubo ngabathunywa bakhe, wanyameka ukuthumela; ngokuba wayenemfesane ngabantu bakhe, nekhaya lakhe. Baye 16 bebagculela abathunywa bakaThixo, bewadela amazwi akhe, bebagxeka abaprofeti bakhe, bada benyuka ubushushu bukaYehova, beza kubantu bakhe, kwada akwabakho mpilo.

Wabanyusela ukumkani wamaKaledi; 17 wawabulala amadodana abo ngekrele endlwini yabo engcwele, àkaconga ndodana nantombi, nandoda inkulu naxhego; bonke wabanikela esandleni sakhe.

18 Zonke iimpahla zendlu kaThixo, ezinkulu nezincinane, nobuncwane bendlu kaYehova, nobuncwane bokumkani, nobabathetheli bakhe, zonke ezo zinto
19 wazisa eBhabheli. Bayitshisa indlu kaThixo, baludiliza udonga lwaseYerusalem, bawatshisa ngomlilo onke amabhotwe ayo; bazitshabalalisa zonke ii-
20 mpahla zayo ezinqwenelekayo. Wabafudusela eBhabheli abasindileyo ekreleni; baba ngabakhonzi kuye nakoonyana bakhe, bada bangena ubukumkani ba-
21 maPersi; ukuba lizaliseke ilizwi likaYehova ngomlomo kaYeremiya, lide ilizwe lanele ziisabatha zalo; ngayo yonke imihla yokuba senkangala kwalo, laphumla, ukuba kuzaliswe iminyaka emashumi asixhenxe.

Ke kaloku ngowokuqala umnyaka 22 kaKoreshi, ukumkani wasePersi, ukuze kuzaliseke ilizwi likaYehova ngomlomo kaYeremiya, uYehova wawuxhokonxa umoya kaKoreshi ukumkani wasePersi, wahambisa izwi ebukumkanini bakhe bonke, walibhala esithi, Utsho uKoreshi 23 ukumkani wasePersi ukuthi, Zonke izikumkani zehlabathi uzinike mna uYehova, uThixo wamazulu. Yena undiyalele ukuba ndimakhele indlu eYerusalem ekwaYuda. Ubani ophakathi kwenu ebantwini bakhe bonke, uYehova uThixo wakhe makabe naye, anyuke.

INCWADI KAEZRA

UKoreshi uyawavumela amaYuda abuyele eYerusalem

1 Ke kaloku ngowokuqala umnyaka kaKoreshi, ukumkani wasePersi, ukuze kuzaliseke ilizwi likaYehova ngomlomo kaYeremiya, uYehova wawuxhokonxa umoya kaKoreshi, ukumkani wasePersi; wahambisa izwi ebukumkanini bakhe bonke, walibhala, esithi,
2 Utsho uKoreshi ukumkani wasePersi, ukuthi, Zonke izikumkani zehlabathi uziniké mna uYehova, uThixo wamazulu. Yena undiyalele ukuba ndimakhele indlu eYerusalem, ekwaYuda.
3 Ubani ophakathi kwenu, ebantwini bakhe bonke, uThixo wakhe makabe naye, anyuke aye eYerusalem ekwaYuda, ayakhe indlu kaYehova, uThixo kaSirayeli (nguye uThixo), eseYerusa-
4 lem. Onke amasalela, ezindaweni zonke aphambukéle kuzo, makancedwe ngamadoda aloo ndawo akuyo ngesilivere, negolide, nempahla, neenkomo, kunye nomnikelo wabaqhutywa yintliziyo, wendlu kaThixo eseYerusalem.

Zesuka ke iintloko zezindlu zooyise 5 zakwaYuda, nezakwaBhenjamin, nezababingeleli, nezabaLevi, bonke abo uThixo wawuxhokonxayo umoya wabo, ukuba banyuke, baye kuyakha indlu kaYehova eseYerusalem. Bonke aba- 6 bebangqongile babancedisa ngezitya zesilivere, nangegolide, nangempahla, nangeenkomo, nangezinto ezinqabileyo; ngaphandle kwazo zonke ezibe zinikwe ngabantu ngokuqhutywa yintliziyo.

Ke ukumkani uKoreshi wazirhola 7 iimpahla zendlu kaYehova, awayezithabathe eYerusalem uNebhukadenetsare, wazibeka endlwini yoothixo bakhe. U-8 Koreshi ukumkani wasePersi wazirhola, wazinikela kuMitredati, umgcinindyebo, wazibalela kuSheshbhatsare, isikhulu sakwaYuda. Lilo eli inani lazo: 9 izitya zegolide zamashumi mathathu, izitya zesilivere zaliwaka, iinkamba zamashumi mabini anesithoba, iindebe 10 zegolide zamashumi mathathu, iindebe zesilivere zohlobo lwesibini zamakhulu mané anashumi linye, iimpahla ezizimbi zaliwaka. Zonke iimpahla zegolide ne- 11 zesilivere zaba mawaka mahlanu anamakhulu amané. Zonke ezo nto wazinyusa uSheshbhatsare, ekunyusweni kwababethinjelwe eBhabheli, beziswa eYerusalem.

Uluhlu lwabasemfudusweni ababuyayo bephantsi koZerubhabheli

2 Ngabo ke aba oonyana belizwe lakwaYuda abenyukayo, kwababethinjwe basemfudusweni, awabafudusela eBhabheli uNebhukadenetsare, ukumkani waseBhabheli, ababuyela eYerusalem nakwaYuda, elowo wabuyela e-
2 mzini wakowabo; abeza noZerubhabheli, noYeshuwa, noNehemiya, noSeraya, noRehelaya, noMordekayi, noBhileshan, noMispare, noBhigwayi, noRehum, noBhahana. Inani lamadoda abantu bakwaSirayeli: oonyana bakaParo-
3 she ibingamawaka amabini, anekhulu
4 elinamanci asixhenxe anababini. Oonyana bakaShefatiya ibingamakhulu
5 amathathu, anamanci asixhenxe anababini. Oonyana baka-Ara ibingamakhulu asixhenxe, anamanci asixhenxe
6 anabahlanu. Oonyana bakaPahati wakwaMowabhi, koonyana bakaYeshuwa noYowabhi, ibingamawaka amabini anamakhulu asibhozo, aneshumi elinye
7 elinababini. Oonyana bakaElam ibiliwaka elinamakhulu amabini, anamanci
8 mahlanu anabané. Oonyana bakaZatu ibingamakhulu asithoba, anamanci ane-
9 né anabahlanu. Oonyana bakaZakayi ibingamakhulu asixhenxe, anamanci ma-
10 thandathu. Oonyana bakaBhani ibingamakhulu amathandathu, anamanci ma-
11 né anababini. Oonyana bakaBhebhayi ibingamakhulu amathandathu, anama-
12 nci mabini anabathathu. Oonyana bakaAzegadi ibiliwaka elinamakhulu amabi-
13 ni, anamanci mabini anababini. Oonyana baka-Adonikam ibingamakhulu amathandathu, anamanci mathandathu a-
14 nabathandathu. Oonyana bakaBhigwayi ibingamawaka amabini, anamanci
15 mahlanu anabathandathu. Oonyana baka-Adin ibingamakhulu amané, ana-
16 manci mahlanu anabané. Oonyana baka-Atere kaHezekiya ibingamashumi a-
sithoba anesibhozo. Oonyana bakaBhe- 17 tsayi ibingamakhulu amathathu, anamanci mabini anabathathu. Oonyana 18 bakaYora ibilikhulu elineshumi elinababini. Oonyana bakaHashum ibinga- 19 makhulu amabini, anamanci mabini anabathathu. Oonyana baseGibhare i- 20 bingamashumi asithoba anabahlanu. Oonyana baseBhetelehem ibilikhulu, 21 elinamanci mabini anabathathu. Ama- 22 doda aseNetofa ibingamashumi amahlanu anamathandathu. Amadoda ase- 23 Anatoti ibilikhulu, elinamanci mabini anesibhozo. Oonyana baseAzemavete i- 24 bingamashumi amané anababini. Oo- 25 nyana baseKiriyati-yeharim neKefira neBheroti, ibingamakhulu asixhenxe, anamanci amané anabathathu. Oonya- 26 na baseRama neGabha ibingamakhulu amathandathu, anamanci mabini anamnye. Amadoda aseMikimase ibilikhu- 27 lu, elinamanci mabini anamabini. Ama- 28 doda aseBheteli neAyi ibingamakhulu amabini, anamanci mabini anamathathu. Oonyana baseNebho ibingamashu- 29 mi amahlanu anababini. Oonyana 30 bakaMagebhishe ibilikhulu, elinamanci mahlanu anabathandathu. Oonya- 31 na bomnye uElam ibiliwaka, elinamakhulu amabini, anamanci amahlanu anabané. Oonyana bakaHarim ibingama- 32 khulu amathathu, anamanci mabini. Oonyana baseLodi neHadide neOno ibi- 33 ngamakhulu asixhenxe, anamanci mabini anabahlanu. Oonyana baseYeriko ibi- 34 ngamakhulu amathathu, anamanci mané anabahlanu. Oonyana baseSenaha 35 ibingamawaka amathathu, anamakhulu amathandathu, anamanci mathathu.

Ababingeleli: oonyana bakaYedaya 36 bendlu kaYeshuwa ibingamakhulu asithoba, anamanci asixhenxe anabathathu. Oonyana bakaImere ibiliwaka, eli- 37 namanci mahlanu anababini. Oonyana 38 bakaPashure ibiliwaka elinamakhulu amabini, anamanci mané anesixhenxe. Oonyana bakaHarim ibiliwaka, eline- 39 shumi elinesixhenxe.

AbaLevi: oonyana bakaYeshuwa no- 40 Kademiyeli, koonyana bakaHodaviya, ibingamashumi asixhenxe anabané.

41 Iimvumi: oonyana baka-Asafu ibilikhulu, elinamanci mabini anesibhozo.

42 Oonyana babamasango: oonyana bakaShalum, oonyana baka-Atere, oonyana bakaTalemon, oonyana baka-Akubhi, oonyana bakaHatita, oonyana bakaShobhayi, bebonke ibilikhulu, elinamanci mathathu anesithoba.

43 Abakhonzi betempile: oonyana baka-Tsiha, oonyana bakaHasufa, oonyana
44 bakaTabhayoti, oonyana bakaKerose, oonyana bakaSiyaha, oonyana baka-
45 Padon, oonyana bakaLebhana, oonyana
46 bakaHagabha, oonyana baka-Akubhi, oonyana bakaHagabhi, oonyana baka-
47 Shalemayi, oonyana bakaHanan, oonyana bakaGidele, oonyana bakaGa-
48 hare, oonyana bakaRehaya, oonyana bakaRetsin, oonyana bakaNekoda, oo-
49 nyana bakaGazam, oonyana bakaUza, oonyana bakaPaseha, oonyana baka-
50 Bhesayi, oonyana baka-Asna, oonyana bakaMehunim, oonyana bakaNefusim,
51 oonyana bakaBhakebhuki, oonyana ba-
52 kaHakufa, oonyana bakaHar-hure, oonyana bakaBhatseluti, oonyana baka-
53 Mehida, oonyana bakaHarsha, oonyana bakaBharkose, oonyana bakaSisera, oo-
54 nyana bakaTama, oonyana bakaNetsiha, oonyana bakaHatifa.

55 Oonyana babakhonzi bakaSolomon: oonyana bakaSotayi, oonyana bakaSo-
56 ferete, oonyana bakaPeruda, oonyana bakaYahala, oonyana bakaDarkon, oo-
57 nyana bakaGidele, oonyana bakaShefatiya, oonyana bakaHatili, oonyana bakaPokerete-tsebhayim, oonyana baka-Ami.

58 Bonke abakhonzi betempile, noonyana babakhonzi bakaSolomon, ibingamakhulu amathathu, anamanci asithoba anababini.

59 Ngaba abenyuka, bevela eTele-mela, naseTele-harsha, naseKerubhi-adan-imere; ke ababanga nakuzixela izindlu zooyise, nembewu yabo, ukuba ngaba-
60 kwaSirayeli na: oonyana bakaDelaya, oonyana bakaTobhiya, oonyana baka-Nekoda, babengamakhulu omathandathu anamanci mahlanu anababini.

61 Ke koonyana bababingeleli: oonyana bakaHabhaya, oonyana bakaHakotsi, oonyana bakaBharzilayi (owazeka umfazi ezintombini zikaBharzilayi waseGi- liyadi, wabizwa ngegama lazo), abo ba- 62 kufuna ukubhalwa kwabo kwababhalelwe emilibeni yokuzalwa, abakufumana; bangcola ke, ababa sebubinge- lelini. Irhuluneli yathi kubo, mabanga- 63 dli nto kwezingcwele kanye, kude kuvele umbingeleli oneeUrim neeTumim.*

Lonke ibandla, lindawonye, ibe inga- 64 mawaka angamashumi amané anamabini, anamakhulu mathathu, anamanci mathandathu; ngaphandle kwezicaka 65 zabo ezi, nezicakakazi zabo ezi, zingamawaka asixhenxe, anamakhulu amathathu, anamanci mathathu anesixhenxe; zineemvumi neemvumikazi ezingamakhulu amabini.

Amahashe abo ibingamakhulu asi- 66 xhenxe, anamanci mathathu anamathandathu; oondlebende babo ibingamakhulu amabini, anamanci mané anabahlanu; iinkamela zabo ibingamakhu- 67 lu amané, anamanci mathathu anantlanu; amaesile ibingamawaka amathandathu, anamakhulu asixhenxe, anamanci mabini.

Inxenye yeentloko zezindlu zooyise 68 ekufikeni kwayo endlwini kaYehova eseYerusalem, yayizisela indlu kaThixo iminikelo yokuqhutywa yintliziyo, ukuba imiswe endaweni yayo. Banikela 69 ngoko konke ababenako ebuncwaneni bomsebenzi: igolide yangamawaka amashumi amathandathu, anawaka linye eedarike,* nesilivere yangamawaka amahlanu eemina,* nekhulu leengubo ezingaphantsi zababingeleli.

Bahlala ke ababingeleli, nabaLevi, 70 nabantu inxenye, neemvumi, nabamasango, nabakonzi betempile, emizini yakowabo; amaSirayeli onke emizini yawo.

Itempile isekwa ngokutsha

3 Ithe yakufika inyanga yesixhenxe, oonyana bakaSirayeli besemizini yabo, bahlangana abantu njengamntu mnye, beza eYerusalem. Wesuka u- 2 Yeshuwa unyana kaYotsadaki, nabaza-

UEZRA 3-4

lwana bakhe ababingeleli, noZerubhabheli unyana kaShelatiyeli, nabazalwana bakhe, basakha isibingelelo sikaThixo kaSirayeli, ukuba kunyuswe phezu kwaso amadini anyukayo, ngoko kubhaliweyo emyalelweni kaMoses 3 umfo wakwaThixo. Basizinzisa isibingelelo endaweni yaso; ngokuba beboyikiswe zizizwe zala mazwe. Banyusa phezu kwaso amadini anyukayo kuYehova, amadini anyukayo akusasa nawangokuhlwa.

4 Benza umthendeleko weminquba njengoko kubahliweyo, namadini anyukayo iimini ngeemini, ngenani, ngokwesiko, 5 into yemini ngangemini yayo. Emveni kwawo benza idini elinyukayo lamaxesha onke, nawokuthwasa kwenyanga, nawamaxesha onke kaYehova angcwalisiweyo, amisiweyo, nawabo bonke abanikela ngokuqhutywa yintliziyo kuYehova, iminikelo yokuqhutywa yintliziyo.

6 Baqala ngowokuqala umhla wenyanga yesixhenxe, baqala banyusa amadini anyukayo kuYehova; itempile kaYeho-
7 va ibe ingekasekwa. Imali bayinika abaqingqi nabakroli; banika amaTsidon namaTire ukudla, nento eselwayo, neoli, ukuba athabathe imisedare* eLebhanon, ayizise ngolwandle eYafo, ngokuvunyelwa kwabo nguKoreshi ukumkani wasePersi.

8 Ngomnyaka wesibini wokufika kwabo endlwini kaThixo eYerusalem, ngenyanga yesibini, baqala ooZerubhabheli unyana kaShelatiyeli, noYeshuwa unyana kaTsadoki, nabanye abazalwana babo, ababingeleli, nabaLevi, nabo bonke ababephume ekuthinjweni ukuza eYerusalem, bamisa abaLevi, bathabathela kominyaka imashumi mabini ezelwe, kwenyusa, ukuba bawongamele 9 umsebenzi wendlu kaYehova. Kwema ooYeshuwa noonyana bakhe nabazalwana bakhe, uKademiyeli noonyana bakhe, oonyana bakaHodaviya, njengamntu mnye, ukubongamela abawenzayo umsebenzi endlwini kaThixo: oonyana bakaHenadade, oonyana babo nabazalwana babo, abaLevi.

10 Abakhi bayiseka itempile kaYehova; bema ababingeleli, bevethe, benamaxilongo; nabaLevi, oonyana baka-Asafu, benamacangci, ukumdumisa uYehova ngokolwalathiso lukaDavide ukumkani wakwaSirayeli. Basusela ngokudumisa, 11 nangokubulela kuYehova, besithi, Ulungile, inceba yakhe ingunaphakade kuSirayeli; ke bonke abantu baduma ngodumo olukhulu, bedumisa uYehova ngenxa yokusekwa kwendlu kaYehova. Ke isininzi kubabingeleli, nabaLevi, 12 neentloko zezindlu zooyise, namadoda amakhulu, awayeyibonile indlu yokuqala, sathi ekusekweni kwale ndlu emehlweni aso, salila ngezwi elikhulu; ke abaninzi baduma, bavuya ngokuphakamisa ilizwi. Abantu ababa nakulahlula 13 ilizwi lokuduma ngokuvuya kwilizwi lokulila kwabantu; ngokuba abantu babeduma ngodumo olukhulu; ilizwi lavakala nakude.

Ababandezeli bayakuthintela ukwakhiwa kweendonga zeYerusalem

4 Ke kaloku, bakuva ababandezeli bamaYuda nabamaBhenjamin, ukuba oonyana basemfudusweni bamakhela itempile uYehova uThixo wakwaSirayeli, beza kuZerubhabheli, nakwiintloko 2 zezindlu zooyise, bathi kubo, Masakhe nani, ngokuba siquqela uThixo wenu njengani; sibingelela kuye kususela kwimihla kaEsar-hadon, ukumkani waseAsiriya, owasinyusela apha. Wathi u- 3 Zerubhabheli, noYeshuwa, nabanye abaziintloko zezindlu zooyise bakwaSirayeli kubo, Anithe ni nathi ekumakheleni uThixo wethu indlu; somakhela sedwa uYehova, uThixo wakwaSirayeli, njengoko wasiwisela umthetho ngako ukumkani onguKoreshi, ukumkani wasePersi.

Abantu belo zwe bamana ukubaphe- 4 lisa amandla abantu bakwaYuda, beboyikisa ekwakheni; bebaqeshela ama- 5 gqwetha, ukuba alishitshise iqhinga labo, yonke imihla kaKoreshi ukumkani wasePersi, kwada kweziza ebukumkanini bukaDariyo ukumkani wasePersi. Na- 6 sebukumkanini buka-Ahaswerose, ekuqalekeni kobukumkani bakhe, babhala, bebancetheza abemi bakwaYuda nabaseYerusalem.

7 Nangemihla ka-Artashashta kwabhala uBhish-lam, noMitredati, noTabheli, nabanye abalingane babo, kuArtashashta ukumkani wasePersi; incwadi yabhalwa ngentetho yesiAram,* yakhunyu-
8 shwa ngesiAram. OoRehum umkhumbuzi wezinto zakomkhulu, noShimshayi umbhali, babhala incwadi ngeYerusalem kuArtashashta ukumkani, ngolu
9 hlobo. Bathumela ke ooRehum umkhumbuzi wezinto zakomkhulu, noShimshayi umbhali, nabanye abalingane babo bamaDina, nabama-Afarsateki, nabamaTarpela, nabama-Afarsi, nabama-Arki, nabamaBhabheli, nabamaShusha-
10 nki, nabamaDehavi, nabamaElam, nezinye izizwe, awazithimbayo uOsnapare omkhulu obekekileyo, wazibeka emzini wakwaSamari, nakweminye nganeno
11 koMlambo,* nakwezinye iindawo. Yiyo le incwadi abayithumela kuArtashashta ukumkani, ithi:

Abakhonzi bakho, amadoda anganeno
12 koMlambo, njalonjalo. Makwazeke kukumkani, ukuba amaYuda anyukileyo evela kuwe, afikile kuthi eYerusalem; ayawakha umzi ogwilikayo, ongendawo; ayazimisa iindonga zawo, ayazimbela
13 iziseko. Makwazeke ngoku kukumkani, ukuba óthi, xa uthe wakhiwa lo mzi, zafezwa neendonga zawo, angarholi rhafu nasithabathaba, nalunikelo, kude kuye
14 kuxhwaleka ookumkani. Kaloku, ngenxa enokuba sisidla ityuwa yasebhotwe, kwaye kungafanelekile kuthi ukubona ukumkani encitshiswa. Ngako oko si-
15 yathumela, simazisa ukumkani, ukuze kuphicothwe encwadini yezikhumbuzo ezo zooyihlo, wazi ukuba lo mzi waba ngumzi ogwilikayo, owaxhwalekisa ookumkani namazwe, kwenziwa, isiphendu phakathi kwawo kwakudala, waba linxuwa lo mzi ngenxa yoko.

16 Siyamazisa ukumkani ukuba, xa uthe wakhiwa lo mzi, zafezwa neendonga zawo, wòthi ngenxa yelo thuba ungabi nasabelo wena nganeno koMlambo.

17 Waza ukumkani wabathumela impendulo ooRehum umkhumbuzi wezinto zakomkhulu, noShimshayi umbhali, nabanye abalingane babo abahleli kwaSamari, nabanye abanganeno koMlambo, wathi:

Uxolo, njalonjalo. Loo ncwadi nayi- 18 thumelayo kuthi ilesiwe ngokucacileyo phambi kwam. Ndiwisé umthetho, kwa- 19 phicothwa, kwafunyanwa ukuba lo mzi kwakudala uziphakamisile kookumkani, kwenziwa ugwiliko nesiphendu phakathi kwawo. Kwabe kukho ookumka- 20 ni abanamandla eYerusalem, nabanegunya kwilizwe lonke elipheshaya koMlambo apho; kunikelwa kubo irhafu, nesithabathaba, nonikelo. Wisani ngo- 21 ko umthetho wokuba abanjezelwe loo madoda, loo mzi ungakhiwa, kude kuwiswe umthetho ndim. Lumkani, 22 ningakhe le nto niyiyeke; kungani na ukuba kukhule ukonakala, baxhwaleke ookumkani?

Ithe yakuleswa incwadi ka-Artasha- 23 shta ukumkani phambi koRehum, noShimshayi umbhali, nabalingane babo, basuka, beza ngobungxamo eYerusalem kumaYuda, bawanyanzela ngegunya nangamandla. Waza wema umsebenzi 24 wendlu kaThixo eseYerusalem; wema kwada kwaba ngumnyaka wesibini wobukumkani bukaDariyo, ukumkani wasePersi.

Ukwakhiwa kwetempile kuyasungulwa kwakhona

5 Ke kaloku abaprofeti, ooHagayi umprofeti, noZekariya unyana kaIdo, baprofeta kumaYuda abekwaYuda neYerusalem, egameni likaThixo kaSirayeli obekubo. Baza basuka ooZeru- 2 bhabheli unyana kaShelatiyeli, noYeshuwa unyana kaYotsadaki, nabatheheli bakhe, ukuba bayakhe indlu kaThixo eYerusalem, abaprofeti bakaThixo bekubo bencedisana nabo. Kwa- 3 ngelo xesha, weza kubo uTatenayi, ibamba langaneno koMlambo,* noShetar-bhozenayi, nabalingane babo, bathi kubo, Niwiselwe umthetho ngubani na ukuba niyakhe le ndlu, nilwenze olu

UEZRA 5-6

4 donga? Saza senjenje ukuthetha kubo, ngoonantsi noonantsi, amagama ama-
5 doda ayakhayo le ndlu. Ke iliso loThixo wawo libe liphezu kwamadoda amakhulu amaYuda, ukuba bangawabambezeli, ide loo ndawo iye kuDariyo, bakhuphe incwadi ngayo loo ndawo.

6 Incwadi leyo, ooTatenayi, ibamba langaneno koMlambo, noShetar-bhozenayi, nabalingane bakhe bama-Afarseka banganeno koMlambo, bayithume-
7 layo kuDariyo ukumkani, bayithumela loo ndawo kuye; kwabhalwa kwathiwa kuyo:

KuDariyo ukumkani, uxolo luphelele.
8 Makwazeke kukumkani, ukuba saya ezweni lakwaYuda, endlwini kaThixo omkhulu. Iyakhiwa ngamatye anzima, nemithi iyafakwa ezindongeni; lo msebenzi usetyenzwa ngenyameko, uya-
9 phumelela ezandleni zabo. Saza sabuza kumadoda lawo makhulu, sathi kuwo, Niwiselwe umthetho ngubani na ukuba niyakhe le ndlu, nilwenze olu
10 donga? Sabuza kuwo namagama awo, ukuba sikwazise wena, siwabhale amagama amadoda aziintloko kuwo.

11 Enjenje ke ukusibuyisela impendulo, athi, Singabàkhe, singabakhonzi baka-Thixo wamazulu nehlabathi. Sakha le ndlu yakhiwáyo iminyaka emininzi eyadlulayo, yakhiwa yafezwa nguku-
12 mkani omkhulu wakwaSirayeli. Ngokokuba oobawo bamqumbisayo uThixo wamazulu, wabanikela esandleni sikaNebhukadenetsare ukumkani waseBhabheli, umKaledi. Yena wayichitha le ndlu, wabafudusela eBhabheli abantu.
13 Kodwa ngomnyaka wokuqala kaKoreshi ukumkani waseBhabheli, ukumkani uKoreshi wawisa umthetho wokuba
14 yakhiwe le ndlu kaThixo. Kananjalo iimpahla zendlu kaThixo zegolide nezesilivere, awazirholayo uNebhukadenetsare etempileni eseYerusalem, awazizisayo etempileni yaseBhabheli, ezo wazikhupha uKoreshi ukumkani etempileni yaseBhabheli: zanikelwa kogama linguSheshbhatsare, awammisayo ukuba abe
15 libamba. Wathi kuye, Thabatha ezi mpahla, hamba, uzise etempileni ese-Yerusalem, indlu kaThixo yakhelwe endaweni yayo. Waza weza lo Shesh- 16 bhatsare, wazibeka iziseko zendlu kaThixo eseYerusalem; kususela kwelo xesha unangoku iyakhiwa; ayikagqitywa ke.

Kaloku, ukuba kuthe kwalunga ku- 17 kumkani, makuphicothwe endlwini yendyebo yokumkani, eseBhabheli apho, kukhangelwe ukuba kunjalo na, ukuba wawiswa na umthetho nguKoreshi ukumkani, wokuba yakhiwe le ndlu kaThixo eYerusalem; kananjalo makuthunyelwe kuthi ukuthanda kokumkani ngale nto.

Ukumkani uDariyo uvumela ukuba itempile igqitywe

6 Waza uDariyo ukumkani wawisa umthetho; kwaphicothwa endlwini yeencwadi, apho indyebo ibibekwe khona eBhabheli. Kwafunyanwa ko- 2 mkhulu, eAmeta, eselizweni lamaMedi, incwadi esongwayo; kwaye kubhaliwe apho isikhumbuzo, kwathiwa:

Ngowokuqala umnyaka kaKoreshi 3 ukumkani, wawisa umthetho uKoreshi ukumkani, wathi, Indlu kaThixo eYerusalem, mayakhiwe indlu leyo, ibe yindawo apho kubingelelwa khona imibingelelo; zimiswe neziseko zayo; ukuphakama kwayo kube ziikubhite* ezimashumi mathandathu, ububanzi bayo bube ziikubhite ezimashumi mathandathu. Ize ibe ziingcamba ezinta- 4 thu zamatye anzima, nocamba lwemithi emitsha; indleko mayiphume endlwini yokumkani. Neempahla zendlu ka- 5 Thixo zegolide, nezesilivere, awazirholayo uNebhukadenetsare etempileni yaseYerusalem, wazizisa eBhabheli, mazibuyiswe zisiwe etempileni eseYerusalem, ezindaweni zazo, endlwini kaThixo.

Ngoko, Tatenayi, bamba laphesheya 6 koMlambo,* nawe Shetar-bhozenayi, nabalingane benu bama-Afarseka phesheya koMlambo, yibani kude naloo nto; wuyekeni umsebenzi wale ndlu kaThixo. 7 Ibamba lamaYuda namadoda amakhulu akwaYuda mabayakhe le ndlu kaThixo endaweni yayo.

8 Ndiwisa umthetho wento enoyenza kumadoda amakhulu aloo maYuda, ukuba yakhiwe loo ndlu kaThixo; ndithi, loo madoda makanikwe indleko, ebutyebini bukakumkani, erhafini yaphesheya koMlambo, kunyanyekwe,
9 angabanjezelwa. Nezinto ezifunekayo, iinkunzi ezintsha zeenkomo, neenkunzi zeegusha, neemvana, zokuba ngamadini anyukayo kuThixo wamazulu, nengqolowa, netyuwa, newayini, neoli, ngokwelizwi lababingeleli abaseYerusalem, makazinikwe imihla ngemihla, kunga-
10 phosiswa; ukuze basondeze imibingelelo elivumba elithozamisayo kuThixo wamazulu, bathandazele ubomi bokumkani noboonyana bakhe.
11 Ndiwisa umthetho wokuba bonke abantu abayijikayo loo nto, makuncothulwe umthi endlwini yabo, baxhonywe, babethelelwe kuwo, nendlu yabo yenziwe indawo yokuya endle, ngenxa
12 yoko. UThixo, olibeke khona igama lakhe, makabakhahlele phantsi bonke ookumkani, nabantu, abolula izandla zabo, beyijika loo nto, ukuba bayitshabalalise le ndlu kaThixo eseYerusalem. Mna Dariyo ndiwisé umthetho; mawenziwe ngenyameko.

13 Baza ooTatenayi ibamba langaneno koMlambo, noShetar-bhozenayi, nabalingane babo, ngenxa enokuba uDariyo ukumkani ethumile, benjenjalo ngenya-
14 meko. Ke amadoda amakhulu amaYuda ákha, aphumelela ngokokuprofeta kukaHagayi umprofeti, noZekariya unyana kaIdo; ákha ke agqiba, ngenxa yomthetho kaThixo kaSirayeli, nangenxa yomthetho wooKoreshi, noDariyo, noArtashashta, ookumkani basePersi.
15 Yagqitywa ke le ndlu ngosuka lwesithathu lwenyanga enguAdare; ngumnyaka wesithandathu lowo wokulawula kukaDariyo ukumkani.

Ukunikelwa kwetempile

16 Oonyana bakaSirayeli, ababingeleli nabaLevi nabanye oonyana basemfudusweni, bakwenza ngovuyo ukuhlaziywa
17 kwale ndlu kaThixo. Basondezela u-

kuhlaziywa kwale ndlu kaThixo, ikhulu leenkunzi ezintsha zeenkomo, namakhulu amabini eenkunzi zeegusha, namakhulu amané eemvana; neenkunzi zeebhokhwe zedini lesono, ngenxa yamaSirayeli onke, zalishumi elinambini, ngokwenani lezizwe zakwaSirayeli.
Babamisa ababingeleli ngokwezahlulo 18 zabo, nabaLevi ngokwamaqela abo, phezu kwenkonzo kaThixo eseYerusalem, ngoko kubhaliweyo encwadini kaMoses.

Oonyana basemfudusweni bayenza 19 ipasika ngomhla weshumi elinesiné wenyanga yokuqala; ngokuba babezihla- 20 mbulule ababingeleli nabaLevi, njengamntu mnye, bahlambuluka bonke bephela; babaxhelela ipasika oonyana bonke basemfudusweni, nabazalwana babo ababingeleli, nabo ngokwabo. Badla 21 ke oonyana bakaSirayeli ababebuye ekufudusweni, kwanabo bonke abazahluláyo ebunqambini beentlanga zelizwe, beza kubo ukuba bamquqele uYehova, uThixo kaSirayeli. Benza umthendele- 22 ko wezonka ezingenagwele imihla yasixhenxe bevuyile; ngokuba uYehova ebebavuyisile ngokuyibuyisela kubo intliziyo yokumkani waseAsiriya, ukuze izandla zabo zomelezwe emsebenzini wendlu kaThixo, uThixo kaSirayeli.

UEzra uya eYerusalem ngokuvunyelwa ngukumkani uArtashashta

7 Emveni kwezo zinto, ebukumkanini buka-Artashashta ukumkani wasePersi, wathi uEzra, unyana kaSeraya, unyana ka-Azariya, unyana kaHilekiya, unyana ka-Shalum, unyana kaTsadoki, 2 unyana ka-Abhitubhi, unyana ka-Amari- 3 ya, unyana ka-Azariya, unyana kaMerayoti, unyana kaZeraya, unyana kaUzi, 4 unyana kaBhuki, unyana ka-Abhishuwa, 5 unyana kaPinehasi, unyana kaElazare, unyana ka-Aron umbingeleli oyintloko: uEzra lowo wenyuka, ephuma eBha- 6 bheli. Waye engumbhali oyinkunkqele emyalelweni kaMoses, awawuwisayo uYehova, uThixo kaSirayeli. Ukumkani wamnika konke awakucelayo ngo-

UEZRA 7

kwesandla sikaYehova, uThixo wakhe, esiphezu kwakhe.

7 Kwenyuka *naye* inxenye yoonyana bakaSirayeli, neyababingeleli, nabaLevi, neemvumi, nabamasango, nabakhonzi betempile, besiya eYerusalem, ngomnyaka wesixhenxe ka-Artashashta u-
8 kumkani. Wafika eYerusalem ngenyanga yesihlanu; lowo ke ngumnyaka
9 wesixhenxe wokumkani. Ngokuba ibe ingumhla wokuqala wenyanga yokuqala, awawumisela ukunyuka ngawo, ephuma eBhabheli; wafika eYerusalem ngomhla wokuqala wenyanga yesihlanu, ngokwesandla esilungileyo sikaThixo wa-
10 khe, esibe siphezu kwakhe; ngokuba uEzra intliziyo yakhe wayeyibhekise ekuwufuneni umyalelo kaYehova, awenze, afundise ummiselo nesiko kwaSirayeli.

11 Yiyo le incwadi, awathi ukumkani uArtashashta wamnika uEzra umbingeleli, umbhali obhala amazwi emithetho kaYehova, nemimiselo yakhe kumaSirayeli:

12 UArtashashta, ukumkani wookumkani, kuEzra umbingeleli, umbhali ogqibeleleyo emthethweni kaThixo wamazulu,
13 njalonjalo. Ndiwise umthetho wokuba bonke ebukumkanini bam, phakathi kwabantu bakwaSirayeli, nababingeleli babo nabaLevi, abaqhutywa yintliziyo ukuya eYerusalem, mabahambe nawe.
14 Ngokuba wena uthunywa ngukumkani namaphakathi akhe asixhenxe, ukubuzisa ngamaYuda neYerusalem, ngokomthetho kaThixo wakho osesandleni
15 sakho; uyise isilivere negolide, ayinikelayo ukumkani namaphakathi akhe, ngokuqhutywa yintliziyo, kuThixo kaThixo wakho obusesandleni sakho, misa
16 Sirayeli, okhaya liseYerusalem; nayo yonke isilivere negolide, owoyifumana ezweni lonke laseBhabheli, kunye nomnikelo wokuqhutywa yintliziyo wabantu nababingeleli, abanikela ngokuqhutywa yintliziyo ngenxa yendlu kaThixo wabo, eseYerusalem.

17 Ngoko ke ùya kuthenga ngenyameko ngale mali iinkunzi ezintsha zeenkomo, neenkunzi zeegusha, neemvana, nemi- nikelo yazo yokudla, nethululwayo; uyisondeze esibingelelweni sendlu kaThixo wenu eseYerusalem.

Nento ethe yalunga kuwe, nakuba- 18 zalwana bakho, ukwenziwa ngesilivere nangegolide eseleyo, noyenza ngokokuthanda kukaThixo wenu. Ke ii- 19 mpahla ozinikiweyo ngenxa yombuso wendlu kaThixo wakho, zinikele ziphelele phambi koThixo eYerusalem. Ne- 20 zinye izinto ezifunekayo zendlu kaThixo wakho, othi kuyafuneka ukuba zinikelwe, wòzirhola endlwini yendyebo yokumkani.

Mna Artashashta, kumkani, ndiwisa 21 umthetho kubo bonke abagcini-ndyebo abaphesheya koMlambo,* wokuba konke aya kukubiza kuni uEzra, umbingeleli, umbhali womthetho kaThixo wamazulu, makwenziwe ngenyameko, kuse 22 ekhulwini leetalente* zesilivere, nekhulu leekore* zengqolowa, nekhulu leebhate* zewayini, nekhulu leebhate zeoli, netyuwa ingalinganiselwa. Yonke into 23 engomthetho kaThixo wamazulu mayenzelwe indlu kaThixo wamazulu ngokuthe nqò; kuba kungàni na ukuba bufikelwe buburhalarhume ubukumkani bokumkani noonyana bakhe? Ma- 24 kwazeke kuni, ukuba bonke ababingeleli, nabaLevi, neemvumi, nabamasango, nabakhonzi betempile, nabalungiseleleli bale ndlu kaThixo, akukho bani unagunya lakubathwesa irhafu, nasithabathaba, nalunikelo.

Wena Ezra, ngokobulumko buka- 25 Thixo wakho obusesandleni sakho, misa abagwebi, nabathethi bamatyala, ebantwini bonke abaphesheya koMlambo; ndithi, bonke abayaziyo imithetho kaThixo wakho; nabangayaziyo nobazisa. Ke bonke abasukuba bengawenzi umthe- 26 tho kaThixo wakho, nomthetho wokumkani, malithethwe ityala labo ngenyameko, nokuba baya kubulawa, nokuba baya kugxothwa, nokuba baya kudliwa, nokuba baya kukhonkxwa.

Makabongwe uYehova, uThixo woo- 27 bawo, oyinikeleyo into enjalo entliziyweni yokumkani, ukuba ayihombise

28 indlu kaYehova eseYerusalem; onditho- bele inceba phambi kokumkani, nama- phakathi akhe, nabathetheli bonke bokumkani abangamagorha. Mna ndo- melezeka ngokwesandla sikaYehova u- Thixo wam esiphezu kwam; ndazibutha kumaSirayeli iintloko zezindlu zooyise, ukuba zinyuke nam.

Abalingane bakaEzra

8 Zizo ke ezi iintloko zezindlu zooyise, nokubhalwa kwazo emilibeni yoku- zalwa, ezenyuka nam, ziphuma eBha- bheli, ebukumkanini buka-Artashashta
2 ukumkani: koonyana bakaPinehasi ngu- Gershom; koonyana bakaItamare ngu- Daniyeli; koonyana bakaDavide ngu-
3 Hatushe; koonyana bakaShekaniya, koonyana bakaParoshe, nguZekariya, enamadoda abhalwe emilibeni yokuza-
4 lwa, alikhulu elinamanci mahlanu; koo- nyana bakaPahati wakwaMowabhi ngu- Eliyohenayi unyana kaZeraya, enama-
5 doda angamakhulu mabini; koonyana bakaShekaniya, ngunyana kaYahaziye- li, enamadoda angamakhulu amatha-
6 thu; koonyana baka-Adin nguEbhede unyana kaYonatan, enamadoda ama-
7 shumi mahlanu; koonyana bakaElam nguYeshaya unyana ka-Ataliya, ena-
8 madoda amashumi asixhenxe: koonya- na bakaShefatiya nguZebhadiya unyana kaMikayeli, enamadoda amashumi
9 asibhozo; koonyana bakaYowabhi ngu- Obhadiya unyana kaYehiyeli, enama- doda angamakhulu amabini aneshumi
10 elinesibhozo; koonyana bakaShelomiti ngunyana kaYosifiya, enamadoda ali-
11 khulu elinamanci mathandathu; koo- nyana bakaBhebhayi nguZekariya u- nyana kaBhebhayi, enamadoda ama-
12 shumi mabini anesibhozo; koonyana baka-Azegadi nguYohanan unyana ka- Hakatan, enamadoda alikhulu eline-
13 shumi linye; koonyana bokugqibela ba- ka-Adonikam abamagama angala: ngu- Elifelete, noYehiyeli, noShemaya, bena-
14 madoda amashumi mathandathu; koo- nyana bakaBhigwayi ngu-Utayi, noZa- bhudi, enamadoda amashumi asixhenxe.
15 Ndabahlanganisela emlanjeni ongu- mAhava; samisa khona imihla yamitha- thu. Ndabagqala abantu nababingeleli, andafumana khona namnye woonyana
16 bakaLevi. Ndathumela ukuba kubi- zwe ooEliyezere, noAriyeli, noShema- ya, noElinatan, noYaribhi, noElinatan, noNatan, noZekariya, noMeshulam, a- baziintloko; noYoyaribhi noElinatan, a- baqondisi-mthetho. Ndabasusa baya
17 kuIdo, oyintloko endaweni eyiKasifiya; ndabeka amazwi emlonyeni wabo, uku- ba bathethe wona kuIdo nabazalwana bakhe, abakhonzi betempile, endaweni eyiKasifiya, ukuba basizisele abalungi- seleli bendlu kaThixo wethu. Bathi ke,
18 ngokwesandla sikaThixo wethu esilungi- leyo esiphezu kwethu, babazisa kuthi ooIshi-sekele koonyana bakaMahali, u- nyana kaLevi, unyana kaSirayeli; no- Sherebhiya, noonyana bakhe nabaza- lwana bakhe, ishumi elinesibhozo; no-
19 Hashabhiya enoYeshaya koonyana ba- kaMerari nabazalwana bakhe, noonya- na babo, amashumi amabini; nakuba-
20 khonzi betempile, ababethe ooDavide nabathetheli babanikela ukuba bakho- nze kubaLevi; abakhonzi betempile ibi- ngamakhulu amabini anamanci mabini, bonke bebalulwe ngamagama.

Ndamema inzilo apho emlanjeni 21 ongumAhava, ukuba sizithobe phambi koThixo wethu, sizifunele kuye indlela ethe tye, thina, nentsapho yethu, nemfuyo yethu yonke. Ngokuba nda- 22 ndineentloni ukuba ndicele impi naba- mahashe kukumkani, ukuba basincede ezintshabeni endleleni; ngokuba bese- sithe kukumkani, Isandla sikaThixo wethu siphezu kwabo bonke abamfuna- yo, ukuba kulunge; namandla akhe nomsindo wakhe uyabachasa bonke abamshiyayo. Sazila ukudla ke, sa- 23 mkhunga ngenxa yoko uThixo wethu, wathandazeka sithi.

Ndahlula kubathetheli bababingeleli 24 ishumi elinababini, ngaphandle koShe- rebhiya, noHashabhiya, neshumi laba- zalwana babo; ndayilinganisela kubo 25 isilivere, negolide, nempahla, umrhumo wendlu kaThixo wethu, abawurhumayo

ukumkani, namaphakathi akhe, nabathetheli bakhe, namaSirayeli onke awa-
26 yekho apho. Ndalinganisela esandleni sabo amakhulu amathandathu anamanci mahlanu eetalente zesilivere,* nekhulu leetalente zeempahla zesilivere, nekhulu
27 leetalente zegolide;* namashumi amabini eendebe zegolide ziliwaka leedarike,* neempahla ezimbini zobhedu olubengezela kakuhle, zinqweneleka njengegolide.
28 Ndathi kubo, Ningcwele kuYehova, iimpahla zingcwele; negolide nesilivere zingumnikelo wabaqhutywa yintliziyo,
29 kuYehova, uThixo wooyihlo; phaphani, nizigcine, nide nizilinganisele phambi kwabathetheli bababingeleli, nabaLevi, nabathetheli bezindlu zooyise zamaSirayeli, eYerusalem, emagumbini endlu
30 kaYehova. Ababingeleli nabaLevi bawamkela ke umlinganiso wesilivere negolide nempahla, ukuba bawuzise eYerusalem endlwini yoThixo wethu.

31 Saza sanduluka emlanjeni ongumAhava ngomhla weshumi elinesibini wenyanga yokuqala, ukuba size eYerusalem; isandla soThixo wethu saba phezu kwethu, sasihlangula esandleni seentshaba nesabasilaleleyo endleleni.
32 Safika eYerusalem, sahlala khona iintsuku zantathu.

33 Ngomhla wesiné yalinganiselwa isilivere negolide neempahla, endlwini yoThixo wethu, esandleni sikaMeremoti unyana kaUriya, umbingeleli, enoElazare unyana kaPinehasi, benoYozabhadi unyana kaYeshuwa, noNowadiya unya-
34 na kaBhinwi, abaLevi; zanikelwa ngokwenani ngokulinganiselwa kwezinto zonke; konke ukulinganiselwa kwabha-
35 lwa ngelo xesha. Oonyana basemfudusweni, abo babephume ekuthinjweni, basondeza amadini anyukayo kuThixo kaSirayeli: iinkunzi ezintsha zeenkomo zalishumi elinambini, ngenxa yamaSirayeli onke, neenkunzi zeegusha zamashumi asithoba anantandathu, neemvana zamashumi asixhenxe anesixhenxe, neenkunzi zeebhokhwe zedini lesono zalishumi elinambini; zonke zaba lidini

elinyukayo kuYehova. Bayinikela imi- 36
thetho yokumkani kwiirhuluneli zokumkani, nakumabamba nganeno koMlambo;* abo babanceda abantu, nendlu kaThixo.

UEzra uvuma izono ezizezabantu

9 Kwakugqitywa oko, beza kum abathetheli, bathi, Abantu bakwaSirayeli, nababingeleli, nabaLevi, abazahluli kwizizwe zamazwe la; benza ngokwamasikizi azo, awamaKanan, namaHeti, namaPerizi, namaYebhusi, nama-Amon, namaMowabhi, namaYiputa, nama-Amori; ngokuba bazizekele bona noonya- 2
na babo abafazi ezintombini zawo; yazixuba imbewu engcwele nezizwe zala mazwe; ke kuqale isandla sabathetheli nabaphathi kobu bumenemene.

Ndathi ndakuliva elo lizwi, ndazikra- 3
zula iingubo zam, kwaneyokwaleka, ndazidlathula iinwele zam neendevu, ndahlala phantsi ndimangalisiwe. Nda- 4
hlanganisela kum bonke abagubha ngamazwi kaThixo kaSirayeli ngenxa yobumenemene babafuduswáyo; ndahlala phantsi ndimangalisiwe, kwada kwalilixa lomnikelo wokudla wangokuhlwa. Ngelo xa lomnikelo wokudla wangoku- 5
hlwa, ndesuka ekuzithobeni kwam, ndazikrazula iingubo zam neyokwaleka, ndaguqa ngamadolo, ndazolulela izandla zam kuYehova uThixo wam, ndathi:

Thixo wam, ndidanile, ndineentloni, 6
andinakubuphakamisela kuwe ubuso bam, Thixo wam; ngokuba ubugwenxa bethu bukhulile, baba phezu kweentloko zethu; netyala lethu likhulu, lesa emazulwini. Kususela kwimihla yoobawo, 7
sisetyaleni elikhulu unanamhla; ngenxa yobugwenxa bethu sanikelwa thina, nookumkani bethu, nababingeleli bethu, esandleni sookumkani bala mazwe, nasekreleni, nasekuthinjweni, nasekuphangweni, nasekudaneni kobuso, njengoko kunjalo namhla. Kaloku, ngokwepha- 8
nyazo elincinane, kukho ubabalo oluvela kuYehova uThixo wethu, lokusishiyela abasindileyo, asinike isikhonkwane endaweni yengcwele yakhe, ukuze uThixo wethu awakhanyisele amehlo

UEZRA 9-10

ethu, asisindise kancinane ebukhobokeni bethu. Ngokuba singamakhoboka; ke ebukhobokeni bethu akasishiyanga uThixo wethu; usithobele inceba phambi kookumkani basePersi, basisindisa, ukuba siphakamise indlu yoThixo wethu, silungise inxuwa layo, basibiyele uthango kwaYuda, naseYerusalem.

10 Singáthini na kaloku, Thixo wethu, emveni koko? Kuba siyishiyile imithetho yakho, owayiwisayo ngabakhonzi
11 bakho abaprofeti, usithi, Ilizwe eniya kulíma, lilizwe lokungcola, ngokungcola kwezizwe zala mazwe, ngamasikizi azo azalisileyo, athabathela kwelinye icala esa kwelinye, ngobunqambi bazo.
12 Ke ngoko iintombi zenu musani ukuzendisela koonyana bazo, neentombi zazo musani ukuzizekela oonyana benu; ningalunyamekeli uxolo lwazo nokuzilungeleyo, naphakade; ukuze nomelele, nidle ukulunga kwelizwe elo, nilinike oonyana benu libe lilifa kude kuse ephakadeni.
13 Emveni kwako konke okusihleleyo, ngenxa yezenzo zethu ezibi, nangenxa yetyala lethu elikhulu (kanti wena, Thixo wethu, usiyekile, akwasohlwaya ngangobugwenxa bethu, wasinika abasi-
14 ndileyo abangakanana), singábuya siyaphule na imithetho yakho, sendiselane nezizwe ezinaloo masikizi? Akuyi kusifuthela ngomsindo side siphele na, ukuze kungabikho baseleyo, basindi-
15 leyo? Yehova, Thixo kaSirayeli, ùlilungisa, ngokuba sisele singabasindileyo, njengoko kunjalo namhla. Uyabona, siphambi kwakho, sinalo ityala lethu, ngokuba akukho unokuma phambi kwakho ngenxa yoko.

Abafazi bezinye iintlanga bayakhutshwa

10 Ke kaloku akuthandaza uEzra, akukuxela oku, elila, eziwisile phambi kwendlu kaThixo, kwabuthelana kuye kumaSirayeli ibandla elikhulu kakhulu lamadoda, nabafazi, nabantwana, ngokuba abantu batsho ngesililo esikhulu.

2 Waphendula uShekaniya unyana kaYehiyeli, owoonyana bakaElam, wathi kuEzra, Senzé ubumenemene kuThixo wethu, sazeka abafazi bezinye iintlanga ezizweni zelizwe eli; kodwa kusekho ithemba kumaSirayeli ngale nto. Ma- 3 simenzele ngoku umnqophiso uThixo wethu, wokuba sibakhuphe bonke abafazi nabazelwe ngabo, ngokwecebo lenkosi yam, nelabagubhela imithetho yoThixo wethu; makwenziwe ngokomyalelo. Vuka, ngokuba le nto iphezu 4 kwakho; singakuwe; yomelela, wenze.

Wavuka uEzra, wabafungisa abathe- 5 theli bababingeleli, nababaLevi, nabamaSirayeli onke, ukuba benze ngokwelo lizwi; bafunga ke. Wesuka uEzra 6 phambi kwendlu kaThixo, wangena egumbini likaYohanan unyana kaEliyashibhi. Wathi akufika khona, akadla sonka, akasela manzi; ngokuba ubesenza isijwili ngenxa yobumenemene babo bafuduswáyo. Bahambisa ilizwi kwaYu- 7 da naseYerusalem, kubo bonke oonyana basemfudusweni, lokuba babuthelane eYerusalem; bathi, bonke abathe 8 àbeza ngesithuba semihla emithathu, ngokwecebo labatheteli nelamadoda amakhulu, mayisingelwe phantsi yonke impahla yabo; ke bona ngokwabo bahlulwe nebandla lasemfudusweni.

Abuthelana eYerusalem onke ama- 9 doda akwaYuda nawakwaBhenjamin ngeentsuku ezintathu; yaye iyinyanga yesithoba, ngowamashumi amabini umhla wenyanga leyo. Bahlala bonke abantu ebaleni lendlu kaThixo, bengcangcazela yile nto, naziimvula. Wesuka 10 wema uEzra umbingeleli, wathi kubo, Nzeké ubumenemene; nizeké abafazi bezinye iintlanga, ukuze nongeze etyaleni lamaSirayeli. Mzukiseni ngokunje 11 uYehova, uThixo wooyihlo, nenze okukholekileyo kuye, nizahlule kwizizwe zeli lizwe, nakubafazi bezinye iintlanga.

Laphendula lonke ibandla, lathi 12 ngezwi elikhulu, Kufanelekile kuthi, ukuba senze ngokwelizwi lakho; kodwa 13 abantu baninzi, yaye ilixesha lemvula, akunakumiwa phandle; lo msebenzi àsingowemini enye, asingoweemini ezimbini; ngokuba soné kakhulu ngale nto. Abatheteli bethu ke mabalimélé 14

ibandla lonke; bathi bonke emizini yethu, abazeké abafazi bezinye iintlanga, beze ngamaxesha amisiweyo, benamadoda amakhulu emizi ngemizi, nabagwebi bayo, kude kubuyiswe kuthi ukuvutha komsindo woThixo wethu, isekho
15 nje le nto. NgooYonatan unyana ka-Asayeli, noYazeya unyana kaTikwa, bodwa abamelana nelo lizwi; ooMeshulam, noShabhetayi umLevi, bebancedisa.
16 Benjenjalo ke oonyana basemfudusweni. Kwahlulwa ooEzra umbingeleli, namadoda aziintloko zezindlu zooyise ngokwezindlu zooyise, bonke bephela, bebalulwe ngamagama, bahlala phantsi ngomhla wokuqala wenyanga yeshumi
17 ukuyibuza le nto. Bayigqiba into yonke yamadoda abezeké abafazi bezinye iintlanga, elusukwini lokuqala lwenya-
18 nga yokuqala. Koonyana bababingeleli kwafunyanwa ababezeke abafazi bezinye iintlanga: koonyana bakaYeshuwa unyana kaYotsadaki, nabazalwana bakhe: ingooMahaseya, noEliyezere, no-
19 Yaribhi, noGedaliya. Banika isandla sabo, ukuba bobakhupha abafazi babo; bathi, benetyala nje, bakhuphe inkunzi yasempahleni emfutshane ngenxa ye-
20 tyala labo; koonyana bakaImere yangu-
21 Hanani noZebhadiya; koonyana baka-Harim yanguMahaseya, noEliya, no-
22 Shemaya, noYehiyeli, noUziya; koonyana bakaPashure yanguEliyohenayi, noMahaseya, noIshmayeli, noNataniye-
23 li, noYozabhadi, noEliyasa; nakuba-Levi; yanguYozabhadi, noShimehi, noKelaya okwanguKelita, noPetaya, no-
24 Yuda, noEliyezere; kwiimvumi yanguEliyashibhi; kwabamasango yanguShalum, noTelem, noUri; kumaSirayeli: koonyana bakaParoshe yanguRamiya, 25 noIziya, noMalekiya, noMiyamin, noElazare, noMalekiya, noBhenaya; koo- 26 nyana bakaElam yanguMataniya, noZekariya, noYehiyeli, noAbhedi, noYeremoti, noEliya; koonyana bakaZatu 27 yanguEliyohenayi, noEliyashibhi, noMataniya, noYeremoti, noZabhadi, noAziza; nakoonyana bakaBhebhayi ya- 28 nguYohanan, noHananiya, noZabhadi, noAtelayi; koonyana bakaBhani yangu- 29 Meshulam, noMaluki, noAdaya, noYashubhi, noShehali, noYeremoti; koo- 30 nyana bakaPahati wakwaMowabhi yanguAdena, noKelali, noBhenaya, noMahaseya, noMataniya, noBhetsaleli, noBhinwi, noManase; koonyana baka- 31 Harim yanguEliyezere, noIshiya, noMalekiya, noShemaya, noSimon, no- 32 Bhenjamin, noMaluki, noShemariya; koonyana bakaHashum yanguMatena- 33 yi, noMatata, noZabhadi, noElifelete, noYeremayi, noManase, noShimehi; koonyana bakaBhani yanguMahadayi, 34 noAmram, noUweli, noBhenaya, no- 35 Bhedeya, noKelwi, noVaniya, noMere- 36 moti, noEliyashibhi, noMataniya, no- 37 Matenayi, noYahasavi, noBhani, no- 38 Bhinwi, noShimehi, noShelemiya, no- 39 Natan, noAdaya, noMakenadebhayi, 40 noShashayi, noSharayi, noAzareli, no- 41 Shelemiya, noShemariya, noShalum, 42 noAmariya, noYosefu; koonyana baka- 43 Nabho yanguYehiyeli, noMatitiya, noZabhadi, noZebhina, noYadayi, noYoweli, noBhenaya.

Bonke abo bábezeke abafazi bezinye 44 iintlanga. Bekukho phakathi kwabo abafazi ababezele oonyana.

INCWADI KANEHEMIYA

UNehemiya uva iindaba ezimbi zivela eYerusalem, athandaze

1 Ibali likaNehemiya unyana kaHakaliya.

Kwathi ngenyanga enguKislevu, ngomnyaka wamashumi amabini, ndakubona ukuba ndiseShushan komkhulu, kwafika uHanani, omnye wakubazalwa- 2 na bam, enamadoda avela kwaYuda.

Ndababuza iindaba zamaYuda, amasalela asindileyo ekuthinjweni, nezeYeru-
3 salem. Bathi kum, Amaqongqolo asele ekuthinjweni, kwaYuda, asebubini obukhulu, nasekungcikivweni; nodonga lweYerusalem luqhekekile, namasango ayo atshe ngumlilo.

4 Kwathi ndakuweva la mazwi, ndahlala phantsi, ndalila, ndenza isijwili iintsuku, ndazila ukudla, ndathandaza
5 phambi koThixo wamazulu, ndathi, Camagu, Yehova, Thixo wamazulu, Thixo omkhulu, owoyikekayo, obagcinelayo umnqophiso nenceba abamthandayo, abayigcinayo imithetho yakhe.
6 Indlebe yakho mayikhe ibázeke, namehlo akho makhe avuleke, ukuze uwuphulaphule umthandazo womkhonzi wakho, endiwuthandazayo phambi kwakho ngoku, imini nobusuku, ngenxa yoonyana bakaSirayeli, abakhonzi bakho; nokuzixela kwam izono zoonyana bakaSirayeli, esoné ngazo kuwe, Mna
7 nendlu kabawo sonile; sonakalisile, senza ububi ngakuwe. Asiyigcinanga imithetho, nemimiselo, namasiko, obumwisele umthetho ngawo uMoses umkhonzi wakho.

8 Khawulikhumbule ilizwi owamwisela umthetho ngalo uMoses umkhonzi wakho, elithi, Ukuba nina nithe nenza ubumenemene, ndonichithachithela ezi-
9 zweni; ke ukuba nithe nabuyela kum, nayigcina imithetho yam, nayenza, nokuba kuthe kwabakho kuni abagxothelwe ekupheleni kwezulu; ndobabutha nalapho, ndibazise kuloo ndawo ndiyinyulele ukulibeka kuyo igama lam.

10 Aba ke ngabakhonzi bakho, nabantu bakho, owabakhulula ngamandla akho amakhulu, nangesandla sakho esithe
11 nkqi. Camagu, Nkosi yam, indlebe yakho mayikhe ibazelwe umthandazo womkhonzi wakho, nomthandazo wabakhonzi bakho, abathanda ukoyika igama lakho. Khawumphumelelise umkhonzi wakho namhla, umfumanise imfesane phambi kwale ndoda.

Ke mna ndibe ndingumngcamli kukumkani.

UNehemiya uya eYerusalem ngemvume ka-Artashashta, azihlole iindonga

2 Kwathi ngenyanga enguNisan, ngomnyaka wamashumi amabini ka-Artashashta ukumkani, yabakho iwayini phambi kwakhe, ndayithabatha iwayini leyo, ndayinika ukumkani. Ke ndibe ndingazanga ndibonakale ndithe khunubembe phambi kwakhe. Wathi uku- 2 mkani kum, Kungani na ukuba ubuso bakho bube nje, ukuba bubi, ungafi nje? Le nto bububi bentliziyo, asinto yimbi.

Ndoyika ke kakhulu kunene. Ndathi 3 kukumkani, Ukumkani makadle ubomi ngonaphakade. Bebungáthini na ukuba ubuso bam bungabi bubi, ulinxuwa nje umzi lowa, indawo yamangcwaba oobawo, amasango awo etshiswe ngomlilo? Wathi ukumkani kum, Ùfuna 4 ntoni na ke? Ndathandaza ke ku'Thixo wamazulu. Ndathi kukumkani, Ukuba 5 kuthe kwalunga kukumkani, ukuba umkhonzi wakho lo úthe walungisa phambi kwakho, ndinga ungandithuma kwaYuda, kuwo umzi wamangcwaba oobawo, ndiwakhe.

Wathi ukumkani kum (ukumkanikazi 6 ehleli ngasecaleni lakhe), Uhambo lwakho loba lolwexesha elingakanani na? Wòbuya nini na? Kwalunga ke kukumkani ukundithuma, ndakuba ndimmisele ixesha. Ndathi kukumkani, 7 Ukuba kuthe kwalunga kukumkani, mandinikwe incwadi eya kumabamba aphesheya koMlambo,* andiyeke ndidlule ndide ndiye kufika kwaYuda; nencwadi eya kuAsafu, umgcini wehla- 8 thi lokumkani, ukuba andinike imithi yemiqadi yamasango enqaba elunge kwindlu, neyodonga lomzi, neyendlu endiya kuhlala kuyo.

Wandinika ke ukumkani ngokwesandla sikaThixo esilungileyo esiphezu kwam.

Ndafika kumabamba anganeno ko- 9 Mlambo, ndawanika iincwadi zokumkani. Ke kaloku ukumkani ubendikhuphele nam abathetheli bempi, nabamahashe. Bathi ke ooSanebhalati wase- 10

Horon, noTobhiya umkhonzi, um-Amon, bakuyiva loo nto, kwaba kubi kubo ngobubi obukhulu, ukuba kufike umntu ofuna ukuba kulunge koonyana bakaSirayeli.

11 Ndafika ke eYerusalem, ndaba nee-
12 ntsuku zantathu khona. Ndesuka ebusuku, mna ndinamadoda ambalwa. Andixelelanga mntu into abeyingenise entliziyweni yam uThixo wam, ukuba ndiyenzele iYerusalem. Ndibe ndingenamaqegu, ibilelo lodwa bendi-
13 khwele kulo. Ndaphuma ke ebusuku ngesango lomfula, ndasinga emthonjeni wenamba, nasesangweni lezàla, ndilolonga iindonga zeYerusalem ezibe ziqhekekile, namasango ayo abetshiswe
14 ngomlilo. Ndagqithela esangweni lomthombo, nasechibini lokumkani; akwabakho ndawo yokuba lithubeleze
15 kuyo iqegu endandikhwele kulo. Ndakhweza ke isihlambo ngobusuku, ndilolonga udonga, ndabuya ndangena ngesango lomfula; ndabuya ke.

16 Ke kaloku abaphathi babengazi apho ndandiye khona, nento endandiye kuyenza; bendingekawaxeleli amaYuda, nababingeleli, nabanumzana, nabapha-
17 thi, nabanye abenza umsebenzi. Ndathi kubo, Niyabubona ububi esikubo, ukuba iYerusalem ilinxuwa, namasango ayo atshiswe ngomlilo; yizani, sakhe udonga lweYerusalem, singabi saba
18 lungcikivo. Ndabaxelela ukulunga kwesandla soThixo wam phezu kwam, namazwi okumkani awawathethayo kum. Bathi, Masisuke sakhe. Bazomeleza izandla zabo ukuwenza lo msebenzi ulungileyo.

19 Bathi ke ooSanebhalati waseHoron, noTobhiya umkhonzi, umAmon, noGeshem umArabhi, bakuyiva loo nto, basigculeka, basidela, bathi, Yintoni na le nto niyenzayo? Niya kugwilika na
20 kukumkani? Ndabaphendula, ndathi kubo, UThixo wamazulu nguye oya kusiphumelelisa; thina bakhonzi bakhe siya kusuka sakhe; ke nina aninasabelo nalungelo nasikhumbuzo eYerusalem.

Amalungiselelo okwakha udonga

3 Wesuka ke uEliyashibhi umbingeleli omkhulu, nabazalwana bakhe ababingeleli, balakha isango lempahla emfutshane; balingcwalisa bona; bazimisa iingcango zalo, bákha besa enqabeni ende yeMeha, bayingcwalisa, besa enqabeni ende kaHananeli. Nga- 2 kuye kwakusakha amadoda aseYeriko; ngakuwo kwakusakha uZakure unyana kaImri. Oonyana bakaSenaha balakha 3 isango leentlanzi; bona balihlanganisa ngemiqadi; bazifaka iingcango zalo, nezitshixo zalo, nemivalo yalo. Nga- 4 kubo kwakulungiswa nguMeremoti unyana kaUriya, unyana kaHakotse; ngakubo kulungiswa nguMeshulam unyana kaBherekiya, unyana kaMeshezabheli; ngakubo kulungiswa nguTsadoki unyana kaBhahana; ngakubo kulungi- 5 swa ngabaseTekowa; ke iingangamsha zabo azizingenisanga zona iintamo zazo enkonzweni yeNkosi yazo. Isango lo- 6 donga oludala lalilungiswa ngoYoyada unyana kaPaseha, noMeshulam unyana kaBhesodiya; bona balihlanganisa ngemiqadi; bazifaka iingcango zalo nezitshixo zalo nemivalo yalo.

Ngakubo kwakulungiswa nguMela- 7 tiya waseGibheyon, noYadon waseMeronoti, namadoda aseGibheyon nawaseMizpa; *kwesa* esihlalweni sebamba langaneno koMlambo.* Ngakuye kwa- 8 kulungiswa ngu-Uziyeli unyana kaHarehaya, weengcibi zegolide; ngakuye kulungiswa nguHananiya unyana wabaqholi; bayakha iYerusalem, basa eludongeni olubanzi. Ngakubo kwakulu- 9 ngiswa nguRefaya unyana kaHure, umphathi wesiqingatha sesithili saseYerusalem; ngakubo kulungiswa ngu- 10 Yedaya unyana kaHarumafi, malungana nendlu yakhe; ngakuye kulungiswa nguHatushe unyana kaHashabheniya.

Esinye isithuba sesibini nenqaba 11 ende yamaziko sasilungiswa nguMalekiya unyana kaHarim, noHashubhi unyana kaPahati, wakwaMowabhi. Nga- 12 kuye kwakulungiswa nguShalum unyana kaHaloheshe, umphathi wesiqingatha

sesithili saseYerusalem; yena neento-
13 mbi zakhe. Isango lomfula lalilungi-
swa nguHanun nabemi baseZanowa;
bona balakha, bazifaka iingcango zalo
nezitshixo zalo nemivalo yalo, newaka
leekubhite* eludongeni, kwada kwesa
14 esangweni lezàla. Isango lezàla lali-
lungiswa nguMalekiya unyana kaReka-
bhi, umphathi wesithili seBhete-kerem;
walakha, wazifaka iingcango zalo nezi-
15 tshixo zalo nemivalo yalo. Isango
lomthombo lalilungiswa nguShalum
unyana kaKoli-hoze, umphathi wesi-
thili saseMizpa; yena walakha, walifule-
la, wazifaka iingcango zalo, nezitshixo
zalo, nemivalo yalo; walulungisa no-
donga lwechibi leSilowa ngasemyezweni
wokumkani; kwesa ezinyukweni zoku-
16 hla, kuvelwa emzini kaDavide. Emva
kwakhe kwakulungiswa nguNehemiya
unyana ka-Azebhuki, umphathi wesiqi-
ngatha sesithili seBhete-tsure, kwesa
malunga namangcwaba kaDavide, kwe-
sa echibini elibe lenziwe, kwesa nase-
ndlwini yamagorha.

17 Emva kwakhe kwakulungiswa ngaba-
Levi bakaRehum, unyana kaBhani;
ngakuye kulungiswa nguHashabhiya,
umphathi wesiqingatha sesithili se-
18 Kehila, esithilini sakhe. Emva kwakhe
kwakulungiswa ngabazalwana babo, u-
Bhawayi unyana kaHenadade, umphathi
wesinye isiqingatha sesithili seKehila.
19 Ngakuye kwakulungiswa nguEzere u-
nyana kaYeshuwa, umphathi weMizpa,
esinye isithuba, malunga nendawo
enyukayo ngasendlwini yezikrweqe eku-
20 jikeni. Emva kwakhe kwazondelelwa
kwalungiswa nguBharuki, unyana ka-
Zabhayi, esinye isithuba; kwathabathe-
la ekujikeni, kwesa emnyango wendlu
21 kaEliyashibhi, umbingeleli omkhulu. E-
mva kwakhe kwakulungiswa nguMere-
moti, unyana kaUriya, unyana kaHako-
tsi, esinye isithuba; kwathabathela
emnyango wendlu kaEliyashibhi, kwesa
22 ekupheleni kwendlu kaEliyashibhi. E-
mva kwakhe kwakulungiswa ngababi-
ngeleli, amadoda aloo mmandla.

23 Emva kwabo kwakulungiswa ngu-
Bhenjamin noHashubhi, malunga ne-
ndlu yabo. Emva kwabo kwakulungi-
swa nguAzariya, unyana kaMahaseya,
unyana ka-Ananiya, ngasendlwini yakhe.
Emva kwakhe kwakulungiswa nguBhi- 24
nwi unyana kaHenadade, esinye isithu-
ba; kwathabathela endlwini ka-Azariya,
kwesa ekujikeni, kwesa embombeni.
Kwakulungiswa nguPalali unyana ka- 25
Uzayi, ethabathela malunga ekujikeni,
nasenqabeni ephezulu, edulusele e-
ndlwini yokumkani, ngasentendelezweni
yentolongo. Emva kwakhe kwakulu-
ngiswa nguPedaya unyana kaParoshe.
(Ke kaloku abakhonzi betempile babe- 26
hlala eOfele, besa malunga nesango
lamanzi empumalanga, nenqaba ende
edulusele ngaphandle.) Emva kwakhe 27
kwakulungiswa ngabaseTekowa, esinye
isithuba; bethabathela malungana ne-
nqaba enkulu edulusele ngaphandle,
besa eludongeni lweOfele.

Ngentla kwesango lamahashe kwa- 28
kulungiswa ngababingeleli, elowo nalo-
wo malunga nendlu yakhe. Emva 29
kwabo kwakulungiswa nguTsadoki, u-
nyana kaImere, malunga nendlu yakhe;
emva kwakhe kulungiswa nguShemaya
unyana kaShekaniya, umgcini wesango
langasempumalanga. Emva kwakhe 30
kwakulungiswa nguHananiya unyana
kaShelemiya, noHanun unyana wesi-
thandathu kaTsalafi, esinye isithuba.
Emva kwakhe kwakulungiswa nguMe-
shulam unyana kaBherekiya, malunga
negumbi lakhe. Emva kwakhe kwaku- 31
lungiswa nguMalekiya, oweengcibi ze-
golide; kwesa kwindlu yabakhonzi be-
tempile, neyabathengi, malunga nesango
likaMifekadi, kwesa kwigumbi eliphe-
zulu lembombo. Phakathi kwegumbi 32
eliphezulu lembombo nesango lempahla
emfutshane, kwakulungiswa ziingcibi
zegolide nabathengi.

UNehemiya ulumkela inkcaso
yabakwaSamari

4 Kwathi, akuva uSanebhalati ukuba
siyalwakha udonga, wasuka wavu-
tha umsindo wakhe, waqumba kunene,
wawangcikiva amaYuda. Wathetha 2
phambi kwabazalwana bakhe nempi

yakwaSamari, wathi, Enza ntoni na la maYuda antshwenyileyo? ozinqabisa na? obingelela na? ogqiba namhla na? owavusa na amatye kwezi mfumba zo-
3 thuli, etshile nje? Ke uTobhiya um-Amon, engakuye, wathi, Nale nto ayakhayo, kungáthi kunyuke impungutye le, iluqhekeze udonga lwawo lwamatye.
4 Yiva, Thixo wethu; ngokuba sideliwe, ukubuyisele ezintlokweni zabo ukungcikiva kwabo, ubanikele ekuphangwe-
5 ni elizweni labathinjwa. Musa ukubuselela ubugwenxa babo; musa ukusicima isono sabo phambi kwakho; ngokuba bakuqumbisile phambi kwabakhi.
6 Salwakha ke udonga, lwadityaniswa lonke udonga, kwesa esiqingatheni sokuphakama kwalo. Abantu babenentliziyo yokusebenza.

7 Kwathi, akuva uSanebhalati, noTobhiya, nama-Arabhi, nama-Amon, nama-Ashdode, ukuba ziyenyuswa iindonga zeYerusalem; ukuba ziqaliwe, ziyavingcwa iintanda: wavutha umsi-
8 ndo wabo kunene. Bacebisana kunye bonke bephela, ukuba beze kulwa neYerusalem, bayonakalise.
9 Sathandaza kuThixo wethu, samisa abokulinda imini nobusuku ngenxa
10 yabo. Athi amaYuda, Amandla abathwali bemithwalo ayetha, inkunkuma ininzi; thina asinakulwakha udonga.
11 Ababandezeli bethu abo babesithi, Akayi kwazi, akayi kubona, side singene phakathi kwawo, siwabulale, siwumise
12 umsebenzi. Kwathi, akuza amaYuda abehleli emacaleni abo, athetha kuthi izihlandlo zalishumi, ephuma ezindaweni zonke, esithi, Buyelani kuthi.

13 Ndesuka, ndamisa ezindaweni ezisezantsi emva kodonga, ezindaweni ezibalelelwa lilanga, ndamisa abantu ngokwemizalwane, benamakrele abo, nezi-
14 khali zabo, nezaphetha zabo. Ndakhangela, ndasuka ndathi kubanumzana, nakubaphathi, nakwabanye abantu, Musani ukuboyika; khumbulani iNkosi enkulu eyoyikekayo, nilwele abazalwana benu, noonyana benu, neentombi zenu, nabafazi benu, nezindlu zenu.

Kwathi, zakuva iintshaba zethu ukuba 15 siyazi thina, nokuba uThixo ulitshitshisile iqhinga lazo, sabuyela sonke siphela eludongeni, elowo emsebenzini wakhe. Kwathi, ukususela kuloo mini, esinye 16 isiqingatha samadodana akwam sasebenza emsebenzini, esinye isiqingatha saphatha izikhali, neengweletshetshe, izaphetha, neengubo zentsimbi; kananjalo abaphathi babeyixhasile yonke indlu kaYuda. Ke aba babesakha eludonge-17 ni, nabathwala imithwalo, babethwala ngesinye isandla esibe sisebenza emsebenzini, baphathe izikhali ngesinye; nabakhi babesakha, benxibe elowo ikrele 18 lakhe esinqeni sakhe. Ovuthela isigodlo ubesecaleni lam.

Ndathi kubanumzana, nakubaphathi, 19 nakwabanye abantu, Umsebenzi lo mkhulu, ubanzi; thina sithe saa eludongeni, omnye ekude komnye. Enda-20 weni enithe neva ilizwi lesigodlo, nobuthelana kuyo kum; uThixo wosilwela. Sasisebenza emsebenzini, isiqingatha 21 sawo siphethe izikhali, siqalela ekuphumeni kwesifingo, sizise ekuveleni kweenkwenkwezi. Kananjalo ndathi ngelo 22 xesha ebantwini, Elowo nendodana yakwakhe makalale phakathi eYerusalem ebusuku, ukuze babe ngabalindi kuthi ebusuku, emini babe semsebenzini. Ke mna, nabazalwana bam, namadoda-23 na akwam, namadoda alindayo abendilandela, sibe singazikhululi iingubo zethu. Elowo ebenekrele lakhe kwesokunene.

Amalinga kaNehemiya okunceda amahlwempu

5 Ke kaloku kwabakho ukukhala okukhulu kwabantu nabafazi babo ngabazalwana babo amaYuda. Beku-2 kho ababesithi, Sibaninzi thina, oonyana bethu, neentombi zethu; masamkele ingqolowa, ukuze sidle, siphile. Bekukho nababesithi, Amasimi ethu, 3 nezidiliya zethu, nezindlu zethu, sibambisile ngazo; masamkele ingqolowa ngenxa yendlala. Bekukho nababesi-4 thi, Siboleké imali yokurhafela ukumkani, ngokubambisa ngamasimi ethu

5 nezidiliya zethu. Kaloku inyama yethu ikwanjengenyama yabazalwana bethu, noonyana bethu bakwanjengoonyana babo; ukanti siyabanyanzela oonyana bethu neentombi zethu, ukuba babe ngamakhoboka; ezintombini zethu kukho nesezinyanzelwe; akukho mandla esandleni sethu, amasimi ethu nezidiliya zethu zizezabanye nje.

6 Wavutha ke kakhulu umsindo wam, ndakukuva ukukhala kwabo, naloo 7 mazwi. Ndafuna iqhinga entliziyweni yam, ndabambana nabanumzana nabaphathi, ndathi kubo, Niyadlana ngokuboleka. Ndabamisela ibandla elikhulu, 8 ndathi kubo, Thina, ngangoko sinako, sibathengile sabakhulula abazalwana bethu amaYuda, ebe kuthengiswe ngabo kwiintlanga. Ngawuba ke nina nithengise na ngabazalwana benu, ukuze bathengise ngeziqu zabo kuthi?

Bathi cwaka, àbafumana lizwi lakuphendula.

9 Ndathi, Ayilungile le nto niyenzayo; nibe ningafanele na ukuhamba ekoyikeni uThixo wethu, ngenxa yokungcikiva kweentlanga eziziintshaba zethu?
10 Kananjalo mna, abazalwana bam, namadodana akwam, sibaboleké imali nengqolowa; makhe sikuyeke oku ku-
11 boleka ngokubambisa. Khanibabuyisele kwanamhlanje amasimi abo, nezidiliya zabo, nezinquma zabo, nezindlu zabo; nesekhulu isahlulo semali, nesengqolowa, nesewayini entsha, neseoli, eniyibize kubo iyinzuzo.

12 Bathi, Siya kusibuyisa, singabizi nto kubo; siya kwenza njengoko utshoyo. Ndabiza ababingeleli, ndabafungisa u-
13 kuba benze ngokwelo lizwi. Kananjalo ndavuthulula isondo lengubo yam, ndathi, UThixo makenjenje ukubavuthulula ezindlwini zabo, nasekuxelengeni kwabo, bonke abantu abangayi kulimisa elo lizwi; mabenjiwe nje ukuvuthululwa, balambathe. Lathi lonke ibandla, Amen; bamdumisa uYehova. Benza ke abantu ngokwelo lizwi.

14 Kananjalo kususela kumhla endamiselwa ukuba ndibe libamba labo ezweni lakwaYuda, ndithabathela kumnyaka wamashumi amabini, ndezisa kumnyaka wamashumi amathathu anamibini kaArtashashta ukumkani, iyiminyaka elishumi elinamibini, mna nabazalwana bam asidlanga kudla kwabamba. Ke 15 amabamba okuqala abephambi kwam enza kwaba nzima ebantwini, athabatha kubo isonka newayini; emveni koko athabatha amashumi amané eeshekele* zesilivere; kananjalo amadodana akwawo enza ngegunya ebantwini. Ke mna andenjanga njalo, ngokoyika uThixo. Kananjalo ndabamba emsebenzini wolo 16 donga; asithenganga masimi; onke amadodana akwam ayehlanganisene khona emsebenzini. Ke amaYuda, abaphathi, 17 amadoda alikhulu elinamanci mahlanu, kwanawezáyo kuthi, evela ezintlangeni ezisijikelezileyo, abe esetafileni yam. Into ebe ilungiselelwa imini enye yaba 18 yinkomo, neegusha ezikhethiweyo ezintandathu, neentaka, bekusenzelwa mna; neentlobo zonke ezininzi zewayini ngeentsuku ezilishumi; kuloo nto andibizanga kudla kwabamba, ngokuba yayinzima inkonzo phezu kwaba bantu.

Ndíkhumbulele okulungileyo, Thixo 19 wam, ngako konke endikwenzele aba bantu.

Amalinga kaSanebhalati okuthintela ukwakha

6 Kwathi, kwakuvakala kuSanebhalati, nakuTobhiya, nakuGeshem umArabhi, nakwezinye iintshaba zethu, ukuba ndilwakhile udonga, akwasala luthanda kulo (nakuba kwada kwalelo xesha ndingazimisanga iingcango emasangweni; bathumela kum uSanebhala- 2 ti noGeshem, besithi, Yiza, sihlangane komnye wemizana esesihlanjeni seOno. Babecinga ukundenza into embi. Nda- 3 thumela abathunywa kubo, ndathi, Ndenza umsebenzi omkhulu, andinakuhla; yini na ukuba ume umsebenzi lo, ngokuthi ndiwuyeke, ndihle ndize kuni? Bathumela kum ngokunjalo izi- 4 hlandlo zazíné, ndabaphendula kwangelo lizwi.

USanebhalati wathumela ngokunjalo 5 kum indodana yakwakhe, isihlandlo sesi-

hlanu, inencwadi evulekileyo esandleni
6 sayo; kubhalwe kuyo kwathiwa, Kuvakele ezintlangeni, utsho noGashemu ukuthi, Wena namaYuda nicinga ukugwilika; ulwakha ngenxa yoko udonga olo; ùnqwenele ukuba ngukumkani
7 wawo, ngokwaloo mazwi. Kananjalo ùmise abaprofeti bokumemeza ngawe eYerusalem, besithi, Kumkani wamaYuda! Ngoko ke kuya kuvakala kukumkani ngokwaloo mazwi; yiza ke ngoko, sicebisane.
8 Ndathumela kuye, ndathi, Akukho nto injengaleyo uyithethayo, iyiloo nto
9 uyicamngce entliziyweni yakho. Ngokuba bonke bephela bebesoyikisa, besithi, Izandla zawo ziya kuwuyeka lo msebenzi, ungènziwa. Ngoko, Thixo, zomeleze izandla zam.
10 Ndaya endlwini kaShemaya unyana kaDelaya, unyana kaMehetabheli, evalelwe; wathi, Masihlangane endlwini kaThixo, ngaphakathi kwetempile, sizivale iingcango zetempile leyo; ngokuba baza kukubulala; ebusuku baya kuza
11 kukubulala. Ndathi, Kubáleke indoda enjengam nje na? Yiyiphi na enjengam eya kungena etempileni isinde? Andiyi kungena.
12 Ndaqonda: O! AsinguThixo lo umthumileyo; isiprofeto esi usithethé ngam ngokuqeshwa nguSanebhalati no-
13 Tobhiya. Ubeqeshelwe ukuze ndoyike, ndenze loo nto, ndone; ndibe negama elibi kubo, ukuze bandingcikive.
14 Bakhúmbule, Thixo wam, ooTobhiya noSanebhalati ngokwezo zenzo zabo, kwanoNowadiya umprofetikazi, nabanye abaprofeti ababendoyikisa.
15 Lwagqitywa udonga ngomhla wamashumi amabini anesihlanu kaEluli, ngemihla emashumi mahlanu anamibini.
16 Kwathi zakukuva oko iintshaba zethu zonke, zoyika zonke iintlanga ezisijikelezileyo, zetha amandla emehlweni azo, zazi ukuba kuvele kuThixo wethu ukwenziwa kwalo msebenzi.
17 Kananjalo ngaloo mihla, abanumzana bakwaYuda bazongeza iincwadi eziya kuTobhiya, nezikaTobhiya bezisiza kubo. Ngokuba bebebaninzi kwaYuda 18 ababemfungele; ngokuba ebengumyeni kwaShekaniya unyana ka-Ara; noYohanan unyana wakhe ubezeke intombi kaMeshulam unyana kaBherekiya. Ka- 19 nanjalo ukulunga kwakhe babekuthetha phambi kwam, namazwi am bewasa kuye. UTobhiya wathumela iincwadi zokundoyikisa.

Uluhlu lwabasemfudusweni ababuyisiweyo

7 Ke kaloku kwathi, lwakwakhiwa udonga, ndazifaka iingcango; bamiswa abamasango, nabavumi, nabaLevi, ukuba bagcine umsebenzi wabo. Nda- 2 mwisela umthetho uHanani umzalwana wam, noHananiya umphathi wenqaba, ngeYerusalem; ngokuba ebeyindoda enyanisekileyo, emoyikayo uThixo ngaphezu kwabaninzi. Ndathi kubo, A- 3 masango aseYerusalem makangavulwa, lide lifudumale ilanga; bathi, besemi *belinda*, bazivale iingcango, bazitshixe; nimise abagcini abangabemi baseYerusalem, elowo abe selugcinweni lwakhe, elowo abe phambi kwendlu yakhe. Umzi ububanzi ngeenxa zombini, u- 4 mkhulu; abantu bembalwa phakathi kwawo, kungakhiwanga zindlu.

UThixo wam wangenisa entliziyweni 5 yam, ukuba ndibabuthe abanumzana, nabaphathi, nabantu, ukuba ndibabhalele emilibeni yokuzalwa. Ndafumana incwadi yemilibo yokuzalwa kwâbo babenyuke ekuqaleni; ndafumana kubhaliwe khona kwathiwa:

Ngabo aba oonyana belizwe *lakwa-* 6 *Yuda*, abanyukáyo kwabathinjiweyo basemfudusweni, awayebafudusile uNebhukadenetsare ukumkani waseBhabheli, ábabuyela eYerusalem nakwaYuda, elowo wabuyela emzini wakowabo, abeza noZerubhabheli, noYeshuwa, 7 noNehemiya, noAzariya, noRahamiya, noNahamani, noMordekayi, noBhileshan, noMisperete, noBhigevayi, noNehum, noBhahana.

Inani lamadoda, abantu bakwaSirayeli, yayileli: oonyana bakaParoshe ibi- 8 ngamawaka amabini, anekhulu elina-

9 manci asixhenxe anababini. Oonyana bakaShefatiya ibingamakhulu amathathu, anamanci asixhenxe anababini.
10 Oonyana baka-Ara ibingamakhulu amathandathu, anamanci mahlanu ana-
11 babini. Oonyana bakaPahati wakwaMowabhi, koonyana bakaYeshuwa noYowabhi, ibingamawaka amabini, anamakhulu asibhozo, anashumi linye line-
12 sibhozo. Oonyana bakaElam ibiliwaka, elinamakhulu amabini, anamanci ma-
13 hlanu anabané. Oonyana bakaZatu ibingamakhulu asibhozo, anamanci mané
14 anabahlanu. Oonyana bakaZakayi ibingamakhulu asixhenxe, anamanci ma-
15 thandathu. Oonyana bakaBhinwi ibingamakhulu amathandathu, anamanci
16 mané anesibhozo. Oonyana bakaBhebhayi ibingamakhulu amathandathu,
17 anamanci mabini anesibhozo. Oonyana baka-Azegadi ibingamawaka amabini, anamakhulu mathathu, anamanci ma-
18 bini anababini. Oonyana baka-Adonikam ibingamakhulu amathandathu, anamanci mathandathu anesixhenxe.
19 Oonyana bakaBhigevayi ibingamawaka amabini, anamanci mathandathu anesi-
20 xhenxe. Oonyana baka-Adin ibingamakhulu amathandathu, anamanci mahla-
21 nu anabahlanu. Oonyana baka-Atere kaHezekiya ibingamashumi asithoba a-
22 nesibhozo. Oonyana bakaHashum ibingamakhulu amathathu, anamanci ma-
23 bini anesibhozo. Oonyana bakaBhetsayi ibingamakhulu amathathu, anama-
24 nci mabini anabané. Oonyana bakaHarifi ibilikhulu, elinashumi linye linaba-
25 bini. Oonyana baseGibheyon ibinga-
26 mashumi asithoba anabahlanu. Amadoda aseBhetelehem naseNetofa ibilikhu-
27 lu, elinamanci asibhozo anesibhozo. Amadoda aseAnatoti ibilikhulu, elinama-
28 nci mabini anesibhozo. Amadoda aseBhete-azemavete ibingamashumi amané
29 anamabini. Amadoda aseKiriyati-yeharim, neKefira, neBheroti ibingamakhulu asixhenxe, anamanci mané anama-
30 thathu. Amadoda aseRama neGabha ibingamakhulu amathandathu, anama-
31 nci mabini ananye. Amadoda aseMikimas ibilikhulu, elinamanci mabini ana-
32 mabini. Amadoda aseBheteli neAyi ibilikhulu, elinamanci mabini anamatha-
33 thu. Amadoda enye iNebho ibingamashumi amahlanu anamabini. Oonyana
34 bomnye uElam ibiliwaka elinamakhulu amabini, anamanci mahlanu anabané.
35 Oonyana bakaHarim ibingamakhulu amathathu, anamanci mabini. Oonyana
36 baseYeriko ibingamakhulu amathathu, anamanci mané anabahlanu. Oonyana
37 baseLodi neHadidi neOno ibingamakhulu asixhenxe, anamanci mabini anamnye. Oonyana baseSenaha ibingama-
38 waka amathathu, anamakhulu asithoba, anamanci mathathu.

Ababingeleli: oonyana bakaYedaya,
39 bendlu kaYeshuwa, ibingamakhulu asithoba, anamanci asixhenxe anabatha-
thu. Oonyana bakaImere ibiliwaka, eli-
40 namanci mahlanu anababini. Oonyana
41 bakaPashure ibiliwaka, elinamakhulu amabini, anamanci mané anesixhenxe. Oonyana bakaHarim ibiliwaka elina-
42 shumi linye linesixhenxe.

AbaLevi: oonyana bakaYeshuwa no-
43 Kademiyeli, koonyana bakaHodeva, ibingamashumi asixhenxe anabané.

Iimvumi: oonyana baka-Asafu ibili-
44 khulu, elinamanci mané anesibhozo.

Abamasango: oonyana bakaShalum,
45 oonyana baka-Atere, oonyana bakaTalemon, oonyana baka-Akubhi, oonyana bakaHatita, oonyana bakaShobhayi, ibilikhulu, elinamci mathathu anesibhozo.

Abakhonzi betempile: oonyana ba-
46 kaTsiha, oonyana bakaHasufa, oonyana bakaTabhahoti, oonyana bakaKe-
47 rosi, oonyana bakaSiha, oonyana bakaPadon, oonyana bakaLebhana, oonya-
48 na bakaHagabha, oonyana bakaSale-
49 mayi, oonyana bakaHanan, oonyana bakaGidele, oonyana bakaGahare, oo-
50 nyana bakaRehaya, oonyana bakaRe-
51 tsin, oonyana bakaNekoda, oonyana bakaGazam, oonyana bakaUza, oonya-
52 na bakaPaseha, oonyana bakaBhetsayi, oonyana bakaMehunim, oonyana bakaNefisheshim, oonyana bakaBhake-
53 bhuki, oonyana bakaHakufa, oonyana bakaHarehure, oonyana bakaBhatseliti, 54

55 oonyana bakaMehida, oonyana bakaHarsha, oonyana bakaBharkosi, oonya-
56 na bakaSisera, oonyana bakaTama, oonyana bakaNetsiha, oonyana bakaHatifa.
57 Oonyana babakhonzi bakaSolomon: oonyana bakaSotayi, oonyana bakaSo-
58 ferete, oonyana bakaPerida, oonyana bakaYahala, oonyana bakaDarkon, oo-
59 nyana bakaGidele, oonyana bakaShefatiya, oonyana bakaHatili, oonyana bakaPokerete-tsebhayim, oonyana baka-Amon.
60 Bonke abakhonzi betempile, noonyana babakhonzi bakaSolomon, ibingamakhulu amathathu, anamanci asithoba anababini.
61 Ngabo aba abenyuka bevela eTelemela, naseTele-harsha, naseKerubhi-adoni-mere; ke ababanga nakuzixela izindlu zooyise nomnombo wabo, ukuba
62 ngabakwaSirayeli na: oonyana bakaDelaya, oonyana bakaTobhiya, oonyana bakaNekoda, babingamakhulu omathandathu, anamanci mané anababini.
63 Ke kubabingeleli: oonyana bakaHabhaya, oonyana bakaHakotse, oonyana bakaBharzilayi, owazeka umfazi ezintombini zikaBharzilayi waseGiliyadi, wa-
64 bizwa ngegama lazo: abo bakúfuna ukubhalwa kwabo kwababhalelwáyo emilibeni yokuzalwa, abakufumana; ba-
65 ngcola ke, ababa sebubingelelini. Irhuluneli yathi kubo, mabangadli nto kwezingcwele kanye, kude kuvele umbingeleli oneeUrim neeTumim.*
66 Lonke ibandla lindawonye ibe ingamawaka angamashumi amané anamabini, anamakhulu mathathu, anamanci
67 mathandathu; zizodwa izicaka zabo ezi nezicakakazi zabo ezi, zingamawaka asixhenxe, anamakhulu amathathu, anamanci mathathu anesixhenxe; zineemvumi neemvumikazi ezingamakhulu amabini, anamanci mané anantlanu.
68 Amahashe abo ibingamakhulu asixhenxe, anamanci mathathu anamathandathu; oondlebende babo ibingamakhulu amabini, anamanci mané ana-
69 bahlanu; iinkamela ibingamakhulu a-

mané, anamanci mathathu anantlanu; amaesile ibingamawaka amathandathu, anamakhulu asixhenxe, anamanci mabini.

Inxenye yeentloko zezindlu zooyise 70 yanikela emsebenzini. Irhuluneli yanikela ebuncwaneni igolide eliwaka leedarike,* namashumi amahlanu ezitya zokutshiza, namashumi amathathu eengubo zangaphantsi zababingeleli, *nesilivere* engamawaka amahlanu *eemina.**
Inxenye yeentloko zezindlu zooyise 71 yanikela ebuncwaneni bomsebenzi igolide engamawaka amashumi amabini eedarike, nesilivere engamawaka amabini, anamakhulu amabini eemina. Okwanikwayo ngabanye abantu ibe 72 iyigolide engamawaka amashumi amabini eedarike, nesilivere engamawaka amabini, namashumi amathandathu anesixhenxe eengubo zangaphantsi zababingeleli.

Bahlala ke ababingeleli, nabaLevi, 73 nabamasango, neemvumi, nenxenye yabantu, nabakhonzi betempile, namaSirayeli onke emizini yakomawabo.

Ithe yakufika inyanga yesixhenxe, baba oonyana bakaSirayeli besemizini yakomawabo.

Ukufundwa komyalelo nguEzra

8 Bahlangana bonke abantu njengamntu mnye endaweni yembutho ephambi kwesango lamanzi, bathi kuEzra umbhali, makazise incwadi yomyalelo kaMoses, awawumiselayo uYehova kumaSirayeli. UEzra umbi- 2 ngeleli wawuzisa umyalelo phambi kwebandla elo, lithabathele kwindoda lesa kumfazi, nakubo bonke abanokuva baqonde, ngomhla wokuqala wenyanga yesixhenxe. Walesa kuwo phambi 3 kwendawo yembutho ephambi kwesango lamanzi, eqale ekuseni kwada kwaba semini enkulu, phambi kwamadoda nabafazi, nabasebenokuqonda; iindlebe zabantu bonke zaphulaphula loo ncwadi yomyalelo. Wema ke uEzra umbhali 4 esikhwelweni somthi, ababesenzele loo nto. Kwema ngakuye uMatitiya, noShema, noAnaya, noUriya, noHilekiya,

UNEHEMIYA 8–9

noMahaseya, ngasekunene kwakhe; ngasekholo yanguPedaya, noMishayeli, noMalekiya, noHashum, noHashebhadana, noZekariya, noMeshulam.

5 UEzra wayivula incwadi emehlweni abantu bonke (ngokuba wayebaphakamele abantu bonke); akuyivula, bema abantu bonke.

6 UEzra wambonga uYehova, uThixo omkhulu. Baphendula bonke abantu, bathi, Amen, amen, bephakamisa izandla zabo. Bathoba, baqubuda kuYehova, bebhekise ubuso *babo* emhla-

7 beni. OoYeshuwa, noBhani noSherebhiya, noYamin, noAkubhi, noShabhetayi, noHodiya, noMahaseya, noKelita, noAzariya, noYozabhadi, noHanan, noPelaya, nabaLevi, babaqondisa abantu umyalelo, abantu bemi ezindaweni zabo.

8 Balesa encwadini, emyalelweni kaThixo, ngokucacileyo, beqononondisa; bakúqonda ke ukulesa oku.

9 Wathi uNehemiya oyirhuluneli, noEzra umbingeleli, umbhali, nabaLevi abazondisa abantu, ebantwini bonke, Le mini ingcwele kuYehova uThixo wethu; musani ukwenza isijwili, musani ukulila. Ngokuba babelila bonke abantu, bakuweva amazwi omyalelo lowo.

10 Wathi kubo, Yiyani, nidle amanqatha, nisele izinto ezinencasa, nise isabelo kwabangalungiselwanga nto; ngokuba le mini ingcwele kwiNkosi yethu. Musani ukuba buhlungu; ngokuba uvu-

11 yo lukaYehova ligwiba lenu. NabaLevi babebathuthuzela abantu bonke, besithi, Yithini tu; ngokuba le mini ingcwele; musani ukuba buhlungu.

12 Besuka bonke abantu, baya kudla, basela, bathuma izabelo, bavuya kakhulu; ngokuba bawaqonda amazwi ababewaxelelwa.

Isidlo seminquba

13 Ngomhla wesibini kwahlanganisana iintloko zezindlu zooyise zabantu bonke, nezababingeleli, nezabaLevi, zeza kuEzra umbhali ukuwaqiqa amazwi omya-

14 lelo. Bafumana kubhaliwe emyalelweni, awawumiselayo uYehova ngoMoses, ukuthi, oonyana bakaSirayeli mabahlale eminqubeni ngomthendeleko wenyanga yesixhenxe; nokuthi mabavakalise, ba- 15 hambise ilizwi emizini yabo yonke, naseYerusalem, lokuthi, Phumani niye ezintabeni, nize namahlamvu eminquma, namahlamvu eminquma yasendle, namahlamvu emimirtile,* namahlamvu esundu, namahlamvu emithi ethe shinyi, ukuze kwenziwe iminquba ngoko kubhaliweyo.

Baphuma abantu, bawàzisa, bazenze- 16 la iminquba, elowo phezu kwendlu yakhe, nasezintendelezweni zabo, nasezintendelezweni zendlu kaThixo, nasendaweni yembutho yesango lamanzi, nasendaweni yembutho yesango likaEfrayim. Lonke ibandla elalibuye eku- 17 thinjweni lenza iminquba, lahlala eminqubeni; ngokuba oonyana bakaSirayeli babengenzanga ngokunjalo kususela kwimihla kaYoshuwa unyana kaNun, kwada kwayiloo mini. Kwabakho ke uvuyo olukhulu kunene.

Kwaleswa encwadini yomyalelo ka- 18 Thixo imihla ngemihla, kwathabathela kumhla wokuqala kwezisa kumhla wokugqibela. Benza umthendeleko imihla yasixhenxe; ngomhla wesibhozo yaba yingqungquthela ngokwesiko.

Ukuzila ukudla ngengxelo-zono yabantu bonke, nokuhlaziywa komnqophiso

9 Ke kaloku ngomhla wamashumi amabini anesiné waloo nyanga, bahlanganisana oonyana bakaSirayeli, bezila ukudla, beneengubo ezirhwexayo, bezigalele umhlaba. Yazahlula imbe- 2 wu kaSirayeli koonyana bonke bolunye uhlanga, bema bazixela izono zabo, nobugwenxa booyise. Bema endaweni 3 yabo, belesa encwadini yomyalelo kaYehova uThixo wabo, isahlulo sesiné semini; *esinye* isahlulo sesiné bexela izono zabo, bemnqula uYehova uThixo wabo.

Benyuka bema esikhwelweni saba- 4 Levi ooYeshuwa noBhani, noKademiyeli, noShebhaniya, noBhuni, noSherebhiya, noBhani, noKenani; bamemeza ngezwi elikhulu kuYehova uThixo wabo. Bathi abaLevi, ooYeshuwa, no- 5

UNEHEMIYA 9

Kademiyeli, noBhani, noHashabheneya, noSherebhiya, noHodiya, noShebhaniya, noPetaya:

Sukani nime. Bongani uYehova uThixo wenu, kususela kwaphakade kude kuse ephakadeni.

Malibongwe igama lobuqaqawuli bakho, elikuphakameleyo konke ukubonga 6 nokudumisa. Wena unguYehova wedwa, wena wenza izulu, izulu lawo amazulu, nomkhosi wawo wonke, umhlaba nento yonke ephezu kwawo, iilwandle neento zonke ezikhona, uzidlisa ubomi zonke ezo zinto; umkhosi wamazulu uqubuda 7 kuwe. Wena unguYehova, uThixo owanyula uAbram, wamkhupha eUre yamaKaledi, wamthiya igama elingu-
8 Abraham. Wayifumana intliziyo yakhe inyanisekile phambi kwakho, wenza naye umnqophiso wokulinika ilizwe lamaKanan, namaHeti, nama-Amori, namaPerizi, namaYebhusi, namaGirgashi, wokulinika imbewu yakhe; wawamisa ke amazwi akho, ngokuba ùlilungisa.
9 Wazibona iintsizi zoobawo eYiputa, wakúva ukukhala kwabo eLwandle olu-
10 Bomvu;* wenza imiqondiso nezimanga kuFaro, nakubakhonzi bakhe bonke, nakubantu bonke belizwe lakhe, ngokuba ubusazi ukuba baye bebakhukhumalele; wazenzela igama njengoko 11 kunjalo nanamhla. Walwahlula ulwandle phambi kwabo; bawela elwandle komile, abasukeli babo wabazulumbela ezinzulwini njengelitye emanzini ana-
12 mandla. Wabakhokela ngomqulu welifu emini, nangomqulu womlilo ebusuku, ukuba ubakhanyisele indlela ababehamba ngayo.
13 Wehla phezu kwentaba yeSinayi, wathetha nabo uvela emazulwini, wabanika amasiko athe tye, nemiyalelo eyinyaniso, nemimiselo, nemithetho e-
14 lungileyo; wabazisa isabatha yakho engcwele, wabamisela imithetho, nemimiselo, nomyalelo, ngesandla sikaMoses
15 umkhonzi wakho. Wabanika isonka sasezulwini ngenxa yokulamba kwabo, wabavelisela namanzi engxondorheni ngenxa yokunxanwa kwabo; wathi kubo, mabaye kulihlutha ilizwe, owabaphakamisela isandla sakho, ukuba wobanika lona.

Ke bona oobawo bakhukhumala, ba- 16 zenza lukhuni iintamo zabo, àbayiphulaphula imithetho yakho. Àbavuma 17 ukuva, àbayikhumbula imisebenzi yakho ebalulekileyo, owayenzayo kubo. Bazenza lukhuni iintamo zabo, bamisa iintloko, ukuba babuyele ebukhobokeni babo ngeenkani zabo; wena wathi, kuba ùnguThixo wokuxolela, ubabala, unemfesane, uzeka kade umsindo, umninzi ngenceba, àkwabashiya. Noko ke ba- 18 zenzela ithole elingumfanekiso otyhidiweyo, bathi, Nguye lo uThixo wakho owakunyusayo eYiputa; bakugiba kakhulu.

Ke wena, ngeemfesane zakho ezinku- 19 lu, akubashiyanga entlango; umqulu welifu wokubakhokela ngendlela awumkanga kubo emini, nomqulu womlilo ebusuku wokubakhanyisela indlela abahamba ngayo. Wabanika umoya wakho 20 olungileyo, ukuba ubaqononondise; akuwuvimbanga umlomo wabo imana* yakho, wabanika amanzi ngenxa yenxano labo. Iminyaka emashumi mané 21 wabafunzela entlango, àbaswela nto; iingubo zabo azonakalanga bubudala, iinyawo zabo azidumbanga.

Wabanika izikumkani nezizwe, waba- 22 hlulahlula ngokwemida yabo; balihlutha ilizwe lakwaSihon, ilizwe lokumkani waseHeshbhon, kwanelizwe likaOgi ukumkani waseBhashan. Wabandi- 23 sa oonyana babo njengeenkwenkwezi zezulu; wabazisa kwelo zwe, wàthi kooyise mabaze balihluthe. Bangena ke 24 oonyana abo, balihlutha ilizwe elo; wabathoba phambi kwabo abemi belizwe, amaKanan, wawanikela ezandleni zabo, ookumkani bawo nezizwe zelizwe elo, ukuba benze kuzo ngokuzithandela kwabo. Bayithimba imizi enqatyisi- 25 weyo, nomhlaba otyebileyo; bahlutha izindlu zizele zizinto zonke ezintle, amaqula ambiweyo, nezidiliya, nezinquma, nemithi edliwayo yamininzi. Badla, bahlútha, batyeba, baziyolisa ngokulunga kwakho okukhulu.

UNEHEMIYA 9–10

26 Besuka baphika, bagwilika kuwe, umyalelo wakho bawuphosela emva komhlana wabo, bababulala abaprofeti bakho ababengqina kubo, ukuba baba-
27 buyisele kuwe; bakugiba kakhulu. Wabanikela ezandleni zababandezeli babo, bababandezela. Ngexesha lokubandezelwa kwabo bakhala kuwe; wena weva usemazulwini, wabanika abasindisi ngokweemfesane zakho ezinkulu, babasindi-
28 sa ezandleni zababandezeli babo. Bakuba nokuphumla, babuya benza okubi phambi kwakho, wabashiya ezandleni zeentshaba zabo, zabanyathela. Babuya bakhala kuwe; wena weva usemazulwini, wabahlangula ngokweemfesane
29 zakho amaxesha amaninzi. Wangqina ngabo, ukuba ubabùyisele emyalelweni wakho; ke bona bakhukhumala, abayiphulaphula imithetho yakho; amasiko akho bóna kuwo, awothi umntu owenzayo aphile ngawo; bamangala negxalaba, bazenza lukhuni iintamo zabo, abaphulaphula.
30 Wabathwala iminyaka emininzi, wangqina ngabo ngoMoya wakho, ngabaprofeti bakho; àbakubekela ndlebe; wabanikela ke ezandleni zezizwe zama-
31 zwe. Ke ngeemfesane zakho ezinkulu akubagqibanga kuphele, akubashiyanga; ngokuba unguThixo onobabalo, nemfesane.
32 Kaloku, Thixo wethu, Thixo omkhulu, oligorha, owoyikekayo, ogcina umnqophiso nenceba, mayingabi ncinane phambi kwakho yonke indiniso esiyifumeneyo thina, nookumkani bethu, nabatheteli bethu, nababingeleli bethu, nabaprofeti bethu, noobawo, nabantu bakho bonke, kususela kwimihla yookumkani baseAsiriya, kude kube yile mini.
33 Ùlilungisa entweni yonke esifikeleyo; ngokuba wena wenzé inyaniso, ke thina
34 senzé okungendawo. Ookumkani bethu, nabatheteli bethu, nababingeleli bethu, noobawo, abawenzanga umyalelo wakho, abazibazanga iindlebe emithethweni yakho, nasezingqinweni za-
35 kho, owangqina ngazo ngabo. Bòna, ebukumkanini babo, ekulungeni kwakho okukhulu owabanikayo, ezweni eliba-
nzi, elityebileyo, owabanikayo, àbakukhonzanga, ababuyanga ezenzweni zabo ezibi.

36 Yabona, singabakhonzi namhla; nelizwe owalinika oobawo, ukuba sidle iziqhamo zalo nokulunga kwalo, nanku singabakhonzi kulo. Ungeniselo lwalo 37 lilwandisela ookumkani, owabamisa phezu kwethu ngenxa yezono zethu; bayayilawula imizimba yethu neenkomo zethu, ngokuzithandela kwabo; sisembandezelweni enkulu. Ngezo zinto zonke 38 senza umnqophiso wenene, sawubhala; bawutywina abatheteli bethu, naba-Levi bethu, nababingeleli bethu.

Abo bawutywinayo umnqophiso

10 Abo ke bawutywinayo: nguNehemiya irhuluneli, unyana kaHakaliya, noZedekiya, noSeraya, noAzariya, 2 noYeremiya, noPashure, noAmariya, 3 noMalekiya, noHatushe, noShebhaniya, 4 noMaluki, noHarim, noMeremoti, no- 5 Obhadiya, noDaniyeli, noGineton, no- 6 Bharuki, noMeshulam, noAbhiya, no- 7 Miyamin, noMahazeya, noBhilegayi, 8 noShemaya; abo ngababingeleli.

AbaLevi: nguYeshuwa unyana ka- 9 Azaniya, noBhinwi koonyana baka-Henadade, noKademiyeli.

Nabazalwana babo: nguShebhaniya, 10 noHodiya, noKelita, noPelaya, noHanan, noMika, noRehobhi, noHashabhi- 11 ya, noZakure, noSherebhiya, noShebha- 12 niya, noHodiya, noBhani, noBheninu. 13

Iintloko zabantu: nguParoshe, no- 14 Pahati wakwaMowabhi, noElam, no-Zatu, noBhani, noBhuni, noAzegadi, 15 noBhebhayi, noAdoniya, noBhigvayi, 16 noAdin, noAtere, noHezekiya, noAzure, 17 noHodiya, noHashum, noBhetsayi, 18 noHarifi, noAnatoti, noNebhayi, 19 noMagepihashe, noMeshulam, noHezire, 20 noMeshezabheli, noTsadoki, noYadu- 21 wa, noPelatiya, noHanan, noAnaya, 22 noHosheya, noHananiya, noHashubhi, 23 noHaloheshe, noPileha, noShobheki, 24 noRehum, noHashabena, noMahase- 25 ya, noAhiya, noHanan, noAnan, 26 noMaluki, noHarim, noBhahana. 27

28 Abanye abantu, ababingeleli, nabaLevi, nabamasango, neemvumi, nabakhonzi betempile, nabo bonke ababezahlule kwizizwe zamazwe, beza emyalelweni kaThixo; abafazi babo, noonyana babo, neentombi zabo, bonke abase-
29 benokwazi nokuqonda. Babambelela kubazalwana babo, iingangamsha zabo, bangena esiqalekisweni nasesifungweni sokuhamba ngomyalelo kaThixo, owawiswa ngesandla sikaMoses umkhonzi kaThixo, nokuyigcina nokuyenza yonke imithetho kaYehova iNkosi yethu, namasiko akhe, nemimiselo yakhe:
30 singàzendiseli iintombi zethu kwizizwe zeli lizwe, singabazekeli oonyana bethu
31 iintombi zazo; sithi izizwe zeli lizwe ezizisa izinto zentengo, nengqolowa, nokuba yiyiphi, ngemini yesabatha, zithengisa, singathengi kuzo ngesabatha nangomhla ongcwele; siwuyeke ulale umnyaka wesixhenxe, nento ebolekiweyo sisandla nokuba sesikabani.
32 Sizimisele imithetho yokubeka phezu kwethu isahlulo sesithathu seshekele* ngomnyaka, ngenxa yenkonzo yendlu
33 kaThixo wethu: ngenxa yezonka ezicwangcisiweyo, nomnikelo wokudla wamaxesha onke, nangenxa yedini elinyukayo lamaxesha onke, nelesabatha, nelokuthwasa kwenyanga, nangenxa yamaxesha amisiweyo, nangenxa yezinto ezingcwele, nangenxa yamadini ezono okucamagushela amaSirayeli, nomsebenzi wonke wendlu kaThixo wethu.
34 Sibawisele amaqashiso ngomsondezo weenkuni ababingeleli, nabaLevi, nabantu, ukuba zizisiwe endlwini kaThixo wethu, ngokwezindlu zethu zooyise, ngamaxesha amisiweyo, iminyaka ngeminyaka, ukuba zibaswe esibingelelweni sikaYehova uThixo wethu, ngoko ku-
35 bhaliweyo emyalelweni; sizise iintlahlela zomhlaba wethu, neentlahlela zeziqhamo zonke zemithi yonke, iminyaka ngeminyaka, endlwini kaYehova;
36 nabamazibulo koonyana bethu nawemfuyo yethu, ngoko kubhaliweyo emyalelweni, namazibulo eenkomo zethu, nawempahla emfutshane, siwazise endlwini kaThixo wethu, kubabingeleli abalungiselelayo endlwini kaThixo wethu; neentlahlela zemigrayo yethu, ne- 37 mirhumo yethu, neziqhamo zemithi yonke, iwayini entsha, neoli, sizizise kubabingeleli emagumbini endlu kaThixo wethu; nezishumi zemihlaba yethu kubaLevi; bona abaLevi bazàmkele izishumi emizini yonke esilima kuyo. Umbingeleli unyana ka-Aron aze 38 abekho nabaLevi, ekuzamkeleni kwabaLevi izishumi; bazinyuse abaLevi izishumi zezishumi ezo, bazizise endlwini kaThixo wethu, emagumbini endlu yobuncwane; ngokuba oonyana bakaSira- 39 yeli noonyana bakaLevi baya kuzisa umrhumo wengqolowa, newayini entsha, neoli, emagumbini apho zikhona iimpahla ezingcwele, nababingeleli abalungiselelayo, nabamasango, neemvumi; indlu kaThixo wethu singayishiyi.

Abemi baseYerusalem

11 Bahlala abathetheli babantu eYerusalem; abanye abantu bawisa amaqashiso, ukuba kungeniswe abe mnye kwabalishumi, ahlale eYerusalem kuwo umzi ongcwele, nezinye izahlulo ezisithoba zihlale kweminye imizi. Abantu bawasikelela amadoda onke 2 aqhutywa yintliziyo ukuba ahlale eYerusalem.

Zizo ezi iintloko zelizwe *lakwaYuda*, 3 ezahlala eYerusalem; ke emizini yakwaYuda, yaba ngulowo wahlala elifeni lakhe, emizini yabo, ingamaSirayeli, nababingeleli, nabaLevi, nabakhonzi betempile, noonyana babakhonzi bakaSolomon. EYerusalem kwahlala ezoo- 4 nyana bakaYuda, nezoonyana bakaBhenjamin. Koonyana bakaYuda: yanguAtaya, unyana kaUziya, unyana kaZekariya, unyana ka-Amariya, unyana kaShefatiya, unyana kaMahalaleli koonyana bakaPeretse; noMahaseya, u- 5 nyana kaBharuki, unyana kaKoli-hoze, unyana kaHazaya, unyana ka-Adaya, unyana kaYoyaribhi, unyana kaZekariya, unyana womSheloni. Bonke oonya- 6 na bakaPeretse, ababehlala eYerusalem, ibingamakhulu amané, anamanci ma-

UNEHEMIYA 11-12

thandathu anesibhozo, amadoda anobukroti.

7 Ngabo aba oonyana bakaBhenjamin: ibinguSalu, unyana kaMeshulam, unyana kaYohedi, unyana kaPedaya, unyana kaKolaya, unyana kaMahaseya, unyana 8 kaItiyeli, unyana kaYesaya. Emva kwakhe ibinguGabhayi-salayi, enamakhulu asithoba, anamanci mabini anesi9 bhozo; noYoweli unyana kaZikri, umphathi kubo, noYuda unyana kaSenwa, engowesibini kubaphathi bomzi.

10 Kubabingeleli: ibinguYedaya unyana 11 kaYoyaribhi, noYakin, noSeraya, unyana kaHilekiya, unyana kaMeshulam, unyana kaTsadoki, unyana kaMerayoti, unyana ka-Ahitubhi, ingànga yendlu 12 kaThixo, nabazalwana babo ababesenza umsebenzi wendlu, bengamakhulu asibhozo, anamanci mabini anababini; noAdaya unyana kaYeroham, unyana kaPelaleya, unyana ka-Amtsi, unyana kaZekariya, unyana kaPashure, unyana 13 kaMalekiya, nabazalwana bakhe, iintloko zezindlu zooyise, bengamakhulu amabini, anamanci mané anababini; noAmashesayi, unyana ka-Azareli, unyana ka-Azayi, unyana kaMeshilemoti, u14 nyana kaImere; nabazalwana babo, amagorha anobukroti, belikhulu elinamanci mabini anesibhozo; umphathi kubo ibinguZabhediyeli unyana kaGedolim.

15 KubaLevi: ibinguShemaya unyana kaHashubhi, unyana ka-Azarikam, unyana kaHashabhiya, unyana kaBhuni, 16 noShabhetayi, noYozabhadi, ababephethe umsebenzi ongaphandle wendlu 17 kaThixo, kwiintloko zabaLevi; noMataniya unyana kaMika, unyana kaZabhedi, unyana ka-Asafu, obengumhlabeli wezokudumisa emthandazweni, noBhakebhukiya, obengowesibini kubazalwana bakhe, noAbheda, unyana kaShamuwa, unyana kaGalali, unyana ka18 Yedutun. Bebonke abaLevi emzini ongcwele babengamakhulu amabini, anamanci asibhozo anabané.

19 Abamasango: ibinguAkubhi, noTalemon, nabazalwana babo abagcina amasango, belikhulu elinamanci asixhenxe anababini.

20 Amanye amaSirayeli, nababingeleli, nabaLevi, babekweminye imizi yonke yakwaYuda, elowo eselifeni lakhe. 21 Ke abakhonzi betempile babehlala eOfele; abakhonzi abo betempile babephethwe nguTsiha noGishpa. Umpha- 22 thi wabaLevi eYerusalem ibingu-Uzi unyana kaBhani, unyana kaHashabhiya, unyana kaMataniya, unyana kaMika koonyana baka-Asafu, iimvumi, malunga nomsebenzi wendlu kaThixo. Ngokuba umthetho wokumkani ubu- 23 phezu kwabo, nomnqophiso wenene ubuphezu keemvumi malunga nento yemini ngangemini yayo. UPetaya unya- 24 na kaMeshezabheli, koonyana bakaZera, unyana kaYuda, ubesisandla sokumkani ezintweni zonke zabantu.

Emizini nasemaphandleni ayo kwa- 25 hlala inxenye yoonyana bakaYuda eKiriyati ka-Arbha namagxamesi ayo, naseDibhon namagxamesi ayo, naseKabhetseli nemizi yayo, naseYeshuwa, 26 naseMolada, naseBhete-palete, nase- 27 Hatsore-shuwali, naseBher-shebha namagxamesi ayo, naseTsikelage, nase- 28 Mekona namagxamesi ayo, nase-En- 29 rimon, naseTsora, naseYarmuti, nase- 30 Zanowa, naseAdulam namagxamesi ayo, naseLakishe, nasemaphandleni ayo, naseAzeka namagxamesi ayo. Bahlala ke, bathabathela eBher-shebha besa emfuleni wakwaHinom.

Oonyana bakaBhenjamin bathaba- 31 thela eGebha, besa eMikimas, naseAya, naseBheteli namagxamesi ayo, na- 32 seAnatoti, naseNobhi, naseAnaniya, na- 33 seHatsore, naseRama, naseGitayim, na- 34 seHadidi, naseTsebhoyim, naseNebha- 35 lati, naseLode, naseOno emfuleni weengcibi. NakubaLevi kwaphuma amaqe- 36 la kwaYuda, eza kwaBhenjamin.

Ababingeleli nabaLevi

12 Ngabo aba ababingeleli nabaLevi, abenyuka noZerubhabheli unyana kaShelatiyeli, noYeshuwa: ibinguSeraya, noYeremiya, noEzra, no- 2 Amariya, noMaluki, noHatushe, no- 3 Shekaniya, noRehum, noMeremoti, no- 4 Ido, noGinetohi, noAbhiya, noMiya- 5

6 min, noMahadiya, noBhilega, noShe-
7 maya, noYoyaribhi, noYedaya, noSalu, noAmoki, noHilekiya, noYedaya. Abo ibiziintloko zababingeleli nabazalwana babo, emihleni kaYeshuwa.
8 AbaLevi: ibinguYeshuwa, noBhinwi, noKademiyeli, noSherebhiya, noYuda, noMataniya obephethe imibulelo, yena
9 nabazalwana bakhe; noBhakebhukiya, noUni; abazalwana babo babemalunga nabo besezigxineni.
10 Ke uYeshuwa wazala uYoyakim; uYoyakim wazala uEliyashibhi; uEli-
11 yashibhi wazala uYoyada; uYoyada wazala uYonatan; uYonatan wazala uYaduwa.
12 Ke emihleni kaYoyakim bekukho a- babingeleli abaziintloko zezindlu zooyi- se: okaSeraya inguMeraya; okaYeremi-
13 ya inguHananiya; okaEzra inguMeshu-
14 lam; oka-Amariya inguYohanan; oka- Meliku inguYonatan; okaShebhaniya
15 inguYosefu; okaHarim inguAdena; oka-
16 Merayoti inguHelekayi; okaIdo ingu- Zekariya; okaGineton inguMeshulam;
17 oka-Abhiya inguZikri; okaMinyamin,
18 okaMowadiya inguPiletayi; okaBhilega inguShamuwa; okaShemaya inguYo-
19 natan; okaYoyaribhi inguMatenayi; o-
20 kaYedaya ingu-Uzi; okaSalayi ingu-
21 Kalayi; oka-Amoki inguEbhere; oka- Hilekiya inguHashabhiya; okaYedaya inguNataniyeli.
22 Malunga nabaLevi, ngemihla ka- Eliyashibhi, noYoyada, noYohanan, no- Yaduwa, kwabhalwa iintloko zezindlu zooyise; nezababingeleli, ebukumkanini
23 bukaDariyo umPersi. Oonyana baka- Levi, iintloko zezindlu zooyise, babe- bhalwa encwadini yemicimbi yemihla, kwada kweza nasemihleni kaYohanan
24 unyana kaEliyashibhi. Ke iintloko za- baLevi: ibinguHashabhiya, noShere- bhiya, noYeshuwa unyana kaKademi- yeli, nabazalwana babo malungana nabo, ukuba badumise, babulele, ngo- komthetho kaDavide umfo wakwaThixo, iqela lilunge neqela; inguMataniya, no-
25 Bhakebhukiya, no-Obhadiya. OoMe- shulam, noTalemon, noAkubhi babenga- bamasango, begcina isigxina koovimba bamasango. Abo babekho emihleni ka-
26 Yoyakim unyana kaYeshuwa, unyana kaYotsadaki, nasemihleni kaNehemiya ibamba, noEzra umbingeleli, umbhali.

Ukusungulwa kodonga lweYerusalem

27 Ke kaloku ekusungulweni kodonga lweYerusalem kwafunwa abaLevi ezi- ndaweni zabo zonke, ukuba baziswe eYerusalem, ukuba ukusungulwa kwalo kwenziwe ngovuyo, nangemibulelo, na- ngeengoma, nangamacangci, nangemi- rhubhe, nangeehadi. Bahlanganisana
28 oonyana beemvumi, bevela kuloo mma- ndla ujikeleze iYerusalem, nasemizini yamaNetofa; naseBhete yaseGiligali,
29 nasemihlabeni yaseGebha, neAzemave- te; ngokuba iimvumi zazizakhele imizi ejikeleze iYerusalem. Bazihlambulula
30 ababingeleli nabaLevi, bahlambulula a- bantu, namasango, nodonga olo.
31 Ndabanyusa abathetheli bakwaYuda phezu kodonga, ndamisa amaqela ama- khulu amabini okubulela, enza imityino, *elinye lasinga* ekunene phezu kodonga esangweni lenkunkuma. Emva kwalo
32 kwahamba uHoshaya nesiqingatha sa- bathetheli bakwaYuda, noAzariya, no-
33 Ezra, noMeshulam, noYuda, noBhenja-
34 min, noShemaya, noYeremiya. Koo-
35 nyana bababingeleli benamaxilongo ya- yinguZekariya unyana kaYonatan, unya- na kaShemaya, unyana kaMataniya, unyana kaMikaya, unyana kaZakure, unyana ka-Asafu; nabazalwana bakhe:
36 ooShemaya, noAzareli, noMilalayi, no- Gilalayi, noMahayi, noNataniyeli, no- Yuda, noHanani, beneempahla zoku- vuma zikaDavide umfo wakwaThixo; ke uEzra umbhali ebephambi kwabo. Basinga esangweni lomthombo, bathi
37 ngqo, benyuka ngezinyuko zomzi ka- Davide, ekunyukeni kodonga bayonga- mela indlu kaDavide, besa esangweni lamanzi ngasempumalanga.
38 Iqela lesibini lokubulela elahamba malunga nelo, ndingasemva kwalo, ndinesinye isiqingatha sabantu, laha- mba phezu kodonga, layongamela inqa- ba ende yamaziko, lesa eludongeni olu-
39 banzi; lasongamela isango lakwaEfra-

UNEHEMIYA 12-13

yim, nesango lodonga oludala, nesango leentlanzi, nenqaba ende kaHananeli, nenqaba ende kaHameha, lada leza esangweni lempahla emfutshane, bamisa esangweni lentolongo.

40 Ema ke omabini amaqela okubulela endlwini kaThixo, mna ndinesiqinga-41 tha sabaphathi; nababingeleli, ooEliyakim, noMahaseya, noMinyamin, noMikaya, noEliyohenayi, noZekariya, no-42 Hananiya, benamaxilongo; noMahaseya, noShemaya, noEleyazare, noUzi, noYohanan, noMalekiya, noElam, noEzere. Iimvumi zavuma kakhulu, uYezeraya engumphathi wazo.

43 Babingelela ngaloo mini imibingelelo emikhulu, bavuya; ngokuba uThixo ubebavuyisile ngovuyo olukhulu. Kananjalo abafazi nabantwana bavuya; kwavakala ukuvuya kweYerusalem namgama.

44 Ngaloo mini kwamiswa amadoda okuphatha amagumbi okuba ngoovimba bemirhumo, neentlahlela, nezishumi, ukuba zifunjwe kuwo, ngokwemihlaba yemizi, izabelo ezimiselwe ababingeleli nabaLevi ngomyalelo; ngokuba amaYuda abevuya ngababingeleli na-45 ngabaLevi abemiyo. Basigcina isigxina sikaThixo wabo, nesigxina sentlambululo; zenjenjalo iimvumi nabamasango, ngokomthetho kaDavide, noSolomon u-46 nyana wakhe; ngokuba ngemihla kaDavide, kwakudala, uAsafu ubeyintloko yeemvumi, neyokudumisa uThixo, neyokubulela kuye. Onke amaSirayeli, ngemihla kaZerubhabheli nangemihla kaNehemiya, abe ezinika iimvumi nabamasango izabelo, into yemini ngangemini yayo, engcwaliselwa abaLevi, abaLevi bengcwalisela oonyana baka-Aron.

Ukushenxiswa kwezinyeliso

13 Ngaloo mini kwaleswa encwadini kaMoses ezindlebeni zabantu; kwafunyanwa kubhaliwe kuyo ukuthi, Ama-Amon namaMowabhi makangangeni ebandleni likaThixo naphakade; 2 ngokuba engabakhawulelanga oonyana bakaSirayeli enesonka namanzi; esuka abaqeshela uBhileham, ukuba abaqale-kise; ke uThixo wethu wayiguqula ingqalekiso yaba yintsikelelo. Kwathi 3 bakuva umyalelo lowo, bawahlula wonke umxube kumaSirayeli.

Ke kaloku phambi koko, uEliyashibhi 4 umbingeleli, obemiswe phezu kwamagumbi endlu kaThixo wethu, wazalamanisa noTobhiya, wamenzela igumbi 5 elikhulu, apho bekufudula kubekwa khona umnikelo wokudla, nentlaka emhlophe, nempahla, nezishumi zengqolowa, nezewayini entsha, nezeoli, ezibe zimiselwe abaLevi neemvumi nabamasango; nemirhumo yababingeleli.

Ekwenzekeni oko konke bendingekho 6 eYerusalem; ngokuba, ngomnyaka wamashumi amathathu anesibini ka-Artashashta ukumkani waseBhabheli, ndaya kukumkani ekupheleni kwemihla, ndacela kukumkani ukuba ndibuye. Ndafika 7 ke eYerusalem, ndabugqala ububi abebenzile uEliyashibhi ngenxa kaTobhiya, ngokumenzela kwakhe igumbi ezintendelezweni zendlu kaThixo. Kwaba 8 kubi kum kakhulu; ndazilahlela phandle zonke iimpahla zendlu kaTobhiya ngaphandle kwegumbi. Ndatsho, bawa-9 hlambulula amagumbi; ndazibuyisela khona iimpahla zendlu kaThixo, umnikelo wokudla, nentlaka emhlophe.

Ndazi ukuba izabelo zabaLevi aba-10 zinikwanga; ngokuba abaLevi neemvumi, ababesebenza umsebenzi, babebalekele elowo emhlabeni wakhe. Nda-11 bambana nabaphathi, ndathi, Yini na ukuba indlu kaThixo ishiywe nje? Ndababutha, ndabamisa esikhundleni sabo. Aza onke amaYuda azisa izi-12 shumi zengqolowa, nezewayini entsha, nezeoli, koovimba. Ndamisa phezu koo-13 vimba uShelemiya umbingeleli, noTsadoki umbhali, noPedaya kubaLevi; naphantsi kwezandla zabo yanguHanan unyana kaZakure, unyana kaMataniya; ngokuba bekusithiwa banyanisekile; bamiselwa ukwabela abazalwana babo.

Ndíkhumbule, Thixo wam, ngenxa 14 yoko; musa ukuzicima iinceba zam, endizenzileyo endlwini kaThixo wam, nasezigxineni zayo.

15 Ngaloo mihla ndabona kwaYuda abaxovula ezixovulelweni zewayini ngesabatha, nabathutha amasinde, abathwalisa amaesile; kwanewayini, neediliya, namakhiwane, nemithwalo yonke, beyizisa eYerusalem ngemini yesabatha; ndaqononondisa ngaloo mini bathengisa 16 ngokudla ngayo. Kwakuhleli khona nabaseTire, bezisé iintlanzi neento zonke zentengiso; bethengisa ngesabatha koonyana bakaYuda eYerusalem. 17 Ndabambana nabanumzana bakwaYuda, ndathi kubo, Yintoni na le nto imbi kangaka niyenzayo, niwuhlambe-18 layo umhla wesabatha? Babengènjenalo na ooyihlo, waza uThixo wethu wasifikisela thina nalo mzi bonke obo bubi? Ke nina nongeza ukuvutha komsindo kuSirayeli, niyihlambela nje 19 isabatha. Bekusithi, kwakuba lungcwalazi phakathi kwamasango aseYerusalem phambi kwesabatha, ndithi mazivalwe iingcango; ndithi mazingàvulwa ide igqithe isabatha. Ndamisa inxenye yamadodana akwam emasangweni, ukuze kungàngeniswa mthwalo ngemini 20 yesabatha. Abarhwebi, nabathengisa ngeento zonke zentengiso, babelala ngaphandle kweYesusalem kanye noku-21 ba kukabini. Ndaqononondisa kubo, ndathi kubo, Yini na ukuba nilale phambi kodonga? Ukuba nithe naphinda, ndonisa isandla. Kususela kwelo 22 xesha àbabanga seza ngesabetha. Ndathi kubaLevi mabazihlambulule, beze bagcine amasango, ukuze kungcwaliswe umhla wesabatha.

Ndíkhumbulele nangale nto, Thixo wam, ube nenceba kum ngokobuninzi benceba yakho.

Kananjalo ngaloo mihla ndawabona 23 amaYuda abezeké abafazi abangama-Ashdodekazi, nama-Amonikazi, nama-Mowabhikazi, oonyana babo inxenye 24 bethetha ngesiAshdode, bengenakuqonda ukuthetha ngesiYuda, bethetha ngokwentetho yezizwe ngezizwe.

Ndabambana nawo, ndawatshabhisa, 25 ndabetha amadoda kuwo, ndawadlathula iinwele, ndawafungisa uThixo ngokuthi, Inene, iintombi zenu aniyi kuzendisela koonyana babo, neentombi zabo aniyi kuzizekela oonyana benu, aniyi kuzizeka nani ngokwenu. Wayengo- 26 né ngenxa yabo yini na uSolomon, ukumkani wamaSirayeli? Ezintlangeni ezininzi kwakungekho kumkani unjengaye: ubethandwa nguThixo wakhe, uThixo wamnika ukuba ngukumkani wamaSirayeli onke; naye lowo bamonisa abafazi bezinye iintlanga. Makuvakale 27 ngáni na, ukuba nenzé bonke obu bubi bukhulu, bokwenza ubumenemene kuThixo wethu, ngokuzeka abafazi bezinye iintlanga? Ke kaloku koonyana 28 bakaYoyada, unyana kaEliyashibhi, umbingeleli omkhulu, bekukho kubo ongumyeni kwaSanebhalati waseHoron; ndamgxotha ke kum.

Bákhumbule, Thixo wam, ngenxa yo- 29 kuhlambela kwabo ububingeleli, nomnqophiso wobubingeleli, nowobuLevi.

Ndawahlambuluka ke ezintweni zonke 30 zezinye iintlanga, ndazimisa izigxina zababingeleli nezabaLevi, zomntu ngomntu emsebenzini wakhe, nezomso- 31 ndezo weenkuni ngamaxesha amisiweyo, nezeentlahlela.

Ndíkhumbulele okulungileyo, Thixo wam.

INCWADI KAESTERE

Ukungathobeli kukakumkanikazi nokwaliwa kwakhe

1 Ke kaloku kwathi ngemihla kaAhaswerosi (lo Ahaswerosi ke ubengukumkani, ethabathela eIndiya, wezisa kwaKushi: kumazwe alikhulu elinamanci mabini anesixhenxe), ngaloo 2 mihla, xa wayehleli ukumkani uAhaswerosi etroneni yobukumkani bakhe, eseShushan komkhulu, ngomnyaka wesi- 3

UESTERE 1

thathu wobukumkani bakhe, wabenzela isidlo bonke abathetheli bakhe nabakhonzi bakhe; xa impi yamaPersi neyamaMedi, amawaba nabathetheli
4 bamazwe, bebephambi kwakhe; akubon' ukuba ubonisa abantu ubutyebi obuzukileyo bobukumkani bakhe, nesihombo esinqabileyo sobukhulu bakhe imihla emininzi, imihla elikhulu elinamanci asibhozo.

5 Ekuzalisekeni kwaloo mihla, ukumkani wabenzela isidlo bonke abantu abafumaneka eShushan komkhulu, kwathabathela kwabakhulu, kwesa kwabancinane, imihla yasixhenxe, entendelezweni yomyezo wendlu yokumkani.
6 *Amalengalenga* ayengawelinen emhlophe, necikizekileyo, nemsi, ebotshwe ngeentsontelo zelinen ecikizekileyo nemfusa kumakhonkco esilivere, nakwiintsika zemarmore* emhlophe; izingqengqelo izezegolide nezesilivere, phezu kombekelelo wamatye aluhlaza, namhlo-
7 phe, naziiperile,* namnyama. Kwaye kuselwa ngeempahla zegolide, ziziimpahla ngeempahla; ininzi iwayini yakomkhulu ngokwamandla okumkani.
8 Ukusela kwaye kungokomthetho kungekho unyanzelayo: kuba wenjenjalo ukumkani ukumisela zonke izikhulu zendlu yakhe, ukuba enze elowo nalowo ngokuzithandela kwakhe.
9 Kananjalo uVashti ukumkanikazi wenzela abafazi isidlo endlwini yakomkhulu, ebiyekakumkani uAhaswerosi.

10 Ngomhla wesixhenxe, xa intliziyo yokumkani yayimnandi yiwayini, wabayalela ooMehuman, noBhizeta, noHarbhona, noBhigeta, noAbhageta, noZetare, noKarkasi, ababusi abasixhenxe abalungiselelayo ebusweni bokumkani,
11 wathi, mabamzise uVashti ukumkanikazi phambi kokumkani enonkontsho lobukumkanikazi, ukuba abonise abantu nabathetheli ubuhle bakhe; ngokuba
12 ebeyinzwakazi, imbonakalo yakhe. Akavumanga ukumkanikazi uVashti ukuza ngelizwi lokumkani ngababusi abo. Waba noburhalarhume obukhulu ukumkani, bavutha ubushushu bakhe kuye.

Wathi ke ukumkani kwizilumko ezi- 13 waziyo amaxesha (ngokuba ibisenjiwa njalo into yokumkani phambi kwabo bonke abawaziyo umthetho nesiko; ababekufuphi kuye, ooKarshena, no- 14 Shetare, noAdemata, noTarshishe, noMeres, noMarsena, noMemukan, abathetheli abasixhenxe bamaPersi namaMedi, ababebubona ubuso bokumkani, ababehlala ezihlalweni zobukhulu ebukumkanini), *wathi*, Ngokomthetho a- 15 ngénziwa ntoni na ukumkanikazi uVashti, ngenxa yokuba engalenzanga ilizwi lokumkani uAhaswerosi ngababusi?

Wathi uMemukan phambi kokumka- 16 ni nabathetheli, UVashti ukumkanikazi akaphosise kukumkani yedwa; uphosise nakubathetheli bonke, nakwizizwe zonke ezisemazweni onke okumkani uAhaswerosi. Kuba le ndawo yokumkanikazi 17 iya kuphuma, ifikelele kubafazi bonke, adeleke amadoda abo emehlweni abo, xa kuthiwa, Ukumkani uAhaswerosi wathi makeziswe uVashti ukumkanikazi phambi kwakhe, akeza. Kananjalo a- 18 makhosikazi asePersi naseMedi ayivayo le nto yokumkanikazi, aya kuyixela kwanamhlanje kubathetheli bonke bokumkani, kwande ke ukudela noburhalarhume. Ukuba kuthe kwalunga kuku- 19 mkani, makuphume ilizwi lokumkani ebusweni bakhe, libhalwe emithethweni yamaPersi namaMedi, ukuze lingatshitshi, lokuba uVashti angàbi seza phambi kokumkani uAhaswerosi, ukumkani abunikele ubukumkanikazi bakhe kuwabo olungileyo kunaye. Wóthi ke 20 wakuvakala umthetho wokumkani, aya kuwenza ebukumkanini bakhe bonke (ngokuba bukhulu), bonke abafazi bawabeke amadoda abo, kuthabathele kwenkulu, kuse kwencinane.

Ilizwi elo lalunga emehlweni okumka- 21 ni nabathetheli. Wenza ke ukumkani ngokwelizwi likaMemukan. Wathume- 22 la iincwadi emazweni onke kakumkani, kwilizwe ngelizwe, njengokubhala kwalo, kwizizwe ngezizwe ngokweentetho zazo, okokuba amadoda onke alawule ezindlwini zawo, athethe ngentetho yakowawo.

UESTERE 2

UEstere unyulwa abe ngukumkanikazi

2 Emva kwezi zinto, bakudamba ubushushu bokumkani uAhaswerosi, wamkhumbula uVashti, noko abekwe-
2 nzile, noko bekugqitywe ngaye. Athi amadodana akwakumkani abelungiselela kuye, Ukumkani makafunelwe iintombi
3 ezieseziintombi, ezimbonakalo intle. Ukumkani makayalele abaphathi emazweni onke obukumkani bakhe, bahlanganise zonke iintombi ezieseziintombi, ezimbonakalo intle, bazizise eShushan komkhulu, endlwini yabafazi, phantsi kwesandla sikaHegayi, ithenwa lokumkani, umgcini wabafazi, zinikwe izinto
4 zokuthambisa. Ize ithi intombi ethe yalunga emehlweni okumkani, ibe ngukumkanikazi esikhundleni sikaVashti. Lalunga elo lizwi emehlweni okumkani; wenjenjalo ke.

5 Kwakukho ke eShushan komkhulu indoda engumYuda, egama linguMordekayi, unyana kaYahire, unyana kaShimehi, unyana kaKishe, indoda engu-
6 mBhenjamin; eyayithinjiwe eYerusalem nabathinjwa, ababethinjwe noYekoniya ukumkani wakwaYuda, owathinjwa nguNebhukadenetsare, ukumkani waseBhabheli.

7 Yaye ingumondli kaHadasa (nguEstere ke lowo), intombi kayisekazi; ngokuba ebengenayise nanina. Intombi leyo yayimile kakuhle, intle nasebusweni. Emva kokufa kukayise nonina, uMordekayi wayithabatha yaba
8 yintombi yakhe. Kwathi ekuvakaleni kwelizwi lokumkani nomthetho wakhe, ekuhlanganisweni kweentombi ezininzi eShushan komkhulu, phantsi kwesandla sikaHegayi, wasiwa noEstere endlwini yokumkani, phantsi kwesandla sikaHegayi, umgcini wabafazi.
9 Yamkholisa intombi leyo, wayenzela ububele, wakhawuleza, wayinika izinto zayo zokuthambisa, nezabelo zayo, wayinika neentombi ezisixhenxe ezihleliweyo, ezivela endlwini yokumkani, wayibeka yona nomthinjana wayo kweyona ndawo intle kwindlu yabafazi.

UEstere ubengàbaxelanga abantu ba- 10 kowabo nemizalwane yakhe; kuba uMordekayi wayemwisele umthetho wokuba angabaxeli. UMordekayi waye- 11 mana ukuhamba imihla ngemihla yonke phambi kwentendelezo yendlu yabafazi, ukuba akwazi ukuphila kukaEstere, nokwenziwayo kuye.

Ke kaloku ekufikeni kwexesha lento- 12 mbi ngentombi lokuya kukumkani uAhaswerosi, ekupheleni kokwenziwa kwesiko labafazi iinyanga ezilishumi elinambini (kuba bekunjalo ukuzaliseka kwemihla yokuthanjiswa kwazo; iinyanga ezintandathu bekusenziwa ngeoli yemore,* ezinye iinyanga ezintandathu ngobulawu nangeento zokuthambisa abafazi), ngelo xesha ke ibe isithi into- 13 mbi ukuya kukumkani, kuthi konke ebikunqwenela ikunikwe, ihambe nako, iphuma endlwini yabafazi ukuya endlwini yokumkani. Ibisakuya ngokuhlwa, 14 ngengomso ibuyele kweyesibini indlu yabafazi, ephantsi kogcino lukaShahashgazi, ithenwa lokumkani, umgcini wamashweshwe. Ibingabi saya kukumkani, engayinanzanga ukumkani, ayibize ngegama.

Ekufikeni kwexesha likaEstere, into- 15 mbi ka-Abhihayili, uyisekazi kaMordekayi, obeyithabathe ukuba ibe yintombi yakhe, lokuba aye kukumkani, akafunanga nto ingàxelwanga nguHegayi ithenwa lokumkani, umgcini wabafazi. UEstere wababalwa ngabo bonke abambonàyo. Wasiwa ke uEstere kuku- 16 mkani uAhaswerosi, endlwini yakhe yobukumkani, ngenyanga yeshumi (leyo yinyanga enguTebhete), ngomnyaka wesixhenxe wobukumkani bakhe.

Ukumkani wamthanda uEstere nga- 17 phezu kwabafazi bonke; wambabala, wamenzela inceba ngaphezu kweentombi zonke; unkontsho lobukumkanikazi walubeka entlokweni yakhe, wamenza ukumkanikazi esikhundleni sikaVashti. Ukumkani wabenzela isidlo esikhulu 18 abathetheli bakhe nabakhonzi bakhe, isidlo sikaEstere; wawaphumza amazwe, wapha izipho ngokwamandla okumkani.

UESTERE 2-3

19 Ke kaloku ekuhlanganisweni kweentombi okwesibini, ubehleli uMorde-
20 kayi esangweni lokumkani. UEstere ubengayixelanga imizalwane yakhe nabantu bakowabo, njengoko uMordekayi wayemmisele; ngokuba ilizwi likaMordekayi ubelenza uEstere, njengokuba wayesondliwa nguye.

Ukwaziwa nguMordekayi kweyelenqe elenzelwe ukumkani

21 Ngaloo mihla kwathi, uMordekayi ehleli esangweni lokumkani, baba noburhalarhume uBhigetan noTereshe, amathenwa amabini okumkani, abagcini bomnyango, bafuna ukumsa izandla
22 ukumkani uAhaswerosi. Yaziwa loo nto nguMordekayi, waxelela uEstere ukumkanikazi; uEstere waxelela uku-
23 mkani egameni likaMordekayi. Yancinwa loo nto, yafunyanwa; baxhonywa bobabini emthini. Yabhalwa loo nto encwadini yemicimbi yemihla phambi kokumkani.

UHaman ucenga ukumkani ukuba ayalele ubulawo lwamaYuda

3 Emveni kwezo zinto, ukumkani uAhaswerosi wamenza mkhulu uHaman unyana kaHamedata, umAgagi; wamphakamisa, wasimisa isihlalo sakhe ngaphezu kwabathetheli bonke ababe-
2 naye. Bonke abakhonzi bokumkani, ababesesangweni lokumkani, babeguqa, baqubude kuHaman; kuba wenjenjalo ukumkani ukuwisa umthetho ngaye; ke yena uMordekayi àkaguqa, àkaqubuda kuye.
3 Abakhonzi bokumkani, ababesesangweni lokumkani, bathi kuMordekayi, Yini na ukuba uwugqithe umthetho
4 wokumkani? Kwathi ke, bakumana ukutsho kuye imihla ngemihla, engaphulaphuli kubo, bamxelela uHaman, ukukhangela ukuba aya kuma na amazwi kaMordekayi. Kuba ubebaxelele uku-
5 ba yena ungumYuda. Wabona uHaman ukuba uMordekayi akaguqi, akaqubudi kuye; wasuka uHaman wazala
6 ngumsindo. Wakucekisa ukuba amse izandla uMordekayi yedwa; kuba ubebaxelelwe abantu bakuloMordekayi; wangxamela ke uHaman ukuwatshabalalisa onke amaYuda abesebukumkanini bonke buka-Ahaswerosi, abantu bakuloMordekayi.

Ngenyanga yokuqala (yinyanga engu- 7 Nisan ke leyo), ngomnyaka weshumi elinesibini wokumkani uAhaswerosi, kwawiswa iPuri (liqashiso ke elo) phambi koHaman, imini ngemini, inyanga ngenyanga, yada yaba yeyeshumi elinesibini; yinyanga enguAdare ke leyo.

Wathi uHaman kukumkani uAhaswe- 8 rosi, Kukho abantu abathile abathe saa, abangené phakathi kwezizwe emazweni onke obukumkani bakho; nemithetho yabo yahlukile kweyabantu bonke, abayenzi imithetho yokumkani; akufanelekile kukumkani ukubayeka. Uku- 9 ba kuthe kwalunga kukumkani, makubhalwe batshatyalaliswe. Ndolinganisela ezandleni zabawenzayo loo msebenzi wokumkani amawaka alishumi eetalente* zesilivere, ukuba ziziswe ebutyebini bokumkani.

Ukumkani wawukhulula umsesane 10 wakhe esandleni sakhe, wawunika uHaman unyana kaHamedata, umAgagi, umbandezeli wamaYuda. Wathi uku- 11 mkani kuHaman, Ùyinikiwe isilivere leyo, nabantu abo; makwenziwe kubo ngoko kulungileyo emehlweni akho.

Kwabizwa ke ababhali bokumkani 12 ngenyanga yokuqala, ngomhla weshumi elinesithathu kuyo. Kwabhalwa ngokomthetho wonke kaHaman, kwiirhuluneli zokumkani, nakumabamba abephethe amazwe ngamazwe, nakubathetheli babantu ngabantu, kumazwe ngamazwe ngokokubhala kwawo, kubantu ngabantu ngokweentetho zabo. Kwabhalwa egameni lokumkani uAhaswerosi, kwatywinwa ngomsesane wokumkani. Zathunyelwa iincwadi ngezi- 13 gidimi kumazwe onke okumkani, ukuba kutshatyalaliswe, kubulawe, kusingelwe phantsi onke amaYuda, kuthabathele kumfana, kuse kwindoda enkulu, iintsana nabafazi, ngamini-nye, ngomhla weshumi elinesithathu wenyanga yeshumi

UESTERE 3-5

elinesibini (yinyanga enguAdare ke leyo); kuphángwe amaxhoba awo.

14 Intetho yencwadi leyo, yokuze awiselwe umthetho onke amazwe ngamazwe, yaya yathunyelwa kwizizwe zonke, ukuba zihlale ziwulungiselelwe loo mhla.

15 Izigidimi zaphuma zingxamile ngelizwi lokumkani; umthetho lowo wawiswa eShushan komkhulu. Ke ukumkani noHaman bahlala phantsi, basela; wona umzi waseShushan wadideka.

UMordekayi ubhenela kuEstere ukuba abongoze ukumkani

4 Ke kaloku uMordekayi wakwazi konke oko kwenziweyo. Wazikrazula uMordekayi iingubo zakhe, wambatha ezirhwexayo nothuthu, waphuma waya phakathi komzi, wakhala nge- 2 sikhalo esikhulu, esikrakra. Wafika phambi kwesango lokumkani; kuba bekungangeni mntu esangweni lokumkani 3 ambethe ezirhwexayo. Kuwo onke amazwe ngamazwe, kwindawo elithe lafika kuyo ilizwi lokumkani nomthetho wakhe, yaba sisijwili esikhulu kumaYuda, nokuzila ukudla, nokulila, nokumbambazela. Abaninzi bandlala iingubo ezirhwexayo nothuthu.

4 Zeza ke iimpelesi zikaEstere namathenwa akwakhe, amxelela. Wamana ezibhijabhija ukumkanikazi, ebuhlungu, wathumela iingubo zokumambesa uMordekayi, zisuswe kuye ezirhwexayo;
5 àkazamkela. UEstere wabiza uHataki wakumathenwa okumkani, obemiswe ukuba amlungisele, wamwisela umthetho kuMordekayi, ukuba azi ukuba kutheni na, kungani na.

6 Waphuma uHataki, waya kuMordekayi endaweni yembutho yomzi, ebi-
7 phambi kwesango lokumkani. UMordekayi wamxelela konke okumhleleyo, wamcacisela inani lemali, abethe uHaman, uya kulilinganisela ebutyebini bokumkani ngenxa yamaYuda, ukuba
8 atshatyalaliswe. Wamnika nencwadi leyo yomthetho obuwiswe eShushan wokuwatshabalalisa, ukuze ayibonise uEstere, amxelele, amwisele umthetho wokuba aye kukumkani, atarhuzise kuye, athandazele abantu bakowabo ebusweni bakhe.

Weza uHataki, wamxelela uEstere 9 amazwi kaMordekayi. Wathetha uE- 10 stere kuHataki, wamwisela umthetho kuMordekayi, esithi, Bonke abakhonzi 11 bokumkani, nabantu bamazwe okumkani, bayazi ukuba umntu, noyindoda noyinkazana, othe waya kukumkani entendelezweni engaphakathi, engabizwanga, mnye umthetho wakhe, ngowokuba abulawe; ngulowo yedwa, athe ukumkani wamolulela intonga yakhe yegolide, owothi aphile; ke mna andibizwanga ukuba ndiye kukumkani le mihla imashumi mathathu.

Bamxelela ke uMordekayi amazwi 12 kaEstere. Wathi uMordekayi uku- 13 mphendula uEstere, Musa ukuthi emphefumlweni wakho, ùya kusinda wena endlwini yokumkani ngaphezu kwamaYuda onke. Ngokuba xa uthe 14 wahlala wathi tu ngeli xesha, ukuphefumla nokuhlangulwa kowavelela amaYuda kwenye indawo; ke wena nendlu yoyihlo nitshatyalaliswe. Ngubani na owaziyo, hi kanti ungené ebukumkanini ngenxa yexesha elinje?

Wathi uEstere ukumphendula u- 15 Mordekayi, Yiya uwahlanganise onke 16 amaYuda anokufumaneka eShushan, niz ile ukudla ngenxa yam. Musani ukudla, musani ukusela, imihla ibe mithathu, ubusuku nemini. Mna kananjalo neempelesi zam siya kwenjenjalo ukuzila ukudla; ndenjènjalo ukuya kukumkani ngokungesesikweni, nditshabalale ukuba ndiyatshabalala.

UMordekayi wegqitha, wenza ngako 17 konke uEstere abemwisele umthetho ngako.

Isibongozo sikaEstere ebhekisa kukumkani

5 Kwathi ngomhla wesithathu, uEstere wambatha ezobukumkanikazi, wema entendelezweni engaphakathi yendlu yokumkani, malungana nendlu yokumkani. Waye ukumkani ehleli etroneni yobukumkani bakhe endlwini yobukumkani, malunga no-

UESTERE 5–6

2 mnyango wendlu. Kwathi, ukumkani akumbona uEstere ukumkanikazi emi entendelezweni, wambabala; ukumkani wayolulela kuEstere intonga yegolide ebisesandleni sakhe. Wasondela ke uEstere, waphatha encamini yentonga leyo.
3 Wathi ukumkani kuye, Ùnandawoni na, kumkanikazi Estere? ùfuna ntoni na? woyinikwa kude kube sesiqinga-
4 theni sobukumkani. Wathi uEstere, Ukuba kuthe kwalunga kukumkani, makeze ukumkani noHaman namhla
5 esidlweni endimenzele sona. Wathi ukumkani, Mngxamiseni uHaman, u-kuba enze ngokwelizwi likaEstere. Weza ukumkani noHaman esidlweni abesenzile uEstere.

6 Wathi ukumkani kuEstere esidlweni sewayini, Ùcela ntoni na? woyinikwa; ùfuna ntoni na? woyenzelwa kude kube
7 sesiqingatheni sobukumkani. Waphendula uEstere, wathi, Kúko oku ukucela kwam nokuthandaza kwam:
8 ukuba ndithe ndababalwa ngukumkani, ukuba kuthe kwalunga kukumkani ukundinika endikucelayo, nokundenzela ukuthandaza kwam, makeze ukumkani noHaman esidlweni, endiya kubenzela sona, ndenze ngomso ngokwelizwi
9 lokumkani. Waphuma uHaman ngaloo mini evuya, enentliziyo echwayithileyo.

Ke uthe uHaman, akumbona uMordekayi esangweni lokumkani, engavuki, engashukumi phambi kwakhe, uHaman
10 wazala ngumsindo ngoMordekayi. Ke uHaman wazibamba, waya endlwini yakhe; wathumela wabiza izithandane zakhe, noZereshe umkakhe.

11 UHaman wababalisela ubuqaqawuli bobutyebi bakhe, nobuninzi boonyana bakhe, nako konke ukwenziwa mkhulu kwakhe ngukumkani, nokuphakanyiswa kwakhe phezu kwabathetheli babakho-
12 nzi bokumkani. Wathi uHaman, Ngaphezu koko, uEstere ukumkanikazi akangenisanga bani nokumkani esidlweni abesenzile, yaba ndim ndedwa; kananjalo ngomso undimemele kuye
13 nokumkani. Ukanti konke oko àkundanelisi, wonke ugama endimbonayo uMordekayi umYuda esahleli esangweni lokumkani.

Wathi uZereshe umkakhe nezitha- 14 ndane zakhe zonke kuye, Mabenze umthi ube ziikubhite* ezimashumi mahlanu ubude bawo, uthethe kusasa kukumkani, bamxhome uMordekayi kuwo; uye ke nokumkani esidlweni uvuya. Lalunga elo lizwi kuHaman; wawenza umthi lowo.

UHaman unyanzelelwa ukwenzela uMordekayi isihanga sembeko

6 Ngobo busuku, bemka àbabakho ubuthongo kukumkani; wathi maziziswe iincwadi zezikhumbuzo zemicimbi yemihla; zamana zileswa phambi kokumkani.

Kwafunyanwa kubhaliwe ókokuba 2 uMordekayi wabaxela ooBhigetan noTereshe, amathenwa amabini okumkani, abagcini bomnyango, ababefuna ukumsa izandla ukumkani uAhaswerosi. Wathi ukumkani, Wenzelwe mbekoni 3 na, nabukhulu buni na uMordekayi ngenxa yoko? Athi amadodana akwakumkani, abelungiselela kuye, Akenzelwanga nto. Wathi ukumkani, Ngu- 4 bani na osentendelezweni?

Ke kaloku uHaman ubengene entendelezweni engaphandle yendlu yokumkani, esiza kuthi kukumkani, makaxhonywe uMordekayi emthini, abemlungisele wona. Athi amadodana akwa- 5 kumkani kuye, Nankuya uHaman emi entendelezweni. Wathi ukumkani, Makangene. Wangena ke uHaman. 6

Wathi ukumkani kuye, Makwenziwe ntoni na kwindoda, athanda ukuyibeka embekweni ukumkani? Wathi uHaman entliziyweni yakhe, Ukumkani angathanda ukubeka bani na embekweni, agqithe mna? Wathi uHaman 7 kukumkani, Indoda athandayo ukuyibeka embekweni ukumkani, mabazise 8 isambatho sobukumkani, ambatha sona ukumkani, nehashe akhwela kulo ukumkani, lubekwe entlokweni yayo unkontsho lobukumkani; basinikele isamba- 9 tho eso nehashe elo esandleni somthetheli wakumawaba okumkani, bayambathise indoda leyo athanda ukuyibeka embekweni ukumkani, bayikhwelise ehasheni elo, *icande* ezitratweni zomzi; badanduluke phambi kwayo, bathi, Kwenjiwa nje, kwindoda athanda ukuyibeka embekweni ukumkani.

10 Wathi ukumkani kuHaman, Ngxama uthabathe isambatho eso nehashe elo, njengoko ukuthethileyo, wenjenjalo kuMordekayi umYuda, ohleli esangweni lokumkani. Makungawi phantsi nalinye ilizwi kuko konke okuthethileyo.

11 UHaman wasithabatha isambatho eso nehashe elo, wamambathisa uMordekayi, wamkhwelisa, wamcandisa ezitratweni zomzi, wadanduluka phambi kwakhe ngokuthi, Kwenjiwa nje kwindoda athanda ukuyibeka embekweni ukumkani.

12 Wabuya uMordekayi, weza esangweni lokumkani; ke uHaman wangxama waya endlwini yakhe, ethe matshama-

13 tsha, egqubuthele intloko. UHaman wamcacisela uZereshe umkakhe, nezithandane zakhe zonke, konke okumhleleyo. Zathi kuye izilumko zakhe noZereshe umkakhe, Ukuba ngowembewu yamaYuda uMordekayi lo, uqaliyeyo ukuwa phambi kwakhe, akunakumthi-

14 ni; ke wòwa uwile phambi kwakhe. Bathe besathetha naye, kwafika amathenwa okumkani, bangxamisa ukumsa uHaman esidlweni abesenzile uEstere.

UHaman uxhonywa ngokumangalelwa nguEstere

7 Ukumkani noHaman beza kusela noEstere ukumkanikazi.

2 Wathi ukumkani kuEstere nangomhla wesibini, besesidlweni sewayini, Ùcela ntoni na, Estere, kumkanikazi? woyinikwa; ùfuna ntoni na? woyenzelwa kude kube sesiqingatheni sobuku-

3 mkani. Waphendula uEstere ukumkanikazi, wathi, Ukuba ndithe ndababalwa nguwe, kumkani, ukuba kuthe kwalunga kukumkani, mandinikwe ubomi bam ngokucela kwam, nabantu bakowethu

4 ngokuthandaza kwam. Kuba kuthengisiwe ngathi, mna nabantu bakowethu, ukuze sitshatyalaliswe, sibulawe, sisingelwe phantsi. Ukuba bekuthengiswe ngathi ukuba sibe ngamakhoboka namakhobokazana, ndinge ndithe cwaka; ngokuba umbandezeli lowo ubengeyibuyiseli inkxwaleko yokumkani.

5 Waza ukumkani uAhaswerosi wathi kuEstere ukumkanikazi, Ngubani na lowo? úphi na yena lowo, uzalise

6 intliziyo yakhe ukwenjenjalo? Wathi uEstere, Indoda engumbandezeli, elutshaba, ngulo Haman ungendawo. Wadandatheka ke uHaman ebusweni bokumkani nokumkanikazi. Wesuka ke u-

7 kumkani enomsindo esidlweni sewayini, waya emyezweni wendlu. Ke uHaman wema, ebuthandazela ubomi bakhe kuEstere ukumkanikazi; kuba ebebona ukuba ukumkani ugqibe kwelobubi kuye.

8 Ukumkani wabuya emyezweni wendlu, wangena endlwini yesidlo sewayini, uHaman ewé phezu kwesingqengqelo abekuso uEstere. Wathi ukumkani, Angáde ukumkanikazi agonyamelwe enam, endlwini apha na? Liyathi ukuphuma elo lizwi emlonyeni wokumkani, baya bagqubuthela ubuso

9 bukaHaman. Wathi uHarbhona, elinye lakumathenwa abemi phambi kokumkani, Nanguya umthi, uHaman abewenzele uMordekayi, owathetha okulungileyo ngokumkani, umi endlwini kaHaman; ubude bawo buziikubhite* ezimashumi mahlanu. Wathi ukumkani, Mxhomeni kuwo. Bamxhoma ke u- 10 Haman emthini lowo, abewulungisele uMordekayi. Wadamba ke umsindo wokumkani.

Ukumkani uwisa umthetho wokuba amaYuda azikhusele

8 Ngaloo mini, ukumkani uAhaswerosi wamnika uEstere ukumkanikazi indlu kaHaman, umbandezeli wamaYuda. UMordekayi weza phambi kokumkani; kuba uEstere ubeyixelile into abeyiyo kuye. Ukumkani wakhulula 2 umsesane wakhe, abewuthabathe kuHaman, wanika uMordekayi. UEstere wammisa uMordekayi phezu kwendlu kaHaman.

UESTERE 8–9

3 Waphinda uEstere, wathetha phambi kokumkani, ewé phambi kweenyawo zakhe, elila etarhuzisa kuye, ukuba abutshitshise ububi bukaHaman umAgagi, nengcinga yakhe abeyicingile ngama-
4 Yuda. Waza ukumkani wayolulela kuEstere intonga yegolide; wavuka u-
5 Estere, wema phambi kokumkani. Wathi, Ukuba kuthe kwalunga kukumkani, ukuba ndithe ndababalwa nguye, yafaneleka le nto phambi kokumkani, nam ndalunga emehlweni akhe: makubhalwe zibuye iincwadi zengcinga kaHaman unyana kaHamedata, umAgagi, awazibhalela ukuwatshabalalisa amaYuda asemazweni onke kakumkani.
6 Kuba ndingáthini na ukuba nako ukububonela ububi obuyà kubazela abantu bakowethu? Ndingáthini na ukuba nako ukukubona ukutshatyalaliswa kwemizalwane yam?

7 Wathi ukumkani uAhaswerosi kuEstere ukumkanikazi, nakuMordekayi umYuda, Yabonani, indlu kaHaman ndiyinike uEstere; yena ngokwakhe bamxhoma emthini, ngenxa yokuba
8 wasa isandla sakhe kumaYuda. Ngoko ke, nina bhalani ngamaYuda ngoko kulungileyo emehlweni enu egameni lokumkani, nitywine ngomsesane wokumkani; kuba incwadi ebhalwe egameni lokumkani, yatywinwa ngomsesane wokumkani, akukho unokuyibuyisa.

9 Babizwa ke ababhali bokumkani ngelo xesha ngenyanga yesithathu (yinyanga enguSivan ke leyo), ngomhla wamashumi amabini anesithathu kuyo; kwabhalwa ngako konke awawisa umthetho ngako uMordekayi, kumaYuda, nakwiirhuluneli, nakumabamba, nakubathetheli bamazwe, athabathela eIndiya eza kwaKushi, amazwe alikhulu elinamanci mabini anesixhenxe, kwilizwe ngelizwe njengokubhala kwalo, kubantu ngabantu ngokwentetho yabo, nakumaYuda ngokokubhala kwawo nangokwentetho
10 yawo. Kwabhalwa egameni lokumkani uAhaswerosi, kwatywinwa ngomsesane wokumkani; kwathunywa iincwadi ngezigidimi ezisemahasheni, ezikhwele kwiimbaleki zakomkhulu, kumankonyana esihashe sakomkhulu. Kwabhalwa 11 kwathiwa, ukumkani uwavumele amaYuda, akwimizi ngemizi yonke, ukuba abizelane ndawonye, akhusele ubomi bawo, atshabalalise, abulale, asingele phantsi yonke impi yabantu neyelizwe eliwabandezelayo, abantwana nabafazi, aphange amaxhoba abo, ngamini-nye, 12 emazweni onke kakumkani uAhaswerosi, ngomhla weshumi elinesithathu wenyanga yeshumi elinesibini (yinyanga enguAdare ke leyo).

Incwadi leyo, ukuze awiselwe umthe- 13 tho onke amazwe ngamazwe, yathunyelwa kwizizwe zonke, ukuze amaYuda ahlale selezilungiselele loo mhla, ukuziphindezelela ezintshabeni zawo. Izigidi- 14 mi zakhwela kwiimbaleki zakomkhulu, nakwisihashe sakomkhulu, zaphuma zingxanyisiwe lilizwi lokumkani. Umthetho lowo wawiswa eShushan komkhulu.

Ke kaloku uMordekayi waphuma 15 ebusweni bokumkani, enesambatho sobukumkani selinen emsi emhlophe, nesithsaba esikhulu segolide, nengubo yokwaleka yelinen ecikizekileyo emfusa. Umzi waseShushan wagcoba wavuya.

KumaYuda kwabakho ukukhanya, 16 nokuvuya, nemihlali, nembeko. Na- 17 kumazwe ngamazwe onke, nakwimizi ngemizi yonke, elathi lafika kuyo ilizwi lokumkani nomthetho wakhe, yaba yimivuyo nemihlali kumaYuda, isidlo nomhla wokuchwayitha. Abaninzi ezizweni zelizwe baba ngamaYuda; ngokuba bafikelwa kukunkwantya ngamaYuda.

AmaYuda ayazibulala iintshaba zawo

9 Ke kaloku ngenyanga yeshumi elinesibini (yinyanga enguAdare ke leyo), ngomhla weshumi elinesithathu kuyo, ekwakuthe kwafika ukwenziwa kwelizwi lokumkani nomthetho wakhe, ngomhla ebezilindele iintshaba zamaYuda ukuwaphatha ngegunya, kwaguqulwa oko, amaYuda aba ngawo aziphatha iintshaba zawo ngegunya. Abi- 2 zelana ndawonye amaYuda emizini yawo, emazweni onke kakumkani u-

UESTERE 9

Ahaswerosi, ukuba abasé isandla abo babefuna ukuwenza okubi; akwema mntu ebusweni bawo, ngokuba izizwe 3 zonke zafikelwa kukunkwantya. Bonke abathetheli bamazwe, neerhuluneli, namabamba, nabasebenzi bokumkani, bawanceda amaYuda; ngokuba babenge-4 nelwe kukoyika uMordekayi. Kuba uMordekayi ebemkhulu endlwini yokumkani, udaba lwakhe lwaya emazweni onke; kuba indoda leyo inguMordekayi 5 yaya iba nkulu ngokuba nkulu. Azoyisa ke amaYuda ezo ntshaba zawo zonke ngekrele, nangokubulala, nangokutshabalalisa, enza ngokuzithandela 6 kwâbo babewathiyile. EShushan komkhulu amaYuda abulala, atshabalali-7 sa, amakhulu amahlanu amadoda. U-8 Parshandata, noDalefon, noAspata, no-9 Porata, noAdaliya, noAridata, noParmashta, noArisayi, noAridayi, noVa-10 yezata, oonyana abalishumi bakaHaman unyana kaHamedata, umbandezeli wamaYuda, ababulala; ke amaxhoba akawachukumisanga.

11 Ngaloo mini inani lababulawelwa eShushan komkhulu laziswa phambi 12 kokumkani. Wathi ukumkani kuEstere ukumkanikazi, EShushan komkhulu amaYuda abulele atshabalalisa amakhulu amahlanu amadoda, noonyana abalishumi bakaHaman; kwamanye amazwe okumkani kobeka phi na? Ùcela ntoni na? woyinikwa; ùsafuna ntoni 13 na? woyenzelwa. Wathi uEstere, Ukuba kuthe kwalunga kukumkani, makanikwe amaYuda aseShushan nangomso ukwenza ngokomthetho wale mini; noonyana abalishumi bakaHaman maba-14 xhonywe emthini. Wathi ukumkani, Makwenjiwe njalo. Kwawiswa ke umthetho eShushan, kwaxhonywa oonyana abalishumi bakaHaman.

15 Abizelana ndawonye amaYuda aseShushan nangomhla weshumi elinesiné wenyanga enguAdare, abulala eShushan amakhulu amathathu amadoda; ama-16 xhoba akawachukumisanga. Ke namanye amaYuda abesemazweni okumkani abizelana ndawonye, akhusela ubomi bawo, aphumla ezintshabeni zawo, abulala kwabo babewathiyile amashumi asixhenxe anesihlanu amawaka; amaxhoba akawachukumisanga. Kwenze-17 ka oku ngomhla weshumi elinesithathu wenyanga enguAdare; aphumla ngomhla weshumi elinesiné kuyo, awenza umhla wesidlo nowokuvuya. Ke ama-18 Yuda aseShushan abizelana ndawonye ngomhla weshumi elinesithathu kuyo, nangomhla weshumi elinesiné kuyo, aphumla ngomhla weshumi elinesihlanu kuyo, awenza umhla wesidlo nowokuvuya. Ngenxa yoko amaYuda asema-19 phandleni, abehlala emizini esemaphandleni, awenza umhla weshumi elinesiné wenyanga enguAdare, ukuba ube ngowovuyo nowesidlo, umhla wokuchwayitha nowokuthumelana izabelo.

Isimiselo sesidlo semihla yePuri

UMordekayi wazibhala ezo nto, 20 wathumela iincwadi kumaYuda onke, abesemazweni onke kakumkani uAhaswerosi, akufuphi kwanakude; ewami-21 sela ukuba awugcine umhla weshumi elinesiné wenyanga enguAdare, nomhla weshumi elinesihlanu kuyo, iminyaka ngeminyaka yonke, njengokuba iyimihla 22 awaphumla ngayo amaYuda ezintshabeni zawo; iyinyanga esaguqulwa ngawo isingqala saba luvuyo, isijwili saba ngumhla wokuchwayitha; ayènze yona ibe yimihla yesidlo, nomvuyo, neyokuthumelana izabelo, neyokupha amahlwempu izipho.

Aza amaYuda azimisela ukwenza 23 njengoko abeqalile, nanjengoko uMordekayi ebewabhalele; ngokuba u-24 Haman unyana kaHamedata, umAgàgi, umbandezeli wamaYuda onke, wayewacingele ukuwatshabalalisa amaYuda, wawisa iPuri (iqashiso ke elo), ukuba awadubadube, awatshabalalise. Eku-25 fikeni kwaloo nto phambi kokumkani, wathi ngencwadi mayibuyiselwe entlokweni yakhe ingcinga yakhe embi, abeyicingele amaYuda, bamxhome yena noonyana bakhe emthini.

Ngenxa yoko bathi loo mihla yi-26 Puri,* beyibiza ngegama leqashiso. Ngenxa yoko, ngenxa yamazwi onke aloo

ncwadi, nangenxa yawakubonáyo kuloo
27 nto, nangenxa yawahlelwa kukho, ama-
Yuda akumisa, akuthabathela kuwo,
nakwimbewu yawo, nakubo bonke aba-
thelela kuwo, ngokuze kungatshitshi,
ukuthi ayimise loo mihla yomibini ngo-
kwesibhalo esibhalwe ngayo, nangoku-
miswa kwexesha layo, iminyaka ngemi-
28 nyaka yonke; ikhunjulwe loo mihla,
yenziwe kwizizukulwana ngezizukulwa-
na zonke, kwimizalwane ngemizalwane,
kumazwe ngamazwe, kwimizi ngemizi;
ingátshitshi loo mihla yePuri phakathi
kwamaYuda, ukukhunjulwa kwayo ku-
ngapheli embewini yawo.
29 Babhala ke ooEstere ukumkanikazi,
intombi ka-Abhihayili, noMordekayi
umYuda, bamisa ngokuqinileyo konke,
30 le ncwadi yesibini yePuri. Wathumela
iincwadi kumaYuda onke, emazweni
alikhulu elinamanci mabini anesixhenxe
obukumkani buka-Ahaswerosi, amazwi
31 oxolo nenyaniso, okumisa loo mihla
yePuri ngamaxesha ayo amisiweyo,
ngoko bamisa ngako ooMordekayi um-
Yuda noEstere ukumkanikazi, nangoko
amaYuda azimisela ngako okwawo,
nembewu yawo, amazwi okuzila ukudla
nokukhala kwawo. Ilizwi likaEstere 32
lazimisa izinto zaloo Puri, labhalwa
encwadini.

Ubukhulu bukaMordekayi

10 Ukumkani uAhaswerosi walirha-
fisa ilizwe neziqithi zolwandle.
Konke ukwenza kokuqina kwakhe, 2
nobugorha bakhe, nengxelo yobukhulu
bukaMordekayi, awenziwa mkhulu nga-
bo ngukumkani, azibhalwanga na ezo
zinto encwadini yemicimbi yemihla yoo-
kumkani bamaMedi namaPersi? Ku- 3
ba uMordekayi umYuda ebenganene
kokumkani uAhaswerosi, emkhulu ku-
maYuda, ekholekile kuninzi lwabaza-
lwana bakhe, ebafunela abantu bako-
wabo okulungileyo, ethetha uxolo kwi-
mbewu yonke yakowabo.

INCWADI KAYOBHI

Ukonwaba kukaYobhi

1 Kwabe kukho indoda ezweni la-
kwaUtse, egama libe linguYobhi.
Yaye loo ndoda igqibelele, ithe tye,
2 imoyika uThixo, ityeka ebubini. Yaza-
lelwa oonyana abasixhenxe neentombi
3 ezintathu. Imfuyo yayo yayingama-
waka asixhenxe empahla emfutshane,
namawaka amathathu eenkamela, na-
makhulu amahlanu ezibini zeenkomo,
namakhulu amahlanu eemazi zamaesile,
nabakhonzi abaninzi kunene; yaba
nkulu ke loo ndoda kubo bonke oo-
nyana belasempumalanga.
4 Oonyana bakhe babeqhele ukuya
kwenza isidlo endlwini yalowo ibiyimini
yakhe; bathumele bameme oodade ba-
bo bobathathu, ukuba badle basele na-
5 bo. Kwathi, yakuba izungulezile imihla
yesidlo, wathumela uYobhi, waba-
ngcwalisa, wavuka kusasa, wanyusa
amadini anyukayo ngokwenani labo
bonke bephela; kuba uYobhi ebesithi,
Mhlawumbi oonyana bam bangaba bo-
nile, bamlahla uThixo entliziyweni ya-
bo. Ubesenjenjalo ke uYobhi loo mihla
yonke.

Kwathi ngamhla uthile, oonyana ba- 6
kaThixo beza kuzimisa phambi koYe-
hova, weza noSathana* phakathi kwa-
bo. Wathi uYehova kuSathana, Uvela 7
phi na? USathana wamphendula uYeho-
va, wathi, Ekutyhutyha-tyhutyheni e-
hlabathini, nasekuhamba-hambeni kulo.

Wathi uYehova kuSathana, Ůmgqa- 8
lile na kodwa umkhonzi wam uYobhi:
ukuba akukho unjengaye ehlabathini,
indoda egqibeleleyo, ethe tye, emoyi-

UYOBHI 1-2

9 kayo uThixo, etyekayo ebubini? USathana wamphendula uYehova, wathi, UYobhi lo úfumana emoyikela ilizé
10 na uThixo? Akuthanga na wena wambiyela wamjikeleza, wayijikeleza indlu yakhe; wayijikeleza into yonke anayo ngeenxa zonke; wawusikelela umsebenzi wezandla zakhe, imfuyo yakhe yaligqiba
11 ilizwe? Kodwa ke khawuse isandla sakho ngoku, uchukumise into yonke anayo, ukuba akayi kukulahla na nawe lo, akwenze oko ebusweni bakho.
12 Wathi uYehova kuSathana, Yabona, konke anako kusesandleni sakho; ke kuye ngokwakhe musa ukusa sandla sakho. Waphuma ke uSathana, wemka ebusweni bukaYehova.

Amashwa kaYobhi

13 Kwathi ngamhla uthile, oonyana bakhe neentombi zakhe babesidla, besela iwayini, endlwini yomkhuluwa wabo
14 omkhulu. Kweza umthunywa kuYobhi, wathi, Iinkomo bezilima, na-
15 maesile ebesidla ecaleni lazo; agaleleka amaShebha, azithimba, ababulala abafana ngohlangothi lwekrele, kwasinda
16 mna ndedwa, ukuza kukuxelela. Esathetha lo, kwafika omnye, wathi, Umlilo kaThixo uwe ezulwini, wayitshisa impahla emfutshane nabafana, wabadla; kwasinda mna ndedwa, ukuza kukuxe-
17 lela. Esathetha lo, kwafika omnye wathi, AmaKaledi amisa amaqela amathathu azingenela iinkamela, azithimba, ababulala abafana ngohlangothi lwekrele; kwasinda mna ndedwa, ukuza kukuxelela.
18 Esathetha lo, kwafika omnye, wathi, Oonyana bakho neentombi zakho babesidla, besela iwayini endlwini yomkhu-
19 luwa wabo omkhulu; nanko kuvela umoya omkhulu ngasentlango, wabetha ezimbombeni zoné zendlu, yabawela abafana abo, bafa; kwasinda mna ndedwa, ukuza kukuxelela.
20 Wesuka uYobhi, wayikrazula ingubo yakhe yokwaleka, wayicheba intloko yakhe, wawa emhlabeni, waqubuda.
21 Wathi, Ndaphuma ndize esizalweni sikama, ndiya kubuyela khona ndikwazé: uYehova wanika, ikwanguYehova othabathileyo; igama likaYehova malibongwe.

Kuko konke oko akonanga uYobhi, 22 akamsola nokumsola uThixo.

2 Kwathi ngamhla uthile, oonyana bakaThixo beza kuzimisa phambi koYehova; weza noSathana* phakathi kwabo, ukuba azimise phambi koYehova. Wathi uYehova kuSathana, Uvela 2 phi na? USathana wamphendula uYehova, wathi, Ekutyhutyha-tyhutyheni ehlabathini, nasekuhamba-hambeni kulo.

Wathi uYehova kuSathana, Ùmgqa- 3 lile na kodwa umkhonzi wam uYobhi, ukuba akukho unjengaye ehlabathini, indoda egqibeleleyo, ethe tye, emoyikayo uThixo, etyekayo ebubini: esabambeleleyo ekugqibeleleni kwayo, noko ùndixhokonxele kuyo ukuba ndiyiginyele ilize? USathana wamphendula u- 4 Yehova, wathi, Ulùsu ngenxa yolùsu; konke anako umntu wókunika ngenxa yomphefumlo wakhe. Kodwa ke kha- 5 wuse isandla sakho ngoku, uchukumise emathanjeni akhe nasenyameni yakhe, ukuba akayi kukulahla na nawe lo, akwenze oko ebusweni bakho. Wathi 6 uYehova kuSathana, Nanko esesandleni sakho; kuphela wògcina umphefumlo wakhe.

Waphuma ke uSathana, wemka ebu- 7 sweni bukaYehova; wambetha uYobhi ngamathumba amabi, wathabathela entendeni yonyawo lwakhe, wesa elukakayini lwakhe. Wathabatha ukhamba 8 ukuba azikhuhle ngalo, ehleli eluthuthwini. Wathi umkakhe kuye, Usaba- 9 mbelele na ekugqibeleleni kwakho? Mlahle uThixo, ufe. Wathi yena kuye, 10 Uthetha njengesidengekazi. Siya kwamkela okulungileyo kuThixo, singamkeli nokubi, yini na?

Kuko konke oko akonanga uYobhi ngomlomo wakhe.

Ke kaloku izihlobo ezithathu zika- 11 Yobhi zabuva bonke obo bubi bumfikeleyo, zeza, saeso sivela endaweni yaso: uElifazi wakwaTeman, noBhiledadi wakwaShuwa, noTsofare waseNahama. Banqophisana ukuba beze, bamkhuze, bamthuthuzele.

12 Baphakamisa amehlo abo besekude, àbamazi; baphakamisa izwi labo, balila; bakrazula elowo ingubo yakhe yokwaleka, bazigalela ngothuli entloko, bé-
13 luphosa phezulu ezulwini. Bahlala naye emhlabeni apho iimini zasixhenxe nobusuku bazo; kungekho namnye uthetha naye, kuba babebona ukuba umvandedwa wakhe mkhulu kakhulu.

Isililo sikaYobhi

3 Emveni koko uYobhi wawuvula umlomo wakhe, wayiqalekisa imini yakhe.

2 Wasusela uYobhi, wathi,
3 Mayidake imini endazalwa ngayo,
Nobusuku ekwathiwa, Kukhawulwé indoda.
4 Loo mini mayibe bubumnyama,
Angayinyamekeli uThixo phezulu,
Kungayibengezeli ukukhanya.
5 Mayikhululwe ngentlawulelo bubumnyama nethunzi lokufa,
Makulale amafu phezu kwayo;
Mayidandathekiswe kokungcolisa imini.
6 Obo busuku—masibubambe isithokothoko;
Mabungavuyi phakathi kwemihla yomnyaka;
Mabungangeni enanini leenyanga.
7 Yabona, obo busuku mabube ludlolo;
Makungezi kumemelela kubo.
8 Mababuqalekise abaqalekisi bemihla,
Abaxhobele ukuxhokonxa ileviyatan.*
9 Mazibe mnyama iinkwenkwezi zomso wabo obomvu;
Mabulinde ukufika kokukhanya, kungabikho;
Bungaziboni iinkophe zesifingo;
10 Ngokuba bungazivalanga iingcango zesizalo esandizalayo,
Bungabusithelisanga ububi emehlweni am.

11 Ibe iyini na ukuba ndingàfeli embilinini,
Ndingàphumi umphefumlo ndisavela esizalweni?
12 Kube kungani na ukuba amadolo andihlangabeze?
Ibe iyini na ukuba *andihlangabeze* amabele, ukuze ndiwanye?
13 Kuba ngoku ngendiba ndilele, ndazola;
Ngendiba ndalala ubuthongo, ndandula ukuphumla
14 Nokumkani namaphakathi elizwe,
Abo bazakheláyo amanxuwa;
15 Nabathetheli abanegolide,
Abazizalisayo izindlu zabo ngesilivere.
16 Ngendiba andikho, njengemvambilini eselelweyo;
Njengabantwana abangabonanga kukhanya.
17 Kuba apho, abangendawo bakuyekile ukugungqa;
Khona apho bayaphumla abaphelelwe ngamandla.
18 Abakhonkxiweyo bonwabile ndawoninye;
Abasaliva izwi lomqhubi.
19 Omncinane nomkhulu—khona bayalingana;
Ikhoboka likhululekile enkosini yalo.

20 Yini na ukuba abasebubini ábanike ukukhanya,
Nabamphefumlo ukrakra abanike ubomi?
21 Ábalindé ukufa, kusuke kungabikho;
Ábakumbayo ngaphezu kobutyebi obuselelweyo;
22 Ábavuya bade bagcobe,
Babe nemihlali, xa bathe bafumanana nengcwaba?
23 Ukuba *ukukhanya* akunike umfo ondlela yakhe isitheleyo,
Obiyelweyo nguThixo ngeenxa zonke?

24 Kuba endaweni yesonka sam kuza ukugcuma,
Kuphalazeka njengamanzi ukubhonga kwam.
25 Kuba ndinkwantya kokunkwantyisayo, kwaza kwandifikela,
Into endinxunguphala yiyo indizele.
26 Ndathi, ndingàchulumachanga ndingàzolanga, ndingàphumlanga,
Kweza ke ukugungqa.

UYOBHI 4–5

Intetho yokuqala kaElifazi

4 Wasusela uElifazi wakwaTeman, wathi,
2 Kungákudinisa na, kwakulingwa ukubhekiswa ilizwi kuwe?
Engubani na onako ukuzibamba angathethi?
3 Yabona, uthethise abaninzi,
Wazomeleza izandla eziwileyo;
4 Ukuthetha kwakho kwabaphakamisa abakhubekayo,
Wawaqinisa amadolo agevegeve.
5 Kungokunje into izé kuwe, wadinwa;
Ifike kuwe, wakhwankqiswa.

6 Ukoyika kwakho uThixo asiyinqolonci yakho na?
Ithemba lakho alikukugqibelela kweendlela zakho na?
7 Khawukhumbule, ngubani na owakha wadaka, emsulwa?
Kuphi na apho ke bathi shwaka khona abathe tye?
8 Ngokubona endiboné ngako, abalima inkohlakalo,
Nabahlwayela ububi, bavuna kwabona.
9 Badake ngokuphefumla kukaThixo,
Baphela ngumoya womsindo wakhe.
10 Ukugquma kwengonyama, nelizwi lebhavumayo,
Namazinyo eengonyama ezintsha ancothukile.
11 Ingonyama iyatshabalala ngokuswela into yokuqwenga;
Amathole engonyamakazi achithakele.

12 Ndicothelwe lilizwi,
Indlebe yam yakuthabatha ukusebeza kwalo.
13 Ezingcingangcingeni zasemibonisweni yobusuku,
Bakusindwa abantu bubuthongo obukhulu,
14 Kwandikhawulela ukunkwantya nokuthuthumela,
Kwawankwantyisa amathambo am amaninzi.
15 Kwathi phe umoya ebusweni bam,
Yaba namanwele inyama yam.
16 Wema, andayinakana imbonakalo yawo;

Kwakho isimilo esithile phambi kwamehlo am;
Ndeva izwi elisebezayo, lisithi,
Umntu ulilungisa na ngaphezu ko- 17
Thixo?
Uhlambululekile na umfo ngaphezu koMenzi wakhe?
Yabona, àkakholwa ngabakhonzi bakhe, 18
Nezithunywa zakhe uthi zingábaphosisi;
Bangabeka phi na ke abahlala ezindlwini 19
zodaka,
Abasiseko siseluthulini,
Abatyunyuzwa njengamanundu?
Kusa kuhlwe, beqotywa; 20
Badake kuphele, kungekho ugqalayo.
Àbathi na, xa luthe lwancothulwa kubo 21
uthàmbo lwentente,
Bafe bengalumkanga?

5 Khawubize kambe, ukuba úkho na owokuphendula.
Ùya kubheka kuwuphi na kwabangcwele?
Kuba ingqumbo iyambulala osisima- 2
thane,
Nekhwele liyambulala osisiyatha.
Ndimbonile mna osisimathane emila; 3
Ndaza ndalishwabulela ngesiquphe ikhaya lakhe.
Bakude nosindiso abantwana bakhe, 4
Batyunyuzwa esangweni bengenamhlanguli;
Ekubeni abalambileyo besidla uvuno 5
lwakhe,
Balurhole naseluthangweni lwesiphingo;
Abanxaniweyo bazonda ubutyebi babo.
Kuba inkohlakalo ayiphumi eluthulini, 6
Nobubi abuntshuli emhlabeni;
Hayi, umntu uzalelwa ububi, 7
Njengokuba iintlantsi zinyuka ukubaleka kwazo.

Ke mna bendiya kusingisa kuThixo, 8
Indawo yam ndiyibhekise kuThixo,
Owenza izinto ezinkulu ezingenakugo- 9
cwagocwa,
Imisebenzi ebalulekileyo engenakubalwa;
Ulonika imvula phezu kobuso bomhlaba, 10
Ase amanzi phezu kwamaphandle,

11 Ukuba abathobekileyo abamise ezindaweni eziphakamileyo,
Abanezimnyama zokuzila banyukele elusindisweni.
12 Utshitshisa iingcinga zabo banobuqhophololo,
Zingenzi nto izimasekileyo izandla zabo.
13 Ubambisa izilumko kubuqhophololo bazo,
Iqhinga labanobuqokolo lingxamiseke.
14 Emini baqubisana nobumnyama,
Baphuthaphuthe kwemaqanda, ngathi kusebusuku.
15 Usindisa ihlwempu ekreleni, emlonyeni wabo,
Nasesandleni sowomeleleyo.
16 Kubekho ke ithemba kosweleyo,
Ubugqwetha buwuvale umlomo wabo.

17 Yabona, únoyolo mntu owohlwaywa nguThixo!
Musa ke ukukucekisa ukuthethisa kukaSomandla!
18 Kuba wénza buhlungu, abophe;
Úyaphalusa, ziphilise izandla zakhe.
19 Ezimbandezelweni ezintandathu úya kukuhlangula,
Nakwezisixhenxe akuyi kuchukunyiswa bububi;
20 Endlaleni úkukhulula ekufeni
Emfazweni úkukhulula ekuxatyelweni ngekrele,
21 Eziniyeni yolwimi úzinyezwe,
Ungoyiki imbuqo, yakufika.
22 Imbuqo nendlala úya kuyihleka,
Nerhamncwa lasendle ungaloyiki.
23 Kuba únqophisene namatye asendle,
Amarhamncwa asendle axolelene nawe;
24 Uya kwazi ukuba uxolo yintente yakho,
Ulivelele ikhaya lakho, ungaphosani nanto;
25 Uyàzi ukuba ininzi imbewu yakho,
Nenzala yakho injengomfuno wehlabathi.
26 Ùya kungena engcwabeni womeléle,
Njengokungeniswa kwesithungu ngexesha laso.
27 Bôna, oku sikugocágocile, kunjalo;
Kúve, ukwazi wena ngokwakho.

Intetho yokuqala kaYobhi

6 Waphendula uYobhi, wathi,
Akwaba bekulinganiswe nokulinganiswa ukukhathazeka kwam, 2
Kwabekwa esikalini* ukweyela kwam ndawonye nako!
Kuba ngoku bekuya kuba nzima ngaphezu kwentlabathi yolwandle; 3
Kungenxa yoko le nto amazwi am angawokubhuda.
Kuba iintolo zoSomandla zimi kum, 4
Ezibuhlungu bazo buwufincayo umoya wam;
Izidandathekiso zikaThixo zindakhele uluhlu lokulwa.
Iesile lasendle likhe lilile na liseluhlazeni? 5
Iyalila na inkomo isekutyeni kwayo?
Iyadliwa na into ejavujavu, ingenatyuwa? 6
Sikho na isongo kwintlaka yeqanda?
Eyona nto walayo ukuyiphatha umphefumlo wam, 7
Leyo yeyona ikukudla kwam okukruqulayo.

Akwaba bendingazuza isicelo sam, 8
UThixo andiphe endikulindelayo;
Kukhóleke kuThixo ukundityumza, 9
Asivulele isandla sakhe, andinqumle!
Ibiya kuhlala ikho intuthuzelo yam; 10
Bendiya kuxhina kwezo ntlungu zingacongiyo;
Kuba andiwakhanyelanga amazwi oyiNgcwele.

Ayintoni na amandla am, ukuba 11
ndingáde ndithembe?
Siyintoni na isiphelo sam, ukuba ndingáde ndibe nokuzeka kade?
Ángamandla amatye na amandla am? 12
Inyama yam ilubhedu na?
Akuphelile yini na kum ukuncedakala, 13
Ukuzimaseka kwabhejethwa kwakanye?

Akùhlaziswa oqotyiweyo ngummelwane 14
wakhe,
Uya kulahla ukumoyika uSomandla.
Abazalwana bam banginizile njengo- 15
mlanjana,
Njengomphantsi wemilanjana etshayo,

530

UYOBHI 6–7

16 Emdaka ngumkhenkce,
Elizifihla kuyo ikhephu.
17 Ekufikeni kokufudumala iyabhanga;
Lakubalela ithi qoko, ingabikho ezindaweni zayo.
18 Iyajikajika imendo yokuhamba kwayo,
Inyuka iye enyanyeni, idake.
19 Imikhoko yakwaTema yabheka,
Imiqodi yakwaShebha yathemba yona;
20 Yadana, kuba ibikholosile;
Yafika khona, yaneentloni.
21 Kuba ngoku nisuké naba yinto engento,
Niboné ukuqhiphuka umbilini, noyika.

22 Khe ndatsho na ukuthi, Ethéni kum?
Ndípheni emandleni enu?
23 Nindisindise esandleni sombandezeli,
Nindikhùlule esandleni sengqwanga-ngqwili?
24 Ndiyaleni, ndothi cwaka;
Nindiqòndise ukulahleka kwam.
25 Asikuko nokuba ayahlaba amazwi athe tye!
Ke ukohlwaya kwenu kohlwaya ntoni na?
26 Niba ninokohlwaya ukuthetha oku na?
Angumoya amazwi *omntu* oncamileyo.
27 Ke nangenkedama ningaqashisa,
Nirhwebe ngommelwane wenu.
28 Makukholeke kuni ngoku, nibheke kum,
Kuba okunene ebusweni benu andiyi kuthetha amanga.
29 Khanibuye, makungabikho bugqwetha,
Niphinde nibuye; ubulungisa bam bukule nto.
30 Bukho na ubugqwetha elulwimini lwam?
Ikhuhlangubo lam alingekuqondi na ukweyelisela?

7 Àkaphumé mkhosi na ehlabathini umntu?
Àyinjengemihla yomqeshwa na imihla yakhe?
2 Njengesicaka esibe sizonda umthunzi,
Njengomqeshwa olinde umvuzo wakhe?
3 Ndenjenjalo ukwamkeliswa iinyanga ezinenkohliso,
Ndabalelwa nobusuku bobubi.

Ndakuba ndilele phantsi, ndithi, 4
Ndiya kuvuka nini na? Ukuhlwa kolukile,
Ndidikiwe kukuqikaqikeka kude kuse.
Inyama yam yambeswe iimpethu nama- 5
gada omhlaba;
Ulùsu lwam lungamaqhula, lubhiqiza.

Imihla yam ikhawuleza ngaphezu ko- 6
mkhonjana womluki,*
Iphela kungekho themba.
Khumbula ukuba bungumoya ubomi 7
bam;
Iliso lam aliyi kubuya likubone okulungileyo.
Aliyi kuba sandalama iliso londiboni- 8
leyo;
Amehlo akho ekum, ndingabikho.
Liphelile ilifu, limkile; 9
Unjalo ohla aye kwelabafileyo, akenyuki.
Akabi sabuyela endlwini yakhe, 10
Ingabi samazi indawo yakhe.

Nam andiyi kuwubamba umlomo wam; 11
Ndiya kuthetha ekubandezelweni komoya wam,
Ndikhalaze ebukrakreni bomphefumlo wam.
Ndilulwandle na, ndiyingwenya na, 12
Ukuba undimisele umlindo?
Xa bendisithi, Wóndithuthuzela uma- 13
ndlalo wam,
Sondithwalisisa inkalazo yam isingqengqelo sam;
Wesuka wena wandoyikisa ngamaphu- 14
pha,
Wandidandathekisa emibonweni,
Wada umphefumlo wam wanyula uku- 15
krwitshwa;
Wanyula ukufa ngaphezu kwamathambo la.
Ndikruqukile; andingi ndingadla bomi 16
ngonaphakade;
Ndíyeke, kuba ingumphunga imihla yam.

Uyintoni na umntu lo, le nto umkhuli- 17
sayo,
Le nto uyisingise kuye intliziyo yakho,
Umvelele imiso yonke 18
Umcikide imizuzu yonke?

UYOBHI 7–9

19 Kunini na ungawasusi amehlo kum,
Ungandiyeki, khe ndiginye amathe?
20 Ndithé ndona, ndingákwenza ntoni na?
Wena mlindi woluntu,
Yini na ukuba undenze itekeni,*
Ndibe ngumthwalo kum?
21 Yini na ukuba ungasixoleli isikreqo sam, ungabudlulisi ubugwenxa bam?
Kuba kaloku ndiya kuzilalisa eluthulini;
Wòndondela kakhulu, ndingabikho.

Intetho yokuqala kaBhiledadi

8 Wasusela uBhiledadi wakwaShuwa, wathi,
2 Kunini na uthetha izinto ezinje?
Engumoya omkhulu amazwi omlomo wakho?
3 UThixo angákwenza gwenxa na okusesikweni?
USomandla angabenza gwenxa na ubulungisa?
4 Ukuba abantwana bakho bathe bamona yena,
Wabanikela esandleni sesikreqo sabo;
5 Ukuba ùthe wamfuna ngenkuthalo uThixo wena,
Watarhuzisa kuSomandla;
6 Ukuba uthe wacoceka, wathi tye wena,
Okunene, wóvuka ngoku ngenxa yakho,
Alisikelele ikhaya lobulungisa bakho;
7 Kuthi ukuqala kwakho kube kuyinto encinane,
Ukuphuma kwakho kube kukhulu kakhulu.

8 Kuba khawubuze kwisizukulwana saphambili;
Uxunele ekugocagoceni kooyise baso:
9 Kuba singabezolo thina, asinakwazi;
Ngokuba isisithunzi imihla yethu ehlabathini.
10 Abayi kukuyala na abo, bathethe kuwe,
Barhole amazwi entliziyweni yabo? bathi,
11 Iyakhula na imikhanzi, kungekho mgxobhozo?
Iyahluma na ingcobo, kungekho manzi?
12 Iseluhlaza, ingekaphiwa,
Yoyiphangela ingca yonke ngokoma.

13 Únjalo umendo wabo bonke abamlibalayo uThixo,
Nethemba lomkhohlisi liyadaka;
14 Ngokuba ukugasa kwakhe kuyanqunyulwa;
Yindlu yesigcawu ukukholosa kwakhe.
15 Wayama ngendlu yakhe, ingemi;
Úbambelela kuyo, ingahlali.
16 Úluhlaza phambi kwelanga,
Namagatya akhe ayaqabela eludongeni lwentsimi yakhe;
17 Iingcambu zakhe zijijene emweweni,
Utyhudisa ezingcambeni zamatye.
18 Ukuba uthe wamginya endaweni yakhe,
Yomkhanyela ithi, Andikubonanga.
19 Yabona, yiyo le imihlali yendlela yakhe,
Ize eluthulini kuntshule abanye.

20 Yabona, uThixo akamcekisi ogqibeleleyo,
Akababambi ngesandla abenzi bobubi.
21 Úya kuwuzalisa umlomo wakho ngokuhleka,
Nemilebe yomlomo wakho ngokuduma:
22 Abakuthiyayo baya kwambatha ukudana,
Ingabi sabakho intente yabangendawo.

Intetho yesibini kaYobhi

9 Waphendula uYobhi, wathi,
2 Okwenene, ndiyazi ukuba kunjalo;
Ke angáthini na umntu lo ukuba lilungisa phambi koThixo?
3 Ukuba úthe yena wafuna ukubambana naye,
Ubengemphenduli namnye *umbuzo* kweliwaka.
4 Úlumkile ngentliziyo, ukhaliphile ngamandla:
Ngubani na okha agogotye kuye, aze asinde?
5 Uloshenxisa iintaba zingazi,
Ukuba azibhukuqe ngomsindo wakhe;
6 Ulogungqisa ihlabathi, lisuke endaweni yalo,
Zididizele iintsika zalo;
7 Ulothetha elangeni lingaphumi,
Azitywine, azivingce, iinkwenkwezi ngeenxa zonke;
8 Ulotwabulula ixulu eyedwa,
Anyathele emimangweni yolwandle;

UYOBHI 9-10

9 Ulowenza iinkwenkwezi zeBhere,* namaKroza, nesiLimela,
Neengontsi zasezantsi.
10 Ulowenza izinto ezinkulu ezingenakugocwagocwa,
Nemisebenzi ebalulekileyo engenakubalwa.
11 Yabona, udlula phezu kwam, ndingamboni;
Uthi phe, ndingamqondi,
12 Yabona, exwila, ngubani na ongamnqandayo?
Ngubani na ongáthi kuye, Wènza ntoni na?
13 UThixo akawunqandi umsindo wakhe;
Bayasibekeka phantsi kwakhe abancedi bakaRahabhi.

14 Ndingáthini na ke mna ukumphendula,
Ndiwakhethe amazwi am okuphendula kuye?
15 Nokuba bendililungisa mna, bendingemphenduli;
Ndingátarhuzisa kuphela kumgwebi wam.
16 Ukuba bendithe ndabiza, wandiphendula,
Bendingekholwa ukuba ulibekele indlebe ilizwi lam;
17 Kanye ubeya kundityumza ngoqhwithela,
Awandise amanxeba am ngelizé,
18 Angàndiphi nokuba ndiphefumle;
Ke ubeya kundihluthisa ngobukrakra.
19 Ukuba yinto yamandla ekhalipha, úthi, Ndim okhoyo!
Ukuba yinto yomgwebo, úthi, Ngubani na oya kundimema?
20 Ukuba bendithe ndalilungisa, umlomo wam ubuya kundigweba;
Ukuba bendithe ndagqibelela, ubeya kundenza umjibilizi.
21 Ndigqibelele; àndiwukhathalele umphefumlo wam;
Ndiyabucekisa ubomi bam.
22 Kúnye oko; ngenxa yoko ndithi,
Ogqibeleleyo nongendawo úyabatshabalalisa.
23 Ukuba iziniya ithe yabulala ngesiquphe,
Úya kugculela ukuqotywa kwabamsulwa.

Ihlabathi linikelwe esandleni sabange- 24 ndawo;
Uyabugqubuthela ubuso babagwebi balo.
Ukuba kanti akunjalo, kwenziwe ngubani na ke?

Imihla yam ikhawulezé ngaphezu 25 kwesigidimi;
Ibalekile, ayibonanga kulungileyo;
Ithe phe njengemikhombe yeengco- 26 ngolo,
Njengokhozi luxwila ixhoba.
Ndákuthi, Ndiya kuyilibala inkalazo 27 yam,
Ndibuyeke ubuso bam, ndincumeze,
Ndisuka ndinxunguphale ziimbulaleko 28 zam zonke,
Ndazi ukuba akuyi kuthi ndimsulwa.
Kuthiwa ndingongendawo mna; 29
Yini na le nto ndifumana ndizixhamla?
Nokuba bendithe ndazihlamba ngama- 30 nzi ekhephu,
Ndazihlambulula izandla zam ngesepha,
Úbuya kundithi gxwa emhadini, 31
Ndibe lisikizi nakwiingubo zam.

Kuba akamntu yena, njengam nje, 32 ukuba ndimphendule,
Siyé ndawonye ematyaleni.
Akukho mahluli phakathi kwethu, 33
Wokubeka isandla sakhe phezu kwethu sobabini.
Makayisuse intonga yakhe kum, 34
Isothuso sakhe masingandidandathekisi:
Ndothetha ke ndingamoyiki; 35
Kuba andivi kunjalo mna eluvalweni lwam.

10 Umphefumlo wam udimele bubomi bam;
Ngoko ndiya kuyivulela inkalazo yam phakathi kwam;
Nditḧethe, úkrakra umphefumlo wam;
Ndíthi kuThixo, Musa ukundigweba; 2
Ndazíse ukuba ubambene nam ngani na?
Kulungile na kuwe ukuba ucudise, 3
Ukuba ucekise ukuxelenga kwezandla zakho,
Ulibengezelele iqhinga labangendawo?

4 Ùnamehlo enyama na?
Ùbona ngokubona komntu na?
5 Injengemihla yomntu na imihla yakho,
Iminyaka yakho injengemihla yomfona;
6 Ukuba nje ubufune ubugwenxa bam,
Usingxoke isono sam,
7 Usazi nje ukuba andingongendawo,
Nokuba akukho unokuhlangula esandleni sakho?

8 Izandla zakho zindiyilile, zandenza
Ndonke, ngeenxa zonke; ùyandiginya noko.
9 Khawukhumbule, ukuba undenzé ngokodongwe;
Ke undibuyisa undise eluthulini!
10 Akundithululanga na njengamasi,
Wandivuthisa njengengqaka?
11 Wandambesa ngolùsu nenyama,
Wandiphingela ngamathambo nemisipha.
12 Ùndenzele ubomi nenceba,
Nokuvelela kwakho kwawugcina umoya wam.
13 Ezi zinto ke wazigusha entliziyweni yakho;
Ndiyazi ukuba ubunale ndawo yokuthi:
14 Ukuba ndithe ndona, wòndibamba undilinde,
Ungandenzi msulwa ebugwenxeni bam.
15 Ukuba ndithe ndaba ngongendawo, athi ke mna!
Ukuba ndithe ndaba lilungisa, ndingàyiphakamisi intloko yam:
Ndihlùthi kukucukucezwa,
Nakukubona iintsizi zam.
16 Nokuba ithe yaziphakamisa *intloko yam*,
wòndizingela njengengonyama,
Ùbuye wenze ngokubalulekileyo kum;
17 Ùhlaziye amangqina akho phambi kwam;
Úyandise ingqumbo yakho kum,
Ibe kukukhululana kwemikhosi eza kum.

18 Ibiyini na ke ukuba undikhuphe esizalweni?
Ngendaphuma umphefumlo, andabonwa liso,
19 Ndanga andibangakho,

Ngendasuswa esizalweni, ndasiwa engcwabeni.
20 Àyimbalwa na imihla yam? Makayeke,
Adede kum, ndikhe ndincumeze kancinane,
21 Phambi kokuba ndihambe, ndingabi sabuya,
Ndiye ezweni lobumnyama nelethunzi lokufa,
22 Ezweni elisongelwe bubumnyama njengesithokothoko,
Lethunzi lokufa nelesidubedube,
Elinkazimlo injengesithokothoko.

Intetho yokuqala kaTsofare

11 Wasusela uTsofare waseNahama, wathi,
2 Le nto ininzi yamazwi ayikuphendulwa na,
Indoda elipholopholo igwetyelwe na?
3 Ukuphololoza kwakho kuya kubetha athi tu na amadoda,
Ukuba ugculele, kungabikho ukuhlazayo?
4 Ùthi, Iqaqambile imfundiso yam,
Ndinyulu emehlweni akho.
5 Kodwa akaba uThixo ubethetha,
Avule umlomo wakhe kuwe;
6 Akuxelele iimfihlakalo zobulumko,
Ukuba buphindeke kabini, bayinto ezimasekileyo;
Ùbuya kwazi ke ukuba uThixo wenzé ukuba ubulibale ubugwenxa bakho.

7 Ùnokufikelela na ezingontsingontsini zikaThixo?
Unokufikelela na ekufezekeni kukaSomandla?
8 Kuphakame ngokwamazulu; ùnokwenza ntoni na?
Kunzulu kunelabafileyo; ùnokwazi ntoni na?
9 Kukude kunehlabathi ukulinganiswa kwako,
Kubanzi kunolwandle.
10 Ukuba úthe phe yena, wavingcela,
Wamemela ematyaleni, ngubani na onokumnqanda?
11 Kuba yena uyabazi abantu abakhohlakeleyo,

UYOBHI 11-13

Uyabubona ubutshinga engaqondelanga.

12 Nomntu onjengesidenge angaba nokuqonda,
Nethole le-esile lasendle lingaba nokuzalwa lingumntu.

13 Ukuba uthe wena wabhekisa intliziyo yakho *kuye*,
Wazolulela izandla zakho kuye:
14 Ukuba kuthe kwakho inkohlakalo esandleni sakho, yise kude,
Ungabuhlalisi ubugqwetha ezintenteni zakho;
15 Okunene, ùya kwandula ukubuphakamisa ubuso bakho bungenasisihla,
Uthi bhuxe, ungoyiki.
16 Kuba wòkulibala ukwaphuka kwakho,
Ukukhumbule njengamanzi adluleyo;
17 Ukudla kwakho ubomi kuvuke, *kuqaqambe* ngaphezu kwemini enkulu;
Nakuba kusongelwe emnyameni, kokhanya njengokusa.
18 Wòkholosa, ngokuba sekukho ithemba,
Uhlole, ulale phantsi enkolosekweni;
19 Ubuthume, kungekho wothusayo,
Bakuncekelele abaninzi.
20 Ke wona amehlo abangendawo ophelelwa;
Idake kubo indawo yokusabela,
Ithemba labo libe kukuphuma umphefumlo.

Intetho yesithathu kaYobhi

12 Waphendula uYobhi, wathi,
2 Kambe, níni abantu;
Buya kufa nani ubulumko.
3 Nam ke ndinentliziyo njengani;
Andiwi nganeno kwenu.
Ngubani na ongazaziyo izinto ezinjalo?
4 Ndiyintlekisa kummelwane mna,
Endibe ndingonqula uThixo, andiphendule;
Úyintlekisa olilungisa, ogqibeleleyo.
5 Onelishwa yinto yokudelwa ngokwamabhongo abonwabileyo;
Kulungiselwe abanyawo zikhubekayo.
6 Kukho ukuchulumacha ezintenteni zababhuqi;
Bakholosile abamqumbisayo uThixo,
Abafumbatha uThixo esandleni sabo.

7 Kodwa khawubuze ezinkomeni, zókuyala;
Nasezintakeni zezulu, zókuxelela;
8 Thetha nomhlaba, wókuyala;
Zókubalisela neentlanzi zolwandle.
9 Ngubani na ongaziyo ngezo zinto zonke,
Ukuba sisandla sikaYehova esikwenzileyo oko?
10 Usesandleni sakhe umphefumlo wezinto zonke eziphilileyo,
Nomoya wenyama yonke eyiyeyomntu.
11 Indlebe ayiyi kukucikida na ukuthetha,
Nekhuhlangubo likuve ukudla?
12 Emaxhegweni kusebulumkweni,
Ebudeni bemihla kusengqondweni.
13 Bukuye ubulumko nobugorha,
Lelakhe icebo nengqondo.
14 Yabona, úgungxula, kungàkhiwa.
Uyamvalela umntu, kungàvulwa,
15 Yabona, úyawavala amanzi, atshe;
Uyawavulela, aliphethule ilizwe.
16 Anaye amandla nozimaso;
Ngowakhe odungudelayo nodungudelisayo.
17 Umkisa amaphakathi ebhunyulwe,
Abagezise nabagwebi.
18 Ukhulula imbophelelo yookumkani,
Abophe umbhinqo emanqeni abo.
19 Umkisa ababingeleli bebhunyulwe,
Abazizimakade abaphenule.
20 Ususa intetho kwabanyanisekileyo,
Ayithabathe imvo kumadoda amakhulu.
21 Uphalazela amanene ngendelo,
Acombulule uqhwemesha lwabaziingqwemla.
22 Utyhila iinzulu zasebumnyameni,
Alikhuphele emhlotsheni ithunzi lokufa.
23 Ukhulisa iintlanga, azitshabalalise;
Uziphangalalisa iintlanga azifuduse.
24 Ususa ingqondo kwiintloko zabantu balo ilizwe,
Azibhadulise enyanyeni engenandlela.
25 Ziphamza emnyameni kungekho kukhanya,
Azibhadulise njengamanxila.

13 Yabona, konke oko likubonile iliso lam,
Yakúva indlebe yam, yakúqonda.

UYOBHI 13-14

2 Njengoko nazi ngako, ndiyazi nam;
Andiwi nganeno kwenu.
3 Kodwa mna ndinga ndingathetha ku-Somandla,
Ndifuna ukuzihlamba kuThixo.
4 Kodwa ke nina ningabadyobha ngobuxoki,
Ningamagqirha angento nonke niphela.
5 Anaba benithe tu kanye;
Nibe niya kuba nilumkile.

6 Khaniphulaphule ke ukuzihlamba kwam,
Ukuphika komlomo wam nikubazele indlebe.
7 UThixo niya kumthethelela ngobugqwetha na,
Nimthethelele ngenkohliso na?
8 Niya kumnonelela na,
Niphikele uThixo na?
9 Kólunga na xa athe wanigocagoca?
Ninokumgculela na, njengokuba enokugculelwa umntu?
10 Wonohlwaya inene,
Ukuba nithe ngasese nanonelela umntu.
11 Ubungangamela bakhe abuyi kunidandathekisa na,
Kuniwele ukunkwantyisa kwakhe?
12 Izikhumbuzo zenu yimizekeliso yothuthu;
Iingqolo zenu zoba ziingqolo zodaka.

13 Yithini tu! Ndiyekeni, ukuze ndithethe,
Kundihléle okundihlelayo.
14 Kungani na ukuba ndiyiphathe inyama yam ngamenyo am,
Umphefumlo wam ndiwubeke ezandleni zam?
15 Yabona, nokuba úthe wandibulala, ndolindela kuye;
Kodwa ndozihlamba iindlela zam ebusweni bakhe.
16 Kwaoko koba lusindiso kum:
Okuba intshembenxa ingayi kuza ebusweni bakhe.
17 Yivani, nikuve ukuthetha kwam,
Nengxelo yam, ngeendlebe zenu.
18 Khanibone, ndilicacisile ityala lam;
Ndiyazi ukuba ndiya kugwetyelwa mna.
19 Ngubani na ke ongabambana nam?

Kuba bendiya kuthi tu kaloku, ndiphume umphefumlo.

20 Kodwa izinto ezimbini musa ukuzenza kum,
Ndize ndingazisithelisi ebusweni bakho:
21 Isandla sakho síse kude kum,
Nesothuso sakho singandidandathekisi.
22 Biza ke, ndisabele mna;
Mhlawumbi ndithethe, undiphendule.

23 Zingaphi na izenzo ezigwenxa, nezono zam?
Ndázise isikreqo sam, nesono sam.
24 Yini na ukuba ubusithelise ubuso bakho,
Ubè ndilutshaba kuwe?
25 Úya kungcangcazelisa ugxothe igqabi eliphetshethwayo na,
Usukele umququ owomileyo na?

26 Ngokuba uzibhalela kum izinto ezikrakra,
Undidlisa ilifa lezenzo ezigwenxa zobutsha bam;
27 Uzifaka esitokisini* iinyawo zam,
Uwugqala wonke umendo wam;
Uzikrwelela umda ojikelezayo izithende zeenyawo zam:
28 Mna lo, uhageleyo njengevithi,
Njengengubo edliwe ngamanundu.

14

Umntu, into ezelwe ngumfazi,
Imihla yakhe mifutshane, izele ziinkathazo.
2 Uphuma njengentyantyambo, abune;
Ubaleka njengethunzi, angemi.
3 Onjalo ùmvelela ngeliso lakho,
Undimise mna ematyaleni phambi kwakho?
4 Akwaba bekukho ohlambulukileyo ophume koyinqambi!
Akukho nokuba abe mnye.
5 Imisiwe nje imihla yakhe,
Liyaziwa nguwe inani leenyanga zakhe;
Umenzéle ke umda wakhe ongenakugqithwa.
6 Susa amehlo akho kuye, aphumle,
Ade akholiswe njengomqeshwa yimini yakhe.

UYOBHI 14-15

7 Kuba kukho ithemba emthini;
Ukuba uthe wagawulwa, wóbuya uhlume,
Igatya lawo lingapheli.
8 Ukuba ithe yaba ndala ingcambu yawo emhlabeni,
Safa isibili sawo eluthulini:
9 Ngevumba lamanzi wódubula,
Wenze amasebe njengesithodlana.
10 Ke yena umfo ufa angquleke;
Umntu uphuma umphefumlo; abe phi na ke?
11 Amanzi aselwandle ayemka;
Umlambo uyatsha, wome:
12 Umntu ulala phantsi ke, angavuki;
Lide izulu lingabikho, bangàqabuki,
Bangàvuswa ebuthongweni babo.

13 Akwaba ubungandigushayo kwelabafileyo,
Undisithelise ude ubuye umsindo wakho;
Undimisele umda, undikhumbule ke!
14 Ukuba úthe umfo wafa, wóphila na?
Yonke imihla yokuphuma kwam umkhosi, bendinga ndingalinda,
Kude kufike ukukhululwa kwam.
15 Ubungábizayo ke, ndisabele mna,
Uwulangazèle umsebenzi wezandla zakho.
16 Kuba ngoku uyawabala amabanga am,
Akuzigcinile ngenxa yesono sam.
17 Sitywiniwe savingcelwa engxoweni isikreqo sam;
Wahlomela ebugwenxeni bam.

18 Kodwa intaba, isiwa, iyagubeka;
Iliwa liyashenxa endaweni yalo;
19 Amanzi ayawadla amatye;
Iziphango zawo ziyalukhukulisa uthuli lomhlaba;
Ithemba lomntu úyalidakisa ke.
20 Úthi gaga phezu kwakhe kuphele, emke;
Uguqula ubuso bakhe, umgxothe.
21 Bayazuka abantwana bakhe, angazi yena;
Baba ziimbedlenge, angagqali yena.
22 Kuye yedwa ibuhlungu inyama yakhe,
Umphefumlo wakhe uyalila ngaphakathi.

Intetho yesibini kaElifazi

15 Wasusela uElifazi wakwaTeman, wathi,

2 Isilumko siphendula ngokwazi okungumoya na,
Sizalise umbilini waso ngolophu lwasempumalanga na?
3 Khe sohlwaye ngentetho engancediyo na,
Nangokukhuluma okungasizi lutho na?
4 Phezu koko wena utshitshise ukoyika uThixo,
Wanciphisa ukuthelekelela phambi koThixo;
5 Ngokuba ubugwenxa bakho bufundisa umlomo wakho,
Unyulé ulwimi lwabanobuqhophololo.
6 Ngumlomo wakho okugwebayo, asindim;
Ngumlomo wakho okuphendulayo.

7 Nguwe na owazalwa kuqala, waba ngumntu?
Waveliswa ngenimba ngaphambi kweenduli?
8 Wawukho na egquguleni likaThixo?
Wabutsalela kuwe na ubulumko obo?
9 Wazi ntoni na, esingayaziyo thina?
Uqondé ntoni na, engekhoyo nathi kuthi?
10 Kunje thina siziingwevu namaxhego,
Amadala nakuyihlo ngokuzalwa.
11 Zincinane na kuwe iintuthuzelo zikaThixo,
Nelizwi elithethe kuhle nawe?

12 Imka nantoni na intliziyo yakho?
Aphanyazela ntoni na emehlo akho,
13 Le nto ukuguqulela kuThixo ukufutha kwakho,
Ukhuphe ukuthetha emlonyeni wakho?
14 Uyintoni na umntu, ukuba aqaqambe?
Abe lilungisa ozelwe ngumfazi?
15 Yabona, nabangcwele bakhe àkakholwa ngabo,
Nezulu àliqaqambile emehlweni akhe.
16 Úbeke phi na olisikizi, oyimbozisa;
Umntu lo, usela ubugqwetha njengamanzi?

UYOBHI 15-16

17 Ndokuxelela, ndiphulaphule;
Endikubonileyo ndikubalisele;
18 Okwaxelwa zizilumko,
Kuvela kooyise, zaza azakufihla.
19 Lanikwa zona zodwa ilizwe,
Akwangena wasemzini phakathi kwazo.

20 Yonke imihla yakhe, ongendawo uyazibhijabhija;
Inani leminyaka liqwetyelwe ingqwangangqwili.
21 Kumi ilizwi lokunkwantyisa ezindlebeni zakhe,
Eluxolweni úyamfikela umbhuqi.
22 Akakholwa ukuba uya kubuya emnyameni;
Ke yena uqwetyelwe ikrele.
23 Uphalaphalela ukutya, esithi, Kuphi na?
Úyazi ukuba ulungiselwe imini yobumnyama ecaleni kwakhe.
24 Udandathekiswa yimbandezelo nayingcutheko;
Ithi gaga phezu kwakhe, njengokumkani olungiselwe isiphendu sokulwa.
25 Ngokuba esolulele kuThixo isandla sakhe,
Wazenza igorha kuSomandla:
26 Wamgila, eyolule intamo,
Ngamaqhubu angqingqwa eengweletshetshe zakhe;
27 Ngokuba egubungele ubuso bakhe ngamanqatha akhe,
Watyeba wanamanqatha emihlubulweni yakhe.
28 Wema imizi engamanxuwa,
Nezindlu ezingezakuhlalwa,
Ezamiselwa ukuba zibe yimiwewe.
29 Akayi kuba sisityebi, abuyi kuma ubutyebi bakhe;
Inzuzo yakhe ayiyi kunaba emhlabeni.
30 Akayi kusinda ebumnyameni;
Igatya lakhe liya komiswa ngedangatye;
Emke ngokufutha komlomo wakhe.

31 Okhohliswayo makangathembeli kumampunge;
Kuba inkohlakalo iya kuba lulwanano lwakhe.
32 Kozaliseka oko ingekabi yimini yakhe,
Isebe lakhe lesundu lingabi luhlaza.

Wówisa njengomdiliya uwisa iidiliya 33
zawo ezikrwada;
Avuthulule njengomnquma intyantyambo yawo.
Kuba ibandla leentshembenxa liya kuba 34
njengento embatshileyo,
Umlilo uzitshise iintente zokucenga.
Bakhawula ububi, bazale ubutshinga, 35
Umbilini wabo usebenze inkohliso.

Intetho yesiné kaYobhi

16 Waphendula uYobhi, wathi,
Ndivé izinto ezininzi ezinjengezo; 2
Ningabathuthuzeli abayindinisa, nonke niphela.
Aphelile na amazwi angumoya? 3
Úxhokonxwa yintoni na, ukuba uphendule?
Nam ndibe ndingathethayo njengani. 4
Ukuba umphefumlo wenu ubusendaweni yomphefumlo wam.
Ndibe ndinganiqukela ukuthetha,
Ndininhlunguzele intloko;
Ndibe ndinganikhaliphisa ngomlomo 5
wam,
Nokukhuza komlomo wam kulunqande *usizi lwenu*.

Nokuba ndithe ndathetha, àwunqa- 6
ndwa umvandedwa wam;
Nokuba ndithe ndayeka, kumka ntoni na kum?
Hayi, ngoku úndidinisile; 7
Úliphanzisile lonke ibandla lam.
Úndintshwenyisile, kwaba lingqina oko; 8
Kwandimela ukubhitya kwam,
Kwaphendula ebusweni bam.
Umsindo wakhe wandiqwenga, wandi- 9
tshutshisa;
Úditshixizele amenyo akhe;
Engumbandezeli wam, uwenzé abukhali amehlo akhe kum.
Bandakhaméle umlomo; 10
Ngengcikivo bandibetha ezidleleni;
Bonke bayathelelana ukundichasa.
UThixo wandinikela kumakhwenkwe, 11
Wandijulela ezandleni zabangendawo.
Ndibi ndichulumacha, wándivitha- 12
vitha,

Wandibamba ngentamo, wandihlekeza,
Wandimisa ndaba yitekeni* kuye.
13 Bandirhawula abatoli bakhe,
Wazityanda izintso zam, engenalufefe,
Wayiphalazela emhlabeni inyongo yam.
14 Wandenza iinduma ngeenduma,
Wandigila njengegorha.

15 Ndathungela iingubo ezirhwexayo e-
nkwaneni yolùsu lwam,
Ndalugquba ngothuli uphondo lwam.
16 Ubuso bam bubomvu kunene kukulila,
Phezu kweenkophe zam lithunzi lokufa;
17 Nakuba kungekho kugonyamela eza-
ndleni zam,
Uqaqambile umthandazo wam.
18 Mhlaba, musa ukuliselela igazi lam,
Kungabi nasikhundla ukuhlahlamba
kwam.
19 Nangoku, yabona, lisemazulwini ingqi-
na lam;
Ondivumelayo usezindaweni eziphezu-
lu.
20 Abandigxekayo ngabethu aba;
Iliso lam liyengezela kuThixo,
21 Ukuba alungisele umfo kuThixo,
Ahlule phakathi komntu nommelwane
wakhe.
22 Kuba iminyaka embalwa iza kudlula,
Ndihàmbe ke umendo endingayi kubu-
ya ngawo.

17 Umoya wam wonakele, imihla
yam icinyiwe,
Into yam ngamangcwaba.
2 Inene ndiyinto abadlala ngayo,
Neliso lam lilibéle ziinkani zabo.

3 Khawubeke into, undimele;
Ngubani na yena oya kubambana nam
ngesandla?
4 Ngokuba intliziyo yabo ùyifihlele uku-
qiqa;
Ngenxa yoko akuyi kubaphakamisa.
5 Unikela abahlobo ukuba babe ngama-
xhoba,
Amehlo abantwana bakhe aze aphelelwe.
6 Undimise ndaba ngumzekeliso ezizweni;
Ndaba ngotshicelwa ebusweni.
7 Laza lanorhatyazo iliso lam kukukha-
thazeka;

Amalungu am aba njengesithunzi onke
ephela.
Bamangaliswa abathe tye yile nto; 8
Omsulwa uyazixhokonxa ngenxa ye-
ntshembenxa.
Ke olilungisa ubambe indlela yakhe, 9
Ozandla zihlambulukileyo uya ekhali-
pha.

Kodwa nina nonke, buyani, khanize; 10
Andiyi kufumana silumko phakathi
kwenu.
Imihla yam idlule, zijaciwe izigqibo 11
zam,
Amafa entliziyo yam.
Bathi ubusuku yimini; 12
Ukukhanya kusondele, xa kuza kuba
mnyama.
Ukuba ndithe ndathemba, ndithembé 13
elabafielyo, indlu yam;
Ndandlala umandlalo wam emnyameni;
Ukuba ndithe kukubola, Ùngubawo; 14
Ndathi kwimpethu, Ùnguma, ùngu-
dade wethu;
Liphi na ke ngoku ithemba lam? 15
Ithemba lam, ngubani na owolibona?
Liya kuhla liye emivalweni yelabafileyo, 16
Xa siphumla kunye eluthulini.

Intetho yesibini kaBhiledadi

18 Waphendula uBhiledadi wakwa-
Shuwa, wathi,
Kunini na nikuzingela ukuthetha? 2
Qondani, sothetha emveni koku.
Yini na ukuba kuthiwe sinjengeenkomo, 3
Sibe ziinqambi emehlweni akho?
Wena uziqwengayo ngomsindo wakho, 4
Liya kushiywa ihlabathi ngenxa yakho,
lingamiwa na?
Likhwelèle iliwa endaweni yalo?

Noko nokukhanya oku kongendawo 5
kuya kucinywa,
Lingabi mhlophe ilangatye lomlilo
wakhe.
Ukukhanya kuya kwenziwa mnyama 6
ententeni yakhe,
Nesibane sakhe sicinywe phezu kwakhe.
Ukunyantsula kwakhe kuya kuxinwa, 7
Limphose phantsi kwaelakhe iqhinga.

UYOBHI 18–19

8 Kuba uqhutyelwe emnatheni ziinyawo zakhe,
Uhamba phezu kwesibatha.
9 Umgibe umbambisa ngesithende,
Limbambise isango.
10 Lufihliwe emhlabeni ulutya lwakhe,
Ukuthiwa hlasi kwakhe kusengqushwini.
11 Uyadandathekiswa ngeenxa zonke kukukhwankqisa,
Kumbhebhethe, kuthane mbende naye.
12 Amandla akhe aya kuphela kukulamba,
Ukusindeka kulungiselwe ukujingxela kwakhe.
13 Kudla iziqendu zolùsu lwakhe;
Udla iziqendu zakhe owamazibulo wokufa.
14 Iyancothuka ententeni yakhe inkoloseko yakhe,
Ahanjiselwe kukumkani wokukhwankqisa.
15 Kuhleli ententeni yakhe izinto zasemzini;
Kugcwayelwa isulfure ekhayeni lakhe.
16 Ngaphantsi ziya koma iingcambu zakhe,
Ngaphezulu abune amasebe akhe.
17 Isikhumbuzo sakhe siya kudaka ehlabathini,
Angabi nagama nasemaphandleni.
18 Baya kumtyhala ekukhanyeni, aye ebumnyameni,
Aphekuzwe kwelimiweyo.
19 Akayi kuba nanyana nanzala ebantwini bakowabo,
Kungabikho usindileyo emizini yakhe.
20 Bomangaliswa yimini yakhe abahleli entshonalanga,
Nabasempumalanga babanjwe kukuba namanwele.
21 Inene, injalo iminquba yabanobugqwetha,
Injalo indawo yongamaziyo uThixo.

Intetho yesihlanu kaYobhi

19 Waphendula uYobhi, wathi,
2 Kunini na nisenza isingqala kumphefumlo wam,
Nindityumza ngokuthetha?
3 Ezi zihlandlo zilishumi nindihlazile;
Anidanile, niyandikhwankqisa.

Khona ke ndithe okunene ndalahleka, 4
Kuhleli nam ukulahleka kwam.
Ukuba okunene nithe nazikhulisa kum, 5
Nandohlwaya ngengcikivo yam:
Yazini ngoko, ukuba nguThixo ondigo- 6
bileyo,
Wandirhawula ngomnatha wakhe.

Yabona, ndiyakhala, ndithi, Ndagonya- 7
melwa! kungasatyelwa;
Ndiyazibika, kungabikho kulungisa.
Úyibiyile indlela yam, akwabakho 8
ukugqitha;
Ezingqushwini zam wamisa ubumnyama.

Úndihlube uzuko lwam, 9
Wasusa isithsaba sentloko yam.
Úndidilizile ngeenxa zonke, ndemka; 10
Walincothula njengomthi ithemba lam.
Úwuvuthise ngakum umsindo wakhe, 11
Wandibalela ekuthini ndingowababandezeli bakhe.
Zeza kunye izimpi zakhe, 12
Zandifumbela indlela yazo,
Zayizunguleza ngeenxa zonke intente yam.

Abazalwana bam úbasé kude kum, 13
Abandaziyo sebengabasemzini kanye kum.
Izalamane zam zindishiyile, 14
Nabazana nam bandilibele.
Abahlala endlwini yam, nabakhonzaza- 15
na bam,
Bandibalele ekuthini ndingowasemzini,
Ndingowolunye uhlanga emehlweni abo.
Ndibiza umkhonzi wam, angasabeli; 16
Ndimbongoze ngomlomo wam.
Umoya wam umkruqule umkam; 17
Ndiyanuka kubantwana besizalo esandizalayo.
Namakhwenkwe ayandicekisa; 18
Ndakusuka, asuka athethe ngam.
Ndilisikizi kumakholwane am, 19
Nabendibathanda bandiguqukele.
Amathambo am atshele elùswini lwam 20
nasenyameni yam;
Ndisindé macebetshu.

Tarhuni, tarhuni, zihlobo zam; 21
Kuba isandla sikaThixo sindiphethe.

UYOBHI 19–20

22 Yini na ukuba nindisukele njengoThixo,
Ninganeli yinyama yam?

23 Akwaba ngoku ebebhalwa amazwi am!
Akwaba ebekrolwe encwadini!

24 Ngentlabo yesinyithi, atyhidwe ngelothe,
Axholelwe eweni nanini!

25 Ke mna ndiyazi ukuba umhlawuleli wam uhleli;
Engowokuphela, uya kusuka éme phezu kothuli *lwehlabathi*.

26 Emveni kokuba ulùsu lwam ludlavulwe lwanje,
Ingasekho inyama yam, ndiya kumbona uThixo.

27 Endiya kuzibonela mna ngokwam;
Amehlo am ambone, ingabi wumbi.
Ziyaphelelwa izintso zam ngaphakathi kwam.

28 Ukuba nithi, Simsukela ngani na?
Ingcambu yaloo nto ifunyenwe kum:
29 Nxunguphalani likrele;
Kuba ubushushu, bubo ubugwenxa obufanele ikrele,
Ukuze nazi ukuba kukho umgwebo.

Intetho yesibini kaTsofare

20 Wasusela uTsofare waseNahama, wathi,

2 Ngako oko iingcingangcinga zam ezi ziyandiphendula,
Ngenxa yokuthabatheka kwam ngaphakathi kwam.

3 Ukuthethisa okundihlazayo ndiyakuva,
Ke umoya uyandiphendula engqondweni yam.

4 Oku ùyakwazi na kambe kwanini,
Kususela koko lwabekwayo uluntu ehlabathini:
5 Ukuba ukumemelela kwabangendawo kufutshane,
Ukuvuya kweentshembenxa kokwephanyazo?

6 Nokuba kuthe kwenyuka kwaya ezulwini ukuphakama kwakhe,
Intloko yakhe wayifikisa emafini:

7 Njengelindle lakhe uya kudaka kuphele,
Abambonayo bathi, Úphi na?
8 Úya kuphaphazela emke njengephupha, angafunyanwa,
Aphekuzwe njengombono wobusuku.
9 Iliso elikhe lambona, aliyi kuphinda;
Indawo yakhe ayisayi kumalama.
10 Abantwana bakhe baya kungxengxezela abasweleyo,
Izandla zakhe zibuyise imfuyo yakhe.
11 Amathambo akhe ebezele bubutsha;
Bolaliswa phantsi naye eluthulini.

12 Nokuba ububi bebunencasa emlonyeni wakhe,
Wabugusha phantsi kolwimi lwakhe,
13 Wabuconga akabuyeka,
Wabuthintela ekhuhlangubeni lakhe;
14 Isonka sakhe sibhuqukile emathunjini akhe,
Yinyongo yamaphimpi embilinini wakhe.
15 Úginye ubutyebi, wabuhlanza;
Úyabukhupha esiswini sakhe uThixo.
16 Wómungunya ubuhlungu bamaphimpi,
Lumbulale ulwimi lwenyushu.
17 Akayi kubona mijelo,
Milambo, zihlambo zobusi namasi.
18 Ebuyisa awakuxelengayo, akakuginyi;
Angavuyi ngangobutyebi aburhwebileyo.

19 Kuba wabathi viki, wabalahla, abasweleyo;
Waxhakamfula indlu, angayakhanga.
20 Kuba engalwazanga uxolo esiswini sakhe,
Akayi kusinda nezinto zakhe ezinqwenelekayo.
21 Bekungekho nto isindayo emqaleni wakhe;
Ngenxa yoku, aziyi kuhlala izinto zakhe ezilungileyo.
22 Ekuzalisekeni kokumaneleyo ubandezelekile,
Izandla zonke zabangento ziyamfikela.
23 Kothi, ukuze sizaliswe isisu sakhe,
UThixo athumele kuye ukuvutha komsindo wakhe,
Awunise phezu kwakhe enyameni yakhe.

24 Ebaleka isikrweqe sesinyithi,
Lomphumela utolo lwesaphetha sobhedu.
25 Lurholiwe, lwaphuma emzimbeni,
Nenyembe ebengezelayo enyongweni yakhe;
Uyemka, izothuso ziphezu kwakhe.
26 Ubumnyama bonke bubekelwe iingqwebo zakhe;
Udliwa ngumlilo ongavuthelwanga;
Ugqibe okusindileyo ententeni yakhe.
27 Izulu lobutyhila ubugwenxa bakhe,
Nehlabathi lisukele phezulu kuye.
28 Iya kufuduswa indyebo yendlu yakhe,
Ikhukuliswe ngomhla womsindo wakhe.

29 Siso eso isabelo somntu ongendawo, sivela kuThixo,
Nelifa alimiselweyo yena nguThixo.

Intetho yesithandathu kaYobhi

21 Waphendula uYobhi, wathi,
2 Yivani, nikuve ukuthetha kwam;
Kube ziintuthuzelo zenu oku.
3 Ndithwaleni, ndithethe nam;
Nigculele emva kwamazwi am.

4 Mna, inkalazo yam isemntwini yini na?
Khona bekungani ukuba ungazekaneki umoya wam?
5 Bhekani kum, nimangaliswe;
Bekani isandla emlonyeni.
6 Okunene, ndakùkhumbula, ndisuka ndikhwankqiswe,
Nenyama yam ibanjwe kukududuzela.

7 Yini na ukuba abangendawo badle ubomi,
Babe badala, kananjalo bomelele, babe namandla?
8 Imbewu yabo iqinile phambi kwabo, inabo;
Nabaphume embilinini wabo basemehlweni abo.
9 Izindlu zabo zinoxolo, kungekho kunkwantya,
Nentonga kaThixo ayibafikeli.
10 Inkunzi yabo iyazeka ingahlohleli;
Imazi yabo iyazala ingaphunzi.

11 Bayawakhuphela njengomhlambi amakhwenkwe abo,
Nabantwana babo bayadloba.
12 Baphakamisa ilizwi benengqongqo nohadi,
Bavuye lilizwi logwali.
13 Bayayigqiba imihla yabo ngokuchwayitha,
Behle ngephanyazo ukuya kwelabafileyo.
14 Bathi kuThixo, Suka kuthi,
Asikunanzile ukuzazi iindlela zakho.
15 Úyini na uSomandla, ukuba simkhonze?
Kusinceda ntoni na ukumjoka?

16 Yabona, azisesandleni sabo izinto zabo ezilungileyo;
Iqhinga labangendawo malibe lee kum.
17 Kukangaphi na ke isibane sabangendawo sicinywa?
Kubafikela ukusindeka kwabo?
Ababele *uThixo* izintya ngomsindo wakhe?
18 Babe njengengca enqunqiweyo phambi komoya,
Njengomququ ohlaselwa sisaqhwithi?

Nithi, UThixo ububekela abantwana 19 babo ubutshinga babo.
Makabuphindezele kubo ngokwabo, bazi bona;
Makayibone inkxwaleko yabo amehlo 20 abo,
Babusêle ubushushu boSomandla.
Ngokuba bayinanze ngani bona indlu 21 yabo emva kwabo,
Lakuqhitshulwa inani leenyanga zabo?

Úya kufundiswa ukwazi uThixo na, 22
Lowo ugweba abaphezulu?
Omnye ufa emandleni okwakhe ukuphila, 23
Onwabile kanye, echulumachile.
Iimvaba zakhe zizele ngamasi, 24
Nomongo wamathambo akhe utyebile.
Omnye ufa úkrakra umphefumlo 25 wakhe,
Engadlanga zinto zilungileyo.
Balala ndawonye eluthulini, 26
Iimpethu ziyabagubungela bobabini.

27 Yabona, ndiyazazi iingcinga zenu,
Namayelenqe enindigonyamela ngawo.
28 Xa nithi, Iphi na indlu yesibhovubhovu?
Iphi na intente ebalulekileyo yabangendawo?
29 Anibuzanga na kwabadlula ngendlela?
Imiqondiso yabo ninako na ukuyikhanyela?
30 Ukuba ngemini yokusindeka wanqandwa ongendawo,
Ngemini yokuphuphuma umsindo wemkiswa?
31 Ngubani na ongaxela ebusweni bakhe indlela yakhe?
Enzé into yena, ngubani na oya kuphindezela kuye?
32 Usiwa emangcwabeni yena,
Alinde esigangeni.
33 Anencasa kuye amagada esihlambo;
Emva kwakhe kulandela lonke uluntu,
Nangaphambi kwakhe belungenakubalwa.
34 Ningáthini na ke ukundithuthuzela ngeento ezingento,
Iimpendulo zenu zisele zibubumenemene nje?

Intetho yokugqibela kaElifazi

22 Wasusela uElifazi wakwaTeman, wathi,
2 Umfo unokumnceda na uThixo?
Hayi bo! Uzinceda ngokwakhe oqiqayo.
3 Kumnandi na kuSomandla, xa ùlilungisa?
Kuyinzuzo na kuye, ukuba ùyazigqibelelisa iindlela zakho?
4 Úya kukohlwaya na ngenxa yokoyika kwakho uThixo,
Aye nawe ematyaleni?
5 Ububi bakho abubukhulu na?
Ubugwenxa bakho asibobungaphele ndawo na?
6 Kuba ubúbambise umzalwana wakho ngelizé,
Ububahluba abazé iingubo.
7 Ubungàmsezi manzi otyhafileyo,
Olambileyo ubumvimba ukutya.

Ke indoda enengalo, belilelayo ilizwe; 8
Obekekileyo ubehlala kulo.
Abahlolokazi ububandulula belambatha, 9
Neengalo zeenkedama ubuzityumza.
Ngenxa yoko imigibe ikujikelezile, 10
Ukhwankqiswe ngesiquphe kukunkwantyiswa.
Khona akububoni na ubumnyama, 11
Nobuninzi bamanzi akugubungelayo?

UThixo ukuphakama kwakhe asiko- 12
kwamazulu yini na?
Bóna ke intloko yazo iinkwenkwezi,
ukuba phezulu kwayo!
Úthi ke wena, Wázi ntoni na uThixo? 13
Ùnokugweba na, engaphaya kobumnyama bamafu?
Amafu amsithile, akaboni; 14
Úzihambela okwakhe esazingeni samazulu.

Umendo wasephakadeni ùya kuwugci- 15
na na,
Abawunyatheléyo abantu abanobutshinga?
Àbashwabene lingekabi lixesha; 16
Lwanyibilika, lwangumsinga useko lwabo,
Àbabesithi kuThixo, Suka kuthi; 17
Angabenza ntoni na uSomandla?
Kanti ebenguye ozalisa izindlu zabo 18
ngezinto ezilungileyo.
Iqhinga labangendawo malibe lee kum.
Aya kubona oko amalungisa, avuye; 19
Omsulwa uyabagculela, esithi,
Inene, abasukele phezulu kum bathe 20
shwaka,
Wakúdla umlilo ukuphuphuma kwabo.

Khawenze ubuhlobo naye, ube noxolo; 21
Ngaloo nto wòzelwa kokulungileyo.
Khawamkele umyalelo emlonyeni wa- 22
khe,
Ubeke iintetho zakhe entliziyweni yakho.
Ukuba ùthe wabuyela kuSomandla, 23
ùya kwakhiwa.
Ukuba uthe wabubeka kude ubugqwetha ezintenteni zakho,
Walibeka eluthulini ilitye legolide, 24
Wayibeka eluhlalwini lwemilanjana neyakwaOfire:

UYOBHI 22–24

25 USomandla woba lilitye legolide kuwe,
Nesilivere ebengezelayo kakhulu.
26 Ngokuba ùya kwandula ukuziyolisa ngoSomandla,
Ubuphakamisele kuThixo ubuso bakho.
27 Wòthandaza kuye, eve,
Uzizalise izibhambathiso zakho;
28 Usongele into, ifezeke kuwe;
Ezindleleni zakho kukhanye, kube mhlophe.
29 Xa zithe zehla, wòthi, Phezulu!
Amsindise omehlo aqondele phantsi.
30 Úya kusindisa nongemsulwa,
Asizwe bubunyulu bezandla zakho.

Intetho yesixhenxe kaYobhi

2 23 Waphendula uYobhi, wathi,
Nanamhlanje inkalazo yam ineenkani,
Isandla sam sinzima phezu kokugcuma kwam.
3 Yoo! Andaba bendisazi apho ndingamfumana khona,
Ndize esihlalweni sakhe!
4 Bendiya kulicacisa phambi kwakhe ityala lam,
Ndiwuzalise umlomo wam ngeziganeko.
5 Andaba bendikwazi ukuthetha abeya kundiphendula ngako,
Ndiyiqonde into abeya kuyithetha kum.
6 Wòbambana nam ngamandla amakhulu na?
Hayi! Kodwa ke wóndigqala.
7 Oko othe tye ubeya kubonisana naye,
Ndisinde kumgwebi wam, kuphele.

8 Yabona, ndisinga phambili, angabikho;
Nangasemva, ndingàmnakani;
9 Ngasekhohlo, ekusebenzeni kwakhe, ndingàmalami;
Xa atyekela ngasekunene, ndingàmboni.

10 Kuba úyayazi indlela enam;
Endicikidile, bendiya kuphuma njengegolide.
11 Unyawo lwam lubambé umkhondo wakhe,
Ndayigcina indlela yakhe, andathi gu bucala.

12 Emthethweni wemilebe yomlomo wakhe andisukanga;
Ndiwabekile amazwi omlomo wakhe kunowam ummiselo.
13 Ke yena umi ndaweninye, ngubani na ongambuyisayo?
Umphefumlo wakhe ukhanukile, úya kwenza oko.
14 Kuba uya kukufeza oko ndikumiselweyo;
Zininzi ke izinto ezinje kuye.
15 Ngenxa yoko ndikhwankqiswe ebusweni bakhe.
Ndakukugqala, ndisuka ndinkwantye nguye.
16 UThixo uyiqobisile intliziyo yam.
USomandla undikhwankqisile.
17 Kuba andibhangiswanga ngenxa yobumnyama,
Nangenxa yobuso bam obugutyungelwe sisithokothoko.

24 Yini na ukuba kungàbekwa maxesha nguSomandla?
Yini na ukuba abamaziyo bangaziboni iimini zakhe?

2 Kushenxiswa imilimandlela;
Kuphangwa imihlambi, yaluswe.
3 Kuqhutywa kumkiwe ne-esile lenkedama,
Kubanjiswe ngenkomo yomhlolokazi.
4 Kugilwa amahlwempu endleleni,
Bazímele ndawonye abaziintsizana belizwe.
5 Khangela, njengamaesile asendle entlango,
Baphuma ngomsebenzi wabo, befuna kwakusasa into yokudla;
Inkqantosi sisonka sabantwana kubo.
6 Esisimini bavuna ukutya kwabo,
Babhikice esidiliyeni songendawo.
7 Balala zé bengenangubo,
Àbananto yokuzigubungela engqeleni,
8 Bayanetha sisiphango seentaba;
Bancathama ngeliwa, bengenandawo yakuzímela.
9 Kuhluthwa ebeleni iinkedama,
Koniwe abaziintzisana.
10 Bahamba zé, bengenangubo;
Bathwala izithungu, belambile.

UYOBHI 24-26

11 Phakathi kweendonga zâbaya bakhama ioli,
Baxovula ezixovulelweni zewayini, benxaniwe noko.

12 Emizini kugula amadoda,
Nomphefumlo wabangxwelerhiweyo uyakhala;
Kanti uThixo akathi bubuhilihili.
13 Ngabo abo bagwilika ekukhanyeni;
Abanakwazana neendlela zako,
Abahlali ezingqushwini zako.
14 Kusathi qhiphu ukusa, kuvuka isihange,
Sibulale iintsizana namahlwempu;
Ebusuku sibe njengesela.
15 Iliso lomkrexezi ligciné ungcwalazi;
Ùthi, Akukho liso liya kundalama,
Anxibe isigqubuthelo ebusweni.
16 Bagqobhoza izindlu emnyameni;
Emini bayazivalela,
Abazani nokukhanya.
17 Ngokuba ubumnyama obuthe shinyi bukukuza kokusa kubo bonke;
Ngokuba bazana nokhwankqiso lobumnyama obuthe shinyi.

18 Bayakhawuleza phezu kwamanzi;
Sitshabhisiwe isabelo sabo ehlabathini;
Abasasingi endleleni yesidiliya.
19 Amanzi ekhephu ahluthwa ngumqwebedu nakukubalela;
Aboni *bahluthwa* lelabafileyo.
20 Síbalibele isizalo; iimpethu ziyabamunya,
Ababi sakhunjulwa;
Baphulwe ke njengomthi ubugqwetha.
21 Bamphanga kakubi oludlolo, ongazalanga;
Abangamenzelanga okulungileyo umhlolokazi.

22 Wolula imihla yeembalasane ngamandla akhe,
Ziphakame bezise zibuncamile ubomi.
23 Uzinika inkoloseko, zayame,
Amehlo akhe abe phezu kweendlela zazo,
24 Ziphakame: kube mzuzwana zingabikho.
Zithe ngqu, zibuthiwe njengabanye bonke,
Zinqanyulwe njengesikhwebu sengqolowa.

Ukuba kanti akunjalo, ngubani na 25 owondenza othetha amanga,
Akwenze into engento ukuthetha kwam?

Intetho yokugqibela kaBhiledadi

25 Wasusela uBhiledadi wakwaShuwa, wathi,
Ulawulo nonkwantyiso lunaye; 2
Wenza uxolo ezindaweni zakhe eziphezulu.
Inokubalwa na imikhosi yakhe? 3
Ngubani na ongáphunyelwayo kukukhanya kwakhe?
Angáthini na umntu ukuba lilungisa 4 kuThixo?
Angáthini na ukuba ngoqaqambileyo ozelwe ngumfazi?
Yabona, nenyanga ayimhlophe, 5
Neenkwenkwezi aziqaqambile, emehlweni akhe.
Ubeké phi na ke umntu, impethu le, 6
Nonyana ka-Adam, umbungu lo?

Intetho yesibhozo kaYobhi

26 Waphendula uYobhi, wathi,
Útheni na wena ukumnceda 2 ongenamandla,
Nokuyisindisa ingalo engenamandla?
Utheni na ukumcebisa ongenabulumko, 3
Ukumazisa kunene into eyiyo?
Uxelele bani na ukuthetha? 4
Kukuphefumla kukabani na okuphume kuwe?

Abangasekhoyo bayazibhijabhija 5
Ngaphantsi kwamanzi, nabemi bawo.
Lizé elabafileyo phambi kwakhe,
Ayinasigubungelo inzonzobila.
Úlaneka izulu langasentla enyanyeni, 7
Axhome ihlabathi phezu kokungeni.
Ubopha amanzi emafini akhe, 8
Lingagqabhuki ilifu ngaphantsi kwawo.
Uvingca umphambili wetrone, 9
Aneke ilifu lakhe phezu kwayo.
Uzunguleza ubuso bamanzi ngomda, 10
Kuse ekupheleni kokukhanya nobumnyama.
Iintsika zamazulu ziyanyenganyenga, 11
Zingakhulumi kukukhalima kwakhe.

UYOBHI 26–28

12 Ngamandla akhe ugxobhagxobha ulwandle,
Ngengqondo yakhe uqoba uRahabhi.
13 Ngomoya wakhe wenza ukuba lise izulu;
Isandla sakhe sayihlaba inyoka enyebelezayo.
14 Yabona, ngamancam eendlela zakhe lawo;
Iyini na ke intsebezo yelizwi esiyivayo ngaye?
Ke yona indudumo yemisebenzi yobugorha bakhe ingáqondwa ngubani na?

27 Wahambisa uYobhi, waphakamisa umzekeliso wakhe, wathi,
2 Ehleli nje uThixo, olisusileyo ibango lam,
USomandla, owenzé krakra umphefumlo wam
3 (Kuba kusekum ukuphefumla kwam konke,
Nomoya kaThixo usemathatheni am),
4 Umlomo wam awuthethi bugqwetha,
Nolwimi lwam aluxeli nkohliso.
5 Makube lee kum ukuthi, niyalungisa;
Ndoda ndiphume umphefumlo, ndingayisusi kum ingqibelelo yam.
6 Ndobambelela ebulungiseni bam, andiyi kubuyeka;
Intliziyo yam ayiyi kungcikiva mini eziminini zam.

7 Malube njengongendawo utshaba lwam,
Nósukela phezulu kum abe njengogqwethayo.
8 Kuba liyintoni na ithemba lentshembenxa, xa athe wawunqumla,
Xa athe wawurhola uThixo umphefumlo wayo?
9 Wókuva na uThixo ukuhlahlamba kwayo,
Xa ifikelwe yimbandezelo?
10 Khona inokuziyolisa na ngoSomandla?
Ingamnqula na uThixo ngamaxesha onke?
11 Ndiya kuniyala ngokusingisele esandleni sikaThixo;
OkunoSomandla andiyi kukukhanyela.

Yabonani, nonke niphela ngokwenu 12 nikubonile;
Yini na ke ukuba nithethe into engento yakonto?

Siso esi isabelo somntu ongendawo ku- 13 Thixo,
Nelifa labaziingqwangangqwili, abalamkelàyo kuSomandla.
Ukuba bathe banda oonyana bakhe, 14 bandiselwa ikrele;
Nabaphume embilinini wakhe àbahluthi kukutya.
Amaqongqolo akhe aya kungcwatywa 15 kukufa,
Abahlolokazi bakhe bangalili.
Ukuba úthe wafumba isilivere njengo- 16 thuli,
Wazilungisela izambatho njengodaka:
Angázilungisa, koko ziya kwambathwa 17 lilungisa,
Nesilivere leyo babelane ngayo abamsulwa.
Uyakha indlu yakhe njengenundu, 18
Njengephempe elenziwe yimboniseli.
Ulala phantsi esisityebi, akaphindi; 19
Uvula amehlo akhe, angabikho.
Kumthabatha njengamanzi ukukhwa- 20 nkqa,
Simbé ebusuku isaqhwithi.
Luyamfukula ulophu lwasempumala- 21 nga, emke,
Lumqweqwedise endaweni yakhe.
UThixo umgibisela angamcongi; 22
Usibaleka asibaleke isandla sakhe.
Bamtyhwakrazela izandla, 23
Bamenzele umsondlo, emke endaweni yakhe.

*UYobhi ukhankanya imfihlakalo
yobulumko bukaThixo*

28 Kuba kukhó apho iphuma khona isilivere,
Nendawo yegolide abayihluzayo.
Isinyithi sithatyathwa eluthulini, 2
Banyibilikisa amatye abe lubhedu.
Baphelisa ubumnyama, 3
Bebhekisa eziphelweni zonke,
Begocagocela amatye asesithokothokweni nawasebumnyameni obuthe shinyi.

546

4 Bemba umngxuma kude kwabemiyo,
Belityelwe lunyawo l*wabahambi*;
Baxhomekile bekude nabantu, bayajinga.

5 Umhlaba—kuphuma ukutya kuwo;
Umzantsi wawo ubhukuqwa ngathi ngumlilo.

6 Indawo yesafire* ngamatye awo,
Amagada egolide akuyo;

7 Yingqushu engaziwa xhalanga,
Engathiwanga nzo liso lantloyiya,

8 Enganyathelwanga thole lanyamakazi inyalasayo,
Enganjwanga nayingonyama.

9 Usa isandla sakhe nakwiqhwitha,
Uzibhukuqa ezingcanjini iintaba.

10 Ugqobhoza imijelo emaweni;
Libona zonke izinto ezinqabileyo iliso lakhe.

11 Uvingca imilambo ingavuzi,
Okufihlakeleyo akukhuphele emhlotsheni.

12 Ke bona ubulumko bufunyanwa phi na?
Iphi na indawo yengqondo?

13 Akalazi umntu ixabiso labo;
Abufunyanwa ezweni labahleliyo.

14 Amanzi enzonzobila athi, Àbukum;
Ulwandle luthi, Àbunam.

15 Àkurholwa golide ithe shinyi esikhundleni sabo;
Àkulinganiswa silivere ibe yintengo yabo.

16 Abumelwa yigolide ecikizekileyo yakwa-Ofire,
Nesardonisi* enqabileyo, nesafire.*

17 Azinakulingana nabo igolide negilas;
Abunakwananana neempahla zegolide engcwengiweyo.

18 Zingasakhunjulwa iikorale* neekristale,*
Ukuzuzwa kobulumko kuphezu kweeperile.*

19 Ayinakulingana nabo itopazi* yakwa-Kushi;
Abumelwa yigolide ecikizekileyo, ecocekileyo.

20 Ubulumko buvela phi na ke,
Yiyiphi na indawo yengqondo?

21 Bufihlakele emehlweni eento zonke eziphilileyo;
Busithakele nasezintakeni zasezulwini.

22 Inzonzobila nokufa kuthi,
Sibuvile ukubuva ngendlebe.

23 NguThixo oyiqondayo indlela yabo,
Nguye oyaziyo indawo yabo.

24 Kuba yena ubheka eziphelweni zehlabathi,
Ubona phantsi kwamazulu onke;

25 Ngokuwenzela umoya ubunzima bawo,
Namanzi awalinganise ngomlinganiso;

26 Ekuyenzeleni kwakhe imvula ummiselo,
Nombane wendudumo indlela:

27 Waza wabubona, wabubala;
Wabumisa, wabugocagoca nokubugocagoca;

28 Wathi emntwini: Yabona, ukoyika iNkosi, bubulumko obo,
Nokutyeka ebubini kuyingqondo.

U Yobhi ukrwaqula ebomini bakhe obudluleyo

29 Wahambisa uYobhi ukuphakamisa umzekeliso wakhe, wathi,

2 Yoo! Andaba bendineenyanga ezinjengezaphambili,
Njengemihla abendigcinile uThixo;

3 Xa ukukhanya kwesibane sakhe bekuphezu kwentloko yam,
Xa ngokukhanya kwakhe bendibuhamba ubumnyama;

4 Njengoko bendinjalo ngemihla yam yokwindla,
Oko ukucweya kukaThixo bekuphezu kwentente yam;

5 Oko uSomandla ebesenam,
Bengeenxa zonke kum abantwana bam;

6 Oko ebehlanjwa amabanga am ngamasi,
Iliwa lindithululela imijelo yeoli.

7 Xa ekuphumeni ngesango bendinyuka ukuya kuwo umzi,
Ndimise isihlalo sam endaweni yembutho,

8 Àndibona amadodana, azímela,
Asuka amaxhego, ema.

9 Abathetheli bakuyeka ukukhuluma,
Babeka isandla emlonyeni.

UYOBHI 29–30

10 Ilizwi leenganga lazímela,
Nolwimi lwazo lwanamathela ekhuhlangubeni lazo,
11 Kuba indlebe yeva, yathi ndinoyolo;
Iliso labona, landingqinela.

12 Kuba bendisiza iintsizana ezizibikayo,
Neenkedama, noswele umncedi.
13 Intsikelelo yabadakayo ibindizela,
Nentliziyo yomhlolokazi bendiyimemelelisa.
14 Ubulungisa bendibambatha bundambathe;
Lwaba njengengubo yokwaleka nonkontsho ugwebo lwam.
15 Bendingamehlo kwimfama,
Bendiziinyawo kwisiqhwala;
16 Bendinguyise kumahlwempu,
Netyala lendingabaziyo bendiligocagoca.
17 Bendiwaphula amabamba ogqwethayo,
Bendilikhupha emazinyweni akhe ixhoba.

18 Ndathi ke, Ndiya kuphuma umphefumlo kunye nendlu yam,
Ndiyandise imihla yam njengentaka engafiyo.*
19 Ingcambu yam iya kuvulelwa amanzi,
Ulale umbethe emasebeni am.
20 Uzuko lwam luya kuhlala lulutsha kum,
Sihlaziyeke isaphetha sam esandleni sam.
21 Babendiphulaphula, balindele,
Bathi tu ecebeni lam.
22 Emva kwelizwi lam babengaphindi *bathethe,*
Kubachaphazele ukukhuluma kwam.
23 Babendilinda njengemvula,
Imilomo yabo bayakhamisele eyasekwindla.
24 Bendibancumela, bencamile;
Ukukhanya kobuso bam bangakusanganisi.
25 Bendibanyulela indlela, ndihlale ndiyintloko;
Bendihlala njengokumkani phakathi komkhosi,
Njengothuthuzela abenza isijwili.

Ubudwayi banamhla bukaYobhi

30 Kungoku bayandihleka abancinane kunam ngemihla,

Abayise babo ndibe ndicekisa nokubabeka nezinja zomhlambi wam.
2 Khona abengába ngawantoni na kum amandla ezandla zabo,
Abaphelelwe ngamandla?
3 Bathe ngokuswela nokulamba banqina,
Abo banqabi bomqwebedu,
Bobumnyama bentshabalala yakwantshabalala;
4 Abo baqhawula imbuwa ematyholweni,
Abasonka siyingcambu yonwele.
5 Bayagxothwa phakathi kwabantu;
Bahlatyelwa umkhosi ngathi ngamasela;
6 Bahlale ezihlanjeni ezingcangcazelisayo,
Emingxunyeni yomhlaba nasemaweni.
7 Babhomboloza phakathi kwamatyholo,
Bafumbalala phantsi kwamarhawu,
8 Bengoonyana bezidenge kwanoonyana babangenagama,
Ababethwa bemke ezweni.

9 Kungoku ndiyingoma yabo.
Ndaba kukukhuluma kwabo.
10 Ndilisikizi kubo, bakude nam;
Abawanqandi amathe ebusweni bam.
11 Kuba úlucombulule uthàmbo lwam, wandicinezela,
Bawuyeka umkhala phambi kwam.
12 Ngasekunene kuphakama ubuvuvana;
Batyhala iinyawo zam,
Bandifumbele umendo wabo wokusindeka.
13 Bayenza amagqagala indlela yam,
Bancedisa ukweyela kwam,
Abangenamncedi.
14 Ukuza kwabo ngathi bagqobhoza ithuba elibanzi *eludongeni,*
Bagaleleka kum nokuthi golokongqo kwalo.

15 Kuguqukéle kum ukukhwankqisa,
Kubusukela ubunene bam njengomoya;
Kudlulé njengelifu ukusindiswa kwam.
16 Kungoku uziphalazela phakathi kwam umphefumlo wam;
Indibambile imihla yeentsizi.
17 Ubusuku buphehla amathambo am, aqhiwuke kum;
Iintlungu ezindidlayo azipheli.
18 Ngobukhulu bamandla sizenzé sasisimbi isambatho sam,

UYOBHI 30–31

Sithe nca kum njengomqala wengubo yam yangaphantsi.
19 Úndijulele eludakeni,
Ndafana nothuli nothuthu.

20 Ndiyazibika kuwe, ungasabeli;
Ndisuka ndime, undijonge.
21 Uzenza isijorha kum;
Unditshutshisa ngamandla esandla sakho.
22 Undifukulela emoyeni, undikhwelisa kuwo,
Undibhangise nokuzongoma kwawo.
23 Kuba ndiyazi ukuba uya kundibuyisela ekufeni,
Endlwini yokuhlangana kwabaphilileyo bonke.
24 Kodwa ekuthini bhuma, umntu akoluli sandla na,
Azibike ngenxa yoko elishweni lakhe?
25 Khona andimlilelanga yini na omini zinobubi?
Úbungenalusizi na umphefumlo wam ngenxa yehlwempu?

26 Kuba ndathemba okulungileyo, kweza okubi;
Ndalinda ukukhanya, kweza isithokothoko.
27 Amathumbu am abila, akayeka;
Yandihlangabeza imihla yeentsizi.
28 Ndahamba ndinezimnyama zokuzila, akwabakho langa;
Ndaphakama ebandleni, ndazibika.
29 Ndingumzalwana weempungutye,
Nomlingane weenciniba.
30 Ulùsu lwam luyadlubhuka kum, lumnyama.
Namathambo am atshile kukoma.
31 Uhadi lwam lwaba sisijwili,
Ugwali lwam lwaba lilizwi labalilayo.

UYobhi uxela ubumsulwa bakhe

31 Ndiwamisele amehlo am umnqophiso;
Ndingáthini na ukuqwalasela entombini?
2 Besiya kuba yini na isahlulelo sikaThixo esivela phezulu,
Nelifa loSomandla elivela ezindaweni eziphakamileyo?

Ukusindeka asikokogqwethayo yini na, 3
Neshwangusha asilelabenzi bobutshinga yini na?
Akaziboni na yena iindlela zam, 4
Awabale onke amabanga am?
Ukuba ndibe ndihamba nokhohlakeleyo, 5
Lwangxamela inkohliso unyawo lwam,
Makandilinganise esikalini* sobulungisa, 6
Ákwazi uThixo ukugqibelela kwam.
Ukuba ebethe gu bucala amabanga am 7 endleleni,
Yalandela amehlo am intliziyo yam,
Sanamathela isisihla ezandleni zam:
Mandihlwayele, kudle omnye, 8
Iingcambu zabaphume kum zincothulwe.

Ukuba ibihendekile intliziyo yam nge- 9 nxa yomkamntu,
Ndalalela esangweni lommelwane wam,
Umkam makasilele omnye umntu, 10
Kuguqe abanye phezu kwakhe.
Kuba loo nto bubugqwirha, 11
Loo nto bubugwenxa phambi kwabagwebi.
Inene, loo nto ngumlilo odla use enzo- 12 nzobileni;
Ibiya kuncothula iingcambu zongeniselo lwam lonke.

Ukuba ndibe ndilahle ilungelo lomkho- 13 nzi wam nelomkhonzazana wam,
Bakubambana nam,
Bendingáthini na ukwenza, xa athe 14 uThixo wesuka waphakama?
Xa athe wavela, bendingáthini na ukuphendula?
Owandenzayo ezibilinini akamenzanga 15 na naye?
Owasimilisa esizalweni sakamnye na?

Ukuba ndibe ndisala nabakungxamele- 16 yo abasweleyo,
Ndawaphelisa amehlo omhlolokazi,
Ndawudla ndedwa umthamo wam, 17
Ayadla inkedama kuwo:
Hayi bo! Kwasebuncinaneni bam *i*- 18
nkedama yakhulela kum, ngathi ikuyise,
Ndamalathisa *umhlolokazi* nasesizalweni sikama.

549

19 Ukuba ndibe ndimbona otshabalalayo engenanto yokwambatha,
Ihlwempu lingenanto yokuzigubungela;
20 Ukuba abengàndisikeleli amanqe akhe,
Àkazifudumeza ngoboya beemvana zam;
21 Ukuba bendilingisile ngesandla sam kwinkedama,
Ngokuba bendiboné uncedo lwam esangweni:
22 Igxalaba lam maliwe esixhantini salo,
Nomkhono wam waphuke ethanjeni lawo.
23 Bekuya kuba kum ukunkwantya, ukusindeka nguThixo,
Ndikhohlwe phambi kokuphakama kwakhe.

24 Ukuba bendenze igolide inqolonci yam,
Ndathi kwecikizekileyo, Nkoloseko yam;
25 Ukuba bendikuvuyela ukuba buninzi kobutyebi bam,
Nokufumana kakhulu kwesandla sam;
26 Ukuba bendilibona ilanga likhupha imitha,
Nenyanga ihamba indilekile,
27 Yahendeka ngasese intliziyo yam,
Ndasangela ngomlomo wam isandla sam;
28 Nako oko ngekuba bubugwenxa phambi kwabagwebi;
Kuba ngendiba ndimkhanyele uThixo waphezulu.

29 Ukuba ndibe ndivuyela ilishwa londithiyayo,
Ndaxhumela ukuba efunyenwe bububi
30 (Ke andilivumelanga ikhuhlangubo lam, ukuba lone,
Ndiwùcele ngentshwabulo umphefumlo wakhe);
31 Ukuba babengàtsho abantu bentente yam, ukuthi,
Angaba ngubani na ongahluthanga yinyama yakhe?
32 Ubengalali phandle umphambukeli,
Iingcango zam bendizivulela endleleni;
33 Ukuba bendilugubungela ukreqo lwam, njengoAdam,
Ngokuqhusheka ubugwenxa bam esifubeni sam,

Ngakuba bendingcangcazela phambi 34 kwengxokolo eninzi,
Ndaqhiphuka umbilini kukudelwa yimizalwane,
Ndathi cwaka, andaphuma emnyango—
Andaba bendinondiphulaphulayo! 35
Nangu umqondiso wam, uSomandla makandiphendule;
Nantsi incwadi ayibhalileyo obambene nam.
Inene, ndoyithwala ngesixhanti nam, 36
Ndoyithi jize kum njengesithsaba.
Inani lamabanga am ndomxelela, 37
Ndimsondele njengengànga.

Ukuba umhlaba wam ubukhala ndim, 38
Nemiqela yawo yalila kunye nawo;
Ukuba bendiwadla amandla awo kunge- 39 kho mali,
Ndabanga ukuba uphume umphefumlo womniniwo:
Makuphume amakhakakhaka esikhu- 40 ndleni sengqolowa,
Nokhula esikhundleni serhasi.

Agqityiwe amazwi kaYobhi.

Iintetho zikaElihu

32 Ayeka loo madoda omathathu ukumphendula uYobhi; kuba ubelilungisa emehlweni akhe. Wavutha 2 umsindo kaElihu unyana kaBharakeli, wakwaBhuzi, owemizalwane yakwaRam; wavutha kuYobhi umsindo wakhe, ngenxa yokuzigwebela ngokwakhe kunoThixo. Wavutha kubahlobo bakhe a- 3 bathathu umsindo wakhe, ngenxa enokuba bengafumananga kumphendula, phofu bémgwebile uYobhi. Ke kaloku 4 uElihu ubesalindisile kuYobhi ngamazwi, ngokuba babebadala kunaye ngemihla.

Wabona uElihu, ukuba akukho mpe- 5 ndulo emlonyeni waloo madoda mathathu, wavutha ke umsindo wakhe. Wa- 6 susela uElihu unyana kaBharakeli, wakwaBhuzi, wathi,
Ndimncinane mna ngemihla,
Ke nina niziingwevu;
Ngenxa yoko ndakhwelela phaya, ndoyika ukunityela ukwazi kwam.

7 Ndathi, Imihla mayithethe,
Iminyaka emininzi yazise ubulumko.
8 Noko ngumoya osemntwini,
Nokuphefumla kukaSomandla okuba-qondisayo.
9 Ukulumka àkunábakhulu,
Ukuqonda okufaneleyo àkunámadoda makhulu odwa.
10 Ngako oko ndithi, Phulaphula kum,
Ndokutyela ukwazi kwam nam.

11 Yabonani, bendiwalindile amazwi enu,
Ndakubekela indlebe ukuqonda kwenu,
Nada nagocagoca ukuthetha.
12 Ndanigqala kakuhle;
Yabonani, akukho namnye kuni umohlwayileyo uYobhi,
Wawaphendula amazwi akhe.
13 Hleze nibe nithi, Sibufumene ubulumko;
UThixo uyamphephetha, asingumntu.
14 Ke akakubhekisanga kum ukuthetha;
Andiyi kumphendula ngamazwi enu.
15 Baqhiphuke umbilini, abasaphenduli;
Baphelelwe kukuthetha.

16 Khe ndenze kùhle na, ngokuba bengathethi,
Ngokuba bemi bengasaphenduli?
17 Ndiya kuphendula nam okwam,
Ndixele ukwazi kwam nam.
18 Kuba ndizele kukuthetha;
Úndicuthile umoya wembilini yam.
19 Niyabona, imbilini yam injengewayini engavulelwanga;
Njengeentsuba ezintsha, iza kugqabhuka.
20 Ndiya kuthetha, ukuze ndiphefumle;
Ndiya kuwuvula umlomo wam, ndiphendule.
21 Mandingàkhe ndinonelele mntu;
Ndingàkhe nditeketise mntu.
22 Kuba andikwazi ukuteketisa;
Ubeya kundisusa kalula uMenzi wam.

33 Kodwa khawukuve, Yobhi, ukuthetha kwam;
Uwabekele indlebe amazwi am onke.
2 Khawubone, ndiwuvulile umlomo wam,
Luyathetha ulwimi lwam ekhuhlangubeni lam.

3 Akukuthi tye kwentliziyo yam amazwi am;
Ukwazi komlomo wam ákuthetha kanyulu.
4 UMoya kaThixo wandenza, o
Nokuphefumla kukaSomandla kundidlise ubomi.
5 Ukuba ùnako, ndíphendule;
Yakha uluhlu amazwi phambi kwam; misa.
6 Ùyabona, njengawe ndingokaThixo;
Ndacatshulwa eludongweni nam.
7 Yabona, ukothusa kwam akuyi kukudandathekisa;
Nokushicilela kwam akuyi kuba nzima phezu kwakho.

8 Okunene, ùthethe ezindlebeni zam,
Ndaliva ilizwi lokukhuluma, lisithi,
9 Ndiqaqambile, andinalukreqo;
Ndiguxiwe, andinabugwenxa.
10 Yabona, ufuna izizekabani zokuthibana nam,
Úthi ndilutshaba lwakhe.
11 Úzifaka iinyawo zam esitokisini,*
Úwulinga wonke umendo wam.

12 Yabona akulungisi ngaloo nto; ndokuphendula;
Kuba uThixo yena mkhulu kunomntu.
13 Yini na ukuba ubambane naye,
Kuba engaphenduli ngeendawo zakhe zonke?
14 Kanti, hayi, ngendlela enye uThixo uyathetha,
Nangezimbini, ke akukhathalwa.
15 Ephupheni, embonweni wasebusuku,
Bakuwelwa bubuthongo obukhulu abantu,
Ekozeleni elukhukhweni;
16 Uzithyila oko iindlebe zabantu,
Akutywine akuvingce ukuthethiswa kwabo,
17 Ukuze amthinte umntu ekwenzeni into,
Agubungele uqhankqalazo lomfo;
18 Awunqande umphefumlo wakhe esihogweni,
Nobomi bakhe bungagqitheli emkhontweni.

19 Wohlwaywa *umntu* ngumvandedwa esililini sakhe,

UYOBHI 33-34

Nayimfazwe esimakade emathanjeni akhe;
20 Ubomi bakhe bukwale ukudla,
Nomphefumlo wakhe wale ukudla okunqwenelekayo.
21 Iyadleka inyama yakhe, ingabonakali,
Avele amathambo akhe abengabonakali.
22 Úyasondela ke esihogweni umphefumlo wakhe,
Nobomi bakhe kubabulali.

23 Ukuba ke kuthe kwakho isithunywa sezulu
Esimlamlelayo, noko sisinye ewakeni,
Sokùmxelela umntu okumfaneleyo:
24 Wómbabala, athi,
Mkhulule, angehli aye esihogweni,
Kuba ndilufumene ucamagusho.
25 Isuka ibe nentlahla inyama yakhe;
Ubuyela emihleni yobudodana bakhe;
26 Uthandaza kuThixo, akholiswe yena nguye;
Abubone ubuso bakhe eduma;
Yena ambuyekeze ke umntu ubulungisa bakhe.
27 Lo úvuma ebantwini, athi,
Bendonile, ndakúgwenxa okuthe tye,
Akwalinganiselwa kum njengoko noko.
28 Úwukhulúle umphefumlo wam, ukuba ungagqitheli esihogweni,
Nobomi bam bókubona ukukhanya.

29 Yabona, oko konke uyakwenza uThixo
Izihlando ezibini nezithathu kumfo,
30 Ukuba abuyise umphefumlo wakhe esihogweni,
Ukhanye ngokukhanya kobomi.

31 Baza indlebe, Yobhi, phulaphula kum;
Yithi tu, ndithethe mna.
32 Ke ukuba ùnokuthetha, ndíphendule;
Thetha, kuba ndifuna ukukugwebela.
33 Ukuba akukho, phulaphula kum wena;
Yithi tu, ndikufundise ubulumko.

34 Wasusela uElihu, wathi,
2 Yivani, nina zilumko, ukuthetha kwam;
Nina zâzi, ndibekeleni indlebe.
3 Ngokuba indlebe iyakucikida ukuthetha,

Ikhuhlangubo liyakuva ukudla.
Masizinyulele okusesikweni, 4
Sikwazi phakathi kwethu okulungileyo.

Ngokuba úthe uYobhi, Ndililungisa, 5
UThixo ulisusile ibango lam.
Kuthiwa ndiyaxoka, noko likhoyo ibango lam; 6
Liyabulala inxeba lam lotolo, noko ndingenalukreqo.

Úphi na umfo onjengoYobhi, 7
Yena ukuselayo ukugcula njengamanzi?
Athelele kubenzi bobutshinga, 8
Ahambe namadoda angendawo?
Kuba esithi, Akancedeki umfo 9
Ngokukholana noThixo.

Ngako oko, nina madoda okuqonda, 10
phulaphulani kum;
Makube lee kuThixo ukuba ngongendawo;
KuSomandla, ukuba abe nobugqwetha,
Ke ukwenza komntu ukúbuyekeza 11
kuye,
Amfumanise umfo ngokwehambo yakhe.
Hayi bo! UThixo akenzi ngokungendawo, 12
USomandla akakugwenxi okusesikweni.
Ngubani na omphathise ihlabathi? 13
Ngubani na omise elimiweyo lonke?
Ukuba ubebhekise kuye ngokwakhe 14
yedwa,
Wawuhlanganisela kuye umoya wakhe, nokuphefumla kwakhe,
Ibiya kuphuma umphefumlo inyama 15
yonke kunye,
Umntu abuyele eluthulini.

Wanga ungákuqonda, ungákuva oku, 16
Ulibekele indlebe ízwi lokuthetha kwam!
Kanene, othiye okusesikweni ubenga- 17
phatha ngobukhosi, yini na?
Khona uSobulungisa wòmgweba na?
Kungáthiwa na kukumkani, Tshijolo- 18
ndini?
Nakumanene, Zintondini zingendawo?
Kangakanani na ke kongabanoneleliyo 19
abathetheli,

UYOBHI 34-35

Onganoneleli zinongonongo ngaphezu kwabasweleyo?
Kuba bangumsebenzi wezandla zakhe bona bonke.

20 Bafa ngephanyazo, phakathi kobusuku;
Bayahexiswa abantu, badlule,
Zisuswe iimbalasane kungengasandla.

21 Kuba amehlo akhe aphezu kweendlela zomntu,
Úyawabona onke amabanga akhe.

22 Akukho bumnyama, akukho thunzi lakufa,
Ukuba basithele kulo abenzi bobutshinga.

23 Ngokuba akazekeleli ukumngqinga umntu,
Ukuze eze ematyaleni noThixo.

24 Úyabashwaqa abaziinyathi engagocagocanga,
Amise ke abanye esikhundleni sabo.

25 Ngako oko úyazazi izenzo zabo,
Ababhukuqe ebusuku, batyumke.

26 Úyabamonxoza ngokwabangendawo
Endaweni yababoneli.

27 Ekungenxa yokuze kubekho oko, le nto batyekáyo ekumlandeleni,
Àbaziqiqa zonke iindlela zakhe;

28 Ukuze bakufikise kuye ukukhala kosweleyo,
Akuve ukukhala kweentsizana.

29 Akùzolisa, ngubani na oya kuxhalisa?
Akùsithelisa ubuso, ngubani na ongámbonayo?
Esenjenjalo, nokuba kungenxa yohlanga, nokuba kungenxa yomntu emnye,

30 Ukuze angabi ngukumkani umntu oyintshembenxa,
Angabi zizirhintyelo zabantu.

31 Ngokuba ubani angátsho na kuThixo ukuthi,
Ndiziphakamisile, andisayi kuba sona;

32 Endingakuboniyo, ndíyale ngako;
Ukuba ndithe ndenza ngobugqwetha, andiyi kuphinda?

33 Úya kuphindezela ngokwakho na yena, ngokuba usolile wena?
Ukuba unyule wena, kunganyuli mna.
Into oyaziyo yithethe.

Aya kuthi kum amadoda aziingqondi, 34
Nomfo osisilumko ondiphulaphulayo,
UYobhi uthetha engenakwazi, 35
Namazwi akhe akanangqiqo.
Tarhuni, makacikidwe uTobhi kuse 36 ekupheleni,
Ngenxa yokuphendula kwakhe ngokwamadoda anobutshinga.
Kuba elongeza ukreqo kwisono sakhe; 37
Útyhwakraza izandla phakathi kwethu,
Awenze maninzi amazwi akhe ngoThixo.

35

Wasusela uElihu, wathi,
Úba oku kusesikweni na, 2
Ukuthi, ubulungisa bakho bungaphezu kobukaThixo;
Ukuba uthi nje, Bundinceda ntoni na, 3
Bundinyusa ngantoni na phezu kokundinyusa kwesono sam?
Ndiya kukuphendula mna ngokuthetha, 4
Nabahlobo bakho abanawe.

Bheka ezulwini ubone; 5
Ukhangele isibhakabhaka, siphezulu kuwe.
Ukuba ùthi wone, usebenza ntoni na 6 ngakuye?
Khona zakuba zininzi izikreqo zakho, umenzé ntoni na?
Ukuba ùthe walungisa wena, umpha 7 ntoni na ngaloo nto?
Wámkela ntoni na yena esandleni sakho?
Kuyinto kwindoda enjengawe ukungabi 8 ndawo kwakho;
Buyinto kuwe, nyana womntu, ubulungisa bakho.

Ngenxa yobuninzi bokucudisa, baya- 9 khala *abantu*;
Bayazibika ngenxa yengalo yabakhulu.
Ke àbatsho ukuthi, Uphi na uThixo 10 uMenzi wam,
Osinika ingoma ebusuku,
Osifundisa ngaphezu kweenkomo zehla- 11 bathi,
Asiphe ubulumko ngaphezu kweentaka zezulu?
Bandula bakhale, angaphenduli, 12
Ngenxa yekratshi labanobubi.

553

13 Hayi, yona into ekhohlakeleyo akayiva uThixo,
USomandla akayikhathalele.
14 Noko ùtshoyo ukuthi akumkhathalele,
Ityala liphambi kwakhe, lindela kuye ke!
15 Ke ngoko xa ungekaveleli umsindo wakhe,
Akazani na kunene nesikhukhumali?
16 Ke uYobhi ufumana awuvule umlomo wakhe,
Akwandise ukuthetha engenakwazi.

2 **36** Waqokela uElihu, wathi,
Khawenze kuhle, ndikutyele;
Kuba kusekho ukuthetha okusingisele kuThixo.
3 Ndiya kukuphakamisela entweni ekude ukwazi kwam,
Ndimnike ubulungisa uMenzi wam.
4 Okwenene, àkubuxoki ukuthetha kwam;
Ogqibeleleyo ngokwazi uphambi kwakho.

5 Yabona, uThixo unamandla, akacekisi bani;
Unamandla ngokuqina kwengqondo.
6 Akamlondolozeli ebomini ongendawo;
Iintsizana uzinika ibango lazo.
7 Akawasusi amehlo akhe kwabangamalungisa;
Ùbahlalisa kunye nookumkani etroneni
Ngonaphakade, baphakame ke.
8 Ukuba bakhonkxiwe ngemixokelelwane,
Bebanjiwe ngezintya zeentsizi,
9 Úbaxelela izenzo zabo
Nezikreqo zabo; ngokuba bezenza amagorha.
10 Uzityhilela intethiso iindlebe zabo;
Uthi mababuye ebutshingeni.
11 Ukuba bathe beva, bamkhonza,
Boyigqiba imihla yabo ekulungeni,
Neminyaka yabo ebumnandini.
12 Ukuba bathe abeva, bogqithela emkhontweni,
Baphume umphefumlo bengenakwazi.
13 Ke abaziintshembenxa ngentliziyo babamba umsindo;
Abazibiki xa abakhonkxayo;
Úfe ke ebuncinaneni umphefumlo 14 wabo,
Nobomi babo bube bobeng'awu kwindawo engcwele.

Úyamhlangula olusizana ngeentsizi za- 15 khe,
Ayityhile indlebe yakhe ngokuxinwa kwabo.
Nawe úbengakukhululayo yena emlo- 16 nyeni wembandezelo,
Akuse endaweni ebanzi, emzantsi ungacuthekileyo;
Nókubekwa etafileni yakho kuzale kukutyeba.
Ke wena uzele kukugweba kwabange- 17 ndawo;
Ukugweba nokugwetywa kunako ukukubamba.
Kuba ubushushu mabungakuxhoko- 18 nxeli ekutyhwakrazeni izandla,
Nobukhulu bocamagusho mabungàthi gu bucala.
Ukuzibika kwakho kokubeka ngapha- 19 ndle kwembandezelo na,
Nemigushanxa yonke yamandla?
Musa ukuzonda ubusuku 20
Bokususa izizwe esikhundleni sazo.
Lumka, ungaguqukeli konobutshinga; 21
Kuba ùnyulé loo nto kuneentsizi.

Yabona, uThixo uphakamise ukwenza 22 ngamandla akhe;
Ngubani na umyali onjengaye?
Ngubani na omphathise indlela yakhe; 23
Ngubani na ongáthi, Wènzé ngobugqwetha?
Khumbula ukuba úwukhùlise ngendu- 24 miso umsebenzi wakhe,
Awuhlabele ingoma amadoda.
Bonke abantu bayawubona; 25
Umntu uwukhangela emgama.

Yabona, uThixo mkhulu, asimazi; 26
Inani leminyaka yakhe aligocagoceki.
Kuba utsalela phantsi amathontsi ama- 27 nzi,
Achaphaze eyimvula enkungwini yakhe,
Esiyinisayo isibhakabhaka, 28

Ivuze phezu kwabantu abaninzi.
29 Kanene baya kuqónda na ukwanekwa kwamafu,
Nokuzongoma komnquba wakhe?
30 Yabona, waneka phezu kwakhe ukukhanya kwakhe,
Azigubungele ngamazantsi olwandle.
31 Kuba ngezo nto ugqweba iziziwe,
Unika ukudla ngento eninzi.
32 Izandla zozibini uzigubungela ngombane,
Awuwisele umthetho ngokochanayo.
33 Ukugquma kwakhe kuyamxela,
Kwaneenkomo, ukuba úza kunyuka.

37 Inene, ngale nto iyagubha intliziyo yam,
Ixhume endaweni yayo.
2 Phulaphulani, phulaphulani ukuguguma kwelizwi lakhe,
Nokudumzela okuphumayo emlonyeni wakhe.
3 Úkusingisa ngaphantsi kwezulu lonke,
Nombane wakhe uye emasondweni ehlabathi.
4 Emva kwawo kubhonga ilizwi;
Ududuma ngezwi lobungangamsha bakhe;
Akawulibazisi, xa livakalayo izwi lakhe.

5 UThixo ududuma ngezwi lakhe ngokubalulekileyo,
Esenza izinto ezinkulu esingenakuzazi.
6 Kuba úthi kwikhephu, Yiwa uwele emhlabeni;
Nakwisiphango semvula,
Nakwisiphango seemvula ezinkulu zakhe.
7 Isandla soluntu lonke uyasitywina asivingcele,
Ukuba babe nokwazi bonke abantu abenzileyo.
8 Amarhamncwa angena emlaleleni,
Ahlale ezikhundleni zawo.
9 Engontsini yasentla kuvela isaqhwithi;
Kumphephethi wasentla kuvela ukubanda.
10 Ngokuphefumla kukaThixo kuza umkhenkce,
Ububanzi bamanzi bucutheke.

Kananjalo usindanisa ilifu ngamanzi 11 amaninzi;
Uphangalalisa amafu akhe abanekayo.
Wona ajikajika ngeenxa zonke ngokwa- 12 lathiswa nguye,
Ukuze enze konke awawamisela khona
Ebusweni behlabathi elimiweyo;
Nokuba kungenxa yokubetha, nokuba 13 kungenxa yehlabathi lakhe,
Nokuba kungenxa yenceba, uyawafikisa.

Oko kubekele indlebe, Yobhi; 14
Yima, uyigqale imisebenzi ebalulekileyo kaThixo.
Úyazi na ukuwathwesa kukaThixo 15 amafu akhe,
Nokubengezelisa kwakhe ukubaneka kwawo?
Úyazi na ukulinganiselwa kwamafu, 16
Imisebenzi ebalulekileyo yoSokwazi?
Wena ungubo zifudumeleyo, 17
Lakuzola ilizwe lulophu lwasezantsi;
Úsikhánda usolule naye na isibhaka- 18 bhaka,
Esiqinileyo njengesipili esityhidiweyo?

Sázise esingákuthethayo thina kuye; 19
Asinakucacisa nto ngenxa yobumnyama.
Wóbikelwa na ukuthi ndiyathetha? 20
Umntu uthi makaginywe na?
Ke ngoku àkubonwa kukhanya 21
Kukhazimlayo, kusesibhakabhakeni;
Kudlula umoya, lise.
Entla kuziwa negolide; 22
Phezu koThixo yindili eyoyikekayo.
USomandla asinakumfumana, mkhulu 23 ngamandla;
Akagwenxi siko nabuninzi bobulungisa.
Ngako oko bayamoyika abantu; 24
Akabakhathalele bonke abalumke ngokwabo.

Intetho yokuqala yoSomandla

38 Waza uYehova wamphendula uYobhi, esemoyeni ovuthuzayo, wathi,
Ngubani na lo usitha icebo 2
Ngokuthetha okungenakwazi?
Khawuwabhinqise njengomfomo amanqe 3 akho,
Ndikubuze, undazise.

UYOBHI 38

4 Ùbuphi na wena ukuseka kwam ihlabathi?
Xela, ukuba ùyazi, ùyaqonda.
5 Ngubani na omise imilinganiso yalo, ukuba uyazi?
Ngubani na ololulele ulutya lokulinganisa?
6 Zifakwe ntwenini na izikhondo zeentsika zalo?
Ngubani na owabeka ilitye lalo lembombo,
7 Ekumemeleleni kunye kwamakhwezi okusa,
Beduma bonke oonyana bakaThixo?

8 Ngubani na owaluvingceláyo ulwandle ngeengcango,
Ekutyhobozeni kwalo, luphuma esizalweni;
9 Ekulwambathiseni kwam ngamafu,
Ekulusongeleni ngesithokothoko;
10 Ndakùlusikelela umda wam,
Ndakùmisa imivalo neengcango;
11 Ndathi, Fika apha, ungegqithi;
Eme apha amaza akho akratshayo?

12 Ngemihla yakho wakha wayiwisela umthetho na intsasa,
Wasazisa isifingo indawo yaso;
13 Ukuba sibambe amasondo ehlabathi,
Bavuthulùlwe kulo abangendawo?
14 Liguquka njengodongwe lomsesane wokutywina,
Zizimise ngokwazo izinto njengasesambathweni;
15 Abangendawo bavínjwe ukukhanya kwabo,
Nengalo ephakamileyo yaphulwe.

16 Ùye wafika na emithonjeni yolwandle?
Wahambahamba ezingontsingontsini zenzonzobila?
17 Ùwatyhilelwe na amasango okufa?
Namasango ethunzi lokufa wawabona?
18 Ùbugqalile na ububanzi behlabathi?
Xela, ukuba ùyakuzi oko konke.

19 Iphi na indlela esa ekhayeni lokukhanya,
Nobumnyama iphi na indawo yabo,
20 Ukuba ubùse emdeni wabo,
Ukuba uqonde iindlela zendlu yabo?

Ùyazi kambe, ngokuba wawusewuzelwe 21 oko
Lilìkhulu nenani lemihla yakho!

Ùfikelele na ebuncwaneni bekhephu? 22
Ubuncwane besichotho wabubona,
Endabuqwebela ixesha lembandezelo, 23
Imini yokudibana nemfazwe?

Iphi na indlela yalapho kwabiwa khona 24 ukukhanya?
Yalapho luphangalaliswa khona ulophu lwasempumalanga ehlabathini?
Ngubani na ogqobhozela isiphango 25 umjelo,
Ogqobhozela umbane weendudumo indlela;
Ukuba ine ezweni elingenamntu, 26
Entlango, apho kungekho mntu;
Ihluthise intshabalala yakwantshabala-27 la,
Intshulise uhlaza oluphumayo?

Inoyìse na imvula? 28
Ngubani na ozala amathontsi ombethe?
Uphuma umkhenkce esizalweni sikaba-29 ni na?
Neqabaka yasezulwini izalwa ngubani na?
Amanzi ayaqina njengelitye, 30
Nobuso bamanzi anzongonzongo bubambene.

Ùnokuwabopha na amaqhina esiLimela, 31
Uzicombulule izintya zamaKroza?
Ùnokuyivelisa na imilindo yeenyanga 32 ngexesha layo,
Uzalathise iinkwenkwezi zeBhere* nabantwana bayo?
Ùyayazi na imimiselo yezulu? 33
Umìse ulawulo lwalo ehlabathini?

Ùnokuliphakamisela emafini na izwi 34 lakho,
Ukuze ubuninzi bamanzi bukugubungele?
Ùnokuyithuma na imibane, ihambe 35 ithi kuwe, Sìkho?
Ngubani na omise ubulumko ezintswe-36 ni?
Ngubani na onike imboniseli ingqondo?

556

UYOBHI 38-39

37 Ngubani na obala iingqimba zamafu ngobulumko?
Ngubani na othulula iintsuba zezulu.
38 Emelelweni wothuli, lube lutyhido,
Amagada anamathelane?

39 Ingonyamakazi ùnokuyizingelela inyamakazi na,
Uzalise iphango leengonyama ezintsha,
40 Xa zincathamayo ezikhundleni zazo,
Zihlale ezindadeni, zilalele?
41 Ngubani na olungisela ihlungulu umfunzelo walo,
Xa amathole alo azibika kuThixo,
Ebhadu-bhadula, engenakudla?

39

Ùyalazi na ixesha lokuzala kwamagogo asemaweni,
Ugqale ukuzùza kwamaxhamakazi?
2 Ùyazibala na iinyanga azizalisayo,
Ulazi na ixesha lokuzala kwawo?
3 Uyaguqa, azale,
Akhuphe inkonyana.
4 Ayomelela amankonyana awo, akhula emathafeni,
Aphuma, angabi sabuya.

5 Ngubani na olindululeyo iesile lasendle likhululekile?
Iimbophelelo ze-esile elindwebileyo, ngubani na ozithukululeyo,
6 Endilimisele inkqantosi ukuba ibe yindlu yalo,
Neendawo ezinetyuwa zibe likhaya lalo?
7 Liyayihleka ingxokolo yomzi,
Aliyiva ingxolo yomqhubi.
8 Umfuno weentaba bubutyani balo,
Lilanda lonke uhlaza.

9 Yovuma na inqu ukukukhonza,
Ilale esitalini sakho?
10 Unokuyibopha na inqu emqeleni ngomqokozo wayo,
Iqwakanise iintili, ikulandela?
11 Wòkholosa na ngayo, ngokuba emakhulu amandla ayo,
Ukushiye nayo ukuxelenga kwakho?
12 Ùnokukholwa na kuyo, ukuba yoyigodusa imbewu yakho,
Ibuthele esandéni sakho?

Iphiko lencinibakazi liyaphapha; 13
Lunenceba yengwamza na ke usiba lwayo, noboya bayo?
Hayi bo! Iwashiya emhlabeni amaqanda ayo, 14
Ifukamele eluthulini;
Ilibale ukuba unyawo lowatyumza, 15
Nerhamncwa lasendle lowanyathela.
Iyawabukula amathole ayo ngathi asingawayo, 16
Kuphalale ukuxelenga kwayo, ingaxhali.
Ngokuba uThixo wenzé yabulibala 17 ubulumko,
Akayabela ingqondo.
Xesha limbi izibetha iphakame, 18
Ilihleke ihashe nomkhweli walo.

Linikwa nguwe na ihashe ubukroti? 19
Ùyambathise intamo yalo ngobuyakayaka?
Nguwe na oliqakathisa njengenkumbi? 20
Isandi somfutho walo siyothusa.
Liyagquba entilini ngamanqina, lenze 21 amagqasi ngamandla;
Liphuma likhawulele umkhosi onesikrweqe.
Liyakuhleka ukunkwantya; aliqhiphuki mbilini; 22
Alijiki phambi kwekrele.
Urhashaza phezu kwalo umphongolo, 23
Nentshuntshe ebengezelayo, nenkcula.
Ngentshakavu nangengcwangu liginya 24 ilizwe;
Alimi kwakuvuthelwa isigodlo.
Okuvuthela sivuthelwayo isigodlo, lisuka ngathi lithi, Ngxatsho ke! 25
Lisezela imfazwe kwakude,
Nokududuma kwabathetheli, nokufunza.

Intambanane iphaphazela ngengqondo 26 yakho na,
Yolule amaphiko ayo, ibheke ezantsi?
Kungomthetho wakho na, ukuba ixhalanga linyuke, 27
Liyiphakamise indlu yalo,
Lihlale engxondorheni, lilale 28
Etsolweni lengxondorha, nasemboniselweni?
Lilapho lihlola ukudla; 29
Amehlo alo ondele kude.

30 Amathole alo afunxa igazi;
Nalapho bakhona abangxwelerhiweyo,
likhona nalo.

Ukuphendulana koSomandla noYobhi

40 UYehova wamphendula uYobhi, wathi,
2 Wóbambana noSomandla na ke umthethiswa?
Umohlwayi kaThixo makakuphendule oko.

3 UYobhi wamphendula uYehova, wathi,
4 Yabona, ndiphantsi. Ndothini na ukuphendula?
Ndibeka isandla sam emlonyeni wam.
5 Ndithethile kwakanye, andiyi kuphinda ndiphendule;
Ndithethile kwakabini, andiyi kuphinda ndibuye ndiqhube.

Intetho yesibini yoSomandla

6 UYehova wamphendula uYobhi, esemoyeni ovuthuzayo, wathi,
7 Khawuzibhinqise amanqe akho njengomfo;
Ndiya kukubuza, undazise.
8 Kanene ùya kwaphula nogwebo lwam na,
Undigwebe, ukuze ube lilungisa?
9 Ùnengalo enjengekaThixo na,
Ududume ngezwi njengaye?
10 Khawuzihombise ke ngobungangamshla nokuphakama kwakho,
Wambathe indili nobungangamela.
11 Makuphalale ukuphuphuma komsindo wakho,
Ulibone lonke ikratshi, uligungxule.
12 Líbone lonke ikratshi, ulithobe,
Ubangqule abangendawo ezindaweni zabo.
13 Báqhusheke eluthulini kunye,
Ububophe ubuso babo emfihlekweni.
14 Nam ndokudumisa,
Ukuba sikusindisile isandla sakho sokunene.

15 Khawuyibone imvubu endayenza yanawe:
Idla utyani njengenkomo.

Khawubone, amandla ayo asemanqeni 16 ayo,
Nokuqina kwayo kusezinyameni zesisu sayo.
Igoba umsila wayo njengomsedare,* 17
Imisipha yamathangá ayo ibhijelene.
Amathambo ayo anjengemibholompo 18 yobhedu,
Amathambo ayo anjengemivalo yesinyithi.
Iyintlahlela yeendlela zikaThixo; 19
UMenzi wayo wayinika ikrele layo.
Ngokuba iintaba ziyithwalela ukudla, 20
Onke amarhamncwa asendle adlala khona.
Ibutha phantsi kwemitholo, 21
Engcotyeni yeengcongolo nomgxobhozo.
Imitholo iyigubungela ngomthunzi wa- 22 yo;
Imingculuba yesihlambo iyayijikeleza.
Yabona, úhamba phandle umlambo, 23 ayiphakuzeli;
Ikholosile, xa kutyhobozela neYordan emlonyeni wayo.
Inokubanjwa na, inamehlo nje, 24
Igqojòzwe impumlo ngentsimbi yokuthiyela?

41 Ùnokuyirhola na ingwenya ngegwegwe,
Ulutshonise elutyeni ulwimi lwayo?
Ùnokuyifaka intambo yomzí empu- 2 mlweni yayo na,
Ugqobhoze izidlele zayo ngentola?
Ingátarhuzisa kunene na kuwe, 3
Ithethe amazwi athambileyo kuwe?
Ingénza umnqophiso na nawe, 4
Wokuba uyithabathe ibe ngumkhonzi waphakade?
Ùngádlala na nayo njengentaka, 5
Uyikhulekele amantombazana akho?
Angárhweba ngayo na amahlulelana 6 abambisayo,
Ayabe phakathi kwabarhwebi?
Unokusizalisa na isikhumba sayo ngee- 7 nyembe,
Nentloko yayo ngezikhali zeentlanzi?

Beka isandla sakho kuyo; 8
Khumbula imfazwe, ungaphindi.

9 Yabona, ukulinda kobambisayo ngamanga;
Inene, úqethuka kwaesayibona.
10 Akukho sijorha sokuyixhokonxa;
Ngubani na ke ongazimisa phambi kwam?
11 Ngubani na ondiphangeleyo, wandinika ukuba ndibuyekeze?
Okuphantsi kwamazulu onke kokwam.

12 Andiyi kuthi tu ngamalungu ayo,
Neendawo zobugorha bayo, nezimbo zezintlu zayo.
13 Ngubani na onokuwutyhila umphambili wesambatho sayo?
Ezintlwini ezimbini zemihlathi yayo, ngubani na onokuya?
14 Iingcango zobuso bayo, ngubani na onokuzivula?
Ngeenxa zonke emazinyweni ayo sisothuso.
15 Iliqhayiya imiqela yeengweletshetshe zayo,
Zivalwé ngetywina eliqinileyo.
16 Zisondelene enye nenye,
Akungeni moya phakathi kwazo.
17 Zinamathelene enye kwenye,
Zibambene, zingabi nakwahlukana.

18 Ukuthimla kwayo kukhupha imitha,
Namehlo ayo anjengeenkophe zesifingo.
19 Emlonyeni wayo kuphuma izikhuni zomlilo ezitshangazayo,
Kuthaphuke iintlantsi zomlilo.
20 Emathatheni ayo kuphuma umsi,
Njengowongxawu okhwezelwa ngemizi.
21 Umphefumlo wayo uvuthisa amalahle,
Kuphuma amalangatye emlonyeni wayo.
22 Entanyeni yayo kuphuma amandla,
Ebusweni bayo kuxhina ukuncama.
23 Imihlubulo yenyama yayo inamathelene,
Iqinile kuyo, ayishukumi.
24 Intliziyo yayo iqine njengelitye,
Iqine njengelokusila langaphantsi.

25 Ekuphakameni kwayo, ziyanxunguphala iinjengele,
Zithi makatha ngokuqhiphuka umbilini.
26 Lifike kuyo ikrele, àlimi;
Nantshuntshe, namkhonto, nankonjane.
27 Ithi síngumququ isinyithi,
Livithi ubhedu.
Utolo lwesaphetha aluyibalekisi; 28
Ajika abe ngumququ amatye okusawula kuyo.
Ithi imivinqi ziindiza, 29
Ikuhleke ukutyityimba kwenkcula.

Ngaphantsi kwayo ziinkamba ezitsolo; 30
Yaneka impahla yokusizila eludakeni.
Iyibiliza inzulu njengembiza, 31
Ulwandle ilwenza njengehlàla loqholo.
Emva kwayo kukhanya indlela; 32
Anga amanzi anzongonzongo zizimvi.
Ehlabathini akukho nto ifana nayo, 33
Le yenziwáyo ayaba nakuqhiphuka umbilini.
Ibona konke okuphakamileyo; 34
Ingukumkani yona kwizilo zonke ezinyalasayo.

Intetho yokugqibela kaYobhi nokurhoxa

42 UYobhi wamphendula uYehova, wathi,
Ndiyazi ukuba ùnako ukufeza konke, 2
Akunqatyelwa nto uyicingileyo.
Ngubani na lo usithe icebo engenakwazi? 3
Ngoko ke ndithethé ndingaziqondi
Izinto ezibalulekileyo kum, ndingazazi.
Khawuphulaphule, ndithethe mna; 4
Ndiya kubuza kuwe, undazise.
Bendikuva ukukuva ngendlebe, 5
Kungoku iliso lam likubonile.
Ngenxa yoko ndiyazicekisa, ndizohlwaye, 6
Ndiseluthulini naseluthuthwini.

Ukuqukunjelwa kwebali

Ke kaloku kwathi, emva kokuba 7
uYehova ewathethile la mazwi kuYobhi, wathi uYehova kuElifazi wakwaTeman, Umsindo wam uyavutha kuwe, nakubamelwane bakho bobabini; kuba anithethanga nto iyiyo ngam, njengomkhonzi wam uYobhi. Ngoku ke 8
zithabatheleni iinkunzi ezintsha zeenkomo zibe sixhenxe, neenkunzi zeegusha zibe sixhenxe, niye kumkhonzi wam uYobhi, nizinyusele idini elinyukayo,

uYobhi umkhonzi wam anithandazele. Ndomnonelela yena yedwa, ukuze ndingenzi kuni ngokobudenge benu; kuba ningathethanga nto iyiyo ngam, njengomkhonzi wam uYobhi.

9 Baya ke ooElifazi wakwaTeman, noBhiledadi wakwaShuwa, noTsofare waseNahama, benza njengoko wakuthethayo kubo uYehova. Waza uYehova wamnonelela ke uYobhi.

10 UYehova wakubuyisa ukuthinjwa kukaYobhi, akubon' ukuba ubathandazele oowabo. Wakongeza uYehova konke awayenako uYobhi, kwada kwaphindwa kabini.

11 Beza kuye bonke abazalwana bakhe, noodade babo bonke, nabo bonke ababesazana naye ngenxa engaphambili, badla naye ukutya endlwini yakhe, bamkhuza, bamthuthuzela ngenxa yobubi bonke, abemfikisele bona uYehova; bamnika elowo ikhulu lemali, elowo ijikazi legolide.

12 UYehova wakusikelela ukuphela kukaYobhi ngaphezu kokuqala kwakhe; waba neshumi elinesiné lamawaka empahla emfutshane, nesithandathu samawaka eenkamela, newaka lezibini zeenkomo, newaka leemazi zamaesile. 13 Waba noonyana abasixhenxe, neentombi ezintathu. Igama leyokuqala kwathiwa nguJemima, igama leyesibini nguKetsi- 14 ya, igama leyesithathu nguKeren-hapuki. Akwafumaneka mankazana mahle 15 njengeentombi zikaYobhi ezweni lonke. Uyise wazinika amafa phakathi kwabanakwazo.

Emveni koko, uYobhi wadla ubomi 16 iminyaka elikhulu elinamanci mané, wabona oonyana bakhe, noonyana boonyana bakhe, izizukulwana zaziné. Wafa ke uYehobi, eyindoda enkulu, ephe- 17 lele ebudaleni.

INCWADI YEENDUMISO

Ukuthelekiswa kwamalungisa nabangendawo

1 HAYI, uyolo lomntu ongahambiyo ngecebo labangendawo,
Ongemiyo endleleni yaboni,
Ongahlaliyo embuthweni yabagxeki!
2 Yena unonelela umyalelo kaYehova;
Ucamanga ngomyalelo wakhe imini nobusuku:
3 Unjengomthi omiliselwe phezu kwemijelo yamanzi,
Onika isiqhamo sawo ngexesha lawo,
Ogqabi lawo lingabuniyo;
Konke akwenzayo kophumelela.
4 Àbanjalo abangendawo;
Bòna banjengomququ ophetshethwa ngumoya.
5 Ngenxa yoko abangendawo abanakuma emgwebeni,
Naboni ebandleni lamalungisa.

Ngokuba uYehova uyayazi indlela 6 yamalungisa;
Ke yona indlela yabangendawo iya kudaka.

Ulawulo loMthanjiswa kaYehova

2 Yini na ukuba iintlanga zenze imbuthumbuthu,
Izizwe zicamange into engeyakonto?
Ookumkani behlabathi bazimisile, 2
Izidwangube zabhunga
NgoYehova nangoMthanjiswa wakhe;
Besithi, Masiziqhawule iimbophelelo 3 zabo,
Sizilahle izintya zabo kuthi.

Ohleli emazulwini úyahleka, 4
INkosi iyabagculela.
Iya kwandula ithethe kubo ngomsindo 5 wayo,
Ibakhwankqise ngokuvutha kwayo.

IINDUMISO 2-5

6 *Ithi*, Mna ke ndimmisile ukumkani wam
Phezu kweZiyon, intaba yam engcwele.

7 *Athi* yena, Ndiya kuwuvakalisa ummiselo:
UYehova uthe kum, ÙnguNyana wam wena;
Mna namhla ndikuzele.
8 Cela kum, ndikuníke iintlanga *zibe* lilifa lakho,
Iziphelo zehlabathi zibe zezakho.
9 Ùya kuzivikiva ngentonga yentsimbi,
Uzihlekeze, zinge zizitya zodongwe.

10 Ngoko ke, nina bokumkani, qiqani;
Bagwebi basehlabathini, yalekani.
11 Mkhonzeni uYehova nisoyika,
Gcobani nithuthumela.
12 Mangeni uNyana, hleze aqumbe, nitshabalale endleleni,
Ngokuba ungáhle uvuthe umsindo wakhe.
Hayi, uyolo lwabo bonke abazímela ngaye!

Umthandazo wakusasa wokukholosa ngoYehova

3 Umhobe kaDavide, ekubalekeni kwakhe kuAbhisalom unyana wakhe.

1 Yehova, hayi, ukuba baninzi kwabandibandezelayo!
Baninzi abasukela phezulu kum.
2 Baninzi abathi kumphefumlo wam,
Akunalusindiso kuThixo.
(Phakamisani.)

3 Ke wena, Yehova, uyingweletshetshe kum,
Uluzuko lwam, umphakamisi wentloko yam.
4 Ndidanduluka kuYehova ngezwi lam,
Andiphendule entabeni yakhe engcwele.
(Phakamisani.)

5 Ndalala phantsi, ndalala ubuthongo;
Ndavuka, ngokuba uYehova endixhasa.
6 Andizoyiki izigidi zabantu
Abakhe uluhlu lokulwa ngeenxa zonke kum.

Khawusuk' ume, Yehova; ndísindise, 7
Thixo wam;
Ngokuba ùzibetha zonke iintshaba zam emhlathini;
Amazinyo abangendawo ùyawaphula.
Usindiso lolukaYehova: 8
Mayibe phezu kwabantu bakho intsikelelo yakho. (Phakamisani.)

Umthandazo wangokuhlwa wovuyo noxolo

4 Kumongameli wokubethelwa izinto ezineentambo. Umhobe kaDavide.

Ekudandulukeni kwam ndíphendule, 1
Thixo wobulungisa bam;
Embandezelweni yam wandenzela indawo ebanzi;
Ndíbabale, uwuve umthandazo wam.

Nina, nyana babantu, kunini na uzuko 2
lwam niluhlazisa,
Ningxamele into engeyakonto, nithanda amanga? (Phakamisani.)
Yazini ke ukuba uYehova uzibalulele 3
owenceba;
UYehova uyaphulaphula ndakudanduluka kuye.
Qumbani, ningoni; 4
Thethani neentliziyo zenu ezinkukweni zenu, nithi cwaka. (Phakamisani.)
Bingelelani imibingelelo yobulungisa, 5
Nikholose ngoYehova.

Baninzi abathi, Ngubani na owosibonisa 6
okulungileyo?
Síphakamisele ukukhanya kobuso bakho, Yehova.
Ùyivuyisile intliziyo yam, 7
Kunexesha lobuninzi bengqolowa yabo, newayini yabo entsha.
Ndiya kulala phantsi, ndilale ubuthongo 8
kwangoku, ndíxolile,
Ngokuba wena, Yehova, undihlalisa ndíkholosile, noko ndindedwa.

Umthandazo wokukhuselwa ezintshabeni

5 Kumongameli: ngogwali. Umhobe kaDavide.

Wabekele indlebe amazwi am, Yehova, 1
Kúqonde ukucamanga kwam.

IINDUMISO 5–7

2 Libázele indlebe izwi lokuzibika kwam,
Kumkani wam, Thixo wam;
Ngokuba ndithandaza kuwe.
3 Yehova, ùya kuliva izwi lam kwakusasa,
Kwakusasa ndiya kuwusingisa kuwe *umthandazo wam*, ndibonisele.
4 Ngokuba wena akunguThixo onanze okungendawo,
Akanakuphambukela kuwe onobubi.
5 Abanakuma abaqhayisi phambi kwamehlo akho;
Ùyabathiya bonke abasebenzi bobutshinga.
6 Ùyabatshabalalisa abathetha amanga;
Indoda enegazi nenkohliso ilisikizi kuYehova.
7 Ke mna, ndinokungena endlwini yakho ngenceba yakho eninzi,
Ndiqubude, ndibhekise etempileni yakho engcwele ngokukoyika.

8 Yehova, ndíkhaphe ngobulungisa bakho ngenxa yabandilaleleyo;
Yilungelelanise indlela yakho phambi kwam.
9 Ngokuba emlonyeni wabo akukho nto imiyo,
Umbilini wabo ngumeyeliselo;
Lingcwaba elivuliweyo umqala wabo;
Bathetha okugudileyo ngolwimi lwabo.
10 Báthwalise ityala, Thixo;
Makatshitshe amaqhinga abo;
Elukreqweni lwabo oluninzi bátyhale,
Ngokuba bakuphikisile.

11 Mabavuye bonke abazímela ngawe,
Bamemelele ngonaphakade, ubakhusele;
Badlamke ngawe abalithandayo igama lakho.
12 Ngokuba wena uyalisikelela ilungisa, Yehova,
Ùlihlanganisele ngenkoliseko njengekhaka.

Umthandazo wokucela inceba engxakini

6 Kumongameli wokubethelwa izinto ezineentambo: ngelamadoda *ilizwi*. Umhobe kaDavide.

1 Yehova, musa ukundohlwaya únomsindo,
Ungandithethisi únobushushu.
2 Ndíbabale, Yehova, ngokuba ndintshwenyile;
Ndíphilise, Yehova, ngokuba ekhwankqisiwe amathambo am.
3 Umphefumlo wam ukhwankqiswe kakhulu;
Ke wena, Yehova, koda kube nini na?
4 Buya, Yehova, uwuhlangule umphefumlo wam;
Ndísindise ngenxa yenceba yakho.
5 Ngokuba ekufeni akusekho kukukhumbula;
Kwelabafileyo ngubani na osenokubulela kuwe?
6 Ndidiniwe kukugcuma kwam;
Ndiludadisa ubusuku bonke ukhuko lwam,
Ndiwenza manzi umandlalo wam ngeenyembezi zam.
7 Lonakele kukukhathazeka iliso lam;
Laluphele ngenxa yababandezeli bam bonke.

8 Sukani kum, nina nonke basebenzi bobutshinga;
Ngokuba uYehova ulivile ilizwi lokulila kwam.
9 Ukuvile uYehova ukutarhuzisa kwam;
UYehova umthandazo wam uyawamkela.
10 Ziya kudana, zikhwankqe kakhulu, zonke iintshaba zam;
Ziya kubuyiswa zidanile ngephanyazo.

Umthandazo wokucela ukugwetywa kwabangendawo

7 Ishigayon* kaDavide, awayivumayo kuYehova ngenxa yamazwi kaKushi, umBhenjamin.

1 Yehova, Thixo wam, ndizímela ngawe;
Ndísindise kubo bonke abandisukelayo, undihlangule,
2 Hleze bawuqwenge njengengonyama umphefumlo wam,
Bawudlavule, kungekho mhlanguli.

3 Yehova, Thixo wam, ukuba ndithe ndenza oku,

IINDUMISO 7-9

Ukuba kukho ubugqwetha ezandleni zam,
4 Ukuba ndimphethe kakubi obexolelene nam,
Ndambhunyula ondibandezele kungekho sizathu:
5 Maluwusukele utshaba umphefumlo wam, luwufumane,
Lubunyashele phantsi ubomi bam,
Uzuko lwam lululalise eluthulini.
(Phakamisani.)

6 Khawusuk' ume, Yehova, únomsindo,
Kuphakamele ukuphuphuma komsindo wabandibandezelayo;
Uvuke, undikhawulele; wena umisé umgwebo.
7 Ibandla lezizwe malikungqonge;
Ubuyèle phezulu phezu kwalo.
8 UYehova uya kugweba phakathi kwezizwe.
Líthethe ityala lam, Yehova, ngobulungisa bam, nangokugqibelela kwam okukum.
9 Mabuphele ububi babangendawo, ulizimase ilungisa;
Úngumcikidi weentliziyo nezintso,
Thixo wobulungisa.
10 Ingweletshetshe yam inoThixo,
Umsindisi wabantliziyo zithe tye.
11 UThixo ngumgwebi olilungisa;
ÚnguThixo obhavuma yonke imihla.
12 Ukuba ongendawo uthe akabuya, ulilolile ikrele lakhe;
Úsityedile isaphetha sakhe, wasilungisa.
13 Uzibhekisé kuye izixhobo zokufa,
Uzenzé zanomlilo iintolo zakhe.
14 Yabona, yena unenimba yobutshinga;
Ukhawulé ububi, wazala ubuxoki;
15 Umbé umhadi, wawugomba,
Weyela esihogweni awasisebenzayo.
16 Ububi bakhe bobuyela entlokweni yakhe,
Naselukakayini lwakhe kufike ukugonyamela kwakhe.

17 Ndiya kubulela kuYehova ngokobulungisa bakhe,
Ndivume ngendumiso kwigama lika-Yehova ophezu konke.

Ubungangamsha bukaThixo nokuxabiseka komntu

8 Kumongameli: ngolwaseGati. Umhobe kaDavide.

Yehova, Nkosi yethu, 1
Hayi, ubungangamsha begama lakho ehlabathini lonke!
Wena uwambathise amazulu ngendili yakho.
Emlonyeni wabantwana nabanyáyo useké amandla, 2
Ngenxa yababandezeli bakho,
Ukuze udambise utshaba nophindezelayo.
Xa ndilikhangelayo izulu lakho, umsebenzi weminwe yakho, 3
Inyanga neenkwenkwezi ozimisileyo:
Uyintoni na umntu lo, le nto umkhumbulelayo? 4
Unyana womntu, le nto umvelelayo?
Umsilelise kancinane ebuThixweni, 5
Wamthi jize ngobuqaqawuli nangobungangamela.
Umphathisé ubukhosi phezu kwemisebenzi yezandla zakho, 6
Zonke izinto ùzibeke phantsi kweenyawo zakhe:
Impahla emfutshane, neenkomo zonke ziphelele, 7
Kwaneenyamakazi zonke;
Iintaka zezulu, neentlanzi zolwandle, 8
Into ehamba ngeendlela zolwandle.
Yehova, Nkosi yethu, 9
Hayi, ubungangamsha begama lakho ehlabathini lonke!

Imigwebo yobulungisa kaThixo

9 Kumongameli: ngemute-labhen. Umhobe kaDavide.

Ndiya kubulela kuYehova ngentliziyo yam yonke; 1
Ndiya kuyibalisa yonke imisebenzi yakho ebalulekileyo.
Ndiya kuvuya ndidlamke ngawe; 2
Ndiya kulibethela uhadi igama lakho,
Wena usenyangweni.
Ekubuyeni kweentshaba zam umva, 3
Ziyawa, zibhubhe ebusweni bakho.

IINDUMISO 9–10

4 Ngokuba ùlifezile ityala lam nebango lam;
Ùhleli etroneni ungumgwebi olilungisa.
5 Ùzikhalimele iintlanga, wabatshabalalisa abangendawo;
Igama lazo ùlicimile ngonaphakade kanaphakade.
6 Iintshaba zona zigqibele, yangamanxuwa kwaphela;
Imizi ùyinyothule,
Yadaka inkumbulo yayo yona.
7 Ke yena uYehova uhleli ngonaphakade,
Uyizinzisele ugwebo itrone yakhe.
8 Úya kugweba yena kwelimiweyo ngobulungisa,
Agwebe phakathi kwezizwe ngokuthetye.
9 UYehova makabe yingxonde kotyunyuziweyo,
Ingxonde ngamaxesha engxingongo;
10 Bakholòse ngawe abalaziyo igama lakho;
Ngokuba akubashiyanga abakuquqelayo wena, Yehova.

11 Vumani ngendumiso kuYehova ohlala eZiyon;
Xelani ezizweni izenzo zakhe ezincamisileyo;
12 Ukuba umphindezeli wamagazi ubakhumbule,
Akakulibalanga ukukhala kwabalulamileyo.
13 Ndibabale, Yehova;
Zibone iintsizi zam ezikhoyo ngabandithiyayo,
Mphakamisi wam emasangweni okufa;
14 Ukuze ndibalise yonke indumiso yakho,
Emasangweni entombi uZiyon,
Ndigcobe ngosindiso lwakho.
15 Iintlanga zitshoné esihogweni ezasenzayo,
Emnatheni ezawugqumelayo kubanjiswe kwaolwazo unyawo.
16 Úzazisile uYehova; wenza umgwebo,
Emthiyela ngomsebenzi wezandla zakhe ongendawo.
(Bethani uhadi ngofefe. Phakamisani.)
17 Baya kubuyela kwelabafileyo abangendawo,
Kwaiintlanga zonke ezimlibalayo uThixo;
18 Ngokuba aliyi kuhlala lilityalwa ihlwempu,
Ithemba leentsizana aliyi kudaka ngonaphakade.

19 Khawusuk' ume, Yehova; malungà ngcwangushi uluntu,
Mazigwetywe iintlanga phambi kwakho,
20 Zimisele ukoyika, Yehova,
Zazi iintlanga ukuba ziluluntu kuphela.
(Phakamisani.)

Umthandazo wokucela umgwebo kaThixo phezu kongendawo

10 Yini na ukuba umele mgama, Yehova,
Uzifihle ngamaxesha engxingongo?
2 Ngokukratsha kwabangendawo bayatsha abaziintsizana;
Babanjiswa ngamayelenqe abawacingileyo.
3 Ngokuba ongendawo uyaqhayisa ngeminqweno yomphefumlo wakhe.
Nolibawa wahlukene noYehova, wamgiba.
4 Ongendawo ngobuchi bakhe *uthi*, Akasayi kubuza.
Yonke iminkqangiyelo yakhe ithi, Akukho Thixo.
5 Ziqinile iindlela zakhe ngamaxesha onke;
Ziphakamile izigwebo zakho, zikude kuye;
Bonke ababandezeli bakhe úyabafuthela.
6 Úthi entliziyweni yakhe, Andisayi kushukunyiswa;
Izizukulwana ngezizukulwana, ndingongayi kuba sebubini.
7 Umlomo wakhe uzele kukushwabula nokukhohlisa nokuxinezela.
Ngaphantsi kolwimi lwakhe bububi nobutshinga.
8 Uhlala emilaleleni yeengqili,
Agwinte omsulwa entsithelweni;
Amehlo akhe azonda oludwayi.
9 Úlalela entsithelweni njengengonyama eludadeni wayo;
Ulalela ukuba axwile emke nosizana;

IINDUMISO 10-12

Uxwila emke nolusizana, elutsala ngomnatha wakhe.
10 Uyabuthuma, uyabunguzela,
Bawele ezinzitsheni zakhe abaziindwayi.
11 Uthi entliziyweni yakhe, UThixo ulibele,
Ubusithelisile ubuso bakhe, akabonanga nento.
12 Khawusuk' ume, Yehova, phakamisa isandla sakho, Thixo.
Musa ukubalibala abalulamileyo.
13 Kungenxa ʼ . na ukuba ongendawo amgibe uThixo,
Athi entliziyweni yakhe, Akuyi kubuza?
14 Ubonile wena; ngokuba uyabubona ububi nenkathazo, ubùbeke esandleni sakho;
Uzinikela kuwe oludwayi;
Ungumncedi weenkedama wena.
15 Yaphula ingalo yongendawo;
Onobubi, m̀buze okungendawo kwakhe, kungasali nentọ.
16 UYehova nguKumkani ngonaphakade kanaphakade;
Zitshabalele iintlanga, azabakho ehlabathini lakhe.
17 Umnqweno wabalulamileyo uwuvile, Yehova;
Wazizimasa iintliziyo zabo, wayibaza indlebe yakho,
18 Ukuba ugwebe ityala lenkedama noxinzelelweyo,
Angabi sabangcangcazelisa umntu wasehlabathini.

Ilungisa lizimela ngoYehova

11 Kumongameli. EkaDavide.

1 Ndizimela ngoYehova;
Ningáthini na ukuthi kumphefumlo wam,
Balekela entabeni yakho njengentaka?
2 Ngokuba nâbó abangendawo begoba isaphetha,
Bezilungisile iintolo zabo entanjeni,
Ukuba batole besithele kwabantliziyo zithe tye.
3 Xa iziseko zithe zagungxulwa,
Ilungisa linokuthini na?
4 UYehova, ulotempile yakhe iyingcwele,
UYehova, ulotrone yakhe isemazulwini,
Amehlo akhe ayababona, iinkophe zakhe ziyabacikida oonyana babantu.
UYehova uyalicikida ilungisa; 5
Ke yena ongendawo nothanda ukugonyamela, úmthiyile umphefumlo wakhe.
Uya kubanisela abangendawo imigibe; 6
Umlilo, nesulfure, nomoya olulophu, yindebe yabo abayabelweyo;
Ngokuba lilungisa uYehova; uthanda 7
imisebenzi yobulungisa;
Othe tye uya kububona ubuso bakhe.

Umthandazo wokucela uncedo lukaThixo ngenxa yobutshijolo

12 Kumongameli: ngelamadoda ilizwi. Umhobe kaDavide.

Sindisa, Yehova, ngokuba úphelile 1
owenceba,
Ngokuba bathe shwaka abanyanisileyo koonyana babantu.
Bathetha inkohlakalo omnye nomnye; 2
Bathetha ngomlomo ogudileyo, nangentliziyo embaxa.
Ngamana uYehova angáyinqumla yo- 3
nke imilebe yomlomo ogudileyo,
Ulwimi oluthetha izinto ezinkulu;
Ábathe, Ulwimi lwethu siyalupheza; 4
Imilomo yethu yeyethu; ngubani na oyinkosi kuthi?

Ngenxa yokubhuqwa kweentsizana, nge- 5
nxa yokuncwina kwamahlwempu,
Ndiya kusuka ndime ngoku, utsho uYehova;
Ndiya kumbeka elusindisweni lcwo ululangazelelayo.
Amazwi kaYehova ngamazwi acocekileyo, 6
Yisilivere enyibilikiselwe eziko, yéla emhlabeni,
Ehluzwe kasixhenxe.
Wena, Yehova, uya kubagcina, 7
Uya kubalondoloza kwesi sizukulwana ngonaphakade.
Abangendawo bahambahamba ngee- 8
nxa zonke,
Xa kuphakanyiswe abangeni phakathi koonyana babantu.

IINDUMISO 13–16

Umthandazo engxakini

13 Kumongameli. Umhobe kaDavide.

1 Kunini na, Yehova, undilibele kwaphela?
Kunini na ubusithelisa ubuso bakho kum?
2 Kunini na ndicebacebisana nomphefumlo wam,
Ndinesingqala entliziyweni yam imini le?
Kunini na lundiphakamele utshaba lwam?
3 Bheka undiphendule, Yehova, Thixo wam;
Khanyisa amehlo am, hleze ndilale ukufa;
4 Hleze utshaba lwam luthi, Ndimeyisile;
Bagcobe abandibandezelayo, xa ndithe ndashukunyiswa.
5 Mna ndikholosé ngenceba yakho,
Mayigcobe intliziyo yam ngosindiso lwakho.
6 Ndiya kuvuma kuYehova,
Ngokuba endiphethe kakuhle.

Ubudenge babantu nenkohlakalo yabo

14 Kumongameli. EkaDavide.

1 Sithi isidenge entliziyweni yaso, Akukho Thixo.
Bonákalisile, balisikizi ngeentlondi zabo;
Akukho wenza okulungileyo.

2 UYehova esemazulwini uqondele koonyana babantu,
Ukubona ukuba ukho na oqiqayo,
Oquqela kuThixo.
3 Bonke batyekile, bayimbozisa bephelele;
Akukho wenza okulungileyo,
Akukho nokuba abe mnye.
4 Àbanakwazi na bonke abasebenzi bobutshinga,
Ábathi, bebadla abantu bam, bathi badla isonka,
Bangamnquli uYehova?
5 Apho bankwantya benkwantyile;
Ngokuba uThixo usesizukulwaneni samalungisa.

Icebo losizana ningálidanisa, 6
Kodwa uYehova ulihlathi lalo.

Akwaba bekuvela eZiyon ukusindiswa 7 kwamaSirayeli!
Ekubabuyiseni kukaYehova abantu bakhe ekuthinjweni,
Wogcoba uYakobi, avuye uSirayeli.

Umhlali entabeni engcwele kaThixo

15 Umhobe kaDavide.

Yehova, ngubani na owophambukela 1 ententeni yakho?
Ngubani na owohlala entabeni yakho engcwele?

Ngohamba ngokugqibeleleyo, esenza 2 ubulungisa,
Othetha inyaniso ngentliziyo yakhe.
Ngongàhlebiyo ngolwimi lwakhe, 3
Ongamenziyo into embi uwabo,
Ongamngcikiviyo ummelwane wakhe;
Odelekileyo, ecekiseka, kwawakhe ame- 4 hlo,
Obazukisayo ke bona abamoyikayo uYehova;
Ofunga, angajiki, nokuba kubi kuye,
Ongayinikeliyo imali yakhe ukuba adle 5 abantu ngayo,
Ongenakugaqelwa ngaye omsulwa.

Okwenzayo oko akayi kuza ashukunyiswe naphakade.

UThixo uyintloko yokulungileyo ebomini

16 Eyona iligugu likaDavide.

Ndigcine, Thixo, ngokuba ndizímela 1 ngawe.
Ndithé kuYehova, ÙyiNkosi yam, 2
Andinanto indilungeleyo ngaphezu kwakho.
Ndithe kwabangcwele abasehlabathini, 3
Bòna bazizinhanha apho, kukhona konke endikunanzileyo.
Ziya kwanda iimbulaleko zâbo bamana- 4 nisa ngathixo wumbi uYehova.
Andiyi kuyithulula iminikelo yabo ethululwayo yegazi;

IINDUMISO 16-18

Andiyi kuwaphatha amagama abo ngomlomo wam.
5 NguYehova isahlulo endasabelwáyo, nendebe endayabelwáyo; Ulenzé banzi ilifa lam.
6 Amacandelo andiwele ezindaweni ezimnandi; Hee! Ndide ndaba nelifa elihle.

7 Ndiya kumbonga uYehova ondinike icebo; Nasebusuku ziyandithethisa izintso zam.
8 Ndimmisile uYehova phambi kwam amaxesha onke; Ngokuba esekunene kum nje, andiyi kushukunyiswa.
9 Ngako oko iyavuya intliziyo yam, luyagcoba uzuko lwam: Nenyama yam iya kuhlala ikholosile.
10 Ngokuba akuyi kuwushiya umphefumlo wam kwelabafileyo; Akuyi kumyekela owakho wenceba ukuba abonane nesihogo.
11 Uya kundazisa umendo wobomi; Ebusweni bakho yinzaliseko yemivuyo; Ekunene kwakho yimihlali ngonaphakade.

Umthandazo welungisa wokuba lihlangulwe kubabandezeli balo

17 Umthandazo kaDavide.

1 Búve, Yehova, ubulungisa; kubázele indlebe ukuhlahlamba kwam; Wubekele indlebe umthandazo wam, ongengamlomo ukhohlisayo.
2 Ibango lam malivele ebusweni bakho, Amehlo akho akhangele ngokuthe tye.
3 Uyicikidile intliziyo yam; undivelele ebusuku; Undinyibilikisile, akwafumana nto; Ndíyinkqangiyele into embi, ayiyi kuwugqitha umlomo wam.
4 Malunga nemisebenzi yabantu, ngelizwi lomlomo wakho, Mna ndizigcinile, andangena kwiindlela zamanyangaza.
5 Imikhondo yam ibambe iindlela zakho, Azashukuma iinyawo zam.
6 Mna ndinqula wena, ngokuba undiphendula, Thixo;

Ndíthobele indlebe yakho, kúve ukuthetha kwam.
7 Zibalule iinceba zakho, wena wabasindisayo abazímela ngawe, Ngesandla sakho sokunene, ngenxa yabasukela phezulu kubo.
8 Ndígcine njengeliso, njengokhozo lwalo, Ndísithelise ngesithunzi samaphiko akho,
9 Phambi kwabangendawo abandibhuqayo, Phambi kweentshaba zam ngokwasemphefumlweni ezindingungelayo.
10 Zithe fithi kukutyeba; Ngomlomo wazo zithetha ngekratshi.
11 Zindijikelezile ngoku ekuhambeni kwam; Amehlo azo ziwamisele ukundinqumela emhlabeni.
12 Ukufana kwazo kunjengengonyama engxamele ukuqwenga, Kunjengengonyama entsha ihleli entsithelweni.
13 Khawusuk' ume, Yehova, Uyihlangabeze, uyiwise yona; Wusindise umphefumlo wam kongendawo ngekrele lakho;
14 Kubafo, ngesandla sakho, Yehova, Kubafo beli phakade, abasahlulo sikobu bomi; Osizalisileyo isisu sabo ngeengqwebo zakho; Bakholisile ngoonyana, Ukuphuphuma kwabo bakushiya neentsapho zabo.
15 Mna ndiya kububona ubuso bakho ndisebulungiseni; Ndiya kwaneliswa sisithomo sakho ekuvukeni kwam.

UYehova ubongwa ngenxa yentlangulo

18 Kumongameli. Eyomkhonzi kaYehova. EkaDavide, owawathethayo kuYehova amazwi ale ngoma, mhlenikweni uYehova wamhlanguláyo esandleni seentshaba zakhe zonke nasesandleni sikaSawule; wathi:

1 Ndikuthanda ngembilini yam, Yehova, lomelelo lwam.

INDUMISO 18

2 Yehova, ngxondorha yam, mboniselo yam, msindisi wam,
Thixo wam, liwa lam endizímela ngalo,
Ngweletshetshe yam, luphondo losindiso lwam, ngxonde yam!
3 Ndinqula uYehova ongowokudunyiswa,
Ndiyasindiswa ezintshabeni zam.

4 Izintya zokufa zandijikela;
Imilambo yobutshijolo yandidandathekisa.
5 Izintya zelabafileyo zandibhijela;
Izirhintyelo zokufa zabetha kum.
6 Ekubandezelekeni kwam ndanqula uYehova,
Ndazibika kuThixo wam;
Waliva etempileni yakhe izwi lam,
Ukuzibika kwam kwafika phambi kwakhe ezindlebeni zakhe.

7 Lahexa ke lanyikima ihlabathi,
Iziseko zeentaba zagungqa,
Zahexa, ngokuba enomsindo.
8 Kwathi thaphu umsi emathatheni akhe,
Wadla umlilo, uphuma emlonyeni wakhe,
Kwavutha amalahle ephuma kuwo.
9 Wawathoba amazulu, wehla,
Yangamafu amnyama phantsi kweenyawo zakhe.
10 Wakhwela ekerubhini,* waphaphazela,
Wee tshwebelele ngamaphiko omoya.
11 Wamisa ubumnyama baba lisithe lakhe,
umnquba wakhe ngeenxa zonke kuye;
Ubumnyama bamanzi, iingqimba zamafu.
12 Ekukhanyeni okuphambi kwakhe, kwatyhoboza emafini akhe
Isiphango samatye, namalahle omlilo.
13 Wadudumisa ezulwini uYehova,
Ophezu konke walikhupha ilizwi lakhe.
Yasisiphango samatye namalahle omlilo.
14 Wathuma iintolo zakhe, wabaphangalalisa;
Yamininzi imibane, wabadubaduba.
15 Imiphantsi yamanzi yabonakala,
Kwatyhileka iziseko zelimiweyo
Ngokukhalima kwakho, Yehova,
Ngokufutha komoya womsindo wakho.

16 Wolula isandla ephezulu, wandibamba,
Wandirhola emanzini amaninzi.

Wandihlangula elutshabeni lwam olunamandla, 17
Kwabandithiyileyo, ngokuba bebomelele kunam.
Bandifikela ngemini yokusindeka kwam, 18
UYehova wandixhasa.
Wandikhuphela endaweni ebanzi, 19
Wandihlangula, ngokuba endithandile.

UYehova wandiphatha kakuhle ngokobulungisa bam, 20
Wandibuyisela ngokobunyulu bezandla zam.
Ngokuba ndizigcina iindlela zikaYehova, 21
Andemka ngokungendawo kuThixo wam.
Ngokuba onke amasiko akhe aphambi kwam, 22
Nemimiselo yakhe andiyisusi kum;
Ndaye ndingogqibeleleyo kuye, 23
Ndazigcina, andaba nabugwenxa,
Wandibuyisela ke uYehova ngokobulungisa bam, 24
Ngokobunyulu bezandla zam phambi kwamehlo akhe.

Kowenceba uzenza owenceba, 25
Kwigorha eligqibeleleyo uzenza ogqibeleleyo;
Kozenze nyulu uzenza onyulu, 26
Kojibilizayo uzenza onobuqhokolo.
Ngokuba wena uyabasindisa abantu 27
ababandezelekileyo,
Uwathobe amehlo aqwayingileyo.

Ngokuba uyasilumeka isibane sam 28
wena;
UYehova uThixo wam uyabukhanyisela ubumnyama bam.
Ngokuba ngawe ndigila amajarha, 29
NgoThixo wam ndiqabela ezindongeni.
UThixo yena, igqibelele indlela yakhe; 30
Ilizwi likaYehova linyibilikisiwe,
Uyingweletshetshe kubo bonke abazímela ngaye.

Ngokuba ngubani na onguThixo, ingenguye uYehova? 31
Ngubani na oliliwa, ingenguThixo wethu?

IINDUMISO 18-19

32 UloThixo undibhinqise ubukroti,
Uyigqibelelisileyo indlela yam;
33 Uzifanisayo iinyawo zam nezamaxhamakazi,
Undimisayo emimangweni yam;
34 Uzifundisayo ukulwa izandla zam,
Zityede isaphetha sobhedu iingalo zam.
35 Undinikileyo ingweletshetshe yosindiso lwakho;
Sandixhasa isandla sakho sokunene;
Ululamo lwakho lwandikhulisa.
36 Wawenzela indawo ebanzi amanyathela am phantsi kwam,
Amaxhwele am akahexa.
37 Ndazisukela iintshaba zam, ndazifumana;
Andabuya zada zaphela.
38 Ndaziqoba; azaba nakuvuka,
Zawa phantsi kweenyawo zam.
39 Wandibhinqisa ubukroti ekulweni,
Wabaguqisa phantsi kwam abasukela phezulu kum;
40 Wandinika ikhosi leentshaba zam,
Abandithiyayo ndababhangisa.
41 Bazibika, akwabakho msindisi;
Bazibika kuYehova, akabaphendula.
42 Ndabacola, banjengothuli phambi komoya,
Ndabaphalaza njengodaka lwezitrato.

43 Wandisiza ekubambaneni kwabantu,
Wandimisa ndayintloko yeentlanga;
Abantu ebe ndingabazi bandikhonza.
44 Besave ngeendlebe, bandithobela,
Oonyana bolunye uhlanga bahananhanisa kum;
45 Oonyana bolunye uhlanga bantshwenya,
Baphuma bengcangcazela ekuvingcelweni kwabo.

46 UYehova uhleli; lelokubongwa iliwa lam,
Aphakanyiswe uThixo ondisindisayo.
47 UloThixo wandinika impindezelo,
Uzikhandaniselayo izizwe phantsi kwam;
48 Úndisiza ezintshabeni zam;
Ewe, wena undiphakamisayo kwabasukela phezulu kum,
Undihlàngule kumfo ogonyamelayo.

Ngenxa yoko ndiya kubulela kuwe, 49
Yehova, phakathi kweentlanga,
Ndivume kwigama lakho.
Ulokhulisa iintsindiso zokumkani wa- 50
khe;
Wenzayo inceba kumthanjiswa wakhe,
KuDavide, nakwimbewu yakhe kude kuse ephakadeni.

Uzuko lukaThixo njengokuba lubonakala kwindalo nasemthethweni

19 Kumongameli. Umhobe kaDavide.

Izulu libalisa uzuko lukaThixo, 1
Saye isibhakabhaka sixela umsebenzi wezandla zakhe.
Imini impompozelela imini intetho, 2
Ubusuku buxelela ubusuku ukwazi.
Akukho ntetho, akukho mazwi, 3
Apho singavakaliyo isandi sawo.
Intambo yawo yokulinganisa iphume 4
yaya ehlabathini lonke,
Kwaba seziphelweni zelimiweyo ukukhuluma kwawo.

Ilanga úlimisele intente kuwo,
Lona linjengomyeni ke ephuma egu- 5
mbini lakhe;
Linemihlali njengegorha, ukugidima ngomendo walo.
Kusesiphelweni sezulu ukuphuma kwa- 6
lo,
Ukujikeleza kwalo kusa eziphelweni zalo;
Akukho nto inokusithela ebushushwini balo.

Umyalelo kaYehova ugqibelele, ubuyisa 7
umphefumlo;
Isingqino sikaYehova sinyanisekile, sinika isiyatha ubulumko.
Izimiselo zikaYehova zithe tye, zivuyisa 8
intliziyo;
Umthetho kaYehova unyulu, ukhanyisela amehlo.
Ukoyika uYehova kucocekile, kumi 9
ngonaphakade;
Izigwebo zikaYehova ziyinyaniso, zibubulungisa kwaphela.

IINDUMISO 19–21

10 Zinokunqweneleka kunegolide zona,
nakunengcwengiweyo eninzi;
Zimnandi kunobusi, kunencindi yobusi.
11 Zikwamkhanyisela umkhonzi wakho;
Ekuzigcineni mkhulu umvuzo.
12 Ukulahleka, ngubani na okuqondayo?
Ndénze msulwa kokusitheleyo.
13 Kwanasekukhukhumaleni mnqande umkhonzi wakho;
Makungandilawuli; ukuze ndandule ukuba ngogqibeleleyo,
Ndibe msulwa ekukreqeni okukhulu.

14 Makakholeke amazwi omlomo wam,
nezicamango zentliziyo yam,
Phambi kwakho, Yehova, liwa lam,
mkhululi wam.

Umthandazo wokucela uloyiso

20 Kumongameli. Umhobe kaDavide.

1 Ngamana wakuphendula uYehova ngemini yembandezelo,
Ngamana lakúsa engxondeni igama likaThixo kaYakobi!
2 Wakúthumela uncedo lwasengcweleni,
Wakúxhasa eseZiyon!
3 Wayikhumbula yonke iminikelo yakho yokudla,
Wawafumana etyebile amadini akho anyukayo! (Phakamisani.)
4 Wakunika ngokwentliziyo yakho,
Walizalisa lonke icebo lakho!
5 Singámemelela ngosindiso lwakho,
Siphakamise iibhanile zethu egameni loThixo wethu;
Azizalise uYehova zonke izicelo zakho.
6 Ndiyazi ngoku ukuba uYehova ngumsindisi womthanjiswa wakhe;
Úya kumphendula emazulwini akhe angcwele
Ngobugorha obusindisayo besandla sakhe sokunene.
7 Abanye bakhankanya iinqwelo zokulwa,
abanye bakhankanye amahashe,
Ke thina sikhankanya igama likaYehova uThixo wethu.
8 Bòna baguqile bawa;
Thina siphakamile sema.

Yehova, sindisa; 9
Ukumkani asiphendule ngemini yokubiza kwethu.

Umbulelo ngenxa yoloyiso

21 Kumongameli. Umhobe kaDavide.

Yehova, úvuyile ngamandla akho ukumkani, 1
Asikuko nokuba úyagcoba ngosindiso lwakho!
Úmniké umnqweno wentliziyo yakhe, 2
Akwasilandula isicelo somlomo wakhe.
(Phakamisani.)
Ngokuba umkhawulela ngeentsikelelo 3
zokulungileyo,
Umthwesa isithsaba segolide engcwengekileyo.
Wacela ubomi kuwe, wampha, 4
Wamnika imihla emide ngonaphakade kanaphakade.
Lukhulu uzuko lwakhe ngosindiso 5
lwakho;
Úbeka phezu kwakhe indili nobungangamela.
Ngokuba umenze waba yintsikelelo 6
ngonaphakade,
Úmvuyisa ngovuyo ebusweni bakho.
Ngokuba ukumkani ukholose ngoYe- 7
hova,
Ngenceba yOsenyangweni akayi kushukunyiswa.

Isandla sakho siya kuzifumana zonke 8
iintshaba zakho,
Esokunene sakho siya kubafumana abakuthiyayo.
Úya kubenza babe njengeziko lomlilo, 9
wakubonakala.
UYehova uya kubaginya ngomsindo wakhe,
Nomlilo ubadle.
Úya kusitshabalalisa isiqhamo sabo 10
emhlabeni,
Imbewu yabo koonyana babantu.
Ngokuba bakuthobela ububi, 11
Bacinga iyelenqe; àbayi kufeza nto.
Ngokuba úya kubenza bakunikele 12
umhlana;

IINDUMISO 21-22

Ngesaphetha sakho uya kuxuna iintolo zakho ebusweni babo.

13 Phakama, Yehova, ngamandla akho; Siya kuvuma sibethe uhadi ngobugorha bakho.

Isikhalo embandezelweni nengoma yombongo

22 Kumongameli: ngeyelexhama lesifingo. Umhobe kaDavide.

1 Thixo wam, Thixo wam, undilahleleni na?
Ukude ngani na ekusindisweni kwam, nasemazwini okubonga kwam?

2 Thixo wam, ndiyabiza emini, ungaphenduli;
Nasebusuku ndiyabiza, andithozanyiswa noko.

3 Ungcwele ke wena,
Ungulohlala ezindumisweni zakwaSirayeli.

4 Oobawo bákholosa ngawe,
Bakholosa, wabasiza;

5 Bakhala kuwe, basinda;
Bakholosa ngawe, ábadana.

6 Ke mna ndingumbungu, andimntu;
Ndisisingcikivo soluntu, into edelekileyo ebantwini.

7 Bonke abandibonayo bayandigcwlela;
Bayasineka, bahlunguzela intloko;

8 Bathi, Makazilahlele kuYehova, amsize,
Amhlangule kaloku, ngokuba emthandile.

9 Ewe, nguwe umtyhobozisi wam esizalweni,
Inkolosisi yam ndisemabeleni kama.

10 Ndalahlelwa kuwe kwasesizalweni;
Kwasembilinini kama ubunguThixo wam.

11 Musa ukuba kude nam, ngokuba isondele imbandezelo,
Ngokuba akukho mncedi.

12 Ndingqongwe ziinkunzi ezininzi,
Ndihlanganyelwe zeziziimbalasane zaseBhashan.

13 Zindakhamele umlomo wazo,
Njengengonyama eqwengayo, egqumayo.

14 Ndiphalele njengamanzi,

Ahlukene onke amathambo am;
Yanjengomthwebeba intliziyo yam,
Inyibilikile phakathi kwezibilini zam.

15 Omile njengegophe amandla am,
Ulwimi lwam lunamathele ekhuhlangubeni lam;
Undibeka eluthulini lokufa.

16 Ngokuba izinja zindirhawule,
Ibandla labenzi bokubi lindingungele;
Bagqobhoza izandla zam neenyawo zam.

17 Ndinokuwabala onke amathambo am;
Bona bayandijonga, bayandibonela,

18 Babelana ngeengubo zam,
Isambatho sam basenzela amaqashiso.

19 Ke wena, Yehova, musa ukuba kude;
Mandla am, khawuleza undincede.

20 Wuhlangule ekreleni umphefumlo wam,
Okuphela kwawo, ethupheni lenja.

21 Ndisindise emlonyeni wengonyama,
Nasezimpondweni zenqu úya kundiphendula.

22 Ndiya kulazisa igama lakho kubazalwana bam,
Ndikudumise phakathi kwebandla, ndithi,

23 Nina nimoyikayo uYehova, mdumiseni;
Nonke, mbewu kaYakobi, mzukiseni,
Nimhlonele nina, mbewu yonke kaSirayeli.

24 Kuba azidelekanga, azibanga nazothe kuye iintsizi zolusizana;
Akabusithelisanga ubuso bakhe kuye;
Ekuzibikeni kwakhe kuye waphulaphula.

25 Ivela kuwe indumiso yam ebandleni elikhulu;
Nezibhambathiso zam ndiya kuzizalisa phambi kwabamoyikayo.

26 Baya kudla abalulamileyo, bahluthe;
Baya kudumisa uYehova abamngxamelayo.
Ngamana yaphila intliziyo yenu ngonaphakade!

27 Ziya kukhumbula zibuyele kuYehova zonke iziphelo zehlabathi,
Iqubude phambi kwakhe yonke imizalwane yeentlanga:

571

IINDUMISO 22-25

28 Ngokuba bobukaYehova ubukumkani,
Nguye umlawuli ezintlangeni.
29 Baya kudla, baqubude, bonke abatye-
bileyo behlabathi;
Baya kuguqa phambi kwakhe bonke
abatshona eluthulini,
Abangàwugciniyo umphefumlo wabo.
30 Imbewu iya kumkhonza;
Kuya kubaliselwa isizukulwana ngayo
iNkosi.
31 Baya kuza baxele ubulungisa bayo
Kubantu abaza kuzalwa, ukuba oko
ukwenzile.

UYehova ngumalusi wam

23 Umhobe kaDavide.

1 UYehova ngumalusi wam, andisweli
lutho.
2 Wènza ukuba mandibuthe emakriweni
aluhlaza;
Úndithundezela emanzini angawoku-
phumla.
3 Úyawubuyisa umphefumlo wam;
Úndikhaphela ezindleleni zobulungisa
ngenxa yegama lakhe.
4 Nokuba ndihamba emfuleni wethunzi
lokufa,
Andiyi koyika bubi, ngokuba ùnam
wena;
Intonga yakho, umsimelelo wakho,
uyandithuthuzela.
5 Ùndilungisela isithebe phambi kwa-
babandezeli bam,
Úyithambisa ngeoli intloko yam,
Indebe yam iyaphalala.
6 Inene, ndiya kulandelwa kokulungileyo
nenceba
Yonke imihla yobomi bam,
Ndihlale endlwini kaYehova
Imihla emide.

UYehova uMdali netempile yakhe

24 Umhobe kaDavide.

1 LelikaYehova ihlabathi nenzaliseko yalo,
Elimiweyo, nabahleli kulo;
2 Ngokuba yena waliseka phezu kwee-
lwandle,
Walizinzisa phezu kwemilambo.

Ngubani na onokunyuka aye entabeni 3
kaYehova?
Ngubani na onokuma endaweni yakhe
engcwele?
Ngozandla zimsulwa, ontliziyo inyulu, 4
Ongawuphakamiseli kwinkohlakalo u-
mphefumlo wakhe,
Ongafungiyo ngenkohliso.
Úya kwamkela intsikelelo kuYehova, 5
Nobulungisa kuThixo ongumsindisi wa-
khe.
Siso eso isizukulwana sabamngxame- 6
leyo,
Sababufunayo ubuso bakho, Thixo ka-
Yakobi.   (Phakamisani.)

Phakamisani iintloko zenu, masango; 7
Niziphakamise, minyango yaphakade,
Angene uKumkani wozuko.
Ngubani na ke lo Kumkani wozuko? 8
NguYehova onamandla, oligorha;
NguYehova, igorha emfazweni.

Phakamisani iintloko zenu, masango, 9
Niziphakamise, minyango yaphakade,
Angene lo Kumkani wozuko.
Ngubani na ke yena uKumkani wozuko? 10
NguYehova wemikhosi,
Nguye lo Kumkani wozuko.
        (Phakamisani.)

Umthandazo wokucela ugcino nokuxolelwa

25 EkaDavide.

Ndiwuphakamisela kuwe, Yehova, u- 1
mphefumlo wam.
Thixo wam, ndikholosé ngawe, 2
Mandingadani;
Mazingandivuyeleli iintshaba zam.
Ewe, bonke abo bakuthembayo abayi 3
kudana;
Kuya kudana abo banginiza ngelizé.
Ndázise iindlela zakho, Yehova, 4
Ndifundise umendo wakho.
Ndínyathelise enyanisweni yakho, undi- 5
fundise;
Ngokuba ùnguThixo ongumsindisi
wam;
Ndithembé wena yonke imihla.

IINDUMISO 25–27

6 Khumbula iimfesane zakho, Yehova,
neenceba zakho;
Ngokuba kususela kwaphakade zikho.
7 Musa ukuzikhumbula izono zobutsha
bam, nokreqo lwam;
Ndíkhumbule ngokwenceba yakho wena,
Ngenxa yokulunga kwakho, Yehova.
8 Úlungile, uthe tye uYehova;
Ngenxa yoko úyabayalela indlela aboni.
9 Úyabanyathelisa abalulamileyo emasikweni akhe,
Abafundise abalulamileyo indlela yakhe.
10 Zonke iindlela zikaYehova ziyinceba nenyaniso,
Kwabagcina umnqophiso wakhe nezingqino zakhe.
11 Ngenxa yegama lakho, Yehova, xolela ubugwenxa bam,
Ngokuba bukhulu bona.

12 Ngubani na ke umntu omoyikayo uYehova?
Wómyalela indlela aya kuyinyula.
13 Umphefumlo wakhe wohlala wonwabile,
Imbewu yakhe ilidle ilifa ilizwe.
14 Ukucweya kukaYehova kunabamoyikayo;
Ubazísa umnqophiso wakhe.

15 Amehlo am ahlala emi kuYehova,
Ngokuba nguye ozirholayo elutháñjeni iinyawo zam.
16 Ndíbheke, undibabale,
Ngokuba ndindodwa, ndibandezelekile.
17 Iimbandezelo zentliziyo yam ziphangalalisiwe;
Ndíkhuphe ekucuthekeni kwam.
18 Khangela ukucinezeleka kwam nokwaphuka kwam,
Uxolele zonke izono zam.
19 Zikhangele iintshaba zam, ngokuba zininzi;
Zindithiye ngentiyo egonyamelayo.
20 Wugcine umphefumlo wam, undihlangule;
Mandingadani, ngokuba ndizímela ngawe.
21 Ukugqibelela nokuthi tye makundilondoloze,
Ngokuba ndithembele kuwe.

Khulula uSirayeli, Thixo, 22
Ezimbandezelweni zakhe zonke.

Ukuqononondisa kobulungisa

26 EkaDavide.

Líthethe ityala lam, Yehova, ngokuba 1
mna ndihambé engqibelelweni yam,
Ndakholosa ngoYehova, andahexa.
Ndícikide, Yehova, undilinge; 2
Nyibilikisa izintso zam nentliziyo yam.

Ngokuba inceba yakho iphambi kwamehlo am, 3
Ndihamba enyanisweni yakho.
Andihlali namadoda akhohlakeleyo, 4
Àndihambi nabanyhwalazi.
Ndilithiyile ibandla labenzi bobubi, 5
Àndihlali nabangendawo.
Ndizihlamba kokumsulwa izandla zam, 6
Ndisiphàhle isibingelelo sakho, Yehova,
Ukuba ndivakalise izwi lokubulela, 7
Ndibalise ngayo yonke imisebenzi yakho ebalulekileyo.

Yehova, ndiyalithanda ikhaya eliyindlu 8
yakho,
Nendawo yokuhlala kozuko lwakho.
Musa ukuwubuthela umphefumlo wam 9
ndawonye naboni,
Ubomi bam ndawonye namadoda anamagazi;
Wòna azandla zinamanyala, 10
Wòna ezokunene zawo zizeleyo zizicengo.
Mna ke okwam ndihamba engqibele- 11
lweni yam;
Ndíkhulule, undibabale.
Unyawo lwam lumi endaweni ebanzi; 12
Ndimbonga uYehova ndisemabandleni.

Ukukholosa ngoThixo ngokungoyiki

27 EkaDavide.

NguYehova umkhanyiseli wam nomsi- 1
ndisi wam, ndiya koyika bani na?
NguYehova inqaba yobomi bam, ndiya
kunkwantya ngabani na?
Bakusondela kum abenzi bobubi ukuba 2
badle inyama yam,
Bakuza ababandezeli bam neentshaba
zam kum, bákhubeka bawa bona.

IINDUMISO 27-29

3 Bendingafanelana ndirhawulwe ngumkhosi isuka ingoyiki intliziyo yam;
Bendingafanelana ndiphakanyelwe yimfazwe, ndisuka ndithembe noko.

4 Ndicelé nto-nye kuYehova, ndifuna yona:
Ukuba ndihlale endlwini kaYehova yonke imihla yobomi bam,
Ndibòne ubuhle bukaYehova, ndiphicothe etempileni yakhe.

5 Ngokuba úndigusha emnqubeni wakhe ngemini yobubi,
Undisithelisa esitheni lentente yakhe,
Undimisa eweni.

6 Ngoku ke iya kuphakama intloko yam phezu kweentshaba zam ezindijikelezayo,
Ndibingelèle ententeni yakhe imibingelelo yokuduma,
Ndivume, ndibethe uhadi kuYehova.

7 Yiva, Yehova, ndakubiza ngezwi lam;
Ndibabale, undiphendule.
8 Intliziyo yam ithi kuwe, kweli ùthi,
Funani ubuso bam,
Ubuso bakho, Yehova, ndiya kubufuna.
9 Musa ukubusithelisa ubuso bakho kum;
Musa ukumgila umkhonzi wakho ngomsindo;
Ùluncedo lwam, musa ukundilahla;
Musa ukundishiya, Thixo ondisindisayo.
10 Ngokuba ubawo noma bandishiyile,
Wesuka uYehova wandichola.
11 Ndíyalele, Yehova, indlela yakho,
Ndíkhaphe emendweni othe tye, ngenxa yabandilaleleyo.
12 Musa ukundinikela elitheni labandibandezelayo,
Ngokuba ndiphakanyelwe ngamangqina axokayo, nabafutha ukugonyamela.

13 Ndinge ndiphelelwe, koko bendikholwa kukuba ndokubona ukulunga kukaYehova
Ezweni lobu bomi.
14 Thembela kuYehova;
Yomelela, ikhaliphe intliziyo yakho,
Uthembele kuYehova.

Umthandazo wokucela usindiso

28 EkaDavide.

Ndidanduluka kuwe, Yehova; 1
Liwa lam, musa ukuzenza isithulu;
Hleze, wakuthi cwaka kum,
Ndifane nabahla baye emhadini.
Yiva izwi lokukhunga kwam ekuzibikeni 2
kwam kuwe,
Ekuziphakamiseleni kwam izandla zam kwingcwele kangcwele.

Musa ukundiqweqwedisa nabangendawo, 3
Nabenzi bobutshinga;
Abathetha uxolo kummelwane wabo,
Benobubi ezintliziyweni zabo.
Bánike ngokwemisebenzi yabo, ngoko- 4
bubi beentlondi zabo;
Bánike ngokwezenzo zezandla zabo;
Bábuyisele ngokwempatho yabo.
Ekubeni bengayiqondi imisebenzi ka- 5
Yehova,
Nezenzo zezandla zakhe,
Úya kubagungxula, angàbakhi.

Makabongwe uYehova, 6
Kuba elivile ilizwi lokukhunga kwam.
NguYehova amandla am nengweletshe- 7
tshe yam;
Yakholosa ngaye intliziyo yam, ndancedeka.
Iyadlamka ke intliziyo yam,
Ndiyamdumisa ngengoma yam.
UYehova ungamandla kubo; 8
Uligwiba losindiso kumthanjiswa wakhe yena.

Sindisa abantu bakho, 9
Usikelele ilifa lakho,
Ubaluse, ubathwale kude kuse ephakadeni.

Izwi likaThixo esaqhwithini

29 Umhobe kaDavide.

Mnikeni uYehova, nina nyana baka- 1
Thixo,
Mnikeni uYehova uzuko namandla.

IINDUMISO 29–31

2 Mnikeni uYehova uzuko lwegama lakhe;
 Qubudani kuYehova nívethe ezingcwele.
3 Izwi likaYehova liphezu kwamanzi;
 UThixo wozuko uyadudumisa,
 KwauYehova phezu kwamanzi amaninzi.
4 Izwi likaYehova linamandla,
 Izwi likaYehova linobungangamela;
5 Izwi likaYehova laphula imisedare,*
 UYehova waphula imisedare yaseLebhanon.
6 Uyidlobisa njengenkonyana,
 ILebhanon neSiriyon njengethole lenqu.
7 Izwi likaYehova lilenyise okwamalangatye omlilo,
8 Izwi likaYehova liyenza isaqhwithi intlango,
 UYehova uyenza isaqhwithi intlango yaseKadeshe.
9 Izwi likaYehova lizuzisa amaxhamakazi,
 Lihlube amahlathi;
 Etempileni yakhe into yonke iphela ithi,
 Luzuko!

10 UYehova wahlala kunogumbe,
 UYehova uhleli enguKumkani ngonaphakade.
11 UYehova uya kubanika abantu bakhe amandla,
 UYehova uya kubasikelela abantu bakhe ngoxolo.

Umbongo ngenxa yokusindiswa ekufeni

30 Umhobe: ingoma yokusungulwa kwayo indlu. EkaDavide.

1 Ndiya kukuphakamisa, Yehova, kuba undirholile wandinyusa,
 Akwazivuyisa iintshaba zam ngam.
2 Yehova, Thixo wam,
 Ndazibika kuwe, wandiphilisa;
3 Yehova, uwunyusile kwelabafileyo umphefumlo wam,
 Wandidlisa ubomi, ukuba ndingehli ndiye emhadini.
4 Mbetheleni uhadi uYehova, nina bakhe benceba,
 Nibulele isikhumbuzo sakhe esingcwele.

5 Ngokuba yinto yephanyazo umsindo wakhe,
 Itarhu lakhe liyinto yobomi;
 Ngokuhlwa kulalisa ukulila,
 Kusasa kubakho ukumemelela.

6 Ke mna ndathi ebunqobeni bam,
 Andiyi kushukunyiswa naphakade.
7 Yehova, enkolosekweni yakho ùbuyiqinisile intaba yam;
 Ubusithelisile ubuso bakho, ndakhwankqiswa.

8 Ndadanduluka kuwe, Yehova,
 Ndakhunga kuYehova:
9 Ndathi, Kukho nzuzo yani na egazini lam, ekuhlèni kwam ndiye esihogweni?
 Lokudumisa na uthuli? Ioyixela na inyaniso yakho?

10 Yiva, Yehova, undibabale;
 Yehova, yiba ngumncedi wam.
11 Wakugúqula ukulila kwam, kwaba kukuqamba;
 Wandikhulula ezirhwexayo, wandibhinqisa uvuyo,
12 Ukuze uzuko lwam luvume ngawe, lungàthi cwaka.
 Yehova, Thixo wam, ndiya kubulela kuwe ngonaphakade.

Ukukholosa ngoThixo embandezelweni

31 Kumongameli. Umhobe kaDavide.

1 Ndizímela ngawe, Yehova, mandingaze ndidaniswe;
 Ndísize ngobulungisa bakho.
2 Ndíthobele indlebe yakho, ungxame undihlangule;
 Yiba liliwa eliligwiba kum,
 Indlu yemboniselo yokundisindisa.
3 Ngokuba ingxondorha yam nemboniselo yam nguwe;
 Ngenxa yegama lakho ùya kundikhapha undithundeze.
4 Ùya kundirhola esibatheni ababesigqumele mna,
 Ngokuba ùyinqaba yam.
5 Ndiwuyaleza umoya wam esandleni sakho;

IINDUMISO 31-32

Uyandikhulula, Yehova, Thixo wenyaniso.
6 Ndibathiyile abagcine amampunge angento yanto.
Ndikholose ngoYehova mna.
7 Ndiya kugcoba ndivuye ngenceba yakho,
Ngenxa enokuba uzibonile iintsizi zam,
Wazazi iingxingongo zomphefumlo wam;
8 Akwandivingcela ngesandla seentshaba,
Wazimisa endaweni ebanzi iinyawo zam.

9 Ndibabale, Yehova, ngokuba ndibandezelekile;
Lonakele kukukhathazeka iliso lam,
nomphefumlo wam, nesisu sam;
10 Ngokuba buphelile sisingqala ubomi bam,
Neminyaka yam kukuncwina;
Ayagexa amandla am ngobugwenxa bam,
Namathambo am aluphele.
11 Ngenxa yababandezeli bam bonke ndaba sisingcikivo,
Ngokukodwa kubamelwane bam; ndaba yinto yokunkwantyisa kwabandaziyo;
Abandibonayo ngaphandle baya ndibaleka.
12 Ndilityelwe njengomfi ongasakhunjulwayo;
Ndinjengesitya esiza kulahlwa.
13 Ngokuba ndive intlebendwane yabaninzi,
Ukunxunguphala ngeenxa zonke.
Ekuguguleni kwabo ngam,
Bankqangiyela ukuthabatha umphefumlo wam.
14 Ke mna ndikholosé ngawe, Yehova;
Ndithi, ÙnguThixo wam wena.
15 Asesandleni sakho amaxesha am;
Ndihlangule esandleni seentshaba zam nakwabandisukelayo.
16 Khanyisa ubuso bakho phezu komkhonzi wakho;
Ndisindise ngenceba yakho.
17 Yehova, andiyi kudana, ngokuba ndinqula wena;
Makudane abangendawo, bathi cwaka kwelabafileyo.
18 Mawubotshwe umlomo wobuxoki,

Othetha ngelungisa ngokusa,
Únekratshi, údela.

Hayi, ubukhulu bokulunga kwakho, 19
obuqwebele abakoyikayo,
Obenzela abazimela ngawe, ebusweni boonyana babantu!
Ubasithelisa esitheni lobuso bakho 20
kumayelenqe abantu;
Uyabagusha emnqubeni ekubambaneni kweelwimi.
Makabongwe uYehova, 21
Ngokuba endenzele inceba ebalulekileyo emzini onqabileyo.
Ke mna ndathi ekuphakuzeleni kwam, 22
Ndinqanyúlwe andabakho emehlweni akho.
Waliva noko izwi lokukhunga kwam ekuzibikeni kwam kuwe.

Thandani uYehova, nonke nina bakhe 23
benceba;
NguYehova umlondolozi wabanyanisileyo,
Umphindezeli ngokukhulu kowenza ngekratshi.
Yomelelani, ikhaliphe intliziyo yenu 24
Nonke nina nithembéle kuYehova.

Uyolo loxolelo lwezono

32 EkaDavide. Eyokuqiqa.

Hayi, uyolo lwakhe olukreqo luxolelweyo, osono siselelweyo! 1
Hayi, uyolo lomntu angabubaleliyo 2
uYehova kuye ubugwenxa,
Ekungekho kukhohlisa emoyeni wakhe!
Ndithi ndakuthi cwaka, aluphale amathambo am 3
Ngokubhonga kwam imihla yonke.
Ngokuba imini nobusuku, besinzima 4
phezu kwam isandla sakho,
Baguquka ubumanzi bam, baba kukubalela kwasehlotyeni. (Phakamisani.)
Ndikwazisile isono sam, ubugwenxa 5
bam andabugquma;
Ndathi, Ndoluvuma ukreqo lwam kuYehova,
Wabuxolela ke wena ubugwenxa besono sam. (Phakamisani.)

IINDUMISO 32-34

6 Ngenxa yoko mabathandaze kuwe bonke abenceba ngexesha lokukufumana;
Inene, ekukhukuleni kwamanzi amaninzi
Akayi kufika kubo.
7 Wena uyindawo yokuzímela kwam;
uyandilondoloza embandezelweni,
Undingqònge ngomemelelo lokusiza.
(Phakamisani.)

8 Ndiya kukuqiqisa ndikuyalele indlela owohamba ngayo:
Ndiya kukucebisa, iliso lam likuwe.
9 Musani ukuba njengamahashe, njengoondlebende, ukungabi nangqondo;
Abazivatho zingumkhala, neentambo zokubabopha umlomo;
Bengenazo abasayi kusondela kuwe.
10 Mkhulu umvandedwa wongendawo;
Ke okholosa ngoYehova, yena uya kumjikela ngenceba.
11 Vuyani kuYehova, nigcobe, nina malungisa,
Nimemelele, nina nonke bantliziyo zithe tye.

Umbongo kuThixo uMdali noMlondolozi

33 Memelelani kuYehova, nina malungisa;
Ibafanele abathe tye indumiso.
2 Bulelani kuYehova ngohadi,
Mbetheleni umrhubhe ontambo zilishumi.
3 Mvumeleni ingoma entsha,
Nilungise ukubetha ngelokuduma;

4 Nokuba lithe tye ilizwi likaYehova,
Konke akwenzayo kuthembekile.
5 Ngumthandi wobulungisa nokusesikweni,
Lizele ihlabathi yinceba kaYehova.
6 Lênzeka ngelizwi likaYehova izulu,
Umkhosi walo lonke ngomoya womlomo wakhe.
7 Ulobutha njengemfumba amanzi olwandle,
Ulobeka koovimba amanzi enzonzobila.

8 Malimoyike uYehova lonke ihlabathi,
Bamhlonele bonke abemi belimiweyo;

Ngokuba wathetha, kwabakho; 9
Wawisa umthetho yena, kwema.
UYehova ulitshitshisile icebo leentlanga; 10
Uzaléle iingcinga zezizwe.
Icebo likaYehova limi ngonaphakade, 11
Iingcinga zentliziyo yakhe kwizizukulwana ngezizukulwana.
Hayi, uyolo lohlanga oluThixo walo 12
unguYehova;
Lwabantu abanyulileyo, baba lilifa kuye.

Uqondéle esemazulwini uYehova; 13
Uyababona bonke oonyana babantu;
Esendaweni yakhe yokuhlala, wondele 14
Kubemi bonke behlabathi:
Ulobumba ngakunye intliziyo yabo, 15
Uloqonda zonke izenzo zabo.
Akukho kumkani osindiswa yimpi enkulu; 16
Igorha àlihlangulwa ngamandla alo amakhulu.
Liyaxoka ihashe ukuba lingásindisa, 17
Nangamandla alo amakhulu alinakusiza.
Yabona, iliso likaYehova likubo abamoyikayo, 18
Abalindéle inceba yakhe,
Ukuba awuhlangule ekufeni umphefumlo wabo, 19
Abagcine ngexesha lendlala.

Umphefumlo wethu ulindele kuYehova; 20
Nguye uncedo lwethu, nengweletshetshe yethu.
Ngokuba iya kuvuya ngaye intliziyo 21
yethu,
Sikholosile nje ngegama lakhe elingcwele.

Inceba yakho mayibe phezu kwethu, 22
Yehova,
Njengoko sikulindeleyo kuwe.

Ugcino lukaThixo kwabakhe

34 EkaDavide; oko wazenza ophambene ingqondo phambi koAbhimeleki, waza yena wamgxotha, wahamba.

Ndiya kumbonga uYehova ngamaxesha 1
onke,
Ihlale isemlonyeni wam indumiso yakhe.

2 Úya kuqhayisa umphefumlo wam ngoYehova;
Bova abalulamileyo, bavuye.
3 Menzeni mkhulu kunye nam uYehova,
Siliphakamise kunye igama lakhe.

4 Ndamfuna uYehova, wandiphendula;
Wandihlangula kwiinto zonke endinxunguphala zizo.
5 Babheka kuye, bakhazimla;
Ubuso babo ababa nazintloni.
6 Usizana lwadanduluka, weva uYehova,
Walusindisa ezimbandezelweni zalo zonke.
7 Isithunywa sikaYehova sibangqinga ngeenxa zonke abamoyikayo,
Sibahlangule.
8 Yivani, nibone ukuba ulungile uYehova.
Hayi, uyolo lomfo ozimela ngaye!
9 Moyikeni uYehova, nina bangcwele bakhe,
Ngokuba abanakuswela abamoyikayo.
10 Iingonyama ezintsha ziyaswela, zilambe;
Ke bona abamfunayo uYehova abasweli nanye into elungileyo.

11 Yizani, bonyana, phulaphulani kum;
Ndonifundisa ukoyika uYehova.
12 Ngubani na umntu obungxameleyo ubomi,
Othanda imihla yokubona okulungileyo?
13 Gcina ulwimi lwakho ebubini,
Umlomo wakho ungathethi nkohliso.
14 Suka ebubini, wenze okulungileyo;
Funa uxolo, uluphuthume.
15 Amehlo kaYehova akumalungisa,
Iindlebe zakhe zisekuzibikeni kwawo.
16 Ubuso bukaYehova bujonge abenzi bokubi,
Ukuba akunqumle ehlabathini ukukhunjulwa kwabo.
17 Akhala, weva uYehova;
Wawahlangula ezimbandezelweni zawo zonke.
18 Usondele uYehova kwabantliziyo zaphukileyo,
Abasindise abamoya utyumkileyo.
19 Buninzi ububi obulihlelayo ilungisa,
Ke uYehova ulihlangula kubo bonke.
20 Uyawagcina onke amathambo alo,
Akwaphuki nalinye kuwo.

21 Ububi buyambulala ongendawo;
Abathiyi belungisa bayalithwala ityala.
22 UYehova uyawukhulula umphefumlo wabakhonzi bakhe,
Bangàthwali tyala bonke abazimela ngaye.

Umthandazo wokucela ukugwetywa kwamatshijolo

35 EkaDavide.

1 Bambana, Yehova, nababambana nam.
Yilwa nabalwa nam.
2 Qubula ikhaka nengweletshetshe,
Usuk' ume undincede.
3 Rhola umkhonto, uvingce indlela yabandisukelayo;
Yithi kumphefumlo wam, Ndilusindiso lwakho.

4 Mabadane, bahlazeke, abazungula umphefumlo wam;
Mababuye umva babe neentloni abacinga ububi ngam.
5 Mababe njengomququ phambi komoya,
Sibatyhale isithunywa sikaYehova, bawe.
6 Indlela yabo mayibe mnyama, ibe buthelezi,
Sibasùkele isithunywa sikaYehova.
7 Ngokuba basigqumele mna isibatha sabo ngelizé;
Bawumbela isihogo umphefumlo wam ngelizé.
8 Mayimfikele intshabalalo engazi;
Sibambise yena isibatha sakhe awasigqumayo,
Eyele kuso ngesithonga.
9 Wógcoba ke umphefumlo wam kuYehova,
Ube nemihlali ngosindiso lwakhe.
10 Onke amathambo am aya kuthi,
Yehova, ngubani na onjengawe,
Mhlanguli wosizana kowomeleleyo kunalo,
Kwausizana nehlwempu kumxhakamfuli walo?

11 Kusuke kwema amangqina angenakulungisa,
Andibuza into endingayaziyo.

IINDUMISO 35-36

12 Bandibuyekeza ngobubi esikhundleni sokulungileyo;
Uxhwalekile umphefumlo wam.

13 Ke mna, xa babesifa, iingubo zam bezizezirhwexayo;
Ndawucinezela umphefumlo wam ngokuzila ukudla;
Umthandazo wam wabuyela esifubeni sam.

14 Ndaziphatha njengokungathi únguwethu, njengokungathi úngumzalwana kum, ukuhamba-hamba kwam;
Ndanga ndingombambazelela unina, ukuthobeka kwam, ndinezimnyama zokuzila.

15 Ke ekuqhwaleleni kwam avuya, ahlangana,
Ahlangana ngam amagxidolo, nendingabaziyo,
Bandihlalela ngentlamba, àbayeka.

16 Ngokweentshembenxa ezizihiba ngenxa yesonka,
Banditshixizela amazinyo.

17 Nkosi, kunini na ubonela?
Buyisa umphefumlo wam kwiintshabalaliso zabo,
Okuphela kwawo ezingonyameni.

18 Ndiya kubulela kuwe ebandleni elikhulu,
Ebantwini abaninzi ndiya kukudumisa.

19 Mazingandivuyeleli iintshaba zam ngobuxoki,
Bangatyandelani ngoshiyi abandithiyayo ngelizé:

20 Ngokuba àbathethi luxolo;
Bacinga amazwi enkohliso ngabanyhamnyhekileyo belizwe.

21 Bayandisinekela,
Bathi, Tshotsho! Tshotsho! Abonile amehlo ethu.

22 Ùbonile, Yehova; musa ukuba sisithulu;
Nkosi, musa ukuba kude kum.

23 Zivuse, uphaphe ngenxa yebango lam, Thixo wam, Nkosi yam, ngenxa yento esibambene ngayo.

24 Lithethe ityala lam ngokobulungisa bakho,
Yehova Thixo wam;
Mabangandivuyeleli;

25 Mabangàthi entliziyweni yabo,
Tshotsho! Nantso into ebe siyfuna!
Mabangàthi, Simginyile.

26 Mabadane, babe neentloni kunye Abavuyela ububi bam;
Bambathe ukudana nehlazo Abazikhulisayo kunam.

27 Mabamemelele, bavuye, abananzé ubulungisa bam,
Bahlale besithi, Makabe mkhulu uYehova,
Ulonanzé uxolo lomkhonzi wakhe.

28 Ulwimi lwam luya kuxela ubulungisa bakho
Nendumiso yakho, imihla yonke.

Ukungoyiki kwabantu abanobubi; inceba kaThixo

36 Kumongameli. Eyomkhonzi kaYehova. EkaDavide.

1 Ongendawo unezihlabo zokreqo entliziyweni yakhe ngaphakathi, ezithi,
Akukho koyika Thixo emehlweni akhe,

2 Ngokuba zithetha kuye ngokugudileyo emehlweni akhe,
Zide zimfumanise ubugwenxa bakhe, zimthiye.

3 Amazwi omlomo wakhe abubutshinga nenkohliso;
Uyekile ukwenza ngokuqiqa nangokulungisa.

4 Ucinga ubutshinga elukhukweni lwakhe;
Uzimisa endleleni engalungileyo;
Akabucekisi ububi.

5 Yehova, inceba yakho ifikelela ezulwini.
Ukuthembeka kwakho esibhakabhakeni.

6 Ubulungisa bakho bunjengeentaba zikaThixo;
Izigwebo zakho zingamanzi enzonzobila;
Ùsindisa umntu neenkomo, Yehova.

7 Hayi, ixabiso lenceba yakho, Thixo!
Oonyana babantu bazímela ngethunzi lamaphiko akho.

8 Bayahluthiswa kukutyeba kwendlu yakho;
Ubaseza emlanjeni weziyolo zakho.

IINDUMISO 36-37

9 Ngokuba likuwe ithende lobomi;
Ekukhanyeni kwakho sibona ukukhanya.

10 Bólulele inceba yakho abakwaziyo,
Ubolulele ubulungisa bakho abantliziyo zithe tye.
11 Malungandinyatheli unyawo lonekratshi,
Singandiphekuzi isandla sabangendawo.
12 Nâbo bewile abasebenzi bobutshinga;
Batyhalwé bawa, ababa nakuvuka.

UYehova uyabalondoloza abakholosa ngaye; abangendawo baya kutshabalala

37 EkaDavide.

1 Musa ukuzivuthisa ngomsindo ngabenzi bobubi;
Musa ukubamonela abenzi bobugqwetha.
2 Ngokuba baya kusikwa kamsinyane njengengca,
Babune njengohlaza oluphumayo.
3 Kholosa ngoYehova, wenze okulungileyo;
Limé ilizwe, ulandelane nokuthembeka.
4 Ziyolise ngoYehova;
Wókunika okunqwenelwa yintliziyo yakho.
5 Yiyekele kuYehova indlela yakho,
Ukholose ngaye; wókwenzela,
6 Abuvelise njengokukhanya ubulungisa bakho,
Nebango lakho njengemini enkulu.
7 Yithi cwaka kuYehova, ulindele kuye;
Musa ukuzivuthisa ngomsindo ngonempumelelo ngendlela yakhe,
Ngomntu ofeza amayelenqe.
8 Lahla umsindo, ushiye ubushushu;
Musa ukuzivuthisa ngomsindo, kuba oko kusingisa ekwenzeni ububi kuphela.
9 Ngokuba abenzi bobubi baya kunqunyulwa;
Ke bona abamthembayo uYehova, baya kulidla ilifa ilizwe.
10 Kusaya kuba mzuzwana, angabikho ongendawo;
Ùthi wakuyikhangela indawo yakhe, angabikho.

11 Ke bona abalulamileyo baya kulidla ilifa ilizwe,
Baziyolise ngobuninzi boxolo.
12 Ongendawo ulenzela amayelenqe ilungisa,
Ulitshixizela amazinyo akhe.
13 INkosi iyamhleka,
Ngokuba ibona ukuba iyeza imini yakhe.
14 Barholé ikrele abangendawo, bagobé isaphetha sabo,
Ukuba bawise usizana nehlwempu,
Basike abandlela zithe tye.
15 Ikrele labo liya kungena kwakweyabo intliziyo,
Zaphuke izaphetha zabo.
16 Ilungile intwana elinayo ilungisa,
Kunentabalala abanayo abangendawo abaninzi:
17 Ngokuba iingalo zabangendawo ziya kwaphulwa;
NguYehova umxhasi wamalungisa.
18 NguYehova umazi wemihla yabagqibeleleyo,
Nelifa labo liya kuba ngunaphakade.
19 Àbayi kudana ngexesha lobubi;
Baya kuhlutha ngeemini zendlala:
20 Ngokuba abangendawo bayatshabalala;
Iintshaba zikaYehova zinjengobuhle bamadlelo;
Ziya kuphela njengomsi, ziphele.
21 Úyaboleka ongendawo, angabuyisi;
Ke lona ilungisa liyababala, liphe.
22 Ngokuba abasikelelweyo nguye baya kulidla ilifa ilizwe,
Banqanyulwe abatshabhisiweyo nguye.
23 Amanyathela omfo aqiniswa nguYehova,
Ayithande indlela yakhe.
24 Ewíle, akayi kuqungquluza,
Ngokuba nguYehova umxhasi wesandla sakhe.
25 Ndaka ndamtsha, kungokunje ndimdala;
Ukanti andizanga ndilibone ilungisa lishiywa,
Nembewu yalo ivukela ukutya.
26 Imihla yonke liyababala, liboleke abanye;
Nembewu yalo iyintsikelelo.
27 Suka ebubini, wenze okulungileyo,
Uhlale ngonaphakade.

IINDUMISO 37-38

28 Ngokuba uYehova uthanda okusesikweni,
Angabashiyi abenceba bakhe;
Bagciniwe ngonaphakade:
Ke yona imbewu yongendawo iyanqanyulwa.
29 Amalungisa aya kulidla ilifa ilizwe,
Ahlale kulo ngonaphakade.
30 Umlomo welungisa uxela ubulumko,
Nolwimi lwalo luthetha okusesikweni.
31 Umyalelo woThixo walo usentliziyweni yalo;
Akayi kuhexa amanyathela alo.
32 Ongendawo uyalilalela ilungisa,
Ufuna ukulibulala.
33 UYehova akalinikeli esandleni sakhe,
Angàligwebi ekuthethweni kwetyala lalo.

34 Thembela kuYehova, ugcine indlela yakhe;
Wokuphakamisa, ulidle ilifa ilizwe;
Ekunqanyulweni kongendawo wobonela.
35 Ndimbonile ongendawo, oyingqwangangqwili,
Exanda njengomthi omililileyo, uluhlaza;
36 Kwadlula umntu, nanko engasekho;
Ndamfuna, akafumaneka.
37 Gcina ogqibeleleyo, ukhangele othe tye;
Ngokuba izivela-mva zezomntu woxolo.
38 Ke bona abangendawo batshatyalaliswa kuphele;
Izivela-mva zongendawo ziyanqanyulwa.
39 Usindiso lwamalungisa luphuma kuYehova;
Uligwiba lawo ngexesha lembandezelo.
40 UYehova uyawanceda, awasindise,
Awasindise kongendawo, awasindise,
Ngokuba azimela ngaye.

Indumiso yosezintlungwini, ezohlwaya

38 Umhobe kaDavide: eyokukhumbuza.

1 Yehova, musa ukundohlwaya únoburhalarhume,
Unganditheethisi únobushushu:
2 Ngokuba iintolo zakho zitshoné kum,
Sehla kanzima kum isandla sakho.

Akukho ndawo iphilileyo enyameni 3
yam, ngenxa yokubhavuma kwakho;
Akukho kuphila emathanjeni am, ngenxa yezono zam.
Ngokuba ubugwenxa bam bugqithile 4
entlokweni yam,
Bundisinda njengomthwalo onzima.
Iyanuka, iyabhiqiza imivumbo yam, 5
Ngenxa yokumatha kwam.
Ndiyapenapena, ndisibekeke kakhulu; 6
Yonke imini ndihamba-hamba ngezimnyama zokuzila.
Ngokuba kuyatshisa emihlubulweni 7
yam,
Akukho ndawo iphilileyo enyameni yam.
Ndiqobekile, ndityumkile kakhulu; 8
Ndibhongiswa kukugcuma kwentliziyo yam.

Nkosi yam, úphambi kwakho wonke 9
umnqweno wam,
Nokuncwina kwam akusithele kuwe.
Iphaphu lam liyabetha, ndiphelélwe 10
ngamandla;
Ukukhanya kwamehlo am, nako oko,
akukho kum.
Abandithandayo nowethu bamele mga- 11
ma ekubethweni kwam,
Nezalamane zam zimi kude.
Bandithiyele abafuna umphefumlo 12
wam;
Abangxamele ukuba ndihlelwe bububi
bathetha izinto zokweyelisela,
Bacamanga inkohliso imini yonke.
Ke mna ndinjengesithulu, andiva; 13
Njengesidenge esingawuvuliyo umlomo
waso.
Ndinjengomntu ongeva nto, 14
Omlomo ungenakuthethisa.
Ngokuba ndilindéle kuwe, Yehova; 15
Kuya kuphendula wena, Nkosi yam,
Thixo wam,
Ngokuba ndithi, Hleze bandivuyelele 16
Bona abo bangázikhulisayo kum ekutyibilikeni konyawo lwam.
Ngokuba ndihlalele ukujingxela, 17
Umvandedwa wam uphambi kwam
amaxesha onke.
Ngokuba ndiya kubuxela ubugwenxa 18
bam;
Ndinesithukuthezi ngenxa yesono sam.

19 Ke zona iintshaba zam ziphilile, ziziimfidi;
Baninzi abandithiyileyo bexoka;
20 Abandibuyekeza ngobubi esikhundleni sokulungileyo
Bayandichasa, ngenxa yokuphuthuma kwam okulungileyo.
21 Musa ukundishiya, Yehova;
Thixo wam, musa ukuba kude nam.
22 Khawuleza undincede,
Nkosi yam, Msindisi wam.

Amampunge nesithingathinga sobomi

39 Kumongameli, kuYedutun. Umhobe kaDavide.

1 Ndathi, Ndiya kuzigcina iindlela zam,
Ndingoni ngolwimi lwam;
Ndiya kuwugcina ngokuwubopha umlomo wam,
Xa ongendawo asephambi kwam.
2 Ndaba sisidenge, ndathozama,
Ndazisulungisa nakokulungileyo;
Wagxobha-gxobheka umvandedwa wam.
3 Yaba nobushushu intliziyo yam phakathi kwam,
Ekucamangeni kwam wavutha umlilo.
Ndathetha ke ngolwimi lwam,
4 Ndathi, Ndázise, Yehova, isiphelo sam,
Nomlinganiso wemihla yam, into oyiyo;
Mandikwazi ukunqamka kwam, into okuyiyo.
5 Yabona, ùyenzé imihla yam yangangobubanzi besandla;
Nobomi bam bunjengento engento phambi kwakho;
Ngumphunga nje bonke abantu, nakuba bemi. (Phakamisani.)
6 Ùhamba-hamba umntu enjengesithunzi nje kodwa;
Baxokozela ngomphunga nje kodwa;
Bafumba, bengazi ukuba ngubani na oya kukuhlanganisa.
7 Ngoku ndiya kuthembela kwintoni na, Nkosi yam?
Ukulinda kwam kukuwe.
8 Ndihlangule elukreqweni lwam lonke;
Musa ukundimisela ingcikivo yesidenge.

Ndisisidenge, umlomo wam andiwuvuli, 9
Ngokuba oko kwenziwe nguwe.
Sisuse kum isibetho sakho; 10
Mna ndiyaphela kukutyundyutha kwesandla sakho.
Wakumthethisa umntu ngezohlwayo 11 ngenxa yobugwenxa,
Uyasonakalisa njengenundu isoya sakhe;
Bangumphunga nje kodwa bonke abantu. (Phakamisani.)

Yiva umthandazo wam, Yehova, 12
Kubekele indlebe ukuzibika kwam.
Musa ukuthi tu ezinyembezini zam;
Ngokuba ndingumphambukeli kuwe,
Undwendwe, njengoobawo bonke.
Bheka phaya, ungandikhangeli, khe- 13 ndincumeze,
Ndingekemki ndingabi sabakho.

Idini lombongo nomthandazo wokucela uncedo ngokhawulezo

40 Kumongameli. Umhobe kaDavide.

Ndathembela, ndithembele kuYehova, 1
Wathoba, wakuva ukuzibika kwam.
Wandirhola emhadini wentshabalalo, 2 naseludakeni lomgxobhozo,
Wazimisa eliweni iinyawo zam, wakuqinisa ukunyathela kwam.
Wabeka emlonyeni wam ingoma entsha, 3 indumiso kuThixo wethu;
Abaninzi bayabona, boyike,
Bakholose ngoYehova.
Hayi, uyolo lwendoda emenze uYehova 4 inkoloseko yayo,
Ingabheki kwabagwagwisayo, nakubanxaxhi abanamanga!

Yehova, Thixo wam, wena wenze oku- 5 ninzi ngemisebenzi yakho ebalulekileyo,
Nangeengcinga zakho kuthi;
Akukho nto inokulinganiswa nawe;
Okanye bendiya kuyixela, ndithethe ngayo;
Ke ziyinkohla engenakubalwa.

IINDUMISO 40-41

6 Akunanzé mbingelelo namnikelo wakudla;
Iindlebe zam uzivulile;
Akubizi dini linyukayo nadini lasono.
7 Ndaza ndathi, Yabona,
Ndiyeza; encwadini esongwayo kubhaliwe ngam.
8 Ukwenza okulikholo kuwe, Thixo wam, ndikunanzile;
Nomyalelo wakho usezibilinini zam ngaphakathi.
9 Ndashumayela iindaba ezilungileyo zobulungisa ebandleni elikhulu;
Yabona, andiwuthintelanga umlomo wam;
Yehova, wena uyazi.
10 Ubulungisa bakho andibugqumanga phakathi kwentliziyo yam;
Ndákukhankanya ukuthembeka kwakho nosindiso lwakho;
Andiyikhanyelanga inceba yakho nenyaniso yakho ebandleni elikhulu.
11 Wena, Yehova, akuyi kuzithintela iimfesane zakho kum;
Inceba yakho nenyaniso yakho iya kuhlala indilondoloza.
12 Ngokuba zindijikele izinto ezimbi, ezide azaba nakubalwa;
Bundifikele ubugwenxa bam, andinakubukhangela;
Buninzi kuneenwele zentloko yam;
Ndimkelwe yintliziyo.
13 Ngamana, Yehova, wandihlangula;
Yehova, wakhawuleza wandinceda!
14 Mabadane babe neentloni kuphele
Abazungula umphefumlo wam ukuze bawuphephethe;
Mababuye muva bahlazeke
Ábananzé ukuba ndihlelwe bububi.
15 Mabamangaliswe ngumvuzo wehlazo labo
Abathi kum, Tshotsho! Tshotsho!
16 Mababe nemihlali bavuye ngawe bonke abakufunayo,
Abaluthandayo usindiso lwakho bahlale besithi,
Makenziwe mkhulu uYehova.
17 Mna ke ndilusizana, ndilihlwempu;
INkosi iya kundikhumbulela.
Umncedi wam nomsindisi wam nguwe;
Thixo wam, musa ukulibala.

Umthandazo wogulayo, ecela impindezelo phezu kweentshaba zakhe

41 Kumongameli. Umhobe kaDavide.

Hayi, uyolo lwalowo unyamekela ihlwempu! 1
Ngomhla wobubi uYehova uya kumhlangula.
UYehova uya kumlondoloza amgcine, 2
aphile.
Kuya kuthiwa unoyolo yena ehlabathini;
Úngamnikeli elitheni leentshaba zakhe.
UYehova uya kumxhasa elukhukweni 3
lobulwelwe;
Ùya kuluguqula ukhuko lwakhe lonke esifeni sakhe.

Ndithi mna, Yehova, tarhu; 4
Philisa umphefumlo wam, ngokuba ndonile kuwe.
Iintshaba zam zithetha kakubi ngam; 5
Zithi, Úya kufa nini na, lidake igama lakhe?
Nothe weza kundilunguza, uthetha into 6
ekhohlakeleyo;
Intliziyo yakhe ibutha ubutshinga;
Uphuma phandle, abuthethe.
Basebezelana ngam bonke abandithiyayo; 7
Bacinga ububi ngam.
Bathi, Unanyekwe bubutshijolo, 8
Engoleleyo nje, akayi kubuya avuke.
Kwanendoda ebixolelene nam, ebe 9
ndikholose ngayo,
Ebisidla isonka sam, indiphakamisele isithende sayo.

Wena Yehova, ndíbabale, undiphaka- 10
mise,
Ndibabuyekeze.
Ndazi ngale nto, ukuba ùndinonelele, 11
Yokokuba lungenakundidumela utshaba lwam.
Mna ekugqibeleleni kwam ùyandixha- 12
sa,
Ùndimisa phambi kwakho ngonaphakade.

Makabongwe uYehova, uThixo ka- 13
Sirayeli, kususela kwaphakade kude kuse ephakadeni. Amen, amen.

IINDUMISO 42-44

Ukulangazelela uThixo ekuthinjweni nasekhathazweni

42 Kumongameli: eyokuqiqa; eyoonyana bakaKora.

1 Njengexhama elitsalela emifuleni yamanzi,
Wenjenjalo ukutsalela kuwe, Thixo, umphefumlo wam.
2 Umphefumlo wam unxanela uThixo, uThixo ophilileyo;
Ndiya kufika nini na, ndibonakale ebusweni bukaThixo?
3 Iinyembezi zam zaba kukudla kwam imini nobusuku,
Bakuthi kum imihla yonke, Úphi na uThixo wakho?
4 Ndikhumbula oku, ndiwuphalazela kum umphefumlo wam,
Ukuhamba kwam nezihlwele ndisiya endlwini kaThixo,
Sinezwi lokumemelela nokubulela, siyingxokolo evuyayo.

5 Kungani na ukuba ùsibekeke, mphefumlo wam;
Kungani na ukuba ugule ngaphakathi kwam?
Lindela kuThixo, ngokuba ndisaya kubuya ndibulele kuye,
Olusindiso lobuso bam, noThixo wam.
6 Thixo wam, umphefumlo wam usibekekile kum; ngenxa yoko ndikhumbula wena
Ezweni laseYordan, nakweleHermon, entabeni yeMitsare.
7 Amanzi anzongonzongo abiza amanzi anzongonzongo ngesandi seengxangxasi zakho;
Onke amaza akho alwayo, amaza akho agugumayo, adlule phezu kwam.
8 Emini uYehova uya kuyiwisela umthetho inceba yakhe,
Nasebusuku ukuvuma ngaye kunam,
Ukuthandaza kuThixo wobomi bam.
9 Ndithi ke kuThixo oyingxondorha yam,
Undilibele ngani na?
Ndihambelani na ngezimnyama zokuzila ngokuxina kotshaba?
10 Ngento ephehlayo emathanjeni am,
bayandingcikiva abandibandezelayo,
Ngokuthi kwabo kum imihla yonke,
Úphi na uThixo wakho?

11 Kungani na ukuba ùsibekeke, mphefumlo wam;
Kungani na ukuba ugule ngaphakathi kwam?
Lindela kuThixo, ngokuba ndisaya kubuya ndibulele kuye,
Olusindiso lobuso bam, noThixo wam.

Umthandazo wethemba lokubuyela etempileni

43 Lithethe ityala lam, Thixo, ubambane ngenxa yam nohlanga olungenanceba;
Ndisindise endodeni ekhohlisayo, enobugqwetha.
Ngokuba ùnguThixo oyinqaba yam; 2
ùndihlambelani na?
Ndihambelani na ngezimnyama zokuzila, ngokuxina kotshaba?
Thuma ukukhanya kwakho nenyaniso 3 yakho, zindikhaphe,
Zindise entabeni yakho engcwele,
Naseminqubeni yakho.
Ndoya ke esibingelelweni sikaThixo, 4
KuThixo wovuyo lwam olugcobayo,
Ndibulèle kuwe ngohadi, Thixo onguThixo wam.
Kungani na ukuba ùsibekeke, mphe- 5 fumlo wam?
Kungani na ukuba ugule ngaphakathi kwam?
Lindela kuThixo, ngokuba ndisaya kubuya ndibulele kuye,
Olusindiso lobuso bam, noThixo wam.

Iintlangulo ezidluleyo zikhunjulwa ngexesha lenkathazo

44 Kumongameli: eyoonyana bakaKora: eyokuqiqa.

Thixo, sivile ngeendlebe zethu, oobawo 1 basibalisela,
Ngomsebenzi owawenza ngemihla yabo, ngemihla yamandulo:
Okokuba isandla sakho sagqogqa iintla- 2 nga, sabatyala bona;
Saviva izizwe, sabanabisa bona.
Ngokuba àbalihluthanga ilizwe ngekrele 3 labo,

IINDUMISO 44-45

Àbazisindisanga ngengalo yabo;
Sisandla sakho sokunene, nengalo yakho,
  nokukhanya kobuso bakho;
Ngokuba wawunesisa kubo.
4 Wena unguKumkani wam, Thixo;
Yitsho lubekho usindiso kuYakobi.
5 Ngawe sobangqula abasibandezelayo;
Egameni lakho sobagqusha abasukela
  phezulu kuthi.
6 Ngokuba àndikholose ngasaphetha
  sam;
Andisindiswa ngakrele lam.
7 Hayi! Nguwe osisindisayo kwabasibandezelayo,
Ubadànise abasithiyileyo.
8 NgoThixo sidumisa imihla yonke,
Sibulele kwigama lakho ngonaphakade.
(Phakamisani.)

9 Noko ke ùsihlambile, ùsihlazile,
Akwaphuma nemikhosi yethu.
10 Ùsibuyisé umva phambi kombandezeli;
Abasithiyileyo basiphangile okwabo.
11 Wasinikela njengeegusha ezidliwayo;
Wasichitha-chitha ezintlangeni;
12 Wathengisa ngabantu bakho, akwazuza,
Akwalinyusa ixabiso labo.
13 Wasenza isingcikivo kubamelwane bethu,
Isigculelo nesicukucezo kwabasijikelezileyo.
14 Wasenza umzekelo ezintlangeni,
Abokuhlunguzelelwa intloko ezizweni.
15 Yonke imihla ihlazo lam liphambi kwam,
Nokudana kobuso bam kundigubungele,
16 Ngenxa yezwi lomngcikivi nomnyelisi,
Ngenxa yokukhangela kotshaba nomphindezeli.

17 Oko konke kusifikele, asikulibalanga wena,
Asixokanga emnqophisweni wakho;
18 Ayibuyanga umva intliziyo yethu,
Ukunyathela kwethu akuthanga gu bucala emendweni wakho;
19 Ukuba usityumze endaweni yeempungutye,
Usigubungele ngethunzi lokufa.
20 Ukuba besililibele igama loThixo wethu,
Sazolulela kuthixo wasemzini izandla zethu,

Úbengayi kuyigoca-goca na uThixo loo 21 nto,
Ngokuba ezazi iindawo ezifihlakeleyo zentliziyo?
Hayi, Ngenxa yakho sibulawa imihla 22 yonke;
Kuthiwa siziigusha zokuxhelwa.
Vuka, ùlaleleni na, Nkosi yam? 23
Qabuka, ungasihlambi kuphele.
Ubusitheliselani na ubuso bakho, 24
Ukulibale ukucinezelwa kwethu, nokuxinwa kwethu?
Ngokuba úsibekeke eluthulini umphe- 25 fumlo wethu,
Sanamathela emhlabeni isisu sethu.
Khawusuk' ume usincede, 26
Usikhulule ngenxa yenceba yakho.

Ingoma yomsitho wakomkhulu

45 Kumongameli: ngeyeenyibiba. Eyoonyana bakaKora; eyokuqiqa. Ingoma yeentánda.

Intliziyo yam iphuphuma ilizwi elihle, 1
Ndisithi, Into endiyenzayo isingise kukumkani;
Ulwimi lwam lusiba lombhali okhawulezayo.

Ùmhle wamhle ngaphezu koonyana 2 babantu;
Kugalelwe ubumnandi emlonyeni wakho;
Ngenxa yoko úkusikelele uThixo wakho ngonaphakade.
Bhinqa ikrele lakho ethangéni, gorha, 3
Bhinqa indili yakho nobungangamela bakho.
Tyhudisa, ukhwele uhambe, únobu- 4 ngangamela bakho,
Ngenxa yenyaniso, nolulamo olunobulungisa.
Sikuyale ngezinto ezoyikekayo isandla sakho sokunene.
Iintolo zakho zitsolile; 5
Kuya kuwa izizwe phantsi kwakho;
Zitsolile entliziyweni yeentshaba zokumkani.
Itrone yakho, *itrone ka*Thixo, inguna- 6 phakade kanaphakade;

IINDUMISO 45-47

Yintonga ethe tye intonga yobukumkani bakho.

7 Ùthanda ubulungisa, uthiyé okungendawo;
Ngenxa yoko úkuthambisile uThixo, uThixo wakho,
Ngeoli yemihlali ngaphezu kwabalingane bakho.

8 Ziyimore* nehaloti* nekasiya* iingubo zakho zonke;
Emabhotweni eempondo zeendlovu uhadi lukuvuyisile.

9 Kukho iintombi zokumkani phakathi kwabathandekayo bakho;
Ukumkanikazi umi ngasekunene kwakho,
Enxibe igolide ecikizekileyo yakwaOfire.

10 Yiva, ntombi, ubone, uthobe indlebe yakho,
Ubalibale abantu bakowenu, nendlu kayihlo;

11 Akùbunqwenela ubunzwakazi bakho ukumkani,
Wòqubuda kuye, ngokuba eyinkosi yakho.

12 Intombi enguTire, izityebi zabantu,
Ziya kukuncekelela ngomnikelo.

13 Bubuyokoyoko bodwa intombi yokumkani kweliphakathi igumbi.
Isambatho sayo sesilukwe igolide.

14 Isiwa kukumkani ineengubo ezimfakamfele;
Ziyilandela iintombi ezingowayo,
Zisiwa kuwe,

15 Zisiwa ngovuyo nangomgcobo,
Zingene ebhotweni lokumkani.

16 Endaweni yooyihlo iya kuba ngoonyana bakho;
Ùya kubamisa babe ngabathetheli ehlabathini lonke.

17 Ndiya kulikhankanya igama lakho kwizizukulwana ngezizukulwana zonke;
Ngenxa yoko izizwe ziya kubulela kuwe ngonaphakade kanaphakade.

UThixo inqaba yabantu bakhe

46 Kumongameli: eyoonyana bakaKora; ngeyeentombi. Ingoma.

1 UThixo ulihlathi, uligwiba kuthi;
Ezimbandezelweni ufumaneke eluncedo kunene.

2 Ngenxa yoko asoyiki ekuphendukeni kwehlabathi,
Ekudilikeleni kweentaba esazulwini solwandle.

3 Makagqume alephuze amanzi alo,
Iintaba zinyikime ngokukratsha kwalo.
(Phakamisani.)

4 Kukho umlambo ozibhaxa zivuyisa umzi kaThixo,
Ingcwele yeminquba yOsenyangweni.

5 UThixo uphakathi kwawo, awushukunyiswa;
UThixo uyawunceda kwasekuzeni kokusa.

6 Ziyaxokozela iintlanga, ziyashukuma izikumkani;
Ukhupha izwi lakhe, linyibilike ihlabathi.

7 UYehova wemikhosi unathi,
Ingxonde yethu nguThixo kaYakobi.
(Phakamisani.)

8 Yizani nikhangele imisebenzi kaYehova:
Owenze iziphanziso ehlabathini;

9 Ulophelisa iimfazwe kude kuse eziphelweni zehlabathi;
Waphúla isaphetha, angqumze umkhonto,
Atshise iinqwelo zokulwa ngomlilo.

10 Yekani, nazi ukuba ndinguThixo mna.
Ndiya kuphakanyiswa ezintlangeni, ndiya kuphakanyiswa ehlabathini.

11 UYehova wemikhosi unathi,
Ingxonde yethu nguThixo kaYakobi.
(Phakamisani.)

Uvuyo loluntu lonke ngenxa kaThixo, ukumkani wehlabathi lonke

47 Kumongameli; eyoonyana bakaKora. Umhobe.

1 Nonke zizwe, bethani izandla,
Dumani kuThixo ngezwi lokumemelela.

2 Ngokuba uYehova Osenyangweni uyoyikeka;
Ngukumkani omkhulu ehlabathini lonke.

3 Uzikhandanisela phantsi kwethu izizwe,
Izizwe phantsi kweenyawo zethu.

IINDUMISO 47-49

4 Usinyulela ilifa lethu,
Iqhayiya likaYakobi awamthandayo.
(Phakamisani.)
5 UThixo unyukile, kudunywa;
Unyukile uYehova, kuhlokoma isigodlo.

6 Mbetheleni uhadi uThixo, mbetheleni,
Mbetheleni uhadi uKumkani wethu, mbetheleni!
7 Ngokuba uKumkani wehlabathi lonke nguThixo;
Mbetheleni ngeyokuqiqa.
8 UThixo nguKumkani weentlanga;
UThixo uhleli etroneni yakhe engcwele.
9 Amanene ezizwe ahlanganisene,
Abantu boThixo ka-Abraham;
Ngokuba iingweletshetshe zehlabathi zezikaThixo;
Unyusiwe kakhulu yena.

Ubuhle nokomelela kweZiyon

48 Ingoma. Umhobe. Eyoonyana babaKora.

1 Mkhulu uYehova, engowokudunyiswa kunene
Emzini kaThixo wethu, entabeni yakhe engcwele.
2 Intle ukuphakama kwayo, yimihlali yehlabathi lonke
Intaba yaseZiyon, intlomo yasentla,
Umzi woKumkani omkhulu.
3 UThixo, ezingxandeni zawo ezinde,
Wazelwa ukuba yingxonde.
4 Kuba nâbo ookumkani babenqophisene,
Bawela beza kunye;
5 Bakuthi ukubona, àbakhuluma;
Bakhwankqa, babaleka buphuthuphuthu;
6 Babanjwa khona kukuthuthumela,
Kukuzibhijabhija njengozalayo.
7 Ngomoya wasempumalanga
Ùyazivitha iinqanawa zaseTarshishe.

8 Njengoko sikuvileyo, siboné kunjalo
Emzini kaYehova wemikhosi, emzini kaThixo wethu:
UThixo uyawuzinzisa ngonaphakade.
(Phakamisani.)

9 Sayikhumbula, Thixo, inceba yakho
Phakathi kwetempile yakho.

Njengoko linjalo igama lakho, Thixo, 10
Lunjalo udumiso lwakho,
Kwesa eziphelweni zehlabathi;
Isandla sakho sokunene sizele bubulungisa.

Mayivuye intaba yaseZiyon, 11
Agcobe amagxamesi akwaYuda,
Ngenxa yezigwebo zakho.
Yijikelezeni iZiyon, niyizunguleze; 12
Zibaleni iinqaba zayo ezinde.
Gqalani ungqameko lomsele wayo; 13
Candani ezingxandeni zayo ezinde;
Ukuze nibalisele isizukulwana esizayo,
Ukuba lo Thixo nguThixo wethu 14
ngonaphakade kanaphakade,
Yena uya kusikhapha kude kuse ekufeni.

Ubutyebi abunako ukusindisa ekufeni

49 Kumongameli: eyoonyana baka-Kora. Umhobe.

Yivani oku, nina nonke zizwe; 1
Bekani indlebe, nina nonke, bemi beli phakade,
Nina nyana boluntu, nani nyana bamadoda, 2
Nina zityebi, nani mahlwempu kunye.
Umlomo wam uza kuthetha ubulumko; 3
Nokucamanga kwentliziyo yam kukuqonda.
Ndiya kuyithobela emzekelisweni indlebe yam, 4
Ndiya kuyivulela ngohadi intsonkotha yam.

Ndoyikelani na emihleni yobubi, 5
Xa ubugwenxa babandibambisayo bundijikelayo?
Abo bakholose ngemfuyo yabo, 6
Baqhayisa ngobuninzi bobutyebi babo.
Akukho bani unokukhulula umzalwana; 7
Akanakumnika uThixo isicamagusho ngaye
(Sinqabile isikhululo somphefumlo wabo, 8
Masincanywe ngonaphakade),
Sokuba ahlale esidla ubomi ngamaxesha 9
onke,
Angasiboni isihogo.

IINDUMISO 49-50

10 Ngokuba ubona izilumko zibhubha,
Bedaka kunye abanyabileyo nezityhakala,
Bayishiye nabanye imfuyo yabo.
11 Imbilini yabo ithi izindlu zabo zingunaphakade.
Iminquba yabo ikwizizukulwana ngezizukulwana;
Bayithiya imihlaba yabo ngamagama abo.
12 Ke umntu enobuhandiba akanakuhlala,
Ufana neenkomo ezi zitshabalalayo.

13 Yiyo le indlela yabanyabileyo,
Neyâbo babalandelayo, bekholiswa ngumlomo wabo. (Phakamisani.)
14 Babuthé ngokweegusha kwelabafileyo;
Ukufa kuyabalúsa;
Abathe tye bayabanyathela kwakusa;
Isithomo sabo abo siyonakala kwelabafileyo, singabi nandawo yakuhlala.
15 Kodwa uThixo uya kuwukhulula umphefumlo wam esandleni selabafileyo,
Ngokuba eya kundithabatha. (Phakamisani.)
16 Musa ukoyika, yakuba sisityebi indoda,
Bakwànda ubuqaqawuli bendlu yayo:
17 Ngokuba ekufeni kwayo ayiyi kuthabatha nento,
Aluyi kuhla emva kwayo uzuko lwayo.
18 Nakuba umntu ekudleni kwakhe ubomi ebewusikelela umphefumlo wakhe,
Bekudumisa ngokuzichwayithisa kwakho,
19 Úya kuya noko esizukulwaneni sooyise;
Abayikukubona ukukhanya naphakade.
20 Ke umntu onobuhandiba, abe engaqondi,
Ufana neenkomo ezi zitshabalalayo.

UThixo ukholiswa kukuziphatha komntu kunamadini

50 Umhobe ka-Asafu.

1 UThixo, uThixo uYehova uyathetha;
Uyalibiza ihlabathi, ethabathela ekuphumeni kwelanga esisa ekutshoneni kwalo.
2 EZiyon, ukuphela kweenzwana,

Uyakhazimla uThixo.
Uyeza uThixo wethu, akayi kuthi 3 cwaka.
Kudla umlilo phambi kwakhe,
Ngeenxa zonke kuye sisaqhwithi esikhulu.
Ubiza izulu phezulu, 4
Nehlabathi, ukuba agwebe phakathi kwabantu bakhe.

Úthi, Bahlanganiseleni kum abam 5 benceba,
Abenzé umnqophiso nam ngombingelelo.
Izulu lixela ubulungisa bakhe, 6
Ngokuba uThixo eza kugweba yena.
(Phakamisani.)
Yivani, bantu bam, ndithethe; 7
Sirayeli, ndiqononondìse kuwe;
NdinguThixo, uThixo wakho.
Andikohlwayi ngenxa yemibingelelo 8 yakho,
Namadini akho anyukayo aphambi kwam amaxesha onke.
Andiyi kuthabatha zinkunzi zankomo 9 endlwini yakho,
Nazinkunzi zabhokhwe esibayeni sakho.
Ngokuba zezam zonke iinyamakazi 10 zehlathi,
Neenkomo ezisezintabeni eziliwaka.
Iintaka zonke zasezintabeni ndiyazazi, 11
Nento edakasa endle inam.
Ukuba bendilambile, ndibe ndingayi 12 kukuxelela;
Ngokuba lelam elimiweyo nenzaliseko yalo.
Ndidlè inyama yeenkunzi eziziimbala- 13 sane na?
Ndisèle igazi leenkunzi zeebhokhwe na?
Bingelela kuYehova umbulelo, 14
Uzizalise kOsenyangweni izibhambathiso zakho;
Ubize mna ngemini yembandezelo, 15
Ndikuhlangule, undizukise.

Ke kongendawo uthi uThixo, 16
Úseké phi na wena ukuxela ummiselo wam,
Uwuphàthe ngomlomo wakho umnqophiso wam,

17 Úyithiyile nje intethiso wena,
Uwaphosé nje amazwi am emva kwakho?
18 Xa ubona isela, ukholana nalo,
Wabelane nabakrexezi.
19 Umlomo wakho ùwuyekela ebubini;
Ulwimi lwakho luthungela inkohliso;
20 Ùthi uhlale uthethe ngomzalwana wakho,
Uhlaze umntwana kanyoko.
21 Ùzenzile ezo nto, ndathi tu,
Waba ndinjengawe.
Ndiya kukohlwaya ndizicwangcise emehlweni akho.
22 Khaniqonde ke oko, nina bamlibalayo uThixo,
Hleze ndiqwenge, kungabikho uhlangulayo.
23 Obingelela umbulelo uyandizukisa,
Alungise indlela,
Endombonisa kuyo usindiso lukaThixo.

Umthandazo womoni ozohlwayayo ecela ukuxolelwa

51 Kumongameli. Umhobe kaDavide: ekuzeni kukaNatan umprofeti kuye, emveni kòkuba ebengene u-Bhatshebha.

1 Tarhu, Thixo, ngokwenceba yakho!
Ngokobuninzi benceba yakho, cima ukreqo lwam!
2 Nd'ixovule kunene, busuke ubugwenxa bam,
Undihlambulule esonweni sam.

3 Ngokuba ndiyalwazi mna ukreqo lwam,
Nesono sam siphambi kwam ngamaxesha onke.
4 Ndonile kuwe, kuwe wedwa,
Ndênza okubi emehlweni akho;
Ukuze ube lilungisa ekuthetheni kwakho,
Ucace ekugwebeni kwakho.
5 Ùyabona, ndizalelwe ebugwenxeni,
Ndakhawulwa nguma esonweni.
6 Ùyabona, ùfuna inyaniso ezintsweni,
Ésitheni undazisa ubulumko.
7 Ndíhlambulule isono ngehisope,* ndihlambulùke;
Ndíxovule, ndibe mhlophe kunekhephu;

Ndivise imihlali nemivuyo, 8
Agcobe amathambo owacolileyo.
Sithelisa ubuso bakho ezonweni zam, 9
Ubucime bonke ubugwenxa bam.
Dala phakathi kwam, Thixo, intliziyo 10 ehlambulukileyo,
Uhlaziye umoya oqinisekileyo phakathi kwam.
Musa ukundilahla ebusweni bakho, 11
UMoya wakho oyiNgcwele ungamsusi kum.
Buyisela kum imihlali yosindiso lwakho, 12
Undixhase ngomoya wentumekelelo.
Ndobafundisa abangendawo iindlela 13 zakho,
Babuyele kuwe aboni.

Ndíhlangule emagazini, Thixo, Thixo 14 ondisindisayo;
Lomemelela ngobulungisa bakho ulwimi lwam.

Nkosi yam, vula imilebe yomlomo wam, 15
Uyixéle indumiso yakho umlomo wam.
Ngokuba akunanzé mibingelelo, bendi- 16 ya kukunika;
Àkalikholo kuwe amadini anyukayo.
Imibingelelo kaThixo ngumoya owa- 17 phukileyo,
Intliziyo eyaphukileyo, etyumkileyo,
Thixo, akuyi kuyidela.

Yenzele okulungileyo iZiyon ngokukho- 18 lekileyo kuwe;
Yakha iindonga zeYerusalem.
Kuya kwandula ukuba mnandi kuwe 19 imibingelelo yobulungisa, amadini apheleleyo;
Ziya kwandula ukunyuswa iinkunzi ezintsha zeenkomo esibingelelweni sakho.

Ubungendawo buyakhalinyelwa

52 Kumongameli. Eyokuqiqa: eka-Davide: oko uDowegi umEdom waya waxelela uSawule, wathi kuye, UDavide ungene endlwini ka-Ahimeleki.

Uqhayiselani na ngobubi, wena gorha? 1
Inceba kaThixo ikho imihla yonke.
Ulwimi lwakho lucinga ukweyelisela, 2
Njengesitshetshe sokuguya iindevu esiloliweyo, wena mkhohlisi.

3 Ùthanda okubi kunokulungileyo;
Ùbuxoki, kunokuthetha ubulungisa.
(Phakamisani.)
4 Ùthanda onke amazwi aginyayo,
Lulwimindini lukhohlisayo.
5 Naye uThixo uya kukudiliza kuphele;
Úya kukuxwila, akuncothule ententeni,
Akudonyule ezweni labaphilileyo.
(Phakamisani.)
6 Obona amalungisa, oyike,
Amhleke, athi,
7 Nanko umfo ongamenzanga igwiba
lakhe uThixo,
Owakholosa ngobuninzi bobutyebi bakhe,
Waba nengcwangu ekweyeliseleni kwakhe.

8 Ke mna ndinjengomnquma oluhlaza
endlwini kaThixo;
Ndikholose ngenceba kaThixo ngonaphakade kanaphakade.

9 Ndiya kubulela kuwe ngonaphakade,
kuba ukwenzile oku;
Ndiya kuthemba igama lakho, ngokuba
lilungile, phambi kwabenceba bakho.

Ubudenge nobungendawo babantu

53 Kumongameli: ngeyokhuzo. Eyokuqiqa; ekáDavide.

1 Sithi isidenge entliziyweni yaso, Akukho Thixo.
Bonákalisile, balisikizi ngobugqwetha babo;
Akukho wenza okulungileyo.

2 UThixo esemazulwini uqondele koonyana babantu,
Ukubona ukuba ukho na oqiqayo,
Ofuna uThixo.

3 Bonke babuyé umva, bayimbozisa bephelele;
Akukho wenza okulungileyo,
Akukho nokuba abe mnye.

4 Àbanakwazi na abasebenzi bobutshinga,
Ábathi, bebadla abantu bam, bathi badla isonka,
Bangamnquli uThixo?

5 Apho bánkwantya benkwantyile, phofu kungekho nto inkwantyisayo;
Ngokuba uThixo wawathi saa amathambo omngqingi wakho;
Wabadanisa, ngokuba uThixo ebebacekisile.
6 Akwaba bekuvela eZiyon ukusindiswa
kwamaSirayeli!
Ekubuyiseni kukaThixo abantu bakhe
ekuthinjweni,
Wógcoba uYakobi, avuye uSirayeli.

Umthandazo wokucela ukuhlangulwa kwiintshaba ezikhohlakeleyo

54 Eyokubethelwa ngezinto ezineentambo. Kumongameli. Eyokuqiqa.
EkaDavide: ekufikeni kwabaseZifi, bathi kuSawule, UDavide akazimele phakathi kwethu na?

Thixo, ndísindise ngegama lakho, 1
Uligwebe ityala lam ngobugorha bakho.
Thixo, yiva umthandazo wam; 2
Wabekele indlebe amazwi omlomo wam.
Ngokuba abasemzini basukela phezulu 3
kum,
Nabanobungqwangangqwili bafuna umphefumlo wam;
Abammisi uThixo phambi kwabo.
(Phakamisani.)
Yabona, uThixo ngumncedi wam; 4
INkosi yam ikwabasekela umphefumlo
wam.
Úya kubuyisela ububi kwabandilalelayo; 5
Ngenyaniso yakho bábhangise.
Ndiya kubingelela kuwe ngokuqhutywa 6
yintliziyo;
Ndiya kubulela kwigama lakho, Yehova,
kuba lilungile.
Ngokuba lindihlangule embandezelweni 7
yonke;
Iliso lam libonela iintshaba zam.

Umthandazo wokucela ukuhlangulwa nowokucela ukutshatyalaliswa kwamatshijolo

55 Kumongameli. Eyokubethelwa ngezinto ezineentambo. Eyokuqiqa: ekaDavide.

Wubekele indlebe umthandazo wam, 1
Thixo,
Musa ukuzifihla esikhungweni sam.

IINDUMISO 55–56

2 Ndíbazele indlebe undiphendule.
Ndiyaphaphatheka ekucamngceni kwam, ndincwine,
3 Ngenxa yelizwi lotshaba,
Ngenxa yokuxinzelelwa phantsi ngabangendawo;
Ngokuba zindiqengqela ubutshinga,
Ziyandisukela ngomsindo.
4 Intliziyo yam iyazibhija-bhija phakathi kwam;
Izothuso zokufa zindiwele.
5 Ukoyika nokuthuthumela kundingene;
Ndigutyungelwe kukududuzela.

6 Ndathi, Andaba bendinamaphiko njengehobe!
Bendiya kubaleka ndiye ndihlale!
7 Nanko ndibalekela kude,
Ndilalise entlango.   (Phakamisani.)
8 Bendiya kukhawuleza, ndisinde
Emoyeni ovuthuzayo naseluqhwitheleni.
9 Tshabalalisa, Nkosi yam, yahlula ulwimi lwazo;
Ngokuba ndiboné ukugonyamela nokubambana phakathi komzi.
10 Imini nobusuku bajikeleza ezindongeni zawo;
Ubutshinga nokwaphula kuphakathi kwawo;
11 Ukweyelisela kuphakathi kwawo;
Endaweni yembutho yawo akusuki ukuxinezela nokukhohlisa.

12 Ngokuba àsilutshaba olu lundingcikivayo;
Bendiya kukuthwala oko.
Àsingondithiyileyo lo uzikhulisayo kum;
Bendiya kusithela kuye.
13 Nguwe, mntu ubungumlingane wam,
Ikholwane lam endazana nalo,
14 Ebesicweya kamnandi,
Siye endlwini kaThixo silihlokondiba eligcobayo.
15 Ukufa makubaqubule,
Mabehle baye kwelabafileyo besaphililé;
Ngokuba ububi busemizini yabo phakathi kwabo.

16 Mna ndinqula uThixo;
UYehova uya kundisindisa.
17 Ngokuhlwa, nakusasa, nasemini enkulu ndiya kucamngca, ndincwine;
Úya kuliva izwi lam.
Úwukhulula umphefumlo wam unoxolo, ukuze bangasondeli kum,   18
Ngokuba baninzi abandichasayo.
UThixo uya kuva, abaphendule,   19
Uselokwamandulo ehleli, (Phakamisani.)
Abo bangenanguquko,
Bangamoyikiyo uThixo.
Babasa isandla abaxolelene nabo;   20
Bahlambela umnqophiso wabo;
Ubuthelezi njengamasi umlomo wabo,   21
Ke yimfazwe intliziyo yabo.
Athambile amazwi abo ngaphezu kweoli,
Kanti aziintlangothi zekrele.
Umthwalo wakho wulahlele kuYehova;   22
yena wokuzimasa;
Akayi kuliyekela ilungisa lishukunyiswe naphakade.
Wena ke, Thixo, uya kubahlisela   23
emngxunyeni wesihogo.
Abantu bamagazi nenkohliso abayi kuyiqingathisa imihla yabo;
Ke mna ndikholose ngawe.

Umthandazo wokuchasa iintshaba ezinobutshinga

56 Kumongameli; ngeyehobe elithe cwaka phakathi kwabakude. EkaDavide. Eliligugu. Ukubanjwa kwakhe ngamaFilisti eGati.

Ndíbabale, Thixo, ngokuba abantu   1
bendizonda;
Bandixinile, besilwa yonke imini;
Abandilalelayo bandizonda yonke imini, 2
Ngokuba baninzi abalwa nam beziphakamisile.
Mhlana ndinxunguphalayo mna,   3
Ndokholosa ngawe.
Ndiya kulidumisa ngoThixo ilizwi   4
lakhe,
Ndikholòse ngoThixo, ndingoyiki;
Inokundenza ntoni na inyama?

Yonke imini bayawaphambanisa amazwi am;   5
Zingam zonke iingcinga zabo zobubi.
Baqukene, babonisele,   6
Bona bagcine izithende zam,
Ngokokuba belinde umphefumlo wam.
Bengamatshinga nje, bosinda na?   7

Zihlise ngomsindo izizwe, Thixo.

8 Ukuphalaphala kwam ùkubhalile wena;
Yitha iinyembezi zam entsubeni yakho;
Azisencwadini yakho na?
9 Ziya kubuya umva ke iintshaba zam, mhlana ndibizayo;
Ndiyakwazi oku, ukuba uThixo unam.
10 Ndilidumisa ngoThixo ilizwi,
Ndilidumisa ngoYehova ilizwi.
11 Ndikholosé ngoThixo, ndingoyiki;
Únokundenza ntoni na umntu?

12 Ziphezu kwam, Thixo, izibhambathiso zakho;
Ndiya kuyizalisa kuwe imibingelelo yombulelo.
13 Ngokuba uwuhlangule ekufeni umphefumlo wam,
Iinyawo zam ekukhubekeni,
Ukuba ndihambe phambi koThixo
Ekukhanyeni kobomi.

Umthandazo wenkoloseko wokucela ugcino lukaThixo

57 Kumongameli; ngethi, Ungonakalisi. EkaDavide. Eliligugu: ekumbalekeni kwakhe uSawule emqolombeni.

1 Ndibabale, Thixo, ndibabale;
Ngokuba ùzimela ngawe umphefumlo wam;
Ndizímela esithunzini samaphiko akho,
Kude kudlule inkxwaleko.
2 Ndinqula uThixo Osenyangweni,
UThixo ondifezelayo.
3 Úya kuthuma esemazulwini andisindise,
Emngcikiva nje ondizondayo;
(Phakamisani.)
UThixo uya kuthuma inceba yakhe nenyaniso yakhe.
4 Umphefumlo wam uphakathi kweengonyama;
Ndiya kulala phantsi nabafutha umlilo,
Oonyana babantu abamazinyo aziintshuntshe neentolo,
Ulwimi lwabo lulikrele elibukhali.

5 Ziphakamisele ngaphezu kwamazulu, Thixo,
Lube phezu kwehlabathi lonke uzuko lwakho.

6 Isibatha basilungisele iinyawo zam;
Bawugobile umphefumlo wam;
Bándimbela isihogo,
Beyela kuso ngokwabo. (Phakamisani.)
7 Izimasekile intliziyo yam, Thixo, izimasekile intliziyo yam;
Ndiya kuvuma, ndiya kubetha uhadi.
8 Vuka, luzuko lwam! Vukani, mrhubhe nohadi!
Ndiya kusiphangela isifingo.
9 Ndiya kubulela kuwe phakathi kwezizwe, Nkosi yam;
Ndiya kukubethela uhadi phakathi kwezizwe.
10 Ngokuba inkulu, yada yaya ezulwini, inceba yakho;
Yada yesa esibhakabhakeni inyaniso yakho.
11 Ziphakamisele ngaphezu kwezulu, Thixo,
Lube phezu kwehlabathi lonke uzuko lwakho.

Umthandazo wokucela impindezelo phezu kwabangendawo

58 Kumongameli; ngethi, Ungonakalisi. EkaDavide. Eliligugu.

1 Yinene na kodwa ukuba nithetha ubulungisa, nina bothixo?
Nigwebe oonyana babantu ngokuthe tye?
2 Hayi, entliziyweni nenza ngobugqwetha;
Ezweni nilinganisela ukugonyamela kwezandla zenu.
3 Abangendawo baphambukile kwasesizalweni;
Bandwendwile kwasesiswini abathethi bamanga.
4 Banobuhlungu obunjengobuhlungu benyoka,
Njengephimpi elizenza isithulu, elivingca indlebe yalo;
5 Ukuze lingaliva izwi labanyangi,
Lababopha ngomabophe, beziingcibi.
6 Thixo, yaphula amazinyo abo emlonyeni wabo;

592

Amabamba eengonyama ezintsha wa-
vithe, Yehova.
7 Mabaphalale njengamanzi equkuqela;
Akuxuna iintolo zakhe, mazinge zicu-
tshiwe.
8 Mababe njengenkumba ehamba inyi-
bilika,
Njengemva-mbilini yomfazi, engalibo-
nanga ilanga.
9 Zingekaziva iintsasa iimbiza zenu,
Nokuba ikrwada *inyama*, nokuba iza
kuvuthwa, úyayiqweqwedisa.

10 Liya kuvuya ilungisa, lakuyibona impi-
ndezelo;
Liya kuzihlamba iinyawo zalo egazini
longendawo,
11 Athi umntu, Inene, ilungisa linesiqha-
mo;
Inene, úkho uThixo ogwebayo ehlaba-
thini.

Umthandazo wokuchasa neentshaba ezinekratshi

59 Kumongameli; ngethi, Ungona-
kalisi. EkaDavide. Eliligugu: eku-
thumeleni kukaSawule, bayilinda indlu
ukuba bambulale.
1 Ndíhlangule ezintshabeni zam, Thixo
wam,
Ndíse engxondeni kwabasukela phezulu
kum.
2 Ndíhlangule kubasebenzi bobutshinga;
Ndísindise ebantwini abanamagazi.
3 Ngokuba nâbo bewulalela umphefumlo
wam;
Baqukana ngam ábanamandla,
Kungekho lukreqo kum, kungekho
sono kum, Yehova.
4 Ndingenabugwenxa nje, bagidimé ba-
xhoba.
Vuka, undikhawulele, ubone.
5 Wena Yehova, Thixo wemikhosi, Thixo
kaSirayeli,
Phapha, uzivelele zonke iintlanga;
Musa ukubayeka bonke abanginizayo
bengábagqithi. (Phakamisani.)
6 Bayabuya ngokuhlwa, bayavungama
njengezinja,
Bawuhamba-hambe umzi.

Nâbo belephuza amagwebu ngomlomo; 7
Ngamakrele emlonyeni wabo;
Ngokuba bathi, Kuva bani na?
Wena, Yehova, uyabahleka, 8
Úyazigculela zonke iintlanga.
Mandla am, ndiya kulindela kuwe; 9
Ngokuba uThixo uyingxonde yam.
UThixo wam uya kundikhawulela nge- 10
nceba yakhe;
UThixo uya kundibonisa abandilaleleyo.
Musa ukubabulala, hleze balibale abantu 11
bakowethu;
Babhadulise ngamandla akho, ubawise,
Ngweletshetshe yethu, Nkosi yethu.

Isono somlomo wabo lilizwi lemilebe 12
yomlomo wabo;
Mababanjiswe likratshi labo,
Nangenxa yokushwabula nokuhanaha-
nisa abakuthethayo.
Bágqibe ngobushushu; gqiba, bangabi 13
sabakho;
Baqónde ukuba uThixo ngumlawuli
kwaYakobi,
Wesa eziphelweni zehlabathi.
(Phakamisani.)
Bayabuya ngokuhlwa, bayavungama 14
njengezinja,
Bawuhamba-hambe umzi.
Bona babhadulela ukudla; 15
Ukuba bathe ábahlutha, balala apho.
Ke mna, ndiya kuvuma ngamandla 16
akho,
Ndimemelele kwakusasa ngenceba ya-
kho,
Kuba ubuyingxonde kum,
Nendawo endisabela kuyo ngemini
yokubandezelwa kwam.
Mandla am, ndiya kukubethela uhadi; 17
Ngokuba uThixo yingxonde yam, ngu-
Thixo wam onenceba.

Isililo ngenxa yokoyiswa emfazweni nomthandazo wokucela uncedo

60 Kumongameli; ngeyenyibiba yesi-
ngqino. Eliligugu. EkaDavide.
Eyokufundisa: ekulweni kwakhe nama-
Aram phakathi kweMilambo* nama-
Aram aseTsobha; wabuya uYowabhi,
wawabulala amaEdom emfuleni wetyu-
wa, âmawaka alishumi elinamabini.

1 Thixo, usihlambile, wasichitha,
   Waqumba; ngamana wasibuyisa.
2 Ulinyikimisile ilizwe, ulikrazule;
   Philisa iintanda zalo ngokuba lishukuma.
3 Ubabonisile abantu bakho into elukhuni,
   Usisezé iwayini ehexisayo.
4 Ubanike ibhanile* abakoyikayo,
   Ukuba bayiphakamise ngenxa yenyaniso. (Phakamisani.)

5 Ukuze zihlangulwe iintánda zakho,
   Sindisa ngesandla sakho sokunene, undiphendule.
6 UThixo uthethe engcwele: mandivuyelele,
   Ndimabe uShekem, ndiyilinganisele intili yaseSukoti.
7 Ngowam uGiliyadi, ngowam uManase,
   UEfrayim sisigcina-ntloko sam,
   UYuda yintonga yam yommiselo;
8 UMowabhi sisitya sam sokuhlambela,
   Ndiyiphosa kuEdom imbadada yam;
   Filisti, nkqangaza wena ngam.
9 Ngubani na owondisa emzini wamandla?
   Ngubani na owondikhaphela kwaEdom?
10 Asinguwe na, kwawena Thixo, osihlambileyo?
   Akwaphuma, Thixo, nemikhosi yethu.
11 Sincede kumbandezeli wethu;
   Alunto yanto usindiso lomntu.

12 NgoThixo siya kweyisa,
   Wóbagqusha yena ababandezeli bethu.

Ukukholosa ngogcino lukaThixo

61 Kumongameli; eyokubethelwa ngezinto ezineentambo. EkaDavide.

1 Kuve, Thixo, ukuhlahlamba kwam;
   Wubazele indlebe umthandazo wam.
2 Ndidanduluka kuwe ndisesiphelweni sehlabathi, ekutyhafeni kwentliziyo yam;
   Ndikhaphele eweni elisemalengalengeni kum.
3 Ngokuba ulihlathi lam,
   Uyinqaba ende eliqele phambi kotshaba.

Ndiya kuphambukela ententeni yakho 4
   ngonaphade,
Ndiya kuzímela ngesithe lamaphiko akho. (Phakamisani.)
Ngokuba wena, Thixo, uzivile izibhambathiso zam; 5
Ubaniké ilifa abaloyikayo igama lakho.

Uya kongeza imihla emihleni yokumkani; 6
Iminyaka yakhe iya kuba njengezizukulwana ngezizukulwana;
Uya kuhlala ngonaphakade phambi 7 koThixo;
Mmisele inceba nenyaniso, ukuba zimlondoloze.
Kukhona ndiya kulibethela uhadi igama 8 lakho ngonaphakade,
Ndizizalise izibhambathiso zam imihla ngemihla.

UThixo ukuphela kwenqaba ekhoyo

62 Kumongameli. KuYedutun. Umhobe kaDavide.

Úthozamele kuThixo kwaphela umphefumlo wam; 1
Kuvela kuye ukusindiswa kwam.
Nguye kwaphela iliwa lam, umsindisi 2 wam,
Ingxonde yam; andiyi kushukunyiswa kakhulu.
Kunini na nisuka indulumbane emntwini? 3
Kunini na nimncinitha nonke niphela, enjengodonga oluzimkayo, enjengothango oluwayo?
Bagqibé kwelokuba bamtyhale bamsuse 4
   ekuphakameni kwakhe kuphele;
Bakholene namanga;
Basikelela elowo ngomlomo, embilinini yabo bayatshabhisa. (Phakamisani.)

Thozamela kuThixo yedwa, mphefumlo 5 wam,
Ngokuba livela kuye ithemba lam.
Nguye kwaphela iliwa lam, umsindisi 6 wam,
Ingxonde yam; andiyi kushukunyiswa.

IINDUMISO 62–64

7 KunoThixo ukusindiswa kwam nozuko lwam;
Iliwa lokunqaba kwam nehlathi lam likuThixo.
8 Kholosani ngaye ngamaxesha onke, nina bantu;
Phalazani intliziyo yenu phambi kwakhe.
UThixo ulihlathi kuthi. (Phakamisani.)
9 Bangumphunga kwaphela onyana boluntu, ngamanga oonyana bamadoda;
Esikalini* bangenyuka,
Bangumphunga bephelele.
10 Musani ukukholosa ngokudla abantu,
Ningazenzi into engeyanto ngento exhakamfuliweyo.
Yakwanda imfuyo, musani ukuyinyamekela.

11 Uthethé nto-nye uThixo,
Ezi zinto zimbini ndizivile:
Ukuba amandla ngakaThixo,
12 Nencebá yeyakho, Nkosi yam;
Ngokuba uyababuyekeza, elowo ngokwezenzo zakhe.

UThixo ukholisa umphefumlo onxaniweyo

63 Umhobe kaDavide: oko ebesentlango yakwaYuda.

1 Thixo, ùnguThixo wam, ndiya kukuquqela kwakusasa,
Umphefumlo wam unxanele wena; inyama yam iyakulangazelela
Ezweni elingumqwebedu, elibharhileyo, eligenamanzi.
2 Ndenjénjalo ukukhangela kuwe engcweleni,
Ukuba ndibone amandla akho nobuqaqawuli bakho.
3 Ngokuba inceba yakho ilungile ngaphezu kobomi,
Umlomo wam uya kukuncoma.
4 Ndiya kwenjenjalo ukukubonga lo gama ndihleliyo,
Ndiphakamise izandla zam egameni lakho.
5 Umphefumlo wam uhluthi umongo namanqatha;
Ngemilebe yomlomo wam omemelelayo úya kukudumisa umlomo wam,
6 Ndákukukhumbula emandlalweni wam,
Emilindweni yobusuku ndicamanga ngawe.
7 Ngokuba uluncedo kum,
Ndinokumemelela esithunzini samaphiko akho.

8 Umphefumlo wam uthene mbende nawe;
Isandla sakho sokunene sindibambile.
9 Ke bòna bafuna umphefumlo wam ukuze batshabalale,
Baya kutshona kwezisezantsi iindawo zehlabathi.
10 Baphalazelwa emandleni ekrele;
Baba sisabelo seempungutye.
11 Ke yena ukumkani uya kuvuya ngoThixo;
Baya kuqhayisa abo bonke bafunga yena;
Ngokuba úya kuvingcwa umlomo wabathetha ubuxokoi.

Umthandazo wokuchasa iintshaba ezifihlakeleyo

64 Kumongameli. Umhobe kaDavide.

1 Live, Thixo, izwi lam ekukhalazeni kwam;
Ekunkwantyiseni kotshaba bulondoloze ubomi bam.
2 Ndisithelise egquguleni labanobubi,
Ehlokondibeni labasebenzi bobutshinga;
3 Abalulola njengekrele ulwimi lwabo,
Abaxuna iintolo zabo, amazwi akrakra,
4 Bamtole ogqibeleleyo besentsithelweni;
Bamtola ngesiquphe, bangoyiki.
5 Bazomelezela ilizwi elibi,
Bagqiba kwelokuba bafihle izirhintyelo,
Bathi, Singábonwa ngubani na?
6 Baceba ubugqwetha;
Baligqibile icebo abalicebileyo;
Imbilini yendoda nentliziyo yayo yinzulu.

7 Ke uThixo uyabatola ngotolo;
Amanxeba abo abakho ngesiquphe.

IINDUMISO 64–65

8 Baya kukhutyekiswa, lufikele kwabona ulwimi lwabo;
Bayahlunguzela intloko bonke abababonayo.
9 Basuka boyike bonke abantu,
Bawuxele umsebenzi kaThixo,
Basiqiqe isenzo sakhe.
10 Liya kuvuya ilungisa ngoYehova, lizimele ngaye,
Baqhayise bonke abantliziyo zithe tye.

Umbongo kuThixo otyebisa umhlaba

65 Kumongameli. Umhobe kaDavide. Ingoma.

1 Ukuthozama kuyindumiso kuwe, Thixo, eZiyon;
Sizaliswa kuwe isibhambathiso.
2 Wena mphulaphuli wemithandazo,
Iza kuwe inyama yonke.
3 Zindoyisile nje iindawo zobugwenxa,
Ukreqo lwethu ùyaluxolela wena ngocamagushelo.
4 Hayi, uyolo lomnyulayo, umsondeze
Ukuba ahlale ezintendelezweni zakho!
Siya kuzihluthisa ngokulunga kwendlu yakho,
Kwetempile yakho engcwele.
5 Ùsiphendula ngezenzo ezoyikekayo zobulungisa,
Thixo osisindisayo;
Nkoloseko yeziphelo zonke zehlabathi,
neyolwandle olukude;
6 Ulozinzisa iintaba ngamandla akhe,
Ebhinqe ubugorha;
7 Ulodambisa ukugquma kweelwandle,
ukugquma kwamaza azo,
Nokuxokozela kwezizwe.
8 Bayayoyika imiqondiso yakho abemi beziphelo elihlabathi.
Ùmemelelisa ukuvela kokusa nokuhlwa.

9 Ùwuvelele umhlaba, wawunyéla,
Wawutyebisa kakhulu.
Umjelo kaThixo uzele ngamanzi:
Walungisa ingqolowa yabo, ngokuba uwenjenje ukuwulungisa.
10 Useza ihluthe imisele yawo;
Unyakamisa imiqela yawo.
Uthambisa ngeziphango;
Usikelela izilimo zawo.

Uwuthwesile umnyaka wokulunga kwa- 11 kho,
Imikhondo yakho itsitsa ukutyeba.
Ayatsitsa amakriwa entlango, 12
Iinduli zizibhinqise umgcobo.
Amadlelo anxibé imihlambi yeenkomo; 13
Iintili zambethe ingqolowa.
Yonke into iyaduma, yonke into iyavuma.

Umbongo ngenxa yemisebenzi kaThixo emangalisayo

66 Kumongameli. Ingoma. Umhobe.

Dumani kuThixo, nonke hlabathi, 1
Lubetheleni uhadi uzuko lwegama 2
lakhe,
Mzukiseni, mdumiseni.
Yithini kuThixo, Hayi, ukoyikeka kwe- 3
misebenzi yakho!
Ngenxa yobuninzi bamandla akho ziya kuhanahanisa kuwe iintshaba zakho.
Lonke ihlabathi liya kukunqula, 4
Bakubethele uhadi;
Balibethele uhadi igama lakho.
(Phakamisani.)

Yizani, nibone imisebenzi emikhulu 5
kaThixo,
Engowoyikekayo ekwenzeni kwakhe koonyana babantu.
Wáluguqula ulwandle lwayinto eyo- 6
mileyo;
Bawuwela umlambo ngeenyawo;
Apho savuya ngaye.
Ulolawula ngobugorha bakhe ngona- 7
phakade;
Amehlo akhe ayabonisela ezintlangeni;
Abaziinjubaqa mabangaziphakamisi.
(Phakamisani.)

Mbongeni, zizwe, uThixo wethu, 8
Nivakalise ilizwi lendumiso yakhe.
Ulomisa umphefumlo wethu ebomini, 9
Ákalunikela unyawo lwethu ekutyibilikeni.
Ngokuba ùsicikidile, Thixo; 10
Ùsinyibilikisile njengokunyibilikiswa kwesilivere;
Ùsingenise emboniselweni; 11
Ùbeke uxinzelelo esinqeni sethu;

IINDUMISO 66-68

12 Ùkhwelise abantu entlokweni yethu;
Singéne emlilweni nasemanzini;
Waza wasikhuphela endaweni enendyebo.

13 Ndiya kungena endlwini yakho ndinamadini anyukayo;
Ndiya kuzizalisa kuwe izibhambathiso zam,
14 Eyazivulelayo imilebe yomlomo wam,
Owazithethayo umlomo wam ekubandezelweni kwam.
15 Ndiya kunyusela kuwe amadini anyukayo eemvana ezityebileyo,
Ndawonye nesiqhumiso seenkunzi zeegusha;
Ndiya kwenza aweenkomo ndawonye naweenkunzi zeebhokhwe.
(Phakamisani.)

16 Yizani, nive, ndinixelele, nonke nina bamoyikayo uThixo,
Oko akwenzele umphefumlo wam.
17 Ndadanduluka kuye ngomlomo wam;
Kwaye ukubonga kuphantsi kolwimi lwam.
18 Ukuba bendisekeleze ubutshinga ngentliziyo yam,
INkosi yam ibingayi kuphulaphula.
19 Hayi ke, uThixo uphulaphule,
Úlibazéle indlebe ilizwi lomthandazo wam.
20 Makabongwe uThixo,
Yena ungawugxothanga umthandazo wam,
Nobubele bakhe kum.

Zonke izizwe ziyayalwa ukuba zibonge uThixo

68 Kumongameli; eyokubethelwa ngezinto ezineentambo. Umhobe. Ingoma.

1 Ngamana uThixo wasibabala, wasisikelela,
Wabukhanyisa ubuso bakhe kuthi;
(Phakamisani.)
2 Ukuze yaziwe ehlabathini indlela yakho,
Usindiso lwakho ezintlangeni zonke.
3 Ngamana zabulela izizwe kuwe, Thixo,
Zabulela izizwe kuwe zonke ziphela;
4 Zavuya zamemelela izizwe:
Ngokuba ùya kugweba phakathi kwezizwe ngokuthe tye,
Uzikhaphe izizwe ehlabathini.
(Phakamisani.)
Ngamana zabulela izizwe kuwe, Thixo, 5
Zabulela izizwe kuwe zonke ziphela.
Umhlaba uyivelisile indyebo yawo; 6
Úya kusisikelela uThixo, uThixo wethu;
Úya kusisikelela uThixo, 7
Zimoyike zonke iziphelo zehlabathi.

Ingoma yoloyiso lukaThixo

68 Kumongameli; ekaDavide. Umhobe. Ingoma.

Makasuk' eme uThixo, zibe ziintsali 1
iintshaba zakhe,
Basabe ebusweni bakhe abamthiyayo.
Njengokuphetshethwa komsi, báphephethe; 2
Njengokunyibilika komthwebeba phambi komlilo,
Mabadake ngokunjalo abangendawo ebusweni bukaThixo.
Ke wona amalungisa makavuye, adlamke phambi koThixo, 3
Abe nemihlali, enemivuyo.

Vumani kuThixo, libetheleni uhadi 4
igama lakhe;
Menzeleni umendo ophakamileyo, ulokhwela ecanda ezinkqantosini,
Ogama lakhe linguYehova; nidlamke phambi kwakhe.
Uyise weenkedama, umthetheleli wabahlolokazi, 5
NguThixo ekhayeni lakhe elingcwele.
UThixo nguhlalisa endlwini ababebodwa, 6
Ngukhuphela enywebeni ababanjiweyo;
Ngabaziinjubaqa bodwa abahlala kwelibalelelweyo.

Thixo, ekuphumeni kwakho úphambi 7
kwabantu bakho,
Ekunyatheleni kwakho enkangala,
(Phakamisani.)
Lanyikima ihlabathi, 8
Lavuza izulu ebusweni bukaThixo,
ISinayi leya ebusweni bukaThixo,
uThixo kaSirayeli.

597

INDUMISO 68

9 Walitshiza ngemvula eninzi yesisa sakho, Thixo, ilifa lakho;
Lakùbharha, walizimasa wena.
10 Wahlala khona umhlambi wakho,
Wamlungisela olusizana ngokulunga kwakho, Thixo.

11 INkosi iya kukhupha izwi elinamandla,
Ube mkhulu umkhosi weentokazi ezishumayela iindaba ezilungileyo.
12 Ookumkani bemikhosi baya kusaba besabile;
Intokazi esele ekhaya iya kuwaba amaxhoba.
13 Nakulala phantsi phakathi kweentlanti,
Noxelisa amaphiko evukuthu alekwe ngesilivere,
Neentsiba zalo ezalekwe ngegolide ebengezelayo.
14 Ekubadubadubeni kukaSomandla ookumkani kulo,
Koba mhlophe ngowekhephu eTsalimon.

15 Yintaba kaThixo intaba yaseBhashan,
Yintaba encopho zininzi intaba yaseBhashan.
16 Niyigxeleshelani na, zintaba zincopho zininzi,
Intaba ayinqweneleyo uThixo ukuba ahlale kuyo?
Ewe, uYehova uya kuhlala kuyo ngonaphakade.
17 Iinqwelo zokulwa zikaThixo zizigidi, ngamawaka-waka;
INkosi ikuzo; yiSinayi ebungcweleni,
18 Ùnyuké waya phezulu, ùthimbe abathinjwa,
Ùthabathe izipho phakathi kwabantu,
Naphakathi kwabaziinjubaqa, ukuba ahlale uYehova uThixo khona.

19 Mayibongwe iNkosi;
Ithwala imithwalo yethu imihla ngemihla;
NguThixo umsindisi wethu.
(Phakamisani.)

20 Yena uThixo kuthi nguThixo wosindiso,
KokukaYehova, iNkosi yethu, ukukhupha ekufeni.

Kodwa uThixo uya kuyiphalusa intloko 21 yeentshaba zakhe,
Nentloko enesihlwitha yohambayo kwizigqitho zakhe.
Yathi iNkosi, Ndiya kuzibuyisa eBha- 22 shan,
Ndiya kuzibuyisa iintshaba zakho ezinzulwini zolwandle;
Ukuze uziphaluse, unyawo lwakho 23 lusegazini,
Nolwimi lwezinja zakho lube nesabelo salo ezintshabeni.

Bakúbona ukunyathela kwakho, Thixo, 24
Ukunyathela koThixo wam, koKumkani wam, esebungcweleni.
Phambili ziimvumi, ngasemva ngaba- 25 bethi bohadi,
Emacaleni ziintombi ezibetha iingqongqo.
Emabandleni bongani uThixo, 26
INkosi, nina basemthonjeni wakwaSirayeli.
Balapho ooBhenjamin, inci *yabo*, u- 27 mphathi wabo,
Abathetheli bakwaYuda, ihlokondiba labo;
Abathetheli bakwaZebhulon, abathetheli bakwaNafetali.
UThixo wakho wakuwisela umthetho 28 wokuba uqine;
Kuqinise, Thixo, oko usenzeleyo.
Bevela etempileni yakho eyongamele 29 iYerusalem,
Ookumkani mabeze nezithabathaba kuwe.
Khalimela amarhamncwa asengcongo- 30 lweni,
Umhlambi weenkunzi eziziimbalasane, kunye namathole ezizwe,
Ukuze baziwise benezijungqe zesilivere.
Wazibhangisa izizwe eziyithandayo imfazwe.
Kovela amanono eYiputa; 31
UKushi wozolulela msinya izandla zakhe kuThixo.

Zikumkani zehlabathi, vumani ku- 32 Thixo,
Niyibethele uhadi iNkosi;
(Phakamisani.)

33 Ekhwela ecanda emazulwini awo amazulu amandulo;
Nanko elikhupha ilizwi lakhe, ilizwi elinamandla.
34 Mnikeni amandla uThixo;
Buphezu koSirayeli ubungangamsha bakhe;
Asesibhakabhakeni amandla akhe.
35 UloThixo woyikekayo ezingcweleni zakho.
UloThixo kaSirayeli, ubanikayo amandla nokomelela abantu.
Makabongwe uThixo.

Umthandazo wokucela ukuhlangulwa nokuphindezelwa

69 Kumongameli; ngeyeenyibiba. EkaDavide.

1 Ndisindise, Thixo;
Ngokuba amanzi andifikele, ada eza emphefumlweni.
2 Nditshonile eludakeni olunzulu, akukho kuma;
Ndingene emmbithini onamanzi, umsinga uyandintywilisela.
3 Ndidiniwe kukudanduluka; womile umqala wam;
Aphelile amehlo am; mna ndilindele kuThixo.
4 Abandithiyayo ngelizé baninzi ngaphezu kweenwele zentloko yam;
Baninzi abandibangisayo, abaziintshaba zam bexoka;
Into endingayiphanganga bathi mandiyibuyise.
5 Thixo, wena uyakwazi ukumatha kwam;
Namatyala am akanakugushwa kuwe.
6 Mabangadani ngam abakuthembayo,
Nkosi yam, Yehova wemikhosi;
Mabangangcikivwa ngam abakufunayo,
Thixo kaSirayeli.

7 Ngokuba ndithwele ingcikivo ngenxa yakho;
Ihlazo libugqubuthele ubuso bam;
8 Ndingowasemzini kubazalwana bam;
Ndingowolunye uhlanga kubantwana bakama:
9 Ngokuba lindidlile ikhwele ngenxa yendlu yakho:
Iingcikivo zabakungcikivayo ziwé phezu kwam.
Mna, umphefumlo wam walila, uzila 10 ukudla;
Oko kwaba yingcikivo kum.
Iingubo zam zaba zezirhwexayo, 11
Ndaba yinto yokuzekelisa kubo.
Bathetha ngam abahleli esangweni; 12
Ndiyingoma yamanxila.

Ke mna ndithandaza kuwe, Yehova, 13 ngexesha elikholekileyo:
Thixo, ngobuninzi benceba yakho,
Ndiphendule ngenyaniso yosindiso lwakho.
Ndihlangule eludakeni, ndingatshoni; 14
Mandihlangulwe kwabandithiyayo nasemimbithini enamanzi.
Mawungandintywiliseli umsinga wamanzi; 15
Ingandiginyi inzulu;
Iqula malingandivingceli ngomlomo walo
Ndiphendule, Yehova, ngokuba ilungile 16 inceba yakho,
Ngangobuninzi bemfesane yakho ndibheke.
Musa ukubusithelisa ubuso bakho 17 kumkhonzi wakho,
Ngokuba ndibandezelekile; khawuleza undiphendule.
Sondela emphefumlweni wam, uwu- 18 khulule;
Ngenxa yeentshaba zam ndikhulule.
Wena uyakwazi ukungcikivwa kwam, 19 nokudaniswa kwam, nokuhlazwa kwam;
Baphambi kwakho bonke abandibandezelayo.
Ingcikivo yaphula intliziyo yam, nda- 20 phantsa ukufa;
Ndathemba ukukhuzwa, akwabakho;
Nokuthuthuzelwa, andakufumana.
Ukudla bándinika inyongo; 21
Ekunxanweni kwam bándiseza iviniga.

Isithebe sabo phambi kwabo masibe 22 ngumgibe;
Sibe sisirhintyelo kwabanemasi.
Makabe mnyama amehlo abo, banga- 23 boni,

Usigxadazèlise isinqe sabo amaxesha onke.
24 Báphalazele ngobhavumo lwakho, Kubafikele ukuvutha komsindo wakho.
25 Ingqili yabo mayibe senkangala, Ezintenteni zabo kungahlali mntu;
26 Ngokuba bayamsukela obethwe nguwe, Bancokole ngomvandedwa wobahlabileyo wena.
27 Yongeza ubugwenxa ebugwenxeni babo, Bangàngeni ebulungiseni bakho.
28 Mabacinywe encwadini yobomi, Bangàbhalwa namalungisa.

29 Ke mna ndilusizana, ndinomvandedwa; Usindiso lwakho, Thixo, malundise engxondeni.

30 Ndiya kulidumisa igama likaThixo ngokuvuma, Ndilenze likhulu ngokubulela.
31 Oko kuya kukholeka kuYehova ngaphezu kweenkunzi ezintsha, Ezineempondo neempuphu.
32 Bebona abalulamileyo, bovuya; Nina bamquqelayo uThixo, intliziyo yenu mayiphile.
33 Ngokuba uYehova uyaweva amahlwempu, Akabadeli ababanjiweyo bakhe.
34 Malimdumise izulu nomhlaba, Ulwandle nento yonke enambuzelayo kulo.
35 Ngokuba uThixo uya kuyisindisa iZiyon, ayakhe imizi yakwaYuda, Bahlale khona, bayimé;
36 Ilidle ilifa imbewu yabakhonzi bakhe; Bahlale kuyo abalithandayo igama lakhe.

Umthandazo wokucela uncedo lukaThixo olukhawulezayo

70 Kumongameli; ekaDavide; eyokukhumbuza.

1 Thixo, khawuleza undihlangule; Yehova, khawuleza undincede.
2 Mabadane babe neentloni abawufunayo umphefumlo wam; Mababuye umva bahlazeke abananzé ukuba ndihlelwe bububi;

Mababuye ngenxa yomvuzo wedano 3 labo
Abathi, Tshotsho! Tshotsho!
Mababe nemihlali bavuye ngawe bonke 4 abakuquqelayo;
Abaluthandayo usindiso lwakho
Mabahlale besithi, Makenziwe mkhulu uThixo.
Ke mna ndilusizana, ndilihlwempu; 5
Thixo, khawuleza uze kum.
Umncedi wam nomsindisi wam nguwe;
Yehova, musa ukulibala.

Umthandazo nombongo wexhego

71 Ndizímela ngawe, Yehova, Mandingaze ndidane naphakade:
Ngobulungisa bakho ndihlangule, ndi- 2 size;
Ndithobele indlebe yakho, undisindise.
Yiba liliwa elilikhaya kum, ndize kulo 3 ngamaxesha onke.
Uwisé umthetho wokuba ndisindiswe, Ngokuba ingxondorha yam nembóniselo yam nguwe.
Thixo wam, ndísize esandleni songe- 4 ndawo,
Esandleni sogqwethayo nosisibhovubhovu.
Ngokuba ulithemba lam, Nkosi yam, 5 Yehova,
Inkoloseko yam kwasebuncinaneni bam.
Ndixhaswé nguwe kwasesizalweni; 6
Nguwe owandityhobozisayo ezibilinini zikama.
Indumiso yam ingawe ngamaxesha onke.
Ndinjengesimanga kwabaninzi; 7
Ke wena ulihlathi lam elinqabileyo.
Umlomo wam uya kuzala yindumiso 8 yakho,
Sisihombo sakho imini yonke.

Musa ukundilahla ngexesha lobuxhego; 9
Musa ukundishiya akuphela amandla am.
Ngokuba zithetha ngam iintshaba zam; 10
Abawulindayo umphefumlo wam bayacebisana,
Besithi, UThixo umlahlile; 11
Msukeleni nimbambe, ngokuba akukho mhlanguli.

IINDUMISO 71-72

12 Thixo, musa ukuba kude kum;
Thixo wam, khawuleza undincede.
13 Mabadane, bagqitywe, abawuchasayo umphefumlo wam,
Bathiwe wambu yingcikivo nehlazo abafuna ukuba ndihlelwe bububi.
14 Ke mna ndiya kuhlala ndilindile,
Ndongeze endumisweni yakho yonke.
15 Umlomo wam uya kubalisa ngemisebenzi yobulungisa bakho,
Neyosindiso lwakho imini yonke, ngokuba ndingàwazi amanani ayo.
16 Ndiya kuza nemisebenzi yobugorha beNkosi uYehova;
Ndiya kukhankanya ubulungisa bakho, bakho wedwa.
17 Thixo, undifundisile kwasebuncinaneni bam;
Unangoku ndiyayixela imisebenzi yakho ebalulekileyo.
18 Thixo, musa ukundishiya kude kuye ebuxhegweni nasezimvini;
Ndide ndiyixele ingalo yakho kwisizukulwana *esitsha*,
Nobugorha bakho kubo bonke abaya kuza.

19 Thixo, ubulungisa bakho buye bafika phezulu;
Wena uzenzayo izinto ezinkulu,
Thixo, ngubani na onjengawe?
20 Wena, usibonisileyo iimbandezelo ezininzi ezinobubi,
Uya kubuya usiphilise,
Ubuye usirhole ezinzonzobileni zamanzi ehlabathi;
21 Uya kubandisa ubukhulu bam,
Ubuye wena undithuthuzele.

22 Ndiya kuyibulela nokuyibulela kuwe ngomrhubhe
Inyaniso yakho, Thixo wam;
Ndiya kukubethela uhadi,
Ngcwele kaSirayeli.
23 Úya kumemelela umlomo wam, ndakùkubethela uhadi,
Nomphefumlo wam owukhululeyo;
24 Nolwimi lwam luya kuxela ubulungisa bakho imini yonke,
Ngokuba bedanile beneentloni abafuna ukuba ndihlelwe bububi.

72 *Ulawulo lokumkani olilungisa* EkaSolomon.

1 Thixo, mnike ukumkani imigwebo yakho,
Mnike unyana wokumkani ubulungisa bakho.
2 Makagwebe ebantwini bakho ngobulungisa,
Nakwabaziintsizana zakho ngokwesiko.
3 Iintaba mazibathwalele uxolo abantu,
Kwaneenduli zibathwalele ebulungiseni.
4 Makagwebe ityala labaziintsizana ebantwini,
Asindise oonyana bamahlwempu,
Abatyumze abacudisi.
5 Mabakoyike, ukuhlala elihleliyo ilanga
Kwanenyanga, izizukulwana ngezizukulwana.
6 Makehle njengemvula ehla phezu kotyani obusikwayo,
Njengeziphango, njengemvula emathontsi makhulu, emhlabeni.
7 Malityatyambe ngemihla yakhe ilungisa,
Nobuninzi boxolo, ide ingabi sabakho inyanga.
8 Makaphathe ubukhosi ethabathela elwandle ase elwandle,
Ethabathela kuwo uMlambo* ase eziphelweni zehlabathi.
9 Baya kuguqa phambi kwakhe abemi bomqwebedu,
Zikhothe uthuli iintshaba zakhe.
10 Ookumkani baseTarshishe nabeziqithi baya kunika iminikelo;
Ookumkani bakwaShebha nabakwaSebha baya kusondeza isithabathaba;
11 Baqubude kuye bonke ookumkani,
Zimkhonze sonke iintlanga.
12 Ngokuba úya kulihlangula ihlwempu elizibikayo,
Nabaziintsizana abangenaluncedo;
13 Abenzele inceba abasweleyo nabangamahlwempu;
Asindise imiphefumlo yamahlwempu;
14 Akhulule imiphefumlo yawo ekuxinezelweni nasekugonyamelweni;
Linqabile emehlweni akhe igazi lawo.
15 Úya kuphila anikwe igolide yakwaShebha,

IINDUMISO 72-73

Bahlale bemthandazela,
Bamsikelele imini yonke.

16 Makubekho intabalala yengqolowa ezweni, ise encotsheni yeentaba;
Ukuqhama kwayo makurhashaze njengeLebhanon;
Mabatyatyambe emizini yabo njengemifuno yomhlaba.

17 Malibe ngunaphakade igama lakhe;
Malivelise amagatya igama lakhe phambi kwelanga,
Bazisikelele ngaye;
Mazithi zonke iintlanga úngonoyolo.

18 Makabongwe uYehova uThixo, uThixo kaSirayeli.
Ulomenzi wemisebenzi ebalulekileyo yena yedwa.

19 Malisikelelwe igama lakhe elizukileyo ngonaphakade,
Lizale lonke ihlabathi luzuko lwakhe.
Amen, amen.

20 Iphelile imithandazo kaDavide unyana kaYese.

Impumelelo yabangendawo; ukungafani kwesiphelo sabo nesamalungisa

73 Umhobe ka-Asafu.

1 Ulungile kwaphela uThixo kuSirayeli,
Kwabantliziyo zinyulu.

2 Ke mna, beziphantse ukumka iinyawo zam;
Gcwizi ukutyibilika ukunyathela kwam;

3 Ngokuba bendibamonela abaqhayisayo,
Ndakukubona ukuphumelela kwabangendawo.

4 Ngokuba àbanazintlungu ekufeni kwabo;
Baphilile, batyebile umzimba wabo;

5 Ebubini babantu àbakho bona;
Àbakhathazwa njengabanye abantu.

6 Ngako oko intamo yabo inxitywe ikratshi;
Ukugonyamela kubathe wambu ngokwengubo.

7 Amehlo abo avelile kukutyeba;
Amabhongo eentliziyo zabo aphumela phandle.

8 Bahlalela ngentlamba, bathetha ngokubandezela, benobubi;
Bathetha iindumbisa zamazwi.

9 Bawubeka ezulwini umlomo wabo,
Ulwimi lwabo luhamba emhlabeni wonke.

10 Ngako oko abantu babo babuyela apha;
Bafinca amanzi amaninzi.

11 Bathi, Únokuthini na ukwazi uThixo?
Kukho ukwazi na kOsenyangweni?

12 Yabona abangendawo abayá
Banokuchulumacha ngonaphakade, bandile ngokutyeba.

13 Sifumane sayiqaqambisa intliziyo yethu kanti,
Sazihlamba izandla zethu ngokuba msulwa;

14 Ndakhathazeka imini yonke,
Ukohlwaywa kwethu kwaba kokwemiso yonke.

15 Ukuba bendithe, Ndiya kwenjenjalo ukuthetha,
Yabona, ngendinginizile kwisizukulwana soonyana bakho.

16 Ndathi ke ndakùcinga ukuba ndikwázi oko,
Kwayinkohla emehlweni am;

17 Ndada ndaya kungena ezingcweleni zikaThixo,
Ndakúgqala ke ukuphela kwabo.

18 Inene, ùbamise ezindaweni ezibuthelezi,
Wabawisa baba yintshabalala.

19 Hayi, ukuphanziswa kwabo ngephanyazo;
Baphelile, bagqityiwe kukukhwankqa.
Njengephupha ekuqabukeni komntu,

20 Ekuvukeni kwakho, Nkosi, wòwudela umfanekiso wabo.

21 Ukuba ndithe ndabindeka intliziyo,
Ndahlabeka ezintsweni,

22 Ndoba ke ndisisityhakala, ndingenakwazi;
Ndoba ke ndisisilo kuwe.

23 Mna ke ndihlala ndinawe;
Ùndibambile ngesandla sam sokunene;

24 Ùya kundikhapha ngecebo lakho.

IINDUMISO 73–74

Undithabathe emveni koku, ndibe nozuko.
25 Ndinabani na emazulwini?
Ukuba wena ungowam, andilinanze nganto ihlabathi.
26 Ingáphela inyama yam nentliziyo yam:
Iliwa lentliziyo yam, nesabelo sam, nguThixo ngonaphakade.
27 Ngokuba, yabona, abanyawukileyo kuwe baya kudaka;
Uyababhangisa bonke abahenyuzayo, bemke kuwe.
28 Mna ke, ukusondela kuThixo kulungile kum,
Ndiyenza ihlathi lam iNkosi uYehova,
Ukuze ndiyibalise yonke imisebenzi yakhe.

Ukubhuqwa kwelizwe lutshaba; umthandazo wokucela ukuhlangulwa nguThixo

74 Eyokuqiqa; eka-Asafu.

1 Yini na Thixo, ukuba uhlale usihlambile,
Uqhume umsindo wakho kwizimvu zedlelo lakho?
2 Likhumbule ibandla lakho olithengileyo kwakudala,
Olikhululeyo, laba sisizwe selifa lakho;
Intaba yaseZiyon, ohleli kuyo.
3 Phakamisa ukunyathela kwakho, ukuya kumanxuwa ahlala ehleli:
Utshaba luvivé into yonke engcweleni.
4 Bábharhula ababandezeli bakho endaweni yokuhlangana phakathi;
Bamisa eyabo imiqondiso, yaba yiyo eyimiqondiso.
5 Kwanga kungenelwe
Intshinyela yemithi ngezixengxe.
6 Kungoku, uqoqo lwayo lonke
Balucanda ngamazembe neengxobonga.
7 Bayifaka umlilo ingcwele yakho;
Bawuhlambela ngokuwuwisela emhlabeni umnquba wegama lakho.
8 Bathi ezintliziyweni zabo, Siya kubanyanzelela phantsi kuphele;
Bazitshisile zonke iindawo zikaThixo zokuhlangana ezweni apha.
9 Imiqondiso yethu asiyiboni,
Akusekho mprofeti;
Kúthi akukho waziyo ukuba koda kuse phi na kunjalo.

10 Kunini na, Thixo, umbandezeli engcikiva?
Utshaba luhleli luligiba igama lakho?
11 Usifinyezeleni na isandla sakho, nesokunene sakho?
Sírhole esifubeni sakho, ulugqibe.

12 Ke uThixo nguKumkani wam kwakumandulo,
Ulosebenza usindiso phakathi kwehlabathi lonke.
13 Nguwe owahlula ulwandle ngamandla akho,
Owaphula iintloko zeengwenya emanzini.
14 Nguwe owaxhaxha iintloko zeleviyatan,*
Wazinika zakukudla kubantu, kubemi bomqwebedu.
15 Nguwe owagqobhoza yayimithombo, yayimilanjana;
Nguwe owomisa imilambo engomiyo.
16 Yeyakho imini, bobakho nobusuku;
Nguwe owalungisa ukukhanya nelanga.
17 Nguwe owamisa yonke imida yehlabathi;
Ihlobo, nobusika, nguwe owazibumbayo ezo zinto.

18 Khumbula oku; utshaba lungcikiva uYehova,
Abantu abanobudenge baligibile igama lakho.
19 Musa ukuwunikela erhamncweni umphefumlo wehobe lakho;
Ungahlali uwulibele umhlambi wakho oziintsizana.
20 Bheka emnqophisweni,
Ngokuba iindawo ezimnyama zelizwe zizele zizindlu zogonyamelo.
21 Makangabuyi otyumkileyo ehlazisiwe;
Makalidumise igama lakho olusizana nolihlwempu.
22 Khawusuk' ume, Thixo, ubambane nababambene nawe;
Khumbula ukukungcikiva kwesidenge yonke imini.

IINDUMISO 74-77

23 Musa ukulilibala izwi lababandezeli bakho,
Ukungxola kwabasukela phezulu kuwe, okuhlala kunyuka.

Umgwebo olungileyo kaThixo

75 Kumongameli; ngethi, Ungonakalisi. Umhobe ka-Asafu. Ingoma.

1 Siyabulela kuwe, Thixo, siyabulela;
Lisondele igama lakho;
Babalisa imisebenzi yakho ebalulekileyo.
2 Ngokuba ùthi, Ndiya kwenza ngexesha elimisiweyo,
Mna ndiya kugweba ngokuthe tye.
3 Liyetha amandla ihlabathi, nabemi balo;
Ke mna, ndizizinzisile iintsika zalo.
(Phakamisani.)
4 Ndithi kubaqhayisi, Musani ukuqhayisa;
Nakwabangendawo, Musani ukuphakamisa uphondo;
5 Musani ukuluphakamisela phezulu uphondo lwenu,
Ningathethi ngokusa, nolùle intamo.
6 Ngokuba *ugwebo* aluveli empumalanga nasentshonalanga,
Nasentlango yeentaba.
7 Hayi, nguThixo ogwebayo;
Úyamthoba lo, amphakamise lowa.

8 Ngokuba indebe isesandleni sikaYehova,
Iphuphuma igwebu lewayini, izele yephithikeziweyo.
Úthulula kuyo; ewe, iintlenga zayo
Ziya kuselwa zifincwe ngabangendawo bonke behlabathi.
9 Ke mna ndiya kushumayela ngonaphakade,
Ndiya kuvuma kuThixo kaYakobi;
10 Zonke iimpondo zabangendawo ndiya kuzixakaxa,
Iimpondo zelungisa ziya kuphakanyiswa.

Ubungangamsha bukaThixo eZiyon

76 Kumongameli; eyokubethelwa ngezinto ezineentambo. Umhobe ka-Asafu. Ingoma.

1 Waziwa kwaYuda uThixo,
Likhulu kwaSirayeli igama lakhe.

Umnquba wakhe waba seSalem, 2
Nekhaya lakhe eZiyon.
Wayaphula apho imibane yesaphetha, 3
Ingweletshetshe, nekrele, nezixhobo zemfazwe. (Phakamisani.)

Úkhanyile, uyingangamsha ngaphezu 4
kweentaba zokuqwenga.
Babhunyulwe abantliziyo iyimbalasane, 5
Balala umlala kanye,
Akazifumana izandla zawo onke amakroti.
Ekukhalimeni kwakho, Thixo kaYakobi, 6
Kwasindwa bubuthongo iinqwelo zokulwa namahashe.

Unguwena wena woyikekayo; 7
Ngubani na onokuma phambi kwakho, wakuba nomsindo?
Emazulwini usivakalisile isigwebo; 8
Loyika ihlabathi, lazola,
Ekusukeni kukaThixo ukuba agwebe, 9
Abasindise bonke abalulamileyo behlabathi. (Phakamisani.)
Ngokuba ubushushu bomntu buya kuba 10
ngumbulelo kuwe;
Úya kuwabhinqa amasalela obushushu.

Bhambathisani, nisizalise isibhamba- 11
thiso kuYehova uThixo wenu;
Bonke abamngqongileyo mabeze nezithabathaba kofanele kukoyikwa.
Úya kunqumla ukufutha kweengànga, 12
Uyoyikeka kookumkani behlabathi.

Imisebenzi emikhulu yamandulo kaThixo ekhunjulwa ngexesha lenkathazo

77 Kumongameli. KuYedutun. Eka-Asafu. Umhobe.

Izwi lam lisingisa kuThixo, ndikhala; 1
Izwi lam lisingisa kuThixo, ukuba andibekele indlebe.
Ngemini yokubandezelwa kwam ndi- 2
quqela eNkosini yam;
Isandla sam solukile ebusuku, asaqoba;
Awavuma ukuthuthuzeleka umphefumlo wam.
Ndikhumbula uThixo, ndincwine; 3
Ndithelekelele, utyhafe umoya wam.
(Phakamisani.)
Úzibambile iinkophe zamehlo am, 4

IINDUMISO 77–78

Ndikhandiwe, andaba nakuthetha.
5 Ndicinga ngemihla yamandulo,
Iminyaka yasephakadeni;
6 Ndiya kukhumbula ebusuku ukubetha kwam uhadi;
Ndithetha nentliziyo yam, uphengulula umoya wam.
7 Ndithi, Iya kundihlamba ngonaphakade na iNkosi yam,
Ingabi saphinda iphathe ngetarhu na?
8 Iphelé yaphela na inceba yayo?
Sigqibele na isithembiso *sayo* kwisizukulwana ngesizukulwana?
9 UThixo ukulibele na ukubabala?
Uyivingcele ngomsindo kusini na imfesane yakhe? (Phakamisani.)
10 Ndide ndithi ke, Sisifo sam esi;
Yiminyaka yesandla sokunene sOsenyangweni.

11 Ndikhankanya izenzo ezincamisayo zikaYehova;
Ngokuba ndikhumbula imisebenzi yakho ebalulekileyo yamandulo.
12 Ndicamanga ngako konke ukusebenza kwakho,
Ndithelekelele ngezenzo zakho zonke ezincamisayo.
13 Thixo, isebungcweleni indlela yakho;
Ngubani na onguthixo omkhulu njengoThixo wethu?
14 UnguloThixo, wenza ngokubalulekileyo;
Wawazisa amandla akho ezizweni,
15 Wabakhulula ngengalo abantu bakho,
Oonyana bakaYakobi noYosefu.
(Phakamisani.)
16 Akúbona amanzi, Thixo,
Akúbona amanzi, azibhija-bhija,
Ewe, agungqa amanzi enzonzobila;
17 Amafu engqingqwa aphalaza amanzi,
Isibhakabhaka savakalisa isandi;
Ewe, iintolo zakho zahamba-hamba.
18 Izwi lendudumo yakho laba sesaqhwithini,
Imibane yalikhanyisa elimiweyo,
Lagungqa lanyikima ihlabathi.
19 Yaba selwandle indlela yakho,
Nomendo wakho waba semanzini amaninzi;
Àwaziwa umkhondo wakho.

Wabakhokela njengezimvu abantu bakho, 20
Ngesandla sooMoses noAron.

Inkokelo kaThixo nangona abantu bakhe bengeva

78 Eyokuqiqa ka-Asafu.

Wubekeleni indlebe umyalelo wam, 1
bantu bakowethu,
Wathobeleni indlebe amazwi omlomo wam.
Ndiya kuwuvula umlomo wam ngomzekeliso; 2
Ndiya kumpompozisa iintsonkotha zamandulo;
Esakuváyo sakwazi, 3
Abasibaliseláyo oobawo.
Asiyi kukugusha koonyana babo; 4
Sobalisela isizukulwana esizayo iindumiso zikaYehova,
Namandla akhe, nemisebenzi yakhe ebalulekileyo awayenzayo.

Wamisa isingqiniso kwaYakobi, 5
Wabeka umyalelo kwaSirayeli,
Awawumisela oobawo,
Ukuba bawazíse oonyana babo;
Ukuze siwazi isizukulwana esizayo, 6
oonyana abaza kuzalwa,
Basuke babalisele ababo oonyana;
Bayàme ngoThixo, 7
Bangazilibali izenzo ezincamisayo zikaThixo,
Bayilondoloze imithetho yakhe:
Bangabi njengooyise, 8
Isizukulwana esiyinjubaqa, e sineenkani,
Isizukulwana esingayilungisanga intliziyo yaso,
Esimoya unganyanisanga kuThixo.

Oonyana bakaEfrayim, bexhobile, beziintoli ezinezaphetha, 9
Bajika ngemini yemfazwe.
Abawugcinanga umnqophiso kaThixo, 10
Abavumanga ukuhamba ngomyalelo wakhe;
Bazilibala izenzo zakhe ezincamisayo, 11
Nezibalulekileyo zakhe awababonisayo.
Phambi kooyise wenza ngokubaluleki- 12
leyo

INDUMISO 78

Ezweni lamaYiputa, emhlabeni waseTsohan.

13 Wáludabula ulwandle, wabaweza,
Wawamisa amanzi njengemfumba.
14 Wabakhapha ngelifu emini,
Ngokukhanya komlilo ubusuku bonke,
15 Walicanda iliwa entlango,
Wabaseza amanzi anzongonzongo kakhulu;
16 Wavelisa imiqukuqela yamanzi engxondorheni,
Wahlisa amanzi njengemilambo.

17 Baqokela noko ukona kuye,
Nokumphikisa Osenyangweni emqwebedwini.
18 Bamlinga uThixo ngentliziyo yabo,
Ngokuwubizela umphefumlo wabo ukudla.
19 Bathetha ngoThixo, bathi,
Únako na uThixo ukulungisa isithebe entlango?
20 Yabona, walibetha iliwa, abaleka amanzi,
Yakhukula nemilanjana;
Wóba nako na nokubanika ukutya,
Nokubalungiselela inyama abantu bakhe?

21 Weva ke uThixo, waphuphuma umsindo wakhe,
Watsha umlilo kwaYakobi,
Kwenyuka kwaya umsindo kwaSirayeli;
22 Ngokuba bengakholwanga kuThixo,
Bengakholosanga ngosindiso lwakhe.
23 Waziwisela ke umthetho iingqimba zamafu ngaphezulu,
Wazivula iingcango zezulu;
24 Wabanisela ngemana* ukuze badle,
Wabanika ingqolowa yasezulwini.
25 Umntu wadla isonka sOnamandla;
Wabathumela umphako bada badikwa.
26 Wandulula umoya wasempumalanga ezulwini,
Wawuqhuba ngamandla akhe umoya wasezantsi;
27 Wabanisela inyama njengothuli,
Neentaka ezinamaphiko njengentlabathi yolwandle;
28 Yawa phakathi kweminquba yabo,
Ngeenxa zonke emakhayeni abo.
29 Badla, bahlutha kakhulu,
Wabazisela ke inkanuko yabo.

Bengekashenxi enkanukweni yabo, 30
Kusekho ukudla kwabo emlonyeni wabo:
Kwenyuka umsindo kaThixo waya 31 kubo,
Wabulala phakathi kwabatyebileyo babo,
Wawawisa amadodana akwaSirayeli.

Kuyo yonke loo nto bahambisa ngokona, 32
Àbakholwa yimisebenzi yakhe ebalulekileyo.
Wayiphelisa ke imihla yabo njengo- 33 mphunga,
Neminyaka yabo ngokukhwankqisa.
Xa wathi wababulala, bamquqela; 34
Babuya bamquqela uThixo ngenyameko,
Bakhumbula ukuba uThixo uliliwa 35 labo,
UThixo Osenyangweni ungumkhululi wabo.
Ke bamthomalalisa ngomlomo wabo, 36
Bamxokisa ngolwimi lwabo;
Intliziyo yabo ayaqina kuye, 37
Àbanyaniseka emnqophisweni wakhe.

Ke yena unemfesane, 38
Uxolela ubugwenxa ngocamagushelo, akonakalisi;
Wawubuyisa futhi umsindo wakhe,
Akabuxhoxha bonke ubushushu bakhe.
Wakhumbula ukuba bayinyama, 39
Bangumoya omkayo, ongabuyiyo.
Kukangaphi bemphikisa entlango, 40
Bemenza buhlungu enkangala!

Babuya bamlinga uThixo, 41
Bamenzakalisa oyiNgcwele wakwaSirayeli.
Àbasikhumbula isandla sakhe, 42
Imini awabakhulula ngayo embandezelweni;
Áwamisa ngayo imiqondiso yakhe 43 eYiputa,
Nezimanga zakhe emhlabeni waseTsohan.
Wayiguqula imijelo yabo, yaba ligazi, 44
Ababa nakuyisela imiqukuqela yabo yamanzi.
Wathumela kubo iingcongconi, zabadla; 45

IINDUMISO 78–79

Namasele, abatshabalalisa.
46 Izilimo zabo wazinika iinkumbi ezinqunquthayo,
Ukuxelenga kwabo wakunika iinkumbi ezandayo.
47 Wawubulala ngesichotho umdiliya wabo,
Nemithombe yabo ngomkhenkce.
48 Wayinikela kwisichotho imfuyo yabo,
Nemihlambi yabo ngemibane.
49 Wathumela kubo ukuvutha komsindo wakhe,
Ukuphuphuma kwawo, nokubhavuma, nembandezelo,
Ibutho lezithunywa zobubi.
50 Wawulungelelanisela umendo umsindo wakhe,
Akawunqanda ekufeni umphefumlo wabo,
Wabunikela ubomi babo kwindyikitya yokufa.
51 Wababulala bonke abamazibulo eYiputa,
Iintlahlela zamandla obudoda ezintenteni zakwaHam.
52 Abantu bakhe wabafudusa njengezimvu,
Wabaqhuba njengomhlambi entlango;
53 Wabakhapha bekholosile, bengankwantyi;
Ke zona iintshaba zabo lwazigubungela ulwandle
54 Wabazisa emdeni wakhe ongcwele,
Kule ntaba sayizuzayo isandla sakhe sokunene.
55 Wagxotha iintlanga ebusweni babo,
Wazenzela amaqashiso zalilifa elicandiweyo;
Izizwe zakwaSirayeli wazihlalisa ezintenteni zazo.

56 Kodwa bamlinga, bamphikisa uThixo Osenyangweni,
Abazigcina izingqiniso zakhe,
57 Babuya umva, banginiza njengooyise.
Bajika njengesaphetha esikhohlisayo.
58 Bamqumbisa ngezigánga zabo,
Bamkhweletisa ngemifanekiso yabo eqingqiweyo.
59 Weva uThixo, waphuphuma umsindo,
Wawacekisa kakhulu amaSirayeli;
60 Wawulahla umnquba waseShilo,

Intente abeyimise esintwini;
Wawanikela ekuthinjweni amandla akhe, 61
Isihombo sakhe esandleni sombandezeli.
Wabanikela abantu bakhe kwikrele, 62
Umsindo wakhe waphuphumela ilifa lakhe.
Amadodana abo adliwa ngumlilo, 63
Iintombi zabo azagcotyelwa.
Ababingeleli babo bawa likrele, 64
Abahlolokazi babo àbalila.

Yaza yavuka njengobelele iNkosi, 65
Njengegorha elimemeleliswa yiwayini.
Yababethangasemvaababandezelibayo, 66
Yabenza ingcikivo engunaphakade.
Yayicekisa intente yakwaYosefu, 67
Àyasinyula isizwe sakwaEfrayim.
Yanyula isizwe sakwaYuda, 68
Intaba yaseZiyon eyayithandayo.
Yayakha njengokuphakama kwezulu 69 ingcwele yakhe,
Njengomhlaba lo awusekileyo ngonaphakade.
Yanyula uDavide umkhonzi wayo, 70
Yamthabatha ezibayeni zezimvu;
Yamthabatha elandela izimvu ezanyi- 71 sayo,
Yamzisa ukuba aluse kwaYakobi abantu bayo,
KwaSirayeli ilifa layo.
Wabalúsa ke ngengqibelelo yentliziyo 72 yakhe,
Wabakhapha ngokwazi kwezandla zakhe.

Indawo engcwele ihlanjelwe; umthandazo wokucela uncedo lukaThixo

79 Umhobe ka-Asafu.

Thixo, iintlanga zingene elifeni lakho, 1
Ziyenzé inqambi itempile yakho engcwele;
Ziyenzé yayimiwewe iYerusalem.
Izidumbu zabakhonzi bakho zizinike 2 iintaka zezulu ukuba zizidle,
Nenyama yabakho benceba ziyinike amarhamncwa elizwe.
Ziliphalazile igazi labo njengamanzi 3 ngeenxa zonke eYerusalem;
Akwabakho mngcwabi.

IINDUMISO 79-80

4 Sènziwe ingcikivo kubamelwane bethu,
Isigculelo nesicukucezo kwabasingqongileyo.

5 Kunini na, Yehova, uhleli uqumbile?
Liya kuvutha njengomlilo na ikhwele lakho?

6 Phalaza ubushushu bakho ezintlangeni ezingàkwaziyo,
Ezikumkanini ezingalinquliyo igama lakho.

7 Ngokuba zimdlile uYakobi,
Zalenza inxuwa ikhaya lakhe.

8 Musa ukubukhumbula kúthi ubugwenxa bamanyange ethu,
Mayingxame isikhawulele imfesane yakho:
Ngokuba siswele kakhulu.

9 Síncede, Thixo ongumsindisi wethu, ngenxa yozuko lwegama lakho,
Usihlangúle, uzixolele ngocamagushelo izono zethu ngenxa yegama lakho.

10 Yini na ukuba iintlanga zithi kuthi, Uphi na uThixo wabo?
Makwazeke ezintlangeni, emehlweni ethu,
Ukuphindezelwa kwegazi labakhonzi bakho eliphalaziweyo.

11 Makuze phambi kwakho ukugcuma kwamakhonkxwa;
Ngokobukhulu bengalo yakho básalise oonyana bokufa.

12 Yibuyisele kubamelwane bethu kasixhenxe esondweni lengubo yabo
Ingcikivo yabo, abakungcikive ngayo, Nkosi.

13 Ke thina bantu bakho, zimvu zalúswa nguwe,
Siya kubulela kuwe ngonaphakade,
Sibalise ngendumiso yakho kwizizukulwana ngezizukulwana.

Umthandazo wokucela ukuhlangulwa nguThixo, nokubuyiswa kwesidiliya sakhe

80 Kumongameli; ngeyeenyibiba ezingqinisayo. Ka-Asafu. Umhobe.

1 Ulomalusi kaSirayeli, beka indlebe!
Uloqhuba uYosefu njengezimvu,
Ulohlala ezikerubhini,* bengezela!
Phambi koEfrayim noBhenjamin no- 2
Manase,
Vusa ubugorha bakho,
Uze kusisindisa.
Thixo, sibuyise, 3
Ukhanyise ubuso bakho, sisindiswe.

Yehova, Thixo wemikhosi, 4
Kunini na uqhuma umsindo wakho ekuthandazeni kwabantu bakho?
Ubadlisa isonka seenyembezi, 5
Wabaseza iinyembezi ngemilinganiso.
Ùsenzé into abaxabana ngayo abame- 6
lwane bethu;
Iintshaba zethu ziyasigculela.
Thixo wemikhosi, síbuyise, 7
Ukhanyise ubuso bakho, sisindiswe.

Wanyothula umdiliya eYiputa, 8
Wagxotha iintlanga, wawutyala;
Wahlahla phambi kwawo, 9
Wendelisa iingcambu, wazalisa ilizwe.
Zagutyungelwa iintaba ngumthunzi wa- 10
wo,
Nemisedare* kaThixo ngamasebe awo.
Wasa amasebe awo elwandle, 11
Namagatya awo kuwo uMlambo.*
Ùzityhobozeleni na iintango zawo, 12
Ukuze bawukhe bonke abadlula ngendlela?
Ingulube yasehlathini iyawubhuqa, 13
Nento edakasa endle iyawudla.

Thixo wemikhosi, khawubuye, 14
Uqondele usemazulwini, ubone,
Uwuvelele lo mdiliya.
Yikhusele into esiyityeleyo isandla 15
sakho sokunene,
Unyana lo uzizimaseleyo ngokwakho.
Útshisiwe ngumlilo, uhlahliwe; 16
Bayadaka ngokusongela kobuso bakho.
Isandla sakho masibe phezu komfo 17
wesandla sakho sokunene,
Phezu koonyana babantu, ozizimaseleyo ngokwakho.
Àsiyi kumka kuwe; 18
Síphilise, silinqule igama lakho.
Yehova, Thixo wemikhosi, sibuyise, 19
Ukhanyise ubuso bakho, sisindiswe.

Ukulunga kukaThixo nokusikwa kwakhe yimfesane ngenxa yabantu bakhe abangakholwayo

81 Kumongameli; ngolwaseGati. KaAsafu.

1 Memelelani kuThixo, igwiba lethu,
Dumani kuThixo kaYakobi.
2 Hlabani ingoma, nibethe ingqongqo,
Uhadi olumnandi, kunye nomrhubhe.
3 Vuthelani isigodlo ukuthwasa kwenyanga,
Nokuhlangana kwenyanga, ngemini yomthendeleko wethu.
4 Ngokuba ngummiselo lowo kuSirayeli,
Lisiko likaThixo kaYakobi.
5 Sisingqiniso awasimisayo kwaYosefu,
Ekucadeni kwakhe ezweni laseYiputa;
Ndeva intetho endingayaziyo.
6 Ndawususa umthwalo egxalabeni lakhe;
Izandla zakhe zasuka ezingobozini zokuthwala.
7 Embandezelweni wadanduluka wena, ndakuhlangula;
Ndakuphendula esitheni leendudumo,
Ndakuvavanya emanzini aseMeribha.*
(Phakamisani.)
8 Ndathi, Yivani, bantu bam, ndiqononondise kuni;
Sirayeli, ukuba unokuphulaphula kum!
9 Makungabikho thixo wasemzini kuwe;
Unganquli thixo wolunye uhlanga.
10 Ndim uYehova uThixo wakho,
Okunyusileyo elizweni laseYiputa.
Yakhamisa, ndiwuzalise umlomo wakho.

11 Ke abantu bam abaliva izwi lam,
USirayeli akandivumanga.
12 Ndabanikela ebungqoleni beentliziyo zabo;
Bahamba ngawabo amaqhinga.
13 Akwaba abantu bam bebendiva,
Akwaba uSirayeli ubehamba ngendlela yam!
14 Bendiya kuzithoba kamsinya iintshaba zabo,
Ndisibuyisele phezu kwababandezeli babo isandla sam.
15 Abamthiyayo uYehova bebeya kuhanahanisa kuye,
Libe ngunaphakade ixesha labo.

Bendiya kubadlisa ingqolowa etyebileyo, 16
Ndibahluthise ngobusi etsilini.

Abaphathi abaswele ubulungisa bayakhalinyelwa

82 Umhobe ka-Asafu.

UThixo umi ebandleni likaThixo, 1
Ugweba phakathi koothixo; uthi,
Kunini na nigweba ngobugqwetha, 2
Nibanonelela abangendawo?
(Phakamisani.)
Thethani ityala losweleyo nelenkedama, 3
Gwebelani olusizana nolihlwempu.
Sizani osweleyo nolihlwempu, 4
Bahlanguleni esandleni sabangendawo.
Abazi, abaqondi, 5
Bahamba-hamba emnyameni;
Ziyashukuma zonke iziseko zehlabathi.
Ndithe mna, Ningoothixo, 6
Ningoonyana bOsenyangweni nonke niphela.
Noko niya kufa njengomntu, 7
Niwe njengomnye kubathetheli.

Khawusuk' ume, Thixo, gweba ehlabathini; 8
Ngokuba uya kuzidla ilifa wena zonke iintlanga.

Umthandazo wokucela ukuba uThixo aziduba-dube iintshaba zakhe

83 Ingoma. Umhobe ka-Asafu.

Thixo, musa ukuthi cwaka, 1
Musa ukuthi tu, musa ukuzola, Thixo.
Ngokuba nanzo iintshaba zakho zixokozela; 2
Abakuthiyayo baphakamisa intloko.
Bagqugula igqugula elinobuqhophololo 3
ngabantu bakho,
Bacebisane ngabagushiweyo nguwe.
Bathi, Yizani sibethe bee shwaka, 4
bangabi luhlanga,
Lingabi sakhunjulwa igama likaSirayeli.
Ngokuba bacebisana ngantliziyo-nye, 5
Benza umnqophiso ngawe:
Iintente zakwaEdom nezakwaIshmayeli, 6
AmaMowabhi namaHagari,
AmaGebhali nama-Amon nama-Amaleki, 7
AmaFilisti kunye nabemi baseTire;

8 Nama-Asiriya athelele kubo,
Baba yingalo koonyana bakaLote.
(Phakamisani.)

9 Yenza kubo njengoko wenza ngako
kumaMidiyan,
NakuSisera, nakuYabhin esihlanjeni
seKishon.
10 Batshabalala e-Endore,
Baba ngumgquba wokugalelwa emhlabeni.
11 Bénzé bona, amanene abo ke, babe njengo-Orebhe nanjengoZebhe;
Zonke iinkosi zabo zibe njengoZebha nanjengoTsalimuna;
12 Bona bathi,
Masiwahluthe abe ngawethu amakhaya kaThixo.

13 Thixo wam, bénzé babe njengesaqhwithi,
Njengomququ phambi komoya.
14 Njengomlilo odla ihlathi,
Njengedangatye lilenya intaba,
15 Yènjenjalo ukubasukela ngoqhwithela lwakho,
Ubakhwankqise ngomoya wakho ovuthuzayo.
16 Búzalise ubuso babo ngehlazo,
Balifune igama lakho, Yehova.
17 Mabadane bakhwankqiswe ngonaphakade,
Babe neentloni, badake;
18 Bazi ukuba wena, ugama linguYehova,
unguwe wedwa
Osenyangweni phezu kwehlabathi lonke.

Ulangazelelo lokumkhonza uThixo endlwini yakhe

84 Kumongameli; ngolwaseGati. Eyoonyana bakaKora. Umhobe.

1 Hayi, ukuthandeka kweminquba yakho,
Yehova wemikhosi!
2 Umphefumlo wam ulangazelela, uyaphela kukuzilangazelela, iintendelezo zikaYehova;
Intliziyo yam nenyama yam imemelela kuThixo ophilileyo.
3 Intákana le ifumene ikhaya;
Inkonjane izifumanele indlu,
Apho izalela khona amathole ayo:
Izibingelelo zakho, Yehova wemikhosi,
Kumkani wam, Thixo wam.

Hayi, uyolo lwabahlala endlwini yakho! 4
Basaya kukudumisa. (Phakamisani.)
Hayi, uyolo lwabantu abamandla akuwe, 5
Abakhumbula umendo *oya eZiyon*!
Bephumela entilini yemithi yeBhaka, 6
Bayenza ibe nemithombo;
Ewe, imvula iyithi wambu ngentsikelelo.
Baya besomelela ngokomelela; 7
Babonakala phambi koThixo eZiyon, *bathi*,
Yehova, Thixo wemikhosi, 8
Wuve umthandazo wam,
Wubekele indlebe, Thixo kaYakobi.
(Phakamisani.)
Khangela, Thixo, ngweletshetshe yethu, 9
Ubukhangele ubuso bomthanjiswa wakho.
Ngokuba imini enye ezintendelezweni 10
zakho ilungile kunewaka;
Ndinyulé ukuba semnyango endlwini kaThixo wam,
Kunokuhlala ngaphakathi kweentente zokungendawo.
Ngokuba úlilanga, úyingweletshetshe 11
uYehova uThixo,
UYehova uyabábala azukise;
Abahamba ngokugqibeleleyo akabavimbi nto ilungileyo.
Yehova wemikhosi, 12
Hayi, uyolo lomntu okholose ngawe!

Umthandazo wokucela inceba kaThixo nokukholosa ngaye

85 Kumongameli; eyoonyana bakaKora. Umhobe.

Yehova, wabé unetarhu kwilizwe lakho. 1
Ububabuyisa abathinjwa bakaYakobi;
Ububuxolela ubugwenxa babantu bakho, 2
Ubuziselela zonke izono zabo.
(Phakamisani.)
Ubuwufinyeza umsindo wakho ophu- 3
phumayo,
Ububuya ekuvutheni komsindo wakho.

Síbuyise, Thixo ongumsindisi wethu, 4
Uyisuse ingqumbo yakho kuthi.

IINDUMISO 85-87

5 Uya kusiqumbela ngonaphakade na?
Umsindo wakho uya kuwolulela kwizizukulwana ngezizukulwana na?
6 Akuyi kubuya usiphilise na,
Abantu bakho bavuye ngawe?
7 Sibonise inceba yakho, Yehova,
Siphe usindiso lwakho.

8 Mandive oko aya kukuthetha uThixo, uYehova;
Hayi, uthetha uxolo kubantu bakhe nakwabakhe benceba;
Mabangabuyeli ke ekunyabeni kwabo.
9 Inene, usindiso lwakhe lusondele kwabamoyikayo,
Ukuze luhlale uzuko ezweni lakowethu.

10 Kuya kuqubisana inceba nenyaniso,
Kuya kwangana ubulungisa noxolo.
11 Inyaniso iya kuntshula emhlabeni,
Ubulungisa buqondele busemazulwini.
12 Kananjalo uYehova uya kusinika okulungileyo,
Ilizwe lethu lisinike indyebo yalo.
13 Ubulungisa buya kuhamba phambi kwakhe,
Buyigqale ngentliziyo indlela yokunyathela kwakhe.

Umthandazo welungisa elisenkathazweni

86 Umthandazo kaDavide.

1 Thoba indlebe yakho, Yehova, ndiphendule,
Ngokuba ndilusizana, ndilihlwempu.
2 Wugcine umphefumlo wam, ngokuba ndingowenceba;
Msindise, wena Thixo wam, umkhonzi wakho,
Lo ukholose ngawe.
3 Ndibabale, Nkosi yam,
Ngokuba ndidanduluka kuwe yonke imini.
4 Wuvuyise umphefumlo womkhonzi wakho,
Ngokuba umphefumlo wam ndiwuphakamisela kuwe, Nkosi yam;
5 Ngokuba ulungile wena, Nkosi yam, uxolela;
Umkhulu ngenceba kubo bonke abakunqulayo.

6 Wubekele indlebe umthandazo wam,
Yehova,
Ulibazele indlebe izwi lokutarhuzisa kwam.
7 Ngemini yokubandezelwa kwam ndinqula wena,
Ngokuba uya kundiphendula.
8 Akukho únjengawe, Nkosi yam, phakathi koothixo;
Akukho zenzo zinjengezakho.
9 Zonke iintlanga owazenzayo ziya kuza ziqubude phambi kwakho, Nkosi yam,
Zizukise igama lakho.
10 Ngokuba ùmkhulu, wenza imisebenzi ebalulekileyo,
ÙnguThixo wena wedwa.

11 Ndíyalele, Yehova, indlela yakho,
Ndihambe ngenyaniso yakho;
Yibandakanye intliziyo yam ukuba ndiloyike igama lakho.
12 Ndiya kubulela kuwe, Nkosi yam,
Thixo wam, ngentliziyo yonke,
Ndilizukise igama lakho ngonaphakade:
13 Ngokuba inceba yakho ibe inkulu kum;
Wawuhlangula umphefumlo wam kwelingaphantsi labafileyo.
14 Thixo, ábakhukhumali basukéle phezulu kum;
Ibandla labanobungqwangangqwili lifuna umphefumlo wam;
Àbakumisi wena phambi kwabo.
15 Ke wena, Nkosi yam, unguThixo onemfesane, onobabalo,
Ozeka kade umsindo, omkhulu ngenceba nenyaniso.
16 Ndíbheke, undibabale;
Mphe amandla akho umkhonzi wakho,
Úmsindise unyana womkhonzazana wakho.
17 Ndénzele umqondiso wokulungileyo,
Bawubone abandithiyayo, badane,
Kuba wena, Yehova, undincedile, wandithuthuzela.

Ubuqaqawuli bomzi kaThixo

87 Eyoonyana bakaKora. Umhobe. Ingoma.

1 Useko alusekileyo lusezintabeni ezingcwele;

2 Amasango eZiyon uYehova uwathanda
Ngaphezu kweminquba yonke kaYakobi.
3 Kuthethwa iinto ezizukileyo ngawe,
Mzi kaThixo. (Phakamisani.)
4 ORahabhi noBhabheli ndiya kubakhankanyela kwabandaziyo;
Nalo elamaFilisti nelaseTire, kunye
nelakwaKushi,
Aba bazalelwe khona.
5 NgokusingiselekwiZiyon, kuya kuthiwa,
Lo, naló, uzalelwe kuyo,
Abe yena Osenyangweni eyizinzisa.
6 UYehova uya kubàla, ekuzibhaleni
izizwi, athi,
Abaya bazalelwe khona:
(Phakamisani.)
7 Baze, bevuma beqamba, bathi,
Yonke imithombo yam ikuwe.

Umthandazo womguli onesithukuthezi

88 Ingoma; umhobe woonyana bakaKora; kumongameli; ngosizi, ngelidambileyo. Owokuqiqa kaHeman umEzra.

1 Yehova, Thixo ongumsindisi wam,
Mhlenikweni ndikhalayo ebusuku phambi kwakho,
2 Mawuze phambi kwakho umthandazo
wam;
Thoba indlebe yakho ekuhlahlambeni
kwam.
3 Ngokuba umphefumlo wam uhluthi
zizinto ezimbi,
Ubomi bam bufike kwelabafileyo.
4 Ndibalelwe kwabahla baye emhadini,
Ndisuke ndanjengomfo ongenamandla.
5 Ndingumkhululwa phakathi kwabafileyo,
Njengababuleweyo, belele engcwabeni,
Ongasabakhumbuliyo;
Bona banqunyulweyo esandleni sakho.
6 Ùndibeké emhadini ongaphantsi,
Ezindaweni ezimnyama, ezinzulwini.
7 Ubushushu bakho bundishicilele,
Ùndithobele onke amaza akho alwayo.
(Phakamisani.)
8 Ùbashenxisele kude kum abo ndazana
nabo,
Ùndenzé isikizi kubo;

Ndìvalelwe, andinakuphuma.
Iliso lam liyaphela yingcinezelo. 9
Ndidanduluka kuwe, Yehova, yonke
imini,
Ndizolulela kuwe izandla zam.
Ùya kuyenzela abafileyo na imisebenzi 10
ebalulekileyo?
Kuya kuvuka abangasekhoyo, kusini
na, babulele kuwe? (Phakamisani.)
Ibaliswa engcwabeni na inceba yakho? 11
Enzonzobileni na, ukunyanisa kwakho?
Yàziswa emnyameni na imisebenzi 12
yakho ebalulekileyo?
Bàziswa ezweni lokulibala na ubulungisa bakho?
Ke mna, Yehova, ndizibika kuwe, 13
Kwakusasa umthandazo wam wókuhlangabeza.
Ùwuhlambelani na, Yehova, umphe- 14
fumlo wam?
Ùbusitheliselani na ubuso bakho kum?
Ndilusizana, ndiyinto efayo kwasebu- 15
ncinaneni bam,
Ndithwele izothuso zakho, lindikhohlile.
Kugqithé phezu kwam ukuvutha kwa- 16
kho,
Izidandathekiso zakho zindibhangisile;
Zindijikelezile njengamanzi imini yonke, 17
Zindizungulezile kwaphela.
Ùmsusile kum ondithandayo nongu- 18
wethu;
Abo ndazana nabo babubumnyama.

*Umnqophiso kaThixo noDavide;
ubudwayi bukaSirayeli*

89 Eyokuqiqa kaEtan, umEzra.

Iinceba zikaYehova ndiya kuvuma 1
ngazo ngonaphakade,
Kwizizukulwana ngezizukulwana ndiya
kwazisa ukuthembeka kwakho ngomlomo wam.
Ngokuba ndithi, Yakheka ngonaphaka- 2
de inceba;
Amazulu, úya kukuzinzisa kuwo ukuthembeka kwakho.
Wathi, Ndenzé umnqophiso nomnyu- 3
lwa wam,
Ndifungile kuDavide umkhonzi wam:

4 Ndiya kuyizimasa ngonaphakade imbewu yakho,
Ndiyakhe itrone yakho kwisizukulwana ngesizukulwana. (Phakamisani.)

5 Amazulu abulela imisebenzi yakho ebalulekileyo, Yehova,
Nokuthembeka kwakho ebandleni labangcwele.
6 Ngokuba ngubani na esibhakabhakeni olingana noYehova?
Ngubani na ofana noYehova phakathi koonyana bakaThixo.
7 UThixo ongowokungcangcazelelwa ebhungeni elikhulu labangcwele,
Ongofanelwe kukoyikwa ngaphezu kwabo bonke abamngqongileyo?
8 Yehova, Thixo wemikhosi,
Ngubani na onjengawe, oluqilima, Yehova?
Ukuthembeka kwakho kukungqongile.

9 Nguwena mlawuli wekratshi lolwandle;
Ekuphakameni kwamaza alo uyawadambisa.
10 Nguwena mtyumzi kaRahabhi njengongxwelerhiweyo,
Wazithi saa iintshaba zakho ngengalo yakho eqinileyo.
11 Lelakho izulu, likwalelakho ihlabathi;
Elimiweyo nenzaliseko yalo lasekwa nguwe.
12 Umntla nomzantsi wadalwa nguwe;
ITabhore neHermon zimemelela ngegama lakho.
13 Yeyakho ingalo enobugorha;
Síthe nkqi isandla sakho, siphakamile esokunene sakho.
14 Ummiso wetrone yakho bubulungisa nokusesikweni;
Inceba nenyaniso ilungiselela phambi kwakho.
15 Hayi, uyolo lwabantu abakwaziyo ukuduma!
Baya kuhamba ekukhanyeni kobuso bakho, Yehova.
16 Baya kugcoba egameni lakho imini yonke,
Baphakame ngobulungisa bakho.
17 Ngokuba isihombo samandla abo nguwe;

Ekuthandeni kwakho, uphondo lwethu luphakamile.
18 Ngokuba ikuYehova ingweletshetshe yethu,
UkoyiNgcwele kaSirayeli ukumkani wethu.

19 Wakha wathetha ngombono kowenceba wakho, wathi,
Ndibeké uncedo egorheni,
Ndiphakamisé indodana ebantwini.
20 Ndifumene uDavide umkhonzi wam;
Ndimthambisile ngeoli yam engcwele,
21 Esiya kuqinisela kuye isandla sam,
Nengalo yam imkhaliphise.
22 Utshaba aluyi kumqubula;
Nonyana wobugqwetha akayi kumcinezela.
23 Ndiya kubaqoba phambi kwakhe abandezeli bakhe,
Ndibaxabele abamthiyayo.
24 Inyaniso yam nenceba yam inaye;
Luya kuphakama uphondo lwakhe egameni lam.
25 Ndiya kusisa elwandle isandla sakhe,
EMilanjeni* esokunene sakhe.
26 Yena ukundibiza wothi, UnguBawo,
UnguThixo wam, neliwa lokundisindisa.
27 Kananjalo mna ndiya kumenza owamazibulo,
Osenyangweni kookumkani behlabathi.
28 Ndiya kumgcinela inceba yam ngonaphakade,
Umnqophiso wam unyanise kuye;
29 Ndiyimise ngonaphakade imbewu yakhe,
Netrone yakhe ibe njengemihla yamazulu.
30 Ukuba bathe oonyana bakhe bawulahla umyalelo wam,
Àbahamba ngamasiko am;
31 Ukuba bathe bayihlambela imimiselo yam,
Àbayigcina imithetho yam:
32 Ndoluvelela ukreqo lwabo ngentonga,
Nobugwenxa babo ngemivumbo.
33 Ke yona inceba yam andiyi kuyaphula kuye,
Ndingaxoki ekuthembekeni kwam.
34 Andiyi kuwuhlambela umnqophiso wam,
Ndiyijike into ephume emlonyeni wam.

IINDUMISO 89-90

35 Ndibufungé kwakanye ubungcwele bam, ndathi,
Inene, andiyi kumxokisa uDavide;
36 Imbewu yakhe iya kubakho ngonaphakade,
Netrone yakhe njengelanga phambi kwam.
37 Iya kuqiniseka njengenyanga ngonaphakade;
Ingqina lasesibhakabhakeni lithembekile. (Phakamisani.)

38 Kwawena ùmhlambile, umcekisile,
Ùmphuphumele ngomsindo umthanjiswa wakho;
39 Ùthe nèthe ngumnqophiso womkhonzi wakho;
Ùsidyobhile emhlabeni isithsaba sakhe.
40 Ùzityhobozile zonke iintango zakhe,
Ùzenze inxuwa iinqaba zakhe.
41 Bayamphanga bonke abadlula ngendlela,
Waba yingcikivo kubamelwane bakhe.
42 Ùsiphakamisile isandla sokunene sabambandezelayo,
Ùzivuyisile zonke iintshaba zakhe.
43 Wabuyisa nokubuyisa uhlangothi lwekrele lakhe,
Akwammisa emfazweni.
44 Ùmsusile enkazimlweni yakhe,
Ùyikhahlele emhlabeni itrone yakhe,
45 Ùyinqùmle imihla yobutsha bakhe,
Wamthi wambu ngokudana.
(Phakamisani.)

46 Kunini na, Yehova, uhleli uzisithelisile,
Busitsha njengomlilo ubushushu bakho?
47 Khumbula ukunqamka kwam, into okuyiyo!
Ubadaleleni na, baba yinto engento bonke oonyana babantu?
48 Yiyiphi na indoda ehleliyo, engayi kukubona ukufa,
Enokuwusindisa umphefumlo wayo esandleni selabafileyo? (Phakamisani.)
49 Ziphi na iinceba zakho zangaphambili, Nkosi yam,
Owamfungela zona uDavide ngokuthembeka kwakho?
50 Khumbula, Nkosi yam, ukungcikiveka kwabakhonzi bakho;

Ndithwele esifubeni sam zonke izizwe ezininzi,
Ezingcikivayo, ziziintshaba zakho, Ye- 51 hova;
Ezingcikiva amanyathela omthanjiswa wakho.

Makabongwe uYehova ngonaphakade. 52
Amen, amen.

UThixo ongunaphakade uyinqaba yomntu

90 Umthandazo kaMoses, umfo wakwaThixo.

Nkosi yam, ulikhaya wena kuthi, 1
Isizukulwana ngesizukulwana.
Kungekazalwa zintaba, 2
Ùngekavelisi mhlaba, nazwe limiweyo,
Kususela kwaphakade kude kuse ephakadeni, wena unguThixo.

Ùmbuyisela umntu eluthulini, 3
Ùthi, Buyani, nyana babantu.
Ngokuba iwaka leminyaka emehlweni 4 akho
Linjengemini yezolo, xa idluleyo,
Linjengomlindo wasebusuku.
Uyabakhukulisa, balale; 5
Ngengomso babuya bahlume njengotyani.
Ngomso butyatyamba, bubuye buhlume; 6
Ngokuhlwa buyasikwa bome.

Ngokuba siyaphela ngumsindo wakho, 7
Sikhwankqiswe bubushushu bakho.
Ububeke ubugwenxa bethu phambi 8 kwakho,
Nesibufihlileyo ububeka ekukhanyiseleni kobuso bakho.
Ngokuba yonke imihla yethu isangene 9
ngokuphuphuma komsindo wakho,
Siyiphelisile iminyaka yethu njengentsebezo.
Imihla yeminyaka yethu iseminyakeni 10 engamashumi asixhenxe;
Ukuba ithe yaba mininzi kakhulu, iba yiminyaka emashumi asibhozo,
Libe ke iqhayiya layo likukwaphuka nokungabi nto yanto,

Ngokuba ithe phe yakhawuleza, sapha-
phazela semka.
11 Ngubani na owaziyo amandla omsindo
wakho,
Nokuphuphuma kwawo, ngoko ufanele
ukoyikwa ngako?
12 Sázise kanye ukuyibala imihla yethu,
Ukuze sizuze intliziyo elumkileyo.
13 Buya, Yehova, kunini na?
Uzohlwáye ngenxa yabakhonzi bakho.
14 Síhluthise kwakusasa ngenceba yakho,
Simemelèle, sivuye yonke imihla yethu.
15 Sívuyise ngangemihla owasicinezela
ngayo.
Ngangeminyaka esabona ububi ngayo.
16 Mayibonakale kubakhonzi bakho imise-
benzi yakho,
Nobungangamela bakho koonyana babo.
17 Ubumnandi buka Yehova mabube phe-
zu kwethu.
Zimase isenzo sezandla zethu phezu
kwethu,
Isenzo sezandla zethu usizimase sona.

UThixo uyabakhusela abamthembayo

91 Ohleli esitheni lOsenyangweni,
Azilalise emthunzini kaSomandla,
2 Úthi keYehova, Hlathi lam, Mboniselo
yam,
Thixo wam, endikholose ngaye!
3 Ngokuba ngokwakhe uya kukuhlangula
emgibeni womthiyeli,
Endyikityeni yokufa eyeyelisayo.
4 Wókugubungela ngeentsiba zakhe,
Úzimele phantsi kwamaphiko akhe.
Likhaka, yingweletshetshe inyaniso ya-
khe.

5 Akuyi koyikiswa zizothuso ebusuku,
Nalutolo lubaleka emini;
6 Nandyikitya yakufa ihamba esithoko-
thokweni,
Nasifo sibhubhisayo, sibhuqa emini
enkulu.
7 Kungawa iwaka ecaleni kwakho,
Isigidi ngasekunene kwakho,
Kodwa kungasondeli nto kuwe.

8 Wòkhangela ngamehlo akho odwa,
Ukubonele ukubuyekezwa kwabange-
ndawo.

9 Ngokuba nguwe, Yehova, ihlathi lam.
Úmenze Osenyangweni ikhaya lakho.
10 Akuyi kuqubisana bubi nawe.
Kungafiki sibetho ententeni yakho.
11 Ngokuba izithunywa zakhe úziwisele
umthetho ngawe,
Ukuba zikugcine ezindleleni zakho
zonke.
12 Zokuthwala wena ngezandla zozibini,
Hleze ubetheke ngonyawo lwakho etye-
ni.
13 Wònyathela phezu kwengonyama ne-
phimpi,
Uyinyashe ingonyama entsha nenamba
ngeenyawo.

14 Ngokuba enamathele kum, ndomsiza;
Ndimse engxondeni, ngokuba elazi
igama lam.
15 Wóndibiza, ndiphendule,
Ndoba naye embandezelweni;
Ndomhlangula, ndimzukise;
16 Ndimanelise ngemihla emide,
Ndimbonise ukusindisa kwam.

Umbongo wolungiselelo lukaThixo

92 Umhobe; ingoma, ngemini yesa-
batha.

Kulungile ukubulela kuYehova,
Nokulibethela uhadi igama lakho, Wena
usenyangweni;
2 Ukuyixela kwakusasa inceba yakho,
Nokunyanisa kwakho ebusuku,
3 Ngoweentambo ezilishumi nangomrhu-
bhe,
Ngokulubetha uhadi ngofefe.
4 Ngokuba ùyandivuyisa, Yehova, ngo-
msebenzi wakho,
Ngezenzo zezandla zakho ndinokume-
melela.
5 Azizikhulu izenzo zakho, Yehova!
Zinzulu kakhulu iingcinga zakho.
6 Isityhakala asinakwazi;
Isinyabi asikuqondi oko.
7 Ekudubuleni kongendawo njengomfuno,
Ekutyatyambeni kwabasebenzi bonke
bobutshinga,
Kukuze batshabalale ngonaphakade.
8 Ke wena, Yehova, ungophezulu ngona-
phakade.

IINDUMISO 92–94

9 Ngokuba ùyabona, iintshaba zakho, Yehova,
Ngokuba ùyabona, iintshaba zakho ziya kutshabalala;
Baya kuchithwa-chithwa bonke abasebenzi bobutshinga.

10 Ùyaluphakamisa uphondo lwam njengolwenqu;
Ndigalélwe ioli entsha.

11 Iliso lam liyababonela abandilalelayo,
Indlebe yam iyabeva abasukela phezulu kum benobubi.

12 Amalungisa aya kudubula njengesundu,
Aya kukhula njengomsedare* weLebhanon.

13 Etyelwe nje endlwini kaYehova,
Aya kutyatyamba ezintendelezweni zoThixo wethu.

14 Aya kuhluma eselenezimvi,
Aya kuba etyebile, eluhlaza;

15 Ukuze axele ukuba uthe tye uYehova,
Uliwa lam, kungekho bugqwetha kuye.

Ubungangamsha bukaThixo

93 UYehova ungukumkani, uzambathise ubungangamsha;
UYehova uzambathise, ubhinqe, amandla;
Lizinzile ke elimiweyo, alinakushukunyiswa.

2 Kususela koko, izinzile itrone yakho;
Kususela kwaphakade, ùkho wena.

3 Imilambo iphakamisile, Yehova,
Imilambo iphakamisé isandi sayo,
Imilambo iphakamisé ingxolo yayo.

4 Ngaphezu kwezandi zamanzi amaninzi
Angangamsha, ngaphezu kwamaza alwayo olwandle,
Únobungangamsha phezulu uYehova.

5 Izingqiniso zakho zinyanise kunene,
Ubungcwele buyifanele indlu yakho,
Yehova, imihla emide.

Umthandazo wokucela ukuphindezelelwa nokuhlangulwa

94 Thixo wempindezelo, Yehova,
Thixo wempindezelo, bengezela!

2 Phakama, Mgwebi wehlabathi!
Bábuyisele impatho yabo abanekratshi.

Kunini na abangendawo, Yehova, 3
Kunini na abangendawo bevuyelela?
Balephuza amagwebu, bathetha ngokusa, 4
Bayandolosa bonke abasebenzi bobutshinga.
Batyumza abantu bakho, Yehova, 5
Bacinezela ilifa lakho.
Babulala umhlolokazi nowasemzini, 6
Bancinitha inkedama.
Bathi ke, Akaboni uYehova, 7
Akagqali uThixo kaYakobi.

Qondani, nina bazizityhakala ebantwini; 8
Nina zinyabi, niya kuqiqa nini na?
Omilisele indlebe, akayi kuva na? 9
Obumbe iliso, akayi kukhangela na?
Umthethisi weentlanga akayi kohlwaya 10 na,
Ulofundisa abantu ukwazi?
UYehova ngumazi weengcinga zabantu, 11
Ukuba zingumphunga.

Hayi, uyolo lwendoda oyithethisayo, 12 Yehova,
Oyifundisayo ngomyalelo wakho;
Ukuba uyizolise eziminini zobubi, 13
Ade ambelwe isihogo ongendawo.
Ngokuba uYehova akabalahli abantu 14 bakhe,
Akalishiyi ilifa lakhe.
Ngokuba isiko liya kubuyela ebulungise- 15 ni,
Balilandele bonke abantliziyo zithe tye.

Ngubani na oya kusukela phezulu kubo 16 abanobubi, ngenxa yam?
Ngubani na oya kumelana nabasebenzi bobutshinga, ngenxa yam?
Koko uYehova abe luncedo lwam, 17
Umphefumlo wam unge uhle msinya, waya apho kuthiwa cwaka khona.
Ukuba ndithi, Lwatyibilika unyawo 18 lwam,
Isuka inceba yakho, Yehova, indixhase.
Ebuninzini beengcinga-ngcinga zam 19 ngaphakathi kwam,
Iintuthuzelo zakho ziyawuyolisa umphefumlo wam.

Ingáqhelana nawe na itrone yolweye- 20 liselo,

Ebumba ububi ngommiselo?
21 Bahlanganyela umphefumlo welungisa,
Baligwebe igazi elimsulwa.
22 Kanti ke uYehova uyingxonde kum,
UThixo wam liliwa endizímela ngalo.
23 Úbubuyisela phezu kwabo ubutshinga babo,
Ubabhangisa ngobubi babo;
Uya kubabhangisa uYehova, uThixo wethu.

Umbongo kuThixo; isilumkiso malunga nokungeva

95 Yizani simemelele kuYehova,
Sidume kwiliwa lokusindiswa kwethu.
2 Masize phambi kobuso bakhe sinombulelo,
Masidume kuye ngeengoma.
3 Ngokuba uThixo omkhulu nguYehova,
NguKumkani omkhulu ngaphezu koothixo bonke.
4 Uzisesandleni sakhe iingontsingontsi zehlabathi,
Neencopho zeentaba zezakhe.
5 Ulolwàkhe ulwandle, nguyena walwenzayo;
Nomhlaba owomileyo zawubumba izandla zakhe.

6 Yizani, masiqubude, siguqe,
Sithobe phambi koYehova umenzi wethu.
7 Ngokuba nguThixo wethu yena,
Thina ke singabantu bokwalúswa nguye, nezimvu zesandla sakhe.
Namhla, ukuba ninokuliva izwi lakhe,
8 Musani ukuyenza lukhuni intliziyo yenu, njengaseMeribha,*
Njengemini yaseMasa entlango;
9 Oko bandilingáyo ooyihlo.
Bandicikida, bewubona umsebenzi wam.
10 Iminyaka yaba ngamashumi amané ndikruqukile sesi sizukulwana,
Ndathi, Ngabantu abantliziyo zindwendwayo,
Àbazazi iindlela zam bona;
11 Endada ndafunga ndinomsindo, ukuthi,
Inene, abasayi kungena ekuphumleni kwam.

UThixo makabongwe zizizwe zonke

96 Vumani kuYehova ingoma entsha,
Vumani kuYehova, nonke hlabathi.
Vumani kuYehova, bongani igama 2
lakhe,
Shumayelani iimini ngeemini iindaba ezilungileyo zosindiso lwakhe.
Balisani ezintlangeni uzuko lwakhe, 3
Balisani ezizweni zonke imisebenzi yakhe ebalulekileyo;
Ngokuba mkhulu uYehova, engowoku- 4
dunyiswa kunene;
Uyoyikeka yena ngaphezu koothixo bonke.
Ngokuba bonke oothixo bezizwe àbanto 5
zanto;
UYehova yena wenza amazulu.
Yindili nobungangamela phambi kwa- 6
khe,
Ngamandla nokuhomba engcweleni yakhe.

Mnikeni uYehova, nina mizalwane 7
yezizwe,
Mnikeni uYehova uzuko namandla;
Mnikeni uYehova uzuko lwegama lakhe; 8
Thwalani umnikelo, nize ezintendelezweni zakhe.
Mnquleni uYehova, nivethe ezingcwele, 9
Thuthumelani phambi kwakhe, nonke hlabathi.
Yithini ezintlangeni, UYehova nguku- 10
mkani,
Liya kuzinza ngoko elimiweyo, lingashukumi,
Úya kugweba phakathi kwezizwe ngokuthe tye.

Liya kuvuya izulu, 11
Ligcobe ihlabathi;
Luya kugquma ulwandle, nenzaliseko yalo.
Liya kudlamka ilizwe, nento yonke 12
ekulo,
Ize imemelele yonke imithi yehlathi
Phambi koYehova, ngokuba esiza, 13
Ngokuba esiza kugweba ihlabathi.
Úya kuligweba elimiweyo ngobulungisa,
Nezizwe ngokunyanisa kwakhe.

IINDUMISO 97-99

Amandla kaThixo abonakala esaqhwithini

97 UYehova ngukumkani; liyagcoba ihlabathi,
Ziyavuya iziqithi ezininzi.

2 Ngamafu nesithokothoko ngeenxa zonke kuye,
Bubulungisa nokusesikweni ummiso wetrone yakhe.

3 Kuhamba umlilo phambi kwakhe;
Ulenya ababandezeli bakhe ngeenxa zonke.

4 Ikhanyisa elimiweyo imibane yakhe;
Uyabona umhlaba, uzibhija-bhije.

5 Iintaba zinyibilika njengomthwebeba phambi koYehova,
Phambi kweNkosi yehlabathi lonke.

6 Izulu lixela ubulungisa bakhe,
Zilubone uzuko lwakhe zonke izizwe.

7 Badanile bonke abakhonza umfanekiso oqingqiweyo,
Abaqhayisa ngeento ezingento;
Bayamnqula bonke oothixo.

8 Iyeva, iyavuya iZiyon,
Ziyagcoba iintombi zakwaYuda,
Ngenxa yemigwebo yakho, Yehova.

9 Ngokuba nguwe, Yehova, Osenyangweni phezu kwehlabathi lonke;
Unyukile kunene ngaphezu koothixo bonke.

10 Bathandi bakaYehova, kuthiyeni okubi.
Umgcini wemiphefumlo yabenceba bakhe
Uya kubahlangula esandleni sabangendawo.

11 Ukukhanya likuhlwayelelwe ilungisa,
Novuyo baluhlwayelelwe abantliziyo zithe tye.

12 Vuyani ngoYehova, malungisa,
Nibulele isikhumbuzo sakhe esingcwele.

*UThixo makabongwe ngenxa
yobulungisa bakhe*

98 Umhobe.

1 Vumani kuYehova ingoma entsha,
Ngokuba wenzé imisebenzi ebalulekileyo;
Simzuzele uloyiso isandla sakhe sokunene, nengalo yakhe engcwele.

2 Ulwazisile uYehova usindiso lwakhe,
Ubutyhilile emehlweni eentlanga ubulungisa bakhe.

3 Ukhumbulé inceba yakhe nokunyanisa kwakhe kwindlu kaSirayeli;
Zilubonile zonke iziphelo zehlabathi usindiso loThixo wethu.

4 Dumani kuYehova, nonke hlabathi,
Gqobhokelani ekumemeleleni, nibethe uhadi.

5 Mbetheleni uhadi uYehova,
Uhadi nelizwi lengoma;

6 Ngamaxilongo nezwi lesigodlo
Dumani phambi koKumkani uYehova.

7 Malugqume ulwandle nenzaliseko yalo,
Elimiweyo nabemi balo.

8 Imilambo mayibethe izandla,
Zimemelele kunye iintaba

9 Phambi koYehova, ngokuba esiza kugweba ihlabathi.
Uya kuligweba elimiweyo ngobulungisa,
Izizwe ngokuthe tye.

Umbongo kuThixo

99 UYehova nguKumkani, ziyagungqa izizwe;
Ulohlala ekerubhini,* liyashukuma ihlabathi.

2 UYehova mkhulu eZiyon;
Uphakamile ngaphezu kwezizwe zonke.

3 Baya kulibulela igama lakho elikhulu eloyikekayo;
Ngokuba úngcwele yena.

4 Amandla okumkani athanda okusesikweni;
Uwazimasile wena ngokuthe tye;
Wenzé okusesikweni nobulungisa kwaYakobi wena.

5 Mphakamiseni uYehova, uThixo wethu,
Niqubude esitulweni seenyawo zakhe;
Ngokuba úngcwele yena.

6 OoMoses noAron phakathi kwababingeleli bakhe,
NoSamuweli phakathi kwabalinqulayo igama lakhe,

Baye bebiza kuYehova, wabaphendula yena.

7 Wathetha kubo esemqulwini welifu;
Bazigcina izingqino zakhe,
Nommiselo awabanika wona.

8 Yehova, Thixo wethu, wabaphendula wena,
Waba nguThixo oxolelayo kubo,
Ongoziphindezelayo iintlondi zabo.

9 Mphakamiseni uYehova, uThixo wethu,
Niqubude entabeni yakhe engcwele;
Ngokuba ungcwele uYehova uThixo wethu.

Mkhonzeni uYehova nivuya

100 Umhobe wombingelelo wokubulela.

1 Dumani kuYehova, nonke hlabathi.
2 Mkhonzeni uYehova nivuya;
Yizani phambi kwakhe nimemelela.
3 Yazini ukuba uYehova nguThixo yena;
Wasenza yena, àsisithi;
Singabantu bakhe nezimvu ezalùswa nguye.
4 Ngenani emasangweni akhe nibulela,
Ezintendelezweni zakhe nidumisa;
Bulelani kuye, bongani igama lakhe.
5 Ngokuba uYehova ulungile,
Inceba yakhe ingunaphakade,
Ukunyaniseka kwakhe kukwizizukulwana ngezizukulwana.

Ukuzimisela komphathi ukuba abe lilungisa

101 EkaDavide. Umhobe.

1 Ndiya kuvuma ngenceba nangomgwebo;
Ndiya kukubethela uhadi, Yehova.
2 Ndiya kuqiqa indlela yengqibelelo;
Ùya kuza nini na kum?
Ndiya kuhamba ngengqibelelo yentliziyo yam
Phakathi kwendlu yam.
3 Andiyi kubeka phambi kwamehlo am
Nto inobutshijolo.
Ukwenza ngokunxaxha ndikuthiyile,
Akuyi kunamathela kum.
4 Intliziyo ejibilizayo iya kukhwelela kude kum;

Into embi andiyi kuyazi.
Omhlebayo ummelwane wakhe ngasese, 5
Lowo ndiya kumbhangisa.
Omehlo aqwayingileyo, ontliziyo ingubeleyo,
Lowo andinakumthwala.
Amehlo am akwabanyanisayo ezweni, 6
Ukuba bandiphahle;
Ohamba ngendlela yengqibelelo,
Lowo makandilungiselele.
Akayi kuhlala phakathi kwendlu yam 7
Owenza inkohliso;
Othetha ubuxoki akayi kuqina
Phambi kwamehlo am.
Imiso ngemiso, ndiya kubabhangisa 8
Bonke abangendawo belizwe,
Ukuze ndibanqumle emzini kaYehova
Bonke abasebenzi bobutshinga.

Umthandazo wobandezelekileyo ezicelela inceba yena neZiyon

102 Umthandazo wolusizana xa atyhafileyo, ephalaza iinkalazo zakhe phambi koYehova.

Yehova, wuve umthandazo wam, 1
Kufike kuwe ukuzibika kwam.
Musa ukubusithelisa ubuso bakho kum 2
ngemini yokubandezelwa kwam,
Ndithobele indlebe yakho;
Ngemini endidanduluka ngayo khawuleza undiphendule.

Ngokuba iyaphela imihla yam njengomsi; 3
Amathambo am avutha njengeziko.
Ibethwé yoma njengomfuno intliziyo 4
yam,
Ngokuba ndilibele nokudla ukudla kwam.
Ngenxa yezwi lokugcuma kwam 5
Amathambo am atshele enyameni yam.
Ndifana nengcwangube yentlango, 6
Ndinjengesikhova sasemanxoweni.
Andilali; 7
Ndinjengentaka eyodwa phezu kwendlu.
Imini yonke ziyandingcikiva iintshaba 8
zam,
Abandigezelayo bathuka ngam.

IINDUMISO 102-103

9 Ngokuba ndidlé uthuthu njengesonka,
Into endiyiselayo ndiyiphithikezé nezililo,
10 Ngenxa yokubhabhama kwakho noburhalarhume bakho;
Ngokuba ùndifunqule wandilahla.
11 Imihla yam injengokoluka kwamathunzi;
Mna ndomile njengomfuno.

12 Ke wena, Yehova, uhleli ngonaphakade,
Inkumbuzo yakho ikwizizukulwana ngezizukulwana.
13 Ùya kusuk' ume, uyiphathe iZiyon ngemfesane;
Ngokuba lixesha lokuyibabala eli, ngokuba lifikile ixesha elimisiweyo.
14 Ngokuba abakhonzi bakho bakholiswe ngamatye ayo,
Uthuli lwayo banofefe ngalo.
15 Ziya kuloyika iintlanga igama likaYehova,
Nookumkani bonke behlabathi ubuqaqawuli bakho;
16 Ngokuba eyakhile iZiyon uYehova,
Wabonakala ebuqaqawulini bakhe.
17 Uwubhekile umthandazo wabachushuluzayo,
Àkawudela umthandazo wabo.
18 Oko kuya kubhalelwa isizukulwana esizayo,
Abantu abaza kudalwa badumise uYehova.
19 Ngokuba úqondele, esendaweni yakhe ephezulu engcwele;
Wondela ehlabathini esemazulwini uYehova,
20 Ukuba akuve ukugcuma kwabakhonkxiweyo,
Abakhulule oonyana bokufa;
21 Bancokole eZiyon ngegama likaYehova,
Ngendumiso yakhe eYerusalem;
22 Ekubuthelaneni kwezizwe ndawonye,
Nezikumkani, ukuba zikhonze uYehova.

23 Úwathobile endleleni amandla am,
Uyinqamle imihla yam.
24 Ndithi, Thixo wam, musa ukundisusa phakathi kwemihla yam.
Ikwizizukulwana ngezizukulwana iminyaka yakho.

Waliseka kudala ihlabathi; 25
Lisisenzo sezandla zakho izulu.
Ezo zinto ziya kudaka, wena ke ume; 26
Zona zonke ziya konakala njengengubo,
Wòzigugisa njengesambatho, ziguge;
Ke wena uhleli unguwe, 27
Iminyaka yakho ayinakuphela.
Oonyana babakhonzi bakho baya ku- 28 hlala,
Imbewu yabo izimasèke phambi kwakho.

Umbongo wemfesane kaThixo

103 EkaDavide.

Mbonge uYehova, mphefumlo wam, 1
Ilibonge igama lakhe elingcwele into yonke engaphakathi kwam.
Mbonge uYehova, mphefumlo wam, 2
Ungayilibali yonke impatho yakhe entle:
Uloxolela bonke ubugwenxa bakho; 3
Ulophilisa zonke izifo zakho;
Ulokhulula ubomi bakho esihogweni, 4
Akuthi jize ngenceba nemfesane;
Lo uwuzalisayo umlomo wakho ngento 5
elungileyo,
Buhlaziyeke ubutsha bakho njengobokhozi.

NguYehova umenzi wemisebenzi yobu- 6 lungisa,
Nezigwebo ngenxa yabacudisiweyo bonke;
Umazisi weendlela zakhe kuMoses, 7
Wezenzo zakhe ezincamisayo koonyana bakaSirayeli.
Unemfesane enobabalo uYehova, 8
Uzeka kade umsindo, mkhulu ngenceba.
Akaphiki kuphele, 9
Akawugcini umsindo ngonaphakade.
Akenzi kuthi ngokwezono zethu, 10
Akasiphathi ngokobugwenxa bethu;
Ngokuba injengokuphakama kwezulu 11
phezu komhlaba,
Ukuba namandla, inceba yakhe kwabamoyikayo;
Kunjengokuba kude kwempumalanga 12
entshonalanga,
Ukulukhwelelisa kwakhe kuthi ukreqo lwethu;

IINDUMISO 103–104

13 Kunjengokusikwa yimfesane koyise kubantwana,
Ukusikwa yimfesane kukaYehova kwabamoyikayo.
14 Ngokuba uyakwazi yena ukubunjwa kwethu,
Ekhumbula ukuba siluthuli.
15 Hayi, umntu! Injengotyani imihla yakhe;
Njengentyantyambo yasendle, kunjalo ukutyatyamba kwakhe.
16 Xa uthe umoya wadlula kuyo, ayibikho,
Ingabi sazana nayo indawo yayo.
17 Ke yona inceba kaYehova ikwabamoyikayo, kususela kwaphakade kude kuse ephakadeni,
Nobulungisa bakhe bukoonyana boonyana;
18 Kwabawugcinileyo umnqophiso wakhe,
Kwabazikhumbulayo iziyalezo zakhe ukuba bazenze.

19 UYehova uyizinzisile emazulwini itrone yakhe,
Ubukumkani bakhe bulawula into yonke.
20 Mbongeni uYehova, nina zithunywa zakhe,
Magorha omeleleyo, alenzayo ilizwi lakhe,
Ephulaphula isandi selizwi lakhe.
21 Mbongeni uYehova, nonke mikhosi yakhe,
Balungiseleli bakhe, benzi bokuthanda kwakhe.
22 Mbongeni uYehova, nonke zenzo zakhe,
Ezindaweni zonke zobukumkani bakhe.
Mbonge uYehova, mphefumlo wam.

Ubuqaqawuli bukaThixo endalweni

104 Mbonge uYehova, mphefumlo wam.
Yehova, Thixo wam, umkhulu kakhulu;
Wambethe indili nobungangamela.
2 Ulothi wambu ukukhanya njengengubo,
Ulolaneka izulu njengelengalenga lentente;
3 Ulohlanganisa emanzini imiqadi yamagumbi akhe aphezulu;
Ulowenza amafu inqwelo yakhe,

Ulohamba ngamaphiko omoya;
Ulowenza izithunywa zakhe imimoya, 4
Abalungiseleli bakhe umlilo olenyayo.

Waliseka ihlabathi phezu kwemimiso 5
yalo,
Ukuba lingashukunyiswa naphakade kanaphakade.
Waligubungela ngamanzi anzongonzo- 6
ngo njengesambatho,
Ema amanzi phezu kweentaba.
Ekukhalimeni kwakho asaba, 7
Ezwini lendudumo yakho abaleka buphuthuphuthu;
Kwenyuka iintaba, kwehla izihlambo, 8
Aya kuloo ndawo ubuwasekele yona.
Wamisa umda ukuba angegqithi, 9
Angabuye awugubungele umhlaba.

Ulothuma imithombo iye ezihlanjeni; 10
Ihamba phakathi kweentaba;
Iseza zonke iinyamakazi zasendle; 11
Amaesile asendle aqabula inxano lawo.
Kuhlala phezu kwayo iintaka zezulu, 12
Zitsholoza phakathi kwamasebe;
Uloseza iintaba kumagumbi akhe aphe- 13
zulu;
Uyahlutha umhlaba ziziqhamo zezenzo zakho.
Ulontshulisela iinkomo utyani, 14
Nomfuno wokunceda umntu;
Ukuze kuphume isonka emhlabeni.
Iwayini iyivuyise intliziyo yomntu; 15
Bukhazimle ubuso ngeoli,
Isonka siyixhase intliziyo yomntu.
Iyahlutha imithi kaYehova, 16
Imisedare* yaseLebhanon awayityalayo,
Apho zakhela khona iintaka; 17
Ingwamza, isemisipresini* indlu yayo.
Iintaba zona ezo ziphakamileyo zeza- 18
magogo,
Amawa azimela iimbila.

Inyanga wayenzela amaxesha ayo, 19
Ilanga liyakwazi ukutshona kwalo.
Wenza ubumnyama wena, kube sebu- 20
suku,
Ashukume ngabo onke amarhamncwa ehlathi.
Iingonyama ezintsha zigqumela uku- 21
qwenga,

621

IINDUMISO 104-105

Zifuna ukudla kwazo kuThixo.
22 Lakuthi chapha ilanga, ziyahlanganisana,
Zibuthume ezikhundleni zazo.
23 Úyaphuma umntu aye emsebenzini wakhe
Nasenkonzweni yakhe, ahlwise.

24 Hayi, ukuba zininzi izenzo zakho, Yehova!
Zonke ziphela uzenzé ngobululumko;
Uzele umhlaba zizidalwa zakho.
25 Nâlo ulwandle lulukhulu, lubanzi ngeenxa zombini;
Kulapho kuzinambuzane zingenakubalwa,
Ezincinane kwanezikhulu izinto eziphililelo.
26 Kulapho kuhamba iinqanawa;
Nango umnenga owawubumbela ukudlala kulo.
27 Zonke ezo nto ziphela zikhangele kuwe,
Ukuba uzinike ukudla kwazo ngexesha elililo.
28 Uyazinika, ziyachola;
Uyasivula isandla sakho, ziyahlutha kokulungileyo.
29 Uyabusithelisa ubuso bakho, ziyakhwankqiswa;
Uyawuhlanganisa umoya wazo, ziphume umphefumlo,
Zibuyèle eluthulini lwazo.
30 Uthuma umoya wakho, ziyadalwa,
Ubuhlaziye ubuso bomhlaba.
31 Ubuqaqawuli bukaYehova mabube ngunaphakade;
UYehova makavuye ngezenzo zakhe;
32 Ulobheka emhlabeni, uzamazame;
Uchukumisa iintaba, ziqhume.

33 Ndiya kuvuma kuYehova lo gama ndidla ubomi,
Ndiya kumbethela uhadi uThixo wam ekubeni ndingokhoyo.
34 Makube nencasa kuye ukucamngca kwam;
Mna ndiya kuvuya ngoYehova.
35 Mabagqitywe ehlabathini aboni,
Bangabi sabakho abangendawo.
Mbonge uYehova, mphefumlo wam,
Haleluya!

Imisebenzi emangalisayo kaThixo ngenxa kaSirayeli

105 Bulelani kuYehova, nqulani igama lakhe;
Yazisani ezizweni izenzo zakhe ezincamisileyo.
Vumani kuye, mbetheleni uhadi; 2
Xoxani ngemisebenzi yakhe yonke ebalulekileyo.
Qhayisani ngegama lakhe elingcwele; 3
Mayivuye intliziyo yabamquqelayo uYehova.
Ngxamelani uYehova namandla akhe; 4
Funani ubuso bakhe ngamaxesha onke.
Khumbulani imisebenzi yakhe ebalulekileyo awayenzayo, 5
Izimanga zakhe, nezigwebo zomlomo wakhe,
Mbewu ka-Abraham, yomkhonzi wakhe, 6
Nyana baka Yakobi, banyulwa bakhe.

NguYehova uThixo wethu yena; 7
Zisehlabathini lonke izigwebo zakhe.
Uwukhumbula ngonaphakade umnqophiso wakhe, 8
Ilizwi awalimisela iwaka lezizukulwana;
Awanqophisana ngalo noAbraham, 9
Awalifungela uIsake,
Awalimisayo ukuba libe ngummiselo 10
kuYakobi,
Libe ngumnqophiso ongunaphakade kuSirayeli,
Esithi, Ndikunika ilizwe lakwaKanan, 11
Libe licandelo lelifa lenu;
Besengamadoda ambalwa, 12
Bebancinane, bengabaphambukeli kulo.

Babehamba besuka kolunye uhlanga, 13
baye kolunye uhlanga,
Besuka kobunye ubukumkani, baye kwabanye abantu.
Akavumelanga mntu ukuba abacudise, 14
Wohlwaya ookumkani ngenxa yabo;
Esithi, Musani ukubachukumisa abathanjiswa bam, 15
Musani ukubaphatha kakubi abaprofeti bam.
Wabiza indlala, yeza phezu kwelizwe, 16
Wawaphula wonke umsimelelo osisonka.

17 Wathuma indoda phambi kwabo;
Kwathengiswa ngoYosefu, waba likhoboka.
18 Bazicinezela iinyawo zakhe ngamakhamandela,
Wafika umphefumlo wakhe esinyithini;
19 Kwada kwalixesha lokufika kwelizwi lakhe,
Intetho kaYehova yamnyibilikisa.
20 Ukumkani wathuma, wamkhulula,
Umlawuli wezizwe wamvulela;
21 Wamenza inkosi yendlu yakhe,
Umlawuli wemfuyo yakhe yonke,
22 Ukuba abakhonkxe abathetheli bakhe ngokuzithandela kwakhe,
Amadoda akhe amakhulu awafùndise ubulumko.

23 Waza uSirayeli waya eYiputa,
UYakobi waphambukela ezweni lakwaHam.
24 Wabaqhamisa kakhulu abantu bakhe,
Wabomeleza ngaphezu kwababandezeli babo.
25 Wazijika iintliziyo zabo, ukuba babathiye abantu bakhe,
Babaqhathanisele abakhonzi bakhe.
26 Wathuma uMoses, umkhonzi wakhe,
NoAron awamnyulayo.
27 Bazenza kubo iindawo zemiqondiso yakhe,
Nezimanga zakhe ezweni lakwaHam.
28 Wathumela ubumnyama, kwaba mnyama;
Ababa nakuwaphikisa amazwi akhe.
29 Wawaguqula amanzi abo, aba ligazi,
Wazibulala iintlanzi zabo.
30 Ilizwe labo lanyakazela amasele
Ezingontsini zookumkani babo.
31 Wathetha, zafika izibawu,
Iingcongconi, emideni yabo yonke.
32 Wabanika isichotho, saba yimvula;
Umlilo walenya ezweni labo.
33 Wayibetha imidiliya yabo nemikhiwane yabo,
Wayishwaqa imithi yemida yabo.
34 Wathetha, kwafika iinkumbi ezandayo,
Nezikhothululayo, into engenakubalwa;
35 Zayidla imifuno yonke ezweni labo,
Zazidla iziqhamo zomhlaba wabo.

Waza wababulala bonke abamazibulo 36 ezweni labo,
Intlahlela yamandla abo onke.

Wabakhupha ke abakhe benesilivere 37 negolide,
Akwabakho ukhubekayo ezizweni zakhe.
Lavuya iYiputa ekuphumeni kwabo, 38
Ngokuba lifikelwe kukunkwantyisa kwabo.
Waneka ilifu lokubasitha, 39
Nomlilo wokukhanyisa ebusuku.
Babiza, waziza izagwityi, 40
Wabahluthisa nangesonka sasezulwini.
Wavula iliwa, abaleka amanzi, 41
Ahamba engumlambo emqwebedwini.
Ngokuba wakhumbula ilizwi lakhe 42 elingcwele,
Wakhumbula uAbraham umkhonzi wakhe.
Wabakhupha abantu bakhe benemihlali, 43
Abanyulwa bakhe bememelela.
Wabanika amazwe eentlanga, 44
Bayihlutha inzuzo yokwaphuka kwezizwe,
Ukuze bayigcine imimiselo yakhe, 45
Bayibambe imiyalelo yakhe.
Haleluya!

Ukona kukaSirayeli nokulunga kukaThixo

106 Haleluya!
Bulelani kuYehova, ngokuba elungile,
Ngokuba ingunaphakade inceba yakhe.
Ngubani na onokuzixela izenzo zobugorha bukaYehova, 2
Onokuyivakalisa yonke indumiso yakhe?

Hayi, uyolo lwabaligcinayo isiko, 3
Lwabenza ubulungisa ngamaxesha onke!
Ndikhumbule, Yehova, ekwenzeni 4 kwakho isisa kubantu bakho;
Ndíyelele ngosindiso lwakho,
Ukuze ndibone inyhweba yabanyulwa 5 bakho,
Ndivuye ekuvuyeni kohlanga lwakho,
Ndiqhayise kunye nelifa lakho.

Sonile, thina noobawo; 6
Senzé ubugwenxa, senzé okungendawo.

INDUMISO 106

7 Oobawo abayiqiqanga eYiputa imisebenzi yakho ebalulekileyo;
Ababukhumbulanga ubuninzi beenceba zakho;
Baphika elwandle, eLwandle oluBomvu.*
8 Wábasindisa ngenxa yegama lakhe,
Ukuze abazise ubugorha bakhe.
9 Walukhalimela uLwandle oluBomvu, loma,
Wabahambisa emanzini anzongonzongo kwanga kusentlango.
10 Wabasindisa esandleni sobathiyayo,
Wabakhulula esandleni sotshaba.
11 Amanzi abagubungela ababandezeli babo,
Akwasala namnye kubo.
12 Bakholwa ke ngamazwi akhe,
Bayivuma indumiso yakhe.

13 Kanti bahle bazilibala izenzo zakhe,
Àbalilinda icebo lakhe.
14 Bàkhanukile entlango,
Bamlinga uThixo enkangala.
15 Wabanika abakubizayo;
Wathumela ukungcumbeka emphefumlweni wabo.

16 Bamenzela umona uMoses eminqubeni,
NoAron ongcwele kaYehova.
17 Wavuleka umhlaba, wamginya uDatan,
Waliselela ibandla lika-Abhiram;
18 Umlilo walitshisa ibandla labo,
Amalangatye abalenya abangendawo.

19 Bênza ithole eHorebhe,
Baqubuda emfanekisweni otyhidiweyo.
20 Balwananisa uzuko lwabo
Ngento emilise okwenkomo edla utyani.
21 Bamlibala uThixo, umsindisi wabo,
Owênza imisebenzi emikhulu eYiputa;
22 Imisebenzi ebalulekileyo ezweni lakwa-Ham,
Imisebenzi eyoyikekayo eLwandle oluBomvu.
23 Wathi uya kubatshabalalisa,
Koko wesukayo uMoses, umnyulwa wakhe,
Wema ethubeni phambi kwakhe,
Ebuyisa ubushushu bakhe, ukuba angàtshabalalisi.

Balicekisa ilizwe elinqwenelekayo, 24
Àbakholwa lilizwi lakhe,
Bakrokra ezintenteni zabo, 25
Àbaliphulaphula izwi likaYehova.
Wabaphakamisela isandla sakhe, 26
Wafungela ukuba abawise entlango;
Ayiwise imbewu yabo phakathi kwee- 27
ntlanga,
Abachithachithe emazweni.

Bazibandakanya noBhahali-pehore,* 28
Badla imibingelelo yabafileyo,
Bamqumbisa ngeentlondi zabo; 29
Sagaleleka phakathi kwabo isibetho.
Wesuka wema uPinehasi, walamla; 30
Sathintelwa isibetho.
Oko kwabalelwa kuye ekuthini bubu- 31
lungisa
Izizukulwana ngezizukulwana kude kuse ephakadeni.

Bamqumbisa emanzini aseMeribha,* 32
Kwehla ububi kuMoses ngenxa yabo;
Ngokuba bawuphikisa umoya wakhe, 33
Waphololoza ke ngomlomo wakhe.

Àbazitshabalalisa izizwe, 34
Awayethethé ngazo kubo uYehova;
Baxubana neentlanga ezo, 35
Bafunda izenzo zazo;
Bakhonza izithixo zazo, 36
Yaba sisirhintyelo kubo.
Babingelela ngoonyana babo nangee- 37
ntombi zabo kwiidemon;
Baphalaza igazi elimsulwa, 38
Igazi loonyana babo neleentombi zabo,
Ábabingelela ngabo kwizithixo zakwa-Kanan;
Lahlanjelwa ilizwe ngamagazi.
Baba ziinqambi ngezenzo zabo, 39
Bahenyuza ngeentlondi zabo.

Wavutha ke umsindo kaYehova kubantu 40
bakhe,
Laba lisikizi kuye ilifa lakhe.
Wabanikela ezandleni zeentlanga, 41
Balawulwa ngababathiyileyo.
Zabaxina iintshaba zabo, 42
Bathotyelwa phantsi kwezandla zazo.
Zibe zininzi izihlandlo ebahlangula; 43
Ke bona bamphikisa ngamaqhinga abo,
Bonákala bubugwenxa babo.

IINDUMISO 106-107

44 Noko ke wakunonelela ukubandezelwa kwabo,
Akuva ukuhlahlamba kwabo.
45 Wawukhumbula ngenxa yabo umnqophiso wakhe,
Wazohlwaya ngenxa yobuninzi beenceba zakhe.
46 Wabafumanisa imfesane
Phambi kwabo bonke abaye bebathimbile.

47 Sisindise, Yehova, Thixo wethu,
Sibuthe ezintlangeni,
Ukuze sibulele kwigama lakho elingcwele,
Sizingce ngendumiso yakho.

48 Makabongwe uYehova, uThixo kaSirayeli,
Kususela kwaphakade kude kuse ephakadeni.
Mabathi bonke abantu, Amen. Haleluya!

Umbulelo kuThixo ngenxa yokumhlangula kwakhe umntu ngendlela engummangaliso

107 Bulelani kuYehova, ngokuba elungile,
Ngokuba ingunaphakade inceba yakhe.
2 Mabatsho abakhululwa bakaYehova,
Awabakhululayo esandleni sombandezeli;
3 Wababutha emazweni,
Empumalanga nasentshonalanga,
Entla naselwandle.

4 Badinga entlango, endleleni esenkanga, la,
Abafumana mzi wakuhlala.
5 Belambile, benxaniwe,
Watyhafa phakathi kwabo umphefumlo wabo.
6 Bakhala ke kuYehova embandezelweni yabo,
Wabahlangula ekucuthekeni kwabo;
7 Wabanyathelisa endleleni ethe tye,
Ukuba baye kumzi wokuhlala.
8 Mabayibulele kuYehova inceba yakhe,
Nemisebenzi yakhe ebalulekileyo koonyana babantu!
9 Kuba ewuhluthisile umphefumlo otshobayo,

Wawuzalisa ngokulungileyo umphefumlo olambileyo.

Behleli emnyameni nasethunzini lokufa, 10
Bekhonkxwe yimbandezelo nasisinyithi,
Ngokuba bephikise amazwi kaThixo, 11
Belitshitshisa icebo lOsenyangweni:
Wayithoba intliziyo yabo ngokubase- 12
benzisa kanzima;
Bakhubeka, akwabakho mncedi.
Bakhala ke kuYehova embandezelweni 13
yabo;
Wabasindisa ekucuthekeni kwabo.
Wabakhupha emnyameni nasethunzini 14
lokufa,
Waziqhawula iimbophelebo zabo.
Mabayibulele kuYehova inceba yakhe, 15
Nemisebenzi yakhe ebalulekileyo koonyana babantu!
Kuba ezaphule iingcango zobhedu, 16
Wayixakaxa imivalo yesinyithi.

Abamathileyo, ngenxa yendlela yoku- 17
kreqa kwabo,
Nangenxa yobugwenxa babo, bácinezelwa;
Konke ukudla kwaba lisikizi kumphe- 18
fumlo wabo,
Báfika emasangweni okufa.
Bákhala ke kuYehova embandezelweni 19
yabo,
Wabasindisa ekucuthekeni kwabo.
Wathumela ilizwi lakhe, wabaphilisa, 20
Wabasiza ezihogweni zabo.
Mabayibulele kuYehova inceba yakhe, 21
Nemisebenzi yakhe ebalulekileyo koonyana babantu!
Mababingelele imibingelelo yombulelo, 22
Bancokole ngezenzo zakhe bememelela.

Abaya elwandle ngeenqanawa, 23
Benze ishishini emanzini amaninzi,
Bazibona bona izenzo zikaYehova, 24
Nemisebenzi yakhe ebalulekileyo enzulwini.
Watsho, wavusa umoya ovuthuzayo, 25
Waphakamisa amaza ayo.
Banyuka basinga ezulwini, behla basinga 26
emanzini enzonzobila;
Umphefumlo wabo uthe amandla bububi.
Bathendeleka, bahexa njengenxila, 27
Butshone bonke ubulumko babo.

IINDUMISO 107-109

28 Bakhala ke kuYehova embandezelweni yabo,
Wabakhupha ekucuthekeni kwabo.
29 Ukumisile ukuvuthuza, kwathi cwaka,
Amaza ayo azola;
30 Bavuya ke, kuba edambile;
Wabafikisa echwebeni abalilangazelelayo.
31 Mabayibulele kuYehova inceba yakhe,
Nemisebenzi yakhe ebalulekileyo koonyana babantu!
32 Mabamphakamise ebandleni labantu,
Bamdumise embuthweni yamadoda amakhulu.

33 Úyenze imilambo yaba yintlango,
Namathende amanzi aba ngumhlaba onxaniweyo;
34 Ilizwe elineziqhamo laba leletyuwa,
Ngenxa yezinto ezimbi zabemi balo.
35 Úyenze intlango yaba lidike elinamanzi,
Ilizwe elingumqwebedu laba ngamathende amanzi.
36 Wabahlalisa khona abalambileyo,
Bamisa umzi wokuhlala.
37 Bahlwayela amasimi, batyala izidiliya,
Bavelisa iziqhamo, baba nongeniselo.
38 Wabasikelela, banda kunene,
Iinkomo zabo akazinciphisa.
39 Bancipha, basibekeka
Ngokukhanyangwa bububi nesingqala.

40 Úwagalele ngendelo amanene,
Wawadingisa enyanyeni, kungekho ndlela.
41 Walisa engxondeni ihlwempu, kùde nengcinezelo,
Walenzela imizalwana yanjengomhlambi.
42 Baya kubona abathe tye, bavuye,
Bonke ubugqwetha buvale umlomo.
43 Lowo ulumkileyo makazigcine ezi ndawo,
Azigqale iinceba zikaYehova.

Umbongo kuThixo nomthandazo wokucela uloyiso

108 Ingoma. Umhobe kaDavide.

1 Izimasekile intliziyo yam, Thixo,
Ndiya kuvuma, ndibethe uhadi,
Kwanozuko lwam.

Vukani, mrhubhe nohadi; 2
Ndiya kusiphangela isifingo.
Ndiya kubulela kuwe phakathi kwezi- 3
zwe, Yehova,
Ndikubethele uhadi phakathi kwezizwe.
Ngokuba inkulu ngaphezu kwezulu 4
inceba yakho,
Yada yesa esibhakabhakeni inyaniso yakho.

Ziphakamise ngaphezu kwezulu, Thixo, 5
Bube phezu kwehlabathi lonke ubuqaqawuli bakho.
Ukuze zihlangulwe iintánda zakho, 6
Sindisa ngesandla sakho sokunene,
undiphendule.

UThixo uthethe engcwele; mandivu- 7
yelele,
Ndimàbe uShekem, ndiyilinganisele intili yaseSukoti.
Ngowam uGiliyadi, ngowam uManase, 8
UEfrayim sisigcina-ntloko sam,
UYuda yintonga yam yommiselo;
UMowabhi sisitya sam sokuhlambela, 9
Ndiyiphosa kuEdom imbadada yam;
Ndiduma ngelamaFilisti.
Ngubani na owondisa emzini onqatyisi- 10
weyo,
Ngubani na owondikhaphela kwaEdom?
Asinguwe na, Thixo, lo usihlambileyo? 11
Akwaphuma, Thixo, nemikhosi yethu.

Sincede kumbandezeli wethu; 12
Alunto vanto usindiso lomntu.
NgoThixo siya kweyisa, 13
Abagqushe yena ababandezeli bethu.

Ukukhalela impindezelo

109 Kumongameli; ekaDavide. Umhobe.

Thixo wendumiso yam, musa ukuthi tu; 1
Ngokuba bandakhamisele umlomo o- 2
ngendawo, nomlomo onenkohliso;
Bathetha ngam ngolwimi lobuxoki.
Bandijikele ngeentetho zentiyo; 3
Balwa nam ngelizé.
Ekubeni mna ndibathanda, bona baya- 4
ndichasa,
Ndibe mna ndithandaza.

IINDUMISO 109–110

5 Endaweni yobulungisa bandibuyekeza ngobubi;
Ekubeni mna ndibathanda, bona bayandithiya.

6 Misa ongendawo, abe ngumveleli wakhe,
Eme uSathana ngasekunene kwakhe.
7 Ekuthethweni kwetyala makaphume engongendawo,
Nomthandazo wakhe ube sisono.
8 Imihla yakhe mayibe mbalwa,
Mabuthatyathwe ngomnye ubuveleli bakhe.
9 Oonyana bakhe mababe ziinkedama,
Nomkakhe abe ngumhlolokazi;
10 Babhadule bebhadula oonyana bakhe, becela,
Bengqiba, bekude namanxuwa akowabo.
11 Umboleki-mali makakushwankathele konke anako,
Abasemzini baphange ukuxelenga kwakhe.
12 Makungabikho wolulela nceba kuye,
Kungabikho uzibabalayo iinkedama zakhe.
13 Izivela-mva zakhe mazibe zezokunqunyulwa,
Igama lazo licinywe esizukulwaneni esizayo.
14 Mabukhunjulwe nguYehova ubugwenxa booyise,
Singàcinywa isono sonina.
15 Masibe phambi koYehova ngamaxesha onke,
Akunqumle ehlabathini ukukhunjulwa kwabo;
16 Ngenxa enokuba engakukhumbulanga ukwenza inceba,
Etshutshise indoda elusizana,
Elihlwempu, enentliziyo eyothukileyo,
ukuba ayibulale.
17 Ewe, wathanda ukuqalekisa, kwamfikela;
Akakufuna ukusikelela, kwakhwelela kùde kuye.
18 Wambatha ukuqalekisa kwanga yingubo yakhe,
Kwangena embilinini wakhe njengamanzi,
Nanjengeoli emathanjeni akhe.

Makube njengengubo kuye, azithe 19 wambu ngayo,
Kube luqhwemesha, alunxibe amaxesha onke.

Nguwo lowo umvuzo wabandichasayo, 20 ophuma kuYehova,
Wabathetha okubi ngomphefumlo wam.
Ke wena Yehova, Nkosi, ndénzele 21 ngenxa yegama lakho;
Ngokokuba ilungile inceba yakho; ndíhlangule.
Ngokuba ndilusizana, ndilihlwempu, 22
Intliziyo yam ihlatyiwe phakathi kwam.
Ndijengethunzi xa lolukayo, ndiye- 23 mka;
Ndiphetshethwa njengenkumbi.
Amadolo am ayagexa kukuzila ukudla, 24
Nenyama yam ibhityile, tu ukutyeba.
Ndithe ndasisingcikivo kubo; 25
Béndibona, bahlunguzela intloko.
Ndincede, Yehova, Thixo wam, 26
Ndísindise ngokwenceba yakho;
Bazi ukuba sisandla sakho eso, 27
Ukuba kukwenza kwakho, Yehova.
Bayaqalekisa aba, ùyasikelela wena; 28
Besukile bema, baya kudana; ùya kubuya yena umkhonzi wakho.
Abandichasayo baya kwambatha ihlazo, 29
Bazithi wambu ukudana njengengubo yokwaleka.
Ndiya kubulela kakhulu kuYehova ngo- 30 mlomo wam,
Ndimdumise phakathi kwabaninzi;
Kuba emi ekunene kolihlwempu, 31
Ukuba amsindise kwabawugwebayo umphefumlo wakhe.

UThixo ugunyazisa ukumkani

110 EkaDavide. Umhobe.

Utsho uYehova eNkosini yam ukuthi, 1
Hlala ngasekunene kwam,
Ndide iintshaba zakho ndizenze
Isitulo seenyawo zakho.
Intonga yamandla akho úya kuyithu- 2
mela uYehova, ivela eZiyon, esithi,
Yiba nobukhosi phakathi kweentshaba zakho.

3 Abantu bakho baya kuzinikela ngeentliziyo, ngemini yakho yokuphuma umkhosi;
Bebethe ezingcwele, ekuphumeni kwesifingo,
Úza kuwe umbethe womlisela wakho.
4 Ufungile uYehova, akayi kuzohlwaya; uthe,
Úngumbingeleli ngonaphakade wena Ngokohlobo lukaMelkitsedeke.*

5 INkosi ngasekunene kwakho
Iya kuphalusa ookumkani ngemini yomsindo wayo.
6 Iya kugweba phakathi kweentlanga, kuzale zizidumbu;
Iphaluse intloko ezweni elibanzi.
7 Endleleni iya kusela emlanjaneni;
Ngenxa yoko iya kuphakamisa intloko.

Ubukhulu nokulunga kukaThixo

111 Haleluya!
Ndiya kubulela kuYehova ngentliziyo yonke,
Elucweyweni lwabathe tye nasebandleni.
2 Zikhulu izenzo zikaYehova,
Zezokungxokwa iintsingiselo zazo zonke.
3 Únendili nobungangamela umsebenzi wakhe,
Ubulungisa bakhe bumi ngonaphakade.
4 Uyenzele ukuze ikhunjulwe imisebenzi yakhe ebalulekileyo;
Unobabalo nemfesane uYehova.
5 Ubaphé ukudla abamoyikayo;
Uwukhumbule ngonaphakade umnqophiso wakhe.
6 Ubabonise abantu bakhe amandla ezenzo zakhe,
Ebanika ilifa leentlanga.
7 Izenzo zezandla zakhe ziyinyaniso nesiko;
Zithembekile zonke iziyalezo zakhe.
8 Zizimasekile nanini nangonaphakade;
Zenziwe ngenyaniso, zithe tye.
9 Úbathumele abantu bakhe inkululeko;
Uwumisele ngonaphakade umnqophiso wakhe;
Lingcwele, liyoyikeka, igama lakhe.
10 Ingqalo yobulumko kukoyika uYehova,
Banengqiqo elungileyo bonke abenza ngako;
Indumiso yakhe ihlala imi.

Ukonwaba kwabahlonela uThixo

112 Haleluya!
Hayi, uyolo lomntu omoyikayo uYehova,
Oyinoneleleyo kunene imithetho yakhe!
Iya kuba nobugorha ehlabathini imbewu yakhe; 2
Isizukulwana sabathe tye sisikelelwe.
Bubuncwane nobutyebi endlwini yakhe; 3
Ubulungisa bakhe buhlala bumi.
Baphunyelwa kukukhanya ebumnyameni abathe tye, 4
Benobabalo, nemfesane, nobulungisa.
Unoyolo umntu obabalayo, aboleke; 5
Uya kuyimisa intetho yakhe ematyaleni.
Ngokuba akayi kushukunyiswa naphakade; 6
Uya kuba lilungisa elikhunjulwa ngonaphakade.
Àkoyikiswa ziindaba ezimbi; 7
Iqinisekile intliziyo yakhe, ikholose ngoYehova.
Izimasekile intliziyo yakhe, akoyiki; 8
Úya kuda ababonele ababandezeli bakhe.
Uyahlakaza, upha amahlwempu; 9
Ubulungisa bakhe buhlala bumi,
Uphondo lwakhe luphakamile, lunozuko.
Ongendawo yena uya kukubona, aqumbe, 10
Atshixize amazinyo, anyibilike;
Umnqweno wongendawo uyadaka.

UThixo Osenyangweni uphakamisa abathobekileyo

113 Haleluya!
Dumisani, bakhonzi bakaYehova,
Dumisani igama likaYehova.
Malibongwe igama likaYehova, 2
Kususela ngokunje, kude kuse ephakadeni.
Kwasekuphumeni kwelanga kuse ekutshoneni kwalo, 3
Malidunyiswe igama likaYehova.

Uphakamile ngaphezu kweentlanga zonke uYehova, 4
Bungaphezulu kwamazulu ubuqaqawuli bakhe.

5 Ngubani na onjengoYehova, uThixo
   wethu?
   Ulohlala phezulu;
6 Uloqondela phantsi,
   Ezulwini nasemhlabeni?
7 Ulomvusa eluthulini osweleyo,
   Ulomphakamisa ezaleni olihlwempu,
8 Ukuba amhlalise namanene,
   Amanene abantu bakhe;
9 Ulohlalisa endlwini umfazi ongazaliyo,
   Abe ngunobantwana ovuyayo.
   Haleluya!

*Ukuhlangulwa kukaSirayeli
eYiputa nguThixo*

114 Ekuphumeni kukaSirayeli e-Yiputa,
Kwendlu kaYakobi ebantwini abantetho ingaziwayo,
2 UYuda waba yingcwele yakhe,
   USirayeli waba sisikumkani sakhe.

3 Ulwandle lwabona, lwasaba,
   IYordan yabuya umva.
4 Iintaba zadloba njengeenkunzi zeegusha;
   Iinduli, njengamatakane omhlambi.

5 Ùbunani na, lulwandlendini, ukuba usabe?
   Wena Yordan, ukuba ubuye umva?
6 Nina zintaba, ukuba nidlobe njengeenkunzi zeegusha?
   Nina zinduli, njengamatakane omhlambi?

7 Wena hlabathi, zibhijabhije ebusweni beNkosi,
   Ebusweni boThixo kaYakobi;
8 Uloguqula iliwa libe lidike lamanzi,
   Iqhwitha libe yimithombo yamanzi.

*Ubudenge bonqulo-zithixo buthelekiswa
nokukholosa ngoYehova*

115 Ungazukisi thina, Yehova, ungazukisi thina;
Zukisa igama lakho,
Ngenxa yenceba yakho, ngenxa yenyaniso yakho.
2 Yini na ukuba zithi iintlanga,
   Uphi na kaloku uThixo wabo?

UThixo wethu ke usemazulwini, 3
Konke akuthandileyo úyakwenza.
Izithixo zazo yisilivere negolide, 4
Zizenzo zezandla zabantu.
Zinomlomo nje, azithethi; 5
Zinamehlo nje aziboni;
Zineendlebe nje, aziva; 6
Zineempumlo nje, azisezeli.
Izandla zazo aziphathi, 7
Iinyawo zazo azihambi;
Azidumzeli ngomqala wazo.
Boba njengazo abenzi bazo, 8
Bonke abasukuba bekholose ngazo.

Wena Sirayeli, kholosa ngoYehova; 9
Uncedo lwabo nengweletshetshe yabo nguye.
Nani bendlu ka-Aron, kholosani ngo- 10
   Yehova;
Uncedo lwabo nengweletshetshe yabo nguye.
Nina boyiki bakaYehova, kholosani 11
   ngoYehova;
Uncedo lwabo nengweletshetshe yabo nguye.
UYehova usikhumbule, wósisikelela; 12
Woyisikelela indlu kaSirayeli,
Woyisikelela indlu ka-Aron;
Wobasikelela aboyiki bakaYehova, 13
Abancinane kwanabakhulu.
UYehova wonandisa nina ngakumbi 14
   nangakumbi,
Abandise oonyana benu.
Nisikelelekile kuYehova, 15
UMenzi wamazulu nowehlabathi.
Amazulu ngamazulu kaYehova, 16
Ihlabathi ulinike oonyana babantu.

Asingabafileyo abamdumisayo uYehova, 17
Asingabo bonke abehlayo baye kwelokuzola.
Thina ke siya kumbonga uYehova, 18
Kususela koku kude kuse ephakadeni.
Haleluya!

Umbulelo ngenxa yokusindiswa ekufeni

116 Ndiyamthanda, ngokuba uYehova eliva
Ilizwi lam, ukutarhuzisa kwam.
Ngokuba endithobele indlebe yakhe, 2
Ndiya kumnqula ngemihla yam yonke.

IINDUMISO 116–118

3 Izintya zokufa zandijikela,
Iingxingongo zelabafileyo zandifumana,
Ndafunyanwa ziimbandezelo nesingqala.
4 Ndanqula ke igama likaYehova, ndathi,
Yehova, ndiya kukhunga, siza umphefumlo wam.
5 UYehova unobabalo, ulilungisa,
UThixo wethu unemfesane.
6 Ngumgcini wabazizidenge uYehova;
Ndandiswele, wandisindisa.
7 Buyela ekuphumleni kwakho, mphefumlo wam,
Ngokuba uYehova ukuphatha kakuhle;
8 Ngokuba ewuhlangule umphefumlo wam ekufeni,
Iliso lam ezinyembezini,
Unyawo lwam ekungqulekeni.
9 Ndiya kuhamba-hamba phambi koYehova
Emazweni abaphilileyo.
10 Ndiyakholwa, xa ndithethayo;
Mna ndicinezelekile kunene.
11 Ndathi mna ekuphakuzeleni kwam,
Bonke abantu ngamaxoki.
12 Ndingámbuyisela ngantoni na uYehova
Konke ukundiphatha kwakhe kakuhle?
13 Ndophakamisa indebe yosindiso,
Ndinqule igama likaYehova.
14 Ewe, ndozizalisa izibhambathiso zam kuYehova,
Phambi kwabantu bakhe bonke kalokunje.

15 Kunqabile emehlweni kaYehova
Ukufa kwakbakhe benceba.
16 Okunene, Yehova, ndingumkhonzi wakho,
Ndingumkhonzi wakho, unyana womkhonzazana wakho;
Uzicombulule iimbophelelo zam.
17 Ndiya kubingelela kuwe umbingelelo wombulelo,
Ndinqule igama likaYehova.
18 Ewe, ndiya kuzizalisa izibhambathiso zam kuYehova,
Phambi kwabantu bakhe bonke,
19 Ezintendelezweni zendlu kaYehova,
Esazulwini sakho, Yerusalem.
Haleluya!

Mdumiseni uYehova

117 Mdumiseni uYehova, nonke zintlanga,
Mncomeni, nonke zizwe.
Ngokuba inamandla kuthi inceba yakhe, 2
Inyaniso kaYehova ingunaphakade.
Haleluya!

Inceba kaYehova ingunaphakade

118 Bulelani kuYehova, ngokuba elungile,
Ngokuba ingunaphakade inceba yakhe.
Makathi uSirayeli, 2
Ingunaphakade inceba yakhe.
Mayithi indlu ka-Aron, 3
Ingunaphakade inceba yakhe.
Mabathi abamoyikayo uYehova, 4
Ingunaphakade inceba yakhe.

Ndabiza uYehova ndisengxingongweni; 5
Wandiphendula uYehova, wandibeka endaweni ebanzi.
UYehova ungakum, andoyiki; 6
Angándenza ntoni na umntu?
UYehova ungakum ngokundinceda; 7
Ndiya kubona mna kwabandithiyayo.
Kulungile ukuzímela ngoYehova, 8
Ngaphezu kokukholosa ngomntu.
Kulungile ukuzímela ngoYehova 9
Ngaphezu kokukholosa ngamanene.
Zingafanelana zonke iintlanga zindirha- 10
wule:
Egameni likaYehova inene ndozinqumla.
Zingafanelana zindirhawule zandirha- 11
wula:
Egameni likaYehova inene ndozinqumla.
Zingafanelana zindirhawule njengee- 12
nyosi:
Zocinywa njengomlilo weentsasa;
Egameni likaYehova inene ndozinqumla.
Undityhale ngamandla wena ukuba 13
ndiwe;
Kodwa uYehova wandinceda.
Iqhayiya lam nengoma yam nguYehova, 14
Waba lusindiso kum.
Izwi lokumemelela nelosindiso lisezi- 15
ntenteni zamalungisa, lisithi,
Isandla sokunene sikaYehova siyeyisa;

IINDUMISO 118-119

16 Isandla sokunene sikaYehova siphaka-
mile;
Isandla sokunene sikaYehova siyeyisa.
17 Andiyi kufa, ndiya kudla ubomi,
Ndibalise ngezenzo zikaYehova.
18 UYehova undithethisé kakhulu,
Ke akandinikela ekufeni.

19 Ndivuleleni amasango obulungisa;
Ndiya kungena ngawo, ndiya kubulela
kuYehova.
20 Nali isango likaYehova,
Amalungisa angena ngalo.
21 Ndiyabulela kuwe kuba undiphendule,
Waba lusindiso kum.
22 Ilitye abalilahláyo abakhi
Laba yintloko yembombo.
23 Kuvele kuYehova oku,
Kungumsebenzi obalulekileyo emehlwe-
ni ethu.

24 Le yimini ayenzileyo uYehova,
Masigcobe sivuye ngayo.
25 Yehova, camagu, khawusindise,
Yehova, camagu, khawuhlangule.
26 Makabongwe lo uzayo esegameni lika-
Yehova,
Siyanisikelela nina basendlwini kaYe-
hova.
27 UYehova nguThixo, úsikhanyisela;
Bophelelani umbingelelo womthende-
leko ngeentambo,
Kude kuye ezimpondweni zesibingelelo.
28 ÙnguThixo wam, ndiya kubulela kuwe;
ÙnguThixo wam, ndiya kukuphakamisa.
29 Bulelani kuYehova, ngokuba elungile,
Ngokuba ingunaphakade inceba yakhe.

Iingcamango ngomthetho kaThixo

119 Hayi, uyolo lwabandlela igqibe-
leleyo,
Bona bahambayo ngomyalelo kaYehova!
2 Hayi, uyolo lwababambe izingqiniso
zakhe,
Abamquqelayo ngentliziyo epheleleyo!
3 Àbasebenzi nokusebenza bugqwetha,
Bayahamba ngeendlela zakhe.
4 Úzimisile iziyalezo zakho,
Ukuba zigcinwe kunene.
5 Azaba iindlela zam bezibhekiselwe
Ukugcina imimiselo yakho!

Bendingayi kudana ke 6
Ekubhekeni kwam kwimithetho yakho
yonke.
Ndiya kubulela kuwe ngentliziyo ethe 7
tye,
Ekuzifundeni kwam izigwebo zobulu-
ngisa bakho.
Ndiya kuyigcina imimiselo yakho, 8
Musa ukundishiya kuphele.

Umfana uya kuwuqaqambisa ngantoni 9
na umendo wakhe?
Ngokuzigcina ngokwelizwi lakho.
Ndiya kuquqela kuwe ngentliziyo yam 10
yonke;
Musa ukundilahlekanisa nemithetho
yakho.
Ndiyibeké intetho yakho entliziyweni 11
yam,
Ukuze ndingoni kuwe.
Ungowokubongwa, Yehova; 12
Ndifundise imimiselo yakho.
Ndiyawabalisa ngemilebe yomlomo 13
wam
Onke amasiko omlomo wakho.
Ndinemihlali endleleni yezingqiniso za- 14
kho,
Ngathi kusebuncwaneni bonke.
Ndiya kucamngca ngeziyalezo zakho, 15
Ndibheke kumendo wakho.
Ndiyaziyolisa ngemimiselo yakho; 16
Andiyi kulilibala ilizwi lakho.

Mphathe kakuhle umkhonzi wakho, 17
ndidle ubomi,
Ndigcíne ilizwi lakho.
Vula amehlo am, ukuba ndiyibone 18
Imisebenzi ebalulekileyo yasemyalelwe-
ni wakho.
Ndingumphambukeli ehlabathini, 19
Musa ukuyisithelisa kum imithetho
yakho.
Umphefumlo wam ucumkile ngokula- 20
ngazelela
Amasiko akho ngamaxesha onke.
Úbakhalimele abakhukhumali, 21
Ábaqalekiswa abo, balahlekeneyo nemi-
thetho yakho.
Shenxisa imke kum ingcikivo nendelo, 22
Ngokuba ndizibambile izingqiniso za-
khó.

23 Nangona abathetheli behlala bathethe ngam,
Umkhonzi wakho yena ucamngca ngemimiselo yakho.
24 Izingqiniso zakho ziziyoliso zam noko,
Zingamaphakathi am.

25 Umphefumlo wam unamathéle eluthulini;
Ndíphilise ngokwelizwi lakho.
26 Ndizicacisile iindlela zam, wandiphendula;
Ndifundise imimisela yakho.
27 Ndíqondise iindlela zeziyalezo zakho,
Ndicamngce ngemisebenzi yakho ebalulekileyo.
28 Umphefumlo wam uvuza iinyembezi sisingqala,
Ndímise ngokwelizwi lakho.
29 Indlela yobuxoki yisuse kum;
Ndíbabale umyalelo wakho.
30 Ndiyinyúle indlela yokuthembeka;
Amasiko akho ndijolisé kuwo.
31 Ndinamathéle ezingqinisweni zakho;
Musa ukundidanisa, Yehova.
32 Ndigidima ngendlela yemithetho yakho,
Ngokuba uyenzé banzi intliziyo yam.

33 Ndíyalele, Yehova, indlela yemimiselo yakho,
Ndiyibàmbe kuphele.
34 Ndíqondise, ndibámbe umyalelo wakho,
Ndiwugcine ngentliziyo yonke.
35 Ndínyathelise endleleni yemithetho yakho,
Ngokuba ndiyithandile.
36 Intliziyo yam yithobele ezingqinisweni zakho,
Ungayithobeli ekubaweni.
37 Dlulisa amehlo am angakhangeli inkohlakalo,
Ndíphilise ngeendlela zakho.
38 Zalisa kumkhonzi wakho intetho yakho,
Eyokuba bakoyike.
39 Yidlulise ingcikivo yam endinxunguphala yiyo,
Ngokuba amasiko akho alungile.
40 Nanku ndilangazelela iziyalezo zakho,
Ndíphilise ngobulungisa bakho.

Mazize kum iinceba zakho, Yehova, 41
Nosindiso lwakho ngokwentetho yakho;
Ndimphèndule ngelizwi ondingciki- 42 vayo,
Ngokuba ndikholose ngelizwi lakho.
Musa ukuda ulihluthe emlonyeni wam 43
ilizwi lenyaniso,
Ngokuba ndilindele izigwebo zakho;
Ndowugcina umyalelo wakho ngamaxe- 44 sha onke,
Ngonaphakade kanaphakade;
Ndihamba-hàmbe endaweni ebanzi, 45
Ngokuba ndifuna iziyalezo zakho.
Ndothetha ngezingqiniso zakho phambi 46 kokumkani,
Ndingabi nakudana.
Ndoziyolisa ngemithetho yakho 47
Endiyithandayo;
Ndiziphakámise izandla zam emithe- 48 thweni yakho endiyithandayo,
Ndicamngce ngemimiselo yakho.

Khumbula ilizwi lakho kumkhonzi 49 wakho,
Ngenxa enokuba ùndithembise lona.
Yiyo le intuthuzelo yam ekucinezelekeni 50 kwam,
Yokuba intetho yakho indiphilisile.
Abakhukhumali bada bandigxeka ka- 51 khulu;
Kanti àndithi gu bucala emyalelweni wakho.
Ndawakh'umbula amasiko akho kususela 52 kwanaphakade, Yehova,
Ndathuthuzeleka.
Ndingenwé ngumsindo oshushu, 53
Ndisenziwa ngabangendawo abalahla umyalelo wakho.
Iziingoma kum imimiselo yakho, 54
Endlwini yokuphambukela kwam.
Ndilikhumbúle ebusuku igama lakho, 55
Yehova,
Ndawugcina umyalelo wakho.
Ndinikwe oku, 56
Ukuba ndibambe iziyalezo zakho.

Isabelo sam, Yehova, ndithi, 57
Sesokuba ndigcine amazwi akho.
Ndiya kubongoza ngentliziyo yonke, 58
Ndíbabale ngokwentetho yakho.
Ndazicingela iindlela zam, 59

Ndazibuyisela iinyawo zam ezingqinisweni zakho.
60 Ndikhawulezile andazila-zila
Ukugcina imithetho yakho.
61 Izintya zabangendawo zindithandele,
Àndiwulibele umyalelo wakhe noko.
62 Ndivuka phakathi kobusuku, ndibulele kuwe,
Ngenxa yezigwebo zobulungisa bakho.
63 Ndilidlelane labo bonke abakoyikayo,
Nelabazigcinayo iziyalezo zakho.
64 Inceba yakho, Yehova, izalise ihlabathi;
Ndifundise imimiselo yakho.

65 Umenzéle okulungileyo umkhonzi wakho,
Yehova, ngokwelizwi lakho.
66 Ndifundise, ndibe nemvo nokwazi okulungileyo,
Ngokuba ndikholwa yimithetho yakho.
67 Ndingekacinezelwa, ndaye ndilahleka;
Kungoku ndiyigcinile intetho yakho.
68 Ùlungile wena, ulungisa;
Ndifundise imimiselo yakho.
69 Abakhukhumali bathungele ubuxoki ngam;
Mna ndizibamba ngentliziyo yonke iziyalezo zakho.
70 Ithe fithi kukutyeba intliziyo yabo;
Ke mna ndiziyolisa ngomyalelo wakho.
71 Kundilungele okokuba ndacinezelwayo,
Ukuze ndiyifunde imimiselo yakho.
72 Ùlungile kum umyalelo womlomo wakho,
Ngaphezu kwamawaka egolide nesilivere.

73 Izandla zakho zindenzile, zandilungisa;
Ndíqondise, ndifùnde imithetho yakho.
74 Abakoyikayo bondibona, bavuye,
Ngokuba ndilindele elizwini lakho.
75 Ndiyazi, Yehova, ukuba zinobulungisa izigwebo zakho;
Ùndicinezèle, phofu ùthembekile.
76 Ngamana inceba yakho yaba yeyokundithuthuzela,
Njengokwentetho yakho kumkhonzi wakho.
77 Mazize kum iimfesane zakho, ndiphile,
Ngokuba umyalelo wakho undiyolisa.

Mabadane abakhukhumali, ngokuba 78 béndigobele phantsi ngobuxoki,
Mna ndicamngca ngeziyalezo zakho.
Mabandibuyele abakoyikayo, 79
Nabazaziyo izingqiniso zakho.
Mayigqibelele intliziyo yam emimise- 80 lweni yakho,
Ukuze ndingadani.

Umphefumlo wam uyaphela kukulula- 81 ngazelela usindiso lwakho,
Ndilindéle elizwini lakho.
Amehlo am ayaphela kukulangazelela 82 intetho yakho,
Ndisithi, Ùya kundithuthuzela nini na?
Noko ndithe ndaba njengentsuba emsi- 83 ni;
Andiyilibali imimiselo yakho.
Zingaphi na iintsuku zomkhonzi wa- 84 kho?
Ùya kuda ubagwebe nini na abandisukelayo?
Abakhukhumali bandimbele izihogo, 85
Abangenamyalelo wakho.
Yonke imithetho yakho ithembekile: 86
Bandisukela ngobuxoki; ndíncede.
Baphantse ukundigqibela emhlabeni, 87
Ke mna andizilahli iziyalezo zakho.
Ndíphilise ngokwenceba yakho, 88
Ndizigcine izingqiniso zomlomo wakho.

Lingunaphakade, Yehova, 89
Limi emazulwini ilizwi lakho.
Ukuthembeka kwakho kukwizizuku- 90 lwana ngezizukulwana;
Ulizinzisile ihlabathi, lema.
Ezo zinto zimele izigwebo zakho nana- 91 mhla,
Ngokuba iinto zonke zingabakhonzi bakho.
Koko umyalelo wakho wandiyolisáyo, 92
Ndinge ndaphelayo ekucinezelekeni kwam.
Andiyi kuzilibala naphakade iziyalezo 93 zakho,
Ngokuba undiphilisile ngazo.
Ndingowakho mna, ndísindise, 94
Kuba ndicamanga ngeziyalezo zakho.
Abangendawo bandilindile ukuze ba- 95 nditshabalalise;
Mna ndigqalé izingqiniso zakho.

INDUMISO 119

96 Yonke inzaliseko ndiyibonile apho iphela khona;
Ke wona umthetho wakho ngumphangalala omkhulu.

97 Hayi, ukuwuthanda kwam umyalelo wakho!
Imini le yonke ndiyacamngca ngawo.

98 Indifundisa ubulumko ngaphezu kweentshaba zam imithetho yakho,
Ngokuba yeyam ngonaphakade.

99 Ndinokuqiqa ngaphezu kwabafundisi bam bonke,
Ngokuba ngezingqiniso zakho ndiyacamngca.

100 Ndinokuqonda ngaphezu kwamadoda amakhulu,
Ngokuba ndizibamba iziyalezo zakho.

101 Ndizinqandile iinyawo zam kwiindlela zonke ezimbi,
Ukuze ndiligcine ilizwi lakho.

102 Andisuki emasikweni akho,
Ngokuba ùndiyalile wena.

103 Hayi, ukuba mnandi kwentetho yakho ekhuhlangubeni lam!
Igqithe nobusi emlonyeni wam.

104 Ngeziyalezo zakho ndinokuqonda,
Ngenxa yoko ndiwuthiyile wonke umendo wobuxoki.

105 Lisisibane seenyawo zam ilizwi lakho,
Likukukhanya emendweni wam.

106 Ndikufungele, ndikumisile,
Ukuzigcina izigwebo zobulungisa bakho.

107 Ndide ndacinezeleka kakhulu;
Yehova, ndíphilise ngokwelizwi lakho.

108 Ngamana wakholeka kuwe, Yehova, umbingelelo wesisa womlomo wam;
Ndífundise amasiko akho.

109 Umphefumlo wam uhlala usesandleni sam,
Ndingàwulibali umyalelo wakho.

110 Abangendawo bandenzele umgibe,
Andiphambukanga eziyalezweni zakho.

111 Ndizidlé ilifa izingqiniso zakho ngonaphakade,
Ngokuba ziyimihlali yentliziyo yam;

112 Intliziyo yam ndiyithobele ekwenzeni imimiselo yakho
Ngonaphakade, kuphele.

Abambaxa ndiyabathiya, 113
Wona umyalelo wakho ndiyawuthanda.
Isithe lam nengweletshetshe yam 114 nguwe,
Ndilindele elizwini lakho.
Sukani kum, nina benzi beento ezimbi, 115
Ndibámbe imithetho yoThixo wam.
Ndízimase ngokwelizwi lakho, ndi- 116 phile,
Ungandidanisi ekulindeni kwam.
Ndíxhase ndisinde, 117
Ndihlale ndibheke emimiselweni yakho.
Ubacukucezile bonke abalahlekana ne- 118 mimiselo yakho,
Ngokuba inkohliso yabo ibubuxoki.
Wena ususa bonke abangendawo be- 119 hlabathi njengentlenga,
Ngoko ndiyazithanda izingqiniso zakho.
Inyama yam isuka ihambe kukunkwa- 120 ntyiswa nguwe,
Ndizoyike izigwebo zakho.

Ndenza ngesiko nangobulungisa, 121
Ungandinikeli kwabandicudisayo.
Mmele umkhonzi wakho, kulunge; 122
Mabangandicudisi abakhukhumali.
Amehlo am ayaphela kukululangaze- 123 lela usindiso lwakho,
Nentetho yobulungisa bakho.
Umkhonzi wakho menzele ngokwe- 124 nceba yakho
Undifundise imimiselo yakho.
Ndingumkhonzi wakho, ndiqondise, 125
Ndizázi izingqiniso zakho.
Lilixa lokuba uYehova enze, 126
Kuba bawaphúle umyalelo wakho.
Ngenxa yoko ndiyithanda imithetho 127 yakho
Ngaphezu kwegolide, nakwengcwengiweyo.
Ngenxa yoko ndithi, Zonke iziyalezo 128 zakho zithe tye ngezinto zonke;
Wonke umendo wobuxoki ndiwuthiyile.

Ziyimisebenzi ebalulekileyo izingqi- 129 niso zakho,
Ngenxa yoko úzibambile umphefumlo wam.

INDUMISO 119

130 Ukutyhila kwamazwi akho kuyakhanyisa,
Kuqondisa abazizidenge.
131 Ndakhamisa umlomo wam, ndakhefuza,
Ngokuba ndiyilangazelela imithetho yakho.
132 Ndíbheke, undibabale,
Ngokwesiko *lakho* kubathandi begama lakho.
133 Qinisa ukunyathela kwam ngentetho yakho,
Mabungabi nagunya kum ubutshinga, nabuphi na.
134 Ndíkhulule ekucudiseni komntu,
Ndizigcine iziyalezo zakho.
135 Khanyisa ubuso bakho kumkhonzi wakho,
Undifundise imimiselo yakho.
136 Ahla imijelo yamanzi amehlo am,
Ngenxa yokuba bengawugcini umyalelo wakho.

137 Ùlilungisa wena, Yehova,
Zithe tye izigwebo zakho.
138 Uzimisile izingqiniso zakho, zanobulungisa,
Zaba nokuthembeka kakhulu.
139 Ikhwele lam lindibhangisile,
Ngokuba abandibandezelayo bewalibele amazwi akho.
140 Ilizwi lakho linyibilikisiwe *njengegolide* kunene,
Umkhonzi wakho uyalithanda.
141 Ndimncinane, ndideliwe,
Noko andizilibali iziyalezo zakho.
142 Ubulungisa bakho bubulungisa obungunaphakade,
Umyalelo wakho uyinyaniso.
143 Imbandezelo nengcutheko indifumene,
Imithetho yakho iyandiyolisa.
144 Zinobulungisa ngonaphakade izingqiniso zakho,
Ndíqondise, ndiphile.

145 Ndikhala ngentliziyo yonke, ndíphendule;
Yehova, imimiselo yakho ndiya kuyibamba.
146 Ndikhala kuwe, ndísindise,
Ndigcine izingqiniso zakho.

Ndakúphangela ukusa, ndazibika, 147
Ndalindela emazwini akho.
Amehlo am áphengela imilindo *yase-* 148
busuku,
Ukuze ndicamngce ngentetho yakho.
Líve ilizwi lam ngokwenceba yakho, 149
Yehova, ndíphilise ngokwamasiko akho.
Bayasondela abaphuthuma amanyala, 150
Banyawuka emyalelweni wakho;
Ùsondele wena, Yehova, 151
Yonke imithetho yakho iyinyaniso.
Kudala ndisazi ngokwezingqiniso za- 152
kho,
Ukuba uzisekile ngonaphakade.

Khangela ukucinezeleka kwam, undi- 153
hlangule,
Ngokuba ndingawulibali umyalelo wakho.
Bambana nobambene nam, undikhu- 154
lule,
Ndíphilise ngokwelizwi lakho.
Lunyawukile kwabangendawo usindi- 155
so,
Ngokuba abayifuni imimiselo yakho.
Iimfesane zakho zininzi, Yehova; 156
Ndíphilise ngokwamasiko akho.
Baninzi abandisukelayo nabandiba- 157
ndezelayo;
Àndithi gu bucala ezingqinisweni zakho.
Ndababona abatshinizi, ndakruquka, 158
Abo bangàyigciniyo intetho yakho.
Bóna ukuthanda kwam iziyalezo za- 159
kho,
Yehova, ndíphilise ngokwenceba yakho.
Isimbuku selizwi lakho siyinyaniso 160
iphela,
Zingunaphakade zonke izigwebo zobulungisa bakho.

Abathetheli bandisukela ngelizé, 161
Intliziyo yam iyankwantyiswa ngamazwi akho.
Ndinemihlali ngentetho yakho, 162
Njengofumene ixhoba elininzi.
Ndikuthiyile ukuxoka, lisikizi kum; 163
Ndiyawuthanda umyalelo wakho.
Ndikudumisa kasixhenxe ngemini, 164

Ngenxa yezigwebo zobulungisa bakho.
165 Banoxolo olukhulu abawuthandayo umyalelo wakho;
Akukho sikhubekiso kubo.
166 Ndikhangela usindiso lwakho, Yehova;
Ndenza imithetho yakho.
167 Umphefumlo wam uyazigcina izingqiniso zakho,
Ndizithanda kunene.
168 Ndiyazigcina iziyalezo zakho nezingqiniso zakho,
Ngokuba zonke iindlela zam ziphambi kwakho.

169 Makusondele phambi kwakho ukuhlahlamba kwam;
Yehova, ndíqondise ngokwelizwi lakho.
170 Masifike isikhungo sam phambi kwakho;
Ndíhlangule ngokwentetho yakho.
171 Umlomo wam mawumpompoze indumiso,
Kuba undifundisile imimiselo yakho.
172 Ulwimi lwam luya kuyiphendula intetho yakho,
Ngokuba yonke imithetho yakho inobulungisa.
173 Isandla sakho masibe sesokundinceda,
Ngokuba ndizinyuléle iziyalezo zakho.
174 Ndilangazelela usindiso lwakho, Yehova;
Umyalelo wakho uyandiyolisa.
175 Mawuphile umphefumlo wam, ukudumise,
Andincede amasiko akho.
176 Ndiya ndimka njengemvu elahlekileyo;
mfune umkhonzi wakho,
Ngokuba andiyilibali imithetho yakho.

Umthandazo wokuchasa abakhohlisi

120 Ingoma yezinyuko.

1 Engxingongweni yam ndakhala kuYehova,
Wandiphendula.
2 Ndathi, Wuhlangule, Yehova, umphefumlo wam emlonyeni oxokayo,
Elulwimini olunenkohliso.
3 Makakunike ntoni na, akòngeze ntoni na,

Lulwimindini lunenkohliso?
Iintolo zegorha ezitsolo, 4
Kunye namalahle avuthayo onwele.
Athi ke mna! Kuba ndingumphambu- 5
keli kwaMesheki,
Ndihleli ngasezintenteni zakwaKedare.
Umphefumlo wam kade uhleli 6
Nabaluthiyileyo uxolo.
Mna ndingowoxolo; 7
Ke ndithi ndakuthetha, bona babe yimfazwe.

UYehova uMgcini wabantu bakhe

121 Ingoma yezinyuko.

Ndíwaphakamisele ezintabeni na ame- 1
hlo am?[1]
Luya kuvela phi na uncedo lwam?
Uncedo lwam luvela kuYehova, 2
UMenzi wezulu nehlabathi.
Akayi kukha alunikele unyawo lwakho 3
ekutyibilikeni;
Akayi kukha ozele umgcini wakho.
Uyabona, akozeli, akalali, 4
UMgcini kaSirayeli.
NguYehova umgcini wakho, 5
NguYehova umthunzi wakho ekunene kwakho.
Emini ilanga aliyi kukwenzakalisa, 6
Nenyanga ebusuku.
UYehova uya kukugcina ebubini bonke, 7
Uya kuwugcina umphefumlo wakho.
UYehova uya kukugcina ukuphuma 8
kwakho nokungena kwakho,
Kususela ngoku kude kuse ephakadeni.

Umthandazo wokucelela iYerusalem uxolo

122 Ingoma yezinyuko. KaDavide.

Ndavuya bakuthi kum, 1
Masiye endlwini kaYehova.
Iinyawo zethu zifike zema 2
Emasangweni akho, Yerusalem;
Yerusalem, wena wakhiweyo 3
Ngokomzi ohlangeneyo wamnye;
Apho zinyuka ziye khona izizwe, 4
Izizwe zikaYehova;

---

[1] *Ngokunye:* Ndìwaphakamisela ezintabeni amehlo am.

IINDUMISO 122-126

Ibubungqina ke loo nto kwaSirayeli,
Ukuba kubúlelwe kwigama likaYehova.
5 Kuba khona apho kumiswe iitrone zokugweba,
Iitrone zendlu kaDavide.

6 Celelani iYerusalem uxolo;
Mababe nokuchulumacha abakuthandayo,
7 Malube luxolo eludongeni lwakho olurhaqileyo,
Nokuchulumacha ezingxandeni zakho ezinde.
8 Ngenxa yabazalwana bam nowethu,
Makhe ndithethe uxolo ngawe.
9 Ngenxa yendlu kaYehova, uThixo wethu,
Ndiya kufuna okukulungeleyo.

Ukumlindela uThixo ngethemba

123 Ingoma yezinyuko.

1 Ulohlala emazulwini,
Ndiwaphakamisela kuwe amehlo am.
2 Uyabona, njengokuba amehlo abakhonzi
Emi kwisandla seenkosi zabo;
Njengokuba amehlo omkhonzazana
Emi kwisandla senkosikazi yakhe:
Ngokunjalo amehlo ethu akuYehova,
uThixo wethu,
Ade asibabale.
3 Síbabale, Yehova, sibabale,
Ngokuba sànele kakhulu kukudelwa.
4 Umphefumlo wethu wanele kakhulu
Kukugculela kwabangakhathalele bani,
Nokudela kwabanekratshi.

Umbongo ngenxa yokuhlangulwa

124 Ingoma yezinyuko. KaDavide.

1 Koko uYehova ebengakuthi,
Makatsho uSirayeli,
2 Koko uYehova ebengakuthi
Ekusukeleni kwabantu phezulu kuthi,
3 Bange beba basiginya sihleli,
Ekuvutheni komsindo wabo kuthi;
4 Ange esintywilisele amanzi,
Wadlula phezu komphefumlo wethu umsinga;

Ange edlule phezu komphefumlo wethu 5
Amanzi akhukumeleyo.
Úngowokubongwa uYehova, 6
Ongasinikelanga emazinyweni abo, ukuba siqwengwe.
Umphefumlo wethu usindile, njenge- 7
ntaka emgibeni wababambisi;
Umgibe uqhawukile, sasinda ke thina.
Uncedo lwethu lusegameni likaYehova, 8
UMenzi wezulu nehlabathi.

UYehova ubajikelezile abantu bakhe

125 Ingoma yezinyuko.

Abo bakholosa ngoYehova banjenge- 1
ntaba yaseZiyon:
Ayishukumi, ihleli ngonaphakade.
IYerusalem ijikelezwe ziintaba; 2
Ke uYehova ubajikelezile naye abantu bakhe,
Kususela ngoku kude kuse ephakadeni.
Ngokuba ayiyi kuhlala intonga yoku- 3
ngendawo elifeni lamalungisa,
Ukuze amalungisa angazisí ebugqwetheni izandla zawo.
Yehova, yenza okulungileyo kwabalu- 4
ngileyo,
Kwabathe tye ezintliziyweni zabo.
Ke bona abathi gu bucala ngeendlela 5
zabo ezimagoso-goso,
UYehova makabemkise, kunye nabasebenzi bobutshinga.
Malube luxolo kuSirayeli.

Ukubuya ekuthinjweni

126 Ingoma yezinyuko.

Ekubabuyiseni kukaYehova ababuyáyo 1
baseZiyon,
Saba njengabaphuphayo;
Waza wazala kukuhleka umlomo wethu, 2
Lwazala kukumemelela ulwimi lwethu.
Baza bathi phakathi kweentlanga,
UYehova ubenzele izinto ezinkulu aba.
UYehova usenzele izinto ezinkulu, 3
Saba ngabavuyayo.

Buyisa, Yehova, abathinjiweyo bakuthi, 4
Njengemilambo yamanzi yelasezantsi.

IINDUMISO 126–130

5 Abahlwayelayo beneenyembezi
Baya kuvuna benokumemelela.
6 Ohamba ahambe elila,
Ephethe intlwayelelo,
Uyabuya eze ememelela,
Ethwele izithungu zakhe.

UThixo umphumelelisi

127 Ingoma yezinyuko. KaSolomon.

1 Ukuba akayakhi uYehova indlu,
Bafumana besaphuka yiyo abakhi bayo.
Ukuba umzi akawugcini uYehova,
Ufumana ephaphama owugcinayo.

2 Nifumana nivuka kusasa,
Nihlale nisebenza kude kube sebusuku,
Nikudla ukudla kokubulaleka;
Uyipha intánda yakhe, ilele ubuthongo.

3 Uyabona, ilifa likaYehova ngoonyana,
Umvuzo sisiqhamo sesizalo.
4 Njengeentolo esandleni segorha,
Banjalo oonyana bobutsha.
5 Hayi, uyolo lomfo ozalise umphongolo wakhe ngabo!
Abayi kudana,
Xa bathetha neentshaba esangweni.

Intsikelelo yomzi ohlonela uThixo

128 Ingoma yezinyuko.

1 Hayi, uyolo lwabantu bonke abamoyikayo uYehova,
Abahamba ngeendlela zakhe!
2 Ukuxelenga kwezandla zakho inene úya kukudla,
Úya kuba noyolo wena, kulunge kuwe.
3 Umkakho woba njengomdiliya oqhamayo
Endlwini yakho ngaphakathi;
Oonyana bakho babe njengezithole zomnquma
Ngeenxa zonke esithebeni sakho.
4 Yabona, únjalo ukusikelelwa umfo
Omoyikayo uYehova.
5 Makakusikelele uYehova eZiyon.
Uyibone iYerusalem inenyhweba
Yonke imihla yobomi bakho;
6 Ubone abantwana babantwana bakho.
Malube luxolo kuSirayeli.

Umthandazo wokucela ukuba iintshaba zoyiswe

129 Ingoma yezinyuko.

Kukaninzi bendibandezela kwasebu- 1
ncinaneni bam,
Makatsho uSirayeli;
Kukaninzi bendibandezela kwasebu- 2
ncinaneni bam:
Ababanga nakundithini noko.
Abalimi balima emhlana kum, 3
Bayolula indima yabo.
UYehova ulilungisa, 4
Uzinqumle izintya zabangendawo.

Mabadane babuye umva 5
Bonke abayithiyayo iZiyon.
Mababe njengengca ephuma phezu 6
kwezindlu,
Eyomayo ingekahlumi,
Engekasizalisi nesandla sakhe umvuni, 7
Engekalizalisi nesondo lengubo yakhe
umbophi wezithungu;
Bengekathi nabadlulayo, 8
Intsikelelo kaYehova mayibe kuni;
Siyanisikelela egameni likaYehova.

Ezinzulwini

130 Ingoma yezinyuko.

Ezinzulwini ndinqula wena, Yehova, 1
Nkosi, yiva ilizwi lam. 2
Iindlebe zakho mazilibazele
Ilizwi lokutarhuzisa kwam.
Ukuba uthe wabunqala ubugwenxa, 3
Yehova,
Ngubani na ongaba nokuma, Nkosi?
Ngokuba kunawe ukuxolela, 4
Ukuze woyikwe.
Ndithembéle kuYehova, uthembile u- 5
mphefumlo wam;
Ndilindé ilizwi lakhe.
Umphefumlo wam ulindele eNkosini 6
Ngaphezu kwabalinde ukusa,
Ewe, abalinde ukusa.

Lindela kuYehova, Sirayeli, 7
Ngokuba inceba ikuYehova;
Ikuye inkululeko eninzi.
Yena ke wowakhulula amaSirayeli 8
Ebugwenxeni bawo bonke.

IINDUMISO 131-134

Ukukholosa ngoThixo ngobulali

131 Ingoma yezinyuko; kaDavide.

1 Yehova, intliziyo yam ayiphakamile,
amehlo am akaqwayingile;
Andihambi ezintweni ezinkulu,
Eziyimisebenzi ebalulekileyo kum.
2 Inene, ndiwuzolisé ndawuthozamisa
umphefumlo wam;
Unjengomntwana olunyulweyo, ehleli
kunina;
Unjengomntwana olunyulweyo u-
mphefumlo wam kum.
3 Wena Sirayeli, lindela kuYehova
Kususela ngoku kude kuse ephakadeni.

Ukuzondelela indlu kaThixo

132 Ingoma yezinyuko.

1 Yehova, mkhumbulele uDavide
Ukucinezeleka kwakhe konke;
2 Yena wamfungelayo uYehova,
Wabhambathisa kwimbalasane engu-
Thixo kaYakobi,
3 Esithi, Andiyi kungena ententeni eyi-
ndlu yam,
Andiyi kunyuka ndiye esililini, ema-
ndlalweni wam;
4 Andiyi kuwanika amehlo am ubuthongo,
Neenkophe zam ukozela:
5 Ndide ndimfumanele indawo uYehova,
Ndiyifumanele umnquba imbalasane
kaYakobi.

6 Khangela, sawuva e-Efrata,
Sawufumana ezintilini zaseKiriyati-ye-
harim.*
7 Masingene emnqubeni wakhe,
Siqubude esihlalweni seenyawo zakhe.
8 Khawusuk' ume, Yehova, uze ekuphu-
mleni kwakho,
Wena netyeya yamandla akho.
9 Ababingeleli bakho mabambathe ubu-
lungisa,
Bamemelele abakho benceba.
10 Ngenxa kaDavide umkhonzi wakho,
Musa ukubutyhala ubuso bomthanjiswa
wakho.
11 UYehova wamfungela uDavide;
Inyaniso, akayi kubuya kuloo nto,
Esithi, Esiqhameni sezibilini zakho
Ndimisa oya kuba setroneni yakho.
Ukuba bathe oonyana bakho bawu- 12
gcina umnqophiso wam,
Nesingqiniso sam endibafundisayo:
Oonyana babo bothi nabo bahlale
Etroneni yakho nanini.
Ngokuba uYehova uyinyule iZiyon, 13
Uyinqwenele ukuba ibe likhaya lakhe;
Esithi, Nantsi indawo yam yokuphumla 14
kwam nanini;
Ndiya kuhlala apha, ngokuba oko ndi-
kunqwenele.
Umphako wayo ndiya kuwusikelela 15
kunene;
Amahlwempu ayo ndiya kuwahluthisa
ngesonka,
Ndibambathise ngosindiso ababingeleli 16
bayo,
Abenceba bayo bamemelele bememelela.
Apho ndiya kumhlumisela uphondo 17
uDavide,
Ndiya kumlungisela isibane umthanji-
swa wam.
Iintshaba zakhe ndiya kuzambathisa 18
udano;
Ke phezu kwakhe yena siya kutyatya-
mba isithsaba sakhe.

Ubunye bobuzalwana

133 Ingoma yezinyuko; kaDavide.

Yabonani, ukuba kúhle, ukuba mnandi, 1
Ukuthi abazalwana bahlale bemxhelo
mnye!
Kunjengeoli elungileyo entloko, 2
Isihla ezindevini,
Ezindevini zika-Aron,
Isihla iye emqukumbelweni weengubo
zakhe.
Kunjengombethe waseHermon, 3
Ohla phezu kweentaba zaseZiyon;
Ngokuba uYehova wayimisela khona
apho intsikelelo,
Ubomi, kude kuse ephakadeni.

Imibongo yasebusuku kuThixo

134 Ingoma yezinyuko.

Yabonani, mbongeni uYehova, nonke 1
bakhonzi bakaYehova,
Nimiyo endlwini kaYehova ebusuku.

2 Phakamiselani engcweleni izandla zenu,
Nimbonge uYehova.

3 Makakusikelele eZiyon uYehova,
UMenzi wezulu nehlabathi.

Ubukhulu bukaThixo nokungabi namsebenzi kwezithixo

135 Haleluya.

1 Dumisani igama likaYehova;
Dumisani, nina bakhonzi bakaYehova,
2 Nimiyo endlwini kaYehova,
Ezintendelezweni zendlu yoThixo wethu.
3 Dumisani uYehova, ngokuba elungile uYehova;
Libetheleni uhadi igama lakhe, ngokuba kumnandi.
4 Ngokuba uYehova unyule uYakobi ukuba abe ngowakhe,
Wanyula uSirayeli ukuba abe yinqobo kuye.
5 Ngokuba ndiyazi mna ukuba mkhulu uYehova,
INkosi yethu ingaphezu koothixo bonke.
6 Konke akuthandileyo uYehova uya kwenza,
Ezulwini nasemhlabeni,
Ezilwandle nasemanzini onke enzonzobila.
7 Ulonyusa amafu eziphelweni zehlabathi,
Imvula wayenzela imibane;
Ulorhola umoya koovimba bakhe.
8 Owawabulalayo amazibulo aseYiputa,
Ethabathele ebantwini wesa ezinkomeni;
9 Wathumela imiqondiso nezimanga
Phakathi kwakho, Yiputa,
KuFaro nakubakhonzi bakhe bonke;
10 Owabulala iintlanga ezinkulu,
Wabulala ookumkani abanamandla;
11 OoSihon, ukumkani wama-Amori,
No-Ogi, ukumkani waseBhashan,
Nezikumkani zonke zakwaKanan;
12 Walinikela ilizwe labo lalilifa,
Lalilifa kumaSirayeli, abantu bakhe,
13 Yehova, igama lakho lingunaphakade,
Inkumbuzo yakho, Yehova,
ikwizizukulwana ngezizukulwana.

14 Ngokuba uYehova uya kugweba phakathi kwabantu bakhe,
Azohlwaye ngenxa yabakhonzi bakhe.

15 Izithixo zeentlanga yisilivere negolide,
Umsebenzi wezandla zabantu.
16 Zinomlomo nje, azithethi;
Zinamehlo nje, aziboni;
17 Zineendlebe nje, aziva;
Akukho nento engumoya emlonyeni wazo.
18 Baya kuba njengazo abenzi bazo,
Bonke abasukuba bekholose ngazo.

19 Nina ndlu kaSirayeli, bongani uYehova;
Nani ndlu ka-Aron, bongani uYehova.
20 Nina ndlu kaLevi, bongani uYehova;
Nani boyika uYehova, bongani uYehova.
21 Ngowokubongwa uYehova eZiyon,
Ulohlala eYerusalem.
Haleluya!

Umbulelo ngenxa yenceba kaThixo

136 Bulelani kuYehova, ngokuba elungile:
Ngokuba ingunaphakade inceba yakhe. 1
Bulelani kuThixo woothixo: 2
Ngokuba ingunaphakade inceba yakhe.
Bulelani kuNkosi kankosi; 3
Ngokuba ingunaphakade inceba yakhe.
KuloMenzi wemisebenzi ebalulekileyo 4
emikhulu yedwa:
Ngokuba ingunaphakade inceba yake.
KuloMenzi wezulu ngengqondo: 5
Ngokuba ingunaphakade inceba yakhe.
KuloMtwabululi wehlabathi phezu kwamanzi: 6
Ngokuba ingunaphakade inceba yakhe.
KuloMenzi wezikhanyiso ezikhulu: 7
Ngokuba ingunaphakade inceba yakhe;
Ilanga lilawule emini: 8
Ngokuba ingunaphakade inceba yakhe;
Inyanga neenkwenkwezi zilawule ebusuku: 9
Ngokuba ingunaphakade inceba yakhe.

Kulowabulala amaYiputa kumazibulo 10
awo:
Ngokuba ingunaphakade inceba yakhe.
Wawakhupha amaSirayeli phakathi 11
kwawo:

IINDUMISO 136-138

Ngokuba ingunaphakade inceba yakhe.
12 Ngesandla esithe nkqi, nangengalo eyolukileyo:
Ngokuba ingunaphakade inceba yekhe.
13 KuloMgabuli woLwandle oluBomvu,* lwagabuka:
Ngokuba ingunaphakade inceba yakhe.
14 Wawaweza amaSirayeli esazulwini salo:
Ngokuba ingunaphakade inceba yakhe.
15 Wamvuthululela uFaro nempi yakhe eLwandle oluBomvu:
Ngokuba ingunaphakade inceba yakhe.
16 Kulohambisa abantu bakhe entlango:
Ngokuba ingunaphakade inceba yakhe.
17 Kulowaxabela ookumkani abakhulu:
Ngokuba ingunaphakade inceba yakhe.
18 Wabulala ookumkani abaziingangamsha:
Ngokuba ingunaphakade inceba yakhe;
19 USihon, ukumkani wama-Amori:
Ngokuba ingunaphakade inceba yakhe;
20 No-Ogi, ukumkani waseBhashan:
Ngokuba ingunaphakade inceba yakhe.
21 Walinikela ilizwe labo laba lilifa:
Ngokuba ingunaphakade inceba yakhe,
22 Laba lilifa kuSirayeli umkhonzi wakhe:
Ngokuba ingunaphakade inceba yakhe.
23 Owasikhumbulayo ebuphantsini bethu:
Ngokuba ingunaphakade inceba yakhe.
24 Wasihlangula kwabasibandezelayo:
Ngokuba ingunaphakade inceba yakhe.
25 Ulonika into yonke ephilileyo ukudla:
Ngokuba ingunaphakade inceba yakhe.
26 Bulelani kuThixo wamazulu:
Ngokuba ingunaphakade inceba yakhe.

Ubukrakra bentlalo yokuthinjwa eBhabheli

137 NgaseMilanjeni* yaseBhabheli Sahlala phantsi khona, salila,
Sakùyikhumbula iZiyon.
2 Emingculubeni phakathi kwayo
Sazixhoma khona iihadi zethu.
3 Ngokuba khona apho abathimbi bethu basibiza
Izango zengoma;
Abathuthumbisi bethu basibiza uvuyo,
Besithi, Sivumeleni ingoma yaseZiyon.
4 Singáthini na ukuvuma ingoma kaYehova
Emhlabeni wolunye uhlanga?
5 Ukuba ndithe ndakulibala, Yerusalem,
Masinyèle isandla sam sokunene.
6 Ulwimi lwam malunamathele ekhuhlangubeni lam,
Ukuba andithanga ndikukhumbule;
Ukuba andithanga ndiyinyuse iYerusalem
Ngaphezu kwemivuyo yam yonke.

7 Bakhumbule, Yehova, oonyana bakaEdom,
Umhla weYerusalem,
Abo bathi, Yidilizeni, yidilizeni
Kuse elusekweni lwayo.
8 Ntombi inguBhabheli, wena unyashiweyo;
Hayi, uyolo lwalowo ukubuyekezayo ukuphatha kwakho
Osiphethe ngako!
9 Hayi, uyolo lwalowo ubabambayo abahlekeze abantwana bakho
Engxondorheni!

Umbongo ngenxa yofefe lukaThixo

138 EkaDavide.

Ndiya kubulela kuwe ngentliziyo yam yonke;
Phambi koothixo ndiya kukubethela uhadi.
2 Ndiya kuqubuda ndibhekise etempileni yakho engcwele,
Ndibulele kwigama lakho, ngenxa yenceba yakho, nangenxa yenyaniso yakho;
Kuba ulikhulisile ilizwi lakho ngaphezu kwegama lakho lonke.
3 Ngomhla wokubiza kwam wandiphendula,
Wandikhaliphisa, yangamandla emphefumlweni wam.

4 Baya kubulela kuwe, Yehova, bonke ookumkani behlabathi,
Bakuweva amazwi omlomo wakho;
5 Bavume ngeendlela zikaYehova,
Ukuba lukhulu uzuko lukaYehova:
6 Ngokuba noko uYehova aphakamileyo, úyambona othobekileyo;
Ke yena oziphakamisayo úmazi nakude.

7 Ukuba ndithe ndahamba-hamba phakathi kweembandezelo, ùyandiphilisa;
Wòsolulela emsindweni weentshaba zam isandla sakho,
Sindisindise isandla sakho sokunene.
8 UYehova uya kundifezela.
Yehova, inceba yakho ingunaphakade,
Izenzo zezandla zakho musa ukuziyekela.

UThixo wazi zonke izinto;
ukuzo zonke iindawo

139 Kumongameli; ekaDavide. Umhobe.

1 Yehova, ùndigocagocile, wandazi.
2 Wena uyakwazi ukuhlala kwam nokusuka kwam;
Uyaziqonda izicamango zam nakude.
3 Ukuhamba kwam nokulala kwam, ùyakwela;
Uqhelene neendlela zam zonke.
4 Ngokuba akukho lizwi elulwimini lwam
Ongalaziyo ke, Yehova, kanye.
5 Ngasemva nangaphambili undingqingile,
Wasibeka phezu kwam isandla sakho.
6 Kubalulekile kum oko kwazi,
Kuphezulu, kundinqabele.
7 Ndingahambela phi na ukumka emoyeni wakho?
Ndingabalekela phi na ukumka ebusweni bakho?
8 Ukuba ndithe ndenyuka ndaya emazulwini, ùlapho wena;
Ukuba ndithe ndazandlalela kwelabafileyo, nanko ukho.
9 Ukuba ndithe ndaphakamisa amaphiko esifingo,
Ndaya ndahlaia ekupheleni kolwandle,
10 Besingandikhaphayo kwanalapho isandla sakho,
Sindibambe isandla sakho sokunene.
11 Ukuba ndithe, Mabundisongele ubumnyama bona bodwa,
Nokukhanya kube bubusuku ngeenxa zonke kum:
12 Kwanobumnyama obo abungebi bubumnyama kuwe;
Ubusuku bungába mhlophe njengemini,
Ubumnyama bungába njengokukhanya
Ngokuba wena wazibumba izintso zam, 13
Wandibiyela esizalweni sikama.
Ndiyabulela kuwe ngenxa enokuba 14 ndenziwe ngokoyikekayo, ngokubalulekileyo;
Zibalulekile izenzo zakho,
Umphefumlo wam úyazi kakuhle.
Ayengàgushekile kuwe amathambo am, 15
Mna ndenzelwáyo entsithelweni,
Ndalukwa ndayimfakamfele ezinzulwini zomhlaba.
Amehlo akho andibona ndiseyimbumba, 16
Zazibhalwe encwadini yakho iimini zonke ziphela;
Ziyiliwe ngenxa engaphambili,
Kungekabikho ke nanye kuzo.
Kum ke zinjani na ukunqaba izicamango zakho, Thixo! 17
Àsinganganí isimbuku sazo!
Zingáthi, ndizibalile, zibe ninzi nga- 18 phezu kwentlabathi;
Ndakuvuka ndoba ndisenawe.

Ngamana wambulala ongendawo, Thixo! 19
Nina madoda amagazi, sukani kum.
Abo bakukhankanyela amayelenqe, 20
Balibizela inkohlakalo *igama lakho* abazondi bakho.
Andinakubathiya na abakuthiyayo, Yehova, 21
Ndikruquke ngabasukela phezulu kuwe?
Ndibathiya ngentiyo ephelelisileyo, 22
Kum mna baziintshaba.

Ndígocagoce, Thixo, uyàzi intliziyo 23 yam;
Ndícikide, uzàzi iingcinga-ngcinga zam;
Ubòne ukuba kukho ndlela yobubi na 24 kum,
Undikhaphele kwindlela engunaphakade.

Umthandazo wokucela ukukhuselwa elugonyamelweni

140 Kumongameli. Umhobe kaDavide.

Ndihlangule, Yehova, esintwini esinobubi, 1
Ndílondoloze emntwini ogonyamelayo,

IINDUMISO 140-142

2 Abacinga okubi entliziyweni.
Imihla yonke baxhaya imfazwe.
3 Balola ulwimi lwabo njengenyoka;
Ubuhlungu berhamba busemlonyeni
wabo (Phakamisani.)
4 Ndigcine, Yehova, ezandleni zongendawo,
Ndilondoloze emntwini ogonyamelayo,
Abacinga ukuzikhubekisa iinyawo zam.
5 Abanekratshi bandiqhushekéle isibatha nezintya,
Baneké umnatha ecaleni kwendlela,
Bandithiyéle ngemigibe.
(Phakamisani.)

6 Ndithi kuYehova, ÙnguThixo wam;
Beka indlebe, Yehova, elizwini lesikhungo sam.
7 Yehova, Nkosi yam, nqaba endisindisayo,
Uyigqubuthèle intloko yam ngemini yeduli.
8 Musa ukumnika, Yehova, ongendawo iminqweno yakhe;
Musa ukuwuphumelelisa umnkqangiyelo wakhe,
Hleze aziphakamise. (Phakamisani.)

9 Yona intloko yabandingqingayo,
Ububi bomlomo wabo mabubagubungele.
10 Mabathotyelwe amalahle avuthayo;
Makabawise emlilweni, emimbithini, bangabi saphuma.
11 Indoda enolwimi mayingazinzi ehlabathini;
Indoda enokugonyamela, ububi mabuyizingele ngembembetshane.
12 Ndiyazi ukuba uYehova uya kulifeza
Ityala losizana, ibango lamahlwempu.
13 Inene, amalungisa aya kubulela kwigama lakho;
Baya kuhlala ebusweni bakho abathe tye.

Umthandazo wokucela ukuthembeka kuThixo

141 Umhobe kaDavide.

1 Yehova, ndiyakunqula, khawuleza uze kum;
Libekele indlebe izwi lam ekudandulukeni kwam kuwe.
2 Umthandazo wam mawuhlale uhleli phambi kwakho usisiqhumiso,
Nokuphakamisa kwam izandla kube ngumnikelo wangokuhlwa.
3 Umlomo wam wumisele umlindi, Yehova;
Misa umgcini emnyango womlomo wam.
4 Intliziyo yam musa ukuyithobela entweni embi,
Ukuba isebenze intlondi yokungendawo
Namadoda asebenza ubutshinga;
Mandingazidli izimnandi zawo.
5 Malindibethe ilungisa linenceba, lindohlwaye;
Ioli enjalo yentloko ayingeyali intloko yam:
Ngokuba usekho nomthandazo wam ebubini bawo.
6 Bakhahlelwa emacaleni engxondorha abagwebi bawo,
Beve amazwi am ukuba amnandi.
7 Njengolimayo enqika umhlaba,
Anjalo ukuthi saa amathambo ethu emlonyeni wengcwaba.
8 Ngokuba akuwe, Yehova, Nkosi yam, amehlo am;
Ndizimela ngawe; musa ukuwuphalaza umphefumlo wam.
9 Ndigcine esangweni lomgibe wabandithiyelayo,
Nasezirhintyelweni zabasebenza ubutshinga.
10 Mabeyele ezintanjeni zabo abangendawo,
Ndide ndidlule mna okukanye.

Umthandazo wokucela ukuhlangulwa entshutshisweni

142 Eyokuqiqa kaDavide; oko ebesemqolombeni. Umthandazo.

1 Ndikhala kuYehova ngezwi lam,
Ndikhunga uYehova ngezwi lam,
2 Ndiphalaza inkalazo yam phambi kwakhe,
Ndixela imbandezelo yam phambi kwakhe.

3 Ekutyhafeni komoya phakathi kwam,
Uyayazi wena ingqushu yam.
Emendweni endihamba ngawo
Bandiqhushekela isibatha.
4 Bheka ngasekunene ubone,
Akukho undibukayo;
Andinandawo ndingasabela kuyo,
Akukho uwukhathaleleyo umphefumlo wam.
5 Ndikhala kuwe, Yehova,
Ndithi, Nguwe ihlathi lam,
Isabelo sam ezweni labahleliyo.
6 Kúbazele indlebe ukuhlahlamba kwam,
Ngokuba ndiswele kakhulu:
Ndihlangule kwabandisukelayo,
Ngokuba bomelele kunam.
7 Wukhuphe entolongweni umphefumlo wam,
Ndibulèle kwigama lakho.
Amalungisa aya kuzithi jize ngesithsaba ngenxa yam,
Ngokuba ùndiphethe kakuhle.

Umthandazo wokucela ukuhlangulwa
143 Umhobe kaDavide.

1 Yehova, yiva umthandazo wam, kubekele indlebe ukutarhuzisa kwam;
Ndiphendule ngokunyaniseka kwakho, ngobulungisa bakho.
2 Musa ukumsa ematyaleni umkhonzi wakho:
Ngokuba phambi kwakho akukho namnye uhleliyo olilungisa.

3 Ngokuba utshaba luwusukele umphefumlo wam,
Lubutyumzèle emhlabeni ubomi bam;
Lundihlalise ezindaweni ezimnyama, njengabafe ngonaphakade.
4 Utyhafile phakathi kwam umoya wam;
Imangalisiwe phakathi kwam intliziyo yam.
5 Ndikhumbula imihla yamandulo;
Ndicamngca ngemisebenzi yakho yonke,
Ndicamngca ngesenzo sezandla zakho.
6 Ndizolulela kuwe izandla zam,
Umphefumlo wam ukungxamele njengelizwe elibharhileyo. (Phakamisani.)

Khawuleza undiphendule, Yehova; ú- 7
yaphela umoya wam.
Musa ukubusithelisa kum ubuso bakho,
Ndifàne nabahla baye emhadini.
Ndívise kwakusasa inceba yakho, 8
Ngokuba ndikholose ngawe.
Ndazise indlela endiya kuhamba ngayo:
Ngokuba ndiwuphakamisela kuwe umphefumlo wam.
Ndihlangule ezintshabeni zam, Yehova. 9
Ndizimela ngawe.
Ndifundise ukwenza ikholo lakho, ngokuba unguThixo wam.
UMoya wakho olungileyo makandikhaphele ezweni elisithabazi.
Ngenxa yegama lakho, Yehova, ndi- 11
philise;
Wúkhuphe embandezelweni umphefumlo wam ngobulungisa bakho.
Ngenceba yakho zibhangise iintshaba 12 zam,
Ubatshabalalise bonke abawubandezelayo umphefumlo wam,
Ngokuba ndingumkhonzi wakho.

*Umthandazo wokucela ukuhlangulwa;
inkcazo yesizwe esonwabileyo*
144 EkaDavide.

Makabongwe uYehova, uliwa lam, 1
Ulofundisa izandla zam ukulwa,
Iminwe yam imfazwe.
Unceba yam, umboniselo yam, 2
Ungxonde yam, umsindisi wam, mna lo;
Ungweletshetshe yam, undizímela ngaye;
Ulonyathelela abantu bam phantsi kwam.

Yehova, úyintoni na umntu, le nto 3
umaziyo?
Unyana womfo, le nto umnyamekelayo?
Umntu lo ufana nomphunga, 4
Imihla yakhe injengethunzi elidlulayo.

Yehova, thoba amazulu akho, uhle; 5
Phatha ezintabeni, ziqhume.
Banekisa imibane, uziphangalalise; 6
Thuma iintolo zakho, uziduba-dube.
Thuma izandla zakho, zivele phezulu; 7

IINDUMISO 144–145

Ndírhole, ndíhlangule emanzini amakhulu,
Esandleni soonyana bolunye uhlanga;
8 Abamlomo uthetha inkohlakalo,
Abasandla sokunene sisesokunene sobuxoki.
9 Thixo, ndokuvumela ingoma entsha,
Ndikubethele umrhubhe ontambo zilishumi;
10 Ulonika ookumkani usindiso,
Ulohlangula uDavide umkhonzi wakhe ekreleni elinobubi.
11 Ndírhole, ndíhlangule esandleni soonyana bolunye uhlanga,
Abamlomo uthetha inkohlakalo,
Abasandla sokunene sisesokunene sobuxoki;
12 Baze oonyana bethu babe njengezityalo ezikhulileyo ebutsheni babo;
Iintomni zethu zibe njengeembombo ezivathisiweyo ngeemfakamfele ngokokwakhiwa kwebhotwe;
13 Oovimba bethu bazale, bavelise iintlobo ngeentlobo;
Iigusha zethu zizale amawaka, zande ngezigidi emaphandleni ethu;
14 Iinkomo zethu zizale,
Kungabikho kungenelwa, kungabikho kuthinjwa,
Kungabikho kuhlahlamba ezitratweni zethu.
15 Hayi, uyolo lwabantu ekunjalo kubo!
Hayi, uyolo lwabantu abaThixo unguYehova!

Ubukhulu nokulunga kukaThixo

145 Eyokudumisa kaDavide.

1 Ndiya kukuphakamisa, Thixo wam, wena Kumkani,
Ndilibonge igama lakho ngonaphakade kanaphakade.
2 Imihla yonke ndiya kukubonga,
Ndilidumise igama lakho ngonaphakade kanaphakade.
3 Mkhulu uYehova, ngowokudunyiswa kakhulu;
Ubukhulu bakhe abunakugocwagocwa.
4 Izizukulwana ngezizukulwana, kunconywa izenzo zakho,
Kuxelwe ubugorha bakho.
Bunobungangamela ubuqaqawuli beﾠ5
ndili yakho;
Ngeendawo zakho ezibalulekileyo ndiya kucamngca.
Bothetha ngamandla ezenzo zakho ezoﾠ6
yikekayo,
Ndibalise ngobukhulu bakho.
Bompompoza isikhumbuzo sokulunga 7
kwakho okukhulu,
Bamemelele ngobulungisa bakho.
Únobabalo nemfesane uYehova, 8
Uzeka kade umsindo, mkhulu ngenceba.
Ulungile uYehova kubo bonke, 9
Imfesane yakhe ikuzo zonke izenzo zakhe.
Ziyabulela kuwe, Yehova, zonke izenzo 10
zakho,
Bakubonge abákho benceba;
Uzuko lobukumkani bakho balutsho, 11
Bathethe ngobugorha bakho.
Ukuba babazise oonyana babantu ubuﾠ12
gorha bakhe,
Ubuqaqawuli obuhle bobukumkani bakhe.
Ubukumkani bakho bubukumkani baﾠ13
maphakade onke,
Nolawulo lwakho lukwizizukulwana ngezizukulwana.

UYehova ungumxhasi wabo bonke 14
abawayo,
Ngumphakamisi wabo bonke abagobileyo.
Amehlo eento zonke akhangele kuwe, 15
Wena ke uzinika ukudla kwazo ngexesha elililo;
Úyasivula isandla sakho, 16
Uzihluthise iinto zonke eziphilileyo ngeento ezikholekileyo.
Úlilungisa uYehova ngeendlela zakhe 17
zonke,
Unenceba ngezenzo zakhe zonke.
Usondele uYehova kubo bonke abaﾠ18
mnqulayo,
Kubo bonke abamnqulayo ngenyaniso.
Úyayenza into ekholekileyo kwabaﾠ19
moyikayo,
Akuve ukuzibika kwabo, abasindise.
UYehova ungumgcini wabo bonke 20
abamthandayo,
Abatshabalàlise bonke abangendawo.

IINDUMISO 145-147

21 Umlomo wam mawuthethe indumiso kaYehova,
Inyama yonke ilibonge igama lakhe elingcwele ngonaphakade kanaphakade.

UThixo uMncedi omkhulu wabantu

146 Haleluya!
Mdumise uYehova, mphefumlo wam.

2 Ndiya kumdumisa uYehova lo gama ndidla ubomi;
Ndiya kumbethela uhadi uThixo wam ekubeni ndingosekhoyo.

3 Musani ukukholosa ngamanene,
Ngonyana womntu, yena ungenalo usindiso.

4 Uyaphuma umoya wakhe, abuyele yena emhlabeni wakhe;
Ngaloo mini ayatshitsha amabhongo akhe.

5 Hayi, uyolo lwalowo uluncedo lunguThixo kaYakobi,
Lwalowo ulinde kuYehova uThixo wakhe:

6 KuMenzi wezulu nomhlaba,
Nolwandle neento zonke ezikulo;
Kulogcina inyaniso ngonaphakade;

7 Kogweba ityala labacudiswayo;
Kopha abalambileyo ukudla;
KuYehova okhulula ababanjwa;

8 KuYehova ovula amehlo eemfama;
KuYehova ophakamisa abagobileyo;
KuYehova othanda amalungisa;

9 KuYehova ogcina abaphambukeli;
Kulophakamisa inkedama nomhlolokazi,
Ayiphethule indlela yabangendawo.

10 UYehova ungukumkani ngonaphakade,
UThixo wakho, Ziyon, kwizizukulwana ngezizukulwana.
Haleluya!

Umbongo wamandla kaThixo nobubele bakhe kuSirayeli

147 Haleluya!
Ngokuba kulungile ukuvuma ngoThixo wethu;
Ngokuba kumnandi, ifanelekile indumiso.

Umakhi weYerusalem nguYehova; 2
Abagxothwa bakwaSirayeli ubabuthela khona.
Ulophilisa abaphuke intliziyo, 3
Abophe amanxeba abo;
Ulobala inani leenkwenkwezi, 4
Ezibiza zonke ngamagama.
Inkulu iNkosi yethu, inamandla ama- 5
khulu;
Ingqondo yayo ayiphele ndawo.
Ulophakamisa abalulamileyo nguYe- 6
hova,
Uthobela abangendawo emhlabeni.

Hlabelani kuYehova eyokubulela, 7
Mbetheleni uhadi uThixo wethu.
Ulosibekelisa izulu ngamafu, 8
Ulolungisela umhlaba imvula;
Ulontshulisa utyani ezintabeni;
Ulonika inkomo ukudla, 9
Namathole ehlungulu alilayo.
Akabunanze nganto ubugorha behashe, 10
Akakholiswa zizitho zendoda;
UYehova ukholiswa ngabamoyikayo, 11
Abalindé inceba yakhe.

Mncome uYehova, Yerusalem. 12
Mdumise uThixo wakho, Ziyon:
Ngokuba eyomelezile imivalo yamasa- 13
ngo akho,
Ebasikelele abantwana bakho phakathi kwakho.
Ngulomisa uxolo emideni yakho, 14
Wakuhluthisa ngengqolowa etyebileyo.

Ulothumela intetho yakhe ehlabathini, 15
Ilizwi lakhe ligidima ngokukhawuleza;
Ulonika ikhephu njengoboya bezimvu, 16
Ugcwayela iqabaka njengothuthu,
Ephosa umkhenkce wakhe njengama- 17
qhekeza;
Ngubani na onokuma phambi kwengqele yakhe?
Uthumela ilizwi lakhe, *ezo nto* azinyi- 18
bilikise;
Uvuthuzisa umoya wakhe, aqukuqele amanzi.
Uloxelela uYakobi ilizwi lakhe, 19
USirayeli imimiselo yakhe namasiko akhe.

20 Akenjanga ngalo kolunye uhlanga,
Namasiko aluwazi.
Haleluya!

Yonke indalo mayidumise uYehova

148 Haleluya!
Dumisani uYehova emazulwini;
Mdumiseni ezindaweni eziphezulu.
2 Mdumiseni, nonke zithunywa zakhe;
Mdumiseni, nonke mikhosi yakhe;
3 Mdumiseni, wena langa, nawe nyanga;
Mdumiseni, nonke zinkwenkwezi zinokukhanya;
4 Mdumiseni, mazulu awo amazulu,
Nani, manzi angaphezu kwezulu.
5 Mazilidumise *ezo nto* igama likaYehova;
Ngokuba wawisa umthetho, zadalwa.
6 Wazimisa ngonaphakade kanaphakade,
Wazimisela ummiselo ezingayi kuwugqitha.
7 Dumisani uYehova ehlabathini,
Nina bominenga, nani nonke, manzi enzonzobila:
8 Wena mlilo, nawe sichotho; wena khephu, nawe msi;
Moya uvuthuzayo, ulenzayo ilizwi lakhe;
9 Nina zintaba, nani zinduli nonke,
Nina mithi eneziqhamo, nani misedare* nonke;
10 Nina marhamncwa, nani zinkomo nonke,
Nina zinambuzane, nani zintaka zinamaphiko;
11 Ookumkani behlabathi, nezizwe zonke,
Abathetheli nabagwebi behlabathi lonke;
12 Umlisela kwanomthinjana,
Amadoda amakhulu kunye nabafana;
13 Mabalidumise igama likaYehova,
Ngokuba liyingxonde igama lakhe yena yedwa;
Indili yakhe ingaphezu komhlaba nezulu.
14 Wabaphakamisela abantu bakhe uphondo,
Lwayindumiso kwabakhe benceba bonke,
Koonyana bakaSirayeli, abantu abasondeleyo kuye.
Haleluya!

USirareli makambonge uYehova

149 Haleluya!
Mvumeleni uYehova ingoma entsha,
Indumiso yakhe ebandleni labenceba.
USirayeli makavuye ngoMenzi wakhe; 2
Usapho lwaseZiyon malugcobe ngoKumkani walo.
Mabalidumise igama lakhe beqamba, 3
Bembethela ingqongqo nohadi.
Ngokuba uYehova uyakholiswa nga- 4
bantu bakhe,
Uyabahombisa abalulamileyo ngoloyiso.
Mabadlamke benozuko abenceba, 5
Mabamemelele besezililini zabo.
Yimibongo kaThixo emqaleni wabo, 6
Likrele elintlangothi mbini esandleni sabo;
Ukuze benze impindezelo ezintlangeni, 7
Izohlwayo ezizweni;
Bakhonkxe ookumkani bazo ngemixo- 8
kelelwane,
Nabazukileyo kuzo ngamakhamandela esinyithi;
Benze kubo isiko elibhaliweyo. 9
Luzuko olo lwabakhe benceba bonke.
Haleluya!

Mdumiseni uThixo

150 Haleluya!
Dumisani uThixo engcweleni yakhe,
Mdumiseni esibhakabhakeni samandla akhe.
Mdumiseni ngenxa yobugorha bakhe, 2
Mdumiseni ngokobuninzi bobukhulu bakhe.
Mdumiseni ngokuvuthela isigodlo, 3
Mdumiseni ngomrhubhe nohadi.
Mdumiseni ngengqongqo nengqungqo, 4
Mdumiseni ngeento ezineentambo nogwali.
Mdumiseni ngamacangci akhenkcezayo, 5
Mdumiseni ngamacangci adumayo.
Yonke into ephefumlayo mayimdumise 6
uYehova.
Haleluya!

IMIZEKELISO

Ukuxabiseka kwemizekeliso

1 Imizekeliso kaSolomon unyana ka-Davide, ukumkani wamaSirayeli,
2 Yokuba kwaziwe ubulumko noqeqesho;
Yokuba kuqondwe iintetho zengqondo;
3 Yokuba kwamkelwe uqeqesho lwengqiqo,
Ubulungisa, nesiko, nokuthe tye;
4 Yokuba izidenge zinikwe ubuqili,
Ulutsha lunikwe ukwazi nokunkqangiyela;
5 Ukuze eve osisilumko, aqokele afunde,
Oqondayo azuze amacebo obulumko;
6 Yokuba kuqondwe umzekeliso nezafobe zokuthetha,
Amazwi ezilumko nezintsonkotha zazo.

Balumkele aboni

7 Ukoyika uYehova kukuqala kokwazi;
Ubulumko noqeqesho izimathane ziludelile.
8 Nyana wam, yiva uqeqesho lukayihlo,
Ungawulahli umyalo kanyoko.
9 Kuba ezo zinto zisisangqawe esihle entlokweni yakho,
Nezambalo emqaleni wakho.
10 Nyana wam, ukuba aboni bathe bakuhenda,
Uze ungavumi ke.
11 Ukuba bathe, Hamba nathi,
Masilalele igazi,
Masibalalele abamsulwa bengenatyala;
12 Masibaginye njengelabafileyo behleli,
Begqibelele, njengabehla baye emhadini;
13 Sofumana ubuncwane obunqabileyo,
Sozizalisa izindlu zethu ngamaxhoba;
14 Wena ke woliphosa phakathi kwethu iqashiso lakho,
Yoba nye ingxowa yethu sonke:
15 Nyana wam, musa ukuhamba ngendlela nabo;
Lunqande unyawo lwakho emendweni wabo.
16 Kuba iinyawo zabo zigidimela ububi,
Zikhawulezela ukuphalaza igazi;
17 Kuba úfumana usanekwa umnatha
Emehlweni eentaka ezi zonke;
18 Ke bona balalela elabo igazi,
Bazonda owabo umphefumlo.
19 Unjalo umendo wabo bonke abangxamele inzuzo embi;
Imka nomphefumlo womniniyo.

Ukumemeza kobulumko

20 Ubulumko bumemeza ngaphandle,
Buvakalisa izwi labo ezitratweni.
21 Bumemeza emantloko eendawo zembutho;
Ekungeneni kwamasango,
Phakathi komzi, buthetha iintetho zabo, busithi:

22 Kunini na, ziyathandini, nithanda ubuyatha,
Abagxeki befuna ukugxeka,
Izinyabi zithiya ukwazi?
23 Nithe nabuyela ekohlwayeni kwam,
Niyabona, ndowumpompozisela kuni umoya wam,
Ndonazisa amazwi am.
24 Ngokokuba ndinibizile, anavuma,
Ndolulé isandla sam, akwabakho ukhathalayo;
25 Nesuka naliyeka necebo lam lonke,
Anavuma ndakunohlwaya.
26 Nam ke ndonihleka ekusindekeni kwenu;
Ndogculela ekufikeni kokunkwantyiswa kwenu;
27 Ekufikeni kokunkwantyiswa kwenu njengesithonga,
Ekuzeni kokusindeka kwenu njengesaqhwithi,
Ekufikelweni kwenu yimbandezelo nenkcutheko.
28 Baya kwandula bandibize, ndingapheduli,
Bandifune kwakusasa, bangàndifumani;

29 Ngethuba lokuba bakuthiyile ukwazi,
Àbakunyula ukoyika uYehova;
30 Àbalivuma icebo lam,
Basigiba sonke isohlwayo sam:
31 Baya kudla ke isiqhamo sendlela yabo,
Bahluthe ngamacebo abo.
32 Kuba ukuphamba kweziyatha kuyazibulala,
Nobunqobo bezinyabi buyazitshabalalisa.
33 Ke yena ondivayo uhleli ekholosile,
Wonwabile ekunkwantyiseni kobubi.

Ubulumko buzisa usindiso nesidima

2 Nyana wam, ukuba uthe wazamkela iintetho zam,
Wayiqwebela kuwe imithetho yam,
2 Ukuze uyibazele ubulumko indlebe yakho,
Uyithobele ukuqonda intliziyo yakho;
3 Ewe, ukuba uthe wayibiza ingqondo,
Walisa ekuqondeni ilizwi lakho;
4 Ukuba uthe wabufuna njengesilivere,
Wabumba njengobutyebi obuselelweyo:
5 Uya kwandula ukukuqonda ukoyika uYehova,
Ukufumane ukumazi uThixo,
6 Ngokuba uYehova upha ubulumko;
Emlonyeni wakhe kuphuma ukwazi nokuqonda.
7 Ubaqwebela uzimaso abathe tye,
Uyingweletshetshe kwabahamba ngengqibelelo,
8 Ukuze alondoloze umendo wesiko,
Agcine nendlela yabakhe benceba.

9 Uya kwandula uqonde ubulungisa,
Nesiko, nokuthe tye, nayo yonke imikhondo yokulungileyo;
10 Kuba ubulumko buya kungena entliziyweni yakho,
Ukwâzi kwenze mnandi umphefumlo wakho.
11 Ukunkqangiyela kókugcina,
Ukuqonda kókulondoloza;
12 Ukuba kukuhlàngule endleleni embi,
Kubantu abathetha impenduka;
13 Kwabashiya umendo wokuthe tye,
Ukuze bahambe ngeendlela zobumnyama;

Kwabavuyela ukwenza ububi, 14
Bagcobe ngeempenduka zabenza ububi;
Abamendo ujibilizayo, 15
Abathi gu bucala ngemikhondo yabo;
Ukuze uhlangulwe kumkamntu, 16
Kowolunye uhlanga, ontetho yakhe igudileyo;
Lowo ushiya ikholwane lobutsha bakhe, 17
Awulibale umnqophiso woThixo wakhe.
Kuba útshona ekufeni nendlu yakhe, 18
Nemikhondo yakhe itshonela kwabangasekhoyo;
Bonke abangénayo kuye ababuyi, 19
Abafiki kumendo wobomi:
Ukuze uhambe ngendlela yabalungilyo, 20
Ugcine umendo wamalungisa.
Ngokuba abathe tye baya kulima ilizwe, 21
Basale kulo abagqibeleleyo,
Banqunyùlwe ezweni abangendawo, 22
Abanginizayo bancothulwe kulo.

Ukuthobela uThixo nomvuzo wako

3 Nyana wam, musa ukuwulibala umyalelo wam;
Intliziyo yakho mayiyibambe imithetho yam;
Kuba iya kukongeza imihla emide, 2
Neminyaka yobomi, noxolo.
Inceba nenyaniso mayingakushiyi; 3
Zinxibe kuwe emqaleni;
Zibhale elucwecweni lwentliziyo yakho,
Ubabalwe ube nengqiqo entle 4
Emehlweni kaThixo nawabantu.
Kholosa ngoYehova ngentliziyo yakho 5
yonke,
Ungayami okwakho ukuqonda.
Uze umazi yena ezindleleni zakho 6
zonke;
Wówulungelelanisa umendo wakho.
Musa ukuba sisilumko kwawakho amehlo; 7
Yoyika uYehova usuke entweni embi.
Ukuphila kobakho enkabeni yakho, 8
Nokuqina emathanjeni akho.
Mzukise uYehova ngobuncwane bakho, 9
Nangentlahlela yongeniselo lwakho lonke:
Ózala amaqonga akho bubuninzi, 10
Nemikhombe yakho yokukhongozela iphuphume iwayini entsha.

IMIZEKELISO 3–4

11 Uqeqesho lukaYehova, nyana wam,
   musa ukulucekisa,
   Ungakruquki sisohlwayo sakhe;
12 Kuba lo amthandayo uYehova uyamohlwaya,
   Njengoyise esohlwaya unyana akholwayo nguye.

Imivuzo yobulumko

13 Hayi, uyolo lomntu ofumene ubulumko,
   Lomntu ozuze ingqondo!
14 Kuba lulungile urhwebo lwabo ngaphezu korhwebo lwesilivere,
   Nongeniselo lwabo ngaphezu kwegolide embiweyo.
15 Bunqabile bona ngaphezu kwekorale,*
   Nezinto zakho zonke ezinqwenelekayo azilingani nabo.
16 Imihla emide isesandleni sabo sokunene,
   Kwesokhohlo sabo bubutyebi nozuko.
17 Iindlela zabo ziindlela ezimnandi,
   Wonke umendo wabo uluxolo.
18 Bungumthi wobomi kwababambelela kubo,
   Ùnoyolo obubambayo.

19 UYehova waliseka ihlabathi ngobulumko,
   Walizinzisa izulu ngengqondo.
20 Agqobhoka amanzi anzongonzongo ngokwazi kwakhe,
   Savuza umbethe isibhakabhaka.

21 Nyana wam, ezi nto mazingemki emehlweni akho:
   Londoloza uzimaso nomnkqangiyelo.
22 Zóba bubomi emphefumlweni,
   Nento entle emqaleni wakho.
23 Ùya kwandula uhambe ngendlela yakho úkholosile.
   Lungabetheki unyawo lwakho.
24 Ukuba uthe walala, akuyi kunkwantya;
   Wòlala, bube mnandi ubuthongo bakho.
25 Musa ukoyika lunkwantyiso luzayo ngesiquphe,
   Nasithonga sabangendawo, sakufika.
26 Kuba uYehova uya kuba yinqolonci yakho,
   Alugcine unyawo lwakho lungabanjiswa.

Iziyalo ngeziyalo

Musa ukwala nento elungileyo kolunge 27
nayo,
Kwakuba kusemandleni esandla sakho ukuyenza.
Musa ukuthi kummelwane wakho, 28
Hamba, wòbuya uze,
Ndokunika ngomso;
Kanti ùnayo.
Musa ukuyila ububi ngommelwane 29
wakho,
Ehleli nawe yena ekholosile.
Musa ukubambana nomntu kungekho 30
nto,
Engakuphathanga kakubi nje.
Musa ukuyimonela indoda egonyame- 31
layo,
Unganyuli nanye kwiindlela zayo.
Kuba othi gu bucala úlisikizi kuYehova; 32
Ke lunabathe tye ucweyo lwakhe.
Ingqalekiso kaYehova isendlwini yonge- 33
ndawo;
Ke isithili samalungisa úyasisikelela.
Ngokubhekisele kubagxeki, uyabagxe- 34
ka;
Ke abalulamileyo uyabababala.
Izilumko ziya kuludla ilifa uzuko; 35
Ke izinyabi zamkela umrhumo wokucukucezwa.

Uyise ululeka oonyana bakhe ukuba balandele ubulumko

4 Luveni, bonyana, uqeqesho lukayihlo,
Nizibaze iindlebe ukuze nikwazi ukuqonda.
Kuba ndininika imfundiso elungileyo; 2
Musani ukuwushiya umyalelo wam.
Kuba ndandingunyana kubawo, 3
Ndithambile, ndimnye phambi koma.

Wandiyala ke, wathi kum, 4
Intliziyo yakho mayiwabambe amazwi am;
Gcina imithetho yam, uphile,
Rhweba ubulumko, rhweba ingqondo; 5
Musa ukulibala, ungàthi gu bucala entethweni yomlomo wam.
Musa ukubushiya, bókugcina; 6
Buthande, bókulondoloza.

IMIZEKELISO 4-5

7 Ingqalo yobulumko ithi, Rhweba ubulumko,
Ngako konke ukurhweba kwakho urhwebe ingqondo.
8 Búnonelele, bokuphakamisa; Bokuzukisa, xa uthe wabuwola.
9 Boyinika intloko yakho isangqawe esihle, Bokúpha isithsaba sokuhomba.

10 Yiva, nyana wam, uyamkele intetho yam,
Iba mininzi kuwe iminyaka yobomi.
11 Ndikuyálele indlela yobulumko, Ndikunyathelisé emkhondweni wokuthe tye.
12 Ekuhambeni kwakho akayi kuxinana amabanga akho;
Nokuba uthe wagidima, akuyi kukhubeka.
13 Bambelela eluqeqeshweni, musa ukuluyeka;
Lulondoloze, ngokuba lububomi bakho.

14 Musa ukungena emendweni wabangendawo,
Unganyatheli endleleni yabanobubi.
15 Yiyeke; musa ukuya kugqitha kuyo; Yicezele, ugqithe.
16 Kuba àbalali, ukuba àbathanga benze ububi;
Bemkelwa bubuthongo ukuba àbathanga bakhubekise abanye.
17 Kuba badla isonka sokungendawo, Basele iwayini yogonyamelo.
18 Ke wona umendo wamalungisa unjengokukhanya komso,
Okuya kúbà mhlophe ngokuba mhlophe, kude kube semini enkulu.
19 Indlela yabangendawo injengesithokothoko;
Àbayazi into abakhubeka kuyo.

20 Nyana wam, wabazele indlebe amazwi am;
Intetho yam yithobele indlebe yakho.
21 Mayingemki emehlweni akho; Yigcine entliziyweni yakho ngaphakathi.
22 Kuba ibubomi kwabayifumanayo, Nempiliso enyameni yabo yonke.
23 Nazintweni zonke zigcinwayo, londoloza intliziyo yakho;

Kuba aphuma kuyo amathende obomi.
Kususe kuwe ukujibiliza komlomo, 24
Nokuthi gu bucala komlomo kudedise kuwe.
Amehlo akho makakhangele athi gca, 25
Neenkophe zakho zithi nzo kokuphambi kwakho.
Lungelelanisa umkhondo wonyawo lwa- 26 kho,
Zonke iindlela zakho zizimaseke.
Musa ukuthi gu bucala ngasekunene 27 nangasekhohlo;
Susa unyawo lwakho entweni embi.

Uyise uyala unyana wakhe achase ubuhenyu

5 Nyana wam, bubazele indlebe ubulumko bam,
Ingqondo yam uyithobele indlebe yakho;
Ukuze ugcine iminkqangiyelo, 2
Ulondoloze ukwazi umlomo wakho.
Ngokuba ivuza incindi yobusi imilebe 3 yomlomo womkamntu,
Libuthelezi ngaphezu kweoli ikhuhlangubo lakhe;
Ke ukuphela kwakhe kukrakra njengomhlonyane, 4
Kubukhali njengekrele elintlangothi mbini.
Iinyawo zakhe zihla ziye ekufeni, 5
Amabanga akhe abambelele kwelabafileyo.
Akangéze wahamba ngomendo wobo- 6 mi;
Imikhondo yakhe iyajikajika, engazi.

Ke ngoku, bonyana, ndiveni, 7
Ningemki entethweni yomlomo wam.
Mayibe kude kuye indlela yakho, 8
Ungasondeli emnyango wendlu yakhe;
Hleze uyinike abanye intlahla yakho, 9
Uyinike isijorha iminyaka yakho;
Hleze kuhluthe abasemzini ngamandla 10 akho,
Kungene endlwini yowolunye uhlanga ukubulaleka kwakho;
Ugcume ekupheleni kwakho, 11
Ekudlekeni kwenyama yakho nezihlunu zakho;

12 Uthi, Bendiluthiyeleni na uqeqesho,
Yasigiba isohlwayo intliziyo yam?
13 Andaliphulaphula izwi labayali bam;
Andayithobela indlebe yam kubafundisi bam!
14 Ndaphantsa ukuba sebubini bonke
Esazulwini sesikhungu nebandla.

15 Sela amanzi kwelakho iqula,
Nemiqukuqela yamanzi ephuma emthonjeni wakho.
16 Mayiphalale phandle imithombo yakho,
Ibe yimijelo yamanzi ezitratweni.
17 Mayibe yeyakho, yeyakho wedwa,
Ingabi yeyabangéngabo abakowenu kunye nawe.
18 Malisikelelwe ithende lakho,
Uvuye ngumfazi wobutsha bakho;
19 Makabe yimazi yexhama elithandekayo, neyegogo elihle;
Amabele akhe akukholise ngamaxesha onke,
Uyotywe luthando lwakhe kuphele.
20 Yini na, nyana wam, ukuba uyotywe ngumkamntu,
Uwole isifuba sowolunye uhlanga?

21 Kuba iindlela zomntu ziphambi kwamehlo kaYehova,
Áyilungelelanise imikhondo yakhe.
22 Ubugwenxa bakhe bumthi hlasi ongendawo,
Abanjwe ziimbophelelo zesono sakhe.
23 Yena ufa kukuswela uqeqesho,
Ayobe ebuninzini bokumatha kwakhe.

Isiyalo sokuchasa ubumeli

6 Nyana wam, ukuba uthe wammela ummelwane wakho,
Wabambana nomnye ngesandla:
2 Urhintyélwe ngentetho yomlomo wakho,
Uthiwé hlasi ngentetho yomlomo wakho.
3 Yenza le nto ngoku, nyana wam, uzihlangule;
Kuba uzifaké esandleni sommelwane wakho;
Yiya, ziwise phantsi, umzame ummelwane wakho.

Musa ukuwanika ubuthongo amehlo 4
akho,
Ungaziniki kozela iinkophe zakho;
Zihlangule esandleni njengebhadi, 5
Njengentaka esandleni somthiyeli.

Isiyalo sokuchasa ubuvila nobutshijolo

Yiya embovaneni, vilandini; 6
Khangela iindlela zayo, ulumke:
Yona ithi, ingenamphathi, 7
Namongameli, namlawuli,
Isuke isilungise isonka sayo ehlotyeni, 8
Ikubuthe ukudla kwayo ngexa lokuvuna.
Kunini na ulele, vilandini? 9
Úya kuvuka nini na ebuthongweni bakho?
Xa uthe, Intwana yobuthongo, intwana 10
yokozela,
Intwana yokukhwabusha izandla ukuba ndilale:
Boza ubuhlwempu bakho njengomha- 11
mbi,
Nokuswela kwakho njengendoda enengweletshetshe.

Ngumntu olitshijolo, ngumntu okhohla- 12
keleyo,
Lowo uhamba ngokujibiliza komlomo wakhe;
Útyanda ngoshiyi, uqhubukusha ngee- 13
nyawo,
Walatha ngophakathi wakhe.
Yimpenduka entliziyweni yakhe, uyila 14
ububi ixesha lonke,
Úngenisa ingxabano;
Ngenxa yoko kuya kufika ngesiquphe 15
ukusindeka kwakhe;
Úya kwaphuka ngephanyazo, angabi nakunyangwa.

Izinto ezintandathu uzithiyile uYehova, 16
Ezisixhenxe zingamasikizi emphefumlweni wakhe:
Ngamehlo aqwayingayo; lulwimi oluxo- 17
kayo;
Zizandla eziphalaza igazi elimsulwa;
Yintliziyo eyila iingcinga zobutshinga; 18
Ziinyawo ezikhawulezayo ukugidimela ebubini;
Lingqina elixokayo, elifutha amanga; 19

IMIZEKELISO 6–7

Nongenisa ingxabano phakathi kwabangabazalwana.

Isiyalo sokuchasa ubuhenyu nokukrexeza

20 Nyana wam, bamba umthetho kayihlo,
Ungasilahli isiyalo sikanyoko.
21 Sibophe entliziyweni yakho okukanye,
Usinxibe emqaleni wakho.
22 Ekuhambeni kwakho sókukhapha;
Ekulaleni kwakho sókugcina;
Ekuvukeni kwakho sóncokola nawe.

23 Ngokuba úsisibane umthetho, silukhanyiso isiyalo;
Zinyindlela yobomi izohlwayo eziqeqeshayo;
24 Ukuba ugcínwe kumfazi onobubi,
Ekugudeni kolwimi lowolunye uhlanga.
25 Musa ukubukhanuka ubunzwakazi bakhe ngentliziyo yakho,
Angàkubambisi ngeenkophe zakhe;
26 Kuba ngenxa yehenyukazi umntu uda adle kuphela intendana yesonka;
Umkamntu uzingela umphefumlo onqabileyo.
27 Umntu únokuwuthabatha na umlilo ase esifubeni sakhe,
Zingàtshi na iingubo zakhe?
28 Únokuhamba na umntu phezu kwamalahle avuthayo,
Zingatyabuki na iinyawo zakhe?
29 Únjalo ongena emfazini wommelwane wakhe;
Akukho namnye umchukumisayo, oya kuba msulwa.
30 Àlidelwa isela, xa lithe labela
Ukwanelisa umphefumlo walo, xa lithe lalamba;
31 Lifunyênwe, lihlawula kasixhenxe,
Lirhola bonke ubuncwane bendlu yalo.
32 Okrexeza umfazi ke uswele intliziyo;
Owenza loo nto ngumonakalisi womphefumlo wakhe.
33 Ufumanana nobetho nocukucezo,
Ungcikivo lwakhe alucimi.
34 Kuba ikhwele libubushushu bendoda,
Ayiyi kuyeka ngemini yempindezelo.
35 Ayiyi kulubeka ucamagusho, nokuba luluphi na;
Ayiyi kuvuma, naxa uthe wayicenga ngeento ezininzi.

7 Nyana wam, gcina intetho yam,
Uyiqwebele kuwe imithetho yam.
Gcina imithetho yam, udle ubomi; 2
Nesiyalo sam, njengokhozo lweliso lakho.
Yibophe eminweni yakho, 3
Yibhale emacwecweni entliziyo yakho.
Yithi kubulumko, Ùngudade wethu; 4
Uthi, Ingqondo sisihlobo;
Ukuze ugcinwe kumkamntu, 5
Kowolunye uhlanga, ontetho igudileyo.

Kuba ngefestile yendlu yam, 6
Ndíngasemva kwenqwanqwa, ndalunguza;
Ndabona phakathi kweziyatha, 7
Ndaqonda phakathi kwamadodana,
Umfana oswele intliziyo;
Ehambahamba esesitratweni, kufuphi 8
nekhumbi lendlu *yomkamntu,*
Enyathela ngendlela ngasendlwini yakhe;
Ngongcwalazi, ukumka komhla, 9
Naphakathi kobusuku esithokothokweni.
Nanko umfazi emkhawulela, 10
Enengubo yehenyukazi, enentliziyo enobuqhetseba.
Úyaphithizela, uyinjubaqa; 11
Azihlali endlwini yakhe iinyawo zakhe.
Uthi ephandle, abe esezitratweni, 12
Alale kufuphi neembombo zonke.

Wambamba ke, wamanga, 13
Wayingwanyalala ubuso; wathi kuye,
Imibingelelo yoxolo ibiphezu kwam, 14
Namhla ndizizalisile izibhambathiso zam.
Ngenxa yoko ndiphumé ndeza kuku- 15
khawulela,
Ndihle ndakufuna ubuso bakho; ndikufumene ke.
Umandlalo wam ndiwandlele ngemiqa- 16
melo,
Ngeengubo ezimfakamfele zoluko lwaseYiputa;
Ndisifefé isilili sam 17
Ngemore,* nehaloti,* nesinamon.*
Yize ke sizikholise ngezincokoliso kude 18
kuse,
Sizidlamkise ngothando.

IMIZEKELISO 7-8

19 Kuba indoda ayikho ekhaya,
Ihambé uhambo olude;
20 Iphethe ingxowa yemali;
Yobuya ngosuku lokuhlangana kwenyanga ukuza ekhaya.

21 Wamthi gu bucala ngobuninzi bobuciko bakhe,
Wamwexula ngokumcenga kwakhe.
22 Wamlandela ke ngesiquphe,
Njengenkomo isiya ekuxhelweni,
Njengesimathane sisiya kuqinwa ngamakhamandela,
23 Njengentaka ikhawulezela esibatheni;
Ingazi ukuba oko kuyingozi kumphefumlo wayo,
Lude utolo lusicande isibindi sakhe.

24 Ke ngoko, bonyana, ndiphulaphuleni,
Niyibazele indlebe intetho yomlomo wam.
25 Intliziyo yakho mayinganxaxheli ezindleleni zakhe,
Ungandwendweli emendweni wakhe.
26 Kuba zininzi iingxwelerha aziwisileyo;
Linani elikhulu alibuleleyo.
27 Iziindlela zelabafileyo indlu yakhe,
Zihla ziye ezingontsini zokufa.

Isimemezo nombongo wobulumko

8 Abumemezi na ubulumko?
Nengqondo ayilikhuphi na ilizwi layo?
2 Emantloko eendawo eziphezulu ngasendleleni,
Ekuhlanganeni kweendlela, buzimisile.
3 Ngasemasangweni, ekuphumeni kuso isixeko,
Ekungeneni eminyango, buyamcmelela, buthi:
4 Ndimemeza kuni, madoda;
Izwi lam ndilisingisa koonyana babantu.
5 Buqondeni ubuqili, ziyatha;
Yiqondeni intliziyo, zinyabi.
6 Yivani, kuba ndithetha izinto zobuhlalu,
Nokuvula imilebe yomlomo wam kuthe tye.
7 Ngokuba umlomo wam uxela inyaniso;
Okungendawo kulisikizi emilebeni yomlomo wam.

8 Yonke intetho yomlomo wam isebulungiseni;
Kuyo akukho kubhijeneyo nokujibilizayo.
9 Yonke iphela ithe gca konengqondo,
Ithe tye kwabafumene ukwazi.
10 Yamkelani uqeqesho lwam, ningamkeli silivere;
Yamkelani ukwazi ngaphezu kwegolide embiweyo, enyuliweyo.
11 Kuba ubulumko bulungile ngaphezu kwekorale,*
Neento zonke ezinqwenelwayo azilingani nabo.

12 Mna, bulumko, ndakhele ebuqilini;
Ndinokukufumana ukuyazi iminkqangiyelo.
13 Ukoyika uYehova kukuthiya into embi:
Ikratshi nokukratsha, nendlela embi,
Nomlomo onempenduka, ndiwuthiyile.
14 Likum icebo nozimaso;
Ndiyingqondo, bobam ubugorha.
15 Ookumkani banobukumkani ngam;
Nezidwangube zimisa ubulungisa ngam.
16 Bathethela ngam abathetheli,
Namanene, nabagwebi bonke behlabathi.
17 Abandithandayo ndiyabathanda nam;
Nabandifunayo kwakusasa bayandifumana.
18 Bunam ubutyebi nozuko,
Ubuncwane obusisimakade nobulungisa.
19 Silungile isiqhamo sam ngaphezu kwegolide embiweyo, nakwengcwengekileyo;
Lulungile ungeniselo lwam ngaphezu kwesilivere enyuliweyo.
20 Ndihamba ngomendo wobulungisa,
Phakathi kweendlela ezisesikweni;
21 Ukuze abandithandayo ndibadlise ilifa elililo,
Ndizizalise izindlu zabo zobuncwane.

22 UYehova wandivelisa ndaba yintlahlela yendlela yakhe,
Ndaba ngowamandulo emisebenzini yakhe yakudala.
23 Ndamiswa kwasephakadeni, kwasentloko,

IMIZEKELISO 8-10

Kwasemanduiweni ehlabathi.
24 Ndazalwa kungekabikho manzi anzongonzongo,
Kungekabikho mithombo inzima ngamanzi.
25 Ndazalwa kungekafakwa ntaba, Naphambi kweenduli;
26 Engekawenzi umhlaba namaphandle, Nothuli lonke lwelimiweyo.
27 Ekulilungiseni kwakhe izulu, ndandikho apho;
Ekubuzungulezeni kwakhe ngomda ubuso bamanzi anzongonzongo;
28 Ekusiqiniseni kwakhe isibhakabhaka phezulu;
Ekugalelekeni kwemithombo yamanzi anzongonzongo;
29 Ekulumiseleni kwakhe ulwandle umda walo,
Ukuba amanzi angawugqithi umthetho wakhe;
Ekuzimiseni kwakhe iziseko zehlabathi:
30 Ndaye ndinaye, ndiyingcibi yomsebenzi, Ndiziyolisa ngokwam iimini ngeemini; Ndidlala phambi kwakhe ixesha lonke,
31 Ndidlala kwelimiweyo ihlabathi lakhe; Nokuziyolisa kwam kukoonyana babantu.
32 Ke ngoko, bonyana, ndiveni;
Hayi, uyolo lwabazigcinayo iindlela zam!
33 Yivani uqeqesho, nibe nobulumko, Ningaluyeki.
34 Hayi, utolo lomntu ondivayo,
Elinde ezingcangweni zam iimini ngeemini,
Egcine emigubasini yeminyango yam!
35 Kuba ofumana mna, ufumene ubomi; Uzuzé okukholekileyo kuYehova.
36 Ophosana nam wona owakhe umphefumlo;
Bonke abandithiyayo bathanda ukufa.

Isidlo nesimemo sobulumko

9 Ubulumko buyakhile indlu yabo, Buzixholile iintsika zabo zosixhenxe;
2 Buzixhelile iinkomo zabo, buyiphithikezile iwayini yabo;
Busilungisile nesithebe sabo;
3 Buthume umthinjana wabo, buyamema Ezingqolweni zeenduli zesixeko, buthi,

Ngubani na osisiyatha? Makapha- 4 mbukele apha.
Oswele intliziyo, buthi kuye,
Yizani nidle isonka sam, 5
Nisele iwayini endiyiphithikezileyo.
Yekani ukuba ziziyatha, niphile, 6
Ninyathele endleleni yengqondo.

Othethisa umgxeki uzizekela ucukucezo; 7
Owohlwaya ongendawo uzizekela isiphako.
Musa ukumohlwaya umgxeki, hleze 8 akuthiye;
Yohlwaya isilumko, sókuthanda.
Siluleke isilumko, sólumka okunye; 9
Lazise ilungisa, lókongeza ukufunda.

Yingqalo yokulumka ukoyika uYehova; 10
Ukumazi oyiNgcwele kwaphela yingqondo.
Kuba yoba mininzi imihla yakho, 11
Wongezwe iminyaka yobomi.
Ukuba ùthe walumka, uzilumkela 12 okwakho;
Ukuba ùthe wagxeka, oko wokuthwala wedwa.

Isimemo sobudenge

Umfazi onguNonyabi uyaxokozela, 13
Unobuyatha, akazi nto;
Uhleli emnyango endlwini yakhe esi- 14 hlalweni,
Ezindaweni eziphezulu zesixeko,
Ukuba ameme abadlula ngendlela, 15
Abalungelelanisa umendo wabo, esithi,
Ngubani na osisiyatha? Makapha- 16 mbukele apha.
Koswele intliziyo, uthi yena,
Amanzi abiweyo anencasa, 17
Nesonka esityiwa ngasese simnandi kunene.
Àkazi ukuba abafileyo bakhona; 18
Basezinzulwini zelabafileyo abamenywa bakhe.

Izilumko nezidenge zithelekiswa ngemizekeliso eliqela

10 Imizekeliso kaSolomon.

Unyana olumkileyo uyamvuyisa uyise; 1
Ke unyana osisiyatha usisingqala sonina.

IMIZEKELISO 10–11

2 Ubuncwane bokungendawo abunyusi;
Ke bona ubulungisa buhlangula ekufeni.

3 UYehova akawuyeki ulambe umphefumlo welungisa;
Ke imbimbithelo yabangendawo uyayisunduza.

4 Úba lihlwempu osebenza ngesandla esidangeleyo;
Ke sona isandla sabakhutheleyo siyatyebisa.

5 Obutha ehlotyeni ngunyana onengqiqo;
Owozela ngexa lokuvuna ngunyana odanisayo.

6 Ziintsikelelo entlokweni yelungisa;
Ke wona umlomo wabangendawo ugubungela ugonyamelo.

7 Ukukhunjulwa kwelungisa kuhleli kunentsikelelo;
Igama labangendawo liba livithi.

8 Ontliziyo ilumkileyo uyayamkela imithetho;
Omlomo ufumana uthethe ukhahleleka phantsi.

9 Ohamba ngengqibelelo uhamba ngenkoloseko;
Ke yena ojibilizayo ngeendlela zakhe uyaziwa.

10 Otyanda ngoshiyi ubanga imbulaleko;
Omlomo ufumana uthethe ukhahleleka phantsi.

11 Lithende lobomi umlomo welungisa;
Ke wona umlomo wabangendawo ugubungela ugonyamelo.

12 Intiyo ixhokonxa ingxabano;
Uthando lugubungela zonke izono.

13 Ubulumko bufumaneka emlonyeni wonengqondo;
Intonga yeyomhlana woswele intliziyo.

14 Izilumko ziya kuqhusheka ukwazi,
Ke wona umlomo wesimathane yintshabalalo ekwalapha ukusondela.

15 Ubuncwane besityebi ngumzi waso oliqele;
Iintshabalalo yabasweleyo bubuhlwempu babo.

16 Umvuzo welungisa usingisa ebomini;
Ungeniselo longendawo lusingisa esonweni.

17 Umendo osa ebomini kukugcina uqeqesho;
Olahla isohlwayo uyandwendwa.

18 Oyifihlayo intiyo ungumlomo wexoki;
Ohambisa intlebendwane usisidenge.

19 Ebuninzini bamazwi akusweleki sono;
Owubambayo umlomo wakhe unengqiqo.

20 Yisilivere enyuliweyo ulwimi lwelungisa;
Intliziyo yabangendawo yintwana engeyakonto.

21 Umlomo welungisa udlisa abaninzi;
Izimathane zifa ngokuswela intliziyo.

22 Intsikelelo kaYehova, yiyo etyebisayo,
Imbulaleko àyongezi nento kuyo.

23 Ukwenza amanyala kunjengokudlala kwisidenge;
Ubulumko bunjengokudlala, kwindoda enengqondo.

24 Into anxunguphala yiyo ongendawo, yiyo emfikelayo;
Akunqwenelayo amalungisa aya kunikwa.

25 Kwakugqitha isaqhwithi, akabikho ongendawo;
Ke lona ilungisa luseko lwaphakade.

26 Njengeviniga emazinyweni, njengomsi emehlweni,
Linjalo ivila kwabalithumayo.

27 Ukoyika uYehova kongeza imihla;
Ke yona iminyaka yabangendawo iyanqanyulwa.

28 Ukulinda kwamalungisa luvuyo;
Ithemba labangendawo liyadaka.

29 Iyinqaba yabagqibeleleyo indlela kaYehova;
Yintshabalalo kubasebenzi bobutshinga.

30 Ilungisa alishukunyiswa naphakade;
Ke bona abangendawo abalihlali ilizwe.

31 Umlomo welungisa umila ubulumko;
Ulwimi lwempenduka luyanqanyulwa.

32 Imilebe yomlomo welungisa iyakwazi okwamkelekileyo;
Umlomo wabangendawo uyimpenduka.

11 Isikali* esikhohlisayo singamasikizi kuYehova;
Ilitye* elizeleyo lilikholo kuye.

IMIZEKELISO 11

2 Kwafika ukukhukhumala, kofika ukucukucezwa;
Bunabathozamileyo ubulumko.
3 Ingqibelelo yabathe tye iyabakhapha;
Ukuphenula kwamanginingini kuyawabhuqa.
4 Abunyusi ubuncwane ngemini yokuphuphuma komsindo;
Ubulungisa buyahlangula ekufeni.
5 Ubulungisa bogqibeleleyo bulungelelanisa indlela yakhe;
Ongendawo uwa kwangokungendawo kwakhe.
6 Ubulungisa babathe tye buyabahlangula;
Amanginingini athiwa hlasi kwayimbimbithelo yawo.
7 Ekufeni komntu ongendawo liyaphela ithemba *lakhe*;
Ukulinda kwabanamandla obudoda kutshabalele.
8 Ilungisa liyahlangulwa embandezelweni,
Kufike ongendawo esikhundleni salo.
9 Intshembenxa iyamonakalisa ummelwane wayo ngomlomo;
Ke ayahlangulwa amalungisa ngokwazi.

10 Isixeko siyadlamka ngokuhlala kakuhle kwamalungisa;
Ekutshoneni kwabangendawo kuyamemelelwa.
11 Ngentsikelelo yabathe tye siyaphakanyiswa isixeko;
Ngomlomo wabangendawo siyahleleleka.

12 Odela ummelwane wakhe uswele intliziyo;
Ke indoda enengqondo ihlala ithi tu.
13 Ohamba ehleba uhlakaza ucweyo;
Ke yena omoya unyanisileyo uyayigubungela into.
14 Kwakuba kungekho mbonisi, bayawa abantu;
Usindiso lusebuninzini bamaphakathi.
15 Kubi kakhulu komele omnye;
Ke yena okuthiyayo ukumela omnye ukholosile.
16 Umfazi osimilo silungileyo uzizekela uzuko;
Abanobungqwangangqwili bazizekela ubutyebi.

Uwuphethe kakuhle umphefumlo wakhe 17 umtu onenceba;
Isijorha siyihlisele ishwangusha inyama yaso.
Ongendawo usebenzela umvuzo oyi- 18 nkohliso;
Ke yena ohlwayela ubulungisa unomvuzo oyinyaniso.
Ubulungisa obububo busingisa ebomini; 19
Ophuthuma ububi usingisa ekuzibulaleni kwakhe.
Ngamasikizi kuYehova abantliziyo ziji- 20 bilizayo;
Ukholwa ngabo bandlela zigqibeleleyo.
Ukakade onobubi akabi msulwa; 21
Ke yona imbewu yamalungisa iyasinda.
Likhonkco legolide ethatheni lehagu 22
Inzwakazi eswele izimvo.
Umnqweno wamalungisa yinto elungi- 23 leyo yodwa;
Ithemba labangendawo kukuphuphuma nje komsindo.

Kukho ohlakazayo, aye esanda ngokwa- 24 nda;
Kukho nozinqandayo kokumfaneleyo, oko kube yintswelo yodwa.
Umphefumlo osikelelayo uyatyetyiswa; 25
Oseza ahluthise abanye, uyasezwa ahluthe naye.
Omangala nengqolowa, luyamqalekisa 26 uluntu;
Intsikelelo isentlokweni yothengisa ngayo.

Ozondelele okulungileyo ufuna okwa- 27 mkelekileyo;
Ongxamele ububi, buya kumfikela.
Okholosa ngobutyebi bakhe uya kuwa 28 yena;
Ke amalungisa aya kuhluma njengamagqabi.
Ogxugxisa indlu yakhe uya kudla ilifa 29 elingumoya;
Isimathane soba ngumkhonzi kontliziyo ilumkileyo.
Isiqhamo selungisa ngumthi wobomi; 30
Umbambisi wemiphefumlo sisilumko.

Yabona, ilungisa liyavuzwa ehlabathini; 31
Wobeka phi na ke ongendawo nomoni!

IMIZEKELISO 12-13

12 Úthanda uqeqesho othanda ukwazi;
Úthiya isohlwayo osisityhakala.
2 Olungileyo uyamkeleka kuYehova;
Indoda enamayelenqe uyifumana inetyala.
3 Akuzimaseki mntu, enokungendawo;
Ke yona ingcambu yamalungisa ayishukunyiswa.
4 Umfazi onesidima usisithsaba endodeni yakhe;
Owenza okuziintloni unjengempehla emathanjeni ayo.
5 Iingcinga zamalungisa zisesikweni;
Amacebo abangendawo yinkohliso.
6 Amazwi abangendawo ngawokulalela igazi;
Umlomo wabathe tye uyabahlangula.
7 Bakuba bebhukuqiwe abangendawo, ababikho;
Indlu yamalungisa iyema.
8 Indoda idunyiswa ngokwengqiqo yayo,
Entliziyo igwenxa iba ngodelekileyo.
9 Ulungile ophantsi enesicaka,
Ngaphezu kozizukisayo eswele ukudla.
10 Ilungisa liyawazalelela umphefumlo wenkomo yalo;
Iimfesane zabangendawo zibubujorha.
11 Owusebenzayo umhlaba wakhe uhlútha kukudla;
Osukelana nento engento uswele intliziyo.
12 Ongendawo ukhanuka okuzingelwa ngabanobubi;
Ingcambu yamalungisa iyanika.

13 Ekuphosiseni komlomo kukho isirhintyelo esinobubi;
Ke lona ilungisa liyaphuma embandezelweni.
14 Ngesiqhamo somlomo wayo indoda iyahlútha kokulungileyo,
Nempatho yezandla zomntu ibuyela kuye.
15 Indlela yesimathane ithe tye kwawaso amehlo;
Ophulaphula ukucetyiswa usisilumko.
16 Isimathane sikwazisa kwangaloo mini ukuqumba kwaso;

Ke yena onobuqili uyakugubungela ukucukucezwa.

Ophefumla inyaniso uxela ubulungisa; 17
Ingqina elixokayo lixela inkohliso.
Kukho ophololoza njengokuhlaba kwe- 18
krele;
Ke lona ulwimi lwezilumko luyaphilisa.
Umlomo wenyaniso uzimasekile kwa- 19
phela;
Ke lona ulwimi oluxokayo lolwephanyazo.
Inkohliso isentliziyweni yabayila ububi; 20
Ke bona abacebi boxolo bayabuyisa.
Ilungisa aliqubisani nobubi; 21
Ke bona abangendawo bazele yinkxwaleko.
Úngamasikizi kuYehova umlomo oxo- 22
kayo;
Abenza inyaniso ukholisiwe ngabo.
Umntu onobuqili uyakugubungela 23
ukwazi;
Intliziyo yesinyabi ivakalisa ukumatha.
Isandla sabakhutheleyo siyalawula; 24
Ukudangala kufakwa uviko.
Isithukuthezi esisentliziyweni yendoda 25
siyenza igobe;
Liyayivuyisa ilizwi elihle.
Ilungisa lingumkhokeli kuwalo; 26
Indlela yabangendawo iyabandwendwisa.
Odangeleyo akayibhulisi inyamakazi 27
yakhe;
Ke ubuncwane obunqabileyo bomntu kukukhuthala.
Busemendweni wobulungisa ubomi; 28
Ukuyinyathela indlela yabo kukungafi.

13 Unyana osisilumko uva uqeqesho lukayise;
Ke yena umgxeki akeva kukhalinyelwa.
Ngesiqhamo somlomo wayo indoda idla 2
okulungileyo,
Ke wona umnqweno wamanginingini kukugonyamela.
Obambe umlomo wakhe ugciné umphe- 3
fumlo wakhe;
Owuthé qheke umlomo wakhe, yintshabalalo kuye leyo.
Umphefumlo wevila uyanqwena, unga- 4
zuzi;

IMIZEKELISO 13–14

Umphefumlo wabakhutheleyo uyatyetyiswa.

5 Ilungisa liyithiyile into ebubuxoki;
Yena ongendawo uyanukisa, enze okuziintloni.

6 Ubulungisa bulondoloza ihambo egqibeleleyo;
Okungendawo kuyamphenula umoni.

7 Kukho ozenza isityebi, engenayo nento;
Kukho ozenza isisweli, enobuncwane obuninzi.

8 Ucamagusho lomphefumlo wendoda bubutyebi bayo;
Isisweli asiva kusongelwa.

9 Isikhanyiso samalungisa siyavuya;
Ke sona isibane sabangendawo siyacima.

10 Ngokukhukhumala kuvuka ukulwa kuphela;
Ubulumko bunabavuma ukucetyiswa.

11 Ubuncwane basebubhedengwini buya kuncipha;
Ke yena obutha ngezipha, uyandisa.

12 Ukulindela okubanjezelweyo kubulala intliziyo;
Úngumthi wobomi umnqweno ofezekileyo.

13 Odela ilizwi ubanjwa lilo;
Owojika umthetho uyavuzwa.

14 Umyalelo wesilumko lithende lobomi,
Ukuze kumkiwe ezirhintyelweni zokufa.

15 Ingqiqo entle ibanga ubukholwane;
Indlela yamanginingini inzima.

16 Bonke abanobuqili benza ngokwazi;
Isinyabi siya kwaneka ukumatha.

17 Umthunywa ongendawo weyela ebubini;
Isigidimi esinyanisileyo siyaphilisa.

18 Unobuhlwempu nocukucezo ophulukene noqeqesho;
Osigcinileyo isohlwayo uyazukiswa.

19 Umnqweno ofeziweyo unencasa emphefumlweni;
Kulisikizi kwisinyabi ukumka ebubini.

20 Ohamba nezilumko uba sisilumko naye;
Ke olikholwane lesidenge uya konakaliswa.

21 Aboni basukelwa bububi;
Ke wona amalungisa ayavuzwa kokulungileyo.

Olungileyo ushiya ilifa kubazukulwana 22 bakhe;
Ubutyebi bomoni buqwetyelwe ilungisa.

Umkhubelo wamahlwempu unokudla 23 okuninzi;
Kukho ophetshethwa kukungabi nabulungisa.

Oyiyekileyo intonga yakhe umthiyile 24 unyana wakhe;
Ke omthandayo umqeqesha esemncinane.

Ilungisa lidla ukuba kuhluthe umphe 25 fumlo walo;
Ke sona isisu sabangendawo siyalamba.

14 Ubulumko bomfazi buyayakha indlu yakhe;
Ukumatha kuyayichitha ngezakhe izandla.

Uhamba ngokuthe tye owoyika uYeho 2 va;
Uthi gu bucala ngeendlela zakhe omdelayo.

Lusemlonyeni wesimathane uswazi lwe 3 kratshi;
Umlomo wezilumko uyazigcina.

Apho kungekho nkomo, umkhombe 4 wesitali uba zé;
Indyebo eninzi iza ngamandla enkomo.

Ingqina elinyanisileyo aliwathethi ama 5 nga;
Ke lifutha amanga ingqina elixokayo.

Umgxeki ufuna ubulumko, angabuzuzi; 6
Ukwâzi kulula konengqondo.

Suka ebusweni bendoda esisinyabi; 7
Akuyi kuza wafumana mlomo wokwazi *kuyo.*

Ubulumko bonobuqili bukukuyiqonda 8 indlela yakhe;
Ukumatha kwezinyabi yinkohliso.

Idini letyala liyazigxeka izimathane; 9
Phakathi kwabathe tye yimvisiswano.

Intliziyo iyabazi ubukrakra bayo ngo 10 kwayo;
Omnye umntu akanakuzingenisa eluvuyweni lwayo.

Indlu yabangendawo iyatshatyalaliswa; 11
Ke intente yabathe tye iyatyatyamba.

Kukho indlela ethe tye phambi komntu, 12
Ukanti ukuphela kwayo ziindlela zokufa.

IMIZEKELISO 14–15

13 Nasekuhlekeni intliziyo inomvandedwa;
Nokuphela kwalo uvuyo sisingqala.
14 Uhlútha ziindlela zakhe ontliziyo ishenxileyo;
Umntu olungileyo uhlútha zizenzo zakhe ngokwakhe.

15 Isiyatha sikholwa ngamazwi onke;
Onobuqili uyakuqónda ukunyathela kwakhe.
16 Isilumko siyoyika, sisuke entweni embi;
Isinyabi siphuphuma umsindo, sizithembile.

17 Ozekanekayo wenza ukumatha;
Indoda yamayelenqe ithiyekile.
18 Ilifa leziyatha kukumatha;
Abanobuqili banxiba isithsaba sokwazi.
19 Abenzi bobubi basibekeka phambi kwabalungileyo;
Abangendawo bema emasangweni amalungisa.
20 Ihlwempu lithiywa nangummelwane walo;
Ke bona abathanda isityebi baninzi.
21 Omdelayo ummelwane wakhe uyona;
Obabala abaziintsizana, hayi, uyolo lwakhe!
22 Abayi kulahleka yini na abayila ububi?
Inceba nenyaniso iba nabayila okulungileyo.
23 Ekubulalekeni konke kubakho ungeniselo;
Ke ukuthetha komlomo kubanga ukuswela kodwa.
24 Busisithsaba sezilumko ubutyebi bazo;
Ukumatha kwezinyabi kukumatha.
25 Ingqina lenyaniso lihlangula imiphefumlo;
Ke elifutha amanga liyinkohliso.

26 Ekoyikeni uYehova kukho inkoloseko eliqele,
Abantwana bakhe baba nendawo yokuzímela.
27 Ukoyika uYehova lithende lobomi,
Ukuze kusukwe ezirhintyelweni zokufa.

28 Busebuninzini babantu ubungangamela bokumkani;
Kusekupheleni koluntu ukutshabalala kwesidwangube.

Ozeka kade umsindo unengqondo eni- 29 nzi;
Ke yena ozekanekayo ucaphula ukumatha.
Bubomi benyama intliziyo epholileyo; 30
Ke lona ikhwele yimpehla emathanjeni.
Ocudisa isisweli ungcikiva uMenzi 31 waso;
Olibabalayo ihlwempu uyamzukisa.
Ongendawo uyangqulwa bububi bakhe; 32
Ke ilungisa linehlathi ekufeni kwalo.
Entliziyweni yonengqondo buyaphumla 33 ubulumko;
Ke embilinini wesinyabi buyazazisa.

Ubulungisa buyaluphakamisa uhlanga; 34
Isono lihlazo lezizwe.
Inkolelo yokumkani ikumkhonzi oqi- 35 qayo;
Ukuphuphuma kwakhe umsindo kukowenza okuziintloni.

15 Impendulo ethambileyo ibuyisa ubushushu;
Ilizwi elidubulayo linyusa umsindo.
Ulwimi lwezilumko lulungisa ukwazi; 2
Umlomo wezinyabi umpompoza ukumatha.
Asezindaweni zonke amehlo kaYehova, 3
Ebonisela abanobubi nabalungileyo.
Ukuphola kolwimi ngumthi wobomi; 4
Ke ukuphenula kwalo kwaphula umoya.
Isimathane sigiba uqeqesho lukayise; 5
Osigcinileyo isohlwayo uba nobuqili.
Indlu yelungisa nguvimba omkhulu; 6
Ke ngongeniselo longendawo kukho ukuhlisa ishwangusha.
Umlomo wezilumko uhlwayela ukwazi; 7
Ke yona intliziyo yezinyabi ayindawo.

Umbingelelo wabangendawo lisikizi ku- 8 Yehova;
Umthandazo wabathe tye ngowona akholwa nguwo.
Ilisikizi kuYehova indlela yongendawo; 9
Ke ophuthuma ubulungisa uyathandwa nguye.

Uqeqesho olubi lolowushiyayo umendo; 10
Othiya isohlwayo uya kufa.

IMIZEKELISO 15-16

11 Elabafileyo nenzonzobila ziphambi koYehova;
Zibeké phi na ke iintliziyo zoonyana babantu!
12 Umgxeki akakuthandi ukohlwaywa kwakhe,
Akayi kwizilumko.
13 Intliziyo evuyileyo iyabuchwayithisa ubuso;
Ekubulalekeni kwentliziyo umoya uthi dakumba.
14 Intliziyo enengqondo ifuna ukwazi;
Umlomo wesinyabi usukelana nokumatha.
15 Yonke imihla yosizana mibi;
Intliziyo echwayithileyo inesidlo ngamaxesha onke.

16 Ilungile intwana encinane kunye nokoyika uYehova,
Ngaphezu kwendyebo eninzi kunye nokuxhalaba.
17 Ulungile umxhesho womfuno kunye nothando,
Ngaphezu kwenkomo etyetyisiweyo kunye nentiyo.

18 Indoda enobushushu ixhaya ingxabano;
Ezeka kade umsindo idambisa imbambano.
19 Indlela yevila ngathi ibiyelwe ngemitholo;
Ke umendo wabathe tye ubekelelwe.
20 Unyana olumkileyo uyamvuyisa uyise;
Umntu osisinyabi udela unina.
21 Ukumatha luvuyo koswele intliziyo;
Ke indoda enengqondo ithi tye ukuhamba.
22 Iingcinga ziyatshitsha ngokungabikho kokucweya;
Ke zona zima ngamaphakathi amaninzi.
23 Indoda inovuyo ngempendulo yomlomo wayo;
Ilizwi elithethwe ngexa elililo, azi lihle!
24 Koqiqayo umendo wobomi usinga phezulu,
Ukuze emke kwelabafileyo elingaphantsi.
25 UYehova uyayincothula indlu yabanekratshi,
Amise umlimandlela womhlolokazi.

26 Zingamasikizi kuYehova iingcinga ezimbi;
Ke ahlambulukile amazwi amnandi.
27 Uyihlisela ishwangusha indlu yakhe obawela inzuzo embi;
Ke yena othiya isicengo, uya kuphila.
28 Intliziyo yelungisa iya kucamanga ukuphendula;
Ke wona umlomo wabangendawo umpompoza ububi.
29 UYehova ukude nabangendawo;
Ke wona umthandazo wamalungisa uyawuva.
30 Ukukhanya kwamehlo kuvuyisa intliziyo;
Iindaba ezimnandi zityebisa amathambo.
31 Indlebe esivayo isohlwayo sobomi
Ihlala phakathi kwezilumko.
32 Ophulukene noqeqesho ucekisa umphefumlo wakhe;
Osivayo isohlwayo urhweba ukuqonda.
33 UkoyikauYehovaluqeqeshololobulumko;
Ngaphambi kozuko lululamo.

Imizekeliso yeentlobo ngeentlobo

16 Zezomntu izicwangciso zentliziyo;
Ke yona impendulo yolwimi ivela kuYehova.
2 Zonke iindlela zendoda ziqaqambile kwawayo amehlo;
Ke yena umlinganisi womoya nguYehova.
3 Qengqela kuYehova izenzo zakho,
Zizimasèke iingcinga zakho.
4 Zonke izinto uYehova uzenzele intsingiselo yakhe,
Kwanongendawo umenzéle imini yobubi.
5 Balisikizi kuYehova bonke abantliziyo izidlayo;
Kakade ke, ababi msulwa.
6 Ngenceba nenyaniso buyacanyagushelwa ubugwenxa;
Ngokoyika uYehova umntu uyatyeka ebubini.
7 Ekukholisweni kukaYehova ziindlela zendoda,
Uyixolelanisa neentshaba zayo nayo.

IMIZEKELISO 16–17

8 Ilungile intwana encinane enobulungisa,
Ngaphezu kolungiselo oluninzi olukunye nokungesesikweni.
9 Intliziyo yomntu icinga indlela yakhe;
NguYehova oyalela ukunyathelakwakhe.
10 Izihlabo zisemilebeni yomlomo wokumkani;
Mawungamenezi esikweni umlomo wakhe.
11 Isilinganiso nesikali* esisesikweni sesikaYehova;
Asisenzo sakhe onke amatye* asengxoweni.
12 Lisikizi kubo ookumkani ukwenza okungendawo,
Kuba itrone izinziswa bubulungisa.
13 Ukumkani uyakholiswa ngumlomo wobulungisa;
Othetha okuthe tye uyathandwa.
14 Ubushushu bokumkani buzizithunywa zokufa;
Ke indoda elumkileyo iyamcamagusha.
15 Ekukhanyeni kobuso bokumkani bubomi;
Okuthandwa nguye kunjengelifu lemvula yasekwindla.

16 Ukurhweba ubulumko kungakanani na ukulunga kwako, ngaphezu kwegolide embiweyo!
Nokurhweba ingqondo kungakanani na ukunyuleka kwako, ngaphezu kwesilivere!
17 Umendo wabathe tye kukutyeka ebubini;
Ulondoloza umphefumlo wakhe ogcina indlela yakhe.
18 Ikratshi likhokela intshabalalo;
Ukuzidla kukhokela ukukhubeka.
19 Kulungile ukuba nomoya othobekileyo phakathi kwabalulamileyo,
Ngaphezu kokwaba amaxhoba nabanekratshi.
20 Oliqiqayo ilizwi uya kufumana okulungileyo;
Okholose ngoYehova, hayi, uyolo lwakhe!

21 Ontliziyo ilumkileyo kuthiwa unengqondo;

Nobumnandi bomlomo bongeza imfundiso.
Lithende lobomi ingqiqo kumniniyo; 22
Ke lona uqeqesho lwezimathane kukumatha *kwazo*.
Intliziyo yesilumko iyawuqiqisa umlo- 23
mo waso,
Yongeze imfundiso emilebeni yomlomo waso.
Linqatha lobusi amazwi amnandi, 24
Ayincasa emphefumlweni, ayimpiliso emathanjeni.

Kukho indlela ethe tye phambi komntu, 25
Ukanti ukuphela kwayo ziindlela zokufa.
Ukulamba komxelengi kuyamxelengela, 26
Ngokuba umlomo wakhe uyamqhuba.

Umntu olitshijolo umba ububi: 27
Emlonyeni wakhe ngathi ngumlilo otshisayo.
Indoda ephendukayo ingenisa ingxa- 28
bano;
Nentlebi yahlula amakholwane.
Indoda egonyamelayo ihenda umme- 29
lwane wayo,
Imhambise ngendlela engalungileyo.
Ocima amehlo akhe, kukuba acinge 30
impenduka;
Oluma umlomo wakhe ugqibe ububi.

Isithsaba sokuhomba zizimvi, 31
Sifunyanwa endleleni yobulungisa.
Ozeka kade umsindo ulunge ngaphezu 32
kwegorha;
Okulawulayo ukufutha kwakhe ulunge ngaphezu kothimba umzi.
Umntu uphosa iqashiso esondweni 33
lengubo,
Ke ukugqitywa kwalo konke kunoYehova.

17 Iqhekeza elomileyo lesonka, kunye nokuchulumacha, lilungile
Ngaphezu kwendlu ezele yimibingelelo, enembambano.
Umkhonzi onengqiqo uya kumlawula 2
unyana owenza okuziintloni,
Ahlule ilifa phakathi kwabazalwana.
Ukhamba lolokunyibilikisa isilivere; 3
iziko lelokunyibilikisa igolide;
Umcikidi weentliziyo nguYehova.

IMIZEKELISO 17–18

4 Onobubi uwubazela indlebe umlomo onenkohliso,
Uphulaphula ubuxoki obuselulwimini olweyeliselayo.
5 Ogculela ihlwempu ungcikiva uMenzi walo;
Ovuyela inkxwaleko akabi msulwa.
6 Isithsaba samadoda amakhulu ngoonyana boonyana;
Isihombo soonyana ngooyise.
7 Ayisifanele isidenge intetho ekhukhumeleyo;
Yobeka phi na ke ukungalifaneli inene intetho ebubuxoki.
8 Sililitye elinqabileyo emehlweni omninilo isicengo,
Apho asukuba ebheka khona, wenza ngengqiqo.
9 Ugubungela isikreqo ofuna uthando;
Ophinda ayithethe into wahlula amakholwane.

10 Ukukhalinyelwa kuyangena konengqondo
Ngaphezu kwemivumbo elikhulu kosisinyabi.
11 Oneenkani ufuna ububi bodwa;
Ngoko ke uthunyelwa umthunywa osisijorha.
12 Kanye qubisana nebhere* ehluthwe amathole ayo,
Ungaqubisani nesinyabi ekumatheni kwaso.

13 Obuyekeza okubi esikhundleni sokulungileyo,
Abuyi kusuka ububi endlwini yakhe.
14 Kukuvulela amanzi ukuqala kwengxabano;
Yiyeke imbambano kungekavunganyelwana.
15 Omgwebelayo ongendawo, kwanoligwebayo ilungisa,
Bangamasikizi kuYehova bobabini.
16 Lelokwenzani na inani elisesandleni sesinyabi, lokurhweba ubulumko,
Singenantliziyo nje?
17 Umhlobo uthanda ngamaxesha onke;
Umzalwana uzalelwe imbandezelo.
18 Umntu oswele intliziyo ngobambana nomnye ngesandla,
Ngomela umelo phambi kowabo.
Uthanda ukreqo othanda ukulwa; 19
Owuphakamisayo umnyango wakhe ufuna ukuqhekeka.
Ontliziyo ijibilizayo akayi kukufumana 20 okulungileyo;
Ophenduka ngolwimi lwakhe weyela ebubini.
Ozala isinyabi uzizalela isingqala; 21
Akanaluvuyo uyise wesidenge.
Intliziyo evuyileyo iyalungisa, icha- 22 chise;
Umoya odakumbileyo uyawomisa amathambo.
Ongendawo wamkela isicengo esivela 23 esondweni lengubo,
Ukuze agqwethe indlela esesikweni.
Ubuso bonengqondo bubheke ebulu- 24 mkweni;
Ke amehlo esinyabi asekupheleni kwehlabathi.
Ububuhlungu bukayise unyana osisi- 25 nyabi;
Ububukrakra kumzalikazi wakhe.
Akulungile ukuhlawulisa nelungisa, 26
Nokubetha amanene ngenxa yokuthe tye.
Owanqandayo amazwi akhe unokwazi: 27
Omoya upholileyo yindoda enengqondo.
Kwanesimathane, ukuba sihleli sathi tu, kuthiwa sisilumko;
Singàwuvingca umlomo waso, kuthiwa sinengqondo.

18 Ozahlulayo ufuna umnqweno *wakhe*;
Into yonke ezimasayo uyayivungamela.
Isinyabi asikunanzile ukuqonda; 2
Ke sinanzé ukuzityhila kwentliziyo yaso.
Ekuzeni kongendawo kuza ukudela, 3
Ukungcikiva, nokucukuceza.
Ngamanzi anzulu amazwi omlomo 4 wendoda,
Ngumlanjana obalekayo, lithende lobulumko.
Ukukhetha ubuso bongendawo akulu- 5 ngile;
Nokugqwetha ilungisa ekuthetheni ityala.

663

IMIZEKELISO 18–19

6 Imilebe yomlomo wesinyabi ingena ekubambaneni,
Nomlomo waso ubiza amanqindi.
7 Umlomo wesinyabi uyasitshabalalisa,
Nemilebe yomlomo waso sisirhintyelo somphefumlo waso.
8 Amazwi entlebi yimithamo emnandi;
Yona ihla iye ezingontsini zombilini.
9 Nohilizayo eshishinini lakhe Ngumninawa kaSokonakalisa.
10 Yinqaba ende eliqele igama likaYehova;
Ilungisa ligidimela kulo, libe sengxondeni.
11 Ubuncwane besityebi sisixeko saso esiliqele;
Bunjengodonga oluphakamileyo emabhongweni aso.
12 Phambi kwentshabalalo iyazidla intliziyo yendoda;
Phambi kozuko lululamo.
13 Ophendula ilizwi engekeva,
Kukumatha oko kuye, nehlazo.
14 Umoya wendoda uyasinyamezela isifo sayo;
Ke umoya odakumbileyo, ngubani na ongawuthwalayo?
15 Intliziyo yonengqondo irhweba ukwazi;
Nendlebe yezilumko ifuna ukwazi.
16 Isipho somntu siyamgabulela,
Simse phambi kwabakhulu.
17 Únga úlilungisa oqalelayo etyaleni lakhe:
Uza ummelwane wakhe, amgocagoce.
18 Liphelisa ingxabano iqashiso,
Libahlule abanamandla.
19 Umzalwana ekukreqiweyo kuye ulukhuni ngaphezu kwesixeko esiliqele,
Neengxabano zinjengomvalo woxande olude.

20 Ngesiqhamo somlomo wendoda uyahlútha umbilini wayo;
Iyahlútha ngongeniselo lomlomo wayo.
21 Ukufa nokuphila kusemandleni olwimi;
Abaluthandayo baya kudla isiqhamo salo.

22 Othe wafumana umfazi, ufumene okulungileyo;
Uzuzé okulikholo kuYehova.
23 Ihlwempu lithetha ngezibongozo;

Isityebi siphendula ngokulukhuni.
Indoda enezihlobo iyachithwa; 24
Kukho sithandwa sinamathelayo kunomzalwana.

19 Lilungile ihlwempu elihamba ngengqibelelo yalo,
Ngaphezu komlomo ojibilizayo, esisinyabi yena.
Kananjalo ukuthi umphefumlo ungabi 2 nakwazi akulungile;
Onyawo zingxamileyo uyayiphosa indlela.
Ukumatha komntu kuphenula indlcla 3 yakhe;
Ijalele uYehova intliziyo yakhe.
Ukutyeba kongeza izihlobo ezininzi; 4
Ke osweleyo, nesihlobo sakhe siyahlukana naye.
Ingqina elixokayo alibi msulwa; 5
Ofutha amanga akasindi.
Baninzi abacenga amanene; 6
Yonke into isisihlobo kwindoda ephayo.
Bonke abazalwana behlwempu balithi- 7 yile;
Zibeka phi na izihlobo ukuya kude kulo!
Lisukela amazwi angento.
Orhweba ubulumko uthanda umphefu- 8 mlo wakhe;
Ogcina ingqondo uya kufumana okulungileyo.
Ingqina elixokayo alibi msulwa; 9
Ofutha amanga uyatshabalala.
Akusifanele isinyabi ukudla ubuncwane; 10
Kobeka phi na ke ukungamfaneli umkhonzi ukulawula abathetheli!
Ingqiqo yomntu imenza azeke kade 11 umsindo;
Sisihombo sakhe ukulugqitha ukreqo.
Kukugquma kwengonyama entsha uku- 12 jala kokumkani;
Sinjengombethe emfunweni isisa sakhe.

Ngumeyeliselo kuyise unyana osisinya- 13 bi;
Luqhoqhozo oluxikileyo ingxabano yomfazi.
Indlu nobutyebi lilifa looyise; 14
Ke yena umfazi onengqondo uvela kuYehova.

IMIZEKELISO 19-20

15 Ubuvila buwisela ebuthongweni obukhulu;
Umphefumlo odangeleyo uyalamba.
16 Ogciné umthetho ugcine umphefumlo wakhe;
Ozidelayo iindlela zakhe uya kufa.
17 Uboleka uYehova obabala isisweli;
Umbuyekeza ukuphathakwakhe okuhle.
18 Mqeqeshe unyana wakho, xa kusekho ithemba;
Kodwa ungangxameli kumbulala.
19 Onomsindo omkhulu umelwe kukuhlawula;
Kuba xa ùthe wamhlangula, wóba mandundu.

20 Live icebo, ulwamkele uqeqesho,
Ukuze ulumke ngexesha elizayo.
21 Zininzi iingcinga entliziyweni yomntu;
Noko ke licebo likaYehova eliya kuma.

22 Umnqweno womntu yinceba yakhe;
Ke lilungile ihlwempu ngaphezu kwendoda enamanga.
23 Ukoyika uYehova kusa ebomini;
Onako uya kuhlala ehluthi.
24 Ivila lisifaké isandla salo esityeni,
Alibi sasibuyisela emlonyeni walo.
25 Umbethile umgxeki, siba nobuqili isiyatha;
Umohlwayíle onengqondo, wóqonda azi.
26 Ombhuqayo uyise, omgxothayo unina,
Ngunyana owenza okuziintloni, ongcikivayo.
27 Yeka, nyana wam, ukuthi uve uqeqesho,
Kanti uya kusuka ulahlekane nentetho yokwazi.
28 Ingqina elilitshijolo ligxeka isiko;
Umlomo wongendawo uginya ubutshinga.
29 Izigwebo zilungiselwe abagxeki;
Imivumbo ilungiselwe umhlana wesinyabi.

20

Ingumgxeki iwayini, singumxokozeli isiselo esinxilisayc;
Bonke abayotywe yiyo àbalumkile.
2 Ngumgqumo onjengowengonyama entsha umothuso wokumkani;
Omqumbisayo wona umphefumlo wakhe.
Kuluzuko endodeni ukuhlalela kude 3 nengxabano;
Ke zona izimathane zonke ziyavungama.
Ebusika ivila alilimi; 4
Liyafuna ngexa lokuvuna, kungabikho nto.
Ngamanzi anzulu icebo entliziyweni 5 yendoda,
Kanti indoda enengqondo iyalirhola.
Uninzi lwesintu luyayihlangabeza indo- 6 da enenceba kulo;
Ke yona indoda enyanisileyo, ngubani na ongáyifumanayo?
Ohamba ngengqibelelo yakhe elilungisa, 7
Hayi, uyolo loonyana bakhe emva kwakhe!
Ukumkani, ehleli esihlalweni sokugwe- 8 ba,
Uchithachitha ububi bonke ngamehlo akhe.
Ngubani na ongáthi, Ndiyiqaqambisile 9 intliziyo yam,
Ndihlambulukile esonweni sam?
Amatye ngamatye,* iiefa ngee-efa,* 10
Ngamasikizi kuYehova ezo nto zombini.
Nenkwenkwe iyazazisisa ngeentlondi 11 zayo,
Nokuba kuqaqambile na, nokuba kuthe tye na, ukwenza kwayo.
Indlebe evayo, neliso elibonayo, 12
UYehova uzenzile ezo zinto zombini.
Musa ukuthanda ubuthongo, hleze 13 uhlwempuzeke;
Vula amehlo akho, uhluthe kukudla.
Imbi, imbi! utsho othengayo; 14
Emke, andule aqhayise.
Kukho igolide, neekorale* ezininzi; 15
Ke yona impahla enqabileyo ngumlomo onokwazi.
Thabatha ingubo yakhe omele omnye; 16
Menze isibambiso ngenxa yabasemzini.
Sinencasa endodeni isonka sobuxoki; 17
Ke emveni koko umlomo wayo uzala luhlalu.
Iingcinga zizinyaswa yingcebiswano; 18
Yilwa imfazwe unecebo elilungileyo.
Ohamba ehleba uhlakaza ucweyo; 19
Ungàdibani nepholopholo.
Otshabhisa uyise nonina, 20

IMIZEKELISO 20–21

Isibane sakhe sicima ebumnyameni phakathi.
21 Ilifa elizuzwe buphuthuphuthu ekuqaleni,
Ukuphela kwalo akunantsikelelo.
22 Musa ukuthi, Ndiya kubuphindezela ububi;
Thembela kuYehova, wókusindisa.
23 Ngamasikizi kuYehova amatye ngamatye;*
Nesikali* esikhohlisayo asilungile.
24 Kuvela kuYehova ukunyathela kwendoda;
Umntu angáthini na ukuyiqonda indlela yakhe?
25 Sisirhintyelo emntwini ukufumana athi, Ingcwele,
Aze aqale emva kwesibhambathiso, aphicothe.
26 Uchithachitha abangendawo ukumkani olumkileyo,
Aguqulele phezu kwabo umlenze wenqwelo.
27 Sisibane sikaYehova umphefumlo womntu,
Siphengulula zonke iingontsi zombilini.
28 Inceba nenyaniso ilondoloza ukumkani;
Uyixhasa itrone yakhe ngenceba.
29 Isihombo samadodana ngamandla awo;
Ubuhle bamadoda amakhulu zizimvi.
30 Imivumbo etyabulayo iguxa ububi;
Izibetho ziguxa iingontsi zombilini.

21 Yimijelo yamanzi intliziyo yokumkani esandleni sikaYehova;
Uyibhekisa apho asukuba ethande khona.
2 Zonke iindlela zendoda zithe tye kwawayo amehlo;
Umlinganisi weentliziyo nguYehova.
3 Ukwenza ubulungisa nokusesikweni
Kunyulekile kuYehova ngaphezu kombingelelo.
4 Ukuqwayinga kwamehlo, nokugungubala kwentliziyo,
Kwanokukhubela kwabangendawo, kusisono.
5 Iingcinga zabakhutheleyo zisingisa elungeniselweni lodwa;
Konke ukungxama kusingisa entsweni lweni yodwa.

Ukuzuza ubuncwane ngolwimi oluxo- 6 kayo
Ngumphúnga ophephethekayo wabafuna ukufa.
Ukubhuqa kwabangendawo kuyabaqweqwedisa;
Ngokuba àbavumi ukwenza okusesikweni.
Iligosogoso indlela yendoda enetyala; 8
Ke yena ohlambulukileyo, umsebenzi wakhe uthe tye.
Kulungile ukuhlala elungqamekweni 9 oluphezu kwendlu,
Kunokuhlala ndlwini-nye nomfazi onengxabano.
Umphefumlo wongendawo unqwenela 10 ububi;
Amehlo akhe akambabali ummelwane wakhe.
Ekuhlawulisweni komgxeki siyalumka 11 isiyatha;
Ekuqiqisweni kwaso, isilumko samkela ukwazi.
Ilungisa liyayiqiqa indlu yongendawo. 12
Libaphenulela ebubini abangendawo.
Ovingca iindlebe zakhe ekukhaleni 13 kwesisweli,
Naye uya kubiza, angàviwa.
Isipho entsithelweni sinqanda umsindo, 14
Isicengo esondweni lengubo sinqanda umsindo onamandla.
Kuluvuyo kwilungisa ukwenza okusesi- 15 kweni;
Kuqhiphula umbilini kubasebenzi bobutshinga.
Umntu ondwendwayo, emke endleleni 16 yengqiqo,
Uya kuhlala esikhungwini sabafileyo.
Othanda imigcobo uba yindoda esweleyo; 17
Othanda iwayini neoli akabi sisityebi.
Ongendawo lucamagusho ngenxa yelu- 18 ngisa;
Inginingini lisesikhundleni sabathe tye.
Kulungile ukuhlala ezweni eliyintlango, 19
Kunokuhlala nomfazi onengxabano neengqumbo.
Ubuncwane obunqwenelekayo neoli zi- 20 sekhayeni lesilumko;
Ke umntu osisinyabi uyaziginya azigqibe.

IMIZEKELISO 21–22

21 Ophuthuma ubulungisa nenceba
Wofumana ubomi nobulungisa nozuko.
22 Isilumko siyaqabela emzini wamagorha,
Siyiwise inqaba ekukholoswe ngayo.
23 Ogciné umlomo wakhe nolwimi lwakhe
Ugcina umphefumlo wakhe ezingxingongweni.
24 Umkhukhumali oligagadele, ngumgxeki
igama lakhe;
Ngowenza ngokukhukhumala okuphuphumayo.

25 Umnqweno wevila uyalibulala,
Kuba izandla zalo azivumi kusebenza.
26 Imini yonke linqwena linqwenile,
Ke lona ilungisa liyapha lingavimbi.

27 Umbingelelo wabangendawo lisikizi;
Kobeka phi na ke bakuwuzisa ngenxa
yamanyala!
28 Ingqina elinamanga liyatshabalala;
Ke yona indoda evayo ithetha kuphele.
29 Indoda engendawo iyingwanyalala ubuso;
Ngothe tye oyiqondayo indlela yakhe.
30 Akukho bulumko, akukho ngqondo,
Akukho cebo malungana noYehova.
31 Ihashe lilungiselwa imini yokulwa,
Ke usindiso lona lunoYehova.

22 Igama *elilungileyo* linokunyulwa
ngaphezu kobutyebi obuninzi;
Isimilo esilungileyo silunge ngaphezu
kwesilivere negolide.
2 Ziyaqubisana izityebi namahlwempu;
Umenzi wabo bonke nguYehova.
3 Onobuqili ubona into embi, azifihle;
Ke zona iziyatha ziya kugqitha kuyo,
zihlawuliswe.
4 Umvuzo wolulamo kukoyika uThixo,
Bubutyebi, nozuko, nobomi.
5 Ngameva nezibatha, endleleni yojibilizayo;
Ogcine umphefumlo wakhe makadede
kuzo.
6 Mfundise umntwana ngendlela efanele
umntwana;
Naxa athe wamkhulu, akasayi kumka
kuyo.
7 Isityebi siya kuwalawula amahlwempu;

Nobolekayo ngumkhonzi endodeni embolekayo.
Ohlwayela ubugqwetha, wovuna ubu- 8
tshinga,
Nentonga yokuphuphuma kwakhe umsindo yophela.
Oliso linobubele nguye osikelelekayo; 9
Kuba kwisonka sakhe upha isisweli.
Gxotha umgxeki, iphume ingxabano, 10
Kuthi bembe amaphike nokucukuceza.
Othanda ukuhlambuluka kwentliziyo, 11
Omlomo unobabalo, umhlobo wakhe
ngukumkani.
Amehlo kaYehova alondoloza ukwazi, 12
Aphenule intetho yenginingini.
Ivila lithi, Kukho ingonyama phandle, 13
Ndoncinithwa ezitratweni.
Sisihogo esinzulu umlomo wabafazi 14
abangengabo;
Obhavunyelwa nguYehova weyela khona.
Ukumatha kubotshiwe entliziyweni yo- 15
mntwana;
Intonga yokuqeqesha yokumkisa kuye.
Ocudisa isisweli, ukuba andise okwakhe, 16
Nonika isityebi, uhlelwa yintswelo kuphela.

Amaqhalo ezilumko

Thoba indlebe yakho, uve amazwi ezi- 17
lumko,
Uyibhekise intliziyo yakho ekwazini
kwam.
Ngokuba kumnandi, xa uthe wawagcina 18
embilinini;
Makeme onke ephelele emlonyeni wakho.
Ukuze ùkholose ngoYehova, 19
Ndikwazisile namhla wena lo.
Andikubhalelanga na iintetho eziyintlo- 20
ko,
Ezineengcebiso nokwazi,
Ukuze ndikwazise isilinganiselo sama- 21
zwi enyaniso,
Ukuze ubuye kwabakuthumileyo, uze
namazwi ayinyaniso?

Musa ukusihlutha isisweli ngakuba 22
sisisweli,
Ungamtyumzi olusizana esangweni;

IMIZEKELISO 22–23

23 Kuba uYehova eya kubambana nababambene nabo,
Awonakalise umphefumlo wabonákalisa bona.

24 Musa ukuqhelana nomntu onomsindo,
Ungahambi nendoda enobushushu,
25 Hleze ufunde iindlela zayo,
Urhintyelise umphefumlo wakho.

26 Musa ukuba phakathi kwababambana nomnye ngesandla,
Phakathi kwabamela into ebolekiweyo.
27 Ukuba ùthe akwaba nanto yakuhlawula,
Yini na ukuba athabathe ukhuko lwakho phantsi kwakho?

28 Musa ukuwushenxisa umlimandlela wakudala,
Abawenzáyo ooyihlo.
29 Úyayibona indoda eyinkunkqele eshishinini layo? Inokuma phambi kokumkani;
Ayinakuma phambi kwabantu abangenagama.

23 Xa uthe wahlala phantsi, ukuba udle nomlawuli,
Qonda uqonde lowo uphambi kwakho;
2 Ubeke isitshetshe emqaleni wakho,
Ukuba ùngumntu onombilini.
3 Musa ukuzinqwenela izidlo zakhe ezinencasa;
Kukudla kwenkohliso.
4 Musa ukuzidinisa ngokufuna ubutyebi;
Yeka okwakho ukuqonda.
5 Amehlo akho úya kuwasukelisa *ubutyebi* na, bungekho nje?
Kuba bona buzenzela amaphiko,
Buphaphazela njengexhalanga elisinge ezulwini.

6 Musa ukudla ukudla koliso libi,
Ungazinqweneli izidlo zakhe ezinencasa;
7 Kuba njengoko anjalo ocinga yedwa, únjalo yena;
Úthi kuwe, Yidla usele,
Ukanti intliziyo yakhe ayinawe;

Umthamo wakho owudlileyo ùya kuwuhlanza, 8
Ulahlekwe ngamazwi akho amnandi.

Musa ukuthetha ezindlebeni zesinyabi; 9
Ngokuba siya kuyidela ingqiqo yokukhuluma kwakho.
Musa ukuwushenxisa umlimandlela wakudala; 10
Ungangeni emasimini eenkedama;
Kuba umkhululi wazo womelele; 11
Wobambana nawe yena ngobambano lwazo.
Yinikele intliziyo yakho eluqeqeshweni, 12
Neendlebe zakho entethweni yokwazi.

Musa ukuluyeka uqeqesho emntwaneni; 13
Ukuba ùthe wambetha ngentonga akayi kufa.
Wombetha ngentonga, 14
Uhlangule umphefumlo wakhe kwelabafileyo.

Nyana wam, ukuba ithe yalumka intliziyo yakho. 15
Yovuya intliziyo yam, kwaeyam lo,
Zidlamke izintso zam 16
Ekuthetheni komlomo wakho okuthe tye.
Intliziyo yakho mayingabamoneli aboni; 17
Ke mayizonde ukoyika uYehova imini yonke;
Inene, kukho ikamva, 18
Nethemba lakho aliyi kunqunyulwa.

Yiva, wena nyana wam, ulumke, 19
Uyinyathelise intliziyo yakho ithi gca endleleni.
Musa ukuba phakathi kwamasela-wayini, 20
Naphakathi kwamadla-kudla;
Kuba isela-wayini nedla-kudla liyahlwempuzeka; 21
Kona ukozela kwambesa amajacu.
Mphulaphule uyihlo, lowo wakuzalayo, 22
Ungamdeli unyoko akuba mkhulu.
Thenga inyaniso, ungathengisi ngayo; 23
Nobulumko, noqeqesho, nengqondo.
Úgcoba kakhulu uyise welungisa; 24
Ozele isilumko uyavuya ngaso.

IMIZEKELISO 23-24

25 Makavuye uyihlo nonyoko,
Agcobe umfazi owakuzalayo.

26 Ndinike intliziyo yakho, nyana wam,
Amehlo akho akholiswe ziindlela zam.

27 Kuba sisihogo esinzulu ihenyukazi,
Liqula elimxinwa umfazi wolunye uhlanga.

28 Úde alale njengesihange,
Awandise amanginingini eluntwini.

Ubudenge bokunxila

29 Ungokabani na uYeha? Ungokabani na uYoo? Zinabani na iingxabano? Inabani na inkalazo? Anabani na amanxeba angenasizathu? Anabani na amehlo anozizi?

30 Anâbo balibala ewayinini,
Abangena bayiminyele iwayini ephithikeziweyo.

31 Musa ukuyikhangela iwayini, xa izenza ingqombela,
Xa ibengezelayo endebeni,
Xa ihla kamnandi;

32 Ukuphela kwayo iluma njengenyoka,
Iluma njengerhamba.

33 Amehlo akho aya kubona izinto zasemzini,
Intliziyo yakho ithethe impenduka;

34 Ube njengolele esazulwini solwandle,
Nanjengolele encotsheni yemasti;*

35 Uthi, Bándibetha, ándeva ntlungu;
Bándintlitha, àndaba nanto ndiyaziyo;
Ndiya kuvuka nini na? Ndiya kuphinda ke, ndiya kubuya ndiyifune.

Imizekeliso yeentlobo ngeentlobo

24 Musa ukubamonela abantu abanobubi;
Ungakunqweneli ukuba uhlale nabo.

2 Kuba intliziyo yabo icamanga ukubhuqa,
Nomlomo wabo uthetha ngokwaphula.

3 Indlu yona yakhiwa ngobulumko;
Izinziswe ngengqondo;

4 Ngokwazi kuzaliswa amaqonga
Bubuncwane bonke obunqabileyo nobumnandi.

5 Umfo osisilumko unamandla,
Nendoda enokwazi ibonakalisa amandla amakhulu;

Ngokuba, úkhokelwé bubulumko, wo- 6
ba nako ukuzilwa iimfazwe zakho;
Nosindiso lusebuninzini bamaphakathi.
Ubulumko bunqabile kwisimathane; 7
Asiwuvuli umlomo waso esangweni.

Ocinga ngokwenza ububi, 8
Lowo báthi ukumbiza nguMayelenqe.
Iyelenqe lesimathane sisono; 9
Ulisikizi ebantwini umgxeki.
Úthe waphelelwa ngemini yembandeze- 10
lo,
Oba ebandezelwe amandla akho.

Hlangula abasiwa ekufeni; 11
Nabajingxela baye ekubulaweni, khawubanqande.
Nokuba ùthi, Yabona besingakwazi oko: 12
Umlinganiseli weentliziyo yena akakuqondi na?
Umgcini womphefumlo akakwazi na?
Akayi kumbuyisela umntu ngokomsebenzi wakhe, yini na?

Yidla ubusi, nyana wam, kuba bulungile; 13
Nencindi imnandi ekhuhlangubeni lakho.
Bázi ke ubulumko emphefumlweni 14
wakho;
Ukuba uthe wabufumana, kobakho ikamva,
Lingànqunyulwa ithemba lakho.
Wena ungendawo, musa ukulilalela 15
ikhaya lelungisa,
Ungasibhuqi isikhundla salo;
Kuba ilungisa liwa kasixhenxe, livuke; 16
Ke abangendawo bakhubeka phantsi kwenkxwaleko.
Musa ukuvuya ekuweni kotshaba lwa- 17
kho,
Ingagcobi intliziyo yakho ekukhubekeni kwalo;
Hleze akubone uYehova, kube kubi 18
emehlweni akhe,
Awubuyise umsindo wakhe kulo.

Musa ukuvutha ngumsindo ngabenzi 19
bobubi,
Ungabamoneli abangendawo;
Kuba umenzi wobubi akayi kuba naka- 20
mva;
Isibane sabangendawo siya kucinywa.

21 Nyana wam, moyike uYehova nokumkani,
Ungazibandakanyi nabanokumbi;
22 Kuba kofika ngesiquphe ukusindeka kwabo;
Ilishwa leminyaka yabo, ngubani na olaziyo?

Amanye amaqhalo ezilumko

23 Nala mazwi ngawezilumko:

Ukukhetha ubuso ekugwebeni akulungile.
24 Othi kongendawo, Ulilungisa wena,
Ziya kumqalekisa izizwe; ziya kumbhavumela iintlanga.
25 Kuya kuba mnandi kwabamohlwayayo;
Kubo koza intsikelelo enokulungileyo.
26 Wanga imilebe yomlomo
Ophendula ngamazwi athe gca.
27 Lilungise ishishini lakho phandle,
Uzisebenzele entsimini yakho;
Emveni koko wakhe indlu yakho.
28 Musa ukuba lingqina ngommelwane wakho ngaphandle kwesizathu;
Ungasuka uthomalalise na nangomlomo wakho?
29 Musa ukuthi, Njengoko enzé ngako kum, ndiya kwenjenjalo nam kuye,
Ndiya kubuyisela indoda ngokomsebenzi wayo.

30 Ndagqitha entsimini yendoda elivila,
Nasesidiliyeni somntu oswele ingqondo,
31 Ndafika simile imithuma sonke siphela;
Ngaphezulu senile ngamarhawu,
Nodonga lwaso lwamatye ludilikile.
32 Ndakhangela, ndasigqala ngentliziyo,
Ndabona, ndamkela uqeqesho.
33 Ithi, Intwana yobuthongo, intwana yokozela,
Intwana yokukhwabusha izandla ukuba ndilale:
34 Boza ubuhlwempu bakho njengomphangi;
Nokuswela kwakho njengendoda enengweletshetshe.

Olunye uthotho lwemizekeliso

25 Nale yimizekeliso kaSolomon, awayihlanganisayo amadoda kaHezekiya, ukumkani wakwaYuda.

Luzuko lukaThixo ukuyisithelisa into; 2
Luzuko lokumkani ukuyigocagoca.
Izulu ngokuphakama, umhlaba ngo- 3
bunzulu,
Nentliziyo yokumkani asinto inokugocwagocwa.
Longule igwebu esilivereni, 4
Kuvele isitya somnyibilikisi;
Shenxisa abangendawo ebusweni boku- 5
mkani,
Yozinza itrone yakhe ngobulungisa.
Musa ukudokozelisa ilizwi phambi ko- 6
kumkani,
Ungazimisi endaweni yabakhulu.
Kuba kulungile ukuba kuthiwe kuwe, 7
Nyukela apha,
Kunokuba uthotywe phambi kwenene,
Alibonileyo amehlo akho.

Musa ukuphuma ungxamile, ukuya 8
ekubambaneni nomnye,
Hleze kuthiwe, Wothini na emveni koko?
Xa kaloku akuhlazileyo ummelwane wakho.
Ubambené nommelwane wakho, ba- 9
mbana naye;
Ke ucweyo lomnye musa ukuluhlakaza,
Hleze akuhlaze oluvayo, 10
Lungabi sabuya lusuke udaba lwakho olubi.

Ziilamuni zegolide kwizitya zesilivere 11
ezimakhazikhazi
Ilizwi elithethwe latyapha.
Ulijikazi legolide, nezidanga zegolide 12
ezicikizekileyo
Umohlwayi olumkileyo ezindlebeni ezinokuva.
Sinjengokuphozisa kwekhephu nge- 13
mini yokuvuna
Isigidimi esinyanisileyo kwabasithumileyo:
Siyawubuyisa umphefumlo wenkosi yaso.
Ungamafu anomoya, angenamvula, 14
Umntu oqhayisa ngesipho esikhohlisayo.
Umlawuli uyarhwebesheka ngokuzeka 15
kade umsindo;
Ulwimi oluthambileyo lwaphula ithambo.

IMIZEKELISO 25–26

16 Ufumene ubusi, yidla obukulingeneyo,
Hleze udikwe, ubuhlanze.
17 Malungayi futhi unyawo lwakho endlwini yommelwane wakho,
Hleze adikwe nguwe, akuthiye.
18 Sisando, likrele, lutolo olutsolileyo,
Indoda engqina ubungqina obubuxoki ngommelwane wayo.
19 Lizinyo eliqhuzukileyo, lunyawo olukrunekileyo,
Ukukholosa ngenginingini ngemini yembandezelo.
20 Olahla ingubo yokwaleka ngemini yengqele, nqwa kwaneviniga egalelwe kwisoda,*
Kwanovuma iingoma kontliziyo imbi.

21 Ukuba okuthiyileyo úthe walamba, mphe ukudla adle;
Ukuba úthe wanxanwa, mseze amanzi;
22 Kuba ùfumba wena amalahle avuthayo entlokweni yakhe;
UYehova wokuvuza.

23 Umoya ovela ngasentla uvelisa isiphango;
Ulwimi oluhlebayo luvelisa ubuso obujalileyo.
24 Kulungile ukuhlala elungqamekweni oluphezu kwendlu,
Kunokuhlala ndlwini-nye nomfazi onengxabano.
25 Ngamanzi abandayo emphefumlweni otyhafileyo
Iindaba ezilungileyo, ezivela ezweni elikude.
26 Liqula eligxojiweyo, ngumthombo owonakeleyo,
Ilungisa elikhwelelayo phambi kongendawo.
27 Ukudla ubusi obuninzi akulungile;
Ke ukugocagoca izinto ezinzima luzuko.
28 Ngumzi otyhoboziweyo, ongenaludonga,
Indoda engenakuzibamba umoya wayo.

Malunga nezinyabi

26 Njengekhephu ehlotyeni, njengemvula ngexa lokuvuna,
Lunjalo ukungasifaneli isinyabi uzuko.

Njengondlunkulu ekuphapha-phapha- 2
zeleni kwakhe, njengenkonjane ekubalekeni kwayo,
Kunjalo ukutshabhisa ngaphandle kwesizathu; akuyi kuphumelela ntweni.

Iziniya yeyehashe, umkhala ngowe-esile, 3
Intonga yeyomhlana wesinyabi.
Musa ukusiphendula isinyabi ngokoku- 4
matha kwaso,
Hleze usifuze.
Siphendule isinyabi ngokokumatha 5
kwaso,
Hleze sibe sisilumko kwawaso amehlo.
Únqumla iinyawo, usela ugonyamelo, 6
Osithuma imicimbi yakhe isinyabi.
Nqwa nokulengalenga kwemilenze ye- 7
siqhwala,
Umzekeliso emlonyeni wesinyabi.
Njengokubopha ilitye esisawulweni, 8
Unjalo osinika uzuko isinyabi.
Ngameva angene esandleni senxila 9
Umzekeliso ongene emlonyeni wesinyabi.
Okuninzi kuzala into yonke; 10
Ke wona umvuzo wesinyabi, kwanomvuzi waso, bayadlula.
Njengenja ibuyela emhlanzweni wayo, 11
Sinjalo isinyabi ukuphinda ukumatha kwaso.
Ùyayibona indoda ilumkile kwawayo 12
amehlo,
Kukho ithemba ngesinyabi kunayo.

Malunga namavila

Ivila lithi, Kukho ingonyama endleleni, 13
Kukho ingonyama ezitratweni.
Ucango lujinga ezihinjizini* zalo, 14
Linjalo ivila elukhukweni lwalo.
Ivila lifaka isandla salo esityeni, 15
Yindiniso ukusibuyisela kwasemlonyeni walo.
Ivila lilumkile kwawalo amehlo 16
Kunabasixhenxe abaphendula ngemvo.

Imizekeliso eliqela

Úbamba ngendlebe inja igqitha, 17
Ophuphuma umsindo ngembambano angephambi kwayo.
Njengedwadwasi elijula izikhuni 18
Neentolo zokufa,

IMIZEKELISO 26–27

19 Injalo indoda ekhohlisa ummelwane wayo,
Ibe isithi, Andidlali na?
20 Zakuphela iinkuni, uyacima umlilo;
Kwakuba kungekho ntlebi, iyadamba ingxabano.
21 Nqwa namalahle amnyama kumalahle avuthayo,
Nqwa neenkuni kumlilo, indoda enengxabano ukuphemba imbambano.
22 Amazwi entlebi anjengemithamo imnandi;
Yona ihla iye ezingontsini zombilini.

23 Ligwebu lesilivere, lalekwé empahleni yodongwe,
Umlomo ovuthayo unentliziyo enobubi.
24 Ngemilebe yomlomo wakhe úyanyhwalaza umthiyi;
Embilinini yakhe umisa inkohliso.
25 Xa athe walimnandisa ilizwi lakhe, musa ukukholwa nguye;
Kuba ngamasikizi asixhenxe entliziyweni yakhe.
26 Intiyo izifihla ngenkohliso;
Ububi bayo bozityhila esikhungwini.

27 Omba isihogo weyela kuso;
Oqengqa ilitye, libuyela kuye.
28 Ulwimi oluxokayo luyabathiya abatyunyuzwa lulo;
Nomlomo ocengacengayo usebenza ububi.

27 Musa ukuqhayisa ngemini yangomso;
Kuba akukwazi okuya kuzalwa yimini.
2 Mawudunyiswe ngomnye, ingabi ngowakho umlomo;
Mayibe nguwumbi, ingabi yeyakho imilebe yomlomo.
3 Linzima ilitye, ingumthwalo intlabathi;
Ke yona ingqumbo yesimathane inzima kunezo nto zombini.
4 Ubujorha bunobushushu, umsindo sisiphango;
Nekhwele, ngubani na onokuma phambi kwalo?

5 Kulungile ukohlwaywa ekuhléni
Ngaphezu kothando olusitheleyo.

Akholekile amanxeba omhlobo; 6
Kodwa yingxungxu ukwanga kotshaba.

Umphefumlo ohluthiyo ugqusha incindi 7 yobusi;
Umphefumlo olambileyo, yonke into ekrakra imnandi kuwo.
Njengentaka ephekuziweyo endlwini 8 yayo,
Injalo indoda ephekuziweyo ekhayeni layo.
Ioli nesiqhumiso sivuyisa intliziyo, 9
Kwanobumnandi bomhlobo obuphuma ekucebiseni komphefumlo.
Musa ukumlahla umhlobo wakho no- 10 mhlobo kayihlo;
Ungangeni endlwini yomzalwana wakho ngemini yokusindeka kwakho;
Úlungile ummelwane okufuphi, kunomzalwana okude.
Yiba nobulumko, nyana wam, uyivuyise 11 intlizyo yam;
Ukuze ndimphendule ngezwi ondingcikivayo.
Onobuqili uyabubona ububi, azímele; 12
Ke zona iziyatha zigqitha kubo, zohlwaywe.
Thabatha ingubo yakhe omele omnye; 13
Ménze isibambiso ngenxa yezinto zasemzini.
Osikelela ummelwane wakhe ngezwi 14 elikhulu, evuka kwakusasa,
Kubalelwa ekuthini uyamtshabhisa.
Uqhoqhozo oluxikileyo mini ngemvula, 15
Nomfazi onengxabano, kuyafana;
Omnqandayo, unqanda umoya; 16
Isandla sakhe sokunene sihlangabezene neoli.
Isinyithi silola isinyithi, 17
Indoda ilola ubuso bowayo.
Olondoloza umkhiwane wodla isiqhamo 18 sawo;
Ogcine inkosi yakhe wozukiswa.
Emanzini, ubuso buyelelene nobuso; 19
Injalo intliziyo yomntu kumntu.
Elabafileyo nenzonzobila azinakuhlú- 20 tha,
Namehlo omntu akanakuhlútha.
Ukhamba lolokunyibilikisa isilivere, izi- 21 ko lelokunyibilikisa igolide,
Nendoda iya ngokokudunyiswa kwayo.

IMIZEKELISO 27-28

22 Nokuba uthe wasingqusha isimathane esingqushweni phakathi komngqusho ngentonga yokungqusha,
Akuyi kusuka kuso ukumatha kwaso.

23 Khuthalela ukubazi ubume bempahla yakho emfutshane,
Yibhekise intliziyo yakho emihlambini yakho.

24 Ngokuba ayingonaphakade ingqwebo; Nesithsaba sesezizukulwana ngezizukulwana, yini na?

25 Sithe tshabalala nje isikhotha, kuvela uhlaza,
Ihlanganisiwe imifuno yeentaba:

26 Amatakane ngawokukwambesa,
Ixabiso lentsimi ziinkunzi zeebhokhwe;

27 Amasi eebhokhwe alingene ukudla kwakho, nokudla kwendlu yakho,
Nokuphila komthinjana wakho.

Uhlohlo lwezinto

28 Basaba bengasukelwa nto abangendawo;
Ke wona amalungisa akholosa njengengonyama.

2 Ngokreqo lwelizwe baba baninzi abathetheli balo;
Ngomntu onengqondo, onokwazi, ukuzinza kwalo kuyoluka.

3 Umfo oyintloko ekucudiseni izisweli Yimvula etshayelayo, ingasalisi kudla.

4 Abashiya umyalelo badumisa abangendawo;
Ke abawgcinayo umyalelo bayazixhokonxa ngabo.

5 Abantu abanobubi abakuqondi okusesikweni;
Ke bona abamquqelayo uYehova baqonda izinto zonke.

6 Lilungile ihlwempu elihamba ngengqibelelo yalo,
Ngaphezu komjibilizi ondlela mbini, nakuba esisityebi.

7 Obamba umyalelo ngunyana onengqondo;
Ke olikholwane labachithi uhlaza uyise.

8 Owongeza ubuncwane bakhe ngokudla abanye, nangolwandiso,
Ubuthela obabala izisweli.

Osusa indlebe yakhe ekusiphulaphuleni 9 isiyalo,
Kwanomthandazo wakhe ulisikizi.

Obalahlekisayo abathe tye ngendlela 10 enobubi,
Kuya kweyela yena esihogweni sakhe,
Bona abagqibeleleyo bakudle ilifa okulungileyo.

Ilumkile indoda esisityebi kwawayo 11 amehlo;
Ke isisweli esinengqondo siyayigocagoca.

Ekudlamkeni kwamalungisa kwanda 12 uzuko;
Ekuphakameni kwabangendawo, àbaveli nokuvela abantu.

Osigubungelayo isono sakhe akayi kuba 13 nampumelelo;
Ke yena osivumayo, asishiye, uya kufumana inceba.

Hayi, uyolo lomntu ohlala enkwantya; 14
Ke yena ontliziyo ilukhuni uya kweyela ebubini.

Uyingonyama egqumayo, uyibhere* 15 ebhadaliswa kukulamba,
Umlawuli ongendawo kubantu abazizisweli.

Hayi, ingànga iswele ukuqonda, eno- 16 kucudisa okuninzi!
Othiye inzuzo embi wolula imihla yakhe.

Umntu onovalo ngegazi lomphefumlo 17 Usabela nasemhadini; makangabanjezelwa.

Ohamba ngengqibelelo uya kusindiswa, 18 Ke umjibilizi ondlela mbini weyela okukanye.

Owusebenzayo umhlaba wakhe uya 19 kuhlútha sisonka;
Osukela izinto ezingento uya kuhlútha bubuhlwempu.

Indoda enyanisekileyo ineentsikelelo 20 ezininzi;
Ke yena ongxamayo ukuba sisityebi, akabi msulwa.

Ukukhetha ubuso akulungile; 21
Ngenxa yeqhekeza lesonka umntu angáde aphosise.

Indoda eliso libi ikhawulezela ukutye- 22 ba;
Ayazi ukuba ukuswela kuya kuyifikela.

IMIZEKELISO 28-29

23 Omohlwayayo umntu wothi kamva afumane ubabalo,
Ngaphezu kocengacengayo ngolwimi.
24 Ophanga uyise nonina, athi, Asilukreqo,
Ulidlelane lendoda engumonakalisi.
25 Omphefumlo ubawayo uxhaya ingxabano;
Ke yena okholose ngoYehova uyatyetyiswa.
26 Okholose ngeyakhe intliziyo usisidenge;
Ke yena ohamba ngobulumko uya kusinda.
27 Opha ihlwempu akasweli;
Ke yena ofihla amehlo akhe uneengqalekiso ezininzi.
28 Ekuphakameni kwabangendawo bayasithela abantu;
Ekutshabalaleni kwabo ayanda amalungisa.

29 Indoda eyohlwaywa futhi, iyenze lukhuni intamo yayo,
Iya kuchithakala ngephanyazo, kungabikho kuncedwa.
2 Ekwandeni kwamalungisa bayavuya abantu;
Ekulawuleni kongendawo bayagcuma abantu.
3 Indoda ethanda ubulumko ivuyisa uyise;
Olikholwane lamahenyukazi uchitha impahla yakhe.
4 Ukumkani ulimisa ilizwe ngesiko;
Ke yona indoda erhunywayo iyalibhukuqa.
5 Umfo ocengacenga ummelwane wakhe
Uthiyela iinyawo zakhe ngomnatha.
6 Elukreqweni lwendoda enobubi kukakho isirhintyelo;
Ke lona ilungisa limemelela livuye.
7 Ilungisa liyalazi ibango lesisweli;
Ke yena ongendawo akanangqondo yakulazi.
8 Amadoda agxekayo aphembelela isixeko;
Ke zona izilumko ziyawudambisa umsindo.
9 Yakumangalelana indoda elumkileyo nesimathane,
Soguguma sihleke, kungabikho kuthozama.

Amadoda amagazi ayabathiya abagqi- 10 beleleyo;
Nabathe tye, afuna umphefumlo wabo,
Isinyabi siya kukhupha konke ukufutha 11 kwaso,
Ke sona isilumko sikudambisela embilinini yaso.
Umlawuli olibazela indlebe ilizwi lobu- 12 xoki,
Bonke abalungiseleli bakhe bangabangendawo.
Ihlwempu nendoda engumxinezeli ba- 13 yaqubisana;
Umkhanyiseli wamehlo abo bobabini nguYehova.
Ukumkani ogweba ityala lezisweli nge- 14 nyaniso,
Itrone yakhe iya kuzinza ngonaphakade.
Intonga nesohlwayo sinika ubulumko; 15
Ke yena umntwana oyekelelweyo udanisa unina.
Ekwandeni kwabangendawo luyanda 16 ukreqo;
Ke wona amalungisa aya kukubona ukuwa kwabo.
Mqeqeshe unyana wakho, wókuphe- 17 fumlisa,
Awuyolise umphefumlo wakho.
Apho kungekho mbono baba yimiqha- 18 thu abantu;
Bakuwugcina umyalelo, hayi, uyolo lwabo!
Isicaka asiqeqeshwa ngamazwi; 19
Kuba siyaqonda, singakhathali.
Uyayibona indoda engxamileyo nga- 20 mazwi ayo?
Kukho ithemba ngesinyabi kunayo.
Osifekethisayo kwasebuncinaneni isica- 21 ka sakhe
Uya kwenelwa lukhula ekupheleni.
Indoda enomsindo ixhaya ingxabano; 22
Umntu onobushushu uzele lukreqo.
Ikratshi lomntu liya kumthoba; 23
Ke yena omoya uthobekileyo ufumana uzuko.
Owahlulelana nesela uthiya umphefu- 24 mlo wakhe;
Uyasiva isishwabulo, angaxeli.
Ukugubha ngumntu kunesirhintyelo; 25
Ke yena okholose ngoYehova uya kuphakanyiselwa phezulu.

IMIZEKELISO 29-30

26 Baninzi abafuna ubuso bomlawuli;
Ke lona ibango lendoda livela kuYehova.
27 Indoda enobugqwetha lisikizi kumalungisa;
Ondlela ithe tye lisikizi kongendawo.

Amanqaku aliqela angobomi

30 Amazwi ka-Agure unyana kaYakhe, waseMasa.

Itsho indoda leyo, ithi, Ndizidinisile, ndizidinisile ndaphela,
2 Kuba ndisisityhakala, andimntu;
Ingqondo yomntu ayikho kum.
3 Andifundanga bulumko,
Ukuba ndazi ukwaziwa koyiNgcwele.
4 Ngubani na owenyuka waya emazulwini, waza wehla?
Ngubani na ofumbethe umoya ngezandla zakhe?
Ngubani na obophe amanzi engutyeni?
Ngubani na omise zonke iziphelo zehlabathi?
Lingubani na igama lakhe, lingubani na igama lonyana wakhe, ukuba ùyalazi?

5 Yonke intetho kaThixo inyibilikisiwe.
Uyingweletshetshe kwabazimela ngaye.
6 Musa ukongeza emazwini akhe,
Hleze akohlwaye, ube ngothetha amanga.

7 Ndicelé kuwe izinto ezimbini;
Musa ukundivimba zona ndingekafi:
8 Khwelelisa kum inkohlakalo nelizwi lamanga;
Musa ukundinika ubuhlwempu nobutyebi;
Ndihlafunise isonka endisimiselweyo;
9 Hleze ndihluthe, ndikhanyele, ndithi,
Ngubani na uYehova?
Hleze ndihlwempuzeke, ndibe,
Ndilicukuceze igama likaThixo wam.

10 Musa ukusihleba isicaka enkosini yaso,
Hleze sikutshabhise, uthwale ityala.

11 Kukho isizukulwana esitshabhisa uyise,
Singamsikeleli unina;
12 Kukho isizukulwana esihlambulukileyo kwawaso amehlo,
Esingahlanjwanga ekungcoleni kwaso;
Kukho isizukulwana, hayi, ukuqwa- 13
yinga kwamehlo aso,
Ukuziphakamisa kweenkophe zaso!
Kukho isizukulwana esimazinyo anga- 14
makrele, simabamba azizitshetshe
Zokudla iintsizana ehlabathini, namahlwempu phakathi kwesintu.

Isimungunyi-gazi sineentombi ezimbini, 15
ezithi, Ethe, ethe!
Zintathu izinto ezingenakuhlútha;
Ziné ezingàtshoyo ukuthi, Kwanele:
Lelabafileyo; kukungazali; 16
Ngumhlaba ongàhluthiyo ngamanzi;
Ngumlilo ongàtshoyo ukuthi, Kwanele.

Iliso eligculela uyise, 17
Lidele ukumlulamela unina,
Aya kulikrukra amahlungulu asemlanjeni,
Alidle amathole exhalanga.
Izinto zintathu ezibalulekileyo kum; 18
Hayi, ziné endingenakuzazi:
Yindlela yexhalanga esibhakabhakeni, 19
Yindlela yenyoka etyeni,
Yindlela yenqanawa esazulwini solwandle,
Yindlela yomfo nentombi.
Injalo indlela yomfazi okrexezayo: 20
Uyadla, asule umlomo,
Athi, Andenzanga bubi.

Ngaphantsi kwezinto ezintathu umhla- 21
ba uyanyikima,
Ngaphantsi kwezine ukhohliwe kukuthwala:
Ngaphantsi kwesicaka, xa sithe sangu- 22
kumkani;
Nesidenge, xa sithe sahlútha sisonka;
Ngaphantsi kwesigele sentombi, xa 23
sithe senda;
Nesicakakazi xa sithe sadla ilifa lenkosikazi yaso.

Izinto ziné ezincinane emhlabeni, 24
Kanti zilumke kakhulu:
Iimbovane ngabantu abangenamandla 25
Kanti zilungisa ukudla kwazo ehlotyeni;
Iimbila ngabantu abangòmeleleyo, 26
Kanti zimisa izindlu zazo emaweni;

IMIZEKELISO 30-31

27 Iinkumbi azinakumkani,
Kanti ziphuma zingamaqela ngamaqela zonke;
28 Icilitshe unako ukulibamba ngezandla,
Kanti lisemabhotweni ookumkani.

29 Izinto zintathu ezihamba ngokunyalasa,
Hayi, ziné ezilungisayo ukuhamba:
30 Yingonyama, igorha phakathi kwezinto ezizitho ziné,
Elingabuyi umva phambi kweento zonke;
31 Yinja elingesi; nokuba yinkunzi yebhokhwe;
Ngukumkani enomkhosi wakhe.

32 Ukuba uthe wenza ngobudenge ngokuziphakamisa,
Nokuba uthe wankqangiyela,
Beka isandla emlonyeni.
33 Kuba ukucofa ubisi kuvelisa amasi,
Ukucofa impumlo kuvelisa igazi,
Ukucofa umsindo kuvelisa imbambano.

Icebiso kukumkani

31 Amazwi kaLemuweli, ukumkani waseMasa, awamqeqesha ngawo unina.

2 Yini, nyana wam? yini, nyana wesizalo sam?
Yini, nyana wezibhambathiso zam?
3 Amandla akho musa ukuwanika amankazana,
Iindlela zakho uzinike abo batshabalalisa ookumkani.

4 Asiyindawo yokumkani, Lemuweli, asiyindawo yokumkani ukusela iwayini;
Asiyindawo yezidwangube ukuthi, Siphi na isiselo esinxilisayo?
5 Hleze basele bakulibale okumiselweyo,
Balijike ityala loonyana bonke beentsizi.
6 Isiselo esinxilisayo sinikeni abatshabalalayo,
Newayini yinikeni abamphefumlo ukrakra.
7 Mabasele abo, babulibale ubuhlwempu babo,
Bangabi sabukhumbula ububi babo.

8 Wuvule umlomo wakho ngenxa yosisidenge,
Ngenxa yetyala labo bonke abadlulayo.
Vula umlomo wakho, gweba ngobulu 9 ngisa,
Ugwebe ityala lolusizana nolihlwempu.

Umfazi onesidima

Umfazi onesidima ngubani na ongamfu- 10 manayo?
Lingaphezulu nakwikorale* ixabiso lakhe.
Ikholose ngaye intliziyo yendoda yakhe, 11
Ayisayi kuswela nto.
Uyiphatha kakuhle, kungabi kakubi, 12
Yonke imihla yobomi bakhe.
Ufuna uboya begusha neflakisi,* 13
Asebenze ethumekelele ngezandla zakhe.
Unjengeenqanawa zabarhwebi, 14
Ukuya kuthabatha kude ukudla kwakhe.
Uvuka kwasebusuku, 15
Ayinike into edliwayo indlu yakhe,
Awunike umsebenzi wawo umthinjana wakhe.
Unkqangiyela intsimi ayizuze; 16
Ngeziqhamo zezandla zakhe utyala isidiliya.
Ubhinqa amandla emanqeni akhe, 17
Ayomeleze imikhono yakhe.
Uyakuva ukuba kulungile ukurhweba 18 kwakhe;
Isibane sakhe asicimi ebusuku.
Uzibeka izandla zakhe entongeni yoku- 19 luka,
Neminwe yakhe ibamba isikhanda sento yokuluka.
Isandla sakhe usitwabululela olusizana, 20
Azolulele izandla zakhe kumahlwempu.
Indlu yakhe akayoyikeli, mhlana nge- 21 khephu,
Kuba yonke indlu yakhe yambethe ezisithileyo.
Uzenzela imiqamelo; 22
Yilinen ecikizekileyo kwanemfusa isambatho sakhe.
Iyaziwa indoda yakhe emasangweni, 23
Ekubutheni kwayo namadoda amakhulu elizwe.
Wenza iingubo zelinen entle, 24
Athengise ngazo, athengise ngemibhinqo kumaKanan.
Ngamandla nobungangamela isambatho 25 sakhe;

Usuka ahleke ngemini ezayo.
26 Umlomo wakhe uwuvula ngobulumko; Umyalelo onenceba uselulwimini lwakhe.
27 Uyayondela ihambo yendlu yakhe, Angasidli isonka sobuvila.
28 Bayasuka oonyana bakhe, bathi unoyolo; Iyasuka indoda yakhe imdumise;

Ithi, Zininzi iintombi ezenza ngokune- 29 sidima;
Ke wena uzidlule zonke ziphela.
Bubuxoki ubuhle, ngamampunge ubu- 30 nzwakazi;
Ngumfazi owoyika uYehova yedwa oya kudunyiswa.
Mnikeni kwiziqhamo zezandla zakhe, 31
Zimdumise emasangweni izenzo zakhe.

INTSHUMAYELI

Yonke into ingamampunge

1 Amazwi eNtshumayeli, unyana kaDavide, ukumkani waseYerusalem.

2 Amampunge awo amampunge, itsho iNtshumayeli; amampunge awo amampunge, yonke into ingamampunge.
3 Únalungelo lini umntu emigudwini yakhe yonke, ayenzayo phantsi kwe-
4 langa? Kumka esinye isizukulwana, kulandele esinye isizukulwana; ke lona
5 ihlabathi limi ngonaphakade. Ilanga liyaphuma, ilanga libuya litshone, liphikele endaweni yalo apho liphuma
6 khona. Umoya uya ezantsi, ujikeleze usinge entla, uhamba ujikajikeleza, ubuye ubuya umoya ekujikelezeni kwa-
7 wo. Yonke imilambo iya elwandle, ukanti ulwandle aluzali; endaweni eya kuyo imilambo, ibuya iye kwakhona.
8 Zonke izinto ziyazixhamla; umntu akanako ukuzithetha; alihlúthi iliso kukubona, ayizali indlebe kukuva.
9 Into eyayikho yeya kubuya ibekho; into eyenzekáyo yeya kubuya yenzeke yona. Akukho nto intsha phantsi
10 kwelanga. Ukuba kukho into ekuthiwa, Yabona, le intsha! ibiselikho kade, emaphakadeni abekho ngaphambi kwe-
11 thu. Akukho kukhumbula abokuqala; nabasemva abaya kubakho, abayi kukhunjulwa ngabaya kuza emva kwabo.

12 Mna, Ntshumayeli, ndibe ndinguku-

mkani kwaSirayeli eYerusalem. Intli- 13 ziyo yam ndayinikela ukuba ingxoke, isingasinge ngobulumko, yonke into eyenzekayo phantsi kwezulu; ngumzamo ombi uThixo awuniké oonyana babantu, ukuba bawuzame. Ndazikhangela 14 zonke izenzo ezenzékayo phantsi kwelanga; yabona, zonke zingamampunge nokusukelana nomoya. Into egoso ayina- 15 kolulwa; into engekhoyo ayinakubalwa.

Ndathetha mna nentliziyo yam, ndi- 16 sithi, Yabona, mna ndikhulisé ndandisa ubulumko, ngaphezu kwabo bonke ababephethe iYerusalem phambi kwam; nentliziyo yam iboné kakhulu ubulumko nokwazi. Intliziyo yam ndayini- 17 kela ekwazini ubulumko, nasekwazini ubugeza nobuyatha; kwanaloo nto ndayiqonda ukuba kukusukelana nomoya. Ngokuba ebuninzini bobulumko 18 kukho ukuhlelwa sisiyengelezane esininzi; owongeza ukwazi, wongeza umvandedwa.

Iziyolo ngokufanayo nentsebenzo azinanzuzo

2 Ndathi mna entliziyweni yam, Khawuze khe ndikulinge ngovuyo, ubone okulungileyo. Yabona, kwanaloo nto ingamampunge. Ndathi kohlekayo, 2 Úyageza; nakovuyayo, Wénza ntoni na lo?

Ndasingasinga entliziyweni yam u- 3 kuba nditsale inyama yam ngewayini,

INTSHUMAYELI 2

ekubeni intliziyo yam iziqhuba ngobulumko; ukuba ndazane nobuyatha, ndide ndibone ukuba yiyiphi na into ebalungeleyo oonyana babantu, ukuze bayenze phantsi kwezulu, ngemihla emba-
4 lwa yobomi babo. Ndazenzela imisebenzi emikhulu, ndazakhela izindlu: nda-
5 zityalela izidiliya, ndazenzela amasimi nemiyezo, ndatyala kuyo imithi enezi-
6 qhamo zonke; ndazenzela amachibi amanzi okunyela ihlathi elihluma imithi;
7 ndathenga amakhoboka namakhobokazana, ndaba nawo nazalelwe endlwini yam. Kananjalo imfuyo yeenkomo neyempahla emfutshane yaba ninzi kum, ngaphezu kwabo bonke ababengapha-
8 mbi kwam eYerusalem. Ndaziqwebela nesilivere, negolide, nezinto eziziinqobo zookumkani ngookumkani, nezamazwe ngamazwe; ndazenzela iimvumi neemvumikazi, neziyolo zoonyana baba-
9 ntu, inkosikazi namakhosikazi. Ndaba mkhulu ke, ndanda ngaphezu kwabo bonke ababeseYerusalem ngaphambi kwam; bathi nobulumko bam bandi-
10 nceda. Andiwabandezanga into yonke ayibizayo amehlo am; andiyivimbanga intliziyo yam namnye umvuyo; ngokuba intliziyo yam yayivuya emigudwini yam yonke, saba sesi ke isabelo sam emigudwini yam yonke.

11 Ndabheka mna ezenzweni zam zonke, ezazenzáyo izandla zam, nasemigudwini yam endaphuka yiyo ukuyenza; ndayibona ukuba yonke loo nto ingamampunge nokusukelana nomoya; akukho lungelo phantsi kwelanga.

12 Ndazijika mna, ndakhangela ubulumko, nobugeza, nobuyatha; ngokuba ngumntu oyini na, lowo uya kuza emva kokumkani? lo ubeselenziwe kade?
13 Ndabona ukuba ubulumko buyabugqitha ubuyatha, njengokuba ukukha-
14 nya kubugqitha ubumnyama. Isilumko, amehlo aso asentlokweni yaso; ke sona isinyabi sihamba emnyameni. Ndaqonda ke mna ukuba bonke bephela
15 bahlelwa sihlo sinye. Ndathi mna entliziyweni yam, Njengoko sihlelwa kuko isinyabi, ndiya kuhlelwa kuko nam lo; ibiyini na ke ukuba ndisidlule mna ngokulumka? Ndathi entliziyweni yam, Kwanaloo nto ingamampunge. Ngokuba isilumko kunye nesinyabi asi- 16 nakukhunjulwa kungunaphakade, ekubeni kusiza iimini ezoba sezilityelwe zonke ezo nto. Kutheni na, ukuba zife izilumko kunye nezinyabi?

Ndabuthiya ke ubomi; ngokuba míbi 17 kum imisebenzi eyenzeka phantsi kwelanga; ngokuba yonke loo nto ingamampunge, nokusukelana nomoya.

Ndayithiya yonke imigudu yam, enda- 18 phuka yiyo phantsi kwelanga, ekubeni ndiya kuyishiya nomntu oya kubakho emva kwam. Waziwa ngubani na, 19 ukuba wóba sisilumko, nokuba woba sisiyatha, kusini na? Ukanti uya kugunyazela emigudwini yam yonke endaphuka yiyo, endalumkayo kuyo phantsi kwelanga; kwanaloo nto ingamampunge. Ndajika ke mna, ndayincamisisa intli- 20 ziyo yam ngemigudu yonke endaphuka yiyo phantsi kwelanga. Ngokuba ku- 21 bakho umntu omigudu yakhe inobulumko, inokwazi, inempumelelo; ukanti uya kuyinika umntu ongenzanga migudu, ibe sisabelo sakhe; kwanaloo nto ingamampunge nobubi obukhulu. Ngo- 22 kuba umntu uba nantoni na ngemigudu yakhe yonke, nangenzondelelo yentliziyo yakhe, aphuka yiyo yena phantsi kwelanga? Ngokuba imihla yakhe yo- 23 nke inomvandedwa, nasekuzameni kwakhe ukhathazekile, nasebusuku ayiphumli intliziyo yakhe; kwanaloo nto ingamampunge.

Akukho nto ilungileyo ebantwini 24 kunokuba badle, basele, bawubonise umphefumlo wabo okulungileyo emigudwini yabo. Kwanaloo nto ndiyibonile, ukuba ivela esandleni sikaThixo. Ngo- 25 kuba ngubani na ongádlayo, ngubani na ongávayo ubumnandi, engenaye? Ngo- 26 kuba umntu olungileyo phambi kwakhe umnika ubulumko nokwazi novuyo; ke yena umoni umnika umzamo wokuhlanganisa nokuqweba, ukuze *loo nto* ayinike olungileyo phambi koThixo. Kwanaloo nto ingamampunge nokusukelana nomoya.

INTSHUMAYELI 3–4

Ubuathalala bomntu necebo likaThixo

3 Into yonke inexesha elimisiweyo, nomcimbi wonke unexesha *lawo* 2 phantsi kwezulu: ukuzala kunexesha lako, ukufa kunexesha lako; ukutyala kunexesha lako, ukunyothula *okutye‑* 3 *lweyo* kunexesha lako; ukubulala kunexesha lako, ukuphilisa kunexesha lako; ukuchitha kunexesha lako, 4 ukwakha kunexesha lako; ukulila kunexesha lako; ukuhleka kunexesha lako; kukho ixesha lokulila umbamba‑ 5 zelo, kukho nexesha lokudloba; kukho ixesha lokuchithachitha amatye, kukho nexesha lokufumba amatye; ukuwola kunexesha lako, ukuyeka ukuwola ku‑ 6 nexesha lako; ukufuna kunexesha lako, ukulahlekelwa kunexesha lako; ukugcina kunexesha lako, ukulahla 7 kunexesha lako; ukukrazula kunexesha lako, ukuthunga kunexesha lako; ukuthi cwaka kunexesha lako, ukuthe‑ 8 tha kunexesha lako; ukuthanda kunexesha lako, ukuthiya kunexesha lako; kukho ixesha lemfazwe, kukho nexesha loxolo.

9 Únalungelo lini na lowo usebenzayo, 10 kuloo nto ayenzela imigudu? Ndiwubonile umzamo, awuniké oonyana ba‑ 11 bantu uThixo, ukuba bawuzame. Zonke izinto uzenzé zantle ngexesha lazo; kwanephakade ulinikele ezintliziyweni zabo ngohlobo lokuba umntu angasifumani isenzo asenzayo uThixo, athabathele ekuqaleni ade ase ekupheleni. 12 Ndiyazi ke ukuba akukho nto ilungileyo phakathi kwabo, ingekukuvuya nokuzizuzela okulungileyo ebomini babo. 13 Kwanokuba wonke umntu adle, asele, abone okulungileyo emigudwini yakhe 14 yonke: sisipho sikaThixo eso. Ndiyazi ke ukuba yonke into aya kuyenza uThixo, yiyo eya kuba ngonaphakade; kungòngezwa nto kuyo, kungàcatshulwa nto kuyo; uThixo ukwenzela ukuba 15 koyikwe ebusweni bakhe. Le nto ikhoyo ibiselikho kade; nento eya kubakho ibiselikho kade. UThixo ke ubuya ayifune into egxothiweyo.

Ndabuya ndabona phantsi kwelanga 16 indawo yokugweba, ukuba okungendawo kukhona; nendawo yobulungisa, ukuba okungendawo kukhona. Ndathi 17 mna entliziyweni yam, Nolilungisa nongendawo, uThixo uya kulithetha ityala labo; ngokuba umise ixesha layo yonke imicimbi, nazo zonke izenzo.

Ndathi mna entliziyweni yam, Ku‑ 18 ngenxa yoonyana babantu, ukuze uThixo abahlèle, nokuze bazibone benjengeenkomo bona ngokwabo. Ngokuba 19 bayahlelwa oonyana babantu, ziyahlelwa neenkomo, sinye isihlo kubo nakuzo; njengoko kunjalo ukufa kwabo, kunjalo ukufa kwazo; mnye umoya kubo bonke nakuzo zonke; akukho kuyigqitha komntu inkomo; ngokuba zonke ezo nto zingamampunge. Zonke ezo nto ziya 20 ndaweni-nye; zonke ezo nto zavela eluthulini, zonke ezo nto zibuyela eluthulini. Ngubani na owaziyo umoya woo‑ 21 nyana babantu, ukuba uyenyuka na uye phezulu; nomoya wenkomo, ukuba uyehla na uye phantsi emhlabeni? Ndaqonda ke ukuba akukho nto ilunge 22 ngaphezu kokuba umntu avuye ezenzweni zakhe; ngokuba kusisabelo sakhe oko. Ngokuba uya kungeniswa ngubani na, ukuba akubone okuya kubakho emveni kwakhe?

Inxalenye yamashwa obu bomi

4 Ndabuya ke mna, ndakubona konke ukucudisa okwenziwayo phantsi kwelanga. Ndazibona iinyembezi zabacudisiweyo, bengenamthuthuzeli; esandleni sabacudisi babo kuphuma ububhovubhovu, bengenamthuthuzeli bona. Ndabancoma ke mna abafileyo, abase‑ 2 befe kade, kunabahleliyo abasahleliyo ngoku. Ke ulungile kunabo bobabini 3 lowo ungekabikho, ungakubonanga ukwenza okubi okwenziwa phantsi kwelanga.

Kananjalo ndayiqonda ke mna yonke 4 imigudu, nayo yonke impumelelo yomsebenzi, ukuba ingumona wokwanyelana. Kwanaloo nto ingamampunge, nokusukelana nomoya. Isinyabi si‑ 5 khwabusha izandla, sidle kwaeyaso

INTSHUMAYELI 4–5

6 inyama. Kulungile ukuzalisa sandla sinye ngokuphumla, kunokuzalisa zozibini izandla ngemigudu nokusukelana nomoya.
7 Ndabuya mna, ndabona amampunge
8 phantsi kwelanga. Kukho oba yedwa, ongenaye owesibini, ongenanyana namzalwana; ingenasiphelo imigudu yakhe yonke, angahluthiyo noko bubutyebi amehlo akhe. Akatsho ukuthi, Ndaphukela bani na, ndiwuhlutha nje umphefumlo wam okulungileyo? Kwanaloo nto ingamampunge, ingumzamo ombi yona.
9 Kulungile ukuba babe ngababini kunokuba abe mnye, kuba banomvuzo
10 olungileyo ngemigudu yabo. Ngokuba xa bathe bawa, omnye unokumphakamisa uwabo; yeha ke, yena oyedwa, othe wawa! kuba akukho wesibini
11 wokumphakamisa. Kananjalo ababini, bathe balala, baya kuva ukusitha; angáthini na ukuva ukusitha olele
12 yedwa? Ukuba umntu uthe wamgagamela oyedwa, bona ababini baya kumisa phambi kwakhe; umsonto ontluntathu awuhle uqhawulwe.
13 Ulungile umntwana olihlwempu elumkile, ngaphezu kokumkani oselemkhulu, esisidenge, ongasakuvayo uku-
14 yalwa. Ngokuba uphuma endlwini yamakhonkxwa ukuba abe ngukumkani; ukanti uzalelwe ebukumkanini balowo
15 ulihlwempu. Ndababona bonke abadla ubomi, behamba phantsi kwelanga kunye naye umntwana, lo ungowesibini,
16 uza kuma esikhundleni salowo. Akukho kuphela kwabantu bonke, kwabo bonke angaphambi kwabo; ukanti amavela-mva akayi kuvuya ngaye. Ngokuba kwanaloo nto ingamampunge nokusukelana nomoya.

Ukunyaniseka elunqulweni

5 Gcina unyawo lwakho xeshikweni uya endlwini kaThixo; ukusondela ukuba uve, kungaphezu kokunikela kwezidenge imibingelelo; ngokuba ukungazi kwazo kwenza izinto ezimbi.
2 Musa ukungxama ngomlomo wakho, intliziyo yakho ingaphangi ikhuphe ilizwi phambi koThixo; ngokuba uThixo usemazulwini, ke wena usehlabathini; ngenxa yoko amazwi akho makabe mancinane. Ngokuba ukuphupha kuza 3 ngobuninzi bemicimbi, nezwi lesidenge liza ngobuninzi bentetho.

Xeshikweni uthe wabhambathisa isi- 4 bhambathiso kuThixo, musa ukuzekelela ukusizalisa; ngokuba azinanzwa izidenge; loo nto uyibhambathisileyo yizalise. Kulungile ukuba ungabha- 5 mbathisi, kunokuba ubhambathise ungazalisi. Musa ukuwuvumela umlo- 6 mo wakho, ukuba uyonise inyama yakho; ungátsho phambi komthunywa kaThixo ukuthi ibikukulahleka. Yini na ukuba uThixo abe noburhalarhume ngezwi lakho asonakalise isenzo sezandla zakho? Ngokuba ebuninzini bama- 7 phupha namazwi, maninzi amampunge; ke yoyika uThixo.

Ugonyamelo nobutyebi

Ukuba uthe wakubona ukucudiswa 8 kwehlwempu, nokuhluthwa kokusesikweni nobulungisa elizweni, musa ukumangaliswa yiloo nto; ngokuba oyena uphakamileyo ukhangele phezu kophakamileyo; kukho abaphakamileyo naphezu kwabo. Ilungelo lelizwe entweni 9 yonke ngukumkani onyamekela umhlaba.

Othanda isilivere akaneliswa yisili- 10 vere; nalowo uthanda intabalala, akangenelwa nto. Kwanaloo nto ingamampunge. Ekwandeni kwezinto ezilu- 11 ngileyo bayanda abazidlayo zona, abe umninizo enempumelelo eyini na, ingekuko ukwanela ukuzibona ngamehlo? Bumnandi ubuthongo bosebenzayo, no- 12 kuba incinane, nokuba ininzi into ayidlayo; ke intabalala yesityebi ayisivumeli ukuba silale buthongo.

Kukho ububi obusisifo, endibubo- 13 nileyo phantsi kwelanga; ukuthi ubutyebi obugcinelwe umninibo, bube nobubi kuye; obo butyebi butshabalala 14 ngento embi; uzala unyana, engenayo nento esandleni sakhe. Njengokuba 15 waphuma esizalweni sonina ezé, uya

INTSHUMAYELI 5–7

kubuya emke njengoko weza enjalo, angàthabathi nento ngemigudu yakhe, 16 angáyiphathayo ngesandla sakhe. Kwanale nto bububi obusisifo, ukuba eya kumka kanye kwanjengoko weza ngako: unalungelo lini na ke owaphukela 17 umoya? Kananjalo iimini zakhe zonke uzidlela emnyameni, enengqumbo enkulu, nesifo, noburhalarhume.

18 Nantsi into endiyibonileyo mna, ilungile, intle: into yokuthi umntu adle, asele, abone okulungileyo ngemigudu yakhe yonke aphuka yiyo phantsi kwelanga, ngokwenani lemihla yobomi bakhe amnikileyo uThixo; ngokuba kusi- 19 sabelo sakhe oko. Kananjalo wonke umntu, athe uThixo wamnika ubutyebi nokuqweba, wamnika negunya lokudla kubo, athabathe isabelo sakhe, avuye emigudwini yakhe: sisipho sikaThixo 20 eso. Ngokuba akayikhumbuli kakhulu imihla yobomi bakhe; ngokuba uThixo eluphendula uvuyo lwentliziyo yakhe.

Ubutyebi nobudwayi

6 Kukho ububi endiyiboniIeyo pha-ntsi kwelanga, buninzi ke phezu 2 komntu: yindoda uThixo ayinike ubutyebi, nokuqweba, nozuko, ungasweli umphefumlo wayo nanye into engáyinqwenelayo, aze uThixo angayiphi amandla okuyidla; ngokuba idliwa yenye indoda. Ngamampunge lawo, sisifo 3 esibi eso. Ukuba umntu uthe wazala ikhulu labantwana, wadla ubomi iminyaka emininzi, yamininzi imihla yeminyaka yakhe, umphefumlo wakhe àwahlutha zizinto ezilungileyo, kananjalo àkaba nangcwaba: ndithi mna, imva- 4 mbilini ilungile kunaye. Ngokuba ifike ingamampunge, imka kumnyama, igama layo ligutyungelwe bubumnyama; 5 kananjalo ayilibonanga ilanga, ayilazanga; le yona ilungile kunomntu lowo. 6 Nokuba ebeya kudla ubomi iwaka leminyaka kude kube kabini, angàkuboni okulungileyo, ayiyi ndaweni-nye na yonke loo nto?
7 Yonke imigudu yomntu uyenzela umlomo wakhe; ukanti umphefumlo 8 awuzali. Ngokuba isilumko sisigqitha ngantoni na isidenge? Usigqitha ngantoni na olusizana, okwaziyo ukuhamba phambi kwabaphilileyo? Kulungile u- 9 kubona kwamehlo ngaphezu kokuhambahamba komphefumlo. Kwanaloo nto ingamampunge nokusukelana nomoya.

Loo nto iselikho, yabe iselithiywe 10 kade igama layo; yaziwa into aya kuba yiyo umntu; akanakumelana nalowo unokumeyisa. Ngokuba kukho ama- 11 zwi amaninzi nje, andisa amampunge; umntu unalungelo lini na ngaloo nto? Ngokuba ngubani na owaziyo okumlu- 12 ngeleyo umntu ebomini, ngangenani lemihla yobomi bakhe obungamampunge, ayigqiba njengesithunzi? Ngokuba ngubani na onokumxelela umntu into eya kubakho emva kwakhe phantsi kwelanga?

Imizekeliso ngemizekeliso

7 Igama elilungileyo lingaphezulu na-kwioli elungileyo; ulungile umhla wokufa ngaphezu komhla wokuzalwa komntu. Kulungile ukuya endlwini 2 yesijwili kunokuya endlwini yemigidi; kuba oko kukuphela kwabantu bonke, aze ophilileyo akunyamekele ngentliziyo oko. Kulungile ukuba nosizi ngaphezu 3 kokuhleka; ngokuba intliziyo iyalunga bububi bobuso. Intliziyo yezilumko 4 isendlwini yesijwili; ke intliziyo yezidenge isendlwini yovuyo.

Kulungile ukuva ukukhalimela kwesi- 5 lumko, kunokuba umntu eve ingoma yezidenge. Ngokuba njengokuqhuqhu- 6 mba kwevaba ngaphantsi kwembiza, kunjalo ukuhleka kwesidenge; naloo nto ingamampunge. Ngokuba ukucudisa 7 kugezisa isilumko, siyitshabalalise intliziyo isicengo.

Kulungile ukugqitywa kwendawo, 8 ngaphezu kokuqalwa kwayo; ulungile umoya ozeka kade umsindo, kunomoya ozidlayo. Musa ukukungxamela uku- 9 qumba ngomoya wakho, ngokuba ingqumbo ilala esifubeni sezidenge. Musa ukuthi, Ibiyini na, le nto imihla 10 yamandulo ibilungile ngaphezu kwale?

INTSHUMAYELI 7-8

ngokuba akuthabatheli ebulumkweni ukuyibuza loo nto.

11 Bulungile ubulumko, bunelifa, buli-
12 lungelo kwabalibonayo ilanga. Ngokuba ubulumko bungumthunzi, imali ingumthunzi; ke ukugqithisela kokwazi, kukuba ubulumko buyabasindisa abo
13 banabo. Wukhangele umsebenzi kaThixo; ngokuba ngubani na onokolula
14 into ayenzé yagoso? Ngombla wentsikelelo chwayitha, nangomhla wobubi qonda kakuhle, ukuba naló, kwanjengalowa, wenziwe nguThixo, ngenxa enokuba umntu engafumani nto emva kwakhe.

15 Le nto yonke ndiyibonile ngemihla yam engamampunge: kubàkho ilungisa elitshabalalayo noko linobulungisa, kubekho ongendawo ophila ixesha elide,
16 noko angendawo. Musa ukuba lilungisa ngokukhulu, ungabi sisilumko ngokugqithiseleyo; yini na ukuba uzipha-
17 nzise? Musa ukuba ngongendawo ngokukhulu, ungazenzi isidenge; yini na ukuba ufe lingekabi lixesha lakho?
18 Kulungile ukuba ubambelele kule nto nakuleya, ungasiphumzi isandla sakho; ngokuba owoyika uThixo uphumelela kuzo zonke ziphela.
19 Ubulumko buyasiqinisa isilumko, ngaphezu kweshumi labanegunya aba-
20 kulo mzi. Ngokuba akukho mntu ulilungisa ehlabathini, wenza okulungileyo, angoni.

21 Kananjalo musa ukuyinikela intliziyo yakho kumazwi onke athethwayo, ukuze ungevi umkhonzi wakho, eselekutsha-
22 bhisa; ngokuba intliziyo yakho nayo iyazi izihlandlo ezininzi, ukuba ùyabatshabhisa abanye nawe.

23 Ezo zinto zonke ndizilingile ngobulumko; ndathi ndiya kulumka; ke bona
24 baba kude kum. Hayi, ukuba kude kwezinto ezikhoyo, zinzulu kakhulu; ngubani na oya kuzifumana?

25 Ndajika ke mna, ndanentliziyo enga ingázi, ingásingasinga, ifume ubulumko nesigqibo seengcinga; enga ingákwazi okungendawo ukuba kukunyaba, noku-
26 matha ukuba kukugeza. Ndayifumana ikrakra ngaphezu kokufa, inkazana eyiyimigibe iphela, ezizibatha intliziyo yayo, ezandla zingamakhamandela; olungileyo phambi koThixo uya kusínda kuyo, ke yena umoni uya kubanjiswa yiyo. Yabona into endiyifumeneyo, 27 itsho iNtshumayeli, ndihloma enye kwenye, ukuba ndifumane isigqibo seengcinga; obumana ukuyifuna u- 28 mphefumlo wam, ndingayifumani, nantsi: indoda enye ewakeni ndiyifumene, ke yona inkazana kulo lonke andiyifumananga. Yabona, le nto yodwa ndi- 29 yifumene, yokuba uThixo wamenza umntu wathi tye; ke bona bafune ubuqili obuninzi.

Amaqhalo ngobulumko nolawulo

8 Ngubani na onjengesilumko esi? Ngubani na okwaziyo ukuconjululwa kwendawo? Ubulumko bomntu bukhanyisa ubuso bakhe, bugúqulwe ubungwanyalala bobuso bakhe.

Mna ndithi, Umthetho wokumkani 2 wugcine, ngenxa yesifungo sikaThixo. Musa ukukungxamela ukumka ebusweni bakhe; ungangeni kwiyelenqe; ngokuba into yonke ayinanzileyo úyayenza. Ekubeni ilizwi lokumkani linegunya, 4 ngubani na onokuthi kuye, Wènza ntoni na? Ogcina umthetho akazi nto imbi; 5 intliziyo yesilumko iyalazi ixesha nesigwebo; ngokuba yonke imicimbi inexesha nesigwebo; ngokuba ububi bomntu 6 buba buninzi phezu kwakhe; ngokuba 7 engayazi into eya kubakho. Ngokuba ngubani na onokumxelela njengoko kuya kuba njalo? Akukho mntu uno- 8 kuwugunyazela umoya, awuthintele umoya; akukho unokuyigunyazela imini yokufa; akukho kukhululeka kuloo mfazwe; okungendawo akunakubasiza abaniniko. Le nto yonke ndiyibonile, 9 ndayinikela intliziyo yam kwizenzo zonke ezenziwayo phantsi kwelanga, ngexesha athi umntu agunyazele umntu, kube kubi kuye.

Ekubeni kunjalo, ndibone abange- 10 ndawo bengcwatywa, beguduka; besithi endaweni engcwele bemke abo benzé okulungileyo, balityalwe kuloo mzi.

INTSHUMAYELI 8–9

11 Kwanaloo nto ingamampunge. Ekubeni isigwebo singàwiswa kamsinyane emsebenzini ombi, ngenxa yoko intliziyo yoonyana babantu izele ngaphakathi 12 kwabo kukwenza okubi. Nakubeni umoni esenza okubi izihlandlo ezilikhulu, ayolule imihla yakhe, noko ndiyazi ukuba kuya kulunga kwabamoyikayo uThixo, kwaboyikayo ebusweni bakhe; 13 kungalungi kongendawo, angayoluli imihla yakhe, njengethunzi; ekubeni engo- 14 yiki ebusweni bukaThixo. Kukho amampunge enzekayo ehlabathini: ukuba kukho amalungisa ahlelwa ngokokwenza kwabangendawo; kukho nabangendawo abahlelwa ngokokwenza kwamalungisa; ndathi, kwanaloo nto ingamampunge.
15 Ndaluncoma ke mna uvuyo, ngokuba kungekho nto imlungeleyo umntu phantsi kwelanga, ngaphezu kokuba adle, asele, avuye; loo nto ithane mbende naye emigudwini yakhe, ngemihla yobomi bakhe amnikayo uThixo phantsi kwelanga.
16 Xeshikweni ndayinikelayo intliziyo yam ukuba ndibazi ubulumko, ndiwubone umzamo owenzekayo ehlabathini (ngokuba nasemini nasebusuku ababoni 17 buthongo ngamehlo abo), ndasibona ke sonke isenzo sikaThixo, ukuba akanako umntu ukusifumana isenzo eso senzekayo phantsi kwelanga; nakubeni umntu esaphuka ukusifuna, akasifumani. Nokuba sithe isilumko safuna ukwazi, asinakufumana.

Chwayitha kobu ubomi!

9 Ngokuba yonke le nto ndayinyamekela ngentliziyo yam, ndayihléla yonke le nto, yokuba amalungisa, nezilumko, nemisebenzi yabo, isesandleni sikaThixo; nokuthanda nokuthiya, akukhona ekwazini kwabantu; le nto yonke 2 basebeyimiselwe. Izinto zonke zibahlèla ngokufanayo bonke: sinye isihlo kwilungisa nakongendawo; kolungileyo, kohlambulukileyo, nakoyinqambi; kobingelelayo nakongabingeleliyo; njengoko anjalo olungileyo, unjalo nomoni; ofungayo unjengalowo ukoyikayo ukufunga.

Le yinto embi phakathi kwezinto 3 zonke ezenzekayo phantsi kwelanga, ukuthi sibe sinye isihlo kubo bonke; ibe nentliziyo yoonyana babantu izele bububi; ibubugeza entliziywveni yabo besadla ubomi; emveni kwabo kuyiwa kwabafileyo. Ngokuba kosukuba ehlo- 4 nyelwa kwabasadla ubomi, kusekho ithemba; ngokuba inja esaphilileyo ilunge ngaphezu kwengonyama efileyo. Ngokuba abadla ubomi bayazi ukuba 5 baya kufa; ke bona abafileyo àbazi lutho, àbasabi namvuzo; ngokuba balityelwe, àbasakhunjulwa nganto. Se- 6 luphelile kade uthando lwabo, nentiyo yabo, nekhwele labo; àbasenasabelo naphakade ezintweni zonke ezenzekayo phantsi kwelanga.

Yiya udle isonka sakho unovuyo, usele 7 iwayini yakho unentliziyo echwayithileyo; ngokuba sekukade ekholisiwe uThixo zizenzo zakho. Iingubo zakho 8 mazibe mhlophe ngamaxesha onke, neoli mayingasweleki entlokweni yakho. Hlala kakuhle nomfazi omthandileyo 9 ngemihla yonke yobomi bakho obungamampunge, akunikileyo phantsi kwelanga, ngemihla yakho yonke engamampunge; ngokuba sisabelo sakho eso ebomini, nasemigudwini yakho owaphuka yiyo phantsi kwelanga. Yonke 10 into esiyifumanayo isandla sakho ukuba siyenze, yenze ngamandla akho; ngokuba akukho kwenza, nakucinga, nakwazi, nakulumka kwelabafileyo, apho uya khona wena.

Ndabuya ndabona phantsi kwelanga, 11 ukuba ukugidima asikokwabanamendu, imfazwe asiyeyamagorha; kananjalo isonka asisesezilumko; kananjalo ubutyebi asibobabanenqiqo; kananjalo ubabalo asilolwabanokwazi; ngokuba bonke bephela bafikelwa lixesha nasisihlo. Ngokuba umntu akalazi nexesha 12 lakhe; njengeentlanzi ezibanjiswe ngomnatha ombi, nanjengeentaka ezibanjiswe ngomgibe, banjalo ukurhintyelwa kwabo oonyana babantu ngexesha elibi, xa libawele ngesiquphe.

Nale nto ndiyibone ibubulumko 13

phantsi kwelanga, babukhulu kum:
14 umzi omncinane unamadoda ambalwa; kweza kuwo ukumkani omkhulu, wawungqinga, wawakhela iimboniselo ezi-
15 nkulu. Wafumana kuwo indoda elihlwempu inobulumko; yona yawusiza umzi ngobulumko bayo; ke akubangakho mntu ubuya ayikhumbule le ndoda
16 ilihlwempu. Ndathi ke mna, Bulunge ubulumko ngaphezu kobugorha; kodwa ubulumko beli hlwempu budelekile, namazwi alo akaviwa.
17 Amazwi ezilumko, eviwe ngokuthozama, angaphezu kokunkqangaza kola-
18 wula phakathi kwezidenge. Bulunge ubulumko ngaphezu kweempahla zokulwa; ke yena umoni emnye utshabalalisa okulungileyo okuninzi.

Imizekeliso esekwe phezu kwamava

10 Iimpukane ezifileyo zinukisa zibilise amafutha omqholi; ubudenge obuncinane bunzima kunobulumko no-
2 zuko. Intliziyo yesilumko ingasekunene kwaso; intliziyo yesidenge ingase-
3 khohlo kwaso. Ewe, nasendleleni, xa sithe isidenge sahamba ngayo, siyayiswela intliziyo, sihambe sisithi kubantu
4 bonke, Ndisisidenge. Ukuba ukufutho komlawuli kuthe kwenyuka kwakuchasa, musa ukuyishiya indawo yakho; ngokuba ubulali buleleza izono ezikhulu.
5 Kukho ububi endibubonileyo phantsi kwelanga, obunjengokuhleka oku-
6 phuma konegunya: ubudenge bunikwa iindawo eziphezulu ezinkulu, zibe izitye-
7 bi zihleli kwiindawo eziphantsi. Ke ndiziboné izicaka zikhwele emahasheni, namatshawe ehamba phantsi ngeenyawo njengezicaka.
8 Omba isigingqi, angéyela kuso; ochitha uthango, inyoka ingámluma.
9 Omba amatye, angenzakala; ocanda
10 iinkuni angaba semngciphekweni. Ukuba intsimbi ithe yaba buthuntu, àkalulola uhlangothi lwayo, wogonyela ngoko ngamandla; ke ubulumko buya-
11 nceda bulungise. Ukuba inyoka ithe yaluma kungekho kukhafula, akabi nanzuzo umnyangi.

Amazwi omlomo wesilumko anoku- 12 babala; ke yona imilebe yomlomo wesidenge iginya kwasona. Ingqalo ya- 13 mazwi omlomo waso bubudenge, nengqibo yomlomo waso bubugeza obubi. Isidenge sandisa amazwi, engakwazi 14 umntu okuya kubakho; nokuya kubakho emva kwakhe, ngubani na onokumxelela? Imigudu yezidenge iyazixhamla, 15 ezingakwaziyo ukuya emzini.
Yeha, wena lizwe likumkani ungu- 16 mntwana, limatshawe adla kwakusasa! Hayi, uyolo lwakho, lizwe likumkani 17 ungunyana wabanumzana, limatshawe adlayo ngexesha elililo, enobugorha, engenamithayi!
Ngobuvila iyabhena imiqadi; ngo- 18 kuthamba kwezandla iyanetha indlu. Benza isidlo ukuba bahleke, iwayini 19 ivuyise ubomi; imali ilungele iinto zonke. Musa ukumtshabhisa ukumka- 20 ni, nasesazeleni sakho, ungasitshabhisi nesityebi ezingontsini zakho zokulala; ngokuba intaka yasendle yolihambisa elo zwi, nento enamaphiko iyixele loo ntetho.

Amacebo aphilileyo ngokuzuzwa kwempumelelo ebomini

11 Siphose isonka sakho phezu kwamanzi, ngokuba wosifumana kwakuba ziintsuku ezininzi. Yahlula 2 izahlulo zibe sixhenxe, zibe sibhozo, ngokuba akuyazi into embi eya kubakho ehlabathini. Ukuba amafu athe azala 3 yimvula, ayithululela emhlabeni; ukuba umthi uthe wawa, wabheka ezantsi, nokuba uthe wabheka entla, kuloo ndawo uwe kuyo umthi lowo, wolala khona. Ogqala umoya akayi kuhlwa- 4 yela; okhangela amafu akayi kuvuna. Njengokuba ungayazi ukuba yiyiphi na 5 indlela yomoya, kwanjengokuyilwa kwamathambo esiswini somithiyo; ngokunjalo akusazi isenzo sikaThixo owenza izinto zonke. Kusasa hlwayela imbe- 6 wu yakho, nangokuhlwa ungasiphumzi isandla sakho; ngokuba ungàzi ukuba kolunga yiphi na, nokuba yile nokuba yileya, kusini na, nokuba zolunga ngakunye zombini na.

7 Kumnandi ukukhanya, kulungile emehlweni ukulibona ilanga.
8 Ngokuba umntu, ukuba uthe wadla ubomi iminyaka emininzi, makavuye ngayo yonke iphela, noko ke akhumbule imihla yobumnyama, ukuba iya kuba mininzi. Yonke into ezayo ingamampunge.

9 Vuya, ndodana, ebutsheni bakho, ikuchwayithise intliziyo yakho ngemihla yobudodana bakho, uhambe ngeendlela zentliziyo yakho, nangokukhangela kwamehlo akho; kodwa yázi ukuba ngenxa yezo zinto zonke uThixo uya kukusa
10 ematyaleni. Yisuse ke ingqumbo entliziyweni yakho, ubudlulise ububi enyameni yakho; ngokuba ubutsha nobudoda bungamampunge.

Ubuxhego nokufa

12 Uze umkhumbule ke uMdali wakho ngemihla yobutsha bakho, ingekezi imihla yobubi, ingekafiki iminyaka owothi ngayo, Ayindiyolele;
2 lingekabi mnyama ilanga, nokukhanya, nenyanga, neenkwenkwezi, engekabuyi
3 amafu emva kwemvula; loo mini baya kungevezela abagcini bendlu, agobe amadoda anobukroti, ziyeke iintokazi ezisilayo ngokuba zimbalwa, kube mnya-
4 ma kwabakhangela ngeefestile; zivalwe iingcango ngasesitratweni, kwakubon' ukuba sidambile isandi sokusila, evuka kwazisathetha iintaka, zinqwilile zonke
5 iintombi zengoma; naxeshikweni baya kuzoyika iindawo eziphakamileyo, neento eziqhiphula umbilini zibe sendleleni; utyatyambe umamangile,* uchabachabase umqhathu, utshitshe umnqweno; ngokuba umntu esiya ekhayeni lakhe laphakade, bajikajike ezitratweni abambambazeli; ingekaqhawuki 6 intambo yesilivere, lityumke iselwa legolide, uqhekeke umphanda emthonjeni, yaphuke ivili iwe equleni; lungekabuyeli 7 emhlabeni uthuli, njengoko belunjalo, umoya ubuyele kuThixo owawunikayo.

Amampunge awo amampunge, itsho 8 iNtshumayeli; into yonke ingamampunge.

Izithetho zokuqukumbela

Phezu koko, ngokuba iNtshumayeli 9 ibisisilumko, yamana ibafundisa abantu ukwazi, yalinganisela, yabagocagoca, yayila imizekeliso emininzi. INtshuma- 10 yeli yafuna, inga ingafumana amazwi anandiphekayo, kuthi nokubhalwayo kulunge, ibe ngamazwi enyaniso.

Amazwi ezilumko anjengeemviko; 11 anjengezikhonkwane ezitshonisiweyo, asezintlanganiseleni, anikwe ngumalusi emnye. Nangaphezu koko, nyana wam, 12 vuseleleka; ukwenza iincwadi ezininzi akunakuphela, nokuphikela ukufunda okuninzi kudinisa inyama.

Ukuhlanganiswa kwentetho, yakuba 13 ivakele into yonke, nanku: Yoyika uThixo, ugcine imithetho yakhe; ngokuba indawo leyo yimfanelo yoluntu lonke. Ngokuba izenzo zonke uThixo uya 14 kuzizisa ekugwetyweni, izinto zonke ezifihlakeleyo, nokuba zilungile nokuba zimbi.

INGOMA YAZO IINGOMA

Umtshakazi uvuyela ubunzwakazi bakhe

1 Ingoma yazo iingoma, eyekaSolomon.

2 Makandange ngokwanga komlomo wakhe;

Ngokuba izincokoliso zakho zimnandi ngaphezu kwewayini.
Amafutha akho anevumba elimnandi; 3
Liyioli ethululwayo igama lakho;
Ngenxa yoko iintombi ziyakuthanda.
Nditsale, sogidima emva kwakho; 4

Ukuba ukumkani undingenise ezingontsini zakhe,
Sogcoba, sivuye ngawe.
Sozikhankanya izincokoliso zakho ngaphezu kwewayini;
Zikuthanda zinyanisile.

5 Ndimnyama, ndinomkhitha noko,
Zintombi zaseYerusalem,
Njengeentente zakwaKedare,
Njengamalengalenga kaSolomon.
6 Musani ukundikhangela ngakuba ndife mnyama,
Ngakuba nditshe lilanga.
Oonyana bakama bandivuthela ngomsindo,
Bandenza umlindi wezidiliya;
Ke esisesam isidiliya andisilindanga.
7 Khawundixilele, wena uthandwa ngumphefumlo wam,
Walúsela phi na? Ùyibuthisa phi na imihlambi emini enkulu?
Ngokuba kungani na ukuba ndibe njengogqubutheleyo
Ngasemihlambini yamakholwane akho?

8 Ukuba àkwazi, nzwakazindini phakathi kweentokazi,
Phuma, uhambe ngemikhondo yomhlambi,
Uwaluse amatakane akho ngaseminqubeni yabalusi.

Isincoko sokuthandana komyeni nomtshakazi

9 Ndikufanekisé, wethu,
Nehashe kwaweenqwelo zikaFaro!
10 Zinomkhitha izidlele zakho ziingcaca,
Umqala wakho zizidanga.
11 Sòkwenzela iingcaca zegolide
Ezinamaqhula esilivere.

12 Xa ukumkani asesetafileni yakhe,
Inadusi* yam isuka ilikhuphe ivumba layo.
13 Sisiqhuma semore* intánda yam kum,
Esihleli phakathi kwamabele am.
14 Sisihloko sekofere* intánda yam kum
Ezidiliyeni zase-Engedi.

Yabona, ùyinzwakazi, wethu! Yabona, ùyinzwakazi! 15
Amehlo akho anjengawamavukuthu.
Yabona, ùyinzwakazi, ntánda yam; 16
ewe, umnandi;
Umandlalo wethu uluhlaza.
Imiqadi yendlu yethu yimisedare,* 17
Iipanele* zethu yimisipres.*

Ukuthandana nokuncomana ngothando

2 Ndingumfiyo waseSharon,
Ndiyinyibiba yasezintlangeni.

Njengenyibiba phakathi kweminga, 2
Únjalo uwethu phakathi kweentombi.
Njengomapile phakathi kwemithi yehlathi, 3
Injalo intánda yam phakathi koonyana.
Ndanqwena, ndahlala phantsi emthunzini wawo,
Nesiqhamo sawo sanencasa ekhuhlangubeni lam.
Indingenisé endlwini yewayini, 4
Nebhanile* yayo phezu kwam luthando.
Ndixhaseni ngezicumba zeerasintyisi, 5
Ndisekeleni ngeeapile; ngokuba ndisifa luthando.
Isandla sayo sokhohlo siphantsi kwentloko yam; 6
Esokunene siyandiwola.

Zintombi zaseYerusalem, ndinifungisa 7
Amabhadikazi namaxhamakazi asendle,
Ukuba ningàluvusi, ukuba ningaluvuseleli uthando,
Lude luthande.

Phulaphulani! Intánda yam, nantso 8
isiza,
Itsiba ezintabeni, isuka imitsi ezindulini.
Intánda yam ifana nebhadi, nenkonyana yexhama. 9
Nantso imi emva kodonga lwakokwethu,
Ithe nzo ngeefestile,
Inyondla ngekroba;
Intánda yam yasusela, yathi kum, 10
Suk' ume, wethu, nzwakazi yam, uze;
Ngokuba uyabona, ubusika budlule, 11
Imvula igqithile yemka;

INGOMA YAZO IINGOMA 2-4

12 Iintyantyambo zibonakele ezweni;
Ixesha lokuntyiloza *kweentaka* lifikile;
Izwi lehobe livakele ezweni lethu;
13 Umkhiwane ukrwala amakhiwane awo,
Imidiliya ityatyambile,
Itsho ngevumba *elimnandi.*
Suk' ume, wethu, nzwakazi yam, uze.
14 Vukuthu lam elisemxawukeni wengxondorha, entsithelweni yemiba,
Ndibonise ubuso bakho, ndívise ilizwi lakho;
Ngokuba izwi lakho limnandi, ubuso bakho bunomkhitha.
15 Sibambeleni iimpungutye, iimpungutye ezincinane ezonakalisa izidiliya;
Izidiliya zethu zityatyambile.
16 Intánda yam yeyam, mna ke ndingowayo;
Yalusela ezinyibibeni.
17 Ide iphole imini, oluke amathunzi,
Jika, ntánda yam, uxelise ibhadi, uxelise inkonyana yexhama,
Ezintabeni ezibugqagala.

Umtshakazi ulangazelela umyeni

3 Esililini sam ebusuku ndamfuna lowo uthandwa ngumphefumlo wam;
Ndamfuna andamfumana.
2 Ndathi, Ndokha ndivuke, ndijikajike phakathi komzi,
Ezindaweni zembutho nasezitratweni;
Ndiya kumfuna lowo uthandwa ngumphefumlo wam.
Ndamfuna andamfumana.
3 Abalindi abajikajika phakathi komzi bandifumana;
Ndathi kubo, Khe nambona na lowo uthandwa ngumphefumlo wam?
4 Ndithe ndisandula ukudlula kancinane kubo,
Ndamfumana lowo uthandwayo ngumphefumlo wam;
Ndambamba, andamyeka,
Ndada ndamzisa endlwini kama,
Engontsini yowandikhawulayo.

5 Zintombi zaseYerusalem, ndinifungisa
Amabhadikazi namaxhamakazi asendle,
Ukuba ningàluvusi, ukuba ningaluvuseleli uthando,
Lude luthande.

Ukuphelekwa kwesingqengqelo sokumkani ongumyeni

Ngubani na lo, unyuka evela entlango 6
njengemiqulu yomsi,
Eqhunyiselwa ngemore* nentlaka emhlophe,
Ithatyathwe emigutyeni yonke yomrhwebi?
Yabona, sisingqengqelo sikaSolomon, 7
Siphahlwe ngamagorha angamashumi amathandathu
Kumagorha akwaSirayeli.
Onke aphethe amakrele, afundiswe 8
ukulwa,
Lilelo linekrele ethangéni lalo
Ngenxa yokoyika ebusuku.
Ukumkani uSolomon uzenzele ithala 9
Ngemithi yaseLebhanon.
Iintsika zalo uzenze ngesilivere, 10
Isayamo salo ngegolide, umqamelo walo ngento emfusa,
Umphakathi walo ubekelelwe ngothando,
Luvela ezintombini zaseYerusalem.
Phumani, zintombi zaseZiyon, nimkha- 11
ngele ukumkani uSolomon,
Enesithsaba, awasinxitywa ngunina ngemini yokuzeka kwakhe,
Nangemini yokuvuya kwentliziyo yakhe.

Ukunconywa kobunzwakazi bomtshakazi nempendulo yakhe

4 Yabona, ùyinzwakazi, wethu; yabona, ùyinzwakazi.
Amehlo akho anjengawamavukuthu ngaphaya kwesigqubuthelo sakho;
Iinwele zakho zinjengomhlambi weebhokhwe
Osemathambekeni eentaba zaseGiliyadi.
Amazinyo akho anjengomhlambi wce- 2
gusha ezichetyiweyo,
Ezinyukayo zivela ekuhlanjweni,
Zinamawele zonke,
Kungekho ifelweyo kuzo.
Ùnjengosinga olubomvu umlomo 3
wakho;
Ukuthetha kwakho kumnandi.
Zinjengothanda lwerharnate iintlafuno zakho
Ngaphaya kwesigqubuthelo sakho.

4 Intamo yakho injengenqaba kaDavide,
eyakhiwe ngokweendidi,
Ekuxhonywe kuyo iwaka leengweletshetshe,
Onke amakhaka amagorha.
5 Amabele akho omabini anjengamankonyana amabini angamawele ebhadi,
Esidla phakathi kweenyibiba.
6 Ide iphole imini, oluke amathunzi,
Ndiya kuhamba ndiye entabeni yemore,*
Nasendulini yentlaka emhlophe.
7 Uyinzwakazi kwaphela, wethu;
Akukho siphako kuwe.

8 Yiza sihle eLebhanon, mtshakazi,
Yiza sihle eLebhanon;
Ufike ubonisele encotsheni yeAmana,
Encotsheni yeSenire neHermon,
Ezikhundleni zeengonyama, ezintabeni zezingwe.
9 Uyingxwelerhile intliziyo yam, dade wethu, mtshakazi;
Uyingxwelerhile intliziyo yam ngomjezulo omnye,
Ngamrhukane mnye wesambalo sakho.
10 Azi kuhle ukuncokolisa kwakho, dade wethu mtshakazi!
Azi kumnandi ukuncokolisa kwakho ngaphezu kwewayini,
Nevumba lamafutha akho ngaphezu kobulawu buphelele!
11 Umlomo wakho uvuza incindi, mtshakazi;
Bubusi namasi ngaphantsi kolwimi lwakho.
Ivumba leengubo zakho linjengevumba leLebhanon.
12 Ngumyezo obiyelweyo udade wethu, umtshakazi;
Ngumgogogo ovaliweyo, liliso lomthombo elitywiniweyo.
13 Amahlumelo akho ngumyezo wemirharnate, kunye neziqhamo ezimnandi kakhulu,
Ikofere* kunye nenadusi;*
14 Inadusi nesafron,*
Ikalamo* nesinamon,* kunye nemithi yonke yentlaka emhlophe,
Imore nehaloti,* kunye nobulawu bonke obuyintloko.
15 Uliliso lomthombo lasemiyezweni,

Iqula lamanzi aphilileyo,
Nemiqukuqela yamanzi yaseLebhanon.
Vuka, moya wasentla, uze nawe wase- 16
zantsi:
Phephezela emyezweni wam, buqukuqele ubulawu bawo.

Mayingene intánda yam emyezweni wayo,
Idle isiqhamo esimnandi kakhulu.

Umtshakazi ulangazelela umyeni

5 Ndingenile emyezweni wam, dade wethu, mtshakazi wam;
Ndiyikhile imore* yam kunye netyeleba lam;
Ndiyidlile intlango yam kunye nencíndi yam;
Ndiyiséle iwayini yam kunye namasi am.
Yidlani bethu,
Selani nibe mnandi, zintánda.

Ndilele, yona intliziyo yam iphaphamile. 2
Yiva, nantso intánda yam inkqonkqoza, isithi,
Ndivulele, dade wethu, vukuthu lam, ngqibeleli yam,
Ngokuba intloko yam izele ngumbethe,
Isihlwitha sam sizele ngamathontsi obusuku.
Ndathi, Sendikhulule nengubo yam 3
yangaphantsi; ndothini na ukubuya ndinxibe?
Sendizihlambile iinyawo zam, ndothini na ukubuya ndizidyobhe?
Intánda yam yasolula isandla sayo 4
ngekroba;
Kwasika esiswini ngenxa yayo.
Ndavuka ndaya kuyivulela intánda 5
yam,
Nezandla zam zavuza imore;
Neminwe yam, imore eyivuzelayo
Esiphathweni sesitshixo.
Ndayivulela mna intánda yam; 6
Ke yona intánda yam ibijike yemka.
Ndemkelwa ngumbilini yakuthetha;
Ndayifuna, andayifumana;
Ndayibiza, àyasabela.

INGOMA YAZO IINGOMA 5—6

7 Bandifumana abalindi abajikajika phakathi komzi,
Bandibetha, bandilimaza;
Abalindi beendonga bandihlutha ingubo yam yokwaleka ekrelekrele.

8 Ndiyanifungisa, zintombi zaseYerusalem, ukuba nithe nayifumana intánda yam,
Into enoyixelela yona, nothi, ndiyafa luthando.

Ukunconywa kobunzwana nokomelela komyeni

9 Iyintoni na intánda yakho kunezinye iintánda,
Wena nzwakazindini phakathi kweentokazi?
Iyintoni na intánda yakho kunezinye,
Ukuba wenjenje ukusifungisa?

10 Intánda yam iqaqambile, iyingqombela,
Iyeyongamileyo ngaphezu kwamawaka alishumi.

11 Intloko yayo iyigolide engcwengiweyo, ecikizekileyo;
Isihlwitha sayo siziinduli ngeenduli, simnyama njengehlungulu.

12 Amehlo ayo anjengawamavukuthu, engasemifuleni yamanzi,
Ezihlamba ngamasi, ehleli njengamatye afakwe kakuhle.

13 Izidlele zayo zinjengemityino yetyeleba, njengezigánga zezityalo zokuqhola;
Umlomo wayo unjengeenyibiba, uvuza imore ezivuzelayo.

14 Izandla zayo ziintonga zegolide, zifakwe amatye aseTarshishe,
Isibili sayo siluphondo lwendlovu, lukrwilwe ngesafire.*

15 Imilenze yayo ziintsika zemarmore* emhlophe, zifakwe ezisekweni zegolide engcwengiweyo.
Isithomo sayo sinjengeLebhanon, sisihle njengemisedare.*

16 Ikhuhlangubo layo linobumnandi; inqwenelekile yona iphela.
Yiyo leyo intánda yam; nguye lowo uwethu,
Zintombi zaseYerusalem.

Isincoko esingothando lomtshakazi nomyeni

6 Iye phi na intánda yakho,
Wena nzwakazindini phakathi kweentokazi?
Ibheke ngaphi na intánda yakho,
Ukuze sikufunise?

Intánda yam ihle yaya emyezweni 2 wayo, emityinweni yetyeleba,
Ukuba yalusele emyezweni, ukuba ikhe iinyibiba.

Mna ndingowentánda yam, nentánda 3 yam yeyam yona;
Yalusela ezinyibibeni.

Ùyinzwakazi, wethu, njengeTirtsa, 4
Ùnomkhitha njengeYerusalem;
Wòyikeka njengemikhosi eneebhanile.*
Wasuse amehlo akho kum, 5
Ngokuba andiqwelile.
Iinwele zakho zinjengomhlambi weebhokhwe
Ezisemathambekeni aseGiliyadi.
Amazinyo akho anjengomhlambi weemazi zeegusha 6
Ezinyukayo, zivela ekuhlanjweni,
Zonke zizele amawele,
Kungekho ifelweyo kuzo.
Zinjengothanda lwerharnate iintlafuno 7 zakho,
Ngaphaya kwesigqubuthelo sakho.
Bangamashumi amathandathu ookumkanikazi, angamashumi asibozho amashweshwe, 8
Neentombi ezingenakubalwa.
Mnye yena olivukuthu lam oyingqibeleli yam; 9
Mnye yena kunina,
Umnyulwa walowo wamzaláyo.
Zambona iintombi, zathi únoyolo,
Bamdumisa ookumkanikazi namashweshwe.

Ngubani na lo uthi gqi njengesifingo, 10
Mhle njengenyanga,
Unyulu njengelanga,
Woyikeka njengemikhosi eneebhanile?

Bendihle ndaya emyezweni weminoti,* 11
Ukuba ndikhangele uhlaza lwesihlambo,

INGOMA YAZO IINGOMA 6–8

Ndikhangele ukuba umdiliya unamathupha na,
Imirharnate ityatyambile na.
12 Bendingazi ukuba umphefumlo wam undibeke
Ezinqwelweni zabantu bam, zamanene.

13 Buya, buya, mShulamikazi;
Buya, buya, sikubone.

Nibona ntoni na kumShulamikazi,
Njengokungathi kukuqamba kwabaMahanayim?

7 Azi kuhle ukunyathela kwakho ngeembadada, ntombi yenene!
Izimbo zamanqe akho zinjengezidanga,
Umsebenzi wezandla zengcibi.
2 Inkaba yakho sisidendeleko esiyinqila;
Masingasweli iwayini ephithikeziweyo;
Isisu sakho sisidimbilili sengqolowa,
Sibiyelwe ngeenyibiba.
3 Amabele akho omabini anjengamankonyana ebhadi,
Amankonyana amabini ebhadi, angamawele.
4 Intamo yakho injengenqaba yophondo lwendlovu;
Amehlo akho ngamachibi aseHeshbhon,
Ngasesangweni layo, inabantu abaninzi;
Impumlo yakho injengenqaba yaseLebhanon
Ebheke eDamasko.
5 Intloko yakho phezu kwakho injengeKarmele,
Ubuyakayaka bentloko yakho bunjengosinga olumfusa;
Ukumkani ukhonkxwe ngeenjiko zabo.
6 Azi ùmhle, azi ùmnandi,
Luthando, eziyolweni!
7 Iwonga lakho eli lifana nomthi wesundu;
Amabele akho afana nezihloko *zomdiliya*.
8 Ndathi, Ndiya kumínya emthini wesundu;
Ndiya kubambelela emagqabini awo;
Amabele akho makabe njengezihloko zomdiliya,
Nevumba lempumlo yakho libe njengeeapile;
9 Nekhuhlangubo lakho libe njengewayini le ilungileyo,

Ihla kamnandi kwintánda yam,
Ibanga ukuba uthethe umlomo wabaleleyo.

Mna ndingowentánda yam, 10
Kukum ukungxamela kwayo.
Hamba, ntánda yam, siphume siye 11
emaphandleni,
Silale emizaneni.
Masivuke kusasa, siye ezidiliyeni, 12
Sibone ukuba umdiliya unamathupha na, iintyantyambo zawo zibhenqekile na,
Imirharnate ityatyambile na.
Ndokunika apho izincokoliso zam.
Amathuma apha anevumba; 13
Phezu kweminyango yethu ziziqhamo ngeziqhamo ezimnandi kakhulu, ezitsha kwanezidala,
Endiziqwebele wena, ntánda yam.

Uthando lunamandla ngokokufa

8 Akwaba ubunjengomnakwethu
Obesanya amabele kama!
Bendingathi, ndíkufumene phandle, ndikwange,
Bangàndideli noko.
Bendiya kukuqhuba, bendiya kukusa 2
endlwini kama;
Ubuya kundifundisa.
Bendiya kukuseza iwayini eqholiweyo,
Nencindi yomrharnate wam.
Isandla sayo sokhohlo besiya kuba 3
phantsi kwentloko yam,
Esokunene sayo sindiwole.

Zintombi zaseYerusalem, ndiyanifu- 4
ngisa,
Ningáthini na ukuluvusa, ningáthini na ukuluvuselela uthando,
Lude luthande?

Ngubani na lo unyuka evela entlango, 5
Esayama intánda yakhe?

Ngaphantsi komapile lo ndákuvusa wena.
Khona apha waba nenimba ngawe unyoko,
Khona apha waba nenimba owakuzalayo.

6 Ndíbeke njengomsesane wokutywina entliziyweni yakho, njengomsesane wokutywina engalweni yakho.
Ngokuba uthando lunjengokufa, ukuba nengcwangu,
Ubukhwele bunjengelabafileyo, ukuba lukhuni;
Amalangatye abo ngamalangatye omlilo,
Ngamadangatye kaYehova.
7 Amanzi amaninzi akanakulucima uthando;
Imilambo ayinakuluntywilisela.
Ingafanelana indoda irhole bonke ubuncwane bendlu yayo ngenxa yothando,
Ingádelwa ideliwe.

8 Sinomsakwethu omncinane,
Akakabi namabele.
Siya kuthini na ngomsakwethu,
Mini aganelweyo?
9 Ukuba uludonga yena,
Siya kwakha phezu kwalo uqoqo lwesilivere;
Ukuba ungumnyango,
Somrhaqa ngamaceba omsedare.*

Ndaba ludonga mna, namabele am 10 anjengenqaba;
Ndaza emehlweni ayo ndaba njengofumene uxolo.
USolomon ubenesidiliya eBhahali-a- 11 mon,
Isidiliya wasinikela kubagcini,
Ukuze elowo azise iwaka lesilivere ngesiqhamo saso.
Isidiliya sam, esisesam, sona siselula- 12 wulweni lwam;
Iwaka elo lelakho, Solomon;
Amakhulu amabini ngawabagcini besiqhamo saso.

Wena uhleliyo emiyezweni, 13
Amakholwane alibazela indlebe izwi lakho,
Ndivise.

Dloba, ntánda yam, 14
Uxelise ibhadi namankonyana amaxhama
Ezintabeni zobulawu.

INCWADI KAISAYA UMPROFETI

*Ukona kukaSirayeli nesohlwayo sako;
inkonzo ebuxoki neyinyaniso*

1 Umbono kaIsaya unyana ka-Amotsi, awawubonayo ngokusingisele kuYuda neYerusalem, ngemihla yoUziya, noYotam, noAhazi, noHezekiya, ookumkani bakwaYuda.

2 Yivani, mazulu; bekani indlebe, hlabathi, ngokuba kuthetha uYehova. Uthi, Ndikhulisé abantwana ndabondla, 3 besuka bakreqa kum. Inkomo iyamazi umniniyo, ne-esile liyawazi umkhombe wesitali senkosi yalo; ke yena uSirayeli akazi, abantu bam abaqiqi. Hayi, 4 luhlanga lonayo, bantu banobugwenxa, mbewu yabenza ububi, nyana bonákalisayo! Bamshiyile uYehova, bamgibile oyiNgcwele kaSirayeli, babuyela emva.

Yini na ukuba nimane ukubethwa, 5 nimane ukukwandisa ukutyeka? Yonke intloko iyafa, yonke intliziyo inobulwelwe; kuthabathele enkwalini yonyawo, 6 kwesa entloko, akukho ndawo iphilileyo;

ziinduma, nemivumbo, namanxeba amatsha; akacudiswanga, akabotshwanga, akathanjiswanga ngaoli.

7 Kusenkangala elizweni lenu, imizi yenu itshiswe ngomlilo, umhlaba wenu udliwa ngabasemzini phambi kwenu, uyinkangala njengokubhukuqwa kwa-
8 basemzini. Iséle ke intombi enguZiyon, njengexhobongo esidiliyeni, njengephempe entsimini yemixoxozi, nje-
9 ngomzi ongqingiweyo. Koko uYehova wemikhosi wasisalisela intwana esindileyo, singe saba njengeSodom, singe safana neGomora.

10 Liveni ilizwi likaYehova, baphathi baseSodom; wubekeleni indlebe umyalelo kaThixo wethu, bantu baseGomora.
11 Yeyani na kum le mibingelelo yenu mininzi kangaka? utsho uYehova. Ndidikiwe ngamadini anyukayo eenkunzi zeegusha, namanqatha amathole atyetyisiweyo; negazi leenkunzi ezintsha, neleemvana, neleebhokhwe, andilina-
12 nzile. Xa niza kubonakala ebusweni bam, ngubani na okufunileyo oko esandleni senu, ukugqusha iintendelezo zam?
13 Nize ningàphindi nizise mnikelo wakudla ukhohlakeleyo; isiqhumiso silisikizi kum; ukuthwasa kwenyanga, nesabatha, nokumema intlanganiso, ubutshinga kunye nengqungquthela, a-
14 ndinakubuthwala. Ukuthwasa kweenyanga zenu, namaxesha enu amisiweyo, umphefumlo wam uwathiyile; asuka aba bubunzima kum; ndidiniwe kuku-
15 wathwala. Ekoluleni kwenu izandla zenu, ndiya kuwafihla amehlo am kuni; nokuba nandise ukuthandaza, andiyi kuva; izandla zenu zizele ngamagazi.
16 Zihlambeni, ziqaqambiseni; susani ububi beentlondi zenu phambi kwamehlo
17 am; yekani ukwenza ububi; fundani ukwenza okulungileyo; khathalelani ukugweba; lulekani isibhovubhovu; gwebani ityala lenkedama; lithetheni ityala lomhlolokazi.

18 Khanize sibonisane, utsho uYehova; nokuba izono zenu zide zavela zanjengengubo ebomvu, zoba mhlophe njengekhephu; nokuba zide zayingqombela njengebala elibomvu, zovela zinjengoboya begusha. Ukuba nithe navuma 19 naphulaphula, nodla izinto ezilungileyo zelizwe; ukuba nithe ànavuma, naba 20 neenkani, nodliwa likrele; kuba umlomo kaYehova uthethile.

Yoo! Útheni na ukuba lihenyukazi 21 umzi lo, ubunyanisile; ubuzele kokusesikweni; ubulungisa bebulala kuwo; ke ngoku ngabancinithi! Isilivere yakho 22 isuke yaba ligwebu; iwayini yakho enite ingxengelelwe ngamanzi. Abathetheli 23 bakho baziinjubaqa, ngamadlelana namasela; bathanda izicengo bonke bephela, basukela imivuzo; ityala lenkedama abaligwebi, netyala lomhlolokazi alinakufika kubo.

Ngako oko itsho iNkosi, uYehova 24 wemikhosi, imbalasane yakwaSirayeli, ukuthi, Yeha! Ndiya kuzithuthuzela kubabandezeli bam, ndiziphindezelele ezintshabeni zam. Ndosibuyisela phe- 25 zu kwakho isandla sam, ndikunyibilikise ngokufezekileyo *njengegolide*, likhutshwe igwebu lakho, ndisuse yonke intsila yakho. Ndobabuyisa abagwebi 26 bakho njengokwasekuqaleni, namaphakathi akho njengokwamatanci. Emveni koko kuya kuthiwa, Wena ungumzi wobulungisa, uyinqaba enyanisileyo. IZiyon iya kukhululwa ngokusesikweni, 27 nabaguquki bayo ngobulungisa; ukwa- 28 phulwa kwabakreqi naboni kube kunye, bapheliswe abamshiyayo uYehova. Ngokuba baya kudana yimiterebhinti* 29 ebeniyinqwenela, nibe neentloni yimiyezo ebeniyinyula; kuba niya kuba nje- 30 ngomterebhinti omagqabi omayo, nanjengomyezo ongenamanzi; nenjengele ibe 31 yingxubuwa, nomsebenzi wayo ube yintlantsi, kutshe kuphele kokubini kunye, kungabikho ucimayo.

IZiyon, iziko lonqulo lwehlabathi;
ulawulo loxolo lwelimiweyo

2 Ilizwi awalibonayo uIsaya unyana ka-Amotsi, ngokusingisele kuYuda neYerusalem.

UISAYA 2-3

2 Ke kaloku kuya kuthi ekupheleni kwemihla, intaba yendlu kaYehova ivelele ezincotsheni zazo iintaba, izongamele iinduli, zibe ngumsinga ukuya 3 kuyo zonke iintlanga. Kuya kuhamba izizwe ezininzi, zithi, Yizani, sinyuke siye entabeni kaYehova, endlwini ka-Thixo kaYakobi; asiyàlele iindlela zakhe, sihambe ngomendo wakhe. Kuba kuya kuphuma umyalelo eZiyon, 4 nelizwi likaYehova eYerusalem. Úya kugweba phakathi kweentlanga, ohlwaye izizwe ezininzi; ziwakhande amakrele azo abe ngamakhuba, nezikhali zazo zibe zizitshetshe zeediliya; uhlanga lungaphakamiseli uhlanga ikrele, nezizwe zingaphindi zifunde ukulwa.

Isono sikaSirayeli nozuko lweNkosi

5 Ndlu kaYakobi, yizani, sihambe eku-
6 khanyeni kukaYehova. Kuba ùbalahlile abantu bakho, indlu kaYakobi; ngokuba bezele zizinto zasempumalanga, bengamatola njengamaFilisti, bebambene ngezandla nabantwana bezinye 7 iintlanga. Ilizwe labo lizele yisilivere negolide; abunakuphela ubuncwane babo. Ilizwe labo lizele ngamahashe; azinakuphela iinqwelo zabo zokulwa. 8 Ilizwe labo lizele zizithixo ezingeni; baqubuda kumsebenzi wezandla zabo, 9 kwinto eyenziwe yiminwe yabo. Ophantsi uyagoba, nendoda ephakamileyo ithotyelwe phantsi, ungabaxoleli ke.
10 Ngena eweni, uziselele eluthulini, ngenxa yokoyika uYehova, nangenxa 11 yozuko lobungangamsha bakhe. Amehlo aqwayingileyo esintu othotywa, noqhankqalazo lwamadoda lusibekeke; nguYehova yedwa owoba yingxonde 12 ngaloo mini. Kuba uYehova wemikhosi unemini eyozongamela izinto zonke ezinekratshi, ezinoqhankqalazo; nezinto zonke ezizinyusileyo zithotywe nezinto zonke ezisinyusileyo zithotywe 13 ke. Wóyongamela imisedare* yonke yaseLebhanon, emide, ezinyusileyo, nezonke ezinde, neenduli zonke ezizinyu-15 sileyo; neenqaba zonke eziphakamileyo, 16 neendonga zonke ezinqatyisiweyo; neenqanawa zonke zaseTarshishe, nezinto zonke ezibonakala zinqweneleka. Ko-17 sibekeka ukuzidla kwaba baphantsi, kuthotywe ukuqhankqalaza kwamadoda aphakamileyo. NguYehova yedwa owoba yingxonde ngaloo mini; izithixo 18 ezingeni zothi shwaka zonke ziphela.

Bongena emiqolombeni yamawa nase-19 mingxunyeni yomhlaba ngenxa yokoyika uYehova, nangenxa yozuko lobungangamsha bakhe, ekuphakameni kwakhe ukuba angcangcazelise ilizwe. Nga-20 loo mini umntu uya kuziphosa ezintukwini nasemalulwaneni izithixo zakhe ezingeni zesilivere, nezithixo zakhe ezingeni zegolide, abamenzeláyo ukuze aqubude kuzo; ukuze angene ezimfa-21 nteni zamawa nasemiqhokrweni yeengxondorha, ngenxa yokoyika uYehova, nangenxa yozuko lobungangamsha bakhe, ekuphakameni kwakhe ukuba angcangcazelise ilizwe. Khanimyeke 22 umntu omphefumlo usemathatheni akhe; ngokuba kuthiwa, Úyintoni na?

KwaYuda akukho mlawuli

3 Ngokuba ùyabona, iNkosi, uYehova wemikhosi, isusa eYerusalem nakwaYuda isixhaso nenkxaso, sonke isixhaso sesonka kwanesixhaso samanzi: igorha nendoda yokulwa, umgwebi no-2 mprofeti, umvumisi nendoda enkulu, umtheteli wamashumi amahlanu, no-3 bekekileyo, nomphakathi, nesilumko esinobungcibi, nengqondi yokukhwitsa. Ndobanika abatheteli abangabantwana, 4 nabafekethi babalawule; bakhandani-5 sane abantu ulowo nalowo, ulowo nalowa. Baya kusunduzana umntwana nendoda enkulu, ubuvuvu nabazukileyo. Xa umntu aya kuthi abambelele kumza-6 lwana wakhe endlwini kayise, athi, Unengubo wena, masiphathwe nguwe, oku kukhahleleka kube sesandleni sakho: wóphimisela ngaloo mini athi, 7 Andingebi mphilisi, endlwini yam kungekho sonka, kungekho ngubo; aninakundenza umphathi wabantu.

Ngokuba ikhahlelekile iYerusalem, 8 awile amaYuda; ngokuba iilwimi zabo neentlondi zabo zichase uYehova, ukuba bawaphikise amehlo obuqaqawuli ba-

UISAYA 3–5

9 khe. Imbonakalo yobuso babo iyangqina ngabo, bayazixela izono zabo njengeSodom, àbakhanyeli. Yeha umphefumlo wabo, ngokuba beziphethe
10 kakubi kwabona! Yithi kumalungisa, kuya kulunga kuwo; ngokuba isiqhamo
11 sezenzo zawo aya kusidla. Yeha ongendawo! Kuya kuba kubi kuye; ngokuba ukuphatha kwezandla zakhe kuya
12 kwenziwa kuye. Abantu bam bakhandaniswa ngabantwana, balawulwa ngabafazi. Bantu bam, abakhokeli benu ngabandwendwisi, bayigqukile indlela yomendo wenu.
13 Úsukile wema uYehova ukuba athethe ityala; umi ukuba agwebe ebantwini.
14 UYehova uya kungena ematyaleni namadoda amakhulu abantu bakhe, nabathetheli babo; esithi, Ke nina nisigqibile isidiliya; okuphangwe kusizana kuse-
15 zindlwini zenu. Ninani na, ukuba nibatyumze nje abantu bam, nibusile ubuso beentsizana? itsho iNkosi, uYehova wemikhosi.

Amahombakazi aseYerusalem nokuya kuwahlela

16 Kananjalo uthi ke uYehova, Ngenxa enokuba zizidla iintombi zaseZiyon, zihamba zolule iintamo, zitshawula ngamehlo, zihamba zicothoza ukuhamba kwazo, zisenza isigampe esisezinyaweni
17 zazo: ngako oko iNkosi yolujadula ukakayi lweentombi zaseZiyon, uYehova
18 azihlube ubunkazana bazo. Ngaloo mini iNkosi yozisusa izihombo zemixokelelwane, nesangqawe, nentsimbi yo-
19 mqala, namajikazi, neewatsha, nezigqu-
20 buthelo, neembasa, neenxaxhazo, neenqwemesha, namahlala okujoja, nama-
21 khubalo, nemisesane, namakhonkco e-
22 mpumlo, nezambatho ezinqabileyo, neengubo zokwaleka ezingaphezulu, nee-
23 tyali, neengxowa zemali, nezipili, neeqhiya zelinen entle, neenkontsho, nee-
24 ngubo zokwaleka ezikrelekrele. Kothi esikhundleni sobulawu ibe kukuvunda, esikhundleni sombhinqo ibe yintambo; esikhundleni seempothe ibe yimpempethe, esikhundleni sengubo engwabungwabu ibe sisikhaka esirhwexayo; ibe ngumtshiso esikhundleni sobunzwakazi. Amadoda akho aya kuwa likrele, nama- 25 gorha akho yimfazwe; ancwine enze isi- 26 jwili amasango ayo, ithi yona ikhutshululwe, ihlale phantsi emhlabeni.

Ubuqaqawuli beZiyon

4 Abafazi abasixhenxe bobambelela ndodeni-nye ngaloo mini, besithi, Sodla esethu isonka, sambathe ezethu iingubo; kodwa masibizwe ngegama lakho, úkususe ukungcikiveka kwethu.

Ngaloo mini isithole sikaYehova siya 2 kuba yinto enobukhazikhazi enobuqaqawuli, isiqhamo selizwe sibe yingangamsha nesihombo kwabasindileyo bakwaSirayeli. Wothi oshiyekileyo eZi- 3 yon, noseleyo eYerusalem, kuthiwe úngcwele, bonke ababhalelwe ebomini eYerusalem; yakuba ithe iNkosi yaku- 4 hlamba ukungcola kweentombi zaseZiyon, yawahlanza amagazi aseYerusalem phakathi kwayo ngomoya ogwebayo, nangomoya olulophu. Wodala 5 ke uYehova phezu kweendawo zonke zeentaba zeZiyon, naphezu kweentlanganiso zayo, ilifu elingumsi emini, nokudangazela komlilo ebusuku. Kuba phezu kobuqaqawuli obo bonke, kuya kubakho isigubungelo; sibe ngumnqubha 6 ongumthunzi emini, ekubaleleni, sibe yindawo yokuzímela nokusithela esiphangweni nasemvuleni.

Umzekeliso wesidiliya esiphuthileyo

5 Intánda yam makhe ndiyivumele ingoma yentánda yam, ngesidiliya sayo.

Intánda yam ibé inesidiliya endulini echumayo; yasigaba, yawemba amatye, 2 yasityala imidiliya yohlobo, yákha inyango phakathi kwaso, yaxhola kuso umkhombe wokukhongozela iwayini. Yalinda ukuba sivelise iidiliya ezizizo; ke sona savelisa iidiliya ezingezizo.

Kaloku ke, bemi baseYerusalem, 3 nani madoda akwaYuda, khanahlule 4 phakathi kwam nesidiliya sam. Kube kusekho ntoni na eyenziwayo esidiliyeni sam, endingayenzanga ke kuso? Kube kungani na ukuba ndikulinde ukuba

UISAYA 5

sivelise iidiliya ezizizo, sisuke sivelise
5 ezingezizo? Kaloku ke makhe ndinazise
into endiya kusenza yona isidiliya
sam. Ndiza kususa uthango lwaso, sibe
lidlelo; ndiya kuluchitha udonga lwaso,
6 sibe yingqushu; ndisijece kuphele. Asiyi
kuthenwa, asiyi kuhlakulwa; siya
kumila ubobo namakhakakhaka; ndiwawisele
umthetho amafu, ukuba angani
mvula phezu kwaso.
7 Kuba isidiliya sika Yehova wemikhosi
yindlu kaSirayeli; namadoda akwaYuda
sisityalo sokumyolisa. Walinda ukuba
kubekho okusesikweni, nanku ikukudywida;
walinda ukuba kubekho ubulungisa,
nanko ikukukhalisa.

Ukukhalinyelwa kweendidi zaboni

8 Yeha, abahlomela indlu kwindlu,
abasondeza intsimi kwintsimi, kude
kungabikho ndawo, nihlale nedwa pha-
9 kathi kwelizwe! Ezindlebeni zam *uthi*
uYehova wemikhosi, Inyaniso, izindlu
ezininzi ziya kuba ngamanxuwa, ezinku-
10 lu, ezintle zingabi namhlàli. Kuba
ishumi leendima zesidiliya liya kwenza
ibhate* ibe nye, nehomere* yembewu
yenze iefa* yodwa.
11 Yeha, abavuka kusasa, besukela isiselo
esinxilisayo; balibale kude kube lu-
12 ngcwalazi, ide ibatshise iwayini! Ibe
luhadi nomrhubhe, ingqongqo nogwali,
newayini, emgidini wabo; ke wona
umsebenzi kaYehova abawubeki, neze-
13 nzo zezandla zakhe abaziboni. Ngako
oko abantu bam bayafuduswa bengazi,
nabazukileyo kubo baba ngabafo bendlala,
ingxokolo yabo itshiswa linxano.
14 Ngako oko elabafileyo lizandisile, lakhamé
ngokungenamlinganiso; buhlile
ubungangamela babo, nengxokozelo yabo,
nengxolo yabo, nabadlamkileyo
15 kubo. Bayasibekeka abantu abaphantsi,
athotywe amadoda aphakamileyo, atho-
16 tywe amehlo abazidlayo; ke yena uYehova
wemikhosi uyaziphakamisa ngogwebo,
azingcwalise uThixo oyiNgcwe-
17 le ngobulungisa. Kodla iimvana apho,
kunge kusedlelweni lazo; abasemathanga
badlise emanxuweni ezityebi.
18 Yeha, abatsala ubugwenxa ngeentambo
zenkohlakalo, nesono bange basitsala
ngomqokozo wenqwelo; ábathi, 19
Makasingxamise asikhawulezise isenzo
sakhe, ukuze sibone; malisondele lize
icebo loyiNgcwele kaSirayeli, ukuze
sazi!
Yeha, abathi okubi kulungile, okulu- 20
ngileyo kubi; abamisa ubumnyama
endaweni yokukhanya, ukukhanya endaweni
yobumnyama; abamisa ubukrakra
endaweni yobumnandi, ubumnandi endaweni
yobukrakra!
Yeha, abalumkileyo kwawabo amehlo, 21
abanengqondo kokwabo ukubona!
Yeha, abangamagorha okusela iwayi- 22
ni; abangamadoda akrotele ukuphithikeza
isiselo esinxilisayo; ábagwebela abangendawo,
besekeleze isicengo; ubu- 23
lungisa bamalungisa babùsuse kuwo!
Ngako oko, njengokuba ulwimi lomlilo 24
luzidla iindiza, nesikhotha esomileyo
sibohla edangatyeni: kwangokunjalo
ingcambu yabo iya kuba njengento
evundileyo, nentyantyambo yabo inyuke
njengothuli; kuba besilahlile isiyalo
sikaYehova wemikhosi, bayigiba intetho
yoyiNgcwele kaSirayeli.

Isohlwayo esivela eNkosini

Ngenxa yoko uyavutha umsindo ka- 25
Yehova kubantu bakhe; úsolule phezu
kwabo isandla sakhe, uyababetha; zagungqa
iintaba, izidumbu zabo zanjengenkunkuma
phakathi kwezitrato.
Kuko konke oko, àwubuyi umsindo
wakhe, isandla sakhe sísolukile. Úzi- 26
nyusela ibhanile* iintlanga zakude,
azenzele ikhwelo eziphelweni zehlabathi;
nanzo zisiza zikhawuleza ngamendu.
Akukho utyhafileyo, akukho ukhubeka- 27
yo kuzo; azozeli, azilali, umbhinqo
wamanqe azo awuthukululeki, umtya
weembadada zazo awuqhawuki. Iinto- 28
lo zazo zitsolile, nezaphetha zazo zonke
zityediwe; amanqina amahashe azo
kuthiwa anjengeqhwitha, neevili zazo
zinjengesaqhwithi. Ukubharhula kwazo
kunjengengonyamakazi; zibharhula 29
njengeengonyama ezintsha, zigqume,
ziyibambe inyamakazi, zimke nayo, kungabikho
uhlangulayo. Zogquma phezu 30

kwabo ngaloo mini, ngathi kukugquma kolwandle; babheke emhlabeni, nanko kumnyama yimbandezelo, nokukhanya kumnyama emafini phezu kwabo.

Ukubizwa komprofeti

6 Ngomnyaka wokufa kokumkani u-Uziya, ndayibona iNkosi ihleli etroneni ende enyukileyo; amasondo eengubo zayo eziriholayo azalisa itempile.
2 Kumi iiserafi* ngaphezu kwayo, iyileyo inamaphiko amathandathu, ngamabini ifihle ubuso bayo, ngamabini ifihle iinyawo zayo, ngamabini iphaphazela.
3 Iyileyo idanduluke kuleyo isithi. Úyingcwele, ùyingcwele, ùyingcwele u-Yehova wemikhosi; buzalise ihlabathi
4 lonke ubuqaqawuli bakhe. Yadidizela imigubasi yeminyango lilizwi lowadandulukayo; yaye indlu izele ngumsi.
5 Ndathi, Athi ke mna! Ngokuba ndithe shwaka, ngokuba ndiyindoda emlomo uyinqambi; ndihleli phakathi kwabantu abamilomo iyinqambi; ngokuba amehlo am aboné ukumkani, uYehova wemikhosi.
6 Yaphaphazela yeza kum enye yeeserafi, iphethe ilahle elivuthayo, elithabathe ngesithabatho esibingelelweni;
7 yalifikisa emlonyeni wam, yathi, Yabona, eli lahle lifikile nje emlonyeni wakho, bususiwe ubugwenxa bakho, nesono sakho sicanyagushelwe.
8 Ndeva izwi leNkosi, lisithi, Ndothuma bani na? Ngubani na owosiyèla?
9 Ndathi, Ndikho, thuma mna. Yathi, Yiya, uthi kubo aba bantu, Yivani, ukuva oku niya kuva, ningaqondi; qiqani, ukubona oku niya kubona,
10 ningaqiqi. Yityebise intliziyo yaba bantu, neendlebe zabo zénze zithi nkqi, namehlo abo uwavingce; hleze babone ngamehlo abo, beve ngeendlebe zabo, baqonde ngentliziyo yabo, babuye, baze baphiliswe.
11 Ndathi, Kube mzuzu ungakanani na, Nkosi? Yathi, Kude kuye kuchithwa imizi, ingabi nabemi, nezindlu zingabi namntu, utshabalale umhlaba kube
12 senkangala; uYehova amse kude umntu, abe maninzi amanxuwa phakathi kweli-zwe. Kuya kuthi, ukuba kusekho isa- 13 hlulo seshumi khona, sibuye naso sibe yinto yokutshayelwa; njengomterebhinti* nanjengomoki,* othi ekuwisweni kwawo kushiyeke isiphunzi; yimbewu engcwele ke isiphunzi eso.

UAram noSirayeli bahlanganela uYuda

7 Ke kaloku kwathi, ngemihla ka-Ahazi unyana kaYotam, unyana ka-Uziya, ukumkani wakwaYuda, wenyuka uRetsin ukumkani wama-Aram,* eno-Peka unyana kaRemaliya, ukumkani wakwaSirayeli, weza eYerusalem, ukuba alwe nayo; akaba nako ke ukulwa nayo. Kwaxelwa kwindlu kaDavide, kwathi- 2 wa, Ama-Aram* athelele kwabelakwa-Efrayim. Yadidizela intliziyo yakhe nentliziyo yabantu bakhe, njengokudidizela kwemithi yehlathi phambi komoya.

Wathi uYehova kuIsaya, Khawu- 3 phume uye umkhawulele uAhazi, wena noMasalela-obuya unyana wakho, ekupheleni komjelo wechibi lasentla, emendweni ongasentsimini yomxovuli weengubo; uthi kuye, Gcinisa, uzole, ungo- 4 yiki, ingathambi intliziyo yakho ngenxa yezo zikhondo zibini zezikhuni eziqhumayo, ekuvutheni komsindo kaRetsin nama-Aram, nonyana kaRemaliya; nge- 5 nxa enokuba ama-Aram namaEfrayim nonyana kaRemaliya becebile ububi ngawe, besithi, Masinyuke siye kwela- 6 kwaYuda, silikruqule, silinqike libe lelethu, simise ukumkani phakathi kwalo, unyana kaTabhele; itsho iNkosi 7 uYehova, ukuthi, Loo nto ayiyi kuma, ayiyi kubakho. Ngokuba intloko yama- 8 Aram yiDamasko, intloko yeDamasko nguRetsin; kuya kuthi iseyiminyaka emashumi mathandathu anamihlanu, aqotywe amaEfrayim, angabi bantu. Intloko yamaEfrayim kukwaSamari, 9 intloko yakwaSamari ngunyana kaRemaliya. Ukuba nithe anakholwa, inene, aniyi kuqiniseka.

Umqondiso ngoImanuweli

Waqokela uYehova, wathetha ku- 10
Ahazi, esithi, Zicelele umqondiso ku- 11

UISAYA 7-8

Yehova uThixo wakho; cela ubhekise enzulwini kwelabafileyo, mhlawumbi
12 ubhekise enyangweni phezulu. Wathi uAhazi, Andiyi kucela, andiyi kumlinga uYehova.
13 Wathi yena, Khanive, ndlu kaDavide; kuyinto encinane na kuni ukudinisa abantu, ukuda oku nidinise noThixo
14 wam? Ngako oko iya kuninika umqondiso ngokwayo iNkosi: uyabona, intombi le iya kumitha, izale unyana, imthi-
15 ye igama elinguImanuweli.* Uya kudla amasi nobusi, ade akwazi ukulahla
16 okubi, anyule okulungileyo. Kuba, engekakwazi umntwana lowo ukulahla okubi, anyule okulungileyo, wóba selushiyiwe loo mhlaba, úkumkani bawo babini bakukruqúlayo.

Ukuphanziswa kukaYuda

17 UYehova uya kukuzisela wena nabantu bakho, nendlu kayihlo, imihla ekungazanga kubekho ingangayo, kususela kwimini wemka ngayo uEfrayim kwaYuda; ngukumkani waseAsiriya ke lowo.
18 Kothi ngaloo mini uYehova ayenzele ikhwelo impukane esekupheleni kwemijelo yoMnayile waseYiputa, nenyosi
19 esezweni laseAsiriya; zize, ziphumle zonke ziphela ezihlanjeni eziphakathi kwamaxandeka, nasezimfanteni zeengxondorha, nasezintangweni zonke zemiqaqoba, nasemadlelweni onke.
20 Ngaloo mini iNkosi iya kuguya ngesitshetshe esiqeshiweyo selasezinxwemeni zoMlambo,* ngokumkani waseAsiriya, intloko noboya beenyawo; siphephethe neendevu.
21 Kothi ngaloo mini umntu aphilise ithokazi lenkomo neemazi zezimvu zibe
22 mbini; kuthi ngokwehlisa kwazo kakhulu adle amasi; ngokuba baya kudla amasi nobusi bonke abo baseleyo phakathi kwelizwe.
23 Kothi ngaloo mini zonke iindawo ezazinewaka lemidiliya elimelwe liwaka leesilivere, zibe zezobobo namakhaka-
24 khaka. Kuya kuyiwa khona neentolo nezaphetha; ngokuba lonke ilizwe liya
25 kuba lubobo namakhakakhaka. Zonke iintaba ebezigatywa ngamagaba, akuyi kuya kuzo, ngokoyika ubobo namakhakakhaka; loba lelokugxothela iinkomo, nokunyashwa ziigusha.

Umqondiso ngoMaxhoba-ayakhawuleza-iinto-eziphangiweyo-zingxamile

8 Wathi uYehova kum, Thabatha icwecwe elikhulu, ubhale kulo ngenkxola yabantu, uthi, NgoMaxhoba-ayakhawuleza-iinto-eziphangiweyo-zingxamile, Ndathabathela amangqina anya- 2 nisileyo, ooUriya umbingeleli, noZekariya unyana kaYebherekiya. Ndasondela 3 kumprofetikazi, wamitha, wazala unyana. Wathi uYehova kum, Yithi igama lakhe nguMaxhoba-ayakhawuleza-iinto-eziphangiweyo-zingxamile. Ngoku- 4 ba, engekakwazi umntwana lo ukuthi, Bawo, nokuthi, Ma, ubutyebi baseDamasko namaxhoba akwaSamari aya kuthwalelwa phambi kokumkani waseAsiriya.

INkosi neentshaba zikaYuda

Waqokela uYehova, wabuya wathe- 5
tha kum, esithi, Ngenxa enokuba abo 6
bantu bewacekisa amanzi aseShilowa, la ahamba kuhle, benze imihlali noRetsin nonyana kaRemaliya: ngako oko, yabo- 7
na, iNkosi inyusela phezu kwakho amanzi oMlambo,* lawo anamandla amakhulu, kwaukumkani waseAsiriya nobunzima bakhe bonke. Wónyuka wona ube ngaphezu kwemisele yawo yonke, uhambe ngaphandle kweendonga zawo zonke, utyhudisele kwelakwa- 8
Yuda, ukhukule, udlule, ubethe emqaleni; kuthi ukunaba kwamahlelo awo kuzalise ububanzi belizwe lakho, Imanuweli.

Bhavumani, zizwe, niqotywe; bekani 9
indlebe, nonke mimandla ikude yehlabathi; bhinqani, niqotywe; bhinqani, niqotywe. Cebani icebo, lotshitsha; 10
thethani ilizwi, aliyi kuma; ngokuba uThixo unathi. Kuba utshilo uYehova 11
kum, eseyisa ngamandla, endithethisa ukuba ndingahambi ngendlela yabo bantu, ukuthi, Ize ningàthi, Ikukuce- 12
tywa into yonke abathi abo bantu,

Ikukucetywa; nento eyoyikwa ngabo ningayoyiki, ningangcangcazeliswa yiyo.
13 UYehova wemikhosi, ngcwalisani yena nina, abe nguye enimoyikayo, abe nguye
14 oningcangcazelisayo. Woba yingcwele *kuni*; ke yena uya kuba lilitye lokubetheka, neliwa lokukhubeka, kuzo zombini izindlu zakwaSirayeli, abe sisibatha
15 nomgibe kubemi baseYerusalem. Abaninzi kubo baya kukhubeka apho, bawe, baphuke, barhintyeleke, babanjiswe.
16 Bopha isingqino, tywina *uqinise* isiya-
17 lo kubafundi bam. Ndiya kulindela kuYehova, lo ubusithelisayo ubuso bakhe kwindlu kaYakobi, ndithembele
18 kuye. Yabona, mna nabantwana andinikileyo uYehova, singabemiqondiso nezimanga kwaSirayeli, ezivela kuYehova wemikhosi, ulohlala entabeni yaseZiyon.

19 Xa bathe kuni, Quqelani kwabaneshologu nakoosiyazi, abalozayo, abadumzelayo, yithini, Abantu mabangaquqeli kuThixo wabo, yini na? Ngenxa yabaphilileyo mabaquqele kwabafileyo
20 na? *Bhekani* esiyalweni, esingqinweni! Ukuba bathe abathetha ngokwelo lizwi,
21 boba abanasifingo. Baya kucanda kulo ilizwe begogotyelwe, belambile; kuthi ke, xa bathe balamba, babe noburhalarhume, batshabhise ukumkani wabo no-
22 Thixo wabo, babheke phezulu; babheke emhlabeni, nanko kuyimbandezelo nobumnyama, bethiwe ncithi yingcutheko, begxothelwe esithokothokweni.

UMhlanguli kaSirayeli

9 Ngokuba akuyi kuhlala kuthe ncithi kwelinengcutheko. Ngexesha lokuqala walicukuceza ilizwe lakwaZebhulon nelizwe lakwaNafetali; ngelakamva uya kuyizukisa indlela yaselwandle, phesheya kweYordan, ummandla weentla-
2 nga.* Abantu abo bàhambá emnyameni baboné ukukhanya okukhulu; abemi basezweni lethunzi lokufa, ukukhanya kubengezéle phezu kwabo.
3 Ùyalwandisa uhlanga, ulukhulisela uvuyo; bayavuya phambi kwakho, njengokuvuya kwexa lokuvuna, njengokuvuyelela kwabo ekwabeni kwabo amaxhoba.
Kuba idyokhwe yomthwalo wabo 4 noswazi lwamagxa abo, intonga yomqhubi wabo, ùyaphule njengemini yakwaMidiyan. Ngokuba zonke izi- 5 hlangu zabanyathela ngezihlangu ekungxoleni kokulwa, neengubo ezityikitywe emagazini, ezo ziya kutshiswa, zibe kukudla komlilo.
Ngokuba sizalélwe umntwana, sini- 6 kwé unyana; ukuthethela kusesixhantini sakhe; igama lakhe kuthiwa nguMmangaliso, nguMcebisi, nguThixo oligorha, nguSonini-nanini, nguMthetheli woxolo, ukuba kwande ukuthethe- 7 la oko, kubekho uxolo olungenakuphela etroneni kaDavide, nasebukumkanini bakhe, ukuba bumiswe buxhàswe ngokusesikweni nangobulungisa, kususela koko kude kuse ephakadeni. Ikhwele likaYehova wemikhosi liya kukwenza oko.

Imigwebo yeNkosi ngoSirayeli

INkosi ithumela ilizwi kwaYakobi, 8
liwa ke kwaSirayeli. Bonke ke abantu 9
bephela baya kwazi, amaEfrayim nabemi belakwaSamari: àbathi ngekratshi nangobukhulu bentliziyo, Izitena ziwile, 10 siya kwakha ngamatye aqingqiweyo; imithombe ixakaxiwe, siya kuyimisela ngemisedare.* UYehova ubaphakami- 11 sile ababandezeli bakaRetsin phezu kwakhe, uzixhoxhile iintshaba zakhe. Ama-Aram* ngasempumalanga, nama- 12 Filisti ngasentshonalanga, awadlile amaSirayeli ngomlomo wonke. Kuko konke oko, awubuyi umsindo wakhe; isandla sakhe sisolukile.
Aba bantu ke àbabuyeli kulowo 13 ubabethileyo; àbamngxamele uYehova wemikhosi. Ngoko ke usuke uYehova 14 wanqumla kuSirayeli intloko nomsila, isebe lomthi wesundu nomzí, ngamininye. Amadoda amakhulu nabafo aba- 15 bekekileyo, yintloko ke leyo; abaprofeti abayala ngobuxoki, ngumsila ke lowo. Abakhokeli baba bantu basuke baba 16 ngaba bandwendwisayo, nabakhokelwa

ngabo basuke baba ngabaginyiweyo.
17 Ngenxa yoko iNkosi ayiyi kuvuya ngamadodana abo, ingabi namfesane ngeenkedama zabo nabahlolokazi babo; ngokuba bonke bephela baziintshembenxa, nabenzi bobubi; yonke imilomo ithetha ngobudenge. Kuko konke oko, awubuyi umsindo wakhe; isandla sakhe sisolukile.
18 Kuba okungendawo kutsha njengomlilo, kudla ubobo namakhakakhaka, kufaka isikhuni ezintshinyeleni zehlathi,
19 kunyuka njengomqulu womsi. Ngokuphuphuma komsindo kaYchova wemikhosi ilizwe liyatsha; abantu banjengokudla komlilo; umntu akamcongi umza-
20 lwana wakhe. Basika ngasekunene, balambe noko; badle ngasekhohlo, bangahluthi noko; umntu adle inyama
21 yengalo yakhe; uManase adle uEfrayim, uEfrayim adle uManase; bona bachasane noYuda. Kuko konke oko, awubuyi umsindo wakhe; sisolukile isandla sakhe.

Ukuqhayisa kweAsiriya nokohlwaywa kwayo

10 Yeha, abamisi bemimiselo yobutshinga, ababhali ababhala uxha-
2 mlo; ukuze bazisunduze izisweli, zingafiki ematyaleni, bazihluthe ibango lazo iintsizana zabantu bam, ukuba abahlolokazi babe lixhoba labo, baphange
3 iinkedama! Niya kuthini na ke ngemini yovelelo, nasesithongeni esivela kude? Niya kusabela kubani na ukuba anincede, nilushiye phi na uzuko lwenu?
4 Akukho kumbi, sekukukuguqa phakathi kwabakhonkwixeyo, bawe phakathi kwababuleweyo. Kuko konke oko, awubuyi umsindo wakhe, sisolukile isandla sakhe.

5 Yeha, uAsiriya, ntonga yomsindo wam; luswazi olusesandleni sabo uku-
6 bhavuma kwam! Ndiya kumthumela kuhlanga oluyintshembenxa, ndimwisele umthetho ngabantu bokuphuphuma komsindo wam, ukuba athimbe amaxhoba, aphange okuphangiweyo, abenze into yokunyathelwa njengodaka lwezitrato. Ke yena akabi kunjalo; intliziyo 7 yakhe ayiyicingi loo nto; ngokuba okusentliziyweni yakhe kukutshabalalisa nokunqumla iintlanga ezingembalwa.

Kuba úthi, Abathetheli bam asingookumkani bonke na? IKaleno ayinje- 8 ngeKarkemishe na, iHamati ayinje- 9 ngeArpadi na, owakwaSamari awunjengeDamasko na? Njengokuba isandla 10 sam sazifumanayo izikumkani zezithixo ezingení; ukanti imifanekiso yazo eqingqiweyo ingaphezulu kweyaseYerusalem neyakwaSamari: andiyi kuthi na, 11 njengoko ndenza ngako kowakwaSamari nezithixo zawo ezingení, ndenjenjalo kwiYerusalem nezithixo zayo?

Kuya kuthi, xa ithe iNkosi yazifeza 12 izenzo zayo zonke entabeni yaseZiyon naseYerusalem, ndizivelele iziqhamo zobukhulu bentliziyo yokumkani waseAsiriya, nokuqhayisa ngokuqwayinga kwamehlo akhe.

Kuba úthe, Ndenzé ngamandla 13 esandla sam nangobulumko bam; ngokuba ndinengqondo, ndayishenxisa imida yezizwe, ndaziphanga iimpahla zazo, ndabahlisa njengenkunzi eyimbalasane abahleli *ezitroneni*; isandla sam sabu- 14 fumana ubutyebi bezizwe njengendlu yentaka, ndalibutha mna lonke ihlabathi, njengokubutha amaqanda; akwabakho nanye ishukumisa iphiko, neyakhamayo, netswinayo.

Izembe lingámqhayisela na ogawula 15 ngalo? isarha ingázikhulisa na ngaphezu koyitsalayo? ngathi intonga ingábajingisa abaphakamisi bayo, ngathi uswazi lungámphakamisa ongenguwo umthi! Ngako oko iNkosi, iNkosi yemikhosi, 16 iya kubathumela ukungcumbeka kwabatyebileyo bakhe, nangaphantsi kobuqaqawuli baseAsiriya kutshe ukutsha, njengokutsha komlilo. Ukhanyiso lu- 17 kaSirayeli luya kuba ngumlilo, oyiNgcwele wakhe abe lilangatye, litshise lidle amakhakakhaka akhe nobobo lwakhe ngamini-nye. Uya kubuphclisa u- 18 buqaqawuli behlathi lakhe, nobentsimi yakhe echumayo, ethabathela emphefumlweni ase enyameni, kube njengokungcungcutheka komntu ofayo; abe 19 mbalwa amasalela emithi yehlathi lakhe, ibhalwe nangumntwana.

20 Kuya kuthi ngaloo mini, angabi saphinda amasalela akwaSirayeli, nabasindileyo bendlu kaYakobi, bayame ngobabethayo; baya kwayama ngoYehova
21 oyiNgcwele kaSirayeli, benyanisile. Amasalela aya kubuya, amasalela akwa-
22 Yakobi, eze kuThixo oligorha. Kuba nangona bathe baba ngangentlabathi yaselwandle abantu bakho, Sirayeli, kobuya amasalela odwa kubo; ukupheliswa kumisiwe kwagqitywa, kukhukula
23 ubulungisa. Ngokuba iNkosi uYehova wemikhosi iza kwenza phakathi kwehlabathi lonke impeliso, iyemisiweyo ke yagqitywa.
24 Ngako oko, itsho iNkosi, uYehova wemikhosi, ukuthi, Musani ukumoyika uAsiriya, bantu bam bahleliyo eZiyon, akunibetha ngentonga, aniphakamisele uswazi lwakhe ngohlobo lwamaYiputa.
25 Kuba kusaya kuba mzuzwana mncinane, kuphele ukubhavuma kwam, nomsindo
26 wam uye kumonakalisa; ajiwule phezu kwakhe uYehova wemikhosi iziniya, njengoko wabetha amaMidiyan eweni likaOrebhe; intonga yakhe ibe phezu kolwandle, ayiphakamise ngohlobo lwa-
27 maYiputa. Kuya kuthi ngaloo mini, usuke umthwalo wakhe esixhantini sakho, nedyokhwe yakhe entanyeni yakho, idyokhwe yonakale kukutyeba.
28 Úfikile eAyati, ucandé eMigron, uyibeke eMikimashe impahla yakhe.
29 Baqabéle enkalweni, bathi, Masilalise eGebha. Iyagubha iRama, isabile
30 iGibheha yakwaSawule. Khala ngezwi lakho, ntombi yaseGalim! Baza iindle-
31 be, Layisha! Uha, Anatoti! IMadema ibalekile; abemi baseGebhim bazi-
32 sabisile iintsapho zabo. Umisa eNobhe kwanamhlanje, ulingisa ngesandla sakhe entabeni yentombi enguZiyon, endulini yaseYerusalem.
33 Yabona, iNkosi, uYehova wemikhosi, iyawathi tyhobotyhobo amahlamvu ngokungcangcazelisayo, namade aphezulu axakaxwe, naphakamileyo athotywe;
34 ihlàhla neentshinyela zehlathi ngesixengxe, iwiswe iLebhanon ngonamandla.

Ukuxhotyiswa kukaMesiya nguThixo

11 Kophuma igatya esiphunzini sikaYese, kuqhame ihlumelo ezingcanjini zakhe; ahle ahlale phezu kwalo 2 uMoya kaYehova, umoya wobulumko nowengqondo, umoya wecebo nowobugorha, umoya wokwazi nowokoyika uYehova. Ivumba elithozamisayo kuye 3 likukoyika uYehova, angagwebi ngokokubona kwamehlo akhe, angohlwayi ngokokuva kweendlebe zakhe. Uya 4 kuligweba ityala leziswéli ngobulungisa, abalungiselele abalulamileyo behlabathi ngokuthe tye, alibethe ihlabathi ngentonga yomlomo wakhe, ambulale ongendawo ngomoya wemilebe yomlomo wakhe. Yoba bubulungisa iqamesi 5 lesinqe sakhe, ibe yintembeko iqamesi lamanqe akhe.

Ingcuka iya kuhlala nemvana, ingwe 6 ibuthe netakane lebhokhwe; kubuthe ndawonye ithole lenkomo, nengonyama entsha, nenkomo etyetyisiweyo; nomntwana aziqhube ezo zinto. Ithokazi 7 lenkomo nemazi yebhere* ziya kudla utyani ndawonye, amankonyana azo abuthe ndaweni-nye; ingonyama idle umququ njengenkomo; adlale umntwa- 8 na owanyayo emngxunyeni wephimpi, olunyulweyo ase isandla sakhe elukhozweni lweliso lerhamba. Ezo zinto aziyi 9 kwenza bubi, aziyi konakalisa ezintabeni zam zonke ezingcwele; ngokuba ilizwe liya kuzala kukwazi uYehova, njengamanzi egubungele ulwandle.

Ukubuya noloyiso kweentsali zakwaSirayeli nezakwaYuda

Kuya kuthi ngaloo mini, ihlumelo li- 10 kaYese, elimelé ukuba yibhanile* yezizwe, iintlanga ziquqele kulo; nendafo yokuphumla kwalo ibe bubuqaqawuli.

Kuya kuthi ngaloo mini, iNkosi 11 isiphindise okwesibini isandla sayo sokuwathenga siwakhulule amasalela abantu bayo, aya kusala eAsiriya, naseYiputa, nasePatros, nakwaKushi, nakwaElam, naseShinare, naseHamati, 12 naseziqithini zolwandle; izinyùsele ibhanile iintlanga, ibahlanganise abagxothiweyo bakwaSirayeli, izibuthe iintsali zakwaYuda emasondweni omané 13 ehlabathi. Losuka ikhwele likaEfrayim, banqunyulwe ababandezeli bakaYuda. UEfrayim akayi kumkhweletela uYuda, uYuda angambandezeli uEfra-14 yim. Bophaphazela egxalabeni lamaFilisti, babheke ngasentshonalanga. Baya kudibana baphange oonyana basempumalanga, base isandla kooEdom noMowabhi; oonyana baka-Amon ba-15 beve. UYehova wosisingela phantsi isibhaxa solwandle lwaseYiputa, alingise ngesandla sakhe kuwo uMlambo* ekuvutheni komoya wakhe, awubethe ube yimilanjana esixhenxe, abaweze benee-16 mbadada. Kuya kubakho umendo wamasalela abantu bakhe, abaya kusala eAsiriya, njengoko kwaba njalo kumaSirayeli, mini anyuka ephuma ezweni leYiputa.

Iingoma zombulelo

12 Uya kuthi wena ngaloo mini, Ndiyabulela kuwe, Yehova, ngokokuba ubundiqumbele, waza wabuya umsindo wakho, wandithuthuzela wena.
2 Yabona, uThixo ukukusindiswa kwam; ndikholosile, andikwantyi; ngokokuba iqhayiya lam nengoma *yam* nguYa, nguYehova obuye waba lusindiso kum.
3 Ngoko ke niya kukha amanzi ninemi-
4 hlali emithonjeni yosindiso; nithi ngaloo mini, Bulelani kuYehova, nqulani igama lakhe, zaziseni ezizweni izenzo zakhe, izenzo zakhe ezincamisayo; likhankanyeni igama lakhe ukuba liyingxonde.
5 Mbetheleni uhadi uYehova; ngokuba enzé ngobungangamsha; makwazeke
6 oko ehlabathini lonke. Tsholoza umemelele, wena mmi waseZiyon; ngokuba mkhulu phakathi kwakho oyiNgcwele kaSirayeli.

Ukubhukuqwa kweBhabheli ngamaMedi

13 Isihlabo esisingisele kwiBhabheli, awasibonayo uIsaya, unyana kaAmotsi.

Nyusani ibhanile* phezu kwentaba 2 eluqayi, baphakamiseleni ilizwi; khobani ngesandla, bangene emasangweni amanene. Mna ndibawisele umthetho 3 abangcwalisiweyo bam, ndiwabizele umsindo wam amagorha am, abadlamkileyo bam abanekratshi. Yiveni ingxo- 4 kolo ezintabeni, ngathi yeyabantu abaninzi. Yiveni ingxokolo yezikumkani zeentlanga, zíhlanganisene; uYehova wemikhosi uhlanganisa umkhosi wemfazwe. Bavela ezweni elikude, eku- 5 pheleni kwamazulu—nguYehova nezixhobo zengqumbo yakhe, ukuba alonakalise ilizwe lonke.

Bhombolozani, kuba isondele imini 6 kaYehova, ivela ngokwembuqo kuSomandla. Ngenxa yoko ziwile iingalo 7 zonke, zonke iintliziyo zabantu zinyibilikile. Bakhwankqile, bafikelwe kuku- 8 penapena nayinimba; bayazibhijabhija njengozalayo, bakhwankqiswe ulowo nguwabo; ubuso babo bubuso bamalangatye.

Yabona, imini kaYehova iyeza, ino- 9 bujorha, iphuphuma umsindo, ishushu, ukuba ilènze libe senkangala ilizwe, ibatshabalalise aboni balo kulo. Kuba 10 iinkwenkwezi zezulu namakroza alo akayi kukhanyisa kukhanya kwawo; liya kuba mnyama ilanga ekuphumeni kwalo, inyanga ingabi mhlophe ukukhanya kwayo.

Ndolivelela elimiweyo ngenxa yobubi 11 *balo*, nabangendawo ngenxa yobugwenxa babo, ndiliphèlise ikratshi labakhukhumeleyo, ndilithobele phantsi ikratshi labangcangcazelisi; ndiwènze 12 amadoda anqabe ngaphezu kwegolide engcwengiweyo, noluntu lunqabe ngaphezu kwegolide ecikizekileyo yakwaOfire. Ngenxa yoko ndiya kuligungqisa 13 izulu, nehlabathi linyikime, lishenxe endaweni yalo ngokuphuphuma komsindo kaYehova wemikhosi, ngemini yokuvutha komsindo wakhe; bathi ke, 14 njengebhadikazi elisukeliswayo, nanjengomhlambi ongenamhlanganisi, babheke elowo kubantu bakowabo, basabele elowo ezweni lakowabo. Bonke 15 abo bafunyenweyo baya kuhlatywa

UISAYA 13–14

amahlànza, bonke abo babanjiweyo bawe likrele. Zocunyuzwa iintsana zabo phambi kwamehlo abo, ziphangwe izindlu zabo, balalwe abafazi babo.
17 Yabona, ndibaxhoxhela amaMedi angayibekiyo isilivere, angayinanzileyo
18 negolide. Izaphetha zawo ziya kukhahlela amadodana, nesiqhamo sesizalo angabi namfesane siso; iliso lawo lingabi
19 nanceba kubo abantwana. IBhabheli, ikhazikhazi lezikumkani, isihombo sekratshi lamaKaledi, iya kuba njengokubhukuqa kukaThixo iSodom neGomo-
20 ra. Ayi kumiwa naphakade, ayi kuza ihlalwe ezizukulwaneni ngezizukulwana, angagxumeki ntente khona nomArabhi, nabalusi bangakhi khona buhlanti.
21 Obutha khona amarhamncwa omqwebedu, zizale izindlu zabo ziziluluhulu, kuhlale iinciniba khona, kuqakathe
22 izinto ezimaxhonti khona; kulile amaxhwili ezingxandeni zabo ezinde, neempungutye emabhotweni okuxhamla ubuncwane; kusondele ukuza kwexesha layo, nemini yayo ingalibali.

Ukubuyiswa kukaSirayeli

14 Ngokuba uYehova uya kuba nemfesane kuYakobi, abuye awanyule amaSirayeli, awahlalise emhlabeni wakowawo, bathelele kuwo abasemzini,
2 bahlomele endlwini kaYakobi. Ziya kuwathabatha izizwe, ziwazise endaweni yawo; bazifuye zona abendlu kaSirayeli emhlabeni kaYehova, zibe ngamakhoboka namakhobokazana, babe ngabathimbi babathimbi babo, babe nobukhosi kubaqhubi babo.

Umemelelo olungokufa kokumkani weBhabheli

3 Kuya kuthi, mini uYehova aniphumzayo ekwaphukeni kwenu, nasekugungqeni kwenu, nasekukhonzeni oku-
4 nzima, enakhonziswa ngako, nihlabe lo mzekeliso ngokumkani waseBhabheli, nithi, Útheni na ukupheza umqhubi!
5 ukupheza umzi othisayo! UYehova ulwaphule uswazi lwabangendawo, i-
6 ntonga yabalawuli, ebizibetha izizwe ngokuphuphuma komsindo, ngokubetha okungenakupheza; ebizinyathela ngomsindo iintlanga ngokusukelwa okungenakubanjezelwa. Liphumle, lizoli- 7 le ihlabathi lonke; bayagqabhuka bamemelele. Nayo imisipres* ikuvuyele, 8 imisedare* yaseLebhanon ithi, Kuseloko walalayo, akunyuki mgawuli usigawulayo.

Elabafileyo ngaphantsi liyagungqa 9 nguwe, ngokubona ukuza kwakho; likuxhoxhela abafileyo, zonke iinkunzi ezikhokelayo zehlabathi; liphakamisa ezitroneni zabo bonke ookumkani beentlanga. Zonke ziphela zasusela nge- 10 lithi kuwe, Nawe wenziwé ofayo njengathi na? usuke wafana nathi na? Bu- 11 hliselwe kwelabafileyo ubungangamsha bakho, isandi semirhubhe yakho; kwandelwe iimpethu ngaphantsi kwakho, akugubúngele amanundu.

Útheni na ukuwa emazulwini, Khwe- 12 zi, nyana wesifingo! ukunqunyulwa uwe emhlabeni, mngquli weentlanga! Wena se wathi entliziyweni yakho, 13 Ndiya kunyukela emazulwini, ndiyinyuse itrone yam ibe ngaphezu kweenkwenkwezi zikaThixo; ndihlale entabeni yentlanganiso, engontsini yasentla. Ndiya kunyuka ngaphezu kwezigánga 14 zamafu, ndizifanise nOsenyangweni; kanti ùya kuhliselwa kwelabafileyo, e- 15 ngontsini yomhadi.

Abakubonayo baya kukuthi nzo nga- 16 mehlo, bakugqale, bathi, Yiyo na le indoda ebiligungqisa ihlabathi, ebizinyikimisa izikumkani? eyalenza intla- 17 ngo elimiweyo, yayigungxula imizi yalo; àyabavulela ababanjwa balo ukuba bagoduke? Bonke ookumkani beentlanga, bonke bephela, balele benozu- 19 ko, elowo endlwini yakhe; ke wena ulahlelwe kude nengcwaba lakho, njengegatya elilisikizi; wambethe ababuleweyo, abahlatywe ngekrele, abahle baya ematyeni omhadi; njengesidumbu esinyashwe ngeenyawo.

Akuyi kubandakanywa nabo engcwa- 20 beni, ngokokuba walonakalisayo ilizwe lakho, wababulala abantu bakho; ayiyi kuba nagama naphakade imbewu yabenzi bobubi. Oonyana bakhe balungi- 21

seleni ukusikwa, ngenxa yobugwenxa booyise, Mabangesuki balidle ilifa ihlabathi, bazalise elimiweyo ngemizi,
22 Ndiya kusukela phezulu kubo, utsho uYehova wemikhosi, iBhabheli ndiyinqumle ingabi nagama namasalela,
23 nanyana nanzalo, utsho uYehova; ndiyenze ibe lilifa lokhwalimanzi nezadunge zamanzi, ndiyitshayele ngomtshayelo wentshabalalo; utsho uYehova wemikhosi.

Ukutshatyalaliswa kukaAsiriya

24 Ufungile uYehova wemikhosi wathi, Inyaniso, njengoko ndicinge ngako, koba njalo; njengoko ndicebe ngako,
25 koma ngolo hlobo; ukuba ndímaphule uAsiriya ezweni lam, ndimnyashe ngeenyawo ezintabeni zam, isuke kubo idyokhwe yakhe, usuke umthwalo wa-
26 khe esixhantini sabo. Lilo elo icebo elicetyiweyo ngehlabathi lonke; siso eso isandla esolukileyo phezu kweentlanga
27 zonke. Kuba uYehova wemikhosi ucebile, ngubani na onokutshitshisa? nesandla sakhe eso solukile, ngubani na onokusibuyisa?

Okuya kuhlela uFilisti

28 Ngomnyaka wokufa kokumkani onguAhazi kwabakho esi sihlabo sithi:
29 Musa ukuvuyelela, wena Filisti uphela, ngakuba yaphukile intonga ebikubetha; kuba engcanjini yenyoka kuphuma irhamba, isiqhamo sayo sibe yinyo-
30 ka etshisayo, ephaphazelayo. Baya kudla abaziziweli, abuthe ekholosile amahlwempu; ndibulale ingcambu yakho ngendlala, abulawe amasalela akho.
31 Bhomboloza, sango! Khala, mzi! Yitha amandla, wena Filisti uphela, ngokuba entla kuphuma umsi; akukho
32 wahlukayo ebuthweni lakhe. Bathini na ukuphendula abathunywa beentlanga? Bathi, UYehova uyisekile iZiyon, zozimela ngayo iintsizana zabantu bakhe.

Okuya kuhlela uMowabhi

15 Isihlabo esisingisele kuMowabhi. Kuba ngobusuku iAri yakwaMowabhi ibhuqiwe, yadaka; kuba ngobusuku ibhuqiwe iKire yakwaMowabhi, yathi shwaka. Banyuké baya endlwini naseDibhon, ezigángeni, besiya kulila; phezu kweNebho naphezu kweMedebha uMowabhi uyabhomboloza; zonke iintloko zichetyiwe, zonke iindevu ziguyiwe. Ezitratweni zakhe babhinqa ezirhwexayo; phezu kwezindlu zakhona, nasezindaweni zeembutho zakhona, bonke bephela bayabhomboloza, besithi ngxa iinyembezi. Iyakhala iHeshbhon ne-Elale, lide laya kuvakala naseYahazi izwi labo; ngenxa yoko abaxhobileyo bakwaMowabhi benza isijwili, umphefumlo wabo uyajijitheka kubo.

Intliziyo yam iyakhala ngokubona uMowabhi, omivalo ide yesa eTsohare, elithokazi elilizibulekazi; kuba banyuka eqhineni laseLuhiti belila; kuba endleleni yaseHoronayim bakhalíswa kukwaphulwa kwabo; kuba amanzi aseNimrim athe qoko; kuba bubunile utyani, luphelile uhlaza, awukho umfuno. Ngenxa yoko intwana ebisele, ababeyenzile, ababeyiqwebile, bayayithwala bayiweze esihlanjeni semingculuba. Kuba isikhalo siwuzungulezile umda wakwaMowabhi; ukubhomboloza kwakhe kwesa e-Eglayim, kwesa naseBhere-elim ukubhomboloza kwakhe. Kuba amanzi aseDimon azele ligazi; ngokuba iDimon ndiyimisela ezinye izinto ezimbi; abasindileyo bakwaMowabhi nabaseleyo emhlabeni *ndibamisela* ingonyama.

16 Thumelani iimvana kumlawuli welizwe, zivela eSela, zibheke entlango, ziye entabeni yentombi u-Ziyon. Kuba njengeentaka eziphekuziweyo, njengendlu yentaka esuselweyo, aya kuba njalo amagxamesi akwaMowabhi emazibukweni aseArnon, esithi, Siphe iqhinga, yahlula; misa isithunzi sakho sibe njengobusuku emini enkulu; fihla abagxothiweyo, musa ukumncetheza obhadubhadulayo. Mabaphambukele kuwe abagxothiweyo bam; ube lisithe kuye uMowabhi phambi kombhuqi; ngokuba umkhamangi ugqibele, umbhuqi uphelile, abanyashi batshatyalalisiwe ezweni. Kuya kuzinziswa itrone ngenceba, kuhlale phezu

UISAYA 16-17

kwayo onenyaniso, ententeni kaDavide: umgwebi okhathalele okusesikweni, okhawulezayo ukulungisa.

6 Silivile ikratshi likaMowabhi, ikratshi elikhulu. Hayi, ukukratsha kwakhe! Hayi, ikratshi lakhe nokuphuphuma komsindo wakhe, ukuphololoza
7 kwakhe into engeyiyo! Ngako oko uMowabhi uya kubhomboloza ngenxa kaMowabhi; bonke bephela baya kubhomboloza; niya kunkwinizela izicumba zeerasintyisi zaseKir-hareshete,
8 nithe dakumba kanye. Kuba amasimi aseHeshbhon antshwenyile, nomdiliya waseSibhema. Abantu beentlanga bayivithile imidiliya yawo yohlobo; ibide yaya kufika eYazere, yanabela entlango, amasebe ayo anaba ada awela ulwandle.

9 Ngenxa yoko ndiyawulilela ngokulila kweYazere umdiliya waseSibhema; ndikunyakamisa ngeenyembezi zam, Heshbhon, nawe Elale, ngokuba ukuvunwa kweziqhamo zakho nokuvunwa kweediliya zakho kufikelwe ngamayeyeye.
10 Isukile imivuyo nemigcobo entsimini echumayo; akusamemelelwa ezidiliyeni, akusadunywa nokudunywa; umxovuli akasaxovuli newayini emkhombeni; ndi-
11 waphelisile amayeyeye. Ngenxa yoko izibilini zam ziyahlokoma njengohadi ngoMowabhi, nento ephakathi kwam
12 ngeKir-heres. Kuya kuthi, xa athe wabonakala, xa athe wazidinisa uMowabhi esigángeni, wangena engcweleni yakhe ukuba athandaze, asuke angabi nakuthini.

13 Lilo elo ilizwi, awalithethayo uYehova
14 ngoMowabhi kwanini. Kaloku ke uYehova uthetha esithi, Ngeminyaka emithathu, njengeminyaka yomqeshwa, buya kucukucezwa ubuqaqawuli bukaMowabhi, naloo ngxokolo yonke eninzi, amasalela abe mancinane, abe mbalwa, angabi makhulu.

Okuya kuhlela iDamasko noSirayeli

17 Isihlabo esisingisele kwiDamasko. Yabona, iDamasko iya kususwa ekubeni ngumzi, ibe ngumwewe owile-
2 yo. Ishiyiwe imizi yaseArohere; iya kuba yeyemihlambi, ibuthe khona, kungabikho uyothusayo; ipheliswe 3 inqaba kwaEfrayim nobukumkani kwiDamasko, amasalela ama-Aram* abe njengobuqaqawuli boonyana bakaSirayeli; utsho uYehova wemikhosi.

Kuya kuthi ngaloo mini, busweleke 4 ubuqaqawuli bukaYakobi, ingcumbeke inyama yakhe etyebileyo. Kuya kuba 5 njengomvuni ehlanganisa ingqolowa emiyo, ingalo yakhe isika izikhwebu, kube njengokubhikica izikhwebu esihlanjeni samaRafa; kusale okubhiki- 6 cwayo khona, njengasekuvuthululweni komnquma; amabhumbulu abe mabini namathathu emancamini phezulu, abe mané namahlanu ezimbaxeni zawo umthi oneziqhamo; utsho uYehova, uThixo kaSirayeli. Ngaloo mini u- 7 mntu uya kondela kuMenzi wakhe, amehlo akhe akhangele koyiNgcwele kaSirayeli; anganoneleli izibingelelo, 8 izenzo zezandla zakhe, angayikhangeli into eyênziwa yiminwe yakhe, noAshera,* nezithixo zelanga.

Ngaloo mini imizi yakhe enqabileyo 9 iya kuba ngamanxuwa asezintshinyeleni zehlathi, nawasezincotsheni zeentaba, abawashiyáyo phambi koonyana bakaSirayeli; koba senkangala. Ngokokuba 10 ùmlibele uThixo, umsindisi wakho, akwalikhumbula neliwa lokunqaba kwakho; ngenxa yoko watyala izityalo ezimnandi, wamilisela kuzo iintswazi zomdiliya wasemzini. Ngemini yoku- 11 tyala wawukho wawubiyela, kusasa wayityatyambisa imbewu yakho—sisitha sokwindla eso ngemini yesifo, nomvandedwa obulalayo.

Ukubhukuqwa kweAsiriya

Yeha, ukuguguma kwezizwe ezininzi, 12 ziguguma njengokuguguma kweelwandle! Yeha, ukungxola kwezizwe, zingxola njengokungxola kwamanzi anamandla! Izizwe zingxola njengoku- 13 ngxola kwamanzi amaninzi; ke uThixo wozikhalimela, zisabe ziye kude, zisukelwe njengomququ weentaba phambi komoya, njengefukufuku lothuli phambi kwesaqhwithi. Ngexa langoku- 14

UISAYA 17-19

hlwa, nanko zikhwankqile; kungekasi, azikho. Siso eso isahlulo sabasidywidayo, nelifa labasiphangayo.

Umyalezo kuKushi

18 Yeha ke, ilizwe lenzwinini yamaphiko, eliphesheya kwemilambo 2 yakwaKushi; elithuma izigidimi ngolwandle ngemikhombe yemikhanzi phezu kwamanzi! *Ndithi*, Hambani, bathunywa banamendu, niye kuhlanga olude, olugudileyo, kubantu aboyikekayo ngapha nangapha, kuhlanga olumithetho inzima, olugqushayo, olulizwe 3 licandwacandwe yimilambo! Nonke bemi belimiweyo, nani bahleli ehlabathini, xa kuthe kwenyuka ibhanile* ezintabeni, khangelani; xa kuthe kwa-4 vuthelwa isigodlo, yivani. Ngokuba utshilo uYehova kum ukuthi, Ndiya kuzola, ndibonele ndisendaweni yam; kufudumele, lisile, likho ilanga, kukho ilifu lombethe ekufudumaleni ngexa 5 lokuvuna. Kuba phambi kokuvuna, akugqibela ukuphuma amathupha, intyantyambo yakuba yidiliya emuncu: úya kuwanqumla amasebe ngesitshe-6 tshe, awasuse awavikive anabayo. Onke aya kushiywa abe ngawamaxhalanga eentaba, abe ngawamarhamncwa elizwe; amaxhalanga adlulise ihlobo phezu kwawo, onke amarhamncwa elizwe adlulise ubusika phezu kwawo.

7 Ngelo xesha kuya kusiwa kuYehova wemikhosi isithabathaba, esingabantu abade, abagudileyo, bephuma kubantu aboyikekayo abangapha nangapha; kuhlanga olumithetho inzima, olugqushayo, olulizwe licandwacandwe yimilambo; sisiwe endaweni yegama likaYehova wemikhosi, entabeni yaseZiyon.

Ukugwetywa kweYiputa

19 Isihlabo esisingisele kwiYiputa. Bona ke uYehova ekhwele efini elinamendu, uza eYiputa. Ziya kudidizela izithixo ezingento zaseYiputa phambi kwakhe, intliziyo yeYiputa inyi-2 bilika phakathi kwayo. AmaYiputa ndiya kuwaxhokonxela kwa-amaYiputa, alwe elowo nomzalwana wakhe, elowo nommelwane wakhe, umzi nomzi, ubukumkani nobukumkani. Wóthiwa qo- 3 ngqololo umoya wamaYiputa phakathi kwawo; ndiliginye icebo lawo, aquqele kwizithixo ezingento, nakwabadumzelayo, nakwabaneshologu, nakoosiyazi; ndiwavìngcele amaYiputa ngesandla 4 senkosi esilukhuni, alawulwe ngukumkani onengcwangu; itsho iNkosi, uYehova wemikhosi.

Aya kuthi qoko amanzi aselwandle, 5 utshe wome umlambo; zinuke izibhaxa 6 zawo, iwuthe itshe imijelo yoMnayile waseYiputa, zishwabane iingcongolo nemikhanzi. Iintili ezingakuMnayile, 7 ngasechwebeni loMnayile, nento yonke ehlwayelweyo, iya koma, iphetshethwe ingabikho. Baya kuncwina ababambisi 8 beentlanzi, bambambazele bonke abaphosa iqherhu eMnayileni, bathi matshamatsha abaneka umnatha phezu kwamanzi. Baya kudana abasebenzi 9 beflakisi* echazwayo, nabaluki belinen emhlophe; zithiwe vithivithi iintsika 10 zalo, ube buhlungu umphefumlo wabo bonke abasebenzela umvuzo.

Bazizimathane zodwa abathetheli ba- 11 seTsohan; amaphakathi alumkileyo ka-Faro, icebo *labo* libubutyhakala. Ningáthini na ukuthi kuFaro, Ndingunyana wezilumko, ndingunyana wookumkani bamandulo? Ziphi na, ziphi 12 na ke izilumko zakho? Mazikuxèlele kaloku, ziyazi into ayicebileyo uYehova wemikhosi ngeYiputa. Bazizimathane 13 abathetheli baseTsohan, balukuhliwe abathetheli baseNofu; bayilahlekisile iYiputa abayimbombo yezizwe zayo. UYehova uthululele embilinini wayo 14 umoya wobugwenxa, ukuba bayilahlekise iYiputa ekwenzeni kwayo konke, njengokugxadazela kwenxila emhlanzweni walo. IYiputa ayiyi kuba 15 nasenzo isenzayo intloko kwanomsila, isebe lesundu nomzi *womlambo*.

Ngaloo mini amaYiputa aya kuba 16 njengabafazi, agubhe, ankwantye phambi kokulingisa ngesandla kukaYehova wemikhosi, alingisa ngaso kuwo. U- 17 mhlaba wakwaYuda woyixhalabisa iYiputa; athi othe wawukhankanya kuyo,

UISAYA 19-21

ankwantye, ngenxa yecebo likaYehova wemikhosi, alicebileyo ngayo.

18 Ngaloo mini imizi emihlanu ezweni lamaYiputa iya kuthetha intetho yelakwaKanan, ifunge uYehova wemikhosi; omnye kuya kuthiwa yi-Ir-heres.*

19 Ngaloo mini kuya kubakho isibingelelo kuYehova phakathi kwelizwe lamaYiputa, nelitye elimisiweyo kuYehova
20 ngasemdeni walo. Oko koba ngumqondiso nobungqina kuYehova wemikhosi ezweni lamaYiputa; xa athe akhala kuYehova ngenxa yabaxinezeli bawo, wowathumela umsindisi nomthetheleli,
21 awahlangule. UYehova uya kuzazisa kumaYiputa, amazi uYehova amaYiputa ngaloo mini, amkhonze ngemibingelelo nangeminikelo yokudla; abhambathise ngezibhambathiso kuYehova,
22 azizalise. UYehova uya kuwabetha ke amaYiputa, ebetha ephilisa; abuyele kuYehova, yena athandazeke ngawo, awaphilise.
23 Ngaloo mini kuya kubakho umendo ophuma eYiputa, oya eAsiriya; eze ama-Asiriya eYiputa, amaYiputa aye eAsiriya, akhonze uYehova amaYiputa kunye nama-Asiriya.
24 Ngaloo mini amaSirayeli aya kuba sisahlulo sesithathu kumaYiputa nakuma-Asiriya, eyintsikelelo phakathi kwe-
25 hlabathi; ewasikelela uYehova wemikhosi, esithi, Nisikelelwe, maYiputa, bantu bam; ma-Asiriya, msèbenzi wezandla zam; maSirayeli, lifa lam.

Umqondiso wokubhukuqwa kweYiputa

20 Ngomnyaka wokuza kukaTartan eAshdode, ethunywe nguSargon, ukumkani waseAsiriya (walwa neAsh-
2 dode, wayithimba), ngelo xesha, wathetha uYehova ngoIsaya unyana ka-Amotsi, esithi, Yiya ukhulule ingubo erhwexayo emanqeni akho, uzikhulule iimbadada ezinyaweni zakho. Wenjenjalo ke, wahamba zé, engenazo neembadada.

3 Wathi ke uYehova, Njengokuba umkhonzi wam uIsaya ehambe zé, engenambadada, iminyaka emithathu, waba ngumqondiso nesimanga kwi-

Yiputa nakwaKushi: úya kwenjenjalo 4 ukumkani waseAsiriya ukubaqhuba abathinjiweyo baseYiputa, nabafudusiweyo bakwaKushi, abantwana namadoda amakhulu, bezé, bengenambadada, behamba ngeempundu, into leyo eziintloni kwiYiputa. Baya kuqhiphuka umbilini 5 badane nguKushi, inqolonci yabo, nayiYiputa, iqhayiya labo; bathi ke abemi 6 bolo nxweme ngaloo mini, Yabonani, inje inqolonci yethu, esasabela kuyo ukuba sincedwe, sihlangulwe kukumkani waseAsiriya; singáthini na ke ukusínda thina?

Ukuthinjwa kweBhabheli

21 Isihlabo esisingisele kwintlango yaselwandle.

Njengezaqhwithi zasezantsi zikhukula, kuphuma into entlango, ezweni eloyikekayo. Ndiboniswe umbono olu- 2 khuni: ingíningini linginiza, umbhuqi ebhuqa. Nyuka, Elam; ngqinga, Madayi; ukuncwina kwabo konke ndiya kuphelisa.

Ngenxa yoko azele amanqe am kuku- 3 zibhijabhija, inimba indifikele njengenimba yozalayo; ndiyapenapena, andiva; ndikhwankqile, andiboni. Intliziyo 4 yam iyadinga, ukududuzela kundidandathekisile; ungcwalazi, into endiyilangazelelayo, ulwenzé into endigubhisayo. Kulungiswa isithebe, kuboniselwa 5 umboniselo, kuyadliwa, kuyaselwa— vukani, bathetheli, thambisani iingweletshetshe. Ngokuba itsho kum iNko- 6 si, ukuthi, Yiya umise umboniseli, athi akubona into aze kuyixela. Wabona 7 umkhoko wabakhweli, abamahashe bengababini, nabakhweli bamaesile, nabakhweli beenkamela; wabaza iindlebe, wazibaza kakhulu kunene. Wadanduluka ngelengonyama, esithi, Nkosi, 8 kususela koko ndimi emboniselweni emini, ndizimisile esigxineni sam ubusuku ngobusuku. Ke, yabona, kweza 9 umkhoko wamadoda, abamahashe bengababini. Wasusela wathi, Iwile, iwile iBhabheli; yonke imifanekiso eqingqiweyo yoothixo bayo uyaphulele emhlabeni. Wena, nto yam ibhuliweyo, 10

UISAYA 21-22

ngqolowa yesandá sam, endikuvileyo kuYehova wemikhosi, uThixo kaSirayeli, ndikuxelile kuni.

Okuya kuhlela uEdom

11 Isihlabo esisingisele kothe cwaka.
Omemeza kum ekwelakwaSehire, uthi, Mlindi, kuxa liphi na ebusuku?
12 mlindi, kuxa liphi na ebusuku? Uthi umlindi, Kuyeza ukusa, kwanobusuku. Ukuba niyabuza, buzani; buyani, yizani.

Okuya kuhlela amaDedan

13 Isihlabo esisingisele kwelaseArabhi.
KwelaseArabhi niya kulalisa emxawukeni, nina mikhoko yamaDedan.
14 Baziseleni amanzi abanxaniweyo; nina, bemi bakwaTema, nibakhawùlele
15 ngesonka abaphalaphalayo. Ngokuba baphalaphaliswa ngamakrele, amakrele athiwe kruthu, nasisaphetha esityhidi-
16 weyo, nayimfazwe enzima. Ngokuba iNkosi itshilo kum ukuthi, Kwakulo mnyaka, njengeminyaka yomqeshwa, buya kuphela ubuqaqawuli bonke ba-
17 kwaKedare; abe mbalwa amasalela enani lezaphetha zamagorha, oonyana bakaKedare; ngokuba uYehova uThixo kaSirayeli uthethile.

Ubudenge beYerusalem buyathethiswa

22 Isihlabo esisingisele kumfula wombono.
Ukholose ngantoni na kaloku, le nto unyukileyo waya phezu kwezindlu
2 wonke uphela? Wena uzeleyo kukungxola, wena mzi uxokozelayo, wena nqaba ivuyelelayo; ababuleweyo bakho ababulawanga likrele, abafanga yimfa-
3 zwe. Bonke abaphathi bakho babaleka kunye, bakhonkxwe kungabangakho saphetha; bonke abáfunyanwa kuwe bákhonkxwa kunye ekubalekeleni kwabo kude.
4 Ngenxa yoko ndathi, Susani amehlo kum, ndikwenze kube krakra ukulila kwam; musani ukundizama ngokundithuthuzela ngenxa yokubhuqwa kwe-
5 ntombi yabantu bakowethu. Ngokuba ifikelwe ngumhla wokudungwadungwa, wokugqushwa, wokuqungwaqungwa, okuvela kwiNkosi uYehova wemikhosi, emfuleni wombono; *umhla* wokuwiselwa phantsi iindonga, wokuzibika ezintabeni. AmaElam aqbulé umphongolo, 6 eneenqwelo zokulwa ezinamadoda nabamahashe; amaKiri ahlubé iingweletshetshe. Zathi ke iintili zakho ezintle 7 zazala ziinqwelo zokulwa, bathi abamahashe bamisa bemisile esangweni.
Wasibhenqa isigqubuthelo sakwa- 8 Yuda; waza wena ngaloo mini wabheka esikrweqeni sendlu yehlathi. Nazibona 9 iintanda zomzi kaDavide ukuba ninzi, nahlanganisa amanzi echibi lasezantsi; izindli zaseYerusalem nazibala; nazidi- 10 liza izindlu, ukuze ninqabise udonga. Nenza isigingqi samanzi echibi elidala 11 phakathi kweendonga zombini, anakhangela kumenzi wale nto, anambeka owayibumbayo kwakudala.

INkosi, uYehova wemikhosi, ngaloo 12 mini yabizela ekulileni, nasekumbambazeleni, nasekuchebeni intloko, nasekubhinqeni iingubo ezirhwexayo; kanti 13 kusuke kwaba yimihlali nemivuyo, kusoselwa iinkomo, kuxhelwa iigusha, kudliwa inyama, kuselwa iwayini; kudliwa, kuselwa, kuba kusithiwa, Ngomso soba sesifile. UYehova wemikhosi wa- 14 zityhila ngokwakhe ezindlebeni zam, wathi, Nento, ukuba nokha nicanyagushelwe obo bugwenxa, nide nife! itsho iNkosi, uYehova wemikhosi.

UShebhena uza kuthulwa esihlalweni kumiselwe uEliyakim

Yatsho iNkosi, uYehova wemikhosi, 15 ukuthi, Hamba uye kwelaa gosa, kuShebhena umphathi wendlu, uthi, Unantoni na apha, unabani na apha, 16 ukuba nje uzixholele ingcwaba apha, njengoxhola ingcwaba lakhe phezulu, ezikrolela ikhaya engxondorheni? Yabona, uYehova uya kukudandalazisa 17 ngokudandalazisa kwendoda, akuxhakamfule, akuqinise. Úya kukuthá- 18 ndela akuthandele, ube yinto yokunqakulisa, imbumbulu esinga ezweni elibanzi ngeenxa zombini. Úya kufela apho, zibe lapho iinqwelo zobuqaqawuli bakho, wena, hlazo lendlu yenkosi

19 yakho. Ndokuguzula usuke ebugoseni bakho, akugungxule ebumeni bakho.
20 Kuya kuthi ngaloo mini, ndibize umkhonzi wam, uEliyakim unyana
21 kaHilekiya; ndimambathise iingubo zakho zangaphantsi, ndimbophe ngombhinqo wakho, ndimnikele esandleni ulawulo lwakho, abe nguyise wabemi baseYerusalem nowabendlu kaYuda.
22 Ndiya kusibeka isitshixo sendlu kaDavide esixhantini sakhe, avule kungabikho uvalayo, avale kungabikho uvula-
23 yo; ndimbethelele abe sisikhonkwane endaweni eqinileyo; abe yitrone yozuko kwindlu kayise.
24 Baya kubuxhoma kuye bonke ubunzima bendlu kayise, amagatya neempakatha, yonke impahla encinane, kuthabathele empahleni ezizidendeleko, kuse empahleni yonke eyimiphanda.
25 Ngaloo mini, utsho uYehova wemikhosi, siya kususwa isikhonkwane, eso sibethelelwe endaweni eqinileyo, sixakaxwe, siwe, unqanyulwe umthwalo ophezu kwaso; ngokuba uYehova ethethile.

Okuya kuhlela iTire

23 Isihlabo esisingisele kwiTire.
Bhombolozani, nina zinqanawa zaseTarshishe, ngokuba ibhuqiwe, akwabakho ndlu, akwabakho kungena.
2 Bakutyhilelwe ezweni lamaKiti. Yithini cwaka, bemi bonxweme; wena uzaliswe ngabarhwebi baseTsidon, abawela
3 ulwandle. Yayisemanzini amakhulu imbewu yaseSihore, ukuvuna koMnayile kwaba lungeniselo kuyo; yaba yindawo
4 yokurhweba kweentlanga. Dana, Tsidon; kuba luthethile ulwandle, inqaba yolwandle, lwathi, Andizibhijabhijanga, andizalanga, andikhulisanga mlise-
5 la, andondlanga mthinjana. Lothi lwakuthi ukuthi ukufika olu daba eYiputa, basuke bazibhijabhije ngodaba olungeTire.
6 Welelani niye eTarshishe; bhombo-
7 lozani, bemi bonxwene. Kunje na kuwe, wena mvuyeleli, ukuvela kwakho kukho kwasemihleni yamandulo, iinyawo zakho zakusa kude, ukuba uye kuthi vu? Ngubani na lo ucebe le nto nge- 8
Tire, ngomzi othwesa ngezithsaba, obarhwebi bawo bangabathetheli, obathengeli bawo bangabazukileyo behlabathi? Icetywé nguYehova wemi- 9 khosi, ukuba angcolise ubungangamsha bamakhazikhazi onke, ukuba acukuceze bonke abazukileyo behlabathi.
Canda kulo ilizwe lakowenu njengo- 10 Mnayile, ntombi inguTarshishe; akusekho luqhwemesha lukuxinileyo. Isa- 11 ndla sakhe usoluléle phezu kolwandle, ugungqisé izikumkani. UYehova uwise umthetho ngelakwaKanan wokutshabalalisa iinqaba zalo. Wathi, A- 12 kuyi kuba sabuya udlamke, nkazana idlwengulweyo, ntombi inguTsidon. Suk' ume, welela kumaKiti; nalapho akuyi kuba nakuphumla. Yabona, ili- 13 zwe lamaKaledi, ngabantu ababengekho; ama-Asiriya ábamisela ukuba babe ngabomqwebedu; bamisa iimboniselo zabo, bezinqika iingxande zalo ezinde, bezenza umwewe. Bhombolozani, zi- 14 nqanawa zaseTarshishe, ngokuba ibhuqiwe inqaba yenu.
Kuya kuthi ngaloo mini, ilityalwe 15 iTire iminyaka engamashumi asixhenxe, njengemihla yokumkani omnye. Ekupheleni kweminyaka engamashumi asixhenxe kuya kwenzeka kwiTire ngokwengoma yehenyukazi, ethi, Thabatha 16 uhadi uwujikajike umzi, henyukazi lilityelweyo; betha kamnandi; vuma iingoma ezininzi, ukuze ukhunjulwe.
Kuya kuthi ekupheleni kweminyaka 17 emashumi asixhenxe, ayivelele iTire uYehova, ibuyele elutsheqweni lwayo, ihenyuzane nezikumkani zonke zehlabathi eziphezu komhlaba; lube ngcwele 18 kuYehova urhwebo lwayo notsheqo lwayo; aluyi kubekwa, aluyi kuqwetywa; kuba urhwebo lwayo luya kuba lolwabahleli phambi koYehova, ukuze badle bahluthe, nokuze bambathe ngokobunene.

Ihlabathi liyagwetywa

24 Yabona uYehova ulithi qongqololo ihlabathi, ulenza amagqagala, uyabuphethula ubuso balo, uyabachi-

2 thachitha abemi balo; kube mfani-nye abantu nababingeleli, kube mfani-nye ikhoboka nenkosi yalo, kube mfani-nye ikhobokazana nenkosikazi yalo, kube mfani-nye othengayo nothengisayo, kube mfani-nye obolekayo nobolekwayo,
3 kube mfani-nye umnikimali nomamkelimali. Ihlabathi lithiwé qongqololo ngakunye, liphangwé liphangiwe; kuba
4 uYehova elithethile elo lizwi. Ihlabathi lenza isijwili, libunile; lintshwenyile, libunile elimiweyo; bathe matshamatsha abaphakamileyo ebantwini be-
5 hlabathi. Ihlabathi lihlanjelwe ngaphantsi kwabemi balo; ngokokuba beyigqithile imiyalelo, badlula emimiselweni, bawaphula umnqophiso ongunaphakade.

6 Ngenxa yoko lidliwe ihlabathi kukuqalekiswa, bathwele ityala abemiyo kulo; ngenxa yoko baphanzile abemi behlabathi, kwasala abantu abambalwa.
7 Iwayini entsha yenza isijwili, untshwenyile umdiliya, bayancwina bonke
8 abantliziyo inemivuyo. Iphelile imihlali yengqongqo; iyekile ingxokozelo yabadlamkileyo; iphelile imihlali yohadi.
9 Abayi kusela wayini benengoma; sikrakra isiselo esinxilisayo kwabasiselayo.
10 Uqhekekile umzi osenyanyeni, zivalekile zonke izindlu ukuba zingàngenwa
11 mntu. Bakhala ngewayini phandle; itshonile yonke imivuyo; iphelé kwathi
12 tu imihlali yehlabathi. Umzi usele walinxuwa, laqotywa isango layimvithi.
13 Kuba kuya kuba nje esazulwini sehlabathi lonke phakathi kwezizwe, kube njengasekuvuthululweni komnquma, njengasekubhikiceni ukuphela ko-
14 kuvuna iidiliya. Bona aba baya kuphakamisa ilizwi, bamemelele; baya kutsholoza ngobungangamsha bukaYeho-
15 va, beselwandle, bathi, Ngenxa yoko, zukisani uYehova emimandleni yokukhanya: igama likaYehova, uThixo kaSirayeli, eziqithini zolwandle.
16 Esondweni lehlabathi siva iingoma ezithi, Udumo malube kwilungisa. Ndaza ndathi, Hayi, ukungcungcutheka kwam! ukungcungcutheka kwam! Athi ke mna! Amanginingini ayanginiza, amanginingini ayanginiza ngonginizo lwawo. Ûfikelwe lunkwantyo nomgo- 17 ngxo nesibatha, wena mmi wehlabathi. Kuya kuthi, othe walibaleka ilizwi 18 elinkwantyisayo, eyele emgongxweni; othe wenyuka waphuma emgongxweni, abanjiswe sisibatha; ngokuba iingcango zaphezulu zivulekile, zanyikima iziseko zehlabathi. Liyavikiveka livikiveke i- 19 hlabathi; liyacandeka licandeke ihlabathi; liyashukuma lishukume ihlabathi; liyatalasa ihlabathi njengenxila; liya- 20 jinga njengomandlalo oxhonyiweyo; ukreqo lwalo lunzima phezu kwalo; liyawa, lingabuyi livuke.

Kuya kuthi ngaloo mini, awuvulele 21 uYehova umkhosi wabaphezulu, nokumkani behlabathi ehlabathini; bahlanga- 22 niswe behlanganiswa njengamakhonkxwa emhadini, bavalelwe entolongweni, bavelelwe kwakuba yimihla emininzi. Iya kuba neentloni inyanga, 23 lidane ilanga, xa uYehova wemikhosi angukumkani entabeni yeZiyon, naseYerusalem, naphambi kwamadoda akhe amakhulu, ngobuqaqawuli.

Umhobe wokuhlangulwa kweZiyon

25 Yehova, unguThixo wam; ndiya kukuphakamisa, ndiya kubulela kwigama lakho; ngokuba wenzé imisebenzi ebalulekileyo, amacebo akho kwakude, ukunyaniseka, inyaniso. Ngo- 2 kuba umzi uwenzé walinxuwa; inqaba enqatyisiweyo yangumwewe; uxande olude lwabasemzini alwaba mzi, ungàkhiwa naphakade. Ngenxa yoko baya 3 kukuzukisa abantu abanengcwangu, ikoyike imizi yeentlanga ezingcangcazelisayo. Ngokuba waba ligwiba kwisi- 4 sweli, igwiba kwihlwempu ekubandezelweni kwalo, ihlathi esiphangweni, umthunzi lakubalela, xa ukufutha kwabangcangcazelisayo kwaba njengesiphango eludongeni. Njengokubalela e- 5 mqwebedwini, udambisé ingxolo yabasemzini; njengokudanjiswa kokubalela lithunzi lelifu, yathotywa ngokunjalo ingoma yabangcangcazelisayo.

UYehova wemikhosi uya kuzenzela 6 zonke izizwe isidlo sezinto ezityebileyo

UISAYA 25-26

kule ntaba, isidlo sewayini egcinwe ngeentsipho, sezinto ezityebileyo ezinomongo, sewayini egcinwe ngeentsipho, 7 yaza yahluzwa; aginye kule ntaba umphambili wesigqubuthelo esizigqubutheleyo izizwe zonke, nesigubungelo 8 esizigubungeleyo zonke iintlanga. Iya kuginya ukufa kuphele, izisule iNkosi uYehova iinyembezi ebusweni bonke, ingcikivo yabantu bayo iyisuse ehlabathini lonke, kuba uYehova ethethile.

9 Kuya kuthiwa ngaloo mini, Yabona, lo nguThixo wethu; besithembele kuye, ukuba asisindise; nguYehova lo besithembele kuye; masigcobe, sivuye ngosi-10 ndiso lwakhe. Ngokuba isandla sika-Yehova siya kuhlala phezu kwale ntaba, anyathelwe amaMowabhi endaweni yawo, njengokunyathelwa komququ e-11 manzini omgquba. Aya kuzaneka izandla zawo emthonyameni wawo, njengokuba indadi izaneka izandla ukuba idade; ke uYehova uya kulithoba ikratshi lawo, kunye nezigcaliselo zezandla zawo. 12 Wozisibekekisa iindonga zakho ezinqabileyo eziphakamileyo, azigungxule, ade azifikise emhlabeni, eluthulini.

Ingoma yokubonga kwaYuda

26 Ngaloo mini kuya kuvunywa le ngoma ezweni lakwaYuda, ithi, Yinqaba umzi wethu thina; úmisa iidonga nongqameko zibe lusindiso. 2 Vulani amasango, lungene uhlanga olunobulungisa, olugcine ukuthembeka. 3 Intliziyo ezimasekileyo ùyayilondoloza, ixole ixolile; ngokuba ikholose ngawe. 4 Kholosani ngoYehova ngonaphakade; kuba uYa, uYehova, uliliwa elinguna-5 phakade. Ngokuba uthulele phantsi abahleli phezulu; umzi oyingxonde uwugungxule wawugungxulela emhla-6 beni, wawufikisa eluthulini. Ziyawunyasha iinyawo, iinyawo zeentsizana, amanyathelo ezisweli.

7 Umendo wamalungisa ulungelelene; wena uyawulunganisela umkhondo wa-8 malungisa, ulungelelane. Kakade, Yehova, sibe sikulindile, ukuba uze emendweni wemigwebo yakho; umnqweno womphefumlo *wethu* wasinga egameni lakho, nasekukukhumbuleni. Nango- 9 mphefumlo wam ndakúnqwenela ebusuku; inene, ngomoya wam phakathi kwam ndakúfuna kwakusasa; ngokuba xenikweni imigwebo yakho ibhekiswe ehlabathini, baya kufunda ubulungisa abemi belimiweyo. Nokuba úthe wa- 10 babalwa ongendawo, akafundi bulungisa; nasezweni labathe gca uyagqwetha; akabuboni ubungangamsha bukaYehova.

Yehova, sibe siphakamile isandla 11 sakho, àbabona; ke baya kulibona ikhwele lakho ngenxa yabantu, badane; ewe, umlilo mawubadle ababandezeli bakho. Yehova, úya kusimisela uxolo; 12 ngokuba nezenzo zethu zonke usisebenzele. Yehova Thixo wethu, iinkosi 13 ezingenguwe bezinobukhosi phezu kwethu; kodwa sikhankanya igama lakho ngawe wedwa. Abafileyo abo abasayi 14 kuba saphila; abangasekhoyo abo abasayi kuba savuka; ngoko ke ubavelele wabatshabalalisa, wakwenza kwadaka konke ukukhunjulwa kwabo. Ulwa- 15 ndisile uhlanga, Yehova, ulwandisile uhlanga; uzizukisile; uzikhwelelisele kude iziphelo zelizwe.

Yehova, embandezelweni baquqela 16 kuwe, bathulula *umthandazo* ngelizwi eliphantsi ekubathethiseni kwakho. Njengomithiyo eza kuzala, ezibhija- 17 bhija, ekhaliswa yinimba, saba njalo phambi kwakho, Yehova. Sibe simithi, 18 sibe sizibhijabhija, sanga sizele umoya. Asilenzelanga sindiso ilizwe, abaphumanga abemi belimiweyo. Abafileyo 19 bakho baya kuphila; izidumbu zakowethu ziya kuvuka. Vukani, nimemelele, nina bahleli eluthulini; kuba ngumbethe wezikhanyiso umbethe wakho, nehlabathi liya kubakhupha abangasekhoyo.

Hambani, bantu bam, ningene ezi- 20 ngontsini zenu, nivale iingcango zenu ngasemva kwenu, nizímele umzuzwana, kude kudlule ukubhavuma. Kuba, ya- 21 bona, uYehova uphuma endaweni yakhe, ukuze abuvelele kubo ubugwenxa babemi behlabathini; ihlabathi lowatyhila amagazi alo, lingabi sabaselela ababuleweyo balo.

Isidiliya seNkosi

27 Ngaloo mini uYehova uya kuyivelela ngekrele lakhe, elo lilukhuni, elo likhulu, elo lomeleleyo, ileviyatan* inyoka ebalekayo, neleviyatan inyoka ephinyaphinyelayo; ayibulale ingwenya eselwandle.

2 Ngaloo mini kuya kuthiwa, Isidiliya 3 esinqwenelekayo, hlabelani ngaso. Mna Yehova ndingumlondolozi waso; ndiya kusinyéla ngamaxesha onke, ndiya kusilondoloza ubusuku nemini, hleze 4 sivelelwe yinto. Ubushushu abukho kum; akwaba bekukho ubobo namakhakakhaka phambi kwam! Bendiya kugaleleka kuwo ngokulwa, bendiya 5 kuwatshisa kanye. Okanye mababambelele egwibeni lam, baxolelane nam, 6 ewe, baxolelane nam. Ngezayo imihla uYakobi uya kwendelisela iingcambu, atyatyambe adubule uSirayeli, balizalise lonke elimiweyo ngeziqhamo.

7 Úmbethé ngokubetha kwababethi bakhe na? Mhlawumbi úbulewe ngokubulawa kwababulewe nguye na?
8 Ekumaleni wabambana naye, walinganisela, wakha uluhlu, wamgxotha ngomoya wakhe owomeleleyo ngemini yo-
9 moya wasempumalanga. Ngako oko ubugwenxa bukaYakobi buya kucanyagushelwa ngale nto; isiqhamo sonke sokususa isono sakhe soba sesi sokuthi, awenze onke amatye esibingelelo abe njengamatye ekalika ankumenkume, bangavuki ooAshera* nezithixo zelanga.
10 Ngokuba umzi onqatyisiweyo uwodwa, usisithili esilahliweyo, esishiyiweyo njengentlango. Aya kudla khona amathole, abuthe khona, awadle awagqibe
11 khona amahlamvu aso. Othi akoma amasebe aso, aphulwe; beze abafazi, bawabase; kuba asibantu banangqondo aba; ngako oko umenzi wabo akayi kuba namfesane kubo, umbumbi wabo akayi kubababala.

12 Kuya kuthi ngaloo mini, abhulise uYehova, athabathele emsingeni woMlambo,* ase esihlanjeni saseYiputa, nihlanganiselwe omnye komnye, nina nyana bakaSirayeli.

Kuya kuthi ngaloo mini, kuvuthelwe 13 isigodlo esikhulu, beze ababelahlekele ezweni laseAsiriya, nababegxothelwe ezweni lamaYiputa, baqubude kuYehova entabeni engcwele eseYerusalem.

Ukugwetywa kukaEfrayim

28 Yaha ke, isithsaba sekratshi samanxila akwaEfrayim, nentyantyambo ebunayo yamakhazikhazi esihombo sakhe, esemantloko omfula ochumayo wababuleweyo yiwayini! Yabona, i- 2 Nkosi inento eyomeleleyo, ekhaliphileyo, njengesiphango sesichotho, isaqhwithi esibhubhisayo; njengesiphango esimanzi anamandla akhukulayo, iya kunqumela emhlabeni ngesandla. Síya ku- 3 nyashwa ngeenyawo isithsaba sekratshi samanxila akwaEfrayim. Intyantya- 4 mbo ebunayo yamakhazikhazi esihombo sakhe, esemantloko omfula ochumayo, yoba njengekhiwane elilikhikhizela, kungekabi sehlotyeni; athi olibonileyo alibone, aliginye esaliphethe ngesandla.

Ngaloo mini uYehova wemikhosi uya 5 kuba sisithsaba esimakhazikhazi, nesangqawe sokuhomba kumasalela abantu bakhe; abe ngumoya wesiko kwabahleli 6 esihlalweni sokugweba, nobugorha kwababuyisela imfazwe esangweni.

IYerusalem isongelwa ngembubhiso

Kwanaba ke bayotywé yiwayini, 7 bayahexa sisiselo esinxilisayo; umbingeleli nomprofeti bayotywé sisiselo esinxilisayo, baginywé yiwayini, bayahexa sisiselo esinxilisayo; bayotyiwe bebona imibono, bayagexa begweba ityala. Kuba zonke izithebe zizele 8 ngumhlanzo oyintshontsho; akukho ndawo ingenawo.

Bathi, Úya kuyala bani na ukuba 9 azi? aqondise bani na udaba? Abalunyulweyo emasini? abancothulweyo ebeleni? Kuba umthetho uza phezu 10 komthetho, umthetho phezu komthetho; ummiselo phezu kommiselo, ummiselo phezu kommiselo; intwana apha, intwa-

11 na phaya. Inene, úya kuthetha ngentetho ethintithayo nangalulwimi lumbi
12 kwaba bantu; watshoyo kubo ukuthi, Nantsi indawo yokuphumla, phumzani abatyhafileyo; nantsi indawo yokunyhamnyheka; basuka àbavuma ukuva.
13 Ngoko ke ilizwi likaYehova loba ngumthetho phezu komthetho kubo, umthetho phezu komthetho; ngummiselo phezu kommiselo, ummiselo phezu kommiselo; intwana apha, intwana phaya: ukuze baye bakhubeke, bawe ngomva, baphuke, barhintyelwe, babanjiswe.
14 Ngako oko liveni ilizwi likaYehova, madoda agxekayo, balawuli baba bantu
15 baseYerusalem. Ngokuba nisithi, Sinqophiséne nokufa, sivumelene nelabafileyo; isibetho esingumkhukula, xa singenelayo, asiyi kufika kuthi, kuba amanga siwenzé ihlathi lethu, sasithela ngobuxoki.
16 Ngako oko itsho iNkosi uYehova ukuthi, Yabona, ndiseké eZiyon ilitye, ilitye locikido, *ilitye* elinqabileyo lembombo, loseko olusekiweyo. Okholiweyo
17 akayi kungxama. Isiko ndolenza intambo yokulinganisa, ubulungisa ndibenze ilothe yokulungelelanisa; isichotho siya kumka nalo ihlathi lamanga, amanzi ayikhukulise indawo yokusithe-
18 la. Kuya kucinywa ukunqophisana kwenu nokufa, kungemi ukuvumelana kwenu nelabafileyo; isibetho esingumkhukula, xa singenelayo, sonenza nibe
19 yinto egqushiweyo. Oku kungenela singenelayo, síya kunisusa; ngokuba imisó ngemisó siya kuningenela, imini nobusuku; kuthi ukuqonda udaba kube
20 kukuhlasimla kodwa. Inene, umandlalo mfutshane, akukho kunaba; nesigubungelo sincinane, ukuba azisongele kuso.
21 Ngokuba úya kusuk' eme uYehova, njengasentabeni yePeratsim; uya kuguguma, njengasentilini yeGibheyon; ukuba enze isenzo sakhe, isenzo sakhe esisodwa, ukuba asebenze umsebenzi wakhe, umsebenzi wakhe ongaqheleki-
22 leyo. Kaloku ke musani ukugxeka, hleze kuqiniselwe ukubotshelelwa kwenu; ngokokuba isiphelo esiya kulifikela ilizwe lonke sisesimisiweyo ke sagqityelwa; ndisivile eNkosini, uYehova wemikhosi.

Libekeleni indlebe nilive ilizwi lam; 23 yibazeleni indlebe niyive intetho yam. Umlimi ulima iimini ezi zonke na, 24 ukuba ahlwayele? anqike aqwakanise umhlaba wakhe na? Akathi na, akuba 25 ebulungelelanisile ubuso bawo, asasaze idile,* agcwayele ikumin,* akrozise ingqolowa, nerhasi endaweni ephawuliweyo, nespelete* ngasemdeni wayo? Ûmqeqeshile ngokwesiko uThixo wa- 26 khe, wamyala. Kuba idile ayisizilwa 27 ngempahla yokusizila, ayiqengqelwa ngevili yenqwelo ikumin; itsinwa ngoswazi idile, nekumin ngentonga. Ingqolowa ike ityunyuzwe na? Hayi, akahlali eyisizila, agoqozise ivili yenqwelo yakhe namahashe akhe phezu kwayo; akayityumzi. Nale nto iphuma ku- 29 Yehova wemikhosi; omacebo angummangaliso, obulumko butshatsheleyo.

Ukugwetywa kweAriyeli

29 Yeha, Ariyeli,* Ariyeli, mzi awamisa intente kuwo uDavide! Yongezelelani umnyaka kumnyaka; mayizunguleze imithendeleko. Ndiya ku- 2 yicutha ke iAriyeli, kubekho ukuncwina noncwino, ibe njengeAriyeli ke leyo kum. Ndiya kukurhawula, ndikungqi- 3 nge ngenqaba, ndikumisele iintango zokukungqinga; uya kugungxulelwa 4 phantsi, uthethe usemhlabeni, ukuthetha kwakho kudambe, kuvela eluthulini; izwi lakho liphume emhlabeni njengeloneshologu, ukuthetha kwakho kudumzele eluthulini. Ingxokolo yabaku- 5 ngenelayo iya kuba njengothuli olucolekileyo, ingxokolo yabakungcangcazelisayo ibe njengomququ ophephukayo; ibekho le nto ngephanyazo nangesiquphe.

Kuphuma kuYehova wemikhosi uku- 6 velelwa kwayo ngeendudumo nangonyikimo lwehlabathi, nesandi esikhulu; ngesaqhwithi nomoya ovuthuzayo, nokulenya komlilo otshisayo. Yoba nje- 7 ngephupha, njengombono wasebusuku, ingxokolo yeentlanga zonke eziyiphumela umkhosi iAriyeli; zonke eziyiphumela umkhosi, yona nemboniselo yayo, eziyicuthayo.

8 Koba njengokuthi olambileyo aphuphe, abone esidla, avuke ulambatha umphefumlo wakhe; njengokuthi onxaniweyo aphuphe, abone esela, avuke, nanko etyhafile, utshoba umphefumlo wakhe; iya kuba njalo ingxokolo yeentlanga eziyiphumele umkhosi intaba yeZiyon.

9 Zilazilani ningakhulumi; zimfamekiseni nibe ziimfama. Bayanxila kungengawayini, bayatalasa kungengasiselo
10 sinxilisayo. Ngokuba uYehova uthulule phezu kwenu umoya wobuthongo obukhulu, wawabopha amehlo enu, abaprofeti; nabaziintloko benu, iimboni
11 zenu, uzigubungele. Kuni umbono weento zonke ubé njengamazwi encwadi etywiniweyo, abathi bayinike okwaziyo ukuyifunda, besithi, Khawulese apha; athi, Ndikhohliwe, kuba itywini-
12 we; incwadi inikwe ongakwaziyo ukuyifunda, kuthiwe, Khawulese apha; athi, Andikwazi ukuyifunda incwadi.

13 Yathi iNkosi, Ngenxa enokuba aba bantu besondela kum ngomlomo wabo, bendizukisa ngemilebe yomlomo wabo, intliziyo yabo beyikhwelelisele kude kum, nokundoyika kwabo kungumthetho wabantu abawufunda nje kodwa:
14 ngako oko, yabona, ndiya kuphinda ndibaphathe aba bantu ngokubalulekileyo, kubaluleke, kumangaliseke; butshone ubulumko bezilumko zabo, isithele ingqondo yeengqondi zabo.

15 Yeha ke abangxokayo, besithelisa iqhinga *labo* kuYehova, zibe semnyameni izenzo zabo; bathi, Ngubani na
16 osibonayo? ngubani na osaziyo? Hayi, ukuphenduka kwenu! Kuya kuthiwa umbumbi unjengodongwe na? into eyenziweyo ithi na kumenzi wayo, Akandenzanga? into ebunjiweyo ithi na kumbumbi wayo, Akaqondi?

17 Awusemncinane na umzuzwana, ukuze iLebhanon ibuye ibe yintsimi echumayo, intsimi echumayo kuthiwe lihlathi? Kuya kuthi ngaloo mini 18 izithulu ziweve amazwi encwadi, amehlo eemfama abone esithokothokweni nasemnyameni. Abalulamileyo baya ku- 19 kwandisa ukuvuya ngoYehova, abangamahlwempu eluntwini bagcobe ngoyiNgcwele kaSirayeli; ngokuba esusiwe 20 umngcangcazelisi, ephelile umgxeki, benqunyulwe bonke abaphaphela ubutshinga; abamenza umoni umntu nge- 21 nxa yelizwi eli, bamthiyele owohlwayayo esangweni, balisunduze ilungisa ngochuku.

Ngako oko utsho uYehova kwindlu 22 kaYakobi, lowo wamkhululayo uAbraham, ukuthi, Ngoku uYakobi akayi kudana, ngoku ubuso bakhe abuyi kuba luthuthu. Ngokuba ekuboneni kwa- 23 khe, *ekuboneni* kwabantwana bakhe, isenzo sezandla zam phakathi kwabo, baya kulingcwalisa igama lam, bamngcwalise oyiNgcwele kaYakobi, bangcangcazele phambi koThixo kaSirayeli. Baya kukwazi ukuqonda abamoya 24 undwendwayo, bayamkele imfundo abakrokrayo.

Ukunqophisana neYiputa kuyachaswa

30 Yeha ke, abantwana abaziinjubaqa, utsho uYehova; abenza iqhinga elingaphumi kum, bathelelane ngothelelwano kungengaMoya wam, ukuze bongeze isono kwisono; abahamba 2 bahle baye eYiputa, bengabuzanga emlonyeni wam, basabele egwibeni likaFaro, bazimele ngomthunzi weYiputa! Ngoko ke liya kuthi igwiba 3 likaFaro libe lidano kuni, nokuzimela ngomthunzi weYiputa kube lihlazo. Ngokuba abathetheli babo báseTsohan, 4 nabathunywa babo bafike eHanes. Bonke baya kudana ngabantu abangà- 5 banyusiyo, abangengabokunceda, nabangengabokunyusa; abangábokudanisa, abangabokuhlazisa kananjalo.

Isihlabo esisingisele kwimvubu ye- 6 lasezantsi.

Ezweni leembandezelo nengcutheko, lengonyamakazi nengonyama, lephimpi, lenyushu enobuhlungu ephaphazelayo, babethwele ubutyebi babo ngemihlana yamankonyana amaesile, nobuncwane babo ngamalunda eenkamela, besiya 7 kubantu abangenakubanyusa. Ama-Yiputa ke aya kunceda ngokungekwanto nangokulambathayo; ngako oko ndithe ngawo ángabagwagwisayo, behleli phantsi bethe tu.

8 Yiya ngoku, ukrole oko elucwecweni únabo, ukubhale encwadini, kube yinto yemihla ezayo, yanini, yaphakade.
9 Ngokuba ngabantu abaneenkani, ngoonyana abaxokayo, ngoonyana abangàvu-
10 miyo ukusiva isiyalo sikaYehova; abathi kwiimboni, Ze ningàboni; nakwiinkangeli, Ze ningasikhangeleli izinto ezithe gca; sithetheleni izinto ezigudileyo;
11 khangelani izinto eziyinkohliso; tyekani endleleni, yithini gu bucala emendweni; menzeni aphele ebusweni bethu oyiNgcwele kaSirayeli.

12 Ngako oko utsho oyiNgcwele kaSirayeli ukuthi, Ngokokuba nilicekisile elo lizwi, nakholosa ngokucudisa nango-
13 bugwenxa, nayama khona: ngako oko, obo bugwenxa kuni buya kuba njengendawo ekrazukileyo, ewayo, ezimkayo eludongeni olude, ekuqhekeka kwayo
14 kuza ngesiquphe nangephanyazo; úya kuyiqhekeza njengokuqhekeka komphanda wombumbi, wakuqotywa ungayekwa, kungafumaneki ekuqotyweni kwawo negophe lokuthabatha umlilo eziko, nelokukha amanzi equleni.
15 Ngokuba itsho iNkosi, uYehova oyiNgwcele kaSirayeli, ukuthi, Beniya kusindiswa kukubuya nakukuphumla; ebengabakhoyo amandla enu ngokuzola
16 nangokukholosa; nasuka ànavuma. Ke nathi, Hayi, siya kubaleka ngamahashe; niya kubaleka kambe. Nathi, Siya kukhwela kwiimbaleki; ngenxa yoko baya kuba namendu abanisukelayo.
17 Niya kubaleka niliwaka, ekhalime emnye; bekhalime bebahlanu, *nibaleke* nide nisale njengomtshanyane encotsheni yentaba, nanjengebhanile* endulini.

Ikamva elisikelelekileyo kuSirayeli

18 Ngako oko uYehova uya kukha alinde, ukuze anibabale; ngako oko uya kukha akhwelele phezulu, ukuze abe nemfesane kuni; ngokuba nguThixo wogwebo uYehova; hayi, uyolo lwabo bonke abalindele kuye! Ngokuba aba- 19 ntu aba baya kuhlala eZiyon, eYerusalem; aniyi kuba sabuya nilile; uya kunibabala ngenene ekuvakaleni kokukhala kwenu; ákukuva, uya kusabela. INko- 20 si iya kuninika isonka sobandezelweyo namanzi oxiniweyo, bangabi sazimela abayali bakho, amehlo akho esababona abayali bakho; iindlebe zakho zive 21 ilizwi ngasemva kwakho, lisithi, Nantsi indlela; hambani ngayo, nokuba nisinga ekunene, nokuba nisinga ekhohlo. No- 22 wénza inqambi umaleko wemifanekiso yenu eqingqiweyo yesilivere, nesingxobo semifanekiso yenu etyhidiweyo yegolide; niya kuyichithachitha njengesishuba; ùya kuthi kuyo, Khwelela umke apha.

INkosi yoyinika imvula imbewu 23 yakho, owuhlwayela ngayo umhlaba; nesonka songeniselo lomhlaba sityebe, sibe namafutha; imfuyo yakho iya kudla ngaloo mini emadlelweni abanzi. Ii- 24 nkomo namaesile amatsha asebenza umhlaba, aya kudla umtywakaniselo onetyuwa, oweliweyo ngomnyazi nesolokhwe yokwela. Phezu kweentaba zo- 25 nke ezinde naphezu kweenduli zonke eziphakamileyo yoba yimijelo, yimisinga yamanzi, ngemini yembulalo enkulu, ekuweni kweenqaba ezinde. Ukukha- 26 nya kwenyanga kuya kuba njengokukhanya kwelanga, nokukhanya kwelanga kube kasixhenxe njengokukhanya kweemini ezisixhenxe, ngemini yokubopha kukaYehova ukwaphuka kwabantu bakhe, apholise ukuphalusa kokubetha kwakhe.

Ukutshatyalaliswa kweAsiriya

Yabona, igama likaYehova liyeza, 27 livela kude, uvutha umsindo wakhe, kuthe shinyi umsi; umlomo wakhe ulephuza amagwebu, ulwimi lwakhe lunjengomlilo otshisayo. Ukufutha 28 kwakhe kunjengomlambo okhukulayo, obetha emqaleni, ukuze azihluze iintla-

nga ngentluzo yokuziphanzisa, umkhala olahlekisayo ube semihlathini yezizwe.
29 Niya kuba nengoma enjengeyobusuku bokungcwaliswa komthendeleko, novuyo lwentliziyo lube njengabahamba bebetha ugwali, ukuya entabeni ka-
30 Yehova, eliweni likaSirayeli. Úya kulivakalisa uYehova izwi lakhe elinendili, akubonakalise ukuhla kwengalo yakhe kunokujala ngumsindo, nokulenya komlilo otshisayo, nokuphalazeka kwelifu, nesiphango, namatye esichotho.
31 Kuba uAsiriya uya kuqhiphuka umbilini lilizwi likaYehova, ekubetheni kwa-
32 khe ngentonga. Kuya kuthi konke ukuhamba koswazi lommiselo, aluhlisayo uYehova phezu kwakhe, kube neengqongqo neehadi, kusiliwa naye imfazwe,
33 kujinga ingalo. Kuba kukade icangcisiwe, ilungisiwe iTofete,* ibe ke ilungiselwe ukumkani; yenziwa yanzulu, yabanzi; igoqo layo linomlilo neenkuni ezininzi; ukuphefumla kukaYehova kuliphemba njengomlambo wesulfure.

Ubudenge bokuthemba iYiputa neAsiriya kunokuthemba uThixo

31 Yeha, abehla baye eYiputa ukuba bancedwe, abayama ngamahashe, abakholosa ngeenqwelo zokulwa, kuba zininzi, nangabamahashe, kuba beqiné kunene; abangamnoneleli oyiNgcwele kaSirayeli, abangamquqeliyo uYehova!
2 Ulumkile ke naye; uya kuzisa ububi, angawabeki nxamnye amazwi akhe; uya kusukela phezulu kwindlu yabenzi bobubi, nakuncedo lwabasebenza ubu-
3 tshinga. AmaYiputa angabantu, àkaThixo; amahashe awo ayinyama, àkamoya; ukuba uYehova angásolula isandla sakhe, wokhubeka umncedi, awe umncedwa, baphele kunye bonke.
4 Ngokuba uYehova utshilo kum ukuthi, Njengokuba ingonyama, nengonyama entsha, isuka igqume phezu kwento eyibambileyo, yakubizelwa ihlokondiba labalusi, ingaloyiki ilizwi labo, ingayilahli ngokuxokozela kwabo: kwangokunjalo uya kuhla uYehova wemikhosi, ukuba ayikhuphele umkhosi intaba ye-
5 Ziyon nenduli yayo. Njengeentaka zindanda, uya kwenjenjalo uYehova wemikhosi ukuyikhusela iYerusalem, eyikhusela, eyihlangula, eyiconga, eyisiza.
6 Buyelani kulowo nimkileyo kuye ngokunzulu, nyana bakaSirayeli. Ngo-
7 kuba ngaloo mini baya kucekisa elowo izithixo zakhe zesilivere ezingeni, nezegolide ezingeni, ezinenzele zona izandla zenu, ukuba none ngazo.
8 Wowa uAsiriya likrele elingelelandoda, limdle ikrele elingelelamntu, asabe phambi kwekrele, amadodana akhe afakwe uviko. Ingxondorha yakhe yo-
9 dlula imke ngokunxunguphala, baqhiphuke umbilini abathetheli bakhe, bemke kwibhanile;* utsho uYehova, omlilo useZiyon, oziko liseYerusalem.

Ukusikeleleka kwamaxesha ezayo

32 Yabona, ukumkani uya kulawula ngokobulungisa, abathetheli ba-
 thethele ngokwesiko; umntu abe nje-
2 ngendawo yokuzimela umoya, neyokusithela esiphangweni; abe njengemijelo yamanzi emqwebedwini, njengomthunzi wengxondorha enkulu ezweni elibha-
3 rhileyo. Akayi kuvingcwa amehlo ababonayo; zibazeke iindlebe zabevayo.
4 Yoqonda ukwazi intliziyo yabangxamayo, ulwimi lwabathintithayo lungxamise
5 ukuthetha ngokuthe tyhatyhasini. Isidenge akuyi kuba sathiwa silinene, itshivela akuyi kuthiwa lilinono; kuba
6 isidenge sithetha ubudenge, intliziyo yaso yenza ubutshinga, ukuze senze ububi; sithetha into yokubhuda ngoYehova, silambathise umphefumlo wolambileyo, simswelise onxaniweyo into eselwayo. Ubutshivela betshivela bu-
7 bi; liceba amayelenqe okonakalisa iintsizana ngamazwi obuxoki, naxa ihlwempu lithetha ngokusesikweni. I-
8 nene lona liceba izinto zobunene; lona limi ngezinto zobunene.

Isiyalo kubafazi

9 Bafazi batyeshileyo, sukani nime; liveni ilizwi lam, zintombi zingakhathaliyo; yibekeleni indlebe intetho yam.
10 Iya kuba ziintsuku nokuba ngumnyaka,

UISAYA 32–33

nigungqe, zintokazi zingakhathaliyo; kuba kuphelile ukuvuna izidiliya; ukubutha iziqhamo akuyi kubakho nakanye.
11 Gubhani, zintokazi zityeshileyo; gungqani, zintokazi zingakhathaliyo; hlubani nichushuluze, nibhinqe ezirhwexa-
12 yo emanqeni. Baya kubetha emabeleni ngenxa yamasimi anqwenelekayo, na-
13 ngenxa yemidiliya eneziqhamo. Kuya kuphuma imithi enameva namakhakakhaka emhlabeni wabantu bakowethu; ewe, naphezu kwezindlu zonke zemi-
14 hlali kumzi odlamkileyo. Kuba iingxande ezinde zilahliwe, ingxokolo yomzi ishiyiwe; iOfele nemboniselo ziza kuba yimiqolomba ngonaphakade, zibe ziindawo zokudlamkela kwamaesile
15 asendle, zibe lidlelo lemihlambi; ade agalelwe phezu kwethu uMoya ophuma phezulu, isuke intlango ibe yintsimi echumayo, intsimi echumayo kuthiwe lihlathi.
16 Entlango ke kuya kuma okusesikweni, buhlale ubulungisa entsimini echu-
17 mayo. Wothi umsèbenzi wobulungisa ube luxolo, nokwenza kobulungisa kube kukuzola nokukholosa ngonaphakade;
18 abantu bakowethu baya kuhlala esithilini esinoxolo, eminqubeni yenkoloseko, ezindaweni zokuphumla ezinokonwaba.
19 Kuya kuphalala izichotho ekuweni kwehlathi, ugungxulelwe umzi enda-
20 weni ephantsi. Hayi, uyolo lwenu bahlwayela ngasemanzini onke, bayekele amanqina enkomo nawe-esile.

Ukusongelwa kombhuqi

33 Yeha ke, mbhuqi, wena ke ungabhuqwanga; ningini, wena ke ungatshinizelwanga! Wakugqiba ukubhuqa, uya kubhuqwa; wakukufeza ukunginiza, uya kunginizelwa.
2 Yehova, sibabale, sithembéle kuwe; yiba yingalo yabo imisó ngemisó; yiba lusindiso kuthi ngexesha lembandezelo.
3 Ziyaphalaphaliswa izizwe liizwi lengxokolo, ziyaphangalaliswa iintlanga
4 kukuphakama kwakho. Ohlanganiswa emke amaxhoba enu njengokuhlanganisa kweenkumbi ezinqunquthayo, bawaquzelelele njengokuququzela komqikela.

5 UYehova uphakamile, ngokuba ehleli phezulu; uyizalisile iZiyon ngokusesi-
6 kweni nangobulungisa. Kuya kubakho ukuzimaseka kwamaxhesha akho, nobutyebi bosindiso, nobulumko, nokwazi; ukoyika uYehova bubuncwane bakhe.
7 Yabona, iinjengele zabo ziyakhala ngaphandle; abathunywa boxolo balila
8 ngokukrakra. Iindlela azihanjwa; umhambi uphelile; úwaphule umnqophiso, ucekise imizi, àkakhathalela
9 mntu. Ilizwe lenza isijwili, lintshwenyile; ineentloni iLebhanon, ishwabene; iSharon isuke yaba njengenkqantosi; ivuthulula amagqabi iBhashan neKarmele.
10 Kungokunje ndiya kusuka ndime, utsho uYehova; kungokunje ndiya kuphakama; kungokunje ndiya kuzinyusa.
11 Niya kumitha isikhotha, nizale iindiza; ukufutha kwenu ngumlilo oya kunidla.
12 Izizwe zoba yimitshiso yekalika, zoba yimithi enameva ehlahliweyo, ibaswe umlilo.

INkosi ihlangula abantu bayo

13 Yivani, nina bakude, endikwenzileyo; nibazi ubugorha bam, nina basondeleyo. Bayankwantya eZiyon aboni, abazii-
14 ntshembenxa babanjwe kukuthuthumela; bathi, Ngubani na ke kuthi onokuphambukela emlilweni odlayo? ngubani na ke kuthi onokuphambukela emalangatyeni angunaphakade? Ohamba
15 ngobulungisa, othetha okuthe tye, ocekisa inzuzo yokucudisa, ovuthulula isandla sakhe singaphathi sicengo, ovingca iindlebe zakhe zingevi ngegazi, ocima amehlo akhe angakhangeli entwe-
16 ni embi: nguye oya kuhlala ezindaweni eziphezulu. Iimboniselo zeengxondorha yingxonde yakhe; isonka sakhe usinikiwe, amanzi akhe ahleli ekho.

17 Amehlo akho aya kumkhangela ukumkani ebuhleni bakhe; aya kulibona ilizwe elisingise kude. Intliziyo yakho
18 iya kucamanga ngesothuso, ithi, Uphi na umbali? uphi na umlinganiseli? uphi na umbali weenqaba ezinde?
19 Abantu abaziingwanyalala akuyi kubabona: abantu abantetho inzulu, inga-

vakaliyo, abalulwimi luthintithayo lungenakuqondeka.

20 Khangela iZiyon, umzi wemithendeleko yethu. Amehlo akho aya kuyibona iYerusalem, isithili esinokonwaba, iyintente engàfuduswayo, ezikhonkwane zingàncothulwayo naphakade, ezinta-
21 mbo zonke zingàqhawukiyo. Ewe, ngenxa yethu ikhona ingangamsha uYehova; yindawo enemilambo, enemijelo ebanzi ngeenxa zombini; akuyi kuhamba sinqanawa sibheqwayo apho, kungaweli
22 khona nqanawa iyingangamsha. Kuba umgwebi wethu nguYehova, ummisimthetho wethu nguYehova, ukumkani wethu nguYehova; uya kusisindisa yena.
23 Zityeketyeke iintambo zakho, àzilubambi useko lwemasti* yazo, aziyitwabululi iseyile;* kuya kwandula kwabiwe amaxhoba amaninzi athinjiweyo, nezi-
24 qhwala ziphange okuphangiweyo. Akayi kuthi ummi wakhona, Ndiyafa; abantu abahleliyo khona babuxolelwe ubugwenxa babo.

Isigwebo esingoEdom sivakaliswa phambi kwazo zonke iintlanga

34 Sondelani, zintlanga, nive; nibaze iindlebe, zizwe; malive ihlabathi nenzaliseko yalo; elimiweyo, neziveliso zonke eziveliswa lilo.
2 Ngokuba uburhalarhume bukaYehova buphezu kweentlanga zonke, nobushushu bakhe buphezu komkhosi wazo wonke; uzisingele phantsi, uzinikele
3 ekusikweni. Baya kulahlwa ababuleweyo bazo, nezidumbu zabo kunyuke ukunuka kwazo, kunyibilike iintaba
4 ligazi lazo. Uya kuvunda wonke umkhosi wezulu, lisongwe izulu njengencwadi, wonke umkhosi walo ubune njengokubuna kwegqabi emdiliyeni, njengokubuna kwegqabi emkhiwaneni.
5 Ngokuba liselé lahlútha ezulwini ikrele lam; yabona, lihla phezu koEdom, naphezu kwabantu endibasingele pha-
6 ntsi, ibe ngumgwebo. Ikrele likaYehova lizele ligazi, lityetyiswe ngamanqatha, ligazi leemvana neleebhokhwe, ngamanqatha ezintso zeenkunzi zeegusha; ngokuba uYehova unombingelelo eBhotsera, nokuxhela okukhulu ezweni lakwaEdom. Kuya kuhla inqu kunye 7 nazo, iinkunzi ezintsha kunye neenkabi, lisele lihluthe ilizwe labo ligazi, lutyetyiswe uthuli lwabo ngamanqatha. Kuba uYehova unomhla wempindezelo, 8 unomnyaka wembuyekezo, wokuthethelela iZiyon.

Yoguquka imilambo yabo ibe yitela, 9 uthuli lwabo lube yisulfure, ilizwe labo libe yitela etshayo. Aliyi kucinywa 10 ubusuku nemini; umsi walo uya kunyuka ngonaphakade; liya kuchithakala kwisizukulwana ngesizukulwana; liya kuhlala lihleli lodwa, kungabikho ucanda kulo. Loba lilifa lengcwangube 11 nokhwalimanzi, kuhlale kulo ifubesi nehlungulu, olule phezu kwalo ulutya lokulinganisa lwakwanyanyeni, nelothe yokulungelelanisa yakwalubala. Aba- 12 numzana balo—akuyi kuba sabakho babiza bukumkani kubo, bonke abathetheli balo babe yinto engekhoyo. Iingxande zalo ezinde ziya kumila into 13 enameva, amarhawu namakhakakhaka ezinqabeni zalo ezinkulu, libe sisikhundla seempungutye nedlelo leenciniba. Kohlangabezana amarhamncwa omqwebedu neempungutye, into elixhonti ikhawulelane nowayo; ewe, into yasebusuku iya konwaba khona, izifumanele ukuphumla. Kulapho iya kwenzela 15 khona indlu inyoka ejubayo, izale amaqanda, ifukame emthunzini khona; ewe, khona apho baya kubutha oontloyiya, elowo nowabo.

Funani encwadini kaYehova, nilese. 16 Akukho nanye kuzo ezo zinto iya kusala, eya kusilela kuwayo; ngokuba ngumlomo wam oziwisele umthetho, ngumoya wawo ozibuthileyo. Nguye ozirholele 17 iqashiso, isandla sakhe sazabela lona ngolutya lokulinganisa; ziya kulidla ilifa kude kuse ephakadeni, zihlale kulo kwisizukulwana ngesizukulwana.

Ukusikeleleka kwabantu bakaThixo

35 Inemihlali intlango nomqwebedu; iyagcoba inkqantosi, iyadubula njengomfiyo. Iyatyatyamba, ithi rhoqo; 2 iyagcoba, ewe, iyagcoba, imemelele,

inikwe ubuqaqawuli beLebhanon, ubungangamela beKarmele neSharon; ezo ndawo ziya kububona ubuqaqawuli bukaYehova, ubungangamela boThixo wethu.

3 Yomelezani izandla eziwileyo, niwa-
4 qinise amadolo agexayo. Yithini kwabantliziyo zingxamayo, Yomelelani, ningoyiki. Yabonani, uThixo wenu uyeza enempindezelo, enembuyekezo kaThixo; uya kuza yena anisindise.

5 Aya kuvulwa amehlo eemfama, zivu-
6 lwe iindlebe zezithulu; size sitsibe njengexhama isiqhwala, lumemelele ulwimi lwesidenge; ngokuba kuya kugqobhoka amanzi entlango, nemilambo
7 enkqantosini; isanga sibe lidike, neendawo ezinxaniweyo zimpompoze amanzi. Esikhundleni sempungutye, apho ibuthuma khona, kuya kuba butyani
8 neengcongolo nemikhanzi. Kuya kubakho umendo khona, kubekho indlela, kuthiwe ukubizwa kwayo, yindlela engcwele le. Akuyi kudlula nto iyinqambi ngayo; yeyabo yona: abahamba loo ndlela—nabazizihula abayi kula-
9 hleka kuyo. Akuyi kubakho ngonyama khona, aliyi kuqabela khona irhamncwa eliqwengayo; aliyi kufunyanwa khona; kuya kuhamba khona abakhululwé
10 ngokuhlawulelwa; abakhululwa bakaYehova babuye beze eZiyon bememelela; benovuyo olungunaphakade phezu kweentloko zabo; baya kufumana imihlali nemivuyo, sisabe isingqala nosizi.

Ukuhlasela kukaSaneribhe

36 Kwathi ngomnyaka weshumi elinesiné wokumkani uHezekiya, kwenyuka uSaneribhe ukumkani waseAsiriya, waya kuyo yonke imizi yakwa-
2 Yuda enqatyisiweyo, wayithimba. Ukumkani waseAsiriya wasusa uRabheshake eLakishe, ukuba aye eYerusalem kukumkani uHezekiya, enempi enzima. Wafika wema emjelweni wechibi lasentla, ongasemendweni wentsimi yomsu-
3 ki weengubo. Kwaphuma kwaya kuye uEliyakim unyana kaHilekiya, umphathi wendlu, noShebhena umbhali, noYowa unyana ka-Asafu, umkhumbuzi wezinto zakomkhulu.

Wathi kubo uRabheshake, Khanithi 4 kuHezekiya, Utsho ukumkani omkhulu, ukumkani waseAsiriya, ukuthi, Yeyani na le nkoloseko ukholose ngayo? Ndi- 5 thi mna, lilizwi lomlomo wodwa iqhinga *lakho* nobugorha *bakho* bemfazwe; okungoku ke ukholose ngabani na, ugwilike kum nje? Uyabona, ukholose ngaloo 6 msimelelo wengcongolo evikivekileyo, iYiputa, ethi, othe wayama ngayo, ingene esandleni sakhe, imhlabe; únjalo uFaro ukumkani weYiputa kubo bonke abakholse ngaye. Ke ukuba uthi 7 kum, Sikholose ngoYehova uThixo wethu, ndithi, Asinguye na lo uzigánga nezibingelelo azisusileyo uHezekiya, wathi kumaYuda nakwiYerusalem, Ize niqubude phambi kwesi sibingelelo sodwa? Khawubekelane kaloku ne- 8 nkosi yam, ukumkani waseAsiriya; ndokunika amawaka amabini amahashe, ukuba unako ngecala lakho ukukhupha abakhweli bokukhwela kuwo. Wòthini na ukubujika ubuso benkosana 9 enye, yakubo abancinane babakhonzi benkosi yam, ukholòse ngeYiputa, ngeenqwelo zokulwa nangabamahashe? Ngokunje ndinyuké ndeza kulonakalisa 10 eli lizwe, ndingenaye uYehova, yini na? UYehova uthe kum, Nyuka uye kweli lizwe, ulonakalise.

Bathi ooEliyakim noShebhena no- 11 Yowa kuRabheshake, Khawuthethe kubakhonzi bakho ngesiAram, kuba sisiva sona; musa ukuthetha kuthi ngesiYuda ezindlebeni zabantu abaseludongeni. Wathi uRabheshake, Inko- 12 si yam indithumé ukuba ndiwathethe la mazwi enkosini yakho nakuwe, yini na? Àsikula madoda ahleli eludongeni yini na, ukuze adle ilindle lawo, asele umchamo wawo nani?

Wema uRabheshake, wadanduluka 13 ngezwi elikhulu ngesiYuda, wathi, Waveni amazwi okumkani omkhulu, okumkani waseAsiriya. Uthi ukumka- 14 ni, Makanganilukuhli uHezekiya, ngokuba akayi kuba nako ukunihlangula. Makanganikholosisi ngoYehova uHeze- 15

UISAYA 36–37

kiya, esithi, Inene, uya kusihlangula uYehova; lo mzi awusayi kunikelwa 16 esandleni sokumkani waseAsiriya. Musani ukumphulaphula uHezekiya, ngokuba utsho ukumkani waseAsiriya ukuthi, Xolisanani nam, niphume nize kum, nidle elowo umdiliya wakhe, elowo umkhiwane wakhe, nisele elowo 17 amanzi equla lakhe; ndide ndize ndinise ezweni elinjengelizwe lenu, ilizwe lengqolowa newayini entsha, ilizwe 18 lesonka nezidiliya. I*z*e *nilumke* hleze aninyange uHezekiya, esithi, UYehova uya kusihlangula. Oothixo beentlanga balihlangule na elowo ilizwe lakhe 19 esandleni sokumkani waseAsiriya? Baphi na oothixo baseHamati neArpadi? baphi na oothixo baseSefarvayim, ukuba bangàbi balihlangule elakwaSamari 20 esandleni sam? Nguwuphi na koothixo bonke bala mazwe olihlanguleyo ilizwe lakhe esandleni sam, ukuba ade uYehova ayihlangule iYerusalem esandleni sam?

21 Bathi tu, àbamphendula nazwi; ngokuba umthetho wokumkani wona ubusi-
22 thi, Nize ningamphenduli. Weza ke uEliyakim unyana kaHilekiya, umphathi wendlu, noShebhena umbhali, noYowa unyana ka-Asafu, umkhumbuzi wezinto zakomkhulu, kuHezekiya, bezikrazule iingubo zabo, bamxelela amazwi kaRabheshake.

37 Kwathi, akukuva oku ukumkani uHezekiya, wazikrazula iingubo zakhe wazigquma ngezirhwexayo, wange-
2 na endlwini kaYehova. Wathuma uEliyakim umphathi wendlu, noShebhena umbhali, namadoda amakhulu ababingeleli, bezigqume ngezirhwexayo, kuIsaya umprofeti, unyana ka-Amotsi.
3 Bathi kuye, Utsho uHezekiya ukuthi, Le mini yimini yembandezelo neyokohlwaya neyogibo; ngokuba abantwana bazé kufika emlonyeni wesizalo, tu ke
4 amandla okuzala. Mhlawumbi uYehova uThixo wakho angaweva amazwi kaRabheshake, othunyiweyo ngukumkani waseAsiriya inkosi yakhe, ukungciki- va uThixo ophilileyo; amohlwaye ngenxa yamazwi lawo awavileyo uYehova uThixo wakho; wena uphakámise umthandazo ngenxa yamasalela asekhoyo.

Baya ke abakhonzi bokumkani u- 5 Hezekiya kuIsaya. Wathi uIsaya kubo, 6 Nothi kwinkosi yenu, Utsho uYehova ukuthi, Musa ukoyikiswa ngamazwi owavileyo, abandinyelise ngawo abafana bakwakumkani waseAsiriya. Yabona, 7 ndimfaka umoya, ukuba eve udaba olubi, abuye ke aye ezweni lakhe, ndimwise ngekrele ezweni lakhe.

Wabuya ke uRabheshake, wamfuma- 8 na ukumkani waseAsiriya esilwa neLibhena; ngokuba ebevile ukuba undulukile eLakishe. Weva kusithiwa ngo- 9 Tiraka ukumkani wakwaKushi, Uphumile esiza kulwa nawe. Weva ke, wathumela abathunywa kuHezekiya esithi, Notsho kuHezekiya ukumkani wa- 10 kwaYuda ukuthi, Makangakulukuhli uThixo wakho, okholose ngaye wena, usithi, Ayisayi kunikelwa iYerusalem esandleni sokumkani waseAsiriya. Uya- 11 bona, ukuvile wena abakwenzileyo ookumkani baseAsiriya kumazwe onke, ukuba bawaphanzisa; ùya kuhlangulwa na ke wena? Oothixo beentlanga ke 12 bazihlangula na ezo, bazitshabalalisáyo oobawo, iGozan, neHaran, neRetsefe, noonyana bakaEden ababeseTelasare? Úphi na ukumkani weHamati, noku- 13 mkani weArpadi, nokumkani womzi waseSefarvayim, neHena, neIva?

Wawathabatha uHezekiya amaphepha 14 encwadi esandleni sabathunywa, wawafunda; wenyuka waya endlwini kaYehova, wayaneka uHezekiya phambi koYehova. Wathandaza uHezekiya ku- 15 Yehova esithi, Yehova wemikhosi, 16 Thixo wakwaSirayeli, wena uhleli phakathi kweekerubhi,* unguye uThixo wena wedwa kwizikumkani zonke zehlabathi; wena ulenzile izulu nehlabathi. Thoba indlebe yakho, Yehova, uve; 17 vula amehlo akho, Yehova, ubone; uweve onke amazwi kaSaneribhe, awathumele ukungcikiva uThixo ophilileyo.

UISAYA 37-38

18 Okunene, Yehova, ookumkani baseAsiriya baziphanzisile zonke iintlanga na-
19 mazwe azo; babanikela oothixo bazo emlilweni, kuba bebengèthixo, bebengumsebenzi wezandla zomntu, umthi
20 nelitye; babatshabalalisa ke. Ke ngoko, Yehova Thixo wethu, sísindise esandleni sakhe, zazi zonke izikumkani zehlabathi, ukuba wena unguYehova wedwa.

21 Wathumela ke uIsaya unyana ka-Amotsi kuHezekiya, esithi, Útsho u-Yehova, uThixo wakwaSirayeli, ukuthi, Okuthandazeleyo kum, ngokubhekisele kuSaneribhe ukumkani waseAsiriya, *ndikuvile*.

22 Lilo eli ilizwi alithethayo uYehova ngaye, Intombi eyintombi uZiyon iyakudela, iyakugculela; intombi uYerusalem ihlunguzela intloko emva kwakho.
23 Ngubani na lo umngcikivileyo, umnyelisileyo? Ngubani na lo ùmphakamisele ilizwi lakho, ukude uwaphakamisele amehlo akho phezulu nje? NgoyiNgcwele wakwaSirayeli.
24 Ùyingcikivile iNkosi ngabakhonzi bakho, wathi, Ngobuninzi beenqwelo zam zokulwa ndiqabele mna ezintlomeni zeentaba, emathambekeni eLebhanon; ndiyigawúle imisedare* yayo emide kakhulu nemisipres* yayo enyuliweyo; ndifiké kweyokuphela indawo yayo ephezulu, ehlathini lentsimi yayo
25 echumayo. Ndimbé, ndasela amanzi mna; ndiya kuyomisa ngentende yeenyawo zam yonke imijelo yoMnayile oseYiputa.
26 Akuvanga na? Kwakude ndakwenza oku, kwangemihla yamandulo ndakubumba; ndikufikisile, kwenzeka ngoku ukuba uyikhahlele phantsi imizi enqatyisiweyo, ibe yingxakangxaka yemi-
27 wewe. Abemi bayo bánqumka izandla, baqhiphuka umbilini, badana, baba ngumfuno wasendle, nohlaza, utyani obuphezu kwendlu, nentsimi yengqolo-
28 wa engekabi mvila. Ke ukuhlala kwakho, nokuphuma kwakho, nokungena kwakho, ndiyakwazi, nokuguguma
29 kwakho ngam. Ngenxa yokuguguma kwakho ngam, nangenxa yokutyesha kwakho okunyuke kweza ezindlebeni zam, ndiya kufaka ikhonkco lam empumlweni yakho, nomkhala wam emlonyeni wakho, ndikubuyise ngendlela oweza ngayo.

Ke kaloku nguwo lo umqondiso 30 kuwe: lo mnyaka kodliwa ummilela, ngomnyaka wesibini kodliwa isihlabane; ngomnyaka wesithathu nohlwayela nivune, nityale izidiliya, nidle iziqhamo zazo. Abasindileyo bendlu yakwaYu- 31 da, abo baseleyo, baya kubuya bendelisele iingcambu phantsi, benze iziqhamo phezulu. Ngokuba kuya kuphuma e- 32 Yerusalem abaseleyo nabasindileyo entabeni yeZiyon. Ubukhwele bukaYehova wemikhosi buya kukwenza oko.

Ngako oko utsho uYehova ngokubhe- 33 kisele kukumkani waseAsiriya, ukuthi, Akayi kungena kulo mzi, akayi kutola notolo kuwo, akayi kuwuzela enengweletshetshe, akayi kuwufumbela ludonga lakungqinga. Uya kubuya ngendlela 34 aweza ngayo; akasayi kungena kuló mzi; utsho uYehova. Ndiya kuwu- 35 khusela lo mzi, ndiwusindise ngenxa yam, nangenxa kaDavide, umkhonzi wam.

Kwaphuma ke isithunywa sikaYeho- 36 va, saxabela emkhosini wama-Asiriya ikhulu elinamanci asibhozo anesihlanu amawaka. Bavuka kusasa, nango ezizidumbu ezifileyo onke. Wanduluka, 37 wahamba; wabuya uSaneribhe ukumkani waseAsiriya, wahlala eNineve. Kwathi, enqula endlwini kaNiseroki 38 uthixo wakhe, bamxabela ngekrele ooAdrameleki noSharetsere, oonyana bakhe. Baza basabela ezweni laseArarati. UEsar-hadon, unyana wakhe, waba ngukumkani esikhundleni sakhe.

Ukugula nokuchacha kukaHezekiya

38 Ngaloo mihla wayesifa UHezekiya, eza kufa. Waya umprofeti kuye, uIsaya unyana ka-Amotsi; wathi kuye, Utsho uYehova ukuthi, Yolela indlu yakho, ngokuba uya kufa wena, akuyi kuphila. UHezekiya wabubhe- 2

kisa eludongeni ubuso bakhe, wathanda-
3 za kuYehova, wathi, Khawukhumbule, ndiyakukhunga, Yehova, okokuba ndihambé phambi kwakho ngokunyaniseka nangentliziyo ephelelisileyo, ndakwenza okulungileyo emehlweni akho. Watsho uHezekiya isililo esikhulu.
4 Kwafika ilizwi likaYehova kuIsaya,
5 lisithi, Yiya uthi kuHezekiya, Utsho uYehova, uThixo kaDavide uyihlo, ukuthi, Ndiwuvile umthandazo wakho, ndizibonile iinyembezi zakho. Uyabona, ndiya kongezelela kwimihla yakho ishumi elinesihlanu leminyaka.
6 Ndiya kukuhlangula wena naló mzi esandleni sokumkani waseAsiriya, ndi-
7 wukhusele lo mzi. Nangu ke umqondiso kuwe, uphuma kuYehova, ukuba úya kulenza uYehova elo lizwi alithe-
8 thileyo. Uyabona, ndiyasibuyisa isithunzi sezinyuko, esehláyo esinyukweni sika-Ahazi ngelanga, *ndisibuyisa* umva izinyuko ezilishumi. Labuya ke ilanga izinyuko ezilishumi ezinyukweni elibe lihlile ngazo.

Umbulelo kaHezekiya ngokuphila kwakhe

9 Umbhalo kaHezekiya ukumkani wakwaYuda, oko ebesifa, waza waphila:
10 Ndathi mna, yakubon' ukuba ithe cwaka imihla yam, mandimke ndiye emasangweni elabafileyo;
Ndivelelwe, ndayihluthwa eseleyo iminyaka yam.
11 Ndathi, Andiyi kumbona uYa, uYa ezweni labaphilileyo;
Andiyi kuba samkhangela umntu, ndikubemi belabangasekhoyo.

12 Umnquba wam uza kuncothulwa, ufuduswe umke kum, njengentente yomalusi;
Ndibusongile njengomluki ubomi bam; únditsheca ezintsingeni.
Úya kundigqibela ngosuku olunye.
13 Ndazizolisa kwada kwasa; njengengonyama, wénjenjalo ukuwaphula onke amathambo am.
Úya kundigqibela ngosuku olunye.

Njengehlankomo, njengendwe, nde- 14
njenjalo ukukrikriza,
Ndalila njengevukuthu; aphela amehlo am kukubheka phezulu:
Yehova, ndifingekile, ndímele.
Ndothini na *ukubulela*, ethethile nje 15
kum, wénza nokwenza?
Mandicothoze yonke iminyaka yam
eya kuza phezu kobukrakra bomphefumlo wam.

Nkosi yam, babuya baphile zezo 16
zinto abantu,
Bukuzo kanye ubomi bomoya wam:
Wóndiphilisa ke, ndídlise ubomi.
Yabona, baba lusindiso kum ubu- 17
krakra obukhulu.
Wena ke ngokundithanda, wawurhola umphefumlo wam esihogweni sokonakala;
Ngokuba izono zam uzilahlile emva komhlana wakho.
Kuba elabafileyo alinakukuncoma, 18
ukufa akunakukudumisa;
Abahla baye emhadini àbakulindele ukunyanisa kwakho.
Ophilileyo, ophilileyo nguye owoku- 19
ncoma, njengam nje namhla.
Uyise uya kukwazisa ukunyanisa kwakho koonyana.

UYehova uza kundisindisa; 20
Ngoko ke sozibetha iihadi zethu
Yonke imihla yobomi bethu, endlwini kaYehova.

Wathi uIsaya, mabathabathe isicu- 21
mba samakhiwane, basibeke ethumbeni, ukuze aphile. Wathi uHezekiya, Uyi- 22
ntoni na umqondiso wokuba ndiya kunyuka ndiye endlwini kaYehova?

Ukunqophisana neBhabheli kuyachaswa

39 Ngelo xesha uMerodaki-bhaladan, unyana kaBhaladan, ukumkani waseBhabheli, wathumela incwadi nomnikelo kuHezekiya; kuba wayevile ukuba ubesifa, wabuya wachacha. Wavuya 2 uHezekiya ngabo, wababonisa indlu yakhe yezinto aziqwebileyo: isilivere, negolide, nobulawu, neoli entle, nendlu

yonke yezixhobo zakhe, nento yonke ebikho ebuncwaneni bakhe. Akwabakho nto endlwini yakhe nasekulawuleni kwakhe konke, angababonisanga yona uHezekiya.

3 Waya uIsaya umprofeti kukumkani uHezekiya, wathi kuye, Atheni na la madoda? avele ngaphi na ukuza kuwe? Wathi uHezekiya, Avele ezweni elikude 4 eBhabheli, esiza kum. Wathi ke, Abone ntoni na endlwini yakho? Wathi uHezekiya, Abone into yonke esendlwini yam; akubangakho nto ndingababonisanga yona ebuncwaneni bam.

5 Wathi uIsaya kuHezekiya, Live ke 6 ilizwi likaYehova wemikhosi. Uyabona, kuza imihla, eya kuthi yonke into esendlwini yakho, nento abayiqwebáyo ooyihlo, kwada kwayile mini, ithwalelwe eBhabheli, kungasali nto; utsho u- 7 Yehova. Baya kuthabatha nakoonyana bakho abaya kuphuma kuwe, oya kubazala, babe ngababusi ebhotweni lokumkani waseBhabheli.

8 Wathi uHezekiya kuIsaya, Lilungile ilizwi likaYehova, olithethileyo. Wathi, Inene, kuya kubakho uxolo nozingiso ngeyam imihla.

Isimemezo sokuhlangulwa ekufudusweni

40 Thuthuzelani, bathuthuzeleni abantu bam, utsho uThixo wenu.
2 Thethani kakuhle neYerusalem, nimemeze kuyo, nithi kuzalisekile ukuphuma kwayo umkhosi; nithi, buhlawulelwe ubugwenxa bayo; nithi, yamkeliswe esandleni sikaYehova okuphindwe kabini kwizono zayo zonke.
3 Yivani omemezayo, esithi, Yigeceni entlango indlela kaYehova; tyenenezelani uThixo wethu umendo enkqantosi- 4 ni. Yonke imifula mayinyuswe, zonke iintaba neenduli zigungxulwe; iindawo ezimagqagala zibe zithabazi, nemixa- 5 wuka ibe ziintili; butyhileke ubuqaqawuli bukaYehova, ibubone inyama yonke kunye; ngokuba uthethile umlomo kaYehova.
6 Ilizwi lothile lathi, Memeza. Wathi yena, Ndimemeze ntoni na? Yithi, Yonke inyama ibutyani, bonke ubuhle bayo bunjengentyantyambo yasendle. Buyoma utyani, iyabuna intyantyambo; 7 ngokuba umoya kaYehova uvuthuza kuyo; inene, abantu babutyani. Buyo- 8 ma utyani, iyabuna intyantyambo; ke lona ilizwi likaThixo wethu liya kuma ngonaphakade.

Wena Ziyon, mshumayeli weendaba 9 ezilungileyo, nyuka uye entabeni ephakamileyo; wena Yerusalem, mshumayeli weendaba ezilungileyo, liphakamise ngamandla ilizwi lakho, phakamisa ungoyiki. Yithi kwimizi yakwaYuda, Nanko uThixo wenu! Uyabona, iNkosi 10 uYehova iya kuza, ingowomeleleyo, ingalo yayo iyilawulela. Uyabona, umvuzo wayo inawo, nomsebenzi wayo uphambi kwayo. Iya kuwalúsa umhlambi wayo 11 njengomalusi; iya kuwabutha ngeengalo zayo amatakane, iwathwale ngesifuba sayo, izithundeze ezanyisayo.

UbungangamshabukaThixo

Ngubani na olinganise amanzi la 12 entendeni yesandla sakhe, walilungisa izulu ngomoluko weminwe, walukhongozela uthuli lomhlaba ngomlinganiselo, wazilinganisa iintaba ngesilinganiso, neenduli ngesikali?* Ngubani na o- 13 walungisa uMoya kaYehova, waba yindoda emcebisayo, wamazisa? Wáce- 14 bisana nabani na owamqondisayo, wamfundisa umendo wesiko, wamfundisa ukwazi, wamazisa indlela yokuqonda? Yabona, iintlanga zibalelwa ekubeni 15 zinjengethontsi emphandeni, njengesuntswana esikalini. Yabona, iziqithi zinjengothuli oluqhaphukayo. ILebha- 16 non ayilingene kubaswa, neenyamakazi zayo azilingene kuba lidini elinyukayo.

Zonke iintlanga zinjengento engento 17 phambi kwakhe; kuye zibalelwa ekuthini asizanto, ziluchuku. Ningamfanekisa 18 ke nabani na uThixo, ninxulumise mfanekiselo mni na naye? Umfanekiso 19 oqingqiweyo utyhidwa yingcibi, awaleke ngegolide umnyibilikisi, awunyibilikisele imixokelelwane yesilivere. O- 20 khohliweyo ngumrhumo ukhetha umthi ongenakubola; uzifunela ingcibi eyazi-

UISAYA 40-41

yo, ukuba imlungisele umfanekiso oqingqiweyo ongayi kushukuma.

21 Anazi na? aniva na? anixelelwanga na kwasentloko? aniqondanga na kwa-
22 sekusekweni kwehlabathi? Ngulo uhlala phezu kwesazinge sehlabathi, abemi balo ke benjengemicikwane; ulowaneka izulu njengeqhiya eliyasuyasu, walitwabulula njengentente yoku-
23 hlala; ulozenza izidwangube ukuba zingabi nto, abagwebi behlabathi abenze
24 babe luchuku. Bengekathi ukutyalwa, bengekathi ukuhlwayelwa, singekathi ukwendelisela iingcambu emhlabeni isiphunzi sabo, úselebafuthela bome, úbathabathe umoya ovuthuzayo njengomququ.

25 Niya kundifanisa nabani na, ndilinga-
26 ne naye? utsho oyiNgcwele. Phakamiselani amehlo enu phezulu, nibone: ngubani na owadala ezi zinto? Ngulokhupha umkhosi wazo ngamaqela, uzibiza zonke ziphela ngamagama, ngenxa yobukhulu bokomelela, ekhaliphile ngamandla; akusali nanye.

27 Yini na ukuba uthi, Yakobi—uthethe uthi, Sirayeli—Indlela yam isithele ku-Yehova, nebango lam lidlule kuThixo
28 wam? Akwazi na? akuvanga na, ukuba uThixo ongunaphakade nguYehova, uMdali weziphelo zehlabathi? Akatyhafi, akadinwa; ayinakugocwagocwa
29 ingqondo yakhe. Umnika otyhafileyo amandla, ongenakomelela amandisele
30 ukuqina. Namadodana angátyhafa a-
31 dinwe, nabafana bakhubeke bawe; ke bona abathembele kuYehova baya kuhlaziyeka emandleni; banyuke ngamaphiko njengeenkozi. Baya kugidima bangadinwa, bahambe bangatyhafi.

UKoreshi ngummeli kaThixo

41 Yithini tu phambi kwam, ziqithi; izizwe mazihlaziye amandla; mazize zisondele, zandule zithethe; masiqubisane ematyaleni.

2 Ngubani na ovuse empumalanga lowo ukhawulelwa bubulungisa ezinyaweni zakhe? Unikela iintlanga phambi kwakhe, unyathela ookumkani, ubanikela ekreleni lakhe njengothuli, esaphetheni sakhe njengomququ ophetshethwayo. Uyabasukela, udlula enoxolo ngomendo 3 abengawuhambanga ngeenyawo zakhe. Ngubani na okusebenzileyo wakwenza 4 oko, obiza izizukulwana kwasentloko? Ndim, mna Yehova, ndingowokuqala; nakwabangasemva ndikwanguye.

Iziqithi zabona zoyika, iziphelo ze- 5 hlabathi zagubha, zasondela, zeza. Umntu wamnceda ummelwane wakhe, 6 wathi kumzalwana wakhe, Yomelela. Ingcibi yomeleza umnyibilikisi; ogudi- 7 sayo ngesando womeleza obetha esikhandelweni, esithi, Kulungile; wasiqinisa ngezikhonkwane, ukuba singashukumi *isithixo*.

Ke wena Sirayeli, mkhonzi wam 8 Yakobi, wena ndakunyulayo, mbewu ka-Abraham umthandi wam; endaku- 9 bambayo kwaseziphelweni zehlabathi, endakubizayo kwasemacaleni alo; endathi kuwe, Ungumkhonzi wam wena, ndikunyule, andikucekisile; musa ukoyika, 10 kuba ndinawe mna; musa ukubhekabheka, kuba ndinguThixo wakho; ndikukhaliphisile, ewe, ndikuncedile, ndikuxhasile ngesandla sam sokunene sobulungisa bam. Yabona, baya kuda- 11 na bahlazeke bonke abavutha umsindo ngawe; aya kuba yinto engento, adake amadoda abambana nawe. Úya ku- 12 wafuna, ungawafumani, amadoda aphikisana nawe; aya kuba yinto engento, engekhoyo, amadoda alwa nawe. Ngo- 13 kuba mna, Yehova Thixo wakho, ndiya kusibamba isandla sakho sokunene; ndingóthi kuwe, Musa ukoyika, ndiya kukunceda mna.

Musa ukoyika, mbungu Yakobi, ba- 14 ntu bambalwa bakwaSirayeli; ndiya kukunceda mna; utsho uYehova, uMkhululi wakho oyiNgcwele kaSirayeli. Yabona, ndikwenzé isisizilo esibukhali 15 esitsha, esintlangothi mbini; uya kuzibhula iintaba uzicole, iinduli uzixelise umququ. Úya kuzela, umoya uzitha- 16 bathe, umoya ovuthuzayo uziphangalalise; ke wena ugcobe ngoYehova, uqhayise ngoyiNgcwele kaSirayeli.

Ke abaziintsizana nabangamahlwe- 17

mpu baya kufuna amanzi, angabikho, ulwimi lwabo lomè linxano; mna Yehova ndiya kubaphendula; mna, Thixo kaSirayeli, andiyi kubashiya.

18 Ndiya kuyivula imilambo eluqayini, nemithombo phakathi kweentili, ndenze intlango ibe lidike elinamanzi, nomhlaba ongumqwebedu ube ziindawo ezi-
19 phuma amanzi. Ndiya kutyala entlango imisedare,* nemingampunzi, nemimirtile,* neminquma yasendle, ndimise enkqantosini imisipres,* nemipleyini,*
20 nemigalagala, ndawonye; ukuze babone, bazi, bagqale ngentliziyo, baqiqe kunye, ukuba isandla sikaYehova sikwenzile oko, oyiNgcwele kaSirayeli ukudalile oko.

UYehova ethelekiswa nezithixo zeentlanga

21 Sondezani iindawo enibambene ngazo, utsho uYehova; zimiseni izigaaneko
22 zenu, utsho uKumkani kaYakobi. Mabazizise, basixelele okuza kuhla; mabaxele izinto zangaphambili, ubunjani bazo, sizigqale ngeentliziyo, silazi ikamva lazo; nokuba zezizayo sivisen.
23 Xelani izinto ezizayo ngasemva, ukuze sazi ukuba ningoothixo; ewe, yenzani okulungileyo, nokuba kokubi, sikhwa-
24 nkqiswe, sibonisane ngako. Yabonani, ningabento engento, nomsebenzi wenu awuni yani; úlisikizi oninyulayo.
25 Ndivusé owasentla, weza; owasempumalanga, onqula igama lam; uzifikela iirhuluneli njengodaka, njengombu-
26 mbi exovula udongwe. Ngubani na owakuxelayo oko kwasekuqaleni? *makavele* sazi; *owakuxelayo* ngenxa engaphambili *makavele,* sithi, Úlungisile. Hayi, akukho waxelayo; hayi, akukho wavakalisayo; hayi, akukho wazivayo
27 iintetho zenu. Ndim endaqala ndathi kwiZiyon, Yabona, nanzo; ndayinika iYerusalem umshumayeli weendaba ezi-
28 lungileyo. Kuba ndakhangela, akwabakho bani; nakwaba akwabakho bacebisi ndingababuzayo, baphendule nge-
29 lizwi. Yabona, bonke bephela bayinto engento, ziyinto engekhoyo izenzo zabo, imifanekiso yabo etyhidiweyo ingumoya nochuku.

Umkhonzi kaYehova

42 Mboneni ke umkhonzi wam endimxhasayo; umnyulwa wam, okholwa nguye umphefumlo wam. Ndibeke uMoya wam phezu kwakhe; uya kukuphumelelisa okusesikweni ezintlangeni. Akayi kunkqangaza, ali- 2 phakamise, alivakalise ezitratweni ilizwi lakhe. Ingcongolo evikivekileyo akayi 3 kuyaphula, umsonto oqhumayo akayi kuwucima; uya kukuphumelelisa okusesikweni ngokwenyaniso. Akayi kuba 4 nakucinywa, akayi kuvikiveka, ade akumise okusesikweni ehlabathini, zilindele isiyalo sakhe iziqithi.

Utsho uThixo yena, uYehova, udala 5 izulu, alaneke; utwabulula umhlaba neziveliso zawo; unika abantu abaphezu kwawo ukuphefumla, unika abahamba kuwo umoya: ukuthi, Mna, Yehova, 6 ndikubizile ngokobulungisa, ndakubamba ngesandla; ndiya kukulondoloza, ndikwenze umnqophiso wabantu, isikhanyiselo seentlanga; ukuba uvule 7 amehlo eemfama, ukuba ukhuphe abakhonkxiweyo ekuvalelweni, abahleli ebumnyameni *ubakhuphe* entolongweni.

NdinguYehova, lilo elo igama lam; 8 andiluniki omnye uzuko lwam, nendumiso yam andiyiniki imifanekiso eqingqiweyo. Izinto zokuqala, yabona, 9 zifikile; ndixela izinto ezintsha, ke zingekantshuli ndiyanivisa.

Vumani kuYehova ingoma entsha, 10 indumiso yakhe kwasezipheleni zehlabathi, nina bahla baye elwandle, nenzaliseko yalo, nina ziqhithi nabemi bazo. Mayiphakamise izwi intlango, 11 nemizi yayo, nemizana ehleli amaKedare; mabamemelele abemi bengxondorha, batsholoze ezincotsheni zeentaba. Mabamzukise uYehova, baxele 12 indumiso yakhe eziqithini. UYehova 13 uya kuphuma njengegorha, uya kuxhoxha ikhwele njengendoda yokulwa; uya kuduma, ewe, uya kunkqangaza; uya kuba ligorha ezintshabeni zakhe.

Kususela kwakude ndithe quthu, 14 ndathi tu, ndazibamba; ngoku ndiya

UISAYA 42-43

kubefuza njengozalayo, ndibe nephika,
15 ndifuthe nokufutha. Ndobharhisa iintaba neenduli, ndiyitshise yonke imifuno yazo, imilambo ndiyenze iziqithi, ndi-
16 watshise amadike. Ndozihambisa iimfama ngendlela ezingayaziyo, ndizinyathelise kwiingqushu ezingazaziyo; ubumnyama ndibenza ukukhanya phambi kwazo, iindawo ezimagqagala zibe zithabazi. Zizo ezo izinto endiya kuze-
17 nza, ndingazishiyi. Baya kubuya umva, badane bedanile, abakholosa ngemifanekiso eqingqiweyo, abathi kwetyhidiweyo, Ningoothixo bethu.

18 Yivani, zithulu; bhekani nibone,
19 zimfama. Ngubani na oyimfama, ingenguye umkhonzi wam? osisithulu njengomthunywa wam endimthumayo? Ngubani na oyimfama njengenqogu, oyimfama njengomkhonzi kaYehova?
20 Ubona izinto ezininzi, akazigcini noko;
21 uvula iindlebe, akeva noko. UYehova uthande ngenxa yobulungisa bakhe ukuwukhulisa umyalo, wawenza wano-
22 bungangamsha. Ke bona ngabantu abaphangiweyo, abahluthiweyo, ababotshelelwe emingxunyeni bonke bephela, abafakwe ezintolongweni, baba lixhoba, akwabakho mhlanguli; baba ngabahluthiweyo, akwabakho uthi, Buyisa.
23 Ngubani na kuni oya kukubekela indlebe oko, abàze indlebe, eve emveni
24 koku? Ngubani na owamnikela uYakobi ekuhluthweni, owamnikela uSirayeli kubaphangi? AsinguYehova nalowo sonayo kuye, *lowo* bangavumanga ukuhamba ngeendlela zakhe, àbawu-
25 phulaphula umyalo wakhe? Wamphalazela ngobushushu bomsindo wakhe, nangamandla emfazwe; wamlenya ngomlilo ngeenxa zonke, àkakwazi noko; wamtshisa, noko akakunyamekela oko ngentliziyo.

Ukuhlawulelwa kukaSirayeli nokuthunywa kwakhe

43 Kaloku ke utsho uYehova, uMdali wakho, Yakobi, uMbumbi wakho, Sirayeli, ukuthi, Musa ukoyika; ngokuba ndikukhulule ngokukuhlawulela; ndikubizile ngegama lakho, ungowam. Xa uthi uwéle emanzini, ndoba nawe: 2 nasemilanjeni, ayisayi kukuntywilisela; xa uthi uhambe emlilweni, akuyi kurhawuka, nelangatye lingakutshisi. Ngokuba mna, Yehova, ndinguThixo 3 wakho, mna, Ngcwele kaSirayeli, ndingumsindisi wakho; ndirholé iYiputa yakucamagushela, iKushi neSebha zaba sesikhundleni sakho. Ngenxa yokuba 4 unqabile emehlweni am, uzukile, mna ke ndikuthandile; ndirhola abantu esikhundleni sakho, nezizwe esikhundleni sobomi bakho.

Musa ukoyika, ngokuba ndinawe: 5 ndiya kuyizisa imbewu yakho ivela empumalanga, ndikubuthe nasentshonalanga. Ndiya kuthi kumntla, Ethe; 6 nakumzantsi, Musa ukuthintela; nazise oonyana bam bevela kude, neentombi zam zivela eziphelweni zehlabathi: yonke into ebizwe ngegama lam, endiyi- 7 dalele uzuko lwam, endiyibumbileyo, endiyenzileyo. Khupha abantu abazii- 8 mfama benamehlo, nabazizithulu beneendlebe.

Nonke zintlanga, buthelanani ndawo- 9 nye, zihlangane izizwe. Ngubani na kuni onokukuxela oko? Mabasivise izinto zangaphambili, mabamise amangqina abo, bagwetyelwe; mabeve ke abantu, bathi, Yinyaniso. Ningama- 10 ngqina am, utsho uYehova, nina ningumkhonzi wam endimnyulileyo; ukuze nazi, nikholwe ndim, niqonde ukuba ndim; phambi kwam akubunjwanga thixo, nasemva kwam akuyi kubakho namnye. Mna ke, mna ndinguYehova, 11 akukho msindisi ingendim. Mna ndi- 12 xelile, ndasindisa, ndabonisa, kungekho thixo wumbi kuni; ningamangqina am, utsho uYehova, ukuba ndinguThixo. Unanamhla ndinguye, akukho unoku- 13 hlangula esandleni sam; ndisebenza, ngubani na ke onokukubuyisa oko umva?

Utsho uYehova, umkhululi wenu, 14 oyiNgcwele kaSirayeli, ukuthi, Ngenxa yenu ndithumele eBhabheli, ukuba ndibahlise abasabayo bonke bephela, namaKaledi, ngeenqanawa zokumemelela

15 kwabo. Mna, Yehova, ndingoyiNgcwele wenu, uMdali kaSirayeli, uKumkani
16 wenu. Utsho uYehova, umenzi wendlela elwandle, womendo emanzini
17 anamandla; umkhuphi wenqwelo nehashe, wempi nentshatshela; baya kulala bangavuki, bethile, becimile njengo-
18 msonto wesibane: *utsho* ukuthi, Musani ukukhumbula izinto zangaphambili, ni-
19 ngazikhathaleli nezamandulo. Yabonani, ndiya kwenza into entsha, intshule ngoku; aniyi kuyazi na? Inene, ndiya kwenza indlela entlango, nemilambo
20 enkangala. Izilo zasendle ziya kundizukisa, iimpungutye neenciniba; ngokuba ndenza amanzi entlango, nemilambo enkangala, ukuze ndiseze abantu
21 bam, abanyulwa bam. Abantu endizibumbeleyo baya kubalisa indumiso yam.
22 Akundinqulanga ke mna, Yakobi, ngokude uzixhamle ngam, Sirayeli.
23 Akundiziselanga mpahla imfutshane yamadini akho anyukayo; akundizukisanga ngamibingelelo yakho. Andikukhonzisanga ngaminikelo yakudla, andikudinisanga ngantlaka imhlophe.
24 Akundithengelanga kalamo* ngemali, akundihluthisanga ngamanqatha emibingelelo yakho; hayi, ùndikhonzise ngezono zakho, undidinisile ngobugwenxa bakho.
25 Mna ndinguye ocima izikreqo zakho ngenxa yam, ndingazikhumbuli izono
26 zakho. Ndikhumbuze, masimangalelane; misa intetho yakho, ukuze ugwe-
27 tyelwe. Uyihlo wokuqala wóna, naba-
28 lamleli bakho bakreqa kum. Ngako oko ndabangcolisa ke abathetheli abangcwele, ndamnikela uYakobi ukuba asingelwe phantsi, uSirayeli ukuba anyeliswe.

*Ubudenge bonqulo-zithixo;
uzuko lukaYehova*

44 Kaloku ke yiva, Yakobi mkhonzi wam, Sirayeli endikunyulileyo.
2 Utsho uYehova uMenzi wakho, uMbumbi wakho kwasesizalweni, uMncedi wakho, ukuthi, Musa ukoyika, mkhonzi wam Yakobi, Yeshurun endimnyulileyo.
3 Ngokuba ndiya kugalela amanzi phezu kwabanxaniweyo, nemiqukuqela yamanzi phezu kwelizwe elomileyo. Ndiya kugalela uMoya wam phezu kwembewu yakho, nentsikelelo yam phezu kwenzala yakho. Baya kuhluma phakathi kotya- 4 ni, njengemingculuba engasemisingeni yamanzi. Omnye uya kuthi, Ndingoka- 5 Yehova; nomnye uya kunqula igama likaYakobi; kwanomnye uya kuzibhala ngesandla sakhe kuYehova, alihloniphe igama likaSirayeli.

Utsho uYehova, uKumkani wakwa- 6 Sirayeli, uMkhululi wakhe, uYehova wemikhosi, ukuthi, Ndingowokuqala, ndingowokugqibela; akukho Thixo i- ngendim. Ngubani na oshumayela nje- 7 ngam—makaxele andicacisele—ethabathela ekumiseni kwam abantu basendaleni? Izinto ezizayo, neziza kubakho, mabazixele. Musani ukunkwantya, ni- 8 ngajijitheki; andikuvisanga na kwanini, ndanixelela? Ningamangqina am. Kukho Thixo na, ingendim? Akukho liwa, andilazi mna.

Abayili bemifanekiso eqingqiweyo 9 bonke bephela baluchuku, neento zabo ezinqwenelekayo azincedi nto; bona bangamangqina azo; ababoni, abazi, ukuze badane. Ngubani na oyile uthi- 10 xo, watyhida umfanekiso ongenakunceda nto? Yabona, onke amadlelane awo 11 aya kudana, neengcibi ezo zezasebantwini; mababuthelane bonke bephela, beme, bankwantye, badane kunye.

Ingcibi yesinyithi ilola inkxola, ise- 12 benza ngamalahle avuthayo, isiyila *isithixo* ngezando, isibenza ngengalo yayo enamandla; kanjalo iyalamba, ingabi namandla; ayiseli manzi, ityhafe. Ingcibi yemithi yolula ulutya lokulinga- 13 nisa, isibabula isiqu saso ngechitywa; isilungisa ngezinto zokuchwela; isibabula isiqu saso ngekompas,* isenze ngemfano yendoda, ngokobuhle bomntu, ukuba sihlale endlwini. Uga- 14 wula imisedare,* uthabatha umholem* nomoki,* akhethe emithini yehlathi; utyala umpayine,* imvula iwukhulise. Woba ke yinto yokuba umntu aphembe 15 umlilo; athabathe kuwo, othe; uphatha kuthi abase umlilo, ose isonka; uphatha

kuthi enze uthixo, aqubude kuye, enze umfanekiso oqingqiweyo, asibekeke ku-
16 wo. Inxalenye yawo uyitshisa emlilweni; inxalenye yawo uyidla inyama ngayo; wosa ose ahluthe; ewe, uyotha, athi, Hee ke! ndiyotha, ndiva umlilo!
17 Oseleyo kuwo uwenza uthixo, umfanekiso wakhe oqingqiweyo, asibekeke kuwo, aqubude kuwo, athandaze kuwo, athi, Ndihlangule; ngokuba, unguthixo wam.
18 Abazi, abaqondi; ngokuba avingciwe amehlo abo ukuba angaboni, ukuba
19 iintliziyo zabo zingaqiqi; banganyamekeli ngeentliziyo zabo, kungabikho kwazi, kungabikho kuqonda, ukuba bathi, Inxalenye yawo ndiyitshisile emlilweni; ewe, ndosa isonka emalahleni awo; ndosa inyama, ndadla; oseleyo kuwo ndiya kuwenza amasikizi na? ndisibekeke na kwinto evele emthini?
20 Esukelana nothuthu nje, intliziyo edetshiselweyo imtyekisile kangangokuba angawuhlanguli umphefumlo wakhe, athi, Akukho buxoki na esandleni sam sokunene?

21 Khumbula ezo zinto, Yakobi, Sirayeli, ngokuba ungumkhonzi wam; ndikubumbile, ungumkhonzi kum; Sirayeli,
22 akuyi kulityalwa ndim. Ndilucimile njengelifu elingqingqwa ukreqo lwakho, nezono zakho njengelifu elisibekeleyo; buyela kum, ngokuba ndikukhulule
23 ngokukuhlawulela. Memelelani, mazulu, ngokuba uYehova ekwenzile; dumani, zinzulu zehlabathi; gqabhukani nimemelele, zintaba, hlathi, nani nonke mithi ekulo; ngokuba uYehova emhlawulele wamkhulula uYakobi, ezihombisile ngoSirayeli.

UYehova, iNkosi yabo bonke, umthumile uKoreshi

24 Utsho uYehova, uMkhululi wakho, uMbumbi wakho kwasesizalweni, ukuthi, Mna Yehova ndinguMenzi weento zonke; uManeki wezulu ndedwa; uMtwabululi wehlabathi ndingenabani;
25 uMtshitshisi wemiqondiso yabapholoza into engeyiyo; uMgezisi wabavu- misayo; uMbuyisi wezilumko umva; uMzulisi wokwazi kwazo; uMmisi 26 welizwi lomkhonzi wakhe; uMzalisi wecebo labathunywa bakhe; uNdithi kwiYerusalem, Iya kumiwa; nakwimizi yakwaYuda, Iya kwakhiwa, ndiwamise amanxuwa ayo; uNdithi kumanzi enzo- 27 nzobila, Yitshani, ndiyomise imilambo yakho; uNdithi kuKoreshi, Ngumalusi 28 wam, oya kukuzalisa konke ukuthanda kwam; athi kwiYerusalem, Mayakhiwe; nakwitempile, Mayisekwe.

Izizwe zeentlanga ziguqukela kuThixo kaSirayeli

45 Utsho uYehova kumthanjiswa wakhe, kuKoreshi, endimbambe ngesandla sokunene, ukuba ndizinyathele iintlanga phambi kwakhe; ndikhulule amanqe ookumkani, ukuba ndizivule iingcango ezingambini, namasango angabi nakuvalwa: ukuthi, Ndiya 2 kuhamba phambi kwakho, ndilungelelanise iindawo ezimaqhubu, ndiqhekeze iingcango zobhedu, ndixakaxe nemivalo yesinyithi; ndikunike ubuncwane obuse- 3 mnyameni, neengqwebo ezisezintsithelweni; ukuze wazi, ukuba mna Yehova ndingulo ukubize ngegama, uThixo kaSirayeli. Ngenxa yomkhonzi wam 4 uYakobi, uSirayeli umnyulwa wam, ndakubiza ngegama lakho, ndakuthiya namanye amagama, ungandazi. Ndi- 5 nguYehova; akukho wumbi, akukho Thixo ingendim. Ndakubhinqa unga- 6 ndazi, ukuze bazi, bethabathela ekuphumeni kwelanga bese nasekutshoneni kwalo, ukuba akukho namnye ingendim; ndinguYehova, akukho wumbi. Ndi- 7 nguMenzi wokukhanya, uMdali wobumnyama, uMenzi woxolo, uMdali wobubi: mna Yehova ndinguMenzi wezo zinto zonke.

Vuzisani, mazulu phezulu, sikhu- 8 mezele ubulungisa isibhakabhaka; mawuvuleke umhlaba, uqhame usindiso, uhlumise ubulungisa kunye: mna Yehova ndikudalile oko.

Yeha ke, obambana noMenzi wakhe! 9 Ligophe emagopheni ezitya zomdongwe! Udongwe *lunokuthi* na kumbu-

mbi walo, Wènza ntoni na? nomsèbenzi wakho unokuthi na, Akunazandla?
10 Yeha ke, othi kuyise, Ùzaleleni na?
11 nakumfazi, Ùnanimba ngani na? Utsho uYehova, oyiNgcwele kaSirayeli, uMenzi wakhe, ukuthi, buzani kum izinto ezizayo; oonyana bam nomsebenzi
12 wezandla zam wuyalezeni kum. Mna ndenza ihlabathi, ndadala abantu phezu kwalo; izandla zam, mna lo zaneka izulu, nomkhosi walo wonke ndawuwi-
13 sela umthetho. Mna ndimvelisile ngobulungisa, ndiya kuzilungelelanisa iindlela zakhe zonke. Yena uya kuwakha umzi wam, abakhulule abafuduswa bam, kungarholwanga nani, kungarholwanga sicengo; utsho uYehova wemikhosi.

14 Utsho uYehova ukuthi, Ukuxelenga kweYiputa nokurhweba kukaKushi nokwamaSebha, abafo abanewonga, kuya kuwelela kuwe kube kokwakho. Baya kuhamba emva kwakho, baya kuwela benemixokelelwane, baqubude kuwe; baya kuthandaza kuwe, besithi, Inene, ukuwe uThixo; akusekho thixo, akukho
15 nokuba abe mnye. Inyaniso, ùnguThixo ozisithelisayo, Thixo kaSirayeli,
16 Msindisi. Baya kudana, kananjalo bahlazeke bonke bephela; baya kuhamba behlazekile kunye abaziingcibi zezithixo.
17 USirayeli uya kusindiswa nguYehova ngosindiso olungunaphakade; aniyi kudaniswa, aniyi kuhlazeka, kude kuse emaphakadeni asephakadeni.
18 Ngokuba utsho uYehova, uMdali wezulu (nguye uThixo), uMenzi wehlabathi, uMseki walo, yena walizinzisayo (akalidalelanga ukuba kube senyanyeni, walibumba ukuba limiwe), ukuthi,
19 NdinguYehova, akukho wumbi. Andithethanga entsithelweni, endaweni emnyama yelizwe; anditshongo embewini kaYakobi ukuthi, Ndiquqeleni enyanyeni. Mna Yehova ndithetha ubulungisa, ndixela into ethe tye.
20 Buthani nize, sondelani kunye, nina basindileyo basezintlangeni: àbanakwazi ábathwali bomthi womfanekiso wabo oqinqiweyo, ábathándazi bothixo ongásindisiyo.
21 Xelani, nifikise; ewe, mabacebisane kunye, ukuthi, Ngubani na owavisa oko kwabamandulo, owakuxelayo kwanini? Asindim na Yehova, ekungekho Thixo wumbi ingendim? UThixo onobulungisa, osindisayo, akakho ingendim.

22 Bhekani kum, nisindiswe, nonke ziphelo zehlabathi; ngokuba ndinguThixo, akukho wumbi. Ndizifungile, 23 ilizwi liphume emlonyeni ngobulungisa, aliyi kuguqulwa; lithe, Aya kuguqa kum onke amadolo, zifunge mna zonke iilwimi; kuthiwe ngokubhekisele kum, 24 KuYehova yedwa bubulungisa namandla, kuyiwa kuye; baya kudana bonke abavutha ngomsindo ngaye. NgoYe- 25 hova iya kugwetyelwa iqhayise yonke imbewu kaSirayeli.

Ukuthelekiswa kukaYehova nezithixo zaseBhabheli

46 UBhele* uyaguqa, uNebho* uya bhanyalaza; izithixo zabo zibekwe emaqegwini nasezinkomeni ezitsalayo; ezi nibe nizithwala zibotshiwe, zingumthwalo kwizinto ezityhafileyo. Izi- 2 thixo zabhanyalaza, zaguqa kunye, azaba nakuzisiza ekuthwaleni, ke inkqu yazo yaya ekuthinjweni.

Phulaphulani kum, ndlu kaYakobi, 3 nonke masalela endlu kaSirayeli, nina nabekwayo phezu kwam kwasesiswini, nina nathwalwayo ndim kwasesizalweni; kude kuse ebudaleni ikwandim, kude 4 kuse ezimvini ndiya kunityatha emagxeni mna. Ndikwenzile mna; ndiya kunithwala mna, ndiya kunityatha emagxeni mna, ndinisize.

Ninokundifanisa, nindilinganise, ni- 5 ndinxulumise nabani na, ukuba sifane? Bona bawohloza igolide engxoweni, 6 balinganise isilivere ngesikali;* baqesha umnyibilikisi, ayenze isithixo; basibekeke, ewe, baqubude. Bayasithwala, 7 basityathe emagxeni, basibeke phantsi endaweni yaso, sime; asibuyi sisuke kuloo ndawo yaso; ewe, bayakhala kuso, singaphenduli; àsisindisi bani embandezelweni yakhe.

Khumbulani oko, nibe ngamadoda; 8 kunyamekeleni ngentliziyo, nina bakreqileyo. Khumbulani izinto zangapha- 9

mbili, zasephakadeni, okokuba ndingu-Thixo, akukho wumbi; ndinguThixo,
10 akukho namnye unjengam; ukuxelayo kwasekuqaleni okungasemva, nakwabamandulo okungekenzeki, ndisithi, Icebo lam liya kuma, ndikwènze konke uku-
11 thanda kwam; ndibiza ukhozi empumalanga, indoda yecebo lam ezweni elikude; nditshilo, ewe, ndiya kukufeza;
12 ndiyilile, ewe, ndiya kukwenza. Phulaphulani kum, nina bantliziyo ilukhuni,
13 bakude nobulungisa. Ndisondeza ubulungisa bam, abuyi kuba kude; nosindiso lwam aluyi kulibala; ndinika usindiso eZiyon, uzuko lwam kuSirayeli.

Umemelelo ngokuwa kweBhabheli

47 Yihla, uhlale eluthulini, nkazanandini, ntombi inguBhabheli; hlala phantsi emhlabeni ungenatrone, ntombi ingamaKaledi; ngokuba akuyi kuba sathiwa uyimvoco, noxhamla ubuncwa-
2 ne. Thabatha amatye, usile umgubo; bhenqa isigqubuthelo sakho, finyezela phezulu, tyhila umlenze, wela imilambo.
3 Mabutyhileke ubuzé bakho, kubonakale nokungcikiveka kwakho; ndiya kuphi-
4 ndezela, andiyi kubuka mntu. Umkhululi wethu, igama lakhe nguYehova wemikhosi, oyiNgcwele kaSirayeli.
5 Hlala uthi cwaka, ungene emnyameni, ntombi ingamaKaledi; ngokuba akuyi kuba sabizwa ngokuba uyinkosikazi
6 yezikumkani. Ndába noburhalarhume kubantu bam, ndalingcolisa ilifa lam, ndabanikela ezandleni zakho; akwaba namfesane kubo; naphezu kwamadoda amakhulu wayenza yanzima kakhulu
7 idyokhwe yakho. Ubusithi, Ndiya kuba yinkosikazi ngonaphakade; wada akwakunyamekela oko ngentliziyo, akwalikhumbula ikamva lakho oko.
8 Kaloku ke yiva oku, wena mxhamli weziyolo, uhleliyo ukholosile, wena uthi entliziyweni yakho, Ndim kwaphela, akukho wumbi; andiyi kuhlala ndingumhlolokazi, andiyi kukwazi ukungabi
9 nabantwana. Ziya kukuzela ezo zinto zombini ngephanyazo, ngamini-nye, ukungabi nabantwana nobuhlolokazi; ziya kukuzela ngokugqibelela kwazo ebuninzini bokukhafula kwakho, enkitheni eninzi yomabophe bakho. Ngo-
10 kuba ukholose ngezinto zakho ezimbi, wathi, Akukho undibonayo; ubulumko bakho nokwazi kwakho kúko okukuphambanisileyo; wathi entliziyweni yakho, Ndim kwaphela, akukho wumbi.

Bokuzela ke ububi, ungakwazi uku-11 bunyanga; ikuwele inkohlakalo, ungabi nako ukuyicamagushela; ikuzele ngesiquphe intshabalala ongayaziyo. Kha-12 wumise ngomabophe bakho, nangokukhafula kwakho okuninzi, ozixhamle ngako kwasebuncinaneni bakho; mhlawumbi ungaba nokunceda, mhlawumbi ungaba nokweyisa. Udiniwe bubuninzi 13 bamaqhinga akho; mabamise kaloku, bakusindise oonocanda bezulu, oojongiinkwenkwezi, abakwazisayo ekuthwaseni kwenyanga ngenyanga izinto ezikuzelayo. Yabona, basuke baba nje-14 ngeendiza; umlilo ubatshisile; abanakuwuhlangula umphefumlo wabo emandleni elangatye; akukho lahle lakuzifudumeza, akukho mlilo kungahlalwa phambi kwawo. Boba njalo kuwe abo 15 uzixhamle ngabo, ababerhwebelana nawe kwasebuncinaneni bakho; elowo uya kundwendwela ecaleni lakhe, kungabikho ukusindisayo.

Iinkani zikaSirayeli

48 Yivani oko, ndlu kaYakobi, nibizwayo ngegama likaSirayeli, naphumáyo emanzini kaYuda; nina nilifungayo igama likaYehova, nimkhankanye uThixo kaSirayeli, kungenganyaniso, kungengabulungisa. Ngokuba 2 bazibiza ngokuthi ngabomzi ongcwele, bazixhase ngoThixo kaSirayeli, ogama lakhe linguYehova wemikhosi.

Izinto zangaphambili ndazixela kwa-3 nini; zaphuma emlonyeni wam, ndazibonakalalisa; ndazenza ngesiquphe, zabakho. Ngokukwazi kwam ukuba úlukhuni, nentamo yakho ingumsipha wesi-4 nyithi, nebunzi lakho lilubhedu, nda-5 kuxelela ezo zinto kwanîni; zingekafiki ndakuvisa, hleze uthi, Isithixo sam sizenzile, umfanekiso wam oqingqiweyo notyhidiweyo uzimisile. Ùvile; sikha-6

ngele zonke ziphela; wena ke akunakuzixela na? Ndiya kukuvisa izinto
7 ezintsha, ezifihlakeleyo, obungazazi. Zidalwa ngoku, *azidalwanga* kwaníni; ingekabikho le mini, ubungaziva; hleze
8 uthi, Yabona, bendizazi. Ubungàziva; ubungàzazi; ibingavulekile indlebe yakho kwaníni. Kuba bendisazi ukuba unginiza unginizile; ukubizwa kwakho kuthiwa ungumkreqi kwasesizalwani.

9 Ngenxa yegama lam ndizeka kade ukuba nomsindo, nangenxa yendumiso yam ndiyawubamba ngakuwe, ukuze
10 ndingakunqumli. Uyabona, ndikunyibilikisile, akwaba ngokwesilivere; nda-
11 kucikida ezikweni leentsizi. Ndikwenza oko ngenxa yam, ngenxa yam (hayi, ukuhlanjelwa *kwegama lam!*); andiluniki wumbi uzuko lwam.

UYehova uya kumhlawulela uSirayeli ngoKoreshi

12 Phulaphula kum, Yakobi, Sirayeli, mbizwa wam; ndim, ndingowokuqala,
13 ewe, ndingowokugqibela. Ewe, isandla sam siseke ihlabathi, esokunene sam saneke izulu; ndithi ndakuzibiza ezo
14 zinto, zime kunye. Zihlanganiseni, nonke niphela, nive; ngubani na phakathi kwezi*thixo* owazixelayo ezo zinto? Umthandwa kaYehova uya kukwenza ukuthanda kwakhe kwiBhabheli, nenga-
15 lo yakhe ikwenze kumaKaledi. Mna nditshilo, ewe, ndimbizile, ndimzisile;
16 inempumelelo indlela yakhe. Sondelani kum, nive oku. Kwasekuqaleni andithethanga entsithelweni; kususela kwixesha lokwenzeka kwako oko, ndilapha; nangoku iNkosi uYehova indi-
17 thumile, mna noMoya wayo. Utsho uYehova, umkhululi wakho, oyiNgcwele kaSirayeli, ukuthi, Mna Yehova, Thixo wakho, ndingokufundisa okungakuncedayo, ndikunyathelise ngendlela oya
18 kuhamba ngayo. Akwaba imithetho yam ubuyibazele indlebe! Beluya kuba njengomlambo uxolo lwakho, nobulungisa bakho bube njengamaza olwandle;
19 ibiya kuba njengentlabathi imbewu yakho, abaphuma ezibilinini zakho *babe* njengamasuntsu ayo; belingayi kunqunyulwa litshabalale igama labo ebusweni bam.

20 Phumani eBhabheli, sabani kwelamaKaledi; kuxeleni ninelizwi lokumemelela, kuvakaliseni oku, kuhlabeleni kuye nasezipheleni zehlabathi; yithini, UYehova umkhulule ngokumhlawulela umkhonzi wakhe uYakobi. Abanxa-
21 nwanga, ebahambisa engqaqasini; wabatsitsisela amanzi eweni, wacanda iliwa, atsaza amanzi. Akukho luxolo 22 kwabangendawo, utsho uYehova.

Ukubizwa nokuthunywa komkhonzi kaYehova

49 Phulaphulani kum, ziqithi; bazani indlebe, zizwe zikude; uYehova undibize kwasesizalweni, ulikhankanye kwasezibilinini zikama igama lam. Wawenza umlomo wam wanjengekrele 2 elibukhali, wandizimeza esithunzini sesandla sakhe, wandenza utolo olubaziweyo, wandisithelisa emphongolweni; wathi kum, Ungumkhonzi wam, wena 3 Sirayeli, endiya kuhomba ngaye.

Ndathi mna, Ndifumane ndazixhamla, 4 ndawaphelisa amandla am ngochuku, nangento engento; noko ibango lam likuYehova, nomvuzo wam unoThixo wam. Kaloku ke uthi uYehova, owa- 5 ndibumba kwasesizalweni, ukuba ndibe ngumkhonzi kuye wokubuyisela uYakobi kuye, uSirayeli ahlanganiselwe kuye (ndizukile emehlweni kaYehova, uThixo wam waba ngamandla am); uthi 6 ke, Kuyinto elula ukuba ube ngumkhonzi kum wokumisa izizwe zakwaYakobi, ubuyise abalondolozwa bakaSirayeli; kananjalo ndiya kukwenza isikhanyiso seentlanga, ukuba ube lusindiso lwam, ude uze eziphelweni zehlabathi.

Ukuhlangulwa kukaSirayeli

Utsho uYehova, uMkhululi kaSirayeli, 7 oyiNgcwele wakhe, komphefumlo udelekileyo, kongamasikizi ezintlangeni, kumkhonzi wezilawuli, ukuthi, Ookumkani baya kubona, basuke beme, nabathetheli babone, baqubude ngenxa kaYehova onyanisekileyo, oyiNgcwele kaSirayeli, ngokokuba ekunyule. Utsho 8 uYehova ukuthi, Ngexesha elamkelekileyo ndikuphéndule, ndakunceda ngemini yosindiso. Ndiya kukubumba, ndikunike ukuba ube ngumnqophiso wabantu, ukuba ulimise ilizwe, ukuba 9 uwabe amafa angamanxuwa; uthi kubabanjwa, Phumani; kwabasemnyameni, Velani.

Baya kudla ngokomhlambi ezindleleni, amadlelo abo abekho naseluqayini 10 lonke. Abayi kulamba, abayi kunxanwa, abayi kubethwa sisangá nalilanga; ngokuba onemfesane kubo uya kubaqhuba, abathundezele emanzini ampo- 11 mpozayo. Ndiya kuzenza zonke iintaba zam zibe ziindlela, uphakame ume- 12 ndo wam. Yabona, aba baya kuvela kude; yabona, aba baya kuvela kwelasentla naselwandle, aba bavele ezweni 13 lamaSini. Memelelani, mazulu; gcoba, hlabathi; gqabhukani nimemelele, zintaba; ngokuba uYehova ubathuthuzele abantu bakhe, unemfesane kwabaziintsizana zakhe.

14 Ke yathi iZiyon, UYehova undishi-
15 yile, iNkosi yandilibala. Umfazi angàlulibala yini na usana lwakhe, ukuba angabi namfesane kunyana wesizalo sakhe? Nokuba oonina abo bathe bali- 16 bala, andiyi kukulibala mna. Ùyabona, ndikuvambile ezintendeni zezandla zam; iindonga zakho zihlala zimi pha- 17 mbi kwam. Oonyana bakho bayakhawuleza, bayeza; abagungxuli bakho nabachithi bakho bayaphuma kuwe.

18 Phakamisa amehlo akho ngeenxa zonke, ubone; bonke bephela bayahlanganisana, beza kuwe. Ndihleli nje, utsho uYehova, ùya kubanxiba bonke bephela njengezivatho, ubabhinqe ngo- 19 kombhinqo womtshakazi. Ngokuba amanxuwa akho la, neendawo zakho ezigungxuliweyo, nelizwe lakho elichithakeleyo—inene, ngoku ùya kuxinana ngabemi kulo, babe kude abaginyi 20 bakho. Basaya kuthi ezindlebeni zakho oonyana bakho obubahluthiwe, Indawo ixinene kum, ndikhwelele, ndihlale; 21 ùya kuthi entliziyweni yakho, Ngubani na lo undizalele aba? Mna bendihluthiwe abantwana nje, ndaba ludlolo, ndafuduswa, ndagxothwa; ke aba bakhuliswe ngubani na? Uyabona, mna bendisele ndedwa; aba babephi na?

Itsho iNkosi uYehova ukuthi, Uya- 22 bona, ndisiphakamisela ezintlangeni isandla sam, ndiyinyusele ezizweni ibhanile* yam, zibazise ke oonyana bakho, zibawole ngeengalo, neentombi zakho zithwalwe ngamagxa, Ookumkani baya 23 kuba ngabondli bakho, namakhosikazi abo abe ngabanyisi bakho. Baya kuqubuda kuwe, bese ubuso emhlabeni, bakhothe uthuli lweenyawo zakho; wazi ke ukuba ndinguYehova, obathembi bakhe bangayi kudana. Anokutha- 24 tyathwa na amaxhoba kwigorha, basinde na abathinjiweyo bengamulungisa? Inene, utsho uYehoba ukuthi, Nabathi- 25 njwe ligorha baya kuthatyathwa, namaxhoba omngcangcazelisi aya kusinda; ke obambana nawe, mna ndiya kubambana naye, ndibasindise mna oonyana bakho. Abakuxinzelela phantsi ndo- 26 badlisa eyabo inyama, banxiliswe lelabo igazi ngathi kungewayini entsha; yázi inyama yonke, ukuba mna, Yehova, ndinguMsindisi wakho, ukuba uMkhululi wakho ngOnamandla kaYakobi.

Ukukholosa komkhonzi ngoYehova

50 Utsho uYehova ukuthi, Iphi na incwadi yokwaliwa kukanyoko, endamgxotha ngayo? Khona kwabandibolekáyo, uphi na lowo ndathengisa ngani kuye? Yabonani, kwathengiswa ngani ngenxa yobugwenxa benu; wagxothwa unyoko ngenxa yezikreqo zenu. Yini na ukuba ndifike, kungekho mntu? 2 ndibize, kungabikho usabelayo? Sifutshane kakhulu na isandla sam ukuba singakhululi? Akakho na kum amandla okuhlangula? Yabonani, ngokukhalima kwam ndomisa ulwandle, imilambo ndiyenze intlango; ziyabola iintlanzi zayo, ngokuba kungekho manzi, ziyafa kukunxanwa; ndàmbesa izulu ngezi- 3 mnyama zokuzila, ndenze ezirhwexayo zibe sisigubungelo salo.

INkosi uYehova indinike ulwimi 4 lwabafundileyo, ukuze ndikwazi ukuzimasa otyhafileyo ngelizwi. Ivusa imi-

so ngemiso, indivusela indlebe ukuba
5 ndive ngokwabafundileyo. INkosi u-
Yehova indivule indlebe: ke mna
àndenza zinkani, andabuya umva.
6 Ndawunikela umhlana wam kubabethi,
nezidlele zam kubadlathuli beendevu;
andibusithelisanga ubuso bam ehla-
zweni nasekutshicelweni.
7 Ke iNkosi uYehova iya kundinceda;
ngenxa yoko andihlazekanga; ngenxa
yoko ndabenza ubuso bam banjenge-
qhwitha; ndiyazi ukuba andiyi kudana.
8 Usondele ondigwebelayo; ngubani na
oya kubambana nam? masime ndawe-
ni-nye. Ngubani na ummangaleli wam?
9 makeze kum. Uyabona, INkosi uYe-
hova iya kundinceda; ngubani na yena
oya kundigweba? Yabona bonke be-
phela baya konakala njengengubo,
amanundu aya kubadla.

10 Ngubani na kuni owoyika uYehova,
ophulaphula izwi lomkhonzi wakhe?
Ohamba emnyameni, kungabi mhlophe
kuye, makakholose ngegama likaYeho-
11 va, ayame kuThixo wakhe. Yabonani,
nonke niphela, nina baphemba umlilo,
baxhobe iintolo ezinomlilo, hambani
niye elangatyeni lomlilo wenu, nasezi-
ntolweni ezinomlilo enizivuthisileyo.
Ke esandleni sam nantsi into eniya kuyi-
zuza; niya kulala phantsi ninembula-
leko.

USirayeli ukhuthazwa kukukhumbula izenzo zikaYehova

51 Phulaphulani kum, nina babusu-
kelayo ubulungisa, bamquqelayo
uYehova; bhekani eweni enaxholwa
kulo, nasesigingqini somhadi enembiwa
2 kuwo. Bhekani kuAbraham uyihlo,
nakuSara owanizalayo; kuba waye
emnye ndakùmbiza, ndakùmsikelela,
3 ndakùmandisa. Ngokuba uYehova u-
yithuthuzele iZiyon, uwathuthuzele o-
nke amanxuwa ayo, wayenza intlango
yayo yanjenge-Eden, nenkqantosi yayo
yanjengomyezo kaYehova; kufumane-
ka imihlali nemivuyo kuyo, imibulelo
nezwi lohadi.
4 Ndibazeleni indlebe, bantu bam;

ndibekeleni indlebe, sizwe sam; ngo-
kuba isiyalelo siya kuphuma kum, ndili-
zinzise isiko lam, ukuba libe sisikhanyiso
sezizwe. Busondele ubulungisa bam, 5
luphumile usindiso lwam; iingalo zam
ziya kugweba izizwe, iziqithi zithe-
mbèle kum, zilindèle engalweni yam.
Phakamiselani ezulwini amehlo enu, 6
nibheke nasemhlabeni phantsi; ngokuba
izulu liya kuthi shwaka njengomsi,
wonakale umhlaba njengengubo, nabemi
bawo bafe ngokunjalo, lube ngonapha-
kade lona usindiso lwam, bungàqo-
tywa ubulungisa bam.
Phulaphulani kum, nina nibaziyo 7
ubulungisa, bantu banesiyalo sam entli-
ziyweni yabo; musani ukukoyika uku-
ngcikiva kwabafo, ningaqhiphuki umbi-
lini kukunyelisa kwabo. Kuba ama- 8
nundu aya kubadla njengengubo, u-
mbungu ubadle njengoboya begusha;
ke bona ubulungisa bam buya kuba
ngunaphakade, nosindiso lwam lube
kwizizukulwana ngezizukulwana.
Vuka, vuka, nxiba amandla, ngalo 9
kaYehova! Vuka, njengokwemihla ya-
mandulo, njengokwezizukulwana za-
phakade! Asinguwe na lowa wachitha
uRahabhi, wayihlaba ingwenya? Asi- 10
nguwe na lowa womisa ulwandle, ama-
nzi enzonzobila enkulu; iinzulu zolwa-
ndle wazenza indlela yokuwela abahla-
wulelweyo? Ke abakhululwa baka- 11
Yehova baya kubuya babuye, beze
eZiyon bememelela, benovuyo olungu-
naphakade phezu kweentloko zabo;
baya kufumana imihlali nemivuyo,
sisabe isingqala nokuncwina.
Mna ndinguye uMthuthuzeli wenu; 12
ùngubani na wena, ukuba woyike umfo
oza kufa, nonyana womntu owenziwe
wanga yingca; ukuba umlibale uYe- 13
hova uMenzi wakho, uManeki wezulu,
uMseki wehlabathi; ukuba uhlale u-
nkwantya imini yonke bubushushu
bombandezeli, ngokokuba exunela uko-
nakalisa; buphi na ke ubushushu bo-
mbandezeli? Ogotyiweyo ngamakha- 14
mandela wobehle akhululwe, angafeli
esihogweni, angasisweli isonka sakhe.
Kuba ndinguYehova uThixo wakho, 15

uMlatyuzisi wolwandle, agqume amaza alo, ogama lakhe linguYehova wemikho-
16 si. Ndiwabekile amazwi am emlonyeni wakho, ndakugubungela ngesithunzi sesandla sam, ukuba ndityale izulu, ukuba ndiseke ihlabathi, ukuba ndithi kwiZiyon, Ningabantu bam.

Usizi lwe Yerusalem lokhwelela uvuyo

17 Zivuse, zivuse, suk' ume, Yerusalem, wena uyiseleyo esandleni sikaYehova indebe yobushushu bakhe; uyiselé wayifinca indebe enombilini ehexisayo.
18 Bekungekho namnye uyithundezayo iYerusalem, phakathi koonyana bonke eyabazalayo; bekungekho namnye uyibambe ngesandla, phakathi koonyana
19 bonke eyabakhulisayo. Zazimbini izinto ezakuhlelayo; ngubani na owakukhuzayo? Yimbuqo nokwaphuka, yindlala nekrele; bendingathini na uku-
20 kuthuthuzela? Oonyana bakho bawa isiduli, balala emantloko ezitrato zonke, njengeula eli libanjisiweyo; bazele bubushushu bukaYehova, kukukhalima
21 koThixo wakho. Ngako oko, khawuve le nto, wena ludwayinge, unxilayo ko-
22 dwa kungengayo iwayini; itsho iNkosi yakho uYehova, uThixo wakho obathethelelayo abantu bakhe, ukuthi, Yabona, ndiyayithabatha esandleni sakho indebe ehexisayo, indebe enombilini yobushushu bam; akusayi kuphinda usele kuyo.
23 Ndoyibeka esandleni sabakwenza isingqala, ababesithi kumphefumlo wakho, Qubuda sigqithe, waza wena wawenza umhlana wakho wanjengomhlaba, wanjengesitrato kwabagqitha phezu kwawo.

Ibuyambo ezukileyo kwiYerusalem

52 Vuka, vuka, nxiba amandla akho, Ziyon! Nxiba iingubo zakho zokuhomba, Yerusalem, mzi ungcwele! Kuba akuyi kuba saphinda kungene
2 kuwe ongalukanga, noyinqambi. Zivuthulule uthuli; suk' ume, hlala phantsi, Yerusalem; zikhulule iimbophelelo zentamo yakho, mthinjwa, ntombi inguZiyon.
3 Ngokuba utsho uYehova ukuthi, Kwathengiswa ngani ngelizé; aniyi kuhlawulelwa nikhululwe ngamali. Ku- 4 ba itsho iNkosi uYehova ukuthi, Abantu bam behla baya eYiputa ekuqaleni, ukuba baphambukele khona; ke amaAsiriya abacudisa kungekho sizathu. Kaloku ke yintoni na enam apha, utsho 5 uYehova, bethatyathwe ngelizé nje abantu bam? Abalawuli babo bayabhomboloza, utsho uYehova; igama lam lihlala ligitywa imini yonke. Nga- 6 ko oko abantu bam baya kulazi igama lam; ngako oko *baya kwazi* ngaloo mini ukuba ndinguye lowo uthi, Ndingokhoyo.

Hayi, ukuba zintle kwazo ezintabeni 7 iinyawo zabashumayela iindaba ezimnandi, zabavakalisa uxolo, zabashumayela iindaba ezilungileyo, zabavakalisa usindiso; zabathi kwiZiyon, Úyalawula uThixo wakho! Phulaphula 8 ilizwi lababoniseli bakho. Baliphakamisa kunye ilizwi, bayamemelela; ngokuba bekubona iliso kwiliso ukuyibuyisa kukaYehova iZiyon.

Gqobhokelani ekumemeleleni kunye, 9 manxuwa aseYerusalem; ngokuba uYehova ubathuthuzele abantu bakhe, uyihlawulele wayikhulula iYerusalem. U- 10 Yehova uyihlubile ingalo yakhe engcwele emehlweni eentlanga zonke; zonke iziphelo zehlabathi ziya kulubona ke usindiso loThixo wethu. Mkani, mka- 11 ni, phumani apho; musani ukuphatha nto iyinqambi; phumani phakathi kwayo; zenzeni nyulu, nina bathwali beempahla zikaYehova. Ngokuba aniyi 12 kuphuma buphuthuphuthu, nihambe ngokusaba; kuba uYehova uhamba phambi kwenu, uMqoshelisi wenu nguThixo kaSirayeli.

Intsingiselo yembandezelo yomkhonzi kaYehova

Yabonani, umkhonzi wam uya kwenza 13 ngengqiqo, uya kuphakama, athi gqi, anyuke kakhulu. Kwanjengokuba ba- 14 bemangaliswa nguwe abaninzi (ibinje ukonakala imbonakalo yakhe, ukuda ingabi yeyomntu, nesithomo sakhe ukuda singabi sesoonyana baka-Adam): ngo- 15 kunjalo yena uya kubetha zithi makatha iintlanga ezininzi; ngenxa yakhe ookumkani baya kuthi khamnqa; ngokuba baya kukubona abangazanga bakubaliselwe, bakugqale abangazanga bakuve.

53 Ngubani na okholiweyo ludaba lwethu, nengalo kaYehova ityhi-
2 leké kubani na? Kuba yena *umkhonzi* unyuka njengegatya phambi kwakhe, njengehlumelo eliphuma ezweni elingumqwebedu, engenasithomo nabungangamela; sakukhangela, akwabakho ku-
3 bonakala ukuba masimnqwenele. Údeliwe, ushiyiwe ngabantu; yindoda enomvandedwa, eqhelene nesifo; wanga ngulowo kusitheliswa kuye ubuso, udeliwe, thina ke àsambeka.
4 Okwenene, uzithabathele phezu kwakhe izifo zethu, wathwala umvandedwa wethu, ke thina besiba ungobandezelwayo nguThixo, ungocinezelwa nguye.
5 Kanti yena uhlatywe ngenxa yezikreqo zethu, watyunyuzwa ngenxa yezenzo zethu ezigwenxa; ubetho lokuba sibe noxolo thina lube luphezu kwakhe;
6 siphiliswé ngemivumbo yakhe. Thina zonke salahleka njengeegusha, sabheka elowo endleleni yakhe, waza uYehova wamwela ngobugwenxa bethu sonke.
7 Wakhandaniswa, wazithoba, engàwuvuli umlomo wakhe, njengemvana esiwa ekuxhelweni; nanjengegusha esisidenge phambi kwabachebi bayo,
8 àkawuvula umlomo wakhe. Uthatyathwé ekuxinweni nasematyaleni; esizukulwaneni sakhe ngubani na owathelekelela ukuthi, unqanyulwe ezweni labaphilileyo, ubandezelwe ngenxa yesi-
9 kreqo sabantu bakowethu? Lamiswa nawaboni ingcwaba lakhe—ke laba nosisityebi, akuba efile; ekubeni engenzanga lugonyamelo, kungabangakho nkohliso emlonyeni wakhe.
10 UYehova ke wathanda ukumtyumza nokumvisa isifo. Xa ùthe umphefumlo wakhe wàwenza idini letyala, wóyibona imbewu yakhe, abe nemihla emide; ukuthanda kukaYehova kube
11 nempumelelo ngesandla sakhe. Ngokwaphuka komphefumlo wakhe wóbona, aneliswe; ngokwazi kwakhe, umkhonzi wam olilungisa uya kugwebela abaninzi, athwale yena izenzo zabo ezigwenxa. Ngako oko ndiya kuma- 12 hlulela isahlulo nabakhulu, alabe nabanegunya ixhoba, ngethuba lokuba ewuminyele ekufeni umphefumlo wakhe, wavuma ukubalelwa kubakreqi, akubon' ukuba usithabathile phezu kwakhe isono sabaninzi, ebathandazele abakreqi.

Ukubuyiswa kweZiyon

54 Memelela, ludlolo lungazaliyo; gqabhuka umemelele, utsholoze, wena ungenanimba; ngokuba baninzi abantwana besishiywa, ngaphezu kwabantwana bonendoda; utsho uYehova. Yenze banzi indawo yentente yakho, 2 uwatwabulule amalengalenga eminquba yakho, ungathinteli; zolule izintya zakho, uziqinisele izikhonkwane zakho. Kuba ùya kutyhobozela ekunene nase- 3 kholo, imbewu yakho izidle ilifa iintlanga, iyime imizi ebingamanxuwa. Musa ukoyika, ngokuba akuyi kudana; 4 musa ukudideka lihlazo, ngokuba akuyi kuba nazintloni. Ngokuba ukudana kobuntombi bakho ùya kukulibala, ungcikivo lobuhlolokazi bakho ungabi salukhumbula. Ngokuba indoda yakho 5 nguMenzi wakho, ogama lakhe linguYehova wemikhosi; nguMkhululi wakho oyiNgcwele kaSirayeli, ekuthiwa nguThixo wehlabathi lonke. Ngokuba u- 6 Yehova ukubize njengomfazi obeshiyiwe, omoya ubulalekileyo, njengomfazi wobutsha, xeshikweni ebethe wacekiswa; utsho uThixo wakho.

Ndakushiya okwephanyazo elincina- 7 ne; ndiya kukubutha ngemfesane enkulu. Ngomkhukula woburhalarhume nda- 8 busithelisa ubuso bam kuwe okwephanyazo; ndiya kuba nemfesane kuwe ngenceba engunaphakade; utsho uMkhululi wakho uYehova. Ngokuba 9 injengonogumbe kaNowa le nto kum; oko ndafungayo ukuba amanzi kaNowa akasayi kuba sahamba phezu kwehlabathi, ngokunjalo ndifungile ukuba andiyi kuba naburhalarhume kuwe, ndi-

UISAYA 54–56

10 ngakukhalimeli. Ngokuba zingáde zimke iintaba, neenduli zishukume; yona inceba yam ayiyi kumka kuwe, ungashukumi nomnqophiso wam woxolo; utsho onemfesane kuwe, uYehova.

11 Wena lusizana, uphetshethwayo ungenantuthuzelo, yabona, ndiwabeka amatye akho kwistibhiya,* ndikuseka

12 ngeesafire.* Ndolumisa uqoqo lwakho ngeerubhi,* namasango akho ngamatye abengezelayo, nemida yakho yonke

13 ngamatye anqabileyo. Bonke abantwana bakho baya kuba ngabafundi bakaYehova, lube lukhulu uxolo lwabantwana bakho.

14 Uya kuzinza ngobulungisa; ungakhe uxhale, ngokuba akuyi kuba nakoyika; ungakhe uqhiphuke umbilini, ngokuba

15 akuyi kusondela kuwe. Yabona, bayaqukana bahlanganisane, andikho mna kuloo nto; nokuba ngoobani na abaya kuqukana ngawe, baya kuwa ngenxa

16 enawe. Yabona, mna ndadala ingcibi efutha umlilo wamalahle, ivelise impahla ngokweshishini layo; kwamna ndadala

17 nomonakalisi wokuyonakalisa. Zonke izixhobo ezikhandelwa ukulwa nawe aziyi kuba nampumelelo; zonke iilwimi ezimelene nawe ematyaleni uya kuzigweba. Lilo eli ilifa labakhonzi bakaYehova, nobulungisa babo obuphuma kum; utsho uYehova.

Iintsikelelo zomnqophiso omtsha owenziwa nguYehova

55 Wenani! Nonke nina ninxaniweyo, yizani emanzini, nabangenamali; yizani, thengani nidle; yizani, thengani iwayini namasi, ningenani,

2 ningenamali. Yini na ukuba nilinganisele imali ngento engesonka, nokuxelenga kwenu ngento engahluthisiyo? Phulaphulani kum ninyameke, nidle okulungileyo, umphefumlo wenu uxha-

3 mle ukutyeba. Thobani iindlebe zenu, nize kum; yivani, uphile umphefumlo wenu; ndenzè umnqophiso ongunaphakade nani, iinceba zikaDavide ezi-

4 nyanisekileyo. Yabona, ndimenzé ingqina ezizweni, ingànga nomwisi-

methetho ezizweni. Yabona, ùya ku- 5
biza uhlanga ongalwaziyo, uhlanga
olungakwaziyo wena lugidimele kuwe,
ngenxa kaYehova uThixo wakho, ngenxa yoyiNgcwele kaSirayeli, kuba ekuhombisile.

Funani uYehova esenokufunyanwa; 6
mbizeni esekufuphi. Ongendawo ma- 7
kashiye indlela yakhe, indoda enobutshinga mayishiye iingcinga zayo,
ibuyele kuYehova: woba nemfesane
kuyo; ibuyele kuThixo wethu ngokuba
woxolela ngokukhulu.

Kuba iingcinga zam asizizo iingcinga 8
zenu, neendlela zenu asizizo iindlela
zam, utsho uYehova. Inene, njengo- 9
kuba izulu liwuphakamele umhlaba,
ngokunjalo iindlela zam ziziphakamele
iindlela zenu, neengcinga zam ziziphakamele iingcinga zenu. Kuba, njengo- 10
kuba kusihla imvula nekhephu ezulwini,
ingabuyeli kulo ingathanga iwunyakamise umhlaba uvunde, iwuhlumise,
iwenze untshule, imnike imbewu umhlwayeli, imnike isonka odlayo: liya 11
kuba njalo ilizwi lam eliphuma emlonyeni wam; aliyi kubuyela kum lilambatha, lingàkwenzanga endikuthandayo, lingakuphumelelisanga oko ndilithumela kuko. Kuba niya kuphuma 12
ninovuyo, nithundèzwe ninoxolo. Iintaba neenduli ziya kugqabhuka zimemelele phambi kwenu, imithi yasendle
ibethe izandla. Esikhundleni somqa- 13
qoba kuya kuphuma imisedare,* esikhundleni serhawu kuya kunyuka imimirtile;* oko kube ligama kuYehova,
nomqondiso ongunaphakade ongayi
kunqanyulwa.

Iimeko zokuqwalaselwa ngabo banqwenela ukuhlangulwa

56 Utsho uYehova ukuthi, Gcinani
isiko, nenze ubulungisa; kuba lusondele ukuba luze usindiso lwam, nobulungisa bam ukuba butyhileke. Hayi, uyo- 2
lo lomntu okwenzayo oku, nonyana womntu obambelela kuko oku; ogcina
isabatha ukuba angayihlambeli; ogcina

UISAYA 56–57

isandla sakhe ukuba singenzi nanye into embi.

3 Makangatsho ke unyana wolunye uhlanga, lo unamathele kuYehova, ukuthi, UYehova uya kundahlula kube kanye ebantwini bakhe; malingathi ithenwa, Yabona, ndingumthi owomile-
4 yo. Ngokuba utsho uYehova kumathenwa ukuthi, Abazigcinayo iisabatha zam, banyule endikuthandayo, baba-
5 mbelele emnqophisweni wam, ndobanika, endlwini yam nasezindongeni zam, indawo negama elilungileyo ngaphezu koonyana neentombi; ndobanika igama elingunaphakade elingayi kunqunyu-
6 lwa. Ke oonyana bolunye uhlanga, abanamathele kuYehova, ukuze balungiselele kuye, balithande igama likaYehova, ukuba babe ngabakhonzi kuye, bonke abayigcinayo isabatha bangayihlambeli, ababambelela emnqophisweni wam:
7 ndobázisa entabeni yam engcwele, ndibavuyise endlwini yam yokuthandaza; amadini abo anyukayo nemibingelelo yabo yokholiseka esibingelelweni sam; kuba indlu yam kuya kuthiwa yindlu yokuthandaza ezizweni zonke.
8 Itsho iNkosi uYehova ukuthi, Ekubabutheni abagxothiweyo bakaSirayeli, ndisaya kubutha nabanye ngaphaya kwakhe, ngaphaya kwababuthiweyo bakhe.

Ukunyeliswa kwabalawuli abakhohlakeleyo nokunqulwa kwezithixo

9 Nonke marhamncwa asendle, yizani apha; yizani kudla, nonke marham-
10 ncwa asehlathini. Ababoniseli bakhe baziimfama, bonke bephela àbanakwazi, bonke bephela bazizinja ezizizidenge, ezingenakukhonkotha; zibhuda, zilala,
11 zithanda ubuthongo. Ewe, bazizinja ezithanda ukudla, ezingahluthiyo nokuhlutha; banjalo ke abalusi, àbakwazi ukuqonda; bonke bephela babheke kwezabo iindlela, elowo kweyakhe inzu-
12 zo, kowakhe ummandla. Úthi, Yizani, ndiya kuthabatha iwayini, sisele kunene isiselo esinxilisayo; neyangomso imini ibe njengale, ibe nkulu, incamise kunene.

57 Ilungisa liyatshabalala; akukho mntu ke ukunyamekelayo oko ngentliziyo; amadoda anobubele ayemka, akukho mntu ke uqondayo ukuba ilungisa limka phambi kokuba kubekho ububi. Lingena eluxolweni; baphumla 2 ezililini zabo ababehambe ngokuthe gca.

Ke nina, sondelani apha, nyana beto- 3
lakazi, mbewu yomkrexezi neyehenyukazi. Nivuyelela bani na? Nisinekela 4
bani na, ning'ong'oza nje? Àningabantwana bokreqo, imbewu yobuxoki,
yini na, nina bazitshisekisayo emitere- 5
bhintini, phantsi kwemithi yonke eluhlaza; nina babasikayo abantwana ezihlanjeni phantsi kwemiqhokro yeengxondorha? Isahlulo sakho saba sema- 6
tyeni agudileyo esihlambo; wona aba ngamaqashiso akho; kananjalo wawathululela amadini athululwayo, wenyusa iminikelo yokudla kuwo. Mandizithuthùzele na ngezo zinto? Entabeni 7
ephakamileyo ende wabeka isilili sakho, wenyuka waya kubingelela imibingelelo nalapho. Isikhumbuzo sakho wasibeka 8
emva kocango nomgubasi; ngokuba wathi ungekum wazityhila, wenyuka, wasenza sabanzi isilili sakho, wanqophisana nabo, wathanda kulala nabo, wandlala ukhuko. Wahambela kuku- 9
mkani uneoli, wanyhikiza iziqholo zakho, wazithuma kude izigidimi zakho, wazithoba kwada kwaba kwelabafileyo. Wadinwa ngokuba nde kwendlela ya- 10
kho; àkwathi, Ndincamile; wawafumana ebuya ephila amandla akho ngenxa yoko akuthanga fehlefehle.

Ubunesithukuthezi ngabani na, ubu- 11
soyika bani na, ukuba uthethe amanga, ungandikhumbuli, ungakunyamekeli oko ngentliziyo? Àndithe quthu na kususela kwaphakade, ungandoyiki nje? Ndiya kubuxela mna ubulungisa 12
bakho, nezenzo zakho aziyi kukunceda nto. Ekukhaleni kwakho mazikuhla- 13
ngule iimfumba zezithixo zakho; zonke ziphela zimka nomoya, zithatyathwa ngumphunga. Ke yena okholosa ngam uya kulidla ilifa ilizwe, ayime intaba yam engcwele.

Idinga lobubele likaThixo kwabamhloneleyo

14 Uthile wóthi, Fumbani, fumbani, gecani indlela; susani isikhubekiso
15 endleleni yabantu bam. Ngokuba utsho ophezulu, owongamileyo, ohleli ngonaphakade, ogama linguNgcwele, ukuthi, Ndihleli phezulu, engcweleni, *ndihleli* nakotyumkileyo, omoya uthobekileyo; ukuba ndibuye ndiphilise umoya wabathobekileyo, ndibuye ndi-
16 philise intliziyo yabatyumkileyo. Ngokuba andiyi kubambana *naye* ngonaphakade, andiyi kuhlala ndinoburhalarhume; kuba umoya ubungatyhafayo phambi kwam, nemiphefumlo endiyenzileyo mna.

17 Ngenxa yobugwenxa bokubawa kwakhe ndaba noburhalarhume, ndambetha, ndazisithelisa, ndaba noburhalarhume; wahamba ephamba ngendlela
18 yentliziyo yakhe. Iindlela zakhe ndizibonile: ndiya kumphilisa, ndimalathise, ndimbuyekezele intuthuzalo yena, na-
19 bakhe ke abenza isijwili. Umdali weziqhamo zomlomo, uYehova, uthi, Uxolo, uxolo malubekho kwabakude
20 nakwabakufuphi, ndibaphilise. Ke bona abangendawo banjengolwandle oluvunjululweyo, ngokuba alunakuzola; amanzi alo avumbulula udaka nezibi.
21 Alukho uxolo kwabangendawo, utsho uThixo wam.

Uzilo olubuxoki noluyinene

58 Danduluka uphimisele, ungathinteleki; phakamisa izwi lakho njengesigodlo, ubaxelele abantu bam ukreqo lwabo, *uyixelele* indlu kaYakobi
2 izono zayo. Ke bayandingxoka imini ngemini, bakunanzile ukuzazi iindlela zam. Njengohlanga olwenze ubulungisa álwalishiya isiko loThixo walo, bacela kum imigwebo yobulungisa,
3 bakunanzile ukusondela kuThixo. Bathi, Yini na ukuba sizile ukudla, ungaboni? siwuthobe umphefumlo wethu, ungazi?

Yabonani, ngomhla wokuzila kwenu nifumana enikunanzileyo, nibakhandanise abasebenzi benu bonke ababulale-
4 kayo. Yabonani, nizilela ukubambana, niphikisane, nibethane ngenqindi lokungendawo; namhla anizileli ukuze nivakalise ilizwi lenu phezulu.
5 Into enjalo ingaba kukuzila endikunyulileyo na? Ingaba ngumhla wokuba umntu awuthobe umphefumlo wakhe na? Ukuthokombisa intloko yakhe njengomzi andlale ezirhwexayo nothuthu, oko úkubiza ngokuthi kukuzila na? Ngumhla okholekileyo na kuYe-
6 hova? Ukuzila endikunyulileyo àsikoku na: ukucombulula iziqamangelo zokungendawo, ukukhulula izitropu zeedyokhwe, ukundulula abavikivekileyo bekhululekile, náphule zonke iidyo-
7 khwe? Ásikoku na: ukumqhekezela esonkeni sakho olambileyo, ubangenise endlwini abaziintsizana, abatshutshiswayo? xa uthe wabona ohamba zé, umambese, ungazifihli kwinyama yakho?

Kuya kwandula ke ukukhanya kwakho 8 kuthi qhiphu njengokusa, kuhlume kamsinya ukupholiswa kwakho, buhambe phambi kwakho ubulungisa bakho, buqoshelise emva kwakho ubuqaqawuli bukaYehova. Úya kwandula ubize, 9 asabele uYehova; uzibike, athi, Ndikho! Ukuba uthe wakususa phakathi kwakho ukufaka idyokhwe, nokwalatha ngomnwe, nokuthetha ubudenge; wamvu- 10 kelisa olambileyo ngento oyidlayo, wawuhluthisa umphefumlo wocinezelweyo: kophumela ke ukukhanya kwakho emnyameni, nesithokothoko sakho sibe njengemini enkulu. Úya kuhlala e- 11 kwalathisa uYehova, awuhluthise umphefumlo wakho ekubaleleni kwelanga, omeleze amathambo akho, ube njengomyezo onyakanyiswa yimvula, nanjengendawo ephuma amanzi, emanzi angatshiyo. Baya kwakha amanxu- 12 wa angunaphakade abakowenu, uvuse iziseko zezizukulwana ngezizukulwana; bathi ukukubiza nguMvingci-wamathuba, nguMbuyisi-womendo-wokuhlala.

Ukuba uthe walubuyisa unyawo 13 lwakho kwisabatha, ukuba ungenzi okunanzileyo ngomhla wam ongcwele; wathi ukuyibiza isabatha isisonwabiso, ingcwele kaYehova; wathi inozuko,

wayizukisa ke ngokungenzi iindlela zakho, ngokungafumani okunanzileyo,
14 uthethe iintetho ezingeni: ùya kwandula ukuziyolisa ngoYehova, ndikukhwelise emimangweni yomhlaba, ndikudlise ilifa likaYakobi uyihlo; kuba umlomo kaYehova uthethile.

Isono sithintela intsebenzo kaThixo

59 Yabonani, isandla sikaYehova asisifutshane, ukuba singasindisi; nendlebe yakhe ayinzima, ukuba ingevi.
2 Bubugwenxa benu obunahlukanisileyo noThixo wenu, zizono zenu ezibusithelisileyo ubuso bakhe kuni, ukuba angevi.
3 Kuba izandla zenu zidyobhekile ligazi, neminwe yenu bubugwenxa; nomlomo wenu uthetha ubuxoki, ulwimi lwenu
4 ludumzela ubugqwetha. Akukho uvakalisa ilizwi elinobulungisa, akukho umangalelana nomnye enyanisile; bakholosé ngochuku, bathethé inkohlakalo; bakhawula ububi, bazale ubutshi-
5 nga. Baqandusela amaqanda erhamba, baluka izindlu zesigcawu. Lowo udla amaqanda abo uya kufa; elinyathelweyo
6 liqandulelwa inyushu. Imisonto yabo ayiyi kuba yingubo, nemisebenzi yabo ayiyi kubagubungela. Izenzo zabo zizenzo zobutshinga; ukusebenza ngogo-
7 nyamelo kusezandleni zabo. Iinyawo zabo zigidimela ebubini, zikhawuleze ukuya kuphalaza igazi elimsulwa; iingcinga zabo ziingcinga zobutshinga; emendweni wabo kukubhuqa nokwa-
8 phula. Àbayazi indlela yoxolo, okusesikweni akukho emikhondweni yabo; bazijikajikile iindlela zabo; bonke abanyathela kuzo àbalwazi uxolo.

Abantu bavuma izono zabo

9 Ngenxa yoko kukude kuthi okusesikweni, nobulungisa abufikeleli kuthi. Sithembé ukukhanya, nanku ke kumnyama; sithembé ukuba kube mhlo-
10 phe, sihamba esithokothokweni. Siya phuthaphutha njengeemfama eludongeni; siyaphuthaphutha njengabangenamehlo; sikhubeka emini enkulu ngathi kungongcwalazi; phakathi kwabaxhamla ubomi, ngathi thina singabafi-
leyo. Siyavungama njengebhere* so- 11
nke siphela; sidumzela sidumzele njengamavukuthu; sithemba okusesikweni, kungabikho; sithemba usindiso, lube kude kuthi.

Kuba zininzi izikreqo zethu phambi 12 kwakho, nezono zethu ziyangqina ngathi; kuba izikreqo zethu zinathi, nobugwenxa bethu siyabazi: ukukreqa ku- 13 Yehova, nokumkhanyela, nokubuya umva kuThixo wethu, ukuthetha okucudisayo, okutyekisayo, ukukhawula nokuphimisela ngentliziyo amazwi obuxoki. Okusesikweni kubuyiswe umva, nobu- 14 lungisa bumi kude; ngokuba inyaniso ikhubekile endaweni yembutho, akunakungena okuthe gca. Yesuka yasweleka inyaniso, nocezayo ebubini wazi- 15 bhunyulisa. Wabona ke uYehova, kwakubi emehlweni akhe, ukuba kungekho okusesikweni.

Isiqalo sokubuyekeza kweNkosi

Wabona ukuba akukho mntu, wama- 16 ngaliswa ukuba kungekho mthandazeli; yaza yamsindisela ingalo yakhe, nobulungisa bakhe bona bamxhasa. Wanxiba 17 ubulungisa ngokwengubo yentsimbi, wanxiba isigcina-ntloko sosindiso entloko; ukwambatha wambatha iingubo zempindezelo, wazithi wambu ngekhwele, kwanga kungengubo yokwaleka.

Ngokwempatho *yabo leyo* úya kubu- 18 yekeza ngokoko, ubushushu kubabandezeli bakhe, kwaimpatho yabo kwabaziintshaba zakhe; kwiziqithi uya kubuyekeza kwaimpatho yazo. Baya 19 kuloyika igama likaYehova entshonalanga, baboyike ubuqaqawuli bakhe empumalanga; kuba uya kuza njengomlambo oxineneyo, obalekiswa ngumoya kaYehova; eze engumkhululi we- 20 Ziyon, wababuyayo elukreqweni kwaYakobi; utsho uYehova. Mna ke ngu- 21 wo lo umnqophiso wam nabo, utsho uYehova; uMoya wam ophezu kwakho, nelizwi lam endilibeke emlonyeni wakho, aliyi kusuka emlonyeni wakho, nasemlonyeni wembewu yakho, nasemlonyeni wembewu yembewu yakho, utsho uYehova, kuthabathele kweli xesha kude kuse ephakadeni.

Ingoma yeZiyon ehlawulelweyo

60 Suk' ume ukhanye, kuba kufikile ukukhanya kwakho, nobuqaqawuli
2 bukaYehova buthe chapha kuwe. Ngokuba, uyabona, ubumnyama buwugubungele umhlaba, isithokothoko sizigubungele izizwe; ke kuwe uYehova uthe chapha, ubuqaqawuli bakhe bubonakele
3 phezu kwakho. Ziya kuhamba iintlanga zize ekukhanyeni kwakho, ookumkani beze ebumhlotsheni bokuthi chapha kwakho.
4 Phakamisa amehlo akho ngeenxa zonke, ubone; bonke bephela bayahlanganisana, baza kuwe; oonyana bakho bavela kude, neentombi zakho zibele-
5 kwe ephangweni. Úya kwandula ukubona, ukhazimle, inkwantye yande intliziyo yakho; ngokuba iya kuguqulelwa kuwe intabalala yolwandle, ubutyebi beentlanga buya kuza kuwe.
6 Inkitha yeenkamela iya kukugubungela, amagobo akwaMidiyan nawakwaEfa, bonke bephela baya kuza bevela kwa-Shebha, bezisa igolide nentlaka emhlophe, beshumayela iindaba ezilungileyo
7 zeendumiso zikaYehova. Yonke imihlambi yakwaKedare ibuthelana kuwe, iinkunzi zeegusha zakwaNebhayoti ziyakulungiselela; zinyuka ngokulikholo kum esibingelelweni sam, ndihombise indlu yokuhomba kwam.
8 Ngoobani na abaya, beza bebaleka njengelifu, njengamavukuthu csiza ema-
9 krobeni awo? Okwenene zithembele kum iziqithi, ziinqanawa zaseTarshishe phambili; zizisa oonyana bakho bevela kude, benesilivere yabo negolide yabo, kwigama likaYehova uThixo wakho, koyiNgcwele kaSirayeli, ngokokuba ekuhombisile.
10 Oonyana bolunye uhlanga baya kuzakha iindonga zakho, ookumkani babo bakulungiselele; kuba ndikubethe ndinoburhalarhume, kodwa ndaba ne-
11 mfesane kuwe ndinetarhu; ohlala evuliwe amasango akho imini nobusuku; akayi kuvalwa, ukuze bungeniswe kuwe ubutyebi beentlanga, nookumkani bazo beqhutywa. Kuba uhlanga nobu- 12 kumkani obungayi kukukhonza buya kutshabalala, ezo ntlanga ziphanze ziphanzile. Ubuqaqawuli beLebhanon 13 buya kuza kuwe, umsipres* nompleyini* nomgalagala ndawonye, ukuze ihombe indawo yengcwele yam, ndiyizukise indawo yeenyawo zam. Baya kuza 14 kuwe besibekeka oonyana babacinezeli bakho, baqubude ezintendeni zeenyawo zakho abakugibayo; úkukubiza bathi, Mzi kaYehova, Ziyon yoyiNgcwele kaSirayeli.

Esikhundleni sokuba ubushiyiwe, u- 15 thiyiwe, akwabakho bani ucanda kuwe, ndiya kukwenza ke ingangamsha engunaphakade, imihlali yezizukulwana ngezizukulwana. Úya kwanya amasi eentlanga, wanye ibele lokumkani, wazi 16 ukuba mna Yehova ndinguMsindisi wakho, uMkhululi wakho, iMbalasane kaYakobi.

Esikhundleni sobhedu ndizisa igolide, 17 esikhundleni sesinyithi ndizisa isilivere, esikhundleni semithi ubhedu, esikhundleni samatye isinyithi; isiveleli sakho ndisènze uxolo, abaphathi bakho ndibenze ubulungisa. Akuyi kuba sava- 18 kala lugonyamelo ezweni lakho, imbuqo nolwaphulo emideni yakho; iindonga zakho ukuzibiza wòthi luSindiso, namasango akho uthi yiNdumiso.

Ilanga aliyi kuba saba sisikhanyiso 19 kuwe emini, nenyanga ingàkukhanyiseli, ukuze kube mhlophe kuwe; uYehova uya kuba sisikhanyiso esingunaphakade kuwe, uThixo wakho abe sisihombo sakho. Aliyi kuba satshona ilanga 20 lakho, ingafi nenyanga yakho; kuba uYehova uya kuba sisikhanyiso esingunaphakade kuwe, zizaliseke iimini zesijwili sakho.

Abantu bakho baya kuba ngamalungi- 21 sa bonke bephela, balidle ilifa ilizwe ngonaphakade; besisithole esityelwe ndim, isenzo sesandla sam sokuba ndihombe. Omncinanana uya kuba 22 liwaka, noweyeleyo abe luhlanga olunamandla. Mna, Yehova, ndiya kukukhawuleziza oko ngexesha lako oko.

UISAYA 61-62

Umsebenzi woMhlawuleli eZiyon

61 UMoya weNkosi uYehova uphezu kwam; ngenxa yokuba uYehova endithambisele ukuba ndishumayeze abalulamileyo iindaba ezilungileyo. Ündithume ukubopha abantliziyo zaphukileyo, ukumemeza inkululeko kwabathinjiweyo, ukuvulwa kwamehlo kwa-
2 bakhonkxiweyo; ukumemeza umnyaka wetarhu likaYehova, nomhla wempindezelo yoThixo wethu: ukuthuthuzela
3 bonke abanesijwili; ukubamisela abanesijwili baseZiyon, ukubanika isihombo sentloko esikhundleni sothuthu, ioli yemihlali esikhundleni sesijwili, ingubo yendumiso esikhundleni somoya odambayo; ukubizwa kwabo kuthiwe yimiterebhinti* yobulungisa, isityalo sikaYehova sokuhomba.
4 Baya kwakha amanxuwa angunaphakade, bavuse iindawo ezichithakeleyo zangaphambili, bahlaziye imizi engamanxuwa, iindawo ezichithakeleyo zezizu-
5 kulwana ngezizukulwana. Baya kuma abasemzini, baluse imihlambi yenu, oonyana bezinye iintlanga babe ngabalimi bomhlaba wenu, nabezidiliya zenu.
6 Ke nina ukubizwa kwenu, kuya kuthiwa ningababingeleli bakaYehova; kuya kuthiwa kuni, ningabalungiseleli boThixo wethu; niya kudla ubutyebi beentlanga, nindolose ninozuko lwazo.
7 Esikhundleni sokudana kwenu niya kuzuza okuphindiweyo; esikhundleni sehlazo baya kumemelela ngesahlulo sabo; ngako oko baya kudla ilifa eliphindiweyo ezweni labo, baya kuba novuyo
8 olungunaphakade. Kuba mna, Yehova, ndithanda okusesikweni, ndikuthiyile ukuphanga ngokugqwetha; ndibanika umvuzo womsebenzi wabo ngenyaniso; ndenza umnqophiso ongunaphakade
9 nabo. Iya kwaziwa imbewu yabo ezintlangeni, baziwe nabaphume ezibilinini zabo phakathi kwezizwe; bonke abababonayo baya kubazi ukuba bayimbewu ayisikeleleyo uYehova.
10 Ndinemihlali ndanemihlali ngoYehova, umphefumlo wam uya kugcoba ngoThixo wam; kuba endinxibe iingubo zosindiso, endithe wambu ngengubo yokwaleka yobulungisa, njengomyeni ononkontsho ngokombingeleli, nanjengomtshakazi evethe iimpahla zakhe. Kuba njengoko ilizwe livelisa izilimo 11 zalo, njengoko umyezo untshulisa intlwayelelo yawo, yenjenjalo iNkosi uYehova ukuntshulisa ubulungisa nendumiso phambi kweentlanga zonke.

IZiyon iya kuba lukhanyiso lwehlabathi liphela

62 Ngenxa yeZiyon andiyi kuthi tu, ngenxa yeYerusalem andiyi kuzola, bude buphume njengokusa ubulungisa bayo, nosindiso lwayo njengesikhuni esidangazelayo; zibubone iintla- 2 nga ubulungsia bakho, nookumkani bonke babubone ubuqaqawuli bakho. Üya kubizwa ngegama elitsha, eliya kuxelwa ngumlomo kaYehova; ube 3 sisithsaba sokuhomba esandleni sikaYehova, nonkontsho lobukumkani entendeni yesandla soThixo wakho. Akuyi 4 kuba sathiwa kuwe unguSishiywa, nelizwe lakho akuyi kuba sathiwa kulo, Kusenkangala; ukubizwa kwakho kuya kuthiwa unguNdimnanzileyo, nelizwe lakho kuthiwe nguNokwenda; ngokuba uYehova ekunanzile, nelizwe lakho lendile. Njengokuba indodana izeka 5 intombi, oonyana bakho baya kuzeka wena; njengomyeni enemihlali ngomtshakazi, uThixo wakho uya kuba nemihlali ngawe.

Phezu kweendonga zakho, Yerusa- 6 lem, ndimisé abagcini; imini yonke nobusuku bonke abayi kuze bathi quthu; nina bakhumbuzi bakaYehova, musani ukuthi cwaka. Musani ukuvu- 7 ma ukuba athi cwaka, ade ayizinzise, ade ayenze iYerusalem ibe yindumiso ehlabathini. UYehova ufungé isandla 8 sakhe sokunene, nengalo yakhe eqinileyo, wathi, Inyaniso, ingqolowa yakhe andiyi kuba sayinika iintshaba zakho ziyidle, noonyana bolunye uhlanga bangaseli iwayini yakho entsha, owazixhamla ngayo. Kuba ngabayihlanganisi- 9 leyo abaya kuyidla, badumise uYehova;

740

ngabayibutháyo abaya kuyisela ezintendelezweni zengcwele yam.

10 Phumani, phumani ngamasango; gecani indlela yabantu; fumbani, fumbani umendo, ncothulani amatye kuwo; nyusani ibhanile* phezu kwezizwe.

11 Yabona, uYehova uvakalisile wesa eziphelweni zehlabathi, wathi, Yithini kwintombi enguZiyon, Yabona, usindiso lwakho luyeza; yabona, umvuzo wakhe únawo, nento ayisebenzileyo iphambi

12 kwakhe. Ukubizwa kwabo kuya kuthiwa ngabantu abangcwele, ngabakhululwa bakaYehova ngokumiselwa; ukubizwa kwakho kuthiwe, ùngofuniweyo, ungumzi ongàshiyiweyo.

Umemelelo lukaThixo oligorha

63 Ngubani na lo uza evela kwaEdom, evela eBhotsera, zibómvu iingubo zakhe? lo uyingangamsha ngesambatho sakhe, enyalasa ebuninzini bamandla akhe? Ndim, mna uthetha ngokobulungisa, mna umkhulu ukusindisa.

2 Yini na ukuba sibe yingqombela isambatho sakho, neengubo zakho zibe njengezoxovula esixovulelweni sewayini?

3 Isifaxangelo ndisixovule ndedwa; ezizweni akubangakho bani inam; ndazixovula ndinomsindo, ndazinyasha ndishushu; igazi lazo lachaphazela iingubo zam, ndasidyobha sonke isa-

4 mbatho sam. Kuba umhla wempindezelo ubusentliziyweni yam, nomnyaka wokukhulula kwam ngokuhlawulela ufi-

5 kile. Ndabheka, akwabakho mncedi; ndamangaliswa ukuba kungabikho mxhasi; yandisindisela ke ingalo yam, nobushushu bam baba ngumxhasi wam.

6 Ndazigqusha izizwe ndinomsindo, ndazinxilisa ndinobushushu, ndalihlisela emhlabeni igazi lazo.

Ukubulela izibele ezidluleyo zeNkosi

7 Ndiya kukhankanya iinceba zikaYehova, iindumiso zikaYehova ngokokufanele konke ukusiphatha kukaYehova; nokulunga kwakhe okukhulu kwindlu kaSirayeli, awayiphatha ngako ngokwemfesane yakhe, nangokobuninzi beenceba zakhe. Wathi okwenene, 8 Bangabantu bam ke, oonyana abangayi kuxoka; waba ngumsindisi kubo ke. Ekubandezelekeni kwabo konke waba- 9 ndezeleka, nesithunywa sobuso bakhe sabasindisa; ekubathandeni kwakhe nasekubacongeni kwakhe wayebakhulula ngokumisela yena, wabafunqula; wabathwala yonke imihla yasephakadeni.

Ke bona bamphikisa, bamenza bu- 10 hlungu uMoya wakhe oyiNgcwele; waguquka ke, waba lutshaba kubo, walwa nabo. Baza abantu bakhe bakhumbula 11 imihla yasephakadeni kaMoses, bathi, Úphi na lo wabanyusa elwandle, ndawonye nomalusi womhlambi wakhe? Úphi na lowo wawubeka phakathi kwabo uMoya wobungcwele bakhe? wayihambisa ngasekunene kukaMoses 12 ingalo yokuhomba kwakhe? wawacanda amanzi phambi kwabo, ukuze azenzele igama elingunaphakade? wabahambisa 13 emanzini anzongonzongo, njengehashe entlango, àbakhubeka? Njengeenko- 14 mo ezihla ziye entilini, uMoya kaYehova wabaphumza; wènjenjalo ukubaqhuba abantu bakho, ukuze uzenzele igama elizukileyo.

Ukuthandaza eNkosini ukuba ibuye ize kunceda oonyana bayo

Bheka usemazulwini, ubone usengo- 15 ntsini yobungcwele bakho neyesihombo sakho. Buphi na ubukhwele bakho nobugorha bakho? Ukusika kwezibilini zakho neemfesane zakho zibambekile kum. Kuba ùngubawo wena, ngo- 16 kuba uAbraham engasazi, uSirayeli engasinakani; wena, Yehova, unguBawo, uMkhululi wethu ligama lakho kwasephakadeni.

Yini na ukuba usiyeke sidungudele, 17 Yehova, simke ezindleleni zakho, uyiqaqadekise intliziyo yethu, singakoyiki wena? Búya, ngenxa yabakhonzi bakho, izizwe zelifa lakho. Abantu bakho 18 abangcwele bádla ilifa umzuzwana; ababandezeli bethu báyigqusha ingcwele yakho. Sisuke saba njengabo unga- 19 balawulanga kwasephakadeni, abangabizwanga ngegama lakho.

UISAYA 64-65

64 Yoo! Wanga ungawakrazula amazulu uhle, zizamazame iintaba 2 ebusweni bakho, njengomlilo uvuthisa iintsasa, njengomlilo uxhaphazelisa amanzi; ukuze ulazise igama lakho kubabandezeli bakho, zigungqe iintlanga 3 ebusweni bakho. Ekwenzeni kwakho imisebenzi eyoyikekayo, ebe singayilindele, wanga ungehla, zizamazame iintaba ebusweni bakho!

4 Kususela kwasephakadeni, abantu abevanga, abamamelanga, neliso alibonanga Thixo ingenguwe, omenzelayo 5 lowo ulindele kuye. Umkhawulele onemihlali, enze ubulungisa, ekukukhumbuleni kwabo ezindleleni zakho. Yabona, wena ubunoburhalarhume, masibe ke singaboni; kudala sikwezo zinto; 6 sosindiswa na ke? Ke sisuke saba njengoyinqambi sonke siphela, yanjengengubo enomzi yonke imisebenzi yethu yobulungisa; sabuna njengamagqabi sonke siphela, ubugwenxa bethu 7 basithabatha njengomoya. Akwabakho ulinqulayo igama lakho, uzixhoxhayo ukuba abambelele kuwe; ngokuba ubusithelisile ubuso bakho kuthi, wasinyibilikisa ngobugwenxa bethu.

8 Kaloku ke, Yehova, unguBawo; siludongwe; unguMbumbi wethu; sìsisenzo sesandla sakho, sonke siphela. 9 Musa ukuba noburhalarhume, Yehova, kuphele; ungabukhumbuli ubugwenxa ngonaphakade. Yabona, khawusibheke; singabantu bakho sonke siphela.

10 Imizi yobungcwele bakho iyintlango, iZiyon iyintlango, iYerusalem ilinxuwa. 11 Indlu yobungcwele bethu nokuhomba kwethu, ababekudumisela kuyo oobawo, itshile ngumlilo, neento zonke ezibe 12 zinqweneleka kuthi zichithakele. Uya kuzihamba na ngokwakho, zinjalonje ezo zinto, Yehova, uthi cwaka na, usicinezele na kuphele?

Ukohlwaywa kukaSirayeli ongumkreqi, nomvuzo wabakholwayo

65 Ndangxokeka kwababengàndibuzi, ndafumaneka kwababengàndifuni. Ndathi, Ndikho, ndikho, kuhlanga obelungabizwa ngegama lam.

2 Ndolula isandla zam imini yonke kubantu abaziinjubaqa, ábahamba ngendlela engalungileyo, emva kweengcinga ezizezabo: abantu aba bandiqu- 3 mbisàyo ngamaxesha onke besebusweni bam, bebingelela emiyezweni, beqhumisela ezìteneni, behleli emangcwabeni, 4 belalisa ezindaweni ezinqabileyo, besidla inyama yehagu, ezityeni zabo ingumhluzi oyimbozisa; besithi, Yima, ungasondeli kum; ngokuba ndingcwele kuna- 5 we. Abo bangumsi ezimpumlweni zam, umlilo otsha iimini zonke. Yabona, 6 kubhaliwe phambi kwam, kwathiwa, Andiyi kuthi tu, ndingaphindezelanga; ndiya kuphindezelela esondweni lengubo yabo izenzo zenu ezigwenxa, nezenzo 7 ezigwenxa zooyihlo kunye, utsho uYehova; abaqhumiseláyo ezintabeni, bandingcikiva ezindulini; ngako oko ndiya kuwulinganisela umvuzo womsebenzi wabo kuqala esondweni labo.

Utsho uYehova ukuthi, Njengokuba 8 incindi ifunyanwa esihlokweni, athi umntu, Musa ukusonakalisa, ngokuba kukho intsikelelo kuso; ndiya kwenjenjalo ngenxa yabakhonzi bam, ukuze ndingonakalisi into yonke. Ndiya ku- 9 velisa imbewu kaYakobi, indlalifa yentaba yam kwaYuda, balidle ilifa abanyulwa bam, bahlale khona abakhonzi bam; iSharon yoba likriwa lempahla 10 emfutshane, nentili yeAkore ibe yindawo yokubutha iinkomo ebantwini bam abandiquqeleyo.

Ke nina nimshiyileyo uYehova, niyili- 11 beleyo intaba yam engcwele, nimlungiselayo uThamsanqa isithebe, nimzaliselayo uSihlo iwayini ephithikeziweyo, ndinimisele ikrele, niguqele ukusikwa 12 nonke mpela, ngenxa enokuba ndanibizayo, ànasabela; ndathetha, aneva; nesuka nenza okubi emehlweni am; nanyula endingakunanzileyo.

Ngako oko itsho iNkosi uYehova 13 ukuthi, Yabonani, abakhonzi bam baya kudla, ke nina niya kulamba; yabonani, abakhonzi bam baya kusela, ke nina niya kunxanwa; yabonani, abakhonzi bam baya kuvuya, ke nina niya kudana. Yabonani, abakhonzi bam baya kume- 14

UISAYA 65-66

melela ngokuchwayitha kwentliziyo, ke nina niya kukhala ngumvandedwa wentliziyo, nibhomboloze kukwaphuka
15 komoya wenu. Niya kulishiya igama lenu libe sisishwabulo kubanyulwa bam, ikubulale iNkosi uYehova, ke ibabize ngalimbi igama abakhonzi bayo;
16 ngokokude athi ozisikeleleyo elizweni, azisikelele ngoThixo wenyaniso; athi ofungayo elizweni, afunge uThixo wenyaniso; ngokuba zilityelwe iimbandezelo zangaphambili, nangokuba zisithele emehlweni am.

17 Ngokuba, niyabona, ndidala amazulu amatsha nehlabathi elitsha; angàkhunjulwa awokuqala, angenyuki athi qatha
18 entliziyweni. Hayi, yibani nemihlali, nigcobe nanini yiloo nto ndiyidalayo; ngokuba, yabonani, ndiyayidala iYerusalem ukuba igcobe, nabantu bayo
19 ukuba babe nemihlali. Ndiya kugcoba ngeYerusalem, ndibe nemihlali ngabantu bam, lingabi savakala khona ilizwi lokulila nelizwi lokukhala.

20 Akuyi kuba savela khona usana oluneentsuku, nexhego elingayizalisanga imihla yalo; kuba umfana uya kufa engominyaka ilikhulu ezelwe, atshabhiswe umoni engominyaka ilikhulu eze-
21 lwe. Baya kwakha izindlu, bazihlale; batyale izidiliya, badle iziqhamo zazo.
22 Abayi kwakha, kuhlale bambi; abayi kutyala, kudle bambi; kuba iya kuba njengemihla yomthi imihla yabantu bam, badle into esetyenzwe zizandla
23 zabo abanyulwa bam. Abayi kuzixhamla ngokulambathayo, bazálele ukhwankqiso; ngokuba bayimbewu ayisikeleleyo uYehova, nabaphume ezibilinini
24 zabo banabo. Kuya kuthi bengekabizi, ndisabele; besathetha, ndibe sendivile.
25 Kuya kudla ndawonye ingcuka nemvana, ingonyama idle umququ njengenkomo; inyoka, sibe luthuli isonka sayo. Aziyi kwenza bubi, zonakalise, kuyo yonke intaba yam engcwele; utsho uYehova.

66 Utsho uYehova ukuthi, Amazulu ayitrone yam, ihlabathi sisihlalo seenyawo zam. Iyini na le ndlu, niya kundakhela yona? Iyini na le ndawo yokuphumla kwam? Zonke ezo zinto 2 sazenza isandla sam, zabakho ke zonke ezo zinto; utsho uYehova; ndibheka kuló, kolúsizana, komoya waphukileyo, kogubhayo ngelizwi lam. Oxhela i- 3 nkomo unjengesixabela-mntu; obingelela igusha ngumsiki wenja; onyusa umnikelo wokudla *ngumnyusi* wegazi lehagu; okhumbuza ngoqhumiselo lwentlaka emhlophe ngosikelela into ebubutshinga. Bezinyulele nje iindlela zabo, umphefumlo wabo wawananza amazothe abo: nam ke ndiya kunyula 4 iimfeketho zokufeketha ngabo, ndibazisele izinto ezibanxunguphalisayo; ngenxa enokuba ndabizayo, akwabakho usabelayo; ndathetha, abeva; besuka benza ububi emehlweni am, banyula nento endingayinanzileyo.

Liveni ilizwi likaYehova, nina nigu- 5 bhayo ngelizwi lakhe; uthi, Abazalwana benu abanithiyayo, abanigxotháyo kubo ngenxa yegama lam, bathi, Makazizukise uYehova, sibone imivuyo yenu; baya kudana ke bona. Phulaphulani 6 isandi esiphuma kuwo umzi; ilizwi eliphuma etempileni; ilizwi likaYehova, ephindezela impatho yeentshaba zakhe. Ingekazibhijabhiji, yazala; ingekezi 7 inimba kuyo, yathi tyibilili umntwana oyinkwenkwe. Ngubani na okhe weva 8 kunjalo? Ngubani na okhe wabona izinto ezinjalo? Kuya kuzalwa ilizwe ngamininye na? Kuzalwa uhlanga ngasihlandlo sinye na? Ngokuba isathi ukuthi ukuzibhijabhija, yabazala onyana bayo iZiyon. Mna ndingàvelisisa 9 na, ndingazalisi? utsho uYehova; ndingàthi mna ndizalisayo ndivingce na? utsho uThixo wakho.

Vuyisanani neYerusalem, nigcobe 10 ngayo, nonke bayithandayo; yenzani imihlali nibe nemihlali, nonke bayenzalayo isijwili; ukuze nanye nihluthe 11 libele leentuthuzelo zayo, ukuze nishube, nixhamle ukwehlisa kozuko lwayo. Ngokuba uYehova utsho ukuthi, Ya- 12 bonani, ndisingisa uxolo kuyo njengomlambo, nozuko lweentlanga njengesi-

hlambo esikhukulayo, ukuze nanye; niya kubelekwa ephangweni, niteketi-
13 swe emathangéni. Njengomntu othuthuzelwa ngunina, ndiya kwenjenjalo mna ukunithuthuzela, nithuthuzelwe
14 eYerusalem. Nobona, ibe nemihlali intliziyo yenu, ahlume amathambo enu njengohlaza, sazeke isandla sikaYehova ebakhonzini bakhe, azibhavumele iintshaba zakhe.
15 Kuba, yabonani, uYehova uya kuza ngomlilo, zinjengesaqhwithi iinqwelo zakhe zokulwa, ukuze abuyekeze umsindo wakhe ngobushushu, nokukhalima wakhe ngamalangatye omlilo.
16 Kuba uYehova uya kuyigweba ngomlilo nangekrele lakhe inyama yonke, babe
17 baninzi ababuleweyo nguYehova. Abo bazingcwalisayo, bazihlambulele imiyezo, bexelisa omnye ongaphakathi, badle inyama yehagu, nento enezothe, nempuku, baya kuphela kunye; utsho
18 uYehova. Mna ke, ndiyazazi izenzo zabo neengcinga zabo.

Kobakho *ixesha* lokuba zihlanganisane zonke iintlanga neelwimi, zize zibubone
19 ubuqaqawuli bam; ndomisa umqondiso phakathi kwazo, ndithume abasindileyo kuzo, baye ezintlangeni ezingooTarshishe, nooPuli, noLudi, abatyedi besaphetha; ezingooTubhali noYavan, eziqithini ezikude ezingazivanga iindaba zam, ezingabubonanga ubuqaqawuli bam, babuxele ubuqaqawuli bam ezintlange-
ni. Baya kubazisa bonke abazalwana be- 20 nu, bevela nabo ezintlangeni zonke, bengumnikelo kuYehova, bekhwele emahasheni, nasezinqwelweni, nasemathaleni, nakoondlebende, nakwiinkamelakazi, benyuke entabeni yam engcwele eYerusalem, utsho uYehova; kwanjengokuba oonyana bakaSirayeli bewuzisa umnikelo wokudla ngesitya esihlambulukileyo endlwini kaYehova. Ndo- 21 thabatha nakuzo ezo, zibe ngababingeleli nabaLevi; utsho uYehova. Kuba 22 njengoko amazulu amatsha nehlabathi elitsha endiza kuwenza, amiyo phambi kwam, utsho uYehova, iya kwenjenjalo ukuma imbewu yenu negama lenu; kuthi kuphikelane nokuthwasa kwee- 23 nyanga zonke, kuphikelane neesabatha zonke, ukuza kwenyama yonke, ukuba iqubude phambi kwam; utsho uYehova. Baya kuphuma babone izidumbu zama- 24 doda akreqileyo kum; kuba iimpethu zabo aziyi kufa, nomlilo wabo ungàcimi, babe linyumnyezi kuluntu lonke.

INCWADI KAYEREMIYA UMPROFETI

Igama lencwadi

1 Amazwi kaYeremiya unyana kaHilekiya, wakubabingeleli baseAnatoti
2 ezweni lakwaBhenjamin: ekwafika kuye ilizwi likaYehova ngemihla kaYosiya unyana ka-Amon, ukumkani wakwaYuda, ngomnyaka weshumi elinesitha-
3 thu wobukumkani bakhe; nangemihla kaYoyakim unyana kaYosiya, ukumkani wakwaYuda, kwada kwaba sekupheleni komnyaka weshumi elinamnye kaZedekiya unyana kaYosiya, ukumkani wakwaYuda, kwada kwaba sekufudusweni kweYerusalem ngenyanga yesihlanu.

Ubizo lomprofeti

Kwafika ke ilizwi likaYehova kum, 4 lisithi, Ndingekakubumbi esizalweni, 5 bendikwazi; ungekaphumi embilinini, ndakungcwalisa, ndakumisa waba ngumprofeti weentlanga. Ndathi mna, 6 Kwowu, Nkosi Yehova, yabona, andikwazi ukuthetha, ngokuba ndingumntwana.

7 Wathi uYehova kum, Musa ukuthi, Ndingumntwana: ke ùya kuya kubo bonke endikuthuma kubo; konke endikuwisela umthetho ngako, uze ukuthe-
8 the. Uze ungaboyiki, ngokuba ndinawe ukuba ndikuhlangule; utsho uYeho-
9 va. Wasolula uYehova isandla sakhe, wachukumisa umlomo wam; wathi ke uYehova kum, Yabona, ndibeke amazwi
10 am emlonyeni wakho. Khangela, ndikwenza namhla umveleli weentlanga nezikumkani, ukuba unyothule, udilize, utshabalalise, ugungxule; ukuba wakhe, utyale.

Imibono emibini yomgwebo

11 Kwafika ilizwi likaYehova kum lisithi, Yintoni na le uyibonayo, Yeremiya? Ndathi, Ndibona intonga yomthi wo-
12 mamangile.* Wathi uYehova kum, Ùboné walungisa; ngokuba ndiya kuliphaphela ilizwi lam ukuba ndilenze.
13 Kwafika ilizwi likaYehova kum ngokwesibini, lisithi, Yintoni na le uyibonayo? Ndathi, Ndibona imbiza ebaselweyo, ubuso bayo bubheke neno,
14 isentla. Wathi ke uYehova kum, Entla kuya kuphuma ububi, bube phezu
15 kwabemi bonke belizwe. Ngokuba, yabona, ndiya kubiza yonke imizalwane yezikumkani zasentla, utsho uYehova; ziya kuza ke, zimise iseso itrone yaso ekungeneni kwamasango eYerusalem, nasezindongeni zayo zonke ngeenxa zonke, nasemizini yonke yakwaYuda.
16 Ndiya kuthetha elokubagweba kwam ngenxa yobubi babo bonke, kuba bendishiyile, baqhumisela thixweni bambi, baqubuda emisebenzini yezandla zabo.
17 Ke wena, bhinqa amanqe akho, usuk' ume, uthethe kubo konke endikuwisela umthetho ngako. Musa ukuqhiphuka umbilini ngabo, hleze mna
18 ndikuqhiphule umbilini ngabo. Uyabona ke, mna ndikwenza namhla umzi onqatyisiweyo, intsika ýesinyithi, udonga lobhedu kulo lonke ilizwe, lokumkani bakwaYuda, nakubathetheli balo, kubabingeleli balo, nakubantu belizwe.

Baya kulwa nawe, bangabi nakukweyisa, 19 ngokuba ndinawe ukuba ndikuhlangule; utsho uYehova.

Ukungathembeki kukaSirayeli kuYehova

2 Kwafika ke ilizwi likaYehova kum, lisithi, Yiya, umemeze ezindlebeni 2 zeYerusalem, uthi, Utsho uYehova ukuthi, Ndikukhumbulele inceba yobutsha bakho, uthando lobutshakazi bakho, ukundilandela kwakho entlango, ezweni elingàhlwayelwayo. Úbengcwele u- 3 Sirayeli kuYehova, intlahlela yakhe yongeniselo; bonke abamdlayo bozeka ityala, bofikelwa bububi; utsho uYehova.

Liveni ilizwi likaYehova, ndlu ka- 4 Yakobi, nonke mizalwane yendlu kaSirayeli. Utsho uYehova ukuthi, Bá- 5 fumana bubi buni na kum ooyihlo, le nto bákhwelela kude kum, balandela izinto ezingento, baba yinto engeyakonto? Àbatsho ukuthi, Uphi na uYehova 6 owasinyusayo, wasikhupha ezweni laseYiputa, owasihambisa entlango, ezweni eliyinkqantosi, lezihogo, ezweni elingumqwebedu, elethunzi lokufa, ezweni elingacandi mntu, elingahlali mntu? Ndaningenisa ezweni elimasimi achu- 7 mayo, ukuba nidle iziqhamo zalo, nezinto ezilungileyo zalo; ukanti nakùngena nalenza inqambi ilizwe lam, ilifa lam nalenza langamasikizi. Ababingele- 8 li àbatshongo ukuthi, Uphi na uYehova? Abaphathi bomyalelo abandazanga, nabalusi bakreqa kum; nabaprofeti baprofeta ngoBhahali,* balandela abangancedi nto.

Ngako oko ndisaya kubambana nani, 9 utsho uYehova, ndibambane noonyana boonyana benu. Kuba welani, niye ezi- 10 qithini zamaKiti, nibone; nithùme nakwaKedare, nigqale kunene, nikhangele ukuba zikhe zakho na izinto ezinjalo; ukuba uhlanga lwakhe lwananisa na 11 ngoothixo balo, bengèthixo ke bona? Ke bona abantu bam banane ngozuko lwabo into engancediyo. Mangaliswa- 12 ni, mazulu, yile nto, nibe namanwele, niqothole kunene; utsho uYehova.

UYEREMIYA 2

13 Ngokuba benzé ububi obubini abantu bam: bandishiyile mna, thende lamanzi aphilileyo; bazimbele amaqula, amaqula aqhekekileyo, angagcini manzi.
14 USirayeli ulikhoboka na? Ulelizalelwe ekhaya na? Kúngathubani na, ukuba
15 abe yinto ephangiweyo? Zimbharhúlele iingonyama ezintsha, zalikhupha izwi lazo, zalenza laba senkangala ilizwe lakhe, imizi yakhe yafakwa isikhuni, a-
16 yaba nabemi. Kananjalo oonyana baseNofu nabaseTapanesi bádlela elukaka-
17 yini lwakho. Oko asikukwenza kwakho na, ngokushiya kwakho uYehova uThixo wakho, ngexesha abekuhambisa
18 ngendlela? Okanye yintoni na enawe nendlela yaseYiputa, ukuba usele amanzi oMnayile? Yintoni na enawe nendlela yaseAsiriya, ukuba usele amanzi oMlambo* lowo?

19 Buya kukuthethisa ububi bakho, nokuphamba kwakho kuya kukohlwaya; yazi ke ubone, ukuba kubi, kukrakra, ukumshiya uYehova uThixo wakho, nokuthi ungankwantyi phambi kwam; itsho iNkosi, uYehova wemikhosi.
20 Ngokuba kususela kwakude, ùyaphule idyokhwe yakho, waziqhawula izitropu zakho; wathi, Andiyi kukukhonza; kuba ezindulini zonke ezinde, naphantsi kwemithi yonke eluhlaza, wazolula
21 ngokwehenyukazi. Mna ke ndakutyala ungumdiliya wohlobo, wonke uphela uyimbewu yenyaniso; ùtheni na ke ukujika, ube ngamasebe angcakacileyo
22 omdiliya ongeguwo kum? Ùngafanelana uzihlikihla ngesoda, wathabatha isepha eninzi: ubugwenxa bakho buhleli budyobhekile phambi kwam; itsho iNkosi uYehova.

23 Ùngáthini na ukuthi, Andizenzanga inqambi, andibalandelanga ooBhahali? Yibone indlela yakho emfuleni lowo, ukwazi okwenzileyo, wena mazi yenkamela enamendu, etshobela ngapha
24 nangapha; mazi ye-esile lasendle, eqhele intlango, ethi ngokunqwena kwayo isezele umoya; ukungxamela kwayo inkunzi, ngubani na ongakubuyisayo? Bonke abayifunayo abazidinisi; boyifu-
25 mana ngenyanga yayo. Luthintele unyawo lwakho lungabi zé, nomqala wakho unganxanwa. Ùthi ke wena, Kuncamekile; hayi, kuba ndibathandile abasemzini, ndiya kubalandela ke.

Njengokudana kwesela lakufunya- 26 nwa, kunjalo ukudana kwendlu kaSirayeli: bòna ngokwabo, nookumkani babo, nabathetheli babo, nababingeleli babo, nabaprofeti babo; besithi emthini, 27 Ùngubawo; nasetyeni, Ùndizele; ngokuba bandinikela ikhosi, àbandinikela buso; ngexesha ke lobubi babo baya kuthi, Suk' ume usisindise. Baphi na 28 kaloku oothixo bakho ozenzeleyo? Mabasuke beme, ukuba boba nokukusindisa na ngexesha lobubi bakho; kuba oothixo bakho bábengangenâni lemizi yakho, Yuda.

Yini na ukuba nibambane nam? 29 Nonke niphela nikreqile kum; utsho uYehova. Ndifumane ndababetha oo- 30 nyana benu; intethiso abayamkelanga; ikrele lenu lidlé abaprofeti benu njengengonyama edlavulayo.

Sizukulwanandini, likhangeleni ilizwi 31 likaYehova. Bendiyintlango na kuSirayeli? Bendililizwe lesithokothoko na? Kúngathuba lini na ukuba bathi abantu bam, Siyaphaphatheka, àsizi kuwe? Iyazilibala na intombi izivatho 32 zayo, umtshakazi *uyazilibala na* iinqwemesha zakhe? Ke bona abantu bam bandilibele imihla engenakubalwa. Ù- 33 yakwazi ukuyilungisa indlela yakho ngokufuna uthando; ngako oko iindlela zakho uziqhelisa izinto ezimbi. Kwana- 34 semasondweni akho kufumaneka igazi lemiphefumlo yamahlwempu amsulwa; akuwafumananga egqobhoza zindlu: bekungenxa yoku konke. Ukanti ùthi 35 ke, Ndimsulwa, ewe, umsindo wakhe ubuyile kum. Yabona, ndiya kumangalelana nawe ngenxa yokuba usithi, Andonanga.

Yini na ukuba uzulazule kangaka, 36 uyijike indlela yakho? Uya kudana ngenxa yeYiputa, njengokuba udanile ngenxa yeAsiriya. Nakuyo leyo uya 37 kuphuma, zisentloko izandla zakho; ngokuba uYehova uya kubacekisa okholose ngabo, ungabi nampumelelo ngabo.

UYEREMIYA 3

Okuya kuhlela izizwe ezilishumi; isilumkiso kuYuda

3 Kuthiwa, Ukuba ithe indoda yamgxotha umkayo, wemka kuyo, waba ngowandoda yimbi, inokumbuyela na? Alingebi lihlanjelwe na elo lizwe? Wena ke uhenyuzile nezithandane ezininzi; ùnokubuyela na ke kum? utsho 2 uYehova. Phosa amehlo akho eluqayini ubone; kuphi na apho ungalalwanga khona? Wabahlalela ngasezindleleni, njengomArabhi entlango; walihlambela ilizwe ngokuhenyuza kwakho, 3 nangezinto zakho ezimbi. Yathintelwa ke imikhumezelo, ayeza nemvula evuthisayo; ùsuke wanebunzi lehenyukazi, 4 akwavuma ukuba neentloni. Akuyi kuthi na ngoku undibize, uthi, Bawo, 5 ùlikholwane lobutsha bam? Úya kuba nenqala ngonaphakade na, ahlale ewugcinile na umsindo? Yabona, uthetha njalonje, wènza ububi, ubufezile.

6 Wathi uYehova kum ngemihla yokumkani uYosiya, Ùkubonile na elikwenzileyo iphambakazi uSirayeli? Belihamba phezu kweentaba zonke ezinde, naphantsi kwemithi yonke eluhlaza, 7 lihenyuza khona. Ndathi, emveni kokuba likwenzile oko konke, Liya kubuyela kum. Lasuka alabuya; lakúbona oko ingininginikazi, udade wabo uYuda. 8 Ndabona ukuba, noko iphambakazi uSirayeli likrexezileyo, ndaligxotha, ndalinka incwadi yokwahlukana nalo, lisuké noko ingininginikazi uYuda, udade walo àloyika; lasuka ke laya kuhenyuza 9 nalo. Kwathi, ngenxa yesandi sokuhenyuza kwalo, lahlanjelwa ilizwe, la-10 krexeza namatye nemithi. Nakuko konke oko, àlabuyela kum ingininginikazi, udade walo uYuda, ngentliziyo yonke; kwaba ngokuxoka; utsho uYe-11 hova. Wathi uYehova kum, Iphambakazi uSirayeli lizigwebele ngokwalo, ngaphezu kwenginginikazi uYuda.

12 Yiya umemeze la mazwi entla, uthi, Buya, phambakazi Sirayeli, utsho uYehova; andiyi kubusanganisa ubuso bam kuni, ngokuba ndinenceba, utsho uYehova; andiyi kuba nanqala ngonaphakade. Búvume kodwa ubugwenxa ba-13 kho; ngokuba ukreqile kuYehova uThixo wakho, waziphangalalisa iindlela zakho kwabasemzini, ngaphantsi kwayo yonke imithi eluhlaza; ke ilizwi lam analiphulaphula; utsho uYehova.

Buyani, nyana bangamaphamba, u-14 tsho uYehova; ngokuba ndinizekile mna. Ndiya kunithabatha abe mnye emzini, babe babini kwimizalwane, ndinizise eZiyon; ndininike abalusi 15 ábangantliziyo yam, banaluse ngokwazi nangengqiqo. Kothi, xa nithe nanda 16 naqhama ezweni ngaloo mihla, utsho uYehova, bangàbi sathi, Ityeya yomnqophiso kaYehova; ingàthi qatha entliziyweni; ingàkhunjulwa ngabo, ingàfuneki, ingàbuye yenziwe. Ngelo 17 xesha iYerusalem kuya kuthiwa yitrone kaYehova, zixhontelane khona zonke iintlanga ngenxa yegama likaYehova eliseYerusalem; zingabi salandela ubungqola bentliziyo yazo embi. Ngaloo 18 mihla iya kuhamba indlu yakwaYuda kunye nendlu yakwaSirayeli, bavele kunye ezweni lasentla, beze ezweni endabanikayo ooyise laba lilifa.

Inceba kaYehova

Ndathi mna, Azi ndingáthini na uku-19 kumisa phakathi koonyana, ndikunike ilizwe elinqwenelekayo, ilifa eliligugu lawo amagugu eentlanga? Ndathi, Niya kundibiza ngokuthi, Bawo; ningabuyi ekundilandeleni. Inyaniso, nje-20 ngoko umfazi atshinizayo kuwabo, nitshinizile ngokunjalo kum, nina ndlu kaSirayeli; utsho uYehova.

Livakele izwi eluqayini, isililo soku-21 tarhuzisa soonyana bakaSirayeli; ngokuba bebezigwenxile iindlela zabo, bamlibala uYehova uThixo wabo. Buyani, 22 nyana bangamaphamba; ndokuphilisa ukuphamba kwenu.

Uyabona, siza kuwe; ngokuba wena, Yehova, unguThixo wethu. Inyaniso, 23 yaba bubuxoki ingxokozelo yasezindulini, yasezintabeni; inyaniso, lukuYehova uThixo wethu usindiso lukaSirayeli.

UYEREMIYA 3-4

24 Isikizi liyidlile indyebo yoobawo kwasebuncinaneni bethu: impahla yabo emfutshane neenkomo zabo, oonyana babo
25 neentombi zabo. Masilale esikizini lethu, lisigubungele ihlazo lethu; ngokuba kuYehova uThixo wethu sonile, thina noobawo, kwasebuncinaneni bethu, unanamhla; àsaliphulaphula ilizwi likaYehova uThixo wethu.

4 Ukuba ùthe wabuya, Sirayeli, utsho uYehova, wabuyela kum; wawasusa amazothe akho phambi kwam,
2 àkwaphalaphala; wafunga wathi, Ehleli nje uYehova, ngokwenyaniso, ngokusesikweni, nangobulungisa; zózisikelela ngaye iintlanga, ziqhayise ngaye.
3 Ngokuba uthi uYehova kumadoda akwaYuda nakwiYerusalem, Zikhubeleleni intsinde, ningahlwayeli emitha-
4 neni enameva. Zaluseleni kuYehova, nisuse ukungaluki kwentliziyo yenu, madoda akwaYuda, bemi baseYerusalem; hleze buphume ubushushu bam njengomlilo, buvuthe kungabikho ucimayo, ngenxa yobubi beentlondi zenu.

Okuya kuhlela abangaguqukiyo

5 Xelani kwaYuda, nivakalise eYerusalem, nithi, Vuthelani isigodlo elizweni; dandulukani, nithi, Hlanganisanani, si-
6 ngene emizini enqatyisiweyo. Phakamisani ibhanile* ngaseZiyon, sabani, ningemi; kuba entla ndizisa ububi, ne-
7 mbubhiso enkulu. Kunyuka ingonyama iphuma entshinyeleni yayo yehlathi, kunduluka umonakalisi weentlanga; úphuma endaweni yakhe, ukuze aliphanzise ilizwe lakho, imizi yakho yenziwe
8 imiwewe, ingabi nabemi. Ngenxa yoko bhinqani ezirhwexayo, nimbambazele, nibhomboloze; ngokuba ukuvutha komsindo kaYehova akubuyanga kuthi.
9 Kothi ke ngaloo mini, utsho uYehova, iphele intliziyo yokumkani nentliziyo yabathetheli; bamangaliswe ababingeleli, bangàkhulumi abaprofeti.
10 Ndathi ke, Kwowu, Nkosi Yehova, inyaniso, ùbalukuhlile kakhulu aba bantu neYerusalem, usithi, Niya kuba noxolo; libe ikrele lide lafika emphefumlweni.

11 Ngelo xesha kuya kuthiwa kwaba bantu nakwiYerusalem, Umoya olulophu lwaseluqayini entlango uza ngendlela yentombi yabantu bam, ungazeli
12 kwela, ungazeli kucoca; umoya onamandla ngaphezu kwezo nto uzela mna; ngoku nam ndiya kuthetha nabo imi-
13 gwebo. Yabona, únyuka njengamafu, zinjengesaqhwithi iinqwelo zokulwa zawo; anamendu kunamaxhalanga amahashe awo. Yeha ke thina, ngokuba sibhuqiwe!
14 Yihlambulule ububi intliziyo yakho, Yerusalem, ukuze usindiswe. Kunini na zilalisile phakathi kwakho iingcinga
15 zakho zobutshinga? Ngokuba ilizwi lixelile, liphuma kwaDan, livakalisa
16 ububi ezintabeni zakwaEfrayim: khankanyani ezintlangeni; yabonani, vakalisani eYerusalem, nithi, Abangqingi beza bevela ezweni elikude, belikhuphela ilizwi labo phezu kwemizi yakwaYuda. Njengabalindi bamasimi bayi-
17 chasa ngeenxa zonke; ngokuba ibineenkani kum, utsho uYehova. Iindlela
18 zakho neentlondi zakho zakwenzela oko. Zizinto zakho ezimbi ezo, inene zikrakra, inene zifike entliziyweni yakho.

Umbono wesiphanziso

19 Izibilini zam, izibilini zam! Ndiyazibhijabhija iingontsi zentliziyo yam! Iyaxokozela intliziyo yam, andinakuthi tu! Kuba ùsivile isandi sesigodlo, mphefumlo wam, ukuhlatywa komkhosi wemfazwe. Kumenyezwa intshabalalo
20 kantshabalalo, ngokuba libhuqiwe lonke ilizwe; zibhuqiwe ngesiquphe iintente zam; ngephanyazo, amalengalenga am. Kunini na ndibona ibhanile,* ndisiva
21 isandi sesigodlo? Kuba bamathile a-
22 bantu bam, mna àbandazi; ngoonyana abazizidenge, àbanangqondo bona; banobulumko bokwenza ububi, ukulungisa àbakwazi.

23 Ndakhangela emhlabeni, nanko kusenyanyeni, lilubala; nasezulwini, akwabakho kukhanya kulo. Ndakhangela 24

UYEREMIYA 4–5

ezintabeni, nanzo zinyikima, neenduli
25 zonke zididizela. Ndakhangela, nanko
ke kungekho mntu, neentaka zonke
26 zezulu zibalekile. Ndakhangela, nantso
iKarmele* iyintlango, yonke imizi
yayo idilikile phambi koYehova, phambi kokuvutha komsindo wakhe.
27 Ngokuba utsho uYehova ukuthi,
Kuya kuba senkangala kulo lonke ilizwe; kodwa ndingàligqibeli kuphele.
28 Ngenxa yoko ihlabathi liya kuba nesijwili, libe nezimnyama zokuzila izulu
ngaphezulu; ngenxa enokuba ndithethile, ndinkqangiyele, andisayi kuzohlwaya, andiyi kubuya umva kuloo nto.
29 Ngesandi sabamahashe nabezaphetha,
iyabaleka yonke imizi; bangena ezintshinyeleni zehlathi, benyuka emixawukeni;
yonke imizi ishiyiwe, akuhlali mntu
kuyo.
30 Ke wena ubhuqiweyo, uya kuthini
na? Nokuba uthe wambatha ezibomvu, nokuba uthe wavatha izivatho
zegolide, nokuba uthe wawazoba amehlo akho ngestibhiya,* ufumane wahomba; ziya kukucekisa izithandane,
31 zifuna umphefumlo wakho, Ngokuba
ndivé ilizwi elinjengelomfazi onenimba,
imbandezelo enjengeyozibulayo, izwi
lentombi enguZiyon; inesingqala, izolula izandla zayo, isithi, Athi ke mna!
ngokuba umphefumlo wam utyhafile
ngababulali.

Izono zeYerusalem nokuya kuyihlela

5 Zityhutyheni izitrato zaseYerusalem; khanikhangele, nazi, nifune
ezindaweni zayo zembutho, ukuba ukho na
nomfumana na umntu, ukuba ukho na
umntu owenza ngokusesikweni, ofuna
2 ukunyanisa: ndoyixolela. Nokuba bathi, Ehleli nje uYehova, boba bafunga
bexoka.
3 Yehova, amehlo akho àkajonge ekunyaniseni, yini na? Ùyababetha, abevi ntlungu; ùyabagqibela kuphele,
abavumi ukuthethiswa; babenza ngwanyalala ubuso babo ngaphezu kwengxondorha, àbavumi ukubuya.
4 Ndathi mna, Zizisweli zodwa zona,
zimathile; ngokuba abayazi indlela ka-

Yehova, nesiko loThixo wabo. Ndokha 5
ndiye kwabakhulu, ndithethe nabo;
ngokuba bayayazi bona indlela kaYehova, isiko loThixo wabo; ke bona
bayaphúle kunye idyokhwe, baziqhawula izitropu. Ngenxa yoko iyababu- 6
lala ingonyama yasehlathini, iyabadlavula ingcuka yasezinkqantosini, ingwe
ilalela imizi yabo; bonke abo baphuma
kuyo bayaqwengwa; ngokuba luninzi
ukreqo lwabo, kuninzi ukuphamba
kwabo.

Ndothini na ukukuxolela? Oonyana 7
bakho bandishiyile, bafunga abangethixo; ndabafungisa, ke bakrexeza,
bathi ngunga endlwini yamahenyukazi.
Bayazibela njengeenkunzi zamahashe 8
ezityetyisiweyo, elowo ukhonyela umfazi wommelwane wakhe. Mandingà- 9
veleli na ke ngenxa yezo zinto? utsho
uYehova; ungàphindezeli na ke umphefumlo wam, kuhlanga olunje?

Nyukani ezindongeni zayo, nonaka- 10
lise; kodwa ningagqibeli kuphele; susani amasebe ayo, ngokuba engengakaYehova. Ngokuba itshinizile kakhulu 11
kum indlu kaSirayeli nendlu kaYuda,
utsho uYehova. Bayamkhanyela u- 12
Yehova; bathi, Asinguye, àbuyi kusifikela ububi, asiyi kubona krele nandlala; abaprofeti baya kuba ngumoya; 13
othethayo akakho kubo; makwenjiwe
njalo kubo.

Ngako oko utsho uYehova, uThixo 14
wemikhosi, ukuthi, Ngenxa enokuba
nilithetha elo lizwi, yabona, ndiwenza
umlilo amazwi am emlonyeni wakho,
naba bantu babe ziinkuni, ubadle.
Yabona, ndifikisa phezu kwenu, ndlu 15
kaSirayeli, uhlanga lwakude, utsho
uYehova; luhlanga oluqinileyo, uhlanga
oludala, luhlanga oluntetho ungayaziyo, ongayivayo into oluyithethayo. U- 16
mphongolo walo unjengengcwaba
elivulekileyo; bonke bephela bangamagorha. Luya kukudla ukuvuna kwakho 17
nesonka sakho; luya kubadla oonyana
bakho neentombi zakho; luya kuyidla
impahla yakho emfutshane neenkomo
zakho; luya kuwudla umdiliya wakho
nomkhiwane wakho; luya kuyiviva

ngekrele imizi yakho enqatyisiweyo, okholose ngayo.

18-19 Noko ke ngaloo mihla, utsho uYehova, andiyi kunigqibela kuphele. Kuthi, xa nithi, UYehova uThixo wethu uzenzeleni na ezo zinto zonke kuthi? uze uthi kubo, Njengokuba nindishiyile mna, nakhonza oothixo bolunye uhlanga ezweni lenu, kwangokunjalo niya kukhonza abasemzini ezweni elingelenu.

20 Kuxeleni oku endlwini kaYakobi,
21 nikuvakalise kwaYuda, nithi, Khanive oku, bantu bazizidenge, bangenantliziyo; banamehlo, bengaboni; baneendle-
22 be, bengeva. Mna anindoyiki na? utsho uYehova; anizibhijabhiji na ebusweni bam, mna ndiyibekileyo intlabathi yangumda wolwandle, yangummiselo ongunaphakade olungàwugqithiyo? Ayalatyuza amáza alo, angabi nakwenza nto; agqume, angawugqithi.
23 Ke aba bantu banentliziyo eyinjubaqa,
24 eneenkani; bakreqile bemka. Àbatsho nokuthi ezintliziyweni zabo, Makhe soyike uYehova uThixo wethu, osinika imvula ethambisayo nevuthisayo ngexesha elililo; osigcinela iiveki
25 ezimisiweyo zasekwindla. Izenzo zenu ezigwenxa zizisunduzile ezo zinto, izono zenu zikuthintele kuni okulungileyo.

26 Ngokuba kufunyanwa abangendawo phakathi kwabantu bam; bayalalela ngokuncathama kwabathiyeli, benza
27 isihogo, babambisa abantu. Njengendlwane izele ziintaka, zinjalo izindlu zabo ukuzala yinkohliso; ngenxa yoko
28 bakhulile baba zizityebi. Batyebile, bagudile; kananjalo bagqithisele ngezinto ezimbi; ityala àbalilungisa, ityala leenkedama, ukuze zibe nempumelelo;
29 àbaligwebi ityala lamahlwempu. Ndingàveleli na ke ngenxa yezo nto? utsho uYehova; ùngaphindezeli na umphefumlo wam kuhlanga olunje?

30 Kwenziwa into emangalisayo, ebanga
31 amanwele ezweni: àbaprofeti baprofeta ngobuxoki, nababingeleli banobukhosi ngezandla zabo; abantu bam ke bathanda ukuba kube njalo. Niya kuthini na ke ekupheleni kwako oko?

Ungqingo lweYerusalem

6 Sabani, nyana bakaBhenjamin, niphume phakathi kweYerusalem, naseTekowa, nivuthele isigodlo, niphakamise into iphakame phezu kweBhetehakerem; ngokuba ububi buyalunguza, buvela entla, nembubhiso enkulu. U- 2 mntwana omhle, umteketiswa, intombi enguZiyon, ndiyayitshabalalisa. Beza 3 kuyo abalusi nemihlambi yabo, bagxumeka kuyo iintente zabo ngeenxa zonke; badla elowo endaweni yakhe. Yingcwaliseleni imfazwe; sukani nime, 4 sinyuke emini enkulu. Athi ke thina! Imini iza kusangana, ngokuba amathunzi okuhlwa ayoluka. Sukani nime, 5 sinyuke ebusuku, sizitshabalalise iingxande zayo ezinde.

Ngokuba utshilo uYehova wemikho- 6 si ukuthi, Yigawuleni imithi yayo, niyifumbele iYerusalem udonga lokungqinga; wona mzi wokuvelelwa, wonke uphela, unocudiso phakathi kwawo. Njengoko iqula liwampompozisayo a- 7 manzi alo, yénjenjalo ukumpompozisa izinto zayo ezimbi. Ukugonyamela nokubhuqa kuvakala kuyo; kuhleli kukho phambi kobuso bam isifo nesibetho. Yáleka, Yerusalem, hleze u- 8 mphefumlo wam uziqhawule kuwe; hleze ndikwenze kube senkangala kuwe, ube lilizwe elingamiweyo.

Utsho uYehova wemikhosi ukuthi, 9 Baya kuwabhikica bawabhikice amasalela amaSirayeli, njengomdiliya; sibuyisele isandla sakho emagatyeni, njengomvuni weediliya. Ndiya kuthetha 10 koobani na, ndiqononondise, beve? Yabona, àyaluswanga indlebe yabo, àbanako ke ukubaza indlebe. Yabona, ilizwi likaYehova libe liyingcikivo kubo, àbalinanzile.

Ndizele bubushushu bukaYehova; 11 ndidiniwe kubububamba. Bùphalazéle phezu komntwana esitratweni, naphezu kwembutho yamadodana kunye; ngokuba indoda kwanomfazi baya kubanjwa, amadoda amakhulu kwanabazele yimihla. Ziya kugqithela ku- 12 bambi izindlu zabo, amasimi nabafazi

13 kunye; ngokuba isandla sam ndisolula phezu kwabemi belizwe; utsho uYehova. Kuthabathela kwabancinane kwesa kwabakhulu, bonke bephela babawa bebawile; kuthabathela kumprofeti kwesa kumbingeleli, bonke bephela benza
14 ngobuxoki. Bákuphilisa kalula ukwaphuka kwentombi yabantu bam, besithi, Luxolo, luxolo; kungekho luxolo.
15 Baya kudaniswa, ngokuba benzé amasikizi; noko ke àbadani nokudana, àbakwazi ukuba neentloni; ngako oko baya kuwa phakathi kwabawàyo; ngexesha lokubavelela kwam baya kukhubeka; utsho uYehova.

Ukuphulaphula kulungile ngaphezu kombingelelo

16 Utsho uYehova ukuthi, Yimani ezindleleni, nikhangele, nibuze umendo ongunaphakade, ukuba yiyiphi na indlela yokulungileyo, nihambe ngayo; noyifumanela ukuphumla imiphefumlo yenu; bàthi ke bona, Asiyi kuhamba
17 ngayo. Ndamisa phezu kwenu ababoniseli, ndisithi, Libazeleni indlebe ilizwi lesigodlo; báthi ke bona, Asiyi kulibazela ndlebe.
18 Ngako oko yivani, zintlanga; wazi,
19 wena bandla, okubahlelayo. Yiva, hlabathi; yabona, aba bantu ndibazisela ububi, isiqhamo seengcinga zabo; ngokuba amazwi am abawabazelanga ndle-
20 be, nomyalelo wam bawucekisile. Yeyani na ke le ntlaka imhlophe yakwaShebha iza kum, nekalamo* evumba limnandi yasezweni elikude? Amadini enu anyukayo akakholekile kum, nemi-
21 bingelelo yenu ayimnandi kum. Ngako oko utshilo uYehova ukuthi, Yabona, ndibabekela izikhubekiso aba bantu, bakhubèke kuzo ooyise noonyana, ummelwane kunye nowabo, batshabalale.
22 Utsho uYehova ukuthi, Yabona, kuza abantu bevela ezweni lasentla, uhlanga olukhulu, luxhoxhwa, luvele
23 esinqeni somhlaba. Baqubulé isaphetha nenkcula; bazizijorha, abanamfesane; ilizwi labo ligquma njengolwandle; bakhwela emahasheni, bexhobe njengendoda yokulwa, ukukufikela wena, ntombi enguZiyon.

24 Siluvile udaba lwaloo nto; ziwile izandla zethu; imbandezelo isibambile, ukuzibhijabhija njengozalayo.
25 Musani ukuya emasimini, ningahambi ngendlela; ngokuba utshaba lunekrele, kunxunguphala ngeenxa zonke.
26 Ntombi yabantu bam, bhinqa ezirhwexayo, uzigalele ngothuthu; menzele isijwili ozelwe wamnye, ukumbambazela okukrakra; ngokuba úya kusizela ngesiquphe umbhuqi.
27 Ndikwenzé umcikidi phakathi kwabantu bam njengenqaba, ukuze uyazi uyicikide indlela yabo. Bonke bephela
28 baziinjubaqa zazo iinjubaqa, behamba behleba; balubhedu nesinyithi, bonke bephela bayonakalisa. Itshé ngumlilo
29 imfutho, isekupheleni ilothe; bafumana benyibilikisa banyibilikise; abenzi bobubi abahlengeki. Bayisilivere ecekisiweyo, ukubizwa kwabo, ngokuba uYe- 30 hova ebacekisile.

Intshumayelo esangweni letempile

7 Ilizwi elafikayo kuYeremiya lalisithi, Yima esangweni lendlu kaYehova, 2 umemeze khona eli lizwi, uthi, Liveni ilizwi likaYehova, nonke maYuda angénayo ngala masango, ukuba nimnqule uYehova. Utsho uYehova wemikhosi, 3 uThixo kaSirayeli, ukuthi, Zilungiseni iindlela zenu nezenzo zenu, ukuze ndinibeke kule ndawo. Musani uku- 4 kholosa ngamazwi obuxoki, okuthi, Yitempile kaYehova, yitempile kaYehova, yitempile kaYehova yona leyo.

Okanye ukuba nithe nazilungisa nizi- 5 lungisa iindlela zenu nezenzo zenu; ukuba nithe nakwenza nikwenza okusesikweni phakathi komntu nommelwane wakhe; ànamcudisa owasemzini, ne- 6 nkedama, nomhlolokazi, ànaliphalaza igazi elimsulwa kule ndawo, ànalandela thixo bambi, ukuba kube kubi kuni; ndonibeka kule ndawo, ezweni endali- 7 nika ooyihlo, kwasephakadeni kuse ephakadeni.

Yabonani, nikholosa ngamazwi obu- 8 xoki angancediyo. Yini? Niyeba, ni- 9 ncinithe, nikrexeze, nifunge ngobuxoki, niqhumisele kuBhahali,* nilandele thixo 10 bambi eningabaziyo; nize ke nime phambi kwam kule ndlu, ibizwa ngegama lam, nithi, Sihlangulwe; ukuze 11 nenze la masikizi onke? Yaba ngumqolomba wezihange na emehlweni enu le ndlu ibizwa ngegama lam? Yabonani, mna lo ndibonile; utsho uYehova. 12 Ngokuba khaniye endaweni yam ebiseShilo, apho ndalibeka khona igama lam ekuqaleni, nibone endakwenzayo kuyo, ngenxa yezinto ezimbi zabantu 13 bam amaSirayeli. Kaloku ke, ngokokuba nizenzile ezi zenzo zonke, utsho uYehova, ndathetha kuni, ndithetha kwakusa ningeva, ndinibiza ningasabeli: 14 ndokwenza kule ndlu, ibizwa ngegama lam, nikholosa ngayo, nakule ndawo ndaninika yona nina nooyihlo, njengo- 15 ko ndakwenzayo kwiShilo. Ndiya kunigxotha nisuke ebusweni bam, njengoko ndabagxothayo abazalwana benu bonke, imbewu yonke yakwaEfrayim.

Ububi bonqulo-zithixo

16 Wena ke, musa ukubathandazela aba bantu, ungaphimiseli kuhlahlamba nakuthandaza ngenxa yabo, ungandizami, 17 ngokuba andiyi kukuphulaphula. Akuboni na abakwenzayo emizini yakwaYuda, nasezitratweni zaseYerusalem? 18 Oonyana batheza iinkuni, ooyise baphemba umlilo, abafazi baxovula intlama, ukuba enzelwe izonkana ukumkanikazi wezulu; bathululèle thixo bambi umnikelo othululwayo, ukuze bandiqumbise. 19 Baqumbisa mna na, utsho uYehova; àbaziqumbisi bona na, ukuze budane 20 ubuso babo? Ngako oko, itsho iNkosi uYehova ukuthi, Yabona, umsindo wam nobushushu bam buya kuphalazelwa phezu kwale ndawo, phezu kwabantu, naphezu kweenkomo, naphezu kwemithi yasendle, naphezu kweziqhamo zomhlaba, buvuthe bungacimi.

Kufunwa ukuphulaphulwa, akufunwa mibingelelo

21 Utsho uYehova wemikhosi, uThixo kaSirayeli, ukuthi, Yongezani amadini enu anyukayo emibingelelweni yenu, nidle inyama. Ngokuba andithethanga 22 nooyihlo, andibawiselanga methetho ngeendawo zamadini anyukayo nemibingelelo, mini ndabakhuphayo ezweni lamaYiputa; ke ndabamisela eli lizwi lo- 23 kuthi, Phulaphulani ilizwi lam: ndoba nguThixo wenu, nibe ngabantu bam, nihambe ngendlela yonke endinimiselayo, ukuze kulunge kuni. Ke abaphulaphu- 24 langa, abayithobanga indlebe yabo; báhamba ngamaqhinga, ngobungqola bentliziyo yabo embi, bandinikela umhlana, ayaba bubuso. Kususela kwalaa 25 mini baphuma ngayo ooyihlo ezweni lamaYiputa unanamhla, ndábathumela kuni bonke abakhonzi bam, abaprofeti, ndibathuma imihla ngemihla kwakusasa; ke àbaphulaphula kum, àbayithoba 26 indlebe yabo; bayenza lukhuni intamo yabo, benza okubi kunooyise.

Ke ùya kuwathetha kubo la mazwi 27 onke, abayi kukuphulaphula; umemeza kubo, abayi kusabela. Ke yithi kubo, 28 Lulo olu uhlanga olungaliphulaphuliyo ilizwi likaYehova uThixo walo, olungayivumiyo intethiso. Kuphelile ukuthembeka, kunqumkile emlonyeni wabo.

Isimbonono ngenxa yabaza kufa kwaYuda

Nqumla isithsaba sakho, Yerusalem, 29 usilahle, umise isimbonono eluqayini; ngokuba uYehova usicekisile, usincamile isizukulwana sokuphuphuma kwakhe umsindo. Ngokuba oonyana baka- 30 Yuda benzé into embi emehlweni am, utsho uYehova; babeke izinto zabo ezinezothe endlwini elibizelwa phezu kwayo igama lam, ukuze bayenze inqambi. Bakhé izigànga zaseTofete,* ezi- 31 semfuleni wakwaBhen-hinom, ukuze batshise oonyana babo neentombi zabo ngomlilo; into endingabawiselanga mthetho ngayo, engathanga qatha entliziyweni yam. Ngako oko, yabona, 32 iyeza imihla, utsho uYehova, abangasayi kuba sathi yiTofete, ngumfula wakwaBhen-hinom; baya kuthi nguMfula wokuBulala, bangcwabele eTofete ngenxa enokuba kungekho ndawo. Izi- 33 dumbu zaba bantu ziya kuba kukudla kweentaka zasendle nokwezilo zelizwe, 34 kungabikho bani uziphekuzayo. Ndiya kuliphezisa emizini yakwaYuda nasezitratweni zaseYerusalem izwi lemihlali nezwi lemivuyo, izwi lomyeni nezwi lomtshakazi; ngokuba liya kubharha ilizwe.

8 Ngelo xesha, utsho uYehova, aya kukhutshwa emangcwabeni abo amathambo ookumkani bakwaYuda, namathambo abathetheli bakhe, namathambo ababingeleli, namathambo abaprofeti, namathambo abemi baseYerusa-
2 lem; anekwe elangeni, nasenyangeni, nasemkhosini wonke wezulu, izinto ezo ababezithanda, ababezikhonza, ababezilandela, ababequqela kuzo, ababequbuda kuzo; akayi kuhlanganiswa, akayi kungcwatywa, aya kuba ngumgquba
3 phezu kobuso bomhlaba. Konyulwa ukufa phezu kobomi ngamasalela onke aseleyo kule mizalwane ineento ezimbi, ezindaweni zonke endiwagxothele kuzo amasalela; utsho uYehova wemikhosi.

UYuda wona ngenkani

4 Yithi ke kubo, Utsho uYehova ukuthi, Baya kuwa, bangavuki na? Úya ku-
5 phamba, angabuyi na umntu? Kungathuba lini na ukuba aba bantu baseYerusalem baphambe ngokuphamba okungunaphakade? Babambelela engohlisweni, bengavumi ukubuya.
6 Ndabaza indlebe, ndeva, báthetha into engeyiyo; akukho bani uzohlwayayo ngeento zakhe ezimbi, athi, Yintoni na le ndiyenzileyo? Bonke bephela babuyela ekugidimeni kwabo, njengehashe
7 lifunzela emfazweni. Kanti nengwamza ezulwini iyawazi amaxesha ayo amisiweyo; nehobe nehlankomo nendwe ziligcinile ixesha lokufika kwazo; ke bona abantu bam abalazi isiko likaYehova.
8 Ningáthini na ukuthi, Sizizilumko, umyalelo kaYehova unathi? Yabonani, okwenene usiba lwababhali olubuxoki
9 luwenze wabubuxoki. Zidanile izilumko, ziqhiphuke umbilini, zibanjisiwe; yabona, ziyalicekisa ilizwi likaYehova; zinobulumko bukabani na ke? Ngako 10 oko abafazi babo ndiya kubanikela kubambi, namasimi abo ndiwanikele kwabawahluthayo; ngokuba, bethabathela komncinane besa komkhulu, bonke bephela babáwa bebawile; bethabathela kumprofeti besa kumbingeleli, bonke bephela benza ngobuxoki. Bakuphilisa kalula ukwaphuka kwentombi 11 yabantu bam, besithi, Lúxolo, luxolo; kungekho luxolo. Baya kudaniswa, 12 ngokuba benzé amasikizi; noko ke abadani nokudana, abakwazi ukuba neentloni; ngako oko baya kuwa phakathi kwabawàyo, ngexesha lokubavelela kwam baya kukhubeka; utsho uYehova. Ndiya kubatshayela impela, 13 utsho uYehova; kungabikho zidiliya emdiliyeni, kungabikho makhiwane emkhiwaneni; igqabi liya kubuna; ndisuke ndimise abo baya kugqitha phezu kwabo.

Sihlaleleni na? Zihlanganiseni, si- 14 ngene emizini enqatyisiweyo, sitshabalale khona; ngokuba uYehova uThixo wethu uza kusitshabalalisa, asiseze inyongo; ngokuba sonile kuYehova. Besithembe uxolo, akwabakho nto 15 ilungileyo: besithembe ixesha lokuphiliswa, nanko ikukudandatheka. Livakala livela kwaDan ithatha lamahashe 16 abo; ngezwi lokukhonya kweembalasane zamahashe abo liyanyikima ilizwe lonke. Bayeza, bayalidla ilizwe nenzaliseko yalo, umzi nabemi bawo. Ngokuba, 17 yabonani, ndithumela phakathi kwenu iinyoka, amarhamba angenakukhafulwa, anilume; utsho uYehova.

Isingqala somprofeti ngenxa yezono zabantu bakowabo

Uyé phi na umthuthuzeli wam esi- 18 ngqaleni? Inobulwelwe kum intliziyo yam. Nalo ilizwi lokuzibika kwento- 19 mbi yabantu bakowethu, livela ezweni elikude, lisithi, UYehova akakho na eZiyon? akakho na kuyo ukumkani wayo? Kungathuba lini na ukuba bandiqumbise ngemifanekiso yabo eqi-

ngqiweyo, ngeento ezingento zolunye
20 uhlanga? Ukuvuna kudlule, ihlobo
21 liphelile, thina ke asikasindiswa. Ngenxa yokwaphuka kwentombi yabantu bakowethu, ndaphukile; ndinezimnyama zokuzila, ndibanjwe kukumangali-
22 swa. Akukho mafutha aqholiweyo na eGiliyadi? Akukho gqirha na khona? Kutheni na ke ukuba kungabotshwa ukwaphuka kwentombi yabantu bakowethu?

Ukungathembeki nesohlwayo sako

9 Ayaba intloko yam ibingamanzi, amehlo am aba lithende leenyembezi; bendiya kubalilela imini nobusuku ababuleweyo bentombi yabantu bako-
2 wethu! Akwaba bendinendawo yokulalisa kwabahambi entlango; bendiya kubashiya abantu bakowethu, ndimke kubo! Ngokuba bonke ngabakrexezi,
3 yingqungquthela yamanginingini. Bayalutyeda ulwimi lwabo ngobuxoki njengesaphetha; abaphathi ngokuthembeka ezweni; baphuma entweni embi, bangene entweni embi, babe mna ke
4 bengandazi; utsho uYehova. Elowo makamlumkele ummelwane wakhe, ningakholosi nangomzalwana; ngokuba wonke umzalwana wenza ubuqhinga, wonke ummelwane uhamba ehleba.
5 Elowo uyamkhohlisa ummelwane wakhe, abathethi nyaniso; bafundisa ulwimi lwabo ukuthetha ubuxoki, bazidinise
6 ngokwenza okugwenxa. Ukuhlala kwakho kuphakathi kwenkohliso; ngenkohliso abavumi ukundazi; utsho uYehova.

7 Ngako oko, utsho uYehova wemikhosi ukuthi, Yabona, ndiya kubanyibilikisa, ndibacikide; ngokuba ndingáthini na
8 ngenxa yentombi yabantu bam? Lutolo olubulalayo ulwimi lwabo; bathetha inkohliso; omnye uthetha uxolo ngomlomo wakhe kummelwane wakhe,
9 ukanti embilinini wakhe umlalele. Mandingabavèleli na ke ngenxa yezo zinto? utsho uYehova; úngaziphindezeli na umphefumlo wam kuhlanga
10 olunje? Ngenxa yeentaba ndibeka isililo nesimema, nangenxa yamakriwa entlango ndibeka isimbonono; ngokuba afakwé isikhuni, akwabakho bani ugqithayo kuwo, àlavakala izwi lemfuyo; kuthabathela ezintakeni zezulu lwesa ezilweni, kusatyiwe, kwemkiwa. Ndi- 11 yenzé iYerusalem yangumwewe, yazizikhundla zeempungutye; ndiyenzé imizi yakwaYuda yangamanxuwa, ayaba nammi.

Ngubani na indoda elumkileyo, iku- 12 qonde oku? othethileyo kuyo umlomo kaYehova, ikuxele? Kungenxa yani na ukuba ilizwe litshabalale, lifakwe isikhuni njengentlango, kungabikho bani ugqitha kulo? Wathi uYehova, Ku- 13 ngenxa enokuba bewushiyile umyalelo wam, endawubeka phambi kwabo, àbaliphulaphula ilizwi lam, àbahamba ngawo. Balandela ubungqola bentli- 14 ziyo yabo, balandela ooBhahali,* into abayifundiswa ngooyise. Ngako oko, 15 utsho uYehova wemikhosi, uThixo kaSirayeli, ukuthi, Yabona, ndiya kubadlisa aba bantu umhlonyane, ndibasezwe inyongo; ndibaphangalalise phakathi 16 kweentlanga, ababengazazi bona nooyise; ndilithumele ikrele emva kwabo, ndide ndibaphelise.

Utsho uYehova wemikhosi ukuthi, 17 Gqalani, nibize iintokazi ezenza isimbonono, zize, nithumele kwezilumkileyo, zize; zingxame, ziphimisele phezu 18 kwethu isimema; ehle iinyembezi amehlo ethu, zityityizele amanzi iinkophe zethu. Ngokuba ilizwi lesimema liva- 19 kala liphuma eZiyon, lisithi, Hayi, ukubhuqeka kwethu! Sidané kakhulu, kuba silishiyile ilizwe, kuba bewakhahlele phantsi amakhaya ethu.

Noko ke liveni, zintokazi, ilizwi lika- 20 Yehova, indlebe yenu ilamkele ilizwi lomlomo wakhe, nizifundise iintombi zenu isimema, omnye afundise ummelwane wakhe isimbonono. Ngokuba 21 kunyukile ukufa ngeefestile zethu; kungene ezingxandeni zethu ezinde, ukuba kunqumle abantwana ezitratweni, amadodana endaweni yembutho. Thetha uthi, Utsho uYehova ukuthi, 22 Ziya kuwa ke izidumbu zabantu, njengomgquba phezu kwentsimi, nanjengesinde emva komvuni, kungabikho ubahlanganisayo.

23 Utsho uYehova ukuthi, Isilumko masingaqhayisi ngobulumko baso, igorha malingaqhayisi ngobugorha balo, isitye-
24 bi masingaqhayisi ngobutyebi baso. Oqhayisayo makaqhayise ngale nto yokuba endiqiqa, endazi mna ukuba ndinguYehova, owenza inceba, nesiko, nobulungisa, ehlabathini; ngokuba ndinanzé ezo zinto; utsho uYehova.

25 Yabona, iyeza imihla, utsho uYehova, endiya kubohlwaya ngayo bonke
26 abalukileyo, phofu bengalukile: amaYiputa, namaYuda, namaEdom, noonyana baka-Amon, namaMowabhi, noonquthula-iinwele, abemi entlango; ngokuba zonke iintlanga zingabangalukileyo, nendlu yonke yakwaSirayeli ingalukile ngentliziyo.

Ubudenge bonqulo-zithixo

10 Liveni ilizwi alithethayo kuni
2 uYehova, ndlu kaSirayeli. Utsho uYehova ukuthi, Musani ukuziqhelisa indlela yeentlanga, ningaqhiphuki umbilini yimiqondiso yezulu, ngakuba iintlanga ziqhiphuke umbilini yiyo.
3 Ngokuba imimiselo yezizwe ayinto yanto. Kuba izithixo zingumthi ogawulwe ehlathini, sisenzo sezandla ze-
4 ngcibi ngezembe. Izivathisa ngesilivere nangegolide; baziqinisa ngezikhonkwane nangezando, ukuba zingagexa-
5 gexi. Zinjengentsika echweliweyo, azithethi; zimele ukuthwalwa, ngokuba zingenakuhamba. Musani ukuzoyika; kuba azinakwenza bubi; kwanokulungisa azinako.

6 Akukho namnye unjengawe, Yehova; umkhulu wena, likhulu igama lakho,
7 linobugorha. Ngubani na ongeze akoyike, Kumkani weentlanga? Ngokuba kukufanele; kuba phakathi kwezilumko zonke zeentlanga, naphakathi kwezikumkani zonke, akukho namnye unjengawe.

8 Zizityhakala, ziinyabi zodwa; uqeqe-
9 sho lwento engento, ngumthi. Yisilivere ekhandiweyo, iziswa ivela eTarshi-she, negolide yaseUfazi, isenzo sengcibi nesezandla zomnyibilikisi wegolide; yimisonto emsi nemfusa izambatho zazo; zonke ziphela zisisenzo sezilumko. Ke 10 yena uYehova nguThixo, inyaniso, nguThixo ophilileyo, ngukumkani ongunaphakade; ihlabathi liyanyikima buburhalarhume bakhe, neentlanga azinakuluthwala ubhavumo lwakhe.

Nótsho kubo ukuthi, Bona oothixo 11 abangalenzanga izulu nehlabathi, baya kudaka ehlabathini, naphantsi kwezulu. Ke yena ngulowenza ihlabathi ngama- 12 ndla akhe; ulozinzisa elimiweyo ngobulumko bakhe; waneka izulu ngengqondo yakhe; kwakubon' ukuba kukho 13 isithonga sokwenza kwakhe, ingxolo yamanzi ezulwini, unyusa amafu esiphelweni sehlabathi; imvula uyenzela imibane, arhole umoya koovimba bakhe. Uba sisityhakala wonke umntu, engena- 14 kwazi; udaniswa wonke umnyibilikisi wegolide ngumfanekiso oqingqiweyo, ngokuba umfanekiso wakhe otyhidiweyo bubuxoki, awunamoya. Zingamampu- 15 nge ezo zinto, zizenzo zokugxekwa; ngexesha lokuvelelwa kwazo ziyadaka. Akanjengazo yena uSahlulelo sika- 16 Yakobi, ngokuba ngumbumbi weento zonke yena; uSirayeli sisizwe selifa lakhe; nguYehova wemikhosi, igama lakhe.

Ukundulukela ekuthinjweni

Hlanganisa impahla yakho, umke 17 nayo kweli lizwe, wena uhleliyo ekungqingweni. Ngokuba uYehova utshi- 18 lo ukuthi, Yabona, ngesi sihlandlo, ndisawula abemi belizwe, ndibabandezele, ukuze bafunyanwe.

Athi ke mna, ngenxa yokwaphuka 19 kwam! Lelokubulala inxeba lam; ke mna ndithi, Inyaniso, sisifo sam esi, ndiya kusinyamezela. Intente yam i- 20 bhuqiwe, neentambo zam zonke ziqhawukile; oonyana bam baphumile kum, ababa sabakho; akusekho uyitwabululayo intente yam, amise amalengalenga am. Ngokuba abalusi bába zizityha- 21 kala, àbamquqela uYehova; ngenxa yoko abenzanga ngangqiqo, wachi-

thwachitwa wonke umhlambi wabo.
22 Phulaphulani! Kuvakala into; nantso isiza! Yingxolo enkulu, iphuma ezweni lasentla, ukuze imizi yakwaYuda ibe ngamanxuwa, ibe sisikhundla seempungutye.

23 Ndiyazi, Yehova, ukuba ayikhona emntwini indlela yakhe; akukhona endodeni ehambayo ukuqinisela ukunyathe-
24 la kwayo. Ndithethise, Yehova, kodwa kube ngokwesiko, kungabi ngomsindo
25 wakho, hleze undinciphise. Phalaza ubushushu bakho phezu kweentlanga ezingakwaziyo, naphezu kwemizalwane engalinquliyo igama lakho; ngokuba zimdlile uYakobi, zimdlile zamgqiba, ikriwa lakhe zalenza laba senkangala.

Ukungathembeki emnqophisweni kuza nesohlwayo

11 Ilizwi elafikayo kuYeremiya, li-
2 vela kuYehova, lisithi, Waveni amazwi alo mnqophiso, nithethe kumadoda akwaYuda, nakubemi baseYeru-
3 salem; uthi kubo, Utsho uYehova, uThixo kaSirayeli, ukuthi, Mayiqalekiswe indoda engawevayo amazwi alo
4 mnqophiso, ndabawisela umthetho ngawo ooyihlo, mhla ndabakhuphayo ezweni laseYiputa, ezikweni lesinyithi; ndathi, Liphulaphuleni ilizwi lam, nenze ngako konke endiniwisela umthetho ngako: nòba ngabantu bam, mna ndibe
5 nguThixo wenu; ukuze ndisimise isifungo endasifungela ooyihlo, ukuba ndibanike ilizwe elibaleka amasi nobusi, njengoko kunjalo namhla. Ndaphendula mna, ndathi, Amen, Yehova.
6 Wathi uYehova kum, Wamemeze la mazwi onke emizini yakwaYuda, nasezitratweni zaseYerusalem, uthi, Yivani
7 amazwi alo mnqophiso, niwenze. Ngokuba ndaqononondisa ndiqononondisa koyihlo, mhla ndabakhuphayo ezweni laseYiputa unanamhla, ndiqononondisa kwakusasa, ndisithi, Liphulaphuleni ili-
8 zwi lam. Ke abevanga, abayithobanga indlebe yabo; báhamba elowo ngobungqola bentliziyo yakhe enobubi. Ndesuka ke ndazisa phezu kwabo onke amazwi alo mnqophiso, ndabawisela umthetho ngawo, ukuba bawenze; àbawenza.

9 UYehova wathi kum, Kufunyenwe iyelenqe phakathi kwamadoda akwaYuda, naphakathi kwabemi baseYeru-
10 salem. Babuyéle kuzo izenzo ezigwenxa zooyise bamandulo, ababengavumi ukuweva amazwi am; ábasuka bona balandela thixo bambi ukuze babakhonze; indlu kaSirayeli nendlu kaYuda zawaphula umnqophiso wam endawenza nooyise. Ngako oko utsho uYehova
11 ukuthi, Yabona, ndibazisela ububi abangayi kuba nako ukuphuma kubo; bakhàle kum, ndingabaphulaphuli.
12 Iya kuhamba ke imizi yakwaYuda nabemi baseYerusalem, bakhale koothixo abaqhumisela kubo, bangàbasindisi nokubasindisa ngexesha lobubi babo.
13 Ngokuba ngangenani lemizi yakho, baba ngako oothixo bakaYuda; ngangenani lezitrato zaseYerusalem, zaba ngako izibingelelo enazimisela into elisikizi, izibingelelo zokuqhumisela kuBhahali.* Wena ke musa ukubatha-
14 ndazela aba bantu, ungaphimiseli kuhlahlamba nakuthandaza ngenxa yabo; ngokuba andiyi kuva ngexesha lokukhala kwabo kum, ngenxa yobubi babo.

15 Ifuna ntoni intánda yam endlwini yam, isenza amayelenqe nje? Izibhambathiso nenyama engcwele zobususa na ububi bakho kuwe? Ùbungandula udlamke. UYehova wakubiza ngega-
16 ma lokuba ungumnquma oluhlaza, oyimpuluswa, osiqhamo sihle; wafaka isikhuni kuwo, kúkho isandi sengxabatshitshi enkulu, aviveka amasebe awo. Ke uYehova wemikhosi, owakutyaláyo,
17 uthethé okubi ngawe, ngenxa yezinto ezimbi zendlu kaSirayeli nezendlu kaYuda, abazenzeleyo ukuze bandiqumbise ngokuqhumisela uBhahali.

Iyelenqe lokumbulala umprofeti eAnatoti

Ke kaloku uYehova wandazísa, nda-
18 zi; waza wandibonisa oko iintlondi zabo.
19 Ndaba njengemvana embuna esiwa ekuxhelweni; bendingazi ukuba bacebe

UYEREMIYA 11-12

icebo ngam, besithi, Masiwonakalise umthi kunye neziqhamo zawo, masimnqumle ezweni labaphilileyo, lingabi 20 sakhunjulwa igama lakhe. Yehova wemikhosi, ugwebayo ngobulungisa, uzicikidayo izintso nentliziyo, mandiyibone impindezelo yakho kubo; ngokuba ndiyityhilile kuwe imbambano yam nabo.

21 Ngako oko, utsho uYehova ngamadoda aseAnatoni, awungxameleyo umphefumlo wakho, esithi, Uze ungàprofeti egameni likaYehova, ukuze 22 ungafi ngezandla zethu; ngako oko, utsho uYehova wemikhosi ukuthi, Yabona, ndiya kuwavelela; amadodana aya kufa likrele, oonyana babo neento- 23 mbi zabo ziya kufa yindlala. Akuyi kubakho masalela kubo, ngokuba ndiwazisela ububi amadoda aseAnatoti, umnyaka wokuvelelwa kwawo.

Ingxaki yempumelelo yabagwenxa

12 Ùlilungisa, Yehova, xa ndibambeneyo nawe; ndothetha iindawo ezisesikweni zodwa. Kungathuba lini na ukuba indlela yabangendawo ibe nempumelelo, babe nokuchulumacha 2 bonke abanginiza benginizile? Ùbatyéle, bendela nokwendela iingcambu; bayakhula, benze neziqhamo. Ùsondele emlonyeni wabo, wakude ezi- 3 ntsweni zabo. Wena, Yehova, uyandazi; uyandibona, uyicikida intliziyo yam enawe. Báqweqwedíse njengeegusha, baxhelwe, ubangcwalisele umhla 4 wokubulawa. Kunini na ilizwe linesijwili, umfuno wamasimi onke womile? Ngenxa yeento ezimbi zabemi balo, ziphephethekile iinkomo neentaka; ngokuba besithi, Akayi kulibona ikamva lethu.

5 Xa ùgidime nabeenyawo, bakudinisa, wòthini na ukushiyiselana namahashe? Xa ukholose ngelizwe elinoxolo, wòthini na ekweneni kweYordan? 6 Ngokuba nabazalwana bakho, nendlu kayihlo, banginizile kuwe nabo; bayamemeza emva kwakho nabo ngezwikazi elikhulu. Musa ukukholwa ngabo, xa bathetha izinto ezilungileyo kuwe.

Ukuphanziswa kukaYuda zizizwe ezimelene naye

Ndiyishiyile indlu yam, ndililahlile 7 ilifa lam, ndiyinikele intánda yomphefumlo wam esandleni seentshaba zayo. Ilifa lam lisuke laba njengengonyama 8 yasehlathini kum, lindikhuphele ilizwi lalo; ngenxa yoko ndilithiyile. Ilifa 9 lam lukhozi oluthe chokochoko na kum, ukuba iinkozi zilingungele nje? Yizani, nihlanganise onke amarhamncwa asendle; waziseni adle. Abalusi aba- 10 ninzi basonakalisile isidiliya sam, basingqushile isizibá sam somhlaba; basibharhisile isizibá sam esinqwenelekayo, sayintlango. Basibharhisile; sisijwili 11 ngeenxa zonke kum; sibharhile, kusenkangala kulo lonke ilizwe, ngokuba akubangakho mntu ukubekela intliziyo oko. Eluqayini lonke lwasentlango ku- 12 fike ababhuqi; ngokuba ikrele likaYehova liyadla, lithabathela ekupheleni kwelizwe, lise ekupheleni kwelizwe; akukho luxolo kwinyama yonke. Báhlwayela 13 ingqolowa, bavuna ameva; bazidubile, àbafeza lutho. Danani ke lúngeniselo lwenu, ngenxa yobushushu bomsindo kaYehova.

Ikamva lezizwe ezimelene noYuda

Utsho uYehova ngabamelwane bam 14 bonke abanobubi, abachukumisa ilifa endalidlisa abantu bam amaSirayeli, ukuthi, Yabonani, ndiyabanyothula emhlabeni wabo, ndiyinyothule indlu yakwaYuda phakathi kwabo. Kuya 15 kuthi, emveni kokuba ndibanyothule, ndibuye ndibe nemfesane kubo, ndibabuyisele elowo elifeni lakhe, elowo emhlabeni wakhe. Kothi, ukuba bathe 16 bazifunda ngenkuthalo iindlela zabantu bam; ukuba bafunge igama lam, bathi, Ehleli nje uYehova, njengoko babafundisáyo abantu bam ukufunga uBhahali;* baze bakheke phakathi kwabantu bam.

Ke ukuba bathe abeva, ndolunyothula 17

olu hlanga, ndilunyothule, ndilutshabalalise; utsho uYehova.

Umboniso wombhinqo welinen

13 Utsho uYehova kum ukuthi, Hamba uye uzithengele umbhinqo welinen, uwubeke esinqeni sakho, ke 2 uze ungawufaki emanzini. Ndawuthenga ke umbhinqo ngokwelizwi likaYehova, ndawubeka esinqeni sam.
3 Kwafika ilizwi likaYehova kum okwesi- 4 bini, lisithi, Wuthabathe umbhinqo owuthengileyo, osesinqeni sakho, usuke uye emEfrati, uwufihle khona emfa- 5 nteni yengxondorha. Ndaya, ndawufihla emEfrati, njengoko wandiwisela umthetho ngako uYehova.
6 Kwathi, ekupheleni kwemihla emininzi, wathi uYehova kum, Suka uye emEfrati, uwuthabathe khona umbhinqo endakuwisela umthetho ngawo, 7 ukuba uwufihle khona. Ndaya ke emEfrati, ndemba, ndawuthabatha umbhinqo kuloo ndawo bendiwufihle kuyo, nango wonakele umbhinqo, ungàsenamsebenzi.
8 Kwafika ilizwi likaYehova kum, 9 lisithi, Utsho uYehova ukuthi, Ndiya kwenjenje ukulonakalisa ikratski lakwaYuda, ikratshi elikhulu laseYerusalem.
10 Aba bantu bànobubi, bangavumiyo ukuva amazwi am, bahambayo ngobungqola bentliziyo yabo, balandela thixo bambi, ukuze babakhonze, baqubude kubo: baya kuba njengaloo mbhinqo 11 ungasenamsebenzi. Ngokuba njengokuba umbhinqo unamathela esinqeni sendoba, ndenjenjalo ukuyinamathelisa kum yonke indlu kaSirayeli, nendlu yonke kaYuda, utsho uYehova; ukuze kum ibe ngabantu, ibe ligama, ibe yindumiso, ibe sisihombo; ke abevanga.
12 Uze uthethe kubo eli lizwi: Utsho uYehova, uThixo kaSirayeli, ukuthi, Yonke imiphanda iyazaliswa ngewayini. Baya kuthi kuwe, Asazi nokwazi na, ukuba yonke imiphanda iyazaliswa 13 ngewayini? Wòthi ke kubo, Utsho uYehova ukuthi, Yabona, ndibazalisa ngokunxila bonke abemi beli lizwe, kwaookumkani abahlalele uDavide etro-

neni yakhe, nababingeleli, nabaprofeti, nabemi bonke baseYerusalem; ndiba- 14 hlekézele elowo kuwabo, ooyise noonyana kunye, utsho uYehova. Andiyi kuba nalufefe, andiyi kuba nanceba, andiyi kuba namfesane, ukuba ndingabonákalisi.

Uvuselelo lukaYuda olungenampumelelo

Yivani, nibeke indlebe; musani uku- 15 zidla, ngokuba uYehova uyathetha. Mzukiseni uYehova uThixo wenu, 16 engekahlisi ubumnyama, zingekabetheki ezintabeni zocolothi iinyawo zenu; nithembé ukukhanya, ke yena ukwenza ithunzi lokufa, akwenze isithokothoko. Ukuba anithanga nikuve oko, wólila 17 umphefumlo wam entsithelweni ngenxa yoqhankqalazo lwenu; lityityizele lityityizela, lihle iinyembezi, iliso lam; ngokuba umhlambi kaYehova uthinjiwe. Yithi kukumkani nakwinkosikazi, Zi- 18 thobeni, hlalani phantsi; ngokuba siyehla ezintlokweni zenu isithsaba sokuhomba kwenu. Imizi yelisezantsi ivali- 19 we, akukho ungayivulayo; uYuda ufudusiwe ephela; ufudusiwe kanye.
Phakamisani amehlo enu, nibone 20 abavela entla. Úphi na umhlambi obuwunikiwe, impahla yakho emfutshane entle? Wòthini na, xa athe abo 21 ke úbaqhelise ukuba ngamakholwane akho, wabenza bangabaveleli, bayintloko kuwe? Ayiyi kukubamba na inimba, njengomfazi ozalayo?
Naxa uthe entliziyweni yakho, Ku- 22 ngani na ukuba ndifikelwe zezi zinto? ngobuninzi bobugwenxa bakho utyhilekile ingubo, zagonyamelwa izithende zakho. UmKushi únokuluguqula na 23 ulùsu lwakhe, nengwe inokuwaguqula na amabala ayo? ningába ke ninako ukulungisa nani, baqhelé ukwenza okubi. Ndiya kubaphangalalisa ke, nje- 24 ngomququ ophephuka nomoya wentlango. Liqashiso lakho elo, isabelo 25 sakho esilinganiselweyo ndim, utsho uYehova; ngokuba ùndilibele, wakholosa ngobuxoki. Nam ndiya kuyibhe- 26 nqa ingubo yakho, ibe phezu kobuso bakho, kubonakale ukucukucezeka kwa-

27 kho. Ukukrexeza kwakho nokukhonya kwakho amanyala okuhenyuza kwakho ezindulini ezindle, ndiwabonile amazothe akho. Athi ke wena, Yerusalem! Akuyi kuhlambuluka, ingafanelana ingumzuzu ongakanani na.

Imbalela kwaYuda; umthandazo kaYeremiya

14 Into eyafikayo kuYeremiya, ililizwi likaYehova, ngendawo yokunqumka kwemvula.
2 Linesijwili elakwaYuda; amasango aloathematshamatsha, ahlala emhlabeni enezimnyama zokuzila; kuyenyuka uku-
3 khala kweYerusalem. Iingangamsha zabo zithuma abaphantsi kwazo amanzi; bafika emaquleni, bangafumani manzi; babuya imiphanda yabo izé, bedanile;
4 bathi nqa, bagqubuthele intloko. Ngenxa yomhlaba oqhiphuke umbilini, kuba kungabangakho mvula ezweni, abalimi badanile, bagqubuthele intloko.
5 Ewe, nemazi yexhama iyazala endle, iyishiye inkonyana, ngokuba kungekho
6 luhlaza. Namaesile asendle emi eluqayini, esezela umoya njengeempungutye; ayaphela amehlo awo, ngokuba kungekho mifuno.
7 Ukuba ubugwenxa bethu bungqina ngathi, Yehova, yenza ngenxa yegama lakho; ngokuba kuninzi ukuphamba
8 kwethu; sonile kuwe. Themba likaSirayeli, Msindisi wakhe ngexesha lembandezelo, yini na ukuba ube njengomphambukeli kweli lizwe, ube njengomhambi olalise okobusuku obunye?
9 Yini na ukuba ube njengendoda esuke yathi nka, ube njengegorha elingenakusindisa; kanti uphakathi kwethu, Yehova, negama lakho sibizwe ngalo. Musa ukusiyekela.
10 Utsho uYehova kwaba bantu, ukuthi, Benjénje ukuthanda ukubhadula; iinyawo zabo abazinqandanga; uYehova akakholiswa ngabo; kungoku uya kubukhumbula ubugwenxa babo, azivelele
11 izono zabo. Wathi uYehova kum, Musa ukubathandazela aba bantu,
12 ukuba kulunge kubo. Xa bazila ukudla, andiyi kukuphulaphula ukuhlahlamba kwabo; naxa banyusa amadini anyukayo neminikelo yokudla, andiyi kukholiswa ngawo; ke ndiya kubaphelisa ngekrele, nangendlala, nangendyikitya yokufa.

13 Ndaza ndathi, Kwowu, Nkosi Yehova, yabona, abaprofeti bathi kubo, Aniyi kubona krele, nendlala aniyi kuba nayo; ndiya kuninika uxolo oluyinyaniso kule ndawo.

14 Wathi uYehova kum, Abaprofeti baprofeta ubuxoki egameni lam; andibathumanga, andibawiselanga mthetho, andithethanga kubo; bona baniprofetela umbono wobuxoki, nokuvumisa, nento engento, nenkohliso yentliziyo yabo.
15 Ngako oko uthi uYehova, ngokusingisele kubaprofeti abaprofeta egameni lam, ndingabathumanga mna, abathi, Akuyi kubakho krele nandlala kweli lizwe; uthi, Baya kufa likrele nayindlala bona abo baprofeti.
16 Naba bantu, baprofetela bona, baya kuba yimilahlwa ezitratweni zaseYerusalem ngenxa yendlala nekrele; kungabikho ubangcwabayo, bona, nabafazi babo, noonyana babo, neentombi zabo, ndibaphalazele ngeento zabo ezimbi.

17 Ngoko uze uthethe kubo eli lizwi lokuthi, Amehlo am ahla iinyembezi ubusuku nemini, angaphezi; ngokuba yaphulwe ngolwaphulo olukhulu inkazana eyintombi yabantu bakowethu, ngenxeba elibulalayo kakhulu.
18 Ukuba ndithe ndaphuma ndaya emaphandleni, nabó ababuleweyo likrele; ukuba ndithe ndangena kuwo umzi, nabó abáfa yindlala; ngokuba umprofeti kwanombingeleli bayaquleka ezweni abangalaziyo.

19 Úmcekisé kwaphela na uYuda? Údimele na yiZiyon umphefumlo wakho? Yini na ukuba usibethe, singabi nakuphiliswa? Sithembé uxolo, akwabakho nto ilungileyo; sithembé ixesha lokuphiliswa, nanko ikukudandatheka.
20 Siyakwazi, Yehova, okungendawo kwethu, ubugwenxa boobawo; ngokuba sonile kuwe. Ngenxa 21

yegama lakho, musa ukusigiba; ungayihlazisi itrone yobuqaqawuli bakho. Khumbula, ungawaphuli umnqophiso 22 wakho nathi. Phakathi kothixo abangento beentlanga, bakhó na abangánisa imvula? Izulu lingáyinika na imivumbi? Asinguwe na, Yehova Thixo wethu? Sithembé wena; ngokuba uzenzile wena zonke ezo zinto.

15 Wathi ke uYehova kum, Kungafanelana kumi ooMoses noSamuweli phambi kwam, umphefumlo wam ubungebheki kwaba bantu. Bágxothe 2 ebusweni bam, baphume. Kuya kuthi, xa bathe kuwe, Siphùme siye ngaphi na? uthi kubo, Utsho uYehova ukuthi, Abokufa bafe; abekrele babe ngabekrele; abendlala babe ngabendlala; 3 abokuthinjwa bathinjwe. Ndobavelela ngeentlobo eziné, utsho uYehova: ikrele, ukuba libulale; izinja, ukuba zirhwiqilize; iintaka zezulu nezilo zomhlaba, uku- 4 ba zidle, ukuba zonakalise. Ndobanikela kwizikumkani zonke zehlabathi ukuba babe yinto yokunqakulwa, ngenxa kaManase unyana kaHezekiya, ukumkani wakwaYuda, ngenxa yoko wakwenzayo eYerusalem.

5 Ewe, ngubani na oya kuba nofefe kuwe, Yerusalem? ngubani na oya kukukhuza? ngubani na oya kupha-6 mbuka, abuze ukuphila kwakho? Wena undilahlile, utsho uYehova, ubùye umva; ndiya kusolula isandla sam ngakuwe, ndikonakalise; ndidiniwe kuku-7 zohlwaya. Ndiyabachithachitha ngexhayi emasangweni elizwe, ndibahluthe abantwana abantu bam, ndibatshabalalise, bengabuyi nje ezindleleni zabo. 8 Abahlolokazi babo baziimfidi kum kunentlabathi yolwandle; ndizisa kubo phezu konina wamadodana umbhuqi emini enkulu; ndibawisela ngesiquphe 9 inimba nokukhwankqiswa. Úyantshwenya ozele abasixhenxe, uphuma umphefumlo; liyatshona ilanga lakhe kusesemini; udanile, uneentloni; namasalela abo ndiwanikela ekreleni phambi kweentshaba zabo; utsho uYehova.

Intlungu yomprofeti nentuthuzelo yakhe

Athi ke mna, ma, ukuba uzale umna, 10 umntu wembambano, umntu wengxabano nehlabathi lonke! Andibolekanga, andabolekwa; kanti bonke bephela bayanditshabhisa. UYehova uthi, Inya- 11 niso, ndiya kukuqinisela wena kokulungileyo; inyaniso, utshaba ndiya kulubongozisa kuwe, ngexesha lobubi nangexesha lembandezelo. Sikha saphu- 12 ke na isinyithi, isinyithi sasentla, nobhedu?

Ubutyebi bakho nobuncwane bakho 13 ndobunikela ukuba bube lixhoba, kungengaxabiso, ngenxa yezono zakho zonke, nasemideni yakho yonke; ndibu- 14 weze neentshaba zakho, ndibuye ezweni ongalaziyo; ngokuba kuphenjwé umlilo ngomsindo wam, uvutha phezu kwenu.

Wena, Yehova, uyazi, Ndíkhumbu- 15 le, undivelele, undiphindezelele kubasukeli bam; ekuzekeni kade komsindo wakho ungàndikhukulisi; yazi ukuba ndithwele ihlazo ngenxa yakho. Afu- 16 maneka amazwi akho, ndawadla; amazwi akho kum àba yimihlali nemivuyo yentliziyo yam, ngokuba ndabizwa ngegama lakho, Yehova, Thixo wemikhosi. Andihlalanga embuthweni yabahleki, 17 andidlamkanga nokudlamka; ngenxa yesandla sakho ndahlala ndedwa; ngokuba undizalisile ngokubhavuma. Yini 18 na ukuba umvandedwa wam uhlale uhleli, nenxeba lam libulale, lingavumi ukuphola? Wòhla ube *ngumlambo* okhohlisayo na kum, omanzi angahlaliyo na?

Ngako oko utsho uYehova ukuthi, 19 Ukuba uthe wabuya, ndokubuyisa, ubuye ume phambi kwam; ukuba uthe wakhupha okunqabileyo kokungení, woba njengomlomo wam; abo baya kubuyela kuwe; ke wena akuyi kubuyela kubo. Ndiya kukwenza udonga lobhe- 20 du olunqatyisiweyo kwaba bantu, balwe nawe, bangabi nakukuthini; ngokuba ndinawe, ukuze ndikusindise mna, ndikuhlangule; utsho uYehova. Ndiya 21 kukuhlangula esandleni sabangendawo, ndikukhulule ekubambeni kwabangcangcazelisayo.

Iinkathazo ezizayo zisisohlwayo sesono

16 Kwafika ilizwi likaYehova kum, 2 lisithi, Uze ungazeki mfazi, ungabi nanyana nazintombi kule ndawo.
3 Ngokuba uYehova utsho ngoonyana neentombi ezizalelwa kule ndawo, nangoonina ababazalayo, nangooyise aba-
4 bazalayo kweli lizwe, ukuthi, Baya kufa zizifo ezibulalayo, bangàmbanjazelelwa, bangàngcwatywa; baya kuba ngumgquba phezu komhlaba; baya kuphela likrele nayindlala, nezidumbu zabo zibe kukudla kweentaka zezulu nokwezilo zomhlaba.
5 Ngokuba utsho uYehova ukuthi, Musa ukungena endlwini yesijwili, ungayi kumbambazela, ungabakhuzi; ngokuba ndilususile kwaba bantu uxolo lwam, inceba nemfesane yam; utsho
6 uYehova. Kuya kufa abakhulu kwanabancinane kweli lizwe, bangàngcwatywa, kungàmbanjazelwa ngenxa yabo, kungàcentwa, kungàchetywa ntloko
7 ngenxa yabo; bangàqhekezelwa sonka esijwilini *sabo*, ukuba bathuthuzelwe ngenxa yofileyo; bangàsezwa ngendebe yentuthuzelo ngenxa yooyise nangenxa
8 yoonina. Uze ungangeni endlwini yesidlo, ukuba uhlale nabo, udle, usele.
9 Ngokuba utsho uYehova wemikhosi, uThixo kaSirayeli, ukuthi, Yabonani, ndiya kuliphezisa kule ndawo, phambi kwamehlo enu nangemihla yenu, izwi lemihlali nezwi lemivuyo, izwi lomyeni nezwi lomtshakazi.
10 Ke kaloku kothi, xa uthe wabaxelela aba bantu la mazwi onke, baza bathi kuwe, Kungenxa yani na ukuba uYehova abuthethe ngathi bonke obu bubi bukhulu kangaka, buyini na ubugwenxa bethu, siyini na isono sethu, esoné
11 ngaso kuYehova uThixo wethu? wothi kubo, Kungenxa yokuba ooyihlo bendishiyile, utsho uYehova; balandela thixo bambi, babakhonza, baqubuda kubo; mna bandishiya, umyalelo wam àba-
12 wugcina; nasuka ke nina nenza okubi ngaphezu kooyihlo; nanko, nilandela elowo ubungqola bentliziyo yakhe enobubi, ningandiphulaphuli. Ndiya ku- 13 nijulela ngaphandle kweli lizwe, niye ezweni eningalazanga, nina nooyihlo, nikhonzele khona apho thixo bambi imini nobusuku; ngokuba ndingayi kuba natarhu kuni.

Ngako oko, yabonani, iyeza imihla, 14 utsho uYehova, ekungayi kuba sathiwa, Ehleli nje uYehova, owabanyusayo oonyana bakaSirayeli ezweni laseYiputa; ekuya kuthiwa, Ehleli nje uYehova, 15 owabanyusayo oonyana bakaSirayeli ezweni lasentla, nasemazweni onke ebebagxothele kuwo; ndobabuyisela kowabo umhlaba endawunika ooyise. Ya- 16 bonani, ndithumela ababambisi beentlanzi abaninzi, beze bababambise, utsho uYehova; emveni koko ndithumèle abazingeli abaninzi, beze babazingele, baphume nabo ezintabeni zonke, nasezindulini zonke, nasezimfanteni zeengxondorha.

Ngokuba amehlo am akuzo zonke 17 iindlela zabo, àzisithele kum; àbufihlakèle ubugwenxa babo phambi kwamehlo am. Kuqala, ndobuvuza kabini 18 ubugwenxa babo nesono sabo ngenxa yokulihlambela kwabo ilizwe lam ngezidumbu zezinto zabo ezinezothe, belizalisa ilifa lam ngamasikizi abo.

Yehova, mandla am, nqaba yam, 19 ndawo yokusabela kwam ngomhla wembandezelo, ziya kuza kuwe iintlanga, zivela eziphelweni zehlabathi, zithi, Oobawo bádla ilifa lobuxoki bodwa, amampunge la, ekungekho nto inokunceda phakathi kwawo.

Umntu uya kuzenzela oothixo yini 20 na, bengengabo oothixo?

Ngako oko, yabona, ndiyabazisa 21 ngesi sihlandlo, ndibazíse isandla sam nobugorha bam, bazi ukuba igama lam linguYehova.

17 Isono sikaYuda sibhalwe ngenkxola yesinyithi, sakrolwa ngetsolo ledayiman* elucwecweni lwentliziyo yabo, nasezimpondweni zezibingelelo zenu. Njengokubakhumbula 2

UYEREMIYA 17

kwabo oonyana babo, bayazikhumbula izibingelelo zabo, nooAshera* babo ngasemithini eluhlaza, ezindulini ezinde.
3 Ntaba yam esezweni, ubutyebi bakho nobuncwane bakho bonke ndibunikela ekuphangweni, nezigánga zakho ngenxa
4 yezono emideni yakho yonke. Ùya kuliyeka ngokwakho ilifa lakho endakunikayo, ndikukhònzise kwiintshaba zakho elizweni ongalaziyo; ngokuba niwuphembile umlilo ngomsindo wam, uvutha usa ephakadeni.
5 Utsho uYehova ukuthi, Iqalekisiwe indoda ekholose ngomntu, eyenza inyama ingalo yayo, intliziyo yayo imke nje
6 kuYehova; ibe njengochushuluzayo enkqantosini, ingaboni kufika nto ilungileyo; ime engqaqasini, entlango,
7 ezweni letyuwa elingenammi. Isikelelwe indoda ekholose ngoYehova, enko-
8 loseko ikuYehova; kuba yoba njengomthi omiliselwe emanzini, unabise iingcambu zawo phezu komlambo, ungoyiki xa kuthe kweza ubushushu; aqhame amagqabi awo, ungakhathali ngomnyaka wokubalela, ungayeki ukuvelisa iziqhamo.

9 Intliziyo inenkohliso ngaphezu kwee-
10 nto zonke, isisifo esibi; ngubani na onokuyazi? Mna, Yehova, ndiyayigocagoca intliziyo, ndiyazicikida izintso, ukuze ndinike ulowo nalowo ngokwendlela yakhe, ngokwesiqhamo seentlo-
11 ndi zakhe. Njengesikhwatsha esifukamela amaqanda esingawazalanga, unjalo ozuza ubutyebi ngokungesesikweni; uya kubushiya phakathi kwemihla yakhe, abe sisidenge ekupheleni kwakhe.

12 Wena trone yobuqaqawuli, mongamo kwasekuqaleni, ndawo yengcwele ye-
13 thu; themba likaSirayeli, Yehova, bonke abakushiyayo baya kudana. Abatyekayo kum baya kubhalelwa emhlabeni, ngokuba belishiyile ithende lamanzi aphilileyo, uYehova.
14 Ndiphilise, Yehova, ndiphile; ndísindise, ndisinde; ngokuba indumiso yam
15 nguwe. Yabona, bathi, Liphi na ilizwi likaYehova? malize kalokunje. Mna 16 andikubalekelanga ukuba ngumalusi emva kwakho; andiwunqwenelanga umhla onesifo, wena uyazi; okuphume emlonyeni wam bekuphambi kobuso bakho. Musa ukundiqhiphula umbili- 17 ni; ùlihlathi lam ngomhla wobubi. Mabadane abandisukelayo, mandinga- 18 dani mna; mabaqhiphuke umbilini bona, mandingaqhiphuki umbilini mna; bàzisele imini yobubi, ubaphule ngolwaphulo olubini.

Ukugcinwa kwesabatha

UYehova watsho kum ukuthi, Ha- 19 mba uye kuma esangweni loonyana babantu, abangena ngalo ookumkani bakwaYuda, abaphuma ngalo, nasemasangweni onke aseYerusalem; uthi kubo, 20 Liveni ilizwi likaYehova, nina kumkani bakwaYuda, nani maYuda nonke, nani bemi bonke baseYerusalem, bangenayo ngala masango. Utsho uYehova 21 ukuthi, Zigcineni ngenxa yemiphefumlo yenu, ningà thwali mthwalo ngomhla wesabatha, niwungenise ngamasango aseYerusalem; ningaphumi nomthwalo 22 ezindlwini zenu ngomhla wesabatha, ningenzi nalinye ishishini. Wungcwaliseni umhla wesabatha, njengoko ndabawiselayo umthetho ooyihla. Ke abevanga, 23 abazithobanga iindlebe zabo, bayenza lukhuni intamo yabo, ukuze bangevi, ukuze bangavumi ntethiso.

Kothi ke, ukuba nithe nandiphula- 24 phula, utsho uYehova, ànangenisa mthwalo ngamasango alo mzi ngomhla wesabatha, nawungcwalisa umhla wesabatha, ànenza nalinye ishishini ngawo: kothi ke kungene ngamasango alo mzi 25 ookumkani nabathetheli, abahleli etroneni kaDavide, bekhwele ezinqwelweni nasemahasheni, bona, nabathetheli babo, amadoda akwaYuda, nabemi baseYerusalem; lo mzi umiwe ngonaphakade, Baya kuvela emizini yakwaYuda, na- 26 ngeenxa zonke eYerusalem, nasezweni lakwaBhenjamin, nasesithabazini, nakwelithe thabalala, nakwelisezantsi, bezisa amadini anyukayo, nemibingelelo,

UYEREMIYA 17-18

neminikelo yokudla, nentlaka emhlophe; bangenise umbulelo endlwini kaYehova.

27 Ke ukuba anithanga nindiphulaphule, ukuba niwungcwalise umhla wesabatha, ningathwali mthwalo, ningangeni ngamasango aseYerusalem ngomhla wesabatha: ndofaka isikhuni emasangweni ayo, udle iingxande ezinde zaseYerusalem, ungácinywa.

Umbumbi nodongwe

18 Ilizwi elafikayo kuYeremiya, live-
2 la kuYehova, lalisithi, Suka uhle, uye endlwini yombumbi, ndikuvise
3 khona amazwi am. Ndehla ke, ndaya endlwini yombumbi, nanko esenza
4 ishishini ezintendeni. Sakonakala isitya abesenza ngodongwe, esandleni sombumbi, wabuya wenza sitya simbi ngalo, njengoko kwakuthe tye emehlweni ombumbi ukusenza.

5 Kwafika ilizwi likaYehova kum,
6 lisithi, Andinako na ukuxelisa lo mbumbi ukwenza kuni, ndlu kaSirayeli? utsho uYehova. Yabonani, njengoko lunjalo udongwe esandleni sombumbi, ninjalo nina esandleni sam,
7 ndlu kaSirayeli. Ngephanyazo ndithetha ngohlanga nobukumkani, ukuba ndilunyothule, ukuba ndiludilize, ukuba
8 ndilutshabalalise. Ukuba ke olo luhlanga lubuyile ezintweni zalo ezimbi, olo ndithethe ngalo, ndozohlwaya ngenxa yobubi, obe ndisithi ndiza kubenza
9 kulo. Ngephanyazo ndithetha ngohlanga nobukumkani, ukuba ndilwakhe,
10 ukuba ndilutyale; kodwa ke ukuba luthi lwenze okubi emehlweni am, lungaliphulaphuli ilizwi lam, ndozohlwaya ngenxa yokulungileyo, ebendisithi ndiza kukwenza kulo.

11 Ngoku ke khawuthethe kumadoda akwaYuda, nakubemi baseYerusalem, uthi, Utshilo uYehova ukuthi, Yabonani, ndinibumbela ububi, ndiceba ngani icebo; khanibuye elowo endleleni yakhe enobubi, nilungise iindlela zenu nee-
12 ntlondi zenu. Ke bona bathi, Kuncamekile; ngokuba siya kulandela awethu amacebo, senza elowo ubungqola bentliziyo yakhe enobubi.

13 Ngako oko, utsho uYehova ukuthi, Khanibuze phakathi kweentlanga, ngubani na okhe weva into enje? Yenzé into ebanga amanwele kunene intombi enguSirayeli. Ikhephu laseLebhanon 14 liya kulishiya na iliwa lasezweni? Amanzi anengqele, aqukuqelayo evela kude, aya kutsha na? Ukanti abantu 15 bam bandilibele; baqhumisela kwizinto ezikhohlakeleyo, zabakhubekisa ezindleleni zabo, emendweni engunaphakade, ukuze bahambe ngeengqushu, ngendlela engalungeleliswanga; ukuze balenze 16 ilizwe labo ummangaliso nomsondlo ongunaphakade; bonke abagqitha kulo baya kumangaliswa, bahlunguzele iintloko. Njengomoya wasempumalanga, 17 ndiya kubaphangalalisa phambi kotshaba; ndibanikele umhlana, ndingabanikeli ubuso, ngomhla wokusindeka kwabo.

Báthi ke, Yizani siyile iqhinga ngo- 18 Yeremiya; ngokuba awuyi kuphela umyalelo kumbingeleli, necebo kwisilumko, nelizwi kumprofeti. Yizani simbethe ngolwimi, singawabazeli ndlebe amazwi akhe onke.

Ndíbazele indlebe, wena Yehova; 19 líve izwi lababambene nam. Kuya 20 kuvuzwa ngobubi na esikhundleni sokulungileyo, ukuba bawumbele isihogo nje umphefumlo wam? Khumbula ukuma kwam phambi kwakho, ukuba ndithèthe okulungileyo ngabo, ukuba ndibuyise ubushushu bakho kubo. Ngako oko bànikele oonyana babo e- 21 ndlaleni, ubalahlele emandleni ekrele, abafazi babo bangabi nabantwana, babe ngabahlolokazi, amadoda abo abulawe kukufa, amadodana abo abulawe likrele emfazweni. Makuvakale ukukhala ezi- 22 ndlwini zabo, xa abuzisela amatutu ngesiquphe; ngokuba bambé isihogo sokundibambisa, iinyawo zam bazifihlela izibatha. Ke wena, Yehova, uya- 23 wazi onke amaqhinga abo okundibulala. Musa ukubuxolela ubugwenxa babo ngocamagusho, ungasicimi isono sabo ebusweni bakho; ukuze bakhubeke phambi kwakho. Ngexesha lomsindo wakho, yenza kubo.

UYEREMIYA 19-20

Ingqayi yombumbi wezitya zodongwe

19 Utsho uYehova ukuthi, Yiya uthenge ingqayi yombumbi wezitya zodongwe, *uthabathe* inxenye yamadoda amakhulu abantu, neyamadoda 2 amakhlu ababingeleli; uphume uye emfuleni wakwaBhen-hinom olunge nesango leenkamba, umemeze khona 3 amazwi endiya kuwathetha kuwe. Wòthi, Liveni ilizwi likaYehova, kumkani bakwaYuda, nani bemi baseYerusalem; utsho uYehova wemikhosi, uThixo wakwaSirayeli, ukuthi, Yabonani, le ndawo ndiyizisela ububi, obuya kubetha zithi nzwi iindlebe zabo bonke ababuvayo; 4 ngenxa enokuba bendishiyile mna, bayenza eyasemzini le ndawo baqhumisela thixweni bambi abangabaziyo, bona, nooyise, nookumkani bakwaYuda, bayizalisa le ndawo ngegazi la-5 bamsulwa. Bamakhela uBhahali* izigánga, ukuze babatshise oonyana babo ngomlilo, babe ngamadini anyukayo kuBhahali, into endingabawiselanga mthetho ngayo, endingayithethanga, engathanga qatha entliziyweni yam.
6 Ngako oko uyabona, iyeza imihla, utsho uYehova, engasayi kuba sabizwa le ndawo ngokuthi yiTofete,* nomfula wakwaBhen-hinom; kuya kuthiwa ngu-7 Mfula wokuBulala. Ndiya kulithululela iqhinga lakwaYuda neYerusalem kule ndawo, ndibawise ngekrele phambi kweentshaba zabo, nangezandla zabawufunayo umphefumlo wabo, ndizinikele izidumbu zabo zibe kukudla ezinta-8 keni zezulu nasezilweni zomhlaba. Ndiya kuwenza lo mzi ube ngummangaliso nomsondlo; bonke abagqitha kuwo bomangaliswa, benze umsondlo ngazo izi-9 betho zawo zonke. Ndiya kubadlisa inyama yoonyana babo nenyama yeentombi zabo, elowo adle inyama yowabo, ekungqingweni nasekucuthweni, eziya kubacutha ngako iintshaba zabo, nabawufunayo umphefumlo wabo.
10 Uze ke uyiqhekeze ingqayi emehlweni amadoda ahamba nawe, uthi kuwo, 11 Utsho uYehova wemikhosi ukuthi, Ndiya kwenjenje ukubaqhekeza aba bantu nalo mzi, njengokuqhekezwa kwezitya zombumbi, ezingasenakubuya zingcitywe; babangcwàbele eTofete, ngokungabikho ndawo yakungcwaba. Ndiya kwenjenjalo kule ndawo, utsho 12 uYehova, nakubemi bayo, ukuze lo mzi ndiwenze ube njengeTofete. Izindlu 13 zeYerusalem nezindlu zookumkani bakwaYuda zoba yinqambi, njengendawo yeTofete: zonke izindlu, abaqhumisela phezu kophahla lwazo kuwo wonke umkhosi wasezulwini, bathululele thixo bambi iminikelo ethululwayo kubo.

Wabuya uYeremiya eTofete, apho 14 uYehova abemthumele khona ukuba aprofete; wema entendelezweni yendlu kaYehova, wathi kubantu bonke, Utsho 15 uYehova wemikhosi, uThixo kaSirayeli, ukuthi, Yabonani, ndiwuzisela lo mzi, nemizi yawo yonke, bonke ububi endibuthethileyo ngawo; ngokuba beyenzé lukhuni intamo yabo, ukuze bangawevi amazwi am.

UYeremiya esitokisini

20 Ke kaloku, uPashure unyana kaImere, umbingeleli, lowo ke ubengumveleli oyingànga endlwini kaYehova, weva uYeremiya eprofeta la mazwi. UPashure wambetha uYere- 2 miya umprofeti, wamfaka esitokisini* esisesangweni lasentla lakwaBhenjamin, elisendlwini kaYehova. Kwathi nge- 3 ngomso, uPashure wamkhupha uYeremiya esitokisini.

Wathi uYeremiya kuye, UYehova àkathi linguPashure igama lakho; úthi linguNxunguphala-ngeenxa-zonke. Ngokuba utsho uYehova ukuthi, Yabo- 4 na, ndikwenza ukuba uzinxunguphalise wena ngokwakho, nabo bonke abakuthandayo; bawe likrele leentshaba zabo, abone amehlo akho, ndiwanikèle onke amaYuda esandleni sokumkani waseBhabhedi, abafudusele eBhabheli, ababulale ngekrele. Ndoyinikela yonke 5 ingqwebo yalo mzi, nongeniselo lwawo lonke, neento zawo zonke ezinqabileyo; nobuncwane bonke bookumkani bakwaYuda ndibunikele ezandleni zee-

ntshaba zabo, zibuphange, zibuthaba-
6 the, zibuse eBhabheli. Wena Pashure, nabo bonke abahleli endlwini yakho, niya kuthinjwa; uyé eBhabheli, ufele khona, ungcwatyelwe khona, wena nabakuthandayo bonke, abaprofetele ubuxoki.

Ukudana komprofeti

7 Yehova, undirhwebeshile, ndarhwebesheka; undibambile, wandeyisa, ndaba yintlekisa yonke imini; bonke bephe-
8 la bayandigculela. Ngokuba ndithi, ndakuthetha, ndikhale, ndidanduluke, ndithi, Lugonyamelo nobhuqo; ngokuba ilizwi likaYehova laba sisingcikivo nesi-
9 cukucezo kum yonke imini. Ndithi ndakuthi, Andisayi kumkhankanya, andisayi kuthetha egameni lakhe: kusuke entliziyweni yam kunge ngumlilo otshayo, uvalelwe emathanjeni am; ndadinwa
10 kukunyamezela, andaba nako. Ngokuba ndivile intlebendwane yabaninzi, bathi, Kukunxunguphala ngeenxa zonke. Xelani, simxele. Bonke abafo ababexolelene nam balinde ukuqhwalela kwam; bathi, Mhlawumbi angárhwebesheka, simeyise, simphindezele.
11 Ke uYehova unam, njengegorha elingcangcazelisayo; ngenxa yoko baya kukhubeka abandisukelayo, abayi koyisa; baya kudana kakhulu, ngokuba bengenzanga ngengqiqo; ihlazo labo
12 lingunaphakade, alinakulityalwa. Wena ke, Yehova wemikhosi, ulicikidayo ilungisa, uzibonayo izintso nentliziyo, mandiyibone impindezelo yakho kubo; ngokuba ndikutyhilele ubambano lwam.
13 Vumani kuYehova, mdumiseni uYehova, ngokuba ewuhlangule umphefumlo wehlwempu esandleni sabenzi bobubi.

14 Mawuqalekiswe umhla endazalwa ngawo; umhla awandizala ngawo uma
15 mawungasikeleleki. Mayiqalekiswe indoda, eyamshumayeza ubawo udaba lokuthi, Üzalelwe umntwana oyinkwe-
16 nkwe; yamvuyisa kakhulu. Loo ndoda mayibe njengemizi awayibhukuqayo uYehova, akazohlwaya; mayive ukukhala kusasa, ive kuhlatywa umkhosi
17 emini enkulu; ngokuba ingandibulalanga kwasesizalweni, waza waba lingcwaba lam uma, isizalo sakhe sahlala sindimithi. Ibiyini na ukuba ndiphume 18 esizalweni, ukuze ndibone ukwaphuka nesingqala, iphele imihla yam kukudana?

Isiphumo songqingo lweYerusalem

21 Ilizwi elafikayo kuYeremiya, livela kuYehova, ekuthumeni kokumkani onguZedekiya ooPashure unyana kaMalekiya, noZefaniya unyana kaMahaseya, umbingeleli, kuye, ukuthi, Khawusibuzele kuYehova, ngokuba 2 uNebhukadenetsare, ukumkani waseBhabheli, esilwa nathi; mhlawumbi uYehova wosenzela ngokwemisebenzi yakhe yonke ebalulekileyo, enyuke esuke kuthi yena.

Wathi uYeremiya kubo, Nòtsho 3 kuZedekiya ukuthi, Utsho uYehova, 4 uThixo kaSirayeli, ukuthi, Yabonani, ndiyazijika iimpahla zemfazwe ezisezandleni zenu, enilwa ngazo nokumkani waseBhabheli, namaKaledi aningqingayo, ngaphandle kodonga, ndizihlanganisele esazulwini salo mzi. Ndiya 5 kulwa nani mna ngesandla esolukileyo, nangengalo ethe nkqi, ndinomsindo, ndinobushushu, ndinoburhalarhume obukhulu. Ndiya kubabetha abemi balo 6 mzi, abantu kwaneenkomo; baya kufa yindyikitya yokufa enkulu. Emveni 7 koko, utsho uYehova, ndomnikela uZedekiya ukumkani wakwaYuda, nabakhonzi bakhe, nabantu abo baseleyo kulo mzi, endyikityeni yokufa, nasekreleni, nasendlaleni; ndibanikele esandleni sikaNebhukadenetsare ukumkani waseBhabheli, nasesandleni seentshaba zabo, nasesandleni sabawufunayo umphefumlo wabo; ábabéthe ngohlangothi lwekrele; akayi kuba nanceba kubo, akayi kubaconga, akayi kuba namfesane.

Ke kwaba bantu wòthi, Utsho 8 uYehova ukuthi, Yabonani, ndibeka phambi kwenu indlela yobomi nendlela yokufa. Othe wahlala kulo mzi uya 9 kufa likrele, nayindlala, nayindyikitya yokufa; ke yena othe waphuma, waphambela kumaKaledi aningqingayo, uya kuphila umphefumlo wakhe, ube lixhoba kuye. Ngokuba ubuso bam kulo mzi ndibumisele ububi, àndibumisele okulungileyo, utsho uYehova; úya kunikelwa esandleni sokumkani waseBhaheli, awutshise ngomlilo.

11, 12 Ke kwindlu yokumkani wakwaYuda wòthi, Yivani ilizwi likaYehova. Ndlu kaDavide, utsho uYehova ukuthi, Thethani amatyala imiso yonke, ophangiweyo nimhlangule esandleni somcudisi, hleze ubushushu bam buphume njengomlilo, butshise, kungabikho ucima-

13 yo ngenxa yobubi beentlondi zenu. Yabonani, ndichasene nani, bemi bentili, beliwa lehewu, utsho uYehova; nina bàthi, Ngubani na oya kuhla phezu kwethu? ngubani na oya kusingenela

14 emakhaya? Ke ndonivelela ngokwesiqhamo seentlondi zenu, utsho uYehova; ndifake isikhuni ehlathini layo, udle umlilo ngeenxa zonke kuyo.

Ukuprofeta usizi okusingiselwa kokumkani bakwaYuda

22 Utsho uYehova ukuthi, Yihla uye endlwini yokumkani wakwaYuda,
2 uthethe khona eli lizwi, uthi, Live ilizwi likaYehova, kumkani wakwaYuda, uhleliyo etroneni kaDavide, wena, nabakhonzi bakho, nabantu bakho aba-
3 ngénayo ngala masango. Utsho uYehova ukuthi, Yenzani okusesikweni nobulungisa, ophangiweyo nimhlangule esandleni somcudisi, ningamxinzeleli phantsi; ningamgonyameli owasemzini nomhlolokazi nenkedama; ningaphalazi
4 gazi limsulwa kule ndawo. Ngokuba xa nithe nalenza nokulenza eli lizwi, bongena ngamasango ale ndlu ookumkani, abahlalela uDavide etroneni yakhe, bekhwele ezinqwelweni nasemahasheni, yena, nabakhonzi bakhe, nabantu bakhe.
5 Ke ukuba nithe anaweva la mazwi, ndizifungile mna, utsho uYehova, ukuba le ndlu iya kuba linxuwa.
6 Ngokuba utshilo uYehova ngendlu yokumkani wakwaYuda, ukuthi, ÙlelaseGiliyadi wena kum, uyincopho yeLebhanon; inyaniso, ndiya kukwenza
7 intlango, imizi engamiweyo. Ndiya kukungcwalisela abonákalisi, elowo abe neempahla zakhe, bagawule imisedare* yakho enyuliweyo, bayiphose emlilweni. Kodlula kulo mzi iintlanga ezininzi, 8 bathi elowo kummelwane wakhe, Kungenxa yani na ukuba uYehova enjenje kulo mzi mkhulu? Bathi ke, Kunge- 9 nxa yokuba bewushiyile umnqophiso kaYehova uThixo wabo, baqubuda thixweni bambi, babakhonza.

Musani ukumlilela ofileyo, ningahlu- 10 nguzeli intloko ngenxa yakhe; lilani nilile ngomkileyo; ngokuba akasayi kubuya abuye, alibone ilizwe lokuzalwa kwakhe. Ngokuba utsho ukuthi uYe- 11 hova, ngoShalum unyana kaYosiya, ukumkani wakwaYuda, owaba ngukumkani esikhundleni sikaYosiya uyise, owaphuma kule ndawo, Akasayi kubuya abuyele apha; ke uya kufela endaweni 12 abamfudusele kuyo, angabi sabuya alibone eli lizwe.

Yeha, oyakhayo indlu yakhe kunge- 13 ngabulungisa, namagumbi akhe aphezulu kungengokusesikweni; komkhonzisayo ummelwane wakhe ngelizé, angamniki umvuzo wakhe; othi, Ndiya 14 kuzakhela indlu ebanzi, namagumbi aphezulu anombilini; ayigqobhoze iifestile ezininzi, ayifulele ngemisedare, ayiqabe ngembola! Ùnobukumkani na, 15 xa ushiyisela *ngokwakha* ngemisedare? Uyihlo ubengadli, asele, enze okusesikweni nobulungisa, yini na, kwaza kwalunga kuye? Ubeligweba ityala losi- 16 zana nolihlwempu; kwaza kwalunga. Asikuko na oko ukundazi? utsho uYehova. Ngokuba akabheke ntweni 17 amehlo akho nentliziyo yakho, kuphela akwinzuzo yakho nakwigazi labamsulwa, ukuze liphalazwe; asekucudiseni nasekuvikiveni, ukuba wenze oko. Ngako 18 oko utsho uYehova ngoYehoyakim unyana kaYosiya, ukumkani wakwaYuda, ukuthi, Abayi kummbambazelela, besithi, Yoo, mnakwethu! yoo, dade wethu! Àbayi kummbambazelela, besithi, Yoo, nkosi! Yoo, ndili yakhe! Úya kungcwatywa ngokungcwatywa 19

...iqilizwe, alahlwe kude eYerusalem. ...bhanon, ukhale; nase...pha izwi lakho, ukhale ngokuba zaphukile zonke
20 ...zakho. Ndathetha nawe ...le; wathi wena, Andiyi ...ela yakho leyo kwasebunci... ho, ukuba ungaliphulaphuli ...Umoya uya kubadla bonke ...akho, zithinjwe izithandane ...andule ukudana, inene, uve ...genxa yezinto zakho ezimbi . Wena uhleliyo eLebhanon, u... ...nelayo emisedareni indlu yakho, hayi ukugcuma kwakho ekufikelweni kwakho yinimba, kukuzibhijabhija, njengozalayo.

24 Ndihleli nje, utsho uYehova, ukuba uKoniyahu unyana kaYehoyakim, ukumkani wakwaYuda, ebengumsesane, wokutywina esandleni sam, sokunene,
25 bendiya kumncothula nakhona; ndikunikéle esandleni sabawufunayo umphefumlo wakho, nasesandleni sabo ùboyikayo, nasesandleni sikaNebhukadenetsare, ukumkani waseBhabheli, nasesa-
26 ndleni samaKaledi. Ndonijulela kwelinye ilizwe, wena nonyoko owakuzalayo, apho naningazalelwanga khona; nifele
27 khona. Ke lona ilizwe, abaya kuphakamisela umphefumlo wabo kulo, ukuba babuyèle kulo, abasayi kubuyela kulo.
28 Lo mfo uKoniyahu ngumphanda odelekileyo, oza kuhlekezwa na? Uyimpahla engananziweyo na? Kungandawoni na ukuba bajulelwe, yena nembewu yakhe, baphoswe ezweni abangalaziyo?
29 Lizwe, lizwe, lizwe, live ilizwi lika-
30 Yehova! Utsho uYehova ukuthi, Lo mfo mbaleleni ekuthini akanabantwana, yindoda engenampumelelo emihleni yayo; ngokuba akayi kuba nampumelelo umntu wasembewini yakhe, ohlala etroneni kaDavide, esalawula kwaYuda.

UYehova uya kumisa abaphathi abafanelekileyo

23 Yeha ke, abalusi abatshabalalisa bachithachithe umhlambi wedlelo
2 lam! utsho uYehova. Ngako oko utsho uYehova, uThixo kaSirayeli, ngabalusi abo balúsa abantu bam, ukuthi, Niwuchithachithile umhlambi wam, nawubhebhetha, anawuvelela; yabonani, ndiya kunivelela ngenxa yobubi beentlondi zenu; utsho uYehova. Ndiya 3 kuwabutha mna amasalela omhlambi wam emazweni onke endawagxothela kuwo, ndiwabuyisele emakriweni awo, aqhame, ande; ndiwamisele abalusi 4 bawaluse, angabi soyika, angaqhiphuki umbilini, kungabikho ulahlekayo; utsho uYehova.

Yabonani, iyeza imihla, utsho uYe- 5 hova, endiya kummisela uDavide iHlumelo elililungisa, libe nguKumkani ongukumkani, enze yena ngengqiqo, enze okusesikweni nobulungisa ehlabathini. Ngemihla yakhe úya kusindi- 6 swa uYuda, uSirayeli ahlale ekholosile; negama lakhe, aya kubizwa ngalo, leli lokuba, UYehova-ububulungisa-bethu.

Ngako oko, yabonani, iyeza imihla, 7 utsho uYehova, abangasayi kuba sathi, Ehleli nje uYehova, owanyusa oonyana bakaSirayeli ezweni lamaYiputa; baya 8 kuthi, Ehleli nje uYehova, owayinyusayo, owayizisayo imbewu yendlu yakwaSirayeli, ivela ezweni lasentla, nasemazweni onke endabagxothela kuwo; bahlale emhlabeni wabo.

Ukukhalimela abaprofeti abaxokayo

Ngokusingisele kubaprofeti: Yaphu- 9 kile intliziyo yam phakathi kwam, athe fehlefehle onke amathambo am. Ndisuke ndaba njengendoda enxilayo, njengomfo oweyiswe yiwayini; ngenxa kaYehova, nangenxa yamazwi akhe angcwele. Ngokuba ilizwe lizele nga- 10 bakrexezi, ngokuba ngenxa yentshwabulo ilizwe lenza isijwili; omile amakriwa entlango; ùsuke wambi umkhondo wabo, ubugorha babo abulunganga. Ngokuba umprofeti kwanombingeleli 11 ngabenzi bobubi; ndizifumene nasendlwini yam izinto zabo ezimbi; utsho uYehova. Ngako oko indlela yabo kubo 12 iya kuba njengeendawo ezibuthelezi esithokothokweni; baya kuqhutywa, bawe khona; ngokuba ndibazisela ubu-

bi, umnyaka wokuvelelwa kwabo; utsho
13 uYehova. Kubaprofeti bakwaSamari ndibone ubufedelele; baprofeta ngoBhahali,* belahlekisa abantu bam ama-
14 Sirayeli. Ke kubaprofeti baseYerusalem ndiboné into ebanga amanwele: ukukrexeza, nokuhamba ebuxokini, bomeleze izandla zabenzi bobubi, kungabuyi mntu ebubini bakhe. Bonke bephela banjengeSodom kum, nabemi
15 bakhona banjengeGomora. Ngako oko utsho uYehova wemikhosi, ngokusingisele kubaprofeti, ukuthi, Yabonani, ndobadlisa umhlonyane, ndibaseze inyongo; ngokuba kubaprofeti baseYerusalem kuphuma okungendawo, kuye kulo lonke ilizwe.

16 Utsho uYehova wemikhosi ukuthi, Musani ukuwaphulaphula amazwi abaprofeti abaniprofetelayo; banenzela into engento, bathetha umbono wentliziyo yabo, ongaphumiyo emlonyeni kaYe-
17 hova. Bamana ukuthi kwabandigibayo, UYehova uthethile, niya kuba noxolo; nakubo bonke abahambayo ngobungqola beentliziyo zabo bathi, Aniyi kuhle-
18 lwa bubi. Ewe, ngubani na kubo ome elucweyweni lukaYehova, walibona waliva ilizwi lakhe? Ngubani na oliba-
19 zele indlebe ilizwi lam, waliva? Yabonani, umoya ovuthuzayo kaYehova, úphume ubushushu, umoya ovuthuzayo osisaqhwithi, uya kuqhwithela entlo-
20 kweni yabangendawo. Awuyi kubuya umsindo kaYehova, ade awenze, ade ayimise iminkqangiyelo yentliziyo yakhe; ekupheleni kwemihla nòkugqala nikuqonde oko.

21 Andibathumanga abaprofeti abo, kugidimé bona; andithethanga kubo,
22 kanti kuprofeté bona. Ukuba bebemi elucweyweni lwam, bange bevakalisé amazwi am kubantu bam, bababuyisa endleleni yabo embi, nasebubini beentlondi zabo.

23 NdinguThixo wakufuphi na? utsho uYehova, ndingabi nguThixo wakude
24 na? Wósithela na umntu ezintsithelweni, ndingamboni na? utsho uYehova. Àndizalise amazulu nehlabathi na
25 mna? utsho uYehova. Ndikuvile abakuthethayo abaprofeti, aba xoki egameni lam, besithi, N ndiphuphile. Koda kube ni yilé nto entliziyweni yabaprò profeta ubuxoki, abaprofeti bei yentliziyo yabo? Bacinga ngo bazisa na abantu bam, balilibale i lam ngamaphupha abo, abawalawu elowo kummelwane wakhe, njeng ooyise balilibalayo igama lam ngoBh hali? Umprofeti onephupha makalawu le iphupha; onelizwi lam makathethe ilizwi lam enyanisile. Yintoni na enomququ nengqolowa? utsho uYehova. Alinjengomlilo na ilizwi lam? utsho 29 uYehova; nanjengesando esihlekeza ingxondorha?

Ngako oko yabonani, ndichasene 30 nabaprofeti, utsho uYehova, abawebayo amazwi am elowo kummelwzne wakhe. Yabonani, ndichasene nabaprofeti, u- 31 tsho uYehova, abathabatha ulwini lwabo, bathi, Útsho. Yabonani, ndicha- 32 sene nabaprofeti abaprofeta amaphupha abuxoki, utsho uYehova, bawalawule, babalahlekise abantu bam ngobuxoki babo, nangokugasa kwabo, endingabawiselanga methetho, abangàbancediyo nokubanceda aba bantu: utsho uYehova.

Ke kaloku, xa bathe bakubuza aba 33 bantu, nokuba ngumprofeti, nokuba ngumbingeleli, besithi, Siyintoni na isihlabo sikaYehova? wòbaxelela into esiyiyo isihlabo, sithi, Ndiya kunilahla, utsho uYehova. Umprofeti, nombinge- 34 leli, nabantu, abaya kuthi, Isihlabo sikaYehova: ndiya kumvelela loo mntu nendlu yakhe. Yitshoni elowo kumme- 35 lwane wakhe, elowo kumzalwana wakhe, ukuthi, Útheni na ukuphendula uYehova? útheni na ukuthetha uYehova? Ke sona isihlabo sikaYehova ze ningabi 36 sasikhankanya; ngokuba liya kuba sisihlabo kwindoda ilizwi layo, niwajikile nje amazwi kaThixo ophilileyo, uYehova wemikhosi, uThixo wethu. Wòtsho 37 kumprofeti ukuthi, Útheni na uYehova ukukuphendula? útheni na uYehova ukuthetha? Ke ukuba nithi, Isihlabo 38 sikaYehova: ngako oko utsho uYehova ukuthi, Ngenxa yokuthetha kwenu elo lizwi lokuthi, Isihlabo sikaYehova, kanti ndithumele kuni ukuthi, Ize ningatsho 39 ukuthi, Isihlabo sikaYehova: ngako oko, yabonani, ndiya kunilibala mpela, ndinilahle ebusweni bam nina, nalo 40 mzi ndaninikayo, nina nooyihlo; ndibeke phezu kwenu isingcikivo esingunaphakade, ihlazo elingunaphakade, elingenakulityalwa.

Iingobozi ezimbini zamakhiwane

24 UYehova wandibonisa, nanzo iingobozi ezimbini zamakhiwane, zibekiwe phambi kwetempile kaYehova; emveni kokuba uNebhukadenetsare ukumkani waseBhabheli ebebathimbile ooYekoniya unyana kaYehoyakim, ukumkani wakwaYuda, nabatheteli bakwaYuda, nengcibi, nabakhandi, ebasu-
2 sa eYerusalem, ebasa eBhabheli. Enye ingobozi ibinamakhiwane alungileyo kakhulu, enjengamakhiwane aziintlahlela ekuvuthweni; enye ingobozi ibinamakhiwane amabi kunene, angenaku-
3 dliwa ngobubi bawo. Wathi ke uYehova kum, Ubona ntoni na, Yeremiya? Ndathi, Amakhiwane; amakhiwane alungileyo, elunge kunene; amabi emabi kunene, engenakudliwa ngobubi bawo.
4 Kwafika kum ilizwi likaYehova,
5 lisithi, Utsho uYehova, uThixo kaSirayeli, ukuthi, Njengaloo makhiwane alungileyo, ndiya kwenjenjalo ukubakhangelela okulungileyo abathinjiweyo bakwaYuda endibagxothileyo kule nda-
6 wo, baya ezweni lamaKaledi. Ndiya kulimisela okulungileyo iliso lam kubo, ndibabuyisele kweli lizwe, ndibakhe, ndingabagungxuli; ndibatyale, ndinga-
7 banyothuli. Ndobanika intliziyo yokundazi, ukuba ndinguYehova, babe ngabantu bam, ndibe nguThixo wabo; ngokuba baya kubuyela kum nentliziyo yabo yonke.

8 Ke, njengamakhiwane amabi angenakudliwa ngobubi, inene, utsho uYehova ukuthi, Ndiya kumenza abe njalo uZedekiya ukumkani wamaYuda, nabatheteli bakhe, namasalela aseYerusalem aseleyo kweli lizwe, nahleliyo ezweni lamaYiputa. Ndiya kubanikela kwizi- 9 kumkani zonke zehlabathi, ukuba babe yinto yokunqakulisa, babe nobubi, babe sisingcikivo, nomzekeliso, nento yentsini neyokutshabhiswa ezindaweni zonke endibagxothela khona. Ndolithuma pha- 10 kathi kwabo ikrele, nendlala, nendyikitya yokufa, bade bagqitywe, baphele emhlabeni endawunika bona nooyise.

Ukongamela kweBhabheli phezu koYuda

25 Ilizwi elafikayo kuYeremiya ngokusingisele ebantwini bonke bakwaYuda, ngomnyaka wesiné kaYehoyakim unyana kaYosiya, ukumkani wakwaYuda, ongumnyaka wokuqala kaNebhukadenetsare ukumkani waseBhabheli; awalithethayo uYeremiya umpro- 2 feti kubantu bonke bakwaYuda, nakubemi bonke baseYerusalem, esithi, Kuthabathela kumnyaka weshumi eline- 3 sithathu kaYosiya unyana ka-Amon, ukumkani wakwaYuda, kuzise kule mini, le minyaka imashumi mabini anamithathu, bekufika ilizwi likaYehova kum; bendithetha kuni, ndivuka kwakusasa ndithethe; anivanga noko.

UYehova wathumela kuni bonke 4 abakhonzi bakhe abaprofeti, ebathuma evuka kwakusasa; aniphulaphulanga noko, anizithobanga iindlebe zenu ukuba nive. Baye besithi, Khanibuye elowo 5 endleleni yakhe embi, nasebubini beentlondi zenu; nòhlala emhlabeni awaninikayo uYehova, nina nooyihlo, ngonaphakade kanaphakade; ningalandeli thi- 6 xo bambi, ningabakhonzi, ningaqubudi kubo, ningandiqumbisi ngezenzo zezandla zenu, ukuze ndingenzi nto imbi kuni. Aniphulaphulanga kum, utsho 7 uYehova; ukuze nindiqumbise ngezenzo zezandla zenu, kuze kube kubi kuni.

Ngako oko utsho uYehova wemikhosi 8 ukuthi, Ngenxa enokuba ningawevanga amazwi am, yabonani, ndithumela 9 ukuba ndiyithabathe yonke imizalwane yelasentla, utsho uYehova; ndithumela kuNebhukadenetsare ukumkani waseBhabheli, umkhonzi wam, ndiyizisele phezu kweli lizwe, naphezu kwabemi

balo, naphezu kwezi ntlanga zonke, ngeenxa zonke; ndizisingele phantsi, ndizenze ummangaliso nomsondlo, nee-
10 mpanza ezingunaphakade; ndoliphelisa phakathi kwazo izwi lemihlali nezwi lemivuyo, izwi lomyeni nezwi lomtshakazi, izwi lokusila nokukhanya kwesi-
11 bane. Eli lizwe lonke liya kubharha, kube senkangala; ezi ntlanga zimkhonze ukumkani waseBhabheli iminyaka emashumi asixhenxe.

12 Kuya kuthi ke, xa izalisekileyo iminyaka emashumi asixhenxe, ndimvelele ukumkani waseBhabheli nolo luhlanga, ngenxa yobugwenxa babo; utsho uYehova. Nelizwe lamaKaledi ndolenza
13 kube senkangala ngonaphakade, ndilizisele elo lizwe onke amazwi am endawathetha ngalo: into yonke ebhaliweyo kule ncwadi, ayiprofetileyo uYeremiya
14 ngeentlanga zonke. Ngokuba ziya kuwakhonzisa nawo iintlanga ezininzi nookumkani abakhulu, ndiwavuze ngokwemisebenzi yawo, nangokwezenzo zezandla zawo.

Indebe yewayini yomsindo kaThixo efanele ukuselwa ziintlanga

15 Ngokuba utshilo kum uYehova, uThixo kaSirayeli, ukuthi, Thabatha le ndebe yewayini yobushushu esandleni sam, useze ngayo iintlanga zonke, endikuthu-
16 mela kuzo; zisèle, zihexe, zigeze, ngenxa yekrele endilithumela phakathi kwazo.
17 Ndayithabatha ke indebe esandleni sikaYehova, ndaziseza zonke iintlanga,
18 awandithumela kuzo uYehova: iYerusalem, nemizi yakwaYuda, nookumkani bayo, nabathetheli bayo, ukuba benziwe iimpanza, nommangaliso, nomsondlo, nentshabhiso, njengoko kunjalo
19 namhla; uFaro ukumkani waseYiputa, nabakhonzi bakhe, nabathetheli bakhe,
20 nabantu bakhe bonke; nomxukuxela wonke, nookumkani bonke belizwe lakwaUtse, nookumkani bonke belizwe lamaFilisti, neAshkelon, neGaza, ne-
21 Ekron, namasalela aseAshdode; uEdom, noMowabhi, noonyana baka-Amon;
22 nookumkani bonke baseTire, nookumkani bonke baseTsidon, nookumkani bonke besiqhithi esiphesheya kolwandle; uDedan, noTema, noBhizi, noo- 23 nquthula-iinwele bonke; nookumkani 24 bonke bama-Arabhi, nookumkani bonke bomxukuxela omiyo entlango; nookum- 25 kani bonke bamaZimri, nookumkani bonke bamaElam, nookumkani bonke bamaMedi; nookumkani bonke belasentla, 26 abakufuphi nabakude, elowo nomzalwana wakhe, nezikumkani zonke zehlabathi eziphezu komhlaba; asèle emva kwabo ukumkani waseSheshaki.

Ngoko ke wòthi kubo, Utsho uYe- 27 hova wemikhosi, uThixo kaSirayeli, ukuthi, Selani ninxile, nihlanze, niwe, ningavuki, ngenxa yekrele endilithumela phakathi kwenu. Kothi, xa bathe 28 àbavuma ukuyithabatha indebe esandleni sakho ukuba basele, uthi kubo, Utsho uYehova wemikhosi ukuthi, Niya kusela ngenene. Ngokuba, ya- 29 bonani, ndiqalela emzini obizwa ngegama lam, ukuhlisa ububi; ningába msulwa nide nibe msulwa na ke nina? Aniyi kuba msulwa; ngokuba ikrele ndilibizela bonke abemi behlabathi; utsho uYehova wemikhosi.

Ke wena uze ubaprofetele loo mazwi 30 onke, uthi kubo, UYehova uya kubharhula phezulu, alikhuphe ilizwi lakhe ekhayeni lakhe eliyingcwele; úya kubharhula alibharhulele ikriwa lakhe; uya kubahlabela amayeyeye, njengabaxovuli beediliya, bonke abemi behlabathi. Ingxolo iya kufika esiphelweni sehla- 31 bathi, ngokuba uYehova ubambene neentlanga; uya kugweba phakathi kwenyama yonke; abangendawo ubanikela ekreleni; utsho uYehova.

Utsho uYehova wemikhosi ukuthi, 32 Yabonani, ububi buya kuphuma eluhlangeni, buye eluhlangeni, umoya omkhulu ovuthuzayo uvuke esinqeni sehlabathi. Ababuleweyo nguYehova 33 ngaloo mini, bathabathele ekupheleni kwehlabathi, bese ekupheleni kwehlabathi, bangambanjazelelwa, bangàhlanganiswa, bangàngcwatywa; baya kuba ngumgquba phezu komhlaba.

Bhombolozani, balusi, nikhale; nizi- 34 galele *ngothuthu*, zingangamsha zomhlambi; ngokuba izalisekile imihla yenu yokuba nisikwe. Ndiya kuniphangalalisa, niwe njengesitya esinqwenelekayo; 35 iphele intsabo kubalusi, nokusinda 36 kwiingangamsha zomhlambi. Yivani ukukhala kwabalusi, nokubhomboloza kweengangamsha zomhlambi; ngokuba 37 uYehova uyalibhuqa idlelo labo. Athe shwaka amakriwa oxolo, ngenxa yoku- 38 vutha komsindo kaYehova. Úlushiyile njengengonyama entsha udada lwakhe; ngokuba kuthe kwaba senkangala kulo ilizwe labo ngenxa yekrele elidlavulayo, nangenxa yokuvutha komsindo wakhe.

Ukuchithwa kwetempile kuyaxelwa kwangaphambili; umngcipheko kaYeremiya

26 Ekuqalekeni kobukumkani buka-Yehoyakim unyana kaYosiya, ukumkani wakwaYuda, kwafika eli lizwi, 2 liphuma kuYehova, lisithi, Utsho uYehova ukuthi, Yima entendelezweni yendlu kaYehova, uthethe kuyo yonke imizi yakwaYuda, eza kuqubuda endlwini kaYehova, onke amazwi endikuwisela umthetho wokuba uwathethe kubo; 3 ungaphunguli zwi kuwo. Mhlawumbi baya kuva, babuye elowo endleleni yakhe embi, ndizohlwaye ngenxa yobubi endicinga ukubenza kubo, ngenxa 4 yobubi beentlondi zabo. Uze uthi kubo, Utsho uYehova ukuthi, Ukuba nithe anandiphulaphula, nihambe ngomyalelo wam, endiwubeke phambi 5 kwenu, anawaphulaphula amazwi abakhonzi bam abaprofeti, endibathumela kuni, ndibathuma ndivuka kusasa, ana- 6 weva: ndoyenza le ndlu ibe njengeShilo, ndiwenze lo mzi ube yinto yokutshabhiswa ezintlangeni zonke zehlabathi.

7 Babemva ke uYeremiya ababingeleli, nabaprofeti, nabantu bonke, ethetha la mazwi endlwini kaYehova.

8 Ke kaloku, ekugqibeni kukaYeremiya konke abewiselwe umthetho nguYehova ukuba akuthethe kubantu bonke, bambamba ababingeleli, nabaprofeti, nabantu bonke, bathi, Inene, uya kufa.

9 Yini na ukuba uprofete egameni likaYehova, usithi, Le ndlu iya kuba njengeShilo, lo mzi ube linxuwa, ungabi nabemi? Babizelwa ndawonye bonke abantu kuYeremiya endlwini kaYehova.

Baweva abathetheli bakwaYuda la 10 mazwi, benyuka bemka endlwini yokumkani, baya endlwini kaYehova, bahlala phantsi ekungeneni kwesango elitsha likaYehova. Ababingeleli nabaprofeti 11 bathetha kubathetheli nakubantu bonke, besithi, Le ndoda ifanelwe sisigwebo sokufa, ngokuba iprofete ngalo mzi, njengoko nikuvileyo ngeendlebe zenu.

Wathetha uYeremiya kubathetheli 12 bonke nakubantu bonke, esithi, UYehova undithume ukuba ndiprofete ngale ndlu nangalo mzi onke amazwi eniwavileyo. Kaloku ke, lungisani ii- 13 ndlela zenu neentlondi zenu, niliphulaphule ilizwi likaYehova uThixo wenu; wozohlwaya uYehova ngenxa yobubi abuthethileyo ngani. Ke mna, yabo- 14 nani, ndisesandleni senu; yenzani kum njengoko kulungileyo, kuthe tye, emehlweni enu. Kodwa ke yazini nazi 15 oku: ukuba nithe nandibulala, inene, nobeka igazi elimsulwa phezu kwenu, naphezu kwalo mzi, naphezu kwabemi bawo; ngokuba, inyaniso, uYehova undithumele kuni, ukuba ndiwathethe la mazwi onke ezindlebeni zenu.

Bathi ke abathetheli nabantu bonke 16 kubabingeleli nakubaprofeti, Le ndoda ayifanelwe sisigwebo sokufa, ngokuba ithethe kuthi egameni likaYehova u-Thixo wethu. Kwesuka kwema ama- 17 doda kumadoda amakhulu elo zwe, athetha kulo lonke ibandla labantu, athi, UMika waseMoreshete waprofeta 18 ngemihla kaHezekiya ukumkani wakwaYuda, wathetha kubantu bonke bakwaYuda, esithi, Utsho uYehova wemikhosi ukuthi, IZiyon iya kulinywa ibe yintsimi, neYerusalem ibe yimiwewe, nentaba yendlu le ibe yimimango enehlathi. Bambulala na ke uHezekiya ukumkani 19 wakwaYuda namaYuda onke? Akoyikanga uYehova na, wambongoza uYehova, waza uYehova wazohlwaya ngenxa yobubi abebuthethile ngabo? Thina ke, sènze na ububi obukhulu kwimiphefumlo yethu?

20 Kwaye kananjalo kuprofeta egameni likaYehova indoda engu-Uriya unyana kaShemaya, waseKiriyati-yeharim; waprofeta ngalo mzi nangeli lizwe, ngo-
21 kwamazwi onke kaYeremiya. Waweva ke ukumkani uYehoyakim, namagorha akhe onke, nabathetheli bonke, amazwi akhe; ukumkani wafuna ukumbulala. Weva u-Uriya, woyika, wasaba waya e-
22 Yiputa. Ukumkani uYehoyakim wathumela amadoda eYiputa, uElinatan unyana ka-Akebhore, enamadoda athile, baya eYiputa. Bamrhola u-Uriya eYiputa,
23 bamzisa kukumkani uYehoyakim; wambulala ngekrele, wasiphosa isidumbu sakhe emangcwabeni oluntu.
24 Kodwa isandla sika-Ahikam unyana kaShafan besinoYeremiya, ukuba angànikelwa esandleni sabantu ukuba abulawe.

Iintlanga zicetyiswa ukuba zizithobe kwiBhabheli

27 Ekuqalekeni kobukumkani buka-Zedekiya unyana kaYosiya, ukumkani wakwaYuda, kwafika eli lizwi ku-
2 Yeremiya, liphuma kuYehova, lisithi: Utshilo uYehova kum ukuthi, Zenzele izitropu needyokhwe, uzifake entanyeni
3 yakho. Wòzithumela kukumkani wakwaEdom, nakukumkani wakwaMowabhi, nakukumkani woonyana baka-Amon, nakukumkani waseTire, nakukumkani waseTsidon, ngesandla sabathunywa abeze eYerusalem kuZedekiya
4 ukumkani wakwaYuda; ubawisele umthetho wokuba bathi ezinkosini zabo, Utsho uYehova wemikhosi, uThixo ka-Sirayeli, ukuthi, Yitshoni ezinkosini ze-
5 nu ukuthi, Mna ndilenzile ihlabathi, umntu lo, neenkomo eziphezu kwehlabathi, ngamandla am amakhulu, nangengalo yam eyolukileyo; ndalinika lowo kuthe tye emehlweni am ukuba ndilini-
6 ke yena. Kaloku ke mna ndiwanikele onke la mazwe esandleni sikaNebhukadenetsare ukumkani waseBhabheli, umkhonzi wam, kwanamarhamncwa asendle ndiwanikele kuye ukuba amkho-
7 nze. Ziya kumkhonza zonke iintlanga, yena, nonyana wakhe, nonyana wonyana wakhe, kude kufike ixesha lelakhe ilizwe; zimkhonze ke naye iintlanga ezininzi nookumkani abakhulu. Kuya
8 kuthi, uhlanga nobukumkani obungayi kumhonza uNebhukadenetsare ukumkani waseBhabheli, obungayifakiyo intamo yabo edyokhweni yokumkani waseBhabheli, ndiluvèlele olo luhlanga ngekrele, nangendlala, nangendyikitya yokufa, utsho uYehova, ndide ndibagqibe ngesandla sakhe.
9 Musani ke nina ukubaphulaphula abaprofeti benu, nabavumisi benu, namaphupha enu, namatola enu, nabakhafuli benu; bona abo bàthi kuni, Aniyi kumkhonza ukumkani waseBhabheli. Ngokuba baniprofetela ubuxoki, ukuze
10 ndinikhwelelise kude nomhlaba wenu, ndinigxothe, nitshabalale. Ke lona
11 uhlanga oluya kuyingenisa intamo yalo edyokhweni yokumkani waseBhabheli, lumkhonze, ndoluyeka emhlabeni walo, luwusebenze, luhlale kuwo; utsho u-Yehova.

UYuda ucetyiswa ukuka azithobe kwiBhabheli

NakuZedekiya ukumkani wakwaYu- 12 da ndathetha ngokwaloo mazwi onke, ndathi, Zingeniseni iintamo zenu edyokhweni yokumkani waseBhabheli, nikhonze yena nabantu bakhe, niphile. Yini na ukuba ufe, wena nabantu 13 bakho, likrele, nayindlala, nayindyikitya yokufa, njengoko akuthethileyo uYehova ngohlanga olungayi kumkhonza ukumkani waseBhabheli? Musani 14 ukuwaphulaphula amazwi abaprofeti abathetha kuni, besithi, Aniyi kumkhonza ukumkani waseBhabheli; ngokuba baniprofetela ubuxoki. Ngokuba andi- 15 bathumanga, utsho uYehova; bona baprofeta ubuxoki egameni lam, ukuze ndinigxothe, nitshabalale, nina nabaprofeti abo baniprofetelayo.

Ndathetha kubabingeleli nakwaba 16 bantu bonke, ndisithi, Utshilo uYehova ukuthi, Musani ukuwaphulaphula amazwi abaprofeti benu abaniprofetelayo, besithi, Yabona, impahla yendlu kaYehova iya kubehle ibuyiswe eBha-

bheli; ngokuba baniprofetela ubuxoki.
17 Musani ukubaphulaphula; mkhonzeni ukumkani waseBhabheli, niphile; yini
18 na ukuba ube linxuwa lo mzi? Ke ukuba bangabaprofeti, ke ukuba likho ilizwi likaYehova kubo, mabambongoze uYehova wemikhosi, ukuze impahla eseleyo endlwini kaYehova, nasendlwini yokumkani wakwaYuda, naseYerusalem, ingayi eBhabheli.
19 Ngokuba utsho uYehova wemikhosi, ngokusingisele kuzo iintsika, nangalo ulwandle, nangazo iinqwelwana, nangawo amasalela empahla eseleyo kuló
20 mzi, engathatyathwanga nguNebhukadenetsare ukumkani waseBhabheli, ekumfuduseni kwakhe uYekoniya, unyana kaYehoyakim, ukumkani wakwaYuda, eYerusalem, ukumsa eBhabheli, enabanumzana bonke bakwa-
21 Yuda neYerusalem; ewe, utsho uYehova wemikhosi, uThixo wamaSirayeli, ngempahla eseleyo endlwini kaYehova, nasendlwini yokumkani wakwaYuda,
22 naseYerusalem, ukuthi, Iya kusiwa eBhabheli ibe khona, ide ibe yimini yokuyivelela kwam, utsho uYehova; ndiyinyuse, ndiyibuyisele kule ndawo.

Isiprofeto sobuxoki sikaHananiya nokwamhlelayo

28 Ke kaloku, kwathi ngaloo mnyaka, ekuqalekeni kobukumkani bukaZedekiya, ukumkani wakwaYuda, ngomnyaka wesiné, ngenyanga yesihlanu, wathetha kum uHananiya unyana kaAzure, umprofeti waseGibheyon, endlwini kaYehova, emehlweni ababi-
2 ngeleli nabantu bonke, esithi, Utshilo uYehova wemikhosi, uThixo kaSirayeli, ukuthi, Ndiyayaphula idyokhwe yoku-
3 mkani waseBhabheli. Kwangale minyaka mibini izalisekileyo, ndiya kuyibuyisela kule ndawo yonke impahla yendlu kaYehova, awayithabathayo kuloo ndawo uNebhukadenetsare ukumkani waseBhabheli, wayisa eBhabheli.
4 Ndiya kubabuyisela kule ndawo oYekoniya unyana kaYehoyakim, ukumkani wakwaYuda, nabafudusiweyo bonke bakwaYuda, abayé eBhabheli, utsho uYehova; ngokuba ndiya kuyaphula idyokhwe yokumkani waseBhabheli.

5 Wathi uYeremiya umprofeti kuHananiya umprofeti, emehlweni ababingeleli, nasemehlweni abantu bonke abe-
6 miyo endlwini kaYehova: wathi uYeremiya umprofeti, Amen, makenjenjalo uYehova. Makawamise uYehova amazwi akho owaprofetele ukuba ayibuyise impahla yendlu kaYehova, nabafudusiweyo bonke eBhabheli, beze kule nda-
7 wo. Khawuve eli lizwi ndilithethayo ezindlebeni zakho, nasezindlebeni zabantu bonke. Abaprofeti ababengapha-
8 mbili kum nangaphambili kwakho kwasephakadeni, báprofeta imfazwe, nobubi, nendyikitya yokufa, besingisele kumazwe amaninzi nangezikumkani ezikhulu. Umprofeti lowo ùprofeta uxo-
9 lo, uya kwaziwa ukuba ungumprofeti othunyiweyo nguYehova okunene, ekwenzekeni kwelo lizwi lomprofeti lowo.

10 Ke kaloku uHananiya umprofeti wayithabatha idyokhwe entanyeni kaYeremiya umprofeti, wayaphula. Wa-
11 thetha uHananiya emehlweni abantu bonke, esithi, Utsho uYehova ukuthi, Ndiya kwenjenje ukuyaphula idyokhwe kaNebhukadenetsare ukumkani waseBhabheli, ngale minyaka mibini iza kuzaliseka, ezintanyeni zeentlanga zonke.

Wemka ke uYeremiya umprofeti, wahamba indlela yakhe.

12 Kwafika ilizwi likaYehova kuYeremiya emva kokuyaphula kukaHananiya umprofeti idyokhwe entanyeni kaYeremiya umprofeti, lisithi, Yiya uthethe
13 kuHananiya, uthi, Utsho uYehova ukuthi, Uzaphule iidyokhwe zomthi, ke yenza iidyokhwe zesinyithi esikhundleni sazo. Ngokuba utsho uYehova
14 wemikhosi, uThixo kaSirayeli, ukuthi, Ndibeke idyokhwe yesinyithi ezintanyeni zezo ntlanga zonke, ukuze zimkhonze uNebhukadenetsare ukumkani waseBhabheli; ziya kumkhonza ke; kwanamaramncwa asendle ndiwanikele kuye.

15 Wathi uYeremiya umprofeti kuHananiya umprofeti, Khawuve, Hananiya; uYehova akakuthumanga; wena aba
16 bantu ubakholosisa ngobuxoki. Ngako oko, utsho uYehova ukuthi, Yabona, ndiya kukugxotha ebusweni bomhlaba; uya kufa nonyakanje, ngokuba uthethé elokukreqa kuYehova.
17 Wafa ke uHananiya umprofeti ngaloo mnyaka, ngenyanga yesixhenxe.

Incwadi kaYeremiya kubathinjwa eBhabheli

29 Ngawo la amazwi encwadi awayithumelayo uYeremiya umprofeti, eseYerusalem, kumasalela amadoda amakhulu afudusiweyo, nakubabingeleli, nakubaprofeti, nakubantu bonke, awayebafudusile eYerusalem uNebhukadenetsare, wabása eBhabheli
2 (emva kokuphuma kukaYekoniya ukumkani, nenkosikazi, namagosa, nabathetheli bakwaYuda neYerusalem, nee-
3 ngcibi, nabakhandi eYerusalem); *awayithumelayo* ngesandla sikaElasa unyana kaShafan, noGemariya unyana kaHilekiya (awabathumelayo uZedekiya ukumkani wakwaYuda kuNebhukadenetsare ukumkani waseBhabheli eBhabheli), isithi:

4 Utsho uYehova wemikhosi, uThixo kaSirayeli, kwabafudusiweyo bonke, endibafuduse eYerusalem, ukuba basi-
5 we eBhabheli, ukuthi, Yakhani izindlu, nihlale kuzo; tyalani imiyezo, nidle
6 iziqhamo zayo. Zekani abafazi, nizale oonyana neentombi, nibazekele abafazi oonyana benu, iintombi zenu nizendisele kumadoda, zizale oonyana neento-
7 mbi, nande khona, ningaciphi. Nize nizamele uxolo lomzi endinifudusele kuwo, niwuthandazele kuYehova; ngokuba niya kuba noxolo ngoxolo lwawo.
8 Ngokuba utsho uYehova wemikhosi, uThixo kaSirayeli, ukuthi, Mabanganilukuhli abaprofeti benu abaphakathi kwenu, kwanabavumisi benu, ningawaphulaphuli amaphupha enu eniwaphu-
9 phayo. Ngokuba baniprofetela ubuxoki egameni lam; andibathumanga; utsho uYehova.

Ngokuba utsho uYehova ukuthi, 10 Xenikweni iBhabheli izaliselwe iminyaka emashumi asixhenxe, ndiya kunivelela, ndilimise kuni ilizwi lam elilungileyo, lokunibuyisela kule ndawo. Ngo- 11 kuba ndiyazazi iingcinga endizicingayo ngani, utsho uYehova: iingcinga zoxolo, ezingezizo ezobubi; ukuba ndininikè ikamva nethemba. Niya kundinqula, 12 nize nithandaze kum, ndiniphulaphule. Niya kundifuna, nindifumane, xa nithe 13 nandifuna ngentliziyo yenu yonke; ndifumaneke kuni; utsho uYehova. 14 Ndiya kukubuyisa ukuthinjwa kwenu, ndinibuthe ezintlangeni zonke, nasezindaweni zonke endanigxothela kuzo, utsho uYehova; ndinibuyisele enda- 15 weni endanifudusa kuyo, xa nithi, UYehova usivelisele abaprofeti eBhabheli.

Inene, utsho uYehova ngokusingisele 16 kukumkani ohleli etroneni kaDavide, nakubantu bonke abahleli kulo mzi, abazalwana benu, abangaphumanga baye nani ekufudusweni: utsho uYehova 17 wemikhosi ukuthi, Yabonani, ndithuma phakathi kwabo ikrele, nendlala, nendyikitya yokufa, ndibenze babe njengamakhiwane akruqulayo, angenakudliwa ngokuba mabi kwawo. Ndiya 18 kubasukela ngekrele nangendlala nangendyikitya yokufa, ndibanikele ukuba babe yinto yokunqakulisa kwizikumkani zonke zehlabathi, babe yintshwabulo, nommangaliso, nomsondlo, nesingcikivo, ezintlangeni zonke endabagxothela kuzo; ngethuba lokuba bengawaphula- 19 phulanga amazwi am, utsho uYehova, endawathumela kuni ngabakhonzi bam abaprofeti, ndibathuma ndivuka kusasa; anivanga noko; utsho uYehova.

Abaprofeti abathile abaxokáyo nokwabahlelayo

Liveni ke ilizwi likaYehova, nina 20 nonke bafudusiweyo, ndabasusayo eYerusalem, baya eBhabheli. Utsho 21 uYehova wemikhosi, uThixo kaSirayeli, ngokusingisele kuAhabhi unyana kaKolaya, nakuZedekiya unyana kaMa-

haseya, abaniprofetela ubuxoki egameni lam, ukuthi, Yabonani, ndibanikela esandleni sikaNebhukadenetsare ukumkani waseBhabheli, ababulale eme-
22 hlweni enu; kuzekelwe kubo ukutshabhisa ngabafudusiweyo bonke bakwaYuda abaseBhabheli, kuthiwe, UYehova makakwenze ube njengoZedekiya, nanjengoAhabhi, awabachanabayo emlilweni
23 ukumkani waseBhabheli; ngenxa yokuba benzé ubudenge kwaSirayeli, babakrexeza abafazi babamelwane babo, bathetha amazwi obuxoki egameni lam, endingabawiselanga methetho ngawo. Ndiyazi mna, ndilingqina, utsho uYehova.

24 Ngokusingisele kuShemaya waseNe-
25 helam wòthetha, uthi, Utsho uYehova wemikhosi, uThixo kaSirayeli, ukuthi, Ngenxa enokuba wena uthumele incwadi egameni lakho kubantu bonke abaseYerusalem, nakuZefaniya unyana kaMahaseya, umbingeleli, nakubabinge-
26 leli bonke, usithi, UYehova ukwenzé umbingeleli esikhundleni sikaYoyada umbingeleli, ukuze kubekho abaveleli endlwini kaYehova ngenxa kabani wonke obhudayo, ozenza umprofeti, ukuba
27 umfake esitokisini* nasentanjeni. Yini na ngoku, ukuba ungamkhalimeli uYeremiya waseAnatoti, ozenza umpro-
28 feti kuni? Ngokuba ngenxa yoko ùthumele kuthi eBhabheli, esithi, Inde le nto; yakhani izindlu, nihlale *kuzo*; tyalani imiyezo, nidle iziqhamo zayo.

29 UZefaniya umbingeleli wayilesa loo ncwadi ezindlebeni zikaYeremiya u-
30 mprofeti. Kwafika ke ilizwi likaYeho-
31 va kuYeremiya, lisithi. Thumela kubo bonke abafudusiweyo, uthi, Utsho uYehova ngokusingisele kuShemaya waseNehelam, ukuthi, Ngenxa enokuba uShemaya eniprofetèle, ndingamthumanga mna, wanikholosisa ngobuxoki:
32 nagko oko utsho uYehova ukuthi, Yabonani, ndiyamvelela uShemaya waseNehelam nembewu yakhe; akayi kuba namntu uhleliyo phakathi kwaba bantu; angayi kubona okulungileyo endikwenzela abantu bam, utsho uYehova; ngokuba ethethè elokukreqa kuYehova.

Ukubuyiswa okuzayo kukaSirayeli noYuda

30 Ilizwi elafikayo kuYeremiya, livela kuYehova, lalisithi, Utsho uYe- 2 hova, uThixo wakwaSirayeli, ukuthi, Wabhale encwadini onke amazwi endiwathethileyo kuwe; ngokuba, uyabona, 3 kuza imihla, utsho uYehova, endiya kukubuyisa ukuthinjwa kwabantu bam amaSirayeli namaYuda, utsho uYehova; ndibabuyisele ezweni endalinika ooyise, ukuba balime.

Ngawo la ke amazwi, awawathethayo 4 uYehova ngokusingisele kumaSirayeli, nakumaYuda. Utshilo ke uYehova u- 5 kuthi, Sivé izwi eligubhisayo; lelinkwantyisayo, asililo eloxolo. Khani- 6 buzise nikhangele, ukuba indoda yakha yamitha na? Yini na ukuba ndibone abafo bonke, izandla zabo zisemanqeni abo njengomfazi ozalayo, ubuso bonke busuke baluthuthu? Athi ke ukuba 7 mkhulu loo mhla! Akukho unjengawo; lixesha lembandezelo kuYakobi; ke úya kusindiswa kuyo.

Kothi ke ngaloo mhla, utsho uYehova 8 wemikhosi, ndiyaphule idyokhwe yakhe entanyeni yakho, ndiziqhawule izitropu zakho, bangabi samkhonzisa abasemzini; bakhònze uYehova uThixo wabo, 9 noDavide ukumkani wabo, endiya kubavelisela yena.

Ke wena musa ukoyika, mkhonzi 10 wam Yakobi, utsho uYehova, ungaqhiphuki umbilini, Sirayeli; ngokuba, uyabona, ndiya kukusindisa usekude, nembewu yakho ezweni ethinjelwe kulo, abuye uYakobi, azole, onwabe, angagubhi. Ngokuba ndinawe, utsho uYeho- 11 va, ukuze ndikusindise; ngokuba ndiya kuzigqibela kuphele iintlanga zonke endakuphangalalisela kuzo; kodwa andiyi kukugqibela kuphele; ndokuthethisa ngokusesikweni, ndingàthi umsulwa kwakanye.

Ngokuba utsho uYehova ukuthi, 12 Ukwaphuka kwakho asikuko nokuba kuyabulala, libuhlungu inxeba lakho. Akukho ugweba ityala lakho, upholisa 13 inxeba; akunaye okubophayo. Zonke 14 izithandane zakho zikulibele, azikukhathalele; ngokuba ndikubethile ngobetho lotshaba, ngentethiso enobujorha, ngenxa yobuninzi bobugwenxa bakho, ngenxa yokuba zininzi izono zakho.

15 Ukhalelani na ngenxa yokwaphuka kwakho? Asikuko nokuba ùyabulala umvandedwa wakho! Ndizenzile ezo nto kuwe ngenxa yobuninzi bobugwenxa bakho, nangenxa yokuba zininzi 16 izono zakho. Ngako oko bonke abakudlayo baya kudliwa, nababandezeli bakho bonke bephela baya kuthinjwa, nabadywidi bakho badywidwe, nabaphangi bakho bonke ndibanikele eku- 17 phangweni. Ngokuba ndiya kukubopha, ndiyipholise imivumbo yakho, utsho uYehova; ngokokuba bathi ùnguGxothiwe, ùyiZiyon engakhathalelwe bani.

18 Utsho uYehova ukuthi, Yabona ndiya kukubuyisa ukuthinjwa kweentente zikaYakobi, ndibe nemfesane ngenxa yeminquba yakhe; umzi wakhèlwe emmangweni wawo, luhlalwe uxande 19 olude ngokwesiko lalo. Wópuma kuzo umbulelo nezwi labaqambayo; ndibandise, bangabi mbalwa; ndibazukise, 20 banganciphi. Oonyana babo boba njengokwamandulo, lizimaseke phambi kwam ibandla labo, ndibavelele bonke 21 abaxini babo. Ingangamsha yabo iya kuvela kubo, umlawuli wabo aphume kwaphakathi kwabo; ndimsondeze, afike kum, ngokuba ngubani na omele intliziyo yakhe, ukuba afike kum? utsho 22 uYehova. Niya kuba ngabantu bam, mna ndibe nguThixo wenu.

23 Nango umoya kaYehova ovuthuzayo; nabo buphuma ubushushu; umoya ovuthuzayo, okhukulisayo, uya kuqhwithela 24 entlokweni yabangendawo. Akuyi kubuya ukuvutha komsindo kaYehova, ade ayenze, ade ayimise iminkqangiyelo yentliziyo yakhe; ekupheleni kwemihla niya kukuqonda oko.

Umnqophiso omtsha

31 Ngelo xesha, utsho uYehova, ndiya kuba nguThixo kwimizalwane yonke yakwaSirayeli, yona ibe ngabantu bam. Utsho uYehova ukuthi, 2 Bàbabalwa entlango abantu abasindileyo ekreleni; ndoya ndiwaphumze amaSirayeli.

UYehova ubonakele kum kwakude, 3 wathi, Ndikuthandile ngothando olungunaphakade; ngenxa yoko ndikolúlele inceba. Ndiya kubuya ndikwakhe, 4 wakheke, ntombi inguSirayeli; uya kubuya uzihombise, *uphathe* iingqongqo zakho, uphume uye ekungqungqeni kwabangqungqayo. Uya kubuya utya- 5 le izidiliya ezintabeni zakwaSamari, batyale abatyali, bazidle ngokwabo. Ngokuba kuya kubakho umhla, abaya 6 kumemeza ngawo abalindi ezintabeni zakwaEfrayim, besithi, Sukani nime, sinyuke siye eZiyon kuYehova, uThixo wethu.

Ngokuba utsho uYehova ukuthi, 7 Memelelani ngoYakobi, nivuye, nitsholoze ngentloko yeentlanga; vakalisani, dumisani, yithini, Basindise, Yehova, abantu bakho, amasalela akwaSirayeli. Yabona, ndiyabazisa bevela 8 ezweni lasentla, ndibabuthe eziphelweni zehlabathi; beneemfama neziqhwala, abamithiyo nabazalayo kunye; besisikhungu esikhulu, bebuyela apha. Baya 9 kuza belila, ndibakhokele betarhuzisa; ndibàse emilanjeni yamanzi ngendlela ethe tye, bengakhubeki kuyo; kuba ndinguyise kuSirayeli, uEfrayim ngowamazibulo am.

Liveni ilizwi likaYehova, zintlanga, 10 nilixele eziqithini ezikude, nithi, Umchithachithi kaSirayeli uya kumbutha, amgcine njengomalusi egcina umhlambi wakhe. Ngokuba uYehova ummisele 11 wamkhulula uYakobi; umhlawulele wamkhulula esandleni sowomeleleyo kunaye. Baya kuza bamemelele ezindu- 12 lini zaseZiyon, basinge kwizinto ezilungileyo zikaYehova, engqoloweni, nasewayinini entsha, naseolinini, nasemgqekwini weegusha neenkomo; imiphefumlo yabo ibe njengomyezo onyelwa ngamanzi, uvunde; bangabi saphinda bathé amandla. Iya kwandula intombi 13 ivuye ekungqungqeni, namadodana namadoda amakhulu kunye; ndisenze

isijwili sabo sibe yimihlali, ndibathuthuzele, ndibavuyise, bangabi nasi-
14 ngqala. Ndowuseza uhluthe umphefumlo wababingeleli ngamafutha, bahluthe abantu bam zizinto zam ezilungileyo; utsho uYehova.

15 Utsho uYehova ukuthi, Kuvakele izwi eRama, isimema, isililo esikrakra: uRakeli elilela abantwana bakhe, engavumi ukuthuthuzeleka, ngenxa yabantwana bakhe, ngokuba bengasekho.
16 Utsho uYehova ukuthi, Lithintele ilizwi lakho, lingalili, namehlo akho angabi nanyembezi; ngokuba únomvuzo umsebenzi wakho, utsho uYehova;
17 baya kubuya ezweni lotshaba. Linethemba ikamva lakho, utsho uYehova; oonyana bakho baya kubuyela emdeni wabo.
18 Ndimvile ngenene uEfrayim, ehlunguzela intloko, esithi, Ùndiqeqeshile ndaqeqesheka njengethole elingekathambi; ndibuyise, ndibuye; ngokuba
19 wena, Yehova, unguThixo wam. Ngokuba emva kokukutshikilela kwam ndazohlwaya, emva kokwaziswa kwam ndabetha ethangéni lam; ndadana, ndeva ihlazo, ngokuba ndithwele isingcikivo
20 sobuncinane bam. Ngunyana onqabileyo na kum uEfrayim? Ngumntwana wokuteketiswa na, le nto ndithi, ndakuthetha ngaye ndimchasile, ndisuke ndimkhumbule ngakumbi? Ngenxa yoko izibilini zam ziyasika ngaye; inene, ndiya kuba nemfesane kuye, utsho
21 uYehova. Zimiseleni izalathiso, zigxumekeleni izibonda; yibhekise intliziyo yakho emendweni, endleleni owahamba ngayo. Buya, ntombi inguSirayeli, bu-
22 yela emizini yakowenu. Kunini na unxaxhanxaxha, ntombi iphambayo? ngokuba uYehova udala into entsha ehlabathini: inkazana iya kuphahla indoda.

23 Utsho uYehova wemikhosi, uThixo kaSirayeli, ukuthi, Basaya kulithetha eli lizwi ezweni lakwaYuda nasemizini yakhona, ekukubuyiseni kwam ukuthinjwa kwabo, lokuthi, UYehova makakusikelele, khaya lobulungisa, ntaba yobungcwele. Aya kuma khona ama- 24 Yuda nemizi yawo yonke kunye; abalimi, nabahamba emathanga benemihlambi yabo. Ngokuba ndiyawuseza 25 uhluthe umphefumlo otyhafileyo; ndowanelisa umphefumlo wonke othé amandla.

Kwakuba njalo, ndavuka, ndakhange- 26 la; ubuthongo bam bebumnandi kum.

Yabona, kuza imihla, utsho uYehova, 27 endiya kuyihlwayela indlu kaSirayeli nendlu kaYuda ngembewu yomntu, nangembewu yenkomo. Kuya kuthi 28 njengoko ndabaphaphelayo ukuba ndinyothule, ukuba ndidilize, ukuba ndigungxule, ukuba nditshabalalise, ukuba ndenze kube kubi: ngokunjalo ndibaphaphele ukuba ndakhe, ukuba ndityale; utsho uYehova. Ngaloo mihla abasayi 29 kuba sathi, Ooyise badlé iidiliya ezimuncu, amazinyo oonyana aba buthelezi; ke elowo uya kufa ngenxa yobakhe ubu- 30 gwenxa; umntu wonke odla iidiliya ezimuncu, nguye omazinyo aya kuba buthelezi.

Yabona, kuza imihla, utsho uYehova, 31 endiya kwenza umnqophiso omtsha nendlu kaSirayeli nendlu kaYuda; ungabi njengomnqophiso endaweza 32 noyise ngomhla endababambayo ngesandla, ukuba ndibakhuphe ezweni le-Yiputa; umnqophiso wam abasuka bawaphula bona, nangani bendiyindoda yabo; utsho uYehova. Nguwo ke 33 lo umnqophiso, endiya kuwenza nendlu kaSirayeli emva kwaloo mihla, utsho uYehova: ndiya kuwubeka umyalelo wam embilinini yabo, ndiwubhale ezintliziyweni zabo, ndibe nguThixo wabo, babe ngabantu bam; bangabi safundisa 34 elowo ummelwane wakhe, elowo umzalwana wakhe, besithi, Mazini uYehova; ngokuba bonke bephela baya kundazi, kuthabathela kwabancinane kuse kwabakhulu, utsho uYehova; ngokuba ndiya kubuxolela ubugwenxa babo, ndingabi sasikhumbula isono sabo.

Utsho uYehova, uMniki welanga, 35 ukuba libe sisikhanyiso emini; uMniki wemimiselo yenyanga neenkwenkwezi, ukuba zibe sisikhanyiso ebusuku; uMlatyuzisi wolwandle, ukuba agqume amaza alo; ugama lakhe linguYehova wemikhosi: ukuthi, Ukuba ithe yasuka loo mimiselo phambi kwam, utsho uYehova, yophela nayo ke imbewu kaSirayeli, ingabi luhlanga phambi kwam ngamaxa 37 onke. Utsho uYehova ukuthi, Ukuba lingaba nokulinganiswa izulu phezulu, zibe nokugocwagocwa iziseko zehlabathi phantsi, nam ke ndoba ndiya kuyicekisa yonke imbewu kaSirayeli, ngenxa yento yonke abayenzileyo; utsho uYehova.

38 Yabona, kuza imihla, utsho uYehova, oya kuthi umzi lowo wakhelwe uYehova, kuthabathele enqabeni ende kaHananeli,
39 kuse esangweni lembombo; lubuye luphume ulutya lokulinganisela, luthi gca phezu kwenduli kaGarebhe, lujikele
40 eGoha. Yonke intili yezidumbu neyothuthu, namasimi onke asa esihlanjeni seKidron, asa embombeni yesango lamahashe ngasempumalanga, ibe ngcwele kuYehova, ingabi sanyothulwa, ingabi sagungxulwa naphakade.

Intlawulelo yomhlaba eAnatoti

32 Ilizwi elafikayo kuYeremiya, livela kuYehova, ngomnyaka weshumi kaZedekiya ukumkani wakwaYuda; loo mnyaka ke ngumnyaka weshumi eline-
2 sibhozo kaNebhukadenetsare. Oko ke impi yokumkani waseBhabheli ibiyingqingile iYerusalem, uYeremiya umprofeti evalelwe entendelezweni yentolongo,
3 yendlu yokumkani wakwaYuda. Kuba ebevalelwe kuyo nguZedekiya ukumkani wakwaYuda, esithi, Yini na ukuba uthi ukuprofeta kwakho, Utsho uYehova ukuthi, Yabona, ndiyawunikela lo mzi esandleni sokumkani waseBhabheli, u-
4 kuba awuthimbe; angàsindi esandleni samaKaledi uZedekiya ukumkani wakwaYuda; úya kunikelwa okunene esandleni sokumkani waseBhabheli; umlomo wakhe uthèthe nomlomo wakhe,
5 amehlo akhe abone amehlo akhe; amse uZedekiya eBhabheli, abe khona ndide ndimvelele, utsho uYehova; xa nithe nalwa namaKaledi, aniyi kuba nampumelelo.

Wathi uYeremiya, Kwafika ilizwi 6 likaYehova kum, lisithi, Yabona, u- 7 Hanameli, unyana kaShalum uyihlokazi, uza kuwe, esithi, Yithenge intsimi yam eseAnatoti; ngokuba kulunge nawe ukuyithenga uyikhulule ngentlawulelo.

Weza ke kum entendelezweni yento- 8 longo uHanameli, unyana kabawokazi, ngokwelizwi likaYehova, wathi kum, Khawuyithenge intsimi yam eseAnatoti, esezweni lakwaBhenjamin; ngokuba lilunge nawe ilifa, kokwakho ukuyikhulula ngokumisela; zithengele. Ndazi ke ukuba lilizwi likaYehova elo. Nda- 9 yithenga ke intsimi kuHanameli, unyana kabawokazi, eseAnatoti, ndamlinganisela imali leyo, iishekele* ezilishumi zesilivere ezineeshekele ezisixhenxe. Ndakúbhala ke encwadini, ndayitywi- 10 na, ndangqinisa amangqina, ndayilinganisela imali ngesikali.*

Ndayithabatha ke incwadi yentengo, 11 leyo itywiniweyo inomthetho nemimiselo, naleyo ivulekileyo; ndayinikela 12 incwadi yentengo kuBharuki unyana kaNeriya, unyana kaMaseya, emehlweni kaHanameli okabawokazi, nasemehlweni amangqina lawo abhalileyo encwadini yentengo, nasemehlweni amaYuda onke abehleli entendelezweni yentolongo.

Ndamwisela uBharuki umthetho e- 13 mehlweni abo, ndisithi, Utsho uYehova 14 wemikhosi, uThixo kaSirayeli, ukuthi, Thabatha ezi ncwadi, incwadi yentengo le itywiniweyo, nencwadi le ivulekileyo, uzibeke esityeni somdongwe, ukuze zihlale imihla emininzi. Ngokuba u- 15 tsho uYehova wemikhosi, uThixo kaSirayeli, ukuthi, Kuya kubuya kuthengwe izindlu, namasimi, nezidiliya, kweli lizwe.

Ndathandaza kuYehova emveni ko- 16 kuyinikela kwam incwadi yentengo kuBharuki unyana kaNeriya, ndathi, Awu, Nkosi yam Yehova, yabona, 17 walenza izulu nehlabathi ngamandla akho amakhulu, nangengalo yakho eyolukileyo; akukho nto ikunqabeleyo. Ùnguwenza inceba kumawaka, uphi- 18 ndezela ubugwenxa booyise esondweni loonyana babo emva kwabo; uloThixo

UYEREMIYA 32

mkhulu, uligorha, ugama lakhe lingu-
19 Yehova wemikhosi; ucebo likhulu, uzenzo zincamisileyo ngamandla; umehlo avulekileyo phezu kweendlela zonke zoonyana babantu, ukuba umnike ulowo ngokweendlela zakhe, nangokwezi-
20 qhamo zezenzo zakhe; wamisayo imiqondiso nezimanga ezweni laseYiputa, únanamhla, nakumaSirayeli nakwabanye abantu, wazenzela igama, njengo-
21 ko kunjalo namhla. Wábakhupha abantu bakho amaSirayeli ezweni leYiputa ngemiqondiso, nangezimanga, nangesandla esithe nkqi, nangengalo eyo-
22 lukileyo, nangoloyikiso olukhulu. Wabanika eli lizwe wabafungelayo ooyise, ukuba ubànike ilizwe elibaleka amasi
23 nobusi. Beza ke balihlala; kodwa àbaliphulaphula izwi lakho, àbahamba ngomyalelo wakho; konke owabawiseláyo umthetho ngako ukuba bakwenze, àbakwenza; wabahlisela ke bonke obu bubi.
24 Yabona, iindonga zokungqinga zifikile kulo mzi, ukuba ziwuthimbe; umzi ke únikelwe esandleni samaKaledi alwayo nawo ngekrele, nangendlala, nangendyikitya yokufa. Ilizwi owali-
25 thethayo lenzekile; nali ulibona. Ke wena, Nkosi yam Yehova, ùthe kum, Zithengele intsimi ngemali, ungqinise amangqina; wakùbona ukuba umzi lo unikelwe esandleni samaKaledi.

26 Kwafika ilizwi likaYehova kuYeremi-
27 ya, lisithi, Yabona, ndinguYehova, uThixo wenyama yonke; kukho nto
28 indinqabeleyo na? Ngako oko utsho uYehova ukuthi, Yabona, ndiyawunikela lo mzi esandleni samaKaledi, nasesandleni sikaNebhukadenetsare, ukumkani waseBhabheli, ukuba awuthimbe;
29 ezé amaKaledi alwayo naló mzi, awufake isikhuni, awutshise nezindlu abeqhumisela kuBhahali* phezu kophahla lwazo, bathululela thixweni bambi iminikelo ethululwayo, ukuze bandiqumbise.
30 Ngokuba oonyana bakaSirayeli noonyana bakaYuda baye besenza ububi bodwa emehlweni am kwasebuncina-neni babo; ngokuba oonyana bakaSirayeli ngabaqumbisi bodwa kum, ngezenzo zezandla zabo; utsho uYehova. Ngokuba lo mzi waba sisisulu somsindo 31 wam nobushushu bam, kususela kwimini owakhiwa ngayo, kude kube yile mini; ukuze ndiwususe ebusweni bam, ngenxa yobubi bonke boonyana baka- 32 Sirayeli noonyana bakaYuda, ababenzileyo ukuba bandiqumbise, bóna, nookumkani babo, nabathetheli babo, nababingeleli babo, nabaprofeti babo, namadoda akwaYuda, nabemi baseYerusalem.

Bándinikela ikhosi, àbandinikela u- 33 buso; báfundiswa, befundiswa kwakusasa, àbaphulaphula ububa bakuvume ukuqeqeshwa. Bábeka izinto zabo e- 34 zinezothe endlwini ebizwa ngegama lam, ukuze bayenze inqambi; báma- 35 khela uBhahali izigánga ezisemfuleni wakwaBhen-hinom, ukuze babacandisele uMoleki* oonyana babo neentombi zabo, into endingabawiselanga mthetho ngayo, engathanga qatha entliziyweni yam, ukuba bawenze loo masikizi, ukuze bawenze one amaYuda.

Kukaloku ke, ngako oko utsho uYe- 36 hova, uThixo kaSirayeli, ngokusingisele kulo mzi, enithi, Únikelwe esandleni sokumkani waseBhabheli ngekrele, nangendlala, nangendyikitya yokufa: ukuthi, Yabona, ndiyababutha emazweni 37 onke, endabagxothela kuwo ngomsindo wam, nangobushushu bam, nangoburhalarhume obukhulu; ndobabuyisela kule ndawo, ndibahlalise bekholosile. Baya 38 kuba ngabantu bam, mna ndibe nguThixo wabo; ndibànike intliziyo enye, 39 nendlela enye, ukuze bandoyike imihla yonke, kulunge kubo, nakoonyana babo emva kwabo. Ndiya kubenzela u- 40 mnqophiso ongunaphakade, ukuba ndingabuyi ekubalandeleni, ukuba ndibènzele okulungileyo, ndibeke ukundoyika entliziyweni yabo, ukuze bangandishiyi. Ndoba nemihlali ngabo, ndi- 41 benzele okulungileyo, ndibatyale kweli lizwe ndínyanisile, ngentliziyo yam yonke nangomphefumlo wam wonke.

Ngokuba utsho uYehova ukuthi, 42

Njengoko ndabaziselayo aba bantu bonke obu bubi bukhulu kangaka, ndiya kwenjenjalo ukubazisela konke okulu-
43 ngileyo endikuthethayo ngabo. Kuya kuthengwa amasimi kweli lizwe nithi, Kusenkangala, alinabantu nankomo,
44 linikelwe esandleni samaKaledi. Baya kuthenga amasimi ngemali, bawabhale encwadini, itywinwe; bathabathe amangqina ezweni lakwaBhenjamin, nangeenxa zonke kwiYerusalem, nasemizini yakwaYuda, nasemizini yasezintabeni, nasemizini yasezithabazini, nasemizini yelasezantsi; ngokuba ndiya kukubuyisa ukuthinjwa kwabo; utsho uYehova.

Amadinga okubuyiswa

33 Kwafika ilizwi likaYehova kuYeremiya okwesibini, esavalelwe
2 entendelezweni yentolongo, lisithi, Utsho uYehova, uMenzi woku; uYehova, uMyili woku, ukuba akuzimase; ugama
3 lakhe linguYehova, ukuthi, Ndinqule, ndikuphèndule, ndikuxelele izinto ezinkulu ezinqabileyo, ongazaziyo.

4 Ngokuba utsho uYehova, uThixo kaSirayeli, ngazo izindlu zalo mzi, nangezindlu zokumkani bakwaYuda ezidiliziweyo ngenxa yeendonga zoku-
5 ngqinga, nangenxa yekrele; bakubona ukuba baza kulwa namaKaledi, bazizalisa ngezidumbu zabantu, endibabulalayo ngomsindo wam nangobushushu bam, ekungenxa yezinto zabo zonke ezimbi, ukuba ndibusithelise ubuso
6 bam kulo mzi: ukuthi, Yabona, ndiwubopha ngezinto ezibotshwayo, eziphilisayo, ndibaphilise, ndibatyhilele uku-
7 phuphuma koxolo nenyaniso. Ndiya kukubuyisa ukuthinjwa kukaYuda nokuthinjwa kukaSirayeli, ndibakhe nje-
8 ngokwasekuqaleni. Ndobahlambulula ebugwenxeni babo bonke, aboné ngabo kum; ndibuxolele ubugwenxa babo bonke, boné ngabo kum, bakreqa
9 ngabo kum. Lo mzi uya kuba ligama lemihlali kum, indumiso nesihombo kwiintlanga zonke zehlabathi, eziya kukuva konke okulungileyo endikwenzayo kuwo, zinkwantye, zigungqe ngenxa yokulunga konke, nangenxa yoxolo lonke, endiwenzela lona. Utsho 10 uYehova ukuthi, Kuya kubuva kuviwe kule ndawo, nitshoyo ukuthi, Ilinxuwa, ayinabantu, ayinankomo, emizini yakwaYuda, nasezitratweni zaseYerusalem, ekusenkangala kuzo, ezingenabantu, ezingenabemi, ezingenankomo: *kuviwe* izwi lemihlali nezwi lemivuyo; 11 izwi lomyeni nezwi lomtshakazi; izwi labathi, Bulelani kuYehova wemikhosi, ngokuba elungile uYehova, ngokuba ingunaphakade inceba yakhe; abazisa imibulelo endlwini kaYehova. Ngokuba ndiya kukubuyisa ukuthinjwa kwelizwe, limiwe njengokwasekuqaleni; utshilo uYehova. Utsho uYehova we- 12 mikhosi ukuthi, Kule ndawo ilinxuwa, ingenamntu, ingenankomo, nasemizini yayo yonke, kuya kubuya kubekho ikriwa labalusi, ababuthela imihlambi yabo kulo. Emizini yasezintabeni, na- 13 semizini yasezithabazini, nasemizini yelasezantsi, nasezweni lakwaBhenjamin, nangeenxa zonke eYerusalem, nasemizini yakwaYuda, iya kubuya igqithe imihlambi phantsi kwezandla zoyibalayo; utsho uYehova.

Yabona, kuza imihla, utsho uYehova, 14 endiya kulimisa ilizwi elilungileyo, endalithethayo kwindlu kaSirayeli nakwindlu kaYuda. Ngaloo mihla na- 15 ngelo xesha, ndiya kumhlumisela uDavide iHlumelo loBulungisa, eliya kwenza ngokwesiko nobulungisa ezweni. Nga- 16 loo mihla lona liya kusindiswa elakwaYuda, ihlale ikholosile iYerusalem, ukubizwa kwayo kuthiwe, UYehova-ububulungisa-bethu.

Ngokuba utsho uYehova ukuthi, 17 UDavide akayi kunqunyukelwa ndoda yakuhlala etroneni yendlu kaSirayeli; banganqunyukelwa ndoda ababingeleli 18 abangabaLevi, yakunyusa amadini anyukayo ebusweni bam, iqhumisele ngeminikelo yokudla, yenze imibingelelo imihla yonke.

Kwafika ilizwi likaYehova kuYere- 19 miya, lisithi, Utsho uYehova ukuthi, 20 Ukuba nithe nawaphula umnqophiso wam wemini, nomnqophiso wam wobu-

suku, ukuze kungabikho mini nabusuku
21 ngexesha elililo: wóba uya kwaphulwa nawo umnqophiso wam noDavide umkhonzi wam, ukuba angabi nanyana ungukumkani etroneni yakhe; kwanabaLevi ababingeleli, abalungiselela mna.
22 Njengokuba úngenakubalwa umkhosi wezulu, ingenakulinganiselwa intlabathi yolwandle, ndiya kwenjenjalo ukuyandisa imbewu yomkhonzi wam uDavide, nabaLevi abalungiselela mna.
23 Kwafika ilizwi likaYehova kuYere-
24 miya, lisithi, Akukuboni na abakuthethayo aba bantu, besithi, Imizalwane yomibini, awayinyulayo uYehova, uyicekisile yona? Babagiba ke abam abantu, ngokokude bangabi saba luhla-
25 nga phambi kwabo. Utsho uYehova ukuthi, Ukuba awumi umnqophiso wam wemini nowobusuku, ukuba imimiselo yezulu neyehlabathi andiyimisa-
26 nga, ndoba ndiya kuyicekisa nembewu kaYakobi noDavide umkhonzi wam; ukuba embewini yakhe ndingabi sathabatha abayilawulayo imbewu ka-Abraham noIsake noYakobi, ngokuba ndiya kukubuyisa ukuthinjwa kwabo, ndibe nemfesane kubo.

Okwahlela ukumkani uZedekiya

34 Ilizwi elafikayo kuYeremiya, livela kuYehova, akubon' ukuba uNebhukadenetsare ukumkani waseBhabheli, enempi yakhe yonke, nezikumkani zonke zelizwe eliselulawulweni lwesandla sakhe, nezizwe zonke, uyalwa neYerusalem nemizi yayo yonke: lalisithi,
2 Utsho uYehova, uThixo kaSirayeli, ukuthi, Yiya, uthethe kuZedekiya ukumkani wakwaYuda, uthi kuye, Utsho uYehova ukuthi, Yabona, ndiyawunikela lo mzi esandleni sokumkani waseBhabheli, ukuba awutshise ngomlilo.
3 Ke wena akuyi kusinda esandleni sakhe; inene, ùya kubanjwa, unikelwe esandleni sakhe, amehlo akho awabone amehlo okumkani waseBhabheli, umlomo wakhe uthethe nomlomo wakho, uye nawe eBhabheli.
4 Kodwa live ilizwi likaYehova, Zedekiya kumkani wakwaYuda; utsho uYehova ngawe, ukuthi, Akuyi kufa likrele,
5 Ùya kufa unoxolo; ngokutshiselwa kooyihlo, ookumkani bamandulo ababekho ngaphambi kwakho, baya kwenjenjalo ukukutshisela; bakumbambazelele, besithi, Athi ke mna, nkosi! Ngokuba mna ndilithethile ilizwi; utsho uYehova.
6 Wawathetha ke uYeremiya umprofeti loo mazwi onke kuZedekiya ukumkani wakwaYuda, eYerusalem, yakubon'
7 ukuba impi yokumkani waseBhabheli iyalwa neYerusalem, nemizi yonke yakwaYuda eseleyo, neLakishe, ne-Azeka; ngokuba kwakusele yona emizini yakwaYuda, iyimizi enqatyisiweyo.

Impatheko yamakhoboka amaHebhere

8 Ilizwi elafikayo kuYeremiya, livela kuYehova, emveni kokwenza kokumkani uZedekiya umnqophiso nabantu bonke baseYerusalem, wokuvakalisa kubo i-
9 nkululeko: owokuba elowo andulule ikhoboka lakhe, elowo ikhobokazana lakhe elingumHebhere, elingumHebherekazi, elikhulúle, kungabikho umkhonzisayo umYuda umzalwana wakhe.
10 Baphulaphula ke abathetheli bonke nabantu bonke, abangenáyo emnqophisweni wokuba elowo andulule ikhoboka lakhe, elowo ikhobokazana lakhe, elikhulúle, angabi sabakhonzisa; ba-
11 phulaphula ke, babandulula. Emveni koko bajika, bawabuyisa amakhoboka namakhobokazana ababewandulule bewakhulule, bawaxinzelela ekubeni ngamakhoboka namakhobokazana.

12 Kwafika ke ilizwi likaYehova kuYe-
13 remiya, livela kuYehova, lisithi, Utsho uYehova, uThixo kaSirayeli, ukuthi, Mna ndenza umnqophiso nooyihlo, mini ndabakhupha ezweni laseYiputa, endlwini yobukhoboka; ndathi, Eku-
14 pheleni kweminyaka esixhenxe, ize nindulule elowo umzalwana wakhe ongumHebhere, owazithengisayo kuwe; wókukhonza iminyaka emithandathu, umndulule kuwe, umkhulule; ke ooyihlo àbandiphulaphulanga, àbandithobelanga ndlebe. Nina ke nibuyile na-
15 mhla, nenza okuthe tye emehlweni am

ngokuvakalisa inkululeko, elowo kummelwane wakhe, nenza umnqophiso phambi kwam endlwini ebizwe ngega-
16 ma lam; nasuka najika, nalihlambela igama lam, nabuyisa elowo ikhoboka lakhe, elowo ikhobokazana lakhe, enaniwandulule, niwakhulule ngokuthanda kwawo; nawaxinzelela ekubeni ngamakhoboka namakhobokazana kuni.

17 Ngako oko, utsho uYehova ukuthi, Anindiphulaphulanga ngokuvakalisa inkululeko, elowo kumzalwana wakhe, elowo kummelwane wakhe; yabonani, ndivakalisa kuni inkululeko, utsho uYehova, yokuya ekreleni, nasendlaleni, nasendyikityeni yokufa, ndininikele kwizikumkani zonke zehlabathi, ukuze

18 nibe yinto yokunqakulisa. Ndiya kuwenza amadoda awugqithileyo umnqophiso wam, angawagcinanga amazwi omnqophiso awawenzayo phambi kwam, abe lelo thole alicanda kubini, acanda phakathi kwezahlulo zenyama yalo.

19 Abatheleli bakwaYuda, nabatheleli baseYerusalem, namagosa, nababingeleli, nabantu bonke belizwe abacandayo

20 phakathi kwezahlulo zethole, ndiya kubanikela ezandleni zeentshaba zabo, nasezandleni zabafuna umphefumlo wabo, zidliwe izidumbu zabo ziintaka ze-

21 zulu nangamarhamncwa omhlaba. UZedekiya ke ukumkani wakwaYuda, nabatheleli bakhe, ndiya kubanikela esandleni sabafuna umphefumlo wabo, nasesandleni sempi yokumkani waseBhabheli, yona leyo yemkayo kuni.

22 Yabona, ndiwisa umthetho, utsho uYehova, wokuba ndibabuyisele kulo mzi, balwe nawo, bawuthimbe, bawutshise ngomlilo, ndiyenze amanxuwa imizi yakwaYuda, ingemiwa.

Isifundo esifumaneka ngokuphulaphula kwamaRekabhi

35 Ilizwi elafikayo kuYeremiya, livela kuYehova, ngemihla kaYehoyakim unyana kaYosiya, ukumkani wa-
2 kwaYuda, lalisithi, Yiya endlwini yamaRekabhi, uthethe nawo, uwangenise endlwini kaYehova, kwelinye igumbi, uwaseze iwayini.

Ndamthabatha ke uYazaniya unyana 3 kaYeremiya, unyana kaHabhatsiniya, nabazalwana bakhe, noonyana bakhe bonke, nendlu yonke yamaRekabhi; ndabangenisa endlwini kaYehova, egu- 4 mbini koonyana bakaHanan unyana kaIgedaliya, umfo wakwaThixo, elisecaleni kwegumbi labathetheli, eliphezu kwegumbi likaMahaseya unyana kaShalum, umgcini-mnyango. Ndabeka 5 phambi koonyana bendlu yamaRekabhi iindebe ezizele yiwayini, neebhekile, ndathi kubo, Selani iwayini.

Bathi bona, Asiyiseli iwayini; ngo- 6 kuba uYonadabhi unyana kaRekabhi, ubawo, wasiwisela umthetho wokuthi, Ze ningaseli wayini, nina, noonyana benu, naphakade; ningakhi zindlu, ningahlwayeli mbewu, ningatyali sidiliya, ningabi nazo ezo zinto; ke nohlala ezintenteni yonke imihla yenu, ukuze niphile imihla emininzi phezu komhlaba, eningabaphambukeli kuwo. Siliphuláphule 8 ke izwi likaYonadabhi unyana kaRekabhi, ubawo, kuko konke awasiwisela umthetho ngako, ukuba singaseli wayini yonke imihla yethu, thina, nabafazi bethu, noonyana bethu, neentombi zethu; wokuba singakhi nazindlu zokuba 9 sihlale kuzo, singabi nazidiliya, nantsimi, nambewu. Sihleli ezintenteni, se- 10 va, senza ngako konke awasiwisela umthetho ngako uYonadabhi ubawo. Ke kaloku kwathi, ekunyukeni kuka- 11 Nebhukadenetsare, ukumkani waseBhabheli, esiza kweli lizwe, sathi, Yizani singene eYerusalem ngenxa yempi yamaKaledi, nangenxa yempi yama-Aram;* sahlala ke eYerusalem apha.

Kwafika ilizwi likaYehova kuYere- 12 miya, lisithi, Utsho uYehova wemi- 13 khosi, uThixo kaSirayeli, ukuthi, Yiya, uthi kumadoda akwaYuda nakubemi baseYerusalem, Anikuvumi na ukuqeqeshwa, ukuba niwaphulaphule amazwi am? utsho uYehova. Agciniwe 14 amazwi kaYonadabhi, unyana kaRekabhi, awabawisela oonyana bakhe ukuba bangaseli wayini; àbaseli unanamhla, bawuphulaphula ke umthetho kayise. Ke mna ndathetha kuni, ndithetha, ndivuka kusasa; anindiphulaphulanga.

15 Ndabathumela kuni bonke abakhonzi bam, abaprofeti, ndibathuma, ndivuka kusasa, ndisithi, Khanibuye, elowo endleleni yakhe embi, nilungise iintlondi zenu, ningalandeli thixo bambi, ukuze nibakhonze; nòhlala ke emhlabeni endawunika nina nooyihlo. Ke ani-
16 zithobanga iindlebe zenu, anindiphulaphulanga. Inene, oonyana bakaYonadabhi unyana kaRekabhi bawugcinile umthetho kayise, awabawiselayo; ke bona aba bantu abandiphulaphuli.
17 Ngako oko utsho uYehova, uThixo wemikhosi, uThixo kaSirayeli, ukuthi, Yabonani, ndiwazisela amaYuda nabemi bonke baseYerusalem bonke obu bubi ndathethayo ngabo; ngenxa yokuba ndathetha kubo, àbeva; ndababiza, àbasabela.
18 UYeremiya wathi kwindlu yamaRekabhi, Utsho uYehova wemikhosi, uThixo kaSirayeli, ukuthi, Ngenxa enokuba niwuphulaphule umthetho kaYonadabhi uyihlo, nayigcina yonke imithetho yakhe, nenza ngako konke
19 awaniwisela umthetho ngako; ngako oko utsho uYehova wemikhosi, uThixo kaSirayeli, ukuthi, UYonadabhi, unyana kaRekabhi, akayi kunqunyukelwa ndoda yakuma phambi kwam yonke imihla.

Ukubhalwa kwencwadi esongwayo yeziprofeto zikaYeremiya

36 Kwathi, ngomnyaka wesiné kaYehoyakim unyana kaYosiya, ukumkani wakwaYuda, lafika eli lizwi
2 kuYeremiya, livela kuYehova, lisithi, Thabathela kuwe incwadi esongwayo, uwabhale kuyo onke amazwi endawathetha kuwe ngamaSirayeli, nangamaYuda, nangeentlanga zonke, kususela kwimini endathethayo kuwe, uthabathele emihleni kaYosiya, ude uze kule
3 mini. Mhlawumbi indlu kaYuda ingábuphulaphula bonke ububi endicinga ukubenza kubo, ukuze babuye elowo endleleni yakhe embi, ndibuxolele ubugwenxa babo nesono sabo.

UYeremiya wabiza uBharuki unyana 4 kaNeriya, wawabhala encwadini esongwayo uBharuki, ephuma emlonyeni kaYeremiya, onke amazwi kaYehova, awawathethayo kuye. UYeremiya wa- 5 mwisela uBharuki umthetho, esithi, Mna ndivalelwe, andinako ukuya endlwini kaYehova. Yiya wena, uwa- 6 lese encwadini esongwayo, leyo uyibhalileyo, ephuma emlonyeni wam, amazwi kaYehova, ezindlebeni zabantu endlwini kaYehova ngomhla wokuzila ukudla; uwalese nasezindlebeni zamaYuda onke, avela emizini yawo. Mhlawumbi uku- 7 tarhuzisa kwabo kungáwa phambi koYehova, babuye elowo endleleni yakhe embi; ngokuba mkhulu umsindo nobushushu, abuthethileyo uYehova ngaba bantu.

Wenza ke uBharuki unyana kaNeriya 8 njengako konke abemwisele umthetho uYeremiya umprofeti, wokuba awalese encwadini amazwi kaYehova endlwini kaYehova.

Kwathi ngomnyaka weshumi ka- 9 Yehoyakim unyana kaYosiya, ukumkani wakwaYuda, ngenyanga yesithoba, bamema uzilo lokudla phambi koYehova kubantu bonke baseYerusalem, nakubantu bonke ababevele emizini yakwaYuda, beza eYerusalem. UBharuki 10 wawalesa encwadini amazwi kaYeremiya endlwini kaYehova, egumbini likaGemariya unyana kaShafan, umbhali, entendelezweni ephezulu, ekungeneni kwesango elitsha lendlu kaYehova, ezindlebeni zabantu bonke.

Waweva uMikaya unyana kaGemari- 11 ya, unyana kaShafan, onke amazwi kaYehova encwadini, wehla waya e- 12 ndlwini yokumkani, egumbini lombhali. Nabo, behleli khona abathetheli bonke: ooElishama umbhali, noDelaya unyana kaShemaya, noElinatan unyana kaAkebhore, noGemariya unyana kaShafan, noZedekiya unyana kaHananiya, nabathetheli bonke. UMikaya waba- 13 xelela onke amazwi abewavile ekuleseni kukaBharuki encwadini, ezindlebeni zabantu.

14 Bonke abathetheli bathumela kuBharuki uYehudi unyana kaNetaniya, unyana kaShelemiya, unyana kaKushi, besithi, Incwadi esongwayo leyo ulesé kuyo ezindlebeni zabantu, yiphathe ngesandla sakho, uze. UBharuki unyana kaNeriya wayiphatha ke incwadi esongwayo ngesandla sakhe, weza kubo.

15 Bathi kuye, Khawuhlale phantsi, uyilese ezindlebeni zethu. Wayilesa ke uBharuki ezindlebeni zabo.

16 Kwathi, bakuweva onke loo mazwi, bankwantya, elowo ebheka kowabo; bathi kuBharuki, Simelwe kukumxelela

17 ukumkani onke la mazwi. Bambuza uBharuki, besithi, Khawusixelele, útheni na ukuwabhala onke la mazwi

18 ephuma emlonyeni wakhe? Wathi uBharuki kubo, Wawathetha kum onke la mazwi aphuma emlonyeni wakhe,

19 ndawabhala encwadini le ngeinki. Bathi abathetheli kuBharuki, Hamba uye kuzimela, wena noYeremiya, kungàzi mntu apho nikhona.

20 Bangena ke kukumkani entendelezweni, beyibeke incwadi esongwayo egumbini likaElishama umbhali, bawaxela ezindlebeni zokumkani onke

21 amazwi lawo. Ukumkani wathuma uYehudi, ukuba ayithabathe incwadi esongwayo; wayithabatha ke egumbini likaElishama umbhali. UYehudi wayilesa ezindlebeni zokumkani, nasezindlebeni zabathetheli bonke abamele

22 ngakukumkani. Ke kaloku ukumkani wayehleli endlwini yasebusika ngenyanga yesithoba, kubasiwe elukhambeni phambi kwakhe.

23 Kwathi, xa uYehudi abelesé imiqolo emithathu nokuba miné, wayiqwenga *ukumkani* ngesitshetshe sombhali, wayiphosa emlilweni obuselukhambeni, yada yatsha yagqibela yonke incwadi esongwayo, emlilweni obuselukhambe-

24 ni. Abankwantyanga, àbazikrazulanga iingubo zabo ukumkani nabakhonzi bakhe, ababeweva loo mazwi onke.

25 Noko ke bambongozayo ukumkani ooElinatan noDelaya noGemariya, ukuba angayitshisi incwadi esongwayo, àkabaphulaphula. Ukumkani wabawise- 26 la umthetho ooYerameli unyana kakumkani, noSeraya unyana ka-Azeriyeli, noShelemiya unyana ka-Abhedeli, ukuba bambambe uBharuki umbhali noYeremiya umprofeti; uYehova wabazimeza.

Kwafika ilizwi likaYehova kuYere- 27 miya, emveni kokuba ukumkani abeyitshisile incwadi esongwayo, namazwi abewabhalile uBharuki, ephuma emlonyeni kaYeremiya, lisithi, Buya, utha- 28 bathe enye incwadi esongwayo, ubhale kuyo onke amazwi okuqala, abesencwadini esongwayo yokuqala, awayitshisayo uYehoyakim ukumkani wakwaYuda. Uze uthi kuYehoyakim ukumkani wa- 29 kwaYuda, Utsho uYehova ukuthi, Wena uyitshisile le ncwadi isongwayo, usithi, Yini na ukuba ubhale kuyo ukuthi, Ukumkani waseBhabheli uya kuza ezè, alonakalise eli lizwe, aphelise umntu nenkomo kulo? Ngako oko, utsho uYehova 30 ngokusingisele kuYehoyakim ukumkani wakwaYuda, ukuthi, Akuyi kubakho bani wakwakhe kuye, uhlalayo etroneni kaDavide; isidumbu sakhe siya kulahlelwa ebushushwini belanga emini, naseqabakeni ebusuku. Ndiya kumve- 31 lela yena, nembewu yakhe, nabakhonzi bakhe, ngobugwenxa babo; ndibuzisele bona, nabemi baseYerusalem, namadoda akwaYuda, bonke ububi endabuthethayo kubo; ke àbaphulaphula.

UYeremiya wathabatha enye incwadi 32 esongwayo, wayinika uBharuki unyana kaNeriya, umbhali; wawabhala kuyo, ephuma emlonyeni kaYeremiya, onke amazwi encwadi awayitshisayo uYehoyakim ukumkani wakwaYuda ngomlilo. Kongezelelwa kuwo amazwi amaninzi, anjengawo.

Iziganeko zongqingo lweYerusalem

37 Ke kaloku ukumkani uZedekiya unyana kaYosiya waba ngukumkani esikhundleni sikaKoniyahu unyana kaYehoyakim, owenziwa ukumkani ezweni lakwaYuda nguNebhukadenetsare ukumkani waseBhabheli. Aka- 2 waphulaphula naye, nabakhonzi bakhe,

nabantu belizwe, amazwi kaYehova awawathethayo ngoYeremiya umprofeti.

3 Ukumkani uZedekiya wathuma ooYehukali unyana kaShelemiya, noZefaniya unyana kaMahaseya, umbingeleli, kuYeremiya umprofeti, esithi, Khawusithandazele kuYehova uThixo wethu.

4 UYeremiya ke ubengena ephuma phakathi kwabantu, bengekamfaki entolongweni.

5 Ke kaloku impi kaFaro ibiphume eYiputa; aziva iindaba zayo amaKaledi abeyingqinga iYerusalem, esuka emka eYerusalem.

6 Kwafika ilizwi likaYehova kuYere-
7 miya umprofeti, lisithi, Utsho uYehova, uThixo kaSirayeli, ukuthi, Yitshoni kukumkani wakwaYuda, onithume ukuza kubuzisa kum, ukuthi, Yabonani, impi kaFaro ephume isiza ukuninceda, iya kubuyela ezweni layo eYiputa;
8 abuye ke amaKaledi, alwe naló mzi,
9 awuthimbe, awutshise ngomlilo. Utsho uYehova ukuthi, Musani ukuzikhohlisa ngokwenu, nisithi, Aya kumka kanye kuthi amaKaledi; ngokuba akayi
10 kumka. Inene, nibe ningafanelana niyixabele impi yonke yamaKaledi alwayo nani, kwasala kuyo amadoda aziingxwelera; abeya kuvuka elowo ententeni yakhe, awutshise lo mzi ngomlilo.

Ukuvalelwa kukaYeremiya entolongweni

11 Kwathi, ekumkeni kwempi yamaKaledi eYerusalem ngenxa yempi ka-
12 Faro, waphuma uYeremiya eYerusalem, esiya ezweni lakwaBhenjamin, ukuba athabathe khona isahlulelo sakhe pha-
13 kathi kwabantu. Kwathi, esesangweni lakwaBhenjamin, ekhona nomphathi-balindi, ogama linguIriya unyana kaShelemiya, unyana kaHananiya, wambamba uYeremiya umprofeti, esithi, Ùpha-
14 mbela kumaKaledi. Wathi uYeremiya, Ùyaxoka; andiphambeli kumaKaledi. Ke àkamphulaphula; uIriya wambamba uYeremiya, wamsa kubatheteli.
15 Abathetheli bamqumbela uYeremiya, bambetha, bamfaka endlwini yababanjwa, endlwini yombhali uYonatan;
16 ngokuba babeyenze intolongo. Xa u-

Yeremiya ebengenile endlwini engumhadi, ezingontsini, wahlala khona uYeremiya imihla emininzi.

Uthe ke ukumkani uZedekiya wathu- 17 mela, wamthabatha; ukumkani wambuza endlwini yakhe ngasese, wathi, Kukho lizwi na liphuma kuYehova? Wathi uYeremiya, Likho; wathi, Ùya kunikelwa esandleni sokumkani waseBhabheli. Wathi uYeremiya kuku- 18 mkani uZedekiya, Ndoné ngantoni na kuwe, nakubakhonzi bakho, nakwaba bantu, ukuba nindifake entolongweni nje? Baphi na ke abaprofeti benu 19 ababeprofeta kuni, besithi, Ukumkani waseBhabheli akayi kunifikela nina, nalo eli lizwe? Kaloku ke kha- 20 wuphulaphule, nkosi yam kumkani, makuwe phambi kwakho ukutarhuzisa kwam; musa ukundibuyisela endlwini kaYonatan umbhali, hleze ndifele khona.

Ukumkani uZedekiya wawisa umthe- 21 tho; bambeka uYeremiya entendelezweni yabalindi, bamnika intenda yesonka imihla ngemihla esitratweni saboji, sada saphela sonke isonka phakathi komzi. UYeremiya wahlala ke entendelezweni yabalindi.

Ukuphoswa kukaYeremiya emhadini onodaka

38 Ke kaloku uShefatiya unyana kaMatan, noGedaliya unyana kaPashure, noYukali unyana kaShelemiya, noPashure unyana kaMalekiya, baweva amazwi abewathetha uYeremiya kubantu bonke, esithi, Utsho uYehova 2 ukuthi, Ohlala kulo mzi wofa likrele, nayindlala, nayindyikitya yokufa; ophuma aye kumaKaledi wophila, ube lixhoba kuye umphefumlo wakhe. aphile. Utsho uYehova ukuthi, Lo mzi uya 3 kunikelwa esandleni sempi yokumkani waseBhabheli, awuthimbe.

Bathi ke abathetheli kukumkani, 4 Mayibulawe le ndoda, ngokuba ngokwenjenje iwisa izandla zamadoda okulwa, aseleyo kulo mzi, nezandla zabantu bonke, ngokuthetha kubo amazwi anje; ngokuba le ndoda ayilungxamele uxolo lwaba bantu, ingxamele ububi babo.

5 Wathi ukumkani uZedekiya, Yabonani, úsezandleni zenu; ngokuba ukumkani
6 engenakuthini engenáni. Bamthabatha uYeremiya, bamphosa emhadini kaMalekiya unyana wokumkani, obusentendelezweni yabalindi; bamhlisa uYeremiya ngezintya emhadini, lowo ungenamanzi, unodaka; watshona eludakeni uYeremiya.

7 Weva uEbhedi-meleki umKushi, indoda elithenwa, ebisendlwini yokumkani, ukuba bamfaké emhadini uYeremiya; ukumkani ke ubehleli esa-
8 ngweni lakwaBhenjamin. Waphuma uEbhedi-meleki endlwini yokumkani,
9 wathetha kukumkani, esithi, Nkosi yam, kumkani, la madoda enzé into embi ngako konke akwenzileyo kuYeremiya umprofeti lo, amphosa emhadini; úya kufa yindlala kuloo ndawo akuyo,
10 ngokuba akusekho sonka kulo mzi. Ukumkani wamwisela umthetho uEbhedi-meleki umKushi, esithi, Thabatha apha amadoda angamashumi amathathu asesandleni sakho umrhole uYeremiya umprofeti emhadini, engekafi.

11 UEbhedi-meleki wathabatha amadoda lawo asesandleni sakhe, waya endlwini yokumkani ngaphantsi kwendlu yobuncwane, wathabatha khona amadlavu eengubo ezikrazukileyo nawezonakeleyo, wawathobela kuYeremiya e-
12 mhadini ngezintya. Wathi uEbhedi-meleki umKushi kuYeremiya, Khawubeke la madlavu eengubo ezikrazukileyo nawezonakeleyo phantsi kwamakhwapha akho ngaphantsi kwezintya.
13 Wenjenjalo uYeremiya. Bamrhola uYeremiya ngezintya, bamnyusa emhadini; uYeremiya wahlala entendelezweni yabalindi.

14 Wathuma ukumkani uZedekiya, wamthabathela kuye uYeremiya umprofeti, ekungeneni emnyango wesithathu osendlwini kaYehova. Wathi ukumkani kuYeremiya, Ndiya kukubuza inda-
15 wo; uze ungafihli nto kum. Wathi uYeremiya kuZedekiya, Ukuba ndithe ndakuxelela, àkuyi kundibulala undibulale na? Nokuba ndithe ndakuce-
bisa, àkuyi kundiphulaphula. Uku- 16 mkani uZedekiya wamfungela uYeremiya ngasese, esithi Ehleli nje uYehova, owasenzela lo mphefumlo, inene, andiyi kukubulala, andivi kukunikela ezandleni zaloo madoda awufunayo umphefumlo wakho.

Wathi uYeremiya kuZedekiya, Utsho 17 uYehova, uThixo wemikhosi, uThixo kaSirayeli, ukuthi, Ukuba ùthe waphuma ukuphuma oku, waya kubathetheli bokumkani waseBhabheli, wóphila umphefumlo wakho, nalo mzi ungàtshiswa ngomlilo uphile wena nendlu yakho; ke ukuba uthe akwaphuma uye 18 kubathetheli bokumkani waseBhabheli, lo mzi wonikelwa esandleni samaKaledi, awutshise ngomlilo, wena ke ungasindi esandleni sawo.

Ukumkani uZedekiya wathi kuYere- 19 miya, Ndinesithukuthezi ngamaYuda aphambele kumaKaledi, hleze andinikele esandleni sawo, afekethe ngam. Wathi uYeremiya. Akayi kukunikela. 20 Khawuliphulaphule izwi likaYehova, ngokoko ndilithethileyo kuwe; kolunga kuwe, uphile umphefumlo wakho. Ke ukuba uthe akwavuma ukuphuma, 21 nali ilizwi andibonise lona uYehova, lokuthi, Yabona, bonke abafazi abase- 22 leyo endlwini yokumkani wakwaYuda, baya kukhutshwa basiwe kubathetheli bokumkani waseBhabheli, bathi abafazi abo, Amadoda axolelene nawe akuxhokonxile, akweyisile; zitshonile nje emgxobhozweni iinyawo zakho, wona abuya umva. Ke bonke abafazi bakho 23 noonyana bakho baya kukhutshwa, basiwe kumaKaledi, ungasindi wena esandleni sawo; ke wena uya kubanjwa sisandla sokumkani waseBhabheli, utshisise lo mzi ngomlilo.

UZedekiya wathi kuYeremiya, La 24 mazwi makangàziwa mntu, ukuze ungafi. Xa ke bathe beva abathetheli 25 ukuba ndithethe nawe, beza kuwe, bathi kuwe, Khawusixelele oko ukuthethileyo kukumkani; musa ukukufihla kuthi, asiyi kukubulala; kwanakuthethileyo ukumkani kuwe: wóthi 26 kubo, Ndiwisé utarhuziso lwam phambi

kokumkani, ukuba angandibuyiseli endlwini kaYonatan, ndifele khona.
27 Beza kuYeremiya bonke abathetheli, bambuza; wabaxelela ngokwaloo mazwi onke abewise umthetho ngawo ukumkani. Bathi tu, bemka kuye; ngokuba
28 ayivakalanga le nto. Wahlala uYeremiya entendelezweni yabalindi, kwada kwangumhla eyathinjwa ngawo iYerusalem.

Ukoyiswa kweYerusalem nokuthinjwa kwabemi besiwa eBhabheli

39 Kwathi, xenikweni iYerusalem ibithinjiwe (ngomnyaka wesithoba kaZedekiya ukumkani wakwaYuda, ngenyanga yeshumi, akubon' ukuba ufikile eYerusalem uNebhukadenetsare
2 nempi yakhe yonke, bayingqinga; ngomnyaka weshumi elinamnye kaZedekiya, ngenyanga yesiné, ngolwesithoba enyangeni leyo, wagqojozwa umzi),
3 bafika bonke abathetheli bokumkani waseBhabheli, bahlala esangweni laphakathi: ooNergale-sharetsere, noSamgare-nebho, noSarsekim umthetheli wamathenwa, noNergale-sharetsere umthetheli wezazi, nabanye abathetheli bonke bokumkani waseBhabheli.
4 Kwathi, akubabona uZedekiya ukumkani wakwaYuda namadoda onke okulwa, babaleka, baphuma ngobusuku phakathi komzi ngendlela yomyezo wokumkani, ngesango eliphakathi kweendonga, baphuma ngendlela yeArabha.
5 Impi yamaKaledi yabasukela, yamfikela uZedekiya ezinkqantosini zaseYeriko; yamthabatha, yenyuka naye, yamsa kuNebhukadenetsare ukumkani waseBhabheli, eRibhela ezweni laseHamati;
6 athethwa khona amatyala akhe. Ukumkani waseBhabheli wababulala oonyana bakaZedekiya eRibhela emehlweni akhe; nabanumzana bonke bakwaYuda wababulala ukumkani wase-
7 Bhabheli. Wamtyhaphaza amehlo uZedekiya, wamkhonkxa ngamakhamandela obhedu, ukuba asiwe eBhabheli.
8 AmaKaledi ayitshisa ngomlilo indlu yokumkani nezindlu zabantu, azidiliza
9 neendonga zaseYerusalem. Amasalela abantu abaseleyo phakathi komzi, amaphamba aphambeláyo kuye, kwanamasalela abantu abaseleyo, wabafudusela eBhabheli uNebhuzaradan umthetheli wabasiki; ke inxenye yabantu abazizi- 10 sweli, abangenanto iyinto, uNebhuzaradan, inkulu yabasiki, wayishiya ezweni lakwaYuda, wayinika izidiliya namasimi ngaloo mhla.

Ukukhululwa kukaYeremiya

Ke kaloku, uNebhukadenetsare uku- 11 mkani waseBhabheli wawisa umthetho ngoYeremiya ngesandla sikaNebhuzaradan, umthetheli wabasiki, esithi, Mthabathe, umise amehlo akho kuye, 12 ungenzi nto imbi kuye; wòthi, njengoko akuthethayo kuwe, wenjenjalo kuye. Ke bathuma ooNebhuzaradan umthe- 13 theli wabasiki, noNebhushazebhan umthetheli wamathenwa, noNergale-sharetsere umthetheli wezazi, nabathetheli bonke bokumkani waseBhabheli; ba- 14 thuma bamthabatha uYeremiya entendelezweni yabalindi, bamnikela kuGedaliya unyana ka-Ahikam, unyana kaShafan, ukuba amkhuphe amse ekhaya. Wahlala ke phakathi kwabantu.

Ke kaloku, kwaye kufike ilizwi lika- 15 Yehova kuYeremiya, akuba evalelwe entendelezweni yabalindi, lisithi, Yiya 16 uthi kuEbhedi-meleki umKushi, Utsho uYehova wemikhosi, uThixo kaSirayeli, ukuthi, Yabona, amazwi am ndiwazisela ububi kulo mzi, andiwaziseli okulungileyo; aya kwenzeka phambi kwakho ngaloo mhla. Ke ndokuhlangula nga- 17 loo mhla, utsho uYehova, ungànikelwa esandleni samadoda onxunguphéleyo ngawo. Ngokuba, inene, ndiya kuku- 18 siza, ungawi likrele; úya kuba lixhoba kuwe umphefumlo wakho, ngokuba ukholose ngam; utsho uYehova.

40 Ilizwi elafikayo kuYeremiya, livela kuYehova, emveni kokuba ebendululwe eRama nguNebhuzaradan, umthetheli wabasiki, ekumthabatheni kwakhe ekhonkxiwe ngemixokelelwane phakathi kwabafudusiweyo bonke baseYerusalem nabakwaYuda, ababefudu-

2 selwa eBhabheli. Umthetheli wabasiki wamthabatha ke uYeremiya, wathi kuye, UYehova uThixo wakho wathetha obu 3 bubi ngale ndawo; uYehova wabufikisa, wenza njengoko wakuthethayo; ngokuba nonayo kuYehova, analiphulaphula izwi lakhe, yabakho ke le nto kuni. 4 Kaloku ke yabona, ndiyayicombulula namhla imixokelelwane esezandleni zakho. Ukuba kuthe kwalunga emehlweni akho ukuya nam eBhabheli, yiza, ndolimisa iliso lam kuwe; ukuba kuthe kwakubi emehlweni akho ukuya nam eBhabheli, yeka ke. Uyabona, ilizwe lonke liphambi kwakho; ukuya apho kuthe kwalunga kwathi tye emehlweni akho, oko kokwakho, yiya khona.

5 Uthe ke engekabuyi, wathi, Buyela kuGedaliya unyana ka-Ahikam, unyana kaShafan, owenziwa umveleli ngukumkani waseBhabheli emizini yakwaYuda, uhlale naye phakathi kwabantu; okanye uye apho kuthe tye emehlweni akho ukuya khona. Umthetheli wabasiki wamnika umxhesho nesipho, wa-
6 mndulula. UYeremiya waya kuGedaliya unyana ka-Ahikam eMizpa, wahlala naye phakathi kwabantu ababesele elizweni.

UGedaliya umveleli eYerusalem

7 Ke kaloku beva bonke abathetheli bezimpi ezisendle, bona namadoda abo, ukuba ukumkani waseBhabheli umenze umveleli welizwe uGedaliya unyana ka-Ahikam, nokuba umenze umveleli wamadoda, nabafazi, nabantwana, nezisweli zelizwe, kwababengafuduselwanga
8 eBhabheli. Beza ke kuGedaliya eMizpa, inguIshmayeli unyana kaNetaniya, noYohanan noYonatan oonyana bakaKareha, noSeraya unyana kaTanumete, noonyana bakaEfayi waseNetofa, noYezaniya umntu waseMahaka, bona
9 namadoda abo. UGedaliya unyana ka-Ahikam, unyana kaShafan, wabafungela namadoda abo, esithi, Musani ukoyika ukuwakhonza amaKaledi; hlalani kweli lizwe, nimkhonze ukumkani
10 waseBhabheli, kulunge kuni. Yabonani, ndihleli eMizpa, ukuze ndime phambi kwamaKaledi, aya kuza kuthi; ke nina hlanganisani iwayini, neziqhamo zasehlotyeni, neoli, nibeke ezityeni zenu, nihlale emizini yenu, enithe nayithimba.

NamaYuda onke abe ekwelakwa- 11 Mowabhi, nakoonyana baka-Amon, nakwelakwaEdom, nabasemazweni onke, eva ukuba ukumkani waseBhabheli umise amasalela kwaYuda, nokuba umenzé umveleli wawo uGedaliya unyana ka-Ahikam unyana kaShafan. Abuya ke onke amaYuda, ezindaweni 12 zonke abegxothelwe kuzo, eza elizweni lakwaYuda kuGedaliya eMizpa, abutha iwayini neziqhamo zasehlotyeni, zazininzi kakhulu.

Ke kaloku uYohanan unyana kaKa- 13 reha, nabathetheli bonke bezimpi ababesemaphandleni, beza kuGedaliya eMizpa. Bathi kuye, Uhleli usazi na 14 ukuba uBhahalisi, ukumkani woonyana baka-Amon, uthume uIshmayeli unyana kaNetaniya, ukuba akubulale? Ke uGedaliya unyana ka-Ahikam ubengakholwa ngabo. UYohanan unyana ka- 15 Kareha wathetha kuGedaliya ngasese eMizpa, wathi, Makhe ndiye ndimbulale uIshmayeli unyana kaNetaniya, kungàzi mntu; yini na ukuba ade abulale wena, achithwachithwe amaYuda onke ahlanganisene kuwe, atshabalale amasalela akwaYuda? UGedaliya u- 16 nyana ka-Ahikam wathi kuYohanan unyana kaKareha, Musa ukuyenza loo nto; ngokuba uthetha ubuxoki ngoIshmayeli.

Ukubulawa kukaGedaliya nguIshmayeli nentsabo kaIshmayeli

41 Kwathi ngenyanga yesixhenxe, weza uIshmayeli unyana kaNetaniya, unyana kaElishama, wasembewini yokumkani, wakubatheli bokumkani, enamadod. alishumi, kuGedaliya unyana ka-Ahikam eMizpa; badla isonka ndawonye eMizpa apho. We- 2 suka uIshmayeli unyana kaNetaniya, namadoda alishumi abenaye, wamxabela uGedaliya unyana ka-Ahikam, unyana kaShafan, ngekrele; wambulala ke obenziwe umveleli ngukumkani wase-

UYEREMIYA 41-42

3 Bhabheli ezweni eli; namaYuda onke abenaye, abenoGedaliya eMizpa, namaKaledi awafunyanwayo khona, angamadoda okulwa, wawabulala uIshmayeli.

4 Kwathi ke ngomhla wesibini emva kokubulawa kukaGedaliya, kungàzi mntu,
5 kwafika amadoda evela kwaShekem naseShilo nakwaSamari, amadoda angamashumi asibhozo, eguye iindevu, ezikrazule iingubo, ezicentile, eneminikelo yokudla nentlaka emhlophe ezandleni zawo, eyizisa endlwini kaYehova.

6 Waphuma eMizpa uIshmayeli unyana kaNetaniya, waya kuwakhawulela, emana ehamba elila. Kwathi, akufika kuwo, wathi kuwo, Yizani kuGedaliya
7 unyana ka-Ahikam. Kwathi, akufika phakathi komzi, wawabulala uIshmayeli unyana kaNetaniya, wawalahlela emhadini phakathi, yena namadoda lawo
8 abenaye. Ke kwafumaneka kuwo amadoda alishumi, awathi kuIshmayeli, Musa ukusibulala, ngokuba sinezisele endle ezinengqolowa, nerhasi, neoli, nobusi. Wawayeka ke, akawabulala
9 phakathi kwabazalwana bawo. Ke kaloku umhadi, apho uIshmayeli wazilahlela kuwo ngakuGedaliya zonke izidumbu zamadoda abewabulele (lowo wawenzayo ukumkani uAsa ngenxa kaBhahesha ukumkani wakwaSirayeli), uIshmayeli unyana kaNetaniya wawuzalisa ngababuleweyo.

10 UIshmayeli wawathimba onke amasalela abantu abaseMizpa, iintombi zokumkani, nabantu bonke ababesele eMizpa, abenziwe umveleli wabo uGedaliya unyana ka-Ahikam nguNebhuzaradan, umthetheli wabasiki; wabathimba ke uIshmayeli unyana kaNetaniya, wahamba, wawelela koonyana baka-Amon.

11 Weva uYohanan unyana kaKareha, nabathetheli bonke bezimpi ezibe zinaye, bonke ububi awabenzayo uIshmayeli
12 unyana kaNetaniya; bawathabatha onke amadoda, baya kulwa noIshmayeli unyana kaNetaniya, bamfumana ngasema-
13 nzini amakhulu aseGibheyon. Kwathi, bonke abantu abanoIshmayeli, bakumbona uYohanan unyana kaKareha, nabathetheli bezimpi ezinaye, bavuya;
bajika bonke abantu abebathimbe eMiz- 14 pa uIshmayeli, babuya baya kuYohanan unyana kaKareha. Ke uIshmayeli 15 unyana kaNetaniya wasinda, enamadoda asibhozo, ebusweni bukaYohanan, waya koonyana baka-Amon.

Wawathabatha uYohanan unyana ka- 16 Kareha, nabathetheli bonke bezimpi ababenaye, onke amasalela abantu, awababuyisayo kuIshmayeli unyana kaNetaniya eMizpa, emveni kokuba ebembulele uGedaliya unyana ka-Ahikam, amagorha, amadoda okulwa, nabafazi, nabantwana, namathenwa, abewabuyisile eGibheyon. Baya bahlala endlwini 17 yabaphambukeli kaKimham engaseBhetelehem, ukuba baye kungena eYiputa, ngenxa yamaKaledi. Ngokuba 18 babewoyika, ngokuba uIshmayeli unyana kaNetaniya ebembulele uGedaliya unyana ka-Ahikam, owayenziwe umveleli welizwe ngukumkani waseBhabheli.

UYohanan ucela kuYeremiya umyalezo ovela kuThixo

42 Basondela bonke abathetheli bezimpi: ooYohanan unyana kaKareha, noYezaniya unyana kaHoshaya, nabantu bonke, bethabathela komncinane base komkhulu. Bathi kuYeremiya umprofeti, Ukutarhuziza kwethu makhe 2 kuwe phambi kwakho, usithandazele kuYehova uThixo wakho, uthandazele la masalela onke; ngokuba sisele sambalwa, besibaninzi, njengoko asibonayo amehlo akho; uYehova uThixo wakho 3 asixelele indlela esingahamba ngayo, nento esingayenzayo. Wathi uYeremi- 4 ya umprofeti kubo, Ndivile; yabonani, ndiya kuthandaza kuYehova uThixo wenu ngokwamazwi enu; kuthi onke amazwi aniphendule ngawo uYehova, ndinixelele; andiyi kunivimba lizwi.

Bathi bona kuYeremiya, UYehova 5 makabe lingqina elinyanisileyo, elithembekayo, ngathi, ukuba asithanga senze ngokwelizwi lonke, awokuthuma lona kuthi uYehova uThixo wakho. Noku- 6 ba lilungile, nokuba libi, siya kuliphulaphula ilizwi likaYehova uThixo wethu, esikuthumela kuye; ukuze kulunge kuthi, xa siliphulaphulayo ilizwi likaYehova uThixo wethu.

7 Kwathi ekupheleni kwemihla elishumi, kwafika ilizwi likaYehova kuYere-
8 miya. Wabiza uYohanan unyana kaKareha, nabathetheli bonke bezimpi ababenaye, nabantu bonke, bathabathela komncinane, besa komkhulu.

9 Wathi kubo, Utsho uYehova, uThixo kaSirayeli, enindithumele kuye, ukuba ndiwise ukutarhuziza kwenu phambi
10 kwakhe, ukuthi, Ukuba nithe nahlala kweli lizwe, ndonakha, ndingànigungxuli; ndonityala, ndingàninyothuli; ngokuba ndiyazohlwaya ngenxa yobubi
11 endibenzileyo kuni. Musani ukumoyika ukumkani waseBhabheli, lowo nimoyikayo; musani ukumoyika, utsho uYehova; ngokuba ndináni, ukuba ndinisindise, ndinihlangule esandleni sakhe.
12 Ndiya kunenzela imfesane, abe nemfesane kuni, anibuyisele emhlabeni wakowenu.

13 Ke ukuba nithe, Asisayi, kuhlala kweli lizwe, analiphulaphula izwi likaYehova
14 uThixo wenu, nathi, Hayi, thina siya kuya ezweni leYiputa, ukuze singàbonani namfazwe, singàliva nezwi lesigodlo, singàlambeli sonka, sihlale khona
15 ke: ngako oko kaloku liveni ilizwi likaYehova, masalela akwaYuda. Utsho uYehova wemikhosi, uThixo kaSirayeli, ukuthi, Ukuba nithe nabubhekisa kwaphela ubuso benu eYiputa, naya kupha-
16 mbukela khona, ikrele, eniloyikayo, lonifikela nakhona ezweni leYiputa; nendlala leyo, ninesithukuthezi ngayo, yothi nama kuni ukunilandela eYiputa,
17 nifele khona. Namadoda onke, abubhekise ubuso bawo eYiputa, ukuba aphambukele khona, aya kufa likrele, nayindlala, nayindyikitya yokufa, kungasali nanye kuwo, isindayo ebubini endiwazisela bona.

18 Ngokuba utsho uYehova wemikhosi, uThixo kaSirayeli, ukuthi, Njengoko waphalazekayo umsindo wam nobushushu bam phezu kwabemi baseYerusalem, buya kwenjenjalo ukuphalazeka ubushushu bam phezu kwenu ekuyeni kwenu eYiputa; nibe yintshwabulo, nesimanga, nentshabhiso, nesingcikivo, ningabi sayibona le ndawo.

UYehova uthethile kuni, masalela 19 akwaYuda; musani ukuya eYiputa; yazini nazi, ukuba ndiqononondisile ukuthetha kuni namhla. Ngokuba ni- 20 yikhohlisile imiphefumlo yenu. Xa nindithumele kuYehova uThixo wenu, nisithi, Sithandazele kuYehova uThixo wethu; njengoko konke awokuthetha kuthi uYehova uThixo wethu, sixelele njengoko, sokwenza; ndinixélele ke 21 namhla. Ke aniliphulaphulanga ilizwi likaYehova uThixo wenu ngako konke awandithumelayo ngako kuni. Kungo- 22 kunje yazini ukuba niya kufa likrele, nayindlala, nayindyikitya yokufa, kuloo ndawo ningxamele ukuya kuyo, ukuba niphambukele kuyo.

Abantu abawuphulaphuli umyalezo; baya eYiputa

43 Kwathi, akugqiba uYeremiya ukuwathetha ebantwini bonke amazwi onke kaYehova uThixo wabo, awamthuma wona uYehova uThixo wabo kubo, onke la mazwi, batsho ooAzariya 2 unyana kaHoshaya, noYohanan unyana kaKareha, namadoda onke akhukhumeleyo, ukuthi kuYeremiya, Uthetha ubuxoki; uYehova uThixo wethu akakuthumanga kuthi, ukuba uthi, Ze ningayi eYiputa niphambukele khona; uBharuki 3 ke, unyana kaNeriya, úya kuxhokonxa ngakuthi, kuba efuna ukuba sinikelwe esandleni samaKaledi, ukuba asibulale, ukuba asifudusele eBhabheli.

UYohanan unyana kaKareha, nabo 4 bonke abathetheli bezimpi, nabantu bonke, àbaliphulaphula ilizwi likaYehova lokuba bahlale elizweni lakwaYuda. UYohanan unyana kaKareha, 5 nabo bonke abathetheli bezimpi, bawathabatha onke amasalela akwaYuda, abebuyé evela ezintlangeni zonke abegxothelwe kuzo, ukuba aye kuphambukela ezweni lakwaYuda: amadoda, naba- 6 fazi, nabantwana, neentombi zokumkani, nemiphefumlo yonke abeyishiye uNebhuzaradan, umthetheli wabasiki,

UYEREMIYA 43–44

kuGedaliya unyana ka-Ahikam, unyana kaShafan, noYeremiya umprofeti, no-7 Bharuki unyana kaNeriya. Baya ke elizweni laseYiputa, ngokuba babengaliphulaphulanga izwi likaYehova; baya bafika eTapanesi.

Ukoyiswa kweYiputa okuzayo kuyaxelwa

8 Kwafika ilizwi likaYehova kuYere-9 miya eTapanesi, lisithi, Thabatha ngesandla sakho amatye amakhulu, uwaqhusheke eludakeni endaweni yokutshisa izitena, esemnyango wendlu ka-Faro eTapanesi, emehlweni amadoda 10 akwaYuda. Uze uthi kuwo, Utsho uYehova wemikhosi, uThixo kaSirayeli, ukuthi, Yabonani, ndiya kuthumela ndithabathe uNebhukadenetsare ukumkani waseBhabheli, umkhonzi wam, ndiyibeke itrone yakhe ngaphezu kwala matye ndiwaqhushekileyo; aneke isivatho sakhe esihle ngaphezu kwawo. 11 Úya kufika alibethe ilizwe leYiputa, owokufa afe, owokuthinjwa athinjwe, 12 owekrele abe ngowekrele. Ndiya kufaka isikhuni ezindlwini zoothixo baseYiputa, azitshise zona, abathimbe bona, azithi wambu ngelizwe leYiputa, njengokuba umalusi ezithi wambu ngengubo yakhe; aphume kulo enoxolo. 13 Úya kuwaqhekeza amatye amisiweyo aseBhete-shemeshe, asezweni leYiputa, azitshise ngomlilo izindlu zoothixo baseYiputa.

UYeremiya ukhalimela unqulo-zithixo lwamaSirayeli eYiputa

44 Ilizwi elafikayo kuYeremiya ngokusingisele kumaYuda onke ahleliyo ezweni laseYiputa, ahleli eMigidoli, naseTapanesi, naseNofu, nasezweni la-2 sePatrosi, lalisithi: Utsho uYehova wemikhosi, uThixo kaSirayeli, ukuthi, Nibubonile ububi bonke endayizisela bona iYerusalem, nemizi yonke yakwaYuda. Niyabona, ingamanxuwa ngayo 3 le mini, akukho umiyo kuyo; ngenxa yobubi ababenzayo, ukuze bandiqumbise ngokuya kuqhumisela nokukhonza thixo bambi, ababengabazi bona, 4 nani, nooyihlo. Ndathumela kuni bonke abakhonzi bam abaprofeti, ndibathuma ndivuka kusasa, ndisithi, Musani ukukha niyenze le nto ingamasikizi, ndiyi-thiyileyo. Noko ke abevanga, abayi-5 thobanga indlebe yabo, ukuba babuye ebubini babo, bangaqhumisela thixweni bambi. Báphalazeka ke ubushushu 6 bam nomsindo wam, watshisa emizini yakwaYuda nasezitratweni zeYerusalem; yaba linxuwa, yabharha, njengoku kunjalo namhla.

Kaloku utsho uYehova wemikhosi, 7 uThixo kaSirayeli, ukuthi, Yini na ukuba niyenzele ububi obukhulu kangaka imiphefumlo yenu, bokunqumla kuni indoda nomfazi, umntwana nosebeleni, kwelakwaYuda, kungasali ma-salela kuni; ngokundiqumbisa ngezenzo 8 zezandla zenu, ngokuqhumisela thixweni bambi ezweni laseYiputa, eneza kuphambukela kulo; ukuze nizinqumle ngokwenu, nibe yintshabhiso nesingcikivo ezintlangeni zonke zehlabathi? Nizilibele na izinto ezimbi zooyihlo; 9 izinto ezimbi zookumkani bakwaYuda, nezinto ezimbi zabafazi babo, nezinto ezimbi zenu ngokwenu, nezinto ezimbi zabafazi benu, abazenzáyo ezweni lakwaYuda nasezitratweni zeYerusalem? Unanamhla abatyumkanga, abo-10 yikanga, abahambanga ngomyalelo wam nangemimiselo yam, endayibeka phambi kwenu naphambi kooyihlo.

Ngako oko utsho uYehova wemikhosi, 11 uThixo kaSirayeli, ukuthi, Yabonani, ubuso bam ndiya kububhekisa kuni, ukuba kube kubi, anqunyulwe onke amaYuda. Ndiya kuwathabatha ama-12 salela akwaYuda, abubhekisileyo ubuso bawo ekuyeni ezweni laseYiputa ukuba aphambukele khona, agqitywe onke; aya kuwa ezweni leYiputa; aya kugqityelwa likrele nayindlala, kuthabathele kwabancinane kuse kwabakhulu; aya kufa likrele nayindlala, abe yintshwabulo, nommangaliso, nentshabhiso, nesingcikivo. Ndiya kubavelela abahleli 13 ezweni leYiputa, njengoko ndayivelelayo iYerusalem ngekrele, nangendlala, nangendyikitya yokufa. Akuyi kubakho 14 usindayo, usalayo, kumasalela akwa-

Yuda, abezé kuphambukela khona ezweni leYiputa, ukuba abuyele ezweni lakwaYuda, elo *lizwe* ayiphakamisele kulo imiphefumlo yawo ukubuyela kulo, ukuba ahlale khona; ngokuba abayi kubuya, ingengabasinda ngokubhungca.

15 Amphendula uYeremiya onke amadoda, abesazi ukuba abafazi bawo baqhumisela thixweni bambi, nabafazi bonke ababemi esikhungwini esikhulu, nabantu bonke ababehleli ezweni leYiputa, 16 ePatrosi, ngokuthi, Ilizwi elo ulithethileyo kuthi egameni likaYehova, asiyi 17 kukuphulaphula ngalo. Inene, siya kuwenza onke amazwi aphumileyo emlonyeni wethu, okuqhumisela kukumkanikazi wezulu, simthulùlele iminikelo ethululwayo, njengoko sakwenzayo, thina noobawo, ookumkani bethu nabathetheli bethu, emizini yakwaYuda, nasezitratweni zaseYerusalem; sahlútha ke 18 sisonka, salunga, asabona bubi. Kususela koko sayekayo ukuqhumisela kukumkanikazi wezulu, nokumthululela iminikelo ethululwayo, saswela iinto zonke, 19 sagqityelwa likrele nayindlala. Xa ke thina bafazi siqhumiselayo kukumkanikazi wezulu, símthululelayo iminikelo ethululwayo, símenzela izonkana zokuba eyilwa, símthululela iminikelo ethululwayo, amadoda ethu àkakho na kuthi?

20 Wathetha uYeremiya kubantu bonke, kumadoda nakubafazi, kubantu bonke abamphenduláyo ngelo lizwi, wathi,
21 Ukuqhumisela oko enaqhumisela ngako emizini yakwaYuda nasezitratweni zaseYerusalem, nina nooyihlo, ookumkani benu nabathetheli benu, nabantu belizwe, àkakukhumbulanga na uYehova? Akuthanga qatha na entliziyweni yakhe 22 oko? UYehova àkaba saba nako ukuthwala, ngenxa yeentlondi zenu ezimbi, ngenxa yamasikizi enawenzayo; lasuka ilizwe lenu labharha, kwaba senkangala, langummangaliso nentshabhiso, lingenammi, njengoko kunjalo na- 23 mhla. Ngenxa yokuqhumisela kwenu, nangenxa yokona kwenu kuYehova, ànaliphulaphula izwi likaYehova, ànahamba ngomyalelo wakhe, nangemi- miselo yakhe, nangezingqino zakhe: ngenxa yoko bunihlele obo bubi, njengoko kunjalo namhla.

Wathi uYeremiya kubantu bonke, 24 nakubafazi bonke, Liveni ilizwi likaYehova, nonke maYuda asezweni leYiputa; utsho uYehova wemikhosi, 25 uThixo kaSirayeli, ukuthi, Nina nabafazi benu niyathetha ngomlomo wenu, nangezandla zenu nikuzàlise, nisithi, Masenze izibhambathiso zethu, esabhambathisa ngazo, zokuqhumisela kukumkanikazi wezulu, simthululele iminikelo ethululwayo: zimiseni nizi- 26 mise kambe izibhambathiso zenu; zenzeni nizenze kambe izibhambathiso zenu. Ngako oko liveni ilizwi likaYehova, nonke maYuda, ahleliyo ezweni leYiputa: Yabonani, ndifungé igama lam elikhulu, utsho uYehova, inene, aliyi kuba sabizwa igama lam ngumlomo kabani wakwaYuda ezweni lonke leYiputa, esithi, Ihleli nje iNkosi. Ya- 27 bonani, ndiwaphaphela ukuba kube kubi, kungalungi, agqityelwe onke amadoda akwaYuda ezweni laseYiputa, likrele nayindlala, ade aphele. Baya 28 kubuya ezweni leYiputa abasindé ekreleni, baye ezweni lakwaYuda bembalwa; alàzi onke amasalela akwaYuda, azileyo ezweni leYiputa ukuba aphambukele kulo, ukuba liliphi na ilizwi eliya kuma khona: lelam, lelabo, kusini na.

Nangu ke umqondiso kuni, utsho 29 uYehova, wokuba ndiya kunivelela kule ndawo, ukuze nazi ukuba amazwi am aya kuma, animele ububi. Utsho 30 uYehova ukuthi, Yabonani, ndiyamnikela uFaro-hofra, ukumkani weYiputa, esandleni seentshaba zakhe, esandleni sabafuna umphefumlo wakhe, njengoko ndamnikelayo uZedekiya ukumkani wakwaYuda esandleni sikaNebhukadenetsare ukumkani waseBhabheli, utshaba lwakhe, olube lufuna umphefumlo wakhe.

Ukuprofeta kuBharuki

45 Ilizwi awalithethayo uYeremiya umprofeti kuBharuki unyana kaNeriya, ekuwabhaleni kwakhe encwa-

UYEREMIYA 45-46

dini la mazwi, ephuma emlonyeni kaYeremiya, ngomnyaka wesiné kaYoyakim unyana kaYosiya, ukumkani wa-
2 kwaYuda, lalisithi, Utsho uYehova, uThixo kaSirayeli, kuwe, Bharuki,
3 ukuthi, Wena uthi, Athi ke mna! Ngokuba uYehova wongeza isingqala kumvandedwa wam; ndidiniwe kukuncwina kwam, andifumani kuphumla.
4 Yithi ke kuye, Utsho uYehova ukuthi, Yabona, into endiyakhileyo ndiyayigungxula, into endiyityeleyo ndiyayinyo-
5 thula; lihlabathi lonke ke elo. Wena uzifunela izinto ezinkulu; musa ukuzifuna. Ngokuba, uyabona, ndiyizisela ububi inyama yonke, utsho uYehova; ke ndikunika umphefumlo wakho ube lixhoba lakho, ezindaweni zonke oya kuya kuzo.

Isiprofeto sokuchasa iYiputa

46 Into eyafikayo kuYeremiya umprofeti, ililizwi likaYehova ngokusingisele kwiintlanga.

2 ElingeYiputa, ngokusingisele kwimpi kaFaro-neko ukumkani weYiputa, ebisemlanjeni ongumEfrati, eKarkemishe, awayixabelayo uNebhukadenetsare ukumkani waseBhabheli, ngomnyaka wesiné kaYehoyakim unyana kaYosiya, ukumkani wakwaYuda, lalisithi:
3 Lungisani ingweletshetshe nekhaka,
4 yiyani kulwa. Bophani amahashe ezinqwelweni zokulwa, khwelani nina bamahashe; zimiseni ninezigcina-ntloko, khazimlisani izikhali, ninxibe iingubo
5 zentsimbi. Yini? ndibona ntoni? Baqhiphuka umbilini, babuya umva; amagorha abo aqotyiwe; basaba intsabo kanye, bangabi saphethula; kukunxunguphala ngeenxa zonke; utsho uYe-
6 hova. Makangasabi onamendu, lingasindi igorha; ngasentla, ngasemlanjeni ongumEfrati, bakhubeké bawa.
7 Ngubani na lo unyuka njengoMnayile, umanzi azamazama njengemilambo?
8 IYiputa iyenyuka njengoMnayile, amanzi ayo ayazamazama njengemilambo. Ithi, Ndiya kunyuka, ndiya kuwugubungela umhlaba; ndiya kuyitshabalalisa imizi nabemi bayo. Qakathani, ma- 9
hashe; nidlongozele, zinqwelo zokulwa. Makaphume amagorha, amaKushi namaPuti aphethé ingweletshetshe, namaLudi, aphethe atyedé isaphetha. Le 10 mini yeyeNkosi, uYehova wemikhosi; yimini yempindezelo, yokuphindezela kubabandezeli bakhe; lidle lihluthe ikrele, lisele lidikwe ligazi labo; ngokuba inombingelelo iNkosi, uYehova wemikhosi, ezweni lasentla, emlanjeni ongumEfrati.

Nyuka uye eGiliyadi, thabatha ama- 11 futha aqholiweyo, nkazanandini, ntombi iyiYiputa; úfumana usandisa oomathunga; akunakubotshwa. Iintlánga 12 zikuvile ukucukucezwa kwakho, ukukhala kwakho kwazalisa ihlabathi; ngokuba igorha likhubeka egorheni, omabini awa ndaweni-nye.

Ilizwi awalithethayo uYehova ku- 13 Yeremiya umprofeti, ngokuza kukaNebhukadenetsare ukumkani waseBhabheli, ukuba alixabele ilizwe laseYiputa, lalisithi:

Xelani eYiputa, nivakalise eMigidoli, 14 nivakalise eNofu naseTapanesi; yithini, Misa, xhoba; ngokuba ikrele liya kudla ngeenxa zonke kuwe. Yini na ukuba 15 ziqwelwe iimbalasane zakho? Azimanga, ngokuba uYehova uzingqulile. Ukhubekisa abaninzi, ewe, omnye uwela 16 omnye; bathi, Sukani, masibuyele ebantwini bakowethu, ezweni esazalelwa kulo, ngenxa yekrele elidlavulayo. Bá- 17 danduluka khona, bathi, UFaro ukumkani weYiputa utshabile; ulidlulisile ixesha elimisiweyo.

Ndiheli nje, utsho ukumkani, ogama 18 lakhe linguYehova wemikhosi, ukuthi, Inene, úya kuza énjengeTabhore phakathi kweentaba, énjengeKarmele ngaselwandle. Zénzele iimpahla zemfuduka, mmi, ntombi iyiYiputa; ngokuba iNofu iya kuba linxuwa, itshiswe, ingabi nammi.

IYiputa lithokazi elihle kakhulu; 20 isibawu sasentla siyeza, siyeza. Kanja- 21 lo imikhosi yayo eqeshiweyo phakathi kwayo injengamathole asesitalini; inene,

nayo leyo ijikile, iyasaba kunye, ayimi ngokuba úyifikele umhla wokusindeka
22 kwayo, ixesha lokuvelelwa kwayo. Isandi sayo sinjengokuhamba kwenyoka; ngokuba bahamba ngobukroti, bayifikele ngezixengxe njengabagawuli be-
23 mithi. Bagawula ihlathi layo, utsho uYehova, nokuba lithe shinyi; ngokuba baninzi ngaphezu kweenkumbi, àbana-
24 kubalwa. Intombi eyiYiputa ihlazekile, inikelwe esandleni sabantu belasentla.

25 Uthi uYehova wemikhosi, uThixo kaSirayeli, Yabona, ndiyamvelela uAmon waseNo, noFaro, neYiputa, noothixo bayo, nobukumkani bayo, kwauFaro
26 nabakholose ngaye. Ndobanikela esandleni sabafuna umphefumlo wabo, esandleni sikaNebhukadenetsare ukumkani waseBhabheli, nasesandleni sabakhonzi bakhe; emveni koko imiwe njengokwemihla yamandulo; utsho uYehova.

27 Ke wena musa ukoyika, mkhonzi wam Yakobi; ungaqhiphuki umbilini, Sirayeli; ngokuba, ùyabona, ndiya kukusindisa kwakude, nembewu yakho ezweni ethinjelwe kulo, abuye uYakobi,
28 azole, onwabe, angagubhi. Musa ukoyika, wena mkhonzi wam Yakobi, utsho uYehova; ngokuba ndinawe; ngokuba ndiya kuzigqibela kuphele iintlanga zonke endikugxothele kuzo. Ke wena andiyi kukugqibela kuphele; ndokuthethisa ngokusesikweni; andiyi kuthi umsulwa.

Isiprofeto sokuchasa amaFilisti

47 Into eyafikayo kuYeremiya umprofeti, ililizwi likaYehova ngokusingisele kumaFilisti, uFaro engekayixabeli iGaza, yaye iyile:
2 Utsho uYehova ukuthi, Yabona, kunyuka entla amanzi angumlambo ongumkhukula, ontywilisela ilizwe nenzaliseko yalo, imizi nabemi bayo; sikhale isintu, babhombolozé bonke
3 abemi belizwe. Ngenxa yesingqi sokunyathela kwamanqina eembalasane zamahashe akhe, ngenxa yokugoqoza kweenqwelo zakhe zokulwa, ngokuxhokozela kweevili zakhe, ooyise abasabhe-

4 ki koonyana ngokuwa kwezandla; ngenxa yemini eza kuwabhuqa onke amaFilisti, eza kunqumla eTire neTsidon bonke abasale banceda; ngokuba uYehova uyawabhuqa amaFilisti, amasalela onxweme lwaseKafetori. Isezileni
5 iGaza, itshabalele iAshkelon, amasalela entili yabo. Kunini na uzicenta? Awu!
6 Krele likaYehova, kunini na ungaphezi? Rhoxela esingxotyeni sakho; phumla, uthi cwaka. Ùngathini na ukupheza,
7 uYehova ekuwisele umthetho nje? EAshkelon naselunxwemeni lolwandle, apho úkuyalele.

Isiprofeto sokuchasa uMowabhi

48 Ngokusingisele kwelakwaMowabhi, utsho uYehova wemikhosi, uThixo kaSirayeli, ukuthi:
Yeha iNebho, ngokuba ibhuqiwe. Ihlazisiwe, ithinjiwe iKiriyatayim; ihlazekile, iqhiphuke umbilini ingxonde leyo. Iqhayiya lakwaMowabhi alise- 2 kho; eHeshbhon bacebe ububi ngaye, bathi, Yizani simnqumle, angabi luhlanga. Nawe, Mademena, uya kudaka; ikrele liya kukulandela.

Phulaphulani ukukhala eHoronayim! 3
Yimbuqo nokwaphuka okukhulu! U- 4
Mowabhi waphukile, iimbedlenge zakhe zivakala zikhala. Ngokuba ekunyukeni 5 eqhineni laseLuhoti, baya kulila, balile; ngokuba ekuhlèni eHoronayim ababandezelwa baya kuvakala bekhaliswa kukwaphulwa.

Sabani, sizani imiphefumlo yenu, 6
yibani njengoze entlango. Ngenxa e- 7 nokuba ùkholose ngezenzo zakho nangobuncwane bakho, nawe uya kuthinjwa, aphume afuduswe uKemoshe,* ababingeleli bakhe nabathetheli bakhe kunye. Úya kufika umbhuqi emizini 8 yonke, kungasindi mzi, idake intili, litshabalale ihewu, njengoko watshoyo uYehova. Mnikeni amaphiko uMo- 9 wabhi; ngokuba wóphuma ebaleka, imizi yakhe ibe ngamanxuwa, ingemiwa. Makaqalekiswe owenza umsebenzi ka- 10 Yehova ngokudangala, aqalekiswe onqanda ikrele lakhe egazini.

Wonwaba uMowabhi kwasebuncina- 11

neni bakhe, wee tywa phezu kweentsipho zakhe; akakhutshelwanga kwesinye isitya, akahambanga efuduswa; ngenxa yoko isongo sakhe sihleli kuye, nevumba 12 lakhe aliguqukanga. Ngako oko, yabonani, kuza imihla, utsho uYehova, endiya kuthumela abathululi kuye, bamthulule, bazikhuphele izitya zakhe, bayi- 13 qhekeze imiphanda yakhe. Úya kudana uMowabhi nguKemoshe, njengoko yadanayo indlu kaSirayeli yiBheteli, inkoloseko yayo.

14 Ningáthini na ukuthi, Singamagorha, singamadoda anobukroti emfazweni?
15 Úyabhuqwa uMowabhi, imizi yakhe iyenyukwa, amadodana akhe anyuliweyo athobela ekusikweni; utsho uKumkani ogama lakhe linguYehova wemikhosi.
16 Kusondele, kuza kufika, ukusindeka kukaMowabhi; ububi bakhe buyangxa- 17 ma kakhulu. Hlunguzelani iintloko ngaye, nonke nina ningeenxa zonke kuye, nonke nina nilaziyo igama lakhe. Yithini, Yoo! Itheni na ukwaphuka intonga yonamandla, uluthi lokuhomba.
18 Yihla eluzukweni, uhlale phantsi kwelinenxano, mmi, ntombi yaseDibhon; ngokuba umbhuqi kaMowabhi unyuke weza kuwe, úzonakalisile iinqa- 19 ba zakho. Yima ngasendleleni, ubonisele, mmi waseArohere; buza kwindoda esabileyo nakwintokazi esindile- 20 yo; yithi, Kukho ntoni na? UMowabhi uhlazekile, ngokuba uqhiphuke umbilini; bhombolozani nikhale; xelani eArnon, nithi, Ubhuqiwe uMowabhi.
21 Umgwebo ulifikele ilizwe lehewu, iHo- 22 lon neYatsa neMefahati; neDibhon, 23 neNebho, neBhete-dibhelatayim; ne-Kiriyatayim, neBhete-gamuli, neBhete- 24 mehon; neKeriyoti, neBhotsera, nemizi yonke yelizwe lakwaMowabhi, ekude kwanekufuphi.
25 Luxakaxiwe uphondo lukaMowabhi, ingalo yakhe yaphulwe; utsho uYehova.
26 Mnxiliseni, ngokuba ezikhulisile kuYehova; akhahleléke uMowabhi emhlanzweni wakhe, abe yintlekisa naye.
27 Wayengeyintlekisa na kuwe uSirayeli? Wayefunyenwe phakathi kwamasela, kusini na, ukuba ùhlunguzele intloko, xa sukuba ubuthetha ngaye?

28 Shiyani imizi, nihlale ezingxondorheni, bemi bakwaMowabhi, nibe njengevukuthu elakhela phesheya, eludinini lomwonyo. Silivile ikratshi likaMo- 29 wabhi. Asikuko nokuba likratshi: ukuzidla kwakhe, ikratshi lakhe, ukukratsha kwakhe, nokuphakama kwentliziyo yakhe. Mna ndiyakwazi ukuphu- 30 phuma komsindo wakhe, nokuphololoza kwakhe into engeyiyo; utsho uYehova; benza into engekhoyo. Ngako oko 31 ndiyabhomboloza ngenxa kaMowabhi, ndikhale ngenxa kaMowabhi wonke ephela; bayancwina ngenxa yamadoda aseKir-heres. Ngaphezu kokulila kwe- 32 Yazere ndiya kulilela wena, mdiliya waseSibhema, omasebe awela ulwandle, ada aya kufika elwandle lwaseYazere; ekuvunweni kweziqhamo nasekuvunweni kweediliya zakho kugaleleke umbhuqi. Isukile imivuyo nemigcobo entsi- 33 mini echumayo, naselizweni lakwaMowabhi; ndiyiphelisile iwayini emkhombeni; àbayi kuxovula benamayeyeye; amayeyeye abo aya kuba ngamayeyeye angelutho. Ukukhala eHeshbhon kuse 34 e-Elale, kuse eYahazi; balikhuphile izwi labo, kuthabathele eTsohare kwesa eHoronayim, nase-Egelati yesithathu; ngokuba kwanamanzi aseNimrim aya kuthi qoko. Ndiya kumphelisa kwa- 35 Mowabhi, utsho uYehova, onyuka isigànga ukuba aqhumisele koothixo bakhe. Ngako oko intliziyo yam iyalila 36 njengogwali ngenxa kaMowabhi; intliziyo yam iyalila njengogwali ngenxa yamadoda aseKir-heres; ngako oko indyebo ababeyizuzile itshabalele.

Kuba zonke iintloko zigugulwe, zonke 37 iindevu zichetyiwe; ezandleni zonke ziintlanga, ezinqeni ziingubo ezirhwexayo. Phezu kwezindlu zonke zakwa- 38 Mowabhi nasezitratweni zakhe kukumbambazela kodwa; ngokuba ndimaphule uMowabhi njengesitya esinganazniweyo; utsho uYehova. Bayabho- 39 mboloza; hayi, ukuqhiphuka kwakhe umbilini! Hayi, ukunikela kukaMowabhi ikhosi kukudana! Úyintlekisa, uyoyikwa ngabo bonke abangeenxa zonke kuye.

40 Ngokuba utsho uYehova ukuthi, Uyabona, *utshaba* luyatshwebeleza njengexhalanga, lolule amaphiko alo phezu
41 koMowabhi. Ithinjiwe iKeriyoti, zihluthiwe iimboniselo. Ngaloo mini intliziyo yamagorha akwaMowabhi iya kuba njengentliziyo yomfazi onenimba;
42 atshabalale uMowabhi, angabi ngabantu, ngokuba ebezikhulisile kuYehova.
43 Ufikelwe lunkwantyo, nomgongxo, nesibatha, mmi wakwaMowabhi; utsho
44 uYehova. Osaba unkwantyo uya kweyela emgongxweni; ophuma emgongxweni uya kubanjiswa sisibatha; ngokuba ndiya kumzisela yena uMowabhi umnyaka wokuvelelwa kwakhe;
45 utsho uYehova. Phantsi komthunzi weHeshbhon kuya kuma abasabi abangenamandla; ngokuba kuya kuphuma umlilo eHeshbhon, nelangatye phakathi kwaSihon, udle ummandla wakwaMo-
46 wabhi nokakayi lwabengxolo. Yeha, wena Mowabhi! Batshabalele abantu bakaKemoshe, ngokuba, oonyana bakho baya kuthatyathwa bethinjiwe, neentombi zakho zisiwe ekuthinjweni.
47 Ke ndiya kukubuyisa ukuthinjwa kukaMowabhi ekupheleni kwemihla; utsho uYehova.

Uzé wafika apha umgwebo wakwaMowabhi.

Isiprofeto sokuchasa uAmon

49 Ngokusingisele koonyana bakaAmon, utsho uYehova ukuthi:
USirayeli akananyana na, akanandlalifa na? Yini na ukuba ukumkani wabo amdle ilifa uGadi, abantu babo beme
2 emizini yakhe? Ngako oko, yabonani, kuza imihla, utsho uYehova, endiya kuhlaba umkhosi wemfazwe kwiRabha yoonyana baka-Amon, ibe ngumwewe wenxuwa, amagxamesi ayo atshiswe ngomlilo, uSirayeli abadle ilifa ababemdle ilifa; utsho uYehova.
3 Bhomboloza, Heshbhon, ngokuba ibhuqiwe iAyi; khalani, magxamesi aseRabha, bhinqani ezirhwexayo; mbambazelani níquqzele kunye ezintangweni; ngokuba ukumkani wayo uya kuthinjwa, kunye nababingeleli bakhe nabathetheli bakhe. Uqhayiselani na
4 ngazo iintili? Intili yakho ichumile, ntombi iliphamba, yakholosayo ngobuncwane bayo, isithi, Ndiya kuzelwa ngubani na? Yabona, ndiya kukuzisela
5 unkwantyo, itsho iNkosi, uYehova wemikhosi, luphuma kwabangeenxa zonke kuwe; nigxòthwe, elowo angabheki nokubheka, kungabikho ungàbabuthayo abaphalaphalayo. Emveni koko
6 ndiya kukubuyisa ukuthinjwa koonyana baka-Amon; utsho uYehova.

Isiprofeto sokuchasa uEdom

Ngokusingisele kuEdom, utsho uYe- 7
hova wemikhosi ukuthi:
Akusekho bulumko na kwaTeman? Liphelile na icebo kwiingqondi? Buphalele na ubulumko bazo? Sabani, 8
jikani, hlalani enkolontyweni, bemi bakwaDedan; ngokuba ukusindeka kwakhe uEsawu ndimzisele, ixesha lokumvelela kwam. Ukuba abavuni bee- 9
diliya bakufikele, abayi kushiya lubhikico; ukuba amasela eza ebusuku, aya konakalisa ade anele.

Ngokuba mna ndimhlubile uEsawu, 10
ndizityhilile iindawo zakhe ezisitheleyo, angabi nako ukuzimela. Imbewu yakhe iya kubhuqwa, abazalwana bakhe nabamelwane bakhe àbakho. Shiya 11
iinkedama zakho; ndiya kuziphilisa, bakholòse ngam abahlolokazi bakho.

Ngokuba utsho uYehova ukuthi, 12
Yabona, ababengenalungelo lakuyisela indebe, inene baya kuyisela; wena ke ùngoya kuba msulwa, ube msulwa na? Akuyi kuba msulwa, ngokuba inene uya kusela. Ngokuba ndizifungile mna, 13
utsho uYehova, ndathi, IBhotsera iya kuba ngummangaliso, nesingcikivo, nenxuwa, nentshabhiso; nemizi yayo yonke ibe ngamanxuwa angunaphakade.

Ndivé udaba luphuma kuYehova, 14
kuthunywe isigidimi ezintlangeni sokuthi, Zihlanganiseni, nimfikele, nisuke nilwe. Ngokuba, uyabona, ndikwenzé 15
wamncinane ezintlangeni, wadeleka phakathi kwezizwe. Ukududuzelisa kwa- 16
kho kukulukuhlile, ukukhukhumala

kwentliziyo yakho, wena uhleli ezimfanteni zengxondorha, wena ubambe intlomo yenduli. Ngokuba ùthe wayakhela phezulu njengexhalanga indlu yakho, ndokuthoba apho; utsho uYehova.
17 Úya kuba ngummangaliso uEdom; bonke abadlula kuye baya kumangaliswa, benze umsondlo, ngenxa yokubethwa
18 kwakhe konke. Njengoko kwaba njalo ekubhukuqekeni kweSodom neGomora nemimelwane yayo, utsho uYehova, akuyi kuhlala mntu khona, akuyi kuphambukela nyana womntu khona.
19 Yabona, utshaba luya kunyuka njengengonyama ephuma ekweneni kweYordan, luye ekhayani eliyingxondorha; ngokuba ndiya kumgxotha ngephanyazo kulo; osukuba enyuliwe, ndimenzele umveleli; ngokuba ngubani na onjengam? ngubani na oya kundimema? ngubani na loo malusi uya kuma phambi
20 kwam? Ngako oko yivani icebo likaYehova, alicebileyo ngoEdom, neengcinga zakhe, azicingileyo ngabemi bakwaTeman; inene, baya kuzikrwiqiliza ezincinane zomhlambi; inene, liya kumangaliswa zizo ikriwa lazo.
21 Ihlabathi liyanyikima sisithonga sokuwa kwabo; isandi sokukhala *kwabo*
22 sivakala eLwandle oluBomvu.* Yabona, *utshaba* luyanyuka njengexhalanga, lutshwebeleza, luwolule amaphiko alo phezu kweBhotsera; intliziyo yamagorha ekwaEdom ngaloo mini iya kuba njengentliziyo yomfazi onenimba.

Isiprofeto sokuchasa iDamasko

23 Ngokusingisele kwiDamasko:
Ihlazekile iHamati neArpadi; ngokuba kuviwe iindaba ezimbi; bancamile; njengaselwandle, banesithukuthezi, a-
24 banako ukuzola. IDamasko ithe dakumba, ijikile yasaba; ifikelwe kukothuka, ibanjwe yimbandezelo nayinimba
25 njengozalayo. Hayi, ukushiywa komzi
26 wendumiso, umzi wemihlali yam! Ngako oko aya kuwa amadodana ayo ezitratweni zawo, amadoda onke okulwa athi shwaka ngaloo mini; utsho uYehova
27 wemikhosi. Ndiya kuphemba umlilo eludongeni lweDamasko, udle iingxande ezinde zikaBhen-hadade.

Isiprofeto sokuchasa ezinye izizwe ezahlukahlukeneyo

28 Ngokusingisele kumaKedare, nakwizikumkani zaseHatsore, awazibulalayo uNebhukadenetsare ukumkani waseBhabheli, utsho uYehova ukuthi:
Sukani nime, nyukani niye kumaKedare, nibabhuqe abasempumalanga.
29 Iintente zabo nemihlambi yabo boyithabatha; namalengalenga abo, neempahla zabo zonke, neenkamela zabo, bozisusa zibe zezabo; bamemeze kubo, bathi, Kukunxunguphala ngeenxa zonke. Sa-
30 bani, balekani kakhulu, hlalani enkolontyweni, bemi baseHatsore, utsho uYehova; ngokuba uNebhukadenetsare ukumkani waseBhabheli ecebe icebo ngani, wacinga ingcinga ngani.
Sukani nime, nyukani niye kuhlanga 31 oluchulumachileyo, oluhleli lukholosile, utsho uYehova; *uhlanga* olungenazingcango namivalo, oluhleli lodwa. Ii- 32 nkamela zabo maziphangwe, ingxokolo yemfuyo yabo ibe ngamaxhoba, ndibachithachithe kwimimoya yonke onquthula-iinwele, ndibazisele ukusindeka, kuphuma kumacala onke; utsho uYehova. IHatsore iya kuba sisikhundla 33 seempungutye, kube senkangala kude kuse ephakadeni. Akuyi kuhlala bani khona, kungaphambukeli nyana womntu khona.

Into eyafikayo kuYeremiya umprofe- 34 ti, ililizwi likaYehova ngokusingisele kwelakwaElam ekuqaleni kobukumkani bukaZedekiya ukumkani wakwaYuda, yayisithi:
Utsho uYehova wemikhosi ukuthi, 35 Yabonani, ndiyasaphula isaphetha sakwaElam, intlahlela yobugorha babo; ndiya kulizisela elakwaElam imimoya 36 eminé ephuma eziphelweni ezinè zezulu, ndibachithachithe kuloo mimoya yonke, kungabikho luhlanga bangayi kufika kulo abaziindlodlo zakwaElam. Ndomqhiphukisa umbilini uElam pha- 37 mbi kweentshaba zakhe, naphambi

kwabafuna imiphefumlo yabo; ndibazisele ububi, ukuvutha komsindo wam; utsho uYehova. Ndothuma emva kwa-
38 bo ikrele, ndide ndibagqibe, Ndiya kumisa itrone yam kwaElam, ndimtshabalalise khona ukumkani nabathetheli; utsho uYehova.
39 Kuya kuthi ke ekupheleni kwemihla, ndikubuyise ukuthinjwa kukaElam; utsho uYehova.

Isiprofeto sokuchasa iBhabheli

50 Ilizwi awalithethayo uYehova ngokusingisele kwiBhabheli, ngokusingisele kwilizwe lamaKaledi, ngoYeremiya umprofeti, lalisithi:
2 Xelani ezintlangeni, nivakalise, niphakamise ibhanile.* Vakalisani, musani ukufihla; yithini, Ithinjiwe iBhabheli, uhlazekile uBhele,* uqhiphuke umbilini uMerodaki,* zihlazekile izithixo zabo, ziqhiphuke umbilini izigodo
3 zabo. Ngokuba kunyuke kweza kubo uhlanga lwasentla, oluya kwenza ilizwe labo kube senkangala, lingabi nammi, kuthabathele emntwini kuse ezinkomeni, kubalekwe kumkiwe.
4 Ngaloo mihla nangelo xesha, utsho uYehova, baya kuza oonyana bakaSirayeli kunye noonyana bakaYuda, behamba belila, baye bamquqele uYehova
5 uThixo wabo. Baya kubuza iZiyon, babheke khona, besithi, Yizani, nithelele kuYehova ngomnqophiso ongunaphakade ongayi kulityalwa.
6 Abantu bam bába ngumhlambi weegusha ezilahlekileyo; abalusi babo babandwendwisela ezintabeni eziphambanisayo, behamba besuka entabeni, baye endulini, bayilibale indawo yabo
7 yokubutha kwabo. Bonke ababafumanayo babadla; ababandezeli babo bathi, Asinatyala, ngethuba lokuba bonile kuYehova, ikriwa lobulungisa, ithemba loyise, uYehova.
8 Balekani, niphume phakathi kweBhabheli; mabaphume ezweni lamaKaledi, babe njengeenkunzi zeebho-
9 khwe ezikhokela umhlambi. Ngokuba, yabonani, ndixhoxha, ndinyuse, ndise eBhabheli isikhungu seentlanga ezinkulu, ziphuma ezweni lasentla, ziyakhéle uluhlu. Iya kuthinjwa apho, iintolo zaso zibe njengezegorha elili-
10 gcisa, elingabuyi lilambatha. Loba lixhoba elamaKaledi; bonke abalithimbayo baya kuhlútha; utsho uYehova.
11 Nàkuba nivuya njalo, nàkuba nidlamkile, baphangi belifa lam, nàkuba nidloba njengethokazi elibhulayo, nilila
12 njengeembalasane zamahashe: úya kudana kakhulu unyoko; úya kuba neentloni onizalayo. Yabonani, olokugqi-
13 bela ezintlangeni luya kuba yintlango, umqwebedu, inkqantosi. Ngenxa yoburhalarhume bukaYehova ayisayi kumiwa; kuya kuba senkangala kuyo yonke iphela. Bonke abadlulayo eBhabheli baya kumangaliswa, benze umsondlo ngenxa yokubethwa kwayo konke.
14 Yakheleni uluhlu iBhabheli ngeenxa zonke, nonke batyedi besaphetha; tolani kuyo, ningashiyi lutolo; ngokuba yonile kuYehova. Dumani ngayo ngeenxa
15 zonke; izinìkele; ziwile iingqoqo zayo, zidilikile iindonga zayo; ngokuba yi-m̄p̄iñdezēl̥o kaYehova. Phindezelani kuyo; njengokwenza kwayo, yenzani kuyo. Nqumlani umhlwayeli eBhabhe-
16 li, nophethe irhengqa ngexesha lokuvuna. Ngenxa yekrele elidlavulayo elowo ubheka ebantwini bakowabo, elowo usabela ezweni lakowabo.
17 Úyigusha elusali uSirayeli; ubhejethwe ziingonyama. Ngukumkani waseAsiriya owaqala wamdla; ngoku, owokugqibela umqobi wamathambo akhe nguNebhukadenetsare ukumkani waseBhabheli. Ngako oko, utsho u-
18 Yehova wemikhosi, uThixo kaSirayeli, ukuthi, Yabonani, ndiyamvelela ukumkani waseBhabheli nelizwe lakhe, njengoko ndamvelelayo ukumkani waseAsiriya. Ndiya kumbuyisela uSirayeli
19 ekriweni lakhe, adle eKarmele naseBhashan, uhluthe umphefumlo wakhe ezintabeni zakwaEfrayim nezaseGiliyadi. Ngaloo mihla nangelo xesha, utsho
20 uYehova, buya kufunwa ubugwenxa bukaSirayeli, bungabikho; nezono zikaYuda zingafumaneki; ngokuba ndiya kubaxolela endibasalisileyo.

21 Ilizwe lakwaNkani-ziphindwe-kabini, nyuka uye kulo kanye, kubemi belakwa-Kohlwaywa; bharhisa usingele phantsi emva kwabo, utsho uYehova; wenze ngako konke endakuwisela umthetho ngako.
22 Isithonga semfazwe siselizweni, no-
23 kwaphuka okukhulu. Hayi, ukuxakaxwa, ukwaphulwa kwesando sehlabathi lonke! Hayi, ukwenziwa kweBhabheli ummangaliso phakathi kweentla-
24 nga! Ndikuthiyéle, wabanjiswa nokubanjiswa, Bhabheli, ungâzi ke wena; ûfunyenwe, wathinjwa nokuthinjwa, ngokuba ulwe noYehova.
25 UYehova uyivulile indlu yezixhobo zakhe, wazikhupha iimpahla zokubhavuma kwakhe; ngokuba inomsebenzi iNkosi, uYehova wemikhosi, ezweni
26 lamaKaledi. Yizani kulo, nivale ngeenxa zonke; vulani amaqonga alo; lifumbeni ngokwezidimbilili, nilisingele
27 phantsi, kungasali nento kulo. Hlabani zonke iinkunzi zalo ezintsha zeenkomo; mazithotyelwe ekuxhelweni. Yeha ke bona! Ngokuba iyeza imini yabo,
28 ixesha lokuvelelwa kwabo. Phulaphulani! Nabó abasabàyo, abasindàyo ezweni laseBhabheli, ukuba baxele eZiyon impindezelo kaYehova uThixo wethu, impindezelo yetempile yakhe.
29 Bahlabeleni umkhosi abatoli, beze eBhabheli, bonke abatyedi besaphetha; yingqingeni ngeenxa zonke. Makungabikho usindayo; yivuzeni ngokomsebenzi wayo; ngako konke eyakwenzayo, yenzani ngako kuyo; ngokuba ikhukhumele kuYehova, kóyiNgcwele kaSirayeli.
30 Ngako oko aya kuwa ezitratweni zayo amadodana ayo, athi shwaka ngaloo mini onke amadoda ayo okulwa; utsho
31 uYehova. Yabona, ndikuchasile, wena ukhukhumeleyo, itsho Nkosi uYehova wemikhosi; ngokuba ifikile imini yakho,
32 ixesha lokukuvelela kwam. Wókhubeka okhukhumeleyo, awe, kungabikho umvusayo; ndiphèmbe umlilo emizini yakhe, utshe ngeenxa zonke kuye.
33 Utsho uYehova wemikhosi ukuthi, Babecudiswa oonyana bakaSirayeli noonyana bakaYuda kunye; bonke ababathimbáyo bayagcinisa ukubabamba, àbavumi ukubandulula. UMkhululi 34 wabo obamiselayo womelele, ugama lakhe linguYehova wemikhosi; uya kubambana abambane nobambana nabo, ukuze aliphumze ihlabathi, agungqise abemi baseBhabheli.

Ikrele maliwafikele amaKaledi, nabe- 35 mi baseBhabheli, nabathetheli bayo, nezilumko zayo; utsho uYehova. I- 36 krele malibafikele abaphololozi bento engeyiyo, babe zizimathane; ikrele maliwafikele amagorha, aqhiphuke umbilini. Ikrele maliwafikele amahashe ayo, 37 neenqwelo zayo zokulwa, nomxukuxela wonke ophakathi kwayo, babe ngabafazi; ikrele malibufikele ubuncwane bayo, ukuba buphangwe. Ukubálela 38 makuwafikele amanzi ayo, ukuba atshe.

Ngokuba lilizwe lemifanekiso eqingqiweyo; bazigezisé ngezinto ezothusayo. Ngako oko kuya kuhlala khona ama- 39 rhamncwa omqwebedu neempungutye, kuhlale iinciniba khona, lingabi samiwa naphakade, lingabi sahlalwa izizukulwana ngezizukulwana. Njengoko wa- 40 yibhukuqayo uThixo iSodom neGomora, nemimelwane yayo, utsho uYehova, akuyi kuhlala bani khona, akuyi kuphambukela nyana womntu khona.

Yabonani, kuza abantu, bevela entla, 41 uhlanga ke olukhulu; nookumkani abaninzi bayaxhoxhwa, bevela eziphelweni zehlabathi. Baphethe isaphetha ne- 42 nkcula, bazizijorha, àbanamfesane; ilizwi labo liguguma njengolwandle, bakhwéle emahasheni, bekuxhobele njengendoda yokulwa, ntombi iyiBhabheli. Úvé iindaba zabo ukumkani waseBha- 43 bheli, zasuka zawa izandla zakhe; imbandezelo imbambile, uyazibhijabhija njengozalayo.

Yabonani, utshaba luya kunyuka nje- 44 ngengonyama, luphume ekweneni kweYordan, luye ekhayeni eliyingxondorha; ngokuba ndiya kumgxotha ngephanyazo kulo, osukuba enyulwe, ndimenzele umveleli walo; ngokuba ngubani na onjengam? ngubani na oya kundimema? ngubani na loo malusi uya kuma phambi kwam? Ngako oko, liveni 45

icebo likaYehova, alicebileyo ngeBhabheli, neengcinga zakhe, azicingileyo ngelizwe lamaKaledi; esithi, Inene, baya kuzikrwiqiliza ezincinane zomhlambi; inene, liya kumangaliswa zizo
46 ikriwa lazo. Ngenxa yelizwi elithi, Ibanjiwe iBhabheli, liyanyikima ihlabathi; kuvakala isikhalo ezintlangeni.

51 Utsho uYehova ukuthi, Yabonani, ndixhoxhela iBhabheli, nabahleli ngaphakathi kwabasukela phezulu kum,
2 umoya womonakalisi. Ndiya kuthumela eBhabheli abasemzini, abaya kuyela; balithi qongqololo ilizwe layo; ngokuba boyifikela ngeenxa zonke nge-
3 mini yobubi. Umtyedi wesaphetha makagobele kogobayo, nakozinyusayo, enengubo yentsimbi, ningawayeki amadodana ayo; singelani phantsi wonke
4 umkhosi wayo; bawè ababuleweyo ezweni lamaKaledi, nabahlatywe ama-
5 hlanza ezitratweni zayo. Ngokuba uSirayeli, kwanoYuda, akashiywanga wangumhlolokazi nguThixo wakhe, nguYehova wemikhosi; kuba ilizwe labo lizele lityala koyiNgcwele kaSira-
6 yeli. Sabani niphume eBhabheli, nisize elowo umphefumlo wakhe; maningadaki ngenxa yobugwenxa bayo; ngokuba eli lixesha lempindezelo kuYehova; uya kubuyekeza kuyo kwaimpatho yayo.
7 IBhabheli ibé iyindebe yegolide esandleni sikaYehova, ilinxilisa lonke ihlabathi; zasela iintlanga ewayinini yayo. Ngako oko ziyageza iintlanga.
8 Iwile iBhabheli ngesiquphe, yaphuka; bhombolozani ngenxa yayo; intlungu yayo yithabatheleni amafutha aqholi-
9 weyo, mhlawumbi ingápholiswa. Bathi, Siba ngàyinyanga iBhabheli, ayiphili; yishiyeni, sihambe siye elowo ezweni lakowabo; ngokuba ityala layo lifike emazulwini, liphakamele esibha-
10 kabhakeni. UYehova ubuvelisile ubulungisa bethu; yizani sibalise eZiyon isenzo sikaYehova uThixo wethu.
11 Khazimlisani iintolo, qubulani amakhaka; uYehova uxhoxhe umoya wokumkani bamaKaledi. Ngokuba umnkqangiyelo wakhe ukwiBhabheli, ukuba ayonakalise; ngokuba yimpindezelo kaYehova, yimpindezelo yetempile yakhe. Ziphakamiseleni ibhanile* iindonga 12 zaseBhabheli. Qinisani ukulinda, misani abalindi, lungisani imilalela; ngokuba njengoko uYehova wankqangiyelayo, ukwenzile awakuthethayo ngabemi baseBhabheli. Wena uhleliyo phe- 13 zu kwamanzi amaninzi, ubuncwane bakho buninzi; kufikile ukuphela kwakho, isilinganiselo senzuzo yakho embi. UYehova wemikhosi ufunge umphefu- 14 mlo wakhe, esithi, Noko ndikuzalisileyo ngabantu, banga ziinkumbi ezinqunquthayo, kuya kususelwa ngawe ukwenziwa amayeyeye.

Ngulowenza ihlabathi ngamandla a- 15 khe, ngulozinzisa elimiweyo ngobulumko bakhe, waneka izulu ngengqondo yakhe. Kwakubon' ukuba kukho isi- 16 thonga sokwenza kwakhe ingxolo yamanzi ezulwini, unyusa amafu esiphelweni sehlabathi; imvula uyenzela imibane, arhole umoya koovimba bakhe. Uba sisityhakala wonke umntu engena- 17 kwazi, udaniswa wonke umnyibilikisi wegolide, ngenxa yomfanekiso oqingqiweyo; ngokuba umfanekiso wakhe otyhidiweyo bubuxoki, awunamoya. Zi- 18 ngamampunge ezo zinto, sisenzo sokugxekwa; ngexesha lokuvelelwa kwazo ziya kutshabalala. Akanjalo yena uSa- 19 hlulelo sikaYakobi; ngokuba nguMbumbi wezinto zonke yena, nowesizwe selifa lakhe yena; nguYehova wemikhosi, igama lakhe.

Wena ùsisixengxe sam, usisikrweqe 20 sam sokulwa. Ndiya kuzihlekeza ngawe iintlanga, ndizonakalise ngawe izikumkani; ndihlekèze ngawe ihashe no- 21 mkhweli walo; ndihlekeze inqwelo yokulwa nomkhweli wayo; ndihlekeze 22 ngawe indoda nomfazi, ndihlekeze ngawe indoda enkulu nomfana, ndihlekeze ngawe amadodana nomthinjana; ndihle- 23 keze ngawe umalusi nomhlambi wakhe; ndihlekeze ngawe umlimi nesipani sakhe; ndihlekeze ngawe amabamba neerhululeneli. Ndobuyekekeza kwiBha- 24 bheli, nakubeni bonke belamaKaledi, bonke ububi babo, ababenzé kwiZiyon emehlweni enu; utsho uYehova.

25 Yabona, ndikuchasile, ntaba yokonakalisa, utsho uYehova, elonakalisileyo lonke ihlabathi; ndiya kolula isandla sam phezu kwakho, ndikuqèngqe uhle ezingxondorheni, ndikwenze intaba e-
26 tshisiweyo; kungàthatyathwa litye lambombo kuwe, nalitye laziseko; ke uya kwenziwa kube senkangala ngonaphakade; utsho uYehova.

27 Phakamisani ibhanile elizweni, vuthelani isigodlo ezintlangeni; zingcwaliseni iintlanga kuyo, zihlabeleni umkhosi, zize kuyo izikumkani zeArarati neMini neAshkenazi; yalelani kuyo abathetheli; nyusani amahashe, eze njengeenkumbi ezinqunquthayo, ezibetha ube
28 namanwele. Zingcwaliseni iintlanga kuyo, ookumkani bamaMedi, namabamba awo, neerhuluneli zawo zonke,
29 nelizwe lonke lolawulo lwawo. Ihlabathi liyanyikima, liyazibhijabhija; ngokuba zenzeka kwiBhabheli iingcinga zikaYehova, zokulenza ilizwe leBhabheli kube senkangala, lingàmiwa.

30 Amagorha aseBhabheli ayekile ukulwa, ahleli ezimboniselweni; ubugorha bawo buthe qoko, asuka aba ngabafazi. Iminquba yayo ifakwe isikhuni, ya-
31 phukile imivalo yayo. Isigidimi siyagidima, siqubisana nesigidimi; umbiki uqubisana nombiki, abike kukumkani waseBhabheli ukuba umzi wakhe uthi-
32 njwe kwaphela. Amazibuko avingciwe, amadike atshé ngumlilo, amadoda
33 okulwa akhwankqisiwe. Ngokuba utsho uYehova wemikhosi, uThixo kaSirayeli, ukuthi, Intombi eyiBhabheli injengesandá ngexesha lokugangathwa kwaso; kusaya kuba ngumzuzwana, lifike ixesha lokuvuna kuyo.

34 Wasibhubhisa thina, wasincinitha uNebhukadenetsare ukumkani waseBhabheli, wasibeka saba sisitya esizé; wasiginya njengengwenya, wahluthisa isisu sakhe ngokudla kwethu okumnandi,
35 wasigxotha. Ukugonyamelwa kwam nenyama yam makube phezu kweBhabheli, makatsho ummi waseZiyon; igazi lam malibe phezu kwabemi belamaKaledi, mayitsho iYerusalem.

Ngako oko utsho uYehova ukuthi, 36 Yabona, ndiyalithetha ityala lakho, ndiphindezèle impindezelo yakho, ndilutshise ulwandle lwayo, ndilomise ithende layo; iBhabheli iya kuba ngumwe- 37 we, isikhundla seempungutye, ummangaliso nomsondlo, ingabi nammi. Bonke bephela bangábharhula njengee- 38 ngonyama ezintsha, bangávungama njengamathole engonyamakazi. Kanti ke 39 ebushushwini babo ndiya kubenzela umgidi wabo, ndibanxilise, ukuze badlamke, balale ubuthongo obungunaphakade, bangavuki; utsho uYehova. Ndi- 40 ya kubathobela ekuxhelweni njengamatakane, njengeenkunzi zeegusha nezeebhokhwe.

Hayi, ukuthinjwa kweSheshaki, uku- 41 banjwa kweqhayiya lehlabathi lonke! Hayi, ukwenziwa ummangaliso kweBhabheli phakathi kweentlanga! U- 42 lwandle lunyukile, lwayizela iBhabheli; igutyungelwe kukuguguma kwamaza alo. Imizi yayo yaba ngamanxuwa, 43 yaba lilizwe lomqwebedu nenkqantosi, lilizwe elingamiwe mntu, ekungadluli nyana womntu kulo. Ndiya kumvelela 44 uBhele* eBhabheli, ndikurhole emlonyeni wakhe akuginyileyo; zingabi sasinga kuye iintlanga; nodonga lweBhabheli luya kuwa.

Phumani phakathi kwayo, bantu 45 bam; sizani elowo umphefumlo wakhe, ngenxa yokuvutha komsindo kaYehova; hleze ithambe intliziyo yenu, noyike 46 iindaba ezivakalayo ezweni. Ziya kuza nomnyaka iindaba ezo, emveni koko ngomnye umnyaka kuze iindaba ezo, kuze ugonyamelo ezweni, umlawuli ebambene nomlawuli. Ngako oko, 47 uyabona, kuza imihla endiya kuyivelela imifanekiso eqingqiweyo yaseBhabheli, libharhe ilizwe layo lonke, bawe phakathi kwayo ababuleweyo kuyo. Liya 48 kumemelela ngenxa yeBhabheli izulu nomhlaba, nento yonke ekhona; ngokuba ababhuqi baphume entla, beza kùyo; utsho uYehova. Njengokuba 49 iBhabheli yaphikela ukuwisa ababuleweyo bakwaSirayeli, ngokunjalo baya kuwa ngenxa yeBhabheli ababuleweyo

50 behlabathi lonke. Nina nisindileyo ekreleni, hambani, musani ukuma. Mkhumbuleni uYehova nisekude, ithi qatha ezintliziyweni zenu iYerusalem.

51 Sidanile, ngokuba sive isingcikivo; ihlazo lagubungela ubuso bethu; ngokuba abasemzini bazingene iingcwele

52 zendlu kaYehova. Ngako oko, yabonani, kuza imihla, utsho uYehova, endiya kuyivelela imifanekiso eqingqiweyo elizweni layo, bancwine abahla-

53 tyiweyo. Nokuba iBhabheli ithe yenyuka yaya ezulwini, nokuba ithe yayinqabisa indawo ephezulu, inqaba yayo, ababhuqi bayo baya kuphuma kum; utsho uYehova.

54 Phulaphulani! Nako ukukhala kuphuma eBhabheli, nomaphulo omkhulu

55 uphuma ezweni lamaKaledi. Ngokuba uYehova uyayibhuqa iBhabheli, alitshabalalise kuyo izwi elikhulu; aguguma amaza ayo njengamanzi amaninzi, ku-

56 vakala ingxolo yesandi sawo. Ngokuba umbhuqi uya kuyifikela iBhabheli, athinjwe amagorha ayo, ziqhawuke izaphetha zayo; ngokuba nguThixo wembuyekezo uYehova, uya kuvùza evu-

57 zile. Ndiyabanxilisa abathetheli bayo nezilumko zayo, amabamba ayo neerhuluneli zayo, namagorha ayo; aya kulala ubuthongo obungunaphakade, angavuki: utsho uKumkani, ogama lakhe

58 linguYehova wemikhosi. Utsho uYehova wemikhosi ukuthi, Iindonga ezibanzi zeBhabheli ziya kunqikwa kube kanye, amasango ayo aphakamileyo atshiswe ngomlilo; izizwe zizixhamlele okulambathayo, neentlanga *zizixhamlele* umlilo, zityhafe ke.

Ukuthunywa kukaSeraya

59 Ilizwi awathi uYeremiya umprofeti wamwisela umthetho ngalo uSeraya, unyana kaNeriya, unyana kaMaseya, ekuyeni kwakhe noZedekiya ukumkani wakwaYuda eBhabheli, ngomnyaka wesiné wobukumkani bakhe; uSeraya lo

60 engumtshayeleli. UYeremiya wabubhala encwadini bonke ububi obuya kuyifikela iBhabheli, onke la mazwi abhaliweyo ngeBhabheli.

Wathi ke uYeremiya kuSeraya, Wa- 61 kufika eBhabheli, khangela onke la mazwi, uwalese. Uze uthi, Yehova, 62 wena uthethile ngale ndawo ukuyinqumla, ingàmiwa, kuthabathele kumntu kuse nakwinkomo; ke yona iya kuba ngamanxuwa angunaphakade. Kothi, 63 wakugqiba ukuyilesa le ncwadi, ubophe ilitye kuyo, uyinzulumbele esazulwini somEfrati; uthi, Iya kwenjenje iBha- 64 bheli ukuthi xumbu kwayo, ingaphumi, ngenxa yobubi endiya kuyizisela bona, batyhafe.

Azé ema apha amazwi kaYeremiya.

Isihlomelo sembali

52 UZedekiya ubeminyaka imashumi mabini anamnye ezelwe, ukuba ngukumkani kwakhe; waba neminyaka elishumi elinamnye engukumkani eYerusalem; igama Ionina belinguHamutali, intombi kaYeremiya waseLibhena. We- 2 nza okubi emehlweni kaYehova, njengako konke awakwenzayo uYehoyakim. Ngokuba ngenxa yomsindo ka- 3 Yehova kwenzeka oko eYerusalem nakwaYuda, wada wabalahla ebusweni bakhe.

UZedekiya wamana egwilika kukumkani waseBhabheli. Kwathi ngo- 4 mnyaka wesithoba wobukumkani bakhe, ngenyanga yeshumi, ngosuku lweshumi enyangeni leyo, wayifikela iYerusalem uNebhukadenetsare ukumkani waseBhabheli, yena nempi yakhe yonke, wayirhawula, wayakhela inqaba yokubonisela ngeenxa zonke. Wangqingwa ke 5 umzi, kwada kwaba ngumnyaka weshumi elinamnye wokumkani uZedekiya.

Ngosuku lwesithoba lwenyanga yesi- 6 né, yaqina indlala phakathi komzi, ababa nasonka abantu belizwe. Wa- 7 gqojozwa umzi; asaba onke amadoda okulwa, aphuma phakathi komzi ebusuku ngendlela yesango eliphakathi kweendonga zombini, elisemyezweni wokumkani (aye ke amaKaledi ewujikelezile umzi); ahamba ngendlela yaseArabha.

Impi yamaKaledi yamsukela uku- 8

mkani, yamfumana uZedekiya ezinkqa-
ntosini zaseYeriko; yonke impi yakhe
9 yamphalala, yemka kuye. Ambamba
ukumkani, anyuka naye, amsa kukum-
kani waseBhabheli eRibhela ezweni le-
Hamati; wawathetha apho amatyala
10 akhe. Ukumkani waseBhabheli wabasi-
kela oonyana bakaZedekiya emehlweni
akhe; nabatheteli bonke bakwaYuda
11 wabasikela eRibhela. Wamtyhaphaza
amehlo uZedekiya, wamkhonkxa nga-
makhamandela obhedu; ukumkani wa-
seBhabheli wamsa eBhabheli, wamfaka
entolongweni kwada kwayimini yokufa
kwakhe.
12 Ngenyanga yesihlanu, ngosuku lwe-
shumi enyangeni leyo (lo mnyaka ke
ngoweshumi elineminyaka esithoba ka-
kumkani uNebhukadenetsare ukumkani
waseBhabheli), wangena eYerusalem
uNebhuzaradan, umtheteli wabasiki,
owema phambi kokumkani waseBha-
13 bheli. Wayitshisa indlu kaYehova, ne-
ndlu yokumkani, nezindlu zonke zase-
Yerusalem; izindlu zonke zezikhulu
14 wazitshisa ngomlilo. Iindonga zonke
zaseYerusalem ngeenxa zonke yazidiliza
yonke impi yamaKaledi, ebinomthe-
15 theli wabasiki. Kwizisweli zabantu,
namasalela abantu ababesele phakathi
komzi, namaphamba awaphambelayo
kukumkani waseBhabheli, namasalela
engxokolo, wawafudusa uNebhuzara-
16 dan, umtheteli wabasiki. Ke uNe-
bhuzaradan, umtheteli wabasiki, wa-
salisa kwizisweli zelizwe, ukuze zibe
ngabasebenzi bemidiliya nabalimi.
17 Iintsika zobhedu ezibe zisendlwini
kaYehova, neenqwelwana, nolwandle
lobhedu obelusendlwini kaYehova, ezo
zinto aziqhekeza amaKaledi, aluthwa-
lela eBhabheli lonke ubhedu lwazo.
18 Athabatha neembiza, nemihlakulwana,
nezitshetshe, nezitya zokutshiza, nee-
nkamba, neempahla zonke zobhedu ebe-
19 kulungiselelwa ngazo. Umtheteli wa-
basiki wathabatha izidendeleko, nee-
ngcedevu, nezitya zokutshiza, neembi-
za, neziphatho zezibane, neenkamba,
namathunga, igolide kwezegolide, isili-
20 vere kwezesilivere. Neentsika zombini,

ulwandle olunye, neenkomo ezilishumi
elinambini zobhedu ezibe ziphantsi
kwalo, neenqwelwana awazenzela indlu
kaYehova uSolomon ukumkani, alwaba
nakulinganiswa ubhedu lwezo mpahla
zonke. Neentsika ezo, ukuphakama 21
kwenye intsika kube kuziikubhite*
ezilishumi elinesibhozo; umtya oziiku-
bhite ezilishumi elinambini ubuyitha-
ndela, nezinyuko zayo beziyiminwe
eminé; ibiholoholo. Ingqukuva yayo 22
ibiyeyobhedu, ukuphakama kwengqu-
kuva bekuziikubhite ezintlanu; umnatha
neerharnate bezisengqukuveni ngeenxa
zonke; yonke loo nto yabe ilubhedu.
Intsika yesibini yabe ikwanjalo, kunye
neerharnate. Iirharnate bezingamashu- 23
mi asithoba anantandathu, zibheke emo-
yeni; iirharnate zonke bezilikhulu phezu
komnatha ngeenxa zonke.

Umtheteli wabasiki wamthabatha 24
uSeraya umbingeleli oyintloko, no-
Zefaniya umbingeleli weyesibini intla-
ntlu, nabagcini-mnyango bobathathu.
Kuwo umzi wathabatha umbusi wa- 25
mnye, owayengumveleli wamadoda oku-
lwa, namadoda asixhenxe kuwo abebona
ubuso bokumkani, awafunyanwa pha-
kathi komzi; nombhali womtheteli
womkhosi, obehlaba umkhosi kubantu
belizwe, namadoda amashumi matha-
ndathu kubantu belizwe, awafunyanwa-
yo phakathi komzi. Wabathabatha abo 26
uNebhuzaradan, umtheteli wabasiki,
wabása eRibhela, kukumkani waseBha-
bheli. Wabaxabela ukumkani wase- 27
Bhabheli, wababulala eRibhela ezweni
laseHamati. Afuduswa ke amaYuda
emhlabeni wawo.

Ngabo aba abantu awabafudusayo 28
uNebhukadenetsare: ngomnyaka wesi-
xhenxe, amaYuda angamawaka amatha-
thu, anamanci mabini anamathathu;
ngomnyaka weshumi elinesibhozo ka- 29
Nebhukadenetsare kwafuduswa eYeru-
salem imiphefumlo yaba makhulu asi-
bhozo, anamanci mathathu anamibini;
ngomnyaka wamashumi amabini ana- 30
mithathu kaNebhukadenetsare, uNe-
bhuzaradan, umtheteli wabasiki, wa-
fudusa amaYuda ayimiphefumlo ema-

khulu asixhenxe, anamanci mané anamihlanu. Yonke imiphefumlo yaba ngamawaka amané anamakhulu amathandathu.

31 Kwathi ngomnyaka wamashumi omathathu anesixhenxe wokufuduswa kukaYehoyakim ukumkani wakwaYuda, ngenyanga yeshumi elinesibini, ngosuku lwamashumi omabini anesihlanu enyangeni leyo, uEvili-merodaki ukumkani waseBhabheli, ngomnyaka wokwenziwa kwakhe ukumkani, wayiphakamisa intloko kaYehoyakim ukumkani wakwaYuda, wamkhupha entolongweni. Wathetha 32 naye kakuhle, wayimisa itrone yakhe, yaba ngaphezu kweetrone zabanye ookumkani ababenaye eBhabheli. Wa- 33 zikhulula iingubo zakhe zobubanjwa; wamana ukudla isonka ebusweni bakhe yonke imihla yokuphila kwakhe. U- 34 mxhesho wakhe, umxhesho wamaxesha onke, wawunikwa, uvela kukumkani waseBhabheli, into yemini ngangemini yayo, kwada kwayimini yokufa kwakhe, yonke imihla yokuphila kwakhe.

IZILILO ZIKAYEREMIYA

Isiphanziso seZiyon nomvandedwa wayo

1 Yoo! Uhleli wodwa, umzi obantu baye bebaninzi;
Obe umkhulu ezintlangeni
Usuke waba njengomhlolokazi; umthethelikazi emazweni
Usuke waba ngofakwa uviko.

2 Ulila elilile ebusuku, iinyembezi zakhe zisezidleleni zakhe;
Akanamthuthuzeli kuzo zonke izithandane zakhe;
Onke amakholwane akhe ammenezelele,
Aba lutshaba kuye.

3 UYuda uye ekuthinjweni, ephuma ezintsizini nasezinkonzweni ezininzi;
Yena uhleli ezintlangeni, akafumani kuphumla;
Bonke abamsukelayo bamfikele ezingxingongweni.

4 Iindlela zaseZiyon zenza isijwili, ngokungabikho kwabayà emithendelelekweni;
Onke amasango ayo akanamntu, ababingeleli bayo bayancwina;
Iintombi zayo zinosizi, yona ke kukrakra kuyo.

5 Ababandezeli bayo basuka bayintloko; iintshaba zayo zinobunqobo;
Ngokuba uYehova uyenzé yanosizi ngenxa yokreqo lwayo oluninzi;
Abantwana bayo bemkile, bathinjiwe, baqhutywa ngumbandezeli.

Buphumile entombini enguZiyon bonke 6 ubungangamsha bayo;
Abatheteli bayo baba njengamaxhama angafumani dlelo,
Ahamba engenamandla phambi komsukeli.

IYerusalem iyazikhumbula, ngemini 7 yeentsizi zayo neyokudinga kwayo,
Zonke izinto zayo ezinqwenelekayo ebinazo kwakwiimini zamandulo,
Ekuweni kwabantu bayo esandleni sombandezeli, ingenamncedi;
Ababandezeli bayo báyibona, bakúhleka ukucinywa kwayo.

IYerusalem asikuko nokuba yonile 8 yona; ngenxa yoko yaba lubhorha;
Bonke ababeyizukisa bayayicukuceza, ngokuba baboné ubuzé bayo;
Nayo ngokwayo iyancwina, ibuye umva.
Ubunqambi bayo busezingutyeni zayo 9 ezirhuqayo, ayilikhumbulelanga ikamva layo;
Yehla ke ngokubalulekileyo; ayinamthuthuzeli,
Ithi, Zikhangele, Yehova, iintsizi zam; ngokuba utshaba luzikhulisile.
Umbandezeli usolule isandla sakhe 10 phezu kwezinto zayo zonke ezinqwenelekayo;

IZILILO 1–2

Kuba ibona iintlanga zingené engcweleni yayo,
Owawuwise umthetho wena, ukuba zingangeni ebandleni lakho.

11 Bonke abantu bayo bayancwina, befuna isonka;
Barholé izinto zabo ezinqwenelekayo ngenxa yesonka, ukuze bawubuyise umphefumlo;
Bóna, Yehova, ukhangele, ukuba ndisuke ndacukucezeka.

12 Akunto na oku kuni nonke, nina nidlula ngendlela?
Bhekani nibone, ukuba kukho na umvandedwa onjengomvandedwa wam, endiwenziweyo,
Athe uYehova wandenza lusizi ngemini yokuvutha komsindo wakhe.

13 Engaphezulu, uthumé umlilo emathanjeni am, wawanyathela;
Uzanekele umnatha iinyawo zam, wandibuyisa umva;
Undenzé inxuwa, yonke imini ndityafile.

14 Idyokhwe yezikreqo zam ibotshwe sisandla sakhe;
Zibhijelene, zenyuka zaba semqaleni wam, zawakhubekisa amandla am;
INkosi yam indinikele ezandleni zabo ndingenakumisa kubo.

15 INkosi yam izitshitshisile zonke iimbalasane zam eziphakathi kwam;
Indimemele umthendeleko, ukuba yaphule amadodana am.
INkosi yam ixovule inkazana enguYuda, ngokungathi kusesixovulweni sewayini.

16 Ngenxa yezo zinto ndiyalila; iliso lam, iliso lam lihla amanzi,
Ngokuba ekude kum umthuthuzeli, umbuyisi womphefumlo wam;
Baziimpanza abantwana bam, ngokuba utshaba lwam lundoyisile.

17 IZiyon iyazolula izandla zayo, ayinamthuthuzeli;
UYehova ubawisele umthetho ngoYakobhi, ukuba ababandezeli bakhe bamngqonge;
IYerusalem iyinto elubhorha phakathi kwabo.

18 Úlilungisa uYehova; ngokuba bendiphikise umlomo wakhe.
Khanive, nonke zizwe, niwubone umvandedwa wam;
Umthinjana wam namadodana am emke nokuthinjwa.

19 Ndibizé izithandane zam, zandikhohlisa zona;
Ababingeleli bam, namadoda amakhulu akwam, aphume umphefumlo phakathi komzi,
Xa abezifunela ukudla, ukuba abuyise imiphefumlo yawo.

20 Khangela, Yehova, ngokuba ndibandezelekile; izibilini zam ziyabila;
Intliziyo yam iphendukile phakathi kwam; ngokuba ndasuka ndaba ziinkani kuphela;
Ngaphandle ikrele landihlutha abantwana, ngaphakathi kwakukufa kodwa.

21 Bandivile ukuba ndiyancwina; ndathi, Andinamthuthuzeli;
Zonke iintshaba zam zibuvile ububi bam; zinemihlali, ngokuba oko kwenziwé nguwe.
Uyayizisa imini oyimemileyo, ziya kuba njengam ke.

22 Mabufike phambi kwakho bonke ububi bazo,
Uziphathe njengoko wandiphatha ngako ngenxa yezikreqo zam zonke;
Ngokuba kuninzi ukuncwina kwam, nentliziyo yam ityhafile.

Umvandedwa weZiyon ubangwa ngumsindo weNkosi

2 Yoo! Itheni na iNkosi yam ukuyisibekela kangaka ngomsindo wayo intombi enguZiyon?
Isikhuphile ezulwini, yasikhahlela ehlabathini, isihombo sikaSirayeli,
Ayasikhumbula isihlalo seenyawo zayo ngemini yomsindo wayo.

2 INkosi yam iwaginyile, ayawaconga, onke amakriwa akwaYakobi;
Izigungxule ngokuphuphuma komsindo wayo iinqaba ezinkulu zentombi enguYuda;
Yazizisa emhlabeni;
Ibungcolisile ubukumkani nabathetheli babo.

IZILILO 2

3 Izixakazile ngokuvutha komsindo wayo zonke iimpondo zikaSirayeli;
Isibuyisé umva isandla sayo sokunene ebusweni botshaba;
Yatshisa kwaYakobi njengomlilo olenyayo, odlayo ngeenxa zonke.

4 Isityedile isaphetha sayo njengotshaba; imise isandla sayo sokunene, saxelisa esombandezeli,
Yazibulala zonke izinto ezinqwenelekayo emehlweni;
Ententeni yentombi enguZiyon, ibuphalazile ubushushu bayo njengomlilo.

5 INkosi yam isuke yaba njengotshaba; imginyile uSirayeli,
Iziginyile zonke iingxande zayo ezinde, izonakalisile iinqaba zayo ezinkulu;
Yandisa entombini enguYuda uncwino nokukhala.

6 Iyichithile indawo yayo ebiyiweyo njengomyezo;
Iyitshabalalisile indawo yayo yentlangano;
UYehova wenzé walitylawa eZiyon umthendeleko nesabatha;
Wabagiba ekubhavumeni komsindo wakhe ukumkani nombingeleli.

7 INkosi yam isihlambele isibingelelo sayo, ithe nèthe kuyo ingcwele yayo,
Izivingcelele esandleni sotshaba iindonga zeengxande zayo ezinde;
Baxokozela endlwini kaYehova njengemini yomthendeleko.

8 UYehova ucingé ukonakalisa udonga lwentombi enguZiyon;
Wolulé ulutya lokulinganisela, àkasibuyisa isandla sakhe ekuginyeni;
Wenza ungqameko lomsele lwaba nesijwili, kwanodonga; zithokombisile kunye ezo zinto.

9 Amasango ayo atshonile emhlabeni; úyitshabalalisile, uyaphule imivalo yayo;
Ukumkani wayo nabathetheli bayo basezintlangeni, akukho myalelo;
Abaprofeti bayo abafumani mbono kuYehova.

10 Ahleli emhlabeni ethe cwaka amadoda amakhulu entombi enguZiyon;
Azigalele ngomhlaba entloko, abhinqe ezirhwexayo;

Úzithòbele emhlabeni iintloko zawo umthinjana waseYerusalem.

Amehlo am aphela ziinyembezi, ziya- 11
bila izibilini zam,
Isibindi sam siphalalele emhlabeni, ngenxa yokwaphuka kwentombi yabantu bakowethu,
Ngokutyhafa kwabantwana, nabasemabeleni, ezitratweni zomzi.
Bamana ukuthi koonina, Iphi na i- 12
ngqolowa newayini?
Ekutyhafeni kwabo njengabangxwelerhiweyo ezitratweni zomzi,
Ekuziphalazeni kwemiphefumlo yabo esifubeni sonina.

Ndikungqinele, ngantoni na? Ndi- 13
kufànekise nantoni na, ntombi yaseYerusalem?
Ndikulingànise nantoni na, ukuze ndikuthuthuzele, ntombindini iyintombi, inguZiyon?
Ngokuba kukhulu ngangolwandle ukwaphuka kwakho; ngubani na onokukuphilisa?
Abaprofeti bakho bakubonele imibono 14
yento engento nejavujavu;
Ababutyhila ubugwenxa bakho, ukuba kubuyiswe ukuthinjwa kwakho;
Bakubonéle imibono ezihlabo ezingezizo, nezokugxothwa.
Bàbetha izandla ngawe bonke abadlula 15
ngendlela;
Benza umsondlo, bahlunguzele iintloko ngentombi enguYerusalem, besithi,
Ngulo mzi na, lo kuthiwa kuphela kwenzwakazi, yimihlali yehlabathi lonke?
Zonke iintshaba zakho zikwakhamisela 16
umlomo;
Zenza umsondlo, zitshixizela amazinyo; zithi, Siyiginyile;
Inene, yiyo le imini ebe siyithembile; siyifumene, siyibonile.
Ukwenzile uYehova abekunkqangiyele; 17
Ulizalisile ilizwi lakhe, abeliwisele umthetho kususela kwiimini zamandulo;
Ugungxule, àkaconga;
Wenzé lwakuvuyelela utshaba lwakho,

IZILILO 2–3

Uphakamisé uphondo lwababandezeli bakho.

18 Intliziyo yabo ikhala eNkosini yam;
Lùdonga lwentombi enguZiyon, mazihle iinyembezi njengomlambo imini nobusuku;
Musa ukuyeka, malungaphezi ukhozo lweliso lakho.

19 Vuka, uhlahlambe ebusuku, ekuqalekeni kwemilindo;
Yiphalaze njengamanzi intliziyo yakho ebusweni beNkosi;
Ziphakamisele kuyo izandla zakho, ngenxa yomphefumlo wabantwana bakho,
Abatyhafileyo kukulamba ekujikeni kwezitrato zonke.

20 Bóna, Yehova, ukhangele, ngubani na lo wènjénje ukumphatha kakubi?
Abafazi bangádla isiqhamo somzimba wabo na? Badlè abantwana ababathantamisayo na?
Angábulawelwa engcweleni yeNkosi na umbingeleli nomprofeti?

21 Balele emhlabeni phandle oyinkwenkwe noyindoda enkulu;
Umthinjana wam namadodana am awile likrele;
Ùbulele ngemini yomsindo wakho, usikile, akwaconga.

22 Ùkumemile ngokwemini yomthendeleko ukunxunguphala kwam ngeenxa zonke,
Akwabakho usindayo, usalayo, ngemini yomsindo kaYehova.
Endibathantamisileyo ndabakhulisa, utshaba lwam lubagqibele.

IZiyon inethemba lenceba kaThixo

3 Ndim indoda eboné iintsizi, ngentonga yokuphuphuma komsindo wakhe.
2 Ùndikhokele wandihambisa ebumnyameni, akwaba sekukhanyeni.
3 Ùbuyé wasiguqulela kum ndedwa isandla sakho imini yonke.

4 Úyonakalisile inyama yam nolùsu lwam; uwaphule amathambo am.

Úndakhele wandirhaqa ngenyongo nendiniso. 5
Úndibele ezindaweni ezimnyama, njengabafe ngonaphakade. 6
Úndibiyele ngeenxa zonke, andinakuphuma; uwenze aba nzima amakhamandela am obhedu. 7
Noko ndikhalayo, ndizibikayo, uyawuvingcela umthandazo wam. 8
Úzibiyele iindlela zam ngamatye aqingqiweyo, uzenzé goso iingqushu zam. 9

Kum úyibhere* elalelayo, úyingonyama esezintsithelweni. 10
Úzityekisile iindlela zam, wandidlavula; undenzé inxuwa. 11
Úsigobile isaphetha sakhe, wandimisa ndaba yitekeni* yotolo lwakhe. 12

Úzise ezintsweni zam iintolo zomphongolo wakhe. 13
Ndisuke ndayintlekisa kubantu bonke bakowethu; ndiyingoma yabo imini yonke. 14
Úndihluthise ngeento ezikrakra, wandiseza ndahlutha umhlonyane. 15

Úwaphule ngohlalu amazinyo am; undixinzelele phantsi eluthuthwini. 16
Úwuhlambile umphefumlo wam, awaba naluxolo; ndiyilibele into elungileyo. 17
Ndathi, aphelile amandla am, nokulinda kwam kuYehova. 18

Zíkhumbule iintsizi zam, nokutshutshiswa kwam, umhlonyane nenyongo. 19
Umphefumlo wam uyazikhumbula unangoku ezo zinto, usibekekile kum. 20
Oko ndikunyamekèle ngentliziyo: ngenxa yoko ndilindile. 21

Kungeenceba zikaYehova le nto singagqityelwanga, ngokuba azipheli iimfesane zakhe. 22
Zintsha imisó ngemisó; kukhulu ukuthembeka kwakhe. 23
Isabelo sam nguYehova, utsho umphefumlo wam; ngenxa yoko ndilindele kuye. 24

IZILILO 3

25 UYehova ulungile kwabathembele kuye, kumphefumlo omquqelayo.
26 Kulungile ukuba umntu alulindele, ethe cwaka, usindiso lukaYehova.
27 Kuyilungele indoda ukuba iyithwale idyokhwe kwasebutsheni bayo.

28 Mayihlale yodwa ithe cwaka, xa iyithwalisiweyo.
29 Mayiwubeke eluthulini umlomo wayo; kungábakho ithemba mhlawumbi.
30 Mayisinikele isidlele sayo koyibethayo; mayihlùthe yingcikivo.

31 Ngokuba iNkosi yam ayiyi kumhlamba *umntu* ngonaphakade,
32 Ngokuba naxa imhlisele usizi, noko yoba nemfesane ngokobuninzi benceba yayo.
33 Ngokuba ayibacinezeli ngokuphuma entliziyweni yayo, ibènze babe nosizi oonyana babantu.

34 Ekutyunyuzweni kwababanjiweyo bonke behlabathi phantsi kweenyawo;
35 Ekulijikeni ityala lomfo phambi kobuso bOsenyangweni;
36 Ekuphenulweni komntu ekubambaneni kwakhe *nomnye*: iNkosi yam ayiboni na?

37 Ngubani na okhe wathetha, kwenzeka, iNkosi yam ingawisanga mthetho?
38 Akuphumi okubi nokulungileyo emlonyeni wOsenyangweni na?
39 Yini na ukuba umntu akhalaze ephilile? Umfo makakhalaze ngenxa yezono zakhe.

40 Masiziphengulule iindlela zethu, sizigocagoce, sibuyele kuYehova.
41 Masizinyuse iintliziyo zethu kunye nezandla zethu, sizisé kuThixo emazulwini.
42 Thina sikreqile saba neenkani; wena akuxolelanga.

43 Uzigqubuthele ngomsindo, wasisukela; ubuléle akwaconga.
44 Uzigqubuthele ngelifu, ukuze ungaphumeli umthandazo *wethu*.

Usenzé inkunkuma, imvuthuluka esa- 45 zulwini sezizwe.

Zisakhamisele umlomo wazo zonke 46 iintshaba zethu.
Kokwethu ukunkwantya, nomgongxo, 47 nesibatha, nokutshabalala, nokwaphuka.
Iliso lam lihla imijelo yamanzi, ngenxa 48 yokwaphuka kwentombi yabantu bakowethu.

Iliso lam liyatyityizela, aliyeki, alinqamki, 49
Ade aqondele abone uYehova, esema- 50 zulwini.
Iliso lam liyawubulala umphefumlo 51 wam, ngenxa yeentombi zonke zomzi wakowethu.

Zindizingele zandizingela njengentaka 52 iintshaba zam ngelizé.
Zibubhangisile ubomi bam ngokundeyelisela emhadini, zandigibisela ngamatye.
Amanzi ahambe phezu kwentloko yam, 54 ndathi, Ndinqanyulwe.

Ndinqulé igama lakho, Yehova, konga- 55 phantsi umhadi.
Izwi lam waliva; musa ukuyifihla indle- 56 be yakho ekubefuzeni kwam, ekuzibikeni kwam.
Wasondela ngemini yokukunqula kwam, 57 wathi, Musa ukoyika.

Uwathethile amatyala omphefumlo 58 wam, Nkosi yam; ubukhulule ubomi bam ngokubumisela.
Ukubonile, Yehova, ukuphenulwa 59 kwam; ligwebe ityala lam.
Uyibonile yonke impindezelo yabo, 60 *uzivile* zonke iingcinga zabo ngam.

Ukuvile ukungcikiva kwabo, Yehova, 61 *uzivile* zonke iingcinga zabo ngam,
Umlomo wabo basukela phezulu kum, 62 nezicamango zabo ngam yonke imini.
Ukuhlala kwabo nokusuka kwabo kú- 63 bheke; ndiyingoma yabo.
Bábuyisele imbuyekezo, Yehova, ngo- 64 kwezenzo zezandla zabo.

IZILILO 3–4

65 Bánike ubumfama bentliziyo; intshwabulo yakho mayibe kubo.
66 Básukele ngomsindo, ubatshabalalise, bangabikho phantsi kwamazulu kaYehova.

Ubuqaqawuli beZiyon bangaphambili nokucinezelwa kwayo ngoku

4 Yoo! Isuke igolide yaba mncumevu; isuke ecikizekileyo, elungileyo, yaba yeyimbi;
Asuke aphalazwa amatye engcwele ekujikeni kwezitrato zonke.

2 AbeZiyon abanqabileyo, ábamelwe yigolide engcwengiweyo,
Yoo! Babalelwa ekubeni yimiphanda yodongwe, umsebenzi wezandla zombumbi.

3 Kanti neempungutye ziyalirhola ibele, zanyise amathole azo;
Ke yona intombi yabantu bakowethu isuke yaba sisijorha, njengenciniba entlango.

4 Ulwimi losebeleni lunamathela ekhuhlangubeni lakhe linxano;
Abantwana bacela isonka, akukho ubaphulelayo.

5 Ababesidla ubuncwane baphanzile ezitratweni;
Ababephathwa ngeengubo ezibomvu bawola amazala.

6 Bukhulile ubugwenxa bentombi yakowethu ngaphezu kwesono seSodom,
Yona yabhukuqwáyo ngephanyazo, kungasiwanga sandla kuyo.

7 Babeqaqambile ababalulekileyo bayo ngaphezu kwekhephu; baye bemhlophe ngaphezu kwamasi;
Babeyingqombela imizimba ngaphezu kwekorale,* isibili sabo besinjengesafire;*
8 Imbonakalo yabo imnyama ngaphezu kocolothi;
Abanakaneki ezitratweni; ulúsu lwabo lutshele emathanjeni abo; lomile, lwanjengokhuni.

9 Baneyhweba ababulewe ngekrele kunababulewe yindlala,
Bona baphelayo ngokubulawa kukungabikho kweziqhamo zamasimi.
10 Izandla zabafazi abanemfesane zipheke abantwanana babo,
Baba kukudla kwabo ekwaphukeni kwentombi yabantu bakowethu.
11 Úbuphelelisile ubushushu bakhe uYehova, ukuphalazile ukuvutha komsindo wakhe;
Wafaka umlilo eZiyon, wazitshisa iziseko zayo.
12 Bebengenakukholwa ookumkani behla-bathi, nabemi bonke belimiweyo,
Ukuba ubengángenayo umbandezeli notshaba emasangweni aseYerusalem.

13 Kungenxa yezono zabaprofeti bayo, nobugwenxa bababingeleli bayo,
Abaphalazé igazi lamalungisa phakathi kwayo.
14 Baphamzela beziimfama ezitratweni, bedyobhekile ligazi,
Bada abantu ababa nakuchukumisa nezambatho zabo.
15 Sukani, nantso inqambi! Kwatshiwo ukumenyezwa kubo. Sukani, sukani, musani ukuphatha!
Bakùsaba, baphamzela nalapho, kwathiwa phakathi kweentlanga,
Mabangaphindi baphambukele khona.
16 Ubuso bukaYehova bubachithachithile, akasayi kubabheka;
Ubuso bababingeleli ababubhekanga, amadoda amakhulu abawababalanga.

17 Thina, amehlo ethu ayaphela, ekhangele uncedo olungamampunge;
Ekuboniseleni kwethu sibonisela uhlanga olungayi kusisindisa.
18 Bazingela amanyathela ethu, ukuze singabi nakuhamba ezitratweni zethu;
Kusondele ukuphela kwethu, izalisekile imihla yethu; ewe, kufikile ukuphela kwethu.
19 Abasisukelayo banamendu ngaphezu kwamaxhalanga asezulwini;
Basisukela ezintabeni ngokushushu, basilalela entlango.
20 Umoya wamathatha ethu, umthanjiswa kaYehova, ubanjisiwe emihadini yabo:

Lowo besisithi, Siya kuhlala phantsi komthunzi wakhe ezintlangeni.

21 Yiba nemihlali uvuye kambe, ntombi yakwaEdom, ihleliyo ezweni lakwaUtse;
Iya kudlulela nakuwe indebe; uya kunxila, uzihlube.

22 Bugqityiwe ubugwenxa bakho, ntombi inguZiyon;
Akayi kuphinda akufuduse;
Uya kubuvelela ubugwenxa bakho, ntombi yakwaEdom.
Uya kuzityhila izono zakho.

Umthandazo weZiyon wokucela ukuhlangulwa

5 Kukhumbule, Yehova, okusihleleyo; Bheka, uyibone ingcikivo yethu.
2 Ilifa lethu lisuke lenziwa elabasemzini, Izindlu zethu zalunga kwabolunye uhlanga.
3 Siziinkedama, asinabawo; Oma banjengabahlolokazi.
4 Amanzi ethu siwasela ngesilivere; Iinkuni zethu ziza kuthi ngexabiso.
5 Intshutshiso iphezu kwentamo yethu; Sidiniwe, asinakuphumla.
6 Isandla sisinika amaYiputa, Nama-Asiriya, ukuba sihluthe sisonka.
7 Oobawo bonile, àbasekho; Thina sithwele ubugwenxa babo.
8 Silawulwa ngabakhonzi; Akukho usiqhiwulayo ezandleni zabo.
9 Isonka sethu sisizuza ngomphefumlo wethu ùsisichenge.

Ngenxa yekrele lasentlango.
Ulùsu lwethu luyavutha njengeziko 10
Ngenxa yolophu lwendlala.
Badlwengulé abafazi eZiyon, 11
Iintombi emizini yakwaYuda.
Baxhomé abathetheli ngezandla; 12
Ubuso bamadoda amakhulu àbubékwa.
Amadodana athwala amatye okusila, 13
Amakhwenkwe akhubeka phantsi kweenkuni.
Amadoda amakhulu aphezile ukuya 14 esangweni;
Amadodana, ekubetheni uhadi.

Iphelile imihlali yentliziyo yethu, 15
Ukuqamba kwethu kujike kwaba kukumbambazela.
Siwile isithsaba entlokweni yethu; 16
Yeha ke thina! kuba sonile.
Ngenxa yoko ityhafile ìntliziyo yethu; 17
Ngenxa yezo zinto amnyama amehlo ethu;
Ngenxa yentaba yaseZiyon, kuba ibha- 18 rhile,
Kuhamba iimpungutye phezu kwayo.

Wena, Yehova, uhleli ngonaphakade; 19
Itrone yakho ikwisizukulwana ngesizukulwana.
Yini na ukuba usilibale ngonaphakade, 20
Usilahle imihla emide?
Sibuyisele kuwe, Yehova; sobuya; 21
Hlaziya imihla yethu njengokwamandulo.
Ùngaba usicekise mpela na, 22
Wanoburhalarhume kuthi ngokukhulukazi na?

INCWADI KAHEZEKILE UMPROFETI

Umbono weekerubhi eziné

1 Ke kaloku, ngomnyaka wamashumi omathathu, ngenyanga yesiné, ngolwesihlanu *usuku* enyangeni leyo, ndakubon' ukuba ndiphakathi kwabathinjiweyo ngasemlanjeni oyiKebhare, a- vuleka amazulu, ndabona imibono kaThixo. Ngolwesihlanu enyangeni leyo 2 (ingumnyaka ke wesihlanu wokuthinjwa kokumkani uYehoyakin lowo), kwafika ilizwi likaYehova kuHezekile 3 unyana kaBhuzi, umbingeleli, ezweni

UHEZEKILE 1

lamaKaledi, ngasemlanjeni oyiKebhare; saba phezu kwakhe apho isandla sikaYehova.

4 Ndabona ke, nanko kusiza umoya ovuthuzayo, uvela ngasentla, unelifu elikhulu nomlilo obumbeneyo njengembumbulu, nobumhlophe obungeenxa zonke kulo, obuphuma ngaphakathi kwawo, bubonakala ngathi yigolide 5 evuthiweyo emlilweni phakathi. Ngaphakathi kwawo yimfano yezinto eziphilileyo eziné. Nantsi ke imbonakalo 6 yazo: zibe zinemfano yomntu; inye ibinobuso obuné, inye kuzo apho ibi- 7 namaphiko amané. Imilenze yazo ibiyimilenze ethe nkqo; umphantsi weenyawo ubunjengomphantsi wenqina lethole; zidangazela zibonakala ngathi 8 lubhedu olubengezelisiweyo. Zazinezandla zomntu ngaphantsi kwamaphiko azo emacaleni azo omané; zoné ke 9 zinobuso namaphiko; amaphiko azo abehlangene, elaleyo nelaleyo; bezingajiki ekuhambeni kwazo, bezihamba, iyileyo iye kwicala elikhangelene nobuso 10 bayo. Imfano yobuso bazo ibe ibubuso bomntu; zinobuso bengonyama zoné ngasekunene; zinobuso benkomo zoné ngasekhohlo, zinobuso bokhozi zoné; 11 ubuso bazo namaphiko azo abe ahlukene ngaphezulu; iyileyo inamabini ehlangene nawaleyo, *namaphiko* amabini ke egubungele imizimba yazo.

12 Zahamba ke, iyileyo yaya kwicala elikhangelene nobuso bayo; apho sukuba ubusiya khona umoya, zaya khona; 13 azajika ekuhambeni kwazo. Imfano yezinto eziphilileyo ezo, imbonakalo yazo, ibingathi ngamalahle omlilo abasiweyo; ibingathi yimbonakalo yezikhuni ezitshangazayo; wona wahambahamba phakathi kwezinto eziphilileyo ezo; umhlophe ke umlilo lowo, emlilweni 14 kuphuma imibane. Izinto eziphilileyo bezigidima zibuye, ngokukubonakala kokuphambaphamba kombane.

Umbono weevili eziné

15 Ndazibona izinto eziphilileyo; nanko ke, kukho iivili emhlabeni, ecaleni kwezinto eziphilileyo, zinganye *iivili* kubuso ngobuso bazo obuné. Ukubonakala 16 kweevili nokusetyenzwa kwazo kwakunjengembonakalo yekrizolite,* zimfaninye zoné; ukubonakala kwazo nokusetyenzwa kwazo kungathi ivili ingaphakathi kwevili. Ekuhambeni kwazo za- 17 phambela kumacala azo omané; azajika ekuhambeni kwazo. Iifeleni zazo bezi- 18 phakamile, bezisoyikeka; iifeleni zazo bezizele ngamehlo ngeenxa zonke kuzo zoné. Zakuhamba izinto eziphilileyo, 19 zahamba nazo iivili ecaleni lazo; zakusuka izinto eziphilileyo emhlabeni, zasuka nazo iivili. Apho sukuba usiya 20 khona umoya, zaya apho sukuba umoya ubusiya khona; zasuka iivili kunye nazo; ngokokuba umoya wezinto eziphilileyo ubukho ezivilini ezo. Zaku- 21 hamba, zahamba nazo; zakuma, zema nazo; zakusuka emhlabeni, zasuka iivili kunye nazo; ngokokuba umoya wezinto eziphilileyo ubukho ezivilini ezo.

Umbono wobuqaqawuli bukaThixo

Naphezu kweentloko zezinto eziphi- 22 lileyo bekukho into efana nesibhakabhaka, ngathi ngembonakalo yikristale* eyoyikekayo, sanekiwe phezu kwentloko yazo ngaphezulu. Ngaphantsi kwe- 23 sibhakabhaka amaphiko ayethe tye, elo lasinga kwelo; iyileyo inamabini ayigubungeleyo, iyileyo inamabini ayigubungeleyo emzimbeni.

Ndeva ke isandi samaphiko azo, 24 sinjengesandi samanzi amaninzi, ngathi lilizwi loSomandla, ekuhambeni kwazo; izwi elinengxolo ngathi sisandi somkhosi; zakuma, zawayeka ehla amaphiko azo. Kwabakho ke izwi liphuma nga- 25 phaya kwesibhakabhaka, esibe siphezu kweentloko zazo; zakuma, zawayeka ehla amaphiko azo.

Ngaphezu kwesibhakabhaka esibe si- 26 phezu kweentloko zazo, kwabonakala umfanekiselo wetrone, wanga lilitye lesafire;* ngaphezu komfanekiselo wetrone kwabakho umfanekiselo ongathi yimbonakalo yomntu phezu kwayo ngaphezulu. Ndabona ke, ngathi yimbo- 27 nakalo yegolide evuthiweyo, ngathi yimbonakalo yomlilo, ngaphakathi kwayo nangeenxa zonke kuyo, kwathabathela embonakalweni yesinqe kwenyusa; kwathabathela embonakalweni yesinqe kwehlisa, ndabona ke ngathi yimbonakalo yomlilo, kumhlophe ke ngeenxa 28 zonke. Ngathi yimbonakalo yomnyàma obakhoyo efini mini ngemvula, yabe injalo imbonakalo yobumhlophe ngeenxa zonke. Leyo yimbonakalo yomfanekiselo wobuqaqawuli bukaYehova.

Ndabona ke, ndawa ngobuso, ndaliva izwi lothethayo.

Ukuthunywa kokuqala kukaHezekile ukuba abe ngumprofeti

2 Wathi kum, Nyana womntu, yima ngeenyawo zakho, ndithethe nawe.
2 Kwangena ke uMoya kum, xa abethetha nam, wandimisa ngeenyawo zam, ndamva othetha kum.
3 Wathi kum, Nyana womntu, ndikuthuma koonyana bakaSirayeli, kwiintlanga ezingabagwiliki, abagwilikileyo kum; bona nooyise babo bakreqile
4 kum, kwada kwayile mini. Oonyana baziingwanyalala ubuso, balukhuni intliziyo. Ndikuthuma kubo; uze uthi kubo,
5 Itsho iNkosi uYehova. Ke bona (nokuba bathe beva, nokuba bathe bála, kuba beyindlu eneenkani) baya kwazi ukuba bekukho umprofeti phakathi
6 kwabo. Wena ke, nyana womntu, musa ukuboyika, ungawoyiki amazwi abo; nangani usemarhawini nasemeveni, uhleli phezu koonomadudwane, musa ukuwoyika amazwi abo, ungaqhiphuki umbilini bubuso babo, kuba bayindlu
7 eneenkani. Wáthethe ke kubo amazwi am, nokuba bathe beva, nokuba bathe
8 bála; ngokuba baneenkani. Wena ke, nyana womntu, yiva endikuthethayo kuwe; ungabi nankani, njengale ndlu ineenkani; yakhamisa, udle endikunikayo.
9 Ndabona, naso isandla solulelwe kum; nantso kuso incwadi esongwayo.
10 Wayitwabulula phambi kwam; yaye ke ibhaliwe ngaphakathi nangaphandle, kubhalwe kuyo izimbonono, nezikhwino, nezimema.

3 Wathi ke kum, Nyana womntu, kúdle okufumanayo; yidle le ncwadi isongwayo, uye uthethe kwindlu ka-Sirayeli. Ndawuvula ke umlomo wam, 2 wandidlisa loo ncwadi isongwayo; wathi kum, Nyana womntu, dlisa isisu sakho, 3 uzalise umbilini wakho ngaloo ncwadi isongwayo ndikunikayo. Ndayidla ke, yaba nencasa emlonyeni wam, njengobusi.

Wathi kum, Nyana womntu, hamba 4 uye kwindlu kaSirayeli, uthethe kubo ngamazwi am. Ngokuba àkuthunye- 5 lwa kubantu abantetho inzulu, abalulwimi lunzima; uthunyelwa kwindlu kaSirayeli. Àndikuthumeli kwizizwe 6 ezininzi, ezintetho inzulu, ezilulwimi lunzima, ezimazwi ungàweviyo; ndikuthuméle kuzo ezi zinokukuphulaphula zona. Ke indlu kaSirayeli ayiyi 7 kuvuma ukukuphulaphula; ngokokuba àbavumi ukundiphulaphula nam; kuba yonke indlu kaSirayeli ilukhuni ibunzi, igogotyile ngentliziyo.

Yabona, ndibenza lukhuni ubuso 8 bakho, kwanjengobuso babo; ibunzi lakho libe lukhuni, Kwanjengebunzi labo; ndilenza libe njengedayiman,* 9 elukhuni ngaphezu kweqhwitha, ibunzi lakho. Uze ungaboyiki, ungaqhiphuki umbilini phambi kwabo; ngokuba bayindlu eneenkani. Wathi kum, Nyana 10 womntu, onke amazwi am endiya kuwathetha kuwe, wamkelele entliziyweni yakho, uweve ngeendlebe zakho; uha- 11 mbe uye kubathinjwa, koonyana babantu bakowenu, uthethe kubo uthi kubo, Itsho iNkosi uYehova; nokuba bathe beva, nokuba bathe bála.

Wandifunqula uMoya, ndeva ngase- 12 mva kwam isandi sendudumo enkulu, sisithi, Mabubongwe ubuqaqawuli bukaYehova, endaweni yabo. Kananjalo 13 ndeva nesandi samaphiko ezinto eziphililileyo, elo lifikelela kwelo, nesandi seevili ngakuzo, nesandi sendudumo

14 enkulu. Wandifunqula uMoya, wandisusa; ndahamba ndikrakra bubushushu bomoya wam. Saye ke isandla sika-
15 Yehova siphezu kwam, siqinile. Ndafika ke eTelabhibhi, kubathinjwa ababehleli emlanjeni oyiKebhare, apho babehleli khona; ndahlala phantsi khona iintsuku zasixhenxe, ndimangalisiwe, phakathi kwabo.

Ukuthunywa kwesibini

16 Kwathi ekupheleni kweentsuku ezisixhenxe, kwafika ilizwi likaYehova kum,
17 lisithi, Nyana womntu, ndikwenze umboniseli kwindlu kaSirayeli; live ke ilizwi emlonyeni wam, ubavuselele ngokuvela kum.
18 Xa ndithi kongendawo, Inene, ùya kufa; usuke wena ungamvuseleli, ungathethi ukuze umvuselele ongendawo, ukuze aphume endleleni yakhe engendawo, aphile; wófa ongendawo lowo ngobugwenxa bakhe, kodwa lona igazi
19 lakhe ndolibiza esandleni sakho. Wena ke, xa uthe wamvuselela ongendawo, akabuya endleleni yakhe, endleleni yakhe engendawo: wófa ngobugwenxa bakhe, kodwa wena uwuhlangule u-
20 mphefumlo wakho. Ke, lakubuya ebulungiseni balo ilungisa, lenze ngobugqwetha, ndibeke isikhubekiso phambi kwalo; lofa lona; xa uthe akwalivuselela, lofa ngenxa yesono salo, bungàkhunjulwa ubulungisa balo elabenzayo; kodwa lona igazi lalo ndolibiza esandle-
21 ni sakho. Wena ke, xa uthe walivuselela ilungisa, ukuba lingoni ilungisa, àlona ke: lophila ngokuba livuselelwe, ke wena uwuhlangule umphefumlo wakho.

Ukuthunywa kwesithathu

22 Sabakho apho isandla sikaYehova phezu kwam, wathi kum, Suk' ume, phuma uye entilini, ndithethe nawe
23 khona. Ndesuka ndema, ndaphuma ndaya entilini; nanko ke, kumi khona ubuqaqawuli bukaYehova obunjengobuqaqawuli obuyá ndabubonáyo ngasemlanjeni oyiKebhare; ndawa ngobuso.
24 Kwafika uMoya kum, wandimisa ngeenyawo zam, wathetha nam, wathi, Yiya uzivalele endlwini yakho. Wena 25 ke, nyana womntu, yabona, baya kukufaka izintya, bakubophe ngazo, ukuze ungaphumi uye phakathi kwabo. Ndi- 26 ya kulunamathelisa ulwimi lwakho ekhuhlangubeni lakho, ube sisidenge, ungabi yindoda eyohlwayayo kubo; ngokuba bayindlu eneenkani. Nda- 27 kùthetha nawe, ndowuvula umlomo wakho, uthi ke kubo, Itsho iNkosi uYehova ukuthi, Ovayo makeve, owalayo makale; ngokuba bayindlu eneenkani.

Imiqondiso eyalatha ungqingo nothimbo lweYerusalem

4 Wena ke, nyana womntu, thabatha isitena, usibeke phambi kwakho, ukrole umzi kuso, iYerusalem; uwu- 2 ngqinge, uwakhele iinqaba zokubonisela, uwufumbele udonga lokungqinga; uwenzele iminquba, umisele izinto zokutyhomfa iindonga ngeenxa zonke. Wena ke, thabatha ipani yesinyithi, 3 uyimise ibe ludonga lwesinyithi phakathi kwakho nomzi lowo; ububhekise ubuso bakho kuwo, ube selungqingweni wona, uwungqinge wena. Ngumqondiso lo kwindlu kaSirayeli.

Wena ke, lala ngecala lakho lasekho- 4 hlo, ububeke ubugwenxa bendlu kaSirayeli phezu kwalo: ngangenani leentsuku oya kulala ngalo, ùya kubuthwala ubugwenxa babo. Kuba imi- 5 nyaka yobugwenxa babo ndiyenza ukuba kuwe ibe ngangenani leentsuku, iintsuku ezimakhulu mathathu anamanci asithoba; ùya kubuthwala ubugwenxa bendlu kaSirayeli. Ùya kuthi, 6 wakuba uzifezile ezo, ulale okwesibini ngecala lakho lasekunene, ubuthwale ubugwenxa bendlu kaYuda iintsuku ezimashumi mané; ndikwenzela usuku lube ngumnyaka, usuku lube ngumnyaka. Ùze ke ububhekise ubuso bakho 7 elungqingweni lweYerusalem, ingalo yakho ihlutyiwe, uprofetele kuyo. Yabona, ndikufaka izintya, ukuze unga- 8 guqukeli kwelinye icala, ude uzigqibe iintsuku zokungqinga kwakho.

9 Wena ke, thabatha ingqolowa, nerhasi, neembotyi, neentlumayo, namazimba, nespelete,* uzigalele ezo zinto sityeni sinye, uzenzele wena isonka; ngokwenani leentsuku olala ngecala lakho, uya kusidla iintsuku ezimakhulu ma-
10 thathu anamanci asithoba. Ukudla kwakho oya kukudla koba ngokomlinganiselo, iishekele* ezimashumi mabini ngosuku; uya kusidla amaxesha
11 ngamaxesha. Namanzi wòwasela ngomlinganiselo, isahlulo sesithandathu sehin;* uya kusisela amaxesha ngamaxe-
12 sha. Uya kusidla ngokwesonka esiliqebengwana serhasi, usoje emehlweni abo
13 ngeengqatha eziphuma emntwini. Wathi uYehova, Oonyana bakaSirayeli baya kwenjenjalo ukusidla siyinqambi ezintlangeni, endiya kubagxothela kuzo.
14 Ndathi, Awu! Nkosi Yehova! Yabona, umphefumlo wam awuzanga wenziwe inqambi; into ezifeleyo neqwengiweyo andizanga ndiyidle, kwasebuncinaneni bam unanamhla; akufikanga nyama iyimbozisa emlonyeni wam.
15 Wathi kum, Uyabona, ndikunika amalongo enkomo esikhundleni seengqatha zomntu; sóje kuwo isonka
16 sakho. Wathi kum, Nyana womntu, yabona, ndiya kuwaphula umsimelelo osisonka eYerusalem, basidle isonka ngomlinganiselo, benesithukuthezi; bawasele amanzi ngomlinganiselo, bema-
17 ngalisiwe; ukuze baswele isonka namanzi, bamangalisane, bangcungcutheke ebugwenxeni babo.

5 Wena ke, nyana womntu, thabatha ikrele elibukhali, libe sisitshetshe sokuguya, ulihambise entlokweni yakho nasesilevini sakho, uthabathe isikali*
2 sokulinganisela, uzahlule iinwele. Esinye isahlulo sesithathu uze usitshise ngomlilo esazulwini somzi, zakuzaliseka iintsuku zongqingo; uthabathe nesinye isahlulo sesithathu, uxabele ngekrele ngeenxa zonke kuso; nesinye isahlulo sesithathu usichithachithe emoyeni, ndi-
3 rhole ikrele emva kwazo. Uze uthabathe kuzo zibe mbalwa, uzibophe esondweni
4 lengubo yakho; ubuye uthabathe kuzo, uziphose emlilweni, uzitshise ngomlilo. Khona apho kuya kuphuma umlilo, uye kuyo yonke indlu kaSirayeli.

Itsho iNkosi uYehova ukuthi, Le 5 Yerusalem ndiyimise esazulwini seentlanga, amazwe angeenxa zonke kuyo. Ke iwaphikisile ngokungendawo amasi- 6 ko am ngaphezu kweentlanga, nemimiselo yam ngaphezu kwamazwe angeenxa zonke kuyo; ngokuba bawacekisile amasiko am, àbahamba ngemimiselo yam. Ngako oko, itsho iNkosi uYeho- 7 va ukuthi, Ngenxa enokuba nangxola ngaphezu kweentlanga ebezingeenxa zonke kuni, ànahamba ngemimiselo yam, ànawenza amasiko am, ànenza nangolwamasiko eentlanga ebezingeenxa zonke kuni: ngako oko, itsho iNkosi 8 uYehova ukuthi, Yabona, mna, ewe mna, ndikuchasile; ndiya kwenza izigwebo esazulwini sakho emehlweni eentlanga; ndenzè kuwe endingazanga 9 ndikwenza, endingayi kubuya ndikwenze okunjalo, ngenxa yamasikizi akho onke. Ngako oko ooyise baya kudla 10 oonyana esazulwini sakho, oonyana badle ooyise; ndenzè izigwebo, ndiwachithachithe onke amasalela akho emimoyeni yonke.

Ngako oko, itsho iNkosi uYehova 11 ukuthi, Ndihleli nje, inyaniso, ngenxa enokuba ingcwele yam ùyenzé inqambi ngeento zakho zonke ezinezothe, nangamasikizi akho onke, nam ndiya kulisusa iliso lam, lingabi nanceba, ndingacongi nam. Isahlulo sesithathu kuwe siya 12 kufa yindyikitya yokufa, siphele nayindlala esazulwini sakho; esinye isahlulo sesithathu siwè likrele ngeenxa zonke kuwe; esinye isahlulo sesithathu ndisichithachithe emimoyeni yonke, ndirhole ikrele emva kwabo. Wóphelela ke 13 kubo umsindo wam, ndibupholisele kubo ubushushu bam, ndithuthuzeleke; bazi ukuba mna Yehova ndithethé ndinekhwele, ekubuphleleliseleni ubushushu bam kubo.

Phezu koko ndokwenza ube linxuwa 14 nesingcikivo ezintlangeni ezingeenxa zonke kuwe, emehlweni abo bonke abadlulayo. Ùya kuba sisingcikivo 15

nesinyeliso, ube sisithethiso nomma-
ngaliso kwiintlanga ezingeenxa zonke
kuwe, ekwenzeni kwam izigwebo kuwe
ngomsindo nangobushushu, nangezo-
hlwayo zobushushu; mna Yehova ndi-
16 thethile: nasekuzithumeni kwam kuwe
iintolo ezimbi zendlala, ezizezolonaka-
liso, endiya kuzithuma ukuze zinona-
kalise. Ndiya kuyandisa indlala phezu
kwenu, ndiwaphule umsimelelo asiso-
17 nka kuni; ndithùme phezu kwenu i-
ndlala namarhamncwa, akuhluthe aba-
ntwana, ifikelele kuwe indyikitya yokufa
negazi, ndikuzisele ikrele; mna Yehova
ndithethile.

Ukugwetywa konqulo-zithixo

6 Kwafika ilizwi likaYehova kum,
2 lisithi, Nyana womntu, bhekisa
ubuso bakho ezintabeni zakwaSirayeli,
3 uprofetele kuzo, uthi, Yivani, nina
zintaba zakwaSirayeli, ilizwi leNkosi
uYehova. Itsho iNkosi uYehova kwii-
ntaba nakwiinduli, kwizihlambo na-
kwimifula, ukuthi, Yabonani, ndinizi-
sela ikrele, ndizidilize izigánga zenu.
4 Ziya kuba ngamanxuwa izibingelelo
zenu, zaphulwe izithixo zenu zelanga;
ndibakhahlele ababuleweyo benu pha-
5 mbi kwezigogo zenu. Ndozibeka izi-
dumbu zoonyana bakaSirayeli phambi
kwezigodo zabo, ndiwachithachithe a-
mathambo enu ngeenxa zonke ezibinge-
6 lelweni zenu. Imizi yoba ngamanxuwa
ezindaweni zonke zokuhlala kwenu,
zichithakale izigánga; ukuze zichitha-
kale zibe ngamanxuwa izibingelelo
zenu, zaphulwe ziphele izigodo zenu,
zigawulwe izithixo zenu zelanga, ici-
7 nywe imisebenzi yenu. Úya kuwa obu-
leweyo esazulwini senu; nazi ukuba
ndinguYehova.
8 Ndiya kushiya amasalela, ngokuthi
kubekho kuni abasindileyo ekreleni
phakathi kweentlanga, ekuchithwachi-
9 thweni kwenu emazweni. Abasindile-
yo benu baya kundikhumbula phakathi
kweentlanga abathinjelwe kuzo, xa
ndithe ndayaphula intliziyo yabo ehe-
nyuzayo, eyemkayo kum, namehlo abo
abehenyuza ngokulandela izigodo zabo;
bakruqùke bububi ababenzileyo ngo-
kusingisele emasikizini abo onke. Baya 10
kwazi ukuba ndinguYehova; andifu-
mane ndathetha ndathi, Ndiya kubenza
obu bubi kubo.

Itsho iNkosi uYehova ukuthi, Betha 11
esandleni sakho, ungqishe ngonyawo
lwakho, uthi, Yeha! ngenxa yawo onke
amasikizi amabi endlu kaSirayeli; kuba
baya kuwa likrele, nayindlala, nayindyi-
kitya yokufa. Okude uya kufa yindyi- 12
kitya yokufa, okufuphi awe likrele, no-
sale walondolozwa afe yindlala; ndibu-
phelelisele kubo ubushushu bam. Ni- 13
ya kwazi ukuba ndinguYehova, bakuba
ababuleweyo benu bephakathi kwezigo-
do zenu ngeenxa zonke ezibingelelweni
zenu, ezindulini zonke eziphakamileyo,
ezincotsheni zonke zeentaba, naphantsi
kwemithi yonke eluhlaza, naphantsi
kwemiterebhinti* ethe shinyi, ezindawe-
ni ababenikela kuzo ivumba elithozami-
sayo kwizigodo zabo zonke. Ndosolula 14
isandla sam phezu kwabo; ndilenze
ilizwe kube senkangala yakwankangala,
ngaphezu kwentlango yakwaDibhelata,
ezindaweni zonke zokuhlala kwabo;
bazi ukuba ndinguYehova.

*Isohlwayo sikaSirayeli ngenxa
yenkohlakalo*

7 Kananjalo kwafika ilizwi likaYehova
kum, lisithi, Wena, wena ke nyana 2
womntu, itsho iNkosi uYehova kumhla-
ba wakwaSirayeli ukuthi, Isiphelo,
isiphelo siwafikele amasondo omané
elizwe. Kaloku isiphelo sikufikele; ndi- 3
ya kuwukhuphela umsindo wam kuwe,
ndikugwebe ngokweendlela zakho, ndi-
wabeke phezu kwakho amasikizi akho
onke. Aliyi kuba nanceba kuwe iliso 4
lam, ndingakucongi; ke ndiya kukuzi-
sela iindlela zakho, abe sesazulwini
sakho amasikizi akho; názi ukuba ndi-
nguYehova.

Itsho iNkosi uYehova ukuthi, Ububi, 5
ububi obubodwa; yabonani, buyeza.
Kuza isiphelo, isiphelo sona siyeza, 6
sikuvukele wena; yabona siyeza. Úya- 7
kuzela umjojo, mmi welizwe eli;
liyeza ixesha, isondele imini; kusisaqu-

nge, akungamayeyeye emihlali ezinta-
8 beni. Ngoku kwakufuphi nje ndiya
kuthulula phezu kwakho ubushushu
bam, ndiwuphelelisele kuwe umsindo
wam, ndikugwebe ngokweendlela zakho,
ndiwabeke phezu kwakho onke amasiki-
9 zi akho. Aliyi kuba nanceba kuwe iliso
lam, ndingakucongi; ke ndiya kuwabeka
phezu kwakho ngokweendlela zakho
amasikizi akho phakathi kwakho; názi
ukuba mna Yehova ndingobethayo.
10 Nantso imini! Nantso, ifikile! U-
phuma umjojo, luphuma amathupha
uswazi, kuyatyatyamba ukukhukhuma-
11 la. Ugonyamelo luphakame lwaba lu-
swazi lokungendawo; akuyi kubakho
namnye kubo osalayo, kungabikho nto
kwingxokolo yabo, kungabikho nto
kwintabalala yabo; kungabikho njuze
12 isalayo kubo. Lifikile ixesha, isondele
imini; othengayo makangavuyi, othe-
ngisayo makangenzi sijwili; ngokuba
ukuvutha komsindo kuyayizela yonke
13 ingxokolo yakhona. Ngokuba othe-
ngisayo akayi kubuyela entweni abethe-
ngise ngayo, nokuba ubesadla ubomi
phakathi kwabadla ubomi; ngokuba
umbono ongéngxokolo yonke yakhona
awuyi kubuya umva; kungàbikho
bani ubomelezayo ubomi bakhe ebu-
gwenxeni bakhe.
14 Bavuthela isigodlo, balungisa konke;
kodwa akukho namnye oya ekulweni;
ngokuba ubushushu bam buyizèle
15 ingxokolo yabo yonke. Ngekrele nga-
phandle, ngendyikitya yokufa nange-
ndlala ngaphakathi: osendle uya kufa
likrele, ophakathi komzi adliwe yindlala
nayindyikitya yokufa.
16 Ke abasindileyo kubo bosinda, babe
sezintabeni njengamavukuthu asemi-
fuleni, bedumzela bonke bephela, elowo
17 edumzela ngobugwenxa bakhe. Zonke
izandla ziya kuwa, onke amadolo aye
18 angabi namandla; babhinqe ezirhwexa-
yo, bagutyungelwe kukududuzela, ebu-
sweni bonke ibe kukudana, iintloko
19 zabo zonke zibe ziinkqayi. Isilivere va-
bo baya kuyiphosa ezitratweni, negoli-
de yabo ibe yinto engcolileyo kubo. Isi-
livere yabo negolide yabo ayiyi kuba

nako ukubahlangula ngemini yoku-
phuphuma komsindo kaYehova; abayi
kuwuhluthisa ngayo umphefumlo wabo,
nombilini wabo bangàwuzalisi ngayo;
ngokuba yaba sisikhubekiso sokuba
babe gwenxa.
20 Isivatho sabo esinobukhazikhazi bá-
simisela ikratshi, benza ngaso imifane-
kiso yabo engamasikizi, enezothe; nge-
nxa yoko ndiyenzé yayinto engcolileyo
21 kubo. Ndiya kuyinikela esandleni sa-
basemzini ukuba iphangwe, nakwaba-
ngendawo behlabathi ibe lixhoba, bayi-
22 hlambele; ndibùsuse ubuso bam kubo,
bayihlambele ingqwebo yam; bafike
abatyhobozi, bayihlambele.
23 Yenza umxokelelwane, ngokuba ili-
zwe liliphalaza igazi elimsulwa, nomzi
24 uzele lugonyamelo. Ndozisa abanobu-
bi basezintlangeni, bazihluthe izindlu
zabo, ndiliphelise ikratshi labanama-
25 ndla, zihlanjelwe iingcwele zabo. Ku-
yafika ukuxhalaba; bafuna uxolo, alu-
26 kho. Kuza umeyeliselo phezu komeye-
liselo, kubekho udaba phezu kodaba,
bafune umbono kumprofeti, ke umya-
lelo utshabalale ungabikho kumbinge-
leli, neqhinga kumadoda amakhulu.
27 Ukumkani uya kwenza isijwili, nesi-
khulu sambathe ummangaliso, ziyeke-
lele izandla zabantu belizwe eli. Ndiya
kwenza kubo ngokwendlela yabo, ndi-
bagwebe ngokwezigwebo zabo; bazi
ukuba ndinguYehova.

*Umbono wonqulo-zithixo
lwaseYerusalem*

8 Ke kaloku kwathi ngomnyaka wesi-
thandathu, *ngenyanga* yesithanda-
thu, ngolwesihlanu enyangeni leyo,
ndíhleli endlwini yam, namadoda ama-
khulu akwaYuda ehleli phambi kwam,
sawa phezu kwam khona isandla se-
2 Nkosi uYehova. Ndabona, nantso into
efana nendoda ukubonakala kwayo;
kuthabathele esinqeni sayo kwehlisa,
kubonakala ingumlilo; kuthabathele esi-
nqeni sayo kunyuse, ngathi kukubona-
kala kokukhazimla, ngathi yimbonakalo
3 yegolide evuthiweyo. Wolula into e-
milise okwesandla, wandibamba nge-

sihlwitha sentloko yam; umoya wandifunqula ndaba phakathi komhlaba nezulu. Wandisa eYerusalem ngemibono kaThixo, ekungeneni kwesango *lentendelezo* ephakathi, elibheke ngasentla, apho bekuhleli khona umfaneki-
4 so wobukhwele okhwelétisayo. Nabo ke bukhona ubuqaqawuli bukaThixo kaSirayeli, bunjengombono endawubonayo entilini leyo.
5 Wathi kum, Nyana womntu, khawuphakamise amehlo akho, ukhangele ngasentla. Ndawaphakamisa ke amehlo am, ndakhangela ngasentla: nanko ngasentla kwesango lesibingelelo kukho loo mfanekiso wobukhwele usekunge-
6 neni kwalo. Wathi kum, Nyana womntu, uyakubona na abakwenzayo? Ngamasikizi amakhulu la, iwenzayo apha indlu kaSirayeli, ukuze ndikhwelele kùde nengcwele yam; usaya kubuya ubone amasikizi amakhulu kunalá.

7 Wandisa ke ekungeneni kwentendelezo; ndabona, nango umngxuma elu-
8 dongeni. Wathi kum, Nyana womntu, khawugqobhoze eludongeni. Ndagqobhoza ke eludongeni, nanko kukho
9 umnyango. Wathi kum, Yiza, ubone amasikizi amabi abawenzayo apha.
10 Ndangena, ndabona: nanzo zonke izinto ezimilise okwesinambuzane nenkomo, izinto ezinezothe, nezigodo zonke zendlu kaSirayeli, zikroliwe eludongeni nge-
11 nxa zonke. Kumi phambi kwazo amadoda angamashumi asixhenxe kumadoda amakhulu endlu kaSirayeli, noYazaniya unyana kaShafan emi phakathi kwawo, iyileyo iphethe ngesandla isiqhumiselo, kunyuka ivumba lelifu loku-
12 qhumisela. Wathi kum, Nyana womntu, ukubonile na akwenzayo emnyameni amadoda amakhulu endlu kaSirayeli, iyileyo ezingontsini zayo ezinemifanekiso? ngokuba esithi, uYehova akasiboni, uYehova ulilahlile ilizwe.
13 Wathi kum, Usaya kubuya ubone amasikizi awenzayo amakhulu kunalá.
14 Wandisa ekungeneni kwesango lendlu kaYehova elingasentla; nanko kuhleli
15 abafazi apho, belilela uTamuzi.* Wathi kum, Ubonile na, nyana womntu? Usaya kubuya ubone amasikizi awenzayo amakhulu kunalá.

Wandisa entendelezweni ephakathi 16 yendlu kaYehova: nanko, ekungeneni etempileni kaYehova, phakathi kwevaranda* nesibingelelo, kukho amadoda angathi angamashumi amabini anamahlanu, eyinikele umva itempile kaYehova, ubuso bawo bubheke empumalanga; aqubuda kwilanga, ebheke empumalanga.

Wathi kum, Ubonile na, nyana 17 womntu? Kuncinane na kwindlu kaYuda ukuwenza la masikizi bawenzayo apha, ukuba ke balizalise ilizwe nangogonyamelo, babuye bandiqumbise? Nabo, besisa isebe lomdiliya emathatheni abo. Nam ndiya kwenza ngobu-18 shushu; aliyi kuba nanceba iliso lam, ndibaconge; nokuba badanduluke ezindlebeni zam ngezwi elikhulu, andiyi kubeva.

Ukubulawa kwabanquli-zithixo eYerusalem

9 Wabiza ngelizwi elikhulu ezindlebeni zam, esithi, Sondelani, baveleli bomzi, elowo ephethe ngesandla izixhobo zakhe zokutshabalalisa.

Nanko ke, kusiza amadoda amatha- 2 ndathu ngendlela yesango eliphezulu, elikhangele entla, iyileyo iphethe ngesandla izixhobo zayo zokuhlekeza; kukho indoda phakathi kwawo eyambethe ilinen emhlophe, inezinto zokubhala ethangéni layo; eza ke ema ecaleni kwesibingelelo sobhedu. Ubuqaqawuli 3 bukaThixo kaSirayeli baye bunyuka, busuka ekerubhini* obebuphezu kwayo, baya emnyango wendlu.

Wamemeza endodeni eyambethe ilinen emhlophe, enezinto zokubhala ethangéni layo; Wathi uYehova kuyo, 4 Canda esazulwini somzi, esazulwini seYerusalem, ubeke uphawu emabunzini amadoda agcumayo, ancwinayo ngenxa yamasikizi onke awenzekayo esazulwini sayo.

Wathi kwamanye ezindlebeni zam, 5 Candani esazulwini somzi emva kwayo,

nixabele; malingabi nanceba iliso lenu,
6 ningàbacongi. Amaxhego, amadodana nomthinjana, abantwana nabafazi, babulaleni, ukuze batshabalale; ke bonke abantu abanophawu olo, musani ukufika kubo; nize niqalele ke engcweleni yam. Aqala ke ngamadoda amakhulu abe-
7 phambi kwendlu. Wathi ke kuwo, Yénzeni inqambi indlu le, nizizalise iintendelezo ngababuleweyo; phumani niye. Aphuma ke abulala kuwo umzi.

8 Kwathi, xa ababulalayo, ndiséle mna, ndawa ngobuso, ndakhala, ndathi, Awu! Nkosi Yehova, uya kuwatshabalalisa onke na amasalela amaSirayeli ngokubuthulula ubushushu bakho phe-
9 zu kweYerusalem? Wathi kum, Ubugwenxa bendlu kaSirayeli nobendlu ka-Yuda bukhulu kakhulu kunene, nelizwe lizele ligazi, nomzi uzele bubugqwetha; ngokuba besithi, UYehova ulilahlile
10 ilizwe, uYehova àkaboni. Ke nam aliyi kuba nanceba iliso lam, ndibaconge; ndiya kubanika ngokwendlela yabo entlokweni yabo.

11 Nantso indoda eyayambethe ilinen emhlophe, ebinezinto zokubhala ethangéni layo, ibuya nelizwi elithi, Ndenzé njengoko ubundiwisele umthetho ngako.

Ukutshatyalaliswa kweYerusalem ngomlilo

10 Ndabona, nanko, phezu kwesibhakabhaka esibe siphezu kwentloko yeekerubhi,* kunjengelitye lesafire,* kubonakala ngathi ngumfanekiso wetrone; wabonakala phezu kwazo
2 uYehova. Wathetha kwindoda eyambethe ilinen emhlophe, wathi, Yiya phakathi kweevili ezijikelezayo ngaphantsi kwekerubhi, uzalise izandla zakho ngamalahle omlilo, uwathabathe phakathi kwekerubhi, uwasasaze phezu kwawo umzi. Yangena ndíyibona.
3 Ke iikerubhi bezimi ngasekunene kwendlu, ekungeneni kwendoda leyo; ilifu layizalisa intendelezo ephakathi.
4 Benyuka ubuqaqawuli bukaYehova, besuka ezikerubhini, baya emnyango wendlu. Yazala indlu lilifu, nentendelezo yazala bubumhlophe bobuqaqawuli bukaYehova. Savakala isandi sa- 5 maphiko eekerubhi, sada saya entendelezweni engaphandle, sinjengezwi lo-Somandla akuthetha. Kwathi, aku- 6 yiwisela umthetho indoda eyambethe ilinen emhlophe, esithi, Thabatha umlilo phakathi kweevili ezijikelezayo, phakathi kweekerubhi, yasuka yangena yema ecaleni kweevili. Ibe isuka ke 7 ikerubhi, isolule isandla sayo phakathi kweekerubhi, isise emlilweni ophakathi kweekerubhi, iwuthabathe, iwunikele esandleni sowambethe ilinen emhlophe; ebewuthabatha ke aphume. Kwabona- 8 kala ke ezikerubhini into efana nesandla somntu, phantsi kwamaphiko azo.

Ndabona, nanzo iivili eziné zisecaleni 9 leekerubhi, ivili enye isecaleni lekerubhi enye, ivili enye isecaleni lekerubhi enye, ukubonakala kweevili ngathi yimbonakalo yelitye lekrizolite.* Ngo- 10 kubonakala kwazo zoné bezimfani-nye, kwanga kukho ivili ngaphakathi kweevili. Ekuhambeni kwazo zahamba zaya 11 kumacala azo omané; àzajikeleza ekuhambeni kwazo; ngokuba apho sukuba leyo iphambili ibe ibheka khona, zibe ziyilandela, zingajikelezi ekuhambeni kwazo.

Ke umzimba wazo wonke, nomhlana 12 wazo, nezandla zazo, namaphiko azo, neevili, zibe zizele ngamehlo ngeenxa zonke; zoné bezineevili zazo. Iivili 13 ezo zabizwa ezindlebeni zam, kwathiwa, ziivili ezijikelezayo. Inye ibe inobuso 14 obuné: ubuso bokuqala ibubuso bekerubhi, ubuso besibini ibubuso bomntu, obesithathu ibubuso bengonyama, obesiné ibubuso bokhozi.

Zenyuka iikerubhi; yilaa nto iphili- 15 leyo, ndayibonayo emlanjeni oyiKebhare. Ekuhambeni kweekerubhi za- 16 hamba iivili ecaleni lazo; nasekuwaphakamiseni kweekerubhi amaphiko azo, ukuba zisuke emhlabeni, azijikanga neevili zazo zimke ecaleni lazo. Eku- 17 meni kwazo zema nazo; ekusukeni

UHEZEKILE 10-11

kwazo ukuba ziphaphazele, zesuka nazo; ngokuba umoya wento ephilileyo ube ukho kuzo.

Umbono wobuqaqawuli bukaThixo

18 Baphuma ke ubuqaqawuli bukaYehova, bemka emnyango wendlu, beza
19 kuma phezu kweekerubhi. Iikerubhi zawaphakamisa amaphiko azo, zasuka emhlabeni emehlweni am; ekuphumeni kwazo iivili zazingakuzo. Zema eku ngeneni kwesango lendlu kaYehova elisempumalanga, ubuqaqawuli bukaThixo kaSirayeli buphezu kwazo nga-
20 phezulu. Yilaa nto iphilileyo, ndayibonayo phantsi koThixo kaSirayeli emlanjeni oyiKebhare; ndazi ke ukuba
21 ziziikerubhi. Inye ibe inobuso obuné inye ibe inamaphiko amané, imfano yezandla zomntu ingaphantsi kwama-
22 phiko azo. Ke imfano yobuso bazo, ibe ibóbaa buso ndabubonayo emlanjeni oyiKebhare, nokubonakala kwazo nazo ngokwazo; zibe zihamba iyileyo iye kwicala elikhangelene nobuso bayo.

Ukugwetywa kweenkokeli ezinobutyala

11 Wandifunqula uMoya, wandisa esangweni lendlu kaYehova langasempumalanga, elibheke empumalanga; nanko, ekungeneni kwesango, kukho amadoda engamashumi amabini anamahlanu. Ndabona phakathi kwawo uYazaniya unyana ka-Azure, noPelatiya unyana kaBhenaya, abathetheli
2 babantu. Wathi kum, Nyana womntu, ngawo la amadoda acinga inkohlakalo,
3 aceba amacebo amabi kulo mzi; atshoyo ukuthi, Alikasondeli ixesha lokwakha izindlu; lo mzi yimbiza, thina ke siyi-
4 nyama. Ngako oko profetela kuwo, profeta, nyana womntu.
5 Wandiwela ke uMoya kaYehova, wathi kum, Yithi, Utsho uYehova ukuthi, Nitshilo nina, ndlu kaSirayeli; nezinto ezithe qatha emoyeni wenu
6 ndiyazazi mna. Ndibandisile ababuleweyo benu kulo mzi, nazizalisa izitrato zawo ngababuleweyo.
7 Ngako oko itsho iNkosi uYehova ukuthi, Ababuleweyo benu, ebe nibabeka phantsi phakathi kwawo umzi, bayinyama, wona ke uyimbiza; nina niya kukhutshwa phakathi kwawo. Niyaloyika ikrele; ndiya kunizisela 8 ikrele, itsho iNkosi; ndínikhuphe pha- 9 kathi kwawo, ndininikele esandleni sabasemzini, ndizenze izigwebo kuni. Niya kuwa likrele; ndiya kunigweba 10 emdeni wakwaSirayeli; názi ukuba ndinguYehova. Wona lo mzi awuyi ku- 11 ba yimbiza kuni, aniyi kuba yinyama nina phakathi kwawo; ndiya kunigweba emdeni wakwaSirayeli, názi ukuba 12 ndinguYehova; imimiselo yam anihambanga ngayo, namasiko am ànawenza; nesuka nenza ngokwamasiko eentlanga ezingeenxa zonke kuni.

Kwathi ke ndakuprofeta, wafa uPela- 13 tiya unyana kaBhenaya. Ndawa ngobuso bam, ndakhala ngelizwi elikhulu, ndathi, Awu! Nkosi Yehova! Ùyawagqibela kuphele na wena amasalela akwaSirayeli?

Ukuthuthuzelwa kwabathinjwa

Kwafika ilizwi likaYehova kum, 14 lisithi, Nyana womntu, abazalwana 15 bakho, abazalwana bakho ngamadoda akowenu, nendlu yonke yakwaSirayeli yonke iphela, yona leyo bàthi ngayo abemi baseYerusalem, Bakúde kuYehova; linikwe thina ilizwe ukuze sime kulo.

Ngako oko yithi, Itsho iNkosi uYe- 16 hova ukuthi, Ekubeni ndibakhwelelisele ezintlangeni, ndabaphangalalisa emazweni, ke ndoba yingcwele kubo umzuzwana omncinane kuloo mazwe baye kuwo. Ngako oko yithi, Itsho iNkosi 17 uYehova ukuthi, Ndiya kunibutha ezizweni, ndinihlangànise emazweni enilusali kuwo, ndininike umhlaba wakwaSirayeli. Baya kufika kuwo, ba- 18 zisuse kuwo zonke izinto zawo ezinezothe, namasikizi awo onke. Ndoba- 19 nika ntliziyo yimbi, ndibeke umoya omtsha ngaphakathi kwenu; ndiyisuse intliziyo yelitye enyameni yabo, ndibanike intliziyo yenyama; ukuze bahambe 20 ngemimiselo yam, bagcine amasiko am

bawenze, babe ngabantu bam, mna
21 ndibe nguThixo wabo. Ke bona abantliziyo ihamba ngokwentliziyo yezinto zabo ezinezothe, nezingamasikizi abo, ndiya kubanika ngokwendlela yabo entlokweni yabo; utsho uYehova.

Isiphelo sombono

22 Iikerubhi* zawaphakamisa amaphiko azo, kwaneevili ezingakuzo; ubuqaqawuli bukaThixo kaSirayeli baba phezu
23 kwazo ngaphezulu. Benyuka ubuqaqawuli bukaYehova, besuka phakathi komzi, bema entabeni engasempuma-
24 langa kuwo umzi. UMoya wandifunqula, wandisa kwelamaKaledi kubathinjwa, ndisembonweni ngoMoya kaThixo. Wenyuka wemka kum umbono
25 ebendiwubona. Ndathetha kubathinjwa onke amazwi kaYehova, abendibonisile.

Imiqondiso yokuthinjwa neyokubhaca neyendlala

2 12 Kwafika ilizwi likaYehova kum, lisithi, Nyana womntu, uhleli phakathi kwendlu eneenkani; banamehlo okubona, ababoni; baneendlebe zokuva, abeva; ngokuba bayindlu enee-
3 nkani. Wena ke, nyana womntu, zilungiselele iimpahla zemfuduka, ufuduke emini emehlweni abo, ufuduke endaweni yakho, uye ndaweni yimbi emehlweni abo, mhlawumbi bobona; ngo-
4 kuba bayindlu eneenkani. Uze uyikhuphe impahla yakho ngokwempahla yemfuduka emini, emehlweni abo; ke wena uphume ngokuhlwa emehlweni abo, njengokuphuma kwabathinjwa.
5 Gqobhoza eludongeni emehlweni abo,
6 uyikhuphe ngakhona. Yithwale ngamagxa emehlweni abo, yikhuphe kwakuba mnyama; búgqubuthele ubuso bakho, ungalikhangeli ilizwe; ngokuba ndikwenzé isimanga kwindlu kaSirayeli.
7 Ndenjenjalo, njengoko ndawiselwa umthetho ngako; ndayikhupha emini impahla yam ngokwempahla yemfuduka; ngokuhlwa ndazigqobhozela eludongeni ngesandla, ndayikhupha kwakuba mnyama, ndayithwala ngamagxa emehlweni abo.

8 Kwafika ilizwi likaYehova kum kusa-
9 sa, lisithi, Nyana womntu, indlu kaSirayeli, indlu eneenkani, ayitshongo na kuwe ukuthi, Wènza ntoni na? Yithi 10 kubo, Itsho iNkosi uYehova ukuthi, Esi sihlabo sisingisele kwisikhulu esiseYerusalem, nakwindlu yonke kaSirayeli, abaphakathi kwayo abathinjiweyo.
Yithi, Ndisisimanga kuni; njengoko 11 ndenzé ngako, kuya kwenzeka ngokunjalo kubo; baya kufuduswa, bathinjwe.
Isikhulu esiphakathi kwabo siya kuyi- 12 thwala ngamagxa kuthe thsu mnyama, siphume; baya kugqobhoza eludongeni ukuba bayikhuphe ngakhona; siya kugqubuthela ubuso baso sona, kuba singayi kulikhangela ilizwe ngamehlo.
Ndiya kuwutwabulula umnatha wam 13 phezu kwaso, sibanjiswe ngumgibe wam, ndisise eBhabheli, ezweni lamaKaledi; ke asiyi kulibona, noko siya kufela khona. Ndiya kukuchithachi- 14 tha emimoyeni yonke konke esiphahlwe kuko, abancedisi baso namahlelo aso onke, ndirhole ikrele emva kwabo; bazi 15 ukuba ndinguYehova, ekubaphangalaliseni kwam ezintlangeni, ndibachithachithe emazweni. Ndoshiya kubo a- 16 madoda ambalwa, asìnde ekreleni, nasendlaleni, nasendyikityeni yokufa; ukuze bawabalise amasikizi abo onke ezintlangeni abaye kuzo; bázi ukuba ndinguYehova.

Kwafika ilizwi likaYehova kum, 17 lisithi, Nyana womntu, wòsidla isonka 18 sakho ungcangcazela, uwasèle amanzi akho ugungqa, unesithukuthezi. Wò- 19 thi ke kubantu belizwe, Itsho iNkosi uYehova ngokusingisele kubemi baseYerusalem, emhlabeni wakwaSirayeli, ukuthi, Isonka sabo bosidla benesithukuthezi, bawasele amanzi abo bemangalisiwe; ukuze ezweni labo kube senkangala, ingabikho inzaliseko yalo ngenxa yogonyamelo lwabo bonke abahleli kulo.
Yoba ngamanxuwa imizi emiweyo, 20 kube senkangala elizweni; názi ukuba ndinguYehova.

UHEZEKILE 12-13

Ukungqinelwa kwesiprofeto senyaniso

21 Kwafika ilizwi likaYehova kum,
22 lisithi, Nyana womntu, úyintoni na lo mzekeliso ninawo emhlabeni wakwaSirayeli, wokuthi, Imihla iyoluka, iya-
23 daka imibono yonke? Ngako oko yithi kubo, Itsho iNkosi uYehova ukuthi, Ndiya kuwenza uphele lo mzekeliso, bangabi sazekelisa ngawo kwaSirayeli; ke, yithi kubo, Isondele imihla, nesiphe-
24 lo semibono yonke. Ngokuba akuyi kuba sabakho namnye umbono okhohlakeleyo, nokuvumisa okucengacengayo, phakathi kwendlu kaSirayeli.
25 Ngokuba ndinguYehova, ndiya kuthetha; ilizwi endisukuba ndilithetha liya kwenzeka, lingayi kulibala; ngokuba ngemihla yenu, ndlundini ineenkani, ndithetha ilizwi, ndilenze; itsho iNkosi uYehova.
26 Kwafika ilizwi likaYehova kum,
27 lisithi, Nyana womntu, yabona, indlu kaSirayeli ithi, Umbono awubonayo yena lo, ngowemihla emininzi; úpro-
28 fetele amaxesha akude. Ngako oko yithi kubo, Itsho iNkosi uYehova ukuthi, Akayi kuba salityaziswa onke amazwi am; ilizwi endisukuba ndilithetha liya kwenzeka; itsho iNkosi uYehova.

Ukuchaswa kwabaprofeti ababuxobi

13 Kwafika ilizwi likaYehova kum,
2 lisithi, Nyana womntu, profeta uchase abaprofeti bakwaSirayeli abaprofetayo, uthi kwabaprofeta okwentliziyo yabo, Liveni ilizwi likaYehova.
3 Itsho iNkosi uYehova ukuthi, Yeha ke, abaprofeti abanobudenge, abalandela owabo umoya, nento abangayibonanga!
4 Baba njengeempungutye emanxuweni
5 abaprofeti bakho, Sirayeli. Aninyukanga niye emathutyeni, niyibiyele ngodonga indlu kaSirayeli, ukuze nakhe uluhlu lokulwa ngomhla kaYehova.
6 Babona into ekhohlakeleyo nokuvumisa okungamanga, abo bathi, Útsho uYehova; uYehova engabathumanga, ukanti
7 balinda ukuqiniswa kwelo lizwi. Anibonanga mbono wankohlakalo na, nakuvumisa okungamanga na, nisithi nje, Utsho uYehova; ndingathethanga mna?

8 Ngako oko itsho iNkosi uYehova ukuthi, Ngenxa yokuba nithethe into ekhohlakeleyo, nibona amanga, ngako oko, yabonani, ndinichasile; itsho iNko-
9 si uYehova. Isandla sam sichasa abaprofeti ababona into ekhohlakeleyo, bavumise amanga. Abayi kubakho ekucweyweni kwabantu bam, bangábhalwa encwadini yomlibo wendlu kaSirayeli, bangàngeni emhlabeni wakwaSirayeli; názi ukuba ndiyiNkosi uYehova.

10 Ngenxa yokuba, ewe, ngenxa yokuba bebandwendwisile abantu bam, besithi, Luxolo, kungekho luxolo; bathi, bakwakha udonga bona, yabona, abayá balutyabeka ngodaka oluhlephukayo:
11 yithi kwabatyabeka ngodaka oluhlephukayo, Luya kuwa; kuza isiphango esikhukulayo; nina ke, matye esichotho, yiwani; wena moya usisaqhwithi, ovuthuvuthuzayo, qhutha. Xa ke luthe
12 lwawa udonga, akuyi kuthiwa na kuni, Kuphi na ukutyabeka enatyabeka ngako?

13 Ngako oko itsho iNkosi uYehova ukuthi, Ndiya kuqhuthisa umoya ovuthuvuthuzayo ngobushushu bam; kúze nesiphango esikhukulayo ngomsindo wam, namatye ezichotho ngobushushu, ukuze kugqityelwe kuphele. Ndiya
14 kulugungxula udonga enalutyabeka ngodaka oluhlephukayo, ndiluwise emhlabeni, sityhilekile isiseko salo, luwe, niphelele kweso sithuba salo; názi ukuba ndinguYehova. Ndobupheleli-
15 sela eludongeni ubushushu bam, nakwabatyabeka ngodaka oluhlephukayo, nditi kuni, Alusekho udonga, abasekho abatyabeki balo, abaprofeti bakwaSira-
16 yeli ababeprofeta ngeYerusalem, ababebona umbono woxolo, kungekho luxolo; itsho iNkosi uYehova.

Ukuchaswa kwabaprofetikazi ababuxoki

17 Wena ke, nyana womntu, bhekisa ubuso bakho kwiintombi zabantu bakowenu, eziprofeta okweentliziyo zazo. Uze uprofete ngazo, uthi, Itsho iNkosi 18

uYehova ukuthi, Yeha ke, abo bathunga izibophelelo ezihlahleni zezandla zonke, benze izigubungelo ezilingene iintloko zonke, ukuze bathiyele imiphefumlo! Nithiyéle imiphefumlo yabantu bam, 19 nasindisa eyenu imiphefumlo. Nindihlámbele kubantu bam ngenxa yerhasi esutywe ngezandla, nangenxa yamaqhekeza esonka, ukuze nibulale imiphefumlo ebingeyakufa, nisindise imiphefumlo ebingeyakusindiswa, ngamanga enu 20 ebantwini bam ábava amanga. Ngako oko itsho iNkosi uYehova ukuthi, Yabonani, ndizichasile izibophelelo zenu, enithiyela ngazo imiphefumlo njengeentaka. Ndiya kuziqhawula ezingalweni zenu, ndiyindulule imiphefumlo, kwaimiphefumlo eniyithiyeleyo njengeenta-21 ka. Ndozikrazula izigubungelo zenu, ndibahlangule abantu bam esandleni senu, bangabi saba yinto ethiyelwayo esandleni senu; názi ukuba ndingu-22 Yehova. Ngenxa enokuba niyenzé buhlungu ngobuxoki intliziyo yelungisa, endingalenzanga buhlungu mna; nazomeleza izandla zongendawo, ukuze angabuyi endleleni yakhe embi, asindi-23 swe: ngako oko aniyi kuyibona into ekhohlakeleyo ningabi savumisa nokuvumisa; ngokuba ndiya kubahlangula abantu bam esandleni senu; názi ukuba nginguYehova.

Ukuchaswa kwabanquli-zithixo

14 Kwafika kum amadoda akumadoda amakhulu akwaSirayeli, ahlala phantsi phambi kwam.
2 Kwafika ilizwi likaYehova kum,
3 lisithi, Nyana womntu, la madoda anyusé izigogo zawo ezintliziyweni zawo, amisa isikhubekiso sokuba abe gwenxa phambi kobuso bawo; ndingà-
4 quqelwa ndiquqelwe ngawo na? Ngako oko thetha nawo, uthi kuwo, Itsho iNkosi uYehova ukuthi, Elowo nalowo wasendlwini kaSirayeli, othe wanyusa izigodo zakhe entliziyweni yakhe, wamisa isikhubekiso sokuba abe gwenxa phambi kobuso bakhe, weza kubaprofeti: mna Yehova ndoba ngomphendulayo ngokwam, ngokobuninzi bezigodo zakhe; ukuze ndiyixhakamfule indlu 5 kaSirayeli ngentliziyo yabo, ekubeni beshenxile kum bonke bephela ngezigodo zabo.

Ngako oko yithi kwindlu kaSirayeli, 6 Itsho iNkosi uYehova ukuthi, Buyani nizibuyise ezigodweni zenu, nibubuyise ubuso benu kumasikizi enu onke. Ngokuba elowo nalowo wasendlwini 7 kaSirayeli, nowasemzini ophambukele kwaSirayeli, othe wazahlula ekundilandeleni kwakhe, wanyusa izigodo zakhe entliziyweni yakhe, wamisa isikhubekiso sokuba abe gwenxa phambi kobuso bakhe, weza kumprofeti ukuze aquqele kum ngenxa yakhe: mna Yehova ndomphendula ngokwam. Ndoyichasa 8 loo ndoda, ndiyiphanzise ibe ngumqondiso nomzekeliso, ndimnqumle ebantwini bam; názi ukuba nginguYehova.

Umprofeti, xa athe warhwebeshwa, 9 wathetha ilizwi, mna Yehova ndimrhwebeshile loo mprofeti: ndosolula isandla sam phezu kwakhe, ndimtshabalalise phakathi kwabantu bam amaSirayeli. Baya kubuthwala ubugwenxa ba- 10 bo; njengoko bunjalo ubugwenxa boquqela kuye, buya kuba njalo ubugwenxa bomprofeti lowo; ukuze indlu kaSirayeli 11 ingabi sandwendwa imke ekundilandeleni kwayo; bangabi sazenza iinqambi ngezikreqo zabo zonke; babe ngabantu bam, ndibe nguThixo wabo; itsho iNkosi uYehova.

Ubukho bamalungisa abunako ukusindisa isizwe esikhohlakeleyo

Kwafika kum ilizwi likaYehova, 12 lisithi, Nyana womntu, xa ilizwe lithe 13 lóna kum lameneza ngobumenememe, ndasolula isandla sam phezu kwalo, ndawaphula kulo umsimelelo osisonka, ndathumela kulo indlala, ndanqumla kulo umntu nenkomo; ekho phakathi 14 kwalo la madoda omathathu, ooNowa noDaniyeli noYobhi, wona abeya kuhlangula owawo umphefumlo kuphela ngobawo ubulungisa; itsho iNkosi uYehova.

Ndingafanelana ndicandisa amarha- 15 mncwa ezweni, alihlutha abantwana,

kwaba senkangala kulo, akwabakho unokucanda kulo ngenxa yamarhamncwa
16 lawo; ekho phakathi kwalo loo madoda omathathu: ndihleli nje, itsho iNkosi, ebengayi kuhlangula nanyana nantombi; ebeya kuhlanguleka odwa; ke bekuya kuba senkangala ezweni elo.
17 Nokuba ndithe ndalizisela ikrele elo lizwe, ndathi ikrele malicande kwelo lizwe, ndanqamla kulo umntu nenkomo;
18 ekho phakathi kwalo loo madoda omathathu: ndihleli nje, itsho iNkosi uYehova, ebengàyi kuhlangula nyana nantombi; ngokuba ebeya kuhlanguleka wona odwa.
19 Nokuba ndithe ndathumela indyikitya yokufa kwelo zwe, ndathulula ubushushu bam phezu kwalo ngegazi, ukuze
20 ndinqumle kulo umntu nenkomo; bekho phakathi kwalo ooNowa noDaniyeli noYobhi: ndihleli nje, itsho iNkosi uYehova bebengàyi kuhlangula nyana nantombi; bona bebeya kuhlangula owabo umphefumlo kuphela ngobabo ubulungisa.
21 Ngokuba itsho iNkosi uYehova ukuthi, Kobeka phi na ke, xa ndithe ndathumela eYerusalem zozine izigwebo zam ezibi, ikrele, nendlala, namarhamncwa, nendyikitya yokufa, ukuze kunqumke kuyo umntu nenkomo?
22 Yabonani ke, kuya kusala kuyo abasindileyo, ábaya kukhutshwa, abangoonyana neentombi; yabonani, baya kuphuma beze kuni, niyibone indlela yabo neentlondi zabo; nithuthuzeleke ngenxa yobubi endayizisela bona iYerusalem, ngenxa yento yonke endayizisela yona.
34 Baya kunithuthuzela, xa niyibonayo indlela yabo neentlondi zabo; názi ukuba andifumananga ndikwènze konke endakwenzayo kuyo; itsho iNkosi uYehova.

Umzekeliso ngomdiliya ongento yanto

15 Kwafika ilizwi likaYehova kum, 2 lisithi, Nyana womntu, umthi womdiliya uyidlula ngantoni na yonke
3 eminye imithi, isebe lomdiliya eliphakathi kwemithi yehlathi? Kukha kuthatyathwe umthi yini na kuwo wokusebenza umsebenzi? Kukha kuthatyathwe nesikhonkwane na kuwo, sokuxhoma iimpahla nokuba ziziphi? Ya- 4
bona, ufakwa emlilweni ukuba uwutshise; umlilo utshisa iincam zawo zombini, sirhawuke isibili sawo; wówulungela na ke umsebenzi? Yabona, oko 5
ube usewonke, ubungenamsebenzi; wóbeka phi na ke ukungabi namsebenzi, xa uthe watshiswa ngumlilo, warhawuka?
Ngako oko itsho iNkosi uYehova 6
ukuthi, Njengomthi womdiliya phakathi kwemithi yehlathi, endiwufaka emlilweni ukuze utshiswe, ndenjènjalo ukubabeka emlilweni abemi baseYerusalem, Ndiya kubachasa; baya ku- 7
phuma emlilweni, umlilo uya kubatshisa; nàzi ukuba ndinguYehova ekubachaseni kwam. Ndiya kwenza elizweni 8
kube senkangala, ngenxa yokuba bemenezile ngobumenememe; itsho iNkosi uYehova.

IYerusalem ifanekiswa nomntwana ongumcholwa owaba ngumfazi ongathembekanga

16 Kwafika ilizwi likaYehova kum, lisithi, Nyana womntu, yazíse 2
iYerusalem amasikizi ayo, uthi, Itsho 3
iNkosi uYehova kwiYerusalem, ukuthi, Ukuvela kwakho nokuzalwa kwakho kokwasezweni lamaKanan; uyihlo waye engumAmori, unyoko waye engumHetikazi. Ukuzalwa kwakho ke, ngemini 4
yokuzalwa kwakho ayinqunyulwanga imfesane yakho, akuhlanjwanga ngamanzi ukuba usuleke, akuhlikihlwanga ngatyuwa, akusongelwanga zisongelweni. Akubangakho liso linenceba kuwe, 5
ukuze wenzelwe noko inye kwezo zinto, ngokuba nofefe kuwe; walahlelwa endle ngokucatshukelwa kwakho ngemini yokuzalwa kwakho.

Ndagqitha kuwe, ndakubona ugqu- 6
shagqusha egazini lakhe, ndathi kuwe, Usegazini lakho njalo, phila; usegazini lakho njalo, phila! Ndakwenza waba 7
yinyambalala, njengokuntshula kwentsimi; wanda, wakhula, wafika entlahleni yezidlele; waphuma amabele,

UHEZEKILE 16

bahluma uboya bakho; waye ke wena uzé kanye.

8 Ke kaloku ndaqgitha kuwe, ndakubona, nalo ixesha lakho lilixesha lothando. Ndatwabulula isondo lengubo yam phezu kwakho, ndabugubungela ubuzé bakho; ndakufungela, ndanqophisana nawe, itsho iNkosi uYehova; 9 waba ngowam ke. Ke ndakuhlamba ngamanzi, ndakuhlambulula amagazi 10 akho, ndakuthambisa ngeoli. Ndakwambesa ngeengubo ezimfakamfele, ndakunxiba izixathula zesikhumba sehlengezi; ndakujikelisa intloko ngelinen ecikizekileyo, ndakugqubuthela nge-
11 silika. Ndakuvathisa ngesivatho, ndakufaka izacholo ezihlahleni, nemixoke-
12 lelwane emqaleni wakho. Ndakunika ikhonkco lempumlo, namajikazi ezindlebeni zakho, nesithsaba sokuhomba e-
13 ntloko. Wavatha ke igolide nesilivere, nezambatho zakho zaba zezelinen ecikizekileyo, nezesilika, nezimfakamfele. Wadla umgubo ocoliweyo, nobusi, neoli; waba mhle kakhulu kunene, waya uphumelela ebukumkanini.

14 Lwaphuma udumo lobuhle bakho lwaqgiba ilizwe lonke; ngokuba bapheleliseka bona ngobungangamela bam, endabubeka phezu kwakho; itsho iNkosi uYehova.

15 Wesuka wena wakholosa ngobuhle bakho, wahenyuza ngenxa yodumo lwakho; ubuhenyu bakho wabuthululela phezu kwabo bonke abadlulayo,
16 waba ngowabo. Wathabatha ezingutyeni zakho; izigànga wazenzela iintente ezirhwexu, wahenyuza phezu kwazo; into ebe ingafanele kuza, ebe ingafanele
17 kubakho. Wathabatha iimpahla zakho zokuhomba zegolide yam, nezesilivere yam endakunikayo, wazenzela imifanekiso engamadoda, wahenyuza nayo.
18 Wathabatha iingubo zakho ezimfakamfele, wayigubungela ngazo; neoli yam nesiqhumiso sam wasibeka phambi kwayo.
19 Isonka sam endakunikayo, nomgubo ocoliweyo, neoli, nobusi, izinto endakudlisayo zona, wazibeka phambi kwayo, ukuba zibe livumba elithozamisayo. Kwaba njalo; itsho iNkosi uYehova.

20 Wathabatha oonyana bakho neentombi zakho, owazizalela mna, wabingelela ngazo kuyo ukuba idle. Bebubuncinane na ke ubuhenyu bakho, ukuba nje 21 ubasike oonyana bam, ubanikele ngokubacandisa bona emlilweni ngenxa yayo? Emasikizini akho onke, nasebu- 22 henywini bakho, akuyikhumbulanga imihla yobuncinane bakho, oko ubuze kanye, ugqushagqusha egazini lakho.

Kwaza kwathi, emva kwezo nto zakho 23 zonke ezimbi (yeha! yeha ke wena! itsho iNkosi uYehova), wazakhela amanqu- 24 gwala, wazenzela iindawo eziphakamileyo ezitratweni zonke. Emantloko ee- 25 ndlela zonke wazakhela iindawo zakho eziphakamileyo, wabenza ubuhle bakho balisikizi, wayithi qheke imilenze yakho kubo bonke abadlula ngendlela, wabandisa ubuhenyu bakho.

Wahenyuza noonyana bamaYiputa, 26 abamelwane bakho abakhulu ngenyama; wabandisa ke ubuhenyu bakho ukuze undiqumbise. Yabona, ndaso- 27 lula phezu kwakho isandla sam, ndawunciphisa umamkeliso owumiselweyo, ndakunikela elitheni labakuthiyayo, kweleentombi zamaFilisti, ezibe ziyidanele indlela yakho yamanyala.

Wahenyuza noonyana baseAsiriya, 28 ngenxa yokuba unganelanga; wahenyuza ke nabo, akwanela noko. Wabandi- 29 sela ezweni lamaKanan ubuhenyu bakho kwelamaKaledi, akwanela nayiloo nto.

Hayi, ukuthamba kwentliziyo yakho! 30 itsho iNkosi uYehova; ukuba wénze zonke ezo zinto, imisebenzi yenkazana ehenyuzayo, esileyo. Ekwakheni kwa- 31 kho amanqugwala emantloko eendlela zonke, nasekwenzeni kwakho iindawo zakho eziphakamileyo ezitratweni zonke, akubanga njengehenyukazi eli, ngokusuka uwucukuceze umvuzo wobuhenyu. Umfazi okrexezayo wamkela abasemzi- 32 ni. noko angumkamntu. Onke ama- 33 henyukazi bawanika izipho; ke wena wazinika zonke izithandane zakho izipho zakho, wazicenga ukuze zize kuwe ngeenxa zonke ekuhenyuzeni kwakho.

UHEZEKILE 16

34 Wena okwakho ukuhenyuza kuthe kwaphambana nokwamankazana, ngokuthi ingabi nguwe olandelwayo ekuhenyuzeni; ngokuthi urhole wena umvuzo wobuhenyu, ungàrholelwa umvuzo wobuhenyu; waba ngophambileyo ke.

35 Ngako oko, henyukazi, live ilizwi
36 likaYehova. Itsho iNkosi uYehova ukuthi, Ngenxa enokuba iphalele imali yakho, batyhileka ubuzé bakho ngokuhenyuza kwakho nezithandane zakho, nangenxa yezigodo zonke zamasikizi akho, nangenxa yamagazi oonyana ba-
37 kho, owabanikelayo kuzo: ngako oko, yabona, ndiya kuzithabatha zonke izithandane zakho owakholisana nazo, nabo bonke owabathandayo, ndawonye nabo bonke owabathiyayo, ndibahlanganise, ndikuchase ngeenxa zonke, ndibutyhile ubuzé bakho kubo, babu-
38 bone ubuzé bakho bonke. Ndokugweba ngokugwetywa kwabakrexezikazi nabaphalazi begazi, ndikwenze wena ube li-
39 gazi lobushushu nobukhwele. Ndokunikela esandleni sabo, bawagungxule amanqugwala akho, bazidilize iindawo zakho eziphakamileyo, bakuhlube iingubo zakho bazithabathe iimpahla zakho zokuhomba, bakushiye uzé kanye.
40 Baya kukunyusela ibandla, bakuxulube ngamatye, bakuxabele ngamakrele
41 abo; bazitshise izindlu zakho ngomlilo, bazenze kuwe izigwebo emehlweni abafazi abaninzi, ndikunqumamise ungabi saba lihenyu, ungabi, sarhola umvuzo
42 wobuhenyu. Ndobupholisela kuwe ubushushu bam, limke ikhwele lam ku-
43 we, ndizole, ndingabi saqumba. Ngenxa enokuba ungayikhumbulanga imihla yobuncinane bakho, wesuka wangqungisana nam kwezi zinto zonke: yabona, nam ndikunika ngokwendlela yakho entlokweni yakho, itsho iNkosi uYehova, ukuze ungenzi manyala angaphezu kwamasikizi akho onke.

44 Yabona, bonke abazekelisi baya kuzekelisa ngawe, besithi, Ifuzé unina
45 intombi yakhe. Wena uyintombi yonyoko, odimeleyo yindoda yakhe nabantwana bakhe; wena ungudade woodade benu, abadimeleyo ngamadoda abo nabantwana babo; unyoko ngumHetikazi, uyihlo ngumAmori. Udade wenu 46 omkhulu nguSamari namagxamesi akhe, ehleli ngasekhohlo kwakho; nomsakwenu omncinane kuwe, ehleli ngasekunene kwakho, yiSodom namagxamesi ayo.

Akuhambanga ke ngeendlela zabo, 47 wenzè ngokwamasikizi abo; ukanti ngomzuzwana wonakalisé ngaphezu kwabo ngeendlela zakho zonke. Ndi- 48 hleli nje, itsho iNkosi uYehova, iSodom umsakwenu, yona namagxamesi ayo, ayenzanga njengoko wenzé ngako wena namagxamesi akho. Nabu ke ubu- 49 gwenxa beSodom umsakwenu; yabe ilikratshi, nokuhlútha sisonka, nokuchulumacha, yona namagxamesi ayo; àyabamba ngesandla abaziintsizana nabangamahlwempu. Babezidla, bese- 50 nza amasikizi phambi kwam; ndabasusa, ndakukubona oko. NoSamari 51 akonanga ngokwesiqingatha sezono zakho; waye wena uwandisile amasikizi akho ngaphezu kwakhe, wabenza amalungisa odade benu, ngamasikizi akho owenzileyo. Nawe, thwala ke ihlazo 52 lakho, olibalele kodade benu. Ngezono zakho owazenza ngokumasikizi kunabo, ubenzé baba ngamalungisa kunawe; dana ke nawe, ulithwale ihlazo lakho; ekubeni ubenze amalungisa oodade benu.

Ekukubuyiseni kwam ukuthinjwa 53 kwabo, ukuthinjwa kweSodom namagxamesi ayo, nokuthinjwa koSamari namagxamesi akhe, ndokubuyisa ukuthinjwa okukuthinjwa kwakho phakathi kwabo; ukuze ulithwale ihlazo lakho, 54 uzidanele izinto zonke ozenzileyo, ubathuthuzele. Baya kuthi abasakwenu, 55 iSodom namagxamesi ayo, babuyele kwakwisimo sabo sangaphambili, noSamari namagxamesi akhe babuyele kwakwisimo sabo sangaphambili, nawe namagxamesi akho nibuyele kwakwisimo senu sangaphambili. ISodom u- 56 msakwenu ayibanga sifundo emlonyeni wakho ngemini yamakratshi akho; zingekatyhilwa izinto zakho ezimbi, nje- 57 ngasexesheni lesingcikivo samagxamesi

825

akwa-Aram* nesangeenxa zonke kuye, samagxamesi amaFilisti, awakucukulayo 58 ngeenxa zonke. Amanyala akho namasikizi akho uwathwele; utsho uYehova.
59 Ngokuba itsho iNkosi uYehova ukuthi, Ndènza ke kuwe njengoko wenzé ngako wena, osidelileyo isifungo, ukuba uwaphule umnqophiso.

Kodwa ke uThixo uyawukhumbula umnqophiso wakhe

60 Ndiya kuwukhumbula mna umnqophiso wam nawe ngemihla yobuncinane bakho, ndikumisele umnqophiso ongu-
61 naphakade. Wòzikhumbula iindlela zakho, udane ekubamkeleni kwakho oodade benu, abakhulu kunawe kunye nabancinane kunawe; ndikunike babe ziintombi kuwe, noko bengengabomnqo-
62 phiso wakho. Ndowumisa mna umnqophiso wam nawe, wazi ukuba ndingu-
63 Yehova; ukuze ukhumbule, udane, ungabi saba nakuvula mlomo ngenxa yehlazo lakho, ekukuxoleleni kwam zonke izinto ozenzileyo; itsho iNkosi uYehova.

Umzekeliso wamaxhalanga amabini nomdiliya, nentsingiselo yawo

17 Kwafika ilizwi likaYehova kum,
2 lisithi, Nyana womntu, jika iqhina, uzekelise ngomzekeliso kwindlu
3 kaSirayeli, uthi, Itsho iNkosi uYehova ukuthi: Ixhalanga elikhulu, elimaphiko makhulu, elintsiba zolukileyo, eliboya buqhamileyo, buchokochoko, leza eLebhanon, lathabatha amantloko omse-
4 dare.* Laqhawula eliphezulu emahlamvini awo, lalisa ezweni lakwaKanan,
5 lalimisa emzini wabarhwebi. Lacaphula embewini yelo zwe, layifaka entsimini ehlwayelwayo, layithabatha layisa kumanzi amaninzi, layimisa ngokomngcu-
6 luba. Yahluma, yaba ngumdiliya onabileyo, omfuphi, ukuze amasebe awo asinge kulo, neengcambu zawo zibe phantsi kwalo; waba ngumdiliya ke, wenza amasebe, waqhama amagqabi.
7 Kwabakho elinye ixhalanga elikhulu, elimaphiko makhulu, linoboya obuninzi. Nango lo mdiliya unabela ngakulo ngeengcambu zawo, ugobela ngakulo amasebe awo, ukuba liwanyele ezindimeni otyelwe kuzo. Ubutyelwe entsi- 8 mini elungileyo wona, ngasemanzini amaninzi, ukuze wenze amasebe, uxakathe iziqhamo, ukuba ube ngumdiliya onguwona unguwo.

Yithi, Itsho iNkosi uYehova ukuthi, 9 Wómila na? *Elaa xhalanga* aliyi kuzinyothula na iingcambu zawo, lizinqumle iziqhamo zawo, ubune, athi onke amagqabi amatsha okuhluma kwawo abune, kungabi nangangalo inkulu nangabantu baninzi, ukuwususa ezingcanjini zawo? Yabona, khona utyelwe, wómila na? 10 Awuyi kubuna ubune na, wakufikelwa lulophu lwasempumalanga? Úya kubunela ezindimeni ohlume kuzo.

Kwafika ilizwi likaYehova kum, 11 lisithi, Khawuthi kwindlu eneenkani, 12 Anikwazi na ukuba kuyintoni na oko? Yithi, Yabonani, ukumkani waseBhabheli weza eYerusalem, wamthabatha ukumkani wayo nabathetheli bayo, wabása kuye eBhabheli. Wathabatha 13 owasembeweni yokumkani, wanqophisana naye, wamfungisa; wathabatha iinjengele zelizwe elo; ukuze bube 14 bubukumkani obuphantsi, ukuze bungàziphakamisi, ukuze awugcine umnqophiso wakhe, ukuze ume wona. Wasuka ke wagwillika kuye ngokuthu- 15 ma abathunywa bakhe eYiputa, ukuze anikwe amahashe nabantu abaninzi. Wóba nempumelelo na? Wósinda na owenze loo nto? Wówaphula umnqophiso, asinde na ke?

Ndihleli nje, itsho iNkosi uYehova, 16 inyaniso, endaweni yokumkani owamenza ukumkani, osifungo asidelileyo, omnqophiso awaphuleyo, úya kufela kuyo, esazulwini seBhabheli. UFaro 17 akayi kumnceda ngampi inkulu nangasikhungu sikhulu emfazweni, kwakùfunjwa udonga lokungqinga, kwakhiwe inqaba zokubonisela; ukuze inqunyulwe imiphefumlo emininzi. Ekubeni 18 esidelile isifungo, ukuba awaphule umnqophiso, yabona, uniké isandla sakhe, waza noko wenza zonke ezi zinto; akayi kusinda.

UHEZEKILE 17–18

19 Ngako oko itsho iNkosi uYehova ukuthi, Ndihleli nje, inyaniso, isifungo sam asidelileyo, nomnqophiso wam awaphuleyo, ndiya kumnika entlokweni
20 yakhe. Ndowutwabulula phezu kwakhe umnatha wam, abanjiswe ngumgibe wam, ndimse eBhabheli, ndimangalelane naye khona ngenxa yomenezo
21 lwakhe, andimenezele ngalo. Baya kuwa likrele bonke abasabileyo bakhe emahlelweni akhe onke, namasalela athiwe saa qhu kwimimoya yonke; nàzi ukuba mna Yehova ndithethile.
22 Itsho iNkosi uYehova ukuthi, Mna ndiya kuthabatha ke ihlamvu emantloko omsedare omde, ndilimise; emahlamvini awo aphezulu ndiya kuqhawula elithambileyo, ndilityale mna entabeni ephaka-
23 mileyo, ende. Ndiya kulityala ke entabeni ende yakwaSirayeli, linyuse amasebe, lixakathe iziqhamo, libe ngumsedare ongowona unguwo, zihlale phantsi kwawo zonke iintaka zeentlobo ngeentlobo; ziya kuhlala emthunzini
24 wamasebe awo. Iya kwazi yonke imithi yasendle, ukuba mna Yehova ndiwuthobile umthi ophakamileyo, ndiwuphakamisile umthi omfuphi; ndiwomisile umthi omanzi, ndiwuqhamisile umthi owomileyo. Mna Yehova ndithethile, ndenza.

Umphefumlo owonayo uya kufa

18 Kwafika ilizwi likaYehova kum,
2 lisithi, Úyintoni na kuni lo mzekeliso, nizekelisa ngawo emhlabeni wakwaSirayeli, nisithi, ooyise badle iidiliya ezimuncu, kwaba buthelezi ama-
3 zinyo oonyana? Ndihleli nje, itsho iNkosi uYehova ukuthi, anisayi kuba sazekelisa ngalo mzekeliso kwaSirayeli.
4 Yabonani, yonke imiphefumlo yeyam; umphefumlo woyise unjengomphefumlo wonyana, yeyam yomibini; umphefumlo owonayo, kuya kufa wona.
5 Umntu xa athe waba lilungisa, wenza
6 ngokwesiko nangobulungisa; akadlela ezintabeni, amehlo akhe akawaphakamisela kwizigodo zendlu yakwaSirayeli; umfazi wommelwane wakhe àkamenza inqambi, akasondela kumfazi enomzi;

akamxinzelela phantsi umntu, wasibu- 7
yisa isibambiso sokuboleka kwakhe, akaxhakamfula; wamnika olambileyo isonka sakhe, wamgubungela ozé ngengubo; akanikela imali ukuba adle 8
abanye ngayo, akathabatha nzala yamboleko; wasibuyisa isandla sakhe ekugqwetheni, wenza ngokwesiko nangenyaniso phakathi kobani nobani; wahamba ngemimiselo yam, wagcina 9
amasiko am, ukuba enze ngenyaniso: úlilungisa, inene uya kuphila; itsho iNkosi uYehova.

Ke ethe wazala unyana osisigwinta, 10
ophalaza igazi, owenza nokuba inye kwezo zinto, ke yena ezo nto zonke 11
engazenzanga, *unyana* kananjalo odlela ezintabeni, omenza inqambi umfazi wommelwane wakhe; oluxinzelela pha- 12
ntsi usizana nehlwempu, oxhakamfulayo, ongasibuyisiyo isibambiso; owaphakamisela kwizigodo amehlo akhe, owenza amasikizi; onikela imali ukuba 13
adle abanye ngayo, othabatha inzala yemboleko: wophila na ke *loo nyana*? Akayi kuphila; wenzé onke la masikizi; uya kubulawa afe; igazi lakhe liya kuba phezu kwakhe.

Yabonani ke, ethe yena *lo* wazala 14
unyana, othe wazibona zonke izono zikayise azenzayo, abone ke, angènjenjalo; angadleli ezintabeni, amehlo 15
akhe angawaphakamiseli kwizigodo zendlu kaSirayeli, umfazi wommelwane wakhe angamenzi inqambi; angamxi- 16
nzeleli phantsi umntu, angabambisi ngesibambiso, angaxhakamfuli; isonka sakhe asinike olambileyo, amgubungele ozé ngengubo; abuyise isandla sakhe 17
kolusizana; angadli abanye ngemali, angathabathi nzala yamboleko, wenza ngokwamasiko am, uhamba ngemimiselo yam: lowo *unyana* akayi kufa ngobugwenxa bukayise; inene uya kuphila. Uyise yena, ngokokuba ecudisile kaku- 18
bi, exhakamfula umzalwana, wenza okungalungileyo phakathi kwabantu bakowabo, yabonani, uya kufa ngobugwenxa bakhe.

Ukanti nithi ke, Kungàthuba lini na 19
ukuba unyana angabuthwali ubugwenxa

UHEZEKILE 18–19

bukayise? Unyana kaloku wenzé ngokwesiko nangobulungisa; uyigcinile yonke imimiselo yam, wayenza; inene, 20 uya kuphila. Umphefumlo owonayo, kuya kufa wona wodwa. Unyana akayi kuthwala ubugwenxa bukayise, noyise akayi kubuthwala ubugwenxa bonyana; ubulungisa belungisa buya kuba phezu kwalo, nokungendawo kongendawo kuya kuba phezu kwakhe.

UThixo akakuthandi ukufa kongendawo

21 Ongendawo ke, xa athe wabuya ezonweni zakhe zonke azenzileyo, wayigcina yonke imimiselo yam, wenza ngokwesiko nangobulungisa, inene, uya 22 kuphila; akayi kufa. Zonke izikreqo zakhe azenzileyo aziyi kukhunjulelwa kuye; ngobulungisa bakhe abenzileyo, 23 uya kuphila. Kumnandi na kanene kum ukufa kongendawo? Itsho iNkosi uYehova. Okumnandi kum asikuko na ukuthi abuye ezindleleni zakhe, aphile?

24 Khona ekubuyeni kwelungisa ebulungiseni balo, lenza ngobugqwetha, ngokwamasikizi awenzileyo ongendawo, lophila na lona? Yonke imisebenzi yalo yobulungisa elayenzayo ayiyi kukhunjulwa; ngenxa yobumenemene balo elimeneze ngabo, nangenxa yezono zalo eloné ngazo: ngenxa yezo zinto liya kufa.

25 Ukanti nithi ke, Indlela yeNkosi ayilungelelene. Khanive, ndlu kaSirayeli; indlela yam ayilungelelene, yini na? Asizezenu na iindlela ezingalu- 26 ngeleleneyo? Xa lithe ilungisa labuya ebulungiseni balo, lenza ngobugqwetha, lofa ngezo zinto; lofa ngobugqwetha 27 balo elibenzileyo. Xa athe ongendawo wabuya kokungendawo kwakhe akwenzileyo, wenza ngokwesiko nangobulungisa, yena uya kuwusindisa umphe- 28 fumlo wakhe. Ekubeni ebonile, wabuya ezikreqweni zakhe zonke azenzi- 29 leyo, uya kuphila; akayi kufa. Ukanti ithi ke indlu kaSirayeli, Indlela yeNkosi ayilungelelene. Iindlela zam azilungelelene na, ndlu kaSirayeli? Asizezenu na iindlela ezingalungeleleneyo?

Ngako oko ndiya kunigweba elowo 30 ngokwendlela yakhe, ndlu kaSirayeli; itsho iNkosi uYehova. Buyani, nizibuyise ezikreqweni zenu zonke, bungabi sisikhubekiso ubugwenxa kuni. La- 31 hlani zonke izikreqo zenu enikreqe ngazo, nizenzele intliziyo entsha nomoya omtsha. Yini na ukuba nife, ndlu kaSirayeli? Ngokuba akumnandi kum 32 ukufa kofayo; itsho iNkosi uYehova. Zibuyiseni ke niphile.

Isililo ngoSirayeli ofanekiswa nengonyama evalelweyo nakunye nomdiliya obhuqiweyo

19 Wena ke, yenza isijwili ngezikhulu zakwaSirayeli, uthi, Uyintoni 2 na unyoko? Ingonyamakazi, ebuthume phakathi kweengonyamakazi, ewondlela amathole ayo phakathi kweengonyama ezintsha. Yakhulisa elinye ema- 3 tholeni ayo, laba yingonyama entsha, lafunda ukuqwenga iinyamakazi; ladla abantu. Iintlanga zahlaba umkhosi 4 ngalo, labanjiswa emhadini wazo; zalisa ezweni lamaYiputa, lifakwé amakhonkco.

Yakubona *ingonyamakazi* ukuba ali- 5 phumeleli, lidakile ithemba layo, yathabatha elinye ematholeni ayo, yalenza ingonyama entsha. Lahambahamba 6 phakathi kweengonyamakazi, laba yingonyama entsha, lafunda ukuqwenga iinyamakazi; labadla abantu. Labazi 7 abahlolokazi babo, layenza amanxuwa imizi yabo, kwaba senkangala kwilizwe nakwinzaliseko yalo, ngezwi lokubharhula kwalo.

Iintlanga zaba ngeenxa zonke ema- 8 zweni, zamisa kulo, zawutwabulula phezu kwalo umnatha wazo, labanjiswa emhadini wazo. Zalifaka endlwaneni 9 linamakhonkco zalisa kukumkani waseBhabheli, zalisa ezimboniselweni, ukuze ilizwi lalo lingabi savakala ezintabeni zakwaSirayeli.

Unyoko ubenjengomdiliya, otyelwe 10 ngasemanzini, ekuphumleni kwakho, waqhama, wanamasebe amaninzi ngenxa yamanzi amaninzi. Waba nama- 11 sebe aqinileyo okuba ziintonga zabalawuli. Ubude bawo baphakama baphezulu, phakathi kweengqimba zamafu; wabonakala ekuphakameni kwawo 12 ngobuninzi bamasebe awo. Wanyothulwa ke ngobushushu, wakhahlelwa emhlabeni, ulophu lwasempumalanga lwazomisa iziqhamo zawo; axhuzulwa oma amasebe awo aqinileyo, atsha ngumlilo.

13 Ngoku ke utyelwe entlango, ezweni
14 elingumqwebedu, elomileyo. Kuphumé ke umlilo emahlamvini amasebe awo, wazitshisa iziqhamo zawo, akwabakho sebe liqinileyo kuwo, lokuba yintonga yokulawula. Sisijwili ke, saye siya kuba sisijwili.

Unqulo-zithixo lwamandulo kwaSirayeli lubaliselwa amadoda amakhulu abuzayo

20 Ke kaloku kwathi ngomnyaka wesixhenxe, *ngenyanga* yesihlanu, ngolweshumi enyangeni leyo, kwafika amadoda, evela kumadoda amakhulu akwaSirayeli, ukuba abúzise kuYehova. Ahlala phantsi phambi kwam.

2 Kwafika ilizwi likaYehova kum,
3 lisithi, Nyana womntu, thetha namadoda amakhulu akwaSirayeli, uthi kuwo, Itsho iNkosi uYehova ukuthi, Nizé kubúzisa kum na? Ndihleli nje, unakànye ukuba ndibuzwe nini; itsho
4 iNkosi uYehova. Uza kubagweba na, uza kugweba na, nyana womntu? Bazíse ke amasikizi ooyise.

5 Yithi kubo, Itsho iNkosi uYehova ukuthi, Ngemini endamnyulayo uSirayeli, endayiphakamiselayo isandla sam imbewu yendlu kaYakobi, endazazísayo kubo ezweni laseYiputa, endabapha kamisela isandla sam, ndisithi, Ndingu-
6 Yehova uThixo wenu: ngaloo mini kanye, ndabaphakamisela isandla sam, ukuze ndibakhuphe ezweni laseYiputa, ndibase ezweni endabahlolelayo lona, elibaleka amasi nobusi, liligugu kuna-
7 mazwe onke. Ndathi kubo, Lahlani elowo izinto ezinezothe zamehlo akhe, ningazenzi iinqambi ngezigodo zaseYiputa; ndinguYehova uThixo wenu.

Basuka baba neenkani kum, àbavu- 8 ma ukundiphulaphula, àbazilahla elowo izinto ezinezothe zamehlo akhe, àbazishiya izigodo zaseYiputa. Ndathi ke, ndiya kuthulula ubushushu bam phezu kwabo, ndiwuphelelisele kubo umsindo wam phakathi kwelizwe laseYiputa. Koko ndenzáyo ngenxa yegama lam; 9 ukuze lingàhlanjelwa emehlweni eentlanga, ababephakathi kwazo, endazazísa kubo emehlweni azo, ekubakhupheni kwam ezweni laseYiputa.

Ndabakhupha ke ezweni laseYiputa, 10 ndabása entlango; ndabanika imimiselo 11 yam, ndabazísa namasiko am, awothi umntu ewenzile, aphile ngawo. Ka- 12 nanjalo ndabanika iisabatha zam, ukuba zibe ngumqondiso phakathi kwam nabo, ukuze bazi ukuba mna Yehova ndiya bangcwalisa. Indlu kaSirayeli yesuka 13 yaba neenkani kum entlango; àbahamba ngemimiselo yam; bawacekisa amasiko am, awothi umntu ewenzile, aphile ngawo; bazihlambela kakhulu iisabatha zam. Ndathi ke, ndiya kuthulula ubushushu bam phezu kwabo entlango, ukuze ndibagqibele. Koko 14 ndenzáyo ngenxa yegama lam; ukuze lingahlanjelwa emehlweni eentlanga, endabakhuphayo emehlweni azo.

Kananjalo mna ndabaphakamisela 15 isandla entlango, ukuba ndingàbasi ezweni endandibanikile, elibaleka amasi nobusi, liligugu kunamazwe onke; nge- 16 nxa yokuba bawacekisáyo amasiko am, àbahamba ngemimiselo yam, bazihlambela iisabatha zam; ngokuba intliziyo yabo yazilandela izigodo zabo. Koko 17 laba nenceba iliso lam kubo, ukuba ndingabatshabalalisi, ndingabagqibeli entlango.

Ndathi ke koonyana babo entlango, 18 Musani ukuhamba ngemimiselo yooyihlo, ningawagcini amasiko abo, ningazenzi iinqambi ngezigodo zabo. Mna 19 Yehova ndinguThixo wenu; hambani ngemimiselo yam, niwagcine amasiko am, niwenze; nizingcwalise iisabatha 20 zam, zibe ngumqondiso phakathi kwam nani, ukuze názi ukuba ndinguYehova uThixo wenu. Basuka oonyana baba 21

neenkani kum; ábahamba ngemimiselo yam, ábawagcina amasiko am ukuba bawenze, awothi umntu ewenzile aphile ngawo; bazihlambela iisabatha zam. Ndathi ke, ndiya kuthulula ubushushu bam phezu kwabo, ndiphelelisele umsi-
22 ndo wam kubo entlango. Koko ndasibuyisayo isandla sam, ndenza ngenxa yegama lam, ukuba lingahlanjelwa emehlweni eentlanga, endabakhuphayo emehlweni azo.
23 Kananjalo ndabaphakamisela isandla sam entlango, ukuba ndibachithachithe ezintlangeni, ndibaphangalalisele ema-
24 zweni; ngenxa enokuba bengawenzanga amasiko am, bayicekisayo imimselo yam, bazihlambela iisabatha zam, ame-
25 hlo abo alandela izigodo zooyise. Nam ndabamisela imimiselo engabalungeleyo, namasiko abangenakuphila ngawo.
26 Ndabenza iinqambi ngezipho zabo, ekucandiseni kwabo *emlilweni* yonke into evula isizalo, ukuze ndibaphanzise; ukuze bazi ukuba ndinguYehova.

27 Ngako oko, thetha kwindlu kaSirayeli, nyana womntu, uthi kubo, Itsho iNkosi uYehova ukuthi, Ooyihlo babuye bandinyelisa nangale nto, ekumenezeni
28 kwabo ababemeneza ngako kum. Kuba xenikweni ndabasayo ezweni endasiphakamiselayo isandla sam sokuba ndibanike lona, basuka bakhangela zonke iinduli ezinde, nemithi yonke ethe shinyi; bayibingelela khona imibingelelo yabo, banikela khona imisondezo yabo equmbisayo, babeka khona ivumba lamadini abo elithozamisayo, bathululela khona iminikelo yabo ethulu-
29 lwayo. Ndathi ke kubo, Esi sigánga niya kuso siyintoni na? Igama laso ke kuthiwa, siSigánga, unanamhla.
30 Ngako oko yithi kwindlu kaSirayeli, Itsho iNkosi uYehova ukuthi, Nizenzé iinqambi ngendlela yooyihlo, nihenyuze ngokulandela izinto zabo ezinezothe
31 nje; nizenzé iinqambi ezigodweni zenu ngokunikela izipho zenu, nangokuba candisa emlilweni oonyana benu nanamhlanje; mna ndingábuzwa níni na, ndlu kaSirayeli? Ndihleli nje, itsho iNkosi uYehova, andiyi kubuzwa níni, nakanye.

Loo nto ithe qatha emoyeni wenu, 32 ayiyi kubakho nokubakho: leyo nithi, Siya kuba njengeentlanga, njengemizalwane yamazwe, silungiselele kwimithi namatye. Ndihleli nje, inyaniso, itsho 33 iNkosi uYehova, ngesandla esithe nkqi, nangengalo eyolukileyo, nangobushushu obuthululwayo, ndiya kuba ngukumkani phezu kwenu. Ndonikhupha ezizweni, 34 ndinibuthe emazweni enaphangalaliswa kuwo, ngesandla esithe nkqi, nangengalo eyolukileyo, nangobushushu obuthululwayo. Ndiya kunísa kwintlango yezi- 35 zwe, ndimangalelane nani, sikhangelane ebusweni; njengoko ndamangalelana 36 nooyihlo kwintlango yelizwe laseYiputa, ndiya kwenjenjalo ukumangalelana nani; itsho iNkosi uYehova. Ndoni- 37 phumelisa phantsi kwentonga, ndibophelele ngomnqophiso; ndibakhèthe 38 kuni abagwilikayo nabakreqayo kum. Ndiya kubakhupha ezweni lokuphambukela kwabo; ke akuyi kungena namnye emhlabeni wakwaSirayeli, ukuze názi ukuba ndinguYehova.

Itsho iNkosi uYehova ukuthi, Nina 39 ke, ndlu kaSirayeli, hambani, nikhonze elowo isigodo sakhe; kodwa emveni koko, inyaniso, niya kundiphulaphula, ningabi salihlambela igama lam elingcwele ngezipho zenu nangezigodo zenu.

Ubuyiselo lukaSirayeli luxelwa kwangaphambili

Ngokuba itsho iNkosi uYehova uku- 40 thi, Entabeni yam engcwele, entabeni ende yakwaSirayeli, khona apho iya kundikhonza yonke indlu yakwaSirayeli, yonke iphela ezweni; khona apho baya kuba likholo kum; khona apho ndiya kubiza imirhumo yenu neentlahlela yezipho zenu, entweni yenu yonke eniyingcwalisayo. Niya kuba likholo 41 kum ninevumba elithozamisayo, ekunikhupheni kwam ezizweni; ndinibuthe emazweni enaphangalaliswa kuwo, ndizingcwalisele kuni emehlweni eentlanga; názi ukuba ndinguYehova, ekuniseni 42 kwam emhlabeni wakwaSirayeli, ezweni endasiphakamisela isandla sam sokuba 43 ndilinike ooyihlo, Niya kuzikhumbula khona iindlela zenu neentlondi zenu zonke, enazenza iinqambi ngazo; nizikruqukele ngokwenu ngenxa yazo zonke 44 izinto ezimbi enizenzileyo; názi ukuba ndinguYehova, ekunipatheni kwam ngenxa yegama lam, kungekhona ngokweendlela zenu ezimbi, nangokweentlondi zenu ezibolileyo, ndlu kaSirayeli; itsho iNkosi uYehova.

Isiprofeto ngomlilo kwelasezantsi

45 Kwafika ilizwi likaYehova kum,
46 lisithi, Nyana womntu, bhekisa ubuso bakho kwelasezantsi, uwise intetho usingise ezantsi, uprofete ngehlathi lelizwe
47 lasezantsi; uthi kwihlathi lelizwe lasezantsi, Live ilizwi likaYehova; itsho iNkosi uYehova ukuthi, Yabona, ndifaka umlilo kuwe, utshise kuwe wonke umthi omanzi, nawo wonke umthi owomileyo. Akuyi kucima dangatye lamadangatye; borhawuka ubuso babantu bonke, kuthabathele ezantsi kuse
48 entla, Yobona yonke inyama, ukuba mna Yehova ndiwubasile; awuyi kucinywa.
49 Ndathi, Awu! Nkosi Yehova, bathi ngam lo, Akenzi ngemizekeliso kodwa na?

Ikrele likaYehova lokuchasa uSirayeli

21 Kwafika ilizwi likaYehova kum,
2 lisithi, Nyana womntu, bhekisa ubuso bkwiYerusalem, uwise intetho ezingcweleni, uprofete ngomhlaba wakwaSirayeli.
3 Yithi kumhlaba wakwaSirayeli, Utsho uYehova ukuthi, Yabona, ndikuchasile; ndirhola ikrele lam esingxotyeni salo, ndinqumle kuwe ilungisa nongendawo.
4 Ngenxa ke enokuba ndiya kunqumla kuwe ilungisa nongendawo, ngako oko liya kuphuma ikrele lam esingxotyeni salo, liye enyameni yonke, lithabathele
5 ezantsi lise entla; yazi yonke inyama, ukuba mna Yehova ndilirholile ikrele lam esingxotyeni salo; alisayi kuba sabuya libuye.

Wena ke, nyana womntu, ncwina; 6 uqhekeke amanqe, uncwine nangobukrakra, emehlweni abo. Kothi, xa 7 bathe kuwe, Ūncwinelani na? uthi, Kungenxa yeendaba, ngokuba zisiza; kuya kunyibilika zonke iintliziyo, ziwe zonke izandla, incame yonke imimoya, amadolo onke angabi namandla. Yabona, ziyeza, ziya kubakho; itsho iNkosi uYehova.

Kwafika ilizwi likaYehova kum, 8 lisithi, Nyana womntu, profeta uthi, 9 Utsho uYehova ukuthi, Ikrele, ikrele liloliwe, likhazimlisiwe nokukhazimliswa. Liloliwe ukuze lixhele libulale; 10 likhazimlisiwe ukuze limenyezele njengombane. Ngesiba nemihlali sithi, Intonga yonyana wam le icekisa imithi yonke na? Linikelwe ukuba likhazi- 11 mliswe, liphathwe ngesandla; liloliwe ikrele elo, likhazimlisiwe elo, ukuba linikelwe esandleni sombulali. Khala 12 ubhomboloze, nyana womntu; ngokuba lithene mbende nabantu bam, lithene mbende nezikhulu zonke zakwaSirayeli; zizisulu zekrele kunye nabantu bam; ngako oko tywakraza ethangéni. Ngokuba sekucikidiwe; hi, kothini na 13 ukuba nentonga ecekisayo? Akuyi kuba njalo; itsho iNkosi uYehova.

Wena ke nyana womntu, profeta, 14 utywakraze izandla; liphindwe okwesithathu ikrele, ikrele lababuleweyo; likrele lobuleweyo, lalowo mkhulu, elibarawulayo. Ukuze intliziyo ithe 15 amandla, zande izikhubekiso, ndiwamisele amasango abo onke ikrele eiijikajikayo. Awu! Lenzelwe ukuba libe njengombane, lithiwe rhuthu ukuba libulale. Tyekela ngasekunene, guqu- 16 kela ekhohlo, apho lubhekisa khona uhlangothi lwakho. Nam ndiya kuzi- 17 tywakraza izandla zam, ndibupholise ubushushu bam, mna Yehova ndithethile.

IBhabheli ichasa uYuda noAmon

Kwafika kum ilizwi likaYehova, 18 lisithi, Wena ke, nyana womntu, zimi- 19 sele iindlela ezimbini, ukuze lize ngazo

ikrele lokumkani waseBhabheli; mazi-
phume zweni-nye zombini, ukrole uma-
lathiso, uwukrole emantloko endlela
20 yomzi. Misa indlela, ukuze ikrele lifike
eRabha yoonyana baka-Amon, nakwe-
lakwaYuda, eYerusalem enqatyisiweyo.
21 Kuba ukumkani waseBhabheli umise
ekwahlukaneni kweendlela, emantloko
eendlela zombini, ukuze ahlabe isihlabo;
uhlukuhla iintolo, ubuza kwimilonde-
22 khaya, ukhangela esibindini. Esandle-
ni sakhe sokunene isihlabo sihlabe
iYerusalem, ukuze kumiswe izinto
zokutyhomfa, uhlatywe umkhosi woku-
bulala, kuphakanyiswe izwi lokuduma,
kumiswe izinto zokutyhomfa emasa-
ngweni, kufunjwe udonga lokungqinga,
23 kwakhiwe iinqaba zokubonisela. Soba
njengesihlabo esikhohlakeleyo kubo e-
mehlweni abo, bafungelwe izifungo
bona; ke yena wokhumbuza ubugwenxa,
ukuze baxhakamfulwe.

24 Ngako oko itsho iNkosi uYehova
ukuthi, Ngenxa yokukhumbuza kwenu
ubugwenxa benu, ekutyhilekeni kwe-
zikreqo zenu, ukuze zibonakale izono
zenu ezintlondini zenu zonke; ngenxa
yokukhunjulwa kwenu, niya kuxhaka-
mfulwa ngesandla.

25 Wena ke, mbulawa ungendawo, si-
khulu sakwaSirayeli, umini yakho ifiki-
leyo ngexesha lobugwenxa bokuphela,
26 itsho iNkosi uYehova ukuthi, Luya
kususwa unkontsho, sithulwe nesithsa-
ba; oko koko, namhla kunamhla; oku-
thobekileyo kuya kuphakanyiswa, oku-
27 phakamileyo kuya kuthotywa. Ndiya
kukuphenula ndikuphenule, ndikuphe-
nule; kwanako oko akuyi kuba kuko,
koda kufike lowo kukokwakhe ukugwe-
ba; ndikùnike yena.

28 Wena ke, nyana womntu, profeta
uthi, Itsho iNkosi uYehova ngokusi-
ngisele koonyana baka-Amon, ngokusi-
ngisele kungcikivo lwabo, ukuthi, Ikre-
le, ikrele lirholelwe ukuba libulale;
likhazimlisiwe ukuba lidle, ukuba libe
29 njengombane. Bekubonela inkohlakalo
nje, bekuhlabela amanga nje, liya kuku-
beka ke ezintanyeni zabangendawo
ababuleweyo, abamini iya kufika nge-
xesha lobugwenxa bokuphela. Libu- 30
yisele esingxotyeni salo. Endaweni o-
dalelwe kuyo, ezweni lemvelo yakho,
ndiya kukugweba. Ndiya kuthulula 31
phezu kwakho ubhavumo lwam. Ndi-
ya kukubasela ngomlilo wokuphuphu-
ma komsindo wam, ndikunikele esa-
ndleni samadoda azizityhakala, iingcibi
ezonakalisayo. Üya kuba kukudla ko- 32
mlilo; igazi lakho liya kuba phakathi
kwelizwe; akuyi kukhunjulwa; kuba
mna Yehova ndithethile.

Izenzo zeYerusalem nesohlwayo sazo

22 Kwafika ilizwi likaYehova kum,
lisithi, Wena ke, nyana womntu, 2
uza kuwugweba na? Uza kuwugweba
na umzi wamagazi? Wazise ke onke
amasikizi awo.

Uze uthi, Itsho iNkosi uYehova 3
ukuthi, Mzindini, ùphalaza igazi esa-
zulwini sawo, ukuze lifike ixesha lawo,
wenze izigodo kuwo ukuze ube yinqa-
mbi! Ngegazi lakho olithululeyo u- 4
zekè ityala, nangezigodo zakho ezonzi-
leyo uzenzé inqambi, wazisondeza
iimini zakho, wafika eminyakeni yakho.
Ngenxa yoko ndikwenza into yengciki-
vo ezintlangeni, nento yokucukucezwa
kuwo onke amazwe. Abakufuphi na- 5
bakude kuwe baya kukucukuceza; ùne-
gama lobunqambi, unesaqunge esi-
khulu.

Yabona, izikhulu zakwaSirayeli, sa- 6
seso ngokwengalo yaso, zibe zikuwe,
ukuze ziphalaze igazi. Uyise nonina 7
babacukucezela kuwe; owasemzini ba-
mcudisela esazulwini sakho; iinkedama
nabahlolokazi babaxinzelela phantsi ku-
we. Iingcwele zam ùzidelile, neesa- 8
batha zam ùzihlambele. Amadoda 9
anentlebendwane abekuwe, ukuze a-
phalaze igazi; àdlela ezintabeni kuwe,
enza amanyala esazulwini sakho. Ubu- 10
zé booyise butyhilelwe kuwe; oyinqa-
mbi ngokuba nomzí bamdlwengulela
kuwe. Omnye wenza amasikizi nomfa- 11
zi wommelwane wakhe; omnye umenza
inqambi umolokazana wakhe ngobu-
gqwirha; omnye udlwengula udade wa-
bo, intomi kayise, kuwe. Bamkela izi- 12

cengo bekuwe, ukuze baphalaze igazi; wena udlé abantu ngemali, wathabatha inzala yemboleko; ùyamdla ummelwane wakho ngokucudisa; ùndilibele; itsho iNkosi uYehova.
13 Yabona, nditywakraza izandla zam ngenxa yenzuzo yakho embi oyizuzileyo, nangenxa yamagazi akho asesazulwini
14 sakho. Intliziyo yakho iya kuma na? Izandla zakho ziya kuthi nkqi na, ngemihla endiya kukuphatha ngayo? Mna Yehova ndithethile, ndiya kwenza ke.
15 Ndiya kukuphangalalisela ezintlangeni, ndikuchithachithe emazweni, ndibugqi-
16 bele ubunqambi bakho kuwe. Wòzihlambela emehlweni eentlanga, wazi ukuba nding uYehova.
17 Kwafika ilizwi likaYehova kum,
18 lisithi, Nyana womntu, indlu kaSirayeli isuke yaba ligwebu lentsimbi kum; bonke bephela baba lubhedu nebhekile nesinyithi nelothe, phakathi eziko;
19 baba ligwebu lesilivere. Ngako oko itsho iNkosi uYehova ukuthi, Ngenxa yokuba naba ligwebu lentsimbi nonke niphela, ngako oko, yabonani, ndiya kunibutha esazulwini seYerusalem.
20 Njengokuhlanganiselwa kwesilivere nobhedu nesinyithi nelothe nebhekile phakathi eziko, ukuba umlilo uzifuthe, ukuze zinyibilike: ndiya kwenjenjalo ukunibutha ngomsindo wam, nangobushushu bam, ndinifake, ndininyibilikise.
21 Ndonifumba, ndifuthe umlilo wokuphuphuma komsindo wam kuni, ninyi-
22 bilike phakathi kwawo. Njengokuba isilivere inyibilikiswa phakathi eziko, niya kwenjenjalo ukunyibilikiswa phakathi kwayo; názi ukuba mna Yehova ndibuthulule ubushushu bam phezu kwenu.
23 Kwafika ilizwi likaYehova kum,
24 lisithi, Nyana womntu, yithi kulo, Ùlilizwe elizulu lingàsiyo, elingànelwayo ngomhla wobhavumo. Lucebo lwabaprofeti balo esazulwini salo. Njengengonyama ebharhulayo, eqwenga inyamakazi, badla imiphefumlo; bahlutha into eqwetyiweyo nenqabileyo; bandisa abahlolokazi balo esazulwini
26 salo. Ababingeleli balo bayawugonya-mela umyalelo wam, bazihlambele iingcwele zam; àbacaluli phakathi kokungcwele nokuhlambelayo, àbabonisi mahluko kokuyinqambi nokuhlambulukileyo; bayawafihla amehlo abo kwiisabatha zam, ndihlanjelwe esazulwini sabo. Abathetheli balo esazulwini salo 27 banjengeengcuka eziqwenga ixhoba, ukuba baphalaze igazi, batshabalalise imiphefumlo, ukuze bazuze inzuzo embi. Abaprofeti bábatyabeka ngo- 28 daka olulephukayo, bebona imibono yenkohlakalo, bebahlabela izihlabo ezingamanga, besithi, Itsho iNkosi uYehova; kanti uYehova akathethanga. Abantu belizwe elo bayacudisa, baya- 29 phanga, baxinzelela phantsi usizana nehlwempu, bacudise owasemzini ngokungesesikweni.
Ndafuna kubo indoda engaba lutha- 30 ngo phakathi, ime ethutyeni phambi kwam, ikhusele ilizwe elo, ukuze ndingalitshabalalisi; ke andiyifumani. Ngoko ke ndithulula ubhavumo lwam 31 phezu kwabo, ndibagqibele ngomlilo wokuphuphuma komsindo wam, ndibanike ngokwendlela yabo entlokweni yabo; itsho iNkosi uYehova.

Ukuchaswa kokunqophisana nabasemzini kuzekeliswa ngokuhenyuza kooNtente-yakhe noNtente-yam-kuye nesohlwayo sabo

23 Kwafika ilizwi likaYehova kum, lisithi, Nyana womntu, kwakukho 2 abafazi ababini, iintombi zamfazi mnye. Bahenyuza eYiputa, bahenyuza bese- 3 bancinane; acofelwa khona amabele abo; zaphathwa khona iingono zamabele zobuntombi babo. Amagama abo 4 ke nguNtente-yakhe omkhulu kubo, noNtente-yam-kuye umsakwabo; baba ngabam, bazala oonyana neentombi. Amagama abo nguSamari uNtente-yakhe, yiYerusalem uNtente-yam-kuye.

UNtente-yakhe wahenyuza engu- 5 mkam, watshiswa kukukhanuka izithandane zakhe, ama-Asiriya, umelwane lwakhe: abavethe iingubo ezimsi, ama- 6 bamba neerhuluneli, amadodana aluluhle onke ephela, abamahashe bekhwele

7 emahasheni. Wakubhekisela kubo ukuhenyuza kwakhe, koonyana baseAsiriya abaluluhle bonke bephela; wathi abo bonke abetshiseka kukubakhanuka, wa-
8 zenza inqambi ngezigodo zabo. Akakuyeka nokuhenyuza kwakhe kwaseYiputa; ngokuba ebuncinaneni bakhe babelala naye, baziphathe iingono zamabele zobuntombi bakhe bona; bathululele ubufebe babo phezu kwakhe.
9 Ngako oko ndamnikela esandleni sezithandane zakhe, esandleni soonyana baseAsiriya, abo abetshiseka kukuba-
10 khanuka. Bona babutyhila ubuzé bakhe, bathabatha oonyana bakhe neentombi zakhe, bambulala ngekrele; waba ngundaba-mlonyeni kubafazi, bamgweba.
11 Wakúbona oko umsakwabo, uNtente-yam-kuye, waba mandundu kunaye ukutshiseka kwakhe kukukhanuka, kwaba mandundu ukuhenyuza kwakhe
12 kunokuhenyuza kodade wabo. Watshiseka kukubakhanuka oonyana baseAsiriya, amabamba, neerhuluneli, umelwane lwakhe, abavethe ezimbejembeje; abamahashe bekhwele emahasheni,
13 amadodana aluluhle onke ephela. Ndabona ukuba uzenzé inqambi, bandlela-nye bobabini.
14 Wóngeza ekuhenyuzeni kwakhe; wabona amadoda ezotywe eludongeni, imifanckiso yamaKaledi ezotywe nge-
15 qabo elibomvu, enxibe iinqwemesha ezinqeni, eneenkontsho ezimfakamfele ezintloko, ebonakala engabaphathi-mikhosi onke ephela, efana noonyana baseBhabheli, belamaKaledi, izwe lokuza-
16 lwa kwabo. Watshiseka kukuwakhanuka, amehlo akhe akuwabona; wathuma
17 abathunywa kwelamaKaledi. Beza ke kuye oonyana baseBhabheli esililini sokuncokolisa, bamenza inqambi ngobufebe babo; wazenza inqambi ngabo; wancothuka kubo umphefumlo wakhe.
18 Wakutyhila ukuhenyuza kwakhe, wabutyhila ubuzé bakhe, wancothuka ke umphefumlo wam kuye, njengoko umphefumlo wam wancothukayo ku-
19 msakwabo. Wongeza ke ukuhenyuza kwakhe, ngokukhumbula imihla yobuncinane bakhe, awahenyuza ngayo ezweni leYiputa. Wátshiseka kuku- 20 wakhanuka amakrexe akhe, anyama ziziinyama zamaesile, amakhanuko awo angamakhanuko amahashe. Wàmana 21 ùkhumbula amanyala obuncinane bakho, oko amaYiputa abephathe iingono zamabele akho, ngenxa yamabele obuncinane bakho.

Ngako oko, Ntente-yam-kuye, itsho 22 iNkosi uYehova ukuthi, Yabona, ndikuxhokonxela izithandane zakho, ezo uncothukileyo kuzo umphefumlo wakho; ndizizise phezu kwakho, zivela ngeenxa zonke: oonyana baseBhabheli 23 namaKaledi onke, abaveleli, izikhulu, iinduna, benoonyana bonke baseAsiriya, amadodana aluluhle, amabamba neerhuluneli, bonke bephela, nabaphathi-mikhosi, namaphakathi, bengabakhweli bamahashe bonke bephela.

Baya kukufikela benezikhali, nee- 24 nqwelo zokulwa, neevili, benesikhungu sezizwe; babhekise kuwe iingweletshetshe namakhaka nezigcina-ntloko ngeenxa zonke. Ndolunikela kubo ugwebo, ukuba bakugwebe ngokwamasiko abo, ndikunikele ebukhweleni bam, baku- 25 phathe ngobushushu. Baya kususa impumlo yakho neendlebe zakho, nento yakho eseleyo iwe likrele. Bona baya kuthabatha oonyana bakho neentombi zakho; nento yakho eseleyo itshiswe ngumlilo; bakuhlube iingubo zakho, 26 bazithabathe iimpahla zakho zokuhomba. Ndowaphelisa amanyala akho 27 nokuhenyuza kwakho kwasezweni laseYiputa, ungabi sawaphakamisela amehlo akho kuwo, ungabi salikhumbula elaseYiputa.

Ngokuba itsho iNkosi uYehova uku- 28 thi, Yabona, ndiya kukunikela esandleni sabo ubathiyileyo, esandleni sabo uncothukileyo kubo umphefumlo wakho. Baya kukuphatha ngentiyo, bathabathe 29 konke ukuxelenga kwakho, bakushiye uzé kanye, butyhileke ubuzé bokuhenyuza kwakho, namanyala akho, nokuhenyuza kwakho. Kuya kwenzeka oko 30 kuwe, ngenxa yokuhenyuza kwakho ekulandeleni iintlanga, ngenxa enokuba uzenzé inqambi ngezigodo zazo.

31 Ùhambé ngendlela yomsakwenu; ndoyinikela ke indebe yakhe esandleni
32 sakho. Itsho iNkosi uYehova ukuthi, Ùya kuyisela indebe yomsakwenu, yona leyo inzulu, ibanzi; iya kuba yintlekisa nesigculelo, ngokuba ino-
33 mbilini omkhulu. Ùya kuzala kukunxila nasisingqala; yindebe yakwankangala kankangala indebe yodade wenu
34 uSamari. Ùya kuyisela ke, uyifince, uwaqobe amagophe ayo, uzijece ngawo amabele; ngokuba ndithethile, itsho
35 iNkosi uYehova. Ngako oko itsho iNkosi uYehova ukuthi, Ngenxa enokuba ùndilibele, wandiphosa emva komhlana wakho, ùya kuwathwala nokuwathwala amanyala akho nokuhenyuza kwakho.

36 Wathi uYehova kum, Nyana womntu, uza kubagweba na ooNtente-yakhe noNtente-yam-kuye? Báxelele ke ama-
37 sikizi abo. Ngokuba bakrexezile, izandla zabo zinegazi; bakrexezene nezigodo zabo; kananjalo oonyana babo, ababazalela mna, babacandisele kuzo,
38 ukuba batshiswe ngumlilo. Babuyé benza noku kum: bayenzé inqambi ingcwele yam kwangayo loo mini, bazi-
39 hlambela iisabatha zam; bakùzisikela izigodo zabo oonyana babo, bángena ke engcweleni yam kwangayo loo mini, ukuze bayihlambele; yabona benjenjalo endlwini yam phakathi.

40 Phezu koko bathuméle kumadoda avela kude, kwathunyelwa kuwo umthunywa; yabona, afika; wona lawo wàzihlambayo umzimba ngenxa yawo, waziqaba amehlo ngomsizi, wavathela wona
41 izivatho zakho; wahlala esingqengqelweni esinobuqaqawuli, alungiselwa isithebe phambi kwaso, wabeka ke kuso
42 isiqhumiso sam neoli yam. Izwi lengxokolo latyondyoloza khona. Kumadoda aseluninzini loluntu kwaziswa abaseli basentlango, babafaka izacholo ezihlahleni zabo, nezithsaba zokuho-
43 mba ezintlokweni zabo. Ndathi ke kulowo oselehagele ekukrexezeni, Ngokunje uhenyuzo lwakhe luya kukrexeza, lona ngokwalo. Bamngena ke njengoko ku- 44 ngenwa ngako kumfazi olihenyukazi: benjenjalo ukumngena uNtente-yakhe, noNtente-yam-kuye, abo bafazi banamanyala.

Ke amadoda angamalungisa, wona ke 45 aya kubagweba ngokwesiko labakrexezikazi, nangokwesiko labaphalazi begazi; ngokuba bengábakrexezikazi, zinegazi izandla zabo. Ngokuba itsho 46 iNkosi uYehova ukuthi, Ndiya kubanyusela ibandla, ndibanikele ekunqakulweni nasekuphangweni; ibandla li- 47 baxulube ngamatye, libasike ngamakrele alo. Liya kubabulala oonyana babo neentombi zabo, lizitshise izindlu zabo; ndiwaphelise amanyala ezweni, bathe- 48 thiseke abafazi bonke, bangenzi ngokwamanyala enu. Baya kuwabeka ke 49 amanyala enu phezu kwenu, nizithwale izono zezigodo zenu; názi ukuba ndiyiNkosi uYehova.

Umzekeliso wembiza ebilayo

24 Kwafika ilizwi likaYehova kum ngomnyaka wesithoba, ngenyanga yeshumi, ngolweshumi enyangeni leyo, lisithi, Nyana womntu, Zibhalele igama 2 lale mini, layo yona le mini; ukumkani waseBhabheli uyishicilele iYerusalem ngayo yona le mini.

Uze uyizekelisele ngomzekeliso indlu 3 eneenkani, uthi kubo, Itsho iNkosi uYehova ukuthi, Beka imbiza eziko, yibeke, kananjalo ugalele amanzi kuyo. Hlanganisela kuyo iinyama zayo; zonke 4 iinyama ezilungileyo, umlenze negxalaba; yizalise ngamathambo akhethiweyo. Thabatha ezikhethiweyo zempahla e- 5 mfutshane, kananjalo amathambo uwafumbele iinkuni ngaphantsi kwayo. Yibilise kakuhle; kananjalo amathambo ayo makaphekwe phakathi kwayo.

Ngako oko, itsho iNkosi uYehova 6 ukuthi, Yeha, mzindini unamagazi! Mbizandini inomhlwa, emhlwa ungasukiyo! Yirhole inyama ngeenyama zayo; aliphumi nayo iqashiso. Ngokuba 7 igazi lawo liphakathi kwawo; úlibeké engxondorheni ebalelelwe lilanga; awuli-

phalazanga emhlabeni, ukuba liselelwe
8 luthuli. Ukuze kunyuke ubushushu,
ukuze iphindezelwe impindezelo, igazi
lawo ndilibeké engxondorheni ebalele-
lwe lilanga, ukuze lingaselelwa.
9 Ngako oko, itsho iNkosi uYehova
ukuthi, Yeha, mzindini unamagazi!
Nam ndiya kuyenza ibe nkulu imfumba
10 yeenkuni. Fumba iinkuni, khwezela
umlilo, vuthisa inyama, ujiye umhluzi,
11 atshe amathambo; uyibeke phezu kwa-
malahle ayo, ingasenanto phakathi,
ukuze lufudumale lutshe ubhedu lwayo,
bunyibilike ubunqambi bayo phakathi
12 kwayo, umhlwa wayo ugqibele. Izidi-
nisile ngemigushanxa; awuphumi kuyo
umhlwa wayo omninzi; mawube semli-
13 lweni umhlwa wayo. Ebunqambini
bakho ngamanyala; ngenxa enokuba
ndikuhlambulule, akwahlambuluka, a-
kusayi kuhlambuluka ebunqambini ba-
kho, ndide ndibupholisele kuwe ubu-
14 shushu bam. Mna Yehova ndithethile;
iyéza le nto, ndiya kuyenza; andiyi
kuyeka, andiyi kuba nanceba, andiyi
kuzohlwaya. Baya kukugweba ngo-
kweendlela zakho nangokweentlondi
zakho; itsho iNkosi uYehova.

Ukufa komfazi kaHezekiya
kungumqondiso kuYuda

15 Kwafika ilizwi likaYehova kum,
16 lisithi, Nyana womntu, yabona, nditha-
batha kuwe intánda yamehlo akho nge-
sibetho; uze ungambambazeli, ungalili;
17 makungaphumi zinyembezi kuwe. Gcu-
ma uthe cwaka; uze ungenzi sijwili nga-
bafileyo. Jikela unkontsho lwakho, u-
nxibe iimbadada zakho ezinyaweni
zakho, ungazigqubutheli iindevu zakho
eziphezu komlomo, ungasidli isonka
sabantu.
18 Ndathetha ke nabantu kusasa; ngo-
kuhlwa wafa umkam; ndenza ke nge-
ngomso njengoko wayendiwisele u-
19 mthetho ngako. Bathi abantu kum,
Akusixeleli na, ukuba ezi zinto zithini
na kuthi, ukuba wenjenje?
20 Ndathi kubo, Kwafika ilizwi lika-
21 Yehova kum, lisithi, Yithi kwindlu ka-
Sirayeli, Itsho iNkosi uYehova ukuthi,
Yabonani, ndiya kuyingcolisa ingcwele
yam, iqhayiya lamandla enu, intánda
yamehlo enu, isizondelelo somphefumlo
wenu, bawe likrele oonyana benu nee-
ntombi zenu enibashiyileyo. Niya kwe- 22
nza ke njengoko ndenzé ngako: iindevu
eziphezu komlomo aniyi kuzigqubuthe-
la, ningasidli isonka sabantu; iinkontsho 23
zenu ziya kuba sentloko kuni, neemba-
dada zenu zibe sezinyaweni zenu; aniyi
kumbambazela, nilile; ke niya kungcu-
ngcutheka ebugwenxeni benu, nigcume,
omnye ekhangele komnye. UHezekile 24
woba sisimanga kuni; niya kwenza nje-
ngako konke akwenzileyo; ekuzeni
kwako oko, niya kwazi ukuba ndiyi-
Nkosi uYehova.

Wena ke, nyana womntu, inyaniso, 25
mini ndithabatha kubo inqaba yabo,
imihlali yesihombo sabo, intánda ya-
mehlo abo, into abaphakamisela kuyo
umphefumlo wabo, oonyana babo nee-
ntombi zabo: ngayo loo mini kuya kufika 26
osindileyo kuwe, avakalise oko ezindle-
beni zakho. Ngayo loo mini ùya ku- 27
vuleka umlomo wakho, kunye nosindi-
leyo lowo; uthethe, ungabi saba sisi-
denge; ube sisimanga kubo; bazi ukuba
ndinguYehova.

Isiprofeto sokuchasa uAmon

25 Kwafika ilizwi likaYehova kum,
lisithi, Nyana womntu, bhekisa u- 2
buso bakho koonyana baka-Amon, upro-
fete ngabo, uthi koonyana baka-Amon, 3
Liveni ilizwi leNkosi uYehova. Itsho
iNkosi uYehova ukuthi, Ngenxa eno-
kuba usithi kwingcwele yam, Tshotsho!
ngokuba ihlanjelwe; nakumhlaba wa-
kwaSirayeli, Tshotsho! ngokuba wenzi-
we kwaba senkangala; nakwindlu ya-
kwaYuda, Tshotsho! ngokuba bathinji-
we: ngako oko, yabona, ndikunikela 4
koonyana basempumalanga, ukuba ba-
mele kuwe, bamise iingqili zabo kuwe,
benze neendawo zokuhlala kwabo kuwe.
Bona baya kudla iziqhamo zakho, basele
amasi akho. Ndiya kuyenza iRabha ibe 5
likriwa leenkamela, eloonyana baka-
Amon ndilenze libe yindawo yokubutha
kwemihlambi; názi ukuba ndinguYeho-

6 va. Ngokuba itsho iNkosi uYehova ukuthi, Ngenxa enokuba ubethe esandleni sakho, wangqisha ngonyawo, wawuvuyela umhlaba wakwaSirayeli ngokuce-
7 kisa komphefumlo: ngako oko, yabona, ndisolula phezu kwakho isandla sam, ndikunikele ezintlangeni, ukuba ube lixhoba, ndikunqumle ezizweni, ndikwenze udake, ungabikho emazweni. Ndiya kukutshabalalisa; wazi ukuba ndinguYehova.

Isiprofeto sokuchasa uMowabhi

8 Itsho iNkosi uYehova ukuthi, Ngenxa enokuba besithi ooMowabhi, noSehire, Yabonani, injengeentlanga zonke indlu
9 yakwaYuda: ngako oko, yabonani, ndivula icala likaMowabhi, ndithabathela emizini yakhe, kwesekupheleni kwakhe, eligugu lelizwe, iBhete-yeshimoti, neBhahali-mehon, ndise eKiriyata-
10 yim. Ndolivulela oonyana basempumalanga, kunye neloonyana baka-Amon, ndibanike limiwe, ukuze bangabi sakhunjulwa ezintlangeni oonyana baka-
11 Amon; ndenzè izigwebo kwaMowabhi; bázi ukuba ndinguYehova.

Isiprofeto sokuchasa uEdom

12 Itsho iNkosi uYehova ukuthi, Ngenxa enokuba uEdom esebenzé ngokuphindezela impindezelo kwindlu yakwa-Yuda, wazeka ityala elikhulu ngoku-
13 phindezela kubo: ngako oko itsho iNkosi uYehova ukuthi, Ndiya kusolula isandla sam naphezu kwelakwaEdom, ndinqumle kulo umntu nenkomo; ndilibharhise, kuthabathele kwaTeman; ba-
14 we likrele, kuse nakwaDedan. Ndiya kuphindezela kwaEdom ngesandla sabantu bam amaSirayeli, benzè kwaEdom ngokomsindo wam nangokobushushu bam; bakwazi ke ukuphindezela kwam; itsho iNkosi uYehova.

Isiprofeto sokuchasa amaFilisti

15 Itsho iNkosi uYehova ukuthi, Ngenxa yokwenza kwamaFilisti ngempindezelo, ephindezela ngempindezelo, ecekisa emphefumlweni, esonakalisa, enobutshaba obungunaphakade: ngako oko itsho 16 iNkosi uYehova ukuthi, Yabona, ndiya kusolula isandla sam phezu kwamaFilisti, ndiwanqumle amaKreti, ndiwatshabalalise amasalela aselunxwemeni loIwandle. Ndiya kwenza kuwo iimpi- 17 ndezelo ezinkulu, ezishushu; bazi ukuba ndinguYehova, ekwenzeni kwam impindezelo kuwo.

Isiprofeto sokuchasa iTire

26 Kwathi ngomnyaka weshumi elinamnye, ngolokuqala enyangeni leyo, kwafika ilizwi likaYehova kum, lisithi, Nyana womntu, ngenxa enokuba 2 iTire isithi ngeYerusalem, Tshotsho! Iwaphukile ucango lwezizwe; luvulekele kum; ndiya kuchuma mna, ibe linxuwa yona! ngako oko, itsho iNkosi uYehova 3 ukuthi, Yabona, ndikuchasile, Tire. Ndiya kukunyusela iintlanga ezininzi, njengokuba ulwandle lunyusa amaza alo; ziziqhuqhe iindonga zaseTire, 4 zizigungxule iinqaba zakho ezinde. Ndolutshayela uthuli lwayo kuyo, ndiyenze ibe yingxondorha ebalelelwe lilanga. Iya kuba yindawo yokwanekela 5 iminatha phakathi kolwandle; ngokuba ndithethile, itsho iNkosi uYehova; ibe lixhoba leentlanga. Namagxamesi ayo 6 asemaphandleni aya kubulawa ngekrele; bazi ukuba ndinguYehova.

Ngokuba itsho iNkosi uYehova uku- 7 thi, Yabona, iTire ndiya kuyizisela uNebhukadenetsare ukumkani waseBhabheli, evela entla, ukumkani wookumkani, enamahashe neenqwelo zokulwa, nabakhweli, nesikhungu sabantu, nabantu abaninzi. Amagxamesi akho 8 asemaphandleni úya kuwabulala ngekrele, akumisele inqaba yokubonisela, afumbe kuwe udonga lokungqinga, akumisele ikhusi lamakhaka; abhekise 9 ezindongeni zakho iimpahla zakhe zokutyhomfa, azidilize iinqaba zakho ezinde ngeentsimbi zakhe. Ngenxa 10 yoninzi lwamahashe akhe, uthuli lwayo luya kukugubungela; iindonga zakho ziya kunyikima ngenxa yesandi sabakhweli, neseevili, neseenqwelo zokulwa, ekungeneni kwakhe ngamasango akho,

njengabangena emzini oqhekezwayo.
11 Ngamanqina amahashe akhe úya kuzigqusha izitrato zakho zonke; úya kubabulala abantu bakho ngekrele, iintsika zakho ezinamandla aziwise emhlabeni.
12 Baya kubuthimba ubutyebi bakho, bayiphange into orhweba ngayo, bazigunguxule iindonga zakho, bazidilize izindlu zakho ezinqwenelekayo, bawatshonise emanzini amatye akho, nemithi yakho,
13 nothuli lwakho. Ndoluphelisa ulwandile lweengoma zakho, singabi saviwa
14 isandi seehadi zakho. Ndokwenza ube yingxondorha ebalelelwe lilanga; úya kuba yindawo yokwaneka iminatha. Akusayi kuba sakhiwa; ngokuba mna Yehova ndithethile; itsho iNkosi uYehova.

15 Itsho iNkosi uYehova kwiTire, ukuthi, Aziyi kunyikima na iziqithi ngenxa yesithonga sokuwa kwakho, ekuncwineni kwabangxwelerhiweyo, ekubulaweni
16 kwabaphakathi kwakho? Ziya kuhla ezitroneni zabo bonke abazizikhulu zolwandle, bazisuse iingubo zabo zokwaleka, bazihlube iingubo zabo ezimfakamfele; bambathe ukugubha, bahlale phantsi emhlabeni, bagubhe ngamaphanyazo
17 onke, bamangaliswe nguwe. Baya kukuphakamisela isijwili, bathi kuwe, Yoo! Útheni na ukudaka, wena ubumiwe ngabeelwandle, wena mzindini udumileyo, owawomelele elwandle, wona nabemi bawo, obe ubaqhiphukisa
18 umbilini abemi bawo bonke! Ngoku ziyagubha iziqithi ngomhla wokuwa kwakho, zikhwankqiswe iziqithi eziselwandle ngenxa yokuphela kwakho.

19 Ngokuba itsho iNkosi uYehova ukuthi, Ekukwenzeni kwam ube ngumzi olinxuwa, njengemizi engasamiweyo; ekuwanyuseni kwam phezu kwakho amanzi anzongonzongo, akugubungele
20 amanzi amaninzi: ndiya kukuhlisela kwabahlé baya emhadini, ndikuse ebantwini basendaleni, ndikuhlalise ezweni langaphantsi, emanxuweni asendaleni nabahlé baya emhadini, ukuze ungamiwa; ndenzè ubukhazikhazi e-
21 zweni labahleliyo. Ndokwenza ube sisikhwankqiso, ungabikho; bakufune, bangabi sakufumana naphakade; itsho iNkosi uYehova.

Ukulilelwa kweTire; ubutyebi norhwebo lwayo

27 Kwafika ilizwi likaYehova kum, lisithi, Wena ke, nyana womntu, 2 yiphakamisele isimbonono iTire.

Yithi kwiTire, Wena uhleliyo ezinge- 3 nweni zolwandle, mrhwebelikazi wezizwe eziqithini ezininzi, itsho iNkosi uYehova ukuthi, Tire, úthi wena, Ndimhle kwaphela. Isembilinini yeelwandle 4 imida yakho, abakhi bakho bakwenzé wamhle kwaphela.

Ngemisipres* yaseSenire bakwakhele 5 zonke iideke* zakho, bathabatha imisedare* yaseLebhanon ukwenza imasti* kuwe. Bawenza ngemioki* yaseBha- 6 shan amaphini akho okubheqa; izihlalo zakho bazenza ngeempondo zeendlovu, ezifakelwe emigalagaleni yaseziqithini zamaKiti. Ilinen ecikizekileyo emfa- 7 kamfele yaseYiputa yaba iyiseyile* yakho, ukuba ibe yibhanile* kuwe; ingubo emsi nemfusa yaseziqithini zakwaElisha yaba ngumthunzi wakho. Abe- 8 mi baseTsidon neArvadi baye bengabaphequi bakho; izilumko zakho, Tire, zaba phakathi kwakho, zaba ngabaqhubi bakho. Amadoda amakhulu ase- 9 Gebhali nezilumko zakhona ebe zikuwe, zaba ngabalungisi beentanda zakho. Yonke imikhombe yolwandle ibe ikuwe, noomateloshe bayo, ukuba yanane urhwebo lwakho.

AmaPersi namaLudi namaPuti ebe- 10 semkhosini wakho, engamadoda akho okulwa; abezixhoma kuwe iingweletshetshe nezigcina-ntloko; akunika ubungangamela wona. Oonyana baseArvadi 11 babenomkhosi wakho phezu kweendonga zakho ngeenxa zonke, namakroti abesezinqabeni zakho ezinde; axhoma iingweletshetshe zawo ezindongeni zakho ngeenxa zonke; wona àkwenza wamhle kwaphela.

ITarshishe yarhwebelana nawe ngenxa 12 yobuninzi bobuncwane bonke, bakurholela isilivere, nesinyithi, nebhekile, nelothe, ngeempahla zakho. OoYavan 13

noTubhali noMesheki babengabarhwebeli bakho barhwebisana nawe ngeziqu
14 zabantu nangeempahla zobhedu. Abendlu kaTogarma bakurholela amahashe eenqwelo zokulwa, nawokukhwela,
15 noondlebende, ngeempahla zakho. Oonyana bakaDedan babengabarhwebeli bakho; iziqithi ezininzi bezirhwebisana nawe, zakubuyisela iimpondo zeendlovu
16 nemisimbithi, yaba sisithabathaba. UAram* warhwebelana nawe ngenxa yobuninzi bezinto ozenzayo, bakurholela iikarbhunkolo,* neengubo ezimfusa, nezimfakamfele, nelinen ecikizekileyo, nekorale,* neerubhi,* ngeempahla za-
17 kho. ElakwaYuda nelizwe lakwaSirayeli belingabarhwebeli bakho; barhwebisana nawe ngengqolowa yaseMiniti nangemiqhathane, nangobusi, nangeoli,
18 nangamafutha aqholiweyo. IDamasko yarhwebelana nawe, ngenxa yobuninzi bezinto ozenzayo, ngenxa yobuninzi bobuncwane bonke, ngewayini yaseHelebhon nangoboya begusha obuqaqambi-
19 leyo. OoVedan noYavan waseUzali baye bekurholela intsimbi ekhandiweyo; ikasiya* nekalamo* bezisekurhwebeni kwa-
20 kho. UDedan ubengumrhwebeli wa-
21 kho wezidwashu zokukhwela. ElakwaArabhi nezikhulu zonke zakwaKedare bezirhwebisana nawe, zarhwebisana nawe ngamatakane, nangeenkunzi zeegusha,
22 nangeenkunzi zeebhokhwe. Abarhwebi bakwaShebha nabakwaRama baye bengabarhwebeli bakho, bakurholela ubulawu bonke obuyintloko, namatye onke anqabileyo, negolide, ngeempahla za-
23 kho. OoHaran noKane noEden, abarhwebi bakwaShebha, nabaseAsiriya, nabaseKilemadi, baye bengabarhwebeli ba-
24 kho; babengabarhwebeli bakho ngeengubo ezintle kwaphela, nangeengubo zokwaleka ezimsi nezimfakamfele, nangemichako emabalabala. Ezo zinto zithandelwe zaqiniswa ngamaqamesi, u-
25 kuba ziye emarikeni yakho. Iinqanawa zaseTarshishe bezingabathuthi bakho nabolwananiso lwakho. Wàchuma ke, wazuka kakhulu embilinini yeelwandle.
26 Bakùsa emanzini amakhulu ababheqi bakho; umoya wasempumalanga wa-

kwaphula embilinini yeelwandle. U- 27
buncwane bakho neempahla zakho othengise ngazo, nezinto zakho ozananileyo, noomateloshe bakho, nabaqhubi bakho, nabalungisi beentânda zakho, nabananisi beento zakho zokwananwa, namadoda akho onke okulwa aphakathi kwakho, kunye nesikhungu sakho sonke esiphakathi kwakho, baphalala embilinini yeelwandle ngemini yokuwa kwakho. Ngenxa yezwi lokukhala labaqhubi ba- 28
kho, ayanyikima amadlelo. Bayehla 29
emikhombeni yabo bonke ababheqi noomateloshe, bonke abaqhubi baselwandle, béze kuma emhlabeni. Baya 30
kulivakalisa ilizwi labo phezu kwakho, bakhale kakrakra, bazigalele ngothuli ezintloko, bazigalele ngothuthu. Bo- 31
zicheba iintloko ngenxa yakho, babhinqe ezirhwexayo, bakulilele ngobukrakra bomphefumlo wabo, bembambazela kakrakra.

Bokuphakamisela isimbonono esime- 32
meni sabo, bakwenzele isimbonono, besithi, Ngubani na onjengeTire, onjengobethwe wathi cwaka embilinini yeelwandle? Ekuphumeni kweempahla 33
zakho othengise ngazo ezilwandle, wâhluthisa izizwe ezininzi; ngobuninzi bobuncwane bakho nobolwananiso lwakho wabatyebisa ookumkani behlabathi. Kungoku, waphukile nje, ùmkile e- 34
zilwandle, ezinzulwini zamanzi; luwile nawe ulwananiso lwakho, nesikhungu sakho sonke. Bonke abemi beziqithi 35
baya kumangaliswa nguwe, ookumkani bazo babe namanwele benamanwele, búthe ntshwa ubuso babo. Abarhwebi abasezizweni baya kwenza 36
umsondlo; usuke wena ube sisikhwankqiso, ungabi sabakho naphakade.

Ukuwa kokumkani waseTire nokulilelwa kwakhe

28 Kwafika ilizwi likaYehova kum, lisithi, Nyana womntu, Yithi 2
kwingànga yeTire, Itsho iNkosi uYehova ukuthi, Ngenxa enokuba intliziyo yakho iphakamile, usithi, NdinguThixo, ndihleli esihlalweni soThixo embilinini yeelwandle; phofu ùngumntu, unge-

Thixo, nakuba uyenzé intliziyo yakho yanjengentliziyo yoThixo: yabona, ùlumke kambe nangaphezu koDaniyeli; zonke izinto ezisitheleyo azisithe- 3
lisiwe kuwe. Ngobulumko bakho nangengqondo yakho ùzenzele ubuhandiba, wangenisa igolide nesilivere ebuncwaneni bakho. Ngobuninzi bobu- 4
lumko bakho ubandisile ubuhandiba bakho, ngorhwebo lwakho, yaphakama intliziyo yakho ngobuhandiba bakho. 5
Ngako oko, itsho iNkosi uYehova ukuthi, Ngenxa enokuba wayenza intliziyo yakho yanjengentliziyo yoThixo, 6
ngako oko, uyabona, ndiya kukuzisela abasemzini, abangcangcazelisi basezintlangeni; baburholele ubuhle bobulumko bakho amakrele abo, bakuhlambe- 7
le ukubengezela kwakho. Baya kukuhlisela emhadini, ufe ngokufa kwababuleweyo, embilinini yeelwandle. 8

Wòtsho ubuye utsho na ukuthi, NdinguThixo, phambi kombulali wakho? ungumntu nje, ungeThixo, esandleni sokuhlabayo. Ùya kufa ukufa kwabangalukileyo ngesandla sabasemzini, ngokuba ndithethile; itsho iNkosi uYehova. 9
10

Kwafika ilizwi likaYehova kum, 11
lisithi, Nyana womntu, mphakamisele isimbonono ukumkani waseTire, uthi kuye, Itsho iNkosi uYehova ukuthi, Wena lutywino lwesakhiwo esilinganiselweyo kakuhle, uzeleyo bubulumko, 12
umhle kwaphela. Ubuse-Eden emyezweni kaThixo; onke amatye anqabileyo abe esisigubungelo sakho: isardiyo,* netopazi,* nedayimani,* nekrizolite,* nebherilo,* neyaspisi,* nesafire,* nekarbhunkolo,* nesmarado,* negolide; umsebenzi weengqondi zakho nowamankazana akho waye ukuwe; ngemini yokudalwa kwakho ezo zinto zalungi- 13
swa. Waye uyikerubhi* ethanjisiweyo, egqubuthelayo; ndakwenza ke, waba sentabeni engcwele kaThixo, wahambahamba phakathi kwamatye anomlilo. 14
Wagqibelela ngeendlela zakho, kususela kwimini yokudalwa kwakho, kwada 15
kwafumaneka ubugqwetha kuwe. Ngo- 16
buninzi borhwebo lwakho umbilini wakho wazala kukugonyamela, wóna ke. Ndiya kulahla wena, ngokwento engcolileyo, umke entabeni kaThixo; ndikutshabalàlise, kerubhi igqubuthelayo, usuke phakathi kwamatye anomlilo. Intliziyo yakho iphakamile ngenxa 17
yobuhle bakho, ubonákalisile ubulumko bakho kunye nokubengezela kwakho. Ndikukhahlela emhlabeni ndikwènze ube ngumbonelo phambi kokumkani. Ngobuninzi bobugwenxa bakho, ebu- 18
gqwetheni borhwebo lwakho, uzihlàmbele iingcwele zakho; ndivelisa ke umlilo kwaphakathi kwakho; úya kukutshisa wona, ndikwènze ube luthuthu emhlabeni, emehlweni abo bonke abakubonayo. Bonke abakwaziyo ezizweni 19
baya kumangaliswa nguwe, usuke ube sisikhwankqiso, ungabuyi ubekho naphakade.

Isiprofeto sokuchasa iTsidon

Kwafika ilizwi likaThixo kum, lisithi, 20
Nyana womntu, bhekisa ubuso bakho 21
eTsidon, uprofete ngayo. Yithi, Itsho 22
iNkosi uYehova ukuthi, Uyabona, ndikuchasile, Tsidon; ndiya kuzizukisa phakathi kwakho; bazi ukuba ndinguYehova, ekwenzeni kwam izigwebo kuyo, ndizingcwàlisele kuyo. Ndiya 23
kuthumela kuyo indyikitya yokufa negazi ezitratweni zayo; bawe abangxwelerhiweyo phakathi kwayo likrele, eliyifikelayo ngeenxa zonke; bazi ukuba ndinguYehova.

Ukubuyiswa kukaSirayeli

Akuyi kuba sabakho meva anobuhlu- 24
ngu, naluviko lwenza buhlungu, kwindlu kaSirayeli, luphuma kubo bonke abangeenxa zonke kuyo, abayicukuleyo; bazi ke ukuba ndinguYehova. Itsho 25
iNkosi uYehova ukuthi, Ekuyibutheni kwam indlu kaSirayeli, ezizweni abaphangalaliswe kuzo, ndiya kuzingcwàlisela kubo emehlweni eentlanga, bahlale emhlabeni wabo, endawunika umkhonzi wam uYakobi. Baya kuhlala kuwo 26
bekholosile, bakhe izindlu, batyale izidiliya, bahlale bekholosile ekwenzeni

Isiprofeto sokuchasa iYiputa

29 Ngomnyaka weshumi, ngenyanga yeshumi, ngolweshumi elinesibini enyangeni leyo, kwafika ilizwi lika-
2 Yehova kum lisithi, Nyana womntu, bhekisa ubuso bakho kuFaro ukumkani waseYiputa, uprofete ngaye, nangeYiputa yonke iphela.
3 Thetha uthi, Itsho iNkosi uYehova ukuthi, Uyabona, ndikuchasile, Faro kumkani waseYiputa, ngwenya inkulu ibuthumileyo emijelweni yayo yoMnayile, itsho ukuthi, Ngowam umlambo,
4 ndizenzele mna. Ndiya kufaka amakhonkco emihlathini yakho, ndizinamathisele emaxolweni akho iintlanzi zemijelo yakho, ndikurhole emijelweni yakho, neentlanzi zonke zemijelo yakho,
5 ezinamathele emaxolweni akho. Ndiya kukulahlela entlango, wena neentlanzi zonke zemijelo yakho. Uya kuwa endle, akuyi kuhlanganiswa ubuthwe; ndikunikele ukuba ube kukudla kwamarhamncwa elizwe nokweentaka zezulu.
6 Baya kwazi bonke abemi baseYiputa ukuba ndinguYehova. Ngokokuba ibe ingumsimelelo wengcongolo kwindlu
7 kaSirayeli. Bakùbambelela kuwe ngamahlamvu akho, ùsuka uvikiveke, ukrazule lonke igxalaba labo; ùthi bakusimelela ngawe, waphuke, ugxadazelise zonke izinqe zabo.
8 Ngako oko, itsho iNkosi uYehova ukuthi, Uyabona, ndikuzisela ikrele,
9 ndinqumle kuwe umntu nenkomo; ilizwe laseYiputa kube senkangala, libharhe; bazi ukuba ndinguYehova, ngenxa enokuba usithi, Umlambo ngowam,
10 ndizenzele mna. Ngako oko uyabona, ndikuchasile nemijelo yakho; ndiya kulibharhisa ilizwe laseYiputa libharhe, kube senkangala, lithabathele eMigidoli, lise eSevene, lise emdeni wakwaKushi.
11 Akuyi kucanda lunyawo lwamntu kulo, akuyi kucanda nqina lankomo kulo, lingemiwa, iminyaka engamashumi ama-
12 né. Ndiya kulenza kube senkangala ilizwe laseYiputa phakathi kwamazwe abharhileyo, ibe ngamanxuwa imizi yalo phakathi kwemizi engamanxuwa, iminyaka engamashumi amané; ndiwaphangalàlisele amaYiputa ezintlangeni, ndiwachithachithe emazweni.
13 Ngokuba itsho iNkosi uYehova ukuthi, Ekupheleni kweminyaka engamashumi amané, ndiya kuwabutha amaYiputa ezizweni, abephangalaliselwe kuzo;
14 ndibuyise ukuthinjwa kweYiputa, ndiwabuyise elizweni lasePatrosi, ezweni lokuvela kwawo, abe sisikumkani esiphantsi khona.
15 Ezikumkanini aya kuba sesiphantsi, angabi saziphakamisa ngokwawo phezu kweentlanga; ndiwanciphise, ukuze angazinyatheleli phantsi iintlanga.
16 Akayi kuba saba yinkoloseko yendlu kaSirayeli, ekhumbuza ubugwenxa ngokubheka kwayo kuwo; ázi ukuba ndiyiNkosi uYehova.

IBhabheli iza kutshabalalisa iYiputa

17 Kwathi ngomnyaka wamashumi omabini anesixhenxe, ngenyanga yokuqala, ngolokuqala enyangeni leyo, kwafika ilizwi likaYehova kum, lisithi,
18 Nyana womntu, uNebhukadenetsare ukumkani waseBhabheli, impi yakhe úyisebenzise umsebenzi omkhulu eTire. Zonke iintloko zikhuthukile, onke amagxalaba atyabukile; ukanti akabanga namvuzo ke, yena nempi yakhe, eTire, ngenxa yomsebenzi awusebenzileyo kuyo.
19 Ngako oko, itsho iNkosi uYehova ukuthi, Uyabona, uNebhukadenetsare ukumkani waseBhabheli ndimnika ilizwe laseYiputa, ukuba athuthe intabalala yalo, athimbe intimbo yalo, aphange ixhoba lalo, ezo zinto zibe ngumvuzo wempi yakhe.
20 Umvuzo wakhe awusebenzeleyo ndimnika ilizwe laseYiputa, ngokuba baye besebenzele mna; itsho iNkosi uYehova.
21 Ngayo loo mini ndiya kuyihlumisela uphondo indlu kaSirayeli, ndikunike ukuvulwa komlomo phakathi kwabo; bázi ukuba ndinguYehova.

30 Kwafika ilizwi likaYehova kum, lisithi, Nyana womntu, profeta 22

uthi, Itsho iNkosi uYehova ukuthi, Bhombolozani, nithi, Hayi ke, le mini!
3 Ngokuba ikufuphi le mini, ikufuphi imini kaYehova, imini yamafu; iya
4 kuba lixesha leentlanga. Ikrele liya kuyifikela iYiputa; kuya kubakho ukuzibhijabhija kwaKushi, ekuweni kwababuleweyo eYiputa, ithatyathwe intabalala yayo, zichithwe iziseko zayo.
5 AmaKushi, namaPuti, namaLudi, nomxukuxela wonke, namaKubhi, noonyana belizwe lomnqophiso, baya kuwa likrele ndawonye nayo.

6 Utsho uYehova ukuthi, Baya kuwa abaxhasi beYiputa, lihle iqhayiya lamandla ayo. Baya kuthabathela iMigidoli, base eSevene, besiwa likrele kuyo;
7 itsho iNkosi uYehova. KwelamaYiputa koba senkangala phakathi kwamazwe abharhileyo, nemizi yalo ibe phaka-
8 thi kwemizi engamanxuwa; bazi ukuba ndinguYehova, ekufakeni kwam umlilo eYiputa, baphuke bonke abancedi balo.
9 Ngayo loo mini kuya kuphuma kum abathunywa ngeenqanawa, ukuze bothuse amaKushi akholosileyo, azibhijabhije ngokwawo njengasemini yeYiputa; ngokuba, uyabona, iyeza le nto.

10 Itsho iNkosi uYehova ukuthi, Ndiya kuyiphelisa ingxokolo yeYiputa ngesandla sikaNebhukadenetsare, ukumkani
11 waseBhabheli. Yena enabantu bakhe, abangcangcazelisi basezintlangeni, baya kuziswa ukuba balitshabalalise ilizwe, bayirholele amakrele abo iYiputa, bali-
12 zalise ilizwe ngababuleweyo. Ndoyomisa imijelo *yoMnayile*, ndithengise ngelizwe ezandleni zabanobubi, ndilenze kube senkangala ilizwe nenzaliseko yalo, ngezandla zabasemzini; mna Yehova ndithethile.

13 Itsho iNkosi uYehova ukuthi, Ndiya kuzidakisa izigodo, ndiziphelise izithixo ezingento eNofu, kungabi sabakho sikhulu sasezweni laseYiputa, ndingeni-
14 se ukoyika ezweni laseYiputa. Ndiya kuyenza kube senkangala iPatrosi, ndifake umlilo eTsohan, ndenze izigwebo
15 kwiNo; ndobuthulula ubushushu bam phezu kweSin, inqaba yaseYiputa;
16 ndiyinqumle ingxokolo yaseNo; ndifa-

ke umlilo eYiputa. ISin iya kuzibhijabhija izibhijabhije, neNo inqikwe, neNofu ibe nababandezeli emini. Ama- 17 dodana aseAven nasePibhesete aya kuwa likrele, yona ke loo mizi ithinjwe. ETapanesi iya kuba mnyama imini, 18 ekuzaphuleni kwam khona iidyokhwe zaseYiputa, liphele kuyo iqhayiya lamandla ayo. Amafu aya kuyisibekela, namagxamesi ayo athinjwe; ndenze 19 izigwebo eYiputa; bazi ukuba ndinguYehova.

Kwathi ngomnyaka weshumi elina- 20 mnye, ngenyanga yokuqala, ngolwesixhenxe enyangeni leyo, kwafika ilizwi likaYehova kum, lisithi, Nyana wo- 21 mntu, ingalo kaFaro ukumkani waseYiputa ndiyaphule; uyabona, ayiyi kubotshwa ukuba ifakwe umhlabelo, ukuba ibotshwe ngezithandelo, ukuba yomelele, ukuba iphathe ikrele. Ngako 22 oko, itsho iNkosi uYehova ukuthi, Yabona, ndimchasile uFaro ukumkani waseYiputa. Ndiya kuzaphula iingalo zakhe, eyomeleleyo kwaneyaphukileyo, ndilivuthulule ikrele esandleni sakhe. Ndowaphangalalisela amaYiputa ezi- 23 ntlangeni, ndiwachithachithe emazweni; ndiya kuzomeleza ke iingalo zokumkani 24 waseBhabheli, ndibeke ikrele lam esandleni sakhe, ndizaphule iingalo zikaFaro, ancwine phambi kwakhe ngoncwino longxwelerhiweyo. Ndiya kuzome- 25 leza iingalo zokumkani waseBhabheli, ziwe iingalo zikaFaro; bazi ukuba ndinguYehova, ekulibekeni kwam ikrele esandleni sokumkani waseBhabheli, alolulele phezu kwelizwe laseYiputa. Ndowaphangalalisela amaYiputa ezi- 26 ntlangeni, ndiwachithachithe emazweni; bazi ukuba ndinguYehova.

Ukuyalwa kukaFaro ngokuhlele iAsiriya

31 Ke kaloku kwathi, ngomnyaka weshumi elinamnye, ngenyanga yesithathu, ngolokuqala enyangeni leyo, kwafika ilizwi likaYehova kum, lisithi, Nyana womntu, yithi kuFaro ukumkani 2 waseYiputa, nakwingxokolo yakhe, Ufana nabani na ngobukhulu bakho?

3 Uyabona, uAsiriya ebengumsedare* waseLebhanon, omasebe mahle, eyintshinyela yemithi enomthunzi, ephakamile ngobude; aba phakathi kwee-
4 ngqimba zamafu amantloko akhe. Amanzi amkhulisa, amanzi enzonzobila amphakamisa, imilambo yawo yahamba ngeenxa zonke elutyalweni lwawo, athumela imijelo yawo kuyo yonke imithi
5 yasendle. Ngako oko, ubude bakhe baphakama, baba ngaphezu kwayo yonke imithi yasendle; iimbaxa zakhe zanda, namahlamvu akhe aba made, ngenxa yamanzi amaninzi ekunabeni
6 kwakhe. Zonke iintaka zezulu zákha ezimbaxeni zakhe, zonke izinto eziphilileyo zasendle zazakhela phantsi kwamahlamvu akhe; zonke iintlanga ezinku-
7 lu zahlala emthunzini wakhe. Wamhle ngobukhulu bakhe, ngobude bamasebe akhe; ngokuba ingcambu yakhe yabe
8 isemanzini amaninzi. Imisedare esemyezweni kaThixo ayimsithanga; imisipres* ayifananga neembaxa zakhe, nemipleyini* ayibanga njengamahlamvu akhe; yonke imithi emyezweni kaThixo
9 ayifananga naye ngobuhle bayo. Ndamenza mhle ngobuninzi bamasebe akhe, yaba nomona ngaye yonke imithi yase-Eden, esemyezweni kaThixo.

10 Ngako oko yatsho iNkosi uYehova ukuthi, Ngenxa enokuba eziphakamisile ngobude, wawanyusela amantloko akhe phakathi kweengqimba zamafu, yazinyusa intliziyo yakhe ngokuphakama
11 kwakhe: ndiya kumnikela esandleni senjengele yeentlanga; inene, iya kumphatha ngesiko layo; ndamgxotha
12 ngenxa yokungendawo kwakhe. Bámnqumla abasemzini, abangcangcazelisi basezintlangeni bamlahla. Ezintabeni nasemifuleni yonke awa amasebe akhe; amahlamvu akhe aphukela ezihlanjeni zehlabathi lonke; zehla zemka emthunzini wakhe zonke izizwe zehla-
13 bathi, zamlahla. Phezu kwesibili sakhe esiwileyo kuhlala zonke iintaka zezulu, zifike emahlamvini akhe zonke izinto
14 eziphilileyo zasendle; ukuze ingaziphakamisi ngenxa yobude bayo yonke imithi yasemanzini, ingawanyuseli phakathi kweengqimba zamafu amantloko ayo, ingazimeli ngokwayo ekuziphakamiseni kwayo, yonke esela amanzi. Ngokuba bonke bephela banikelwe ekufeni, ezweni langaphantsi, phakathi koonyana baka-Adam, kwabahlé baya emhadini.

15 Itsho iNkosi uYehova ukuthi, Ngemini yokuhla kwakhe ukuya kwelabafileyo, ndabanga isijwili; ndawagqubuthela ngenxa yakhe amanzi anzongonzongo, ndathintela imilambo yawo, avingcelwa amanzi amakhulu. Ndayambathisa iLebhanon ngezimnyama zokuzila ngenxa yakhe, yonke imithi yasendle yetha amandla ngenxa yakhe.
16 Ngesithonga sokuwa kwakhe ndazinyikimisa iintlanga, ekumhliseleni kwam ukuba aye kwelabafileyo, nabahlé baya emhadini; yathuthuzeleka ezweni langaphantsi yonke imithi yase-Eden, enyuliweyo emihle yaseLebhanon, yonke esela amanzi. Nabo njengaye behla 17 baya kwelabafileyo, kwababuleweyo ngekrele; ababeyingalo yakhe, behleli emthunzini wakhe phakathi kweentlanga.

18 Kunjalonje, úfana nabani na ngobuqaqawuli nangobukhulu emithini yase-Eden? Úya kuhliselwa nemithi yase-Eden ezweni langaphantsi; uya kulala phakathi kwabangalukileyo, kwanababuleweyo ngekrele. NguFaro ke lowo, nengxokolo yakhe yonke; itsho iNkosi uYehova.

Ukulilelwa kukaFaro

32 Ke kaloku kwathi ngomnyaka weshumi elinesibini, ngenyanga yeshumi elinesibini, ngolokuqala enyangeni leyo, kwafika ilizwi likaYehova kum, lisithi, Nyana womntu, menzele 2 isimbonono uFaro ukumkani waseYiputa, uthi kuye, Wafanekiswa nengonyama entsha yeentlanga, nakuba úbe unjengengwenya elwandle; waxhuma emilanjeni yakho, wawagxobha amanzi ngamathupha akho, wayinyathela imilambo yawo.

Itsho iNkosi uYehova ukuthi, Ndiya 3 kuwutwabulula phezu kwakho umnatha wam, kunye nesikhungu sezizwe ezininzi, zikunyuse ngomnatha wam. Ndi- 4

ya kukulahlela emhlabeni, ndikujulele ebusweni belizwe, ndizihlalise phezu kwakho zonke iintaka zezulu, ndizihluthise ngawe izinto eziphilileyo zehlaba-
5 thi lonke. Ndoyibeka phezu kweentaba inyama yakho, ndiyizalise imifula nge-
6 zidumbu zakho; ndilisèze ihlabathi ngokuphalala kwegazi lakho, lise ezintabeni; zizale izihlambo nguwe.
7 Ndiya kulisibekelisa izulu ekukucimeni kwam, ndizambathise iinkwenkwezi zalo ngezimnyama zokuzila. Ndiya kulisibekela ilanga ngamafu, nenyanga ingakhanyisi ngokukhanya
8 kwayo. Zonke izikhanyiso ezikhanyisayo ezulwini ndiya kuzambathisa ngezimnyama zokuzila ngenxa yakho, ndenzè ubumnyama phezu kwelizwe lakho;
9 itsho iNkosi uYehova. Ndoyenza ibe buhlungu intliziyo yeentlanga ezininzi, ekukuseni kwam ukwaphulwa kwakho ezintlangeni, emazweni ongawazanga.
10 Ndiya kuzimangalisisa ngawe izizwe ezininzi, babe namanwele nokuba namanwele ngawe ookumkani bazo, ekulilingiseni ikrele lam ebusweni babo, bagubhe ngamaphanyazo onke, elowo ngenxa yomphefumlo wakhe, ngemini yokuwa kwakho.
11 Ngokuba itsho iNkosi uYehova ukuthi, Ikrele lokumkani waseBhabheli liya
12 kukufikela. Ndiya kuyiwisa ingxokolo yakho ngamakrele amagorha; ngabangcangcazelisi basezintlangeni bonke bephala; balibhùqe ikratshi leYiputa,
13 itshabalale yonke ingxokolo yayo. Ndiya kuzitshabalalisa zonke iinkomo zayo, zimke emanzini amakhulu, lungabi sawagxobha unyawo lomntu, namanqi-
14 na eenkomo angawagxobhi. Oko ndiya kuwawuthisa amanzi ayo, nemilambo yayo, ndiyihambise ngokweoli; itsho
15 iNkosi uYehova. Ndakùlenza kube senkangala ilizwe laseYiputa, lenziwe ke kube senkangala ilizwe, lingabi nayo inzaliseko yalo, ekubaxabeleni kwam bonke abemi balo: baya kwazi ukuba
16 ndinguYehova. Siso esi isimbonono; siya kuvunywa ngokwesimbonono; iintombi zeentlanga ziya kuyivuma ngokwesimbonono; ngeYiputa nangengxokolo yayo yonke, ziya kuyivuma ngokwesimbonono; itsho iNkosi uYehova.

I Yiputa nezinye iintlanga kwelabafileyo

17 Ke kaloku kwathi ngomnyaka weshumi elinesibini, ngolweshumi elinesihlanu enyangeni leyo, kwafika ilizwi lika-Yehova kum, lisithi, Nyana womntu,
18 yenza isimema ngengxokolo yaseYiputa, uyihlisele, yona nentombi yeentlanga eziziingangamsha, ezweni langaphandle, nabahlé baya emhadini. Ùdlule bani
19 na ngobuhle bakho? Yihla, ulale kwabangalukileyo. Baya kuwa phaka-
20 thi kwababuleweyo ngekrele; ikrele linikélwe esandleni; yiqweqwediseni, nengxokolo yayo yonke. Ziya kuthetha
21 ngaye iinjengele zamagorha phakathi kwelabafileyo, nabancedi bakhe, zithi, Behlile, balele khona abangalukileyo, bebulewe ngekrele.
Ukhona uAsiriya nebandla lakhe
22 lonke; ngeenxa zonke kuye ngamangcwaba abo, bonke bephela bebulewe, bewe likrele; abamangcwaba abo enziwe emhadini phakathi, ibandla lakhe li-
23 ngeenxa zonke engcwabeni lakhe; bonke bephela bebulewe, bewe likrele, abaye besothusa ilizwe labahleliyo.
Ukhona uElam, nengxokolo yakhe
24 yonke engeenxa zonke engcwabeni lakhe; bonke bephela bebulewe, bewe likrele, ababehlé baya ezweni langaphantsi bengalukile; abaye besothusa ilizwe labahleliyo, bathwala ihlazo labo nabehlé baya emhadini. Bamenzela
25 isilili phakathi kwababuleweyo, enengxokolo yakhe yonke; aba ngeenxa zonke kuye amangcwaba ayo; bonke bephela bengalukile, bebulewe ngekrele; ngokuba bóthusa abasezweni labahleliyo, bathwala ihlazo nabehlé baya emhadini; ubekwe phakathi kwababuleweyo.
Ukhona uMesheki-Tubhali, nengxo-
26 kolo yakhe yonke, engeenxa zonke kuye amangcwaba ayo; bonke bephela bengalukile, bebulewe ngekrele; ngokuba besothuse ilizwe labahleliyo. Ke abayi ku-
27 lala namagorha awileyo angawabangalukileyo, abehláyo baya kwelabafileyo beneempahla zokulwa, ebekwe amakrele

abo phantsi kweentloko zabo; ubugwenxa babo buwafikele amathambo abo; ngokuba baye besothusa amagorha
28 ezweni labahleliyo. Nawe ke uya kwaphulwa phakathi kwabangalukileyo, ulale nababuleweyo ngekrele.
29 Ukhona uEdom, ookumkani bakhe nezikhulu zakhe zonke, abathi benobugorha babekwa kwababuleweyo ngekrele; balala nabangalukileyo, nabehlé baya emhadini.
30 Zikhona iinkosi zasentla, zonke ziphela, namaTsidon onke, ezehlayo nababuleweyo; zidanile, noko beziqhiphukisa umbilini ngobugorha bazo; zilele zingabangàlukileyo kwanababuleweyo ngekrele, zithwele ihlazo lazo nabehlé baya emhadini.
31 UFaro uya kubabona, athuthuzeleke ngenxa yengxokolo yakhe yonke; uFaro ubulewe ngekrele nempi yakhe yonke;
32 itsho iNkosi uYehova. Ngokuba ndamnika ukuba othuse ilizwe labahleliyo; ulalisiwe ke phakathi kwabangalukileyo, kwanababuleweyo ngekrele, uFaro nengxokolo yakhe yonke; itsho iNkosi uYehova.

Imfanelo yomboniseli

33 Ke kaloku kwafika ilizwi likaYehova kum, lisithi, Nyana womntu, thetha koonyana babantu bakowenu, uthi kubo, Xa ndithe ilizwe ndalizisela ikrele, abantu belizwe elo bathabatha indoda yaseziphelweni zabo, bayimisa ukuba ibe ngumboniseli wabo;
3 yábona ikrele lilifikela ilizwe elo, ya-
4 vuthela isigodlo, yabavusa abantu; ke umntu othe waliva izwi lesigodlo, àkavuswa, lafika ikrele elo, lamthabatha: loba sentlokweni yakhe igazi lakhe.
5 Izwi lesigodlo úlivile, akavuswa, igazi lakhe loba phezu kwakhe; evusiwe, ange
6 ewusizile umphefumlo wakhe. Umboniseli lowo, xa athe walibona ikrele lisiza, àkavuthela isigodlo, àkabavusa abantu; lafika ikrele, lathabatha kubo umphefumlo: lowo uthatyathwe ngobugwenxa bakhe, ke igazi lakhe ndolibiza esandleni somboniseli lowo.
7 Wena ke, nyana womntu, ndikwenzé waba ngumboniseli kwindlu kaSirayeli; wòliva emlonyeni wam ilizwi, ubavuselele ngokuphuma kum. Ndákuthi ko- 8 ngendawo, Wena ungendawo, ùya kufa, inene; usuke ungathethi wena, ukuba umvuselele ongendawo, emke endleleni yakhe: wofa yena ongendawo ngobugwenxa bakhe, ke igazi lakhe ndolifuna esandleni sakho. Wena ke, 9 xa uthe wamvuselela ongendawo endleleni yakhe, ukuba abuye kuyo, àkabuya endleleni yakhe: wofa yena ngobugwenxa bakhe, ke wena ùwuhlangule umphefumlo wakho.

Imigwebo kaThixo ilungile

Ke kaloku wena, nyana womntu, yithi 10 kwindlu kaSirayeli, Niyalungisa ukuthi, Izikreqo zethu nezono zethu ziphezu kwethu; siyangcungcutheka kuzo; singáthini na ukuphila? Yithi kubo, 11 Ndihleli nje, itsho iNkosi uYehova, unakanye ukuba kube mnandi kum ukufa kongendawo; kumnandi kum ukubuya kongendawo endleleni yakhe, aphile. Buyani, buyani ezindleleni zenu ezimbi! Yini na ukuba nide nife, ndlu kaSirayeli?

Wena ke, nyana womntu, yithi koo- 12 nyana babantu bakowenu, Ubulungisa belungisa abuyi kulihlangula ngemini yokreqo lwalo; ongendawo akayi kukhubeka ngokungendawo kwakhe, ngemini yokubuya kwakhe kokungendawo kwakhe; nelungisa aliyi kuphila ngabo ngemini yokona kwalo. Ndákuthi kwi- 13 lungisa, inene, lophila; lize ke likholose ngobulungisa balo, lenzè ngobugqwetha: bonke ubulungisa balo abuyi kukhunjulwa; lofa ngobugqwetha balo elibenzileyo.

Ndákuthi kongendawo, Inene, uya 14 kufa; abuye ekoneni kwakhe, enze ngokusesikweni nangobulungisa; onge- 15 ndawo asibuyise isibambiso, ayimisele into ehluthwe nguye, ahambe ngemimiselo yobomi, angenzi ngobugqwetha: inene, wophila, akayi kufa. Zonke 16 izono zakhe awóna ngazo aziyi kukhunjulelwa kuye; wenzé ngokusesikweni nangobulungisa; inene, wophila.

UHEZEKILE 33-34

17 Bathi ke oonyana bakowenu, Indlela kaYehova ayilungelelene; kanti ngábo,
18 abandlela ingalungeleleneyo. Lakùbuya ilungisa ebulungiseni balo, lenzè
19 ngobugqwetha, lofa ngabo. Akùbuya ongendawo kokungendawo kwakhe, enze ngokusesikweni nangobulungisa,
20 inene, wophila ngenxa yoko. Nithi ke, Indlela yeNkosi ayilungelelene. Ndiya kunigweba, elowo ngokweendlela zakhe, ndlu kaSirayeli.

Isizathu sokubethwa kweYerusalem

21 Ke kaloku kwathi ngomnyaka weshumi elinesibini emva kokuthinjwa kwethu, ngenyanga yeshumi, ngolwesihlanu enyangeni leyo, kwafika kum osindileyo eYerusalem, wathi, Umzi ubulewe.
22 Isandla sikaYehova saba phezu kwam ngokuhlwa, ngaphambi kokufika kosindileyo. Wawuvula ke umlomo wam, wada wafika kum kusasa; wavuleka umlomo wam, andaba saba sisidenge.
23 Kwafika ilizwi likaYehova kum,
24 lisithi, Nyana womntu, abahleli emanxuweni emhlabeni wakwaSirayeli batsho ukuthi, uAbraham wayemnye, walidla ilifa ilizwe; ke thina sibaninzi, sili-
25 nikiwe ilizwe ukuba silidle ilifa. Ngako oko yithi kubo, Itsho iNkosi uYehova ukuthi, Nidla into enegazi, amehlo enu niwaphakamisele ezigodweni zenu, niphalaze igazi; nolidla ilifa na ke ilizwe?
26 Nimi ngekrele lenu, nenza amasikizi, nithi elowo nimènze inqambi umfazi wommelwane wakhe; nòlidla ilifa na ke izilwe?
27 Yitsho kubo ukuthi, Itsho iNkosi uYehova ukuthi, Ndihleli nje, abo basemanxuweni baya kuwa likrele; lo usendle ndimnikéle emarhamncweni, ukuba amdle; bafe yindyikitya yokufa abasezimboniselweni nasemiqolombeni.
28 Ndiya kulenza kube senkangala yakwankangala ilizwe, liphele iqhayiya lamandla alo, zibe senkangala iintaba zakwa-
29 Sirayeli, kungacandi bani kuzo; bázi ukuba ndinguYehova, ndákulenza kube senkangala yakwankangala ilizwe, ngenxa yamasikizi onke ababewenzile.

Abalivayo ilizwi bangalenzi

Wena ke, nyana womntu, oonyana 30 babantu bakowenu bancokola ngawe ngasezindongeni naseminyango yezindlu, elowo ethetha nomnye, elowo nomzalwana wakhe, esithi, Khanize, sive ukuba lilizwi eliyini na eliphuma kuYehova. Beza kuwe njengokuza 31 kwabantu, bahlale phambi kwakho ngokwabantu bam, baweve amazwi akho, bangàwenzi; kuba benza okukhanukwa ngumlomo wabo; intliziyo yabo ilandela inzuzo yabo embi. Yabona, kubo ùnje- 32 ngovuma ingoma emnandi, ozwi liyolileyo, olungisayo ukubetha uhadi; bawève amazwi akho, bangàwenzi noko. Kothi ke kwakufika oko—nanko kusiza 33 —bazi, ukuba bekukho umprofeti phakathi kwabo.

Isiprofeto sokuchasa abalusi bakaSirayeli abanolunya

34 Kwafika ilizwi likaYehova kum, lisithi, Nyana womntu, profeta 2 ngabalusi bakwaSirayeli; profeta, uthi kubo, ngabalusi abo, Itsho iNkosi uYehova ukuthi, Yeha ke abalusi bakwaSirayeli, abaye bezalúsa ngokwabo! Abalusi babengafanele ukwalúsa umhlambi wabo, yini na? Amanqatha 3 niyawadla, uboya nizambathise ngabo; ezityetyisiweyo izimvu niyazixhela, umhlambi aniwalusi. Ezityhafileyo ani- 4 zomelezi, ezifayo aniziphilisi, ezaphukileyo anizibophi, eziziintsali anizibuyisi, ezidakileyo anizifuni; nizinyathela ngamandla kalukhuni. Zaba lusali ngo- 5 kungabi namalusi; zaba kukudla kwamarhamncwa onke asendle, zaba lusali. Umhlambi wam wadungudela ezinta- 6 beni zonke, nasezindulini zonke ezinde, waba lusali umhlambi wam ebusweni bonke belizwe. Akubangakho namnye uwukhathalelayo, akwabakho namnye uwufunayo.

Ngako oko, balusindini, liveni ilizwi 7 likaYehova, lisithi, Ndihleli nje, itsho 8 iNkosi uYehova, inyaniso, ngenxa enokuba umhlambi wam ulixhoba, umhlambi wam udliwa ngamarhamncwa onke

UHEZEKILE 34-35

asendle, ngokungabi namalusi; abalusi bam bengawukhathaleli umhlambi wam, abalusi bezalúsa ngokwabo, bengawa-
9 lusi umhlambi wam: ngako oko, balusi-ndini, liveni ilizwi likaYehova, lisithi,
10 Itsho iNkosi uYehova ukuthi, Yabonani, ndibachasile abalusi. Ndiya kuwubiza umhlambi wam ezandleni zabo, ndibanqumamise ekwaluseni umhlambi wam, bangabi sazalúsa ngokwabo abalusi; ndiwuhlangùle umhlambi wam emlonyeni wabo, ungabi saba kukudla kubo.

Ukukhathalela kweNkosi umhlambi wayo

11 Ngokuba itsho iNkosi uYehova ukuthi, Yabonani, mna ngokwam ndiya kuwukhathalela umhlambi wam, ndi-
12 wuvelele. Njengoko umalusi awuvelelayo umhlambi wakhe, ngemini yokubakho kwakhe phakathi komhlambi wakhe othiwe saa qhu, ndiya kwenjenjalo ukuwuvelela umhlambi wam; ndiwuhlangule ezindaweni zonke, owaba lusali kuzo ngemini enamafu, enamafu
13 amnyama. Ndiya kuwukhupha ezizweni, ndiwubuthe emazweni, ndiwuse emhlabeni wawo, ndiwalusele ezintabeni zakwaSirayeli, ezihlanjeni nasezinda-
14 weni zonke ezimiweyo zelizwe. Ndiya kuwalusela ebutyanini obulungileyo, libe sezintabeni ezinde zakwaSirayeli idlelo lawo; edlelweni elilungileyo, úya kubutha khona, udle utyani obutyebi-
15 leyo ezintabeni zakwaSirayeli. Mna ndiya kuwalúsa umhlambi wam, ndiwenze ubuthe mna; itsho iNkosi uYe-
16 hova. Ezilahlekileyo ndiya kuzifuna, ndibuyise eziziintsali, ndibophe ezaphukileyo, ndizomeleze ezifayo; ke ezityebileyo ndozitshabalalisa, nezomeleleyo ndizaluse ngokusesikweni.

17 Nina ke, mhlambi wam, itsho iNkosi uYehova ukuthi, Yabonani, ndiya kugweba phakathi kweegusha neegusha, naphakathi kweenkunzi zeegusha nee-
18 nkunzi zeebhokhwe. Yinto encinane na kuni, ukuthi nibudle utyani obulungileyo, nize okuseleyo kotyani nikunyhashe ngamanqina enu? nisèle amanzi angcwengekileyo, niwagxobhe aseleyo ngamanqina enu? Umhlambi 19 wam udla obunyhashiweyo ngamanqina enu; usela agxojiweyo ngamanqina enu.

Ngako oko itsho iNkosi uYehova kuzo 20 ukuthi, Yabonani, mna ndiya kugweba phakathi kweegusha ezityebileyo neegusha ezinqinileyo. Ngenxa enokuba 21 nityhala ngehleza nangegxalaba, nizihlabe ngeempondo zenu ezityhafileyo zonke, nide nizenze zibe lusali, zigqibe ilizwe: ndowusindisa umhlambi wam, 22 ungabi saba lixhoba, ndigwebe phakathi kweegusha neegusha. Ndomisa 23 phezu kwawo umalusi abe mnye, awaluse, umkhonzi wam uDavide; yena uya kuwalúsa, abe ngumalusi wawo yena; mna Yehova ndibè nguThixo wawo, u- 24 mkhonzi wam uDavide abe sisikhulu phakathi kwawo; mna Yehova ndithethile.

Umnqophiso woxolo weNkosi uYehova

Ndiya kuwenzela umnqophiso woxo- 25 lo, ndiwaphelise amarhamncwa amabi elizweni, uhlale entlango ukholosile, ulale emahlathini. Ndowenza wona, 26 kwaneendawo ezingeenxa zonke endulini yam, ube yintsikelelo; ndihlise imvula ngexesha elililo; iya kuba yimvula yentsikelelo. Umthi wasendle wo- 27 nika isiqhamo sawo, ilizwe linike indyebo yalo, banqabe emhlabeni wabo; bazi ukuba ndinguYehova, ekuzaphuleni kwam izikeyi zedyokhwe, ndibahlangule esandleni sâbo babebakhonzisa. Abayi 28 kuba saba lixhoba leentlanga, angàbadli amarhamncwa elizwe; bahlale bekholosile, kungabikho ubothusayo. Ndoba- 29 velisela isityalo sokuba ludumo, bangabi sasuswa yindlala ezweni, bangabi sathwala hlazo leentlanga. Baya kwazi 30 ukuba mna Yehova Thixo wabo ndinabo, bangabantu bam bona, indlu kaSirayeli; itsho iNkosi uYehova. Nina 31 ke ningumhlambi wam, umhlambi wedlelo lam; nisisintu, ndinguThixo wenu; itsho iNkosi uYehova.

Isiprofeto sokuchasa iNtaba yakwaSehire ne-Edom

35 Ke kaloku kwafika ilizwi lika-Yehova kum, lisithi, Nyana wo- 2

mntu, bhekisa ubuso bakho entabeni
3 yakwaSehire, uprofete ngayo, uthi kuyo, Itsho iNkosi uYehova ukuthi, Yabona, ndikuchasile, ntaba yakwaSehire. Ndosolulela isandla sam phezu kwakho, ndikwenze kube senkangala yakwa-
4 nkangala. Imizi yakho ndiya kuyenza amanxuwa, ube senkangala; wazi ukuba ndinguYehova.

5 Ngenxa enokuba waba nobutshaba obungunaphakade, wabanikela esandleni sekrele oonyana bakaSirayeli ngexesha lokusindeka kwabo, ngexesha lobu-
6 gwenxa bokuphela: ngako oko, ndihleli nje, itsho iNkosi uYehova, ndiya kukwenza igazi; lókusukela ke igazi; ngokokuba ungalithiyanga igazi, lókusu-
7 kela ke igazi. Ndoyenza kube senkangala yakwankangala intaba yakwaSehire, ndi-
8 nqumle kuyo odlulayo nobuyayo. Ndiya kuzizalisa iintaba zakhe ngababuleweyo bakhe; ezindulini zakho, nasemifuleni yakho, nasezihlanjeni zakho zonke, ababuleweyo ngekrele bawe kuzo.
9 Ndiya kukwenza kube senkangala kuwe ngonaphakade, imizi yakho ingemiwa mntu; názi ukuba ndinguYehova.

10 Ngenxa enokuba usithi, Iintlanga ezi zombini namazwe la omabini ngawam, sowahlutha; ukanti uYehova
11 ukhona; ngako oko ndihleli nje, itsho iNkosi uYehova, ndiya kwenza kuwe ngokomsindo wakho, nangokobukhwele bakho, obenzileyo kubo ngentiyo yakho; ndizazise kubo, xenikweni ndithe nda-
12 kugwheba. Úya kwazi ukuba mna Yehova ndikuvile konke ukugiba kwakho, owakuthethayo ngeentaba zakwaSirayeli, usithi, Kusenkangala kuzo, si-
13 zinikiwe ukuba zibe kukudla. Nizikhulisele ngam ngemilomo yenu, nawafumba phezu kwam amazwi enu; ndivile ke mna.

14 Itsho iNkosi uYehova ukuthi, Lakùvuya ihlabathi lonke, ndokwenza kube
15 senkangala kuwe. Njengoko walivuyelayo ilifa lendlu kaSirayeli, ngenxa yokuba bekusenkangala kulo, ndiya kwenjenjalo kuwe; kuya kuba senkangala kuwe, ntaba yakwaSehire, nelakwaEdom lonke liphela; bazi ukuba ndinguYehova.

Iintaba zakwaSirayeli ziya kuchuma

36 Wena ke, nyana womntu, profeta ngazo iintaba zakwaSirayeli, uthi, Zintaba zakwaSirayeli, liveni ilizwi likaYehova!

Itsho iNkosi uYehova ukuthi, Nge- 2 nxa enokuba utshaba lusithi ngani, Tshotsho, imimango engunaphakade ibililifa lethu! ngako oko profeta uthi, 3 Itsho iNkosi uYehova ukuthi, Ngenxa enokuba, ewe, ngenxa enokuba benenzé kwaba senkangala, baniginya ngeenxa zonke, ukuze nibe lilifa lamasalela eentlanga, naba semilonyeni yabanolwimi nasentlebendwaneni yabantu: ngako oko, nina zintaba zakwaSirayeli, 4 liveni ilizwi leNkosi uYehova, *lisithi*, Itsho iNkosi uYehova kwiintaba nakwiinduli, kwizihlambo nakwimifula, kwiindawo ezibharhileyo ezingamanxuwa nakwimizi eshiyiweyo, eyaba lixhoba nesigculelo samasalela eentlanga ezingeenxa zonke; ngako oko, itsho iNkosi 5 uYehova ukuthi, Inyaniso, ndithethé ngomlilo wobukhwele bam ngawo amasalela eentlanga, nangamaEdom onke ephela, alenzé ilifa lawo ilizwe lam, evuyile ngentliziyo yonke, ecukuceza ngomphefumlo, ukuze alilahle libe lixhoba.

Ngako oko, profeta ngomhlaba wa- 6 kwaSirayeli, uthi kwiintaba nakwiinduli, kwizihlambo nakwimifula, Itsho iNkosi uYehova ukuthi, Yabonani, ndithethé ndinobukhwele, ndinobushushu, ngenxa enokuba nilithwele ihlazo leentlanga. Ngako oko, itsho iNkosi uYehova uku- 7 thi, Mna ndisiphakamisile isandla sam; inyaniso, iintlanga ezingeenxa zonke kuni, zona ziya kuthwala ihlazo lazo.

Ke nina, zintaba zakwaSirayeli, niya 8 kuvelisa amasebe, iziqhamo zenu nizixakathele abantu bam amaSirayeli; ngokuba sekukufuphi ukuvela kwazo. Ngokuba, niyabona, ndingakuni; ndo- 9 buyela kuni, nilinywe, nihlwayelwe. Ndiya kwandisela abantu phezu kwenu, 10 yonke indlu kaSirayeli, yonke iphela, imiwe imizi, akhiwe amanxuwa. Ndiya 11 kwandisela abantu ke neenkomo phezu kwenu, bande, baqhame; ndinènze

UHEZEKILE 36

nimiwe ngokwangaphambili ke, ndinenzele okulungileyo ngaphezu kokwasekuqaleni kwenu; názi ukuba ndingu-
12 Yehova. Ndohambisa abantu phezu kwenu, abantu bam amaSirayeli, bakuzuze ube lilifa labo, ungasabuyi ubahluthe abantwana.
13 Itsho iNkosi uYehova ukuthi, Ngenxa enokuba bathi kuwe, Usisidlabantu, uluhluthe abantwana uhlanga
14 lwakho: ngako oko akuyi kubuya ube sisidlabantu, ungabuyi ulukhubekise uhlanga lwakho; itsho iNkosi uYehova.
15 Andiyi kubuya ndikuvise ihlazo leentlanga, ungabuyi usithwale isingcikivo sezizwe, ungabuyi ulukhubekise uhlanga lwakho; itsho iNkosi uYehova.

USirayeli wohlwayelwa izono zakhe

16 Kwafika ke ilizwi likaYehova kum,
17 lisithi, Nyana womntu, xa indlu kaSirayeli yabe ihleli emhlabeni wayo, báwenza inqambi ngeendlela zabo nangeentlondi zabo; iindlela zabo phambi kwam zaba njengobunqambi bo-
18 mfazi onomzí. Ndaphalaza ubushushu bam phezu kwabo ngenxa yegazi, ababeliphalaze ezweni elo, nangenxa yokulenza inqambi kwabo ngezigodo
19 zabo. Ndabenza baba lusali ezintlangeni, bachithwachithwa emazweni; ndabagweba ngokweendlela zabo, na-
20 ngokweentlondi zabo. Bafika ezintlangeni ezo babesiya kuzo, balihlambela igama lam elingcwele; ekubeni bekusithiwa ngabo, Ngabantu bakaYehova
21 aba, baphumé ezweni lakhe. Ndaba nofefe ngenxa yegama lam elingcwele, ebeyilihlambele indlu kaSirayeli ezintlangeni ábaya kuzo.

Ukubuyiswa kukaSirayeli ngenxa yeNkosi

22 Ngako oko yithi kwindlu kaSirayeli, Itsho iNkosi uYehova ukuthi, Andenzi ngenxa yenu, ndlu kaSirayeli; ndenza ngenxa yegama lam elingcwele, enilihlambeleyo ezintlangeni ebe niye kuzo.
23 Ndiya kulingcwalisa igama lam elikhulu, elihlanjelweyo ezintlangeni, enilihlambeleyo phakathi kwazo; ukuze zazi iintlanga ukuba ndinguYeh va, itsho iNkosi uYehova, ndakuzingcwalisa ngokwam kuni emehlweni azo.
24 Ndonithabatha ke ezintlangeni, ndinibuthe emazweni onke, ndinise emhlabeni wenu. Ndiya kunitshiza ngama-
25 nzi amhlophe, nihlambuluke; ndinihlambùlule kubunqambi benu bonke, nakwizigodo zenu zonke. Ndoninika
26 intliziyo entsha, ndininike umoya omtsha ngaphakathi kwenu; ndiyisuse intliziyo elilitye enyameni yenu, ndininike intliziyo eyinyama. Ndofaka
27 uMoya wam ngaphakathi kwenu, ndinenze nihambe ngemimiselo yam, niwagcine amasiko am, niwenze; niya ku-
28 hlala ezweni endalinika ooyihlo; nibe ngabantu bam, mna ndibe nguThixo wenu. Ndiya kunisindisa ebunqambini
29 benu bonke, ndibize ingqolowa, ndiyandise, ndinganiziseli indlala. Ndosa-
30 ndisa isiqhamo somthi nokuphuma emasimini, ukuze ningabuyi namkeliswe isingcikivo sendlala ezintlangeni. Niya kuzikhumbula ke iindlela zenu
31 ezimbi, neentlondi zenu ezingalungileyo, nizikruqukele ngokwenu, ngenxa yobugwenxa benu nangenxa yamasikizi enu. Andiyi kukwenza oku ngenxa
32 yenu, itsho iNkosi uYehova; makwazeke oko kuni. Danani, nibe nehlazo ngenxa yeendlela zenu, ndlu kaSirayeli.

Itsho iNkosi uYehova ukuthi, Nge-
33 mini endiya kunihlambulula ngayo ebugwenxeni benu bonke, ndiya kuyenza imizi ukuba imiwe, akhiwe amanxuwa. Ilizwe ebe kusenkangala kulo
34 liya kulinywa, endaweni yokuba bekusenkangala kulo emehlweni abo bonke abadlulayo. Baya kuthi, Eli lizwe, be-
35 kusenkangala kulo, lisuke laba njengomyezo wase-Eden; nemizi ebeyibharhile, ebingamanxuwa, ebigungxulwe, imiwe, inqatyisiwe. Ziya kwazi ke iintlanga
36 eziseleyo ngeenxa zonke kuni, ukuba mna Yehova ndakha into egungxulweyo, ndiyityale indawo ebe kusenkangala kuyo. Mna Yehova ndithethile, ndiya kwenza.

Itsho iNkosi uYehova ukuthi, Ngale
37 nto ndisaya kuquqelwa yindlu kaSira-

yeli, ukuba ndibenzele; ndiya kubandisa
38 babe sisintu njengomhlambi; njengomhlambi ongamadini angcwele, njengomhlambi waseYerusalem ngamaxesha ayo amisiweyo; ukuzala yimihlambi yabantu, iya kuba njalo imizi engamanxuwa; bazi ukuba ndinguYehova.

Umbono wentili yamathambo omileyo

37 Saba phezu kwam isandla sikaYehova; waphuma nam uYehova, ndikuMoya, wandibeka entilini phakathi; yona ke izele ngamathambo.
2 Wandidlulisa kuwo, wandijikelezisa ngeenxa zonke; yabona, ebemaninzi kakhulu entilini leyo; yabona, ebese-
3 lomile kakhulu. Wathi ke kum, Nyana womntu, aya kuphila na ke la mathambo? Ndathi, Nkosi Yehova, kwazi wena.
4 Wathi kum, Profeta phezu kwala mathambo, uthi kuwo, Mathambondini,
5 liveni ilizwi likaYehova. Itsho iNkosi uYehova kula mathambo, ukuthi, Niyabona, ndingenisa umoya kuni; niya
6 kuphila ke. Ndiya kunifaka imisipha, ndimilise kuni inyama, ndinaleke ngolùsu, ndifake umoya ngaphakathi kwenu, niphile; názi ukuba ndinguYehova.
7 Ndaprofeta ngoko bendiwiselwe umthetho ngako; kwabakho isandi ndàkuprofeta; nanko kurhashaza, asondelelana amathambo, ithambo lasondela
8 kwithambo lalo. Ndakhangela, nanko kukho imisipha kuwo, yamila inyama, kwaleka ulùsu luthabathela phezulu; umoya ke awabakho.
9 Wathi kum, Profeta kuwo umoya, profeta, nyana womntu, uthi kuwo umoya, Itsho iNkosi uYehova ukuthi, Vela, moya kwimimoya yominé, uphefumlele kwaba babuleweyo, baphile.
10 Ndaprofeta ke ngoko bendiwiselwe umthetho ngako. Wangena umoya kuwo; baphila, bema ngeenyawo, umkhosi omkhulu kakhulu kunene.

Ukuvuswa kwamathambo kuzekelisa uSirayeli

11 Wathi ke kum, Nyana womntu, la mathambo yindlu kaSirayeli yonke; yabona, bathi, Amathambo ethu omile, nethemba lethu lidakile, sinqanyulwe.
Ngako oko profeta, uthi kubo, Itsho 12 iNkosi uYehova ukuthi, Yabonani, ndiya kuwavula amangcwaba enu, ndininyuse niphume emangcwabeni enu, bantu bam, ndinise emhlabeni wakwaSirayeli. Niya kwazi ukuba ndingu- 13 Yehova, ekuwavuleni kwam amangcwaba enu, nasekuninyuseni kwam, niphume emangcwabeni enu, bantu bam. Ndofaka uMoya wam kuni, niphile, 14 ndinibeke emhlabeni wenu; nazi ukuba mna Yehova ndithethile, ndiya kwenza; utsho uYehova.

UYuda noSirayeli baya kumanywa kwakhona uDavide engukumkani

Kwafika ilizwi likaYehova kum, 15 lisithi, Wena ke, nyana womntu, tha- 16 bathela kuwe intonga ibe nye, ubhale kuyo uthi, EkaYuda, neyoonyana bakaSirayeli, amadlelane akhe; uthabathe enye intonga ubhale kuyo uthi, EkaYosefu (intonga kaEfrayim), nendlu yonke kaSirayeli, amadlelane akhe; uzisondeze ke, enye kwenye, zibe nto- 17 nga-nye, zibe nto-nye esandleni sakho.

Bothi bakuthetha nawe oonyana ba- 18 bantu bakowenu, besithi, Akasixeleli na, ziyintoni na ezi ntonga kuwe? uthi 19 wena kubo, Itsho iNkosi uYehova ukuthi, Yabonani, ndiya kuyithabatha intonga kaYosefu, esesandleni sikaEfrayim nezizwe zikaSirayeli, amadlelane akhe endiwabeke kuyo ndawonye nentonga kaYuda, ndibenze babe ntonga-nye, babe nto-nye esandleni sam. Iintonga 20 obhale kuzo zize zibe sesandleni sakho emehlweni abo.

Uze uthi kubo, Itsho iNkosi uYehova 21 ukuthi, Yabonani, ndiya kubathabatha oonyana bakaSirayeli phakathi kweentlanga abahamba kuzo, ndibabuthe, bavele ngeenxa zonke, ndibàse emhlabeni wabo. Ndobenza babe luhlanga lunye 22 elizweni elo, ezintabeni zakwaSirayeli, abe mnye ukumkani, engukumkani wabo bonke bephela; bangabuyi babe

UHEZEKILE 37-38

ziintlanga ezimbini, bangabuyi bahluke
23 babe zizikumkani ezibini. Abayi kubuya bazenze iinqambi ngezigodo zabo, nangezinto zabo ezinezothe, nangezikreqo zabo zonke; ke ndobasindisa emakhayeni abo onke, ababesona kuwo, ndibahlambulule, babe ngabantu bam,
24 ndibe nguThixo wabo. Umkhonzi wam uDavide woba ngukumkani kubo, abe ngumalusi omnye kubo bonke bephela; bahambe ngamasiko am, bagcine imimiselo yam, bayenze.
25 Bohlala ezweni elo, ndalinika umkhonzi wam uYakobi, ababehleli kulo ooyise; bahlale ke khona, bona nabantwana babantwana babo kude kuse ephakadeni; uDavide, umkhonzi wam, abe
26 sisikhulu sabo ngonaphakade. Ndobenzela umnqophiso woxolo; uya kuba ngumnqophiso ongunaphakade kubo; ndibamise, ndibandise, ndibeke ingcwele yam phakathi kwabo ngonaphakade.
27 Umnquba wam uya kuba phezu kwabo, ndibe nguThixo wabo, babe ngabantu
28 bam; zazi iintlanga ukuba ndinguYehova ongcwalise amaSirayeli, xa ingcwele yam iya kubakho phakathi kwabo ngonaphakade.

Isiprofeto sokuchasa uGogi

38 Ke kaloku, kwafika ilizwi lika-
2 Yehova kum, lisithi, Nyana womntu, bubhekise ubuso bakho kuGogi wasezweni lakwaMagogi, isikhulu sakwaRoshe noMesheki noTubhali, upro-
3 fete ngaye. Yithi, Itsho iNkosi uYehova ukuthi, Yabona, ndikuchasile, Gogi, sikhulu sakwaRoshe noMesheki no-
4 Tubhali. Ndiya kukuphambanisa, ndikufake amakhonkco emihlathini, ndikurhole nempi yakho yonke, amahashe nabamahashe, abaxhobe baphelelisela bonke bephela, ibandla elikhulu, benamakhaka neengweletshetshe, bephethe
5 amakrele bonke bephela: benamaPersi namaKushi namaPuti, onke ephela eneengweletshetshe nezigcina-ntloko;
6 uGomere namahlelo akhe onke, nendlu kaTogarma ezingontsini zasentla, inamahlelo akhe onke; izizwe ezininzi zinawe. Lunga, uzilungisele iinto zo- 7
nke, wena nebandla lakho lonke, elibizelwe ndawonye kuwe, ube ngumgcini walo.

Emva kwemihla emininzi ùya kuve- 8
lelwa; ekupheleni kweminyaka leyo uya kufika elizweni elibuyisiweyo ekreleni, libuthiwe ezizweni ezininzi; ufike ezintabeni zakwaSirayeli ezahlala zibharhile. Lona likhutshwé ezizweni, baza bahlala bekholosile bonke bephela. Ùya 9
kunyuka uze njengesiphango, njengelifu ukulisibekela ilizwe, wena namahlelo akho onke, nezizwe ezininzi ezinawe.

Ngokuhlasela uSirayeli uGogi uya kubhukuqwa yiNkosi

Itsho iNkosi uYehova ukuthi, Nga- 10
loo mini, kuya kuthi qatha izinto entliziyweni yakho, ucinge ingcinga embi. Uya kuthi, Ndiya kunyuka ndiye 11
ezweni lamaphandle; ndiya kubafikela abazolileyo, abahleli bekholosile bonke bephela, abahleli bengenazindonga, bengenamivalo nazingcango; ukuba uthi- 12
mbe, uhlasele amaxhoba, usibuyisele isandla sakho kumanxuwa amiweyo, nakubantu abahlanganisiweyo ezintlangeni, bezuze imfuyo nempahla, abahleli esazulwini somhlaba. OoShebha 13
noDedan, nabarhwebi baseTarshishe, neengonyama ezintsha zabo zonke, baya kuthi kuwe, Uzé kuthimba na, ukuba lihlasele amaxhoba na ibandla lakho olibizele ndawonye? ukuba limke negolide nesilivere, lithabathe imfuyo nempahla, lithimbe kakhulu na?

Ngako oko profeta, nyana womntu, 14
uthi kuGogi, Itsho iNkosi uYehova ukuthi, Akuyi kuba njalo na ngaloo mini, ekuhlaleni kwabantu bam amaSirayeli bekholosile, ùya kuyazi loo nto? Uya kuphuma endaweni yakho, ezingo- 15
ntsini zasentla, wena nezizwe ezininzi ezinawe, bekhwele emahasheni bonke bephela, ibandla elikhulu, impi eninzi; unyùke ubafikele bantu bam amaSira- 16
yeli njengelifu, ukuba ulisibekele ilizwe. Ekupheleni kwemihla kuya kubakho oko, ndikuse, ulifikele ilizwe lam, ukuze iintlanga zindazi, ekuzingcwaliseni

UHEZEKILE 38–39

kwam kuwe emehlweni azo, Gogi.
17 Itsho iNkosi uYehova ukuthi, Nguwe na lowa, ndandithetha yena ngeemini zamandulo ngomlomo wabakhonzi bam, abaprofeti bakwaSirayeli, ababeprofeta iminyaka kwezo mini ngelithi, ndokuzisa phezu kwabo?
18 Kuya kuthi ngaloo mini, ngemini yokuwufikela kukaGogi umhlaba wakwaSirayeli, itsho iNkosi uYehova, bunyuke ubushushu bam emathatheni
19 am. Ke ndithethé ndinobukhwele, ndinomlilo wokuphuphuma komsindo wam. Inyaniso, ngaloo mini kuya kubakho ukunyikima okukhulu emhla-
20 beni wakwaSirayeli. Ziya kunyikima phambi kwam iintlanzi zolwandle, neentaka zezulu, namarhamncwa asendle, nezinambuzane zonke ezinambuzelayo emhlabeni, nabantu bonke abasebusweni bomhlaba, zigungxulwe iintaba, iwe imixawuka, zonke iindonga ziwe emhlabeni.
21 Ndombizela ikrele ezintabeni zam zonke, itsho iNkosi uYehova; ikrele lomntu liya kuma kumzalwana wakhe.
22 Ndiya kumgweba ngendyikitya yokufa nangengazi; nangesiphango esikhukulayo, nangamatye esichotho, umlilo nesulfure ndiwunise phezu kwakhe, naphezu kwamahlelo akhe, naphezu kwezizwe
23 ezininzi ezinaye. Ndiya kuzikhulisa, ndizingcwalise, ndizazise ngokwam emehlweni eentlanga zininzi; zazi ukuba ndinguYehova.

Ukungcwatywa kwemikhosi kaGogi

39 Wena ke, nyana womntu, profeta ngoGogi, uthi, Itsho iNkosi uYehova ukuthi, Yabona, ndikuchasile, Gogi, sikhulu sakwaRoshe noMesheki no-
2 Tubhali. Ndiya kukuphambanisa, ndikurhole, ndikunyuse uphume ezingontsini zasentla, ndikuse ezintabeni zakwa-
3 Sirayeli. Ndosithi qhwithi isaphetha sakho esandleni sakho sokhohlo, ndiziwise iintolo zakho esandleni sakho
4 sokunene. Ùya kuwa ezintabeni zakwaSirayeli, wena namahlelo akho onke, nezizwe ezinawe. Ndiya kukunikela ezintakeni ezixwilayo zeentlobo ngeentlobo, nasemarhamncweni asendle, u-kuba ube kukudla. Ùya kuwa ebusweni 5 belizwe, ngokuba ndithethile; itsho iNkosi uYehova.

Nothumela umlilo kwaMagogi, naku- 6 bemi beziqithi abakholosileyo; bazi ukuba ndinguYehova. Ndiya kulazisa 7 igama lam elingcwele phakathi kwabantu bam amaSirayeli, ndingabuyi ndilingcolise igama lam elingcwele; zazi iintlanga ukuba ndinguYehova, oyiNgcwele kwaSirayeli.

Yabona, le nto iyeza, iya kubakho; 8 itsho iNkosi uYehova; yiloo mini ndandithetha yona. Ke baya kuphuma 9 abemi bemizi yakwaSirayeli, baphembe babáse umlilo ngezikrweqe, nangeengweletshetshe, nangamakhaka, ngezaphetha, nangeentolo, nangeenduku, nangezikhali; baphembe umlilo ngazo iminyaka esixhenxe. Abayi kutheza 10 zinkuni endle, bangagawuli nasemahlathini; ngokuba baya kuwuphemba ngezikrweqe umlilo; bathimbe kwabo babethinjwe ngabo, baphange ababephangwe ngabo; itsho iNkosi uYehova.

Kuya kuthi ngaloo mini, ndimnike 11 uGogi indawo, apho liya kuba khona ingcwaba lakhe kwaSirayeli, umfula wabadluli ngasempumalanga elwandle; ùbavalele abadluli; bamngcwabele khona uGogi nengxokolo yakhe yonke, bathi ngumfula wengxokolo kaGogi. Indlu kaSirayeli yoba neenyanga ezisi- 12 xhenxe ibangcwaba, ukuze balihlambulule ilizwe; bonke abantu belizwe eli 13 bangcwabe, kube ludumo kubo mini ndizizukisayo; itsho iNkosi uYehova. Baya kubalula amadoda anomonde 14 acandacanda elizweni, nahamba nalawo acandacandayo, angcwabe abaseleyo ebusweni belizwe, ukuba alihlambulule. Ekupheleni kweenyanga ezisixhenxe aya kuligocagoca. Baya kucanda abaca- 15 ndacanda elizweni, babone ithambo lomntu, bamise umthelekelelo ecaleni kwalo, bade abangcwabi abo balingcwabe emfuleni wengxokolo kaGogi. Iga- 16 ma lomzi okhona liya kuba nguNgxokolo; balihlambùlule ke ilizwe.

UHEZEKILE 39-40

Umbingelelo weNkosi

17 Wena ke, nyana womntu, itsho iNkosi uYehova ukuthi, Yithi, kwiintaka zeentlobo ngeentlobo, nakumarhamncwa onke asendle, Buthanani nize; zihlanganiseni ngeenxa zonke embingelelweni wam endinibingeleleyo, umbingelelo omkhulu ezintabeni zakwaSirayeli; nidle 18 inyama, nisele igazi. Niya kudla inyama yamagorha, nisele igazi lezikhulu zehlabathi, iinkunzi zeegusha, namatakane, neenkunzi zeebhokhwe, neenkunzi zeenkomo ezintsha ezityetyisiweyo 19 zaseBhashan, zonke ziphela. Nodla amanqatha nihluthe, nisele igazi ninxile embingelelweni wam endinibingeleleyo; 20 nihluthe esithebeni sam ngamahashe nangabamahashe, ngamagorha namadoda onke okulwa; itsho iNkosi uYehova.
21 Ndiya kubumisa ubuqaqawuli bam ezintlangeni, ziwubone iintlanga zonke umgwebo wam endiya kuwenza, nesa-22 ndla sam endiya kusisa kuzo. Iya kwazi indlu kaSirayeli ukuba ndinguYehova uThixo wabo, ithabathela kuyo 23 le mini ise naphi. Neentlanga ziya kwazi ukuba indlu kaSirayeli yathinjwa ngenxa yobugwenxa babo; ngenxa enokuba bamenezayo kum, ndabusithelisa ubuso bam kubo, ndabanikela esandleni sababandezeli babo, bawa 24 likrele bonke bephela. Ndabenza ngokobunqambi babo nangokwezikreqo zabo, ndabusithelisa ubuso bam kubo.

Ukubuyiswa kukaSirayeli

25 Ngako oko, itsho iNkosi uYehova ukuthi, Kaloku ndiya kukubuyisa ukuthinjwa kukaYakobi, ndisikwe yimfesane ngenxa yendlu yonke kaSirayeli, ndibe nobukhwele ngegama lam eli-26 ngcwele. Baya kulithwala ihlazo labo, nobumenemene babo bonke ababemeneza ngabo kum, ekuhlaleni kwabo emhlabeni wabo bekholosile, kungekho 27 ubothusayo. Ekubabuyiseni kwam ezizweni, ekubabutheni kwam emazweni eentshaba zabo, ndozingcwalisa kubo 28 emehlweni eentlanga ezininzi. Baya kwazi ukuba ndinguYehova uThixo wabo, owenza ukuba bathinjelwe ezintlangeni, ndize ndibawomelisele emhlabeni wabo, ndingabuyi ndishiye namnye kubo khona. Andiyi kuba 29 sabusithelisa ubuso bam kubo, ngokokuba ndithulule uMoya wam phezu kwendlu kaSirayeli; itsho iNkosi uYehova.

Indoda enentonga yokulinganisa

40 Ngomnyaka wamashumi omabini anamihlanu wokuthinjwa kwethu, ekuqalekeni komnyaka, ngolweshumi enyangeni leyo, ngomnyaka weshumi elinesiné emva kokuxatyelwa komzi, ngayo kanye loo mini, isandla sikaYehova saba phezu kwam, wandisa khona. Ngemibono kaThixo wandisa ezweni 2 lakwaSirayeli elo, wandibeka entabeni ephakamileyo kakhulu; phezu kwayo kwanga sisakhiwo somzi ngasezantsi.

Wandisa khona: nanko umntu, oku- 3 bonakala kunjengokubonakala kobhedu, ephethe intsontelo yeflakisi* ngesandla, nengcongolo yokulinganisa;* waye ke emi esangweni. Wathetha nam loo 4 mntu, wathi, Nyana womntu, khangela ngamehlo akho, uve ngeendlebe zakho, ugqale ngentliziyo yakho zonke izinto endikubonisa zona; ngokuba uziswé apha ukuze uboniswe. Xelela indlu kaSirayeli konke okubonayo.

Nanko ke, kukho udonga ngaphandle 5 kwendlu, olujikelezileyo ngeenxa zonke, isesandleni somntu lowo ingcongolo yokulinganisa, iziikubhite* ezintandathu, iyileyo iyikubhite enobubanzi besandla. Wabulinganisa ububanzi besakhiwo; baba yingcongolo enye, ukuphakama kwayingcongolo enye.

Waya esangweni elibheke empuma- 6 langa, wenyuka ngezinyuko zalo, walinganisa omnye umbundu wesango; waba yingcongolo enye ububanzi, omnye umbundu ke wokuqala wayingcongolo enye ububanzi. Negumbi loku- 7 linda laba yingcongolo enye ubude, layingcongolo enye ububanzi; phakathi kwamagumbi okulinda zaziikubhite ezintlanu; umbundu wesango, ongase-

853

UHEZEKILE 40

varandeni* yesango enganeno kwayo
8 indlu, wayingcongolo enye. Walinganisa ivaranda yesango leyo inganeno
9 kwayo indlu, yayingcongolo enye. Walinganisa ivaranda yesango ke, yaziikubhite ezisibhozo, iintsika zayo zaziikubhite ezimbini; ke ivaranda yesango yayinganeno kwayo indlu.

10 Ke amagumbi okulinda, esango elisingise empumalanga, aba mathathu ngapha, aba mathathu nangapha, aba mlinganiso mnye omathathu, zaba mlinganiso mnye iintsika ngapha na-
11 ngapha. Walinganisa ububanzi bokungena kwesango, baziikubhite ezilishumi; ubude besango ngalinye baziiku-
12 bhite ezilishumi elinazithathu. Ke umda phambi kwamagumbi okulinda wawuyikubhite enye ngapha, wayikubhite enye nangapha umda; amagumbi okulinda aba ziikubhite ezintandathu ngapha, aba ziikubhite ezintandathu
13 nangapha. Walinganisa isango, ethabathela eluphahleni lwamagumbi okulinda, esa eluphahleni lwamanye; laba ziikubhite ezimashumi mabini anantlanu ububanzi; umnyango ulungé nomnyango.

14 Iintsika wazenza zangamashumi omathandathu eekubhite; yeza kuma ngentsika intendelezo ejikelezileyo ngeenxa
15 zonke esangweni. Ke ukuthabathela phambi kwesango lokungena, kuse phambi kwevaranda yesango eliphakathi, zaba ziikubhite ezimashumi mahla-
16 nu. Bekukho iifestile ezivaliweyo emagumbini okulinda nasezintsikeni zawo ngecala eliphakathi esangweni, zijikelezile ngeenxa zonke; bekukwanjalo nasezingqamekweni. Bekukho iifestile ngaphakathi, zijikelezile ngeenxa zonke; bekukho namasundu ezintsikeni.

17 Wandisa entendelezweni ephandle; nanko, kwenziwe amagumbi nombekelelo wamatye, kwajikeleza ngeenxa zonke entendelezweni; yayingamagumbi angamashumi mathathu embekele-
18 lweni wamatye. Umbekelelo wamatye ubusemacaleni amasango, ulungelelene nobude bamasango; umbekelelo lowo
19 uphantsi. Walinganisa ububanzi, ethabathela phambi kwesango lentendelezo ephantsi, esa phambi kwelentendelezo ephakathi nganeno kwalo; zalikhulu leekubhite ngasempumalanga nangasentla.

Isango elibheké entla ngasentende- 20
lezweni ephandle, wabulinganisa ubude
bakó nobubanzi balo; namagumbi oku- 21
linda amathathu ngapha, amathathu
nangapha, neentsika zalo, neengqameko
zalo. Laba ngangomlinganiso wesango
lokuqala; baziikubhite ezimashumi mahlanu ubude balo, nobubanzi balo
baziikubhite ezimashumi mabini anantlanu. Iifestile zalo, neengqameko 22
zalo, namasundu alo, zaba ngangomlinganiso wesango elibheke empumalanga; benyuka ngezinyuko ezisixhenxe
ukuya kulo; neengqameko zalo zaba
phambi kwazo. Amasango entendele- 23
zo ephakathi alunga nesango langasentla
nelangasempumalanga; walinganisa, wathabathela esangweni, wesa esangweni;
zalikhulu leekubhite.

Wandihambisa wandisingisa ezantsi; 24
nali isango, lisingise ezantsi; walinganisa iintsika zalo neengqameko zalo
kwangokwaloo milinganiso. Bekukho 25
iifestile kulo nakwiingqameko zalo,
zijikelezile ngeenxa zonke, njengeziyá
iifestile; zaba ziikubhite ezimashumi
mahlanu ubude, baziikubhite ezimashumi mabini anantlanu ububanzi.
Ukunyuka ukuya kulo kwaba nezinyuko 26
ezisixhenxe, nezingqameko zalo zaziphambi kwazo; belinamasundu, elinye
lingapha, elinye lingapha, ezintsikeni
zalo. Bekukho isango elisa entendele- 27
zweni ephakathi, elisingise ezantsi;
walinganisa ethabathela esangweni elo,
esa esangweni elisingise ezantsi; zaba
ziikubhite ezilikhulu.

Wandisa entendelezweni ephakathi 28
ngesango lasezantsi, walilinganisa isango
lasezantsi kwangokwaloo milinganiso;
namagumbi alo okulinda, neentsika 29
zalo, neengqameko zalo, kwangokwaloo
milinganiso. Bekukho iifestile kulo
nakwiingqameko zalo, zijikelezile ngeenxa zonke; zaba ziikubhite ezimashumi
mahlanu ubude, zaba ziikubhite ezima-

UHEZEKILE 40-41

shumi mabini anantlanu ububanzi.
30 Iingqameko zajikeleza ngeenxa zonke: zaba ziikubhite ezimashumi mabini anantlanu ubude, zaba ziikubhite ezi-
31 ntlanu ububanzi. Iingqameko zalo zabheka entendelezweni ephandle; zibe zinamasundu iintsika zalo. Ukunyuka ukuya kulo kwaba nezinyuko ezisibhozo
32 Wandisa entendelezweni ephakathi, esingise empumalanga, walilinganisa
33 isango kwangokwaloo milinganiso; namagumbi alo okulinda, neentsika zalo, neengqameko zalo, kwangokwaloo milinganiso. Bekukho iifestile kulo, nakwiingqameko zalo, zijikelezile ngeenxa zonke; aba ziikubhite ezimashumi mahlanu ubude, zaba ziikubhite ezimashumi mabini anantlanu ububanzi.
34 Iingqameko zalo zabheka entendelezweni ephandle; zibe zinamasundu iintsika ngapha nangapha. Ukunyuka ukuya kulo kwaba nezinyuko ezisibhozo.
35 Wandisa esangweni lasentla, walili-
36 nganisa kwangokwaloo milinganiso; namagumbi alo okulinda, neentsika zalo, neengqameko zalo. Bekukho iifestile kulo, zijikelezile ngeenxa zonke; zaba ziikubhite ezimashumi mahlanu ubude, zaba ziikubhite ezimashumi mabini
37 anantlanu ububanzi. Iintsika zalo zakhangela entendelezweni ephandle; zinamasundu iintsika zalo ngapha nangapha. Ukunyuka ukuya kulo kwaba nezinyuko ezisibhozo.
38 Igumbi nomnyango walo lalingasezintsikeni zamasango; bebewahlamba khona amadini anyukayo.
39 Evarandeni yesango bekukho iitafile ezimbini ngapha, iitafile ezimbini nangapha, zokuxhelela amadini anyukayo,
40 nawesono, nawetyala. Ecaleni elingaphandle, konyukayo esiya ekungeneni kwesango ngasentla, bekukho iitafile ezimbini; nakwelinye icala ngasevarandeni yesango bekukho iitafile ezimbini.
41 Kwabakho iitafile eziné ngapha, iitafile eziné nangapha, ecaleni lesango; ziitafile ezisibhozo, zokuxhelela kuzo.
42 Kananjalo bekukho neetafile eziné ngasezinyukweni zamatye aqingqiweyo, aba yikubhite enye enesiqingatha ubude, ikubhite enye enesiqingatha ububanzi, ikubhite enye ukuphakama, ukuze babeke kuzo iimpahla zokuxhela amadini anyukayo nemibingelelo. Amabhaxa 43 angangobubanzi besandla, abe eqiniselwe endlwini, ajikeleza ngeenxa zonke; yaye isezitafileni inyama yomsondezo.

Ngaphandle kwesango eliphakathi 44 bekukho amagumbi amabini entendelezweni ephakathi; elinye lingasecaleni lesango lasentla, libheké ezantsi, elinye lingasecaleni lesango lasezantsi, libheké entla. Wathi kum, Eli gumbi, libheké 45 ezantsi, lelababingeleli abagcina isigxina sendlu le. Igumbi elibheké entla 46 lelababingeleli abagcina isigcina sesibingelelo. Bona bangoonyana bakaTsadoki, koonyana bakaLevi, abasondelàyo kuYehova ukuba balungiselele kuye. Wayilinganisa intendelezo; zaba ziiku- 47 bhite ezilikhulu ubude, zaba ziikubhite ezilikhulu nobubanzi; imbombo-né; isibingelelo ke besiphambi kwayo indlu.

Wandisa evarandeni yayo indlu, 48 walinganisa intsika yevaranda: iikubhite zontlanu ngapha, iikubhite zontlanu ngapha; ububanzi besango baziikubhite ezintathu ngapha, iikubhite ezintathu nangapha. Ubude bevaranda baba zii- 49 kubhite ezimashumi mabini, ububanzi baba ziikubhite ezilishumi elinanye ngasezinyukweni, ebe kunyukwa ngazo kuyiwe kuyo. Bekukho iintsika ngasezintsikeni zomnyango, enye ngapha, enye nangapha.

Ukulinganiswa kwetempile nenkcazo yayo

41 Wandisa etempileni, walinganisa iintsika; zaba ziikubhite ezintandathu ububanzi ngapha, zaba ziikubhite ezintandathu ububanzi nangapha; bububanzi ke bentente. Ububanzi bo- 2 mnyango bebuziikubhite ezilishumi; amacala omnyango aba ziikubhite ezintlanu ngapha, iikubhite ezintlanu nangapha. Wabulinganisa ubude bayo, baziikubhite ezimashumi mané, ububanzi baziikubhite ezimashumi mabini. Wangena ke ngaphakathi, walinganisa 3 intsika yomnyango; yaziikubhite ezi-

UHEZEKILE 41

mbini, nomnyango waziikubhite ezintandathu *ukuphakama*, ububanzi bomnya-
4 ngo baziikubhite ezisixhenxe. Wabulinganisa ubude bayo, baziikubhite ezimashumi mabini, ububanzi baziikubhite ezimashumi mabini, wabhekisa etempileni; wathi kum, Yingcwele kangcwele le.

5 Walulinganisa udonga lwendlu, lwaziikubhite ezintandathu, ububanzi bendawo yokwayama baziikubhite eziné; yajikeleza ngeenxa zonke endlwini leyo.
6 Amagumbi endawo yokwayama aba mathathu, igumbi phezu kwegumbi, aba mashumi mathathu; aya kufika eludongeni ebeyinalo indlu le, ngasemagumbini endawo yokwayama, eyajikeleza ngeenxa zonke, ukuze abe nokubambeka khona; kodwa angabambeki
7 eludongeni lwayo indlu. Kwaya kúba banzi ukujikeleza, okukhona siya sinyuka isakhiwo ngokwamagumbi endawo yokwayama; ngokuba oko kwayijikeleza indlu le, kwaya kusanda okukhona inyukayo, kuyijikeleza indlu le ngeenxa zonke; ngenxa yoko indlu le yaya iba banzi okunyuka inyukayo; lwaba kwanjalo olungaphantsi udidi, ukunyuka ukuya kolungaphezulu ngokolo lungaphakathi.

8 Ndabona kwasendlwini le indawo ephakamileyo, ejikelezileyo ngeenxa zonke; iziseko zamagumbi endawo yokwayama zaziyingcongolo* epheleyo, ziikubhite ezintandathu, ukuya entla-
9 nganweni. Ububanzi bodonga, ebe inabo indawo yokwayama ngaphandle, bebuziikubhite ezintlanu; yaba kwanjalo indawo eshiyekileyo endlwini enamagumbi endawo yokwayama ekule
10 ndlu. Phakathi kwamagumbi ibe ibububanzi beekubhite ezimashumi mabini obujikelezileyo, bayijikeleza indlu ngee-
11 nxa zonke. Iminyango yendawo yokwayama yayikhangele endaweni eshiyekileyo; omnye umnyango ukhangele ngentla, omnye umnyango ukhangele ngezantsi; ububanzi bendawo eshiyekileyo bebuziikubhite ezintlanu, bajikeleza ngeenxa zonke.
12 Isakhiwo esibe siphambi kwendawo eqhiwukileyo, sasiziikubhite ezimashumi asixhenxe ububanzi baso ngecala elisingise entshonalanga; udonga lwesakhiwo eso lwaluziikubhite ezintlanu ububanzi balo; lwajikeleza ngeenxa zonke, nobude baso baba ziikubhite ezimashumi asithoba. Wayilinganisa 13 ke indlu leyo, yaba ziikubhite ezilikhulu ubude; indawo eqhiwukileyo, nesakhiwo sayo, neendonga zaso, zaba ziikubhite ezilikhulu ubude. Ububanzi bo- 14 buso bayo indlu, nobendawo eqhiwukileyo ekhangele empumalanga baba ziikubhite ezilikhulu.

Wabulinganisa ke ubude besakhiwo 15 esibe siphambi kwendawo eqhiwukileyo, ebe singasemva kwayo, neegalari* zaso ngapha nangapha, iikubhite zaba likhulu; nendawo engcwele yangaphakathi, neevaranda* zentendelezo. Imibundu 16 leyo yeminyango, neefestile ezo zivaliweyo, neegalari ezo zijikelezileyo *ezindidini* zazo zontathu (malunga nemibundu yeminyango kukho amaceba emithi, cjikelezíle ngeenxa zonke; nomhlaba ude wema ngeefestile, iifestile ke zigutyungelwe), naphezu kweminyango, 17 kwada kwasendlwini ngaphakathi nangaphandle, naseludongeni lonke, kwajikeleza ngeenxa zonke, ngaphakathi nangaphandle, kwaba yimilinganiso.

Kwaye kwenziwe iikerubhi* nama- 18 sundu; yalisundu phakathi kwekerubhi nekerubhi; ikerubhi yanobuso obubini; yabubuso bomntu obubheké esundwini 19 ngapha, yabubuso bengonyama obubhekè esundwini ngapha. Kwaye kwenjiwe njalo endlwini yonke, kwajikeleza ngeenxa zonke. Zenziwa zathabathela 20 emhlabeni zesa phezu kweminyango, iikerubhi namasundu, eludongeni ke lwetempile. Itempile, imigubasi yayo 21 ibe imbombo-né; nobuso bengcwele, imbonakalo yabo yabonakala ikwanjalo.

Isibingelelo sasingumthi, ukubhite- 22 ntathu ukuphakama, buziikubhite-mbini ubude baso; besineembombo zaso nommiso waso, namacala aso engumthi. Wathi kum, Le yitafile ephambi ko-Yehova. Bezimbini iingcango zete- 23 mpile nezengcwele. Bezingambini ii- 24

UHEZEKILE 41-42

ngcango kwiminyango leyo, ziziingcango ezijingayo zombini, zimbini ko-
mnye umnyango, zimbini iingcango na-
25 komnye. Kwaye kwenziwe kuzo, kwiingcango ezo zetempile, iikerubhi namasundu, kunjengoko bekwenziwe ngako ezindongeni. Kwaye kukho isinyuko somthi phambi kwevaranda ngaphandle.
26 Iifestile ezivaliweyo namasundu zazingapha nangapha, emacaleni evaranda, nasemagumbini endawo yokwayama kuyo indlu, nezinyuko.

Amagumbi entendelezo yetempile

42 Waphuma nam, waya entendelezweni engaphandle ngendlela esinga ngentla, wandisa emagumbini amalunga nendawo le iqhiwukileyo, amalunga nesakhiwo eso, akhangele entla.
2 Phambi kwecala elibude buziikubhite ezilikhulu, elimnyango ungasentla, ububanzi baba ziikubhite ezimashumi ma-
3 hlanu. Malunga neekubhite ezimashumi mabini zentendelezo engaphakathi, malunga nombekelelo wamatye osentendelezweni engaphandle, yaba yigalari* isinge egalarini eludidini lwesithathu.
4 Phambi kwamagumbi kwakukho indawo yokuhamba, ububanzi bayo buziikubhite ezilishumi; kukho indlela eziikubhite zilikhulu, ebheka phakathi; iminyango yazo ke ibheka ngentla.
5 Ke amagumbi aphezulu ebemafuphi kunawaphantsi, kunaphakathi esakhi-
6 weni; ngokuba iigalari zawadlela. Ngokuba ebendidi ntathu wona, engenazintsika, njengokuba iintendelezo zineentsika; ngenxa yoko kwarhoxiswa kwalá angaphantsi kwanalá aphakathi esi-
7 khundleni sawo. Ke udonga olwalungaphandle, lulungelelene namagumbi, lwasinga entendelezweni engaphandle phambi kwamagumbi la; ubude balo babuziikubhite ezimashumi mahlanu.
8 Ngokuba ubude bamagumbi entendelezo engaphandle baba ziikubhite ezimashumi mahlanu; kodwa ke phambi kwetempile baba ziikubhite ezilikhulu.
9 Ngaphantsi kwala magumbi, ukungena bekuvelwa ngasempumalanga ekuyiweni kuwo, kuvelwa entendelezweni engaphandle.
10 Ebubanzini bodonga lwentendelezo kusingise empumalanga, phambi kwendawo eqhiwukileyo naphambi kwesakhiwo, bekukho amagumbi. Ayene- 11 ndlela phambi kwawo, ebonakala enjengamagumbi asingise entla; ngobude bawo, aba njalo nangobubanzi bawo, aba njalo nangokuphuma kwawo konke, aba njalo nangamasiko awo. Njengoko 12 *injalo iminyango yawo lawo*, injalo neminyango yamagumbi abe ekhangele ngezantsi; kwakukho umnyango emantloko endlela, endlela emalunga nodonga olulungelelene *namagumbi la*, endlela evela ngasempumalanga ekuyiweni kuwo.

Wathi kum, Amagumbi angasentla 13 namagumbi angasezantsi, aphambi kwendawo eqhiwukileyo, wona ngamagumbi angcwele, apho ababingeleli abasondelàyo kuYehova baya kudlela khona ezona nto zingcwele; apho baya kuzibeka khona ezona nto zingcwele, umnikelo wokudla, nedini lesono, neletyala; ngokuba le ndawo ingcwele. Bakùngena 14 ababingeleli, mabangaphumi engcweleni, baye entendelezweni engaphandle; bozibeka apho iingubo zabo, abalungiselela benazo, ngokuba zingcwele; mabambathe ngubo zimbi, basondele ke kokwabantu.

Wathi ke akugqiba ukuyilinganisa 15 indlu ephakathi, waphuma nam, wasingisa ngendlela yesango elibheké empumalanga, walinganisa khona, wajikeleza ngeenxa zonke. Walinganisa 16 icala lasempumalanga ngengcongolo yokulinganisa;* yaziingcongolo ezimakhulu mahlanu ngengcongolo yokulinganisa, ngeenxa zonke. Walinganisa icala 17 langasentla; yaziingcongolo ezimakhulu mahlanu ngengcongolo yokulinganisa, ngeenxa zonke. Kwicala langasezantsi 18 walinganisa amakhulu amahlanu eengcongolo, ngengcongolo yokulinganisa.

Wajikela ecaleni langasentshonala- 19 nga, walinganisa amakhulu amahlanu eengcongolo, ngengcongolo yokulinga-

20 nisa. Ngamacala omané wayilinganisa. Inodonga olujikelezileyo ngeenxa zonke; ubude bangamakhulu amahlanu, nobubanzi bangamakhulu amahlanu, ukuze kwahlulwe phakathi kokungcwele nokuhlambeleyo.

Ubuqaqawuli bukaYehova buzalisa indlu

43 Wandisa esangweni, esangweni elibheke endleleni yangasempu-
2 malanga. Nabo ke ubuqaqawuli boThixo kaSirayeli, buvela ngendlela yangasempumalanga, isandi sabo sinjengesandi samanzi amaninzi; ihlabathi
3 lakhanya bubuqaqawuli bakhe. Imbonakalo ke endayibonayo, ukubonakala kwayo, yayinjengembonakalo leya, ndayibonayo ukuya kuwonakalisa kwam umzi; kwakukho neembonakalo ezinjengeembonakalo endazibonayo emlanje-
4 ni oyiKebhare; ndawa ke ngobuso. Ubuqaqawuli bukaYehova beza endlwini ngendlela yesango elibheke empumalanga.
5 UMoya wandifukula, wandisa entendelezweni ephakathi; nabo ke ubuqaqawuli bukaYehova, buyizalisile indlu
6 le. Ndeva othetha kum esendlwini le; kwabakho ke umntu omi ecaleni kwam.
7 Wathi kum, Nyana womntu, khangela indawo yetrone yam, indawo yomphantsi weenyawo zam, apho ndiya kuhlala khona phakathi koonyana bakaSirayeli ngonaphakade; ingabi salenza inqambi igama lam elingcwele indlu kaSirayeli, bona nookumkani babo, ngobuhenyu babo, nangezidumbu zookumkani babo
8 ezigángeni zabo; ekumiseni kwabo umbundu womnyango wabo ngasembundwini womnyango wam, nemigubasi yabo ecaleni lemigubasi yam, iludonga lodwa phakathi kwam nabo; belenzé inqambi ke igama lam elingcwele, ngamasikizi abo abawenzáyo. Ndabagqi-
9 bela ke ngomsindo wam. Ngoku ke mabakhwelelise kum ubuhenyu babo, nezidumbu zookumkani babo, ndihlale phakathi kwabo ngonaphakade.

Umyalelo wendlu

10 Wena ke, nyana womntu, indlu kaSirayeli yixelele le ndlu, beve ihlazo ngenxa yobugwenxa babo, basilinganise isakhiwo esilinganiselweyo ngokuhle. Ukuba bathe baliva ihlazo ngenxa yezi- 11 nto zonke abazenzileyo, bázise ukumeka kwendlu le nokuqulunqwa kwayo, iziphumo zayo nezingeno zayo, iimeko zayo zonke nemimiselo yayo yonke, iimeko zayo zonke nemiyalelo yayo yonke, uyibhale emehlweni abo; bakugcine kunke ukuma kwayo, nemimiselo yayo yonke, bayenze.

Nguwo lo umyalelo wayo indlu: 12 encotsheni yentaba, wonke umda wayo, ojikelezileyo ngeenxa zonke, uyingcwele kangcwele. Yabona, nguwo lo umyalelo wayo indlu.

Isibingelelo: imilinganiso nokungcwaliswa kwaso

Yiyo le imilinganiso yesibingelelo 13 ngokweekubhite* (ikubhite yikubhite nobubanzi besandla): umzantsi waso woba yikubhite, ube yikubhite ububanzi; ulungqu lwawo eludinini lwawo ngeenxa zonke lwalúngangomoluko omnye weminwe. Lulo olo ufundo lwesibingelelo esi. Kuthabathela emza- 14 ntsini osemhlabeni, kude kuse emacaleni aphantsi, koba ziikubhite ezimbini ukuphakama, nobubanzi bube yikubhite enye; kuthabathela emacaleni lawo amafutshane, kude kuse emacaleni amade, koba ziikubhite eziné ukuphakama, nobubanzi bube yikubhite enye. Intaba kaThixo yoba ziikubhite eziné; 15 zothabathela ezikweni likaThixo, zinyuse iimpondo eziné. Iziko likaThixo 16 loba ziikubhite ezilishumi elinambini ubude balo, ishumi elinambini ububanzi balo; loba mbombo né ngokwamacala alo omané. Amacala oba ziiku- 17 bhite ezilishumi elinané ubude bawo, neshumi elinané ububanzi, ngokwamacala awo omané; nolungqu ngeenxa zonke kuwo lube sisiqingatha sekubhite; umzantsi wawo ube yikubhite enye ngeenxa zonke; nezinyuko zawo mazikhangele empumalanga.

Wathi kum, Nyana womntu, itsho 18 iNkosi uYehova, ukuthi, Yiyo le imimiselo yesibingelelo ngemini yokwenzi-

UHEZEKILE 43-44

wa kwaso, ukuba kunyuswe phezu kwaso amadini anyukayo, kutshizwe ngegazi
19 kuso. Ùya kubanika ababingeleli, abaLevi abangabembewu kaTsadoki, abasondelayo kum, itsho iNkosi uYehova, ukuba balungiselele kum inkunzi entsha, ithole lenkomo, libe lidini lesono.
20 Wòthabatha egazini layo, uliqabe ezimpondweni zaso zonè, nasezimbombeni zonè zamacala, naseludinini ngeenxa zonke; usenze nyulu, usicamagushele;
21 uyithabathe inkunzi entsha yedini lesono, bayitshise endaweni emisiweyo yayo indlu, ngaphandle kwengcwele.
22 Ngomhla wesibini wòsondeza inkunzi yebhokhwe exhonti egqibeleleyo, ibe lidini lesono; basenze nyulu isibingelelo, njengoko senziwa nyulu nge-
23 nkunzi entsha. Ekugqibeni kwakho ukusenza nyulu, wòsondeza inkunzi entsha, ithole lenkomo eligqibeleleyo, nenkunzi egqibeleleyo yasempahleni
24 emfutshane. Wòzisondeza phambi koYehova, ababingeleli bagalele ityuwa phezu kwazo, bazinyuse zibe lidini elinyukayo kuYehova.
25 Iintsuku ezisixhenxe ùya kunikela inkunzi yebhokhwe exhonti eyedini lesono ngemini; balungiselele nenkunzi entsha elithole lenkomo, nenkunzi yase-
26 mpahleni emfutshane egqibeleleyo. Iintsuku ezisixhenxe bosicamagushela isibingelelo, basihlambulule; basimisele.
27 Baya kuzigqiba ezo ntsuku, kuthi ngomhla wesibhozo, nanini, ababingeleli benze amadini enu anyukayo nemibingelelo yenu yoxolo esibingelelweni, ndize ndinamkele; itsho iNkosi uYehova.

Indawo engcwele mayingahlanjelwa

44 Wandibuyisa ngendlela yesango lengcwele elingaphandle, elibhe-
2 ké empumalanga; laye livaliwe. UYehova wathi kum, Eli sango liya kuhlala livaliwe; aliyi kuvulwa, akuyi kungena mntu ngalo; ngokuba uYehova uThixo kaSirayeli ungené ngalo;
3 liya kuhlala livaliwe ke. Isikhulu, sisikhulu nje, siya kuhlala kulo, ukuba sidle ukudla phambi koYehova. Songena ngendlela yasevarandeni* yesango, siphume kwangendlela yayo.

Wandisa ngendlela yesango langa- 4 sentla, ebeyiphambi kwayo indlu; ndakhangela, nabo ubuqaqawuli bukaYehova buyizalisile indlu kaYehova; ndawa ngobuso. Wathi kum uYehova, 5 Nyana womntu, gqala ngentliziyo yakho, ubone ngamehlo akho, uve ngeendlebe zakho, konke endisukuba ndikuthetha kuwe, ngokusingisele kwimimiselo yonke yendlu kaYehova, nangokusingisele kwimiyalelo yayo yonke; ukúgqale ngentliziyo yakho ukungena endlwini le, ezindaweni zonke zengcwele ekuphunywa ngazo.

Uze uthi kwabaneenkani, kwabendlu 6 kaSirayeli, Itsho iNkosi uYehova uthi, Yanelani, ndlu kaSirayeli, ngamasikizi enu onke, okubangenisa kwenu oo- 7 nyana bolunye uhlanga, abangalukileyo ngentliziyo, abangalukileyo ngenyama, ukuba babe sengcweleni yam, ukuba bayihlambele indlu yam le, nakùsondeza ukudla kwam, amanqatha negazi. Umnqophiso wam nawaphula ke phezu kwamasikizi enu onke; ànasigcina isi- 8 gxina sengcwele yam; nabamisa abayá ukuba banigcinele isigxina sam engcweleni yam.

Itsho iNkosi uYehova ukuthi, Bonke 9 oonyana bolunye uhlanga, abangalukileyo ngentliziyo, abangalukileyo ngenyama, abayi kungena engcweleni yam, bakubo bonke oonyana bolunye uhlanga, abaphakathi koonyana bakaSirayeli.

Ke kwanabaLevi, abakhwelelàyo 10 kude kum, ekundwendweni kwamaSirayeli awandwendwáyo kum, alandela izigodo zawo, aya kubuthwala ubugwenxa bawo. Baya kwanela ukuba nga- 11 balungiseleli engcweleni yam, bengabaveleli bamasango endlu le, belungiselela endlwini le. Abo baya kuxhelela abantu idini elinyukayo nombingelelo, bona beme phambi kwabo, ukuba babalungiselele. Ngenxa enokuba baba- 12 lungiseleláyo phambi kwezigodo zabo, baba sisikhubekiso sobugwenxa kwindlu kaSirayeli, ngenxa yoko ndibaphakamisele isandla sam, itsho iNkosi uYehova,

UHEZEKILE 44-45

ukuba babuthwale ubugwenxa babo.
13 Abayi kufika kum, ukuba benzelelele kum, bangafiki kwiingcwele zam zonke, kwingcwele kangcwele yam; baya kuthwala ke ihlazo labo namasikizi abo
14 abawenzileyo. Ndobenza babe ngabagcini besigxina sendlu le ngokwenkonzo yayo yonke, nangokwezinto zonke ezenzelwa kuyo.

Imimiselo yababingeleli

15 Ke bona ababingeleli abaLevi, oonyana bakaTsadoki, abasigcináyo isigxina sengcwele yam, ekundwendweni koonyana bakaSirayeli kum, bosondela bona kum, ukuba bandilungiselele, beme phambi kwam, ukuba basondeze kum inqatha negazi; itsho iNkosi uYehova.
16 Bongena bona engcweleni yam, basondele bona esithebeni sam, ukuba bandilungiselele, bagcine isigxina sam.
17 Kothi, ekungeneni kwabo ngamasango entendelezo ephakathi, bambathe iingubo zelinen; kungabikho nto yoboya kubo ekulungiseleleni kwabo emasangweni entendelezo ephakathi, naxa
18 bakuyo indlu. Zoba ziinkontsho zelinen ezintlokweni zabo, ibe ziibhulukhwe zelinen ezinqeni zabo; abayi ku-
19 bhinqa, bazibilise. Bothi, ekuphumeni kwabo, besinga entendelezweni engaphandle, entendelezweni engaphandle besiya ebantwini, bazihlube iingubo zabo ababelungiselela benazo, bezibeke emagumbini angcwele, bambathe ngubo zimbi, bangàbangcwalisi abantu ngeengubo zabo.
20 Mabangazichebi iintloko, bangaziyeki iinwele zabo zibe ngamayakayaka;
21 bozinquthula iintloko. Mabangaseli wayini bonke ababingeleli ekungeneni
22 kwabo entendelezweni ephakathi. Umhlolokazi nomfazi owaliweyo mabangabazeki babe ngabafazi babo; bozeka iintombi eziziintombi kwimbewu yendlu kaSirayeli, kwanomhlolokazi othe
23 waba ngumhlolokazi wombingeleli. Bobayala abantu bam, ukuba bahlule okungcwele kokuhlambeleyo, babazise okuyinqambi nokuhlambulukileyo.
24 Ekubambaneni *kwabantu* mabeme bona, bagwebe ngokwamasiko am, bagcine imiyalelo yam nemimiselo yam ngamaxesha am onke amisiweyo, bazingcwalise iisabatha zam.

25 Mabangayi emntwini ofileyo, bazenze iinqambi; kungába kungoyise, nonina, nonyana, nentombi yabo, nomzalwana, nodade wabo ongabanga nandoda, abangázenza iinqambi ngabo, bona bodwa.
26 Bombalela imihla esixhenxe emva kokuhlanjululwa kwakhe.
27 Ngomhla ke wokungena kwakhe engcweleni, entendelezweni ephakathi, ukuze alungiselele engcweleni, wosondeza idini lakhe lesono; itsho iNkosi uYehova.

Ilifa lababingeleli

28 Oko koba lilifa labo, ibe ndim ilifa labo; ningabaniki nzuzo kwaSirayeli; ndim inzuzo yabo.
29 Umnikelo wokudla, nedini lesono, nedini letyala, bodla ezo zinto bona; zonke izinto ezisingelwe phantsi kwaSirayeli ziya kuba zezabo.
30 Iingqalo zeentlahlela zonke ezintweni zonke, nemirhumo yonke yeento zonke, kwimirhumo yenu yonke, yoba yeyababingeleli; nengqalo yomgrayo wenu noyinika umbingeleli, ukuze ahlise intsikelelo phezu kwendlu yakho.
31 Ababingeleli abayi kudla nto izifeleyo neqwengiweyo, nokuba kusezintakeni, nokuba kusezinkomeni.

Umhlaba wababingeleli nabaLevi nesikhulu

45 Ekulabeni kwenu ilizwe ngamaqashiso, ukuba libe lilifa, nomrhumela uYehova umrhumo oyinto engcwele kulo ilizwe elo: ubude bube ngamashumi omabini anamahlanu amawaka *eengcongolo,** ubûbanzi bube lishumi lamawaka. Wòba ngcwele emdeni wawo wonke ngeenxa zonke.
2 Kuwo apha oba ngawasengcweleni amakhulu amahlanu ubude, ngamakhulu amahlanu obubanzi, ube mbombo-né ngeenxa zonke, ube ziikubhite* ezimashumi mahlanu zephandle elingeenxa zonke kuwo. Kuyo loo ndawo ilinganisiweyo,
3 wòlinganisa ubude obungamashumi omabini anamahlanu amawaka, nobu-

banzi obulishumi lamawaka; ibe khona
4 ingcwele le, ingcwele kangcwele. Yona
yoba yinto engcwele kulo ilizwe elo;
ilungè nababingeleli, abalungiseleli be-
ngcwele, abasondela ukuba balungise-
lele kuYehova; ibe yindawo yezindlu
zabo, indawo engcwele ilunge nengcwe-
5 le. Amashumi amabini anamahlanu
amawaka obude, neli shumi lamawaka
obubanzi, alunge nabaLevi, abalungi-
seleli bendlu; oba yinzuzo yabo eyimizi
yokuba bahlale.
6 Okomzi koba ngamawaka amahlanu
obubanzi, anamashumi amabini ana-
mahlanu amawaka obude, elungelelene
nomrhumo ongcwele; ibe ngawendlu
yonke kaSirayeli.
7 Isikhulu nosinika ngapha nangapha
komrhumo ongcwele, nakokomzi pha-
mbi komrhumo ongcwele, naphambi
kokomzi ngecala lasentshonalanga, nise
entshonalanga, nangecala lasempuma-
langa, nise empumalanga; ubude bulu-
ngelelane nesinye isahlulo sezizwe, bu-
thabathele emdeni wasentshonalanga,
8 buse emdeni wasempumalanga. Loba
lilizwe laso, libe yinzuzo kuso kwaSira-
yeli; izikhulu zam zingabuyi zibe saba-
xinzelela phantsi abantu bam; ke ilizwe
zilinike indlu kaSirayeli ngokwezizwe
zayo.

Ukulawula ngobulungisa yimfanelo yesikhulu

9 Itsho iNkosi uYehova ukuthi, Yan e-
lani, nina zikhulu zakwaSirayeli; yekani
ukugonyamela nokubhuqa, nenzè oku-
sesikweni nobulungisa; yekani ukuba-
gxotha abantu bam *emafeni* abo;
10 itsho iNkosi uYehova. Yibani nesikali*
sobulungisa, ne-efa* yobulungisa, ne-
11 bhate* yobulungisa. Iefa nebhate yo-
ba mlinganiso mnye, ibhate ikhongozele
isahlulo seshumi sehomere,* ne-efa
isahlulo seshumi sehomere, sibe ngo-
12 kwehomere isilinganiselo sayo. Ishe-
kele* yoba ngamashumi amabini eege-
ra;* amashumi amabini eeshekele, ama-
shumi amabini anesihlanu eeshekele,
ishumi elinesihlanu leeshekele, ibe
yimina* kum.

Iminikelo yabantu

Nguwo lo umrhumo eniya kurhuma 13
ngawo; isahlulo sesithandathu se-efa e-
homereni yengqolowa, nirhume isahlulo
sesithandathu se-efa ehomereni yerhasi;
nomlinganiso omisiweyo weoli, webhate 14
yeoli, nirhume isahlulo seshumi sebhate
ekoreni,* ezibhateni ezilishumi ehome-
reni ke; kuba iibhate ezilishumi ziyiho-
mere. Norhuma ixhwane libe linye 15
empahleni emfutshane engamakhulu
amabini, yasemakriweni anamanzi a-
kwaSirayeli, ibe yeyomnikelo wokudla,
neyedini elinyukayo, neyemibingelelo
yoxolo, ukuba bacanyagushelwe; itsho
iNkosi uYehova. Bonke abantu beli- 16
zwe eli bosirhumela lo mrhumo isikhulu
sakwaSirayeli. Orholwa sisikhulu ama- 17
dini anyukayo, nomnikelo wokudla,
nothululwayo, emithendelekweni nase-
kuthwaseni kwenyanga, nasezisabatheni,
nasemaxesheni amisiweyo endlu ka-
Sirayeli. Lolungiselelwa siso idini leso-
no, nomnikelo wokudla, nedini elinyu-
kayo, nemibingelelo yoxolo, ukuze
icanyagushelwe indlu kaSirayeli.

Itsho iNkosi uYehova ukuthi, Nge- 18
nyanga yokuqala, ngolokuqala enyange-
ni leyo, wòthabatha inkunzi entsha,
ithole lenkomo eligqibeleleyo, uyihla-
mbulule ingcwele ngedini lesono. U- 19
mbingeleli wothabatha egazini ledini
lesono elo, aliqabe emigubasini yendlu
le, nasezimbombeni zoné zamacala
esibingelelo, nasemigubasini yesango
lentendelezo ephakathi. Ùya kwe- 20
njenjalo nangolwesixhenxe enyangeni
leyo, ngenxa yomntu olahlekayo, nange-
nxa yosisiyatha, niyicamagushele indlu
le.

Ngeyokuqala inyanga, ngosuku lwe- 21
shumi elinesiné enyangeni leyo, noba
nepasika, umthendeleko weentsuku ezi-
sixhenxe; kodliwa izonka ezingenagwele.
Ngaloo mini isikhulu, ngenxa yaso 22
nangenxa yabantu bonke belizwe eli,
sólungiselela inkunzi entsha yenkomo,
ibe lidini lesono. Iintsuku ezisixhenxe 23
zomthendeleko somenzela uYehova idi-
ni elinyukayo; iinkunzi ezintsha zee-

nkomo zibe zisixhenxe, neenkunzi zeegusha ezigqibeleleyo zibe zisixhenxe ngemini, ngeentsuku zosixhenxe; nenkunzi yebhokhwe exhonti ibe lidini 24 lesono ngemini. Solungiselela umnikelo wokudla, iefa enkunzini entsha, iefa enkunzini yegusha, ihin* yeoli kuyo iefa.

25 Ngenyanga yesixhenxe, ngosuku lweshumi elinesihlanu enyangeni leyo, emthendelekweni, siya kwenjenjalo ngeentsuku ezisixhenxe ngokusingisele kwidini lesono, nakwidini elinyukayo, nakumnikelo wokudla, nakwioli.

Imibingelelo yangomhla wesabatha neyokuthwasa kwenyanga

46 Itsho iNkosi uYehova ukuthi, Isango lentendelezo ephakathi, elikhangele empumalanga, lohlala livaliwe ngeentsuku ezintandathu zokusebenza; ngomhla wesabatha livulwe, ngomhla wokuthwasa kwenyanga livulwe.
2 Sóngena isikhulu ngendlela yasevarandeni* yesango, sivela ngaphandle, sime emigubasini yesango, ababingeleli balungiselele idini laso elinyukayo, nemibingelelo yaso yoxolo, siqubude embundwini wesango; siphume ke; lingà-
3 valwa isango elo kude kuhlwe. Abantu belizwe eli boqubuda ekungeneni kwesango ngesabatha nasekuthwaseni kwenyanga, phambi koYehova.
4 Idini elinyukayo, esosondeza lona isikhulu kuYehova ngomhla wesabatha, loba ziimvana ezintandathu ezigqibeleleyo, nenkunzi yegusha egqibeleleyo.
5 Nomnikelo wokudla woba yiefa* enkunzini leyo yegusha; ezimvaneni ezo umnikelo wokudla ube ngumnikelo wesandla saso, ihin* yeoli kuyo iefa.
6 Ngosuku lokuthwasa kwenyanga, liya kuba yinkunzi entsha egqibeleleyo, ithole lenkomo, neemvana ezintandathu, nenkunzi yegusha, zigqibelele zonke.
7 Solungiselela umnikelo wokudla, iefa kuyo inkunzi entsha yenkomo, ne-efa kuyo inkunzi yegusha, kuzo iimvana ibe yinto esinokufikelela kuyo isandla saso,
8 ibe yihin* yeoli kuyo iefa. Ekuzeni kwesikhulu, songena ngendlela yasevarandeni yesango, siphume kwangendlela yayo.

Imimiselo yemibingelelo

Ekuzeni ke kwabantu belizwe eli 9 phambi koYehova ngamaxesha amisiweyo, ongené ngendlela yesango langasentla, esiza kunqula, wophuma ngendlela yesango langasezantsi; ongené ngendlela yesango langasezantsi, wophuma ngendlela yesango langasentla; akayi kubuya ngendlela yesango angene ngalo; bothi gca ukuphuma. Isikhulu 10 songena siphakathi kwabo ekungeneni kwabo; bathi ekuphumeni kwabo, siphume kunye nabo.

Umnikelo wokudla ngemithendeleko 11 nangamaxesha amisiweyo woba yiefa kuyo inkunzi entsha yenkomo, ne-efa kuyo inkunzi yegusha, uthi ezimvaneni uligane nesandla saso, ibe yihin yeoli kuyo iefa. Xa sithe isikhulu samenzela 12 uYehova idini elinyukayo ngokuqhutywa yintliziyo, nokuba yimibingelelo yoxolo ngokuqhutywa yintliziyo, malivulwe isango elibheké empumalanga, silungiselele idini laso elinyukayo, nemibingelelo yaso yoxolo, njengoko silungiselelayo ngomhla wesabatha; siphume ke; balivale isango emva kokuphuma kwaso. Boyilungiselela imvana 13 emnyaka mnye, egqibeleleyo, ibe lidini elinyukayo ngemini kuYehova, balungiselele imisó ngemisó yonke. Bolu- 14 ngiselela umnikelo wokudla kunye nalo imisó ngemisó yonke, ube sisahlulo sesithandathu se-efa, neoli ibe sisahlulo sesithathu sehin yokunyakamisa umgubo ocoliweyo; ube ngumnikelo wokudla kuYehova; leyo yoba yimimiselo engunaphakade emiyo. Bolungiselela imva- 15 na, nomnikelo wokudla, neoli, imiso ngemiso yonke, ibe lidini elinyukayo elimiyo.

Isikhulu nezipho

Itsho iNkosi uYehova ukuthi, Xa 16 sithe isikhulu sampha omnye koonyana baso isipho, soba lilifa lakhe, sibe sesoonyana bakhe; yinzuzo yabó ngokwelifa. Xa sithe sampha omnye kubakhonzi 17

baso isipho elifeni laso, soba sesalowo, kude kuse kumnyaka wenkululeko, sibuyele kwisikhulu; ilifa laso loba
18 leloonyana baso bodwa. Isikhulu eso asiyi kuthabatha elifeni labantu, ukuze sibaxinzelele phantsi, bahlukane nenzuzo yabo. Sobadlisa oonyana baso ilifa kweyeyaso inzuzo; ukuze bangabi lusali abantu bam, elowo ahlukane nenzuzo yakhe.

Izindlu zokupheka

19 Ekungeneni ngasecaleni lesango, wandísa emagumbini angcwele ababingeleli, akhangele ngentla; nanko, kukho indawo khona esiphelweni, ngasentsho-
20 nalanga. Wathi kum, Le yindawo apho ababingeleli bophekela khona idini letyala, nedini lesono. Bosela khona umnikelo wokudla, ukuze bangaphumi nawo, baye entendelezweni engaphandle, ukuba bangcwalise abantu.
21 Waphuma waya nam entendelezweni engaphandle, wandidlulisa emagumbini omané entendelezo; nanko, kukho intendelezo emagumbini onke entendelezo, iyintendelezo egumbini lentendelezo.
22 Emagumbini omané ayo intendelezo ibe izintendelezo ezivaliweyo: ubude buziikubhite* ezimashumi mané, ububanzi buziikubhite ezimashumi mathathu, umlinganiso úmnye kuloo magumbi
23 omané. Bekuhho ucamba lwezakhiwo olujikezileyo kuzo, lujikezile kuzo zoné; kukho amaziko okupheka, enziwe ngaphantsi kweengcamba ngee-
24 nxa zonke. Wathi kum, Ezi zizindlu zokupheka, apho abalungiseleli bayo indlu baphekela khona umbingelelo wabantu.

Umlambo wobomi ophuma etempileni

47 Wandibuyisela emnyango wayo indlu; nanko, kuphuma amanzi ngaphantsi kombundu womnyango wendlu leyo, esinga ngasempumalanga; ngokuba ubuso bayo indlu bebungasempumalanga. Amana esihla amanzi, evela ngaphantsi, ecaleni lokunene kwindlu leyo, ngasezantsi kwesibingelelo.

2 Waphuma nam ngendlela yesango langasentla, wandijikelezisa ngendlela engaphandle, wandísa esangweni elingaphandle, ngendlela yelibheké empumalanga; nango, amanzi equkuqela, evela ecaleni lokunene lesango.
3 Ekuphumeni komntu obephethe ulutya lokulinganisa ngesandla, esiya ngasempumalanga, walinganisa iwaka leekubhite;* wandiweza emanzini, amanzi abetha emaqatheni. Walinganisa iwa-
4 ka, wandiweza emanzini, amanzi abetha emadolweni. Walinganisa iwaka, wandiweza emanzini, amanzi abetha esinqeni. Walinganisa iwaka, aba ngu-
5 mlambo endingenakuwuwela; ngokuba amanzi ahamba phezulu, amanzi aba ngawokudadwa, umlambo ongenakuwelwa. Wathi kum, Ubonile na, nyana
6 womntu?

Wandihambisa, wandibuyisa phezu kodini lomlambo lowo. Ekubuyeni
7 kwam, nanko kukho eludinini lomlambo imithi emininzi kunene, ngapha nangapha.

Wathi kum, La manzi aphuma aye
8 kummandla wasempumalanga, ehle aye eArabha, aye elwandle, athi éle elwandle, aphiliswe amanzi alo. Kuye
9 kuthi ke, yonke imiphefumlo ephilileyo, enyakazelayo ezindaweni zonke othe wafika kuzo umlambokazi lowo, iphile; zibe zininzi kunene iintlanzi; ngokuba efikile khona la manzi, ophiliswa lawa; iphile yonke into ofike kuyo umlambo lowo. Kothi ke kumè ababambisi
10 beentlanzi phezu kwawo, bathabathele e-En-gedi, bade baye e-En-heglayim, indawo yokwaneka iminatha; ziya kuba ngokohlobo lwazo iintlanzi zabo, njengeentlanzi zolwandle olukhulu, ukuba zininzi kunene. Ke imigxobhozo yalo,
11 namadike alo, akayi kuphila; aya kunikelwa ekubeni mtyuba. Kophuma phe-
12 zu komlambo, phezu kodini lwawo, ngapha nangapha, imithi yonke edliwayo. Amagqabi ayo akayi kubuna, zingapheli iziqhamo zayo; iya kuvuthwa iziqhamo ezitsha ngeenyanga zonke; ngokuba amanzi awo wona aphuma engcweleni. Iziqhamo zayo ziya kuba

UHEZEKILE 47-48

zezokudliwa, namagqabi ayo abe ngawokuphilisa.

Umda welizwe

13 Itsho iNkosi uYehova ukuthi, Nguwo lo umda, eniya kuzabela ngawo ilizwe, ngokwezizwe ezilishumi elinazibini zikaSirayeli; uYosefu woba namacandelo
14 amabini. Ilizwe niya kulidla ilifa, elowo alidle njengowabo; ngokuba ndaphakamisa isandla sam sokuba ndilinike oyihlo; lowela kuni eli lizwe ngokwelifa.
15 Nguwo lo umda welizwe elo: ngecala langasentla wothabathela kulwandle olukhulu ngendlela yaseHetelon, ukuba
16 uye eTsedada; eHamati, naseBherota, naseSibrayim, ephakathi komda waseDamasko nomda waseHamati, naseHatsere ephakathi, esemdeni wase-
17 Hawuran. Umda uthabathela elwandle, ume ngeHatsare-enon, umda waseDamasko; owasentla ngasentla umda
18 waseHamati. Licala lasentla ke elo. Icala langasempumalanga, phakathi kweHawuran neDamasko neGiliyadi nelizwe lakwaSirayeli, yiYordan; nothabathela emdeni lowa, nise phezu kolwandle lwangasempumalanga ukulinganisa. Li-
19 cala lasempumalanga ke elo. Icala lasezantsi ngasezantsi lothabathela kwaTamare, lise emanzini embambano aseKadeshe, lihambe ngomlambo, lise kulo ulwandle olukhulu. Licala lase-
20 zantsi ngasezantsi ke elo. Icala lasentshonalanga lulwandle olukhulu, luthabathela emdeni lowo, lude lulunge nokuya eHamati. Licala lasentshonalanga ke elo.
21 Nòzabela ke eli lizwe ngokwezizwe
22 zakwaSirayeli. Kothi ke nilabe ngamaqashiso, libe lilifa kuni, nakubasemzini, abaphambukela kuni, abazele oonyana phakathi kwenu. Kuni boba njengabazalelwe kuloo ndawo abaphakathi koonyana bakaSirayeli; bolamkela ngamaqashiso ilifa phakathi kwe-
23 zizwe zakwaSirayeli kunye nani. Kuya kuthi, esizweni aphambukele kuso owasemzini, nimnike ilifa lakhe apho; itsho iNkosi uYehova.

Amacandelo ezizwe, awababingeleli, awabaLevi, awomzi, nawesikhulu

48 Ngawo la amagama ezizwe ezo, ethabathela ekupheleni ngentla, ehamba ecaleni kwendlela yaseHetelon, ukuya eHamati, naseHatsare-enon, umda waseDamasko, ngasentla ecaleni laseHamati, libe lelakhe icala lasempumalanga nelasentshonalanga: uDan woba *necandelo* elinye. Ngasemdeni ke 2 kaDan, kuthabathela ecaleni lasempumalanga, kuse ecaleni lasentshonalanga: uAshere, libe linye. Ngasemdeni ke 3 ka-Ashere, kuthabathela ecaleni lasempumalanga, kuse ecaleni lasentshonalanga: uNafetali, libe linye. Ngase- 4 mdeni kaNafetali, kuthabathela ecaleni lasempumalanga, kuse ecaleni lasentshonalanga: uManase, libe linye. Ngase- 5 mdeni kaManase, kuthabathela ecaleni lasempumalanga, kuse ecaleni lasentshonalanga: uEfrayim, libe linye. Ngase- 6 mdeni kaEfrayim, kuthabathele ecaleni lasempumalanga, kuse ecaleni lasentshonalanga: uRubhen, libe linye. Ngase- 7 mdeni kaRubhen, kuthabathela ecaleni lasempumalanga, kuse ecaleni lasentshonalanga: uYuda, libe linye.

Ngasemdeni kaYuda, kuthabathela 8 ecaleni lasempumalanga, kuse ecaleni lasentshonalanga, yoba ngumrhumo eniya kuwurhuma; ube ngamawaka angamashumi amabini anamahlanu *eengcongolo** ububanzi, ubude ke bube njengobesinye isahlulo, kuthabathela ecaleni lasempumalanga, kude kuye ecaleni lasentshonalanga; ingcwele isesazulwini sawo.

Umrhumo eniya kuwurhumela uYe- 9 hova woba ngamashumi amabini anamahlanu amawaka ubude, ube ngamawaka alishumi ububanzi. Woba ngowaba u- 10 mrhumo ongcwele: ngowababingeleli; ngasentla ube ngamashumi amabini anamahlanu amawaka ubude, ngasentshonalanga ube lishumi lamawaka ububanzi, ngasempumalanga ube lishumi lamawaka ububanzi, ngasezantsi ube ngamashumi amabini anamahlanu amawaka ubude; ingcwele kaYehova yoba

UHEZEKILE 48

11 sesazulwini sawo. Ababingeleli abangcwalisiweyo koonyana bakaTsadoki, abasigcinayo isigxina sam, abangandwendwanga ekundwendweni koonyana bakaSirayeli, njengoko bandwendwáyo
12 abaLevi, woba ngowabo umrhumo emrhumeni welizwe; uyingcwele kangcwele ngasemdeni wabakaLevi.

13 Ke abaLevi bozuza isahlulo esinxulumene nomda wababingeleli, sibe ngamashumi amabini anamahlanu amawaka ubude, sibe lishumi lamawaka ububanzi; bonke ubude bube ngamashumi amabini anamahlanu amawaka, nobu-
14 banzi bube lishumi lamawaka. Ke abayi kuthengisa ngento yaso, bangananisi ngayo, bangayidluliseli kwabanye intlahlela yelo zwe; ngokuba ingcwele kuYehova.

15 Ke amawaka amahlanu aseleyo ebubanzini, kumawaka angamashumi amabini anamahlanu, àkangcwele; ngawomzi, ngawendawo yokuma neyephandle.
16 Umzi woba sesazulwini sawo. Yiyo le imilinganiso: icala langasentla loba ngamawaka amané anamakhulu amahlanu, icala langasezantsi libe ngamawaka amané anamakhulu amahlanu, icala lasempumalanga libe ngamawaka amané anamakhulu amahlanu, icala lasentshonalanga libe ngamawaka amané
17 anamakhulu amahlanu. Iphandle lomzi ngasentla loba ngamakhulu amabini anamashumi amahlanu, ngasezantsi libe ngamakhulu amabini anamashumi amahlanu, ngasempumalanga libe ngamakhulu amabini anamashumi amahlanu, ngasentshonalanga libe ngamakhulu amabini anamashumi amahlanu.
18 Okuseleyo ebudeni obunxulumene nomrhumo ongcwele, koba ngamawaka alishumi ngasempumalanga, kube ngamawaka alishumi ngasentshonalanga; onxulumana nomrhumo ongcwele; ungeniselo lwawo lube kukudla kwaba-
19 benzi bawo umzi. Abasebenzi abo ke bomzi bowalima, bengabasezizweni zo-
20 nke zakwaSirayeli. Umrhumo wonke woba ngamashumi amabini anamahlanu amawaka ubude, ube ngamashumi amabini anamahlanu amawaka ububanzi; isahlulo sesiné somrhumo ongcwele nòsirhumela ukuba sibe sesomzi lowo.

Indawo eseleyo yoba yeyesikhulu, 21 ngapha nangapha komrhumo ongcwele, nakwinzuzo yomzi; ngaphambi kwamawaka angamashumi amabini anamahlanu omrhumo, ide iye emdeni wasempumalanga, nangasentshonalanga phambi kwamawaka angamashumi amabini anamahlanu, ngasemdeni wentshonalanga, inxulumene nezinye izahlulo, yoba yeyesikhulu; umrhumo ongcwele nengcwele yayo indlu yoba sesazulwini sayo. Kuthabathela ke enzuzweni ya- 22 baLevi, kuthabathela enzuzweni yomzi, esazulwini senzuzo yesikhulu, phakathi komda kaYuda nomda kaBhenjamin, koba kokwesikhulu.

Eziseleyo ke izizwe: kuthabathela 23 ecaleni lasempumalanga, kuse ecaleni lasentshonalanga: uBhenjamin woba *necandelo* elinye. Ngasemdeni ke ka- 24 Bhenjamin, kuthabathela ecaleni lasempumalanga, kuse ecaleni lasentshonalanga: uSimon, libe linye. Ngasemde- 25 ni ke kaSimon, kuthabathela ecaleni lasempumalanga, kuse ecaleni lasentshonalanga: uIsakare, libe linye. Ngase- 26 mdeni ke kaIsakare, kuthabathela ecaleni lasempumalanga, kuse ecaleni lasentshonalanga: uZebhulon, libe linye. Ngasemdeni ke kaZebhulon, 27 kuthabathela ecaleni lasempumalanga, kuse ecaleni lasentshonalanga: uGadi, libe linye. Ngasemdeni ke kaGadi, 28 ngasecaleni lasezantsi, ngasezantsi, umda wothabathela kwaTamare, use emanzini embambano aseKadeshe, ukhweze umlambo, use kulo ulwandle olukhulu.

Lilo elo ilizwe eniya kulabela izizwe 29 zakwaSirayeli ngamaqashiso, ngokwamafa. Zizo ezo izahlulo zalo, itsho iNkosi uYehova.

Amasango negama lomzi

Zizo ezi ziphelo zamacala omzi: 30 ngecala langasentla ngamawaka amané anamakhulu amahlanu, umlinganiso ngengcongolo;* amasango omzi oba 31 ngokwamagama ezizwe zakwaSirayeli, ibe ngamasango amathathu ngasentla: ibe lisango likaRubhen elinye, ibe lisango likaYuda elinye, ibe lisango lika-32 Levi elinye. Ngecala lasempumalanga yoba ngamawaka amané anamakhulu amahlanu eengcongolo; amasango ke mathathu: ibe lisango likaYosefu elinye, ibe lisango likaBhenjamin elinye, ibe 33 lisango likaDan elinye. Ngecala langasezantsi, umlinganiso yoba ngamawaka amané anamakhulu amahlanu; amasango ke mathathu: ibe lisango likaSimon elinye, ibe lisango likaIsakare elinye, ibe lisango likaZebhulon elinye. Ngecala lasentshonalanga yoba ngama- 34 waka amané anamakhulu amahlanu; amasango ke awo mathathu: ibe lisango likaGadi elinye, ibe lisango lika-Ashere elinye, ibe lisango likaNafetali elinye. Ukujikeleza ke lishumi elinesibhozo 35 lamawaka eengcongolo. Igama lawo umzi kothiwa kususela kuloo mini, nguYehova-ekhona.

INCWADI KADANIYELI

UDaniyeli nabahlobo bakhe abathathu ekuthinjweni eBhabheli

1 Ngomnyaka wesithathu wobukumkani bukaYehoyakim ukumkani wakwaYuda, kweza uNebhukadenetsare ukumkani waseBhabheli eYerusalem, 2 wayingqinga. INkosi yamnikela uYehoyakim ukumkani wakwaYuda esandleni sakhe, nenxalenye yeempahla zendlu kaThixo, awazithwalela ezweni laseShinare, endlwini yothixo wakhe; iimpahla ezo wazingenisa endlwini yobuncwane bothixo wakhe.

3 Wathi ukumkani kuAshpenazi, umtheteli-mathenwa akhe, makazise abakoonyana bakaSirayeli, nabembewu 4 yakwakumkani, nabakumawaba; abantwana abangenasiphako, abanomkhitha, ababuqiqileyo ubulumko bonke, abanokwazi, abanokuyiqonda bayazi into, abafanele ukuma ebhotweni lokumkani; abafundise incwadi nolwimi 5 lwamaKaledi. Ukumkani wabamisela umamkeliso wemini ngangemini yayo, ekudleni kokumkani nasewayinini ayiselayo, ukuze bondliwe iminyaka emithathu; bathi ekupheleni kwayo beme phambi kokumkani.

6 Ke phakathi kwabo abo kwaye kukho abakoonyana bakaYuda, inguDaniyeli, noHananiya, noMishayeli, noAzariya. Umtheteli-mathenwa wabathiya ama- 7 gama; uDaniyeli wamthiya elokuba nguBheletshatsare, uHananiya elokuba nguShadraki, uMishayeli elokuba nguMeshaki, uAzariya elokuba nguAbhede-nego.

OoDaniyeli bala ukutya kukakumkani

Ke kaloku, uDaniyeli wayegqibe 8 entliziyweni yakhe, ukuba angazingcolisi ngokudla kokumkani nangewayini ayiselayo; wacela kumtheteli-mathenwa ukuba angazingcolisi. UThixo 9 wenza uDaniyeli ukuba afumane inceba nemfesane phambi komtheteli-mathenwa. Umtheteli-mathenwa wathi ku- 10 Daniyeli, Ndiyayoyika inkosi yam ukumkani, omise eniya kukudla neniya kukusela; yini na ukuba abubone ubuso benu buthe matshamatsha kunobabayá baziintanga zenu? Noyizekisa ityala intloko yam kukumkani.

Wathi uDaniyeli kwinjoli, abethe 11 umtheteli-mathenwa wayimisa phezu koDaniyeli, noHananiya, noMishayeli, noAzariya, Khawubalinge abakhonzi 12 bakho iintsuku ezilishumi, sinikwe sidle imifuno, sisele namanzi; kukhangelwe 13 phambi kwakho ukubonakala kwethu, nokubonakala kwabantwana abadla ukudla kokumkani; wenze ke kubakhonzi bakho njengoko uboné ngako.

UDANIYELI 1-2

14, 15 Yabaphulaphula ke kweli lizwi, yabalinga iintsuku ezilishumi. Ekupheleni kweentsuku ezilishumi, yabonakala imbonakalo yabo intle, betyebile, ngaphezu kwabantwana bonke abadla 16 ukudla kokumkani. Yakúsusa ke injoli ukudla kwabo, newayini abange beyisela, yabanika imifuno.

OoDaniyeli bayabagqitha abanye ngomzimba nangengqondo

17 Abo bantwana bané uThixo wabanika ukwazi, nokuziqonda iincwadi zonke, nobulumko; uDaniyeli waba nokuyiqonda imibono yonke, namaphupha.
18 Ekupheleni kweentsuku, abethe ukumkani maze baziswe ngazo, umthethelimathenwa wabangenisa ke phambi ko-
19 Nebhukadenetsare. Ukumkani wathetha nabo; kubo bonke bephela àkufumanekanga banjengoDaniyeli, noHananiya, noMishayeli, noAzariya. Bema
20 ke bona phambi kokumkani. Ke kuzo zonke iindawo zobulumko bokuqonda, abezibuza kubo ukumkani, wabafumana bebadlula ngokukalishumi zonke izazi nabakhwitsi abasebukumkanini bonke.
21 Ke kaloku uDaniyeli waba lapho, kwada kwangumnyaka wokuqala kaKoreshi ukumkani.

Izazi azinakumxelela ukumkani iphupha alilibeleyo

2 Ngomnyaka wesibini uNebhukadenetsare engukumkani, uNebhukadenetsare waphupha amaphupha, wakhathazeka umoya wakhe, waphelelwa bubuthongo.
2 Ukumkani wathi makubizwe izazi, nabakhwitsi, nabakhafuli, namaKaledi, bamxelele ukumkani amaphupha akhe. Beza ke bema phambi kokumkani.
3 Wathi ukumkani kubo, Ndiphuphé iphupha; umoya wam ke ungqungela ukulazi iphupha elo.
4 AmaKaledi athetha ke kukumkani ngesiAram, athi, Kumkani, yidla ubomi ngonaphakade! Bálawulele abakhonzi bakho iphupha elo; sokuxelela ukutyhilwa kwalo.
5 Waphendula ukumkani, wathi kuma-Kaledi, Ilizwi lam malazeke; ukuba anithanga nindazise iphupha elo, nokutyhilwa kwalo, niya kwenziwa iziqwenga, izindlu zenu zenziwe indawo ekuyiwa kuyo endle. Ukuba nithe nalixela 6 iphupha elo, nokutyhilwa kwalo, nozuza kum izipho, nemivuzo, nembeko enkulu; ngako oko ndixeleleni iphupha, nokutyhilwa kwalo.

Aphendula okwesibini athi, Ukumka- 7 ni makabalawulele abakhonzi bakhe iphupha elo; sokuxelela ukutyhilwa kwalo.

Ukumkani waphendula wathi, Ndi- 8 yazi ngokunyanisekileyo, ukuba ninga ningazuza ixesha, ngenxa enokuba nibona ukuba seliwisiwe ilizwi lam. Ukuba 9 ke anithanga nindazise iphupha, mnye umthetho kuni; ngokuba nibhungé ngokuthetha amazwi angamanga, onakalisayo, phambi kwam, lide ixesha libe lilimbi. Ngako oko ndityeleni iphupha elo, ndázi ke ukuba nondixelela ukutyhilwa kwalo.

Aphendula amaKaledi phambi koku- 10 mkani, athi, Akukho mntu phezu kwehlabathi unokuyixela le nto kakumkani; ngenxa yokuba akukho kumkani mkhulu, unegunya, wakha wabuza into enjalo kuzo zonke izazi, nabakhwitsi, nama-Kaledi. Ke loo nto ayifunayo uku- 11 mkani inqabile; akukho namnye unokuyixela phambi kokumkani, ingengabo oothixo abakhaya lingekhoyo kwizinto eziyinyama.

UThixo utyhila imfihlelo kuDaniyeli ngombono

Ngenxa yoko waqumba ukumkani, 12 waba noburhalarhume obukhulu, wathi mazitshatyalaliswe zonke izilumko zase-Bhabheli. Kwaphuma umthetho wo- 13 kuba mazibulawe izilumko.

Bamfuna ke uDaniyeli namakholwane akhe, ukuba bababulale. Waza 14 waphendula ngecebo nangengqondo uDaniyeli kuAriyoki, umthetheli wabasiki bokumkani, obephume weza kubulala izilumko zaseBhabheli. Waphendula 15 wathi kuAriyoki, obenegunya lakomkhulu, Yini na ukuba kuphume u-

UDANIYELI 2

mthetho onje ukuba bukhali kukumkani? Waza uAriyoki wamazísa uDani-
16 yeli le nto. UDaniyeli wangena, wacela ukumkani ukuba amphe ixesha, ukuba amxelele ukumkani ukutyhilwa *kwephupha elo.*
17 Waza uDaniyeli waya endlwini yakhe, wayazísa ooHananiya, noMishayeli, noAzariya, amakholwane akhe, le nto;
18 ukuze bacele imfesane kuThixo wamazulu ngenxa yale mfihlakalo, ukuze bangàtshatyalaliswa uDaniyeli namakholwane akhe, kunye nezinye izilumko zaseBhabheli.
19 Waza wayityhilelwa uDaniyeli loo mfihlakalo ngombono wasebusuku. Waza uDaniyeli wambonga uThixo wama-
20 zulu. Wasusela uDaniyeli wathi, Malibongwe igama likaThixo, kususela kunaphakade kude kuse ephakadeni; ngokuba ubulumko nobugorha bona bo-
21 bakhe. Yena uyawaguqula ke amaxesha neminyaka; uguzula ookumkani, amise ookumkani; unika ubulumko kwizilumko, unika ukwazi kwabakwaziyo
22 ukuqonda. Yena utyhila izinto ezinzulu nezisitheleyo; uyakwazi okusebumnyameni, ukukhanya kuhleli kuye.
23 Ndiya kubulela, Thixo woobawo, ndikuncoma, kuba undiniké ubulumko nobugorha, wandazísa kalokunje oko sibe sikucela kuwe; ngokuba usazísile ngokunje le nto yokumkani.

UDaniyeli uxelela ukumkani iphupha lakhe

24 Ngenxa yoko uDaniyeli wangena waya kuAriyoki, lowo ubemiswe ngukumkani ukuba atshabalalise izilumko zaseBhabheli. Waya ke, wathi kuye, Musa ukuzitshabalalisa izilumko zaseBhabheli; ndíse kukumkani; ndomxelela ukumkani ukutyhilwa *kwephupha elo.*
25 Waza uAriyoki wamzísa uDaniyeli ngobungxamo kukumkani, wathi kuye, Ndifumene indoda koonyana baseluthinjweni lwakwaYuda, eya kumazisa ukumkani ukutyhilwa *kwephupha elo.*
26 Waphendula ukumkani, wathi kuDaniyeli, ogama linguBheletshatsare, Ùnako na ukundazisa iphupha endilibonileyo, nokutyhilwa kwalo?
27 Waphendula uDaniyeli phambi kokumkani, wathi, Imfihlakalo ayibuzayo ukumkani, azinako ukumxelela ukumkani izilumko, nabakhwitsi, nezazi, namatola. Kodwa ke kukho uThixo
28 emazulwini, ozityhilayo iimfihlakalo, onokumazisa ukumkani uNebhukadenetsare okuya kubakho ekupheleni kwemihla. Iphupha lakho, nemibono yentloko yakho esililini sakho, nantsi:
29 Wena kumkani, izicamango zakho zathi tyaba kuwe esililini sakho, zokúya kubakho emveni koku; lowo ke uzityhilayo iimfihlakalo uyakwazisa okuya kubakho. Mna le mfihlakalo, ukuyi-
30 tyhilelwa kwam, àkungenxa yabulumko ndingába ndinabo ngaphezu kwabo bonke abaphilileyo; kungenxa yokuze azíswe ukumkani ukutyhilwa kwalo, uzazi izicamango zentliziyo yakho.
31 Wena kumkani, wabe ubona, nango umfanekiso omkhulu. Loo mfanekíso ubumkhulu, nokubengezela kwawo kwancamisa, umi phambi kwakho; imbonakalo yawo ibisoyikeka. Loo mfanekiso,
32 intloko yawo ibiyigolide elungileyo, isifuba sawo neengalo zawo ziyisilivere, isisu sawo namanqe awo elubhedu, imilenze yawo isisinyithi; iinyawo zawo,
33 ngenxalenye zisisinyithi, ngenxalenye ziludongwe. Wawubona, kwada kwa-
34 zithwebula ilitye, kungengazandla; labetha emfanekisweni, ezinyaweni zawo zesinyithi nodongwe, lazicola. Zaza ke
35 zacoleka kwakanye isinyithi, nodongwe, nobhedu, nesilivere, negolide, zaba njengomququ wezandá zasehlotyeni; wemka nazo umoya, azafunyanelwa ndawo. Ilitye elo, libethileyo emfanekisweni, laba yintaba enkulu, lazalisa ihlabathi lonke.

UDaniyeli utyhila iphupha

Lilo elo iphupha; ukutyhilwa kwalo
36 sòkuxela phambi kokumkani. Wena ku-
37 mkani, kumkani wookumkani, uThixo wamazulu ukuniké ubukumkani, namandla, nokomelela, nozuko; ezindaweni
38 zonke ke, apho kuhleli khona into engu-

mntu, amarhamncwa asendle neentaka zezulu úzinikele esandleni sakho, wakwenza wanegunya kuzo zonke: intloko yegolide le nguwe.

39 Emveni kwakho, kuya kuvela obunye ubukumkani obuphantsi kunawe, nobunye ubukumkani besithathu bobhedu, obuya kuba negunya ehlabathini
40 lonke. Nobesiné ubukumkani buya kuba njengesinyithi ukomelela, ngenxa enokuba isinyithi sizicola sizithi nkumenkume izinto zonke; boba njengesinyithi ukuzicola nokuzithi nkumenkume izinto zonke.

41 Wazibonáyo nje iinyawo neenzwane, beziludongwe lombumbi ngenxalenye, zisisinyithi ngenxalenye, bubukumkani obuya kuba bobahlukeneyo; kobakho ubulukhuni besinyithi kubo; ngenxa enokuba ubusibona sisinyithi sixutywe
42 nodongwe oluludaka. Iinzwane zeenyawo zisisinyithi njengenxalenye, ziludongwe njengenxalenye, ubukumkani buya kuthi bomelèle ngenxalenye, bube
43 nkumenkume ngenxalenye. Wasibonáyo nje isinyithi sixutywe nodongwe lodaka, baya kuzixuba nembewu yento engumntu; kodwa abayi kunamathelana, yabona, kwanjengokuba isinyithi
44 singaxubeki nodongwe. Ngemihla yabo kumkani, uThixo wamazulu uya kumisa ubukumkani obungayi konakala naphakade. Obo bukumkani abuyi kusala nabantu bambi; buya kuzicola buzigqibe zonke ezo zikumkani, bona
45 bume ngonaphakade. Ngenxa enokuba wabonáyo, ukuba ilitye lazithwebula entabeni, kungengazandla, lasicola isinyithi, nobhedu, nodongwe, nesilivere, negolide, uThixo omkhulu umazisile ukumkani okuya kubakho emveni koku; iphupha liqinisekile, ukutyhilwa kwalo kuyinyaniso.

Ukumkani ubenza bakhulu ooDaniyeli nabahlobo bakhe

46 Waza ukumkani uNebhukadenetsare wawa ngobuso bakhe, waqubuda kuDaniyeli, wathi, makathululelwe iminikelo yokudla, aqhunyiselwe amavumba
47 athozamisayo. Ukumkani wamphendula uDaniyeli, wathi, Okwenyaniso, uThixo wenu nguThixo woothixo, yiNkosi yookumkani, ngumtyhili weemfihlakalo: úthe waba nako nje wena ukuyityhila le mfihlakalo.

Waza ukumkani wamenza mkhulu 48 uDaniyeli, wampha izipho ezikhulu zazininzi, wamenza waba negunya phezu kwelizwe lonke laseBhabheli, waba ngumongameli omkhulu wezilumko zonke zaseBhabheli. UDaniyeli wacela 49 kukumkani; yena wamisa enkonzweni yokuphatha ilizwe laseBhabheli ooShadraki, noMeshaki, noAbhede-nego. Ke yena uDaniyeli waba sesangweni lokumkani.

Umfaneklso wegolide kaNebhukadenetsare

3 UNebhukadenetsare ukumkani wenza umfanekiso wegolide. Ukuphakama kwawo bekuziikubhite* ezimashumi mathandathu, ububanzi bawo bebuziikubhite ezintandathu; wawumisa ethafeni laseDura, ezweni laseBhabheli.

UNebhukadenetsare wathumela uku- 2 ba kuhlanganiswe iirhuluneli, nabathetheli bomkhosi, namabamba, nabagwebi abakhulu, nabagcini-ndyebo, nabaqondisi-mthetho, nabagwebi, nabo bonke abanegunya emazwenl, ukuze beze ekusungulweni komfanekiso, abewumisile uNebhukadenetsare ukumkani. Za- 3 za zahlanganisana iirhuluneli, nabathetheli bomkhosi, namabamba, nabagwebi abakhulu, nabagcini-ndyebo, nabaqondisi-mthetho, nabagwebi, nabo bonke abanegunya emazwenl, ukuze usungulwe umfanekiso, abewumisile uNebhukadenetsare ukumkani; bema ke phambi komfanekiso abewumisile uNebhukadenetsare ukumkani.

Ummemezi wadanduluka ngamandla, 4 wathi, Kuthiwa kuni, zintlanga, zizwe, zilwimi: Ngexesha enithe neva izwi le- 5 sigodlo, nelembande, nelekitare,* nelomrhubhe, nelohadi, nelogwali, nelezinye iintlobo zonke ezibethwayo, yiwani phantsi, niqubude kumfanekiso wegolide awumiseleyo uNebhukadenetsare ukumkani. Ongathanga awe phantsi, 6

UDANIYELI 3

aqubude, uya kujulelwa kwaoko ezikweni elivutha umlilo.

7 Ngenxa yoko, ngelo xesha, xa zalivayo iintlanga zonke ilizwi lesigodlo, nelembande, nelekitare, nelomrhubhe, nelohadi, nelogwali, nelezinye iintlobo zonke ezibethwayo, zawa phantsi zonke iintlanga, nezizwe, neelwimi, zaqubuda kumfanekiso wegolide abewumisile uNebhukadenetsare ukumkani.

UShadraki noMeshaki noAbhede-nego bayala ukuqubuda kumfanekiso

8 Ngenxa yoko, ngelo xesha kwasondela amadoda angamaKaledi, awancetheza 9 amaYuda. Athetha athi kukumkani uNebhukadenetsare, Kumkani, yidla 10 ubomi ngonaphakade! Wena kumkani, uwise umthetho wokuthi, bonke abantu abathe baliva izwi lesigodlo, nelembande, nelekitare, nelomrhubhe, nelohadi, nelogwali, nelezinye iintlobo zonke ezibethwayo, mabawe phantsi baqubude 11 kumfanekiso wegolide. Ongathanga awe phantsi, aqubude, makajulelwe 12 ezikweni elivutha umlilo. Kukho amadoda angamaYuda, owamise enkonzweni yokuphatha ilizwe laseBhabheli, uShadraki, noMeshaki, noAbhede-nego; la madoda akakhathali nguwe, kumkani; akababusi oothixo bakho, akaqubudi kumfanekiso wegolide owumisileyo.

13 Waza wathi uNebhukadenetsare, equmbile, eshushu, mabaziswe ooShadraki, noMeshaki, noAbhede-nego. Aziswa ke 14 la madoda phambi kokumkani. Waphendula uNebhukadenetsare, wathi kubo, Nenza ngabomi na, Shadraki, Meshaki, Abhede-nego, ukuthi ningambusi uthixo wam, ningaqubudi kumfanekiso wegolide endiwumisileyo?
15 Ke ukuba nithe ngoku nalungela ukuthi, ngexesha lokuva kwenu izwi lesigodlo, nelembande, nelekitare, nelomrhubhe, nelohadi, nelogwali, nelezinye iintlobo zonke ezibethwayo, niwe phantsi, niqubude kumfanekiso endiwenzileyo, *kolunga*; kodwa ukuba anithanga niqubude, nojulelwa kwaoko ezikweni elivutha umlilo. Ngubani na ke uthixo oya kunisindisa esandleni sam?

Baphendula ooShadraki, noMeshaki 16 noAbhede-nego, bathi kukumkani, Nebhukadenetsare, akufuneki kuthi ukuba sikuphendule ngale ndawo. Ukuba 17 uThixo wethu esimbusayo unako, wosisindisa ezikweni elivutha umlilo, nasesandleni sakho, kumkani. Ke, u- 18 kuba akunjalo, makwazeke kuwe, kumkani, ukuba asiyi kubabusa othixo bakho, asiyi kuqubuda kumfanekiso wegolide owumisileyo.

UShadraki noMeshaki noAbhede-nego bahlangulwa kwiziko elivutha umlilo

Wesuka uNebhukadenetsare wazala 19 bubushushu, nokumila kobuso bakhe baba bubi kuShadraki, noMeshaki, noAbhede-nego; waphendula wathi, iziko malenziwe libe shushu ngokuphindwe kasixhenxe, kunoko fudula lisenziwa shushu ngako. Wathi kumadoda, ku- 20 madoda anobukroti empini yakhe, makababophe ooShadraki, noMeshaki, noAbhede-nego, abajulele ezikweni elivutha umlilo. Aza la madoda abotshwa 21 eneehempe zawo, neengubo zawo zangaphantsi, nezokwaleka, nezinye iingubo zawo, ajulelwa ezikweni elivutha umlilo. Kwathi, ngenxa enokuba ilizwi loku- 22 mkani belibukhali, neziko belenziwe lashushu ngokuncamisileyo, ngenxa yoko ilangatye lomlilo lawabulala loo madoda abafunquláyo ooShadraki, noMeshaki, noAbhede-nego. La madoda 23 omathathu, ooShadraki, noMeshaki, noAbhede-nego, awa phakathi kweziko elivutha umlilo, ebotshiwe.

Waza uNebhukadenetsare ukumkani 24 wothuka, wesuka ngobungxamo, wathetha wathi kumaphakathi akhe, Besingájulelanga phakathi komlilo amadoda amathathu yini na, ebotshiwe? Aphendula athi kukumkani, Ùnyanisile, kumkani. Waphendula wathi, Kha- 25 ngelani, ndibona amadoda amané, ekhululekile, ehamba phakathi komlilo, engènzakele; ukubonakala kweyesiné ke kufana nonyana woothixo.

Waza uNebhukadenetsare wasondela 26 esangweni leziko elivutha umlilo, wa-

phendula wathi, Shadraki, Meshaki, Abhede-nego, bakhonzi boThixo Osenyangweni, phumani nize. Baza baphuma ooShadraki, noMeshaki, no-
27 Abhede-nego, emlilweni. Zahlanganisana iirhuluneli, nabathetheli bomkhosi, namabamba, namaphakathi okumkani; bawakhangela la madoda, ukuba umlilo awubanga namandla emizimbeni yawo, akurhawukanga nalunwele lwentloko yawo; iihempe zawo azibanga zizimbi, nevumba lomlilo alifikanga kuwo.
28 Waphendula uNebhukadenetsare wathi, Makabongwe uThixo kaShadraki, kaMeshaki, ka-Abhede-nego osithumileyo isithunywa sakhe, wabasindisa abakhonzi bakhe, ababekholose ngaye, baligqitha ilizwi lokumkani, bayinikela imizimba yabo, ukuba bangabusi, bangaqubudi, kuthixo nonguwuphi, onge-
29 nguye uThixo wabo. Ndiwisa umthetho wokuba zonke iintlanga, nezizwe, neelwimi, ezisukuba zithetha into eyimposiso ngoThixo kaShadraki, kaMeshaki, ka-Abhede-nego, ziya kwenziwa iziqwenga; izindlu zabo zenziwe indawo ekuyiwa kuyo endle; ngenxa enokuba kungekho thixo wumbi, unako ukuhlangula ngolo luhlobo.
30 Waza ukumkani wabenza banempumelelo ooShadraki, noMeshaki, noAbhede-nego, ezweni laseBhabheli.

UNebhukadenetsare uphupha ngomthi

4 UNebhukadenetsare ukumkani uthi kuzo zonke iintlanga, nezizwe, neelwimi ezimiyo ehlabathini lonke: Ma-
2 lube lukhulu uxolo lwenu. Imiqondiso nezimanga, azenzileyo kum uThixo Osenyangweni, kukholekile kum ukuba
3 ndizixele. Imiqondiso yakhe, hayi ukuba mikhulu kwayo! Izimanga zakhe, hayi ukuba namandla kwazo! Ubukumkani bakhe bubukumkani obungunaphakade, igunya lakhe likwizizukulwana ngezizukulwana.
4 Mna Nebhukadenetsare, bendichulumachile endlwini yam, ndenile ebho-
5 tweni lam. Ndabona iphupha, landothusa; ndaneengcinga esililini sam, nemibono yentloko yam, eyandikhwankqisayo. Ndawisa umthetho wokuthi, 6 zonke izilumko zaseBhabheli maziziswe phambi kwam, ukuba zindazise ukutyhilwa kwephupha elo. Zaza zeza 7 izazi, nabakhwitsi, namaKaledi, namatola; ndabalawulela iphupha; ke abandazisanga ukutyhilwa kwalo.
Kwada ekupheleni kweza kum u- 8 Daniyeli, ogama linguBheletshatsare ngokwegama lothixo wam, onomoya woothixo abangcwele. Ndamlawulela iphupha, ndathi, Bheletshatsare, monga- 9 meli wezazi, wena ndikwayizo ukuba unomoya woothixo abangcwele, akukho mfihlakalo ikukhohlayo; ndityele imibono yephupha lam endilibonileyo, nokutyhilwa kwalo. Imibono ke ye- 10 ntloko yam esililini sam nantsi: Ndabona, nango umthi usesazulwini sehlabathi; ukuphakama kwawo bekukukhulu. Wakhula umthi, womelela; uku- 11 phakama kwawo kwafikelela ezulwini, nokubonakala kwawo ekupheleni kwehlabathi lonke. Amagqabi awo abe- 12 mahle, neziqhamo zawo bezizininzi; ubunokudla okwanele iinto zonke. Amarhamncwa asendle abenomthunzi phantsi kwawo, iintaka zezulu zahlala emasebeni awo, yadla kuwo yonke inyama.

Ndabona emibonweni yentloko yam, 13 ndisesililini sam, nanko kusihla umlindi engongcwele emazulwini. Wadandu- 14 luka ngamandla, watsho ukuthi, Wúgawuleni lo mthi, niwanqumle amasebe awo, niwaqhawule amagqabi awo, nizichithachithe iziqhamo zawo. Makabaleke emke phantsi kwawo amarhamncwa, neentaka emasebeni awo. Ko- 15 dwa ke isiphunzi esineengcambu zawo sishiyeni emhlabeni, siphanjiwe ngesinyithi nobhedu eluhlazeni lwasendle. Masinyakamiswe ngumbethe wezulu; makahlulelane neenkomo ngotyani bomhlaba. Intliziyo yakhe mayisuke 16 ingabi yeyomntu, anikwe intliziyo yenkomo; kudlule amaxesha amisiweyo abe sixhenxe phezu kwakhe. Umya- 17 lezo lo ukho ngengqibo yabalindi, umcimbi lo lilizwi labayingcwele; ngokokuze bazi abahleliyo, ukuba Osenyangweni unegunya ebukumkanini babantu, abùnike lowo athanda ukumnika, amise ophantsi ebantwini phezu kwabo.

18 Elo phupha ndilibonile, mna kumkani Nebhukadenetsare. Wena ke, Bheletshatsare, lítyhile ke, ngenxa enokuba zonke izilumko zobukumkani bam zingenako ukundazisa ukutyhilwa kwalo; ube ke wena unako, ngokuba ùnomoya woothixo abangcwele.

UDaniyeli uyalichaza iphupha

19 Waza uDaniyeli, ogama linguBheletshatsare, wamangaliswa umzuzwana, nezicamango zakhe zamkhwankqisa. Waphendula ukumkani wathi, Bheletshatsare, iphupha nokutyhilwa kwalo malingakukhathazi.

UBheletshatsare waphendula wathi, Nkosi yam, iphupha malisingisele kwabakuthiyileyo, nokutyhilwa kwalo kwa-
20 bakuzondayo. Umthi owubonileyo, owakhuláyo womelela, okuphakama kwawo kwafikelelayo ezulwini, wabonwa
21 ehlabathini lonke; omagqabi ayemahle, oziqhamo bezizininzi, obunokudla okwanele izinto zonke, awahlala phantsi kwawo amarhamncwa asendle, ezaba neendlu emasebeni awo iintaka zezulu:
22 nguwe lowo, kumkani, ùthe wakhula, womeleka; ùbukhulu bakho bukhulileyo bafika ezulwini, negunya lakho ekupheleni kwehlabathi.
23 Le nto yokuba ukumkani ebone umlindi ongoyingcwele esihla emazulwini, esithi, Wugawuleni lo mthi, niwonakalise; kodwa isiphunzi esineengcambu zawo, sishiyeni emhlabeni, síphanjiwe ngesinyithi nobhedu eluhlazeni lwasendle; sinyakamiswe ngumbethe wezulu, ahlulelane neenkomo ngotyani, kude kudlule phezu kwakhe amaxesha
24 amisiweyo asixhenxe: nanku ukutyhilwa kwako, kumkani; nantsi ingqibo yOsenyangweni eya kuyifikela inkosi yam u-
25 kumkani: ùya kugxothwa ebantwini, libe kumarhamncwa asendle ikhaya lakho, udliswe utyani njengeenkomo, unyakamiswe ngumbethe wezulu, kudlule phezu kwakho amaxesha amisiweyo asixhenxe, ude wazi ukuba Osenyangweni unegunya ebukumkanini babantu, ebunika lowo athanda ukumnika.

26 Le nto kuthiwe isiphunzi esineengcambu zomthi, masishiywe, ithi, ubukumkani bakho buya kuqiniselwa kuwe, kwaoko wakùthi wazi ukuba amazulu anegunya. Ngako oko, kumkani, icebo 27 lam malikholeke kuwe, uzaphule izono zakho ngobulungisa, nobugwenxa bakho ngokubababala abaziintsizana, ukuba kungà kungoluka ukuchulumacha kwakho.

Ukuzaliseka kwephupha

Konke oko kwamfikela ukumkani 28 uNebhukadenetsare. Ekupheleni kwee- 29 nyanga ezilishumi elinambini, wayehambahamba phezu kwebhotwe lokumkani laseBhabheli. Wasusela uku- 30 mkani wathi, Le asiyiyo na iBhaqheli enkulu, endiyakhele ukuba ibe yindlu yobukumkani ngokuqina kwamandla am, nangenxa yobuhandiba bobungangamsha bam?

Lithe elo zwi lisesemlonyeni woku- 31 mkani, kwawa izwi emazulwini, lisithi, Kuthiwe kuwe, Nebhukadenetsare kumkani, ubukumkani bumkile kuwe. Úya kugxothwa ebantwini, libe kuma- 32 rhamncwa asendle ikhaya lakho, udliswe utyani njengeenkomo, kudlule phezu kwakho amaxesha amisiweyo asixhenxe, ude wazi ukuba Osenyangweni unegunya ebukumkanini babantu, ebunika lowo athanda ukumnika.

Kwaoko lazaliswa ilizwi kuNebhuka- 33 denetsare; wagxothwa ebantwini, wadla utyani njengeenkomo, wanyakamiswa umzimba wakhe ngumbethe wezulu, zada iinwele zakhe zakhula, zanjengeentsiba zamaxhalanga, neenzipho zakhe zanjengezeentaka.

Ekupheleni kwemihla, mna, Nebhu- 34 kadenetsare, ndawaphakamisela ezulwini amehlo am; ukwazi kwam kwabuyela kwakum, ndambonga Osenyangweni, ndamncoma, ndambeka ohleli ngonaphakade, ogunya liligunya elingunaphakade, obukumkani bunezizukulwana ngezizukulwana. Baye bonke abemi 35 behlabathini bebalelwe ekubeni yinto

872

engento, esenza yena ngokuthanda kwakhe empini yasemazulwini, nakubemi behlabathi. Akukho bani ubethayo esandleni sakhe, athi kuye, Wènza ntoni na?

36 Kwaoko ukwazi kwam kwabuyela kwakum; nangenxa yobuhandiba bobukumkani bam, ubungangamsha bam nokutyatyamba kwam kwabuyela kwakum. Àndifuna amaphakathi am nezikhulu zam; ndabuyiselwa ebukumkanini bam, ndongezwa ubukhulu obuncamisileyo.

37 Kaloku, mna Nebhukadenetsare, ndiyamncoma, ndimphakamisa, ndimbeka uKumkani wamazulu; ngokuba yonke imisebenzi yakhe iyinyaniso, neendlela zakhe zisesikweni; nangokuba enako ukubathoba abahamba beqhankqalazile.

Isidlo sikaBheleshatsare

5 UBheleshatsare ukumkani walenzela isidlo esikhulu iwaka lezikhulu zakhe, wasela iwayini phambi kwewaka 2 elo. UBheleshatsare, akuyiva iwayini, wathi maziziswe iimpahla zegolide nezesilivere, abezithimbile uNebhukadenetsare uyise etempileni eseYerusalem, ukuze asele ngazo ukumkani nezikhulu zakhe, namakhosikazi akhe, 3 namashweshwe akhe. Baza bazizisa iimpahla zegolide, ezazithinjwe etempileni yendlu kaThixo eseYerusalem. Wasela ngazo ukumkani nezikhulu zakhe, namakhosikazi akhe, namashwe- 4 shwe akhe. Basela iwayini, babancoma oothixo begolide, nabesilivere, nabobhedu, nabesinyithi, nabemithi, nabamatye.

Umbhalo eludongeni nokutyhilwa kwawo nguDaniyeli

5 Kwaoko kwavela iminwe yesandla somntu, yabhala malunga nesiphatho sesibane, efutheni lodonga lwebhotwe lobukumkani; ukumkani wakubona u- 6 kuphela kwesandla esibhalayo. Laza laguquka ibala lobuso bokumkani, zamngqungisa izicamango zakhe, amalungu esinqe sakhe acombuluka, namado- 7 lo akhe abethabethana. Ukumkani wa-danduluka ngamandla, ukuba bazìswe abakhwitsi, namaKaledi, namatola. Waphendula ukumkani, wathi kwizilumko zaseBhabheli, Othe wawulesa lo mbhalo, wakuxela kum ukutyhilwa kwawo, uya kunxitywa iingubo ezimfusa, nomxokelelwane wegolide emqaleni wakhe, abe ngowabathathu abanegunya ebukumkanini obu. Zaza zafika zonke izilumko 8 zokumkani; ke azaba nako ukuwulesa umbhalo, nokumazisa ukumkani ukutyhilwa kwawo.

Waza uBheleshatsare ukumkani wa- 9 khathazeka kakhulu, laguquka ibala lobuso bakhe, nezikhulu zakhe zadubadubeka. Ukumkanikazi, unina, ngenxa 10 yamazwi okumkani nezikhulu zakhe, wangena endlwini yomgidi. Ukumkanikazi unina waphendula wathi, Kumkani, phila ngonaphakade! Izicamango zakho mazingakukhathazi, lingaguquki ibala lobuso bakho. Kukho indo- 11 da ebukumkanini bakho, enomoya woothixo abangcwele; ekwathi ngemihla yoyihlo kwafunyanwa kuyo ukukhanya nokuqiqa nobulumko, njengobulumko bothixo; awathi ukumkani uNebhukadenetsare uyihlo wayimisa yangumongameli wezazi, nabakhwitsi, namaKaledi, namatola—uyihlo, kumkani; ngenxa enokuba kwafunyanwa kuye 12 umoya ogqithisileyo ngobuhle, nokwazi, nokuqiqa, etyhila amaphupha, exela iintsonkotha, ecombulula amaqhina; kuDaniyeli, owathiywa ngukumkani igama elinguBheletshatsare. UDaniyeli makabizwe kaloku; wókuxela ukutyhilwa kwawo.

Waza uDaniyeli wasiwa phambi ko- 13 kumkani. Ukumkani wathetha kuDaniyeli, wathi, Ùngulaa Daniyeli na ungowakoonyana bakaYuda, abathinjwáyo, abaziswayo ngukumkani ubawo, bephuma kwaYuda? Ndikuvile, uku- 14 ba unomoya woothixo wena; kufunyanwa kuwe ukukhanya, nokuqiqa, nobulumko obuncamisileyo. Ke kaloku be- 15 ziziswe kum izilumko nabakhwitsi, ukuze balese lo mbhalo, bandazise ukutyhilwa kwawo; ke azibanga nako ukundixelela ukutyhilwa kwale nto.

UDANIYELI 5–6

16 Mna ndivile ke ngawe, ukuba unako ukuyityhila into, ucombulule namaqhina. Ukuba ke uthe wanako ukuwulesa lo mbhalo, nokundazisa ukutyhilwa kwawo, uya kunxitywa iingubo ezimfusa, nomxokelelwane wegolide emqaleni wakho, ube ngowabathathu ebukumkanini abanegunya.

17 Waza waphendula uDaniyeli, wathi phambi kokumkani, Izipho zakho mazihlale kuwe, imivuzo yakho uyinike omnye; kodwa ndiya kuwulesa lo mbhalo kukumkani, ndimazise ukutyhilwa kwawo.

18 Wena kumkani, uThixo Osenyangweni wamnika uNebhukadenetsare uyihlo ubukumkani, nobukhulu, nobuhandiba,
19 nobungangamsha. Ngenxa yobukhulu ke awabunikwayo, zadidizela zonke iintlanga, nezizwe, neelwimi, zothuka phambi kwakhe. Lowo wathanda ukumbulala, wambulala; lowo wathanda ukumyeka aphile, wamyeka waphila; lowo wathanda ukumphakamisa, wamphakamisa; lowo wathanda ukumthoba, wamthoba.
20 Ke xeshikweni intliziyo yakhe yaziphakamisayo, umoya wakhe waqinayo, wakhukhumalayo, wesuka wahliswa etroneni yobukumkani bakhe,
21 nobuhandiba bakhe basuswa kuye. Wagxothwa koonyana babantu, intliziyo yakhe yaba njengeyeenkomo, nekhaya lakhe laba semaesileni asendle, wadliswa utyani njengeenkomo, wanyakamiswa umzimba wakhe ngumbethe wezulu, wada wazi, ukuba uThixo Osenyangweni unegunya ebukumkanini babantu, amise phezu kwabo lowo athanda ukummisa.
22 Wena ke nyana wakhe, Bheleshatsare, akuyithobanga intliziyo yakho, nakuba
23 ubukwazi oko konke. Uziphakamisile ngaphezu kweNkosi yamazulu, neempahla zendlu yayo zaziswa phambi kwakho, wena nezikhulu zakho, namakhosikazi akho, namashweshwe akho; nasela iwayini ngazo. Wancoma oothixo besilivere, nabegolide, nabobhedu, nabesinyithi, nabemithi, nabamatye, abangaboniyo, abangevayo, abangaziyo. Ke uThixo lowo, kusesandleni sakhe ukuphefumla kwakho, onazo zonke iindlela zakho, akumbekanga. Waza wathuma, 24 kwavela kuye oko kuphela kwesandla, lo mbhalo ke wawubhaliwe.

Nangu ke loo mbhalo wawubhaliwe: 25 MENE, MENE, TEKELE, UFARSIN. Nanku ukutyhilwa kwale nto: 26 elokuba MENE lithi, UThixo ububalile ubukumkani bakho, wabuphelisa. Elo- 27 kuba TEKELE lithi, Wena ulinganisiwe esikalini,* wafunyanwa ulula. Elokuba 28 PERES lithi, Buyahlulwa ubukumkani bakho, bunikwe amaMedi namaPersi.

Waza uBheleshatsare wayalela, ba- 29 mnxiba uDaniyeli iingubo ezimfusa, nomxokelelwane wegolide emqaleni wakhe; bamemeza ngaye ngelithi, uya kuba ngowabathathu onegunya ebukumkanini.

UDariyo umMedi uyayoyisa iBhabheli

Kwangobo busuku wabulawa uBhele- 30 shatsare ukumkani wamaKaledi. UDariyo, umMedi, wabuthabatha 31 ubukumkani, eminyaka ikumashumi omathandathu anamibini ezelwe.

UDaniyeli wenziwa mkhulu nguDariyo

6 Kwakholeka kuDariyo ukumisa phezu kobukumkani iirhuluneli ezilikhulu elinamashumi amabini, ukuze zibe sebukumkanini bonke. Wamisa 2 phezu kwazo ezo abongameli babathathu, omnye kubo inguDaniyeli, ukuze iirhuluneli zinike ingxelo kubo, aze ukumkani angabi nankxwaleko. Waza 3 lo Daniyeli wabongamela abongameli nabaziirhuluneli, ngokokuba egqithisele kubongameli ngomoya omhle; ukumkani wacinga ngokummisa phezu kobukumkani bonke.

Iyelenqe elenzelwe uDaniyeli

Baza abongameli nabaziirhuluneli 4 bafuna, ukuba bafumane ithuba ngakuDaniyeli mayela nobukumkani. Ke ababanga nako ukufumana nalinye ithuba, nantlondi imbi, ngenxa enokuba ebethembekile; bekungafumaneki nanye imposiso nantlondi imbi kuye. Aza 5 loo madoda athi, Asiyi kufumana

UDANIYELI 6

nalinye ithuba ngakulo Daniyeli, ngaphandle kokuba silifumane kuye mayela nomthetho woThixo wakhe.

6 Baza abo bangabongameli nabaziirhuluneli beza kukumkani bedlongozela, batsho kuye ukuthi, Kumkani Dariyo,
7 phila ngonaphakade! Bonke abongameli bobukumkani, nabathetheli bomkhosi, neerhuluneli, namaphakathi, namabamba, bavumelene ngecebo lokuba ukumkani amise ummiselo, aqinise isalelo sokuthi: Bonke abathandaza umthandazo nakongubani, uthixo nomntu, ongenguwe, kumkani, ngeentsuku ezimashumi mathathu, mabajulelwe
8 emhadini weengonyama. Kaloku ke, kumkani, síqinise isalelo, uwubhale umbhalo, ongenakuguqulwa wona, ngokomthetho wamaMedi namaPersi, ongenakutshitshiwa bani.

9 Ngenxa yoko ukumkani uDariyo wawubhala umbhalo lowo, isalelo eso.
10 Ke kaloku uDaniyeli, ákwazi ukuba umbhalo lowo ubhaliwe, wangena endlwini yakhe; ibe neefestile zivulekile egumbini lakhe eliphezulu, elikhangele eYerusalem. Waguqa ngamadolo akhe izihlandlo ezithathu ngemini, wathandaza, wabulela phambi koThixo wakhe, ngenxa enokuba ebesenjenjalo kakade.
11 Aza adlongoza la madoda, amfumana uDaniyeli ethandaza, etarhuzisa pha-
12 mbi koThixo wakhe. Ezo asondela, athetha phambi kokumkani ngesalelo sokumkani, athi, Àkusibhalanga na isalelo sokuthi: Bonke abathandaza nakongubani, uthixo nomntu, ongenguwe, kumkani, ngeentsuku ezimashumi mathathu, mabajulelwe emhadini weengonyama? Waphendula ukumkani wathi, Loo nto iqinisekile ngokomthetho wamaMedi namaPersi, ongenakutshitshi-
13 swa bani wona. Aza aphendula athi phambi kokumkani, UDaniyeli, ongowakoonyana abathinjiweyo bakwaYuda, akakhathali nguwe, kumkani, nasesi salelo usibhalileyo; ke uthandaza umthandazo wakhe kathathu ngemini.
14 Waza ukumkani, akuweva loo mazwi, weva kakubi kakhulu ngayo loo nto. Wamnyamekela uDaniyeli ukuba amsindise, wazama ukuba amhlangule, lada 15 latshona ilanga. Aza la madoda eza edlongozela kukumkani, athi kukumkani, Yazi, kumkani, ukuba amaMedi namaPersi anomthetho wokuba singàbi nakuguqulwa sonke isalelo nommiselo, abewumisile ukumkani.

UDaniyeli ujulelwa emhadini weengonyama

Watsho ke ukumkani; bamzisa uDani- 16 yeli, bamjulela emhadini weengonyama. Waphendula ukumkani wathi kuDaniyeli, Wanga uThixo wakho, ombusa ngamaxesha onke, angákusindisa. Kwazi- 17 swa ilitye, labekwa phezu komlomo womhadi; ukumkani walitywina ngomsesane wakhe wokutywina, nangomsesane wokutywina wezikhulu zakhe, ukuze kungàguqulwa nto mayela noDaniyeli. Waza ukumkani waya ebho- 18 tweni lakhe, wabugqiba ubusuku ezila ukudla; àkwaziswa zintombi zingqungqayo phambi kwakhe, waphelelwa bubuthongo.

Ukuhlangulwa kukaDaniyeli

Waza ukumkani wavuka ngesifingo 19 kwakusasa, waya emhadini weengonyama ngobungxamo. Akusondela emha- 20 dini, wadanduluka kuDaniyeli ngezwi elibuhlungu. Wasusela ukumkani, wathi kuDaniyeli, Daniyeli, mkhonzi woThixo ophilileyo, uThixo wakho, obuhlala umbusa, úbe nako na ukukusindisa ezingonyameni? Waza uDani- 21 yeli wathi kukumkani, Kumkani, phila ngonaphakade! UThixo wam uthume 22 isithunywa sakhe, sayivingca imilomo yeengonyama, ukuba zingandenzakalisi, ngenxa enokuba phambi kwakhe kufumaneké ukuba ndimsulwa; naphambi kwakho, kumkani, andonanga.

Waza ukumkani wavuya kunene, 23 wathi uDaniyeli makanyuswe emhadini. Wenyuswa ke uDaniyeli. Akwafumaneka nasinye isenzakalo kuye; ngokuba ebekholwe kuThixo wakhe. Ukumkani 24 wayalela, aziswa loo madoda ebemncethezile uDaniyeli, bawajulela emhadini weengonyama, wona nabantwana bawo, nabafazi bawo; zaza, bengekafiki nokufika emzantsini womhadi, iingonyama zabagonyamela, zawacola onke amathambo abo.

25 Waza uDariyo ukumkani wabhalela kuzo zonke iintlanga, nezizwe, neelwimi, ebezihleli ehlabathini lonke, wathi:
26 Uxolo lwenu malube lukhulu! Ndiwisa umthetho wokuba bathi, ezindaweni zonke zegunya lobukumkani bam, badidizele bothuke *abantu* phambi koThixo kaDaniyeli. Ngokuba unguThixo ophilileyo, emi ngonaphakade; ubukumkani bakhe abonákaliswa, negunya
27 lakhe liya kuda liye ekupheleni; esindisa, ehlangula, esenza imiqondiso nezimanga emazulwini nasehlabathini; ngokuba emsindisile uDaniyeli emandleni eengonyama.
28 Lo Daniyeli waba nempumelelo ebukumkanini bukaDariyo, nasebukumkanini bukaKoreshi umPersi.

UDaniyeli uphupha amarhamncwa amané

7 Ngomnyaka wokuqala kaBheleshatsare ukumkani waseBhabheli, uDaniyeli wabona iphupha nemibono yentloko yakhe esililini sakhe. Waza walibhala iphupha, waxela isimbuku
2 sezo zinto. Wasusela uDaniyeli wathi, Ndabona embonweni wam ebusuku, nantso imimoya yominé yasezulwini,
3 ityhobozela kulwandle olukhulu. Kwenyuka elwandle amarhamncwa amakhu-
4 lu kakhulu, engafani elinye nelinye. Elokuqala libe linjengengonyama, linamaphiko okhozi; ndalibona, ada amaphiko alo axhwithwa, lafunqulwa emhlabeni, lamiswa ngeenyawo njengomntu, lani-
5 kwa intliziyo yomntu. Nalo elinye irhamncwa, elesibini, linjengebhere;* laziphakamisa ngacala-nye, lineembambo ezintathu emlonyeni walo phakathi kwamazinyo alo; kwathiwa kulo, Suka
6 udle inyama eninzi. Emveni koko ndabona: nalo elinye, linjengengwe, linamaphiko entaka amané emhlana walo, lineentloko eziné; irhamncwa elo lanikwa igunya.

7 Emveni koko ndabona emibonweni yasebusuku: nalo irhamncwa lesiné, eloyikekayo, elomeleleyo, elincamisileyo ngamandla, elimazinyo makhulu esinyithi, lisidla, liyicola, liyinyathela ngeenyawo zalo into eseleyo; laye lingafani nawo onke amarhamncwa abengaphambili kwalo; lineempondo ezilishu-
8 mi. Ndaziqiqa iimpondo, ndabona kunyuka phakathi kwazo olunye uphondo, luluncinane, ekwancothulwa phambi kwalo ezintathu kwezokuqala iimpondo. Nanko ke, kukho kolu phondo amehlo anjengamehlo omntu, nomlomo uthetha izinto ezinkulu kakhulu.

UNyangelemihla

9 Ndabona, zada zamiswa iitrone, wahlala uNyangelemihla; isambatho sakhe simhlophe njengekhephu, neenwele zentloko yakhe zinjengoboya bezimvu obunyulu, itrone yakhe ingamalangatye,
10 iivili zayo ngumlilo olenyayo. Kwaphuma umlambo womlilo phambi kwakhe, amawaka amawaka ayelungiselela kuye, nezigidi zezigidi bezimisa phambi kwakhe; abagwebi bahlala phantsi, iincwadi zavulwa. Ndabona; ndaza
11 ngenxa yesandi samazwi amakhulu kakhulu olwawathethayo uphondo, ndabona, lada labulawa irhamncwa, wabhujiswa umzimba walo, wanikelwa e-
12 mlilweni úvutha. Amanye ke amarhamncwa ahlùthwa igunya lawo; noko ke bolulelwa ubomi okwethutyana nexeshana.

Unyana womntu

13 Ndabona emibonweni yasebusuku: nanko kusiza, ngamafu ezulu, onjengonyana womntu, wafika kuNyangelemihla, wasondezwa phambi kwakhe.
14 Wanikwa igunya, nobuhandiba, nobukumkani, ukuze zonke iintlanga, nezizwe, neelwimi, zimbuse; igunya lakhe ligunya elingunaphakade, elingapheliyo; ubukumkani bakhe bobungayi konakaliswa.

Ukutyhilwa kwephupha

15 Umoya wam, mna Daniyeli, wazibhijabhija phakathi komzimba, nemi-

bono yentloko yam yandikhwankqisa.

16 Ndasondela komnye wababemi khona, ukuba ndicele kuye inyaniso ngezo zinto zonke; wathetha kum, ukuze
17 andazise ukutyhilwa kwezinto. La marhamncwa makhulu kakhulu mané ngookumkani abané, abaya kusuka be-
18 me ehlabathini. Ke ubukumkani baya kubuthabatha abangcwele bOsenyangweni, babumé ubukumkani, kude kuse ephakadeni, kude kuse ephakadeni lamaphakade.

19 Ndaza ndanga ndingáyazi inyaniso ngeli rhamncwa lesiné, elingafaniyo namanye onke, elincamisileyo ngokoyikeka, elimazinyo asisinyithi, elimathupha alubhedu, eladla, lacola, layinyathela
20 ngeenyawo into eseleyo; nangeempondo ezilishumi ezibe zisentlokweni yalo, nangolunye olwavelayo, ezawa phambi kwalo ezintathu; olo phondo lùbe lunamehlo, nomlomo obe uthetha izinto ezinkulu kakhulu; ukubonakala kwalo bekukukhulu ngaphezu kwamadlelane
21 alo. Ndabona ukulwa kolu phondo
22 nabangcwele, lwabeyisa; wada weza uNyangelemihla, wabagwebela abangcwele bOsenyangweni, lafika ixesha lokuba abangcwele babumé ubukumkani.

23 Watsho ukuthi, Irhamncwa lesiné ke: kuya kubakho ubukumkani besiné ehlabathini, obungafaniyo bona nezikumkani zonke, bulidle ihlabathi lonke, buli-
24 nyathele, bulicole. Iimpondo ezilishumi ke: kuya kusuka kume kobo bukumkani ookumkani abalishumi, kusuke omnye emva kwabo; lowo akayi kufana nabaphambili; uya kuthoba
25 ookumkani abathathu, athethe amazwi okuchasana nOsenyangweni, abonákalise abangcwele bOsenyangweni, acamange ngokuwenza wambi amathuba nomthetho, banikelwe esandleni sakhe ixesha
26 namaxesha nesiqingatha sexesha. Ke abagwebi baya kuhlala phantsi, balisuse igunya lakhe, ukuze litshabalale lidake,
27 kude kuse ekupheleni. Ubukumkani, negunya, nobukhulu bezikumkani phantsi kwamazulu onke, buya kunikwa abantu abangcwele bOsenyangweni; u-

bukumkani bakhe bubukumkani obungunaphakade, namagunya onke aya kumbusa, amve.

Yaza kuphela apha le nto. Mna 28 Daniyeli, izicamango zam zandikhwankqisa kakhulu, Ibala lobuso bam laguquka ndayigcina le nto entliziyweni yam.

Umbono kaDaniyeli wenkunzi yegusha nowenkunzi yebhokhwe nowophondo

8 Ngomnyaka wesithathu wokulawula kukaBheleshatsare ukumkani, kwabonakala kum, mna Daniyeli, umbono emva kwalowa wabonakalayo kum matanci. Ndabona embonweni, kwathi, 2 ekuboneni kwam, ndaba ndiseShushan komkhulu, esezweni lakwaElam; ndabona embonweni, ndangasemlanjeni oyiUlayi.

Ndaphakamisa amehlo am, ndabona, 3 nanko kumi phambi komlambo inkunzi yegusha, ineempondo ezimbini. Ezi mpondo zombini zinde, olunye ke lulude kunolunye; olu lude lwavela mva. Nda- 4 yibona inkunzi yegusha ihlaba, ibhekisa entshonalanga, nasentla, nasezantsi; zonke izinto eziphilileyo azaba nakuma phambi kwayo, akwabakho unokuhlangula esandleni sayo. Yenza ngokukholekileyo kuyo, yakhula.

Mna ke ndisaqonda, nanko kuvela 5 inkunzi yebhokhwe entshonalanga, ihamba phezu kwehlabathi lonke, ingafiki phantsi; inkunzi ke yebhokhwe ibinophondo olubonakalayo phakathi kwamehlo ayo. Yaya yafika enkunzini 6 yegusha, umnini-mpondo-mbini, endiyibone imi phambi komlambo, yagidimela kuyo ke ngobushushu bamandla ayo. Ndayibona ifika ecaleni lenkunzi yegu- 7 sha, yayijamela, yayityhomfa inkunzi yegusha, yazaphula iimpondo zayo zombini. Yayingenamandla inkunzi yegusha ukuma phambi kwayo; yayingqula emhlabeni, yayinyhasha, akwabakho bani unokuyihlangula inkunzi yegusha emandleni ayo.

Inkunzi yebhokhwe yakhula ngoku- 8 ncamisileyo; ke, yakuba namandla, lwaphuka uphondo olukhulu; esikhu-

ndleni salo kwavela eziné ezibonakalayo, zabheka emimoyeni yominé yasezulwi-
9 ni. Kolunye kuzo kwaphuma uphondo luluncinane, lwaba lukhulu ngokuncamisileyo, lwabheka ngasezantsi, nangasempumalanga, nangasezweni eliligugu.
10 Lwakhula lwada lwesa kumkhosi wezulu, lwayiwisa emhlabeni inxenye yomkhosi lowo weenkwenkwezi, lwayinyha-
11 sha. Lwazikhulisa, lwada lwesa kumthetheli-mkhosi lowo, lwasusa kuye inkonzo yamaxesha onke; nendawo ye-
12 ngcwele yakhe yawiswa phantsi. Umkhosi unikelwe kulo, kunye nenkonzo yamaxesha onke, ngenxa yesikreqo; inyaniso lwayiwisela phantsi emhlabeni, lwenza lwaba nempumelelo.
13 Ndamva ongcwele ethetha; wathi ke omnye ongcwele kulowo ubethetha, Ngowomzuzu ongakanani na umbono lowo *wenkonzo* yamaxesha onke, nowesikreqo esiphanzisayo, ukunikelwa oko kwengcwele nomkhosi lowo ekunyha-
14 shweni? Wathi kum, Koda kube kukuhlwa, kusisa, okungamawaka amabini anamakhulu amathathu; yandule ukulungiswa ingcwele.

UGabriyeli utyhila umbono

15 Kwathi, ndakuwubona umbono, mna Daniyeli, ndafuna ukuqonda; nanko kumi phambi kwam okungathi kuyimbo-
16 nakalo yendoda. Ndeva ilizwi lomntu phakathi *kweenxweme* zeUlayi, labiza lathi, Gabriyeli,* mqondise imbona-
17 kalo. Weza kweli cala ndimi kulo. Akuza ndóyika, ndawa ngobuso; wathi kum, Qonda, nyana womntu; ngokuba umbono lo usingise kwixesha lokuphela.
18 Ke kaloku, ekuthetheni kwakhe nam, ndawa isiduli ngobuso emhlabeni; wandichukumisa, wandimisa endaweni
19 yokuma kwam. Wathi, Yabona, ndiya kwazisa okuya kubakho ekupheleni kobhavumo; ngokuba *umbono* uya kwixe-
20 sha elimisiweyo lokuphela. Inkunzi yegusha oyibonileyo ineempondo ezimbini, ngokumkani bamaMedi nabama-
21 Persi; nenkunzi 'yebhokhwe exhonti ngukumkani wakwaYavan;* uphondo olukhulu oluphakathi kwamehlo ngu-kumkani wokuqala. Ukwaphuka oku, 22 kumè zibe né esikhundleni salo, kukuthi, kuya kusuka kume izikumkani eziné eluhlangeni, kungabi ngamandla alo ke.

Ekupheleni kobukumkani babo, ba- 23 kubon' ukuba bazalisile abakreqi, kuya kusuka kume ukumkani, obuso bungwanyalala, obaziyo ubuqhetseba; omelele 24 amandla akhe, kodwa kungabi ngamandla akhe; ke úya konakalisa ngokubalulekileyo, abe nempumelelo, afeze, abatshabalalise abomeleleyo nabantu babangcwele. Ngenxa yobuqhokolo bakhe, 25 yoba nempumelelo inkohliso ngesandla sakhe, azenze mkhulu entliziyweni yakhe, abatshabalalise abaninzi ngokwalama, asukele phezulu kumthetheli wabathetheli, aphulwe, ke kungabi ngasandla. Umbono wokuhlwa kusisa okhankanyi- 26 weyo uyinyaniso. Wena ke, uze uwuvalele umbono; ngokuba úya kwimihla emininzi.

Mna Daniyeli ndaphela, ndaneentsu- 27 ku ndisifa; ndavuka, ndayenza imicimbi yokumkani. Ndamangaliswa yimbonakalo leyo; kwakungekho uyiqondayo.

UDaniyeli uthandazela abantu bakowabo evuma izono zabo

9 Ngomnyaka wokuqala kaDariyo unyana ka-Ahaswerosi, wasembewini yamaMedi, owaba ngukumkani phezu kobukumkani bamaKaledi, ngomnyaka 2 wokuqala wobukumkani bakhe, mna, Daniyeli, ndaqonda ngazo iincwadi inani leminyaka, elafikayo ngayo ilizwi likaYehova kuYeremiya umprofeti, ukuba kuzaliswe iminyaka emashumi asixhenxe ngokusingisele kumanxuwa eYerusalem.

Ndabubhekisa ubuso bam kwiNkosi 3 yam uThixo, ukuba ndifune imithandazo nezitarhuziso, ndizila ukudla, ndinezirhwexayo nothuthu. Ndathandaza 4 ke kuYehova uThixo wam, ndavuma ndathi, Awu! Nkosi, Thixo omkhulu owoyikekayo, obagcinela umnqophiso nenceba abo bamthandayo, bayigcinayo imithetho yakhe, sònile, senzé ngobu- 5 gwenxa, senzé okungendawo; sigwilikile, siphambukile emithethweni yakho, 6 nasemasikweni akho. Asibaphulaphulanga abakhonzi bakho, abaprofeti ababethetha egameni lakho kookumkani bethu, nakubathetheli bethu, nakoobawo, nakubo bonke abantu belizwe.

7 Nkosi, bukuwe ubulungisa; kúthi kukudana kobuso, njengoko kunjalo namhla, kumadoda akwaYuda, kubemi baseYerusalem, kumaSirayeli onke, akufuphi nakude, emazweni onke, apho wawagxothela khona ngenxa yobumenemene bawo, awamenezayo ngabo kuwe.

8 Nkosi, kúthi kukudana kobuso, kookumkani bethu, nakubathetheli bethu, 9 nakoobawo; ngokuba sonile kuwe. E10 Nkosini uThixo wethu yimfesane, noxolelo, kuba sigwilikile kuye. Asiliphulaphulanga ilizwi likaYehova uThixo wethu, ukuba sihambe ngemiyalelo yakhe, abeyibeke phambi kwethu 11 ngabakhonzi bakhe, abaprofeti. Onke amaSirayeli awugqithile umyalelo wakho; atyekile ukuba angaliphulaphuli izwi lakho. Siphalazekile ke phezu kwethu isiqalekiso nesifungo, esibhaliweyo emyalelweni kaMoses umkhonzi 12 kaThixo; kuba sònile kuye. Wáwamisa ke amazwi akhe, abewathethile ngathi, nangabagwebi bethu ababesigweba, ngokusizisela ububi obukhulu, obungenziwanga phantsi kwezulu lonke, njengoko benziweyo kwiYerusalem.

13 Njengoko kubhaliweyo emyalelweni kaMoses, bonke ububi busizèle. Ke asimbongozanga uYehova uThixo wethu, ukuba sibuye ebugwenxeni bethu, sibe ngabanokuqiqa ngenyaniso yakho.

14 Wabuphaphela ke uYehova ububi, wasizisela bona; kuba uYehova uThixo wethu elungisa ekwenzeni kwakhe konke akwenzayo; ke asiliphulaphulanga ilizwi lakhe.

15 Kaloku ke, Nkosi Thixo wethu, owabakhuphayo abantu bakho ezweni laseYiputa ngesandla esithe nkqi, wazenzela igama, njengoko kunjalo namhla, sonile, 16 senzé okungendawo. Nkosi, ngokwemisebenzi yakho yonke yobulungisa, mawukhe ubuye umsindo wakho, nobushushu bakho, kumzi wakho iYeru-salem, kwintaba yakho engcwele; kuba, ngezono zethu nangobugwenxa boobawo, iYerusalem nabantu bakho basisingcikivo kuba bonke abasijikelezileyo.

Kaloku ke, Thixo wethu, kuphulaphule 17 ukuthandaza komkhonzi wakho, nokutarhuzisa kwakhe, ubukhanyise ubuso bakho phezu kwengcwele yakho elinxuwa, ngenxa yeNkosi. Thoba indlebe 18 yakho, uve. Vula amehlo akho, ubone ukuphanza kwethu, nomzi lowo ubizwa ngegama lakho. Ngokuba akungangenxa yemisebenzi yethu yobulungisa esiwisa ukutarhuzisa kwethu phambi kwakho; kungenxa yeemfesane zakho ezininzi. Nkosi, yiva; Nkosi, xolela; 19 Nkosi, baza iindlebe, wenze. Ngenxa yakho, Thixo wam, musa ukulibala; kuba umzi wakho nabantu bakho babizwa ngegama lakho.

UGabriyeli uzisa impendulo

Ndathi ndisathetha, ndithandaza, 20 ndivuma isono sam, nesono sabantu bakowethu amaSirayeli, ndiwisa ukutarhuzisa kwam phambi koYehova uThixo wam, ngenxa yentaba engcwele yoThixo wam: ndisathetha ke ngoku- 21 thandaza, indoda enguGabriyeli,* leyo ndayibonayo embonweni ekuqaleni, nditýhafile nokutyhafa, yasondela kum ngexesha lomnikelo wangokuhlwa.

Yandiqondisa, yathetha nam, yathi, 22 Daniyeli, ngoku ndiphumile ukuba ndikufundise, uqonde. Kwaphuma ili- 23 zwi ekuqaleni kokutarhuzisa kwakho; mna ndizé kulixela kuwe, ngokuba ungonqwenelekayo. Líqonde ke ilizwi, uqonde umbono. Bamisélwe iiveki 24 ezimashumi asixhenxe abantu bakowenu, nomzi wakowenu ongcwele, ukuba sithintelwe isikreqo, zitywinwe izono, bucanyagushelwe ubugwenxa, kuziswe ubulungisa obungunaphakade, utywinwe umbono nomprofeti, ithanjiswe ingcwele kangcwele. Yázi ke uqiqe 25 ukuba, kuthabathela ekuphumeni kweli zwi lokuba ibuyiswe yakhiwe iYerusalem, kuse kumthanjiswa oyingànga, ziiveki ezisixhenxe; ziiveki ezimashumi mathandathu anambini, eya kubuyiswa

yakhiwe ibe banzi, icandwe, ekucuthe-
26 keni ke kwamaxesha. Emveni ke kwee-
veki ezimashumi mathandathu anambi-
ni, úya kunqunyulwa umthanjiswa,
angabi saba nanto. Umzi nengcwele
úya kutshatyalaliswa ngabantu bengà-
nga eya kuza; ukuphela kwayo kuya
kuba ngomkhukula. Kude ke kuse
ekupheleni, kuya kuba yimfazwe, lupha-
27 nziso olumiswe lwagqitywa. Abaninzi
yobaqinisela umnqophiso iveki enye;
ngesiqingatha seveki iphelise imibinge-
lelo neminikelo yokudla; ize ngamaphiko
ezinto ezinezothe ingumphanzisi; side
ke siphalazeke isiphelo, sisesimisiweyo
sagqitywa, phezu kwayo impanziso.

UDaniyeli ubona umbono wendoda

10 Ngomnyaka wesithathu kaKore-
shi ukumkani wamaPersi, watyhi-
lelwa ilizwi uDaniyeli, ogama libizwa
ngokuba nguBheletshatsare. Elo zwi
liyinyaniso, lisingisele eluzengezengeni
ke olukhulu; waliqonda elo lizwi, waba
2 nokuwuqonda umbono. Ngayo loo
mihla mna, Daniyeli, bendisenza isi-
jwili iintsuku zonke zeeveki ezintathu.
3 Andidlanga sonka sinencasa, akungena-
nanga nyama nawayini emlonyeni
wam, andizithambisanga, zada zazali-
seka iintsuku zonke zeeveki ezintathu.
4 Ngomhla wamashumi amabini anané
wenyanga yokuqala, mna ndaba secaleni
5 lomlambo omkhulu oyiHidekele. Nda-
waphakamisa amehlo am, ndabona:
nantso indoda yambethe ilinen emhlo-
phe, ibhinqe esinqeni sayo igolide eci-
6 kizekileyo yaseUfazi. Umzimba wayo
wawunjengekrizolite,* ubuso bayo nga-
thi ngumbane, ukubonakala kwabo;
amehlo ayo enjengezikhuni ezitshanga-
tshangiswayo; iingalo zayo neenyawo
zayo zibonakala ngathi lubhedu olube-
ngezelisiweyo; nesandi samazwi ayo
ngathi sisandi sengxokolo yabantu.
7 Mna, Daniyeli, ndawubona ndedwa
umbono lowo; amadoda abenam aka-
wubonanga umbono; kodwa awelwa
kukugubha okukhulu, abaleka azímela.
8 Mna ndasala ndedwa, ndayibona le
mbonakalo inkulu, ndaphelelwa ngama-
ndla, nebala lobuso bam lasuka lajika,
lonakala kum, ndaphelelwa ngamandla.
Ndasiva isandi samazwi ayo; ndakusiva 9
ke isandi samazwi ayo, ndawa mna,
ndawa isiduli ngobuso, ubuso bam bu-
bheke emhlabeni.

Indoda iyamkhuthaza uDaniyeli

Ndeva naso isandla sindichukumisa, 10
sandimisa ngamadolo am nangeentende
zezandla zam ezihexayo. Yathi kum, 11
Daniyeli, ndoda inqwenelekayo, wa-
qonde amazwi endiwathetha kuwe, ume
endaweni yokuma kwakho; kuba ndi-
thunyiwe ngokunje kuwe. Ithe yaku-
lithetha kum elo lizwi, ndesuka ndema
ndithuthumela. Yathi kum, Musa u- 12
koyika, Daniyeli, kuba kususela kumhla
wokuqala, owayinikelayo intliziyo yakho
ekuqondeni nasekuzithobeni phambi
koThixo wakho, aviwa amazwi akho,
mna ke ndize ngenxa yamazwi akho. Ke 13
umthetheli wobukumkani bamaPersi
wamelana nam imihla engamashumi
amabini anamnye; uyabona, uMikayeli,*
omnye wakubatheteli abaziintloko, we-
za kundinceda; mna ndamoyisa khona,
kookumkani bamaPersi. Ndize kuku- 14
qondisa ke okuya kubahlela abantu
bakowenu ekupheleni kwemihla; kuba
umbono lo usengowemihla leyo.

Ithe ekuthetheni kwayo nam ngokwa- 15
la mazwi, ndabubhekisa ubuso bam
emhlabeni, ndasisidenge. Nanko ofana 16
noonyana babantu, echukumisa umlomo
wam. Ndawuvula umlomo wam, nda-
thetha, ndathi kulo umi phambi kwam,
Nkosi yam, ngenxa yembonakalo indi-
fikele inimba yam, ndaphelelwa ngama-
ndla. Angáthini na ke ukuba nako 17
umkhonzi wenkosi yam le, ukuthetha
nenkosi yam le? Mna okwam àndise-
namandla, akusekho mphefumlo kum.

Waphinda wandichukumisa onjengo- 18
mntu, ukubonakala kwakhe, wando-
meleza. Wathi, Musa ukoyika, ndoda 19
inqwenelekayo, yiba noxolo; yomelela,
yomelela. Úthe ekuthetheni kwakhe
nam ndomelezeka, ndathi, Mayithethe
inkosi yam, kuba ùndomelezile. Wathi, 20
Úyazi na into endizé ngayo kuwe?

Ngoku ke ndiya kubuya ndiye kulwa nomthetheli wamaPersi; ndiphuma nje, nanko umthetheli wakwaYavan* esiza. 21 Noko ke ndiya kukuxelela okubhaliweyo esibhalweni senyaniso. Akukho namnye womelezana nam ngakwabo, ngaphandle kukaMikayeli, umthetheli wenu.

Iimbambano zixelwa kwangaphambili phakathi kwamaPersi namaGrike

11 Nam ke, ngomnyaka wokuqala kaDariyo umMedi, ndema ukuba ndimomeleze ndimhlanganisele.

2 Ngoku ke ndiya kukuxelela inyaniso. Yabona, kusaza kusuka kume ookumkani abathathu kumaPersi, nowesiné uya kutyeba ngobutyebi obukhulu kunabo bonke; athi, xa omeleleyo ngobutyebi bakhe, abaxhokonxe bonke, baye kulwa 3 nobukumkani bakwaYavan.* Kosuka kume ukumkani oligorha alawule ngolawulo olukhulu, enze ngokukholeka 4 kuye. Buya kuthi, xa athe wesuka wema, buqhekezwe ubukumkani bakhe, bahlulelwe emimoyeni yominé yasezulwíni, bungabi bobempunde yakhe, bungabi njengolawulo lwakhe abelawula ngalo; kuba buya kunyothulwa ubukumkani bakhe, bube bobabambi, bungabi bobayo.

Iimvumelwano neembambano phakathi kwabangasentla nabangasezantsi

5 Ke úya komelela ukumkani wasezantsi; omnye kubathetheli bakhe omelele ngaphezu kwakhe, alawule; lube lula- 6 wulo olukhulu ulawulo lwakhe. Bodibana ekupheleni kweminyaka; ithi intombi yokumkani wasezantsi ingene kukumkani wasentla, ukuba balungisane. Ke iya kuwa ingalo yayo; angemi yena, nengalo yakhe iwe; inikelwe yona, nababeyingenisile, nowayizalayo, nowayomelezayo ngaloo maxesha.

7 Kophuma ke ehlumelweni leengcambu zayo *omnye* osendaweni yakhe; aye empini, aye ezinqabeni zokumkani 8 wasentla, azenze ngendawo, eyise. Wothimba, azisé eYiputa noothixo babo, kunye nemifanekiso yabo etyhidiweyo, kunye neempahla zabo ezinqwenelekayo, isilivere negolide; amise yena iminyaka phambi kokumkani wasentla. Wongena ebukumkanini bokumkani 9 wasezantsi, abuyele emhlabeni wakhe. Oonyana bakhe baya kuxhoba, bahla- 10 nganise imfidi yeempi ezininzi, ize nokuza, ikhukule, idlule, ibuye; balwe, bade base enqabeni yakhe. Wocaphuka u- 11 kumkani wasezantsi, aphume alwe naye, nokumkani wasentla lowo; yena ke amise imfidi enkulu, ke imfidi leyo inikelwe esandleni sakhe. Yothi imfidi 12 yakusuka iziphakamise, awise amawakawaka angamashumi; ke angeyisi noko.

Wobuya ukumkani wasentla, amise 13 imfidi enkulu ngaphezu kweyokuqala, eze nokuza ekupheleni kwamaxesha eminyaka, enempi enkulu neempahla ezininzi.

Ngaloo maxesha kuya kusukela phe- 14 zulu abaninzi ngakukumkani wasezantsi; baziphakamise oonyana abangamanyangaza abantu bakowenu, ukuba bawumise umbono; bakhubeke. Wo- 15 fika ukumkani wasentla, afumbe udonga lokungqinga, ayithimbe imizi enqatyisiweyo; iingalo zasezantsi zingamisi, nabantu bakhe abahleliweyo bangabi namandla okuma. Ofikayo khona uya 16 kwenza ngokuthanda kwakhe, kungabikho umisayo phambi kwakhe, amise yena ezweni elíligugu, atshabalalise ngesandla sakhe. Wobubhekisa ubuso ba- 17 khe ekuthini eze enokuqina kobukumkani bakhe bonke, ecinga ukulungisa; enze ke; amnike intombi yabafazi, ukuze ayonakalise. Ke ayiyi kuma, ayiyi kuba lutho kuye. Uya kujika, abhekise 18 eziqithini, azithimbe ezininzi, aphelise abaphathi, kuthi cwaka ukungcikiva kwabo kubo; ke ukungcikiva kwakhe baya kukubuyisela kuye. Wojika, abhe- 19 kise ezinqabeni zelizwe lakhe, akhubeke, awe, angafunyanwa.

Endaweni yakhe kuya kusuka kume 20 ocandisa abaqhubi babantu ebungangamsheni bobukumkani; ngeentsuku ezimbalwa aphulwe, kungabi ngamisindo, kungabi ngamfazwe. Endaweni yakhe 21

kuya kusuka kume odelekileyo, ongayi kunikwa ndili yabukumkani; eze ngokwalama, abuhlasele ubukumkani ngo-
22 kunyhwalaza. Iingalo ezikhukulayo ziya kukhukuliswa, zimke ebusweni bakhe, zaphulwe, kwanengànga yomnqo-
23 phiso. Wothi, kuseloko akukhova ukuthelela kuzo, enze ngenkohliso, anyuke, azuze namandla ngohlanga olungephi.
24 Uya kungena ngokwalama nasezindaweni ezityebileyo zelizwe, enze abangakwenzanga ooyise, nooyise booyise. Uya kukwenza amachithi phakathi kwabo okuphangiweyo, namaxhoba, neempahla zazo, acinge iingcinga zakhe ngeenqaba okwexeshana.
25 Woxhokonxela amandla akhe nentliziyo yakhe kukumkani wasezantsi, enempi enkulu. Ukumkani wasezantsi uya kuxhobela imfazwe, enempi enkulu, encamise ngamandla; ke akayi kuma, kuba baya kwenza iyelenqe ngaye.
26 Abadla umamkeliso wakhe bomaphula, ikhukule impi yakhe, bawe ababule-
27 weyo babe baninzi. Ookumkani abo babini, iintliziyo zabo ziya kutsalela ekwenzeni ububi, bathethe amanga sithebeni sinye. Akuyi kuba nampumelelo, kuba isiphelo sisaya exesheni
28 elimisiweyo. Wobuyela ke ezweni lakhe enempahla eninzi, intliziyo yakhe iwuchàse umnqophiso ongcwele, afeze, abuyele ke ezweni lakhe.
29 Ngexesha elimisiweyo uya kubuya aye ngasezantsi; ekupheleni kungabi
30 njengoko bekunjalo ekuqaleni. Ziya kuza kuye iinqanawa zamaKiti; uya kukhohlwa, abuye, awubhavumele umnqophiso ongcwele, afeze, abuye, abaqonde abashiya umnqophiso o-
31 ngcwele. Iingalo zakwakhe zosuka zime, ziyihlambele ingcwele, kwainqaba, zisuse *inkonzo* yamaxesha onke, zimise
32 izinto ezinezothe, eziphanzisayo. Abaphatha umnqophiso ngokungendawo wobahlambela ngamazwi agudileyo, ke bona abantu abamaziyo uThixo wabo
33 babambelele kuwo, bafeze. Abanengqiqo ebantwini boluqondisa uninzi, ukanti baya kukhubeka, bawe likrele nalilangatye, kukuthinjwa nakukuphangwa, kube ziintsuku. Ekukhubekeni 34 kwabo, baya kuncedwa ngoncedo oluncinane, bathelele kubo abaninzi, benyhwalaza. Yokhubeka inxenye ya- 35 banengqiqo, ukuze bacikidwe phakathi kwabo, bahlanjululwe, kwenziwe mhlophe, kude kube lixesha lokuphela; kuba kusaya kuba ngokwexesha elimisiweyo.

Ukumkani uya kwenza ngokukholeka 36 kuye, azinyuse, azikhulise ngaphezu koothixo bonke, athethe amazwi abalulekileyo ngoThixo woothixo, abe nempumelelo, lude luphele ubhavumo; ngokuba kuyenzeka okumisiweyo, kwagqityelwa. Akayi kubaqonda oothixo booyi- 37 se, nokunqwenelekayo kubafazi, nothixo onguwumbi angamqondi, kuba uya kuzikhulisa ngaphezu kwabo bonke. Endaweni yabo wozukisa uthixo wee- 38 nqaba, uthixo ababengamazi ooyise; amzukise ngegolide, nangesilivere, nangamatye anqabileyo, nangezinto ezinqwenelekayo. Wokwenzela oku ii- 39 nqaba ezinqatyisiweyo ngothixo wolunye uhlanga; lo umbukayo, uya kumandisela uzuko, amphathise abaninzi, amàbele umhlaba ngokumvuza.

Ngexesha lokuphela uya kuhlabana 40 nokumkani wasezantsi; ukumkani wasentla adlongozele aye kuye, eneenqwelo zokulwa, nabamahashe, neenqanawa ezininzi; awangenele amazwe, akhukule, adlule. Wongena ezweni eliligu- 41 gu, bakhubeke abaninzi; ke aba baya kusinda esandleni sakhe: ooEdom, noMowabhi, nentlahlela yoonyana bakaAmon. Uya kusolula isandla sakhe 42 emazweni la, nelizwe laseYiputa aliyi kusinda. Woba ngumphathi wobutyebi 43 begolide nobesilivere, nobezinto zonke ezinqwenelekayo zaseYiputa; omlandela amaLibhi namaKushi. Ziya kumkhwa- 44 nkqisa iindaba ezivela empumalanga nasentla, aphume enobushushu obukhulu, ukuze abatshabalalise, abasingele phantsi abaninzi. Wozitwabulula ii- 45 ntente zebhotwe lakhe phakathi kweelwandle, ngasentabeni engcwele eligugu, afike ke ekupheleni kwakhe, kungabikho umncedayo.

UDANIYELI 12—UHOSEYA 1

UMikayeli umhlanguli

12 Ngelo xesha uya kusuka eme uMikayeli,* umthetheli omkhulu, omela oonyana babantu bakowenu. Kuya kubakho ixesha lembandezelo elingazanga libekho elinjalo, kususela koko lwabakhoyo uhlanga, kude kube nangelo xesha. Ngelo xesha baya kusinda abantu bakowenu, bonke abafunyenwe be- 2 bhaliwe encwadini. Kuya kuvuka abaninzi kwabaleleyo eluthulini lomhlaba, aba baye ebomini obungunaphakade, naba baye kwingcikivo nakwinyumnyezi 3 engunaphakade. Abo ke banengqiqo baya kukhazimla njengokukhazimla kwesibhakabhaka; nababajikela abaninzi ebulungiseni bakhazimle njengeenkwenkwezi ngonaphakade kanaphakade. 4 Wena ke, Daniyeli, wavalele amazwi la, uyitywine incwadi, kude kube lixesha lokuphela. Baninzi abaya kuyiphengulula, kwandiswe ukwazi.

Ixesha lesiphelo

5 Mna, Daniyeli, ndabona: nabo abanye ababini bemi, omnye ngaseno ngaseludinini lomlambo, omnye ngaphesheya 6 ngaseludinini lomlambo. Wathi omnye kwindoda leyo yambethe ilinen emhlophe, ebiphezu kwamanzi omlambo, Koda kube nini na, ukuphela kwezi zinto zibalulekileyo? Ndeva indoda 7 eyambethe ilinen emhlophe, ebiphezu kwamanzi omlambo, yasiphakamisela ezulwini isandla sayo sokunene nesokhohlo sayo, yafunga ohleli ngonaphakade, isithi, Kuya kusa exesheni, emaxesheni amabini amisiweyo, nasesiqingatheni sexesha; kwakupheliswa ukuhlekezwa kwamandla abantu abangcwele, ziya kupheliswa zonke ezo zinto.

Mna ke ndeva, àndaqonda; ndathi, 8 Nkosi yam, yiyiphi na eyokuphela kwezi zinto? Yathi, Hamba, Daniyeli, kuba 9 amazwi aya kuvalelwa, atywinwe kude kube lixesha lokuphela. Abaninzi baya 10 kuzenza nyulu, bazenze mhlophe, banyibilikiswe; ke abangendawo baya kwenza okungendawo. Abangendawo bonke abayi kukuqonda oko, kodwa abanengqiqo baya kukuqonda. Kususela kwelo 11 xesha kwasuswayo *inkonzo* yamaxesha onke, ukuze zimiswe izinto ezinezothe eziphanzisayo, ziintsuku eziliwaka, elinamakhulu amabini, anamanci asithoba. Únoyolo olinde wafika kwiintsuku 12 eziliwaka, elinamakhulu amathathu, anamanci mathathu anesihlanu. Wena 13 ke, hamba uye ekupheleni. Ùya kuphumla, uvuke, uye eqashisweni lakho ekupheleni kwemihla.

UHOSEYA

Umtshato kaHoseya ngumzekeliso wokwalamana kukaYehova noSirayeli

1 Ilizwi likaYehova elafika kuHoseya unyana kaBheri, ngemihla kaUziya, kaYotam, ka-Ahazi, kaHezekiya, ookumkani bakwaYuda; ngemihla kaYarobheham unyana kaYowashe, ukumkani wakwaSirayeli.

2 Ukuqala kokuthetha kukaYehova noHoseya, wathi uYehova kuHoseya, Yiya uzeke umfazi wobuhenyu nabantwana bobuhenyu; ngokuba ilizwe lihenyuzé kakhulu, lemka kuYehova. Waya ke, wazeka uGomere intombi ka- 3 Dibhelayim; wakhawula, wamzalela unyana. UYehova wathi kuye, Mthiye 4 igama lokuba nguYizereli; ngokuba kusaya kuba ngumzuzwana, ndiwavelele amagazi akwaYizereli kwindlu kaYehu, ndibuphelise ubukumkani bendlu kaSirayeli. Kuya kuthi ngaloo mini 5 ndisaphule isaphetha sakwaSirayeli entilini yaseYizereli.

Waphinda wakhawula, wazala into- 6 mbi. Wathi uYehova kuye, Yithiye igama lokuba nguAkenzelwanga-mfesane; ngokuba andiyi kuba saphinda ndiyenzele mfesane indlu kaSirayeli, 7 ndingàbaxoleli nokubaxolela. Ndiya kuyenzela imfesane ke indlu kaYuda, ndibasindise ngoYehova uThixo wabo, ndingabasindisi ngasaphetha, nangakrele, nangamfazwe, ngamahashe, nangabamahashe.

8 Akumlumla ke uAkenzelwanga-mfe-
9 sane, wakhawula wazala unyana. Wathi uYehova, Mthiye igama lokuba nguAsibantu-bam; ngokuba àningabantu bam, nam andiyi kuba ngowenu.

Idinga lokubuyiselwa

10 Ke inani loonyana bakaSirayeli liya kuba ngangentlabathi yaselwandle, engàlinganiswayo, engàbalwayo; kuthi endaweni yokuba kuthiwe kubo, Aningabantu bam, kusuke kuthiwe kubo, Ningoonyana bakaThixo ophilileyo.
11 Bohlanganisana ndawonye oonyana bakaYuda noonyana bakaSirayeli, bazimisele intloko ibe nye, banyuke baphume kwelo zwe; kuba iya kuba nkulu imini yaseYizereli.

2 Yithini kubazalwana benu, Wenani, bantu bam! nithi koodade benu, Wa, Menzelwa-mfesane!

Ukunganyaniseki kukaSirayeli kuYehova

2 Bambanani nonyoko, bambanani naye; kuba àkamfazi wam, àndindoda yakhe. Nize nitsho asuse ubuhenyu bakhe ebusweni bakhe, nokukrexeza kwakhe phakathi kwamabele akhe;
3 hleze ndimhlube abe zé, ndimmise enjengamini wazalwa, ndimenze abe njengentlango, ndimmise abe njengelizwe elingumqwebedu, ndimbulale ngenxa-
4 no; ndingàsikwa mfesane ngenxa yabantwana bakhe; kuba bengabantwana
5 bobuhenyu bona. Kuba unina uhenyuzile, wenzé okuziintloni umzali wabo; ngokuba wathi, Ndiya kulandela izithandane zam, ezindinika isonka sam, namanzi am, uboya bam begusha

neflakisi* yam, ioli yam nento endiyiselayo.

Ngako oko, yabona, ndiya kuyibiyela 6 indlela yakho ngameva, ndakhe udonga, angawufumani umendo wakhe. Uya 7 kuzisukela izithandane zakhe, angafiki kuzo; azifune, angazifumani; athi Ndiya kuya ndibuyele endodeni yam yokuqala, kuba bekulungile kum oko kunangoku. Àkazi ukuba ndim owa- 8 mnikayo ingqolowa, newayini entsha, neoli; ndamandisela isilivere negolide, abasuka bayenzela uBhahali.*

Ukunganyaniseki kukaSirayeli kuza kohlwaywa

Ngako oko ndiya kubuya, ndiyitha- 9 bathe ingqolowa yam ngexesha layo, newayini yam entsha ngexesha layo elimisiweyo; ndibuhluthe uboya beegusha, neflakisi yam yokugubungela ubuzé bakhe. Ngoku ke ndowatyhila ama- 10 nye akhe emehlweni ezithandane zakhe, kungabikho bani umhlangulayo esandleni sam. Ndoluphelisa lonke uvuyo 11 lwakhe, umthendeleko wakhe, nokuthwasa kwenyanga kuye, neesabatha zakhe, namaxesha akhe onke amisiweyo. Ndiya kuyibharhisa imidiliya yakhe, 12 nemikhiwane yakhe, abesithi yena, Lutshedo lwam olu, endalunikwayo zizithandane zam; ndoyenza ibe lihlathi, idliwe ziinyamakazi zasendle. Ndo- 13 mvelela ngenxa yemihla yooBhahali, abeqhumisela ngayo kubo; abezihombisa ngamagabha akhe empumlo, nesambalo sakhe; abelandela izithandane zakhe, andilibale mna; utsho uYehova.

UYehova uya kubuya amgane uSirayeli

Ngako oko, yabona, ndiya kumrhwe- 14 besha, ndimse entlango, ndithethe kakuhle naye. Ndomnika izidiliya zakhe, 15 zithabathele khona, nentili yeAkore ibe lisango lethemba, aphendule khona njengeemini zobuncinane bakhe, nanjengemini yokunyuka kwakhe, ephuma ezweni laseYiputa. Kuya kuthi ngaloo 16 mini, utsho uYehova, undibize ngokuthi, Ndoda yam; ungabi sandibiza ngo-

UHOSEYA 2–4

17 kuthi, Bhahali wam. Ngokuba ndiya kuwasusa amagama ooBhahali emlonyeni wakhe, bangabi sakhunjulwa ngamagama abo.
18 Ngaloo mini ndobenzela umnqophiso namarhamncwa asendle, neentaka zezulu, nezinambuzane zomhlaba; ndaphule isaphetha nekrele nemfazwe, ezo zinto zingabikho ezweni; ndibahlalise bekho-
19 losile. Ndokugana ube ngowam ngonaphakade, ndikugane ube ngowam ngobulungisa nangokusesikweni, nangence-
20 ba nangemfesane; ndikugane ube ngowam ngokuthembeka, umàzi uYehova.
21 Kuya kuthi ngaloo mini, ndiphendule, utsho uYehova; ndiya kuliphendula
22 izulu, lona liphendule ihlabathi; ihlabathi liphendule ingqolowa, newayini entsha, neoli; ezo zinto ziphendule
23 uYizereli. Ndozihlwayelela yena elizweni, ndimenzele imfesane uAkenzelwanga-mfesane; ndithi kuAsibantubam, Ùngabantu bam; aze athi kum, ÙnguThixo wam.

UHoseya uyaphinda atshate

3 Wathi uYehova kum, Phinda, uye uthande umfazi, ethandwa nguwabo, ekrexeza; njengoko uYehova abathandayo oonyana bakaSirayeli, bebheka thixweni bambi nje, bethanda izicumba
2 zeerasintyisi. Ndamthenga wangowam ngeshumi elinesihlanu lesilivere, neho-
3 mere* yerhasi, neleteke* yerhasi. Ndathi kuye, Uze uhlalele mna imihla emininzi, ungahenyuzi, ungabi wandoda yimbi; nam ndenjènjalo kuwe.
4 Ngokuba oonyana bakaSirayeli baya kuhlala imihla emininzi bengenakumkani, bengenamthetheli, bengenambingelelo, bengenasimiso samatye, bengena-
5 efodi* namilonde-khaya. Emveni koko baya kubuya oonyana bakaSirayeli, bamquqele uYehova uThixo wabo, noDavide ukumkani wabo; baye benkwantya kuYehova, nasekulungeni kwakhe ekupheleni kwemihla.

Ukubambana kukaYehova noSirayeli

4 Liveni ilizwi likaYehova, nyana bakaSirayeli; ngokuba uYehova ubambene nabemi belizwe eli; ngokuba kungekho nyaniso, kungekho nceba, kungekho kwazi uThixo kweli lizwe.
Kukushwabula, nokuxoka, nokuncinitha, 2 nokuba, nokukrexeza; bagqobhozile, igazi liphathelele kwigazi. Ngenxa yo- 3 ko ilizwe lenza isijwili, zithokombisile zonke izinto ezimi kulo; izinto eziphilileyo zasendle, neentaka zezulu, kwaneentlanzi zolwandle, ziyasuswa.

Kodwa makangabambani omnye no- 4 mnye, omnye makangamohlwayi omnye; abantu bakowenu banjengobambene nombingeleli. Wòkhubeka emini, u- 5 mprofeti enawe akhubeke ebusuku, ndimtshabalalise unyoko. Bayatshabalala 6 abantu bam kukuswela ukwazi; kuba wena ukucekisile ukwazi, ndiya kukucekisa, ukuba ungabi ngumbingeleli kum. Wawulibala umyalelo kaThixo wakho; ndobalibala abantwana bakho nam. Okukhona bandileyo, kokukhona 7 bonileyo kum; uzuko lwabo ndiya kulwananisa ngocukucezo. Badla *idini* 8 lesono labantu bam; umphefumlo wabo bawuphakamisela ebugwenxeni babo. Kuya kuthi, njengoko banjalo abantu, 9 abe njalo umbingeleli; ndizivelele iindlela zakhe kuye, ndizibuyisele kuye iintlondi zakhe. Bodla bangahluthi; 10 bahenyuze bangàndi; ngokuba bekuyekile ukumphulaphula uYehova. Uhe- 11 nyuzo, newayini, newayini entsha, ziwexula intliziyo.

Abantu bam babùzisa kumthi wabo; 12 nentonga yabo iyabaxelela; ngokuba umoya wobuhenyu ubalahlekisile; bahenyuzé bemka phantsi koThixo wabo. Babingelela ezincotsheni zeentaba, ba- 13 qhumisele ezindulini phantsi kwemioki* nemipopulari* nemiterebhinti,* kuba ulungile umthunzi wayo; ngenxa yoko ziyahenyuza iintombi zenu, bayakrexeza oomolokazana benu. Andiyi kuzivelela 14 iintombi zenu, ngokokuba zihenyuza; noomolokazana benu, ngokokuba bekrexeza. Ngokuba nina ngokwenu nithi gu bucala namahenyukazi nibingelela namang'awukazi; ngoko ke abantu abangaqondiyo baya kukhahleleka phantsi.

UHOSEYA 4-6

15 Ukuba ùyahenyuza, Sirayeli, makangazeki ityala uYuda; musani ukuya eGiligali, ningenyuki niye eBhetaven, ningafungi nithi, Ehleli nje uYehova.
16 Kuba uSirayeli uyinjubaqa, njengethokazi eliyinjubaqa; ngoku uYehova uya kubalusela emphangalaleni, njengama-
17 takane. UEfrayim ubophene nezithi-
18 xo; myekeni. Igabadelè imithayi yabo; bahenyuza behenyuzile; ziluthandé nzulu ucukucezo iingweletshetshe
19 zabo. Umoya umbambile ngamaphiko awo; baya kudana yimibingelelo yabo.

Ababingeleli nabalawuli bonakalisa uSirayeli

5 Kuveni oku, babingeleli, nibaze iindlebe, nina ndlu kaSirayeli; nani ndlu yokumkani, bekani iindlebe; ngokuba uzé kuni umgwebo lo; kuba nisuke naba ngumgibe eMizpa, naba ngumnatha otwatyululweyo phezu kwe-
2 Tabhore. Bangxokile ukonakalisa ekunxaxheni kwabo; ke ndiyintethiso kubo bonke bephela.
3 Mna ndiyamazi uEfrayim, noSirayeli àkagushiwe kum; ngokuba ùhenyuzile ngoku, wena Efrayim, uSirayeli uzenzé
4 inqambi. Izenzo zabo azivumi ukuba babuyele kuThixo wabo; kuba umoya wobuhenyu ukubo, àbamazi uYehova.
5 Iqhayiya likaSirayeli liyangqina ebusweni bakhe; bokhubeka ooSirayeli noEfrayim ngobugwenxa babo; wokhube-
6 ka nabo kwanoYuda. Baya kuya kumfuna uYehova, benempahla yabo emfutshane neenkomo zabo, bangamfu-
7 mani; urhoxile kubo. Bánginiza kuYehova, kuba bezele oonyana abangengabo; ngoku ke ukuthwasa kwenyanga kuyabadla, kunye nezahlulo zabo zomhlaba.
8 Vuthelani izigodlo eGibheha, nexilongo eRama; wuhlabeni eBhetaven,
9 nithi, Emva kwakho, Bhenjamin. Kuya kuba senkangala kwelakwaEfrayim ngemini yokohlwaya; ezizweni zakwaSirayeli ndisazisile isimakade sesibetho.
10 Abathetheli bakwaYuda basuka baba njengabashenxisi bomda; ngoko ke ndophalaza phezu kwabo ubushushu bam njengamanzi. UEfrayim uyacu- 11 diswa, uyavikiveka ngumgwebo; kuba usuke wavuma ukulandela umthetho wabo. Mna ndinjengenundu kwa- 12 Efrayim, ndinjengombungu kwindlu kaYuda.

Xa wasibonayo uEfrayim isifo sakhe, 13 uYuda walibona inxeba lakhe; uEfrayim wesuka waya eAsiriya, wathumela kukumkani uYarebhi.* Akaba nako ukuniphilisa, akaba nako ukuninceda kwinxeba lenu. Ngokuba ndinjenge- 14 ngonyama kwaEfrayim, ndinjengengonyama entsha kwindlu kaYuda mna; mna ndiyaqwenga ndimke, ndithimbe, kungabikho mhlanguli.

Ukuvuma isono nokuguquka kukaSirayeli

Ndiya kuhamba ndibuyele endaweni 15 yam, bade beve benetyala, babufune ubuso bam. Ekubandezelekeni kwabo baya kundifuna benyamekile; bathi:

6 Yizani sibuyele kuYehova; kuba eqwengile, wosiphilsa; uxabele, wosibopha. Wosidlisa ubomi, kwakuba 2 ntsuku mbini; wosiphakamisa ngolwesithathu, sidle ubomi phambi kwakhe. Masikwazi ke, masikusukele ukumazi 3 uYehova; ukuphuma kwakhe kuqinisekile njengokuphuma kwesifingo, ukuba eze kuthi njengemvula, njengemvula evuthisayo, elinyakamisayo ilizwe.

UEfrayim noYuda bakhohlakele, kwanokumkani nabathetheli

Mandikuthini na, Efrayim? Mandi- 4 kuthini na, Yuda? Uthando lwenu lunjengelifu lomso, lunjengombethe ophela kwakusasa. Ngenxa yoko ndi- 5 baxozile ngabaprofeti, ndababulala ngamazwi omlomo wam; ukuze umgwebo wam uphume njengokukhanya. Ngo- 6 kuba ndinonelele uthando, andinonelele mbingelelo; ndinonelele ukwazi uThixo, ngaphezu kwamadini anyukayo. Ke 7 bona bawugqithile umnqophiso njengoAdam, banginiza kum apho. IGiliyadi 8 ngumzi wabasebenzi bobutshinga; uzele yimikhondo yegazi. Bunjengokulale- 9

lwa kwendoda ngamatutu ubudlelane bababingeleli; bayancinitha endleleni eya kwaShekem, ewe, benzé amanyala.
10 Endlwini kaSirayeli ndiboné into ebanga amanwele; apho uEfrayim uyahenyuza, uSirayeli uzenza inqambi.
11 Kananjalo wena Yuda, umiselwe uvuno, ekukubuyiseni kwam ukuthinjwa kwabantu bam.

7 Ekumphiliseni kwam uSirayeli, kusuke kutyhileke ubugwenxa bukaEfrayim nobubi bakwaSamari; kuba besebenza ubuxoki, isela lingéne, ama-
2 tutu abhunyule ngaphandle. Abatsho entliziyweni yabo ukuthi ndobukhumbula bonke ububi babo; ngoku zibangqongile iintlondi zabo, zabakho phambi kobuso bam.
3 Bamvuyisile ukumkani ngeento zabo ezimbi, nabatheli ngokuxoka kwabo.
4 Bonke bephela bangabakrexezi; banjengeziko lezonka elibaselwe ngumojizonka, okha ayeke ukukhwezela, lo gama
5 axovula intlama, ide ifukuke. Ngemini yokumkani wethu abatheli bazixhayele isifo ngobushushu bewayini; útha-
6 bathene nabagxeki. Ngokuba bayisondezé intlixiyo yabo emlaleni wabo, ngathi kusezikweni lezonka; bonke ubusuku ulele umoji-zonka wabo; kusasa lona livutha njengomlilo ole-
7 nyayo. Bonke bephela bashushu njengeziko lezonka, bayabadla abagwebi babo; bonke ookumkani babo bawile; akukho namnye kubo undinqulayo.

Ubudenge bukaEfrayim kwezombuso

8 UEfrayim yena uzekazekana nezizwe; uEfrayim uliqebengwana lesonka
9 elingaguqulwanga. Abasemzini bawadlile amandla akhe, ukanti yena akazi; nezimvi zithe saa kuye, noko akazi yena.
10 Iqhayiya likaSirayeli liyangqina ebusweni bakhe; noko àbabuyeli kuYehova uThixo wabo, àbamfuni kuko konke oku.
11 UEfrayim unjengevukuthu elimathileyo, elingenantliziyo; babiza iYiputa,
12 baya eAsiriya. Ndothi, bakubon' ukuba bayaya, ndiwutwabulule phezu

kwabo umnatha wam, ndibathobe njengeentaka zezulu; ndiya kubathethisa ngok*weendaba* endazivakalisayo ebandleni labo.
Yeha ke bona! kuba babalekile kum. 13 Yimbubho kubo! kuba bakreqile kum. Mna ngendibakhulule, basuka bona bathetha amanga ngam. Abakhalanga 14 kum ngeentliziyo zabo, basuka bamana bebhomboloza ezililini zabo; baqukana ngenxa yengqolowa newayini entsha, baphambuka, bandichasa. Mna ndi- 15 ziqeqeshile, ndazomeleza, iingalo zabo; ke bona bacinga ububi ngam. Baya- 16 buya, kodwa ababuyeli phezulu; banjengesaphetha esityeketyeke. Baya kuwa likrele abatheleli babo, ngenxa yobhavumo lolwimi lwabo. Oko kukugculelwa kwabo ezweni laseYiputa.

Unqulo-zithixo lukaSirayeli nesohlwayo salo

8 Beka isigodle emlonyeni wakho. *Utshaba* luyirhiwula indlu kaYehova njengexhalanga; ngenxa yokuba bewugqithile umnqophiso wam, bakreqa kumyalelo wam. Baya kukhala kum, 2 bathi, Thixo wethu, siyakwazi, thina Sirayeli. Iyanuka kuSirayeli into elu- 3 ngileyo; utshaba malumsukele.
Bamisé ookumkani, bengaveli kum; 4 benzé abatheleli, ndingàzi mna; isilivere yabo negolide yabo bayenzé izithixo, ukuze inqanyulwe. Ithole lakho 5 liyanuka, Samari: umsindo wam uyavutha kubo; kuniní na bengakwazi ukuziphatha msulwa? Ngokuba nalo elo 6 liphuma kwaSirayeli; lenziwe yingcibi, àliThixo lona; ke liya kucoleka ithole lakwaSamari. Ngokuba behlwayelé u- 7 moya, baya kuvuna isaqhwithi. Akukho zimba kuwo; isithombo asenzi sikhwebu; nokuba besithe saba naso, besiya kudliwa ngabasemzini.
Úginyiwe uSirayeli; ngoku basezi- 8 ntlangeni njengempahla enganzinweyo. Kuba bona banyuke baya eAsiriya, nje- 9 nge-esile lasendle lihamba lilodwa, lahlukile; ke yena uEfrayim uziqeshile izithandane. Nakuba beqesha nokuqe- 10 sha ezintlangeni, ndiya kubabutha ngo-

ku, baqale banciphe ngenxa yomthwalo
11 wokumkani wabathetheli. Kuba uEfrayim uzandisile izibingelelo zokona;
12 kuye izibingelelo zaba zezokona. Ndimbhalela into eninzi yemiyalelo yam;
13 bayicingela into engento. Imibingelelo yezipho zam bayayibingelela, bayidla ngokwenyama; ke àyakholeka kuYehova; ngokunje uya kubukhumbula ubugwenxa babo, azivelele izono zabo;
14 baya kubuyela bona eYiputa. Kuba uSirayeli wamlibala uMenzi wakhe, wákha amabhotwe; uYuda wayandisa imizi enqatyisiweyo. Ke mna ndiya kuthumela umlilo emizini yakhe, uzidle iingxande zakhe ezinde.

Kuya kufika ukuthinjwa nesohlwayo ngenxa yokunganyaniseki kukaSirayeli

9 Musa ukuvuya, Sirayeli, ude ugcobe njengezizwe; ngokuba ùhenyuzile, wemka kuThixo wakho; uthandé utshe-
2 qu ezandéni zonke zengqolowa. Isandá nesixovulelo seoli asiyi kubondla,
3 newayini entsha iya kunidanisa. Abayi kuhlala ezweni likaYehova; uEfrayim uya kubuyela eYiputa, badle izinto
4 eziyinqambi eAsiriya. Abayi kumthululela uYehova iwayini, ayiyi kuba mnandi kuye nemibingelelo yabo; ukudla kwabo kubo kuya kuba njengesonka sabalilayo. Bonke abakudlayo baya kuba ziinqambi; ngokuba ukudla kwabo kuya kuba kokwabo, akuyi kungena
5 endlwini kaYehova. Nòthini na ngemini yexesha elimisiweyo, nangemini
6 yomthendeleko kaYehova? Kuba, yabonani, bemkile ngenxa yembuqo; iYiputa iya kubabutha, iMofi iya kubangcwaba; izinto zabo ezinqwenelekayo zesilivere ziya kuhluthwa ngamarhawu; yimithi enameva ezintenteni zabo.
7 Kufiké iimini zokuvelela, kufiké iimini zempindezelo; úya kwazi uSirayeli. Umprofeti sisimathane, ngumbhudi indoda enomoya, ngenxa yobukhulu bobugwenxa bakho nckutshu-
8 tshisa okuninzi. Ngumboniseli uEfrayim ngakuThixo wam; umprofeti ngumgibe womthiyeli ezindleleni zakhe zonke, uyintshutshiso endlwini yoThixo

wakhe. Batshonisile ukonakalisa kwa- 9
bo, njengokwemihla yaseGibheha; úya
kubukhumbula ubugwenxa babo, úya
kuzivelela izono zabo.

Ndamfumana uSirayeli enjengeediliya 10
entlango; ndababona ooyihlo benjengamakhiwane aqalelayo emkhiwaneni, ekuqaleni kwawo; basuka bona baya
kuBhahali-pehore,* bazahlulela entweni eziintloni, baba yinto enezothe, njengesithandane sabo. UEfrayim, uzuko 11
lwakhe luya kubaleka, lumke njengentaka; kungabikho kuzala, nakumitha,
nakukhawula. Ewe, nokuba bathe ba- 12
khulisa oonyana, ndobahlutha abantwana, kungabikho luntu. Yeha ke bona,
ekusukeni kwam kubo!
Ngoko ndazibonela uEfrayim, ukuba 13
abe yiTire, etyelwe ekriweni; kodwa
uEfrayim uya kubakhuphela kumbulali
oonyana bakhe. Bánike, Yehova; wò- 14
banika ntoni na? Bánike isisu esiphumayo, namabele awomileyo. Bonke 15
ububi babo buseGiligali; kuba ndaqala
ukubathiya khona. Ngenxa yobubi
beentlondi zabo, ndiya kubagxotha
endlwini yam; andiyi kuphinda ndibathande; bonke abathetheli babo baziinjubaqa. Ubethiwe uEfrayim, ingca- 16
mbu yabo yomile; abayi kuxakatha
siqhamo. Nokuba bathe bazala, ndozibulala izinto ezinqwenelekayo zesisu
sabo. UThixo wam uya kubacekisa, 17
kuba bengamphulaphulanga; baya kuphalaphala ezintlangeni.

Okuya kuhlela uSirayeli

10 USirayeli ngumdiliya onabileyo; wazixakathela iziqhamo. Okukhona waba neziqhamo, kokukhona wandisa izibingelelo; okukhona lalungayo ilizwe lakhe, kokukhona walungisa izimiso zamatye. Yaba buthelezi intliziyo ya- 2
bo; ngoku baya kuva benetyala. Úya
kuziqhekeza izibingelelo zabo, azibhuqe
izimiso zabo zamatye. Ewe, ngoku 3
baya kuthi, Asinakumkani; kuba asimoyikanga uYehova; nokumkani lowa,
uya kusenzela ntoni na?
Bathetha amazwi nje, bashwabula 4
ngenkohlakalo, benza iminqophiso; kwa-

UHOSEYA 10-12

hluma okusesikweni, njengobuhlungu
5 emiqeleni yesisimi. Abemi bakwaSamari banxunguphele ngomfanekiso wethole laseBhetaven; ewe, benza isijwili ngalo abantu balo, bathuthumele ababingeleli balo abangengabo, ngenxa yalo, ngenxa yozuko lwalo, kuba lufu-
6 dukile kulo. Liya kusiwa eAsiriya nalo, libe ngumnikelo kukumkani uYarebhi;* uEfrayim uya kubanjwa kukudana, adane uSirayeli ngenxa yece-
7 bo lakhe. Ke elakwaSamari, ukumkani walo udakile, unjengeceba phezu
8 kwamanzi. Izigánga zaseAven, isono sikaSirayeli, zotshabalala. Kuya kuhluma imithana enameva neenkunzana ezibingelelweni zabo; baya kuthi kwiintaba, Siseleleni; nakwiinduli, Siweleni.

USirayeli umelwe kukubhujiswa ngenxa yesono sakhe

9 Kususela kwimihla yaseGibheha, Sirayeli wóna; bahlala khona; akubafikelanga eGibbheha ukulwa noonyana bo-
10 bugqwetha. Ndiya kubathethisa ke ngokomnqweno wam, zibahlanganyele zonke izizwe, ekubotshelelweni kwabo ebugwenxeni babo bobubini.
11 UEfrayim lithokazi eliqeqeshiweyo, elithanda ukubhula; mna ke ndibeke idyokhwe entanyeni yalo entle. Ndiyamtsalisa uEfrayim; uYuda uya kulima;
12 uYakobi uya kuziqwakanisela. Zihlwayeleleni, ukuba kuvele ubulungisa; vunani ngokwenceba; zikhubeleleni umkhubelo, ekubeni ilixesha lokumquqela uYehova, ade afike aninisele ubulu-
13 ngisa. Nalima okungendawo, navuna ubugqwetha, nadla iziqhamo zobuxoki; kuba wakholosa ngendlela yakho, ngo-
14 buninzi bamagorha akho. Kuya kuvuka ingxolo phakathi kwezizwe zakowenu, zibhuqwe neenqaba zakho zonke, njengoko uShaleman wayibhuqayo iBhete-arbhele ngemini yemfazwe; kwa-
15 cunyuzwa oonina kunye noonyana. Iya kwenjenjalo kuni iBheteli, ngenxa yobubi bezinto zenu ezimbi; kwangesifingo úya kusingelwa phantsi aphele ukumkani wakwaSirayeli.

Uthando lukaYehova kubantu bakhe abanobugwenxa

11 Oko uSirayeli ebemncinane, ndamthanda, ndambiza unyana wam ukuba aphume eYiputa. Bababiza, 2 kwaba kukhona bemkayo ebusweni babo; babingelela kooBhahali,* baqhumisela kwimifanekiso eqingqiweyo. Mna ke ndamfundisa uEfrayim ukuha- 3 mba, ndibaphatha ngeengalo zam; àbazanga noko, ukuba ndabaphilisa. Ndabatsala ngezintya zomntu, ngee- 4 ntsontelo zothando; kubo ndaba njengomnyinyisi wedyokhwe emihlathini yabo, ndathantamisa ukumnika ukudla.

Akayi kubuyela ezweni laseYiputa; 5 nguAsiriya ukumkani wakhe; kuba abavumanga ukubuya. Ikrele liya kuyiji- 6 keleza imizi yakhe, liyigqibele imivalo yakhe, liyidle, ngenxa yamacebo abo. Abantu bam baphikele ukubuya umva 7 kum; nakuba bebizelwa phezulu, àbaziphakamisi mpela.

Ndingàthini na ukukulahla, Efrayim? 8 ndikuncame, Sirayeli? Ndingàthini na ukukulahla njengeAdama, ndikwenze ube njengeTsebhoyim? Intliziyo yam iphethukile phakathi kwam, ububele bam buvuthile kunye. Andiyi 9 kukwenza ukuvutha komsindo wam, andiyi kubuya ndimonakalise uEfrayim; ngokuba ndinguThixo, àndimntu; ndingoyiNgcwele phakathi kwakho; andizi ndíshushu ngamsindo. Baya ku- 10 mlandela uYehova; uya kubharhula njengengonyama; kuba yena uya kubharhula, bavele entshonalanga oonyana, begubha. Baya kuvela eYiputa, 11 begubha njengeentaka, bavele ezweni laseAsiriya njengamavukuthu, ndibabeke ezindlwini zabo; utsho uYehova.

Kukhunjuzwa ngebali likaYakobi

UEfrayim undirhawule ngobuxoki, 12 indlu kaSirayeli ngenkohliso; noYuda usengumqhathu kuThixo, koyiNgcwele, onyanisileyo.

12 UEfrayim wasukelana nomoya; usukela ulophu lwasempumalanga. Imini yonke wandisa amanga

nembuqo; banqophisana neAsiriya, kusiwa ioli eYiputa.

2 UYehova ubambene noYuda, umvelela uYakobi ngokweendlela zakhe; uya
3 kumbuyisela ngokweentlondi zakhe. Esizalweni wambamba umkhuluwa wakhe ngesithende, ekuqineni kwakhe waza-
4 mana noThixo. Wazamana naso isithunywa, wafeza, walila, watarhuzisa kuso; samfumana eBheteli, apho ke
5 sasithetha nathi. UYehova, uThixo wemikhosi, uYehova sisikhumbuzo sa-
6 khe. Wena ke, buyela kuThixo wakho; gcina inceba nokusesikweni, uhlale uthembele kuThixo wakho.

7 Úngumrhwebi ophethe isikali* se-
8 nkohliso, uthanda ukucudisa. Wathi uEfrayim, Noko ndisisityebi, ndizifumanele ubutyebi; yonke imigushanxa yam ayindizuzisanga bugwenxa busisono.

9 Kanti mna ndinguYehova, uThixo wakho nje, kwasezweni laseYiputa; ndisaya kukubeka ezintenteni, njengo-
10 kwemihla yomthendeleko. Ndithethé kubaprofeti, ndandisa imibono mna, ndenza imizekeliso ngezandla zabapro-
11 feti. Ukuba iGiliyadi ilishinitshini, yoba yinto engento kuphela. Babingelela iinkomo eGiligali; izibingelelo zabo nazo zoba njengeemfumba zamatye
12 emiqeleni yesisimi. UYakobi wabalekela ezweni lakwa-Aram,* uSirayeli wakhonza ngenxa yomfazi, wagcina imi-
13 hlambi ngenxa yomfazi. UYehova wamnyusa uSirayeli eYiputa ngomprofeti
14 ke, wagcinwa ngomprofeti ke. UEfrayim uqumbise kakrakra; iNkosi yakhe iya kuwaphosa amagazi akhe phezu kwakhe, isibuyisele kuye isingcikivo sakhe.

Unqulo-zithixo lukaEfrayim luya kohlwaywa

13 Wathi akuthetha uEfrayim, kwabakho ukothuka; waphakama yena kwaSirayeli, wesuka wazeka ityala ngo-
2 Bhahali,* wafa. Ngoku bóngeza ukona, bazenzela imifanekiso etyhidiweyo ngesilivere yabo, *bazenzela* izithixo njengokuqonda kwabo; ingumsebenzi weengcibi wonke uphela; ababingelelayo baseluntwini, bathi ngayo, bawanga amathole. Ngako oko baya kuba nje- 3 ngelifu lomso, nanjengombethe ophela kwakusasa, njengomququ ophetshethwa sisaqhwithi esandéni, nanjengomsi ophuma ngekroba.

Kanti mna ndinguYehova uThixo 4 wakho, kwasezweni laseYiputa; akuyi kwazi thixo ungendim; akukho namnye umsindisi ngaphandle kwam. Mna 5 ndákwazi entlango, ezweni lasekubaleleni. Bathi bakudliswa, bahlutha; ba- 6 kuhlutha, yaphakama intliziyo yabo; ngenxa yoko bandilibele. Ngoko ndaba 7 njengengonyama kubo, ndabalalela njengengwe endleleni. Ndothi gaga kubo 8 njengebhere* ehluthwe amathole ayo, ndiwukrazùle umhlehlo wentliziyo yabo, ndibàdle khona njengengonyamakazi; amarhamncwa asendle aya kubadlavula.

Úzonakalisile, Sirayeli, ngokundicha- 9 sa kwakho, mna luncedo lwakho. Úphi na ngoku ukumkani wakho, uku- 10 ba angakusindisi emizini yakho yonke? Baphi na ngokunje abagwebi bakho abo, wàthi, Ndínike ukumkani nabathetheli? Ndikunika ookumkani ndinomsi- 11 ndo, ndibathabathe ngokuphuphuma kwawo. Bubotshiwe *ngengxowa* ubu- 12 gwenxa bukaEfrayim, sibekiwe isono sakhe. Inimba yozalayo iyamzela; ú- 13 nunyana ongenabulumko, kuba engaveli ngexesha elililo emlonyeni wesizalo. Ndiya kubakhulula esandleni selababfi- 14 leyo, ndiya kubahlawulela ndibakhulule ekufeni. Ziphi na iindyikitya zakho, kufa? Iphi na imbubhiso yakho, ngcwaba? Ukuzohlwaya kusithele emehlweni am.

Nokuba yena uya kuba neziqhamo 15 phakathi kwabazalwana bakhe, kuya kuza ulophu lwasempumalanga, umoya kaYehova únyuka entlango, litshe ithende lakhe, wome umthombo wakhe; lowo uya kuphanga ubuncwane beempahla zonke ezinqwenelekayo. Elakwa- 16 Samari liya kuziva linetyala, kuba liphikise uThixo walo. Baya kuwa likrele, iintsana zabo zicunyuzwe, nabamithiyo babo baqangqululwe.

UHOSEYA 14—UYOWELI 1

USirayeli ubongozelwa ukuba abuyele kuYehova

14 Sirayeli, buya, uze kuYehova, uThixo wakho; ngokuba ûkhu-
2 bekile ngobugwenxa bakho. Thabathani niphathe amazwi, nibuyele kuYehova; yithini kuye, Sixolele bonke ubugwenxa, wamkèle izinto zethu ezilungileyo, ukuze sinikele iinkunzi zeenkomo ezintsha, *imibulelo* yomlomo wethu.
3 UAsiriya akayi kusisindisa, asiyi kukhwela emahasheni, asiyi kuba sathi kumsebenzi wezandla zethu, Thixo wethu; kuba kuwe inkedama ifumana imfesane.

UYehova uya kuba nobubele

4 Ndiya kukuphilisa ukubuya kwabo umva, ndiya kubathanda ngesisa; ngo-
5 kuba umsindo wam ubuyile kuye. Ndiya kuba njengombethe kuSirayeli; úya kutyatyamba njengenyibiba, endelisele iingcambu zakhe njengeLebhanon. Aya 6 kunaba amasebe akhe, bube njengomnquma ubuhle bakhe, ivumba lakhe libe njengeLebhanon. Baya kubuya 7 abahlala emthunzini wakhe, baphile njengengqolowa, batyatyambe njengomdiliya, isikhumbuzo sawo sibe njengewayini yaseLebhanon. Efrayim, yinto- 8 ni na esenam nezithixo? Okwam ndiyamphendula, ndimkhathalela; ndinjengomsipres* oluhlaza, siyafunyanwa kum isiqhamo sakho.

Ngubani na olumkileyo, aziqonde ezo 9 zinto? Ngubani na onengqondo, azazi? Ngokuba zithe tye iindlela zikaYehova; ahamba ngazo amalungisa; ke bona abakreqi baya kukhubeka kuzo.

UYOWELI

Ilizwe libhuqwe ziinkumbi

1 Ilizwi likaYehova elafika kuYoweli, unyana kaPetuweli.
2 Yivani oku, nina madoda makhulu, nibeke iindlebe, nonke bemi belizwe; kwakha kwakho na oku ngemihla yenu,
3 nangemihla yooyihlo? Kuxeleni koonyana benu, oonyana benu bakuxele koonyana babo, oonyana babo bakuxele
4 kwisizukulwana esisemva kwabo. Okushiywe ngumqikela kudliwe yinkumbi, okushiywe yinkumbi kudliwe ngumkhothululi, okushiywe ngumkhothululi ku-
5 dliwe ngumnqunquthi. Vukani, manxila, nilile; bhombolozani, nonke baseli bewayini, ngenxa yencindi yewayini; ku-
6 ba inqunyulwe emlonyeni wenu. Kuba ezweni lakowethu kunyuké uhlanga olunamandla, olungenakubalwa; amazinyo alo ngamazinyo engonyama, nawemihlathi alo ngawengonyamakazi.
7 Luwubhuqile umdiliya wam, lwawuvikiva umkhiwane wam; luwuchube kwa-
thi tu, lwawulahla; amasebe awo asuka aba mhlophe.

Bhomboloza njengentombi ebhinqe 8 ezirhwexayo, ngenxa yendoda yobutsha bayo. Únqamkile endlwini kaYehova 9 umnikelo wokudla nothululwayo; benza isijwili ababingeleli, abalungiseleli bakaYehova. Abhuqiwe amasimi, umhlaba 10 wenza isijwili; kuba ibhuqiwe ingqolowa, itshile iwayini entsha, ioli yomile.

Danani, balimi; bhombolozani, basebenzi 11 bezidiliya, ngenxa yengqolowa nangenxa yerhasi; kuba lutshabalele uvuno lwamasimi. Umdiliya utshile, 12 umkhiwane untshwenyile, nomrharnate, kwanamasundu nemiapile; yonke imithi yasendle yomile; ewe, iphelile imihlali, imkile koonyana babantu.

Bhinqani ezirhwexayo, nimbambaze- 13 le, babingeleli; bhombolozani, balungiseleli besibingelelo; yizani, lalani ngezirhwexayo bonke ubusuku, balungiseleli boThixo wam; kuba indlu yoThixo wam ivinjiwe umnikelo wokudla nothululwa-

14 yo. Ngcwalisani uzilo, memani ingqungquthela, hlanganisani amadoda amakhulu, bonke abemi belizwe, beze endlwini kaYehova uThixo wenu, nikhale kuYehova.
15 Hayi ke, le mini! Kuba isondele imini kaYehova, ivela njengembuqo
16 kuSomandla. Akunqumke phambi kwamehlo ethu na ukudla, imivuyo nemigcobo endlwini yoThixo wethu?
17 Zibolile iinkozo phantsi kwamagada azo, bachithakele oovimba, athi bhuma amaqonga, kuba itshile ingqolowa.
18 Hayi, ukuncwina kwempahla enkulu! Ikhohliwe imihlambi yeenkomo, kuba ingenatyani; nemihlambi yempahla emfutshane ibandezelekile.
19 Ndikhala kuwe, Yehova; kuba umlilo uwatshisile amakriwa asentlango, nelangatye layirhawula yonke imithi yase-
20 ndle. Kwanempahla enkulu yasendle itsalela kuwe; kuba itshile imijelo yamanzi, umlilo wawatshisa amakriwa asentlango.

Ukubaliswa kwesibetho seenkumbi

2 Vuthelani isigodlo eZiyon, nihlabe umkhosi entabeni yam engcwele. Mabagungqe bonke abemi belizwe, ngokuba isiza imini kaYehova, kuba
2 isondele: imini enobumnyama nesithokothoko, imini enamafu, enamafu amnyama, anjengokuthi qhiphu kokusa phezu kweentaba; abantu abaninzi, abanamandla; akuzanga kube nje naphakade, emva kwabo akusayi kuza kubuye kube nje, kude kuse eminyakeni
3 yezizukulwana ngezizukulwana. Phambi kwabo kutshisa umlilo; nasemva kwabo kurhawula ilangatye. Ilizwe linjengomyezo we-Eden phambi kwabo; emva kwabo linjengentlango enkangala, nento esindileyo ayi kubakho kulo.
4 Injengokubonakala kwamahashe imbonakalo yabo; njengakhwelwayo, benje-
5 njalo ukubaleka. Anjengesithonga seenqwelo zokulwa ezincotsheni zeentaba amagqasi abo; njengesithonga selangatye lomlilo otshisa iindiza; njengabantu abanamandla abakhé uluhlu.
6 Ebusweni babo ziyazibhijabhija izizwe; bonke ubuso buba luthuthu.
7 Bagidima njengamagorha; banyuka udonga njengamadoda okulwa; bahamba elowo ngendlela yakhe, ábaphambaphambi emendweni wabo. Àbagilani,
8 bahamba elowo ngomendo wakhe; bawa nasezikhalini, bangenzakali. Ba-
9 phithizela emzini; babaleka eludongeni; banyuka ezindlwini; bangena ngeefestile njengesela. Phambi kwabo uyagungqa 10 umhlaba; liyanyikima izulu. Lisuke laba mnyama ilanga nenyanga, neenkwenkwezi zibufinyezile ubumhlophe bazo. UYehova ukhupha izwi lakhe 11 phambi kwempi yakhe; kuba mkhulu kakhulu umkhosi wakhe; kuba unamandla umenzi welizwi lakhe; kuba inkulu imini kaYehova, yoyikeka kunene; ngubani na onokuyinyamezela?

Ukumemela enguqukweni nakwinzilo

Nangoku ke, utsho uYehova ukuthi, 12 Buyelani kum ngentliziyo yenu yonke, nangokuzila, nangokulila, nangokumbambazela; nikrazùle intliziyo yenu, 13 ingabi ziingubo zenu, nibuyele kuYehova uThixo wenu; kuba unobabalo nemfesane, yena uzeka kade umsindo, unenceba enkulu, uyazohlwaya ngenxa yobubi. Ngubani na owaziyo? mhlawu- 14 mbi wobuya azohlwaye, ashiye intsikelelo ngasemva kwakhe, umnikelo wokudla nothululwayo kuYehova uThixo wenu.

Vuthelani isigodlo eZiyon, ngcwali- 15 sani uzilo, memani ingqungquthela. Hlanganisani abantu, ngcwalisani iba- 16 ndla, buthani amadoda amakhulu, hlanganisani iintsapho nabanyáyo emabeleni; makaphume umyeni egumbini lakhe, umtshakazi esililini sakhe. Ma- 17 balile ababingeleli, abalungiseleli baka-Yehova, phakathi kwevaranda* nesibingelelo, bathi, Yiba nenceba, Yehova, ebantwini bakho, ungalinikeli ilifa lakho ekungcikivweni, ukuba iintlanga zizekelise ngabo, yini na ukuba kuthiwe ezizweni, Úphi na uThixo wabo?

UYehova wenza inceba, abuyise indyebo

Wába nobukhwele ke uYehova ngeli- 18 zwe lakhe, waba nofefe ngabantu bakhe.

19 Waphendula uYehova, wathi ebantwini bakhe, Yabonani, ndinithumela ingqolowa, newayini entsha, neoli, eniya kwaneliswa yiyo; ndingabi saninikela ukuba nibe sisingcikivo ezintlangeni.
20 Ndiya kumkhwelelisela kùḍe kuni owasentla, ndimgxothele ezweni elingumqwebedu, enkangala; umphambili wakhe usinge kulwandle lwasempumalanga, umqosheliso wakhe kulwandle lwasentshonalanga, kunyuke ukunuka kwakhe, kunyuke ukubola kwakhe, kuba eziphakamisile ukwenza izinto ezinkulu.
21 Musa ukoyika, hlabathi, gcoba uvuye; kuba uYehova wenza izinto ezinkulu.
22 Musani ukoyika, mpahla inkulu yasendle; kuba amakriwa asentlango aphuma uhlaza; kuba umthi uxakatha isiqhamo sawo, umkhiwane nomdiliya unika amandla awo.
23 Nani, nyana baseZiyon, gcobani nivuye kuYehova uThixo wenu; kuba uninika umyaleli wokuba kubekho ubulungisa, anihlisele umvumbi, imvula ethambisayo nemvula evuthisayo eku-
24 qaleni. Zozala izandá yingqolowa, iphalale yiwayini entsha nayioli imiho-
25 mbe yokukhongozela. Ndonibuyiselela okweminyaka eyadliwa yinkumbi, nangumkhothululi, nangumqikela, nangumnqunquthi, impi yam enkulu e-
26 ndayithumelayo phakathi kwenu. Niya kudla nidlile, nihluthe, nilidumise igama likaYehova uThixo wenu, oniphethe ngokubalulekileyo; bangadani abantu
27 bam naphakade; názi ukuba ndiphakathi kwamaSirayeli; ukuba mna Yehova ndinguThixo wenu, akukho wumbi; bangàdani abantu bam naphakade.

Idinga lokuthululwa koMoya kaThixo

28 Kuya kuthi emveni kokuba njalo, ndithulule uMoya wam phezu kwenyama yonke, baprofete oonyana benu neentombi zenu; amadoda enu amakhulu aphuphe amaphupha, amadodana enu
29 abone imibono. Kwanaphezu kwabakhonzi naphezu kwabakhonzazana ndothulula uMoya wam ngaloo mihla.
30 Ndiya kwenza izimanga ezulwini nasehlabathini, igazi nomlilo nemiqulu yomsi. Ilanga liya kusuka libe mnya- 31 ma, nenyanga ibe ligazi, phambi kokuba ifike imini kaYehova, leyo inkulu yoyikekayo. Bothi bonke abasukuba benqu- 32 la igama likaYehova, basinde; kuba entabeni yaseZiyon naseYerusalem kuya kubakho abasindileyo, njengoko watshoyo uYehova; naphakathi kwabaseleyo kubekho awobabiza uYehova.

Umgwebo weentlanga kwintili yesigqibo

3 Ngokuba, yabonani, ngayo loo mihla, nangalo elo xesha, ndiya kukubuyisa ngalo ukuthinjwa kukaYuda neYerusalem, ndozibutha zonke iintlanga, 2 ndizihlisele entilini yakwaYoshafati; ndimangalelane nazo khona ngenxa yabantu bam, ilifa lam amaSirayeli, ezibathe saa ezintlangeni, zalaba ilizwe lam. Abantu bam zibenzéle amaqa- 3 shiso, zavuza ihenyukazi ngenkwenkwe; zathengisa ngentombi ngewayini, zasela.
Kananjalo niya kundenza ntoni na 4 nina, Tire, nawe, Tsidon, nani, mida yonke yamaFilisti? Niya kundibuyekeza impatho yam na? Niya kundenza ntoni na? Kwakamsinya, ngokukhawulezayo, ndiya kukubuyisela ukuphatha kwenu entlokweni yenu. Ekubeni 5 nithabathe isilivere yam negolide yam, izinto zam ezintle ezinqwenelekayo, nazísa etempileni yenu; nathengisa ngoo- 6 nyana bakaYuda nangoonyana baseYerusalem koonyana bakaYavan,* ukuze nibakhwelelisele kude emdeni wabo; yabonani, ndiyabaxhoxha endaweni e- 7 nathengisa ngabo kuyo, ndikubuyisele ukuphatha kwenu entlokweni yenu. Ndo- 8 thengisa ngoonyana benu nangeentombi zenu esandleni soonyana bakaYuda, bathengise ngabo kumaShebha, kuhlanga olukude; kuba úthethile uYehova.
Memezani oku ezintlangeni, ngcwali- 9 sani imfazwe; xhoxhani amagorha; makafike enyuke onke amadoda okulwa. Khandani amakhuba enu abe ngama- 10 krele, nezitshetshe zenu zemidiliya zibe zizikhali; oswele amandla makathi, Ndi- 11 ligorha. Khawulezani nize, nonke zintlanga zangeenxa zonke, nibuthelane; wahlisele khona amagorha akho, Yehova.

12 Mazixhoxhwe zinyuke iintlanga, ziye entilini yakwaYoshafati; ngokuba ndiya kuhlala phantsi khona, ukuze ndizigwebe zonke iintlanga zangeenxa zonke.
13 Fakani irhengqa, kuba ukudla kuvuthiwe; yizani nixovule, ngokuba isixovulelo sewayini sizele, iyaphalala imikhombe yokukhongozela; kuba bukhulu ububi bazo.

UYehova uya kumhlangula uYuda

14 Yimbuthumbuthu, yimbuthumbuthu entilini yesigqibo! Kuba isondele imi-
15 ni kaYehova entilini yesigqibo. Ilanga nenyanga zenziwe mnyama, iinkwenkwezi zikufinyezile ukukhanya kwazo.
16 UYehova ubharhula eZiyon, ukhupha ilizwi lakhe eYerusalem, linyikime izulu nehlabathi; ke uYehova ulihlathi kubantu bakhe, uligwiba koonyana baka-Sirayeli. Niya kwazi ke ukuba mna 17 Yehova ndinguThixo wenu, ohleli eZiyon, entabeni yam engcwele; iYerusalem yoba ngcwele, abasemzini bangabi sacanda phakathi kwayo.

Kuya kuthi ngaloo mini, iintaba 18 zivuze incindi yeediliya, iinduli ziphalale amasi, imijelo yonke yakwaYuda iphalale amanzi; kuphume umthombo endlwini kaYehova, useze isihlambo semingampunzi. IYiputa kuya kuba se- 19 nkangala, nelakwaEdom libe yintlango esenkangala, ngenxa yokugonyamela kwabo oonyana bakaYuda, ekubeni bephalazé igazi elimsulwa ezweni labo. Ke uYuda uya kumiwa ngonaphakade, 20 iYerusalem imiwe kwizizukulwana ngezizukulwana. Ndiya kulisula igazi labo 21 endandingalisulanga; ngokuba uYehova uhleli eZiyon.

UAMOSI

Imigwebo kaThixo kwiintlanga ezingabamelwana

1 Amazwi ka-Amosi, obengowakubo abalusi baseTekowa, awawabonayo ngokusingisele kwaSirayeli, ngemihla kaUziya ukumkani wakwaYuda, ngemihla kaYarobheham unyana kaYowashe, ukumkani wakwaSirayeli, iminyaka emibini phambi konyikimo.
2 Wathi: UYehova uyabharhula eZiyon, akhuphe ilizwi lakhe eYerusalem, amakriwa abalusi enzè isijwili. incopho
3 yeKarmele yomè. Utsho uYehova ukuthi, Ngenxa yezikreqo ezithathu zeDamasko, ngenxa yeziné—andiyi kuyibuyisa umva le nto—ngenxa yokuba bambhuláyo uGiliyadi ngezibhulo zesi-
4 nyithi: ndiya kuphosa umlilo endlwini kaHazayeli, utshise iingxande ezinde
5 zikaBhen-hadade. Ndowaphula umvalo weDamasko, ndinqumle ummi wasesihlanjeni seAven, nophethe intonga yobukumkani eBhete-eden; bathinjwe abantu bakwa-Aram,* baye eKire; utsho uYehova.

Utsho uYehova ukuthi, Ngenxa 6 yezikreqo ezithathu zeGaza, ngenxa yeziné—andiyi kuyibuyisa umva le nto —ngenxa yokuthimba kwabo abathinjwa ngokuzeleyo, ukuze babanikele ku-Edom: ndiya kuthumela umlilo eludo- 7 ngeni lweGaza, utshise iingxande zayo ezinde. Ndomnqumla omiyo eAshdo- 8 de, nophethe intonga yobukumkani eAshkelon; ndisibuyisele isandla sam phezu kwe-Ekron, atshabalale amasalela amaFilisti; itsho iNkosi uYehova.

Utsho uYehova ukuthi, Ngenxa 9 yezikreqo ezithathu zeTire, ngenxa yeziné—andiyi kuyibuyisa umva le nto —ngenxa yokubanikela kwabo abathinjwa bephelele kuEdom, àbawukhumbula umnqophiso wobuzalwana: ndi- 10 ya kuthumela umlilo eludongeni lwe-Tire, utshise iingxande zayo ezinde.

Utsho uYehova ukuthi, Ngenxa yezi- 11 kreqo ezithathu zakwaEdom, ngenxa

yeziné—andiyi kuyibuyisa umva le nto —ngenxa yokumsukelisa kwakhe umzalwana wakhe ngekrele, eyilahlile imfesaye yakhe, umsindo wakhe uhlala uqwenga, emana egcine ukuphuphuma ko-
12 msindo wakhe: ndiya kuthumela umlilo kwaTeman, utshise iingxande ezinde zaseBhotsera.

13 Utsho uYehova ukuthi, Ngenxa yezikreqo ezithathu zoonyana baka-Amon, ngenxa yeziné—andiyi kuyibuyisa umva le nto—ngenxa yokuqangqulula kwabo abamithiyo baseGiliyadi, ukuze bandise
14 umda wabo: ndiya kubàsa umlilo eludongeni lweRabha, utshise iingxande zayo ezinde, kúhlatywa umkhosi ngemini yokulwa, kúkho umoya ovuthu-
15 zayo ngemini yesaqhwithi. Uya kuthinjwa emke ukumkani wabo, yena nabatheṭheli bakhe kunye *naye*; utsho uYehova.

2 Utsho uYehova ukuthi, Ngenxa yezikreqo ezithathu zakwaMowabhi, ngenxa yeziné—andiyi kuyibuyisa umva le nto—ngenxa yokuwatshisa kwakhe amathambo ookumkani bakwaEdom,
2 ába yikalika: ndiya kuthumela umlilo kwaMowabhi, utshise iingxande ezinde zeKeriyoti, afe uMowabhi, kúphithizelwa, kúhlatywa umkhosi, kúvuthelwa
3 izigodlo. Ndomnqumla umgwebi phakathi kwakhe, ndibabulale bonke abatheṭheli bakhe kunye naye; utsho uYehova.

Ukugwetywa kukaYuda noSirayeli

4 Utsho uYehova ukuthi, Ngenxa yezikreqo ezithathu zakwaYuda, ngenxa yeziné—andiyi kuyibuyisa umva le nto —ngenxa yokuwucekisa kwabo umyalelo kaYehova, ábayigcina imimiselo yakhe; amanga abo, ababelandela wona ooyise,
5 ábandwendwisa: ndiya kuthumela umlilo kwaYuda, utshise iingxande ezinde zeYerusalem.

6 Utsho uYehova ukuthi, Ngenxa yezikreqo ezithathu zakwaSirayeli, ngenxa yeziné—andiyi kuyibuyisa umva le nto— ngenxa yokuba bathengisa ilungisa nge-

silivere, bathengisa ihlwempu ngeembadada ezimbini; bona abo bazondayo 7 ukuba intloko yezisweli ibe nothuli lomhlaba, bayijike indlela yabalulamileyo; umntu noyise baya ntombini-nye, ukuze balihlambele igama lam elingcwele; banaba phezu kweengubo ezisisiba- 8 mbiso ngasezibingelelweni zonke, basela iwayini yabahlawulisiweyo endlwini yothixo wabo.

Kanti mna ndamtshabalalisa ebusweni babo umAmori, obude bunjengobude bemisedare,* obeliqele njengemioki;* ndasitshabalalisa isiqhamo sakhe ngaphezulu, neengcambu zakhe ngaphantsi. Ke mna ndaninyusa ezweni laseYiputa, 10 ndanikhokela entlango iminyaka emashumi mané, ukuze nilihlùthe ilizwe lomAmori. Ndavelisa koonyana benu 11 abokuba ngabaprofeti, nakumadodana enu abokuba ngabazahlulileyo. Hi, àkunjalo na, nyana bakaSirayeli? utsho uYehova. Ke nisuke nabaseza iwayini 12 abazahlulileyo; abaprofeti nabawisela umthetho wokuthi, Ize ningaprofeti.

Yabonani, ndiya kunixinzelela pha- 13 ntsi, njengokuba ixinzelelwa phantsi inqwelo ezele zizithungu. Wókhohlwa 14 kukusaba onamendu, owomeleleyo angawaqinisi amandla akhe, igorha lingabusindisi ubomi balo. Nóphethe isa- 15 phetha akayi kumisa, nonyawo zinamendu angazisindisi, nokhwele ehasheni angabusindisi ubomi bakhe; nontliziyo 16 ikhaliphileyo phakathi kwamagorha asabe ezé ngaloo mini; utsho uYehova.

USirayeli uza kohlwayelwa intswela-bulungisa

3 Liveni eli lizwi alithethileyo uYehova ngani, nyana bakaSirayeli, ngayo yonke imizalwane endayinyusayo ezweni laseYiputa, lisithi, Ndazé nina nedwa 2 emizalwaneni yonke yehlabathi; ngenxa yoko ndiya kubuvelela kuni ubugwenxa benu bonke.

Bakha bahambe ndawonye na aba- 3 bini, bengavani? Ikha ibharhule na 4 ingonyama ehlathini, ingenanto iyiqwengayo? Ingonyama entsha ikha igqume na emqolombeni wayo, ingabamba-

5 nga nto? Ikha yeyele na intaka esibatheni emhlabeni, kungekho sango liyithiyeleyo? Wojuba na umgibe emhlabeni, ungabambisanga nokubambi-
6 sa? Khona khe sivuthelwe na isigodlo phakathi komzi, bangothuki abantu? Khe bubekho na ububi phakathi komzi,
7 engabenzanga uYehova? Inene, ayikhe yenze into iNkosi uYehova, ingathanga iluhlakaze ucweyo lwayo kubakhonzi
8 bayo abaprofeti. Ingonyama ibharhule, ngubani na ongoyikiyo? INkosi uYehova ithethile, ngubani na ongayi kuprofeta.
9 Memezani ezingxandeni ezinde zaseAshdode, nasezingxandeni ezinde zezwe laseYiputa, nithi, Hlanganisani ezintabeni zelakwaSamari, nibone isaqunge esikhulu esiphakathi kwalo, nabacudisi-
10 weyo abasesazulwini salo. Kuba abakwazi ukwenza okuthe gca, utsho uYehova, abo bafumba ugonyamelo nobhuqo ezingxandeni zabo ezinde.
11 Ngako oko itsho iNkosi uYehova ukuthi, Umbandezeli uya kuba ngeenxa zonke elizweni; uya kuwathoba amandla akho kuwe, ziphangwe iingxande zakho
12 ezinde. Utsho uYehova ukuthi, Njengokuba umalusi ehlangula emlonyeni wengonyama ooxhongo ababini, nokuba sisiqwenga sendlebe, baya kwenjiwa njalo ukuhlangulwa oonyana bakaSirayeli, abahlala kwaSamari phezu kwephundu lesingqengqelo, naphezu kweengubo zomandlalo eziluhlobo lweDamasko.
13 Yivani, ningqine kwindlu kaYakobi; itsho iNkosi uYehova, uThixo wemi-
14 khosi. Kuba, mini ndiya kuzivelela izikreqo zendlu kaSirayeli phezu kwayo, ndiya kuzivelela ezibingelelweni zaseBheteli, zixakaxwe iimpondo zesibinge-
15 lelo, ziwe emhlabeni. Ndoyichitha indlu yasebusika, kunye nendlu yasehlotyeni, zitshabalale izindlu zeempondo zeendlovu, ziphele izindlu ezininzi; utsho uYehova.

4 Liveni eli lizwi, nina zimazi zaseBhashan, zisezintabeni zakwaSamari, zizicudisayo izisweli, ziwavikivayo amahlwempu, zithi ezinkosini zazo, Zisani sisele. INkosi uYehova ifunge 2 ubungcwele bayo, yathi, Yabonani, nizelwa yimihla eniya kuqweqwediswa ngamagwegwe, nabokugqibela kuni ngamaqerhu okubambisa iintlanzi. Niya 3 kuphuma ngamathuba okuqhekezwa kodonga, elowo aphume ngelilunge naye, niye kuphoswa eHarmon; utsho uYehova.

Ukugxekwa kwemibingelelo yonqulo

Yiyani eBheteli nikreqe; yiyani e- 4 Giligali, nandise ukukreqa; nizise imibingelelo yenu imisó ngemisó, nezishumi zenu kanye ngemihla emithathu; niqhumisèle umbingelelo wemibulelo 5 ngento enegwele, nimemeze imibingelelo yokuqhutywa yintliziyo; memezani, kuba nithanda njalo, nyana bakaSirayeli; itsho iNkosi uYehova.

Ukukhunjuzwa ngezohlwayo

Kananjalo mna ndininiké ubumsulwa 6 bamazinyo emizini yenu yonke, nokusweleka kwesonka ezindaweni zenu zonke; anibuyanga nize kum noko; utsho uYehova.
Kananjalo mna ndayithintela imvula 7 kuni, zisentathu iinyanga zokuba kuvunwe; ndayinisa komnye umzi, andayinisa komnye; esinye isahlulo somhlaba sanelwa *yimvula*, esinye isahlulo esinganelwanga satsha; imizi emibini, emi- 8 thathu, ibhadulèle kumzi omnye, ukuze isele amanzi ingakholwa; ànabuya nize kum noko; utsho uYehova.
Ndanibetha ngembabala nangexo- 9 shomba; imiyezo yenu nezidiliya zenu, nemikhiwane yenu, neminquma yenu emininzi, yadliwa yinkumbi enqunquthayo; ànabuya nize kum noko; utsho uYehova.
Ndathumela phakathi kwenu indyi- 10 kitya yokufa, ngokuyá kwaseYiputa, ndawabulala ngekrele amadodana enu, kwanamahashe enu angamaxhoba, ndanyusa ukunuka kweminquba yenu, kweza ezimpumlweni zenu; ànabuya nize kum noko; utsho uYehova.
Ndibabhukuqile abanye benu, nje- 11 ngoko wabhukuqa ngako uThixo iSo-

dom neGomora, nàba njengesikhuni esinyothulwe emlilweni; ànabuya nize kum noko; utsho uYehova.

12 Ngako oko ndiya kwenjenje kuwe, Sirayeli; ngokokuba ndiya kwenjenje ke kuwe, zilungiselele ukuhlangabeza u-
13 Thixo wakho, Sirayeli. Ngokuba, yabona, uloyila iintaba, ulodala umoya, uloxelela umntu into okuyiyo ukuthelekelela kwakhe, ulowenza mnyama isifingo, ulonyathela phezu kwemimango yehlabathi: nguYehova uThixo wemikhosi, igama lakhe.

5 Liveni eli lizwi ndiliphakamisayo ngani, esi simbonono, ndlu kaSira-
2 yeli. Iwile, ayisayi kubuya ivuke intombi enguSirayeli; ikhahleleke emhlabe-
3 ni, akukho uyiphakamisayo, Ngokuba itsho iNkosi uYehova ukuthi, Umzi ophuma unewaka, uya kusala nekhulu; ophuma unekhulu, uya kusala neshumi kwindlu kaSirayeli.

USirayeli makayifune iNkosi uYehova

4 Ngokuba utsho uYehova kwindlu kaSirayeli, ukuthi, Quqelani kum, ni-
5 phile; musani ukuquqela eBheteli, ningangeni eGiligali, ningaweleli niye eBher-shebha; kuba iGiligali, inene, iya kuthinjwa, neBheteli ibe yinto engeyakonto.
6 Quqelani kuYehova, naniya kuphila; hleze ayifikele indlu kaYosefu njengomlilo, utshise, kungabikho uwucimela
7 iBheteli, nina abo bajika okusesikweni kube ngumhlonyane, babukhahlele pha-
8 ntsi ubulungisa emhlabeni. Quqelani kulowenza isiLimela namaKroza, uloguqula ithunzi lokufa libe ngumso, imini ayenze mnyama, ibe bubusuku; ulobiza amanzi olwandle, awathululele phezu komhlaba: nguYehova igama
9 lakhe. Ngulotshangazisa imbuqo phezu koliqele, imbuqo iyifikele inqaba.

UYehova ubuthiyile ubunewunewu, nentswela-bulungisa nohanahaniso kwezonqulo

10 Bayamthiya owohlwayayo esangweni, bamenze isikizi othetha okugqibeleleyo.

Ngako oko, ngenxa yokusigqusha kwenu 11 isisweli, nithabàthe kuso unikelo lwengqolowa, niya kwakha izindlu ngamatye aqingqiweyo, ningahlali kuzo; nityale izidiliya ezinqwenelekayo, ningaseli wayini yazo. Kuba ndiyazazi izikreqo 12 zenu ukuba zininzi kwazo, nezono zenu ukuba zikhulu kwazo; nibandezela ilungisa, nisamkele isicengo, nisijike *isigwebo* samahlwempu esangweni. Nga- 13 ko oko, onengqiqo uthe cwaka ngeli xesha; kuba lixesha elibi eli. Funani 14 okulungileyo, ningafuni okubi, ukuze niphile; aze uYehova, uThixo wemikhosi, abe nani, njengoko nitshoyo. Thiyani okubi, nithande okulungileyo, 15 nimise okusesikweni esangweni; mhlawumbi uYehova, uThixo wemikhosi, wowababala amasalela kaYosefu. Nga- 16 ko oko utsho uYehova, uThixo wemikhosi, iNkosi, ukuthi, Ezindaweni zonke zembutho kukumbambazela; ezitratweni zonke bathi, Yoo! yoo! Babizela umlimi esijwilini, babizela abasaziyo isimema, bathi, Mbambazelani. Ezi- 17 diliyeni zonke kukumbambazela, ngokuba ndicanda esazulwini sakho; utsho uYehova.

Yeha ke, nina banqwenela imini ka- 18 Yehova! Iyintoni na imini kaYehova kuni? Ibubumnyama, ayikukukhanya. Injengokuthi umntu abaleke engonyameni, aqubisane nebhere;* angene endlwini, abambelele ngesandla eludongeni, inyoka imlume. Ayiyi kuba 20 bubumnyama yini na imini kaYehova, ingabi kukukhanya? Ayiyi kuba sisithokothoko, yini na, ingabi nabumhlophe?

Ndiyithiyile, ndiyayicekisa imithe- 21 ndeleko yenu; andilisezeli ivumba lengqungquthela. Ngokuba, xa nithe 22 nandinyusela amadini anyukayo, neminikelo yenu yokudla, àkakholeki kum; nombingelelo wenu woxolo wamathole atyetyisiweyo àndiwubheki. Yisuse 23 kum ingxokozelo yeengoma zakho, nokubetha kwemirhubhe yakho andikuphulaphuli. Makugaleleke umgwebo 24 njengamanzi, nobulungisa njengomla-

25 mbo ongatshiyo. Imibingelelo neminikelo yokudla naniyizisa kum yini na entlango, iminyaka emashumi mané,
26 ndlu kaSirayeli? Nasuka nathwala umnquba wokumkani wenu, noseko lwemifanekiso yenu, inkwenkwezi yoo-
27 thixo benu, enazenzelayo. Ndiya kunifudusela kude ke ngaphaya kweDamasko; utsho uYehova; nguThixo wemikhosi igama lakhe.

6 Yeha ke abatyeshileyo eZiyon, nabakholose ngentaba yakwaSamari; abadumileyo ngamagama kwintlahlela yeentlanga, eza kubo indlu kaSirayeli!
2 Welelani eKalene, nibone; nisuke khona niye eHamati enkulu, nihle niye eGati yamaFilisti; ukuba ilungile na loo mizi kunezikumkani; ukuba mikhulu na
3 imida yayo kunemida yenu. Nina, bàba imini yokubi ikude, basondeza
4 isihlalo sogonyamelo; nina, bàlele ezingqengqelweni zeempondo zeendlovu, banabe emandlalweni yabo, badle amatakane emhlambini, namathole ase-
5 sitalini; nina, bàphololoza kukubetha umrhubhe, bazicingela ukwenza izinto
6 zokuvuma njengoDavide; nina, baseli bewayini ngezitya zokutshiza zemibingelelo, bazithambise ngentlahlela yeoli, bangahlabeki kukwaphuka kukaYosefu.

Isohlwayo esoyikekayo siya kulandela

7 Ngako oko baya kuthinjwa bemke ngoku, kwasentloko kubathinjwa, iphele ingxobotshane yabanabileyo.
8 INkosi uYehova izifungile, utsho uYehova, uThixo wemikhosi; yathi, Lisikizi kum iqhayiya likaYakobi, ndizithiyile iingxande zakhe ezinde; ngako oko ndowunikela umzi nenzaliseko
9 yawo. Kuya kuthi, ukuba kuthe kwasala amadoda alishumi ndlwini-nye, afe.
10 Umntu wophakanyiswa nguyisekazi, umngcwabi wakhe, ukuba awakhuphe amathambo akhe endlwini, athi kosentla endlwini, Kusekho na okuwe? athi lowo, Akusekho nto; wóthi yena, Thwize; ngokuba alingekhankanywa
11 igama likaYehova. Ngokuba, uyabona, uYehova uwisa umthetho, bayibethe indlu enkulu ibe ngamavithi, nendlu encinane ibe ziintanda.

Amahashe ayabaleka na phezu kwee- 12 ngxondorha? bayalima na khona ngeenkomo? ukuba nikujibe nje okusesikweni kube bubuhlungu, nesiqhamo sobulungisa sibe ngumhlonyane; nina bàvu- 13 yela okungelutho; bàthi, Sizenzela iimpondo ngawethu amandla. Ke ya- 14 bonani, ndinivusela uhlanga, ndlu kaSirayeli; utsho uYehova, uThixo wemikhosi; luya kunixina, luthabathele ekuyiweni eHamati, luse esihlanjeni seArabha.

Imibono yeenkumbi, yomlilo, neyelothe yokulungelelanisa

7 Yenjenje ukundibonisa iNkosi uYehova: Yabona, idala imiqikela yeenkumbi ekuqalekeni kokuhluma kwesihlabane *sotyani*; naso isihlabane eso, emva kokusikelwa kokumkani *ingca*. Kwathi, yakugqiba ukuyidla imifuno 2 yelizwe, ndathi mna, Nkosi Yehova, khawuxolele; wóthini na uYakobi ukuma? kuba mncinane yena. Wazohlwa- 3 ya uYehova ngenxa yoko: Oko akuyi kubakho; watsho uYehova.

Yenjenje ukundibonisa iNkosi uYe- 4 hova: Nantso iNkosi uYehova ibiza umlilo, ukuba yohlwaye ngawo; wawagqiba amanzi amaninzi enzonzobila, wasitshisa isahlulo *sehlabathi*. Ndathi, 5 Nkosi Yehova, khawuyeke; wóthini na uYakobi ukuma? kuba mncinane yena. Wazohlwaya uYehova ngenxa yoko: 6 Nako oko akuyi kubakho; itsho iNkosi uYehova.

Yenjenje ukundibonisa: Nantso iNko- 7 si imi eludongeni olumpuluswa, iphethe ngesandla ilothe yokulungelelanisa. U- 8 Yehova wathi kum, Ubona ntoni na, Amosi? Ndathi, Ilothe yokulungelelanisa. Yathi iNkosi, Yabona, ndibeka ilothe esazulwini sabantu bam amaSirayeli; andiyi kubuya ndiphinde ndidlule kubo. Ziya kuchithwa izigánga 9 zakwaIsake, zibengamanxuwa iingcwele zakwaSirayeli, ndisukèle phezulu kwindlu kaYarobheham ngekrele.

UAMOSI 7–8

UAmatsiya umbingeleli utyhola uAmosi ngokwenza iyelenqe

10 UAmatsiya, umbingeleli waseBheteli, wathumela kuYarobheham ukumkani wakwaSirayeli, esithi, Ukucebile uAmosi esazulwini sendlu kaSirayeli; ilizwe alinakuwanyamezela onke amazwi akhe. 11 Ngokuba uAmosi utsho ukuthi, Úya kufa likrele uYarobheham, amaSirayeli aya kuthinjwa, afuduswe emke elizweni lawo. 12 Wathi uAmatsiya kuAmosi, Mboni, hamba, urhole uye ezweni lakwaYuda, udle khona isonka sakho, uprofete khona; 13 kodwa uze ungabi saphinda uprofete eBheteli, kuba yingcwele yokumkani khona, yindlu yakomkhulu leyo.

UAmosi uthethela ubizo lwakhe lobuprofeti

14 Waphendula uAmosi, wathi kuAmatsiya, Andimprofeti, andinyana wamprofeti; ndingumalusi weenkomo, ndingumbuthi weziqhamo zomthombe. 15 Kuba uYehova wandithabatha ndisalusa umhlambi, uYehova wathi kum, Yiya uprofete kubantu bam amaSirayeli. 16 Ngoko ke live ilizwi likaYehova. Úthi wena, Akuyi kuprofeta kumaSirayeli, akuyi kuwisa ntetho kwindlu kaIsake. 17 Ngako oko, utsho uYehova ukuthi, Umfazi wakho uya kuhenyuza phakathi komzi, bawe likrele oonyana bakho neentombi zakho; umhlaba wakho wabiwe ngolutya, ke wena ufèle emhlabeni oyinqambi; amaSirayeli aya kuthinjwa, afuduswe emke elizweni lawo.

Umbono womnyazi weziqhamo zasehlotyeni

8 Yenjenje ukundibonisa iNkosi uYehova: Nantso ingobozi ineziqhamo 2 zasehlotyeni. Yathi kum, Úbona ntoni na, Amosi? Ndathi, Ingobozi, ineziqhamo zasehlotyeni. Wathi uYehova kum, Isiphelo sibafikele abantu bam amaSirayeli; andiyi kubuya ndiphinde 3 ndidlule kubo. Ziya kuba kukubhomboloza iingoma zetempile ngaloo mini; itsho iNkosi uYehova. Zininzi izidumbu; uziqungquluzisile ezindaweni zonke; thwize!

4 Yivani oku, nina bawazondayo amahlwempu, ukuba nibaphelise abaziintsi-5 zana belizwe, nisithi, Kuya kugqitha nini na ukuthwasa kwenyanga, sithengise ngengqolowa? Iya kugqitha nini na isabatha, sivule izisele zengqolowa, ukuze sinciphise iefa,* sikhulise ishekele,* sigqwethe isikali,* sibe sesoku-6 khohlisa? ukuze sizithenge izisweli ngesilivere, namahlwempu ngeembadada ezimbini, sithengise ngomdlungu wengqolowa?

7 Úlifungile uYehova iqhayiya likaYakobi, esithi, Inyaniso, andiyi kuzilibala naphakade izenzo zabo zonke. 8 Aliyi kugungqa na ngenxa yoku ilizwe, benze isijwili bonke abemiyo kulo? aliyi kunyuka na lonke liphela njengoMnayile, lisuke amadlu, liwúthe njengoMnayile waseYiputa?

9 Kothi ngaloo mini, itsho iNkosi uYehova, ndilitshonise ilanga emini enkulu, ndenze ubumnyama ehlabathini ngemi-10 ni elisileyo. Ndiya kuyijika imithendeleko yenu zibe sisijwili, neengoma zenu zonke zibe sisimbonono; ndinxibe ezimnyama zokuzila ezinqeni zonke; ndichebe zonke iintloko, ndikwenze konke oko, kube njengesijwili esenzelwa umntwana okuphela kwamzeleyo, nokuphela kwako kube njengomhla okrakra.

Kuya kubakho indlala yamazwi kaYehova

11 Yabonani, kuza imihla, itsho iNkosi uYehova, endiya kuthumela ukulamba kulo ilizwe, kungabi kuko ukulambela isonka, kungabi kuko ukunxanela amanzi; kube kukulambela ukuva amazwi kaYehova. Baya kubhadula betha-12 bathela kolunye ulwandle, base kolunye ulwandle; bethabathela entla, base empumalanga; betyhutyha, befuna ilizwi likaYehova, bangalifumani. Nga-13 loo mini úya kuwa isidulí umthinjana omhle nomlisela, linxano. Bona abo 14 bàfunga ityala lakwaSamari; bàthi, Ehleli nje uThixo wakho, Dan; bàthi, Ihleli nje indlela yaseBher-shebha: bona baya kuwa, bangabi savuka.

Imigwebo yeNkosi ayinakuphetshwa

9 Ndayibona iNkosi imi ngasesibingelelweni. Yathi, Zibethe iinqanam, inyikime imigubasi yomnyango, uziqobe ezo zinto, ziwe entlokweni yabo bonke bephela, ndibabulale abokugqibela babo ngekrele. Osabayo kubo akasayi kusinda, angasindi nokuzisindisa kubo.
2 Ukuba bathe bagqobhozela elabafileyo, sóbathabatha nakhona isandla sam; nokuba bathe benyuka baya ezulwini,
3 ndobahlisa nakhona. Nokuba bathe bazímela encotsheni yeKarmele, ndofuna, ndibathabathe nalapho; nokuba bathe bazisithelisa phambi kwamehlo am emazantsi olwandle, ndoyiwisela umthetho nalapho inyoka, ibalume.
4 Nokuba bathe bathinjwa phambi kweentshaba zabo, ndoliwisela umthetho nalapho ikrele, libabulale, ndiwamise kubo amehlo am, ukuba kube kubi, kungalungi.
5 INkosi uYehova wemikhosi ngulophatha ilizwe, linyibilike, benze isijwili bonke abemiyo kulo; linyuke lonke liphela *njengoMnayile*, libuye liwúthe
6 *njengoMnayile* waseYiputa; ngulowakhela emazulwini amagumbi akhe aphezulu, nophahla lwawo alusekele phezu kwehlabathi; ngulobiza amanzi olwandle, awathululele phezu kwehlabathi:
7 nguYehova igama lakhe. Aninjengoonyana bamaKushi na kum, nina nyana bakaSirayeli? utsho uYehova. Andiwanyusanga na amaSirayeli ezweni laseYiputa, amaFilisti eKafetori, amaAram* eKire?

8 Yabonani, amehlo eNkosi uYehova asebukumkanini obonáyo, ndibutshabalalise, bungabikho phezu komhlaba; kodwa andiyi kuyitshabalalisa iphele indlu kaYakobi; utsho uYehova. Ngo-
9 kuba, yabonani, ndiwisa umthetho, ndiyihlungule indlu kaSirayeli ezintlangeni zonke, njengoko kuhlungulwa ingqolowa ngesihlungulo, kungawi nokhozo emhlabeni. Baya kufa ngekrele bonke
10 aboni babantu bam; abo bathi, Abuyi kusifumana, abuyi kusithintela ububi.

Ukubuyiswa kukaSirayeli

11 Ngaloo mini ndiya kuwuvusa umnquba kaDavide, lowo uwileyo, ndizivingce iintanda zawo, ndizivuse iindawo zawo ezigungxulweyo, ndiwakhe ube njengokwemihla yamandulo; ukuze ba-
12 wathimbe amasalela akwaEdom, neentlanga zonke, ezibizwa ngegama lam; utsho uYehova okwenzayo oku. Ya-
13 bonani, kuza imihla, utsho uYehova, aya kuthi afumanane umlimi nomvuni, umxovuli weediliya afumanane nomhlwayeli wembewu; iintaba zivuze incindi yeediliya, neenduli zonke zinyibilike. Ndiya kukubuyisa ukuthinjwa
14 kwabantu bam amaSirayeli, bayakhe imizi engamanxuwa, bayihlale, batyale izidiliya, basele iwayini yazo, benze imiyezo, badle iziqhamo zayo. Ndoba-
15 tyala emhlabeni wabo, bangabi sanyothulwa emhlabeni wabo endabanikayo; utsho uYehova uThixo wakho.

UOBHADIYA

Ikratshi likaEdom liya kuthotywa noSirayeli aphakanyiswe

1 Umbono kaObhadiya.

Itshilo iNkosi uYehova ngokusingisele kwelakwaEdom, ukuthi, Sivé udaba oluvela kuYehova, kuthunywe isigidimi ezintlangeni sokuthi, Sukani nime, sisukele phezulu kulo, silwe nalo.

2 Yabonani, ndikwenzé wamncinane ezintlangeni, udelekile kakhulu. Uku-
3 khukhumala kwentliziyo yakho kukulukuhlile, wena uhleliyo emfanteni wengxondorha, okhaya liphezulu, othi entliziyweni yakhe, Ngubani na oya

4 kundihlisela ehlabathini? Ukuba ùthe wakhela phezulu njengexhalanga, nokuba ithe indlu yakho yabekwa phakathi kweenkwenkwezi, ndokuhlisa nalapho; utsho uYehova.
5 Ukuba amasela ebethe eza kuwe, ukuba amanyangaza ebethe eza ebusuku (hayi, ukunqunyulwa kwakho!), ebengayi kuba anele na? Ukuba babethe beza kuwe abavuni beediliya, babengayi
6 kushiya okungàbhikicwayo na? Hayi, ukuphengululeka kwezinto zakwaEsawu! Hayi ukukhanukwa kwezinto za-
7 khe eziqhushekiweyo! Onke amadoda abenqophisene nawe akukhaphile, ada esa emdeni; akulukuhlile, akweyisile amadoda abexolelene nawe. Isonka sakho asenze inxeba okulalwa ngalo, phantsi kwakho. Akukho kuqonda ku-
8 ye. Andiyi kuthi na ngaloo mini, utsho uYehova, ndizitshabalalise izilumko kwaEdom, neengqondi ezintabeni
9 zakwaEsawu? Aya kuqhiphuka umbilini amagorha akho, Teman, ukuze banqanyulwe bonke ezintabeni zakwaEsawu ngokubulawa.
10 Ngenxa yokumgonyamela kwakho umninawa wakho uYakobi, kuya kukugubungela ukudana, unqanyulwe ngona-
11 phakade. Ngemini owabumi malunga naye, mini abasemzini bathimba ubutyebi bakhe, abolunye uhlanga bèza emasangweni akhe, bayenzela amaqashiso iYerusalem: nawe wawunjengo-
12 mnye wabo. Musa ukukhangela kwimini yomninawa wakho ngemini yeshwangusha lakhe, ungabavuyeleli oonyana bakaYuda ngemini yenkxwaleko yabo; ungàsineki ngemini yembande-

zelo. Musa ukungena esangweni laba- 13 ntu bam ngemini yeshwangusha labo, ungakhangeli nawe ebubini babo ngemini yeshwangusha labo, ungasi sandla ebutyebini babo ngemini yeshwangusha labo. Musa ukuma ekwahlukaneni 14 kweendlela, ukuze unqumle abasabayo bakubo; ungabanikeli abaseleyo bakubo ngemini yembandezelo.
Ngokuba isondele imini kaYehova 15 kuzo zonke iintlanga. Njengoko wenzé ngako, kuya kwenjiwa njalo kuwe; okwenzileyo kuya kubuyela entlokweni yakho. Ngokuba njengoko niselé nga- 16 ko entabeni yam engcwele, ziya kuhlala zisela ngokunjalo zonke iintlanga, zisèle zibizele, zibe njengabangàbàngakho.
Ke, entabeni yeZiyon kuya kubakho 17 okusindileyo, kube yingcwele; indlu kaYakobi izihluthe iindawo eyazihluthwayo. Indlu kaYakobi iya kuba 18 ngumlilo, nendlu kaYosefu ibe lilangatye; indlu kaEsawu ibe ziindiza, batshise phakathi kwabo, babadle, kungabikho usalayo wasendlwini kaEsawu; ngokuba uYehova uthethile. Abakwelasezantsi 19 bozithimba iintaba zakwaEsawu; nabasezithabazini bahluthe amaFilisti; bahluthe isisimi sakwaEfrayim, nesisimi sakwaSamari; uBhenjamin ahluthe elaseGiliyadi. Abathinjwa bakule mpi 20 yonyana bakaSirayeli baya kubahlutha abangamaKanan, bade base eTsarefa, abathinjwa baseYerusalem abaseSefaradi bahluthe imizi yelasezantsi. Konyu- 21 ka abasindisi entabeni yeZiyon, ukuze bazigwebe iintaba zakwaEsawu, ubukumkani bube bobu kaYehova.

UYONA

UYona uthunyelwa eNineve nguThixo

1 Ke kaloku kwafika ilizwi likaYehova kuYona, unyana ka-Amitayi, lisithi,
2 Suk' ume, uye eNineve, kuloo mzi mkhulu, umemeze ngawo; kuba iindawo zawo ezimbi zinyukile, zeza phambi kwam.

UYona uyasaba, inqanawa yakhe intlithwantlithwa luqhwithela

Wesuka uYona, ebalekela eTar- 3 shishe, emka ebusweni bukaYehova. Wehla ke waya eYafo, wafumanana nenqanawa eya eTarshishe. Wayirhola

UYONA 1-2

ingqesho yayo, wehla, wangena kuyo, ukuze aye nabo eTarshishe, emke 4 ebusweni bukaYehova. Ke uYehova wagalelekisa umoya omkhulu elwandle; kwabakho umoya omkhulu ovuthuzayo elwandle, inqanawa leyo yanga iza 5 kwaphuka. Boyika oomateloshe, bakhala elowo kuthixo wakhe; bayijulela elwandle impahla ebisenqanaweni, ukuziphungulela bona.

UYona ke wayehlé waya ezantsi enqanaweni, wasindwa bubuthongo wa-6 lala. Wasondela kuye umphathi wababheqi, wathi kuye, Wènzani na, thongorhandini? Vuka, ubize kuThixo wakho; mhlawumbi uThixo angásikhumbula, singabhubhi.

7 Bathi omnye komnye, Yizani, senze amaqashiso, sázi ukuba kungenxa kabani na ukuba sibe nobu bubi. Benza amaqashiso, iqashiso laphuma noYona.
8 Bathi kuye, Khawusixelele, kungenxa kabani na ukuba sibe nobu bubi? úyintoni na umsebenzi wakho? úvela phi na? liphi na ilizwe lakowenu?
9 ùngowabaphi na abantu? Wathi kubo, NdingumHebhere; ndiyamoyika uYehova, uThixo wamazulu, owenza 10 ulwandle, nomhlaba lo womileyo. Oyika amadoda lawo ngoloyiko olukhulu, athi kuye, Yintoni na le uyenzileyo? Ngokuba amadoda lawo ayesazi ukuba ubaleka emka ebusweni bukaYehova; kuba wayewaxelele.

UYona ujulelwa elwandle, aginywe yintlanzi

11 Athi kuye, Masenze ntoni na kuwe, ukuze ulwandle ludambe, lusiyeke?
12 Kuba ulwandle belusiya lusilwa. Wathi kuwo, Ndifunquleni, nindijulele elwandle, ludambe ulwandle, luniyeke; kuba ndiyazi, ukuba lo moya, m̀khulu uvuthuzayo, úphezu kwenu, úngenxa yam.
13 Atyhudisa emazeni amadoda, ezama ukuyibuyisela emhlabeni owomileyo inqanawa; akhohlwa, kuba ulwandle lwaya lusilwa phezu kwazo ngeenxa 14 zonke. Anqula uYehova, athi, Gxebe, Yehova, masingafi, masingafi ngomphefumlo wale ndoda, ungalibeki phezu kwethu igazi elimsulwa; ngokuba wena, Yehova, wenzé ngokuthanda kwakho. Amfunqula ke uYona, amjulela elwa-15 ndle; lwazola ulwandle, lwakuyeka ukujala kwalo. Amadoda amoyika u-16 Yehova ngoloyiko olukhulu, abingelela kuYehova umbingelelo, abhambathisa izibhambathiso.

UYehova wamisela intlanzi enkulu 17 ukuba imginye uYona. UYona waba sembilinini wentlanzi iimini ezintathu nobusuku obuthathu.

Umthandazo kaYona nokuhlangulwa kwakhe

2 UYona wathandaza kuYehova u-Thixo wakhe embilinini wentlanzi, wathi,

Ndakhala kuYehova ndisembandezelweni,
Wandiphendula;
Ndazibika ndisesiswini selabafileyo, 2
Waliva wena ilizwi lam.
Ngokuba wawundiphosa enzulwini, 3
embilinini yeelwandle,
Umlambo waba ngeenxa zonke kum;
Adlula phezu kwam onke amaza akho alwayo, namaza akho agugumayo.
Ndathi ke mna, Ndigxothiwe phambi 4
kwamehlo akho;
Noko ke ndiya kubuya ndibheke etempileni yakho engcwele.
Andirhawula amanzi, ada eza em- 5
phefumlweni;
Andijikeleza amanzi enzonzobila;
Ingca yolwandle yayithi jize intloko yam.
Ndehla ndaya ezikhondweni zeentaba; 6
Lona ihlabathi, imivalo yalo yandivalela ngonaphakade;
Wasuka wabunyusa emhadini ubomi bam, Yehova Thixo wam.
Ekutyhafeni komphefumlo wam nga- 7
phakathi kwam, ndakhumbula uYehova;
Wafika kuwe umthandazo wam etempileni yakho engcwele.
Abagciné amampunge angento yanto 8
Bashiya inceba yabo
Ke mna ndiya kubingelela kuwe ndi- 9
nezwi lokubulela;

Endakubhambathisayo ndiya kukuzalisa.
Usindiso lukuYehova.

10 UYehova wathetha nentlanzi, yamhlanzela uYona emhlabeni owomileyo.

UYona ushumayela eNineve; abantu bayaguquka

3 Kwafika ilizwi likaYehova kuYona okwesibini, lisithi, Suk' ume, uye eNineve, kuloo mzi mkhulu, umemeze ngawo umemezo endithetha lona kuwe.
3 Wesuka ke uYona, waya eNineve ngokwelizwi likaYehova. Ke kaloku iNineve ibingumzi omkhulu kuThixo,
4 iluhambo lweentsuku ezintathu. UYona waqala wangena kuloo mzi uhambo losuku olunye, wamemeza, wathi, Zisaya kuba ziintsuku ezimashumi mané, iNineve ibhukuqwe.
5 Amadoda aseNineve akholwa kuThixo, amema uzilo, ambatha ezirhwexayo, ethabathela kwabakhulu bawo,
6 esa kwabancinane bawo. Lafika ilizwi elo kukumkani waseNineve; wesuka etroneni yakhe, wayisusa wayibeka phantsi ingubo yakhe ende, wazigubungela ngezirhwexayo, wahlala phantsi eluthuthwini. Wathi, makudandulukwe ku-
7 tshiwo eNineve ngomthetho wokumkani nezikhulu zakhe, ukuthi: Umntu nempahla enkulu, iinkomo nempahla emfutshane, mazingevi nento; mazinga-
8 dli, mazingaseli namanzi; maze azigubungele ngezirhwexayo umntu nempahla enkulu, akhale kuThixo ngokunamandla, abuye elowo endleleni yakhe embi, elugonyamelweni olusezandleni zakhe.
9 Ngubani na owaziyo ukuba akangebuyi kanti azohlwaye uThixo, abuye ekuvutheni komsindo wakhe, ukuze singabhubhi?
10 UThixo wazibona izenzo zabo, ukuba babuyile ezindleleni zabo ezimbi; uThixo wazohlwaya ngenxa yobubi, abethé uya kubenza kubo; àkabenza.

UYona ugxeka uThixo ngokwenza inceba

4 Kwaba kubi kuYona kakhulu, wavutha ngumsindo. Wathandaza kuYehova, wathi, Camagu, Yehova! Labe lingelilo na ilizwi lam eli, ndisesemhlabeni wakowethu? Ngenxa yoko ndaphanga ngokubalekela eTarshishe; ngokuba ndandisazi ukuba ùnguThixo obabalayo, onemfesane, ozeka kade umsindo, onenceba enkulu, ozohlwa-
yayo ngenxa yobubi. Ke ngoku, Ye- 3
hova, seluwuthabatha umphefumlo wam kum, kuba ukufa kum kulungile kunokuba ndidle ubomi. Wathi uYehova, 4 Uyalungisa na ukuthi oku, uvuthe ngumsindo?
Waphuma ke uYona kuwo umzi, 5 wahlala ngasempumalanga kuwo umzi, wazenzela khona umnquba; wahlala ngaphantsi kwawo emthunzini, ukuze ade abone ukuba kuya kuthekani na kuwo umzi.

Isifundo ngomhlavuthwa

UYehova uThixo wammisela umhla- 6 vuthwa; waphuma, wenyuka waba phezu koYona, ukuba ube ngumthunzi entlokweni yakhe, umhlangule ebubini bakhe. Wawuvuyela uYona umhlavuthwa lowo, wawuvuyela kakhulu. U- 7 Thixo wamisela intlava, ukuthi qhiphu kokusa ngengomso, yabetha umhlavuthwa lowo, woma. Kwathi ekuphume- 8 ni kwelanga, uThixo wamisela ulophu lwasempumalanga; ilanga labetha kuYona entloko, wawa isiduli; wawucelela ukufa umphefumlo wakhe, wathi, Kulungile ukufa kum, kunokuba ndidle ubomi.
Wathi uThixo kuYona, Uyalungisa 9 na ukuthi oku, uvuthe ngumsindo ngenxa yomhlavuthwa? Wathi, Ndiyalungisa ukuthi ndivuthe ngumsindo kude kuse ekufeni. Wathi uThixo, Wena 10 unenceba ngomhlavuthwa, ongabulalekanga nguwo, ongawuhlumisanga, okhulé ngobusuku, wadaka ngobusuku: ndingàbi nanceba na ke mna ngenxa 11 yeNineve, loo mzi mkhulu, unabantu abangaphezu kwekhulu elinamanci mabini amawaka, abangakwaziyo ukunene kwabo kwikhohlo labo; kwanempahla enkulu eninzi?

UMIKA

Iziprofeto zokuchasa uSirayeli noYuda

1 Ilizwi likaYehova elafika kuMika waseMoreshete, ngemihla kaYotam, ka-Ahazi, kaHezekiya, ookumkani bakwaYuda, awalibonayo ngokusingisele kwelakwaSamari neYerusalem.

2 Yivani nonke, zizwe niphela; bazani indlebe, hlabathi nenzaliseko yalo; mayibe lingqina iNkosi uYehova ngani, 3 iNkosi etempileni yayo engcwele. Kuba nanko uYehova ephuma endaweni yakhe, eya kuhla, anyathele phezu kwe- 4 mimango yehlabathi. Ziya kunyibilika iintaba phantsi kwakhe, zicandeke izihlambo, njengomthwebeba phambi komlilo, njengamanzi ephalazwé exandekeni.

5 Konke oko kungesikreqo sakwaYakobi, kungesono sendlu kaSirayeli. Ngubani na obange isikreqo sakwaYakobi? AsingowakwaSamari na? Ngubani na obange iziganga zakwaYuda? Asingo- 6 waseYerusalem na? Ngoko ke ndolenza elakwaSamari libe yimfumba yamatye esisimi, libe ziindawo zokutyala imidiliya; ndiwaphose amatye alo emfu- 7 leni, ndizityhile iziseko zalo. Iya kuqotywa yonke imifanekiso yalo eqingqiweyo, lutshiswe ngomlilo lonke utsheqo lwalo, ndizichithe zonke izithixo zalo; ngokuba lizibuthe ngotsheqo lwehenyukazi, ziya kubuya ke zibe lutsheqo lwehenyukazi.

8 Ngoko ke ndiya kumbambazela, ndibhomboloze; ndiya kuhamba ndibhunyulwe, ndíshiywe ndizé; ndiya kukhala njengempungutye, ndilile njengenci- 9 niba. Kuba amanxeba alo akanakunyangwa; ngokuba kude kwafika nakwaYuda, kwada kwafika esangweni labantu bam eYerusalem.

Isililo ngokuwa kukaSirayeli

10 Musani ukukuxela eGati, musani ukulila nokulila; eBhetele-afra ndizigaléle ngothuli. Dlulani, bemi baseShafire, 11 nihambe zé ngokulihlazo; abemi baseTsanan abaphumanga; umbambazelo lwaseBhete-etsele lunihlutha ukuma kwenu kuyo. Kuba abemi baseMaroti 12 bazibhijabhija ngenxa yokulungileyo; kuba kuhlé ububi buphuma kuYehova, beza esangweni leYerusalem. Bophani 13 iimbaleki ezinqwelweni zokulwa, bemi baseLakishe; ibikukuqala kwesono entombini enguZiyon, ukuthi zifunyanwe kuyo izikreqo zakwaSirayeli. Ngako 14 oko ùya kuyinika iMoreshete yaseGati inqakwe; izindlu zaseAkezibhi ziya kuba ngumlambo okhohlisayo kookumkani bakwaSirayeli. Ndisaya kuyizisa indla- 15 lifa kuni, bemi baseMaresha; baya kufika eAdulam abazukileyo bakwaSirayeli. Chebani, niziguye iintloko, ngenxa yoonyana beziyolo zenu; kwenzeni 16 banzi ukucheba kwenu, njengexhalanga; kuba bathinjiwe kuwe.

Isohlwayo sokunyoluka nengcinezelo

2 Athi ke, abo bacinga ubutshinga, basebènze ububi ezililini zabo! abathi ekukhanyeni kwengomso babenze, ngokuba isandla sabo singuthixo wabo. Banqwenela amasimi, bawahluthe; kwa- 2 nezindlu, bazithabathe; bacudisa umfo nendlu yakhe, indoda nelifa layo.

Ngako oko utsho uYehova ukuthi, 3 Yabonani, ndicinga ububi ngale mizalwane, eningayi kuzirhola iintamo zenu kubo, ningahambi niqhankqalaza; kuba lixesha lobubi. Ngaloo mini kuya 4 kwenziwa umzekeliso ngani, bameme isimema, kuthiwe, Kwenzekile; sibhuqiwe sabhuqwa. Isahlulo sabantu bakowethu usananisile; hayi, ukusísusa kwakhe kum! amasimi ethu úwabela amaphamba. Ngako oko akuyi kuba 5 naye okuphosela ulutya kwiqashiso ebandleni likaYehova. Bathi, Musani 6 ukuwisa intetho, bewisa intetho; ukuba

UMIKA 2-4

àbathe bawisa intetho kubo abo, akayi kubuya umva amahlazo.

7 Wena kùthiwa ùyindlu kaYakobi, úyazekaneka na uMoya kaYehova? kukwenza kwakhe na oku? Akalungisi na amazwi am kohamba ngokuthe tye? 8 Izolo eli abantu bam basuke ngokotshaba; nibahluba ingubo ende yokwaleka kwengaphantsi, ábadlula bekholosile, 9 bengathandi kulwa. Abafazi babantu bam niyabagxotha ezindlwini zeziyolo zabo; ebantwaneni babo nizithabathile 10 izivatho zam ngonaphakade. Sukani, nihambe; kuba asiyiyo indawo yokuphumla kwenu le; ngenxa yobunqambi bayo obonákalisayo, obonákalisayo ka- 11 khulu. Ukuba bekukho umntu ohamba nomoya, exokisa ngamanga, esithi, Ndiya kuwisa intetho kuwe ngokusingisele kwiwayini, nakwisiselo esinxilisayo, ubeya kuba ngumwisi-ntetho kwaba bantu.

Ukubuyiswa kwamasalela

12 Ndiya kukuhlanganisa okunene, Yakobi, uphela; okunene ndiya kuwabutha amasalela akwaSirayeli; ndiya kubenza babe banye, njengempahla emfutshane yaseBhotsera, njengomhlambi ophakathi kwedlelo lawo; baya kuxokozela 13 ngokuba baninzi kwabantu. Únyuké phambi kwabo umgqobhozi; bayagqobhoza, bayangena esangweni, bayaphuma kwangalo; ukumkani wabo uhamba phambi kwabo, uYehova esentloko kubo.

Abalawuli abakhohlakeleyo nabaprofeti bobuxoki

3 Ndathi, Khanive, zintloko zakwa-Yakobi, nani baphathi bendlu kaSirayeli; asikokwenu na ukukwazi oku-2 sesikweni? nina, bathiyi bokulungileyo, bathandi bokubi; nina bahlinzi bolùsu lwabantu, nenyama yabo emathanjeni 3 abo; nina, bayidlileyo inyama yabantu bam; balobula ulùsu lwabo; bawaphula amathambo abo; bawaxhaxha ngathi ngawembiza, ngathi yinyama kungxawu.
4 Baya kwandula bakhale kuYehova, angabaphenduli; asuke abusithelise ubuso bakhe kubo ngelo xesha, njengoko bazenzé zambi iintlondi zabo.

Utsho uYehova ngokusingisele ku- 5 baprofeti ababandwendwisáyo abantu bakowethu; abathi, xa banokuhlafunwayo, baze bamemeze uxolo; bathi, osukuba engafaki nto emlonyeni wabo, bamngcwalisele imfazwe, ukuthi: Nga- 6 ko oko niya kuba nobusuku, iphuthe imibono; nibe nobumnyama, kuphuthe ukuvumisa; litshone ilanga kubaprofeti, ibe mnyama imini kubo. Ziya kudana 7 iimboni, babe neentloni abavumisi, bazigqubuthele iindevu bonke bephela; ngokuba kungekho mpendulo kaThixo.

Ke mna ndizele ngamandla ngomoya 8 kaYehova, ndizele kokusesikweni nobugora, ukuze ndimxelele uYakobi ukreqo lwakhe, uSirayeli isono sakhe. Khanive oku, nina zintloko zendlu ka- 9 Yakobi, nani baphathi bendlu kaSirayeli, abakwenza amasikizi okusesikweni, bakujikajike konke okuthe tye; ábaya- 10 kha iZiyon ngamagazi, neYerusalem ngobugqwetha. Iintloko zayo zigweba 11 ngenxa yesicengo, nababingeleli bayo bayayala ngenxa yomvuzo, nabaprofeti bayo bavumisa ngenxa yemali; baze bayame ngoYehova, besithi, UYehova àkaphakathi kwethu, yini na? àsiyi kuzelwa bubi. Ngako oko, ngenxa 12 yenu iya kulinywa iZiyon ibe yintsimi, iYerusalem ibe yimiwewe, intaba yayo indlu ibe yimimango yehlathi.

Uxolo, iże iYerusalem ibe liziko lonqulo

4 Ke kaloku, ekupheleni kwemihla, intaba yendlu kaYehova iya kuzinza encotsheni yazo iintaba, yona ziziphakamele iinduli, zibe ngumsinga izizwe ukuya kuyo. Ziya kuhamba iintlanga 2 ezininzi, zithi, Hambani, sinyuke siye entabeni kaYehova, endlwini yoThixo kaYakobi, ukuze asiyalele iindlela zakhe, sihambe ngomendo wakhe; kuba uya kuphuma eZiyon umyalelo, nelizwi likaYehova eYerusalem.

Úya kugweba phakathi kwezizwe 3 ezininzi, ohlwaye iintlanga ezinamandla, ade ase kùde; ziwakhande, amakrele azo abe ngamakhuba, nezikhali zazo zibe

zizitshetshe zokuthena imidiliya. Uhlanga aluyi kuphakamisela kuhlanga ikrele lalo, bangabi safunda ukulwa.
4 Baya kuhlala elowo phantsi komdiliya wakhe, naphantsi komkhiwane wakhe, kungabikho uboyikisayo; kuba umlomo
5 kaYehova wemikhosi uthethile. Kuba zonke izizwe zihamba, sona eso egameni lothixo waso; thina ke sihamba egameni likaYehova uThixo wethu, ngonaphakade kanaphakade.

Iimbambano nezoyiso zeZiyon

6 Ngayo loo mini, utsho uYehova, ndiya kubahlanganisa abaqhwalelayo, ndibabuthe abagxothiweyo, nabendiba-
7 phethe kakubi; ndibenze abaqhwalelayo babe ngamasalela, nabakhweleliselwa kùde babe luhlanga olunamandla, uYehova abe ngukumkani kubo entabeni yeZiyon, kususela ngoku kude kuse ephakadeni.
8 Wena ke, nqaba ende yomhlambi, nduli yentombi enguZiyon, luya kuza lufikelele kuwe olwangaphambili ulawulo, lokuba bubukumkani bentombi
9 enguYerusalem. Ngokunje ùkhalelani na ngoku kukhala? Akakho na ukumkani kuwe? Umcebisi wakho ubhubhile na, ukuba ubanjwe nje kukuzi-
10 bhijabhija, njengozalayo? Zibhijabhije, ubhanyalaze njengozalayo, ntombi inguZiyon; ngokuba ngoku ùya kuphuma phakathi komzi, uhlale endle, ude uye eBhabheli; ùya kuhlangulwa khona; úya kukukhulula khona uYehova esandleni seentshaba zakho.
11 Ngoku ke kuhlanganisene iintlanga ezininzi ngawe, zisithi, Mayihlanjelwe,
12 ayibone amehlo ethu iZiyon. Ke zona ezi azizazi iingcinga zikaYehova, aziliqondi icebo lakhe; kuba uzibuthile nje-
13 ngezithungu zesandá. Suk' ume, ubhule, ntombi inguZiyon, kuba uphondo lwakho ndilwenza isinyithi, neempuphu zakho ndizenza ubhedu. Ùya kucola iintlanga ezininzi, uyisingele phantsi kuYehova inzuzo yazo embi, ubusingele phantsi kwiNkosi yehlabathi lonke ubutyebi bazo.

5 Kaloku ngungelanani, ntombi yongungelwano; bayasingqinga, babetha ngentonga esidleleni nakumgwebi wakwaSirayeli.

UMlawuli oya kuvela eBhetelehem

Ke wena, Bhetelehem-efrata, ùmnci- 2 nane kunokuba ubekho emawakeni akwaYuda, kuya kuphuma kuwe, eze ngenxa yam, oya kuba ngumlawuli kwaSirayeli, oziphumo zakhe zisusela kumandulo, zisusela kwimihla yasephakadeni. Ngako oko úya kubanikela 3 kude kube lixesha lokuzala kozalayo, ade abuye amasalela abazalwana bakhe, kunye noonyana bakaSirayeli; úya ku- 4 ma, aluse enamandla kaYehova, enobungangamsha begama likaYehova uThixo wakhe; bahlale; ngokuba ngoku úya kuba mkhulu, ese eziphelweni zehlabathi.
Wóba luxolo lowo. Xa uAsiriya 5 azileyo ezweni lakowethu, xa anyathelayo ezingxandeni zethu ezinde, siya kumisela abalusi abasixhenxe, neenkosi zabantu ezisibhozo, zimelane naye. Baya kulalùsa ilizwe laseAsiriya nge- 6 krele, nelizwe lakwaNimrodi emasangweni alo; asihlangule kuma-Asiriya, xa azileyo ezweni lakowethu, xa anyathelayo emideni yethu.
Amasalela akwaYakobi aya kuba 7 phakathi kwezizwe ezininzi, njengombethe ophuma kuYehova, njengamathontsi emvula ebutyanini; engathembele mntwini, engalindele koonyana babantu. Amasalela akwaYakobi oba sezi- 8 ntlangeni, phakathi kwezizwe ezininzi, njengengonyama phakathi kweenyamakazi zehlathi; njengengonyama entsha phakathi kwemihlambi yeegusha, yona ithi, ingàcanda kuzo, isuke inyhashe, iqwenge, kungabikho mhlanguli. Ma- 9 siphakame isandla sakho, sibe phezu kwababandezeli bakho, zinqunyulwe zonke iintshaba zakho.

Ukuhlanjululwa kukaSirayeli nguYehova

Kothi ngaloo mini, utsho uYehova, 10 ndiwanqumle amahashe akho, angabikho phakathi kwakho, ndizitshabalalise

11 iinqwelo zakho zokulwa. Ndoyinqumla imizi yelizwe lakowenu, ndizigu-
12 ngxule zonke iinqaba zakho; ndibanqamle abakhafuli, bangabikho esandleni
13 sakho; amatola angabikho kuwe. Ndiya kuyinqumla imifanekiso yakho eqingqiweyo, nezimiso zakho zamatye, zingabikho phakathi kwakho; ungabi saqubuda kumsebenzi wezandla zakho.
14 Ndobanyothula ooAshera* bakho, bangabikho phakathi kwakho; ndiyitshabalalise imizi yakho. Ndiya kuphindezela ndinomsindo, ndishushu ezintlangeni ezingevayo.

Ukuphikisana kuka Yehova nabantu bakhe

6 Khanive akuthethayo uYehova; uthi, Suk' ume, ubambane neentaba, iindu-
2 li zilive ilizwi lakho. Yivani, zintaba, ukubambana kukaYehova, nani zimakade, ziseko zehlabathi; kuba uYehova ubambene nabantu bakhe, uya kuphi-
3 kisana namaSirayeli. Bantu bam, ndenzé ntoni na kuni? Ndinidinisé nga-
4 ntoni na? Ndiphenduleni. Ngokuba ndaninyusa ezweni laseYiputa, ndanikhulula endlwini yamakhoboka, ndathuma phambi kwenu ooMoses, noAron,
5 noMiriyam. Bantu bam, khanikukhumbule ukucebisa kukaBhalaki ukumkani wakwaMowabhi, nokuphendula kukaBhileham unyana kaBhehori, ethabathela eShitim, wada wesa eGiligali, ukuze niyazi imisebenzi kaYehova yobulungisa.

Unqulo oluyinyaniso

6 Ndiya kumkhawulela uYehova ndinantoni na? Ndiye kuzigoba na kuThixo ophezulu? Ndiya kumkhawulela ndinamadini anyukayo na, ndinama-
7 thole amnyaka mnye na? Wókholiswa na uYehova ngamawaka eenkunzi zezimvu, ngamawaka alishumi emilambo yeoli? Ndorhola owamazibulo na ngenxa yesikreqo sam, isiqhamo somzimba wam na ngenxa yesono so-
8 mphefumlo wam? Úxelelwe, mntundini, okulungileyo: akubizayo uYehova kuwe, kukuthi wenze okusesikweni, uthande inceba, uhambe noThixo wakho ngokuthozamileyo.

Ukungathembeki nesohlwayo sako

Izwi likaYehova libhekisa kuwo umzi 9 ukubiza, igama lakho liyayibona eyona nto iyiyo. Yiveni intonga, nalowo uyiyalelayo. Busekho na ubuncwane 10 bokungendawo endlwini yongendawo, ne-efa* edlekileyo, ebhavunyelweyo? Ndoqaqamba na ndinesikali* sokunge- 11 ndawo, ndinengxowa yamatye* enkohliso? Kuba izityebi zakhona zizele lu- 12 gonyamelo, nabemi bakhona bathethé ubuxoki, nolwimi lwabo lubé lunenkohliso emlonyeni wabo.

Nam ke ndikuxábele ngokubulalayo, 13 ndikuphanzisile ngenxa yezono zakho. Wena uya kudla, ungahluthi, uhlale 14 unephango; usabise, ungasindisi; nokusindileyo ndikunikèle ekreleni. Wena 15 uya kuhlwayela, ungàvuni; wena uya kuxovula umnquma, ungàzithambisi ngeoli; uxovule iwayini entsha, ungàseli wayini. Bazigcinela imimiselo ka- 16 Omri, nezenzo zonke zendlu ka-Ahabhi, nisuke nihambe ngamacebo abo; ukuze ndinènze nibe ngummangaliso, nabemi bayo babe ngumsondlo; ngoko niya kuthwala ukungcikivwa kwabantu bam.

Ukugonyamela nenkohlakalo eluntwini

7 Athi ke mna! Kuba ndisuke ndaba njengokuhlanganiswa kweziqhamo zasehlotyeni, njengokubhikicwa kweediliya; akukho sihloko sakudliwa; akukho khiwane liqalelayo, linqwenelwayo ngumphefumlo wam. Udakile owe- 2 nceba, àkabakho ehlabathini; akasekho nothe tye phakathi koluntu; bonke bephela balalela igazi, elowo uzingela umzalwana wakhe ngomnatha.

Izandla zabo zozibini zisentweni embi 3 ukuba ziyifeze; uthi umthetheli acele ngegunya, umgwebi enzele umvuzo; omkhulu yena uthetha ububi bomphefumlo wakhe; benjenjalo ke ukuyiphotha. Olungileyo kubo unjengomtholo, 4 othe tye ugqithisele nakuthango lweminga; iyéza imini yababoniseli bakho, yokuvelelwa kwakho, kubekho ngoku ukudideka kwabo.

5 Musani ukukholwa nguwenu, ningakholosi ngekholwane; nakolele esifubeni sakho, zigcine iingcango zomlomo wa-
6 kho. Ngokuba unyana úmenza isidenge uyise, intombi isukela phezulu kunina, umolokazana kuninazala; iintshaba zomntu ngabantu bendlu yakhe.

Inkoloseko kaSirayeli kuThixo

7 Mna ke ndiya kuqwalasela kuYehova; ndiya kulindela kuThixo wokusindiswa kwam; úya kundiva uThixo wam.
8 Musa ukundivuyelela, lutshaba lwam; kuba, ndíwile nje, ndiya kubuya ndivuke; kuba, ndihleli emnyameni nje, uYehova uya kuba kukukhanya kum.
9 Ukujala kukaYehova ndiya kukuthwala, kuba ndonile kuye, ade andithethelele etyaleni lam, andilungisele; uya kundikhuphela ekukhanyeni; ndiya kububona
10 ubulungisa bakhe. Ke utshaba lwam luya kubona, lugutyungelwe kukudana, obe lusithi kum, Uphi na uYehova, uThixo wakho? Amehlo am aya kulubona; kungoku luya kunyathelwa njengodaka lwezitrato.
11 Iyéza imini yokwakhiwa kweendonga zakho; ngaloo mini úya kuba kude
12 ummiselo. Ngaloo mini boza kuwe, bevela eAsiriya nasemizini yaseYiputa, bethabathela eYiputa, bade base kuwo uMlambo;* bethabathela elwandle, base elwandle; bethabathela entabeni base entabeni. Kuya kuba senkangala eli- 13 zweni, ngenxa yabemi balo, ngenxa yeziqhamo zeentlondi zabo.

Yalusa abantu bakho ngentonga 14 yakho, iigusha zelifa lakho, ezihleli zodwa, ehlathini phakathi kweKarmele; mazidle eBhashan nakwelaseGiliyadi, ngokweemini zasephakadeni. Ngo- 15 kweemini zokuphuma kwakho ezweni laseYiputa, ndiya kubabonisa imisebenzi ebalulekileyo. Iintlanga ziya kubona, 16 zibudanele ubugorha bazo bonke; ziya kubeka isandla emlonyeni, iindlebe zazo ziya kuba zizithulu. Ziya kukho- 17 tha uthuli njengenyoka, njengezinambuzane zehlabathi; ziya kuphuma zigungqa ekuvingcelweni kwazo; ziya kuya zinkwantya kuYehova uThixo wethu, zoyike phambi kwakho.

Iinceba zikaThixo ezingenamlinganiselo

Ngubani na onguThixo onjengawe, 18 oxolela ubugwenxa, adlule esikreqweni samasalela elifa lakhe? Akawugcini unaphakade umsindo wakhe; kuba yena uthanda ukwenza inceba. Wóbuya abe 19 nemfesane kuthi, abunyathelele phantsi ubugwenxa bethu; wòziphosa ezinzulwini zolwandle zonke izono zabo. Úya kumnika uYakobi inyaniso, *umnike* 20 uAbraham inceba, owabafungela yona oobawo kususela kwimihla yamandulo.

UNAHUM

Umsindo wokuphindezela kukaYehova

1 Isihlabo esisingisele kwiNineve. Incwadi yombono kaNahum waseElekoshe.

2 UYehova nguThixo onobukhwele, ophindezelayo; uYehova ngumphindezeli obushushu bukhulu; uYehova ngumphindezeli kubachasi bakhe, ezigcinela iintshaba zakhe umsindo wakhe. U- 3 Yehova uzeka kade umsindo, mkhulu ke ngamandla, ongakhe amenze msulwa *onetyala*; uYehova, indlela yakhe isesivunguvaneni naseluqhwitheleni, namafu aluthuli lweenyawo zakhe. Ukhali- 4 mela ulwandle, alutshise, ayomise nemilambo yonke; intshwenyile iKarmele neBhashan, intshwenyile intyantyambo yaseLebhanon. Iintaba ziyanyikima 5

UNAHUM 1-3

phambi kwakhe, neenduli ziyanyibilika; liyafukuka ihlabathi ebusweni bakhe,
6 elimiweyo nabemi bonke abakulo. Ngubani na ongémayo phambi kobhavumo lwakhe? Ngubani na ongáziphakamisayo ekuvutheni komsindo wakhe? Ubushushu bakhe buphalazeka njengomlilo, namawa ayadilizwa nguye.
7 UYehova ulungile, uligwiba ngemini yembandezelo; uyabazi abazímela nga-
8 ye. Ke uyayiphelisa indawo yayo ngomkhukula ehamba phandle, azisukele
9 iintshaba zakhe emnyameni Nicinga ntoni na ngoYehova? Uyaphelisa yena; imbandezelo ayisayi kuphakama izihla-
10 ndlo ezibini. Kuba bofanelana bephinyelene ngokweziphingo, benxila yiwayini yabo emnandi: baya kudliwa nga-
11 phele, njengeendiza ezomileyo. Kuphum'e kuwe ocinga okubi ngoYehova, oceba ubutshijolo.

Ukuwa kweNineve

12 Utsho uYehova ukuthi, Noko bapheleleyo, bebaninzi nokuba baninzi, baya kusikwa noko benjalo, badlule. Ndikucinezele nje, andiyi kuphinda
13 ndikucinezele. Ngoku ke ndiya kuyaphula idyokhwe yakhe, ingabikho kuwe;
14 ndiziqhawule izitropu zakho. Ke uYehova uwise umthetho ngawe, wokuba akusayi kuba sahlwayelwa nto inegama lakho; endlwini yothixo wakho ndowunqumla umfanekiso oqingqiweyo notyhidiweyo; ndiya kulenza ingcwaba
15 lakho; kuba wafunyanwa ulula. Yabonani, sisezintabeni iinyawo zabashumayela iindaba ezilungileyo, abavakalisa usindiso. Yenza imithendeleko yakho, Yuda, zalisa izibhambathiso zakho; ngokuba akasayi kubuya acande kuwe olitshijolo; únqunyulwe kwaphela.

Ukuwa kweNineve nokutshatyalaliswa kwayo

2 Kunyuké umhlekezi, weza phambi kwakho, Nineve; londoloza inqaba yakho, bonisela endleleni, qinisa izinqe,
2 khupha amandla kunene. Ngokuba uYehova ulibuyele iqhayiya lakwaYakobi ngokweqhayiya lakwaSirayeli; ngokuba abathi qongqololo bathe qongqololo; bawonakalisile amasebe abo emidiliya. Ingweletshetshe yamagorha akhe 3 yenziwe ingqombela, amadoda anobukroti athiwe wambu ngezibomvu; iinqwelo zokulwa zinomlilo ophuma ezintsimbini ngemini yokuxhoba kwakhe, izinto zemisipres* ziyatyityimba. Iinqwelo zokulwa ziyadlongozela ezi- 4 tratweni, ziyagilana emabaleni; ukubonakala kwazo kunjengezikhuni ezitshangaziswayo, zibaleka njengemibane.

Úkhumbulé iingangamsha zakhe; 5 ziya kukhubeka ekuhambeni kwazo; zingxamela eludongeni lwayo, selimisiwe ikhuselo. Amasango àsemilanjeni a- 6 vuliwe, linyibilikile ibhotwe. Kugqi- 7 tyiwe kwelokuba yiya kuhlutywa, imkiswe, nabakhonzazana bayo badumzele ngokwelizwi lamavukuthu, bebetha ezifubeni zabo. INineve injengechibi lama- 8 nzi, kususela koko yabakhoyo; bayabaleka noko; kuba angàthiwa, Yimani, yimani! hayi, akubikho uphethulayo.

Phangani isilivere, phangani igolide; 9 akunakuphela ukuxhotyiswa ngobuninzi beempahla zonke ezinqwenelekayo. Kuthe qongqololo, kwathi qongqololo, 10 kwaba selubala; intliziyo inyibilikile, amadolo ayagevezela; yinimba emanqeni onke, ubuso bonke buphela buba luthuthu. Siphi na isikhundla seengo- 11 nyama, nedlelo elo leengonyama ezintsha, ebilihamba ingonyama induna nengonyamakazi, ithole lengonyama, kungekho wothusayo? Ingonyama le 12 iqwenga okwanele amathole ayo, ikrwitshele iingonyamakazi zayo, izalise imingxuma yayo ngexhoba, nezikhundla zayo ngento eqwengiweyo.

Uthi uYehova wemikhosi, Yabona, 13 ndikuchasile; ndozitshisa iinqwelo zakho zokulwa zibe ngumsi, ikrele lizidle iingonyama zakho ezintsha; ndilinqumle ehlabathini ixhoba lakho, lingabi savakala izwi labathunywa bakho.

Ukutshatyalalíswa okulusizi kweNineve

3 Yeha, umzi wamagazi! Úzele kwaphela luhanahaniso nakukudlavula;

UNAHUM 3—UHABHAKUKI 1

2 akumki kuwo ukuqwenga. Isithonga seziniya, nesithonga sokugoqoza kweevili, nokuphala kwamahashe, nokuxhu-
3 ma kweenqwelo zokulwa; abamahashe besenza amagqasi, ukubengezela kwamakrele, nokumenyezela kwezikhali; ukuba baninzi ababuleweyo, izigigaba zabafileyo; ewe, azinakuphela izidumbu;
4 bayakhubeka ezidumbini zabo; ngenxa yobuninzi bezihenyuzo zehenyukazi elihle, elinesoya, umnikazi-kukhafula, othengisa iintlanga ngezihenyuzo zakhe, nemizalwane ngokukhafula kwakhe.
5 Uthi uYehova wemikhosi, Yabona, ndikuchasile; ndozityhila iingubo zakho, ndiziphose phezu kobuso bakho, ndizibonise iintlanga ubuzé bakho; ndizibonise izikumkani ukucukucezwa kwakho.
6 Ndiya kukugalela ngezinto ezinezothe, ndikwenze inqambi, ndikwenze ube
7 njengento ebonelwayo. Kuya kuthi, bonke abakubonayo bakubaleke, bathi, INineve ibhuqekile; ngubani na oya kuyikhuza? ndokufunela phi na abathuthuzeli?
8 Ùyidlule ngokulunga yini na iNo ka-Amon, eyamisa emijelweni yoMnayile, amanzi engeenxa zonke kuyo; elungqameko lwayo ibilulwandle, udonga
9 lwayo lululwandle? Ayengamandla ayo amaKushi kwanamaYiputa, engenakuphela ndawo ke; amaPuti namaLubhi
10 avengabancedisi bayo. Nayo ke leyo yafuduswa, yathinjwa, neentsana zayo zacunyuzwa ezimbonjeni zezitrato zonke; amadoda azukileyo kuyo bawenzela amaqashiso; bonke abakhulu kuyo babakhonkxa ngemixokelelwane.

Nawe lo ùya kunxila, ùya kufihlaka- 11 la; nawe lo ùya kufuna igwiba ngenxa yotshaba. Zonke iinqaba zakho ziyi- 12 mikhiwane enamakhiwane aqalelayo; ukuba avuthululwe, owá emlonyeni wowadlayo. Yabona, abantu bakho 13 bangamankazana phakathi kwakho apho; avulekile amasango elizwe lakho, avulekela iintshaba zakho; umlilo utshisa imivalo yakho.

Zikhelele amanzi angqingo, qinisa 14 iinqaba zakho; ngena eludakeni, uxovule udongwe; lungisa iziko lokutshisa izitena. Khona apho umlilo uya kuku- 15 tshisa; ikrele liya kukunqumla, liya kukudla njengenkumbi ekhothululayo. Zándise njengenkumbi ekhothululayo, zándise njengenkumbi eyandayo. Ú- 16 bandisile ke abarhwebi bakho ngaphezu kweenkwenkwezi zezulu; inkumbi ekhothululayo igalelekile, yabhunyula, yabaleka yemka. Abalúluhle bakho ba- 17 njengeenkumbi ezandayo, abathetheli bakho banjengemiqikela, ngemiqikela yeenkumbi, ezilalisa ezintangweni mhla ngengqele; lithi lingaphuma ilanga, zibaleke zimke, ingazeki indawo yazo, ukuba ziphi na.

Balele abalusi bakho, kumkani Asiri- 18 ya; zilele phantsi iingangamsha zakho; bathe phangalala abantu bakho ezintabeni, akukho ubabuthayo. Àkuhla- 19 ngani ukwaphuka kwakho; inxeba lakho lelibulalayo. Bonke abazivayo iindaba zakho babetha izandla ngawe; ngokuba ngubani na ezingadlulanga phezu kwakhe izinto zakho ezimbi ngamaxesha onke?

UHABHAKUKI

Umprofeti ukhalazela uYehova ngokunyamezela kwakhe inkohlakalo

1 Isihlabo awasibonayo uHabhakuki umprofeti.

2 Kunini na, Yehova, ndizibika, ungeva; ndikhala kuwe ndisithi, Ugonyamelo, ungàsindisi? Yini na ukuba 3 undikhangelise ubutshinga, ukondele okubi? Yimbuqo nogonyamelo phambi kwam; kukho ubambano, kuphakamé ingxabano. Ngenxa yoko úye- 4 kelelwe umyalelo, ukuze kungaveli naphakade okusesikweni; kuba abangendawo bayawarhawula amalungisa;

ngenxa yoko okusesikweni kuphuma kujikekile.

AmaKaledi axhoxhwa ukuze ohlwaye uYuda

5 Khangelani phakathi kweentlanga, nondele, ningakhulumi nokukhuluma; ngokuba ndiya kusebenza umsebenzi ngemihla yenu, eningayi kukholwa
6 nguwo, nokuba niyawubaliselwa. Kuba, yabonani, ndixhoxha amaKaledi, uhlanga olulugcalagcala, oluyintshakavula; oluhamba nobubanzi behlabathi, ukuze luhluthe amakhaya angewalo.
7 Luyadengisa, luyoyikeka; kuphuma
8 kwakulo okusesikweni kwalo, nokuphakama kwalo. Anamendu ngaphezu kwezingwe amahashe alo, aqubula ngaphezu kweengcuka zangokuhlwa. Bayaphalisa abamahashe balo; abamahashe balo beza bevela kude, bee tshwebelele njengexhalanga elikhawulezayo ukuza ku-
9 ndla. Bonke bephela beza ngokugonyamela; ubuso babo buzamela phambili; bahlanganisa abathinjwa njengentlaba-
10 thi. Bona bacukuceza ookumkani, nezidwangube ziyintlekisa kubo; bona bayazihleka iinqaba zonke; bafumba uthuli,
11 bazithi hlasi. Baya kwandula bakhukule ngokomoya, badlule, bazeke ityala; la mandla abe nguthixo wabo.

Umprofeti uyakhalaza kuThixo ngokunginiza kwamaKaledi

12 Wena akunguye na owasusela kwakumandulo, Yehova, Thixo wam, ungoyiNgcwele wam? Asiyi kufa. Yehova, ubamisele ukuba bagwebe; Liwa, uba-
13 seke ukuba bohlwaye. Wena ungomehlo ahlambulukileyo, ukuba angayikhangeli into embi, ukuba ungabi nakukondela okubi; ubondele ngani na ke abanginizi, ukuba uthi cwaka njeongendawo emginya olilungisa kunaye?
14 Ulwenze ke uluntu lwanjengeentlanzi zaselwandle, njengezinambuzane ezinge-
15 namlawuli. Bonke bephela babanyusa ngeqherhu labo; babaqweqwedisa ngomnatha wabo, babahlanganise ngomnathakazi wabo; ngenxa yoko baya-
16 vuya, bagcobe. Ngenxa yoko babingelela kumnatha wabo, baqhumisele kumnathakazi wabo; kuba sityebe ngezo zinto isahlulo sabo, nokudla kwabo kwaba ngamanqatha ngazo. Baya kuwukhu- 17 phela na ngenxa yoko umnatha wabo, bahlale bebulala iintlanga, bangacongi na?

UYehova uyaphendula evakalisa ilishwa labenzi bobubi

2 Ndiya kuma emboniselweni yam, ndizibeke phezu kwenqaba, ndibonisele, ukuba ndiyibone into aya kuyithetha kum, nento endiya kuphendula yona ngenxa yesimangalo sam.

Wandiphendula ke uYehova, wathi, 2 Bhala umbono, uwukrole kakuhle emacwecweni, ukuze abaleke owulesayo. Kuba umbono usaya kuba ngowexesha 3 elimisiweyo, ukhawulezela ekupheleni, angathethi wona amanga; ukuba uthe wazilazila, wulinde, kuba uya kuza, awuyi kubuya umva. Yabona, ugxa- 4 lathelene, awuthe tye, umphefumlo wakhe phakathi kwakhe; ke lona ilungisa liya kudla ubomi ngokholo lwalo.

Naphezu koko, iwayini ngumtshini- 5 zisi, umfo okhukhumeleyo, akahlali; yena owandisileyo umbilini wakhe njengelabafileyo, abe enjengokufa, enganeliswa, koko ezihlanganisela kuye iintlanga zonke, azibuthele kuye izizwe zonke. Aziyi kuwenza umzekeliso nga- 6 ye yini na, zonke ezo ziphela, zimkwekwele, zimntsonkothele, zisithi, Uha, lowo wandisa okungekwakhe! (kunini na?) esenjenjalo ezisindisana ngezibambiso? Abakudlayo abayi kusuka be- 7 me ngesiquphe yini na, bavuke abakuqungaqungayo, ube ngamaxhoba kubo? Ekubeni wena ubhunyule iintlanga ezi- 8 ninzi, aya kukubhunyula onke amasalela ezizwe, ngenxa yamagazi oluntu, nangenxa yokuligonyamela kwakho ilizwe, nomzi, nabemi bawo bonke.

Yeha, oyizuzela indlu yakhe inzuzo 9 embi, ukuze ayakhele phezulu indlu yakhe, ukuze azihlangule esandleni sobubi! Uyicebele ihlazo indlu yakho, 10 ngokunqamla izizwe ezininzi; wonile kumphefumlo wakho. Ngokuba ilitye 11 eliseludongeni liya kukhala, nomqadi womthi usabele kulo.

12, 13 Yeha ke, owakha umzi ngamagazi, oqinisa umzi ngobugqwetha! Yabona, akuphumi kuYehova wemikhosi na ukuthi izizwe zizixhamlele umlilo, izi-
14 zwe zizityhafisele okulambathayo? Kuba ihlabathi liya kuzala kukwazi ubuqaqawuli bukaYehova, njengamanzi egubungele ulwandle.

15 Yeha, wena useza ummelwane wakho, usongezelela ubushushu bakho kuye, umnxilisa nokumnxilisa, ukuze ubo-
16 ndele ubuzé bakhe! Uya kuhluthiswa ngocukucezo, kungabi luzuko; sela nawe, kubonakale ukungaluki kwakho. Iya kujikela kuwe indebe yesokunene isandla sikaYehova, ucukucezo olukhulu
17 lube phezu kozuko lwakho. Ngokuba ukuyigonyamela kwakho iLebhanon kókugubungela; nokuchithachitha kwakho iinyamakazi, okwaziqhiphula umbilini; ngenxa yamagazi oluntu, nangenxa yokuligonyamela kwakho ilizwe, nomzi, nabemi bawo bonke.

18 Unceda ntoni na umfaneksio oqingqiweyo, ukuba awuqingqe nje umenzi wawo? Unceda ntoni na otyhidiweyo, nomyali wobuxoki, ukuba umyili wento ayiyilileyo akholose nje ngayo, ukuze enze izinto ezingento, ezizidenge?
19 Uha, kothi emthini, Vuka! athi kwilitye elithe cwaka, Suk' ume! Lingáyala na? Nalo, lifakwe egolideni nasesilivereni; akukho nto ingumoya phakathi
20 kwalo. UYehova ke yena usetempileni yakhe engcwele; malithi tu ebusweni bakhe lonke ihlabathi.

Ukuthandaza nokukholosa kukaHabhakuki ngoThixo

3 Umthandazo kaHabhakuki umprofeti, ngeshigayon:*

2 Yehova, ndiluvile udaba lwakho, ndoyika;
Yehova, wuphilise umsebenzi wakho phakathi kweminyaka,
Wázise phakathi kweminyaka;
Ekugugumeni *kwakho* khumbula inceba.

UThixo uza evela kwaTeman, 3
OyiNgcwele evela ezintabeni zasé-Paran. (Phakamisani.)
Igubungele amazulu indili yakhe,
Ihlabathi lizele yindumiso yakhe.
Ubumhlophe bakhe busuke baba 4 njengokukhanya;
Yimithi emacaleni akhe;
Kulapho ke ukuzimela kwamandla akhe.

Phambi kwakhe kuhamba indyikitya 5 yokufa,
Kulandele icesina ezinyaweni zakhe.
Umi, walishukumisa ihlabathi; 6
Ukhangele, wazishukumisa iintlanga;
Zaba nkumenkume iintaba zanini,
Zasibekeka iinduli zasephakadeni;
Iindlela zakhe yena zisephakadeni.

Ndiboné iintente zakwaKushan zise- 7 nkathazweni;
Amalengalenga elizwe lakwaMidiyan adidizela.
Yabe iyimilambo na, Yehova, 8
Yabe iyimilambo, kusini na, owavutha ngayo na umsindo wakho?
Yabe ilulwandle, kusini na,
Owaphuphumela lona umsindo wakho,
Ukuze nje ukhwele emahasheni akho,
Ezinqwelweni zakho zokusindisa?
Sizihlubile sazihluba isaphetha sa- 9 kho;
Zifungelwe ilizwi iintonga *zokohlwaya*. (Phakamisani.)
Ihlabathi uligqobhoza imilambo.

Zikubonile, ziyankwantya iintaba, 10
Kudlule isiphango samanzi;
Amanzi anzongonzongo akhupha isandi sawo,
Aziphakamisela phezulu izandla zawo.
Latshona ilanga nenyanga ekhayeni 11 lazo,
Ngokukhanya kweentolo zakho ezihambayo,
Ngobumhlophe bokubengezela kwezikhali zakho.
Ulinyathela ilizwe ubhavuma, 12
Unyhashe iintlanga unomsindo.

13 Uphuma ukuba usindise abantu bakho,
Ukuba usindise umthanjiswa wakho;
Uphaluse intloko endlwini yongendawo,
Usihlube isiseko sakhe, ude use entanyeni. (Phakamisani.)
14 Uyihlaba ngeentonga zakhe intloko yezimpi zakhe,
Ezigalelekayo zisiza kundichitha;
Ezikuvuyelela kwazo ngathi ziza kudla olusizana entsithelweni.
15 Unyathela ulwandle ngamahashe akho,
Isiyaluyalu samanzi amaninzi.

16 Ndithe ndakuva, saxuxuzela isisu sam,
Umlomo wam wabebezela seso sithonga;
Kwangena impehla emathanjeni am, ndagungqa apho ndimi khona;
Ukuba ndilindèle imini yembandezelo,
Eza ebantwini oya kubangenela.
17 Nokuba umkhiwane awusayi kutyatyamba,
Kungabikho ndyebo emidiliyeni;
Nokuba isiqhamo somnquma asiyi kuba siso,
Amasimi angabi nakudla,
Iphele esibayeni impahla emfutshane,
Kungabikho nkomo esitalini:
18 Mna ke ndiya kudlamka ndikuYehova,
Ndigcobe ndikuThixo umsindisi wam.
19 Ungamandla am uYehova iNkosi;
Uzenza iinyawo zam, zibe njengezamaxhamakazi,
Andinyathelise emimangweni yam.

Kumongameli owokubethelwa izinto ezineentambo.

UZEFANIYA

Umgwebo kaYehova uhla phezu koYuda neYerusalem

1 Ilizwi likaYehova elafika kuZefaniya unyana kaKushi, unyana kaGedaliya, unyana ka-Amariya, unyana ka-Hezekiya, ngemihla kaYosiya unyana ka-Amon, ukumkani wakwaYuda.

2 Ndiya kususa ndiyisuse into yonke
3 ehlabathini; utsho uYehova. Ndiya kususa abantu neenkomo; ndiya kususa iintaka zezulu, neentlanzi zolwandle; nezikhubekiso kunye nabangendawo; ndibanqamle abantu emhlabeni; utsho
4 uYehova. Ndiya kusolula isandla sam phezu koYuda, naphezu kwabemi bonke baseYerusalem, ndinqamle kuyo le ndawo amasalela akwaBhahali,* negama lababingeleli abangengabo, kunye naba-
5 bingeleli; nabaqubuda kumkhosi wezulu phezu kwezindlu, nabaqubudi aba-zinikela kuYehova ngesifungo, bafunge
6 ukumkani wabo; nababuya umva ku-Yehova, nabangàmfunanga uYehova, abangàmquqelanga.

7 Yithini tu ebusweni beNkosi uYehova; ngokuba isondele imini kaYehova; kuba uYehova ulungise umbingelelo, ungcwalise abamenywa bakhe. Kuya 8 kuthi ngemini yombingelelo kaYehova, ndibavelele abathetheli, noonyana bokumkani, nabo bonke abambatha izambatho zolunye uhlanga. Ndobavelela 9 ngaloo mini bonke abatsiba embundwini womnyango, abazalisa indlu yenkosi yabo ngcgonyamelo nenkohliso. Kothi 10 ngaloo mini, utsho uYehova, kuvele izwi lokukhala esangweni leentlanzi, kuvele nokubhomboloza kwesesibini isahlulo somzi, kuvele ukuqhekeka okukhulu ezindulini. Bhombolozani, bemi 11 basemgongxweni, kuba badakile bonke

abantu bakwaKanan, banqunyulwe bonke abathwali besilivere.

12 Kuya kuthi ngelo xesha, ndiyigquthagquthe iYerusalem ndinezibane, ndiwavelele amadoda agovalele ezintsipheni zawo; atshoyo ukuthi ezintliziyweni zawo, UYehova akenzi kulungileyo,
13 akenzi nakubi. Ubutyebi bawo buya kudyidwa, nezindlu zawo zibe ngamanxuwa; akhe izindlu, angazihlali; atyale izidiliya, angayiseli iwayini yazo.
14 Isondele imini enkulu kaYehova, isondele, ikhawulezile kakhulu. Yivani, imini kaYehova! Liyakhala ngo-
15 kukrakra khona igorha. Loo mini yimini yokuphuphuma komsindo, yimini yembandezelo nocutheko, yimini yentshabalala yakwantshabalala, yimini yobumnyama nesithokothoko, yimini
16 yamafu, namafu amnyama; yimini yesigodlo nokuhlaba umkhosi emizini enqatyisiweyo, naseluqoqweni olude.
17 Ndiya kubabandezela abantu, bahambe ngokweemfama, kuba bonile kuYehova; liphalàzwe igazi labo njengothuli, nenyama yabo njengobulongo.
18 Nesilivere yabo negolide yabo ayisayi kuba nako ukubahlangula ngemini yokuphuphuma komsindo kaYehova; lotshiswa lonke ihlabathi ngumlilo wekhwele lakhe. Ngokuba uya kubaphelisa, inene, abènze into ekhwankqisayo bonke abemi behlabathi.

Umgwebo uhla phezu kweentlanga ezinobutshaba ezijikelezileyo

2 Zihlanganiseni nizihlanganise, luhlangandini lungadaniyo, ungekazali ummiselo (kuba imini le idlula njengomququ), kungekanifikeli ukuvutha komsindo kaYehova, ingekanifikeli imi-
3 ni yomsindo kaYehova. Funani uYehova, nonke balulamileyo belizwe, bakwenzileyo okusesikweni kwakhe; funani ubulungisa, funani ululamo, mhlawumbi nòsitheliswa ngemini yomsindo kaYehova.

4 Ngokuba iGaza iya kuba sisishiywa, neAshkelon ibe linxuwa; iAshdode iya kugxothwa emini emaqanda, inyothulwe
5 iEkron. Uha, abemi becandelo laselwandle, uhlanga lwamaKreti! Ilizwi likaYehova lichasene nani, Kanan, lizwe lamaFilisti. Ndokutshabalalisa ke, kungabikho ukúmayo. Icandelo lase- 6 lwandle liya kuba ngamakriwa, nemiqolomba yabalusi, libe zizibaya zempahla emfutshane. Loba licandelo lamasalela 7 endlu yakwaYuda; aya kwalúsela kulo, abuthe ezindlwini zaseAshkelon ngokuhlwa; kuba uya kuwavelela uYehova uThixo wawo, akubuyise ukuthinjwa kwawo.

Ndikuvile ukungcikiva kukaMowa- 8 bhi, nokunyelisa koonyana baka-Amon, ababangcikive ngako abantu bam, bazikhulisa emdeni wabo. Ngako oko, 9 ndihleli nje, utsho uYehova wemikhosi, uThixo kaSirayeli, inene, elakwaMowabhi liya kuba njengeSodom, neloonyana baka-Amon libe njengeGomora, libe lilifa lamarhawu, libe sisigingqi setyuwa, kube senkangala kulo, kude kuse ephakadeni. Amasalela abantu bam aya kubaphanga, amaqongqolo ohlanga lwam abadle ilifa. Kuya kuba njalo 10 kubo ngenxa yekratshi labo, ngokuba bengcikivile, bazikhulisa kubantu baka-Yehova wemikhosi. Uyoyikeka uYeho- 11 va kubo; kuba uyabangcungcuthekisa bonke oothixo behlabathi, ziqubude kuye zonke iziqithi zeentlanga, elowo esendaweni yakhe.

Nani maKushi, ningababuleweyo 12 ngekrele lam. Úya kusolula isandla 13 sakhe ngakwelisentla, ayitshabalalise iAsiriya, ayenze ibe linxuwa iNineve, ayenze umqwebedu onjengentlango. Iya kubutha phakathi kwayo imihlambi, 14 izinto eziphilileyo nokuba ziziphi, ziziimfidi; ingcwangube nokhwalimanzi balale emanqanamini; kobakho lizwi leemvumi ezifestileni, amazala emibundwini yeminyango; ngokuba ewuhlubile umsebenzi wabo wemisedare.*
Nguwo lowo umzi obudlamkile, obu- 15 hleli ukholosile, obusithi entliziyweni yawo, Ndim kwaphela, akukho wumbi. Útheni na ukuba ube linxuwa, ube sisikhundla samarhamncwa! Bonke abadlulayo kuwo benza umsondlo, baphekuze ngesandla sabo.

UZEFANIYA 3

Isono seYerusalem nobulungisa bukaThixo

3 Yeha, umzi oneenkani, ongcolileyo, 2 oxinzelela phantsi! Awuphulaphulanga lizwi; awamkelanga ngqeqesho; awukholosanga ngoYehova, awusonde- 3 langa kuThixo wawo. Abathetheli bawo phakathi kwawo baziingonyama ezibharhulayo; abagwebi bawo baziingcuka zangokuhlwa, ezingabeki nto ukuze 4 ziyigunuze kwakusa. Abaprofeti bawo bayaxhaphazela, ngamadoda anginizayo; ababingeleli bawo bayayihlambela 5 ingcwele, bagonyamela umyalelo. UYehova ulilungisa esazulwini sawo; akenzi ngabugqwetha; imisó ngemisó ukumisa emhlotsheni okusesikweni kwakhe, angasileli; ke yena onobugqwetha akakwazi ukudana.

6 Ndizinqámle iintlanga, zichithakele iingqoqo zezindlu zazo. Ndizonakalisile izitrato zazo, ukuba kungabikho udlula ngazo; idilikile imizi yazo, ukuba kungabikho mntu, kungabikho umiyo 7 kuyo. Ndathi kodwa, Mawundoyike, uyamkele ingqeqesho, lingànqanyulwa ikhaya lakho, njengako konke endakumisela khona; ke bavuka kusasa, bonakalise ngeentlondi zabo zonke.

Ukubuyiswa kwamasalela kaSirayeli

8 Ngako oko yilindeleni kum, utsho uYehova, ide ibe yimini yokuvuka kwam, ndithimbe. Ngokuba kulunge kum ukuhlanganisa iintlanga, ndibuthe izikumkani, ukuze ndiyiphalaze ingqumbo yam phezu kwazo, konke ukuvutha komsindo wam; kuba liya kutshiswa ngumlilo wekhwele lam lonke ihlaba-thi.

9 Kuba ngelo xesha ndiya kuziguqulela izizwe intetho enyulu, ukuze zinqule igama likaYehova zonke ziphela, zi- 10 mkhonze ngaxhatha linye. Ziya kuthabathela phesheya kwemilambo yakwa-Kushi, zibazise abandithandayo, intombi yeentsali zam, bengumnikelo wam wokudla.

Ngaloo mini akuyi kudana ngenxa 11 yeentlondi zakho zonke, owakreqa ngazo kum; ngokuba ngelo xesha ndiya kubasusa phakathi kwakho abadlamkileyo bakho, benekratshi, ungaphindi uzidle ngokwakho entabeni yam engcwele. Kanjalo ndiya kusalisa phakathi kwakho 12 abantu abaziintsizana, abazizisweli, abaya kuzimela egameni likaYehova. A- 13 masalela akwaSirayeli akayi kwenza ngobugqwetha, akayi kuthetha amanga, aluyi kufumaneka emlonyeni wawo ulwimi lwenkohliso; ngokuba wona aya kudla, abuthe, kungabikho uwothusayo.

Memelela, ntombi inguZiyon: duma, 14 Sirayeli; vuya, udlamke ngentliziyo yonke, ntombi inguYerusalem. UYe- 15 hova ukususile ukugwetywa kwakho, úzidedisile iintshaba zakho; ukumkani wakwaSirayeli, uYehova, uphakathi kwakho; akusayi kuba sabona bubi. Ngaloo mini baya kuthi kwiYerusalem, 16 Musa ukoyika; Ziyon, mazingawi izandla zakho. UYehova uThixo wakho 17 uphakathi kwakho, ligorha elisindisayo; únemihlali ngawe, enovuyo; úthe cwaka eluthandweni lwakhe, ugcoba ngawe ememelela.

Ndiya kubahlanganisa abalilela u- 18 mthendeleko, bengabakuni; ingcikivo ibaphethe. Yabona, ndiya kubenza 19 ngendawo bonke abacinezeli bakho ngelo xesha; ndiyisindise into eqhwalelayo, ndiyihlanganise into egxothiweyo; ndibenze indumiso negama emazweni onke abahlaziswa kuwo. Ngelo 20 xesha ndiya kunizisa, ndinibuthe ngexesha elililo; ngokuba ndiya kunenza nibe negama, nidunyiswe phakathi kwezizwe zonke zehlabathi, ekukubuyiseni kwam ukuthinjwa kwenu phambi kwamehlo enu; utsho uYehova.

UHAGAYI

UHagayi ukhuthaza abantu ukuba bayakhe itempile

1 Ngomnyaka wesibini kaDariyo ukumkani, ngenyanga yesithandathu, ngosuku lokuqala enyangeni leyo, kwafika ilizwi likaYehova ngoHagayi umprofeti, kuZerubhabheli unyana kaShalatiyeli, ibamba lakwaYuda, naku-Yoshuwa unyana kaYotsadaki, umbi-
2 ngeleli omkhulu, lisithi, Utsho uYehova wemikhosi ukuthi, Aba bantu báthi, Asikabi lixesha lokuba kuziwe, *asikabi* lixesha lokuba yakhiwe indlu kaYehova.
3 Kwafika ke ilizwi likaYehova ngo-
4 Hagayi umprofeti, lisithi, Lixesha na kuni nina, lokuba nihlale ezindlwini zenu zalekiwe, ibe le ndlu yam yona
5 ilinxuwa? Kaloku ke, utsho uYehova wemikhosi ukuthi, Zigqaleni iindlela
6 zenu. Nahlwayela kakhulu, ningenisé kancinane; niyadla, ningahluthi; nisela, ninganeli kukusela; nambatha, ningevi ntsitho; noziqeshisayo uziqeshisela ukuba agalele engxoweni enezikroba.

7 Utsho uYehova wemikhosi ukuthi,
8 Iindlela zenu zigqaleni. Nyukani niye kweleentaba, nize nemithi, niyakhe indlu le; ndokholiswa ke yiyo, ndizizukise; utsho uYehova.
9 Nalindela into eninzi, nantso isuke yaba yinto encinane; nithe nakùza nayo ekhaya, ndayiphephetha. Ngani ke? utsho uYehova wemikhosi; ngenxa yendlu yam, yona le ilinxuwa, nibe nina
10 elowo ebalekela endlwini yakhe. Ngenxa yoko, ngenxa yenu, izulu liyala nombethe, nomhlaba wala neendyebo
11 zawo. Ndabiza ukoma phezu kwelizwe, naphezu kweentaba, naphezu kwengqolowa, naphezu kwewayini entsha, naphezu kweoli, naphezu kwezinto zonke eziphuma emhlabeni, naphezu kwabantu, naphezu kweenkomo, naphezu kokuxelenga konke kwezandla.

UZerubhabheli noYoshuwa baqala ukwakha

Baliphulaphula ke ooZerubhabheli u- 12 nyana kaShalatiyeli, noYoshuwa unyana kaYotsadaki, umbingeleli omkhulu, namasalela onke abantu, ilizwi lika-Yehova uThixo wabo, ngokwamazwi kaHagayi umprofeti, njengoko wayemthumile uYehova uThixo wabo; boyika abantu ebusweni bukaYehova. Wakuthetha uHagayi umthunywa ka- 13 Yehova ukuthunywa kwakhe nguYehova ebantwini, wathi, Ndináni, utsho uYehova. UYehova wawuvuselela u- 14 moya kaZerubhabheli unyana kaShalatiyeli, ibamba lakwaYuda, nomoya ka-Yoshuwa unyana kaYotsadaki, umbingeleli omkhulu, nomoya wamasalela onke abantu. Beza ke, bawenza umsebenzi endlwini kaYehova wemikhosi, uThixo wabo, ngosuku lwamashumi 15 omabini anesiné lwenyanga yesithandathu, ngomnyaka wesibini kakumkani uDariyo.

UHagayi uyaphinda akhuthaze abakhi

2 Ngenyanga yesixhenxe, *ngosuku* lwamashumi amabini analunye enyangeni leyo, kwafika ilizwi likaYehova ngoHagayi umprofeti, lisithi, Khawuthethe kuZerubhabheli unyana kaSha- 2 latiyeli, ibamba lakwaYuda, nakuYoshuwa unyana kaYotsadaki, umbingeleli omkhulu, nakumasalela abantu, uthi, Ngubani na kuni apha oseleyo, owayibo- 3 nayo le ndlu isesebuqaqawulini bayo bokuqala? Niyibona iyintoni na ke ngoku? Àyinjengento engento na emehlweni enu?

Noko ke ngoku yomelela, Zerubha- 4 bheli, utsho uYehova; womelelé, Yoshuwa nyana kaYotsadaki, mbingeleli mkhulu; nomelele, nonke bantu belizwe, utsho uYehova, nisebenze; ngo-

kuba ndináni, utsho uYehova wemi-
5 khosi. Ilizwi elo, ndànqophisana nani
ngalo ekuphumeni kwenu eYiputa,
ndisaligcinile, noMoya wam umi pha-
kathi kwenu; musani ukoyika.

6 Ngokuba uYehova wemikhosi utsho
ukuthi, Kusaya kuba kanye, umzuzwana
ke, ndinyikimise izulu, nehlabathi, no-
7 lwandle, nomhlaba owomileyo; ndizi-
nyikimise zonke iintlanga, zifike izinto
ezinqwenelekayo zeentlanga zonke, ndi-
yizalise le ndlu ngobuqaqawuli; utsho
8 uYehova wemikhosi. Isilivere yeyam,
igolide yeyam; utsho uYehova wemi-
9 khosi. Buya kuba bukhulu ubuqaqa-
wuli bamva bale ndlu, ngaphezu kobo-
kuqala, utsho uYehova wemikhosi; kuyo
ke le ndawo ndiya kunika uxolo; utsho
uYehova wemikhosi.

Ukohlwayelwa ukungathembeki

10 Ngosuku lwamashumi omabini ane-
siné lwenyanga yesithoba, ngomnyaka
wesibini kaDariyo, kwafika ilizwi lika-
Yehova ngoHagayi umprofeti, lisithi.
11 Utsho uYehova wemikhosi ukuthi,
Khawubuze umyalelo kubabingeleli,
12 uthi, Yabonani, umntu ephethe inyama
engcwele ngesondo lengubo yakhe,
afike ngesondo lakhe esonkeni, nase-
ntweni ephekiweyo, nasewayinini, na-
seolini, nasentweni nokuba yiyiphi edli-
wayo, yongcwaliseka na? Baphendula
13 ababingeleli bathi, Hayi. Wathi ke
uHagayi, Ukuba úthe wafika oyinqa-
mbi ngenxa yomfi, kwezo zinto zonke,
zoba ziinqambi na? Baphendula aba-
14 bingeleli bathi, Zoba ziinqambi. Wa-
phendula uHagayi wathi, Banjalo ke aba
bantu, lunjalo ke olu hlanga ebusweni
bam; utsho uYehova; unjalo ke wonke
umsebenzi wezandla zabo, nento abayi-
sondezayo khona apho iyinqambi.

Kaloku ke khanigqale, nithabathele 15
kule mini, nibhekise emva, kungekabe-
kwa litye lityeni etempileni kaYehova;
nithabathèle kwelo xesha, xa umntu 16
ebefike esitheni *esimilinganiso* imashumi
mabini, asuke afumane libe linye ishumi;
xa ebefika emkhumbini wokukhongo-
zela iwayini, eza kukha *imilinganiso*
emashumi mahlanu, asuke afumane
amashumi amabini. Ndanibetha nge- 17
mbabala, nangexoshomba, nangesicho-
tho, kuyo yonke imisebenzi yezandla
zenu; noko ke akubangakho namnye
kuni ubuyela kum; utsho uYehova.
Khanigqale, nithabathele kule mini, 18
nibhekise emva, nithabathele kusuku
lwamashumi omabini anesiné *lwenyanga*
yesithoba kususela kuloo mini yokuse-
kwa kwetempile kaYehova; gqalani ke.
Isekho yini na imbewu eqongeni? 19
Hayi, akuxakathanga nto, kude kwesa
kumdiliya, nomkhiwane, nomrharnate,
nomnquma. Ndithabathele kule mini,
ndiya kusikelela.

Idinga likaThixo kuZerubhabheli

Kwafika ilizwi likaYehova ngokwesi- 20
bini kuHagayi, ngosuku lwamashumi
omabini anesiné enyangeni leyo, lisithi,
Thetha kuZerubhabheli ibamba lakwa- 21
Yuda, uthi, Ndiya kulinyikimisa izulu
nehlabathi, ndiyibhukuqe itrone yezi- 22
kumkani, ndikutshabalalise ukomelela
kwezikumkani zeentlanga; ndizibhu-
kuqe iinqwelo zokulwa nabakhweli
bazo, kuwé amahashe nabakhweli bawo;
elowo awiswe likrele lowabo. Ngaloo 23
mini, utsho uYehova wemikhosi, ndiya
kukuthabatha, Zerubhabheli nyana ka-
Shalatiyeli, mkhonzi wam, utsho uYe-
hova, ndikumise ngokomsesane woku-
tywina; kuba ndikunyúle; utsho uYe-
hova wemikhosi.

UZEKARIYA

U Yehova ukhalimela abantu

1 Ngenyanga yesibhozo, ngomnyaka wesibini kaDariyo, kwafika ilizwi likaYehova kuZekariya unyana kaBherekiya, unyana kaIdo, umprofeti, lisithi:
2 UYehova waye enoburhalarhume obu-
3 khulu kooyihlo. Yithi ke kubo, Utsho uYehova wemikhosi ukuthi, Buyelani kum, utsho uYehova wemikhosi; ndobuyela kuni, utsho uYehova wemikhosi.
4 Musani ukuba njengooyihlo, ababebizwa bona ngabaprofeti bangaphambili, besithi, Utsho uYehova wemikhosi ukuthi, Khanibuye ngoku ezindleleni zenu ezimbi nasezintlondini zenu ezimbi; ke àbaphulaphula, àbandibazela
5 ndlebe; utsho uYehova. Ooyihlo baphi na? nabaprofeti baya kudla ubomi ngo-
6 naphakade na? Kodwa amazwi am, nemimiselo yam, endayimisela abakhonzi bam abaprofeti, ayibafumananga na ooyihlo? ukuze babuye bathi, Njengoko wakunkqangiyelayo uYehova ukuba akwenze kuthi, ngokweendlela zethu nangokweentlondi zethu, wenjénjalo kuthi.

Umbono kaZekariya wamahashe

7 Ngosuku lwamashumi omabini anesiné lwenyanga yeshumi elinanye, inyanga enguShebhati, ngomnyaka wesibini kaDariyo, kwafika ilizwi likaYehova kuZekariya unyana kaBherekiya, unya-
8 na kaIdo, umprofeti, lisithi, Ndiboné ebusuku, nanko umntu ekhwele ehasheni elibomvu; waye ke emi phakathi kwemimirtile* ebisenyobeni, ngasemva kwakhe ingamahashe, abomvu, nangwevu, namhlophe.
9 Ndathi, Ngoobani na aba, nkosi yam? Sathi kum isithunywa ebesithetha nam, Ndokubonisa ukuba ngoobani na aba.
10 Waphendula umntu obemi phakathi kwemimirtile wathi, Aba ngabathunywe nguYehova, ukuba balihambahambe ihlabathi. Basiphendula isithunywa si- 11 kaYehova ebesimi phakathi kwemimirtile, bathi, Silihambahambile ihlabathi, nalo lonke ihlabathi lihleli lizolile.

Udaba oluthuthuzelayo kwiZiyon

Saphendula ke isithunywa sikaYeho- 12 va, sathi, Yehova wemikhosi, koba nini na ungàsikwa yimfesane wena, ngenxa yeYerusalem nemizi yakwaYuda, owayibhavumelayo le minyaka imashumi asixhenxe? UYehova wasiphendula isi- 13 thunywa esibe sithetha nam, ngamazwi alungileyo, ngamazwi athuthuzelayo.

Sathi kum isithunywa esibe sithetha 14 nam, Memeza uthi, Utsho uYehova wemikhosi ukuthi, Ndinekhwele, ikhwele elikhulu, ngeYerusalem nangeZiyon. Ndinoburhalarhume obukhulu kuzo ii- 15 ntlanga ezihleli ngokonwaba; ngokokuba bendinoburhalarhume mna umzuzwana, ke zona zongezelelela ububi. Ngako o- 16 ko, utsho uYehova ukuthi, Ndiyibuyele iYerusalem ngemfesane; indlu yam iya kwakhelwa khona, utsho uYehova wemikhosi; ulutya lokulinganisa luya kolulwa phezu kweYerusalem. Buya 17 umemeze, uthi, Utsho uYehova wemikhosi ukuthi, Imizi yam isaya kuphalala okulungileyo; uYehova usaya kuyithuthuzela iZiyon, ayinyule iYerusalem.

Umbono weempondo nabakhandi-zintsimbi

Ndaphakamisa amehlo am, ndakha- 18 ngela, nanzo iimpondo, ziné. Ndathi 19 kwisithunywa esibe sithetha nam, Ziyintoni na ezi? Sathi kum, Ezi ziimpondo ezichithachithe uYuda, uSirayeli, neYerusalem. UYehova wandibonisa 20 iingcibi zokukhanda, ziné. Ndathi, 21 Aba bazé kwenza ntoni na? Sathetha sathi, Ezi ziimpondo ezichithachithe uYuda, ngokokude kungabikho bani uphakamisa intloko yakhe; aba ke bazé

UZEKARIYA 1-4

kuzothusa, baziwise phantsi iimpondo zeentlanga, eziphakamise uphondo ezweni lakwaYuda, ukuba zilichithachithe.

Umbono wendoda enolutya lokulinganisa

2 Ndaphakamisa amehlo am, ndakhangela, Nanko umntu ephethe nge-
2 sandla ulutya lokulinganisa. Ndathi ke, Ùya ngaphi na? Wathi kum, Ndiya kulinganisa iYerusalem, ndibone ukuba bungakanani na ububanzi bayo,
3 bungakanani na ubude bayo. Naso ke isithunywa esibe sithetha nam siphuma, kuphuma nesinye isithunywa, sisiya ku-
4 sikhawulela. Sathi kuso, Gidima, uthethe nalaa ndodana, uthi, IYerusalem iya kuhlala ngokwamaphandle, ngenxa yobuninzi babantu neenkomo eziphakathi kwayo.
5 Ndiya kuba ludonga lomlilo kuyo mna ngeenxa zonke, utsho uYehova; ndıbe bubuqaqawuli phakathi kwayo.

Izibele zikaYehova kwiZiyon

6 Wenani! wenani! Sabani ezweni langasentla, utsho uYehova; ngokuba ndiniphangalalisa njengemimoya yomi-
7 né yezulu; utsho uYehova. Wa, Ziyon! Zisindise, wena uhleli nentombi
8 enguBhabheli. Ngokuba utsho uYehova wemikhosi ukuthi, Úndithume ukuphuthuma uzuko ezintlangeni ezanibhunyulayo; ngokuba onichukumisayo, uchukumisa ukhozo Iweliso lakhe.
9 Ngokuba, uyabona, ndiya kulingisa ngesandla sam kuzo, zibe ngamaxhoba kwababezikhonza; názi ukuba uYehova wemikhosi undithumile.
10 Memelela uvuye, ntombi inguZiyon; ngokuba, uyabona, ndiyeza, ndihlale phakathi kwakho; utsho uYehova.
11 Kuya kuthelela kuYehova iintlanga ezininzi ngaloo mini, zibe ngabantu bam, ndihlale phakathi kwakho; wazi ukuba uYehova wemikhosi undithu-
12 mele kuwe. UYehova uya kumdla ilifa uYuda, isahlulo sakhe emhlabeni ongcwele, abuye ayinyule iYerusalem.
13 Mayithi tu yonke inyama phambi koYehova; ngokuba esukile ekhayeni lakhe elingcwele.

UYoshuwa, umbingeleli omkhulu, ngumqondiso kaHlumelo

3 Wandibonisa uYoshuwa umbingeleli omkhulu, emi phambi kwesithunywa sikaYehova, uSathana* emi ngasekunene kwakhe, ukuze amchase. Wathi uYehova kuSathana, UYehova 2 makakukhalimele, Sathana; akukhalimele uYehova oyinyulileyo iYerusalem; lo ákasikhuni esirholwe emlilweni na? UYoshuwa ke ebambethe iingubo ezi- 3 ngcolileyo; wema ke phambi kwesithunywa.

Saphendula sathetha nabemiyo pha- 4 mbi kwaso, sathi, Zisuseni iingubo ezingcolileyo kuye. Sathi ke kuye, Yabona, ndibususile ubugwenxa bakho kuwe, ndikwámbese ngezinqabileyo. Ndathi ke, Mabambeke unkontsho 5 oluhlambulukileyo entloko. Bambeka ke unkontsho oluhlambulukileyo entlokweni yakhe, bamambesa ngeengubo; saye isithunywa sikaYehova simi.

Isithunywa sikaYehova saqononondi- 6
sa kuYoshuwa, sathi, Utsho uYehova 7
wemikhosi ukuthi, Ukuba uthe wahamba ngeendlela zam, ukuba uthe wasigcina isigxina sam, wòyilawula wena indlu yam, wòzigcina neentendelezo zam, ndikunike ukuhamba phakathi kwaba bemiyo apha. Khawuphula- 8
phule ke Yoshuwa, mbingeleli mkhulu, wena nabalingane bakho abahlala phambi kwakho; ngokuba ngamadoda asisimanga. Ngokuba, uyabona, ndiya kuzisa umkhonzi wam onguHlumelo. Ngokuba nalo ilitye endalibeka phambi 9
koYoshuwa; lityeni linye kobakho amehlo asixhenxe; yabona, ndikrola ukrolo lwalo, utsho uYehova wemikhosi, ndisuse ubugwenxa beli lizwe ngamininye. Ngaloo mini, utsho uYehova wemi- 10
khosi, niya kubizelana phantsi komdiliya naphantsi komkhiwane.

Umbono wesiphatho-sibane segolide nemithi yomnquma

4 Sabuya isithunywa esibe sithetha nam, sandivusa njengomntu ovuswa ebuthongweni bakhe. Sathi kum, U- 2

bona ntoni na? Ndathi ke, Ndibona, nanko kukho isiphatho sesibane segolide sonke siphela, sineselwa laso phezu kwentloko yaso, sinezibane zaso ezisixhenxe phezu kwaso, zinamajelo asixhenxe ngasixhenxe czibane eziphezu 3 kwentloko yaso; neminquma emibini kuso, omnye ungasekunene kweselwa, omnye ungasekhohlo kwalo.

4 Ndaphendula ndathi kwisithunywa esibe sithetha nam, Ziyintoni na ezi 5 zinto, nkosi yam? Saphendula isithunywa esibe sithetha nam, sathi kum, Akuzazi na ukuba ziyintoni na ezi zinto? 6 Ndathi, Hayi, nkosi yam. Saphendula sathi kum, Nali ilizwi likaYehova kuZerubhabheli, lisithi, Akungabukroti, àkungamandla; kungoMoya wam; u- 7 tsho uYehova wemikhosi. Üngubani na wena, ntaba inkulu, phambi koZerubhabheli? Yiba sisithabazi; yena uya kulivelisa ilitye lochochoyi, kunkqangazwa kusithiwa, Ubabalo, ubabalo malube kulo.

8 Kwafika ilizwi likaYehova kum, 9 lisithi, Izandla zikaZerubhabheli ziyisekile le ndlu; izandla zakhe ziya kuyigqiba; wazi ukuba uYehova wemikhosi 10 undithumele kuni. Ngokuba ngubani na owoyidela imini yezinto ezincinane? Aya kuyibona ngovuyo ilothe yokulungelelanisa esandleni sikaZerubhabheli, kwawona osixhenxe amehlo kaYehova; ayawutyhutyha umhlaba wonke.

11 Ndaphendula ndathi kuso, Iyintoni na le minquma mibini, ngasekunene kwesiphatho sesibane nangasekhohlo 12 kuso? Ndaphendula okwesibini, ndathi kuso, Ziyintoni na ezi mbaxa zimbini zeminquma, zikufuphi nemiboko emibini yegolide, ethulula ioli ebugolide 13 kuzo? Sandiphendula, sathi, Akuzazi na ukuba ziyintoni na ezi zinto? 14 Ndathi, Hayi, nkosi yam. Sathi kum, Aba babini ngabeoli, abema ngakwiNkosi yehlabathi lonke.

Umbono wencwadi esongwayo ephaphazelayo

5 Ndabuya ndawaphakamisa amehlo am, ndakhangela, nantso incwadi esongwayo, iphaphazela. Sathi kum, 2 Ùbona ntoni na? Ndathi, Ndibona incwadi esongwayo iphaphazela; ubude bayo buziikubhite* ezimashumi mabini, nobubanzi bayo buziikubhite ezishuminye. Sathi kum, Eso ke sisishwabulo 3 esiphuma sihambe phezu kwelizwe lonke; ngokuba bonke abebàyo baya kutshayelwa apha ngokokwayo; bonke abafungàyo baya kutshayelwa ngaphaya ngokokwayo. Ndisikhuphile, utsho u- 4 Yehova wemikhosi; siya kungena endlwini yesela, nasendlwini yolifungayo ngobuxoki igama lam, silalise endlwini yakhe, siyigqibe nemithi yayo namatye ayo.

Umbono we-efa nomfazi

Saphuma isithunywa esibe sithetha 5 nam, sathi kum, Khawuwaphakamise amehlo akho, ukhangele ukuba iyintoni na leyo iphumayo. Ndathi ke, Yintoni 6 na? Sathi, Yiefa* leya iphumayo. Sathi, Yimbonakalo yabo leya ezweni lonke. Nanko, kuphakama isiciko selo- 7 the, kuhleli umfazi phakathi kwe-efa. Sathi, NguNgendawo lowo; samphosa 8 phakathi kwe-efa, saliphosa ilitye lelothe emlonyeni wayo. Ndawaphakamisa ke 9 amehlo am, ndakhangela, nanko kuphuma abafazi ababini, umoya usemaphikweni abo; amaphiko abo abenjengamaphiko engwamza, bayithwala iefa phakathi komhlaba nezulu. Ndathi 10 kwisithunywa esibe sithetha nam, Bayisa phi na iefa abayá? Sathi kum, 11 Baya kumakhela indlu ezweni leShinare; ithi yakugqitywa, bambeke khona esizeni sakhe.

Umbono weenqwelo namahashe

6 Ndabuya ndawaphakamisa amehlo am, ndakhangela, nanzo iinqwelo zokulwa ziné, ziphuma phakathi kweentaba zombini; iintaba ke iziintaba zobhedu. Enqwelweni yokuqala ibinga- 2 mahashe abomvu; enqwelweni yesibini ibingamahashe amnyama; enqwelweni 3 yesithathu ibingamahashe amhlophe; enqwelweni yesiné ibingamahashe aziingwevu ezibomvu.

4 Ndaphendula ndathi kwisithunywa esibe sithetha nam, Ziyintoni na ezi zinto, nkosi yam? 5 Saphendula ke isithunywa, sathi kum, Le yimimoya eminé esezulwini, ephuma yakuba ibizimisile ngakwiNkosi yehlabathi lonke. 6 Le inamahashe amnyama iphuma isiya ezweni langasentla; amhlophe aphumé elandela wona; aziingwevu ezibomvu aphumé esiya ezweni langasezantsi; 7 abomvu àphuma, efuna ukulihambahamba ihlabathi. Sathi, Hambani, nilihambahambe ihlabathi. Alihamba- 8 hamba ke ihlabathi. Sadanduluka kum, sathetha kum, sathi, Yabona, la aphuma aya ezweni langasentla, awuzolise umoya wam ezweni langasentla.

UYoshuwa umbingeleli uza kuthweswa isithsaba

9 Kwafika ilizwi likaYehova kum, 10 lisithi, Thabatha kwabasekuthinjweni, abazé khona bevela eBhabheli, kooHeledayi, nakooTobhiya, nakooYedaya, uye wena ngaloo mini endlwini kaYosiya 11 unyana kaZefaniya; uthabathe isilivere negolide, wenze izithsaba, ubeke entloko kuYoshuwa unyana ka Yotsadaki, u- 12 mbingeleli omkhulu. Uze uthethe kuye uthi, Utsho uYehova wemikhosi ukuthi, Nantso indoda enguHlumelo, igama layo; iya kuhluma endaweni yayo, iya- 13 khe itempile kaYehova. Iya kuyakha ke yona itempile kaYehova, ithweswe uzuko, ihlale ilawule etroneni yayo, ibe ngumbingeleli etroneni yayo, icebo loxolo libe phakathi kwabo bobabini. 14 Izithsaba zoba kooHelem, nakooTobhiya, nakooYedaya, zibe sisikhumbuzo sobubele bonyana kaZefaniya, etempileni 15 kaYehova. Baya kuza abakude bakhe etempileni kaYehova; názi ukuba uYehova wemikhosi undithumele kuni; kuya kwenzeka ke, ukuba nithe naliphulaphula ngenyameko ilizwi likaYehova uThixo wenu.

Umbuzo ngozilo

7 Kwathi ngomnyaka wesiné kaDariyo ukumkani, kwafika ilizwi likaYehova kuZekariya ngosuku lwesiné lwenyanga yesithoba, enguKisilevu. IBheteli ke 2 yathuma ooSharetsere noRegem-meleki nabantu bakhe, ukuba bambongoze uYehova, bathèthe kubabingeleli aba- 3 besendlwini kaYehova wemikhosi, nakubaprofeti, bathi, Ndilíle na, ndizíle na ngenyanga yesihlanu, njengoko ndisendenzé ngako le minyaka ingaka?

Kwafika ilizwi likaYehova wemikhosi 4 kum, lisithi, Thetha kubantu bonke 5 belizwe eli, nakubabingeleli, uthi, Oko benizila ukudla, nilila, ngenyanga yesihlanu nangeyesixhenxe, iminyaka ke engamashumi asixhenxe, ukuzila oko benizilela mna na? Xa benisidla naxa 6 benisela, bekungàdli nina na, bekungàseli nina na? Beningàfanele ku- 7 wenza yini na amazwi, abewamemeza uYehova ngabaprofeti bamandulo, oko ibimiwe ichulumachile iYerusalem, kwanemizi yayo engeenxa zonke kuyo, naoko belimiwe elasezantsi nelasesithabazi?

Ukuthinjwa kusisiphumo sentswelantobeko

Kwafika ilizwi likaYehova kuZekari- 8 ya, lisithi, Utshilo uYehova wemikhosi 9 ukuthi, Gwebani ngesigwebo senyaniso, nenze inceba nemfesane elowo kumzalwana wakhe. Musani ukubacudisa 10 abahlolokazi, neenkedama, nabasemzini, namahlwempu; musani ukucinga bubi entliziyweni yenu ngendoda engumzalwana wenu. Abavumanga ke ukubaza 11 indlebe; balirhola igxalaba elinjubaqa, bazithi nkqi iindlebe zabo, àbeva. Intliziyo yabo báyenza idayiman,* uku- 12 ba bangawuvi umyalelo namazwi, abewathumela uYehova wemikhosi ngomoya wakhe, ngabaprofeti bamandulo; kwabakho ke uburhalarhume obukhulu obuvela kuYehova wemikhosi. Kuya 13 kuthi ke, njengoko ebememeza bengeva, benjenjalo ukumemeza, utsho uYehova wemikhosi, ndingevi. Ndiya kubachi- 14 thachithela ezintlangeni zonke ababengazazi; kube senkangala elizweni emva kwabo, kungacandi mntu, kungabuyi mntu; balenze ke ilizwe elinqwenelekayo kube senkangala kulo.

UZEKARIYA 8–9

UYehova uya kuyibuyisa iYerusalem

8 Kwafika ilizwi likaYehova wemikhosi, lisithi, Utsho uYehova wemikho-
2 si ukuthi, Ndinekhwele, ikhwele elikhulu, ngeZiyon; ndinekhwele, ndino-
3 bushushu obukhulu ngayo. Utsho uYehova ukuthi, Ndiyibuyéle iZiyon; ndiya kuhlala ke phakathi kweYerusalem, kuthiwe iYerusalem ngumzi wenyaniso; nentaba kaYehova wemikhosi
4 kuthiwe yintaba engcwele. Utsho uYehova wemikhosi ukuthi, Kusaya kuhlala amadoda amakhulu neentokazi ezinkulu ezitratweni zaseYerusalem, elowo ephethe umsimelelo wakhe nge-
5 sandla, ngenxa yobudala babo; zizale izitrato zomzi ngamakhwenkwe namantombazana, edlala ezitratweni zawo.
6 Utsho uYehova wemikhosi ukuthi, Ukuba kuyinto engummangaliso emehlweni amasalela aba bantu ngaloo mihla, kuya kuba yinto engummangaliso yini na nasemehlweni am? utsho uYe-
7 hova wemikhosi. Utsho uYehova wemikhosi ukuthi, Yabonani, ndiya kubasindisa abantu bam elizweni lokuphuma kwelanga, naselizweni lokutshona kwalo.
8 Ndobazisa, bahlale phakathi kweYerusalem, babe ngabantu bam, ndibe nguThixo wabo, ngenyaniso nangobulungisa.
9 Utsho uYehova wemikhosi ukuthi, Izandla zenu mazomelele, nina bawevayo la mazwi ngale mihla, ephuma emlonyeni wabaprofeti, ababekho mhlenikweni yasekwaye indlu kaYehova wemikosi, itempile, ukuze yakhiwe.
10 Ngokuba phambi kwaloo mihla bekungekho mvuzo wabantu, nomvuzo weenkomo ubungekho; nophumayo nongenayo ebengenaluxolo, ngenxa yombandezeli. Ndabenza bonke ukuba umntu achasane nommelwane wakhe.
11 Ngoku ke andiyi kuba njengokwemihla yamandulo kumasalela aba bantu; utsho
12 uYehova wemikhosi. Kobakho imbewu yoxolo; umdiliya wonika isiqhamo sawo, nelizwe linike indyebo yalo, nezulu linike umbethe walo; zonke ezo zinto
13 ndizidlisè ilifa amasalela abantu. Kothi, njengoko benilutshabhiso ezintlangeni, ndlu kaYuda, nani ndlu kaSirayeli, ndénjenjalo ukunisindisa, nibe yintsikelelo; musani ukoyika, mazomelele izandla zenu. Ngokuba utsho u-14 Yehova wemikhosi ukuthi, Njengoko ndankqangiyelayo ukwenza ububi kuni, oko ooyihlo bandenza ndaba noburhalarhume, utsho uYehova wemikhosi, andazohlwaya ke: ngokunjalo ndibuye nda-15 nkqangiyela ngale mihla ukwenza okulungileyo kwiYerusalem, nakwindlu kaYuda; musani ukoyika.

Nanzi iindawo enothi nizenze zona: 16 Thethani inyaniso elowo kummelwane wakhe; gwebani ngenyaniso nangesigwebo soxolo emasangweni enu. Mu-17 sani ukucinga okubi, elowo ngommelwane wakhe entliziyweni yakhe; ningathandi ukufunga ngobuxoki; ngokuba konke oko; koko ndikuthiyileyo; utsho uYehova.

Ezinye iintlanga ziya kumfuna uYehova

Kwafika ilizwi likaYehova wemikhosi 18 kum, lisithi, Utsho uYehova wemikhosi 19 ukuthi, Uzilo lweyesiné inyanga, nozilo lweyesihlanu, nozilo lweyesixhenxe, nozilo lweyeshumi, luya kuba yimihlali, nemivuyo, namaxesha emisiweyo okuchwayitha, kwindlu kaYuda; ke thandani inyaniso noxolo. Utsho 20 uYehova wemikhosi ukuthi, Kusaya kuza izizwe, nabemi bemizi emininzi. Baya kuhamba abemi bomnye 21 baye komnye, bathi, Masihambe siye kumbongoza uYehova, simquqele uYehova wemikhosi; bathi abo, Siya kuhamba nathi. Izizwe ezininzi neentlanga 22 ezinamandla ziya kuza kumquqela uYehova wemikhosi neYerusalem, zimbongoze uYehova. Utsho uYehova wemi-23 khosi ukuthi, Ngezo mini aya kuthi abambe amadoda alishumi asezilwimini zonke zeentlanga, abambe esondweni lengubo yendoda engumYuda, athi, Siya kuhamba nani, ngokuba sivile ukuba uThixo unáni.

Ukugwetywa kweentlanga ezingabamelwana

9 Isihlabo selizwi likaYehova esisingisele elizweni laseHadraki; yiDamas-

ko indawo yokuphumla kwaso; ngokuba uYehova usingise iliso ebantwini,
2 nasezizweni zonke zakwaSirayeli; kwaneHamati ehlangene nayo ngomda; iTire neTsidon, nakuba zilumkile kakhulu.
3 ITire yazakhela inqaba, yafumba isilivere njengothuli, negolide njengo-
4 daka lwezitrato. Yabona, iNkosi iya kuyihlutha, ibubethe ubuhandiba bayo elwandle, yona itsh,iswe ngumlilo.
5 IAshkelon iya kukubona, yoyike; neGaza iya kukubona, ithuthumele kakhulu; kwane-Ekron, kuba inqolonci yayo iya kudaniswa, adake ukumkani, angabikho eGaza, neAshkelon ingemi-
6 wa. Kuya kuhlala imigqakhwe eAshdode, ndinqumle iqhayiya lamaFilisti.
7 Ndolisusa igazi lemibingelelo yawo emlonyeni wawo, nezinto zawo ezinezothe emazinyweni awo; kwanawo aya kusalela uThixo wethu, abe njengenkosana kwaYuda, ne-Ekron ibe njengomYe-
8 bhusi. Ndoyinqabisa indlu yam kumkhosi, kodlulayo nakobuyayo, kungabi sacanda mkhandanisi kubo; ngokuba ngoku ndibonile ngamehlo am.

Ulawulo oluxolileyo loKumkani weZiyon

9 Gcoba kunene, ntombi inguZiyon; duma, ntombi inguYerusalem; yabona, uKumkani wakho uza kuwe, elilùngisa, enosindiso, enentobeko, ekhwele e-esileni, exhamxweni, etholeni lemazi ye-
10 esile. Ndozinqumla iinqwelo zokulwa kwaEfrayim namahashe eYerusalem, sinqunyulwe isaphetha sokulwa; athethe uxolo kwiintlanga; ulawulo lwakhe luthabathele elwandle luse elwandle, luthabathele kuwo uMlambo* luse
11 eziphelweni zehlabathi. Nawe, ngenxa yegazi lomnqophiso wakho, ndiyabandulula ababanjiweyo bakho, baphume emhadini ongenamanzi.

Intsikelelo yeNkosi kuYuda nakuSirayeli

12 Buyelani enqabeni, babanjwandini banethemba; nanamhla ndiyaxela, ndithi, Ndiya kukubuyisela ngokuphindi-
13 weyo. Ngokuba ndimgobile uYuda, isaphetha sam; ndimfakile uEfrayim, utolo lwam; ndiya kubaxhokonxa oonyana bakho, Ziyon, koonyana bakho, Yavan,* ndikwenze ube njengekrele legorha. UYehova uya kubonakala phezu 14 kwabo, luphume njengombane utololwakhe; iNkosi uYehova iya kuvuthela isigodlo, ihambe ngemimoya evuthuzayo yasezantsi. UYehova wemikhosi uya ku- 15 bakhusela ngaphezulu, badle, banyathele amatye okusawula, basele, baxokozele ngokwasewayinini; bazale ngokweengqayi, ngokweembombo zesibingelelo. Wóbasindisa abantu bakhe uYehova 16 uThixo wabo ngaloo mini, njengomhlambi; ngokuba bengamatye esithsaba, abengezela emhlabeni wakhe. Kuba 17 kungakanani na ukulunga kwabo, bungakanani na ubuhle babo! Ingqolowa iya konwabisa umlisela, iwayini entsha iwonwabise umthinjana.

UYehova uya kubabuyisela abantu bakhe abachithachithiweyo

10 Celani imvula kuYehova ngexesha lemvula evuthisayo. UYehova wenza imibane, abanike imvula eziziphango, elowo *amnike* umfuno wasendle. Ngokuba imilonde-khaya ithethé into 2 ebubutshinga, nabavumisi baboné ubuxoki, balawula amaphupha enkohlakalo, bathuthuzela kwangamampunge; ngenxa yoko bakhokile njengomhlambi, bacinezeleka, kuba kungekho malusi. Umsindo wam uvuthela abalusi; ndozivelela ngawo iinkunzi ezikhokelayo; kuba uYehova wemikhosi uyawuvelela umhlambi wakhe, indlu kaYuda, abenze babe njengogcadalala lwakhe lwehashe emfazweni. Kuya kuphuma kuye ilitye 4 lembombo; kuya kuphuma kuye ibhaxa; kuya kuvela kuye isaphetha sokulwa; kuya kuvela kuye bonke abakhandanisi ngakunye.

Baya kuba njengamagorha, enyathele- 5 la *iintshaba zawo* eludakeni lwezitrato, kusiliwa; balwe, ngokuba uYehova enabo; badane abakhweli bamahashe. Ndi- 6 ya kuyomeleza indlu kaYuda, ndiyisindise indlu kaYosefu, ndibahlalise; kuba ndisikwa yimfesane ngenxa yabo; boba ngangabo ndingàbahlambanga, ngo-

kuba ndinguYehova uThixo wabo; ndo-
7 baphendula. Wóba njengegorha uEfrayim, ivuye intliziyo yabo ngokwasewayinini; oonyana babo babone, bavuye; iya kugcoba intliziyo yabo kuYehova.
8 Ndiya kubenzela ikhwelo, ndibabuthe; ngokuba ndibakhulúle ngokubahlawulela; baya kwanda, njengoko ba-
9 besanda ngako. Ndobahlwayela ezizweni, bandikhumbule emazweni akude, baphile noonyana babo, babuye.
10 Ndobabuyisa ezweni laseYiputa, ndibabuthe eAsiriya, ndibazise ezweni laseGiliyadi nelaseLebhanon, kungafuma-
11 neki ndawo ibalingeneyo. UYehova uya kucanda kulwandle lwembandezelo, abethe emazeni olwandle, zitshe zonke izizibà zoMnayile; lithotywe iqhayiya laseAsiriya, imke intonga yaseYiputa.
12 Ndobomeleza ngoYehova, bahambahambe egameni lakhe; utsho uYehova.

Abalusi abakhohlakeleyo bakaSirayeli

11 Vula amasango akho, Lebhanon, uyitshise ngomlilo imisedare* ya-
2 kho. Bhombolaza, msipres,* ngokuba kuwé umsedare, ngenxa yokuba iingangamsha zibhuqiwe. Bhombolozani, mioki* yaseBhashan, ngokuba lihlahli-
3 we ihlathi elinwabileyo. Yivani ukubhomboloza kwabalusi, ngokuba bubhuqiwe ubungangamsha babo! Yivani ukubharhula kweengonyama ezintsha, ngokuba libhuqiwe iqhayiya laseYordan!
4 Watsho uYehova uThixo wam, ukuthi, Yalusa umhlambi wezixhelwayo;
5 obathengi bawo bawubulalayo, bathi àbanatyala; nabathengisa ngawo bathi, Makabongwe uYehova, ndinobutyebi;
6 nabalusi bawo àbawucongi. Ngoku ba andiyi kubuya ndibaconge abemi behlabathi; utsho uYehova. Yabona, abantu ndibanikela, elowo esandleni sommelwane wakhe, nasesandleni sokumkani wakhe, baliqobe ilizwe, ndingabahlanguli esandleni sabo.
7 Ndawalúsa ke umhlambi wezixhelwayo, kunye nezinqinileyo zomhlambi. Ndathabatha iintonga zambini, enye ndathi nguMnandi,˙ enye ndathi nguZintya; ndawalúsa ke umhlambi. Ndabethabathi shwaka abalusi abathathu nga- 8 nyanga-nye; ndazekaneka ngabo, ndanezothe kubo. Ndathi, Andiyi kunalu- 9 sa; efayo mayife; nethi shwaka mayithi shwaka, neziseleyo mazidlane inyama.

Ndathabatha intonga yam, uMnandi, 10 ndayaphula, ukuze ndiwaphule umnqophiso wam endanqophisana ngawo nezizwe zonke. Waphulwa ke ngaloo 11 mini; zazi ngokunjalo ezinqinileyo zomhlambi, ebe zindiphulaphule, ukuba lilizwi likaYehova eli. Ndathi kuwo, 12 Ukuba kulungile emehlweni enu, etheni umvuzo wam; ukuba akulungile, yekani. Bandilinganisela ke umvuzo wam, amashumi amathathu esilivere. Wathi u- 13 Yehova kum, Yiphose kumbumbi, ixabiso elingenganganí, abandimisela lona. Ndawathabatha ke amashumi amathathu esilivere, ndawaphosa kumbumbi endlwini kaYehova. Ndaya- 14 phula intonga yam yesibini, uZintya, ukuze ndibutshitshise ubuzalwana phakathi koYuda noSirayeli.

Wathi uYehova kum, Phinda utha- 15 bathe impahla yomalusi osisimathane. Ngokuba, yabona, ndivelisa umalusi 16 elizweni apha, ongayi kuzivelela eziza kuthi shwaka; akayi kuzifuna ezilusali; akayi kuziphilisa ezaphukileyo; akayi kuzondla ezimiyo; inyama yezityebileyo uya kuyidla, awalimaze amanqina azo. Yeha, umalusi ongento, owulahlayo 17 umhlambi! Ikrele malibe phezu kwengalo yakhe, neliso lakhe lasekunene! Ingalo yakhe iya koma kanye, neliso lakhe lasekunene licime okukanye.

UYuda uya komelela

12 Isihlabo selizwi likaYehova, esisingisele kuSirayeli.

Utsho uYehova, umaneki wezulu, umseki wehlabathi, umenzi womoya womntu phakathi kwakhe, ukuthi, Yabona, iYerusalem ndiyenza ibe yi- 2 ndebe enombilini, yokuhexisa zonke izizwe ngeenxa zonke, imfikele noYuda ekungqingweni kweYerusalem.

Kothi ngaloo mini, ndiyenze iYeru- 3 salem ibe lilitye elingumthwalo ezizweni

UZEKARIYA 12-14

zonke; bonke abalifunqulayo baya kuzisikisa, bazilimazise, ziyihlanganyele zo-
4 nke iintlanga zehlabathi. Ngaloo mini, utsho uYehova, ndiya kuwabetha othuke amahashe onke, ndibabethe babe nomgada abakhweli bawo, ndiwavule amehlo am phezu kwendlu kaYuda, onke amahashe ezizwe ndiwabethe abe zii-
5 mfama. Zothi iinkosana zakwaYuda ezintliziyweni zazo, Bangamandla am abemi baseYerusalem, ngoYehova wemikhosi, uThixo wabo.

6 Ngaloo mini ndiya kuzenza iinkosana zakwaYuda zibe njengokhamba lomlilo ezinkunini, nanjengezikhuni ezitshangaziswayo ezithungwini, zizitshise ngasekunene nangasekhohlo izizwe zonke ngeenxa zonke; iYerusalem ibuye imiwe
7 esikhundleni sayo eYerusalem. UYehova uya kusindisa iintente zakwaYuda kuqala, ukuze isihombo sendlu kaDavide, nesihombo sabemi baseYerusalem,
8 singàzikhulisi ngaphezu koYuda. Ngaloo mini uYehova uya kubakhusela abemi baseYerusalem; athi okhubekayo phakathi kwabo abe njengoDavide ngaloo mini; indlu kaDavide ibe njengoThixo, njengesithunywa sikaYehova
9 phambi kwabo. Kothi ngaloo mini, ndifune ukuzitshabalalisa zonke iintlanga eziyingenelayo iYerusalem.

Ukuzila eYerusalem

10 Ndothululela phezu kwendlu kaDavide, naphezu kwabemi baseYerusalem, uMoya wokubabala nowokutarhuzisa, babheke kum mna bamhlabileyo amahlanza; bammbambazelele njengokumbambazelelwa kozelwe wamnye, babe krakra ngenxa yakhe, njengokrakra nge-
11 nxa yamazibulo akhe. Ngaloo mini siya kuba sikhulu isililo eYerusalem, sibe njengesililo saseHadade-rimon esihla-
12 njeni seMegido. Liya kulila ilizwe, imizalwane ngemizalwane iyodwa; umzalwane wendlu kaDavide uwodwa, abafazi babo bebodwa; umzalwane wendlu kaNatan uwodwa, abafazi babo
13 bebodwa; umzalwane wendlu kaLevi uwodwa, abafazi babo bebodwa; umzalwane wamaShimehi uwodwa, abafazi bawo bebodwa; yonke imizalwane ese- 14 leyo, imizalwane ngemizalwane iyodwa, nabafazi babo bebodwa.

Ukuhlanjululwa kweYerusalem

13 Ngaloo mini kuya kubakho ithende elivulelwe indlu kaDavide nabemi baseYerusalem, ngenxa yesono nangenxa yokungcola.

Kothi ngaloo mini, utsho uYehova 2 wemikhosi, ndiwanqumle amagama ezithixo elizweni, zingabi sakhunjulwa; nabaprofeti nomoya wobunqambi ndibagqithise, bangabikho ezweni apha. Kothi xa athe wabuya waprofeta ubani, 3 bathi kuye uyise nonina abamzalayo. Akuyi kuphila, kuba uthethé ubuxoki egameni likaYehova. Uyise nonina abamzalayo bomhlaba amahlanza ngenxa yokuprofeta kwakhe. Kothi ngaloo 4 mini, badane abaprofeti, elowo ngumbono wakhe, ekuprofeteni kwakhe, bangàmbathi ngubo ixhonti yokuze bakhohlise. Wóthi, Àndimprofeti, ndingu- 5 mntu olima umhlaba; kuba wandithenga umntu ndisemncinane. Kothiwa kuye, 6 Ayini na la manxeba asezandleni zakho? athi, Ngandangxwelerhwa ngawo endlwini yabazizihlobo zam.

Ukumonxozwa komalusi kaYehova

Krele, vuka usukele phezulu kuma- 7 lusi wam, kumfo ongummelwane, utsho uYehova wemikhosi; betha kumalusi, umhlambi ube lusali; ndísibuyisele isandla sam phezu kwezincinane. Kothi ezweni lonke, utsho uYehova, izahlulo 8 ezibini kulo zinqanyulwe zife, esesithathu sihlale kulo. Ndosizisa emlilweni 9 esesithathu, ndibanyibilikise njengokunyibilikiswa kwesilivere, ndibacikide njengokucikidwa kwegolide. Bona baya kunqula igama lam, ndibaphendule mna; ndiya kuthi, Ngabantu bam bona; bathi bona, Yehova, ùnguThixo wethu.

Imfazwe phakathi kweYerusalem neentlanga

14 Yabonani, kuza imini eyekaYehova, kwabiwe amaxhoba akho esazulwini sakho. Ndozihlanganisela e- 2

UZEKARIYA 14

Yerusalem zonke iintlanga ukuba zilwe; umzi uthinjwe, ziphangwe izindlu, badlwengulwe abafazi; siphume isiqingatha somzi sithinjwe; ke amasalela abantu angànqunyulwa wona kuwo umzi.

3 Úya kuphuma ke uYehova, alwe nezo ntlanga, njengemini yokulwa kwa-
4 khe, ngemini yomdibaniso. Ziya kuma iinyawo zakhe ngaloo mini phezu kweNtaba yemiNquma, ephambi kweYerusalem ngasempumalanga, icandeke iNtaba yemiNquma phakathi, ithabathele empumalanga ise entshonalanga, ibe sisihlambo esikhulu kakhulu; sisunduzeke isiqingatha sentaba sisinge entla, esinye
5 isiqingatha sayo sisinge ezantsi. Nòsabela esihlanjeni seentaba zam, kuba isihlambo seentaba ezo siya kufika naseAtsele; nisabe njengoko nasabayo ngenxa yenyikima emihleni kaUziya ukumkani wakwaYuda, eze uYehova uThixo wam, eneengcwele zakhe zonke.

6 Kothi ngaloo mini kungabi mhlophe, iinkwenkwezi ezinendili zibe luzizi.
7 Kuya kuba yimini eyodwa; yona iya kwazeka kuYehova; àyimini, àyibusuku; kuthi ngexa langokuhlwa kube mhlophe.
8 Kothi ke ngaloo mini, kuphume eYerusalem amanzi aphilileyo; esinye isiqingatha sawo siye kulwandle lwasempumalanga, esinye isiqingatha sawo siye kulwandle lwasentshonalanga; kube njalo ehlotyeni nasebusika.

Uloyiso nolawulo olupheleleyo lukaYehova

9 UYehova woba ngukumkani phezu kwehlabathi lonke; ngaloo mini iya kuba nguYehova yedwa, negama lakhe lodwa.
10 Ilizwe lonke liya kujika libe njengeArabha, lithabathele eGebha lise eRimon, ezantsi kweYerusalem; liphakame, lihlale esikhundleni salo, lithabathele esangweni lakwaBhenjamin, lise endaweni yesango lokuqala, lise esangweni lembombo; lithabathele enqabeni ende yakwaHananeli, lise ezixovulelweni zokumkani.
11 Bohlala kulo, kungabi sabakho kusingela phantsi; ihlale iYerusalem ikholosile.

Siso esi isibetho aya kuzibetha ngaso 12 uYehova zonke izizwe eziyiphumele umkhosi iYerusalem: uya kuyingcungcuthekisa inyama yomntu, emi ngeenyawo zakhe, aphelele amehlo akhe emakrolomeni awo, luphelele ulwimi lwakhe emlonyeni wakhe. Kothi nga- 13 loo mini, sibe sikhulu isaqunge phakathi kwazo, siphuma kuYehova; babambe elowo isandla sommelwane wakhe, isandla sakhe siphakamele isandla sommelwane wakhe. Naye uYuda uya kulwa 14 nazo eYerusalem; buhlanganiswe ubutyebi beentlanga zonke ezingeenxa zonke, igolide, nesilivere, neengubo, into eninzi kakhulu. Soba njalo isibe- 15 tho kumahashe, nakoondlebende, nakwiinkamela, nakumaesile, nakwiinkomo zonke eziya kuba seminqubeni leyo, sibe njengeso sibetho.

Othi onke amaqongqolo eentlanga 16 zonke ezibe ziyingenele iYerusalem, enyuke iminyaka ngeminyaka, aye kumnqula uKumkani, uYehova wemikhosi, enze umthendeleko weminquba. Ko- 17 thi emizalwaneni yehlabathi, osukuba engenyuki aye kumnqula eYerusalem uKumkani, uYehova wemikhosi, angànelwa mvula. Uya kuthi umzalwane 18 wamaYiputa ongathanga unyuke uze, anganelwa mvula; yoba sisibetho, aya kubetha ngaso uYehova zonke iintlanga ezingenyukiyo ziye kwenza umthendeleko weminquba. Siya kuba seso *isohlwa-* 19 *yo* sesono seYiputa, *nesohlwayo* sesono seentlanga zonke ezingenyukiyo ziye kwenza umthendeleko weminquba.

Ngaloo mini kuya kubhalwa ema- 20 nkentezeni amahashe, kuthiwe, BUBUNGCWELE KUYEHOVA; neembiza endlwini kaYehova zoba njengezitya zokutshiza eziphambi kwesibingelelo. Zothi zonke iimbiza eYeru- 21 salem nakwaYuda zibe ngcwele kuYehova wemikhosi; beze bonke ababingelelayo, bathabathe kuzo, baphekele kuzo; ngaloo mini kungabi sabakho mKanan endlwini kaYehova wemikhosi.

UMALAKI

Uthando lukaYehova kuSirayeli

1 Isihlabo selizwi likaYehova, esisingisele kuSirayeli, ngoMalaki.*

2 Uthi uYehova, Ndinithandile; ke nina nithi, Ùsithandé ngokuthini na? U-Esawu asingumkhuluwa kaYakobi na? utsho uYehova; ukanti ndathanda ke
3 uYakobi; ndamthiya uEsawu; iintaba zakhe ndazenza kwaba senkangala, nelifa lakhe laba leleempungutye entlango.
4 Ekubeni ke uEdom esithi, Sivikivekile, siya kubuya siwakhe amanxuwa; utsho uYehova wemikhosi ukuthi, Baya kwakha bona, kodwa mna ndiya kugungxula; kothiwa, Bangumda wokungendawo, ngabantu ábabhavumelayo u-
5 Yehova kude kuse ephakadeni. Amehlo enu aya kubona, níthi ke nina, Mkhulu uYehova phezu komda wakwaSirayeli.

Ababingeleli bakaSirayeli abanantlonelo

6 Unyana uyambeka uyise, umkhonzi *uyayihlonela* inkosi yakhe; ukuba ndinguyihlo, kuphi na ke ukubekwa kwam? ukuba ndiyinkosi, kuphi na ukoyikwa kwam? utsho uYehova wemikhosi kuni, babingeleli, nina balidelileyo igama lam. Nibe ke nisithi, Silidelé ngokuthini na
7 igama lakho? Nina nizisa esibingelelweni sam isonka esingcolileyo, nibe ke nisithi, Sikungcolisé ngokuthini na? Ngokuthi oku kwenu, Isithebe sika-
8 Yehova sidelekile sona. Ukuba nizisa into eyimfama ukuba ibingelelwe, akunto imbi oko? Ukuba nizisa into esisiqhwala nento efayo, akunto imbi oko? Khawuyisondeze loo nto kwinkosi yakho, ukuba yokholiswa na nguwe; yokunonelela na? utsho uYehova wemikhosi.
9 Kaloku ke, khanimbongoze uThixo, ukuba asibabale; kuvelé esandleni senu oku; womnonelela ke umntu ngenxa yenu na? utsho uYehova wemikhosi. Akwaba bekukho umntu kuni ozivalileyo 10 iingcango, anasibanekela ilizé isibingelelo sam! Àndininanzé nganto, utsho uYehova wemikhosi, àndikholiswa nangumnikelo ophuma esandleni senu. Ngokuba kuthabathela ekuphumeni 11 kwelanga, kude kuse ekutshoneni kwalo, likhulu igama lam phakathi kweentlanga; nasezindaweni zonke kuqhunyiselwa, kunikèlwe igama lam umnikelo ohlambulukileyo; ngokuba likhulu igama lam phakathi kweentlanga; utsho uYehova wemikhosi.

Ke nina niyalihlambela ngokuthi oku 12 kwenu, Isithebe sikaYehova singcolile, neziveliso zaso, ukutya kwaso kudelekile. Nábuya nathi ke, Yabonani, 13 yindinisa yani na le! nasivuthela; utsho uYehova wemikhosi; nazisa izinto eziphangiweyo, neziziqhwala, nezifayo; nenjenje ukuzisa umnikelo ke; ndikholiswe na ke zezo zinto ziphuma esandleni senu? utsho uYehova. Uqalekisiwe ke 14 oqhathaniselayo, ukanti kukho emhlambini wakhe iduna; nobhambathisa, abingelele eNkosini into eyonakeleyo; ngokuba ndingukumkani omkhulu, utsho uYehova wemikhosi, negama lam liyoyikeka phakathi kweentlanga.

2 Ngoku ke lo mthetho ubhekiswa kuni, babingeleli. Ukuba anithanga 2 niphulaphule, ukuba anithanga nikunyamekele ngentliziyo ukulizukisa igama lam, utsho uYehova wemikhosi ndonithumela isiqalekiso, ndiziqalekise iintsikelelo zenu; ewe, sendiziqalekisile, kuba ningàkunyamekeli ngentliziyo, Yabonani, ndiyayikhalimela ingaloyenu, 3 nditshize ngomswane ebusweni benu, umswane wemithendeleko yenu, banithwale banisuse nawo; nazi ukuba ndini- 4 thumele lo mthetho, ukuba ube ngu-

mnqophiso wam noLevi; utsho uYeho-
5 va wemikhosi. Umnqophiso wam u-
bunaye *uLevi*, ububomi noxolo; nda-
mnika ezo zinto ukuba oyike. Wando-
yika ke, waqhiphuka umbilini ngenxa
6 yegama lam. Umyalelo wenyaniso wa-
ba semlonyeni wakhe, akwafumaneka
bugqwetha emilebeni yomlomo wakhe;
wahamba nam exolile, ethe tye, wabu-
7 yisa abaninzi ebugwenxeni. Kuba u-
mlomo wombingeleli ngowokugcina u-
kwazi, umyalelo bawufune emlonyeni
wakhe; ngokuba ungumthunywa ka-
Yehova wemikhosi.
8 Ke nina nimkile endleleni, nabakhu-
bekisa abaninzi kuwo umyalelo, nawo-
nakalisa umnqophiso kaLevi; utsho u-
9 Yehova wemikhosi. Nam ndinenza
abadelekileyo nabathobekileyo ebantwi-
ni bonke, ngokokuba ningâzigcinanga
iindlela zam, nesuka nanonelela umntu
emyalelweni.

Ukungcola kukaSirayeli

10 Akamnye na ubawo wethu sonke
siphela? Asidalwe Thixo mnye na?
Yini na ukuba singinizelane, siwuhla-
mbele umnqophiso woobawo bethu?
11 Ùnginizile uYuda, kwenzeka amasikizi
kwaSirayeli naseYerusalem; ngokuba
uYuda uyihlambele ingcwele kaYehova
ayithandayo, wazeka intombi yothixo
12 wolunye uhlanga. Akwaba uYehova
angamnqamla, kwindoda ekwenzayo
oko, lowo ulindayo naló usabelayo
ezintenteni zakwaYakobi, nozisa imini-
13 kelo kuYehova wemikhosi. Oku ke
nikwenza okwesibini: ukugubungela
isibingelelo sikaYehova ngeenyembezi,
ngokulila, nangokuncwina, ade angabi
sawubheka umnikelo, angabi samkela
nto ikholekayo ezandleni zenu.
14 Nithi ke, Ngani na? Ngenxa yoku-
ba uYehova ebelingqina phakathi kwa-
kho nomfazi wobutsha bakho, lowo
umnginizeleyo wena; kanti ke lidlelane
lakho, ngumfazi womnqophiso wakho.
15 Akubangakho namnye ukwenzayo oku,
obenamasalela omoya. Ke wenza ntoni
na omnye lowo? Wafuna imbewu ya-
kwaThixo. Wugcineni ngoko umoya

wenu, ungamnginizeli umfazi wobutsha
bakho; kuba ndikuthiyile ukwala, utsho 16
uYehova, uThixo kaSirayeli; *ndimthi-
yile* nogubungela ingubo* yakhe ngo-
gonyamelo, utsho uYehova wemikhosi;
wugcineni ke umoya wenu, ninganginizi.
Nimdinisile uYehova ngamazwi enu. 17
Nithi ke, Simdinisé ngokuthini na?
Ngokuthi oku kwenu, Bonke abenza
okubi balungile emehlweni kaYehova,
ubananzile yena; okanye nithi, Uphi na
uThixo wokugweba?

Umthunywa ozayo weNkosi uYehova

3 Yabona, ndiya kuthuma umthu-
nywa wam, agece indlela phambi
kwam. Iya kuza ke ngesiquphe ete-
mpileni yayo iNkosi leyo niyifunayo;
kwaumthunywa womnqophiso enimla-
ngazelelayo, yabona, uyeza; utsho u-
Yehova wemikhosi. Ngubani na ke 2
onokuyinyamezela imini yakuza kwa-
khe? Ngubani na ke onokuma eku-
bonakaleni kwakhe? Ngokuba unje-
ngomlilo womnyibilikisi, unjengesoda*
yabaxovuli beengubo. Úya kuhlala ke 3
engumnyibilikisi, engumcoci wesilivere,
abacoce oonyana bakaLevi, abahluze
njengegolide, nanjengesilivere; babe
ngabazisa umnikelo kaYehova benobulu-
ngisa. Woba mnandi ke kuYehova 4
umnikelo wakwaYuda nowaseYerusa-
lem, ngokweemini zasephakadeni, ngo-
kweminyaka yamandulo. Ndiya kuso- 5
ndela kuni ukuba ndigwebe, ndibe
lingqina elikhawulezayo kubakhafuli,
nakubakrexezi, nakubafungi bobuxoki;
nakwabacudisa umqeshwa ekumvuzeni,
nomhlolokazi, nenkedama; nakwabatho-
ba owasemzini, bangandoyiki mna;
utsho uYehova wemikhosi. Ngokuba 6
mna, Yehova, andiguquguquki; ukuze
ningagqitywa nje niphele, nina nyana
bakaYakobi.

Izishumi nentsikelelo kaYehova

Kususela kwimihla yoyihlo, nimkile 7
emimiselweni yam, anayigcina. Buye-
lani kum, ndibuyele kuni; utsho uYeho-
va wemikhosi. Nithi ke, Sibuye ngo-
kuthini na? Umntu angamqhatha na 8

uThixo, ukuba nindiqhathe nje? Nithi ke, Sithéni na ukukuqhatha?
9 Kwizishumi nemirhumo. Niqalekisiwe ngesiqalekiso; noko ke niphikéle ukundiqhatha, nina luhlangandini nonke niphela.
10 Ziziseni zonke izishumi endlwini yobuncwane bam, ize ke kubekho ukudla endlwini yam; ngoku nindicikide ngale nto, utsho uYehova wemikhosi, ukuba andisayi kunivulela na iingcango zezulu, ndinithulùlele iintsikelelo, kude
11 kungasweleki lutho. Ndoyikhalimela inkumbi edlayo ngenxa yenu, ingazonakalisi iziqhamo zomhlaba wenu, ungaphunzi umdiliya wenu entsimini; utsho
12 uYehova wemikhosi. Zonke iintlanga ziya kuthi ninoyolo, ngokuba niya kuba lilizwe elinanziweyo; utsho uYehova wemikhosi.

Uloyiso olupheleleyo lwamalungisa

13 Amazwi enu andigixile, utsho uYehova. Nithi ke, Sithethé ntoni na
14 ngawe? Nithi, Akunto yanto ukumkhonza uThixo; sizuzé ntoni na ngakuba sigciné isigxina sakhe, sahamba ngezimnyama zokuzila ngenxa kaYe-
15 hova wemikhosi? Kaloku ke sithi banoyolo abakhukhumeleyo; àbaneli kwakheka abenzi bokungendawo; basuka bamcikide uThixo, basinde.
16 Ke kaloku abamoyikayo uYehova bathetha elowo nowabo; uYehova wazilibaza iindlebe, weva; incwadi yokukhumbuza phambi kwakhe yabhalelwa abamoyikayo uYehova, abacinga ngegama lakhe. Uthi ke uYehova wemikhosi, 17 Baya kuba yinqobo kum ngemini endenza oku, ndibaconge, njengomntu oconga unyana wakhe omkhonzayo. No- 18 buya ke niwubone umahluko phakathi kwelungisa nongendawo, phakathi komkhonzayo uThixo nongamkhonziyo.

4 Ngokuba, yabonani, iyeza imini evutha njengeziko; baya kuba ziindiza bonke abakhukhumali, nabenzi bonke bokungendawo, ibalenye loo mini izayo, utsho uYehova wemikhosi, ingabashiyeli ngcambu nasebe.
Ke kuni, nina baloyikayo igama lam, 2 ilanga lobulungisa liya kuphuma, linophiliso emaphikweni alo. Niya kuphuma nidlobe, njengamankonyana asesitalini, nibaxovule abangendawo; ngo- 3 kuba baya kuba luthuthu phantsi kweentende zeenyawo zenu ngemini endikwenzayo oku; utsho uYehova wemikhosi.

Isiyalo sokugqibela

Khumbulani umyalelo kaMoses, u- 4 mkhonzi wam, endamwiselayo eHorebhe, ngokusingisele kumaSirayeli onke, imimiselo namasiko.
Yabonani, ndiya kuthumela kuni u- 5
Eliya umprofeti, ingekafiki imini enku- 6 lu eyoyikekayo kaYehova. Wóbuyisela iintliziyo zooyise kubantwana, neentliziyo zabantwana kooyise, hleze ndize ndilichithe ilizwe ngokuliphanzisa.

ITESTAMENTE ENTSHA

YEZIBHALO ZONKE

ZOMNQOPHISO OMTSHA

WENKOSI YETHU

UYESU KRISTU

ITESTAMENTE ENTSHA

YEZIHALO ZOMU

ZOMNQOPHISO OMTSHA

WENKOSI YETHU

UYESU KRISTU

IVANGELI NGOKUBHALWE

NGUMATEYU

Umlibo wokuzalwa kukaYesu Kristu
(ULuka 3: 23-38)

1 Incwadi yomlibo wokuzalwa kuka-Yesu Kristu, unyana kaDavide, unyana ka-Abraham.

2 UAbraham wazala uIsake; uIsake ke wazala uYakobi; uYakobi wazala uYu-
3 da nabazalwana bakhe; uYuda wazala uPeretse noZera ngoTamare; uPeretse wazala uHetseron; uHetseron wazala
4 uAram; uAram wazala uAminadabhi; uAminadabhi wazala uNashon; u-
5 Nashon wazala uSalemon; uSalemon wazala uBhohazi ngoRahabhi; uBhohazi wazala uObhede ngoRute; uObhe-
6 de wazala uYese; uYese wazala uDavide ukumkani.

UDavide ke ukumkani wazala uSolo-
7 mon ngobengumkaUriya; uSolomon wazala uRehabheham; uRehabheham wazala uAbhiya; uAbhiya wazala
8 uAsa; uAsa wazala uYoshafati; uYoshafati wazala uYoram; uYoram wazala
9 u-Uziya; u-Uziya wazala uYotam; uYotam wazala uAhazi; uAhazi wazala
10 uHezekiya; uHezekiya wazala uManase; uManase wazala uAmon; uAmon waza-
11 la uYosiya; uYosiya wazala uYekoniya nabazalwana bakhe ngexesha lokufuduselwa kwabo eBhabhilon.*

12 Emveni ke kokufuduselwa kwabo eBhabhilon, uYekoniya wazala uSalatiyeli; uSalatiyeli wazala uZerubhabheli;
13 uZerubhabheli wazala uAbhihudi; u-Abhihudi wazala uEliyakim; uEliyakim
14 wazala uAzore; uAzore wazala uTsadoki; uTsadoki wazala uYakin; uYakin
15 wazala uElihudi; uElihudi wazala u-Elazare; uElazare wazala uMatan; u-
16 Matan wazala uYakobi; uYakobi ke wazala uYosefu, indoda kaMariya, ekuthe ngaye kwazalwa uYesu, okuthiwa nguKristu.*

Zonke izizukulwana ngoko, ezithaba- 17 thela kuAbraham zizise kuDavide, zizizukulwana ezilishumi elinazine; nezithabathela kuDavide zizise ekufuduselweni kwabo eBhabhilon, zizizukulwana ezilishumi elinazine; nezithabathela ekufuduselweni kwabo eBhabhilon zizise kuKristu, zizizukulwana ezilishumi elinazine.

Ukuzalwa kukaYesu

Ke kaloku ukuzalwa kukaYesu Kristu 18 kwaye kungolu hlobo: Kwathi, akubon' ukuba unina uMariya useleganelwe uYosefu, bengekahlangani, wafunyanwa emithi ngoMoya oyiNgcwele. Wathi ke uYosefu indoda yakhe, engo- 19 lilungisa, engathandi ukumhlaza ekuhleni, wanga angamala ngasese.

Akubon' ukuba uyazicinga ezi zinto, 20 naso isithunywa seNkosi sibonakala kuye ephupheni, sisithi, Yosefu, nyana kaDavide, musa ukoyika ukumthabathela kuwe uMariya, umfazi wakho; kuba oko kukhawulweyo phakathi kwakhe kungoMoya oyiNgcwele. Úya 21 kuzala unyana ke, umbize ngegama elinguYesu;* kuba yena eya kubasindisa abantu bakhe ezonweni zabo. Ke 22 kaloku oku konke kwenzeké, ukuze kuzaliseke okwathethwayo yiNkosi ngomprofeti, isithi,

Yabonani, intombi le iya kumitha 23 izale unyana,

Bambize ngegama elinguImanuweli,
(uIsaya 7: 14)
oko kukuthi ngentetho evakalayo, uThixo unathi.

24 Wathi ke uYosefu, evukile ebuthongweni, wenza ngoko besimmisele ngako isithunywa seNkosi, wamthabathela
25 kuye umfazi wakhe; waza ke àkamazi, wada wazala unyana wakhe wamazibulo; wambiza ke ngegama elinguYesu.

Izazi ezavela empumalanga

2 Kuthe ke, akubon' ukuba uYesu uzelwe eBhetelehem yelakwaYuda, emihleni kaHerode ukumkani, kwabonakala kufika eYerusalem izazi zivela
2 empumalanga, zisithi, Uphi na lo uzelweyo, ukumkani wamaYuda? Kuba sibone inkwenkwezi yakhe empumalanga; sizé kumnqula.
3 Uthe ke uHerode ukumkani, akuva, wakhathazeka, yena nayo yonke iYeru-
4 salem naye. Wahlanganisa ke bonke ababingeleli abakhulu nababhali babantu, wababuza ukuba ubeya kuzalelwa
5 phi na uKristu.* Bathe ke kuye, EBhetelehem yelakwaYuda; kuba kubhaliwe ngomprofeti *kwathiwa*,
6 Nawe Bhetelehem, mhlaba wakwaYuda,
Akunguye nakanye omncinanana phakathi kwabalawuli bakwaYuda:
Kuba kuwe apha kuya kuphuma uMlawuli,
Onguyena uya kubalúsa abantu bam amaSirayeli. (UMika 5 : 2)
7 Kwakuba njalo, uHerode, ezibize ngasese izazi ezo, waqondisisa kakuhle kuzo ixesha lokubonakala kwenkwe-
8 nkwezi leyo; wazithuma ke eBhetelehem, wathi, Hambani niye nicokise ukubuzisa ngomntwana lowo; xa ke nithe namfumana, ze nindibikele, ukuze nam
9 ndiye kumnqula. Zimvile ke zona ukumkani, zahamba; nantso inkwenkwezi leyo zayibonayo empumalanga izandulela, yada yaya kuma phezu kwe-
10 ndawo abekuyo umntwana lowo. Zathi ke, zakuyibona inkwenkwezi, zavuya
11 ngovuyo olukhulu kakhulu. Zingenile endlwini, zambona umntwana enoMariya unina, zawa phantsi, zaqubuda kuye; zathi, zinqike impahla yazo, zanikela kuye iminikelo, igolide, nentlaka
12 emhlophe, nemore.* Zathi, kuba zi-hlatyelwe nguThixo ephupheni ukuba zingabuyi ziye kuHerode, zemka ngayimbi indlela ukuya ezweni lakowazo.

Intsabo yokuya eYiputa

Zithe zakubon' ukuba zimkile ke 13 zona, naso isithunywa seNkosi sibonakala kuYosefu ephupheni, sisithi, Vuka, umthabathe umntwana nonina, usabele eYiputa, uze ube khona apho ndide ndikuxelele; kuba uHerode uhlalele ukumfuna umntwana lowo, ukuba amtshabalalise. Evukile ke yena, wamthabatha 14 umntwana nonina ebusuku, wemka waya eYiputa. Waba khona apho wada 15 wabhubha uHerode; ukuze kuzaliseke okwathethwayo yiNkosi ngomprofeti isithi, Ndambiza unyana wam ukuba aphume eYiputa. (UHos. 11 : 1)

UHerode ubulala abantwana baseBhetelehem

Ke kaloku uHerode, akubona ukuba 16 izazi zidlale ngaye, waba nomsindo kunene, waza wathumela, wababulala bonke abantwana abaseBhetelehem, nakuyo yonke imida yayo, abaminyaka mibini bezelwe, nangaphantsi, elungelelanisa nexesha abeliqondisise kakuhle kuzo izazi. Kwandula ukuzaliseka o- 17 kwathethwayo ngoYeremiya umprofeti esithi,
Kwavakala izwi eRama, 18
Isimema nesililo nesijwili esikhulu,
URakeli elilela abantwana bakhe,
Engavumi ukuthuthuzeleka, ngokuba bengasekho. (UYer. 31 : 15)

Ukubuya eYiputa

Akubon' ukuba ubhubhile ke uHero- 19 de, sabonakala isithunywa seNkosi sibonakala ephupheni kuYosefu eYiputa, sisithi, Vuka, umthabathe umntwana 20 nonina, uye ezweni lakwaSirayeli; kuba bafile abo babezonda ubomi bomntwana. Wavuka ke, wamthabatha umntwa- 21 na nonina, weza ezweni lakwaSirayeli. Ke kaloku, akuva ukuba uArkelawo u- 22 ngukumkani kwelakwaYuda esikhundleni sikaHerode uyise, woyika ukuhamba asinge khona; wathi ke, ehlatyelwe ngu-

UMATEYU 2-4

Thixo ephupheni, wemka waya kuma-
23 cala elaseGalili. Ufiké wema emzini ekuthiwa yiNazarete; ukuze kuzaliseke okwathethwayo ngabaprofeti, okokuba wobizwa ngokuthi ungowaseNazarete.

UYohane umbhaptizi
(UMarko 1: 1-8; uLuka 3: 1-18; uYoh. 1: 6-8, 19-36; 3: 23-32)

3 Ke kaloku, kuthi ngaloo mihla kufike uYohane umbhaptizi, ememeza e-
2 ntlango yelakwaYuda, esithi, Guqukani, kuba ubukumkani bamazulu busondele.
3 Kuba lo nguye awayethetha yena uIsaya umprofeti, esithi,

Izwi lodandulukayo entlango, *lisithi,*
Yilungiseni indlela yeNkosi,
Wutyenenezeni umendo wayo.
(UIsaya 40: 3)

4 Ke uYohane lowo ingubo yakhe ibiyeyoboya benkamela, enombhinqo wentlonze esinqeni sakhe; kwaye ke ukudla kwakhe kuziinkumbi nobusi
5 basendle. Babephuma oko besiya kuye abaseYerusalem, nabelakwaYuda bonke,
6 nabommandla wonke waseYordan. Babhaptizwa nguye eYordan apho, bezixela izono zabo.

7 Ke kaloku, akubona into eninzi yaba-Farisi nabaSadusi besiza ekubhaptizeni kwakhe, wathi kubo, Nzalandini yamarhamba, ngubani na onibonisileyo uku-
8 ba niyibaleke ingqumbo ezayo? Velisani ngoko iziqhamo eziyifaneleyo inguquko;
9 ize ningabi nithi phakathi kwenu, Thina sinobawo uAbraham; kuba ndithi kuni, Unako uThixo kuwo la matye uku-
10 mvelisela abantwana uAbraham. Kananjalo izembe selibekiwe engcanjini yemithi; ngoko yonke imithi engavelisi siqhamo sihle, iyagawulwa iphoswe
11 emlilweni. Mna okunene ndinibhaptizela enguqukweni ngamanzi; kodwa lowo uzayo emva kwam unamandla kunam, ozimbadada ndingakulingeneyo ukuziphatha; yena ke uya kunibhaptiza
12 ngoMoya oyiNgcwele nangomlilo: omnyazi wokwela usesandleni sakhe; uya kusicokisa kuthi tu isandá sakhe, ayibuthele kuvimba ingqolowa yakhe, kodwa wona umququ uya kuwutshisa ngomlilo ongacimekiyo.

Ubhaptizo lukaYesu
(UMarko 1: 9-11; uLuka 3: 21, 22; uYoh. 1: 31-34)

13 Kuthi ngelo xa afike uYesu eYordan kuYohane, evela kwelaseGalili, ukuba
14 abhaptizwe nguye. Ke kaloku uYohane wayemalela, esithi, Mna kufuneka ndibhaptizwe nguwe nje, ùza kum na
15 wena? Uphendule ke uYesu wathi kuye, Vuma okwakaloku; kuba kusifanele thina ukwenjenjalo ukuzalisa bonke ubulungisa. Andule ke ukumvumela.
16 Ebhaptiziwe ke uYesu, wenyuka kwa-oko emanzini; asuka amazulu avuleka kuye, wambona uMoya kaThixo esihla njengehobe, esiza phezu kwakhe. Nâlo
17 izwi liphuma ezulwini, lisithi, Lo nguNyana wam oyintánda, endikholisiweyo nguye.

Ukuhendwa kukaYesu entlango
(UMarko 1: 12, 13; uLuka 4: 1-13)

4 Waza uYesu wenyuswa nguMoya, wasiwa entlango, ukuba ahendwe nguMtyholi.
2 Uthe akuba ezilé ukudla iimini ezimashumi mané nobusuku obumashumi mané, ekupheleni kwazo walamba.
3 Efikile ke umhendi kuye, uthe, Ukuba unguNyana kaThixo, yitsho la matye abe zizonka. Waphendula ke yena
4 wathi, Kubhaliwe *kwathiwa,* Akaphili ngasonka sodwa umntu, *uphila* ngamazwi onke aphuma emlonyeni kaThixo.
5 Eze uMtyholi, amthabathe amse kuwo umzi ongcwele, ammise eluchochoyi-
6 ni lwetempile, athi ke kuye, Ukuba unguNyana kaThixo, ziphose ezantsi; kuba kubhaliwe *kwathiwa,*

Úya kuziwisela umthetho ngawe
izithunywa zakhe zasemazulwini,
Zikufukule ngezandla,
Hleze ubetheke ngonyawo lwakho etyeni. *(INdum. 91: 11)*
7 Wathi uYesu kuye, Kubhaliwe kanjalo *kwathiwa,* Uze ungayihendahendi iNkosi uThixo wakho.

8 Ubuya uMtyholi amthabathe amse

entabeni ephakame kakhulu, ambonise zonke izikumkani zehlabathi, nozuko 9 lwazo; athi kuye, Zonke ezi zinto ndokunika, ukuba uthe wawa phantsi, wa- 10 qubuda kum. Aze athi uYesu kuye, Suka umke, Sathana; kuba kubhaliwe *kwathiwa*, YiNkosi uThixo wakho oya kuqubuda kuyo, ukhonze yona yodwa. 11 Andule ke uMtyholi ukumyeka; nanko kufika izithunywa zezulu zimlungiselela.

U Yesu eGalili. Abafundi bakhe bokuqala (UMarko 1: 14–20; uLuka 4: 14, 15; 5: 1–11)

12 Ke kaloku, akuva uYesu ukuba uYohane unikelwe *entolongweni*, wemka 13 waya kwelaseGalili. Wathi esukile eNazarete, weza wahlala eKapernahum engaselwandle, emideni yakwaZebhulon 14 neyakwaNafetali; ukuze kuzaliseke okwathethwayo ngoIsaya umprofeti, esithi,

15 Umhlaba wakwaZebhulon nomhlaba wakwaNafetali,
Wendlela yaselwandle, phesheya kweYordan,
WaseGalili yeentlanga,
16 Abantu abo bàhleli ebumnyameni Babonè ukukhanya okukhulu;
Nâbò bahleli ezweni nasethunzini lokufa
Bavelelwe kukukhanya.
(UIsaya 9: 1, 2)

17 Waqala oko uYesu ukumemeza, esithi, Guqukani, kuba ubukumkani bamazulu busondele.

18 Uthe ke uYesu, ehamba ngaselwandle lwaseGalili wabona abazalwana ababini, uSimon ekuthiwa nguPetros noAndreya, umzalwana wakhe, bephosa umnatha elwandle; kuba babengababambisi 19 beentlanzi. Athi ke kubo, Yizani apha nindilandele; ndonenza nibe ngababa- 20 mbisi babantu. Bayishiya kwaoko iminatha, bamlandela ke.
21 Uhambele phambili esuka apho, wabona abanye abazalwana ababini, uYakobi lo kaZebhedi, noYohane umzalwana wakhe, besemkhombeni noZebhedi uyise, belungisa iminatha yabo; waba-biza ke. Bawushiya kwaoko umkho- 22 mbe noyise, bamlandela ke.

Waye uYesu elihamba lonke elase- 23 Galili, efundisa ezindlwini zabo zesikhungu, evakalisa iindaba ezilungileyo zobukumkani, ephilisa izifo zonke nezikhuhlane zonke ebantwini. Lwaphuma 24 ke udumo lwakhe lwaya kulo lonke elaseSiriya,* babazisa kuye bonke abafayo, bebanjwe zizifo ngezifo naziintuthumbo ngeentuthumbo, nabaphethwe ziidemon, nabanesathuthwane, nabanedumbe, wabaphilisa ke. Walandelwa zi- 25 zihlwele ezininzi zivela kwelaseGalili, naseDekapoli, naseYerusalem, nakwelakwaYuda, naphesheya kweYordan.

Intshumayelo yasentabeni: Abanoyolo (ULuka 6: 20–49)

5 Uthe ke, akuzibona izihlwele ezo, wenyuka intaba; waza akuhlala phantsi, beza kuye abafundi bakhe. Wawuvula umlomo wakhe, wabafundi- 2 sa, esithi,
Banoyolo abangamahlwempu ngo- 3 moya; ngokuba ubukumkani bamazulu bobabo.
Banoyolo abakhedamileyo; ngokuba 4 baya konwatyiswa bona.
Banoyolo abanobulali; ngokuba u- 5 mhlaba baya kuwudla ilifa bona.
Banoyolo abalambela banxanelwe u- 6 bulungisa; ngokuba baya kuhluthiswa bona.
Banoyolo abanenceba; ngokuba baya 7 kwenzelwa inceba bona.
Banoyolo abahlambulukileyo intlizi- 8 yo; ngokuba baya kumbona uThixo bona.
Banoyolo abaxolisi; ngokuba baya 9 kubizwa ngokuthi bangoonyana baka-Thixo bona.
Banoyolo abatshutshiswa ngenxa yo- 10 bulungisa; ngokuba ubukumkani bamazulu bobabo. Ninoyolo nina, xa bathe 11 *abantu* baningcikiva, banitshutshisa, bathetha zonke izinto ezikhohlakeleyo ngani bexoka, ngenxa yam. Vuyani 12 nigcobe kunene; ngokuba umvuzo wenu mkhulu emazulwini; kuba benjenjalo

ukubatshutshisa abaprofeti ababekho phambi kwenu.

Ityuwa yehlabathi nokhanyiselo lwehlabathi

13 Niyityuwa yehlabathi nina; ke ukuba ityuwa ithe ayaba nasongo, yothiwani na ukuvakaliswa? Ayisalungele nto, kukulahlwa phandle kuphela, inyathe-
14 lwe ngabantu. Nina nilukhanyiselo lwehlabathi; umzi omi phezu kwentaba
15 awunakufihlakala; kananjalo abasibaneki isibane basibeke phantsi kwesitya; basibeka esiphathweni *saso,* sikhanyisele
16 bonke abasendlwini. Malukhanye ngokunjalo ukhanyiselo lwenu phambi kwabantu; ukuze bayibone imisebenzi yenu emihle, bamzukise uYihlo osemazulwini.

Ukuzalisekiswa komthetho nabaprofeti

17 Ningabi ndizé kuchitha umthetho, nokuba ngabaprofeti; andizé kuchitha,
18 ndizé kuzalisekisa. Kuba inene ndithi kuni, Koda kudlule izulu nehlabathi, kungakhanga kudlule nalinye iganyana nokuba lisuntswana emthethweni, kude
19 kwenzeke konke. Othe ngoko wachitha noko umnye kule mithetho mincinanana, wabafundisa abantu ngokunjalo, kothiwa ungomncinanana ebukumkanini bamazulu; othe wenza wafundisa *ngayo,* kothiwa ngomkhulu ebukumka-
20 nini bamazulu. Kuba ndithi kuni, Ukuba ubulungisa benu abuthanga bugqithe kakhulu kobababhali naba-Farisi, anisayi kuza ningene ebukumkanini bamazulu.
21 Nivile ukuba kwathiwa kumanyange, Uze ungabulali; wóthi othe wabulala,
22 abe sisisulu somgwebo. Ke mna ndithi kuni, Wonke umntu ofumana amqumbele umzalwana wakhe, woba sisisulu somgwebo; othe ke kumzalwana wakhe, Ntw' ingento, woba sisisulu sentlanganiso yamatyala; othe ke, Siyathandini,
23 woba sisisulu sesihogo somlilo. Ngoko xa sukuba uwusondeza umnikelo wakho esibingelelweni, wathi ulapho wakhumbula ukuba umzalwana wakho une-
24 ndawo ngakuwe, wushiye apho umnikelo wakho phambi kwesibingelelo, uhambe uye uxolelane nomzalwana wakho kuqala, wandule ukuza uwusondeze umnikelo wakho.

Lungisana kamsinya nokumangalele- 25 yo, usesendleleni naye; hleze ummangaleli lowo akunikele emgwebini, aze umgwebi akunikele kumsila, uze uphoswe entolongweni. Inene ndithi kuwe, 26 Akusayi kukha uphume khona apho, ude uhlawule nemalanana yokugqibela.

Nivile ukuba kwathiwa kumanyange, 27 Uze ungakrexezi. Ke mna ndithi kuni, 28 Wonke umntu okhangela umntu oyinkazana, ukuba amkhanuke, uselemkrexezile entliziyweni yakhe.

Ukuba ke iliso lakho lokunene liya- 29 kukhubekisa, linyothule ulilahle kuwe; kuba kukulungele kanye ukuba kutshabalale libe linye emalungwini akho, kunokuba umzimba wakho uphela uphoswe esihogweni. Nokuba isandla 30 sakho sokunene siyakukhubekisa, sinqamle usilahle kuwe; kuba kukulungele kanye ukuba kutshabalale libe linye emalungwini akho, kunokuba umzimba wakho uphela uphoswe esihogweni.

Kwathiwa ke, Othe wamala umfazi 31 wakhe, makamnike *incwadi* yokwahlukana. Ke mna ndithi kuni, Othe wama- 32 la umfazi wakhe ngaphandle kwendawo yombulo, uyamkrexezisa; nothe wazeka owaliweyo, uyakrexeza.

Kanjalo nivile ukuba kwathiwa ku- 33 manyange, Uze ungafungi buxoki; wakuthi uzifeze eNkosini izifungo zakho. Ke mna ndithi kuni, Maningakhe 34 nifunge nto; nokuba lizulu, ngokuba yitrone kaThixo; nokuba lihlabathi eli, 35 ngokuba sisihlalo seenyawo zakhe; nokuba yiYerusalem, ngokuba ngumzi woKumkani omkhulu. Uze ungayi- 36 fungi nentloko yakho, ngokuba ungenamandla okwenza nalunye unwele lube mhlophe, nokuba lube mnyama. Ilizwi lenu ke malibe nguewe, ewe; 37 nguhayi, hayi. Okugqithe koko ke kuvela kokungendawo.

Nivile ukuba kwathiwa, Iliso *ma-* 38 *liphindezelwe* ngeliso, nezinyo ngezinyo. Ke mna ndithi kuni, Maningasunduza- 39 ni nokungendawo; yithi osukuba ekutywakraza esidleleni sakho sokunene, 40 umguqulele nesinye eso. Nalowo ufuna ukukumangalela, akuhluthe ingubo yangaphantsi, myekele neyokwaleka. 41 Nosukuba ekunyanzelela imayile enye, 42 hamba naye zibe mbini. Mphe lowo ukucelayo, nalowo ufuna ukuboleka kuwe ungamnikeli umva.

43 Nivile ukuba kwathiwa, Uze umthande ummelwane wakho, uluthiye utsha- 44 ba lwakho. Ke mna ndithi kuni, Zithandeni iintshaba zenu, basikeleleni abo baniqalekisayo, benzeleni okulungileyo abo banithiyayo, nibathandazele 45 abo banigxekayo banitshutshise; ukuze nibe ngabantwana boYihlo osemazulwini; ngokuba ilanga lakhe elenza liphume phezu kwabakhohlakeleyo nabalungileyo; nemvula eyinisa phezu kwabalu- 46 ngisayo nabangalungisiyo. Kuba xa nithe nathanda abo banithandayo, ninamvuzo mni na? Abenzi kwaloo nto 47 yini na nababuthi berhafu? Naxa nithe nabulisa abazalwana benu bodwa, yintoni na egqithiseleyo eniyenzayo? Abenjenjalo yini na nababuthi berhafu? 48 Ngoko yibani ngabafezekileyo, njengokuba uYihlo osemazulwini efezekile.

Amalizo, nemithandazo, nokuzila ukudla

6 Lumkani, ubulungisa benu ningabenzeli ebusweni babantu, ngokunga ningábonwa ngabo; okanye, aninamvuzo kuYihlo osemazulwini.

2 Ngoko, xa sukuba uliza abantu, ungahlokomisi xilongo phambi kwakho, njengoko benza ngako abahanahanisi ezindlwini zesikhungu, nasezitratweni, ukuze bazukiswe ngabantu. Inene ndithi kuni, Bawufincile umvuzo wabo.

3 Ke wena, xa uliza abantu, masingazi *isandla* sakho sokhohlo into eyenziwa 4 sisandla sakho sokunene, ukuze amalizo akho abe semfihlekweni; aze uYihlo obona emfihlekweni akubuyisele ekuhleni yena.

5 Naxa sukuba uthandaza, uze ungabi njengabahanahanisi; ngokuba bethanda ukuthandaza bemi ezindlwini zesikhungu nasezimbombeni zezitrato, ngokokuze babe nokubonwa ngabantu. Inene ndithi kuni, Bawufincile umvuzo wabo. Ke wena, xa sukuba uthandaza, ngena 6 egumbini lakho, uthi, uluvalile ucango lwakho, uthandaze kuYihlo osemfihlekweni; aze noYihlo obona emfihlekweni akubuyisele ekuhleni. Nithandaza nja- 7 lo ke, maningenzi milembelele ingeyanto, njengabeentlanga; kuba beba boviwa ngenxa yamazwi abo amaninzi. Ngoko maningafani nabo; kuba ekwazi 8 uYihlo enikusweleyo, ningekamceli.

Thandazani ngoko nina nenjenje: 9 Bawo wethu osemazulwini, malingcwaliswe igama lakho. Mabufike ubuku- 10 mkani bakho. Makwenziwe ukuthanda kwakho nasemhlabeni, njengokuba *kusenziwa* emazulwini. Siphe namhla 11 isonka sethu semihla ngemihla. Usixo- 12 lele amatyala ethu, njengokuba nathi sibaxolela abo banamatyala kuthi. U- 13 ngasingenisi ekulingweni, sihlangule enkohlakalweni. Ngokuba bubobakho ubukumkani, namandla, nozuko, kuse kuwo amaphakade. Amen.

Kuba xa nithi nibaxolele abantu izi- 14 phoso zabo, uYihlo osemazulwini wonixolela nani. Xa nithi ningabaxoleli 15 abantu iziphoso zabo, noYihlo ke akayi kunixolela iziphoso zenu.

Xa sukuba ke nizila ukudla, maninga- 16 bi njengabahanahanisi, bona bamatshekileyo; kuba babenza bubi ubuso babo, ukuze babonakale ebantwini ukuba bazilile. Inene ndithi kuni, Bawufincile umvuzo wabo. Ke wena, wakuzila, 17 yithambise intloko yakho, ubuhlambe ubuso bakho, ukuze ungabonakali eba- 18 ntwini ukuba uzilile, ubonakale kuYihlo osemfihlekweni; aze uYihlo obona emfihlekweni akubuyisele ekuhléni.

Ubutyebi basezulwini

Ningaziqwebeli ubutyebi emhlabeni, 19 apho konakalisa inundu nomhlwa, nalapho amasela agqobhozayo ebe; ziqwe- 20 beleni ke ubutyebi emazulwini, apho kungonakalisi nundu namhlwa, nalapho amasela angagqobhoziyo ebe; kuba 21 apho bukhona ubutyebi benu, yoba lapho nentliziyo yenu.

UMATEYU 6–7

Iliso elingenakumbi

22 Isibane somzimba liliso; xa sukuba iliso lakho ngoko lingenakumbi, umzimba wakho uphela wokhanyiseleka.
23 Kodwa xa sukuba iliso lakho likhohlakele, umzimba wakho uphela woba bubumnyama. Ukuba ngoko ukukhanya okukuwe kububumnyama, bungakanani na ubumnyama obo!

Iinkosi ezimbini. Ukuxhalela ubomi

24 Akukho mntu unako ukukhonza nkosi mbini; kuba eya kuyithiya le ayithande leya, athi mhlawumbi abambelele kule ayidele leya. Aninako ukukhonza uThixo nobutyebi.
25 Ngenxa yoko ndithi kuni, Musani ukubuxhalela ubomi benu, *nisithi* nodla ntoni na; nosela ntoni na; kwanomzimba wenu, *nisithi* niya kwambatha ntoni na. Ubomi abungaphezulu na kuko ukudla, nomzimba *awungaphezulu na* kwinto yokwambatha?
26 Yondelani ezintakeni zasezulwini; ngokuba azihlwayeli, azivuni, azibutheli koovimba; ukanti ke uYihlo osemazulwini uyazondla. Nina anizidlule ka-
27 khulu na? Nguwuphi na ke kuni onokuthi ngokuxhala ongeze ebukhulwini
28 bakhe ikubhite* ibe nye? Kanjalo yini na ukuba nixhalele into yokwambatha? Gqalani iinyibiba zasendle, ukuhluma kwazo; azibulaleki, azisonti nokusonta;
29 ke ndithi kuni, noSolomon kubo bonke ubunewunewu bakhe, wayengavathiswanga nanjenganye kuzo ezi.
30 Ukuba ke ingca leyo yasendle, ethi namhla ibekho, ize ngomso iphoswe eziko, wenjenjalo uThixo ukuyambathisa, akayi *kunambathisa* kakhulu ngakumbi na, *bantundini* balukholo luncinane?
31 Musani ukuxhala ngoko, nisithi, Sodla ntoni na, sosela ntoni na, siya kwamba-
32 tha ntoni na? Kuba zonke ezo zinto zingxanyelwe ziintlanga; kuba uYihlo wasemazulwini uyazi ukuba ezo zinto
33 zonke ziyafuneka kuni. Funani ke tanci ubukumkani bukaThixo nobulungisa bakhe, zaye zonke ezo zinto ziya
34 kongezelelwa kuni. Ngoko musani u-

kuxhalela ingomso; kuba ingomso liya kuxhalela okwalo. Buyanele imini leyo obayo ububi.

Ukungagwebi abanye

7 Musani ukugweba, ukuze ningagwe-
tywa. Kuba ngogwebo enigweba 2
ngalo, niya kugwetywa *kwangalo* nani;
nangomlinganiselo enilinganisela abanye
ngawo, niya kulinganiselwa *kwangawo*
nani. Yini na ke ukuba usibone isibi 3
esisesweni lomzalwana wakho, kanti
akuwuqiqi wona umqadi okwelakho
iliso? Okanye ungáthini na ukuthi 4
kumzalwana wakho, Yeka ndisikhuphe
isibi eso esweni lakho, kanti nângo
umqadi kwelakho iliso? Mhanahanisi- 5
ndini, wukhuphe kuqala umqadi lowo
esweni lakho, wandule ukubona kakuhle ukusikhupha isibi esisesweni
lomzalwana wakho.

Ukungakuniki izinja okungcwele

Musani ukukunika izinja okungcwele, 6
kanjalo ningaziphosi iiperile* zenu
phambi kweehagu, hleze zizinyathele
ngamanqina azo, zijike ziniqwenge.

Ukuthandaza okuzingisileyo

Celani, nophiwa; funani, nofumana; 7
nkqonkqozani, novulelwa; kuba wonke 8
umntu ocelayo uyazuza, nalowo ufunayo
uyafumana, nalowo unkqonkqozayo uya
kuvulelwa. Nguwuphi na umntu kuni 9
ongáthi, ukuba unyana wakhe uthe
wacela isonka, amnike ilitye? Athi, 10
ukuba uthe wacela intlanzi, amnike
inyoka? Ukuba ngoko nina, nikhohla- 11
kele nje, niyakwazi ukubapha abantwana benu izipho ezilungileyo, wobeka phi
na yena uYihlo osemazulwini ukugqithisela ngokubapha okulungileyo abo
bamcelayo? Zonke izinto ngoko eni- 12
sukuba ninga bangazenza abantu kuni,
yenzani ezikwanjalo nani kubo; kuba
oko kungumthetho nabaprofeti.

Isango elibanzi nelimxinwa

Ngenani ngesango elimxinwa; ngoku- 13
ba libanzi isango, iphangalele nendlela,
esa entshabalalweni; baninzi ke abange-

14 na ngalo. Ngokuba limxinwa isango, icuthene nendlela, esa ebomini; bambalwa ke abalifumanayo.

Abaprofeti ababuxoki

15 Ke kaloku balumkeleni abaprofeti ababuxoki, abeza kuni ngezambatho zeegusha, ngaphakathi ke beziingcuka
16 eziqwengayo. Nobaqonda ngeziqhamo zabo. Kukha kukhiwe iidiliya emithaneni emameva, namakhiwane ezinku-
17 nzaneni, yini na? Ngokunjalo yonke imithi elungileyo ivelisa iziqhamo ezihle, ke wona umthi ongenguwo uvelisa izi-
18 qhamo ezibi. Umthi olungileyo awunakuvelisa ziqhamo zibi, nomthi ongenguwo awunakuvelisa ziqhamo zihle.
19 Wonke umthi ongavelisi ziqhamo zihle
20 uyagawulwa, uphoswe emlilweni. Ngoko ke nobaqonda ngeziqhamo zabo.

Ukuva nokwenza ilizwi

21 Asingabo bonke abathi kum, Nkosi, Nkosi, abaya kungena ebukumkanini bamazulu; ngokwenzayo ukuthanda ku-
22 kaBawo osemazulwini. Baninzi abaya kuthi kum ngaloo mini, Nkosi, Nkosi, sasingathe na egameni lakho saprofeta, sathi egameni lakho sakhupha iidemon, sathi egameni lakho senza imisebenzi
23 yamandla emininzi? Ndandule ndibaxelele, *ndithi*, Andizanga ndinazi; mkani kum, nina nenza okuchasene nomthetho.
24 Wonke umntu osukuba ngoko eweva la mazwi am, awenze, ndomfanekisa nendoda eyingqondi, yona yayakhelayo
25 elulwalweni indlu yayo. Yehla imvula, yeza imilambo, yavuthuza imimoya, yagaleleka kuloo ndlu; ayawa, kuba ibi-
26 sekelwe elulwalweni. Nomntu wonke owevayo la mazwi am, angawenzi, wofanekiswa nendoda esisiyatha, yona yayakhelayo entlabathini indlu yayo.
27 Yehla imvula, yeza imilambo, yavuthuza imimoya, yabetha kuloo ndlu; yawa; saba sikhulu ke isiwo sayo.
28 Kuthe ke, xenikweni uYesu ebewagqibile la mazwi, zakhwankqiswa iindi-
29 mbane kukufundisa kwakhe; kuba ebezifundisa njengonegunya, enga*fundisi* njengabo ababhali.

Oneqhenqa uyaphiliswa
(UMarko 1: 40-45; uLuka 5: 12-14)

8 Ke kaloku, akuhla entabeni apho, walandelwa ngabantu abaninzi.

Nanko kusiza oneqhenqa, waqubuda 2 kuye, esithi, Nkosi, ukuba uyathanda, unako ukundihlambulula. Wasolula 3 isandla uYesu, wamchukumisa, esithi, Ndiyathanda, hlambuluka. Lahlambuluka kwaoko iqhenqa lakhe. Athi 4 uYesu kuye, Lumka angaxeleli bani; hamba uye kuzibonisa kumbingeleli, usondeze umnikelo awamisa wona uMoses, ube bubungqina kubo.

Ukuphiliswa kwesicaka somtheteli-khulu
(ULuka 7 : 1-10)

Ke kaloku, akubon' ukuba uYesu 5 ungene eKapernahum, kweza kuye umthetheli-khulu embongoza, esithi, 6 Nkosi, isicaka sam silele ngendlu, sinedumbe, sithuthunjelwa ngokoyikekayo. Athi uYesu kuye, Ndoza ndisiphilise 7 mna. Waphendula umthetheli-khulu, 8 wathi, Nkosi, andikulingene ukuba ude ungene phantsi kophahla lwam; thetha ilizwi lodwa, sophiliswa isicaka sam. Kuba nam ndingumntu ophantsi kwe- 9 gunya *labanye*, ndinamasoldati phantsi kwam; ndithi kweli, Yiya, liye; kweliya, Yiza, lize; kwisicaka sam, Yenza oku, sikwenze.

Evile ke uYesu wamangaliswa, wathi 10 kwabalandelayo, Inene ndithi kuni, andifumananga lukholo lungaka nakwaSirayeli. Ndithi ke kuni, Baninzi 11 abaya kufika bevela empumalanga nasentshonalanga, bangqengqe ndawonye noAbraham noIsake noYakobi ebukumkanini bamazulu. Kodwa bona aba- 12 ntwana bobukumkani baya kukhutshelwa emnyameni ongaphandle; khona apho kuya kubakho ukulila nokutshixiza kwamazinyo. Waza wathi uYesu ku- 13 mthetheli-khulu, Hamba ke, makwenzeke kuwe ngokokholo lwakho. Saphiliswa kwangalo elo lixa isicaka sakhe.

Umkhwekazi kaPetros nabanye abaninzi bayaphiliswa
(UMarko 1: 29–34; uLuka 4: 38–41)

14 Ke kaloku uYesu wangena endlwini kaPetros, wabona umkhwekazi wakhe
15 elele, esifa yicesina. Waza wachukumisa isandla sakhe, yamyeka icesina; wavuka ke, wabalungiselela.
16 Kuthe ke kwakuhlwa, kwaziswa kuye into eninzi yabaphethwe ziidemon; wabakhupha oomoya abo ngelizwi, wathi
17 nabo bonke abafayo wabaphilisa; ukuze kuzaliseke okwathethwayo ngoIsaya umprofeti, esithi, Yena ngokwakhe wabuthabatha ubulwelwe bethu, wazithwala izifo zethu. (UIsaya 53: 4)

Ukulandelwa kukaYesu
(ULuka 9: 57–62)

18 Uthe ke uYesu, akubona abantu abaninzi bemphahlile, wathi makumkiwe kuyiwe ngaphesheya.
19 Kweza mbhali uthile, wathi kuye, Mfundisi, ndiya kukulandela apho
20 ungaya khona. Athi uYesu kuye, Iimpungutye zineminigxuma, neentaka zezulu zineendawo zokuhlala; yena uNyana woMntu akanandawo apho
21 angalalisa khona intloko. Uthe ke omnye wabafundi bakhe kuye, Nkosi, ndivumele ndiye kungcwaba ubawo
22 kuqala. Wathi ke uYesu kuye, Landela mna, ubayeke abafileyo bangcwabe abafileyo babo.

Ukuzoliswa koqhwithela
(UMarko 4: 35–41; uLuka 8: 22–25)

23 Engenile ke emkhombeni, bamlandela
24 abafundi bakhe. Kwasuka kwabakho uqhwithela olukhulu elwandle, ngokokude umkhombe ugutyungelwe ngamaza; waye ke yena elele ubuthongo.
25 Beza abafundi bakhe bamvusa, besithi,
26 Nkosi, sisindise, satshabalala! Athi kubo, Yini na ukuba nibe ngamagwala, bantundini balukholo luncinane? Waza wavuka, wayikhalimela imimoya nolwandle; kwabakho ukuzola okukhulu.
27 Bamangaliswa ke abantu abo, besithi, Ngumntu mni na lo, le nto alulanyelwayo nayimimoya nalulwandle?

Abaphethwe ziidemon baseGadara
(UMarko 5: 1–20; uLuka 8: 26–39)

28 Kuthe akufika ngaphesheya, ezweni lamaGergasi, kwaqubisana naye *abantu* ababini abaphethwe ziidemon, bephuma emangcwabeni, belugcalagcala, kwada kwayinkohla ukuba kudlule umntu ngaloo ndlela. Basuka bakhala besithi,
29 Yintoni na enathi nawe, Yesu, Nyana kaThixo? Apha uzé kusithuthumbisa na phambi kwe*lona* xesha?
30 Bekukho ke mgama kubo ugxuba olukhulu lweehagu lusidla. Zaye ke
31 iidemon zimbongoza, zisithi, Ukuba uyasikhupha, sivumele siye kungena elugxubeni lweehagu oluya. Wathi
32 kuzo, Yiyani. Zaphuma ke, zaya kungena elugxubeni lweehagu; lwasuka lonke ugxuba lweehagu lwaphaphatheka, lwehla eweni, lwé*la* elwandle; zatshabalala emanzini.
Bathe ke abo babezalúsa basaba,
33 baya ekhaya, babika into yonke, kwanendawo yababephethwe ziidemon. Wasuka wonke umzi waphuma, waya
34 kumhlangabeza uYesu; bathi bakumbona, bambongoza ukuba agqithe kuloo mida yabo.

Ukuphiliswa konedumbe
(UMarko 2: 3–12; uLuka 5: 18–26)

9 Engenile ke emkhombeni, wawela, weza kufika emzini wakowabo.
2 Ke kaloku bazisa kuye *umntu* onedumbe, elele elukhukweni. UYesu, elubona ukholo lwabo, wathi kuye onedumbe, Mntwana wam, yomelela; zixolelwe izono zakho. Besuka ababhali
3 abathile, bathi phakathi kwabo, Lo uyanyelisa. UYesu, ezibona iingcingane zabo, wathi, Yini na ukuba nicinge izinto ezikhohlakeleyo ezintliziyweni zenu? Kuba okukhona kululula
5 kukuphi na, kukho ukuthi, Zixolelwe izono zakho; kukho nokuthi, Vuka uhambe? Kodwa ukuze nazi ukuba
6

UMATEYU 9

únalo igunya emhlabeni uNyana wo-
Mntu lokuxolela izono (selesithi kone-
dumbe), Vuka, uthabathe ukhuko lwa-
7 kho, uye endlwini yakho. Wavuka ke,
8 wemka waya endlwini yakhe. Ziku-
bonile ke *oko* izihlwele, zamangaliswa,
zamzukisa uThixo, obanike abantu
igunya elingaka.

Ukubizwa kukaMateyu
(UMarko 2: 14–17; uLuka 5: 27–32)

9 Edlula apho, uYesu wabona umntu
ehleli endaweni yerhafu, okuthiwa ngu-
Mateyu; athi kuye, Ndilandele, We-
suka ke, wamlandela.
10 Kwathi, akubon' ukuba uhleli *ngase-
sithebeni* endlwini, kwabonakala into
eninzi yababuthi berhafu naboni, yeza
yahlala ndawonye noYesu nabafundi
11 bakhe. Bakukubona *oko* abaFarisi, ba-
thi kubafundi bakhe, Kungani na ukuba
umfundisi wenu adle nababuthi berhafu
12 naboni? Ekuvile ke uYesu *oko*, wathi
kubo, Akufuneki gqirha kwabaphilileyo,
13 *lifuneka* kwabafayo. Khaniye nifunde
ukuba kukuthini na ukuthi, Ndithanda
inceba, andi*thandi* mbingelelo; kuba
andizé kubiza malungisa, ndizé kubiza
aboni ukuba baguquke.

Ukuzila ukudla
(UMarko 2: 18–22; uLuka 5: 33–38)

14 Baza bafika kuye abafundi bakaYo-
hane, besithi, Kungani na ukuba sizile
ukudla kaninzi, thina nabaFarisi, kanti
15 bona abafundi bakho abakuzili? Wathi
uYesu kubo, Banako yini na abegumbi
lomtshakazi ukukhedama, lo gama
umyeni asenabo? Kodwa kuya kufika
mihla awothi asuswe kubo umyeni,
16 bandule ke ukuzila. Akukho ke ubeka
isiziba somchako omtsha engutyeni enda-
la; kuba eso sifakiweyo siyakrazula engu-
17 tyeni, sibe sibi ngokunye isikroba. Ka-
njalo ayithiwa iwayini entsha ezintsubeni
ezindala; kwénjiwe njalo, zingagqabhu-
ka iintsuba, iphalale iwayini, zitshabalale
iintsuba; yona iwayini entsha ithiwa
ezintsubeni ezintsha, zigcinakale ezo
nto zombini.

Intokazi eyayinethombo legazi.
Intombi kaYayiro
(UMarko 5: 22–43; uLuka 8: 40–56)

Akubon' ukuba uyazithetha ezi zinto 18
kubo, nanko kusiza umphathi, waqu-
buda kuye, esithi, Intombi yam ibhu-
bhé ngoku; yiza ubeke isandla sakho
phezu kwayo, yophila. Wesuka uYesu 19
wamlandela, kwanabafundi bakhe. Na- 20
nko kusiza ntokazi ithile, eyayinetho-
mbo legazi iminyaka elishumi elinami-
bini; yafika ngasemva yachukumisa
umqukumbelo wengubo yakhe; kuba 21
ibisithi ngaphakathi kwayo, Ukuba
ndithe ndachukumisa ingubo yakhe nje
kodwa, ndophiliswa. Wajika uYesu, 22
wayibona, wathi, Ntombi yam, yome-
lela, ukholo lwakho lukusindisile. Ya-
sindiswa loo ntokazi kwangelo lixa.

Uthe akufika uYesu endlwini yo- 23
mphathi, wazibona iingwali nabantu
abaninzi bephithizela; athi kubo, Khwe- 24
lelani; kuba intombazana ayifile, ilele.
Basuka bamwa ngentsini. Uthe ke 25
bakukhutshelwa phandle abantu, wa-
ngena, wayibamba ngesandla, yaza ya-
vuka intombazana leyo. Lwaza lwa- 26
phuma udumo lwale nto, lwaya kuwo
wonke loo mhlaba.

Ukuphiliswa kweemfama ezimbini nesidenge

Kuthe ke akuba edlula apho uYesu, 27
walandelwa ziimfama ezimbini, zida-
nduluka, zisithi, Senzele inceba, nyana
kaDavide. Zithe, akungena ke endlwi- 28
ni, zeza kufika kuye iimfama; athi kuzo
uYesu, Niyakholwa na ukuba ndinako
ukukwenza oko? Zithe kuye, Ewe,
Nkosi. Wandula ukuwachukumisa a- 29
mehlo azo, esithi, Ngokokholo lwenu
makwenzeke kuni. Avuleka ke amehlo 30
azo. Waza uYesu waziyala kalukhuni,
esithi, Lumkani ingáziwa mntu le nto.
Kodwa zona zaphuma, zalubhengeza 31
udumo lwakhe kuwo wonke loo mhlaba.

Ke kaloku zakubon' ukuba ziyaphu- 32
ma, kwabonakala kuziswa kuye umntu
osisidenge, ophethwe yidemon. Kwa- 33
thi, yakukhutshwa idemon, sathetha

UMATEYU 9-10

isidenge; zamangaliswa izihlwele, zisithi, Akuzanga kubonwe okunje kwa-
34 Sirayeli. Ke bona abaFarisi babesithi, Iidemon ezi uzikhupha ngaye umphathi weedemon.

Isivuno nabasebenzi baso

35 Waye uYesu eyihamba yonke imizi nemizana, efundisa ezindlwini zabo zesikhungu, evakalisa iindaba ezilungileyo zobukumkani, ephilisa izifo zonke
36 nezikhuhlane zonke ebantwini. Wathi, akuzibona izihlwele, wasikwa yimfesane zizo, ngokuba zibe zityhafile, zichitha-
37 kele ngokwezimvu ezingenamalusi. Aze athi kubafundi bakhe, Ukuvuna okunene kuninzi, kodwa bona abasebenzi
38 bambalwa. Khungani ngoko eNkosini yokuvuna, ikhuphe abasebenzi, baye ekuvuneni kwayo.

Abafundi abalishumi elinababini nokuthunywa kwabo
(UMarko 6: 7-13; uLuka 6: 12-16; 9: 1-6)

10 Waza wababizela kuye abafundi bakhe abalishumi elinababini, wabanika igunya koomoya abangcolileyo, ukuze babakhuphe, nelokuphilisa izifo nezikhuhlane zonke.
2 Amagama ke abapostile* abo balishumi elinababini ngawo la: owokuqala, uSimon ekuthiwa nguPetros, noAndreya umzalwana wakhe; uYakobi kaZebhedi, noYohane umzalwana wakhe;
3 uFilipu noBhartolomeyu; uTomas noMateyu, umbuthi werhafu; uYakobi ka-Alifeyu, noLebheyu, ogama limbi
4 linguTadeyu; uSimon umKanan noYuda Sikariyoti, lowo wamngcatshayo.

5 Abo bashumi linababini wabathuma uYesu, akuba ebayalile, wathi, Ze ningasingi endleleni yeentlanga, ninga-
6 ngeni nasemzini wamaSamariya; yiyani ke kanye kwizimvu ezilahlekileyo
7 zendlu kaSirayeli. Ekuhambeni kwenu ke vakalisani, nisithi, Ubukumkani ba-
8 mazulu busondele. Philisani imilwelwe, hlambululani abaneqhenqa, vusani abafileyo, khuphani iidemon; namkéle ngesisa, yiphani ngesisa. Ningaziqwe- 9
beli golide nasilivere nalubhedu emi-
bhinqweni yenu; nangxowa yandlela, 10 nangubo zangaphantsi ngambini, nambadada, namsimelelo; kuba umsébenzi ufanelwe kukudla kwakhe.

Emzini ke enithe nangena kuwo, 11 nokuba kusemzaneni, ize nibúzise ukuba ngubani na kuwo ofanelekileyo; nihlale ke khona apho nide nimke. Ekungeneni kwenu ke endlwini, ize 12 niyibulise. Ukuba ke ifanelekile indlu 13 leyo, malube phezu kwayo uxolo lwenu; ukuba ayifanelekile, uxolo lwenu malubuyele kwakuni. Nóthe àkawamkela, 14 akaweva amazwi enu, nàkuphuma kuloo ndlu nakuloo mzi, vuthululani uthuli lweenyawo zenu. Inene ndithi kuni, 15 Koba nokunyamezeleka okomhlaba waseSodom nowaseGomora ngomhla womgwebo, kunokwaloo mzi.

Yabonani, mna ndinithuma njenge- 16 zimvu phakathi kweengcuka; ngoko yibani nobulumko njengeenyoka, nibe njengamahobe ukungabi nabuqhinga. Balumkeleni ke abantu; kuba baya ku- 17 ninikela ezintlanganisweni zamatyala, banityakatye ezindlwini zabo zesikhungu; náye ke niya kusiwa phambi kwa- 18 balawuli nookumkani ngenxa yam, ze kube bubungqina kubo, nakuzo iintlanga.

Xa sukuba ke beninikela, ize ninga- 19 xhaleli ukuba nothetha ngakuphi na, nokuba *nothetha* ntoni na; kuba niya kunikwa ngelo lixa oko nothetha khona. Kuba asinini abathethayo, nguMoya 20 kaYihlo othethayo ngaphakathi kwenu. Ke kaloku umzalwana uya kunikela 21 umzalwana ekufeni, aze uyise *anikele* umntwana; bathi nabantwana basuke phezu kwabazali bababulalisise; niya 22 kuthiywa ngabantu bonke ngenxa yegama lam; ke onyamezelayo kwada kwaba kwasekupheleni, uya kusindiswa yena. Xa sukuba ke benitshutshisa 23 kuloo mzi, sabelani kuwumbi; kuba inene ndithi kuni, Aniyi kukha niyigqibe imizi yakwaSirayeli, engekafiki uNyana woMntu.

Akukho mfundi mkhulu kunomfu- 24

ndisi wakhe, akukho mkhonzi mkhulu
25 kunenkosi yakhe. Kumanele umfundi ukuba abe njengomfundisi wakhe, nomkhonzi ukuba abe njengenkosi yakhe. Ukuba umninindlu bambize ngoBhelezebhule,* akukhona *bobabiza ngaye*
26 yini na abo bendlu yakhe? Musani ukuboyika ngoko; kuba akukho nto igutyungelweyo ingayi kutyhilwa, nefi-
27 hlakeleyo ingayi kwaziwa. Oko ndikuthetha kuni emnyameni, kuxeleni emhlotsheni; noko nikuvayo endlebeni, kumemezeni phezu kwezindlu.
28 Ningaboyiki abo babulala umzimba, kodwa bengenako ukuwubulala wona umphefumlo; yoyikani ke kanye lowo unako ukutshabalalisa umphefumlo
29 kwanomzimba esihogweni somlilo. Àbathengiswa ngepeni na oongqatyana ababini? Kanti akuyi kuwa namnye kubo emhlabeni ngaphandle koYihlo.
30 Nina ke, kwaneenwele ezi zentloko yenu
31 zibaliwe zonke. Musani ukoyika ngoko; nibagqithile oongqatyana abaninzi nina.
32 Wonke umntu ngoko oya kundivuma phambi kwabantu, ndiya kumvuma nam phambi koBawo osemazulwini.
33 Osukuba ke eya kundikhanyela phambi kwabantu, ndiya kumkhanyela nam phambi koBawo osemazulwini.
34 Ningabi ndize kungenisa uxolo e-
35 mhlabeni; andize kungenisa luxolo, *ndize kungenisa* ikrele. Kuba ndize kubambanisa umntu noyise, intombi
36 nonina, umolokazana noninazala. Zaye iintshaba zomntu ziya kuba ngabe-
37 ndlu yakhe. Lowo uthanda uyise nokuba ngunina kunam, akandifanele mna; nalowo uthanda unyana wakhe nokuba yintombi yakhe kunam, aka-
38 ndifanele mna. Nongawuthabathiyo umnqamlezo wakhe, alandele emva kwam,
39 akandifanele mna. Lowo uwufumeneyo umphefumlo wakhe, wolahlekwa nguwo; nalowo uwulahlileyo umphefumlo wakhe ngenxa yam, uya kuwufumana.
40 Lowo wamkela nina, wamkela mna; nalowo wamkela mna, wamkela owandi-
41 thumayo. Lowo wamkela umprofeti egameni lomprofeti, uya kwamkela umvuzo womprofeti; nalowo wamkela ilungisa egameni lelungisa, uya kwamkela umvuzo welungisa. Nothe waseza 42 noko amnye waba bangabona bancinane indebe yodwa yamanzi abandayo egameni lomfundi, inene ndithi kuni, akayi kukha alahlekelwe ngumvuzo wakhe.

11 Kwathi, xeshikweni uYesu ebegqibile ukubamisela abafundi bakhe abalishumi elinababini, wesuka apho waya kufundisa nokushumayela emizini yabo.

UYohane umbhaptizi uthumela abafundi ababini kuYesu
(ULuka 7: 18–35)

Ke kaloku uYohane, eyive esentolo- 2
ngweni imisebenzi kaKristu, wesusa bababini kubafundi bakhe, wathi kuye, 3
Wena ungulowo uzayo na, silinde wumbi, kusini na? Waphendula uYesu 4
wathi kubo, Hambani niye kumbikela uYohane izinto enizivayo nenizibonileyo: iimfama zibuya zibone, nezi- 5
qhwala ziyahamba; abaneqhenqa bayahlanjululwa, nezithulu ziyeva; abafileyo bayavuswa, namahlwempu ayazishunyayezwa iindaba ezilungileyo. Uno- 6
yolo othe akakhutyekiswa ndim.

Bakubon' ukuba bayemka abo, wa- 7
qala uYesu wathi kwizihlwele ngaye uYohane, Náye niphuma nisiya kubona ntoni na entlango? Yabe iyingcongola na, izanyazanyiswa ngumoya? Naye 8
niphuma nisiya kubona ntoni na kodwa? Yabe ingumntu ovethe iingubo ezitofotofo na? Yabonani, abo bambatha ezitofotofo baba sezindlwini zookumkani bona. Náye niphuma nisiya kubona 9
ntoni na kodwa? Yabe ingumprofeti na? Ewe, ndithi kuni, nóde wagqithisa kumprofeti. Kuba lo ngulowo ku- 10
bhaliweyo ngaye, *kwathiwa,*
Yabona, mna ndiyasithuma isithunywa sam ngaphambi kobuso bakho,
Esiya kuyilungisa indlela yakho phambi kwakho. (U*Mal*. 3: 1)

UMATEYU 11-12

11 Inene ndithi kuni, Phakathi kwabo bazelweyo ngabafazi, akuvelanga mkhulu kunoYohane umbhaptizi; kanti ke nomncinane kwabanye ebukumkanini bamazulu mkhulu kunaye.
12 Kususela ke kwimihla kaYohane umbhaptizi kude kube kalokunje, ubukumkani bamazulu buyagonyamelwa, ba-
13 thi abagonyameli babuthimbe. Kuba bonke abaprofeti nomthetho báprofeta
14 kwada kwakho uYohane. Kananjalo ukuba niyavuma ukukwamkela *oko*, yena nguEliya, lo *bekuthiwa* uza kufika.
15 Lowo uneendlebe zokuva makeve.
16 Ke kaloku ndiya kusifanisa nantoni na esi sizukulwana? Sifana namakhwenkwana ehleli ezindaweni zembu-
17 tho, ekhwaza abalingane bawo, esithi, Sanigwalela, naza nina anaduda; sanihlabela isililo, naza nina anambamba-
18 zela. Kuba uYohane weza engadli, engaseli, basuka bathi, Unedemon.
19 UNyana woMntu yena weza esidla, esela, basuka bathi, Khanibone umntu olidla-kudla, olisela-wayini, umhlobo wababuthi berhafu naboni. Ubulumko bugwetyelwe kokuvela ebantwaneni babo.

Imizi emithathu engavumi kuguquka
(ULuka 10: 13-15)

20 Waza waqala ukuyidubula loo mizi yayenzeke kuyo inkoliso yemisebenzi yakhe yamandla, ngokuba ingaguqu-
21 kanga, *esithi*, Yeha, wena Korazin! Yeha, wena Bhetesayida! Ngokuba imisebenzi yamandla eyenzeke kuni, ukuba yayenzeke eTire naseTsidon, inge yaguquka kudala loo mizi ngeengubo
22 ezirhwexayo nangothuthu. Ke ndithi kuni, Kuya kuba nokunyamezeleka kwiTire nakwiTsidon ngomhla womgwebo kunáni.
23 Nawe Kapernahum, uphakanyiselweyo ezulwini, uya kuphoselwa phantsi kwelabafileyo; ngokuba imisebenzi yamandla eyenzeke kuwe, ukuba yayenzeke eSodom, inge ihleli kwada kwaba
24 namhla. Ke ndithi kuni, Kuya kuba nokunyamezeleka okomhlaba waseSodom ngomhla womgwebo kunawe.

Ngelo xesha waphendula uYesu wa- 25 thi, Ndiyabulela kuwe, Bawo, Nkosi yamazulu nehlabathi, ngokuba ezi zinto wazifihlayo kwizilumko nakwiingqondi, wazityhilela iintsana; ewe, Bawo, ngo- 26 kuba kwakholeka phambi kwakho ukuba kube njalo. Zonke izinto zinikelwe 27 kum nguBawo; kanjalo akukho umaziyo uNyana, kuphela nguYise; akukho umaziyo uYise, kuphela nguNyana, nalowo athi uNyana athande ukumtyhilela.

Idyokhwe kaYesu
(ULuka 10: 21-24)

Yizani kum nonke nina nibulalekayo, 28 nisindwayo ngumthwalo, ndoninika ukuphumla. Thabathani idyokhwe yam 29 niyithwale, nifunde kum; ngokuba ndinobulali, ndithobekile ngentliziyo; noyifumanela ukuphumla imiphefumlo yenu. Kuba idyokhwe yam imnandi, 30 nomthwalo wam ulula.

UYesu uyiNkosi yesabatha
(UMarko 2: 23-28; uLuka 6: 1-5)

12 Ngelo xesha uYesu wacanda emasimini ngesabatha; baye ke abafundi bakhe belambile, baqala ukukha izikhwebu, badla. Ke kaloku aba- 2 Farisi, bakukubona *oko*, bathi kuye, Yabona, abafundi bakho benza oko kungavumelekileyo ukwenziwa ngesabatha.

Wathi ke kubo, Aniyilesanga na into 3 awayenzayo uDavide, xa walambayo, yena nabo babenaye; okokuba wangena 4 endlwini kaThixo, wazidla izonka ezibekwa phambi *koThixo*, ekube kungavumelekile ukuba azidle yena, kwanabo babenaye, *kuvumelekele* ababingeleli bodwa? Anilesanga na emthethweni, u- 5 kuba ngesabatha ababingeleli etempileni bayayingcolisa isabatha, bangazeki tyala noko? Ndithi ke kuni, omkhulu kuna- 6 yo itempile ukho apha. Ukuba ke nibe 7 nikwazile ukuba kuthini na *ukuthi*, Ndithanda inceba, and*ithandi* mbingelelo, ninge ningabagwebanga abangenatyala. Kuba uNyana woMntu uyiNkosi 8 yayo nesabatha.

UMATEYU 12

Ukuphiliswa kowome isandla
(UMarko 3: 1–6; uLuka 6: 6–11)

9 Esukile ke apho, waya kungena 10 endlwini yabo yesikhungu. Kwabonakala kukho umntu owome isandla; baza bambuza, besithi, Kuvumelekile na ukuphilisa ngesabatha? ukuze bamma- 11 ngalele. Wathi ke kubo, Kuni apha nguwuphi na umntu ongethi, enemvu inye, yaza yona yeyela emhadini ngesa- 12 batha, angayibambi ayirhole? Ubeke phi na ke umntu ukuyigqitha imvu? Ngoko ke kuvumelekile ukwenza okulu- 13 ngileyo ngesabetha. Aze athi kumntu lowo, Solule isandla sakho. Wasolula, sabuya saphila ke, saba kwanjengesinye.
14 Bathi ke abaFarisi babhunga ngaye bakuphuma, ukuze bamtshabalalise.
15 Uthe ke uYesu, ekwazi *oko*, wemka apho; walandelwa ngabantu abaninzi; 16 wabaphilisa bonke. Wabakhalimela u- 17 kuba bangamtyhili; ukuze kuzaliseke okwathethwayo ngoIsaya umprofeti, esithi,

18 Yabonani, umkhonzi wam endimnyulileyo;

Inténda yam okholisiweyo yiyo umphefumlo wam;

Ndiya kumbeka uMoya wam phezu kwakhe,

Waye eya kuzibikela iintlanga umgwebo.

19 Akayi kuphika, akayi kunkqangaza, Akukho mntu uya kuliva izwi lakhe ezitratweni.

20 Ingcongolo etyumkileyo akayi kuyaphula,

Nomsonto oqhumayo akayi kuwucima,

Ade awuphumelelisele ekoyiseni umgwebo;

21 Kanjalo ziya kuthembela egameni lakhe iintlanga. *(UIsaya 42: 1–4)*

AbaFarisi banyelisa uThixo
(UMarko 3: 20–30; uLuka 11: 14–23)

22 Kwaza kwaziswa kuye ophethwe yidemon, eyimfama, esisidenge; wamphi- lisa, wada lowo uyimfama usisidenge 23 wathetha, wabona nokubona. Zathi nqa ke zonke izihlwele, zathi, Ngunyana kaDavide kanti na lo? Kodwa bona 24 abaFarisi, bakuva, bathi, Lo yena akazikhuphi iidemon, kuphela kungoBhelezebhule, umphathi weedemon.

Uthe ke uYesu, ezazi iingcingane 25 zabo, wathi kubo, Ubukumkani bonke obahlulelene bodwa buyaphanza, nomzi wonke nendlu yonke eyahlulelene yodwa ayisayi kuma. Ukuba ke uSathana 26 ukhupha uSathana, wahlulelene yedwa; bothini na ngoko ukuma ubukumkani bakhe? Ukuba mna ndizikhupha iide- 27 mon ngoBhelezebhule, bazikhupha ngabani na onyana benu? Ngenxa yoko baya kuba ngabagwebi benu bona. Ko- 28 dwa ukuba ndizikhupha iidemon ngoMoya kaThixo mna, ngoko bunifikele kanti ubukumkani bukaThixo. Angá- 29 thini na umntu ukuba nako ukungena endlwini yegorha elo, ayiphange impahla yalo, ukuba akathanga tanci alibophe igorha, andule ke ukuyiphanga indlu yalo?

Lowo ungengakum uchasene nam, 30 nalowo ungandibuthisiyo uyachithachitha. Ngenxa yoko ndithi kuni, 31 Konke ukona nokunyelisa bokuxolelwa abantu; kodwa khona ukumnyelisa uMoya *oyiNgcwele* abasayi kukuxolelwa abantu. Nothe wathetha ilizwi elicha- 32 sene noNyana woMntu uya kuxolelwa; kodwa othe wathetha elichasene noMoya oyiNgcwele, akasayi kuxolelwa yena, nakweli phakade, nakwelo lizayo.

Imithi neziqhamo
(ULuka 6: 43–45)

Wenzeni mhle umthi, nesiqhamo sawo 33 sibe sihle; nithi mhlawumbi niwenze mbi umthi, nesiqhamo sawo sibe sibi; kuba umthi waziwa ngesiqhamo *sawo*.

Nzalandini yamarhamba, ningathini 34 na ukuba nako ukuthetha izinto ezilungileyo, nikhohlakele nje? Kuba umlomo uthetha ngokuphuphuma kwentliziyo. Umntu olungileyo, ebuncwa- 35 neni obulungileyo bentliziyo *yakhe*, ukhupha izinto ezilungileyo; nomntu okhohlakeleyo, ebuncwaneni obukhohlakeleyo, ukhupha izinto ezikhohlakeleyo. Ndithi ke kuni, Onke amazwi 36

UMATEYU 12-13

angewani abathe bawathetha abantu, baya kuphendula ngawo ngomhla wo-
37 mgwebo; kuba ngawo amazwi akho uya kugwetyelwa, nangawo amazwi akho uya kugwetywa.

Umqondiso kaYona
(ULuka 11: 16, 29-32)

38 Kwaza kwaphendula abathile bakubabhali nabaFarisi, besithi, Mfundisi, singa singabona umqondiso uvela kuwe.
39 Waphendula ke wathi kubo, Isizukulwana esingendawo, esikrexezayo, singxamele umqondiso; ke asiyi kunikwa mqondiso, ungenguwo umqondiso ka-
40 Yona umprofeti. Kuba, njengokuba uYona ebemini ntathu nabusuku buthathu esiswini sentlanzi enkulu, kwangokunjalo, uNyana woMntu woba mini ntathu nabusuku buthathu embilinini
41 womhlaba. Amadoda aseNineve aya kusuka eme ngomgwebo nesi sizukulwana, asigwebe; ngokuba aguquka wona ngomemezo lukaYona; ke omkhu-
42 lu kunoYona nanku apha. Ukumkanikazi welasezantsi uya kusuka eme ngomgwebo nesi sizukulwana, asigwebe; ngokuba wavela eziphelweni zomhlaba, esiza kuva ubulumko bukaSolomon; kanti ke omkhulu kunoSolomon nanku apha.
43 Xa uthe ke waphuma umoya ongcolileyo emntwini, ucanda ezindaweni ezingenamanzi, ufuna ukuphumla, unga-
44 kufumani. Uze uthi, Ndiya kubuyela kwasendlwini yam endaphuma kuyo; uthi ke wakufika uyifumane izé, itshaye-
45 lwe, ivathisiwe. Wandule ke ukuya uthabathe uze nabanye oomoya, abasixhenxe abakhohlakeleyo kunawo, bangene beme khona; lize ikamva laloo mntu libe libi kunesiqaleko *sakhe*; kuya kuba njalo nakwesi sizukulwana singendawo.

Izizalwane zenene zikaYesu
(UMarko 3: 31-35; uLuka 8: 19-21)

46 Akubon' ukuba usathetha neendimbane ezo, kwathi thaphu unina nabazalwana bakhe, bema ngaphandle, befu-
47 na ukuthetha naye. Wathi ke othile kuye, Nanku unyoko nabazalwana bakho, bemi ngaphandle, befuna ukuthetha nawe. Uphendule ke wathi 48 kulowo ubemxelele, Ngubani na uma? Kanjalo ngoobani na abazalwana bam? Esolule isandla sakhe phezu kwabafundi 49 bakhe, uthe, Nanku uma nabazalwana bam; kuba osukuba ekwenza ukuthanda 50 kukaBawo osemazulwini, yena lowo ngumzalwana wam, nodade wethu, noma.

Umzekeliso womhlwayeli
(UMarko 4: 1-20; uLuka 8: 4-15)

13 Ke kaloku, kwangaloo mini waphuma uYesu endlwini, waya wahlala ngaselwandle. Kwahlanganisana kuye 2 abantu abaninzi, wada yena wangena emkhombeni, wahlala phantsi; zathi zonke izihlwele zema elunxwemeni.

Wathetha kubo iindawo ezininzi 3 ngemizekeliso, esithi, Yabonani, umhlwayeli waphuma waya kuhlwayela. Ekuhlwayeleni kwakhe inxalenye *yeenkozo* yawa ngasendleleni, zeza iintaka 4 zayidla zayigqiba. Ezinye ke zawa ezi- 5 ndaweni ezilulwalwa, apho bezingenamhlaba mninzi; zaphuma ke kwaoko, ngenxa yokuba bezingenabunzulu bamhlaba; zathi ke lakuphuma ilanga 6 zatsha, zaza ngenxa yokuba zingenangcambu zoma kwaphela. Ezinye ke 7 zawa emithaneni enameva, yaza imithana enameva yakhula yaziminxa. Ezinye 8 ke zawa kuwo wona umhlaba omhle, zanika iziqhamo, olunye *lwanika* ikhulu, olunye amashumi amathandathu, nolunye amashumi amathathu. Lowo uneendlebe zokuva makeve. 9

Beza abafundi bathi kuye, Kungani 10 na ukuba uthethe kubo ngemizekeliso? Waphendula ke wathi kubo, Kungokuba 11 nikuphiwe nina ukuzazi iimfihlelo zobukumkani bamazulu, babe ke bona bengakuphiwanga. Kuba osukuba ena- 12 ko, yena uya kuphiwa, aze abe nako ngokugqithiseleyo; kodwa osukuba engenako, uya kuhluthwa kwanoko anako. Ngenxa yoko ndithetha nabo 13 ngemizekeliso; ngokuba bebona nje bengaboni, besiva nje bengeva, benga-

UMATEYU 13

14 qondi nokuqonda. Sizalisekele kubo ke isiprofeto sikaIsaya esithi,
Ukuva niya kuva, ningakhe niqonde;
Nithi nibona nje nibone, ningakhe niqiqe;
15 Kuba intliziyo yaba bantu ithe fithi kukutyeba,
Beva ngeendlebe ezithe nkqi,
Bayawacima namehlo abo;
Hleze babone ngamehlo,
Beve ngeendlebe,
Baqonde ngentliziyo,
Bajike,
Ndibaphilise. (UIsaya 6: 9, 10)
16 Kodwa nina, anethamsanqa amehlo enu, ngokuba ebona; neendlebe zenu,
17 ngokuba zisiva. Kuba ndithi kuni, Inene, baninzi abaprofeti *nabantu* abangamalungisa, abanqwenelayo ukuzibona izinto enizibonayo àbazibona; nokuziva izinto enizivayo, àbaziva.
18 Nina ngoko wuveni umzekeliso wo-
19 mhlwayeli: akubon' ukuba ubani uyaliva ilizwi lobukumkani, engaliqondi, uyafika ongendawo, akuhluthe okuhlwayelwe entliziyweni yakhe; lo nguye lowo
20 wahlwayelwa ngasendleleni. Lowo ke uhlwayelwa ezindaweni ezilulwalwa, ngulo ulivayo ilizwi, alamkele kwaoko
21 ngovuyo; abe ke engenangcambu ngaphakathi kwakhe, eme umzuzwana kodwa; uthi ke kwakuhla imbandezelo nokuba yintshutshiso ngenxa yelizwi,
22 akhutyekiswe kwaoko. Lowo ke uhlwayelwe emithaneni enameva, ngulo ulivayo ilizwi, lithi ke ixhala leli phakade, nokulukuhla kobutyebi, kuliminxe
23 ilizwi, lisuke lingabi nasiqhamo. Lowo ke uhlwayelwe kuwo umhlaba omhle, ngulo ulivayo ilizwi aliqonde; othi yena okunene axakathe iziqhamo; omnye ke enze ikhulu, omnye amashumi amathandathu, nomnye amashumi amathathu.

Umzekeliso womdiza

24 Wababekela omnye umzekeliso, esithi, Ubukumkani bamazulu bufanekiswa nomntu owahlwayela imbewu entle
25 entsimini yakhe. Kuthe ke, xa baleleyo abantu, lwafika utshaba lwakhe, lwahlwayela umdiza phakathi kwengqolowa, lwemka. Ithe ke yakudubula, ya-26 kuba neenkozo, wandula ukubonakala nomdiza. Bezile ke abakhonzi bomni-27 ndlu, bathi kuye, Nkosi, ubungahlwayelanga imbewu entle yini na entsimini yakho? Phofu iwuzuze phi na umdiza? Wathi ke kubo, Ngumntu 28 olutshaba owenze le nto. Bathi ke abakhonzi kuye, Ùyathanda na ke ukuba siye siwubuthe? Uthe ke, Hayi; 29 hleze nithi, xa niwubuthayo umdiza, nincothule nengqolowa kunye nawo. Yekani kukhule ndawonye kokubini, 30 kude kube sekuvuneni; ngexa ke lokuvuna ndothi kubavuni, Buthani kuqala umdiza, niwubophe ube zizithungu, utshiswe, kodwa yona ingqolowa yihlanganiseleni kuvimba wam.

Umzekeliso wokhozo lwemostade nowegwele
(UMarko 4: 30–34; uLuka 13: 18–21)

Wababekela omnye umzekeliso, esi-31 thi, Ubukumkani bamazulu bufana nokhozo lwemostade, awaluthabathayo umntu, waluhlwayela entsimini yakhe; lona loluncinane okunene kuzo zonke 32 iimbewu; kodwa xa luthe lwahluma, luyayidlula imifuno ngobukhulu, lube ngumthi, ngokokude iintaka zezulu zize zihlale emasebeni awo.

Wathetha omnye umzekeliso kubo, 33 *esithi*, Ubukumkani bamazulu bufana negwele, awalithabathayo umfazi, walifihla ezilinganisweni* zozithathu zomgubo, wada wabiliswa uphela.

Ezi ndawo zonke uYesu wazithetha 34 ngemizekeliso kuzo izihlwele; akathethanga kungengamzekeliso kuzo; ukuze 35 kuzaliseke okwathethwayo ngomprofeti, esithi,
Ndiya kuwuvula ngemizekeliso umlomo wam,
Ndiya kukhupha izinto ezazifihliwe kwasekusekweni kwehlabathi.
(INdum. 78: 2)

Inkcazo yomzekeliso womdiza

Waza uYesu akuzindulula izihlwele 36 wangena endlwini. Beza kuye abafundi

bakhe, besithi, Sixelele umzekeliso wo-
37 mdiza wentsimi. Waphendula ke wa-
thi kubo, Lo uhlwayela imbewu entle
38 nguNyana woMntu; intsimi ke lihla-
bathi; imbewu ke entle ngoonyana bo-
bukumkani abo; umdiza ke ngoonyana
39 bongendawo; utshaba ke olwawuhlwa-
yelayo wona nguMtyholi; ukuvuna ke
kukupheliswa kwephakade eli; abavuni
40 ke zizithunywa zezulu. Njengokuba
ngoko ubuthwa umdiza, utshiswe ngo-
mlilo, kuya kuba njalo ekupheliseni
41 kweli phakade. UNyana woMntu uya
kuthuma izithunywa zakhe, zize zibu-
the, zikhuphe ebukumkanini bakhe,
zonke izikhubekiso, nabo benza oku-
42 chasene nomthetho; zibaphose ezikweni
lomlilo; khona apho kuya kubakho
43 ukulila nokutshixiza kwamazinyo. Aya
kwandula ke amalungisa ukubengezela
njengelanga ebukumkanini boYise wa-
wo. Lowo uneendlebe zokuva makeve.

*Umzelekeliso wentsimi enobutyebi, nowo-
mrhwebi owafumana iperile
enexabiso, nowomnatha*

44 Kanjalo ubukumkani bamazulu bu-
fana nobutyebi obufihlwe entsimini,
athe umntu akubufumana wabufihla;
aze ngenxa yovuyo lwakhe aye athe-
ngise ngeento zonke anazo, ayithenge
loo ntsimi.
45 Kanjalo ubukumkani bamazulu bu-
fana nomrhwebi, efuna iiperile* ezintle;
46 owathi ke akuyifumana iperile inye,
exabiso likhulu, wemka waya wananisa
ngeento zonke apenazo, wayithenga.
47 Kanjalo ubukumkani bamazulu bu-
fana nomnatha, owaphoswa elwandle,
48 wahlanganisa kwiintlobo zonke; abathe
wakuzala bawurholela elunxwemeni; ke
bakuhlala phantsi, bazibuthela ezintle
49 ezityeni, bazilahla ke ezimbi. Kuya
kuba njalo ekupheliseni kwephakade
eli: ziya kuphuma izithunywa zezulu,
zibakhethe abangendawo phakathi kwa-
50 malungisa, zibaphose ezikweni lomlilo;
khona apho kuya kubakho ukulila
nokutshixiza kwamazinyo.
51 Athi kubo uYesu, Niziqondile na
zonke ezi ndawo? Bathi kuye, Ewe,

Nkosi. Wathi ke kubo, Ngenxa yoko, 52
umbhali wonke ofundiselwe ebukumka-
nini bamazulu ufana nomntu ongumni-
nindlu, orhola ebuncwaneni bakhe izi-
nto ezintsha kwanezindala.

*UYesu uyadelwa eNazarete
(UMarko 6: 1–6)*

Kwathi, akuyigqiba uYesu le mizeke- 53
liso, wanduluka khona apho. Akufika 54
kwelakowabo, wabafundisa endlwini
yabo yesikhungu, ngokokude bakhwa-
nkqiswe bathi, Lo ubuzuze phi na obu
bulumko, nale misebenzi yamandla?
Lo asinguye na unyana wengcibi yo- 55
kwakha? Unina akuthiwa na ngu-
Mariya? Nabazalwana bakhe asingoo-
Yakobi, noYose, noSimon, noYuda,
yini na? Noodade bakhe àbakuthi 56
apha bonke na? Uzizuze phi na phofu
lo zonke ezi zinto? Baye bekhubeka 57
kuye. Wathi ke uYesu kubo, Umpro-
feti akaswele mbeko, kungekhona ko-
wabo, nakokwabo. Akenza misebenzi 58
mininzi yamandla khona apho, ngenxa
yokungakholwa kwabo.

*Ukunqunyulwa kwentloko kaYohane
umbhaptizi
(UMarko 6: 14–29; uLuka 3: 19–20;
9: 7–9)*

14 Ngelo xesha uHerode, umphathi
wesahlulo sesiné *selizwe*, waluva
udaba lukaYesu, wathi kubakhonzi 2
bakhe, Lo nguYohane umbhaptizi.
Yena uvukile kwabafileyo; ngenxa yoko
le misebenzi yamandla iyasebenza kuye.
Kuba uHerode wambamba uYohane, 3
wambopha, wamfaka entolongweni nge-
nxa kaHerodiya, umfazi kaFilipu, u-
mninawa wakhe. Kuba wayethe uYo- 4
hane kuye, Akuvumelekile ukuba ube
naye. Wathi efuna ukumbulala, woyi- 5
ka abantu; ngokuba babebambe ukuthi
ungumprofeti.
Ke kaloku, kwakubon' ukuba kwe- 6
nziwa isikhumbuzo sokuzalwa kuka-
Herode, yathi intombi kaHerodiya ya-
ngqungqa esazulwini, yamkholisa u-
Herode. Ekuthe ke koko wayithembisa 7
ngesifungo ukuba woyinika oko inga-

UMATEYU 14–15

8 kucelayo. Ke yona, iqhutywe ngunina, yathi, Ndinike apha ngesitya intloko kaYohane umbhaptizi.

9 Wesuka ukumkani waba buhlungu; ke, ngenxa yezifungo ezo nangenxa yabo babehleli ngasesithebeni naye, watsho 10 ukuthi mayiyinikwe. Wasusa *umntu*, wamnqumla uYohane intloko entolo- 11 ngweni apho. Yaziswa intloko yakhe ngesitya, yanikwa intombazana leyo, 12 yathi yona yayisa kunina. Bafika abafundi bakhe, basithabatha isidumbu, basingcwaba; baya babikela uYesu.

Ukutyiswa kwamawaka amahlanu
(UMarko 6: 30–44; uLuka 9: 10–17; uYoh. 6: 1–14)

13 Evile ke uYesu, wemka apho ngomkhombe, waya endaweni eyintlango eyedwa. Zivile ke izihlwele, zamlandela ngeenyawo, zivela emizini.
14 Ephumile ke uYesu, wabona into eninzi yabantu, wasikwa yimfesane ngabo, wayiphilisa imilwelwe yabo.
15 Kuthe ke kwakuhlwa, beza kuye abafundi bakhe, besithi, Le ndawo iyintlango, kanjalo ilixa lise lidlule; zindulule izihlwele, zimke ziye emizaneni, 16 zizithengele ukudla. Uthe ke kubo uYesu, Akufuneki ukuba zimke; zipheni 17 nina zityé. Bathi ke bona kuye, Asinanto apha, ingezizo izonka ezihlanu 18 neentlanzi ezimbini. Wathi ke yena, Ziziseni kum apha.
19 Wathi izihlwele mazingqengqe phantsi engceni; wazithabatha izonka zozihlanu neentlanzi zombini, wathi, ekhangele ezulwini, wasikelela; waqhekeza, wazinika abafundi izonka ezo; ke aba- 20 fundi *banika* izihlwele. Badla bonke bahlutha; basusa amaqhekeza aseleyo, 21 zalishumi elinazibini izitya zizele. Ke kaloku abo babesidla babengamadoda akumawaka amahlanu, ngaphandle kwabafazi nabantwana.

UYesu uhamba phezu kolwandle
(UMarko 6: 45–56; uYoh. 6: 16–21)

22 Waza uYesu wabanyanzela kwaoko abafundi bakhe ukuba bangene emkhombeni, bamandulele baye phesheya, lo gama azindululayo izihlwele yena. E- 23 zindulule ke izihlwele, wenyuka intaba ngasese, ukuba athandaze. Kwahlwa ke ekhona apho yedwa.

Ke kaloku umkhombe ubuselupha- 24 kathi kolwandle, untsilwa ngamaza; kuba umoya ubuvela ngaphambili. Kuthe ke ngowesiné umlindo wobusuku, 25 wesuka waya kubo uYesu, ehamba phezu kolwandle. Bathe bakumbona aba- 26 fundi ehamba phezu kolwandle, bakhathazeka, besithi, Ngumshologu; bakhaliswa kukoyika. Wathetha ke kwaoko 27 uYesu kubo, esithi, Yomelelani; ndim, musani ukoyika.

UPetros wamphendula ke wathi, 28 Nkosi, ukuba nguwe, yitsho ndize kuwe *ndihamba* phezu kwamanzi. Wathi ke 29 yena, Yiza. Ehlile uPetros emkhombeni, wahamba phezu kwamanzi, esiya kuYesu. Ke kaloku, ebona umoya una- 30 mandla, woyika; waza eqala ukutshona wakhala, esithi, Nkosi, ndisindise. Wa- 31 solula kwaoko ke isandla uYesu, wambamba, wathi kuye, Ehla wena ulukholo luncinane, uthandabuzelani na? Bakungena emkhombeni, wadamba u- 32 moya. Bazile ke abo basemkhombeni, 33 baqubuda kuye, besithi, Inyaniso, unguNyana kaThixo.

Bakuwela, bafika emhlabeni waseGe- 34 nesarete. Emazile amadoda aloo nda- 35 wo, athumela kuwo wonke loo mmandla. Bazisa kuye bonke abafayo, bambongo- 36 za ukuba bachukumise nje kodwa intshinga yengubo yakhe; baza bonke abayichukumisáyo baphiliswa kanye.

Isithethe samanyange
(UMarko 7: 1–23)

15 Bafike oko kuYesu abaseYerusalem ababhali nabaFarisi, besithi, Kungani na ukuba abafundi bakho 2 basigqithe isithethe samanyange? Kuba abazihlambi izandla zabo, xa badla isonka.

Waphendula ke yena wathi kubo, 3 Nani, kungani na ukuba niwugqithe umthetho kaThixo ngenxa yesithethe senu? Kuba uThixo wawisa umthetho, 4 esithi, Mbeke uyihlo nonyoko; wathi

kanjalo, Omthethela okubi uyise noku-
5 ba ingunina, makafe ukufa. Ke nina
nithi, Othe kuyise nokuba kukunina,
Iselingumnikelo *kuThixo*, into onge
uba uncedwa ngayo ndim, *úkholisile*:
akasayi kuba sambeka uyise nokuba
6 ngunina. Niwuphangile ke igunya u-
mthetho kaThixo ngenxa yesithethe
7 senu. Bahanahanisindini, watyapha u-
kuprofeta ngani uIsaya, esithi,

8 Aba bantu basondela kum ngomlomo wabo,
Bandibeke ngemilebe yomlomo wabo;
Kanti intliziyo yabo ikude lee kum;
9 Bafumana ke bendihlonela,
Befundisa iimfundiso eziyimithetho
yabantu. (UIsaya 29: 13)

10 Wayibizela kuye indimbane, wathi
11 kubo, Phulaphulani, niqonde. Asiko-
kungena emlonyeni okumenza inqambi
umntu; ke okuphuma emlonyeni, kuko
oko okumenza inqambi umntu.
12 Beza abafundi bakhe bathi kuye,
Uyazi na ukuba abaFarisi bathe bakuliva
13 elo zwi bakhubeka? Waphendula ke
wathi, Zonke izityalo ezingatyalwanga
nguBawo wasemazulwini ziya kunco-
14 thulwa. Bayekeni; ngabakhokeli bee-
mfama abakwaziimfama; ke kaloku, xa
sukuba imfama ikhokela imfama, zo-
mbini ziya kweyela emhadini.
15 Waphendula ke uPetros wathi kuye,
16 Sixelele lo mzekeliso. Wathi ke yena
uYesu, Anikabi nakuqonda na nani
17 nangoku? Anikaqiqi na, ukuba konke
okungena emlonyeni kusinga esiswini,
18 ize kulahlelwe endaweni esese? Ke
zona izinto eziphuma emlonyeni, zi-
phuma kuyo intliziyo; zizo ezo ezimenza
19 inqambi umntu. Kuba kuyo intliziyo
kuphuma izicamango ezingendawo, oo-
kubulala, ookukrexeza, oomibulo, oo-
busela, ookungqina ubuxoki, ookunye-
20 lisa. Zizo ezo izinto ezimenza inqambi
umntu; kodwa kona ukudla ngezandla
ezingahlanjwanga akumenzi nqambi u-
mntu.

UmKananekazi
(*UMarko 7: 24–30*)

21 Ephumile khona apho, uYesu wasinga
22 kwimida yaseTire neTsidon. Kwathi
thu umKananekazi evela kuloo mida,
ekhala esithi, Ndénzele inceba, Nkosi,
nyana kaDavide; intombi yam iphethwe
yidemon kakubi. Akamphendula ke 23
nelizwi eli. Beza abafundi bakhe, ba-
mcela besithi, Mndulule, ngokuba usi-
landela ekhala. Waphendula ke yena 24
wathi, Ndithunywe kwizimvu ezilahle-
kileyo zendlu kaSirayeli zodwa. Weza 25
ke waqubuda kuye, esithi, Nkosi,
ndisize. Uphendule ke wathi, Asinto 26
intle ukusithabatha isonka sabantwana,
siphoswe ezinjaneni. Wathi ke yena, 27
Ewe, Nkosi; kuba neenjana zidla kwii-
mvuthuluka eziwa etafileni yabaninizo.
Waza ke waphendula uYesu wathi kuye, 28
Mfazi, lukhulu ukholo lwakho; makwe-
nzeke kuwe njengokuthanda kwakho.
Yaphiliswa intombi yakhe kwangelo
lixa.

Ukutyiswa kwamawaka amané
(*UMarko 8: 1–10*)

Esukile apho, uYesu weza ngaselwa- 29
ndle lwaseGalili, wenyuka intaba, wa-
hlala phantsi khona. Kweza kuye izi- 30
hlwele ezininzi, zinazo iziqhwala, iimfa-
ma, izidenge, izilima, nabanye abaninzi,
zababeka phantsi ezinyaweni zikaYesu;
wabaphilisa; zada zamangaliswa izi- 31
hlwele ezo, zakubona izidenge zithetha,
izilima ziphilile, iziqhwala zihamba,
neemfama zibona; zamzukisa uThixo
kaSirayeli.

Ebabizele ke kuye uYesu abafundi 32
bakhe, wathi, Ndisikwa yimfesane
ngenxa yezihlwele, ngokuba sekuntsuku
ntathu behleli nam, bengenanto banga-
yidlayo; ukuthi ke ndibandulule benga-
dlanga andikuthandi, hleze batyhafe
endleleni. Bathi kuye abafundi bakhe, 33
Sozizuza phi na entlango *apha* izonka
ezingade zihluthise izihlwele ezingaka-
nana? Athi kubo uYesu, Zingaphi na 34
izonka eninazo? Bathi ke bona, Zisi-
xhenxe, neentlanzana ezimbalwa.

Wathi kwizihlwele mazihlale phantsi 35
emhlabeni. Wazithabatha ke izonka 36
zosixhenxe neentlanzi, wabulela, wa-
qhekeza, wanika abafundi bakhe, abafu-
ndi ke *banika* izihlwele. Badla bonke 37

bahlutha; basusa amaqhekeza aseleyo,
38 iingobozi zasixhenxe zizele. Ke kaloku abo babesidla babengamawaka amané amadoda, ngaphandle kwabafazi nabantwana.
39 Ezindulule izihlwele, wangena emkhombeni, weza emacaleni aseMagadala.

Igwele labaFarisi
(UMarko 8: 11-21)

16 Baza bafika abaFarisi nabaSadusi, bathi, bemlinga, bacela ukuba ababonise umqondiso ophuma emazu-
2 lwini. Waphendula ke wathi kubo, Ngokuhlwa nithi, Liya kusa; kuba izulu
3 limlilo ukuba bomvu. Kanjalo kusasa nithi, Namhla luqhwithela; kuba izulu limlilo ukuba bomvu, lisibekele. Bahanahanisindini, nikwazi nje ukubucalula ubuso bezulu, ke yona imiqondiso yamaxesha aninako na ukuyicalula?
4 Isizukulwana esingendawo, esikrexezayo, singxamele umqondiso; kanti asiyi kunikwa mqondiso, ingenguwo umqondiso kaYona umprofeti. Wabashiya wemka.
5 Bakufika ke abafundi bakhe ngaphesheya, bathi kanti bakulibele ukuphatha
6 izonka. Wathi ke uYesu kubo, Ligqaleni nililumkele igwele labaFarisi naba-
7 Sadusi. Baye ke bona becamanga phakathi kwabo, besithi, Útsho ngokuba singaphathanga zonka.
8 Ekwazi ke oko uYesu, wathi kubo, Ehlani, nina balukholo luncinane! Yini na ukuba nicamange phakathi kwenu,
9 ngokuba ningaphathanga zonka? Anikaqiqi na, anizikhumbuli na izonka ezihlanu zamawaka amahlanu, nokuba zazingaphi na izitya enazithabathayo?
10 Kwanezonka ezisixhenxe zamawaka amané, nokuba zazingaphi na iingobozi
11 enazithabathayo? Yini na le nto ningaqiqiyo, ukuba bendingàtsho ngasonka, ukuthi kuni, manililumkele igwele
12 labaFarisi nabaSadusi? Bandula ukuqonda, ukuba ubengàtsho ukuthi mabalumkele igwele lesonka; ubesithi mabalumkele imfundiso yabaFarisi nabaSadusi.

UPetros uvuma ukuba uYesu unguKristu
(UMarko 8: 27-30; uLuka 9: 18-20; uYoh. 6: 66-69)

13 Akufika uYesu emacaleni aseKesareya yakwaFilipu, wababuza abafundi bakhe, esithi, Bathi abantu ndingubani na mna, Nyana woMntu? Bathi ke bona, Inxe-
14 nye ithi, ùnguYohane umbhaptizi; abanye bathi, ùnguEliya; bambi bathi, ùnguYeremiya, mhlawumbi ungomnye wakubaprofeti. Athi kubo, Ke nina
15 nithi ndingubani na? Waphendula ke
16 uSimon Petros wathi, Wena unguye uKristu,* unyana kaThixo ophilileyo.
17 Waphendula uYesu wathi kuye, Ùnoyolo, Simon kaYona, ngokuba akukutyhilelwanga oku yinyama negazi, ukutyhilelwe nguBawo osemazulwini. Nam ke, ndithi kuwe, UnguPetros
18 wena; ndiya kulakhela phezu kolu lwalwa ibandla lam, namasango elabafileyo akayi kuloyisa. Ndiya kukunika
19 izitshixo zobukumkani bamazulu; kuthi ke othe wakubopha emhlabeni, kubopheke emazulwini; kuthi othe wakukhulula emhlabeni, kukhululeke emazulwini. Wabayala abafundi bakhe, ukuba
20 bangaxeleli bani ukuba yena unguYesu uKristu.

UYesu uxela kwangaphambili ukufa nokuvuka kwakhe
(UMarko 8: 31-33; uLuka 9: 21-22)

21 Waqalela kwelo xa uYesu ukubabonisa abafundi bakhe, okokuba umelwe kukuba aye eYerusalem, eve ubunzima obukhulu kuwo amadoda amakhulu nababingeleli abakhulu, nababhali, abulawe, athi ngomhla wesithathu avuke.
22 Wathi uPetros emthabathele kuye, waqala ukumkhalimela, esithi, Makube camagu kuwe, Nkosi; oko akuyi kukha kubekho kuwe. Wajika ke wathi ku-
23 Petros, Suka uye emva kwam, Sathana,* usisikhubekiso kum; ngokuba ungazinyamekeli ezikaThixo izinto, unyamekela ezabantu.

UMATEYU 16-17

Ukuzincama
(UMarko 8: 34; 9: 1; uLuka 9: 23-27)

24 Wandula wathi uYesu kubafundi bakhe, Ukuba kukho othanda ukundilandela, makazincame ngokwakhe, awuthwale umnqamlezo wakhe, andila-
25 ndele. Kuba othe wathanda ukuwusindisa umphefumlo wakhe, wolahlekelwa nguwo; ke othe wawulahla umphefumlo wakhe ngenxa yam, wowufuma-
26 na. Kuba, kumnceda ntoni na umntu, ukuba uthe wazuza ihlabathi liphela, waza wonakalelwa ke ngumphefumlo wakhe? Okanye worhola ntoni na umntu, ibe sisananelo somphefumlo
27 wakhe? Kuba uNyana woMntu uza kuza esebuqaqawulini boYise, enezithunywa zakhe, andule ukubavuza bonke ngabanye ngokokwenza kwabo.
28 Inene, ndithi kuni, Kwabemiyo apha kukho abangayi kukha beve kufa, bade bambone uNyana woMntu esiza, esebukumkanini bakhe.

Ukwenziwa kumila kumbi kukaYesu
(UMarko 9: 2-13; uLuka 9: 28-36)

17 Uthi uYesu emveni kweentsuku ezintandathu, athabathe uPetros, noYakobi, noYohane umzalwana wakhe, abanyuse baye entabeni ephakamile-
2 yo bebodwa. Wenziwa waba kumila kumbi phambi kwabo, bathi ubuso bakhe bakhazimla njengelanga, zasuka ke iingubo zakhe zamhlophe njengokukha-
3 nya. Nanko kubonakala kubo uMoses noEliya, bethetha naye.
4 Waphendula ke uPetros, wathi kuYesu, Nkosi, kulungile ukuba sibe lapha; ukuba uyathanda, masenze apha iminquba ibe mithathu, omnye ube ngowakho, omnye ube ngokaMoses, omnye
5 ube ngokaEliya. Kuthe esathetha, kwathi gqi ilifu elikhanyayo, labenzela ithinzi; nâlo izwi liphuma efini apho, lisithi, Lo nguNyana wam oyintánda, endikholisiweyo nguye; mveni yena.
6 Bathi abafundi, bakukuva oko, bawa ngobuso babo, boyika kakhulu. Aku- 7
fika uYesu wabachukumisa, wathi, Vukani ningoyiki. Bathe ke bakupha- 8
kamisa amehlo abo, àbabona mntu, yanguYesu yedwa.

Bakubon' ukuba bayehla entabeni 9
apho, wabawisela umthetho uYesu esithi, Ize ningawuxeleli bani umbono lo, ade avuke kwabafileyo uNyana woMntu. Bambuza abafundi bakhe, 10
besithi, Yini na phofu ukuba ababhali bathi, uEliya umelwe kukufika tanci? Uphendule ke uYesu, wathi kubo, 11
Okunene kufika uEliya tanci, abuye azimise zonke izinto. Ke ndithi kuni, 12
uEliya uselefikile. Abamazanga, basuka benza kuye konke abakuthandayo; kwangokunjalo uNyana woMntu uza kuva ubunzima ngabo. Bandula uku- 13
qonda abafundi ukuba ubethetha kubo ngaye uYohane umbhaptizi.

Ukuphiliswa konesathuthwane
(UMarko 9: 14-29; uLuka 9: 37-43)

Bakubon' ukuba bafikile esihlweleni, 14
kweza kuye umntu, esiwa ngamadolo phambi kwakhe, esithi, Nkosi, menzele 15
inceba unyana wam; ngokuba unesathuthwane, esiva ubunzima obukhulu; kuba esiwa futhi emlilweni, nasemanzini futhi. Ndithe ndamzisa kubafundi ba- 16
kho, àbaba nako ukumphilisa. Wa- 17
phendula ke uYesu wathi, Sizukulwanandini singakholwayo, sigwenxa, koda kube nini na ndinani? Koda kube nini na ndininyamezele? Mziseni kum apha. Waza uYesu wayikhalimela, ya- 18
phuma kuye idemon; waphiliswa umntwana kwangelo lixa.

Bandula beza abafundi kuYesu bebo- 19
dwa, bathi, Bekungani na ukuba singabi nako ukuyikhupha thina? Wathi 20
ke uYesu kubo, Bekungenxa yokungakholwa kwenu; kuba inene ndithi kuni, Beningáthi, ninokholo olunjengokhozo lwemostade, nithi kule ntaba, Suka apha uye phaya, isuke, kungabikho nto iya kuninqabela. Olu ke lona uhlobo 21
aluphumi, kungengako ukuthandaza nokuzila ukudla.

UMATEYU 17-18

U Yesu okwesibini uxela kwangaphambili ukufa kwakhe
(UMarko 9: 30-32; uLuka 9: 43b-45)

22 Ke kaloku, bakubon' ukuba bahleli kwelaseGalili, wathi uYesu kubo, U-Nyana woMntu uza kunikelwa eza-
23 ndleni zabantu; baya kumbulala, athi ngomhla wesithathu avuke. Baba buhlungu kakhulu.

U Yesu ukhupha irhafu yetempile

24 Ke, bakubon' ukuba bafikile eKapernahum, kweza kuPetros abo bamkela imali yetempile,* bathi, Umfundisi wenu akayirholi na imali yetempile?
25 Athi, Ewe, *uyayirhola*. Akungena endlwini, uYesu wamphangela, esithi, Ùthini na wena, Simon? Ookumkani behlabathi bamkela kubaphi na irhafu nomnikelo? koonyana babo, kwabase-
26 mzini, kusini na? Athi uPetros kuye, Kwabasemzini. Wathi uYesu kuye, Bakhululekile ngoko ke bona oonyana.
27 Kodwa ukuze singabakhubekisi, hamba uye elwandle, uphose umlobothi wakho, uthabathe loo ntlanzi ithe yavela tanci. Wòthi wakuwunqika umlomo wayo, ufumane ishekele; thabatha yona leyo ubanike, *usenzelelela* mna nawe.

Ubukhulu benene ebukumkanini bamazulu. Izikhubekiso. Abancinane
(UMarko 9: 33-37; uLuka 9: 46-48)

18 Ngelo lixa beza abafundi kuYesu, besithi, Ngubani na ke omkhulu kunabanye, ebukumkanini bamazulu?
2 UYesu wabizela kuye umntwana,
3 wammisa phakathi kwabo. Wathi, Inene, ndithi kuni, Ukuba anithanga niguquke, nibe njengabantwana aba, aniyi kukha ningene ebukumkanini
4 bamazulu. Osukuba ngoko ethe wazithoba njengaló mntwana nguye omkhulu kunabanye ebukumkanini bamazulu.
5 Kanjalo othe wamkela umntwana onje, *noko* amnye, egameni lam, wamkela mna
6 Ke othe wakhubekisa *noko* amnye waba bancinane bakholwayo kum, ebelungelwe kanye kukuba ánxitywe ilitye lokusila entanyeni, antywiliselwe enzulwini yolwandle. Yeha ihlabathi ngezikhu- 7 bekiso! kuba azinakuba zingezi izikhubekiso; kodwa yeha loo mntu siza ngaye isikhubekiso!

Ukuba ke isandla sakho, nokuba 8 lunyawo lwakho, luya kukhubekisa, lunqamle, ululahle: kukulungele ukuba ungene ebomini usisiqhwala, mhlawumbi usisilima, kunokuba uthi, unezandla ezibini, mhlawumbi uneenyawo ezimbini, uphoswe emlilweni ongunaphakade. Nokuba iliso lakho liya kukhubekisa, 9 lincothule, ulilahle; kukulungele ukuba ungene ebomini unaliso linye, kunokuba uthi, unamehlo amabini, uphoswe esihogweni somlilo.

Lumkani, ningadeli namnye waba 10 bancinane; kuba ndithi kuni, Izithunywa zabo emazulwini zihlala zibubona ubuso bukaBawo osemazulwini. Kuba 11 uNyana woMntu weza kusindisa oko kulahlekileyo.

Igusha elahlekileyo

Nithini na nina? Ukuba umntu uthe 12 wanekhulu lezimvu, ize kulahleke enye kuzo, akazishiyi na 'ezimashumi asithoba anesithoba ezintabeni, aye afune leyo ilahlekileyo? Ukuba uthe 13 wayifumana, inene ndithi kuni, uyayivuyela leyo ngaphezu *kokuvuyela* ezo zimashumi asithoba anesithoba, zingalahlekanga. Kwangokunjalo asikuku- 14 thanda kukaYihlo osemazulwini, ukuba kulahleke namnye waba bancinane.

Uxolelo; umzekeliso womkhonzi ongenambulelo

Ukuba ke umzalwana wakho uthe 15 wakona, yiya umohlwaye inguwe naye ninedwa; ukuba úthe wakúva, wòba umzuzile umzalwana wakho. Ke ukuba 16 úthe akeva buya uthabathe nawe abe mnye nokuba babini, ukuze onke amazwi amiswe ngomlomo wamangqina amabini, nokuba ngamathathu. Uku- 17 ba ke úthe akabeva, xelela ibandla; ukuba ke úthe akaliva nebandla, kuwe makabe njengoweentlanga nombuthi werhafu.

Inene, ndithi kuni, Konke enithe 18

UMATEYU 18-19

nakubopha emhlabeni, kobotshwa emazulwini; nako konke enithe nakukhulula emhlabeni, kokhululwa emazulwini.
19 Kanjalo ndithi kuni, Ukuba ababini kuni bathe bavumelana emhlabeni apha ngeendawo zonke abangazicelayo, bo-
20 zenzelwa nguBawo osemazulwini. Kuba apho bahlanganisene khona egameni lam, nokuba babini nokuba bathathu, ndikho mna apho phakathi kwabo.

21 Kwandula kweza uPetros kuye wathi, Nkosi, koba futhi kangaphi na umzalwana wam endona, ndimxolela? Koda kube kasixhenxe na?
22 Athi uYesu kuye, Andithi kuwe, koda kube kasixhenxe; ndithi, koda kube kamashumi asixhenxe aphindi-
23 weyo kasixhenxe. Ngenxa yoko ubukumkani bamazulu bufanekiswa nomntu ongukumkani, owafuna ukubalelana na-
24 bakhonzi bakhe. Kuthe ke akuqala ukubalelana nabo, kwaziswa kuye omnye onetyala leetalente* ezingamawaka ali-
25 shumi. Kuthe ke ekubeni engenanto yakuhlawula, yathi inkosi yakhe, makuthengiswe ngaye, nangomfazi wakhe, nangabantwana bakhe, nangeento zonke
26 anazo, kuhlawulwe. Wawa phantsi ngoko umkhonzi lowo, waqubuda kuyo, esithi, Nkosi, khawundenze kuhle,
27 ndokuhlawula lonke. Yasikwa ke yimfesane inkosi yaloo mkhonzi, yamkhulula, yamxolela ityala elo.
28 Uphumile ke loo mkhonzi, wafumanana nomnye wabakhonza kunye naye obenetyala kuye leedenariyo* ezilikhulu; wambamba, wamkrwitsha, esithi, Ndi-
29 hlawule ityala onalo. Wawa phantsi ngoko ezinyaweni zakhe lo ubekhonza kunye naye, wamana embongoza, esithi, Khawundenze kuhle, ndokuhlawula lo-
30 nke. Akavumanga ke; waya wamphosa entolongweni, ade alihlawule ityala elo.
31 Bathi ke abo babekhonza kunye naye, bakubona oko kwenzekileyo, baba buhlungu kakhulu, beza bayityela inkosi
32 yabo konke oko kwenzekileyo. Yaza inkosi yakhe, imbizele kuyo, yathi kuye, Mkhonzindini ungendawo, ndàkuxolela lonke elaa tyala, ekubeni wandibongo-

zayo; ubungamelwe na kukuba ube 33 nenceba nawe kokhonza kunye nawe, njengokuba nam bendinenceba kuwe? Yaqumba inkosi yakhe, yamnikela ku- 34 bathuthumbisi, ade alihlawule lonke ityala lakhe kuyo. Wothi noBawo 35 wasemazulwini enjenjalo kuni, ukuba anithanga nonke ngabanye nabaxolela abazalwana benu iziphoso zabo ngeentliziyo zenu.

Umbuzo malunga nokuqhawulwa komtshato
(UMarko 10: 1–12)

19 Kwathi, xeshikweni uYesu ebewagqibile la mazwi, wanduluka kwelaseGalili, weza emideni yelakwaYuda, phesheya kweYordan. Zamlandela izihlwele ezininzi, waziphilisa a- 2 pho.

Kweza kuye abaFarisi bemlinga, besi- 3 thi kuye, Kuvumelekile na ukuba umntu amale umfazi wakhe nangasiphi na isizathu? Uphendule ke wathi kubo, 4 Anilesanga na ukuba owadalayo kwasekuqalekeni wabadala bayindoda nenkazana, wathi, Ngenxa yoko umntu wo- 5 mshiya uyise nonina, anamathele emfazini wakhe, baze abo babini babe nyama-nye? Ngako oko abasebabini, 6 banyama-nye; oko ke ngoko uThixo akumanyileyo, makungahlulwa mntu.

Bathi kuye, Phofu ibiyini na ukuba 7 uMoses awise umthetho wokuthi, makamnike incwadi yokwahlukana, amale? Athi kubo, UMoses ngenxa yobulu- 8 khuni beentliziyo zenu wanivumela ukuba nibale abafazi benu; ke ekuqalekeni bekungenjalo. Ndithi ke kuni, 9 Othe wamala umfazi wakhe, kungengaluhenyuzo, wazeka omnye, uyakrexeza; nalowo uzeka owaliweyo uyakrexeza.

Bathi kuye abafundi bakhe, Ukuba 10 unjalo umcimbi womntu nomfazi, akulungile ukuzeka. Wathi ke yena kubo, 11 Asibantu bonke abaliqondayo elo lizwi; ngabo banikiweyo *bodwa*. Kuba ku- 12 kho amathenwa azelwe enjalo kwasesizalweni sonina; kukho namathenwa athenwa ngabantu; kukho namathenwa azitheniieyo ngenxa yobukumkani ba-

955

UMATEYU 19-20

mazulu. Lowo unokukuqonda oku makakuqonde.

UYesu usikelela abantwana
(UMarko 10: 13-16; uLuka 18: 15-17)

13 Kwaza kwaziswa kuye abantwana, ukuze abeke izandla phezu kwabo, athandaze; basuka abafundi babakhalimela.
14 Wathi ke uYesu, Bayekeni abantwana, ningabaleli ukuza kum; kuba ubuku-
15 mkani bamazulu bobabo banjalo. Wazibeka izandla phezu kwabo, wemka apho.

Indodana esisityebi.
(UMarko 10: 17-31; uLuka 18: 18-30)

16 Kwabonakala kusiza othile, wathi kuye, Mfundisi ulungileyo, yiyiphi na into elungileyo endingenza yona, ukuze ndibe nabo ubomi obungunaphakade?
17 Uthe ke kuye, Yini na ukuba uthi ndilungile? Akukho ulungileyo, mnye kwaphela, nguThixo. Ukuba ke uthanda ukungena ebomini, yigcine imithe-
18 tho. Athi kuye, Yiphi na? Wathi ke uYesu, Yona le: uze ungabulali, uze ungakrexezi, uze ungebi, uze unga-
19 ngqini buxoki, beka uyihlo nonyoko; nawo lo: uze umthande ummelwane
20 wakho njengoko uzi*thanda* ngako. Ithi kuye indodana leyo, Zonke ezo zinto ndazigcina kwasebuncinaneni bam; ndi-
21 saswele ntoni na? Wathi uYesu kuyo, Ukuba unga ungafezeka, hamba uye kuthengisa ngeempahla zakho, uphe amahlwempu; wòba nobutyebi emazulwini; uze ke undilandele.
22 Ilivile ke indodana ilizwi elo, yemka ibuhlungu; kuba ibinemfuyo eninzi.
23 Wathi ke uYesu kubafundi bakhe, Inene, ndithi kuni, Koba ngenkankulu ukuba isityebi singene ebukumkanini
24 bamazulu. Kananjalo ke ndithi kuni, Kulula ukuba inkamela iphumele entunjeni yenaliti, kunokuba isityebi singene
25 ebukumkanini bukaThixo. Bakuva ke abafundi bakhe, bakhwankqiswa kakhulu, besithi, Ngubani na ke ongási-
26 ndiswayo? Ondele ke uYesu, wathi kubo, Kubantu le nto ayinakwenzeka; ke kuye uThixo zonke izinto zinako ukwenzeka.
27 Waphendula uPetros wathi kuye, Uyabona, thina sishiye iinto zonke sakulandela; siya kuba nantoni na ke?
28 Wathi ke uYesu kubo, Inene, ndithi kuni, Nina nindilandeleyo, ekuzalweni okutsha, xa athe wahlala uNyana woMntu phezu kwetrone yozuko lwakhe, niya kuhlala nani phezu kweetrone ezilishumi elinambini, nigweba ezizweni ezilishumi elinazibini zakwaSirayeli. U-
29 mntu wonke oshiye izindlu, nokuba ngabazalwana, nokuba ngoodade, nokuba nguyise, nokuba ngunina, nokuba ngumfazi, nokuba ngabantwana, nokuba ngamasimi, ngenxa yegama lam, uya kwamkela kalikhulu, abudle ilifa ubomi obungunaphakade. Ke baninzi abo-
30 kuqala abaya kuba ngabokugqibela, nabokugqibela *abaya kuba* ngabokuqala.

Umzekeliso wabaqeshwa esidiliyeni

20 Kuba ubukumkani bamazulu bufana nomntu ongumninindlu, owaphuma ekuseni, waya kuqesha abasebenzi bokuya esidiliyeni sakhe. Aku-2 vumelana nabasebenzi ngedenariyo* ngemini, wabathuma esidiliyeni sakhe. Ephume malunga nelixa lesithathu 3 wabona abanye bemi endaweni yembutho bengasebenzi. Wathi nakwabo, 4 Hambani nani niye esidiliyeni, ndoninika okusukuba kufanelekile. Bahamba ke baya. Wabuya waphuma malunga 5 nelixa lesithandathu nelesithoba, wenza kwangokunjalo. Ephumile ke malunga 6 nelixa leshumi elinanye, wafumana abanye bemi bengasebenzi; athi kubo, Yini na ukuba nime apha imini iphela ningasebenzi? Bathi kuye, Akukho 7 bani usiqeshileyo. Athi kubo, Hambani nani niye esidiliyeni; niya kwamkela okusukuba kufanelekile.

Kwakuhlwa, uthi umninisidiliya ego- 8 seni lakhe, Babize abasebenzi, ubamkelise, uqala kwabokugqibela ude uye kwabokuqala. Bezile abo *bebeqeshwe* 9 malunga nelixa leshumi elinanye, bamkela elowo idenariyo.

Ke kaloku bakuza abokuqala, baba 10

baya kwamkela into engaphezulu; nabo
11 bamkela elowo idenariyo. Beyamkele
12 ke, bamrokrela umninindlu, besithi,
Aba bokugqibela basebenzé ilixa lalinye,
usuke wabalinganisa nathi, thina sithwe-
13 le ubunzima nobushushu bemini. Wa-
phendula ke yena wathi komnye wabo,
Wethu, andikoni; ubungavumelananga
14 nam ngedenariyo yini na? Thabatha
okwakho uhambe; ndithanda ukumnika
lowo wokugqibela kwanjengoko *ndi-*
15 ku*nike* ngako. Akuvumelekile na uku-
ba ndenze endikuthandayo ngokuko-
kwam? Iliso lakho likhohlakele na,
16 ngokuba ndilungile mna? Ngoku-
njalo abokugqibela baya kuba ngaboku-
qala, nabokuqala, *baya kuba* ngaboku-
gqibela; kuba baninzi ababiziweyo, ke
bambalwa abanyuliweyo.

*UYesu okwesithathu uxela kwanga-
phambili ukufa kwakhe
(UMarko 10: 32-34; uLuka 18: 31-34)*

17 Ke kaloku enyuka uYesu esiya eYeru-
salem, wabathabatha abafundi abali-
shumi elinababini babodwa endleleni,
18 wathi kubo, Niyabona, siyenyuka siya
eYerusalem, waye uNyana woMntu eya
kunikelwa kubo ababingeleli abakhulu
nababhali. Baya kumgweba ukuba afe,
19 bamnikele kuzo iintlanga ukuba zidlale
ngaye, zimtyakatye, zimbethelele e-
mnqamlezweni, athi ngomhla wesitha-
thu abuye avuke.

*Isicelo soonyana bakaZebhedi
(UMarko 10: 35-45)*

20 Ngelo xesha kweza kuye unina woo-
nyana bakaZebhedi, enoonyana bakhe,
21 equbuda, ecela into kuye. Wathi ke
yena kuye, Uthanda ntoni na? Athi
kuye, Yitsho baze aba nyana bam boba-
bini bahlale, omnye ngasekunene kwa-
kho, omnye ngasekhohlo, ebukumkani-
22 ni bakho. Uphendule ke uYesu wathi,
Aniyazi into eniyicelayo. Ninako na
ukuyisela indebe endiza kuyisela mna,
nibhaptizwe ngobhaptizo endibhapti-
zwa ngalo mna? Bathi kuye, Sinako.
23 Athi kubo. Okunene indebe yam niya
kuyisela, nobhaptizo endibhaptizwa nga-

lo mna niya kubhaptizwa kwangalo;
kodwa kona ukuhlala ngasekunene
kum, nangasekhohlo kum, asikwam
ukupha ngako; kophiwa abo kulungise-
lwe bona nguBawo.
Bekuvile ke oko abalishumi, babaca- 24
phukela abo bazalwana bobabini. Ke 25
kaloku uYesu, ebabizele kuye, wathi,
Niyazi ukuba abaphathi beentlanga
bayazigagamela, nâbò bazizikhulu be-
nza ngegunya kuzo. Ze kungabi njalo 26
ke phakathi kwenu nina; osukuba enga
angaba mkhulu phakathi kwenu, makabe
ngumlungiseleli wenu; nosukuba enga 27
angaba ngowokuqala phakathi kwenu,
makabe ngumkhonzi wenu; kwanje- 28
ngokuba uNyana woMntu engezanga
kulungiselelwa; weza kulungiselela, no-
kuncama ubomi bakhe, bube yintlawu-
lelo yokukhulula abaninzi.

*Iimfama ezimbini zaseYeriko
(UMarko 10: 46-52; uLuka 18: 35-43)*

Bakubon' ukuba bayaphuma eYeri- 29
ko, walandelwa yindimbane enkulu.
Nanko kuhleli iimfama zimbini ngase- 30
ndleleni; zathi, zakuva ukuba kudlula
uYesu, zadanduluka, zisithi, Senzele
inceba, Nkosi, nyana kaDavide. Ke 31
kaloku indimbane yazikhalimela ukuba
zithi tu; kwaba kukhona ke zidandulu-
kayo, zisithi, Senzele inceba, Nkosi,
nyana kaDavide.
Wema uYesu, wazibiza wathi, Ninga 32
ndinganenzela ntoni na? Zithi kuye, 33
Nkosi, ukuba kuvulwe amehlo ethu.
Wasikwa ke yimfesane uYesu, wawachu- 34
kumisa amehlo azo; zaba nokubona
kwaoko ngamehlo azo, zamlandela.

*Ukungena kukaYesu eYerusalem
(UMarko 11: 1-10; uLuka 19: 29-38;
uYoh. 12: 12-15)*

21 Kuthe, xa babesondele eYerusa-
lem, befikile eBhetefage, kwiNtaba
yemiNquma, uYesu wesusa abafundi
bababini, esithi kubo, Yiyani emzaneni 2
lo ukhangelene nani; kwaoko nofumana
iesile libotshelelwe linethole, likhululeni
nilizise kum. Nokuba kukho othe 3
wathetha into kuni, nòthi, Ayafuneka

eNkosini; wóthi ke awathumele kwa-
4 oko. Ke kaloku oku konke kwenzeke,
ukuze kuzaliseke okwathethwayo ngo-
mprofeti, esithi,
5 Yithini kwintombi uZiyon,
Yabona, uKumkani wakho uza kuwe,
Enobulali, ekhwele e-esileni, ilithole
ke,
Inkonyana yento ebotshwayo.
(UZek. 9:9)
6 Baya ke abafundi, benza ngoko
7 wayebamisele ngako uYesu, balizisa
iesile nethole, babeka iingubo zabo
phezu kwawo, bamhlalisa phezu kwazo.
8 Yathi ke inkoliso yezihlwele yazandlala
iingubo zayo endleleni; baye abanye
bexhuzula amasebe emithini, bewandla-
9 la endleleni. Zaye ke izihlwele, ebe-
zihamba ngaphambili nebezilandela,
zidanduluka, zisithi, Hosana kuye u-
nyana kaDavide! Makabongwe lo uzayo
egameni leNkosi! Hosana enyangweni!
10 Akungena eYerusalem, wonke umzi
wazamazama, usithi, Ngubani na lo?
11 Bathi ke abantu, Lo nguYesu, umprofeti
ongowaseNazarete yelaseGalili.

Ukuhlanjululwa kwetempile
(UMarko 11: 15–18; uLuka 19: 45–48; uYoh. 2: 13–17)

12 Wangena uYesu etempileni kaThixo,
wabakhupha bonke ababethengisa naba-
bethenga etempileni, wazibhukuqa iita-
file zabananisi bemali, nezihlalo zaba-
13 thengisa ngamahobe; athi kubo, Ku-
bhaliwe kwathiwa, Indlu yam iya kubi-
zwa ngokuba yindlu yokuthandaza; ke
nina niyenze umqolomba wezihange.
14 Kweza kuye iimfama neziqhwala,
15 etempileni apho, waziphilisa. Bathe ke
ababingeleli abakhulu nababhali, baku-
yibona imimangaliso awayenzayo, kwa-
nabantwana bedanduluka etempileni,
besithi, Hosana kuye unyana kaDavide:
16 basuka bacaphuka, bathi kuye, Uyayiva
na into abayithethayo aba? Athi ke
uYesu kubo, Ewe; anizanga nikulese
na ukuthi, Emlonyeni weentsana na-
banyáyo ùlungiselele udumiso?
17 Wabashiya, waphumela ngaphandle
komzi, waya eBhetani, walala khona.

Umkhiwane ongenaziqhamo
(UMarko 11: 12–14, 19–24)

Uthe ke kwakusa, xa abuyela kuwo 18
umzi, walamba. Wathi, ebone mkhi- 19
wane uthile ngasendleleni, waya kuwo,
akafumana nto kuwo, yangamagqabi
odwa; athi kuwo, Makungaze kuvele si-
qhamo kuwe naphakade. Wasuka wo-
ma kwaoko umkhiwane lowo. Baku- 20
kubona oko abafundi, bamangaliswa,
besithi, Ûtheni na ukoma msinya
kangakanana umkhiwane? Waphe- 21
ndula ke uYesu wathi kubo, Inene,
ndithi kuni, ukuba nithe nanokholo,
anathandabuza, anisayi kwenza le nto
yomkhiwane yodwa; kosuka, nokuba
nithe kule ntaba, Thabatheka uphoseke
elwandle, kwenzeke. Neento zonke 22
enithe nazicela ekuthandazeni nikho-
lwa, nozamkela.

Igunya likaYesu
(UMarko 11: 27–33; uLuka 20: 1–8)

Kuthe akungena etempileni, xa afu- 23
ndisayo, beza kuye ababingeleli aba-
khulu namadoda amakhulu abantu,
besithi, Ezi zinto ùzenza ngagunya lini
na? Kananjalo ngubani na okunike
eli gunya?
Waphendula ke uYesu wathi kubo, 24
Nam ndiya kubuza kuni zwi-nye; endo-
thi, ukuba nithe nandixelela lona, ndi-
nixelele nam ukuba ndizenza ngagunya
lini na ezi zinto: Ubhaptizo lukaYohane 25
lwaluphuma phi na, emazulwini, eba-
ntwini, sini na? Bacamanga ke bodwa,
besithi, Ukuba sithe, Lwaphuma ema-
zulwini, wothi kuthi, Ibiyini na phofu
ukuba ningakholwa nguye? Ukuba ke 26
sithe, Lwaphuma ebantwini, soyika
abantu; kuba bonke bebambe ukuthi
uYohane ungumprofeti. Bamphendula 27
uYesu bathi, Asazi.
Wathi naye kubo, Nam ke andinixe-
leli ukuba ndizenza ngagunya lini na
ezi zinto.

Umzekeliso woonyana ababini

Nithini na ke nina? Umntu waye- 28
nabantwana ababini; weza kowoku-

qala wathi, Mntwana wam, yiya kuse-
29 benza namhla esidiliyeni sam. Waphe-
ndula ke yena wathi, Andiyi; ke wabuya
30 wazohlwaya, waya. Weza nakowesibi-
ni, wathetha kwangokunjalo. Waphe-
ndula ke yena wathi, Ndi*yaya,* nkosi;
31 akaya. Nguwuphi na kwabo bobabini
owenza ukuthanda kukayise? Bathi
kuye, Ngowokuqala.
Athi kubo uYesu, Inene ndithi kuni,
Bayaniphangela ke ukungena ebuku-
mkanini bukaThixo ababuthi berhafu
32 namahenyukazi. Ngokuba uYohane
weza kuni ngendlela yobulungisa, ana-
kholwa nguye; kodwa bákholwa nguye
bona ababuthi berhafu namahenyuka-
zi; ke nina, nakukubona *oko,* anibuya-
nga nizohlwaye, ukuze nikholwe nguye.

Umzekeliso wesidiliya
(UMarko 12: 1–12; uLuka 20: 9–18)

33 Yivani omnye umzekeliso. Bekukho
umninindlu othile owatyala isidiliya,
wasibiyela ngothango, wemba kuso
isixovulelo seediliya, wakha inyango,
waqeshisa ngaso kubalimi, wahambela
34 kwelinye. Kuthe ke lakusondela ixesha
leziqhamo, wathuma abakhonzi bakhe
kubalimi abo, ukuya kwamkela iziqha-
35 mo zaso. Besuka abalimi babathabatha
abakhonzi bakhe, bathi omnye bamtya-
bula, omnye bambulala, nomnye bamgi-
36 bisela ngamatye. Wabuya wathuma
abanye abakhonzi, bebaninzi kunabo-
kuqala, benjenjalo nakubo.
37 Uthe ke kamva wathuma kubo unyana
wakhe, esithi, Baya kumhlonela yena
38 unyana wam. Bathe ke bakumbona
unyana abalimi, batshono ukuthi, Lo
yindlalifa; yizani simbulale, sihlale
39 nelifa lakhe. Bamthabatha, bamkhu-
phela ngaphandle kwesidiliya, bambu-
40 lala. Xa athe weza ngoko umninisidi-
liya, uya kwenza ntoni na kwabo
balimi?
41 Bathi kuye, uya kubatshabalalisa
kakubi abangendawo abo, aze isidiliya
eso aqeshise ngaso kubalimi bambi,
abomamkelisa iziqhamo ngamaxesha
azo.

Athi kubo uYesu, Anizanga nilese na 42
ezibhalweni *ukuthi,*
Ilitye abalicekisáyo abakhi,
Lelona laba yintloko yembombo;
Kwavela eNkosini oku,
Kungummangaliso emehlweni ethu?
(INdum. 118: 22)
Ngenxa yoko ndithi kuni, Ubukumkani 43
bukaThixo buya kususwa kuni, buni-
kwe uhlanga oluzivelisayo iziqhamo
zabo. Kanjalo lowo uwe phezu kweli 44
litye uya kutyumka, ke lowo lithe
lamwela liya kumcola.
Bathi ababingeleli abakhulu naba- 45
Farisi, bakuyiva imizekeliso yakhe,
baqonda ukuba uthetha ngabo. Bathi 46
befuna ukumbamba, boyika abantu,
ekubeni ke babebambe ukuthi ungu-
mprofeti.

Umzekeliso womsitho
(ULuka 14: 16–24)

22 Waphendula uYesu, wabuya wa-
thetha kubo ngemizekeliso, esithi,
Ubukumkani bamazulu bufanekiswa 2
nomntu ongukumkani, owamenzela u-
msitho unyana wakhe. Wesusa aba- 3
khonzi bakhe ukuba baye kubabiza
abamenyiweyo, beze emsithweni; ba-
suka àbavuma ukuza. Wabuya wesusa 4
abanye abakhonzi, esithi, Yitshoni kwa-
bamenyiweyo ukuthi, Yabonani, isidlo
sam sendisilungisile; iinkomo zam nee-
nto zam ezityetyisiweyo zixheliwe, ko-
nke sekulungile; yizani emsithweni.
Abakhathalanga ke bona; basuka be- 5
mka, omnye waya kweyakhe intsimi,
omnye waya ekurhwebeni kwakhe. Ba- 6
thi ke abaseleyo bababamba abakhonzi
bakhe, babaphatha kakubi, bababulala.
Evile ke ukumkani, waqumba, wayi- 7
khupha imikhosi yakhe, wabatshabalali-
sa abo babulali, wawutshisa nomzi wabo.
Aze athi kubakhonzi bakhe, Umsitho 8
okunene sewulungile wona, kodwa
abamenyiweyo bebengafanelekile. Yi- 9
yani ngoko ezintlanganweni zeendlela,
nithi abo nithe nabafumana, nibabize
beze emsithweni. Baphuma abo ba- 10
khonzi baya ezindleleni, bahlanganisa
bonke ababafumanáyo, abakhohlakele-

yo kwanabalungileyo; wazala umsitho ngabamenyiweyo.

11 Ke kaloku akungena ukumkani, eza kukhangela abamenyiweyo, wabona a-
12 pho umntu ongambethe ngubo yamsitho. Athi kuye, Wethu, utheni na ukungena apha, ungenáyo ingubo yom-
13 sitho? Lamkhohla ke. Wathi ukumkani kubalungiseleli, Mbopheni iinyawo nezandla, nimthabathe, nimkhuphele ebumnyameni bangaphandle; khona apho kuya kubakho ukulila nokutshixiza
14 kwamazinyo. Kuba baninzi ababiziweyo, ke bambalwa abanyuliweyo.

Malunga nerhafu
(UMarko 12: 13–17; uLuka 20: 20–26)

15 Baza abaFarisi baya benza ibhunga lokuba bamthiyele ekuthetheni kwakhe.
16 Bathumela kuye abafundi babo benama-Herode, besithi, Mfundisi, siyazi ukuba uyinyaniso, uyifundisa indlela kaThixo ngenyaniso; kananjalo akukhathali nangubani, kuba akukhethi buso bamntu.
17 Sixelele ngoko, uthini na wena? Kuvumelekile na ukumnika irhafu uKesare,* aku*vumelekile*, sini na?
18 Ke kaloku, eyazi uYesu inkohlakalo yabo, wathi, Nindilingelani na, bahana-
19 hanisindini? Ndiboniseni iqhosha lerha-
20 fu. Bamzisela ke idenariyo.* Athi kubo, Ngokabani na lo mfanekiso nombha-
21 lo? Bathi kuye, NgokaKesare. Andule ukuthi kubo, Nikelani kaloku izinto zikaKesare kuKesare, neento zika-
22 Thixo kuThixo. Bakuva bamangaliswa, basuka bamshiya, bemka.

AbaSadusi novuko
(UMarko 12: 18–27; uLuka 20: 27–40)

23 Kwangaloo mini kweza kuye abaSadusi, abathi akukho luvuko; bambu-
24 za, besithi, Mfundisi, uMoses wathi, Ukuba ubani uthe wafa engenabantwana, wothi umzalwana wakhe amngene umfazi wakhe, amvelisele imbewu umza-
25 lwana wakhe. Ke kaloku kwaye kukho kuthi abazalwana abasixhenxe; waza owokuqala akubon' ukuba uzekile wabhubha, wathi, kuba engenambewu, wamshiya kumzalwana wakhe umfazi wakhe. Wenjenjalo nowesibini, nowe-26 sithathu, kwada kwaya kowesixhenxe.
Emveni ke kwabo bonke, wafa naye 27 umfazi. Ngoko eluvukweni uya kuba 28 ngumfazi wawuphi na kweso sixhenxe? Kuba babenaye bonke.

Waphendula ke uYesu wathi kubo, 29 Niyalahleka, kuba ningazazi izibhalo kwanamandla kaThixo. Kuba eluvu- 30 kweni abazeki, abendiswa; banjengazo izithunywa zikaThixo emazulwini. Ngalo ke uvuko lwabafileyo, anikulesa- 31 nga na okwathethwayo kuni nguThixo, esithi, Mna ndinguThixo ka-Abraham, 32 uThixo kaIsake, uThixo kaYakobi? UThixo akaThixo wabafileyo, ungowabaphilileyo.

Zathi izihlwele zakukuva, zakhwa- 33 nkqiswa yimfundiso yakhe.

Umthetho omkhulu
(UMarko 12: 28–34; uLuka 10: 25–27)

Ke kaloku bathe abaFarisi, bakuva 34 ukuba ubéthe labakhohla abaSadusi, bahlanganiselana ndawonye. Omnye 35 kubo ongumqondisi-mthetho wambuza emlinga, wathi, Mfundisi, owona mya- 36 lelo mkhulu emthethweni nguwuphi na? Wathi ke uYesu kuye, Uze uyithande 37 iNkosi uThixo wakho ngentliziyo yakho iphela, nangomphefumlo wakho uphela, nangengqondo yakho iphela. Nguwo 38 lowo owokuqala nomkhulu umthetho. Owesibini ke ufana nawo: Uze umtha- 39 nde ummelwane wakho ngoko uzi*thanda* ngako. Kule mithetho yomibi- 40 ni kuxhomekeke umyalelo uphela nabaprofeti.

UKristu, uNyana kaDavide
(UMarko 12: 35–37; uLuka 20: 41–44)

Bakubon' ukuba bahlanganisene ke 41 abaFarisi, uYesu wabuza kubo, esithi, 42 Nithini na nina ngaye uKristu?* Ungunyana kabani na? Bathi kuye, KaDavide. Athi kubo, Yini na phofu 43 ukuba uDavide ngoMoya ambize ngokuthi, Nkosi, esithi,

Yathi iNkosi eNkosini yam, 44
Hlala ngasekunene kwam,

Ndide iintshaba zakho ndizenze isihlalo seenyawo zakho?

(INdum. 110:1)

45 Ukuba uDavide ngoko umbiza ngokuba Nkosi, úngunyana wakhe ngani na?
46 Akubangakho namnye ubenako ukumphendula nezwi eli; kananjalo kasusela kuloo mini, akubanga sabakho mntu waba nabuganga bakumbuza nto.

UYesu ukhalimela ababhali nabaFarisi
(ULuka 11: 37—12:3)

23 Waza uYesu wathetha kwisihlwele nakubafundi bakhe, esithi, Ababhali nabaFarisi bahleli esihlalweni
3 sikaMoses. Konke ngoko abasukuba besithi kuni kugcineni, ze nikugcine nikwenze; kodwa ze ningenzi ngokwemisebenzi yabo; kuba bathetha baze
4 bangenzi. Kuba babopha imithwalo enzima, esindayo, bayibeke emagxeni abantu, babe ke bona bengathandi kuyi-
5 shukumisa nangomnwe lo wabo. Yonke imisebenzi yabo ke bayenza ngokunga bangabonwa ngabantu; bawènze banzi amaqhaga abo ezikhumbuzo, bayàndise imiqukumbelo yeengubo za-
6 bo. Kananjalo bathanda izilili zobukhulu ezidlweni, kwanezihlalo zobu-
7 khulu ezindlwini zesikhungu, nemibuliso ezindaweni zembutho, nokubizwa ngabantu kuthiwe, Rabhi, Rabhi.*

8 Ke nina maningabizwa kuthiwe Rabhi; kuba mnye uMkhokeli wenu, uKristu; nina ke nonke ningabazalwana.
9 Ningabizi mntu ngokuba nguyihlo emhlabeni apha; kuba mnye uYihlo
10 wenu, lowo usemazulwini. Kananjalo maningabizwa ngokuba ningabakhokeli; kuba mnye uMkhokeli wenu, uKristu.
11 Omkhulu ke kuni makabe ngumlungi-
12 seleli wenu. Osukuba ke eziphakamisa uya kuthotywa; nosukuba ezithoba uya kuphakanyiswa.

13 Yeha, nina babhali, baFarisi, bahananahanisindini! Ngokuba nibuvala ubukumkani bamazulu phambi kwabantu; kuba aningeni nina, nabangénayo anibavumeli ukuba bangene.

14 Yeha, nina babhali, baFarisi, bahanahanisindini! Ngokuba nisidla izindlu zabahlolokazi, nize ngokunyhwalaza nithandaze uzungu; ngenxa yoko niya kwamkela ugwebo olugqithiseleyo.

15 Yeha, nina babhali, baFarisi, bahanahanisindini! Ngokuba nijikajika ulwandle nomhlaba ukuze nenze nokuba mnye ongena ebuYudeni; nithi, xa athe wazuzeka, nimenze abe ngumntwana wesihogo ngokuphindiweyo kunani.

16 Yeha, nina bakhokelindini baziimfama! Nina nithi, Othe wafunga itempile, akunto oko; ke othe wafunga igolide
17 yetempile, unetyala. Ziyatha, zimfama, kanene yiyiphi na enkulu? Yigolide, yitempile eyingcwalisayo igolide,
18 kusini na? Kanjalo *nina nithi*, Othe wafunga isibingelelo, akunto oko; ke othe wafunga umnikelo ophezu kwaso,
19 unetyala. Ziyatha, zimfama, kanene yiyiphi na enkulu? Ngumnikelo, sisibingelelo esiwungcwalisayo umnikelo,
20 kusini na? Lowo usifungayo ngoko isibingelelo ufunga sona neento zonke
21 eziphezu kwaso. Nalowo uyifungayo itempile, ufunga yona nomiyo kuyo.
22 Nalowo uwafungayo amazulu, ufunga itrone kaThixo nohleli phezu kwayo.

23 Yeha, nina babhali, baFarisi, bahanahanisindini! Ngokuba ninikela izishumi zetyeleba nedile* nekumin,* kanti nizishiyile ezona ndawo zinzima zomthetho, umgwebo nenceba nokholo; ezi benimelwe kukuba nizenze, nithi neziya ningazishiyi. Bakhokelindini baziimfa-
24 ma, abahluza imbuzane, ke baginye inkamela.

25 Yeha, nina babhali, baFarisi, bahanahanisindini! Ngokuba nihlambulula umphandle wendebe nesitya, kanti ke ngaphakathi kuzele kukuphanga nokungazeyisi. MFarisindini uyimfama,
26 hlambulula tanci okungaphakathi kwendebe nesitya, ukuze kuthi okungaphandle kwazo kuhlambuluke nako.

27 Yeha, nina babhali, baFarisi, bahanahanisindini! Ngokuba nifana namangcwaba aqatywe ifutha, athi abonakale emahle okunene ngaphandle, kanti ngaphakathi azele ngamathambo abafileyo nokungcola konke. Ngokukwa-
28 njalo nani ngaphandle okunene nibona-

kala kubantu ningamalungisa, kanti ngaphakathi nizele luhanahaniso nokuchasene nomthetho.

29 Yeha, nina babhali, baFarisi, bahanahanisindini! Ngokuba niwakha amangcwaba abaprofeti, nivathise ama-
30 ngcwaba amalungisa, nithi, Ukuba sasikho thina ngemihla yoobawo, singe singabanga nabudlelane nabo ngegazi
31 labaprofeti. Ngoko niyangqina kwanina, ukuba ningoonyana babo bábulala
32 abaprofeti. Wuzaliseni kambe nani umlinganisela wooyihlo.

33 Zinyokandini, nzalandini yamarhamba, ningáthini na ukuwusaba umgwe-
34 bo wesihogo? Ngenxa yoko, niyabona, mna ndinithumela abaprofeti nezilumko nababhali; niya kuthi inxenye kubo niyibulale, niyibethelele eminqamlezweni, nithi inxenye kubo niyityakatye ezindlwini zenu zesikhungu, niyitshu-
35 tshise kwimizi ngemizi; ukuze linifikele lonke igazi elinobulungisa, elaphalazwayo emhlabeni apha, lithabathela egazini lika-Abheli ilungisa, lizise egazini lika-Zekariya, unyana kaBherekiya, enambulalela phakathi kwendawo engcwele
36 nesibingelelo. Inene, ndithi kuni, Zonke ezo zinto ziya kusihlela esi sizukulwana.

UYesu ulilela iYerusalem

37 Yerusalem, Yerusalem, wena ubabulalayo abaprofeti, ubagibisele ngamatye abo bathunywe kuwe, kufuthi kangakanani na ndithandé ukubabuthela ndawonye abantwana bakho, ngohlobo esithi isikhukukazi siwabuthele ndawonye amathole aso ngaphantsi kwama-
38 phiko, anavuma! Yabonani, indlu ye-
39 nu ishiywa nani izé. Kuba ndithi kuni, Aniyi kuba sandibona emveni koku, nide nithi, Makabongwe lowo uzayo egameni leNkosi.

Iziprofeto ezimalunga nokutshatyalaliswa kwetempile nesiphelo samaxesha
(UMarko 13; uLuka 21 : 5-36)

24 Ephumile uYesu, wemka etempileni; bathe abafundi bakhe beza
2 kumbonisa izakhiwo zetempile. Wathi ke uYesu kubo, Niyazibona na zonke ezi zinto? Inene, ndithi kuni, Akusayi kusala apha ilitye phezu kwelitye, elingayi kuchithwa.

Ke kaloku, akubon' ukuba uhleli 3 eNtabeni yemiNquma, beza kuye abafundi bebodwa, bathi, Sixelele ukuba ziya kubakho nini na ezo zinto; *úya kuba* yini na umqondiso wokufika kwakho, nowokupheliswa kwephakade eli?

Waphendula uYesu wathi kubo, 4
Lumkani ningalahlekiswa mntu. Kuba 5 baninzi abaya kuza egameni lam, besithi banguKristu,* balahlekise into eninzi. Niya kuthi ke nive iimfazwe namarhe 6 eemfazwe; lumkani ningabi navuso, kuba zonke *ezo zinto* zimele ukuhla; kanti kona ukuphela akukabikho. Kuba uhlanga luya kuvukelana nohla- 7 nga, nobukumkani buvukelane nobukumkani; kuya kubakho iindlala, neendyikitya zokufa, nezinyikimo zomhlaba kwiindawo ngeendawo.

Zonke ke ezo zinto zikukuqaleka 8
kwenimba. Ngelo xesha baya kunini- 9 kela ekubandezelweni, banibulale; niya kuthiywa ziintlanga zonke ngenxa yegama lam. Ngelo xesha baninzi abaya 10 kukhutyekiswa, banikelane, bathiyane. Kwaye kuya kuvela abaprofeti ababuxo- 11 ki babe baninzi, balahlekise *abantu* abaninzi. Nangenxa yokwanda koku- 12 chasa umthetho, luya kuphola uthando lwabaninzi. Ke onyamezeleyo kwada 13 kwaba sekupheleni, lowo uya kusindiswa. Zaye ezi ndaba zilungileyo zobu- 14 kumkani ziya kuvakaliswa kulo elimiweyo liphela, zibe bubungqina kuzo zonke iintlanga; kwandule ke ukufika ukuphela.

Xa ke ngoko nithe nalibona isikizi 15 lesiphanziso,* ekwakuthethwa lona ngoDaniyeli umprofeti, limi endaweni engcwele (olesayo makaqiqe), ngelo 16 xesha mabathi abakwelakwaYuda basabele ezintabeni. Ophezu kwendlu ma- 17 kangehli aye kuthabatha into endlwini yakhe; nosentsimini makangabuyeli e- 18 mva aye kuthabatha iingubo zakhe. Yeha ke, abamithiyo nabanyisayo nga- 19 loo mihla!

20 Thandazani ke, ukuba intsabo yenu ingabi khona ebusika nangesabatha.
21 Kuba ngelo xesha kuya kubakho imbandezelo enkulu, ekungazanga kubekho injalo kwasekuqalekeni kwehlabathi, kwada kwaba kalokunje, ekungasayi
22 kubuye kubekho *injalo*. Kanjalo ukuba ibingayi kuthi loo mihla inqanyulelwe, bekungayi kubakho nyama isindayo; ngenxa ke yabanyuliweyo, loo mihla iya kunqanyulelwa.
23 Ngelo xesha, ukuba ubani uthe kuni, Nanku apha uKristu, nokuba *uthe*, Nankuya phaya, musani ukuholwa.
24 Kuba kuya kuvela ooKristu ababuxoki, nabaprofeti ababuxoki, benze imiqondiso emikhulu nezimanga, ngokokude bathi, ukuba bekunokwenzeka, bala-
25 hlekise nabanyuliweyo. Yabonani, ndi-
26 nixelele ngenxa engaphambili. Ukuba ngoko bathi kuni, Nanko entlango, musani ukuphuma *niye*. *Nokuba bathi,* Nanko emagumbini, musani ukukholwa.
27 Kuba kwanjengokuba umbane uthi uphume empumalanga, ubonakale kude kuse entshonalanga, kuya kuba njalo
28 nokufika koNyana woMntu. Kuba apho sukuba sikhona isidumbu, aya kuhlanganisana khona amaxhalanga.
29 Kwaoko ke, emveni kwembandezelo yaloo mihla, ilanga liya kwenziwa mnyama, ithi nenyanga ifiphale, zithi neenkwenkwezi ziwe ezulwini, athi nama-
30 ndla amazulu azanyazanyiswe. Uya kubonakala ngelo xesha umqondiso woNyana woMntu ezulwini; zimbambazele ngelo xesha zonke izizwe zomhlaba, zimbone uNyana woMntu esiza phezu kwamafu ezulu, enamandla, nobuqaqa-
31 wuli obukhulu. Wozithuma izithunywa zakhe zasemazulwini, zinexilongo elisandi sikhulu, zihlanganisele ndawonye abanyulwa bakhe, baphume *kumacala* omané omoya, kuthabathela esiphelweni sezulu, kude kuse k*wesinye* isiphelo salo.
32 Wufundeni ke umzekeliso kuwo umkhiwane: xa selithe lathamba isebe lawo, lahluma amagqabi, niyazi ukuba
33 likufuphi ihlobo. Ngokukwanjalo nani, xa nithe nazibona zonke ezo zinto, yazini ukuba kukufuphi, sekusemnyango. I-
34 nene ndithi kuni, Asisayi kudlula esi sizukulwana, zingadanga zonke ezo zinto zibekho. Liya kudlula izulu
35 nomhlaba, ke wona amazwi am akasayi kudlula.

Phaphani!

Kodwa akukho bani uwaziyo loo
36 mhla nelo lixa; a*z*a*z*i nezithunywa zamazulu, nguBawo yedwa. Ke kaloku,
37 njengokuba *ibinjalo* imihla kaNowa, koba njalo nokufika koNyana woMntu. Kuba njengokuba babesithi, ngemihla
38 ebingaphambi konogumbe, badle, basele, bazeke, bendise, kwada kwayimini awangena ngayo emkhombeni uNowa, bengaqondanga, wada wafika unogu-
39 mbe, wabakhukulisa bonke: koba njalo nokufika koNyana woMntu. Ngelo
40 xesha ababini boba sentsimini, athi omnye amkelwe, omnye ashiywe. A-
41 *bafa*z*i* ababini boba besila etyeni lokusila, athi omnye amkelwe, omnye ashiywe.
Phaphani ngoko; ngokuba ningazi
42 ukuba lilixa liphi na eza ngalo iNkosi yenu. Yazini ke oku, ukuba ebesazi
43 umninindlu ukuba isela liza ngawuphi na umlindo *wobusuku*, ange elindile, akavuma ukuba indlu yakhe igqojozwe. Ngenxa yoko yibani nilungile nani,
44 ngokuba uNyana woMntu uza ngelixa eningalikhumbuleliyo.

Umzekeliso wabakhonzi ababini
(*ULuka* 12: 42–48)

Ngubani na ke loo mkhonzi uthembe-
45 kileyo, uqondayo, eyathi inkosi yakhe yammisa phezu kwabendlu yayo, ukuze abanike ukudla ngexesha elifanelekileyo? Unoyolo loo mkhonzi, iya kuthi
46 yakufika inkosi yakhe imfumane esenjenjalo. Inene ndithi kuni, iya kummisa
47 phezu kwayo yonke impahla yayo. Ukuba ke umkhonzi lowa ukhohlake-
48 leyo uthe entliziyweni yakhe, Inkosi yam ilibele, ayizi, aqale ababethe aba-
49 khonza kunye naye, adle ke, asele nabanxilayo, iya kufika inkosi yaloo mkhonzi
50 ngemini angayikhangeleyo, nangelixa

UMATEYU 24–25

51 angalaziyo, imsike kubini, immisele isabelo sakhe nabahanahanisi; khona apho kuya kubakho ukulila nokutshixiza kwamazinyo.

Umzekeliso weentombi ezilishumi

25 Ngelo xesha ubukumkani bamazulu buya kufanekiswa neentombi ezilishumi, ezazithabathayo izibane zazo, zaphuma zaya kumkhawulela 2 umyeni. Ezintlanu ke kuzo zaye zizii-3 ngqondi, ezintlanu ziziziyatha. Ezo ziziziyatha zaphatha izibane zazo, aza-4 phatha oli nazo; kodwa eziziingqondi zaphatha ioli ezityeni zazo, kwanezibane 5 zazo. Ke kaloku, akubon' ukuba ulibele umyeni, zozela zonke zalala.

6 Phakathi kobusuku ke kwabakho umemezo *oluthi*, Nanko umyeni esiza; 7 phumani niye kumkhawulela. Zaza zavuka zonke ezo ntombi, zalungisa izibane 8 zazo. Zathi ke eziziziyatha kweziziingqondi, Sipheni kwioli yenu leyo, 9 ngokuba izibane zethu zicima. Zaphendula ke eziziingqondi, zathi, Hayi, hleze inganeli kuthi nakuni; yiyani kanye kwabathengisayo, nizithengele.

10 Kuthe ke, zisaya kuthenga, wafika umyeni; zaza ezo bezisezilungile zangena naye emsithweni, lwavalwa ke 11 ucango. Zithi ke kamva zifike nezinye iintombi ezo, zisithi, Nkosi, nkosi, sivu-12 lele. Yaphendula ke yona yathi, Inene ndithi kuni, andinazi nina.

13 Phaphani ngoko, ngokuba ningayazi imini kwanalo ilixa.

Umzekeliso weetalente
(UL uka 19: 11–27)

14 Kuba kunjengomntu owathi, eza kuhambela kwelinye, wabiza abakhe abakhonzi, wayinikela kubo impahla 15 yakhe. Wathi omnye wamnika iitalente* zantlanu, omnye zambini, nomnye yaba nye, walowo wanikwa ngokwawakhe amandla; wahambela kwelinye kwa-16 oko. Lowo ke wamkela iitalente ezintlanu, waya wasebenza ngazo, wenza 17 esinye isihlanu seetalente. Kwangokunjalo nalowo wamkela ezimbini, naye 18 wazuza esinye isibini. Ke naye lowo wamkela yanye, waya wemba emhlabeni, wayifihla imali yenkosi yakhe.

Ithi ke emveni kwexesha elikhulu, 19 ifike inkosi yabo bakhonzi, ibalelane nabo. Weza lowo wamkela iitalente 20 ezintlanu, wazisa esinye isihlanu seetalente, esithi, Nkosi, wandinika iitalente zantlanu; khangela, ndizuze esinye isihlanu seetalente phezu kwazo. Yathi 21 ke kuye inkosi yakhe, Hee ke, mkhonzi ulungileyo, uthembekileyo! Ubuthembekile kwiinto ezimbalwa; ndiya kukumisa phezu kweento ezininzi; ngena eluvuyweni lwenkosi yakho.

Weza ke nalowo wamkela iitalente 22 ezimbini, wathi, Nkosi, wandinika iitalente zambini; khangela, ndizuze esinye isibini seetalente phezu kwazo. Yathi kuye inkosi yakhe, Hee ke, 23 mkhonzi ulungileyo, uthembekileyo! Ubuthembekile kwiinto ezimbalwa; ndiya kukumisa phezu kweento ezininzi; ngena eluvuyweni lwenkosi yakho.

Weza ke nalowo wamkela italente 24 yanye, wathi, Nkosi, bendikwazi wena ukuba ungumntu olukhuni, uvuna apho ubungahlwayelanga khona, ubùthe apho ungelelanga khona; ndasuka ndoyi-25 ka, ndaya ndayiselela italente yakho ngomhlaba; nanku unako okwakho.

Yaphendula ke inkosi yakhe yathi 26 kuye, Mkhonzindini ukhohlakeleyo, ulivila, ubusazi nje ukuba ndivuna apho ndingahlwayelanga khona, ndibùthe apho ndingelelanga khona, ubumelwe 27 kukuthi ngoko ube ubuyibeke imali yam kubanànisi, ndaza ndakufika mna, ndabuya ndakuzuza okwam kunenzala. Mlutheni ngoko italente leyo, niyinike 28 lowo uneetalente ezilishumi. Kuba 29 wonke umntu onako uya kunikwa, abe nako ngokugqithiseleyo; ke ongenako, uya kuhluthwa kwanoko anako. Naye umkhonzi ongancedi lutho, mkhu-30 pheleni ebumnyameni obungaphandle; khona apho kuya kubakho ukulila nokutshixiza kwamazinyo.

Imini yomgwebo

Xa ke athe wafika uNyana woMntu 31 esebuqaqawulini bakhe, enazo zonke

964

izithunywa ezingcwele, ngelo xa uya kuhlala phezu kwetrone yobuqaqawuli 32 bakhe; zihlanganiswe phambi kwakhe zonke iintlanga, abahlule abanye kwabanye, njengokuba umalusi ezahlula 33 izimvu ezibhokhweni; athi zona izimvu azimise ngasekunene kwakhe, athi kodwa zona iibhokhwe azimise ngasekhohlo.

34 Úya kuthi ke ukumkani kwabangasekunene kwakhe, Yizani, nina nisikelelweyo nguBawo, nibudle ilifa ubukumkani obalungiselelwa nina kwasekuse- 35 kweni kwehlabathi; kuba ndalamba, nandipha ukudla; ndanxanwa, nandiseza; ndandingowasemzini, nandingenisa 36 endlwini; ndandizé, nandambesa; ndandisifa, nandivelela; ndandisentolo- 37 ngweni, neza kum. Oza amphendule ke amalungisa, esithi, Nkosi, sákubona nini na ulambile, sakonga; unxaniwe, 38 sakuseza? Sákubona nini na ke ungowasemzini, sakungenisa endlwini, 39 uzé, sakwambesa? Sákubona nini na ke usifa, okanye usentolongweni, seza 40 kuwe? Aze aphendule ukumkani athi kuwo, Inene ndithi kuni, Ekubeni nenjenjalo nakumnye waba bazalwana bam bangabona bancinane, nenjenjalo nakum.

41 Úya kuthi nakwabangasekhohlo, Mkani kum, nina baqalekiswa, niye emlilweni ongunaphakade, owalungiselwa uMtyholi nezithunywa zakhe.

42 Kuba ndalamba, anandipha kudla; 43 ndanxanwa, anandiseza; ndandingowasemzini, anandingenisa ndlwini; ndandizé, anandambesa; ndandisifa, nda- 44 ndisentolongweni, anandivelela. Boza ke bamphendule nabo, besithi, Nkosi, sákubona nini na ulambile, okanye unxaniwe, okanye ungowasemzini, okanye uzé, okanye usifa, okanye usentolo- 45 ngweni, asakulungiselela? Aze abaphendule, esithi, Inene ndithi kuni, Ekubeni ningenjanga njalo nakumnye waba bangabona bancinane, anenjanga njalo nakum.

46 Baya kumka aba baye elubethweni olungunaphakade; ke wona amalungisa *aya kuya* ebomini obungunaphakade.

Iinkokeli zamaYuda ziyabhungisana
(UMarko 14: 1–2; uLuka 22: 1–2; uYoh. 11: 47–57)

26 Kwathi, xa ebewagqibile uYesu onke la mazwi, wathi kubafundi bakhe, Niyazi ukuba emveni kweentsu- 2 ku ezimbini kukho ipasika,* aze uNyana woMntu anikelwe ukuba abethelelwe emnqamlezweni.

Bathi ngelo xa ababingeleli abakhulu, 3 nababhali, namadoda amakhulu abantu, bahlanganisana endlwini yombingeleli omkhulu okuthiwa nguKayafa; babhu- 4 nga ukuba bambambe uYesu ngenkohliso, bambulale. Ke babesithi, Maku- 5 ngabi khona ngomthendeleko, ukuze kungehli saqunge phakathi kwabantu.

Isidlo saseBhetani
(UMarko 14: 3–9; uYoh. 12: 1–8)

Ke kaloku, akubon' ukuba uYesu 6 useBhetani, endlwini kaSimon owayeneqhenqa, kweza kuye umfazi enehlala 7 lelabhastile,* linamafutha aqholiweyo axabiso likhulu, wawagalela phezu kwentloko yakhe, akubon' ukuba uhleli ngasesithebeni. Bekubonile ke *oko* aba- 8 fundi bakhe, bacaphuka, besithi, Yeyani na le nkcitho? Kuba la mafutha nge- 9 kuthengiswe lilikhulu ngawo, kwaza kwaphiwa amahlwempu.

Ekwazi ke *oko*, uYesu wathi kubo, 10 Umfazi lo nimaphulelani na? Kuba usebenze kum umsebenzi omhle. Kuba 11 amahlwempu lawo nihleli ninawo; kodwa mna anihleli ninam. Kuba la 12 mafutha aqholiweyo, yena ewathululele emzimbeni wam nje, wenzele ukungcwatywa kwam. Inene ndithi kuni, Apho 13 zithe zavakaliswa khona ezi ndaba zilungileyo kulo lonke ihlabathi, iya kuxelwa nayo le nto ayenzileyo yena, ibe sisikhumbuzo ngaye.

Umvuzo womngcatshi
(UMarko 14: 10, 11; uLuka 22: 3–6)

Ngelo xesha kwaphuma omnye we- 14 shumi elinababini, ekuthiwa nguYuda

Sikariyoti, waya kubabingeleli abakhu-
15 lu, wathi, Ningandinika ntoni na, ndi-
mnikele kuni? Bammisela ke amaqho-
16 sha esilivere amashumi mathathu. Wa-
za kwalapho wafuna ithuba elilungileyo
lokuze amnikele *kubo.*

Ipasika yokugqibela nesidlo seNkosi
(UMarko 14: 12–26; uLuka 22: 7–23;
I kwabaseKor. 11: 23–29)

17 Ke kaloku, ngowokuqala *umhla* we-
zonka ezingenagwele, beza abafundi
kuYesu, besithi kuye, Ufuna ukuba
sikulungisele phi na ukuyidla ipasika?
18 Wathi ke yena, Hambani niye kuwo
umzi, kuthile, nithi kuye, Uthi uMfu-
ndisi, ixesha lam likufuphi; ndiya
kuyenzela kuwe ipasika nabafundi bam.
19 Abafundi benza ke ngoko uYesu abe-
bayaleze ngako, bayilungisa ipasika.
20 Kwakuhlwa ke, wahlala ngasesithe-
21 beni nabalishumi elinababini. Xa ba-
dlayo, wathi, Inene ndithi kuni, Omnye
22 kuni aba uya kundingcatsha. Baza,
bebuhlungu kakhulu, baqala ukuthi
kuye bonke ngabanye, Ingaba ndim yini
23 na, Nkosi? Waphendula ke yena
wathi, Osithe nkxu nam isandla esityeni,
24 nguye lowo uya kundingcatsha. U-
Nyana woMntu uyemka okunene, nje-
ngoko kubhaliweyo ngaye. Kodwa ke,
yeha, loo mntu uNyana woMntu angca-
tshwa nguye! Ngekumlungele ukuba
25 ebengazalwanga loo mntu. Waphe-
ndula ke uYuda, lowo wamngcatshayo,
wathi, Ingaba ndim yini na, Rabhi?*
Athi yena kuye, Uselutshilo nawe.
26 Bakubon' ukuba bayadla ke, uYesu
wasithabatha isonka, wathi akusikelela
waqhekeza, wanika abafundi, wathi,
Thabathani nidle; ngumzimba wam lo.
27 Wayithabatha nendebe, wabulela, wa-
28 banika, esithi, Selani kuyo nonke; kuba
ligazi lam eli lomnqophiso omtsha, eli-
phalala ngenxa yabaninzi, ukuze kuxo-
29 lelwe izono. Ndithi ke kuni, Andisayi
kusela kwesi siqhamo somdiliya, kutha-
bathela kweli xesha, kude kube yiloo
mini sukuba ndisisela nani sisitsha
ebukumkanini bukaBawo.

Bakuba bevume ingoma yokudumisa, 30
baphuma baya eNtabeni yemiNquma.

UPetros uyalunyukiswa
(UMarko 14: 27–31; uLuka 22: 31–34;
uYoh. 13: 36–38)

Ngelo xesha uthi uYesu kubo, Nina 31
nonke niya kukhubeka ngam ngobu
busuku; kuba kubhaliwe *kwathiwa,*
Ndiya kumbetha umalusi, zichithwa-
chithwe izimvu zomhlambi.
(UZek. 13: 7)
Kodwa emveni kokuvuka kwam, ndiya 32
kunandulela ndiye kwelaseGalili. Wa- 33
phendula ke uPetros wathi kuye, Noku-
ba bonke baya kukhubeka ngawe, andi-
sayi kukha ndikhubeke mna. Wathi 34
uYesu kuye, Inene ndithi kuwe, Kwa-
ngobu busuku, ingekalili inkuku, uya
kundikhanyela kathathu. Athi uPetros 35
kuye, Ndingafanelana ndimelwe kuku-
ba ndife nawe, andingekhe ndikukha-
nyele. Batsho nabo bonke abafundi.

UYesu eGetsemane
(UMarko 14: 32–42; uLuka 22: 39–46;
uYoh. 18: 1)

Ngelo xesha, ufika uYesu nabo ku- 36
mhlatyana ekuthiwa yiGetsemane; athi
kubafundi, Hlalani phantsi apha, ndi-
khe ndiye kuthandaza phaya. Watha- 37
batha uPetros noonyana bobabini ba-
kaZebhedi, waqala ukuba buhlungu no-
kudandatheka kakhulu. Aze athi kubo, 38
Umphefumlo wam ubuhlungu kakhulu,
ngokokude ube sekufeni; hlalani apha
nilinde nam.

Waza, ehambele phambili umganya- 39
na, wawa ngobuso bakhe, wathandaza,
esithi, Bawo, ukuba kunokwenzeka,
mayidlule kum le ndebe; noko maku-
ngabi njengokuthanda kwam, makube
njengokuthanda kwakho. Uyeza kuba- 40
fundi, abafumane belele, athi kuPetros,
Ninje na ukungabi nako ukulinda nam
nexa elinye? Lindani nithandaze, uku- 41
ze ningangeni ekuhendweni; umoya
wona okunene unentumekelelo, ke yona
inyama ithambile.

Wabuya wemka okwesibini, watha- 42

ndaza, esithi, Bawo, ukuba ayinako le ndebe ukudlula kum ndingathanga ndiyisele, makwenzeke ukuthanda kwa-
43 kho. Afike abafumane bebuye balala, kuba amehlo abo ayenzima bubuthongo.
44 Wabashiya, wabuya wemka, wathandaza okwesithathu, ethetha kwalona elo
45 lizwi. Andule ukuza kubafundi bakhe, athi kubo, Lalani ngoku, niphumle; yabonani, lisondele ilixa lokuba uNyana woMntu anikelwe ezandleni zaboni.
46 Vukani, sihambe; yabonani, usondele lowo undinikelayo.

UYesu uyabanjwa
(UMarko 14: 43–50; uLuka 22: 47–53; uYoh. 18: 2–11)

47 Kuthe, esathetha, kwathi gqi uYuda, omnye wabalishumi elinababini; weza enendimbane enkulu inamakrele neentonga, ivela kubabingeleli abakhulu
48 namadoda amakhulu abantu. Ke kaloku, wayethe lowo umnikelayo wabanika umqondiso, esithi, Endithe ndamanga,
49 nguye lowo; mbambeni. Wafika ke kwaoko kuYesu, wathi, Aa, Rabhi!*
50 Wamanga nokumanga. Wathi ke uYesu kuye, Wethu! Ukho ngani na?

Bandula ukuza, bamsa izandla uYesu,
51 bambamba. Wesuka omnye wabo babenoYesu, wolula isandla, warhola ikrele lakhe, wamxabela umkhonzi wombingeleli omkhulu, wamnqumla indlebe.
52 Aze athi uYesu kuye, Libuyisele endaweni yalo ikrele lakho; kuba bonke abathabatha ikrele baya kutshabalala
53 likrele. Úba andinako na ngoku ukumbongoza uBawo, andikhuphele imikhosi yezithunywa zezulu engaphezu kwe-
54 shumi elinamibini? Bezingáthini na ke oko ukuzaliseka izibhalo ezithi, kumele ukuba kube nje?
55 Ngalo elo lixa wathi uYesu kwindimbane, Niphumele ukuza kubamba mna na, ninamakrele neentonga nje, ngathi niphumele isihange? Bendihleli nani imihla ngemihla, ndifundisa
56 etempileni, anandibamba. Oku ke konke kwenzeké, ukuze zizaliseke izibhalo zabaprofeti. Basuka bonke abafundi bamshiya, babaleka.

UYesu phambi kombingeleli omkhulu
(UMarko 14: 53–65; uLuka 22: 63–71; uYoh. 18: 12–27)

57 Abo ke bambambáyo uYesu, bamrholela kuKayafa, umbingeleli omkhulu, apho babehlanganisene khona ababhali namadoda amakhulu. Ke kaloku u-
58 Petros wayemlandela, ebekele kude, kwada kwaya entendelezweni yendlu yombingeleli omkhulu. Engene ngaphakathi, wahlala phantsi namadindala, ukuba abone isiphelo.

59 Ke kaloku, baye ababingeleli abakhulu, namadoda amakhulu, nentlanganiso yamatyala iphelele, befuna ubungqina obubuxoki ngoYesu, ukuze bambulale;
60 ababufumananga; nangona afikáyo amangqina abuxoki aba maninzi, ababufumananga. Ada ke afika amangqina
61 abuxoki emabini, athi, Lo wathi, Ndinako ukuyichitha itempile kaThixo, ndibuye ndiyakhe ngeentsuku ezintathu.
62 Wesuka wema umbingeleli omkhulu, wathi kuye, Akuphenduli nto na? Bangqina ntoni na aba ngawe? Wahlala
63 yena uYesu wathi tu.

Waphendula umbingeleli omkhulu wathi kuye, Ndikufungisa uThixo ophilileyo, ukuba usixelele ukuba unguye na uKristu,* unyana kaThixo. Athi u-
64 Yesu kuye, Uselutshilo nawe. Ke ndithi kuni, Emveni koku niya kumbona uNyana woMntu, ehleli ngasekunene kwamandla, esiza esemafini ezulu.

Waza umbingeleli omkhulu wazikra-
65 zula iingubo zakhe, esithi, Únyelisile; sisawafunelani na amangqina? Yabonani, ngoku nikuvile ukunyelisa kwakhe; nithini na nina? Baphendula 66 ke bona bathi, Únetyala lokuba afe. Baza bamtshicela ebusweni, bamntlitha, 67 abanye bammonxoza, besithi, Siprofe- 68 tele, wena Kristu; ubethwe ngubani na?

UPetros ukhanyela uYesu
(UMarko 14: 66–72; uLuka 22: 54–62; uYoh. 18: 15–18, 25–27)

Ke kaloku uPetros wayehleli ngapha- 69 ndle entendelezweni; kweza kuye sicakazana sithile, sisithi, Nawe ubunaye

70 uYesu lo waseGalili. Wakhanyela ke yena phambi kwabo bonke, esithi,
71 Andiyazi into oyithethayo. Kuthe ke, ephume waya esangweni, sambona esinye; sithi kwababekhona, Naye lo ebe-
72 naye uYesu waseNazarete. Waphinda wakhanyela efunga, *esithi,* Andimazi loo
73 mntu. Kwathi ke kwakuba mzuzwana, beza abo babemi *khona,* bathi kuPetros, Inyaniso, nawe ungowabo; kuba noku-
74 thetha kwakho kuyakudiza. Waza waqala ukushwabula nokufunga, esithi, Andimazi loo mntu. Yasuka yalila kwa-
75 oko inkuku. Walikhumbula uPetros ilizwi likaYesu, abelithethile kuye, esithi, Ingekalili inkuku, uya kundikhanyela kathathu. Ephume phandle, walila ngokukrakra.

27 Kuthe ke kwakusa, babhunga bonke ababingeleli abakhulu namadoda amakhulu abantu ngaye uYesu,
2 ukuba bambulale. Bathi bakumbopha, bamrhola, bamnikela kuPontiyo Pilato, irhuluneli.

Ukuzibulala kukaYuda
(*IZenzo 1: 16-19*)

3 Waza uYuda, lowo wamngcatshayo, ebone ukuba ugwetyiwe, wazohlwaya, wawabuyisela kwakubabingeleli abakhulu namadoda amakhulu loo maqho-
4 sha esilivere amashumi mathathu, esithi, Ndonile, kuba ndingcatshé igazi elingenatyala. Bathi ke bona, Iyini na
5 kuthi loo nto? Zibonele wena. Wawaphosa phantsi etempileni apho loo maqhosha esilivere, wemka, waya wazixhoma.
6 Ke kaloku ababingeleli abakhulu bawathabatha loo maqhosha esilivere, bathi, Akuvumelekile ukuwagalela emkhombeni weminikelo, ngokokuba
7 elinani legazi. Babhunga ke, bathenga ngawo umhlaba wombumbi, ukuze ube yindawo yokungcwabela abasemzini.
8 Kungoko wabizwayo loo mhlaba ngokuba ngumhlaba wegazi, kwada kwana-
9 mhlanje. Kwazaliseka ke okwathethwayo ngoYeremiya umprofeti, esithi, Bawathabatha loo maqhosha esilivere amashumi mathathu, inani lalowo wamiselwa inani, ábammisela inani aboonyana bakaSirayeli, bawarholela
10 umhlaba wombumbi, njengoko yandiyalelayo iNkosi.

UYesu phambi koPilato
(*UMarko 15: 1-20; uLuka 23: 1-25; uYoh. 18: 28-19: 16*)

11 Wema ke uYesu phambi kwerhuluneli, yambuza irhuluneli isithi, Únguye na uKumkani wamaYuda? Wathi ke
12 uYesu kuyo, Nawe utsho. Ke kaloku ekumangalelweni kwakhe ngababingeleli abakhulu namadoda amakhulu, aka-
13 phendulanga nto. Aze athi uPilato kuye, Akuziva na ukuba zininzi kwazo iindawo abazingqinayo ngawe? Aka-
14 phendula zwi, noko lilinye, yada yamangaliswa kakhulu irhuluneli leyo.

15 Ke kaloku imithendeleko ngemithendeleko irhuluneli ibiqhele ukuzikhululela izihlwele umbanjwa abe mnye, lowo
16 babesithi bamfune. Baye ke ngelo xesha benombanjwa obesazeka, ekuthiwa nguBharabhas. Bakubon' ukuba
17 ngoko bahlanganisene, wathi kubo uPilato, Nithanda ukuba ndinikhululele wuphi na, uBharabhas, uYesu ekuthiwa nguKristu,* kusini na? Kuba ebesazi
18 ukuba bamnikele ngomona.

19 Akubon' ukuba uhleli esihlalweni sokugweba, umfazi wakhe wathumela kuye, esithi, Uze ungabi nakuthini kuloo mntu ulilungisa, kuba namhlanje ndivé izinto ezininzi ezinzima ephupheni, ngenxa yakhe.

20 Kodwa ababingeleli abakhulu namadoda amakhulu bazeyisela izihlwele ekuthini zicele uBharabhas, zimtshabalali-
21 se uYesu. Yaphendula ke irhuluneli yathi kubo, Nguwuphi na kwaba bobabini enithanda ukuba ndinikhululele yena? Bathe ke bona, NguBharabhas. Athi
22 uPilato kubo, Ndímenzeni na ke uYesu ekuthiwa nguKristu? Bathi kuye bonke, Makabethelelwe emnqamlezweni.
23 Yathi ke irhuluneli, Kuba enze bubi buni na? Kwaba kukhona ke bancamisayo ukunkqangaza, besithi, Makabethelelwe emnqamlezweni.

24 Uthe ke uPilato, akubona ukuba akancedi lutho, *ebona* ukuba sisuke sangakumbi isiphithiphithi, wathabatha amanzi, wahlamba izandla phambi kwezihlwele, esithi, Andinatyala egazini lalo mntu ulilungisa; zoboneleni nina.
25 Baphendula bonke abantu bathi, Igazi lakhe *malibe* phezu kwethu, naphezu
26 kwabantwana bethu. Waza wabakhululela uBharabhas; wathi ke, emtyakatyile uYesu, wamnikela ukuba abethelelwe emnqamlezweni.

27 Aza amasoldati erhuluneli amthabatha uYesu, amsa endlwini yerhuluneli, alihlanganisela phezu kwakhe ibutho
28 *lawo* liphela. Amhluba, amnxiba ingubo
29 ebomvu. Aluka isithsaba ngameva, amthi jize ngaso entloko; *abeka* nengcongolo esandleni sakhe sokunene, awa ngamadolo phambi kwakhe, adlala ngaye, esithi, Aa! Kumkani wama-
30 Yuda! Amtshicela, ayithabatha ingco-
31 ngolo, ambetha entloko. Athi, akuba edlale ngaye, amhluba ingubo leyo, amambathisa kwaezakhe iingubo; amrhola, aya kumbethelela emnqamlezweni.

Ukubethelelwa emnqamlezweni
(UMarko 15: 21–41; uLuka 23: 26–49;
uYoh. 19: 17–37)

32 Athe ke ekuphumeni, afumana umntu waseKirene, ogama linguSimon; anyanzela lowo ukuba awuthwale u-
33 mnqamlezo wakhe. Athi akufika ndaweni kuthiwa yiGologota, oko kukuthi,
34 yindawo yokakayi, amnika iviniga iphithikezwe nenyongo, ukuba asele; wathi akuyiva, akavuma ukuyisela.
35 Athi ke, akumbethelela emnqamlezweni, abelana ngeengubo zakhe, esenza amaqashiso; ukuze kuzaliseke okwathethwa ngumprofeti, *esithi*, Babelana ngeengubo zam, benza amaqashiso ngesambatho sam. (INdum. 22: 18)
36 Ahlala phantsi, amlinda khona apho.
37 Babeka ngaphezu kwentloko yakhe ityala lakhe libhaliwe, *kwathiwa*, LO NGUYESU UKUMKANI WAMAYUDA.

Kwaza kwabethelelwa naye eminqa- 38 mlezweni izihange ezibini, esinye ngasekunene, nesinye ngasekhohlo. Ba- 39 mnyelisa ke bona abadlulayo, behlunguzela iintloko zabo, besitsho ukuthi, 40 Wena uchitha itempile, uyakhe ngeentsuku ezintathu, zisindise; ukuba unguNyana kaThixo, yihla emnqamlezweni. Ngokukwanjalo ke nababinge- 41 leli abakhulu, bedlala ngaye, benabo ababhali namadoda amakhulu, bathi, Abanye wabasindisa; yena ngokwakhe 42 akanakuzisindisa. Ukuba únguKumkani kaSirayeli, makehle kalokunje emnqamlezweni; sokholwa nguye; u- 43 kholose ngoThixo, makamhlangule kalokunje, ukuba uyamthanda; kuba wathi, NdinguNyana kaThixo. Zaye 44 ke nezihange, ezibe zibethelelwe emnqamlezweni naye, zimngcikiva kwangokunjalo.

Kuthe ke, kuthabathele kwilixa lesi- 45 thandathu, kwada kwesa kwilixa lesithoba, kwehla ubumnyama phezu kwawo wonke umhlaba.

Ke kaloku, malunga nelixa lesithoba, 46 wadanduluka uYesu ngezwi elikhulu, esithi, Eli! Eli! Lama sabhaktani! Oko kukuthi, Thixo wam! Thixo wam! Undishiye ngani na? Inxenye 47 ke yababemi khona, yakuva, yathi, Lo *mntu* ubiza uEliya. Wesuka wagidima 48 kwaoko omnye kubo, wathabatha imfunxa, wayizalisa ngeviniga, wayifaka engcongolweni, wamseza. Bathe ke 49 bona abanye, Khawuyeke, sibone ukuba uEliya uza kumsindisa na.

Uthe ke uYesu, ephinde wadanduluka 50 ngezwi elikhulu, wawukhupha umoya wakhe. Lasuka ikhuselo lengcwele la- 51 krazuka kubini, lithabathele phezulu lada lesa phantsi; umhlaba wanyikima, namawa acandeka, namangcwaba avu- 52 leka, zathi izidumbu ezininzi zabangcwele ababelele zavuka; baphuma 53 emangcwabeni emveni kokuvuka kwakhe, bangena kuwo umzi ongcwele, babonakala kuninzi. Ke kaloku umthe- 54 theli-khulu, nabo babelinda uYesu naye, bakubona ukunyikima oko, nezo zinto zenzekileyo, boyika kakhulu, besithi,

Inyaniso, lo ebenguNyana kaThixo.

55 Kwaye kukho ke khona abafazi abaninzi, bekhangele bemgama, bona babemlandele uYesu kwakwelaseGalili, be-
56 mlungiselela; ekwakukho phakathi kwabo uMariya waseMagadala, noMariya unina wooYakobi noYose, kwanonina woonyana bakaZebhedi.

Umngcwabo kaYesu
(UMarko 15: 42–47; uLuka 23: 50–56; uYoh. 19: 38–42)

57 Kwathi ke kwakuhlwa, kweza umntu osisityebi waseArimati, ogama linguYosefu, owayengumfundi kaYesu naye.
58 Yena lowo waya kuPilato, wacela umzimba kaYesu. Waza uPilato wathi
59 makawunikelwe umzimba. Ewuthabathile ke umzimba uYosefu, wawusongela
60 kwilinen entle emhlophe. Wawubeka kwelakhe ingcwaba elitsha, abelixhole eweni; waqengqela ilitye elikhulu e-
61 mnyango wengcwaba elo, wemka. Baye ke bekhona apho uMariya waseMagadala nomnye uMariya, behleli phantsi malunga nengcwaba.
62 Ke kaloku ngengomso, eliyimini esemva kwaleyo yokulungiselela, bahlanganisana ababingeleli abakhulu nabaFarisi
63 kuPilato, besithi, Nkosi, sikhumbule ukuba umlahlekisi lowa wathi esahleli, Emveni kweentsuku ezintathu, ndiya
64 kuvuka. Yitsho ngoko linqatyiswe ingcwaba, kude kube lusuku lwesithathu, hleze abafundi bakhe beze ebusuku, bambé, bathi ke ebantwini, Uvukile kwabafileyo; luze olokugqibela ulahle-
65 kiso lube lubi kunolokuqala. Wathi ke uPilato kubo, Ninabo abalindi; hambani niye kunqabisa ngoko nazi ngako.
66 Baya ke bona balinqabisa ingcwaba, ngokulitywina ilitye, bekunye nabalindi.

Uvuko lukaYesu
(UMarko 16: 1–8; uLuka 24: 1–12; uYoh. 20: 1–18)

28 Ke kaloku, ekupheleni kwesabatha, ekuseni ngolokuqala *usuku* lweveki, kweza uMariya waseMagadala nomnye uMariya, beza kulikhangela ingcwaba. Kwasuka kwabakho unyi- 2 kimo olukhulu; kuba kwakuhle isithunywa seNkosi emazulwini, seza saliqengqa ilitye lesuka emnyango, sahlala phezu kwalo. Ukubonakala kwaso ke 3 kwaye kunjengombane, nesambatho saso saye simhlophe njengekhephu. Ngokoyika sona ke bangcangcazela 4 abalindi, baba njengabafileyo. Saphe- 5 ndula ke isithunywa sathi kubafazi abo, Musani ukoyika nina; kuba ndiyazi ukuba nifuna uYesu, lowo ubebethelelwe emnqamlezweni. Akakho apha; 6 kuba uvukile, njengoko watshoyo; yizani niyibone indawo apho ibilele khona iNkosi. Yiyani ngokukhawule- 7 za, nibaxelele abafundi bakhe ukuthi uvukile kwabafileyo; niyabona, uyanandulela ukuya kwelaseGalili; nombona khona apho. Yabonani, ndinixelele.

Bephume kamsinya engcwabeni, be- 8 nokoyika nokuvuya okukhulu, bagidima baya kubabikela abafundi bakhe. Ke 9 kaloku, xa baya kubabikela abafundi bakhe, wathi thu uYesu, wabahlangabeza, esithi, Vuyani. Beza ke bambamba ngeenyawo, baqubuda kuye. Aze 10 athi uYesu kubo, Musani ukoyika; yiyani kubatyela abazalwana bam ukuba baye eGalili; bondibona khona apho.

Ibali lobuxoki elalisasazwa phakathi kwamaYuda

Bakubon' ukuba bayaya ke, kwesuka 11 kwafika abathile babalindi kuwo umzi, bababikela ababingeleli abakhulu zonke izinto ezenzekileyo. Bathe bona, ba- 12 kùhlanganisana namadoda amakhulu, bakùbhunga, bawanika imali eninzi amasoldati lawo, besithi, Ze nithi, A- 13 bafundi bakhe beza ngobusuku, bamba silele. Nokuba ithe yavakala le nto 14 kwirhuluneli, thina soyithomalalisa, senze ningabi naxhala nina. Ayithabatha 15 ke imali leyo, enza njengoko abexelelwe ngako. Laza elo zwi laduma kumaYuda, kwada kwanamhlanje.

UYesu uyazibonakalisa kubafundi kwelaseGalili

Bahamba ke abafundi abalishumi eli- 16

namnye, baya kwelaseGalili, kuloo ntaba
17 wayebayalele yona uYesu. Baza bakumbona baqubuda kuye; ke inxenye yathandabuza.
18 Weza uYesu wathetha kubo, esithi, Linikwe mna lonke igunya emazulwini
19 nasehlabathini. Hambani ngoko niye kuzenza abafundi zonke iintlanga, nibabhaptizela egameni loYise, loNyana, loMoya oyiNgcwele; nibafundisa ukuba 20 bazigcine zonke izinto endiniwisele umthetho ngazo. Niyabona, mna ndinani yonke imihla, kude kube sekuphelisweni kwephakade eli. Amen.

IVANGELI NGOKUBHALWE

NGUMARKO

UYohane umbhaptizi
(UMat. 3:1-12)

1 Ukuqaleka kwayo ivangeli kaYesu Kristu, uNyana kaThixo.

2 Njengoko kubhaliweyo ebaprofetini, *kwathiwa*,
Yabona, mna ndithuma umthunywa wam ngaphambi kobuso bakho,
Oya kuyilungisa indlela yakho phambi kwakho. (UMal. 3:1)
3 Izwi lodandulukayo entlango, *lisithi*,
Wulungiseni umendo weNkosi;
Zityenenezeni iindlela zayo!
(UIsaya 40:3)

4 Kwaye kukho uYohane, ebhaptiza e-
5 ntlango, evakalisa ubhaptizo lwenguquko, ukuze kuxolelwe izono. Laye liphuma lisiya kuye lonke ilizwe lakwaYuda nabaseYerusalem; baye bonke bebhaptizwa nguye eYordan emlanjeni, bezixela izono zabo.

6 Waye ke kaloku uYohane ambethe uboya benkamela, enombhinqo wentlo-
nze esinqeni sakhe, abe ke esidla ii-
7 nkumbi nobusi basendle. Wayememeza esithi, Emva kwam kuza lowo unamandla kunam, endingafanelekileyo ukuba ndithobe phantsi, ndiwuthuku-
8 lule nomtya weembadada zakhe. Mna okunene ndanibhaptiza ngamanzi, ke yena uya kunibhaptiza ngoMoya oyiNgcwele.

Ukubhaptizwa nokuhendwa kukaYesu
(UMat. 3:13-17; 4:1-11)

Kwathi ngaloo mihla kweza uYesu, 9 evela eNazarete yelaseGalili, wabhaptizwa nguYohane eYordan apho. Uthe 10 kwaoko, akuba enyuka ephuma emanzini, walibona izulu likrazulwe, noMoya enjengehobe, esihla phezu kwakhe. Kwabakho nezwi eliphuma ezulwini, 11 *lisithi*, Wena unguNyana wam oyintanda, endikholisiweyo nguye.

Uthi kwaoko uMoya amkhuphele 12 entlango. Waye esentlango apho ii- 13 ntsuku ezimashumi mané, ehendwa nguSathana; waye endawonye namarhamncwa; zaye izithunywa zezulu zimlungiselela.

Ukubizwa kwabafundi bokuqala
(UMat. 4:12-25)

Ke kaloku emveni kokufakwa kuka- 14 Yohane *entolongweni*, weza uYesu kwelaseGalili, evakalisa iindaba ezilungileyo zobukumkani bukaThixo, esithi, Liza- 15 lisekile ixesha, nobukumkani bukaThixo busondele; guqukani, nikholwe kuzo iindaba ezilungileyo ezi.

Uthe ke, ehamba ngaselwandle lwase- 16 Galili, wabona uSimon, noAndreya umzalwana wakhe, bephosa umnatha elwandle; ngokuba babengababambisi beentlanzi. Wathi kubo uYesu, Yizani 17 apha nindilandele; ndonenza nibe nga-

18 babambisi babantu. Bayishiya kwaoko iminatha yabo, bamlandela.
19 Uhambele phambili kancinane esuka apho, wabona uYakobi, lo kaZebhedi, noYohane, umzalwana wakhe, besemkhombeni wabo, beyilungisa iminatha
20 yabo. Wababiza kwaoko; bamshiya uyise uZebhedi emkhombeni enabaqeshwa, besuka bamlandela.

Ukuphiliswa konomoya ongcolileyo eKapernahum
(ULuka 4: 31–37)

21 Bangena eKapernahum. Engene kwaoko ngesabatha endlwini yesikhu-
22 ngu, wafundisa. Bakhwankqiswa kukufundisa kwakhe; ngokuba ebebafundisa njengonegunya, enga*fundisi* njengabo ababhali.
23 Kwaye kukho endlwini yabo yesikhungu umntu onomoya ongcolileyo; wa-
24 khala, esithi, Yoo! Yini na enathi nawe, Yesu waseNazarete? Uzé kusitshabalalisa na? Ndiyakwazi wena, lowo unguye; ungoyiNgcwele kaThixo.
25 Wawukhalimela uYesu, esithi, Yithi tu,
26 uphume kuye. Uthe umoya ongcolileyo wambetha wee xhwenene; wakhala
27 ngezwi elikhulu, waphuma kuye. Baqhiphuka umbilini bonke, ngokokude babuzisane, besithi, Yintoni na le nto? Le mfundiso intsha yiyiphi na, le nto noomoya abangcolileyo aba abathethe-
28 la ngegunya, bamlulamele? Lwaphuma ke kwaoko udumo lwakhe; lwaya kuwo wonke ummandla welaseGalili.

Ukuphiliswa komkhwekazi kaPetros nabanye abaninzi
(UMat. 8: 14–17)

29 Kwaoko, bakuphuma endlwini yesikhungu, bangena endlwini kaSimon no-
30 Andreya, benoYakobi noYohane. Ke kaloku umkhwekazi kaSimon wayelele, esifa yicesina; bamxelela ngaye kwa-
31 oko. Weza ke kuye, wamvusa embambe ngesandla; yamyeka kwaoko icesina, wabalungiselela.
32 Ke kaloku, kwakuhlwa, xa litshonayo ilanga, bazisa kuye bonke ababesifa
33 nababephethwe ziidemon. Waye umzi wonke uhlanganisene ndawonye emnya-
34 ngo apho. Waphilisa babaninzi ababesifa zizifo ngezifo; wakhupha needemon ezininzi; waye engazivumeli iidemon ukuba zithethe, kuba bezimazi.

UYesu uya kuthandaza ngasese

35 Uthe kusasa, kusemnyama kakhulu, wavuka, waphuma waya endaweni eyintlango, wathandaza khona apho. Ba-
36 mphuthuma ooSimon nabo babenaye.
37 Bemfumene bathi kuye, Bonke baya-
38 kufuna. Athi kubo, Masihambe siye emizini ekufuphi, ukuze nakhona ndivakalise *iindaba ezilungileyo*, kuba ndiphumele oko. Wayevakalisa ke ezi-
39 ndlwini zabo zesikhungu kulo lonke elaseGalili, ezikhupha needemon.

Ukuphiliswa koneqhenqa
(UMat. 8: 1–4)

40 Kweza kuye oneqhenqa, embongoza, esiwa ngamadolo phambi kwakhe, esithi kuye, Ukuba uyathanda, unako ukundihlambulula. UYesu, esikwe yimfe-
41 sane ke, wasolula isandla, wamchukumisa, wathi kuye, Ndiyathanda; hlambuluka. Akutsho, lemka kwaoko kuye
42 iqhenqa, wahlambuluka. Akuba emya-
43 lile kalukhuni, wamkhupha kwaoko. Athi kuye, Lumka ungaxeleli bani nento
44 le; hamba uye kuzibonisa kumbingeleli, usondeze ngenxa yokuhlanjululwa kwakho ezo zinto wamisa zona uMoses, zibe bubungqina kubo. Ke yena, akuphu-
45 ma, waqala ukuyivakalisa kakhulu nokuyibhengeza loo ndawo, ngokokude angabi saba nako uYesu ukungena mzini ekuhléni; waba ngaphandle ezindaweni eziziintlango; babesithi beze kuye bevela ngeenxa zonke.

Ukuphiliswa konedumbe
(UMat. 9: 1–8)

2 Kwakuba ntsuku, wabuya wangena eKapernahum; kwavakala ukuba usekhaya, Kwaoko kwahlanganisana 2 into eninzi yabantu, ngokokude kungabi sabakho kukhwelelana, nakule mimandla isemnyango; wayelithetha ke kubo ilizwi.

UMARKO 2

3, 4 Kuthi kufike kuye abantu bezisa onedumbe, ethwelwe ngabané. Bakuba bengenakusondela kuye ngenxa yendimbane, banqika entungo apho abekhona; bakuba begqobhozile, baluhlisa ukhuko abelele kulo lowo unedumbe. 5 Akulubona ke uYesu ukholo lwabo, wathi konedumbe, Mntwana wam, uzi- 6 xolelwe izono zakho. Kwaye ke kukho apho ababhali abathile behleli, beca- 7 manga ezintliziyweni zabo, *besithi*, Yini na ukuba lo enjenje ukuthetha izinyeliso? Ngubani na onako ukuxolela izono, mnye kwaphela, nguThixo? 8 Eqiqe kwaoko uYesu ngomoya wakhe, ukuba benjenjalo ukucamanga ngaphakathi kwabo, wathi kubo, Yini na ukuba nicamange ezi zinto ezintlizi- 9 yweni zenu? Okhona kulula kukuphi na: kukho ukuthi konedumbe, Uzixolelwe izono; kukho nokuthi, Vuka, uthabathe ukhuko lwakho, uhambe? 10 Ke ukuze nazi ukuba unalo igunya uNyana woMntu lokuxolela izono e- 11 mhlabeni apha (uthi konedumbe), Ndithi kuwe, Vuka, uthabathe ukhuko 12 lwakho, uye endlwini yakho. Wavuka kwaoko, waluthabatha ukhuko, waphuma phambi kwabo bonke, ngokokude bathi nqa bonke, bamzukise uThixo, besithi, Asizanga sikubone okunje.

Ukubizwa kukaLevi
(UMat. 9: 9–13)

13 Wabuya waphuma waya ngaselwandle, saye sonke isihlwele sisiza kuye; waye- 14 bafundisa. Wathi edlula, wabona u- Levi, lo ka-Alifeyu, ehleli endaweni yerhafu; athi kuye, Ndilandele. Wesuka wamlandela.

15 Kwathi ekuhlaleni kwakhe ngasesithebeni endlwini yakhe, kwahlala nento eninzi yababuthi berhafu naboni ndawonye noYesu nabafundi bakhe; kuba 16 babebaninzi, baye ke bemlandela. Baye ababhali abanabaFarisi, bakumbona esidla ndawonye nababuthi berhafu naboni, besithi kubafundi bakhe, Yini na ukuba adle asele nababuthi berhafu 17 naboni? Ekuvile ke *oko* uYesu, wathi kubo, Akufuneki gqirha kwabaphili- leyo *lifuneka* kwabafayo. Andizé kubiza malungisa, ndizé kubiza aboni, ukuba baguquke.

Ukuzila ukudla
(UMat. 9: 14–17)

Baye abafundi bakaYohane nababa- 18 Farisi bezila ukudla; beze bathi kuye, Kungani na ukuba abafundi bakaYohane nababaFarisi bazile ukudla, kanti ke abakho abafundi abakuzili bona?

Wathi uYesu kubo, Banako yini na 19 abegumbi lomtshakazi ukuzila ukudla, xa anabo umyeni? Lo gama wonke asekubo umyeni, abanako ukuzila ukudla. Ke kofika mihla awoza asu- 20 swe kubo umyeni; baya kwandula ke ukuzila ngaloo mihla. Akukho uthu- 21 ngela isiziba somchako omtsha engutyeni endala; okanye ke eso sifakiweyo, sitsha, sokrazula kuyo endala, sibe sibi ngokunye isikroba. Kanjalo akukho 22 utha iwayini entsha ezintsubeni ezindala; okanye iwayini, leyo intsha, yozigqabhuza iintsuba, iphalale iwayini, zitshabalale neentsuba; yona iwayini entsha imelwe kukuthiwa ezintsubeni ezintsha.

Imfundiso kaYesu ngesabatha
(UMat. 12: 1–8)

Kwathi ehamba ecanda emasimini 23 ngesabatha, baqala abafundi bakhe ukuhamba besikha izikhwebu. Baye besi- 24 thi kuye abaFarisi, Khangela, yini na ukuba benze ngemini yesabatha oko kungavumelekileyo?

Wathi yena kubo, Anizanga niyilese 25 na into awayenzayo uDavide, oko wayeswele, elambile nokulamba, yena nabo babenaye? Okokuba wangena endlwi- 26 ni kaThixo ngexesha lika-Abhiyatare umbingeleli omkhulu, wazidla izonka ezibekwe phambi *koThixo*, ezo kungavumelekileyo ukuba zidliwe ngabo bangebabingeleli, wanika nabo babenaye? Wayesithi kubo, Isabatha le 27 yabakho ngenxa yomntu, asingumntu owabakhoyo ngenxa yesabatha. Ngoko 28 ke uNyana woMntu lo uyiNkosi yayo nesabatha.

UMARKO 3

Ukuphiliswa kowome isandla
(UMat. 12: 9-14)

3 Wabuya wangena endlwini yesikhungu. Kwaye kukho apho umntu
2 onesandla esomileyo. Baye bemlalele, ukuba womphilisa na ngesabatha, ukuze
3 bammangalele. Athi kuloo mntu unesandla esomileyo, Phakama uze phaka-
4 thi. Athi kubo, Okuvumelekileyo ngesabatha kukwenza okulungileyo, kukwenza okubi, kusini na? Kukusindisa, kukubulala, kusini na? Ke bahlala
5 bathi tu. Akuba ebasingasingile ngengqumbo, ebuhlungu ngenxa yokuqaqadeka kwentliziyo yabo, uthi kumntu lowo, Solule isandla sakho. Wasolula, sabuya saphila ke isandla sakhe, saba
6 kwanjengesinye. Baphuma abaFarisi, benza kwaoko ibhunga namaHerode ngaye, lokuba bamtshabalalise.

7 Wemka uYesu nabafundi bakhe, waya elwandle; yamlandela inkitha eninzi, ivela kwelaseGalili, nakwelakwaYuda,
8 naseYerusalem, nakwelakwaIdume,* naphesheya kweYordan; nabo bangaseTire nabaseTsidon, inkitha eninzi; bathi, bakuva izinto ezinkulu abezenza,
9 beza kuye. Wathi kubafundi bakhe, umkhonjana mawuhlale umlindile ngenxa yezihlwele, ukuze bangamxini.
10 Kuba waphilisa babaninzi, ngokokude bathi ngunga phezu kwakhe, ukuze bamchukumise bonke ababenezibetho;
11 nabo oomoya abangcolileyo babesithi, xa sukuba bembona, bawe phantsi kuye, bakhale, besithi, Ünguye wena uNyana
12 kaThixo. Wayebakhalimela kakhulu ukuba bangamtyhili.

Ukubizwa kwabalishumi elinababini
(UMat. 10: 1-4)

13 Uthi ke anyuke intaba, abizele kuye abo abethanda ukubabiza yena ngokwa-
14 khe; besuka beza kuye. Wadala balishumi elinababini, ukuze babe naye, nokuze abathume baye kuvakalisa ubu-
15 kumkani bukaThixo, babe negunya lokuziphilisa izifo, nelokuzikhupha iidemon.
16 YanguSimon, awamthiya igama elingu-
17 Petros; yanguYakobi lo kaZebhedi, noYohane umzalwana kaYakobi, awathi bona wabathiya amagama okuba ngooBhowanerges, oko kukuthi, ngabeendudumo; yanguAndreya, noFilipu, no- 18 Bhartolomeyu, noMateyu, noTomas, noYakobi, lo ka-Alifeyu, noTadeyu, noSimon Kanan, noYuda Sikariyoti, owa- 19 mngcatshayo nokumngcatsha.

Ababhali banyelisa uThixo
(UMat. 12: 22-32)

Bathi beze ekhaya; kubuye kubuthe- 20 lane izihlwele, ngokokude bangabi nako nokudla isonka. Bevile abako- 21 wabo, baphuma beya kumbamba; kuba babesithi, Úyageza. Baye bona aba- 22 bhali, ababehle bevela eYerusalem, besithi, ÚnoBhelezebhule;* besithi, Iidemon ezi uzikhupha ngaye umphathi weedemon. Uthe ebabizele kuye, wa- 23 thetha nabo ngemizekeliso, esithi, Angáthini na uSathana ukukhupha uSathana? Nobukumkani, ukuba buthe 24 bahlulclana bodwa, abunako ukuma obo bukumkani; nendlu, ukuba ithe 25 yahlulelana yodwa, ayinako ukuma loo ndlu; noSathana, ukuba uthe wazichasa 26 ngokwakhe, wahlulelana yedwa, akanako ukuma, uphelile. Akukho unako u- 27 kuthi impahla yegorha angene endlwini yalo ayiphange, ukuba akathanga tanci alibophe igorha elo, andule ukuyiphanga indlu yalo. Inene ndithi kuni, Zonke 28 izono baya kuzixolelwa oonyana babantu, kwanezinyeliso abasukuba benyelisa ngazo; ke yena othe wanyelisa 29 uMoya oyiNgewele, akanako ukuxolelwa naphakade; unetyala lokugwetywa okungunaphakade. Watsho kuba besi- 30 thi, Únomoya ongcolileyo.

Izizalwane zenene zikaYesu
(UMat. 12: 46-50)

Bafika ke kaloku abazalwana bakhe 31 nonina; bathi, bemi ngaphandle, bathumela kuye bembiza. Zaye izihlwele 32 zihleli zimphahlile; bathi kuye, Nanku unyoko nabazalwana bakho ngaphandle, bekufuna. Wabaphendula esithi, Ngu- 33 bani na uma? Ngoobani na nabazalwana bam? Akuba ebasingasingile 34

974

ngeenxa zonke ababehleli bemphahlile, uthi, Nanku uma nabazalwana bam.
35 Kuba othe wakwenza ukuthanda kukaThixo, lowo ngumzalwana wam, nodade wethu, noma.

Umzekeliso womhlwayeli
(UMat. 13: 1-23)

4 Wabuya waqala ukufundisa ngaselwandle. Kwahlanganisana kuye isihlwele esikhulu, ngokokude aye kungena emkhombeni, ahlale elwandle yena; sabe sonke isihlwele sisemhlabeni,
2 sibheké elwandle apho. Wayebafundisa iindawo ezininzi ngemizekeliso.

Ubesithi kubo ekubafundiseni kwa-
3 khe, Phulaphulani; yabonani, umhlwa-
4 yeli waphuma waya kuhlwayela; kwathi ekuhlwayeleni kwakhe, inxalenye yembewu yawa ngasendleleni, zeza iintaka
5 zezulu zayidla zayigqiba. Enye yawa endaweni elulwalwa, apho ibingenamhlaba mninzi; yantshula ke kwaoko, ngenxa yokuba ibingenabunzulu ba-
6 mhlaba; ithe ke, lakuphuma ilanga, yatsha, yathi ngenxa yokuba ingena-
7 ngcambu, yoma kwaphela. Yimbi yawa emithaneni enameva; yakhula imithana enameva yayiminxa; ayanika siqhamo.
8 Yimbi yawa kuwo wona umhlaba omhle, yanika isiqhamo esakhulayo sachuma; yathwala amashumi amathathu enye, namashumi amathandathu enye, ne-
9 khulu enye. Wathi kubo, Lowo uneendlebe zokuva makeve.
10 Ke kaloku, xa abeyedwa, abo babemphahlile, ndawonye nabalishumi elinababini, bambuza umzekeliso lowo.
11 Wathi kubo, Nikuphiwe nina ukuyazi imfihlelo yobukumkani bukaThixo; ke kwabo bangaphandle zonke izinto ezi
12 zibakho ngemizekeliso; ukuze bebona nje, babone bangaqiqi; besiva nje, beve bangaqondi; hleze babuye, zebaxolelwe izono zabo.
13 Athi kubo, Aniwazi na lo mzekeliso? Nòthini na ke ukuyazi imizekeliso
14 yonke? Umhlwayeli lo uhlwayela ili-
15 zwi. Abo ke bangasendleleni, apho ilizwi lihlwayelwa khona, ngaba kuthi, xa bathe beva, afike kwaoko uSathana, alithabathe ilizwi elihlwayelweyo ezintliziyweni zabo. Ngokunjalo abo ba- 16 hlwayelwayo ezindaweni ezilulwalwa ngabathi, xa bathe baliva ilizwi, balamkele kwaoko bevuya; babe bengena- 17 ngcambu ngaphakathi kwabo, beme umzuzwana kodwa; bathi kamva, kwakuhla imbandezelo, nokuba yintshutshiso, ngenxa yelizwi, bakhutyekiswe kwaoko. Abo bahlwayelwayo emitha- 18 neni enameva ngaba, bathi balive ilizwi; aze amaxhala eli phakade, nokulukuhla 19 kobutyebi, neenkanuko zezinye izinto, zingène ziliminxe ilizwi, lisuke lingabi nasiqhamo. Abo bahlwayelweyo kuwo 20 umhlaba omhle ngaba, basakuthi balive ilizwi, balamkele, baxakathe isiqhamo, omnye amashumi amathathu, omnye amashumi amathandathu, nomnye ikhulu.

Umzekeliso wesibane
(ULuk. 8: 16-18)

Wayesithi kubo, Isibane esi sikha 21 siziswe ukuze sibekwe ngaphantsi kwesitya yini na, nokuba kuphantsi kwesingqengqelo? Asiziswa na ukuze sibekwe esiphathweni saso? Kuba akukho 22 nto ifihlakeleyo ingayi kubonakaliswa; kananjalo akubangakho nto ifihliweyo *ingafihlelwa* ukuba ize ekuhléni. U- 23 kuba ubani uneendlebe zokuva, makeve.

Wayesithi kubo, Yilumkeleni into 24 eniyivayo; umlinganiselo enilinganisela ngawo, niya kulinganiselwa ngawo nani, kongezwe kuni nina nivayo. Kuba 25 osukuba enako uya kunikwa, nongenako uya kuhluthwa kwanoko anako.

Umzekeliso wembewu

Wayesithi, Ubukumkani bukaThixo 26 bunjengokuba abengathi umntu aphose imbewu emhlabeni; aze alale, avuke, 27 ubusuku nemini, ibe imbewu intshula ikhula ngohlobo angalwaziyo. Kuba 28 umhlaba uvelisa iziqhamo ngokwawo, kuqala ibe likhaba, ize ibe sisikhwebu, ize ibe yingqolowa ezalisekileyo esikhwebini; athi ke, xa sithe savuthwa isiqha- 29 mo, alifake kwaoko irhengqa, ngokuba kusekusondele ukuvuna.

UMARKO 4-5

Umzekeliso wokhozo lwemostade
(UMat. 13: 31, 32)

30 Wayesithi, Siya kubufanekisa nantoni na ubukumkani bukaThixo? Siya kubuzekelisa ngamzekeliso mni na?
31 Bunjengokhozo lwemostade; lona luthi, xa sukuba luhlwayelwa emhlabeni, lube luloluncinane kuzo zonke iimbewu
32 ezisemhlabeni; luthi ke, xa luthe lwahlwayelwa, lukhule lube lukhulu kuyo yonke imifuno, lwenze amasebe amakhulu, ngokokude iintaka zezulu zibe nako ukuhlala phantsi komthunzi walo.
33 Wayelithetha kubo ilizwi ngemizekeliso emininzi enjalo, njengoko baye
34 benako ukuva. Ubengathethi ke kubo kungengamzekeliso; ke ubesithi, bakuba bodwa, abacombululele iindawo zonke abafundi bakhe.

UYesu uzolisa uqhwithela
(UMat. 8: 23-27)

35 Athi kubo kwangaloo mini, kwaku-
36 hlwa, Masiwele siye ngaphesheya. Besindulule isihlwele, bamthabatha esemkhombeni njalo; kwaye ke kukho eminye imikhonjana inaye.
37 Kwabakho uqhwithela olukhulu lomoya; aye ke amaza ephoseka emkhombeni, abetha wafuna ukuzala kwango-
38 ku. Waye yena esesinqeni somkhombe, elele ubuthongo phezu komqamelo; bamvuse, bathi kuye, Mfundisi, akukha-
39 thali na, sitshabalala nje? Wavuka, wawukhalimela umoya, wathi kulo ulwandle, Hlala uthi tu, uthi cwaka! Wadamba umoya, kwabakho ukuzola
40 okukhulu. Wathi kubo, Yini na ukuba nibe nje, ukuba ngamagwala? Kutheni
41 na, le nto ningenalukholo? Boyika ngoloyiko olukhulu, batshono ukuthi, Ngubani na ke lo, le nto alulanyelwa nangumoya nalulwandle?

Ukuphiliswa kowaseGadara obephethwe ziidemon
(UMat. 8: 28-34)

5 Bafika phesheya kolwandle kumma-
2 ndla wabaseGadara. Akuba ephumile emkhombeni, wahlangatyezwa kwaoko ngumntu onomoya ongcolileyo, ephuma emangcwabeni, obehlala ema- 3 ngcwabeni apho. Kwaye kungekho bani unako ukumbopha nangemixokelelwane; ngenxa yokuba wayebotshwe 4 futhi ngamakhamandela nangemixokelelwane, asuke ayijace yena imixokelelwane, awakroboze namakhamandela; kwaye kungekho bani unamandla okumdambisa. Ube ehlala ubusuku nemi- 5 ni esezintabeni nasemangcwabeni, ekhala, ezijeca ngamatye.

Uthe ke akumbona uYesu ekude, 6
wagidima, waya waqubuda kuye, wa- 7
khala ngezwi elikhulu, wathi, Yini na enam nawe, Yesu, Nyana kaThixo Osenyangweni? Ndiya kufungisa uThixo ukuba ungandithuthumbisi. Ku- 8
ba ebethe kuye, Phuma emntwini apho, moyandini ungcolileyo. Wayembuza 9
esithi, Ungubani na wena igama? Waphendula esithi, NguMkhosi igama lam; kuba sibaninzi. Waye ke embo- 10
ngoza kakhulu ukuba angabandululi bemke kwelo zwe. Bekukho ke apho 11
ngasezintabeni ugxuba olukhulu lweehagu lusidla. Zambongoza zonke iide- 12
mon, zisithi, Sithumele ezihagwini, ukuze singene kuzo. Wazivumela kwa- 13
oko uYesu. Baphuma ke oomoya abangcolileyo, baya kungena ezihagwini; lwaza ugxuba lwaphaphatheka, lwehla eweni, lwela elwandle; zaye ke *iihagu ezo* ngathi zimawaka mabini; zarhaxwa elwandle apho.

Bathe ke abo babezalusa iihagu basa- 14
ba, babika ekhaya nasemaphandleni. Baphuma ke baya kuyibona loo nto ihlileyo, ukuba iyintoni na. Bafike 15
kuYesu, bambone obephethwe ziidemon, lowo ke wayenomkhosi, ehleli, ambathisiwe, enengqondo ephilileyo; baza boyika. Abo babeyibonile *le nto* 16
babacokisela, ukuba kuthekeni na kobephethwe ziidemon; kwanokweehagu. Baqala ukumbongoza ukuba emke emi- 17
deni yabo.

Akubon' ukuba ungene emkhombeni, 18
wathi lowo ubephethwe ziidemon wambongoza ukuba abe naye. Kodwa 19
uYesu akamvumelanga. Usuke wathi kuye, Hamba, uye endlwini yakho kwa-

bakowenu, ubabikele oko zingako ukuba zinkulu izinto ekwenzele zona iNkosi, 20 yaba nenceba engaka kuwe. Wemka, waqala ukuzivakalisa eDekapoli oko zingako ukuba zinkulu izinto uYesu abemenzele zona; bamangaliswa bonke.

*Intombi kaYayiro. Intokazi eyayine-
thombo legazi*
(UMat. 9: 18-26)

21 Ke kaloku, akubon' ukuba uYesu uwelile ngomkhombe, wabuya weza kwelinye icala, kwahlanganisana kuye isihlwele esikhulu; waye engaselwandle 22 apho. Kubonakele kusiza omnye wakubaphathi bendlu yesikhungu, ogama linguYayiro; athi akumbona, awe ezi- 23 nyaweni zakhe, ambongoze kunene, esithi, Intombazana yam isindekile; khawuze uzibeke izandla phezu kwayo, 24 ukuze isindiswe; yophila. Wesuka wahamba naye; yaye indimbane enkulu imlandela, imxinile.

25 Intokazi ethile, eyayinethombo legazi 26 iminyaka elishumi elinamibini, eyayive ubunzima obuninzi kumagqirha amaninzi, eyayidleke konke ebinako, ingasizakali lutho, imana ukuba mandundu: 27 yathi yakuva ngaye uYesu, yeza phakathi kwesihlwele ngasemva, yayichuku- 28 misa ingubo yakhe; kuba ibisithi, Ukuba ndithe ndachukumisa neengubo 29 zakhe ezi, ndosindiswa. Watsha kwaoko umthombo wegazi layo; yeva emzimbeni wayo ukuba iphilisiwe kweso sibetho.

30 UYesu, ethe kwaoko wawazi ngaphakathi kwakhe amandla aphume kuye, wajika esendimbaneni, wathi, Ngubani 31 na ochukumise iingubo zam? Bathi kuye abafundi bakhe, Ubona nje ukuba isihlwele sikuxinile, utsho na ukuthi, Ngubani na ondichukumisileyo? 32 Wasingasinga, ukuba ambone lowo 33 uyenzileyo le nto. Ithe ke intokazi leyo, isoyika, igubha, ikwazi oko kwenzekileyo kuyo, yeza yawa phantsi kuye, 34 yamxelela inyaniso yonke. Wathi ke kuyo, Ntombi yam, ukholo lwakho lukusindisile; hamba unoxolo, phila kweso sibetho sakho.

Kuthi esathetha yena, kufike abaku- 35 lomphathi wendlu yesikhungu, besithi, Intombi yakho ifile; usamkhathazelani na uMfundisi? Aze kwaoko uYesu, 36 elivile elo zwi lithethwa, athi kumphathi wendlu yesikhungu, Musa ukoyika, kholwa kodwa wena. Akavumela mntu 37 ukuba alandelane naye, kwakuphela nguPetros noYakobi noYohane, umzalwana kaYakobi. Afike endlwini yo- 38 mphathi wendlu yesikhungu, abone isiphithiphithi, abalilayo nabenza isijwili esikhulu.

Akungena uthi kubo, Yini na ukuba 39 niphithizele nilile? Akafile umntwana, ulele. Basuka bamwa ngentsini. Athi 40 akubakhupha bona bonke, amthabathe uyise womntwana nonina, nabo babenaye, angene apho wayelele khona umntwana. Ambambe ngesandla u- 41 mntwana, athi kuye, Talita, kumi; oko kukuthi, ngentetho evakalayo, Ntombazana, ndithi kuwe, Vuka! Yavuka kwa- 42 oko intombazana leyo, yahambahamba; kuba ibiminyaka ilishumi elinamibini izelwe. Bathi nqa ngokuthi nqa okukhulu. Wabayala kakhulu ukuba ku- 43 ngaziwa mntu oku; watsho nokuthi, mayiphiwe idle.

Uyadelwa uYesu eNazarete
(UMat. 13: 43-56)

6 Waphuma apho ke weza kwelakowabo; bamlandela abafundi bakhe. Uthe kwakubakho isabatha, waqala 2 ukufundisa endlwini yesikhungu; baza abaninzi, bakuva, bakhwankqiswa, besithi, Lo uzizuze phi na ezi zinto? Bubulumko buni na obu abunikiweyo, le nto nemisebenzi yamandla enjengale yenzekayo ngezandla zakhe? Lo akayiyo 3 na ingcibi yokwakha, unyana kaMariya, umzalwana ke kaYakobi noYose noYuda noSimon? Noodade babo abakuthi apha na? Baye bekhubeka kuye.

Wayesithi ke uYesu kubo, Umpro- 4 feti akasweli mbeko, kungaba kukowabo, nakwizizalwana zakhe, nakokwabo. Wa- 5 yengenako ukwenza namnye umsebenzi wamandla khona apho, kwakuphela ukubeka izandla phezu kwemilwelwe

UMARKO 6

6 embalwa, wayiphilisa. Wamangaliswa kukungakholwa kwabo.

Wayeyihambahamba imizana ejikeleza, efundisa.

Ukuthunywa kwabalishumi elinababini
(UMat. 10)

7 Ubabizele kuye abalishumi elinababini, waqala ukubathuma ngababini,
8 ngababini; wayebanika igunya koomoya abangcolileyo; wabathethela ngelithi, mabangaphathi nto yandlela, ibe ngumsimelelo wodwa; banga*phathi* ngxowa, nasonka, namali embhinqwe
9 ni; bathi kodwa banxibe izixathula; bangambathi neengubo zangaphantsi ngambini.

10 Wayesithi kubo, Apho nithe nangena endlwini, hlalani khona nide nimke ku
11 loo ndawo. Abo sukuba benganamkeli, benganiva nokuniva, nakuphuma kuloo ndawo, vuthululani uthuli oluphantsi kweenyawo zenu, kube bubungqina *oko* kubo. Inene ndithi kuni, Kuba nokunyamezeleka okweSodom nokweGomora ngomhla womgwebo, kunokwaloo mzi.

12 Baphuma bavakalisa ukuba mabagu
13 quke *abantu*. Bakhupha needemon ezininzi, bayithambisa ngeoli imilwelwe emininzi, beyiphilisa.

Ukufa kuka Yohane umbhaptizi
(UMat. 14: 1-12)

14 Ke kaloku wakúva *oko* ukumkani uHerode (kuba igama lakhe lalithe laduma); wayesithi, Uvukile kwabafileyo uYohane umbhaptizi; ngenxa yoko le misebenzi yamandla iyenzeka ngaye.
15 Baye abanye besithi, NguEliya; baye ke abanye besithi, Ngumprofeti, nokuba
16 ufana nomnye wakubaprofeti. Ekuvile ke oko uHerode, wathi, Lo nguYohane, lowa ndamnqamla intloko mna; uvukile kwabafileyo.
17 Kuba uHerode ngokwakhe wabethé wathuma, wambamba uYohane, wambopha entolongweni, ngenxa kaHerodiya, umfazi kaFilipu umzalwana wa
18 khe; kuba ebemzekile. Kuba wayesithi uYohane kuHerode, Akuvumelekile ukuba ube nomfazi womzalwana wakho.
19 Ke kaloku uHerodiya waba nenqala ngakuye, wafuna ukumbulala; kodwa
20 akabanga nako; kuba uHerode wayemoyika uYohane, emazi ukuba uyindoda elilungisa, engcwele, wayemgcinile; wayesithi ke akumva, enze iindawo ezininzi, amve kamnandi.

21 Kwathi, kwakufika umhla owamlungelayo *uHerodiya*, xeshikweni uHerode ngemini yokuzalwa kwakhe wayezenzela isidlo izidwangube zakhe, nabathetheliwaka, namanene elaseGalili, yakubon'
22 ukuba ingene intombi kaHerodiya lowo, yangqungqa, yamkholisa uHerode nabo babehleli ndawonye naye. Wathi ukumkani kwintombazana leyo, Ndicele into osukuba uyithanda; ndokupha. Wayifungela ngelithi, Into othe wayice
23 la kum ndokupha, kude kube kwisiqingatha sobukumkani bam.
24 Iphumile ke yathi kunina, Ndicèle ntoni na? Wathi ke yena, Intloko kaYohane umbhaptizi. Yeza kungena
25 kwaoko ngokungxama kuye ukumkani, yacela, isithi, Ndithanda ukuba undinike kalokunje ngesitya intloko kaYohane umbhaptizi.
26 Waba buhlungu kakhulu ukumkani; *noko*, ngenxa yezifungo zakhe, nangenxa yabo babehleli ndawonye naye, akathandanga kuyilandulela. Uthe kwaoko
27 ukumkani wasusa umsiki, wamthethela ngelithi, mayiziswe intloko yakhe. Wesuka waya ke lowo, wamnqumla intloko entolongweni. Wayiziswa intloko
28 yakhe ngesitya, wayinika intombazana leyo; yaza intombazana yayinika unina.
29 Bekuvile *oko* abafundi bakhe, beza basithabatha isidumbu sakhe, basibeka engcwabeni.

Ukutyiswa kwesihlwele okokuqala
(UMat. 14: 13-21)

30 Bathi bahlanganisàna abapostile* kuYesu, bambikela iinto zonke, ezo babezenzile, kwanezo babezifundisile. Wa
31 thi kubo, Yizani nina ngasese kwindawo eyintlango, niphumle kancinane; kuba bebaninzi abezayo nabemkayo; babengenalo ke nethutyana lokuba badle.

32 Bemka ngomkhombe ngasese, baya
33 kwindawo eyintlango. Isihlwele sababona bemka bathi abaninzi bamazi, babalekela khona ngeenyawo, bevela kuyo yonke imizi; babaphangela, ba-
34 thuthelana kuye. Uthe ke akuphuma uYesu, wabona isihlwele esikhulu; wasikwa yimfesane ngabo, ngokuba babenjengezimvu ezingenamalusi; waqala ukubafundisa iindawo ezininzi.
35 Kuthi kwakubon' ukuba seyihambile kakhulu imini, beze kuye abafundi bakhe, bathi, Le ndawo iyintlango, nemini
36 seyihambile kakhulu; bándulule bemke, baye emaphandleni ajikelezileyo nasemizaneni, bazithengele izonka; kuba
37 bengenanto bangayidlayo. Waphendula wathi kubo, Bapheni nina badle. Bathi kuye, Símke na siye kuthenga izonka ngeedenariyo* ezimakhulu ma-
38 bini, sibaphe badle? Úthi ke yena kubo, Izonka eninazo zingaphi na? Hambani niye kukhangela. Besazi, bathi, Zihlanu, neentlanzi ezimbini.
39 Wabathethela ngelithi, mababangqengqise bonke, babe ziziqhu ngeziqhu
40 engceni eluhlaza. Bahlala phantsi beziingcamba ngeengcamba ngamakhulu,
41 nangamashumi ngamahlanu. Wazithabatha izonka zozihlanu neentlanzi zombini, wathi ekhangele ezulwini wasikelela, waziqhekeza izonka, wanika abafundi bakhe, ukuba babeke phambi kwabo; wathi neentlanzi zombini waza-
42 bela bona bonke. Badla ke bonke
43 bahlutha. Baza basusa izitya zizele ngamaqhekeza zalishumi elinazibini,
44 *basusa* nakwiintlanzi. Baye abo babezidla izonka ezo bekumawaka omahlanu amadoda.

UYesu uhamba phezu kolwandle
(UMat. 14: 22-36)

45 Wabanyanzela kwaoko abafundi bakhe ukuba bangene emkhombeni, bamandulele baye ngaphesheya eBhetesayida, lo gama asindululayo isihlwele
46 yena. Akuba ebulisene nabo, wemka waya kuthandaza entabeni.
47 Ke kaloku, kwakuhlwa, umkhombe ubuphakathi elwandle, waye yena eyedwa emhlabeni. Wababona bebulaleka 48 ekuqhubeni; kuba umoya ububavele ngaphambili. Athi ngolwesiné ulindo lobusuku eze kubo, ehamba phezu kolwandle; wanga uza kugqitha kubo.
Bathi ke, bakumbona ehamba phezu 49 kolwandle, baba ngumshologu, bakhala; kuba bonke bambona, bakhathazeka. 50 Wathetha kwaoko nabo, wathi kubo, Yomelelani; ndim; musani ukoyika. Wenyuka waya kubo emkhombeni, 51 wadamba umoya. Bathi nqa ngaphakathi kwabo ngokuncamisileyo kunene, bamangaliswa; kuba bengakuqondanga 52 okwezonka; kuba intliziyo yabo yabe iqaqadekile.
Bakuphumela, bafika ezweni lase- 53 Genesarete, batsalela elunxwemeni. Ba- 54 kuphuma emkhombeni, bamazi kwaoko *abantu*; bawubaleka wonke loo 55 mmandla, baqala ukubathwala ngeenkuko abafayo, bebása apho babemva ukuba ukhona. Nalapho sukuba ebe- 56 ngena khona, nokuba kusemzaneni, nokuba kusemzini, nokuba kusemaphandleni, babesithi, bababeke abafayo ezindaweni zembutho, bambongoze ukuba khe bachukumise intshinga yengubo yakhe. Baye ke besindiswa abasukuba bemchukumisa.

Isithethe samanyange
(UMat. 15: 1-20)

7 Kwahlanganisana kuye abaFarisi, nabathile kubabhali, bevela eYerusalem; bathi, bakubona abathile kuba- 2 fundi bakhe besidla isonka ngezandla eziziinqambi, oko kukuthi ngezingahlanjwanga, basuka basola. Kuba aba- 3 Farisi namaYuda onke abadli, ukuba abakhanga bazihlambe izandla kunene, bebambe isithethe samanyange. No- 4 kuba *bavela* endaweni yembutho, abadli bengakhanga bahlambe; zikho nezinye izinto ezininzi, abazamkele ukuba bazibambe, *ezinjenge*entlambo zeendebe, neebhekile, nezitya zobhedu, nezingqengqelo.
Bandula bambuza abaFarisi nababha- 5 li, *besithi*, Kungani na ukuba abafundi

UMARKO 7

bakho bangahambi ngokwesithethe samanyange, le nto badla isonka ngezandla
6 ezingahlanjwanga? Waphendula ke wathi kubo, Watyapha uIsaya ukuprofeta ngani, bahanahanisi, njengokuba kubhaliwe *kwathiwa*,

Aba bantu bandibeka ngomlomo,
Kanti yona intliziyo yabo ikude lee kum.

7 Bafumana ke bendihlonela,
Befundisa iimfundiso eziyimithetho yabantu. (UIsaya 29: 13)

8 Kuba nithi, niwuyeka okaThixo umthetho, nibambe isithethe sabantu esinjengeentlambo zeebhekile neendebe; naye nizenza nezinye izinto ezininzi ezinjengezo.

9 Wayesithi kubo, Natyapha kambe niwutshitshise umthetho kaThixo, uku-
10 ze nisigcine isithethe senu. Kuba uMoses wathi, Beka uyihlo nonyoko; *wathi* kanjalo, Omthethela kakubi uyise,
11 nokuba ngunina, makafe ukufa; ke nina nithi, Ukuba umntu uthe kuyise nokuba kukunina, Ingumsondezo, oko kukuthi, ingumnikelo kuThixo into ongewuba
12 uncedwa ngayo ndim, *ukholisile*; ningabi samvumela ukuba amenzele nto,
13 nokuba nguyise nokuba ngunina; niliphanga igunya ilizwi likaThixo ngesithethe senu enasinikelayo, naye nizenza izinto ezininzi ezinjengezo.

14 Wayibizela kuye yonke indimbane, wathi kubo, Phulaphulani kum nonke,
15 niqonde: akukho nto ingaphandle komntu ethi ingena kuye ibe nako ukumenza inqambi; izinto eziphumayo
16 kuye ezimenza inqambi umntu. Ukuba ubani uneendlebe zokuva, makeve.

17 Baye ke, xa ebengene endlwini, evela kuyo indimbane, bembuza abafundi
18 bakhe umzekeliso lowo. Athi kubo, Nikwanje nani na ukuswela ingqondo? Aniqiqi na, ukuba konke okungaphandle, okuthi kungene emntwini, akuna-
19 ko ukumenza inqambi? Ngokuba akungeni khona entliziyweni yakhe; kungena esiswini; ize kuphume kuye endaweni esese, ezihlambululayo zonke izidlo.
20 Wayesithi ke, Into ephumayo emntwini, yiyo leyo emenza inqambi
21 umntu; kuba ngaphakathi, kuyo intlizi-yo yomntu, kuphuma izicamango ezibi,
22 ookukrexeza, oomibulo, ookubulala, oobusela, ookubawa, okungendawo, iinkohliso, uburheletyo, umona, ukunyelisa, ukukratsha, ukuswela kuqonda; zo-
23 nke ezi zinto zingendawo ziphuma ngaphakathi, zimenze inqambi umntu.

UmSirofenikikazi
(UMat. 15: 21-28)

24 Esukile apho ke, waya emideni yaseTire neyaseTsidon. Wangena endlwini, wanga akungaziwa mntu; akaba nako ukufihlakala noko.

25 Kuba yathi yakumva intokazi entombazana ibinomoya ongcolileyo, yafika yawa ezinyaweni zakhe; yaye ke kaloku
26 intokazi leyo ingumGrikekazi, umSirofenikikazi ngokuzalwa. Yacela kuye ukuba ayikhuphe idemon entombini yayo. Uthe ke uYesu kuyo, Kha-
27 wuyeke kuhluthe abantwana kuqala; kuba akukuhle ukusithabatha isonka sabantwana, siphoswe ezinjaneni. Ya-
28 phendula ke yathi kuye, Ewe, Nkosi; kuba nazo iinjana phantsi kwetafile zidla kwiimvuthuluka zabantwana. Wa-
29 thi kuyo, Ngenxa yelo zwi, hamba; idemon iphumile entombini yakho.
30 Yesuka yaya endlwini yayo, yafumana iphumile idemon, intombi ilele phezu kwesingqengqelo.

Ukuphiliswa kwesithulu esithintithayo

31 Uthe wabuya waphuma emideni yaseTire neyaseTsidon, weza kulwandle lwaseGalili, ecanda phakathi kwemida yaseDekapoli. Bazisa ke isithulu esi-
32 thintithayo, bambongoza ukuba abeke isandla phezu kwaso. Wasishenxisa
33 esihlweleni sasodwa, wafaka iminwe yakhe ezindlebeni zaso, wathi etshicile, wachukumisa ulwimi lwaso, wakhangela
34 ezulwini, wancwina, wathi kuso, Efata, oko kukuthi, Vuleka. Zavuleka kwa-
35 oko iindlebe zaso, zacombuluka iingqambu zolwimi lwaso, sathetha salungisa.

36 Wabayala ukuba mabangaxeleli bani; kodwa okukhona wabayalayo, kwaba

UMARKO 7-8

37 kukhona bakuvakalisa ngakumbi. Bakhwankqiswa ngokuncamisileyo kanye, besithi, Ùzenze iinto zonke kakuhle; uzenza nezithulu zive, nabangenakuthetha bathethe.

Ukutyiswa kwesihlwele okwesibini
(UMat. 15: 29-39)

8 Ngaloo mihla, sakuba sikhulu kakhulu isihlwele, singenanto singayidlayo, wababizela kuye abafundi bakhe
2 uYesu, athi kubo, Ndisikwa yimfesane ngenxa yesihlwele; ngokuba sekuntsuku ntathu behleli nam, bengenanto banga-
3 yidlayo; ukuba ndithe ndabandulula baya emakhayeni abo bengadlanga, botyhafa endleleni; kuba inxenye yabo ivela kude.
4 Bamphendula abafundi bakhe, *besithi*, Wókuzuza phi na umntu ukuba nako ukubahluthisa aba ngezonka, entlango
5 apha? Wayebabuza esithi, Zingaphi na izonka eninazo? Bathi ke bona,
6 Zisixhenxe. Wasithethela isihlwele ukuba sihlale phantsi emhlabeni. Wazithabatha izonka zosixhenxe, wabulela, waqhekeza, wanika abafundi bakhe, ukuze babeke phambi kwabo; babeka
7 ke phambi kwaso isihlwele. Baye beneentlanzana ezimbalwa; akuba esikelele, wathi mazibekwe phambi kwabo
8 nazo. Badla ke bahlutha; basusa amaqhekeza aseleyo, iingobozi zasixhenxe.
9 Ke kaloku abo babesidla ngathi babemawaka mané; wabandulula.

Igwele labaFarisi
(UMat. 16: 1-12)

10 Wangena kwaoko emkhombeni, nabafundi bakhe, weza emacaleni aseDalmanuta.
11 Baphuma abaFarisi baqala ukubuzana naye, befuna kuye umqondiso ovela
12 emazulwini, bemlinga. Encwinile kanzulu ngomoya wakhe, athi, Yini na ukuba esi sizukulwana singxamele umqondiso? Inene ndithi kuni, Unakanye ukuba sinikwe umqondiso esi
13 sizukulwana. Wabashiya, wabuya wangena emkhombeni, wemka waya ngaphesheya.

Baye belibele ukuphatha izonka; ba- 14 bengenanto banayo emkhombeni, ngaphandle kwesonka esinye. Wabayala 15 esithi, Ligqaleni, nililumkele, igwele labaFarisi, negwele likaHerode. Baye 16 becamanga besitshono ukuthi, Kungokuba singenazonka.
Ekwazi oko uYesu, athi kubo, Yini na 17 ukuba nicamange, ngokuba ningenazonka? Anikaqiqi na, anikaqondi na? Isaqaqadekile na intliziyo yenu? Ni- 18 namehlo nje, aniboni na? Nineendlebe nje, aniva na? Anikhumbuli na? Okuyá ndaqhekezela amawaka ama- 19 hlanu izonka ezihlanu, zaye zingaphi na izitya ezizele ngamaqhekeza enazisusayo? Bathi kuye, Zazilishumi elinazibini. Okuyá ke ezisixhenxe *ndazi-* 20 *qhekezela* amawaka amané, zazingaphi na iingobozi zizele ngamaqhekeza enazisusayo? Bathi ke, Zazisixhenxe. Wayesithi kubo, Phofu yini na ukuba 21 ningaqondi?

Ukuphiliswa kwemfama yaseBhetesayida

Uthi aze kufika eBhetesayida; bazise 22 imfama kuye, bambongoze ukuba ayichukumise. Uthe, eyibambe ngesa- 23 ndla imfama, wayirholela ngaphandle komzi; watshica emehlweni ayo, wabeka izandla phezu kwayo, wayibuza ukuba ibona nto na? Yaza yakhangela phe- 24 zulu yathi, Ndiyababona abantu; kuba ndibanakana behamba, ngathi yimithi.
Wabuya wazibeka izandla phezu 25 kwamehlo ayo, wayikhangelisa phezulu; yabuya yaphila, yababona bonke kakuhle. Uthi ayithumele endlwini yayo, 26 esithi, Uze ungangeni kuwo umzi, ungathethi nakubani kuwo umzi.

UPetros uvuma ukuba uYesu unguKristu
(UMat. 16: 13-23)

Waphuma uYesu nabafundi bakhe, 27 waya emizinini yaseKesareya kaFilipu; waye endleleni ebabuza abafundi bakhe, esithi kubo, Kuthiwa ngabantu ndingubani na mna? Baphendula ke bona 28 ngokuthi, Bathi ùnguYohane umbhaptizi; abanye bathi ùnguEliya; bambi ke bathi ùngomnye wabaprofeti. Athi 29

UMARKO 8–9

yena kubo, Ke nina nithi ndingubani na? Aphendule ke uPetros athi kuye,
30 Wena unguye uKristu.* Wabakhalimela ukuba bangaxeleli bani ngaye.

U Yesu ukuxela kwangaphambili ukufa nokuvuka kwakhe
(UMat. 16: 21–23)

31 Waqala ukubafundisa, okokuba uNyana woMntu umelwe kukuba eve ubunzima obukhulu, alahlwe ngawo amadoda amakhulu nababingeleli abakhulu nababhali, abulawe, athi emveni kweentsuku ezintathu abuye avuke.
32 Elo zwi wayelithetha ngokungafihlisiyo. UPetros wamthabathela kuye, waqala
33 ukumkhalimela. Uthe ke yena, ejikile, wabakhangela abafundi bakhe, wamkhalimela uPetros, esithi, Suka uye emva kwam, Sathana;* ngokuba ungazinyamekeli ezikaThixo izinto, unyamekele ezabantu.

Ukuzincama
(UMat. 16: 24–28)

34 Esibizele kuye isihlwele, kwanabafundi bakhe, wathi kubo, Osukuba ethanda ukundilandela, makazincame, awuthwale umnqamlezo wakhe, andi-
35 landele ke. Kuba othe wathanda ukuwusindisa umphefumlo wakhe, wolahlekelwa nguwo; ke yena othe wawulahla umphefumlo wakhe ngenxa yam, nangenxa yeendaba ezilungileyo ezi, wo-
36 wusindisa. Kuba komnceda ntoni na umntu, ukuba uthe walizuza ihlabathi liphela, waza wonakalelwa ngumphe-
37 fumlo wakhe? Okanye worhola ntoni na umntu, ibe sisananelo somphefumlo
38 wakhe? Kuba othe waneentloni ngam nangamazwi am, kwesi sizukulwana sikrexezayo, sonayo, naye uNyana woMntu woba neentloni ngaye, xa athe weza esebuqaqawulini boYise, enezithunywa ezingcwele.

9 Wayesithi kubo, Inene ndithi kuni, Kukho abathile kwabemiyo apha, abangayi kukha beve kufa bona, bade babubone ubukumkani bukaThixo busiza ngamandla.

Ukwenziwa kumila kumbi kukaYesu
(UMat. 17: 1–13)

Uthi uYesu, emveni kweentsuku 2 ezintandathu, athabathe uPetros noYakobi noYohane, abanyuse baye entabeni ende ngasese, bebodwa. Waza wenziwa wakumila kumbi phambi kwabo. Zasuka neengubo zakhe zabe- 3 ngezela, zamhlophe kunene njengekhephu, ekungekho mchazi wangubo emhlabeni apha unako ukuzenza mhlophe kangako. Kwabonakala kubo u- 4 Eliya enoMoses; baye bethetha noYesu.

Uthi aphendule uPetros athi kuYesu, 5 Rabhi,* kuhle ukuba sibe lapha; masenze iminquba ibe mithathu, omnye ube ngowakho, omnye ube ngokaMoses, omnye ube ngokaEliya. Kuba ubenga- 6 yazi into abengayithethayo; kuba bebesoyika kakhulu. Kwabakho ilifu elibe- 7 nzela ithinzi; kweza nezwi liphuma efini apho, lisithi, Lo nguNyana wam oyintanda; mveni yena. Bakuthi uku- 8 singasinga, ababa sabona mntu, babona selinguYesu yedwa onabo.

Ke kaloku, bakubon' ukuba bayehla 9 entabeni apho, wabayala ukuba bangazityeli bani ezo zinto bazibonileyo, kungaba kude kube kuxa athe wavuka kwabafileyo uNyana woMntu. Elo zwi 10 balibamba lakubo bodwa bebuzana ukuba ukuvuka kubo abafileyo kukuthini na.

Baye bembuza besithi, Bathini na 11 ababhali, ukuthi uEliya umelwe kukufika tanci? Uphendule ke wathi kubo, 12 UEliya okunene, efike tanci, wobuya azimise zonke izinto; wabaxelela nokokuba kuthiweni na ukubhalwa ngaye uNyana woMntu, ukuba ufanele ukuva ubunzima obukhulu, enziwe into engento yanto. Ke ndithi kuni, Ufikile 13 uEliya, baza benza kuye konke abakuthandayo, kwanjengoko kubhaliweyo ngaye.

Ukuphiliswa konesathuthwane
(UMat. 17: 14–21)

Akufika kubafundi, wabona isihlwele 14

esikhulu sibaphahlile, nababhali bebu-
15 zana nabo. Sathi kwaoko sonke isihlwele
sakumbona saqhiphuka umbilini;
beza kuye ngokubaleka, bambulisa.
16 Wababuza ababhali, *esithi*, Nibuzana
ntoni na nabo?

17 Waphendula omnye wasesihlweleni
wathi, Mfundisi, bendizise unyana wam
18 kuwe, enomoya ongathethiyo; apho
uthe wamqubula khona, uyamntlala,
aze alephuze amagwebu, atshixize amazinyo
akhe, asuke ome; ndithethé kubafundi
bakho ukuba bawukhuphe; ba-
19 khohlwa. Amphendule ke yena athi,
Sizukulwanandini singakholwayo, koda
kube nini na ndikuni? Koda kube
nini na ndininyamezele? Mziseni kum.
20 Bamzisa kuye. Akumbona, wesuka
kwaoko umoya, wambetha wee xhwenene;
wawa emhlabeni, wamana eqikaqikeka,
elephuza amagwebu.

21 Wabuza kuyise, ukuba kumgama ungakanani
na imhlile le nto. Wathi
22 ke yena, Kwaesengumntwana; úmphose
futhi emlilweni, kwanasemanzini,
ukuba umtshabalalise; ukuba únako
ukwenza into, sisize, usikwe yimfesane
23 sithi. Wathi ke uYesu kuye, Ewe,
ukuba unokukholwa! Zonke izinto zi-
24 nokwenzeka kuye okholwayo. Wakhala
kwaoko uyise womntwana lowo, wathi
eneenyembezi, Ndiyakholwa, Nkosi;
síza, *ususe* ukungakholwa kwam.

25 Uthe ke uYesu, ebone ukuba isihlwele
sibalekela ndaweni-nye, wawukhalimela
umoya ongcolileyo, esithi kuwo, Moyandini
ungathethiyo usithulu, mna ndiyakuthethela,
phuma kuye, ungabi sa-
26 ngena kuye. Wakhala *wona*, wambetha
wee xhwenene kunene, waphuma; waba
njengofileyo, bada abaninzi bathi, Ufile.
27 Uthe ke uYesu wambamba ngesandla,
wamvusa; wesuka wema.

28 Eye kungena endlwini, bambuza
abafundi bakhe ngasese, *besithi*, Yayiyini
na ukuba singabi nako ukuwu-
29 khupha thina? Wathi kubo, Olu lona
uhlobo alunako ukuphuma nganto,
kungengako ukuthandaza nokuzila ukudla.

U Yesu okwesibini ukuxela kwangaphambili ukufa kwakhe
(UMat. 17: 9–13)

Bephumile apho, babehamba becanda 30
kwelaseGalili; wayengathandi ukuba
kwazi bani; kuba wayebafundisa aba- 31
fundi bakhe, esithi kubo, UNyana
woMntu unikelwa ezandleni zabantu;
baya kumbulala; uya kuthi ebulewe,
abuye avuke ngomhla wesithathu. Baye 32
bengakuqondi oko kuthetha; baye besoyika
nokumbuza.

Oyena mkhulu ebukumkanini bamazulu
(UMat. 18: 1–11)

Weza kufika eKapernahum. Akuba 33
esekhaya, wayebabuza *esithi*, Nibe nicamanga
ntoni na phakathi kwenu endleleni?
Bahlala ke bathi tu; kuba endle- 34
leni babephikisene ngokuthi, Ngubani
na omkhulu kunabanye?

Akuba ehleli phantsi, wababiza abali- 35
shumi elinababini, wathi kubo, Ukuba
ubani uthanda ukuba ngowokuqala,
woba ngowokugqibela kwabo bonke,
nomlungiseleli wabo bonke. Útha- 36
bathe umntwana, wammisa phakathi
kwabo; emwolile, wathi kubo, Othe 37
wamkela noko amnye wabantwana
abanje, egameni lam, wamkela mna;
nothe wamkela mna, akamkeli mna,
wamkela lowo wandithumayo.

Ongachaseneyo nathi ungecala lethu
(ULuka 9: 49, 50)

Ke kaloku uYohane wamphendula, 38
esithi, Mfundisi, sabona umntu ekhupha
iidemon egameni lakho, ongasilandeliyo
thi a; samalela ke, ngokuba
engasilandeli thina. Wathi ke uYesu, 39
Musani ukumalela; kuba akukho namnye
uya kwenza umsebenzi wamandla
egameni lam, aze ahle abe nako ukuthetha
kakubi ngam. Kuba ongachase- 40
neyo nathi, ungecala lethu. Kuba othe 41
waniseza nendebe le yamanzi egameni
lam, ngokuba ningabakaKristu,* inene
ndithi kuni, akasayi kuphulukana nomvuzo
wakhe.

Ngezikhubekiso

Nothe wakhubekisa *noko* amnye wa- 42

bancinane abakholwayo kum, ngekumlungele kanye ukuba ubegangxwe ilitye lokusila entanyeni yakhe, waphoswa elwandle.

43 Nokuba ke isandla sakho sithe sakukhubekisa, sinqamle sona; kukulungele kanye ukuba ungene ebomini usisilima, kunokuba uthi, unezandla zozibini, umke uye esihogweni, emlilweni ongaci-
44 mekiyo, apho kumpethu ingafiyo, kumlilo ungacinywayo.
45 Nokuba unyawo lwakho luthe lwakukhubekisa, lunqamle lona; kukulungele kanye ukuba ungene ebomini usisiqhwala, kunokuba uthi, uneenyawo zombini, uphoswe esihogweni, emlilweni onga-
46 cimekiyo, apho kumpethu ingafiyo, kumlilo ungacinywayo.
47 Nokuba iliso lakho lithe lakukhubekisa, likhuphe lona; kukulungele kanye ukungena ebukumkanini bukaThixo unaliso linye, kunokuba uthi, unamehlo amabini, uphoswe esihogweni somlilo,
48 apho kumpethu ingafiyo, kumlilo ungacinywayo.
49 Kuba bonke baya kugalelwa ityuwa ngomlilo, athi onke amadini agalelwe
50 ityuwa ngetyuwa. Ityuwa ilungile yona; ke ukuba ithe ityuwa ayaba nabutyuwa, noyivakalisa ngantoni na? Yibani netyuwa phakathi kwenu, nihlale ninoxolo omnye komnye.

Uqhawulo-mtshato
(UMat. 19: 1–12)

10 Esukile apho, uzé kungena emideni yakwaYuda, *ecanda* kweliphesheya kweYordan. Kubuya kuhlanganiselane izihlwele kuye; ubesithi ke, njengoko ebeqhele ngako, abuye azifundise.

2 Bafika abaFarisi, bambuza ukuba kuvumelekile na ukuba indoda imale
3 umfazi wayo; *batsho* bemlinga. Waphendula ke wathi kubo, UMoses wani-
4 wisela mthetho mni na? Bathi bona, UMoses wakuvumela ukubhala incwadi
5 yokwahlukana, nokumala. Waphendula uYesu wathi kubo, Ngokuba lukhuni kwentliziyo yenu, wanibhalela loo mthe-
6 tho; kodwa kwasekuqalekeni kokudalwa, uThixo wabenza bayindoda nenkazana. Ngenxa yoko umntu uya- 7 kushiya uyise nonina, anamathele emfazini wakhe; baze abo babini babe nya- 8 ma-nye. Ngako oko, àbasebabini, banyama-nye. Oko ke ngoko uThixo 9 akumanyileyo, makungahlulwa mntu.

Endlwini abafundi bakhe babuya 10 bambuza ngayo loo nto. Athi kubo, 11 Othe wamala umfazi wakhe, wazeka omnye, uyakrexeza kulowa. Nokuba 12 umfazi uthe wayala indoda yakhe, wendela kwenye, uyakrexeza.

UYesu usikelela abantwana
(UMat. 19: 13–15)

Baye bezisa abantwana kuye ukuze 13 abachukumise; basuka abafundi babakhalimela abo babazisayo. Ke kaloku 14 ekubonile *oku* uYesu, wacaphuka, wathi kubo, Bavumeleni abantwana beze kum, ningabaleli: ngokuba ubukumkani bukaThixo bubobabo banjalo. Inene ndithi 15 kuni, Othe akabamkela ubukumkani bukaThixo njengomntwana, akayi kukha angene kubo. Waza wabawola, 16 wazibeka izandla phezu kwabo, wamana ebasikelela.

Indodana esisityebi
(UMat. 19: 16–30)

Akubon' ukuba uyaphuma, uya 17 endleleni, kweza othile ngokubaleka, wawa ngamadolo kuye, wambuza *esithi*, Mfundisi ulungileyo, ndénze ntoni na, ukuze ndibudle ilifa ubomi obungunaphakade?

Uthe ke uYesu kuye, Yini na ukuba 18 uthi ndilungile? Akukho ulungileyo, mnye kwaphela—nguThixo. Uyayazi 19 imithetho: Musa ukukrexeza, musa ukubulala, musa ukuba, musa ukungqinela ubuxoki, musa ukulumkisa, beka uyihlo nonyoko.

Uphendule ke yena wathi kuye, Mfu- 20 ndisi, zonke ezo zinto ndazigcina, kwasebuncinaneni bam. Uthe ke uYesu, 21 ondele kuye, wamthanda, wathi kuye, Kukho nto-nye uyisweleyo: hamba uye kuthengisa ngeento zonke onazo, uphe amahlwempu, woba nobutyebi ke ema-

UMARKO 10

zulwini; yiza ke undilandele, uwuthwele umnqamlezo. Wathi ke khunubembe ngelo zwi, wemka ebuhlungu; kuba ebenemfuyo eninzi. ²²

²³ UYesu esingasingile, wathi kubafundi bakhe, Hayi, ukuba ngenkankulu ukuya kungena kwabo banobutyebi ebuku- ²⁴ mkanini bukaThixo! Ke bathi qhiphu umbilini abafundi ngamazwi akhe. Aphinde ke uYesu, aphendule athi kubo, Bantwana, hayi, ukuba ngenkankulu ukuthi abo bakholosé ngobutyebi bangene ebukumkanini bukaThixo! ²⁵ Kulula ukuba inkamela iphumele entunjeni yenaliti, kunokuba isityebi singe- ²⁶ ne ebukumkanini bukaThixo. Baye bekhwankqiswa ke ngokuncamisileyo, besitshono ukuthi, Ngubani na ongásindi- ²⁷ swayo? Óndele ke kubo uYesu, uthi, Kubantu akunakwenzeka; kuye yena uThixo akunakuba kungenzeki; kuba zonke izinto zinako ukwenzeka kuye uThixo.

²⁸ Waqala uPetros ukuthi kuye, Uyabona, thina sishiye iinto zonke, sakula- ²⁹ ndela. Waphendula uYesu wathi, Inene ndithi kuni, akukho namnye ushiye indlu, nokuba ngabazalwana, nokuba ngoodade, nokuba nguyise, nokuba ngunina, nokuba ngumfazi, nokuba ngabantwana, nokuba ngamasimi, ngenxa yam nangenxa yeendaba ezilungileyo ³⁰ ezi, ongayi kuthi amkeliswe kalikhulu: ngoku ngeli xesha, izindlu, nabazalwana, noodade, noonina, nabantwana, namasimi, ndawonye neentshutshiso; nakwelizayo iphakade, ubomi obunguna- ³¹ phakade. Ke baninzi abokuqala abaya kuba ngabokugqibela, nabokugqibela *abaya kuba* ngabokuqala.

U Yesu okwesithathu ukuxela kwangaphambili ukufa kwakhe
(UMat. 20: 17–19)

³² Ke kaloku babesendleleni, benyuka besiya eYerusalem; waye uYesu ehamba phambi kwabo; baye bethe qhiphu umbilini, balandela besoyika. Wabuya wabathabatha abalishumi elinababini waqala ukubaxelela izinto eziza ku- ³³ mhlela, *esithi*, Niyabona, siyenyuka siya

eYerusalem; waye uNyana woMntu eya kunikelwa kubabingeleli abakhulu, nakubabhali; baya kumgweba ukuba afe, bamnikele kuzo iintlanga. Ziya ku- ³⁴ dlala ngaye, zimtyakatye, zimtshicele, zimbulale; aze athi ngomhla wesithathu abuye avuke.

Isicelo soonyana bakaZebhedi
(UMat. 20: 20–28)

Kuthi kuze kuye uYakobi noYohane, ³⁵ oonyana bakaZebhedi, besithi, Mfundisi, sithanda ukuba usenzele into esothi siyicele. Wathi ke yena kubo, Ni- ³⁶ thanda ukuba ndinenzele ntoni na? Bathi ke bona kuye, Siphe ukuhlala, ³⁷ omnye ngasekunene kwakho, nomnye ngasekhohlo kwakho, ebuqaqawulini bakho.

Wathi ke uYesu kubo, Aniyazi into ³⁸ eniyicelayo: ninako na ukuyisela indebe endiyiselayo mna, nibhaptizwe ngobhaptizo endibhaptizwa ngalo mna? Bathi ke bona kuye, Sinako. Wathi ³⁹ ke uYesu kubo, Okunene indebe endiyiselayo mna, niya kuyisela; nobhaptizo endibhaptizwa ngalo mna, niya kubhaptizwa kwangalo; kodwa kona ukuhla- ⁴⁰ la ngasekunene kwam nangasekhohlo kwam, asikwam ukupha ngako, ngaphandle *kokupha* abo kulungiselwe bona.

Bevile abalishumi, baqala ukubaca- ⁴¹ phukela ooYakobi noYohane. Ke kalo- ⁴² ku, uYesu ebabizele kuye, uthi kubo, Niyazi ukuba abo kuthiwa balawula iintlanga, bayazigagamela; nabo bazizikhulu zazo benza ngegunya kuzo. Ze kungabi njalo ke phakathi kwenu ⁴³ nina; osukuba efuna ukuba mkhulu phakathi kwenu, makabe ngumlungiseleli wenu; nosukuba efuna ukuba ngo- ⁴⁴ wokuqala, makabe ngumkhonzi wabo bonke; kuba noNyana woMntu enge- ⁴⁵ zanga kulungiselelwa; weza kulungiselela, nokuncama ubomi bakhe, bube yintlawulelo yokukhulula abaninzi.

Imfama yaseYeriko
(UMat. 20: 29–34)

Baza kufika eYeriko. Ekuphumeni ⁴⁶ kwakhe eYeriko apho, nabafundi bakhe

UMARKO 10—11

nendimbane elingeneyo, unyana kaTimeyu, uBhartimeyu, imfama, waye
47 ehleli ngasendleleni engqiba. Wathi akuva ukuba nguYesu waseNazarete, waqala ukudanduluka wathi, Yesu
48 nyana kaDavide, ndenzele inceba. Baye abaninzi bemkhalimela ukuba athi tu; kwaba kokukhona ke wadandulukayo ngakumbi, esithi, Nyana kaDavide, ndenzele inceba.
49 Wema uYesu wathi, Makabizwe. Bayibiza ke imfama, besithi kuyo,
50 Yomelela, suk' ume; úyakubiza. Ithe ke yona, ilahlé ingubo yayo, yesuka
51 yeza kuYesu. Aphendule athi kuyo uYesu, Uthanda ukuba ndikwenzele ntoni na? Yathi ke imfama kuye, Rabhoni,* ndithanda ukuba ndibone.
52 Wathi ke uYesu kuyo, Hamba uhambe; ukholo lwakho lukusindisile. Yabona kwaoko, yamlandela uYesu endleleni apho.

U Yesu ungena e Yerusalem ekhwele iesile
(UMat. 21 : 1–11)

11 Ke kaloku, xa basondelayo eYerusalem, eBhetefage naseBhetani, besingisa eNtabeni yemiNquma, ususa
2 babe babini kubafundi bakhe, athi kubo, Hambani niye emzaneni lo ukhangelene nani; nothi ningena kuwo, nibe senifumana ithole *le-esile* libotshelelwe, ekungazanga kuhlale namnye umntu phezu
3 kwalo; likhululeni nilizise. Nokuba ubani uthe kuni, Yini na ukuba nikwenze oko? nòthi, Liyafuneka eNkosini; wothi kwaoko ke alithumele apha.
4 Basuka ke baya, balifumana ithole libotshelelwe ngasemnyango ngaphandle, ekuhlanganeni kweendlela; bali-
5 khulula. Baye abathile kwababemi khona besithi kubo, Nenza ntoni na, nili-
6 khulula nje ithole? Bathetha ke kubo njengoko uYesu ebebawisele umthetho ngako; baza babayeka.
7 Balizisa ithole kuYesu; baziphosa iingubo zabo phezu kwalo; wahlala
8 phezu kwalo. Ke kaloku abaninzi bazandlala iingubo zabo endleleni; baye ke abanye bexhuzula amahlamvu
9 emithini, bewandlala endleleni. Baye abo babehamba ngaphambili, nabo babelandela, bedanduluka, besithi, Hosana; makabongwe lo uzayo egameni leNkosi. Mabubongwe ubukumkani 10 bobawo wethu uDavide, obo buzayo egameni leNkosi! Hosana enyangweni!

Uthe ke uYesu wangena eYerusalem 11 nasetempileni; ezisingasingile izinto zonke, wathi, kuba bekusekuhlwile, waphuma waya eBhetani, enabalishumi elinababini.

Umkhiwane oqalekisiweyo. Ukuhlanjululwa kwetempile
(UMat. 21 : 12–22)

Uthe ngengomso, bakubon' ukuba 12 baphumile eBhetani, walamba. Wathi, 13 ebone umkhiwane ukude, unamagqabi, waya *kukhangela* ukuba angafumana nto na kuwo; akufika kuwo, akafumana nto, kwakuphela ngamagqabi; kuba belingelilo ixesha lamakhiwane. Waphendula 14 uYesu wathi kuwo, Makungaze kudle mntu siqhamo kuwe naphakade. Baye besiva ke abafundi bakhe.

Bafika eYerusalem. Waza uYesu, 15 eye kungena etempileni, waqala wabakhupha ababethengisa nababethenga etempileni; wathi neetafile zabanani bemali nezihlalo zabathengisa ngamahobe wazibhukuqa. Wayengavumi u- 16 kuba kubekho ucanda etempileni ethwele isitya. Wayefundisa, esithi ku- 17 bo, Akubhaliwe na *kwathiwa*, Indlu yam iya kubizwa ngokuba yindlu yokuthandaza iintlanga zonke? Ke nina niyenzé umqolomba wezihange.

Beva ababhali nababingeleli abakhu- 18 lu; baye befuna ukuba bangáthini na ukumtshabalalisa; kuba babemoyika yena, ngokuba indimbane yonke ibikhwankqisiwe yimfundiso yakhe. Uthe 19 ke kwakuhlwa waphuma, waya ngaphandle komzi.

Bathi bedlula kusasa, bawubona 20 umkhiwane lowo womile, uthabathele kwasezingcanjini. Ekhumbule uPetros, 21 uthi kuye, Rabhi,* khangela umkhiwane obuwuqalekisile womile.

Uphendule uYesu wathi kubo, Yibani 22

23 nokukholwa kuThixo. Kuba inene ndithi kuni, Othe kule ntaba, Funquleka, uphoseke elwandle, angàthandabuzi entliziyweni yakhe, asuke akholwe ukuba ezo zinto azithethayo zinokwenzeka,
24 wokuzuza oko athe wakuthetha. Ngenxa yoko ndithi kuni izinto enisukuba nizicela, nithandaza, kholwani ukuba ninokuzamkela; nòba nazo.
25 Naxa sukuba nimi nithandaza, ukuba ninendawo ngakothile, mxoleleni, ukuze noYihlo osemazulwini anixolele izi-
26 phoso zenu. Ke, ukuba anixoleli nina, nàye uYihlo osemazulwini akasayi kunixolela iziphoso zenu.

Igunya lika Yesu
(UMat. 21: 23–27)

27 Babuya beza eYerusalem; kuthi, akubon' ukuba uyahamba etempileni, kúze kuye ababingeleli abakhulu, na-
28 babhali, namadoda amakhulu; bathi kuye, Üzenza ezi zinto ngagunya lini na? Kanjalo ngubani na okunike eli
29 gunya lokuze ezi zinto uzenze? Waphendula ke uYesu, wathi kubo, Nam ndiya kunibuza zwi-nye, ze nindiphenduleni; ndonixelela ke, ukuba ndizenza
30 ngagunya lini na ezi zinto. Ubhaptizo lukaYohane lwaluphuma emazulwini, lwaluphuma ebantwini, sini na? Ndiphenduleni.
31 Baye becamanga phakathi kwabo, besithi, Ukuba sithe, Lwaluphuma emazulwini, wothi, Ibiyini na phofu
32 ukuba ningakholwa nguye? Kodwa ukuba sithe, Lwaluphuma ebantwini— babesoyika abantu; kuba bonke babebambe ukuthi uYohane ubengumprofeti
33 inene. Baphendula bathi kuYesu, Asazi. Aphendule uYesu athi kubo, Nam andinixeleli ukuba ndizenza ngagunya lini na ezi zinto.

Umzekeliso wesidiliya
(UMat. 21: 33–46)

12 Waqala ukuthi kubo ngemizekeliso, Umntu watyala isidiliya, wasibiyela ngothango, wemba isixovulelo seediliya, wakha inyango, waqeshisa ngaso kubalimi, wahambela kwelinye.

2 Wathi ngelona xesha, wathuma umkhonzi kubalimi abo, ukuba amkele kubali-
3 mi esiqhameni sesidiliya eso. Basuka bona bambamba, bamtyabula, bamndu-
4 lula elambatha. Wabuya wathuma kubo omnye umkhonzi; lowo bamgibisela ngamatye, bamngxwelerha entloko,
5 bamndulula bemhlazisile. Wabuya wathuma omnye; lowo bambulala. *Wathuma* nabanye babaninzi, inxenye beyityabula, inxenye beyibulala. Uthe
6 ngoko, esenaye unyana emnye, intanda yakhe, wamthuma naye kubo ukugqibela, esithi, Baya kumhlonela yena unyana wam. Ke bona abo balimi
7 bathi phakathi kwabo, Yindlalifa lo; yizani simbulale, ilifa libe lelethu. Ba-
8 mthabatha ke, bambulala, bamphosa ngaphandle kwesidiliya.

Uya kwenza ntoni na ke ngoko 9 umninisidiliya? Wofika abatshabalalise abo balimi, asinikele kubambi isidiliya eso. Anisilesanga na esi sibhalo 10 sithi,

Ilitye abalicekisáyo abakhi,
Lelona laba yintloko yembombo;
Kwavela eNkosini oku, 11
Kungummangaliso emehlweni ethu?
(INdum. 118: 22, 23)

Baya befuna ukumbamba, basuka 12 boyika izihlwele, kuba baqonda ukuba uwuthethe ngabo lo mzekeliso. Bamshiya bemka.

Umbuzo malunga nerhafu
(UMat. 22: 15–22)

Bathi bathumela kuye abathile baku- 13 baFarisi bakumaHerode, ukuze bambambise ngokuthetha. Befikile ke bona, 14 bathi kuye, Mfundisi, siyazi ukuba uyinene, kanjalo akukhathali nangubani; kuba akukhethi buso bamntu, indlela kaThixo uyifundisa ngenene. Kuvumelekile na ukumnika irhafu uKesare,* *akuvumelekile,* kusini na? Sinikele, singanikeli, kusini na?

Ke kaloku yena, ekwazi ukuhana- 15 hanisa kwabo, wathi kubo, Nindilingelani na? Ndiziseleni idenariyo,* ndiyibone. Bayizisa ke. Athi kubo, Ngo- 16 kabani na lo mfaneikso nombhalo?

UMARKO 12

17 Bathi ke kuye, NgokaKesare. Waphendula uYesu wathi kubo, Nikelani izinto zikaKesare kuKesare, nezinto zikaThixo kuThixo. Bamangaliswa nguye.

AbaSadusi novuko
(UMat. 22: 23-33)

18 Kweza kuye nabaSadusi, bona abo bathi akukho luvuko; babuza kuye
19 besithi, Mfundisi, uMoses wasibhalela, *wathi*, Ukuba umzalwana kathile uthe wafa, washiya umfazi, akashiya bantwana, makathi umzalwana wakhe amzeke umfazi wakhe, amvelisele imbewu umza-
20 lwana wakhe. Ke kaloku bekukho abazalwana abasixhenxe. Wathi owokuqala wazeka umfazi; waza akufa aka-
21 shiya mbewu. Uthe owesibini wamzeka, wafa, akashiya mbewu. Wenjenjalo
22 nowesithathu. Bamzeka ke bosixhenxe; abashiya mbewu. Ekugqibeleni
23 kwabo bonke, wafa naye umfazi. Ngoko eluvukweni, uya kuba ngumfazi wawuphi na kubo? kuba babenaye bosixhenxe engumfazi.

24 Waphendula uYesu wathi kubo, Anilahleki na, ngenxa yale ndawo yokuba ningazazi izibhalo kwanamandla ka-
25 Thixo? Kuba, xa bathe babuya bavuka kwabafileyo, abazeki, abendiswa; banjengazo izithunywa ezisemazulwini.
26 Ngokusingisele kwabafileyo ke, ukuba bayavuka, anilesanga na encwadini kaMoses, *endaweni ethetha* ngetyholo, okokuba uThixo wathetha kuye esithi, Mna ndinguThixo ka-Abraham, uThi-
27 xo kaIsake, uThixo kaYakobi? AkaThixo wabafileyo, unguThixo wabaphilileyo. Nina ke ngoko niyalahleka kakhulu.

Umthetho omkhulu
(UMat. 22: 34-40)

28 Kwafika omnye wakubabhali; wabeva bebuzana; waqonda ukuba ubaphendule kakuhle. Wambuza esithi, Owona mthetho uphambili kuyo yonke nguwuphi na?
29 UYesu wamphendula ke esithi, Owona ungaphambili kuyo yonke imithetho ngulo: Yiva, Sirayeli, iNkosi
30 uThixo wethu yiNkosi inye; uze uyithande ke iNkosi uThixo wakho ngentliziyo yakho iphela, nangomphefumlo wakho uphela, nangengqondo yakho iphela, nangamandla akho ephela. Nguwo lo ongaphambili umthetho. Nowe- 31 sibini ufana nawo; nangu: Uze umthande ummelwane wakho njengoko uzi*thanda* ngako. Akukho mthetho wumbi mkhulu kunalé.

Wathi umbhali kuye, Ngxatsho ke, 32 Mfundisi, uthethe inyaniso; ngokuba mnye uThixo, akukho wumbi ngaphandle kwakhe; nokuthi umthande yena 33 ngentliziyo iphela, nangengqiqo iphela, nangomphefumlo uphela, nangamandla ephela, nokuthi umthande ummelwane wakho njengoko uzithanda ngako, kungaphezu kwawo onke amadini atshiswayo kuphele, nemibingelelo.

UYesu embonile ukuba uphendule 34 ngengqiqo, wathi kuye, Akukude wena ebukumkanini bukaThixo. Akwaba sabakho mntu ubenobuganga bakumbuza nto.

UKristu unyana kaDavide
(UMat. 22: 41-46)

Waphendula uYesu, wathi, efundisa 35 etempileni, Batsho ngani na ababhali ukuthi, UKristu* ungunyana kaDavide? Kuba uDavide ngokwakhe wathi ngo- 36 Moya oyiNgcwele,
Yathi iNkosi eNkosini yam,
Hlala ngasekunene kwam,
Ndide iintshaba zakho ndizenze isihlalo seenyawo zakho.
(INdum. 110: 1)
UDavide ngoko ngokwakhe uthi, Úyi- 37 Nkosi. Kuvela phi na ke ukuba ngunyana wakhe?

Lwaye ke uninzi lwabantu lumva kamnandi.

Isilumkiso ngababhali

Wayesithi kubo, ekufundiseni kwa- 38 khe, Balumkeleni ababhali, abathanda ukuhamba ngeengubo ezinde, nemibuliso ezindaweni zembutho, nezihlalo 39 zobukhulu ezindlwini zesikhungu, nezilili zobukhulu ezidlwveni; abazidla bazi- 40 gqibe izindlu zabahlolokazi, baze benyhwalaza bathandaze uzungu. Aba baya kwamkela ugwebo olugqithisileyo.

Imalana yomhlolokazi
(ULuka 21: 1–4)

41 Waye uYesu ehleli malungana nomkhumbi wokulondoloza imali, ekhangela ukuba sithini na isihlwele ukuphosa imali yobhedu emkhumbini wokulondoloza imali; zaye izityebi ezininzi 42 ziphosa kakhulu. Kwafika mhlolokazi uthile ulihlwempu, waphosa iimalanana zambini eziyikodrante.*

43 Ebabizele kuye abafundi bakhe, uthi kubo, Inene ndithi kuni, Lo mhlolokazi ulihlwempu uphose ngaphezu kwabo bonke abaphosileyo emkhumbini wo- 44 kulondoloza imali; kuba bonke *abo* baphose bethabatha kwikhupha labo; ke yena ekusweleni kwakhe uphose konke abenako, impilo yakhe iphela.

Intshumayelo yesiprofeto: Ukuqala kweentlungu
(UMat. 24: 1–14)

13 Kwakubon' ukuba uyaphuma etempileni, uthi omnye umfundi wakhe kuye, Mfundisi, uyawabona na la matye angaka, nezi zakhiwo zingaka? 2 Waphendula uYesu wathi kuye, Uyazibona na ezi zakhiwo zikhulu? Akusayi kusala litye phezu kwelitye, elingayi kuchithwa.

3 Baye, akubon' ukuba uhleli eNtabeni yemiNquma malungana netempile, bembuza ngasese ooPetros noYakobi no- 4 Yohane noAndreya, besithi, Sixelele ukuba ziya kubakho nini na ezo zinto, nokuba úya kuba yini na umqondiso, xa zonke ezo zinto ziza kupheliswa.

5 Wabaphendula ke uYesu waqala ukuthi, Lumkani ningalahlekiswa bani; 6 kuba baninzi abaya kuza egameni lam, besithi banguye *uKristu,** balahlekise 7 into eninzi. Xa nithe neva iimfazwe namarhe eemfazwe, musani kuba navuso; kuba ezo zinto zimelwe kukuhla, u- 8 kanti kona ukuphela akukabikho; kuba uhlanga luya kuvukelana nohlanga, nobukumkani buvukelane nobukumkani; kuya kubakho iinyikima zomhlaba kwiindawo ngeendawo; kuya kubakho neendlala neenkathazeko; ziingqaleko ke zenimba ezo.

Zilumkeleni ke okwenu; kuba baya 9 kuninikela ezintlanganisweni zamatyala, nityatyulwe ezindlwini zesikhungu, nimiswe phambi kwabalawuli nookumkani ngenxa yam, kube bubungqina kubo. Kumele ukuthi ke ukuqala kuva- 10 kaliswe iindaba ezilungileyo ezi kuzo zonke iintlanga.

Xa sukuba ke benirhola beya kunini- 11 kela, musani ukuyixhalela kwangaphambili into eniya kuyithetha, ningacamangi nokucamanga nto. Into enithe nayinikwa ngelo xa, thethani yona; kuba asinini enithethayo, nguMoya oyiNgcwele.

Ke kaloku, umzalwana uya kunikela 12 umzalwana ekufeni, aze uyise anikele umntwana, bathi nabantwana bavukelane nabazali, bababulalise; nithiywe 13 *ngabantu* bonke, ngenxa yegama lam. Ke onyamezelayo kude kube sekupheleni, lowo wosindiswa.

Intshutshiso enkulu
(UMat. 24: 15–28)

Ke kaloku, xa nithe nalibona isikizi 14 lesiphanziso,* ekwakuthethwa lona ngoDaniyeli umprofeti, limi apho lingamele *kuba* khona (olesayo makaqiqe), mabathi ngelo xa abo bakwaYuda basabele ezintabeni. Ophezu kwendlu ke ma- 15 kangehli aye endlwini, angangeni aye kuthabatha into endlwini yakhe. Nalo- 16 wo usentsimini makangabuyeli emva, aye kuthabatha ingubo yakhe. Yeha 17 ke, abamithiyo nabanyisayo ngaloo mihla!

Thandazani ke, ukuze intsabo yenu 18 ingabi khona ebusika. Kuba yona loo 19 mihla iya kuba yimbandezelo, engazanga ibekho enjalo kwasekuqalekeni kwendalo awayidalayo uThixo, kwada kwakalokunje; engasayi kubuya ibekho. Ka- 20 njalo ukuba iNkosi ibingayinqamlelanga loo mihla, bekungayi kubakho mntu usindayo; koko ithe ngenxa yabanyulwa ebanyulileyo, yayinqamlela imihla leyo.

21 Ngelo xa ke, ukuba ubani uthe kuni, Nanku apha uKristu, nokuba uthe, Nankuya phaya, musani ukukholwa 22 *nguye*; kuba kuya kuvela ooKristu ababuxoki, nabaprofeti ababuxoki, benze imiqondiso nemimangaliso yokulahlekisa nabanyuliweyo, ukuba bekuno- 23 kwenzeka. Lumkani ke nina; yabonani, ndinixelele izinto zonke ngenxa engaphambili.

Ukubuya koNyana woMntu
(UMat. 24: 29–35)

24 Ngaloo mihla, emveni kwayo loo mbandezelo, liya kusuka ilanga lenziwe mnyama, ithi nenyanga ingabukhuphi 25 ubumhlophe bayo; zithi neenkwenkwezi zezulu zivuthuluke; athi namandla 26 asemazulwini azanyazanyiswe. Baya kumbona ke ngelo xesha uNyana wo-Mntu esiza esemafini, enamandla ama- 27 khulu nobuqaqawuli. Uya kuzithuma ngelo xesha izithunywa zakhe, abahlanganisele ndawonye abanyulwa bakhe, baphume kumacala omané omoya, kuthabathela esiphelweni sehlabathi kuse esiphelweni sezulu.
28 Wufundeni ke kuwo umkhiwane umzekeliso; xa selithe lathamba isebe lawo, lahluma amagqabi, niyazi ukuba 29 likufuphi ihlobo. Ngokukwanjalo nani, xa nithe nazibona ezo zinto zisihla, yazini ukuba kukufuphi, sekusemnya- 30 ngo. Inene ndithi kuni, Asisayi kudlula esi sizukulwana, zingadanga zonke 31 ezo zinto zibekho. Liya kudlula izulu nehlabathi, ke wona amazwi am akasayi kudlula.

Phaphani!

32 Kodwa akukho bani uwaziyo loo mhla nelo lixa, *azazi* nezithunywa ezisemazulwini, *akazi* noNyana lo, 33 kuphela nguYise. Lumkani, musani ukulala, thandazani. Kuba anilazi u- 34 kuba linini na ixesha elo; njengokuba wathi umntu ehambela kwelinye, eshiya indlu yakhe, wabanika igunya abakhonzi bakhe, elowo wamnika umsebenzi wakhe, waza umgcini-mnyango wamwisela umthetho ukuba alinde.

Lindani ngoko, ngokuba ningàkwazi 35 ukuba kunini na ukuza komninindlu: kuko ngokuhlwa, kuko phakathi kobusuku, kuko ekulileni kweenkuku, kuko kusasa; hleze afike ngebhaqo, 36 anifumane nilele. Oko ndikutsho kuni, 37 ndikutsho kubo bonke, Lindani.

Ababingeleli abakhulu bayabhunga
(UMat. 26: 1–5)

14 Ke kaloku bekuza kubakho ipasika,* izonka ezingenagwele, emveni kweentsuku ezimbini; baye ke ababingeleli abakhulu nababhali befuna ukuba bangáthini na ukumbamba ngenkohliso, bambulale. Babesithi ke, Ma- 2 kungabi khona ngomthendeleko, hleze kubekho isaqunge sabantu.

Isidlo saseBhetani
(UMat. 26: 6–13)

Kuthe eseBhetani, endlwini kaSimon 3 owayeneqhenqa, akubon' ukuba uhleli, kweza umfazi enehlala lelabhastile,* linamafutha enadusi* engangxengelelweyo, exabiso likhulu; walityumza ihlala elo lelabhastile, wamgalela ngawo entloko. Kwaye ke kukho abathile 4 abacaphukáyo phakathi kwabo, besithi, Yenzelweni na le nkcitho yamafutha aqholiweyo? Kuba la mafutha beku- 5 ngáthengiswayo ngawo ngenani elingaphezu kweedenariyo* ezimakhulu mathathu, kuphiwe amahlwempu; basuka bamfuthela.

Uthe ke uYesu, Myekeni; nimaphu- 6 lelani na? Usebenzé umsebenzi omhle kum; kuba amahlwempu lawo 7 nihleli ninawo, nize xa sukuba nithanda, nibe nako ukuwenzela okulungileyo; ke mna anihleli ninam. Yena ukwe- 8 nzile abénako; uphange weza wawuthambisela ukungcwatywa umzimba wam. Inene ndithi kuni, Apho zithe 9 zavakaliswa khona ezi ndaba zilungileyo kulo lonke ihlabathi, iya kuxelwa nayo le nto ayenzileyo yena, ibe sisikhumbuzo ngaye.

Umvuzo womngcatshi
(UMat. 26: 14–16)

UYuda Sikariyoti, omnye kwabeshu- 10

mi elinababini, wesuka waya kubabingeleli abakhulu, ukuba amnikele kubo.
11 Bathi ke bona bakuva bavuya; bambeka ngedinga lokumnika imali. Wayefuna ukuba angáthini na ukumnikela ngexesha elimlungeleyo.

Ipasika yokugqibela nesidlo seNkosi
(UMat. 26: 17-30)

12 Ke kaloku, ngowokuqala umhla wezonka ezingenagwele, xa bekubingelelwa *imvana* yepasika, bathi kuye abafundi bakhe, Unga singaya kulungisa
13 phi na, ukuze uyidle ipasika? Ususa babini kubafundi bakhe, athi kubo, Hambani niye kuwo umzi; nohlangatyezwa ngumntu ethwele umphanda
14 wamanzi; mlandeleni. Apho athe wangena khona, nothi kumninindlu, Uthi uMfundisi, Iphi na indlu yabahambi, apho ndingayidlela khona ipasi-
15 ka nabafundi bam? Yena wonibonisa igumbi eliphezulu, elikhulu, landlelwe lalungiswa; silungiseleleni apho.
16 Baphuma abafundi bakhe abo, baya kungena kuwo umzi, bafumana kunjengoko wayebaxelele, bayilungisa ipasika.
17 Uthi kwakuhlwa, eze nabalishumi
18 elinababini. Bakubon' ukuba bahleli, bayadla, wathi uYesu, Inene, ndithi kuni, omnye kuni aba uya kundinga-
19 tsha, lowo ke udla nam. Baqala ke ukuba buhlungu, nokuthi kuye ngabanye, Ingaba ndim, yini na? Nomnye
20 wathi, Ingaba ndim, yini na? Uphendule ke wathi kubo, Ngomnye kwabeshumi elinababini, lowo ke uthi nkxu
21 nam esityeni. UNyana woMntu uyemka okunene, njengoko kubhalwe ngaye; yeha ke, loo mntu uNyana woMntu angcatshwa nguye! Ngekumlungele ukuba ebengazalwanga loo mntu.
22 Bakubon' ukuba bayadla, uYesu wathabatha isonka, wasikelela, waqhekeza, wabanika, wathi, Thabathani nidle; ngumzimba wam lo.
23 Wayithabatha nendebe, wabulela,
24 wabanika; basela kuyo bonke. Wathi kubo, Ligazi lam eli lomnqophiso omtsha, eliphalala ngenxa yabaninzi.
25 Inene ndithi kuni, Andisayi kubuya ndisele esiqhameni somdiliya, kude kube yiloo mini sukuba ndisisela sisitsha ebukumkanini bukaThixo.
26 Bakuba bevume ingoma yokubonga, baphuma baya eNtabeni yemiNquma.

Ukulunyukiswa kukaPetros
(UMat. 26: 31-35)

27 Athi kubo uYesu, Nonke niya kukhubeka kum ngobu busuku; ngokuba kubhaliwe kwathiwa, Ndiya kubetha ku-
28 malusi, zichithwachithwe izimvu. Ke emveni kokuvuka kwam, ndiya kunandulela, ndiye kwelaseGalili.
29 Wathi ke uPetros kuye, Nokuba baya kukhubeka bonke, mna nakanye. Athi
30 uYesu kuye, Inene ndithi kuwe, namhlanje, kwangobu busuku, ingekalili kabini inkuku, uya kundikhanyela ka-
31 thathu. Kwaba kukhona wathetha wancamisa, esithi, Ndingafanelana ndimelwe kukufa nawe, andingekhe ndikukhanyele. Batsho ke bonke.

UYesu eGetsemane
(UMat. 26: 36-46)

32 Bafika kumhlatyana ogama liyiGetsemane. Athi kubafundi bakhe, Hlalani
33 phantsi apha, ndikhe ndithandaze; atha-bathe naye uPetros noYakobi noYohane. Waqala ukuqhiphuka umbilini, nokudandatheka kakhulu. Athi kubo,
34 Umphefumlo wam ubuhlungu kakhulu, ngokokude ube sekufeni; hlalani apha nilinde.
35 Ehambele phambili umganyana, wawa emhlabeni, wathandazela, ukuba kunokwenzeka, lidlule kuye ilixa elo.
36 Wayesithi, Abha,* Bawo, zonke izinto zinokwenzeka kuwe; yigqithise kum le ndebe; noko ke makungabi kokuthandwa ndim, makube koku*thandwa* ngu-
37 we. Uyeza, abafumane belele; athi kuPetros, Simon, ulele na? Ubungenakulinda noko lilinye na ilixa? Li-
38 ndani nithandaze, ukuze ningangeni ekuhendweni; umoya okunene unentumekelelo, ke yona inyama ithambile.
39 Wabuya wemka wathandaza, ethetha kwalona elo lizwi. Uthe akubuya,
40 wabafumana bebuye balala; kuba ame-

UMARKO 14

hlo abo ayenzima bubuthongo; baye bengazi into abangamphendula yona.

41 Afike okwesithathu, athi kubo, Lalani ngoku niphumle; kwanele; lifikile ilixa; yabonani, uNyana woMntu uyanikelwa 42 ezandleni zaboni. Vukani sihambe; yabonani, lowo undinikelayo usondele.

UYesu uyabanjwa
(UMat. 26: 47-56)

43 Kwaoko, esathetha, uthi qatha uYuda, owayengoweshumi elinababini, enendimbane enkulu, inamakrele neentonga, isuka kubo ababingeleli abakhulu, nakubabhali, nakuwo amadoda amakhulu.

44 Ke kaloku, lowo umnikelayo waye ebanike umqondiso, esithi, Lowo ndithe ndamanga, nguye; mbambeni, nimrhole 45 nimnqabisile. Efikile, uye kuye kwaoko, athi, Rabhi, Rabhi;* wamanga.
46 Bamsa ke isandla, bambamba.
47 Uthe ke omnye wabo babemi khona, warhola ikrele, wamxabela umkhonzi wombingeleli omkhulu, wamnqumla indlebe.

48 Waphendula uYesu wathi kubo, Niphumele ukuza kubamba mna na, ninamakrele neentonga nje, nanga niphume-
49 le isihange? Bendikuni imihla ngemihla etempileni ndifundisa, anandibamba; kodwa kunje, ukuze zizaliseke
50 izibhalo. Bamshiya bonke, babaleka.

51 Wayelandelwa yindodana ethile, ithe wambu ilinen entle emzimbeni; asuka 52 ayibamba ke amadodana. Ithe yayilahla ilinen entle leyo, yabaleka kubo izé.

UYesu phambi kombingeleli omkhulu
(UMat. 26: 57-68)

53 Bamrholela uYesu kumbingeleli omkhulu, babuthelana kuye bonke ababingeleli abakhulu, namadoda amakhu-
54 lu, nababhali. Waza uPetros wamlandela, ebekele kude, wada waya ngaphakathi entendelezweni yendlu yombingeleli omkhulu; waye ehleli phantsi ndawonye namadindala, esotha umlilo.

55 Baye ke ababingeleli abakhulu, nayo intlanganiso yamatyala iphelele, befuna ubungqina ngaye uYesu bokuze bambu-lalise; bengabufumani. Kuba babeba- 56 ninzi ababengqina ubuxoki ngaye, baye ubungqina babo bungayelelani. Basu- 57 ka abathile bangqina ubuxoki ngaye, besithi, Thina samva yena esithi, Mna 58 ndiya kuyichitha le tempile yenziweyo ngezandla, ndize ngeentsuku ezintathu ndakhe enye engenziwe ngazandla. Baye bungayelelani kwangokunjalo no- 59 babo ubungqina.

Wesuka wema phakathi umbingeleli 60 omkhulu, wambuza uYesu, esithi, Akuphenduli nento le na? bangqina ntoni na aba ngawe? Wahlala ke yena wathi 61 tu, akaphendula nento. Wabuya umbingeleli omkhulu wambuza, wathi kuye, Unguye na uKristu,* uNyana waLowo ungowokubongwa? Uthe ke uYesu, 62 Ndinguye; niya kumbona nokumbona uNyana woMntu, ehleli ngasekunene kwamandla, esiza namafu ezulu. Usu- 63 ka ke umbingeleli omkhulu azikrazule iingubo zakhe, athi, Sisawafunelani na amangqina? Nikuvile ukunyelisa; ku- 64 njani kuni nina?

Bamgweba ke bonke ukuba unetyala lokuba afe. Yaqala inxenye ukumtshi- 65 cela, nokumgqubuthela ubuso, nokumntlitha, nokuthi kuye, Profeta; ayé amadindala emtywakraza.

UPetros uyamkhanyela uYesu
(UMat. 26: 69-75)

Kuthi ke, akubon' ukuba uPetros use- 66 ntendelezweni ngezantsi, kuze omnye umkhonzazana wombingeleli omkhulu, ambone uPetros esotha, ondele kuye, 67 athi, Nawe ubunaye uYesu waseNazarete. Wakhanyela ke esithi, Andiyazi, 68 andiyiqondi kanye into oyithethayo wena. Waphuma waya phandle kwengaphambili intendelezo; yalila ke inkuku.

Umkhonzazana ubuye wambona, wa- 69 qala ukuthi kwabo babemi khona, Lo ngowakubo. Waphinda ke wakhanye- 70 la. Kuthe, kwakuba mzuzwana, babuya abo babemi khona, bathi kuPetros, Inyaniso, ùngowakubo; kuba ungowaseGalili, nokuthetha kwakho kuyafana *nokwabo*. Waqala ke ukushwabula no- 71

kufunga, esithi, Andimazi loo mntu ni-
72 mthethayo. Yalila okwesibini inkuku.
Walikhumbula ke uPetros ilizwi, abeli-
thethile uYesu kuye, lokuthi, Ingekalili
inkuku kabini, uya kundikhanyela ka-
thathu. Wathi akucinga, walila.

UYesu phambi koPilato
(UMat. 27: 11-31)

15 Bathi, kwaoko kwakusa, ababi-
ngeleli abakhulu benza ibhunga,
ndawonye namadoda amakhulu, naba-
bhali, nentlanganiso yamatyala iphelele;
bambopha uYesu bemka naye, bamni-
kela kuPilato.

2 UPilato wambuza esithi, Unguye na
ukumkani wamaYuda? Waphendula
ke yena wathi kuye, Nawe utsho.

3 Baye bemmangalela ke ngeendawo
4 ezininzi ababingeleli abakhulu. Wa-
buya ke uPilato wambuza, esithi, Aku-
phenduli nento na? Khangela ukuba
zininzi kwazo iindawo abazingqina
5 ngawe. Noko ke uYesu akabanga saphe-
ndula nto yena, ngokokude amangali-
swe uPilato.

6 Ke kaloku imithendeleko ngemithe-
ndeleko ubeqhele ukubakhululela u-
mbanjwa abe mnye, abasukuba bemcela.
7 Kwaye kukho ke obekuthiwa nguBha-
rabhas, ebotshwe ndawonye nabanye
abenzi besaqunge, ababulaláyo noku-
8 bulala esaqungeni apho. Sankqangaza
isihlwele, saqala ukucela, ukuba enze
ngoko abehlala esenza ngako kubo.

9 Wabaphendula ke uPilato, esithi,
Nithanda ukuba ndinikhululele uku-
10 mkani wamaYuda na? Kuba ebesazi
ukuba ababingeleli abakhulu abo ba-
11 mnikele ngomona. Ke bona ababinge-
leli abakhulu bayixhokonxa indimbane,
ukuba icele ukuba kanye abakhululele
uBharabhas.

12 Wabuya waphendula ke uPilato,
wathi kubo, Ninga ndingamenzani na
ngoko lowo nithi nguKumkani wama-
13 Yuda? Babuya ke bankqangaza *bathi*,
14 Mbethelele emnqamlezweni! Wathi ke
uPilato kubo, Kuba enze bubi buni na?
Kwaba kukhona ke bancamisayo uku-
nkqangaza, besithi, Mbethelele emnqa-
mlezweni! Ke kaloku uPilato, ngo- 15
kunga angasithomalalisa isihlwele, wa-
bakhululela uBharabhas. Emtyakatyi-
le ke uYesu, wamnikela ukuba abethele-
lwe emnqamlezweni.

Athi amasoldati amrholele ngaphaka- 16
thi kwentendelezo, oko kukuthi endlwini
yerhuluneli; alibizèle ndawonye ibutho
lawo liphela; amambathise ngebomvu; 17
alùke isithsaba sameva, amthi jize
ngaso, aqale ukumbulisa, athi, Aa! 18
Kumkani wamaYuda! Ayembetha e- 19
ntloko ngengcongolo; ayemtshicela; a-
yeguqa ngamadolo, aqubude kuye.

Ukubethelelwa emnqamlezweni
(UMat. 27: 32-56)

Athi akuba edlale ngaye, amhluba 20
ebomvu, amambathisa kwaezakhe
iingubo; amrholela phandle, ukuze a-
mbethelele emnqamlezweni. Anya- 21
nzela umhambi othile, uSimon wase-
Kirene, evela ephandleni, lowo nguyise
ka-Alesandire noRufo, ukuba awu-
thwale umnqamlezo wakhe.

Amzisa endaweni yeGologota, oko 22
kukuthi ngentetho evakalayo, yindawo
yokakayi. Ayemnika iwayini enemore,* 23
ukuba ayisele; kodwa akayamkelanga.
Athi akumbethelela emnqamlezweni, 24
abelana ngeengubo zakhe, esenza ama-
qashiso ngazo, ukuze uthile athabathe
ethile. Ke kaloku, laye ililixa lesitha- 25
thu, abambethelela ngalo emnqamle-
zweni. Waye umbhalo wetyala lakhe 26
ubhalwe ngaphezulu, kwathiwa, UKU-
MKANI WAMAYUDA.

Kwaye kubethelelwe naye eminqa- 27
mlezweni izihange zizibini, esinye nga-
sekunene, esinye ngasekhohlo kwakhe.
Sazaliseka ke eso sibhalo sithi, Wabale- 28
lwa kwabachasene nomthetho.

Baye abadlulayo bemnyelisa, behlu- 29
nguzela iintloko zabo, besithi, Uha!
Wena uchitha itempile, uyakhe ngee-
ntsuku ezintathu, zisindise, uhle emnqa- 30
mlezweni. Ngokukwanjalo nababinge- 31
leli abakhulu, bedlala ngaye phakathi
kwabo, benababhali, babesithi, Abanye
wabasindisa; yena ngokwakhe akana-

32 kuzisindisa. UKristu,* uKumkani wakwaSirayeli, makehle kalokunje emnqamlezweni, ukuze sibone, sikholwe. Baye nabo babebethelelwe eminqamlezweni kunye naye bemngcikiva.

33 Ke kaloku lakuba lilixa lesithandathu, kwehla ubumnyama phezu kwawo wonke umhlaba, kwada kwalilixa lesithoba.

34 Ngalo ilixa lesithoba, wadanduluka uYesu ngezwi elikhulu, esithi, Eloyi! Eloyi! Lama sabhaktani? Oko kukuthi ngentetho evakalayo, Thixo wam! Thixo wam! undishiyeleni na? Inxenye yababemi khona yakuva yathi,

36 Yabonani, ubiza uEliya. Wagidima ke omnye, wazalisa imfunxa ngeviniga, wayifaka engcongolweni, wamseza, esithi, Khanenze kuhle, khe sibone ukuba

37 uEliya woza kumthula na. Wathi ke uYesu, ekhuphe izwi elikhulu, waphuma

38 umphefumlo. Lathi ikhuselo lengcwele lakrazuka kubini, lithabathela phezulu lada lesa phantsi.

39 Ebonile ke umthetheli-khulu obemi malunga naye, ukuba wenjenjalo ukudanduluka waphuma umphefumlo, uthe, Inyaniso, lo mntu ubenguNyana kaThixo.

40 Kwaye ke kukho nabafazi, bekhangele bemgama; kubo apho wayenguMariya waseMagadala, noMariya unina wooYakobi omnci nokaYose, kwanoSalo-

41 me; ababesithi, oko ebeba kwelaseGalili, bamlandele, bamlungiselele; nabanye abaninzi, ababenyuke naye ukuya eYerusalem.

Umngcwabo kaYesu
(UMat. 27: 57-66)

42 Kuthe sekuhlwile, ekubeni ibiyimini yokulungiselela, oko kukuthi ngumhla

43 ophambi kwesabatha, kweza uYosefu, owaseArimati, umphakathi obekekileyo, owayebulindile naye ubukumkani bukaThixo; waya kungena ngobuganga kuPilato, wacela umzimba kaYesu. Wa-

44 mangaliswa ke uPilato kukuba selefile. Ebizele kuye umthetheli-khulu, wambuza ukuba uselenexesha na efile.

45 Wathi akuqonda kumthetheli-khulu lo-wo, wamnika uYosefu umzimba.

46 Yena, ethenge ilinen entle, wamthula; wamsongela kuyo ilinen entle; wamlalisa engcwabeni elalixholwe eweni; waqengqela ilitye emnyango wengcwaba. Baye ke ooMariya waseMagadala,

47 noMariya *unina* kaYose, bebona apho wayebekwe khona.

Uvuko lukaYesu
(UMat. 28: 1-10)

16 Yakubon' ukuba idlule isabatha, ooMariya waseMagadala, noMariya *unina* kaYakobi, noSalome, bathenga ubulawu, ukuba beze bamthambise.

2 Bathi kwakusasa kakhulu, ngolokuqala usuku lweveki, beza engcwabeni, liphumile ilanga. Baye bethetha bo-

3 dwa, besithi, Ngubani na oya kusiqengqela ilitye, lisuke emnyango wengcwaba? Bathi bakukhangela, ba-

4 bona ukuba liqengqiwe lesuka ilitye; kuba belilikhulu kakhulu.

5 Bakungena engcwabeni, babona indodana ihleli ngasekunene, izithe wambu ngengubo ende, emhlophe; baqhiphuka umbilini. Ithi ke yona kubo, Musani

6 ukuqhiphuka umbilini; nifuna uYesu waseNazarete, obebethelelwe emnqamlezweni. Uvukile, akakho apha; na-

7 ntsi indawo ababembeke kuyo. Hambani ke niye, nibaxelele abafundi bakhe noPetros ukuthi, uyanandulela ukuya kwelaseGalili; nombona khona apho, njengokuba wayetshilo kuni.

8 Baphuma ke kamsinya, babaleka engcwabeni. Baye ke bephethwe lungcangcazelo nokuthi nqa; àbathetha nto nakubani, kuba babesoyika.

Ukuzibonakalalisa kukaYesu evukile

9 Ke kaloku wathi uYesu, evuke ekufeni kusasa ngolokuqala *usuku* lweveki, wabonakala kuqala kuMariya waseMagadala, awayekhuphe kuye iidemon zasixhenxe. Waya yena wabikela

10 ababenaye, bakubon' ukuba bakhedamile, bayalila. Basuka nabo, bakuva

11 ukuba uhleli, nokuba ukhe wabonwa nguye, àbakholwa.

12 Emveni koko ke, wabonakaliswa

ngesinye isimo kwababini bakubo, be-
13 hamba besinga emaphandleni. Nabo baya babikela abanye; abakholwa nangabo.
14 Kamva wabonakalaliswa kwabalishumi elinamnye, behleli ngasesithebeni; wakungcikiva ukungakholwa kwabo, nobulukhuni beentliziyo *zabo*; ngokuba bengakholwanga ngabo babembonile
15 evukile. Wathi kubo, Hambani niye kulo lonke ihlabathi, nizivakalise iindaba
16 ezilungileyo kuyo yonke indalo. Lowo ukholiweyo wabhaptizwa, wosindiswa; ke yena ongakholwanga, wogwetywa.
17 Imiqondiso ke eya kulandelana nabo bakholiweyo nantsi: egameni lam baya kukhupha iidemon; baya kuthetha ngeelwimi ezintsha; baya kuphatha 18 iinyoka; nokuba bathe basela into ebulalayo, ayikukha ibenzakalise bona; baya kubeka izandla phezu kwemilwelwe, iphile.

Yathi okunene ngoko yona iNkosi, 19 emveni kokuthetha kubo, yanyuselwa emazulwini, yahlala ngasekunene kukaThixo. Ke bona baphuma, bavakalisa 20 ezindaweni zonke, iNkosi isebenza nabo, iliqinisela ilizwi ngayo imiqondiso ephelekana *nalo*. Amen.

IVANGELI NGOKUBHALWE

NGULUKA

Intshayelelo

1 Bethé nje ke abaninzi bazamela ukucacisa ibali lezo zinto zizizigane-
2 ko phakathi kwethu, njengoko basinikeláyo abo, bathi kwasekuqaleni baba ngababoneli nabakhonzi balo ilizwi:
3 kwabonakala kulungile nakum, ndizilandile nje ngokucokisekileyo zonke, ndizekela kwasentloko, ukuba ndikubhalele ngokucacileyo, Tiyofilo odume
4 kunene, ukuze uyazi kakuhle ingqiniseko yamazwi owafundisiweyo ngomlomo.

Ukuzalwa kukaYohane kuyavakaliswa

5 Ngemihla kaHerode ukumkani wakwaYuda, kwaye kukho umbingeleli othile, ogama linguZekariya, engoweqela lika-Abhiya, nomfazi wakhe engowasezintombini zika-Aron, igama lakhe lingu-
6 Elizabhete. Bebengamalungisa ke bobabini emehlweni kaThixo, behamba ngayo yonke imithetho nemimiselo
7 yeNkosi, bengenakusoleka. Baye bengenamntwana, ngokokuba uElizabhete ebengazali, kanjalo bobabini babesebekhulile.

Kwathi ke kaloku, ekubuphatheni 8 ububingeleli bakhe ngexesha leqela lakhe phambi koThixo, ngokwesiko lobu- 9 bingeleli, kwaba liqashiso lakhe ukuba aqhumise ubulawu, akuba engene endaweni engcwele yeNkosi. Yaye yonke 10 inkitha yabantu ithandaza ngaphandle ngelixa lesiqhumiso.

Kwabonakala ke kuye isithunywa 11 seNkosi, simi ngasekunene kwesibingelelo sesiqhumiso. Wakhathazeka u- 12 Zekariya, akusibona, wangenelwa kukoyika. Sathi ke isithunywa eso kuye, 13 Musa ukoyika, Zekariya, ngokokuba isikhungo sakho siviwe; wóthi ke umfazi wakho uElizabhete akuzalele unyana, umthiye igama elinguYohane. Úya 14 kuba nokuvuya nokugcoba, bathi nabaninzi bakuvuyele ukuzalwa kwakhe. Kuba úya kuba mkhulu emehlweni 15 eNkosi, angakhe asele wayini nasiselo sinxilisayo; úya kuzaliswa nguMoya oyiNgcwele kwasekuzalweni kwakhe. Nento eninzi ke yoonyana bakaSirayeli 16 úya kuyibuyisela eNkosini uThixo wa-

ULUKA 1

17 bo. Yena úya kuhamba phambi kobuso bayo, enomoya enamandla kaEliya, ukuba azibuyisele iintliziyo zooyise kubantwana, nabangevayo kuko ukuqonda kwamalungisa, alungisele iNkosi abantu abalungisiweyo.

18 Wathi uZekariya kuso isithunywa, Ndiya kukwazi ngani na oko? Kuba mna ndimdala, waye nomfazi wam sele-
19 khulile. Saphendula ke isithunywa, sathi kuye, Mna ndinguGabriyeli,* oma phambi koThixo. Ndithunyiwe ukuba ndithethe kuwe, ndikushumayeze
20 ezi ndaba zilungileyo. Uyabona, ùya kuba sisidenge, ungabi nako ukuthetha, kude kube yimini eziya kuthi zenzeke ngayo ezi zinto, ngenxa enokuba ungakholwanga ngamazwi am; aya kuzalisekiswa wona ngexesha lawo.

21 Baye abantu bemlindile uZekariya, bemangaliswe kukulibala kwakhe e-
22 ndaweni engcwele leyo. Uthe ke akuphuma, akaba nako ukuthetha kubo; baqonda ukuba ubone umbono endaweni engcwele apho, waye yena emana ukunqwala kubo, wahlala engathethi.

23 Kwathi yakuzaliseka imihla yombuso wakhe, wemka waya endlwini yakhe.

24 Emveni kwayo loo mihla ke, uElizabhete umfazi wakhe wathabatha, wazi-
25 zimeza iinyanga zantlanu, esithi, Yenjénje iNkosi kum ngemihla eyandikhangelayo, ukuba ikususe ukungcikiveka kwam phakathi kwabantu.

Ukuzalwa kukaYesu kuyavakaliswa

26 Ke kaloku ngenyanga yesithandathu, isithunywa esinguGabriyeli sathunyelwa nguThixo emzini welaseGalili,
27 ogama liyiNazarete, kwintombi, eganelwe indoda egama linguYosefu, yendlu kaDavide; laye igama lentombi leyo
28 linguMariya. Sangena isithunywa kuye, sathi, Vuya, wena ubabalweyo! INkosi inawe; usikelelwe wena phakathi kwabafazi.

29 Uthe ke akusibona, wee qhiphu umbilini ngenxa yelizwi laso; wayecamanga ukuba ungaba mbuliso mni na lo.

30 Sathi ke isithunywa kuye, Musa ukoyika, Mariya; kuba ubabalwe nguThixo. Uyabona, uya kuthabatha esi-
31 zalweni, uzale unyana, umthiye igama elinguYESU.* Yena uya kuba mkhu-
32 lu, abizwe ngokuba nguNyana wOsenyangweni; iNkosi uThixo iya kumnika itrone kaDavide, uyise, abe ngukumkani
33 phezu kwendlu kaYakobi kude kube ngunaphakade, nobukumkani bakhe bungabi nasiphelo.

34 Wathi ke uMariya kuso isithunywa, Kuya kuthini na ukubakho oku, ndinga-
35 zani nandoda nje? Saphendula isithunywa sathi kuye, UMoya oyiNgcwele uya kuza phezu kwakho, athi namandla Osenyangweni akusibekele; kungoko loo nto ingcwele izalwa nguwe iya kubizwa ngokuba nguNyana kaThixo. Uyabo-
36 na, uElizabhete, ozalana nawe, naye umithe unyana ebudaleni bakhe; nale yinyanga yesithandathu kuye, lowo bekuthiwa ngongazaliyo; ngokuba aku-
37 kho nanye into eya kumnqabela yena uThixo.

38 Wathi ke uMariya, Nanko umkhonzazana weNkosi; makwenzeke kum ngokwelizwi lakho. Saza isithunywa semka kuye.

UMariya utyelela uElizabhete

39 Ke kaloku, wesuka uMariya ngaloo mihla, wasinga kweleentaba ngobu-
40 ngxamo, emzini wakwaYuda; wangena endlwini kaZekariya, wambulisa uElizabhete.

41 Kwathi, akuwuva uElizabhete umbuliso kaMariya, lwasuka lwaxhuma usana esizalweni sakhe, wesuka wazala nguMoya oyiNgcwele uElizabhete. Wa-
42 danduluka ngezwi elikhulu, wathi, Unentsikelelo wena phakathi kwabafazi; sinentsikelelo nesiqhamo sesizalo sakho. Kuhlé ngani na kum, ukuthi
43 unina weNkosi yam eze kum? Kuba
44 uyabona, kuthe lakubakho izwi lombuliso wakho ezindlebeni zam, lwasuka lwaxhuma usana ngokugcoba esizalweni sam. Únoyolo lowo wakholwayo ko-
45 ko; ngokuba kuya kubakho inzaliseko yezo zinto zithethiweyo kuye yiNkosi.

ULUKA 1

Umbongo kaMariya

46 Wathi uMariya:
Umphefumlo wam uyenza nkulu iNkosi,
47 Nomoya wam ugcobile ngoThixo uMsindisi wam;
48 Ngokuba wakukhangela ukuthobeka komkhonzazana wakhe;
Kuba, uyabona, ziya kuqala kwangoku ukuthi ndingonoyolo zonke izizukulwana;
49 Ngokuba wandenzela izinto ezinkulu uSomandla;
Lingcwele igama lakhe.
50 Yaye inceba yakhe ikwizizukulwana ngezizukulwana
Kwabo bamoyikayo.
51 Wenzé amandla ngengalo yakhe,
Wabachithachitha abanekratshi ekucingeni kweentliziyo zabo.
52 Wabawisa abanamandla ezitroneni zabo,
Wabaphakamisa abathobekileyo.
53 Wahluthisa abalambileyo ngezinto ezilungileyo;
Wabandulula abazizityebi belambatha.
54 Wasiza uSirayeli, umkhonzi wakhe,
Ngokukhumbula inceba *yakhe;*
55 Njengoko wathethayo koobawo bethu,
KuAbraham nakwimbewu yakhe ngonaphakade.
56 Wahlala ke uMariya naye iinyanga ngathi zaba ntathu, waza wabuyela ekhaya.

Ukuzalwa kukaYohane umbhaptizi

57 Ke kaloku, ixesha likaElizabhete lazaliseka lokuba azale; wazala unyana.
58 Beva abamelwane nemizalwane yakhe, ukuba iNkosi iyenze nkulu inceba yayo kuye, baye ke bevuyisana naye.
59 Kwathi ngomhla wesibhlozo, beza kumalùsa umntwana; baye bemthiya igama likayise, *besithi* nguZekariya;
60 koko waphendulayo unina, wathi, Hayi; uya kubizwa ngokuba nguYohane.
61 Bathi kuye, Akukho namnye ubizwa
62 ngelo gama kwimizalwane yakho. Baye ke benqwala kuyise besithi, angathanda ukuba athiweni na ukubizwa. Wabiza 63 icwecwana, wabhala esithi, Igama lakhe nguYohane. Bamangaliswa bonke. Wa- 64 vuleka ke kwaoko umlomo wakhe, lwathukululeka nolwimi lwakhe, wamana ethetha, ebonga uThixo.

Kwehla ukoyika phezu kwalo lonke 65 umelwane lwabo; kwaye kulo lonke eleentaba lakwaYuda kuxoxwa ngazo zonke ezi zinto. Bathi bonke abazivayo, 66 bazibeka entliziyweni yabo, besithi, Azi uya kuba yintoni na lo mntwana? Saye isandla seNkosi sinaye.

Umbongo kaZekariya

UZekariya uyise wazala nguMoya 67 oyiNgcwele, waprofeta esithi:
Mayibongwe iNkosi, uThixo ka- 68 Sirayeli,
Ngokuba ibavelele yabakhulula ngentlawulelo abantu bayo.
Yasiphakamisela uphondo losindiso 69
Endlwini kaDavide, umkhonzi wayo,
Njengoko yathethayo ngomlomo wa- 70 bangcwele, ababengabaprofeti bayo kwasephakadeni;
Usindiso *lokusisindisa* ezintshabeni 71 zethu, nasesandleni sabo bonke abo basithiyayo;
Ukubenzela inceba oobawo bethu, 72
Nokukhumbula umnqophiso wayo ongcwele,
Isifungo eyasifungela uAbraham u- 73 bawo wethu,
Sokusinika ukuba sithi, sihlangulwe 74 esandleni seentshaba zethu,
Siyikhonze singenakoyika,
Ngobungcwele nangobulungisa eme- 75 hlweni ayo, yonke imihla yobomi bethu.
Nawe, mntwana, uya kubizwa ngo- 76 kuba ungumprofeti wOsenyangweni,
Kuba ùya kuhamba phambi kobuso beNkosi, ulungise iindlela zayo,
Ukuze ubanike abantu bayo ukwazi- 77 wa kosindiso
Ngoxolelo lwezono zabo,
Ngenxa yenceba nemfesane yoThixo 78 wethu,

ULUKA 1-2

Othe ngaye wasivelela umsó wasenyangweni,
79 Ukuba úkhanye kwabo bahleliyo emnyameni, nasethunzini lokufa, Ukuba úzingenise iinyawo zethu endleleni yoxolo.

80 Wakhula umntwana, waya esomelela ngomoya; waye esentlango, kwada kwayimini yokubonakalaliswa kwakhe kuSirayeli.

Ukuzalwa kukaYesu Kristu

2 Ke kaloku kwathi ngaloo mihla, kwaphuma ummiselo kuKesare* Awugusto othi, malibhalwe *encwadini* yomlibo wokuzalwa lonke elimiweyo.
2 Olo lubhalo lwaba lolokuqala, akubon' ukuba uKireniyo uyirhuluneli yeSiriya.
3 Babesithi bonke baye kubhalwa, athi elowo aye kowakowabo umzi.
4 Wenyuka ke noYosefu, evela kwelaseGalili, kumzi oyiNazarete, waya kwelakwaYuda, emzini kaDavide, ekuthiwa yiBhetelehem, ngenxa yokuba ebengowendlu kaDavide, engowemizalwane
5 yakhe; esiya kubhalwa, enoMariya, umfazi lowo wayemganelwe, selekhulelwe.
6 Ke kaloku kwathi, xa bakhona, yaza-
7 liseka imihla yokuba azale. Wamzala unyana wakhe wamazibulo, wamsongela eziqhiyeni, wamlalisa emkhumbini wesitali, ngenxa enokuba babengenandawo endlwini yabahambi.

Abalusi baseBhetelehem

8 Kwaye kukho abalúsi kwakwelo lizwe, behlala ezindle, belinda ebusuku
9 imihlambi yabo. Babona ngesithunywa seNkosi simi phezu kwabo, bathi nobuqaqawuli beNkosi bababengezelela ngeenxa zonke; besuka boyika ngokoyika okukhulu.
10 Isithunywa eso sathi kubo, Musani ukoyika; kuba, yabonani, ndinishumayeza iindaba ezilungileyo zovuyo olukhulu, oluya kuba kubo bonke bantu;
11 ngokuba nizalelwe namhlanje emzini kaDavide uMsindisi, onguKristu* i-
12 Nkosi. Nantsi ke into eyoba ngumqondiso kuni: nofumana lusana lusongelweyo eziqhiyeni, lulele emkhumbini wesitali.

Kwabakho ngesiquphe, ndawonye 13 nesithunywa eso, inkitha yomkhosi wasemazulwini, idumisa uThixo, isithi,
Uzuko kuThixo enyangweni, 14
Uxolo emhlabeni,
Inkolelo ebantwini.

Kwathi ke, zakumka kubo izithunywa 15 zisiya emazulwini, abantu abo abalusi bathi omnye komnye, Masesihamba sisiya eBhetelehem apho, siyibone le nto ihlileyo, esiyazisiweyo yiNkosi. Beza ngobungxamo, bamfumana u- 16 Mariya, kwanoYosefu, nalo usana lulele emkhumbini wesitali.

Bathi ke, bakubona, balibhengeza 17 ilizwi elabe lithethwe kubo ngaye lo mntwana. Bathi bonke abo bevayo, 18 bamangaliswa zezo zinto zabe zithethwe kubo ngabalusi. Waye ke uMariya 19 ezigcina zonke ezi zinto eziguquguqula entliziyweni yakhe. Babuya abalusi, 20 bemzukisa bemdumisa uThixo, ngenxa yazo zonke izinto ababezivile nababezibonile, njengoko kwabe kuthethiwe kubo.

Ulwaluko lukaYesu nokusiwa kwakhe etempileni

Xeshikweni ke zazizalisekile iintsuku 21 ezisibhozo zokuba umntwana alùswe, wathiywa igama elinguYesu,* elo wabelithiyiwe sisithunywa sezulu, engekamithwa nokumithwa.

Xeshikweni ke zazizalisekile iintsuku 22 zokuhlanjululwa kwabo ngokomthetho kaMoses, benyuka naye baya eYerusalem, ukuba bammise phambi kweNkosi, njengoko kubhaliweyo emthethweni we- 23 Nkosi, *kwathiwa*, Yonke into eliduna, evula isizalo, ize kuthiwe ingcwele eNkosini (*iEks* 13: 2); nokuba benze 24 idini njengoko kutshiwoyo emthethweni weNkosi *ukuthi*, Isibini samahobe, nokuba ngamagobo amabini amavukuthu.

USimon noAna

Kwaye ke kukho umntu eYerusalem, 25 ogama linguSimon; waye loo mntu

elilungisa, emoyika *uThixo*, elinde intuthuzelo kaSirayeli; waye noMoya oyi-
26 Ngcwele ephezu kwakhe. Wayehlatyelwe nguMoya oyiNgcwele, ukuba akayi kubona kufa, engekamboni uKristu
27 weNkosi. Weza ngaye uMoya etempileni; kwathi, ekumngeniseni kwabo abazali umntwana uYesu, ukuba bame-
28 nze ngokwesiko lomthetho, yena wamamkelela ezingalweni zakhe, wabonga uThixo, wathi:
29 Uyamndulula ngoku umkhonzi wakho enoxolo,
 Mnini-nto-zonke, ngokwelizwi lakho;
30 Ngokuba amehlo am alubonile usindiso lwakho,
31 Olulungisileyo ebusweni bazo zonke izizwe,
32 Isikhanyiso sokutyhilela iintlanga,
 Uzuko lwabantu bakho, amaSirayeli.
33 Babemangaliswa ooYosefu nonina
34 zezo zinto zithethwayo ngaye. USimon wabasikelela, wathi kuMariya unina, Uyabona, lo umiselwe ukuwa nokuvuka kwabaninzi kwaSirayeli, nokuba abe
35 ngumqondiso ochasiweyo; ngokokuze zibe nokutyhilwa izicamango eziphuma ezintliziyweni ezininzi; ewe ke, nowakho umphefumlo ikrele liya kuwutyhutyha.

36 Kwaye kukho noAna umprofetikazi, intombi kaFanuweli, wesizwe sika-Ashere. Yena waye eselekhulile kakhulu; waye ke ebehleli nendoda iminyaka esixhenxe, ethabathela ebuntombini ba-
37 khe. Waye yena engumhlolokazi ominyaka ngathi imashumi asibhozo anaminé, obengemki etempileni, ekhonza *uThixo* ngokuzila ukudla nangokukhu-
38 nga ubusuku nemini. Yena wayemele kufuphi ngelo lixa, wathelela ekuyidumiseni iNkosi; wayethetha ngayo kubo bonke abo babelinde ukukhululwa ngentlawulelo, eYerusalem.

39 Bakuba bezigqibile zonke izinto ngokomthetho weNkosi, babuyela kwelase-Galili, emzini wabo iNazarete.

40 Ke kaloku wakhula umntwana, waya esomelela emoyeni, ezele bubulumko; lwaye nobabalo lukaThixo luphezu kwakhe.

Umntwana onguYesu phakathi kwabafundisi

Baye ke abazali bakhe behambela e- 41 Yerusalem, iminyaka ngeminyaka, emthendelekweni wepasika.* Kuthe, xa 42 abe eminyaka ilishumi elinamibini ezelwe, bakubon' ukuba banyuke baya eYerusalem ngokwesiko lomthendeleko lowo, bakubon' ukuba bazigqibile ke 43 iintsuku ezo, ekubuyeni kwabo, umntwana uYesu wasalela eYerusalem. Babengazi ke uYosefu nonina. Babeba 44 ke bona usemkhokweni wabahambi, bahamba uhambo lwamini-nye; bamana bemfuna phakathi kwemizalwana, naphakathi kwabazana nabo.

Bathe bakuba bengamfumani, babu- 45 yela eYerusalem, bemfuna. Kwathi, 46 emveni kwemihla emithathu, bamfumana etempileni, ehleli phakathi kwabafundisi, ebaphulaphula, ebuya ebabuza. Basuka bonke ababemphulaphula 47 bathi nqa yingqondo yakhe naziimpendulo zakhe.

Bakumbona bakhwankqiswa. Unina 48 wathi kuye, Mntwana wam, yini na ukuba usenjenje? Uyabona, uyihlo nam sibe sikufuna, sibuhlungu kakhulu. Wathi kubo, Benindifunela ntoni na? 49 Beningazi na ukuba ndimelwe kukuba ndibe semicimbini kaBawo? Ke bona 50 abayiqondanga into awayeyithetha kubo.

Wehla nabo, waya kufika eNazarete, 51 wabalulamela. Wamana ukuzigcina ke unina ezo ndawo entliziyweni yakhe.

Waye uYesu ehambela phambili 52 ebulumkweni nasebukhulwini, nasekuthandweni nguThixo nangabantu.

Udaba luka Yohane umbhaptizi
(UMat. 3: 1–12)

3 Ke kaloku, ngomnyaka weshumi elinantlanu wokulawula kukaTibheriyo Kesare, inguPontiyo Pilato irhuluneli kwelakwaYuda, inguHerode umphathi *wesahlulo* sesiné esilelaseGalili, inguFilipu ke umzalwana wakhe umphathi *wesahlulo* sesiné esilelaseYitureya nelizwe leTrakoniti, inguLisaniyo umphathi *wesahlulo* sesiné esilelaseAbhilene,

ULUKA 3

2 ngexa lababingeleli abakhulu ooAnas noKayafa, lafika ilizwi likaThixo kuYohane, unyana kaZekariya, entlango.
3 Weza kuwo wonke ummandla wase-Yordan, evakalisa ubhaptizo lwenguqu-
4 ko ukuze kuxolelwe izono; njengoko kubhaliweyo encwadini yamazwi kaIsaya umprofeti, esithi,

Izwi lodandulukayo entlango, lisithi,
Yilungiseni indlela yeNkosi,
Wutyenenezeni umendo wayo.

5 Yonke imifula iya kudityelelwa,
Nazo zonke iintaba neenduli ziya kuthotywa,
Neendawo ezigoso ziya kuthi tye,
Nezibugqagala ziya kuba ziindlela ezigudileyo;
6 Bonke abantu baya kulubona usindiso lukaThixo. (UIsaya 40: 3-5)

7 Wayesithi ngoko kuzo izihlwele ezaziphuma zisiza kubhaptizwa nguye, Nzalandini yamarhamba, ngubani na owanibonisayo, ukuba niyibaleke ingqumbo
8 ezayo? Velisani ngoko iziqhamo eziyifaneleyo inguquko; ize ningaqali nithi ngaphakathi kwenu, Thina sinobawo uAbraham: kuba ndithi kuni, Unako uThixo kuwo la matye ukumvelisela
9 abantwana uAbraham. Kananjalo izembe selibekiwe engcanjini yemithi; ngoko umthi wonke ongavelisi siqhamo sihle, uyagawulwa, uphoswe emlilweni.
10 Zaye izihlwele zibuza kuye, zisithi,
11 Masenze ntoni na ke? Waphendula ke wathi kubo, Lowo uneengubo zangaphantsi ezimbini, makabele ongenáyo: nalowo unokudla, makenjenjalo.
12 Kweza ke nababuthi berhafu ukuba babhaptizwe, bathi kuye, Mfundisi,
13 masenze ntoni na? Wathi ke kubo, Ningabizi okungaphezu kwenikumiselweyo.
14 Ayebuza kuye ke namasoldati, esithi, Masenze ntoni na ke thina? Wathi kuwo, Ningaphangi mntu ngokumoyikisa, ningadli *mntu* ngokumtyhola; yanelani yimivuzo yenu.
15 Ke kaloku, bakubon' ukuba abantu balindile, becamanga bonke ezintliziyweni zabo ngaye uYohane, ukuba akangebi nguye na uKristu,* waphe-16 ndula uYohane kubo bonke esithi, Mna okunene ndinibhaptiza ngamanzi; kodwa uyeza lowo unamandla kunam, endingafanelekileyo ukuba ndiwuthukulule nomtya weembadada zakhe; uya kunibhaptiza ngoMoya oyiNgcwele nangomlilo yena; omnyazi wokwela 17 usesandleni sakhe. Uya kusicokisa kuthi tu isandá sakhe, ayibuthele kuvimba wakhe ingqolowa; ke wona umququ uya kuwutshisa ngomlilo ongacimekiyo.

Waye ke ngoko evuselela nangezinye 18 izinto ezininzi, eshumayela iindaba ezilungileyo ebantwini.

Ke kaloku uHerode, umphathi *wesa-* 19 *hlulo* sesiné selizwe, óhlwayiwe nguye ngenxa kaHerodiya, umfazi kaFilipu umninawa wakhe, nangenxa yezinto zonke ezingendawo abezenzile uHerode, wongezelela nalé kuzo zonke, yokuba 20 amvalele entolongweni uYohane.

Ukubhaptizwa kukaYesu
(UMat. 3: 13-17)

Ke kaloku kwathi, ekubeni bebhapti-21 ziwe abantu bonke, ebhaptiziwe naye uYesu, ethandaza nokuthandaza, lasuka lavuleka izulu, wehla phezu kwakhe 22 uMoya oyiNgcwele, enembonakalo yomzimba onjengehobe. Kweza nezwi eliphuma ezulwini lisithi, Wena unguNyana wam oyintanda, endikholisiweyo nguwe.

Umlibo wokuzalwa kukaYesu
(UMat. 1: 1-17)

Waye uYesu eminyaka ngathi ima-23 shumi mathathu ezelwe, ukuqala kwakhe *ukufundisa*, engobe kusithiwa ngunyana kaYosefu, kaHeli, kaMatati, 24 kaLevi, kaMeleki, kaYana, kaYosefu, kaMatatiya, ka-Amos, kaNahum, ka-25 Esli, kaNagayi, kaMahati, kaMatatiya, 26 kaShimehi, kaYosefu, kaYuda, kaYoha-27 nan, kaResha, kaZerubhabheli, kaShalatiyeli, kaNeri, kaMeleki, ka-Adi, kaKo-28 sam, kaElmodam, kaEre, kaYose, ka-29 Eliyezere, kaYoram, kaMatati, kaLevi, kaSimon, kaYuda, kaYosefu, kaYonan, 30 kaEliyakim, kaMaleya, kaMina, ka-31

32 Matata, kaNatan, kaDavide, kaYese, kaObhede, kaBhohazi, kaSalemon ka- 33 Nashon, ka-Aminadabhi, ka-Aram, ka- 34 Hetseron, kaPeretse, kaYuda, kaYakobi, kaIsake, ka-Abraham, kaTera, ka- 35 Nahore, kaSerugi, kaRehu, kaPelege, ka- 36 Hebhere, kaShela, kaKenan, ka-Arpaki- 37 shadi, kaShem, kaNowa, kaLameki, kaMetusela, kaEnoki, kaYerede, kaMaha- 38 laleli, kaKenan, kaEnos, kaSete, ka-Adam, kaThixo.

Ukuhendwa kuka Yesu
(UMat. 4: 1–11)

4 Ke kaloku, wathi uYesu, ezele nguMoya oyiNgcwele, wabuya e-Yordan, wesiwa nguMoya entlango.
2 Wantsuku zimashumi mané ehendwa nguMtyholi. Akadla nto ngezo ntsuku; zakuphela ke, walamba.
3 Wathi uMtyholi kuye, Ukuba unguNyana kaThixo, yitsho kweli litye libe 4 sisonka. UYesu wamphendula esithi, Kubhaliwe *kwathiwa,* Akungasonka sodwa aya kuphila umntu; kungamazwi onke kaThixo.
5 UMtyholi, emnyuse entabeni ephakamileyo, wambonisa zonke izikumkani 6 zelimiweyo, ngesiquphe sexesha. Wathi ke uMtyholi kuye, Ndokunika bonke obu bukhosi *bazo* nozuko lwazo; ngokuba bunikelwe kum; nosukuba ndi- 7 thanda ndiyamnika bona. Ukuba ngoko uthe wena waqubuda phambi kwam, 8 konke *oko* koba kokwakho. UYesu wamphendula wathi, Suka umke, uye emva kwam, Sathana, ngokuba kubhaliwe *kwathiwa,* Uze uqubude eNkosini uThixo wakho, ukhonze yena yedwa.
9 Wamsa eYerusalem, wammisa eluchochoyini lwetempile, wathi kuye, Ukuba unguye uNyana kaThixo, zi- 10 phose ezantsi phaya. Kuba kubhaliwe *kwathiwa,*
Uya kuziwisela umthetho ngawe izithunywa zakhe, ukuba zikugcine;
11 *kwathiwa,*
Ziya kukufukula ngezandla,
Hleze ubetheke etyeni ngonyawo lwakho. (INdum. 91: 11, 12)
12 Waphendula uYesu wathi kuye, Kuthiwe, Uze ungayihendi iNkosi uThixo wakho. (IDut. 6: 16)
13 Waza uMtyholi, ekugqibile konke ukuhenda, wesuka kuye umzuzu.

U Yesu eNazarete

14 Wabuya uYesu enamandla oMoya, weza kwelaseGalili; kwaphuma udaba ngaye, lwaya kuloo mmandla wonke.
15 Wabe yena efundisa ezindlwini zabo zesikhungu, ezukiswa ngabo bonke.
16 Wafika eNazarete, apho waye ondlelwe khona, wangena ngokwesiko lakhe ngomhla wesabatha endlwini yesikhungu, wesuka wema ukuba alese. Wani- 17 kelwa incwadi kaIsaya umprofeti, wathi, akuba eyitwabulule incwadi leyo, wafumana indawo le kubhalwe kuyo *kwathiwa,*

UMoya weNkosi uphezu kwam, 18
Ethe ngenxa yoko yandithambisela
ukushumayela iindaba ezilungileyo kumahlwempu,
Indithumé ukuba ndiphilise abantliziyo ityumkileyo, ndivakalise inkululeko kubathinjwa,
Nokubuyiselwa kokubona kwabaziimfama,
Ndindulule abaqobekileyo bekhululekile,
Ndivakalise umnyaka owamkelekileyo 19 weNkosi. (UIsaya 61: 1, 2)
20 Eyisongile ke incwadi, wayibuyisela kwisicaka, wahlala phantsi. Aye amehlo abo bonke abasendlwini yesikhungu enamathele kuye. Waqala ke ukuthi 21 kubo, Namhlanje esi sibhalo sizalisekile ezindlebeni zenu. Baye bonke be- 22 mngqinela, bemangaliswa ngamazwi amnandi aphuma emlonyeni wakhe; babesithi, Lo asinguye na unyana kaYosefu?
23 Wathi kubo, Kakade niya kuwuthetha kum lo mzekeliso uthi, Gqirha, ziphilise; okungangoko sikuvé kwenzeké eKapernahum, kwénze nakowenu apha. Wa- 24 thi ke, Inene, ndithi kuni, Akukho mprofeti wamkelekileyo kowabo. Ko- 25 dwa inene ndithi kuni, Babebaninzi abahlolokazi kwaSirayeli ngemihla kaEliya, oko lalivingcekile izulu iminyaka

emithathu eneenyanga ezintandathu, xeshikweni kwakukho indlala enkulu
26 kulo lonke ilizwe; kanti uEliya akathunywanga nakumnye kubo; *wathunywa* eTsarfati yakwaTsidon kumhlolokazi,
27 kwakuphela. Kanjalo babebaninzi abaneqhenqa kwaSirayeli ngexesha lika-Elisha umprofeti; kanti ke akuhlanjululwanga namnye kubo, yaba nguNahaman umSiriya kwaba kuphela.
28 Bazala ngumsindo bonke ababesendlwini yesikhungu, bakuziva ezo zinto.
29 Besuka bamkhuphela ngaphandle komzi, bamrholela elungqamekweni lwentaba, owakhelwe kuyo umzi wabo,
30 ukuze bamphose ezantsi eweni. Usuke yena wacanda phakathi kwabo, wemka.

Ukuphiliswa kobenedemon engcolileyo eKapernahum
(UMarko 1: 21-28)

31 Wehla waya eKapernahum, umzi welaseGalili; wayebafundisa ngesaba-
32 tha. Baye ke bekhwankqiswa kukufundisa kwakhe; ngokuba ilizwi lakhe libe linegunya.
33 Kwaye kukho endlwini yesikhungu apho umntu onomoya wedemon engco-
34 lileyo; wakhala ngezwi elikhulu, esithi, Yoo! yini na enathi nawe, Yesu wase-Nazarete? Uze kusitshabalalisa na? Ndiyakwazi wena, lowo unguye;
35 ungoyiNgcwele kaThixo. Wawukhalimela uYesu, esithi, Yithi tu, uphume kuye. Yasuka idemon yamjulela esazulwini, yaphuma kuye ingamenzakalisanga.
36 Besuka bathi qhiphu umbilini bonke, baye bethetha bodwa besithi, Lilizwi lini na eli, le nto abathethela ngegunya nangamandla oomoya abangcolileyo
37 aba, baze baphume? Lwaye luphuma udaba lwakhe, lusiya kuzo zonke iindawo zaloo mmandla.

Ukuphiliswa komkhwekazi kaSimon nabanye abaninzi
(UMat. 8: 14-17)

38 Esukile endlwini yesikhungu, wangena endlwini kaSimon. Waye ke umkhwekazi kaSimon ebanjwe yicesina enkulu; bambika kuye. Wema phezu 39 kwakhe, wayikhalimela icesina, yamyeka; evukile ke kwangoko, wamana ebalungiselela.

Kuthe ke bakubon' ukuba liya- 40 tshona ilanga, bonke abo babenabafayo zizifo ngezifo, babazisa kuye; wazibeka izandla phezu kwabo bonke ngabanye, wabaphilisa. Zaye ke needemon zi- 41 phuma kwabaninzi, zikhala zisithi, Wena unguye uKristu,* uNyana ka-Thixo. Uthe ezikhalimela, akazivumela ukuba zithethe; ngokuba bezimazi ukuba unguye uKristu.

Kwakusa, waphuma waya endaweni 42 eyintlango; zaye izihlwele zimfuna, zada zaza kufika kuye; zazimbambezela ukuba angemki kuzo. Uthe ke kuzo, 43 Ndimelwe kukuba ndizishumayele iindaba ezilungileyo zobukumkani buka-Thixo nakweminye imizi, ngokuba ndithunywe oko.

Waye ezivakalisa ke ezindlwini zesi- 44 khungu zelaseGalili.

Ummangaliso wobanjiso olukhulu lweentlanzi. Abafundi bokuqala

5 Ke kaloku kuthe, ekubeni zimxinile izihlwele, ziza kuva ilizwi likaThixo, wesuka wema ngasedikeni laseGenesarete. Wabona imikhombe emibini imi 2 ngasedikeni apho; babe ke ababambisi beentlanzi bephumile kuyo, behlamba iminatha yabo. Wathi ke, engene 3 komnye umkhombe, owawungokaSimon, wamcela ukuba akhe akhwelelise kancinane emhlabeni; waza, ehleli phantsi, wamana ezifundisa izihlwele esemkhombeni apho.

Akupheza ke ukuthetha, wathi ku- 4 Simon, Khwelelisela enzulwini, nihlise iminatha yenu, kubanjiswe. Waphe- 5 ndula uSimon wathi kuye, Mongameli, sibulaleke ubusuku buphela, asabamba nento; kodwa ngelakho ilizwi ndiya kuwuhlisa umnatha. Bathi, bakukwe- 6 nza oko, bavingcela inkitha enkulu yeentlanzi; wawuqhaqheka ke umnatha wabo. Bakhoba amahlulelana abo, a- 7 bekomnye umkhombe, ukuba eze kuncedisana nabo. Beza, bayizalisa imi-

ULUKA 5

khombe yomibini, yada yafuna ukutshona.

8 Uthe ke akukubona *oko* uSimon Petros, wawa emadolweni kaYesu, esithi, Mka kum, ngokuba ndiyindoda engu-
9 moni, Nkosi. Kuba wathi makatha, kwanabo bonke ababenaye, ngobanjiso
10 lweentlanzi ezo bazibambisáyo. Baba kwanjalo ke noYakobi noYohane, oonyana bakaZebhedi, ababengamadlelane noSimon.

UYesu wathi kuSimon, Musa ukoyika; uya kuthabathela kweli xesha uba-
11 mbisa abantu. Bakuyifikisa imikhombe emhlabeni, bashiya into yonke, bamlandela.

Ukuphiliswa koneqhenqa
(UMat. 8: 1–4)

12 Kwathi ekomnye umzi, babona ngendoda ezele liqhenqa; yathi yakumbona uYesu, yawa ngobuso, yamkhunga, isithi, Nkosi, ukuba uyathanda, unako
13 ukundihlambulula. Wasolula isandla, wayichukumisa, esithi, Nbiyathanda, hlambuluka. Lathi kwaoko iqhenqa lemka kuyo.
14 Wayithethela yena ngelithi, mayingaxeleli bani. Wathi, Yiya kuzibonisa kumbingeleli, usondeze *idini*, ngenxa yokuhlanjululwa kwakho, njengoko wamisayo uMoses, kube bubungqina kubo.
15 Kwaba kukhona ke luhlakazekayo udaba ngaye; kwaye kubuthelana izihlwele ezikhulu ukuza kuphulaphula, noku-
16 philiswa nguye ebulwelweni bazo. Waye ke yena emana ukuzisithelisa ezindaweni eziziintlango, athandaze.

Ukuphiliswa konedumbe
(UMat. 9: 1–8)

17 Kwathi ke ngamini ithile wafundisa. Kwaye kuhleli abaFarisi nabafundisimthetho, ababephume kuyo yonke imizana yelaseGalili, neyelakwaYuda, naseYerusalem; aye ekho amandla eNkosi ukuba abaphilise.
18 Kwabonakala amadoda ethwele ngokhuko umntu onedumbe; ayefuna ukumngenisa, ambeke phambi kwakhe.
19 Athi, akuba engafumani ndawo angamngenisa ngayo ngenxa yesihlwele, akhwela phezu kwendlu, *agqobhoza* ezifulelweni, amhlisa ndawonye nokhuko, *ambeka* phakathi, phambi ko-
Yesu. Akulubona ke ukholo lwawo, 20 wathi kuye, Mntundini, ùzixolelwe izono zakho. Baqala ukucamanga aba- 21 bhali nabaFarisi, besithi, Ngubani na lo uthetha izinyeliso? Ngubani na onako ukuxolela izono, ingenguye uThixo yedwa?

Eziqiqile ke uYesu izicamango zabo, 22 waphendula wathi kubo, Nicamanga ntoni na ezintliziyweni zenu? Okhona 23 kulula kukuphi na: kukho ukuthi, Ùzixolelwe izono zakho; kukho nokuthi, Vuka uhambe? Ke ukuze nazi, ukuba 24 unalo igunya uNyana woMntu lokuxolela izono emhlabeni apha (selesithi konedumbe), ndithi kuwe, Vuka, uthabathe ukhuko lwakho, uye endlwini yakho. Usuke wema kwangoko pha- 25 mbi kwabo, wayithabatha loo nto abelele kuyo, wemka waya endlwini yakhe, ezukisa uThixo. Besuka bathi nqa 26 bonke, bamzukisa uThixo, bazala kukoyika, besithi, Sibone izanga namhlanje.

Ukubizwa kukaLevi
(UMat. 9: 9–13)

Ke kaloku, emveni kwezi zinto wa- 27 phuma, wabona umbuthi werhafu, ogama linguLevi, ehleli endaweni yerhafu, wathi kuye, Ndilandele. Washiya ko- 28 nke, wesuka wamlandela. Waza uLevi 29 wamenzela isidlo esikhulu endlwini yakhe. Kwaye kukho iqela elikhulu lababuthi berhafu nelabanye, ababehleli ngasesithebeni nabo.

Baye ababhali babo nabaFarisi be- 30 bakrokrela abafundi bakhe, besithi, Kungani na ukuba nidle nisele nababuthi berhafu naboni? Waphendula 31 uYesu wathi kubo, Akufuneki gqirha kwabaphilileyo, *lifuneka* kwabafayo. A- 32 ndizé kubiza malungisa, ndize kubiza aboni, ukuba baguquke.

Ukuzila ukudla
(UMat. 9: 14–17)

Ke kaloku bathi kuye, Kungani na 33 ukuba abafundi bakaYohane bazile

ULUKA 5–6

ukudla futhi, benze nezikhungo; benjenjalo nababaFarisi; kanti ke bona aba-34 kho bayadla basele? Wathi ke kubo, Ninako yini na ukubazilisa ukudla abegumbi lomtshakazi, xa asenabo 35 umyeni? Kodwa kofika mihla awoza asuswe kubo umyeni, bandule ke ukuzila ngaloo mihla.

36 Ke kaloku wabethetha nomzekeliso kubo esithi, Akukho ubeka isiziba sengubo entsha engutyeni endala; okanye wóba ukrazula leyo intsha, sithi nesiziba eso sentsha singavumani nendala. 37 Kanjalo akukho utha iwayini entsha ezintsubeni ezindala; okanye yozigqabhuza iintsuba iwayini entsha, iphalale 38 yona, zitshabalale neentsuba. Yona iwayini entsha ifanele ukuthiwa ezintsubeni ezintsha zigcinakale ezo zinto zo-39 mbini. Kanjalo akukho uthi, ebesele endala, athande entsha kwaoko; ngokuba uthi, Endala yeyona inencasa.

UYesu uyiNkosi yesabatha
(UMat. 12: 1–8)

6 Kwathi ngesabatha ethile, wacanda emasimini; baye abafundi bakhe besikha izikhwebu, bazidla, bezihlikihla 2 ngezandla. Bathe ke abathile babaFarisi kubo, Yini na ukuba nenze oko kungavumelekileyo ngesabatha?
3 Wabaphendula uYesu wathi, Anikhanga nikulese na oko wakwenzayo uDavide, mhlenikweni walambayo, yena 4 nabo babenaye? Okokuba wangena endlwini kaThixo, wazithabatha izonka ezibekwe phambi koThixo, wazidla, wanika nabo babenaye, ezo ke kungavumelekileyo ukuba zidliwe bantu, inge-5 ngabo ababingeleli bodwa? Wayesithi kubo, uNyana woMntu lo uyiNkosi yayo nesabatha.

Ukuphiliswa kowome isandla
(UMat. 12: 9–14)

6 Kwathi ke kaloku, nangenye isabatha wangena endlwini yesikhungu, wafundisa. Kwaye kukho apho umntu owo-7 me isandla sokunene. Baye ke bemlalele ababhali nabaFarisi, ukuba wophilisa na ngesabatha; ukuze bafumane indawo yokummangalela. Kodwa yena 8 ebezazi izicamango zabo, wathi kuloo mntu usandla somileyo, Phakama, umcle phakathi. Usukile ke wema.

Uthe ngoko uYesu kubo, Ndiya 9 kunibuza into: okuvumelekileyo ngesabatha kukwenza okulungileyo, kukwenza okubi, kusini na? Kukusindisa ubomi, kukubulala, kusini na? Akuba 10 ebasingasingile bonke, wathi kumntu lowo, Solule isandla sakho. Wenjenjalo ke; sabuya saphila ke isandla sakhe, saba kwanjengesinye. Basuka ke bona ba-11 phambana ngumsindo; babethethana bodwa, ukuba bangamenza ntoni na uYesu.

Ukunyulwa kwabalishumi elinababini
(UMat. 10: 1–4)

Kwathi ke ngaloo mihla, waphuma 12 wasinga entabeni, esiya kuthandaza. Wayebudlulisa ubusuku bonke ngokuthandaza kuThixo. Kwathi kwakusa, 13 wababizela kuye abafundi bakhe, wanyula kubo balishumi elinababini, awathi kananjalo wabathiya elokuba ngabapostile:* uSimon, awamthiya nelokuba 14 nguPetros, noAndreya, umzalwana wakhe; uYakobi noYohane; uFilipu noBhartolomeyu; uMateyu noTomas; u-15 Yakobi, lo ka-Alifeyu, noSimon, ekuthiwa ngumZeloti; uYuda kaYakobi, no-16 Yuda Sikariyoti, owaba ngumngcatshi.

Intshumayelo yasentabeni
(UMat. 5–7)

Wehla nabo, wema endaweni ethe 17 tyaba, neqela labafundi bakhe, nenkitha enkulu yabantu, bevela kulo lonke elakwaYuda, naseYerusalem, nakulo ilizwe elingaselwandle laseTsire neTsidon, ababeza kumva, nokuba baphiliswe kuzo izifo zabo; nabò babekhathazwa ngoo-18 moya abangcolileyo, baye bephiliswa. Zaye izihlwele zonke zifuna ukumchu-19 kumisa; ngokuba kube kuphuma amandla kuye, abaphilise bonke.

Waza yena wawaphakamisela amehlo 20 akhe kubo abafundi bakhe, wathi,

Ninoyolo, nina mahlwempu; ngokuba bobenu ubukumkani bukaThixo.

ULUKA 6

21 Ninoyolo, nina nilambayo kalokunje; ngokuba niya kuhluthiswa.
Ninoyolo, nina nililayo kalokunje; ngokuba niya kuhleka.
22 Ninoyolo nina, xa bathe abantu banithiya, naxa bathe banigxotha kubo, baningcikiva, balilahlela phandle igama lenu ngokungathi likhohlakele, ngenxa
23 yakhe uNyana woMntu. Vuyani ngaloo mini, nisuke imitsi; kuba, niyabona, umvuzo wenu mkhulu emazulwini; babesenjenjalo ooyise kubo abaprofeti.
24 Kodwa yeha, nina zityebi! ngokuba niyifincile intuthuzelo yenu.
25 Yeha, nina nihluthiyo! ngokuba niya kulamba.
Yeha, nina nihlekayo kalokunje! ngokuba niya kukhedama nilile.
26 Yeha nina, xa bathe bathetha kakuhle ngani bonke abantu! kuba ooyise babo babesenjenjalo kubaprofeti ababuxoki.
27 Kodwa ke mna ndithi kuni nivayo, Zithandeni iintshaba zenu; yenzani
28 okulungileyo kwabo banithiyayo. Basikeleleni abo baniqalekisayo, nibatha-
29 ndazele abo banigxekayo. Lowo ukubetha esidleleni, mnikele nesinye; nóthabatha inguboyakho yokwaleka,unga-
30 li neyangaphantsi. Bonke ke abacela kuwe, baphe; kothabatha izinto zakho,
31 ungabuye uzibize. Enithanda ukuba abantu benze ngako kuni, yenzani nani kwangokunjalo kubo.
32 Ukuba nithanda abo banithandayo, ninambulelo mni na? Ngokuba naboni
33 bayabathanda abo babathandayo. Xa nithi nenze okulungileyo kwabanenzela okulungileyo, ninambulelo mni na? Ngokuba naboni benza kwaloo nto.
34 Xa nithi niboleke abo nithembe ukubuya nizuze kubo, ninambulelo mni na? Kuba naboni bayababoleka aboni, ukuze babuye bazuze kwangangoko.
35 Ke *nina*, zithandeni iintshaba zenu, nenze okulungileyo; niboleke ningathembe lutho. Woba mkhulu ke umvuzo wenu, nize nibe ngoonyana bOsenyangweni; ngokuba yena enobubele
36 kwabangabuleliyo nabangendawo. Ngoko ke yibani nenceba, njengokuba naye
37 uYihlo enenceba. Musani ukugweba, naye ningasayi kugwetywa; musani ukusingela phantsi, naye ningasayi kusingelwa phantsi; khululani, naniya kukhululwa.

38 Yiphani, naniya kuphiwa nani; umlinganiselo omhle, ohlohliweyo, ohlunguzelweyo, ophalalayo, nowuphiwa esondweni lengubo yenu; kuba umlinganiselo enilinganisela ngawo, niya kulinganiselwa kwangawo nani.

39 Ke kaloku wathetha umzekeliso kubo, esithi, Ingákhe ibe nako na imfama ukukhokela imfama? Aziyi kuthi na
40 zombini zeyele emhadini? Akukho mfundi mkhulu kunomfundisi wakhe; ke wonke olungiswe kwaphela, uya kuba njengomfundisi wakhe.

41 Yini na ke ukuba usibone isibi esisesweni lomzalwana wakho, kanti ke wona umqadi okwelakho iliso akuwuqi-
42 qi? Ungáthini na ukuba nako ukuthi kumzalwana wakho, Mzalwana, yeka ndisikhuphe isibi esisesweni lakho, ungawuboni nje wena umqadi okwelakho iliso? Mhanahanisindini, wukhuphe kuqala umqadi lowo esweni lakho, wandule ukubona kakuhle ukusikhupha isibi esisesweni lomzalwana wakho.

43 Kuba akukho mthi mhle uvelisa isiqhamo esibi; kanjalo akukho mthi mbi
44 uvelisa isiqhamo esihle. Kuba umthi wonke waziwa ngesiqhamo sawo; kuba kungàkhiwa makhiwane emithaneni enameva, kanjalo kungàbuthwa diliya equnubeni. Umntu olungileyo, ebu-
45 ncwaneni obulungileyo bentliziyo yakhe, uvelisa oko kulungileyo; nomntu okhohlakeleyo, ebuncwaneni obukhohlakeleyo bentliziyo yakhe, uvelisa oko kukhohlakeleyo; kuba umlomo wakhe uthetha ngokuphuphuma kwentliziyo.

46 Yini na ke ukuba nindibize ngokuthi, Nkosi, Nkosi, nibe ningazenzi izinto endizithethayo? Wonke ke umntu o-
47 zayo kum, aweve amazwi am awenze, ndonibonisa lowo afana naye. Ufana
48 nomntu owákha indlu, wemba wangxoka isiseko, wasibeka phezu kolwalwa. Kwathi, kwakubakho umkhukula, wagaleleka kuloo ndlu umlambo, awaba nako ukuyishukumisa; kuba ibisekwe

phezu kolwalwa olo.

49 Kodwa lo uweyileyo àkawenza, ufana nomntu owakhé indlu phezu komhlaba, kungekho siseko; wagaleleka kuyo umlambo, yawa kwaoko; kwathi ukuwa kwaloo ndlu kwakukhulu.

Ukuphiliswa komkhonzi womthetheli-khulu
(UMat. 8: 5-13)

7 Ke kaloku, emveni kokuba ebewagqibile onke amazwi akhe, besiva abantu, wangena eKapernahum.
2 Waye ke umkhonzi womthethelikhulu othile, owabethandwa nguye,
3 esifa, eza kubhubha. Uthe ke akuva ngaye uYesu, wathuma kuye amadoda amakhulu amaYuda, emcela ukuba eze
4 kumsindisa umkhonzi wakhe. Akufika ke kuYesu, ambongoza enyamekile, esithi, Úkufanele oko lowo ùngame-
5 nzelayo oko; kuba úyaluthanda uhlanga lwethu, wasakhela nendlu yesikhungu
6 yena. Wahamba ke uYesu nabo.

Akubon' ukuba ke àkasekude endlwini, umthetheli-khulu wathuma izihlobo kuye, esithi kuye, Nkosi, ungàzikhathazi, kuba andikulingene ukuba ungade
7 ungene phantsi kophahla lwam; kungoko nam ndingàkufanelanga ukuda ndize; thetha ngezwi lodwa, wóphili-
8 swa umkhonzi wam; kuba nam ndingumntu omiswe phantsi kwegunya *labanye*, ndinamasoldati aphantsi kwam; ndithi kweli, Yiya, liye; kweliya, Yiza, lize; kumkhonzi wam, Yenza oku, akwenze.
9 Ezivile ke uYesu ezi zinto, wamangaliswa nguye, waguqukela kwindimbane ebimlandela, wathi, Ndithi kuni, andifumananga lukholo lungaka nakwa-
10 Sirayeli. Abo babethunyiwe babuyela endlwini, bamfumana umkhonzi obengumlwelwe ephilile.

Ukuvuswa konyana womhlolokazi waseNayin

11 Kwathi ngomhla olandelayo, waya emzini ekuthiwa yiNayin. Kwaye kuhamba naye iqela labafundi bakhe,
12 nendimbane enkulu. Ke kaloku, akusondela esangweni lomzi lowo, kwabonakala kuthwalelwa phandle umntu ofileyo, ekuphela konyana ozalwa ngunina; waye yena engumhlolokazi. Yaye nendimbane elingeneyo yomzi inaye.
Ithe ke iNkosi yakumbona, yasikwa 13 yimfesane ngenxa yakhe, yathi kuye, Musa ukulila. Yafika ke yalichukumisa 14 ithala, bema ke ababethwele. Yathi, Ndodana, ndithi kuwe, Vuka. Wavuka 15 wahlala umfi lowo, waza ke wathetha. Yamnikela ke kunina.
Bangenwa ke kukoyika bonke. Ba- 16 bemzukisa uThixo, besithi, Kuvele umprofeti omkhulu phakathi kwethu; besithi, Ubavelele uThixo abantu bakhe. Lwaphuma ke olo ludaba lunga- 17 ye, lwahamba kwelakwaYuda liphela, nakuloo mmandla wonke.

UYohane umbhaptizi uthumela abafundi ababini kuYesu
(UMat. 11: 1-19)

Bazibika kuYohane abafundi bakhe 18 zonke ezi zinto. Ebizele kuye babini 19 bathile kubafundi bakhe, uYohane wabathuma kuYesu esithi, Wena ungulowo uzayo na, silinde omnye, sini na?
Efikile ke kuye amadoda lawo, athi, 20 UYohane umbhaptizi usithume kuwe esithi, Wena ungulowo uzayo na, silinde omnye, sini na?
Ke kaloku, kwangelo lixa, waphilisa 21 abaninzi kuzo izifo, nakuzo izibetho, nakoomoya abakhohlakeleyo, wathi iimfama ezininzi wazibabala ukubona. Wa- 22 phendula uYesu wathi kuwo, Hambani niye kumbikela uYohane izinto enizibonileyo nenizivileyo; okokuba iimfama zibuya zibone, iziqhwala ziyahamba, abaneqhenqa bayahlanjululwa, izithulu ziyeva, abafileyo bayavuswa, amahlwempu ayazishunyayezwa iindaba ezilungileyo. Unoyolo othe akakhutyeki- 23 swa ndim.
Ke kaloku, bakubon' ukuba bemkile 24 abathunywa bakaYohane, waqala wathi kwisihlwele ngaye uYohane, Nayé niphume naya kubona ntoni na entlango? Yaye iyingcongolo na, izanyazanyiswa ngumoya? Naye niphume naya kubo- 25 na ntoni na kodwa? Yaye ingumntu ovethe iingubo ezitofofofo na? Yabo-

nani, abo banxiba iingubo eziqaqambileyo, badle ubuncwane, ngabasezi-
26 ndlwini zookumkani. Nayé niphume naya kubona ntoni na kodwa? Yaye igumprofeti na? Ewe, ndithi kuni,
27 nóde wagqithisa kumprofeti. Lo ngulowo kubhaliweyo ngaye *kwathiwa*,
Niyabona, mna ndiyamthuma umthunywa wam ngaphambi kobuso bakho,
Oya kuyilungisa indlela yakho phambi kwakho. (*UMal. 3: 1*)
28 Kuba ndithi kuni, Akukho namnye, kwabazelweyo ngabafazi, umprofeti omkhulu kunoYohane umbhaptizi; kanti ke nomncinanana kwabanye ebukumkanini bukaThixo, mkhulu kunaye.
29 Bathi bonke abantu, bakuva, nababuthi berhafu, bagwebela uThixo, bebhaptiziwe ngobhaptizo lukaYohane.
30 Ke bona abaFarisi nabaqondisi-mthetho bazitshitshisela icebo likaThixo, kuba bengabhaptizwanga nguye.
31 Ithe ke iNkosi, Ndiya kubafanisa nantoni na ke ngoko abantu besi sizu-
32 kulwana? Bafana nantoni na? Bafana nabantwana abahleli endaweni yembutho, bekhwazana besithi, Sanigwalela, naza nina anaduda; sanihlabela
33 isililo, naza nina analila. Kuba uzile uYohane umbhaptizi engadli sonka, engaseli wayini; nithi ke, Únedemon.
34 Uzile uNyana woMntu esidla, esela; nithi, Khanibone umntu olidla-kudla, olisela-wayini, umhlobo wababuthi be-
35 rhafu nowaboni! Noko ke ubulumko bugwetyelwe kokuphuma ebantwaneni babo bonke.

Umfazi ongumoni uthambisa iinyawo zikaYesu

36 Ke kaloku omnye umFarisi ubemcela ukuba adle naye; waza wangena endlwi-
37 ni yomFarisi lowo, wangqengqa. Kwabonakala kukho mfazi emzini apho, obengumoni; wathi, àkwazi ukuba uhleli endlwini yomFarisi, wazisa ihlala lelabhastile,* linamafutha aqholiweyo.
38 Wema ezinyaweni zakhe ngasemva, elila; waqala ukuzinyela iinyawo zakhe ngeenyembezi, ezisula ngeenwele zentloko yakhe, ezanga kakhulu iinyawo zakhe, ezithambisa ngamafutha lawo.

Akukubona ke *oko* umFarisi lowo 39 ubembizile, wathetha ngaphakathi kwakhe, esithi, Lo mntu, ukuba ube engumprofeti, ange esazi ukuba ngumfazi ongubani na, oluhlobo luni na, lo umchukumisayo; ngokuba ungumoni.
Waphendula uYesu wathi kuye, Hina, 40 Simon, ndinendawo yokuthetha kuwe. (Athi ke yena, Thetha, Mfundisi.) Kwaye kukho mboleki-mali uthile, ena- 41 bantu ababini abanamatyala *kuye*; omnye wayenetyala leedenariyo* ezimakhulu mahlanu, omnye ke zimashumi mahlanu. Bakuba ke bengenanto yoku- 42 hlawula, usuke wabaxolela bobabini. Khawutsho ke, nguwuphi na kubo oya kumthanda ngokungaphezulu? Wa- 43 phendula uSimon wathi, Ndiba ngulowo uxolelwe ngokungaphezulu. Wathi ke yena kuye, Wahlulé walungisa.
Wajika wakhangela kumfazi, wathi 44 kuSimon, Úyambona na lo mfazi? Ndingené endlwini yakho, akundinikanga manzi eenyawo zam; ke yena uzinyele iinyawo zam ngeenyembezi, wazisula ngeenwele zentloko yakhe. Akundanganga wena; ke yena, kuseloko 45 ndangenayo, akayekanga ukuzanga kakhulu iinyawo zam. Intloko yam aku- 46 yithambisanga ngaoli; ke yena iinyawo zam uzithambise ngamafutha aqholiweyo. Ngenxa yoko ndithi kuwe, 47 Izono zakhe uzixolelwe, bezizininzi; ngokuba úthandé kakhulu; ke yena oxolelwe kancinane, uthanda kancinane.
Wathi ke kuye, Zixolelwe izono zakho. 48
Baqala abo babehleli naye *esithebeni* 49 ukuthi ngaphakathi kwabo, Ngubani na lo uxolela nezono? Uthe ke kumfazi, 50 Ukholo lwakho lukusindisile, hamba ngoxolo.

Abafazi ababemlungiselela uYesu ngeempahla zabo

8 Kwathi emva koko, wayihamba imizi ngemizi, nemizana ngemizana, ezivakalisa ezishumayela iindaba ezilungileyo zobukumkani bukaThixo; babe-

ULUKA 8

2 naye abalishumi elinababini. Nabafazi abathile ababephiliswe koomoya abangendawo nasebulwelweni, uMariya okuthiwa ngowaseMagadala, ekwaku-
3 phume kuye iidemon zosixhenxe, noYohana, umfazi kaKuza, igosa likaHerode, noSusana, nabanye abaninzi; bona babemlungiselela ngeempahla zabo.

Umzekeliso womhlwayeli
(UMat. 13: 1–23)

4 Ke kaloku, kwakubon' ukuba kuntontelene isihlwele esikhulu, bathi nabemizi ngemizi bawomela kuye.
5 Wathi ngomzekeliso, Umhlwayeli waphuma waya kuyihlwayela imbewu yakhe. Ekuhlwayeleni kwakhe yawa enye ngasendleleni, yanyathelwa, zathi
6 iintaka zezulu zayidla zayigqiba. Yimbi yawa elulwalweni, yathi isahluma, yatsha ngenxa yokuba ibingenakunyaka-
7 ma. Yimbi yawa phakathi kwemithana enameva, yasuka imithana enameva
8 yahluma kunye nayo, yayiminxa. Yimbi yawa kuwo wona umhlaba olungileyo, yahluma, yavelisa isiqhamo kalikhulu. Uthe ezithetha ezi zinto, waye edanduluka esithi, Lowo uneendlebe zokuva makeve.
9 Baye ke abafundi bakhe bembuza besithi, Úngaba uyintoni na lo mzeke-
10 liso? Uthe ke yena, Nikuphiwe nina ukuzazi iimfihlelo zobukumkani bukaThixo; ke kwabanye bona kungemizekeliso, ukuze bebona nje bangaboni, besiva nje bangaqondi.
11 Ke kaloku umzekeliso nguwo lo:
12 Imbewu le lilizwi likaThixo. Abo ke bangasendleleni ngabo bevayo, andule afike uMtyholi, alisuse ilizwi entliziyweni yabo, ukuze bangakholwa basindiswe.
13 Abo ke baselulwalweni ngabasakuthi, bakuliva, balamkele ngovuyo ilizwi; aba ke àbanangcambu; bona bakholwa umzuzwana, ze bathi ngexa lokuhendwa
14 balahle. Leyo ke yawayo emithaneni enameva, ngabo bathi, belivile, bahambe benamaxhala nobutyebi neziyolo zobu bomi, baminxwe, baze bangavelisi si-
15 qhamo. Ke leyo isemhlabeni omhle, ngabo bona bathi ngentliziyo entle, elungileyo, bakuliva ilizwi, balibambe, bavelise iziqhamo benomonde.

Umzekeliso wesibane
(UMark. 4: 21–25)

16 Akukho ke uthi, esilumekile isibane, asisibeke ngesitya, athi mhlawumbi asibeke ngaphantsi kwesingqengqelo; usibeka esiphathweni saso, ukuze abo bangénayo bakubone ukukhanya. Kuba
17 akukho nto ifihlakeleyo ingayi kubonakala; kanjalo akukho ifihlakeleyo ingayi kwazeka, ize ekuhléni. Lumkani ngo-
18 ko ukuva eniva ngako; kuba osukuba enako, uya kunikwa; nosukuba engenako, uya kuhluthwa noko ngathi unako.

Izizalwane zenene zikaYesu
(UMat. 12: 46–50)

19 Ke kaloku kwafika kuye unina nabazalwana bakhe, baza àbaba nako ukufikelela kuye ngenxa yesihlwele.
20 Wabikelwa ke, kusithiwa, Unyoko nabazalwana bakho bemi ngaphandle, befuna ukukubona. Waphendula ke yena
21 wathi kubo, Uma nabazalwana bam ngaba bona balivayo ilizwi likaThixo, balenze.

UYesu uzolisa uqhwithela
(UMat. 8: 23–27)

22 Kwathi ngamhla uthile, waya kungena emkhombeni kwanabafundi bakhe, wathi kubo, Masiwele, siye ngaphesheya kwedike; banduluka ke. Ke kaloku,
23 bakubon' ukuba bayahamba ngomkhombe, walala ubuthongo. Kwehla uqhwithela lomoya edikeni apho, waye uzala ngamanzi usengozini.
24 Beza ke bamvusa, besithi, Mongameli, Mongameli, satshabalala. Wavuka ke yena, wawukhalimela umoya nokulatyuza kwamanzi; zapheza ezo zinto, kwabakho ukuzola. Wathi ke kubo, Luphi
25 na ukholo lwenu? Bathe, kuba besoyika, bamangaliswa, besitshono ukuthi, Ngubani na ke lo, le nto ayithethela imimoya kwanamanzi, zimlulamele ezo zinto?

ULUKA 8

Obephethwe ziidemon waseGadara
(UMat. 8: 28-34)

26,27 Bahambela ngomkhombe ezweni laseGadara, elikhangelene nelaseGalili. Ke kaloku, akuphumela emhlabeni, kwaqubisana naye indoda ethile iphuma emzini, esekukade ineedemon. Yayingambathi ngubo, ingahlali ndlwini, isuka
28 ihlale emangcwabeni. Ithe ke yakumbona uYesu, yakhala kunene, yawa phambi kwakhe, yathi ngezwi elikhulu, Yini na enam nawe, Yesu, Nyana kaThixo Osenyangweni? Ndiya kukhu-
29 nga ukuba ungandithuthumbisi. Kuba ebewuthethele umoya ongcolileyo ukuba uphume emntwini lowo. Kuba bekuba futhi umthi hlasi; wayebotshwa ngemixokelelwane nangamakhamandela, egciniwe; asuke azijace izibophelelo aqhutyelwe yidemon entlango.
30 UYesu wambuza ke esithi, Ungubani na igama lakho? Uthe ke yena, NdinguMkhosi; kuba kwakungene kuye
31 iidemon ezininzi. Wayembongoza ukuba angazithetheli ziye kungena enzo-
32 nzobileni. Bekukho ke apho ugxuba lweehagu ezininzi, lusidla entabeni; zaye zimbongoza, ukuba azivumele ziye
33 kungena kuzo. Wazivumela ke. Ziphumile ke iidemon emtwini lowo, zangena ezihagwini; lwaza ugxuba olo lwaphaphatheka, lwehla eweni, lwela edikeni, lwarhaxwa.
34 Bakukubona ke okuhlileyo abo babezalusa, basaba, baya babika ekhaya
35 nasemaphandleni. Baphuma ke *abantu*, baya kukubona okuhlileyo; beza kuYesu, bamfumana ehleli umntu lowo, beziphume kuye iidemon, ambathisiwe, enengqondo ephilileyo, engasezinya-
36 weni zikaYesu; baza boyika. Bathi ke nabo babonileyo, bababikela ukuba uthiweni na ukuphiliswa obephethwe
37 ziidemon. Yamcela yonke inkitha yommandla wabaseGadara, ukuba emke kubo; ngokuba babebanjwe kukoyika okukhulu. Uthe ke yena, engene emkhombeni, wabuya.
38 Ke kaloku indoda leyo, zaye ziphume kuyo iidemon, yayimkhunga ukuba ibe naye. Ke yena uYesu wayindulula,

esithi, Buyela endlwini yakho, ubaca- 39 cisele oko zingako izinto uThixo akwenzele zona. Yemka, yavakalisa kuwo wonke umzi oko zingako izinto uYesu ayenzele zona.

Intombi kaYayiro. Intokazi eyayinethombo legazi
(UMat. 9: 18-26)

Kwathi ke kaloku, ekubuyeni kuka- 40 Yesu, zamamkela izihlwele; kuba bonke babemlindile. Kwabonakala kusiza i- 41 ndoda egama linguYayiro; yaye yona ingumphathi wendlu yesikhungu. Yawa ezinyaweni zikaYesu, yayimbongoza ukuba eze endlwini yayo. Kuba yabe 42 inentombi, iyizala inye, eminyaka ngathi ilishumi linamibini izelwe; yaye yona iqhawuka. Ke kaloku, ekuyeni kwakhe apho, izihlwele bezimxinile.

Nentokazi eyayinethombo legazi imi- 43 nyaka elishumi linamibini, eyayithe yona phezu koko yadleka impahla yayo iphela ngamagqirha, ayaba nako ukuphiliswa bani, yeza ngasemva, yachuku- 44 misa umqukumbelo wengubo yakhe, lee qoko kwangoko ithombo legazi layo.

Wathi uYesu, Ngubani na lo undi- 45 chukumisileyo? Bakuba bekhanyela bonke, wathi uPetros nabo babenaye, Mongameli, izihlwele zikuxina, zikukhandanisa nje, uthi na, Ngubani na lo undichukumisileyo? Uthe ke uYesu, 46 Ukho ondichukumisileyo; kuba mna ndiyawazi amandla aphumileyo kum.

Ithe ke intokazi leyo, yakubona ukuba 47 ayifihlakele, yeza igubha, yawa phambi kwakhe, yaxela emehlweni abo bonke abantu, ukuba bekungasizathu sini na ebimchukumisile, nokuphiliswa kwayo kwangoko. Uthe ke yena kuyo, Yome- 48 lela, ntombi yam, ukholo lwakho lukuphilisile; hamba ngoxolo.

Kuthi, esathetha, kufike othile, evela 49 kwamphathi-ndlu yesikhungu, esithi kuye, Ibhubhile intombi yakho; musa ukumkhathaza uMfundisi. Ekuvile ke 50 *oko* uYesu, umphendule wathi, Musa ukoyika; kholwa wena kuphela, yosindiswa.

Ke kaloku, engenile endlwini, aka- 51

ULUKA 8-9

vumelanga mntu ukuba angene naye, kwaba kuphela nguPetros, noYohane, noYakobi, noyise wentombi, nonina. 52 Baye ke bonke belila, beyimbambazelela. Wathi ke yena, Musani ukulila; 53 ayifile, ilele nje kodwa. Basuka bamwa 54 ngeentsini, besazi ukuba ifile. Uthe ke yena, wabakhuphela phandle bonke, wayibamba ngesandla, wabiza esithi, 55 Ntombi, vuka. Wabuya umoya wayo, yesuka yema kwangoko; wamisa ukuthi 56 mayinikwe into, idle. Besuka abazali bayo bathi nqa; wabathethela ukuba bangakuxeleli bani okuhlileyo.

Ukuthunywa kwabalishumi elinababini
(UMat. 10)

9 Ke kaloku, ebabizele ndawonye abafundi bakhe abalishumi elinababini, wabanika amandla negunya kuzo 2 zonke iidemon, nokuphilisa izifo. Wabathuma ukuba babuvakalise ubukumkani bukaThixo, bayiphilise imilwe- 3 lwe. Wathi kubo, Ningàphathi nto yandlela, namisimelelo, nangxowa yamphako, nasonka, namali, ningabi na- 4 ngubo zangaphantsi ngambini; nasendlwini enithe nangena kuyo, hlalani 5 khona, nde nisuke khona. Abo sukuba benganamkeli, yithini nakuphuma kuloo mzi, niluvuthulule nothuli ezinyaweni zenu, kube bubungqina *oko* kubo.
6 Bephumile ke, bayihambahamba imizana, bezishumayela iindaba ezilungileyo, bephilisa ezindaweni zonke.

UHerode uyathingaza
(UMat. 14: 1-12)

7 Ke kaloku uHerode, umphathi wesahlulo sesiné selizwe, waziva zonke izinto ezenziwayo nguye; wesuka wathingaza, ngenxa yokuba bekusithiwa ngabanye, 8 Kuvuke uYohane kwabafileyo; kuthiwe ke ngabanye, Kubonakale uEliya; kuthiwe ngabanye, Kubuye kwavuka um- 9 profeti wakuwo amanyange. Wathi uHerode, UYohane mna ndamnqamla intloko; lo ke ngubani na, ndiva *kuthethwa* izinto ezinje ngaye. Wayefuna ke ukumbona.

Ukutyiswa kwesihlwele okokuqala
(UMat. 14: 13-21)

Bebuyile abapostile,* bamcacisela u- 10 kuba zinkulu kwezinto ababezenzile. Wabathabatha, wasithela endaweni eyintlango yomzi okuthiwa yiBhetesayida. Zithe ke zakwazi izihlwele, zamlandela. 11 Wazamkela ke; wayethetha kuzo ngabo ubukumkani bukaThixo; wayebaphilisa ababeswele impilo.
Ke kaloku yaqala ukumka imini. 12 Beza ke abalishumi elinababini, bathi kuye, Zindulule izihlwele, ukuze bemke, baye emizini ejikelezileyo, nasemaphandleni, balale, ze bafumane into edliwayo; ngokuba apha sikwindawo eyintlango. Uthe ke kubo, Bapheni nina 13 badle. Bathi ke bona, Akukho nto sinayo ingaphezu kwezonka ezihlanu neentlanzi ezimbini; singaba kambe siya kuya sibathengele izinto ezidliwayo bonke aba bantu. Kuba amadoda 14 ngathi ayemawaka mahlanu.
Wathi ke kubafundi bakhe, Bangqengqiseni, babe yimityino emashumi ngamahlanu. Benjenjalo, babangqengqisa 15 bonke. Ezithabathile ke izonka zozi- 16 hlanu neentlanzi zombini, wakhangela ezulwini, wazisikelela, waqhekeza; wamana enika abafundi, ukuba babeke ezihlweleni. Badla bahlutha bonke; 17 kwasuswa okuseleyo kubo izitya zamaqhekeza zalishumi elinazibini.

UPetros uvuma ukuba uYesu unguKristu*
(UMat. 16: 13-20)

Ke kaloku kwathi, ekubeni ethandaza 18 eyedwa, bantontelana kuye abafundi, wabuza kubo, esithi, Izihlwele ezi zithi ndingubani na? Baphendula ke bona, 19 bathi, Zithi unguYohane umbhaptizi; abanye ke bathi unguEliya; abanye ke bathi, kubuye kwavuka mprofeti uthile kumanyange.
Uthe ke kubo, Ke nina nithi ndingu- 20 bani na? Waphendula ke uPetros wathi, Unguye uKristu* kaThixo.

UYesu ukuxela kwangaphambili
ukufa kwakhe
(UMat. 16: 21-23)

Wabakhalimela ke, ebathethela ngeli- 21

thi, le nto mabangayithethi nakubani;
22 esithi, UNyana woMntu umelwe kukuthi eve ubunzima obukhulu, alahlwe ngawo amadoda amakhulu nababingeleli abakhulu nababhali, abulawe, athi ngomhla wesithathu, avuke.

Ukuzincama
(UMat. 16: 24–28)

23 Wayesithi ke kubo bonke, Ukuba ubani uthanda ukundilandela, makazincame, awuthwale umnqamlezo wakhe
24 imihla ngemihla, andilandele ke. Ngokuba osukuba ethanda ukuwusindisa umphefumlo wakhe, wolahlekelwa nguwo; ke othe wawulahla umphefumlo wakhe ngenxa yam, wowusindisa lowo.
25 Kuba kumnceda ntoni na umntu ukuthi azuze ihlabathi liphela, abe ke ezilahlile,
26 mhlawumbi ezonakalisile? Kuba othe waneentloni ngam, nangawo amazwi am, uNyana woMntu woba neentloni ngaye lowo, xa athe weza esebuqaqawulini bakhe, nobukaYise, nobezithunywa ezi-
27 ngcwele. Ndithi ke kuni, Inyaniso, kukho abathile kwabemiyo apha, abangayi kukha beve kufa, bade babubone ubukumkani bukaThixo.

Ukwenziwa kumila kumbi kukaYesu
(UMat. 17: 1–13)

28 Ke kaloku kuthe, emveni kwezi zinto, malunga neentsuku ezisibhozo, wathabatha uPetros noYohane noYakobi; wenyuka waya entabeni, esiya kutha-
29 ndaza. Kwathi, ekuthandazeni kwakhe, ubuso bakhe babonakala bububumbi, nengubo yakhe yamhlophe yabengezela.
30 Kwabonakala amadoda amabini ethetha
31 naye, engooMoses noEliya, ababonakalayo besebuqaqawulini; babethetha ngophumo lwakhe, abeza kulufeza e-Yerusalem.
32 Ke kaloku uPetros, nabo babenaye, babesindwa bubuthongo; baza ke bakuthi balulu, bababona ubuqaqawuli bakhe, naloo madoda mabini abemi na-
33 ye. Ekwahlukaneni kwawo kuye, wathi uPetros kuye uYesu, Mongameli, kuhle ukuba sibe lapha. Masenze ke iminquba ibe mithathu, omnye ube ngowakho, omnye ube ngokaMoses, omnye ube ngokaEliya; *watsho* engayazi into ayithethayo.

Kuthe ke, akubon' ukuba uthethe 34 ezo zinto, kwabakho ilifu, labenzela ithinzi. Boyika ke ekungeneni kwabo efini apho. Kwabakho nezwi liphuma 35 efini, lisithi, Lo nguNyana wam oyintanda; mveni yena. Lakuba libekho 36 izwi elo, wafunyanwa uYesu eyedwa. Bahlala bathi cwaka bona, ababikela mntu ngaloo mihla kwizinto ababezibonile.

Ukuphiliswa konesathuthwane
(UMat. 17: 14–21)

Ke kaloku kuthe ngomhla olandelayo, 37 bakubon' ukuba bahlile entabeni, wahlangatyezwa sisihlwele esikhulu. Kwa- 38 bonakala kuvela indoda esihlweleni apho, yankqangaza isithi, Mfundisi, ndiyakukhunga, mbone unyana wam; kuba ndimzele wamnye. Uyabona, 39 uthatyathwa ngumoya, akhale kwangesiquphe, umbethe athi xhwenene, ade alephuze amagwebu; uze uthi, umqobile, umke kuye ngenkankulu. Ndabakhunga ke abafundi bakho ukuba 40 bawukhuphe; ababa nako.

Waphendula uYesu wathi, Sizuku- 41 lwanandini singakholwayo, sigwenxa, koda kube nini na ndikuni, ndininyamezele? Mzise apha unyana wakho. Akubon' ukuba useza ke, isuke idemon 42 yamntlala, yambetha, wathi xhwenene kunene. Wawukhalimela ke uYesu umoya ongcolileyo, waphilisa umntwana, wambuyisela kuyise. Bakhwankqi- 43 swa ke bonke bubungangamela bukaThixo.

UYesu okwesibini ukuxela kwangaphambili ukufa kwakhe
(UMat. 17: 22, 23)

Bakubon' ukuba bamangalisiwe bonke zizinto zonke awazenzayo uYesu, wathi kubafundi bakhe, Wabekeleni 44 nina iindlebe la mazwi; kuba uNyana woMntu uza kunikelwa ezandleni zabantu. Kodwa bona babengaliqondi eli 45 lizwi; laye lifihliwe kubo, ukuze bangaliboni. Babesoyika nokumbuza ngalo eli lizwi.

ULUKA 9–10

Oyena mkhulu ebukumkanini bamazulu
(UMat. 18: 1–3)

46 Ke kaloku kwangena ukucamanga phakathi kwabo kokuthi, angaba ngu-
47 bani na omkhulu phakathi kwabo. Ekubonile ke uYesu ukucamanga kwentliziyo yabo, uthabathe umntwanana, wa-
48 mmisa ngakuye. Wathi kubo, Othe wamamkela lo mntwanana egameni lam, wamkela mna; nothe wamkela mna, wamkela lowo wandithumayo. Kuba lowo umncinane phakathi kwenu nonke, ngoyena mkhulu.

Ongachaseneyo nathi ungecala lethu
(UMarko 9: 38–41)

49 Waphendula uYohane wathi, Mongameli, sabona othile ekhupha iidemon egameni lakho; samalela, ngokuba enga-
50 landelani nathi. Wathi uYesu kuye, Musani ukumalela; kuba ongachasene nathi, ungecala lethu.

AmaSamariya akamamkeli uYesu

51 Ke kaloku kwathi, yakuzaliseka imihla yokunyuselwa kwakhe phezulu, wazimisela ngokuqinileyo ukuya eYeru-
52 salem. Wathuma abathunywa phambi kobuso bakhe; behambile ke, bangena emzaneni wamaSamariya ukuba bamlu-
53 ngiselele. Akamamkela, ngokuba ubuso bakhe bebubheke eYerusalem.
54 Bekubonile ke *oko* abafundi bakhe, ooYakobi noYohane bathe, Nkosi, uyafuna na ukuba sitsho, kuhle umlilo ezulwini, ubatshise kuphele, njengoko
55 noEliya wenjenjalo? Wathi guququ, wabakhalimela wathi, Anazi ukuba
56 ningabomoya onjani na; kuba uNyana woMntu engàze kutshabalalisa miphefumlo yabantu, uzé kusindisa. Baza baya mzaneni wumbi.

Ukulandela uYesu
(UMat. 8: 18–23)

57 Kwathi ke, bakubon' ukuba bayahamba ngendlela, wathi othile kuye, Ndiya kukulandela, apho uthe waya khona,
58 Nkosi. Waza uYesu wathi kuye, Iimpungutye zinemingxuma, neentaka zezulu zineendawo zokuhlala; ke yena uNyana woMntu akanayo nendawo angalalisa kuyo intloko yakhe.

59 Wathi ke kuwumbi, Ndilandele. Uthe ke yena, Nkosi, ndivumele khe ndimke, ndiye kungcwaba ubawo kuqala. Wa-
60 thi ke uYesu kuye, Bayeke abafileyo, bangcwabe abafileyo babo; ke wena hamba uye kushumayela ubukumkani bukaThixo.
61 Wathi ke nomnye, Ndiya kukulandela, Nkosi; kodwa ndivumele kuqala, khe ndiye kubulisa abo basendlwini yam. Uthe ke uYesu kuye, Akukho
62 namnye usibekileyo isandla sakhe epuluweni, abe emana ekhangela kokusemva, ubulungeleyo ubukumkani bukaThixo.

Ukuthunywa nokubuya kwabangamashumi asixhenxe

10 Ke kaloku, emveni kwezi zinto, iNkosi yabalula yamisela abanye kanjalo, bemashumi asixhenxe; yabathuma ngababini phambi kobuso bayo, kuyo yonke imizi neendawo ebiza kuya kuzo yona.
2 Yayisithi ngoko kubo, Ukuvuna okunene kuninzi, kodwa bona abasebenzi bambalwa; khungani ngoko eNkosini yokuvuna, ikhuphe abasebenzi, baye ekuvuneni kwayo. Hambani; niyabo-
3 na, mna ndinithuma njengeemvana phakathi kweengcuka. Musani uku-
4 phatha ngxowa yamali, nangxowa yamphako, nazimbadada; ningabulisi
5 mntu endleleni. Nendlu enisukuba ningene kuyo, yithini kuqala, Uxolo malube kule ndlu. Ukuba angaba ulapho
6 owoxolo, uxolo lwenu lohlala phezu kwakhe; ukuba ke akunjalo, lobuyela kwakuni. Hlalani ke kuloo ndlu, nisi-
7 dla nisela izinto abanazo; kuba umsébenzi uwufanele umvuzo wakhe. Musani ukuphuma ningena zindlwini.
8 Emzini ke enisukuba ningena kuwo, banàmkele, yidlani izinto abazibeka phambi kwenu; niyiphilise imilwelwe
9 ekhona, nithi kubo, Busondele kuni ubukumkani bukaThixo.

ULUKA 10

10 Emzini enisukuba ningena kuwo, banganamkeli, phumani niye ezitratweni
11 zawo, nithi, Nothuli lomzi wenu olunamathele kuthi, siluvuthululela kuni; kodwa ke kwazini khona oku, ukuba busondele kuni ubukumkani bukaThi-
12 xo. Ndithi ke kuni, Koba nokunyamezeleka okweSodom ngaloo mini, kunokwaloo mzi.
13 Yeha, wena Korazin! Yeha, wena Bhetesayida! Ngokuba imisebenzi yamandla eyenzeke kuni, ukuba yayenzeke eTire naseTsidon, ingeyaguqukayo kwakudala loo mizi, ihleli ngeengubo ezi-
14 rhwexayo naseluthuthwini. Ewe, koba nokunyamezeleka okweTire nokwe-
15 Tsidon ngomgwebo kunokwenu. Nawe Kapernahum, uphakanyiselweyo ezulwini, uya kuphoswa phantsi kwelabafileyo.
16 Lowo univayo nina, uva mna; nalowo unigibayo nina, ugiba mna; lowo ke ugiba mna, ugiba lowo wandithumayo.

17 Ke kaloku babuya abamashumi asixhenxe bevuyile, besithi, Nkosi, needemon ezi zisithobele egameni lakho.
18 Uthe ke kubo, Bendimbona uSathana
19 njengombane esiwa ezulwini. Niyabona, ndininika igunya lokunyathela phezu kweenyoka noonomadudwane, naphezu kwawo onke amandla alo utshaba; kanjalo akukho nto ingakhe inenzakalise.
20 Noko ke maningakuvuyeli oku, kokuba oomoya benithobele; vuyelani ke kanye okokuba amagama enu ebhaliwe emazulwini.
21 Ngelo lixa wagcoba uYesu ngomoya, wathi, Ndiyabulela kuwe, Bawo, Nkosi yezulu nomhlaba; ngokuba ezi zinto uzifihlile kwizilumko neengqondi, wazityhilela iintsana; ewe, Bawo, ngokuba kwakholeka kuwe ukuba kube njalo.
22 Zonke izinto zinikelwe kum nguBawo; kanjalo akukho waziyo ukuba ungubani na uNyana, nguYise yedwa; nokuba ungubani na uYise, nguNyana yedwa, nalowo asukuba uNyana ethanda ukumtyhilela.
23 Wathi guququ kubafundi *bakhe*, wathi ngasese, Anethamsanqa wona amehlo abona izinto enizibonayo. Ku- 24 ba ndithi kuni, Baninzi abaprofeti nookumkani ababethande ukubona izinto enizibonayo nina, àbazibona; nokuva izinto enizivayo, àbaziva.

Umzekeliso womSamariya olungileyo

Kwabonakala kusuka umqondisi- 25 mthetho othile, emlinga nokumlinga, esithi, Mfundisi, ndénze ntoni na ukuze ndibudle ilifa ubomi obungunaphakade? Uthe ke yena kuye, Emthethweni 26 kubhalwe ntoni na? Ulesa njani na? Waphendula ke wathi, Ùze uyithande 27 iNkosi uThixo wakho ngentliziyo yakho iphela, nangomphefumlo wakho uphela, nangamandla akho ephela, nangengqondo yakho iphela; nommelwane wakho, njengoko uzithanda ngako. Uthe ke 28 kuye, Ùphendule walungisa; yenza oko, wobudla ubomi.

Ke kaloku yena, ethanda ukuzigwe- 29 bela, wathi kuYesu, Ngubani na ongummelwane wam?

Uphendule ke uYesu, wathi, Umntu 30 othile wayesihla evela eYerusalem, esiya eYeriko. Wagaxeleka ezihangeni, ezambhunyula iingubo, zamngxwelerha, zemka, zimshiya engathi uza kufa. Ke 31 kaloku kwathi, kwehla mbingeleli uthile ngaloo ndlela; akumbona, wacezela phaya. Kwangokunjalo ke nomLevi, 32 akufika kuloo ndawo, weza wambona, wacezela phaya. Uthe ke umSamariya 33 othile, eseluhambeni, waya kuye; wathi, akumbona, wasikwa yimfesane. Wa- 34 fika, wawabopha amanxeba akhe, egalela ioli newayini, wamkhwelisa eqegwini lakhe, wamsa endlwini yabahambi, wamonga. Akumka ngengomso, warho- 35 la iidenariyo* zambini wanika umninindlu, wathi kuye. Uze umonge; nento ongathi ubuye udleke yona, ndokuhlawulela mna ekubuyeni kwam. Ngu- 36 wuphi na kwabo bathathu ngoko, othi wena, waba ngummelwane walowo wagaxeleka ezihangeni?

Uthe ke yena, Ngulowo wamenzela 37 inceba. Wathi ngoko uYesu kuye, Hamba, uye kwenjenjalo nawe.

UMarta noMariya

38 Ke kaloku kwathi, ekuhambeni kwabo, yena wangena mzini uthile, yathi ke intokazi ethile egama linguMarta, yama- 39 mkela ngobubele endlwini yayo. Yaye ke inomsakwayo obe kuthiwa nguMariya, owathi yena wahlala ngasezinyaweni zikaYesu, emana ukuliphulaphula ilizwi lakhe.
40 UMarta ke yena wakruthakrutheka kukulungiselela okuninzi. Wema ke kufuphi wathi, Nkosi, akukhathali na, kukuba umsakwethu andiyekele ndilungiselele ndedwa? Yitsho ke kuye, 41 andincede. Waphendula ke uYesu wathi kuye, Marta, Marta, uxhaliswa uphi- 42 thiziseliswa zizinto ezininzi. Inye yona into efunekayo; uMariya ke unyule eso sabelo silungileyo, singayi kususwa kuye.

Umthandazo weNkosi
(UMat. 6: 9–13)

11 Kwathi, esendaweni ethile ethandaza, akupheza, wathi othile wakubafundi bakhe kuye, Nkosi, sifundise ukuthandaza, kwanjengoko uYohane wabafundisayo abafundi bakhe.
2 Uthe ke yena kubo, Xa sukuba nithandaza, yithini, Bawo wethu osemazulwini, malingcwaliswe igama lakho. Mabufike ubukumkani bakho. Makwenziwe ukuthanda kwakho nasemhlabeni, 3 njengokuba *kusenziwa* emazulwini. Siphe imihla yonke isonka sethu semihla 4 ngemihla, usixolele izono zethu; kuba nathi sibaxolela bonke abanamatyala kuthi. Ungasingenisi ekulingweni; sihlangule enkohlakalweni.

Umzekeliso womhlobo ebusuku

5 Wathi kubo, Nguwuphi na kuni ongáthi, enomhlobo, aze aye kuye phakathi kobusuku, athi kuye, Sihlobo, ndí- 6 boleke izonka zibe zithathu; kuba ke umhlobo wam uphambukele kum eseluhambeni, ndaye ndingenanto ke ndinga- 7 yibeka phambi kwakhe; aze asuke lowo ungaphakathi aphendule athi, Musa ukundaphula; seluvaliwe ucango, nabantwana bam basesililini nam; andinako ukuvuka ndikunike? Ndithi kuni, No- 8 kuba akayi kuvuka amnike, ngakuba engumhlobo wakhe, noko ngenxa yozingiso lwakhe olungenantloni wovuka, amnike inani alisweleyo.
Nam ndithi kuni, Celani, nophiwa; 9 funani, nofumana; nkqonkqozani, novulelwa. Kuba wonke umntu ocelayo, 10 uyazuza; nalowo ufunayo, uyafumana; nalowo unkqonkqozayo, uya kuvulelwa.
Nguwuphi na ke uyise kuni oya kuthi, 11 unyana akucela isonka, amnike ilitye; athi *akucela* intlanzi, amnike inyoka endaweni yentlanzi? Athi, ukuba uthe 12 wacela iqanda, amnike unomadudwane? Ukuba ke ngoko nina, ningendawo nje, 13 niyakwazi ukubapha abantwana benu izipho ezilungileyo, wobeka phi na ke yena uYihlo wasemazulwini, ukugqithisela ukubapha uMoya oyiNgcwele abo bamcelayo?

AbaFarisi banyelisa uThixo
(UMat. 12: 22–32)

Wayekhupha idemon, yaye ke isisi- 14 denge. Kwathi ke yakuphuma idemon, sathetha isidenge, zamangaliswa izihlwele. Kodwa abathile kubo bathi, 15 Úzikhupha iidemon ngoBhelezebhule, umphathi weedemon. Baye ke bambi 16 bemlinga, befuna kuye umqondiso ophuma emazulwini.
Ke kaloku yena, ezazi izicamango 17 zabo, wathi kubo, Bonke ubukumkani obahlulelene bodwa, buyaphanza; nendlu *eyahlulelene* nendlu, iyawa. Uku- 18 ba ke noSathana wahlulelene yedwa, bothini na ukuma ubukumkani bakhe? Ngokuba nithi, ndizikhupha iidemon ngoBhelezebhule. Ke ukuba mna ndi- 19 zikhupha iidemon ngoBhelezebhule, bazikhupha ngabani na oonyana benu? Baya kuba ngabagwebi benu bona ngenxa yoko. Ke ukuba ndizikhupha iide- 20 mon ngomnwe kaThixo, ngoko bunifikele kanti ubukumkani bukaThixo.
Xa lithi igorha lixhobe tu, lilinde 21 ibhotwe lalo, impahla yalo ihlala inqabile; kodwa xa lithe elinamandla kunalo 22 lalifikela, laleyisa, lilihlutha sonke isikrwoqe salo elabe likholose ngaso, li-

wabe amaxhoba alo.

23 Lowo ungengakum, uchasene nam; nalowo ungandibuthisiyo, uyachithachitha.

24 Xa umoya ongcolileyo uthe waphuma emntwini, ucanda ezindaweni ezingenamanzi, ufuna ukuphumla; uze wakuba ungakufumani, usuke uthi, Ndiya kubuyela endlwini yam, endaphuma kuyo.

25 Uthi wakufika, uyifumane itshayelwe,
26 ivathisiwe. Wandule ukuya kuthabatha abanye oomoya abasixhenxe abangendawo kunawo, bangene ke bahlale khona; lize ikamva laloo mntu libe libi kunesiqalo.

27 Ke kaloku kwathi, ekuzithetheni kwakhe ezi zinto, intokazi ethile yaliphakamisa izwi layo esihlweleni eso, yathi kuye, Sinoyolo isizalo esakuba-
28 mbayo, nambele owawanyáyo. Uthe ke yena, Yithi kanye, Banoyolo abo balivayo ilizwi likaThixo baligcine.

Umqondiso kaYona
(UMat. 12: 38–42)

29 Ke kaloku, zakubon' ukuba ziqukene iindimbane, waqala ukuthi, Esi sizukulwana singendawo, singxamele umqondiso; ukanti asiyi kunikwa mqondiso, ingenguwo umqondiso kaYona umpro-
30 feti. Kuba, njengokuba uYona waba ngumqondiso kwabaseNineve, uya kuba kwanjalo uNyana woMntu kwesi sizukulwana.

31 Ukumkanikazi waseZantsi uya kusuka eme ngomgwebo namadoda esi sizukulwana, awagwebe; ngokuba wavela eziphelweni zomhlaba, esiza kuva ubulumko bukaSolomon; ukanti ke omkhulu kunoSolomon nanku apha.

32 Amadoda aseNineve aya kusuka eme ngomgwebo nesi sizukulwana, asigwebe; kuba aguquka wona ngomemezo lukaYona; ukanti ke omkhulu kunoYona nanku apha.

Isibane somzimba
(UMat. 5: 15; 6: 22; uLuka 8: 16)

33 Akukho ke uthi, esibanekile isibane, asibeke endaweni efihlakeleyo, nokuba kuphantsi kwesitya; usibeka esiphathweni saso, ukuze abo bangénayo bakubone ukukhanya. Isibane somzimba 34 liliso. Xa sukuba iliso lakho lingenakumbi, umzimba wakho uphela uyakhanyiseleka; xa lithe lakhohlakala, nomzimba wakho ububumnyama. Ngo- 35 ko xunela ekuthini ukukhanya okukuwe kungabi bubumnyama. Ukuba ngoko 36 umzimba wakho uphela ukhanyiselekile, ungenandawo imnyama, úya kukhanyiseleka uphela, njengaxenikweni sithe isibane sakukhanyisela ngokudangazela *kwaso*.

UYesu ukhalimela ababhali nabaFarisi
(UMat. 23)

Ke kaloku, akuba ethethile, umFarisi 37 othile wayemcela ukuba aye komulela kuye. Ungenile ke wahlala phantsi. Uthe ke akubona *oku*, umFarisi wama- 38 ngaliswa kukuba engathanga kuqala ahlambe, phambi kokuba adle.

Yathi ke iNkosi kuye, Kaloku nina 39 baFarisi nihlambulula umphandle wendebe nesitya, ukanti wona umbilini wenu uzele kukuphanga nokungendawo. Basweli-kuqonda, owakwenzayo oku- 40 ngaphandle akakwenzanga na nokungaphakathi? Kanye ke izinto ezingaphakathi, lizani ngazo; niyabona, zosuka zonke izinto zihlambuluke kuni.

Yeha, nina baFarisi! Ngokuba nini- 42 kela izishumi zetyeleba nezenxina nezemifuno yonke, nize nidlule kuwo umgwebo nokuthanda uThixo; ezi ndawo ke benimelwe kukuthi nizenze, nithi neziya ningazishiyi.

Yeha, nina baFarisi! Ngokuba ni- 43 thanda isihlalo sobukhulu ezindlwini zesikhungu, nemibuliso ezindaweni zembutho.

Yeha, nina babhali, baFarisi, bahana- 44 hanisindini! Ngokuba ninjengamangcwaba angabonakaliyo, abathi nabantu abahamba phezu kwawo, bangawazi.

Waphendula ke othile wakubaqondi- 45 si-mthetho, wathi kuye, Mfundisi, uzithetha nje ezo zinto, usiphatha kakubi nathi.

Uthe ke yena, Yeha, nani baqondisi- 46 mthetho! Ngokuba abantu nibathwa-

ULUKA 11—12

lisa imithwalo enzima, nibe nina ngokwenu ningayichukumisi imithwalo leyo nangamnye umnwe wenu.

47 Yeha, nina! Ngokuba niyawakha amangcwaba abaprofeti, babe ke ooyihlo
48 bebabulele. Kambe niyayingqinela niyithakazela imisebenzi yooyihlo; ngokuba bona okunene bababulala, niyawakha ke nina amangcwaba abo.
49 Ngenxa yoko nobulumko bukaThixo bâthi, Ndiya kubathumela abaprofeti nabapostile;* kubo abo ke baya kuyibulala inxenye, bayitshutshise inxenye;
50 ukuze limenywe kwesi sizukulwana igazi labo bonke abaprofeti elaphalazwayo,
51 kuseloko lasekwayo ihlabathi; lithabathela egazini lika-Abheli, lide lizise egazini likaZekariya, owatshabalalela phakathi kwesibingelelo nendawo eyingcwele. Ewe, ndithi kuni, liya kumenywa kwesi sizukulwana.
52 Yeha nina, baqondisi-mthetho! Ngokuba nasisusa isitshixo sokwazi; nina anangena, nabangénayo nabaléla.

53 Ke kaloku, akubon' ukuba uyazithetha ezi zinto kubo, baqala ababhali nabaFarisi ukuba nenqala enkulu, noku-
54 mcofa ngemibuzo emininzi, bemlalele, befuna ukunqakula into ephuma emlonyeni wakhe, ukuze bammangalele.

12 Phakathi koko, kuthe akubon' ukuba ahlanganisene ndawonye amawakawaka abantu, ngokokude banyathelane, waqala ukuthi kubafundi bakhe, Phambi kwako konke, lilumkeleni igwele labaFarisi, eliluhanahaniso.
2 Akukho nto ke igqunyiweyo, engasayi kutyhilwa; nefihlakeleyo, engasayi kwa-
3 ziwa. Ngenxa enokuba konke enikuthethe emnyameni, kuya kuviwa emhlotsheni; nenikuthethe endlebeni emagumbini, kuya kumenyezwa phezu kwezindlu.

Ofanele ukoyikwa
(UMat. 10: 28—33)

4 Ndithi ke kuni, zihlobo zam, Musani ukuboyika abo babulala umzimba, baze emva koko bangabi nanto yimbi banga-
5 yenzayo. Ndiya kunibonisa ke éno-moyika; yoyikani lowo uthi emva kokubulala, abe negunya lokuphosa esihogweni. Ewe, ndithi kuni, Yoyikani yena lowo.
6 Ábathengiswa ngeepeni ezimbini na oongqatyana abahlanu? Ukanti akukho namnye kubo olityelweyo emehlweni kaThixo.
7 Kwaneenwele ezi zentloko yenu zibaliwe zonke; musani ukoyika ngoko, nibagqithile oongqatyana abaninzi nina.

8 Ndithi ke kuni, Wonke umntu othe wandivuma phambi kwabantu, kwanoNyana woMntu uya kumvuma phambi kwezithunywa zikaThixo.
9 Ondikhanyeleyo ke emehlweni abantu, wokhanyelwa emehlweni ezithunywa zikaThixo.
10 Nomntu wonke oya kuthetha ilizwi elibi ngoNyana woMntu, woxolelwa; kodwa lowo unyelise uMoya oyiNgcwele, akasayi kuxolelwa.

11 Xa sukuba ke benizisa ezindlwini zesikhungu, nakwizilawuli, nakwabanegunya, ize ningaxhaleli ukuba ningáziphendulela ngokunjani na, nangantoni na, nokuba ningáthethani na.
12 Kuba uMoya oyiNgcwele uya kunifundisa ngalo elo lixa izinto enimelwe kukuthi nithethe zona.

Umzekeliso wesityebi esiswele ukuqonda

13 Ke kaloku uthe ubani kuye endimbaneni, Mfundisi, yitsho kumzalwana wam, ahlulelane nam ilifa.
14 Uthe ke yena kuye, Mntundini, ndimiswe ngubani na ukuba ndibe ngumahluli nomabi phakathi kwenu?
15 Wathi ke kubo, Lumkani, nizilinde ngasekubaweni; ngokuba ubomi bomntu abumi ngabuninzi bempahla yakhe.

16 Wathetha ke umzekeliso kubo, esithi, Umhlaba womntu othile osisityebi wachuma kakhulu;
17 wayecamanga phakathi kwakhe, esithi, Ndiya kuthini na; ngokuba andinandawo ndiya kuzihlanganisela kuyo iziqhamo zam?
18 Wathi, Nantsi into endiya kuyenza; ndiya kubawisa phantsi oovimba bam, ndakhe abangaphezulu kwabo; ndizihlanganisele khona zonke izilimo zam, nezinto zam ezilungileyo;
19 ndithi kuwo umphefumlo wam, Mphefumlo, unezinto ezi-

ULUKA 12

ninzi ezilungileyo, ezibekelwe iminyaka emininzi; phumla, yidla, sela, yiba
20 nemihlali. Uthe ke uThixo kuye, Msweli-kuqonda, ngobu busuku umphefumlo wakho uya kubizwa kuwe; ziya kuba zezikabani na ke ezo zinto
21 uzilungisileyo? Únjalo lowo uziqwebela ubutyebi, engenabutyebi kuThixo.

Amaxhala obomi
(UMat. 6: 25-34)

22 Wathi ke kubo abafundi bakhe, Ngenxa yoko ndithi kuni, Musani ukubuxhalela ubomi benu, ngokuthi ningadla ntoni na; kwanomzimba, ngokuthi
23 ningambatha ntoni na. Ubomi bukhulu kunokudla, nomzimba kunento yokwambatha.
24 Qondani ngamahlungulu la, ngokuba akahlwayeli, akavuni; kuwo akukho qonga navimba, kanti *noko* uThixo uyawondla; nina nibeke phi na ke, ukuzi-
25 gqitha iintaka! Nguwuphi na ke kuni onokuthi ngokuxhala ongèze ebukhu-
26 lwini bakhe ikubhite* ibe nye? Ukuba ngoko aninako ukwenza neyona nto incinane, yini na ukuba nizixhalele
27 ezinye? Qondani ngeenyibiba, ukuhluma kwazo; azibulaleki, azisonti nokusonta; ndithi ke kuni, Naye uSolomon, kubo bonke ubunewunewu bakhe, wayengavathanga nanjenganye yazo ezi.
28 Ukuba ke ingca, leyo isendle, ethi namhla ibekho, ize ngomso iphoswe eziko, wenjenjalo uThixo ukuyambesa, wobeka phi na ke kuni, bantundini balu-
29 kholo luncinane? Nani nize ningafuni ukuthi ningadla ntoni na, nisele ntoni
30 na; kanjalo nize ningathingazi; ngokuba zonke ezo nto zingxanyelwe ziintlanga zehlabathi; uYihlo ke uyazi ukuba
31 niziswele ezo zinto. Funani ubukumkani bukaThixo nina, zaye zonke ezo zinto ziya kongezelelwa kuni.
32 Musani ukoyika, mhlambi mncinane; ngokuba kukholekile kuYihlo ukunini-
33 ka ubukumkani. Thengisani ngeempahla zenu, nilîze ngazo; zenzeleni iingxowa zemali ezingagugiyo, ubutyebi obungapheliyo emazulwini, apho kungasondeliyo sela, kungonakalisiyo nanundu;

kuba apho bukhona ubutyebi benu, yo- 34 ba lapho nentliziyo yenu.

Umzekeliso wabakhonzi abafunyanwa belindile
(UMat. 24: 45-51)

Mazibe zibhinqiwe izinqe zenu, nezi- 35 bane *zenu* zivutha; nani nibe njenga- 36 bantu abayilindileyo inkosi yabo, xeshikweni iya kubuya emsithweni; ukuze bathi, yakufika inkqonkqoze, bayivulele kwaoko. Banoyolo abo bakhonzi, 37 eyothi yakufika inkosi, ibafumane belindile. Inene ndithi kuni, iya kubhinqa, ibangqengqise bona, ize isondele ibalungiselele. Nokuba ithe yeza ngo- 38 wesibini umlindo *wobusuku*, nokuba ithe yeza ngowesithathu umlindo, yafika kunjalo, banoyolo abo bakhonzi.

Kwazini ke oku, ukuba umninindlu 39 ebesazi ukuba isela liza ngaliphi na ilixa, ange elindile, akayiyekela indlu yakhe igqojozwe. Nani ngoko yibani 40 nilungile; ngokuba uNyana woMntu uza ngelixa eningalikhumbuleliyo.

Wathi ke uPetros kuye, Nkosi, lo 41 mzekeliso uwuthetha kuthi, uwuthetha kubo bonke, kusini na?

Ithe ke iNkosi, Ngubani na ke elo 42 gosa lithembekileyo, liqondileyo, eyothi inkosi ilimise phezu kwabendlu yayo, ukuze libanike umamkelo wabo wokudla ngexesha elifanelekileyo? Ú- 43 noyolo loo mkhonzi eyothi, yakufika inkosi yakhe, imfumane esenjenjalo. Inene ndithi kuni, iya kummisa phezu 44 kwayo yonke impahla yayo. Ukuba ke 45 loo mkhonzi uthe entliziyweni yakhe, Inkosi yam iyalibala ukuza; aze aqale azibethe izicaka nezicakakazi, adle, asele, anxile: yofika inkosi yaloo mkho- 46 nzi ngemini angayilindeleyo, nangelixa angalaziyo, ize imnqumle kubini, immisele isabelo sakhe nabangathembekileyo.

Yena ke loo mkhonzi, ubekwazi uku- 47 thanda kwenkosi yakhe, àkalungisa, àkenza ngokuthanda kwayo, uya kutyatyulwa ngemivumbo emininzi; ke yena 48 obengazi, wenza ke okufanele imivumbo, uya kutyatyulwa ibe mbalwa. Kubo bonke abanikwe okukhulu, kuya

1017

UYesu uzisa umlilo asuse uxolo ehlabathini

49 Ndizé kuphosa umlilo ehlabathini; hayi, ukufuna kwam, ukunga unge use-
50 luphenjiwe! Kukho ke lubhaptizo ndifanele ukubhaptizwa ngalo; asikuko nokuba ndicinezelekile lude lufezeke.
51 Niba ndizé kungenisa uxolo na ehlabathini? Ndithi kuni, Hayi, kanye ndizé
52 kungenisa imbambano. Kuba kuya kuthi, kuthabathela kwalapha, kubekho abahlanu ndlwini-nye bebambene, abathathu *bebambene* nababini, nababini
53 *bebambene* nabathathu. Kuya kubambana uyise nonyana, unyana noyise; unina nentombi, intombi nonina; uninazala nomolokazana, umolokazana noninazala.

Imiqondiso yamaxesha

54 Wayesithi ke nakuzo izihlwele, Xa nithe nalibona ilifu liphuma entshonalanga, nithi kwaoko, Kuza isiphango;
55 kusuke kube njalo. Naxa sukuba nibona umoya wasezantsi uvuthuza, nithi, Kuya kubakho ulophu; lusuke lubekho.
56 Bahanahanisindini, niyakwazi ukuyicalula imbonakalo yomhlaba neyezulu; kungani na ke ukuba ningalicaluli lona
57 eli xesha? Yini na ke ukuba nina ngokwenu ningakwahluli okububulungisa?
58 Kuba xa uya nommangaleli wakho phambi komlawuli, yithi endleleni apho usebenze ukuthi uzikhulule kuye; hleze akurholele kumgwebi, aze umgwebi akunikele kumsila, umsila ukuphose
59 entolongweni. Ndithi kuwe, Akusayi kukha uphume khona apho, ude uhlawule nemalanana yokugqibela.

Ukuvuselela inguquko

13 Ke kaloku kwaye kukho abathile ngelo xesha, ababembikela amaGalili, agazi uPilato waliphithikeza
2 namadini awo. Waphendula uYesu wathi kubo, Niba na loo maGalili ebengaboni ngaphezu kwawo onke amaGalili, ngokuba evé ubunzima obu-
3 njalo? Ndithi kuni, Hayi; nòthi xa sukuba ningaguquki, nitshabalale kwangokunjalo nonke.
4 Hi, bona abo balishumi elinesibhozo, bawelwa yinqaba eseSilowa, yababulala; niba na babenetyala ngaphezu kwabo bonke abantu abemiyo eYerusalem?
5 Ndithi kuni, Hayi; nòthi, xa sukuba ningaguquki, nitshabalale kwangokunjalo nonke.

Umzekeliso womkhiwane ongathwali siqhamo

6 Wabethetha ke lo mzekeliso: Ubani wayenomkhiwane, utyelwe esidiliyeni sakhe; weza efuna isiqhamo kuwo, akafumana nto. Wathi ke kumsébenzi-si-
7 diliya, Uyabona, ndiminyaka mithathu ndiza ndifuna isiqhamo kulo mkhiwane, ndingafumani nto; wugawule; yini na ukuba úde uphuthise nomhlaba.
8 Aphendule ke yena athi kuye, Nkosi, wuyeke nangaló mnyaka, ndide khendimbe ndiwurhaqe, ndigalele umgqu-
9 ba. Ukuba ke uthe wavelisa isiqhamo, wòwuyeka; ke ukuba akubanga njalo, wòbuya uwugawule.

Ukuphiliswa kwentokazi enomoya wobulwelwe

10 Ke kaloku wayefundisa kwenye yezi-
11 ndlu zesikhungu ngayo isabatha. Kwabonakala kukho ntokazi ibinomoya wobulwelwe iminyaka elishumi elinesibhozo; yaye igobile, ingenako kanye ukuziphakamisa. Eyibonile ke uYesu,
12 wayibiza wathi kuyo, Ntokazindini, khululeka ebulwelweni bakho. Wayi-
13 beka ke izandla; yoluka kwangoko, yazukisa uThixo.
14 Ke kaloku waphendula umphathi wendlu yesikhungu, ecaphuka kuba uYesu waphilisa ngesabatha, wathi kwizihlwele, Mithandathu imihla ekufanele ukusetyenzwa ngayo; yizani ngayo ngoko niphiliswe, kungabi ngawo umhla wesabatha. Yamphendula ngo-
15 ko iNkosi, yathi, Mhanahanisindini, akathi na elowo kuni ayikhulule ngesabatha inkomo yakhe, nokuba liesile

ULUKA 13–14

lakhe, emkhumbini wesitali, alirhole
16 aye kuliseza? Lo ke, eyintombi ka-Abraham nje, ayibophileyo uSathana, khangela, le minyaka ilishumi elinesibhozo, ubengamele ukukhululwa na kulo mabophe ngomhla wesabatha?

17 Akubon' ukuba uyazithetha ezo ndawo, badaniswa bonke abachasene naye; zathi zonke izihlwele zavuya ngazo zonke izinto ezizukileyo ezenziwa nguye.

Umzekeliso wokhozo lwemostade nowegwele
(UMat. 13: 31-33)

18 Wayesithi ke, Bufana nantoni na ubukumkani bukaThixo? Ndiya ku-
19 bufanisa nantoni na? Bufana nokhozo lwemostade, awaluthabathayo umntu, waluphosa emyezweni wakhe; lwahluma lwaba ngumthi omkhulu, zathi iintaka zezulu zahlala emasebeni awo.

20 Wabuya wathi, Ndiya kubufanisa nantoni na ubukumkani bukaThixo?
21 Bufana negwele, awalithabathayo umfazi, walifihla ezilinganisweni zozithathu zomgubo, wada wabiliswa uphela.

Isango elimxinwa

22 Waye ecanda kwimizi ngemizi, nemizana ngemizana, efundisa, esinga e-
23 Yerusalem. Ke kaloku wathi othile kuye, Nkosi, bambalwa na abo basindiswayo?
24 Uthe ke yena kubo, Zamani ukungena ngesango elimxinwa; ngokuba ndithi kuni, baninzi abaya kufuna ukungena,
25 bakhohlwe. Xa selethe wavuka umninindlu, waluvala ucango, naza naqala ukuma ngaphandle, nokunkqonkqoza elucangweni, nisithi, Nkosi, nkosi, sivulele: úya kuza aphendule athi kuni,
26 Andinazi apho nivela khona. Niya kwandula niqale ukuthi, Sadla, sasela, emehlweni akho; nawe wafundisa ezi-
27 tratweni zethu. Athi, Ndithi kuni, andinazi apho nivela khona; mkani kum, nina nonke basébenzi bokungalungi-
28 leyo. Khona apho kuya kubakho ukulila nokutshixiza kwamazinyo, xa nithe nabona uAbraham, noIsake, noYakobi, nabo bonke abaprofeti, ebukumkanini bukaThixo; nibe ke nina nikhutshelwe phandle. Babeya kuza bevela 29 empumalanga nasentshonalanga, nasentla, nasezantsi, bangqengqe ebukumkanini bukaThixo.

Yabonani, bakho abokugqibela abaya 30 kuba ngabokuqala; bakho nabokuqala abaya kuba ngabokugqibela.

UYesu ulunyukiswa ngoHerode

Kwangaloo mini kweza abaFarisi 31 abathile, besithi kuye, Phuma umke apha; ngokuba uHerode ufuna ukukubulala.

Wathi kubo, Yiyani nithi kuloo mpu- 32 ngutye, Uyabona, ndikhupha iidemon, ndifinyeze iimpiliso, namhla nangomso; ndithi ngowesithathu *umhla* ndifeze. Kodwa ndimelwe kukuthi ndihambe na- 33 mhla nangomso nangolandelayo; ngokuba akangekhe umprofeti atshabalalele ngaphandle kweYerusalem.

Yerusalem, Yerusalem, ebabulalayo 34 abaprofeti, ibagibisele ngamatye abo bathunywe kuyo! Kufuthi kangakanani na ndathandayo ukubabuthela ndawonye abantwana bakho, ngohlobo esithi isikhukukazi siwabuthele ndawonye amantshontsho aso ngaphantsi kwamaphiko *aso,* anavuma! Yabonani, 35 indlu yenu ishiywa nani izé. Inene, ndithi ke kuni. Aniyi kuba sandibona, kude kufike ixesha eniya kuthi, Makabongwe lowo uzayo egameni leNkosi.

Ukuphiliswa konegalimoya

14 Kwathi, akuba engene ngesabatha endlwini yomnye wakubaphathi babaFarisi, ukuba adle isonka, bahlala bemlalele bona. Kwabonakala kukho 2 phambi kwakhe mntu uthile unegalimoya. Waphendula uYesu wathetha kubo 3 abaqondisi-mthetho nabaFarisi, esithi, Kuvumelekile na ukuphilisa ngesabatha? Bathi quthu ke bona. Wamtha- 4 batha, wamphilisa, wamndulula. Wa- 5 baphendula wathi, Lelikabani na kuni apha iesile, nokuba yinkomo, eya kweyela equleni, aze angayirholi kwaoko ngomhla wesabatha? Bakhohlwa uku- 6 mphendula kwezo zinto.

1019

ULUKA 14

Umzekeliso wabamenywa nezilili zobukhulu

7 Ke kaloku wathetha umzekeliso kwababemenyiwe, akugqala ukunyula kwa-
8 bo izilili zobukhulu; wathi kubo, Xa uthe wamenyelwa emsithweni ngubani, musa ukungqengqa esililini sobukhulu; hleze obekekileyo kunawe abe ubeme-
9 nyiwe nguye, eze lowo ubenimemile, athi kuwe, Khwelela lo *mntu;* uze uqale ukuthabatha indawo esekugqibeleni udanile.
10 Yithi xa uthe wamenywa, uye uhlale endaweni esekugqibeleni, ukuze, xa athe weza lowo ukumemileyo, athi kuwe, Sihlobo, nyukela ngasentla; wandule ke ukuba nozuko emehlweni abo bahleli
11 ndawonye nawe. Ngokuba wonke umntu oziphakamisayo, uya kuthotywa; nozithobayo uya kuphakanyiswa.
12 Wayesithi ke nakulowo ummemileyo, Xa sukuba usenza isidlo sasemini, nokuba sesangokuhlwa, musa ukubiza izihlobo zakho, nabazalwana bakho, nemizalwane yakho, nabamelwane abazizityebi; hleze nabo babuye bakumeme, ize
13 *oko* kube yimbuyekezo kuwe. Yithi xa sukuba usenza isidlo, umeme amahlwe-
14 mpu, izilima, iziqhwala, iimfama; wòba nentsikelelo; ngokuba àbanako ukubuyekeza kuwe; kuba ùya kubuyekezwa wena eluvukweni lwamalungisa.

Umzekeliso wesidlo esikhulu
(UMat. 22: 1-14)

15 Ke kaloku, akuziva ezo zinto omnye kwabo babehleli naye, wathi kuye, Ùnoyolo oya kudla isonka ebukumkanini bukaThixo.
16 Uthe ke yena kuye, Umntu othile wenza isidlo esikhulu, wamema abani-
17 nzi. Wasusa umkhonzi wakhe ngelixa lesidlo, ukuba aye kuthi kwabamenyiweyo, Yizani; ngokuba konke sekulu-
18 ngisiwe. Baqala bonke ngakunye ukuzilanduleka; owokuqala wathi kuye, Ndithengé intsimi, kufuneka ukuba ndiphume ndiye kuyibona; ndiyakucela,
19 mandibe ngowabalandulelwayo. Wathi omnye, Ndithengé iinkomo zeedyokhwe ezintlanu, ndiya kuziva; ndiyakucela mandibe ngowabalandulelwayo. Wathi 20 omnye, Ndizeké umfazi, ngenxa yoko andinakuza.

Efikile loo mkhonzi, wayibikela ke 21 inkosi yakhe ezo ndawo. Wandula waqumba umninindlu, wathi kumkhonzi wakhe, Phuma kamsinya, uye ezitratweni nakwizitratwana zomzi, uqukele apha amahlwempu nezilima neziqhwala neemfama. Wathi umkhonzi, Nkosi, 22 kwenzeké njengoko ubuyalele, ukanti kusekho indawo. Yathi inkosi ku- 23 mkhonzi lowo, Phuma uye ezindleleni, nasezintangweni, ubanyanzele bangene, ukuze indlu yam izale. Kuba ndithi 24 kuni, akukho nanye kuloo madoda abemenyiwe, eya kusiva isidlo sam.

Ukuzincama komfundi

Ke kaloku kwaye kuhamba naye izi- 25 hlwele ezikhulu; wajika, wathi kuzo, Ukuba ubani uza kum, angamthiyi 26 uyise, nonina, nomfazi, nabantwana, nabazalwana, nodade, ewe, nobakhe ubomi, akanakuba ngumfundi wam. Nosukuba engawuthwali umnqamlezo 27 wakhe, andilandele, akanakuba ngumfundi wam.

Kuba nguwuphi na kuni othi, ethanda 28 ukwakha inqaba, angàkhe ahlale phantsi kuqala, abale indleko, ukuba unazo na izinto zokuyigqiba? Hleze, akubon' 29 ukuba usibekile isiseko, angabi nakugqiba, bathi bonke ababonelayo baqale ukuhlekisa ngaye, besithi, Lo mntu 30 waqala ukwakha, wakhohlwa ukugqiba. Kananjalo nguwuphi na ukumkani othi, 31 esiya kuhlangana nomnye ukumkani emfazweni, angàkhe ahlale phantsi kuqala, acinge ukuba unako na, enashumi-nye lamawaka, ukuhlangabeza omzelayo enamashumi amabini amawaka? Ukuba ke akanako, uthi esekude, 32 athume isigidimi, acele iindawo zoxolo.

Ngokukwanjalo ngoko, wonke umntu 33 kuni ongazishiyiyo zonke iimpahla zakhe, akanakuba ngumfundi wam. Ilungile ityuwa; ke ukuba ityuwa ithe 34 ayaba nasongo, yothiwani na ukuvakaliswa? Ayiwulungele nomhlaba, ayi- 35

ULUKA 14–15

wulungele nomgquba; ilahlelwa phandle. Lowo uneendlebe zokuva makeve.

Umzekeliso wegusha elahlekileyo nedrarhima* elahlekileyo

15 Ke kaloku, babesondela kuye bonke ababuthi berhafu naboni, 2 ukuba bamve. Babekrokra ke aba-Farisi nababhali, besithi, Lo wamkela aboni, adle nabo.

3 Wathetha ke kubo lo mzekeliso, 4 esithi, Nguwuphi na umntu kuni othi, enekhulu lezimvu, ize kulahleke enye kuzo, angazishiyi ezingamashumi asithoba anesithoba entlango, asinge kule- 5 yo ilahlekileyo, ade ayifumane? Athi ke akuyifumana, ayibeke emagxeni akhe, 6 evuya. Athi akufika ekhaya, ababizele ndawonye abahlobo nabamelwane, esithi kubo, Vuyisanani nam, ngokuba ndiyifumene imvu yam ebilahlekile. 7 Ndithi kuni, ngokukwanjalo kuya kubakho uvuyo emazulwini ngomoni eba mnye oguqukayo, kunamashumi asithoba anesithoba amalungisa, angaswele nguquko.

8 Kanjalo nguwuphi na umfazi eneedrarhima* zilishumi, ongethi, ukuba ithe yalahleka enye idrarhima, alumeke isibane, ayitshayele indlu, afune enyame- 9 kile, ade ayifumane? Athi akuyifumana, ababizele ndawonye abahlobo nabamelwane, esithi, Vuyisanani nam, ngokuba ndiyifumene idrarhima ebindi- 10 lahlekile. Ngokukwanjalo ndithi kuni, kubakho uvuyo emehlweni ezithunywa zikaThixo ngomoni eba mnye oguqukayo.

Umzekeliso wonyana wolahleko

11 Ke kaloku wathi, Umntu othile ube 12 enoonyana ababini. Wathi omnci wabo kuyise, Bawo, ndinike isahlulo sempahla esilunge nam. Wababela imfuyo 13 leyo. Kuthe kungekabi ntsuku zininzi, wahlanganisa into yonke unyana omnci, wesuka kwelakowabo, waya ezweni elikude; wathi khona apho wayichitha impahla yakhe ngentlalo yokuzibhubhisa. Akubon' ukuba udle konke, kwa- 14 bakho indlala enzima kwelo zwe, waqala ukuswela naye. Waya wanamathela 15 komnye kubemi belo zwe; wathi yena wamthumela emihlabeni yakhe, ukuba aye kwalúsa iihagu. Ubenqwenela ke 16 ukusizalisa isisu sakhe ngeengxam ezabe zidliwa ziihagu; bekungekho mntu umphayo.

Ke kaloku, akuba nokuziqonda, wa- 17 thi, Kanene bangakanani na abaqeshwa bakabawo, ábadikwa zizonka; nanku ke mna ndiphela yindlala? Ndiya 18 kusuka ndiye kubawo, ndithi kuye, Bawo, ndonile kuwo amazulu, nasemehlweni akho. Andisafanele kubizwa 19 ngonyana wakho; ndénze ndibe njengomnye kubaqeshwa bakho. Wesuka 20 weza kuyise.

Ke kaloku, akubon' ukuba usekude lee, uyise wambona, wasikwa yimfesane, wagidima, wawa entanyeni yakhe, wamanga. Wathi ke unyana kuye, Bawo, 21 ndonile kuwo amazulu, nasemehlweni akho; andisafanele kubizwa ngonyana wakho. Uthe ke uyise kubakhonzi 22 bakhe, Rholani ingubo ende, eyona intle, nimambathise, nifake umsesane esandleni sakhe, neembadada ezinyaweni zakhe. Nizise ithole, eliyá lityetyisi- 23 weyo, nixhele; sidle, sibe nemihlali. Ngokuba lo nyana wam ubefile, wabuya 24 waphila; ubelahlekile, wafunyanwa. Baqala ke ukuba nemihlali.

Ke kaloku unyana wakhe omkhulu 25 ebesentsimini; wathi xa azayo, wasondela endlwini, weva ukugwala nokududa. Wabizela kuye omnye kubakhonzi, 26 wambuza ukuba zingaba ziyini na ezi zinto. Uthe ke yena kuye, Umninawa 27 wakho ufikile; uyihlo ke uxhele ithole, eliyá lityetyisiweyo; ngokuba ebuye wamzuzu ephilile. Waqumba ke, aka- 28 vuma nokungena.

Uphumile ke uyise wambongoza. Waphendula ke yena wathi kuyise, 29 Uyabona, le minyaka ingakanana ndiyakukhonza, andizanga ndigqithe mthetho wakho; ukanti akuzanga undinike netakane eli, ukuze ndenze imihlali nezam izihlobo; kodwa xenikweni afikileyo lo 30

ULUKA 15-16

nyana wakho, wayidlayo wayigqiba impilo yakho namahenyukazi, umxhe-
31 léle ithole eliyá lityetyisiweyo. Uthe ke yena kuye, Mntwana wam, wena uhleli unam, nazo zonke izinto zam
32 zezakho. Besimelwe kukuthi senze imihlali ke, sivuye; ngokuba umninawa wakho lo ubefile, wabuya waphila; ubelahlekile, wafunyanwa.

Umzekeliso wegosa elingenabulungisa

16 Ke kaloku, wayesithi nakubafundi bakhe, Kwaye kukho umntu othile osisityebi, obenegosa; laza lona lancethezwa kuye, ukuba lingoyichi-
2 thayo impahla yakhe. Elibizile ke, wathi kulo, Yintoni na le ndiyivayo ngawe? Khawenze ingxelo yobugosa bakho; kuba akusayi kuba saba ligosa.
3 Lathi ke igosa ngaphakathi kwalo, Ndiya kuthini na? Ngokuba inkosi yam iyabuhlutha ubugosa kum; ukumba kundikhohlile; ukungqiba, ndinee-
4 ntloni. O! ndiyayazi into endiya kuyenza, ukuze xa ndithe ndakhutshwa ebugoseni, bandamkele ezindlwini zabo.
5 Libabizele kulo ngabanye abanetyala enkosini yalo, lathi kowokuqala, Unatyala lingakanani na enkosini yam?
6 Uthe ke yena, Likhulu leebhate* zeoli. Lathi kuye, Thabatha iphetshana lakho, uhlale phantsi msinya, ubhale amashu-
7 mi amahlanu. Emva koko lathi komnye, Wena ke unatyala lingakanani na? Uthe ke yena, Likhulu leekore* zengqolowa. Lathi kuye, Thabatha iphetshana lakho, ubhale amashumi asi-
8 bhozo. Yaza inkosi leyo yalincoma igosa elingalungisiyo, ngokuba lenza ngokuqonda; ngokuba bona abeli phakade kwesabo isizukulwana banokuqonda, ngaphezu kwabo abokukhanya.
9 Nam ndithi kuni, Zenzeleni izihlobo ngabo ubutyebi bokungalungisi, ukuze xa nithe naphelelwa, namkelwe emi-
10 nqubeni engunaphakade. Othembekileyo kokuncinane, uthembekile nakokukhulu; nongalungisiyo kokuncinane,
11 akalungisi nakokukhulu. Ukuba ngoko anibanga nakuthembeka ebutyebini bokungalungisi, ngubani na owonithemba

kobo buyinyaniso? Nokuba anibanga 12 nakuthembeka koko komnye, ngubani na oya kuninika okukokwenu?
Akukho mkhonzi unako ukukhonza 13 nkosi mbini; kuba eya kuyithiya le, athande leya; athi mhlawumbi abambelele kule, ayidele leya; aninako ukukhonza uThixo nobutyebi.

Igunya lomthetho

Ke kaloku baye beziva ezo ndawo 14 zonke nabo abaFarisi, amathanda-mali; baye bemsinekela ke.
Wathi kubo, Nina ningábazigwebe- 15 layo emehlweni abantu; kodwa uThixo uyazazi iintliziyo zenu; ngokuba oko kuphakanyisiweyo phakathi kwabantu, kulisikizi emehlweni kaThixo. Yayi- 16 ngumthetho nabaprofeti kwada kwakuYohane; kuselokoko, ubukumkani bukaThixo buyashunyayelwa, bonke bayangena kubo ngokugonyamela. Ke 17 kulula ukuba lidlule izulu nomhlaba, kunokuba kuwe nalinye isuntswana lomthetho.
Wonke umntu omalayo umfazi wa- 18 khe, azeke wumbi, uyakrexeza; nomntu wonke ozeka owalene nendoda, uyakrexeza.

Umzekeliso wesityebi noLazaro

Ke bekukho umntu othile osisityebi, 19 obevatha ezibomvu nezelinen ecikizekileyo, esenza imihlali yokuzuka kwakhe imihla yonke. Bekukho ke hlwe- 20 mpu lithile, ligama linguLazaro, elalikhahlelwe esangweni lakhe, lizele zizilonda, linqwenela ukuhluthiswa ngee- 21 mvuthuluka eziwa etafileni yesityebi eso; zibe zisithi izinja, zize zikhothe izilonda zalo.
Ke kaloku lathi lafa ihlwempu elo, 22 lasiwa zizithunywa zezulu esifubeni sika-Abraham; safa ke nesityebi, sangcwatywa. Size, sikwelabafileyo, si- 23 phakamise amehlo aso sisentuthumbeni, simbone uAbraham ekude, uLazaro esesifubeni sakhe. Samemeza sona sa- 24 thi, Bawo, Abraham, ndénzele inceba, uthume uLazaro, ukuba athi nkxu incam yomnwe wakhe emanzini, apho-

ULUKA 16–17

zise ulwimi lwam; ngokuba ndiyathuthunjelwa kweli langatye.

25 Uthe ke uAbraham, Mntwana wam, khumbula ukuba wena wazifincelela ebomini bakho izinto zakho ezilungileyo, noLazaro ngokukwanjalo izinto ezimbi; ngoku ke yena úyathuthuzelwa, wena
26 ke ùyathuthunjelwa. Kananjalo ngaphandle kwale nto yonke, phakathi kwethu nani kuthiwe zinzi umsantsa omkhulu, ukuze aba bathanda ukuphumela, besuka apha besiya kuni, bangabi nako; bathi nabalapho, bangabi nakuwelela kuthi.
27 Sathi, Ndiyakucela ngoko, bawo, ukuba umthume endlwini kabawo;
28 kuba ndinabazalwana abahlanu; ukuba abaqononondise, ukuze bangàthi nabo
29 beze kule ndawo yentuthumbo. Athi uAbraham kuso, BanoMoses nabapro-
30 feti, mabeve bona. Sithe ke sona, Hayi, bawo Abraham; ukuba kuthe kwaya kubo ovela kwabafileyo, boguquka.
31 Uthe ke kuso, Ukuba uMoses nabaprofeti ababeva, abayi koyiseka, nokuba kuthe kwavuka bani kwabafileyo.

Izikhubekiso. Uxolelo. Ukholo.
Abakhonzi abangancedi lutho

17 Wathi ke kubo abafundi, Azinakuba zingezi izikhubekiso; yeha
2 ke, loo mntu ziza ngaye! Angásizakala kanye, ethe wagangxwa ilitye lokusila entanyeni yakhe, wajulelwa elwandle, kunokuba akhubekise noko amnye
3 kwaba bancinane. Zilumkeleni; ukuba ke umzalwana wakho uthe wakona, mkhalimele; ukuba uthe waguquka,
4 mxolele. Nokuba uthe wakona kasixhenxe ngemini, waza wabuyela kuwe kasixhenxe ngemini, esithi, Ndiyaguquka, wòthi umxolele.
5 Abapostile* bathi eNkosini, Songezelele ukholo.
6 Ithe ke iNkosi, Ukuba beninokholo olunjengokhozo lwemostade, beningáthi kulo mthombe, Ncothuka, utyaleke
7 phakathi elwandle; uze unive. Ngubani na ke kuni, enomkhonzi elima, mhlawumbi esalúsa, oya kuthi, akungena evela entsimini, athi kwaoko kuye, Yiza uhlale phantsi; ongàyi kuthi 8 kanye kuye, Lungisa into endiya kuyidla, uze ubhinqe, undilungiselele, ndide ndidle ndisele; wòthi emva koko udle usele nawe? Angánombulelo kuloo 9 mkhonzi yini na, ngokuba enze izinto azimiselweyo? Anditsho mna.

Ngokukwanjalo nani, xa nithe nazenza 10 zonke izinto enazimiselwayo, yithini, Singabakhonzi abangancedi lutho; ngokuba sanele ukwenza oko besimelwe kukuthi sikwenze.

Ukuphiliswa kwabalishumi abaneqhenqa

Kwathi ekuhambeni kwakhe ukuya 11 eYerusalem, wacanda phakathi kwelamaSamariya nelaseGalili yena. Aku- 12 bon' ukuba ungena mzini uthile, amhlangabeza amadoda alishumi eneqhenqa, amela mgama. Wona aphakamisa ili- 13 zwi, esithi, Yesu, Mongameli, senzele inceba. Ewabonile ke, wathi kuwo, 14 Hambani niye kuzibonakalalisa kubabingeleli.

Kwathi ekuyeni kwawo, ahlanjululwa. Ithe ke enye kuwo apho, yakubona 15 ukuba iphilisiwe, yabuya imzukisa uThixo ngezwi elikhulu. Yawa ngo- 16 buso ezinyaweni zakhe, ibulela kuye; yaye yona ingumSamariya. Waphe- 17 ndula ke uYesu wathi, Babengahlanjululwanga belishumi na? Baphi na ke abasithoba? Akufumanekanga na ba- 18 buyileyo, besiza kuzukisa uThixo, ngulo wolunye uhlanga yedwa na? Wathi 19 kuye, Vuka, uhambe; ukholo lwakho lukusindisile.

Ubukumkani bamazulu bufika ngequbuliso

Ke kaloku, akubuzwa ngabaFarisi 20 ukuba ubukumkani bukaThixo buya kufika nini na, wabaphendula wathi, Ubukumkani bukaThixo abufiki bunokulolongeka. Kanjalo akuyi kuthiwa, 21 Nabu apha! Nabuya phaya! Kuba, yabonani, ubukumkani bukaThixo bungaphakathi kwenu.

Wathi ke kubo abafundi, Kuya kufika 22 mihla, niya kunqwenela ngayo ukuwu-

bona noko umnye umhla woNyana
23 woMntu, ningawuboni; baya kuthi ke
kuni, Nanku apha! Nankuya phaya!
Musani ukuya, ningaphuthumi noku-
24 phuthuma. Kuba kwanjengokuba u-
mbane ubaneka, uphuma kwelinye icala
eliphantsi kwezulu, ukhanye usingise
kwelinye eliphantsi kwezulu, uya kuba
njalo noNyana woMntu ngomhla wa-
25 khe. Kodwa kuqala umelwe kukuthi
eve ubunzima obuninzi, alahlwe sesi
sizukulwana.

26 Njengoko kwaye kuhlé ngemihla
kaNowa, koba njalo nangemihla yo-
27 Nyana woMntu. Babesidla, babesela,
babezeka, babesendisa, kwada kwayimi-
ni awangena ngayo uNowa emkhombe-
ni; wafika unogumbe, wabatshabalalisa
28 bonke. Njengoko kwaye kunjalo na-
ngemihla kaLote; babesidla, babesela,
babethenga, babethengisa, babetyala,
29 babesakha; kodwa ngemini awaphuma
ngayo uLote eSodom, kwaná umlilo
nesulfure ezulwini, batshatyalaliswa
bonke.
30 Kuya kuba kwanjengoko ngemini
31 atyhileka ngayo uNyana woMntu. Nga-
loo mini, oya kuba phezu kwendlu, zibe
iimpahla zakhe zisendlwini, makangehli
aye kuzithabatha. Kwangokunjalo, no-
sentsimini makangabuyeli kweziseµva.
32 Khumbulani umkaLote. Othe wafu-
33 na ukuwusindisa umphefumlo wakhe,
wolahlekelwa nguwo; othe wawulahla,
34 uya kuwulondoloza. Ndithi kuni, Ngobo
busuku ababini boba sililini sinye; o-
35 mnye amkelwe, omnye ashiywe. Ama-
nkazana amabini oba esila ndawonye;
36 enye yamkelwe, enye ishiywe. Abantu
ababini boba sentsimini; omnye amke-
lwe, omnye ashiywe.
37 Baphendula bathi kuye, Phi na,
Nkosi? Ithe ke yona kubo, Apho si-
khona isidumbu, aya kuhlanganisana
khona amaxhalanga.

Umzekeliso womgwebi ongenabulungisa

18 Ke kaloku, wayethetha nomzeke-
liso kubo, wokuba bamelwe kuku-
hlala bethandaza, bangethi amandla;
2 esithi, Kwaye kukho umgwebi emzini

othile, ongamoyikiyo uThixo, onga-
mhloneleyo nomntu. Bekukho ke u- 3
mhlolokazi othile kuloo mzi, obemana
ukuza kuye, esithi, Ndíkhulule ku-
mmangaleli wam. Kwaba mzuzu e- 4
ngavumi; kodwa kamva wathi ngapha-
kathi kwakhe, Nakuba ndingamoyiki
uThixo, ndingamhlonele nomntu: no- 5
ko, ngenxa yokuba lo mhlolokazi
endibulala, ndomlungisa, ndimkhulule,
hleze ade eze andaphule.
Ithe ke iNkosi, Kuveni okuthethwa 6
ngumgwebi ongalungisiyo. Ke yena 7
uThixo akayi kukha abalungise na
abanyulwa bakhe, abakhala kuye imini
nobusuku, noko azeka kade umsindo
ngabo? Ndithi kuni, Uya kubalungisa, 8
abakhulule kamsinya. Kodwa ke aku-
fika uNyana woMntu, wolufumana na
ke ukholo ehlabathini apha?

Umzekeliso womFarisi nombuthi werhafu

Ke kaloku wathetha lo mzekeliso 9
nakwabathile, ababekholose ngokuthi
ngaphakathi kwabo bangamalungisa,
bengabenzé nto abanye: Amadoda 10
amabini enyuka aya etempileni, esiya
kuthandaza; enye ingumFarisi, enye
ingumbuthi werhafu. UmFarisi, ezimi- 11
se yedwa, wayethandaza esithi, Thixo,
ndiyabulela kuwe, ukuba ndingènje-
ngabanye abantu, abaphangi, abange-
malungisa, abakrexezi; ndingènjengaye
nalo mbuthi werhafu. Ndizila ukudla 12
kabini ngeveki, ndinikela izishumi za-
ko konke endikuzuzayo. Waye umbu- 13
thi werhafu emi kude, engathandi no-
kuphakamisela amehlo akhe ezulwini;
wamana ukubetha esifubeni sakhe,
esithi, Thixo, yiba netarhu kum, mna
moni.
Ndithi kuni, Wehla lo waya endlwini 14
yakhe, egwetyelwe yena kunalowa; ngo-
kuba wonke umntu oziphakamisayo
uya kuthotywa; nozithobayo ke uya
kuphakanyiswa.

U Yesu nabantwana
(UMat. 19: 13–15)

Ke kaloku baye bezisa kuye neentsana 15
zabo, ukuze azichukumise; bebonile ke

ULUKA 18–19

16 abafundi, babakhalimela. Ke yena u-
Yesu wazibizela kuye, wathi, Bavume-
leni abantwana beze kum, ningabaleli;
kuba ubukumkani bukaThixo bubobabo
17 banjalo. Inene, ndithi kuni, Othe aka-
bamkela ubukumkani bukaThixo nje-
ngomntwana, akasayi kukha angene
kubo.

Indodana esisityebi
(UMat. 19: 16–30)

18 Umphathi othile wambuza, esithi,
Mfundisi ulungileyo, mandenze ntoni
na, ukuze ndibudle ilifa ubomi obu-
ngunaphakade?
19 Uthe ke uYesu kuye, Yini na ukuba
uthi ndilungile? Akukho ulungileyo,
20 mnye kwaphela, nguThixo. Uyayazi
imithetho: musa ukukrexeza, musa uku-
bulala, musa ukuba, musa ukungqina
21 ubuxoki, beka uyihlo nonyoko. Uthe
ke yena, Zonke ezo zinto ndazigcina
22 kwasebuncinaneni bam. Ekuvile ke
oko uYesu, wathi kuye, Kusekho ntonye
uyisweleyo; zonke izinto onazo thengisa
ngazo, wabele amahlwempu; woba no-
butyebi ke emazulwini; uze undilandele.
23 Ezivile ke ezo ndawo, waba buhlungu
kakhulu; kuba ube esisityebi kunene.
24 UYesu akumbona ke ebuhlungu ka-
khulu, wathi, Hayi, ukuba ngenkankulu,
ukuthi abo banobutyebi bangene ebu-
25 kumkanini bukaThixo. Kuba kulula
ukuba inkamela iphumele entunjeni
yenaliti, kunokuba isityebi singene ebu-
26 kumkanini bukaThixo. Báthi ke abo
bevayo, Ngubani na ke ongásindiswa-
27 yo? Uthe ke yena, Izinto ezingena-
kwenzeka kubantu, zinokwenzeka kuye
uThixo.
28 Uthe ke uPetros, Uyabona, thina
29 sishiye izinto zonke, sakulandela. Uthe
ke yena kubo, Inene, ndithi kuni,
Akukho namnye ushiye indlu, nokuba
ngabazali, nokuba ngabazalwana, noku-
ba ngumfazi, nokuba ngabantwana,
30 ngenxa yobukumkani bukaThixo, onga-
sayi kwamkela izinto eziphindaphindi-
weyo ngalo eli xesha, aze ngelo lizayo
iphakade *amkele* ubomi obungunapha-
kade.

UYesu okwesithathu ukuxela
kwangaphambili ukufa kwakhe
(UMat. 20: 17–19)

31 Ke kaloku ubathabathile abalishumi
elinababini, wathi kubo, Niyabona,
siyenyuka, siya eYerusalem; zaye ziya
kuphelela zonke izinto ezibhaliweyo
ngabaprofeti, kuye uNyana woMntu.
32 Kuba uya kunikelwa kuzo iintlanga,
kudlalwe ngaye, aphathwe kakubi,
33 atshicelwe; zimtyakatye, zimbulale; athi
ngomhla wesithathu abuye avuke. Bona
34 ábaqondanga nento kwezi zinto; laye
neli lizwi lifihlakele kubo, babengazazi
izinto ezithethwayo.

Imfama yaseYeriko
(UMat. 20: 29–34)

35 Kwaye ke kaloku, ekusondeleni kwa-
khe eYeriko, kuhleli imfama ethile
ngasendleleni, ingqiba. Ithe yakuva
36 kudlula isihlwele, yamana ibuza ukuba
ingaba yintoni na le. Bayixelela ke
37 ukuba kudlula uYesu waseNazarete.
38 Yabhomboloza isithi, Yesu, nyana ka-
Davide, ndénzele inceba. Baye abo ba-
39 behamba ngaphambili beyikhalimela,
ukuba ithi tu; kwaba kukhona ke yona
ikhalayo ngakumbi, isithi, Nyana ka-
Davide, ndénzele inceba.
40 Wema ke uYesu, wathi mayiziswe
kuye. Yakusondela ke wayibuza, esithi,
Ufuna ukuba ndikwenzele ntoni na?
41 Ithe ke yona, Nkosi, ukuba ndibuye ndi-
bone. UYesu wathi kuyo, Buya ubone;
42 ukholo lwakho lukusindisile. Kwangoko
43 yabuya yabona, yamlandela imzukisa
uThixo; bathi bonke abantu, bakuku-
bona oko, badumisa uThixo.

UZakeyu

19 Waye engene *u Yesu*, ecanda e-
Yeriko.
2 Kwakho ndoda ibizwa ngegama
elinguZakeyu; yaye yona iyintloko yaba-
3 buthi berhafu; yaye isisityebi yona Ya-
yifuna ukumbona uYesu, ukuba ngu-
bani na; ayaba nako ngenxa yendi-
mbane, ngokuba ngesithomo yayimfu-
tshane. Yagidima ngaphambili, ya-
4 khwela kumthombe ukuze imbone;

ngokuba ebeza kudlula ngapho.

5 Akufika kuloo ndawo, wakhangela phezulu uYesu, wayibona, wathi kuyo, Zakeyu, khawuleza uhle; kuba namhlanje ndimelwe kukuhlala endlwini yakho.
6 Wakhawuleza ke, wehla, wamamkela
7 ngobubele, evuya. Baye bonke, bakuyibona loo nto, bekrokra, besithi, Úngené waya kulala kwindoda engumoni.
8 Wema ke uZakeyu, wathi kuyo iNkosi, Uyabona, isiqingatha sempahla yam, Nkosi, ndisinika amahlwempu; nokuba ndidlé into kabani ngoku-
9 mtyhola, ndimbuyisela kané. Uthe ke uYesu kuye, Namhlanje kufiké usindiso kule ndlu, ngokokuba naye engunyana
10 ka-Abraham; kuba uNyana woMntu weza kufuna nokusindisa oko kulahlekileyo.

Umzekeliso weemina
(UMat. 25: 14–30)

11 Ke kaloku, bakubon' ukuba bayaziva ezi zinto, uqokele wathetha umzekeliso, ngenxa yokuba ebekufuphi eYerusalem, nangokuba babesiba ubukumkani buka-Thixo buza kubonakala kwangoko.
12 Wathi ngoko, Umntu othile olinene wahambela ezweni elikude, eya kuza-
13 mkelela ubukumkani, aze abuye. Ubabizile ke abakhonzi bakhe abalishumi, wabanika iimina* zalishumi, wathi
14 kubo, Rhwebani, ndide ndifike. Ke abemi bomzi wakhe babemthiyile, bathuma izigidimi emva kwakhe, besithi, Asithandi ukuba lo abe ngukumkani phezu kwethu.
15 Kwathi, akuba ebuyile, ebamkele ubukumkani, wathi, mababizelwe kuye abo bakhonzi abebanike imali leyo, ukuze azi ukuba unantsi urhwebe ntoni
16 na. Wavela ke owokuqala esithi, Nkosi, imina yakho izele iimina zalishumi.
17 Uthe kuye, Hee ke, mkhonzi ulungileyo; ngokuba wàba nokuthembeka entweni encinanana, yiba negunya kwimizi elishumi.
18 Weza nowesibini, esithi, Nkosi, imina
19 yakho yenze iimina zantlanu. Uthe ke nakulowo, Nawe yiba phezu kwemizi emihlanu.

Weza nomnye esithi, Nkosi, nantsi 20 imina yakho endibe ndinayo, ndiyibeke eqhiyeni; kuba ndibe ndikoyika wena, 21 ngokuba ungumntu obungqabangqaba, uthabatha into ongayibekanga, uvune into ongayihlwayelanga. Athi ke kuye, 22 Ndiya kukugweba ngokuphuma emlonyeni wakho, mkhonzindini ungendawo; ubusazi nje ukuba mna ndingumntu obungqabangqaba, othabatha into angayibekanga, avune into angayihlwayelanga; ibiyini na phofu, ukuba ungayi- 23 beki imali yam ebhankini, ndaza mna ekufikeni ndaba ndiyibize inenzala?
Wathi kwababemi ngakhona, Mhlu- 24 theni imina leyo, niyinike lowo uneemina ezilishumi. Bathi ke kuye, Nkosi, 25 uneemina ezilishumi. Kuba ndithi ku- 26 ni, Wonke umntu onako uya kunikwa; ongenako ke, uya kuhluthwa kwanoko anako. Ke zona ezo ntshaba zam 27 zazingathandanga ukuba ndibe ngukumkani phezu kwazo, ziziseni apha, nizincinithe phambi kwam.

U Yesu ungena e Yerusalem ekhwele iesile
(UMat. 21: 1–11)

Waye, akuba ezithethile ezi zinto, 28 ehamba ngaphambili, enyuka esiya eYerusalem. Kwathi, akusondela e- 29 Bhetefage naseBhetani, esingise entabeni ekuthiwa yeyemiNquma, wesusa bababini kubafundi bakhe, wathi, Ha- 30 mbani niye emzaneni lo ukhangelene nani; nòthi, nakungena kuwo, nifumane ithole le-esile libotshelelwe, ekungazanga kuhlale namnye umntu phezu kwalo; likhululeni nilizise. Nokuba 31 ubani uyanibuza, esithi, Yini na ukuba nilikhulule? nòthi ukuthetha kuye, Liyafuneka eNkosini.

Basuka ke baya abo babethunyiwe, 32 bafumana kunjengoko abekutshilo kubo. Ke kaloku, bakubon' ukuba baya- 33 likhulula ithole, bathi abaninilo kubo, Nilikhululelani na ithole? Bathi ke 34 bona, Liyafuneka eNkosini.

Balizisa kuYesu, baphosa iingubo 35 zabo phezu kwethole elo, bamkhwelisa uYesu. Akubon' ukuba uyahamba ke, 36

ULUKA 19-20

bamana bezandlala iingubo zabo endle-
37 leni. Ke kaloku, akubon' ukuba sele-
sondele ekuhlèni kwayo iNtaba yemi-
Nquma, yaqala yonke inkitha yabafu-
ndi yavuya, yadumisa uThixo ngezwi
elikhulu, ngayo yonke imisebenzi yama-
38 ndla abayibonáyo; besithi, Makabo-
ngwe lo Kumkani uzayo egameni le-
Nkosi; uxolo emazulwini, uzuko enya-
ngweni.

39 Abathile kubaFarisi esihlweleni apho
bathi kuye, Mfundisi, bakhalimele aba-
40 fundi bakho. Waphendula wathi kubo,
Ndithi kuni, kungáthi kuthe cwaka
aba, kunkqangaze amatye la.

41 Akusondela, wawubona umzi, wawu-,
42 lilela, esithi, Akwaba ubusazi nawe lo
kwangayo yona le mini yakho, izinto
ezizezoxolo lwakho! Ke kungoku zifi-
43 hliwe emehlweni akho. Ngokuba ùya
kufikelwa yimihla, eziya kuthi iintshaba
zakho zikubiyele ngodonga, zikungqi-
44 nge, zikuxine ngeenxa zonke, zikukha-
hlele phantsi wena, nabantwana bakho
phakathi kwakho; zingashiyi nelitye
phezu kwelitye phakathi kwakho, nge-
nxa enokuba ungalazanga ixesha loku-
velelwa kwakho.

Ukuhlanjululwa kwetempile
(UMat. 21: 12-17)

45 Waza, eye kungena etempileni, wa-
qala ukubakhupha abo babethengisa
46 kuyo, nababethenga; esithi kubo, Ku-
bhaliwe *kwathiwa*, Indlu yam yindlu
yokuthandaza; ke nina niyenzé umqo-
lomba wezihange.

47 Wayefundisa imihla ngemihla ete-
mpileni apho. Baye ke ababingeleli
abakhulu nababhali, kwanabaziintloko
48 zabantu, befuna ukumtshabalalisa. Ba-
ye ke bengafumani nto bangayenzayo;
kuba bonke abantu babenamathele
kuye, bemphulaphula.

Igunya likaYesu
(UMat. 21: 23-27)

20 Kwathi ngenye imini, akubon'
ukuba uyabafundisa abantu ete-
mpileni, eshumayela iindaba ezilungi-
leyo, wafikelwa ngababingeleli abakhulu
nababhali, kunye namadoda amakhulu.
Bathetha kuye besithi, Sixelele; ùzenza 2
ngagunya lini na ezi zinto? Kanjalo
ngubani na okunike eli gunya?

Waphendula ke wathi kubo, Nam 3
ndiya kubuza kuni zwi-nye, ize nindixe-
lele ke. Ubhaptizo lukaYohane lwalu- 4
phuma emazulwini, lwaluphuma eba-
ntwini, sini na? Bacamanga ke bona 5
bodwa, besithi, Ukuba sithe, Lwaphuma
emazulwini, wothi, Ibiyini na phofu
ukuba ningakholwa nguye? Ukuba ke 6
sithe, Lwaphuma ebantwini, bonke
abantu bosigibisela ngamatye; kuba
beyisekile ukuba uYohane ungumprofe-
ti. Baphendula ngokuthi, àbazi ukuba 7
lwaphuma phi na.

Wathi ke uYesu kubo, Nam ke andi- 8
nixeleli ukuba ndizenza ngagunya lini
na ezi zinto.

Umzekeliso wesidiliya
(UMat. 21: 33-46)

Ke kaloku waqala wathetha ebantwini 9
lo mzekeliso: Umntu othile watyala
isidiliya, waqeshisa ngaso kubalimi,
wahambela *kwelinye ilizwe* umzuzu
owaneleyo. Wathi ngalo ixesha elifa- 10
nelekileyo, wathuma umkhonzi kuba-
limi, ukuba bamnike esiqhameni sesi-
diliya. Basuka ke bona abalimi ba-
mtyabula, bamndulula elambatha. Wa- 11
phinda wathuma omnye umkhonzi.
Bamtyabula ke nalowo, bamhlazisa,
bamndulula elambatha. Waphinda wa- 12
thuma nowesithathu. Bathi ke bona
bamngxwelerha nalowo, bamkhupha.

Uthe ke umninisidiliya, Ndiya ku- 13
thini na? Ndiya kuthuma unyana
wam oyintanda; mhlawumbi, bakumbo-
na, bangamhlonela yena. Bathe ke 14
abalimi, bakumbona, bacamanga bo-
dwa, besithi, Yindlalifa le; yizani siyi-
bulale, ukuze ilifa libe lelethu. Ba- 15
mkhuphela ngaphandle kwesidiliya,
bambulala. Úya kuthini na ke ngoko
kubo umninisidiliya? Uya kufika a- 16
batshabalalise abo balimi, asinikele
bambi isidiliya eso.

Bathe ke bakuva oko, Mayingabi-
kho loo nto! Wondela ke kubo, wathi, 17

Yintoni na phofu le ibhaliweyo:
Ilitye abalicekisáyo abakhi,
Lelona laba yintloko yembombo?
(INdum. 118: 22)
18 Bonke abathe bawa phezu kweli litye, botyumka; ke bona elithe labawela, lobabetha bathi saa.

Umbuzo malunga nerhafu
(UMat. 22: 15-22)

19 Baza ababingeleli abakhulu nababhali bafuna ukumsa izandla ngelo lixa; boyika abantu, kuba babesazi ukuba uwuthethe esingisele kubo lo mzekeliso.
20 Bamlalela, bathuma iintlola ezizenza amalungisa, ukuba zimbambise ngokuthetha, ukuze bamnikele elulawulweni
21 nasegunyeni lerhuluneli. Zambuza ke zisithi, Mfundisi, siyazi ukuba uthetha ufundise ngobulungisa, ungakhethi buso bamntu; usuka ufundise indlela ka-
22 Thixo ngenene. Kuvumelekile na ukuba simnike irhafu uKesare,* *akuvumelekile*, sini na?
23 Ebuqondile kakuhle ubuqhetseba bazo, wathi kuzo, Nindilingelani na?
24 Ndiboniseni idenariyo.* Inomfanekiso nombhalo kabani na? Ziphendule ke
25 zathi, KaKesare. Uthe ke yena kuzo, Nikelani kaloku izinto zikaKesare kuKesare; nezinto zikaThixo kuThixo.
26 Zakhohlwa ukumbambisa ngamazwi phambi kwabantu, zamangaliswa yimpendulo yakhe, zathi cwaka.

AbaSadusi novuko
(UMat. 22: 23-33)

27 Kwafika ke kuye abathile bakubaSadusi, bona abo bakuphikayo ukuba
28 kukho uvuko; bambuza, besithi, Mfundisi, uMoses wasibhalela wathi, Ukuba ozalana nothile uthe wafa enomfazi, wafa ke lowo engenabantwana, maze ozalana naye amzeke umfazi lowo, a-
29 mvelisele imbewu ozalana naye. Ke bekukho abantu abasixhenxe bezalana; waza owokuqala wazeka umfazi, wafa
30 engenabantwana. Nowesibini wamzeka umfazi lowo, wafa naye engenaba-
31 ntwana. Nowesithathu wamzeka; benjenjalo ke bosixhenxe, bafa bengashi-yanga bantwana. Emveni ke kwabo 32 bonke, wafa naye umfazi lowo. Eluvu- 33 kweni ngoko, ungumfazi wawuphi na kubo? Kuba bosixhenxe bebenaye engumfazi.

Waphendula ke wathi kubo uYesu, 34 Abeli phakade bayazeka, bayendiswa; ke bona abo kuthiwe bafanele ukufika 35 kwelo phakade, nakukuvuka kwabafileyo, abazeki, abendiswa; kuba abase- 36 nakubuya bafe; kuba bengangezithunywa zezulu; kanjalo bangoonyana bakaThixo, bengabovuko njalo. Ke kalo- 37 ku, le ndawo yokuba abafileyo bayavuka, noMoses wayithi thupha *kwindawo ethetha* ngetyholo, xenikweni athi, INkosi inguThixo ka-Abraham, inguThixo kaIsake, inguThixo kaYakobi. AkaThixo ke wabafileyo, ungowabaphi- 38 lileyo; kuba bonke baphile ngaye.

Baphendula ke abathile bakubabhali, 39 bathi, Mfundisi, utyaphile ukutsho. Baye ke bengasenabuganga bakumbu- 40 za nento le.

UKristu, unyana kaDavide
(UMat. 22: 41-46)

Wathi ke kubo, Batsho ngani na 41 ukuthi, uKristu* ungunyana kaDavide? Kanti noDavide yena ngokwakhe uthi 42 encwadini yeeNdumiso,
Yathi iNkosi eNkosini yam,
Hlala ngasekunene kwam,
Ndide iintshaba zakho ndizenze 43
isihlalo seenyawo zakho.
(INdum. 110: 1)
UDavide ngoko umbiza ngokuthi, 44 Nkosi; aze abe ke ngunyana wakhe ngani na?

Ukulunyukiswa ngakubabhali
(UMat. 23: 1; uMarko 12: 38-40)

Ke kaloku, bakubon' ukuba bayeva 45 bonke abantu, wathi kubafundi bakhe, Balumkeleni ababhali, abathandayo u- 46 kuhamba ngeengubo ezinde, bathande imibuliso ezindaweni zembutho, nezihlalo zobukhulu ezindlwini zesikhungu, nezilili zobukhulu ezidlweni; abadla 47 izindlu zabahlolokazi, baze ngokunyhwalaza bathandaze uzungu. Abo

ULUKA 20-21

baya kwamkela ugwebo olugqithiseleyo.

Imalana encinane yomhlolokazi
(UMarko 12: 41-44)

21 Ke kaloku akubheka, wazibona izityebi, ziphosa iminikelo yazo 2 emkhumbini wokulondoloza imali. Wabona ke mhlolokazi uthile ulihlwempu, 3 ephosa apho iimalanana ezimbini. Wathi, Inyaniso ndithi kuni, Lo mhlolokazi usweleyo uphose ngaphezu kwabo 4 bonke; kuba bonke aba baphose eminikelweni kaThixo, bethabatha kwintabalala yabo; ukanti lo, ekusweleni kwakhe, uphose yonke impilo abenayo.

Intshumayelo yesiprofeto: Ukuqala kweentlungu
(UMat. 24: 1-14)

5 Ke kaloku, kwakubon' ukuba abathile bayathetha ngayo itempile, ukuba ihonjiswe ngamatye amahle nangemini- 6 kelo, wathi, Ezi zinto nizibona nje, kuya kufika imihla ekungayi kusala litye phezu kwelitye, elingayi kuchithwa.
7 Bambuza ke besithi, Mfundisi, ziya kubakho nini na ke ezi zinto? Úya kuba yintoni na nomqondiso, xa ngaba 8 ezi zinto ziza kubakho? Wathi ke yena, Lumkani ningalahlekiswa; kuba baninzi abaya kuza egameni lam, besithi, banguye uKristu;* ewe, ixesha lisondele; 9 ngoko musani ukubalandela. Xa nithe neva iimfazwe nezIphithiphithi, musani ukunkwantya; kuba ezo zinto zimele ukuthi zihle kuqala; sona ke isiphelo asiyi kuba kwaoko.
10 Wandula wathi kubo, Uhlanga luya kuvukelana nohlanga, nobukumkani bu- 11 vukelane nobukumkani. Kuya kubakho iinyikima zomhlaba ezinkulu kwiindawo ngeendawo, neendlala, neendyikitya zokufa; kuya kubakho izinto ezoyikekayo, kwanemiqondiso emikhulu evela ezulwini.
12 Ngaphambili ke kwazo zonke ezo zinto, baya kunisa izandla, banitshutshise, beninikela ezindlwini zesikhungu nasezintolongweni, nisiwe phambi kookumkani neerhuluneli ngenxa yegama 13 lam. Oko ke kuya kuthi kube bubu- ngqina kuni. Kumiseni ngoko ezintli- 14 ziyweni zenu, ukuba ningàkucingi ngaphambili ukuziphendulela. Kuba mna 15 ndiya kuninika umlomo nobulumko, abangayi kuba nako ukubuphikisa nokumelana nabo, bonke abanichasileyo.
Ke kaloku niya kunikelwa nangaba- 16 zali, nangabazalwana, nayimizalwane, nazizihlobo, kubekho nabababulalayo kuni; nithiywe ngabantu bonke ngenxa 17 yegama lam. Akusayi kutshabalala no- 18 nwele olu entlokweni venu. Ekunya- 19 mezeleni kwenu, noyizuza imiphefumlo yenu.

Intshutshiso enkulu
(UMat. 24: 15-28)

Xa nithe nayibona iYerusalem irha- 20 wulwe yimikhosi, yazini oko ukuba kusondele ukuphanza kwayo. Ngelo 21 xa mabathi abakwelakwaYuda basabele ezintabeni, nabo baphakathi kwayo mabaphume bemke, nabo basemaphandleni mabangangeni kuyo. Ngokuba 22 yimihla yempindezelo leyo, ukuze kuzaliseke konke okubhaliweyo. Yeha ke, 23 abamithiyo nabanyisayo ngaloo mihla; kuba kuya kubakho ingxakeko enkulu phezu kwawo umhlaba, nengqumbo kwaba bantu; bawe ngohlangothi lwe- 24 krele, bathinjwe, basiwe kuzo zonke iintlanga, neYerusalem inyathelelwe phantsi ziintlanga, ade azaliseke amaxesha eentlanga.

Ukubuya koNyana woMntu
(UMat. 24: 29-35)

Kuya kubakho imiqondiso elangeni 25 nasenyangeni nasezinkwenkwezini; nasemhlabeni kubekho ukuxinezeleka kweentlanga, zithingaza; lugquma ulwandle namaza; abantu besifa kukoyika naku- 26 kulindela izinto ezilizelayo elimiweyo; kuba amandla ezulu aya kuzanyazanyiswa. Baya kwandula ke ukumbona 27 uNyana woMntu, esiza ngelifu, enamandla nobuqaqawuli obukhulu.
Ke kaloku, zakubon' ukuba ezi zinto 28 ziyaqala ukuhla, sukani nime, niziphakamise iintloko zenu, ngenxa yokuba iyasondela inkululeko yenu.

1029

ULUKA 21–22

29 Wathetha umzekeliso kubo, *wathi*, Wukhangeleni umkhiwane nemithi yo-
30 nke; xa iselithe yavelisa amagqabi, niyabona nazi ngokwenu ukuba ihlobo
31 selikufuphi. Kwangokunjalo nani, xa nithe nazibona ezi zinto zisihla, yazini ukuba bukufuphi ubukumkani buka-
32 Thixo. Inene ndithi kuni, Asiyi kukha sidlule esi sizukulwana, zide zihle zonke
33 ezi zinto. Liya kudlula izulu nehlaba-thi; ke wona amazwi am akasayi ku-dlula.

Phaphani nikhunge!
(*UMat.* 24: 36–44)

34 Zilumkeleni ke, hleze zisindwe iintli-ziyo zenu kukuzingxala, nakukunxila, nangamaxhala obu bomi, ize loo mini
35 inifikele ngebhaqo. Kuba iya kubazela njengomgibe bonke abahleliyo phezu
36 kwehlabathi lonke. Phaphani ngoko, amaxesha onke nikhunga, ukuze kuthi-we nikufanele ukuzisaba zonke ezo zinto ziza kuhla, nokumiswa phambi koNyana woMntu.

Umvuzo womngcatshi
(*UMat.* 26: 1–5, 14–16)

37 Ke kaloku, emini ebefundisa etempi-leni; athi ngobusuku aphume, aye kulala
38 entabeni ekuthiwa yeyemiNquma. Bo-nke ke abantu babesiza kuye kwakusasa etempileni, ukuba beve ukuthetha kwakhe.

22 Ke kaloku, wawusondela umthe-ndeleko *wezonka* ezingenagwele,
2 ekuthiwa yipasika.* Baye ababingeleli abakhulu nababhali befuna ukuba ba-ngáthini na ukumbulala, kuba bebe-soyika abantu.
3 Wangena ke uSathana kuYuda, oga-ma limbi linguSikariyoti, ongowenani
4 labalishumi elinababini. Wemka, waya wathetha nababingeleli abakhulu naba-phathi *betempile*, ukuba angáthini na ukumnikela kubo.
5 Bavuya, banqophisana naye ukumnika
6 imali, wabavumela, wamana efuna ithu-ba elimlungeleyo lokumnikela kubo, kungekho siphendu.

Ipasika yokugqibela nesidlo seNkosi
(*UMat.* 26: 17–30)

7 Wafika ke umhla wezonka ezingena-gwele, ekwakumele ukuthi ngawo kubi-ngwe *imvana* yepasika.

8 Wesusa uPetros noYohane, wathi, Hambani niye kusilungisela ipasika,
9 ukuze sidle. Bathe ke bona kuye, Ufuna ukuba siyilungise phi na? Úthe
10 ke yena kubo, Yabonani, nákungena kuwo umzi lo, nohlangatyezwa ngumntu ethwele umphanda wamanzi; mlandele-ni, niye endlwini angena kuyo. Nòthi
11 kumninindlu, Úthi uMfundisi kuwe, Liphi na igumbi labahambi, apho ndi-ngadlela khona ipasika nabafundi bam?
12 Kwayena wonibonisa igumbi eliphezu-lu elikhulu, landlelwe; lungisani apho ke.

13 Bemka ke, bafumana kunjengoko ebetshilo kubo, bayilungisa ipasika.

14 Uthe ke lakufika ilixa, wahlala pha-ntsi, nabapostile* abalishumi elinaba-bini kunye naye. Wathi kubo, Asi-
15 kuko nokuba ndinqwenile ukuyidla nani le pasika, ndingekabuva ubunzima.
16 Kuba ndithi kuni, Andiyi kubuya ndi-be sadla kuyo, ide izaliseke ebukumka-nini bukaThixo. Wamkela indebe, wa-
17 bulela, wathi, Yithabatheni, nabelane ngayo. Kuba ndithi kuni, Andisayi
18 kusela kwisiqhamo somdiliya, bude bufike ubukumkani bukaThixo.

19 Wathabatha isonka, wathi akubulela waqhekeza, wabanika, esithi, Ngumzi-mba wam lo, onikelwa ngenxa yenu; oku kwenzeleni ukundikhumbula.

20 Kwangokunjalo nayo indebe wayi-thabatha, kwakukhovwa ukudliwa, esi-thi, Le ndebe ingumnqophiso omtsha
21 osegazini lam, eliphalalela nina. Ko-dwa niyabona, isandla sondingcatshayo
22 sinam etafileni apha. UNyana wo-Mntu okunene uyemka, njengoko ku-misiweyo; kodwa ke, yeha, loo mntu
23 angcatshwa nguye! Baqala bona uku-buzana phakathi kwabo, ukuba ingaba ke nguwuphi na kubo, oza kuyenza le nto.

1030

ULUKA 22

Oyena mkhulu uya kuba ngomncinane
(UMat. 20: 25-28)

24 Ke kaloku kwabakho nokubangisana phakathi kwabo, kokuthi, nguwuphi na kubo ekungáthiwa ngomkhulu.
25 Uthe ke yena kubo, Ookumkani beentlanga bayazigagamela; kwanâbo benza ngegunya kuzo, kuthiwa ngaba-
26 ncedi. Ke nina ze ningabi njalo: omkhulu kuni, makabe njengomnci; nongumphathi makabe njengomlungi-
27 seleli. Kuba nguwuphi na omkhulu: ngulowo uhleli esithebeni, ngulowo ulungiselelayo, kusini na? Asingulowo uhleli esithebeni na? Ke mna phaka-
28 thi kwenu ndinjengomlungiseleli. Nina ke ningabo basoloko behleli nam ekuli-
29 ngweni kwam. Nam ndinimisela ubukumkani, njengokuba uBawo endimisele
30 mna, ukuze nidle, nisele, esithebeni sam ebukumkanini bam, nihlale ezitroneni, nigweba izizwe ezilishumi elinazibini zakwaSirayeli.

UPetros uyalunyukiswa
(UMat. 26: 33-35)

31 Ithe ke iNkosi, Simon, Simon, úyabona, uSathana ubenibanga, ukuba
32 anelé njengengqolowa. Ke mna ndikhungile ngawe, ukuba ukholo lwakho lungapheli; nawe ke, xa ubuye wabuya,
33 uze ubazimase abazalwana bakho. Wathi ke yena kuyo, Nkosi, sendikulungele ukuya nawe nasentolongweni, nasekufe-
34 ni. Ithe ke yona, Ndithi kuwe, Petros, ayisayi kulila namhlanje inkuku, ungekakhanyeli kathathu ukuba uyandazi.

Amakrele amabini

35 Yathi kubo, Okuyá ndanithuma ningenangxowa yamali, nangxowa yamphako, nazimbadada, khe naswela nto
36 na? Bathi ke bona, Nento le. Ithe ke kubo, Kungokunje, lowo unengxowa yemali makayithabathe, enjenjalo nonengxowa yomphako; nalowo usweleyo, makathengise ngengubo yakhe, athenge
37 ikrele. Kuba ndithi kuni, Oku kubhaliweyo kusamele ukufezeka kum, khona oku: Wabalwa nabachasi-mthetho; kuba kananjalo izinto ezingam zinemfezeko.

Bathi ke bona, Nkosi, uyabona, nanga 38 amakrele emabini. Ithe ke yona kubo, Kwanele.

UYesu eGetsemane
(UMat. 26: 36-46)

Uphumile ke, waya ngokwesiko lakhe 39 eNtabeni yemiNquma, bamlandela ke nabafundi bakhe. Efikile ke kuloo 40 ndawo, wathi kubo, Thandazani, ningangeni ekulingweni.
Waziqhiwula yena kubo umgama 41 ongangokugibisela ilitye, waguqa ngamadolo wathandaza, esithi, Bawo, uku- 42 ba ùyavuma, mayidlule le ndebe kum; kodwa makungabi kukuthanda kwam, makube kokwakho okwenzekayo. Kwa- 43 bonakala ke kuye isithunywa, sivela ezulwini, simomeleza. Uthe ke, enemi- 44 nzunzu, kwaba kukhona athandaza enyamekile. Kwathi ke ukubila kwakhe kwanga kungamathontsi amakhulu egazi, esiwa emhlabeni.
Wavuka ekuthandazeni, weza kuba- 45 fundi bakhe, wabafumana belele ngokuba buhlungu *kwentliziyo*. Wathi ku- 46 bo, Yini na ukuba nilale? Vukani, nithandaze, ukuze ningangeni ekulingweni.

UYesu uyabanjwa
(UMat. 26: 47-56)

Ke kaloku, akubon' ukuba usathetha, 47 kwathi gqi indimbane, waye nalowo kuthiwa nguYuda, omnye weshumi elinababini, ehamba phambi kwabo; wasondela kuYesu eza kumanga. Uthe 48 ke uYesu kuye, Yuda, umngcatsha uNyana woMntu ngokumanga na?
Ke kaloku abo babemphahlile, baku- 49 bona okuza kuhla, bathi kuye, Nkosi, sixabele na ngekrele? Omnye kubo 50 abo wamxabela umkhonzi wombingeleli omkhulu, wamnqamla indlebe yokunene. Waphendula ke uYesu wathi, 51 Yekani, kwanele. Wayichukumisa indlebe yakhe, wamphilisa.
Uthe ke uYesu kwabo babemfikele, 52 ababingeleli abakhulu, nabaphathi betempile, namadoda amakhulu, Niphume ninamakrele neentonga na, nanga nize

1031

ULUKA 22-23

53 esihangeni? Bendinani imihla ngemihla etempileni, anolula zandla ngakum; kambe eli lilixa lenu, negunya lobumnyama.

UPetros ukhanyela uYesu
(UMat. 26: 69-75)

54 Bambambile ke, bamrhola, bamsa endlwini yombingeleli omkhulu; waye ke uPetros elandela ekude.

55 Ke kaloku, bakubon' ukuba babàse umlilo phakathi kwentendelezo, behleli phantsi ndawonye, uthe wahlala uPe-
56 tros phakathi kwabo. Ke umkhonzazana othile umbonile ehleli ebandezini,
57 wamjonga wathi, Naló ube enaye. Wa-
mkhanyela ke yena, esithi, Nkazanandi-
58 ni, andimazi. Kwakuba mzuzwana, omnye wambona wathi, Nawe ungowabo. Wathi ke uPetros, Mntundini,
59 andinguye. Kwakuba kuhambe ilixa ngathi linye, omnye uqinisele wathi, Inyaniso, naló ubenaye; kuba ukwa-
60 ngowaseGalili. Uthe ke uPetros, Mntundini, andiyazi into oyithethayo.

Kuthe kwangoko, esathetha, yalila
61 inkuku. Yajika iNkosi, yondela kuPetros. Walikhumbula ke uPetros ilizwi leNkosi, njengoko ibithe kuye, Ingekalili inkuku, uya kundikhanyela
62 kathathu. Waza uPetros, ephume phandle, walila ngokukrakra.

UYesu phambi kwentlanganiso yamatyala
(UMat. 26: 57-68)

63 Aye amadoda ambambileyo uYesu
64 edlala ngaye, emtyakatya. Athe akuba emgqubuthele, ambetha ebusweni, ambuza esithi, Profeta; ngubani na lo
65 ukubethileyo? Aye emthethela nezinye izinto ezininzi, enyelisa.

66 Kuthe kwakusa, yahlanganisana intlanganiso yamadoda amakhulu abantu, nababingeleli abakhulu, kwanababhali, bamrholela entlanganisweni yabo ya-
67 matyala, besithi, Ukuba ùnguye uKristu* wena, sixelele. Uthe ke yena kubo, Ukuba ndithe ndanixelela, anisayi ku-
68 kholwa; nokuba ke ndithe ndanibuza, anisayi kundiphendula, anisayi kundi-
69 khulula. Ethabathela kweli xa, uNyana woMntu uya kuba ehleli ekunene kwamandla kaThixo.

70 Bathi ke bonke, Ùnguye na ke wena uNyana kaThixo? Úthe ke yena kubo, Nani nithi ndinguye. Bathi ke bona,
71 Sisabufunelani na ubungqina, kuba thina ngokwethu sivile ngomlomo wakhe.

UYesu phambi koPilato noHerode
(UMat. 27: 1, 2, 11-31)

23 Yesuka yonke inkitha yabo, yamrholela kuPilato. Baqala ke uku-
2 mmangalela, besithi, Simfumene lo elulahlekisa uhlanga, engavumi ukuba kunikelwe irhafu kuKesare,* esithi, únguKristu* uKumkani yena ngokwa-
khe. UPilato wambuza ke, esithi, 3 Ùnguye na uKumkani wamaYuda? Umphendule ke yena wathi, Nawe utsho. Uthe ke uPilato kubabingeleli 4 abakhulu nakwizihlwele, Andifumani tyala kuló mntu. Kwaba kukhona ke 5 bajokisayo, besithi, Ùxhokonxa abantu, efundisa kulo lonke elakwaYuda, eqalele kwelaseGalili, wada wezisa apha.

Ke kaloku uPilato, akuva elaseGalili, 6 wabuza ukuba umntu lo ngowaseGalili na. Wathi, akuqonda ukuba ngowase- 7 bukhosini bukaHerode, wamthumela kuHerode, obe eseYerusalem naye ngaloo mihla.

Ke kaloku uHerode, akumbona u- 8 Yesu, wavuya kunene; kuba bekumzuzu ethanda ukumbona, ngenxa yokuba ebeve kuthethwa izinto ezininzi ngaye; kanjalo wayethembe ukubona umqondiso usenziwa nguye. Wayembuza ke 9 amazwi amaninzi; ke yena akamphendulanga nento.

Bema ke ababingeleli abakhulu naba- 10 bhali, bemmangalela kabukhali. U- 11 Herode ke, kwanempi yakhe, wamenza into engento, wadlala ngaye, wamthi wambu ngengubo eqaqambileyo, wamthumela kuPilato. Ngaloo mini baba 12 zizihlobo ke uPilato noHerode; kuba ngenxa engaphambili babenobutshaba phakathi kwabo.

13 Ke kaloku uPilato, ebabizele ndawonye ababingeleli abakhulu, nabaphathi
14 bamaYuda, nabantu, wathi kubo, Nizise kum lo mntu, ngathi ngophambukisa abantu; niyabona ke, ndimncinile mna emehlweni enu, andafumana tyala kulo mntu, kwezo zinto nimmangalele ngazo;
15 kwanoHerode, kuba ndanithumela kuye. Nanku ke kungekho nto ifanelwe kuku-
16 fa, yenziwe nguye. Ndothi ke ngoko, ndakumbetha, ndimkhulule.
17 Ke kaloku, ubemelwe kukuthi abakhululele *umbanjwa* abe mnye, imithe-
18 ndeleko ngemithendeleko. Bankqangaza ke ngokuphela kwabo, besithi, Msuse
19 lo, usikhululele uBharabhas, owayethe, ngenxa yesaqunge esithile, esibe senziwe phakathi komzi, kwanokubulala, waphoswa entolongweni.
20 Waphinda ngoko uPilato wathetha
21 nabo, efuna ukumkhulula uYesu. Ke bona bamana benkqangaza, besithi, Bethelela emnqamlezweni; mbethelele
22 emnqamlezweni. Uthe ke yena okwesithathu kubo, Kuba enzé bubi buni na lo? Andifumananga tyala lakufa kuye; ndothi ngoko, ndakumbetha,
23 ndimkhulule. Bamxina ke bona ngezandi ezikhulu *zamazwi*, becela ukuba abethelelwe emnqamlezweni; aza ke eyisa amazwi abo, nawababingeleli
24 abakhulu. Usuke ke uPilato wagweba
25 ngelithi, masenziwe isicelo sabo. Wabakhululela ke owayethe ngenxa yesaqunge nokubulala waphoswa entolongweni, lowo babecela yena; wamnikela ekuthandeni kwabo uYesu.

Endleleni eya eGologota

26 Kuthe ke xa bamrholayo, babamba Simon uthile, waseKirene, obevela emaphandleni; bawubeka phezu kwakhe umnqamlezo, ukuba awuthwale emva koYesu.
27 Wayelandelwa ke yinkitha eninzi yabantu, neyabafazi ababemmbambazele-
28 la, bemlilela. Wabaguqukela ke uYesu, wathi, Zintombi zaseYerusalem, musani ukundililela mna; kanye zilileleni
29 nina, nabantwana benu; ngokuba, yabonani, kuza imihla abaya kuthi ngayo, Banoyolo abaziindlolo, nezizalo ezingazalanga, namabele anganyisanga. Oko
30 baya kuqala bathi ezintabeni, Siweleni; nasezindulini, Sigubungeleni. Ngoku-
31 ba ukuba benza ezi zinto komanzi umthi, kuya kuba njani na kowomileyo?

Ukubethelelwa emnqamlezweni
(UMat. 27: 33–56)

32 Ke kaloku baberhola nabanye abangabámbi, bebabini, bengabenzi bobubi, beya kubulawa kunye naye. Bathi ke
33 bakufika kwindawo le kuthiwa luKakayi, bambethelela emnqamlezweni khona apho, kwanabenzi bobubi abo, omnye ngasekunene, nomnye ngasekhohlo. Wathi ke uYesu, Bawo, baxolele; kuba
34 abayazi into abayenzayo.
35 Bathi ke, besabelana ngeengubo zakhe, benza amaqashiso. Baye bemi
36 abantu bebonela. Babemsinekela ke nabaphathi *bamaYuda* kunye nabo, besithi, Wabasindisa abanye; makazisindise, ukuba lo unguye uKristu, umnyulwa kaThixo. Ayedlala ngaye ke
37 namasoldati, esiza asondeze iviniga kuye, esithi, Ukuba wena ungyue uKu-
38 mkani wamaYuda, zisindise. Kwaye ke kubhalwe nombhalo ngaphezu kwakhe, ngamagama esiGrike, nawesiRoma, nawesiHebhere, *kwathiwa*, LO NGUKUMKANI WAMAYUDA.

39 Ke kaloku, omnye wabenzi bobubi ababexhonyiwe wayemnyelisa, esithi, Ukuba wena unguye uKristu, zisindise, nathi *usisindise*. Waphendula ke omnye
40 wamkhalimela, esithi, Akumoyiki na wena uThixo, ukwakoku kugwetywa nje? Thina ke okunene sigwetywe
41 ngobulungisa, kuba samkela okufanele esakwenzayo; kodwa yena lo akenzanga nto ingendawo. Wathi kuYesu, Uze
42 undikhumbule, Nkosi, xa uthe weza usebukumkanini bakho. UYesu wathi
43 kuye, Inene, ndithi kuwe, Namhlanje uya kuba nam eParadisi.*

44 Ke kaloku, kwakumalunga nelixa lesithandathu, kwaza kwakho ubumnyama phezu kwawo umhlaba uphela, kwa-
45 da kwaba lilixa lesithoba. Lenziwa

ULUKA 23-24

mnyama ilanga; isikhuselo sendawo eyingcwele sakrazuka phakathi. Wadanduluka ngezwi elikhulu uYesu, wathi, Bawo, ndiyawunikela ezandleni zakho umoya wam. Uthe akuba etshilo, waphuma umphefumlo. 46

47 Ke kaloku umthetheli-khulu, akukubona okuhlileyo, wazukisa uThixo, esithi, Inene, lo mntu ubelilungisa.
48 Zathi zonke izihlwele ezabe zibuthelene kuloo mbonelo, zakukubona okuhlileyo,
49 zabuya zibetha izifuba zazo. Baye ke bonke abazana naye bemi kude, nabafazi ababelandelene naye, bevela kwelaseGalili, bezikhangela ezi zinto.

Umngcwabo kaYesu
(UMat. 27: 57-66)

50 Kwaye ke kukho indoda egama linguYosefu, engumphakathi, indoda elu-
51 ngileyo, elilungisa (yona yayingavumelananga necebo labo, nesenzo sabo), eyaseArimatiya, umzi wamaYuda, eyayibulindile nayo ubukumkani buka-
52 Thixo; eyathi yona yeza kuPilato, ya-
53 wucela umzimba kaYesu. Yawuthula, yawusongela kwilinen entle; yawubeka engcwabeni elixholwe etyeni, ekungazanga kulale bani kulo.
54 Loo mhla wawungowokulungiselela,
55 nesabatha ibisondele. Ke kaloku nabafazi abalandeláyo, abeza naye bephuma kwelaseGalili, balikhangela ingcwaba,
56 nokubekwa komzimba wakhe. Babuya ke, balungisa ubulawu namafutha aqholiweyo.
Bathi ngesabatha baphumla ngokomthetho.

Uvuko lukaYesu
(UMat. 28: 1-16)

24 Ke kaloku, ngolokuqala usuku lweveki, ngesifingo sokusa, beza engcwabeni, bephethe ubulawu ababebulungisile, kukho nabanye *abafazi*
2 nabo. Balifumana ke ilitye liqengqiwe, lesuka engcwabeni.
3 Bakuba bengenile, àbawufumananga
4 umzimba weNkosi uYesu. Kwathi, ekukhohlweni kwabo yile nto, kwabonakala amadoda amabini, ebafikela, eneengubo ezibengezelayo. Ke kaloku, bakubon' ukuba bangenelwe kukoyika, beqondele emhlabeni, athi kubo, Yini na ukuba ophilileyo nimfune phakathi kwabafileyo? Akakho apha, uvukile; khumbulani ukuthetha kwakhe kuni, oko ebesekwelaseGalili, esithi, UNyana woMntu umelwe kukuthi anikelwe ezandleni zabantu abangaboni, abethelelwe emnqamlezweni, athi ngomhla wesithathu abuye avuke. 5 6 7

Bawakhumbula ke amazwi akhe; bebuyile engcwabeni, bazibika zonke ezo zinto kwabalishumi elinamnye, nakubo bonke abanye. Baye ke bengooMariya waseMagadala, noYohana, noMariya kaYakobi, nabanye ababenabo, abazixeláyo ezo zinto kubapostile.* Amazwi abo abonakala emehlweni abo engáthi kukulavuza; àbakholwa ngabo. 8 9 10 11

Esukile ke uPetros, wagidima waya engcwabeni; athi eqondele, azibone iilinen abesongelwe kuzo, zilele zodwa; wagoduka, emangalisiwe koko kuhlileyo. 12

UYesu uyazibonakalalisa endleleni yokuya e-Emawusi

Kwabonakala kusiya babini bakubo, kwangaloo mini, kumzana ozitadiya* zimashumi mathandathu, umgama wawo neYerusalem, ogama liyiEmawusi. Baye bona bexoxa bodwa ngazo zonke izinto ezibe zihlile. 13 14

Kwathi, ekuxoxeni kwabo, nasekubuzaneni kwabo, uYesu ngokwakhe wasondela wahamba nabo. Kuloko amehlo abo ayebanjiwe, ukuba bangamazi. Wathi ke kubo, Ziindawo zini na ezi nincokola ngazo, nihamba nibe nithe matshamatsha? 15 16 17

Uphendule ke omnye, lo ugama linguKleyopa, wathi kuye, Umhambi eYerusalem apha nguwe wedwa na, ukuba ungàzazi nje izinto ezihle khona ngazo ezi mini? Wathi kubo, Ziphi na? Bathi ke bona kuye, EzingoYesu waseNazarete, obeyindoda engumprofeti, enobunkunkqele ekwenzeni nasekuthetheni, phambi koThixo nabo bonke abantu; ukuba báthini na ababingeleli abakhulu nabaphathi bethu 18 19 20

ULUKA 24

ukumnikela ukuba agwetywe afe, ba-
21 mbethelela nasemnqamlezweni. Ke
kaloku, thina besithembe ukuba nguye
oza kukhulula uSirayeli ngentlawulelo;
kunjalonje ke, namhla lusuku lwesitha-
22 thu zenzekile ezo zinto. Kananjalo
abafazi abathile bethu, ababesengcwa-
beni kwakusasa, babéthe sathi nqa.
23 Bathe bengawufumani umzimba wakhe,
beza besithi, babone nombono wezithu-
24 nywa zezulu, ezithi zona, uhleli. Ba-
suka nabathile ababenathi, baya
engcwabeni, bafika kunjengoko babe-
tshilo abafazi; ke yena ababmbonanga.
25 Waza yena wathi kubo, Oyi! basweli-
kuqonda, bantliziyo zizeka kade uku-
kholwa kuko konke abakuthetháyo
26 abaprofeti! UKristu* ubengamelwe na
kukuthi abuve obu bunzima, aze angene
27 eluzukweni lwakhe? Uqalele ke ku-
Moses nakubo bonke abaprofeti, waba-
chazela kuzo zonke izibhalo iindawo
ezingaye.
28 Basondela kuloo mzana babesiya
29 kuwo; wanga yena uyegqitha. Besuka
bamzama, besithi, Hlala nathi; ngokuba
kuza kuhlwa, nemini iseyisangene. Wa-
30 ngena ukuba ahlale nabo. Kwathi,
ekungqengqeni kwakhe ngasesithebeni
ndawonye nabo, wasithabatha isonka,
31 wasikelela, waqhekeza, wabanika. A-
vulwa ke amehlo abo, bamazi; wathi
shwaka yena kubo.
32 Batshono ukuthi, Intliziyo yethu
ibingavuthi na ngaphakathi kwethu, xa
ebethetha nathi endleleni, naxa ebesi-
33 tyhilela izibhalo? Besuka kwangelo li-
xa, babuyela eYerusalem, babafumana
abalishumi elinamnye, bequkene nda-
34 wonye nabo babenabo, besithi, INkosi
inene ivukile, yabonakala kuSimon.
35 Baye nabo bezichankcisa izinto zendlela,
nokwazeka kwayo kubo ekuqhekezeni
isonka.

*Ukuzibonakalalisa kukaYesu
kubafundi bakhe*
(UYoh. 20: 19–31)

36 Ke kaloku, bakubon' ukuba bayazi-
thetha ezo zinto, uYesu ngokwakhe
wema phakathi kwabo, wathi kubo,
Uxolo malube nani. Besuka ke ba- 37
nkwantya, bangenelwa kukoyika, beba
babone umshologu. Wathi kubo, Yini 38
na ukuba nikhathazeke? Kungani na
ke ukuba kunyuke izicamango ezintlizi-
yweni zenu? Khangelani izandla zam 39
neenyawo zam, ngokuba ndim kanye;
ndicofeni, nikhangele; ngokuba umsho-
logu awunanyama namathambo, nje-
ngokuba nindibona ndinawo mna.
Utshilo, wababonisa izandla neenyawo 40
zakhe.

Ke kaloku, bakubon' ukuba abaka- 41
kholwa, ngenxa yovuyo, bemangalisi-
we, wathi kubo, Ninanto na idliwayo
apha? Bamnika ke intwana yentlanzi 42
eyosiweyo, neyenqatha lobusi; watha- 43
batha, wadla emehlweni abo.

Uthe ke kubo, Ngawo la amazwi 44
endawathethayo kuni ndisenani, okoku-
ba zimelwe kukuzaliseka zonke izinto
ezibhaliweyo ngam emthethweni ka-
Moses, nasebaprofetini, nasezindumi-
sweni. Wandula wayivula ingqiqo ya- 45
bo, ukuze baziqonde izibhalo; wathi 46
kubo, Kubhaliwe ngokunjalo, umelwe
ngokunjalo uKristu kukuthi eve ubu-
nzima, abuye avuke kwabafileyo ngo-
mhla wesithathu; nokuba kuvakaliswe 47
egameni lakhe inguquko noxolelo lwe-
zono kuzo zonke iintlanga, kuqalelwa
eYerusalem. Nina ke ningamangqina 48
ezi zinto. Yabonani, mna ndilithumela 49
kuni idinga likaBawo; ke nina hlalani
kuwo umzi oyiYerusalem, nide namba-
thiswe amandla aphuma enyangweni.

Unyuko lukaYesu
(IZenzo 1: 9–11)

Ke kaloku wabarholela ngaphandle, 50
kwada kwaya eBhetani; waziphakami-
sa izandla zakhe, wabasikelela. Kwathi, 51
ekubasikeleleni kwakhe, wahluka kubo,
wenyuswa wasiwa emazulwini. Baza 52
bona, bakuba bequbudile kuye, babu-
yela eYerusalem benovuyo olukhulu.
Bamana behleli etempileni, bedumisa, 53
bebonga uThixo. Amen.

IVANGELI NGOKUBHALWE

NGUYOHANE

ULizwi waba yinyama

1 Ekuqalekeni ube ekho uLizwi, waye uLizwi ekuye uThixo, waye uLizwi 2 enguThixo. Yena lowo ebekho eku-3 qalekeni kuThixo. Izinto zonke zabakho ngaye; engekho yena, akubangakho 4 nanye into ethe yabakho. Kuye kwakukho ubomi, baye ubomi obo bulu-5 khanyiselo lwabantu. Ukhanyiso ke olo lwabonakala ebumnyameni, basuka ubumnyama àbaluqiqa.

6 Kwakho mntu uthunyiweyo evela 7 kuThixo, ugama linguYohane. Lowo weza kuba lingqina, ukuze angqine ngalo ukhanyiso, ukuze bonke bakholwe 8 ngaye. Yena lowo ubengelulo ukhanyiso; weza kungqina ngalo ukhanyiso.
9 Waye ke yena elukhanyiso oluyinyaniso, olubakhanyiselayo abantu bonke,
10 esiza ehlabathini. Ube esehlabathini ke; ihlabathi labakho ngaye, ihlabathi
11 alimazanga. Weza kokwakhe, baza a-
12 bakhe àbamvuma. Ke bonke abamamkeláyo wabanika igunya lokuba babe ngabantwana bakaThixo, abo ke bakho-
13 lwayo kwigama lakhe; abangàzalwanga ngagazi, nangakuthanda kwanyama, nangakuthanda kwandoda; bazalwa ngu-
14 Thixo. ULizwi waba yinyama, wahlala phakathi kwethu, sabubona ubuqaqawuli bakhe, ubuqaqawuli kanye bowokuphela kwamzeleyo uYise, ezele lubabalo nayinyaniso.

Ubungqina bukaYohane umbhaptizi
(UMat. 3: 1–12)

15 Uthi uYohane angqine ngaye, adanduluke esithi, Ubenguye lo bendithetha yena, *ndisithi*, Lowo uzayo emva kwam, usuke waba phambi kwam, ngo-
16 kuba waye etanci kum. Enzalisekweni yakhe thina sonke samkela kwa ububabalo phezu kobabalo. Ngokuba umthetho 17 wawiswa ngoMoses, lwabakho lona ubabalo nenyaniso ngoYesu Kristu. Akukho namnye wakha wambona u- 18 Thixo; uNyana okuphela kwamzeleyo, lowo usesifubeni sikaYise, nguye ocacise oko.

Nabu ke ubungqina bukaYohane, 19 oko amaYuda athuma ababingeleli nabaLevi, bephuma eYerusalem, ukuze bambuze besithi, Wena ungubani na? Wavuma akakhanyela, wavuma esithi, 20 Andinguye mna uKristu.* Bambuza, 21 *besithi*, Untoni na ke? UnguEliya na? Athi, Andinguye. Unguye na umprofeti lowo? Wathi ukuphendula, Hayi. Bathi ngoko kuye, Ungubani na ke? 22 ukuze sibaphendule abo basithumileyo. Uthini na wena ngawe ngokwakho? Wathi, Mna ndililizwi lodandulukayo 23 entlango, lisithi, Yityenenezeni indlela yeNkosi, njengoko watshoyo uIsaya umprofeti.

Baye abo babethunyiwe bengabakubo 24 abaFarisi. Bambuza bathi kuye, U- 25 bhaptizelani na phofu, ukuba wena akunguye uKristu, noEliya, nomprofeti lowo? Wabaphendula uYohane, esithi, 26 Mna ndibhaptiza ngamanzi; ke phakathi kwenu kumi eningamaziyo nina. Yena ngothe, esiza emva kwam nje, 27 wesuka waba phambi kwam, endingafanelekileyo mna ukuba ndinyobulule umtya wembadada yakhe.

Ezi zinto zenzeka eBhetabhara, phe- 28 sheya kweYordan, apho uYohane wayebhaptiza khona.

Ngengomso uYohane umbona uYesu 29 esiza kuye, athi, Nantso iMvana ka-Thixo, ethwala isuse isono sehlabathi. Nguye lo ndathi ngaye mna, Emva 30

UYOHANE 1–2

kwam kuza indoda, esuke yaba phambi 31 kwam; ngokuba yayitanci kum. Bendingayazi nam; le nto ndeza mna, ndibhaptiza ngamanzi, kukuze ibonakalaliswe kuSirayeli.

32 Wangqina uYohane, esithi, Ndimbonile uMoya, esihla njengehobe, ephuma 33 ezulwini, wahlala phezu kwakhe. Bendingamazi nam; owandithumayo ukubhaptiza ngamanzi, nguye owathi kum, Othe wambona uMoya esihla ahlale phezu kwakhe, nguye lowo ubhaptiza 34 ngoMoya oyiNgcwele. Nam ndibonile, ndingqinile, ukuba lo nguye uNyana kaThixo.

Abafundi bokuqala bakaYesu

35 Ngengomso ubuye wema uYohane 36 nababini kubafundi bakhe; ondelé kuYesu ehamba, uthi, Nantso iMvana 37 kaThixo. Bamva ethetha abafundi ababini, bamlandela uYesu.
38 Ke kaloku ujikile uYesu, ababone belandela, athi kubo, Nifuna ntoni na? Bathi ke bona kuye, Rabhi (oko kukuthi ngentetho evakalayo, mfundisi), uhlala 39 phi na? Athi kubo, Yizani nibone. Beza, babona ke apho ahlala khona; bahlala naye loo mini; laye ke ilixa 40 lingathi leleshumi. YayinguAndreya, umzalwana kaSimon Petros, omnye wabo babini, babeve kuYohane, bamla-41 ndela. Yena ufumana kuqala owakhe umzalwana, uSimon, athi kuye, Simfumene uMesiya (oko kukuthi ngentetho 42 evakalayo, uKristu*). Wamsa kuYesu; uthe ke uYesu wondela kuye, wathi, Wena unguSimon, unyana kaYona; kuya kuthiwa unguKefas (oko kukuthi ngentetho evakalayo, ùnguPetros*).

43 Ngengomso uYesu wafuna ukuphuma aye kwelaseGalili; ufumana uFilipu, 44 athi kuye, Ndilandele. Ke kaloku uFilipu ebengowaseBhetesayida, womzi wakuloAndreya noPetros.
45 UFilipu ufumana uNataniyeli, athi kuye, Lowo uMoses wabhala ngaye emthethweni, kwanabaprofeti, simfumene, uYesu unyana kaYosefu, lowo waseNazarete. Wathi uNataniyeli ku- 46 ye, Inako na into elungileyo ukuphuma eNazarete? Athi uFilipu kuye, Yiza ubone. UYesu wambona uNata- 47 niyeli esiza kuye, athi ngaye, Nanko umSirayeli inyaniso, ekungekho nkohliso kuye. Athi uNataniyeli kuye, 48 Undazi ngani na? Waphendula uYesu wathi kuye, Phambi kokuba uFilipu akubize, uphantsi komkhiwane, ndandikubona. Aphendule uNataniyeli athi 49 kuye, Rabhi, wena unguye uNyana kaThixo, wena unguye uKumkani kaSirayeli. Waphendula uYesu wathi 50 kuye, Ngokuba ndithe kuwe, Ndandikubona uphantsi komkhiwane, uyakholwa na? Uya kubona izinto ezingaphezulu kwezo. Athi kuye, Inene, inene, ndithi 51 kuni, Emveni koku niya kulibona izulu livulekile, nezithunywa zikaThixo zinyuka zisihla phezu koNyana woMntu.

UYesu uguqula amanzi abe yiwayini eKana

2 Kuthe ngomhla wesithathu, kwabakho umsitho eKana yelaseGalili; waye unina kaYesu ekhona. Wame- 2 nyelwa ke noYesu kwanabafundi bakhe emsithweni lowo.

Kuthe ke, bakuphelelwa yiwayini, 3 wathi unina kaYesu kuye, Abanawayini. Uthi uYesu kuye, Yintoni na e- 4 nam nawe, mfazi? Alikafiki ilixa lam. Athi unina kubalungiseleli, Asukuba 5 ekuthetha kuni, kwenzeni. Kwakumi 6 khona ke imiphanda yamatye imithandathu, ngokwentlambululo yamaYuda, engena ngaminye iibhate* ezimbini nantathu. Athi kubo uYesu, Yizaliseni 7 imiphanda ngamanzi. Bayizalisa ke, yada yee cike. Athi kubo, Yikhani 8 ngoku, nise kwinjoli. Besa ke.

Ke kaloku, yakuweva injoli amanzi 9 abenziwe iwayini (yayingazayi apho ivela khona; kodwa abalungiseleli ababewakhile amanzi babesazi), yasuka injoli yabiza umyeni. Yathi kuye, 10 Wonke umntu ubeka kuqala iwayini emnandi, aze xa bathe basela bakholisa, andule *ukubeka* enganeno kwaleyo;

UYOHANE 2-3

wena uyibandezile iwayini emnandi, kwada kwangoku.

11 Oku kuqaleka kwemiqondiso wakwenza uYesu eKana yelaseGalili, walubonakalalisa uzuko lwakhe; bakholwa kuye abafundi bakhe.

12 Emveni koko wehla waya eKapernahum, yena nonina, nabazalwana bakhe, nabafundi bakhe; bahlala khona iintsuku ezingeninzi.

Ukuhlanjululwa kwetempile
(UMat. 21: 12-17)

13 Yayikufuphi ke ipasika* yamaYuda; wenyuka uYesu waya eYerusalem.
14 Wabafumana etempileni ababethengisa ngeenkomo nezimvu namahobe, naba-
15 nanisa ngemali behleli. Wenza iziniya ngemizi, wabakhupha bonke etempileni, kwanezimvu neenkomo; wayiphalaza imali yabananisi, wazibhukuqa
16 neetafile; wathi nakwabo bathengisa ngamahobe, Ezi zinto zisuseni apha; musani ukuyenza indlu kaBawo indlu
17 yokuthengisela. Bakhumbula ke abafundi bakhe, ukuba kubhaliwe *kwathiwa*, Ukuzondelela indlu yakho kundidlile kanye.
18 Aphendula ke ngoko amaYuda, athi kuye, Usibonisa mqondiso mni na,
19 uzenza nje ezi zinto? Waphendula uYesu wathi kubo, Yichitheni le tempile, mna ke ndiya kuyivusa ngeentsuku
20 ezintathu. Athi ke ngoko amaYuda, Yayiminyaka imashumi mané anesithandathu nje isakhiwa le tempile, ke wena woyivusa ngeentsuku ezintathu na?
21 Yena ke wayethetha ngetempile yo-
22 mzimba wakhe. Ke ngoko, xenikweni wavukayo kwabafileyo, bakhumbula abafundi bakhe, ukuba ebekuthethile oku kubo, bakholwa sisibhalo nalilizwi awalithethayo uYesu.

23 Ke kaloku, akubon' ukuba useYerusalem epasikeni, emthendelekweni, into eninzi yakholwa kulo igama lakhe, ibona imiqondiso yakhe abeyenza.
24 Ke yena uYesu akaziyekelanga kubo,
25 ngenxa yokuba ebazi bonke; nangokuba bekungafuneki kuye, ukuba kungqine bani ngaye umntu, kuba ubekwazi yena okungaphakathi komntu.

UNikodemo ufundiswa nguYesu

3 Kwaye kukho ke umntu wakubaFarisi, ogama linguNikodemo, umphathi wamaYuda. Lowo weza ku- 2 Yesu ebusuku, wathi kuye, Rabhi,* siyazi ukuba ungumfundisi ovela kuThixo; kuba akukho namnye unako ukuyenza le miqondiso uyenzayo wena, ukuba uThixo akanaye. Waphendula 3 uYesu wathi kuye, Inene, inene, ndithi kuwe, Ukuba akathanga umntu azalwe ngokutsha, akanakububona ubukumkani bukaThixo.

Uthi uNikodemo kuye, Angáthini na 4 umntu ukuzalwa emdala? Angaba nako yini na ukungena okwesibini esizalweni sonina azalwe? Waphendula u- 5 Yesu *wathi*, Inene, inene, ndithi kuwe, Ukuba umntu akathanga azalwe ngamanzi nanguMoya, akanakungena ebukumkanini bukaThixo. Okuzelwe yi- 6 nyama kuyinyama, nokuzelwe nguMoya kungumoya. Musa ukumangaliswa ku- 7 kuba ndithe kuwe, Nimelwe kukuthi nizalwe ngokutsha. Umoya uphepheza 8 apho uthanda khona, úze usive isandi sawo, kodwa ungawazi apho úvela khona, nalapho úsinga khona: bakwanjalo bonke abazelwe nguMoya.

Waphendula uNikodemo wathi kuye, 9 Zingáthini na ezi zinto ukuba nokubakho?

Waphendula uYesu wathi kuye, 10 Wena, úngumfundisi nje wakwaSirayeli, akuzazi na ezi zinto? Inene, ine- 11 ne, ndithi kuwe, Sithetha esikwaziyo, singqine esikubonileyo; nisuke ningabamkeli ubungqina bethu. Ukuba ndi- 12 nixelele izinto ezisemhlabeni, naza ànakholwa, nòthini na ukukholwa, ukuba ndithe ndanixelela izinto ezisemazulwini? Akukho namnye unyuki- 13 leyo waya emazulwini, ngulowo yedwa wehla ephuma emazulwini, uNyana woMntu, lowo usemazulwini. Nje- 14 ngokuba ke uMoses wayiphakamisayo inyoka entlango (*iNum.* 21:9), umelwe kukuphakanyiswa ngokunjalo uNyana

UYOHANE 3–4

15 woMntu; ukuze bonke abakholwayo kuye bangatshabalali, koko babe nobomi obungunaphakade.
16 Kuba wenjenje uThixo ukulithanda kwakhe ihlabathi, ude wancama uNyana wakhe okuphela kwamzeleyo, ukuze bonke abakholwayo kuye bangatshabalali, koko babe nobomi obunguna-
17 phakade. Kuba uThixo akamthumanga uNyana wakhe ehlabathini, ukuze aligwebe ihlabathi; wamthuma ukuze
18 ihlabathi lisindiswe ngaye. Lowo ukholwayo kuye, akagwetywa; ke lowo ungakholwayo, uselegwetyiwe, ngokuba engakholwanga kwigama loNyana okuphela kwamzeleyo uThixo.
19 Ke kaloku, umgwebo nguwo lo, ukuba ukhanyiso lufikile ehlabathini, baza abantu bathanda ubumnyama ngaphezu kokhanyiso; kuba imisebenzi
20 yabo ingendawo. Kuba bonke abenza okubi, bayaluthiya ukhanyiso, bangezi elukhanyisweni, ukuze imisebenzi yabo
21 ingòhlwaywa. Ke lowo uyenzayo inyaniso uyeza elukhanyisweni, ukuze imisebenzi yakhe ibonakalaliswe; ngokuba isetyenzelwe kuThixo.

Obunye ubungqina bukaYohane umbhaptizi

22 Emveni kwezi zinto, weza uYesu nabafundi bakhe emhlabeni wakwaYuda; wakha walibala khona apho nabo;
23 wabhaptiza. Waye ke noYohane ebhaptiza e-Enon, kufuphi neSalem, ngokuba amanzi abemaninzi khona apho; babe-
24 siza ke babhaptizwe. Kuba ebengekaphoswa entolongweni uYohane.
25 Kwabakho ke imbuzwano kubafundi bakaYohane namaYuda ngokuhlanju-
26 lulwa. Beza kuYohane, bathi kuye, Rabhi,* lowa wayenawe phesheya kweYordan, umngqinela, yabona, yena uyabhaptiza; beza kuye ke bonke.
27 Waphendula uYohane wathi, Akanakwamkela nto umntu, engayinikwanga
28 ivela emazulwini. Nani ngokwenu niyandingqinela ukuba ndathi, Andinguye uKristu* mna; ndathi, Ndithunyiwe
29 phambi kwakhe. Lowo unomtshakazi ngumyeni; isihlobo ke somyeni, esimiyo simve, sivuya kunene ngenxa yezwi lomyeni; ngoko olu luvuyo lwam luza-
lisekile. Yena umelwe kukuthi ande, 30 ndinciphe ke mna.
Lowo uvela phezulu ungaphezu 31 kwabo bonke; lowo uphuma emhlabeni ungowasemhlabeni, ethetha okwasemhlabeni. Lowo ungowasemazulwini ungaphezu kwabo bonke; akubonileyo 32 ke wakuva, úyakungqina oko; akukho bani ubamkelayo ubungqina bakhe. Lowo ubamkeleyo ubungqina bakhe, 33 utywine waqinisela ukuthi, uThixo uyinyaniso; kuba lowo ùthunywe ngu- 34 Thixo, uthetha amazwi kaThixo; kuba uThixo akamniki uMoya ngomlinganiselo.
UYise uyamthanda uNyana; uzini- 35 kele zonke izinto esandleni sakhe. Lowo ukholwayo kuNyana, unobomi 36 obungunaphakade; ke lowo ungamviyo uNyana, akayi kubona bomi; ingqumbo kaThixo ihleli phezu kwakhe.

UmSamariyakazi

4 Ithe ngoko iNkosi, yakwazi ukuba abaFarisi bavile ukuba uYesu ugqithisile kuYohane ngokwenza nokubhaptiza abafundi (nakubeni ke uYesu ngo- 2 kwakhe ebengabhaptizi, bekubhaptiza abafundi bakhe), yalishiya yona elakwa- 3 Yuda, yabuya yaya kwelaseGalili.
Ibimelwe ke kukuthi icande kwelama- 4 Samariya. Ifike ke emzini welama- 5 Samariya ekuthiwa yiSikare, kufuphi nomhlaba awathi uYakobi wawunika uYosefu unyana wakhe. Ke kaloku 6 umthombo kaYakobi ubukhona.
Uthe ke ngoko uYesu, ebulalekile kukuhamba, wahlala enjalo phezu komthombo; ilixa ngathi belilelesithandathu. Kufika intokazi yelamaSamariya, 7 isiza kukha amanzi, athi uYesu kuyo, Ndiphe ndisele. (Kuba abafundi ba- 8 khe bebemke baya kuthenga ukudla emzini apho.)
Ithi ngoko intokazi engumSamariyaka- 9 zi kuye, Úthini na wena, ungumYuda nje, ukucela kum into eselwayo, ndingumSamariyakazi nje? Kuba akanabudlelane amaYuda namaSamariya. Waphendu- 10

1039

la uYesu wathi kuyo, Ukuba ubusazi isipho sikaThixo, nokuba ngubani na lo uthi kuwe, Ndiphe ndisele: unge ucele kuye wena, wakùpha amanzi aphilileyo.

11 Ithi intokazi kuye, Nkosi, akunanto yakukha, nequla linzulu; uwazuza phi
12 na ke amanzi aphilileyo lawo? Wena umkhulu yini na kunobawo wethu uYakobi, owasinikayo iqula eli, wayesela kulo yena, nabantwana bakhe, nemfuyo
13 yakhe? Waphendula uYesu wathi kuyo, Bonke abasela kula manzi, baya
14 kubuya banxanwe; ke yena othe wasela kuwo amanzi, endiya kumpha wona mna, akasayi kuza anxanwe naphakade; aya kusuka amanzi, endiya kumpha wona, abe ngumthombo kuye wamanzi ampompozela ebomini obungunaphakade.

15 Ithi intokazi kuye, Nkosi, ndiphe loo manzi, ukuze ndinganxanwa, ndingezi
16 nokuza kukha apha. Athi uYesu kuyo, Hamba uye kubiza indoda yakho, uze
17 apha. Yaphendula intokazi yathi, Andinandoda. Athi uYesu kuyo, Ulu-
18 ngisile ukuthi, Andinandoda; kuba ubunamadoda amahlanu; onayo ngoku asindoda yakho, ùnyanisile ukutsho.
19 Ithi intokazi kuye, Nkosi, ndiyabona
20 ukuba ungumprofeti wena. Oobawo bethu babenqula kule ntaba; nina ke nithi iseYerusalem indawo apho abantu
21 bamelwe kukunqula khona. Athi uYesu kuyo, Ntokazindini, kholwa ndim, ukuba kuza ilixa, eningasayi kuthi nakule ntaba, naseYerusalem, nimnqule
22 uBawo. Nina ninqula eningakwaziyo; thina sinqula esikwaziyo; ngokuba usi-
23 ndiso luphuma kumaYuda. Kodwa kuza ilixa, nangoku selikho, xa abanquli abayinyaniso baya kumnqula uBawo ngoMoya nangenyaniso; kuba uBawo
24 ufuna abanjalo ukumnqula. UThixo unguMoya; abo ke bamnqulayo bamelwe kukumnqula ngoMoya nangenyaniso.
25 Ithi intokazi kuye, Ndiyazi ukuba uMesiya uyeza, ekuthiwa nguKristu;* xa athe weza yena, uya kusityela izinto
26 zonke. Athi uYesu kuyo, Mna ndithethayo nawe ndinguye.

Kwathi kwangoko bafika abafundi 27 bakhe, bamangaliswa kukuba athethe nomntu oyinkazana; noko ke akubangakho namnye owathi. Ùfuna ntoni na? nowathi, Yini na ukuba uthethe nayo? Yawushiya ngoko umphanda wayo 28 intokazi, yemka yaya ekhaya; ithi ebantwini, Yizani, nibone umntu ondi- 29 xelele izinto zonke endakha ndazenza; lo akangebi nguye uKristu yini na? Baphuma ke ekhaya, baye besiza kuye. 30

Isivuno nabasebenzi

Ke kaloku, kweso sithuba abafundi 31 babemthandaza, besithi, Rabhi,* yidla. Uthe ke yena kubo, Mna ndinokudla 32 endikudlayo, eningakwaziyo nina. Ba- 33 bethetha bodwa ngoko abafundi, besithi, Ingaba kukho omziseleyo na ukudla?

Athi uYesu kubo, Okwam ukudla 34 kukuba ndenze ukuthanda kowandithumayo, ndiwufeze umsebenzi wakhe. Anitsho na nina ukuthi, Iinyanga zisené, 35 kuze kufike ukuvuna? Yabonani, nditi kuni, Waphakamiseni amehlo enu, niwakhangele amasimi; ngokuba aselemhlophe ukuba kuvunwe. Novunayo 36 wamkela umvuzo, abuthele iziqhamo ebomini obungunaphakade, ukuze nalowo uhlwayelayo avuye, kunye nalowo uvunayo. Kuba likulé nto ilizwi eliyi- 37 nyaniso, eli lithi, Omnye uyahlwayela, nomnye avune. Mna ndanithuma uku- 38 vuna oko ningabulalekanga kuko nina; abanye babulalekile, naza nangena nina ekubulalekeni kwabo.

Ke kaloku, kwakholwa kuye into 39 eninzi yamaSamariya kuloo mzi, ngenxa yelizwi lentokazi leyo, yangqinayo yathi, Ùndityele izinto zonke endakha ndazenza; Akufika ngoko kuye ama- 40 Samariya, amcela ukuba ahlale nawo; wahlala khona ke imihla emibini. Into 41 eninzi yakholwa ngakumbi ngenxa yelizwi lakhe. Kanjalo babesithi kwi- 42 ntokazi leyo, Asisakholwa ngenxa yokuthetha kwakho, kuba sizivele thina ngokwethu, sazi ukuba, inyaniso, lo unguye uMsindisi wehlabathi, uKristu.

UYOHANE 4–5

Ukuphiliswa konyana wegosa lakomkhulu

43 Ke kaloku, emveni kwemihla emibini leyo, waphuma khona, wemka waya 44 kwelaseGalili. Kuba uYesu ngokwakhe wangqina, ukuba umprofeti akana-45 mbeko kowabo. Xenikweni ngoko wafikayo kwelaseGalili, bamamkela abaseGalili ababezibonile zonke izinto awazenzáyo eYerusalem emthendelekweni; kuba babeyile nabo emthendelekweni.
46 Wabuya ngoko weza uYesu eKana yelaseGalili, apho amanzi ebewenze iwayini. Kwaye kukho igosa lakomkhulu elithile, elinyana wayesifa e-47 Kapernahum. Lithe lakuva lona ukuba uYesu uphumile kwaYuda, wafika kwelaseGalili, laya kuye, lamcela ukuba ehle amphilise unyana walo, kuba ebeza 48 kubhubha. Wathi ngoko uYesu kulo, Ukuba anithanga nibone imiqondiso nemimangaliso, anisayi kukha nikholwe.
49 Lithi kuye igosa lakomkhulu, Nkosi, yihla, engekabhubhi umntwana wam.
50 Athi uYesu kulo, Hamba uhambe; unyana wakho uhleli. Wakholwa umntu lowo lilizwi awalithethayo uYesu kuye, wahamba ke.
51 Ke kaloku, akubon' ukuba uselesihla, izicaka zakhe zamhlangabeza, zambikela zisithi, Umntwana wakho 52 uhleli. Wabuza ngoko kuzo ilixa aqale ukuchacha ngalo; zathi kuye, Izolo, ngelixa lesixhenxe, yamyeka icesina.
53 Wazi ngoko uyise, ukuba bekukwangelo lixa abethe ngalo uYesu kuye, Unyana wakho uhleli; wakholwa, yena nendlu yakhe iphela.
54 Lo mqondiso ke wesibini wawenza uYesu, eselephumile kwelakwaYuda, weza kwelaseGalili.

Ukuphiliswa komlwelwe eBhetesda

5 Emveni kwezi zinto, kwaye kukho umthendeleko wamaYuda, wenyuka uYesu waya eYerusalem.
2 Ke kaloku kukho eYerusalem apho, ngakwelezimvu isango, ichibi, ekuthiwa ukubizwa yiBhetesda ngesiHebhere, 3 lineevaranda* ezintlanu. Kwakulele kuzo inkitha eninzi yemilwelwe: iimfama, iziqhwala, abome umzimba, belinde ukuzanyazanyiswa kwamanzi. Kuba 4 isithunywa sezulu ngaxesha lithile besisihla, singene echibini, siwagxobhagxobhe amanzi; lowo ngoko ubethe angene tanci emva kokugxojwagxojwa kwamanzi, ubephila nakusiphi na isifo abebanjwe siso.

Ke kaloku, bekukho mntu uthile 5 apho, ubeminyaka imashumi mathathu anesibhozo engumlwelwe. UYesu e-6 mbona lowo elele, esazi ukuba uselenexesha elikhulu enjalo, uthi kuye, Ùyafuna na ukuba uphile? Waphe-7 ndula umlwelwe wathi, Nkosi, andinamntu wokuthi, xa athe agxojwagxojwa amanzi, andiphose echibini. Kuthi ke, ndakubon' ukuba mna ndiyaya, ndiphangelwe ngomnye ukuhla.

Athi uYesu kuye, Vuka, uthabathe 8 ukhuko lwakho, uhambe. Usuke kwa-9 oko waphila umntu, waluthabatha ukhuko lwakhe, wahamba.

Ke kaloku kwakuyisabatha loo mini. Ayesithi ke amaYuda kophilisiweyo, 10 Yisabatha; akuvumelekile ukuba uthwale ukhuko lwakho. Wawaphendula wa-11 thi, Owandiphilisayo, nguye owathi kum, Thabatha ukhuko lwakho, uhambe. Ambuza ngoko athi, Ngubani na 12 yena loo mntu uthe kuwe, Thabatha ukhuko lwakho, uhambe? Ke kaloku, 13 owaphiliswayo ebengazi ukuba ngubani na; kuba uYesu wathi shwaka, kwakubon' ukuba kukho izihlwele kuloo ndawo.

Emveni kwezi zinto, uYesu umfuma-14 na etempileni, athi kuye, Ùyabona, uphilile; musa ukuba sona, ukuze ungahlelwa yinto embi kunaleyo. We-15 mka umntu lowo, waxela kumaYuda, ukuba nguYesu omenze waphila.

UYesu unguNyana kaThixo, emnye noYise

Ngenxa yoko ayemtshutshisa uYesu 16 amaYuda, afuna ukumbulala; ngokuba wayesenza ezo zinto ngesabatha. Wa-17 waphendula ke uYesu wathi, UBawo uyasebenza kude kube ngoku, nam

18 ndiyasebenza. Ngenxa yoko ke ayefuna ngakumbi amaYuda ukumbulala; ngokuba ubengaphule sabatha yodwa, wayetshilo nokuthi, uThixo ngowakhe uYise, ezenza alingane noThixo.

19 Waphendula ngoko uYesu, wathi kuwo, Inene, inene, ndithi kuni, UNyana akanakwenza nto ngokwakhe, engathanga abone uYise eyenza; kuba izinto asukuba ezenza yena, ezo uyaze-
20 nza uNyana kwangokunjalo; kuba uYise uyamthanda uNyana, ambonise izinto zonke azenzayo yena; uya kumbonisa nemisebenzi emikhulu kunale, ukuze nina nimangaliswe.

21 Kuba, njengoko uYise abavusayo abafileyo, abadlise ubomi, kwangokunjalo noNyana ubadlisa ubomi abo atha-
22 ndayo. Kuba kananjalo uYise akagwebi namnye; uthe umgwebo wonke wa-
23 wunikela kuNyana; ukuze bonke bambeke uNyana, kwanjengoko bambekayo uYise. Lowo ungambekiyo uNyana, akambeki uYise owamthumayo.

24 Inene, inene, ndithi kuni, Lowo ulivayo ilizwi lam, akholwe ngulowo wandithumayo, unobomi obungunaphakade; akezi ekugwetyweni; uphume
25 ekufeni, wangena ebomini. Inene, inene, ndithi kuni, Kuza ilixa, nangoku liselikho, xa abafileyo baya kuliva izwi loNyana kaThixo, bathi abalivileyo
26 badle ubomi. Kuba njengokuba uYise enabo ubomi kuye ngokwakhe, ngokunjalo wamnika noNyana ukuba abe
27 nobomi kuye ngokwakhe. Wamnika negunya lokugweba; ngokuba engu-
28 Nyana woMntu. Musani ukumangaliswa kuko oko; ngokuba kuza ilixa abaya kuthi ngalo bonke abasemangcwa-
29 beni balive ilizwi lakhe; baphume ke: abo benza izinto ezilungileyo beze eluvukweni lobomi; nabo ke benza izinto ezimbi, beze eluvukweni lokugwetywa.
30 Mna ngokwam andinakwenza nto; njengoko ndivayo, ndigweba ngako, nomgwebo wam ububulungisa; ngokuba andifuni kuthanda kwam, ndifuna ukuthanda kukaBawo owandithumayo.
31 Ukuba mna ndisuka ndizingqinele, ubungqina bam abungebi yiyo inene. Kukho omnye ongqinayo ngam; ndiyazi 32 ke, ukuba buyinene ubungqina abungqinayo ngam.

Nina nithumele kuYohane; uyingqi- 33 nele ke inyaniso. Mna ke andamkeli 34 bungqina mntwini; ndizithetha ezi zinto, ukuze nina nisindiswe. Yena lowo 35 ebesiso isibane esivuthayo, esikhanyayo; ke nina nathanda ukugcoba umzuzwana elukhanyweni lwakhe.

Mna ke ndinabo ubungqina obunga- 36 phezu kobukaYohane; kuba imisebenzi awandinikayo uBawo ukuba ndiyifeze, yona le misebenzi ndiyenzayo mna, iyangqina ngam, ukuba uBawo undithumile. NoBawo owandithumayo, yena 37 ungqinile ngam. Anizanga nilive izwi lakhe nakanye, niyibone nembonakalo yakhe. Nezwi lakhe aninalo lihleli 38 kuni; ngokuba lowo uthunywe nguye, ningàkholwa nguye nina.

Ziphengululeni* izibhalo, ngokuba 39 nina niba ninobomi obungunaphakade kuzo; zaye zona zingqina ngam. Nibe 40 ke nina ningathandi ukuza kum, ukuze nibe nobomi. Andamkeli luzuko ba- 41 ntwini. Ndiyanazi nina, ukuba utha- 42 ndo lukaThixo aninalo ngaphakathi kwenu. Mna ndizé egameni likaBawo, 43 anindamkeli; ukuba omnye uthe weza ngelilelakhe igama, nomamkela yena. Ningathini na ukuba nako ukukholwa, 44 nisamkelela uzuko omnye komnye nje nina, nibe uzuko lona oluvela kuThixo yedwa ningalufuni?

Ningàbi ndiya kunimangalela ku- 45 Bawo mna; ukho onimangalelayo, uMoses, lowo nimthembileyo nina. Ku- 46 ba, ukuba benikholiwe nguMoses, ninge nikholiwe ndim; kuba yena wabhala ngam. Ke ukuba anikholwa 47 zizibhalo zakhe yena, ningáthini na ukukholwa ngawam amazwi?

Ukutyiswa kwesihlwele
(UMat. 14: 15–21)

6 Emveni kwezi zinto, wemka uYesu, waya phesheya kolwandle lwaseGalili, lwaseTibheriya. Wayelandelwa ke 2 sisihlwele esikhulu, ngokuba babebona

UYOHANE 6

imiqondiso yakhe, abeyenza kwababesifa.

3 Ke kaloku, wenyuka uYesu waya entabeni, wahlala phantsi khona naba-
4 fundi bakhe. Yaye ke ikufuphi ipasika,*
5 umthendeleko wamaYuda. Ewaphakamisile ngoko uYesu amehlo akhe, ebone isihlwele esikhulu sisiza kuye, wathi kuFilipu, Sozithenga phi na izonka, ukuze
6 badle aba? Úbesitsho ke emlinga; kuba ubeyazi yena into abeza kuyenza.
7 UFilipu wamphendula *wathi*, Izonka zeedenariyo* ezimakhulu mabini azibanele, ukuze elowo athabathe intwana.
8 Athi kuye omnye kubafundi bakhe, uAndreya, umzalwana kaSimon Petros,
9 Kukho nkwenkwana apha, inezonka ezihlanu zerhasi neentlanzi ezimbini; kodwa ke ziyintoni na ezo kwabangakanana?
10 Uthe ke uYesu, Bahlaliseni phantsi abantu. Kwaye ke kukho utyani obuninzi kuloo ndawo. Ahlala phantsi ngoko amadoda, engathi amawaka mahlanu inani.
11 Wazithabatha ke izonka uYesu, wathi akubulela wababela abafundi, bathi ke abafundi bábela abo babehleli phantsi, kwaba kwanjalo nakwiintlanzi, ngangokuthanda kwabo.
12 Bakuhlutha ke, uthi kubafundi bakhe, Buthani amaqhekeza aseleyo, uku-
13 ze kungonakali nto. Babutha ngoko, bazalisa izitya zalishumi elinazibini ngamaqhekeza abesele kubo ababedlile, ezonkeni ezihlanu zerhasi.
14 Ngoko abantu aba, bakuwubona umqondiso awawenzayo uYesu, bathi, Lo nguye inyaniso umprofeti lowo uzayo
15 ehlabathini. Uthe ngoko uYesu, esazi ukuba bahlalele ukuza kumbamba ngamandla, bamenze ukumkani, wabuya wemka, waya entabeni yena yedwa.

UYesu uhamba phezu kolwandle
(UMat. 14: 22-34)

16 Ke kaloku, kuthe kwakuhlwa, behla
17 abafundi bakhe, baya elwandle. Bengenile ke emkhombeni, baluwela ulwandle, besiya eKapernahum; kwakusekumnyama, waye uYesu engafikanga
18 kubo. Lwaye nolwandle lusilwa, kananjalo kuvuthuza umoya omkhulu.

19 Bakuba ngoko begweqile izitadiya* ezingathi zimashumi mabini anazihlanu, nokuba mathathu, bambona uYesu ehamba phezu kolwandle, esiza kubo kufuphi nomkhombe; basuka boyika.
20 Athi ke yena kubo, Ndim; musani ukoyika.
21 Babethanda ngoko ukumamkelela emkhombeni; waza kwaoko umkhombe waba semhlabeni lowo babesiya kuwo.

UYesu usisonka sobomi

22 Ngengomso indimbane leyo, Ibimi phesheya kolwandle, yakuba ibonile ukuba akukho mkhonjana wumbi khona, ngulowo mnye wodwa babengene kuwo abafundi bakhe; nokuba uYesu akangenanga nabafundi bakhe emkhonjaneni lowo, bemké bodwa abafundi bakhe;
23 nokuba kuzé eminye imikhonjana ivela eTibheriya, kufuphi nendawo apho babedle isonka khona, yakuba ibulele iNkosi:
24 xeshikweni ke indimbane yabonayo ukuba uYesu akakho apho nabafundi bakhe, besuka bangena nabo emikhombeni, beza eKapernahum, bemfuna uYesu.

25 Bathe bakumfumana phesheya kolwandle, bathi kuye, Rabhi,* ufike nini na apha?
26 Wabaphendula uYesu wathi, Inene, inene, ndithi kuni, Anindifuni ngakuba nabona imiqondiso; nindifuna ngokuba nadla kwezaa zonka, nahlutha.
27 Musani ukusebenzela ukudla okutshabalalayo; sebenzelani ukudla okuhlala kuse ebomini obungunaphakade, aya kunipha kona uNyana woMntu; kuba uYise uThixo utywine waqinisela yena lowo.
28 Bathe ngoko kuye, Masenze ntoni na, ukuze sisebenze imisebenzi kaThixo?
29 Waphendula uYesu, wathi kubo, Umsebenzi kaThixo nguwo lo, ukuba nikholwe kuye othunyiweyo nguye.

30 Bathi ngoko kuye, Wènza mqondiso mni na wena, ukuze sibone, sikholwe nguwe? Usebenza ntoni na? Oobawo
31 bethu bona badla imana entlango, njengokuba kubhaliwe *kwathiwa*, Wabanika isonka siphuma ezulwini, ukuba badle sona. Uthe ngoko uYesu kubo, 32

UYOHANE 6

Inene, inene, ndithi kuni, AsinguMoses oninike isonka esiphuma ezulwini; nguBawo oninika isonka esiphuma 33 ezulwini, esiyinyaniso. Kuba isonka sikaThixo sesi sehlayo ezulwini, silinike ubomi ihlabathi.

34 Bathi ke ngoko kuye, Nkosi, sinike eso sonka ngamaxa onke.

35 Wathi ke uYesu kubo, Isonka sobomi esi ndim; lowo uzayo kum, akasayi kulamba; lowo ukholwayo kum, akasayi 36 kunxanwa naphakade. Senditshilo kuni ukuthi, Nindibonile nokundibona, 37 anikholwa noko. Konke andinikayo uBawo, kuya kuza kum; nozayo kum, andisayi kukha ndimlahlele phandle; 38 ngokuba ndihle emazulwini, ndingàze kwenza ukuthanda kwam; ndizé kwenza ukuthanda kwalowo wandithumayo. 39 Kuko ke oku ukuthanda kowandithumayo, kukaBawo: ukuba konke awandinikayo, ndingalahli nento kuko, ndi- 40 kuvuse ngomhla wokugqibela. Kuko ke oku ukuthanda kowandithumayo, ukuthi babe nobomi obungunaphakade bonke abambonayo uNyana, bakholwe kuye; ndandiya kubavusa mna ngomhla wokugqibela.

41 Ayemkrokrela ngoko amaYuda, ngokuba wathi, Ndim isonka, esi sehlayo 42 emazulwini. Ayesithi ke, Lo asinguye na kanene uYesu, unyana kaYosefu, esimaziyo thina uyise nonina? Angáthini na ke ngoko yena ukuthi, Ndihle emazulwini?

43 Waphendula ngoko uYesu wathi kubo, Musani ukukrokra ngaphakathi 44 kwenu. Akukho namnye unako ukuza kum, engathanga uBawo owandithumayo amtsale; ndaye mna ndiya kumvusa 45 ngomhla wokugqibela. Kubhaliwe ebaprofetini *kwathiwa*, Baye bonke beya kuba ngabafundiswa bakaThixo; bonke ngoko abathe beva kuBawo, bafunda 46 *kuye*, bayeza kum. Kungekuba kukho bani umbonileyo uBawo, ingenguye ovela kuThixo; nguye *yedwa* ombonileyo uBawo.

47 Inene, inene, ndithi kuni, Lowo ukholwayo kum unobomi obungu- naphakade. Ndim isonka sobomi. 48 Ooyihlo bayidla imana leyo entlango, 49 bafile noko. Isonka sona esihla emazu- 50 lwini sesi, athi ubani akusidla, angafi. Ndim isonka esiphilileyo, esi sehlayo 51 emazulwini. Ukuba ubani uthe wasidla esi sonka, wodla ubomi ngonaphakade; ke isonka endiya kumnika sona mna, siyinyama yam, endiya kuyinikela ubomi behlabathi.

Ngoko amaYuda ayesilwa phakathi 52 kwawo, esithi, Angáthini na lo ukusinika inyama *yakhe* siyidle?

Wathi ngoko uYesu kuwo, Inene, 53 inene, ndithi kuni, Ukuba anithanga niyidle inyama yoNyana woMntu, nilisele igazi lakhe, aninabo ubomi kuni. Lowo uyidlayo eyam inyama, alisele 54 elam igazi, unobomi obungunaphakade; ndaye mna ndiya kumvusa ngomhla wokugqibela. Kuba inyama yam iku- 55 kudla, inyaniso; negazi lam liluselo, inyaniso. Lowo uyidlayo eyam inya- 56 ma, alisele elam igazi, uhleli kum, nam *ndihleli* kuye. Njengoko uBawo ophi- 57 lileyo wandithumayo, ndibe nam ndiphilile ngenxa enoBawo, lowo undidlayo, kwayena uya kuphila ngam. Siso eso 58 isonka esehla emazulwini; kungenjengokuba ooyihlo bayidlayo imana, bafa noko. Lowo usidlayo esi sonka, uya kuphila ngonaphakade.

Ezi zinto wazithetha endlwini yesi- 59 khungu, efundisa eKapernahum.

UYesu ushiywa ngabafundi abaninzi. Isivumo sikaPetros

Into eninzi ngoko kubafundi bakhe 60 yakuva yathi, Lilizwi elinqabileyo eli; ngubani na onako ukuliva?

Ke kaloku, esazi uYesu ngaphakathi 61 kwakhe, ukuba bayakrokra lilo abafundi bakhe, wathi kubo, Kuyanikhubekisa na oku? Hi na ke, ukuba nithe nambo- 62 na uNyana woMntu enyukela apho ebefudula ekhona? Ngumoya odlisa 63 ubomi; inyama yona ayincedi lutho. Amazwi la ndiwathethayo kuni mna angumoya, abubomi. Kukho abathile 64 kuni abangakholwayo. Kuba ebesazi

kwasekuqalekeni uYesu, ukuba ngooba-
ni na ababengakholwa, nokuba ngubani
65 na oya kumnikela. Wayesithi, Kungenxa
yoku ndatshoyo kuni ukuthi, Akukho
namnye unako ukuza kum, ukuba aka-
thanga akunikwe nguBawo.

66 Ngenxa yoko into eninzi yabafundi
bakhe yabuya umva, ayaba sahamba
67 naye. Wathi ngoko uYesu kwabali-
shumi elinababini, Nani nifuna ukumka,
68 yini na? Wamphendula ngoko uSi-
mon Petros wathi, Nkosi, sosuka siye
kubani na? Nguwe onamazwi obomi
69 obungunaphakade. Nathi sikholiwe,
sazile, ukuba wena unguye uKristu,*
uNyana kaThixo ophilileyo.
70 Wabaphendula uYesu wathi, Andini-
nyulanga na mna, nina shumi linaba-
bini? Ukanti omnye kuni ungumtyho-
71 li. Wayethetha ke ngoYuda Sikariyoti
kaSimon, kuba lowo ibinguye obeza
kumngcatsha, engomnye weshumi eli-
nababini.

Ukungakholwa kwabazalwana bakaYesu

7 Emveni kwezi zinto, wayehamba
uYesu kwelaseGalili; kuba ebenga-
thandi ukuhamba kwelakwaYuda; ngo-
kuba amaYuda ebefuna ukumbulala.

2 Ke kaloku, wawukufuphi umthende-
3 leko wamaYuda weminquba. Bathi
ngoko kuye abazalwana bakhe, Gqitha
apha, uye kwelakwaYuda, ukuze naba-
fundi bakho bayibone imisebenzi yakho
4 oyenzayo. Kuba akukho namnye we-
nza into emfihlekweni, abe yena ngo-
kwakhe efuna ukuba sekuhléni. Uku-
ba uyazenza ezi zinto, zibonakalise ngo-
5 kwakho kwihlabathi. Kuba nabaza-
lwana bakhe bebengakholwa kuye.

6 Wathi ngoko uYesu kubo, Ixesha lam
alikabikho, ke elenu ixesha lihlala lilu-
7 ngile. Ihlabathi alinakunithiya nina;
mna ke liyandithiya, ngokuba mna ndi-
ngqina ngalo, ukuba imisebenzi yalo
8 ayindawo. Nyukani nina, niye kulo
mthendeleko; mna andikanyuki, ndiye
kulo mthendeleko; ngokuba ixesha
9 lam alikazaliseki. Akuba ke ezithethile
ezi zinto kubo, wahlala kwelaseGalili.

UYesu ufundisa etempileni ngesidlo seminquba. Bazama ukumbamba

Ke, bakuba benyukile abazalwana 10
bakhe, wenyuka naye, waya emthende-
lekweni, kungekhona ekuhléni, kubusi-
thela. Ayemfuna ngoko amaYuda e- 11
mthendelekweni, esithi, Uphi na yena?
Kwaye kukho ukukrokra okukhulu 12
ngaye ebantwini; inxenye ibisithi, Ulu-
ngile; abanye ke besithi, Hayi, yena
ulahlekisa uluntu olu. Noko ke beku- 13
ngekho namnye ubethetha ngaye ngo-
kusekuhléni, ngenxa yokoyika ama-
Yuda.

Ke kaloku, kwakubon' ukuba seku- 14
phakathi komthendeleko, wenyuka u-
Yesu waya etempileni, wafundisa. A- 15
yemangaliswa amaYuda, esithi, Lo
uyazi ngani na imfundo, engafundanga
nje? Waphendula uYesu, wathi, E- 16
yam imfundiso asiyam, yeyalowo wandi-
thumayo. Ukuba kukho othi afune 17
ukukwenza ukuthanda kwakhe, woyazi
imfundiso le: ukuba iphuma kuThixo,
nokuba mna ndithetha okukokwam, ku-
sini na. Lowo uthetha okwakhe, ufuna 18
olulolwakhe uzuko; ke lowo ufuna
uzuko lowamthumayo, uyinene yena,
akukho kungalungisi kuye. Umthetho 19
aniwunikelwanga na nguMoses? Kanti
ke akukho namnye kuni uwugcinayo
umthetho; yini na ukuba nifune uku-
ndibulala?

Saphendula isihlwele sathi, Unede- 20
mon; ngubani na ofuna ukukubulala?
Wapendula uYesu wathi kubo, Nde- 21
nzé umsebenzi wamnye, namangaliswa
ke nonke. UMoses uninike ulwaluko 22
ngenxa yoku, kungengenxa yokuba lu-
phume kuMoses, kungenxa yokuba
luphume kooyihlo. Niyamalùsa ke u-
mntu nangesabatha. Ukuba umntu 23
uyalùswa ngesabatha, ukuze ungaphu-
lwa umthetho kaMoses, nindijalele na
ngokuba ndiphilise umntu, waphila
kwaphela, ngesabatha? Musani uku- 24
gweba ngokwembonakalo; gwebani
ngomgwebo olungisayo.

Babesithi ngoko abathile kwabase- 25
Yerusalem, Asinguye na lo bafuna uku-

UYOHANE 7–8

26 mbulala? Niyabona, uthetha ngokuphandle, abathethi nto kuye; bangába kanti na ke bayazi okwenyaniso abaphathi, ukuba lo nguye uKristu*
27 okwenyaniso? Thina siyamazi lo apho avela khona; xa sukuba ke uKristu esiza, akukho namnye uya kumazi apho avela khona.
28 Wadanduluka ke ngoko uYesu, efundisa etempileni, wathi, Nina niyandazi, nikwazi nalapho ndivela khona; andizanga ngokwam; uyinyaniso owandi-
29 thumayo, eningamaziyo nina. Mna ke ndiyamazi; ngokuba ndivela kuye, waye
30 yena endithumile. Babefuna ngoko ukumbamba; kodwa akubangakho namnye umsa isandla, ngokuba ilixa lakhe belingekafiki.
31 Ke kaloku, into eninzi esihlweleni yakholwa kuye; yayisithi, UKristu, xa athe wafika, angaba uya kwenza imiqondiso emininzi na kunale ayenzileyo
32 lo? AbaFarisi beva abantu bezikrokrela ezi zinto ngaye; baza abaFarisi nababingeleli abakhulu bathuma amadindala, ukuba ambambe.
33 Wathi ngoko uYesu kuwo, Liselixesha elifutshane endinani, ndizé ndíye
34 kowandithumayo. Niya kundifuna, ningandifumani; nithi apho ndikhona
35 mna, ningabi nakufika nina. Athi ngoko amaYuda phakathi kwawo, Úza kuya phi na lo, le nto singayi kumfumana thina? Angaba uza kuya kwiintsali ezikumaGrike, afundise amaGrike, yini
36 na? Liyintoni na eli lizwi alithethileyo, *lithi,* Niya kundifuna, ningandifumani; nithi apho ndikhona mna, ningabi nakufika nina?
37 Ke kaloku, ngomhla wokugqibela, ongowona mkhulu womthendeleko, wema uYesu, wadanduluka esithi, Ukuba kukho othi anxanwe, makeze kum asele.
38 Lowo ukholwayo kum, njengoko satshoyo isibhalo, kuya kumpompoza imilambo yamanzi aphilileyo, iphuma embi-
39 linini wakhe. Oku wakutsho ke ngaye uMoya, ababeza kumamkeliswa abo bakholwayo kuye; kuba ebengekamkelwa uMoya oyiNgcwele; ngokuba uYesu ebengekazukiswa.

40 Yaye ngoko into eninzi esihlweleni, yakuliva ilizwi elo, isithi, Lo nguye umprofeti, inyaniso. Babesithi abanye,
41 Lo nguye uKristu. Babesithi abanye, uKristu angávela kwelaseGalili yini
42 na? Asitshongo na isibhalo ukuthi, uKristu uphuma embewini kaDavide, naseBhetelehem, umzana abekuwo u-
43 Davide? Ke ngoko sathi qheke kubini
44 isihlwele ngenxa yakhe. Inxenye ke kubo yayithanda ukumbamba, kodwa akubangakho namnye umsa izandla.

45 Afika ngoko amadindala kubabingeleli abakhulu nakubaFarisi; baza bona bathi kuwo, Kungani na ukuba ningezi
46 naye? Aphendula amadindala athi, Akuzanga kuthethe mntu njengoko *athetha ngako* lo mntu. Bawaphendula
47 ngoko abaFarisi, bathi, Ningaba nilahlekisiwe nani na? Kubaphathi naku-
48 baFarisi kungaba kukho mntu ukholiweyo kuye yini na? Olu luntu lunga-
49 waziyo umthetho luqalekisiwe.
50 Uthe uNikodemo kubo (lowo wezayo kuye ebusuku, engomnye kwabo), U-
51 mthetho wethu uyamgweba yini na umntu, ukuba awuthanga uve kuye kuqala, uqonde into ayenzayo? Baphe-
52 ndula bathi kuye, Ùngaba ungowelaseGalili nawe na? Phengulula ubone, ukuba akuveli mprofeti kwelaseGalili.
53 Walowo ke waya kweyakhe indlu.

Umfazi obanjwe ekrexeza

8 UYesu ke yena waya eNtabeni yemiNquma. Uthe ke ngesifingo wa- 2 buya wafika etempileni; baye bonke abantu besiza kuye; wahlala phantsi, wabafundisa.

Ababhali nabaFarisi bazisa ke kuye 3 umfazi obanjwe ekrexeza; baza, bemmise phakathi, bathi kuye, Mfundisi, lo 4 mfazi wabanjwa ekrexeza, kanye kuloo ntlondi. Ke kaloku, emthethweni u- 5 Moses wasimisela ukuthi, abanjalo mabagityiselwe ngamatye; ùthini na ke wena? Babesitsho ke bemhenda, 6 ukuze babe nokummangalela; kodwa uYesu, ethobe phantsi, wabhala ngomnwe emhlabeni. Uthe ke bakumana 7

UYOHANE 8

bembuza, waphakama, wathi kubo, Ongenasono kuni makaqale amgibisele 8 ngelitye. Wabuya wathoba phantsi, 9 wabhala emhlabeni. Bathe ke bona bakuva, besohlwaywa naluvalo lwabo, baphuma ngabanye, beqalela kwabakhulu, kwada kwaba kwabokugqibela. Wasala yedwa uYesu, waye umfazi emi phakathi.
10 Ephakamile ke uYesu, àkabona mntu kwakuphela ngumfazi lowo; wathi kuye, Mfazindini, baphi na abo bamangaleli bakho? Akukho ukugwebileyo na?
11 Wathi ke yena, Noko amnye, Nkosi. Wathi ke uYesu kuye, Nam andikugwebi; hamba, ungabuye wone.

Ingxoxo kaYesu ngokuthunywa kwakhe nguThixo

12 Wabuya ngoko uYesu wathetha kubo, esithi, Ndim ukhanyiselo lwehlabathi; lowo undilandelayo akasayi kuhamba ebumnyameni; yena uya kuba nalo ukhanyiso lobomi.
13 Bathe ngoko abaFarisi kuye, Wena uyazingqinela, ubungqina bakho abu-
14 nene. Waphendula uYesu wathi kubo, Nokuba ndithi ndizingqinele mna ngokwam, buyinene ubungqina bam; ngokuba ndiyazi apho ndavela khona, nalapho ndiya khona; ke nina anazi apho ndivela khona, nalapho ndiya khona.
15 Nina nigweba ngokwenyama; mna
16 andigwebi namnye. Nokuba ndithi ndigwebe mna, umgwebo wam uyinene; ngokuba andindedwa, ndim noBawo
17 owandithumayo. Nasemthethweni wenu ke kubhaliwe *kwathiwa*, Ubungqina
18 babantu ababini buyinene. Mna ndingulowo uzingqinelayo; uyandingqinela nalowo wandithumayo, uBawo.
19 Bathi ngoko kuye, Uphi na uYihlo? Waphendula uYesu, wathi, Anindazi mna; *animazi* noBawo. Ukuba benindazi mna, ninge nimazi noBawo.
20 Loo mazwi wawathetha uYesu ngasemkhumbini wokulondoloza imali, efundisa etempileni; akwabakho namnye umbambayo; ngokuba belingekafiki ilixa lakhe.

Wabuya ngoko uYesu wathi kubo, 21 Ndiyemka mna; niya kundifuna, nifele esonweni senu; apho ndiya khona mna, aninako ukufika nina.

Abesithi ngoko amaYuda, Angaba 22 úya kuzibulala na, le nto athi, Apho ndiya khona mna, aninako ukufika nina? Wathi kuwo, Nina ningabanga- 23 phantsi, mna ndingowangaphezulu; nina ningabeli hlabathi, mna andingoweli hlabathi. Ndatsho ngoko kuni ukuthi, 24 Niya kufela ezonweni zenu; kuba ekubeni nithe anakholwa ukuba ndinguye, niya kufela ezonweni zenu.

Abesithi ngoko kuye, Ùngubani 25 wena? Wathi kuwo uYesu, Ndiyiloo nto ndayixelayo kuni kwasekuqaleni. Ndineendawo ezininzi zokuthetha 26 nokugweba ngani; lowo wandithumayo uyinene; ndithi ke mna, izinto endazivayo kuye, ndithethe zona ezo kwihlabathi.

Akaqondanga ukuba ebethetha ngo- 27 Yise kuwo. Wathi ngoko uYesu kuwo, 28 Xa nithe namphakamisa uNyana woMntu, noqonda oko ukuba ndinguye, nokuba andenzi nto ngokwam; ndisuka ndizithethe ezi zinto njengoko wandifundisayo uBawo. Lowo wandithuma- 29 yo unam; uBawo akandishiyanga ndedwa; ngokuba mna ndihleli ndizenza izinto ezikholekileyo kuye.

Akubon' ukuba uyazithetha ezi zinto, 30 bakholwa kuye, baba baninzi. Ubesithi 31 ngoko uYesu kuloo maYuda akholiweyo kuye, Ukuba nina nithe nahlala elizwini lam, noba ningabafundi bam, inyaniso. Naniya kuyazi inyaniso, yaye inyaniso 32 iya kunikhulula.

Amphendula, *athi*, Thina siyimbewu 33 ka-Abraham; asizanga sibe sebukhobokeni nakubani; ùtsho ngani na wena ukuthi, Noba ngabakhululekileyo? U- 34 waphendule uYesu wathi, Inene, inene, ndithi kuni, Bonke abenza isono bangamakhoboka esono. Ikhoboka ke ali- 35 hlali endlwini ngonaphakade; ngunyana ohlala ngonaphakade. Ngoko ukuba 36 uNyana uthe wanikhulula, noba nikhululekile inene. Ndiyazi ukuba niyi- 37

mbewu ka-Abraham; ke nifuna ukundibulala, ngokuba ilizwi lam lingenaku-
38 hamba kuni. Mna ndithetha endikubonileyo kuBawo; nani ke nenza enikubonileyo kuyihlo.

39 Aphendula athi kuye, Ubawo thina nguAbraham. Athi kuwo uYesu, Ukuba nibe ningabantwana baka-Abraham, ninge niyenza imisebenzi ka-Abraham.
40 Kaloku ke, nifuna ukubulala mna, mntu unixelele inyaniso endayiva kuThixo;
41 àkakwenzanga oko uAbraham. Nina nenza imisebenzi yooyihlo.

Athi ngoko kuye, Thina asizelwe ngabuhenyu, sinaBawo mnye, uThixo.
42 Uthe ke uYesu kuwo, Ukuba uThixo ebenguYihlo, ninge nindithanda; kuba mna ndaphuma kuThixo, ndifikile ke; kuba andizanga ngokwam, nguye owa-
43 ndithumayo. Kungani na ukuba ningayiqondi intetho yam? Kungokuba
44 ningenakuliva ilizwi lam. Nina ningaboyihlo uMtyholi, neenkanuko zoyihlo niyathanda ukuzenza. Yena waye esisibulala-mntu kwasekuqaleni; akemi enyaniswini, ngokuba akukho nyaniso kuye. Xa sukuba ethetha ubuxoki, uthetha okukokwakhe; ngokuba ulixoki,
45 noyise wawo. Mna ke, ngokuba ndi-
46 thetha inyaniso, anikholwa ndim. Ngubani na kuni ondohlwayayo ngenxa yesono? Ukuba ke ndithetha inyaniso, kungani na ukuba ningàkholwa ndim?
47 Lowo ungokaThixo, uyaweva amazwi kaThixo; ngenxa yoko aniweva nina, ngokuba ningengabakaThixo.
48 Aphendula ngoko amaYuda, athi kuye, Asilungisi na thina ukuthi ùngumSamariya wena, nokuthi ùnedemon?
49 Waphendula uYesu *wathi*, Andinademon mna; ndibeka uBawo; nina ke
50 nibe nindihlaza. Mna ke andifuni luzuko lwam; ukho lowo ufunayo,
51 ugwebayo. Inene, inene, ndithi kuni, Ukuba umntu uthe waligcina ilizwi lam, akasayi kuza abone kufa naphakade.
52 Athi ngoko amaYuda kuye, Kukalokunje, siyazi ukuba unedemon. UAbraham wafa, nabo abaprofeti *bafa*, ube wena usithi, Ukuba umntu uthe waligcina ilizwi lam, akasayi kuza eve kufa naphakade. Wena ungaba umkhulu 53 yini na kunobawo wethu uAbraham, yena wafayo? Nabaprofeti bafa; uzenza bani na wena? Waphendula u- 54 Yesu *wathi*, Ukuba mna ndithi ndizizukise, uzuko lwam alungebi nto; nguBawo ondizukisayo; enithi nina nguThixo wenu. Kanti ke animazanga, 55 mna ke ndiyamazi. Ukuba ke ndithe andimazi, ndoba ndilixoki njengani; ndiyamazi, ndiligcinile nelizwi lakhe. UAbraham, uyihlo, wagcobela ukuwu- 56 bona umhla wam; wawubona, wavuya.

Athi ngoko amaYuda kuye, Ungekabi 57 naminyaka imashumi mahlanu nje, umbonile na uAbraham? Wathi kuwo 58 uYesu, Inene, inene, ndithi kuni, Engekabikho uAbraham, mna ndikho kade.

Ngoko achola amatye, ukuze amgibi- 59 sele; wazímela ke uYesu, waphuma etempileni, wacanda phakathi kwawo; wenjenjalo ukudlula.

Ukuphiliswa kozelwe eyimfama

9 Uthe ke edlula, wabona umntu obe eyimfama kwasekuzalweni kwakhe. Bambuza ke abafundi bakhe, besithi, 2 Rabhi,* ngubani na owonayo, ngulo, ngabazali bakhe, sini na, ukuze azalwe eyimfama nje? Waphendula uYesu 3 wathi, Akoné lo, *akoné* bazali bakhe; uzelwe eyimfama ukuze ibonakalaliselwe kuye imisebenzi kaThixo. Ndime- 4 lwe kukuyisebenza imisebenzi yowandithumayo, kusesemini; kuza ubusuku, xa kungekho namnye unako ukusebenza. Xa ndisesehlabathini, ndilu- 5 khanyiselo lwehlabathi.

Akuba etshilo, watshica emhlabeni, 6 wenza udaka ngamathe, wawaqaba amehlo emfama ngodaka olo. Wathi 7 kuyo, Yiya kuhlamba echibini leSilowa (oko kukuthi ngentetho evakalayo, Thunyiwe). Yemka ngoko, yaya yahlamba, yeza ibona.

Baye ngoko abamelwane, nababembo- 8 na ngaphambili ukuba uyimfama, besithi, Lo asinguye na obehleli engqiba? Abanye babesithi, Nguye lo; bambi ke 9 *bathi*, Ufana naye; yena ke wayesithi,

10 Ndinguye. Babesithi ngoko kuye, Atheni na ukuvuleka amehlo akho?
11 Waphendula yena wathi, Umntu ekuthiwa nguYesu wenzé udaka, waqaba amehlo am, wathi kum, Yiya echibini leSilowa, uhlambe; ndiyile ke ndahla-
12 mba, ndabuya ndibona. Bathi ngoko kuye, Úphi na yena? Athi, Andazi.
13 Bamzisa kubaFarisi lowo ubefudula
14 eyimfama. Ke kaloku yaye iyisabatha, oko uYesu wenza udaka, wawavula
15 amehlo akhe. Babuya ngoko ke bambuza nabaFarisi, ukuba útheni na ukuba abuye abone. Wathi ke yena kubo, Ubeké udaka emehlweni am, ndaza ndahlamba; ndiyabona ke.
16 Babesithi ngoko abathile bakubaFarisi, Lo mntu asingowakwaThixo, ngokuba isabatha akayigcini. Babesithi abanye, Angáthini na umntu ongumoni ukwenza imiqondiso engakanana?
17 Bathi qheke kubini. Babuya bathi kwimfama, Úthini na wena ngaye, ewavulile nje amehlo akho? Uthe ke yena, Ungumprofeti.
18 Akakholwa ngoko amaYuda ngaye, ukuba ebeyimfama, wabuye wabona, ada abiza abazali balowo ubuye wabona.
19 Aza ababuza esithi, Lo ngunyana wenu na, enithi nina wazalwa eyimfama?
20 Phofu ubona ngani na ngoku? Abazali bakhe bawaphendula bathi, Siyazi ukuba lo ngunyana wethu, kwanokuba ke
21 wazalwa eyimfama; le nto ke abonayo ngoku asazi, novulé amehlo akhe, asimazi thina; uselemkhulu yena, buzani
22 kuye, wozithethela. Batsho abazali bakhe, ngokuba babesoyika amaYuda; kuba amaYuda abeselenqophisene ngokuthi, Ukuba uthe umntu wamvuma ukuba nguKristu,* aze akhutshwe esi-
23 khungwini. Kungenxa yoko abazali bakhe bathi, Uselemkhulu, buzani kuye.
24 Ambiza ngoko okwesibini umntu obeyimfama, athi kuye, Zukisa uThixo; siyazi thina ukuba lo mntu ungumoni.
25 Uphendule ngoko yena, wathi, Ukuba ungumoni, andazi; ndazi ntonye, eyokuba ndibe ndiyimfama nje, ngoku ndi-
26 yabona. Abuye ke athi kuye, Wénzé ntoni na kuwe? útheni na ukuwavula amehlo akho? Wawaphendula wathi, 27 Sendinixelele, naza aneva; nithandelani na ukubuya nive? Nani ningaba nithanda ukuba ngabafundi bakhe na? Amtshabhisa ngoko athi, Nguwe umfu- 28 ndi wakhe; ke thina singabafundi bakaMoses. Siyazi thina, ukuba uThixo 29 uthethile kuMoses; lo yena asimazi apho avela khona.

Waphendula umntu lowo, wathi 30 kuwo, Nasi apha isimanga, ukuthi nina ningàzi apho avela khona; ukanti uwavulile amehlo am. Siyazi ke ukuba 31 uThixo akabeva aboni; kodwa ukuba umntu uthi amhlonele uThixo, akwenze ukuthanda kwakhe, uyamva lowo. Kwasephakadeni akuzanga kuviwe uku- 32 ba umntu wakha wavula amehlo ozelwe eyimfama. Ukuba lo ebengenguye o- 33 wakwaThixo, ebengenakwenza nto.

Aphendula athi kuye, Wena wazale- 34 lwa ezonweni kanye; ufundisa thina na wena? Amkhuphela ngaphandle.

Weva uYesu ukuba amkhuphele nga- 35 phandle. Uthe akumfumana wathi kuye, Wena uyakholwa na kuNyana kaThixo? Uphendule yena wathi, O- 36 ngubani na, Nkosi, ukuze ndikholwe kuye? Uthe ke uYesu kuye, Umboni- 37 le; nguye lo uthetha nawe. Wathi ke 38 yena, Ndiyakholwa, Nkosi. Waza waqubuda kuye.

Wathi uYesu, Mna ndizele ugwebo 39 kweli hlabathi, ukuze abangaboniyo babone, bathi ababonayo babe ziimfama. Baziva ezo nto abakubaFarisi 40 ababenaye, bathi kuye, Singaba siziimfama nathi na? Uthe ke kubo uYe- 41 su, Ukuba beniziimfama, ngeningenasono; kungoku nithi, Siyabona; ke ngoko isono senu sihleli.

Umzekeliso womalusi olungileyo

10 Inene, inene, ndithi kuni, Onganngeniyo ngalo isango ebuhlantini bezimvu, osuka akhwele ngandawo yimbi, lowo ulisela nesihange. Ke yena 2 ongena ngalo isango ngumalusi wezimvu. Umgcini-sango uyamvulela lo- 3 wo; zithi nezimvu zilive izwi lakhe,

UYOHANE 10

azibize ezakhe izimvu ngamagama, azi-
4 khokelele phandle zona. Xa athe wazikhupha ezakhe izimvu, uhamba phambi kwazo, zithi nezimvu zimlandele;
5 ngokuba zilazi izwi lakhe. Ke owasemzini azingemlandeli; zosuka zimbaleke, ngokuba zingalazi izwi labasemzini.

6 Lo mzekeliso wawuthetha kubo uYesu; ke bona abaziqondanga ukuba zizinto zini na ezo abezithetha kubo.

7 Wabuya wathi ngoko kubo uYesu, Inene, inene, nditshi kuni, Ndim isango
8 lezimvu. Bonke abezáyo ngaphambi kwam bangamasela nezihange; ke zona
9 izimvu azibevanga. Ndim isango; ukuba umntu uthe wangena ngam, wosindiswa; uya kungena ephuma, afumane
10 utyani. Isela alizi lingazele ukuze libe, lixhele, litshabalalise. Mna ndizele ukuze babe nobomi, babe nabo ke ngokugqithiseleyo.

11 Ndim umalusi olungileyo; umalusi olungileyo, ubomi bakhe ubuncamela
12 izimvu. Ke yena ongumqeshwa, engengumalusi, ezingezizo ezakhe izimvu, uyibona ingcuka isiza, azishiye izimvu, abaleke, ize ingcuka izibambe, izichitha-
13 chithe izimvu. Umqeshwa lo ke ubaleka ngokuba engumqeshwa, engazikha-
14 thalele izimvu. Ndim umalusi olungileyo; ndiyazazi ezam, ndiyaziwa zezam.
15 Njengokuba endazi uBawo, nam ndiyamazi uBawo, nobomi bam ndibuncamela izimvu.

16 Ndinazo nezinye izimvu, ezingezizo ezobu buhlanti; nazo ezo ndimelwe kukuza nazo; zaye ziya kuliva izwi lam, zibe mhlambi mnye, nomalusi abe mnye.

17 Ngenxa yoku uBawo uyandithanda; ngokuba mna ndibuncama ubomi bam,
18 ukuze ndibuye ndibuthabathe. Akukho namnye ubuhluthayo kum, ndiyabuncama mna ngokwam; ndinegunya lokubuncama, ndinegunya lokubuya ndibuthabathe; lo mthetho ndawamkela kuBawo.

19 Abuya ngoko amaYuda athi qheke
20 kubini ngenxa yala mazwi. Yayisithi ke into eninzi kuwo, Únedemon, úyageza; yini na ukuba nimphulaphule? Abanye babesithi, La mazwi asingawo 21 awophethwe yidemon: idemon ingaba inako yini na ukuvula amehlo emfama?

UYesu emthendelekweni wokuhlaziywa kwetempile. Ubutshaba bamaYuda

Ke kaloku, kwabakho umthendeleko 22 wokuhlaziywa kwetempile eYerusalem; kwaye kusebusika. Waye ehambaha- 23 mba uYesu etempileni, evarandeni* kaSolomon. Amngqonga ngoko ama- 24 Yuda, athi kuye, Koda kube nini na usiphongomisile? Ukuba unguye uKristu,* sixelele ngokuphandle.

Wawaphendula uYesu wathi, Ndi- 25 nixelele, noko anikholwa; imisebenzi endiyenzayo mna egameni likaBawo, yona iyangqina ngam. Nina anikho- 26 lwa, kuba aningabo abezimvu zam; njengoko ndanixelelayo. Ezam izimvu 27 ziyaliva ilizwi lam, ndibe nam ndizazi, zindilandela; mna ndizinika ubomi obu- 28 ngunaphakade; azisayi kutshabalala naphakade; akukho namnye uya kuzihlutha esandleni sam. UBawo, ondinike 29 zona, ungaphezu kwabo bonke; akukho bani unako ukuzihlutha esandleni sikaBawo. Mna noBawo sibanye. 30

Abuya ngoko amaYuda achola amatye 31 ukuba amxulube. Wawaphendula u- 32 Yesu *wathi*, Mininzi imisebenzi emihle endanibonisayo, ivela kuBawo; nindixuluba ngenxa yawuphi na umsebenzi kuyo? Amphendula amaYuda esithi, 33 Asikuxulubeli msebenzi mhle, sikuxuluba ngokuba unyelisa; nangokuba wena usithi, ùngumntu nje, usuke uzenze uThixo.

Uwaphendule uYesu *wathi*, Aku- 34 bhaliwe na emthethweni wenu, *kwathiwa*, Mna ndithe ningoothixo? Ukuba 35 úthe bona bangoothixo, eleza kubo ilizwi likaThixo (sibe isibhalo singenakwaphulwa), nitsho na nina ngaye lowo 36 uYise wamngcwalisayo, wamthuma ehlabathini, ukuthi, Ùyanyelisa; ngokuba ndithe, NdinguNyana kaThixo? Ukuba andiyenzi imisebenzi kaBawo, 37 musani ukukholwa ndim. Ke ukuba 38 ndiyayenza, nokuba anikholwa ndim, kholwani yiyo yona imisebenzi; ukuze

1050

nazi, nikholwe, ukuba uBawo ukum, nam ndikuye.

39 Abuya ngoko afuna ukumbamba; waphuluka ezandleni zawo.

40 Wabuya wemka, waya phesheya kweYordan, kwindawo abebhaptizela kuyo uYohane kuqala; wahlala khona.

41 Kweza babaninzi kuye, bathi, UYohane okunene akenzanga namnye umqondiso; kodwa ke zonke izinto, awazithethayo

42 uYohane ngaye lo, zaziyinene. Bathi abaninzi bakholwa kuye khona apho.

Ukuvuswa kukaLazaro

11 Ke kaloku, kwaye kusifa *umntu* othile, uLazaro waseBhetani, umzi wakulooMariya, noMarta udade wabo.

2 Yaye ke inguloo Mariya, wayithambisayo iNkosi ngamafutha aqholiweyo, wazisulayo iinyawo zayo ngeenwele zakhe, omnakwabo uLazaro wayesifa.

3 Bathumela ngoko oodade babo kuye, besithi, Nkosi, uyabona, lowo umthandayo uyafa.

4 Evile ke uYesu wathi, Esi sifo asiyelele kufeni; singenxa yozuko lukaThixo, ukuze uNyana kaThixo azukiswe ngaso.

5 Ke uYesu wayebathanda ooMarta no-

6 msakwabo noLazaro. Uthe ngoko akuva ukuba uyafa, wakha okunene wahlala kuloo ndawo abekuyo iintsuku

7 ezimbini. Waza emveni koko wathi kubo abafundi, Masibuye siye kwela-

8 kwaYuda. Bathi abafundi kuye, Rabhi,* amaYuda ebefuna ngoku ukukuxuluba ngamatye nje, ùbuya uye khona

9 na? Waphendula uYesu *wathi*, Àkalishumi elinamabini na amaxa emini? Ukuba umntu uthi ahambe emini, akakhubeki; ngokuba elubona ukhanyiselo

10 lweli hlabathi. Ke ukuba umntu uthi ahambe ebusuku, uyakhubeka; ngokuba ukukhanya kungekho kuye.

11 Wazithetha ezi zinto; aze emveni koko athi kubo, ULazaro, umhlobo wethu, ulele; ndiyaya ukuba ndimvuse.

12 Bathi ngoko abafundi bakhe, Nkosi,

13 ukuba ulele, wósinda. Ke yena uYesu ubethetha ukufa kwakhe. Bona ke bebeba uthetha ngokulala ubuthongo.

14 Wandula ngoku uYesu wathi kubo ngo-

kungafihilisiyo, ULazaro ufile. Ndiya- 15 vuya ke ngenxa yenu, ukuba ndibé ndingekho khona, ukuze nikholwe. Noko ke masiye kuye.

Uthe ngoko uTomas, okuthiwa ngu- 16 Didimo, kubafundi kunye naye, Masiye nathi, ukuze sife naye.

Efikile ngoko uYesu, wafika esele- 17 sengcwabeni iintsuku zoné. (Ke ka- 18 loku iBhetani ibikufuphi neYerusalem, umgama wayo uzizitadiya* ezingathi zilishumi elinazihlanu.) Kwakufike aba- 19 ninzi bakumaYuda, kwabo babenoMarta noMariya, ukuze babakhuze ngaye umnakwabo.

Akuva ngoko uMarta ukuba uYesu 20 uyeza, wamhlangabeza; ke yena uMariya wahlala endlwini. Wathi ngoko 21 uMarta kuYesu, Nkosi, ukuba ubulapha, umnakwethu ange engafanga. Nangoku ndiyazi ukuba, ongáthi uku- 22 cele kuThixo, oko wokunika uThixo.

Athi kuye uYesu, Umnakwenu uya 23 kubuya avuke. Athi uMarta kuye, 24 Ndiyazi ukuba uya kubuya avuke eluvukweni, ngomhla wokugqibela. Wa- 25 thi uYesu kuye, Ndim uvuko, ndim ubomi; lowo ukholwayo kum, nokuba ubethé wafa, wodla ubomi. Bonke 26 abadla ubomi bekholwa kum, abasayi kufa naphakade; uyakholwa na koko? Athi kuye, Ewe, Nkosi, mna ndiyakho- 27 lwa ukuba wena unguye uKristu,* uNyana kaThixo, lowo uzayo ehlabathini.

Waza etshilo wemka, waya wabiza 28 uMariya umsakwabo ngasese, wathi, UMfundisi ukho, úyakubiza. Uthi 29 yena, akuva *oko*, asuke kamsinya eze kuye. (Ke kaloku, uYesu ebengeka- 30 ngeni phakathi komzi; wayesekuloo ndawo uMarta wamhlangabeza ekuyo.) Athe ngoko amaYuda abenaye endlwini 31 emkhuza, akumbona uMariya, ukuba usuke kamsinya waphuma, amlandela esithi, Úya engcwabeni, ukuya kulila khona.

UMariya ngoko, akufika apho uYesu 32 ebekhona, akumbona, wawa ezinyaweni zakhe, esithi kuye, Nkosi, ukuba ubulapha, ange engafanga umnakwethu. Uthe ngoko uYesu, akumbona elila, 33

namaYuda abeze naye elila, wafutheka,
34 wakhathazeka. Wathi, Nimbeke phi na?
35 Bathi kuye, Nkosi, yiza ubone. UYesu
36 walila. Ayesithi ngoko amaYuda, Ya-
37 bonani ke ukumthanda kwakhe! Ke abathile kuwo bathi, Ubengenako na lo, wawavulayo amehlo emfama, ukwenza ukuba naló angafi?
38 Abuye ke uYesu afutheke ngaphakathi kwakhe, eze engcwabeni. Laye ke lingumqolomba, kubekwe ilitye kuwo.
39 Athi uYesu, Lisuseni ilitye. Athi kuye uMarta, udade wofileyo, Nkosi, usele-
40 nuka, kuba untsuku-né efile. Athi uYesu kuye, Anditshongo na kuwe ukuthi, Ukuba uthe wakholwa, wolubona
41 uzuko lukaThixo? Balisusa ngoko ilitye apho abelele khona ofileyo.
Wawaphakamisa ke amehlo uYesu, *wakhangela* phezulu, wathi, Bawo, ndi-
42 yabulela kuwe kuba undivile. Mna ke bendisazi ukuba uhleli undiva; ke nditsho ngenxa yesihlwele esixhonteleyo, ukuze bakholwe ukuba wena wandi-
43 thuma. Etshilo ke, wadanduluka ngezwi elikhulu, wathi, Lazaro, phuma.
44 Waphuma ofileyo, ebotshiwe iinyawo nezandla ngezithandelo, nobuso bakhe bujikelwe ngeqhiya. Athi kubo uYesu, Mknululeni, nimyeke ahambe.

AbaFarisi babhunga ukumbulala uYesu
(UMat. 26: 1–5)

45 Ithe ngoko into eninzi kumaYuda, ebizé kuMariya, yakuzibona izinto
46 azenzileyo uYesu, yakholwa kuye. Ke abathile kuwo bemka baya kubaFarisi, babaxelela izinto azenzileyo uYesu.
47 Bahlanganisa ngoko ababingeleli abakhulu nabaFarisi intlanganiso yamatyala, bathi, Senza ntoni na? Ngokuba lo
48 mntu wenza imiqondiso emininzi. Ukuba sithe samyeka ngokunje, bonke baya kukholwa kuye; athi ke amaRoma eze, athimbe indawo yethu, kwanohlanga lwethu.
49 Ke kaloku omnye wabo, uKayafa, engumbingeleli omkhulu ngaloo mnya-
50 ka, wathi kubo, Anazi nto nina; kananjalo aniqondi ukuba kusilungele, ukuba kufe umntu abe mnye ngenxa yabantu, ukuze lungatshabalali uhlanga luphela.
Oku ke akakuthethanga kuphuma kuye; 51 wathi, kuba ebengumbingeleli omkhulu ngaloo mnyaka, waprofeta ukuba uYesu uza kulufela uhlanga; kungabi ngenxa 52 yohlanga olo lodwa, kube ngenxa yabantwana bakaThixo abalusali, ukuba abahlanganisele ndawonye. Kususela 53 kuloo mini ngoko babhunga ukuba bambulale.
Ngoko uYesu akabanga sahamba eku- 54 hléni phakathi kwamaYuda; wasuka wemka apho, waya ezweni elikufuphi nentlango, emzini ekuthiwa kukwaEfrayim; walibala khona apho nabafundi bakhe.
Ke kaloku yayikufuphi ipasika* yama- 55 Yuda; kwenyuka into eninzi iphuma kwelo zwe, yaya eYerusalem phambi kwayo ipasika, ukuze izenze nyulu. Ayemfuna ngoko uYesu, ethetha odwa, 56 emi etempileni, esithi, Nithini na? akasayi kuza na emthendelekweni? Ke 57 kaloku ababingeleli abakhulu nabaFarisi babewise umthetho wokuthi, ukuba umntu uthe wazi apho akhona, maze axele, ukuze bambambe.

UMariya uthambisa iinyawo zikaYesu
(UMat. 26: 6–13)

12 UYesu ngoko, kwiintsuku ezintandathu eziphambi kwayo ipasika,* weza eBhetani, apho ebekhona uLazaro owayefile, awamvusayo kwabafileyo. Ngoko bamenzela isidlo khona, waye 2 uMarta elungiselela; uLazaro ke ebengomnye wabo babehleli naye besidla. Wathabatha ke uMariya iponti yama- 3 futha aqholiweyo enadusi* engangxengelelweyo, exabiso likhulu; wathambisa iinyawo zikaYesu, wazisula iinyawo zakhe ngeenwele zakhe; yazala ke indlu livumba lamafutha lawo aqholiweyo.
Uthi ngoko omnye umfundi wakhe, 4 uYuda Sikariyoti, okaSimon, lowo ubeza kumngcatsha, Bekungani na ukuba la 5 mafutha aqholiweyo angáthengiswa ngeedenariyo* ezimakhulu mathathu, kuphiwe amahlwempu? Watsho ke, 6 kungengakuba ebekhathalele mahlwe-

UYOHANE 12

mpu; watsho kuba ebelisela, inaye ingxowa, ziphathwa nguye izinto ezi-
7 fakwa kuyo. Uthe ngoko uYesu, Myeke; uwalondolozele imini yokungcwa-
8 tywa kwam. Kuba amahlwempu la nihleli ninawo; mna ke anihleli ninam.
9 Yathi ngoko indimbane enkulu yakumaYuda yakwázi ukuba ulapho; yeza kungengenxa kaYesu yedwa, yeza ukuze ibone noLazaro, lowo wamvusayo kwa-
10 bafileyo. Ke kaloku ababingeleli abakhulu babhunga ukuze bambulale no-
11 Lazaro; ngokuba ngenxa yakhe abaninzi bamaYuda bemka, bakholwa kuye uYesu.

UYesu ungena eYerusalem ekhwele iesile (UMat. 21: 1–11)

12 Ngengomso indimbane enkulu, eyabe ize emthendelekweni, yakuva ukuba
13 uYesu uyeza eYerusalem, yathabatha amasebe esundu, yaphuma, yaya kumhlangabeza; yadanduluka isithi, Hosana! makabongwe lowo uzayo egameni leNkosi, uKumkani kaSirayeli!
14 UYesu, efumene ke iesilana, wahlala phezu kwalo, njengokuba kubhaliwe
15 *kwathiwa*, Musa ukoyika, ntombi Ziyon; nanko ukumkani wakho esiza, ehleli
16 phezu kwethole le-esile. Ezi zinto ke abaziqondanga abafundi bakhe ukuqala; bathi kodwa, akuba ezukisiwe uYesu, bandula ukukhumbula ukuba ezi zinto zaye zibhaliwe ngaye, nokuba bázenza
17 ezi zinto kuye. Yaye ingqina ngoko indimbane leyo, ibe inaye oko wambizayo uLazaro ukuba aphume engcwabeni,
18 wamvusa kwabafileyo. Ngenxa yoko indimbane yamhlangabeza; ngokuba yayivile ukuba uwenzile le mqondiso.
19 Bathe ngoko abaFarisi phakathi kwabo, Niyabona na kodwa ukuba aninceda lutho? Yabonani, ulandelwa lilizwe lonke.

AmaGrike afuna ukumbona uYesu. Ilizwi elivela phezulu

20 Ke kaloku, kwakukho amaGrike athile kwababenyukile, beze kunqula
21 emthendelekweni. Wona ngoko eza kuFilipu waseBhetesayida yelaseGalili, acela kuye, esithi, Nkosi, singa singabona uYesu. Ufika uFilipu axelele
22 uAndreya; bathi kanjalo ooAndreya noFilipu baxelele uYesu.

Wabaphendula ke uYesu esithi, Lifi-
23 kile ilixa lokuba uNyana woMntu azukiswe. Inene, inene, ndithi kuni,
24 Ukuba ukhozo lwengqolowa oluwe emhlabeni aluthanga lufe, lona luhlala lungabi nto; ke ukuba luthe lwafa, luthwala isiqhamo esininzi. Lowo uwu-
25 thandayo umphefumlo wakhe, wolahlekelwa nguwo; lowo uwuthiyayo umphefumlo wakhe kweli hlabathi, wowulondolozela ubomi obungunaphakade. U-
26 kuba ubani uthi andikhonze, makandilandele; apho ndikhona mna, woba khona apho nondikhonzayo; ukuba umntu uthi andikhonze, uBawo wombeka. Kukalokunje umphefumlo wam
27 ukhathazekile, mandithini na? Bawo, ndisindise kweli lixa. Hayi, ndizele khona oku kweli lixa. Bawo, lizukise
28 igama lakho.

Kweza ngoko izwi liphuma ezulwini, *lisithi*, Ndilizukisile, ndiya kubuya ndilizukise. Isihlwele ngoko esasimi seva,
29 sathi, Liyaduduma. Abanye bathi, Kuthethe isithunywa sezulu kuye.

Waphendula uYesu wathi, Eli lizwi
30 alibangakho ngenxa yam; libekho ngenxa yenu. Kungoku ukugwetywa kwa-
31 lo eli hlabathi; kungoku umphathi walo eli hlabathi aya kukhutshelwa phandle. Mna ke, ukuba ndithe ndaphakanyiswa
32 emhlabeni, ndiya kubatsalela bonke kum. (Wayesitsho ke, eqondisa ukuba
33 kukufa kuni na abeza kufa ngako.)

Samphendula isihlwele sathi, Thina
34 sivile emthethweni, ukuba uKristu* yena uhlala ngonaphakade; útsho ngani na wena ukuthi, UNyana woMntu umelwe kukuthi aphakanyiswe? Úngubani na lo Nyana woMntu? Uthe
35 ngoko uYesu kubo, Liselilifutshane ixesha lokuba ukhanyiso lube nani. Hambani, nisenalo nje ukhanyiso, ukuze ubumnyama buganiqubuli; lowo uhamba ebumnyameni, akazi apho aya khona. Nisenalo nje ukhanyiso, kho-
36 lwani kulo ukhanyiso, ukuze nibe nga-

bokhanyiso.

Wazithetha uYesu ezi zinto, wemka, wabazímela.

Ukungakholwa kwamaYuda

37 Ke kaloku, nakuba wayenze imiqondiso engaka phambi kwabo, abakho-
38 lwanga kuye; ukuze ilizwi likaIsaya umprofeti lizaliseke, awalithethayo *esithi,*

Nkosi, ngubani na okholiweyo ludaba lwethu?
Nengalo yeNkosi ityhileke kubani na? (*UIsaya* 53: 1)
39 Ngenxa yoku babengenako ukukholwa, ngokuba uIsaya ubuya athi,
40 Úwamfamekisile amehlo abo,
Uyiqaqadekisile nentliziyo yabo,
Hleze babone ngamehlo, baqiqe ngentliziyo,
Bajike,
Ndibaphilise. (*UIsaya* 6: 9, 10)
41 Ezi zinto wazithetha uIsaya, oko wabubonayo ubuqaqawuli bakhe, wathetha ngaye.
42 Noko ke nakubo abaphathi into eninzi yakholwa kuye; kodwa ngenxa yabaFarisi yayingavumi *ngamlomo,* hleze
43 ikhutshwe esikhungwini; kuba babethanda uzuko oluvela ebantwini, ngaphezu kozuko oluvela kuThixo.

Ukugweba kwelizwi likaYesu

44 Ke yena uYesu wadanduluka *wathi,* Lowo ukholwayo kum, akakholwa kum,
45 ukholwa kulowo wandithumayo. Lowo undibonayo, ubona owandithumayo.
46 Mna, lukhanyiso, ndifikile ehlabathini, ukuze bonke abakholwayo kum banga-
47 hlali ebumnyameni. Nokuba umntu uthe weva amazwi la am, àkakholwa, mna andimgwebi; kuba andize kuligweba ihlabathi, ndizé kulisindisa ihlaba-
48 thi. Lowo undigibayo, angawamkeli amazwi am, unaye omgwebayo; ilizwi endilithethileyo, lilo eliya kumgweba
49 ngomhla wokugqibela. Ngokuba mna andithethanga okuphuma kum; owandithumayo, uBawo ngokwakhe, nguye owandiwisela umthetho wokuba ndithini na, nokuba ndithethe ntoni na.

50 Ndiyazi nokwazi ukuba umthetho wakhe lowo bubomi obungunaphakade. Ngoko izinto endizithethayo mna, njengoko uBawo andixeleleyo, ndenjenjalo ukuzithetha.

U Yesu uhlamba iinyawo zabafundi

13 Ke kaloku, phambi komthendeleko wepasika, esazi uYesu ukuba lifikile ilixa lokuba anduluke kweli hlabathi, aye kuYise, ebathandile abakhe abasehlabathini, wabathanda kwada
2 kwasekupheleni. Kwakubakho isidlo sangokuhlwa (akubon' ukuba uMtyholi selekufakile entliziywení kaYuda Sikariyoti, okaSimon, ukuba amngcatshe),
3 esazi uYesu ukuba uYise uzinikele zonke izinto ezandleni zakhe, nokuba waphuma kuThixo, esiya kuThixo:
4 usuka esidlweni, azibeke phantsi iingubo zakhe, athabathe itawuli* abhinqe;
5 aze agalele amanzi esityeni sokuhlambela, aqale ukuzihlamba iinyawo zabafundi, nokuzisula ngetawuli abeyibhinqile.

6 Uza ke kuSimon Petros; athi yena kuye, Nkosi, zihlánjwe nguwe na iinyawo zam? Waphendula uYesu,
7 wathi kuye, Endikwenzayo mna akukwazi wena okwangoku; kodwa wokuqonda kamva. Athi uPetros kuye, Akusayi
8 kuzihlamba iinyawo zam, naphakade. Umphendule uYesu, *wathi,* Ukuba andithanga ndikuhlambe, akunasabelo nam. Athi uSimon Petros kuye, Nkosi,
9 mazingabi ziinyawo zam zodwa, mazibe zizandla nentloko. Uthi uYesu kuye,
10 Kulowo uhlanjiweyo akusafuneki nto, selikukuhlanjwa kweenyawo zodwa; úhlambulukile kwaphela; nani ke nihlambulukile, kodwa aninjalo nonke. Kuba ebemazi lowo umnikelayo; ngenxa
11 yoko wathi, Anihlambulukile nonke.

Ngoko, xeshikweni ebezihlambile ii-
12 nyawo zabo, wazithabatha iingubo zakhe, wabuya wahlala phantsi, wathi kubo, Niyayazi na into endiyenzileyo kuni? Nina ukundibiza nithi ndingu-
13 Mfundisi, nithi ndiyiNkosi; niyalungisa ukutsho, kuba kunjalo. Ngoko ke,
14 ukuba ndizihlambile iinyawo zenu mna,

UYOHANE 13-14

ndiyiNkosi, ndinguMfundisi, nani ni- 15 fanele ukuhlambana iinyawo. Kuba ndininike umzekelo, ukuze nani nenze, njengoko ndenzé ngako mna kuni.

16 Inene, inene, ndithi kuni, Akukho mkhonzi umkhulu kunenkosi yakhe, namthunywa umkhulu kunalowo umthumileyo.

17 Ukuba niyazazi ezi zinto, ninoyolo 18 ukuba nithi nizenze. Andithethi ngani nonke; ndiyabazi abo mna ndibanyulileyo; oko kwenzeke ukuze isibhalo sizaliseke, esithi, Lowo udla isonka nam, 19 undiphakamisele isithende sakhe. Ndiqala kwangoku ukunixelela kungekehli, ukuze, xa kuthe kwehla, nikholwe ukuba 20 ndinguye. Inene, inene, ndithi kuni, Lowo wamkela endithe ndamthuma, wamkela mna; lowo wamkela mna ke, wamkela owandithumayo.

U Yesu walatha umngcatshi wakhe
(UMat. 26: 21-25)

21 Ezithethile uYesu ezi zinto, wakhathazeka emoyeni *wakhe*, wangqina wathi, Inene, inene, ndithi kuni, omnye 22 kuni aba uya kundingcatsha. Baye ngoko abafundi bekhangelana, bethingaza ukuba uthetha bani na.

23 Ke kaloku, bekwayame esifubeni sikaYesu omnye umfundi wakhe, obe- 24 thandwa nguYesu. Unqwala ngoko uSimon Petros kulowo, ukuba abuze 25 ukuba angaba uthetha bani na. Àyamile ke yena esifubeni sikaYesu, uthi 26 kuye, Nkosi, nguwuphi na? Uphendule uYesu wathi, Ngulowo ndiya kumnika mna iqhekeza, ndakuba ndilithe nkxu. Akulithi nkxu iqhekeza, walinika uYuda Sikariyoti, okaSimon.

27 Waza emveni kweqhekeza elo, wangena uSathana kuye lowo. Uthi ngoko uYesu kuye, Okwenzayo, kwenze 28 kamsinya. Ke kaloku, bekungekho namnye, kwababehleli naye esithebeni, ubesazi ukuba utsho ngani na kuye.

29 Kuba abathile, ekubeni ingxowa ibikuYuda, bebeba uYesu uthi kuye, Thenga ezo zinto sizifunela umthendeleko; mhlawumbi uthi makawanike into ama- 30 hlwempu. Elithabathile ngoko yena iqhekeza, waphuma kwaoko; kwaye ke kusebusuku.

Imfundiso yokugqibela ka Yesu kubafundi
bakhe: Isizathu sokumka kwakhe

Xeshikweni ngoko aphumileyo, uthi 31 uYesu, Kukalokunje, uNyana woMntu uzukisiwe, naye uThixo uzukisiwe kuye. Ukuba ke uThixo uzukisiwe kuye, no- 32 Thixo uya kumzukisa kuye ngokwakhe, waye eya kumzukisa kwangoku. Ba- 33 ntwana bam, liselilifutshane ixesha lokuba ndibe nani. Niya kundifuna; njengoko sendithe kumaYuda, Apho ndiya khona mna, aninako ukufika nina: nditsho nakuni ngoku. Ndiniwi- 34 sela umthetho omtsha, wokuba nithandane, njengoko ndinithandileyo nina, ukuze nani nithandane. Ngayo le nto 35 baya kwazi bonke, ukuba ningabafundi bam, ukuba nithe nathandana.

Wathi uSimon Petros kuye, Nkosi, 36 ùya ngaphi na wena? Umphendule uYesu *wathi*, Apho ndiya khona, akunakundilandela kalokunje; wondilandela ke kamva. Uthi uPetros kuye, Nkosi, 37 kungani na ukuba ndingabi nako ukukulandela ngoku? Ndiya kuwuncamela wena umphefumlo wam. Wamphe- 38 ndula uYesu *wathi,* Wowuncamela mna na umphefumlo wakho? Inene, inene, ndithi kuwe, Ayisayi kulila inkuku, ungathanga undikhanyele kathathu.

14 Intliziyo yenu mayingakhathazeki; kholwani kuThixo, nikholwe nakum. Endlwini kaBawo zininzi 2 iindawo zokuhlala; ukuba bekungenjalo, ngendanixelelayo. Ndiyemka, ndiya kunilungisela indawo; ukuba ke ndi- 3 mkile ndaya kunilungisela indawo, ndiya kubuya ndize, ndinamkelele kum ngokwam; ukuze apho ndikhona mna, nibe khona nani. Apho ke ndiya khona mna 4 niyakwazi, nendlela niyayazi.

Uthi uTomas kuye, Nkosi, asazi apho 5 uya khona; singáthini na ke ukuyazi indlela? Uthi uYesu kuye, Ndim 6 indlela, *ndim* inyaniso, *ndim* ubomi; akukho namnye uzayo kuBawo, engezi ngam. Ukuba benindazile mna, ninge 7 nimazile noBawo; ngoku ke niyamazi, nimbonile nokumbona.

8 Athi uFilipu kuye, Nkosi, sibonise
9 uYihlo, kosanelisa. Uthi uYesu kuye, Ndinaxesha lingakanana ndinani nje, akukandazi na, Filipu? Lowo undiboniieyo mna umbonile uBawo; ùtsho ngani na ke wena ukuthi, Sibonise u-
10 Yihlo? Akukholwa na ukuba mna ndikuye uBawo, abe ke uBawo ekum? Amazwi endiwathethayo mna kuni, andiwathethi ephuma kum; uBawo ke ohleli kum, nguye oyenzayo imisebenzi
11 le. Kholwani ndim, ukuba mna ndikuye uBawo, nokuba uBawo ukum; okanye ke, kholwani ndim ngenxa yayo imisebenzi leyo.
12 Inene, inene, ndithi kuni, Lowo ukholwayo kum, imisebenzi endiyenzayo mna, uya kuyenza naye yena; nemikhulu kunale uya kuyenza, ngokuba
13 mna ndisiya kuye uBawo. Nento enithe nayicela egameni lam, ndoyenza yona,
14 ukuze uYise azukiswe ngoNyana. Ukuba nithe nacela into ngegama lam, ndoyenza mna.

Idinga lokuza kukaMthetheleli

15 Ukuba niyandithanda, yigcineni imi-
16 thetho yam. Mna ndiya kucela kuBawo, aze aninike omnye uMthetheleli,
17 ukuze ahlale nani ngonaphakade: uMoya wenyaniso, lowo lingenako ihlabathi ukumamkela, ngokuba lingamboni, lingamazi nokumazi. Nina ke niyamazi; ngokuba uhleli nani, kanjalo uya kuba kuni.
18 Andiyi kunishiya niziinkedama, ndi-
19 yeza kuni. Liselilifutshane ixesha, ukuze ihlabathi lingabi sandibona; ke nina niyandibona; ngokuba ndisidla ubomi mna, nani niya kudla ubomi.
20 Ngaloo mini niya kwazi nina ukuba ndikuye uBawo, nani nikum, nam ndi-
21 kuni. Lowo unayo imithetho yam ayigcine, nguye ondithandayo; lowo ke undithandayo, uya kuthandwa nguBawo; nam ndiya kumthanda, ndizibonakalalise kuye.
22 Athi kuye uYuda (ingenguye uSikariyoti), Nkosi, kutheni na, le nto uza kuzibonakalalisa kuthi, ungazibonakalalisi kulo ihlabathi?

Waphendula uYesu wathi kuye, 23 Ukuba umntu uyandithanda, woligcina ilizwi lam; wothi uBawo amthande, size kuye, sihlale naye. Lowo ungandiba- 24 ndiyo akawagcini amazwi am; ilizwi enilivayo asililo elam, lelikaBawo owandithumayo.
Ezi zinto ndizithethile kuni ndisahleli 25 nani. Ke uMthetheleli, uMoya oyi- 26 Ngcwele, aya kumthuma uBawo egameni lam, yena uya kunifundisa zonke izinto, anikhumbuze zonke izinto endizithethe kuni. Ndishiya uxolo kuni; ndi- 27 ninika uxolo lwam; andininiki njengokunika kwehlabathi. Mayingakhathazeki intliziyo yenu, mayingabi nabugwala. Nivile ukuba ndithe mna kuni, 28 Ndiyemka, ndibuye ndize kuni. Ukuba benindithanda, ngenavuyayo kuba ndathi, Ndiya kuBawo; ngokuba uBawo mkhulu kunam. Ngoku ke ndinixelele 29 kungekehli, ukuze, xa kuthe kwehla, nikholwe.
Andisayi kuba sathetha zinto zininzi 30 nani; kuba esiza umphathi weli hlabathi, engenanto nam. Ke, ukuze liqonde 31 ihlabathi ukuba ndiyamthanda uBawo, ndenza njengoko uBawo andiwisele umthetho. Vukani, simke apha.

Umzekeliso womdiliya wenyaniso. Abafundi baya kuthiywa lihlabathi

15 Mna ndingumdiliya wenyaniso, umlimi wawo ke nguBawo. A- 2 masebe onke akum angathwali siqhamo, uyawasusa; onke athwala isiqhamo uyawathena, ukuze athwale isiqhamo ngakumbi. Nina nisenihlambulukile, nge- 3 nxa yelizwi endilithethileyo kuni. Hla- 4 lani kum, mna *ndihlale* kuni. Njengokuba isebe lingenako ukuthwala isiqhamo ngokwalo, lingahlalanga emdiliyeni, ngokunjalo aninako nani, ningahlalanga kum. Umdiliya ndim, nina 5 ningamasebe; lowo uhleli kum, ndibe mna ndihleli kuye, yena uthwala isiqhamo esininzi; ngokuba, ningekum, aninakwenza nto.

6 Ukuba umntu uthe akahlala kum, ulahlelwa phandle njengesebe, ome; baze abantu bawabuthe, bawaphose 7 emlilweni, atshiswe. Ukuba nithe nahlala kum, namazwi am ahlala kuni, nocela into enisukuba niyithanda, niye-8 nzelwe. Uzukiswa uBawo ngale nto, yokuba nithwale isiqhamo esininzi; niya kuba ngabam abafundi ke.

9 Njengoko uBawo wandithandayo, nam ndanithanda; hlalani ke eluthe-10 ndweni lwam. Ukuba nithi niyigcine imithetho yam, hlalani eluthandweni lwam; njengokuba mna ndayigcinayo imithetho kaBawo, ndahlala eluthe-11 ndweni lwakhe. Ezi zinto ndizithethile kuni, ukuze uvuyo lwam luhlale kuni, luthi novuyo lwenu luzaliseke.

12 Nguwo lo umthetho wam, wokuba nithandane, njengoko ndanithandayo 13 nina. Akukho namnye unalo uthando olungaphezu kolu, lokuba ubomi bakhe 14 abuncamele izihlobo zakhe. Nizizihlobo zam nina, ukuba nithi nikwenze 15 konke endinimisela khona mna. Andisatsho ukuthi ningabakhonzi; ngokuba umkhonzi akakwazi okwenziwa yinkosi yakhe; mna ke ndithe nizizihlobo; ngokuba zonke izinto endaziva kuBawo, 16 ndanazisa zona. Asinini enanyula mna; ndim owanyula nina, ndanimisela, ukuze niye nithwale isiqhamo, nokuze isiqhamo senu sihlale; ukuze oko enithe nakucela kuBawo egameni lam, nikuni-17 kwe. Ndiniwisela lo mthetho wokuba nithandane.

18 Ukuba ihlabathi linithiyile, yazini 19 ukuba lindithiyé kuqala kunani. Ukuba beningabehlabathi, ihlabathi linge likuthanda okwalo; ke ngokuba ningengabehlabathi, ndaninyulayo mna kulo ihlabathi, ngenxa yoko linithiyile ihla-20 bathi. Likhumbuleni ilizwi endalithethayo mna kuni, elithi, Akukho mkhonzi umkhulu kunenkosi yakhe. Ukuba bándithshutshisa mna, bonitshutshisa nani; ukuba ilizwi lam báligcina, nelenu boligcina.

21 Ke ezi zinto zonke baya kuzenza kuni ngenxa yegama lam, ngokuba bengamazi 22 owandithumayo. Ukuba bendingezanga ndathetha kubo, ngebengabanga nasono; ngoku abanasikhuselo sesono sabo. Lowo uthiye mna, uthiye no-23 Bawo. Ukuba bendingenzanga phaka-24 thi kwabo imisebenzi engenziwanga mntu wumbi, ngebengabanga nasono; kaloku ke babonile; noko bandithiyile mna noBawo. Kwenzeké ukuze li-25 zaliseke ilizwi elibhaliweyo emthethweni wabo, elithi, Bandithiya kungekho sizathu.

Kodwa xa athe wafika uMthetheleli, 26 endiya kumthuma mna kuni evela kuBawo, uMoya wenyaniso ophuma kuBawo, yena wongqina ngam. Nani ke 27 niyangqina, ngokuba beninam kwasekuqaleni.

Umsebenzi kaMthetheleli nokubuya kukaYesu

16 Ezi zinto ndizithethile kuni, ukuze ningakhutyekiswa. Baya kuni-2 gxotha esikhungwini; ewe, kuza ilixa lokuba bonke abanibulalayo, babe bona bakhonza uThixo. Ezo zinto baya 3 kuzenza kuni, ngokuba bengamazanga uBawo kwanam. Ezi zinto ndizithe-4 thile kuni, ukuze, xa lithe lafika ilixa, nizikhumbule ukuba mna ndandinixelele. Ezi zinto ke andinixelelanga kwasekuqaleni, ngokuba bendinani.

Ngoku ke ndiyemka, ndiya kowandi-5 thumayo; akukho namnye kuni undibuzayo, athi, Úya phi na? Ngokuba 6 ke ezi zinto ndizithethile kuni, iintlungu ziyizalisile intliziyo yenu.

Noko ke mna ndinixelela inyaniso; 7 kunilungele ukuba ndimke; kuba, ndingemkanga, uMthetheleli akayi kuza kuni; ke, ndithe ndemka, ndiya kumthumela kuni. Efikile ke, uya kulo-8 hlwaza ihlabathi lidane, ngenxa yesono, nangenxa yobulungisa, nangenxa yomgwebo; ngenxa yesono, ngokokuba 9 bengakholwa kum; ngenxa yobulungisa, 10 ngokokuba ndisiya kuBawo, ize ningabi sandibona; ngenxa yomgwebo, ngoko-11 kuba umphathi weli hlabathi egwetyiwe.

Ndisenezinto ezininzi zokuthetha ku-12 ni, kodwa aninako ukuzithwala ngoku. Xa ke athe wafika yena uMoya wenya-13

niso, uya kunikhokelela kuyo yonke inyaniso; kuba engayi kuthetha okuphuma kuye, uya kuthetha izinto athe
14 waziva, anibikele izinto ezizayo. Yena uya kundizukisa; ngokuba eya kwamkela kokukokwam, aze anibikele ke.
15 Zonke ezo zinto anazo uBawo zezam; ngenxa yoko ndathi, úya kwamkela
16 kokukokwam, aze anibikele. Selilixesha elifutshane, ize ningandiboni; kubuye kube lixesha elifutshane, nibuye nindibone, ngokuba mna ndiya kuBawo.

17 Ithe ngoko inxenye yakubafundi bakhe phakathi kwayo, Yintoni na le ayithethayo kuthi, *athi*, Liselilixesha elifutshane, nibuye ningandiboni; kubuye kube lixesha elifutshane, nize nindibone; nokuthi, Mna ndiya kuBawo?
18 Babesithi ngoko, Yintoni na le ayithethayo, *athi*, Lixesha elifutshane? Asiyazi into ayithethayo.
19 Wazi ngoko uYesu ukuba babethanda ukumbuza, wathi kubo, Nibuzana ngale nto na, yokuba ndithe, Selilixesha elifutshane, nize ningandiboni; kubuye kube lixesha elifutshane, nibuye nindibone?
20 Inene, inene, ndithi kuni, niya kulila nihlahlambe, ke lona ihlabathi liya kuvuya; niya kuxhalaba nina, ke ukuxhalaba kwenu kuya kuba luvuyo.
21 Umfazi xa aza kuzala, uyaxhalaba, ngokuba ilixa lakhe lifikile; xa athe ke wazala umntwana, akabi sayikhumbula loo mbandezelo, ngenxa yovuyo lokuba
22 kuzelwe umntu ehlabathini. Nani ke ngoko nixhalabile ngokunje; kodwa ndobuya ndinibone; yaye iya kuvuya intliziyo yenu, novuyo lwenu akukho namnye uya kuluhlutha kuni.
23 Nangaloo mini aniyi kundibuza nto. Inene, inene, ndithi kuni, Zonke izinto enithe nazicela kuBawo egameni lam,
24 woninika. Kude kwaba ngokunje, anikaceli nto egameni lam; celani, niya kwamkela, ukuze uvuyo lwenu luzaliseke.
25 Ezi zinto ndizithethile kuni ngokuntsonkotha; kuza ilixa endingasayi kuba sathetha kuni ngokuntsonkotha; ndiya kunibikela ngokusekuhleni ngaye uBa-

wo. Ngaloo mini niya kucela egameni 26 lam; anditsho kuni ukuthi, ndiya kunicelela kuBawo; kuba uBawo ngokwakhe 27 uyanithanda; ngokuba nina nindithandile, nakholwa ukuba mna ndaphuma kuThixo. Ndaphuma kuBawo, ndeza 28 ehlabathini; ndibuya ndilishiye ihlabathi, ndiye kuBawo.

Bathi kuye abafundi bakhe, Uyabona, 29 ngoku uthetha ngokusekuhleni, akuthethi nto ngakuntsonkotha. Ngoku 30 siyazi, ukuba uyazazi zonke izinto, akusafuneki kuwe ukuba ubani akubuze nto; ngaloo nto siyakholwa ukuba waphuma kuThixo.

Wabaphendula uYesu wathi, Niya- 31 kholwa na ngoku? Yabonani, kuza 32 ilixa, nakaloku lifikile, lokuba nichithwe, elowo aye kowabo, nindishiye ndedwa; ukanti andindedwa, ngokuba uBawo unam. Ezi zinto ndizithethile kuni, 33 ukuze nibe noxolo kum. Ehlabathini niya kuba nembandezelo; yomelelani, mna ndiloyisile ihlabathi.

U*Yesu uthandazela abafundi bakhe*

17 Ezi zinto wazithetha uYesu, wawaphakamisa amehlo akhe *wakhangela* ezulwini, wathi, Bawo, lifikile ilixa; mzukise uNyana wakho, ukuze noNyana wakho akuzukise; njengokuba wamnika 2 igunya kubantu bonke, ukuze bonke omnike bona, abanike ubomi obungunaphakade. Bubo ke obu ubomi obu- 3 ngunaphakade, ukuba mabakwazi, wena ukuphela koThixo oyinyaniso, naye uYesu Kristu omthumileyo.

Mna ndikuzukisile emhlabeni, ndi- 4 wufezile umsebenzi obundinikile ukuba ndiwenze. Ndizukise ke ngoku, wena 5 Bawo, kuwe ngokwakho, ngozuko ebendinalo kuwe, lingekabikho ihlabathi. Ndilibonakalisile igama lakho kubo 6 abantu obundinike bona, bephuma ehlabathini; babengabakho, wabanika mna; ilizwi lakho balibambile ke. Ngoku baqondile, ukuba zonke izinto 7 ondinike zona zivela kuwe. Ngokuba 8 amazwi ondinike wona, ndiwaniké bona; bona bawathabatha, baqonda

UYOHANE 17-18

ngokwenyaniso ukuba ndaphuma kuwe; bakholwa ukuba wena wandithuma.

9 Mna ndicelela bona; andiceleli lona ihlabathi, ndicelela abo undinike bona;
10 ngokuba bengabakho. Izinto zonke ezizezam zezakho, zibe ezakho zizezam;
11 ndizukisekile ke kubo. Andisekhona ehlabathini, ke bona basesehlabathini; mna ndiza kuwe. Bawo oyingcwele, bálondolozele egameni lakho abo undinike bona, ukuze babe banye njengathi.
12 Oko bendinabo ehlabathini mna, bendibalondolozele egameni lakho; owandinika bona ndibagcinile; akukho namnye kubo utshabaleleyo, ingenguye lowo wentshabalalo, ukuze isibhalo sizaliseke.
13 Ngoku ke ndiza kuwe; nezi zinto ndizithetha ehlabathini, ukuze babe nalo
14 uvuyo lwam lúzalisekile kubo. Mna ndibaniké ilizwi lakho; laza ihlabathi labathiya, ngokuba bengengabo abehlabathi, njengokuba nam ndingenguye owehlabathi.
15 Andiceli ukuba ubasuse ehlabathini; ndicela ukuba ubagcine kuyo inkohla-
16 kalo. Àbangabo abehlabathi, njengokuba nam ndingenguye owehlabathi.
17 Bangcwalise ngayo inyaniso yakho;
18 ilizwi lakho liyinyaniso. Njengokuba wandithuma ehlabathini, nam ndiba-
19 thume bona ehlabathini. Ngenxa yabo ke ndiyazingcwalisa mna, ukuze nabo babe ngabangcwalisiweyo yinyaniso.

20 Andiceleli ke aba bodwa, ndicelela nabo baya kukholwa kum ngelizwi labo;
21 ukuze bonke babe banye; njengokuba wena, Bawo, ukum, mna ndikuwe, ukuze nabo babe banye kuthi; ukuze ihlabathi likholwe ukuba wena wandithuma.
22 Uzuko owandinika lona, ndilunike bona; ukuze babe banye, njengokuba thina
23 sibanye; mna ndikubo, wena ukum, ukuze babe ngabazalisekileyo ntweninye; ukuze liqonde ihlabathi ukuba wena undithumile, wabathanda, njengokuba wandithandayo nam.
24 Bawo, ndithanda ukuba nabo abo undiniké bona, babe nam, apho ndikhona nam; ukuze balubone uzuko lwam owandinika lona; ngokuba wandithanda kwaphambi kokusekwa kwehlabathi.

Bawo olilungisa, ihlabathi lona alikwa- 25 zanga, ke mna ndikwazile; naba bathe bazi ukuba wena undithumile; ndaba- 26 zísa igama lakho, ndandiya kubazísa; ukuze uthando ondithande ngalo lube kubo, nam ndibe kubo.

UYesu uyabanjwa
(UMat. 26: 36, 47-56)

18 Akuzithetha uYesu ezi zinto, waphuma nabafundi bakhe, waya phesheya komlanjana oyiKidron, apho kwakukho umyezo, awangena kuwo yena nabafundi bakhe.

NoYuda ke, lowo umngcatshayo, 2 ubeyazi indawo leyo; kuba uYesu ubesakubutha futhi khona apho nabafundi bakhe. Athi ngoko uYuda, ethabathe 3 ibutho lamasoldati namadindala kubabingeleli abakhulu nabaFarisi, eze khona enezikhanyiso nezibane neentonga. Ezazi ngoko uYesu zonke izinto ezimzelayo, waphuma, wathi kubo, Nifuna bani na? Bamphendula bathi, UYesu 5 umNazarete. Athi kubo uYesu, Ndinguye. Wabemi ke nabo uYuda, lowo umngcatshayo. Akutsho ngoko kubo 6 ukuthi, Ndinguye, bahlehla, bawa emhlabeni.

Wabuya ke wababuza esithi, Nifuna 7 bani na? Bathi ke bona, UYesu umNazarete. Waphendula uYesu wa- 8 thi, Ndinixelele ukuba ndinguye; ukuba ngoko nifuna mna, bayekeni aba bemke; ukuze lizaliseke ilizwi awalithethayo 9 elithi, Kwabo undinike bona, andilahlekwanga namnye.

Uthe ngoko uSimon Petros, enekrele, 10 walirhola, wamxabela umkhonzi wombingeleli omkhulu, wamnqamla indlebe yokunene; laye igama lomkhonzi lowo linguMalko. Uthe ngoko uYesu ku- 11 Petros, Lifake ikrele lakho esingxotyeni *salo*; indebe andinikileyo uBawo andisayi kuyisela na?

UYesu phambi kombingeleli omkhulu.
UPetros uyamkhanyela
(UMat. 26: 57-75)

Ibutho ngoko *lamasoldati*, nomthe- 12 theli-waka, namadindala amaYuda, ba-

1059

UYOHANE 18

13 mbamba uYesu, bambopha, bamrholela kuAnas kuqala; kuba wayengusomfazi kuKayafa, obengumbingeleli omkhulu
14 ngaloo mnyaka. Ke kaloku uKayafa wayengulowo wabhunga namaYuda ngokuthi, Kuyinto elungileyo, ukuba umntu omnye atshabalale ngenxa yabantu.

15 Ke kaloku uSimon Petros wayemlandela uYesu, naye omnye umfundi. Loo mfundi ke wayesazeka kumbingeleli omkhulu, wangena noYesu entendele-
16 zweni yombingeleli omkhulu. UPetros ke ubemi ngasesangweni ngaphandle. Waphuma ke omnye umfundi, lowo ubesazeka kumbingeleli omkhulu, wathetha nomgcini-sango, wamngenisa u-
17 Petros. Sithi ngoko isicakazana esingumgcini-sango kuPetros, Ingaba nawe ungowabafundi balo mntu yini na?
18 Athi yena, Andinguye. Ke kaloku kwakumi khona abakhonzi namadindala bebàse umlilo wamalahle, ngokuba bekubanda; bamana besotha, waye ke uPetros emi nabo esotha.

19 Umbingeleli omkhulu ngoko wambuza uYesu ngabafundi bakhe, nangayo
20 imfundiso yakhe. Wamphendula uYesu wathi, Mna ndathetha ngokungafihlisiyo kulo ihlabathi; mna bendihleli ndifundisa endlwini yesikhungu nasetempileni, apho amaYuda ebesakubuthelana khona, evela kumacala onke;
21 emfihlekweni andithethanga nto. Yini na ukuba ubuze kum? Buza kwabo bayivileyo into endayithetha kubo; uyabona, aba bayakwazi oko ndakuthethayo.

22 Ke kaloku, akubon' ukuba utshilo, elinye lamadindala, elalimi khona, lammonxoza uYesu, lathi, Wènjenje na ukumphendula umbingeleli omkhulu?
23 Waliphendula uYesu wathi, Ukuba ndithethé kakubi, ngqinela ububi obo; kodwa ukuba ndithethé kakuhle, undi-
24 bethelani na? UAnas wamthumela ebotshiwe kuKayafa umbingeleli omkhulu.

25 Ke kaloku uSimon Petros wayemi esotha; bathi ngoko kuye, Ingaba nawe ungowabafundi bakhe yini na? Wa-
khanyela yena wathi, Andinguye. Athi 26 omnye umkhonzi wombingeleli omkhulu, osisalamane salowo uPetros wamnqamla indlebe, Andikubonanga mna yini na emyezweni unaye? Wabuya ke 27 wakhanyela uPetros. Yasuka yalila kwaoko inkuku.

UYesu phambi koPilato
(UMat. 27: 1, 2, 11 - 31)

Bamsusa ngoko uYesu kuKayafa, 28 bamsa kwindlu yerhuluneli; bekukusasa ke oko; bona abangenanga endlwini yerhuluneli, ukuze bangadyobheki, ukuze bayidle ipasika.*

Waphuma ke uPilato waya kubo, 29 wathi, Nimisa tyala lini na kuye lo mntu? Baphendula bathi kuye, Ukuba 30 ebengenguye umenzi wobubi yena, singe singamnikelanga kuwe. Wathi 31 ngoko uPilato kubo, Mthabatheni nina, nimgwebe ngesiko lenu. Athi ngoko amaYuda kuye, Akuvumelekile kuthi ukuba sibulale umntu; ukuze ilizwi lika- 32 Yesu lizaliseke awalithethayo, eqondisa ukuba kukufa kuni na abeza kufa ngako.

Wabuya ngoko wangena uPilato 33 endlwini yerhuluneli, wambiza uYesu, wathi kuye, Wena unguye na uKumkani wamaYuda? Umphendule uYesu, wa- 34 thi, Uyithetha le nto iphuma kuwe, wayixelelwa ngabanye ngam, sini na? Waphendula uPilato wathi, Kanene, 35 mna ndingumYuda na? Luhlanga lwakowenu nababingeleli abakhulu abakunikeleyo kum; wenzé ntoni na? Waphendula uYesu wathi, Ubukumka- 36 ni bam asibubo obeli hlabathi; ukuba bebububo obeli hlabathi ubukumkani bam, amakhonza am ange ezama, ukuze ndinganikelwa kumaYuda; ngoku ke ubukumkani bam asibobalapha. Wathi 37 ke uPilato kuye, Hina ke, ungukumkani na wena? Waphendula uYesu wathi, Nawe uthi ndingukumkani. Mna ndizalelwe oku; ndizele oku ehlabathini, ukuze ndiyingqinele inyaniso. Bonke abangabenyaniso bayaliva ilizwi lam. Athi uPilato kuye, Yintoni na yona 38 inyaniso?

UYOHANE 18–19

Akuba etshilo, wabuya waphuma waya kumaYuda, athi kuwo, Mna andi-
39 fumani nalinye ityala kuye. Ke kaloku ninesiko lokuba ndinikhululele abe mnye ngepasika; ninga ke ndinganikhu-
40 lulela uKumkani wamaYuda na? Babuya ngoko bonke bankqangaza, besithi, Mayingabi ngulo, mayibe nguBharabhas. Waye ke uBharabhas lo esisihange.

19 Waza ngoko uPilato wamthaba-
2 tha uYesu, wamtyakatya. Amasoldati, eluke isithsaba ngameva, asibeka phezu kwentloko yakhe, amthi
3 wambu ngengubo ebomvu, amana esithi, Aa! Kumkani wamaYuda! ammonxoza.

4 Wabuya ngoko waphuma phandle uPilato; athi kubo, Yabonani, ndimzisa phandle kuni, ukuze nazi ukuba andi-
5 fumani nalinye ityala kuye. Waphuma phandle ngoko uYesu, enxibe isithsaba sameva nengubo ebomvu; athi *uPilato* kubo, Nanko umntu.

6 Bathe ngoko, bakumbona ababingeleli abakhulu namadindala, bankqangaza, besithi, Mbethelele emnqamlezweni! Mbethelele emnqamlezweni! Athi kubo uPilato, Mthabatheni nina, nimbethelele emnqamlezweni; kuba mna andi-
7 fumani tyala kuye. Amphendula amaYuda athi, Thina sinomthetho; ngomthetho wethu ke úfanele ukufa, ngo-
8 kuba ezenze uNyana kaThixo. Uthe ngoko uPilato, akuliva elo lizwi, woyika ngakumbi.

9 Wabuya wangena endlwini yerhuluneli, wathi kuYesu, Ungowaphi na we-
10 na? Ke uYesu akamphendulanga. Athi ngoko uPilato kuye, Akuthethi na kum? Akwazi na ukuba ndinegunya lokukubethelela emnqamlezweni, nokuba ndi-
11 negunya lokukukhulula? Uphendule uYesu *wathi*, Ùnge ungenagunya nakanye kum, ukuba ubungalinikwanga livela phezulu; ngenxa yoko, ondinikeleyo kuwe unesono esikhulu ngakumbi.
12 Ngenxa yoko wayefuna uPilato ukumkhulula; kodwa amaYuda ayenkqangaza esithi, Ukuba uthe wamkhulula lo, akusihlobo sikaKesare;* bonke abazenza ukumkani bachasa uKesare.

Elivile ngoko uPilato eli lizwi, wa- 13 mzisa phandle uYesu, wahlala esihlalweni sokugweba kwindawo ekuthiwa, siSandlalo saMatye; ke ngesiHebhere yiGabhata. Ke kaloku kwakuyimini 14 yokulungiselela ipasika,* ilixa ke ngathi lilelesithandathu; athi kumaYuda, Nanko uKumkani wenu! Ke wona a- 15 nkqangaza esithi, Susa, susa, mbethelele emnqamlezweni! Athi uPilato kuwo, Ndimbethelele emnqamlezweni na uKumkani wenu? Baphendula ababingeleli abakhulu *bathi*, Thina asinakumkani ungenguye uKesare. Wandula 16 ngoko ukumnikela kubo, ukuze abethelelwe emnqamlezweni.

Ukubethelelwa emnqamlezweni
(*UMat.* 27: 32–56)

Bamthabatha ke uYesu, bemka naye. 17 Ethwele umnqamlezo wakhe, waphuma waya endaweni ekuthiwa, yeyokakayi, ekuthiwa ngesiHebhere yiGologota, apho 18 bambethelela khona emnqamlezweni, nabanye naye abangabámbi bebabini, ngeenxa zombini, uYesu se ephakathi.

Ke kaloku uPilato wabhala nombhalo, 19 wawubeka phezu komnqamlezo. Kwaye ke kubhaliwe kwathiwa: UYESU WASENAZARETE, UKUMKANI WAMAYUDA. Loo mbhalo ngoko 20 into eninzi yamaYuda yawulesa; ngokuba indawo, uYesu awayebethelelwe kuyo emnqamlezweni, yayikufuphi nomzi; kwaye ke kubhaliwe ngesiHebhere, nangesiGrike, nangesiRoma. Babesi- 21 thi ngoko kuPilato ababingeleli abakhulu bamaYuda, Musa ukubhala *uthi*, UKumkani wamaYuda; bhala uthi, Wathi yena, NdinguKumkani wamaYuda. Waphendula uPilato wathi, E- 22 ndikubhalileyo ndikubhalile.

Athe ngoko amasoldati, xa abembe- 23 thelele emnqamlezweni uYesu, azithabatha iingubo zakhe, enza izabelo eziné, laelo isoldati lanesabelo; kwanengubo yangaphantsi. Ke kaloku, ingubo yangaphantsi yabe ingenamthungo; yayi-

UYOHANE 19-20

lukiwe iphela, ithabathele phezulu.
24 Atshono ngoko ukuthi, Masingayikrazuli, masiqashise ngayo ukuba yoba yekabani na; ukuze isibhalo sizaliseke esithi,

Babelana ngeengubo zam,
Benza amaqashiso ngesambatho sam.
(INdum. 22: 18)

Amasoldati ke ngoko azenza ezi zinto.

25 Kwakumi ke ngasemnqamlezweni kaYesu unina, nomsakwabo bonina, uMariya umkaKleyopa, noMariya wase-
26 Magadala. UYesu ngoko, akumbona unina, naye umfundi abemthanda emi khona, uthi kuye unina, Mfazi, nanko
27 unyana wakho! Andule athi kumfundi lowo, Nanko unyoko! Wathi kwakwelo lixa, umfundi lowo wamthabatha, wamsa kwikhaya lakhe.

28 Emveni koko, uYesu, esazi ukuba zonke izinto sezifezekile, ukuze sifezeke
29 isibhalo, wathi, Ndinxaniwe. Bekumi ke isitya sizele yiviniga; bazalisa ke bona imfunxa ngeviniga; bayibeka phezu kwehisope,* bayisa emlonyeni wa-
30 khe. Xa ngoko uYesu wabeyamkele iviniga, wathi, Kugqityiwe! Wathoba intloko, wawunikela umoya wakhe.

31 AmaYuda ngoko, ukuze imizimba ingahlali emnqamlezweni ngesabatha, ekubeni yayiyimini yokulungiselela *isabatha* (kuba loo sabatha ibingumhla omkhulu), acela kuPilato ukuba imilenze
32 yabo yaphulwe, basuswe. Eza ngoko amasoldati, ayaphula okunene imilenze yowokuqala, neyomnye obebethelelwe
33 emnqamlezweni naye. Kodwa akufika kuYesu, akubona ukuba uselefile,
34 akayaphula imilenze yakhe. Lesuka elinye isoldati lamhlaba ngomkhonto ecaleni; kwaoko kwaphuma igazi namanzi.

35 Nalowo ubonileyo ungqinile, nobungqina bakhe buyinyaniso; naye yena uyazi ukuba uthetha inyaniso, ukuze
36 nani nikholwe. Kuba zenzeka ezi zinto, ukuze isibhalo sizaliseke esithi, Akuyi kutyunyuzwa thambo lakhe.
37 Kanjalo nesinye isibhalo sithi, Baya kukhangela kulowo bamhlabileyo.

Umngcwabo kaYesu
(UMat. 27: 57–66)

38 Ke kaloku emveni koko, uYosefu waseArimati (engumfundi kaYesu, ke enguye ngokufihlakeleyo ngenxa yokoyika amaYuda), wacela kuPilato, ukuba awususe umzimba kaYesu. Waza uPilato wavuma; weza ke wawususa umzimba kaYesu. Kwafika ke noNiko-
39 demo (lowo wezayo kuYesu ebusuku ekuqaleni), ephethe impithikezo yemore* nekhala, ngathi iziiponti ezilikhulu *ngobunzima*. Bawuthabatha ke
40 umzimba kaYesu, bawubopha ngezisongelo zelinen, ndawonye nobulawu, njengoko kulisiko lokungcwaba kumaYuda.

41 Ke kaloku, bekukho kuloo ndawo abebethelelwe kuyo emnqamlezweni umyezo; nasemyezweni apho bekukho ingcwaba elitsha, ekungazanga kubekwe mntu kulo. UYesu ngoko bambeka
42 khona apho, ngenxa yemini yokulungiselela kwamaYuda; ngokuba ingcwaba belikufuphi.

Uvuko lukaYesu

20 Ke kaloku, ngolokuqala usuku lweveki, kuza engcwabeni uMariya waseMagadala kusasa, kusentsundu, alibone ilitye lisusiwe engcwabeni.
2 Agidime ngoko, eze kuSimon Petros nakomnye umfundi, lowo ubethandwa nguYesu, athi kubo, Bayisusile iNkosi engcwabeni; asazi nalapho bayibeke khona.

3 Waphuma ngoko uPetros nomnye umfundi lowo, besiya engcwabeni.
4 Ke kaloku baye begidima bona bobabini kunye; waza omnye umfundi lowo wamshiya ngamendu uPetros, wafika kuqala engcwabeni. Uthi akuqondela,
5 azibone izisongelo zelinen abesongelwe kuzo zizodwa; akangenanga ke noko.

6 Afike ngoko uSimon Petros emlandela, angene engcwabeni, azibone izisongelo zelinen abesongelwe kuzo zizodwa; neqhiya ebisentlokweni yakhe,
7 ingadibene neelinen abesongelwe kuzo, isongiwe yodwa ndaweni ithile. Wa- 8

ndula ngoko wangena nomnye umfundi, lowo ubefike kuqala engcwabeni, wabo-
9 na, wakholwa; kuba babengekasazi isibhalo esithi, úmelwe kukuthi avuke
10 kwabafileyo. Babuya ngoko abafundi bagoduka.

UYesu uzibonakalalisa kuMariya

11 Ke kaloku uMariya ebemi ngaphandle ngasengcwabeni, elila; xa ke ebeli-
12 la, waqondela engcwabeni. Wabona izithunywa zezulu ezibini, *zambethe* ezimhlophe, zihleli; esinye ngasentloko, esinye ngasezinyaweni, apho wawulele
13 khona umzimba kaYesu. Zithi zona kuye, Mfazi, ulilelani na? Athi kuzo, Bayisusile iNkosi yam; andazi apho bayibeke khona.
14 Akutsho wajika, wambona uYesu emi; wayengazi ke ukuba nguYesu.
15 Athi uYesu kuye, Mfazi, ulilelani na? ufuna bani na? Yena, esiba ngumgcini-myezo, uthi kuye, Nkosi, ukuba umsusile apha, ndixelele apho umbeke
16 khona; mna ndiye kumthabatha. Athi uYesu kuye, Mariya! Wajika yena wathi kuye, Rabhoni! (oku kukuthi, Mfundisi).
17 Uthi uYesu kuye, Ungàndichukumisi; kuba andikanyuki ndiye kuBawo; ke yiya kubazalwana bam, uthi kubo, Ndiyenyuka, ndiya kuBawo, kuYihlo;
18 kuThixo wam, kuThixo wenu. Afike uMariya waseMagadala, ababikele abafundi ukuba uyibonile iNkosi; yathetha ezi zinto kuye.

Ukuzibonakalalisa kukaYesu kwabalishumi elinanye nokungakholwa kukaTomas
(ULuka 24: 33–43)

19 Kwakuhlwa ngoko, ngolokuqala usuku lweveki, zakubon' ukuba iingcango zivaliwe, apho babehlanganisene khona abafundi, ngenxa yokoyika amaYuda, wafika uYesu wema phakathi, wathi kubo, Uxolo malube nani. Akutsho,
20 wababonisa izandla necala lakhe. Bavuya ngoko abafundi bakuyibona iNko-
21 si. Waphinda ngoko uYesu wathi kubo, Uxolo malube nani; njengokuba uBawo endithumile mna, nam ndiya-
nithuma nina. Akutsho wabaphefu- 22 mlela, wathi kubo, Yamkelani uMoya oyiNgcwele; abazono nithe nazixolela, 23 bazixolelwe; nabazono nithe nazibamba, zibambekile.

Ke kaloku uTomas, omnye kwabali- 24 shumi elinababini, okuthiwa nguDidimo,* wayengenabo oko wafikayo uYesu. Babesithi ngoko kuye abanye abafundi, 25 Siyibonile iNkosi. Wathi ke yena kubo, Ukuba andithanga ndilibone inxeba lezikhonkwane ezandleni zayo, ndiwufake umnwe wam enxebeni lezikhonkwane, ndisifake isandla sam ecaleni layo, andisayi kukholwa.

Baye emveni kweentsuku ezisibhozo 26 bekwangaphakathi abafundi bakhe; wayenabo noTomas. Afike uYesu, zakubon' ukuba zivaliwe iingcango, eme phakathi, athi, Uxolo malube nani. Andule athi kuTomas, Ethe apha 27 umnwe wakho, uzibone izandla zam; ethe isandla sakho, usifake ecaleni lam; musa ukuba ngongakholwayo, yiba ngokholwayo. Uphendule uTomas, 28 wathi kuye, Nkosi yam, Thixo wam! Athi uYesu kuye, Ngokuba undibonile, 29 Tomas, ukholiwe. Banoyolo abo bangabonanga, bakholwa noko.

Mininzi ke okunene neminye imi- 30 qondiso awayenzayo uYesu emehlweni abafundi bakhe, engabhalwanga kuyo le ncwadi; kodwa le ibhalelwe ukuze 31 nikholwe ukuba uYesu unguye uKristu,* uNyana kaThixo, nokuze nithi, nikholwa, nibe nabo ubomi egameni lakhe.

Ukuzibonakalalisa kukaYesu ngakulwandle lwaseTibheriya

21 Emva koko waphinda uYesu wazibonakalalisa kubafundi ngaselwandle lwaseTibheriya. Wenjenje ke ukuzibonakalalisa. Babendawonye 2 uSimon Petros, noTomas okuthiwa nguDidimo, noNataniyeli waseKana yelase-

1063

UYOHANE 21

Galili, nabakaZebhedi, nabanye kuba-
3 fundi bakhe bebabini. Athi uSimon Petros kubo, Ndiya kubambisa *iintlanzi*. Bathi kuye, Nathi siyaya nawe. Baphuma bangena emkhombeni kwaoko. Ngobo busuku àbabamba nto.

4 Ke kaloku, kwakuba sekusile, wema uYesu elunxwemeni; noko abafundi
5 bebengazi ukuba nguYesu. Athi ngoko uYesu kubo, Bantwana, aninanto idliwayo na? Bamphendula bathi, Hayi.
6 Wathi ke yena kubo, Wuphoseni umnatha ngecala lasekunene lomkhombe, nofumana. Baphosa ke; ababa saba nako ukuwutsala, ngenxa yenkitha
7 yeentlanzi. Athi ngoko loo mfundi ubethandwa nguYesu kuPetros, YiNkosi. Uthe ngoko uSimon Petros, akuva ukuba yiNkosi, wabhinqa ingubo yokwaleka (kuba ebezé), waziphosa
8 elwandle. Ke kaloku abanye abafundi beza ngomkhonjana (kuba bebengemgama emhlabeni, ngathi bebekubhite* zimakhulu mabini), bewuzizilizisa u-
9 mnatha weentlanzi. Bathi ngoko, bakuwelela emhlabeni, babona umlilo wamalahle ukhona, nentlanzi ikuwo, nesonka.

10 Athi uYesu kubo, Zisani kwezo ntla-
11 nzi nizibambise ngokunje. Wangena *emkhombeni* uSimon Petros, wawutsalela emhlabeni umnatha, uzele ziintlanzi ezinkulu, zilikhulu elinamanci mahlanu anantathu; nakuba bezingako njalo,
12 awujacekanga umnatha. Athi uYesu kubo, Yizani nomule. Akubangakho namnye ke kubafundi waba nabuganga bakumbuza esithi, Ùngubani na?
13 besazi nje ukuba yiyo iNkosi. Uza ke uYesu, asithabathe isonka, abanike, ayenjenjalo nentlanzi.

14 Oku sekukokwesithathu ezibonakalalisa uYesu kubafundi bakhe, evukile kwabafileyo.

15 Bathi ke bakomula, athi uYesu kuSimon Petros, Simon kaYona, uyandithanda na ngaphezu kwaba? Athi kuye, Ewe, Nkosi, uyazi wena ukuba ndiyakuthanda. Athi kuye, Dlisa amatakane am.

Aphinde athi kuye okwesibini, Simon 16 kaYona, uyandithanda na? Athi kuye, Ewe, Nkosi, uyazi wena ukuba ndiyakuthanda. Athi kuye, Yalusa izimvu zam.

Athi kuye okwesithathu, Simon ka- 17 Yona, uyandithanda na? Waba buhlungu uPetros, kuba ethe kuye okwesithathu, Uyandithanda na? Wathi kuye, Nkosi, uyazazi izinto zonke wena; uyaqonda wena ukuba ndiyakuthanda. Athi uYesu kuye, Dlisa izimvu zam. Inene, inene, ndithi kuwe, Oko ubuse- 18 mtsha ubuzibhinqisa ngokwakho, uhambe apho uthanda khona; kodwa xa uthe waluphala, uya kuzolula izandla zakho, ubhinqiswe ngomnye, ákuse apho ungathandiyo. Wakútsho ke o- 19 ku, eqondisa ukuba kukufa kuni na abeya kuzukisa uThixo ngako. Akutsho wathi kuye, Ndílandele.

Ejikile ke uPetros, uboné umfundi 20 obethandwa nguYesu elandela: lowo wayayame esifubeni sakhe esidlweni, wathi, Nkosi, ngubani na okunikelayo? UPetros akumbona lowo, uthi kuYesu, 21 Nkosi, lo woba yini na?

Athi uYesu kuye, Ukuba ndithi ndi- 22 thande ukuba yena ahlale ndide ndifike, iyini na loo nto kuwe? Landela mna wena. Laphuma ngoko eli lizwi, laya 23 kubazalwana, ukuba loo mfundi akayi kufa. Waye uYesu engatshongo kuye ukuthi, Akayi kufa; wathi, Ukuba ndithi ndithande ukuba yena ahlale ndide ndifike, iyini na loo nto kuwe?

Isihlomelo

Nguye lo umfundi ongqinayo ngezi 24 zinto, wazibhala ezi zinto; kanjalo siyazi ukuba ubungqina bakhe buyinene.

Kukho ke nezinye izinto ezininzi 25 awazenzayo uYesu; ezingathi zithe zabhalwa ngazinye, ndithi nehlabathi eli alingezibambi iincwadi ezo zingabhalwayo. Amen.

IZENZO ZABAPOSTILE

Intshayelelo

1 Eyokuqala *imbali*, Tiyofilo, ndayenza kambe *ndibalisa* ngezinto zonke awaqala ngazo uYesu ukuzenza kwano-2 kuzifundisa, kwada kwayimini awanyuswa ngayo, akuba ebawisele umthetho ngoMoya oyiNgcwele abapostile awaye-3 banyule; awathi kanjalo, emveni kokuva kwakhe ubunzima, wazimisa ephilile phambi kwabo, ngeziganeko ezininzi, ezibonakalalisa ngokwakhe kubo kwiintsuku ezimashumi mané, ethetha izinto ezingabo ubukumkani bukaThixo.

4 Uthe, ehlanganisene nabo, wabathethela ngelithi, mabangahlukani neYerusalem; mabalinde idinga loYise, *awa-*5 *thi ukuthetha,* Naliva kum; ngokuba uYohane okunene wabhaptiza ngamanzi; kodwa nina niya kubhaptizwa ngoMoya oyiNgcwele, kungekabi kade emva kwezi ntsuku.

Unyuko lukaYesu

6 Bona ke ngoko, bebuthelene, babembuza besithi, Nkosi, wobubuyisela ngeli xesha na ubukumkani kuSirayeli?
7 Uthe ke kubo, Asikokwenu ukwazi amaxesha nokuba ngamathuba, awamise 8 ngelakhe igunya uBawo. Niya kwamkela ke amandla, akubon' ukuba uMoya oyiNgcwele uhlile phezu kwenu; nibe ngamangqina am eYerusalem, kwanakulo lonke elakwaYuda nelaseSamariya, kude kuse nasekupheleni komhlaba.

9 Waza etshilo, bakubon' ukuba bakhangele, wafukulwa; lathi ilifu lemka 10 naye emehlweni abo. Bakuba beqwalasele ezulwini, akubon' ukuba uyemka, kwabonakala kumi ngakubo amadoda 11 amabini eneengubo ezimhlophe, awatshoyo ukuthi, Madoda, maGalili, nimeleni na nondele ezulwini? Kwayena lo Yesu unyusiweyo kuni, wasiwa emazulwini, uya kuza ngolu hlobo nimboné esiya ngalo emazulwini.

Ukunyulwa kompostile weshumi elinambini

12 Baza babuyela eYerusalem, bevela entabeni ekuthiwa yeyemiNquma, ekufuphi kwiYerusalem, uhambo lwesabatha. 13 Bathe ke bakungena, banyukela egumbini eliphezulu ababehlala kulo, inguPetros, noYakobi, noYohane, noAndreya, uFilipu, noTomas, uBhartolomeyu, noMateyu, noYakobi ka-Alifeyu, noSimon umZeloti,* noYuda *umzalwana* kaYakobi. Aba bonke babezingisa 14 ngamxhelo mnye ekuthandazeni nasekukhungeni, ndawonye nabafazi, noMariya unina kaYesu, kwandawonye nabazalwana bakhe.

Ngaloo mihla wesuka wema uPetros 15 phakathi kwabo abazalwana (laye inani lamagama ndawonye lingathi lilikhulu elinamanci amabini), wathi, Madoda, 16 bazalwana, esi sibhalo simelwe kukuba sizalisekе, sathethwayo ngaphambili nguMoya oyiNgcwele ngomlomo kaDavide ngaye uYuda, owaba ngumkhokeli kwabo bambambayo uYesu; ngo- 17 kuba wayebalelwe kúthi, wasizuza isabelo solu lungiselelo. Lowo ke ngoko 18 wazuza umhlaba ngomvuzo wokungalungisi; wathi ekhahleleke phantsi ngobuso, wagqabhuka phakathi, zaphalala zonke izibilini zakhe. Kwazeka 19 oko kubo bonke abemiyo eYerusalem, wada loo mhlaba ngeyabo intetho kwathiwa yiAkeldama, oko kukuthi, ngumhlaba wegazi. Kuba kubhaliwe e- 20 ncwadini yeeNdumiso *kwathiwa,*
Umzi wakhe mawube yintlango,
Kungabikho umiyo kuwo;
(INdum. 69 : 25)
Buthi nobuveleli bakhe buthatyathwe ngomnye. (INdum. 109 : 8)

1065

21 Ngoko, kuwo amadoda abehamba nathi, ngalo lonke ixesha ebingena iphuma
22 phakathi kwethu iNkosi uYesu, iqalele elubhaptizweni lukaYohane, yada yayimini eyanyuswa ngayo kuthi, kumele ukuba kubekho enye kuwo eba lingqina lokuvuka kwayo, kunye nathi.
23 Bamisa mabini, uYosefu, okuthiwa nguBharsabhas, ogama limbi linguYu-
24 sto, noMatiya. Bathandaza bathi, Wena, Nkosi, Mazi weentliziyo zabo bonke, yalatha kwaba babini oyena umnyuli-
25 leyo, ukuba asithabathe isabelo solu lungiselelo nobupostile, awaphambukayo kubo uYuda, ukuze aye kweyakhe
26 indawo. Bawisa amaqashiso abo; lathi iqashiso laphuma noMatiya; wabalelwa ndawonye nabapostile* abalishumi elinamnye.

Isipho soMoya oyiNgcwele

2 Ke kaloku, ekuzalisekeni kwawo umhla wepentekoste,* baye bonke
2 bemxhelo mnye ndaweni-nye. Kwaza ngequbuliso kwaphuma ezulwini isandi esinjengesomoya ovuthuza ngamandla, sayizalisa indlu yonke ababehleli kuyo.
3 Kwabonakala kubo iilwimi ezabekayo, ngathi zezomlilo, lwaolo lwahlala phezu
4 kwabo bonke ngabanye. Bazaliswa bonke nguMoya oyiNgcwele, baqala ukuthetha ngalwimi zimbi, njengoko uMoya wayebanika ukuba bathethe baphimisele.
5 Ke kaloku kwakumi eYerusalem apho amaYuda, amadoda awoyika uThixo, evela kuzo zonke iintlanga eziphantsi
6 kwezulu. Sithe ke sakubakho esi sandi, yabuthelana inkitha, yadubadubeka, ngokuba bonke ngabanye babebeva bona bethetha ngezakomawabo iintetho.
7 Bathi nqa ke bonke, bamangaliswa, wathi omnye komnye, Kanene aba bonke bathethayo asingamaGalili na?
8 Kutheni na ke ukuba sibeve nje sonke ngabanye bethetha ngezakomawethu
9 iintetho, esazalelwa kuzo? Thina maParti, namaMedi, namaElam, nathi simiyo kwelaseMesopotami, kwelakwaYuda kwanakwelaseKapadoki, kwelase-
10 Ponto nakwelaseAsiya, kwelaseFrigi kwanakwelasePamfili, kwelaseYiputa, nasemacaleni elaseLibhi ngaseKirene, nathi bahambi baseRoma, singamaYuda kwanabangeni *ebuYudeni*, thina ma- 11 Krete nama-Arabhi, sibeva bona bezithetha ngezakomawethu iilwimi izinto ezinkulu zikaThixo.

Bathi nqa ke bonke, bakhohlwa, 12 omnye esithi komnye, Azi, ingaba ifuna ukuba yintoni na le nto? Abanye ke 13 babehlekisa ngabo, besithi, Bahluthi yiwayini enencasa.

Intetho kaPetros ngomhla wepentekoste

Ke kaloku uPetros, esuke wema 14 nabalishumi elinamnye, waliphakamisa izwi lakhe, waphimisela ukuthetha, wathi kubo:

Madoda, maYuda, nani nonke nimiyo eYerusalem, makwazeke oku kuni, niwabekele iindlebe amazwi am. Aba 15 àbanxilile, njengoko nina niba kunjalo, kuba kuselilixa lesithathu lemini.

Oku khona koko kuthethiweyo ngo- 16 mprofeti uYoweli, *kwathiwa,*

Kuya kuthi ngayo imihla yokugqibe- 17 la, utsho uThixo,
Ndimthulule uMoya wam phezu kwayo yonke inyama,
Baprofete oonyana benu neentombi zenu,
Athi amadodana enu abone imibono,
Namadoda enu amakhulu aphuphe amaphupha;
Ewe, ndaye, phezu kwabakhonzi 18 bam, naphezu kwabakhonzazana bam, ngaloo mihla
Ndiya kumthulula uMoya wam, baprofete;
Ndénze izimanga ezulwini phezulu, 19
Nemiqondiso emhlabeni phantsi,
Igazi, nomlilo, nentshinyela yomsi.
Ilanga liya kusuka libe mnyama, 20
Ithi inyanga ibe ligazi,
Phambi kokuba ize imini yeNkosi,
Leyo inkulu ibalulekileyo.
Baya kuthi bonke abasukuba belinqu- 21 la igama leNkosi basindiswe.

(*UYow. 2: 28–32*)

Madoda, maSirayeli, waveni la ma- 22 zwi: UYesu waseNazarete, indoda eqondakalisiweyo nguThixo kuni ngemisebenzi yamandla, nangezimanga, nangemiqondiso, awayenzayo uThixo ngayo phakathi kwenu, njengokuba nisazi 23 nani ngokwenu: yena lowo, ekhutshwe ngecebo elimisiweyo likaThixo nangokwazi kwakhe kwenxa engaphambili, namthabatha ngezandla zabachasene nomthetho, nambethelela emnqamle- 24 zweni, namsika; athe uThixo wamvusa, eyikhulule inimba yokufa; ngokokuba ebengenako ukubanjwa kuko.

25 Kuba uDavide uthi, esingisele kuye,
Ndahlala ndiyibona iNkosi phambi kwamehlo am,
Ngokuba ingasekunene kwam, ukuze ndingashukunyiswa.
26 Ngenxa yoko intliziyo yam yaba nemihlali, lwagcoba ulwimi lwam;
Ngaphezu koko ke nenyama yam iya kuphumla inethemba;
27 Ngokuba akuyi kuwushiya umphefumlo wam kwelabafileyo.
Kananjalo akuyi kumnikela oyiNgcwele wakho ekuboneni ukubola.
28 Wandazisa iindlela zobomi;
Uya kundizalisa ngemihlali ngokubona ubuso bakho.

(*INdum. 16: 8-11*)

29 Madoda, bazalwana, mandivunyelwe ndithethe kuni ngokuphandle ngomawokhulu uDavide, ukuba wafa wangcwatywa; nengcwaba lakhe likho 30 phakathi kwethu unanamhla. Ngoko, kuba engumprofeti, esazi nokwazi ukuba uThixo wamfungela isifungo sokuba esiqhameni sesinqe sakhe ngokwenyama uya kuvelisa uKristu,* ukuba ahlale 31 phezu kwetrone yakhe: uthe ebona ngenxa engaphambili, wathetha ngako ukuvuka kukaKristu, ukuba umphefumlo wakhe ungashiywanga kwelabafileyo nenyama yakhe ingabonanga kubola.

32 UThixo wamvusa lo Yesu, esingamangqina ako oko thina sonke.
33 Ephakanyisiwe ngoko sisandla sokunene sikaThixo, elamkele kanjalo idinga loMoya oyiNgcwele kuYise, uthulule oku nikubonayo, nikuvayo, kalokunje nina.

Kuba uDavide, enganyukanga waya 34 emazulwini, ke uthi ngokwakhe,
Yathi iNkosi eNkosini yam,
Hlala ngasekunene kwam,
Ndide iintshaba zakho ndizenze isi- 35 hlalo seenyawo zakho.

(*INdum. 110: 1*)

Ngoko mayazi ngokuqinisekileyo yo- 36 nke indlu kaSirayeli, ukuba uThixo wamenza iNkosi noKristu, kwayena lo Yesu nambethelelayo emnqamlezweni nina.

Ke kaloku bathe, bakukuva oko, 37 bahlabeka entliziyweni, bathi kuPetros nakwabanye abapostile,* Madoda, bazalwana, sithini na? Uthe ke uPetros 38 kubo, Guqukani nibhaptizwe nonke ngabanye egameni likaYesu Kristu, ukuze nixolelwe izono, namkele isipho soMoya oyiNgcwele. Kuba idinga li- 39 kuni, nakubantwana benu, nakubo bonke abakude, esukuba iNkosi uThixo wethu iya kubabiza.

Nangamanye amazwi amaninzi waye- 40 qononondisa, evuselela esithi, Zisindiseni kwesi sizukulwana sigoso. Bathe 41 ke ngoko, abalamkele ilizwi lakhe ngovuyo, babhaptizwa; kongezelelwa ngaloo mini imiphefumlo engathi imawaka mathathu.

Intlalo yebandla lamaKristu

Baye ke bezingisa ukuhlala emfundi- 42 sweni yabapostile, nasebudlelaneni, nasekuqhekezeni isonka, nasemithandazweni.

Ke kaloku kwabakho ukoyika kwimi- 43 phefumlo yonke; kwenzeka izimanga ezininzi kwanemiqondiso ngabapostile. Bonke ke ababekholwa babendawonye, 44 benobudlelane ngeento zonke. Baye 45 bethengisa nangemihlaba nangempahla yabo, babele bonke, njengoko ebethi ubani aswele ngako.

Babezingisa ukuhlala bemxhelo mnye 46 etempileni imihla ngemihla, beqhekeza isonka kwizindlu ngezindlu, besidla ukudla benemigcobo, benolungelelwano lwentliziyo, bemdumisa uThixo, beno- 47 nelelwe ngabantu bonke. Yaye iNkosi isongeza abasindiswayo imihla ngemihla kulo ibandla.

Ukuphiliswa kwengqiba elisisiqhwala

3 Ke kaloku, uPetros, noYohane babenyuka bendawonye, besiya etempileni ngexesha lomthandazo, ililixa lesi-2 thoba. Kwaye ke kuthwelwe ndoda ithile, ibisisiqhwala kwasekuzalweni kwayo, ababeyibeka imihla ngemihla emnyango wetempile, lowo kuthiwa Mhle, ukuba icele amalizo kwabangé-3 nayo etempileni; eyathi, yakubona uPetros noYohane beza kungena etempileni, yacela ukuba bayilize.

4 Uthe ke uPetros, enoYohane, eqwalasele kuyo wathi, Khangela kuthi apha. 5 Yabagqala ke, ilinde ukwamkela into 6 kubo. Wathi ke uPetros, Isilivere negolide andinayo, kodwa endinako ndikunika khona: egameni likaYesu Kristu 7 umNazarete, vuka uhambe. Wayibamba ngesandla sokunene, wayivusa; zomelezeka ke kwalapho iinyawo zayo 8 namaqatha ayo. Yesuka umtsi, yema, yahambahamba, yangena nabo etempileni, ihambahamba itsiba, imdumisa u-9 Thixo. Baza bonke abantu bayibona 10 ihambahamba, idumisa uThixo; bayazi nokuyazi, ukuba ingulowa ubehlalela amalizo eMnyango oMhle wetempile, bathi qhiphu umbilini, bathi nqa yiloo nto ihlileyo kuyo.

11 Ke kaloku, sakubon' ukuba isiqhwala esiphilisiweyo sibabambe ngesandla ooPetros noYohane, bonke abantu babalekela kubo evarandeni* ekuthiwa yekaSolomon, beqhiphuke umbilini kakubi.

Intetho kaPetros etempileni

12 Akukubona ke *oko* uPetros, waphendula *wathi* kubo abantu, Madoda, maSirayeli, yini na ukuba nimangaliswe yile nto? Kanjalo yini na ukuba nisijonge, ngathi simenzé wahamba ngawethu amandla, nangokwethu ukuhlonela uThixo?
13 UThixo wooAbraham noIsake noYakobi, uThixo woobawo bethu, umzukisile umkhonzi wakhe uYesu, enamnikelayo, namkhanyela ebusweni bukaPilato nina, akubon' ukuba yena ugwebe ngelithi, makakhululwe. Ke nina 14 namkhanyela oyiNgcwele, oliLungisa, nacela ukuba ninikwe indoda engumbulali. Ke yona iMbangi yobomi nayibu-15 lala; awayivusayo uThixo kwabafileyo, esingamangqina ako oko thina. Na-16 ngenxa yokukholwa kwigama layo, lo nimbonayo, nimaziyo, limomelezile igama layo; lwathi ukholo olungayo lwamnika oku kuphila kupheleleyo phambi kwenu nonke.

Nangoku, bazalwana, ndiyazi ukuba 17 nenzé ngokungazi, njengabo nabo abaphathi benu. Ke uThixo, izinto awa-18 zixela ngenxa engaphambili ngomlomo wabo bonke abaprofeti bakhe, zokuba uKristu eve ubunzima, uzizalisile wenjenje. Guqukani ke ngoko, nibuye, 19 ukuze zicinywe izono zenu; ngokokuze afike amathuba okuphumza, evela ebusweni beNkosi; ithume uYesu Kristu, 20 owayevakalisiwe kuni ngenxa engaphambili; lowo kumele okunene ukuba 21 amazulu amamkele, kude kufike amaxesha okubuyiswa kweento zonke, awawathethayo uThixo ngomlomo wabo bonke abaprofeti bakhe abangcwele, kususela kunaphakade.

Kuba uMoses okunene wathi kooba-22 wo, INkosi uThixo wenu iya kunivelisela umprofeti kubazalwana benu, onjengam nje; ze nimve yena kuzo zonke izinto asukuba eya kuzithetha kuni. Yothi ke yonke imiphefumlo engathanga 23 imve loo mprofeti, ibhujiswe kuphele phakathi kwabantu. Nabo ke bonke 24 abaprofeti, bethabathela kuSamuweli nakwabalandelayo, bonke abathethileyo, bayixela loo mihla ngenxa engaphambili.

Nina ningoonyana babo abaprofeti, 25 nabomnqophiso awanqophisana ngawo noobawo bethu uThixo, esithi kuAbraham, Yaye ke iya kusikeleleka embewini yakho yonke imizalwane yehlabathi. Uthe uThixo, akuba emvusile umkhonzi 26 wakhe uYesu, wamthuma kuni kuqala, ukuba anisikelele ngokuniguqula nonke ngabanye kwiinkohlakalo zenu.

IZENZO 4

UPetros noYohane phambi kwentlanganiso yamatyala

4 Bakubon' ukuba bayathetha kubo abantu, ababingeleli, nomphathi wetempile, nabaSadusi, bathi gaga phezu 2 kwabo, bebindekile ngenxa yokuba befundisa abantu, bekuxela ukuvuka kubo abafileyo ngoku kukaYesu *ukuvuka*. 3 Babesa izandla, babafaka entolongweni, kwada kwaba lingomso; kuba bekuse 4 kuhlwile. Ke kaloku into eninzi yâbo babelivile ilizwi, yakholwa; lathi inani lamadoda langa limawaka mahlanu.

5 Kwathi ke ngengomso, kwahlanganiselana eYerusalem abaphathi babo, 6 namadoda amakhulu, nababhali, noAnas umbingeleli omkhulu, noKayafa, noYohane, noAlesandire, nabo bonke 7 abomlibo wombingeleli omkhulu. Bathe bakuba bebamise phakathi, bababuza *besithi*, Le nto nina niyenze ngamandla mani na, nangagama lini na?

8 Wandula uPetros, ezele nguMoya oyiNgcwele, wathi kubo, Nina baphathi babantu, nani madoda makhulu akwa-9 Sirayeli, ukuba thina namhlanje sincinwa ngomsebenzi wokumsiza umntu ongumlwelwe, ukuba uthiweni na uku-10 sindiswa: makwazeke kuni nonke, nakubo bonke abantu bakwaSirayeli, ukuba kusegameni likaYesu Kristu waseNazarete, enambethelelayo emnqamlezweni nina, athe uThixo wamvusa kwabafileyo; kungaye lowo, ukuba lo mntu eme apha phambi kwenu ephilile.

11 Nguye lo ilitye elenziwa into engento nini bakhi, elisuke laba yintloko ye-12 mbombo. Kananjalo usindiso alukho kuwumbi; kuba akukho gama limbi phantsi kwezulu, linikiweyo phakathi kwabantu, esimele ukusindiswa ngalo.

13 Ke kaloku, bakùbona ukungafihlisikuthetha koPetros noYohane, beqiqa nokuba ngabantu abangenamfundo, abangenakwazi, bamangaliswa; babaqo-14 nda ukuba babenaye uYesu. Bakumbona ke umntu emi nabo, yena lowo uphilisiweyo, ababanga nandawo yakuphika.

15 Bakuba bethe mabaphume entlanga-nisweni yamatyala, bacebisana bodwa, besithi, Siya kubathini na aba bantu? 16 Kuba okunene, ukuba kuhlé ngabo umqondiso owazekayo, oyinto ebonakalayo kubo bonke abemi eYerusalem, nathi asinakuyikhanyela loo nto. Uku-17 ze ke loo nto ingahlakazeki ngakumbi ebantwini, masise sibasongela ngelokuba bangabi sathetha mntwini ngeli gama.

Bebabizile, babathethela ngelithi, ma-18 bangabi sakhankanya nakanye, bangafundisi nokufundisa ngegama likaYesu. Ke kaloku uPetros noYohane baphendu-19 la, bathi kubo, Yahlulani nina, ukuba bubulungisa na emehlweni kaThixo ukuva nina, kunokuva uThixo; kuba 20 singenako thina ukuthi singazithethi izinto esazibonayo, esazivayo.

Bathe ke bona, beqokele ngokubaso-21 ngela, babandulula; bengafumani sizathu bangababetha ngaso, ngenxa yabantu; ngokuba bonke babemzukisa uThixo ngoko kwakuhlile. Kuba waye-22 dlule emashumini amané eminyaka umntu lowo, wawuhle kuye lo mqondiso wokuphiliswa.

UPetros noYohane babuyela kwizihlobo zabo

Ke kaloku, bakundululwa, baya kwa-23 babo, babika oko zingako izinto abazithetháyo kubo ababingeleli abakhulu namadoda amakhulu. Bona ke, beku-24 vile oko, baphakamisa izwi kuThixo ngamxhelo mnye, bathi, Mnini-ntozonke, wena unguThixo owalenzayo izulu nomhlaba nolwandle, neento zonke ezikwezo nto; owathi ngomlomo 25 kaDavide umkhonzi wakho,

Zazibhavumelani na iintlanga,
Zaza izizwe zacamanga izinto ezingento?
Bazimisa ookumkani behlabathi, 26
Nabaphathi bahlanganisana ndawonye
Ngokuyichasa iNkosi, naye uKristu* wayo.   (INdum. 2: 1, 2)
Kuba, inyaniso, ngaye uMkhonzi wakho 27 oyingcwele onguYesu, owamthambisayo, kwahlanganisana uHerode, kwano-

Pontiyo Pilato, ndawonye neentlanga 28 nabantu bakwaSirayeli, ukuba benze izinto zonke ezamiswayo ngenxa engaphambili sisandla sakho nalicebo lakho, 29 ukuba zibekho. Okwangoku ke, Nkosi, zikhangele izisongelo zabo, ubanike abakhonzi bakho ukuba balithethe ilizwi 30 lakho ngako konke ukungafihlisi, ekusoluleni isandla sakho ukuba uphilise, nokuba kubekho imiqondiso nezimanga ngegama loMkhonzi wakho oyingcwele, uYesu.

31 Bakubon' ukuba bakhungile, yazanyazanyiswa indawo ababehlanganisene kuyo, bazaliswa bonke nguMoya oyiNgcwele, balithetha ilizwi likaThixo ngokungafihlisiyo.

Ingxowa eyeyobudlelane

32 Ke kaloku inkitha yababekholiwe yayintliziyo-*nye*, imphefumlo mnye; kwaye kungekho namnye ubesithi kukho nto iyeyakhe empahleni yakhe; zonke 33 izinto zaye zizezobudlelane kubo. Baye abapostile* bekungqinela ngamandla amakhulu ukuvuka kweNkosi uYesu; kwaye kukho ukubabalwa okukhulu 34 kubo bonke. Kuba kwakungekho namnye phakathi kwabo, wayeswele; kuba bonke ababenemihlaba, nokuba zizindlu, babesithi bathengise ngazo, bawazise amaxabiso ezo zinto kuthengisiweyo 35 ngazo, bawabeke ezinyaweni zabapostile; waye ke elowo esabelwa njengoko ebesukuba eswele ngako.

36 Ke kaloku uYose, owathiywa ngabapostile elinye igama lokuba nguBharnabhas (elithi, lakuthethwa ngentetho evakalayo, ngumfo wovuselelo), umLevi 37 waseSipro ngokuzalwa, wathi enomhlaba wathengisa ngawo, wayizisa imali, wayibeka ezinyaweni zabapostile.

UHananiya noSafira

5 Ke kaloku indoda ethile, uHananiya ngegama, inoSafira umkayo, yathe-2 ngisa ngemfuyo *yayo*. Yashinta kulo ixabiso *layo*, esazi naye umkayo; yazisa nxenye ithile, yayibeka ezinyaweni za-3 bapostile.* Wathi ke uPetros, Hananiya, kungani na ukuba uSathana azalise intliziyo yakho, ukuba umxokise uMoya oyiNgcwele, ushinte kulo ixabiso lomhlaba? Oko úbe uhleli, ubungahleli 4 kuwe na? Kanjalo úthengisiwe, ubungekhona na egunyeni lakho? Yini na ukuba uyibeke le nto entliziyweni yakho? Akuxoké kubantu, uxoke kuThixo.

Ewavile ke uHananiya la mazwi, 5 wawa, waphuma umphefumlo; kwabakho ukoyika okukhulu kubo bonke ababezivile ezi zinto. Asuka ke ama- 6 dodana amsonga, amthwalela phandle, amngcwaba.

Kwaba mzuzwana ke, ngathi ngowa- 7 maxa amathathu, wathi umkakhe, engayazi loo nto ihlileyo, wangena. U- 8 mphendule ke uPetros wathi, Ndixelele, umhlaba lo wakhutshelwa inani elingáka na? Wathi ke yena, Ewe, elingako. Uthe ke uPetros kuye, Yini na 9 ukuba nivumelane ngokumlinga uMoya weNkosi? Uyabona, iinyawo zabo bangcwabe indoda yakho sezisemnyango; baya kukuthwalela phandle. Wawa ke 10 kwalapho ezinyaweni zakhe, waphuma umphefumlo; bangena ke abafana, bamfumana efile, bamthwalela phandle, bamngcwabela ngasendodeni yakhe. Kwabakho ukoyika kulo lonke ibandla, 11 nakubo bonke abazivayo ezi zinto.

Imiqondiso nezimanga ezenziwa ngabapostile

Ke kaloku, ngazo izandla zabapostile 12 kwabakho imiqondiso nezimanga ezininzi phakathi kwabantu; baye bonke bemxhelo mnye evarandeni* kaSolomon. Ke kaloku, kwabanye akubanga- 13 kho namnye waba nabuganga bakusinamathelisa kubo; baye abantu bebenzé bakhulu. Kwaba kukhona bekonge- 14 zwayo abakholwayo kwiNkosi, into eninzi yamadoda neyabafazi; bada bayi- 15 thwalela phandle imilwelwe ezitratweni, bayibeka ezingqengqelweni nasezinkukweni, ukuze kuthi, akubon' ukuba uPetros uyeza, kubekho kuyo ethi isityekelwe sisithunzi *sakhe*. Yaye ke 16 ibuthelana eYerusalem nenkitha yabemizi ejikelezileyo, ithwele imilwelwe nabakhathazwa ngoomoya abangcolileyo, ababesithi bona baphiliswe bonke.

UPetros noYohane kwakhona phambi kwentlanganiso yamatyala

17 Ke kaloku wesuka umbingeleli omkhulu, nabo bonke ababenaye (abangabehlelo labaSadusi), bazala ngu-
18 msindo; babesa izandla abapostile, babafaka entolongweni yabantu bonke.
19 Ke kaloku isithunywa seNkosi sazivula iingcango zentolongo ebusuku, saba-
20 khupha, sathi, Hambani, niye kuma nithethe etempileni kubo abantu onke
21 amazwi obu bomi. Bevile ke, bangena kwangesifingo etempileni, bafundisa.

Wafika ke umbingeleli omkhulu nabo babenaye, wayibizela ndawonye intlanganiso yamatyala, nawo onke amadoda amakhulu akoonyana bakaSirayeli; bathumela endlwini yamakhonkxwa uku-
22 ba beziswe. Ke kaloku, akufika amadindala, akabafumananga entolongweni;
23 abuya ke abika, esithi, Indlu yamakhonkxwa siyifumene okunene ivalwe ngokuqinileyo kanye, nabalindi bemi ngaphandle phambi kweminyango. Sivulile ke, asifumananga mntu ngaphakathi.
24 Bathe ke bakuweva la mazwi umbingeleli kwanomphathi wetempile, nababingeleli abakhulu, labakhohla, bathi,
25 Azi, ingaba yintoni na le nto? Wafika ke othile, wababikela esithi, Yabonani, amadoda lawa beniwafake entolongweni, nangaya etempileni, emi efundisa aba-
26 ntu. Wesuka umphathi enamadindala, wabazisa kungengamandla; kuba babesoyika abantu, hleze baxulutywe ngamatye.
27 Bebazisile ke, babamisa entlanganisweni yamatyala; wababuza umbingeleli
28 omkhulu, esithi, Besinganithethelanga na kunene ngelithi, maningafundisi ngeli gama? Niyabona, niyizalisile iYerusalem ngemfundiso yenu; nifuna ukulizisa phezu kwethu igazi lalo mntu.
29 Waphendula ke uPetros nabapostile, bathi, Simelwe kukuthi sive uThixo
30 kunokuba sive abantu. UThixo woobawo bethu wamvusa uYesu, enambulalayo nina ngokumxhoma emthini.

31 Yena lowo uThixo wamphakamisa ngesandla sakhe sokunene, wanguMthetheli noMsindisi, ukuze amnike uSirayeli inguquko noxolelo lwezono. Saye si-
32 ngamangqina akhe ezo ndawo thina, kwanoMoya oyiNgcwele, awamnika abo bamvayo yena uThixo.
33 Bathe ke bona bakukuva oko, bahlabeka entliziyweni, babhunga ukuba babasike.
34 Ke kaloku kwesuka kwema othile entlanganisweni yamatyala, umFarisi ogama linguGamaliyeli, umfundisi womthetho, obekekileyo kubantu bonke, wathi makhe bakhutshelwe phandle kancinane abapostile; wathi kubo, Ma-
35 doda, maSirayeli, zilumkeleni ngento eniza kuyenza kwaba bantu. Kuba 36 ngaphambi kwale mihla, kwesuka uTuda, esithi yena ngokwakhe unguthile; ekwanamathela kuye inani lamadoda angathi amakhulu mané; ngowasikwayo lowo; bathi bonke ababemthambele babhangazeka, ababa nto. Emva kwa-
37 lowo kwesuka uYuda welaseGalili, ngemihla yobhalo lomlibo wokuzalwa, wakhukulisa abantu banela; naye lowo watshabalala; baza bonke ababemthambele bachithwachithwa. Kungoku 38 ke ndithi kuni, Khwelelani kwaba bantu nibayeke; ngokuba eli cebo, nalo msebenzi, ukuba lingaba lelabantu, lotshi-
tsha: ukuba ke lelikaThixo, aninakuli-39 tshitshisa; hleze nifunyanwe ningábalwá kwanoThixo.

Bamthambela ke; bebabizile abapo- 40 stile, babatyabula, babathethela ngelithi, mabangathethi ngegama likaYesu; babandulula ke.

Bemka ke ngoko bona ebusweni 41 bentlanganiso yamatyala, bevuya, ngokuba kuthiwe bakufanele ukuhlaziswa ngenxa yegama lakhe. Kananjalo imi- 42 hla yonke etempileni, nasemakhaya, babengayeki ukufundisa nokushumayela iindaba ezilungileyo zokuba uYesu unguye uKristu.*

Ukunyulwa kwabasixhenxe

6 Ke kaloku ngaloo mihla, bakubon' ukuba bayanda abafundi, kwabakho

IZENZO 6–7

ukukrokra kwawesiGrike amaYuda ngakwawesiHebhere, ngokuba abahlolokazi bawo babesiléla ekulungiselelwe-
2 ni kwemihla ngemihla. Bathe ke abalishumi elinababini bawubizela kubo umhlambi wabafundi, bathi, Akukholekile ukuba thina silishiye ilizwi lika-
3 Thixo, silungiselele ezitafileni. Khangelani ngoko, bazalwana, amadoda kuni abe sixhenxe, angqinelwe *ukulunga*, ezele nguMoya oyiNgcwele nabubulu-
4 mko, esiya kuwamisela lo msebenzi; ke thina siya kuzingisa ekuthandazeni nasekulungiseleleni ilizwi.
5 Lakholeka ilizwi elo emehlweni omhlambi lowo wonke; banyula uStefano, indoda ezele lukholo nanguMoya oyiNgcwele, noFilipu, noProkoro, noNikanore, noTimon, noParmena, noNikolawo wakwa-Antiyokwe owabe-
6 ngene ebuYudeni: ababamisayo emehlweni abapostile; bathi bakuthandaza, bazibeka izandla phezu kwabo.
7 Laye liya likhula ilizwi likaThixo, liya lisanda kakhulu inani labafundi eYerusalem; laye neqela elikhulu lababingeleli lilululamela ukholo.

Ukuhlaselwa kukaStefano

8 Ke kaloku uStefano, ezele lukholo nangamandla, wayesenza izimanga nemiqondiso emikhulu phakathi kwaba-
9 ntu. Kwesuka ke abathile basesikhungwini ekuthiwa sesabaKhululwa, nabaseKirene, nabakwa-Alesandire, nabathile belaseKiliki, nabelaseAsiya, bephi-
10 kisana noStefano; àbaba namandla akumelana nabo ubulumko noMoya, awayethetha ngaye.
11 Kwakuba njalo, banyebelezisa amadoda awathi, Simve ethetha amazwi
12 okunyelisa uMoses noThixo. Kanjalo babahlokohla abantu, kwanamadoda amakhulu nababhali; baza bemfikele bamthi hlasi, bamsa ematyaleni ama-
13 khulu. Bamisa namangqina obuxoki, awathi, Lo mntu akayeki ukuthetha amazwi okunyelisa indawo engcwele
14 nomthetho; kuba simve esithi, UYesu waseNazarete lo uya kuyichitha le ndawo, awenze wambi amasiko awawa-

nikela kuthi uMoses. Bonke ababehleli 15 entlanganisweni yamatyala, beqwalasele kuye, babubona ubuso bakhe, ngathi bubuso besithunywa sezulu.

Intetho kaStefano

7 Wathi ke umbingeleli omkhulu, Zinjalo na ke ezi ndawo?
Uthe ke yena: 2
Madoda, bazalwana, nani bobawo, phulaphulani. UThixo wozuko wabonakala kubawo wethu uAbraham, ekwelaseMesopotami, phambi kokuma kwakhe kwelakwaHaran, wathi kuye, 3 Phuma kuwo umhlaba wakowenu nasemizalwaneni yakho, uze emhlabeni endingákubonisa wona. Waza waphuma 4 ke emhlabeni wamaKaledi, wema kwelakwaHaran. Emveni kokufa kukayise, wamsusa apho, wamfudusela kuló mhlaba nimiyo kuwo nina ngoku. Akamnika lifa kuwo, kwanendawo enga- 5 ngonyawo; kodwa wambeka ngedinga lokuba uya kumnika ube ngowakhe, nembewu yakhe emva kwakhe, phofu engekabi namntwana.

Ke kaloku wenjenje uThixo ukuthe- 6 tha, wathi, imbewu yakhe iya kuba ngabaphambukeli emhlabeni wabasemzini; baya kuyenza amakhoboka, bayiphathe kakubi iminyaka engamakhulu omané. Nohlanga olo, ethe yangamakhoboka 7 kulo, ndiya kulugweba mna, watsho uThixo; yaye, emveni kwezi zinto, iya kuphuma indikhonze kule ndawo. Waza 8 wamnika umnqophiso wolwaluko; wathi yena ekuwo, wazala uIsake, wamalùsa ngomhla wesibhozo, waza uIsake *wamenjenjalo* uYakobi, waza noYakobi *wabenjenjalo* oomawokhulu abalishumi elinababini.

Bathi oomawokhulu, bemmonele u- 9 Yosefu, bathengisa ngaye, bamsingisa eYiputa; kodwa uThixo waba naye, wamncothula kuzo zonke iimbandezelo 10 zakhe, wambabala ngobulumko phambi koFaro, ukumkani waseYiputa; wammisa ukuba abe yirhuluneli phezu kweYiputa nendlu yakhe iphela.

Ke kaloku kwafika indlala kuwo 11 umhlaba waseYiputa uphela, nowakwa-

IZENZO 7

Kanan, nembandezelo enkulu; baye 12 oobawo bethu bengafumani kudla. Akuva ke uYakobi ukuba kukho ingqolowa eYiputa, wesusa oobawo bethu oko- 13 kuqala. Wathi ngokwesibini, uYosefu wabuya waziwa ngabazalwana bakhe, saza isizalwane sikaYosefu saveliswa 14 kuFaro. Wathumela ke uYosefu wambiza uyise uYakobi, nabo bonke abazalana naye, bayimiphefumlo engama- 15 shumi osixhenxe anesihlanu. Wehla ke uYakobi, waya eYiputa, wabhubha 16 yena noobawo bethu; baza bathwalwa basiwa kwaShekem, babekwa engcwabeni awalithengayo uAbraham ngexabiso lemali koonyana bakaHamore, usoShekem.

17 Lithe ke, lakuba lisondele ixesha ledinga, awalifungayo uThixo kuAbraham, bakhula abantu, banda eYiputa, 18 kwada kwavela kumkani wumbi, ube- 19 ngamazi uYosefu. Lowo wabalumkisa abakowethu, wabaphatha kakubi oobawo bethu, ngokokuze bazilahle iintsana zabo, ukuze zingabudli ubomi.

20 Ekuthe ke kwelo xesha, kwazalwa uMoses; waye emhle kuThixo, wondliwa iinyanga zantathu endlwini kayise.
21 Elahliwe ke, yamchola intombi kaFaro, yazondlela ukuba abe ngunyana wayo.
22 Waqeqeshwa ke uMoses kubo bonke ubulumko bamaYiputa; waye ke eyinkunkqele ngamazwi nangemisebenzi.

23 Kuthe ke, kwakuzaliseka kuye ixesha leminyaka engamashumi amané, kwathi qatha entliziyweni yakhe ukukha aye kuvelela abazalwana bakhe, oonyana 24 bakaSirayeli. Waza, akubona othile esoniwa, wamhlanganisela, wamphindezelela lowo ucinezelweyo ngokumthi 25 qwaka umYiputa: wayeba ke yena boqonda abazalwana bakhe ukuba uThixo ebeya kubasindisa ngesandla sakhe; 26 abaqondanga ke bona. Kananjalo ngengomso wabonakala kubo besilwa, wabanyanzela ukuba baxolisane, esithi, Madoda, niyazalana nina; yini na ukuba 27 nonane? Uthe ke yena owayemonile uwabo wamgiba, esithi, Umiswe ngubani na ukuba ube ngumphathi no- 28 mahluli phakathi kwethu? Ungaba wena ufuna ukundisika na, ngohlobo omsike ngalo umYiputa izolo? Wasa- 29 ba ke uMoses ngelo lizwi, wangumphambukeli emhlabeni wakwaMidiyan, apho wazalela khona oonyana bababini.

Kuthe ke kwakuzaliseka iminyaka 30 emashumi mané, kwabonakala kuye kwintlango yentaba yeSinayi isithunywa seNkosi, elangatyeni lomlilo etyholweni. Ke kaloku, akukubona oko uMoses, 31 wamangaliswa ngumbono lowo. Kuthe ke, akusondela ukuba awuqiqe, kwafika izwi leNkosi kuye *lisithi*, Mna 32 ndinguThixo wabo ooyihlo, uThixo kaAbraham, uThixo kaIsake, uThixo kaYakobi. Wesuka ke wagubha uMoses, akaba nabuganga bakuwuqiqa. Ithe ke 33 kuye iNkosi, Zithukulule iimbadada ezinyaweni zakho; kuba indawo leyo umi kuyo ingumhlaba ongcwele. Ndi- 34 kubonile ndakubona ukuphathwa kakubi kwabantu bam abaseYiputa, ndakuva nokuncwina kwabo; ndihlile, ukuze ndibahlangule. Yiza ngoku, ndikuthume eYiputa.

Lo Moses bamkhanyeláyo, besithi, 35 Umiswe ngubani na, ukuba ube ngumphathi nomahluli? uThixo wathuma yena, ukuba abe ngumphathi nomhlanguli ngesandla sesithunywa esabonakalayo kuye etyholweni. Yena lowo 36 wabakhupha, akubon' ukuba wenzé izimanga nemiqondiso emhlabeni waseYiputa, naseLwandle oluBomvu,* nasentlango, iminyaka engamashumi omané. Lowo nguloo Moses wathi koonyana 37 bakaSirayeli, INkosi, uThixo wenu, iya kunivelisela umprofeti kubazalwana benu, onjengam nje; nize nimve yena. Nguye lowo owayephakathi kwalo iba- 38 ndla entlango, ndawonye nesithunywa sezulu, ebesithetha naye entabeni yeSinayi, noobawo bethu; owamkelayo izihlabo zobomi, ukuze azinikele kuthi; abangathandanga kumlulamela oobawo 39 bethu, besuka bamgiba, babuyela eYiputa ngeentliziyo zabo, besithi kuAron, 40 Senzele oothixo abaya kuhamba phambi kwethu; kuba lo Moses wasikhuphayo emhlabeni waseYiputa, asiyazi into emhleleyo. Benza ithole ngaloo mi- 41 hla, benyusa amadini, bawasa esithixweni eso, baba nemihlali yimisebenzi yezabo izandla.

42 Wajika ke uThixo, wabanikela ukuba bakhonze umkhosi wezulu; njengoko kubhaliweyo encwadini yabaprofeti *kwathiwa,*

Ningaba nisondezé kum imibingelelo neminikelo yini na
Iminyaka emashumi mané entlango, ndlu kaSirayeli?

43 Nathwala umnquba kaMoleki,
Nenkwenkwezi yothixo wenu uRemfan,
Imifaneklso ke leyo enayenzayo ukuba niqubude kuyo;
Ndaye ke ndiya kunifudusela ngaphaya kweBhabheli.

(UAm. 5: 25–27)

44 Umnquba wesingqino wawukoobawo bethu entlango, njengoko wayemisele ngako owayethetha noMoses, ukuba awenze ngokomfaneklso abewubonile;

45 lo kanjalo bawungenisáyo, benikelana ngawo oobawo bethu, benoYoshuwa ekuthinjweni kweentlanga, ezo wazigxothayo uThixo ebusweni boobawo bethu, kwada kwayimihla kaDavide;

46 owababalwayo nguThixo, wacela ukuba amfumanele uThixo kaYakobi umnquba.

47 NguSolomon ke owamakhela indlu.

48 Noko Osenyangweni yena akemi zitempileni zenziwe ngazandla; njengokuba esitsho umprofeti ukuthi,

49 Izulu liyitrone yam,
Ke ihlabathi sisihlalo seenyawo zam;
Yindlu enjani na eniya kuyakhela mna? itsho iNkosi;
Yiyiphi na yona indawo yokuphumla kwam?

50 Asisisandla sam na, esenza zonke ezo zinto? (UIsaya 66: 1, 2)

51 Nina bantamo zilukhuni, bangalukileyo ngentliziyo, nangendlebe, nihleli nibambene noMoya oyiNgcwele; njengabo ooyihlo, nani ninjalo. Kubo

52 abaprofeti nguwuphi na ongatshutshiswanga ngooyihlo? Bababulala ababexela ngenxa engaphambili ukuza koliLungisa; enithe kalokunje naba ngabanikeli nababulali bakhe; nina 53 nawamkelayo umthetho, niwumiselwa zizithunywa zezulu, anawugcina.

Ukufa kukaStefano

Ke kaloku, bathi bakuziva ezi zinto, 54 bahlabeka ezintliziyweni zabo, bamtshixizela amazinyo. Ke yena, ezele ngu- 55 Moya oyiNgcwele, waqwalasela ezulwini, wabona ubuqaqawuli bukaThixo, noYesu emi ngasekunene kukaThixo. Wathi, Yabonani, ndiwabona amazulu 56 evulekile, ndimbona uNyana woMntu emi ngasekunene kukaThixo.

Badanduluka ke ngezwi elikhulu, 57 bazivingca iindlebe zabo, besuka indulumbane phezu kwakhe ngamxhelo mnye, bamkhuphela ngaphandle komzi, 58 bamgibisela ngamatye. Amangqina azibeka iingubo zawo ezinyaweni zendodana ekuthiwa nguSawule. Ayemgi- 59 bisela ngamatye uStefano, yena ebiza esithi, Nkosi Yesu, wámkele umoya wam. Uguqile ke ngamadolo, wada- 60 nduluka ngezwi elikhulu, *wathi,* Nkosi, ungabamiseli esi sono. Akutsho, walala ubuthongo.

Ukutshutshiswa nokuchithwachithwa kwamaKristu

8 Waye ke uSawule ekuthakazela ukusikwa kwakhe.

Ke kaloku kwehla ngaloo mhla intshutshiso enkulu phezu kwalo ibandla eliseYerusalem; kanjalo bonke baba ziintsali emazweni akwaYuda naseSamariya, *kwasala* abapostile* bodwa. Amthwala ke uStefano amadoda amoyi- 2 kayo uThixo, *aya kumngcwaba,* amenzela isililo esikhulu. Waye ke uSawule 3 elidlavula ibandla, engena kwizindlu ngezindlu, erhola amadoda kwanabafazi, ebafaka entolongweni.

UFilipu eSamariya

Bona ke ngoko ababeziintsali batyhu- 4 tyha ilizwe, beshumayela iindaba ezilungileyo zelizwi.

Wehla ke uFilipu, waya emzini 5 welaseSamariya, wamvakalisa uKristu

1074

IZENZO 8

6 kubo. Zaye kanjalo izihlwele zizinyamekela ngamxhelo mnye izinto ezibe zithethwa nguFilipu, ekuyiveni nasekuyiboneni kwazo imiqondiso abeyenza.
7 Kuba oomoya abangcolileyo babephuma kwinto eninzi ebinabo, bebhomboloza ngezwi elikhulu; yathi ke into eninzi enedumbe neziziqhwala yaphiliswa.
8 Kwabakho uvuyo olukhulu kuloo mzi.

USimon umnyangi

9 Ke kaloku bekukho ndoda ithile, igama linguSimon, kwangaphambili kuloo mzi, ebinyanga, ibethe luthi nqa uhlanga lwaseSamariya, isithi yona
10 ngokwayo inguthile omkhulu; ababeyiphulaphula bonke, bethabathela komncinane base komkhulu, besithi, Lo
11 ungamandla kaThixo amakhulu. Baye ke bemphulaphula, ngenxa yokuba ixesha elide wabetha bee nqa ngobunyangi *bakhe*.
12 Xenikweni ke bakholwáyo nguFilipu, eshumayela iindaba ezilungileyo zezinto zobukumkani bukaThixo, nezegama likaYesu Kristu, babhaptizwa amadoda
13 kwanabafazi. Wakholwa ke kwanaye uSimon; wathi akubhaptizwa, wazingisa ukuhlala noFilipu, ebona imiqondiso kwanemisebenzi emikhulu yamandla isenzeka, wathi nqa.

UPetros noYohane eSamariya

14 Ke kaloku, bakuva abapostile ababeseYerusalem, ukuba abaseSamariya balamkele ilizwi likaThixo, bathuma u-
15 Petros noYohane kubo; abathi bona bakuhla, babathandazela, ukuba bamke-
16 le uMoya oyiNgcwele; kuba ebengekaweli namnye kubo; babebhaptizelwe nje kodwa egameni leNkosi uYesu.
17 Bandula ukubeka izandla phezu kwabo, bamamkela ke uMoya oyiNgcwele.
18 Ke kaloku uSimon, akubona ukuba ngokubekwa kwezandla zabapostile uyanikwa uMoya oyiNgcwele, wezisa
19 kubo imali, esithi, Ndinikeni nam eli gunya, ukuze lowo, ndithe ndazibeka izandla phezu kwakhe, amkele uMoya
20 oyiNgcwele. Uthe ke uPetros kuye, Isilivere yakho mayiye kutshabalala nawe; ngokuba ububa isipho sikaThixo singázuzwa ngemali. Akunasahlulo 21 nasabelo kule nto; kuba intliziyo yakho ayithe tye emehlweni kaThixo. Guqu- 22 ka ngoko kobo bubi bakho, ukhunge kuThixo, ukuba ingáthi mhlawumbi ixolelwe ingcingane yentliziyo yakho. Kuba ndiyabona ukuba usenyongweni 23 yobukrakra, nasentanjeni yentswelabulungisa.

Waphendula ke uSimon wathi, Ndi- 24 khungeleni nina eNkosini, ukuze ndingahlelwa nanye yezo zinto nizithethileyo.

Bona ke ngoko, bakuba beqonono- 25 ndisile, belithetha ilizwi leNkosi, babuya beza eYerusalem; kanjalo imizi emininzi yelaseSamariya bayishumayeza iindaba ezilungileyo.

UFilipu nethenwa elingumTiyopiya

Ke kaloku kwathetha isithunywa 26 seNkosi kuFilipu, sisithi, Suka usinge ezantsi, ngendlela ehla ivela eYerusalem, eya eGaza, yona iyintlango. Usukile 27 ke waya. Kwavela indoda engumTiyopiya,* ithenwa, isikhulu sikaKandase, ukumkanikazi wamaTiyopiya, ebiphethe bonke ubutyebi bakhe, eyayize kunqula *uThixo* eYerusalem. Yayibu- 28 ya, ihleli enqwelweni yayo, ilesa incwadi yomprofeti uIsaya.

Uthe ke uMoya kuFilipu, Yiya u- 29 khwele kule nqwelo. Wabaleka ke 30 uFilipu, waya kuyo, wayiva ilesa incwadi yomprofeti uIsaya; wathi, Uyaziqonda na kodwa izinto ozilesayo? Ithe 31 ke yona, Ndingaba nako ngani na, kungekho undikhokelayo nje? Kanjalo yambongoza uFilipu ukuba akhwele ahlale nayo.

Ke kaloku indawo yesibhalo eyayilesa 32 yona ibiyile ithi,

Njengemvu esiwa ekuxhelweni,
Njengemvana esisimumu phambi komchebi wayo,
Wenjenjalo yena ukungawuvuli umlomo wakhe.

Ekuthobekeni kwakhe umgwebo wa- 33 khe wasuswa;

Ngubani na ke owosicacisa ukusixela isizukulwana sakhe?

Ngokuba buyasuswa ubomi bakhe emhlabeni. (*UIsaya 53: 7, 8*)

34 Laphendula ke ithenwa lathi kuFilipu, Ndiyakukhunga, umprofeti lo uyithetha ngabani na le nto; uzithetha yena na, uthetha mntu wumbi, kusini na?

35 Wawuvula ke uFilipu umlomo wakhe, waqalela kweso sibhalo, walishumayeza iindaba ezilungileyo zikaYesu.

36 Ke kaloku, xa bahambayo ngendlela, bafika manzini athile; lathi ithenwa, Nanga amanzi; kwala ntoni na ukuba

37 ndingabhaptizwa? Uthe ke uFilipu, Ukuba uyakholwa ngentliziyo yakho iphela, kuvumelekile. Laphendula ke lathi, Ndiyakholwa ukuba uYesu Kristu

38 unguNyana kaThixo. Lathi mayime inqwelo; behla bobabini, baya emanzini, uFilipu kwanethenwa; walibhaptiza.

39 Xeshikweni ke babenyukile, baphuma emanzini, uMoya weNkosi wamthi xwi uFilipu; alaba sambona ithenwa, kuba

40 lalihamba ngeyalo indlela livuya. UFilipu ke wafunyanwa eAzoto; watyhutyha ilizwe, eyishumayeza imizi yonke iindaba ezilungileyo, wada weza eKesareya.

Inguquko kaSawule eDamasko

9 Ke kaloku uSawule, esabafuthela ngeentsongelo neembulalo abafundi beNkosi, waya kumbingeleli omkhulu;

2 wacela kuye iincwadi zokuya eDamasko ezindlwini zesikhungu, ukuze athi, ethe wafumana abathile bale Ndlela, amadoda kwanabafazi, abazise bekhonkxiwe eYerusalem.

3 Kuthe ke ekuhambeni kwakhe, wasondela eDamasko; waza ngesiquphe wabanekelwa ngeenxa zonke lukhanyiso

4 oluvela ezulwini; wawa emhlabeni, weva izwi lisithi kuye, Sawule, Sawule,

5 unditshutshiselani na? Wathi ke yena, Ungubani na, Nkosi? Ithe ke iNkosi, Mna ndinguye uYesu omtshutshisayo wena; wenzakala, ukhaba iimviko nje.

6 Waza egubha, eqhiphuke umbilini, wathi, Nkosi, ufuna ukuba ndenze ntoni na? Yathi iNkosi kuye, Vuka, uye kungena emzini lowo; woyixelelwa into omelwe kukuyenza.

Ke kaloku amadoda abehamba naye 7 ema engenakuthetha, eliva okunene lona izwi, kodwa engaboni mntu. Wavuka ke uSawule emhlabeni; wathi 8 akuvulwa amehlo akhe, akabona mntu; bamrhola ke ngesandla, baza kumngenisa eDamasko. Waye emihla mithathu 9 engaboni, engadli, engaseli nokusela.

Ke kaloku bekukho mfundi uthile 10 eDamasko, ugama linguHananiya; yathi iNkosi kuye embonweni, Hananiya. Uthe ke yena, Ndilapha, Nkosi. *Ithe* 11 ke iNkosi kuye, Phakama, uye esitratweni ekuthiwa sesithe Tye, ubúzise endlwini kaYuda *umntu* ogama linguSawule waseTarso; kuba nanko ethandaza; waye ebone embonweni indoda 12 egama linguHananiya ingena, ibeka isandla phezu kwakhe, ukuze abuye abone.

Uphendule ke uHananiya *wathi,* 13 Nkosi, ndivile kwabaninzi ngale ndoda, ukuba zinkulu kwazo izinto ezimbi ezenzé kwabangcwele bakho eYerusalem; nalapha, *ikho nje,* inegunya kuba- 14 bingeleli abakhulu lokukhonkxa bonke abo balinqulayo igama lakho. Yathi 15 ke kuye iNkosi, Yiya; ngokuba lowo usisitya esinyuliweyo ndim, sokuphatha igama lam emehlweni eentlanga, nookumkani, kwanoonyana bakaSirayeli; kuba mna ndiya kumbonisa ukuba zi- 16 nkulu kwezinto ezinzima, amelwe kukuziva ngenxa yegama lam.

Wemka ke uHananiya, waya kungena 17 endlwini; ebeke izandla phezu kwakhe, wathi, Sawule, mzalwana, indithumile iNkosi uYesu, ebonakele kuwe endleleni oze ngayo, ukuze ubuye ubone, uzaliswe nguMoya oyiNgcwele. Kwaoko kwa- 18 wa emehlweni akhe izinto ezingathi ziinkwethu; wabuya wabona kwaoko, wavuka, wabhaptizwa; wathi akuba 19 edlile, womelezeka.

Ke kaloku uSawule waba nemihla ethile kubafundi abaseDamasko. Waye 20 kwaoko, ezindlwini zesikungu, emvakalisa uYesu, ukuba lowo unguye u-

IZENZO 9-10

21 Nyana kaThixo. Bathi nqa ke bonke abamvayo, bathi, Lo kanene asinguye na owababhuqa eYerusalem abo babelinqula eli gama? Waye nalapha ezele le nto, ukuba abase bekhonkxiwe kuba-
22 bingeleli abakhulu. Kwaba kukhona ke womelelayo uSawule; wabetha adubadubeka amaYuda abemi eDamasko, ebonakalalisa ukuba lo nguye uKristu.*
23 Ke kaloku, kwakuzaliseka imihla eyaneleyo, abhunga amaYuda ukuba
24 amsike. Laziwa ke nguSawule iyelenqe lawo elo. Awagcina ke namasango imini nobusuku, ukuba amsike.
25 Bamthabatha ke abafundi ebusuku, bamhlisa ngodonga, bemthoba ngengobozi.

USawule eYerusalem naseTarso

26 Ke kaloku, akufika uSawule eYerusalem, wamana elinga ukuzibandakanya nabafundi; kodwa bamoyika bonke,
27 bengakholwa ukuba ungumfundi. UBharnabhas ke wamthabatha wamsa kubapostile,* wabacacisela ukuyibona kwakhe iNkosi endleleni, nokuba yathetha naye, nokuthetha kwakhe ngokungafihlisiyo eDamasko egameni lika-
28 Yesu. Waye enabo ke, engena ephuma eYerusalem, ethetha ngokungafihlisiyo
29 egameni leNkosi uYesu. Wamana ethetha ephikisana namaYuda esiGrike;
30 ayezamela ke wona ukumsika. Bekwazile ke oko abazalwana, bamhlisela eKesareya, bamthumela eTarso.
31 Laye ke ngoko ibandla kulo lonke elakwaYuda, nelaseGalili, nelaseSamariya, linoxolo, lisakheka, lihamba liyoyika iNkosi; laye lisanda ngentuthuzelo yoMoya oyiNgcwele.

UPetros uyaphilisa eLida

32 Ke kaloku, akuba uPetros etyhutyha iindawo zonke, wehla weza nakwaba-
33 ngcwele ababemi eLida. Wafumana ke khona umntu othile, ogama linguEneya, eminyaka isibhozo elele elukhu-
34 kweni enedumbe. Wathi uPetros kuye, Eneya, úyakuphilisa uYesu Kristu; vuka, wandlule. Wavuka kwaoko.

35 Bambona bonke ababemi eLida naseSharon, babuyela eNkosini.

UDorkas

36 Ke kaloku, eYopa kwakukho mfundikazi uthile, ugama linguTabhita, ekuthiwa ngentetho evakalayo nguDorkas;* yena lowo wayezele yimisebenzi elungileyo, nasisisa abenaso. Wathi ke ngaloo
37 mihla, wahliwa sisifo, wafa; bathe ke bakuba bemhlambile, bambeka egumbini eliphezulu.
38 Ke kaloku iLida ibikufuphi nje neYopa; bathi abafundi, bevile ukuba uPetros ukhona, bathuma amadoda amabini kuye, bembongoza ukuba eze kubo, angalibali. Wesuka ke uPetros,
39 wahamba nawo. Efikile, bamsa egumbini eliphezulu; bema ngakuye bonke abahlolokazi, belila, bembonisa ukuba zininzi kwazo iingubo zangaphantsi nezokwaleka abezenza uDorkas oko ebenabo.
40 Wabakhuphela phandle ke bonke uPetros, waguqa ngamadolo, wathandaza; waza eguqukele esidumbini wathi, Tabhita, vuka. Wawavula ke amehlo akhe; wathi akubona uPetros, wesuka wahlala. Wamnika ke isandla
41 sakhe, wamphakamisa; wababiza abangcwele nabahlolokazi abo, wammisa phambi kwabo ephilile. Kwesuka ke
42 oko kwazeka kuyo yonke iYopa; baba baninzi abakholwayo eNkosini. Wathi
43 ke wahlala imihla emininzi eYopa naSimon uthile, ungumsuki wezikhumba.

UPetros noKorneli

10 Ke kaloku, kwaye kukho eKesareya ndoda ithile, igama linguKorneli, umthetheli-khulu wasebuthweni lamasoldati ekuthiwa lelaseItali, emhlonelayo, emoyikayo uThixo, kunye 2 nayo yonke indlu yayo; ibaliza abantu kunene; kanjalo yayimana ikhunga kuThixo.

Yabona embonweni kakuhle, malunga 3 nelixa lesithoba lemini, kufika kuyo isithunywa sikaThixo, sisithi kuyo, Hina, Korneli! Eqwalasele ke kuso, wangenelwa kukoyika, wathi, Yintoni na,

1077

IZENZO 10

Nkosi? Sithe ke kuye, Imithandazo yakho namalizo akho anyukile, aba si-
5 sikhumbuzo emehlweni kaThixo. Susa kwangoku amadoda, aye eYopa, ubize eze uSimon, ogama limbi linguPetros;
6 yena ulundlwendwe lukaSimon, umsuki wezikhumba, ondlu ingaselwandle; yena lowo uya kukuxelela into omelwe kukuyenza.
7 Ke kaloku, sakuba simkile isithunywa eso besithetha noKorneli, wabiza zazibini kwizicaka zakhe zasendlwini, ne-soldati elimhlonelayo uThixo kwabehla-
8 la ehleli naye; waza, ebacacisele zonke iindawo, wabathuma eYopa.

9 Ke kaloku ngengomso, bakubon' ukuba basendleleni bona, besondela kuwo umzi, wenyuka uPetros, waya phezu kwendlu, malunga nelixa lesitha-
10 ndathu, ukuba athandaze. Wesuka ke walamba kakhulu, wanga angakhe afumane into edliwayo; kuthe ke, bakubon' ukuba be bayamlungisela, wawelwa li-
11 thongo: wabona izulu livulekile, kusihla phezu kwakhe sitya sithile, ngathi yilinen enkulu ebotshwe kumasondo oma-
12 né, sithotyelwa emhlabeni; ekwaye kukho kuso zonke izinto zomhlaba ezizitho ziné, namarhamncwa, nezinambuzane, neentaka zezulu.
13 Kwabakho izwi lisithi kuye, Vuka,
14 Petros, xhela udle. Uthe ke uPetros, Nakanye, Nkosi; ngokuba yonke into eyinqambi, nokuba yengcolileyo, andi-
15 zanga ndiyidle. Laphinda izwi okwesibini *lathi* kuye, Izinto uThixo azihlambululeyo, musa ukuzenza inqambi
16 wena. Kwabakho ke oku kathathu; sabuya isitya eso senyuswa, sasiwa ezulwini.

17 Ke kaloku, xa uPetros wayethingaza ngaphakathi kwakhe, ukuba ungaba uyintoni na umbono lo awubonileyo, kwasuka kwathi gqi amadoda abethunyiwe evela kuKorneli, ebuza indlu ka-
18 Simon, emi esangweni; akhwaza, ebuza ukuba uSimon, ogama limbi linguPetros, ulundwendwe apha na.

19 Ke kaloku, akubon' ukuba uPetros uyacinga ngawo umbono lowo, wathi uMoya kuye, Nanga amadoda amatha-
thu ekufuna; suka uhle, uhambe nawo, 20 ungathandabuzi nento, ngokokuba a-thunywe ndim. Wehla ke uPetros, 21 waya kuwo amadoda abethunyiwe kuye evela kuKorneli, wathi, Niyabona, ndingulowo nimfunayo; ngumcimbi mni na enize ngawo? Athe ke wona, 22 UKorneli umthetheli-khulu, indoda elilungisa, emoyikayo uThixo, kanjalo engqinelwe ukulunga lulo lonke uhlanga lwamaYuda, uhlatyelwe sisithunywa esingcwele ukuba akubize, uze endlwini yakhe, eve amazwi kuwe. Wawabizela 23 phakathi ngoko, aba lundwendwe lwakhe.

Ke kaloku ngengomso, uPetros wemka nawo, nabazalwana abathile baseYopa bahamba naye. Baza ngengomsomnye 24 bangena eKesareya. Waye ke uKorneli ebalindile; wayebizele ndawonye imizalwane yakhe, nezihlobo zakhe ezibuhlungu.

Kwathi ke, xa angenayo uPetros, 25 uKorneli wamhlangabeza, wawa ezinyaweni *zakhe*, waqubuda kuye. Uthe 26 ke uPetros wamvusa, esithi, Phakama; nam ngokwam ndingumntu. Wange- 27 na encokola naye, wabafumana bebuthelene bebaninzi. Kananjalo wathi 28 kubo, Niyazi kakuhle nina, ukuba akusesikweni ukuthi indoda engumYuda inamathele isondele kowolunye uhlanga; mna ke uThixo undibonisile, ukuba ndingàbizi mntu ngokuthi uyinqambi, ungongcolileyo. Kungoko ke 29 ndizileyo ndingaphikanga ndakubizwa. Ndizile ke; ndiyabuza ngoko, ukuba nindibize ngandawoni na?

UKorneli wathi, Kuse kuntsuku né 30 ndizila ukudla, kwada kwaleli lixa lemini. Ngelixa lesithoba ke bendithandaza endlwini yam, kwesuka kwathi gqi indoda, yema phambi kwam, inengubo eqaqambileyo; yathi, Korneli, 31 umthandazo wakho uviwe, namalizo akho akhunjulwe phambi koThixo; thumela ngoko eYopa, ubize eze uSi- 32 mon, ogama limbi linguPetros; lowo ulundwendwe endlwini kaSimon, umsu-

ki wezikhumba, ngaselwandle; oya
33 kuthi akufika athethe nawe. Ndathumela ngoko kuwe kwaoko; nawe utyaphile ufike. Kaloku ngoko sikho thina sonke emehlweni kaThixo, ukuze sizive zonke izinto ozimiselweyo nguThixo.

Intetho kaPetros

34 Ke kaloku uPetros wawuvula umlomo wakhe wathi, Ndiyaqiqa okwenyaniso ukuba uThixo akamkhethi wabuso
35 bamntu; kwiintlanga zonke, lowo umoyikayo, asebenze ubulungisa, wamke-
36 kile kuye. Ilizwi elo walithumelayo koonyana bakaSirayeli, eshumayela iindaba ezilungileyo zoxolo ngoYesu Kristu (nguye iNkosi yabo bonke),
37 nina niyalazi ilizwi elenzekayo kulo lonke elakwaYuda, liqalela kwelaseGalili, emva kobhaptizo awaluvakalisayo
38 uYohane: okokuba uThixo wamthambisa ngoMoya oyiNgcwele nangamandla uYesu waseNazarete, owagqiba ilizwe esizа, ephilisa bonke abaxinzelelweyo nguye uMtyholi; ngokuba uThixo ubenaye.
39 Thina singamangqina ezinto zonke awazenzayo ezweni lamaYuda, kwanaseYerusalem; abamsikáyo ngokumxho-
40 ma emthini. Yena lowo uThixo wamvusa ngomhla wesithathu, wenza ukuba
41 abonakale, kungekubo abantu bonke, kukumangqina abenyuliwe ngenxa engaphambili nguThixo: kuthi thina, sadlayo saselayo naye emveni kokuvuka
42 kwakhe kwabafileyo. Wasithethela ngelithi, masivakalise ebantwini, siqononondise ukuba yena nguye omisiweyo nguThixo, ukuba abe ngumgwebi wa-
43 baphilileyo nabafileyo. Bonke abaprofeti bayamngqinela yena lo, ukuba, ngegama lakhe, bamkeliswa uxolelo lwezono bonke abakholwayo kuye.

Abeentlanga bamkela uMoya oyiNgcwele babhaptizwe

44 Uthe akubon' ukuba usawathetha uPetros la mazwi, wasuka wabawèla uMoya oyiNgcwele bonke ababeliva
45 ilizwi. Amangaliswa amakholwa olwaluko onke abeze noPetros; ngokuba isipho soMoya oyiNgcwele sathululwa
46 naphezu kweentlanga; kuba aziva zithetha ngalwimi zimbi, zimenza mkhulu uThixo.
Wandula waphendula uPetros *wathi*,
47 Kukho unako yini na ukuthintela amanzi, ukuba bangàbhaptizwa aba bamamkeleyo uMoya oyiNgcwele, kwa-
48 njengathi nje? Wamisa ukuthi mabábhaptizwe egameni leNkosi. Baza bamcela ukuba akhe ahlale iintsuku ezithile.

UPetros uthethelela isenzo sakhe

11 Ke kaloku, abapostile nabazalwana ababekwelakwaYuda beva ukuba nazo iintlanga zilamkele ilizwi
2 likaThixo. Uthe ke uPetros akuba enyuke waya eYerusalem, babambana
3 naye abolwaluko, besithi, Üye wangena kumadoda angalukileyo, wadla nawo.
4 Waqala ke uPetros wabatyhilela ngo-
5 kucacileyo, esithi, Mna ndandisemzini oyiYopa ndithandaza; ndabona ethongweni umbono, kusihla isitya esithile, ngathi yilinen enkulu, ithotywa ezulwini ngamasondo omané, yada yaza kufika
6 kum; endithe ndakuqwalasela kuyo, ndaqiqa, ndabona izinto zomhlaba ezizitho ziné, namarhamncwa, nezinambuzane, neentaka zezulu.
7 Ndeva ke izwi lisithi kum, Vuka,
8 Petros, xhela udle. Ndithe ke mna, Nakanye, Nkosi; ngokuba yonke into eyinqambi, nokuba yengcolileyo, ayi-
9 zanga ingene emlonyeni wam. Landiphendula ke ilizwi okwesibini, liphuma ezulwini, *lathi*, Izinto azihlambululeyo uThixo, musa ukuzenza iinqambi wena.
10 Oku ke kwabakho kathathu; zaza zonke ezo zinto zabuya zarholelwa ezulwini.
11 Gqi! kwaoko amadoda amathathu,
12 ema ngasendlwini ebendikuyo, esuswe eKesareya ukuba eze kum. Wathi ke uMoya kum, mandihambe nawo, ndingathandabuzi nto. Bahamba ke nam, naba bazalwana bobathandathu; sange-
13 na endlwini yendoda leyo; yasibikela kananjalo ukubona kwayo isithunywa sezulu endlwini yayo, esemayo sathi kuyo, Thuma amadoda eYopa, ubize

IZENZO 11–12

eze uSimon, ogama limbi linguPetros,
14 oya kuthetha kuwe amazwi, owosindiswa ngawo wena, nayo yonke indlu yakho.
15 Ke kaloku, ekuqaleni kwam ukuthetha, uMoya oyiNgcwele wabawèla, njengoko wasiwelayo nathi ekuqaleni.
16 Ndakhumbula ke izwi leNkosi lokokuba ibithe, UYohane okunene wabhaptiza ngamanzi, kodwa nina niya kubhapti-
17 zwa ngoMoya oyiNgcwele. Ukuba ngoko uThixo wabapha isipho esingangeso wasiphayo nathi thina sakholwayo eNkosini uYesu Kristu, mna ke bendingubani na, ukuba ndide ndibe nako ukumthintela uThixo?
18 Bakuziva ke ezo zinto, bathi cwaka, bamzukisa uThixo, besithi, Kanti na ke neentlanga ezi uThixo uziphe ukuguqukela ebomini.

Ibandla labeentlanga kwa-Antiyokwe

19 Abaya ke ngoko, bàbeziintsali ngembandezelo eyabakho ngoStefano, batyhutyha ilizwe, bada *beza* kwelaseFenike, naseSipro, nakwa-Antiyokwe, bengalithethi bantwini bambi, *belithetha*
20 kumaYuda odwa. Yaye ke inxenye kubo ingamadoda aseSipro naseKirene; eyathi yona yakufika kwa-Antiyokwe, yathetha kwawesiGrike amaYuda, ishumayela iindaba ezilungileyo zeNkosi
21 uYesu. Saye ke isandla seNkosi sinawo, kanjalo kwakholwa inani elikhulu, labuyela eNkosini.
22 Lwavakala ke udaba lwabo ezindlebeni zebandla laseYerusalem; bakhupha uBharnabhas, ukuba ahambe, ade aye
23 kufika kwa-Antiyokwe; othe akufika, walubona ubabalo lukaThixo, wavuya, wabavuselela bonke, ukuba bathi ngengqibo yentliziyo bahlale bethe nca
24 eNkosini. Ngokuba ebeyindoda elungileyo, ezele nguMoya oyiNgcwele nalukholo. Kongezelelwa eNkosini inani elaneleyo.
25 Wemka ke uBharnabhas, waya e-
26 Tarso, esiya kufuna uSawule; wathi akuba emfumene, wamsa kwa-Antiyokwe. Kwathi ke, umnyaka uphela, bahlangana nebandla, bafundisa inani elaneleyo. Kananjalo abafundi baqala ukubizwa ukuba ngamaKristu kwa-Antiyokwe.

UBharnabhas noSawule bathunyelwa eYerusalem

Ke kaloku ngaloo mihla, kwehla 27 abaprofeti, besuka eYerusalem, beza kwa-Antiyokwe. Kwesuka ke omnye 28 wabo, ogama linguAgabho, waqondisa ngaye uMoya ukuba kuza kubakho indlala enkulu kulo lonke elimiweyo; eyabakho ke ngemihla kaKlawudiyo Kesare.* Kubo ke abafundi, njengoko 29 uthile ebenabo ubutyebi, wathi elowo kubo wagqiba ukuthumela into yokubanceda abazalwana ababemi kwelamaYuda; abathe bakwenza nokukwenza, 30 bathumela kuwo amadoda amakhulu ngesandla sikaBharnabhas noSawule.

Intshutshiso nguHerode; ukuphuncuka kukaPetros entolongweni

12 Ke kaloku, ngelo xesha uHerode ukumkani wabesa izandla abathile balo ibandla, ukuba abaphathe kakubi; wambulala ke uYakobi, umzalwana kaYohane, ngekrele.

Wathi, akubona ukuba *oko* kuwakho- 3 lisile amaYuda, waqokela ngokukubamba noPetros (yaye ke iyimihla yezonka ezingenagwele leyo). Akuba ke emba- 4 mbile, wamfaka entolongweni, wamnikela kumaqela amané amasoldati angamané, ukuba amgcine; engxamele ukuze emveni kwepasika* amkhuphe, amse ebantwini. Wagcinwa ngoko okunene 5 uPetros entolongweni; ke kwathandazwa libandla ngenyameko kuThixo ngenxa yakhe.

Xa ke uHerode wayeza kumkhupha, 6 uPetros ngobo busuku wayelele phakathi kwamasoldati amabini, ekhonkxiwe ngemixokelelwane emibini; baye nabalindi beyigcinile intolongo phambi kwesango.

Yabona, naso isithunywa seNkosi, 7 sisithi gaga phezu kwakhe, kwakhanya nokukhanya kwelo gumbi lentolongo;

sambetha ecaleni uPetros, samvusa, sisithi, Phakama msinya. Yawa imi-
8 xokelelwane yakhe ezandleni. Sathi kanjalo isithunywa eso kuye, Bhinqa, ubophe izixathula zakho. Wenjenjalo ke. Sithi kuye, Yithi wambu ingubo
9 yakho, undilandele. Waphuma, wasilandela; wayengazi ukuba iyinene le nto yenziweyo ngesithunywa eso; ebeba ke
10 ubone umbono. Begqithile ke kwelokuqala nakwelesibini iqela labalindi, bafika esangweni lentsimbi elibhekisa kuwo umzi, elathi lavuleka kubo ngokwalo; bakuphuma, bahamba isitrato sasinye; sathi kwaoko semka isithunywa
11 eso kuye. Waza uPetros akuziqonda wathi, Kaloku ndiyazi okwenyaniso, ukuba iNkosi ithume isithunywa sayo, yandihlutha esandleni sikaHerode, nakuko konke ukulindela kwabantu bamaYuda.

12 Uthe ke akuyiqonda loo nto, weza endlwini kaMariya, unina kaYohane ogama limbi linguMarko, apho bekuqukene khona into eyaneleyo ithandaza.

13 Akubon' ukuba ke unkqonkqozile uPetros elucangweni lwesango, kweza kuphulaphula isicakazana esigama lingu-
14 Roda. Silazile ke izwi likaPetros, asilivulanga isango, ngenxa yokuvuya; sabalekela ke phakathi, saxela ukuba
15 uPetros umi phambi kwesango. Bathe ke bona kuso, Uyageza. Saqinisela ke sathi, Hayi, kunjalo. Babesithi ke bona, Sisithunywa sakhe.

16 Uthe ke uPetros wamana enkqonkqoza; bathi ke bakuvula bambona, bathi
17 nqa. Uwangawangisile ke ngesandla kubo, ukuba bathi cwaka, wabacacisela ukumkhupha kwayo iNkosi entolongweni. Wathi ke, Babikeleni ooYakobi nabazalwana ezi zinto. Waphuma waya kwenye indawo.

18 Ke kaloku, kwakusa, ayibanga ncinane inkathazelo phakathi kwamasoldati, yo-
19 kuba angaba utheni na uPetros. Uthe ke uHerode, akuba emfuna engamfumani, wabancina abalindi, wathi makumkiwe nabo, *baye kubulawa*. Waza *uPetros* wehla kwelakwaYuda, waya eKesareya, walibala khona.

Ukufa kukaHerode

Ke kaloku uHerode wayebaqumbele 20 kakhulu abaseTire nabaseTsidon. Beza ke kuye bemxhelo mnye; bathi, bemthomalalisile uBlasto, obephethe igumbi lokulala ukumkani, bazicelela uxolo, ngenxa yokuba ilizwe labo belisondliwa lelokumkani.

Ke kaloku uHerode, ngemini emisi- 21 weyo, ambethe ingubo yobukumkani, wahlala etroneni yakhe, wawisa ukuthetha kwakhe kubo. Baduma ke abantu, 22 besithi, Lilizwi lothixo elo, asilamntu. Samthi qwaka ke kwalapho isithunywa 23 seNkosi, ngenxa enokuba engamzukisanga uThixo; wadliwa ziimpethu, waphuma umphefumlo.

Laye ke likhula, lisanda ilizwi lika- 24 Thixo.

Ke kaloku uBharnabhas noSawule 25 babuya eYerusalem, belufezile ulungiselelo olo, bethabathe nabo uYohane, ogama limbi linguMarko.

Ibandla lakwa-Antiyokwe

13 Ke kaloku, kwaye kukho kwa-Antiyokwe, ebandleni ebelikhona, abaprofeti nabafundisi abathile, abangooBharnabhas, noSimon ekuthiwa nguNigere, noLukiyo waseKirene, kwanoManayen owondliwa noHerode umphathi wesahlulo sesiné, noSawule. Bakubon' ukuba ke bayabusa eNkosini, 2 bezila ukudla, wathi uMoya oyiNgcwele, Ndahluleleni ke uBharnabhas kwanoSawule, baye emsebenzini endibabizele kuwo. Bathe ke, bakuba bezilé ukudla, bathandaza, babeka nezandla phezu 3 kwabo, babandulula.

UBharnabhas noSawule eSipro

Bona ke ngoko, bakuthunywa ngu- 4 Moya oyiNgcwele, behla baya kwaSeluki; kanjalo besuka apho ngomkhombe, baya eSipro. Bathe bakufika 5 eSalamis, balishumayela ilizwi likaThixo ezindlwini zesikhungu zamaYuda. Baye ke benoYohane, ebancedisa.

6 Besigqibile ke isiqhithi ngokuhamba, bada bafika ePafo; bafumana siyazi uthile, ungumprofeti wobuxoki, umYu-
7 da ogama linguBhar-yesu, owayehlala kwibamba uSergiyo Pawulos, indoda enokuqonda; eyababizela kuyo ooBharnabhas noSawule, yangxamela ukuliva
8 ilizwi likaThixo. Wamelana nabo ke uElima, usiyazi lowo (kuba litsho igama lakhe lakuthethwa ngentetho evakalayo), efuna ukulijika ibamba elo elukholweni.
9 Ke kaloku uSawule, okwanguPawulos, ezele nguMoya oyiNgcwele, wamjonga,
10 wathi, Wena uzeleyo yiyo yonke inkohliso, nabubo bonke ubutshijolo, nyanandini woMtyholi, lutshabandini lobulungisa bonke, akuyi kupheza na ukuzi-
11 jika iindlela ezithe tye zeNkosi? Uyabona, nangoku isandla seNkosi siphezu kwakho; uya kuba yimfama, kube mzuzu ungaliboni ilanga.

Kwalapho ke wawelwa lurhatyazo nobumnyama; wayephamzela, efuna aba-
12 ngamrhola ngesandla. Lithe ke ibamba, lakukubona oko kwenzekileyo, lakholwa, likhwankqisiwe yiyo imfundiso yeNkosi.

Kwa-Antiyokwe kwelasePisidi: intshumayelo kaPawulos kumaYuda

13 Ke kaloku, bakunduluka ngomkhombe ePafo abo babenoPawulos, beza ePerga yelasePamfili. Wahlukana ke nabo uYohane, wabuyela eYerusalem.
14 Bendulukile ke bona ePerga, batyhutyha beza kufika kwa-Antiyokwe kwelasePisidi. Bangena endlwini yesikhungu ngomhla wesabatha, bahlala pha-
15 ntsi. Ke kaloku, emva kokuleswa komthetho nabaprofeti, abaphathi bendlu yesikhungu bathumela kubo besithi, Madoda, bazalwana, ukuba ninelizwi lokuvuselela abantu, thethani.
16 Usukile ke uPawulos, wawangawangisa ngesandla, wathi:

Madoda, maSirayeli, nani nimoyika-
17 yo uThixo, phulaphulani. UThixo waba bantu amaSirayeli wabanyula oobawo bethu, wabaphakamisa abantu ekuphambukeleni kwabo emhlabeni waseYiputa, wabakhupha kuwo ngengalo epha-
18 kamileyo. Wathi ngexesha eliyiminya- ka engathi imashumi mané, wayithwala imikhwa yabo entlango; wathi akuwisa 19 iintlanga ezisixhenxe emhlabeni wakwaKanan, wababela umhlaba wazo ngeqashiso.

Emva koko, iminyaka engathi ima- 20 khulu mané anamanci mahlanu, wabanika abagwebi, kwada kwakuSamuweli umprofeti. Emva koko bacela uku- 21 mkani, uThixo wabanika uSawule, unyana kaKishe, indoda yesizwe sakwa-Bhenjamin, iminyaka emashumi mané. Akumkhupha yena, wabavelisela u- 22 Davide, wangukumkani; awamngqinelayo kanjalo, wathi, Ndimfumene uDavide okaYese, indoda engantliziyo yam, eya kukwenza konke ukuthanda kwam.

Embewini yalowo, uthe uThixo ngo- 23 kwedinga wavelisa uYesu, ukuba abe nguMsindisi kuSirayeli; kwakubon' 24 ukuba uYohane uvakalise tanci, phambi kokungena kwakhe, ubhaptizo loguquko kubo bonke abantu bakwaSirayeli. Xa ke uYohane ebesekulufezeni uhambo 25 *lwakhe*, ubesithi, Nithi nina ndingubani na? Andinguye. Yabonani, kuza emva kwam endingafanelekileyo ukuba ndizithukulule iimbadada ezinyaweni zakhe.

Madoda, bazalwana, nyana bomlibo 26 wakwa-Abraham, nâbô phakathi kwenu bamoyikayo uThixo, ilizwi lolu lusindiso lathunyelwa kuni. Kuba abo be- 27 miyo eYerusalem, nabaphathi babo, bengamazanga lowo, kwanamazwi abaprofeti aleswayo iisabatha ngeesabatha zonke, bawazalisa ngokumgweba; bathi, 28 bengafumananga nalinye ityala lokufa, bacela kuPilato ukuba asikwe. Xa ke 29 babezifezile zonke izinto ezibhaliweyo ngaye, bamthula emthini, bambeka engcwabeni. Uthe ke uThixo wamvu- 30 sa kwabafileyo, Yena lowo wabonwa 31 imihla emininzi ngabo babenyuke naye, bevela kwelaseGalili besiya eYerusalem; ngabo ke abangamangqina akhe ebantwini.

Nathi sinishumayeza iindaba ezilu- 32 ngileyo zedinga elo labakho koobawo bethu, zokokuba uThixo ulizalisile lona 33

IZENZO 13-14

kuthi, bantwana babo, ngokumvusa uYesu; njengokuba nakwiNdumiso yesibini kubhaliwe *kwathiwa*, Wena unguNyana wam, ndikuzele mna namhla.

34 Malunga ke nokumvusa kwakhe kwabafileyo, angabi sabuyela ekuboleni, uselethe ukuthetha, Ndiya kuninika iinceba eziqinisekileyo zikaDavide.

35 Kungoko athi nakwenye iNdumiso, Akuyi kumyekela oyiNgcwele wakho

36 ukuba abone ukubola. Kuba uDavide okunene, akuba elisebenzele kwesakhe isizukulwana icebo likaThixo, walala ubuthongo, wabekwa kooyise, wakúbo-

37 na ukubola; ke yena owavuswayo nguThixo, akabonanga kubola.

38 Makwazeke ngoko kuni, madoda, bazalwana, ukuba ngaye lowo kúxelwa

39 kuni uxolelo lwezono; nakuzo zonke izinto ebeningenako ukugwetyelwa *nikhululeke* kuzo ngomthetho kaMoses, bonke abakholwayo bayagwetyelwa

40 ngaye yena lowo. Lumkani ke ngoko, ningafikelwa koko kuthethiweyo ebaprofetini, *kusithiwa*,

41 Bonani, nina badeli, nimangaliswe, nithi shwaka;
Ngokuba mna ndisebenza umsebenzi ngemihla yenu,
Umsebenzi eningasayi kukholwa kuwo, nokuba kukho othi anicacisele.
(*UHabh.* 1: 5)

42 Ke kaloku, akubon' ukuba ayaphuma amaYuda endlwini yesikhungu, babongoza abeentlanga, ukuba la mazwi athethwe kubo ngesabatha ezayo.

43 Sakubon' ukuba ke sichithakele isikhungu, into eninzi yamaYuda neyabangene ebuYudeni, abamhlonelayo uThixo, yabalandela ooPawulos noBharnabhas; abathi bona, bethetha kubo, babeyisela ekuthini, mabahlale behleli elubabalweni lukaThixo.

Abapostile babuyela kwabeentlanga

44 Kuthe ke ngelandelayo isabatha, waphantsa ukuhlanganisana umzi wonke, ukuba ulive ilizwi likaThixo.

45 Ke kaloku amaYuda, akuzibona izihlwele, azala ngumona, aziphika izinto ezibe zithethwa nguPawulos, aphika enyelisa. Bathetha ke ngokungafihlisi- 46 yo uPawulos noBharnabhas, bathi, Bekufuneka ukuba lithethwe kuni kuqala ilizwi likaThixo; ekubeni ke niligibile, nazigweba ukuba anibufanele ubomi obungunaphakade, niyabona, sibheka kuzo iintlanga. Kuba isiwisele u- 47 mthetho ngokunjalo iNkosi, *yathi*,
Ndikubekile ukuba ube lukhanyiselo lweentlanga,
Ukuze ube ngowosindiso, kude kuse ekupheleni kwehlabathi.
(*UIsaya* 49: 6)

Bakuva ke oko abeentlanga, bavuya, 48 balizukisa ilizwi leNkosi, bakholwa bonke ababemiselwe ubomi obungunaphakade. Laye ke ilizwi leNkosi liha- 49 njiswa kulo lonke ilizwe elo.

Ke kaloku amaYuda abaxhokonxa 50 abafazi ababehlonela uThixo, ababekileyo, nabaninimzi; abaxhoxhela intshutshiso ooPawulos noBharnabhas, abakhupha emideni yawo. Bathe ke 51 bona bawavuthululela uthuli lweenyawo zabo, beza eIkoniyo. Baye ke abafundi 52 bezaliswe luvuyo nanguMoya oyiNgcwele.

UPawulos noBharnabhas eIkoniyo

14 Kwathi ke eIkoniyo, bangena kunye endlwini yesikhungu yamaYuda, bathetha ngokokude kukholwe inkitha enkulu yamaYuda kwanamaGrike. Asuka ke wona amaYuda 2 angavumiyo ukuva, ayenza yamibi imiphefumlo yabeentlanga ngakubo abazalwana. Balibala ke ngoko ixesha 3 elaneleyo, bethetha ngokungafihlisiyo ngeNkosi, eyalingqinelayo ilizwi lobabalo lwayo, inika nokuba kwenzeke imiqondiso nezimanga ngezandla zabo.

Yahlulelana ke inkoliso yomzi; inxe- 4 nye yangakumaYuda, inxenye yangakubapostile. Bathe ke, bakubon' uku- 5 ba abeentlanga nabangamaYuda, kunye nabaphathi bawo, bangxamele ukubaphatha kakubi, babagibisele ngamatye: bakúqiqa oko bona, basabela emizini 6 yelaseLikawoni, iListra neDerbhe, na-

7 kuloo mimandla; baye bezishumayela nalapho iindaba ezilungileyo.

EListra

8 Kwakuhleli ke ndoda ithile eListra, ife iinyawo, ɩsisiqhwala kwasesizalweni
9 sonina, ingazanga ihambe. Yona leyo yayimva uPawulos ethetha; owathi, eqwalasele kuyo, ebona ukuba inokholo
10 lokusindiswa, wathi ngezwi elikhulu, Suka, ume ngeenyawo zakho, uthi nkqo; yesuka umtsi, yahambahamba.
11 Ke kaloku iindimbane, zakukubona oko akwenzileyo uPawulos, zaphakamisa izwi lazo ngokwesiLikawoni, zisithi, Oothixo bahlile beza kuthi, befana na-
12 bantu. Kanjalo zazimbiza uBharnabhas ngokuthi nguZeyus,* noPawulos ngokuthi nguHermes,* ekubeni ke ibinguye obesisithethi.
13 Kuthe ke umbingeleli kaZeyus, obephambi komzi wabo, wazisa iinkunzi zeenkomo nezidanga zeentyantyambo emasangweni, wafuna ukubingelela, ku-
14 nye neendimbane. Bekuvile ke oko abapostile, ooBharnabhas noPawulos, bazikrazula iingubo zabo, batsiba pha-
15 kathi kwendimbane, bedanduluka, besithi, Madoda, yini na ukuba nenjenje? Nathi singabantu abeva enikuvayo nina; sinishumayeza iindaba ezilungileyo zokuba nibuye kwaba thixo bangento, nibuyele kuThixo ophilileyo, owenza izulu nomhlaba nolwandle, neento zonke
16 ezikwezo zinto; owathi ezizukulwaneni ezadlulayo waziyeka zonke iintlanga,
17 ukuba zihambe ngezazo iindlela; kanti ke noko akayekanga ukuzingqinela, esenza okulungileyo, esinika imvula evela ezulwini, namaxesha aneendyebo, ezanelisa iintliziyo zethu ngokudla nangemihlali.
18 Besitsho, kwaba ngenkankulu ukuzidambisa iindimbane, ukuba zingabingeleli kubo.

19 Ke kaloku kwafika amaYuda evela kwa-Antiyokwe naseIkoniyo, azixhokonxa iindimbane, amxuluba ngamatye uPawulos, amrholela ngaphandle kom-
20 zi, eba ufile. Uthe, bakubon' ukuba bamngqongile ke abafundi, wavuka waya kungena kuwo umzi. Ngengomso waphuma enoBharnabhas, waya e-Derbhe.

Ukubuyela kwa-Antiyokwe

21 Bewushumayezile loo mzi iindaba ezilungileyo, benze nabafundi abaneleyo, babuya beza eListra, naseIkoniyo, nakwa-Antiyokwe, besomeleza imiphe-
22 fumlo yabafundi, bebavuselela ukuba bahlale behleli elukholweni; besithi, Simelwe kukuphumela ezimbandezelweni ezininzi, ukungena ebukumkanini bukaThixo. Bathe ke bakuba benyule
23 amadoda amakhulu kwibandla ngebandla, bethandazile kunye nokuzila ukudla, bawayaleza eNkosini awayekholwe kuyo.
24 Betyhutyhe elasePisidi, bafika kwe-
25 lasePamfili. Bathi, belithethile ilizwi
26 ePerga, behla baya kwa-Atali. Besuka khona apho ngomkhombe, baya kwa-Antiyokwe, apho babenikelwe khona elubabalweni lukaThixo, ukuba baye emsebenzini, lo ke bawufezileyo. Be-
27 fikile ke, balihlanganisa ibandla, balibikela oko zingako izinto awazenzayo uThixo enabo, nokokuba iintlanga wazivulela ucango lokholo. Balibala
28 ke khona apho ixesha elingelincinane, ndawonye nabafundi.

AmaKristu eentlanga nomthetho kaMoses

15 Kwehla abathile bevela kwelakwaYuda, babafundisa abazalwana, besithi, Ukuba anithanga nalùswe ngokwesiko likaMoses, aninako ukusindiswa. Kuthe ngoko, kwakubon' u- 2 kuba uPawulos noBharnabhas baba nempikiswano nembuzwano engencinane nabo, kwagqitywa kwelokuba uPawulos noBharnabhas, nabanye abathile kubo, mabenyuke baye kubapostile* namadoda amakhulu eYerusalem, ngawo lo mbuzo. Bathi ke 3 ngoko, bephelekelelwe libandla, balityhutyha elaseFenike nelaseSamariya, bexela ukuguquka kwazo iintlanga; babanga uvuyo olukhulu kubo bonke abazalwana.

IZENZO 15

Intlanganiso eYerusalem

4 Befikile ke eYerusalem, bamkelwa libandla nangabapostile nangamadoda amakhulu; kananjalo babika ukuba zinkulu kwazo izinto awazenzayo u-
5 Thixo enabo. Kwasuka kwema ke abathile abakholiweyo behlelo labaFarisi, besithi, Bamelwe kukuba balùke, nokuthi bathethelwe ngelithi, mabawugcine
6 umthetho kaMoses. Bahlanganisana ke abapostile namadoda amakhulu, ukuba bayikhangele loo ndawo.

7 Ke kaloku, kwakubon' ukuba kubekho imbuzwano enkulu, wesuka uPetros wathi kubo, Madoda, bazalwana, niyazi kakuhle nina, ukuba uThixo kwangemihla yakudala wanyula phakathi kwethu, ukuba iintlanga zilive ngawo umlomo wam ilizwi leendaba ezilungileyo,
8 zikholwe. UThixo, umazi-ntliziyo, wazingqinela, ezinika uMoya oyiNgcwele
9 kwanjengathi; akacalula phakathi kwethu nazo, ezihlambulule iintliziyo zazo
10 ngokholo. Ngokuba ke nimlingelani na uThixo, ngokubeka idyokhwe entanyeni yabafundi, esibe singenamandla okuyi-
11 thwala, thina kwanoobawo bethu? Ke ngalo ubabalo lweNkosi uYesu Kristu, siyakholwa ukuba sosindiswa kwangohlobo *ezisindiswa* ngalo nazo.

12 Yathi cwaka ke yonke inkitha yabantu, yaphulaphula ooBharnabhas noPawulos, becacisa oko yayingako imiqondiso nezimanga, awazenzáyo uThixo phakathi kwazo iintlanga ngabo.
13 Ke kaloku, emva kokuthi cwaka kwabo, waphendula uYakobi esithi, Madoda, bazalwana, ndiphulaphuleni.
14 USimon lo ukucacisile ukuba wathini na ekuqaleni uThixo ukuzivelela iintlanga, ukuba kuzo alinyulele abantu elakhe
15 igama. Áyavumelana nako oko amazwi abaprofeti, njengokuba kubhaliwe *kwathiwa*,
16 Emveni koku ndiya kubuya,
Ndize ndibuye ndiwakhe umnquba owileyo kaDavide,
Amanxuwa awo ndibuye ndiwakhe kanjalo,
Ndibuye ndiwumise;

17 Okokuze amaqongqolo abantu ayifune iNkosi,
Zifune zonke iintlanga ezibizwe ngalo igama lam;
Itsho iNkosi, leyo izenzayo zonke ezi zinto.
18 Iyaziwa ke nguThixo kuselokwaphakade yonke imisebenzi yakhe.
(*UAm.* 9: 11, 12)
19 Kungoko mna ndigqiba kwelithi, masingabakhathazi abo beentlanga
20 babuyelayo kuThixo; kodwa masibabhalele ukuba bazikhwebule kwizingcoliso zezithixo, nombulo, nento ekrwitshiweyo, negazi. Kuba
21 uMoses kwakwizizukulwana zakudala unabamvakalisayo kwimizi ngemizi, eleswa ezindlwini zesikhungu ezi iisabatha ngeesabatha.

Incwadi eya kumaKristu eentlanga

22 Kwaza kwabonakala kulungile kubapostile nakumadoda amakhulu, ndawonye nalo ibandla liphela, ukuba banyule amadoda kwakubo, bawathume kwaAntiyokwe ndawonye noPawulos noBharnabhas; angooYuda ogama limbi linguBharsabhas, noSilas, amadoda a- ngabakhokeli kubazalwana.
23 Babhala *incwadi* ngesandla sawo, besithi:
Abapostile namadoda amakhulu nabazalwana bayabulisa kubo abazalwana basezintlangeni, abakwa-Antiyokwe nakwelaseSiriya nakwelaseKiliki. Ekube-
24 ni ke sivile ukuba abathile kuthi baphuma baya banikhathaza ngamazwi, beyikhukulisa imiphefumlo yenu, besithi, makwalukwe, kugcinwe umthetho, esingabayalelanga wona: kwabonakala ku-
25 lungile kuthi, simxhelo mnye, ukuba sinyule amadoda ukuba siwathume kuni, ndawonye neentánda zethu, uBharnabhas noPawulos, abantu aba-
26 buncamileyo ubomi babo ngenxa yegama leNkosi yethu uYesu Kristu.
27 Sibathumile ngoko ooYuda noSilas, abothi nabo banibikele ezi ndawo ngomlomo. Kuba kwabonakala kulungile
28 kuye uMoya oyiNgcwele, nakuthi, ukuba kungàbekwa phezu kwenu mthwalo ungaphezu kwezi ndawo zifunekayo:

29 zokuba nizile izinto ezibingelelwe kwizithixo, negazi, nento ekrwitshiweyo, nombulo; enothi nakuzigcina kuzo, nibe niyalungisa. Hlalani kakuhle.

30 Bathe ke ngoko, bakunduluka, beza kwa-Antiyokwe; bawuhlanganisa umhlambi *wabazalwana*, bayinikela incwadi
31 leyo. Beyilesile ke bona, baluvuyela
32 uthuthuzelo olu. Ke kaloku ooYuda noSilas, kuba bengabaprofeti nabo, babathuthuzela abazalwana ngokuthetha o-
33 kukhulu, babomeleza. Bakuba ke benze ixesha, banduluka bexolile kubazalwa-
34 na, baya kubapostile. Kodwa kuSilas kwabonakala kulungile ukuba akhe a-
35 hlale khona. Balibala ke ooPawulos noBharnabhas kwa-Antiyokwe, befundisa, beshumayela iindaba ezilungileyo zelizwi leNkosi, kwanabanye abaninzi.

UPawulos noBharnabhas bayahlukana

36 Ke kaloku, emva kwemihla ethile, wathi uPawulos kuBharnabhas, Makhe sibuye siye kuvelela abazalwana bethu, kuyo yonke imizi ngemizi esalazisayo kuyo ilizwi leNkosi, *sibone* ukuba banjani na.
37 Ke kaloku uBharnabhas wangxamela ukuba bathabathe nabo uYohane, eku-
38 thiwa nguMarko; kodwa uPawulos wathi akufanelekile ukumthabatha, ahambe nabo, lowo wemkayo kubo kwelasePamfili, akaya nabo emsebenzi-
39 ni. Kwabakho ngoko amazwi abukhali phakathi kwabo, ngokokude bahlukane; athi uBharnabhas amthabathe uMarko, anduluke ngomkhombe aye eSipro;
40 kodwa uPawulos wanyula uSilas, wemka, enikelwe kubabalo lukaThixo
41 ngabazalwana. Walityhutyha ke elaseSiriya nelaseKiliki, ewomeleza amabandla.

UTimoti udibana noPawulos eListra

16 Ke kaloku wafika eDerbhe naseListra. Kwabonakala kukho mfundi uthile apho, ugama linguTimoti, unyana wentokazi ethile engumYudakazi okholiweyo, kodwa uyise engum-
Grike; obengqinelwe kakuhle ngabaza- 2
lwana baseListra naseIkoniyo. Lowo 3
uPawulos wathanda ukuba aphume naye; wamthabatha wamalùsa, ngenxa yamaYuda abekwezo ndawo; kuba bonke babemazi uyise ukuba ungumGrike.

Ke kaloku, xa babeyihamba imizi, 4
babanikela imimiselo ukuba bayigcine, leyo ibimiswe ngabapostile namadoda amakhulu aseYerusalem. Ayezimaseka 5
ke ngoko amabandla elukholweni, esanda ngenani imihla ngemihla.

Uhambo lukaPawulos kwelaseAsiya

Ke kaloku, bakulityhutyha ilizwe lase- 6
Frigi nelaseGalati, balelwa nguMoya oyiNgcwele ukulithetha ilizwi kwelaseAsiya. Befikile kwelaseMisi, balinga 7
ukuya nakwelaseBhitini, kodwa akabavumelanga uMoya lowo; badlula ke 8
kwelaseMisi, behla baya eTrowa.

Kwabonakala umbono kuPawulos 9
ebusuku. Kwema ndoda ithile yelaseMakedoni, imbongoza isithi, Wela uze kwelaseMakedoni, usisize. Ke kaloku, 10
akuwubona umbono lowo, safuna thina kwaoko ukuphuma siye kwelaseMakedoni, sigqibé kwelithi, iNkosi isibizele ukuba sibashumayeze iindaba ezilungileyo.

UPawulos uwelela eMakedoni; eFilipi

Sindulukile ngoko ngomkhombe e 11
Trowa, sathi ngqo ukuya eSamotraki, sathi ngengomso seza eNeyapoli; uku- 12
suka apho, seza eFilipi, owona mzi wokuqala wesiza elo lilelaseMakedoni, uyikoloni.* Salibala ke kuloo mzi imihla ethile.

Sathi ngomhla wesabatha, saphuma 13
saya ngaphandle komzi ngasemlanjeni, apho umthandazo ubusakwenziwa khona; sahlala phantsi, samana sithetha kubafazi ababebuthelene *khona*. Kwaye 14
kuphulaphula intokazi ethile egama linguLidiya, umthengisi weengubo ezibomvu, womzi weTiyatira, emhlonelayo uThixo, entliziyo yayivulayo iNkosi ukuba izinyamekele izinto ezazithethwa nguPawulos. Ke kaloku, yakuba ibhap- 15
tiziwe nendlu yayo, yasibongoza isithi,

Ukuba nithi ndikholiwe eNkosini, ngenani endlwini yam, nihlale. Yasizama.

16 Ke kaloku kwathi, kwakubon' ukuba siyaya endaweni yokuthandaza, sahlangatyezwa sisicakazana esithile, sinomoya wemilozi; sona besizizuzisa iinkosi
17 zaso inzuzo enkulu ngokuvumisa. Sona eso sithene mbende noPawulos nathi, samana sidanduluka sisithi, Aba bantu bangabakhonzi bakaThixo Osenyangweni, bona basazisayo indlela yosindiso.
18 Oko ke sakwenza sona imihla emininzi. Ebindekile ke uPawulos, wathi guququ, wathi kuwo umoya, Ndiyakuthetheta egameni likaYesu Kristu ukuba uphume kuso. Waphuma ke kwangelo lixa.

UPawulos noSilas babanjwa baze bakhululwe

19 Ke kaloku, zakubona iinkosi zaso ukuba liphumile ithemba lenzuzo yazo, zababamba ooPawulos noSilas, zabarholela endaweni yembutho, kubaphathi:
20 zabazisa kubo abathetheli, zathi, Aba bantu bayawukhathaza kakhulu umzi
21 wethu, bengamaYuda; basifundisa amasiko ekungavumelekileyo ukuba siwamkele, nokuba siwenze, singamaRoma.
22 Isihlwele sabahlanganyela; nabathetheli bazithi qwengeqwenge iingubo zabo, bathi mababethwe ngeentswazi.
23 Bathi, bakuba bebabethe imivumbo emininzi, babaphosa entolongweni, bamthethela umgcini wababanjwa ukuba
24 abagcine ngokunqabileyo; owathi, amkele umyalelo onjalo, wabaphosa kwengaphakathi intolongo, waziqinisa iinyawo zabo emithini.

25 Ke kaloku, malunga phakathi kobusuku, ooPawulos noSilas babethandaza, bevuma elokudumisa uThixo; babe-
26 phulaphula ke ababanjwa. Kwabakho ke ngequbuliso unyikimo olukhulu lomhlaba, ngokokude zizanyazanyiswe iziseko zentolongo; zavuleka kwaoko iingcango zonke, athukululeka amakhamandela abo bonke.
27 Ethe tyithi ke ebuthongweni umgcini wababanjwa, ebona iingcango zentolongo zivulekile, warhola ikrele, eza kuzi-

bulala, eba ababanjwa babalekile. U-28 Pawulos wabiza ke ngezwi elikhulu wathi, Ungazenzakalisi; kuba sikho sonke apha. Ebize ke izibane, watsiba 29 phakathi, waza egubha, wawa phantsi phambi koPawulos noSilas. Wabazisa 30 phandle, wathi, Zinkosi, ndimelwe kukuthini na, ukuze ndisindiswe? Ba-31 thi ke bona, Kholwa kuyo iNkosi uYesu Kristu, wosindiswa wena nendlu yakho. Balithetha kuye ilizwi leNkosi, nakubo 32 bonke ababesendlwini yakhe.

Wabathabatha ngelo lixa lobusuku, 33 wayihlamba imivumbo yabo; wabhaptizwa yena kwalapho, nabo bonke abakhe. Kananjalo, ebanyuse wabása endlwini 34 yakhe, wabeka ukudla phambi *kwabo*, wagcoba nendlu yakhe yonke, kuba ekholwa kuThixo.

Kwakusa, abathetheli bathuma ama-35 dindala, besithi, Bakhulule abo bantu. Uwaxelile ke umgcini wababanjwa la 36 mazwi kuPawulos, *wathi*, Abathetheli bathumele ukuba nikhululwe; ke ngoko phumani, nihambe ngoxolo. Uthe ke 37 uPawulos kuwo, Basityabule ekuhleni singagwetywanga, sibantu bangamaRoma; basiphosa entolongweni; ngoku basikhupha ngasese na? Nakanye; mabeze bona ngokwabo, basikhuphe. A-38 waxela ke la mazwi amadindala kubathetheli; boyika, bakuva ukuba bangamaRoma. Beza bababongoza, baba-39 khupha, babacela ukuba baphume kuwo umzi.

Bephumile ke entolongweni, baya 40 kungena kwaLidiya; bathi, bebabonile abazalwana, babayala, bemka.

ETesalonika

17 Ke kaloku, bakuba beyihambile iAmfipoli neApoloni, beza eTesalonika, apho yayikhona indlu yesikhungu yamaYuda. Ngokwesiko ke likaPawulos 2 wangena kuwo; waye iisabatha ezintathu exoxa nawo, ethabatha ezibhalweni, etyhila, ebeka phambi kwawo ukuba 3 uKristu* ubemelwe kukuva ubunzima, aze avuke kwabafileyo; nokuthi, Nguye ke uKristu, lo Yesu ndinazisa yena mna. Inxenye kuwo yoyiseka, yazibandakanya 4

noPawulos noSilas, kwanenkitha enkulu yamaGrike amhlonelayo uThixo; nakubafazi abaziintloko ababa mbalwa.

5 Ke kaloku amaYuda angoyisekileyo, enomsindo, azithabathela amadoda athile angendawo, angamahilihili, enza ibubu, awuphithizelisa umzi, ayifikela nendlu kaYason, efuna ukubarholela 6 eluntwini. Akuba engabafumananga ke, amrholela uYason nabazalwana abathile kubaphathi bomzi, ebhomboloza *esithi*, Aba baliqungaqungileyo elimi-7 weyo, bona bafikile nalapha; athe uYason wabamkela ngobubele; baye bonke aba besenza okuchasene nemimiselo kaKesare,* besithi, Kukho kumkani 8 wumbi unguYesu. Asikhathaza ke isihlwele nabaphathi bomzi, bakuziva ezi 9 zinto. Bethabatha isibambiso kuYason nakwabanye, babakhulula.

EBhereya

10 Ke kaloku bathi abazalwana kwaoko bamndulula uPawulos noSilas ngobusuku, ukuba baye eBhereya; abathi bona bakufika, baya endlwini yesikhungu 11 yamaYuda. La ke aye enobuntu kunawaseTesalonika; la wona alamkela ilizwi ngentumekelelo yonke, ezincina izibhalo imihla ngemihla, ukuba zingaba zi-12 njalo na ezi zinto. Kwakholwa ke ngoko into eninzi kuwo, nakumaGrikekazi abekekileyo, nakumadoda, ababa mbalwa.
13 Akuqonda ke awaseTesalonika amaYuda, ukuba ilizwi likaThixo lazisiwe nguPawulos naseBhereya, eza azizama-14 zamisa nalapho izihlwele. Bandula ke kwaoko abazalwana, bamsusa uPawulos ukuba abheke ngaselwandle; kwasala 15 uSilas kwanoTimoti khona. Bathe ke bona abamkhapháyo uPawulos, bamsa eAtene; bakuba bamkelé umthetho oya kooSilas noTimoti, wokuba beze kuye kwakamsinya, bemka.

EAtene

16 Ke kaloku, akubon' ukuba uPawulos ubalindile eAtene, wacaphuka, akuwu-17 bona umzi uzizithixo kuphela. Wayexoxa ke ngoko endlwini yesikhungu namaYuda, nabamhlonelayo uThixo; nasendaweni yembutho imihla ngemihla, nabasukuba bekhona. Ke kaloku 18 izithanda-bulumko ezithile zamaEpikure* nezamaStoyike* zamhlanganyela; yayisithi inxenye, Azi lifuna ukuthini na eli pholopholo? Abanye ke bathi, Ngathi ngumazisi wezithixo zasemzini; ngokuba wayebashumayeza iindaba ezilungileyo zikaYesu, novuko *lwabafileyo.*

Bamthabatha ke bamsa eAreyopago,* 19 besithi, Singakhe siyive na le mfundiso intsha ithethwa nguwe, ukuba iyini na? Kuba uzisa izinto ezithile zase-20 mzini ezindlebeni zethu; singa singázi ngoko, ukuba zingaba zifuna ukuba yintoni na ezi zinto. Ke kaloku abase-21 Atene bonke, nabasemzini abangabahambi, babengazilibazisi nganto yimbi, ngaphandle kokuxela nokuva olona daba lutsha.

Intetho kaPawulos eAreyopago

Wema ke uPawulos esazulwini se-22 Areyopago, wathi:

Madoda aseAtene, ndiyabona ukuba ezintweni zonke nincamisile ukuhlonela izithixo. Kuba ndithe, ndihamba ndi-23 singasinga izinto enizihlonelayo, ndafumana nesibingelelo ekubhalwe kuso, *kwathiwa,* KONGAZIWAYO UTHIXO. Lowo ngoko nimhlonelayo ningamazi, ndinazisa yena mna.

UThixo yena, owenza ihlabathi nee-24 nto zonke ezikulo, lowo, eyiNkosi nje yezulu nomhlaba, akahlali zitempileni zenziwe ngazandla. Kananjalo aka-25 philiswa zizandla zabantu, ngokoswele into, inguye nje obanika bonke ubomi, nomphefumlo, nazo zonke izinto. Ka-26 njalo wazenza ngagazi-nye zonke iintlanga zabantu, ukuba zime phezu kwawo wonke umhlaba, emisa amaxesha abekwe ngenxa engaphambili, nemida yokuma kwazo; ukuze bayifune iNkosi, 27 ukuba kambe bangáphuthaphutha bayifumane, nakuba ingekude kuthi sonke ngabanye. Kuba kuyo sihleli, siya-28 shukuma, sikho; njengokuba neembongi ezithile zenu zitshilo ukuthi, Kuba nathi siyinzala yakhe.

Siyinzala kaThixo nje ke, akusifanele 29

ukuba sibe ubuthixo obu bufana negolide nesilivere nelitye, into eqingqwe ngo-
30 bungcibi nangengcinga yomntu. Loo maxesha ke ngoko okungazi, uThixo wawayeka ngabomi; kungoku uyala abantu bonke ezindaweni zonke ukuba
31 baguquke; ngokokuba emise umhla, aza kuligweba ngawo elimiweyo ngobulungisa, ngendoda awayimisayo, ebanike bonke ukholo ngokuyivusa kwabafileyo.

32 Ke kaloku, bakuva ngokuvuka kwabafileyo, inxenye yayihlekisa ngaloo nto, abanye bathi, Sobuya sikuve wena
33 ngale nto. Waphuma njalo ke uPawu-
34 los phakathi kwabo. Kodwa amadoda athile anamathele kuye, akholwa, anoDiyonisiyo waseAreyopago, nomfazi ogama linguDamari, nabanye ndawonye nabo.

EKorinte

18 Ke kaloku, emva kwezi zinto, wahlukana uPawulos neAtene,
2 weza eKorinte. Wafumana umYuda othile wasePonto ngokuzalwa, ogama linguAkwila, esandula ukuvela eItali, noPrisila umkakhe, weza kubo (ngenxa yokuba uKlawudiyo ebemise ukuthi, makahlukane neRoma onke amaYuda).
3 Kuthe ke, ngenxa yokuba belilinye ishishini labo, waselehlala nabo esebenza; kuba babengabenzi beentente,
4 ishishini labo. Wayexoxa ke endlwini yesikhungu iisabatha ngeesabatha zonke, ezamela ukweyisa amaYuda namaGrike.
5 Ke kaloku, bakuhla bevela kwelaseMakedoni ooSilas noTimoti, uPawulos waxinwa ngumoya, waqononondisa kumaYuda ukuba uYesu lo nguye uKri-
6 stu.* Uthe ke, akùchasa, akùnyelisa, wavuthulula iingubo *zakhe*, wathi kuwo, Igazi lenu malibe phezu kwentloko yenu; ndihlambulukile mna; kuthabathela kweli xesha, ndiya kuya kwiintlanga.
7 Esuka khona, weza endlwini yothile ogama linguYusto, omhlonelayo uThixo, ondlu yayamene nendlu yesikhungu. Uthe ke uKrispo, umphathi 8 wendlu yesikhungu, wakholwa yiNkosi, nendlu yakhe iphela; nento eninzi yamaKorinte yakuva yakholwa, yabhaptizwa.

Yathi ke iNkosi ngombono ebusuku 9 kuPawulos, Musa ukoyika, thetha ungàthi tu; ngokokuba mna ndinawe, 10 kanjalo akukho namnye uya kukusa *sandla*, akuphathe kakubi; ngokokuba ndinabantu abaninzi kuló mzi. Wahla- 11 la khona ke umnyaka oneenyanga ezintandathu, efundisa ilizwi likaThixo phakathi kwabo.

UGaliyo noPawulos

Ke kaloku, akubon' ukuba uGaliyo 12 ulibamba kwelaseAkaya, amwela uPawulos amaYuda ngamxhelo mnye, amsa esihlalweni sokugweba, esithi, Lo uza- 13 mela ukweyisa abantu ukuba bamhlonele uThixo ngokunxamnye nomthetho.

Uthe ke xa uPawulos aza kuvula 14 umlomo, wathi uGaliyo kumaYuda, Ukuba ke ngoko ibiyinto yentswelabulungisa, nokuba ibiyeyobutshijolo obungendawo, maYuda, ngekufanelekile ukuba ndininyamezele; kodwa 15 ukuba yimbuzwano ngelizwi, namagama, nomthetho ongowenu, zikhangeleleni nina; kuba mna andingi ndingaba ngumgwebi wezo zinto. Wawagxotha 16 esihlalweni sokugweba. Ambamba ke 17 onke amaGrike uSostene, umphathi wendlu yesikhungu, ambetha phambi kwesihlalo sokugweba. Akwabakho nanye yezo zinto ayikhathalelayo uGaliyo.

UPawulos ubuyela kwelaseSiriya

Ke kaloku uPawulos ukhe wahlala 18 imihla eyaneleyo. Waza, ebabulisile abazalwana, wemka ngomkhombe waya kwelaseSiriya, enoPrisila noAkwila; eyichebile intloko eKenkreya, kuba waye enesibambiso. Wehla ke wafika e-Efese, 19 wabashiya bona apho; ke yena wangena endlwini yesikhungu, waxoxa namaYuda. Uthe ke, akumcela ukuba akhe 20 ahlale umzuzu kuwo, akavuma; wawabulisa ke esithi, Nokuba kutheni, ndimelwe kukuwenzela eYerusalem umthendeleko ozayo; kodwa ndobuya ndize

kuni, ukuba uThixo uyavuma. Waza wemka ngomkhombe e-Efese.
22 Uthe, ehle weza eKesareya, wenyuka walibulisa ibandla, wehla waya kwa-
23 Antiyokwe. Enzé ixesha elithile *khona*, wemka, walityhutyha ilizwe laseGalati, nelaseFrigi, ebomeleza bonke abafundi.

UApolo e-Efese

24 Ke kaloku wathi umYuda othile, ogama linguApolo, wakwa-Alesandire ngokuzalwa, umfo oliciko, wehla waya e-Efese, enobunkunkqele ezibhalweni.
25 Lowo ke wayeyifundisiwe ngomlomo indlela yeNkosi; waza evutha ngumoya wathetha, wafundisa ngokucokisekileyo izinto ezingayo iNkosi, esazi kakuhle
26 ubhaptizo lukaYohane lodwa. Yena kanjalo waqala ukuthetha ngokungafihlisiyo endlwini yesikhungu. Bathe ke bakumva ooAkwila noPrisila, bamthabathela kubo, bamtyhilela ngokucokisekileyo ngakumbi indlela kaThixo.
27 Ke kaloku, akubon' ukuba unga angadlula aye kwelaseAkaya, abazalwana babhala bebayala abafundi ukuba bamamkele; owathi akufika, wabanceda kakhulu abakholiweyo ngalo ubabalo;
28 kuba waweyisa, wawancamisa ekuhleni amaYuda, ebonakalalisa ngazo izibhalo ukuba uYesu lo unguye uKristu.*

Abafundi bakaYohane umbhaptizi e-Efese

19 Ke kaloku kwathi, xa uApolo aseKorinte, uPawulos, ewatyhutyhile amacala asentla, weza e-Efese;
2 wafumana bafundi bathile, wathi kubo, UMoya oyiNgcwele namamkela na, nakholwayo nje? Bathi ke bona kuye, Asizanga sive nokuva ukuba kukho u-
3 Moya oyiNgcwele. Wathi kubo, Nanibhaptizelwe enini na phofu? Bathe ke bona, Elubhaptizweni lukaYohane.
4 Wathi ke uPawulos, UYohane okunene wabhaptiza ubhaptizo lwenguquko, esithi ebantwini, mabakholwe kulowo uzayo emva kwakhe, oko kukuthi, kuKristu Yesu.
5 Bevile ke, babhaptizelwa egameni leNkosi uYesu. Uthe uPawulos aku- 6 beka izandla phezu kwabo, wehla uMoya oyiNgcwele phezu kwabo, baye bethetha ngeelwimi, beprofeta. Aye 7 ke amadoda lawo ewonke engathi alishumi elinamabini.

UPawulos ufundisa e-Efese

Ke kaloku, wangena endlwini yesi- 8 khungu, wathetha ngokungafihlisiyo iinyanga zantathu, exoxa nabantu, ebeyisela kwizinto ezingabo ubukumkani bukaThixo. Ke bakuba abathile be- 9 lukhuni, bengaphulaphuli, bethetha okubi ngayo iNdlela leyo phambi komhlambi, wesuka kubo, wabahlula abafundi, exoxa imihla ngemihla esikolweni sikaTirano.

Oku ke kwenzeka iminyaka emibini, 10 ngokokude bonke abemiyo kwelaseAsiya balive ilizwi leNkosi uYesu, amaYuda kwanamaGrike. Waye noThixo 11 esenze ngezandla zikaPawulos imisebenzi yamandla engahlali isihla; ngoko- 12 kude kusiwe nakwimilwelwe iiqhiya nemibhinqo, ivela emzimbeni wakhe, zisuke kubo izifo, bathi noomoya abakhohlakeleyo baphume *kubo*.

Ke kaloku bathi abathile bakuma- 13 Yuda abhadulayo, angabafungisi, bazamela ukulibiza igama leNkosi uYesu phezu kwabanoomoya abakhohlakeleyo, besithi, Sinifungisa uYesu lowo uvakaliswayo nguPawulos. Kwaye kukho 14 ke nyana bathile basixhenxe bakaSkeva, umYuda, umbingeleli omkhulu, ababekwenza oko. Waphendula ke umoya 15 okhohlakeleyo, wathi. UYesu ndiyamazi, noPawulos ndiyamazi kakuhle; ke nina ningoobani na? Wesuka umntu 16 obukuye umoya okhohlakeleyo, wabatsibela, wabagagamela wabeyisa, ngokokude babaleke baphume kuloo ndlu bengxwelerhiwe, bezé.

Kwathi ke oko kwazeka kuwo onke 17 amaYuda, kwanakumaGrike amiyo e-Efese; angenwa kukoyika onke, lenziwa likhulu igama leNkosi uYesu. Yaye 18 nento eninzi yabakholiweyo isiza, izivuma izixela izenzo zabo. Yathi ke nento 19 eyaneleyo yabasebenza izenzo zobugqi,

IZENZO 19-20

yazizisa ndaweni-nye iincwadi zayo, yazitshisa phambi kwabo bonke; bawabala amaxabiso azo, bafumana engamawaka amashumi mahlanu esilivere.

20 Lenjenjalo ke ilizwi leNkosi ukwanda ngamandla nokweyisa.

Iinjongo zikaPawulos

21 Ke kaloku, zakuzaliseka ezi zinto, wamisa emoyeni *wakhe* uPawulos ukuba athi, elityhutyhile elaseMakedoni nelaseAkaya, aye eYerusalem, esithi, Emveni kokuba ndithe ndakhona, ndi-
22 melwe kukuba ndibone neRoma. Wathuma ke kwelaseMakedoni bababini kwabamlungiselelayo, uTimoti noErasto; yena ke wakha walibala umzuzu kwelaseAsiya.

Isaqunge e-Efese

23 Ke kaloku kwabakho ngelo xesha inkathazeko engencinane ngayo iNdlela
24 le. Kuba uthile, ogama linguDemetriyo, umkhandi wesilivere, obesenza iitempile zesilivere zika-Artemis,* wayezizuzisa iingcibi inzuzo engencinane.
25 Waziqukela ndawonye, kwanabasebenzi bezinto ezinjalo, wathi, Madoda, niyazi kakuhle ukuba buphuma kule nzuzo
26 ubutyebi bethu; kananjalo niyabona, niyeva, ukuba ákuse-Efese kodwa, kuphantse ukuba kulo lonke elaseAsiya, athe lo Pawulos waphambukisa isihlweleesaneleyo, ngokusoyisa ngamazwi athi, asingoothixo abo benziwa ngesandla.
27 Asisiso ke esi sabelo sethu sodwa esisichenge sokudelwa; kwanetempile yothixokazi omkhulu uArtemis iza kubalelwa ekuthini yinto engento, butshabalale ke nobungangamela bakhe, ohlonelwa lelaseAsiya liphela nelimiweyo.
28 Bakukuva ke oko, bazala ngumsindo, bankqangaza, besithi, Mkhulu uArtemis
29 wabase-Efese! Wazala umzi uphela sisidubedube; besuka indulumbane ngamxhelo mnye endaweni yokubonela, bamthi hlasi uGayo noAristarko, abelaseMakedoni, ababehamba noPawulos.
30 Uthe ke uPawulos, enga angangena entlanganisweni yabantu, ábamvumela
31 abafundi. Abathile ke bakubaphathi belaseAsiya, benobuhlobo kuye, bathumela kuye, bambongoza ukuba angazinikeli endaweni yokubonela. Abanye 32 ke ngoko babenkqangaza enye into, abanye yimbi, kuba ibandla labe lidubadubekile; baye abaninzi bengazi ukuba babuthelene ngenxa yantoni na.

Bamrhola ke esihlweleni uAlesandire, 33 akubon' ukuba amaYuda amtyhalela phambili; uwangawangisile ke uAlesandire ngesandla, wafuna ukuziphendulela eluntwini. Kodwa bakuqonda u- 34 kuba ungumYuda, benza inzwinini enye bonke bephela, benkqangaza umzuzu omaxa mabini, besithi, Mkhulu uArtemis wabase-Efese!

Esizolisile ke umbhali isihlwele, 35 uthe, Madoda ase-Efese, kanene nguwuphi na umntu ongàziyo, ukuba umzi wase-Efese ungumgcini-tempile wothixokazi omkhulu uArtemis, *nowomfanekiselo* owawa kuZeyus.* Zingenaku- 36 phikwa nje ke ezo zinto, nimelwe kukuthi nizole, ningenzi nanye into ngobutyhuthu-tyhuthu, Kuba niwazise a- 37 pha la madoda, engebaphangi batempile, nàbanyelisi bothixokazi wenu. U- 38 kuba ke ngoko uDemetriyo neengcibi ezinaye banendawo emntwini, zikho iimini zamatyala, akho namabamba; mabamangalelane. Ke ukuba nifuna 39 into nganto zimbi, yoconjululwa kwesesikweni intlanganiso. Kuba siziziche- 40 nge zokumangalelwa ngesaqunge sanamhla, kungekho nasinye isizathu nje, esingaba nako ngaso ukwenza ilizwi ngale mbuthumbuthu.

Akutsho, wayindulula intlanganiso. 41

UPawulos eMakedoni, kwelamaGrike, naseTrowa

20 Ke kaloku, emva kokuphela kwesiphithiphithi eso, uPawulos wababizela kuye abafundi, wababulisa, waphuma waya kwelaseMakedoni. E- 2 watyhutyhile le loo macala, ebayalile ngokuthetha okukhulu, weza kwelamaGrike. Wenza apho iinyanga zantathu. 3 Uthe ke, kwakwenziwa iyelenqe ngaye ngamaYuda, xa aza kuya ngomkhombe kwelaseSiriya, wagqiba kwe-

lokuba acande kwelaseMakedoni ngo-
4 kubuya. Waphelekelelwa ke, kwada
kweza kwelaseAsiya, nguSopatro wase-
Bhereya; kumaTesalonika ke yangu-
Aristarko noSekundo; noGayo wase-
Derbhe, noTimoti; kwabelaseAsiya ya-
5 nguTikiko noTrofimo; abo basandulela,
basilinda eTrowa.
6 Semka ke thina ngomkhombe eFilipi,
emva kwemihla yezonka ezingenagwele,
seza kubo eTrowa ngeentsuku ezintla-
nu; salibala khona iintsuku zasixhenxe.

UYutiko

7 Ke kaloku, ngolokuqala usuku lwe-
veki, bakubon' ukuba abafundi bahla-
nganisene ukuba baqhekeze isonka,
uPawulos wayexoxa nabo, eza kumka
ngengomso; wayolula intetho yakhe
8 kwada kwaphakathi kobusuku. Zaye
ke izibane zanele egumbini eliphezulu,
9 apho babehlanganisene khona. Kwa-
kuhleli ke efestileni ndodana ithile
ingama linguYutiko, isindwa bubutho-
ngo obukhulu. Akubon' ukuba ke u-
Pawulos kukade exoxa, yoyiswa bubu-
thongo, yawa phantsi isuka kolwesitha-
10 thu udidi, yafunqulwa ifile. Ehlile ke
uPawulos, waziphosa phezu kwayo;
eyiwolile wathi, Musani ukwenza isi-
phithiphithi; kuba umphefumlo wayo
11 ukuyo. Wenyuka ke, waqhekeza iso-
nka, wadla; kananjalo waxoxa ngokwa-
neleyo kwada kwasa, wemka njalo.
12 Bamzisa ke umfana lowo ehleli, bathu-
thuzeleka ngokungenamlinganiselo.

Ihambo yokuya eMileto

13 Ke kaloku thina sandulela saya
emkhombeni, sasinga eAso, apho besiza
kumthabatha khona uPawulos; kuba
ebemisele ngokunjalo, yena eza kuha-
14 mba ngeenyawo. Sithe ke, akuhlanga-
na nathi eAso, samthabatha seza eMi-
15 tilene. Sesuka apho ngomkhombe, nge-
ngomso safika malungana neKiyo; sathi
ke ngengomsomnye sagaleleka eSamo,
sahlala eTrogiliyo; ngolandelayo seza
16 eMileto. Kuba uPawulos wagqiba kwe-
lokuba kudlulwe ngomkhombe e-Efese,
ukuze angabi nakwenza xesha lide kwe-
laseAsiya; kuba wayekhawulezele uku-
thi, ukuba unako, awenze umhla we-
pentekoste* eYerusalem.

Intetho yokwahlukana kukaPawulos kubadala base-Efese eMileto

Ke kaloku eMileto apho wathumela 17
e-Efese, wawabizela khona amadoda
amakhulu alo ibandla. Akufika ke 18
kuye, wathi kuwo:
Niyazi kakuhle nina, kususela kwimi-
ni yokuqala endathi qatha ngayo kwe-
laseAsiya, ukuba ndathini na ukuhlala
kwam nani lonke ixesha, ndikhonza 19
eNkosini, ndinako konke ukuthobeka
kwentliziyo, neenyembezi ezininzi, no-
kulingwa okwandihlelayo ngamayelenqe
amaYuda: okokuba andinifihlelanga nto, 20
ndanityela onke amalungelo; ndanifu-
ndisa ekuhleni nakwizindlu ngezindlu,
ndiqononondisa kumaYuda nakuma- 21
Grike ukuguqukela kuThixo, nokukho-
lwa kuyo iNkosi yethu, uYesu Kristu.
Nangoku, yabonani, ndiya mna e- 22
Yerusalem, ndibotshiwe nguMoya, ndi-
ngazazi izinto eziya kundihlela khona;
ndanele *ukwazi* ukuba uMoya oyi- 23
Ngcwele uqononondisa kwimizi ngemi-
zi, esithi ndilindwe ngamakhamandela
naziimbandezelo. Andikhathalele na- 24
nye yezi zinto; kanjalo nobomi bam
obu andinqabe nabo, ukuze ndilufeze
uhambo lwam ngovuyo, nolungiselelo
endalwamkelayo eNkosini uYesu, loku-
qononondisa iindaba ezilungileyo zo-
babalo lukaThixo.
Nangoku, yabonani, ndiyazi mna, 25
ukuba nina nonke ndahambayo pha-
kathi kwenu, ndibuvakalisa ubukumka-
ni bukaThixo, anisayi kuba sabubona
ubuso bam. Kungoko ndingqinayo 26
kuni ngayo le mini yanamhla, ukuba
mna ndimsulwa egazini labo bonke;
kuba andinifihlelanga nto; ndanityela 27
lonke icebo likaThixo. Zilumkeleni 28
ngoko, nawo wonke umhlambi, athe
uMoya oyiNgcwele wanimisa ukuba
ngabaveleli bawo, ukuba nilalúse iba-
ndla likaThixo, awazizuzelayo ngelile-
lakhe igazi.
Kuba mna ndiyakwazi oku, ukuba 29

IZENZO 20–21

emva kokumka kwam, kuya kungena phakathi kwenu iingcuka ezibawayo, 30 zingawucongi umhlambi. Nakuni ngokwenu kuya kuvela amadoda athetha izinto ezigwenxa, ukuba abarhole aba- 31 fundi emva kwawo. Kungoko ndithi, Phaphani, nikhumbula ukuba iminyaka emithathu, ubusuku nemini, andiyekanga ukululeka bonke ngabanye, ndineenyembezi.

32 Kungoku, bazalwana, ndiyaniyaleza kuThixo nakwilizwi lobabalo lwakhe, onako ukunakha, aninike ilifa phakathi kwabo bonke abangcwalisiweyo. 33 Andinqwenelanga silivere nagolide na- 34 ngubo kabani. Nina ke ngokwenu niyazi ukuba ezi zandla zazisebenzela 35 iintswelo zam, nezababenam. Ndanibonisa zonke izinto, ukuba ngokwenjenjalo ukubulaleka nimelwe kukuthi niyisize imilwelwe, nikhumbule namazwi eNkosi uYesu; ngokuba yena wathi, Ukupha kunoyolo ngaphezu kokuphiwa.

36 Akutsho, waguqa ngamadolo, watha- 37 ndaza nabo bonke. Basitsho ke isililo esikhulu bonke, bawa phezu kwentamo 38 kaPawulos, bamanga kakhulu, bebuhlungu kakhulu, ngokukodwa lilizwi alithethileyo lokuthi, abasayi kubuya babubone ubuso bakhe. Bamphelekelela ke, baya emkhombeni.

Ukusuka eMileto ukuya eTire

21 Ke kaloku kwathi, sakunduluka ngomkhombe, siziqhawule kubo, see ngqo seza eKos; ngomhla olandelayo ke seza eRodo, sesuka apho seza ePatara. 2 Sathi, sifumene umkhombe uwelela kwelaseFenike, sangena *kuwo* sanduluka. 3 Sithe sakuthi thu ke eSipro, sayishiya ngasekhohlo, saya ngomkhombe kwelaseSiriya, saphuma eTire; kuba umkhombe ubuya kuyithula apho impahla.

4 Sathi sibafumene abafundi, sahlala khona iintsuku zasixhenxe; bona babesithi kuPawulos ngoMoya, makangenyu- 5 ki aye eYerusalem. Ke kaloku sithe, xa sizigqibileyo iintsuku ezo, saphuma sahamba; besiphelekelela bonke, ndawonye nabafazi nabantwana, sada sangaphandle komzi; saguqa ngamadolo elunxwemeni, sathandaza. Sathi sibu- 6 lisene nabo, sangena emkhombeni *thina*, bona ke babuyela emakhaya.

EKesariya

Sathi ke thina, sakulufeza uhambo 7 ngomkhombe sivela eTire, safika eTolimayi, sababulisa abazalwana, sahlala nabo usuku lwalunye. Ke kaloku nge- 8 ngomso, thina besinoPawulos, semka seza eKesareya; sangena endlwini kaFilipu, umshumayeli weendaba ezilungileyo, obengowabaya basixhenxe, sahlala kuye. Lowo ke wayeneentombi 9 eziné, ziseziintombi, ziprofeta.

Sakubon' ukuba ke sihleli khona ii- 10 ntsuku ezininzi, kwehla kwelakwaYuda mprofeti uthile, ugama linguAgabho. Wathi akufika kuthi, wathabatha u- 11 mbhinqo kaPawulos, wazibopha izandla neenyawo, wathi, Utsho ke uMoya oyiNgcwele ukuthi, Indoda ongowayo lo mbhinqo, aya kwenjenje amaYuda ukuyibopha eYerusalem, ayinikele ezandleni zeentlanga.

Ke kaloku, sakukuva oku, sambongo- 12 za thina, kwanabakuloo ndawo, ukuba angenyuki aye eYerusalem. Waphe- 13 ndula ke uPawulos, *wathi*, Nenzani na ukulila niyityumze intliziyo yam? kuba mna ndingàlungele kubotshwa kodwa; ndilungele nokufa eYerusalem, ngenxa yegama leNkosi uYesu. Akuba ke 14 engoyiseki, sathi cwaka, sisithi, Makwenzeke ukuthanda kweNkosi.

EYerusalem

Ke kaloku emva kwezo ntsuku, sabo- 15 pha impahla, senyuka saya eYerusalem. Kwahamba ke nathi abathile nakubafu- 16 ndi abavela eKesareya, besisa thina kuMnaso waseSipro, obengumfundi kwakudala, esaba lundwendwe lwakhe.

Umzamo kaPawulos wokwakha imvisiswano namaKristu angamaYuda

Ke kaloku, sakufika eYerusalem, 17

18 basamkela ngovuyo abazalwana. Nge-
ngomso ke, uPawulos wangena kunye
nathi kuYakobi; ayekho namadoda a-
19 makhulu onke. Ubabulisile, wamana e-
bacacisela zonke ngazinye izinto awaze-
nzayo uThixo phakathi kweentlanga,
ngalo ulungiselelo lwakhe.
20 Bathe ke bona bakukuva oko, bayizu-
kisa iNkosi, batsho nokuthi kuye, Uya-
bona, mzalwana, oko angako amawaka-
waka amaYuda akholiweyo; abe ke onke
21 ewuzondelele umthetho. Atyelwe ke
ngawe, ukuba uyawafundisa onke ama-
Yuda aphakathi kweentlanga, ukuba
ahlukane noMoses, usithi, makanga-
balusi abantwana bawo, angahambi
22 ngawo amasiko. Kuthiweni na ke?
Kakade kuya kuhlanganisana inkitha;
23 kuba aya kuva ukuba ùfikile. Ngoko
yenza le nto sikuxelela yona: kukho
kuthi apha amadoda amané, anesiba-
24 mbiso azibophe ngaso; wathabathe ke,
uzenze nyulu kunye nawo, ube noku-
dleka ngenxa yawo, ukuze agugule
iintloko; bazi bonke ukuba ezo nto
bazityelweyo ngawe azilutho, nawe
ngokwakho uhambe uwugcinile umthe-
25 tho. Kodwa ngazo iintlanga ezikholi-
weyo, sabhala sagqiba kwelokuba zi-
ngabambi nto injalo; kuphela ibe kuku-
zigcina entweni ebingelelwe izithixo,
nasegazini, nasentweni ekrwitshiweyo,
nasembulweni.
26 Wandula uPawulos wawathabatha ke
amadoda lawo, wathi ngengomso, eze-
nze nyulu kunye nawo, wangena ete-
mpileni, eqondisisa inzaliseko yeentsu-
ku zokwenza nyulu, ude usondezwe
umnikelo ngenxa yabo bonke nga-
banye.

*Isaqunge eYerusalem nokubanjwa
kukaPawulos*

27 Ke kaloku, xa iintsuku ezisixhenxe
ezo beziza kuphela, athi amaYuda avela
kwelaseAsiya, akumbona etempileni,
asidubaduba sonke isihlwele, amsa iza-
28 ndla, enkqangaza esithi, Madoda, ma-
Sirayeli, sizani. Nanku lo mntu ufu-
ndisa bonke ezindaweni zonke okucha-
sene nabantu, nomthetho, nale ndawo;
othe ngaphezu koko wawangenisa ama-
Grike etempileni, wayenza inqambi le
ndawo ingcwele. Kuba abebone ngee- 29
nxa engaphambili uTrofimo wase-Efese,
ndawonye naye phakathi komzi; abeba
uPawulos umngenise etempileni.

Washukuma umzi uphela, babalekela 30
ndawonye abantu; bamthabatha uPa-
wulos, bamrholela ngaphandle kwete-
mpile; zavalwa kwaoko iingcango.
Ke kaloku, xa babeza kumbulala, lwafika 31
udaba kumthetheli-waka webutho, loku-
ba iYerusalem iphela idubadubekile;
owathi kwangelo lixa wathabatha ama- 32
soldati nabathetheli-khulu, wabaleka,
wehla waya kubo. Bakumbona ke
umthetheli-waka namasoldati, bayeka
ukumbetha uPawulos.

Waza wasondela umthetheli-waka, wa- 33
mbamba, wathi makakhonkxwe ngemi-
xokelelwane emibini; wayebuza ukuba
angaba ungubani na, nokuthi wenze
ntoni na. Abanye ke phakathi kwesi- 34
hlwele babhomboloza enye into, abanye
enye. Akuba engenako ke ukuyazi
inyaniso ngenxa yesiphithiphithi, wathi
makasiwe enqabeni yomkhosi. Xeshi- 35
kweni wafikayo ke kumatye okunyuka,
usuke wathwalwa ngamasoldati, ngenxa
yamandla esihlwele; kuba yayilandela 36
inkitha yabantu, inkqangaza *isithi*,
Msuseni.

Xa ke wayeza kungeniswa enqabeni 37
yomkhosi, wathi uPawulos kumthetheli-
waka, Kuvumelekile na ukuba ndithe-
the into kuwe? Wathi ke yena, Uya-
sazi na isiGrike? Akunguye na kanene 38
laa mYiputa, wathi phambi kwale mihla
wenza isaqunge, wakhukulisela entlango
laa madoda angamawaka amané azizi-
gebenga? Uthe ke yena uPawulos, 39
Mna ndingumntu ongumYuda wase-
Tarso, umntu okowabo lingumzi onga-
dume ngako welaseKiliki; ndiyakucela
ke, ndivumele ndikhe ndithethe kubo
abantu. Ke kaloku, akubon' ukuba 40
umvumele, wema uPawulos ematyeni
okunyuka, wawangawangisa ngesandla
kubo abantu. Kwakuthiwa cwaka ka-

IZENZO 21-22

khulu, wadanduluka ngentetho yesi-Hebhere, esithi:

Intetho kaPawulos kumaYuda

22 Madoda, bazalwana, nani bobawo, kuphulaphuleni ukuziphendulela kwam kuni ngoku.

2 Bakuva ke ukuba udanduluka ngentetho yesiHebhere kubo, bazola okunye. Waza wathi:

3 Mna ndiyindoda engumYuda; ndizalelwe okunene eTarso yelaseKiliki, kodwa ndondlelwe kulo mzi ezinyaweni zikaGamaliyeli; ndiqeqeshwe ngohlobo olucokisekileyo lomthetho woobawo, ndizondelela uThixo, njengokuba ninja-
4 lo nani nonke namhlanje. Ndingowayitshutshisayo yona le Ndlela, ndada ndesa ekufeni, ndibopha, ndifaka ezi-
5 ntolongweni amadoda kwanabafazi; njengokuba nombingeleli omkhulu endingqinela, nayo yonke intlanganiso yamadoda amakhulu; endamkela kubo iincwadi zokuya kubazalwana, ndahambela eDamasko, ndiya kuzisa nababekhona bebotshiwe eYerusalem, ukuze babethwe.

6 Ke kaloku kwathi, ndihamba, ndisondela eDamasko, malunga emini enkulu, ngesiquphe ndabanekelwa ngeenxa zonke lukhanyiselo olukhulu luphuma
7 ezulwini. Ndawa emhlabeni, ndeva ilizwi lisithi kum, Sawule, Sawule,
8 unditshutshiselani na? Ndaphendula ke mna ndathi, Ungubani na, Nkosi? Yathi kum, Mna ndinguYesu wase-
9 Nazarete, omtshutshisayo wena. Bona ke ababenam balubona okunene ukhanyiselo olo, besuka boyika; kodwa abalivanga ilizwi lalowo wayethetha nam.
10 Ndathi ke, Ndithini na, Nkosi? Yathi ke iNkosi kum, Vuka, uye eDamasko; woxelelwa khona ngazo zonke izinto
11 ozimiselweyo ukuba uzenze. Ndakuba ke ndingenakondela ngenxa yobuqaqawuli bolo lukhanyiselo, ndarholwa ngesandla ngabo babenam, ndafika eDamasko.

12 Ke kaloku, Hananiya uthile, indoda emhlonelayo uThixo ngokomthetho, engqinelwe kakuhle ngawo onke ama-Yuda amiyo khona, weza kum, wema 13 kufuphi, wathi kum, Sawule, mzalwana, buya ubone. Ndaza mna kwangelo lixa ndabheka phezulu kuye. Wathi 14 ke yena, UThixo woobawo bethu ukumisile wena ukuba ukwazi ukuthanda kwakhe, umbone lowo uliLungisa, uve ilizwi eliphuma emlonyeni wakhe; ngokuba ùya kuba lingqina lakhe kubo 15 bonke abantu, lezinto ozibonileyo nozivileyo. Nakaloku ùsalibele yini na? 16 Suk' ume, ubhaptizwe, uhlambulule izono zakho, unqula igama leNkosi.

Ke kaloku kwathi, ndakuba ndibuyele 17 eYerusalem, ndakubon' ukuba ndiyathandaza etempileni, ndaba sethongweni; ndayibona isithi kum, Ngxama, 18 uphume kamsinya eYerusalem; ngokokuba bengayi kubamkela ubungqina bakho ngam. Ndathi mna, Nkosi, 19 bayazi kakuhle bona ukuba mna ndandibafaka entolongweni, ndibatyabula kuzo zonke izindlu zesikhungu abo bakholwayo kuwe; naxeshikweni laphalazwa- 20 yo igazi likaStefano, ingqina lakho, ndaye ndimi kufuphi nam, ndikuthakazela ukusikwa kwakhe, ndizigcinile iingubo zabo babemsika. Yathi kum, 21 Hamba; ngokuba mna ndiya kukuthuma kude kwiintlanga.

Ibango likaPawulos engumRoma

Bamphulaphula ke, wada wafika 22 kwelo lizwi, baza baphakamisa izwi labo besithi, Msuseni emhlabeni *umntu* onje; kuba akufanelekile ukuba adle ubomi. Ke kaloku, bakubon' ukuba 23 bayankqangaza, belahla iingubo zabo, bephosa uthuli esibhakabhakeni, wathi 24 umthetheli-waka, makangeniswe enqabeni yomkhosi; wathi makancinwe ngekatsi, ukuze azi ukuba kungathuba lini na ukuba benjenje ukunkqangaza ngaye.

Ke kaloku, xa bamolulayo ngeenta- 25 mbo, wathi uPawulos kumthethelikhulu obemi khona, Kuvumelekile na, ukuba nimtyakatye umntu ongumRoma, engagwetywanga nokugwetywa? Evile 26 ke umthetheli-khulu, waya wabika ku-

1095

mthetheli-waka, esithi, Yilumkele into oza kuyenza; kuba lo mntu ungumRo-
27 ma. Weza ke umthetheli-waka wathi kuye, Ndixelele, ungumRoma na?
28 Wathi ke yena, Ewe. Waphendula umthetheli-waka wathi, Mna ukungeniswa kwam kulo mzi *waseRoma*, ndakuzuza ngenani elikhulu. Wathi ke uPawulos. Ke mna ndizelwe ndinako.
29 Basuka kuye kwaoko ngoko abo babeza kumncina; woyika ke nomthetheli-waka akuqonda ukuba ungumRoma, nangenxa yokuba ebembophile.

UPawulos ezithethelela phambi kwentlanganiso yamatyala

30 Ke kaloku ngengomso, enga angayazi inyaniso yento amangalelwe ngayo ngamaYuda, wamkhulula ezintanjeni, wathi, mabeze ababingeleli abakhulu, nayo yonke intlanganiso yabo yamatyala; waza wamhlisa uPawulos, wammisa phakathi kwabo.

Iyelenqe lamaYuda lokuchasa uPawulos

23 Waqwalasela ke uPawulos entlanganisweni yamatyala, wathi, Madoda, bazalwana, mna ndahlala ngokwalowo ungowakwaThixo, ndinesazela
2 esilungileyo, kwada kwayile mini. Ke kaloku umbingeleli omkhulu, uHananiya, wathi kwabo babemi ngakuye, ma-
3 bambethe emlonyeni. Waza wathi u-Pawulos kuye, Úza kukubetha uThixo, ludongandini luqatyiweyo. Wena uthi uhlalele ukuba uthethe ityala lam ngokomthetho, ubuye waphule umthetho,
4 uthi mandibethwe? Bona ke ababemi khona bathi, Ùyamthuka na umbinge-
5 leli omkhulu kaThixo? Wathi uPawulos, Bendingazi, bazalwana, ukuba ungumbingeleli omkhulu; kuba kubhaliwe kwathiwa, Uze ungathethi kakubi ngomphathi wabantu bakowenu.
6 Ke kaloku uPawulos, esazi ukuba elinye icala lelabaSadusi, elinye ke lelabaFarisi, wadanduluka entlanganisweni yamatyala esithi, Madoda, bazalwana, mna ndingumFarisi, ndingowomFarisi; ndimangalelwe mna ngalo ithemba nangovuko lwabafileyo.

Uthe ke akukuthetha oko, kwabakho 7 impambano phakathi kwabaFarisi nabaSadusi, yahiulelana inkitha leyo; kuba 8 okunene abaSadusi babesithi, akukho luvuko, nasithunywa sazulu, namoya; kodwa abaFarisi bazivuma zombini ezo ndawo. Kwabakho ke unkqangazo o- 9 lukhulu; besuka ababhali becala laba-Farisi balwa kakhulu, besithi, Asifumani nanye into embi kulo mntu; ke ukuba kuthethe umoya kuye, nokuba sisithunywa sezulu, masingalwi noThixo thina.

Kuthe ke, yakuba nkulu impambano, 10 wathi umthetheli-waka, esoyikela ukuba uPawulos angáqwengwa ngabo, wathi mawuhle umkhosi, umxwile phakathi kwabo, umzise enqabeni yawo.

Ke kaloku ngobo busuku iNkosi 11 yema ngakuye, yathi, Yomelela, Pawulos; kuba njengokuba waqononondisa izinto ngam eYerusalem, kwangokunjalo umelwe kukuthi ungqine nase-Roma.

Ke kaloku kwakusa, abathile kuma- 12 Yuda bathuthelana bazibopha ngesiqalekiso, besithi abayi kudla, abayi kusela nokusela, bade bambulale uPawulos. Baye ke bengaphezu kwamashumi 13 omané ababefungele ukuyenza loo nto; abathi bona beza kubabingeleli abakhulu 14 nakumadoda amakhulu, bathi, Sizibophile ngesiqalekiso esikhulu, ukuba singafaki nto emlonyeni, side simbulale uPawulos; ke ngoku nina bhekisani ku- 15 mthetheli-waka kunye nentlanganiso yamatyala, ukuba amhlise, eze naye kuni ngomso, ngokungathi niza kuziqiqa ngokukhona kucokisekileyo iindawo ezithethwa ngaye; sibe ke thina, engekasondeli, sesilungiselele ukumbulala.

Ke kaloku, akukuva unyana wodade 16 boPawulos ukumlalela *kwabo*, wafika wangena enqabeni yomkhosi, wambikela uPawulos.

UPawulos ubizele ke kuye omnye 17 wakubatheteli-khulu, wathi, Yisa le ndodana kumthetheli-waka; kuba inento eza kuyibika kuye. Uyithabathile ke 18

IZENZO 23–24

yena, wayizisa kumthetheli-waka, wathi, UPawulos, umbanjwa undibizele kuye, wacela ukuba ndizise le ndodana kuwe; 19 inento eza kuyithetha kuwe. Wayibamba kengesandla umthetheli-waka, waya nayo ngasese, wayibuza wathi, Ùnanto- 20 ni na oza kuyibika kum? Yathi ke, AmaYuda avumelene ukukucela ukuba umhlise uPawulos, umse ngomso entlanganisweni yamatyala, ngokungathi aza kubuza ngokukhona kucokisekileyo into 21 ngaye. Ke wena uze ungoyisakali ngawo; kuba kuwo apho úlalelwe ngamadoda angaphezu kwamashumi amané, azibophileyo ngeziqalekiso, ukuba angadli angaseli ade ambulale; nangoku aselelungile, elinde idinga elivela kuwe.

UPawulos uthunyelwa eKesareya

22 Umthetheli-waka wayindulula ke indodana leyo, akuba eyithethele ngelithi, mayingaxeleli bani, ukuba izibona- 23 kalalisile kuye ezo ndawo. Ebizele kuye abathetheli-khulu abathile ababini, wathi, Lungisani amasoldati abe makhulu mabini, ukuba aye eKesareya, nabamahashe babe mashumi asixhenxe, nababinzi babe makhulu mabini, nge- 24 lesithathu ilixa lobusuku; nilungise namaqegu, ukuze bamkhwelise uPawulos, bamse kuFelikis irhuluneli, asinde.
25 Wabhala incwadi ethi:
26 UKlawudiyo Lisiya uyabulisa kuFe- 27 likis, irhuluneli edume kunene. Le ndoda yayibanjwe ngamaYuda, iza kubulawa ngawo; koko ndathi gaxa kuwo ndinomkhosi, ndayihlangula, nda- 28 kùqonda ukuba ingumRoma. Ndakuba ke ndingalazi ityala abeyimangalela ngalo, ndayihlisa, ndayisa entlanga- 29 nisweni yawo yamatyala; ndayifumana imangalelwe ngeembuzwano zomthetho wawo, kodwa ingenalo nalinye ityala elilingene ukufa, nokufakwa iintambo.
30 Ke kaloku, kwakubon' ukuba ndilihletyelwe iyelenqe ebeliza kwenziwa ngayo le ndoda ngamaYuda, ndithumele kuwe kwangelo lixa, ndathi nakubamangaleli bayo, mabazithethe kuwe iindawo abanazo ngakuyo. Hlala kakuhle.

Amasoldati ke amthabatha uPawulos, 31 njengoko amiselwe ngako, amsa kwa-Antipatri ebusuku. Kuthe ke ngengo- 32 mso abashiya abamahashe, ukuba bahambe naye, wona abuyela enqabeni yomkhosi; bathi bona, bakufika eKesa- 33 reya, bayinikela incwadi kwirhuluneli, bammisa noPawulos phambi kwayo. Íyilesile ke irhuluneli, yabuza nokuba 34 ungowabuphi na uburhulumente; ithe yakuqonda ukuba ungowelaseKiliki, yathi, Ndokuva kakuhle, xa bathe ba- 35 fika nabamangaleli bakho; yatsho yathi, makagcinwe endlwini yerhuluneli ebiyekaHerode.

Ukuthethwa kwetyala likaPawulos yirhuluneli uFelikis

24 Ke kaloku, emva kweentsuku ezintlanu, wehla umbingeleli omkhulu, uHananiya, enamadoda amakhulu, neciko elithile elinguTertulo, bona bengabamangaleli bakaPawulos kwirhuluneli.

Uthe ke akubizwa, waqala uTertulo 2 ukummangalela, esithi:

Sisiva uxolo olukhulu ngawe nje, 3 zikho nje nezenzo eziluncedo ezenzelwe olu hlanga ngokwazalela kwakho, sikwamkela *oko* sibulela ngako konke, amaxesha onke, nasezindaweni zonke, Felikis odume kunene. Ke ukuze ndi- 4 ngabi sakubambezela ngakumbi, ndiyakubongoza ukuba ukhe usive kancinane ngokuthantamisa kwakho. Kuba 5 siyifumene le ndoda isisifo, umphambanisi kuwo onke amaYuda akwelimiweyo, ingumkhokeli walo ihlelo lamaNazarete; eyathi yalinga ukuyihlambela nete- 6 mpile: esathi sayibamba, safuna ukuyigweba ngowethu umthetho; usuke u- 7 Lisiya, umthetheli-waka, wafika, wayihlutha ngamandla amakhulu ezandleni zethu; wathi, mabeze kuwe abamanga- 8 leli bayo, ongáthi wena ngokwakho, wakuzincina zonke iindawo, ube nako ukuziqonda kuye ezo siyimangalela ngazo thina.

NamaYuda ke avumelana *naye*, athi 9 kunjalo kanye.

IZENZO 24–25

10 Ke kaloku waphendula uPawulos, yakunqwala kuye irhuluneli ukuba athethe, wathi:

Ndisazi kakuhle nje, ukuba sekuyiminyaka emininzi ungumgwebi kolu hlanga, kokukhona ndiziphendulela ngomxhelo owonwabileyo ngazo iindawo 11 ezingam. Kuba ungánokuqonda, ukuba akuntsuku zingaphezu kweshumi elinambini, ndenyukayo ndaya kunqula 12 eYerusalem; nasetempileni abandifumananga ndixoxa namntu, ndisenza nasiphendu, nasezindlwini zesikhungu, 13 naphi phakathi komzi. Kananjalo àbanako ukuzimisa izinto abandimangalela ngazo ngoku.

14 Ke ndiyakuvuma oku kuwe, ukuba ngeNdlela abathi bona sisiphambusa, ndenjènjalo ukumkhonza uThixo wakowethu, ndikholwa zizinto zonke ezibhaliweyo emthethweni nasebaprofeti-
15 ni; ndinethemba kuThixo, into ke abayilindileyo nabo ngokwabo, ukuba kuza kubakho uvuko lwabafileyo, lwamalungisa kwanolwabangemalungisa.
16 Ke kaloku, kule nto nam ngokwam ndiyazama, ukuba ngamaxesha onke ndingabi nasazela sikhubekisa nganto ngakuThixo nangakubantu.

17 Emva kweminyaka emininzi, ndafika ndizisa amalizo neminikelo kuhlanga 18 lwakowethu. Kwezo nto ándifumana etempileni ndenziwe nyulu, ndingenzi siphendu, ndingenzi nasiphithiphithi,
19 amaYuda athile elaseAsiya; abemelwe kukubakho apha phambi kwakho, andimangalele, ukuba angaba anendawo
20 ngakum; okanye mabathi bona aba, ukuba kukho nto yokungalungisi bayifumeneyo kum, bayixele, ndakubon' ukuba ndimi apha entlanganisweni
21 yamatyala; ingelilo elo lizwi linye, ndadandulukayo ngalo ndimi phakathi kwabo, lokuthi, Kungalo uvuko lwabafileyo endimangalelwayo mna nini namhla.

UFelikis umisa ityala

22 Ke kaloku, akuziva ezi zinto uFelikis, uthe, ezazi ngokhona kucokisekileyo iindawo zale Ndlela, wabalibazisa, wathi, Xa athe wehla uLisiya umthetheli-waka, ndoziqiqa kakuhle iindawo zenu. Kanjalo wammisela umthetheli- 23 khulu, ukuba agcinwe uPawulos, abe nokuyekelelwa, kungàlelwa nabani wakowabo ukumnceda, nokuba eze kuye.

Ke kaloku, emva kwemihla ethile, 24 wafika uFelikis enoDrusila umkakhe, umYudakazi, wathumela wambiza uPawulos, wamva ethetha ngako ukukholwa kuKristu. Akubon' ukuba ke 25 uthetha ngobulungisa, nokuzeyisa, nangogwebo oluza kubakho, wangenwa kukoyika uFelikis, waphendula wathi, Hamba okwakalokunje: ke ndakùzuza ithuba, ndokubiza uze. Kunye ke 26 noko, wayethembe ukuba wonikwa imali nguPawulos, ukuze amkhulule; ngako oko kwaba kukhona ambiza futhi, ukuba eze axoxe naye.

Ke kaloku, kwakubon' ukuba kudlule 27 iminyaka emibini, uFelikis wakhululana noPorkiyo Festo; kanjalo wathi uFelikis, efuna ukuzithandisa kumaYuda, wamshiya uPawulos ekhonkxiwe.

Ityala likaPawulos lithethwa phambi koFesto

25 Uthe ngoko uFesto, akuba engene eburhulumenteni, wathi emva kwemihla emithathu, wenyuka waya eYerusalem, esuka eKesareya. Ke 2 kaloku, umbingeleli omkhulu nabaziintloko kumaYuda bammangalela uPawulos kuye, bambongoza, becela ukuba 3 abababale ngokumbiza eze eYerusalem; bemlalele ukuze bambulale endleleni. Waphendula ke ngoko uFesto, wathi, 4 ugcinwe eKesareya uPawulos; naye ke ngokwakhe uza kuya kamsinya. Wa- 5 thi, Mabathi ngoko abanako phakathi kwenu, behle kunye nam, bayimangalele, ukuba kukho nto kule ndoda.

Akuba ke elibele kubo imihla enga- 6 phezu kweshumi, wehla waya eKesareya; ngengomso, akuba ehleli esihlalweni sokugweba, wathi makaziswe uPawulos. Uthe ke akufika, amaYuda abehle evela 7 eYerusalem, amngqonga, emtyhola nga-

IZENZO 25–26

matyala amaninzi anzima uPawulos,
8 awayengenako ukuwamisa; esithi yena ukuziphendulela, Nasemthethweni wamaYuda, nasetempileni, nakuKesare,* andonanga nto.

9 Ke uFesto, efuna ukuzithandisa kumaYuda, umphendule uPawulos wathi, Ùyathanda na ukunyuka uye eYerusalem, lithethwe khona ityala lezi
10 zinto phambi kwam? Uthe ke uPawulos, Ndimi esihlalweni sokugweba sikaKesare, apho limele ukuthethwa khona ityala lam. AmaYuda andiwonanga nganto, njengokuba nawe usazi kakuhle.
11 Kuba okunene ukuba ndonile, ndenza into elingene ukufa, andali kufa; kodwa ukuba akukho nanye yezo zinto bandimangalela ngazo aba, akukho namnye unako ukundinikela kubo. Ndibhenele kuKesare.
12 Waza uFesto, akuba ethethe nephakathi, waphendula *wathi*, Ùbhenele kuKesare; ùya kuya kuKesare.

UAgripa noBhernike

13 Ke kaloku, kwakuphor' ukuba kudlule imihla ethile, uAgripa, ukumkani, noBhernike bafika eKesareya, besiza kubulisa uFesto.
14 Bakulibala khona ke imihla emininzi, uFesto wazandlala phambi kokumkani lowo izinto ezingaye uPawulos, esithi, Kukho ndoda ithile ishiyiweyo ngu-
15 Felikis, ikhonkxiwe, abathe ababingeleli abakhulu namadoda amakhulu amaYuda, oko ndibe ndiseYerusalem, bayimangalela, becela ukuba igwetywe.
16 Endathi ukubaphendula, Asilosiko lamaRoma ukubabala ngomntu abulawe, phambi kokuba lowo umangalelweyo akhangelane nabamangaleli bakhe, azuze nethuba lokuziphendulela ngalo ityala
17 lakhe. Bakuba ngoko bebuthelene apha, àndilibazisanga; ngomhla olandelayo ndahlala esihlalweni sokugweba,
18 ndathi mayiziswe indoda leyo. Abamangaleli bayo, bakùvela, abamisanga nalinye ityala lezo zinto bendizindlela
19 kuzo mna; ke baye beneembuzwano ezithile nayo ngokuhlonela kwabo izithixo, nangaYesu uthile ufileyo, abesithi yena uPawulos uhleli. Ndakuthingaza 20 ke mna ngawo umbuzo wale ndawo, ndathi, Ùnga ungaya eYerusalem na, lithethwe khona ityala lezi zinto? Akubon' ukuba ke uPawulos ubhenele 21 ukuba agcinelwe isigwebo soMhlekazi, ndathi makagcinwe, ndide ndimthumele kuKesare.
Wathi ke uAgripa kuFesto, Bendinga 22 nam ndingakhe ndimve umntu lowo. Wathi ke yena, Ùya kumva ngomso.
Uthe ke akufika ngengomso uAgripa 23 enoBhernike, benendili enkulu, bengene nasendaweni yokuphulaphulela *amatyala*, benabathetheli-waka namadoda amakhulu omzi, waziswa uPawulos ngezwi likaFesto.
Wathi uFesto, Agripa kumkani, nani 24 nonke madoda akhoyo nathi, niyambona lo mntu, ethe yonke inkitha yamaYuda yasingisa kum ngaye, naseYerusalem nalapha, ibhomboloza kakhulu *isithi*, akasafanele kudla ubomi; mna ke ndithe 25 ndakùqonda ukuba akenzanga nto ilingene ukufa, akubon' ukuba naye ngokwakhe ubhenele kuMhlekazi, ndagqiba kwelokuba ndimthumele *kuye*, endingenanto iyinyaniso ndingayibhalayo ngaye enkosini yam. Ngako oko 26 ndimzisé phambi kwenu, ngokukodwa phambi kwakho, kumkani Agripa, ukuze, kwakubon' ukuba kunciniwe, ndibe nento endingayibhalayo; kuba kum 27 kubonakala ibubudenge, ukuba kuthunyelwe ikhonkxwa, lingaqondakaliswa netyala elinalo.

UPawulos uthetha phambi koAgripa

26 Wathi ke uAgripa kuPawulos, Ùvunyelwe ukuba uziphendulele.
Wandula uPawulos waziphendulela, esolule isandla, *wathi*:
Ndiva kamnandi, kumkani Agripa, 2 ndiza kuziphendulela nje phambi kwakho namhla, ngazo zonke izinto endimangalelwa ngazo ngamaYuda; ngokukodwa 3 ekubeni usazana nawo onke amasiko neembuzwano zamaYuda. Ku-

IZENZO 26

ngoko ndiyakuthandaza ukuba undive, undinyamezele.

4 Ukuhlala kwam ke kwasebuncinaneni bam, okwabakho kwasekuqalekeni phakathi kohlanga lwakowethu eYerusalem,
5 ayakwazi onke amaYuda; endazi ngenxa engaphambili (ukuba athe athanda ukungqina), okokuba, ngelona licokisekileyo ihlelo lonqulo lwakowe-
6 thu, ndahlala ndingumFarisi. Nangoku ndimi ndimangalelwa ngenxa yethemba ledinga elabekwa nguThixo koba-
7 wo; ezithembe ukufika kulo izizwe zakowethu ezilishumi elinazibini, zimkhonza nje *uThixo* ngenyameko ubusuku nemini; ekungenxa yelo themba endimangalelwayo ngamaYuda, kumkani
8 Agripa. Yini na ukuba nithi, yinto eningenakukholwa yiyo, ukuba uThixo uyabavusa abafileyo?

9 Mna okunene ke bendiba ngelam, ndimelwe kukwenza izinto ezininzi ezichasene negama likaYesu waseNazarete.
10 Endakwenzayo ke oko eYerusalem; nento eninzi yabangcwele ndayitshixela ezintolongweni, ndakuba ndamkele igunya kubabingeleli abakhulu; ndaza,
11 bakuba besikwa, ndavuma. Nakuzo zonke izindlu zesikhungu ndibe ndibohlwaya futhi, ndibanyanzela ukuba banyelise; ndathi, ndibagezela ngokuncamisileyo, ndabatshutshisa, ndada ndesa kwimizi engaphandle.

12 Kunjalonje ke, *kwathi*, xa ndiyayo eDamasko, ndinegunya nemvume ku-
13 babingeleli abakhulu, emini enkulu endleleni, kumkani, ndabona ukukhanya kuvela ezulwini, okungaphezu kokuqaqamba kwelanga, kundibanekela ngeenxa zonke, nabò babehamba nam.
14 Sìthe ke sakubon' ukuba siwile sonke emhlabeni, ndeva izwi lithetha nam ngentetho yesiHebhere, lisithi, Sawule, Sawule, unditshutshiselani na?
15 wenzakala, ukhaba iimviko nje. Ndathi ke mna, Ungubani na, Nkosi? Yathi ke yona, Mna ndinguYesu omtshutshi-
16 sayo. Vuka, ume ngeenyawo; kuba ndibonakele kuwe ngenxa yoku, ukuba ndikumise ube ngumkhonzi nengqina lezi zinto uzibonileyo, nendiya kubona-

kala kuwe ngazo; ndikunyothula eba- 17
ntwini nasezintlangeni, endikuthuma kuzo ngokunje; ukuba uvule amehlo 18 abo, ukuze babuye ebumnyameni, beze ebumhlotsheni; babuye egunyeni likaSathana, beze kuThixo; ukuze bamkele uxolelo lwezono, nelifa phakathi kwabangcwalisiweyo, ngokukholwa kum.

Ekuthe koko, kumkani Agripa, anda- 19 ba nguye ongawululameliyo umbono wasemazulwini; ndesuka ndababikela 20 abaseDamasko kuqala, nabaseYerusalem, nakulo lonke ilizwe lakwaYuda, nakuzo iintlanga, ukuba baguquke babuyele kuThixo, benze imisebenzi efanele inguquko. Ngenxa yezi zinto 21 amaYuda andibamba etempileni, azamela ukundibulala. Ngoko ndizuze 22 uncedo kuThixo nje, ndimisile kude kube yile mini, ndingqina komncinane nakomkhulu, ndingathethi nanye into ngaphandle kwezo, bathi abaprofeti noMoses ziza kubakho; zokuba uKri- 23 stu* ubeza kuva iintlungu, nokuba ubeza kuthi, engowokuqala eluvukweni lwabafileyo, azise ukukhanya ebantwini nasezintlangeni.

Ke kaloku, akubon' ukuba uyaziphe- 24 ndulela ngokunjalo, uFesto wathi ngezwi elikhulu, Ùyageza, Pawulos; imfundo eninzi iyakugezisa. Wathi ke 25 yena, Andigezi, Festo odume kunene; ndiphimisela amazwi enyaniso nawengqondo ephilileyo. Kuba ezo ndawo 26 úyazazi kakuhle ukumkani, endithetha kuye ngokungafihlisiyo; kuba ndikholosekile kukuba akukho nanye yezi zinto ifihlakeleyo kuye; kuba le nto ibingenzelwanga egumbini. Ùyakholwa na, 27 kumkani Agripa, ngabaprofeti? Ndiyazi ukuba uyakholwa.

Wathi ke uAgripa kuPawulos, Ngo- 28 kuncinane undeyisela ukuba ndibe ngumKristu. Wathi ke uPawulos, Ndi- 29 thandaza kuThixo, ukuba ingabi nguwe wedwa, ibe ngabo bonke abandivayo namhlanje, abaya kuthi, nangokuncinane nangokukhulu, babe njengam nje, ngaphandle kwezi ntambo.

Akuba etshilo, besuka ukumkani, 30

IZENZO 26–27

nerhuluneli, noBhernike, kwanababe-
31 hleli nabo; beshenxile, bathetha bodwa
bathi, Lo mntu akenze nanye into eli-
32 ngene ukufa neentambo. Wathi ke uA-
gripa kuFesto, Lo mntu ange enokukhu-
lulwa, ukuba ubengabhenele kuKesare.

Uhambo lukaPawulos lokuya eRoma: uPawulos eKrete

27 Ke kaloku, kwakugqitywa kwelo-
kuba sisuke ngomkhombe siye
kwelaseItali, bamnikela uPawulos kwa-
nabanye ababanjwa abathile kumthe-
theli-khulu, ogama linguYuliyo, webu-
tho loMhlekazi.
2 Singenile ke emkhombeni waseAdra-
mita, sisiza kudlula ngakwimimandla
yelaseAsiya, sanduluka, kwakubon' u-
kuba uAristarko, umMakedoni wase-
3 Tesalonika, unathi. Sathi ngengomso
safika eTsidon; waza uYuliyo wampha-
tha uPawulos ngobubele, wamvumela
ukuba aye ezihlotyeni zakhe, ongiwe.
4 Sanduluka nalapho, sahamba ngomko-
mbe, sabetha ezantsi kweSipro, ngenxa
yokuba imimoya ibivela ngaphambili.
5 Sakulucanda nolwandle olungakwelase-
Kiliki nelasePamfili, safika eMira yelase-
6 Liki. Apho ke umthetheli-khulu wa-
fumana umkhombe wakwa-Alesandire,
usiya kwelaseItali, wasikhwelisa kuwo.
7 Ke kaloku iintsuku zanela sihamba
kancinane, kwaba ngenkankulu ukuba
sifike ngaseKinido. Uthe wakuba u-
moya ungasivumeli ukuba sisondele,
sabetha ezantsi kweKrete ngaseSalimo-
8 ne. Saza sadlula kuyo ngenkankulu,
safika ndaweni ithile kuthiwa ngama-
Chweba aMahle, obukufuphi kuyo umzi
waseLaseya.

Ukusinga eRoma: uqhwithela lolwandle nokuqhekeka kwenqanawa eMelita

9 Lithe ke lakudlula ixesha elaneleyo,
nokuhamba ngomkhombe kunengozi,
ngenxa yokuba nozilo beluse ludlule,
10 uPawulos wamana ebalúleka, esithi
kubo, Madoda, ndiyabona ukuba uha-
mbo olu luza kuba nenkxwaleko noko-

nakala okukhulu, kungekwamthwalo
namkhombe wodwa, kukokobomi be-
thu nabo. Kodwa umthetheli-khulu 11
wayethambele okomqhubi nokomnini-
mkhombe ukuthetha, kunokukaPawu-
los. Ke kaloku, ichweba lingàkulu- 12
ngele nje ukuba kudluliswe busika
kulo, abòna baninzi kubo baceba ukuba
kundulukwe khona, ukuba mhlawu-
mbi banganokufikelela badlulise ubu-
sika eFinikis, elichweba laseKrete;
elibheke kwintshonalanga engasezantsi,
nakwintshonalanga engasentla.

Kuthe ke, wakùbetha impepho umo- 13
ya wasezantsi, beba bakuzuzile ababe-
kungxamele, banduluka, badlula kufu-
phi neKrete. Kodwa kungekabi mzu- 14
zu, kwagaleleka khona umoya osisa-
qhwithi, ekuthiwa yiYuroklidon.* Ku- 15
the ke kwakubon' ukuba uthiwe hlasi
umkhombe, awaba nako ukumelana
nomoya, sasesiwuyeka; saqhutywa.
Sathi sakubaleka ke, sibetha ngaphantsi 16
kwesiqithana esithile, ekuthiwa yiKla-
wuda, kwaba ngenkankulu ukuba sibe
nako ukuwubamba umkhonjana; aba- 17
the bakuwufunqula, basebenza ngezinto
zokunceda, bewubhinqisa umkhombe;
kananjalo bathi, besoyika ukuba bange-
yela esihlabeni, bazifinyeza iiseyile, ba-
qhutywa benjalo.

Sithe ke, sakubon' ukuba ke siba- 18
ndezelwe kakubi liliqhwa, ngomhla
olandelayo bawuphungula umthwalo;
nangowesithathu sayilahla ngezandla 19
zethu impahla yomkhombe. Kuthe ke, 20
kwakubon' ukuba akubonakali langa
nankwenkwezi iintsuku ezininzi, kuci-
nezele neliqhwa elingelincinane, laphela
kwathi tu lonke ithemba lokuba singá-
sindiswa.

Emva kokuzila ukudla ixesha elide, 21
wesuka wema uPawulos phakathi kwabo,
wathi, Hina madoda, ninge naniphula-
phule kum, ananduluka eKrete, nizu-
zane nale nkxwaleko noku konakala.
Nangoku ndiyaniluleka ukuba nibe 22
nomxhelo owonwabileyo; kuba kuni
aba, akukho uya kulahlekelwa bubomi
bakhe, yoba ngumkhombe wodwa.
Kuba ngobu busuku bekumi ngakum 23

1101

isithunywa sikaThixo, endingowakhe,
24 endimkhonzayo, sisithi, Musa ukoyika,
Pawulos, umelwe kukuma phambi ko-
Kesare;* uyabona, uThixo ukubabale
ngabo bonke abasemkhombeni nawe.
25 Kungoko ndithi, Yibani nomxhelo owo-
nwabileyo, madoda; kuba ndiyakholwa
nguThixo, ukuba kuya kuba njalo ngolo
26 hlobo athethe ngalo kum. Kodwa
simelwe kukuphoseka siqithini sithile.
27 Ke kaloku, kwakufika ubusuku be-
shumi elinesiné, sakubon' ukuba siqhu-
tywaqhutywa *ngumoya* eAdriya, maye-
la phakathi kobusuku, oomatrose bazi-
ndla ukuba kukho mhlaba uthile baso-
28 ndelayo kuwo. Baza bakuba beyipho-
sile ilothe,* bafumana ukuba ziifatom*
ezimashumi mabini; bethe tyi ke kanci-
nane, baphinda bayiphosa ilothe, bafu-
mana ukuba ziifatom ezilishumi elina-
29 ntlanu. Baza, besoyika ukuthi banga-
phoseka ezindaweni ezibungqagala, ba-
phosa iiankile* zané esinqeni somkho-
mbe, banga kungasa.
30 Ke kaloku, bakubon' ukuba oomatro-
se bangxamele ukubaleka baphume em-
khombeni, bewuhlisele elwandle ukho-
njana, bengáthi baza kuyekelela ianki-
31 le ngaphambili, wathi uPawulos ku-
mthetheli-khulu nakumasoldati, Ukuba
aba abathanga bahlale emkhombeni,
32 aninakusindiswa nina. Andula amaso-
ldati azinqamla iintsontelo zomkhonja-
na, awuyeka wawa, wemka.
33 Ke kaloku kwada kwaza kusa, uPa-
wulos ebabongoza bonke ukuba badle
ukudla, esithi, Namhla ngumhla we-
shumi elinesiné nilinda, nimana nizila
34 ukudla, ningafaki nto emlonyeni; ke
ngoko ndiyanibongoza ukuba nidle
ukudla; kuba oko kuyelelene nokusi-
ndiswa kwenu; kuba akuyi kuwa nalu-
35 nwele lwentloko kabani kuni. Ke kalo-
ku, akuba etshilo, wathabatha isonka,
wabulela kuThixo emehlweni abo bo-
36 nke; waqhekeza, waqala wadla. Bonke
ke baba nomxhelo owonwabileyo, ba-
37 thabatha ukudla nabo. Saye ke emkho-
mbeni apho sonke siyimiphefumlo ema-
khulu mabini anamanci asixhenxe ana-
38 mithandathu. Bathe ke, bakuhlutha,

bawenza khaphukhaphu umkhombe,
beyiphosa elwandle ingqolowa.
Kwakusa ke, abawazanga loo mhlaba; 39
ke babona ichwetyana elithile lino-
nxweme, babhunga ukuwutyhalela kulo
umkhombe, ukuba bangaba nako.
Baza, bezinqumla zonke iiankile, bazi- 40
yekela elwandle, bezikhulule kunye
nezibophelelo zemithi yokujika; bayi-
twabulula iseyilana ngasemoyeni, ba-
bhekisa elunxwemeni. Bakuba ke be- 41
gaxeleke endaweni enolwandle ngeenxa
zombini, wangqubeka khona umkho-
mbe; umphambili wagxumekeka khona,
wahlala awashukuma; ke sona isinqe
saqhekeka ngamandla amaza.
Ke kaloku icebo lamasoldati laba 42
lelokuba babulawe ababanjwa, hleze
kubekho obaleka ngokudada, aphume.
Kodwa umthetheli-khulu, enga anga- 43
msindisa uPawulos, wawaléla kwicebo
lawo; kananjalo wathi, abo banako
ukudada mabaziphose kuqala baphu-
mele emhlabeni; bathi abaseleyo, inxe- 44
nye ikhwèle eziplangeni, inxenye i-
khwèle kwezinye izinto zomkhombe.
Kwaza kwathi ngokunjalo bafika
emhlabeni, basinda bonke.

UPawulos eMelita

28 Bakuba besindile, baqala ukuqo-
nda ukuba isiqhithi eso kuthiwa
yiMelita. Amabharbhari* ke lawo ase- 2
nzela ububele obungahlali busihla;
kuba aphemba umlilo, asamkela sonke
ngenxa yemvula esifikeleyo, nangenxa
yokubanda.
Ke kaloku, akubon' ukuba uPawulos 3
utheze inyanda yeentsasa, wayibeka
phezu komlilo, kwaphuma inyoka ebu-
shushwini obo, yanamathela esandleni
sakhe. Athe ke amabharbhari, akusi- 4
bona isilo eso silengalenga esandleni
sakhe, athetha odwa athi, Okwenene lo
mntu ungumbulali; nakuba esindile
elwandle, impindezelo ayivumi ukuba
adle ubomi. Yena ngoko wasivuthu- 5
lulela emlilweni isilo eso, akeva buhlu-
ngu noko. Ke bona babelinde ukuba 6
uza kudumba, mhlawumbi athi qwaka,

1102

IZENZO 28

afe; bakùlinda futhi ke, bakùbona engahliwa nto imbi, bajika bathi unguthixo.

7 Ke kaloku, kuloo mmandla bekukho imihlaba yomntu omkhulu wesiqithi, ogama linguPubliyo; owasamkela ngobubele, wasenza undwendwe lwakhe 8 iintsuku zantathu. Kwathi ke, uyise kaPubliyo walala phantsi, ebanjwe yicesina nokuxaxaza igazi; awathi u-Pawulos, engene kuye, wathandaza; wabeka izandla phezu kwakhe, wamphi-9 lisa. Kuthe ke kwakwenzeka oko, bathi nabanye ababenezifo esiqithini apho, beza baphiliswa; bathi bona basenzela 10 iimbeko ezininzi; bathi, xa sindulukayo, basithwesa ngezinto esizisweleyo.

Ukugqithela eRoma

11 Ke kaloku, emva kweenyanga ezintathu, sanduluka ngomkhombe wakwa-Alesandire, obudlulise ubusika esiqi-12 thini eso, onembasa yamaWele. Sathi sakufika eSirakusi, sahlala khona iintsu-13 ku zantathu. Sisuka khona, sajikeleza safika eRegiyo; emva kosuku olunye, kwakubon' ukuba umoya wasezantsi uvukile, safika ngowesibini umhla e-14 Potiyoli; safumana abazalwana apho, basibongoza ukuba sihlale nabo iintsuku zibe sixhenxe; seza ngokunjalo eRoma. 15 Bathi abazalwana, bakusiva, baphuma khona apho, beza kusihlangabeza, bada beza eApiyoforo, naseTritabherne; athe uPawulos, akubabona, wabulela ku-Thixo, womelezeka.

16 Ke kaloku, xeshikweni sifikileyo eRoma, umtheteli-khulu wabanikela ababanjwa kumthetheli-mkhosi; ke yena uPawulos wavunyelwa ukuba ahlale yedwa, nesoldati elimgcinayo.

UPawulos ubonana namaYuda eRoma

17 Kwathi ke, emva kweentsuku ezintathu, uPawulos wabizela ndawonye abaziintloko bamaYuda; abathe bakubon' ukuba ke babuthelene, wathi kubo, Madoda, bazalwana, mna ndithe, ndingenzanga nto ichasene nabantu namasiko akowethu, ndesuka eYerusalem ndingumbanjwa, ndanikelwa ezandleni zamaRoma. Athe wona akundincina, 18 afuna ukundikhulula, ngenxa yokuba kungekho tyala lakufa ndinalo. Athe 19 ke amaYuda akùphika, ndanyanzeleka ukuba ndibhenele kuKesare;* kungengakuba ndibe ndinento yokulumangalela ngayo uhlanga lwakowethu. Ndi- 20 nibongozé ke ngenxa yeso sizathu ukuba niże, ndinibone, ndithethe nani; kuba kungenxa yethemba lakwaSirayeli endinxitywe lo mxokelelwane.

Wona ke athi kuye, Thina asizuzanga 21 zincwadi ziṭhetha ngawe, zivele kwelakwaYuda; kananjalo akufikanga bani wakubazalwana, owabika, wathetha nto ikhohlakeleyo ngawe. Singa ke singe- 22 va ke izinto ozicingayo; kuba okunene ngalo elo hlelo kuyazeka kuthi, ukuba lichasiwe ezindaweni zonke.

Ke kaloku, bakummisela imini, kwe- 23 za kuye into eninzi endlwini abehlala kuyo, wabatyhilela, ebaqononondisa kunene, ubukumkani bukaThixo; kananjalo ebebeyisela kokungoYesu, ethabatha emthethweni kaMoses kwanakubaprofeti, eqala kusasa ahlwise. Yaye 24 inxenye iseyiseka ngaloo mazwi athethwa nguye, yaye inxenye ingàkholwa.

Bakuba ke bengavumelani, bandulu- 25 ka, akubon' ukuba uPawulos uthethe zwi-nye, wathi, Watyapha uMoya oyi-Ngcwele ukuthetha ngoIsaya umprofeti koobawo bethu, esithi, 26

Hamba uye kwaba bantu, uthi,
Ukuva oku niya kuva, ningakhe niqonde;
Nithi nibona nje, nibone, ningakhe niqiqe.
Kuba intliziyo yaba bantu ithe fithi 27 kukutyeba;
Beva nzima ngeendlebe,
Bewacima namehlo abo;
Hleze babone ngamehlo,
Beve ngeendlebe,
Baqonde ngeentliziyo,
Bajike, ndibaphilise.

(UIsaya 6: 9, 10)

Makwazeke ngoko kuni, ukuba usindiso 28 lukaThixo luthunyelwe kuzo iintlanga; ziya kuluva zona.

1103

29 Akuba etshilo, emka amaYuda, enembuzwano enkulu phakathi kwawo.

Isiphelo

30 Ke kaloku, uPawulos wahlala iminyaka emibini iphela kweyakhe indlu ayiqeshileyo, wabamkela bonke ababesiza kuye, ebuvakalisa ubukumkani buka- 31 Thixo, efundisa iindawo ezingeNkosi uYesu Kristu ngako konke ukungafihlisi, engalelwa bani.

INCWADI KAPAWULOS UMPOSTILE

KWABASEROMA

Umbuliso

1 UPawulos, umkhonzi kaYesu Kristu, umpostile* owabizwayo, wahlulelwa *ukuvakalisa* iindaba ezilungi-
2 leyo zikaThixo, awazidingayo ngenxa engaphambili ngabo abaprofeti bakhe
3 ezibhalweni ezingcwele, ebhekisele kuNyana wakhe, owazalwa engowembewu
4 kaDavide ngokwenyama, owamiswayo ukuba unguNyana kaThixo, enamandla, ngokomoya wobungcwele, ngokuvuka kwabafileyo, uYesu Kristu ke, iNkosi
5 yethu; esathi ngaye samkela ububalo nobupostile, ukuze ngenxa yegama lakhe kubekho ukulululamela ukholo
6 phakathi kwazo zonke iintlanga; eniphakathi kwazo nani, babiziweyo baka-
7 Yesu Kristu: *ubhalela* bonke abaseRoma, abaziintanda zikaThixo, abangcwele ababiziweyo, *esithi,* Makube lubabalo kuni, noxolo oluvela kuThixo uBawo wethu, neNkosi uYesu Kristu.

Ulangazelelo lukaPawulos lokuya eRoma

8 Kuqala ke, ndiyabulela kuThixo wam ngoYesu Kristu ngenxa yenu nonke, kuba ukholo lwenu luxelwa ehlabathini
9 liphela. Kuba ulingqina lam uThixo, endimkhonzayo ngomoya wam kwiindaba ezilungileyo zoNyana wakhe,
10 okokuba andiyeki ukunikhankanya; ndihlala ndikhunga emithandazweni yam, ukuba ndingáde ngoku ndibe nempumelelo, ndize kuni nangakuphi, ngako ukuthanda kukaThixo. Kuba ndila- 11 ngazelela ukunibona, ukuze ndinabele sibabalo sithile sisesomoya, ukuze nizimaseke; oko ke kukuze ndivuseleleke 12 nam phakathi kwenu, ngalo ukholo olukuthi sobabini, ngolwenu kwanangolwam.

Andithandi ke ukuba ningàzi, baza- 13 lwana, ukuba kúfuthi ndizimisela entliziyweni yam ukuza kuni (ndathintelwa kwada kwanamhla), ukuze ndibe nasiqhamo sithile naphakathi kwenu, kwanjengaphakathi kwezinye iintlanga. KumaGrike kwanakumabharbhari,* 14 kwizilumko kwanakwabaswele ukuqonda, ndimelwe *kukushumayela.* Ngo- 15 kunjalo okukokwam ndingxamele ukuzishumayela iindaba ezilungileyo nakuni baseRoma.

Inkcazo yeendaba ezilungileyo

Kuba andinazintloni ngazo iindaba 16 ezilungileyo zikaKristu; kuba zingamandla kaThixo okusindisa bonke abakholwayo, umYuda kuqala, kwanomGrike. Kuba ngazo kutyhilwa ubulungisa 17 bukaThixo, buphuma elukholweni buse elukholweni, njengokuba kubhaliwe *kwathiwa,* Olilungisa ke uya kudla ubomi ngokokholo. (*UHabh. 2: 4*)

Ubungendawo beentlanga

Kuba ityhilekile ingqumbo kaThixo 18 ivela emazulwini, ichase konke ukungahloneli Thixo, nentswela-bulungisa ya-

KWABASEROMA 1-2

bantu, abayithintelayo inyaniso ngoku-
19 swela ukulungisa. Ngokokuba oko kwa-
zekayo ngoThixo kuyabonakala nga-
phakathi kwabo; kuba uThixo waku-
20 bonakalalisa kubo. Kuba kwasekuda-
lweni kwehlabathi, iindawo zakhe ezibe
zingenakubonwa zibonwa kakuhle, zi-
qondeke, ngezinto ezenziweyo, kwa-
amandla akhe angunaphakade, nobu-
Thixo *bakhe*, ukuze bangabi nakuziphe-
ndulela.
21 Ngokokuba bathe, bemazi uThixo,
àbamzukisa ngokoThixo, àbabulela
kuye; basuka bazizinto ezingento eziza-
mangweni zabo, yaza intliziyo yabo
engenakuqonda yenziwa yamnyama;
22 bathi besiba bazizilumko, besuka baba
23 ziziyatha; baza ubuqaqawuli bukaThixo
ongenakonakala babananisela intsobi
yomfanekiselo womntu onokonakala,
noweentaka, nowezinto ezizitho ziné,
nowezinambuzane.
24 Kungoko athe, besezinkanukweni zee-
ntliziyo zabo, uThixo wabanikela noku-
banikela ekungcoleni, ukuba bahlazisa-
25 ne ngemizimba yabo; bona bananiséle
ubuxoki inyaniso kaThixo, basihlonela
basikhonza isidalwa, begqitha kuMdali,
ongowokubongwa kuse kuwo amapha-
kade. Amen.
26 Ngenxa yoko, uThixo wabanikela
ekuthabathekeni okulihlazo; kuba na-
mankazana abo umsebenzi wasemve-
lweni awananisela okunxamnye nemve-
27 lo; kwaza kwangokunjalo ke namadoda,
ewushiya umsebenzi wenkazana wase-
mvelweni, avutha ngokukhanukana kwa-
wo, amadoda esenza kumadoda okuzii-
ntloni, ezamkelela umbuyekezo wokula-
hleka kwawo, abemelwe ke nguwo.
28 Njengokuba ke bekúmangele uku-
hlala bemazi kakuhle uThixo, uThixo
wabanikela engqiqweni engacikidekile-
yo, ukuba benze izinto ezingafaneleki-
29 leyo; bezele yiyo yonke intswela-
bulungisa, okungendawo, ukubawa, u-
lunya; bezele ngumona, kukubulala,
ziinkani, yinkohliso, bubumenemene;
30 ábasebezi, ábahlebi, abathiyekileyo ku-
Thixo, abasileyo, abanekratshi, abaqha-
nkqalazi, abacebi bezinto ezimbi, aba-
ngàbevayo abazali, abangenakuqonda, 31
abaphuli beminqophiso, abangenabube-
le, abangenatarhu, abangenanceba; bo- 32
na bathi, besazi kakuhle isimiselo sika-
Thixo, sokuba abo bazenzayo izinto
ezinjalo bafanelwe kukufa, banganeli
kukuzenza, basuka bathakazelele nabò
bazenzayo.

AmaYuda nawo anetyala

2 Kungoko ndithi, Akunakuziphendu-
lela, mntundini ugwebayo, nokuba
ùngubani; kuba ngokugweba omnye,
uzigweba kwawena; kuba wena ugwe-
bayo wenza kwaezo zinto. Siyazi ke 2
ukuba isigwebo sikaThixo siwa ngo-
kwenyaniso phezu kwabo bazenzayo
izinto ezinjalo.

Ucinga na ke, mntundini ugweba 3
abo bazenzayo izinto ezinjalo, ube
usenza kwazona nawe, ukuthi, uya
kusisaba na wena isigwebo sikaThixo?
Okanye ùyabudela na ubutyebi bobu- 4
bele bakhe, nonyamezelo, nokuzeka
kade umsindo; ungazi ukuba ububele
bukaThixo bukusa enguqukweni?

Ke ùthi, ngokuba lukhuni kwakho, 5
nentliziyo *yakho* engenanguquko, uzi-
qwebele ingqumbo, ngemini yengqu-
mbo nokutyhilwa komgwebo onobulu-
ngisa kaThixo; oya kuvuza ulowo nalo- 6
wo ngokwemisebenzi yakhe: abo bathi 7
ngokomonde emsebenzini olungileyo
bafune uzuko nembeko nokungonakali,
ábavuze ngobomi obungunaphakade;
ke kwabo beyelenqe, bangayithambeliyo 8
inyaniso, basuke bathambele intswela-
bulungisa, *kuya kubakho* umsindo ne-
ngqumbo, imbandezelo noxinaniso e- 9
mphefumlweni wabantu bonke abase-
benza okubi, kowomYuda ukuqala,
kwanakowomGrike; kubekho uzuko ke, 10
nembeko, noxolo, kubantu bonke abase-
benza okulungileyo, kumYuda ukuqala,
kwanakumGrike.

Kuba kuThixo akukho kukhetha 11
buso. Kuba bonke abonileyo benge- 12
namthetho, baya kutshabalala ngoku-
njalo bengenamthetho; nabo bonke
abonileyo benomthetho, baya kugwe-
tywa ngomthetho; kuba àsingabanela 13

1105

KWABASEROMA 2–3

ukuba ngabaphulaphuli bawo umthetho, ábangamalungisa kuThixo; nga-
benzi bawo umthetho abaya kugwetye-
14 lwa. Kuba xa abeentlanga bathi, bengenamthetho, benze ngemvelo okomthetho, abo, bengenamthetho nje,
15 bangumthetho kubo ngokwabo: bona bawubonakalalisayo umsebenzi womthetho, ubhalwe ezintliziyweni zabo, sibe isazela sabo singqinelana nawo, zibe izicamango zabo zimangalelana, zipha-
16 the kuziphendulela. Kuya kuba njalo mhlenikweni uThixo aya kuzigweba izinto ezifihlakeleyo zabantu, ngokweendaba zam ezilungileyo ngoYesu Kristu.
17 Uyabona, wena unegama lokuba ungumYuda, wayame ngomthetho; u-
18 qhayisa ngoThixo; úyakwazi ukuthanda kwakhe; uzicikida izinto ezahlu-
19 keneyo, uwutyelwe umthetho; kananjalo wena ukholose ngokuthi ungumkhokeli weemfama, ulukhanyiselo lwabo base-
20 bumnyameni, umluleki wabaswele ukuqonda, umfundisi weentsana, onesimilo sokwazi nesenyaniso emthethweni.
21 Ndithi, wena ke umfundisayo omnye, akuzifundisi? Wena ke uvakalisa uku-
22 thi, makungebiwa, uyeba? Wena ke uthi, makungakrexezwa, uyakrexeza? Wena ke ukruqukileyo zizithixo, upha-
23 nga iitempile? Wena ke uqhayisa ngomthetho, uyamhlazisa uThixo ngo-
24 kugqitha umthetho? Kuba igama likaThixo linyeliswa ngenxa yenu phakathi kwazo iintlanga, njengoko kubhaliweyo.
25 Kuba ulwaluko luyanceda okunene, ukuba úyawenza umthetho; kodwa ukuba ungumgqithi womthetho, ulwaluko lwakho lusuke lwaba kukungaluki.
26 Ngoko ke, ukuba ongalukileyo uthi azigcine izimiselo zomthetho, àkuyi kuthi na ukungaluki kwakhe kubalelwe eku-
27 thini kukwaluka? Kuthi ukungaluki, oko kwasemvelweni, ngokuwuzalisa umthetho, kukugwebe wena ungumgqithi-mthetho, noko unesibhalo nolwaluko?
28 Kuba umYuda asingulowo unguye ngokwangaphandle, nolwaluko asilulo
29 olo lwangaphandle enyameni; umYuda ngulowo wasemfihlekweni, nolwaluko lolwentliziyo ngomoya, kungengantetho: yena ùkudunyiswa kwakhe kungaphumi bantwini, kuphuma kuThixo.

Inkcaso iyaphendulwa

3 Úgqithisele ngantoni na ngoko umYuda kwabanye? Kunceda ntoni na ukwaluka?
Kukhulu, ngeendlela zonke. Kuba 2 ke, ukuqala, báphathiswa izihlabo zikaThixo. Kuyini na khona, ukuba aba- 3 thile abakholwanga? Ukungakholwa kwabo kokuphuthiza na ukuthembeka kukaThixo? Nakanye! UThixo ye- 4 na makabe nenyaniso, bonke abantu ke babe ngamaxoki; njengokuba kubhaliwe *kwathiwa*,
Ukuze ube nokugwetyelwa emazwini akho,
Wèyise ekumangalelweni kwakho.
(*INdum. 51:4*)
Ke ukuba ukuswela-kulungisa kwe- 5 thu kuqondakalisa ubulungisa bukaThixo, sothini na? Úswele ukulungisa na uThixo, lo uhlisa umsindo wakhe? (Ndithetha ngokomntu.) Nakanye! O- 6 ko ubengáthini na uThixo ukuligweba ihlabathi? Ke ukuba inyaniso kaThixo 7 iphuphumele ekuthini azukiswe ngobuxoki bam, ndisagwetywa ngani na mna ngokomoni? *Yini na ukuba* singabi 8 sesisithi (ngoko ke sinyeliswayo, ngoko ke abathile bathi, sithi thina), Masenze okubi, ukuze kuvele okulungileyo? abakugwetywa kuyeleleyo.

Uboni boluntu lonke

Kuthiweni na ke? Sinomkhusane 9 na? Hayi, unakanye! Kuba besesiwamisele ityala amaYuda kwanamaGrike, lokuba baphantsi kwesono bonke; njengokuba kubhaliwe *kwathiwa*, 10
Akukho lungisa, hayi, nalinye;
Akukho uqondayo; 11
Akukho umfunisisayo uThixo!
Bonke baphambukile; bephelele, à- 12 bancedi lutho;
Akukho wenza okulungileyo; akukho nokude abe mnye. (*INdum. 14:3*)

KWABASEROMA 3-4

13 Lingcwaba elivulekileyo umqala wabo,
Ngeelwimi zabo bamana ukukhohlisa.
(INdum. 5: 9)
Ubuhlungu bamaphimpi buphantsi kwemilebe yomlomo wabo.
(INdum. 140: 3)
14 Abamlomo uzele kukuqalekisa nobukrakra. (INdum. 10: 7)
15 Iinyawo zabo zinamendu okuphalaza igazi;
16 Lityumtyum neentsizi ezindleleni zabo;
17 Nendlela yoxolo abayazanga.
(UIsaya 59: 7, 8)
18 Akukho koyika Thixo phambi kwamehlo abo. (INdum. 36: 1)
19 Siyazi ke ukuba izinto zonke ozithethayo umthetho, uzithetha kwabaphantsi komthetho; ukuze imilomo yonke ivingcwe, nehlabathi lonke libe netyala
20 kuThixo. Ngokokuba, ngokwasemisebenzini yomthetho, akuyi kugwetyelwa nyama emehlweni akhe; kuba isono saziwe ngokubakho komthetho.

Ubulungisa bungokholo kuKristu

21 Ngoku ke kubonakaliswe ubulungisa bukaThixo, kungekho mthetho, bungqinelwa nguwo umthetho nabaprofe-
22 ti; ubulungisa ke bukaThixo, obungokukholwa kuYesu Kristu, bube bobabo bonke, buphezu kwabo bonke abakho-
23 lwayo; kuba akukho kwahluka; kuba bonile bonke, basilelela eluzukweni
24 lukaThixo; begwetyelwe ngesisa lubabalo lwakhe ngako ukukhululwa nge-
25 ntlawulelo ekuYesu Kristu; athe uThixo wammisa, ukuba abe sisicamagushelo ngegazi lakhe, ngako ukukholwa, ukuze bubonakalaliswe ubulungisa bakhe ngenxa yokuyekelelwa kwezono ezibe zenziwe ngenxa engaphambili, ekunyameze-
26 leni kukaThixo; ukuze bubonakalaliswe ubulungisa bakhe ngeli xesha lakalokunje, ukuze abe lilungisa, kwanomgwebeli walowo waselukholweni lukaYesu.
27 Luphi na ngoko uqhayiso? Luvalelwe ngaphandle. Ngamthetho mni na? Ngowemisebenzi na? Hayi! Ngomthetho wokholo. Ngoko ke si- 28 gqiba kwelithi, umntu ugwetyelwa ngokholo, kungekho misebenzi yamthetho. Kanene uThixo ungowamaYuda 29 odwa na? Akanguye na noweentlanga? Ewe, ngoweentlanga nazo; eku- 30 beni emnye uThixo, oya kugwebela abolwaluko ngokwaselukholweni, nabangengabolwaluko ngalo ukholo. U- 31 mthetho ngoko siyawuphuthisa na ngalo ukholo? Nakanye! Siyawumisa wona umthetho.

Umzekelo ka-Abraham

4 Yintoni na ngoko esiya kuthi, uAbraham, ubawo wethu, ufumene yona ngokwenyama? Kuba uAbra- 2 ham, ukuba wayegwetyelwe ngokwasemisebenzini, ange eneqhayiya; akanalo ke phambi koThixo. Kuba sithini na 3 isibhalo? Sithi ke, Wakholwa uAbraham kuThixo, kwaza oko kwabalelwa kuye ebulungiseni. Ke kaloku, kulo- 4 wo usebenzayo, umvuzo awubalelwa ngokwaselubabalweni; ubalelwa ngokwasekubangweni. Ke kulowo ùnga- 5 sebenziyo, ùthi akholwe kuye omgwebelayo lowo ungahloneli Thixo, ukholo lwakhe lubalelwa ebulungiseni; kwa- 6 njengokuba noDavide eluncoma uyolo lwaloo mntu, uThixo ambalela ubulungisa kungekho misebenzi, esithi, 7
Banoyolo abazigqitho zixolelweyo,
Abazono zigutyungelweyo;
Inoyolo indoda eya kuthi iNkosi 8
ingakhe ibalele sono kuyo.
(INdum. 32: 1, 2)
Olo luyolo ngoko lunconywayo lulo- 9 lwabolwaluko bodwa na? Asilulo olwabo bangebolwaluko nabo na? Kuba sithi, kuAbraham ukholo lwabalelwa ebulungiseni. Lwathiwani na ke ngoko 10 ukubalelwa kuye? Esekwalukeni, esekungalukini, sini na? Engekhona ekwalukeni; esekungalukini. Waza wa- 11 mkela umqondiso wolwaluko, waba litywina lokuqinisa ubulungisa bokholo abenalo esekungalukini: ukuba abe nguyise wabo bonke abakholwayo bese-

1107

kungalukini, ukuze ubulungisa bubale-
12 lwe nakubo; nokuthi abe nguyise waba-
lukileyo, abanganele ukuba ngabaluki-
leyo nje kodwa; abathi phezu koko
bahambe emkhondweni wokholo loba-
wo wethu uAbraham, abenalo esekungalukini.
13 Kuba ukumbeka ngedinga uAbraham, nokuba yimbewu yakhe, lokuba
yindlalifa yalo ihlabathi, bekungengamthetho; bekungobulungisa bokholo.
14 Kuba abo basemthethweni, ukuba
ngabo iindlalifa, ukholo lungaba lwenziwe into engento, nedinga lingaba
15 liphuthisiwe; kuba umthetho usebenza
ingqumbo. Ke apho kungekho mthetho, akukho sigqitho.
16 Ngenxa yoku, *ilifa* lelaselukholweni;
ukuze libe ngokobabalo; ukuze idinga
liqiniseke kuyo yonke imbewu; lingabi
kweyasemthethweni yodwa, libe nakweyaselukholweni luka-Abraham, ongu-
17 bawo wethu sonke (njengokuba kubhaliwe *kwathiwa*, Ndikumisile ukuba ube
nguyise weentlanga ezininzi), phambi
koThixo awakholwáyo kuye, obadlisa
ubomi abafileyo, azibize izinto ezinge-
18 khoyo, zinge zikho. Owakholwayo ngethemba, kungekho nethemba eli, ukuze
abe nguyise weentlanga ezininzi, ngokoko kwathethwayo: Iya kuba njalo
19 imbewu yakho. Wathi, engebuthathaka nje ngokholo, akondela emzimbeni
wakhe, obuselufile (emayela ekhulwini
leminyaka ezelwe), kwanokufa kwesizalo
20 sikaSara; owathi, ngokusingisele kwidinga likaThixo, akathandabuza ngokungakholwa; wesuka womelela ngo-
21 kholo, ezukisa uThixo, eqinisekile ukuba oko akumise ngedinga, unako nokukwenza.
22 Kungoko kwabalelwa nokubalelwa
23 ebulungiseni kuye. Ke kaloku, ukuba
kwabalelwa kuye, akubhalwanga ngenxa
24 yakhe yedwa; *kwabhalwa* nangenxa
yethu, thina kwakuza kubalelwa kuthi,
thina bakholwayo kulowo wamvusayo
25 uYesu iNkosi yethu kwabafileyo; owanikelwa ngenxa yeziphoso zethu, waza
wabuya wavuswa ngenxa yokugwetyelwa kwethu.

Isiqhamo sokholo

5 Ngoko, sígwetyelwe nje ngokwaselukholweni, sinoxolo kuThixo ngayo
iNkosi yethu uYesu Kristu; esaba na- 2
ko ngaye ukuthi singene ngokholo
kolu lubabalo simiyo kulo, siqhayise
ngokuthemba uzuko lukaThixo.
Asikukuphela ke oko; sizingca na- 3
ngeembandezelo ezi, sisazi ukuba imbandezelo isebenza unyamezelo; unyame- 4
zelo ke *lusebenza* ukucikideka; ukucikideka ke *kusebenza* ithemba; ithemba ke 5
alidanisi, ngokuba uthando lukaThixo
luthululelwe ezintliziyweni zethu ngoMoya oyiNgcwele, esamnikwayo.

Uthando lukaThixo lubonakaliswe ekufeni kukaKristu

Kuba uKristu uthe, sakubon' ukuba 6
sisengama-athalala, wabafela ngexesha
elimisiweyo abangahloneli Thixo. Ku- 7
ba kungángenkankulu ukuthi ubani
afele ilungisa; kuba uthi mhlawumbi
ubani abe nobuganga bokumfela olungileyo; ke yena uThixo uqondakalisa 8
okwakhe ukusithanda ngokuthi, sakubon' ukuba sisengaboni, uKristu asifele.
Kokukhona sigwetyelwe nje ngegazi 9
lakhe, siya kusindiswa ngaye kuyo
ingqumbo. Kuba xa sithe, besizii- 10
ntshaba nje, saxolelaniswa noThixo
ngako ukufa koNyana wakhe: kokhona,
síxolelanisiwe nje, siya kusindiswa ngobomi bakhe. Asikukuphela ke oko; 11
singabazingca nokuzingca nangaye uThixo, ngayo iNkosi yethu uYesu Kristu, esamkele ngayo kalokunje uxolelaniso olo.

Ukufa kuze ngoAdam; ubomi buze ngoKristu

Ngenxa yoko, njengokuba isono 12
sangena ngamntu mnye ehlabathini,
kwangena ke ukufa ngaso isono; kwaza ngokunjalo ukufa kwabatyhutyha
abantu bonke, ekubeni bonke bonayo;
kuba kude kwakho umthetho, kukho 13
isono ehlabathini, sibe ke isono singabalelwa *mntwini* kungekho mthetho.
Ukufa ke kwalawula, kuthabathela ku- 14

Adam kweza kuMoses, nakwabo bangonanga ngokufana nesigqitho sikaAdam, oyintsobi yalowo ubeza kubakho.

15 Sisuke isiphoso asaba njengoko sinjalo sona isibabalo. Kuba, xa abaninzi aba bafa sisiphoso salowo mnye, kokukhona ubabalo lukaThixo, nesipho esingobabalo olu lwaló mntu mnye, uYesu Kristu, saphuphumela kubo abaninzi

16 aba. Kanjalo sona isipho asinjengokuba kwaba njalo ngalowo mnye wonayo. Kuba okunene isigwebo *seza ngenxa* yalowo mnye, sesa ekugwetyweni; ke sona isibabalo *seza ngenxa* yeziphoso ezi-

17 ninzi, sesa ekugwetyelweni. Kuba, xa kwathi ngesiphoso salowo mnye ukufa kwalawula ngalowo mnye, kokukhona baya kuthi aba bakwamkelàyo ukuphuphuma kobabalo, noko kuphiwa ubulungisa, babe nokulawula ebomini ngaye lo umnye, uYesu Kristu.

18 Ngoko ke, njengokuba kwathi ngasiphoso sinye kwabakho ukugwetywa kwabo bonke abantu, ngokunjalo kothi nangesenzo esinye sobulungisa, kubekho ukugwetyelwa ubomi kubo bonke aba-

19 ntu. Kuba njengokuba kwathi, ngokungeva komntu omnye lowo, abaninzi benziwa aboni, ngokunjalo kuya kuthi, nangokuva komnye lo, abaninzi benzi-

20 we amalungisa. Ke kaloku umthetho wangena nawo, ukuze isiphoso sande; ke apho sandayo isono, lwaphuphuma

21 ngakumbi ubabalo; ukuze, njengokuba isono saba nokulawula ngokufa, ngokunjalo nobabalo lube nokulawula ngobulungisa, luse ebomini obungunaphakade, ngaye uYesu Kristu, iNkosi yethu.

Ukumanywa noKristu akuvumelani nesono

6 Masithini na ngoko? Masihlale sihleli na esonweni, ukuze ubabalo

2 lwande? Nakanye! Thina safayo nje kwisono, singáthini na ukuba sahlala

3 kuso? Anazi na ukuba thina sonke, sàbhaptizelwayo kuKristu Yesu, sabhaptizelwa ekufeni kwakhe?

4 Ngoko ke sangcwatywa naye ngokubhaptizelwa ekufeni; ukuze, njengokuba uKristu wavuswayo kwabafileyo ngalo uzuko loYise, sithi ngokunjalo nathi sihambe sinobomi obutsha. Kuba xa 5 similiselwe kuye ngentsobi yokufa kwakhe, somiliselwa kuye nangeyokuvuka kwakhe; sikwazi nje oku, ukuba umntu 6 wethu omdala wabethelelwa emnqamlezweni kunye naye, ukuze umzimba wesono uphuthiswe, size singabi sasikhonza isono; kuba owafayo ugwetye- 7 lwe, wakhululwa kuso isono.

Ukuba ke safa kunye noKristu, siya- 8 kholwa ukuba sodla ubomi kwakunye naye; sisazi ukuba uKristu, evusiwe nje 9 kwabafileyo, akabi safa; ukufa akusamphathi ngabukhosi. Kuba *ukufa* 10 awakufayo, wakufa kwisono kwaba kanye; ubomi ke abudlayo, ubudlela kuThixo. Ngokunjalo nani zibaleleni 11 ekuthini, ningabafileyo okunene kwisono; kodwa ningabadla ubomi kuThixo, nikuKristu Yesu, iNkosi yethu.

Ngoko isono masingalawuli emzimbe- 12 ni wenu onokufa, ukuze nisilulamele ngokwenza iinkanuko zawo. Kanjalo 13 amalungu enu maningawanikeli kuso isono, ukuba abe ziintonga zentswelabulungisa; manizinikele ngokwenu kuThixo, ngokwabaphile babengabafileyo, niwanikele kuThixo amalungu enu, ukuba abe ziintonga zobulungisa. Kuba isono asiyi kuniphatha ngabukhosi; 14 kuba aniphantsi komthetho, niphantsi kobabalo.

Ukuzekelisa ngobukhoboka

Kuthiweni na ngoko? Sone na, 15 kuba singephantsi kwamthetho, siphantsi kobabalo? Nakanye! Anazi na 16 ukuba lowo nizinikela kuye ukuba ngabakhonzi bokumlulamela, ningabakhonzi ngoku kulowo nimlulamelayo: nokokuba ningabesono, nisingise ekufeni, nokokuba ningabolulamo, nisingise ebulungiseni? Makubulelwe ke kuThixo, 17 ukuba nithe, beningabakhonzi besono, nawululamela ngokwentliziyo umfuziselo wemfundiso enanikelwayo kuwo; nathi, nákuba nikhululwe ke kuso isono, 18 nakhonziswa kubo ubulungisa.

Ndithetha ngokwabantu, ngenxa yo- 19

bulwelwe benyama yenu; kuba, njengoko nawanikelayo amalungu enu ukuba abe ngabakhonzi bako ukungcola nokuchasa umthetho, ukuba nichase umthetho: ngokunjalo kalokunje, wanikeleni amalungu enu ukuba abe ngabakhonzi kubo ubulungisa, ukuba ni-
20 ngcwaliseke. Kuba, oko nibe ningabakhonzi besono, beningabakhulule-
21 kileyo kubo ubulungisa. Naye ninasiqhamo sini na ke ngelo xesha, ngezi zinto nineentloni ngazo ngoku? Kuba
22 isiphelo sazo kukufa. Kaloku ke, nikhululwe nje kuso isono, naza nakhonziswa kuThixo, ninaso isiqhamo senu sokuba ningcwaliseke; isiphelo ke sibe
23 bubomi obungunaphakade. Kuba umvuzo wesono kukufa; ke sona isibabalo sikaThixo bubomi obungunaphakade, kuKristu Yesu iNkosi yethu.

Ukuzekelisa ngomtshato

7 Anazi na, bazalwana (kuba nditheṭha kwabawaziyo umthetho), ukuba umthetho umphatha ngobukhosi umntu
2 ngexesha lonke adla ubomi ngalo? Kuba umfazi owendileyo, ubotshiwe ngumthetho kwindoda yakhe, lo gama idla ubomi; ukuba ke ithe yafa indoda, ukhululekile kuwo umthetho *ombophe* endode-
3 ni. Ngoko ke, ukuba úthe waba kuyimbi indoda, yakubon' ukuba indoda yakhe isadla ubomi, kothiwa ngumkrexezikazi. Ke ukuba ithe yafa indoda *yakhe*, woba ukhululekile kuwo umthetho, ukuba angabi mkrexezikazi, ethe waba kuyimbi indoda.
4 Ngoko ke, bazalwana bam, nani n'abulawa nafa kuwo umthetho ngawo umzimba kaKristu, ukuba nibe kuwumbi, kulowo ke wavuswa kwabafileyo, ukuze sixakathe isiqhamo kuThixo
5 thina. Kuba oko besikwinyama, ukuthabatheka zizono, okube kuxhokonxwa ngawo umthetho, kwakusebenza emalungwini ethu ekuxakatha isiqhamo esi-
6 sa ekufeni. Ke ngoku sikhululwe thina kuwo umthetho, safayo nje kwesasibanjwe kuko, ngokokude sikhonze sinobutsha bomoya, singakhonzi sinobudala *bomthetho* obhaliweyo.

Umthetho nesono

Sithini na ke? Umthetho usisono 7 na? Nakanye! Ke ngendingasazanga isono, ukuba bekungengamthetho; kuba nenkanuko ngendingayazanga, ukuba umthetho ubungatshongo ukuthi, Uze ungakhanuki. Isono ke sizuze 8 ithuba ngawo umthetho, sasebenza ngaphakathi kwam yonke inkanuko; kuba, kungekho mthetho, isono sifile. Mna ke bendifudula ndiphilile, ungekho 9 umthetho; uthe ke wakufika umthetho, sabuya saphila isono, ndafa ke mna; 10 waza umthetho obumiselwe ubomi, wafumaneka kum inguwona usingisa ekufeni. Kuba isono sithe, sizuzé 11 ithuba ngawo umthetho, sandilukuhla, saza ngawo sandibulala. Ngoko ke 12 umyalelo okunene ungcwele; nomthetho ungcwele, unobulungisa, ulungile.

Oko ke kulungileyo kwaba kukufa na 13 ke kum? Nakanye! Saye sisisono; ukuze sibonakale sisisono, sisebenza ukufa kum ngoko kulungileyo; ukuze isono ngawo umthetho sibe sisono ngokuncamisileyo.

Imvelo yomntu embaxa

Kuba siyazi ukuba umthetho ungo- 14 womoya; ke mna ndingowenyama; kuthengiswe ngam, ndaba phantsi kwesono. Kuba oko ndikwenzayo andi- 15 kwazi mna; kuba endikuthandayo, oko andikwenzi; endikuthiyayo, oko ndiyakwenza; ukuba ke endingakuthandiyo 16 ndenza khona oko, ndivumelana nomthetho ukuba mhle. Ngoko ke ayise- 17 ndim osebenza oko, seyisisono esi simiyo ngaphakathi kwam.

Kuba ndiyazi ukuba ngaphakathi 18 kwam, oko kukuthi enyameni yam, akumi okulungileyo; kuba ukuthanda kukhó ukubakho oku kum; ke kona ukukusebenza okuhle andikufumani. Kuba okulungileyo endikuthandayo, 19 andikwenzi; khona okubi, endingakuthandiyo, oko ndiyakwenza. Ukuba 20 ke endingakuthandiyo mna, ndenza khona oko, ayisendim okusebenzayo oko, seyisisono esi simiyo ngaphakathi kwam.

21 Ndifumana ngoko lo mthetho kum, ukuba kuthi, ndifuna ukukwenza oku-22 hle, kusuke kubekho okubi kum. Kuba ndikholene nomthetho kaThixo ngoko-23 mntu ongaphakathi; kodwa ndibona mthetho wumbi, emalungwini am, usilwa nomthetho wengqiqo yam, undithimbela emthethweni wesono, lowo use-24 malungwini am. Athi ke mna, mntu uludwayi! Azi, ngubani na oya kundihlangula kuló mzimba woku kufa? 25 Ndiyabulela kuThixo ngoYesu Kristu, iNkosi yethu. Ngoko ke mna ngokwam ngayo ingqiqo okunene ndikhonza umthetho kaThixo; kodwa ngayo inyama *ndikhonza* umthetho wesono.

Ubomi ngokoMoya

8 Ngoko ke, ngoku akukho kugwetywa kwabakuKristu Yesu; abangahambiyo ngokwenyama, abahamba ngoko-2 Moya. Kuba umthetho woMoya wobomi, ndakuba kuKristu Yesu, wandikhulula emthethweni wesono nokufa. 3 Kuba ekukhohlweni komthetho, ekubeni uswele amandla ngayo inyama, uthe uThixo, ethume owakhe uNyana, efana nenyama *elawulwa* sisono, *emthume* ngenxa yesono, wasigweba isono 4 esenyameni leyo; ukuze ibango lomthetho lizaliseke kuthi, thina singahambiyo ngokwenyama; sihambayo ngokoMoya. 5 Kuba abo bangokwenyama banyamekela izinto zasenyameni; abo ke bangokoMoya *banyamekela* izinto zase-6 Moyeni. Kuba ukunyameka kwenyama ikukufa; ukunyameka ke koMoya bu-7 bomi noxolo. Ngokokuba ukunyameka kwenyama kububutshaba kuThixo; kuba umthetho kaThixo kungawululameli, kuba kungenako nokuba nako 8 *ukwenjenjalo*. Abo ke bakwinyama, abanakumkholisa uThixo.

9 Ke nina anikwinyama; nikuMoya, ukuba kumi okunene uMoya kaThixo ngaphakathi kwenu. Ukuba ke umntu akanaye uMoya kaKristu, akangowakhe 10 lowo. Ukuba ke uKristu ungaphakathi kwenu, umzimba okunene ufile ngenxa yesono; kodwa uMoya ububomi ngenxa yobulungisa. Ukuba ke uMoya walowo 11 wamvusayo uYesu kwabafileyo, umi ngaphakathi kwenu, yena owamvusayo uKristu kwabafileyo uya kuyenza iphile nemizimba yenu enokufa, ngaye uMoya wakhe omiyo ngaphakathi kwenu.

Oonyana bakaThixo

Ngoko ke, bazalwana, singabanetyala; 12 kodwa kungekuyo inyama ukuze siphile ngokwenyama. Kuba xa niphila ngo-13 kwenyama, niza kufa; ke ukuba niyazibulala ngoMoya, zife iintlondi zomzimba, nophila. Kuba bonke abakhoke-14 lwa nguMoya kaThixo, bangoonyana bakaThixo abo.

Kuba anamkelanga moya wabukho-15 boka, ukuba nibuye noyike; namkéle umoya wokwenziwa oonyana, esidanduluka ngawo sithi, Abha,* Bawo. U-16 Moya ngokwakhe unqqinelana nomoya wethu, ukuba singabantwana bakaThixo. Ukuba ke singabantwana, sikwa-17 ziindlalifa; iindlalifa zikaThixo, iindlalifa ke kunye noKristu; ukuba okunene siva ubunzima kunye naye, ukuze sizukiswe nokuzukiswa kunye naye.

Ubuqaqawuli obuzayo

Kuba ndigqiba kwelithi, iintlungu 18 zeli xesha lakalokunje azinakulinganiswa nobuqaqawuli obu buza kutyhilwa kuthi. Kuba ukulangazelela kwendalo 19 kulinde ukutyhileka koonyana baka-Thixo. Kuba indalo yalulanyiselwa ko-20 kungelutho, kungengakuvuma kwayo, kungenxa yowayilulamisayo, inethemba 21 lokuba nendalo ngokwayo iya kukhululwa ebukhobokeni bokonakala, isingiswe enkululekweni yozuko lwabantwana bakaThixo. Kuba siyazi ukuba 22 yonke indalo iyancwina, inenimba kunye, unangoku.

Asiyiyo ke yodwa; sisuka nathi, 23 banayo intlahlela yoMoya, thina aba ke ngokwethu, sincwine ngaphakathi kwethu, silinde ukwenziwa oonyana; inkululeko yomzimba wethu ke leyo. Kuba sasindiselwa ethembeni; ke ithe-24

mthetho nguKristu, ukuze abe bubulungisa kubo bonke abakholwayo.

Indlela entsha yobulungisa yeyomntu wonke

5 Kuba uMoses ubulungisa basemthethweni uthi ukububhala, Umntu ozenzileyo ezi zinto uya kuphila zizo.
6 Ke bona obaselukholweni ubulungisa buthetha ngolu hlobo, Musa ukuthi entliziyweni yakho, Ngubani na oya kunyuka aye emazulwini ukuba ahlise
7 uKristu? nokuthi, Ngubani na oya kuhla aye enzonzobileni, ukuba anyuse
8 uKristu kwabafileyo? Buthini na ke? Buthi, Ilizwi eli likufuphi kuwe, emlonyeni wakho nasentliziyweni yakho: elo ke lilizwi lokholo, eli sivakalisa lona.
9 Ngokuba, xa uthe wamvuma ngomlomo wakho ukuba uyiNkosi uYesu, wakholwa ngentliziyo yakho ukuba uThixo wa-
10 mvusa kwabafileyo, wosindiswa. Kuba umntu ukholwa ngentliziyo, ukuze abe nobulungisa; avume ke ngomlomo, ukuze asindiswe.
11 Kuba isibhalo sithi, Bonke abakho-
12 lwayo kuye abayi kudaniswa. Kuba akukho kwahluka kwamYuda namGrike; kuba ikwayiloo Nkosi eyiNkosi yabo bonke, ibubutyebi kubo bonke abayi-
13 nqulayo. Kuba bonke abasukuba belinqula igama leNkosi bosindiswa.
14 Bothini na ke ukumnqula lowo bangakholwanga kuye? Bothini na ke ukukholwa kulowo bangamvanga? Bothini na ke ukuva, kungekho mshuma-
15 yeli? Bothini na ke ukushumayela, bengathunywanga? Njengokuba kubhaliwe *kwathiwa*, Hayi, ukuba zintle kwazo iinyawo zabashumayela iindaba ezilungileyo zoxolo, zabashumayela iindaba ezilungileyo zezinto ezilungileyo! (*UIsaya* 52: 7)
16 Abazilulamelanga ke bonke iindaba ezilungileyo, kuba uIsaya uthi, Nkosi, ngubani na owakholwayo ludaba lwe-
17 thu? Ngoko ke ukholo luphuma eludabeni, udaba ke lukho ngelizwi likaThixo.

Ingaba kodwa, abevanga na? Ehla 18 wena!
Intlokoma yabo yaphuma, yaya kulo lonke ihlabathi,
Namazwi abo aya eziphelweni zelimiweyo. (*INdum*. 19: 4)
Ndithi, Kodwa ubengazi na uSirayeli? 19 Ukuqala, uMoses uthi,
Mna ndiya kunikhweletisa ngabangeluhlanga,
Ndiya kunicaphukisa ngohlanga olungenangqondo. (*IDut*. 32: 21)
Ke yena uIsaya akanqwanqwi; uthi, 20 Ndifunyenwe ngababengandifuni,
Ndaba nokubonakala kwababengandibuzi. (*UIsaya* 65: 1)
Ke ngokubhekisele kuSirayeli uthi, 21 Imini yonke izandla zam ndizolulele kubantu abangevayo, abaphikayo. (*UIsaya* 65: 2)

USirayeli akalahlwanga kwaphela

11 Ngoko ke ndithi, UThixo ubagibile na abantu bakhe? Nakanye! Kuba nam lo ndingumSirayeli wasembewini ka-Abraham, wesizwe sika-Bhenjamin. UThixo akabagibanga bo- 2 na abantu bakhe, abebazi ngenxa engaphambili. Okanye aniyazi na indawo ethetha ngoEliya esibhalweni, ukumangalela kwakhe amaSirayeli kuThixo, esithi, Nkosi, abaprofeti bakho ababu- 3 lele, nezibingelelo zakho azichithile; mna ndisele ndedwa; afuna ke ubomi bam? Sisuka *esikaThixo* isihlabo sithi- 4 ni na kuye? Sithi, Ndizishiyele amadoda angamawaka asixhenxe, angagobanga dolo kuBhahali* wona. Ngoku- 5 njalo ke ngoko, nakweli xesha lakalokunje, kukho amasalela ngokonyulo lobabalo. Ukuba ke kungobabalo, akuse- 6 ngamisebenzi; okanye ubabalo alungebi saba lubabalo.
Kuthiweni na ngoko? Kuthiwe, 7 Khona oko akungxameleyo amaSirayeli akakufumananga; ke abanyuliweyo bakufumana, bathi ke abanye baqaqadekiswa; njengokuba kubhaliwe *kwathiwa*, 8 UThixo ubanike umoya wokuqoba, amehlo okuba bangaboni, neendlebe

zokuba bangeva, kwada kwaba yimini
9 yanamhla. Kanjalo uDavide uthi,
Isithebe sabo masibe sisibatha, nesihogo *sokubambisa*,
Nesikhubekiso, nesiphindezelo kubo:
10 Makenziwe abe mnyama amehlo abo, ukuba bangàboni;
Nomhlana wabo wugobe amaxa onke.
(*INdum*. 69: 22, 23)
11 Ndithi ngoko, Bakhubeka ukuze bawe na? Nakanye! Kuthe ngesiphoso sabo, usindiso *lwafika* kuzo iintlanga,
12 ukuze zibakhweletise. Ukuba ke isiphoso sabo siba bubutyebi behlabathi, nokuncipha kwabo kuba bubutyebi beentlanga, yobeka phi na inzaliseko yabo?

Usindiso lweentlanga: ukuzekelisa ngokumilisela umthi komnye

13 Kuba ndithetha kuni, zintlanga. Ekubeni okunene mna ndingumpostile* weentlanga, ndiyaluzukisa ulungiselelo
14 lwam; ukuba ndingáde ndibakhweletise abenyama yam, ndisindise inxenye
15 yabo. Kuba xa ukulahlwa kwabo kuluxolelaniso lwehlabathi, koba yintoni na ukwamkelwa *kwabo*? Akububomi o-
16 buphuma kwabafileyo, yini na? Ukuba ke intlahlela ingcwele, ikwanjalo nentlama; ukuba ke ingcambu ingcwele, akwanjalo namasebe.
17 Ke ukuba inxenye yamasebe yaxhuzulwa, wathi ke wena, úngumnquma wasendle nje, wamiliselwa phakathi kwawo, waba lidlelane nengcambu
18 nokutyeba komnquma: musa ukuwaqhayisela amasebe; ke ukuba ùyawaqhayisela, *yazi* ukuba asinguwe oyithweleyo ingcambu; yingcambu ethwele
19 wena. Úya kuthi ngoko, Áxhuzulwa amasebe, ukuze mna ndimiliselwe.
20 Utyaphile; áxhuzulwa ngokungakholwa, ke wena umi ngokholo; musa uku-
21 kratsha, yoyika. Kuba, xa uThixo angawaconganga awasemvelweni amasebe, lumka hleze angakucongi nawe lo.
22 Khawububone ke ububele nobukhali bukaThixo; ubukhali okunene kwabo bawayo; kodwa kuwe, ububele, ukuba uthe wahlala kobo bubele; okanye wo-gawulwa nawe lo. Nabo ke, ukuba 23 abathanga bahlale ekungakholweni, bomiliselwa; kuba uThixo unako ukubuya abamilisele. Kuba wena, xa 24 wagawulwa kumnquma ongowasendle ngokwemvelo, waza wamiliselwa ngokunxamnye nemvelo komhle umnquma: bobeka phi na aba bang*amasebe* ngokwemvelo, ukumiliselwa kwabo kowabo umnquma?

Injongo yokugqibela kaThixo yinceba kubo bonke

Kuba andithandi, bazalwana, ukuba 25 ningayazi le mfihlelo, ukuze ningabi ziingqondi ngokwenu: le yokuba ukuqaqadeka kuwahlele amaSirayeli ngenxenye, ide ingene inzaliseko yazo iintlanga; aze ngokunjalo ke wonke 26 uSirayeli asindiswe, njengokuba kubhaliwe *kwathiwa*,
Úya kuvela eZiyon uMhlanguli,
Akusonge kumke kwaYakobi ukungahloneli Thixo.
Nguwo ke lo umnqophiso wam nabo, 27
Xa ndithe ndazisusa izono zabo.
(*UIsaya* 59: 20)
Okunene ngokweendaba ezilungileyo, 28 baziintshaba ngenxa yenu; kodwa ngokonyulo, ngabaziintanda ngenxa yoobawo. Kuba azinabuyambo izibabalo 29 ezi, nobizo olu lukaThixo. Kuba, 30 njengokuba nani benifudula ningamvi uThixo, ngoku ke nenzelwe inceba kukungeva kwabo abo; kwangokunjalo, 31 nabo ababanga namvo ngoku, ukuze ngokwenzelwa kwenu inceba, benzelwe nabo inceba. Kuba uThixo ubavalele 32 ndawonye entsweleni-kuva bonke, ukuze abenzele inceba bonke.

Hayi, ubunzulu bobutyebi nobobulu- 33 mko nobokwazi kukaThixo! Asikuko nokuba ayiphengululeki imigwebo yakhe, azilandeki iindlela zakhe! Kuba 34 ngubani na oyazileyo ingqiqo yeNkosi? Ngubani na khona othe waba ngumcebisi wayo? Ngubani na khona owayi- 35 nikayo ngenxa engaphambili, kwaza kwabuyekezwa kuye? Ngokuba zi- 36 phuma kuyo ke, zikho ngayo, zikholo yona, zonke ezo zinto. Malube kuyo uzuko, kude kube ngunaphakade. Amen.

Ubomi obutsha

12 Ndiyanivuselela ngoko, bazalwana, ngeemfefe zikaThixo, ukuba niyinikele imizimba yenu ibe lidini eliphilileyo, elingcwele, elikholekileyo kuThixo: inkonzo yenu ke leyo yasengqo- 2 ndweni. Kanjalo ningamilisi okweli phakade; manibe kumila kumbi ngokuhlaziyeka kwengqiqo yenu, ukuze nikucikide into okuyiyo ukuthanda kukaThixo okulungileyo, okukholekileyo, okuzalisekileyo.

Eyona ndlela yokusebenzisa izipho zoMoya

3 Kuba ngalo ubabalo endababalwa ngalo, ndithi kubo bonke abaphakathi kwenu, mabangazicingeli ngaphezu koko bamelwe kukuzicingela ngako; mabazicingele ingcinga ephilileyo, njengoko uThixo abelé ulowo nalowo umlinga- 4 niso wokholo. Kuba, kwanjengokuba sinamalungu amaninzi mzimbeni mnye, abe ke onke amalungu la engenamse- 5 benzi mnye, ngokunjalo thina aba, sibaninzi nje, simzimba mnye kuKristu, sonke ke ngabanye singamalungu omnye elomnye.

6 Sinezibabalo nje ke ezahlukahlukileyo, ngokobabalo esababalwa ngalo, nokuba sinokuprofeta, *masiprofete* ngo- 7 komlinganiselo wokholo; nokuba sinobulungiseleli, *masihlale* ebulungiselelini obo; nokuba ngofundisayo, *makahlale* 8 emfundisweni leyo; nokuba ngovuselelayo, *makahlale* ekuvuseleleni oko; owabàyo *makabe* engenakumbi; owongamelayo, *makongame* enyamekile; owenza inceba *makayenze* inceba echwayithile.

Imithetho yobomi bobuKristu

9 Uthando malungabi naluhanahaniso; kuthiyeni okungendawo, namathelani 10 kokulungileyo. Mayela nothando olu lobuzalwana, ndithi, yenzelanani ububele; mayela nembeko leyo, phangela- 11 nani; mayela nokunyameka oko, musani ukunqena; mayela nomoya lo, vuthani;

mayela neNkosi le, khonzani; mayela 12 nethemba, vuyani; mayela nembandezelo, nyamezelani; mayela nomthandazo, zingisani; mayela neentswelo zaba- 13 ngcwele, yibani nobudlelane; ukubuka iindwendwe kusukeleni.

Basikeleleni abanitshutshisayo; sike- 14 lelani, ningaqalekisi. Vuyani nabavu- 15 yayo, nilile nabalilayo. Cingelanani 16 nto-nye; musani ukucinga izinto eziphakamileyo, tsalelani kwezithobekileyo. Musani ukuba ziingqondi ngokwenu. Ningabuyekezi ububi ngobubi naku- 17 bani. Khathalelani okùhle emehlweni abantu bonke.

Ukuba kunokwenzeka, okukokwenu 18 nina, hlalani ninoxolo nabantu bonke. Musani ukuziphindezelela, zint'anda; 19 yikhweleleni ingqumbo; kuba kubhaliwe *kwathiwa*, Impindezelo yeyam, kuya kubuyekeza mna, itsho iNkosi. Ngoko 20 ke, ukuba utshaba lwakho lulambile, luphe ludle; ukuba lunxaniwe, luseze; kuba ngokwenjenjalo ke, woba ufumba amalahle omlilo phezu kwentloko yalo. Musa ukweyiswa bububi; boyise ububi 21 ngokulungileyo.

Ngokuthobela abaphetheyo

13 Yonke imiphefumlo mayiwalulamele amagunya awongamileyo. Kuba akukho gunya lingelilo elivela kuThixo; amagunya ke akhoyo amiswe nguThixo. Ngoko ke olichasayo igu- 2 nya, umelene nommiselo kaThixo; abo ke bameleneyo nawo, baya kuziguqulela ukugwetywa. Kuba abaphathi aba asi- 3 ngabokoyikwa kwimisebenzi elungileyo, *ngabokoyikwa* kwemibi. Ùnga akungeloyiki na ke igunya? Yenza okulungileyo, wodunyiswa kwalilo; kuba 4 lingumlungiseleli kaThixo, wokuba kulungele wena. Ke, ukuba usuka wenze okubi, yoyika; kuba alifumane laliphatha ikrele, kuba lingumlungiseleli kaThixo, umphindezeli ngengqumbo kowenza okubi. Kungoko ndithi, kufu- 5 neka ukuli*l*ulamela, ningakwenzi oko ngenxa yengqumbo yodwa, nikwa nangenxa yesazela.

Kuba kukwangenxa yoko

irhafu; kuba ngababusi bakaThixo, be-
7 zingisa ukusebenza loo nto. Ngoko bonke banikeni okubafaneleyo; *mnikeni* irhafu ofanelwe yirhafu, unikelo ofanelwe lunikelo, ukoyika ofanelwe kukoyikwa, imbeko ofanelwe yimbeko.

Uthando lobuzalwana

8 Musani ukuba natyala lanto mntwini, lingelilo elokuthandana; kuba omtha-
9 ndayo omnye uzalise umthetho. Kuba oku kuthi, Uze ungakrexezi, uze ungabulali, uze ungebi, uze ungangqini buxoki, uze ungakhanuki, nokuba kukho wumbi umthetho, uhlanganiselwe kweli lizwi lokuthi, Uze umthande ummelwane wakho ngoko uzithanda
10 ngako. Uthando alusebenzi bubi kuye ummelwane; ngoko uthando luyinzaliseko yomthetho.

Ukusondela kwemini kaKristu

11 Ke oko *masikwenze*, silazi nje ixesha eli, ukuba lilixa lokuba ngoku sivuke ebuthongweni; kuba ngoku usindiso lukufuphi kuthi, kunokuyá saqalayo
12 ukukholwa. Ubusuku buhambile, ukusa ke kusondele. Masiyilahle ngoko imisebenzi yobumnyama, sixhobe ii-
13 ntonga zokukhanya. Masihambe sizibekile ngokwasemini; kungabi sezindywaleni nasekunxileni; kungabi sekuphimiseni naseburheletyweni; kungabi
14 sezinkanini nasemoneni. Yambathani ke iNkosi uYesu Kristu; ize ukwazalelela inyama ningakwenzeli ukukhwezelela iinkanuko zayo.

Ukunyamezela abo bathandabuzayo

14 Lowo ke uswele amandla elukholweni, mamkeleni, kodwa ke
2 kungabi ngokucalula zicamango. Omnye okunene uyakholwa ukuba angàzidla izinto zonke; kodwa yena oswele
3 amandla udla imifuno yodwa. Lowo udlayo, makangamenzi into engeyakonto ongadliyo; nalowo ungadliyo, makangamgwebi odlayo; kuba uThixo umamke-
4 le. Ungubani na wena ugweba isicaka somnye? Ukuma kwaso, nokuba kukuwa *kwaso*, kusenkosini yaso. Siya kuma ke; kuba uThixo unako ukusimisa.

Omnye okunene ubeka umhla othile 5 kunomnye umhla, wumbi ke ubeka imihla yonke. Elowo nalowo makaqiniseke kweyakhe ingqiqo. Lowo uwu- 6 nyamekelayo umhla, uwunyamekelela iNkosi; nalowo ungawunyamekeliyo umhla, engawunyamekeli nje, *wenzela* iNkosi; lowo udlayo, udlela iNkosi, kuba ebulela kuThixo; nalowo ungadliyo, engadli nje, *wenzela* iNkosi, abe ebulela kuThixo.

Kuba akukho namnye kuthi uzidlela- 7 yo ubomi, akukho namnye uzifelayo. Kuba nokuba sithi sidle ubomi, sibu- 8 dlela iNkosi; nokuba sithi sife, sifela iNkosi. Ngoko ke, nokuba sithi sidle ubomi, nokuba sithi sife, singabeNkosi. Kuba uKristu wafa, wabuya wavuka, 9 wabuya wadla ubomi, ngenxa yoku, ukuze aphathe ubukhosi kwabafileyo, kwanakwabaphilileyo.

Ke wena, yini na ukuba umgwebe 10 umzalwana wakho? Hi wena, yini na ukuba umenze into engeyakonto umzalwana wakho? Kuba thina siya kuma sonke phambi kwesihlalo sokugweba sikaKristu. Kuba kubhaliwe *kwathiwa*, 11
Ndihleli nje mna, itsho iNkosi, aya kugoba kum onke amadolo,
Zidumise uThixo zonke iilwimi.
(UIsaya 45: 23)
Ngoko ke elowo kuthi uya kuziphendu- 12 lela kuThixo.

Masingabi sagwebana ngoko; kanye 13 yithini ukugweba, makungabekwa siwiso, nasikhubekiso, phambi komzalwana. Ndiyazi, ndeyisekile, ndiseNkosini u- 14 Yesu nje, ukuba akukho nto iyinqambi ngokwayo; kodwa ke kuye obalela into ekuthini iyinqambi, kulowo iyinqambi.

Ukuba ke umzalwana wakho wenziwa 15 buhlungu ngenxa yokusuka udle, akusahambi ngokothando. Musa ukumtshabalalisa ngokudla kwakho, yena lowo uKristu wamfelayo. Ngoko oku- 16 lungileyo kwenu makunganyeliswa. Ku- 17 ba ubukumkani bukaThixo abukukudla nakusela; bubulungisa noxolo novuyo kuMoya oyiNgcwele. Kuba omkho- 18

nene kokulungileyo; kodwa nibe nga-
20 bangenabuqhinga kokubi. UThixo ke
woxolo uya kumtyumza uSathana
kamsinya phantsi kweenyawo zenu.
Ubabalo lweNkosi yethu uYesu Kristu malube nani.

21 Bayanibulisa ooTimoti, osebenza
nam, noLukiyo, noYason, noSosipatro,
22 imizalwane yam. Ndiyanibulisa ngokwaseNkosini, mna Tertiyo, uyibhalile-
23 yo le ncwadi. Uyanibulisa uGayo, esilundwendwe lwakhe, mna nebandla liphela. Uyanibulisa uErasto, igosa lomzi, noKwarto umzalwana.
Ubabalo lweNkosi yethu uYesu Kri- 24
stu malube nani nonke. Amen.

Ilizwi lokudumisa uThixo

Ke kaloku, kuye onako ukunizimasa 25
ngokweendaba zam ezilungileyo, novakaliso lukaYesu Kristu, ngokokutyhilwa
kwemfihlelo ebifihliwe kwasephakadeni,
ebonakalalisiweyo ke ngoku, eyazíswa- 26
yo kanjalo ngezibhalo zabaprofeti ngokommiselo kaThixo ongunaphakade, ukuba kubekho ukulululamela ukholo, kuzo
zonke iintlanga: kuThixo olumke ye- 27
dwa, ngaye uYesu Kristu, malubekho
uzuko kude kube ngunaphakade. Amen.

INCWADI YOKUQALA KAPAWULOS UMPOSTILE

KWABASEKORINTE

Umbuliso nombulelo

1 UPawulos, umpostile* kaYesu Kristu, obizwe ngokuthanda kukaThixo,
2 noSostenes umzalwana, *ubhalela* ibandla
likaThixo eliseKorinte, abangcwaliselwe kuKristu Yesu, ababizwe ukuba
babe ngcwele, kunye nabo bonke
abalinqulayo igama leNkosi yethu uYesu Kristu ezindaweni zonke, ezabo
3 kwanezethu: *uthi*, Makube lubabalo
kuni, noxolo oluvela kuThixo uBawo
wethu, neNkosi yethu uYesu Kristu.
4 Ndihlala ndibulela kuye uThixo wam
ngani, ngenxa yobabalo lukaThixo,
5 awanibabala ngalo nikuKristu Yesu; kuba natyetyiswa kuye ngezinto zonke,
ngokuthetha konke, nangokwazi konke;
6 njengokuba ubungqina bukaKristu ba-
7 qiniswayo kuni; ngokokude ningasileli
nakwesinye isipho enisibabalweyo; nílindé kakhulu ukutyhileka kweNkosi
8 yethu uYesu Kristu; oya kuniqinisa
nokuniqinisa ase ekupheleni, ukuze
ningabi nakumangaleleka ngemini ye-
9 Nkosi yethu uYesu Kristu. Uthembekile uThixo, enabizelwa nguye
ebudlelaneni boNyana wakhe, uYesu
Kristu iNkosi yethu.

Umoya wokwahlukahlukana ebandleni

Ke kaloku, ndiyaniyala, bazalwana, 10
ngalo igama leNkosi yethu, uYesu
Kristu, ukuba nithethe nto-nye nonke,
nokuba kungabikho zahlukahlukano
kuni; ke nibe ngabalungisiweyo, nigqibelele ngqiqweni-nye, nasicamangweni sinye.
Kuba ndazisiwe ngani, bazalwana 11
bam, ngabakuloKlowe, ukuba kukho
iimpikiswano phakathi kwenu. Uku- 12
tsho ke ndithi *kuthiwa*, ulowo kuni uthi,
Mna ndingokaPawulos; *omnye ke* athi,
Mna ndingoka-Apolo; *omnye ke* athi,
Mna ndingokaKefas; *omnye ke* athi,
Mna ndingokaKristu.
Wahlukahlukene na uKristu? Kwa- 13
bethelelwa uPawulos yini na emnqamlezweni ngenxa yenu? Nabhaptizelwa
egameni likaPawulos, kusini na? Ndi- 14
yabulela kuThixo, ukuba ndingabhaptizanga namnye kuni, ingenguKrispo
noGayo; ukuze kungabikho mntu uthi, 15
ndabhaptizela egameni lam. Ndabhap- 16

KWABASEKORINTE I 1-2

tiza ke nendlu kaStefana; ngaphandle kwabo, andazi ukuba ndabhaptiza wu-
17 mbi. Kuba uKristu akandithumanga kubhaptiza; wandithuma ukushumayela iindaba ezilungileyo, kungabi ngabulumko bakuthetha, ukuze umnqamlezo kaKristu ungalanjathiswa.

Amandla omnqamlezo

18 Kuba ilizwi lomnqamlezo libubudenge okunene kwabatshabalalayo; kodwa ke kwabasindiswayo, thina aba, lingamandla kaThixo.
19 Kuba kubhaliwe *kwathiwa*,
Ndiya kubutshabalalisa ubulumko bezilumko,
Ingqondo yeengqondi ndiyitshitshise.
(*UIsaya* 29: 14)
20 Síphi na ke isilumko? Uphi na ke umbhali? Uphi na ke umphiki weli phakade? UThixo akabenzanga baba bubudenge na ubulumko beli hlabathi?
21 Ekubeni ke kuthe, ebulumkweni bukaThixo, ihlabathi alamazi uThixo ngobulumko balo, kwakholeka kuThixo ukusindisa abo bakholwayo, ngabo ubudenge bokuvakalisa i*indaba ezilu-*
22 *ngileyo*. Ekubeni ke amaYuda ecela umqondiso, amaGrike efuna ubulumko,
23 thina okwethu sivakalisa uKristu, ebethelelwe emnqamlezweni; isikhubekiso ke eso kumaYuda, ubudenge kuma-
24 Grike; ke kwabo babiziweyo, amaYuda kwanamaGrike, sivakalisa uKristu ongamandla kaThixo, nobulumko buka-
25 Thixo. Ngokuba into kaThixo ebubudenge ilumkile kunabantu, nento kaThixo engenamandla yomelele kunabantu.
26 Kuba luboneni ubizo lwenu, bazalwana, ukuba azizininzi izilumko ngokwenyama, ababaninzi abanamandla, aka-
27 maninzi amanene. UThixo usuke wanyula izinto ezibubudenge zehlabathi, ukuze azidanise izilumko; nezinto ezingenamandla zehlabathi usuke uThixo wazinyula, ukuze azidanise izinto ezo-
28 meleleyo; nezinto zehlabathi ezingenabuntu, nezingento yanto, wazinyula uThixo, nezingáthi azikho, ukuze azi-
phuthise izinto ezikhoyo; ukuze kunga- 29 qhayisi namnye umntu emehlweni akhe.

Ke niphuma kuye, nina bakuKristu 30 Yesu, owathi ngenxa yethu waba bubulumko obuvela kuThixo, nobulungisa kwanobungcwalisa nentlawulelo; uku- 31 ze, njengoko kubhaliweyo, Oqhayisayo aqhayise ngeNkosi.

Intanda-bulumko nesityhilelo

2 Mna ke, ndakuba ndizile kuni, bazalwana, andizanga ngabugcisa bakuthetha nabulumko, ndinazisa ubungqina bukaThixo. Kuba ndaqgiba kwelo- 2 kuba ndingàzi nto phakathi kwenu, ingenguYesu Kristu, nàye ke ebethelelwe emnqamlezweni. Mna kuni ndafi- 3 ka ndaba ngothambileyo, onokoyika, onokugubha okukhulu. Nokuthetha 4 kwam, nokuvakalisa kwam *uKristu* kube kungengamazwi oyisa ngabulumko babantu; bekungokuqondakalisa ko-Moya nokwamandla, ukuze ukholo 5 lwenu lungabi sebulumkweni babantu, lube semandleni kaThixo.

Ke sithetha ubulumko phakathi kwa- 6 bagqibeleleyo, ubulumko ke obungebubo obeli phakade, nobabaphathi beli phakade ababhangayo. Sithetha ubu- 7 lumko bukaThixo obusemfihlekweni, obo ke bufihlakeleyo, awathi uThixo ngenxa engaphambili, kwangaphambi kwawo amaphakade, wabumisela uzuko lwethu; ekungabangakho namnye waba- 8 phathi beli phakade ubaziyo (kuba, ukuba babebazi, ngebengayibethelelanga emnqamlezweni iNkosi yozuko), nje- 9 ngoko ke kubhaliweyo, *kwathiwa*,
Izinto ezingabonwanga liso, nezingaviwanga ndlebe,
Nezingathanga qatha entliziyweni yomntu,
Zizo uThixo awazilungisela abo bamthandayo. (*UIsaya* 64: 4)
UThixo wazityhila kuthi ke ngoMoya 10 wakhe; kuba uMoya uphengulula zonke izinto, neenzulu zikaThixo. Kuba ngu- 11 wuphi na kubantu ozaziyo izinto zomntu, ingenguwo umoya womntu okuye? Ngokunjalo nezinto zikaThixo

akukho namnye uzaziyo, ingenguye
12 uMoya kaThixo. Ke thina asamkelanga moya wehlabathi; samkéle uMoya ophuma kuye uThixo, ukuze sizazi izinto esazibabalwa nguThixo;
13 esizithethayo nokuzithetha, kungengamazwi anokufundiswa bubulumko babantu, kungawo anokufundiswa nguMoya oyiNgcwele: izinto ezizezomoya sizilungelelanisa namazwi la angawomoya.
14 Owemvelo ke umntu akazamkeli izinto zoMoya kaThixo; kuba zibubudenge kuye; kanjalo akanakuzazi, ngo-
15 kuba ziphicothwa ngokoMoya. Ke ongowoMoya okunene uphicotha zonke izinto, kodwa yena ngokwakhe akaphi-
16 cothwa mntu. Kuba ngubani na oyaziyo ingqiqo yeNkosi, oya kuthi ayifundise? Thina ke sinengqiqo kaKristu.

Ukwahlukahlukana kuyathethiswa

3 Nam ke, bazalwana, bendingenakuthetha kuni njengakwaboMoya; bendinokuthetha njengakwabenyama, nje-
2 ngakwabaziintsana kuKristu. Ndaniseza amasi, *andaninika* kudla *kuqinileyo*; kuba nibe ningekabi nakomelela, una-
3 ngoku anikabi nako. Kuba nisengabenyama; oku nje kukhoyo phakathi kwenu umona, neenkani, neembambaniso, aningabenyama na? Anihambi ngokwabantu na?
4 Kuba xa uthile athi, Mna ndingokaPawulos, athi wumbi, Mna ndingoka-
5 Apolo, aningabenyama na ke? Úngubani na yena uPawulos? engubani na yena uApolo? Ingabalungiseleli nje kuphela, enakholwa ngabo, njengokuba
6 iNkosi yamnikayo ulowo nalowo. Mna ndatyala, uApolo wankcenkcesha, ke nguThixo owahlumisayo.
7 Ngoko ke lowo utyalayo akalutho, nalowo unkcenkceshayo akalutho; oyi-
8 nto nguThixo lo uhlumisayo. Lowo utyalayo ke, nalowo unkcenkceshayo, banto-nye; kodwa elowo uya kwamkela owakhe umvuzo ngokukokwakhe uku-
9 bulaleka. Kuba thina singabasebenzisi bakaThixo; nina niyintsimi kaThixo, nisisakhiwo sikaThixo.

Okulindelekileyo kwabafundisayo

Ngokobabalo lukaThixo endababalwa 10 ngalo, ndithi, ngokomakhi osisilumko, ndibeke ilitye lesiseko, athi ke omnye akhe phezu *kwalo*; ke elowo makakhangele ukuba uthini na ukwakha kwakhe phezu *kwalo*. Kuba akukho namnye 11 unako ukubeka litye limbi lesiseko, nxamnye nelo libekwe *kade*, linguYesu onguKristu.

Ukuba ke umntu ukhe wakha phezu 12 kweli litye lesiseko igolide, isilivere, amatye anqabileyo, imithi, ingca, iindiza, umsebenzi walowo nalowo wobonakala- 13 liswa; kuba loo mini iya kuwazisa, ngokuba iya kuvela inomlilo; nomsebenzi walowo nalowo, umlilo uya kuwucikida ubunjani bawo. Ukuba umsebenzi a- 14 wawakhayo umntu phezu *kwalo*, uthe wahlala uhleli, wowamkela umvuzo. Ukuba umsebenzi womntu uthe watshi- 15 swa, wolahlekelwa *ngumvuzo wakhe*; ke yena okwakhe wosindiswa, kodwa ke ange ucande emlilweni.

Anazi na ukuba niyitempile kaThixo? 16 Anazi na ukuba uMoya kaThixo umi ngaphakathi kwenu? Ukuba umntu 17 uyayonakalisa itempile kaThixo, uThixo womonakalisa lowo; kuba itempile kaThixo ingcwele; ninjalo ke.

Makungabikho namnye uzikhohlisa- 18 yo. Ukuba umntu uba usisilumko phakathi kwenu kweli phakade, makabe sisidenge, ukuze abe sisilumko. Kuba 19 ubulumko beli hlabathi bubudenge kuye uThixo; kuba kubhaliwe *kwathi-wa*, Yena uyazibambisa izilumko kubuqhetseba bazo; *kwathiwa* kananjalo, 20 INkosi iyazazi izicamango zezilumko, ukuba azinto.

Ngoko ke makungabikho namnye 21 uqhayisa ngabantu: kuba izinto zonke zezenu; nokuba nguPawulos, nokuba 22 nguApolo, nokuba nguKefas, nokuba lihlabathi, nokuba bubomi, nokuba kukufa, nokuba zizinto ezingeneyo, nokuba zezizayo: zonke zezenu. Nina 23 ke ningabakaKristu, uKristu ke ngokaThixo.

Ukuziphendulela kwabapostile kuThixo

4 Makenjenjalo ke umntu ukucinga ngathi, athi singabakhonzi bakaKristu, athi singamagosa eemfihlelo 2 zikaThixo. Ke kaloku ke, kufuneka kuwo amagosa, ukuba ulowo kuwo afu- 3 maneke ethembekile. Kum ke yeyona nto incinanana, ukuba ndincinwe nini, nayimini *yamatyala* yabantu; ke andi- 4 zincini nam ngokwam, kuba andizazeleli nto; noko andigwetyelwe koko; 5 ondincinayo ke yiNkosi. Ngoko ke, musani ukugweba nto phambi kwelona xesha, ide ifike iNkosi, eya kuthi izikhanyise nokuzikhanyisa izinto ezifihlakeleyo zobumnyama, iwabonakalalise amacebo entliziyo; andule ke ulowo nalowo abe nodumo oluvela kuThixo.

6 Ezi zinto ke, bazalwana, ndizilinganisele ngam noApolo, ngenxa yenu; ukuze nifunde kuthi aba, ukuba ningazicingeli ngaphezu koko kubhaliweyo, ukuze kungabikho namnye uzikhukhumalisa ngakomnye ngenxa yomnye.

7 Kuba ngubani na okubalulayo kwabanye? Yintoni na ke onayo ongayamkeliswanga? Phofu ke, ukuba wa- 8 mkelisiwe, uqhayiselani na, ngathi akwamkeliswanga? Senihluthi, senizizityebi, nalawula ningenathi; akwaba ke kambe beningabalawuli, ukuze nathi silawule kunye nani.

9 Kuba ngathi mna, uThixo thina bapostile* usivelise mva, sanga singabamiselwe ukufa; kuba sanekwé senziwa intlekisa kulo ihlabathi, nakwizithu- 10 nywa zezulu, nakubantu. Thina siziziyatha ngenxa kaKristu, ke nina niziingqondi kuKristu; thina siswele amandla, ke nina nomelele; nina nizukile, 11 ke thina siswele imbeko. Kude kwaleli lixa langoku silamba, sinxanwa, sihamba zé, sintlithwa, singenasikhundla, 12 sibulaleka, sisebenza ngezethu izandla; sithi, sitshabhiswa, sibe sisikelela; sithi 13 sitshutshiwa, sibe sinyamezela; sithi sinyeliswa, sibe siyala; sixeliswa inkunkuma yehlabathi, inkuthu yezinto zonke, kude kube ngoku.

Ukululekwa nokucetyiswa ngokomzali

Ezo nto andizibhaleli ukuba nidane; 14 ndiyaniluleka njengabantwana bam abathandekayo. Kuba ningafanelana ni- 15 nabakhaphi bemawaka alishumi kuKristu, àbabaninzi bona ooyihlo; kuba kuKristu Yesu nizelwe ndim lo, ngazo iindaba ezilungileyo. Ndiyaniyala ngo- 16 ko, yibani ngabaxelisa mna.

Ngenxa yoko ndinithumele uTimoti, 17 ongumntwana wam oyintánda, othembekileyo, waseNkosini, oya kunikhumbuza iindlela zam ezikuKristu, njengoko ndifundisayo ezindaweni zonke, kuwo onke amabandla.

Ke kaloku inxenye ithe yakhukhu- 18 mala, ngathi andiyi kuza kuni. Ndiya 19 kuza ke kuni kamsinya, ukuba iNkosi ithe yavuma, ukuze ndinganeli kukwazi ukuthetha kwabakhukhumeleyo, ndazi amandla *abo*. Kuba ubukumkani bu- 20 kaThixo abusekuthetheni, busemandleni. Nithanda kuphi na, kuko ukuza 21 kuni ndinoswazi, kuko ukuza ndinothando, nomoya wobulali?

Ityala elikhulu lombulo

5 Kwandile ukuvakala ukuba kukho umbulo phakathi kwenu; ngumbulo ke lowo ongazanga ukhankanywe naphakathi kweentlanga, owokuba uthile abe nomfazi kayise. Níbe ke nikhukhu- 2 mele; ningabi kanye nikhedamile, ukuze anyothulwe phakathi kwenu lowo wenze loo ntlondi.

Kuba mna, ndingekho nje okunene 3 ngesiqu, ndikho ngomoya; sendide ndamgweba oyenzileyo loo nto, njengokungathi ndikho; ndathi, egameni le- 4 Nkosi yethu uYesu Kristu (nakùbon' ukuba nihlanganisene nomoya wam, kunye nawo amandla eNkosi yethu uYesu Kristu), makanikelwe onjalo ku- 5 Sathana, ukuba inyama itshatyalaliswe, ukuze wona umoya usindiswe ngomhla weNkosi uYesu.

Iqhayiya lenu alilihle! Anazi na 6 ukuba igwele elincinane libilisa intlama

7 iphela? Likhupheni ngoko kuthi tu igwele elidala, ukuze nibe yintlama entsha, ekubeni ningabangenagwele. Kuba nathi siyibingelelwe neyethu 8 ipasika,* enguKristu. Ngoko ke ukwenza umthendeleko, masingawenzi sinegwele elidala, negwele lobubi, nelokungendawo; *masiwenze* sinezonka ezingenagwele, ezingenasibhidi, ezinenyaniso.

9 Ndanibhalela encwadini apho ukuthi, maningazidibanisi nabenza umbulo;
10 kodwa ningàsenizahlula kanye kwabeli hlabathi abenza umbulo, nakumabawa, nabaphangi, nabakhonzi bezithixo; okanye beniya kumelwa kukuphuma
11 ehlabathini. Kungoku ke, ndinibhalela ukuba maningazidibanisi nosukuba enegama lokuba ngumzalwana, ukanti wenza umbulo, nokuba ulibawa, nokuba ungumkhonzi wezithixo, nokuba ungumtshabhisi, nokuba ulinxila, nokuba ungumphangi; ningakhe nidle nokudla nonjalo.
12 Ndinamsebenzi mni na ukuba ndigwebe nabangaphandle? Anigwebi abangaphakathi bodwa, yini na, nina?
13 Ke abangaphandle bagwetywa nguThixo. Ize nimnyothule kuni nina lowo ungendawo.

Ukumangalelana kwamaKristu

6 Kukho na umntu kuni, enendawo ngakomnye, onobuganga bokummangalela phambi kwabangemalungisa, angammangaleli phambi kwaba-
2 ngcwele? Anazi na, ukuba abangcwele aba baya kuligweba ihlabathi? Ukuba ke ihlabathi ligwetywa phambi kwenu, anikufanele na ukuwathetha awona
3 mancinanana amatyala? Anazi na, ukuba siya kugweba izithunywa zezulu? Kobeka phi na ke kwizinto zobu bomi?
4 Xa sukuba ke ngoko nisiya ematyaleni ngezinto zobu bomi, nimisa abo bangento kulo ibandla, ukuba kugwebe bona
5 na? Nditsho ukuze nidane. Kude akwabakho noko sisinye na isilumko phakathi kwenu, esingaba nako ukulamla phakathi kwabo abazalwana?
6 Usuka umzalwana amangalelane no- mzalwana, athi noko akwènze phambi kwabangakholiweyo.

Seninciphile ke kanye ngokokuthi 7 nimangalelane. Yini na ukuba ningàthi kanye nivume ukoniwa? Yini na ukuba ningàthi kanye nivume ukulunyukiswa? Nisuka nina none abanye, 8 nilumkise, nako oko nibe nikwenza kubazalwana.

Anazi na, ukuba abangemalungisa 9 abayi kubudla ilifa ubukumkani bukaThixo? Musani ukulahlekiswa; abenza umbulo, nabakhonzi bezithixo, nabakrexezi, nezifebe, namadoda alalanayo, namasela, namabawa, namanxi- 10 la, nabatshabhisi, nabaphangi, abayi kubudla ilifa ubukumkani bukaThixo. Nayé ninjalo ke inxenye yenu; kuloko 11 nahlanjululwayo, kuloko nangcwaliswayo, kuloko nagwetyelwayo egameni leNkosi uYesu, nangoMoya kaThixo wethu.

Ukungcola kuchasene nentlalo yobuKristu

Zonke izinto zivumelekile kum, noko 12 azindilungele zonke. Zonke izinto zivumelekile kum, noko asindim oya kubekwa phantsi kwagunya lelayiphi; izidlo zezesisu, nesisu sesezidlo; kodwa 13 uThixo uya kubhangisa kokubini, sona nazo. Ke wona umzimba asingowombulo, ngoweNkosi; nayo iNkosi yeyomzimba. UThixo ke wayivusa iNkosi 14 leyo; uya kusivusa nathi ngamandla akhe.

Anazi na ukuba imizimba yenu nga- 15 malungu kaKristu? Ndiya kuthi na ke, ndiwathabathe amalungu kaKristu lowo, ndiwenze amalungu ehenyukazi? Nakanye! Anazi na, ukuba onamathele 16 kulo ihenyukazi, úmzimba mnye *nalo*? Kuba kuthiwa, Abo babini boba nyama-nye. Ke onamathele eNkosini, ú- 17 moya mnye *nayo*. Wubalekeni umbu- 18 lo. Zonke izono athe umntu wazenza, zingaphandle komzimba; ke lowo wenza umbulo, wona owakhe umzimba.

Anazi na, ukuba umzimba wenu 19 uyitempile yoMoya oyiNgcwele ongaphakathi kwenu, eninaye evela kuThixo; nokuba ke aningabenu? Kuba nathe- 20 ngwa ngexabiso. Mzukiseni ke uThixo ngomzimba wenu nangomoya wenu, izinto ezizezikaThixo ezo.

Iingxaki zomtshato, nezobusoka, nezoqhawulo-mtshato

7 Ke kaloku, ngokubhekisele kwiindawo enandibhalela ngazo, ndithi, Kumlungele umntu ukuba angamchu-
2 kumisi umntu oyinkazana. Kodwa ke, ngenxa yoomibulo, elowo makabe nowakhe umfazi, athi elowo abe neyakhe
3 indoda. Indoda mayimenzele okumfaneleyo umfazi *wayo*; enjenjalo ke no-
4 mfazi endodeni *yakhe*. Umfazi akanagunya kowakhe umzimba, yindoda enalo; kwangokunjalo ke, nendoda ayinagunya kowayo umzimba, ngumfazi
5 onalo. Musani ukwala ukuhlangana, ningathanga nibe nivumelene okomzuzwana, ukuze ke nibe nethuba lokuzila ukudla nelokuthandaza; nibuye nihlangane ndawonye, ukuze anganihendi uSathana ngenxa yentswela-kuzeyisa kwenu.
6 Ndisitsho nje, ndiyabonisa; anidithu-
7 mi mntu. Kuba ndinga bonke abantu bangaba njengam nje; kodwa ke elowo unesakhe isipho, asibabalwe nguThixo; omnye *uba naso* ngokunje, omnye *abe naso* ngokunjeya.

8 Ndithi ke kwabangazekanga nabangendanga, nakubahlolokazi, kubalungele
9 ukuba bathe bahlala njengam nje. Kodwa ke, ukuba abanakuzeyisa, mabazeke, mabende, kuba kukhona kulungileyo ukuba kuzekwe, kwendiwe, kunokutshiseka.
10 Ke kaloku abazekileyo nabendileyo ndiyabathethela, phofu ingendim, iyiNkosi; ndithi, Umfazi makangahlukani
11 nendoda (ke ukuba uthe wahlukana *nayo*, makahlale angendi, okanye makaxolelaniswe nendoda yakhe); indoda mayingamali umfazi wayo.
12 Ke kaloku kwabanye ndithi mna, akutsho iNkosi, Ukuba kukho mzalwana uthile unomfazi ongakholiweyo, aze umfazi lowo athande ukuhlala naye,
13 makangamali. Nomfazi onendoda engakholiweyo, ize yona ithande ukuhlala naye, makangayali. Kuba indoda leyo 14 ingakholiweyo ingcwalisiwe nguye umfazi, nomfazi lowo ungakholiweyo ungcwalisiwe yiyo indoda; okanye abantwana benu ngebeba baziinqambi; kungoku ke bangcwele.

Kodwa ke ukuba lowo ungakholiweyo 15 uyahluka, makahluke; umzalwana nokuba ngudade akabotshelelwe, xa kunjalo; ke uThixo usibizele eluxolweni. Kuba, wazi ngani na, mfazi, ukuba 16 woyisindisa indoda *yakho*? Wazi ngani na, ndoda, ukuba womsindisa umfazi *wakho*?
Ke, njengoko uThixo wamabelayo 17 ulowo, njengoko iNkosi imbizileyo ulowo, makahambe ngokunjalo. Ndimisa ngokunjalo ke kuwo onke amabandla. Kukho mntu wabizwa engowa- 18 lukileyo na? Makangazenzi ongalukileyo. Kukho mntu wabizwa engalukanga na? Makangaluki. Ukwalu- 19 ka oku akunto, nokungaluki oku akunto; okuyinto kukubamba imithetho kaThixo.

Elowo makahlale elubizweni abizwe 20 ekulo. Wábizwa ulikhoboka na? U- 21 ngakhathali koko; nokuba ke unokukhululeka, nyula kanye oko. Ukuba lowo 22 wabizwayo waba seNkosini elikhoboka, ungumkhululwa weNkosi; ngokunjalo nalowo wabizwayo engokhululekileyo, ulikhoboka likaKristu. Nathengwa 23 ngexabiso; musani ukuba ngamakhoboka abantu. Bazalwana, elowo ekubi- 24 zweni awabizwa ekuko, makahlale kuko ekuThixo.

Ke kaloku, ngazo iintombi andina- 25 mmiselo weNkosi; ndibona oku mna, njengowenzelwe inceba yiNkosi ukuba athembeke. Ndiba ngoko, kulungile 26 oku ngenxa yengxakeko engeneyo, kulungile emntwini ukuthi aselehlala njengoko anjalo. Ùbotshelelwe na e- 27 mfazini? Musa ukufuna ukukhululwa kuye. Ukhululekile na emfazini? Musa ukufuna umfazi. Kodwa ke ukuba 28 uthe wazeka, akonanga; nokuba intombi ithe yenda, ayonanga. Ke abanjalo boba nembandezelo enyameni. Ke mna, *ngokwenjenje*, ndiconga nina.

29 Nditshoke, bazalwana, ukuthi, ixesha lifinyele, ukuze kwelisaseleyo bathi nabo banabafazi, babe njengabange-
30 nabo; bathi abalilayo, babe njengabangaliliyo; bathi abavuyayo, babe njengabangavuyiyo; bathi abathengayo,
31 babe njengabangenanto; bathi abasebenzayo ngeli hlabathi, babe njengabangalixhamliyo; kuba ukumila kweli
32 hlabathi kuyadlula. Ndithanda ukuba ningabi naxhala. Ongazekileyo uxhalela izinto zeNkosi, ukuba angáthini na
33 ukuyikholisa iNkosi. Ozekileyo ke uxhalela izinto zehlabathi, ukuba angá-
34 thini na ukumkholisa umkakhe. Umfazi nentombi akufani. Ongendileyo uxhalela izinto zeNkosi, ukuze abe ngcwele ngomzimba nangomoya; owendileyo ke uxhalela izinto zehlabathi, ukuba angáthini na ukuyikholisa indoda yakhe.
35 Oku ke ndikuthetha ndisingisele kokunilungeleyo, ndingenzeli kunirhintyela; ndikuthethela ukuba nizibeke, nihlale nihleli kakuhle eNkosini, ningakruthakrutheki.
36 Kodwa ke ukuba umntu uba uhlaza intombi yakhe, xa ithe yegqitha entlahleni yayo, emelwe kukwenjenjalo, makenze akuthandayo; akoni; makuze-
37 kwe. Noko ke omiyo eqinile entliziyweni, engaxakwe nto, enegunya ke lokwenza ngokuthanda kwakhe, kananjalo egqibile entliziyweni yakhe kwelokuba ayigcine intombi yakhe, uyatyapha
38 ukwenjenjalo. Ngoko ke lowo wendisayo uyatyapha, kodwa ke lowo ungendisiyo nguyena ukholisayo.
39 Umfazi ubotshiwe ngumthetho ngalo lonke ixesha isaphilileyo indoda yakhe; ke ukuba indoda yakhe ithe yafa, ukhululekile, angéndiselwa kwayithandayo,
40 kodwa ke ngokwaseNkosini. Noko ke únoyolo ngakumbi, ukuba uthe wahlala enjengoko anjalo, ngokwam mna ukubona; ndiba ke ndinaye nam uMoya kaThixo.

Ingxaki yamadini ezithixo

8 Ke kaloku, ngeendawo zamadini enziwa kwizithixo, ndithi, Siyazi ukuba sinokwazi sonke. Ukwazi oku kuyakhukhumalisa, ke lona uthando
2 luyakha. Ukuba ke umntu uba wazi nto, akakazi nento ngoko amelwe ku-
3 kwazi ngako. Ukuba ke umntu uyamthanda uThixo, lowo uyaziwa nguye.
4 Ngako ke ukudliwa kwamadini enziwa kwizithixo, siyazi ukuba akukho nto isisithixo ehlabathini; siyazi ukuba mnye kwaphela uThixo, akukho wumbi.
5 Kuba kambe, nokuba kukho ekuthiwa bangoothixo, nokuba kusezulwini, nokuba kuphezu komhlaba (kwanjengokuba kukho oothixo abaninzi, neenkosi ezininzi), kuthi thina mnye uThixo, u-
6 Yise, eziphuma kuye izinto zonke; nathi sikholo yena. Inye iNkosi, uYesu Kristu, ezingayo zonke izinto; nathi singaye.

Ukunyamekela isazela somzalwana obuthathaka

7 Ke ukwazi oko akubantwini bonke. Inxenye ke ithi, isenesazela ngesithixo unangoku, idle ngokudliwa kwedini elenziwe kwisithixo, size isazela sabo, siswele amandla nje, sidyobheke. U-
8 kudla akusithandisi kuye uThixo; kuba nokuba sithe sadla, asigqithe nganto; nokuba asithanga sidle, asisilele nganto.
9 Lumkani ke, hleze elo gunya lenu libe sisiwiso kwabaswele amandla. Kuba
10 xa athe ubani wakubona, wena ungonokwazi, uhleli esithebeni etempileni yezithixo, asisayi kuthi na isazela sakhe, eswele amandla nje, somelezelwe ukudla amadini enzelwe izithixo? Aze ngo-
11 kwazi kwakho oko atshabalale umzalwana oswele amandla, awathi uKristu wamfela. Nisenjenjalonje ke ukona
12 kubo abazalwana, nísidubule nje isazela sabo esiswele amandla, nona kuKristu.
13 Ngenxa yoko ndithi, Ukuba ukudla kuyamkhubekisa umzalwana wam, andisayi kudla nyama naphakade, ukuze ndingamkhubekisi umzalwana wam.

Umzekelo wompostile wokuncama okulilungelo lakhe

9 Andingumpostile* na? Andingokhululekileyo na? Andimbonanga na uYesu Kristu, iNkosi yethu? Ani-

nguwo na nina umsebenzi wam eNkosi-
2 ni? Ukuba andimpostile kwabanye,
kuni nina ndinguye; kuba itywina loku-
qinisa obam ubupostile linini aba base-
Nkosini.
3 Okwam ukuziphendulela kwabandi-
4 ncinayo kuko oku. Asinagunya na
5 lokudla nokusela? Asinagunya na, nje-
ngabanye abapostile, nabazalwana be-
Nkosi, noKefas, ukuba siphelekwe
6 ngabafazi bethu bengamakholwa? Sí-
thi sedwa noBharnabhas lo na, abange-
7 nagunya lokuba bangàsebenzi? Ngu-
bani na okha aphume umkhosi ngeya-
khe indleko? Ngubani na otyala isidili-
ya, aze angadli siqhamo saso? Khona
ngubani na owalúsa umhlambi, aze
angawadli amasi omhlambi lowo?
8 Ndizithetha ngokomntu yini na ezo
zinto? Awuthethi kwaezo zinto nawo
9 na umthetho? Emthethweni kaMoses
kubhaliwe kwathiwa, Uze ungayibophi
umlomo inkomo ibhula. Ziinkomo yi-
ni na into ayikhathaleleyo uThixo?
10 Kanene akatsho ngenxa yethu na?
Kakade kwabhalwa ngenxa yethu; ngo-
kuba lowo ulimayo ufanele ukulima
ethembile; lowo ubhulayo ufanele uku-
bhula enethemba lokuyaba loo nto
athembe yona.
11 Ukuba ke thina sanihlwayelela izinto
ezizezoMoya, yinto enkulu na, ukuba
siya kuvuna izinto zenu ezizezenyama?
12 Ukuba abanye babelana ngokwenza
ngeli gunya kuni, asikukhona singénje-
njalo na thina ngakumbi? Asilisebe-
nzisanga ke elo gunya; sisuka sithwale
izinto zonke, ukuze singazibambezeli
ngani iindaba ezilungileyo zikaKristu.
13 Anazi na ukuba abo bazisebenzayo
izinto ezingcwele badla okwetempile,
abo bahlala behleli esibingelelweni ba-
14 hlulelana nesibingelelo eso? Ngoku-
njalo neNkosi le yabamisela abazazisayo
iindaba ezilungileyo, ukuba baphile
15 ngeendaba ezilungileyo ezi. Ke mna
andiphathanga nanye kwezo zinto. Ezi
ndawo andizibhaleli ukuze kwenjiwe
njalo kum; kuba bekungandilungelayo
kanye ukuba ndife, kunokuba ubani
alilambathise iqhayiya lam.

Kuba xa ndithi ndizishumayele iinda- 16
ba ezilungileyo, andinaqhayiya; kuba
ndimelwe kukuzishumayela. Yeha ke
mna, ukuba ndisuka ndingazishumayeli
iindaba ezilungileyo! Kuba xa ndi- 17
kwenzayo oko ndínokuzithandela, ndo-
ba ndinomvuzo; ke xa ndikwenza ndi-
ngenakuzithandela, ndoba ndingopha-
thiswe ubugosa nje. Uyintoni na ke 18
ngoko umvuzo wam? Ukúkuthi, nda-
kuzishumayela iindaba ezilungileyo,
ndizenze zingabi nandleko iindaba ezilu-
ngileyo zikaKristu, ukuba ndingalise-
benzisi igunya lam ezindabeni ezilungi-
leyo ezi.

*Inzondelelo kaPawulos yokufumanela
uKristu abantu*

Kuba ndikhululekile nje kubo bonke, 19
ndizikhonzisile kubo bonke, ukuze ndi-
bazuze abona baninzi. KumaYuda 20
ndaba njengomYuda, ukuze ndiwazuze
amaYuda; kwabo baphantsi komthetho
ndaba njengophantsi komthetho, ukuze
ndibazuze abaphantsi komthetho; kwa- 21
bo bangenamthetho, *ndaba* njengonge-
namthetho (ndingenguye phofu onge-
namthetho kuThixo, ndingosemthe-
thweni kuKristu), ukuze ndibazuze
abangenamthetho; kwabo bangenama- 22
ndla, ndaba njengongenamandla, ukuze
ndibazuze abangenamandla; kubo bonke
ndesuka ndaba ziinto zonke, ukuze ngee-
ndlela zonke ndisindise inxenye. Oko 23
ke ndakwenza ngenxa yeendaba ezilungi-
leyo, ukuze ndibe lidlelane nabo ngazo.

*Umzamo ofunekayo ukuze kubekho
impumelelo*

Anazi na, ukuba abo babalekayo 24
elugqatsweni, babaleka bonke okunene,
kodwa ke mnye owamkelayo umvuzo?
Balekani ngokunjalo ke, ukuze nizuze.
Bonke ke *abantu* abazamayo, baba 25
ziingcathu ezintweni zonke. Bona abo
ke okunene benzela ukuze bazuze
isithsaba esinokonakala; kodwa thina,
esingenakonakala. Mna ke ngoko nde- 26
njenjalo ukubaleka, ndingangi andi-
qondi; ndenjenjalo ukugalela ngenqi-
ndi, ndingangi ndibetha umoya; ndi- 27

suka ndiwuqobe umzimba wam, ndiwuxinzelele phantsi, hleze ndithi, ndakuba ndizivakalisile *iindaba ezilungileyo* kwabanye, ndibe mna ndingumlahlelwa phandle.

Isiyalo esivela kwibali lamaSirayeli

10 Ke andithandi ukuba ningâzi, bazalwana, ukuba oobawo babephantsi kwalo ilifu bonke; balucanda 2 ulwandle bonke; babhaptizelwa bonke kuye uMoses efini elo naselwandle; 3 badla bonke oko kudla kunye kukoko- 4 moya; basela bonke olo luselo lunye lulolomoya (kuba babesela kwiliwa elilelomoya elibe libalandela, iliwa elo 5 ke lalinguye uKristu). Kanti noko uThixo akakholiswanga ngabona baninzi; kuba bathiwa waca entlango apho. 6 Ezo zinto ke zabe ziyimizekelo kuthi, ukuze singabi ngabakhanuki bezinto ezimbi, njengokuba bakhanukáyo bona 7 abo. Kanjalo musani ukuba ngababusi bezithixo, njengenxenye yabo; njengokuba kubhaliwe *kwathiwa*, Abantu bahlala phantsi ukuba badle, basele, baza 8 besuka bema ukuba badlale. Kanjalo masingenzi mbulo, njengokuba inxenye yabo yenza umbulo, kwawa ngamininye amawaka amashumi mabini anama- 9 thathu. Kanjalo masingamhendi uKristu, njengokuba inxenye yabo yahe- 10 ndayo, yaza yatshabalala ziinyoka. Kanjalo musani ukukrokra, njengokuba inxenye yabo yakrokrayo, yaza yatshabalala ngumtshabalalisi.

11 Zonke ke ezo zinto, zabahlelayo bona, beziyimifuziselo; zabhalelwa ke ukululeka thina aba, bafikelweyo ziziphelo 12 zawo amaphakade. Ngoko ke lowo uba 13 umi, makalumke angawi. Anibanjwanga silingo singesesabantu. Uthembekile ke uThixo, ongayi kuvumela ukuba nilingwe ngaphezu kweninako; owothi, kunye nesilingo eso, avelise ithuba lokuphuma kuso, ukuba nibe nako ukuthwala.

Unqulo-zithixo malucezelwe

14 Kungoko ndithi, zintánda zam, ku- 15 balekeni ukubusa izithixo. Ndithetha njengakwiingqondi; kucaluleni nina endikuthethayo.

Indebe yentsikelelo le siyisikelelayo, 16 asibubudlelane na begazi likaKristu? Isonka esi sisiqhekezayo, asibubudlelane na bomzimba kaKristu? Ngokuba 17 thina, síbaninzi nje, sisonka sinye, símzimba mnye, kuba sonke sabelana ngeso sonka sinye. Khangelani aba- 18 ngamaSirayeli ngokwenyama. Abo bawadlayo amadini, àbadlelani nesibingelelo eso, yini na?

Ndithini na ke ngoko? Ndíthi, 19 isithixo siyinto na? Ndithi, amadini enzelwa izithixo ayinto na? Anditsho! 20 Ndithi, Amadini eziwenzayo iintlanga, ziwenzela iidemon, aziwenzeli uThixo. Anditħandi ke ukuba nibe ngamadlelane needemon nina. Aninako uku- 21 sela indebe yeNkosi nendebe yeedemon; aninako ukwabelana ngesithebe seNkosi nesithebe seedemon. Siyayi- 22 khweletisa na iNkosi? Sinamandla kunayo, yini na?

Zonke izinto zivumelekile kum, noko 23 azindilungele zonke; zonke izinto zivumelekile kum, noko azakhi zonke. Makungabikho namnye ufuna okuko- 24 kwakhe *ukulungelwa*; elowo makafune nokomnye.

Yonke into ethengelwa endaweni 25 yokuthenga inyama, yidleni, ningaphicothi nto ngenxa yesazela; kuba umhla- 26 ba lo ngoweNkosi, nenzaliseko yawo.

Ukuba ke ubani wakubo abangakho- 27 lwayo uthi animeme, nithande ukuya, yonke into ebekwa phambi kwenu yidleni, ningaphicothi nto ngenxa yesazela. Kodwa ke ukuba ubani uthe 28 kuni, Le nto ilidini elenzelwe izithixo, musani ukudla, ngenxa ke yalowo uyithe thupha loo ndawo, nangenxa yesazela; kuba umhlaba lo ngoweNkosi, nenzaliseko yawo. Ndithi, isazela ke, singesiso 29 esakho wena; sisesomnye lowo. Kuba yini na ukuba inkululeko yam igwetywe sesinye isazela? Ke ukuba mna ndidla 30 ndibulela, yini na ukuba ndinyeliswe ngenxa yoko ndikubulelayo mna?

Ke ngoko nokuba niyadla, nokuba 31 niyasela, nokuba nenza yiphi na into,

zenzeleni uzuko lukaThixo izinto zonke.
32 Yibani ngabangebawisi nakumaYuda, nakumaGrike, nakulo ibandla likaThixo;
33 njengokuba nam ndikholisa bonke ezintweni zonke, ndingafuni okwam ukulungelwa, ndifuna okwabaninzi, ukuze basindiswe.

11 Yibani ngabaxelisa mna, njengokuba nam ndixelisa uKristu.

Ukugqubuthela kwabafazi ezinkonzweni

2 Ke kaloku ndiyanidumisa, bazalwana, kuba nindikhumbula ngeendawo zonke, nizibambile izithethe, njengoko ndaninikelayo.
3 Kodwa ke ndithanda ukuba nazi, ukuba intloko yomntu wonke oyindoda nguKristu, intloko ke yomfazi yindoda,
4 intloko ke kaKristu nguThixo. Umntu wonke oyindoda, ethandaza, mhlawumbi eprofeta, enento entloko, uyayihlaza
5 intloko yakhe. Umntu wonke ke ongumfazi, ethandaza, mhlawumbi eprofeta, engenasigqubuthelo entloko, uyayihlaza eyakhe intloko; kuba oko kuntonye nokuba uchetyiwe.
6 Kuba umfazi, ukuba akagqubuthele, makaselenquthulwa nokunquthulwa. Ke ukuba kulihlazo kumfazi ukuba anquthulwe, mhlawumbi achetywe, ma-
7 kabe nesigqubuthelo. Kuba indoda okunene ayifanele ukuba nesigqubuthelo entloko, ekubeni ingumfanekiselo nozuko lukaThixo; ke yena umfazi luzuko
8 lwendoda. Kuba indoda ayiphume emfazini, ngumfazi ophume endodeni;
9 kuba indoda ayidalwanga ngenxa yomfazi, kwadalwa umfazi ngenxa yendo-
10 da. Ngenxa yoko umfazi ufanele ukuba abe *nomqondiso* wegunya phezu kwentloko, ngenxa yezithunywa zezulu.
11 Kodwa eNkosini apha indoda ayinga-
12 phandle komfazi, nomfazi akangapha-ndle kwendoda; kuba, njengokuba umfazi ephumé kwindoda, ngokunjalo nayo indoda ingaye umfazi; konke ke oko kuphumé kuThixo.
13 Yahlulani nina ngaphakathi kwenu; kumfanele na umfazi ukuthandaza ku-Thixo, engagqubuthele? Kananjalo i-
14 mvelo ngokwayo ayinifundisi na, ukuba indoda okunene ethi ibe neenwele ezinde, kulihlazo oko kuyo? Ke yena
15 umfazi, ukuba uthi abe neenwele ezinde, kuluzuko oko kuye; ngokuba wazinikwa iinwele ezinde endaweni yesigqubuthelo.
16 Ke ukuba ubani ubonakala ethanda ukuphika, thina asinasiko linjalo, kwanawo amabandla kaThixo.

Ukuhlambela isidlo

17 Ke kaloku, ndinithethela le ndawo nje, andinincomi, ukuba ukuhlangana kwenu ndawonye akusingisi kokhona kulungileyo; kusingisa kokhona kubi.
18 Kuba kuqala ke, nakuhlangana ebandleni, ndiyeva ukuba kubakho izahlukahlukano phakathi kwenu; ndithi ke kufanele ukuba zikho. Kuba kumele
19 ukuba kubekho nezahlukano phakathi kwenu, ukuze abacikidekileyo babonakale phakathi kwenu.
20 Xenikweni ngoko nithe nahlangana ndawonye, asikuko ukuba nídle isidlo
21 seNkosi; kuba ekudleni kwenu elowo udla okwakhe ukudla; uqala adle, bengekafiki abanye, aze omnye alambe, omnye anxile. Kanene aninazindlu na
22 zokudlela nokusela? Okanye nidela ibandla likaThixo na, nibadanisa nje abangenanto? Ndithini na kuni? Ndinidumise na kule nto? Andinidumisi.
23 Kuba mna ndakwamkela kuyo iNkosi oko ndikunikeleyo nokukunikela kuni: Okokuba iNkosi uYesu, ngobusuku eyanikelwa ngabo, yathabatha isonka;
24 yaza yakuba ibulele, yasiqhekeza, yathi, Thabathani, nidle, ngumzimba wam lo, owaphulelwa nina; oku kwenzeleni ukundikhumbula. Kwangokunjalo *ya-*
25 *thabatha* nayo indebe, emva kokuba kudliwe, isithi, Le ndebe ingumnqophiso omtsha osegazini lam; ngamaxesha onke enisukuba niyisela, oku kwenzeleni ukundikhumbula. Kuba ngama-
26 xesha onke enisukuba nisidla eso sonka, niyisele loo ndebe, niyakwazisa ukufa kweNkosi, ide ifike.

27 Ngoko ke, osukuba esidla eso sonka, ayisele indebe yeNkosi, ngokungafanelekileyo, woba netyala lomzimba ne-
28 gazi leNkosi. Makazicikide ke ngokwakhe umntu, aze ngokunjalo adle kwisonka eso, asele kwindebe leyo;
29 kuba lowo udlayo, uselayo, ngokungafanelekileyo, uzidlela aziselele ukugwetywa, engawucaluli nje umzimba we-
30 Nkosi. Ngenxa yoku baninzi phakathi kwenu abaswele amandla, nabayimi-
31 lwelwe, banelè nabalele ukufa. Kuba xa besizicalula, ngesiba asigwetywa.
32 Sigwetywa nje ke, siyaqeqeshwa yiNkosi, ukuze singasingelwa phantsi ndawonye nehlabathi.
33 Ngoko ke, bazalwana bam, xa nihlangene ndawonye ukuba nidle, lindanani.
34 Ukuba ke ubani ulambile, makadle ekhaya, ukuze ningahlanganeli ukugwetywa. Eziseleyo ke iindawo ndozilungisa, xa ndithe ndafika.

Iintlobontlobo nobunye bezipho ezizezoMoya

12 Ke ngezipho ezizezoMoya, bazalwana, andithandi ukuba ningàzi.
2 Niyazi ukuba nibe ningabeentlanga, nikhukuliselwe ezithixweni ezingenakuthetha, njengoko nisakuthi nikhokelwe
3 ngako. Kungoko ndinazisayo, okokuba akukho namnye, ethetha ekuMoya kaThixo, unokuthi ungosingelwe phantsi uYesu; kanjalo akukho namnye unako ukuthi úyiNkosi uYesu, engekuye uMoya oyiNgcwele.
4 Ke kaloku kukho izabelo ngezabelo zezibabalo, kodwa ke ikwanguloo Moya
5 mnye. Kukho nezabelo ngezabelo zezilungiselelo, phofu ikwayiloo Nkosi
6 inye. Kukho nezabelo ngezabelo zeentsebenzo, kodwa ke ikwanguloo Thixo mnye uzisebenzayo izinto zonke kubo bonke.
7 Elowo ke uphiwa ukubonakalalisa uMoya, kuze kubekho okulungele *bonke*;
8 kuba omnye okunene uphiwa ngaye uMoya ilizwi lobulumko; kodwa ke omnye, ilizwi lokwazi kwangokwaloo
9 Moya; wumbi ke uphiwa ukholo kwangaloo Moya; omnye ke, izibabalo zeziphiliso kwangaloo Moya; omnye ke 10 *uphiwa* iintsebenzo zemisebenzi yamandla; omnye ke iziprofeto; omnye ke, ukucalula oomoya; wumbi ke, iintlobo zeelwimi; omnye ke, ukucaciswa kweelwimi.

Zonke ke ezo zinto zisetyenzwa kwa- 11 ngaloo Moya mnye; umabela elowo ngokwakhe njengoko athandayo.

Ukuzekelisa ngomzimba

Kuba, kwanjengokuba umzimba u- 12 mnye, unamalungu amaninzi, abe ke onke amalungu aloo mzimba mnye, emaninzi nje, emzimba mnye, ukwanjalo ke noKristu lo. Kuba thina sonke 13 sabhaptizelwa mzimbeni mnye ngaMoya mnye, nokuba singamaYuda, nokuba singamaGrike; nokuba singamakhoboka, nokuba singabakhululekileyo; sonke sasezwa Moyeni mnye; kuba 14 nomzimba lo ungèlungu linye, ungamaninzi.

Ukuba luthe unyawo, Ngokuba ndi- 15 ngesiso isandla, andingowasemzimbeni, lúthi, ngenxa yoko, lungabi lolwasemzimbeni na? Nokuba ithe indlebe, 16 Ngokuba ndingelilo iliso, andingowasemzimbeni, íthi, ngenxa yoko, ingabi yeyasemzimbeni na? Ukuba umzimba 17 lo uphela ubuliliso, bekuya kuba phi na ukuva? Ukuba ubukukuva uphela, bekuya kuba phi na ukusezela?

Kungoku ke uThixo wawamisa ama- 18 lungu, lalelo nelo emzimbeni, njengoko wathandayo. Ukuba ke onke ebelungu 19 linye, ubuya kuba phi na umzimba? Kungoku ke maninzi okunene amalu- 20 ngu, kodwa mnye wona umzimba. Alinako ke iliso ukuthi kwisandla, 21 Akufuneki kum; kanjalo intloko ayinakuthi kwiinyawo, Anifuneki kum.

Asuka amalungu omzimba angáthi 22 ngaswele amandla kwamanye, abe ngawona afunekayo. Namalungu omzi- 23 mba esiba ngaswele imbeko kunamanye, lawo ngawona siwabeka embekweni; aze amalungu ethu ahloniphekayo, abe ngawona abekekileyo. Amalungu ethu 24 ke abekekileyo akufuneki nto kuwo. Usuke uThixo wawumanya umzimba, wathi ilungu elingento walibeka kweyona mbeko inkulu; ukuze kungabikho kwahlukahlukana emzimbeni, kubekho ukunyamekelana kwamalungu ngakunye; kuthi, nokuba lilungu elinye eliva ubunzima, avelane amalungu onke; nokuba lilungu elinye elizukiswayo, avuyisane amalungu onke.

27 Nina ke ningumzimba kaKristu, ningamalungu ngokwabelwa izabelo.

28 Wathi inxenye uThixo wayimisa ebandleni, kuqala yangabapostile,* okwesibini abaprofeti, okwesithathu abafundisi; kwaza kwaba yimisebenzi yamandla, kwaba zizibabalo zeziphiliso, iintsizo, izilawulo, iintlobo zeelwimi.

29 Bangabapostile bonke yini na? Bangabaprofeti bonke yini na? Bangabafundisi bonke yini na? Bangabenzi bemisebenzi yamandla bonke yini na?

30 Banezibabalo zeziphiliso bonke yini na? Bathetha ngalwimi zimbi bonke yini na? Bacacisa intetho bonke yini na?

31 Zondelelani ke ezona zibabalo zilungileyo; kanti ke ndisanibonisa eyona ndlela incamisileyo.

Uthando sisona sipho sikhulu

13 Ndingafanelana ndithetha ngeelwimi zabantu nezezithunywa zezulu; uthando ke ndingenalo, ndisuke ndaba yixina ehlokomayo, necangci elikhenkcezayo.

2 Ndingafanelana ndinabo nobuprofeto, ndizazi iimfihlelo zonke, ndinako konke ukwazi; ndingafanelana ndinalo lonke ukholo, ngokokude ndisuse iintaba, uthando ke ndingenalo, andinto yanto.

3 Ndingafanelana ndisamkelisa *amahlwempu* ngempahla yam yonke, nokuba ndithe umzimba wam ndawunikela ukuba utshiswe, uthando ke ndingenalo, akundincedi lutho.

4 Uthando luzeka kade umsindo, lunobubele; uthando alunamona; uthando
5 alugwagwisi; alukhukhumali; alwenzi okuziintloni; alufuni okukokwalo ko-
6 dwa; alucaphuki; alunanzondo; aluvuyeli kungalungisi; luvuyisana nenyaniso.
7 Luthwala iinto zonke; lukholwa ziinto zonke; luthemba iinto zonke; lunyamezela iinto zonke.

8 Uthando aluze lutshitshe; nokuba ke ziziprofeta, ziya kubhangiswa; nokuba ziilwimi, ziya kupheza; nokuba kukwazi, kuya kuphuthiswa. Kuba siyazi ngo-
9 kuyinxenye, siprofeta ngokuyinxenye. Xa kuthe ke kwafika okuzalisekileyo, 10 kuya kwandula ukuphuthiswa okuyinxenye.

Oko bendingumntwana, bendithetha 11 ngokomntwana, bendiqonda ngokomntwana, bendicamanga ngokomntwana; ndithe ke, ndakuba yindoda, ndazibhangisa izinto zobuntwana. Kuba 12 ngoku sikhangela esipilini ngokwamanakanibe; oko ke, siya kukhangelana ebusweni. Ngoku ndazi ngokuyinxenye; oko ke ndiya kwazi kakuhle, njengoko ndaziwayo nokwaziwa nam.

Kungoku ke kuhleli ukholo, ithemba, 13 uthando, ezo zinto zontathu; eyona inkulu ke kuzo apho luthando.

Izipho zokuprofeta nezeelwimi

14 Phuthumani uthando olo, nibe kodwa nizizondelela izipho ezizezoMoya, ngokukodwa ke ukuba niprofete. Kuba lowo uthetha ngalulwimi 2 lumbi akathethi bantwini, uthetha kuThixo; kuba akukho namnye umvayo, kodwa ke ngomoya uthetha iimfihlelo. Ke yena oprofetayo uthetha ebantwini 3 ulwakheko, noyalo, nokhuzo. Lowo 4 uthetha ngalulwimi lumbi uzakha yena; ke lowo uprofetayo wakha ibandla. Ndiyathanda ke ukuba nithethe ngalwi- 5 mi zimbi nonke, noko ke ndithanda ngokukodwa ukuba niprofete. Kuba yena oprofetayo mkhulu kunalowo uthetha ngalwimi zimbi, xa *lo* angayicacisiyo intetho, ukuze ibandla libe nokwakheka. Kunjalonje ke, bazalwana, ukuba ndithe 6 ndeza kuni, ndithetha ngalwimi zimbi, bendiya kuninceda ntoni na, xa ndingathanga ndithethe kuni ndinesityhilelo, ndinokwazi, ndinesiprofeto, ndinemfundiso?

Khona kwizinto ezihlokomayo ezi- 7 ngenamphefumlo, ezinjengembande, nohadi, ukuba azithanga zahlule uku-

hlokoma kwazo, bekungáthiwani na ukwaziwa oko kubethwayo ngembande,
8 noko kubethwayo ngohadi? Kuba kanjalo, xa ixilongo lithe lalila ngezwi elingaqondakaliyo, ngubani na owoyixhobela imfazwe?
9 Ngokunjalo nani, ukuba anithanga nithethe ngalo ulwimi intetho eqondeka kakuhle, yothiwani na ukwaziwa into enithetha yona? Kuba noba nithethela
10 emoyeni. Nokuba zingaba sezingakanani na ukuba zininzi kwazo iintlobo zeentetho ehlabathini, akukho nalunye
11 kuzo olungenanto luthetha yona. Ukuba ngoko andithanga ndiyazi intsingiselo yentetho, ndoba ngumbharbhari* kothethayo, nothethayo woba ngumbhar-
12 bhari kum. Ngokunjalo nani, ekubeni kaloku nizondelela izipho ezizezoMoya, zifuneleni ukuba nibe nazo ngokugqithiseleyo, ukuze lakheke ibandla.

13 Ngenxa yoko *ndithi*, othethayo ngalwimi zimbi, makathandazele ukuba
14 icace *intetho yakhe*. Kuba xa ndithandaza ngalulwimi lumbi, umoya wam uyathandaza okunene wona, ke yona
15 ingqiqo yam ayinasiqhamo. Kuthini na ke ngoko? Ndiya kuthandaza ngomoya, ndithandaze nangengqiqo; ndiya kuvuma ngomoya, ndivume nangengqi-
16 qo. Okanye, ukuba ùthe wasikelela ngomoya *wodwa*, wóthini na lowo uhleliyo endaweni yongenakwazi ukuthi, Amen, ekubuleleni kwakho, ekubeni kaloku into oyithethayo engayazi?
17 Kuba okunene wena uyatyapha ukubulela, kodwa onguwumbi akakheki.
18 Ndiyabulela kuThixo wam, kuba ndithetha ngalwimi zimbi ngaphezu kwenu
19 nonke; kodwa ke ebandleni ndithanda ukuthetha amazwi abe mahlanu ngayo ingqiqo yam, ukuze ndibafundise nabanye, kunokuba ndithethe amazwi angamawaka alishumi, ngalulwimi lumbi.

20 Bazalwana, musani ukuba ngabantwana engqondweni; ebubini yibani ziintsana, engqondweni ke yibani ngabantu
21 abakhulu. Emthethweni kubhaliwe *kwathiwa*, Ndiya kuthetha kwaba bantu ngalwimi zimbi nangamlomo wumbi; noko ndíya kwenjenjalo, abayi kundiva, itsho iNkosi. Ngoko ke iilwimi ezi 22 zikho ukuba zibe ngumqondiso kwabo bangakholwayo, kungekubo abakholwayo: ke sona isiprofeto asisesabangakholwayo, sesabakholwayo.

Ukuba ngoko lithe lahlangana ndawo- 23 nye ibandla liphela, bathetha bonke ngalwimi zimbi, kwaza kwangena abangenakwazi, nokuba ngabangakholwayo, abasayi kuthi na, niyageza? Ke ukuba 24 bathi bonke baprofete, kuze ke kungene umntu ongakholwayo, nokuba ngongenakwazi, uyohlwaywa ngabo bonke, adane; uyaphicothwa ngabo bonke; zize 25 ngokunjalo izinto ezifihlakeleyo zentliziyo yakhe zibonakalaliswe; wóthi ngokunjalo, esíwa ngobuso, amnqule uThixo, exela ukuba uThixo uphakathi kwenu okwenyaniso.

Imfuneko yolungelelwano enkonzweni

Kuthini na ke ngoko, bazalwana? 26 Xa sukuba nihlangene, uthi elowo kuni abe nengoma, abe nemfundiso, abe nalulwimi lumbi, abe nesityhilelo, abe nokuchaza intetho. Mazithi zonke izinto zenzelwe ukuba lakheke *ibandla*.

Kanjalo ukuba umntu uthetha ngalu- 27 lwimi lumbi, makuthethe babini, mhlawumbi bathathu, bangegqithi, kube ngokulandelelana, aze omnye acacise intetho. Ke xa kungekho mchazi-ntetho, 28 makathi cwaka ebandleni; makathethe kuye ngokwakhe nakuThixo.

Abaprofeti ke, makuthethe babini, 29 mhlawumbi bathathu, abanye bacalule. Ukuba ke kuthe watyhilelwa into omnye 30 ehleli khona, owokuqala makathi cwaka. Kuba ninako ukuprofeta ngabanye 31 nonke, ukuze bafunde bonke, bavuselelwe bonke. Kanjalo oomoya babapro- 32 feti bayabalulamela abaprofeti; kuba 33 uThixo akangowesiphithiphithi, ngowoxolo; njengokuba kunjalo kuwo onke amabandla abangcwele.

Abafazi benu mabathi tu emabandle- 34 ni; kuba àbavunyelwa bona ukuba bathethe. *Kuthiwa* mabalulame, njengokuba usitsho nomthetho. Ukuba ke 35 banga bangaqonda into, mabayibuze

ekhaya kwawabo amadoda; kuba lihlazo
36 kubafazi ukuthetha ebandleni. Kanene ilizwi likaThixo laphuma livela kuni na? lafika kuni nedwa, kusini na?
37 Ukuba umntu uba ungumprofeti, nokuba uba ungowoMoya, makazazi kakuhle izinto endinibhalela zona, uku-
38 ba yimithetho yeNkosi. Ke ukuba umntu akazi, makangazi.
39 Ngoko ke, bazalwana, kuzondeleleni ukuprofeta, ningakwaleli ukuthetha nga-
40 lwimi zimbi. Zonke izinto mazenziwe ngokubekekileyo, nangolungelelwano.

Uvuko lwabafileyo

15 Ke kaloku, bazalwana, ndiyanazisa iindaba ezilungileyo, ezo ndazishumayela kuni, nazamkelayo no-
2 kuzamkela, nimiyo nokuma kuzo, nisindiswayo nokusindiswa ngazo, ukuba nizibambile ngelizwi endazishumayela ngalo kuni; ukuba anithe nafumana nakholwa.
3 Kuba ndaninikela kweziyintloko izinto oko ndakwamkelayo nokukwamkela: okokuba uKristu wazifela izono zethu
4 ngokwezibhalo, nokokuba wangcwatywa, nokokuba uvukile ngomhla wesi-
5 thathu ngokwezibhalo; nokokuba wabonwa nguKefas, emva koko ngabali-
6 shumi elinababini. Emveni koko wabonwa ngaxesha linye ngabazalwana abangaphezu kwamakhulu amahlanu, abasahleliyo nangoku abona baninzi
7 kubo; inxenye ke yalala ukufa. Emva koko wabonwa nguYakobi, kamva ngabo bonke abapostile.*
8 Ekugqibeleni ke kwabo bonke, kwanga kukwinto ezelwe lingekabi lilixa
9 layo, wabonwa nandim. Kuba mna ndingoyena mncinanana kubapostile, endingafanele kubizwa ngokuba ngumpostile, ngenxa enokuba ndalitshu-
10 tshisa ibandla likaThixo. Ke ngobabalo lukaThixo ndiyinto endiyiyo, nobabalo lwakhe kum alubanga nakulambatha; ndesuka ndabagqitha bonke ngokubulaleka; ingendim ke, ilubabalo
11 lukaThixo olunam. Ke ngoko, nokuba ndim, nokuba ngabo, sènjenjalo thina ukushumayela; nènjenjalo ke nina ukukholwa.

Ke, ukuba uKristu uyashunyayelwa 12 ukuba uvukile kwabafileyo, batsho ngani na abathile phakathi kwenu ukuthi, akukho luvuko lwabafileyo? Ke, 13 ukuba akukho luvuko lwabafileyo, woba akavukanga noKristu; ukuba ke uKristu 14 akavukanga, koba akunto ukushumayela kwethu, loba luyalambatha nokholo lwenu. Sofunyanwa ke singawo nama- 15 ngqina amxokayo uThixo, ngokuba sangqinayo ngoThixo ukuba wamvusa uKristu: angàmvusanga, ukuba ke kanti abafileyo abavuki.

Kuba, ukuba abafileyo abavuki, no- 16 Kristu woba akavukanga. Ukuba ke 17 uKristu akavukanga, loba luyinto engeyanto ukholo lwenu, noba nisesezonweni zenu; ngoko nabalele ukufa bekuKristu, 18 boba batshabalele. Ukuba singaba- 19 thembele kuKristu kobu bomi bodwa, soba sizezona ntsizana kubantu bonke.

UKristu yena kunje uvukile kwaba- 20 fileyo, waba yintlahlela yabalele ukufa. Kuba ekubeni kaloku kungomntu ukufa, 21 kukwangomntu ukuvuka kwabafileyo. Kuba, njengokuba kuye uAdam bafa 22 bonke, ngokunjalo nakuye uKristu baya kudliswa ubomi bonke: elowo ke 23 kolwakhe uluhlu; intlahlela inguKristu, kamva abakaKristu ekufikeni kwakhe; kwandule ke ukubakho isiphelo, xa athe 24 wabunikela ubukumkani kuye uThixo uYise, xa athe wabubhangisa bonke ubulawuli, nalo lonke igunya, namandla. Kuba umelwe yena kukuthi alawule, 25 ade azibeke phantsi kweenyawo zakhe zonke iintshaba.

Olokugqibela utshaba oluya kubha- 26 ngiswa kukufa; kuba izinto zonke wazi- 27 thobela phantsi kweenyawo zakhe. Ke xa athi, Izinto zonke zithotyiwe, kuyabonakala ukuba àkabalwa lowo wazithobela phantsi kwakhe zonke izinto. Xa ke zithe zathotyelwa phantsi kwakhe 28 zonke izinto, uya kwandula noNyana ngokwakhe athotyelwe phantsi kwalowo wazithobela phantsi kwakhe zonke izinto, ukuze uThixo abe zizinto zonke kubo bonke.

29 Okanye baya kwenza ntoni na abo babhaptizelwa abafileyo, ukuba abafileyo àbaze bavuke? Yini na ukuba babhaptizelwe nokubhaptizelwa abafi- 30 leyo? Nathi, yini na ukuba sibe se- 31 mngciphekweni amaxa onke? Ndisekufeni imihla ngemihla; qondani ngokuzingca kwam ngani, endinako ndi- 32 kuKristu Yesu, iNkosi yethu. Ukuba ndithe ngokwabantu ndalwa namarhamncwa e-Efese, kundinceda ntoni na? Ukuba abafileyo abavuki, masesisidla, sisela, kuba ngomso siya kufa.

33 Musani ukulahlekiswa. Incoko embi yonakalisa izimilo ezilungileyo.
34 Qabukani kakuhle, ningoni; kuba inxenye inentswela-kumazi uThixo; ndithso kuni ukuba nidane.

35 Wósuka ubani athi, Bathini na ukuvuka abafileyo? Beza benamzimba 36 unjani na? Msweli-kuqonda wena, into oyihlwayelayo ayenziwa iphile, ukuba 37 ayikhanga ife. Kanjalo loo nto uyihlwayelayo, akuhlwayeli sona isiqu sento esiya kubakho; uhlwayela ukhozo nje, lungáthi lube lolwengqolowa, no- 38 kuba lolwezinye iintlobo; uThixo ke ulunika isiqu, njengoko athandileyo; iyileyo imbewu uyinika esisesayo isiqu.
39 Yonke inyama ayinyama-nye; enye yinyama yabantu, enye yinyama yeenkomo, enye yeyeentlanzi, enye yeyee- 40 ntaka. Kukho iziqu ezisezulwini, neziqu ezisemhlabeni; bubodwa ubuqaqawuli bezasezulwini, bubodwa obezase- 41 mhlabeni. Bubodwa ubuqaqawuli belanga, bubodwa ubuqaqawuli benyanga, bubodwa ubuqaqawuli beenkwenkwezi; kuba inkwenkwezi iyahluka kwenye inkwenkwezi ngobuqaqawuli.

42 Lunjalo ke kanye novuko lwabafileyo. Umzimba uhlwayelwa unokonakala, u- 43 vuka ungenakonakala. Uhlwayelwa uswele imbeko, uvuka unobuqaqawuli; uhlwayelwa uswele amandla, uvuka 44 unamandla; kuhlwayelwa umzimba ongowemvelo, kuvuka umzimba ongowomoya. Kukho umzimba ongowemvelo, kukho nomzimba ongowomoya.
45 Ngokunjalo kubhaliwe kwathiwa, Owokuqala umntu uAdam waba ngumphefumlo odla ubomi; owokugqibela uAdam waba ngumoya odlisa ubomi.

Ke akuqali okomoya; kuqala okwe- 46 mvelo, kwandule ukuza okomoya. O- 47 wokuqala umntu uphume emhlabeni, ungowomhlaba; owesibini umntu, iNkosi, uphume emazulwini. Into ayi- 48 yo owomhlaba, bakwayiyo abomhlaba; kanjalo nento ayiyo osemazulwini, bakwayiyo abasemazulwini; njengokuba 49 sawambathayo umfanekiselo wowomhlaba, siya kuwambatha nomfanekiselo wosemazulwini.

Ke, bazalwana, nditsho ukuthi, inya- 50 ma negazi azinako ukubudla ilifa ubukumkani bukaThixo; nokonakala akunakukudla ilifa ukungonakali. Ya- 51 bonani, ndinixelela imfihlelo: Okunene asiyi kulala ukufa sonke; kodwa siya kwenziwa ngakumbi sonke, ngesiquphe, 52 ngephanyazo, ngexilongo lokugqibela. Kuba liya kulila ixilongo, bavuke abafileyo bengenakonakala, senziwe ngakumbi ke thina.

Kuba kumele oku konakalayo ukwa- 53 mbatha ukungonakali, noku kufayo ukwambatha ukungafi. Xa ke oku 54 konakalayo kuthe kwambatha ukungonakali, noku kufayo kuthe kwambatha ukungafi, liya kwandula ukwenzeka ilizwi elibhaliweyo lokuthi, Ukufa kufincelwe eloyisweni. Luphi na, kufa, 55 ulwamvila lwakho? Luphi na, Hadesi,* uloyiso lwakho? Ulwamvila loku- 56 fa sisono; amandla esono ngumthetho.
Makubulelwe ke kuThixo osinikayo 57 uloyiso olo, ngayo iNkosi yethu uYesu Kristu.

Ngoko ke, bazalwana bam abaziintá- 58 nda, qinani, ningabi nakushukuma; nihlale niphuphuma umsebenzi weNkosi, nisazi nje ukuba ukubulaleka kwenu akulambathi eNkosini.

Ukukhongozelela amahlwempu ase Yerusalem

16 Ke kaloku, ngokubuthwa kwemali yokusiza abangcwele, njengokuba ndawamiselayo amabandla kaThixo akwelaseGalati, yenzani ngokunjalo nani.

2 Ngolokuqala usuku, iiveki ngeeveki, elowo kuni makabeke ekhaya, eqweba, into asukuba esikelelwe ngayo; ukuze kungàthi, ndakuba ndifikile, kwandule 3 ukubuthwa *imali*. Ke ndakuba ndifikile, enisukuba nibacikidile nakholwa ngabo, ndobathuma bona benencwadi, 4 base isipho senu esi eYerusalem. Ke ukuba kuthe kwabonakala ukuba nam ndiye, bohamba kunye nam.

Iinjongo zikaPawulos; imicimbi engabantu; imibuliso

5 Ndiya kuza ke kuni, xa ndithe ndacanda kwelaseMakedoni, kuba ndiya kwanela ukucanda nje kwelaseMakedo-
6 ni. Ke kuni mhlawumbi ndingáthi ndihlale ndidlulise nobusika, ukuze nina nindiphelekelele apho ndisukuba ndisi-
7 ya khona. Kuba andithandi ukuba ndinibone ngoku ndidlulayo; kodwa ndithemba ukuba ndokha ndihlale kuni ixesha elithile, ukuba iNkosi ithe yavu-
8 ma. Ndiya kuhlala ke e-Efese kude 9 kubekho ipentekoste;* kuba ndivulelwe umnyango omkhulu onamandla, bebaninzi nabachasi.
10 Ke kaloku, ukuba uTimoti uthe wafika, ize nikhangele ukuba angabi nakoyika phakathi kwenu; kuba uyawusebenza umsebenzi weNkosi, kwanjengam.
11 Ize kungabikho bani ngoko umenza into engento. Mphelekeleleni ke nixolile, ukuze eze kum; kuba ndimlindile kunye nabazalwana.

Ke kaloku, ngaye uApolo umzalwana, 12 ndamvuselela kakhulu, ukuba eze kuni kunye nabazalwana. Kuye akubangakho kanye ukuthanda ukuza okwakalokunje; woza ke, xa athe wanethuba elilungileyo.

Phaphani, yimani elukholweni; yi- 13 bani ngamadoda; yomelelani. Zonke 14 izinto zenu mazenziwe ninothando.

Ke kaloku ndiyanivuselela, bazalwa- 15 na (niyayazi indlu kaStefana, ukuba iyintlahlela yelaseAkaya, nokuba bazimisele ukulungiselela abangcwele), ukuze 16 nani nibalulamele abanjalo, nabo bonke abasebenzisana *nathi emsebenzini*, nababulalekayo. Ndiyavuya ke ngokufika 17 kukaStefana noFortunato noAkayiko; ngokuba bakwenzelelele bona ukungabikho kwenu; kuba bawuphumzile 18 umoya wam nowenu. Bazini kakuhle ngoko abanjalo.

Ayanibulisa amabandla *kaThixo* a- 19 kwelaseAsiya. Bayanibulisa kunene eNkosini uAkwila noPrisila, kunye nebandla elisendlwini yabo. Bayanibu- 20 lisa abazalwana bonke. Bulisanani ngolwango olungcwele.

Umbuliso ungesam isandla, mna 21 Pawulos. Ukuba ubani akayithandi 22 iNkosi uYesu Kristu, makasingelwe phantsi. INkosi iyeza. Ubabalo lwe- 23 Nkosi uYesu Kristu malube nani. Uthando lwam malube nani nonke 24 bakuKristu Yesu. Amen.

INCWADI YESIBINI KAPAWULOS UMPOSTILE

KWABASEKORINTE

Umbuliso nombulelo

1 UPawulos, umpostile* kaYesu Kristu ngokuthanda kukaThixo, noTimoti umzalwana, *ubhalela* ibandla likaThixo eliseKorinte, kunye nabo bonke abangcwele abakwelaseAkaya liphela: *uthi*, makube lubabalo kuni, no- 2 xolo oluvela kuThixo, uBawo wethu, neNkosi yethu uYesu Kristu.

Makabongwe uThixo, uYise weNkosi 3 yethu uYesu Kristu, uSozimfefe, uThixo onako konke ukuthuthuzela,

4 osithuthuzelayo kuyo yonke imbandezelo yethu, ukuze sibe nako ukubathuthuzela abakwinto yonke eyimbandezelo, ngayo intuthuzelo esithuthuzelwa nga-
5 yo nathi nguye uThixo. Ngokuba, njengokuba iintlungu zikaKristu ziphuphumela kuthi, ngokunjalo ithi nentuthuzelo yethu iphuphume ngoKristu.
6 Nokuba na ke siyabandezelwa, oko kwenzelwa ukuthuthuzela nokusindisa nina, *ukusindisa ke* okusebenzayo ngokunyamezela kwenu kwa-ezo ntlungu sizivayo nathi; nokuba na ke siyathuthuzelwa, oko kwenzelwa ukuthuthu-
7 zela nokusindisa nina. Kanjalo ithemba lethu ngani liqinisekile; sisazi ukuba, njengokuba ningamadlelane nathi ngazo iintlungu, ngokunjalo *niyakuba ngawo* nangentuthuzelo.
8 Kuba asithandi ukuba ning ayazi, bazalwana, imbandezelo yethu eyasihlelayo kwelaseAsiya: ukuba saxineka ngokuncamisileyo, ngaphezu kwamandla ethu, ngokokude sibuncame kanye
9 nobomi. Sasuka ngokwethu saba nesigwebo sokufa ngaphakathi kwethu, ukuze singabi ngabasazithembayo, sithemb,ele kuThixo lo ubavusayo aba-
10 fileyo; owasihlangulayo ekufeni okungako, osihlangulayo *nangoku*; esithembele kuye ukuba usaya kusihlangula:
11 nakubon' ukuba niyancedisa nani ngokusikhungela, ukuze isipho esingokubabalwa, esenzelwe sona thina ngabantu abaninzi, sibulelwe ngabaninzi ngenxa yethu.

Iinjongo ezimsulwa zikaPawulos

12 Kuba oko kuqhayisa kwethu kukungqina kwesazela sethu, ukuba sithe ehlabathini apha, ngokukodwa ke kuni, sahlala singabangenakumbi, sinokungcwengeka okuvela kuThixo, singenabulumko bobobenyama, sinobabalo lu-
13 kaThixo. Kuba asinibhaleli zimbi izinto, ikwazezo nizilesayo, nizaziyo kakuhle. Ndiyathemba ke ukuba niya kuzazi kakuhle, kude kuse nasekuphe-
14 leni, njengokuba nasaziyo kakuhle ngokuyinxenye, ukuba siliqhayiya lenu,

kwanjengokuba nani nilelethu ngemini yeNkosi uYesu.

Ukurhoxiswa kotyelelo lukaPawulos

Ndinaloo nkoloseko ke, ndanqwenela 15 ukunga ndingeza kuni kuqala, ukuze nibabalwe okwesibini; ndize ndicande 16 kuni ukuya kwelaseMakedoni; ndibuye, ndivela kwelaseMakedoni, ndize kuni, ndiphelekelelwe nini ukuya kwelakwaYuda.
Xa ngoko ndandifuna oko, ndandife- 17 ketha na kanti? Okanye izinto endizicebayo, ndiziceba ngokwenyama yini na ukuze nje kubekho kum uewe, ewe; nohayi, hayi? Ethembekile nje ke 18 uThixo, ilizwi lethu kuni alibanga nguewe nohayi. Kuba yena okaThixo 19 uNyana, uYesu Kristu, owavakaliswayo phakathi kwenu sithi (ndim ke noSilvano noTimoti), akabanga nguewe nohayi; kuye nguewe kwakanye; kuba 20 ngangoko angako amadinga kaThixo, uewe ukuye, noamen ukuye, ukuze kuzukiswe uThixo ngathi. Osiqinise- 21 layo ke ndawonye nani kuKristu, osithambisayo ke, nguThixo; osityiwne 22 wasiqinisa, wasinika isinyaniso soMoya, saba sezintliziyweni zethu.
Mna ke ndibiza uThixo, ukuba abe 23 lingqina emphefumlweni wam, ukuba kungokunivela, endithe ndaba andikezi eKorinte. Anditsho ngakulugagamela 24 ukholo lwenu; ndítsho ngokuba singabasebenza nani uvuyo lwenu; kuba nimi ngokholo.

2 Mna ke okwam, ndagqiba kweli lokuba ndingabuyi ndize kuni ndibuhlungu. Kuba mna ukuba ndinenza 2 buhlungu, kusekho bani na ke ondenza ndibe nemihlali, ongenguye lowo wenziwe wabuhlungu kwandim? Ndani- 3 bhalela ke kwakona oku, ukuze ndakufika ndingabi buhlungu ngabo bendimelwe kukuvuya ngabo; ndíkholosile ngani nonke, ukuba uvuyo lwam ikwalolwenu nonke. Kuba ndanibhalela eku- 4 bandezelekeni nasekuxinezelekeni okukhulu kwentliziyo *yam*, ndineenyembezi ezininzi; ndingenzeli ukuze nenziwe

buhlungu, ndisenzela ukuze nilwazi uthando endinithanda ngalo ngokugqithiseleyo.

Ukwamkelwa kozohlwayayo

5 Ke ukuba ubani wenzé kwabuhlungu, akenzé kwabuhlungu mna, wenzé ngenxenye nina nonke; ndítsho ukuze
6 ndingamcinezeli. Kumanele lowo unjalo oko kumkhalimela kwábona bani-
7 nzi kuni; ngokokude nithi kanye senimxolela, nimthuthuzele, hleze lowo unjalo aselesuka edliwa kukuba buhlu-
8 ngu ngokugqithiseleyo. Kungoko ndiniyalayo, ndíthi, luzinziseni uthando
9 kuye; kuba ndabhalela kona oku, ukuze ndikwazi ukucikideka kwenu, ukuba ningábevayo na ezintweni zonke.
10 Enimxolelayo ke into, ndiya*m*xolela nam; kuba nam, ukuba ndixolele into endiyixoleleyo, *ndenzé* ngenxa yenu,
11 phambi kukaKristu; ukuze singabonelelwa nguye uSathana; kuba amaqhinga akhe siyawazi.

Ukulingwa nokoyisa kweendaba ezilungileyo

12 Ke kaloku, ndathi ndakufika eTrowa ngenxa yeendaba ezilungileyo zikaKristu, ndakuba ndiwuvulelwe no-
13 mnyango eNkosini, andibanga nakonwaba emoyeni wam, ngokungamfumani uTito, umzalwana wam; ndesuka ndababulisa, ndanduluka ndaya kwelaseMakedoni.
14 Makubulelwe ke kuThixo, ohlala eduma ngathi sikuKristu, elibonakalalisa ngathi ivumba lokwaziwa kwakhe
15 ezindaweni zonke. Ngokuba kuye uThixo silivumba elimnandi likaKristu, phakathi kwabasindiswayo naphakathi
16 kwabatshabalalayo. Kwabanye silivumba lokufa elisa ekufeni; kwabanye silivumba lobomi elisa ebomini. Ngubani na ke ozilingeneyo ezo zinto?
17 Kuba àsithi, njengabaninzi abo, silingxengelele ilizwi likaThixo; sisuka ngokwabokungcwengeka, sisuka ngokwabakwaThixo, sithethe phambi kwamehlo kaThixo, sikuKristu.

Iziqhamo zomsebenzi kaPawulos

3 Xa sitshoyo, singaba siyawaqala siziyaleze na? Okanye sifuna, njengabathile, kusini na, iincwadi zokuyalezwa kuni, nokuba zezokuyalezwa nini? Incwadi yethu thina, ebhalwe ezintliziyweni zethu, níni; iyaziwa, ileswa ngabantu bonke; níbonakalalisiwe nje ukuba niyincwadi kaKristu, eyalungiselelwa sithi, engabhalwanga ngainki, *ebhalwe* ngoMoya kaThixo ophilileyo; kungekhona emacwecweni amatye, kusemacwecweni angawenyama entliziyo. Sinenkoloseko enjalo ke kuThixo ngaye uKristu. Ukutsho andithi, sikulingene ngokwethu ukucamanga nto engathi iphuma kuthi ngokwethu; ukukulingana kwethu oko kuphuma kuThixo, osenze nokusenza sakulingana ukuba ngabalungiseleli bomnqophiso omtsha; singabi ngabobhalo nje kodwa, sibe singabomoya; kuba ubhalo luyabulala, umoya ke udlisa ubomi.

Ubuqaqawuli beendaba ezilungileyo buthelekiswa nobomthetho

Ke kaloku, ukuba ulungiselelo olo lubulalayo, lukroliweyo ematyeni ngobhalo, lweza lunobuqaqawuli, ngokude oonyana bakaSirayeli bangabi nakuqwalasela ebusweni bukaMoses, ngenxa yobuqaqawuli bobuso bakhe, *ubuqaqawuli ke* obebuza kubhanga: lungathini na ulungiselelo lwakhe uMoya, ukungabi nobuqaqawuli ngokugqithiseleyo? Kuba, ukuba ulungiselelo olugwebayo lunobuqaqawuli, kokukhona luya kugqithisela ngobuqaqawuli ulungiselelo lobulungisa. Kuba kwanoko kwenziwe kwaba nobuqaqawuli, akwenzianga kwaba nobuqaqawuli ngale ndawo, ngenxa ke yobuqaqawuli obu bona bubalaselayo. Kuba xa oko bekuza kubhanga kunobuqaqawuli, kokukhona oku kuhleliyo kunobuqaqawuli.

Sinethemba elinjalo nje ke ngoko, kokukhona singafihlisiyo *ukuthetha*; singaxelisi uMoses, yena wabeka isigqubuthelo ebusweni bakhe, ukuze oonyana

bakaSirayeli bangaqwalaseli esiphelwe-
14 ni soko bekuza kubhanga. Zesuka noko zaqaqadekiswa iingqiqo zabo; kuba nanamhla sisahleli kwaeso sigqubuthelo ekulesweni kwawo umnqophiso omdala, singabhenqwanga, nto leyo ke
15 ibhangayo kuKristu. Kusuke kwada kwaba namhlanje, kusithi, xenikweni kuleswa uMoses, kusuke kubekho isi-
16 gqubuthelo entliziyweni yabo. Ke xenikweni ithe ke yona yabuyela eNkosini sosuswa kuphele isigqubuthelo eso.
17 INkosi ke inguye uMoya; apho ke akhoyo uMoya weNkosi, kubakho inkululeko.
18 Thina ke sonke, sinobuso nje obubhenqwe isigqubuthelo, sibukhangela njengokwasesipilini ubuqaqawuli beNkosi, senziwa similise okwaloo mfanekiselo, sivela ebuqaqawulini sisinge ebuqaqawulini, kwanjengokuvela eNkosini enguMoya.

Ukukhuthazwa kwentshumayelo elula

4 Ngenxa yoko, sinalo nje olu lungiselelo, sithi, njengoko senzelwe
2 inceba, singethi mandla; sisuke sazilahla izinto ezifihlakeleyo eziziintloni, singahambi ngobuqhetseba, singalikhohlakalisi ilizwi likaThixo; sisuka ngokuyibonakalalisa inyaniso siziyaleze kuso sonke isazela sabantu emehlweni kaThixo.
3 Ukuba ke zigqutyuthelwe iindaba ezilungileyo zethu, zigqutyuthelwe kwa-
4 bo batshabalalayo; athe uthixo weli phakade wazimfamekisa ngaphakathi kwabo iingqiqo zabangakholwayo, ukuze singabengezeli kubo isikhanyiso seendaba ezilungileyo zobuqaqawuli bukaKristu, ongumfanekiselo kaThixo.
5 Kuba asizivakalisi thina, sivakalisa uKristu Yesu ukuba uyiNkosi; sibe ke thina *sizivakalisa* ukuba singabakhonzi
6 benu ngenxa kaYesu. Ngokuba nguThixo, yena wathi ukhanyiso malukhanye ebumnyameni, okhanyisele iintliziyo zethu, ukuze kukhanye ukwaziwa kobuqaqawuli bukaThixo ebusweni bukaYesu Kristu.

Ubuthathaka babapostile namandla kaThixo

Ke kaloku obu butyebi sibuphethe 7 ngezitya zodongwe, ukuze incamisa yamandla ibe yekaThixo, ingaphumi kuthi. Siyabandezelwa ngeenxa zonke, 8 singaxineki; siyathingaza, singancami; sitshutshiswa, asiyekelwa; sikhahlelwa 9 phantsi, asitshatyalaliswa; sihlala siku- 10 thwele ngomzimba ukufa kweNkosi uYesu ukuze nobomi bukaYesu bubonakalaliselwe emzimbeni wethu. Kuba 11 thina badla ubomi simana sinikelwa ekufeni ngenxa kaYesu, ukuze nobomi bukaYesu bubonakalaliselwe enyameni yethu enokufa. Ngoko ke kusebenza 12 ukufa kuthi, ke kuni *kusebenza* ubomi. Sinawo nje ke kwaloo moya wokholo, 13 ngokoko kubhaliweyo *kwathiwa*, Ndakholwa, kungoko ndathethayo: nathi ke siyakholwa, kungoko sithethayo nokuthetha; sisazi ukuba lowo wayi- 14 vusayo iNkosi uYesu, uya kusivusa nathi ngoYesu, asimise phambi *kwakhe*, ndawonye nani. Kuba konke oko ku- 15 ngenxa yenu, ukuze luthi ubabalo, lwakuba lwandile ngabona baninzi, luwuphuphumise umbulelo, use ekuzukiseni uThixo.

Umzuzwana weentlungu nozuko olungunaphakade

Kungoko singethi mandla; kuba no- 16 kuba umntu wethu wangaphandle uya esonakala, usuka yena owangaphakathi aye ehlaziyeka imihla ngemihla. Kuba 17 ubukhaphukhaphu bembandezelo yethu eyeyomzuzwana busisebenzela ngokuncamise kwaphela ubuqaqawuli obukhulukazi obungunaphakade sakubon' 18 ukuba asixuneli ezintweni ezibonwayo, sixunela kwezingabonwayo. Kuba ezibonwayo zezomzuzwana, ke zona ezingabonwayo zezonaphakade.

5 Kuba siyazi ukuba, xa ithe yachithwa indlu yethu esemhlabeni, engulo mnquba, sinesakhiwo esiphuma kuThixo, indlu yona emazulwini, engenakwenziwa ngazandla, engunaphakade.

2 Kuba kuló siyancwina, silangazelela ukwambatha, saleke indlu yethu yase-
3 mazulwini; ukuba siya kufunyanwa
4 sambethe okunene, singezé. Kuba kwathina aba bakulo mnquba siyancwina sisindwa, kungengakuba sithanda ukuhlutywa; kungokuba sithanda ukwambathiswa saleke, ukuze okunokufa kufincwe bubomi.
5 Ke kaloku lo usisebenzele kwaloo nto nguThixo, osinike nokusinika isinyani-
6 so sakhe uMoya. Ngoko ke sihlala somelele, sisazi ukuba, sikowethu nje emzimbeni, sikude kowethu eNkosini
7 (kuba sihamba ngokholo, asihambi
8 ngakubona); somelele ke, sikholisiwe nokukholiswa kanye kukuba kude nekhaya lethu elisemzimbeni, sibekho kwikhaya lethu eliseNkosini.
9 Kungoko sizondelela ukuthi, nokuba sisekhaya, nokuba sikude nekhaya, sibe
10 ngabakholekileyo kuyo. Kuba thina aba sonke simelwe kukuthi sibonakalaliswe phambi kwesihlalo sokugweba sikaKristu, ukuze elowo azuziswe okwenziwe ngomzimba, ngoko akwenzileyo, nokuba kokulungileyo, nokuba kokubi.

Uthando, injongo, namandla kaKristu

11 Síkwazi njalo ke ukoyikeka kweNkosi, sizamela ukuba beyiseke abantu; sibonakalalisiwe ke kuThixo, ndiyathemba ke ukuba nakuzo izazela zenu
12 sibonakalalisiwe. Kuba asibuyi siziyaleze kuni; sininika ithuba lokuzingca ngathi; ukuze nibe nalo *ilizwi* ngakwabo bazingcayo ngobuso, bengazingci nga-
13 ntliziyo. Kuba, nokuba siyageza, kungenxa kaThixo; nokuba sinengqondo
14 ephilileyo, kungenxa yenu. Kuba lusifingile nje uthando lukaKristu, sigqibe kwelokuthi, ukuba ufele bonke emnye,
15 ngoko bafile bonke abo; wabafela ke bonke, ukuze abo badla ubomi bangabi sazidlela ubomi, babudlele owafayo wavuka ngenxa yabo.

Ubomi obutsha kuKristu

16 Ngoko ke thina, sisusela kweli xesha, asisazi namnye ngokwenyama; nokuba ke besimazi uKristu ngokwenyama, kungoku asisamazi *ngokwenyama*. Ngo- 17 ko ke, ukuba ubani ukuKristu, usisidalwa esitsha; izinto ezindala zidlule; bonani ke, zisuke zaba ntsha izinto zonke zakhe. Zonke izinto ke ziphuma 18 kuThixo, owasixolelanisa naye ngokwakhe ngoYesu Kristu, wasinika ulungiselelo loxolelaniso; olu ke lokokuba u- 19 Thixo waye ekuKristu, elixolelanisa naye ngokwakhe ihlabathi, engazibaleli kubo iziphoso zabo, walimisa kuthi ilizwi loxolelaniso.

Udaba loxolelaniso

Sizizigidimi ke ngoko ngenxa ka- 20 Kristu, ngokungathi uThixo uniyala ngathi; siyanikhunga ngenxa kaKristu, manixolelaniswe naye uThixo; kuba 21 lowo ungazani nasono, wamenza isono ngenxa yethu, ukuze thina sibe bubulungisa bukaThixo kuye.

6 Sisebenzisana naye nje ke, siyaniyala, ukuba ubabalo lukaThixo ningàfumane nilwamkele; kuba uthi, 2
Ndakúva ngexesha elamkelekileyo,
Ndakúsiza ngomhla wosindiso.
(UIsaya 49: 8)
Yabonani, lingoku ixesha elamkeleke kakuhle; yabonani, ungoku umhla wosindiso: kungabikho namnye esimmisela 3 isikhubekiso, nokuba kukuwuphi na umcimbi, ukuze ulungiselelo lwethu lungabi nakubekwa bala; sisuka sithi 4 emicimbini yonke siziqondakalise ngokwabalungiseleli bakaThixo, ngokunyamezela okukhulu, sisezimbandezelweni, sisezingxakekweni, sisezingxinanweni, sinemivumbo, sisezintolongweni, sise- 5 ziphithiphithini, sibulaleka, singalali, sizila ukudla, sinobunyulu, sinokwazi, 6 sinokuzeka kade umsindo, sinobubele, sinoMoya oyiNgcwele, sinothando olungahanahanisiyo, sinelizwi lenyaniso, 7 sinamandla kaThixo, sineentonga zobulungisa zasekunene nezasekhohlo, sikuzuko nakwintswela-mbeko, sikudumo 8 olubi nakudumo oluhle; ngathi singabalahlekisi, ukanti singabenyaniso; nga- 9 thi singabangaziwayo, ukanti singabaziwayo; ngathi singabafileyo, nanku sisi-

dla ubomi; ngathi singababethwayo,
10 singàbulawa noko; ngathi sibuhlungu, ukanti singabahlala bevuya; ngathi singamahlwempu, ukanti singabatyebisa abaninzi ke; ngathi singabangenanto, ukanti singabahlala benezinto zonke.
11 Umlomo wethu uvulekile kuni, base-Korinte; intliziyo yethu yenziwe yaba-
12 nzi. Anixinene kuthi, nixinene ezimfe-
13 saneni zenu. Umbuyekezo ke onjalo (ndithetha njengakubantwana bam), ndithi yibani banzi nani.

Isiyalo sokungavani nabangakholwayo

14 Musani ukunxulumana nabolunye uhlobo, abangakholwayo ke; kuba kunakwabelana kuní na ubulungisa nokuchasa umthetho? Kunabudlelane buní na ke ukukhanya nobumnyama?
15 Unakuvumelana kuní na ke uKristu noBheliyali?* Unasahlulelwano siní na
16 okholwayo nongakholwayo? Inakudibana kuní na ke itempile kaThixo nezithixo? Kuba nina niyitempile kaThixo ophilileyo; njengokuba watshoyo uThixo ukuthi, Ndiya kuhlala phakathi kwabo, ndihambe phakathi kwabo; ndibe nguThixo wabo, babe ngabantu bam bona.
17 Kungoko ndithi,
Phumani phakathi kwabo, nizahlule, itsho iNkosi,
Nento engcolileyo ningayichukumisi;
(UIsaya 52: 11)
Ndandiya kunamkela,
18 Ndibe nguyihlo,
Nina nibe ngoonyana neentombi kum;
Itsho iNkosi uSomandla.
(UYer. 31: 1, 9)

7 Sínawo nje ngoko la madinga, zintánda, masizihlambulule kuko konke ukudyobheka kwenyama nokomoya sibufeza ubungcwele, sisoyika uThixo.

Amaxhala nokomelezeka okuze ngoTito

2 Samkeleni ngeentliziyo zenu; asonanga mntu, asonakalisanga mntu, asipha-
3 nganga mntu. Anditsho ngakunigwe-ba; kuba sendithe ngaphambili, nisezintliziyweni zethu ukuba sife nani, sidle ubomi nani. Ndinokungafihlisi oku- 4 khulu kuni, ndizingca kakhulu ngani; ndizele yintuthuzelo, ndiphuphuma uvuyo kakhulu kuyo yonke imbandezelo yethu.

Kuba sithé sakufika kwelaseMakedo- 5 ni, ayaba nakuphumla nakanye inyama yethu; sabandezelwa ngeenxa zonke, ngaphandle ikukulwa, ngaphakathi ikukoyika. Ke lowo ubathuthuzelayo a- 6 bathobekileyo, uThixo ke, wasithuthuzela ngokufika kukaTito; akwaba ngaku- 7 fika kwakhe ke kuphela, kwaba ngayo intuthuzelo awathuthuzeleka ngayo kuni, esityela ulangazelelo lwenu, isijwili senu, nokundizondelela kwenu, ngokokude ndivuye ngakumbi.

Kuba nakuba ndikhe ndanenza na- 8 buhlungu ngencwadi leyo, andizohlwayi, nakuba ndikhe ndazohlwaya; kuba ndiyabona ukuba loo ncwadi yanenza buhlungu, nàkuba kwaba ngumzuzwana. Ngoku ke ndiyavuya, ndingavuye- 9 li kuba neenziwa buhlungu, ndivuyela ukuba nênziwa buhlungu ngokwasinga enguqukweni; kuba nênziwa buhlungu ngokokukaThixo, ukuze ningalahlekwa nto ngathi. Kuba ubuhlungu obungo- 10 kukaThixo busebenza inguquko esingisa elusindisweni, ekungekho kuzohlwaya ngayo; ke kona okwehlabathi ukuba buhlungu kusebenza ukufa.

Kuba, yabonani, kwaoko kwenziwa 11 kwenu buhlungu ngokukaThixo, kwanisebenzela ukunyameka okungakanana; nasuka naziphendulela, nasuka nacaphuka, nasuka noyika, nasuka nalangazelela, nasuka nazondelela, nasuka naphindezela! Ngeendawo zonke niziqondakalisile, ukuba kulo mcimbi nimsulwa nina okwenu. Ngoko ke, noko 12 ndanibhalelayo, andikwenzanga oko ngenxa yalowo wamonayo *omnye*, kanjalo andikwenzanga ngenxa yalowo woniwáyo; ndakwenzela ukuze kubonakaliswe kuni ukuninyameka kwethu emehlweni kaThixo.

Ngenxa yoko, sithuthuzelekile ngenxa 13 yokuthuthuzeleka kwenu; sakuvuyela ke

ngokugqithiseleyo ngakumbi ukuvuya kukaTito; ngokuba waphunyuzwayo
14 umoya wakhe nini nonke. Ngokuba ukuqhayisa endaqhayisa ngako ngani, andidaniswanga ngako; njengokuba sazithetha kuni izinto zonke sinyanisile, ngokunjalo nokuqhayisa kwethu oko
15 phambi koTito kwaba yinyaniso. Imfesane yakhe isenkulu ngakuni ngokugqithiseleyo, akukhumbula ukumva kwenu nonke nokokuba namamkelayo
16 ninokoyika nokugubha. Ndiyavuya ngoko, kuba ndomelezekile kuni ezintweni zonke.

Inkongozelo yamahlwempu aseYerusalem

8 Ke kaloku, bazalwana, siyanazisa ubabalo lukaThixo oluhlakaziweyo phakathi kwamabandla akwelaseMake-
2 doni; okokuba ekucikidweni kwawo okukhulu yimbandezelo, kuthe ukuphuphuma kovuyo lwawo, nobuhlwempu bawo obendeleyo, kwaphuphumela ekutyebiseni ukunyanisa kwawo.
3 Ngokuba ndiyangqina ukuba bathe, ngokwamandla *abo*, ewe nangaphezu kwamandla, banikela ngokuqhutywa
4 yintliziyo, besikhunga, besibongoza kakhulu, ukuba silwamkele ubabalo olo, ubudlelane ke obo bokulungiselela
5 abangcwele. *Abanelanga* kwenza njengoko sathemba ngako; bathi kuqala bazinikela eNkosini, baza kamva *bazinikela* nakuthi ngokuthanda kukaThixo;
6 ngokokude simyale uTito, ukuze athi, njengokuba ebeqalile, alufezele kuni
7 ngokunjalo nolo lubabalo. Ke, kwanjengokuba niphuphuma iinto zonke, ukholo, nokuthetha, nokwazi, nokunyameka konke, nokusithanda kwenu, maniphuphume nakulo olu lubabalo.

Umzekelo kaYesu

8 Anditsho ngakwammiselo; ukutsho, ndenziwa kukunyameka kwabanye, ndicikida nenyaniso yolwenu uthando;
9 kuba niyalwazi ubabalo lweNkosi yethu uYesu Kristu, okokuba yathi, ibisisityebi nje, yaba lihlwempu ngenxa yenu, ukuze nina nibe zizityebi ngobuhlwe-
10 mpu bayo obo. Ngale ndawo ke ndinipha okwam ukubona; kuba oko kunilungele nina aba nayiqalayo kwanyakenye *le nto*; ananela kuyenza, nayithanda nokuyithanda.

Ngoku ke yenzeni niyifeze loo nto, 11 ukuze, kwanjengokuba bekukho intumekelelo yokuthanda, kwangokunjalo kubekho nokuyifeza ngeninako. Ku- 12 ba intumekelelo, ukuba selikho, yamkeleka kakuhle ngokoko asukuba enako umntu, kungabi ngokoko angenako. Kuba andithi mabaphumle aba- 13 nye, nibandezeleke nina; ndithi, ukuze 14 kubekho ukulinganga ngexesha lakalokunje, ukuphuphuma kwenu makufikelele ekusileleni kwabo; ukuze nokuphuphuma kwabo kufikelele ekusileleni kwenu, ukuze ke kubekho ukulingana; njengokuba kubhaliwe *kwathiwa*, Owa- 15 butha kakhulu akabanga nakusalelayo; nowabutha kancinane akabanga nakusilela.

Ukuthunywa kukaTito nabanye

Makubulelwe ke kuThixo, ongenise 16 kwaoko kuninyamekela entliziyweni kaTito. Ngokuba wasamkela okunene 17 isiyalo; ke uthe, enyameke okunye, waphuma ngokuqhutywa yintliziyo, waya kuni. Sathuma ke kunye naye umza- 18 lwana odume phakathi kwawo onke amabandla, ngokuvakalisa iindaba ezilungileyo. Asikuphela ke oko; wa- 19 nyulwa nokunyulwa ngawo amabandla, ukuba abe ngohamba nathi, nalo olu lubabalo lulungiselelwayo sithi, ukuze izukiswe iNkosi, nibe nokuthumekelela nina: silumkele oku, ukuba kungabikho 20 mntu usibeka bala kule nyambalala yeminikelo ilungiselelwayo sithi; sikha- 21 thalele izinto ezintle, kungekhona emehlweni eNkosi yodwa, kukwanasemehlweni abantu.

Sithumé ke kunye nabo umzalwana 22 wethu, esimcikide futhi ngeendawo ezininzi, *samfumana* ekhuthele; kokukhona akhuthele kakhulu, ekholose kakhulu ngani.

Nokuba kuthethwa *ntoni* ngoTito, 23 yazini ukuba ulidlelane nam, nomsebenzisi wam kuni; nokuba kuthethwa nga-

bazalwana bethu, yazini ukuba banga-
bathunywa bamabandla *kaThixo*, balu-
24 zuko lukaKristu. Lo mbonakalaliso
ngoko wothando lwenu, nowokuzingca
kwethu ngani, wubonakalaliseni kubo,
naphambi kwamabandla.

9 Kuba okunene ngako ukulungiselela
abangcwele, akufuneki kona ukuba
2 ndinibhalele. Kuba ndiyakwazi uku-
thumekelela kwenu, endiqhayisa ngako
ngani kwabelaseMakedoni, ndisithi ela-
seAkaya beliselilunge kwanyakenye;
nokuzondelela kwenu kwaxhokonxa a-
3 bona baninzi. Ke kaloku ndithume
abazalwana, ukuze iqhayiya lethu eli-
ngáni lingalanjathiswa ngale ndawo;
ukuze nithi, njengokuba benditshilo,
4 nibe senilungile; hleze kuthi, ukuba
bathe bafika nam abelaseMakedoni,
banifumana ningekalungi, sidaniswe
thina (ukuba asingethi, kudane nina)
5 koko kukholosa kokuqhayisa. Ngoko
ndaba kuyafuneka ukubavuselela aba-
zalwana, ukuba basandulele ukuya kuni,
bayilungise ngaphambili intsikelelo ye-
nu ebiselixeliwe ngaphambili; ilunge
yona ngohlobo lwentsikelelo, ingangi
yeyokuvimba.

Indlela yokunikela

6 Qondani ke le nto: Lowo uhlwayela
ngokuvimba wovuna kwangokuvimba;
nalowo uhlwayela ngesisa wovuna kwa-
7 ngesisa. Elowo *makanike* njengoko a-
gqibe ngako entliziyweni; makungabi
kokuphuma kabuhlungu, nangokunya-
nzelwa; kuba uThixo uthanda umphi
8 ochwayithileyo. Unako ke uThixo
ukuphuphumisela kuni ubabalo lonke,
ukuze nithi, nihlala ninako nje ukwa-
nela konke ngeendawo zonke, niphu-
phumele emsebenzini wonke olungile-
9 yo; njengokuba kubhaliwe *kwathiwa*,
Wasasaza, wapha abasweleyo;
Ubulungisa bakhe buhleli ngonapha-
kade.   (INdum. 112:9)
10 Wanga ke angathi, ompha imbewu
umhlwayeli, nesonka sokudliwa, aniphe
ayandise imbewu yenu, ahlumise isiqha-
11 mo sobulungisa benu; nithi ngeendawo

zonke nityetyiselwe ekunyaniseni ko-
nke, kona kusebenzayo ngathi umbulelo
kuThixo. Ngokuba ulungiselelo lwaló 12
mbuso alwaneli kuzalisela iintsilelo
zabangcwele; lusuka kananjalo luphu-
phume imibulelo emininzi kuye uThi-
xo; besithi nje, ngako ukucikideka kolo 13
lulungiselelo, bamzukise uThixo ngenxa
yokulululamela kwenu uvumo lwenu
ngokusingisele kwiindaba ezilungileyo
zikaKristu, nangenxa yokunyanisa ko-
kudlelana kwenu ngokusingisele kubo
nakubantu bonke; bakubon' ukuba 14
nabo bayanilangazelela, benikhungela
ngenxa yobabalo lukaThixo oluncami-
sileyo kuni aba. Makubulelwe ke ku- 15
Thixo ngenxa yesipho sakhe singena-
mbali.

UPawulos ilizwi lakhe ulenze lanobuganga langa lelikaThixo

10 Ke kaloku ndiyaniyala ngabo
ubulali nokuthantamisa kukaKri-
stu, mna Pawulos ngokwam, ndingotho-
bekileyo kambe ngembonakalo, xa ndi-
phakathi kwenu, kodwa ndakuba nainge-
kho ndiba nobugagu kuni: ndiyakhunga 2
ke, ukuze ndingáthi, ndakuba ndikho,
ndibe nobugagu ngoko kukholosa, ndiba
ndoba nobuganga ngako kubo abathile,
ababa sihamba ngokwenyama.
Kuba noko sihamba sisenyameni, asi- 3
phumi mkhosi ngokwenyama; kuba 4
zona iintonga esiphuma ngazo umkhosi,
azizezenyama; kuye uThixo zinamandla
okuwisa iinqaba; siwisa *ngazo nje* ama- 5
bhongo, nayo yonke into ephakamileyo,
eziphakamisayo ngokuchasa ukwazi u-
Thixo; iingqiqo zonke sizithimbela
ekumlulameleni uKristu; sizilungiséle 6
ukuphindezela konke ukungamlulameli,
xa kuthe kwazaliseka okwenu ukumlu-
lamela.
Izinto nizikhangela ngokwembonaka- 7
lo na? Ukuba umntu ukholose ngo-
kuthi ungokaKristu, makabuye acinge
oku ngokwakhe, ukuba njengokuba
engokaKristu yena, ngokunjalo singa-
bakaKristu nathi. Kuba, naxa bendi- 8
ngathi ndigqithisele ukuqhayisa ngalo
igunya lethu, esalinikwayo yiNkosi

1142

ukuba sinakhe, singanichithi, bendinge-
9 daniyo; *nditsho* ukuze ndingangi ndifuna ukunoyikisa ngazo iincwadi ezi;
10 ngokuba kuthiwa, Iincwadi ezi zakhe okunene zinzima, zinamandla; kodwa ke akùbakho ngenkqu akanamandla,
11 nokuthetha kwakhe akunto yanto. Onjalo ke makacinge le nto: njengoko sinjalo ngako ukuthetha ngeencwadi, sakuba singekho, sikwanjalo ngawo umsebenzi, sakuba sikho.
12 Kuba asinabuganga bakuzibalela nakuzifanisa nabo abathile abaziyalezayo; bona àbanangqondo, bezilinganisela nje kwakubo ngokwabo, bezifanisa
13 nje nabo ngokwabo. Ke thina asisayi kuqhayisa sigqithise emlinganiselweni; soqhayisa ngokomlinganiselo womda esiwabelwe nguThixo, ukuba ube ngumlinganiselo oya kufikelela nakuni.
14 Kuba asizoluli ngokugqithiseleyo, ngathi asifikeleli kuni; kuba sesafikelelayo nakuni sineendaba ezilungileyo zika-
15 Kristu. Asiqhayisi sigqithise emlinganiselweni ngokubulaleka kwabanye; ke sinethemba, ukuba lwakukhula ukholo lwenu, siya kwenziwa bakhulu phakathi kwenu ngokomda wethu, sigqithisele,
16 side sizishumayele iindaba ezilungileyo ezindaweni ezingaphaya kwenu; singaqhayisi ngesilinganiselo somnye, ngezinto ke esezilungisiwe.
17 Oqhayisayo ke, makaqhayise nge-
18 Nkosi. Kuba oyena ucikidekileyo asingoziyalezayo, ngoyalezwa yiNkosi.

Ilungelo likaPawulos engumpostile

11 Akwaba ningandinyamezela kancinane ekusweleni kuqonda kwam! Kodwa noko niyandinyameze-
2 la. Kuba ndiyanikhweletela ngekhwele likaThixo; kuba ndanendisa ndodeninye, ukuze ndinimise phambi koKristu
3 niyintombi enyulu. Ndiyoyika ke, hleze kuthi, njengokuba inyoka yamlukuhlayo uEva ngobuqhetseba bayo, zonakaliswe ngokunjalo nani iingqiqo zenu, zimke ekunyaniseni kuye uKristu.
4 Kuba kaloku, xa lowo uzayo avakalisa omnye uYesu, esingamvakalisanga thina, nokuba namkela moya wumbi enaningamkelanga wona, nokuba ziindaba ezilungileyo ezizimbi enaningamkelanga zona, beningaba kambe niyatyapha ukumnyamezela. Kuba ndiba andisilele 5 nganto kwabona bapostile* baziincamisa. Nakuba ke ndiliyilo ngentetho, 6 andinjalo ngokwazi; sabonakala kuni phakathi kwabo bonke ngeendawo zonke.

Ndenza isono na ngokuzithoba, ukuze 7 niphakanyiswe nina, ngokuba ndanishumayezayo ngesisa iindaba ezilungileyo zikaThixo? Amanye amabandla *kaThi-* 8 *xo* ndawabhunyula, ndisamkela umvuzo ukuze ndilungiselele nina. Kanjalo xa 9 ndandikho kuni, ndiswele, andibanga mthwalo mntwini; kuba ukuswela kwam bakwenzelela abazalwana, bakùvela kwelaseMakedoni; ndathi ngeendawo zonke ndazigcina, andaba bunzima kuni, ndisaya kuzigcina nangoku.

Ikum nje inyaniso kaKristu, ndithi 10 olo luqhayiso aluyi kuvingcwa mlomo mayela nam, mna, kwimimandla yelase-Akaya. Ngani na ke? Ngokuba ndi- 11 ngànithandi na? Hayi, uThixo uyazi. Endikwenzayo ke ndiya kukwenza, 12 ukuze ndibahluthe ithuba *lokujinda* abafuna ithuba; ukuze entweni abaqhayisa ngayo, bafunyanwe bekwanjengathi. Kuba abo banjalo ngabapostile 13 ababuxoki, ngabasebenzi abakhohlisayo, bezimilisa okwabapostile bakaKristu. Ke àkummangaliso oko, kuba noSa- 14 thana ngokwakhe uzimilisa okwesithunywa sokukhanya. Akunto inkulu ke 15 ngoko, ukuba abalungiseleli bakhe bazimilise okwabalungiseleli bobulungisa; abasiphelo siya kuba ngokwemisebenzi yabo.

Ukuthelekisa uPawulos neentshaba zakhe

Ndibuya ndithi, Makungabikho 16 mntu uba ndingoswele ukuqonda; okanye ke kambe, ndamkeleni njengoswele ukuqonda, ukuze ke ndiqhayise kancinane nam. Oku ndikuthethayo, andiku- 17 thethi ngokweNkosi; ndikuthetha ngokoswele ukuqonda, ndinoko kukholosa koqhayiso. Ekubeni bebaninzi ke aba- 18

qhayisa ngokwenyama, ndoqhayisa nam.
19 Kuba niyabanyamezela ngovuyo abaswele ukuqonda, niziingqondi nje nina.
20 Kuba kaloku niyanyamezela, ukuba umntu unenza amakhoboka, ukuba umntu uyanidla, ukuba umntu uyanibambisa, ukuba umntu uyaziphakamisa, ukuba umntu uyanibetha ebusweni.
21 Ndithi, ndízihlaza, ngathi sasiswele amandla thina. Entweni ke asukuba umntu enobuganga (ndithetha ndinokuswela ukuqonda), ndinobuganga nam.

Iingozi neenzima zikaPawulos

22 BangamaHebhere na? Ndinguye nam. BangamaSirayeli na? Ndinguye nam. Bayimbewu ka-Abraham na? Ndiyiyo
23 nam. Bangabalungiseleli bakaKristu na? (Ndithetha nxamnye nengqondo.) Ndithi ndingongaphezulu mna, ngokubulaleka okugqithiseleyo, ngemivumbo egqithe emgceni, ngokuba sezintolongweni ngokugqithiseleyo, ngokuba se-
24 kufeni futhi. KumaYuda ndazuza kahlanu imivumbo emashumi mané kwa-
25 phuké mnye. Kukathathu ndibethwa ngeentswazi, okunye ndaxulutywa ngamatye, ndaphukelwa ngumkhombe kathathu, ndenzé ubusuku nemini enzu-
26 lwini; *ndithi ndingongaphezulu* ngokuhamba okufuthi, ngeengozi zemilambo, ngeengozi zezihange, ngeengozi zamakowethu, ngeengozi zeentlanga, ngeengozi phakathi komzi, ngeengozi entlango, ngeengozi elwandle, ngeengozi phakathi kwabazalwana ababuxoki;
27 ngokubulaleka nangemigu, ngokungabi nakulala okufuthi, ngokulamba nokunxanwa, ngokuzila ukudla okufuthi,
28 ngengqele nobuzé. *Ndingasazibali* zona izinto ezingaphandle kwezo, ndingungélwe imihla ngemihla kukuwaxhalela
29 onke amabandla *kaThixo*. Ngubani na okha aswele amandla, ndingasweli mandla nam? Ngubani na okha akhutyekiswe, ndingatshiseki mna?
30 Ukuba ndimelwe kukuqhayisa, ndoqhayisa ngezinto zokuswela amandla
31 kwam. UThixo, uYise weNkosi yethu uYesu Kristu, ongowokubongwa ngo-

naphakade, uyazi ukuba andixoki. E-32 Damasko umphathi-luhlanga ka-Areta, ukumkani, wayewulinda umzi waseDamasko, efuna ukundibamba; ndaza 33 ngekroba ndathotywa ngomnyazi eludongeni, ndasinda ezandleni zakhe.

Imibono kaPawulos; uviko enyameni

12 Ukuqhayisa okunene akundilungele; kuba ndiza kuza kwimibono nezityhilelo zeNkosi.

Ndazi umntu okuKristu, ekusekuyi- 2 minyaka elishumi elinaminé (nokuba ubesemzimbeni na andazi, nokuba ubengekho na emzimbeni, andazi; kwaziwa nguThixo), ethe lowo waxwilwa, wada wasiwa nakwelesithathu izulu. Ndiyamazi ke umntu onjalo (nokuba 3 ubesemzimbeni na, nokuba ubengekho na emzimbeni, andazi; kwaziwa nguThixo), okokuba waxwilwa wasiwa 4 eParadisi,* weva amazwi angenakuthethwa, ekungavumelekileyo ukuba umntu awathethe. Onjalo ke ndiya 5 kuqhayisa ngaye, kodwa andiyi kuqhayisa ngokwam nganto ikum; ingaba kungokuswela kwam amandla kodwa.

Kuba xa bendingáthi ndithande 6 ukuqhayisa, bendingayi kuba ndiswele ukuqonda, kuba bendiya kuba ndithetha inyaniso; kodwa ndiyayeka, ukuze kungabikho bani ucinga ngam ngaphezu koko abona ndikuko, athi mhlawumbi akuve kum. Kwathi, ukuze ndingazi- 7 phakamisi ngokungaphezulu ngenxa yezityhilelo eziyincamisa, ndanikwa uviko enyameni, isithunywa sikaSathana, ukuze sindintlithe, ukuze ndingaziphakamisi ngokungaphezulu. Ndayibo- 8 ngoza kathathu iNkosi ngaso *isithunywa* eso, ukuba sisuke kum. Ithe yona kum, 9 Ubabalo lwam lukwanele; kuba amandla am azalisekiswa ekuswelekeni kwamandla.

Ngoko kokukhona sendiya kuqhayisa kamnandi kakhulu ngokuswela kwam amandla, ukuze ahlale phezu kwam amandla kaKristu. Kungoko ndikho- 10 lisiweyo kukuswela amandla, kukuphathwa kakubi, ziingxakeko, ziintshutshiso, ziingxinano, ngenxa kaKristu; kuba xa sukuba ndiswele amandla, kuxa ndinamandla.

UPawulos ucacisa ukuziqhayisa kwakhe

11 Sendisuke ndaba ngoswele ukuqonda ngokuqhayisa; ndinyanzelwe nini. Kuba mna ndibe ndifanele ukuyalezwa nini; kuba andisilelanga nganto kubapostile* abo baziincamisa, nakuba nginge-
12 nto yanto. Imiqondiso yokuba ngumpostile, inene, yasetyenzwa phakathi kwenu ngokunyamezela konke, ngemiqondiso, nezimanga, nemisebenzi ya-
13 mandla. Kuba yintoni na enasilela ngayo kwamanye amabandla kaThixo, ingekukuba mna ngokwam ndingabanga mthwalo kuni? Ndixoleleni oko kungalungisi.

14 Yabonani, sendilungele ukuza kuni okwesithathu; ndaye ndingayi kuba mthwalo kuni; kuba andifuni zinto zenu, ndifuna nina. Kuba asingabantwana abafanele ukuqwebela abazali, ngabazali abafanele ukuqwebela aba-
15 ntwana. Mna ke, kuya kuba mnandi kakhulu ukuba ndichithe, ndidleke kuphele, ngenxa yemiphefumlo yenu; nakuba okukhona ndinithandayo kakhulu, kokukhona ndithandwa kanci-
16 nane. Kungade kube kunjalo, mna kambe andibanga mthwalo kuni; mandibe, ndinobuqhetseba nje, ndisuke ndanibambisa ngenkohliso.

17 Kukho mntu na ke kwabo ndabathu-
18 mayo kuni, endanidlayo ngaye? Ndamyala uTito, ndathuma umzalwana lowo kunye naye. Wanidla na ke uTito? Asihambanga moyeni mnye, yini na? Asihambanga mkhondo mnye, yini na?

19 Niyawaseniba siyaziphendulela kusini na kuni? Sithetha phambi kuka-Thixo, sikuKristu; sizithetha zonke ke izinto ezo, zintánda, ngenxa yokwa-
20 kheka kwenu. Kuba ndiyoyika, hleze ndithi ndakufika, ndinifumane ningènjengendikuthandayo, nam ndifunyanwe nini ndingènjengenikuthandayo; hleze kubekho iinkani, amakhwele, imisindo, amayelenqe, iintlebendwane, iintsebezo, iinkukhumalo, iziphithiphithi; hleze ndithi, ndakufika kunjalo, andi- 21 thobe uThixo wam phakathi kwenu, ndize ndikhedame ngenxa yabaninzi ababesebonile, àbaguquka ekungcoleni, nasembulweni, naseburheletyweni ababenzáyo.

Iziyalo zotyelelo oluzayo

13 Oku kokwesithathu ndisiza kuni. Onke amazwi aya kumiswa ngomlomo wamangqina amabini, nokuba mathathu. Sendixele kade, ndixela 2 ngenxa engaphambili, njengoko ndandikho okwesibini, nanjengoku ndingekhoyo ngoku, ndibaxelela abo boné kade, nabanye bonke, okokuba xa ndithe ndabuya ndafika, andiyi kubaconga; eku- 3 beni nifuna isiganeko sokuthetha kuka-Kristu phakathi kwam, ongaswele amandla ngokusingisele kuni, onamandla phakathi kwenu. Kuba, nakuba wabe- 4 thelelwayo emnqamlezweni ngokwasekusweleni amandla, udla ubomi ngokwasemandleni kaThixo. Kuba nathi siswele amandla kuye, noko siya kudla ubomi naye ngokwasemandleni ka-Thixo, ngokubhekisele kuni.

Zilingeni, ukuba niselukholweni olu 5 na; zicikideni ngokwenu. Okanye anizazi na ukuba uYesu Kristu ungaphakathi kwenu? ukuba okunene aningabo abo bangenakucikideka. Ndiyathemba 6 ke ukuba niyakwazi, ukuba asingabo abo bangenakucikideka thina. Ndithandaza ke kuye uThixo, ukuba ningenzi 7 nanye into embi; kungekuko ukuze sibonakale sicikidekile thina, ikukuze nenze into entle nina, ke thina sibe njengabangenakucikideka. Kuba asina- 8 kwenza nto ngokuchasa inyaniso; sinokwenzela inyaniso. Kuba siyavuya, xa 9 sukuba singenamandla thina, nibe nina ninamandla; sithandazela nokuthandazela oku ke, ukuba nigqibelele ukulunga.

Ngenxa yoko ndibhala ezi zinto ndi- 10 ngekho, ukuze ndingàthi, ndakuba ndi-

1145

kho, ndenze kabukhali ngokwegunya, endalinikwa yiNkosi ukuba libe lelokwakha, lingabi lelokuchitha.

Isiphelo

11 Elokugqiba, bazalwana, *ndithi*, Vuyani, zilungiseni nigqibelele, thuthuzelekani, cingani nto-nye, zolani; wothi ke uThixo wothando noxolo abe nani. Bulisanani ngolwango olungcwele. 12
Bayanibulisa bonke abangcwele aba. 13
Ubabalo lweNkosi uYesu Kristu, 14 nothando lukaThixo, nodlelano loMoya oyiNgcwele, malube nani nonke. Amen.

INCWADI KAPAWULOS UMPOSTILE

KUMAGALATI

Umbuliso

1 UPawulos, umpostile* (ongavele bantwini, kanjalo kungengamntu; kungaye uYesu Kristu, noThixo uYise,
2 owamvusayo kwabafileyo), kwanabazalwana aba bonke banam, uthi kuwo amabandla *ka*Thixo akwelaseGalati:
3 Makube lubabalo kuni, noxolo oluvela kuThixo uYise, neNkosi yethu uYesu
4 Kristu; owazinikelayo ngenxa yezono zethu, ukuze asinyothule kwiphakade eli langoku lingendawo, ngokokuthanda
5 kukaThixo uBawo wethu. Kuye *makubekho* uzuko, kude kuse emaphakadenl asemaphakadeni. Amen.

Ukudaniswa kukaPawulos ngamaGalati

6 Ndimangalisiwe kukuba niphambuke kamsinya kangaka kulowo wanibizayo ngobabalo lukaKristu, niye kwiindaba
7 ezilungileyo ezizimbi; ezingezizo nokuba zizo ezinye; koko kukho bathile banikhathazayo, bathandayo ukuzigqwetha
8 iindaba ezilungileyo zikaKristu. Ke, nokokuba sisuke thina aba, nokokuba sisuke isithunywa sasezulwini sanishumayeza iindaba ezilungileyo ezinxamnye nezo sanishumayezayo, masisingelwe
9 phantsi. Njengokuba besesitshilo, ndiyaphinda, ndithi nangoku, Ukuba ubani unishumayeza iindaba ezilungileyo ezinxamnye nezo nazamkelayo, makasingelwe phantsi.

Kuba ngoku ndithomalalisa abantu, 10 ndithomalalisa uThixo, kusini na? Ndifuna ukukholisa abantu na? Ukuba ndingaba ndisakholisa abantu, ndingaba andingumkhonzi kaKristu.

Iindaba ezilungileyo zeza kuPawulos zivela kuKristu, zingaveli bantwini

Ke kaloku, ndiyanazisa, bazalwana, 11 ukuba azingokomntu iindaba ezilungileyo ezi, zashunyayelwayo ndim; kuba 12 nam lo andizamkelanga mntwini, andizifundiswanga nokuzifundiswa; ndazamkela ngokutyhilelwa nguYesu Kristu.

Kuba nayiva eyam ihambo eyayifu- 13 dula isebuYudeni, ukuba ndaye ndilitshutshisa ndilibhuqa ibandla likaThixo ngokuncamisileyo; ndaye ndihambela 14 phambili ebuYudeni, ngaphezu kwabaninzi ababeziintanga zam eluhlangeni lwakowethu, ndizizondelele ngokugqithiseleyo izithethe zoomawokhulu.

Ke, xenikweni kwakholekayo kuThi- 15 xo, owandahlulayo kwasesizalweni sikama, wandibiza ngalo ubabalo lwakhe, ukuba amtyhile uNyana wakhe nga- 16 phakathi kwam, ukuze ndimshumayele ngeendaba ezilungileyo phakathi kweentlanga: kwaoko andibhekisanga nto kwinyama negazi. Andinyukanga no- 17 kunyuka ndiye eYerusalem, kubo ababengabapostile ngaphambi kwam; ndesuka ndaya kwelaseArabhi, ndaza ndabuyela eDamasko.

18 Ndandula ndathi, emva kweminyaka emithathu, ndenyuka ndaya eYerusalem, ukuba ndazane noPetros; ndahlala naye iintsuku ezilishumi elinantlanu.
19 Andibonanga wumbi ke kubapostile, yaba nguYakobi, umzalwana weNkosi,
20 yedwa. Izinto ke endinibhalela zona, yabonani, *ndithetha* emehlweni kaThixo, andixoki.
21 Emva koko ndeza kwimimandla
22 yelaseSiriya nelaseKilikiya; ndaye ke ndingàziwa ngesiqu ngawo amabandla
23 akwelamaYuda, akuKristu; banela ukuva kwakuphela ukuba, Lowo wayefudula esitshutshisa, ngoku ushumayela iindaba ezilungileyo zokholo abefudula
24 elubhuqa. Bamzukisa uThixo ngam.

Umsebenzi kaPawulos wokuthunywa wamkelekile eYerusalem

2 Ndaza emva kweminyaka elishumi elinaminé, ndabuya ndenyuka ndaya eYerusalem ndinoBharnabhas, ndatha-
2 batha noTito. Ndenyuka ke ngokwesityhilelo, ndazandlala phambi kwabo iindaba ezilungileyo endizivakalisayo phakathi kweentlanga; ndazandlala ke phambi kwabo badumileyo bebodwa, hleze ndibe ndifumana ndibaleka, mhlawumbi ndibe ndafumana ndabaleka.
3 NoTito lo, ubenam, nangona ebengumGrike, akanyanzelwanga ukuba alù-
4 ke: ngenxa ke yabazalwana ababuxoki, abangeniswáyo bucala, bona bangena ngokunyebeleza, besiza kuhlola inkululeko yethu esinayo kuKristu Yesu, uku-
5 ze basithobele ebukhobokeni. Esathi abo asabavumela ngolulamo nokwexa elinye, ukuze inyaniso yeendaba ezilungileyo ihlale ihleli kuni.
6 Ke aba badumele ukuba bayinto, nokuba babefudula benjani, akunto oko kum; uThixo akakhethi buso bamntu. Kuba aba bàbedume ngobuntó aba-
7 bhekisanga nto kum. Basuka bathi kanye, bakubona ukuba ndiziphathisiwe iindaba ezilungileyo kwabangalukileyo, njengokuba uPetros *ebeziphathisi-*
8 *we* kwabolwaluko (kuba kwalowo wamsebenzelayo uPetros ngokusingisele kubo ubupostile* babolwaluko, wandi-

sebenzela nam ngokusingisele kwiintlanga); kananjalo bakulwazi ubabalo 9 endababalwa ngalo: bathi ooYakobi noKefas noYohane, abo ke babedume ukuba baziintsika, basinika thina noBharnabhas izandla zokunene zobudlelane, ukuze siye thina kwiintlanga; bona ke baye kwabolwaluko; bathi, 10 maze siwakhumbule amahlwempu; into ke leyo endandiyikhuthalela ukuyenza.

UPawulos uthethisa uPetros

Ke kaloku, xenikweni uPetros wañka- 11 yo kwa-Antiyokwe, ndamelana naye ngokusekuhleni, ngokuba ube engogwetyiweyo. Kuba phambi kokuba kufike 12 abathile bevela kuYakobi, wadla ndawonye nabeentlanga; ke wathi bakufika, wesuka wanqwanqwa, wazahlùla *kubo,* esoyika abo bolwaluko. Ke ahanahani- 13 sa njengaye namanye amaYuda; wada noBharnabhas wakhukuliswa luhanahaniso lwawo.

Xenikweni ke ndabonayo ukuba 14 àbathe ngqo ukuhamba enyanisweni yeendaba ezilungileyo, ndathi kuPetros phambi kwabo bonke, Ukuba wena, ungumYuda nje, uhleli ngokwabeentlanga, ungahlali ngokobuYuda, yini na ukuba ubanyanzele abeentlanga ukuba bahlale ngokobuYuda?

Ukusilela komthetho

Thina, singamaYuda ngemvelo, asi- 15 ngaboni abavela kwiintlanga, sisazi nje 16 ukuba akagwetyelwa umntu ngokwasemisebenzini yomthetho, kuphela kungokukholwa kuYesu Kristu: sithe ke nathi aba sakholwa kuKristu Yesu, ukuze sigwetyelwe ngokwasekukholweni kuKristu, kungabi ngokwasemisebenzini yomthetho; ngokokuba akuyi kugwetyelwa mntu ngokwasemisebenzini yomthetho.

Ke ukuba, sifuna nje ukugwetyelwa 17 ngoKristu, sifunyanwa singaboni nathi ngokwethu, ndiyabuza ndithi, uKristu ungumlungiseleli wesono na ke ngoko? Nakanye! Kuba, ukuba izinto enda- 18 zichithayo, ndibuya ndakhe zona, ndi-

yaziqondakalisa ngokwam ukuba ndingumgqithi.
19 Kuba mna ngomthetho ndafa kumthetho, ukuze ubomi ndibudlele ku-
20 Thixo. Ndibethelelwe emnqamlezweni noKristu; ayisendim ke odla ubomi, nguKristu ke oselesidla ubomi kum. Ubomi ke endibudlayo ngoku, ndisenyameni, ndibudlela ekukholweni kuNyana kaThixo, owandithandayo, wa-
21 zinikela ngenxa yam. Andilutshitshisi ubabalo lukaThixo; kuba, ukuba bungomthetho ubulungisa, oko uKristu angaba wafumana wafa.

Imbangi yokwamkeleka kuThixo lukholo, asimthetho

3 Ehlani, maGalati aswele ukuqonda! Ngubani na oninyangileyo, ukuba ningayithambeli nje inyaniso, ebethe nje phambi kwamehlo enu uYesu Kristu wabhalwa, wabhegezwa phakathi kwenu, ebethelelwe emnqamlezweni?
2 Ndithanda ukukha ndiqonde kuni le ndawo yodwa: Namamkela uMoya emisebenzini yomthetho, namamkela ezi-
3 ndabeni zokholo, kusini na? Ninje na ukuswela ukuqonda? Nakuba niqale kuMoya, ngoku nigqibela kwinyama na?
4 Izinto ezinzima kangaka nafumana naziva na? ukuba kanti benifumana nisenza.
5 Lowo ngoko uniphayo uMoya, usebenza imisebenzi yamandla kuni, *ukwenza oko* ngokwasemisebenzini yomthetho, *ukwenza* ngokwasezindabeni zo-
6 kholo, kusini na? njengokuba uAbraham wakholwayo nguThixo, kwaza oko kwabalelwa ebulungiseni kuye.

7 Yazini ngoko ukuba ábaselukholweni, ngabo abo abangoonyana baka-
8 Abraham. Isibhalo, síbona ke ngenxa engaphambili ukuba uThixo uyazigwebela iintlanga ngokwaselukholweni, sazishumayela ngenxa engaphambili iindaba ezilungileyo kuAbraham, *sisithi*, Ziya kusikelelelwa kuwe zonke iintlanga.
9 Ngoko ke ábaselukholweni bayasikelelwa ndawonye noAbraham okholwayo.
10 Kuba bonke abangabasemisebenzini yomthetho, baphantsi kwesiqalekiso; kuba kubhaliwe *kwathiwa*, Baqalekisiwe bonke abangahlaliyo ezintweni zonke ezibhaliweyo encwadini yomthetho, ukuba bazenze.

Okokuba ke akukho namnye ugwe- 11 tyelwayo ngomthetho kuye uThixo, kuyabonakala; ngokuba lowo úlilungisa, uya kudla ubomi obuphuma elukholweni. Wona ke umthetho asingowase- 12 lukholweni; úthi, Umntu owazenzayo ezo zinto uya kudla ubomi ngazo. UKristu wasithenga, wasikhulula esi- 13 qalekisweni somthetho, ngokwenziwa isiqalekiso ngenxa yethu (kuba kubhaliwe *kwathiwa*, Uqalekisiwe wonke umntu oxhonywe emthini); ukuze intsikelelo 14 ka-Abraham ibe sezintlangeni ngoKristu Yesu, ukuze idinga loMoya silamkele ngalo ukholo.

Bazalwana, ndithetha ngokwabantu: 15 kwanowomntu umnqophiso ozinzisiweyo, akukho namnye uwutshitshisayo, athi mhlawumbi ongeze kuwo. Enzi- 16 wa ke kuye uAbraham amadinga, nakuyo imbewu yakhe. Akathi, nakuzo iimbewu, ngathi uthetha ezininzi; usuka ngathi uthetha nye; athi, Nakuyo imbewu yakho: nguKristu ke lowo. Uku- 17 tsho ke ndithi, Umnqophiso ozinzisiweyo ngenxa engaphambili nguThixo, usingisele kuKristu, awunakuphangwa igunya ngumthetho, owabakhoyo emva kweminyaka engamakhulu omané anamanci mathathu, ukuze ulibhangise idinga elo. Kuba ilifa elo, ukuba liphu- 18 ma emthethweni, loba alisaphumi edingeni; ke yena uThixo umbabale uAbraham ngedinga.

Injongo yomthetho

Uyintoni na ngoko umthetho? Wa- 19 lekelwa ngenxa yezigqitho, ukude ifike imbewu leyo yayibekwe ngedinga; wamiswa ngezithunywa zezulu, sisandla somlamleli. Ke umlamleli akamnye; 20 uThixo ke yena mnye.

Umthetho ngoko uchasene na nama- 21 dinga kaThixo? Nakanye! Kuba, ukuba bekuwiswe umthetho onako ukudlisa ubomi, kuhleliwe nje, ngebuphume emthethweni lowo ubulungisa.

22 Ke sona isibhalo sisuke sazivalela ndawonye izinto zonke phantsi kwesono, ukuze idinga eliphuma ekukholweni kuYesu Kristu linikwe abakholwayo.
23 Ngaphambi ke kokufika kokholo, sasilindwa, siphantsi komthetho, sivalelwe ndawonye kude kufike ukholo olu,
24 lube luza kutyhilwa. Ngoko ke umthetho waba ngosikhaphela kuKristu, ukuze sigwetyelwe ngokwaselukholweni.

Isiphumo sokholo

25 Lwakuba lufikile ke ukholo, asibi saba phantsi kwamkhapheli.
26 Kuba nina nonke ningoonyana bakaThixo ngako ukukholwa, nikuKristu
27 Yesu; kuba nina nonke, nàbhaptizelwayo kuKristu, námambatha uKristu.
28 Akusekho mYuda namGrike; akusekho khoboka nakhululekileyo; akusekho ndoda nankazana; kuba nina nonke nimntu
29 mnye, nikuKristu Yesu. Ukuba ke nina ningabakaKristu, niyimbewu kaAbraham ngoko, neendlalifa ngokwedinga.

Ubunyana kuThixo ngokukholwa kuKristu

4 Ndithi ke, indlalifa, ngexesha lonke engumntwana, ayahluke nganto kumkhonzi, nakuba iyinkosi yeento zonke;
2 iphantsi kwabagcini namagosa, kude kufike ixesha elimiswe ngaphambili nguyise.
3 Ngokunjalo nathi, xenikweni besingabantwana, besingamakhoboka aphantsi
4 kweziqalelo zehlabathi. Lithe ke lakuzaliseka ixesha, uThixo wamkhupha weza uNyana wakhe, othe wazalwa ngumntu oyinkazana; ethe wazalelwa
5 phantsi komthetho, ukuze abakhulule ngokubathenga abaphantsi komthetho, ukuze sikuzuze ukwenziwa oonyana.
6 Ngoko ke ningoonyana, uThixo wamkhupha uMoya woNyana wakhe, weza ezintliziyweni zenu, edanduluka
7 esithi, Abha,* Bawo. Ngoko ke àkusengumkhonzi, ungunyana; ukuba ke ungunyana, ukwayindlalifa kaThixo ngoKristu.

UPawulos ubongoza abaguqukileyo ukuba bangaxibiliki

8 Kanti okunene, okó naningamazi uThixo, nanikhonza kwabo ngemvelo
9 bangethixo; ngoku ke, nakuba nimazile uThixo, hayi kanye mandithi, nakuba naziwe nguThixo, nènza ntoni na ukubuya niguqukele kwiziqalelo ezingenamandla, ezingenaluncedo, enithanda ukubuya nikhonze zona ngokutsha? Ni-
10 mana nigcina imihla, neenyanga, namaxesha, neminyaka. Ndiyanoyikela,
11 hleze ndibe ndifumane ndabulaleka ngenxa yenu.
12 Ndiyanikhunga, bazalwana, yibani njengam, ngokuba nam ndaba njengani; anindonanga nganto. Niyazi ke ukuba
13 bekungenxa yokuswela amandla kwenyama yam, ukunishumayeza kwam iindaba ezilungileyo ngokokuqala. U-
14 kulingwa kwam okwakusenyameni yam, anikwenzanga into engento, anikucekisanga nina nokukucekisa; nesuka nandamkela njengesithunywa sikaThixo, njengoKristu Yesu ngokwakhe.
15 Kwabe kuyintoni na ngoko ukuziyolisa kwenu? Kuba ndiyaningqinela, ukuba bekunokwenzeka, ninge nawakrukrayo amehlo enu, nandinika. Ndi-
16 suke ndaba lutshaba lwenu na ke, ngokuthetha inyaniso kuni? Bayani-
17 ncekelela ngokungekuhle; basuka bathande ukunivalela phandle, ukuze nibancekelele nani. Kuhle ke ukuba
18 kuncekelelwe ngamaxesha onke entweni entle, kunganeli ukuba njalo ndakuba ndikho kuni. Bantwana bam, endibuye
19 ndanenimba ngabo, ade uKristu amili-
20 swe ngaphakathi kwenu, bendithanda ke ukubakho kuni ngoku, ndilenze libe lilimbi ilizwi lam; ngokuba ndiyathingaza ngani.

Umfuziselo ovela kwiTestamente eNdala

21 Ndixeleleni, nina nithandayo ukuba phantsi komthetho, aniwuva na
22 umthetho? Kuba kubhaliwe kwathiwa, uAbraham wayenoonyana ababini: omnye engowekhobokazana, omnye e-
23 ngowomfazi okhululekileyo. Waye o-

KWABASE-EFESE 1-2

Makabongwe uThixo!

3 Makabongwe uThixo, uYise weNkosi yethu uYesu Kristu, lowo wasisikelelayo ngeentsikelelo zonke zoMoya kwezase-
4 mazulwini iindawo, sikuKristu; ngokuba wathi, ngaphambi kokusekwa kwehlabathi, wasinyulela kuye, ukuba sibe ngcwele, singabi nasiphako phambi
5 kwakhe; othe ngokusithanda wasimisela ngenxa engaphambili, ukuba senziwe oonyana kuye ngokwakhe ngoYesu Kristu, ngokwenkolelo yokuthanda kwa-
6 khe, ukuze kudunyiswe uzuko lobabalo lwakhe, awasibabala ngalo sikuye O-
7 thandiweyo; esinayo sikuye inkululeko ngokuhlawulelwa ngegazi lakhe, ukuxolelwa ke kweziphoso zethu, ngoko-
8 butyebi bobabalo lwakhe; awaluphuphumisela kuthi, lunabo bonke ubulu-
9 mko nokuqonda; esazisile imfihlelo yokuthanda kwakhe ngokwenkolelo yakhe,
10 awayimisayo ngokwakhe, ebhekise ekuhleleni aya kuhlela ngako, akuzaliseka amaxesha, ukuba azihlanganisele zonke izinto kuye uKristu, ezisemazulwini
11 kwanezisemhlabeni; ewe, kuye lo sithe sikuye sadla ilifa; simisiwe ngenxa engaphambili ngokwengqibo yozisebenzayo zonke ezo nto ngokwecebo loku-
12 thanda kwakhe; ukuze sibe ngabokudumisa uzuko lwakhe, thina aba sathi ngenxa engaphambili sathembela kuye
13 uKristu; enithe, nikuye nani, nakuliva ilizwi lenyaniso, iindaba ezi zilungileyo zokusindiswa kwenu—enithe, nakukholwa nokukholwa kuye, natywinwa naqiniselwa ngaye uMoya oyiNgcwele
14 wedinga, osisinyaniso selifa lethu, ukude kugqibelele ukukhululeka ngentlawulelo kwabo baziinqobo kuye, ukuba kudunyiswe uzuko lwakhe.

Ukuthandazela ukumazi uThixo, omandla akhe abonakaliswa eluvukweni lukaKristu

15 Ngenxa yoko nam, ndakuba ndikuvile okwenu ukukholwa yiNkosi uYesu, nokubathanda kwenu bonke abangcwele,
16 àndiphezi ukubulela ngenxa yenu, ndi-
17 nikhumbula emithandazweni yam, ukuba uThixo weNkosi yethu uYesu Kristu, uYise wozuko, aninike umoya wobulumko wokunityhilela, nimazi kakuhle;
18 nikhanyiselwe amehlo engqondo, ukuze nilazi into eliyiyo ithemba lobizo lwakhe, nento obuyiyo ubutyebi bobuqaqawuli belifa lakhe phakathi kwabo abangcwele;
19 nento obuyiyo ubukhulu obuncamisileyo bamandla akhe abhekisele kuthi, thina bakholwayo, angokokusebenza kokuqinisela kokomelela kwakhe, awakuse-
20 benza kuye uKristu, ekumvuseni kwakhe kwabafileyo; waza wamhlalisa ngasekunene kwakhe kwezasemazulwini iindawo, ngaphezu kwalo lonke ulawulo,
21 negunya, namandla, nobukhosi, nalo lonke igama elikhankanywayo, kungekhona kweli phakade lodwa, kunakwelo lizayo. Waza izinto zonke wazithobela
22 phantsi kweenyawo zakhe, wammisa ukuba abe yintloko phezu kweento zonke kulo ibandla, lona lingumzimba
23 wakhe, ukuzala ke oko kozizalisayo izinto zonke ngako konke.

Usindiso luza ngobabalo lukaThixo

2 Nani unidlise ubomi, nifile nje ziziphoso nazizono; enanifudula niha-
2 mba kuzo ngokwesimo seli hlabathi, ngokomphathi wegunya lesibhakabhaka, womoya lo usebenzayo ngoku kubo abangevayo; esasifudula nathi sonke
3 sihleli phakathi kwabo ezinkanukweni zenyama yethu, sisenza ukuthanda kwenyama nokwengcinga, saye ngemvelo sikwangabantwana bengqumbo, njengabanye abo.

Ke uThixo, esisityebi nje ngenceba, 4
uthe ngenxa yothando lwakhe olukhulu, awasithanda ngalo, thina sifile nje zizi- 5
phoso, wasidlisa ubomi ndawonye noKristu (nisindiswé ngokubabalwa), wa- 6
sivusa naye, wasihlalisa naye kwezasemazulwini iindawo, sikuKristu Yesu;
ukuze ubutyebi obuncamisileyo boba- 7
balo lwakhe abubonakalalise emaphakadeni azayo, ngokusenzela ububele
ngoKristu Yesu. Kuba nisindiswe ngo- 8

kubabalwa nangalo ukholo; nako oko kungaphumi kuni, kusisipho sikaThixo;
9 akuphumi misebenzini, hleze kubekho
10 bani uqhayisayo. Kuba thina singumsebenzi wakhe, sidalelwe kuKristu Yesu, ukuze senze imisebenzi elungileyo, awayilungisayo uThixo ngenxa engaphambili, ukuze sihambe kuyo.

Oweentlanga nomYuda bamanyenwe kuKristu

11 Ngoko ndithi, Khumbulani ukuba nina, enibe nifudule niziintlanga ngokwenyama, kusithiwa ningabangàlukileyo, ngabo kuthiwa ngabolwaluko
12 olwenziwe ngezandla enyameni: okokuba ngelo xesha nibe ningenaKristu, ningazani nawo umzi wakwaSirayeli, ningabasemzini kuyo iminqophiso yalo idinga, ningenathemba, ningenaThixo
13 ehlabathini. Ke ngoku ngoKristu Yesu, nina, enibe nifudula nikude, nithe naba kufuphi ngalo igazi likaKristu.
14 Kuba nguye oluxolo lwethu, yena uthe izinto zombini wazenza zaba nye, waluchitha ke udonga lothango oluphа-
15 kathi, ubumpi ke obo, akuba ewubhangisile, esenyameni yakhe, umyalelo wemithetho esemimiselweni; ukuze abo babini ábadalele kuye ngokwakhe, babe mntu mnye, mtsha, esenza ke uxolo;
16 nokuze abaxolelanise noThixo abo babini, babe mzimba mnye ngawo umnqamlezo, ebubulalele kuwo ubumpi
17 obo. Weza ke washumayela iindaba ezilungileyo zoxolo kuni abo bakude,
18 nakwabakufuphi; ngokuba kungaye ukungeniswa kwethu sobabini, siMoya mnye kuye uYise.
19 Ngoko ke anisengabasemzini nabaphambukeli; ningamakhaya kubo aba-
20 ngcwele, ningabendlu kaThixo, nakhelwe phezu kwelitye lesiseko sabapostile* nabaprofeti, inguYesu Kristu
21 ngokwakhe ilitye lembombo; esithi kuye sonke isakhiwo, sihlangene kakuhle, sikhùle, sibe yitempile engcwele
22 eNkosini; enithi nani nakhèlwe ndawonye kuye, ukuze nibe yindawo yokuhlala kaThixo ngaye uMoya.

Ukuthunywa kukaPawulos ukuba atyhile imfihlelo kaThixo

3 Ngenxa yoko, mna Pawulos, mbanjwa kaKristu Yesu ngenxa yenu zintlanga—ukuba ke nikuvile ukugosisa 2 kobabalo lukaThixo endanibabalelwa ngalo; okokuba wandazisa imfihlelo leyo 3 ngokotyhilelo, njengoko sendibhale kade ngokufutshane; enothi ngoko, nakulesa, 4 nibe nokuqiqa okwam ukuyiqonda imfihlelo kaKristu; ababengathanga ku- 5 zimbi izizukulwana bayaziswe oonyana babantu, njengoko bayityhilelweyo ngoku abapostile* bakhe abangcwele, nabaprofeti bakhe, ngaye uMoya; eyokuba 6 iintlanga ziziindlalifa nathi, zikwamzimba mnye nathi, zingamahlulelana nathi ngedinga lakhe, sikuye nje uKristu ngazo iindaba ezilungileyo, endaba ngumlungiseleli wazo ngokwe- 7 sipho sobabalo lukaThixo, endababalwa ngaso ngokokusebenza kwamandla akhe.

Mna lo, unguyena mncinanana kubo 8 bonke abangcwele, ndababalwa ngolo lubabalo, lokuba ndishumayele phakathi kweentlanga iindaba ezilungileyo zobutyebi obungalandekiyo bukaKristu; ndibakhanyisele bonke, bayibone into 9 obuyiyo ubudlelane bemfihlelo ebifihliwe kwasemaphakadeni, ikuye uThixo owazidalayo zonke izinto ngoYesu Kristu; ukuze ngoku oozilawuli noomagunya, abakwezasemazulwini iindawo, 10 babaziswe ngalo ibandla ubulumko bukaThixo, obuziintlobo ezininzi, ngo- 11 kokwengqibo yakhe yasemaphakadeni, awayenzayo kuKristu Yesu, iNkosi yethu; esinako sikuye ukungafihlisi 12 kwethu, nokungeniswa kuye sikholosile, ngokukholwa kuye. Kungoko ndice- 13 layo ukuba ningethi amandla ziimbandezelo zam, ezingenxa yenu, zona ezi ziluzuko lwenu.

Ukuthandazela ukuqondwa kweendaba ezilungileyo

Ngenxa yoko ndiyawagoba amadolo 14 am kuye uYise weNkosi yethu uYesu Kristu, ebizwe ngaye yonke imizalwane 15 esemazulwini nesemhlabeni, ukuba ani- 16

nike, ngokobutyebi bozuko lwakhe, ukomelezwa ngamandla ngaye uMoya wakhe, ngokusingisele emntwini onga-
17 phakathi; ukuba uKristu ahlale ngalo ukholo ezintliziyweni zenu, néndele
18 nisekelwe eluthandweni, ukuze nithi, ndawonye nabo bonke abangcwele, nibe nako kanye ukubuqiqa into obuyiyo ububanzi, nobude, nobunzulu, noku-
19 phakama *kwalo,* kwanokulwazi uthando lukaKristu oluncamise ukwazi; ukuze niye nizala ngako konke ukuzala kukaThixo.
20 Kuye ke onako ukwenza okungaphezu kweento zonke ngokugqithiseleyo kakhulu, ngaphezu kwesikucelayo nesinokukuqiqa, ngokokwamandla asebenza-
21 yo ngaphakathi kwethu, kuye malubekho uzuko ebandleni elikuKristu Yesu, kuse kuzo zonke izizukulwana zalo iphakade lasemaphakadeni. Amen.

Ubizo lukaThixo lufumbatha ubunye

4 Ndiyanivuselela ngoko, mna mbanjwa waseNkosini, ukuba nihambe ngokulufaneleyo ubizo enabizwa ngalo,
2 nínako konke ukuthobeka kwentliziyo nobulali, ninokuzeka kade umsindo, ni-
3 nyamezelana, nisenziwa luthando, nikhuthalele ukubugcina ubunye boMoya
4 ngentambo yoxolo. Mnye umzimba, mnye noMoya, njengokuba nabizwáyo nokubizwa, naba nathemba linye lobizo
5 lwenu. Inye iNkosi, lunye ukholo,
6 lunye ubhaptizo, mnye uThixo, uYise wabo bonke, ophezu kwabo bonke, okubo bonke, ophakathi kwenu nonke.
7 Ke elowo kuthi wababalwa ngoko-
8 mlinganiso wokupha kukaKristu. Kungoko athi,

Enyuké waya enyangweni, wathimba intimbo,
Wabapha izipho abantu.
(INdum. 68 : 18)

9 Oko ke kùthi, wenyuka, kuyintoni na, kungekwakukuthi, wehla nokukhla kuqala, waya kwezona zisezantsi iindawo
10 zomhlaba? Owehlayo ikwangulowo wenyukayo, waya ngaphezu kwawo onke amazulu, ukuze azalise zonke izinto.

Waza kwayena wabapha abanye uku-11 ba babe ngabapostile,* abanye babe ngabaprofeti, abanye babe ngabashumayeli beendaba ezilungileyo, abanye babe ngabalúsi nabafundisi, ukuze aba-12 ngcwele basulungekiselwe umsebenzi wolungiselelo, ukwakhiwa ke komzimba kaKristu; side thina sonke sifike kubo 13 ubunye benkolo, nobokumazi okuzeleyo uNyana kaThixo, ebudodeni obupheleleyo, emlinganisweni wobukhulu bokuzala kukaKristu; ukuze singabi saba 14 ziintsana, silatyuzwa, siphetshethwa ngumoya wonke wemfundiso, ngokunyanga kwabantu, ngobuqhetseba obusemaqhingeni olahlekiso; síthi ke, 15 sinyanisekile eluthandweni, sikhulele, ngeendawo zonke, kuye lo uyintloko, uKristu; ekuphuma kuye ukuthi, umzi-16 mba wonke uhlangane kakuhle, ubandakanywe ngako konke ukuxhomekelelana *kwamalungu* okuluncedo, okusebenza ngomlinganiso weendawo zonke ngazinye, ukhulise umzimba, use ekuzakheni ngothando.

Ubomi obudala nobutsha

Ke ngoko, oku ndiyakuthetha ndi-17 kungqine ndiseNkosini, ukuthi, maningabi sahamba njengoko zihamba ngako nezinye iintlanga, ngamampunge engqiqo yazo, zénziwe mnyama iingqo-18 ndo, zingazani nobomi bukaThixo ngenxa yokungazi okukuzo, ngenxa yokuqaqadeka kwentliziyo yazo; abathe bo-19 na, bengasaziva, bazinikela eburheletyweni, ukuze basebenze ukungcola konke, bebawa.

Ke nina animfundanga ngokunjalo 20 uKristu, ukuba kambe ningaba nimvile, 21 nafundiswa nikuye, njengoko inyaniso ikuye uYesu; yokuba nithi ngakwi-22 hambo yangaphambili nimlahle umntu omdala, owonakaliswayo ngokokweenkanuko zokulukuhla; nihlaziywe ke 23 kuwo umoya wengqiqo yenu, nima-24 mbathe umntu omtsha, othe ngokukaThixo wadalelwa ebulungiseni, nasebungcweleni benyaniso.

Imiyalo yobomi bemihla ngemihla

25 Kungoko ke ndithi, lahlani ubuxoki, thethani inyaniso elowo nommelwane wakhe; ngokuba singamalungu, omnye 26 elelomnye. Qumbani, ningoni; ilanga 27 malingade litshone nicaphukile; kananjalo musani ukumkhwelela indawo 28 uMtyholi lo. Lowo ubayo makangabi seba; kanye ke makabulaleke esebenza okulungileyo ngezandla zakhe, ukuze 29 abe nako ukwabela osweleyo. Makungaphumi nanye intetho ebolileyo emlonyeni wenu; mayibe yesukuba ilungele ukuxuma oko kuluncedo, ukuze ibabale abevayo.
30 Kanjalo musani ukumenza buhlungu uMoya oyiNgcwele kaThixo, enathi kuye natywinwa, naqiniselelwa imini yentlawulelo.
31 Mabukhweleliswe kuni bonke ubukrakra, nomsindo, nengqumbo, nengcolo, nonyeliso, ndawonye nolunya 32 lonke. Ke nina yibani nobubele omnye komnye, nibe nemfesane kakhulu, nixolelane, njengokuba naye uThixo wanixolelayo ekuKristu.

5 Ngoko yibani ngabaxelisa uThixo, 2 ngokwabantwana abaziintánda; nihambe eluthandweni, kwanjengokuba naye uKristu wasithandayo, wazinikela ngenxa yethu, ukuba abe ngumnikelo nedini kuye uThixo, ukuba abe livumba elimnandi.
3 Ke umbulo, nako konke ukungcola, nokubawa, makungakhe kukhankanywe phakathi kwenu, njengoko kubafaneleyo 4 abangcwele; kwanamanyala, nentetho yobuyatha, nobuhiba, izinto ezo ezingafanelekileyo. Makube kokukhona 5 ninemibulelo. Kuba oku nikwazi, ukuba wonke umenzi wombulo, nomntu ongcolileyo, nolibawa, engumkhonzi wezithixo, akanalifa ebukumkanini bukaKristu noThixo.
6 Makungabikho namnye unilukuhlayo ngamazwi alambathayo; kuba iza ngenxa yezo zinto ingqumbo kaThixo phezu 7 kwabangevayo. Ngoko musani ukuba ngamahlulelana nabo. Kuba nina naye 8 nifudula nibubumnyama, ke ngoku nikukukhanya, niseNkosini nje; hambani ke ngokwabantwana bokukhanya. Kuba sona isiqhamo soMoya sikuko 9 konke ukulunga, nobulungisa, nenyaniso; nicikida ukuba yintoni na ekhole- 10 kileyo kakuhle kwiNkosi.
Kanjalo musani ukuba nabudlelane 11 ngemisebenzi yobumnyama engenasiqhamo; makube kukhona niyohlwayayo. Kuba izinto ezenziwa ngabo 12 emfihlekweni kulihlazo nokuzithetha. Ke zonke ezi zinto, zakòhlwaywa, ziya- 13 bonakalaliswa kukukhanya; kuba konke okubonakalaliswayo kukukhanya. Ku- 14 ngoko athi, Vuka wena uleleyo, uvuke kwabafileyo; uKristu wokukhanyisela.
Khangelani ngoko, ukuba ningáthini 15 na, ukuze kucokiseke ukuhamba kwenu; ningabi njengabaswele ubulumko, yibani njengezilumko; nizongela ixesha eli, 16 ngokuba le mihla ayindawo. Ngenxa 17 yoko musani ukuba ziintsweli-kuqonda; yibani ngabakuqondayo into okuyiyo ukuthanda kweNkosi.
Kanjalo musani ukunxila yiwayini, 18 ekukhoyo kuloo nto ukuzibhubhisa; manizaliswe nguMoya; nithetha omnye 19 nomnye ngeendumiso, neengoma, nezango ezizezomoya, nivuma, nibetha uhadi entliziyweni yenu kuyo iNkosi, 20 nimana nibulela ngenxa yeento zonke, egameni leNkosi yethu uYesu Kristu, kuye uThixo uYise; nilulamelana ngo- 21 koyika uThixo.

Intlalo yosapho olungamaKristu

Nina bafazi, walulameleni awenu 22 amadoda, ngokokululamela iNkosi; ngo- 23 kuba indoda le iyintloko yomfazi, njengokuba naye uKristu eyintloko yebandla eli; waye yena ngokwakhe enguMsindisi wawo umzimba. Ke, kwanje- 24 ngokuba ibandla eli limlulamela uKristu, mabathi ngokunjalo nabafazi *bawululamele* awabo amadoda ezintweni zonke.
Nina madoda, bathandeni abafazi 25 benu, njengokuba naye uKristu wali-

thandayo ibandla, wazinikela ngenxa
yalo; ukuze alingcwalise, elihlambulule 26
ngokuhlamba kwamanzi ngelizwi; u- 27
kuze alimise phambi kwakhe linobu-
qaqawuli, lilibandla elingenabala, elinge-
namibimbi nanye into enjalo, ukuze libe
ngcwele, lingabi nasiphako. Ngoko 28
amelwe amadoda ukubathanda abawo
abafazi, njengokuba beyimizimba yawo.
Lowo umthandayo umkakhe, uyazi-
thanda; kuba akukho namnye wakha 29
wayithiya eyakhe inyama; usuka ayo-
ndle, ayigcine, njengokuba nayo iNkosi
ilenjenjalo ibandla. Ngokuba singa- 30
malungu omzimba wayo, singabenyama
yayo, singabamathambo ayo.
Ngenxa yoko ke, umntu womshiya 31
uyise nonina, anamathele kuye umka-
khe, baze abo babini babe nyama-nye.
Loo mfihlelo inkulu; ke mna ndithetha 32
ndisingisele kuKristu, ndisingisele na-
kulo ibandla. Kodwa ke manithi nani 33
ngabanye, elowo amthande umkakhe,
njengoko azithanda ngako; umfazi ke
makayoyike indoda.

6 Nina bantwana, baveni abazali benu
ngokwabaseNkosini; kuba oko ku-
bubulungisa. Beka uyihlo nonyoko; 2
wona lowo ngumthetho wokuqala onedi-
nga; ukuze kulunge kuwe, ube nexesha 3
elide emhlabeni.
Nani boyise, musani ukubacaphukisa 4
abantwana benu; bondleleni ekuqe-
qesheni nasekululekeni kweNkosi.
Nina bakhonzi, baveni abaziinkosi 5
zenu ngokwenyama, ninokuzoyikela no-
kugubha, ningenakumbi ezintliziyweni
zenu, ninge niva uKristu ngokwakhe.
Ukukhonza kwenu makungabi ngokwe- 6
liso, ngathi nithomalalisa abantu; ma-
kube ngokwabakhonzi bakaKristu, ni-
kwenza ukuthanda kukaThixo ngokwa-
semphefumlweni, nikhonza ngentume- 7
kelelo, kukuyo iNkosi, kungekubo aba-
ntu; nisazi nje ukuba into esukuba ilu- 8
ngile, athe ulowo wayenza, uya kwa-
mkeliswa kwayona yiNkosi, nokuba
ungumkhonzi nokuba ungokhululeki-
leyo.

Nani baziinkosi zabo, yenzani kwa- 9
ezo zinto kubo, nikuyeke ukusongela;
nisazi nje ukuba kwaeyabo neyenu
iNkosi isemazulwini, nokuba akukho
kukhetha buso kuyo.

Isikrweqe somKristu

Elokugqiba, bazalwana bam, ndithi, 10
Yomelelani eNkosini, nasekuqineni ko-
komelela kwayo. Xhobani sonke isi- 11
krweqe sikaThixo, ukuze nibe nako
ukumisa nibuchase ubuqhinga bo-
Mtyholi. Ngokuba umzamo wethu 12
asingowo*kuzamana* negazi nenyama;
ngowokuzamana nazo izilawuli, nawo
amagunya, nazo iziphatha-hlabathi zo-
bumnyama balo eli phakade, nayo imi-
khosi yomoya abakhohlakeleyo kweza-
sezulwini iindawo.

Ngenxa yoko, qubulani sonke isi- 13
krweqe sikaThixo; ukuze nibe nako
ukuchasa ngomhla ombi, nithi nikufe-
zile konke, nime nimi. Misani ke ngo- 14
ko, nibhinqé inyaniso esinqeni senu,
ninxibé isigcina-sifuba sobulungisa,
nibophé ezinyaweni zenu ulungiselelo 15
lweendaba ezilungileyo zoxolo. Nga- 16
phezu kwezo zinto zonke, qubulani
ikhaka lokholo, lona nothi ngalo nibe
nako ukuzicima zonke iintolo ezino-
mlilo zakhe ongendawo. Yamkelani 17
isigcina-ntloko sosindiso, nalo ikrele lo-
Moya, elililizwi likaThixo; ngako konke 18
ukuthandaza nokukhunga, nithandaza
amaxesha onke nikuye uMoya; niyipha-
phamele loo nto ngako konke ukuzingisa
nokukhunga, ngenxa yabo bonke aba-
ngcwele; nangenxa yam, ukuba ndiphi- 19
we ilizwi ekuwuvuleni umlomo wam,
ndize ndazise ngokungafihlisiyo imfihlelo
yeendaba ezi zilungileyo, ekungenxa 20
yazo endisisigidimi esisezintanjeni; u-
kuze ndingafihlisi ukuthetha kuzo, nje-
ngoko ndimelwe kukuthetha ngako.

Isiphelo

Ke kaloku, ukuze nani nikwazi oku- 21
kokwam, ukuba ndinjani na, wonazisa
konke uTikiko, umzalwana oyintánda,
umlungiseleli othembekileyo ngokwa-

22 seNkosini; endimthume le nto kuni, ukuze nizazi iindaba zethu, nokuze azithuthuzele iintliziyo zenu.

23 Makube luxolo kubo abazalwana, nothando, ndawonye nokholo oluvela kuThixo uYise, neNkosi yethu uYesu Kristu. Ubabalo malube nabo bonke 24 abayithandayo iNkosi yethu uYesu Kristu ngokungenakonakala. Amen.

INCWADI KAPAWULOS UMPOSTILE

KWABASEFILIPI

Umbuliso

1 UPawulos noTimoti, abakhonzi bakaYesu Kristu, *babhalela* bonke abangcwele abakuKristu Yesu, abaseFilipi, ndawonye nabaveleli nabalungi-
2 seleli; *bathi*, Makube lubabalo kuni, noxolo, oluvela kuThixo uBawo wethu, neNkosi yethu uYesu Kristu.

Umbulelo novuyo lukaPawulos

3 Ndihlala ndibulela kuye uThixo wam, ekunikhumbuleni kwam konke
4 (ekukhungeni kwam konke ndikhunga
5 ngenxa yenu nonke, ndivuyile), ngenxa yobudlelane benu obubhekisele kuzo iindaba ezilungileyo, kususela kwimini
6 yokuqala kude kube ngoku; ekubeni ndikholose ngayo le nto, yokuba lowo wawuqalayo ngaphakathi kwenu umsebenzi olungileyo, wowufeza, ide ibe
7 yiloo mini kaYesu Kristu; njengokuba ndilungisa ukucinga oko ngani nonke, ngenxa yokuba nikum entliziyweni, nithe, nasezintanjeni zam, nasekuziphenduleleni kwam, nasekuziqiniseni kwam iindaba ezilungileyo, naba ngamadlelana nam ngobabalo olu, nina
8 nonke. Kuba uThixo ulingqina lam lokuba kukhulu ukunilangazelela kwam nonke, ndineemfesane zikaYesu Kristu.

UPawulos uthandazela abafunda le ncwadi

9 Nako oku ndiya kuthandazela, ukuba uthando lwenu lube kukhona luphuphuma ngokuphuphuma ukwazi oku- khulu, nako konke ukuqonda, ukuze 10 nizicikide izinto eziziincamisa, ukuze nibe nokusulungeka, ningabi nasiwo, nide nise kwimini kaKristu; nizelé zi- 11 ziqhamo zobulungisa ezingoYesu Kristu, nikhangelisé ekuzukiseni nasekudumiseni uThixo.

Iziqhamo zokuvalelwa kukaPawulos entolongweni

Ke kaloku ndinga ningázi, baza- 12 lwana, ukuba izinto ezindihleleyo, zibethe kwakukhona zihambayo iindaba ezilungileyo; ngokokude iintambo zam 13 ezi zibonakale kuyo yonke indlu yomkhosi nakwabanye bonke, ukuba zikuKristu; baze abona bazalwana baninzi 14 bathi, beseNkosini, bekholose ngeentambo zam ezi, babe kukhona benobuganga bokulithetha ilizwi, bengenakoyika.

UPawulos uvuyiswa kukushunyayelwa kukaKristu

Okunene abathile bamvakalisa u- 15 Kristu ngomona neenkani, abanye ke bamvakalisa ngokokuzithandela. Abe- 16 yelenqe abo bamazisa uKristu ngokungenyulu, beba baya kongezelela imbandezelo kwiintambo zam; ke aba, 17 bénziwa luthando, *bamazisa uKristu* besazi ukuba ndimiselwe ukuziphendulela iindaba ezilungileyo.

Ibe yini ke? Noko kunjalo, ngee- 18 ndlela zonke, nokuba kungokunyhwalaza, nokuba kungenyaniso, kwaziswa uKristu. Ndiyavuya kuko oko, ndaye

19 ndisaya kuvuya. Kuba ndiyazi ukuba oku kuya kuphumelela ekusindisweni kwam, ngako ukundikhungela kwenu, nangoncedo loMoya kaYesu Kristu;
20 kuye ngokulangazelela nangokuthemba kwam, ukuba andiyi kudaniswa nganto; úya kusuka ngako konke ukungafihlisi, njengokwamaxesha onke, athi nangoku enziwe mkhulu uKristu emzimbeni wam, nokuba na kungobomi, nokuba kungokufa.

Ubomi nokuba kukufa, kulunge yiphi kunenye?

21 Kuba kum mna, ukudla ubomi kungu-
22 Kristu, ukufa kuyinzuzo. Ke ukuba ukudla ubomi ndisenyameni kusisi-qhamo somsebenzi kum oko, into ke
23 endonyula yona andiyazi. Kuba ndi-xinekile phakathi kwezinto ezimbini; ndinawo umnqweno wokunga ndingá-nduluka, ndiye kuba noKristu; kuba
24 kokona kulungileyo kakhulu oko; ko-dwa ukuhlala ndihleli ndisenyameni, yeyona nto ifunekayo ngenxa yenu.
25 Kananjalo, ndikholose ngoko nje, ndi-yazi ukuba ndíya kuhlala ndihlale, ndihleli nani nonke, ukuze nihambele
26 phambili, nivuyiswe lukholo; ukuze iqhayiya lenu kuKristu Yesu ngam liye lisanda ngokwanda, ngako ukubuya ndibekho kuni.

Isiyalo sokukhaliphisa

27 Kodwa ke ukuhlala kwenu makube kokuzifaneleyo iindaba ezilungileyo zika-Kristu, ukuze, nokuba ndifikile nda-nibona, nokuba andifikanga, ndizive iindaba zenu, ukuba nimi moyeni mnye, ngamphefumlo mnye, nilwela inkolo
28 yeendaba ezilungileyo, ningòthuswa nantweni-nye ngabo bachasayo; into ke leyo engumbonakalaliso wentshabalalo okunene kubo, kodwa ingumbonakalali-so wosindiso kuni, kube ke oko kuvela
29 kuThixo. Ngokuba nábabalwa ukuthi, ngenxa kaKristu, ninganeli kukholwa kuye; nábabalwa nokuva ubunzima
30 ngenxa yakhe, ninawo umzamo onje-ngalowo nawubonayo kum, nangoku niwuvayo ukuba ukho kum.

Ukuvuselela ubunye nolulamo

2 Ukuba ke ngoko kukho usizo ku-Kristu, ukuba kukho ukhuzo lotha-ndo, ukuba kukho ubudlelane boMoya, ukuba kukho imfesane neemfefe, luza- 2 liseni uvuyo lwam, ukuze nicinge nto-nye, ninaluthando lunye, ninamphefu-mlo mnye, nicinga nto-nye; ningenzi 3 nanye into ngokweyelenqe, nangoko-zuko olulambathayo. Yithini ngoku-thobeka kwentliziyo omnye ambalele omnye ekuthini nguyena wongamileyo kunaye. Makangathi elowo axunele 4 kwezakhe izinto zodwa, elowo maka-xunele nakwezabanye.

Umzekelo wolulamo nokuzincama kukaYesu

Yibani nale ncinga kuni, wayenayo 5 kuye uKristu Yesu: yena wáthi, ese- 6 bumeni bukaThixo, akathi ukulingana kwakhe oku noThixo kulixhoba; usuke 7 wazihluba, wathabatha ubume bomkho-nzi, enziwe wafana nabantu; wathi 8 ngemo efunyenwe enjengomntu, wazi-thoba, waba ngolulamileyo, wada wesa ekufeni, ukufa ke kwasemnqamlezweni.
Kungoko athe uThixo wamphaka- 9 misa kakhulu, wamnika igama elinga-phezu kwawo onke amagama; ukuze 10 ngegama likaYesu onke amadolo agobe, awabasemazulwini, nawabasemhlabeni, nawabaphantsi komhlaba; zithi zonke 11 iilwimi zixele ukuba uYesu Kristu uyiNkosi, kuze kuzukiswe uThixo uYise.

Usindiso malusetyenzwe lufezwe esimilweni

Ngoko ke, zintánda zam, njengokuba 12 nahlala ninokuva, lusebenzeni nilufeze olwenu usindiso, ninokuzoyikela noku-ngcangcazela; ningangi nenjenjalo xa 13 ndikhoyo kodwa, manibe kukhona nenje-njalo xa ndingekhoyo. Kuba nguThixo okusebenzayo ngaphakathi kwenu uku-thanda oko, kwanokusebenza oko, nge-nxa yenkolelo yakhe.

14 Izinto zonke zenzeni ningenakukro-
15 kra, ningenakuthandabuza, ukuze nibe ngabangenakusoleka, abangenabuqhinga; nibe ngabantwana bakaThixo abangenakubekwa bala esazulwini sesizukulwana esigoso, esigwenxa; enithi phakathi kwabo nibonakale ninjenge-
16 zikhanyiso ehlabathini, nibambelele elizwini lobomi; nibe liqhayiya lam, nide nise kwimini kaKristu, ukuba andifumananga ndabaleka, kanjako andifumananga ndabulaleka.
17 Ewe, nokuba ndiyathululwa ngokomnikelo phezu kombingelelo nombuso wokholo lwenu, ndiyavuya, ndivuyisana
18 nani nonke. Yithini ke ngokoko nani nivuye, nivuyisane nam.

UTimoti

19 Ke kaloku ndithembele eNkosini uYesu, ukuba ndonithumela uTimoti kamsinya, ukuze nam ndonwabe, nda-
20 kuzazi iindawo ezingani. Kuba andinamntu wumbi, umphefumlo uvana nowam, owothi ayikhathalele ngokwe-
21 nyaniso imicimbi engani. Kuba bonke bafuna ezabo izinto, zingezizo ezika-
22 Yesu Kristu. Ukucikideka ke kwakhe niyakwazi: ukuba wathi, njengomntwana kuyise, wakhonza kunye nam kuzo
23 iindaba ezilungileyo. Lowo ke ngoko ndithembé ukumthuma kwaoko, xa ndithe ndayiqonda imicimbi engam.
24 Ke ndikholose ngeNkosi, ukuba nam ngokwam ndoza kamsinya.

UEpafrodito

25 Kodwa ke ndibé kuyafuneka ukuba ndinithumele uEpafrodito, umzalwana wam osebenza nam, umphumi-mkhosi nam, umthunywa wenu ke, umlungi-
26 seleli wam kwiintswelo zam; ekubeni ke ebenilangazelela nina nonke, edandatheka, ngenxa enokuba nevayo ukuba
27 wayesifa. Kuba okunene wayesifa, ephantse ukufa. Ke uThixo wamenzela inceba; akenzela yena yedwa, wenzela nam lo, ukuze ndingabi buhlungu, ndi-
28 buhlungu kade. Kukhona ngoko ndimthuma ngokukhawuleza, ukuze nithi nakumbona nibuye nivuye, kuthi no-
29 kwam ukuba buhlungu kudambe. Mamkeleni ke ngokwaseNkosini, ninovuyo
30 lonke; nibabeke abo banjalo; ngokuba, ngenxa yomsebenzi kaKristu, wada waphantsa ukufa, ebenza isichenge ubomi bakhe, ukuze enzelelele ukusilela kwenu ekundilungiseleleni.

Ukungaxabisi kukaPawulos amalungelo akhe obuYuda

3 Elokugqiba, bazalwana bam, vuyani niseNkosini. Ukunibhalela kwaezo zinto akunqenekile okunene kum, ke nina kuyaninqabisa.

2 Zilumkeleni izinja, balumkeleni abasebenzi beento ezimbi, balumkeleni
3 aborhunulo. Kuba abolwaluko síthi, thina bakhonza uThixo ngomoya, siqhayise ngoKristu Yesu, singakholosi nge-
4 nyama; nakuba mna ndibe ndingakholosayo ngenyama; ukuba kukho bani uba unokukholosa ngenyama, bendinga-
5 ba ngakumbi mna: ndalukáyo ngomhla wesibhozo, ndingowenzala kaSirayeli, ndingowesizwe sikaBhenjamin, umHebhere wamaHebhere, ngokomthetho
6 ndingumFarisi, ngokwenzondelelo ndilitshutshisa ibandla, ngokobulungisa obo basemthethweni ndingongenakusoleka.
7 Ndisuké, zona ezo zinto zabe ziyinzuzo kum, zona ezo ndazibalela ekuthini ziyinkxwaleko ngenxa kaKristu.

Ulangazelelo lukaPawulos lokuba nto-nye noKristu

8 Ewe, okunene, ndisuka izinto zonke ndizibalele ekuthini ziyinkxwaleko, ngenxa yokongama kokumazi uKristu Yesu iNkosi yam; endithe ngenxa yakhe ndonakalelwa zezi zinto zonke, ndizibalela ekuthini ziyinkunkuma, ukuze ndi-
9 mzuze uKristu, ndifunyanwe ndikuye, ndingenabo obam ubulungisa, obo basemthethweni; ndinobo bungokukholwa kuKristu, ubulungisa ke obuphuma kuThixo ngalo ukholo; ukuba ndimazi,
10 kwanamandla ovuko lwakhe, nokuba ndibe nobudlelane naye ngeentlungu zakhe, ndifaniswe noko kufa kwakhe;
11 ukuba ndingáde ndifikelele ekuvukeni kwabafileyo.

KWABASEFILIPI 3–4

12 Kungekuko ukuthi sendamkele, nokuthi sendigqibelele; ke ndiphuthuma ukuba ndingakugánga na nokukugánga oko, ndathi nam ndagangelwa khona
13 nguye uKristu Yesu. Bazalwana, mna andizibaleli ekuthini ndigángile; ke *ndenza* nto-nye: ndithi, ndízilibala izinto ezisemva, ndísolulela kweziphambi-
14 li, ndiphuthume ngokoxunele umvuzo wobizo lwaphezulu lukaThixo kuKristu Yesu.
15 Ngoko masithi, ngangoko singako thina bagqibeleleyo, sicinge oko; kanjalo ukuba nicinga into ngokukumbi, u-
16 Thixo wonityhilela naleyo. Noko ke, apho sifikelele khona, masihambe ngamgca mnye, masicinge nto-nye.

Umzekelo kaPawulos mawulandelwe

17 Yibani ngabaxelisa mna, bazalwana, nixunele kubo abahamba ngokunjalo, njengokuba ninomfuziselo, thina aba ke.

Iintshaba zomnqamlezo kaKristu

18 Kuba baninzi abahambayo, endathetha futhi kuni ngabo, ngoku ke nditheth̄a ndilila nokulila, ndisithi, bazizo iintsha-
19 ba zomnqamlezo kaKristu; abasiphelo siyintshabalalo, abaThixo usisisu sabo, abaluzuko lulihlazo labo, abanyamekela izinto zomhlaba.
20 Kuba thina ikowethu lisemazulwini, apho kananjalo silinde khona kwa-
21 uMsindisi, iNkosi uYesu Kristu; eya kuwenza kumila kumbi umzimba wokuthobeka kwethu, ukuze wona wenziwe ufane nawo umzimba wozuko lwakhe, ngokokusebenza kwalowo unako ukuzithobela phantsi kwakhe zonke izinto.

Iziyalo

4 Ngoko ke, bazalwana bam abaziintánda, balangazelelwayo, lùvuyo lwam, sithsaba sam, yimani ngokunjalo eNkosini, zintánda.
2 UWodiya ndiyamyala, noSintike ndiyamyala, ukuba bacinge nto-nye bese-
3 Nkosini. Ndiyakucela nawe, sinxulumana senyaniso, bambisana nabo ba*fazi* bázama nam ezindabeni ezilungileyo, kwanoKlemente, nabanye abasebenzisi bam, abamagama asencwadini yobomi.
4 Vuyani eNkosini amaxesha onke; ndi-
5 yaphinda ndithi, Vuyani. Ukuthantamisa kwenu makwazeke kubantu bonke.
6 INkosi ikufuphi. Ningaxhaleli nto; mazithi iingcelo zenu ezintweni zonke, ngako ukuthandaza nokukhunga, ndawonye nokubulela, zaziswe kuye uThi-
7 xo. Lwaye uxolo lukaThixo, olugqithisele kuko konke ukuqonda, luya kuzigcina iintliziyo zenu neengqiqo zenu kuKristu Yesu.
8 Elokugqiba, bazalwana, ndithi, iinto zonke eziyinene, iinto zonke ezindilekileyo, iinto zonke ezibubulungisa, iinto zonke ezinyulu, iinto zonke ezithandekayo, iinto zonke eziludumo lulungileyo, ukuba kukho sidima, ukuba kukho ndu-
 miso, zithelekeleleni ezo zinto. Kwa-
9 ezo zinto nazifundayo, nazamkela, naziva, nazibona kum, yenzani zona ezo; waye uThixo woxolo eya kuba nani.

Umbulelo kaPawulos ngobubele babaseFilipi

10 Ke kaloku ndaye ndivuya eNkosini kakhulu, ukuba ngoku kokugqibela kude kwathi ukukunyamekela kwenu okwam, kwabuya kwatyatyamba: enaye nikunyamekele okunene, koko ke naniswele ithuba. Kungekuko ukuba nditheth̄a
11 ngokuswela; kuba mna ndafunda ukuthi entlalweni endikuyo ndanele. Ndiya-
12 zana nobuhlwempu, ndiyazana nobutyebi; kuko konke, nasezintweni zonke, ndiqhelanisiwe nokuhlutha kwanokulamba, nokutyeba kwanokuswela. Ndi-
13 nokuzenza izinto zonke, ndikulowo undomelezayo, uKristu.
14 Noko ke natyapha ukuba nobudlelane nam ngembandezelo. Nani ke base-
15 Filipi, niyazi ukuba, ekuqalekeni kweendaba ezilungileyo ezi, xenikweni ndaphumayo kwelaseMakedoni, akubangakho nalinye ibandla eladlelana nam, ngokusingisele emcimbini wokunikela nowokwamkela, yaba nini nedwa. Ngo-
16 kuba, naseTesalonika, kwaba kanye nakabini nithumela, nindinceda ekusweleni kwam.

1160

17 Ingekuko ukuba ndibe ndifuna ukuphiwa; ikukuba ndibe ndifuna isi-
18 qhamo esandela emcimbini wenu. Ke ndinezinto zonke nje, ndityebile, ndihluthi, ndizamkele nje kuEpafrodito izinto ezavela kuni: ivumba elimnandi, umbingelelo owamkelekileyo, okholeki-
19 leyo kakuhle kuye uThixo. Ke uThixo wam wókwenzelelela konke ukuswela kwenu ngokobutyebi bakhe, ngokozuko
20 olukuKristu Yesu. Kuye ke uThixo, uBawo wethu, malubekho uzuko, kuse emaphakadeni asemaphakadeni. Amen.

Imibuliso

Bulisani bonke abangcwele abaku- 21 Kristu Yesu. Bayanibulisa abazalwana abanam. Bayanibulisa bonke aba- 22 ngcwele, ngokukodwa ke aba bendlu kaKesare.*

Ubabalo lweNkosi yethu uYesu 23 Kristu malube nani nonke. Amen.

INCWADI KAPAWULOS UMPOSTILE

KWABASEKOLOSE

Umbuliso

1 UPawulos, umpostile* kaYesu Kristu ngokuthanda kukaThixo, no-
2 Timoti umzalwana, *ubhalela* abaseKolose, abazalwana abangcwele abakholwayo kuKristu; *uthi*, Makube lubabalo kuni, noxolo oluvela kuThixo uBawo wethu, neNkosi yethu uYesu Kristu.

Umbulelo nomthandazo

3 Sihlala sibulela kuye uThixo, uYise weNkosi yetlıu uYesu Kristu, xa sini-
4 thandazelayo, sivile nje ngokukholwa kwenu kuKristu Yesu, nokubathanda
5 kwenu bonke abangcwele, ngenxa yethemba eli nalibekelwayo emazulwini; nalivayo ngenxa engaphambili ngalo ilizwi lenyaniso leendaba ezi zilungileyo;
6 zikhoyo kuni, njengoko zikhoyo nakulo lonke ihlabathi, zixakatha neziqhamo, kwanjengoko *zixakathayo* ngaphakathi kwenu, kususela kwimini enaluvayo, nalwazi, ubabalo lukaThixo ngenya-
7 niso; njengoko nafundayo nokufunda kuEpafra, ongumkhonzi oyintánda kunye nathi, engumlungiseleli othembe-
8 kileyo kaKristu ngenxa yenu; owasazisayo nokusazisa uthando lwenu lwaseMoyeni.
9 Ngenxa yoku, kususela kwimini esevayo, nathi asiphezi ukunithandazela nokunicelela, ukuze nizaliswe kukukwazi kakuhle ukuthanda kwakhe, ninokulumka nokuqonda konke okukokomoya; ukuze nihambe ngokuyifaneleyo 10 iNkosi, nise kuko konke ukukholisa, nixakathe isiqhamo kuwo wonke umsebenzi olungileyo, nikhulela ekumazini uThixo; nisomelezwa ngokomelela ko- 11 nke, ngokokuqina kozuko lwakhe, nide nise kuko konke ukunyamezela, nokuzeka kade umsindo, kunye novuyo; nibulela kuye uYise, owasenza sakulinga- 12 na ukwahlulelwa ilifa labangcwele ekukhanyeni; owasihlangulayo egunyeni 13 lobumnyama, wasifudusela ebukumkanini boNyana wothando lwakhe, esinayo 14 kuye inkululeko ngokuhlawulelwa ngegazi lakhe, ukuxolelwa kwezono ke oko.

Isiqu sikaKristu nomsebenzi wakhe

Úngumfanekiselo kaThixo ongena- 15 kubonwa, owamazibulo kwindalo yonke. Ngokuba zadalelwa kuye zonke 16 izinto, ezisemazulwini nezisemhlabeni, ezinokubonwa nezingenakubonwa, nokuba ziitrone, nokuba zibubukhosi, nokuba zizilawuli, nokuba ngamagunya; zonke izinto zidalwe nguye, zidalelwe yena. Yena ke ungaphambi kweento 17 zonke, nazo zonke izinto zima zimi kuye.

18 Yena ke uyintloko yomzimba, yebandla; oyingqalo, owamazibulo ukuvuka kwabafileyo, ukuze yena abe ngomkhulu
19 ezintweni zonke. Ngokuba kwakholeka ukuthi ukuzaliseka konke kuhlale kuye,
20 nokuthi ngaye azixolelanise naye zonke izinto, elwenzile uxolo ngalo igazi lomnqamlezo wakhe; ewe, ngaye, nokuba zizinto ezisemhlabeni, nokuba zezisemazulwini.
21 Nani, enibe nifudula ningazani noThixo, níziintshaba ngengqondo yenu emisebenzini yenu engendawo, kukalokunje unixolelanisile ngako ukufa emzi-
22 mbeni wenyama yakhe, ukuze animise ningcwele, ningenakubekwa bala, ni-
23 ngenakumangalelwa phambi kwakhe; ukuba kaloku nihlala nihleli elukholweni, nisekelwe niqinile, ningashukunyiswa nimke ethembeni leendaba ezilungileyo ezi nazivayo, zona zashunyayelwayo kwindalo yonke ephantsi kwezulu; endaba ngumlungiseleli wazo, mna Pawulos.

Isabelo sikaPawulos emsebenzini kaKristu

24 Ngoku ndiyavuya ezintlungwini zam ngenxa yenu, ndikuzalisa kanye okusileleyo kwiimbandezelo zikaKristu, enyameni yam, ngenxa yomzimba wakhe
25 olilo ibandla; endaba ngumlungiseleli walo mna ngokokugosisa kukaThixo, awandigosisa ngako kuni, ukuba ndili-
26 zalise ilizwi likaThixo, kwaimfihlelo, leyo ke ibifihliwe kwasemaphakadeni nasezizukulwaneni; kukalokunje ibonakalalisiweyo kubo abangcwele bakhe,
27 awathandayo uThixo ukubazísa bona into obuyiyo ubutyebi bozuko lwaloo mfihlelo phakathi kwazo iintlanga, obunguKristu phakathi kwenu, ithe-
28 mba lozuko. Sazísa yena ke thina, siluleka wonke umntu, sifundisa wonke umntu ngabo bonke ubulumko, ukuze simise wonke umntu egqibelele eku-
29 Kristu Yesu; endibulalekela kona oko, ndizama ngokokusebenza kwakhe okusebenzayo kum ngamandla.

2 Kuba ndithanda ukuba nikwazi ukuba kukhulu kwako ukuzama endikuzamayo ngenxa yenu, nabo baseLawodike, nabo bonke abangabubonanga ubuso bam ngokwenyama; ukuze zi- 2 thuthuzelwe iintliziyo zabo, bebandakanyiwe ngothando, kusingise kuyo yonke indyebɔ yokuqonda okuqinisekileyo, kusingise ekwazini imfihlelo kaThixo uYise, nekaKristu, ekufihlwe kuye bo- 3 nke ubutyebi bobulumko nobokwazi.

Ukumanyana noKristu nesilumkiso ngentanda-bulumko obungento yanto

Nditsho ke, ukuze kungabikho bani 4 unilukuhlayo ngentetho egudileyo. Ku- 5 ba nangona ndingekhoyo ngenyama, khona ngomoya ndinani, ndivuya, ndibona ulungelelwano lwenu, nokuzimaseka kokukholwa kwenu kuKristu.

Njengokuba ngoko namamkelayo u- 6 Kristu Yesu iNkosi, hambani kuye, néndelé nakhelwé kuye, naqiniswa 7 ngokholo, njengoko nafundiswayo nafezeka kulo, ninombulelo.

Lumkani, kungabikho bani unithi- 8 mbayo ngayo intanda-bulumko, nangokulukuhla okungento yanto, ngokwesithethe sabantu, ngokweziqalelo zehlabathi, kungengokukaKristu. Ngo- 9 kuba kuhleli kuye konke ukuzaliseka kobuThixo ngokomzimba; kanjalo ni- 10 gqibelèle kuye, oyintloko yabo bonke ubulawuli negunya; enathi kuye nalù- 11 swa nokwalùswa ngolwaluko olungenakwenziwa ngazandla, ngako ukuhluba umzimba wenyama, ngalo ulwaluko lukaKristu; ningcwatywe naye elubhap- 12 tizweni; enathi nikuye, navuswa nokuvuswa *naye*, ngokukholwa kwenu kukusebenza kukaThixo, owamvusa kubo abafileyo.

Nani, nifile nje ziziphoso nakukunga- 13 luki kwenyama yenu, unidlise ubomi ndawonye naye, enixolele zonke iziphoso. Ewucimile umbhalo wesandla owa- 14 lana nathi, owawumelene nathi ngayo imimiselo, uwususile ke kanye, ngoku-wubethelela emnqamlezweni; ebabhu- 15 nyule obalawuli nomagunya, wabenza isibonelo ekuhleni, ememelela ngabo ekuwo *umnqamlezo*.

Makungabikho mntu ngoko unigwe- 16

bayo ngento edliwayo, nangento eselwayo, nangendawo yomthendeleko, nangenyanga ethwasileyo, nangeesabatha; 17 ezisisithunzi sezinto eziza kuza; ke sona 18 isiqu sesikaKristu. Makungabikho namnye unilahlekanisa nomvuzo wenu, ethanda ukwenjenjalo ngokuthobeka kwentliziyo, nangokunqula izithunywa zezulu, engena ezintweni angazibonanga, efumana wakhukhumaliswa yiyo 19 ingqiqo yenyama yakhe, engabambe yona iNtloko, ekuphuma kuyo ukuthi umzimba wonke ukhule ngokukhulisa kukaThixo, uncedwa, ubandakanywa ngako konke ukuxhomekelelana *kwamalungu* nemisipha.

20 Ukuba ngoko nafa noKristu, *nakhululeka* kuzo iziqalelo zehlabathi, yini na ukuba ningè nisadla ubomi ngokwa-
21 behlabathi, nimiselwe imimiselo (eyokuthi, Musa ukuphatha, musa ukungca-
22 mla, musa ukuchukumisa, kanti zonke ezi zinto zezonakaliswa kukudliwa), nenze ngokwemithetho neemfundiso za-
23 bantu? Okunene zizinto ezo ezidunyelwe bubulumko ngokunqula okuzithandelayo, nangokuthobeka kwentliziyo, nangokubandezela umzimba, kodwa kungengambeko yanelisa inyama.

Iziqhamo zokuvuka kunye noKristu

3 Ukuba ngoko navuswa kunye noKristu, funani izinto zaphezulu, apho akhona uKristu, ehleli ngase-
2 kunene kukaThixo. Nyamekelani izinto zaphezulu, zingabi zezasemhlabeni.
3 Kuba nafayo, baye ubomi benu bufihlakele ndawonye noKristu kuye u-
4 Thixo. Xa athe wabonakalaliswa uKristu, obubomi bethu, ngelo xesha niya kubonakalaliswa nani, ninaye ebuqaqawulini.
5 Bhubhisani ngoko amalungu enu asemhlabeni: umbulo, ukungcola, ukuthabatheka okuhlazisayo, inkanuko embi, nokubawa, okuyinkonzo yezithixo
6 kona oko; eza ngenxa yezo zinto ingqumbo kaThixo phezu kwabange-
7 vayo; enanifudula nihamba phakathi kwazo nani, okuyá nibe nisidla ubomi nikuzo.

Ke ngoku, nani aba, kulahleni oku 8 konke: ingqumbo, umsindo, ulunya, ukunyelisa; ukuthetha amanyala kungabikho emlonyeni wenu. Musani uku- 9 xokisana, nizihlubile nje umntu omdala, kunye nezenzo zakhe, nambatha lowo 10 umtsha, uhlaziyelwa ekwazini okuhle, ngokomfanekiselo walowo wamdalayo; apho kungekho mGrike namYuda, kwa- 11 lùka nokungaluki, mbharbhari* namSkitiya, khoboka namkhululeki; usuke uKristu waba zizinto zonke, waba kubo bonke.

Yambathani ngoko, njengabanyulwa 12 bakaThixo, abangcwele, abathandiweyo, iimfesane zeemfefe, ububele, ukuthobeka kwentliziyo, ubulali, ukuzeka kade umsindo, ninyamezelana, nixolelana, 13 ukuba ubani uthi abe nokusola ngakubani; njengokuba naye uKristu wanixolelayo, yenjani njalo nani. Ke, phezu 14 kwazo zonke ezo zinto, yalékani uthando, oluyintambo yogqibelelo. Uxolo 15 lukaThixo, enabizelwa kwakulo mzimbeni mnye, malulawule ezintliziyweni zenu, nibe nokubulela.

Ilizwi likaKristu malihlale ngapha- 16 kathi kwenu ngokobutyebi; nifundisana, nilulekana ngabo bonke ubulumko; nithi, ngeendumiso neengoma nezango ezizezomoya, nivume kamnandi entliziyweni yenu kuyo iNkosi. Nako ko- 17 nke enisukuba nikwenza ngelizwi, nokuba kungomsebenzi, yenzani izinto zonke egameni leNkosi uYesu, nibulela ngayo kuye uThixo uYise.

Intlalo yosapho olungamaKristu

Nina bafazi, walulameleni awenu 18 amadoda, njengoko kufanele abaseNkosini.

Nina madoda, bathandeni abafazi 19 benu, ningabi bukhali kubo.

Nina bantwana, balulameleni abazali 20 benu ezintweni zonke; kuba oko kukholekile kuyo iNkosi.

Nina boyise, musani ukubacaphukisa 21 abantwana benu, ukuze bangafi iintliziyo.

Nina bakhonzi, balulameleni ezintwe- 22 ni zonke abaziinkosi zenu ngokwenya-

ma; kungabi ngankonzo yamehlo, ngathi ningabakholisi-bantu; makube ngokwentliziyo engenakumbi, nisoyika u-
23 Thixo. Nako konke enisukuba nikwenza, kusebenzeni ngokwasemphefumlweni, kungé kukwiNkosi, akukhona
24 kubantu; nisazi nje ukuba niya kuyamkela eNkosini imbuyekezo yelifa; kuba
25 nikhonza iNkosi uKristu. Lowo umonayo omnye uya kukuthwala oko kona one ngako; kanjalo akukho kukhetha buso *bamntu*.

4 Nina baziinkosi, baphatheni ngokufanelekileyo nangokulungeleleneyo abanikhonzayo; nisazi nje ukuba nani ngokwenu nineNkosi emazulwini.

2 Zingisani ukuthandaza, niphaphamile
3 kuko, ninombulelo; kunye noko nisithandazela, ukuze uThixo asivulele umnyango welizwi, ukuba siyithethe imfihlelo kaKristu, endikhonkxwe nge-
4 nxa yayo; ukuze ndiyibonakalalise, njengoko ndimelwe kukuthetha ngako.
5 Hambani ngobulumko ngakwabo ba-
6 ngaphandle, nilonga ixesha eli. Ukuthetha kwenu makuhlale kumnandi, kuvakalisiwe ngetyuwa, ukuze nazi ukuba nimelwe kukuthini na ukuphendula bonke ngabanye.

Imibuliso kwanesiphelo

7 Izinto zonke ezilunge nam wonazisa uTikiko, umzalwana oyintanda, umlungiseleli othembekileyo, ongumkhonzi kunye nam eNkosini; endimthumele 8 khona oku kuni, ukuze azazi iindawo ezingani, azithuthuzele iintliziyo zenu; kunye no-Onesimo, umzalwana othe- 9 mbekileyo, oyintanda, ongomnye wenu. Bonazisa izinto zonke zalapha.

Uyanibulisa uAristarko, ongumba- 10 njwa ndawonye nam, noMarko umtshana kaBharnabhas, enamkela imithetho ngaye; ukuba uthe weza kuni, mamkeleni; noYesu, ekuthiwa ngu- 11 Yusto, kwabolwaluko; ngabo bodwa abasebenzisana nam ngenxa yobukumkani bukaThixo, abathe bona baba sisonwabiso kum. Uyanibulisa uEpa- 12 fra ongomnye wenu, umkhonzi kaKristu, ehlala ezama ngenxa yenu emithandazweni, ukuze nime nigqibeléle, nizalisekile kuko konke ukuthanda kuka-Thixo. Kuba ndiyamngqinela ukuba 13 unenzondelelo enkulu ngenxa yenu, nabo baseLawodike, nabo baseHirapoli. Uyanibulisa uLuka, igqirha eli- 14 yintanda, noDemas.

Bulisani kubazalwana abaseLawodike, 15 nakuNimfa, nakulo ibandla elisendlwini yakhe. Xa ke le ncwadi ithe yaleswa 16 kuni, ize nenze ukuba ileswe nasebandleni eliseLawodike; nani niyilese leyo iphuma eLawodike. Yithini kuArkipo, 17 Lukhangele ulungiselelo owalwamkeláyo lwaseNkosini, ukuze uluzalise.

Umbuliso lo úngesam isandla, mna 18 Pawulos. Yikhumbuleni imixokelelwane yam. Ubabalo malube nani. Amen.

INCWADI YOKUQALA KAPAWULOS UMPOSTILE

KWABASETESALONIKA

Umbuliso nombulelo

1 UPawulos noSilvano noTimoti *babhalela* ibandla labaseTesalonika elikuThixo uYise, neNkosi yethu uYesu Kristu; *bathi*, Makube lubabalo kuni, noxolo oluvela kuThixo uBawo wethu, neNkosi yethu uYesu Kristu.

Sihlala sibulela kuye uThixo ngenxa 2 yenu nonke; sinikhumbula emithandazweni yethu; singayeki ukuwukhumbula 3 umsebenzi wenu wokholo, nokubulaleka kwenu kothando, nokunyamezela kwenu kokuthemba iNkosi yethu uYesu Kristu, phambi koThixo uBawo wethu; 4 sikwazi, bazalwana bathandiweyo ngu- 5 Thixo, ukunyulwa kwenu. Ngokuba iindaba ezilungileyo zethu azibangakho kuni ngantetho yodwa; zabakho nangamandla, nangoMoya oyiNgcwele, nangenkoloseko enkulu, njengoko naziyo ukuba saba ngabanjani na phakathi kwenu ngenxa yenu.

6 Nani naba ngabaxelisa thina nayo iNkosi, nalamkelayo nje ilizwi nisembandezelweni eninzi, ninovuyo loMoya 7 oyiNgcwele; nada naba yimifuziselo kubo bonke abakholwayo, abakwelase- 8 Makedoni nelaseAkaya. Kuba lahlokoma livela kuni ilizwi leNkosi, akwaba khona kwelaseMakedoni nelaseAkaya lodwa; kusuke ezindaweni zonke ukukholwa kwenu kuThixo kwaduma, ngokokude kungabi safuneka ukuba sithethe 9 nto. Kuba bona ngokwabo baxela ngathi, ukuba kwakunjani na ukungena kwethu kuni, nokokuba nathini na ukuguqukela kuThixo, niphuma kuzo izithixo, ukuze nikhonze uThixo ophilileyo 10 oyinyaniso, nilinde uNyana wakhe evela emazulwini, awamvusayo kwabafileyo, kwauYesu, osihlangulayo kuyo ingqumbo ezayo.

Ukuthethelela kukaPawulos umsebenzi wakhe wokuhambisa ilizwi

2 Kuba nikwazi ngokwenu, bazalwana, ukuba ukungena kwethu kuni akula- 2 mbathanga; sesuka, nakuba besive ubunzima ngenxa engaphambili, siphethwe kakubi eFilipi, njengoko naziyo, asafihlisa, sikuye uThixo wethu, ukuzithetha kuni iindaba ezilungileyo zikaThixo, 3 sinomzamo omkhulu. Kuba uvuselelo lwethu aluphumi kulahlekiseni, lungaphumi nasekungcoleni, lungekhona na- 4 senkohlisweni. Sithi, njengoko sicikidiweyo nguThixo, ukuba siphathiswe iindaba ezilungileyo, senjenjalo ukuthetha; singangi sikholisa abantu, kuba sikholisa uThixo ozicikidayo iintliziyo zethu.

Kuba kananjalo, njengoko naziyo, 5 asizanga sibe nantetho yakucengacenga, namkhusane wakubawa, uThixo ulingqina; singafuni nokufuna luzuko ba- 6 ntwini, nokuba kukuni, nokuba kukwabanye; nakuba besinokuba ngumthwalo ngokwabapostile* bakaKristu. Thina 7 ke sisuke sathantamisa phakathi kwenu njengomdlezana osukuba ebagcinile abakhe abantwana; ngokunjalo sinila- 8 ngazelela nje, kwakholeka kuthi ukuba singaneli kunábela iindaba ezilungileyo zikaThixo nje kodwa, *sinabéle* nobomi bethu, ngenxa enokuba naba ziintánda kuthi.

Kuba niyakukhumbula, bazalwana, 9 ukubulaleka kwethu nemigu yethu; kuba sazivakalisa kuni iindaba ezilungileyo zikaThixo, sisebenza ubusuku nemini, ukuze singabi mthwalo nakubani kuni. Ningamangqina nina kwa- 10 noThixo, ukuba saba njani na ukuba ngcwele, nokuba nobulungisa, nokungabi nakusoleka kuni bakholwayo; kwa- 11 njengoko naziyo nonke ngabanye, ukuba besixelisa uyise kubantwana bakhe, siniyala, sinikhuza, siniqononondisa, 12 ukuba nihambe ngokumfaneleyo uThixo, onibizelayo kobakhe ubukumkani nobuqaqawuli.

Intshutshiso

Ngenxa yoko, nathi siyabulela kuye 13 uThixo singayeki, okokuba nathi, ukulamkela ilizwi likaThixo lodaba kuthi, analamkela lililizwi labantu; nalamkela, njengokuba kunjalo okwenyaniso, lililizwi likaThixo elisebenzayo nokusebenza kuni bakholwayo.

Kuba nina, bazalwana, naba ngaba- 14 xelisa amabandla kaThixo akwelakwaYuda, akuKristu Yesu; ngokuba neva kwaobo bunzima nani ngabesizwe sakowenu, babuváyo nabo ngokwabo kuwe amaYuda; wona ayibulaláyo iNkosi 15 uYesu kwanabawo abaprofeti, asitshutshisa nathi, engamkholosi uThixo, echasene nabantu bonke; esalela thina 16 ukuba sithethe kuzo iintlanga, ukuze zisindiswe, esenzela ukuba azalise izono zawo ngamaxesha onke. Iwafikele ke ingqumbo, kwada kwasekupheleni.

Ukulangazelela kukaPawulos abafundi bakhe

17 Thina ke, bazalwana, sanihluthwayo nje ixesha elifutshane ngesiqu, kungengantliziyo, sakhuthalela ngokugqithiseleyo ukububona ubuso benu, sinqwe- 18 na kakhulu. Kungoko sathandayo ukuza kuni, mna Pawulos lo, kwakanye nakabini; wesuka uSathana wasibambe- 19 zela. Kuba liyintoni na ithemba lethu, novuyo lwethu, nesithsaba sethu soqhayiso? Asinini aba na, phambi kweNkosi yethu uYesu Kristu ekufikeni 20 kwayo? Inene, nini uzuko novuyo lwethu.

Ukuthunywa kukaTimoti

3 Kungoko kwathi, singasenakuzibamba, kwakholeka kuthi ukuba sisale 2 eAtene sedwa. Sathuma uTimoti, umzalwana wethu, umlungiseleli kaThixo, osebenza nathi ezindabeni ezilungileyo zikaKristu, ukuze anizimase, 3 anivuselele ngenxa yokholo lwenu, kungabikho namnye ushukunyiswayo zezi mbandezelo; kuba nisazi ngokwenu 4 ukuba simiselwe zona. Kuba xenikweni besikuni, sanixelela ngenxa engaphambili ukuba siza kubandezelwa; njengo- 5 ko kwaba njalo, nani niyazi. Ngenxa yoko nam ndithe, ndingasenakuzibamba, ndathumela ukuba ndilwazi ukholo lwenu, hleze abe unihendile uMhendi, saba sifumane sabulaleka.

6 Ngoku ke uTimoti, efikile nje kuthi evela kuni, wasishumayeza iindaba ezilungileyo zokholo nezothando lwenu; nokuba nihlala ninokusikhumbula okuhle, nilangazelela ukusibona, kwanjengokuba nathi *silangazelela* ukunibona.

7 Ngenxa yoko sithuthuzelekile, bazalwana, nini, kuyo yonke imbandezelo nengxakeko yethu ngalo ukholo lwenu; 8 ngokuba ngoku siphilile, ukuba nina nithi nime eNkosini.

9 Kuba singámbuyekeza ngambulelo mni na uThixo ngani, kulo lonke uvuyo esivuya ngalo ngenxa yenu phambi koThixo wethu, ubusuku nemini síkhu- 10 nga ngokugqithiseleyo kakhulu, ukuba sibubone ubuso benu, sikuzalise ukusilela kokholo lwenu?

Wanga ke uThixo ngokwakhe, uBawo 11 wethu, neNkosi yethu uYesu Kristu, angayilungisa indlela yethu yokuza kuni. Yanga ke iNkosi inganandisa, inityebise 12 eluthandweni, omnye komnye nakubo bonke, kwanjengokuba nathi *sisenjenjalo* kuni; ukuze izizimase iintliziyo zenu, 13 zingabi nakusoleka, zibe ngcwele phambi koThixo uBawo wethu, ekufikeni kweNkosi yethu uYesu Kristu nabo bonke abangcwele bayo.

Iziyalo ezingokuziphatha

4 Elokugqiba ngoko, bazalwana, siyanicela siniyala siseNkosini uYesu, uloku nithi, njengokuba nakwamkelayo kuthi, okokuba nimelwe kukuthini na ukuhamba nokumkholisa uThixo, nikhule kuko ngakumbi. Kuba niyazi 2 ukuba zaba ziziyalo zini na, esaniyala ngazo ngeNkosi uYesu.

Kuba oku kukuthanda kukaThixo, 3 ukungcwaliswa kwenu, ukuba nikhumke kulo uhenyuzo; ukuba elowo kuni 4 ákwazi ukusizuza asiphathe esakhe isitya* enobungcwalisa, enembeko; anga- 5 thabatheki yinkanuko, njengeentlanga ezingamaziyo uThixo; ukuba kungabi- 6 kho ugqithisayo, amlumkise umzalwana wakhe emcimbini lowo; ngenxa enokuba iNkosi ngumphindezeli wazo zonke ezi zinto, njengoko sasinixelele ngenxa engaphambili, saniqonondisa. Kuba 7 uThixo akasibizelanga ekungcoleni; usibizele ebungcwaliseni. Ngako oko ke 8 lowo ugibayo, akagibi mntu, ugiba uThixo, owasinikayo nokusinika uMoya wakhe oyiNgcwele.

Ke kaloku, ngalo uthando lobuzalwa- 9 na, akufuneki ukuba ndinibhalele; kuba nina ngokwenu ningabafundiswe nguThixo ukuba nithandane; kuba okunene 10 niyakwenza oko kubo bonke abazalwana abakwelaseMakedoni liphela. Siyanivuselela ke, bazalwana, ukuba nikhule kuko oko ngakumbi; nokuba nizondelele 11

ukuba nizole, nenze ezenu izinto, nisebenze ngezenu izandla, njengoko sani-
12 yalayo; ukuze nihambe ngokuzibekileyo ngakwabo bangaphandle, ningasweli nto.

Imeko yabafileyo

13 Ke kaloku andithandi ukuba ningazi, bazalwana, mayela nabalele ukufa, ukuze ningabi buhlungu njengabanye aba-
14 ngenathemba bona. Kuba xa sikholwa ukuba uYesu wafa, wabuya wavuka, kwangokunjalo naye uThixo woza nabo abalele ukufa ngaye uYesu, kunye naye.
15 Kuba oku siyakutsho kuni ngelizwi leNkosi ukuthi, thina babudlayo ubomi, bàya kuba besekho ekufikeni kweNkosi, asisayi kubaphangela abalele ukufa.
16 Ngokuba iNkosi ngokwayo iya kuhla emazulwini inendanduluko, inelizwi lesiphatha-zithunywa, inexilongo likaThixo, baze abafele kuKristu bavuke ku-
17 qala; sandule thina babudlayo ubomi, basaseleyo, sixwilelwe emafini kwakunye nabo, siye kuyikhawulela iNkosi esibhakabhakeni; size ngokunjalo sihlale sihleli, sindawonye neNkosi.
18 Ngoko ke thuthuzelanani ngala mazwi.

Ukuza kweNkosi nemfuneko yokulinda

5 Ke kaloku ngawo amaxesha namathuba, bazalwana, akufuneki nganto
2 ukuba ndinibhalele; kuba nani ngokwenu niyazi ngokucacileyo, ukuba imini yeNkosi, njengesela ebusuku, yenje-
3 njalo ukuza kwayo. Kuba xenikweni baya kuthi, Luxolo nokunqaba, oko baya kufikelwa yintshabalaliso ngebhaqo, kwanjengenimba komithiyo; baye
4 bengayi kukha basinde. Ke nina, bazalwana, ànisebumnyameni, ukuba
5 imini leyo iniqubule njengesela. Nonke nina ningabokukhanya, abemini; asingabobusuku, asingabobumnyama.
6 Ngoko ke masingalali, njengabanye
7 aba; masiphaphe sibe ziingcathu. Kuba abaleleyo balala ebusuku; nabanxi-
8 layo banxila ebusuku. Ke thina bangabemini masibe ziingcathu; masinxibe isigcina-sifuba sokholo nothando, nesigcina-ntloko esilithemba losindiso.
Ngokuba uThixo akasimiselanga ngqu-9 mbo; usimisele ukuzuza usindiso ngayo iNkosi yethu uYesu Kristu; owasifelayo, 10 ukuze nokuba sihleli, nokuba silele, sidle ubomi kwakunye naye.
Kungoko ndithi, Thuthuzelanani, 11 nákhane, kwanjengokuba nisenjenjalo.

Iziyalo ngeziyalo kwanesiphelo

Ke kaloku siyanicela, bazalwana, 12 ukuba nibazi ababulalekayo phakathi kwenu, abanongamelayo eNkosini, abanilulekayo, nibabeke ngokugqithiseleyo 13 kakhulu ukubathanda, ngenxa yomsebenzi wabo. Hlalani ninoxolo phakathi kwenu. Siyanivuselela ke, bazalwana, 14 balulekeni abanxaxhayo; bakhuzeni abamxhelo mncinane; basekeleni abathambileyo; yibani nokuzeka kade umsindo kubantu bonke. Lumkani, kungabikho 15 bani ubuyekeza ububi ngobubi nakubani; hlalani niphuthuma okulungileyo omnye komnye, nakubantu bonke. Hla-16 lani nivuya. Thandazani ningayeki. 17 Ezintweni zonke bulelani; kuba oko 18 kukuthanda kukaThixo kuKristu Yesu ngani.
UMoya musani ukumcima. Iziprofeto 19 musani ukuzenza into engento. 20 Izinto zonke zicikideni, nibambe leyo 21 intle. Khumkani kuzo zonke iintlobo 22 zenkohlakalo.
Wanga ke uThixo woxolo ngokwakhe 23 anganingcwalisa niphelelisekile; uthi, ugqibelele owenu umoya nomphefumlo nomzimba, ugcinwe ngokungenakusoleka ekufikeni kweNkosi yethu uYesu Kristu. Uthembekile onibizayo, oya 24 kukwenza nokukwenza oko.
Bazalwana, sithandazeleni. 25

Babuliseni abazalwana bonke ngo-26 lwango olungcwele. Ndiyanifungisa 27 iNkosi ukuba le ncwadi ileswe kubo bonke abazalwana abangcwele.
Ubabalo lweNkosi yethu uYesu 28 Kristu malube nani. Amen.

INCWADI YESIBINI KAPAWULOS UMPOSTILE

KWABASETESALONIKA

Umbuliso nombulelo

1 UPawulos noSilvano noTimoti *babhalela* ibandla labaseTesalonika, *eli*kuThixo uBawo wethu, neNkosi ye-
2 thu uYesu Kristu; *bathi*, Makube lubabalo kuni, noxolo oluvela kuThixo uBawo, neNkosi yethu uYesu Kristu.

3 Simelwe kukuhlala sibulela kuThixo ngenxa yenu, bazalwana, njengokuba kufanelekile, ngokuba lukhula ngokugqithiseleyo ukholo lwenu, lusanda u-
4 thandano lwenu nonke ngabanye; ngokokude thina ngokwethu siqhayise ngani emabandleni kaThixo, ngenxa yonyamezelo lwenu, nokholo *lwenu*, ezintshutshisweni zenu zonke, nasezimbandeze-
5 lweni enizinyamezelayo; umbonakaliso ke lowo womgwebo onobulungisa kaThixo, ukuze nibalelwe ekuthini nibufanele ubukumkani bukaThixo, enithi ngenxa yabo nive nokuva ubunzima;
6 ukuba kanti yinto ebubulungisa kuThixo ukubabuyekeza ngembandezelo
7 abanibandezelayo; athi, nina babandezelwayo, anibuyekeze ngokuniphumza kunye nathi, ekutyhilekeni kweNkosi uYesu, ivela emazulwini inezithunywa
8 zamandla ayo; inomlilo odangazelayo, ibaphindezela abangamaziyo uThixo, nabangazilulameliyo iindaba ezilungileyo zeNkosi yethu uYesu Kristu;
9 bona abo baya kuva ukubethwa, intshabalalo engunaphakade ke leyo, bemke ebusweni beNkosi, nasebuqaqawulini
10 bokomelela kwayo; xa ithe yeza kuzukiswa kubangcwele bayo, imangaliseke kubo bonke abakholwayo (ngokuba nakholwa bubungqina bethu kuni), ngaloo mini.
11 Ngoko ke sihlala sithandaza nokuthandaza ngenxa yenu, ukuba uThixo we-

thu anibalele ekuthini nilufanele ubizo lwenu, azalise ngokunamandla konke ukukholiswa kukulunga, nomsebenzi wokholo; ukuze lizukiswe igama leNkosi 12 yethu uYesu Kristu kuni, nani nizukiswe kuye, ngokobabalo lukaThixo wethu, neNkosi yethu uYesu Kristu.

Izimvo eziphazamisayo ngokuza kweNkosi

2 Ke kaloku siyanicela, bazalwana, ngenxa yokufika kweNkosi yethu uYesu Kristu, nokuhlanganiselwa kwethu kuyo, ukuba ningazanyazanyiswa kwa- 2 kamsinya, nahlukane nengqiqo; ukuba ningabi navuso ngamoya, ngalizwi, nancwadi ingáthi, ivela kuthi, ngokungáthi iselingene imini leyo kaKristu. Makungabikho bani unilukuhlayo na- 3 ngalunye uhlobo; ngokuba *ayinakufika* yona, lungakhanga lufike ulahlo kuqala, atyhileke umntu wesono, unyana wotshabalalo; lowo uchasayo, uziphakami- 4 sayo ngaphezu kwento yonke ekuthiwa nguThixo, nehlonelwayo, ngokokude azihlalise etempileni kaThixo, ezenza uThixo, ezibonisa ukuba unguThixo. Anikhumbuli na, ukuba oko bendise- 5 kuni ndanixelela ezi zinto? Nangoku ni- 6 yakwazi okubambezelayo, ukuze atyhileke ngelakhe ixesha. Kuba imfihlelo 7 yokuchasana nomthetho iselisebenza; kodwa kulindwe ukuba ade lowo ubambezelayo ngoku asuswe kanye.

Andule ukutyhileka ongenamthetho; 8 lowo uya kumtshisa iNkosi ngomoya womlomo wayo, imbangise ngokubonakala kokufika kwayo: kwalowo, úku- 9 fika kungokokusebenza kukaSathana, ngayo imisebenzi yonke yamandla, nemiqondiso, nezimanga zobuxoki, na- 10 ngako ukulukuhla konke kokungalungisi

1168

kwabo batshabalalayo; ngenxa enokuba bengakwamkelanga ukuyithanda inya-
11 niso, ukuze basindiswe. Nangenxa yoko, uThixo uya kubathumela ulahlekiso olusebenza ngamandla, ukuze bakholwe
12 bubuxoki; ukuze bagwetywe bonke abangakholwanga yiyo inyaniso, básuka bakholiswa kuko ukungalungisi.

Omnye umbuliso nombulelo

13 Ke thine simelwe kukuhlala sibulela kuye uThixo ngenxa yenu, bazalwana bathandiweyo yiNkosi, ukuba uThixo kwasekuqalekeni waninyulela ukusindiswa, ngokungcwalisa koMoya nokukho-
14 lwa yinyaniso; awanibizela kuko oko ngazo iindaba ezilungileyo zethu, ukuba nizuze uzuko lweNkosi yethu uYesu Kristu.
15 Ngoko ke, bazalwana, yimani, nizibambe izithethe enazifundiswayo, nokuba kungelizwi, nokuba kungencwadi yethu.
16 Ke kaloku, iNkosi yethu uYesu Kristu ngokwayo, noThixo uBawo wethu owasithandayo, wasinika intuthuzelo engunaphakade, nethemba eli-
17 lungileyo ngobabalo, wanga angazithuthuzela iintliziyo zenu, anizimase kuwo onke amazwi nemisebenzi elungileyo.

Iziyalo zokugqibela nesiphelo

3 Elokugqiba, sithandazeleni, bazalwana, ukuba ilizwi leNkosi likhawuleze, lizukiswe, njengoko lenjenjalo na-
2 kuni; nokuba sihlangulwe ebantwini abangendawo, abakhohlakeleyo; kuba ukholo alubantwini bonke.
3 Ithembekile ke yona iNkosi, eya kunizimasa, inigcine kuyo inkohlakalo.
4 Sikholosé ngani ke ngokwaseNkosini, ukuba izinto esinithethela zona niyaze-
5 nza, nabe nisaya kuzenza. Yanga ke iNkosi ingáthi iintliziyo zenu izikhokelele eluthandweni lukaThixo, naselunyamezelweni lukaKristu.

Ke kaloku siyanithethela, bazalwana, 6 egameni leNkosi yethu uYesu Kristu, ukuba nikhwebuke kubo bonke abazalwana abahamba ngokunxaxha, bengahambi ngokwesithethe abasamkeláyo kuthi. Kuba niyazi ngokwenu, ukuba 7 nimelwe kukuthini na ukusilinganisa; ngokuba asinxaxhanga phakathi kwenu. Asidlanga sonka samntu ngesisa; sidle 8 ngokubulaleka nangemigu, sisebenza ubusuku nemini, ukuze singabi bunzima nakubani kuni; kungengakuba sasi- 9 ngenagunya; senzela ukuze sizinikele sibe ngumfuziselo kuni, nize nina nixelise thina. Kuba naxenikweni besiku- 10 ni, sanithethela ngelithi, Ukuba umntu akathandi kusebenza, makangadli nokudla. Kuba siyeva ukuba inxenye pha- 11 kathi kwenu ihamba ngokunxaxha, ingasebenzi nento, izifaka kwizi zabanye. Abanjalo ke siyabathethela, 12 sibavuselela ngayo iNkosi yethu uYesu Kristu, ukuba bathi, besebenza ngokuzola, badle esisesabo isonka.

Ke nina, bazalwana, musani ukutha 13 amandla ekwenzeni okulungileyo. U- 14 kuba ke kukho bani ungalilulameliyo ilizwi lethu ngencwadi le, mqondeni lowo, ningazidibanisi naye, ukuze adane. Noko ke ze ningambaleli ekuthini ulu- 15 tshaba; manimluleke njengomzalwana.

Yanga ke iNkosi yoxolo ngokwayo 16 inganinika uxolo ngamaxa onke, ngeendlela zonke. INkosi mayibe nani nonke.

Umbuliso ngesam isandla, mna Pa- 17 wulos. Nguwo lowo umqondiso kuzo zonke iincwadi; ndenjenjalo ukubhala.

Ubabalo lweNkosi yethu uYesu 18 Kristu malube nani nonke. Amen.

INCWADI YOKUQALA KAPAWULOS UMPOSTILE

KUTIMOTI

Umbuliso nesilumkiso ngemfundiso engeyiyo

1 UPawulos, umpostile* kaYesu Kristu, ngokommiselo kaThixo uMsindisi wethu, neNkosi yethu uYesu
2 Kristu, iThemba lethu, *ubhalela* uTimoti, umntwana wakhe kanye ngokwaselukholweni; *uthi*, Makube lubabalo, inceba, uxolo, oluvela kuThixo uBawo, noKristu Yesu iNkosi yethu.

3 Njengoko ndakuyalayo ukuba uhlale e-Efese, ndakuba mna ndisiya kwelaseMakedoni, *ndenjenjalo ukukuyala nangoku*, ukuze ubathethele abanye, ba-
4 ngafundisi mfundiso yimbi; kananjalo banganyamekeli zintsomi namilibo yakuzalwa engaphele ndawo, izinto ezo ezibanga iimbuzwano, zingahambisi lona ulwakho lukaThixo olungokholo.
5 Ke intsingiselo yoyalo iluthando oluphuma entliziyweni ehlambulukileyo, nasesazeleni esilungileyo, naselukholwe-
6 ni olungahanahanisiyo; abathe abathile, beziphosile ezo nto, baphambukela
7 ekuthetheni okungento yanto; bethanda ukuba ngabafundisi bomthetho, phofu bengaziqiqi izinto abazithethayo, kwanezo bazingqinayo.

8 Siyazi ke ukuba umthetho mhle, ukuba umntu uthi awuphathe ngokomthe-
9 tho; ngokwazi oku, ukuba umthetho lo awuwiselwe lungisa, uwiselwe ke abachasene nomthetho, nabangenakululama, abangahloneli Thixo, nabangaboni, abangengcwele, nabahlambeli, ababethi-
10 yise nababethi-nina, izigwinta, abenzi bombulo, amadoda alalanayo, amasela abantu, amaxoki, amafunga-buxoki, nokuba kukho nto yimbi ichasene nemfu-
11 ndiso ephilileyo; ngokweendaba ezilungileyo zozuko lukaThixo osikelelekileyo, endaphathiswa zona mna.

Ukubulela kukaPawulos inceba kaThixo

Kananjalo ndinombulelo kowando- 12
melezayo, uKristu Yesu iNkosi yethu, kuba wandibalela ekuthini ndithembekile, endimisela ebulungiselelini; naku- 13
ba ngaphambili ndandingumnyelisi, nomtshutshisi, nomphathi kakubi; ndesuka ndenzelwa inceba, ngokuba ndakwenza oko ndingazi, ndisekungakholweni; ke lwanda ngokuncamisileyo ubabalo 14
lweNkosi yethu, lunokholo nothando olukuKristu Yesu. Lithembekile ili- 15
zwi eli, lifanelwe kukwamkelwa konke, eli lokuba uKristu Yesu weza ehlabathini ukuba asindise aboni; endingomkhulu kubo mna; noko ke ndesuka 16
ndenzelwa inceba ngenxa yoku, ukuze uYesu Kristu akubonakalalisele kum, mna ungomkhulu, konke ukuzeka kade umsindo, ndibe ngumzekelo kwabo baza kukholwa kuye, base ebomini obungunaphakade.

Ke kaloku, kuye uKumkani wawo 17
amaphakade, ongenakonakala, ongenakubonakala, kuThixo olumkileyo yedwa, makubekho imbeko nozuko, kuse emaphakadeni asemaphakadeni. Amen.

Olu yalo ndilubeka phambi kwakho, 18
mntwana wam Timoti, ngokweziprofeto ezandulelayo ngawe, ukuze ulwe ngazo ukulwa okuhle, unokholo nesazela esi- 19
lungileyo, ethe inxenye, isigibile, yaphukelwa ngumkhombe mayelana nokholo; inoHimenayo noAlesandire, endabani- 20
kelayo kuSathana, ukuze baqeqeshwe ukuba banganyelisi.

Imigqaliselo ngonqulo lwabantu bonke

2 Ndiyavuselela ngoko kuqala kwiinto zonke, ukuba kwenziwe izikhungo, imithandazo, izibongozo, imibulelo, ngenxa yabantu bonke; ngenxa yookumka- 2
ni nabo bonke abasekongameni, ukuze

KUTIMOTI I 2–4

sihlale ngokonwaba nangokuzola, sinokuhlonela uThixo, nokundileka konke.
3 Kuba oku kuhle, kwamkelekile eme-
4 hlweni oMsindisi wethu uThixo; onga yena bangasindiswa bonke abantu, ba-
5 fikelele ekuyazini inyaniso. Kuba mnye uThixo; mnye nomlamli phakathi koThixo nabantu, umntu uKristu Yesu,
6 lowo wazinikelayo ukuba abe yintlawulelo yokukhulula *abantu* bonke; ubungqina ke obo bokungqinwa ngamaxe-
7 sha angawabo; endithe ndamiselwa bona mna, ukuba ndibe ngumshumayeli nompostile* (ndithetha inyaniso ndikuKristu, andixoki), umfundisi weentlanga elukholweni nasenyanisweni.

8 Ngoko ndinga angathandaza amadoda kuzo zonke iindawo, ephakamisa izandla ezingcwele, engenangqumbo, engenantandabuzo.

9 Kwangokunjalo mabathi nabafazi banxibe iingubo ezifanelekileyo, beneentloni, benesidima, ingabi kukuphotha iinwele, nokunxitywa kwegolide neeperile,* nesambatho esixabiso likhulu;
10 mabathi (ngokufanele abafazi abathi bahlonela uThixo), *bavathe* imisebenzi
11 elungileyo. Umfazi, ezolile, makafunde
12 ethobele konke. Umfazi ke andimvumeli ukuba afundise, nokuba ayilawule
13 indoda; makazole. Kuba kwabunjwa uAdam kuqala, kwandula ke ukubunjwa
14 uEva. Kanjalo akulukuhlwanga Adam; kulukuhlwe umfazi, waba sekugqitheni.
15 Noko ke wosindiswa ngokuzala, ukuba bathe bema elukholweni, naseluthandweni, nasebungcwaliseni, benesidima.

Abaveleli

3 Lithembekile ilizwi eli lithi, Ukuba ubani ungxamele ubuveleli, unqwe-
2 nela umsebenzi omhle. Umveleli ngoko umelwe kukuthi abe ngongenakukhalazelwa, eyindoda yamfazi mnye, eyingcathu, enesidima, ezibekile, ebuka
3 iindwendwe, enokufundisa; engagezisiwa yiwayini, engembethi, engemngxameli wanzuzo imbi. Makabe ngothantamisayo, engalwi, engemthandi wa-
4 mali; eyongamele kakuhle eyakhe indlu,

abantwana bakhe bemthobele, benokundileka konke (kuba ukuba umntu aka- 5
kwazi ukuyongamela eyakhe indlu, angathini na ukuphatha ibandla likaThixo?); angabi ngosandula nkungeni- 6
swa, ukuze angàthiwa lwale likratshi, eyele ekugwetyweni koMtyholi. Ka- 7
njalo ke umelwe kukuthi abe nobungqina obuhle obuvela kwabangaphandle, ukuze angeyeli engcikivweni nasesibatheni soMtyholi.

Kwangokunjalo abalungiseleli bame- 8
lwe kukuba nokundileka, bangabi ntlolela yombini, bangazinikeli kwiwayini eninzi, bangangxameli nzuzo imbi;
mababe nemfihio yokholo esazeleni 9
esihlambulukileyo. Nabo aba ke ma- 10
bacikidwe ukuqala; bandule ke ukulungiselela, bengabangénakumangaleleka.

Kwangokunjalo abafazi bamelwe ku- 11
kuba nokundileka, bangabi ngabahlebi;
mababe ziingcathu, bathembeke ezintweni zonke.

Abalungiseleli mababe ngamadoda 12
abafazi ngabanye, besongamela kakuhle abantwana nezindlu ezizezabo. Kuba 13
abo balungiselele kakuhle, bazizuzela isimo esihle, nokungafihlisi okukhulu ekukholweni, okukuKristu Yesu.

Ezi zinto ndizibhala kuwe, ndithembe 14
ukuba ndiya kuza kuwe kamsinya.
Ukuba ke ndithe ndalibala, *ndikubhalela* 15
ukuze wazi, ukuba kumelwe kukuthiwani na ukuhanjwa endlwini kaThixo, yona ilibandla likaThixo ophilileyo, intsika nesiseko sayo inyaniso. Kana- 16
njalo, ngokuvunyiweyo, inkulu imfihlelo yona leyo yokuhlonela uThixo: lowo wàbonakalaliswa esenyameni, wagwetyelwa esemoyeni, wabonakala kwizithunywa zezulu, wavakaliswa phakathi kweentlanga, kwakholwa kuye ehlabathini, wenyuswa waba sebuqaqawulini.

Ukulunyukiswa ngabafundisi abalahlekisayo

4 Ke kaloku uMoya uthi ngokucacileyo inxenye iya kumka elukholweni, ngamaxesha asemva, inyamekele oomo-

1171

ya abalahlekisayo, neemfundiso zeede-
2 mon; imka nohanahaniso lwabathetha
ubuxoki, betshiswe isazela sabo nge-
3 ntsimbi; bengavumi ukuba kuzekwe,
nokuba kudliwe izinto ezadalwa ngu-
Thixo, ukuze zamkelwe ngombulelo
ngabo bakholwayo, bayaziyo inyaniso.
4 Ngokuba sonke isidalwa sikaThixo si-
hle; asiyonto yakulahlwa, ukuba samke-
5 lwe ngombulelo; kuba singcwaliswa
ngalo ilizwi likaThixo nangezibongozo.
6 Ukuba uthe ezi zinto wazibeka pha-
mbi kwabazalwana, wòba ngumlungi-
seleli omhle kaYesu Kristu, wondliwe
ngamazwi okholo, nawemfundiso entle
7 oyilandelayo. Ke zona iintsomi ezi-
hlambelayo zamaxhegokazi zimangale.
8 Ziqhelise ukuhlonela uThixo. Kuba
eyeyomzimba ingqeqesho inceda kanci-
nane; ke kona ukuhlonela uThixo
kunceda ngako konke, kunedinga lobo-
mi bakalokunje, nobobo buza kubakho.
9 Lithembekile ilizwi elo, lifanelwe ku-
10 kwamkelwa konke. Kuba sibulalekela,
singcikivelwe oko; ngokuba sithembele
kuThixo ophilileyo, onguMsindisi wa-
bantu bonke, ngokukodwa owabakho-
lwayo.

Ubomi bukaTimoti neemfundiso zakhe

11 Bathethele ezi zinto, ufundise zona.
12 Makungabikho namnye ubudelayo ubu-
ncinane bakho; suka ube ngumzekelo
wabakholwayo ngentetho, ngehambo,
ngothando, ngokholo, ngobunyulu.
13 Nyamekela imfundo, uvuselelo, imfu-
14 ndiso, ndide ndifike. Ungasihilizeli
isipho esingokubabalwa, esikuwe; owa-
sinikwayo ngesiprofeto, kunye nokube-
kwa izandla yintlanganiso yamadoda
15 amakhulu. Zinyamekele ezo zinto, hla-
la kwezo zinto, ukuze ukuhambela kwa-
kho phambili kubonakale kwinto yonke.
16 Zilumkele wena nemfundiso yakho;
hlala uhleli kwezo zinto; kuba ngokwe-
nza oko, wozisindisa wena, ubasindise
nabo bakuvayo.

5 Indoda enkulu musa ukuyithethisa
kabukhali, yiyale njengoyihlo; ama-
ncinane, njengabazalwana; abafazi aba- 2
khulu, njengoonyoko; abancinane, nje-
ngoodade, unobunyulu bonke.

*Ukuphathwa kwabahlolokazi
abasebandleni*

Babeke abahlolokazi abangabahlolo- 3
kazi ngenene. Ke ukuba kukho mhlo- 4
lokazi uthile unabantwana, nokuba nga-
bazukulwana, ukuqala mabafunde uku-
hlonela elabo ikhaya, bababuyekezele
umbuyekezo ooninakhulu; kuba oko
kuhle, kwamkelekile emehlweni kaThi-
xo. Ke yena ongumhlolokazi ngenene, 5
eshiywe yedwa, uthembela kuThixo;
uhlala ehleli ekukhungeni nasemithanda-
zweni ubusuku nemini. Kodwa yena 6
oxhamla iziyolo ufile, nakuba ngathi udla
ubomi. Bathethele ezi zinto, ukuze 7
bangabi nakukhalazeleka. Ukuba ke 8
umntu akabakhathalele abakhe, ngoku-
kodwa abendlu yakhe, ulukhanyele
ukholo, unobubi ngaphezu kongakho-
lwayo.

Makangabalelwa enanini *labahlolokazi* 9
umhlolokazi ongaphantsi kweminyaka
emashumi mathandathu; owayengumfa-
zi wandoda-nye, engqinelwe ngemise- 10
benzi emihle, ukuba wondlé abantwa-
na, ukuba wamkéle iindwendwe, ukuba
uzihlambile iinyawo zabangcwele, uku-
ba ubasizile ababandezelweyo, ukuba
usukelene nemisebenzi yonke elungile-
yo.

Ke bona abahlolokazi abatsha bama- 11
ngale; kuba xa bathe badimala nguKri-
stu, bothanda ukwenda; benesigwebo 12
sokuba balutshitshisile ukholo lokuqala.
Kunye noko ke bafunda ukungasebenzi 13
nto, bethungelana nezindlu; banganeli
kungasebenzi nto kodwa, basuka kana-
njalo babe ngamapholopholo, bazifake
kwizinto zabanye, bathethe izinto ezi-
ngafanelekileyo. Ngoko ndinga aba- 14
hlolokazi abatsha bangenda, bazale,
babe ngabanikazi-mizi, bangamniki o-
chasayo nalinye ithuba lokutshabhisa.
Kuba inxenye iseyiphambukele emva 15
koSathana.

Ukuba kukho ikholwa, nokuba likho- 16
lwakazi, elinabahlolokazi, malibasize,

Amadoda amakhulu

17 Amadoda amakhulu, awongamela kakuhle, makabalelwe ekuthini afanelwe yimbeko ephindwe kabini, ngokukodwa lawo abulalekayo elizwini nasemfundi-
18 sweni. Kuba sitsho isibhalo ukuthi, Uze ungayibophi umlomo inkomo ibhula; nokuthi, Umsébenzi uwufanele u-
19 mvuzo wakhe. Ukumangalelwa kwendoda enkulu musa ukukwamkela, kungabangakho mangqina mabini noku-
20 ba mathathu. Abo bonayo, bohlwaye emehlweni abantu bonke, ukuze nabanye aba babe nokoyika.
21 Ndiyakuqononondisa emehlweni kaThixo, neNkosi yethu uYesu Kristu, nezithunywa zezulu ezinyuliweyo, ukuba uzigcine ezi zinto ungaqali ugwebe,
22 ungenzi nto ngokwayama bani. Ungangxami ubeke izandla phezu kukabani, kanjalo ungadlelani nabanye ngezono
23 zabo; zigcine nyulu. Musa ukuba sasela manzi; sela intwana yewayini, ngenxa yesisu sakho, nobulwelwe bakho obufuthi.
24 Izono zabanye abantu zisekuhleni kanye, ziyandulela ukuya emgwebeni; abanye ke ziyabalandela nokubalandela.
25 Kwangokunjalo nemisebenzi emihle isekuhleni kanye, naleyo ingenjalo ayinako ukufihlakala.

Amakhoboka

6 Onke ke amakhoboka àphantsi kwedyokhwe, ndinga ke angababalela abaniniwo ekuthini, bafanelwe yimbeko yonke, ukuze igama likaThixo
2 nemfundiso inganyeliswa. Lawo ke ankosi zikholiweyo, makangazideli ngakuba zingabazalwana; makube kukhona azikhonzayo, ngokuba zingamakholwa, ziziintánda ezingamadlelana ngomsebenzi wokusiza. Bafundise ezi zinto, ubavuselele.

Imfundiso yobuxoki

3 Ukuba umntu ufundisa mfundiso yimbi, angavumani namazwi aphilileyo angaweNkosi yethu uYesu Kristu, nemfundiso engokokuhlonela uThixo:
4 úthiwe lwale likratshi, engazi lutho kakuhle; ufa kukukhanuka iimbuzwano namaphike amazwi, ekuthi kwezo nto kuphume umona, iinkani, izinyeliso,
5 izirhano ezingendawo, iimpikiswano zochuku lwabantu abonákele iingqiqo, abahluthwe inyaniso, beba ukuhlonela uThixo kukusekeleza inzuzo.

Obona butyebi

6 Ke kona ukuhlonela uThixo, kúndawonye nokwanela, kusekelezé inzu-
7 zo enkulu. Kuba sibe singangénanga nanto ehlabathini; kuyabonakala kananjalo ukuba asinakuphuma nanto. Si-
8 nento ke edliwayo neyambathwayo, masanele zezo zinto. Ke abo banga
9 bangaba zizityebi, beyela ekuhendweni, nasesibatheni, nasezinkanukweni ezininzi ezibubudenge ezenzakalisayo; zona zibatshonisayo abantu ekonakaleni, nasekutshabalaleni. Kuba ukuthanda
10 imali yingcambu yeento zonke ezimbi: abathe abathile, ngokuzolulela kuko, balahlekana nokholo, bazibhodloza ngobuhlungu obuninzi.

Iziyalo ezisingisa emntwini

11 Ke wena, mntu kaThixo, zibaleke ezo zinto; phuthuma ke ubulungisa, ukuhlonela uThixo, ukholo, uthando, unyamezelo, ubulali. Wuzame umza-
12 mo omhle wokholo; bubambe ubomi obungunaphakade, owabizelwa nokubizelwa kubo, waza waluvuma uvumo oluhle emehlweni amangqina amaninzi.
Ndiyakuthethela emehlweni kaThixo, 13 ozidlisa ubomi zonke izinto, nasemehlweni kaKristu Yesu, owangqina wavuma uvumo oluhle phambi koPontiyo Pilato, ukuba uwugcine umthetho lo, 14 ungabi nabala, ungabi nakukhalazelwa, kude kufike ukubonakala kweNkosi yethu uYesu Kristu, aya kukubona- 15 kalisa ngawakhe amaxesha; lowo usikelelekileyo, ukuphela konamandla, uKumkani kakumkani, uNkosi kankosi; okuphela konokungafi, ehleli ekukha- 16

nyeni okungenakusondelwa; ekungekho namnye kubantu owakha wambona, nonako ukumbona; kuye makubekho imbeko namandla angunaphakade. Amen.

17 Abazizityebi kweli phakade langoku bathethele bangakratshi, bangathembeli butyebini bungagqalekiyo; mabathembele kuThixo ophilileyo, obeka phambi kwethu izinto zonke ngokobutyebi, 18 ukuba zidliwe; benze okulungileyo, babe zizityebi zemisebenzi emihle, babe nokwaba kakuhle, babe nobudlelane; baziqwebele isiseko esihle, base exesheni 19 eliza kuza, ukuze babubambe ubomi obungunaphakade.

Wa, Timoti, loo nto uyiphathisiweyo 20 yigcine, uphambuke ezintethweni ezingezizo, ezihlambelayo, nakwiinkcaso zokwazi, okubizwa njalo kuxokwa; ába- 21 suke abathile, bethe banako *oku kwazi*, baluphosa ukholo.

Ubabalo malube nawe. Amen.

INCWADI YESIBINI KAPAWULOS UMPOSTILE

KUTIMOTI

Umbuliso nombulelo

1 UPawulos, umpostile* kaYesu Kristu ngokuthanda kukaThixo, ngokwedinga lobomi obukuKristu Yesu,
2 *ubhalela* uTimoti, umntwana wakhe oyintanda; uthi, Makube lubabalo, nenceba, noxolo oluvela kuThixo uYise, noKristu Yesu iNkosi yethu.

3 Ndinokubulela kuye uThixo, endamkhonzayo kwakoomawokhulu ndinesazela esihlambulukileyo, ndikukhumbula njengokungapheliyo, ekukhungeni 4 kwam ubusuku nemini; ndilangazelela ukunga ndingakubona, ndízikhumbula nje iinyembezi zakho, ukuze ndizaliswe 5 luvuyo; ndikhunjuzwa nje ukholo olukuwe olungenakuhanahanisa, lona lwahlalayo kuqala kunyokokhulu uLoyisi, nakunyoko uYunike, endinyanisileyo ke ukuthi luhleli nakuwe.

Isiyalo esingenzondelelo

6 Endithi ngenxa yelo thuba ndikukhumbuze, ukuba usikhwezele isipho sokubabalwa kwakho nguThixo, esikhoyo kuwe ngokubekwa kwezandla zam phe-
7 zu *kwakho*. Kuba uThixo akasinikanga moya wabugwala; wasinika owamandla, nowothando, nowesidima.

Ngoko ke musa ukuba nazintloni 8 ngabo ubungqina beNkosi yethu, nangam, mna mbanjwa wayo; suka uve ububi kunye nam ngenxa yeendaba ezilungileyo, ngokwamandla kaThixo; owasisindisayo, wasibiza ngobizo olu- 9 ngcwele, engenzi ngokwemisebenzi yethu, esenza ngokweyakhe ingqibo, nobabalo, esababalwa ngalo ngoKristu Yesu phambi kwamaxesha aphakade; lwa- 10 bonakaliswa ke ngoku ngako ukubonakala koMsindisi wethu uYesu Kristu, owakubhangisayo okunene ukufa, kodwa wabukhanyisa ubomi nokungonakali, ngazo iindaba ezilungileyo ezi; endami- 11 selwa zona mna, ndaba ngumvakalisi nompostile nomfundisi weentlanga; endithi kananjalo ngenxa yeli thuba 12 ndive obu bunzima. Noko ke andinazintloni; kuba ndiyamazi endikholiweyo nguye; kanjalo ndithi, ndeyisekile ukuba únako ukuyigcina into endimphathisileyo, ese kuloo mini.

Umzekelo wamazwi aphilileyo owa- 13 wevayo kum, wubambe elukholweni naseluthandweni olukuKristu Yesu. Loo nto intle uyiphathisiweyo, yigcine 14

1174

ngoMoya oyiNgcwele ohleliyo ngaphakathi kwethu.

15 Oku uyakwazi, ukuba bandinikele umva bonke abaseAsiya; abanoFigelo
16 noHermogene. Yanga iNkosi ingayenzela inceba indlu kaOnesiforo; ngokuba kwaba futhi endiphumza, akaba nazintloni nguwo umxokelelwane wam.
17 Wathi akuba eseRoma, wandifuna ngokukhuthala okukhulu, wandifumana.
18 Yanga iNkosi ingamfumanisa inceba eNkosini ngaloo mini. Nguwena waziyo kakuhle oko zingako izinto awalungiselela ngazo e-Efese.

2 Wena ngoko, mntwana wam, yomelela elubabalweni olukuKristu Yesu;
2 uthi nezinto owazivayo kum ngamangqina amaninzi, ezo uzibeke phambi kwabantu abathembekileyo, bona baya kukulingana ukufundisa nabanye.
3 Wena ngoko bunyamezele ububi, njengomphumi-mkhosi olungileyo ka-
4 Kristu Yesu. Akukho namnye uthi, ephuma umkhosi, azibhijele ngemicimbi yobu bomi; ukuze amkholise lowo
5 umnyulele ukuphuma umkhosi. Nakuba ke ubani esithi azame *emdlalweni*, akathweswa sithsaba, ukuba akathanga
6 azame ngokomthetho. Umlimi lowo ubulalekayo, umelwe kukwamkela ku-
7 qala kwiziqhamo. Ziqiqe izinto endizithethayo; iNkosi yokupha ke ingqondo ezintweni zonke.
8 Mkhumbule uYesu Kristu, engovukileyo kwabafileyo, engowembewu ka-Davide, ngokweendaba zam ezilungi-
9 leyo; endiva ububi ngenxa yazo, kude kuse ezintanjeni, njengomenzi wobubi; ke lona ilizwi likaThixo alibotshiwe.
10 Ngenxa yoko izinto zonke ndiyazinyamezela ngenxa yabo abanyulwa, ukuze nabo bamkele usindiso olukuKristu Yesu, ndawonye nozuko olungunaphakade.
11 Lithembekile ilizwi eli: Kuba xa safa naye, sodla ubomi kwandawonye *naye*;
12 ukuba siyanyamezela, solawula kwandawonye *naye*; ukuba siyamkhanyela,
13 naye wosikhanyela; ukuba asithembekile, yena uhlala ethembekile; akanako ukuzikhanyeza.

Ukulunyukiswa ngempikiswano

Bakhumbuze ezo zinto, uqononondise 14 emehlweni eNkosi, ukuba kungènziwa mfazwe yamazwi angancedi lutho, kuze kubhukuqeke abaphulaphuli. Kukhu- 15 thalele ukuzimisa phambi koThixo úcikidekile, ungumsébenzi ongenazintloni, ulungisa ukulahlula ilizwi lenyaniso. Ke zona iintetho ezingento, ezi- 16 hlambelayo, zinxweme; kuba ziya kuhambela phambili kokukhona kungahloneli Thixo. Nelizwi labo liya kudla 17 njengesilonda esiqhenqethayo; abano-Himenayo noFileto, abathe bona bayi- 18 phosa inyaniso, besithi uvuko seluthe lwakho, kananjalo belubhukuqa ukholo lwenxenye. Noko ke limi, lithe nkqi, 19 ilitye lesiseko likaThixo, linambhalo uthi, INkosi iyabazi abangabayo; nóthi, Mabasuke kuko ukungalungisi, bonke abalibizayo igama likaKristu.

Ke endlwini enkulu akubikho zitya 20 zagolide nazasilivere zodwa; kubakho nezomthi nezomdongwe. Inxenye ke zezembeko, inxenye azizambeko. U- 21 kuba ngoko umntu uthe wazikhuphulula kwezo zinto, woba sisitya sembeko, singcwalisiwe, simlungele kakuhle umnini*ndlu*, silungiselwe wonke umsebenzi olungileyo.

Ke zibaleke iinkanuko zobutsha; 22 phuthuma ke ubulungisa, ukholo, uthando, uxolo nabo bayinqulayo iNkosi ngokwasentliziyweni ehlambulukileyo. Yinxweme imibuzwana yobudenge e- 23 ngenangqeqesho, usazi ukuba izala imfazwe. Ke umkhonzi weNkosi aka- 24 mele kulwa; umele ukuba nokuthantamisa kubantu bonke, enokufundisa, enyamezela ububi, ebaqeqesha ngobu- 25 lali abo baphikayo; ukuba akangethi na kanti uThixo abaphe inguquko esa ekuyazini inyaniso, babuye baqabuke, 26 baphume esibatheni sakhe uMtyholi, ababanjiselwe ukuthanda kwakhe nguye.

KUTIMOTI II 3–4

Ububi obuhlalele ukubakho

3 Ke, kwazi oku, ukuba ngemihla yokugqibela kuya kufika amaxesha
2 anomngcipheko. Kuba abantu baya kuba ngabazithandayo, abathandi bemali, abaqhankqalazi, abakratshi, abanyelisi, abangeva bazali, abangabuleliyo,
3 abangengcwele, abangenabubele, abangenatarhu, abatyholi, abangenakuzeyisa, izibhoja, abangenakuthanda kulu-
4 nga, abancethezi, izityhuthutyhuthu, abathiwe lwale likratshi, abathandi be-
5 ziyolo kunokuba bathande uThixo; benokumila kokuhlonela uThixo, ukanti bayawakhanyela amandla ako. Kwabo ke khwebuka.
6 Kuba baphuma kwaba, abo banyebelezela ezindlwini, bathimbe abafazazana abazono ziziimfumba, bephethwe zii-
7 nkanuko ngeenkanuko, behlala befunda, bangaze phofu babe nako ukufika
8 ekuyazini inyaniso. Kwangolo hlobo ke, bàthi ooYanes noYambres bamchasa uMoses, ngokunjalo nabo aba bayayichasa inyaniso. Bangabantu abonákele iingqiqo, abangenakucikideka ngakulo
9 ukholo. Abayi kuhambela phambili ngakumbi; kuba ukungabi nangqiqo kwabo kuya kubonakala kubantu bonke, njengokuba kwaba njalo okwabaya.

Ukuyalwa kukaTimoti

10 Ke wena uyilandile eyam imfundiso, ihambo, ingqibo, ukholo, ukuzeka kade
11 umsindo, uthando, unyamezelo, iintshutshiso, iintlungu ezinjengezo zandihlelayo kwa-Antiyokwe, eIkoniyo, eListra; ukutshutshiswa okunjengoko ndakuthwalayo, yaza iNkosi yandihlangula
12 kuko konke. Nabo bonke ke abathanda ukuhlala ngokuhlonela uThixo
13 kuKristu Yesu baya kutshutshiswa. Ke bona abantu abangendawo noosiyazi, kukhona baya kuhambela phambili ebubini, belahlekisa, belahlekiswa.
14 Ke wena yima ezintweni owazifundayo, waqiniselwa kuzo, umazi owa-
15 zifunda kuye; nokuba ùzazé kwasebuntwaneni izibhalo ezingcwele, ezinako ukukulumkisela elusindisweni ngokukholwa kuKristu Yesu. Sonke isi- 16 bhalo, siphefumlelwe nguThixo nje, sikwancedela ukufundisa, ukohlwaya, ukululeka, ukuqeqesha okusebulungiseni, ukuze umntu kaThixo afaneleke, 17 exhobele wonke umsebenzi olungileyo.

4 Ndiyaqononondisa mna ngoko emehlweni kaThixo, neNkosi *yethu* uYesu Kristu, oza kugweba abaphilileyo nabafileyo, kwanangokubonakala kwakhe nobukumkani bakhe: livakalise 2 ilizwi; *zingisa ukwenjenjalo* ngamathuba alungileyo naxakileyo; yohlwaya, khalimela, vuselela, únako konke ukuzeka kade umsindo, nokufundisa.

Kuba kuya kubakho ixesha abangayi 3 kuyinyamezela imfundiso ephililehyo; baya kusuka ngokweenkanuko zabo bazifumbele abafundisi, bebaba indlebe; babeya kuzisonga zimke iindlebe 4 kuyo inyaniso, baphambukele ke kuzo iintsomi.

Ke wena yiba yingcathu ezintweni 5 zonke, nyamezela ububi, umsebenzi womshumayeli weendaba ezilungileyo wènze, búzalise ubulungiseleli bakho. Kuba mna sendithululwa ngokomnikeni- 6 lo; nalo ixesha lokunduluka kwam likufuphi. Umzamo omhle ndiwuzamile, 7 ugqatso ndilufezile, ukholo ndilugcinile. Okokugqibela ndibekelwe isithsaba so- 8 bulungisa, eya kundibuyisela ngaso ngaloo mini iNkosi, umgwebi olilungisa; ingabi ndim ndedwa ke, ibe ngabo bonke abakuthandayo ukubonakala kwayo.

Imiyalezo etyumbayo nemibuliso

Khawuleza uze kum kamsinya; 9 kuba uDemasi wandishiya ngokuthanda 10 iphakade langoku, waya eTesalonika; uKreske uye kwelaseGalati; uTito uye kwelaseDalmati. NguLuka yedwa onam. 11 Thabatha uMarko uze naye; kuba únokundinceda kakuhle kumsebenzi wokulungiselela. Ke uTikiko ndamthu- 12 mela e-Efese. Ingubo endayishiya e- 13 Trowa kuKarpo, uze uyiphathe ekuzeni kwakho, neencwadi ezo, ngokukodwa ezezintsu.

14 UAlesandire, umkhandi wobhedu, wandenza izinto ezininzi ezimbi; iNkosi iya kumbuyekeza ngokwemisebenzi ya-
15 khe. Mlumkele nawe; kuba wawachasa kunene amazwi ethu.
16 Kokokuqala ukuziphendulela kwam, akubangakho namnye unam, basuka bonke bandishiya; kwanga akungebale-
17 lwe kubo oko. Noko ke iNkosi yandinceda, yandomeleza, ukuze ngam uvakaliso *lweendaba ezilungileyo* luzaliseke, neentlanga zonke zive; ndaza ndahla-
18 ngulwa emlonyeni wengonyama. Isaya kundihlangula yona iNkosi kuwo wonke umsebenzi ongendawo, indisindisele ebukumkanini bayo obusemazulwini; kuyo makubekho uzuko, kuse emaphakadeni asemaphakadeni. Amen.

Bulisa kuPriska noAkwila, nakwindlu 19 kaOnesiforo. UErasto wasala eKori- 20 nte. Ke uTrofimo ndamshiya eMileto esifa. Khawuleza uze, kungekabi sebu- 21 sika. Uya kubulisa uYubhulo, noPudens, noLino, noKlawudiya, nabo abazalwana bonke.

INkosi uYesu Kristu mayibe nomoya 22 wakho. Ubabalo malube nani. Amen.

INCWADI KAPAWULOS UMPOSTILE

KUTITO

Umbuliso

1 UPawulos, umkhonzi kaThixo, umpostile* ke kaYesu Kristu, ngokokholo lwabanyulwa bakaThixo, nokuyazi inyaniso engokokuhlonela u-
2 Thixo; ngethemba lobomi obungunaphakade, awathi uThixo, ongenakuxoka, wabubeka idinga ngaphambi kwamaxe-
3 sha angunaphakade, walibonakalisa ke ilizwi lakhe ngamaxesha angawalo, ngokuvakalisa endakuphathiswayo mna, ngokommiselo woMsindisi wethu u-
4 Thixo: kuTito, umntwana wam wenene ngokwaselukholweni, esinobudlelane ngalo: Makube lubabalo, noxolo oluvela kuThixo uYise, nakuYesu Kristu, uMsindisi wethu.

Ukumiswa kwamadoda amakhulu

5 Ndakúshiya eKrete ngenxa yoku, ukuze uhambise ukuzilungisa izinto eziseleyo, umise amadoda amakhulu kwimizi ngemizi, njengoko ndakumisela
6 ngako mna: ukuba umntu ungongenakumangaleleka, eyindoda yamfazi mnye enabantwana abakholiweyo, abangàmiselwa tyala lakuzibhubhisa, abangaswele kuthobela mntu. Kuba umveleli ume- 7 lwe kukuba ngongenakumangaleleka, njengegosa likaThixo; angabi ngowenza ukuzithandela *kwakhe*; angabi ngoqumba msinya; angabi ngogeziswa yiwayini; angabi ngumbethi; angabi ngongxamela nzuzo imbi. Úmelwe ku- 8 kuthi abe ngobuka iindwendwe, umthandi wokulungileyo, onesidima, olilungisa, ongcwele, onokuzeyisa; ebambelele ezwini elithembekileyo ngo- 9 kwemfundiso, ukuze abe nako ukuvuselela ngayo imfundiso ephilileyo, nokubohlwaya badane abaphikayo.

Abafundisi ababuxoki

Kuba baninzi abathethi bezinto ezi- 10 ngento nabakhohlisi, abaswele intobeko, ngokukodwa abo bolwaluko, abamelwe 11 kukuvingcwa imilomo; abathi izindlu ziphela bazibhukuqe, befundisa izinto ezingafanelekileyo ngenxa yenzuzo embi. Wathi omnye wabo, kwaumpro- 12 feti wakowabo, AmaKrete ahlala engamaxoki, amarhamncwa amabi, amadlakudla angasebenziyo. Obo bungqina 13 buyinene.

Ngenxa yeli thuba bóhlwaye kabukhali, badane, ukuze baphile elukholweni; banganyamekeli zintsomi zabuYuda, namithetho yabantu abayinikela umva inyaniso. Izinto zonke zihlambulukile kwabahlambulukileyo; kwabadyobhekileyo nabangakholwayo, akukho nto ihlambulukileyo; kusuke kwadyobheka nengqiqo nesazela sabo.

16 Bayavuma ukuba bayamazi uThixo; kanti ngayo imisebenzi bayamkhanyela, bengamasikizi, bengabangevayo, nakumsebenzi wonke olungileyo bengenakucikideka.

Imfundiso ephilileyo ngokuziphatha

2 Ke wena, thetha izinto eziyifaneleyo imfundiso ephilileyo; ukuba amadoda amakhulu abe ziingcathu, andileke, abe nesidima, aphile elukholweni, eluthandweni, elunyamezelweni; ukuba abafazi abakhulu kwangokunjalo babe nesimilo esibafaneleyo, bangabi ngabatyholi; bangazilahleli kwiwayini eninzi; bafundise okuhle; ukuze bayale abafazana ukuba babe nesidima, bawathande amadoda abo, babathande abantwana babo, babe nesidima, babe nyulu, basebenze ezindlwini zabo, babe nokulunga, bawathobele awabo amadoda, ukuze ilizwi likaThixo linganyeliswa.

6 Kwangokunjalo amadoda amatsha wayale ukuba abe nesidima.

7 Ezintweni zonke zenze umzekelo wemisebenzi emihle; emfundisweni ube ngomsulwa, ngondilekileyo, ngolizwi liphilileyo, lingenakugwetywa; ukuze ochasayo abe neentloni, engenanto imbi yakuthetha ngani.

9 Amakhoboka *wathethele* ukuba azithobele iinkosi zawo, abe ngakholekileyo kakuhle ezintweni zonke, engaphiki; angashinti; asuke abonakalalise konke ukuthembeka okulungileyo, ukuze ayivathise imfundiso yoMsindisi wethu uThixo ezintweni zonke.

Izizathu zentlalo yobuKristu

11 Kuba lubonakele kubantu bonke ubabalo lukaThixo, lulolusindisayo; lusiqeqesha ukuze sithi, sikuncama ukungahloneli Thixo nokukhanuka okukokwehlabathi, sihlale ngokunesidima, nangokubulungisa, nangokuhlonela uThixo, kweli phakade langoku; silinde 13 ithemba elinoyolo, nembonakalo yobuqaqawuli boThixo omkhulu, uMsindisi wethu uYesu Kristu, owazinikela ngenxa yethu, ukuze asikhulule ngokusihlawulela kuko konke ukuchasa umthetho, azihlambululele abantu abangabakhe, abazondelela imisebenzi emihle.

Ezi zinto zithethe, uvuselele, wohlwaye ngawo wonke ummiselo. Makungabikho namnye ukudelayo.

Ukuziphatha kwamaKristu nesiseko sako

3 Bakhumbuze ukuba bathobele oozilawuli noomagunya, baphulaphule abaphathi, bawulungele wonke umsebenzi olungileyo. Mabanganyelisi namnye umntu, bangabi nakulwa, babe nokuthantamisa, bebonakala benobulali bonke kubantu bonke.

Kuba nathi sibe sifudula singabaswe- 3 li-kuqonda, singeva, silahleka, sikhonza iinkanuko neziyolo ngeziyolo, sihleli ngolunya nomona, sinezothe, sithiyana. Kodwa kuthe kwakubonakala ububele 4 bukaThixo, uMsindisi wethu, nokuthanda kwakhe abantu, kungengamisebenzi 5 esebulungiseni esayenzayo thina, kungokwenceba yakhe, wasisindisa ngentlambululo yokuzalwa ngokutsha, nangokuhlaziya koMoya oyiNgcwele; a- 6 wamthululayo phezu kwethu ngokobutyebi, ngoYesu Kristu uMsindisi wethu; ukuze sithi, sigwetyelwé ngobabalo 7 lwalowo, sibe ziindlalifa zobomi obungunaphakade ngokwethemba.

Lithembekile ilizwi elo; nezo zinto 8 ndinga ungaziqinisela, ukuze banyameke, benze imisebenzi emihle, abo bakholiweyo kuThixo. Ezo zinto zintle, zinokubanceda abantu. Ke yona imi- 9 buzo yobudenge, nemilibo yokuzalwa, neenkani, nokulwa ngawo umthetho, zinxweme, kuba azincedi lutho, asinto zanto. Umntu ongumahlukanisi, aku- 10 ba elulekwe kanye nokuba kukabini, mmangale; ùsazi ukuba onjalo ugwe- 11 nxeke kwaphela; ùyona, ezigwebile ngokwakhe.

KUTITO 3—KUFILEMON

Imiyalezo yombuliso

12 Xenikweni ndithe ndathuma kuwe uArtemas, nokuba nguTikiko, khawuleza uze kum eNikopolis; kuba ndigqibe kwelokuba ndobudlulisa ubusika khona 13 apho. UZenas, umqondisi-mthetho, noApolos, báxhobisele indlela ngoku-14 nyameka, ukuze bangasweli nto. Abethu mabafunde ke ukwenza imisebenzi emihle yokunceda abaswele kanzima, ukuze bangabi ngabangenasiqhamo.

Bayakubulisa bonke abanam. Ba- 15 bulise abo basithandayo ngokwaselukholweni.
Ubabalo malube nani nonke. Amen.

INCWADI KAPAWULOS UMPOSTILE

KUFILEMON

Intshayelelo

1 UPawulos, umbanjwa kaKristu Yesu, noTimoti umzalwana, *babhalela* uFilemon oyintanda, osebenzisana na-
2 thi, noApiya isithandanekazi *sethu*, noArkipo umphumi-mkhosi nathi, ne-
3 bandla elisendlwini yakho; *bathi*, Makube lubabalo kuni, noxolo oluvela kuThixo uBawo, neNkosi yethu uYesu Kristu.

Isicelo esenzelwa ikhoboka eliqhweshileyo

4 Ndihlala ndibulela kuye uThixo wam, ndikukhumbula emithandazweni yam,
5 ndiluva nje olwakho uthando, nokholo onalo kuyo iNkosi uYesu, nakubo bonke
6 abangcwele, ukuze ubudlelane bokholo lwakho bube nokusebenza ngokwazi konke okulungileyo okukuni, kuse ku-
7 Kristu Yesu. Kuba sinovuyo nothuthuzeleko olukhulu ngalo uthando lwakho, ngokuba izibilini zabangcwele ziphunyuziwe ngawe, mzalwana.

8 Kungoko endithi, nakuba ndinako ukungafihlisi okukhulu kuKristu, koku-
9 ba ndikuthethele okufanelekileyo, noko ngenxa yothando ndisuka kanye ndikubongoze, ndíngonjengoPawulos ixhego, ngoku ke ndikwangumbanjwa kaYesu Kristu.
10 Ndikubongoza ngenxa yomntwana wam, uOnesimo, endimzeleyo ndisezintanjeni; obefudula engeluncedo lwanto 11 kuwe, kodwa ngoku kuwe nakum unoncedo oluhle. Lowo ndimbuyisele kuwe; wena ke mamkele, oko kukuthi, 12 *yamkela* izibilini zam; ebendinga mna 13 ndingasendihlala naye apha, ukuze athi endaweni yakho andilungiselele, ndísezintanjeni ngenxa yeendaba ezilungileyo ezi; kodwa andithandanga kwenza 14 nto, ungatshongo wena, ukuze ukulunga kwakho kungangi kokokunyanzelwa, kube kokokuvuma.

Kuba mhlawumbi wahlukaniswa u- 15 mzuzwana nawe ngenxa yoku, ukuze umzuze ngokwaphakade; engasenjenge- 16 khoboka, esuke wangaphezu kwekhoboka, engumzalwana oyintanda, ngokukodwa kum; kubeke phi na ke kuwe, ngokwenyama nangokweNkosi? Ngoko ke, 17 ukuba ùnobudlelane nam, mamkele njengam. Ukuba wakona, nokuba une- 18 tyala kuwe, oko kubalele kum. Mna 19 Pawulos ndikubhalé ngesam isandla ukuthi, mna ndokuhlawula; endingàtshoyo kuwe ukuthi, kum ùnetyala elingaphezulu, elinguwe ngokwakho.

Ewe, mzalwana, mandincedeke nga- 20 we mna ngokwaseNkosini; ziphumze izibilini zam ngokwaseNkosini. Ndi- 21 kubhalele ndeyisekile kukundilulamela kwakho, ndisazi ukuba ùya kwenza nangaphezulu koko ndikuthethayo.

Isiphelo

22 Kunye ke noko, ndilungisele indawo yokuhlala; kuba ndithembile ukuba ngayo imithandazo yenu nondiphiwa.

23 Uyakubulisa uEpafras, umbanjwa ndawonye nam wakwaKristu Yesu, 24 kwanoMarko, noAristarko, noDemasi, noLuka, abasebenzisana nam.

25 Ubabalo lweNkosi yethu uYesu Kristu malube nomoya wenu. Amen.

INCWADI EBHALELWE

KUMAHEBHERE

UKristu uNyana kaThixo uphakamile kunezithunywa zezulu

1 UThixo wayethethile nje kudala ngeendawo ezininzi, nangeendlela ezininzi, koobawo ngabo abaprofeti, uthethe ngale mihla yokugqibela kuthi 2 ngoNyana; awammisayo wayindlalifa yeento zonke, awathi kwangaye waye-3 nza indalo yonke; othe, elubengezelo lobuqaqawuli bakhe, nombhalo wenkqu yakhe, ezithwele nokuzithwala zonke izinto ngalo ilizwi lamandla akhe, wesuka, akuba eyenzile ngokwakhe intlambululo yokusihlambulula ezonweni, wahlala phantsi ngasekunene kobuKhulu, 4 enyangweni; ethe waba ngonamandla ngaphezu kwezithunywa zezulu, ngangoko azuze ilifa legama eligqithiseleyo kunelazo.

5 Kuba sisiphi na isithunywa, awakha wathi kuso,
ÙnguNyana wam wena,
Mna ndikuzele namhla?
(INdum. 2: 7)
Nokuthi,
Mna ndiya kuba nguYise wakhe,
Yena abe nguNyana wam?
(USam. II, 7: 14)

6 Nangexa athi amngenise owamazibulo kwelimiweyo, uthi, Maziqubude kuye 7 zonke izithunywa zikaThixo. Okunene ngazo izithunywa zezulu uthi,

Ulozenza izithunywa zakhe oomoya,
Nababusi bakhe ilangatye lomlilo;
(INdum. 104: 4)
8 kodwa ngaye yena uNyana *uthi*,
Itrone yakho, Thixo, isa ephakadeni lasephakadeni;
Yintonga ethe tye intonga yobukumkani bakho.
9 Wathanda ubulungisa, wathiya okungendawo;
Ngenxa yoko, uThixo, uThixo wakho, ukuthambise
Ngeoli yomgcobo ngaphezu kowenu.
(INdum. 45: 6, 7)
10 Abuye athi,
Ekuqalekeni, wena Nkosi, waliseka ihlabathi,
Nalo izulu lingumsebenzi wezandla zakho;
11 Wona aya kutshabalala, ke wena uhlala uhleli;
Aye onke njengengubo eya konakala,
12 Nanjengesambatho ùya kuwasonga,
Asuke abe ngawambi;
Ke wena ùkwanguwe,
Nayo iminyaka yakho ayiyi kuphela.
(INdum. 102: 25-27)
13 Sisiphi na ke isithunywa, awakha wathi kuso,
Hlala ngasekunene kwam,
Ndide iintshaba zakho ndizenze isihlalo seenyawo zakho?
(INdum. 110: 1)

KUMAHEBHERE 1-3

14 Azingomoya ababusayo zonke na, zithunywe ukuba zilungiselele abo baza kuba ziindlalifa zalo usindiso?

UKristu uNyana woMntu uphakamile kunezithunywa. Unako ukuvelana nathi ebuthathakeni

2 Ngenxa yoko, simelwe kukuzinyamekela ngokugqithiseleyo izinto esazivayo, hleze sikhukuliswe simke kuzo.
2 Kuba, ukuba ilizwi elathethwa ngezithunywa zezulu laqina, kwathi konke ukugqitha nokungeva kwamkela umvu-
3 zo oyeleleyo; sothini na thina ukusinda, sakuba siluhilizele usindiso olungakanana, lona lwaqalwa ukuthethwa yiyo iNkosi, lwaza lwaqiniselwa kuthi ngabo
4 baluváyo; uThixo engqinelana nabo ngemiqondiso kwanezimanga, nemisebenzi ngemisebenzi yamandla, nezabelo zoMoya oyiNgcwele, ngokokuthanda kwakhe?

5 Kuba akalithobelanga phantsi kwezithunywa zezulu elimiweyo eliza kuba-
6 kho, eli sithetha ngalo. Ke, wakha wangqina ubani, esithi,

Úyintoni na umntu, le nto úmkhumbulelayo?
Unyana womntu, le nto umvelelayo?

7 Wamnciphisa kancinane kunezithunywa zezulu,
Wamthwesa uzuko nembeko.
Wammisa phezu kwemisebenzi yezandla zakho;
8 Zonke izinto wazithobela phantsi kweenyawo zakhe.

(*INdum. 8: 4-6*)

Kuba, ekubeni wazithobela phantsi kwakhe zonke izinto ezo, akashiyanga nto ingathotyelwanga phantsi kwakhe. Kukaloku ke asikaziboni zithotyelwe
9 phantsi kwakhe zonke izinto. Ke sibona lo uncitshiswe kancinane kunezithunywa zezulu, uYesu ke, ethe ngenxa yeentlungu zokufa wathweswa uzuko nembeko, ukuze ngobabalo lukaThixo
10 eve ukufa ngenxa yabo bonke. Kuba bekumfanele lowo, ezingenxa yakhe zonke izinto ezo, nezingaye zonke izinto ezo, ekubeni ezise oonyana abaninzi eluzukweni, ukuthi ayenze ngeentlungu igqibelele imbangi yosindiso lwabo.
11 Kuba lowo ungcwalisayo, kwanabo bangcwaliswayo, baphuma kumnye bonke; ekungenxa yeli thuba angenazintloni
12 ukubabiza ngokuthi ngabazalwana, esithi,

Ndiya kulixela igama lakho kubo abazalwana bam.
Ndivume phakathi kwebandla elokudumisa wena. (*INdum. 22: 22*)
13 Abuye athi, Ndiya kukholosa ngaye. Abuye athi, Yabona, mna nabantwana andinike bona uThixo.

14 Ekubeni ngoko abantwana abo bengamadlelane *naye* ngenyama negazi, wathi naye ngokwakhe ngokukwanjalo wabelana *nabo* ngezo zinto, ukuze ngako ukufa ambhangise lowo unamandla okufa, oko kukuthi, uMtyholi lo; abakhulule
15 ebukhobokeni bonke abo babethe ngalo lonke ixesha lokudla kwabo ubomi bazizisulu zokoyika ukufa. Kuba ndithi,
16 akathabatheli kuye zithunywa; uthabathela kuye imbewu ka-Abraham.

17 Ekuthe ngoko wafanelwa kukuba afane nabazalwana bakhe ngezinto zonke, ukuze abe ngonenceba, kwanombingeleli othembekileyo omkhulu ezintweni ezilunge kuThixo, ukuze azicamagushe-
18 le izono zabantu. Kuba ekubeni eve ubunzima, ehendiwe naye ngokwakhe, unako ukubasiza abahendwayo.

UKristu mkhulu kunoMoses

3 Ndithi ngoko, bazalwana bangcwele, mabelána ngobizo lwasemazulwini, mondeleni uMpostile, uMbingeleli oMkhulu wovumo lwethu, uKristu Yesu; ethembekile kulowo wamenzayo, kwa-
2 njengoMoses endlwini yakhe iphela.
3 Kuba lo ubalelwe ekuthini ufanelwe luzuko olungaphezu kolukaMoses; ngangokuba lowo wayakhayo indlu, enembeko engaphezu kwayo indlu. Kuba
4 yonke into eyindlu inoyakhayo; ke lowo wazakhayo zonke izinto nguThixo. Okunene noMoses ebethembekile e-
5 ndlwini yakhe iphela ngokomkhonzi, ukuze bube bubungqina obo bezinto eziya kuthethwa. Ke yena uKristu
6 uthembeke ngokonyana phezu kwendlu

1181

yakhe; esiyindlu yakhe ke thina, ukuba singaba sithe sakúbamba ngokuthe nkqi ukungafihlisi kwethu, neqhayiya lethemba lethu, sada sesa ekupheleni.

Isilumkiso esiphikisa ukungakholwa nokungeva

7 Endithi ke, njengoko atshoyo uMoya oyiNgcwele,
Namhla, ukuba nithe naliva ilizwi lakhe,
8 Musani ukuzenza lukhuni iintliziyo zenu,
Njengasengcaphukisweni, ngomhla wolingo entlango;
9 Apho bandilingayo ooyihlo, bandicikida,
Bayibona imisebenzi yam iminyaka emashumi mané.
10 Kungoko ndakruqukayo seso sizukulwana,
Ndathi, Bahlala belahleka ngeentliziyo,
Abazazi ke bona iindlela zam;
11 Njengoko ndafungayo, ndinengqumbo,
Ndathi, Unakanye ukuba bokha bangene ekuphumleni kwam!
(INdum. 95: 7–11)
12 Lumkani, bazalwana, hleze kubekho kubani wenu intliziyo engendawo, engakholwayo, enokumka kuThixo o-
13 philileyo; manivuselelane imihla ngemihla, xa kusathiwa kunamhla, ukuze kungabikho mntu kuni wenziwa lukhu-
14 ni kukulukuhla kwesono. Kuba siba ngamabelána ngoKristu, ukuba sithe ingqalo yokukholosa kwethu sayibamba ngokuthe nkqi, sada sesa ekupheleni;
15 ekubeni kusithiwa,
Namhla, ukuba nithe naliva ilizwi lakhe,
Musani ukuzenza lukhuni iintliziyo zenu, njengasengcaphukisweni.
(INdum. 95: 7, 8)
16 Kuba bathe abathile, bevile, bacaphukisa, phofu ingengabo bonke abo
17 baphumayo eYiputa ngoMoses. Yayingooobani na ke awakruquka ngabo iminyaka emashumi mané? Yabingengabo na abo bonayo, bazidumbu zawayo entlango? 18 Wafungela oobani na ke, ukuba abayi kungena ekuphumleni kwakhe, ingengabo abo bangevanga? Siyabona ke, ukuba babengenakungena, 19 ngenxa yokungakholwa.

Isiyalo sokungena ekuphumleni okunjengokwesabatha

4 Masoyike ngoko, hleze kuthi ekubeni kusasele idinga lokungena ekuphumleni kwakhe, kubekho bani kuni ungáthi asilele. Kuba sizishu- 2 nyayeziwe iindaba ezilungileyo kwanjengabo; lathi kodwa ilizwi lodaba, lingadibananga nje nokholo kwabo balivávo, alabanceda nto. Kuba thina sakholwa- 3 yo, siyangena ekuphumleni, ngokoko athe,
Njengoko ndafungayo, ndinengqumbo,
Ndathi, Unakanye ukuba bokha bangene ekuphumleni kwam!
(INdum. 95: 11)
nakubeni imisebenzi yenziwayo kususela ekusekweni kwehlabathi. Kuba wakha 4 wathetha ngawo *umhla* wesixhenxe, ukuthi, Waza waphumla uThixo ngawo umhla wesixhenxe kuyo yonke imisebenzi yakhe; *athi* kule kananjalo, 5
Unakanye ukuba bokha bangene ekuphumleni kwam.

Ekubeni ngoko kusalindele ke ukuthi 6 kubekho bathile bangénayo kuko, baye abo, bashunyayezwáyo iindaba ezilungileyo kuqala, bengangenanga ngenxa yokungeva: ubuya amise mini ithile, 7 esithi ngoDavide, Namhlanje, emveni kwexesha elingakanana; njengokuba kuthiwe,
Namhla, ukuba nithe naliva ilizwi lakhe,
Musani ukuzenza lukhuni iintliziyo zenu. (INdum. 95: 7, 8)
Kuba uYoshuwa, ukuba ubebaphumzi- 8 le, angé engabuyanga athethe ngawo omnye umhla.

Ngoko ke abantu bakaThixo balindwe 9 luphumlo olunjengolwesabatha. Kuba 10 lowo ungeneyo ekuphumleni kwakhe,

KUMAHEBHERE 4–6

naye ngokwakhe uphumle kuyo imisebenzi yakhe, njengoThixo kweyeyakhe.
11 Masikhuthalele ngoko ukungena koko kuphumla, ukuze kungabikho namnye ubuya eyele kwakuloo mzekelo woku-
12 ngeva. Kuba ilizwi likaThixo liphilile, lisebenza, libukhali ngaphezu kwamakrele onke antlangothi mbini; lihlaba liphumele, lide lahlule umphefumlo kwanomoya, amalungu kwanomongo; linokugweba iingcingane nezicamango
13 zentliziyo. Kanjalo akukho sidalwa singabonakaliyo emehlweni akhe; izinto zonke ke zizé, zityhilekile, emehlweni alowo esinokuthana ni naye.

UKristu mkhulu kunababingeleli abakhulu bomnqophiso omdala

14 Ngoko, sinombingelei omkhulu nje ocande emazulwini, uYesu ke, uNyana kaThixo, masilubambe uvumo lwethu.
15 Kuba asinambingeleli mkhulu ungenako ukuvelana nezilwelwe zethu; ke, sinowahendwayo ngeento zonke, ngo-
16 kokufana nathi, engenasono. Masisondlele ke ngoko sinokungafihlisi kuyo itrone yobabalo, ukuze samkeliswe inceba, sifumane ubabalo lokusiza ngexesha elililo.

5 Kuba wonke umbingeleli omkhulu, engovele ebantwini nje, umiselwa abantu ezintweni ezilunge kuThixo, ukuze asondeze iminikelo kwanamadini
2 ngenxa yezono; enokuthantamisa kwabangazi nto nabalahlekayo, ekubeni naye ngokwakhe enxitywe ubulwelwe.
3 Ngenxa yabo ke ufanelwe kukuthi, njengokuba esondezela abantu, kwangokunjalo azisondezele amadini ngenxa yezono.
4 Kanjalo akukho mntu uzithabathela ngokwakhe imbeko leyo; *oyithabathayo* ngobizwe nguThixo, kwanjengoAron.
5 Ngokunjalo naye uKristu akazizukisanga ngokwakhe, ukuba abe ngumbingeleli omkhulu; *wazukiswa* ngowathethayo kuye, wathi,

UnguNyana wam wena,
Mna ndikuzele namhla;

(INdum. 2: 7)

njengokuba esithi nakwenye indawo, 6
Wena ungumbingeleli ngonaphakade,
Ngokohlobo lukaMelkitsedeke.

(INdum. 110: 4)

Owathi ngemihla yenyama yakhe, xa 7 wayesondeze izikhungo kwanezibongozo kulowo unako ukumsindisa ekufeni, kunye nodanduluko olunamandla, neenyembezi, waviwa ngenxa yokumhlonela kwakhe uThixo. Nakuba ebengu- 8 Nyana, wafunda ukululama ngobunzima awabuvayo; waza, egqibelele, waba 9 yimbangi yosindiso olungunaphakade kubo bonke abamlulamelayo, ebizwe 10 nguThixo, ukuba abe ngumbingeleli omkhulu ngokohlobo lukaMelkitsedeke.

Imfuneko yokukhula ebuKristwini

Esineendawo ezininzi zokuthetha nga- 11 ye, ezilukhuni ukuchazwa, ekubeni nina naba buthuntu iindlebe. Kuba, naku- 12 ba benifanele ukuba ngabafundisi, ngenxa yokuba sekumzuzu *nakholwayo*, nibuye naswela umntu wokunifundisa iziqalelo zokuqala zezihlabo zikaThixo; nesuka naba ngabafanele ukusezwa amasi, anaba ngabafanele ukudla okuqinileyo. Kuba bonke abasasezwa a- 13 masi abanamava elizwi lobulungisa, kuba beziintsana. Kokwabakhulileyo 14 ke ukudla okuqinileyo, abo bathi, ngenxa vobugcisa, babe nezimvo eziqheliselwe ukucalula okuhle kwanokubi.

6 Endithi ngoko, masithi, siyeka elengqalo ilizwi elithetha ngoKristu, siqhubele kwelokukhula; singâbuyi siseke ngeloguquko emisebenzini efileyo, nokukholwa kuThixo, ngelemfundiso 2 yeembaptizo, neyokubekwa izandla, neyovuko lwabafileyo, neyogwebo olungunaphakade. Oko ke sokwenza, u- 3 kuba angaba uthe uThixo wavuma.

Kuba abo bakha bakhanyiselwa, bási- 4 va isipho sasemazulwini, bâba ngamadlelana ngoMoya oyiNgcwele, bâyiva 5 incasa yelizwi elihle likaThixo, kwanamandla ephakade eliza kubakho, bâza 6 babuya bakreqa: akunakwenzeka ukuba babuye bahlaziyelwe enguqukweni; ekubeni bephinda ukuzibethelelela emnqa-

mlezweni uNyana kaThixo, bamhlaze
7 ekuhléni. Kuba umhlaba lo, uyiselayo imvula eza futhi phezu kwawo, uvelise imifuno elungele bona abo ulinywa nokulinywa ngenxa yabo, wamkela
8 intsikelelo kuThixo; ke, othi uvelise imithana enameva neenkunzane, awunto yanto, ukufuphi nengqalekiso; esiphelo sisa ekutshisweni.

9 Ke ngáni nina, zintánda, sikholose ngelokuthi, nineendawo ezilungileyo kunezo, iindawo eziyelelene nosindiso,
10 nakuba sisenjenje ukuthetha; kuba akanantswela-bulungisa uThixo, ukude awulibale umsebenzi wenu, nomzamo wothando enalubonakalalisa kulo igama lakhe, nabalungiseleláyo nje abangcwe-
11 le, nisamana nibalungiselela. Sinqwenela ke, ukuba ulowo kuni alubonakalalise kwaolo lukhuthalo, asingise kwinzaliseko yethemba, ade ase ekupheleni,
12 ukuze ningabi ngababuthuntu; ke nibe ngabaxelisa abo bàthi, ngokholo nangokunyamezela, bawadla ilifa amadinga.

Amadinga kaThixo omeleza ithemba

13 Kuba wathi uThixo, akumbeka ngedinga uAbraham, ekubeni bekungekho namnye umkhulu kunaye angamfunga-
14 yo, wazifunga yena, esithi, Inene, ndiya kuthi, ndisikelela, ndikusikelele; ndithi,
15 ndisandisa, ndikwandise. Waza ngokunjalo, enokunyamezela, walifumanisa
16 idinga. Kuba abantu okunene bafunga lowo umkhulu kubo, sithi kubo isifungo siphelise yonke impikiswano, sise engqinisekweni.
17 Uthe ngoko uThixo, enga angathi ngokukhona kugqithiseleyo akubonakalalise kwiindlalifa zedinga ukungaguquleki kwecebo lakhe, wasuka walamla
18 ngesifungo; ukuze kuthi, ngezinto ezimbíni ezingenakuguquleka, angenako ukuxoka ngazo uThixo, sithi thina, bàsindileyo, sábamba ithemba elibekwe phambi kwethu, síbe novuselelo
19 olunamandla; ithemba ke esinalo ngokweankile* yomphefumlo, linqabile, likwaqinile, lingena liye ngaphaya kwesi-
20 khuselo; apho umanduleli uYesu wa-

ngena khona ngenxa yethu, ethe, ngokohlobo lukaMelkitsedeke, waba ngumbingeleli omkhulu osa ephakadeni.

UYesu umbingeleli omkhulu ngokohlobo lukaMelkitsedeke

7 Kuba lo Melkitsedeke,* kumkani weSalem, mbingeleli kaThixo Osenyangweni, wahlangabezanayo noAbraham, ebuya evela ekubulaleni ookumka-
ni, wamsikelela; awathi uAbraham wa- 2 mabela nesishumi sezinto zonke (esithi okunene, ukuqala ukuthetha ngentetho evakalayo, ngukumkani wobulungisa, kodwa kamva abe nangukumkani weSalem, oko kukuthi, ngukumkani woxolo; engenayise, engenanina, enge- 3 namlibo wakuzalwa, engenasiqalo samihla, engenasiphelo sabomi, enziwe wafana naye uNyana kaThixo): lo uhleli engumbingeleli ngokungapheliyo.

Bonani ke ukuba mkhulu kwalowo, 4 wàthi uAbraham umawokhulu wamnika nesishumi emaxhobeni, awona alinqatha. Abo okunene bakoonyana ba- 5 kaLevi, babamkelayo ububingeleli, banomthetho wokubanga isishumi kubo abantu ngokomthetho; oko kukuthi, kubo abazalwana babo, nakuba bephume esinqeni sika-Abraham. Kodwa ye- 6 na, ongenamlibo wakuzalwa uphumayo kubo, ubange isishumi kuAbraham, wasikelela lowo unamadinga. Ke ngo- 7 kungenakuphikwa, encinane into isikelelwa yeyona inkulu.

Kananjalo apha okunene ngabantu 8 abanokufa, abathabatha isishumi; kodwa khona apho ngongqinelweyo ukuba udla ubomi. Ukutsho ke ndithi, ku- 9 bangwe ngoAbraham isishumi nakuLevi, lo wamkelayo izishumi; kuba 10 ubesesinqeni sikayise, oko uMelkitsedeke wamhlangabezayo.

Ke ngoko, ukuba okunene inzaliseko 11 ibingabakho ngobubingeleli bakwaLevi (kuba abantu bewiselwe owobubingeleli umthetho), bekusafuneka ngantoni na ke, ukuba kubuye kuvele mbingeleli wumbi ngokohlobo lukaMelkitsedeke, angàbizwa ngokohlobo luka-Aron? Ku- 12

KUMAHEBHERE 7–8

ba, ububingeleli baguqulwa nje, kufuneka ukuba kuguqulwe nomthetho.

13 Kuba lowo, zithethwa ngaye ezi zinto, waye engowasizwe simbi, ebekungekho namnye kuso ubesinyamekele isibinge- 14 lelo. Kuba kusekuhléni kanye, ukuba iNkosi yethu iphume kwesikaYuda isizwe, eso angathethanga nto ngaso 15 uMoses ngobubingeleli. Kwaza kwasekuhléni ngakumbi, ukuba kuvela mbingeleli wumbi, ngokokufana no- 16 Melkitsedeke, ongathanga amiswe ngokomyalelo womthetho ongowenyama; wamiswa ngokwamandla obomi obu- 17 ngenakupheliswa. Kuba ungqina ngokuthi,

Wena ungumbingeleli ngonaphakade,
Ngokohlobo lukaMelkitsedeke.
(INdum. 110: 4)

18 Kuba okunene kutshitshiswa umthetho owandulelayo, ngenxa yokuswela amandla, nokungancedi lutho kwawo 19 (kuba umthetho lowo awuzalisanga nto); ke kungeniswe phezu *kwawo* elona themba lilungileyo; esisondela ngalo kuye uThixo.

20 Kanjalo, ngangokuba engamiswanga, kungábangakho sifungo (kuba bona aba okunene benziwe ababingeleli ku- 21 ngafungwanga; kodwa yena umiswe ngokufunga kwalowo wathi kuye,

Yafunga iNkosi, ayiyi kuzohlwaya:
Wena ungumbingeleli ngonaphakade,
ngokohlobo lukaMelkitsedeke):
(INdum. 110: 4)

22 ngangoko ke uYesu waba ngummeli wowona ulungileyo umnqophiso.

23 Bathe bona ababingeleli baba baninzi, ngenxa yokuba ukufa kwakungavumi 24 ukuba bahlale behleli; ke yena, ngenxa yokuba ehleli ngonaphakade, unobubi- 25 ngeleleli obungenakudlula. Ngoko unako nokubasindisa kanye abo bezayo ngaye kuThixo, ehlala ehleli nje ukuba abathethelele.

26 Kuba ubesifanele umbingeleli omkhulu onjalo, ongcwele, ongenabubi, ongenabala, owahlukileyo kubo aboni, othe 27 waba ngaphezu kwalo izulu; ekungafunekiyo ukuba athi imihla ngemihla, njengababingeleli abakhulu abaya, anyuse kuqala amadini ngenxa yezono ezizezakhe, andule ukunyusa ngenxa yezabantu; kuba oko wakwenza kwaba kanye, ekuzinyuseni ngokwakhe ngokwedini. Kuba umthetho umisa abantu benobu- 28 lwelwe, babe ngababingeleli abakhulu; ke lona ilizwi lesifungo, esingasemva komthetho, *limise* uNyana, egqibelele ngonaphakade.

UKristu, uMlamleli womnqophiso omtsha ongunaphakade

8 Ke kaloku, eyona nto iyintloko kwezi zinto zithethwayo yile: Sinombingeleli omkhulu onje, othe wahlala phantsi ngasekunene kwetrone yobuKhulu emazulwini, ongumbusi we- 2 ngcwele, nowomnquba wenyaniso owamiswayo yiNkosi, àwamiswa ngumntu. Kuba wonke umbingeleli omkhulu 3 umiselwa ukuba asondeze iminikelo kwanamadini; ekuthe ngenxa yoko kwafuneka ukuba naye lo abe nento ayisondezayo.

Kuba okunene, ukuba ebesemhlabe- 4 ni, ubengayi kukha abe mbingeleli, bekho nje ababingeleli abayisondezayo iminikelo ngokomthetho: bona bàthi 5 bakhonze umzekelo nesithunzi sezinto zasemazulwini, kwanjengokuba uMoses wayehlatyelwe nguThixo, xa abeza kuwufeza umnquba; kuba wathi, Khangela ukuba uzènze zonke izinto ngokomfuziselo owawuboniswayo entabeni.

Kodwa kungoku, úzuze umbuso 6 ogqithiseleyo kulowo, kangangokuba engumlamleli womnqophiso olungileyo ngakumbi, wona usekwe phezu kwawona madinga alungileyo. Kuba, ukuba 7 ubungenakusoleka lowo wokuqala, ubungayi kufunelwa ndawo owesibini. Kuba uthi kubo, esola, 8

Yabona, kuza imihla, itsho iNkosi,
Endiya kuzalisekisa phezu kwendlu kaSirayeli, naphezu kwendlu kaYuda, umnqophiso omtsha;
Ungahambi ngokomnqophiso enda- 9 wenzela ooyise,
Mini ndababamba ngesandla, ukuba ndibakhuphe emhlabeni waseYiputa;

Ngokuba bengahlalanga emnqophisweni wam bona,
Ndaza nam andabakhathalela; itsho iNkosi;
10 Ngokuba nangu wona umnqophiso, endiya kuwenzela indlu kaSirayeli
Emva kwaloo mihla, itsho iNkosi:
Ndiya kuthi, ndiyibeke imithetho yam engqondweni yabo,
Ndiyibhale ezintliziyweni zabo,
Ndibe nguThixo kubo,
Nabo babe ngabantu kum.
11 Kanjalo abayi kukha bafundise elowo ummelwane wakhe,
Elowo umzalwana wakhe, esithi, Yazi iNkosi;
Ngokuba baya kundazi bonke,
Bethabathela komncinane wabo, base komkhulu wabo.
12 Ngokuba ndiya kukuxolela ukungalungisi kwabo,
Nezono zabo, nokuchasa kwabo umthetho, ndingabi sakukhumbula,
(*UYer.* 31: 31–34)
13 Ngokuthi oku, Omtsha, uwaluphalisile owokuqala. Ke loo nto yalupheleyo, yalixhego, iseyisondele ekuthini shwaka.

Umsebenzi ofezekileyo kaKristu awawenzayo emnqubeni omkhulu ogqibeleleyo ngedini lakhe elinye

9 Ke ngoko nowokuqala umnqophiso wawunezimiselo zombuso, kwane-
2 ndawo engcwele yehlabathi. Kuba kwakhiwa umnquba lowo. Igumbi lokuqala lalinesiphatho sezibane, kwanetafile, nesiboniso sezonka; lona kuthiwa
3 yingcwele. Emva ke kwesesibini isi-
4 khuselo, kwabakho umnquba lo kuthiwa yingcwele kangcwele; unesibingelelo segolide sokuqhumisa; nayo ityeya* yomnqophiso, yalekwe ngegolide ngeenxa zonke, inesitya segolide ngaphakathi esinemana, inentonga ka-Aron eyadubulayo, inawo amacwecwe omnqo-
5 phiso. Ke ngaphezu kwayo kwema iikerubhi* zobuqaqawuli, zisibekele isicamagushelo; izinto ezo esingenakuthetha ngazo ngazinye ngoku.
6 Ke kaloku, zakubon' ukuba zenziwe ngokunjalo ezo zinto, ababingeleli bángena okunene amaxa onke kowokuqala umnquba, beyifeza imibuso *kaThixo*.
7 Kodwa kowesibini *kungena* kube kanye ngomnyaka umbingeleli omkhulu yedwa, engangeni engenagazi, alisondezayo ngenxa yakhe, nangenxa yokungazi kwabantu. Abe ngoku uMoya oyi-
8 Ngcwele esazisa ukuthi, indlela eya kweyona ngcwele ayikabonakalaliswa, umnquba wokuqala usemi; wona lo
9 ungumzekeliso ozise exesheni elingeneyo, ekuthi ngalo kusondezwe iminikelo kwanamadini, izinto ezo ezingenako ngokwesazela ukumenza agqibelele lowo ukhonzayo; ezithe, ndawonye nezinto 10 ezidliwayo neziselwayo, neentlambululo ngeentlambululo, ezizizimiselo zenyama kuphela, zamiselwa ukuba kude kufike ixesha lolungiso.

Ke yena uKristu, efike wangumbi- 11 ngeleli omkhulu wazo izinto ezilungileyo eziza kubakho, uthe ngowona mkhulu ugqibeleleyo umnquba, ongenakwenziwa ngazandla, oko kukuthi, ongengowale ndalo, wangena kwaba kanye kwe- 12 yona ngcwele, kungengalo negazi leebhokhwe nelamathole, kungegazi elilelakhe; wafumana inkululo engunaphakade ngokusihlawulela. Kuba, ukuba 13 igazi leenkomo neleebhokhwe, nothuthu lwethokazi olufefa abaziinqambi, lungcwalisela ekuhlambululeni inyama: lobeka phi na ukugqithisela lona igazi 14 likaKristu, owazisondeza ngoMoya ongunaphakade, engenasiphako, kuye uThixo, ukusihlambulula isazela senu emisebenzini efileyo, ukuze nikhonze uThixo ophilileyo?

Nangenxa ke yoko, ungumlamleli 15 womnqophiso omtsha, ukuze bathi abo babiziweyo (kwakubon' ukuba kubékho ukufa okuhlawulela izigqitho, ezibe ziphantsi kwawo umnqophiso wokuqala), balamkele idinga lelifa elingunaphakade. Kuba apho kukhoyo umnqophi- 16 so womyoleli, kufuneka ukuba kucace ukufa kwalowo unqophisileyo. Kuba 17 umnqophiso uqiniseka bakuba befile, ekubeni ungàze ube namandla xenikweni asadla ubomi lowo unqophisileyo.

18 Ekuthe ngoko nowokuqala àwasu-
19 ngulwa kungekho gazi. Kuba kuthe, kwakubon' ukuba umthetho wonke uxeliwe nguMoses ebantwini bonke ngokomyalelo, walithabatha igazi lamathole neleebhokhwe, ndawonye namanzi, noboya obubomvu, nehisope,* wafefa incwadi ngokwayo, kwanabantu
20 bonke; esithi, Eli ligazi lawo umnqophiso, aniwisele umthetho ngawo uThi-
21 xo. Nomnquba ke, nazo zonke iimpahla zombuso, wazifefa ngokunjalo nge-
22 gazi. Kananjalo ngokomthetho ndingáde ndithi, zonke izinto ziphantse ukuba zihlanjululwe ngegazi; kungaphalalanga gazi, akubikho kuxolelwa.
23 Kwafuneka ngoko, ukuba okunene izizekelo zezinto ezisemazulwini zihlanjulùlwe ngezinto ezinjalo, kodwa zona iziqu zazo ezasemazulwini zihlanjulùlwe
24 ngamadini alungileyo kunalawo. Kuba uKristu akangenanga kweyona ngcwele inokwenziwa ngezandla, engumfuziselo weyenyaniso; ungené kuwo amazulu ngokwawo, ukuba abonakale ngoku ebusweni bukaThixo ngenxa yethu.
25 Kananjalo akangenanga ukuze azisondeze futhi, njengokuba umbingeleli omkhulu ebengena kweyona ngcwele iminyaka ngeminyaka, enegazi lenye
26 into; okanye angé emelwe kukuba abe ebeve ubunzima futhi, kuseloko lasekwayo ihlabathi. Ke uthe ngoku, ekufinyezweni kwawo amaphakade, wabonakalalisywa kwaba kanye, ukuba atshitshise isono ngelilelakhe idini.
27 Ke kwanjengokuba ke abantu bemiselwe ukuba bafe kube kanye, ize ke
28 emveni koko ibe ngumgwebo: ngokunjalo uKristu, esondezwe kwaba kanye, ukuba asithwale asisuse isono sabaninzi, uya kuthi okwesibini, ngaphandle kwesono, abonakale kwabo bamlindileyo, ezisa usindiso.

10 Kuba umthetho, únesithunzi nje sodwa sezinto ezilungileyo eziza kubakho, ungenaso sona isimilo sazo izinto, awuze ube nako, iminyaka ngeminyaka, ngaloo madini bàwasondeza ngokungapheliyo, ukubenza bagqibelele abo
2 basondelayo. Okanye angé engaye-kwanga na ukusondezwa, ngenxa yokuba abo bakhonzayo, behlanjululwe nje kwaba kanye, bengasenasazela sazono?
3 Kusuke kuwo apho kubekho ukukhunjuzwa kwezono iminyaka ngeminyaka.
4 Kuba akunakwenzeka ukuthi igazi leenkomo neleebhokhwe lisuse izono.
5 Kungoko, akùngena ehlabathini, athi, Akuthandanga mbingelelo, namnikelo wakudla,
Ke ùndilungisele umzimba;
6 Amadini atshiswayo kuphele, nangawesono, akukholiswanga ngawo.
7 Ndaza ndathi, Yabona, ndiyeza (Encwadini esongwayo kubhalwe ngam),
Ndiza kwenza ukuthanda kwakho, Thixo. (INdum. 40 : 6-8)
8 Esithi nje ngentla, Imibingelelo, neminikelo yokudla, namadini atshiswayo kuphele, nangawesono, akuwathandanga, akukholiswanga ngawo (wona lawo asondezwayo ngokomthetho), ubuye
9 athi, Yabona, ndiza kwenza ukuthanda kwakho, Thixo. Ususa okokuqala, u-
10 kuze amise okwesibini. Esìthe, ngokokuthanda *kwakhe*, sangcwaliswa ngokusondezwa komzimba kaYesu Kristu, kwaba kanye.

Wonke ke ongumbingeleli uma oku-
11 nene imihla ngemihla ebusa, ewasondeza futhi kwawona loo madini, angenako nakanye ukususa isono. Kodwa yena
12 lo, esondeze idini lalinye ngenxa yezono, usuke wahlala phantsi ngasekunene kukaThixo ngokungapheliyo; okoku-
13 gqibela elindé ukuba zide iintshaba zakhe zenziwe isihlalo seenyawo zakhe.
Kuba ngamnikelo mnye ubenze bagqi-
14 belela ngokungapheliyo abo bangcwaliswáyo.

Uyasingqinela ke naye uMoya oyi-
15 Ngcwele; kuba, emveni kokuba etshilo ngenxa engaphambili ukuthi,
Nangu wona umnqophiso, endiya
16 kuwenza nabo
Emva kwaloo mihla, itsho iNkosi,
Ndiya kuyibeka imithetho yam ezintliziyweni zabo,
Ndiya kuyibhala ezingqondweni zabo,
ubuya athi,

17 Izono zabo nokuchasa umthetho kwabo ndingabi sakukhumbula.
(UYer. 31: 33, 34)
18 Ke apho uxolelo lwezo zinto lukhona, akusekho mnikelo ngenxa yesono.

Isiyalo sokuzingisa elukholweni

19 Ngoko, bazalwana, sinokungafihlisi nje ukungena kweyona ngcwele ngalo
20 igazi likaYesu, ngendlela entsha, ephilileyo, awayisungulela thina, iphumela esikhuselweni, oku kukuthi, enyameni
21 yakhe; sinombingeleli omkhulu nje
22 phezu kwendlu kaThixo: masisondele sinentliziyo eyinyaniso, sinenzaliseko yokholo, sifefiwe iintliziyo zethu, sisusiwe isazela esingendawo. Masithi, sihlanjiwe nje umzimba ngamanzi a-
23 mhlophe, silubambe uvumo lwethu lwethemba, lungabi nakuxengaxenga; kuba uthembekile lowo wabeka ngedi-
24 nga. Kanjalo masinyamekelane, ukuba silolane eluthandweni nasemisebenzini
25 emihle; singakuhilizeli ukuhlanganisana kwethu, njengesiko labanye. Masivuselelane kube kokukhona, niyibona nje ukuba imini leyo iyasondela.

26 Kuba, xa sithi sone ngabomi, emveni kokuba sakwamkelayo ukwazi inyaniso,
27 akusasele dini ngenxa yezono; sekusele ke ukulinda okoyikekayo kakhulu, umgwebo nomsindo womlilo, oza kudla abo bachasileyo.
28 Umntu obegiba okaMoses umthetho, ubebulawa kungekho tarhu, ngezwi lamangqina amabini, nokuba mathathu.
29 Niba wobeka phi na ke ukufanelwa kukubethwa okubi ngakumbi, lo umnyathelele phantsi uNyana kaThixo, walibalela ekuthini liyinqambi igazi lomnqophiso athe wangcwaliswa ngalo,
30 wamgxeka uMoya wobabalo? Kuba siyamazi lowo watshoyo ukuthi, Impindezelo yeyam, kuya kubuyekeza mna, itsho iNkosi. Kananjalo wathi, INkosi
31 iya kubagweba abantu bayo. Kuyoyikeka ke ukweyela ezandleni zoThixo ophilileyo.

Zikhumbuzeni ke imihla yangapha- 32 mbili, enakhanyiselwa ngayo, nanyamezela umzamo omkhulu weentlungu; enaphatha ukuthi nenziwe isibonelo 33 ngeengcikivo kwaneembandezelo, naphatha ukuthi nibe ngamadlelana nabo bahamba ngokunjalo. Kuba navelana 34 nam ndisezintanjeni; kananjalo nakwamkela ngovuyo ukuphangwa kweempahla zenu, nisazi ukuba ninayo kuni ngokwenu emazulwini eyona mpahla ilungileyo, ihlala ihleli. Musani ukuku- 35 lahla ngoko ukungafihlisi kwenu, kona kunokwamkela umvuzo omkhulu. Kuba kufuneka ukuba nibe nomonde, 36 ukuze nithi, nakuba nikwenzile ukuthanda kukaThixo, nizuzane nalo idinga.

Kuba kusaya kuba mzuzwana mnci- 37 nanana,
Athi lowo uzayo afike, angalibali.
Ke lowo ulilungisa uya kudla ubomi 38 obuphuma elukholweni;
Ukuba ke úthe wahlehla, awuyi kukholiswa nguye umphefumlo wam.
(UHabh. 2: 3, 4)
Ke thina asingabahlehla baye entsha- 39 balalweni; singabokholo olusa ekuzuzeni umphefumlo.

Amakhalipha okholo ngokwemizekelo yeTestamente eNdala

11 Ukholo ke kukukholosa ngezinto ezithenjiweyo; kukweyiseka bubukho bezinto ezingabonwayo. Kuba 2 amanyange ángqinelwa ngokuba nalo olo.

Ngokholo siyaqonda ukuba indalo le 3 yonke yenziwe yabakho ngelizwi likaThixo, ukuze izinto ezi zibonwayo zibe aziphume kwezibonakalayo.

Ngokholo uAbheli wasondeza kuye 4 uThixo umbingelelo ogqithileyo kunokaKayin, awangqinelwa ngawo ukuba ulilungisa, uThixo wayingqinelayo nje iminikelo yakhe; ngalo ke, efile nje, usathetha.

Ngokholo uEnoki wafuduselwa *ema- 5 zulwini* ukuba angaboni kufa; akaba nakufunyanwa ke, ngenxa enokuba u-

KUMAHEBHERE 11

Thixo wamfudusayo; kuba ngaphambi kokufuduswa kwakhe, wangqinelwa u-
6 kuba umkholise kakuhle uThixo. Ke, lungekho ukholo, akunakubakho ukumkholisa kakuhle; kuba lowo uzayo kuThixo, umelwe kukukholwa ukuba ukho, nokuba ungumvuzi wabo bamfunayo.

7 Ngokholo uNowa, ehlatyelwe ngu-*Thixo* ngazo izinto ebezingekabonwa, wathi ngokoyika uThixo wawakha umkhombe wokusindisa indlu yakhe, awathi ngalo waligweba ihlabathi, waba yindlalifa yobulungisa obungokokholo.

8 Ngokholo uAbraham wathi, akubizwa, wakululamela ukuba aphume, aye kuloo ndawo abeza kuyamkela ukuba ibe lilifa; waphuma ke, engazi kakuhle
9 nalapho aya khona. Ngokholo waba ngumphambukeli emhlabeni wedinga, wanga ukowasemzini, ehleli eminqubeni, ndawonye noIsake noYakobi, beziindlalifa zalo elo dinga ndawonye naye;
10 kuba wayewulindele umzi lo uneziseko, ungcibi, umbangi wawo, inguThixo.

11 Ngokholo noSara ngokwakhe wamkela amandla okumisa umzi, waza wazala, liseligqithile ixesha lokuba amithe, ekubeni wambalela ekuthini uthembekile lowo wabekayo ngedinga.
12 Kungoko kwazalwayo ngamnye, engofileyo ke lowo, into engangeenkwenkwezi zezulu ukuba yintabalala, nanjengentlabathi eselunxwemeni lolwandle, engenakubalwa.

13 Aba bonke bafa ngokokholo, bengawafumananga amadinga; besuka bawabona kude, bakholosa, bathakazela, bavuma ukuba bangabasemzini, balu-
14 ndwendwe emhlabeni. Kuba abo bàthetha izinto ezinjalo, babonakalalisa
15 ukuba bangxamele ikowabo. Ke, ukuba okunene babekhumbula elo babephuma kulo, ngebaba nethuba lokubu-
16 yela *kulo.* Kodwa ngoku bazolulela kwelona lilungileyo, oko kukuthi, kwelasemazulwini. Kungoko uThixo angenazintloni ngabo, ukuba kuthiwe unguThixo wabo, kuba ebalungisele umzi.

17 Ngokholo uAbraham wamnikela uIsake, akulingwa; waye, owawamkelayo ngovuyo amadinga lawo, enikela okuphela kwawamzalayo; ekwakuthethwe 18 kuye *kwathiwa,* Iya kubizwa ngoIsake imbewu yakho; ecamanga ngokuthi, 19 uThixo unako ukuvusa nakwabafileyo; apho athe ngoko wamzuza ngokomzekeliso.

Ngokholo uIsake wabasikelela uYa- 20 kobi noEsawu, ngazo izinto eziza kubakho.

Ngokholo uYakobi uthe, xa aqhawu- 21 kayo, wabasikelela oonyana bakaYosefu ngabanye, waqubuda esimelele ngentonga yakhe.

Ngokholo uYosefu uthe, xa abhubha- 22 yo, wakukhankanya ukuphuma koonyana bakaSirayeli, wawisa umthetho ngawo amathambo akhe.

Ngokholo uMoses uthe, akuba eze- 23 lwe, wafihlwa iinyanga zantathu ngabazali bakhe, ngenxa enokuba bambona ukuba ungumntwana omhle, àbasoyika isimiselo sokumkani.

Ngokholo uMoses uthe, akuba mkhu- 24 lu, akavuma ukubizwa ngokuthi ungunyana wentombi kaFaro; enyula kanye 25 ukuba aphathwe kakubi, ndawonye nabantu bakaThixo, kunokuba axhamle izono okomzuzwana; ekubalele uku- 26 ngcikivwa kukaKristu kububutyebi obungaphezu kobutyebi baseYiputa, kuba wayekhangele ukwamkela umvuzo.
Ngokholo wayishiya iYiputa, akawoyika 27 umsindo wokumkani; kuba wakrota, wanga uyambona lowo ungenakubonwa.
Ngokholo uyenzile ipasika nokutshizwa 28 kwegazi, ukuze lowo wayewatshabalalisa amazibulo angawachukumisi.

Ngokholo baluwela uLwandle olu- 29 Bomvu,* kwanga kuse*mhlabeni* owomileyo; athe amaYiputa, akukulinga oko, antywiliselwa.

Ngokholo zawa iindonga zaseYeriko, 30 zakuba zijikeleziwe iimini ezisixhenxe.

Ngokholo uRahabhi ihenyukazi aka- 31 tshabalalanga nabo bangevayo, akuba ezamkele iintlola ngoxolo.

Ndisathetha ntoni na? Kuba ndi- 32 ngáphelelwa lixesha ndibalisa ngoGidiyon, kwanoBharaki, noSamson, no-

Yifeta, kwanoDavide, noSamuweli, na-
33 ngabo abaprofeti; abathe ngokholo beyisa izikumkani, basebenza ubulungisa, bazuzana namadinga, bavingca
34 imilomo yeengonyama, bacima amandla omlilo, basinda kwiintlangothi zekrele, bomelela ekubeni bebeswele amandla, baba ngamagorha emfazweni, bagxotha imikhosi yabasemzini.

35 Abafazi babazuza abafileyo babo bevukile; abanye ke batyakatywa, bengalwamkelanga ukhululo, ukuze bazuzane
36 nolona luvuko lululo. Bambi ke benziwa intlekisa, batyakatywa; phezu koko ke baviswa imixokelelwane ne-
37 ntolongo; baxulutywa ngamatye; basarhwa; bahendwa; bafa kukubulawa ngekrele; bahamba ngeengubo zeegusha nangeengaga zeebhokhwe, beswele,
38 bebandezelwe, bephathwa kakubi (elalingabafanele ihlabathi), bedinga koozintlango, noozintaba, noomiqolomba, nakwimingxuma yomhlaba.

39 Aba ke bonke bathi, nakuba babengqinelwe ngalo ukholo, abazuzana
40 nalo idinga, uThixo esazalelele thina ngeyona nto ilungileyo, ukuze bangènziwa bagqibelele ngaphandle kwethu.

Uqeqesho maluthotyelwe ngokomzekelo kaKristu

12 Ngako oko ke, sinelifu elingakanana nje elisingqongileyo lamangqina, masithi nathi, siwubekile nxamnye wonke umthwalo, naso isono esinokusirhawula ngokusisulu, silubaleke ngomonde ugqatso olubekwe phambi
2 kwethu; sise amehlo kuyo iMbangi noMgqibelelisi wokholo lwethu, uYesu, owathi, ngenxa yovuyo olwalubekwe phambi kwakhe, wawunyamezela umnqamlezo, elidelile ihlazo, waza wahlala phantsi ngasekunene kwetrone kaThixo.
3 Ewe, mqondeni lowo ukunyamezeleyo ukumphikisa okungaka kwaboni, ukuze ningadinwa, ingatyhafi imiphefumlo
4 yenu. Anikachasi kude kube segazini,
5 nizamana naso isono. Kananjalo senilulibele uvuselelo olu, luthetha kuni ngathi kukoonyana, lusithi,
Nyana wam, musa ukukucekisa ukuqeqesha kweNkosi,
Kananjalo ungatyhafi wakohlwaywa yiyo;
Kuba lowo imthandayo iNkosi iya- 6 mqeqesha,
Ibatyakatye ke bonke oonyana ebamkelayo. (*ImiZek. 3: 11, 12*)
Ukuba ninyamezela uqeqesho, u- 7
Thixo woba uniphethe njengoonyana; kuba nguwuphi na unyana ongàqeqeshwayo nguyise? Ukuba ke aniqeqe- 8 shwa, abathe baba ngamadlelane ngalo bonke, noba nina niyimigqakhwe ngoko, aningoonyana. Kananjalo sibe sinabo 9 oobawo benyama okunene besiqeqesha, sabahlonela; asiyi kuthi ngakumbi na sithobele uYise woomoya bonke, sidle ubomi? Kuba bona okunene basiqe- 10 qesha imihla embalwa, ngokokuzithandela kwabo, kodwa yena usiqeqeshela okusilungeleyo, ukuze sahlulelane ngobungcwele bakhe. Lonke ke uqeqesho 11 okunene ngokwakalokunje alubonakali luluvuyo, lubonakala luyintlungu; kodwa kamva lubanika isiqhamo esiluxolo, oko kukuthi sobulungisa, abo baqhelisiweyo lulo.

Kungoko endithi, Zimiseni izandla 12 eziwileyo, namadolo anedumbe; iinya- 13 wo zenu nizenzele imizila ethe tye, ukuze into eqhwalelayo ingaphambuki *endleleni*, kanye ke iphiliswe.

Phuthumani uxolo nabo bonke, no- 14 bungcwele, ekungekho namnye uya kuyibona iNkosi, engenabo; nivelela, 15 ukuze kungabikho bani usilelayo elubabalweni lukaThixo, kungabikho ngcambu yabukrakra, ithi ivele ihlume, inikhathaze, bathi abaninzi badyojwe yiyo; kungabikho bani ulihenyu, nokuba ngu- 16 mhlambeli, njengoEsawu, owathi ngenxa yentwana yokudla wananisa ngobuzibulo bakhe. Kuba niyazi ukuba 17 wathi kamva, ethanda ukuyidla ilifa intsikelelo, walahlwa; kuba akafumananga thuba languquko, noko wayingxamelayo ngeenyembezi.

KUMAHEBHERE 12-13

Ingozi enkulu yokungaliphulaphuli ilizwi likaThixo ngexesha lomnqophiso omtsha

18 Kuba anisondelanga ntabeni iphathwayo, itshayo ngumlilo, nasithokothokweni, nabumnyameni, naluqhwithe-
19 leni, nasandini saxilongo, nasithongeni samazwi, abathe abo basiváyo bacela kabukhali, ukuba kungabi sathethwa
20 lizwi kubo. Kuba babengenakukuthwala oko babeyalwa ngako; nokuba ithe inkomo yayichukumisa intaba, ibiya kuxulutywa ngamatye, ithi mhlawumbi
21 ibinzwe ngomkhonto; yaza loo nto yabonakalayo yoyikeka, kangangokuba uMoses athi, Ndiyoyika kakhulu, ndi-
22 yagubha. Nisukè nina nafika eZiyon, entabeni nasemzini woThixo ophilileyo, kwiYerusalem yasemazulwini, nakuma-
23 wakawaka ezithunywa zezulu, kwingqungquthela, nakwibandla lamazibulo abhaliweyo emazulwini, nakuThixo, uMgwebi wabo bonke, nakoomoya ba-
24 malungisa agqibeleleyo, nakuMlamleli womnqophiso omtsha, uYesu, nakwigazi lokufefa, elithetha ezona zinto zilungileyo kunelika-Abheli.
25 Lumkani, ningamali lowo uthethayo. Ukuba ke abo, bamaláyo lowo wahlabayo izihlabo emhlabeni, abasindanga, kobeka phi na ke ukugqithisela *kokungasindi* kwethu, thina bamnikela umva
26 lowo uhlaba esemazulwini; olizwi oko lawuzamazamisayo umhlaba; ngoku ke ubeke ngedinga, esithi, Kusaya kuba ngumzuzwana endiya kuthi mna ndinganyikimisi mhlaba wodwa, ndinyikimise
27 nalo izulu. Oku kùthi ke, Kusaya kuba ngumzuzwana, kubonakalalisa ukugu-qulwa kwezinto ezizanyazanyiswayo, ngathi kokwezenziweyo, ukuze zihlale zona ezingenakuzanyazanyiswa.
28 Masithi ngoko, sisamkela ubukumkani obungenakuzanyazanyiswa nje, sibe nombulelo, simkhonze ngawo uThixo ngokukholekileyo, sinokuhlonela noko-
29 yika; kuba uThixo wethu ungumlilo odlayo.

Iziyalo nezilumkiso

13 Uthando lobuzalwana maluhlale
2 luhleli. Musani ukukulibala u-kubuka iindwendwe; kuba ngokwenjenjalo inxenye ibuke izithunywa zezulu,
3 ingazi. Bakhumbuleleni abakhonkxi-weyo, ninge nikhonkxiwe nani; nabo ke baphathwa kakubi, njengokuba nisemzimbeni nani.
4 Umtshato mawubekeke ngeendlela zonke, nesilili masingadyojwa; ke abenza umbulo nabakrexezi, uThixo uya kubagweba.
5 Isimilo senu masibe sesingathandi mali, yanelani zizinto eninazo; kuba etshilo yena ukuthi, Andiyi kukha ndikuyekele; *wabuya* wathi, Andiyi ku-
6 kha ndikushiye; ngokokude somelele sithi,
INkosi ilusizo lwam, andiyi koyika;
Wondenza ntoni na umntu?
(*INdum.* 118: 6)

7 Bakhumbuleleni abakhokeli benu, abalithethayo kuni ilizwi likaThixo; nisingasinga impumelelo yehambo *yabo*, nixelise bona elukholweni *lwabo*.
8 UYesu Kristu ukwanguye izolo, nanamhla, ase nakuwo amaphakade.
9 Musani ukuphetshethwa ziimfundiso ngeemfundiso nezingeziso; kuba kùhle ukuba intliziyo iqine lubabalo; kungabi ngeento ezidliwayo, abangancedekanga zizo abo bahamba kuzo.
10 Sinesibingelelo thina, abangenagunya lakudla kuso abo bakhonza umnquba. Kuba ezo zinto zìphililileyo, zigazi
11 lazo lingeniswa ngenxa yesono kweyona ngcwele nguye umbingeleli omkhulu, imizimba yazo itshiselwa ngaphandle
12 kweminquba. Kungoko athe noYesu, ukuze abangcwalise abantu ngelilelakhe igazi, weva ubunzima ngaphandle kwesango. Masiphume ke ngoko siye kuye
13 ngaphandle kweminquba, sithwele i-
14 ngcikivo yakhe. Kuba apha asinamzi uhleliyo, singxamele lowo uza kuza.
15 Ngoko masithi ngaye sinyuse ngamaxesha onke kuye uThixo umbingelelo wendumiso, oko kukuthi, isiqhamo somlomo olivumayo igama lakhe. Ke ukwe-
16 nza okuhle nobudlelane, musani ukukulibala; kuba imibingelelo enjalo uyakholiswa kakuhle yiyo uThixo.

17 Bathambeleni abakhokeli benu, nibathobele; kuba bona àbalali, ngenxa yemiphefumlo yenu, ngokwabayá kuphendula, ukuze bakwenze oko bevuyile, bengancwini; kuba anisizakali kuko oko.

18 Sithandazeleni; kuba sikholosekile kukuthi sinesazela esilungileyo, sínga ezintweni zonke singahamba kakuhle.

19 Ndiyavuselela ke ngokugqithiseleyo, ukuba nikwenze oko, ukuze ndibuyiselwe kuni kamsinyane.

Iintsikelelo nemibuliso

20 Ke kaloku uThixo woxolo, lowo wamvusayo kwabafileyo uMalusi oMkhulu wezimvu, ngegazi lomnqophiso ongu-
21 naphakade, iNkosi yethu uYesu, wanga anganilungisa, nigqibelele emisebenzini yonke elungileyo, ukuze nikwenze ukuthanda kwakhe, esenza ngaphakathi kwenu oko kukholekileyo emehlweni akhe, ngoYesu Kristu. Kuye makubekho uzuko, luse emaphakadeni asemaphakadeni. Amen.

22 Ndiyanivuselela ke nina, bazalwana, linyamezeleni ilizwi lovuselelo olu; kuba ke ndinibhalele ngokufutshane.

23 Yazini ukuba umzalwana *wethu* uTimoti ukhululwe; endothi, xa angaba uthe wafika kamsinya, ndinibone ndinaye.

24 Babuliseni bonke abakhokeli benu, nabo bonke abangcwele. Bayanibulisa abavela eItaliya.

25 Ubabalo malube nani nonke. Amen.

INCWADI YOMPOSTILE

UYAKOBI

(KUBO BONKE)

Icebiso kwimicimbi eyahlukahlukeneyo

1 UYakobi, umkhonzi kaThixo neNkosi uYesu Kristu, *ubhalela* izizwe ezilishumi elinazibini eziziintsali, ebulisa.

2 Kubaleleni ekuthini kuluvuyo olukhulu, bazalwana bam, xa nithe nagaxe-
3 leka ezilingweni ngezilingo, nisazi nje ukuba ucikido lokholo lwenu lusebenza
4 umonde. Umonde ke mawube nomsebenzi ozalisekileyo, ukuze nibe ngabazalisekileyo, abagqibeleleyo, ningaswele nto.

5 Ukuba ke ubani kuni uswele ubulumko, makacele kuThixo, onika bonke engenakumbi, engangcikivi; wobuni-
6 kwa. Ke makacele ekholwa, engathandabuzi; kuba lowo uthandabuzayo ufana nokulatyuza kolwandle, luqhutywa ngumoya, luntsileka. Kuba loo
7 mntu makangabi uya kwamkela nto kuyo iNkosi. Indoda emphefumlo umbaxa
8 iyahlozinga kuzo zonke iindlela zayo.

9 Ke umzalwana othobekileyo makaqhayise ngako ukuphakama kwakhe;
10 osisityebi ke *makaqhayise* ngako ukuthobeka kwakhe; ngokuba uya kudlula njengentyantyambo yengca. Kuba li-
11 thi lakuphuma ilanga, kunye nolophu, liyitshise ingca, ize ke intyantyambo yayo ivuthuluke, buthi nobuhle bembonakalo yayo butshabalale; siya kwenjenjalo nesityebi ukungcumbeka eluhambeni lwaso.

12 Inoyolo indoda ekunyamezelayo ukulingwa; ngokuba yothi, yakuba icikidekile, isamkele isithsaba sobomi, ebabeke ngedinga iNkosi abo bayithandayo.

13 Makungabikho namnye utshoyo akùhendwa ukuthi, Ndihendwa kwaThixo; kuba uThixo akanakuhendeka kokubi, 14 akahendi namnye ke yena. Elowo ke uhendwa akutsalwa, abanjiswe, yeyakhe 15 inkanuko. Ithi inkanuko, yakuba ithabathile, izale isono; sithi ke isono, sakuba sikhulelwe, sizale ukufa.

16 Musani ukulahlekiswa, bazalwana 17 bam baziintánda. Sonke isipho esilungileyo, naso sonke isipho esigqibeleleyo, sesaphezulu; sihla sivela kuye uYise wezikhanyiso, ongenabuyambo 18 nasithunzi sakujika. Úthandile, wasizala ngelizwi lenyaniso, ukuze sibe yintlahlela yazo izidalwa zakhe.

Unqulo oluyinyaniso

19 Ngoko ke, bazalwana bam baziintánda, makathi umntu wonke enze msinya ukuva, enze kade ukuthetha, enze kade 20 ukuqumba; kuba ingqumbo yendoda 21 ayisebenzi bulungisa bukaThixo. Kungoko endithi, yithini, nibubekile nxamnye bonke ubunyhukunyhuku nokuphuphuma ulunya, namkele ninobulali ilizwi elimiselweyo kuni, elinako ukuyisindisa imiphefumlo yenu.

22 Yibani ke ngabenzi belizwi, ningabi ngabaphulaphuli kodwa, nizidephisela. 23 Ngokuba umntu, ukuba ungumphulaphuli nje welizwi, engemenzi *walo*, lowo utana nendoda eqiqa ubuso bayo 24 bobuntu esipilini; kuba iyaziqiqa, imke, ilibale kwaoko ukuba ibinjani na. 25 Ke yena oqondela emthethweni ogqibeleleyo wayo inkululeko, ahlale ehleli kuwo, lowo, ethe nje akaba ngumphulaphuli olibalayo, esuke waba ngumenzi womsebenzi: yena uya kuba noyolo ekwenzeni kwakhe.

26 Ukuba ubani kuni uba ungonqulayo, abe engalubambi ngomkhala ulwimi lwakhe, elukuhla intliziyo yakhe, unqu- 27 lo lwalowo autunto yanto. Unqulo lona oluhlambulukileyo, olungadyobhekileyo phambi koThixo uBawo, lulo olu: kukuvelela iinkedama nabahlolokazi embandezelweni yabo; kukuzigcina engenabala kulo ihlabathi.

Impatheko yezityebi namahlwempu

2 Bazalwana bam, musani ukukuphatha ngokukhetha buso bamntu, ukukholwa yiNkosi yethu yozuko, uYesu Kristu. Kuba, xa kuthe kwangena 2 endlwini yenu yesikhungu indoda enemisesane yegolide, inengubo eqaqambileyo; kwaza ke kwangena ihlwempu, lineengubo ezimdaka; naza nakhangela 3 kulowo uvethe ingubo eqaqambileyo, nathi kuye, Hlala apha kakuhle wena; nathi kulo ihlwempu, Yima phaya wena; mhlawumbi, Hlala phantsi apha ngasesihlalweni seenyawo zam: anicalulanga 4 na ke phakathi kwenu, naba ngabagwebi abanezicamango ezingendawo? Yiva- 5 ni, bazalwana bam baziintánda: uThixo akawanyulanga na amahlwempu eli hlabathi, ukuba abe zizityebi zokholo, neendlalifa zobukumkani, awababeka ngedinga abo bamthandayo? Ke nina 6 nilihlazisile ihlwempu. Izityebi azinishicileli na? Zona azinirholeli ematyaleni na? Zona azilinyelisi na igama 7 elihle elo, nabizwa ngalo?

Ukuba okunene niyawuzalisa umthe- 8 tho wakomkhulu, ngokwesibhalo esithi, Uze umthande ummelwane wakho ngoko uzithanda ngako, nityaphile; kodwa 9 ukuba nikhetha ubuso bomntu, nisebenza isono, niyohlwaywa ngumthetho ngokwabagqithi. Kuba yena oya ku- 10 wugcina umthetho uphela, akhubeke mthethweni mnye, unetyala layo yonke. Kuba lowo wathi, Musa ukukrexeza, 11 ubuye wathi, Musa ukubulala. Ke, ukuba akukrexezi, kodwa ubulala, usewuthe waba ngumgqithi-mthetho. Yi- 12 thini ukuthetha, yithini ukwenza, *nenze* njengabaza kugwetywa ngomthetho wenkululeko. Kuba umgwebo awuyi kuba 13 natarhu kulowo ungenzanga nceba; kananjalo inceba iyawuqhayisela umgwebo.

Malunga nokholo nemisebenzi

Kunceda ntoni na, bazalwana bam, 14 ukuba umntu uthi únokholo, abe imisebenzi ke engenayo? Lunako yini na ukumsindisa ukholo lwakhe? Ukuba 15

ke umzalwana, nokuba ngudade, bathi bahambe zé, beswele ukudla imihla
16 ngemihla, athi ke omnye wenu kubo, Hambani ninoxolo, yothani, hluthani; nibe ke ningàbaniki izinto ezo ziwufaneleyo umzimba: kunceda ntoni na?
17 Ngokunjalo nalo ukholo, ukuba luthi lungabi namisebenzi, lufile ngokuko-
18 kwalo. Wosuka omnye, athi, Wena unokholo, ke mna ndinemisebenzi; ndíbonise ukholo lwakho olungenamisebenzi yakho; nam ndokubonisa ngokwasemisebenzini yam ukholo lwam.
19 Wena uyakholwa ukuba uThixo mnye; uyatyapha; nazo iidemon ziya-
20 kholwa, zibe namanwele. Úyathanda na ke ukwazi, mntundini ungento, ukuba ukholo olu, ingekho imisebenzi,
21 lufile? UAbraham, ubawo wethu, akagwetyelwanga na ngokwasemisebenzini, akumnikela uIsake, unyana wa-
22 khe, phezu kwesibingelelo? Úyabona ukuba ukholo lwalusebenzisana nemisebenzi yakhe, lwenziwa wagqibelela
23 ukholo ngokwasemisebenzini? Saza sazaliseka isibhalo esithi, Wakholwa ke uAbraham nguye uThixo; kwaza oko kwabalelwa ebulungiseni kuye, wabizwa ngokuba sisihlobo sikaThixo.
24 Niyabona ke ngoko, ukuba umntu uyagwetyelwa ngokwasemisebenzini; kungabi ngokwaselukholweni lodwa.
25 Ngokunjalo ke, noRahabhi, ihenyukazi, akagwetyelwanga na ngokwasemisebenzini, akubamkela ngobubele abathunywa, ábakhuphele phandle ngayimbi
26 indlela? Kuba, kwanjengokuba umzimba, ungekho umoya, ufile, ngokunjalo ukholo, ingekho imisebenzi, lufile nalo.

Ukulawulwa kolwimi

3 Musani ukuba ngabafundisi abaninzi, bazalwana bam, nisazi nje ukuba siya kwamkela olona lukhulu ugwebo.
2 Kuba siyakhubeka kaninzi sonke.

Ukuba umntu akakhubeki zwini, lowo uyindoda egqibeleleyo, enako ukuwubamba ngomkhala nawo umzi-
3 mba uphela. Yabona, sifaka imikhala emilonyeni yamahashe, ukuba asithambele, siwajike umzimba wawo uphela. Yabona, nayo imikhombe, imikhulu 4 kangaka nje, iqhutywa nje yimimoya enamandla, ijikwa ngomthi wokujika omncinanana, iye apho sukuba umlawuli angxamele ukuba ingaya ngakhona. Ngokunjalo nalo ulwimi, lulilungu eli- 5 ncinanana nje, luyagwagwisa kakhulu.

Yabona ke, umlilo omncinane utshisa ihlathi elikhulu. Nolwimi olu ngumli- 6 lo, lihlabathi elizele kukungalungisi; lunjalo ulwimi ukuhlala phakathi kwamalungu ethu. Lona luyawudyobha umzimba uphela, luvuthisa intenda yobomi; lona ke luvuthiswa sisihogo somlilo.

Kuba zonke iimvelo zezinto ezizitho 7 ziné, kwanezeentaka, nezezinambuzane, kwanezezinto eziselwandle, ziyadanjiswa, kanjalo sezikhe zadanjiswa yimvelo eyiyeyabantu; ke lona ulwimi alunaye 8 noko amnye ebantwini, unokuludambisa; lubububi obungenakubanjwa, luzele bubuhlungu obubulalayo. Ngalo siya- 9 mbonga uThixo uYise, nangalo siyabaqalekisa abantu abenziwe ngokomfanekiselo kaThixo. Kwakuló mlomo mnye 10 kuphuma intsikelelo nengqalekiso.

Akufanelekile, bazalwana bam, ukuba ezi zinto zibe nje. Umthombo umpo- 11 mpoza amnandi nakrakra kwangelo liso linye, yini na? Únako yini na, baza- 12 lwana bam, umkhiwane úkuvelisa iinkozo zomnquma, uthi umdiliya *uvelise* amakhiwane? Ngokunjalo akukho namnye umthombo ongávelisa amanzi amtyuba namnandi.

Ubulumko obubuxoki nobuyinyaniso

Ngubani na olumkileyo, owaziyo 13 kakuhle phakathi kwenu? Makayibonise imisebenzi yakhe ngehambo entle, enobulali bobulumko. Ke, ukuba ni- 14 nomona okrakra neyelenqe entliziyweni yenu, musani ukuyiqhayisela nokuyixoka inyaniso. Obo bulumko asibubo 15 obuhla phezulu; bobasemhlabeni, bobemvelo, bobeedemon. Kuba apho 16 kukhoyo umona neyelenqe, kubakho isiphithiphithi nemicimbi emibi yonke.

Ke bona ubulumko baphezulu uku- 17 qala bunyulu, buze bube boboxolo;

buyancendezela, buthozamé kakuhle, buzele yinceba neziqhamo ezilungileyo; 18 Isiqhamo ke sobulungisa sihlwayelwa ngoxolo ngabo benza uxolo.

Ukuchasa iingxabano zobucalucalu

4 Zivela phi na iimfazwe nokulwa phakathi kwenu? Aziveli na apha eziyolweni zenu, eziwaphumela umkho- 2 si amalungu enu? Niyakhanuka, ningabi nakuzuza nto noko; niyabulala, nizonde, ningabi nakufumana nto noko; niyalwa, nenze imfazwe, ningabi nakuzuza nto ke, ngenxa yokuba ningaceli. 3 Niyacela, ningamkeli noko, ngenxa enokuba nicela kakubi, ukuze oko nikuchithele iziyolo zenu.

4 Bakrexezindini, bakrexezikazindini, anazi na ukuba ubuhlobo balo ihlabathi bubutshaba kuye uThixo? Othe ngo- 5 ko wanga angaba sisihlobo salo ihlabathi, uzenza utshaba lukaThixo. Okanye niba isibhalo esi sifumana sisitsho na, ukuthi, Umoya owahlala ngaphakathi kwethu ulangazelela ukukhweleta? 6 Ke úbabala kakhulu ngakumbi. Kungoko síthi, UThixo uyabachasa abanekratshi, ababababale abazithobileyo.

7 Mthobeleni ngoko uThixo. Mchase- 8 ni ke uMtyholi, wonibaleka. Sondelani kuye uThixo, wosondela kuni. Hlambululani izandla, boni, nenze nyulu iintliziyo, nina bamphefumlo umbaxa. 9 Yibani ziindwayi, nikhedame, nilile; ukuhleka kwenu makujike kube kukukhedama, nalo uvuyo lwenu lube ku- 10 kuthi dakumba. Zithobeni emehlweni eNkosi, yoniphakamisa.

11 Musani ukuthetha okubi omnye ngomnye, bazalwana. Lowo uthetha okubi ngomzalwana, amgwebe umzalwana wakhe, uthetha okubi ngomthetho, agwebe umthetho; ke, ukuba ùyawugweba umthetho, akumenzi wamthetho, 12 ungumgwebi. Mnye uMmisi-mthetho, lowo unako ukusindisa nokutshabalalisa; ùngubani na wena, umgwebayo omnye?

Ukuchasa ukuzingca kwezityebi

Wenani kaloku, nina nitshoyo uku- 13 thi, Namhla, nokuba kungomso, siya kuya kulaa mzi, senze khona umnyaka ube mnye, sirhwebe, sizuze; kanti nina 14 aba anikwazi kakuhle okwangomso. Kuba buyintoni na ubomi benu? Bungumphunga obonakala ixesha elincinane, uze ke uthi shwaka. Endaweni 15 yokuba nithi, Ukuba iNkosi ithe yathanda, saphila, siya kwenza le nto, nalaa nto. Ngoku ke niqhayisa ngokuqha- 16 nkqalaza kwenu; konke ukuqhayisa okunjalo akundawo. Ngoko kowaziyo 17 ukwenza okuhle, angakwenzi, kulowo kusisono.

Ukuchasa ingcinezelo eyenziwa zizityebi

5 Wenani kaloku, zityebi, lilani nenze isijwili ngeenkxwaleko zenu ezizayo. Ubutyebi benu bubolile, nee- 2 ngubo zenu zidliwe ngamanundu. I- 3 golide nesilivere yenu idliwe ngumhlwa; umhlwa wazo uya kuba lingqina ngakuni, uyidle inyama yenu njengomlilo. Niziqwebéle ubutyebi ngeemini zokugqibela. Yabonani, umvuzo wabase- 4 benzi, abavune amasimi enu, lowo ubandeziweyo nini, uyakhala; kwaye ukubhomboloza kwabavuni abo kungenile ezindlebeni zeNkosi yemikhosi. Nadla 5 ubuncwane emhlabeni apha, naxhamla iziyolo, nazondla iintliziyo zenu njengamhla kuxheliweyo. Namgweba, na- 6 mbulala olilungisa; yena akanichasi.

Ukukhuthaza umonde

Nyamezelani ngoko, bazalwana, ide 7 ifike iNkosi. Niyabona, umlimi uyasilinda isiqhamo sawo umhlaba esinexabiso elikhulu, anyamezele ngaso, side samkele eyaphambili neyasemva imvula. Nyamezelani nani, zizimaseni iintliziyo 8 zenu, ngokuba ukufika kweNkosi kusondele. Musani ukukrokrelana omnye 9 nomnye, bazalwana, ukuze ningagwetywa; yabonani, uMgwebi umi phambi komnyango.

Bathabatheni, bazalwana bam, aba- 10 profeti ababethetha egameni leNkosi, babe ngumzekelo wokuva ubunzima, 11 nowokunyamezela. Yabonani, sithi, banoyolo abo banyamezelayo. Unyamezelo lukaYobhi naluva, nesigqibo seNkosi nasibona, ngokuba iNkosi incmfesane enkulu, inenceba.

12 Ke kaloku, ngaphezu kweento zonke, bazalwana bam, musani ukufunga, nokuba lizulu, nokuba ngumhlaba, nokuba sesinye isifungo esiyini; makathi ke uewe wenu abe nguewe, nohayi abe nguhayi, ukuze ningeyeli ekugwetyweni.

Amandla omthandazo

13 Kukho mntu na phakathi kwenu uva ububi? Makathandaze. Kukho mntu na unomxhelo owonwabileyo? Make-
14 nze indumiso. Kukho mntu na ufayo phakathi kwenu? Makabizele kuye amadoda amakhulu alo ibandla, athandaze wona phezu kwakhe, akuba emthambisile ngeoli, egameni leNkosi; 15 wothi umthandazo wokholo umsindise lowo uleleyo, iNkosi imvuse; nokuba ubethe wenza izono, wozixolelwa.

Xelelanani iziphoso, nithandazelane, 16 ukuze niphiliswe. Sinamandla kakhulu isikhungo selungisa, siyeyisa. UEliya wayengumntu oluvo lunjengo- 17 lwethu, wathandaza umthandazo ukuba ingani; ayaná emhlabeni iminyaka emithathu eneenyanga ezintandathu. Wa- 18 buya wathandaza, laza izulu lanika imvula, umhlaba wavelisa isiqhamo sawo.

Bazalwana, ukuba uthe omnye pha- 19 kathi kwenu walahleka enyanisweni, wathi ubani wamguqula, makazi uku- 20 ba lowo wamguqulayo umoni ekulahlekeni kwakhe, woba usindise umphefumlo ekufeni, wagubungela inkitha yezono.

INCWADI YOKUQALA YOMPOSTILE

UPETROS

(KUBO BONKE)

Umbuliso

1 UPetros, umpostile* kaYesu Kristu, *ubhalela* abanyuliweyo abangaba-
phambukeli kwiintsali ezikwelasePonto, kwelaseGalati, kwelaseKapadoki, kwe-
2 laseAsiya, nakwelaseBhitini, *abanyuliweyo* ngokokwazi kwenxa engaphambili kukaThixo uYise, ebungcweleni boMoya, kuse ekululameleni nasekufefweni kwegazi likaYesu Kristu: *uthi*, Makwandiswe kuni ubabalo noxolo.

Ukubulelwa kwethemba losindiso

3 Makabongwe uThixo, uYise weNkosi yethu uYesu Kristu, othe ngokobuninzi benceba yakhe, wasizala ngokutsha, ukuba sibe nethemba eliphilileyo ngokuvuka kukaYesu Kristu kwabafileyo; sibe nelifa elingenakonakala, eli- 4 ngenakudyobheka, elingenakuguga, eniligcinelweyo emazulwini, nina b athe 5 ngamandla kaThixo ngokholo balondolozelwa elusindisweni, olulungiselwe ukutyhilwa ngexesha lokugqibela. Enigco- 6 ba ngalo, nokuba nithe naba buhlungu umzuzwana ngoku, ukuba nimelwe kuko, phakathi kwezilingo ngezilingo; ukuze ukucikideka kokholo lwenu ku- 7 funyanwe kunqabile kakhulu, ngaphezu kwegolide le itshabalalayo, noko icikidwa ngomlilo; kuse kuyo indumiso nembeko nozuko ekutyhilekeni kukaYesu Kristu. Enithe, ningambonanga 8

nje, namthanda; enithi ke nikholwa kuye, noko ngoku ningamboniyo, nigcobe ngovuyo olungathethekiyo, oluzuki- 9 siweyo; nisamkela isiphelo sokholo lwenu, usindiso ke lwemiphefumlo ye- 10 nu. Usindiso abathe babuzisa, baphengulula kunene ngalo abaprofeti, ababeprofeta ngalo ubabalo olwamiselwa ni- 11 na; bephengulula ukuba wayesalatha xesha lini na, linjani na, uMoya kaKristu, awayezingqinela kubo ngenxa engaphambili iintlungu ezamiselwa u- 12 Kristu, nozuko oluya kuzilandela. Abatyhilelwáyo ukuba àbazilungiseleli bona ngokwabo; bazilungiselela thina ke, izinto enizityelweyo ngoku ngabo banishumayezáyo iindaba ezilungileyo ngoMoya oyiNgcwele, owathunywa evela emazulwini; izinto ke ezo ezizinqwenelayo izithunywa zezulu ukuqondela kuzo.

Isimilo sobuKristu

13 Ngoko, bhinqani izinqe zengqondo yenu, ninobungcathu, niluthembe ngokugqibeleleyo ubabalo oluziswa kuni 14 ekutyhilekeni kukaYesu Kristu; ngokwabantwana bolulamo, ningamilisi okweenkanuko zangaphambili ekungazi- 15 ni kwenu; nithi ke, ngokokwalowo ungcwele wanibizayo, nibe ngcwele nani 16 ngokwenu kuyo yonke ihambo. Ngenxa enokuba kubhaliwe *kwathiwa*, Yibani ngcwele, ngokuba ndingcwele mna.

17 Kanjalo, ukuba nimnqula ngokoYihlo, lowo ugweba ngokowalowo umsebenzi, engakhethi buso, lihlaleni ixesha lokuphambukela kwenu apha nizoyike- 18 la; nisazi nje ukuba anihlawulelwanga nikhululwe ngazinto zinakonakala, oozisilivere noozigolide, kuyo ihambo yenu engento, enayinikelwayo ngooyihlo. 19 Kwakungegazi elinqabileyo likaKristu, njengelemvana engenasiphako, engena- 20 bala; owaziwáyo ngenxa engaphambili okunene, ngaphambi kokusekwa kwehlabathi, kodwa wabonakalaliswa ekugqibeleni kwamaxesha la ngenxa yenu, 21 nina nikholwayo ngaye kuThixo, owamvusayo kwabafileyo, wamzukisa, ngokuze ukholo lwenu nethemba lenu libe kuThixo.

Niyenzé nyulu nje imiphefumlo 22 yenu ngokuyilulamela inyaniso ngoMoya, kuse ekuthandeni abazalwana okungenaluhanahaniso, thandanani ngenyameko, ngokwasentliziyweni ehlambulukileyo; nizelwe nje ngokutsha, ku- 23 ngengokwasembewini enokonakala, kungokwasembewini engenakonakala, ngelizwi likaThixo eliphilileyo, elihleliyo ngonaphakade. Ngenxa enokuba 24
Yonke inyama injengengca,
Nabo bonke ubuqaqawuli bomntu bunjengentyantyambo yengca.
Ingca iyoma, ivuthuluke nentyantyambo yayo;
Ke lona ilizwi leNkosi lihleli ngona- 25
phakade. (UIsaya 40: 6, 8)
Elo ke leli lizwi lashunyayelwayo kuni ngeendaba ezilungileyo.

2 Ngoko, nilulahlile nje lonke ulunya, nayo yonke inkohliso, nokuhanahanisa, nomona, nako konke ukuthetha okubi, walangazeleleni, ngokweentsana ezisandula ukuzalwa, amasi angawelizwi, angenankohliso, ukuze 2 nikhule ngawo; ukuba okunene nikuvi- 3 le, ukuba iNkosi inobubele. Nisiza 4 nje kuyo, ililitye eliphilileyo, licekisiwe okunene ngabantu, kodwa linyuliwe nguThixo, linqabile: nani ngokwenu, 5 njengamatye aphilileyo, yakhekani nibe yindlu eyiyeyomoya, isibingeleli esingcwele sokunyusa imibingelelo eyiyeyomoya, eyamkeleka kakuhle kuye uThixo ngoYesu Kristu.

Kungoko ikhoyo nokubakho esibha- 6 lweni indawo ethi,
Yabona, ndibeka eZiyon ilitye lembombo, elinyuliweyo, elinqabileyo;
Lowo ukholwayo kuye akayi kukha adaniswe. (UIsaya 28: 16)
Kuni ngoko bakholwayo, liyimbeko; ke 7 kwabangevayo,
Ilitye abalicekisáyo abakhi,
Lelona laba yintloko yembombo,

8 Ilitye ke lokuwisa, iliwa ke lokukhubekisa, (INdum. 118: 22) kwabo bakhubekayo, bengaliva ilizwi; into ke leyo abamiselwe nokumiselwa yona.

9 Ke nina nisisizukulwana esinyuliweyo, isibingeleli esibukumkani, uhlanga olungcwele, abantu abayinqobo, ukuze nivakalise isidima salowo wanibizayo ukuba niphume ebumnyameni, ningene ekukhanyeni kwakhe okungummanga-
10 liso; enanifudula ningebantu, ke ngoku ningabantu bakaThixo; enaningenzelwanga nceba, ke ngoku nenzelwe inceba.

11 Zintanda, ndiyanivuselela njengabaphambukeli nabasemzini, ukuba nikhumke ezinkanukweni ezizezenyama, zona ziwuphumele umkhosi umphefumlo.

12 Ihambo yenu mayibe ntle phakathi kweentlanga; ukuze kuloo nto bathetha okubi ngani, ngathi ningabenzi bokubi, bathi ngokubona imisebenzi yenu emihle, bamzukise uThixo ngomhla wokuvelelwa.

Ukuthobela umbuso

13 Wuthobeleni ngoko wonke ummiso ongowomntu, ngenxa yayo iNkosi; nokuba ngukumkani, njengowongamileyo;
14 nokuba ngabalawuli, njengabathunyiweyo nguye, ukuze baphindezele okunene kubenzi bokubi, badumise abenzi
15 bokulungileyo. Ngokuba ukuthanda kukaThixo kukuba nithi, ngokwenza okulungileyo, nibethe ithi cwaka intswela-kwazi yabantu abaziintsweli-
16 kuqonda; nithi ningabakhululekileyo nje, ningabi ngabayenza inkululeko ibe sisigqubuthelo sobubi; nibe ngaba-
17 khonzi bakaThixo. Bekani abantu bonke. Thandani isizalwana. UThixo moyikeni. Ukumkani mbekeni.

Intsingiselo yokukhonza

18 Nina zicaka, bathobeleni ninako konke ukoyika abanikhonzisayo, ingabi ngabalungileyo nabathantamisayo bodwa,
19 ibe kwanabagwenxa. Kuba oku kuyabuleleka, ukuba umntu uthwala iintsizi, ngenxa yokumazi uThixo, eve ubunzima esoniwa. Kuba kuya kuba ludumo 20 luni na, ukuba ninyamezele nakuntlithwa nisona? Ke ukuba nithi, nisenza okulungileyo, nive ubunzima, nize ninyamezele, oko kuyabuleleka kuThixo.

Kuba nabizelwa oko; ngokuba no- 21 Kristu weva ubunzima ngenxa yethu, esishiya nomzekelo, ukuze silandele emkhondweni wakhe: ongenzanga sono, 22 ekungafunyanwanga nkohliso emlonyeni wakhe; obesithi, etshabhiswa, anga- 23 phindezeli atshabhise, athi esiva ubunzima, angaphindezeli asongele; ke ubeyekele kulowo ugwebayo ngokobulungisa; owathi ngokwakhe, izono zethu 24 wazithwala ngomzimba wakhe emthini, ukuze sithi, sifile ngakwizono, siphilele ebulungiseni; omivumbo yakhe naphiliswa ngayo. Kuba beninjengezimvu 25 zilahlekile, koko nisuke ngoku nabuyela kuye uMalusi noMveleli wemiphefumlo yenu.

Amadoda nabafazi bawo

3 Ngokunjalo, nina bafazi, wathobeleni awenu amadoda, ukuze kuthi, nokuba kukho kuwo angalivayo ilizwi, athi ngehambo yabafazi, lingekho ilizwi, azuzeke; ebonela ihambo yenu enyulu, 2 enoloyiko. Ukuhomba kwenu maku- 3 ngabi kokwangaphandle, kokulukwa kweenwele, nokunxitywa kwegolide, nokwambathwa kweengubo; makube 4 kokomntu ofihlakeleyo wentliziyo, ovethe ukungonakali, umoya onobulali, ozolileyo, oxabiso likhulu emehlweni kaThixo. Kuba babefudula besenje- 5 njalo abafazi abangcwele, abo babemthembile uThixo, ukuhomba kwabo, bewathobele awabo amadoda; njengoku- 6 ba uSara wamlulamelayo uAbraham, embiza ngokuthi yinkosi; eningabantwana bakhe nina, nákuba nisenza okulungileyo, ningoyiki nto yethusayo.

Ngokunjalo, nina madoda, hlalani 7 nabo ngokokwazi, nimbeka umfazi, njengesona sitya siethe-ethe, njengeendlalifa kunye *nani* zobabalo lobomi, ukuze imithandazo yenu ingathinteleki.

Uthandano lobuKristu

8 Elokugqiba, cingani nto-nye nonke, velanani, thandanani njengabazalwana, yibani nemfesane kakhulu, yibani no-
9 bubele. Ningabuyekezi ububi ngobubi, nokutshabhisa ngokutshabhisa; kanye ke sikelelani, nisazi ukuba nabizelwa oku, ukuze niyidle ilifa intsikelelo.
10 Kuba
Lowo unga angathanda ubomi,
Ayibone imihla elungileyo,
Makaluphezise ulwimi lwakhe ebubini,
Nomlomo wakhe ungathethi inkohliso;
11 Makaphambuke ebubini, enze okulungileyo;
Makafune uxolo, aluphuthume.
12 Ngokuba amehlo eNkosi aphezu kwamalungisa,
Neendlebe zayo zisingisele esikhungweni sawo;
Ke ubuso beNkosi buphezu kwabenza okubi. (INdum. 34: 12-16)

Ukunyamezela intswela-bulungisa ngokomzekelo kaKristu

13 Kananjalo ngubani na yena owonona, ukuba nithe naba ngabalandeli bokulu-
14 ngileyo? Nokuba nithe neva ubunzima ngenxa yobulungisa, *ninoyolo*; musani ukoyika ngokoyikisa kwabo,
15 ningakhathazeki nokukhathazeka. INkosi ke uThixo yingcwaliseni ezintliziyweni zenu, nihlale ke nikulungele nikuziphendulela kumntu wonke obuzayo kuni ilizwi, ngalo ithemba elingaphakathi kwenu, ninobulali noloyiko;
16 ninesazela esilungileyo, ukuze kuloo nto banithethela okubi, ngathi ningabenzi bokubi, badane abo bayigxekayo ihambo yenu elungileyo kuKristu.
17 Ukuba ke kungaba kukuthanda kukaThixo ukuba nive ubunzima, okona kunilungeleyo kukubuva nisenza okulungileyo, kunokubuva nisenza okubi.
18 Ngokuba noKristu wabuva kwakanye ubunzima ngenxa yezono, ilungisa lisiva *ubunzima* ngenxa yaþangemalungisa, ukuze asisondeze kuye uThixo; ebulewe okunene esenyameni, kodwa edliswe ubomi ekuwo umoya. Awathi 19 ekuwo, waya washumayela koomoya abasekukhonkxweni, ababefudula be- 20 ngeva, xenikweni ukuzeka kade umsindo kukaThixo kwakulindile ngemihla kaNowa, kwakubon' ukuba kulungiswa umkhombe, ekwasindiselwa kuwo imiphefumlo embalwa, oko kukuthi esibhozo, ngamanzi. Olusisindisayo nga- 21 wo nathi ngoku ubhaptizo ngokomfuziselo; olungekuko ukulahla ubunyhukunyhuku benyama; olukukubúzisa kuThixo kwesazela esilungileyo, ngokuvuka kukaYesu Kristu; osekunene 22 kukaThixo, eye emazulwini, kwakubon' ukuba kuthotyelwe phantsi kwakhe izithunywa zezulu, noomagunya, namandla.

Ukulahlwa kwesono

4 Ekubeni ngoko uKristu eve ubunzima ngenxa yethu esenyameni, xhobani nani kwaloo ngcingane; ngokuba lowo uve ubunzima esenyameni, ukhunyulwe ekoneni; ukuze ixesha eli- 2 seleyo enyameni ningabi saliphilela ezinkanukweni zabantu, niliphilele ekuthandeni kukaThixo.

Kuba lisanele ixesha elidluleyo loku- 3 phila kwethu, esasisenza ukuthanda kweentlanga, sasihamba nje eburheletyweni, ezinkanukweni, ekutshisweni yiwayini, ezindywaleni, emithayini, nasekukhonzeni izithixo, okungekhona esikweni; abathe nqa ngako ukuba 4 ningabaleki kunye nabo, ukuya kwakuwo loo melelo wokuzibhubhisa, benyelisa; abaya kuphendula kulowo ulungele 5 ukugweba abaphilileyo nabafileyo. Ku- 6 ba ngenxa yoku zashunyayelwa iindaba ezilungileyo nakwabafileyo, ukuze bagwetywe okunene ngokwabantu besenyameni, kodwa badle ubomi ngokukaThixo, bekuwo umoya.

Ke kaloku ukuphela kwezinto zonke 7 kusondele. Yibani nesidima ngoko, nibe nobungcathu, ukuba nithandaze. Ngaphezu kweento zonke ke, yibani 8 nothandano olunyamekileyo, ngokuba

uthando luya kugubungela inkitha ye-
9 zono. Bukanani, ningenakukrokra.
10 Yithini elowo, njengoko wasamkelayo
isipho sokubabalwa, nilungiselelane nga-
so, njengamagosa amahle obabalo ngo-
11 babalo lukaThixo. Ukuba umntu uya-
thetha, *makathethe* ngokwezihlabo zika-
Thixo; ukuba umntu uyalungiselela,
makalungiselele ngokwasekomeleleni a-
kuphiwa nguThixo, ukuze ezintweni
zonke azukiswe uThixo ngoYesu Kri-
stu, elulolwakhe uzuko namandla, kuse
emaphakadeni asemaphakadeni. Amen.

Ilungelo lokubulaleka ngenxa kaKristu

12 Zintanda, musani ukuwuthela nqa
umlilo okhoyo phakathi kwenu woku-
nilinga, ngathi nihlelwa yinto yokuthe-
13 lwa nqa. Yithini, njengoko ningama-
dlelane ngeentlungu zikaKristu, nivuye;
ukuze, nasekutyhilekeni kobuqaqawuli
14 bakhe, nivuye nigcoba. Ukuba niya-
ngcikivwa ngenxa yegama likaKristu,
ninoyolo; ngokuba uMoya wozuko no-
kaThixo uphumle phezu kwenu; ngo-
kukokwabo okunene uyanyeliswa, ko-
dwa ngokukokwenu uyazukiswa.
15 Makungabikho ke bani kuni uva
ubunzima ngokombulali, nangokwesela,
nangokomenzi wobubi, nangokovelela
16 izinto angatheni nazo. Ukuba ke *ubani*
uva ubunzima ngokuba engumKristu,
makangadani; makamzukise ke uThixo
17 ngaloo ndawo. Ngokuba lixesha loku-
ba ugwebo luqale ngendlu kaThixo.
Ukuba ke luqala ngathi, koba yintoni
na ukuphela kwabo bangàzivayo iinda-
18 ba ezilungileyo zikaThixo? Kanjalo
ukuba nelungisa eli lisindiswa ngenka-
nkulu, ongahloneli Thixo nongumoni
19 woba phi na? Ngoko ke abo babuvayo
ubunzima ngokokuthanda kukaThixo,
mabayiyaleze kuye imiphefumlo yabo,
enguMdali othembekileyo ekwenzeni
okulungileyo.

Ukuvuselelwa kwamadoda amakhulu

5 Amadoda amakhulu la aphakathi
kwenu ndiyawavuselela, ndikwayi-
ndoda enkulu kunye nawo, nengqina

leentlungu zikaKristu, nedlelane nawo
ngobuqaqawuli obuza kutyhileka. Wa- 2
lúseni umhlambi kaThixo ophakathi
kwenu, niwuvelela, kungengakunyanze-
lwa, makube ngokokuzithandela; ku-
ngengenxa yenzuzo embi, makube ngo-
kuthumekelela; kungabi njengabaziga- 3
gamelayo izahlulo *zawo*, yibani yimize-
kelo kumhlambi. Nòthi, akubonakala 4
uMalusi oyintloko, nisifumane isithsaba
salo uzuko esingabuniyo.

Ukuvuselela ngokuvuselela

Ngokunjalo, nina manci, wathobeleni 5
amadoda amakhulu. Thobelanani no-
nke ke, ninxibe ukuthobeka kwentliziyo;
ngokuba uThixo uyabachasa abanekra-
tshi, abababale ke abazithobileyo. Zi- 6
thobeni ngoko ngaphantsi kwesandla
esinamandla sikaThixo, ukuze aniphа-
kamise ngexesha elifanelekileyo. Lonke 7
ixhala lenu liphoseni phezu kwakhe,
ngokuba yena enikhathalele.
Yibani nobungcathu, phaphani; ngo- 8
kuba ummangaleli wenu, uMtyholi,
uhamba njengengonyama egqumayo,
efuna ubani angamginyayo; mchaseni 9
lowo, nizimasekile elukholweni, nisazi
ukuba kwaezo ntlungu ziyenzeka kubo
abazalwana benu abasehlabathini.

Ke kaloku uThixo walo lonke uba- 10
balo, owasibizelayo eluzukweni lwakhe
olungunaphakade, sikuKristu Yesu, wa-
nga angathi ngokwakhe, nákuba nivé
ubunzima umzuzwana, anilungise ni-
gqibelele, anizimase, anomeleze, anise-
kele. Kuye makubekho uzuko nama- 11
ndla, kuse emaphakadeni asemaphaka-
deni. Amen.

NgoSilvano, umzalwana othembeki- 12
leyo, njengoko ndicinga ngako, ndibhale
kuni ngokufutshane, ndivuselela, ndi-
ngqina ukuba olu lúbabalo oluyinene
lukaThixo, nimiyo kulo.
Liyanibulisa ibandla eliseBhabheli, 13
elinyuliweyo kunye nani; noMarko
unyana wam uyabulisa. Bulisanani 14
ngolwango lothando.
Uxolo malube kuni nonke eniku-
Kristu. Amen.

INCWADI YESIBINI YOMPOSTILE

UPETROS

(KUBO BONKE)

Umbuliso

1 USimon Petros, umkhonzi nompostile* kaYesu Kristu, *ubhalela* abo baluzuzileyo ukholo oluxabiso lunye nolwethu, ebulungiseni bukaThixo wethu, 2 uMsindisi wethu uYesu Kristu: *uthi*, Makwandiswe kuni ubabalo noxolo, ngokumazi uThixo, noYesu, iNkosi yethu.

Isimilo namalungelo obuKristu

3 *Nibona nje*, ukuba amandla akhe obuThixo asiphile zonke izinto ezisingise ebomini nasekuhloneleni uThixo, ngako ukumazi lowo wasibizayo ngozuko nesidima. 4 Esithé ngezo zinto, saphiwa amadinga amakhulukazi, anqabileyo, ukuze ngawo nibe ngamadlelane ngemvelo yobuThixo, nisinde ekonakaleni okukhoyo ehlabathini ngenkanuko.
5 Ewe, ngenxa yoko, nákuba niqokele ukukhuthala konke, yithini elukholweni lwenu nongezelele isidima; esidimeni 6 ke, ukwazi; ekwazini ke, ukuzeyisa; ekuzeyiseni ke, umonde; emondeni ke, 7 ukuhlonela uThixo; ekuhloneleni ke uThixo, ukuthanda abazalwana; ekuthandeni ke abazalwana, ukuthanda 8 *abantu bonke*. Kuba xa zikhoyo ezo zinto kuni, zisanda, zinenza ukuba ninganqeni, ningabi ngabaswele isiqhamo ekuyazini iNkosi yethu uYesu Kri- 9 stu. Kuba lowo zingekhoyo kuye ezo zinto, uyimfama; ubona luzizi, ekulibele ukuhlanjululwa kwezono zakhe zakudala.
10 Endithi ngoko, bazalwana, makube kukhona nikhuthalele ukulwenza luqine ubizo nonyulo lwenu; kuba, nákuzenza ezo zinto, anisayi kukha nikhubeke.
11 Kuba ngokunjalo nophiwa ngokobutyebi ukungena ebukumkanini obungunaphakade beNkosi yethu, uMsindisi uYesu Kristu.

Ukusondela kokufa kukaPetros

12 Kungoko ndingakuyekiyo ukuhlala ndinikhumbuza ngezo zinto, noko nizaziyo, nizimasekileyo enyanisweni leyo ikhoyo kuni. Ndiba ke kububulungisa, 13 ukuba ngalo gama ndikuló mnquba, ndinivuse ngokunikhumbuza; ndisazi 14 nje ukuba kukufuphi ukubekwa nxamnye kwaló mnquba wam, njengokuba nayo iNkosi yethu uYesu Kristu yandazisayo. Kananjalo ndiya kukhu- 15 thalela ke ukuba nibe nako, amaxa onke emva kokumka kwam, ukuzikhunjuzwa ezo zinto.

Ubungqina bukaPetros nobo babaprofeti

16 Kuba sithe, singalandelanga zintsomi zabuqhinga, sanazisa amandla nokufika kweNkosi yethu uYesu Kristu; sithe saba ngababoneli bobungangamsha bakhe. Kuba wamkela kuThixo uYise 17 imbeko nozuko, ekuzisweni kuye, bubuqaqawuli obubalaseleyo, izwi elinjengeli: Lo nguNyana wam oyintánda, endikholisiweyo mna nguye. Nelo zwi 18 ke saliva thina, lisiza liphuma ezulwini, sinaye entabeni leyo ingcwele.
Kanjalo sinalo nelona lizwi liqinise- 19 kileyo elilelobuprofeti, enityaphayo ukulinyamekela, linjengesibane esikhanyisa endaweni emnyama, kude kuse, liphume ikhwezi ezintliziyweni zenu; nisazi oku kuqala, ukuba sonke isipro- 20 feto sesibhalo asibikho ngokuzicombululela. Kuba akukhanga kubekho si- 21 profeto ngokuthanda komntu; báthi abantu abangcwele bakaThixo bathetha beqhutywa nguMoya oyiNgcwele.

Abaprofeti ababuxoki nobomi benkohlakalo

2 Ke kaloku, kwakukho nabaprofeti ababuxoki phakathi kwabantu; njengokuba naphakathi kwenu kuya kubakho abafundisi ababuxoki, bona baya kungenisa bucala amahlelo entshabalalo, bemkhanyela uMnini-nto-zonke owabathengayo, bezizisela intshabalalo emsi-
2 nya. Baninzi abaya kulandela intshabalalo yabo; eya kunyeliswa ngenxa
3 yabo indlela yenyaniso. Bathi benokubawa, banibonelele ngamazwi alalanisayo; abakugwetywa kungaphumliyo kwakudala, nayo intshabalalo yabo ayozeli.
4 Kuba, xa uThixo angaziconganga izithunywa zezulu ezonayo, wesuka wathi, ezikhahlele enzonzobileni, wazinikela emixokelelwaneni yesithokothoko,
5 zigcinelwe umgwebo; naxa angaliconganga ihlabathi lakudala, wesuka walondoloza uNowa, umvakalisi wobulungisa, enabasixhenxe, akuba elihlisele unogumbe ihlabathi labangahloneli Thixo;
6 xa athe nemizi yaseSodom neGomora wayitshisa yaluthuthu, wayigweba ukuba ibhukuqeke, wayenza umzekelo wabaza kuba ngabangahloneli Thixo;
7 wamhlangula uLote olilungisa, owacatshukiswa kukuhamba eburheletyweni
8 kwabangenammiselo; kuba laye, ngokubona nangokuva, ilungisa elo lihleli phakathi kwabo imihla ngemihla, liwuthuthumbisa umphefumlo walo olungisayo, ngemisebenzi *yabo* echasene no-
9 mthetho: iyakwazi iNkosi ukubahlangula ekuhendweni abahlonela uThixo; ke abangemalungisa ibagcinele imini
10 yomgwebo, ukuba babethwe; ngokukodwa ke abo balandela inyama ngokukhanuka ukuzidyobha, abadela ubukhosi.

Ngabasileyo, abenza ngokuzithandela, abangoyikiyo ukunyelisa izikhakha-
11 mela. Ukanti izithunywa zezulu, zingaphezulu nje ngokomelela namandla, azizigwebi ngamgwebo unyelisayo pha-
12 mbi kweNkosi. Ke aba, njengezinto eziphilileyo, ezingenangqondo, ezizezemvelo, ezizalelwe ukubanjwa nokonakala, benyelisa izinto abangazaziyo, baya konakala kanye ekonakaleni kwabo, bazuzane nomvuzo wokungalungisi; 13 njengababá bubuyolo ukudla ubuncwane okwemini enye; bengamabala neziphako, bexhamla ubuncwane ngokulukuhla kwabo, bezingxala ukudla ezidlweni nani; benamehlo azele lukrexezo, 14 angenakuphunyuzwa esonweni, bebambisa imiphefumlo engenakuzimaseka, benentliziyo eqheliswe ukubawa; abantwana bengqalekiso. Beyishiyile i- 15 ndlela ethe tye, balahleka, belandela indlela kaBhileham okaBhehore, owathanda umvuzo wokungalungisi; wó- 16 hlwaywa ke ngokugqitha kwakhe umthetho; lathi iesile, lingenakuthetha nje, lathetha ngezwi lomntu, lamalela umprofeti lowo, ukuba angabi nxamnye nengqondo.

Aba bayimithombo engenamanzi, a- 17 mafu aqhutywa luqhwithela, besigcinelwe bona isithokothoko sobumnyama ngonaphakade. Kuba, bevakalisa nje 18 iindumbisa zamazwi angento yanto, babambisa ngeenkanuko zenyama, ngoburheletyo, abo babesindile, kanye kwabo bahambayo ekulahlekisweni. Bebathe- 19 mbisa nje inkululeko, bona ngokwabo bangabakhonzi bokonakala; kuba lowo athi ubani eyiswe nguye, ukhonzisiwe nokukhonziswa kuye.

Kuba xa bathi, besindile nje kuzo 20 izidyobho zehlabathi ngokuyazi iNkosi, uMsindisi uYesu Kristu, babuye ke bazibhijele ngazo, boyiswe zizo, zisuke iziphelo zabo zaba mandundu kuneziqalo zabo. Kuba ngekubalungele ka- 21 nye, ukuba bebengayazanga indlela yobulungisa, kunokuba bathi beyazile, babuye umva, baphume kuwo umthetho ongcwele abawuwiselwáyo. Bahlélwe 22 ke ngokomlinganiselo oyinene, othi, Inja ibuyéle emhlanzweni wayo, nehagukazi eyahlanjwayo iye ekuzityikatyikeni eludakeni.

Imini yokuza kukaKristu

3 Ngoku ndinibhalela, zintanda, le ncwadi iyeyesibini, enditho kuzo *zombini* ndiyivuselele ingqondo yenu engcwengekileyo ngokunikhumbuza; u- 2

kuba níwakhumbule amazwi abethethiwe ngenxa engaphambili ngabaprofeti abangcwele, nawo umthetho wabapo-
3 stile* bethu beNkosi uMsindisi; nikwazi nje oku kuqala, ukuba kuya kuza ngemihla yokugqibela abagxeki, behamba
4 ngokwezabo iinkanuko, besithi, Liphi na kaloku idinga lokufika kwakhe? Kuba kuseloko oobawo balalayo ukufa, izinto zonke zahlala zihleli zinjengokwasekuqalekeni kwendalo.
5 Kuba oku kufihlakele kubo ngokuthanda kwabo, ukuba izulu laye likho kwakudala, nomhlaba uvele emanzini, umi ngamanzi, ngalo ilizwi likaThixo;
6 elathi ngezo zinto ihlabathi langoko lantywiliselwa ngamanzi, latshabalala.
7 Ke lona izulu langoku, nawo umhlaba lo, kwangelo lizwi ezo zinto ziqwetyelwe, zigcinelwe, umlilo, kuse kwimini yomgwebo nentshabalalo yabantu abangahloneli Thixo.

8 Le nto ke inye mayingafihlakali kuni, zintanda, ukuba phambi kweNkosi imini enye injengeminyaka eliwaka, neminyaka eliwaka injengemini enye.
9 INkosi ayilibali dinga, njengoko abathile baba iyalibala; isuka izeke kade umsindo kuthi, ingangi kungatshabalala nabani; inga bonke bangasinga enguqukweni.
10 Iya kufika ke imini yeNkosi njengesela ebusuku, eliya kuthi ngayo izulu lidlule liqhuqhumba, zithi ke iziqalelo zitshe, zichithakale, nomhlaba nayo imisebenzi ekuwo itshiswe kuthi tu.

Imfuneko yokuyilindela imini yeNkosi

Ezo zinto zonke ngoku zichithakala 11 nje, nimele ukuba ngabanjani na ngeehambo ezingcwele nokuhlonela uThixo; nikulindela, nikukhawulezela, ukufika 12 kwayo imini kaThixo, eliya kuthi ngenxa yayo izulu lifakwe isikhuni, lichithakale, zithi neziqalelo zitshe zinyibilike? Thi- 13 na ke ngokwedinga lakhe silinde elitsha izulu, nomtsha umhlaba, apho kumi ubulungisa.

Kungoko, zintanda, nilindele ezo 14 zinto nje, khuthalelani ukuba nifunyanwe kuye niseluxolweni, ningenabala, ningenasiphako. Ukuzeka kade umsi- 15 ndo kweNkosi yethu kubaleleni ekuthini lusindiso, njengoko wanibhalelayo nomzalwana wethu oyintanda, uPawulos, ngokobulumko awabunikwayo; nje- 16 ngokuba, nasezincwadini zakhe zonke, ethetha kuzo ngezo ndawo; ekukhoyo kuzo zithile ziqiqeka nzima, abathi abangàfundileyo, nabangazimasekileyo, bazigqwethele kokwabo ukutshabalala, njengokuba *bezenjenjalo* nezinye izibhalo.

Nina ngoko, zintanda, nizazi nje 17 ngenxa engaphambili *ezo zinto*, zigcineni okwenu, ukuze ningàthi, níkhukuliswé lulahlekiso lwabangenammiselo, niphalale kokukokwenu ukuqina. Khu- 18 lani ke elubabalweni nasekuyazini iNkosi yethu, uMsindisi uYesu Kristu. Kuye malubekho uzuko nangoku, kuse nakwimini engunaphakade. Amen.

INCWADI YOKUQALA YOMPOSTILE

UYOHANE

(KUBO BONKE)

Ubomi obungunaphakade bubonakaliswa ngoYesu

1 Oko kwakukho kwasekuqalekeni, oko sikuvileyo, oko sikubonileyo ngawethu amehlo, oko sakukhangelayo, zakuphatha izandla zethu, okwelizwi labo ubomi (obu bomi ke babonakali- 2 swa; sibubonile, siyabungqinela, siyabuxela kuni, ubomi obo bungunaphakade, bona obo bebukuye uYise, baza babonakaliswa kuthi): oko ke sikuboni- 3

leyo, sikuvileyo, siyakuxela kuni, ukuze nani nibe nobudlelane nathi. Baye ke ubudlelane bethu bunaye uYise, bunaye 4 uNyana wakhe uYesu Kristu. Ezo zinto sinibhalela ukuze uvuyo lwenu luzaliseke.

Onobudlelane noThixo uhamba ekukhanyeni

5 Lulo olu ke udaba esiluvileyo kuye, esinityela lona, lokuba uThixo ukukukhanya, akukho bumnyama kuye naka-
6 nye. Ukuba sithi sinobudlelane naye, sibe sihamba ebumnyameni, soba siya-
7 xoka, asiyenzi inyaniso; ke, ukuba sihamba ekukhanyeni, njengokuba yena esekukhanyeni, soba sinobudlelane omnye nomnye, lithi negazi lika-Yesu Kristu, uNyana wakhe, lisihlambulule kuso sonke isono.
8 Ukuba sithi asinasono, siyazikhohlisa,
9 inyaniso ayikho kuthi. Ukuba sithi sizivume izono zethu, uthembekile, ulilungisa, ukuba asixolele izono zethu, asihlambulule kuko konke ukungalu-
10 ngisi. Ukuba sithi asonanga, simenza ixoki; ilizwi lakhe alikho kuthi.

2 Bantwanana bam, ndinibhalela ezi zinto, ukuze ningoni. Ukuba kukho othe wona, sinoMthetheleli kuye
2 uYise, uYesu Kristu ilungisa. Yena usisicamagushelo sezono zethu; engesazethu zodwa, usiso nesehlabathi liphela.

Ukugcina umthetho nokuthanda abazalwana

3 Sazi ngale nto ukuba siyamazi, ngokuthi siyigcine imithetho yakhe.
4 Lowo uthi, Ndimazile, abe engayigcini imithetho yakhe, ulixoki, kulowo ayikho
5 inyaniso. Ke othi aligcine ilizwi lakhe, okwenyaniso uthando lukaThixo lugqibelele kulowo; sazi ngaloo nto ukuba
6 sikuye. Lowo uthi uhleli kuye, ufanele ukuthi, njengoko wahambayo yena, enjenjalo ukuhamba naye.
7 Bazalwana, andinibhaleli mthetho mtsha; ngumthetho omdala, ebeninawo kwasekuqalekeni. Umthetho omdala ke
8 lilizwi enalivayo kwasekuqalekeni. Ndi- buya ndinibhalele umthetho omtsha, okuyinene oko kuye nakuni; ngokuba ubumnyama buyadlula, kwaye ukukhanya okuyinyaniso sekubonakala. Lo- 9 wo uthi usekukhanyeni, abe emthiyile umzalwana wakhe, usebumnyameni unangoku. Lowo umthandayo umza- 10 lwana wakhe uhleli ekukhanyeni, akanasikhubekiso. Ke lowo umthiyileyo 11 umzalwana wakhe usebumnyameni, uhamba ebumnyameni. Akazi apho aya khona, ngokuba ubumnyama buwamfamekisile amehlo akhe.

Ndiyanibhalela, bantwanana, ngoku- 12 ba nizixolelwe izono zenu ngenxa yegama lakhe. Ndiyanibhalela, boyise, ngo- 13 kuba nimazile owasekuqalekeni. Ndiyanibhalela, madodana, ngokuba nimeyisile ongendawo. Ndiyanibhalela, bantwana, ngokuba nimazile uYise. Nda- 14 nibhalela, boyise, ngokuba nimazile owasekuqalekeni. Ndanibhalela, madodana, ngokuba nomelele, laye ilizwi likaThixo lihleli kuni, nimoyisile ke ongendawo.

Musani ukulithanda ihlabathi, kwa- 15 nezinto ezisehlabathini. Ukuba kukho othi alithande ihlabathi, uthando luka-Yise alukho kuye. Ngokuba konke 16 okusehlabathini, inkanuko yenyama, nenkanuko yamehlo, noqhankqalazo lobu bomi, asikokuphuma kuye uYise, kokuphuma ehlabathini. Ihlabathi ke 17 liyadlula, nenkanuko yalo; ke yena owenza ukuthanda kukaThixo uhleli ngonaphakade.

Iziyalo ngabachasi-Kristu

Bantwana, lilixa lokugqibela eli; 18 njengoko nevayo ukuba umchasi-Kristu uyeza, nangoku kuthe kwabakho abachasi-Kristu abaninzi, ekuthe ngoko sazi ukuba lilixa lokugqibela. Bá- 19 phuma kuthi, babengengabo abethu; kuba, ukuba babengabethu, ngebahlalayo nathi. Báphuma ukuze babonakale, ukuba bonke babengengabo abethu. Nina ninentambiso evela koyi- 20 Ngcwele, niyazazi ke izinto zonke. Andinibhalelanga ngakuba ningàyazi 21 inyaniso; ndinibhalele ngokuba niyazi, nangokuba kungekho buxoki buphuma enyanisweni.

22 Ngubani na ixoki, ingenguye okhanyelayo ukuba uYesu unguye uKristu?* Lowo ungumchasi-Kristu, omkhanyela-
23 yo uYise noNyana. Bonke abamkhanyelayo uNyana, abanaye noYise.
24 Nina ngoko, oko nakuvayo kwasekuqalekeni makuhlale kuni. Ukuba kuthi kuhlale kuni oko nakuvayo kwasekuqalekeni, nani niya kuhlala kuye uNyana,
25 nakuye uYise. Lilo eli idinga, awalibekayo ngokwakhe kuthi, ubomi obungunaphakade.
26 Ezo zinto ndinibhalele ngabo bani-
27 lahlekisayo. Nina intambiso enayamkelayo kuye ihleli kuni, aniswele kwakuba nifundiswe ngubani; kunjengokuba kwaloo ntambiso inifundisa ngeento zonke, iyinene, ingebuxoki; njengokuba ke yanifundisayo, hlalani
28 kuye. Ngoku ke, bantwanana, hlalani kuye, ukuze xa athe wabonakalaliswa, sibe nokungafihlisi, singadani, simbaleke
29 ekufikeni kwakhe. Ukuba niyazi ukuba ulilungisa, yazini ukuba bonke abenza ubulungisa bazelwe nguye.

Uthando lukaYise lukhokelela ebomini obulungileyo

3 Bonani uthando olungaka asenzele lona uYise, olu lokuba sibizwe ngokuba singabantwana bakaThixo. Ngenxa yoko ihlabathi alisazi thina, ngokuba
2 lingamazanga yena. Zintanda, ngoku singabantwana bakaThixo. Akukabonakali ke into esiya kuba yiyo; ke siyazi ukuba, xa athe wabonakala, sofana naye; ngokuba siya kumbona njengoko anjalo.
3 Bonke abanalo eli themba kuye, bazenza nyulu, njengokuba yena enyulu.

Ukungavumeleki kwesono kubantwana bakaThixo

4 Bonke abasenzayo isono benza okucha-
5 sene nomthetho; sona isono sikukuchasana nomthetho. Niyazi ke ukuba yena wabonakaliswa, ukuze azithwale azisuse izono zethu; kananjalo akukho
6 sono kuye. Bonke abahlala kuye abo-ni; bonke abonáyo abambonanga, abamazanga nokumazi.

Bantwanana, makungabikho namnye 7 unikhohlisayo; lowo ubenzayo ubulungisa lilungisa, njengokuba yena elilungisa. Lowo usenzayo isono ungoka- 8 Mtyholi; ngokuba uMtyholi woné kwasekuqalekeni. Wabonakaliselwa oku uNyana kaThixo, ukuze ayichithe imisebenzi kaMtyholi.

Bonke abazelwe nguThixo abenzi 9 sono, ngokuba imbewu yakhe ihleli kubo; kananjalo abanakona, ngokuba bezelwe nguThixo. Babonakala ngaloo 10 nto abantwana bakaThixo, nabantwana bakaMtyholi. Bonke abangenzi bulungisa àbangabakaThixo, nalowo ungamthandiyo umzalwana wakhe. Ngo- 11 kuba le yintshumayelo enayivayo kwasekuqalekeni, ukuba sithandane; singabi 12 njengoKayin, obengowongendawo, wambulala umninawa wakhe. Wambulalelani na? Ngokuba imisebenzi yakhe ibingendawo, ke yona eyomninawa wakhe ibinobulungisa.

Uthando lwabazalwana

Musani ukumangaliswa, bazalwana 13 bam, ukuba ihlabathi linithiyile. Thina 14 siyazi ukuba sidlule ekufeni, sangena ebomini, ngokuba sibathanda abazalwana. Lowo ungamthandiyo umzalwana uhleli ekufeni. Lowo umthiyileyo u- 15 mzalwana wakhe usisibulala-mntu; niyazi ukuba akukho sibulala-mntu sinobomi bungunaphakade buhleliyo kuso. Ngale nto silwazile uthando, kuba yena 16 wasincamela ubomi bakhe; nathi ke sifanele ukubancamela abazalwana ubomi bethu. Osukuba ke enayo impilo 17 yeli hlabathi, aze ambone umzalwana wakhe eswele, azivalele iimfesane zakhe kuye, luthini na ukuhlala uthando lukaThixo ngaphakathi kwakhe?

Bantwanana bam, masingathandi nga- 18 zwi nangamlomo; masithande ngezenzo nangenyaniso. Siyazi ngale nto ke 19 ukuba singabenyaniso; siya kuzileleza iintliziyo zethu phambi kwakhe. Ngo- 20 kuba ukuba intliziyo yethu iyasigweba, uThixo mkhulu kunentliziyo yethu, ezazi izinto zonke.

21 Zintanda, ukuba intliziyo yethu ayisigwebi, sinokungafihlisi kuye uThixo;
22 nesithi sikucele siyakwamkela kuye, ngokuba imithetho yakhe siyigcina, sizenze izinto ezikholekileyo emehlweni
23 akhe. Nguwo lo umthetho wakhe, ukuba sikholwe ligama lonyana wakhe, uYesu Kristu, sithandane njengoko
24 wasiwiselayo umthetho. Lowo uyigcinayo imithetho yakhe uhleli kuye, naye uhleli kulowo. Sazi ngale nto ke, ukuba uhleli kuthi ngoMoya lo wasinikayo.

Ukucikidwa koomoya

4 Zintanda, musani ukukholwa ngoomoya bonke, bacikideni oomoya ukuba ngabakaThixo na; ngokuba baninzi abaprofeti ababuxoki, abaphumé
2 bangena ehlabathini. Mazini ngale nto uMoya kaThixo: umoya wonke omvumayo uYesu Kristu ezé esenyameni,
3 ungokaThixo; nomoya wonke ongamvumiyo uYesu Kristu ezé esenyameni, asingokaThixo; lo ngokamchasi-Kristu, lowo niwuvileyo ukuba uyeza; nangoku uselukho ehlabathini.
4 Nina ningabakaThixo, bantwanana, nibeyisile bona; ngokuba lowo ukuni nguyena mkhulu kunalowo usehlaba-
5 thini. Bona ngabehlabathi; ngenxa yoko bathetha okwehlabathi, ihlabathi
6 liyabeva ke. Thina singabakaThixo, lowo umaziyo uThixo uyasiva thina; ongengokaThixo akasiva. Siwazi ngaloo nto umoya wayo inyaniso, nomoya walo ulahlekiso.

Uthando lukaThixo nothando lomntu

7 Zintanda, masithandane; ngokuba uthando lwaphuma kuThixo. Bonke abanothando bazelwe nguThixo, baya-
8 mazi uThixo. Lowo ungenaluthando akazanga amazi uThixo, ngokuba u-
9 Thixo uluthando. Kwabonakaliswa ngale nto ukusithanda kukaThixo, ngokuthi uThixo amthume ehlabathini uNyana wakhe, ekuphela kwamzeleyo,
10 ukuze sidle ubomi ngaye. Uthando lulapha, ingekukuba samthandayo u-Thixo thina, ikukuba wasithandayo yena, wamthuma uNyana wakhe ukuba abe sisicamagushelo sezono zethu.

Zintanda, ukuba wenjenjalo uThixo 11 ukusithanda, nathi sifanele ukuthandana. Akukho namnye owakha wambona 12 uThixo; ukuba sithi sithandane, uThixo uhleli kuthi, nothando lwakhe lugqibelele ngaphakathi kwethu. Sazi ngale 13 nto ukuba sihleli kuye, naye *uhleli* kuthi; ngokuba usinike okoMoya wakhe.

Sibonile thina, siyangqina, ukuba 14 uYise umthumile uNyana ukuba nguMsindisi wehlabathi. Othe wavuma 15 ukuba uYesu unguye uNyana kaThixo, uThixo uhleli kuye, naye uhleli kuye uThixo. Sikwazile thina, sakholwa ku- 16 kusithanda kukaThixo.

UThixo uluthando; lowo uhleli eluthandweni uhleli kuye uThixo, noThixo uhleli kuye.

Lugqibelele ngale nto uthando olu- 17 kuthi, ukuze sibe nokungafihlisi ngomhla womgwebo; ngokuba, njengoko anjalo yena, sinjalo nathi kweli hlabathi. Akukho loyiko eluthandweni; lusuka 18 uthando olugqibeleleyo luluphose phandle uloyiko; ngokuba uloyiko lunexhala; lowo ke woyikayo akagqibelele eluthandweni. Thina siyamthanda, ngo- 19 kuba yena wasithanda kuqala.

Ukuba umntu uthe, Ndiyamthanda 20 uThixo, wamthiya umzalwana wakhe, ulixoki; kuba lowo ungamthandiyo umzalwana wakhe amboniileyo, angáthini na ukumthanda uThixo angambonanga? Nguwo lo umthetho esi- 21 nawo uvela kuye: ukuba athi lowo umthandayo uThixo, amthande nomzalwana wakhe.

Ukholo lobuKristu

5 Bonke abakholwayo ukuba uYesu unguye uKristu, bazelwe nguThixo; bonke abamthandayo lowo wazalayo, bayamthanda nalowo uzelweyo nguye. Sazi ngale nto ukuba siyabathanda 2 abantwana bakaThixo, xa sukuba simthanda uThixo, siyigcina imithetho yakhe. Kuba ukumthanda uThixo kuko ukuthi, siyigcine imithetho yakhe; 3

4 ayinzima ke imithetho yakhe. Ngokuba konke okuzelweyo nguThixo kuyaleyisa ihlabathi; lulo ke olu uloyiso oluleyisayo ihlabathi, ukholo lwethu.
5 Ngubani na lowo uleyisayo ihlabathi, ingenguye okholwayo ukuba uYesu unguye uNyana kaThixo?
6 Lowo nguló wezayo ngamanzi negazi, uYesu Kristu; engenawo amanzi odwa, enawo amanzi, enalo igazi. UMoya ke unguló ungqinayo, ngokuba
7 uMoya uyiyo inyaniso. Ngokuba bathathu abo bangqinayo [emazulwini: uYise, noLizwi, noMoya oyiNgcwele;
8 abo bathathu banye. Bathathu abo bangqinayo emhlabeni]: uMoya, namanzi, negazi; aba bathathu basingise ntweni-nye.
9 Ukuba ubungqina babantu siyabamkela, ubungqina bukaThixo bungaphezulu; ngokuba bubo obu ubungqina bukaThixo, angqinele uNyana wakhe
10 ngabo. Lowo ukholwayo kuye uNyana kaThixo unabo ubungqina ngaphakathi kwakhe; lowo ungakholwayo nguye uThixo umenze ixoki, ngokuba engakholwanga bubo ubungqina abungqinele
11 uNyana wakhe uThixo. Bubo obu ke ubungqina: ukuba uThixo usinike ubomi obungunaphakade; baye obo
12 bomi bukuye uNyana wakhe. Lowo unaye uNyana, unabo ubomi; lowo ungenaye uNyana kaThixo, akanabo ubomi.

Isiphelo

13 Ndinibhalele ezi zinto, nina nikholwayo kwigama loNyana kaThixo, ukuze nazi ukuba ninobomi obungunaphakade, nokuze nikholwe kwigama loNyana
14 kaThixo. Kuko oku ukungafihlisi esinako kuye: ukuba sithi sicele into ngokokuthanda kwakhe, uyasiva. Ukuba
15 siyazi okokuba uyasiva esisukuba sikucela, siyazi ukuba sinazo izinto ezicelwayo, esizicelileyo kuye.

16 Ukuba umntu uthe wambona umzalwana wakhe esona isono esingasingisi kufeni, wocela, *uThixo* amnike ubomi, enika abo bonayo ngokungasingisi kufeni. Kukho sona sisingisa ekufeni;
17 anditsho ukuthi makacelele sona. Konke ukungalungisi sisono; kukho sono singasingisi khona ekufeni.

18 Siyazi ukuba bonke abazelwe nguThixo àboni; usuke athi lowo wazalwayo nguThixo azigcine, aze ongendawo angamchukumisi. Siyazi ukuba
19 singabakaThixo, nokuba ihlabathi liphela lilele kongendawo. Ke siyazi
20 ukuba uNyana kaThixo ufikile, wasinika ingqondo, ukuze simazi oyinyaniso. Sikuye ke oyinyaniso, kuye uNyana wakhe uYesu Kristu. Nguye lo uThixo oyinyaniso, nobomi obungunaphakade.

21 Bantwanana, zigcineni kuzo izithixo. Amen.

INCWADI YESIBINI YOMPOSTILE

UYOHANE

1 Indoda enkulu *ibhalela* inkosikazi enyuliweyo nabantwana bayo, endibathandayo mna ngenyaniso; ingendim ndedwa, ingabo bonke abayazileyo
2 inyaniso; ngenxa yenyaniso ehleliyo kuthi, eya kuba nathi ngonaphakade:
3 *ithi*, Makubekho kuni ubabalo, nenceba, noxolo oluvela kuThixo uYise, nakwiNkosi yethu uYesu Kristu, uNyana kaYise, kuni basenyaniseni naseluthandweni.

4 Ndavuya kunene kuba ndifumene kubantwana bakho kukho abahamba

enyanisweni, njengoko samkeláyo u-
5 mthetho kuye uYise. Nangoku ndiya-
kucela, nkosikazi, kungengakuba ndiku-
bhalela umthetho omtsha; ndikubhalela
lowo sasinawo kwasekuqalekeni: ukuba
6 sithandane. Lulo ke olu uthando, uku-
ba sihambe ngokwemithetho yakhe.
Nguwo lo umthetho, njengokuba nevayo
kwasekuqalekeni, ukuba nihambe kuwo.
7 Ngokuba kungene abalahlekisi abaninzi
ehlabathini, abangamvumiyo uYesu
Kristu esiza esenyameni. Lowo ngu-
mkhohlisi nomchasi-Kristu.
8 Zilumkeleni, ukuba singalahlekani
nezinto esizisebenzileyo; masamkele
9 umvuzo ozalisekileyo. Bonke abagqi-
thayo, abangahlaliyo emfundisweni ka-
Kristu, àbanaThixo; ohleliyo emfu-
ndisweni kaKristu, lowo unaye uYise
noNyana. Ukuba umntu uza kuni, 10
engazisi yona le mfundiso, musani uku-
mamkela endlwini yenu, ningambulisi
nokumbulisa; kuba lowo umbulisayo 11
unobudlelane naye ngemisebenzi yakhe
engendawo.

Ndinezinto ezininzi nje zokunibha- 12
lela, andingi ndingazibhala ngaphepha
nangainki; ndithembe ukuza kuni, si-
thethe ngomlomo, ukuze uvuyo lwethu
luzaliseke.

Bayakubulisa abantwana bodade 13
wenu onyuliweyo. Amen.

INCWADI YESITHATHU YOMPOSTILE

UYOHANE

1 Indoda enkulu *ibhalela* uGayo oyi-
ntanda, endimthandayo mna ngenyani-
so: *ithi*,
2 Ntanda, ndinga ungáthi ngezinto
zonke usikeleleke uphile, njengokuba
3 usikelelekile umphefumlo wakho. Ku-
ba ndavuya kunene, bakufika abazalwa-
na, bangqina ngenyaniso ekuwe, nje-
ngokuba wena uhamba enyanisweni.
4 Andinaluvuyo lungaphezu kolu, lokuba
ndive ukuba abantwana bam bahamba
enyanisweni.
5 Ntanda, wenza okuthembekileyo, oko
sukuba ukwenzela abazalwana nabase-
6 mzini, abalungqineleyo uthando lwa-
kho phambi kwebandla; owothi ukuba
ubaxhobisele indlela ngokufanele u-
7 Thixo, ube uyatyapha; kuba báphuma
ngenxa yegama lakhe, bengathabatha-
8 nga nto kuzo iintlanga. Thina ngoko
sifanele ukubaxhasa abanjalo, ukuze
sibe ngabasebenzisana *nabo* kuyo inya-
niso.
9 Ndalibhalela ibandla; ke usuke lowo
uthanda ukuzenza mkhulu kubo, u-
Diyotrefe, angasamkeli. Ngenxa yoko, 10
ukuba ndithe ndafika, ndomkhumbuza
imisebenzi yakhe ayenzayo, epholoza
ngathi ngamazwi angendawo; enganeli
koko, usuka angabamkeli abazalwana
ngokwakhe, ábálele abanga bangenje-
njalo, ábakhuphe ebandleni.

Ntanda, musa ukulandela okubi, 11
landela okulungileyo. Lowo wenza
okulungileyo ungokaThixo; ke lowo
wenza okubi akambonanga uThixo.

UDemetriyo ungqinelwe ngabo bo- 12
nke, nayiyo inyaniso; nathi ke siyangqi-
na; niyazi ukuba ubungqina bethu
buyinene.

Ndandinezinto ezininzi endingazi- 13
bhalayo, kodwa andithandanga kuzi-
bhala ngainki nangalusiba; ndiyathe- 14
mba ke ukuba ndokubona kwakufuphi
nje, sithethe ngomlomo.

Uxolo malube kuwe. Ziyakubulisa 15
izihlobo. Zibulise izihlobo ngegama.
Amen.

INCWADI KAYUDA

(KUBO BONKE)

Umbuliso

1 UYuda, umkhonzi kaYesu Kristu, umzalwana ke kaYakobi, *ubhalela* abangcwalisiweyo bekuThixo uYise, begcinelwe uYesu Kristu, bengababiziweyo: 2 *uthi*, Makwandiswe kuni inceba noxolo nothando.

Isiyalo sokuchasa inkohlakalo nabafundisa ubuxoki

3 Zintanda, ndikukhuthalele *ngenyameko* yonke nje ukunibhalela ngalo usindiso esidlelana ngalo, kwafuneka ukuba ndinibhalele, ndinivuselele, ukuba niluzamele ukholo abalunikelwáyo 4 kwakanye abangcwele. Kuba kuthwethwe bantu bathile; abo babebalulelwe ngenxa engaphambili kolo lugwebo, abangahloneli Thixo, belujikela eburheletyweni ubabalo lukaThixo wethu, bemkhanyela okuphela koMnini-nto-zonke, uThixo *wethu*, iNkosi yethu uYesu Kristu.

5 Ndinga ke ndinganikhumbuza, nangona nikwazi oku kakade, ukuba iNkosi, yakuba ibasindisile abantu emhlabeni waseYiputa, yathi ngokwesibini yabatshabalalisa abo bangakho- 6 lwanga. Kananjalo izithunywa zezulu, ezo zazingalugcinanga ulawulo lwazo, zèsuka zalishiya ikhaya lazo, izigcinele umgwebo womhla omkhulu ngemixokelelwane engunaphakade, phantsi kwe- 7 sithokothoko. Njengokuba iSodom neGomora, nayo imizi engakuyo, yenza kakhulu umbulo ngohlobo olufana nolwazo ezo, imka ilandela nyama yimbi, ibekwe ekuhléni ukuba ibe ngumqondiso, iviswa ubetho lomlilo ongunaphakade.

8 Kwangokunjalo nabo aba baphuphayo badyobha inyama, batshitshise ubu- 9 khosi, banyelise izikhakhamela. Kanti yena uMikayeli,* isiphatha-zithunywa zezulu, oko wayebambene naye uMtyholi, bebangisana ngawo umzimba kaMoses, akabanga nabuganga bakumzisela mgwebo wakunyelisa; wesuka wathi, INkosi mayikukhalimele. Ke bona 10 aba okunene izinto zonke abangazaziyo bayazinyelisa; kodwa izinto zonke abazaziyo kakuhle ngemvelo, njengezinto eziphilileyo ezingenangqondo, bayazonakalisa ngazo ezo. Yeha ke bona! 11 Ngokuba bahamba ngendlela kaKayin; bakhukuliswa lulahlekiso lukaBhileham ngenxa yomvuzo; batshabalala ephikeni likaKora.

Aba zizixhobo zamatye aselwandle 12 ezidlweni zenu zothando, bezingxala ukudla na*ni*, bezidlisa okwabo ngokungenakoyika. Bangamafu angenamanzi, aqhutywaqhutywa yimimoya; bayimithi evuthulukileyo, engenaziqhamo, efe kabini, enyothulwe iingcambu; bangamáza alwayo olwandle, elephuza 13 awawo amahlazo; baziinkwenkwezi eziphalaphalayo, begcinelwe isithokothoko sobumnyama ngonaphakade.

Waprofeta ke nangabo uEnoki, owe- 14 sixhenxe ukususela kuAdam, esithi, Yabonani, yeza iNkosi namawakawaka abangcwele bayo, ukuba ibagwebe 15 bonke, ibohlwaye bonke abangahloneli Thixo kubo, ngenxa yemisebenzi yabo yonke yokungahloneli Thixo, abayenzé bengahloneli Thixo, nangenxa yazo zonke izinto ezilukhuni, ababezithethile ngayo aboni abangahloneli Thixo.

Aba ngabakrokri abasolayo, behamba 16 ngokweenkanuko zabo, umlomo wabo uthetha iindumbisa zamazwi, bencoma ubuso bomntu ngenxa yenzuzo.

Ke nina, zintanda, wakhumbuleni 17 amazwi abethethwe ngenxa engapha-

1209

mbili ngabo abapostile* beNkosi yethu
18 uYesu Kristu. Ngokuba babesithi kuni, Kuya kubakho abagxeki ngexesha lokugqibela, behamba ngokwezabo ii-
19 nkanuko zokungahloneli Thixo. Aba ngabazahlukanisayo, bengabemvelo, uMoya bengenaye.
20 Ke nina, zintanda, zakheni elukholweni lwenu olungcwele kanye, nitha-
21 ndaza nikuMoya oyiNgcwele. Hlalani nihleli eluthandweni lukaThixo, niyilinde inceba yeNkosi yethu uYesu Kristu, kuse ebomini obungnuphakade.

Inxenye okunene yenzeleni inceba, 22 nicalula; kodwa inxenye yisindiseni 23 nizoyikela, nibaphanga emlilweni, niyithiya nengubo edyojiweyo yinyama.

Kulowo ke unako ukunilondoloza 24 ningabi nakukhubeka, nokunimisa phambi kobuqaqawuli bakhe ningenabala, nigcoba: kuThixo olumkileyo yedwa, 25 uMsindisi wethu, makubekho uzuko nobukhulu, amandla negunya, nangoku, kude kuse nasemaphakadeni onke. Amen.

ISITYHILELO SIKAYOHANE

Intshayelelo nombuliso

1 Isityhilelo sikaYesu Kristu, awamnika sona uThixo, ukuba ababonise abakhonzi bakhe izinto ezimele ukubakho kamsinya; waqondisa wathumela ngaso isithunywa sakhe sasemazu-
2 lwini kumkhonzi wakhe uYohane, owalingqinelayo ilizwi likaThixo nobungqina bukaYesu Kristu, kwaneento zonke awazibonayo.

3 Únoyolo lowo uwalesayo, kwanabo bawevayo amazwi aso isiprofeto esi, bazigcine izinto ezibhaliweyo kuso; kuba ixesha likufuphi.

4 UYohane *ubhalela* amabandla asixhenxe akwelaseAsiya; *uthi,* Makube lubabalo kuni, noxolo oluvela kulowo ukhoyo, wayekho, uzayo; nakubo ooMoya abasixhenxe abaphambi kwetro-
5 ne yakhe; nakuYesu Kristu, oliNgqina elithembekileyo, Owamazibulo kubo abafileyo, uMphathi wookumkani bomhlaba.

Kulowo wasithandayo, wasikhulula
6 ezonweni zethu ngelilelakhe igazi, wasenza ookumkani nababingeleli kuye uThixo uYise: kuye makubekho uzuko namandla, kuse emaphakadeni asemaphakadeni. Amen. Yabonani, uza na- 7 mafu; aye eya kumbona amehlo onke, kwanabo bamhlabáyo; zaye ziya kummbambazelela zonke izizwe zomhlaba. Ewe, amen.

Mna ndinguAlfa* no-Omega,* isiqalo 8 nesiphelo; itsho iNkosi, leyo ikhoyo, yayikho, izayo, uSomandla.

Umbono woNyana woMntu

Mna Yohane, endikwangumzalwana 9 wenu, nedlelane nani ngayo imbandezelo, nangabo ubukumkani, nangonyamezelo lukaYesu Kristu, ndaye ndisesiqithini ekuthiwa yiPatmos, ngenxa yelizwi likaThixo, nangenxa yobungqina bukaYesu Kristu. Ndaye ndiku- 10 Moya ngemini eyeyeNkosi; ndeva emva kwam izwi elikhulu, ngathi lelexilongo, lisithi, Mna ndinguAlfa no-Omega, 11 owokuqala nowokugqibela. Okubonayo kubhale encwadini, ukuthumele kulwo amabandla asixhenxe aseAsiya: e-Efese, eSmirna, ePergamo, eTiyatira, eSardesi, eFiladelfi, eLawodike.

Ndaza ndee guququ, ukuba ndilibone 12 ilizwi elo belithetha nam. Ndithe

ISITYHILELO 1–2

guququ ke, ndabona iziphatho zezibane 13 zegolide zisixhenxe; naphakathi kweziphatho zosixhenxe ezo, ofana noNyana woMntu, ambethe ingubo efike ezinyaweni, ebhinqe emabeleni umbhinqo 14 wegolide. Intloko yakhe ke neenwele zimhlophe, njengoboya bezimvu obumhlophe njengekhephu; amehlo akhe 15 enjengelangatye lomlilo; iinyawo zakhe zifana nobhedu olubengezelayo, zingathi zivuthiswe eziko; izwi lakhe ngáthi 16 sisandi samanzi amaninzi. Waye eneenkwenkwezi ezisixhenxe esandleni sakhe sokunene; emlonyeni wakhe kuphuma ikrele elibukhali, elintlangothi mbini; ubuso bakhe bunjengelanga, likhanya ngamandla alo.

17 Ndithe ndakumbona, ndasuka ndawa ezinyaweni zakhe, ndaba njengofileyo.

Waza wabeka isandla sakhe sokunene phezu kwam, esithi kum, Musa ukoyika; mna ndingowokuqala nowokugqibe-18 la, ndinguye odla ubomi; ndaye ndifile; yabona, ndingobudlayo ubomi kuse emaphakadeni asemaphakadeni. Amen. Ndinazo nezitshixo zelabafileyo nezoku-19 fa. Zibhale izinto ozibonileyo, nezikhoyo, kwaneziya kubakho emva kwezo.

20 Imfihlakalo yeenkwenkwezi ezisixhenxe ozibonileyo esandleni sam sokunene, neziphatho zezibane zosixhenxe zegolide, yile: Iinkwenkwezi ezo zisixhenxe zizithunywa zawo amabandla asixhenxe; neziphatho ezo zisixhenxe uzibonileyo ngamabandla osixhenxe.

Incwadi kwibandla lase-Efese

2 Isithunywa sebandla elise-Efese, sibhalele uthi:

Utsho lowo uzibambileyo iinkwenkwezi ezisixhenxe ngesokunene sakhe, lowo uhambayo phakathi kweziphatho zezibane zosixhenxe zegolide, ukuthi:
2 Ndiyayazi imisebenzi yakho, nokubulaleka kwakho, nomonde wakho, nokuba ungenako ukubathwala abanobubi; nokuba wabalinga abathi bangabapostile,* bengengabo, wabafumana bengа-3 maxoki. Úthwele, unomonde; uthe ngenxa yegama lam wabulaleka, akwadinwa.

Noko ke ndinale nto ngakuwe, yo- 4 kuba uthando lwakho lokuqala walushiyayo. Khumbula ngoko apho uwé 5 usuka khona, uguquke, wenze imisebenzi yokuqala; okanye ndoza kuwe kamsinya, ndisishenxise isiphatho sesibane sakho endaweni yaso, ukuba akuthanga uguquke. Kodwa ùnale nda- 6 wo, yokuba uyithiyile imisebenzi yamaNikolawo, endiyithiyileyo nam.

Lowo unendlebe, makayive into ayi- 7 thethayo uMoya kuwo amabandla. Lowo weyisayo ndiya kumnika ukuthi adle kumthi wobomi, ophakathi kweParadisi* kaThixo.

Incwadi kwibandla laseSmirna

Isithunywa sebandla eliseSmirna, si- 8 bhalele uthi:

Utsho lowo ungowokuqala, ungowokugqibela, owayefile, waza *wabuya* wadla ubomi, *ukuthi*: Ndiyayazi imise- 9 benzi yakho, nembandezelo, nobuhlwempu (noko usisityebi), nonyeliso lwabo bathi bangamaYuda bona, bengengawo, besisikhungu sikaSathana. Musa uko- 10 yika nabunye ubunzima oza kubuva. Yabona, uMtyholi uza kuyiphosa inxenye yenu entolongweni, ukuze nilingwe: niya kuba nembandezelo imihla elishumi; thembeka kude kube sekufeni, ndokunika isithsaba sobomi.

Lowo unendlebe, makayive into 11 ayithethayo uMoya kuwo amabandla. Lowo weyisayo akayi kukha oniwe kukufa kwesibini.

Incwadi kwibandla lasePergamo

Isithunywa sebandla elisePergamo, 12 sibhalele uthi:

Utsho lowo unalo ikrele elintlangothi 13 mbini, elibukhali, ukuthi: Ndiyayazi imisebenzi yakho, nalapho uhleli khona, apho ikhona itrone kaSathana; nokuba ulibambé waliqinisa igama lam, akwakukhanyela ukukholwa kum, nasemihleni uAntipasi, owabulawelwa kuni, apho ahleli khona uSathana, wayelingqina lam elithembekileyo.

Noko ke ndineendawana ngakuwe: 14 ezi zokuba unabo apho abayibambe

ISITYHILELO 2-3

bayiqinisa imfundiso kaBhileham, owamfundisayo uBhalaki ukuphosa isikhubekiso phambi koonyana bakaSirayeli, ukuba badle izinto ezibingelelwe izithi-
15 xo, benze nombulo. Ngokunjalo nawe unabayibambe bayiqinisa imfundiso yamaNikolawo, into leyo endiyithiyi-
16 leyo. Guquka, okanye ndoza kuwe kamsinya, ndenze imfazwe nabo ngalo ikrele lomlomo wam.
17 Lowo unendlebe makayive into ayithethayo uMoya kuwo amabandla. Lowo weyisayo ndiya kumnika ukuba adle kuyo imana efihlakeleyo, ndimnike ilitye elimhlophe; elityeni apho ke igama elitsha libhaliwe, lingàziwa bani ingenguye olamkelayo.

Incwadi kwibandla laseTiyatira

18 Isithunywa sebandla eliseTiyatira, sibhalele uthi:
Utsho uNyana kaThixo, omehlo akhe anjengelangatye lomlilo, onyawo zakhe zifana nobhedu olubengezelayo,
19 ukuthi: Ndiyayazi imisebenzi yakho, nothando, nolungiselelo, nokholo, nomonde wakho, nokuba imisebenzi yakho yokugqibela imininzi kuneyokuqala.
20 Noko ke ndineendawana ngakuwe: ezi zokuba umvumela umfazi lowo uIzebhele, othi yena ungumprofetikazi, ukuba abafundise abalahlekise abakhonzi bam, ukuba benze umbulo, badle
21 izinto ezibingelelwe izithixo. Ndamnika ixesha lokuba aguquke kuwo umbulo
22 wakhe, akaguquka. Yabona, mna ndiya kumphosa elukhukweni, nabo bakrexeza kunye naye, embandezelweni enkulu, ukuba abathanga baguquke emise-
23 benzini yabo; nabantwana bakhe ndibabulale ngokufa; azi onke amabandla ukuba mna ndingulowo uphengulula izintso neentliziyo, ndininike elowo
24 ngokwemisebenzi yenu. Ndithi ke kuni, nakwabanye abaseTiyatira, abo bonke bangenáyo loo mfundiso, nabo abo bangazazanga iinzulu zikaSathana (njengoko batshoyo): andiyi kuphosa phezu
25 kwenu mthwalo wumbi. Noko ke oko ninako kubambeni nikuqinise, ndide ndifike.

26 Lowo weyisayo, lowo uyigcinayo imisebenzi yam, ade ase ekupheleni, ndomnika igunya phezu kwazo iintla-
27 nga. Uya kuzalúsa ngentonga yentsimbi, njengokuba izitya zomdongwe zityunyuzwa, njengokuba nam nda-
28 mkele kuye uBawo; ndiya kumnika ikhwezi lokusa. Lowo unendlebe, ma-
29 kayive into ayithethayo uMoya kuwo amabandla.

Incwadi kwibandla laseSardesi

3 Isithunywa sebandla eliseSardesi, sibhalele uthi:
Utsho lowo unabo ooMoya abasixhenxe bakaThixo, nazo iinkwenkwezi ezisixhenxe, ukuthi: Ndiyayazi imisebenzi yakho, ukuba unalo igama lokuba uphi-
lile, ukanti ufile. Phapha, uzizimase 2 izinto eziseleyo eziza kufa; kuba andiyifumananga izalisekile imisebenzi yakho phambi koThixo. Khumbula ngoko 3 ukuba utheni na ukwamkela *kwakho*, nokuva, ugcíne, uguquke. Ukuba ngoko akuthanga ulinde, ndokufikela njengesela; akusayi kulazi ilíxa endokufikela ngalo. Unamagama ambalwa nase- 4 Sardesi apho, angazidyobhanga wona iingubo zawo; baya kuhamba nam benezimhlophe; ngokuba befanelekile.
Lowo weyisayo uya kuthiwa wambu 5 ngeengubo ezimhlophe. Andisayi kulicima igama lakhe encwadini yobomi; ndiya kulivuma igama lakhe emehlweni kaBawo, naphambi kwezithunywa zakhe zasemazulwini. Lowo unendlebe, ma- 6 kayive into ayithethayo uMoya kuwo amabandla.

Incwadi kwibandla laseFiladelfi

Isithunywa sebandla eliseFiladelfi, 7 sibhalele uthi:
Utsho oyiNgcwele, oyiNyaniso, lowo unaso isitshixo sikaDavide; lowo uvulayo kungavali namnye, avale kungavuli namnye, ukuthi: Ndiyayazi imisebenzi 8 yakho. Yabona, ndimise phambi kwakho ucango oluvulekileyo, akukho namnye unako ukuluvala; kuba ùthe, únamandla amancinane, waligcina ilizwi lam, akwalikhanyela igama lam.

ISITYHILELO 3–4

9 Yabona, ndinika abesikhungu sikaSathana,* abathi bangamaYuda bona, bengengawo, bexoka; yabona, ndiya kubenza beze baqubude phambi kweenyawo zakho, bazi ukuba mna ndiku-
10 thandile. Ngokuba waligcina ilizwi lomonde wam, nam ndiya kukugcina, ndikusindise kwilixa lokulingwa, eliza kuza phezu kwelimiweyo liphela, ukulinga abo bemiyo phezu kwehlabathi.
11 Yabona, ndiza kamsinya; kúbambe ukuqinise onako, ukuze kungabikho namnye usithabathayo isithsaba sakho.
12 Lowo weyisayo ndiya kumenza intsika etempileni yoThixo wam. Akayi kuba saphuma phandle; ndaye ndiya kulibhalela phezu kwakhe igama loThixo wam, negama lomzi woThixo wam, iYerusalem entsha, ehla emazulwini ivela kuThixo wam, negama lam
13 elitsha. Lowo unendlebe, makayive into ayithethayo uMoya kuwo amabandla.

Incwadi kwibandla laseLawodike

14 Isithunywa sebandla eliseLawodike, sibhalele uthi:
Utsho uAmen, ingqina elithembekileyo, eliyinyaniso, ingqalo yayo indalo
15 kaThixo, ukuthi: Ndiyayazi imisebenzi yakho, ukuba akubandi, akushushu; akwaba ububanda, akwaba ubushushu.
16 Ngenxa enokuba ke udikidiki, ungabandi, ungeshushu, ndiza kukuhlanza
17 uphume emlonyeni wam. Ngokuba uthi, Ndisisityebi, ndizityebisile, andiswele nto; ube ungazi ukuba uludwayinge, ulusizana, ulihlwempu, uyimfa-
18 ma, uhamba zé; ndiyakucebisa, ukuba uthenge kum igolide evuthiswe emlilweni, ukuze ube nobutyebi; neengubo ezimhlophe, ukuze wambeswe, lingabonakali ihlazo lobuzé bakho; nentambiso yamehlo, uthambise amehlo
19 akho, ukuze ubone. Mna, bonke endibathandayo ndiyabohlwaya, ndibaqeqe-
20 she; zondelela ngoko uguquke. Yabona, ndimi emnyango ndinkqonkqoza; ukuba úthe umntu waliva izwi lam, waluvula ucango, ndongena kuye, ndidle naye, naye adle nam.

Lowo weyisayo, ndiya kumvumela 21 ukuba ahlale nam etroneni yam, njengokuba nam ndeyisáyo, ndaza ndahlala phantsi noBawo etroneni yakhe. Lowo unendlebe, makayive into ayithe- 22 thayo uMoya kuwo amabandla.

Umbono wezulu

4 Emva koko ndabona, nango umnyango uvulekile emazulwini; ilizwi lokuqala endalivayo lalinjengexilongo, lithetha nam, lisithi, Nyukela apha, ndokubonisa izinto ezimele ukubakho emva kwezi. Ndithe kwaoko ke ndaba 2 kuMoya; nanko kumi itrone emazulwini, phezu kwetrone kukho ohleliyo. Waye lowo uhleliyo, ukubonakala kwa- 3 khe, efana nelitye leyaspisi* nelesardiyo;* waye umnyàma wenzé isangqa etroneni apho, ufana nelesmarado* ukubonakala kwawo. Kwaye kwenzé 4 isangqa etroneni apho iitrone ezimashumi mabini anané; phezu kweetrone ezo ndabona amadoda amakhulu amashumi mabini anamané, ehleli, ethiwe wambu ngeengubo ezimhlophe, enezithsaba zegolide entloko.

Nasetroneni apho kuphuma imibane, 5 neendudumo, nezandi; kuvutha izibane zomlilo ezisixhenxe phambi kwetrone, ezingabo ooMoya abasixhenxe baka-Thixo. Phambi kwetrone kukho ulwa- 6 ndle lwegilasi, lufana nomkhenkce. Esazulwini setrone apho, nasesangqeni setrone, kukho izinto eziphilileyo eziné, zizele ngamehlo ngaphambili nangasemva. Eyokuqala into ephilileyo ifana 7 nengonyama; eyesibini into ephilileyo ifana nethole; eyesithathu into ephilileyo inobuso obungathi bobomntu; eyesiné into ephilileyo ifana nokhozi luphaphazela. Zaye zoné izinto eziphi- 8 lileyo ezo, iyileyo naleyo, zinamaphiko ngamathandathu ngeenxa zonke, nangaphakathi zizele ngamehlo; zingaphumli imini nobusuku, zisithi:
Ingcwele, ingcwele, ingcwele
INkosi uThixo uSomandla,
Leyo yayikho, ikhoyo, izayo.
Xa zithi izinto eziphilileyo zibè zi- 9

ISITYHILELO 4–6

mnika uzuko nembeko nombulelo lowo uhleli etroneni, lowo udla ubomi kuse 10 emaphakadeni asemaphakadeni, asuka awe amadoda amakhulu, amashumi mabini anamané, phambi kwalowo uhleli etroneni, aqubude kulowo udla ubomi kuse emaphakadeni asemaphakadeni, aphose izithsaba zawo phambi kwetrone, esithi:

11 Ufanele, Nkosi, ukwamkela uzuko, nembeko, namandla;
Ngokuba inguwe owadala zonke izinto,
Nangenxa yokuthanda kwakho zikho, zadalelwa oko.

Umbono weMvana kaThixo

5 Ndabona, esandleni sokunene salowo uhleli etroneni, incwadi ibhalwe ngaphakathi nangaphandle, ityiwnwe 2 ngamatywina asixhenxe. Ndabona isithunywa sezulu esomeleleyo, sivakalisa ngezwi elikhulu, sisithi, Ngubani na ofanele ukuyivula incwadi, nokuwanqi-3 ka amatywina ayo? Akabakho namnye ezulwini, naphezu komhlaba, nangaphantsi komhlaba, unako ukuyivula incwadi, nokuyikhangela oku.
4 Ndandilila kakhulu mna, ngokuba kungafunyanwanga namnye ufanele ukuyivula nokuyilesa incwadi, nokuyi-5 khangela oku. Yathi enye indoda enkulu kum, Musa ukulila; yabona, iNgonyama yesizwe sakwaYuda, iNgcambu kaDavide, ikweyisile ukuyivula incwadi, nokuwanqika amatywina ayo asixhenxe.
6 Ndabona, nantso, esazulwini setrone nesezinto eziphililleyo zone, nasesazulwini samadoda amakhulu, iMvana engathi ixheliwe, imi ineempondo ezisixhenxe, namehlo asixhenxe angooMoya bosixhenxe bakaThixo, abathunyelwe 7 emhlabeni wonke. Yeza, yayithabatha incwadi esandleni sokunene salowo 8 uhleli etroneni. Yathi yakuyithabatha incwadi, izinto eziphililleyo zoné, namadoda amakhulu angamashumi mabini anamané, awa phambi kweMvana, iyileyo inohadi, nengqayi yegolide izele ziziqhumiso, eziyiyo imithandazo ya- bangcwele. Avuma ingoma entsha, 9 esithi:
Ufanele ukuyithabatha incwadi, nokuwavula amatywina ayo;
Ngokuba wena waxhelwa, wasithenga ukuba sibe ngabakaThixo ngalo igazi lakho,
Siphuma kuzo zonke izizwe, neelwimi, nabantu, neentlanga;
Wasenza ookumkani nababingeleli 10 kuye uThixo wethu;
Sasiya kuba ngookumkani phezu komhlaba.

Ndabona, ndeva izwi lezithunywa 11 zezulu ezininzi, zenzé isangqa etroneni, nezinto eziphililleyo, nawo amadoda amakhulu: laye inani lawo lizizigidi zezigidi; besithi ngezwi elikhulu: 12
Kuyifanele iMvana eyaxhelwayo ukwamkela amandla,
Nobutyebi, nobulumko, nokomelela, nembeko, nozuko, nokubongwa.
Kananjalo zonke izidalwa ezisezulwi- 13 ni, naphezu komhlaba, naphantsi komhlaba, naphezu kolwandle, neento zonke ezikwezo zinto, ndaziva zisithi:
Kulowo uhleli etroneni, nakuyo iMvana,
Makubekho ukubongwa, nembeko, nozuko, namandla,
Kuse emaphakadeni asemaphakadeni.
Izinto eziphililleyo zoné zathi, Amen. 14
Aza amadoda amakhulu aqubuda.

Ukuvulwa kwamatywina

6 Ndabona, xa iMvana yalivulayo elinye lamatywina, ndeva enye kuzo izinto eziphililleyo zoné, isithi, ngathi kungesandi sokududuma, Yiza ubone. Ndabona, nalo ihashe elimhlophe; lowo 2 ke wayehleli phezu kwalo enesaphetha; wanikwa isithsaba, waphuma eseyisa, nokuze eyise.

Xa yalivulayo elesibini itywina, ndeva 3 eyesibini into ephililleyo isithi, Yiza ubone. Kwaphuma elinye ihashe, li- 4 bomvu; lowo ke wayehleli phezu kwalo wanikwa *igunya* lokulususa uxolo emhlabeni, nokuze basikane, wanikwa ikrele elikhulu.

Xa yalivulayo elesithathu itywina, 5

ISITYHILELO 6–7

ndeva eyesithathu into ephilileyo isithi, Yiza ubone. Ndabona, nalo ihashe elimnyama; lowo ke wayehleli phezu kwalo ubenesikali* sokulinganisa esa-
6 ndleni sakhe. Ndeva izwi esazulwini sezinto eziphilileyo zoné, lisithi, Ibhekile yengqolowa iya kudla idenariyo,* neebhekile ezintathu zerhasi zidle idenariyo, ioli newayini uze ungayoni.

7 Xa yalivulayo elesiné itywina, ndeva izwi lento ephilileyo yesiné lisithi, Yiza
8 ubone. Ndabona, nalo ihashe eliluthuthu; lowo ke wayehleli phezu kwalo enguKufá igama lakhe, nelabafileyo lilandelelana naye. Banikwa igunya lokubulala kwisahlulo sesiné somhlaba ngekrele, nangendlala, nangokufa, nangawo amarhamncwa omhlaba.

9 Xa yalivulayo elesihlanu itywina, ndayibona ngaphantsi kwesibingelelo imiphefumlo yabo babesikwe ngenxa yelizwi likaThixo, nangenxa yobungqi-
10 na ababenabo. Baye bedanduluka ngezwi elikhulu, besithi, Koda kube nini na, Mnini-nto-zonke oyingcwele, oyinyaniso, ungagwebi, ungaliphindezeleli igazi lethu kubo abemiyo phezu ko-
11 mhlaba? Banikwa bonke ngabanye iingubo ezinde ezimhlophe; kwathiwa kubo, basaya kuphumla ixesha elincinane, bade bazaliseke nabangabakhonzi nabo, nabazalwana babo, abaza kubulawa kwanjengabo.

12 Ndabona, xa yalivulayo elesithandathu itywina, nanko, kubakho unyikimo lomhlaba olukhulu, lathi ilanga laba mnyama, njengengubo erhwexayo yobo-
13 ya; yathi inyanga yaba njengegazi; zathi iinkwenkwezi zezulu zawela emhlabeni, njengokuba umkhiwane uvuthulula amakhiwane awo atshazileyo, waku-
14 zanyazanyiswa ngumoya omkhulu. Lathi izulu lafingeka, njengencwadi esongiweyo; zathi iintaba zonke neziqithi
15 zasuswa ezindaweni zazo. Bathi ookumkani bomhlaba, namanene, nezityebi, nabathetheli-waka, nabanamandla, namakhoboka onke, nabakhululekileyo bonke, bazifihla emiqolombeni nasema-
16 weni eentaba. Bathi kwiintaba nakumawa, Siweleni, nisifihle ebusweni balo-

wo uhleli phezu kwetrone, nasengqu-
mbeni yeMvana; ngokuba ufikile umhla 17
omkhulu wengqumbo yayo; ngubani na
ke onako ukuma?

Ukutywinwa kwekhulu elinamashumi amané anesiné lamawaka

7 Emva koko ndabona izithunywa zezulu ziziné, zimi ezimbombeni zoné zomhlaba, zibambe imimoya yominé yomhlaba, ukuze kungavuthuzi moya phezu komhlaba, naphezu kolwandle, naphezu kwemithi yonke. Nda- 2
bona esinye isithunywa sezulu, sinyuka sivela empumalanga, sinetywina likaThixo ophilileyo. Sadanduluka ngezwi elikhulu kuzo izithunywa zezulu zoziné, ezanikwa igunya lokuwonakalisa umhlaba nolwandle, sisithi, Musani 3
ukuwona umhlaba, nolwandle, nemithi, side sibatywine abakhonzi boThixo wethu emabunzini abo.

Ndaliva inani labo babetywiniwe: 4
kwatywinwa ikhulu elinamanci mané anesiné lamawaka, kuzo zonke izizwe zoonyana bakaSirayeli. Esizweni sa- 5
kwaYuda kwatywinwa ishumi elinambini lamawaka. Esizweni sakwaRubhen kwatywinwa ishumi elinambini lamawaka. Esizweni sakwaGadi kwatywinwa ishumi elinambini lamawaka. Esizweni sakwa-Ashere kwatywinwa i- 6
shumi elinambini lamawaka. Esizweni sakwaNafetali kwatywinwa ishumi elinambini lamawaka. Esizweni sakwa-Manase kwatywinwa ishumi elinambini lamawaka. Esizweni sakwaSimon kwa- 7
tywinwa ishumi elinambini lamawaka. Esizweni sakwaLevi kwatywinwa ishumi elinambini lamawaka. Esizweni sakwaIsakare kwatywinwa ishumi elinambini lamawaka. Esizweni sakwaZe- 8
bhulon kwatywinwa ishumi elinambini lamawaka. Esizweni sakwaYosefu kwatywinwa ishumi elinambini lamawaka. Esizweni sakwaBhenjamin kwatywinwa ishumi elinambini lamawaka.

Umbono wabasindisiweyo ezulwini

Emva koko ndabona, naso isihlwele 9
esikhulu, ebekungekho namnye unako

ukusibala, siphuma kuzo zonke iintlanga, nezizwe, nabantu, neelwimi, simi phambi kwetrone naphambi kweMvana, bethiwe wambu ngeengubo ezinde ezimhlophe, benamasundu ezandleni
10 zabo, bedanduluka ngezwi elikhulu, besithi:
Usindiso kuye uThixo wethu,
Lowo uhleli phezu kwetrone,
Nakuyo iMvana!
11 Zaye zonke izithunywa zezulu zimi, zenzé isangqa etroneni, nakuwo amadoda amakhulu, nakuzo izinto eziphilileyo zoné, zawa phambi kwetrone ngobuso
12 bazo, zaqubuda kuye uThixo, zisithi:
Amen,
Ukubongwa, nozuko, nobulumko,
Nombulelo, nembeko, namandla, nokomelela,
Makube kuye uThixo wethu,
Kuse emaphakadeni asemaphakadeni!
Amen.
13 Yaphendula enye indoda enkulu, isithi kum, Aba bathiwe wambu ngeengubo ezinde ezimhlophe bangoobani
14 na? bevela phi na? Ndithi kuyo, Nkosi, nguwe owaziyo. Yathi kum, Aba ngabaphumáyo embandezelweni enkulu, bazihlamba iingubo zabo ezinde, bazenza mhlophe egazini leMvana.
15 Ngenxa yoko baphambi kwetrone kaThixo, bemkhonza imini nobusuku etempileni yakhe; nalowo uhleli phezu kwetrone uya kuba ngumnquba phezu
16 kwabo. Abayi kuba salamba, abayi kuba sanxanwa; aliyi kubawèla nelanga,
17 nabunye ubushushu; ngokuba iMvana esesazulwini setrone iya kubalúsa, ibakhokelele emithonjeni ephilileyo yamanzi; waye uThixo eya kuzisula iinyembezi zonke emehlweni abo.

Ukuvuthelwa kwamaxilongo asixhenxe

8 Xa yalivulayo elesixhenxe itywina, kwabakho ukuzola ezulwini, kwangathi sisiqingatha seyure.
2 Ndazibona izithunywa zezulu ezisixhenxe, ezimayo phambi koThixo; zaza zanikwa amaxilongo asixhenxe.
3 Seza esinye isithunywa, sema esibingelelweni, sinesiqhumiselo segolide, sanikwa iziqhumiso zazininzi, ukuze sizinikele, kunye nemithandazo yabangcwele bonke, phezu kwesibingelelo segolide esiphambi kwetrone. Wenyu- 4 ka ke umsi weziqhumiso, kunye nemithandazo yabangcwele, ephuma esandleni sesithunywa sezulu, waya emehlweni kaThixo. Sathi isithunywa sasi- 5 thabatha isiqhumiselo eso, sasizalisa ngomlilo wesibingelelo, sawuphosa emhlabeni; kwabakho izandi, neendudumo, nemibane, nenyikima. Zaza izi- 6 thunywa ezisixhenxe ezinamaxilongo osixhenxe, zazilungiselela ukuba zivuthele amaxilongo.

Sathi esokuqala isithunywa savuthela 7 ixilongo, kwabakho isichotho nomlilo, ziphithikezwe negazi, zaphoswa emhlabeni; saza isahlulo sesithathu semithi satshiswa, nabo bonke utyani obuluhlaza batshiswa.

Sathi esesibini isithunywa savuthela 8 ixilongo, kwanga kuphoswa intaba enkulu, isitsha ngumlilo, elwandle; saza isahlulo sesithathu solwandle saba ligazi; safa isahlulo sesithathu sezida- 9 lwa eziphilileyo eziselwandle; nesahlulo sesithathu semikhombe sonakaliswa.

Sathi esesithathu isithunywa savu- 10 thela ixilongo, kwawa ezulwini inkwenkwezi enkulu, ivutha njengesibane, yawa phezu kwesahlulo sesithathu semilambo, naphezu kwemithombo yamanzi. Igama lenkwenkwezi leyo ku- 11 thiwa nguMhlonyane; saza isahlulo sesithathu samanzi saba ngumhlonyane; yathi into eninzi yabantu yafa ngawo amanzi, ngokuba aba krakra.

Sathi esesiné isithunywa savuthela 12 ixilongo, saza sabethwa isahlulo sesithathu selanga, nesahlulo sesithathu senyanga, nesahlulo sesithathu seenkwenkwezi, ukuze isahlulo sesithathu sazo sibe mnyama, sithi isahlulo sesithathu sayo imini singakhanyi, bube njalo nobusuku.

Ndabona, ndeva olunye ukhozi lu- 13 phaphazela esazulwini samazulu, lusithi ngezwi elikhulu, Yeha! yeha! yeha!

ISITYHILELO 8–10

abo bemiyo phezu komhlaba, ngawo amazwi aseleyo exilongo lezithunywa ezithathu, ezisaza kuvuthela amaxilongo.

9 Sathi esesihlanu isithunywa savuthela ixilongo; ndabona inkwenkwezi iphuma ezulwini, yawéla emhlabeni; sanikwa isitshixo sequla lenzonzobila.
2 Salivula iqula lenzonzobila. Kwenyuka umsi uphuma equleni apho, njengomsi weziko elikhulu, lamnyama ilanga nesibhakabhaka ngumsi wequla elo.
3 Emsini apho kwaphuma iinkumbi, ezeza emhlabeni, zanikwa igunya, njengokuba benegunya oonomadudwane
4 bomhlaba. Kwathiwa kuzo, ize utyani bomhlaba zingaboni, nanye into eluhlaza, nanye into engumthi; ibe ngabantu bodwa, bona abo bangenalo itywina
5 likaThixo emabunzini abo. Zanikwa igunya lokungababulali, bathuthunjelwe nje kodwa iinyanga ezintlanu; intuthumbo yazo yayinjengentuthumbo yoonomadudwane, xa athe wamhlaba
6 umntu. Ngaloo mihla abantu baya kukufuna ukufa, bangakufumani; baya kukunqwenela ukufa, kusuke ukufa kusabe kubo.
7 Iimfano zeenkumbi ezo, zibe zifana namahashe, elungiselwe imfazwe, ezintloko izizithsaba ezifana negolide, nobuso bazo bunjengobuso babantu.
8 Zaye zineenwele ezingathi ziinwele zamankazana, namazinyo azo engathi
9 ngawengonyama. Zaye zinezigcina-zifuba ezingathi zizigcina-zifuba zentsimbi, isandi samaphiko azo singathi sisandi seenqwelo zamahashe amaninzi,
10 ebaleka esiya emfazweni. Zinemisila efana neyoonomadudwane, kukho nezamvila emisileni yazo; igunya lazo lilelo-
11 kona abantu iinyanga ezintlanu. Zinokumkani phezu kwazo, usisithunywa senzonzobila, ogama lakhe ngesiHebhere linguAbhadon,* ngesiGrike unegama elinguApoliyon.*
12 Owokuqala uyeha udlule; yabona, kuza ooyeha ababini emva koko.

13 Sathi esesithandathu isithunywa savuthela ixilongo, ndeva izwi liphuma ezimpondweni zoné zesibingelelo segolide esisemehlweni kaThixo, lisithi 14 kwisithunywa sesithandathu esasinexilongo, Zikhulule izithunywa eziné ezikhonkxwe emlanjeni omkhulu ongumEfrati. Zaza zakhululwa izithunywa 15 zoziné, ezazilungiselwe ilixa nemini nenyanga nomnyaka, ukuze zibulale isahlulo sesithathu sabantu. Laye inani 16 lemikhosi yamahashe lizizigidi zezigidi eziphindeke kabini; ndaliva inani layo.

Ndawabona ngokunjalo amahashe 17 embonweni lowo, nabó babehleli phezu kwawo, benezigcina-zifuba ezimlilo, nezimsi, nezisulfure; iintloko zamahashe zingathi ziintloko zeengonyama, emlonyeni wawo kuphuma umlilo, nomsi, nesulfure. Ngezo nto zontathu sabu- 18 lawa isahlulo sesithathu sabantu ngomlilo, nangomsi, nangesulfure, ezaphumayo emlonyeni wawo. Kuba ama- 19 gunya awo asemlonyeni wawo nasemisileni yawo; kuba imisila yawo ifana neenyoka, ineentloko; ngayo áyonakalisa.

Amasalela abantu, abangabulawanga 20 ngazo ezo zibetho, akaguqukanga emisebenzini yezandla zawo, ukuze angaqubudi kuzo iidemon, nezithixo zegolide, nezesilivere, nezobhedu, nezamatye, nezemithi, ezingenako nokubona, nokuva, nokuhamba; akaguqukanga nase- 21 kubulaleni kwawo, nasekukhafuleni kwawo, nasembulweni wawo, nasebuseleni bawo.

Ukudliwa kwencwadana

10 Ndabona esinye isithunywa sezulu esinamandla, sisihla ezulwini, sithiwe wambu ngelifu; kukho umnyàma entloko, ubuso baso bungathi lilanga, iinyawo zaso zingathi ziintsika zomlilo. Esandleni saso saye sinencwadana ivu- 2 lekile. Salumisa unyawo lwaso lokunene phezu kolwandle, ke olokhohlo phezu komhlaba; sadanduluka ngezwi 3 elikhulu, ngathi yingonyama igquma. Sathi sakudanduluka, iindudumo ezisixhenxe zazivakalisa izandi zazo.

4 Xa iindudumo ezisixhenxe zazivakalisayo izandi zazo, ndandiza kubhala; ndaza ndeva izwi liphuma emazulwini, lisithi kum, Zitywine izinto ezizivakalisileyo iindudumo ezisixhenxe, ungazibhali zona.

5 Saza isithunywa sezulu, endasibonayo simi phezu kolwandle naphezu komhlaba, sasiphakamisela ezulwini isandla
6 saso, safunga lowo udla ubomi, ase emaphakadeni asemaphakadeni, owadala izulu nezinto ezikulo, nomhlaba nezinto ezikuwo, nolwandle nezinto ezikulo, ukuthi, Akuyi kuba sabakho
7 xesha. Ke ngemihla yezwi lesesixhenxe isithunywa sezulu, xa sukuba siza kuvuthela ixilongo, iya kuzaliseka imfihlakalo kaThixo, njengoko wazishumayelayo iindaba ezilungileyo kwabangabakhe abakhonzi, abaprofeti.

8 Lathi izwi endalivayo liphuma emazulwini, labuya lathetha nam, lisithi, Hamba uye uyithabathe incwadana evulekileyo, esesandleni sesithunywa esimiyo phezu kolwandle naphezu ko-
9 mhlaba. Ndesuka ke ndaya kwisithunywa eso, ndathi kuso, Ndinike incwadana leyo. Sathi kum, Yithabathe, uyidle uyigqibe; yosenza sibe krakra isisu sakho, kodwa emlonyeni wakho
10 yoba nencasa enjengeyobusi. Ndayithabatha ke incwadana esesandleni sesithunywa eso, ndayidla ndayigqiba; yaye emlonyeni wam inencasa enjengeyobusi; xa ndayidlayo, saba krakra
11 isisu sam. Sathi kum, Umele ukuba ubuye uprofete ngabantu, neentlanga, neelwimi, nookumkani, abaninzi.

Amangqina amabini

11 Ndaza ndanikwa ingcongolo, ifana nentonga; saye isithunywa eso simi, sisithi, Suka uyilinganise itempile kaThixo, nesibingelelo, nabo banqulayo
2 bekuyo. Intendelezo engaphandle kwetempile yiphose phandle, ungayilinganisi yona; ngokuba inikwe iintlanga; umzi ongcwele ziya kuwunyathelela phantsi iinyanga ezimashumi mané ana-
3 mbini. Ndiya kuwanika amangqina am amabini, aprofete imihla eliwaka elinamakhulu mabini anamanci mathandathu, ethiwe wambu ngeengubo ezirhwexayo.

4 Láwo yile minquma mibini, nezi ziphatho zezibane zibini, zimiyo phambi koThixo womhlaba. Ukuba kukho ba-
5 ni unga angawonakalisa, kophuma umlilo emlonyeni wawo, uzidle uzigqibe iintshaba zawo; nokuba kukho bani unga angawonakalisa, umelwe kukubulawa ngokunjalo. Wona la ánegunya
6 lokulivala izulu, ukuze kungani mvula ngemihla yokuprofeta kwawo. Kananjalo anegunya phezu kwamanzi ukuwaguqula abe ligazi, nokuwubetha umhlaba ngezibetho zonke, ngamaxa onke asukuba ethanda ngawo.

Xa athe abufeza ubungqina bawo, 7 irhamncwa elinyuka liphuma enzonzobileni liya kwenza imfazwe nawo, liweyise, liwabulale. Izidumbu zawo ziya 8 kuba sesitratweni somzi omkhulu, okuthiwa ngokomoya yiSodom neYiputa, apho kananjalo yabethelelwa khona emnqamlezweni iNkosi yawo. Abakubo abantu, nezizwe, neelwimi, neentlanga, 9 baya kuzibona izidumbu zawo imihla emithathu enesiqingatha somhla, bangavumi ukuba izidumbu zawo zibekwe emangcwabeni. Abo bemiyo phe-10 zu komhlaba baya kuwavuyelela, babe nemihlali; bathumelane izipho; ngokuba abo baprofeti babini bábathuthumbisa abo bemiyo phezu komhlaba.

Emva kwemihla leyo mithathu inesi-11 qingatha somhla, umoya wobomi ophume kuThixo wangena kuwo, ema ngeenyawo zawo; baza bawelwa luloyiko olukhulu abo bawabonayo. Eva izwi 12 elikhulu liphuma ezulwini, lisithi kuwo, Nyukelani apha! Enyuka, aya ezulwini esefini; zawabona iintshaba zawo.

Ngelo lixa kwabakho unyikimo lo-13 mhlaba olukhulu, isahlulo seshumi somzi sawa, kwabulawa kolo lunyikimo abantu abangamawaka asixhenxe; abo baseleyo bangenelwa luloyiko, bamzukisa uThixo wezulu.

Uyeha wesibini udlule; yabona u-14 yeha wesithathu uyeza kamsinya.

ISITYHILELO 11—12

Ixilongo lesixhenxe

15 Sathi esesixhenxe isithunywa savuthela ixilongo; kwabakho amazwi amakhulu emazulwini, esithi:
Izikumkani zehlabathi zithe zaba zezeNkosi yethu nezikaKristu* wayo.
Wayeya kuba nguKumkani kuse emaphakadeni asemaphakadeni.
16 Aza amadoda amakhulu, angamashumi mabini anamané, ahleli phambi koThixo phezu kweetrone zawo, awa ngobuso bawo, aqubuda kuye uThixo,
17 esithi:
Siyabulela kuwe, Nkosi, Thixo, Somandla,
Wena ukhoyo, wawukho, uzayo,
Kuba uwathabathile amandla akho amakhulu, waba nguKumkani.
18 Iintlanga zaqumba,
Yeza ingqumbo yakho,
Leza nexesha labo bafileyo ukuba bagwetywe,
Nelokubanika umvuzo wabo abakhonzi bakho abaprofeti, nabo bangcwele,
Nabo baloyikayo igama lakho, abancinane nabakhulu,
Nelokonakalisa abo bawonakalisayo umhlaba.
19 Yavulwa itempile kaThixo emazulwini, yabonakala ityeya* yomnqophiso wakhe etempileni yakhe; kwabakho imibane, nezandi, neendudumo, nonyikimo lomhlaba, nesichotho esikhulu.

Umbono womfazi nenamba

12 Kwabonakala umqondiso omkhulu emazulwini: umfazi ethiwe wambu ngelanga, inyanga ingaphantsi kweenyawo zakhe, entloko kuye isisithsaba seenkwenkwezi ezilishumi elina-
2 mbini. Uthi emíthi akhale, enenimba, ethuthunjelwa ekuzaleni.
3 Kwabonakala omnye umqondiso emazulwini: nantso, inamba enkulu ebomvu, ineentloko ezisixhenxe neempondo ezilishumi, kwiintloko zayo
4 izizithsaba ezisixhenxe. Umsila wayo wawurhola isahlulo sesithathu seenkwenkwezi zezulu, waziphosa emhlabeni. Yathi inamba leyo yema phambi komfazi owayeza kuzala, ukuze, xa athe wazala, imdle imgqibe umntwana wakhe.
5 Wazala umntwana oyinkwenkwe, oza kuzalúsa zonke iintlanga ngentonga yentsimbi; umntwana wakhe lowo wathiwa xwi, wasiwa kuye uThixo, nakuyo itrone yakhe. Wathi umfazi 6 wasabela entlango, apho ikhona indawo ayilungiselwe nguThixo, ukuze bamnqake khona imihla eliwaka elinamakhulu mabini anamanci mathandathu.

Kwaza kwabakho imfazwe emazulwi- 7 ni, uMikayeli nezithunywa zakhe besilwa nenamba, inamba nezithunywa zayo zisilwa; azaba nakweyisa, kanjalo 8 ayaba safunyanwa indawo yazo emazulwini. Yaphoswa phantsi inamba enku- 9 lu, inyoka yakudala, leyo kuthiwa nguMtyholi, uSathana ke, lowo ulilahlekisayo elimiweyo liphela; yaphoswa emhlabeni, nezithunywa zayo zaphoswa kunye nayo.

Ndaza ndeva izwi elikhulu emazulwi- 10 ni lisithi, Ngoku luthe usindiso, namandla, nobukumkani, lwaba lolukaThixo wethu, negunya laba lelikaKristu* wakhe; ngokuba ukhahlelwe phantsi ummangaleli wabazalwana bethu, lowo ubamangalelayo emehlweni kaThixo wethu imini nobusuku. Bameyisile 11 bona ngenxa yegazi leMvana, nangenxa yelizwi lobungqina babo; abawuthandanga umphefumlo wabo, kwada kwasekufeni. Ngenxa yoko yibani ne- 12 mihlali, nina mazulu, nani ninomnquba kuwo. Yeha, abo bawumiyo umhlaba nolwandle! ngokuba uhlile weza kuni uMtyholi, enomsindo omkhulu, esazi nje ukuba ixesha analo lincinane.

Yaza yathi inamba, yakubona ukuba 13 iphoswe emhlabeni, yamtshutshisa umfazi ozele umntwana oyinkwenkwe. Umfazi wanikwa amaphiko amabini 14 okhozi olukhulu, ukuze aphaphazele aye entlango, endaweni yakhe, apho anqakwa khona ixesha, namaxesha, nesiqingatha sexesha, kùde nobuso benyoka. Inyoka yakhupha emva ko- 15 mfazi ngomlomo wayo amanzi anje-

1219

ISITYHILELO 12-14

ngomlambo, ukuze imkhukulise nomla-
16 mbo. Umhlaba wamsiza umfazi, wathi umhlaba wawuvula umlomo wawo, wawufinca umlambo eyawukhuphayo i-
17 namba ngomlomo wayo. Yamqumbela umfazi inamba, yemka yaya kulwa nabaseleyo bembewu yakhe, abo bayigcinayo imithetho kaThixo, abanobungqina bukaYesu Kristu.

Umbono werhamncwa lolwandle nelomhlaba

13 Ndaza ndema phezu kwentlabathi yolwandle.

Ndabona kunyuka, kuphuma elwandle, irhamncwa, lineentloko ezisixhenxe neempondo ezilishumi, ezimpondweni zalo izizithsaba ezilishumi, kwi-
2 ntloko zalo iligama lonyeliso. Laye irhamncwa elo ndalibonayo lifana nengwe, iinyawo zalo zinjengezebhere,* umlomo walo unjengomlomo wengonyama. Inamba yalinika amandla ayo, netrone yayo, negunya elikhulu.
3 Ndabona enye yazo iintloko zalo, ingathi ixatyelwe yafa; inxeba lalo elibanga ukufa laphiliswa. Wamangaliswa umhlaba uphela, walilandela irha-
4 mncwa elo. Bayinqula inamba eyalinika igunya irhamncwa, balinqula irhamncwa, besithi, Ngubani na ofana nerhamncwa elo? ngubani na onako ukulwa nalo?
5 Lanikwa umlomo othetha izinto ezinkulu, nezinyeliso; kanjalo lanikwa igunya lokulwa iinyanga ezimashumi
6 mané anesibini. Lawuvulela umlomo walo ekumnyeliseni uThixo, ukuba lilinyelise igama lakhe, nomnquba wa-
7 khe, nabo bahleli emazulwini. Lanikwa *igunya* lokulwa nabangcwele, libeyise; lanikwa igunya kuzo zonke izizwe,
8 neelwimi, neentlanga. Baya kulinqula bonke abo bemiyo phezu komhlaba, abamagama angabhalwanga encwadini yobomi yayo iMvana, exheliweyo kusu-
9 sela ekusekweni kwehlabathi. Ukuba ubani unendlebe, makeve.
10 Ukuba ubani uhlanganisela abanye ekuthinjweni, naye uya kusiwa ekuthinjweni; ukuba ubani ubulala ngekrele, umelwe kukubulawa naye ngekrele. Nalu unyamezelo nokholo lwabangcwele.

Ndabona elinye irhamncwa linyuka 11 liphuma emhlabeni; laye lineempondo ezimbini zifana nezemvana, laye lithetha njengenamba. Lenza lonke igunya le- 12 lokuqala irhamncwa, elalingaphambi kwalo; lenza umhlaba, nabo bawumiyo, ukuba balinqule irhamncwa lokuqala, elaphiliswayo inxeba lalo elibanga ukufa. Lenza imiqondiso emikhulu, ukuze 13 lihlise nomlilo ezulwini, uze emhlabeni phambi kwabantu, libalahlekise abo 14 bemiyo phezu komhlaba, ngemiqondiso elayinikwayo ukuba liyenze emehlweni erhamncwa elo; lisithi kwabo bemiyo phezu komhlaba, mabalenzele umfanekiselo irhamncwa, elibe linenxeba lalo ikrele, laphila.

Lanikwa *igunya* lokuwunika umfane- 15 kiselo werhamncwa umoya, ukuze umfanekiselo werhamncwa elo uthethe nokuthetha, wenze ukuba babulawe abasukuba bengaqubudi kuwo umfanekiselo werhamncwa. Lenza bonke, 16 abancinane nabakhulu, abazizityebi nabangamahlwempu, abakhululekileyo nabangamakhoboka, ukuba baphawulwe lilo esandleni sabo sokunene, nokuba kusemabunzini abo; nokuze kungabi- 17 kho mntu unako ukuthenga nokuthengisa, ingenguye lowo unophawu, nokuba ligama lerhamncwa, nokuba linani legama lalo.

Nabu ubulumko. Lowo unengqiqo 18 makalibale inani lerhamncwa; kuba linani lomntu; inani lalo ke lingamakhulu omathandathu anamanci mathandathu anesithandathu.

Umbono weMvana nabasindisiweyo

14 Ndabona, nantso iMvana imi phezu kwentaba yeZiyon, *kumi* nayo ikhulu elinamanci mané anesiné lamawaka, benalo igama loYise libhaliwe emabunzini abo. Ndeva izwi liphuma 2 ezulwini, lingathi sisandi samanzi amaninzi, lingathi sisandi sendudumo enkulu. Ndeva nezwi lababethi beehadi, bebetha iihadi zabo; bevuma ingoma 3

ISITYHILELO 14–15

engathi intsha, phambi kwetrone, naphambi kwezinto eziphilileyo zoné, namadoda amakhulu; kwaye kungekho namnye unako ukuyifunda ingoma leyo, lingelilo ikhulu elinamanci mané anesiné lamawaka, ababethengiwe em-
4 hlabeni. Aba ngabo bangadyobhekanga ngabafazi, kuba benyulu. Aba ngabo bayilandelàyo iMvana apho isukuba isiya khona. Aba báthengwa bephuma ebantwini, baziintlahlela kuye uThixo
5 nakuyo iMvana. Emlonyeni wabo akufunyanwanga nkohliso, kuba bengenakubekwa bala.

Umbono wezithunywa ezithathu

6 Ndabona esinye isithunywa sezulu, siphaphazela esazulwini samazulu, sineendaba ezilungileyo ezingunaphakade, ukuba sizishumayele kwabo bemiyo phezu komhlaba, nakwiintlanga zonke,
7 nezizwe, neelwimi, nabantu; sisithi ngezwi elikhulu, Moyikeni uThixo, nimzukise; ngokuba lifikile ixa lokugweba kwakhe; nimnqule lowo wenza izulu, nomhlaba, nolwandle, nemithombo yamanzi.

8 Kwaza kwalandela esinye isithunywa sezulu, sisithi, Iwile, iwile iBhabheli, loo mzi mkhulu! ngokuba isezé zonke iintlanga ngewayini yomsindo wobuhenyu bayo.

9 Saza esesithathu isithunywa sezulu sazilandela zona, sisithi ngezwi elikhulu, Ukuba umntu uyalinqula irhamncwa nomfanekiselo walo, amkele uphawu lwalo ebunzini lakhe, nokuba kusesa-
10 ndleni sakhe: yena wosela iwayini yomsindo kaThixo, egalelwe ingaphithikeziwe endebeni yengqumbo yakhe, athuthunjiswe ngomlilo nesulfure phambi kwezithunywa ezingcwele, napha-
11 mbi kweMvana. Umsi wokuthuthunjelwa kwabo unyuka use emaphakadeni asemaphakadeni; àbanakuphumla imini nobusuku abo banqula irhamncwa nomfanekiselo walo, nomntu ukuba uthi alwamkele uphawu lwegama lalo.
12 Nalu unyamezelo lwabangcwele; nabá abayigcinàyo imithetho kaThixo nokukholwa kuYesu.

Ndeva izwi liphuma emazulwini, 13 lisithi kum, Bhala, uthi, Banoyolo abafi, abo bafela eNkosini, kuthabathela apha; ewe, utsho uMoya, ukuba baphumle ekubulalekeni kwabo; imisebenzi yabo ke ilandelana nabo.

Ukuvunwa nokuxovulwa komdiliya womhlaba

Ndabona, nalo ilifu elimhlophe; eli- 14 fini apho kuhleli ofana noNyana woMntu, enesithsaba segolide entloko, esandleni sakhe enerhengqa elibukhali. Kwaphuma esinye isithunywa sezulu 15 etempileni, sidanduluka ngezwi elikhulu kulo uhleli efini, sisithi, Lifake irhengqa lakho, uvune; ngokuba lifikile kuwe ilixa lokuvuna; ngokuba ukudla komhlaba kuvuthiwe. Lowo uhleli efi- 16 ni waliphosa irhengqa lakhe emhlabeni; wavunwa ke umhlaba.

Kwaza kwaphuma esinye isithunywa 17 sezulu etempileni esemazulwini, *naso* sikwanerhengqa elibukhali. Kwaphuma 18 esinye isithunywa sezulu esibingelelweni, sinegunya kuwo umlilo; sabiza ngonkqangazo olukhulu kweso sinerhengqa elibukhali, sisithi, Lifake irhengqa lakho elibukhali, ubuthe izihloko zomdiliya womhlaba, ngokuba iidiliya zawo zigqibele ukuvuthwa. Isithunywa saliphosa 19 irhengqa laso emhlabeni, sawubutha umdiliya womhlaba, sawuphosa esixovulelweni esikhulu somsindo kaThixo. Isixovulelo eso sanyathelwa ngaphandle 20 komzi lowo; kwaphuma igazi esixovulelweni eso, lada lafika emikhaleni yamahashe, umgama wezitadiya* eziliwaka elinamakhulu amathandathu.

Umbono weengqayi nezibetho ezisixhenxe

15 Ndabona ezulwini omnye umqondiso omkhulu, ongummangaliso; izithunywa zezulu ezisixhenxe zinazo izibetho ezisixhenxe zokugqibela; ngokuba wazaliseka umsindo kaThixo ngazo.

Ndabona ngathi lulwandle lwegilasi, 2 luphithikezene nomlilo; nabó bavela beloyisile irhamncwa, nomfanekiselo walo, nophawu lwalo, nenani legama lalo,

ISITYHILELO 15–16

bemi ngaselwandle lwegilasi, beneehadi
3 zikaThixo. Bayivuma ingoma kaMoses, umkhonzi kaThixo, nengoma ye-Mvana, besithi:

Mikhulu, ingummangaliso imisebenzi yakho,
Nkosi, Thixo Somandla;
Zínobulungisa, ziyinyaniso iindlela zakho,
Kumkani weentlanga.

4 Ngubani na ongekhe akoyike wena, Nkosi,
Angalizukisi igama lakho?
Ngokuba inguwe wedwa ongcwele;
Ngokuba zonke iintlanga ziya kuza ziqubude phambi kwakho,
Ngokuba imisebenzi yakho yobulungisa ibonakalalisiwe.

5 Ndaza emva koko ndabona, nantso ivuliwe itempile yomnquba wobungqina
6 emazulwini. Zaphuma ke etempileni izithunywa zosixhenxe, zinezibetho ezisixhenxe, zambethe ilinen emhlophe eqaqambileyo, ziyibhinqele ezifubeni
7 imibhinqo yegolide. Yathi enye kuzo izinto eziphilileyo zoné, yazinika izithunywa ezisixhenxe iingqayi zegolide ezisixhenxe, zizele ngumsindo kaThixo, odla ubomi kuse emaphakadeni asema-
8 phakadeni. Yazala itempile ngumsi ophuma ebuqaqawulini bukaThixo, nasemandleni akhe; kwaye kungekho namnye unako ukungena etempileni, zada zazaliseka izibetho zosixhenxe zezithunywa zosixhenxe.

16 Ndeva izwi elikhulu liphuma etempileni, lisithi kuzo izithunywa zezulu zosixhenxe, Hambani, niye kuziphalaza iingqayi zomsindo kaThixo emhlabeni.

2 Semka ke esokuqala, sayiphalaza ingqayi yaso emhlabeni; kwabakho isilonda esibi esinobuhlungu ebantwini, abo banophawu lwerhamncwa, abo baqubudáyo kuwo umfanekiselo walo.

3 Saza esesibini isithunywa sayiphalaza ingqayi yaso elwandle; lwaba ligazi elinjengelofileyo, yaza yonke imiphefumlo edla ubomi yafa elwandle.

4 Saza esesithathu isithunywa sayiphalaza ingqayi yaso emilanjeni nasemithonjeni yamanzi; yaba ligazi. Ndeva 5 isithunywa samanzi, sisithi:

Ùnobulungisa, Nkosi, wena ukhoyo, wawukho, uyingcwele, ngokuba ugwebile wenjenje;
Ngokuba baliphalazile igazi laba- 6 ngcwele nelabaprofeti;
Wabanika igazi ukuba balisele, ngokuba belifanele.

Ndeva esinye siphuma esibingelelwe- 7 ni, sisithi:
Ewe, Nkosi, Thixo Somandla,
Iyinyaniso, inobulungisa imigwebo yakho.

Saza esesiné isithunywa sayiphalaza 8 ingqayi yaso elangeni; sanikwa igunya lokutshisa abantu ngomlilo. Batsha 9 abantu bubushushu obukhulu; balinyelisa igama likaThixo, onalo igunya kwezo zibetho; àbaguquka bamzukise.

Saza esesihlanu isithunywa sayipha- 10 laza ingqayi yaso etroneni yerhamncwa; baba mnyama ubukumkani balo; bamana beziluma iilwimi ngenxa yeentlungu; bamnyelisa uThixo wamazulu ngenxa 11 yeentlungu zabo, nangenxa yezilonda zabo: àbaguquka emisebenzini yabo.

Saza esesithandathu isithunywa sayi- 12 phalaza ingqayi yaso emlanjeni omkhulu ongumEfrati; atsha amanzi awo, ukuze ilungiswe indlela yookumkani abo bavela empumalanga.

Ndabona kuphuma emlonyeni wena- 13 mba, nasemlonyeni werhamncwa, nasemlonyeni womprofeti wobuxoki, oomoya abathathu abangcolileyo, befana namasele. Kuba bangoomoya beedemon, 14 besenza imiqondiso; àbaphuma baye kubo ookumkani bomhlaba, nabelimiweyo liphela, ukubahlanganisela emfazweni yaloo mini inkulu kaThixo, uSomandla.

Yabona, ndiza njengesela. Únoyolo 15 lowo uphaphileyo, uzigcinayo iingubo zakhe, ukuze angahambi zé, balibone ihlazo lakhe.

Babahlanganisela endaweni ekuthi- 16 wa ngesiHebhere yiArmagedon.

Saza esesixhenxe isithunywa sayi- 17

phalaza ingqayi yaso esibhakabhakeni; kwaphuma izwi elikhulu, livela etempileni yamazulu, livela etroneni, lisithi,
18 Kwenzekile. Kwabakho imibane, nezandi, neendudumo; kwabakho nonyikimo lomhlaba olukhulu, ekungazanga kubekho lunjalo unyikimo ukuba lukhulu, kuseloko kwabakhoyo abantu emhla-
19 beni. Umzi omkhulu lowo waba zahlulo zithathu; yathi imizi yeentlanga yawa; iBhabheli enkulu yakhunjulwa emehlweni kaThixo, ukuba inikwe indebe yewayini yomsindo wengqumbo
20 yakhe. Into yonke eziziqithi yabaleka,
21 neentaba zafunyanwa. Kwesuka kwehla ezulwini phezu kwabantu isichotho esikhulu, esimatye ngathi ubunzima bawo yitalente* ngalinye; baza abantu bamnyelisa uThixo ngenxa yesibetho sesichotho eso, ngokuba sisikhulu kakhulu isibetho saso.

Umbono wehenyukazi nerhamncwa

17 Saza seza esinye sazo izithunywa zezulu zosixhenxe, ezineengqayi zosixhenxe, sathetha nam, sisithi kum, Yiza apha, ndikubonise ukugwetywa kwalo ihenyukazi elikhulu, elihleli
2 phezu kwawo amanzi amaninzi; abahenyuzé nalo ookumkani bomhlaba, abo bawumiyo umhlaba, banxiliswa yiwayini yobuhenyu balo.
3 Sandisa entlango ndikuMoya; ndabona inkazana ihleli phezu kwerhamncwa elimfusa, lizele ngamagama onyeliso, lineentloko ezisixhenxe nee-
4 mpondo ezilishumi. Yaye inkazana leyo ithiwe wambu ngengubo ebomvu nemfusa, ihonjiswe ngegolide, nelitye elinqabileyo, neeperile,* inendebe yegolide esandleni sayo, izele ngamasikizi
5 nezingcoliso zobuhenyu bayo. Ebunzi kubhalwe igama elithi, IMFIHLELO, IBHABHELI ENKULU, UNINA WAMAHENYUKAZI NOWAMASI-
6 KIZI OMHLABA. Ndayibona inkazana leyo inxila ligazi labangcwele, naligazi lamangqina kaYesu. Ndamangaliswa ngokumangaliswa okukhulu ndakuyibona.
7 Sathi kum isithunywa sezulu, Umangaliswe yini na? Ndokuxelela mna imfihlelo yenkazana le, neyerhamncwa eli liyithweleyo, lineentloko ezisixhenxe neempondo ezilishumi. Irhamncwa o- 8 walibonayo laye likho, alikho; liza kunyuka liphume enzonzobileni, limke liye entshabalalweni. Baya kumangaliswa abo bemiyo phezu komhlaba, abamagama angàbhaliweyo encwadini yobomi kuseloko kwaba sekusekweni kwehlabathi, belibona nje irhamncwa elaye likho, elingekhoyo, likho noko.

Nantsi ingqiqo enobulumko. Iintlo- 9 ko ezisixhenxe ezi ziintaba ezisixhenxe, ehleli phezu kwazo inkazana leyo. Kananjalo zona zingookumkani abasi- 10 xhenxe. Abahlanu báwa, omnye ukho, omnye akakafiki; xa athe wafika, umelwe kukuhlala umzuzwana. Irhamncwa 11 elaye likho, elingekhoyo, lona lingowesibhozo okwangowabasixhenxe; umka 12 aye entshabalalweni. Iimpondo ezilishumi owazibonayo zingookumkani abalishumi, bona abo bangekamkeli bukumkani, basuka bamkele, njengookumkani, igunya lelixa elinye kunye nerhamncwa. Aba banasicamango sinye, 13 babeya kunikela amandla negunya labo kulo irhamncwa. Aba baya kwenza 14 imfazwe neMvana. IMvana iya kubeyisa, ngokuba inguNkosi kankosi, inguKumkani kakumkani; baya kweyisa nabo banayo, babiziweyo, banyuliweyo, bathembekileyo.

Sithi kum, Amanzi owawabonayo, 15 apho lihleli khona ihenyukazi, ngabantu, nezihlwele, neentlanga, neelwimi; ii- 16 mpondo ezilishumi owazibonayo ziserhamncweni, ngabo baya kulithiya ihenyukazi, baliphanzise, balihlube, bayidle inyama yalo, balitshise ngomlilo. Kuba uThixo ubeke ezintliziyweni zabo 17 ukwenza ingcinga yakhe, benze ngcinga-nye, babunike irhamncwa ubukumkani babo, ade azaliseke amazwi kaThixo. Inkazana owayibonayo nguloo 18 mzi mkhulu, ulawula ookumkani bomhlaba.

Ukuwa komzi omkhulu

18 Ndaza emva koko ndabona isithunywa sezulu sisihla, siphuma

ISITYHILELO 18

ezulwini, sinegunya elikhulu; umhlaba wakhanyiselwa bubuqaqawuli baso.

2 Sadanduluka ngamandla, ngezwi elikhulu, sisithi:
Iwile, iwile iBhabheli enkulu,
Yaba likhaya leedemon, nentolongo yoomoya bonke abangcolileyo,
Nentolongo yeentaka zonke ezingcolileyo, ezithiyekileyo.

3 Ngokuba zonke iintlanga zisele kuyo iwayini yomsindo wobuhenyu bayo,
Nookumkani bomhlaba bahenyuza nayo,
Nabarhwebi bomhlaba baba zizityebi, ngamandla okuxhamla kwabo iziyolo zayo.

4 Ndeva elinye izwi liphuma emazulwini lisithi:
Phumani kuyo, bantu bam,
Ukuze ningadlelani nayo ngezono zayo,
Nokuze ningamkeliswa kwizibetho zayo.

5 Ngokuba izono zayo ziye zafikelela emazulwini,
Nezinto zayo zokungalungisi uzikhumbule uThixo.

6 Yibuyekezeni, njengoko nayo yanibuyekezayo,
Niyiphinde impinda ngokwemisebenzi yayo;
Indebe eyaniphithikezela yona, yiphithikezeleni impinda nani.

7 Yinikeni intuthumbo nesijwili, ngangoko yazizukisayo, yaxhamla iziyolo.
Ngokuba ithi entliziyweni yayo,
Ndihleli ndingukumkanikazi,
Andimhlolokazi, andisayi kubona sijwili.

8 Ngenxa yoko ziya kufika ngamininye izibetho zayo,
Ukufa, nesijwili, nendlala.
Iya kutsha ngumlilo,
Ngokuba ligorha iNkosi uThixo, lowo uyigwebayo.

9 Ookumkani bomhlaba, abo bahenyuza nayo, baxhamla iziyolo nayo, baya kuyililela,

Bayimbambazelele, bakuwubona umsi wokutsha kwayo;

10 Bemi kude, ngenxa yokoyika intuthumbo yayo,
Besithi, Yeha, yeha, mzi mkhulu Bhabheli, mzi unamandla!
Ngokuba kufike ngaxa linye ukugwetywa kwakho.

11 Nabarhwebi bomhlaba baya kulila, benze isijwili ngenxa yayo,
Ngokuba ingasathengwa bani impahla yabo yomkhombe:

12 Impahla yegolide, neyesilivere, neyelitye elinqabileyo, neyeeperile,*
Neyelinen ecikizekileyo, neyeengubo ezibomvu, neyesilika, neyeengubo ezimfusa,
Nomthi wonke ongumsedare,*
Nezitya zonke zeempondo zeendlovu,
Nezitya zonke zomthi onqabileyo kakhulu,
Nezobhedu, nezentsimbi, nezemarmore,*

13 Nesinamon,* neziqhumiso, namafutha aqholiweyo, nentlaka emhlophe,
Newayini, neoli, nomgubo ocoliweyo, nengqolowa,
Namaqegu, nezimvu, namahashe, neenqwelo,
Nemizimba nemiphefumlo yabantu.

14 Neziqhamo ezikhanukwa ngumphefumlo wakho zimkile kuwe,
Nazo zonke izinto ezityebileyo neziqaqambileyo zimkile kuwe;
Akusayi kuba sazifumana zona.

15 Abarhwebi bezo zinto, abo batyeba ngayo,
Baya kuma kude, ngenxa yokoyika intuthumbo yayo,
Belila, besenza isijwili, besithi, 16
Yeha, yeha, mzi mkhulu
Owawuthiwe wambu ngelinen ecikizekileyo, nengubo ebomvu, nengubo emfusa,
Uhonjiswe ngegolide, namatye anqabileyo, neeperile!
Ngokuba buphanziswe ngalixa linye ubutyebi obungaka.

17 Bonke abaqhubi-mikhombe, nayo yonke indibandiba esezinqanaweni,

ISITYHILELO 18–19

Noomateloshe, nabo bonke abasebenza elwandle,

18 Bema kude, bamana bedanduluka, bakuwubona umsi wokutsha kwayo, Besithi, Nguwuphi na ofana nalo mzi mkhulu?

19 Bagalela uthuli entloko, Bamana bedanduluka, belila, besenza isijwili, Besithi, Yeha, yeha, mzi mkhulu, Apho baba nobutyebi khona bonke aba baneenqanawa elwandle, ngeento ezinqabileyo zawo! Ngokuba ngalixa linye úphanzisiwe.

20 Wénzele imihlali, nina mazulu, Nani bapostile* bangcwele, nani baprofeti; Ngokuba uThixo eniphindezelele kuwo.

21 Saza isithunywa esithile esinamandla safunqula ilitye, langa lilitye lokusila, ukuba likhulu kwalo; saliphosa elwandle, sisithi: Iya kwenjiwa nje ke ukugadlelwa kwayo iBhabheli, umzi omkhulu, ingabi saba safunyanwa.

22 Isandi sababethi beehadi, neseemvumi, nesabagwali, nesabavuthelimaxilongo, asisayi kuba saviwa kuwe; Neengcibi zonke zobungcibi bonke azisayi kuba safunyanwa kuwe; Nesandi selitye lokusila asisayi kuba saviwa kuwe;

23 Nokukhanya kwesibane akusayi kuba sakhanya kuwe; Nezwi lomyeni nelomtshakazi alisayi kuba saviwa kuwe; Ngokuba abarhwebi bakho bebengamanene omhlaba; Ngokuba zonke iintlanga zalahlekiswa kukukhafula kwakho.

24 Kuwo kwafunyanwa igazi labaprofeti, nelabangcwele, Nelabo bonke abasikiweyo emhlabeni.

Uloyiso ezulwini nomsitho weMvana

19 Ndaza emva koko ndeva sanga sisandi esikhulu sesihlwele esikhulu emazulwini, sisithi:

Haleluya! Usindiso, nozuko, nembeko, namandla NgaweNkosi uThixo wethu! Ngokuba iyinyaniso, inobulungisa, 2 imigwebo yayo; Ngokuba ihenyukazi elikhulu, elo 3 laliwonakalisa umhlaba ngobuhenyu balo, iligwebile, Igazi labakhonzi bayo yaliphindezelela esandleni salo.

Bathi okwesibini:

Haleluya! Umsi walo unyuka use emaphakadeni asemaphakadeni.

Awa amadoda amakhulu, angama-4 shumi amabini anamané, nezinto eziphilileyo zoné, zaqubuda kuye uThixo ohleli phezu kwetrone, zisithi: Amen! Haleluya! Kwaphuma izwi etroneni, 5 lisithi:

Mdumiseni uThixo wethu, nonke nina bakhonzi bakhe, Nani bamoyikayo, abancinane kwanabakhulu.

Ndeva sanga sisandi sesihlwele esikhu-6 lu, sanga sisandi samanzi amaninzi, sanga sisandi seendudumo ezinkulu, sisithi: Haleluya! Ngokuba iNkosi uThixo uSomandla inguKumkani. Masivuye sigcobe, siyizukise; 7 Ngokuba ufikile umsitho weMvana, Umfazi wayo uzilungisile. Wanikwa ukuba athiwe wambu nge-8 linen ecikizekileyo, emhlophe, eqaqambileyo; kuba ilinen ecikizekileyo yimisebenzi yobulungisa yabangcwele.

Sithi kum, Bhala, *uthi*, Banoyolo abo 9 bamenyelwe esidlweni somsitho weMvana. Sithi kum, Lawo ngamazwi ayinyaniso kaThixo. Ndawa ezinyaweni 10 zaso, ukuba ndiqubude kuso. Sithi kum, Lumka, ungenjenjalo; ndingumkhonzi kunye nawe, nabazalwana bakho abanobungqina bukaYesu; qubuda kuThixo; kuba ubungqina bukaYesu bungumoya wesiprofeto.

UKristu onguMoyisi

Ndalibona izulu livulekile, nalo ihashe 11 elimhlophe; lowo uhleli phezu kwalo

kusithiwa, nguThembekile, nguNyaniso; ugweba, enze imfazwe, ngobulu-
12 ngisa. Amehlo akhe ke aye enjengelangatye lomlilo, entloko izizithsaba e-
13 zininzi; enegama libhaliwe, elingàziwa namnye ungenguye. Yena wayethiwe wambu ngengubo ethiwe nkxu egazini;
igama lakhe kuthiwa nguLizwi lika-
14 Thixo. Yaye imikhosi esemazulwini imlandela, ikumahashe amhlophe, bambethe ilinen ecikizekileyo, eqaqambi-
15 leyo, emhlophe. Emlonyeni wakhe kuphuma ikrele elibukhali, ukuze azithi qwaka ngalo iintlanga. Yena uya kuzalúsa ngentonga yentsimbi; yena unyathela isixovulelo sewayini yomsindo neyengqumbo kaThixo uSomandla.
16 Engutyeni yakhe nasethangéni lakhe wayenegama libhaliwe kwathiwa, UKUMKANI KAKUMKANI, UNKOSI KANKOSI.

Ukubulawa kweentshaba zikaKristu

17 Ndabona sithunywa sithile sasezulwini, simi elangeni; sadanduluka ngezwi elikhulu, sisithi kuzo zonke iintaka eziphaphazelayo esazulwini sezulu, Yizani nizihlanganisele esidlweni sikaThixo
18 omkhulu; ukuze nidle inyama yookumkani, nenyama yabathetheli-waka, nenyama yamagorha, nenyama yamahashe, neyabakhweli bawo, nenyama yabo bonke abakhululekileyo nabangamakhoboka, neyabancinane neyabakhulu.
19 Ndalibona irhamncwa, nookumkani bomhlaba, nemikhosi yabo, ihlanganisene ukwenza imfazwe nalowo uhleli e-
20 hasheni, nomkhosi wakhe. Labanjwa ke irhamncwa; kunye nalo kwabanjwa umprofeti obuxoki, lowo wayenzayo imiqondiso emehlweni alo, wabalahlekisa ngayo abo balwamkeláyo uphawu lwerhamncwa, nabo báqubuda kuwo umfanekiselo walo; baphoswa behleli abo bobabini edikeni lomlilo elivutha isul-
21 fure. Abaseleyo babulawa ngekrele lalowo uhleli ehasheni, *ikrele* elo luphumayo emlonyeni wakhe; zathi zonke iintaka zahlutha yinyama yabo.

Ukukhonkxwa kukaSathana iminyaka eliwaka

20 Ndabona isithunywa sezulu, sisihla siphuma emazulwini, sinesitshixo senzonzobila, nomxokelelwane omkhulu esandleni saso. Sayibamba 2 inamba, loo nyoka yakudala enguMtyholi, uSathana ke, sayikhonkxa iminyaka eliwaka. Sayiphosa enzonzobileni, sa- 3 yivalela, satywina ngaphezu kwayo, ukuze ingabi sazilahlekisa iintlanga, ide izaliseke iminyaka eliwaka; emva koko imelwe kukukhululwa ixeshana elincinane.

Ndabona iitrone, nabahleli phezu 4 kwazo, banikwa ugwebo. Ndayibona imiphefumlo yababenqunyulwe iintloko ngezembe, ngenxa yobungqina bukaYesu, nangenxa yelizwi likaThixo, abasukuba bengalinqulanga irhamncwa nomfanekiselo walo, abangalwamkelanga uphawu lwalo ebunzini nasesandleni sabo; bádla ubomi, baba ngookumkani kunye noKristu iminyaka eliwaka. Ke 5 abafileyo abaseleyo ababuyanga badle bomi, yada yazaliseka iminyaka eliwaka. Olo lúvuko lokuqala. Únoyolo, u- 6 ngcwele, lowo unesabelo eluvukweni lokuqala; ukufa kwesibini akunagunya kubo abanjalo; baya kusuka babe ngababingeleli bakaThixo nabakaKristu, babe ngookumkani kunye naye iminyaka eliwaka.

Ukukhululwa kukaSathana nemfazwe yokugqibela

Xa ithe yazaliseka iminyaka eliwaka, 7 uSathana wokhululwa entolongweni yakhe; aphume, aye kuzilahlekisa iintlanga 8 ezisezimbombeni eziné zehlabathi, uGogi noMagogi, ukubahlanganisela emfazweni, ábanani labo lingangentlabathi yaselwandle. Banyuka, baya kubu- 9 banzi behlabathi, bayirhawula inqaba yomkhosi wabangcwele, nomzi othandiweyo; kwehla umlilo uvela kuThixo, uphuma ezulwini, wabadla wabagqiba. UMtyholi lowo ubalahlekisayo wapho- 10 swa edikeni lomlilo nesulfure, apho likhona irhamncwa nomprofeti obuxoki;

ISITYHILELO 20–21

baya kuthuthunjelwa imini nobusuku, kuse emaphakadeni asemaphakadeni.

Uvuko lwabafileyo nomgwebo wokugqibela

11 Ndabona itrone emhlophe enkulu, nalowo uhleli phezu kwayo, owathi umhlaba nezulu wasaba ebusweni bakhe, 12 azafunyanelwa ndawo ezo zinto. Ndababona abafileyo, abancinane nabakhulu, bemi phambi koThixo. Zavulwa iincwadi; kwavulwa nenye incwadi, eyeyobomi; bagwetywa abafileyo ngokubhaliweyo ezincwadini ezo, ngokwemi- 13 sebenzi yabo. Lwathi ulwandle lwabakhupha abafileyo abakulo, kwathi ukufa nelabafileyo kwabakhupha abafileyo abakhona; bagwetywa elowo ngo- 14 kwemisebenzi yakhe. Kwaza ukufa nelabafileyo kwaphoswa edikeni lomlilo. 15 Oko kukufa kwesibini. Wathi ongafunyanwanga ebhaliwe encwadini yobomi, waphoswa edikeni lomlilo.

Izulu elitsha nomhlaba omtsha

21 Ndabona izulu elitsha, nomhlaba omtsha; kuba elokuqala izulu nowokuqala umhlaba udlule, nolwandle 2 alusekho. Ndaza mna, Yohane, ndawubona umzi ongcwele, iYerusalem entsha, usihla uvela kuThixo, uphuma emazulwini, ulungisiwe njengomtshaka- 3 zi ehonjiselwe indoda yakhe. Ndeva izwi elikhulu liphuma emazulwini, lisithi:

Yabona, umnquba lo kaThixo unabantu;
Uya kuhlala nabo emnqubeni,
Bona babe ngabantu bakhe,
Yena uThixo abe nabo, enguThixo wabo;

4 Azisule uThixo zonke iinyembezi emehlweni abo,
Kungabi sabakho kufa,
Kungabi sabakho nasijwili, nakukhala, nantlungu;
Ngokuba izinto zokuqala zigqithile.

5 Waza lowo uhleli phezu kwetrone wathi, Úyabona, izinto zonke ndizenza ntsha. Athi kum, Bhala; ngokuba lawo ngamazwi ayinyaniso, athembekileyo.

Wathi kum, Kwenzekile; mna ndi- 6 nguAlfa* no-Omega,* isiqalo nesiphelo; mna ndomnika lowo unxaniweyo emthonjeni wamanzi obomi, ngesisa. Lowo weyisayo uya kuzidla ilifa izinto 7 zonke; ndiya kuba nguThixo wakhe, yena abe ngunyana wam. Ke wona 8 amagwala, nabangakholwayo, nabangamasikizi, nababulali, nabenzi bombulo, nabakhafuli, nabakhonzi bezithixo, nawo onke amaxoki, isabelo sawo siya kuba sedikeni elivutha umlilo nesulfure. Oko kukufa kwesibini.

I Yerusalem yasezulwini

Kwaza kweza kum esinye sezithu- 9 nywa zezulu ezisixhenxe, ezineengqayi ezisixhenxe, ezizele zizibetho zosixhenxe zokugqibela, sathetha nam sisithi, Yiza apha, ndikubonise umtshakazi, umfazi wayo iMvana. Sandisa ndikuMoya 10 entabeni enkulu, ephakamileyo, sandibonisa umzi omkhulu, iYerusalem engcwele, usihla uphuma emazulwini, uvela kuThixo, unobuqaqawuli buka- 11 Thixo; isikhanyiso sawo sifana nelitye elinqabileyo kakhulu, langa lilitye leyaspisi* ebengezela njengekristale.*

Kananjalo unodonga olukhulu olu- 12 phakamileyo. Unamasango alishumi elinamabini, phezu kwamasango unezithunywa zezulu ezilishumi elinazibini; kubhalwe kuwo amagama angawezizwe ezilishumi elinazibini zoonyana bakaSirayeli; ngasempumalanga ingamasa- 13 ngo mathathu, ngasentla ingamasango mathathu, ngasezantsi ingamasango mathathu, ngasentshonalanga ingamasango mathathu. Udonga lomzi lunamatye 14 eziseko alishumi elinamabini, kuwo ingamagama abapostile* abalishumi elinababini bayo iMvana.

Lowo ubethetha nam wayenengco- 15 ngolo yegolide, ukuba awulinganise umzi lowo, namasango awo, nodonga lwawo. Umzi lowo umbombo-né uku- 16 ma kwawo; ubude bawo bungangobubanzi bawo. Wawulinganisa umzi lowo ngengcongolo, wazitadiya* ezilishumi linazibini lamawaka; ubude nobubanzi nokuphakama kwawo kuyali-

1227

ISITYHILELO 21-22

17 ngana. Walulinganisa nodonga lwawo, ikhulu elinamanci mané anesiné leekubhite,* ngokomlinganiso womntu, oko kukuthi, wesithunywa sezulu.

18 Isakhiwo sodonga lwawo yiyaspisi; umzi yigolide engcwengekileyo, efana

19 negilasi ebonakalelayo, Namatye eziseko zodonga lomzi ayevathiswe ngamatye onke anqabileyo. Elokuqala ilitye lesiseko yiyaspisi, elesibini yisafire,* elesithathu yikalikedo,* elesiné yismarado,*

20 elesihlanu yisardonisi,* elesithandathu yisardiyo,* elesixhenxe yikrizolite,* elesibhozo yibherilo,* elesithoba yitopazi,* eleshumi yikrizoprazi,* eleshumi elinalinye yihakinto,* eleshumi elinambini

21 yiametiste.* Namasango lawo alishumi elinamabini aziiperile* ezilishumi elinambini, lalelo isango ngalinye lenziwe ngaperile-nye; nesitrato somzi yigolide engcwengekileyo, njengegilasi ebonakalelayo.

22 Andibonanga tempile kuwo, kuba iNkosi uThixo uSomandla nayo iMva-

23 na yitempile yawo. Umzi lowo awufuni langa, kwanayo inyanga, kuba ubuqaqawuli bukaThixo buwukhanyisela,

24 nayo iMvana isisibane sawo. Iintlanga zabo basindiswáyo ziya kuhamba ekukhanyeni kwawo; ookumkani bomhlaba bazise kuwo uzuko nembeko yabo.

25 Amasango awo akasayi kuvalwa mini (kuba ubusuku abuyi kubakho khona).

26 Baya kuzisa uzuko nembeko yeentlanga

27 ezo kuwo. Akusayi kungena kuwo nanye into eyenza inqambi, eyenza isikizi, nobuxoki; ábaya kungena ngabo bodwa babhalwe encwadini yobomi yeMvana.

22 Saza sandibonisa umlambo wamanzi obomi, uqaqambile, ngathi ngumkhenkce, uphuma etroneni ka-

2 Thixo neyeMvana. Phakathi kwesitrato sawo, ngapha nangapha komlambo, ngumthi wobomi, ovelisa iintlobo zeziqhamo ezilishumi elinambini, unika iinyanga ngeenyanga zonke isiqhamo sawo; aye amagqabi omthi lowo engawokuphilisa iintlanga.

3 Akusayi kuba sabakho nasinye isiqalekiso; yaye itrone kaThixo neyeMvana iya kubakho kuwo; abakhonzi bakhe bamkhonze, babubone ubuso bakhe, 4 negama lakhe libe semabunzini abo. Akuyi kubakho busuku khona; abafuni 5 sibane, nakukhanya kwelanga, ngokuba iNkosi uThixo ibakhanyisela; baya kuba ngookumkani, kuse emaphakadeni asemaphakadeni.

Isiphelo

Saza sathi kum, La mazwi athembe- 6 kile, ayinyaniso; iNkosi, uThixo wabaprofeti abangcwele, yathuma isithunywa sayo sasemazulwini ukubabonisa abakhonzi bayo izinto ezimele ukubakho kamsinya. Yabona, ndiyeza kamsinya; 7 únoyolo lowo uwagcinayo amazwi esiprofeto sayo le ncwadi.

Mna, Yohane, ndingulowo ubezibona 8 ezi zinto, eziva; ndathi ndakuva, ndakubona, ndawa ndaqubuda phambi kweenyawo zesithunywa sezulu esandibonisa ezi zinto. Sithi kum, Lumka, 9 ungenjenjalo; kuba ndingumkhonzi kunye nawe, nabazalwana bakho abaprofeti, nabo bawagcinayo amazwi ale ncwadi; qubuda kuThixo.

Sithi kum, Musa ukuwatywina ama- 10 zwi esiprofeto sale ncwadi; ngokuba ixesha likufuphi. Lowo ungalungisiyo, 11 makaselehlala engalungisi; lowo uyinyhukunyhuku, makaselehlala eyinyhukunyhuku; nolilungisa makaselehlala elungisa; nongcwele makaselehlala ezingcwalisile. Yabona, ndiyeza 12 kamsinya; umvuzo wam unam, ukuba ndivuze elowo njengoko umsebenzi wakhe uya kuba njalo.

Mna ndinguAlfa* no-Omega,* isiqalo 13 nesiphelo, owokuqala nowokugqibela. Banoyolo abo bayenzayo imithetho 14 yakhe, ukuze igunya labo libe semthini wobomi, bangene ngamasango kuwo umzi. Ngaphandle ke zizinja, naba- 15 khafuli, nabenzi bombulo, nababulali, nabakhonzi bezithixo, nabo bonke ababuthandayo, ababenzayo ubuxoki.

Mna, Yesu, ndasithuma isithunywa 16 sam sasemazulwini, ukuba ndizingqine

ISITYHILELO 22

kuni ezi zinto ngawo amabandla. Mna ndiyingcambu nenzala kaDavide, i-khwezi eliqaqambileyo lokusa.

17 UMoya nomtshakazi bathi, Yiza. Lowo uvayo makathi, Yiza. Lowo unxaniweyo makeze; lowo uthandayo, makawathabathe amanzi obomi ngesisa.

18 Kuba ndiyangqina kubantu bonke abawevayo amazwi esiprofeto sale ncwadi, ukuba, Xa athe umntu wongeza kwezo zinto, uThixo uya kongeza kuye izibetho ezibhaliweyo kule ncwadi; ukuba ke uthe umntu wasusa kuwo 19 amazwi encwadi yesi siprofeto, uThixo uya kusisusa isabelo sakhe encwadini yobomi, nakuwo umzi ongcwele, nakuzo izinto ezibhaliweyo kule ncwadi.

Uthi lowo uzingqinayo ezi zinto, 20 Ewe, ndiyeza kamsinya. Amen. Ewe, yiza, Nkosi Yesu.

Ubabalo lweNkosi yethu uYesu Kri- 21 stu malube nani nonke. Amen.

ISIPHELO

1 ISIHLOMELO

Inkcazelo yamagama athile esiHebhere nawesiGrike nawesiRoma, achazelwe ukucacisa intsingiselo yaloo ndawo eziBhalweni.

Abha, Bawo.
Abhadon, Mtshabalalisi.
Abhele-mitserayim, Sijwili samaYiputa.
Abheli, Mampunge.
Abraham, Sondimbane.
Abram, Somphakamo.
Adam, Ngqombo.
Akore, Hlisa ishwangusha.
Alfa, iganyana lokuqala koo-A besiGrike.
Apoliyon, Mtshabalalisi.
Aram, ama-, abantu baseMesopotami, ilizwe eliphakathi komEfrati neTigris.
Areyopago, inkundla yokuthetha amatyala nokuxoxa imicimbi eAtene kwelamaGrike.
Ariyeli, iYerusalem.
Artemis, uthixokazi wamaGrike.
Ashera, uthixokazi owayenqulwa ngamaTire; nemifanekiso yakhe, ebimiswa kwiindawo ngeendawo.
Ashere, Luyolo.
Ashima, uthixo wamaHamati.
Ashtaroti, oothixokazi ngoothixokazi, ababenqulwa kwiindawo ngeendawo.
Ashtoreti, uthixokazi wamaTsidon.
Azazele, Okugxothiweyo.
Bhabheli, Ludubo.
Bhabhilon, iBhabheli, kwiTestamente Ndala.
Bhahali, uthixo wamaTire; nemifanekiso yakhe.
Bhahali-bheriti, Thixo womnqophiso.
Bhahali-pehore, uthixo wamaMowabhi.
Bhahali-peratsim, Mninilutyhobozo.
Bharbhari, ama-, abantu abantetho ingesiGrike.
Bhele, uthixo wamaBhabheli.
Bheliyali, Lutshijolo.
Bhelezebhule, Mphathi weedemon.
Bhen-ami, Owakowethu.
Bhenjamin, Nyana wenyhweba.
Bhenoni, Nyana weentsizi zam.
Bhere, iqula.
Bheriya, Bubi.
Bhershebha, Qula lesifungo.
Bheteli, Ndlu kaThixo.
Bhokim, Balili.
Dan, Gweba.
Didimo, Wele.
Dina, Lugwebo.
Dorkas, Bhadikazi.
Ebhen-ezere, Litye loncedo.
Edom, Ngqombo.
Efrayim, Ziqhamo.
Ele-bheriti, Thixo womnqophiso.
Eliyezere, uThixo wam ngumncedi.
Epikure, ama-, ihlelo elithile lamaGrike.
Esawu, Xhonti.
Eseke, Phike.
Eshekoli, Sihloko seediliya.
Eva, Bomi.
Gabriyeli, Ndoda kaThixo: enye yeenkulu zezithunywa zezulu.
Gadi, Thamsanqa.
Galedi, Mfumba elingqina.
Geharashim, abomfula weengcibi.
Gershom, Mgxothwa.
Giligali, uQengqo.
Goyi, ama-, iintlanga ezingemaSirayeli.
Hana, Lubabalo.
Havoti-yahire, imizi kaYahire.
Helekati-hatsurim, Ntsimi yezikhali.
Hermes, iciko ezithixweni zamaGrike.
Horma, Okusingelwe phantsi.
Hosana, Khawusisindise!
Idume, elakwa-, elakwaEdom.
Ikabhodi, Tu uzuko!
Imanuweli, uThixo unathi.
Ir-heres, Mzi wentshabalalo.
Isakare, Mvuzo.

ISIHLOMELO I

Isake, Hlekayo.
Ishmayeli, uThixo uyeva.
Kabhuli, Engenamsebenzi.
Karmele, Ntsimi echumayo.
Kayin, Zuziweyo.
Kemoshe, uthixo wamaMowabhi.
Kesare, ukumkani wamaRoma.
Kibroti-hatahava, Mangcwaba okukhanuka.
Kiriyati-yeharim, Mzi wamahlathi.
Kristu, Mthanjiswa; ngokukodwa uMthanjiswa kaThixo, owayexelwe ngabaprofeti ukuba uya kufika emhlabeni.
Kushi, mTiyopiya.
Levi, Namathele.
Mahanayim, Mikhosi mibini.
Mahane-dan, Minquba yakwaDan.
Malaki, Mthunywa wam.
Mana, "Yintoni?"
Manase, Libalisa.
Mara, Bukrakra.
Masa, Lulingo.
Melkitsedeke, Kumkani wobulungisa.
Meribha, Mbambano.
Merodaki, uthixo wamaKaledi.
Mesiya, Mthanjiswa.
Mika, Ngubani na onguThixo onjengawe?
Mikayeli, Ngubani ofana noThixo? —enye yeenkulu zezithunywa zezulu.
Milikom, uthixo wama-Amon.
Mitserayim, amaYiputa.
Mizpa, Mboniselo.
Moleki, uthixo wama-Amon, awaye ebingelela kuye abantwana bawo.
Moses, Mrholwa.
Mowabhi, Okabawo.
Nabhali, Onobudenge.
Nafetali, Ndizamile.
Nahomi, Bumnandi bam.
Nebho, uthixo wamaBhabheli.
Neregale, uthixo wamaKuti.
Nibhehas, uthixo wama-Aya.
Nowa, Ntuthuzelo.
Omega, iganyana lokugqibela koo-A besiGrike.
Paradisi, umyezo (osemazulwini).
Pasika, Lugqitho; umthendeleko wokukhumbula ukuphuma kwamaSirayeli eYiputa.
Pelege, Sahlulo.
Penina, Litye elinqabileyo.
Peniyeli, Buso bukaThixo.
Pentekoste, isidlo esaye sisenziwa ngosuku lwamashumi amahlanu emva kwepasika.
Peretse, Tyhobozayo.
Perets-uza, Tyhobozelo lukaUza.
Petros, Lulwalwa.
Potiyoli, Maqula.
Puri, iqashiso.
Rabhi, Rabhoni, Mfundisi.
Ramati-lehi, Nduli yomhlathi.
Rehobhoti, Ndawo zibanzi.
Rubhen, Bonani unyana.
Samuweli, Viweyo nguThixo.
Sara, Nkosazana.
Sarayi, Ngangamsha.
Sathana, Mtyholi.
Sela-hamalekoti, Ngxondorha yokusinda.
Sete, Mmiselwa.
Simon, Viwe.
Sirayeli, Lwa noThixo.
Siriya, elase-, elakwa-Aram.
Sitena, Butshaba.
Solomon, Luxolo.
Stoyike, ama-, ihlelo elithile lamaGrike.
Sukoti, Zintlanti.
Sukoti-bhenoti, uthixo wamaBhabheli.
Shibha, Sifungo.
Shigayon, uhlobo oluthile lokuvuma.
Tabhera, Kutsha.
Tamuzi, uthixo wamaTire owayenqulwa ikakhulu ngabafazi ngokwenza isijwili.
Tartake, uthixo wama-Aya.
Tiyopiya, um-, umKushi.
Tofete, Lubetho, Ndelo.
Tsohare, Ncinane.
Yabhetse, Ntsizi.
Yakobi, Bamba ngesithende; oko kukuthi, Gweqe.
Yarebhi, Mlwi.
Yavan, isizwe samaGrike.
Yedidiya, Ntanda kaThixo.
Yegar-sahaduta, Mfumba elingqina.
Yerubhahali, Bhahali makaphikisane naye.
Yesu, Msindisi.
Yosefu, Songezo.
Yuda, Dumisa.
Yuroklidon, Maza-makhulu.
Zebhulon, Ntlalo.
Zeloti, Mzondeleli.
Zera, Velayo.
Zeyus, inkulu yezithixo zamaGrike.

2 ISIHLOMELO

Inkcazelo yamazwi athile, angaba akaziwa kakuhle kwaXhosa, mhlawumbi asetyenziswe ngendlela engaqhelekileyo.

agati, *i-*, ilitye elinqabileyo elinemizila ecekethekileyo.
algumi, *um-*, *um-almugi*, umthi waseOfire, omaplanga awo ayexatyiswe kunene.
amangile, *ii-*, iinkozo ezityiwayo zomamangile.
amangile, *um-*, umthi oyelene nompesika, oba mhlophe qhwa xa udubule iintyatyambo.
ametiste, *i-*, ilitye elinqabileyo elibuzuba.
ankile, *i-*, intsimbi yokubamba inqanawa elwandle.
bhaka, *um-*, umthi welizwe lakwaKanan.
bhanile, *i-*, iqhiya yomkhosi, indwe.
bhate, *i-*, oonomenteshe abamashumi mathandathu.
bhedolaki, *i-*, ilitye elinqabileyo.
bheka, *i-*, irhafu yetempile; isiqingatha seshekele.
bhere, *i-*, (a) isilo esidume ngokuba nengcwangu; (b) igqiza leenkwenkwezi, elibonakala kumazwe asemantla.
bherilo, *i-*, ilitye elinqabileyo elikholise ngokuba lubhelu.
bhitumene, *i-*, into eluncangathi, ephuma emhlabeni; ifana netela.
Bomvu, uLwandle olu-, okanye, uLwandle lweMikhanzi.
darike, *i-*, imali yamaPersi akudala, exabiso belingaphezulwana kweeranti ezimbini.
dayiman, *i-*, ilitye elinqabileyo elidume ngokuba lukhuni.
deke, *i-*, umphezulu wesikhephe.
denariyo, *i-*, imali eyayingumvuzo womsébenzi ngemini enye.
dile, *i-*, umthana obewusezwa abafayo.
drarhima, *i-*, imali yamaGrike; kudala yayingumvuzo womsébenzi ngemini enye.

efa, *i-*, oonomenteshe abamashumi mathandathu.
efodi, *i-*, ingubo yombingeleli omkhulu, eyenziwe ngelinen emhlophe.
fatom, *i-*, iziinyawo ezintandathu.
flakisi, *i-*, umthana olinyawo phesheya, omisonto kulukwa ngayo ilinen.
galari, *i-*, umbekelelo owakhelwe ukuba abantu basuke kwelinye baye kwelinye lamagumbi aphezulu endlwini.
galebhana, *i-*, intlaka yomthi othile yamaAram.
gera, *i-*, imali exabiso belingaphezulwana kwesenti.
gofere, *i-*, umthi oyelene nomsipres.
hadesi, *i-*, elabafileyo.
hakinto, *i-*, ilitye elinqabileyo elibuzulurha.
haloti, *i-*, ubulawu bomthi othile.
hin, *i-*, oonomenteshe abalishumi.
hinjizi, *i-*, intsinjana ezahlulo zibini, oluthi ucango lujinge ngayo emgubasini.
hisope, *i-*, umthana ofana netyeleba.
holem, *um-*, umthi oyelene nomoki, odume ngokuba lushica.
homere, *i-*, oonomenteshe abathandathu.
kabhe, *i-*, oonomenteshe abathathu.
kalamo, *i-*, ubulawu obufunyanwa kumthi oyelene nengcongolo.
kali, isi-, intsimbi yokulinganisa ubunzima bezinto.
kalikedo, *i-*, ilitye elinqabileyo elimhlophe.
karbhunkulo, *i-*, ilitye elinqabileyo elibomvu ngokwegazi.
kasiya, *i-*, ubulawu bomthi othile, obukwaliyeza.
kerubhi, *i-*, isidalwa sodidi oluthile emazulwini oluqondisisa ubulumko, ubugorha, ukukhawuleza, namandla kaThixo.

1232

ISIHLOMELO II

khonjane, um-, womluki, isingxotyana somthi esiphatha umsonto onqamlezayo, sibethe ngapha nangapha ngokukhawulezayo, xa kulukwa umchako.

kinofile, i-, itswele lomlambo.

kitare, i-, into ebuhadi, ebincedisa xa kuvunywayo.

kodrante, i-, imalana encinane; zibe zimashumi mané kwidenariyo enye.

kofere, i-, umthi owawusetyenziswa ngamankazana kwelakwaKanan, ukuzihombisa.

koloni, i-, isixeko esimiwe ngabantu abafuduswe kwesinye isixeko, mhlawumbi kwelinye ilizwe.

komkomere, i-, isiqhamo esinjengethanga.

kompas, i-, intsimbi yomchweli, azoba izangqa ngayo.

korale, i-, ilitye elinqabileyo elifunyanwa elwandle.

kore, i-, oonomenteshe abamakhulu mathandathu.

koriyandire, i-, umthana oba neenkozo zobulawu.

kristale, i-, ilitye elifana nomkhenkce.

krizolite, i-, ilitye elinqabileyo elimthubi.

krizoprazi, i-, ilitye elinqabileyo.

kubhite, i-, isilinganiso sobude; iikubhite eziné ziinyawo ezintandathu.

kumin, i-, umthana oba neenkozo zobulawu.

labhastile, i-, ilitye elinqabileyo ekube kusenziwa ngalo amahlala nezitya ezinqabileyo.

lambo, uM-, imiLambo: xa kuthiwa *uMlambo,* kusakuba kuthethwa umEfrati, umlambo omkhulu wasempumalanga; xa kuthiwa *imiLambo,* kuthethwa umEfrati nembaxa yawo eyiTigris.

leteke, i-, isiqingatha sehomere.

leviyatan, i-, isilokazi esikhulu, esasidume ngokuba namandla.

like, i-, umfuno oyelene netswele.

linganiso, isi-, (uMat. 13: 33), oonomenteshe abamashumi mabini.

loge, i-, iiloge ezimbini ngoonomenteshe abathathu.

lothe, i-, imbumbulu yelothe ethotyelwa elwandle ngomtya, ukulinganisa ubunzulu bamanzi kuloo ndawo.

mali, i-, yetempile, isiqingatha seshekele, esibe siyirhafu yetempile ngomnyaka.

mandla, um-, weentlanga, iGalili.

marmore, i-, ilitye elikholise ngokuba mhlophe, ekwakhiwa ngalo izindlu zezikhulu.

masti, i-, umthi omde ogxunyekwa esikhepheni, ukuze kwanekelwe kuwo iiseyile zokunqakula umoya.

mina, i-, imali engangeeshekele ezimashumi mahlanu.

mirtile, um-, umthi ekuhonjiswa ngawo imiyezo.

more, i-, ubulawu obusetyenziswa ngookumkani.

nadusi, i-, ubulawu obuthile.

ngcongolo, i-, yokulinganisa, isilinganiso esibe simayela neenyawo ezilishumi.

ngubo, i-, yakhe (uMalaki 2: 16), oko kukuthi, umkakhe.

noti, um-, umthi oxakatha ukhozo olúneqokobhe, ukudla kungaphakathi.

ntaka, i-, engafiyo, intaka yeentsomi zamaGrike, ebekusithiwa ithi, nokuba itshisiwe, ibuye ivuke.

ntlokoma, i-, ijubhili *(bona uLev. 25).*

ntsontelo, i-, isilinganiso sobude, esimayela neenyawo ezilikhulu elinamashumi amané.

nyaka, um-, wokuhlokomisa ngesigodlo, umnyaka wentlokoma *(bona uLev. 25).*

oki, um-, umthi omkhulu waphesheya.

olulwa, uk-, kweminwe, isilinganiso esingangokolulwa kosithupha neminwe.

onike, i-, ubuqholo obuthile.

onikisi, i-, ilitye elinqabileyo eliyelene neagati.

panele, i-, udonga nokuba yimpahla yendlu ikhe ihonjiswe ngokwahlulwahlulwa, ibe nemikhamo eyahlulwe ngeendawo ezinokuphakama; imikhamo enjalo kuthiwa ziipanele.

payine, um-, umthi ekusarhwa kuwo kakhulu amaplanga.

perile, i-, ilitye elinqabileyo elifunyanwa kuhlobo oluthile loonokrwece.

pikoko, i-, intaka emabala aqaqambileyo.

pistasi, i-, umthi oneenkozo ezivumba limnandi.

pleyini, um-, umthi omkhulu, ekusarhwa kuwo amaplanga.

1233

ISIHLOMELO II

populari, um-, umthi omde, ekusarhwa kuwo amaplanga.
postile, um-, umthunywa; ngokukodwa abo basungulwáyo yiNkosi yethu uYesu Kristu.
rubhi, i-, ilitye elinqabileyo elibomvu.
safire, i-, ilitye elinqabileyo elibala libuzulubumnyama.
safron, i-, intyantyambo enevumba elimnandi.
sardiyo, i-, ilitye elinqabileyo elibomvu.
sardonisi, i-, ilitye elinqabileyo elinemizila ebomvu.
sedare, um-, umthi waseLebhanon omaplanga axatyiswe kunene.
seha, i-, isiqingatha sesithathu se-efa.
serafi, i-, isidalwa sodidi oluthile lwezithunywa zasemazulwini, olumaphiko mathandathu.
seyile, i-, isiziba esomeleleyo esanekwa esikhepheni ukunqakula umoya.
shekele, i-, isilinganiso sobunzima; zingaba kwisithuba samashumi amathathu kwiponti nganye.
shekele, i-, yegolide, imali engaphezulwana kweeranti eziné.
shekele, i-, yesilivere, imali egqithe kancinane kwiisenti ezimashumi mabini anezintlanu.
sikiẓi, i-, lesiphanẓiso, elo kwathethwa lona kuDaniyeli: bona *uDaniyeli 9: 27; 12: 11.*
sinamon, i-, ubulawu obufunyanwa exolweni lomthi othile.
sipres, i-, um-, umthi omaplanga axatyisiweyo ekwakheni izindlu.
smarado, i-, ilitye elinqabileyo eliluhlaza.
soda, i-, umgubo osetyenziswa ekuhlambeni, nasekukhukhumaliseni izonkana.
spelete, i-, uhlobo lwengqolowa.

stibhiya, i-, umgubo wesinyithi esithile, ebekuqatywa ngawo ubuso ngabafazi.
storakis, i-, uhlobo lwentlaka.
tadiya, isi-, iikubhite ezimakhulu mané.
talente, i-, isilinganiso sobunzima, nemali; italente ibiziishekele ezimawaka mathathu.
talente, i-, yegolide, imali engangamawaka alishumi elinamabini eeranti.
talente, i-, yesilivere, imali engangeeranti ezikwisithuba samakhulu asibhozo.
tamariske, um-, umthi wakwelakwaKanan.
tawuli, i-, isiziba sokusula ubumanzi.
tekeni, i-, into esicaba ababejolisa kuyo abantu, ngokuziqhelisa ekuchaneni ngotolo.
terebhinti, um-, umthi wasendle kwelakwaKanan.
Thixo, u-, (*iEksodus 22: 8, 9*), umgwebi.
tokisi, isi-, imithi ebe kufakwa kuyo imilenze yomntu owonileyo, ukumohlwaya.
topaẓi, i-, ilitye elinqabileyo eliluhlelu.
triyangile, i-, intsimbi ekhenkcezayo, ebibethwa ukuncedisa ingoma yabavumi.
tya, isi-, sakhe (*I kwabaseTesalonika 4: 4*), oko kukuthi, umkakhe.
tye, ama- (*okulinganisa*), amatye ebekulinganiswa ngawo esikalini.
tyeya, i-, umkhombe wobungqina.
Urim, ii-, neeTumim, iindawo elubengweni lombingeleli omkhulu, ezibe ziqondisisa ubungangamsha nokunyaniseka kukaThixo.
varanda, i-, indawo ecaleni kwendlu phandle, ekhuselwe luphahla, ukuze abantu bahlale khona.
yaspisi, i-, ilitye elinqabileyo elikholise ngokuba ngamabala ngamabala.
Ziphengululeni (*uYohane 5: 39*), okanye, Niyaziphengulula.